W0194214

Koch • Computer-Vertragsrecht

BERLINER PRAXISHANDBÜCHER

FRANK A. KOCH
Rechtsanwalt in München

COMPUTER-VERTRAGSRECHT

Umfassende Erläuterungen,
Beispiele und Musterformulare
für Erwerb und Nutzung von EDV-Systemen

5., völlig neu bearbeitete Auflage

Haufe Verlagsgruppe
Freiburg • Berlin • München • Zürich

Um Mitteilung von Entscheidungen und Anregungen wird gebeten an
RA Dr. Frank A. Koch
Maximilianstr. 54
80538 München
Tel.: 089/22 13 30 oder 22 13 39
Fax: 089/22 76 73
E-Mail: 100443.1372@compuserve.com
Web:http://www.anwaltskanzlei-koch.de
(mit aktuellen Entscheidungen)

Die Deutsche Bibliothek – CIP-Einheitsaufnahme

Ein Titeldatensatz für diese Publikation ist bei
Der Deutschen Bibliothek erhältlich.

ISBN 3-448-04059-2   Bestell-Nr. 07115

1. Auflage 1985
2., aktualisierte u. erweiterte Auflage 1986
3., völlig überarbeitete u. erweiterte Auflage 1988
4., neu bearbeitete Auflage 1992 (Loseblattausgabe)
5., völlig neu bearbeitete Auflage 2000
(1. Auflage 2000 in der Reihe „Berliner Praxishandbücher")

© Rudolf Haufe Verlag GmbH & Co. KG, Freiburg • Berlin 2000
Internet: http://haufe.de
Alle Rechte, auch die des auszugsweisen Nachdrucks, der fotomechanischen Wiedergabe (einschließlich Mikrokopie) sowie die Auswertung durch Datenbanken oder ähnliche Einrichtungen, vorbehalten.
Lektorat: Dr. Uwe Melzer, Redaktion Berlin
Satz: MediaSoft Satzstudio Berlin
Herstellung: Rudolf Haufe Verlag, Freiburg i. Br.

Das Papier ist aus chlorfrei gebleichtem Zellstoff hergestellt.

Schnellübersicht

(Die Ziffern bezeichnen die Randnummern.)

Festlegen der Leistung 1
- Pflichtenheft 10
- Dokumentation 29
- Produktbeschreibung 67

Erwerb von Komponenten in Vertragseinheit 98
- Vertragsprüfung nach DIN/ISO 116
- Leistungs- und Preisgefahr 133
- Installation 146
- Einweisung 163
- Abnahme 171
- Unwirksame Klauseln in Formularverträgen 293

Verträge 539
- Kauf eines Systems 539
- Miete eines Systems 594
- Leasing 636
- Überlassung von Software 701
- Erstellung von Software 834
- Wartung und Pflege 891
- Beratung 936

Versandhandel 962
- Einführung von ERP-Software 989
- Outsourcing 1006
- Jahr-2000-Umstellung 1012

Leistungsverzug 1048
- Positive Vertragsverletzung 1100
- Mängelgewährleistung 1116
- Mängel an Systemen 1163
- Mängel an Software 1175
- Mängel an Dokumentation 1189
- Gewährleistungsrechte in den Vertragsverhältnissen 1195ff.

Vertragsbeendigung 1382ff.
– Kündigung 1382ff.
– Wandelung 1389ff.

Verjährung von Ansprüchen 1351

Rechtsschutz für Software 1579
– Kundenrechte an Software 1517

Inhaltsverzeichnis

Abkürzungsverzeichnis   23

Vorwort   37

Checkliste: Vom Problem zur Lösung   39

I. Verträge über EDV-Systeme und Software   49

Vorbemerkung   49

1. Leistungsbeschreibung   53
  1.1   Funktion der Leistungsbeschreibung   53
  1.2   Pflichtenhefte   57
  1.3   Dokumentation   65
        1.3.1   Definition und Anforderungen nach
                DIN ISO/IEC 12 119   66
        1.3.2   Inhalt der Programmdokumentation nach
                DIN 66 230   67
        1.3.3   Dokumentationsarten und -funktionen   69
        1.3.4   Dokumentation für Hardware   74
        1.3.5   Dokumentation der Qualitätssicherung   74
        1.3.6   Dokumentationspflicht – elektronische Form der
                Dokumentation   74
        1.3.7   Produktbeschreibung   83
        1.3.8   Programme und Daten – Anforderungen   87
  1.4   Systemschein   89

2. Rechtsgrundlagen für EDV-Verträge   90
  2.1   Übersicht   90
  2.2   Weitere Regelungswerke   91
  2.3   DIN-Normen für EDV   92
  2.4   Übersicht über wichtige DIN-Normen (VN = Vornorm)   92

3. **Letter of Intent, Vorverträge, Vertragsabschluss** 93

4. **Einheitlicher Erwerb von Hardware- und Software-
   komponenten im System und im „Bundle"** 96
   4.1 Technische Einheit im System 98
   4.2 Rechtliche Einheit durch Vertrag 99
   4.3 Kopplungsverbote aus Kartellrecht 110
   4.4 Kombination von Vertragstypen 110
   4.5 Hinweise und Übersichten für die Vertragspraxis 111
       4.5.1 Vertragsprüfung nach DIN/ISO 9001 112
       4.5.2 Weitere Hinweise außerhalb DIN/ISO 113

5. **Leistungsmodalitäten des Erwerbs von Systemen oder
   Komponenten** 114
   5.1 Festlegung der Leistungsmodalitäten 114
       5.1.1 Leistungsort 114
       5.1.2 Zahlungsort 116
       5.1.3 Leistungszeit 116
   5.2 Transport, Risiko und Kosten 118
   5.3 Leistungsgefahr, Preisgefahr, Gefahrübergang,
       Gattungsschuld 120
   5.4 Installation des Systems bzw. der Software 127
   5.5 Herbeiführen der Betriebsbereitschaft, Datenübernahme 135
   5.6 Einweisung/Einarbeitung 136
   5.7 Kostenerstattung für vorbereitende Arbeiten 140

6. **Abnahme und Funktionsprüfung** 141
   6.1 Abnahme 141
   6.2 Funktionsprüfung 154

7. **Vor- und nebenvertragliche Beratungspflichten
   des Anbieters** 155
   7.1 Entstehung von Beratungspflichten durch
       Vertragsverhandlungen 155
   7.2 Umfang der Beratungspflichten 165

8. **Mitwirkungspflichten des Kunden** 175

9. Qualitätssicherung und Haftung   184
9.1   Qualitätssicherung – Grundbegriffe   184
9.2   Grundzüge der Qualitätssicherung nach
      DIN/ISO 9000–9004   188
9.3   Anbieterverpflichtung zur Qualitätssicherung   195
9.4   DIN/ISO-Qualitätssicherungssysteme für
      Software-Projekte   203
      9.4.1   Einzelne anwendungsbezogene Normen   209
      9.4.2   Qualitätsmerkmale für Software nach
              DIN 66 272   213
9.5   Zehn Merkmale guter Software – die wichtigsten
      Prüfpunkte für den Anwender   214
      9.5.1   Die überprüfbare Produktbeschreibung   214
      9.5.2   Das ganze Produkt   216
      9.5.3   Das konsistente Produkt   216
      9.5.4   Die übersichtliche Dokumentation   217
      9.5.5   Die perfekte Installation   218
9.6   Sicherheitszertifizierte Software   219

II. Unwirksame formularvertragliche Regelungen   221

1. Begriff der Allgemeinen Geschäftsbedingungen   221

2. Notwendigkeit der Einbeziehung von AGB in den Vertrag   228

3. Überraschende Klauseln   237

4. Unklare Klauseln   239

5. Kontrollfreie Klauseln zur Leistungsfestlegung   243

**6. Verbot der geltungserhaltenden Reduktion des
Regelungsinhaltes**   246

**7. Übersicht über Klauselverbote gemäß §§ 10 und 11 AGBG
geordnet nach Vertragsphasen**   247
7.1   Annahme- und Leistungsfristen (§ 10 Nr. 1 AGBG)   252
7.2   Unangemessene oder unbestimmte Nachfristen
      (§ 10 Nr. 2 AGBG)   256

7.3 Anbieterseitige Vertragsbeendigung, Rücktrittsvorbehalt
(§ 10 Nr. 3 AGBG) 258

7.4 Vorbehalt der Vertragsänderung (§ 10 Nr. 4 AGBG) 261

7.5 Fingierte Erklärungen (§ 10 Nr. 5 AGBG) 262

7.6 Fiktion des Erklärungszugangs (§ 10 Nr. 6 AGBG) 264

7.7 Überhöhte Vergütung oder Aufwendungsersatzzahlung
bei Vertragslösung (§ 10 Nr. 7 AGBG) 265

7.8 Kurzfristige Preiserhöhungen (§ 11 Nr. 1 AGBG) 266

7.9 Leistungsverweigerungsrechte (§ 11 Nr. 2 AGBG) 269

7.10 Aufrechnungsverbot (§ 11 Nr. 3 AGBG) 271

7.11 Mahnung, Fristsetzung (§ 11 Nr. 4 AGBG) 272

7.12 Pauschalierung von Schadensersatzansprüchen
(§ 11 Nr. 5 AGBG) 274

7.13 Vertragsstrafe (§ 11 Nr. 6 AGBG) 277

7.14 Haftungsausschluss bei grobem Verschulden
(§ 11 Nr. 7 AGBG) 278

7.15 Unmöglichkeit, Verzug (§ 11 Nr. 8 und 9 AGBG) 281

7.16 Gewährleistung (§ 11 Nr. 10 Buchst. a bis e AGBG) 283

   7.16.1 Gewährleistungsausschluss und Verweisen auf
Ansprüche gegen Dritte
(§ 11 Nr. 10 Buchst. a AGBG) 284

   7.16.2 Beschränkung der Gewährleistung auf
Nachbesserung (§ 11 Nr. 10 Buchst. b AGBG) 291

   7.16.3 Aufwendungen bei Nachbesserung
(§ 11 Nr. 10 Buchst. c AGBG) 295

   7.16.4 Vorenthalten der Mängelbeseitigung
(§ 11 Nr. 10 Buchst. d AGBG) 297

   7.16.5 Ausschlussfrist für Mängelanzeigen
(§ 11 Nr. 10 Buchst. e AGBG) 298

   7.16.6 Verkürzung von Gewährleistungsfristen
(§ 11 Nr. 10 Buchst. f AGBG) 300

7.17 Haftung für zugesicherte Eigenschaften
(§ 11 Nr. 11 AGBG) 300

7.18 Laufzeit von Dauerschuldverhältnissen
(§ 11 Nr. 12 Buchst. a bis c AGBG) 302

7.19 Wechsel des Vertragspartners (§ 11 Nr. 13 AGBG) 305

7.20 Haftung des Abschlussvertreters des Kunden
(§ 11 Nr. 14 AGBG) 305

7.21 Änderungen der Beweislastverteilung
(§ 11 Nr. 15 AGBG) 306

7.22 Form von Anzeigen und Erklärungen
(§ 11 Nr. 16 AGBG) 308
7.23 Gerichtszuständigkeit 308

8. Unwirksamkeit unangemessen benachteiligender Klauseln 309
8.1 Verhältnis von § 9 AGBG zu anderen Vorschriften
des AGBG 312
8.2 Prüfung einer unangemessenen Benachteiligung 313
8.3 Typische Fälle unzulässiger Kundenbenachteiligung
im Sinne von § 9 AGBG – Rechtsprechungsübersicht 317

**III. Verträge für Erwerb und Nutzung von Systemen
und Komponenten** 340

1. Vertragstypen 340
1.1 Kauf eines Systems 340
1.1.1 Leistungsbeschreibung und -pflichten 342
1.1.2 Anwendbares Recht 350
1.1.3 Leistungspflichten aus Kauf 359
1.1.3.1 Leistungspflichten des Systemverkäufers 359
a) Übergabe 359
b) Übereignung 362
c) Beratung 363
d) Installation 363
e) Einweisung 365
f) Einarbeitung 366
1.1.3.2 Leistungspflichten des Systemkäufers 366
a) Kaufpreiszahlung 367
b) Abnahme 369
c) Mitwirkung 369
1.2 Systemmiete 371
1.2.1 Unterscheidung Miete/Leasing 372
1.2.2 Leistungsbeschreibung 373
1.2.3 Leistungspflichten aus Systemmiete 380
1.2.3.1 Leistungspflichten des Systemver-
mieters 380
a) Überlassung 380
b) Lieferung, Antransport 381
c) Mängelbeseitigung 381
d) Nebenpflichten 382

1.2.3.2 Leistungspflichten des Systemmieters 382
    a) Zahlung des Mietzinses 382
    b) Übernahme der Mietsache 383
    c) Mitteilung von Mängeln 384
    d) Rückgabe der Mietsache bei
       Mietende 384
1.2.4 Sonderfall: Mietkauf 386
  1.2.4.1 Rechtsnatur: Kombinationsvertrag 386
  1.2.4.2 Leistungsstörungen 387
    a) Verzug mit einer Vertragsleistung 387
    b) Gewährleistung 388
  1.2.4.3 Abtretung des Optionsrechts 389
1.3 Systemerstellungs-, Anpassungs- und
Projektverträge/Reparaturverträge
(einschließlich Hardware-Erstellung) 389
  1.3.1 Leistungsbeschreibung 389
  1.3.2 Anwendbares Recht 390
  1.3.3 Leistungspflichten der Vertragsparteien 391
1.4 Leasing von EDV-Systemen 392
  1.4.1 Inhalt von Leasingverträgen 395
  1.4.2 Rechtsnatur von Leasingverträgen 396
  1.4.3 Leasingformen 405
    a) Finanzierungsleasing 405
    b) Operating-Leasing 407
    c) Dritt-/Herstellerleasing 408
    Finanzierungleasingerlasse (nach: Rn. 661)
  1.4.4 Leistungspflichten des Leasinggebers 416
  1.4.5 Leistungspflichten des Leasingnehmers 427
    a) Zahlungspflichten 427
    b) Erstellung einer Übernahmebestätigung 429
    c) Mängelrüge gegenüber Lieferanten 433
    d) Rückgabe der Leasingsache 433
1.5 Getrennter Erwerb von Hardware, Reparatur 433
  1.5.1 Leistungsbeschreibung 434
  1.5.2 Anwendbares Recht 435
  1.5.3 Leistungspflichten des Anbieters 435
  1.5.4 Leistungspflichten des Kunden 435
1.6 Getrennter Erwerb von Software – Überlassung,
Erstellung 435
  1.6.1 Rechtsschutz von Software 436

1.6.2   Überlassung von Software   436
        1.6.2.1 Begriff „Standardsoftware", Leistungsbe-
                schreibung, Nutzungsbefugnisse des
                Kunden   438
        1.6.2.2 Auf Software-Überlassung anwendbares
                Vertragsrecht   444
                a) Zeitliche Begrenzung der Software-
                   Nutzung: Miete/Pacht   452
                b) Abgrenzung zu Schenkung und
                   Leihe   453
                c) Anwendbarkeit von Mietvertragsrecht auf
                   Software-Überlassung   454
                d) Zeitlich unbegrenzte Software-
                   Überlassung   455
                e) Stellungnahme zur vertrags-
                   rechtlichen Zuordnung   460
                f) Anwendbarkeit von Kaufrecht auf
                   Dauerschuldverhältnisse   465
                g) „Übergabe" durch Datenübertragung 466
                h) Nutzung von technischen Schutzrechten
                   oder Know-how   467
                i) Programmüberlassung nach Werk-
                   vertragsrecht?   472
                j) Kaufrechtlicher Erwerb eines Immaterial-
                   gutes   476
                k) Anwendbarkeit von UN-Kaufrecht
                   auf Software-Überlassung   476
                l) Überlassung von Shareware und
                   Public-Domain-Software   477
        1.6.2.3 Einschränkungen der Rechtsposition des
                Käufers urheberrechtlich geschützter Soft-
                ware durch Nutzungsbeschränkungen   481
                a) Vervielfältigungsverbote   483
                b) Weiterverbreitungsverbote   490
                c) Dekompilierverbote   498
                d) Nutzungsbindungen   499
                   – Bindung der Nutzung an eine CPU 499
                   – Bindung der Nutzung an eine
                     Rechnerklasse oder einen CPU-Typ 500

	– Bindung an die Nutzung von Anbieter-Hardware	504
	– Bindung an eine Anwendungsform	504
	– Verbot der Mehrfachnutzung	506
	– Bindung der Nutzung an ein Gebäude/ Unternehmen	510
	– Bindung an einen bestimmten Anwendungszweck	511
	– Bindung an ein Office-Paket	511
	e) Bearbeitungsverbote	513
	f) Fehlerbeseitigung	515
1.6.2.4	Mechanismen und Vorrichtungen für Zwecke des Kopierschutzes und der Nutzungsmessung	516
	a) Dongles und andere Kopiersperren	517
	b) Nutzungsmessung zur Vergütungsberechnung	528
1.6.2.5	Vertragspflichten aus Software-Überlassung	530
	a) Leistungspflichten des Anbieters	530
	b) Leistungspflichten des Kunden	542
1.6.3	Erstellung von Software	545
1.6.3.1	Leistungsbeschreibung	546
1.6.3.2	Anwendbares Vertragsrecht	554
1.6.3.3	Leistungspflichten des Anbieters	561
1.6.3.4	Leistungspflichten des Kunden	575
1.7	Unterstützende Leistungen: Wartung und Pflege	581
1.7.1	Wartung und Pflege	581
1.7.1.1	Leistungsbeschreibung	582
1.7.1.2	Anwendbares Recht	596
1.7.1.3	Leistungspflichten des Anbieters	599
1.7.1.4	Leistungspflichten des Kunden	602
1.7.2	Hotlines und Help-Desks als Leistungsformen	604
1.8	Beratung	610
1.8.1	Leistungsbeschreibung	610
1.8.2	Anwendbares Vertragsrecht	612
1.8.3	Leistungspflichten des Anbieters	613
1.8.4	Leistungspflichten des Kunden	615

1.9   Schulung   616
      1.9.1   Leistungsbeschreibung   617
      1.9.2   Anwendbares Recht   618

2. Sonderprobleme des Systemerwerbs   618
2.1   Kauf gebrauchter Hardware   618
2.2   Kundenrisiken im Versandhandel   624
2.3   Hinterlegung des Software-Quellcodes   628
2.4   Entsorgung von Hardware   631
2.5   Elektromagnetische Verträglichkeit von Hardware –
      CE-Kennzeichnung   633
2.6   Kreditfinanzierung   636

3. Besondere Probleme EDV-spezifischer Projektverträge   637
3.1   Einführung von Unternehmensplanungs-Software   637
      3.1.1   Grundlagen   637
      3.1.2   Übersicht über die Stufen eines
              Einführungsprojektes   641
      3.1.3   Vertragliche Einbindung von „Customizing"   653
3.2   Business-Reengineering-Verträge   655
      3.2.1   Leistungsbild   655
      3.2.2   Rechtsnatur von Business-Reengineering-Verträgen   657
      3.2.3   Stufen eines Business-Reengineering-Projekts   658
      3.2.4   Beispiele für Reorganisationsmaßnahmen   659
3.3   Einführung eines Data Warehouse   660
      3.3.1   Begriff des Data Warehouse   660
      3.3.2   Einführung eines Data Warehouse   660
      3.3.3   Typische Fehler bei der Data-Warehouse-
              Einführung   662
      3.3.4   Hinweise zur Projektdurchführung   664
      3.3.5   Auf die Data-Warehouse-Erstellung anwendbares
              Vertragsrecht   664
      3.3.6   Rechtsschutz für Data-Warehouse-Systeme   665
3.4   Outsourcing-Verträge   666
      3.4.1   Anwendbares Recht   666
      3.4.2   Die wichtigsten Regelungspunkte von Outsourcing-
              Verträgen im Überblick   667
      3.4.3   Ausführliche Übersicht über Regelungsinhalte von
              Outsourcing-Projektverträgen   669

3.4.3.1 Leistungen und Projektdurchführung 669
3.4.3.2 Durchführung des Outsourcing-Projektes:
Prüfpunkte – ausführliche Checkliste 670
3.5 Projekte zur Jahr-2000-Datumsumstellung und
Euro-Einführung in die Unternehmens-EDV 689
3.5.1 Problemstellung 689
3.5.2 Risiken einer verzögerten oder fehlschlagenden
Datumsumstellung 692
3.5.3 Risikovorsorge durch Auftragsvergabe 693
3.5.4 Haftungsrisiken für Unternehmer, Anlageberater
und Banken 699
3.5.4.1 Verantwortlichkeit der Geschäftsleitung 699
3.5.4.2 Lagebericht 700
3.5.4.3 Prospekthaftung 702
3.5.4.4 Kreditkontrolle 702
3.5.4.5 Erhöhte Offenlegungsanforderungen
in den USA 703

IV. Leistungsstörungen bei Erwerb und Nutzung von
Software und Systemen 704

1. Verschulden bei Vertragsschluss 706

2. Leistungsverzug 713
2.1 Grundlagen 713
2.2 Hinweise zu Verzugsfolgen in einzelnen Vertragsverhältnissen 727
2.2.1 Anbieterverzug 727
a) Systemkauf 727
b) Systemmiete 728
c) Software-Überlassung 730
d) Software-Erstellung 730
e) Wartung/Pflege 731
2.2.2 Kundenverzug 732
a) Systemkauf und -miete 732
b) Software- bzw. Systemerstellung 733
c) Leasing 733

3. Positive Vertragsverletzung   742

4. Unmöglichkeit   748
4.1   Typen der Unmöglichkeit   748
4.2   Rechtsfolgen der Unmöglichkeit   749

5. Mangelhafte Leistung   752
5.1   Begriff des Mangels eines Systems oder einer
      Systemkomponente   752
      5.1.1 Abgrenzung zwischen „Mangel" und „Fehler"   754
      5.1.2 Vereinbarte, vorausgesetzte und gewöhnliche
             Gebrauchseigenschaften als Vergleichsmaßstab   756
      5.1.3 Erheblichkeit der Gebrauchsabweichung   765
      5.1.4 DIN- und sonstige Normen als Mängelmaßstab   766
      5.1.5 Wert als Mängelmaßstab   768
      5.1.6 Unabhängigkeit der Gewährleistung vom
             Vertretenmüssen   769
      5.1.7 Mangel oder Falschlieferung?   770
      5.1.8 Rechtsmängel   773
      5.1.9 Gewährleistungsbeginn und -fristen   774
      5.1.10 Beweislast, Eingriffe durch Kunden, Rüge   774
      5.1.11 Abgrenzung zwischen Mängeln und Bedienungs-
             fehlern   781
      5.1.12 Abgrenzung: Gewährleistung/Wartung   783
      5.1.13 Neues EU-Gewährleistungsrecht   784
5.2   Mängel an Systemen und Systemkomponenten   785
      5.2.1 Mängel an Systemen   785
      5.2.2 Mängel der Hardware   794
      5.2.3 Mängel der Software   802
      5.2.4 Mängel der Systemdokumentation   824
5.3   Gewährleistungsrechte des Kunden   827
      5.3.1 Gewährleistungsrechte aus Kauf   827
             5.3.1.1 Mängelbeseitigung (Prüfliste: Mängel-
                      beseitigung)   830
             5.3.1.2 Minderung (Prüfliste: Minderung)   846
             5.3.1.3 Wandelung   848
             5.3.1.4 Schadensersatz wegen Zusicherungs-
                      verletzung   848

5.3.2   Kundenrechte aus Handelskauf   853
        a) Anwendbarkeit von HGB-Regelungen   854
        b) Handelsrechtliche Untersuchungs- und
           Rügepflicht   856
5.3.3   Gewährleistungsrechte aus Miete   861
        5.3.3.1 Anspruch auf Erhaltung der Funktions-
                fähigkeit der Mietsache   863
        5.3.3.2 Minderung des Mietzinses   864
        5.3.3.3 Ersatzanspruch aus Zusicherungs-
                verletzung   866
        5.3.3.4 Schadensersatzanspruch des Mieters aus
                Nichterfüllung   867
        5.3.3.5 Fristlose Kündigung   869
5.3.4   Gewährleistungsrechte aus getrenntem Hardware-
        Erwerb   869
5.3.5   Gewährleistungsrechte aus EDV-Leasing   869
5.3.6   Gewährleistungsrechte aus
        Überlassung von Software   880
        a) Kaufrecht   880
        b) Miet- oder Pachtrecht   882
5.3.7   Gewährleistungsrechte aus Software-Erstellung   883
        a) Mängelbeseitigung   885
        b) Eigennachbesserung durch Kunden
           (Prüfliste: Eigennachbesserung)   888
        c) Wandelung/Minderung   891
        d) Schadensersatz wegen Nichterfüllung
           (Prüfliste: Schadensersatz wegen Nichterfüllung
           aus § 635 BGB)   892
5.3.8   Gewährleistungsrechte aus Wartungs- und
        Pflegeleistungen   897
5.3.9   Gewährleistung und Haftung für Hotline-/
        Help-Desk-Auskünfte   898
5.4 Behandlung von Fehlerdefinitionen nach DIN 66 271   899
        5.4.1   Unterscheidung Fehler/Fehlhandlung/Fehlzustand/
                Abweichung   900
        5.4.2   Vorgehensweise bei der Behandlung von
                Abweichungen   900
        5.4.3   Erfassung und Analyse   900
        5.4.4   Untersuchungsfelder für die Erfassung und Analyse
                von Abweichungen   901

6. Deliktische und gesetzliche Produkthaftung   906
  6.1   Haftung für Systeme und Systemkomponenten   906
  6.2   Pflichten aus deliktischer Produkthaftung   907
  6.3   Pflichten aus gesetzlicher Produkthaftung   908
  6.4   Haftungseinschränkungen   909

V. Verjährung, Vertragsbeendigung   910

1. Verjährung   910
  1.1   Grundlagen   910
  1.2   Beginn des Fristenlaufes bei Gewährleistung   914
        1.2.1   Neue längere Verjährungsfristen nach EU-Recht 920
  1.3   Unterbrechung des Fristenlaufes, Anerkenntnis   920
  1.4   Hemmung des Fristenlaufes   921
        1.4.1   Hemmung durch Stundung   921
        1.4.2   Hemmung durch Verhandlungen   921
        1.4.3   Hemmung durch Mängelprüfung oder
                Beseitigungsversuche   922
        1.4.4   Gesamthemmung   923
  1.5   Leistungsverweigerungsrecht bei Verjährungseintritt   923

2. Vertragsbeendigung   924
  2.1   Formen der Vertragsbeendigung   924
  2.2   Beendigung einzelner typischer Vertragsverhältnisse   926
        2.2.1   Kauf von Systemen oder Systemkomponenten   926
                2.2.1.1 Vertragserfüllung   926
                2.2.1.2 Rücktritt   926
                2.2.1.3 Wandelung   931
                         a) Wandelung und Leasing   932
                         b) Durchführung der Wandelung   933
                         c) Ausgleich gezogener Nutzungen   933
                         d) Gesamtwandelung   936
                         e) Ausschluss des Wandelungsrechts   943
                         f) Wandelungsklage   944
                         g) Prüfliste: Wandelung   945
        2.2.2   Systemmiete   945
                2.2.2.1 Beendigung durch Vertragsablauf   945
                2.2.2.2 Kündigung   945
                         a) Nichtgewährung des Gebrauchs der
                            Mietsache durch Vermieter   946

		b) Mieterseitiger vertragswidriger Gebrauch der Mietsache	948
		c) Zahlungsverzug des Mieters	948
2.2.3	Leasing		949
	2.2.3.1	Vertragserfüllung	949
	2.2.3.2	Kündigung	952
		a) Kündigung durch Leasingnehmer	952
		b) Kündigung durch Leasinggeber	955
	2.2.3.3	Verwertungspflicht des Leasinggebers	958
	2.2.3.4	Wandelung/Wegfall der Geschäftsgrundlage	960
	2.2.3.5	Rücktritt	969
	2.2.3.6	Leasingvertrag und Verbraucherschutz	970
	2.2.3.7	Leasingvertrag und Insolvenz	971
		a) Konkurs/Insolvenz des Lieferanten	971
		b) Konkurs/Insolvenz des Leasinggebers	972
		c) Konkurs/Insolvenz des Leasingnehmers	973
2.2.4	Erstellung von Software und Systemen		974
	2.2.4.1	Vertragserfüllung	974
	2.2.4.2	Kündigung durch Auftraggeber	975
	2.2.4.3	Kündigung durch Anbieter	976
	2.2.4.4	Wandelung	976
2.2.5	Wartung und Pflege		977
	2.2.5.1	Dienstvertrag	977
	2.2.5.2	Werkvertrag	978
	2.2.5.3	Wegfall der Geschäftsgrundlage	979

VI. Rechtsschutz für Software 980

1.	Urheberrechtsschutz		980
	1.1	Computerprogramme als geschützte Werkart	981
	1.2	Individuelle Gestaltung als Schutzvoraussetzung	983
	1.3	Schutzumfang	988
	1.3.1	Abgrenzung der Bestandteile von Computerprogrammen	988
	1.3.2	Schutzfähige Software-Komponenten im Überblick	990
	1.4	Urheberrecht und Eigentum	1005
	1.5	Urheberrechte in Arbeits- und Dienstverhältnissen	1006

1.6   Urheberrechtliche Verwertungsrechte an
       Software   1008
       1.6.1 Rechtseinräumung   1008
       1.6.2 Rechtekatalog   1009
       1.6.3 Mindestrechte der Nutzer   1010
1.7   Vervielfältigen   1011
1.8   Übersetzen, Bearbeiten, Arrangieren und
       sonstiges Umarbeiten   1017
1.9   Verbreiten   1019
1.10   Dekompilieren   1019
1.11   Urheberrechtliche Zulässigkeit von Reverse-
       Engineering-Maßnahmen   1021
1.12   Portierung von Software, Migration in neue
       Systemumgebungen   1026
1.13   Rechtsverletzungen   1028
1.14   Anwendbarkeit sonstiger Rechtsvorschriften,
       Vertragsrecht   1028
1.15   Software-Nutzung unter der GNU General
       Public bzw. Open Source License   1031
       1.15.1 Software-Rechtsschutz unter der GPL   1031
       1.15.2 Nutzungsrechte aus der GPL   1033
       1.15.3 Vervielfältigen, Verbreiten   1035
       1.15.4 Verändern   1036
       1.15.5 Rechtsposition des Überlassungs-
               empfängers   1038
       1.15.6 Gewährleistungs- und Haftungsausschluss   1039
       1.15.7 Entwicklung von GPL-Software im
               Arbeitsverhältnis   1039
       1.15.8 Linux-Distributionen   1040
2.   Patentschutz für Software   1040
3.   Schutz für Geschmacksmuster   1050
4.   Markenrechtlicher Schutz   1051
5.   Schutz von Software-Produkten gegen unlauteren
       Wettbewerb   1051
       5.1   Verpflichtete Mitbewerber   1052
       5.2   Schutzobjekt   1052
       5.3   Im Wettbewerb unzulässige Handlungen   1055
              5.3.1 Unmittelbare Übernahme einer Leistung   1056
              5.3.2 Nachahmung/Nachschaffen   1058

5.4 Vom wettbewerbsrechtlichen Schutz
ausgeklammerte Leistungen 1060
5.5 Wettbewerbsrechtliche Ansprüche 1062
6. Know-how- und Geheimnisschutz für Software 1062
7. Titelschutz 1066

Verzeichnis der Formulare 1067

Literaturverzeichnis 1159

**Verzeichnis wichtiger gerichtlicher Entscheidungen
mit EDV-Bezug** 1166

Sachregister 1216

Die beigefügte CD-ROM enthält die abgedruckten, mit dem CD-ROM-
Zeichen ⊙ versehenen Muster.

Abkürzungsverzeichnis

a. A.	anderer Ansicht
a. a. O.	am angegebenen Ort
abl.	ablehnend
Abl. EG	Amtsblatt der EG
Abs.	Absatz
Abschn.	Abschnitt
AbzG	Abzahlungsgesetz
ADA	Programmiersprache, benannt nach Lady Ada Lovelace
ADCCP	Advanced Data Communication Control Procedure (bit-orientiertes Übergabeprotokoll für DFÜ)
ADV	Automatische Datenverarbeitung
AFG	Arbeitsförderungsgesetz
AG	Amtsgericht
AGB	Allgemeine Geschäftsbedingungen
AGBE	Entscheidungssammlung zum AGBG, Hrsg. Bunte
AGBG	Gesetz zur Regelung des Rechts der Allgemeinen Geschäftsbedingungen
AI	Artificial Intelligence (künstliche Intelligenz)
AktG	Aktiengesetz
ALGOL	Algorithmic Language (höhere Programmiersprache)
allg.	allgemein
Anm.	Anmerkung
ANSI	American National Standard Institute (Normierungsinstitut in den USA)
APL	A Programming Language (höhere Programmiersprache)
ASA	American Standards Association
ASAP	ASAP World Consultancy (Firmenname)
ASCII	American Standard Code for Information Interchange (8-Bit-Darstellungscode, bestehend aus 7 Bits und einem Kontroll-Bit)
ASIC	Application Specific Integrated Chip (anwendungsspezifischer Chip)
AT	Advanced Technology

AÜG	Arbeitnehmerüberlassungsgesetz
ausf.	ausführlich
AZO	Arbeitszeitordnung
BAG	Bundesarbeitsgericht
BASIC	Beginners All Purpose Symbolic Information Code
BauR	Baurecht (Jahr und Seite)
BayObLG	Bayerisches Oberstes Landesgericht
BB	Der Betriebs-Berater (Jahr und Seite)
BD	Baud (Einheit der Schrittgeschwindigkeit in der Nachrichtentechnik); ein BD = 1 Bit pro Sekunde (Bit/sec bzw. bps); oft auch abgekürzt Bd.
BDE	Betriebliche Datenerfassung
BDSG	Bundesdatenschutzgesetz
Beil.	Beilage
Beschl.	Beschluss
BetrVG	Betriebsverfassungsgesetz
BFH	Bundesfinanzhof
BGB	Bürgerliches Gesetzbuch
BGBl.	Bundesgesetzblatt
BGH	Bundesgerichtshof
BGHZ	amtliche Sammlung der Entscheidungen des BGH in Zivilsachen (Band und Seite)
BIOS	Basic Input/Output System im Festspeicher des Computers
BPatG	Bundespatentgericht
BPI	Bit per inch (Maßgröße für Aufzeichnungsdichte auf Magnetband)
BStBl	Bundessteuerblatt
BTDr	Bundestagsdrucksache (Legislaturperiode und Seite)
Btx	Bildschirmtext
BVB	Besondere Vertragsbedingungen
Byte	bestehend aus 8 Bits
C	neuere Entwicklung einer „schnellen, höheren Programmiersprache"
CAD	Computer Aided Design (computergestützte Entwurfsplanung)

CAE	Computer Aided Engineering (rechnerunterstützte Ingenieurtechnik)
CAI	Computer Aided Instruction (computerunterstütztes Unterrichten)
CAM	Computer Aided Manufacturing (computergestützte Produktionssteuerung)
CAP	Computer Aided Planning/Publishing (rechnerunterstützte Planung/Publikation)
CAQ	Computer Aided Quality Control (rechnerunterstützte Qualitätskontrolle und -sicherung)
CASE	Computer Aided Software-Engineering
CAT	Computer Aided Testing (rechnerunterstütztes Prüfen)
CBT	Computer-Based Training
CCD	Charge-Coupled Device (Speicher, in dem ein gespeichertes Bit durch eine elektrische Ladung repräsentiert und ständig regeneriert werden muß, vgl. Giloi, S. 7)
CCITT	Comité Consultatif International Télégraphique et Téléphonique (Beratendes Organ der internationalen Fernmeldeunion)
CEPT	Conférence Européen des Administrations de Poste et des Télécommunications (Europäische Konferenz der Post- und Telekommunikations-Dienste)
c. i. c.	culpa in contrahendo
CIM	Computer Integrated Manufacturing (rechnerunterstützte Produktion)
CIO	Chief Information Officer
CISG	Übereinkommen der UN über Verträge über den internationalen Warenkauf
CML	Conventional Machine Language (konventionelle Maschinensprache, in der eine Programmierung unmittelbar auf Maschinenebene vorgenommen werden kann, s. Giloi, S. 14)
CMOS	Complementary Metal-Oxid Semiconductor
CNC	Computerized Numerical Control (rechnerunterstützte numerische Kontrolle)
COBOL	Common Business Oriented Language (höhere Programmiersprache für kaufmännische Anwendungen)
CODASYL	Conference on Data System Languages (amerikanische Arbeitsgemeinschaft, entwickelte COBOL)

COM	Computer Output on Microfilm (Datenausgabe auf Mikrofilm)
COMAL	Common Algorithmic Language: BASIC-ähnlich
CP/M	Control Program for Microcomputers (Betriebssystem)
CPU	Central Processing Unit (Zentraleinheit)
CR	Computer und Recht, seit 1985 ff., früher: CuR (Jahr und Seite)
CRT	Cathode Ray Tube (Kathodenstrahlröhre)
c't	Zeitschrift c't (Nr., Jahr, Seite)
CW	Computerwoche (Woche, Jahr, Seite)
Datex-L	Öffentliches Datexnetz mit Leitungsvermittlung
Datex-P	Öffentliches Datexnetz mit Paketvermittlung
db (auch DB)	database (Datenbank)
DB	Der Betrieb (Jahr und Seite)
DBMS	Database Management System (Datenbankverwaltungssystem)
DD	Double Density (doppelte Dichte der Aufzeichnung)
DDL	Data Definition Language (Datendefinitionssprache im Datenbankmanagement)
DDP	Distributed Data Processing (Datenverarbeitung mit verteilter Intelligenz: Ein zentraler Rechner enthält sowohl alle Daten, die von allen Benutzern gemeinsam benötigt werden, als auch die von allen gemeinsam benötigten Programme. Darüber hinaus ist der Zentralrechner über Datenleitungen mit dezentralen Rechnern verbunden. Diese dezentralen Rechner überprüfen die Daten und bereiten sie auf [Dörr, 124]).
DEE	Datenendeinrichtung (z. B. Datensichtstation, Fernschreiber, Magnetbandstation etc.)
DENDRAL	Expertensystem für chemische Anwendungen
DES	Data Encryption Standard (Verschlüsselungsalgorithmus)
DEVO	Datenerfassungsverordnung
DFÜ	Datenfernübertragung
DGQ	Deutsche Gesellschaft für Qualitätssicherung e. V.
DIN	Deutsches Institut für Normung e. V.
DNC	Direct Numerical Control (direkte numerische Maschinensteuerung)
DNotZ	Deutsche Notar-Zeitschrift

DOS	Disk-Operating System (Betriebssystem für Plattenspeicher)
DOS/VSE	Disk-Operating System/Virtual Storage Extended (Betriebsspeichersystem mit virtueller Erweiterung)
dpi	dots per inch (1 inch: 25,4 mm)
DS	Dedicated System (auf bestimmte Anwendung zugeschnittenes EDV-System) oder: Double Side (beidseitig)
DuD	Datenschutz und Datensicherheit (Jahr und Seite)
DÜVO	Datenübermittlungsverordnung
d. V.	der Verfasser
DV	Datenverarbeitung
DVA	Datenverarbeitungsanlage
DVD	Digital Versatile Disk
DV-R	Zahrnt, Entscheidungssammlung DV-Rechtsprechung, Bd. 1 bis 4
DZWiR	Deutsche Zeitschrift für Wirtschafts- und Insolvenzrecht (Jahr und Seite)
EAN	Europäische Nummerierung
EBCDIC	Extended Binary Coded Decimal Interchange Code (Code-Verzeichen-Darstellung)
EBE	Eildienst – Bundesgerichtliche Entscheidungen (Jahr und Seite)
ECL	Emitter-Coupled-Logic (Emitter-gekoppelte Transistor-Logik)
EDS	Elektronisches Datenvermittlungssystem (rechnergesteuertes Leitungsvermittlungssystem, das die Telex-, Datex- und Direktrufnetze im „integrierten Fernschreib- und Datennetz" (IDN) vereinigt)
EDV	Elektronische Datenverarbeitung
EISA	Extended Industry Standard Architecture (vereinheitlichte Bus-Architektur für rechnerinterne und -externe Datenübertragung)
EMS	Expanded Memory Specification von LIM (Lotus, IBM und Microsoft)
EMVG	Gesetz über elektromagnetische Verträglichkeit von Geräten
Entsch.	Entscheidung
EPA	Europäisches Patentamt

EPROM	Erasable PROM (löschbarer Festspeicher)
EPÜ	Europäisches Patentübereinkommen
ERP	Enterprise Resource Planning (Unternehmensplanung)
EVA	Ablauf: Eingabe, Verarbeitung, Ausgabe
EWG	Europäische Wirtschaftsgemeinschaft
EWS	Europäisches Wirtschafts- und Steuerrecht (Jahr und Seite)
FAT	File Allocation Table (Datei-/Sektorenzuordnungstabelle)
FEM	Finite Elements Method (Methode endlich [kleiner] Elemente in CRD-Systemen)
FFS	Flexible Fertigungssysteme
FLOPS	Floating Point Operations Per Second
FNI	Fachnormenausschuss für Informationsverarbeitung
FORTH	Höhere Programmiersprache
FORTRAN	Formular Translator (mathematisch orientierte, höhere Programmiersprache)
FS	Festschrift
FTP	File Transfer Protocol (Internet Protocol zur Dateiübertragung)
FTZ	Fernmeldetechnisches Zentralamt der Deutschen Bundespost
GATT	Internationales Zoll- und Handelsübereinkommen
GB	Giga Byte = 1 024 mByte (mB) = 1 073 741 824 Byte
GEM	Graphics Environment Manager (TM)
GesB	Gesetzesbegründung, Bundestagsdrucksache
GeschMG	Geschmacksmustergesetz
GewO	Gewerbeordnung
GG	Grundgesetz
GKS	Graphics Kernel System (graphisches Kernsystem gem. DIN 66252)
GOB	Grundsätze ordnungsgemäßer Buchführung
GOS	Grundsätze ordnungsgemäßer Speicherbuchführung
GPL	General Public License
GPU	Graphic Processing Unit (Graphikprozessor)
GRUR	Gewerblicher Rechtsschutz und Urheberrecht (Jahr und Seite)
GuP	Güte- und Prüfbedingungen
GWB	Gesetz über Wettbewerbsbeschränkungen

HDAM	Hierarchical Direct Access Method (hierarchisch organisierter DAM)
HDLC	High Level Data Control (Bit-orientiertes Übertragungsprotokoll für DFÜ, vom Consulting Committee for International Telephone and Telegraph [CCITT] und der Internationalen Normenorganisation erstellt, s. Bues/Pleil, 101)
HDW	Handbuch des Wettbewerbsrechts
HGB	Handelsgesetzbuch
HIDAM	Hierarchical Indexed Direct Access Method (hierarchisch indizierter Direktzugriff)
HISAM	Hierarchical Indexed Sequential Access Method (hierarchisch über Index geordneter, sequentieller Zugriff)
h. M.	herrschende Meinung
HMD	Handbuch der Modernen Datenverarbeitung
Hrsg.	Herausgeber
HSAM	Hierarchical Sequential Access Method (hierarchisch-sequentielle Zugriffsmethode)
HTML	Hyper Text Manipulation Language
HTürG	Haustürwiderrufsgesetz
IC	Integrated Circuit (integrierte Schaltung)
IDN	Integriertes Text- und Datennetz
i. d. R.	in der Regel
i. E.	im Ergebnis
IEC	International Electrotechnical Commission
IEEE	Institution of Electrical and Electronical Engineers (US)
InsO	Insolvenzordnung
IS	Informationssysteme
ISA	Indexsequential Access Method (über Index geordnete, sequentiell organisierte Datei)
ISDN	Integrated Services Digital Network
ISO	International Organization for Standardication
i. S. v.	im Sinne von
ITSEC	Information Technology Security Criteria (Jahr und Seite)
ITV-E	Entwurf zu einer Verordnung über die Entsorgung von Geräten der Informations-, Büro- und Kommunikationstechnik
IuR	Informatik und Recht (Jahr und Seite)

i. V. m.	in Verbindung mit
JiT	Just-in-Time (zeitgleich/-nahe Fertigung)
JR	Juristische Rundschau (Jahr und Seite)
Jur-PC	Zeitschrift Jur-PC (Jahr und Seite)
JuS	Juristische Schulung (Jahr und Seite)
JW	Juristische Wochenschrift (Jahr und Seite)
JZ	Juristenzeitung (Jahr und Seite)
KBit	(Kilo-Bit) Maßeinheit für die Kapazität von Chips (1 kBit = 1 000 Bit)
KG	Kammergericht
KO	Konkursordnung
K & R	Kommunikation und Recht (Jahr und Seite)
KW	(gelegentlich K): 1 kB (Kilo-Byte) entspricht 1 024 Bits (Speicherstellen)
LAG	Landesarbeitsgericht
LAN	Local Area Network (lokale Netzwerke zur Datenübertragung, die nicht auf Postleitungen, sondern im privaten Bereich [Grundstück] erfolgt)
LCD	Liquid Chrystal Display (Flüssigkristallanzeige)
LED	Light Emitting Diode (unter elektrischer Spannung Licht abgebende Halbleiterbausteine)
LG	Landgericht
LISP	Höhere Programmiersprache der KI
LOGO	Höhere Programmiersprache
LS	Leitsatz
LSI	Large Scale Integration (komplexe Schaltungen auf einem Trägerplättchen)
MAP	Manufacturing Automation Protocol (Kommunikationsprotokoll für automatisierte Fertigung)
MB	Mega-Byte, entspricht 1 024 kB = 1 048 546 Byte
MC	Microcomputer
MCA	Microchannel Architecture
MDR	Monatsschrift für Deutsches Recht (Jahr und Seite)
MDT	Mittlere Datentechnik (Hauptspeichergröße von etwa 32 bis 512 KB)

MICR	Magnetic Innk Character Recognition (Wiedererkennung magnetischer Schriftzeichen)
MIPS	Million Instruktionen pro Sekunde
MIS	Management-Informations-System
Mitt.	Mitteilung
MittPA	Mitteilungsblatt des Verbandes der deutschen Patentanwälte (Jahr und Seite)
MMR	Multi Media und Recht (Jahr und Seite)
Modem	Modulator-Demodulator (Signalumsetzer bei Datenfernverarbeitung, z. B. bei Übertragung auf Postleitung)
MOS	Metal Oxy Semiconductor (Halbleiter)
MOS-FET	MOS-Feldeffekt Transistor
MP	Micro Prozessor
MPL	Micro Programming Language (Mikroprogrammiersprache, in der Mikroinstruktionen für Mikroprogramme zum Betrieb einzelner Prozessoren formuliert werden)
MP/M	Multi Programming Control for Micro Computers (Weiterentwicklung von CP/M für Multi Programming)
MRC	Marly, Rechtsprechungssammlung Computerrecht (Jahr und Nr.)
MS-DOS	Microsoft-Disk-Operation-System (Betriebssystem für Single-User, d. h. 1-Platz-Betrieb)
MSI	Medium Scale Integration (mittlerer Integration) LSI und MSI arbeiten mit bipolaren Transistoren-VLSI-Komponenten mit langsameren MOS-FET
MTBF	Mean Time Between Failure (mittlerer zeitlicher Abstand zwischen dem Auftreten zweier Fehler- oder Bauelemente-Ausfälle, Maß für Systemverfügbarkeit
MTBM	Mean Time Between Malfunctions (mittlerer zeitlicher Abstand aufeinander folgender Fehler)
MTTR	Mean Time to Repair (mittlere Dauer einer Reparatur)
MVS	Multiple Virtual Storage (Betriebssystem mit mehrfach adressierbaren, virtuellen Speicherräumen)
NC	Numerical Control (Einsatz der Datenverarbeitung in der Produktionssteuerung)
NJW	Neue Juristische Wochenschrift (Jahr und Seite)
NJW-CoR	NJW-Computerrundschau (Nr., Jahr, Seite)
NJW-RR	Neue Juristische Wochenschrift – Rechtsprechungsreport (Jahr und Seite)

NLQ	Near Letter Quality (Korrespondenznahe Druckqualität)
n. v.	nicht veröffentlicht

OCR	Optical Character Recognition (optische Zeichenerkennung)
OEM	Original Equipment Manufacturer (Hersteller von Originalteilen, insbesondere Bauteilen wie Prozessoren)
OLG	Oberlandesgericht
OLGZ	Entscheidungssammlung der Oberlandesgerichte in Zivilsachen (Jahr und Seite)
OS	Operating System (mehrplatzfähiges Betriebssystem)
OSI	Open Systems Interconnection (Standard zum Datenaustausch in Netzwerk nach DIN/ISO 7498, definiert in 7 „Schichten")

PASCAL	höhere Programmiersprache für mathematische Aufgaben
PatG	Patentgesetz
PCB	Printed Circuit Board (gedruckte Schaltplatine)
PCM	Plug Compatible Manufacturer (Hersteller von Geräten, die unmittelbar angeschlossen werden können, d. h. betriebsfertig sind)
PD	Public Domain (Software)
PEARL	Process and Experiment Automation Real-time Language
PHi	Produkt- und Umwelthaftpflicht international (Nr., Jahr, Seite)
PL/1	Programming Language One (höhere Programmiersprache)
POS	Point-of-Sale (Kassenterminals)
PPL	Pico Programming Language (Menge der Pico-Operation Anweisungen, d. h., Steuersignale zu den Funktionseinheiten der Prozessor-Hardware zwecks Ausführungen von Grundoperationen. Uncodiert im Microbefehl enthaltene Pico-Anweisungen [„Steuerbits"] ergeben ein „horizontales" Microbefehlsformat)
PPS	Production Planning System (Produktionsplanungssystem)
ProdHaftG	Produkthaftungsgesetz
ProdSG	Produktsicherheitsgesetz
PROLOG	Programming in Logic (höhere Programmiersprache)

PROM	Programmable ROM (programmierbarer Festspeicher)
pVV	positive Vertragsverletzung
QS	Qualitätssicherung
RAL	Deutsches Institut für Gütesicherung und Kennzeichnung e. V.
RAM	Random Access Memory (frei adressierbarer Speicher, im Englischen eigentlich WCS für „Writable Control Store" genannt)
RBÜ	Revidierte Berner Übereinkunft
RDV	Recht der Datenverarbeitung (Jahr und Seite)
red.	redaktionell
RG	Reichsgericht
RGZ	amtliche Sammlung der Entscheidungen des Reichsgerichts (Band und Seite)
RISC	Reduced Instruction Set Computer (Rechner mit reduziertem Befehlsvorrat)
RJE	Remote Job Entry (entfernte Datenstation gibt im Batch-Betrieb einen Auftrag zur Bearbeitung an größere Rechner, in der Regel auf der Grundlage der „Quasi-Standard"-Protokolle 2780 und 3780)
RL	Richtlinie
Rn.	Randnummer
ROM	Read Only Memory (frei adressierbarer Festspeicher)
RPG	Report Program Generator (höhere Programmiersprache; neue Version RPG/II)
RZ	Rechenzentrum
s.	siehe
SAA	System Application Architecture (einheitliche Benutzeroberfläche von IBM-Produkten)
SAM	Sequential Access Method (serieller Zugriff)
SAP	führender Softwareanbieter
SDLC	Synchronous Data Link Control (Protokoll für synchrone Datenübertragung)
SGB	Sozialgesetzbuch
SigG	Signaturgesetz
SNA	System Network Architecture (Netzwerkarchitektur für unterschiedliche Rechnersysteme)

SNOBOL	Programmiersprache zur Entwicklung v. a. von Compilern und Datenbanken
Spool-Betrieb	Simultaneous peripheral operation on line (Zwischenspeicherung ein- oder auszugebender Daten)
SQL/DS	Structured Query Language/Data Systems (relationales Datenbank-Management-System mit online-Abfrage und -Listenprogrammmöglichkeit)
SS/SD	Single Side/Single Density (einseitig, einfache Dichte)
SSI	Small Scale Integration (geringe Integrationsdichte)
STAIRS	Storage And Information Retrieval System (Datenbanksprache)
StGB	Strafgesetzbuch
str.	streitig
st. Rspr.	ständige Rechtsprechung
SWIFT	Society for Worldwide Interbank Financial Telecommunications
TCP/IP	Transmission Control Protocol/Internetwork Protocol zum Datentransfer
TKO	Telekommunikationsordnung der Deutschen Post/Telekom
TMO	Thermo-Magnetisch-Optisch
TOS	Tape Operating System (Bandbetriebssystem)
TP	Tele Processing (Datenfernverarbeitung)
TQM	Total Quality Management
TRIPS	Trade Related Intellectual Property Rights
TSS	Time Sharing System (Teilnehmerbetrieb)
TTL	Transistor-Logic (digitale Standard-Bausteinreihen mit 5 Volt/5 V-Versorgungsspannung)
TTY	Tele Type (Fernschreiber)
ULSI	Ultra Large Scale Integration (ultrahohe Integration)
UNIX	In C geschriebenes, mehrplatzfähiges Betriebssystem
UrhG	Urheberrechtsgesetz
USB	Universal Serial Board (Schnittstelle)
u. U.	unter Umständen
UWG	Gesetz gegen den unlauteren Wettbewerb

V.24	Funktion von Leitungen und den Schnittstellen zwischen Datenendeinrichtungen und Datenübertragungseinrichtungen
V.25	Automatische Wähl- oder Anrufbeantwortungseinrichtung im öffentlichen Fernsprechnetz
VerbrKredG	Verbraucherkreditgesetz
VerglO	Vergleichsordnung
Verkaufsprospekt VO	Verordnung über Wertpapier-Verkaufsprospekte
VersR	Versicherungsrecht (Jahr und Seite)
VGA	Video-Graphics-Array
VLSI	Very Large Scale Integration (sehr hohe Integrationsdichte)
VM	Virtual Machine (virtuelle Maschine)
VOC	Verdingungsordnung für Computerleistungen
VOF	Verdingungsordnung freiberufliche Leistungen
VOL/A	Verdingungsordnung für Leistungen/Teil A
Voraufl.	Vorauflage
Vorbem.	Vorbemerkung
VS	Virtual Storage (virtueller Speicher)
VSAM	Virtual Storage Access Method (Zugriffsmethode für virtuelle Speicher, meist in der Form Keyed Sequenced Data Set [KSTS], eine indexsequentielle Organisation)
VTAM	Virtual Telecommunications Access Method (Zugriffsmethode über Telekommunikation)
VTOC	Volume Table of Content (Inhaltsverzeichnis eines Magnetspeichermediums)
VwVfG	Verwaltungsverfahrensgesetz
WährG	Währungsgesetz
WAN	Wide Area Network (Netze über große Entfernungen)
WiB	Wirtschaftsrechtliche Beratung (Jahr und Seite)
WIPO	World Intellectual Property Organization (Weltorganisation für geistiges Eigentum)
Wistra	Wirtschaftsstrafsachen (Jahr und Seite)
WM	Wertpapiermitteilungen (Jahr und Seite)
WORM	Write Once Read Often Memory
WPM	Wertpapiermitteilungen (Jahr und Seite)
WRP	Wettbewerb in Recht und Praxis (Jahr und Seite)

WuW   Wirtschaft und Wettbewerb (Jahr und Seite)
WuW/E-OLG   Wirtschaft und Wettbewerb, Entscheidungssammlung
                       des OLG
WZG   Warenzeichengesetz

X.24   Liste der Definitionen für Schnittstellenleitungen zwi-
                       schen Datenendeinrichtungen und Datenübertragungsein-
                       richtungen in öffentlichen Datennetzen
X.25   Schnittstellen zwischen Datenendeinrichtungen und
                       Datenübertragungseinrichtungen für „Packet-Mode"-Ter-
                       minals in öffentlichen Datennetzen
X.400   Datentransportprotokoll für die OSI-Schichten 5-7
XCOM   Schnittstellenbezeichnung
XENIX   UNIX-Version von Microsoft

ZfBR   Zeitschrift für deutsches und internationales Baurecht
                       (Jahr und Seite)
ZIP   Zeitschrift für Wirtschaftsrecht und Insolvenzpraxis
                       (Jahr und Seite)
zit.   zitiert
ZPO   Zivilprozeßordnung
ZUM   Zeitschrift für Urheber- und Medienrecht (Jahr, Nr.,
                       Seite)
zust.   zustimmend
ZVEI   Zentralverband Elektrotechnik und Elektronikindustrie
ZZF   Zentralamt für Zulassung im Fernmeldewesen

Vorwort zur 5. Auflage

Das EDV-Vertragsrecht ist nach wie vor in rascher Entwicklung begriffen. In Teilbereichen, etwa hinsichtlich der Rechtsnatur der Verträge zur Software-Überlassung, ist zwar eine Konsolidierung feststellbar, doch bleibt eine Vielzahl von Problemen, wie die vertragstypologische Einordnung von Wartungs- und Pflegeleistungen oder die insolvenzfeste Gestaltung der Quellcode-Hinterlegung.

Die Darstellung geht in erweitertem Umfang auch auf Probleme der Vertragspraxis ein, die bisher noch überhaupt nicht Gegenstand der Rechtsprechung waren, jedoch von teilweise erheblicher wirtschaftlicher Bedeutung sind, so etwa die richtige vertragliche Gestaltung der R/3-Einführung (Rn. 989) oder der Data Warehouse-Einführung (Rn. 1000), die Durchführung von Business-Reengineering-Projekten und die Probleme der Euro- und Jahr-2000-Umstellung, insbesondere ihre Rechtsfolgen und die Sanierung bei Scheitern sowie die diesbezügliche unmittelbare Verantwortlichkeit der Geschäftsführung.

Vertieft werden Probleme wie die Sacheigenschaft von Computerprogrammen, der erweiterte Begriff der Ablieferung und der Einsatz technischer Sperren wie der Dongles werden ausführlicher analysiert. Bereits berücksichtigt sind der Entwurf der IT-Altgeräteverordnung und die verbesserte Gewährleistung nach dem neuen EU-Verbraucherschutzrecht.

Schwerpunkte wurden bei praxistypischen Problemen gesetzt wie Zulässigkeit von Kopier- und Weitergabeverboten für Programme und Datenbanken (Rn. 1493), Pflichten bei Shareware-Überlassung (Rn. 750), Zulässigkeit von Nachforderungen für Upgrades und bei Rechnerklassenwechsel (Rn. 778), Funktion und Risiken von Leistungsbeschreibungen, Pflichtenheften (Rn. 1 und 10), Dokumentationen und Produktbeschreibungen (Rn. 29 und 67), Einbeziehung von AGB durch Übergabe an der Kasse (Rn. 312), vertragliche Regelungspunkte nach DIN/ISO (Rn. 116), Open Source-Lizenzen für Software (z. B. unter Linux, Rn. 1557), unwirksame Software-Betaversions-Klauseln, OEM-Klauseln (Rn. 780), Verpackungsrücknahme (Rn. 132), Vorgehen und Fristen bei Fehlen der Dokumentation im Rahmen der Programmerstellung, anbieterseitige Sicherungspflichten bei Programmimplementierung (Rn. 159) und Datensicherungspflicht des Kunden (Rn. 238), Sicherheitszertifizierung von Software (Rn. 290), Helpdesks und Service-Level-Agreements bei Wartung/Pflege (Rn. 929), Anbieterhaftung bei unzureichender/fehlender Befundsicherung im Qualitätsmanagement (Rn. 256), Vertragseinheit (Rn. 93, 98, 103) und Gesamtwandelung (Rn. 1397), Wirksamkeit formularvertraglich vereinbarter Anschlussfristen für die Anzeige offensichtlicher Mängel (Rn. 450) sowie Vorgehen bei Verletzung von ergonomiebezogenen DIN-Normen/Verordnungen durch Betriebssysteme oder abstrahlende Bildschirme, Prüfpflichten des Betriebsrates aus Gesetz (Rn. 984), Entsorgung von Hardware (Rn. 980).

Für das Vorgehen bei typischen Leistungsstörungen wie Verzug und mangelhafter Leistung wurden Checklisten zur Vorbereitung und Durchsetzung der Ansprüche ausgearbeitet.

Zur schnelleren Orientierung werden alle EDV-spezifischen Urteile mit Datum und Aktenzeichen nachgewiesen.

Die vorliegende 5. Auflage wird wieder in gebundener Form vorgelegt, um eine gleichmäßig alle Teile des Werkes erfassende Aktualisierung zu gewährleisten. Redaktionell wurde der Text auf den Stand vom 1. Januar 2000 gebracht; wichtige Entscheidungen sind bis einschließlich Juli 1999 eingearbeitet.

München, im Herbst 1999 Frank A. Koch

Checkliste: Vom Problem zur Lösung

Diese Checkliste „Vom Problem zur Lösung" strukturiert den Text des Handbuches praxisbezogen. Für jede Nutzungsphase – Erwerb, Nutzung oder Wechsel von Systemen – werden die wichtigsten Fragestellungen thematisch orientiert gesammelt und mit den Antworten im Text verknüpft.

Vertragsphasen:

A. Vertragsinhalt festlegen

B. Störungen bei der Leistungserbringung beheben

C. Mängel der erbrachten Leistung beseitigen

D. Vertrag beenden

A. Abschluss und Inhalt des Vertrages   **Rn.**

1. Vorbereitung der EDV-Anschaffung

Vorklärung:

– Welche **Anwendungsprobleme** sollen gelöst werden?   2
– Ist das **Kosten-Nutzen-Verhältnis** des EDV-Einsatzes
  zur Lösung des Anwendungsproblems geklärt?

Prüfreihenfolge bei der Systemauswahl:

– Welche **Software** löst das gestellte Anwendungsproblem?
– Welche **Hardware** wird für diese Software benötigt?
– **K. O.-Kriterien** zur Systemauswahl.

2. Leistungsbeschreibung

a) Haupt- und Nebenleistungen:

– Sind alle Leistungen des Anbieters im Vertrag bzw. im
  Leistungsschein vollständig und kontrollfähig beschrieben,
  z. B. Art und Anzahl von Geräten oder Programmen,
  Lieferdaten?   4
  Sind auch die – gelegentlich übersehenen – Nebenleistungen
  geregelt?   4
  Zu den Begriffen:
  • Leistungsort   119
  • Zahlungsort   124
  • Anlieferung/Versendung   120
  • Transportpflicht   128
  • Installation   146
  • Herbeiführen der Betriebsbereitschaft   160
  • Einweisung   163
  • Funktionsprüfung   172
– Sind zu lösende Aufgaben im **Pflichtenheft** klar geregelt?   10
– Können alle Leistungen von einem Anbieter bezogen
  und in einem einheitlichen Vertrag geregelt werden?   93 ff.
– Erwerb gebrauchter Systeme   950
– Versandhandel   962
– Quellcode-Hinterlegung   973

b) Besondere Projekte:

– Einführung von Unternehmensplanungssoftware   989
– Business-Reengineering   995
– Einführung eines Data Warehouse   1000
– Outsourcing-Verträge   1006
– Jahr-2000-/Euro-Umstellung   1012

c) Vertragsleistungen:

Sind die jeweiligen vertragstypischen Leistungen klar definiert?

Vertragstyp	Leistungspflichten des			
	Anbieters	**Rn.**	**Kunden**	**Rn.**
Kaufvertrag	– Übergabe – Übereignung – Installation	566 574 578	– Kaufpreiszahlung – Abnahme	585 591

System-/Software-Miete	– Lieferung
	
	– Mängelbeseitigung
		609
		611
		
		612
			– Mietzinszahlung
			– Mängelmitteilung
			– Rückgabe der
			  Mietsache bei
			  Vertragsende
				615
				621
				
				624

Leasing	– Überlassung des
	  Systems
		663	– Zahlung der
			  Leasingraten
			– Erstellen einer
			  Übernahmebe-
			  stätigung
				678
				
				683

Software-Überlassung	– Übergabe des
	  Programms auf
	  Datenträger/
	  Übertragen
	  mittels DFÜ
	– Lauffähig machen
	– Übergabe einer
	  Dokumentation
		809
		
		827
		824
			– Zahlung der Nut-
			  zungsvergütung
			– Abnahme
				829
				832

Software-Erstellung	– Erstellung – Quellcode – Dokumentation – Überlassung	858 863 873 857	– Vergütungs- zahlung – Abnahme	878 883

Wartung/Pflege	– Störungsbeseiti-
	  gung
	
	– Störungsver-
	  meidung
	– Dienstbereitschaft
		893
		899
		902
		915
		
		893
		894
			– Vergütungs-
			  zahlung
			– Abnahme bei
			  Werkvertrag
				923
				927

3. Unwirksame Klauseln

Gewährleistung und Haftung:

Hat der Anbieter in seinem Formalvertrag

– generell die **Gewährleistung**
- ausgeschlossen? 418, 429
- zeitlich auf unter sechs Monate eingeschränkt? 450
- auf bloße Mängelbeseitigung beschränkt? 434

– bzw. unter Regelung einzelner Gewährleistungsansprüche
- die **Mängelbeseitigung** von der Zahlung gesonderter Vergütung für den wesentlichen Teil der Mängelbeseitigung abhängig gemacht? 447
- das **Minderungsrecht** des Kunden ausgeschlossen? 429
- das **Wandelungsrecht** des Kunden ausgeschlossen? 423

– den Kunden auf **Inanspruchnahme Dritter** verwiesen? 414

– seine **Haftung**
- auf **Vorsatz** und **grobe Fahrlässigkeit** eingeschränkt? 405
- auf **unmittelbare Schäden** begrenzt? 407
- für gegebene **Zusicherungen** ausgeschlossen? 461
- auf eine **Schadenspauschalierung** beschränkt? (Auch bei kundenseitigen AGB prüfen!) 396

Sonstige Vertragsbestimmungen:

Hat der Anbieter im Formularvertrag

– sich eine unbestimmte oder lange **Entscheidungsfrist** vorbehalten, das Vertragsangebot des Kunden anzunehmen? 343

– sich vorbehalten,
- den Zeitpunkt der Leistungsänderung festzulegen? 362
- seine Leistung zu ändern? 362
- nur bei Selbstbelieferung leisten zu müssen? 358

– den **Zugang** von Erklärungen des Anbieters (z. B. Mahnung, Kündigung) **fingiert**? 369

– die Notwendigkeit einer **Mahnung** bei Kundenverzug abbedungen? 390

– den Kunden längerfristig an die **Bestellung gebunden**? 343

– den **Leasingkunden** zum vorzeitigen vollen Gewinn-
ausgleich verpflichtet?   372

– das Recht des Kunden auf **Aufrechnung** mit Gegenforderungen ausgeschlossen?   388

– das Recht des Kunden auf **Leistungsverweigerung** oder
Zurückbehaltung ausgeschlossen?   384

– die Vergütungspflichtigkeit von **Kostenvoranschlägen**
vorgesehen?

– den Kunden auf die **Nutzung** der überlassenen Software
nur **auf einer** bestimmten **Anlage** festgelegt?

– ein einseitiges Recht auf **Preiserhöhung** vorgesehen?   376

– bei Zahlungsverzug des Kunden aus Miete einen
Verzugszins von monatlich 1,5 % vorgesehen?

– die Abrechnung von **Fahrtzeiten** als Arbeitszeiten
vorgesehen?

– die Belieferung des Kunden von der **eigenen Belieferung**
durch einen Großhändler abhängig gemacht?   358

– die **Laufzeit von Verträgen** (z. B. Miete) auf einen
Mindestzeitraum von mehr als **zwei Jahren** ausgedehnt?   466

– eine **Vertragsstrafe** bei Nichtabnahme der Leistung
durch den Kunden vorgesehen?   402

– sich vorbehalten, seine Vertragspflichten ohne Zustimmung
des Kunden auf einen anderen Anbieter zu übertragen?   473

– sich ein uneingeschränktes Rücktrittsrecht vorbehalten
oder das kundenseitige Rücktrittsrecht befristet?   355

– die Beweislast (etwa für Mängel) zu Lasten des Kunden
geändert?   477

4. Beratung

Schuldet der Anbieter die Beratung

– im Rahmen des Systemvertrages   200
  • aus erkennbarem Wissensvorsprung?   202
  • aus ausdrücklich erbetenem Rat?   204
– aus eigenständig abgeschlossenem Beratungsvertrag?   210, 936

5. Mitwirkung durch den Kunden

Auf welche Weise hat der Kunde bei der Leistungserbringung
mitzuwirken? 230

– durch Installation des Systems?

– durch Implementierung und

– Fehlerbeseitigung im Rahmen von Gewährleistung oder
Wartung/Pflege?

– durch Bereitstellen

– eines Pflichtenheftes?

– von Testdaten?

B. Störungen bei der Leistungserbringung

1. Was gilt, wenn der Anbieter

1.1 verspätet liefert? 1048

– Frist setzen, wenn kein Leistungstermin vereinbart ist. 1054

– Nachfrist setzen und Leistungsablehnung androhen. 1056

– Anwaltskosten für Leistungsaufforderung 1062

– Ersatzansprüche geltend machen 1066

– **Kauf:** Kaufpreis zurückbehalten 1074

– **Miete** (Hardware/System):
 • Zurückbehalten des Mietzinses 1075
 • Schadensersatz 1078
 • Kündigung 1411
 • Rücktritt (nur bis Überlassung) 1380

– **Software-Überlassung:**
 • Schadensersatz 1079
 • Rücktritt 1383

– **Software-Erstellung:**
 • Schadensersatz 1082
 • Kündigung (**Achtung:** Vergütungspflicht des
 Auftraggebers bei ordentlicher Kündigung,
 § 649 BGB!) 1466
 • Rücktritt 1081, 1380

1.2 nur einen Teil der Leistung liefert?

  – Fristsetzen für Restleistung   1063

  – wenn Leistungsteil nicht verwendbar:
    Gesamtvertrag (s. B. 1.1)   1064

1.3 die Lieferung verweigert?

  – Fristsetzung entbehrlich   1058

  – Schadensersatz (für alle Vertragsverhältnisse)   1066
    bzw. überhaupt nicht leisten kann?   1112

1.4 bei der Leistungserbringung Schäden verursacht, z. B.
Zerstörung von Daten?   1100

1.5 einen Mangel beseitigt?

  – verspätet   1057
    • Schadensersatz   1063
    • Eigennachbesserung   1319

  – überhaupt nicht beseitigt?   1207

1.6 zur Software keine Dokumentation liefert?   1190

2. Was gilt, wenn der Kunde

2.1 nicht bezahlt?

Kauf (Hard-/Software)

  – Lieferung verweigern   1034

  – Verzugsschaden ersetzt verlangen   1084

  – Schadensersatz wegen Nichterfüllung bzw. aus Verzug
    verlangen   1061

  – vom Vertrag zurücktreten   1383

Miete (Hard-/Software)

  – fristlose Kündigung   1411

2.2 die Leistung nicht abnimmt?

Kauf (Hard-/Software)

  – Ersatz von Verzögerungsschaden verlangen   1061

Miete

  – Ersatz von Verzögerungsschaden verlangen   1061

Software-Erstellung

– Schadensersatz 1061

– Anspruch auf Abnahme (Klage) 172

C. Mängel der erbrachten Leistung beseitigen

1. Mängel

– Wie stellt man einen **Mangel** fest?

Rechtsprechungsbeispiele für Mängel
- der Hardware, 1167
- der Software, 1175
- des Systems. 1165

– Ist jeder Fehler immer auch rechtlich ein Mangel? 1119

– Sind Abweichungen von DIN-Normen Mängel? 1135

– Was gilt für **nach** Übergabe entstehende Mängel? 1149

– Liegt eine sogenannte Falschlieferung vor? 1142

– Wie wird der festgestellte Mangel **richtig gerügt**? 1152

– Welche **Fristen** sind zu beachten? 1147

– Welche besonderen Pflichten muss der kaufmännische
Kunde beachten? 1237
- Untersuchung 1242
- rechtzeitige Rüge 1249

– Wer muss das Vorliegen eines Mangels **beweisen**? 1148

2. Gewährleistungsrechte aus Mängeln

Kann der Kunde

– **Mängelbeseitigung** verlangen?
- Kauf 1199
- Miete (Erhaltung der Mietsache) 1258
- Miete (Eigenbeseitigungsanspruch des Mieters) 1258
- Leasing aus abgetretenem Recht 1280
- Werkvertrag (Programmerstellung) 1312
  – Mängelbeseitigungskosten 1317
  – Eigennachbesserung 1319
- Wartung/Pflege 1335

– die **Vergütung mindern**?
- Kauf   1222
- Miete   1261
- Werkvertrag

– **Schadensersatz wegen Nichterfüllung** verlangen?
- Kauf (aus Gewährleistung nur bei Fehlen zugesicherter
  Eigenschaften)   1226
- Miete
  – anfängliche Mängel   1270
  – später auftretende Mängel   1270
- Werkvertrag   1327

– den Vertrag **wandeln** (rückgängig machen)?
- Kauf   1389
- Werkvertrag   1466
- Wartung/Pflege   1467

– den Vertrag **kündigen**?
- Miete   1412

3. Verletzung einer Zusicherung

Kann der Kunde Schadensersatz verlangen, wenn der Anbieter
eine dem Kunden gegebene Zusicherung nicht einhält?   1226

D. Vertragsbeendigung

1. Beendigung laufender Verträge

– Miete/Leasing:
- Kündigung   1411
- Rücktritt   1383
- Wegfall der Geschäftsgrundlage   1381

– Wartungs-/Pflegeverträge
- Kündigung   1468, 1471
- Rücktritt   1383
- Wegfall der Geschäftsgrundlage   1472

– Kreditfinanzierung (Widerruf)   988

2. Beendigung von Erwerbsverträgen

- Kündigung (Werkvertrag)   1468, 1471
- Wandelung   1389, 1397
- Rücktritt (vor Leistungserhalt)   1383, 1387
- Schadensersatz

E. Rechtsschutz für Software

- Urheberrecht   1474
- Patentschutz   1565
- Wettbewerbsrechtlicher Schutz   1574
- Know-how-Schutz   1604

I. Verträge über EDV-Systeme und Software

Vorbemerkung

Ausgangspunkt der Darstellung ist die Beschreibung der Leistung. Sie legt fest, welche vertraglichen Pflichten Anbieter und Kunde zu erfüllen haben und welche Rechte dem Kunden bei Schlechterfüllung durch den Anbieter zustehen, etwa bei Verzug oder Leistungsmängeln. Unklarheiten und Unvollständigkeiten der Leistungsbeschreibung gehen in der Praxis zumeist zulasten des Kunden, der dann auf Schwierigkeiten stößt zu beweisen, dass zusätzliche Leistungsmerkmale geschuldet waren oder ein bestimmter letzter Leistungstermin hätte eingehalten werden müssen.

Hinzu kommt, dass bestimmte Komponenten, insbesondere Rechner/ Systemsoftware einerseits und Standardanwendungsprogramme andererseits, oft gemeinsam veräußert/überlassen werden. Weist nun, wie nicht selten, das Programm einen Mangel auf, wird der Kunde versuchen, bei einer Rückabwicklung des Vertrages (durch Rücktritt vor oder Wandelung nach Ablieferung [Kauf]/Abnahme [Werkvertrag]) nicht nur die Software zurückzugeben, sondern auch die Hardware, die – insbesondere in länger dauernden Wandelungsprozessen – gravierende Wertverluste erleidet. Hier ist die technische oder vertragsrechtliche Verknüpfung beider Komponenten für Verzug und mangelhafte Leistungen zu einer Vertragseinheit notwendig, damit die Komponenten das gleiche rechtliche Schicksal teilen (Rn. 98). Solche Klauseln muss der Kunde in aller Regel erst in den Vertrag „hineinverhandeln". Versäumt er dies, kann er hierdurch – selbst bei Obsiegen in einem Mängelprozess – die gesamte EDV-Investition verlieren, sofern er die (oft teure und bei Verfahrensende meist völlig veraltete) Hardware behalten muss. Andererseits sind Vereinbarungen zur Vertragseinheit zumeist auch für den Anbieter erkennbar sachgerecht, so dass er solche Vertragsergänzungen nicht ablehnen wird und es sinnvoll ist, grundsätzlich bei Vertragsverhandlungen diesen Punkt einer Gesamtfolgeregelung zu prüfen.

Besonderes Gewicht wird in der Darstellung auf Erläuterungen gelegt, wie sich praxisnahe Genauigkeit in der **Leistungsfestlegung** erreichen läßt. Von dieser Basis aus sind im nächsten Schritt die **Leistungsmodalitäten** näher zu bestimmen. Nach Leistungserbringung muss die Leistung abgenommen werden, und zwar tunlichst in der Form einer **Funktionsprü-**

fung, wofür aber grundsätzlich wiederum besondere Vereinbarungen zu treffen sind. Das Gesetz kennt nämlich keine „Funktionsprüfung".

Von Bedeutung sind weiter **Beratungspflichten** des Anbieters und **Mitwirkungspflichten**. Nur zu oft werden diese Nebenpflichten erst im Prozess thematisch und den Vertragsparteien bewusst, wenn Ansprüche aus vermeidbaren Versäumnissen geltend gemacht werden, die letztlich auf fehlendes Problembewusstsein zurückzuführen sind.

Die Darstellung legt den Erwerb und die Nutzung von **Systemen** aus Hardware und Software zugrunde, da sie auch in der Praxis zentrale Bedeutung haben. Hierauf aufbauend werden ergänzend Verträge zum getrennten Erwerb allein von Hardware oder Software behandelt. Zunächst ist auf das **anwendbare Vertragsrecht** einzugehen, anschließend auf die sich hieraus ergebenden **Leistungspflichten**. Naturgemäß können nicht alle Vertragstypen in ihren vielfältigen Verästelungen dargestellt werden, sondern nur Grundtypen, von denen aus der Leser freilich weitere Differenzierungen vornehmen kann. Sodann ist auf typische rechtliche Probleme bei Formularverträgen einzugehen, wie sie von Anbietern im EDV-Bereich fast ausnahmslos verwendet werden. Von Bedeutung sind zum einen die Voraussetzungen der wirksamen Einbeziehung von Allgemeinen Geschäftsbedingungen und die verschiedenen Klauselverbote zum anderen.

Die Ausführungen zu den einzelnen Vertragstypen (in Teil III) folgen einem **einheitlichen Schema**:

– Leistungsbeschreibung

Die Leistungsbeschreibung soll primär die Frage beantworten, welche technischen Leistungen zu einem Angebot gehören. Hierzu zählen alle für die jeweilige Leistung relevanten technischen Merkmale, die so präzisiert werden sollten, dass der Kunde ihr Vorliegen anhand der Leistungsbeschreibung so weit wie möglich selbst überprüfen kann. Die Details der vereinbarten Leistung und ihre Modalitäten (Ort, Zeitpunkt der Lieferung etc.) sind i. d. R. im **Systemschein** zum meist vorgegebenen Formularvertrag aufzunehmen und damit Teil dieses Vertrages (Muster für solche Verträge finden sich im Anhang S. 1067).

– Auf die Leistung anwendbares Vertragsrecht

Aus der Festlegung der Leistung ergibt sich zugleich, welches **Vertragsrecht** anwendbar ist (Vertragstypen des BGB oder freier Vertrag) und wel-

che Leistungspflichten von den Vertragsparteien aus den jeweils einschlägigen Vertragstypen erfüllt werden müssen. Erwirbt der Kunde am Programmexemplar Eigentum oder darf er nur zeitlich begrenzt nutzen? Was
gilt bei Verzug? Hat er einen gesetzlichen Mängelbeseitigungs- oder
Nachlieferungsanspruch? Welche Zusicherungshaftung geht der Anbieter
ein?

Die technisch-wirtschaftliche Leistungsgestalt legt also den rechtlichen
Vertragsrahmen und dieser wiederum die Kundenrechte auf Erfüllung und
aus Leistungsstörungen wie Verzug oder mangelhafter Leistung fest. Die
Frage der vertragsrechtlichen Zuordnung verdient gerade auch in der Vertragspraxis besondere Aufmerksamkeit. Die Gerichte prüfen nämlich die
Frage, welches Recht anwendbar ist, objektiv, d. h. nach der Sachlage und
damit unabhängig von den individuellen Vorstellungen der Parteien. Bei
der Wahl eines „falschen" Vertragstyps kann es passieren, dass durch ein
Gerichtsurteil eine völlig andere Gewährleistungsregelung zur Anwendung kommt, wobei deren gesetzlich vorgesehene Fristen längst verstrichen sind. **Rechtzeitige Beratung** bereits bei der Vertragsgestaltung stellt
hier deshalb in den meisten Fällen die beste Form einer kostengünstigen
Vorsorge dar.

– Leistungsstörungen

Welche Rechte hat der Kunde, wenn die Lieferung

- überhaupt nicht oder verspätet (Verzug) oder
- mangelhaft (Gewährleistung) erfolgt oder
- wenn der Anbieter sonstige Vertragspflichten bei Vertragserfüllung
  schuldhaft verletzt?

Diese Fragen werden in Teil IV behandelt.

– Vertragsbeendigung

Verträge enden entweder mit Erfüllung (z. B. Übergabe und Bezahlung
der Kaufsache bzw. nach Ablauf der Gewährleistungsfrist oder der Mietdauer) oder durch Geltendmachen von Rechten aus Leistungsstörungen,
z. B. Rücktritt bei Lieferverzug oder Wandelung bei Leistungsmängeln.
Die entsprechenden Rechte und Pflichten werden in Teil V. Abschn. 2
zusammengefasst. Bestehen eventuelle Rückgabeansprüche (z. B. bei
Systemmiete) oder Rücknahmepflichten des Anbieters (etwa aus Wandelung)? Wie erfolgt die Vertragsbeendigung bei Software-Überlassung? Ist
der Kunde berechtigt, das System oder Teile hiervon frei an Dritte zu ver-

äußern? Was gilt für erstellte Sicherungskopien und zwischenzeitlich gezogene Nutzungen?

– Produkthaftung

Ergänzend gewinnt – auch durch das Produktsicherheitsgesetz – die Produkthaftung für EDV-Leistungen an Bedeutung (Rn. 1345).

– Qualitätssicherung

Grundsätzlich müssen alle Leistungen auch im EDV-Bereich vom Anbieter qualitätsgesichert erbracht werden. Das Vorliegen entsprechender Nachweise (z. B. durch Zertifizierung) ist vom Kunden bereits bei Auftragsausschreibung zu verlangen (Rn. 251). Wird die Qualitätssicherung vom Anbieter nicht bzw. nicht ausreichend dokumentiert, kann dies zu einer gravierenden Erweiterung seiner Haftung führen (Rn. 254, 256).

Besondere Sorgfalt ist in der **anwaltlichen Beratung** geboten. Dies gilt sowohl für die Gestaltung geeigneter Verträge als auch für spätere prozessuale Anspruchsdurchsetzungen. Selbst eine sorgfältige, kunstgerechte Vorgehensweise droht nämlich dann zu scheitern, wenn die offenen und versteckten Besonderheiten des EDV-Bereiches nicht (rechtzeitig) beachtet oder erkannt werden. Deshalb gilt: Bei „rechtlichen Würdigungen darf der Anwalt nicht stehen bleiben".[1] Technikspezifisches Fachwissen muss zumindest insoweit hinzutreten, als etwa bereits technische Elemente der Leistungsbeschreibung ausschlaggebend für die Anwendbarkeit des Vertragsrechts und die Rechte aus Leistungsstörungen sind. Das bloße Mitnehmen von Gelegenheitsmandaten kann hier erhebliche Haftungsrisiken begründen, ebenso aber auch das routinemäßige, arbeitsteilige Befassen der mit solchen Problemen zwangsläufig nicht immer ausreichend vertrauten Rechtsabteilung eines Unternehmens. Der Kunde (bzw. die Unternehmensleitung) sollte sich hier nicht scheuen, wie auch in anderen Bereichen nach bereits gesammelten Erfahrungen zu fragen.

---

[1] BGH, NJW 1985, 1154 = ZIP 1985, 813.

1. Leistungsbeschreibung

1.1 Funktion der Leistungsbeschreibung

Beide Seiten – Anbieter wie Kunde – haben ein wohlverstandenes und 1
zentrales Interesse, ihre Pflichten aus einem EDV-Vertrag klar zu beschreiben. Unklarheiten können nämlich dazu führen, dass entweder der Anbieter „eigentlich" aus bestehendem Vertrag geschuldete Leistungsteile nur gegen Sondervergütung erbringt oder der Kunde die Abnahme einer Leistung verweigert, obwohl sie an sich vertragsgerecht erbracht wurde. Ein wesentlicher Teil geführter Rechtsstreitigkeiten resultiert aus solchen Unklarheiten über den Leistungsumfang bzw. über kundenseitige Mitwirkungspflichten. Hier bleibt meist nur der Rückgriff auf einen – oft jedoch noch nicht ausreichend ausgeprägten – **gewöhnlichen Gebrauch** eines Systems (s. Rn. 1125). Für vollständige, klare und widerspruchsfreie Leistungsbeschreibungen im Vertrag gibt es deshalb keinen gleichwertigen Ersatz.

Die Beschreibung der vom Anbieter geschuldeten Leistung legt den Maß- 2
stab dafür fest, ob

a) der Anbieter seine Leistungspflicht erfüllt hat oder ob er sich damit (teilweise) im Verzug befindet, bzw.

b) die vom Anbieter erbrachte Leistung Mängel aufweist.

Die Art und Weise der Beschreibung sollte sich an der **Leit- und Kon-** 3
trollfunktion der Leistungsbeschreibung orientieren. Bei kleineren Systemen reicht oft bereits die Bezugnahme auf **Herstellerprospekte** aus. Je vielfältiger jedoch die Leistungen sind, die der Anbieter erbringen soll, desto genauer sind sie – auch in ihrer wechselseitigen technischen Verknüpfung (z. B. über spezifische Schnittstellen) – zu beschreiben, um dem Kunden eine Leistungskontrolle und dem Anbieter den Nachweis der Leistungserbringung zu ermöglichen. So dienen bei technisch komplizierten Anlagen, die eine Vielzahl von Funktionen erfüllen sollen, die vom Anbieter dem Käufer zugänglich gemachten Programmbeschreibungen unmittelbar der **Festlegung des Vertragsgegenstandes** und beschreiben den nach dem Vertrag vorausgesetzten – und damit für die Gewährleistung relevanten – **Gebrauch** (§ 459 Abs. 1 BGB) des Vertragsgegenstandes.[2]

---

[2] KG Berlin, Urteil vom 24. 1. 1985 – 22 U 5919/83, CR 1986, 643.

4 Eine **vollständige Beschreibung** sollte angestrebt werden. Entscheidend ist, dass zwar nicht sämtliche Leistungspositionen, aber zumindest **alle für die Anwendung wesentlichen Lieferteile** (auch mit scheinbar selbstverständlichen, begleitenden Teilen, wie etwa Systemprogramme, die aktuelle Version des Betriebssystems, Zubehör oder Verbrauchsmaterialien, Druckerpapier, Farbbänder, Verbindungskabel, Treiberprogramme für Drucker oder sonstige Peripheriegeräte etc.) **und zu erbringenden Leistungen** (wie Anliefern, Aufstellen, Auspacken und Installation, Herstellen notwendiger Installationsvoraussetzungen, Einweisung oder Schulung, Entsorgung der Verpackung) und **Eigenschaften** (wie Datenträgerformate, Upgradefähigkeit, Kompatibilitäten, Quellcodeverfügbarkeit, Zusatzkosten etc.) aufgelistet werden. Für möglicherweise erforderliche **Anpassungsleistungen** sollten zumindest im Voraus ein fester Stundensatz und eine maximale Stundenanzahl festgelegt sein. Dann liegt das Risiko, mit diesen Vorgaben die Leistung vollständig erbringen zu können, beim Anbieter, da zusätzliche Mehrleistungen besonderer Vereinbarung bedürfen. Klare Leistungsbeschreibungen lassen (auch im Interesse des Anbieters) erkennen, ob eine Leistungsposition zum ursprünglichen Leistungsumfang gehört oder ob diesbezüglich (u. U. gar stillschweigend) eine zusätzliche Vereinbarung getroffen wurde.[3]

Unbedingt zu klären ist, in welcher Form ein Benutzerhandbuch ausgeliefert wird, ob überhaupt und zu welchem Anteil Benutzerhilfen allein am Bildschirm im System gegeben werden und wie diese Hinweise im Falle eines Systemcrashs zugänglich sind. Teil der Leistungsbeschreibung sind auch die Festlegung der Möglichkeiten zum **Upgrading** der Hardware durch schnellere Prozessoren, größere Speicher oder neue Systemsoftware-Releases sowie eine Vereinbarung der Wartung/Pflege und der vorgesehenen Weiterentwicklung der eingesetzten Software. **Alle Schnittstellen und sonstigen Formate eines Systems sollten aufeinander abgestimmt sein.** Auch sind die laufenden Kosten für die Nachlieferung der jeweiligen Warenartikel vorab zumindest grob zu kalkulieren.

---

[3] Wie etwa bezüglich der Lieferung eines Treiberprogrammes bei Gerätetausch, so OLG München, Urteil vom 30. 1. 1992 – 6 U 5396/88, CR 1992, 2719.

Widersprüche in Beschreibungsteilen lassen sich bei umfangreichen 5
Dokumenten nicht immer vermeiden, insbesondere dann, wenn die
Beschreibung parallel zum Projekt „fortgeschrieben" wird. Hier sollte im
Vertrag (zumindest klarstellend) festgelegt werden, dass individuelle Ver-
einbarungen allgemeinen Bestimmungen in Formularverträgen (§ 4
AGBG) und zeitlich spätere den früheren vorgehen. Weiter ist eine Ver-
pflichtung des Anbieters zu formulieren, den Kunden auf solche Wider-
sprüche hinzuweisen, soweit sie dem Anbieter erkennbar sind, und den
Kunden aufzufordern, diese Unstimmigkeiten zu klären sowie über Art
und Umfang der tatsächlich geforderten Leistung zu entscheiden.

Will der Anbieter von seiner Produktbeschreibung in der Leistungser- 6
bringung reduzierend **abweichen**, so muss er auf diese Abweichungen
ausdrücklich und konkret **hinweisen.**[4] Dies gilt insbesondere, wenn die
Produktbeschreibung der unmittelbaren Leistungsbeschreibung dient.
Soweit eine Abweichung auftritt, auf die der **Anbieter nicht hingewiesen**
hat, kann ein Mangel vorliegen (zum Mangelbegriff s. Rn. 1117), der
Gewährleistungsrechte des Kunden auslöst (zu den Gewährleistungsrechten s. Rn. 1195), möglicherweise auch ein Beratungsverschulden (zum
Beratungsverschulden s. Rn. 220, 1100), nur bei zusätzlichem Einstehenwollen des Anbieters hingegen eine Zusicherungsverletzung, die zu einer
verschuldensunabhängigen Schadensersatzhaftung führt (§ 463 Satz 1
BGB; zur Zusicherungsverletzung s. Rn. 1226). Legt der Besteller einer
Werkleistung erkennbar großen Wert auf die Einhaltung der Leistungsbeschreibung, z. B. bezüglich der Dimensionierung des Werkes, und verspricht der Unternehmer die Einhaltung dieser Dimensionierung, dann
liegt eine zugesicherte Eigenschaft vor.[5]

Der Kunde/Erwerber muss das jeweilige Anforderungsprofil der geplanten 7
Anwendung in einer **Aufgabenstellung** (Pflichtenheft) genau festlegen.
Unterlässt er dies, so hat er kein Recht zur Wandlung, wenn das Fehlen der
Eigenschaften die Tauglichkeit der Anlage zu dem vertraglich vorausge-
setzten Gebrauch weder aufhebt noch mindert. Die Nichtfeststellbarkeit
entsprechender Mängel geht zu Lasten des Kunden.[6] Da nur wenige Kun-

---

[4] KG Berlin, Urteil vom 24. 1. 1985, a. a. O.
[5] BGH, Urteil vom 17. 5. 1994 – X ZR 39/93, NJW 1994, 1134.
[6] OLG Köln, Urteil vom 26. 8. 1994 – 19 U 278/93, NJW-RR 1995, 1460. Die gerügten Abweichungen hatte der Sachverständige als systembedingte Gegebenheiten und nicht als Fehler eingestuft
(z. B. Auswahl aller Dateien beim Start eines Textverarbeitungsprogramms oder fehlende Möglichkeit, für Dateien Sonderzeichen zur Benennung zu vergeben). Diese zusätzlichen Merkmale hätten
ausdrücklich bezeichnet und vereinbart werden müssen. Die Nutzbarkeit der Textverarbeitung wurde von ihrem Nichtvorhandensein nicht tangiert.

den ausreichend eigenes Fachwissen haben, um eine Leistung abschließend zu definieren, sollte im Vertrag eine **ergänzende Beratungspflicht des Anbieters**, die sich auf dem Berater **erkennbare** Problemstellungen bezieht, ausdrücklich festgelegt werden.

Leistungsübergreifende Begriffe bzw. Beschreibungen können Bezeichnungsdefizite teilweise ausgleichen: Wer die Lieferung der „notwendigen Systemteile, bestehend aus Hard- und Software" anbietet, muss das Betriebssystem auch dann mitliefern, wenn dieses in der detaillierten Auflistung der einzelnen Liefergegenstände nicht enthalten ist.[7] Bleiben einzelne Leistungspunkte in der Beschreibung ungeregelt (etwa Leistungsmerkmale, die nicht dem typischen Leistungsbild entsprechen), gehen solche **Lücken** erfahrungsgemäß **zu Lasten des Kunden**. Will er seinen Leistungsanspruch durchsetzen, muss er hierzu vortragen und beweisen, dass die Merkmale vereinbart waren oder jedenfalls vom geschuldeten, vertraglich vorausgesetzten Gebrauch her zum Leistungsumfang gehören müssen. So muss der Kunde etwa die Vereinbarung bestimmter Software-Funktionen beweisen.[8]

8 Die Anforderungen in **Pflichtenheften** (s. Rn. 10) müssen die erwarteten funktionalen Leistungen widerspiegeln und quantitativ definiert, vollständig, widerspruchsfrei, verständlich, realisierbar und verifizierbar sein.[9] Auch Art, Detaillierungsgrad und Format produktbezogener Entwicklungsdokumente sind festzulegen.[10] Vertraglich ist der Auftragnehmer zu verpflichten, soweit erforderlich die Genehmigung für den jeweils nächsten Entwicklungsschritt einzuholen, laufend über die Vertragserfüllung zu informieren und den Auftraggeber bei eigenen Prüfungen zu unterstützen.[11]

9 **Leistungsänderungen** führen zu Veränderungen in der Leistung selbst, vielfach in den Kosten für die Leistung und auch in der Beschreibung der Leistung, die entsprechend regelmäßig aktualisiert werden muss. Zunächst muss bei EDV-Projekten grundsätzlich mit Änderungen gerechnet und auch der Vertrag dynamisch[12], d. h. veränderungstauglich gehalten werden. Jedoch muss der Mehraufwand kalkulierbar bleiben und geklärt wer-

---

[7] OLG Karlsruhe, Urteil vom 21. 2. 1991 – 12 U 147/90, CR 1991, 410; ähnlich für die Lieferung der Betriebssoftware zu einem Textsystem BGH, DV-R 2, 59, 62, 26 (Vorinstanz OLG Koblenz, a. a. O.)
[8] LG Heilbronn, Urteil vom 16. 12. 1993 – 1KfH O 262/89, CR 1994, 281 = BB, 1994, 7.
[9] DGQ, Zuverlässigkeit, 72 f.
[10] DGQ, Zuverlässigkeit 74.
[11] Ausf. s. DGQ, Zuverlässigkeit, 80 f.
[12] Müller-Hengstenberg, Vertragsrecht, 44.

den, wer den Mehraufwand zu welchem Anteil trägt. Bei einer Festpreis-
vereinbarung trägt grundsätzlich der Anbieter das Mehrkostenrisiko,
soweit nicht die Vorgaben insbesondere im Pflichtenheft geändert werden,
sondern die grundsätzliche Leistungsstruktur und -zielvorgabe erhalten
bleibt. Für die Ausführung von Sonderwünschen trägt der Kunde das
Kostenrisiko. In einem angemessenen Verhältnis aufzuteilen sind die
Kosten, wenn etwa bei Prototyping projektplangemäß Vorgaben vom Kunden festgelegt werden sollen.

1.2 Pflichtenhefte

Gemäß der **Begriffsdefinition** DIN 69 901 ist das Pflichtenheft eine „aus-   10
führliche Beschreibung der Leistungen (z. B. technische, wirtschaftliche
und organisatorische Leistungen), die erforderlich sind oder gefordert
werden, damit die Ziele des Projektes erreicht werden".[13] Kürzer wird
auch vom Pflichtenheft als vertraglicher **Beschreibung des Lieferumfanges** gesprochen.[14] Doch soll das Pflichtenheft nicht nur Lieferungen, sondern etwa auch Erstellungs- und Beratungsleistungen erfassen. Richtigerweise ist das Pflichtenheft von seiner Funktion her zu bestimmen.

Funktion: Pflichtenhefte dienen zur Beschreibung der vom Anbieter zu   11
lösenden Aufgabe(n)[15] und sind vom Anbieter bei der ergänzend durchzuführenden Feststellung der betrieblichen Anforderungen des Kunden
zugrunde zu legen.[16] Die vom Anbieter erstellte Leistungsbeschreibung
wird hingegen oft „Lastenheft" genannt. Bei der Software-Erstellung
haben Pflichtenhefte zentrale Bedeutung.[17] Die Aufgabenbeschreibung
muss im Pflichtenheft möglichst vollständig erfolgen. Sie stellt aber stets
nur die zu lösende Aufgabe dar, nicht die nach dem Pflichtenheft vom
Anbieter zu entwickelnde/zu liefernde Aufgabenlösung. Anhand des
Pflichtenheftes muss der Kunde in der Lage sein, das fertige Produkt abzu-

---

[13] s. auch Schaub, CR 1993, 329 ff.; Schneider, Handbuch, Rn. A 98 verweist auf das Fehlen einer
Definition durch die Rechtsprechung. Nach Schneider ist ein Pflichtenheft zur Erstellung der Software erforderlich. Das ist zum einen auch keine Definition, zum anderen empirisch nicht ganz
haltbar, erfolgt doch prototypinggestützte Entwicklung vielfach ohne Pflichtenheft, vielmehr in
Kommunikation mit dem Kunden.
[14] Balzert I, 105.
[15] Deshalb können die Anforderungen an das Pflichtenheft auch nicht ohne weiteres mit den Anforderungen an eine Programmentwicklungsdokumentation im Sinne von DIN 66 231 gleichgesetzt
werden (hierfür Marly, Verträge, Rn. 643). Häufig bezieht sich die Aufgabe auf komplette Systeme.
[16] LG Düsseldorf, Urteil vom 29. 4. 1985 – 41 O 92/84, IuR 1986, 458 = DV-R 3, 171, 173; erforderlichenfalls muss sich der Anbieter auch mit den Produktionserfordernissen vertraut machen.
[17] OLG Köln, Urteil vom 3. 12. 1993 – 19 U 157/93, JurPC 1993, 2412.

nehmen. Er muss also prüfen können, ob alle verlangten Aufgaben auch tatsächlich erfüllt werden.[18]

12 Das Pflichtenheft enthält eine Beschreibung des „Was", nicht des „Wie".[19] Hierfür muss es ausreichend konkret alle anwendungsrelevanten Funktionen und Schnittstellen zur Datenübernahme und die Datentypen beschreiben, aber aus der Anwendersicht. Mit dem Pflichtenheft muss der Kunde die **gesamte erbrachte Leistung überprüfen können, ob sie vertragsgemäß ist,** und der Anbieter muß erkennen können, welche Aufgabe gelöst werden soll. Voraussetzung hierfür ist, dass das Pflichtenheft vollständig und widerspruchsfrei ist. Änderungen dürfen nicht zu Widersprüchen oder Lücken im Leistungsbild führen. Werden die Anforderungen an die zu erstellende Software geändert, ist auch das Pflichtenheft „notfalls fortzuschreiben".[20]

13 Das Pflichtenheft ist Leistungsmaßstab,[21] legt also die **Sollbeschaffenheit** einer EDV-Leistung fest.[22] Das Pflichtenheft bestimmt hierdurch den Rahmen für den in der Lösung zu erarbeitenden Leistungsumfang und damit zugleich den **vertraglich vorausgesetzten Gebrauch.** War der Leistungsumfang einer Programmentwicklung ursprünglich jedoch umfassender vereinbart worden, ist diese Vereinbarung maßgeblich und nicht der im Pflichtenheft als geringer beschriebene Leistungsumfang.[23]

14 In seiner Leistungsbeschreibungsfunktion kann das Pflichtenheft grundsätzlich als **Eigenschaftszusicherung** wirken,[24] freilich nur dann, wenn es vom Kunden erstellt, vom Anbieter akzeptiert oder die Leistung vom Anbieter erstellt wird und der Anbieter außerdem für das Herstellen der Leistung mit bestimmten Eigenschaften einstehen will. Diese Grundsätze gelten auch, wenn das Pflichtenheft nicht ausdrücklich als Bestandteil des Vertrages bezeichnet wird.[25]

---

[18] Balzert, a. a. O.

[19] Balzert, a. a. O.

[20] OLG Köln, a. a. O., JurPC 1993, 2412.

[21] st. Rspr, Nachweise s. Schaub, CR 1993, 329 ff.

[22] LG Trier, Urteil vom 2. 12. 1992 – 5 O 1/92, CR 1995, 221.

[23] LG Nürnberg-Fürth, Urteil vom 30. 11. 1984 – 2 HKO 1497/82, CR 1986, 772 = IuR 1986, 74.

[24] OLG Celle, Urteil vom 3. 7. 1981, DV-R 1, S. 77: Der Kunde sollte hier eine „detaillierte Aufgabenstellung" erarbeiten und der Anbieter diese als einwandfreie Arbeitsgrundlage prüfen. In dieser vom Kunden allerdings nicht erfüllten Vereinbarung erkannte das Gericht den Zweck, den im Vertrag vorausgesetzten Gebrauch der Anlage (gemäß § 537 Abs. 2 BGB) zu bestimmen (a. a. O., 81). Ähnlich bestätigte auch das KG Berlin (CR 1986, 643) den Zusicherungscharakter einer Leistungsbeschreibung, die hier allerdings vom Anbieter stammte.

[25] LG Essen, Urteil vom 16. 1. 1986 – 43 O 129/84, CR 1987, 428.

Die eigenständig beauftragte Erstellung einer **Studie für das Pflichten-** 15
heft kann dem **Werk- oder Dienstvertragsrecht** folgen.[26] Werkvertragsrecht wird anwendbar sein, wenn das Pflichtenheft eine bestimmte Problemstellung abbilden soll, etwa eine Migration zwischen Systemebenen
(z. B. von AS/400 zu einer Unix-Umgebung).

Die hier referierten Grundsätze der Rechtsprechung zur Funktion von 16
Pflichtenheften erfahren in der **Vertragspraxis** freilich nicht selten deutliche **Einschränkungen:** Pflichtenhefte werden zwar auch weiter verwendet, jedoch wird Software nicht mehr in der stillen Entwicklerstube erstellt
und erst bei Entwicklungsende dem Kunden präsentiert, sondern über
sogenannte Rapid Application Development (oft auch: Prototyping) mit
dem Kunden am Bildschirm gemeinsam entworfen. Die Applikation ist
hier unter Akzeptanzaspekten zu optimieren.[27] So wollen Fachabteilungen
meist nicht nur alte Funktionalität im neuen Kleid, sondern inhaltlich veränderte Funktionen. Diese kann oft erst während der Entwicklung mit den
Betroffenen festgelegt werden, nicht aber in statischen Pflichtenheften bei
Projektbeginn. Noch tiefergreifende Änderungen treten bei Business-
Reengineering-Vorhaben (s. Rn. 995) auf, die Pflichtenheftvorgaben obso-
let werden lassen können. Auch werden Probleme beim Übergang von der
stabilen Mainframe-Welt zu manchmal chaotischen PC-Umgebungen
unterschätzt (siehe die vielfältigen Fehlerauflistungen in PC-Zeitschriften
etwa zu Windows98) und ausreichende Mitarbeiterqualifikationen nicht
rechtzeitig hergestellt.[28] Beides sind im Pflichtenheft kaum abstrakt
abgrenzbare Problemkreise. Leicht definiert, aber schwer durchzuführen
sind auch **Datenübernahmen** in das Neusystem, da 10 % nicht oder nur
schwer konvertierbare Daten erhebliche Verzögerungen hervorrufen und
die ganze Anwendung gefährden können.

Der **Inhalt des Pflichtenheftes** muss so detailliert erstellt werden, dass 17
später eine **Kontrolle** aller erbrachten Leistungen auf Vollständigkeit und
Vertragsmäßigkeit möglich ist. Wurde kein Pflichtenheft erstellt, muss die
Anbieterleistung zumindest dem Stand der Wissenschaft (Informatik/
BWL) und Technik (Software Engineering/Qualitätssicherung) entspre-
chen;[29] der Kunde hat andererseits die Beweislast dafür zu tragen, dass als

---

[26] Müller-Hengstenberg, CR 1996, 441 f.
[27] Ueberhorst, CW 1997, 9 unter Bezug auf einen Kienbaum-Mitarbeiter.
[28] Ueberhorst, a. a. O.
[29] LG Köln, Urteil vom 21. 10. 1993 – 22 O 673/90, CR 1994, 624; zum Stand der Technik als Leistungsmaßstab allgemein BGH, Urteil vom 24. 9. 1991 – X ZR 85/90, CR 1992, 543 (vergessenes
Pflichtenheft).

fehlend gerügte Funktionen vereinbart waren.[30] Der Inhalt des Pflichtenheftes ist naturgemäß stark von der individuellen Problemstellung abhängig. Man kann aber als formalen Maßstab für den Aufbau eines Pflichtenheftes die Norm ANSI/IEEEStd 830-1984 Standard Guide for Software Requirements verwenden:[31]

„1. Einleitung: Zielsetzung, Produktziele, Definitionen, Referenzen, Überblick.

2. Allgemeine Beschreibung: Produktumgebung und -funktionen, Benutzereigenschaften, allgemeine Restriktionen, Annahmen und Abhängigkeiten.

3. Spezifische Anforderungen: Funktionale und Leistungsanforderungen,[32] Entwurfsrestriktionen, Qualitätsmerkmale, externe Schnittstellenanforderungen, Produktumgebung (Software, Hardware, Orgware, Produktschnittstellen), Produktfunktionen aus Benutzersicht, Benutzeroberflächen (Bildschirmlayout, Drucklayout, Tastaturbelegung, Dialogstruktur, Data-Dictionary), Testszenarien, Änderungsprozeduren."

18 Das **Pflichtenheft** ist mangels abweichender Vereinbarungen **vom Kunden in eigener Verantwortung**[33] **und auf eigene Kosten** zu erstellen[34]. Im Pflichtenheft konkretisiert der Kunde in erforderlicher Weise die Vertrags-

---

[30] LG Heilbronn, Urteil vom 6. 12. 1993 – 1 KfH O 262/89, CR 1994, 281; ähnlich für kundenseitige Mitwirkungspflichten LG Koblenz, Urteil vom 19. 3. 1994 – 8 O 337/90, CR 1994, 470.
[31] Nach Balzert I, 105 (von Balzert kurzgefasste Version).
[32] Zu anschaulichen Funktionsbäumen, s. Balzert, a. a. O., 117.
[33] Aus § 645 Abs. 1 BGB ist grundsätzlich der Besteller für die erforderlichen Anweisungen an den Kunden verantwortlich (OLG Köln, Urteil vom 25. 6. 1993 – 19 U 216/92, CR 1994, 213 = JurPC 1993, 2416). Hieraus ist freilich nicht zwingend ein Erfordernis der Schriftlichkeit der Anweisungen ableitbar (wenngleich unbedingt ratsam).
[34] BGH, Urteil vom 24. 9. 1991 – X ZR 85/90, CR 1992, 543; OLG Köln, CR 1992, 470 und CR 1998, 459; die abweichende Entscheidung des OLG Saarbrücken, CR 1988, 470 (Anbieterverpflichtung zur Lieferung des Pflichtenheftes und der Dokumentation) beruht hinsichtlich des Pflichtenheftes möglicherweise auf einen Missverständnis. Entgegen den Ausführungen des Gerichtes benötigt der Kunde das Pflichtenheft nicht zur eigentlichen Programmbenutzung. Entgegen Marly (Urteilsanmerkung MRC 1986, 11) verliert der Kunde nach Überlassung das Interesse am Pflichtenheft aber auch nicht völlig, sondern muss er anhand des Pflichtenheftes die **Vertragserfüllung** überprüfen. Auch das LG Bamberg (BB 1989, 2) sah die Erstellung des Pflichtenheftes als Pflicht des Anbieters an und bezog sich hierbei unmittelbar auf das beauftragte Sachverständigengutachten. Der Sachverständige hatte aber, ausweislich der Ausführungen in den Entscheidungsgründen, nur festgestellt, Programmieren ohne Vorliegen einer Anforderungsliste verstoße gegen die Regeln der Software-Entwicklung; deshalb müsse der Entwickler eine Anforderungsliste erstellen. Hieraus folgt aber gerade nicht eine vertragliche Verpflichtung zur **Pflichtenhefterstellung**. Vertraglich kann nämlich der Kunde zur Erstellung der Anforderungsliste (unter Anbietermitwirkung) verpflichtet sein. Wurde keine Vereinbarung getroffen bzw. liefert der Kunde das Pflichtenheft nicht, muß der Anbieter eine Anforderungsliste nach den **verkehrsüblichen** Merkmalen im jeweiligen Programmanwendungsbereich erstellen (die gerade nicht mit dem auf spezifi-

leistung und erfüllt hierbei eine eigene Mitwirkungsleistung,[34a] deren Erfüllung (als Obliegenheit) der Anbieter aber nicht einklagen kann[34b]. Der Kunde trägt hier das Risiko der Unvollständigkeit der Aufgabenbeschreibung, der Anbieter hingegen das Risiko, die im Pflichtenheft festgelegten Aufgabenstellungen auch tatsächlich zu realisieren[35] oder auf ihre Realisierbarkeit hin zu überprüfen und den Kunden über Realisierungsprobleme rechtzeitig und richtig aufzuklären und Lösungsvorschläge zu unterbreiten.

Jedoch kann den Anbieter jedenfalls gegenüber denjenigen Kunden, die er als beratungsbedürftigen Nichtfachmann erkennt oder erkennen muss, im EDV-Bereich eine Pflicht treffen, das kundenseits erstellte **Pflichtenheft zu überprüfen**[36] und den Kunden auf notwendige **Mitwirkungshandlungen hinzuweisen**[37]. Erkennt der Anbieter im kundenseits erstellten Pflichtenheft Fehler oder Unvollständigkeiten, muss er den Kunden hierauf hinweisen, das Pflichtenheft aber nicht kostenlos selbst erstellen bzw. ergänzen. Zweifelhaft erscheint, ob man generell auf eine Tendenz eines Wissenszuwachses auf der Kundenseite abstellen kann,[38] die dann gleichsam zwangsläufig die Anforderungen an die kundenseits zu erstellenden Pflichtenhefte hinaufschraubt (und die Anforderungen an die Hinweispflicht des Anbieters absenkt). Vielmehr wird man im Einzelfall die kundenseitigen Vorkenntnisse zu berücksichtigen haben (soweit diese dem Anbieter erkennbar sind) sowie die Einbeziehung jeweils neuester Technologien, die auch erfahrenen Kunden oft noch nicht geläufig sind.

Kommt der Kunde seiner Verpflichtung zur Erstellung eines Pflichtenheftes nicht nach, kann er sich insoweit nicht auf Mängel des Werkes berufen, sondern bleibt zur Zahlung der vereinbarten Vergütung verpflichtet.[39] Dem Hersteller steht bis zur Pflichtenheftübergabe ein Leistungsverweige-

19

---

sche Anforderungen eingehenden Pflichtenheft identisch ist). Für Erstellungsverpflichtung auch LG Nürnberg-Fürth, MRC 1996, 14; allg. s. Schaub, CR 1993, 329, 331 (auch möglicher Wissensvorsprung des Anbieters führt als solcher nicht zu einer Verlagerung der Verpflichtung zur Pflichtenhefterstellung auf den Anbieter).

[34a] Ihde, CR 1999, 409, 411.

[34b] Ihde, a. a. O., 413.

[35] LG Düsseldorf, Urteil vom 29. 4. 1985 – 41 O 92/84, CR 1987, 292 = IuR 1986, 458.

[36] OLG Celle, Urteil vom 20. 2. 1991 – 6 U 15/90, CR 1991, 610; OLG Köln, Urteil vom 8. 5. 1992 – 19 U 234/91, CR 1992, 607 und OLG Köln, Urteil vom 6. 3. 1998 – 19 U 228/97, MMR 1998, 620.

[37] OLG Köln, Urteil vom 18. 6. 1993 – 19 U 215/92, CR 1993, 624 = NJW-RR 1993, 1528.

[38] Hierfür wohl Schneider, Handbuch, Rn. A 110, m. w. N.

[39] LG Koblenz, CR 1994, 470 gegen frühere instanzgerichtliche Entscheidungen (z. B. OLG Düsseldorf, CR 1992, 543; KG Berlin, Urteil vom 1. 6. 1990 – 14 U 4238/96, CR 1990, 768 ff.; LG Bamberg, BB Beil. 11, 1989, die damit gegenstandslos sind).

rungsrecht zu.[40] Vorausgesetzt ist hier, dass nicht der Hersteller selbst die Aufgabe der Pflichtenhefterstellung übernommen hat.

20 Soll ein System für die Abwicklung eines **Großauftrages** geeignet sein, bei dem große Datenmengen verarbeitet werden müssen, muss der Besteller die konkret zu erfüllenden Anforderungen in einem Pflichtenheft klar und detailliert darlegen.[41] Auch bei ERP-Projekten (wie etwa einer R/3-Einführung, s. Rn. 989) trägt also, mangels abweichender Vereinbarungen, grundsätzlich der Auftraggeber das Risiko, die Aufgabenstellung richtig und vollständig zu beschreiben und dem Vertrag zugrunde zu legen. Allerdings bedarf bereits die Festlegung der zu erfüllenden Aufgaben terminologisch wie inhaltlich genauer Abstimmung zwischen den Vertragsparteien, da die Software des Anbieters spezifisch vorgeprägte Strukturen und oft nur begrenzte Anpassungsmöglichkeiten aufweist, von denen der Kunde keine Kenntnis haben muss und kann.

21 Ersucht ein Entwickler den Kunden (Auftraggeber) um Überlassung des bei ihm nicht mehr vollständig vorhandenen Pflichtenheftes und kommt der Kunde diesem Ersuchen nicht vollständig nach, so tritt Gläubigerverzug (§ 293 BGB) mit der Folge ein, dass der Entwickler nur noch für Vorsatz und grobe Fahrlässigkeit zu haften hat (§ 300 Abs. 1 BGB).[42] Der Kunde ist aber wohl nicht gehalten, den Anbieter ständig und zumal kostenfrei mit Kopien des Pflichtenheftes zu versorgen, wenn dieser sein Exemplar wiederholt verliert. Dem Anbieter ist ein sorgfältiger Umgang mit dem ihm übergebenen Pflichtenheftexemplar zuzumuten. Zu beachten ist hierbei, dass das vom Kunden erstellte **Pflichtenheft im Eigentum des Kunden** steht und verbleibt und dem Kunden Ersatzansprüche gegen den Anbieter zustehen können. Bei Projektabschluss kann der Kunde deshalb grundsätzlich die Herausgabe verlangen. Der Anbieter ist auch in vollem Umfange zur Verschwiegenheit über den Inhalt des Pflichtenheftes verpflichtet. Jegliche sonstige Verwertung ist mangels abweichender Vereinbarung unzulässig. Außerdem bleibt der Anbieter auch im Falle des Verlustes des Pflichtenheftes zumindest zur Ausführung der Leistung nach einem Leistungsstandard verpflichtet, der einen gewöhnlichen Gebrauch erlaubt.

22 Das **Pflichtenheft** ist, soll es vereinbarungsgemäß **vom Anbieter erstellt** werden, selbst Teil von dessen Leistungserbringung. Hier schuldet der

---

[40] OLG Saarbrücken, NJW-CoR 1996, 255.
[41] LG Nürnberg-Fürth, MRC 1996, 16.
[42] BGH, Urteil vom 28. 6. 1994 – X ZR 95/92, IuR 1995, 3049 = NJW-RR 1994, 1469 = CR 1995, 265.

Anbieter auch eine sogenannte Ist-Analyse.[43] Diese **Erstellungspflicht** kann vertragliche Hauptpflicht sein.[44] Ist die Aufgabenstellung für die Erstellung eines Programms noch nicht ausreichend detailliert, so wird vom Anbieter insoweit die Erstellung eines Pflichtenheftes sowie einer Dokumentation geschuldet.[45] Für den Funktionsumfang sind Eingabe- und Ausgabefunktionen und -daten, Leistungsnachweise sowie Test- und Abnahmebedingungen zu spezifizieren.[46] Aus dem Pflichtenheft müsse sich entnehmen lassen, welche Funktionen konkret zu entwickeln sind.[47]

Wird das Pflichtenheft nicht zum vereinbarten Termin geliefert, kann der Kunde nach Fristsetzung und Ablehnungsandrohung **vom Vertrag zurücktreten** (§ 326 Abs. 1 BGB).[48]   23

Den Kunden treffen während der anbieterseitigen Erstellung des Pflichtenhefts zumeist Mitwirkungspflichten (§ 642 BGB). Er muss z. B. mitteilen, welches Material elektronisch verarbeitet werden soll.[49] Ergänzend kann den Anbieter hier eine Aufklärungs- und Hinweispflicht treffen. Bei Fristsetzung nach § 326 BGB ist es, anders als nach § 634 BGB, nicht erforderlich, dass ein konkretes Leistungsdefizit bezeichnet wird.[50]

Das vom Auftragnehmer erstellte **Pflichtenheft** ist vom Auftraggeber (Kunden) **auf Richtigkeit hin zu überprüfen,**[51] jedenfalls, soweit es dem Auftraggeber inhaltlich möglich ist, und dieser hat notwendige Korrekturen zu veranlassen. Gegebenenfalls ist der Auftraggeber gehalten, sich entsprechender (getrennt zu beauftragender) Hilfskräfte zu bedienen.[52] Die **Prüfpflicht des Kunden** ergibt sich aus seiner vertraglichen Mitwirkungspflicht. Jedoch ist der Kunde grundsätzlich nur im Rahmen des ihm Mög-   24

---

[43] OLG Düsseldorf, Urteil vom 10. 6. 1992 – 19 U 23/91, CR 1993, 361 (Anm. Müller-Hengstenberg, CR 1993, 689: Vielgestaltige Begriffswelt ohne genaue Definition: auch DIN 69 901 in der Praxis wenig hilfreich).

[44] OLG Düsseldorf, Urteil vom 10. 6. 1992, a. a. O.

[45] OLG Saarbrücken, CR 1988, 470 = DV-R 4, 221. Das Gericht wertete die Nichtlieferung der Dokumentation bereits 1986 als teilweise Nichterfüllung.

[46] So das OLG Düsseldorf, Urteil vom 10. 6. 1992, a. a. O., 363 nach den Ausführungen des Sachverständigen.

[47] OLG Düsseldorf, Urteil vom 10. 6. 1992, a. a. O., 363.

[48] OLG Köln, CR 1994, 229 = RDV 1994, 91. Der Anbieter wird nach Auffassung des OLG Köln nicht deshalb von der Verpflichtung zur Pflichtenhefterstellung frei, weil der Kunde von seinen früheren Wünschen abweichende Wünsche äußert; vielmehr sei dann das Pflichtenheft fortzuschreiben. Dies entspricht auch der typischen Interessenlage in der Praxis, da der Kunde vielfach erst bei näherer Befassung mit dem Projekt bestimmte Probleme oder Erfordernisse erkennt bzw. erkennen kann. Freilich sollte für solche Fälle eine Vergütungsanpassungsklausel vorgesehen sein.

[49] BGH, Urteil vom 13. 7. 1988 – VIII ZR 292/87, CR 1989, 102.

[50] OLG Düsseldorf, Urteil vom 10. 6. 1992, a. a. O.

[51] LG Landau, Urteil vom 15. 11. 1983 – HKO 120/81, IuR 1986, 456 = DV-R 3, 246, 248.

[52] LG Landau, Urteil vom 15. 11. 1983 – HKO 120/81, a. a. O.

lichen zur Prüfung und sonstigen Mitwirkung zu verpflichten, insbesondere, wenn er (für den Anbieter erkennbar) Laienanwender ist. Anderes gilt freilich, wenn ein Software-Haus bestimmte Entwicklungsarbeiten unterbeauftragt, um die Entwicklungsergebnisse in sein eigenes Produkt zu inkorporieren. Hier darf i. d. R. deutlich höheres Fachwissen des Auftraggebers unterstellt werden, es sei denn, die Auftragsentwicklung betrifft ein spezifisches Gebiet, auf dem der Auftraggeber erkennbar keine Kenntnisse hat (etwa bezüglich Netzwerksoftware oder Web-Site-Erstellung).

25 Minimalanforderungen an ein bestimmtes Programm müssen freilich auch ohne ausdrückliche Erwähnung im Pflichtenheft erfüllt werden.[53]

26 Wurde kundenseits **kein Pflichtenheft erstellt** bzw. dessen Erstellung durch den Anbieter nicht vereinbart, muss die Anbieterleistung zumindest dem Stand der Wissenschaft (Informatik/BWL etc.) und Technik (Software Engineering/Qualitätssicherung) bei einem „mittleren Ausführungsstand" entsprechen[54], der Kunde muss andererseits die Beweislast dafür tragen, dass als fehlend gerügte Funktionen vereinbart waren[55].

27 Werden im Rahmen von Vorverhandlungen Kundenerwartungen erörtert, legt aber der Kunde vereinbarungswidrig nach Vertragsabschluss kein entsprechendes Pflichtenheft vor, erbringt der Anbieter keine fehlerhafte Leistung, wenn diese nicht den spezifischen Erwartungen des Kunden, sondern nur der **gewöhnlichen Tauglichkeit**[56] und jedenfalls Minimalanforderungen entspricht[57]. Das muss auch dann gelten, wenn der Kunde mangels eigener Sachkenntnis nicht in der Lage ist, das Pflichtenheft in angemessener Frist zu erstellen. Allenfalls kann der Anbieter dann, wenn dieser Umstand für ihn im Verhältnis zum Kunden erkennbar war, verpflichtet sein, auf das Fehlen und die Erforderlichkeit des Pflichtenheftes hinzuweisen und zur Erstellung und Übergabe aufzufordern.

---

[53] LG Landau, Urteil vom 15. 11. 1983 – HKO 120/81, a. a. O.
[54] BGH, Urteil vom 24. 9. 1991 – X ZR 85/90, CR 1992, 543 = RDV 1994, 88; LG Köln, Urteil vom 21. 10. 1993 – 22 O 673/90, CR 1994, 624; zum Stand der Technik als Leistungsmaßstab allgemein BGH, Urteil vom 24. 9. 1991 – X ZR 85/90, CR 1992, 543 (vergessenes Pflichtenheft); ebenso OLG Düsseldorf, Urteil vom 18. 7. 1997 – 22 U 3/97, NJW-RR 1998, 345 (jedoch ohne Antwort auf die Frage, was unter „mittlerem Ausführungsstandard" bei einem individuellen Leistungserfolg, etwa einem Warenwirtschaftssystem zu verstehen ist).
[55] LG Heilbronn, Urteil vom 16. 12. 1993 – 1 KfH O 262/89, CR 1994, 281; ähnlich für kundenseitige Mitwirkungspflichten LG Koblenz, Urteil vom 19. 3. 1994 – 8 O 337/90, CR 1994, 470.
[56] OLG Celle, Urteil vom 3. 7. 1981, DV-R 1, 77; ähnlich LG Köln, Urteil vom 21. 10. 1993 – 22 O 673/90, CR 1994, 624 (geschuldet ist ein dem technischen Entwicklungsstand entsprechendes Programm).
[57] LG Landau, Urteil vom 15. 11. 1983 – HKO 120/81, a. a. O.

Der Kunde bleibt bei nicht erfolgter, aber ihm obliegender (bzw. von ihm   28
geschuldeter) Erstellung des Pflichtenheftes zur Zahlung der vereinbarten
Vergütung verpflichtet, ebenso dann, wenn der Kunde ungeeignete oder
unzureichende Unterlagen zur Verfügung stellt[58] (vorausgesetzt aber wohl,
dass die Nichteignung für den Anbieter nicht erkennbar war). Der Kunde
kann also nicht dadurch das Fälligwerden der Zahlung verhindern, dass er
das Pflichtenheft einfach nicht erstellt. Der Anbieter wird aber auch dann
nicht von seiner Leistungspflicht frei, sondern muss eine verwendbare
Leistung erstellen. Zu differenzieren ist, wenn der Kunde das Pflichtenheft
zwar erstellt, aber unvollständig oder nicht ausreichend operationalisiert.
Hier ist der Anbieter hinweis- und aufklärungspflichtig. Auf (ihm erkennbare) Lücken im kundenseitig erstellten Pflichtenheft hat der Anbieter
(nach vertraglich geschuldeter sorgfältiger Prüfung) hinzuweisen; er ist
aber nicht verpflichtet, diese Lücken selbst aufzuklären und auszufüllen.
Setzt der Anbieter bestimmte Operationalisierungsanforderungen voraus,
so muss er den Kunden hierüber aufklären und ggf. fehlende Informationen selbst vom Kunden erfragen. In diesen Fällen trägt der Kunde also das
Risiko, eine „Durchschnittsleistung" zu erhalten, die zwar als solche mängelfrei sein muss, aber keineswegs den besonderen Erfordernissen des
Kunden zu entsprechen braucht, die deshalb in besonders vereinbarten
Leistungsmerkmalen berücksichtigt werden muss.

1.3 Dokumentation

Eine umfassende und ausreichend konkrete Definition des **Begriffes**   29
„**Dokumentation**" existiert nicht. Dieser Umstand stellt nicht unbedingt
einen Nachteil dar, da sich derartige Begriffsinhalte in technischen Bereichen schneller Entwicklung ebenfalls rasch wandeln können. Entscheidend ist aber, dass die Vertragsparteien die Vielfältigkeit der Bedeutung
des Ausdrucks „Dokumentation" erkennen und eine **Begriffsfestlegung in
den Vertrag aufnehmen**, um sicherzustellen, dass beide Vertragsparteien
dasselbe meinen. Im Folgenden werden einige zentrale Definitionen aus
Normen zusammengestellt. Zu beachten bleibt aber, dass diese Definitionen notwendig abstrakt bleiben und nicht konkret angeben können, wie
die jeweiligen Unterlagen im Einzelnen aussehen müssen. Wichtiger noch:
Auch ohne besondere Vereinbarung ist zwar für Standardsoftware zumindest ein **Benutzerhandbuch** geschuldet (ebenfalls für Hardware, auch
wenn die Rechtsprechung hierzu nicht so reichhaltig ist) und für Individualsoftware eine **Entwicklungsdokumentation**. In beiden Fällen hängt

---

[58] LG Koblenz, Urteil vom 19. 3. 1994 – 8 O 337/90, CR 1994, 470.

die nähere Ausgestaltung der Dokumentation aber vom vertraglich vereinbarten oder vorausgesetzten (hilfsweise: vom gewöhnlichen) Gebrauch ab,
der aus den Umständen des Einzelfalls durch Auslegung der Erklärungen
bzw. Verträge (§§ 133 bzw. 157 BGB) festzustellen ist. Dies ist nicht selten mit erhöhter Rechtsunsicherheit hinsichtlich des tatsächlichen Leistungsumfanges verbunden, so dass unbedingt Art, Inhalt und Gestaltung
der Dokumentation, einzuhaltende Normen und Anpassungen bei Ausfüh-
rungsänderungen aufgrund von Sonderwünschen oder Mängeln ausdrücklich im Vertrag zu vereinbaren sind.

30   DIN ISO/IEC 12119 (früher DIN 66 285) legt für **Anwendungssoftware**
     Anforderungen fest (s. 1.3.1). Die Norm DIN 66 230 definiert Vorgaben
     zur „Programmdokumentation" (s. 1.3.2). Zur Verpflichtung des Anbieters
     zur Dokumentationserstellung s. Rn. 51, zum geschuldeten Dokumenta-
     tionsumfang s. Rn. 34 ff.

     Fehlt die Dokumentation, kann anbieterseitig teilweise oder vollständige
     vertragliche Nichterfüllung gegeben sein (s. Rn. 55, 1190).

     ### 1.3.1 Definition und Anforderungen nach DIN ISO/IEC 12 119

31   Die Norm DIN ISO/IEC 12 119 enthält Gütebedingungen und Prüfbestim-
     mungen für **Anwendungssoftware**. Unter Beachtung dieser Einschrän-
     kung (also der Ausklammerung von Hardware und System- bzw. system-
     naher Software) kann der Norm Folgendes entnommen werden:
     DIN ISO/IEC 12 119 Nr. 2.4 definiert als „Benutzerdokumentation" die
     **„Gesamtheit der Dokumente, die für die Anwendung des Produktes
     vorgesehen und die zugleich Bestandteil des Produkts sind, unab-
     hängig davon, ob sie in gedruckter oder ungedruckter Form vorlie-
     gen."**
     Zur **Vollständigkeit** der Benutzerdokumentation definiert DIN ISO/IEC
     12 119 Nr. 3.2.1:
     **„Die Benutzerdokumentation muß alle für die Anwendung des Erzeug-
     nisses nötigen Angaben enthalten."**
     Zur **Richtigkeit** legt DIN ISO/IEC 12 119 Nr. 3.2.2 fest:
     **„Alle Angaben in der Dokumentation müssen zutreffen. Sie sollen dar-
     über hinaus eindeutig und fehlerfrei sein."**
     Zur **Widerspruchsfreiheit** bestimmt DIN ISO/IEC 12 119 Nr. 3.2.3:
     **„Die Dokumente, aus denen die Benutzerdokumentation besteht, müs-
     sen in sich, untereinander und mit der Produktbeschreibung wider-
     spruchsfrei sein."**

Für die **Verständlichkeit** legt DIN ISO/IEC 12 119 Nr. 3.2.4 fest:
„**Die Benutzerdokumentation sollte für den Personenkreis, der üblicherweise die angegebene Aufgabe erledigt, verständlich sein, zum Beispiel durch geeignete Wahl von Begriffen, graphische Gestaltung, ein-
gehende Erläuterung und Verweise auf Hintergrundinformation.**"
Für die **Übersichtlichkeit** bestimmt DIN ISO/IEC 12 119 Nr. 3.2.5:
„**Die Benutzerdokumentation sollte übersichtlich sein, so daß Zusammenhänge erkennbar sind.
Jedes Dokument soll ein Inhaltsverzeichnis und ein Stichwortverzeichnis haben.
Wenn ein Dokument nicht gedruckt vorliegt, sollte angegeben werden,
wie man es drucken kann.**"

DIN ISO/IEC 12 119 gibt wichtige und in der Praxis hilfreiche Vorgaben   32
zum Inhalt von Dokumentationen. Diese **Norm sollte** deshalb bezüglich
der geschuldeten Dokumentation unbedingt **als Grundlage des Vertrages
ausdrücklich vereinbart werden.** Am besten geeignet erscheint eine Formulierung der Art: „Der Anbieter sichert zu, die Dokumentation nach den
Vorgaben von DIN ISO/IEC 12 119 zu erstellen."

Freilich ist auch zu sehen, dass die Norm Festlegungen unterschiedlicher   33
Strenge enthält. Die Vorgaben zur Vollständigkeit und Fehlerfreiheit sowie
zur Konsistenz sind **Muss-Anforderungen**, die Vorgaben für die Verständlichkeit und Übersichtlichkeit hingegen **Soll-Anforderungen.** Aus
vertragsrechtlicher Sicht bedeutet dies, dass die Verletzung einer Soll-
Anforderung grundsätzlich geringere „Wertigkeit" besitzt als die Verletzung einer Muss-Anforderung. Im Einzelfall kann aber auch die Verletzung einer Soll-Anforderung einen Gewährleistungsrechte auslösenden
Leistungsmangel darstellen, wenn nämlich die Auswirkungen der Verletzung die Gebrauchsfähigkeit nicht unwesentlich beeinträchtigen – also
etwa, wenn die Darstellung äußerst unübersichtlich ist und hierdurch die
Arbeit mit dem Programm beeinträchtigt wird.

1.3.2 Inhalt der Programmdokumentation nach DIN 66 230

Nach DIN 66 230 dient die Programmdokumentation   34
„**als Grundlage für die Entscheidung über den Einsatz eines Programmes sowie als Hilfsmittel bei der zweckentsprechenden und wirtschaftlichen Installierung, Benutzung, Fehlerbeseitigung, Aktualisierung
und Schulung**" (DIN 66 230 Nr. 1).

Aus der allgemeinen Begriffsbestimmung ergibt sich, dass die Norm nicht nur für Anwendungssoftware, sondern auch für System- und systemnahe Software anwendbar ist (für die DIN 66 285 bzw. nunmehr DIN/ISO/IEC 12 119 nicht gilt).

Nach DIN 66 230 Nr. 6 muß die Dokumentation u. a. enthalten:
- Programmkenndaten,
- Programmbezeichnung (Name, Varianten- und Versionsbezeichnung, Freigabedatum),
- Deskriptoren (Schlüssel-, Schlag- oder Stichwörter),
- Aufgabe (Kurzbeschreibung, Methoden, Vorschriften, Besonderheiten),
- Programmbedarf (Betriebssystem und sonstige Programme),
- Programmiersprachen, Dateien,
- Aufgabenstellung (Aufgabenbeschreibung, theoretische Grundlagen, Randbedingungen, Maßeinheiten, Vorschriften),
- Aufgabenlösung (Vereinbarungen, Algorithmen, Schlüsselverzeichnis, Fehlerbehandlung, Änderungen),
- Programmaufbau (Programmstruktur und -bausteine, Quelldarstellung[59], Übersetzer- und Binderlisten),
- Programmablauf (Datenflussbeschreibung[60], Programmablaufbeschreibung[61]),
- Daten (Eingabe- und Ausgabedaten, temporäre Dateien, etc.),
- Datensicherung,
- Installierung, Test, Gerätebedarf,
- Bedienung, Unterbrechung im Programmlauf, Wiederanlauf.

---

[59] Die Quelldarstellung ist definiert als Folge der Anweisungen und Vereinbarungen (z. B. Anfangswerte und Konstante) in Quellsprache einschließlich Kommentaren in der für den Ablauf der Übersetzerprogramme bestimmten Form.

[60] Z. B. durch Datenflusspläne (Definition in DIN 44 300 Nr. 73, Sinnbilder in DIN 66 001). Alle ein- und auszugebenden Daten sowie alle zwischen Programmbausteinen zu übergebenden Daten sind (in der Datenflussbeschreibung) bezüglich ihrer Bedeutung, ihrer zeitlichen Folge, der Datenträger sowie der Ein- und Ausgabegeräte anzugeben (DIN 66 230, Nr. 6/2.4.1). Datenfluss ist die Folge zusammengehöriger Vorgänge an Daten und Datenträgern (DIN 44 300, Nr. 72). Der Datenflussplan zeigt den Fluss der Daten durch ein DV-System (DIN 66 001, Nr. 1).

[61] Nach DIN 66 230 6/2.4.2 ist die Programmablaufbeschreibung die Beschreibung des inneren Ablaufes des Programms (insbesondere Programmbausteine, Unterabläufe, Verzweigungen, Schleifen etc.). Hierzu gehören Programmablaufpläne (DIN 66 001), Entscheidungstabellen (DIN 66 241). DIN 44 300 Nr. 74 definiert den „Programmablauf" als die zeitlichen Beziehungen zwischen den Teilvorgängen, aus denen sich die folgerichtige Ausführung eines Programms zusammensetzt. DIN 44 300 Nr. 75 definiert den „Programmablaufplan" als Darstellung der Gesamtheit aller beim Programmablauf möglichen Wege. DIN 66 001 Nr. 2 erläutert den Plan als Beschreibung des Ablaufes der Operationen in einem DV-System.

Das **Anwendungshandbuch** enthält Angaben über die mit dem Pro-   35
gramm lösbaren Aufgaben, die der Lösung zugrunde liegenden Theorien
und die für die Anwendung wesentlichen Datenspezifikationen (DIN
66 230, Beiblatt 1). Hierzu gehören Angaben zur Aufgabenlösung (Darstellungsform und -regeln, Algorithmen, Schlüsselverzeichnisse, Fehlerbehandlung, Änderungen). Das Anwendungshandbuch entspricht in seiner
Funktion im wesentlichen der sogenannten „Benutzerdokumentation"
bzw. dem „Benutzerhandbuch" (s. Rn. 39).

Das **Datenverarbeitungstechnische Handbuch** (DV-Handbuch) enthält   36
alle Informationen, die zur Installierung, zum Betrieb und zur Pflege des
Programms notwendig sind (DIN 66 230, Beiblatt 1). Hierzu gehören Pro-
gramm-, Datenfluss- und Programmablaufbeschreibung, wiederum Angaben zu den Daten, zu Installierung, Test und Betrieb. Die Norm DIN
66 231 enthält entsprechende Anforderungen und Festlegungen für Pro-
grammentwicklungsdokumentationen, die System- und Bewertungsunter-
lagen, Prüfungen, Einführungen und Schulungen näher beschreiben.

1.3.3 Dokumentationsarten und -funktionen

Wie erwähnt, gelten die Anforderungen nach DIN 66 285 bzw. nunmehr   37
DIN/ISO/IEC 12 119 nur für Dokumentationen zur Anwendungssoftware.
Andererseits ist die Norm so allgemein gehalten, dass sie Entwicklungsdokumentationen für individuell entwickelte Software wie Benutzerhandbücher für diese und/oder für Standardsoftware (z. B. Textverarbeitungsprogramme) umfasst. Deshalb ist weiter zu differenzieren, welchem
Zweck die Dokumentation dienen soll. Üblicherweise unterscheidet man
im Bereich des Software-Engineering zwischen der Benutzerdokumentation (meist „Benutzerhandbuch" genannt), der Systemdokumentation (als
Beschreibung des gesamten [Software-]Systems) und der Projektdoku-
mentation (als Gesamtheit aller Dokumente für ein Entwicklungsprojekt).[62]

Auch die Dokumentation einer Software- oder Systementwicklung muss   38
entwickelt und **abgenommen** werden. Maßstab ist das Pflichtenheft und
die einschlägige DIN-Norm. Bei der Erstellung sind die (Vor-)Kenntnisse
des Bestellers/Benutzers zugrunde zu legen oder, falls diese nicht zu
ermitteln sind, muss zumindest detailliert festgelegt werden, welche
Kenntnisse beim Benutzer vorausgesetzt werden.[63]

---

[62] Suhr/Suhr, 351.
[63] Rupietta, 27f., 37.

39 Die **Benutzerdokumentation**[64] hat ein fertiggestelltes Software-System so zu beschreiben, dass es ohne Zuhilfenahme anderer Dokumente benutzt werden kann.[65] Angaben z. B. über den Steuerfluss im Programm gehören nicht in diese Dokumentation. Als „Black Box" muss die Benutzerdokumentation folgende Beschreibungen enthalten:

– vollständige und eindeutige Dokumentation der **Systemfunktionen** und ihrer Zusammenhänge, also über Benutzeraktionen und Systemreaktionen;
– eine Liste der **Fehlermeldungen**, deren Bedeutung und deren mögliche Benutzeraktionen;
– Hinweise auf **Benutzerreaktionen** bei außergewöhnlichen Ereignissen (Störung des Grundsystems, undefiniertes Verhalten des Programms);
– die Voraussetzungen zur Benutzung (benötigte Dateien, technische Ressourcen);[66]
– Definition der Belege und Auswertungen;
  • Übersicht über alle zu bearbeitenden Belege und Bildschirmdarstellungen;
  • Ordnungssysteme;
  • Beschreibung der Eingabedatentypen;
  • Erläuterungen zu verwendender Methoden;
  • Verzeichnis der Fehlermeldungen mit Ursache, Folgen und erforderlichen Maßnahmen.

Die Benutzerdokumentation hat eine Anleitungs- und Nachschlagefunktion.[67]

40 Die Benutzerdokumentation lässt sich, um die genannten Aufgaben zu erfüllen, im wesentlichen in drei Hauptabschnitte einteilen[68], das Einführungshandbuch, die Installations- und Bedienungsanleitung und schließlich das Operateurhandbuch.

41 Das **Einführungshandbuch** enthält eine informelle Einführung und einen Überblick über die mit Hilfe des Systems lösbaren Probleme. Daneben führt es in den „Standard"-Gebrauch des Programms ein. Es enthält dabei

---

[64] Von Rupietta, 16, definiert als „Darstellung von Informationen über die Benutzung von Softwareprodukten". Beckmann (CR 1998, 519) schlägt eine Unterscheidung zwischen Bedienungsanleitung (mit Informationen zum Starten und zur einfachen Handhabung des Programms) und Benutzer-/Anwenderhandbuch (mit darüber hinausgehenden Hinweisen) vor, geht aber nicht näher auf den bestehenden Begriffsgebrauch in der Informatik und der Praxis ein, der verkehrsübliche Erwartungen an den Begriffsgebrauch zu begründen vermag.
[65] Kimm, 86; Suhr/Suhr, 351.
[66] Kimm, 86.
[67] Rupietta, 39.
[68] Siehe Kimm, 87; Suhr/Suhr, 352 ff.

die Informationen zur Verfügbarkeit und über den Zugang zum System (Voraussetzungen und Kommandos zum Systemstart), zu den verfügbaren Funktionen, zu den Benutzerschnittstellen des Softwaresystems, zu den Benutzer- und Systemreaktionen, zu Art, Aufbau und Inhalt der Eingabe- und Ausgabedaten, zu benötigten Hardware- und Software-Ressourcen und zur Portabilität und Flexibilität des Softwaresystems. Außerdem enthält es Erläuterungen der Funktionen, die zur „standardmäßigen" Benutzung ausreichen. Das Einführungshandbuch muss jeder Benutzer ohne Voraussetzungen, die über sein Anwendungsfachwissen hinausgehen, verstehen können.

Die **Installations- und Bedienungsanleitung** („Reference Manual") enthält eine vollständige und eindeutige Beschreibung der Benutzerschnittstelle des Systems. Hierzu gehören Angaben über (hardwareseitige) Voraussetzungen der und über die Installation, eine vollständige und eindeutige Beschreibung aller Systemfunktionen und der dafür notwendigen Benutzereingaben, Anwendungsbeispiele für jede Systemfunktion, die Beschreibung der Eingabe- und Ausgabedaten, eine Auflistung der Fehlermeldungen des Systems, die Erläuterung ihrer Ursachen und die Angabe von Maßnahmen zur Fehlerbeseitigung.[69] 42

Das **Operateur-Handbuch** findet sich in einer Benutzerdokumentation 43
natürlich nur, wenn das System eine Schnittstelle zum Operateur besitzt. In ihm sind die zur Verfügung zu stellenden technischen Ressourcen und Eingriffe an der Konsole aufgeführt, ebenso Meldungen des Systems mit Ursachen und erforderlichen Benutzerreaktionen. Dies gilt insbesondere für Mehrplatzsysteme und größere Anlagen.

Die **Systemdokumentation** beschreibt alle architektonischen Einzelheiten 44
eines Softwaresystem, seine einzelnen Komponenten und die im Rahmen der Entwicklung durchgeführten Testaktivitäten. Sie enthält:
– eine Anforderungs- und Systemspezifikation (mit Problem- und Aufgabenbeschreibung für das Projekt);
– eine Beschreibung der Systemstruktur (Entwurfsspezifikation zur Architektur des Systems und seine Komponenten);
– eine Beschreibung der Implementierung (einschließlich aller Systemmodule, Import- und Exportschnittstellen und des Aufrufes exportierter Funktionen);
– eine Beschreibung der verwendeten Daten (insbesondere Dateinamen und -inhalt, Satzstruktur und Organisationsform der Datei, maximale

---

[69] Suhr/Suhr, 352.

Dateigröße, Zugriffsrechte und mögliche Zugriffsarten, Beschreibung der Formen möglicher Lese- und Schreiboperationen);
- Testprotokollierung (Testplan für Integrations- und Abnahmetest und für jedes Modul, Erstellung der Dokumentation für die Testumgebung, Protokollierung der ausgeführten Testfälle);
- zusätzlich Tabellen und Diagramme (ewa Modultabelle, Tabelle der Modulfunktionen oder aller globalen Datenobjekte, Diagramm der Modulhierarchie, Importgraph zur Darstellung der „benutzt"-Relation des Softwaresystems).[70]

45 Neben der Benutzerdokumentation ist bei Entwicklungsprojekten eine getrennte **Entwicklungsdokumentation** mit Projektplan und -abschlussbericht, Dokumentationsrichtlinien, Programmierkonventionen, Bibliotheksbeschreibung, Code, Testprotokollen etc. erforderlich. Diese Entwicklungsdokumentation ist ebenfalls systematisch zu organisieren und die Berechtigung für den Zugriff auf Dokumentation und deren Änderungen eindeutig zu regeln. Alle Unterlagen sind in einer Projektbibliothek zusammenzufassen, in der
- alle **Arbeitsergebnisse** und Änderungen laufend und systematisch während der Projektdauer erfasst und wieder aufgefunden werden können;
- der **Projektfortschritt** erkennbar ist;
- der Systemanalytiker und Entwickler für die Erstellung der Dokumentation **Hilfsmittel** vorfindet;
- **Qualitätskontrolle, Projektplanung und -kontrolle** durchgeführt werden können.[71]

Obwohl und gerade weil bei mittleren und kleineren Projekten bisher nicht allgemein üblich, sollte der Anwender unbedingt zur Erstellung einer Programmdokumentation verpflichtet werden. Hierfür ist es im allgemeinen notwendig und hinreichend, auf die Richtlinie nach DIN 66 230 zu verweisen und sie ausdrücklich (!) zum Bestandteil dieses Erwerbsvertrages zu machen. Auch sollte die Dokumentation nicht erst im Nachhinein zusammengeschustert, sondern parallel zur Programmerstellung entwickelt werden.[72] Bei Erstellung eines Individualprogrammes wird eine Dokumentation gemäß DIN 66 230 geschuldet, nicht nur ein Benutzerhandbuch.[73] Für einen weiterentwickelnden Programmierer bzw. ein erwerbendes Systemhaus ist die Funktionsdokumentation ent-

---

[70] Suhr/Suhr, 355.
[71] Lockemann, 165.
[72] Vgl. Hinweis bei Ellenberger, Softwareverträge, 29.
[73] OLG Stuttgart, Urteil vom 23. 12. 1986 – 7 U 156/86, IuR 1989, 441.

scheidend. Sie beschreibt, wie ein Problem gelöst wurde und wie ein System arbeitet.

Überblick über Inhalte der Entwicklungsdokumentation: 46
- **Datendefinition** (Struktur und Stellung, Maßeinheit und Bedeutung);
- **Datenflussplan** (Nach DIN 66001): Vorteilhaft, wenn große Datenmengen über unterschiedliche Datenträger zu Verarbeitungsstationen fließen; jedoch können keine logischen Ablaufsstrukturen abgebildet werden;[74]
- **Programmablaufplan** (DIN 66001): Die logischen Abläufe werden mittels sieben elementarer Strukturbausteine vereinheitlicht dargestellt, können jedoch leicht (bei vielen Fallunterscheidungen) unübersichtlich und damit kaum noch änderbar geraten;[75]
- **verbale Programmbeschreibung;**
- **Codierblätter, Umwandlungslisten;**
- programmbezogene **Schlüsselbegriffe;**
- **Listing des Quellprogramms** (ist bei Vereinbarung von DIN 66230 also auch geschuldet!);
- **Struktur** und **Format** der Eingabe- und Ausgabesätze;
- **Testprogramme** und **-ergebnisse** (Achtung: Testprogramme müssen selbst qualitätsgesichert sein!)
- **Operator-Anweisung;**
- Dokumentation zur **Konfiguration;**
- Muster für **Ablaufprotokoll;**
- Muster für **Fehlermeldung;**
- Listen der **Programmumwandlungen** und des **Binders;**
- Verzeichnis der verwendeten **Schlüssel, Codes, Abkürzungen;**
- Aufbau von **Tabellen;**
- **Testbeispiele** und **-protokolle;**
- Listen eines **Probelaufs;**
- **Ausgabemuster;**
- **Übernahmeprotokoll.**

Besonderheiten bei Datenbanken: 47
- Beschreibung der **Datenbankenzugriffe** (über eigene Datenbankensprache, z. B. SQL);
- Verzeichnis der verwendeten **Namen** für Programme, der **Routinen, Variablen** (Typ, Größe und Anzahl), **Ordnungs-** und **Suchbegriffe** der Datensätze, **Aufbewahrungs-** und **Sicherheitskriterien;**
- Verzeichnis der programmierten **Fehler-** und **Statusmeldungen.**

---

[74] Hering, 61.
[75] Hering, 26 bis 34.

48 Neben dem Programm auf Datenträger wird für Standardsoftware meist eine mehr oder weniger ausführliche Bedienungsanleitung bzw. **Benutzerdokumentation** (bei größeren Programmsystemen), **für individuell erstellte Software** zusätzlich eine **Entwicklungsdokumentation** ausgeliefert, in der die Eigenschaften des Entwicklungsproduktes und das Erstellungs- sowie das Testverfahren genau zu beschreiben sind.

Die **Wartungsdokumentation** dient dazu, alle Änderungen, die am Produkt vorgenommen werden, aufzuzeichnen.

1.3.4 Dokumentation für Hardware

49 Für **Hardware** gelten weitgehend vergleichbare Grundsätze, soweit diese eigens entwickelt wird. Sehr oft lassen sich hier Hardware- und Software-Entwicklung ohnehin nicht strikt trennen, so dass übergreifend von den Anforderungen an die **System**entwicklung auszugehen ist, die dem Softwaresystem äquivalent ist. Eine Hardwaredokumentation muss etwa Angaben zur Installation der Systemsoftware („mounting") auf der Festplatte enthalten. Die Dokumentation muss dabei in einer für den Vertragspartner verständlichen Sprache verfasst sein. Ist er kein Fachmann, muss sie in deutscher Sprache vorliegen.[76] Bei reinem kaufweisen Erwerb ist grundsätzlich eine Bedienungsanleitung geschuldet, die auch Angaben zur Fehlerbehandlung, zu Schnittstellen, zu verwendbaren Verbrauchsmaterialien (etwa Toner bei Druckern) etc. enthält (s. auch unten Rn. 51).

1.3.5 Dokumentation der Qualitätssicherung

50 Über die oben genannten Normen hinaus ist jede Entwicklung von Software (und Hardware) in der Qualität zu sichern. Hierzu gehört zwingend eine **parallel** erfolgende **Dokumentierung des Entwicklungsprozesses**. Die Qualitätssicherung (QS) wird unter Rn. 242 näher beschrieben. Die QS-Dokumentation wird nicht dem Kunden ausgeliefert, sondern soll intern der Fehlerrückverfolgung dienen.

1.3.6 Dokumentationspflicht – elektronische Form der Dokumentation

51 Komplettes und regelrechtes Dokumentieren ist wesentlicher Teil der notwendigen **Qualitätssicherung** im Bereich sowohl der Programmentwicklung als auch der Implementierung und Pflege von Computerprogrammen. Der Anspruch auf Überlassung der Programmdokumentation, ohne die

---

[76] LG Köln, Urteil vom 15. 11. 1994 – 82 O 165/93, MRC 1996, 12.

eine vollständige und damit abnahmefähige Leistung nicht erbracht ist, ist **Erfüllungsanspruch** und unterliegt der allgemeinen dreißigjährigen Verjährung (§ 195 BGB).[77] In AGB kann er nicht wirksam abbedungen werden.[78] Vereinbarte oder gesetzliche kürzere Rügefristen greifen nicht ein. Arbeitet der Kunde jedoch in Kenntnis des Fehlens der Dokumentation mit der Software, und rügt er das Fehlen nicht (als zumindest teilweise Nichterfüllung des Überlassungs-/Erstellungsvertrages), kann hierin eine **Verwirkung** des Anspruchs zu sehen sein. Der Anspruch ist aber dann nicht verwirkt, wenn der Kunde das Fehlen der Handbücher zwar erstmals nach mehr als einem Jahr nach Installation des Programmes im Rechtsstreit schriftlich rügt, aber bereits anlässlich der Einweisung nach den Handbüchern gefragt und die Antwort erhalten hatte, solche existierten noch nicht.[79] Auch für das Betriebssystem einer Anlage ist eine Dokumentation (jedenfalls Bedienerhandbuch) auszuliefern.[80] Eine Auslieferung auf Datenträger genügt nicht, wenn im Vertrag „Handbuch" erwähnt ist.[81]

Auch für den Gebrauch von **Hardware** und generell von Geräten kann eine Dokumentation bzw. eine Gebrauchsanweisung erforderlich sein[82], etwa auch für Drucker, Betriebssysteme oder Datensicherungsgeräte. Allerdings sind diese Bedienungsanleitungen in der Regel auf eine reine Beschreibung der Benutzung und auf wichtige technische Daten beschränkt, während eine softwarebezogene Dokumentation (bei Programmentwicklung) auch den Entwicklungs**prozess** darstellen muss.

Die Systemdokumentation muss grundsätzlich in **deutscher Sprache** 52 abgefasst und bei Systeminstallation übergeben werden. Sie muss leicht verständlich, logisch gegliedert und vollständig sein, alle relevanten Arbeitsvorgänge genau beschreiben (am besten mit Beispielen), ein ausführliches Inhaltsverzeichnis und Register/Stichwortverzeichnis aufweisen und in einer genügenden Anzahl von Exemplaren zur Verfügung gestellt werden. Entwicklungsdokumentationen müssen außerdem einen Ausdruck des kompletten Quellcodes des Programmes enthalten, weiter Beschreibungen aller Module, Dateien, Schnittstellen und Datenflüsse.

---

[77] Siehe auch Beckmann, CR 1998, 519, 522; zum Erfüllungsanspruch s. Rn. 55.
[78] Schneider, Handbuch, Rn. A 77 sieht einen Verstoß gegen § 3 AGBG (überraschende Klausel). Eher noch dürfte von einer unangemessenen Benachteiligung i. S. v. § 9 Abs. 2 Nr. 2 ABGB auszugehen sein, da der Kunde ein wesentliches Recht verliert, nämlich seinen (Teil-)Erfüllungsanspruch (s. Rn. 56).
[79] OLG Düsseldorf, Urteil vom 27. 10. 1995 – 22 U 66/95, CR 1996, 214.
[80] OLG Frankfurt/Main, Urteil vom 12. 3. 1993 – 10 U 76/92, NJW-RR 1994, 122.
[81] LG München I, Urteil vom 10. 3. 1994 – 7 O 5854/93, BB Beil. 14, 1994, 12.
[82] Beckmann, a. a. O., 520.

Mängel der Dokumentation gelten als Mängel der gesamten Vertragsleistung und können zur Wandelung des Vertrages berechtigen.[83]

Am **Bildschirm lesbare Kommentare** und Hinweise der Benutzeroberfläche (etwa „Hilfe"-Texte) eines Programmes sind ebenfalls Teil der Dokumentation und werden von der anbieterseitigen Gewährleistung erfasst. Es kann genügen, dass kleinere Abweichungen von der vertragsgemäßen Ausgestaltung der Software in Updates nur in elektronischen Texten dokumentiert werden.[83a]

53 Bei vereinbarter Auslieferung einer kompletten Dokumentation (etwa bei Entwicklungen) reicht die Übergabe von gedruckten **Listings** nicht aus, vielmehr müssen auch die auf Diskette gespeicherten Listings, Pläne, etc. ausgeliefert werden.[84] Solange Dokumentationsunterlagen, insbesondere Benutzerhandbücher, noch nicht ausgeliefert sind, ist ein System **nicht abnahmefähig.**[85]

54 Neben dem Benutzerhandbuch ist eine **Entwicklungsdokumentation** erforderlich, wenn Drittfirmen (z. B. Wartungsunternehmen) das System weiterbetreuen oder -entwickeln sollen. Grundsätzlich ohne besondere Vereinbarung ist die Entwicklungsdokumentation dann geschuldet, wenn ein individueller Entwicklungsauftrag vereinbart wurde. Das OLG Oldenburg hat festgestellt, dass Informationen, die dem Besteller **Programmänderungen** ermöglichen, vom Begriff der Dokumentation nicht erfasst werden. Bei Beauftragung einer Software-Erstellung sind Werk und Erstellungsvorgang sowie Programmstruktur zu beschreiben, nicht aber (auftraggeberseitig) Informationen zur Durchführung von Programmänderungen zu geben.[86]

55 **Fehlt die Dokumentation** vollständig oder teilweise, ist die Leistung des Anbieters insoweit (teilweise) nicht erfüllt und kann der Kunde Ansprüche aus **(teilweiser) Nichterfüllung einer Hauptleistungspflicht**[87] des Vertra-

[83] OLG München, Urteil vom 10. 7. 1985 – 7 U 1501/85, CR 1986, 365.
[83a] Walker (JURIS), zit. nach Bergmann, CR 1999, 455f.
[84] OLG Oldenburg, Urteil vom 22. 12. 1994 – 8 U 171/94, CR 1995, 662 (für SPS-Softwaredokumentation).
[85] LG Wuppertal, Urteil vom 17. 1. 1995 – 11 O 135/94, MRC 1996, Nr. 31.
[86] OLG Oldenburg, Urteil vom 22. 12. 1994, a. a. O., 662.
[87] BGH, CR 1993, 203 = NJW 1993, 461 = WM 1993, 111 = ZIP 1992, 1640 = BB Beil. 13, 1993, 2; OLG Frankfurt/Main, Urteil vom 12. 3. 1993 – 10 U 76/92, CR 1994, 97; OLG Köln, Urteil vom 3. 12. 1993 – 19 U 157/93, Jur-PC 1993, 2412; Marly, Verträge Rn. 37. Ausgangspunkt der grundlegenden BGH-Entscheidung war eine Vertragsklausel, derzufolge während eines Zeitraums von sechs Monaten nach Installation, in dem eine anbieterseitige Pflicht zu kostenfreier Beratung bestand, Bedienungshandbücher nicht geliefert werden mussten. Wichtig ist insoweit auch das Ergebnis des BGH, dass diese Beratungspflicht ein Handbuch nicht ersetzen kann.

ges geltend machen[88] (s. auch Rn. 1190). (Zu **Mängeln** der Dokumentation s. Rn. 62, 1189). Entscheidend ist für den BGH, dass der Kunde einen Teil der zu liefernden Sachgesamtheit (etwa Programm auf Datenträger und Benutzeranleitung) noch nicht erhalten und insoweit einen teilweisen Erfüllunganspruch hat. Diese Ansprüche unterliegen nicht der kurzen Gewährleistungsfrist. Für Software ist dies höchstgerichtlich entschieden[89], für Hardware gelten grundsätzlich gleiche Überlegungen.

Der Anbieter ist verpflichtet, für Software zumindest eine Benutzungsanleitung mitzuliefern.[90] Bei nur online vertriebener Software kann aber das Zurverfügungstellen der Dokumentation als abrufbare Textdatei ausreichen. Jedenfalls besteht gegenwärtig in den beteiligten Verkehrskreisen keine Erwartung, in diesen Fällen eine schriftliche Dokumentation vom Anbieter zu erhalten. Mangels besonderer Vereinbarung kann hier dann nicht das Fehlen eines Leistungsteils unterstellt werden. Ähnlich kann bei Vertrieb von Shareware auf CD-ROM das Beifügen von entsprechenden Dokumentationsdateien ausreichen.[91] Bei größeren Texten sollte aber eine Ausdruckmöglichkeit bestehen. Diese Ausgabeform darf nicht technisch gesperrt sein. Werden **Programme vorinstalliert** mit einem Rechner ausgeliefert, besteht keine Anlass, auf das Handbuch zu den Programmen zu verzichten. Es kann aber auch hier genügen, den Text in einer Datei verfügbar zu halten, so etwa, wenn ein erfahrener Großanwender oder Experte die Software bezieht oder Überlassung via Internet.[91a] Die elektronische Dokumentation muss aber auf getrenntem Datenträger erfolgen (CD-ROM, DVD), damit das Handbuch auch und gerade bei Systemabstürzen zugreifbar ist (etwa die Beschreibung der Fehlermeldungen) und ein zusammenhängender Ausdruck möglich ist.[91b] In der **Vertragspraxis**

---

[88] BGH, Urteil vom 4. 11. 1992 – VIII ZR 165/91, NJW 1993, 461 f. und 1063, 1064; ähnlich bereits LG Mannheim, Urteil vom 8. 10. 1984 – 24 O 62/83, BB 1985, 144 – Holzprogramm (Benutzerhandbuch als wesentlicher Teil der geschuldeten Leistung); ähnlich OLG Saarbrücken, Urteil vom 30. 4. 1986 – 1 U 21/84, CR 1988, 470; LG Baden-Baden, Urteil vom 21. 8. 1987 – 2 O 292/84, CR 1988, 308. **Überholt** sind die die Nichtlieferung als Sachmangel einstufenden Entscheidungen (OLG Frankfurt/Main, Urteil vom 10. 3. 1987 – 5 U 121/86, NJW 1987, 3206 = CR 1988, 294; OLG Köln, Urteil vom 22. 6. 1988 – 13 U 113/87, NJW 1988, 2477; OLG Karlsruhe, Urteil vom 8. 7. 1988 – 10 U 8/88, NJW 1989, 2630f. = CR 1989, 195).
[89] BGH, Urteil vom 4. 11. 1992, a. a. O., (teilweise Nichterfüllung bei Nichtlieferung).
[90] Abweichend allerdings OLG Stuttgart, Urteil vom 1. 10. 1986 – 4 U 187/85, CR 1987, 153, wonach ein komfortabler „Ausbau" der Programme eine schriftliche Bedienungsanleitung überflüssig machen könne. Zum einen handelt es sich hier aber um nichttragende Gründe der Entscheidung, zum anderen muss jedenfalls für Fehlermeldungen etwa bei Systemabstürzen eine schriftliche Anleitung zum Wiederstart vorhanden sein.
[91] Brandi-Dohrn, EDV-Verträge, Rn. 86.
[91a] Beckmann, CR 1998, 519; bestätigt Bergmann, CR 1999, 455.
[91b] Beckmann, a. a. O.

ist hier meist Vorsicht geboten, wenn für auf dem Rechner vorinstallierte Computerprogramme weder Datenträger noch Dokumentation bzw. Bedienungsanleitung verfügbar sind. Beides sollte unbedingt als Leistungsteil vereinbart werden.

56 Das formularvertragliche **Abbedingen** der Verpflichtung des Anbieters, die Benutzeranleitung/Dokumentation dem Kunden zu liefern, ist unwirksam, denn es würde dem Kunden einen Erfüllungsanspruch nehmen und ihn deshalb unangemessen im Sinne von § 9 Abs. 2 Nr. 1 und 2 AGBG benachteiligen. Individualvertraglich ist ein solcher kundenseitiger Verzicht auf die Dokumentation zulässig, aber in den meisten Fällen nicht anzuraten.

57 **Ablieferung** im kaufrechtlichen Sinne (§§ 477, 469 BGB) setzt die Übergabe der zur Lieferung gehörigen Handbücher voraus[92] (s. auch Rn. 1364); der Verkäufer hat die Ablieferung zu beweisen[93]. Der Anbieter ist also gewissermaßen hinsichtlich der Leistungserfüllung in „Zugzwang". Ohne Dokumentationsübergabe beginnen Gewährleistungsfristen nicht zu laufen – auch nicht, wenn die Programme bereits installiert sind, jedoch der Kunde diese nur mit der Dokumentation (jedenfalls bestimmungsgemäß) nutzen kann. Gleiches gilt für Software-Erstellung: Solange Dokumentationsunterlagen, insbesondere Benutzerhandbücher, noch nicht ausgeliefert sind, ist ein System nicht abnahmefähig.[94] Mangels eines räumlichen Verhältnisses kann die Dokumentation **nicht als Zubehör** i. S. v. § 97 Abs. 1 BGB gelten.[95]

58 Die **Einweisung** in die Programmhandhabung kann die Lieferung der Benutzerdokumentation nicht ersetzen,[96] ebensowenig Schulungen oder Bildschirm-Benutzerführungen.[97] Selbst die auf Festplatte gespeicherte Dokumentation ersetzt nicht das ausgedruckte Exemplar.[98] Insoweit ist die Leistung auch nicht nach § 377 Abs. 2 oder 3 HGB genehmigungsfähig.[99]

---

[92] BGH, Urteil vom 4. 11. 1992, NJW 1993, 461 f., 1063 f.

[93] Es sei denn, der Empfänger der Kaufsache bestätigte die Abnahme [i. S. v. § 433 Abs. 2 BGB] schriftlich und ohne Einschränkung (BGB, WM 1989, 1575, 1576 = CR 1990, 189).

[94] LG Wuppertal, Urteil vom 17. 1. 1995 – 11 O 135/94, MRC 1996, 31.

[95] Endler, CR 1995, 7, 9.

[96] LG Essen, Urteil vom 30. 9. 1987 – 44 O 197/86, IuR 1988, 389; OLG Frankfurt/Main, Urteil vom 22. 1. 1985 – 5 U 86/84, CR 1986, 271.

[97] OLG Stuttgart, Urteil vom 1. 10. 1986 – 4 U 187/85, IuR 1987, 153; OLG Frankfurt, DB 1992, 1232; OLG Hamm, Urteil vom 8. 7. 1991 – 31 U 291/90, CR 1992, 206; einschränkend Beckmann, CR 1998, 519, 521 (zulässig bei „erfahrenem Großanwender").

[98] LG Stuttgart, Urteil vom 24. 7. 1991 – 18 O 153/90, CR 1992, 277; a. A. LG Heilbronn, Urteil vom 16. 12. 1993 – 1 KfH O 262/89, BB Beil. 7, 1994, 7: Ausdruckbare Benutzerdokumentation auf Datenträger ausreichend, kein gebundenes Exemplar erforderlich.

[99] LG Essen, Urteil vom 30. 9. 1987 – 44 O 197/86, a. a. O.

Getrennt wird aber zu prüfen sein, ob etwa Online-Dokumentationen oder Bildschirmführungen als Substitut für eine schriftliche Dokumentation (in bestimmten Dokumentationsteilen) als **genehmigungsfähig** angesehen werden dürfen. Genehmigungsfähigkeit wird nicht in jedem Fall von vornherein auszuschließen sein. So wird zunehmend Software über Internet (insbesondere **ftp**) oder vergleichbare Kommunikationsnetze vertrieben – naturgemäß nur mit elektronischer Dokumentation und ohne Übergabe eines schriftlichen Dokumentationsexemplars. Auf diesem Wege kann etwa Linux bezogen werden. Im „Offline"-Bereich wird häufig Shareware (wenn nicht ohnehin online) nur im elektronischen Format auf Datenträger wie CD-ROM oder DVD vertrieben. Für beide Fallgruppen kann Genehmigungsfähigkeit grundsätzlich bejaht werden. Wobei zu klären bleibt, ob überhaupt eine Abweichung vorliegt, wenn eine Leistung nach der Verkehrsauffassung üblicherweise in dieser Form, d. h. ohne schriftliches Dokumentationsexemplar, erfolgt.

Bei vereinbarter Auslieferung einer kompletten Dokumentation (etwa   59
bei Entwicklungen) reicht die Übergabe von gedruckten **Listings** nicht aus, vielmehr müssen auch die auf Diskette (oder sonstigen Datenträgern) gespeicherten Listings, Pläne etc. ausgeliefert werden.[100] Allerdings wurde eine **Benutzerführung durch Bildschirmmenüs/-masken** als ausreichender Ersatz für eine Dokumentation bzw. ein Handbuch angesehen, wenn die Benutzerführung selbsterklärend ist und nur wenige erklärungsbedürftige Schritte erläutert werden müssen. Hierfür wird eine Erläuterung auf Papier oder über Hilfe-Option als ausreichend angesehen.[101]

Die bei Lieferung komplexer Software vertraglich übernommene **Pflicht**   60
zur Einweisung und Schulung ist nicht erfüllt, wenn zur Zeit der Schulung und mehr als ein Jahr danach keine Handbücher zur Verfügung stehen, um die Kenntnisse aus der Schulung zu sichern und zu vertiefen.[102] Wird nichts Abweichendes vereinbart, muss jeweils zumindest ein Benutzerhandbuch geliefert werden, das eine Beschreibung
– aller Geräte bzw. Programmfunktionen,
– aller Fehlermeldungen mit möglichen Abhilfemaßnahmen,

---

[100] OLG Oldenburg, Urteil vom 22. 12. 1994 – 8 U 171/94, CR 1995, 662 (für SPS-Softwaredokumentation).
[101] LG Stuttgart, Urteil vom 30. 7. 1997 – 18 O 458/96, BB Beil. 4; 1998,13.
[102] OLG Düsseldorf, Urteil vom 27. 10. 1995 – 22 U 66/95, NJW-RR 1996, 821. Auch hier bleiben freilich die Einzelfallumstände zu prüfen. Für bestimmte Anwendungsbereiche kann eine Bildschirmführung mit Hilfefunktion als Einweisung ausreichen.

– bei Modifikationen vom Standardprogramm eine Beschreibung dieser Modifikationen[103] enthält.

61 Zu **Quellcode** ist eine systemtechnische Dokumentation zu liefern,[104] ebenso zu Programmumstellungen[105]. Die Funktion derartiger Handbücher ist grundsätzlich, die Summe aller Kenntnisse zu vermitteln, die erforderlich sind, um die Anlage (im Wesentlichen) bedienungsfehlerfrei und zur Verwirklichung des mit ihrer Anschaffung vertraglich vorgesehenen Zwecks nutzen zu können.[106] In dieser Funktion sind Benutzerhandbücher unerlässlich.[107]

Neben dem Benutzerhandbuch bzw. der Benutzerdokumentation (s. Rn. 39) ist eine Entwicklungsdokumentation (s. Rn. 45) erforderlich, wenn Drittfirmen (z. B. Wartungsunternehmen) das System weiterbetreuen oder -entwickeln sollen. Grundsätzlich ohne besondere Vereinbarung ist die Entwicklungsdokumentation dann geschuldet, wenn ein individueller Entwicklungsauftrag vereinbart wurde und der Kunde an allen Entwicklungsergebnissen Verwertungsrechte erwerben soll.[108] Allein aus der Beauftragung einer Programmerstellung ist nicht notwendig eine Wartungsdokumentation geschuldet.[109] Informationen, die dem Besteller **Programmänderungen** ermöglichen, werden vom Begriff der Dokumentation nicht erfaßt.[110]

Bei Beauftragung des Anbieters mit einer Software-Erstellung sind Werk und Erstellungsvorgang sowie Programmstruktur zu beschreiben, nicht aber (auftragsgeberseitig) Informationen zur Durchführung von Programmänderungen zu geben.[111] **Änderungen** in der Programmentwicklung müssen **vollständig** in der Dokumentation erfasst werden. Außerdem ist der späteste Zeitpunkt für die Fertigstellung der Dokumentation vor Inbetriebnahme des Programmes zu fixieren.

---

[103] LG Flensburg, Urteil vom 21. 5. 1986 – 6 O 98/85, IuR 1986, 463.

[104] AG Pforzheim, Urteil vom 7. 7. 1987 – 3 C 540/86, IuR 1980, 390 = CR 1989, 497.

[105] OLG München, Urteil vom 24. 4. 1986 – 1 U 5724/85, DV-R 4, 179.

[106] So ausdrücklich BGH, Urteil vom 5. 7. 1989 – VIII ZR 334/88, CR 1990, 189, 192.

[107] OLG Hamm, Urteil vom 11. 12. 1989 – 31 U 37/89, CR 1990, 715, 716.

[108] Zu eng BGH, Urteil vom 30. 1. 1986 – I ZR 242/83, CR 1986, 377, 380, der allein darauf abstellt, ob die Dokumentation zur Inbetriebnahme der Software erforderlich ist. Entscheidend ist aber nicht dieser technische Sachverhalt, sondern vielmehr, ob die Entwicklungs- oder Herstellerdokumentation Teil des vergüteten Werkes ist. Dies ist zu bejahen, wenn die ordnungsgemäße Erstellung der Software auch die Erstellung einer Entwicklungsdokumentation verlangt. Auf jeden Fall gilt dies für die im Rahmen der nach Stand der Technik geschuldeten Qualitätssicherung erstellten Entwicklungsdokumentation.

[109] OLG München, Urteil vom 24. 4. 1986 – 1 U 5724/85, CR 1988, 38.

[110] OLG Oldenburg, Urteil vom 22. 12. 1994 – 8 U 171/93, CR 1995, 662.

[111] OLG Oldenburg, a. a. O.

Zu den **typischen Mängeln der Dokumentation** gehört **in der Praxis**   62
zunächst die Unart, die Dokumentation nur zu erstellen, weil von den
Sachzwängen erfordert, und nur als Kostenverursacher zu sehen, der gerne
erst nachträglich erstellt wird. Weiter wird notiert:

– „Texte sind zu kurz und daher außer für Eingeweihte unverständ-
  lich.
– Die Beschreibung eines Bildes ist erst durch Umblättern auf der nächsten Seite zu finden.
– Es gibt zu viele Verweise auf andere Kapitel und Seiten.
– Funktionen werden wie in einem Nachschlagewerk ohne Angabe der
  funktionalen Zusammenhänge sequentiell beschrieben, so daß der Leser
  kein umfassendes Programmverständnis entwickeln kann.
– Unübliche Eingaben, die programmtechnisch notwendig sind, werden
  nicht besonders herausgestellt.
– Ungenauigkeiten, wie ein fehlender Hinweis auf notwendige Leerzei-
  chen, werden nicht erkannt.
– Kürzel des Programms werden in der Beschreibung übernommen.
– Man verwendet einen nur dem Programmierer verständlichen Fachjar-
  gon.
– Suchfunktionen werden erschwert, zum Beispiel, weil es einmal
  ‚Anforderung zum Druck‘ und dann ‚Druckanforderung‘ heißt."[112]

Die Dokumentation sollte aufgrund vertraglicher Vereinbarung zu jedem   63
Zeitpunkt **mit dem Produkt abgestimmt** werden, damit der Kunde auch
später unabhängig vom Programmhersteller Änderungen vornehmen lassen kann. Anderenfalls besteht die Gefahr, „daß der Anwender der Software keine blasse Ahnung hat, wie der Ersteller der Software vorgegan-
gen, wie die Logik des Programmes aufgebaut ist usw."[113]. Der Anbieter
hat die **Dokumentation** folglich **fortzuschreiben.** Diese zur Anwen-
dungssicherung unabdingbare Verpflichtung muß freilich ausdrücklich
vereinbart werden. Das gilt auch und insbesondere für die Durchführung
laufender Wartungs-/Pflegearbeiten, die mit Eingriffen in die Programmstruktur oder in Datenbestände verbunden sind.

Aufgabe der Dokumentation kann es aber nicht sein, auch einen Laien in   64
die Lage zu versetzen, die Programme zu verstehen.[114] Eine Dokumentation kann keinen EDV-Einführungskurs oder grundlegende Schulungen

---

[112] Nach Müller sind Handbücher wie eine Visitenkarte, CW 1998, 3619.
[113] Ellenberger, Software-Verträge, 9.
[114] Ellenberger/Müller, Vertragsgestaltung, 58 f.

ersetzen. Deshalb wird nach der Komplexität der Programme zu differenzieren sein, bis zu welchen EDV-Grundlagen die Dokumentation zurück-
zugehen hat. Welches Vorwissen des Anwenders vorausgesetzt werden
darf, bestimmt sich nach den Umständen des Einzelfalles und dem jeweiligen Kenntnisstand des Auftraggebers, soweit er dem Anbieter erkennbar
war oder sein musste.

65 Die **Dokumentation** kann selbst **Quelle von Mängeln** sein, etwa durch
unvollständige oder unklare Abfassung oder auch durch das Unterlassen
der Beschreibung von Modifikationen einer Standardsoftware.[115] Auf
der Dokumentation beruhende **Bedienungsfehler** können als Fehler der
Anbieterleistung[116] anzusehen sein. Mängel der Dokumentation gelten
als Mängel der gesamten Vertragsleistung und können zur Wandelung
des Vertrages berechtigen.[117] **Gewährleistungsbeschränkungen** für
Computerprogramme erstrecken sich, soweit sie (insbesondere in Formularverträgen) überhaupt wirksam sind, nicht auf die Dokumentation,
wenn dies nicht ausdrücklich im Vertragstext deutlich gemacht wird.
Die **Beweislast für die Mängelfreiheit** der Dokumentation liegt beim
Anbieter, der die Dokumentation erstellt bzw. vertrieben hat (so LG Siegen), jedenfalls bis zur Ablieferung/Abnahme. Führen Mängel der
Dokumentation zu Bedienungsfehlern, die wiederum für Programmier-
mängel ursächlich sind, so kann sich der Anbieter nicht auf diesen (als
solchen keine Gewährleistung auslösenden) Bedienungsfehler berufen.[118]

66 **Mängel in der Bedienungsführung am Bildschirm** sind – aufgrund der
Funktionsgleichheit der Informationsvermittlung – wie Mängel der Dokumentation zu behandeln. Dies gilt etwa für Fälle, in denen die Bedienungsführung voll selbst erklärend ist oder auf fehlende oder fehlerhafte Doku-
mentationsteile Bezug nimmt. Bei ausführlicher Bildschirm-Bedienungs-
führung kann die Dokumentation knapper ausfallen.[119] Hat der Anwender
Bedienungsprobleme, weil er eine angebotene Einweisung oder Schulung
nicht wahrnahm, liegt insoweit kein Systemmangel vor.[120] Jedoch ist zu
prüfen, ob die Dokumentation zur Fehlbedienung durch unklare, unvollständige bzw. unrichtige Formulierungen beigetragen hat.

---

[115] LG Flensburg, Urteil vom 21. 5. 1986 – 6 O 98/85, IuR 1986, 463.
[116] OLG Hamm, Urteil vom 6. 6. 1980 – 20 U 310/79, DV-R 1, K/M-6.
[117] OLG München, Urteil vom 10. 7. 1985 – 7 U 5343/84, CR 1986, 365.
[118] LG Siegen, Urteil vom 15. 10. 1979 – 2 O 261/77, DV-R 1, K/M-6.
[119] OLG Stuttgart, Urteil vom 1. 10. 1986 – 4 U 187/85, IuR 1987, 153.
[120] LG Oldenburg, Urteil vom 14. 1. 1981 – 3 O 490/79, DV-R 1, K/M-10.

1.3.7 Produktbeschreibung

Nicht mit der Benutzerdokumentation identisch ist die Produktbeschrei- 67
bung. In DIN/ISO/IEC 12119 Nr. 2.3 wird die „Produktbeschreibung"
definiert als ein „Dokument, das Eigenschaften eines Software-Erzeugnis-
ses beschreibt, mit dem Hauptzweck, möglichen Käufern zu helfen, die
Eignung des Erzeugnisses für ihre Zwecke vor dem Kauf festzustellen"[121].
Nach DIN/ISO/IEC 12119 Nr. 3.1 muss jedes Software-Erzeugnis eine
Produktbeschreibung haben:
„Die Produktbeschreibung legt fest, was das Erzeugnis ist. Sie ist Teil der
Produktdokumentation des Erzeugnisses. Sie enthält Angaben über die
Benutzerdokumentation, die Programme und gegebenenfalls die Daten.[122]
Die wichtigsten Zwecke der Produktbeschreibung sind,
– dem Benutzer und dem möglichen Käufer bei der Beurteilung der Eig-
nung des Erzeugnisses für ihn zu helfen (insoweit ist sie auch Werbema-
terial),
– als eine Prüfgrundlage zu dienen …
Sie muß denen, die sich für das Erzeugnis interessieren, zugänglich
sein."

„Die Produktbeschreibung sollte ausreichend verständlich, vollständig 68
und übersichtlich dafür sein, möglichen Käufern zu helfen, die Eignung
des Erzeugnisses für ihre Zwecke vor dem Kauf festzustellen.
Die Produktbeschreibung muß in sich widerspruchsfrei sein. Jede Benennung sollte überall dieselbe Bedeutung haben.
Die Angaben der Produktbeschreibung müssen überprüfbar sein und
zutreffen."

DIN/ISO/IEC 12119 Nr. 3.1.2 verlangt außerdem, dass die Produktbe- 69
schreibung eine eindeutige Dokumentbezeichnung trägt; sie kann jedoch
auch „Leistungsbeschreibung", „Produktinformation" oder „Produktblatt"
lauten:
„Die Produktbeschreibung muß das Erzeugnis bezeichnen. Eine
Produktbezeichnung muß mindestens den Namen des Erzeugnisses
und eine Versionsbezeichnung oder ein Datum enthalten. Wenn die
Produktbeschreibung mehrere Varianten nennt, besteht die Bezeichnung jeder Variante wenigstens aus dem Namen des Erzeugnisses,

---

[121] In einer Anmerkung zu Nr. 2.3 wird darauf hingewiesen, dass dieser definierte Begriff enger ist
als der Begriff der Systembeschreibung in ISO/IEC 2382-20. Allerdings schließt der Zweck der
Produktbeschreibung den der Außeninformation in ISO 9127 ein (cover information).
[122] Anm. des Autors: In DIN/ISO/IEC 12119 Nr. 2.4 wird die Produktdokumentation definiert als
Gesamtheit aus Produktbeschreibung und Benutzerdokumentation.

einem Variantennamen und einer Versionsbezeichnung oder einem Datum."

70 Die Produktbeschreibung muss den Namen und die Anschrift mindestens eines Lieferanten nennen (Nr. 3.1.2c). Sie muss außerdem die Arbeitsaufgabe bezeichnen, die mit dem Erzeugnis ausgeführt werden kann (Nr. 3.1.2d), ebenso die Regelungen, die das Erzeugnis erfüllt, wobei die befolgte Fassung dieser Regelungen zu bezeichnen ist (Nr. 3.1.2e):

„Das Mindestsystem (Hardware, Software und ihre Konfiguration), das nötig ist, um das Erzeugnis in Betrieb zu nehmen, ist mit Herstellernamen und Typen zu bezeichnen, zum Beispiel:

– Zentraleinheit mit Co-Prozessor,

– Hauptspeichergröße,

– Arten und Größen peripherer Speicher,

– Erweiterungskarten,

– Ein- und Ausgabegeräte,

– Netzumgebung,

– Systemsoftware und andere Software.

Verschiedene Mindestsysteme dürfen angegeben werden, zum Beispiel für verschiedene Arbeitsaufgaben, verschiedene Grenzwerte oder verschiedene Effizienzanforderungen." (Nr. 3.1.2f)

71 In der Produktbeschreibung erwähnte Schnittstellen sind zu bezeichnen (Nr. 3.1.2g). Jeder physische Bestandteil der Lieferung ist zu bezeichnen; dies gilt insbesondere für alle gedruckten Dokumente und alle Datenträger. Hierbei ist die Form anzugeben, in der die Programme ausgeliefert werden, z. B. als Quellprogramme, Objektprogramme, Lademodule (Nr. 3.1.2h). Weiter ist anzugeben, ob die Installierung des Erzeugnisses durch den Benutzer vorgesehen ist (Nr. 3.1.2i) und ob Unterstützung bei der Anwendung des Erzeugnisses angeboten wird (Nr. 3.1.2j), schließlich, ob Wartung angeboten wird und was die angebotene Wartung im Einzelnen umfasst (Nr. 3.1.2k).

72 **Angaben zur Funktionalität:** Die Produktbeschreibung muss einen Überblick über die vom Benutzer aufrufbaren Funktionen des Erzeugnisses, die benötigten Daten und die angebotenen Leistungen geben. Bei jeder genannten Funktion (insbesondere einer Option oder Variante) muss klar dargestellt werden, wovon sie ein Teil ist:

– vom Erzeugnis,

– von einer Ergänzung des Erzeugnisses, die in der Produktbeschreibung vollständig beschrieben ist,

– von einer Ergänzung des Erzeugnisses, auf die in der Produktbeschreibung hingewiesen wird,
– von einer Beigabe ohne Gewähr. (Nr. 3.1.3 a)

Wird die Nutzung des Erzeugnisses durch produktspezifische Grenzwerte eingeschränkt, so sind diese anzugeben, z. B.:
– Mindest- oder Höchstwerte,
– Schlüssellängen,
– maximale Anzahl von Sätzen in Dateien,
– maximale Anzahl von Suchkriterien,
– minimale Größe einer Stichprobe.

Sind Grenzwerte nicht absolut angebbar (sondern hängen z. B. von der Art der Nutzung oder von Daten ab), so sind die Beschränkungen zu benennen. Es dürfen zulässige Wertekombinationen angegeben werden, und es muss auf genauere Angaben in der Benutzerdokumentation verwiesen werden (Nr. 3.1.3 b). Wenn das Erzeugnis Mittel zur Verhinderung unerlaubten (versehentlichen oder absichtlichen) Zugangs zu Programmen oder Daten bietet, sollte die Produktbeschreibung Angaben darüber enthalten (Nr. 3.1.3 c).

Die Produktbeschreibung muss Angaben zur Datensicherung enthalten (Nr. 3.1.4 Satz 1). Es sollten weiter Produkteigenschaften beschrieben werden, die die Funktionsfähigkeit des Erzeugnisses sichern. Beispiele (nach Nr. 3.1.4 Satz 2):
– Plausibilitätsprüfungen bei Eingaben,
– Schutz vor ernsten Folgen von Fehlbedienung,
– Wiederanlauf bei Fehlern.

Angaben zur Benutzbarkeit: Die Art der Benutzerschnittstelle ist zu nennen, z. B. Befehlszeile, Menüführung, Fenstertechnik, Funktionstasten, Hilfefunktion (Nr. 3.1.5 a). Spezifische Kenntnisse, die für die Anwendung des Erzeugnisses erforderlich sind, sind anzugeben. 73

Beispiele:
– Kenntnis eines Fachgebiets,
– Kenntnis eines Betriebssystems,
– durch eine spezielle Schulung vermittelte Kenntnisse,
– Kenntnis einer anderen Sprache als der, in der die Produktbeschreibung verfasst ist.

Die natürlichen Sprachen der Benutzerdokumentation und der Benutzerschnittstelle (einschließlich der Fehlermeldungen und der sichtbaren

Daten) sind anzugeben für das Software-Erzeugnis selbst und für alle anderen in der Produktbeschreibung genannten Produkte (Nr. 3.1.5b). Falls Anpassung durch Benutzer vorgesehen ist, sind die verwendeten Mittel zu bezeichnen und die Bedingungen ihres Einsatzes zu nennen.

Beispiele für Anpassungen sind (Nr. 3.1.5c):
– Ändern von Parametern,
– Ändern von Berechnungsalgorithmen,
– Belegen von Funktionstasten.

Wenn ein technischer Schutz gegen Verletzung des Urheberrechts die Benutzung des Erzeugnisses mindern kann, so ist dies anzugeben.

Beispiele (Nr. 1.3.5d):
– ein technischer Schutz gegen das Kopieren,
– ein programmiertes Ablaufdatum,
– eine interaktive Erinnerung an das Bezahlen von Kopien.

Die Produktbeschreibung darf Angaben über die Effizienz und die Zufriedenheit von Benutzern enthalten (Nr. 3.1.5e). Sie darf Angaben über das zeitliche Verhalten des Erzeugnisses wie Antwortzeiten und Durchsatz für festgelegte Funktionen unter festgelegten Bedingungen enthalten, z. B. zu Systemumgebungen und Lastprofilen (Nr. 3.1.6). Sie darf Angaben zur Änderbarkeit (Nr. 3.1.7) und zur Übertragbarkeit (Nr. 3.1.8) enthalten.

Die Einhaltung der vorstehend aufgeführten Anforderungen ist im Rahmen der Prüfung eines Software-Erzeugnisses selbst zu prüfen. Ist etwa in einer Produktbeschreibung vorgesehen, dass der Benutzer installiert, ist zu prüfen, ob die Programme anhand der Installationsanleitung so installiert und auf erfolgreiche Installierung geprüft werden können, wie es in der Anleitung angeben worden ist. Sonst ist zu prüfen, dass die Hardware- und die Software-Umgebung der installierten Programme den Angaben laut Produktbeschreibung für das betrachtete System entsprechen (Nr. 4.2.3a). Die Prüffälle müssen alle in der Produktbeschreibung und der Benutzerdokumentation beschriebenen Funktionen überdecken und für die Arbeitsaufgabe repräsentative Kombinationen von Funktionen berücksichtigen. Die Programme sind auf alle Grenzwerte laut Produktbeschreibung und Benutzerdokumentation in denjenigen Mindestsystemen zu prüfen, für die die Grenzwerte gelten (Nr. 4.2.3b).

1.3.8 Programme und Daten – Anforderungen

DIN/ISO/IEC 12119 sieht in Nr. 3.3 nicht nur für die Produktbeschrei- 74
bung und die Benutzerdokumentation, sondern auch für die Programme
und Daten von Programmpaketen bzw. generell für Software-Erzeugnisse
Anforderungen vor:

– Anforderungen bezüglich der Funktionalität 75

Ist die Installierung durch den Benutzer vorgesehen, muss es möglich sein,
das Produkt nach den Angaben der Installierungsanleitung erfolgreich zu
installieren. Jedes der Mindestsysteme, die in der Produktbeschreibung
angegeben sind, muss ausreichen. Nach der Installierung muss erkennbar
sein, ob die Programme funktionsfähig sind, z. B. durch mitgelieferte
Prüffälle oder Selbstprüffunktionen mit entsprechenden Meldungen
(Nr. 3.3). Alle in der Produktbeschreibung oder der Benutzerdokumentation angegebenen Funktionen müssen tatsächlich ausführbar sein, und
zwar in der Form, wie in der Benutzerdokumentation angegeben, mit den
dort beschriebenen Leistungen, Merkmalen und Daten und innerhalb der
dort angegebenen Grenzwerte (Nr. 3.3.1 b). Die Programme und Daten
müssen allen Angaben in der Produktbeschreibung und in der Benutzerdokumentation entsprechen. Die Funktionen müssen fachlich richtig ausgeführt werden. Insbesondere müssen alle Anforderungen aus Regelungen,
denen das Erzeugnis laut Produktbeschreibung genügt, erfüllt sein
(Nr. 3.3.1 c). Die Programme und Daten müssen in sich und mit der Produktbeschreibung und jeder Benutzerdokumentation widerspruchsfrei
sein. Jede Benennung sollte überall dieselbe Bedeutung haben. Die Steuerung des Programmablaufs durch den Benutzer und die Reaktion der Programme (z. B. Meldungen, Masken und Listen) sollten einheitlich aufgebaut sein (Nr. 3.3.1 d).

– Anforderungen bezüglich der Zuverlässigkeit 76

Das System aus Hardware, vorausgesetzter Software und zum Erzeugnis
gehörenden Programmen darf nicht in einen Zustand geraten, den der
Benutzer nicht beherrschen kann, und darf Daten nicht verfälschen und
nicht verlieren. Diese Anforderung muss auch erfüllt sein
– bei Belastung bis zu den angegebenen Grenzwerten,
– bei Versuchen, die angegebenen Grenzwerte überschreiten,
– bei fehlerhafter Eingabe durch den Benutzer oder durch andere in der
 Produktbeschreibung genannte Programme,
– wenn ausdrückliche Anweisungen in der Benutzerdokumentation verletzt werden.

Ausgenommen sind nur solche Möglichkeiten der Hardware und des Betriebssystems zur Unterbrechung, die von keinem Programm abgefangen werden können (z. B. die Taste oder Tastenkombination zum Zurücksetzen des Systems). Die Programme müssen Verstöße gegen syntaktische Bedingungen der Eingabe erkennen. Wenn ein Programm Eingaben als fehlerhaft oder als nicht definiert erkennt, darf es diese nicht wie zulässige Eingaben verarbeiten (Nr. 3.3.2).

77 **– Anforderungen bezüglich der Benutzbarkeit**

Die Fragen, Meldungen und Ergebnisse der Programme sollten verständlich sein, z. B. durch
– eine der Aufgabe angemessene Wahl von Begriffen,
– graphische Darstellungen,
– Hintergrundinformation,
– Erläuterung einer Hilfefunktion.

Fehlermeldungen müssen ausreichende Angaben zur Ursache oder zur Korrektur des jeweiligen Benutzerfehlers enthalten, z. B. durch Verweis auf einen Eintrag in der Benutzerdokumentation (Nr. 3.3.3 a). Jeder Datenträger muss die **Produktbezeichnung** tragen und, wenn es mehr als einen Datenträger gibt, eine Nummer oder einen Text zur Unterscheidung aufweisen. Für den Benutzer muss bei der Arbeit mit den Programmen jederzeit erkennbar sein, welche Funktion ausgeführt wird. Die Programme sollten die Informationen für den Benutzer so ausgeben, dass sie **leicht wahrnehmbar und gut lesbar** sind. Durch geeignete Codierung und geeignete Gruppierung der Informationen sollte der Benutzer geführt werden. Falls erforderlich, sollte das Programm den Benutzer aufmerksam machen.

Meldungen der Programme sollten so gestaltet werden, dass der Benutzer sie leicht nach ihrer Art unterscheiden kann, z. B. durch:
– Bestätigungen,
– Nachfragen des Programmsystems,
– Warnungen,
– Fehlermeldungen.

Masken, Listen und andere Ein- und Ausgaben sollten klar und übersichtlich gestaltet werden. Möglichkeiten dazu sind (Nr. 3.3.3 b):
– Alphanumerische Felder werden linksbündig abgeschlossen.
– Numerische Felder werden rechtsbündig abgeschlossen.
– In Tabellen werden Radixpunkte oder -kommata untereinander angeordnet.

– Feldbegrenzungen sind erkennbar.
– Felder, deren Benutzung obligatorisch ist, sind als solche erkennbar.
– In den Eingaben erkannte Fehler werden sofort in der Eingabemaske optisch hervorgehoben.
– Der Benutzer wird durch optische oder akustische Signale auf einen Wechsel des Bildschirminhalts aufmerksam gemacht.

Die Ausführung von Funktionen, die schwerwiegende Wirkungen haben, muss rücknehmbar sein, oder die Programme müssen mit einem deutlichen Hinweis auf die Konsequenzen warnen und zurückfragen, bevor sie ein Kommando ausführen. Schwerwiegende Wirkungen haben insbesondere das Löschen und das Überschreiben eines Datenbestandes sowie der Abbruch einer zeitraubenden Bearbeitung. Wenn im Dialog dokumentierender Text geboten wird, so wird der Benutzer im Dialog auf Abschnitte dieses Textes gezielt zugreifen können, z. B. durch Auswahl aus einem gezeigten Inhaltsverzeichnis oder durch eine Funktion zur Suche nach Stichworten (Nr. 3.3.3 c).

Enthält die Produktbeschreibung Angaben zur Effizienz, so müssen Programme und Daten ihnen entsprechen (Nr. 3.3.4). Gleiches gilt für Angaben zur Änderbarkeit (Nr. 3.3.5) und zur Übertragbarkeit (Nr. 3.3.6).

1.4 Systemschein

In der Vertragspraxis hat sich die Verwendung von Systemscheinen 78
bewährt. Den Vertragsmustern am Ende dieses vorliegenden Bandes sind Beispiele für solche Scheine beigefügt. Der Vorteil von Systemscheinen besteht darin, dass man standardisierte Vertragstexte verwenden und die teilweise reichhaltigen Details in einer Anlage zum Vertrag aufnehmen kann. Solche Scheine lassen sich aber auch bequem um Ergänzungswünsche, Protokolle über Funktionsprüfungen, Mängelbeseitigungen und sonstige, einzelfallbezogene Unterlagen erweitern.

Verwendet man Systemscheine, muss man aber zweierlei beachten: 79
– Der einzutragende Inhalt des Systemscheines ist der **wesentliche Maßstab** für die Lieferung und Leistung des Anbieters. Unvollständigkeiten gehen grundsätzlich zu Lasten des Kunden, der zu beweisen hat, dass und welche zusätzliche Leistungsposition (zum Pauschalpreis) vereinbart war. Der Verkäufer muss hingegen beweisen, dass er diese vereinbarten Leistungspositionen erfüllt hat.
  Auch auf **Produktbeschreibungen** sollte im Systemschein hingewiesen werden. Diese legen den Leistungsgegenstand wie auch den vertraglich

vorausgesetzten Gebrauch unmittelbar fest. Will der Anbieter an eine solche Produktbeschreibung nicht gebunden sein, muß er auf die von ihm gewollte **Abweichung** gezielt hinweisen.[123]
– Sowohl im eigentlichen Vertrag als auch im Systemschein ist zu vermerken, dass der **Systemschein Teil des Vertrages** ist. Nicht nur der Vertrag, sondern auch der Systemschein ist zu datieren und von beiden Vertragsparteien zu unterzeichnen.

80 **Nachträge zum Systemschein** sind tunlichst ebenfalls zu datieren und von beiden Seiten zu unterzeichnen, ebenso wie Nachträge zum Vertrag selbst.

81 Der Systemschein enthält alle wesentlichen Daten
– zum **Leistungsinhalt:** Welche Komponenten (Hardware-Typen bzw. Software-Versionen) sind zu liefern? Ratenzahlung?
– zu den **Leistungsmodalitäten:** Hierzu gehören der Lieferzeitpunkt, der Aufstellungsort und die Daten einer vereinbarten oder üblichen Einweisung wie Systembenutzung.

2. Rechtsgrundlagen für EDV-Verträge

2.1 Übersicht

82 Primär gelten die ausdrücklichen vertraglichen Vereinbarungen, ergänzend die gesetzlichen Regelungen des **BGB** und, soweit Handelsgeschäfte vorliegen, das **HGB**. Für bestimmte Leistungsbereiche können **besondere Regelwerke** zu beachten sein, nämlich:
– **BVB** (Besondere Vertragsbedingungen, die von der öffentlichen Hand bei der Vergabe[124] von Aufträgen an EDV- und sonstige Unternehmen verwendet werden; eine Übernahme einzelner Regelungen bzw. eine entsprechende Bezugnahme im Vertrag ist möglich, anbieterseitig jedoch eher selten). Nur wenige Entscheidungen sind zu Erwerbsverträgen ergangen, die auf den BVB basieren. Die Übertragung von Regelungen der BVB auf Verträge zwischen Privaten ist nicht nur deshalb mit Vorsicht vorzunehmen, weil die BVB strukturell von einer untypisch starken Verhandlungsmacht des Kunden und BVB-Verwenders, nämlich der Öffentlichen Hand, ausgehen, sondern auch, weil einzelne

---

[123] KG Berlin, Urteil vom 6. 6. 1984 – Kart U 2495/83, CR 1986, 643 ff.
[124] Zum Vergaberecht s. Schabel, CR 1999, 2. Eine nähere Darstellung der (im Wesentlichen nicht EDV-spezifischen) Vergaberegelungen in VOL/A und VOF sowie der Überprüfung gemäß den §§ 102 ff. GWB muss aus Raumgründen ausgeklammert bleiben.

Klauseln dem ABG-Gesetz widersprechen. Gegen § 9 Abs. 2 AGBG
verstößt mit Unwirksamkeitsfolge etwa die Regelung in § 9 Nr. 4
Abs. 2 BVB-Überlassung, wonach dem Auftraggeber ein Rücktrittsrecht zusteht, wenn bei der Funktionsprüfung Abweichungen von der
Leistungsbeschreibung festgestellt werden und ihm im Falle der Ausübung des Rücktrittsrechts ein pauschalierter Schadensersatz für 100
Kalendertage zusteht, wenn die Funktionsprüfung ergeben hat, dass das
Programm nicht wirtschaftlich sinnvoll genutzt werden kann.[125] Ein
Verstoß gegen § 9 Abs. 2 Nr. 1 AGBG liegt außerdem in der Regelung
eines 14-tägigen Rücktrittsrechts ab Ablauf der Funktionsprüfungs-
dauer in § 9 Nr. 4 BVB-Überlassung, wenn der Auftraggeber das Programm für ungeeignet hält.[126]

Die BVB-Kauf wurden insgesamt als ausgewogen eingestuft, da sie
durch einen längeren Kompromissprozess maßgeblicher beteiligter
Kreise vereinbart wurden. Das Abnahmeerfordernis des § 6 BVB wurde
als nicht unangemessen angesehen.[127]

In Vorbereitung befinden sich die EVB-IT als Novellierung der BVB.[128]

2.2 Weitere Regelungswerke

– **VOC** (Verdingungsordnung für Computer, älterer Einzelentwurf, kann   83
   ebenfalls zur Vertragsgrundlage gemacht werden; zu Auslegungsfragen
   – insbesondere in AGB-rechtlicher Sicht – existiert noch keine Rechtsprechung.)
– **FNI** (Fachnamen für Informationsverarbeitung);
– **VDE**-Normen für elektrische Sicherheit;

---

[125] BGH, Urteil vom 27. 11. 1990 – X ZR 26/90, BB 1991, 373. Der BGH prüft hierbei die Bestimmungen der BVB nicht in deren Gesamtzusammenhang, sondern jeweils für sich, da die BVB,
anders als etwa die VOB/B, nicht zu einer allgemein geregelten, jahrzehntelang anerkannten Ver-
tragsordnung geworden seien, sondern den Belangen der marktmächtigen öffentlichen Hand
dienten (a. a. O., 373, unter Bezugnahme auf BGHZ 101, 307, 314) und Einkaufsbedingungen
darstellen (BGHZ 113, 55, 56f.).

[126] BGH, Urteil vom 4. 3. 1997 – X ZR 141/95, CR 1997, 470 = NJW 1997, 2043. Der BGH sieht
den Anbieter unangemessen benachteiligt, da die Regelung mit der dem Kaufvertrag innewoh-
nenden Risikoverteilung als wesentlichem Grundgedanken des Kaufrechts nicht vereinbar ist (gegen Zahrnt, VOC 1988, § 9 BVB-Überlassung).

[127] LG München I, Urteil vom 21. 9. 1989 – 7 O 7565/88, CR 1990, 465. Sind freilich einzelne, jedoch zentrale BVB-Bestimmungen AGBG-widrig, so kann diese Ausgewogenheit aus dem Gleichgewicht geraten, gleichgültig, wer über sie unter welchen Voraussetzungen zum Konsens gelangt
ist. Eine bestimmte Form der Normgenese kann die Unwirksamkeit einer einzelnen Norm nicht
hindern.

[128] Siehe Müglich, CR 1996, 129ff. Bis Stand Herbst 1998 waren die Vorbereitungsarbeiten noch
nicht zu einem Abschluss gelangt. Zum Revisionsbedarf s. bereits Müller-Hengstenberg, CR
1996, 441.

– **Richtlinien** der öffentlichen Hand, insbesondere der Telekom für Schnittstellen mit Bundesposteinrichtungen;
– **DIN** (Deutsche Industrienorm) für elektronische Datenverarbeitung.

2.3 DIN-Normen für EDV

84 Man kann heute bei der Vertragsgestaltung bereits auf mehr DIN-Normen zurückgreifen, als manche Kunden und sogar Anbieter zu wissen scheinen. Die verfügbaren Normen beschreiben vor allem Regeln für die Verwendung von Begriffen, aber auch einzelne technische Fertigungsrichtlinien. In jedem Falle lohnt es sich, DIN-Normen ausdrücklich zu vereinbaren, um zumindest zu einem gemeinsamen Sprachgebrauch zu gelangen. DIN-Normen stellen nur **Produktbeschreibungen** dar, keine Zusicherungen des Herstellers oder Händlers. Eine Vereinbarung muss also beinhalten, dass die Einhaltung dieser Normen vom Anbieter zugesichert werden soll (zur Zusicherungshaftung s. Rn. 1226).

2.4 Übersicht über wichtige DIN-Normen (VN = Vornorm)

85 Die Vorschrift DIN 44300 legt grundlegende Begriffe der Informationsverarbeitung fest.

Allgemein:

DIN 66001	**Sinnbilder für Datenfluß- und Programmablaufpläne**
DIN 66026	**Programmiersprache ALGOL**
DIN 66027	**Programmiersprache FORTRAN**
DIN 66028	**Programmiersprache COBOL**
DIN 66255	**Programmiersprache PL/I**
DIN 66230	**Inhalt der Programmdokumentation**
	(Die Vereinbarung dieser Norm beinhaltet auch die Verpflichtung zur Übergabe des Quellcodes.)
DIN 66232	**Datei-, Datensatz- und Datenfelddokumentation**
DIN 66241	**Entscheidungstabelle (Beschreibungsmittel)**
DIN 69900	**Netzplantechnik**
DIN 69901	**Projektmanagement**
DIN 69910	**Wertanalyse**

3. Letter of Intent, Vorverträge, Vertragsabschluss

Unter einem **Letter of Intent** versteht man eine (oft bestätigungsbedürf-   86
tige) Erklärung, die eine vorvertragliche Bindung dergestalt schafft, dass
sich zwar keine Seite zum Abschluss eines Vertrages oder auch nur Vor-
vertrages verpflichtet, aber doch wechselseitige Rechte und Pflichten für
die Durchführung von **Vertragsverhandlungen** festgelegt werden.[129]
Keine Partei kann die Verhandlungen grundlos abbrechen oder bereits ausgehandelte Punkte wieder neu zur Disposition stellen.[130] Diese Verpflichtung ist weiterhin von Bedeutung, wenn z. B. im Rahmen der Einleitung
von Vertragsverhandlungen qualifizierte Informationen ausgetauscht werden sollen.[131] Der Empfänger der Information ist in seiner Verwendung
des hierdurch erworbenen Wissens nicht frei – und zwar auch dann nicht,
wenn es zu keinem Vertragsabschluss kommt.

Der Letter of Intent zwingt keine Partei zum Vertragsabschluss, sie kann   87
durchaus bei ihren ursprünglichen Maximalforderungen bleiben – darf sie
aber nicht nachträglich überschreiten.[132] Der Letter of Intent grenzt somit
eine Vertrauensbasis ab, auf der Verhandlungen in Angriff genommen
werden. Wird diese Vertrauensbasis verletzt (wobei dies auch dadurch
geschehen kann, dass sich eine Seite nicht um notwendige Kredite zur
Finanzierung eines Erwerbes bemüht), so können aufgewendete „Vertrau-
enskosten"[133] zu ersetzen sein. Das von der Wirtschaft entwickelte Rechts-
instrument des Letter of Intent kann, was bisher nicht ausreichend beachtet
wird, genutzt werden, um vorvertragliche Beratungspflichten des Anbieters verbindlich festzulegen. Der Anbieter kann dann freilich für seine
Beratungsleistungen bei Fehlschlagen der Vertragsverhandlungen Kostenerstattung verlangen. Dieser Nachteil wird aber zumeist durch den Vorteil
ausgeglichen, dass bestimmte Rechtspositionen schon vor Vertragsabschluss identifizierbar abgegrenzt sind. Die aus einem Letter of Intent
resultierende **Haftung** kann nicht in AGB ausgeschlossen werden, die erst
durch Abschluss des Hauptvertrages wirksam in diesen einbezogen würden. Letters of Intent werden auch z. B. über eine zukünftige ausschließliche oder nichtausschließliche Vergabe von Lizenzrechten an Systemen
vereinbart, um geplante Produktentwicklungen abzusichern.

---

[129] Lutter, Letter of Intent, 40; einschränkend LG Münster, Urteil vom 2. 8. 1985 – 6 O 391/85, DV-
R 3, 262.
[130] Lutter, 60.
[131] Lutter, 43.
[132] Lutter, 70.
[133] Lutter, 67.

Vom Letter of Intent zu unterscheiden und im Rahmen der Vertragsfreiheit (§ 305 BGB) zulässig sind:

88 – **Vorverträge,** in denen beide Seiten schon in fester rechtlicher Bindung Verpflichtungen zum Kontrahieren eingehen (Recht auf Abschluss des Hauptvertrages), ohne die Leistung aber bereits genau zu spezifizieren. **Beispiel:** Die Verpflichtung, zukünftige eventuelle Software-Updates unabhängig von einem Pflegevertrag zu erwerben. Der durch Vorvertrag begründete Anspruch auf Abschluss des Hauptvertrages ist anbieter- und auch kundenseitig einklagbar.[134]

Die Abgrenzung zum endgültigen Vertrag muss im Einzelfall erfolgen. Vorverträge können grundsätzlich auch **stillschweigend** geschlossen werden. Besondere Bedeutung haben sie, wenn die zukünftige Leistungserbringung geregelt werden, z. B. eine Update-Lieferung (außerhalb eines Pflegevertrages) erfolgen oder Leistungsbereitschaft vorgehalten werden soll. Hier ist sorgfältig zu klären, ob nur der Anbieter verpflichtet ist, seine zukünftige Leistung dem Kunden anzubieten, oder ob auch der Kunde verpflichtet ist, einen Vertrag bei Vorliegen bestimmter Konditionen abzuschließen. Hier ist zum aufschiebend bedingten Abschluss des Hauptvertrages abzugrenzen. Die Abgrenzungen sind praxisrelevant, hängt von ihnen doch z. B. ab, welcher Klageantrag zu stellen ist (Verpflichtung zum Abschluss des Hauptvertrages oder Verpflichtung **aus** Hauptvertrag).

89 – **Rahmenverträge,** die eine Mehrzahl von einzelnen Vertragsabschlüssen in bestimmte Bahnen lenken. Solche Verträge haben besonders bei laufender Beschaffung Bedeutung. In Rahmenverträgen lassen sich allgemeine Vertragsregelungen zusammenfassen, während die jeweilige Bestellung dann nur noch die einzelne Leistung spezifizieren muss. Der Rahmenvertrag als solcher führt aber noch zu keiner konkreten Leistungs-, etwa Liefer- oder Zahlungspflicht.

90 – **Optionsverträge,** die im Rahmen eines bestehenden Vertrages einer Partei ein Wahlrecht (z. B. auf Kauf eines Gerätes nach Ablauf der Mietzeit) einräumen, das sie in freiem Belieben ausüben kann. Optionsverträge werden im Bereich der Software-Nutzung zunehmend relevant, etwa bei der zeitlich begrenzten, kostenfreien Überlassung zur Erprobung mit der abschließenden Möglichkeit, die Software zu erwerben. Sorgfältig abzugrenzen ist hier zum sogenannten Kauf auf Probe.

91 Für den **Vertragsabschluss** gelten die allgemeinen Bestimmungen zum Abschluss von Verträgen.

---

[134] Larenz, Schuldrecht BT II/1, 156.

Wichtig für die **Vertragspraxis** ist besonders, alle zum Vertrag gehörenden schriftlichen Erklärungen, Dokumente und sonstigen Unterlagen ausdrücklich im Vertrag aufzuführen und als Teil des Vertrages zu erklären. Hierzu gehören **Leistungsscheine, Pflichtenhefte, Allgemeine Geschäftsbedingungen** etc.

Ein rechtswirksames Angebot nach § 145 BGB zum Abschluss eines Kauf- oder Werkvertrages über die Lieferung eines sogenannten Software-Tools liegt nicht vor, wenn die näheren Einzelheiten des Rechtsgeschäftes und alle notwendigen Bestandteile, insbesondere der Preis, noch nicht angegeben sind. Bittet der Käufer oder Besteller am Ende eines Schreibens, in dem einige Einzelheiten der gewünschten Lieferung aufgeführt sind, den Verkäufer um Mitteilung, ob er mit den angeführten Bedingungen einverstanden sei, „damit die vertragliche Vereinbarung kurzfristig erfolgen kann", so kommt hierin zum Ausdruck, dass der Besteller den Willen zu einer rechtlichen Bindung zu diesem Zeitpunkt noch nicht hat, sondern seinerseits den Verkäufer zur Abgabe eines bestimmten Angebots auffordert („invitatio ad offerendum").[135]

Die **Modifizierung eines mündlichen Angebotes** auf Abschluss eines Softwarekaufvertrages zwischen Vollkaufleuten – also ein **neues Vertragsangebot** – durch Übersendung einer Auftragsbestätigung, in der sich außer einer mitabgedruckten Gerichtsstandsklausel in den AGB zusätzlich neben der Adresse ein besonderer Hinweis auf den vereinbarten Gerichtsstand befindet, kann durch vorbehaltlose Entgegennahme der Software angenommen werden.[136] Die einen telefonischen Auftrag festhaltende Auftragsbestätigung ist echtes kaufmännisches **Bestätigungsschreiben** (so das OLG Köln, Urteil vom 31. 5. 1991). Auch ein Rechtsanwalt, der wie ein Kaufmann in größerem Umfang selbständig am Rechtsverkehr teilnimmt, muss unverzüglich widersprechen, da sonst der Inhalt der Bestätigung gilt.[137] Teilweise wird übersehen, dass ein möglicher Empfänger eines Bestätigungsschreibens nicht nur ein Kaufmann sein kann, sondern der Empfängerkreis durch die Rechtsprechung ausgeweitet wurde. Möglicher Empfänger ist, wer wie ein Kaufmann in größerem Umfang selbständig am Rechtsverkehr teilnimmt, also auch ein Rechtsanwalt, wenn er im eigenen Namen handelt.[138]

---

[135] OLG Köln, Urteil vom 17. 6. 1994 – 19 U 264/93, CR 1995, 21.
[136] LG Rottweil, Beschl. vom 4. 3. 1992 – 4 O 78/92, NJW-RR 1992, 688.
[137] OLG Köln, Urteil vom 31. 5. 1991 – 19 U 34/91, CR 1991, 541.
[138] OLG Köln, Urteil vom 31. 5. 1991, a. a. O.; OLG Bamberg, BB 1973, 1372.

92 Die **Beendigung des Vertrages** ist grundsätzlich nur unter den jeweiligen gesetzlichen Voraussetzungen und in den definierten Abläufen zulässig. Hierzu gehört der **Rücktritt in der Erfüllungsphase** und die **Wandelung in der Gewährleistungsphase** (s. hierzu Rn. 1383). Hieraus ergibt sich, dass teilweise verwendete Formen der „Lösung" vom Vertrag (die Formulierung wird bewußt neutral-nichtjuristisch gewählt) mit einem besonderen Risiko verknüpft sind, ob die Auslegung der jeweiligen Erklärung durch das Gericht tatsächlich zu einer wirksamen Vertragsbeendigung führt.

Beispiel:
So gilt die „Stornierung" einer Bestellung nicht als Ausübung des gesetzlichen Rücktrittsrechts, im Zweifel auch nicht als ein Verzicht auf einen Schadensersatzanspruch wegen Nichterfüllung.[139] Es existiert auch kein entsprechender Handelsbrauch.[140] (Zur Vertragsbeendigung s. Teil V B Rn. 1380ff.)

4. Einheitlicher Erwerb von Hardware- und Softwarekomponenten im System und im „Bundle"

93 Für den Inhalt der Leistungspflichten wie auch das anzuwendende Vertragsrecht ist zunächst von entscheidender Bedeutung, ob und inwieweit die einzelnen Systemkomponenten entweder durch ihre technische Natur oder aber durch vertragliche Vereinbarungen als eine Vertragsleistung zu betrachten sind, so dass die Folgen von Leistungsstörungen alle Komponenten einheitlich erfassen und im Ergebnis etwa die Software zusammen mit fehlerhafter Hardware im Rahmen der Vertragswandlung zurückgegeben werden kann. Ist dies nicht gesichert, können die Aufwendungen für Software, die nicht auf anderer Hardware läuft, einen nicht ersatzfähigen Schaden des Kunden darstellen.

94 Relativ einfach fällt die Beurteilung von Fällen, in denen Hardware und Software technisch miteinander verknüpft und nicht ohne weiteres bzw. nur bestimmungswidrig voneinander trennbar sind (**Systeme**). Trennt man die Software von der Hardware, kann sie in diesen Fällen nicht oder nur unter wesentlichen Einschränkungen genutzt werden, so dass eine Veränderung ihres „Wesens" gemäß § 93 BGB vorliegt. Fehlt es an dieser ein-

---

[139] OLG Hamm, Urteil vom 7. 2. 1994 – 31 U 240/92, CR 1994, 464.
[140] OLG Köln, Urteil vom 28. 2. 1997 – 19 U 194/95, CR 1998, 82.

heitlichen Sache, sind also Hardware und Software als mehrere, eigenständig nutzbare Sachen einzustufen, kann eine Vertragseinheit etwa für eine Wandelung nur über Vertrag begründet werden. Der § 469 Satz 2 BGB gestattet, im Falle des **Verkaufes** mehrerer Sachen die Wandelung auf alle Sachen zu erstrecken, wenn die mangelhaften Sachen nicht ohne Nachteil für den betroffenen Vertragsteil von den übrigen (mangelfreien) getrennt werden können. Die gleiche Rechtsfolge ist bei der Vermietung mehrerer Sachen durch die Verweisung in § 543 BGB auf § 469 BGB sichergestellt, für Werkverträge über § 634 Abs. 4 BGB.

Komplizierter kann die Vertragsdurchführung und auch die Behebung von   95
Leistungsstörungen werden, wenn der Kunde Komponenten von verschiedenen Anbietern bezieht. Diese schließen mit dem Kunden jeweils eigenständige Verträge. Ob einer dieser Verträge über Rücktritt, Schadensersatz oder Wandelung rückabgewickelt wird, hat dann für den Bestand des anderen Vertrages oder der anderen Verträge keine Bedeutung. Risiko des Kunden ist es hier, für die entfallende Komponente Ersatz zu finden bzw. die verbleibenden Komponenten noch wirtschaftlich sinnvoll nutzen zu können.

Der Kunde wird deshalb naheliegenderweise versuchen, die **einzelnen Verträge rechtlich miteinander zu verknüpfen.** Dies bedarf aber rechtzeitig und genauer Vereinbarung mit den jeweiligen Anbietern vor Abschluss der Einzelverträge. Verhandlungsspielräume hierfür sind – gerade bei weiterhin zunehmender Anbieterkonkurrenz – öfter vorhanden, als zumeist angenommen wird. Gegen eine erhöhte Vergütung kann etwa ein Software-Haus durchaus bereit sein, die gelieferte Software zurückzunehmen, wenn die Installation des getrennt erworbenen Netzwerkes fehlschlagen sollte. Noch besser ist freilich die Alternative, die Lieferung und Installation des Netzwerkes einschließlich zugehöriger Systemsoftware als zusätzliche Leistung des Software-Hauses zu vereinbaren, das insoweit als eine Art Generalunternehmer gegenüber dem Anwender auftritt und diesem eine einheitliche Leistung schuldet.

Händler kombinieren oft Hardware und Standard-Software, etwa einen   96
Serien-PC mit einem Office-Paket und Spiele-Software zu deutlich reduzierten Preisen für diese Software, aber auch etwa PC und Drucker. Nach den (unten erläuterten) Kriterien der Rechtsprechung bleiben diese Komponenten getrennt, so dass grundsätzlich durch ein rein angebotsbezogenes **Bundling keine Vertragseinheit** hergestellt wird. Bei Mängeln der Software und Wandelung hieraus kann der Kunde also nicht auch die

Hardware zurückgeben. Anderes kann gelten, wenn die Software als OEM-Produkt vertrieben wird und nur mit der Hardware genutzt und/oder weiterverkauft werden darf. Abgesehen von der (wohl zu verneinenden) formularvertraglichen Zulässigkeit einer solchen entsprechenden Regelung wird jedenfalls durch diese nutzungsrechtliche Bindung auch eine vertragsrechtliche Einheit nach dem Willen des Anbieters hergestellt. Unabhängig hiervon sollte geprüft werden, ob die OEM-Version mit Benutzerhandbuch und Datenträger ausgestattet (oder nur direkt auf Festplatte installiert) bzw. funktional „abgespeckt" ist oder die OEM-Hardware mit der erforderlichen Treibersoftware ausgeliefert wird.

Im Folgenden ist näher zu klären, unter welchen Umständen die geschuldete Leistung bereits als einheitliche anzusehen ist bzw. wann besondere vertragliche Vereinbarungen erforderlich sind.

4.1 Technische Einheit im System

97 Die **technische Einheit** führt **rechtlich** zu einer **einheitlichen Sache** i. S. v. § 93 BGB, wenn Teile des Systems, etwa Hardware und Systemsoftware (z. B. Druckertreiber) nicht voneinander getrennt werden können, ohne dass der eine oder andere Teil zerstört oder in seinem Wesen verändert wird. Ob eine solche Einheit besteht, muss nach der Verkehrsauffassung im Lieferzeitpunkt ermittelt werden.[141]

Ein Beispiel für solche Verknüpfungen ist die **Systemsoftware**, die in der Regel mit der einzelnen EDV-Anlage ausgeliefert wird. Einheitlich sind aber auch komplette EDV-Systeme, die sowohl in Hardware als auch in Software von vornherein auf einen bestimmten Anwendungszweck zugeschnitten sind (etwa im Bereich der Steuerung von Maschinen oder einer ganzen Produktionsanlage). Software wird hier zumeist wesentlicher Bestandteil i. S. v. § 93 BGB sein. Zu einheitlichen technischen Systemanwendungen gehören auch sogenannte **embedded systems**, die oft untrennbar mit Geräten, Maschinen, etc. verbunden sind. Generell stellt ein Computersystem einschließlich Komponenten wie einer Hauptplatine eine Sachgesamtheit dar.[142] Ähnliches kann sogar für **Bürocomputersysteme** bzw. sonstige Serversysteme (z. B. AS/400) gelten, in denen Textverarbeitungs- und Buchhaltungsaufgaben oder andere Anwendungsoftware, Betriebssystem (im Beispiel OS/400) sowie die Hardware präzise aufeinander abgestimmt sind. Auch hier sind beide Komponenten nicht

---

[141] BGH, Urteil vom 4. 11. 1987 – VII ZR 314/86, CR 1988, 124, 129.
[142] AG Suhl, Urteil vom 15. 3. 1994 – 1 C 910/92, n. v.

getrennt voneinander nutzbar, sondern meist sogar „versiegelt", d. h. für
den Anwender überhaupt nicht getrennt veränderbar.

4.2 Rechtliche Einheit durch Vertrag

Eine **Vertragseinheit** zwischen Vereinbarungen bezüglich unterschiedli-   98
cher Leistungskomponenten **soll bewirken**, dass die (rechtlichen) **Folgewirkungen aus Leistungsstörungen in einem vertraglichen Teilbereich
auch auf die übrigen Teilbereiche erstreckt werden sollen.** Entscheidend
für die Annahme einer Zusammengehörigkeit ist die besondere Parteiver-
einbarung oder die (ergänzend heranzuziehende) Verkehrsauffassung.[143]

Soweit die Anbieterleistung nicht ohnehin bereits technisch einheitlich
definiert ist, können solche technisch trennbaren und selbständig operab-
len Komponenten vertraglich als **eine** Leistung definiert werden. Dies hat
den Vorteil, dass die Komponenten dasselbe rechtliche Schicksal teilen,
wenn Leistungsstörungen auftreten. Besonders häufig ergeben sich hier
Probleme, wenn die Hardware einwandfrei funktioniert, die Software aber
Mängel aufweist, die den Kunden zur Wandelung berechtigen. Mangels
Vereinbarung oder technisch bedingter Zusammengehörigkeit muss der
Anbieter hier (wandlungsweise) nur das mangelhafte Programm zurück-
nehmen, nicht aber die (mangelfreie) Hardware. Auch ist von ihm nur die
Teilvergütung für die Software zu erstatten. Er vermeidet, die schnell ver-
altende und im Wert verfallende (oft kaum mehr weiterveräußerbare)
Hardware ebenfalls zurücknehmen zu müssen.

Weniger beachtet wird, dass die Vertragseinheit auch in Fällen eines   99
Rechtsmangels Bedeutung erlangen kann. Hier verweist § 440 Abs. 1
BGB auf die §§ 320 bis 327 BGB und damit auch auf § 325 Abs. 1 Satz 2
BGB (teilweise, schuldnerseits zu vertretendes Unmöglichwerden). Der
Kunde kann bei Fehlen eines Interesses an der Teilerfüllung Schadenser-
satz wegen Nichterfüllung des gesamten Vertrages verlangen (s. auch
Rn. 97).

Beispiel:
Stehen Hardware und Anwendungssoftware in Vertragseinheit, kann der
Anbieter dem Kunden nicht das Nutzungsrecht an der Software einräu-
men, muss er (im Rahmen einer Rückabwicklung nach der Verweisungs-

---

[143] BGH, Urteil vom 4. 11. 1987, a. a. O.; OLG Köln, Urteil vom 12. 7. 1991 – 19 U 49/91, NJW-
RR 1991, 1463. In seiner Entscheidung macht der BGH deutlich, dass auf ein Betriebssystem
abgestimmte Compiler und Interpreter nicht als Nebensachen i. S. v. § 470 BGB anzusehen
sind.

kette der §§ 325 Abs. 1 Satz 2, 28 Abs. 2, § 348 BGB) auch die Hardware zurücknehmen.

100 Wollen die Vertragsparteien eine **vertragliche Einheit** zwischen Hardware und Software (auch bezüglich der Rechtsfolgen) herstellen, ist hierzu eine konkrete Vereinbarung erforderlich.[144] Der BGH hat den notwendigen Inhalt dieser Vereinbarung näher konkretisiert[145]: Hiernach genügt eine technisch und/oder wirtschaftlich definierte Einheit von Komponenten eines Systemes **nicht**. Die Vertragspartner müssen vielmehr gerade deutlich machen, dass die Vereinbarungen nicht für sich allein gelten, sondern (der nach § 139 BGB eine Gesamtnichtigkeit bewirkenden Teilnichtigkeit) **in den Rechtsfolgen** gemeinsam miteinander „**stehen und fallen**" sollen.[146] Ein einheitliches Geschäft ist etwa gewollt, wenn der Kunde trotz vorhandener günstigerer Alternativangebote auch die Hardware vom Anbieter bezieht, damit die Lieferung von Hardware und Software in einer Hand liegen.[147]

101 Wesentlich ist, dass es dem Kunden – dem Anbieter erkennbar – gerade auf die einheitliche Leistung von Hardware und Software (oder z. B. von verschiedenen Standardkomponenten der Software) ankommt, weil er nur auf diese Weise eine praktikable und wirtschaftliche Bewältigung der gestellten Aufgaben (in einer „Gesamtlösung") erwarten konnte. Hierfür genügt bereits eine **stillschweigende** Vereinbarung.[148] Der Einheitlichkeitswille muss sich deutlich aus den Umständen des jeweiligen Einzelfalles entnehmen lassen, z. B. wenn ein Software-Haus Hardware und Software komplett anbietet und hierbei die Herstellung und Überlassung der auf die speziellen Bedürfnisse des Kunden abgestimmten Software im Vordergrund stand.[149]

[144] BGH, MDR 1977, 660; sehr knapp in der Begründung für Vertragseinheit s. OLG Bremen, Urteil vom 20. 3. 1990 – 3 U 33/89, NJW-RR 1992, 951; ähnlich bereits LG Nürnberg-Fürth, Urteil vom 23. 11. 1978 – 1 HKO 1788/78, DV-R 1, 46; OLG Stuttgart, Urteil vom 29. 10. 1986 – 3 U 88/86, DV-R 4, 237 C (gemeinsamer Einsatz aller Bestandteile als vorausgesetzter Vertragszweck).
[145] BGH, Urteil vom 25. 3. 1987 – VIII ZR 43/86, DB 1987, 1290; BGH, Urteil vom 30. 4. 1976 – V ZR 143/74, NJW 1976, 1931 (für Gesamtgeschäftsgebilde kraft **rechtlicher** Einheit ausreichend, dass Einheitlichkeitswille eines Vertragspartners dem anderen erkennbar war; Einheit auch zwischen Vereinbarungen verschiedenen Geschäftstypus und verschiedenen Personen möglich; bei Einheitlichkeit auch **Rücktrittswirkung** einheitlich).
[146] BGH, Urteil vom 4. 11. 1987 – VII ZR 314/86, CR 1988, 124, 128 unter Bezug auf BGH, NJW 1976, 1931.
[147] BGH, Urteil vom 23. 1. 1996 – X ZR 105/93, CR 1996, 467 = NJW 1996, 1745.
[148] BGH, Urteil vom 7. 3. 1990 – VIII ZR 56/89, NJW 1990, 3011 = DB 1990, 1123ff.
[149] OLG Karlsruhe, Urteil vom 4. 10. 1990 – 12 U 30/90, CR 1991, 280f.

Jedoch führt allein der Umstand, dass der Kunde eine gemeinsame Ver-   102
wendung aller Komponenten beabsichtigt, noch nicht zu dieser Vertragseinheit.[150] Werden alle Regelungen im selben Vertrag zusammengefasst,
kann dies ein Indiz für die Vertragseinheit darstellen,[151] das freilich wider-
legbar ist[152]. Die subjektive Komponente der Bildung der Vertragseinheit
(wesentlich: das von den Vertragsparteien Gewollte) bedingt, dass der
Gegenstand der Einheit fallspezifisch variieren kann. In der **Vertragspraxis** sind die Parteien deshalb gut beraten, nicht nur die gewollte Einheitlichkeit der Rechtsfolgen klar zu regeln, sondern auch festzuhalten, **welche Komponenten** eines Systems umfasst sein sollen.

Beispielsfälle der Vertragseinheit: 103
Grundsätzlich zu bejahen ist die Vertragseinheit zwischen Hardware und
Betriebssoftware,[153] zwischen Hardware und **Anwendungssoftware**
jedenfalls dann, wenn die Anwendungssoftware gerade auf diese Hardware oder sowohl Hardware als auch Anwendungssoftware auf einen
bestimmten Anwendungszweck („Komplettlösung") zugeschnitten
sind[154]. **Vertragseinheit** wird von der Rechtsprechung hingegen **verneint,**
wenn die mangelfreie Standardhardware jederzeit mit anderer als der mangelhaften Standard- oder Individualsoftware laufen würde.[155] Maßgebend
für diese Beurteilung ist die Verkehrsauffassung und natürliche Betrachtungsweise unter Zugrundelegen eines technisch-wirtschaftlichen Stand-
punktes[156] (sofern keine entsprechende ausdrückliche Vereinbarung vorliegt). **Vertragseinheit** ist andererseits zu **bejahen,** wenn alle Komponenten aus „einer Hand" erworben werden sollen[157] oder ein „Rücktrittsrecht"

---

[150] Vgl. BGH, Urteil vom 7. 3. 1990 – VIII ZR 56/89, DB 1990, 1123ff.
[151] BGH, Urteil vom 25. 3. 1987 – VIII ZR 43/86, DB 1987, 1290 = CR 1987, 358 spricht von „Ver-
    mutung".
[152] So etwa, wenn sich der Vertrag auf den Kauf eines üblichen Computers und auf die Überlassung
    von Standardsoftware bezieht, also auf getrennt verwendbare Komponenten (BGH, Urteil vom
    25. 3. 1987, a. a. O). Dieser Ansatz ist freilich differenzierungsbedürftig: Sicher kann etwa das
    Auflisten von Standardkomponenten in einem Auftragsschein (als Teil des Vertrages und nicht
    selten einzige Unterlage eines Erwerbs) als solches bereits zu Vertragseinheit führen. Aber
    auch Standardkomponenten können als zusammengehörig anzusehen sein, etwa ein Rechner und
    das (mit angebotene oder üblicherweise eingesetzte) Betriebssystem.
[153] Für die Verzugsfolgen ebenso LG Aachen, Urteil vom 2. 7. 1986 – 4 O 116/86, NJW-RR 1986,
    1240.
[154] Ebenso Moritz/Tybusseck, Rn. 69.
[155] So für fehlerfreie Anwendersoftware OLG Koblenz, Urteil vom 29. 10. 1993 – 2 U 152/92, CR
    1994, 210; AG Frankfurt/Main, Urteil vom 28. 1. 1994 – Hö C 4097/93, MRC 1996, 47 (Stan-
    dard-PC und MS-DOS 5.0).
[156] BGHZ 20, 157.
[157] OLG Köln, VersR 1991, 106, 108.

insgesamt für Hardware und Software gewollt ist[158]. In gleicher Weise bejahte das OLG München[159] in einer allerdings die Entscheidung nicht tragenden Erwägung das Recht eines Anwenders, dem Anbieter gegenüber das Fehlen der Geschäftsgrundlage eines Software-Vertrages einzuwenden, wenn die Software mangelhaft ist, der Software-Vertrag durch Wandelung aufgehoben wurde und zwischen Software- und Hardware Vertragseinheit besteht. Die Gewährleistungsfrist für diesen Wandelungsanspruch begrenzt im übrigen auch die Möglichkeit, sich auf den Wegfall der Geschäftsgrundlage zu berufen.[160]

104 Ein im Rechtssinne einheitlicher Vertrag wird weiter angenommen, wenn
   – dem Kunden Standardprogramme für die Steuerung einer Konfiguration von Hardware angeboten werden,[161] jedenfalls dann, wenn der Hersteller/Lieferant die Hardware und Software zur Bewältigung bestimmter typischer Aufgaben wie den täglichen Ablauf eines Geschäfts, soweit er technisierbar ist, aufeinander abstimmt[162]. Im ersten Fall ist freilich zu prüfen, ob andere Anbieter ebenfalls vergleichbare Programme anbieten, im zweiten Fall, ob diese Abstimmung der Komponenten, die offensichtlich wesentliche Einsatzvoraussetzung ist, doch zur Anwendbarkeit von Werkvertragsrecht führt.
   – die Software erst durch kostspielige Änderungen auf den Betrieb des Kunden und die zu liefernde Hardware anzupassen ist bzw. Software und Hardware auf eine gemeinsame Problemlösung zugeschnitten sind;[163]
   – dem Kunden verboten ist, die Software auf Computern anderer Hersteller zu nutzen;[164]
   – Teile (z. B. FIFO-Karten) eines sogenannten Highway-Rips (bestehend aus verschiedenen Bauteilen wie FIFO-Karten und Software für PC) in

---

[158] OLG Köln, Urteil vom 26. 6. 1992 – 19 U 261/91, Jur-PC 1992, 1710 = VersR 1993, 452.
[159] OLG München, Urteil vom 30. 9. 1987 – 7 U 2373/87, BB 1988, 1693 = WM 1988, 1693 = CR 1988, 130; ähnlich zur Vertragseinheit OLG München, Urteil vom 14. 10. 1987 – 15 U 2757/83, IuR 1988, 246 (keine Einheit zwischen Verträgen, aber wechselseitige Geschäftsgrundlage); OLG München, Urteil vom 15. 2. 1989 – 27 U 386/88, CR 1990, 646 (Vertragseinheit der aufeinander abgestimmten Komponenten eines Branchenpaketes).
[160] BGH, WM 1985, 264.
[161] OLG München, Urteil vom 15. 2. 1989 – 27 U 386/88, CR 1990, 646ff.
[162] OLG München, a. a. O.; BGH, WM 1984, 1089, 1091.
[163] OLG München, a. a. O., 650; auch hier spricht viel für die Anwendbarkeit von Werkvertragsrecht.
[164] OLG München, a. a. O., eine freilich grundsätzlich nach OLG Frankfurt/Main, Urteil vom 17. 1. 1991 – 6 U 18/90, CR 1991, 345 unwirksame Klausel, wobei das Entfallen der Klausel die Vertragseinheit aufheben kann! Ebenso LG München I, Urteil vom 30. 1. 1987 – 6 HKO 14741/85, IuR 1988, 247.

einen ortsfesten Scanner zu dem Zweck eingebaut werden, dessen
Anwendungsmöglichkeiten zur Ausstellung von Druckvorlagen zu
erweitern und zu verbessern; hierbei entsteht weder eine neue Sache
i. S. v. § 950 BGB, noch liegen die Voraussetzungen einer Verbindung
gemäß § 947 BGB vor. Die als „Rip" zusammengefassten Gegenstände
bleiben vielmehr eine rechtlich eigenständige Sachgesamtheit;[165]
– wenn generell mehrere Sachen bestimmt sind, zusammenzubleiben.[166]

Aus dem Hinweis des BGH auf die Notwendigkeit einer einheitlichen   105
Rechtsfolgenregelung für alle Vertragskomponenten ergibt sich für die
Praxis die Folgerung, dass die Vertragsparteien eine gemeinsame
Geschäftsgrundlage nicht allein mit der Verwendung des Begriffes
„System" schaffen.[167] Ob der einheitliche **Regelungswille aus der Verwendung der Begriffe** „Gesamtleistung" oder „ein Vertrag" abgeleitet
werden kann,[168] ist noch nicht ausdrücklich entschieden. Aus dem Anwen-
derhorizont ausgelegt können diese Begriffe aber ausreichen, um den Willen (i. S. v. § 139 BGB) zu einer einheitlichen Rechtsfolgenregelung zu
dokumentieren, wenn sich aus den Umständen ergibt, dass die Vertragsparteien überhaupt **Rechts**folgen mit diesem Begriff verknüpfen wollten.
Als solche allein nicht ausreichend dürfte hingegen die bloße Bezugnahme
auf einen günstigen Gesamtpreis oder ein einheitliches Angebot sein.[169]
Ebenso genügt – jedenfalls nach den BGH-Kriterien – nicht allein der
Umstand, dass Hardware ohne Software ihren Zweck nicht erfüllen
kann,[170] da aus diesem objektiven Umstand noch kein bestimmter Wille
der Vertragsparteien zur Regelung von Rechtsfolgen abgeleitet werden
kann. Ebenso wird es nicht ausreichen, dass Hardware- und Softwarelieferanten zwar rechtlich selbständig, aber wirtschaftlich miteinander verbunden sind. Allein aus diesem Umstand ist noch kein Wille zur einheitlichen
Folgenregelung für bestimmte Verträge ableitbar.[171]

Bei dem Erwerb von EDV-Anlagen kann beachtlich sein, ob es dem   106
Erwerber erkennbar gerade auf die einheitliche Lieferung bzw. Herstellung der Hardware und Software ankam, um etwa nicht später dem Streit
verschiedener Lieferanten über die Ursachen ausgesetzt zu sein. Nicht

---

[165] OLG Köln, Urteil vom 21. 6. 1996 – 19 U 78/96, CR 1996, 600.
[166] BGH, Urteil vom 25. 1. 1989 – VIII ZR 49/88, NJW-RR 1989, 559.
[167] So aber noch LG Oldenburg, Urteil vom 14. 1. 1981 – 3 O 178/79, DV-R 1, 65.
[168] So jedenfalls OLG Köln, Urteil vom 29. 1. 1981 – 12 U 103/80, DV-R 1, 66.
[169] BGH, Urteil vom 20. 6. 1984 – VIII ZR 131/83, BB 1984, 2019.
[170] So noch LG Bielefeld, Urteil vom 29. 6. 1984 – 15 O 91/84, DV-R 2, 126 und OLG Schleswig,
     Urteil vom 19. 9. 1984 – 9 U 133/82, DV-R 3, 119f.
[171] Für die Vertragseinheit OLG Frankfurt/Main, Urteil vom 8. 5. 1985 – 21 U 222/82, DV-R 3, 64ff.

ausreichend ist die Absicht, alle Komponenten gemeinsam zu verwenden, jedoch kann Vertragseinheit anzunehmen sein, wenn spezielle Software ausschließlich bei der in Frage stehenden Lieferung oder in Folge des gleichzeitigen Erwerbes von Hardware und Standardsoftware besonders preiswert erhältlich gewesen wäre.[172] Vertragseinheit liegt auch vor, wenn der Anbieter (bzw. der ihn beliefernde Hersteller) verschiedene Komponenten (meist Hardware, Betriebssystem und Anwendungssoftware, aber auch Hardware-Komponenten untereinander) zu einem „Bundle" zusammenfasst und hier etwa auch Komponenten Dritter (sogenannte OEMs, d. h. Original Equipment Manufacturer) unter dem eigenen Logo des Anbieters, nicht dem des Dritten vertreibt. Hier wird oft vertraglich vorgesehen, dass etwa die (meist deutlich kostengünstigere) OEM-Software nicht getrennt, also nicht als separates Produkt vertrieben werden darf.[173]

107   Erbringt der Lieferant eines DV-Systems, das im Leasingwege erworben wird, eine Einweisungsleistung, so ist bei Wandelung des Kaufvertrages auch die Vergütung für die Einweisung zurückzuzahlen.[174] Schuldet der Anbieter die Umstellung des Betriebes auf EDV, kann diese Verpflichtung Grundlage für die Vertragseinheit zwischen Hardware- und Software-Vertrag sein.[175] Besteht zwischen Überlassungs- und Pflegevertrag Vertragseinheit, verlängert sich die **Verjährungsfrist** aus dem Überlassungsvertrag bis zur Erbringung der letzten Pflegeleistung.[176] Ausreichend kann auch sein, dass anbieterseitig nicht zwischen Hardware und Software unterschieden wird und die Anlage einheitlich bestellt wurde und innerhalb von drei Monaten betriebsbereit sein sollte[177] bzw. dass Hardware und Software zusammen den angestrebten Erfolg bewirken sollen[178]. Bilden Softwarekauf- und Softwarepflegevertrag nach dem Parteiwillen von Anfang an eine Vertragseinheit, so beginnt die Verjährungsfrist wegen Mängeln, die dem wirtschaftlichen Einsatz des Programms entgegenstehen, erst mit der letzten Pflegeleistung.[179]

---

[172] BGH, Urteil vom 7. 3. 1990 – VIII ZR 56/89, NJW 1990, 3011 f.

[173] Freilich hat das OLG München, Urteil vom 12. 2. 1998 – 29 U 5911/97, K & R 1998, 167 eine ähnliche Verpflichtung, Updates nur an Besitzer der Vorversionen eines Programms veräußern zu dürfen, als **unwirksam** angesehen. Auch wenn diese Rechtsprechung zu Updates auf OEM-Software übertragbar sein sollte (bei der die Bindung nicht an andere bereits vorhandene Software, sondern an Hardware erfolgt), bleibt jedenfalls ungeachtet der Unwirksamkeit einer derartigen Bindung die so begründete Vertragseinheit unberührt.

[174] LG München I, Urteil vom 26. 3. 1986 – 15 HKO 18654/84, DV-R 4, 340.

[175] LG München I, Urteil vom 12. 8. 1980 – 12 O 5462/80, DV-R 1, 55.

[176] LG Mosbach, Urteil vom 8. 2. 1989 – 2 O 244/88, CR 1989, 1097 = BB Beil. 11, 1989, 7.

[177] OLG Frankfurt/Main, Urteil vom 14. 7. 1981 – 5 U 161/78, NJW 1983, 456.

[178] LG Nürnberg-Fürth, Urteil vom 30. 11. 1984 – 2 HKO 1497/82, BB 1986, 277.

[179] LG Mosbach, Urteil vom 8. 2. 1989, a. a. O.

Eine **Vereinbarung über die Unteilbarkeit der Leistung** kann still- 108
schweigend getroffen werden.[180] Freilich muss sich der Einheitlichkeitswille – dass die Leistungen miteinander stehen oder fallen sollen – dann
deutlich aus den Umständen des jeweiligen Einzelfalles entnehmen lassen.
Dies ist etwa der Fall, wenn
- ein Softwarehaus Hardware und Software komplett anbietet und hierbei
  die Herstellung unter Belassung der auf die speziellen Bedürfnisse des
  Kunden abgestellten Software im Vordergrund stand,[181]
- der Lieferant die zur Software des Anwenders passende Hardware aussucht und ein Gesamtpreis für das aus Hardware und Software bestehende Komplettsystem vereinbart wird,[182]
- sich der Käufer bei der Neuanschaffung eines Computers an den technischen Erfordernissen des Zubehörs ausrichten müsste und hierdurch in seinen Auswahlmöglichkeiten unangemessen eingeschränkt
  würde,[183]
- zu einem zu liefernden Programm einige Wochen später ein weiteres
  Programm zu liefern ist und dies bei Abschluss des ersten Vertrages
  abgesprochen wurde,[184]
- die Software nur auf der Hardware des Anbieters eingesetzt werden
  soll,[185]
- PC und Anwendungssoftware als „Gesamtlösung" angeboten[186] werden oder „aus einer Hand" geliefert werden soll[187] (PC und Individualsoftware[188]),

---

[180] BGH, Urteil vom 7. 3. 1990 – VIII ZR 56/89, NJW 1990, 3011 f. Eine ausdrückliche Regelung ist
also keine zwingende Voraussetzung für die Annahme einer einheitlichen Regelung. Jedoch kann
in der Beratungspraxis nicht ernsthaft empfohlen werden, diese Frage ungeregelt zu lassen (sofern nicht ohnehin technische Einheit vorliegt).
[181] OLG Karlsruhe, Urteil vom 4. 10. 1990 – 12 U 30/90, CR 1991, 280 – Therapiesteuerung.
[182] OLG Karlsruhe, Urteil vom 10. 7. 1991 – 6 U 87/90, MRC 1991, 17.
[183] LG Bad Kreuznach, Urteil vom 5. 5. 1994 – 1 S 170/93, MRC 1996, 9.
[184] OLG Hamm, Urteil vom 12. 11. 1990 – 31 U 53/90, BB Beil. 23, 1991, 2.
[185] LG Augsburg, Urteil vom 5. 5. 1988 – 3 HKO 3588/87, CR 1989, 22, 24.
[186] OLG Stuttgart, Urteil vom 23. 2. 1993 – 6 U 174/92, CR 1994, 152 für „POS (Point of Selling") –
üblicherweise wohl „Point-of-Sale"-System für Apotheken: Keine einheitliche Kaufsache nach
der Verkehrsauffassung (§ 93 BGB), aber Zusammengehörigkeit nach § 469 Satz 2 BGB. Die
Entscheidung ist wohl nicht auf alle POS-Systeme verallgemeinerbar, da die modernen Systeme
zumeist proprietäre Software als Komponente enthalten, die nur auf dem jeweiligen System
läuft. OLG München, Urteil vom 15. 2. 1989 – 27 U 386/88, CR 1990, 646 ff. (Anpassung von
Hardware und Software an bestimmte typische Aufgaben, wie den täglichen Ablauf eines Geschäftes). Ähnlich die Vertragseinheit bejahend OLG Köln, Urteil vom 12 U 103/
80, DV-R 1, K/M-11 für die Verwendung der Begriffe „Gesamtleistung" und „ein Vertrag".
[187] LG Aachen, Urteil vom 20. 1. 1994 – 6 S 28/92, NJW-RR 1995, 49; ähnlich OLG Frankfurt/
Main, Urteil vom 14. 7. 1981 – 5 U 161/78, DV-R 1, 84 (für ein System, das innerhalb von drei
Monaten betriebsbereit sein sollte).
[188] OLG Köln, Urteil vom 3. 12. 1993 – 19 U 157/93, BB Beil. 14, 1994, 11.

- PC, Drucker und Software zusammen mit dem Abschluss eines lang-fristigen Betreuungsvertrages erworben werden,[189]
- die Lieferung eines Betriebssystems zur Hardware ohne gesonderte Berechnung[190] erfolgt,
- die Softwarenutzung an bestimmte Hardware[191] gebunden ist,
- die einheitliche Bestätigung eines Auftrages für Hardware und Software mit der Zusage erfolgt, dass die Anlage innerhalb einer bestimmten Frist nach Installation betriebsbereit sei,[192]
- Hardware mit einer speziell auf Kundenbedürfnisse ausgerichteten Software als komplettes System angeboten wird,[193] Hardware und Betriebssystem in einem tatsächlichen und wirtschaftlichen Zusammen-hang stehen[194] bzw. zusammen einen angestrebten Erfolg bewirken sol-len[195],
- Serienteile nach Kundenvorgabe vom Anbieter zu einem PC zusam-mengesetzt werden,[196]
- das sachliche Gewicht des Kaufvertrages auf den Anwendungsprogram-men liegt, wobei es nicht auf das Preisverhältnis zwischen Hardware und Software ankommt,[197]

---

[189] OLG Köln, Urteil vom 26. 10. 1990 – 19 U 28/90, CR 1991, 154 (wesentlich war, dass alle Leis-tungen aus einer Hand bezogen werden sollten). Über § 470 BGB werden auch Disketten und Formulare als Nebensachen erfasst, wenn sie nach Vertragszweck und Parteiwillen für sich allein nicht erworben worden wären (s. etwa Staudinger/Honsell, § 470 Rn. 1).

[190] LG Aachen, Urteil vom 2. 7. 1986 – 4 O 116/86, DV-R 4, 250; ähnlich LG Bielefeld, Urteil vom 18. 4. 1986 – 20 O 412/84, CR 1986, 444.

[191] OLG München, a. a. O. (wobei diese Bindungsklausel selbst AGB-rechtlich unwirksam sein kann, s. OLG Frankfurt/Main, Urteil vom 14. 7. 1981 – 5 U 161/78, CR 1991, 345).

[192] OLG Frankfurt/Main, Urteil vom 14. 7. 1981 – 5 U 161/78, DV-R 1, 84.

[193] OLG Karlsruhe, Urteil vom 4. 10. 1990 – 12 U 30/90, CR 1991, 280 – Therapiesteuerung.

[194] LG Aachen, Urteil vom 2. 7. 1986 – 4 O 116/86, NJW-RR 1986, 1246 = IuR 1987, 298.

[195] LG Nürnberg-Fürth, Urteil vom 30. 11. 1984 – 2 HKO 1497/82, BB 1986, 277 = IuR 1986, 74 (jeweils mit identischer Anm. von Zahrnt). Für den Zeitpunkt des Vertragsschlusses (Mai 1979) konnte das Gericht noch feststellen, dass ohne funktionierende Software die Hardware für den Kunden als wertlos bzw. in ihrem Wert erheblich gemindert anzusehen ist. Heute kann in den meisten Anwendungen grundsätzlich auf konkurrierende Softwareprodukte ausgewichen werden, so dass die rechtliche Verknüpfung mit der Hardware besonderer Begründung bedarf.

[196] OLG München, Urteil vom 13. 2. 1992 – 24 U 577/91, CR 1992, 469 = OLG-Report München 2/92, 17 (bei Nichtlesbarkeit von Disketten im 720 KB-Format).

[197] LG Bielefeld, Urteil vom 16. 10. 1985 – 7 O 324/83, DV-R 3, 153. Zahrnt weist in seiner Urteils-anmerkung zu der vorgenannten Entscheidung darauf hin, dass die Parteien sich in der Beru-fungsinstanz vor dem OLG Hamm in einem freilich fast umgekehrten Wertverhältnis verglichen hätten, wobei das OLG Hamm zu einer abweichenden Wertung insoweit gelangte, als es feststell-te, dass die DV-Anlage ohne Nachteil für den Anwender von den Anwendungsprogrammen hätte getrennt werden können und eine Erstellung der Anwendungsprogramme durch einen anderen Auftragnehmer möglich gewesen sei. Dieses letztere Ergebnis dürfte in der Zwischenzeit ange-sichts der Standardisierung von Komponenten insbesondere im Hardwarebereich fast zur Regel geworden sein.

– eine Aussage des Lieferanten erfolgt, alle Leistungen (Hardware und Software) seien in einem Paket vereint,[198]
– eine Betriebsumstellung geschuldet ist,[199]
– die Nutzung der Software an bestimmte, anbieterseitig gelieferte Hardware[200] (u. U. unzulässig) gebunden ist,
– ein Zusammenhang zwischen einem Datenauswertungsvertrag und einem Miet- und Wartungsvertrag besteht.[201]

Von einem Einheitlichkeitswillen kann **aber nicht** ausgegangen werden, wenn

– das Betriebssystem MS-DOS 5.0 mit Anwendungssoftware angeboten wird,[202]
– Software an einen Kunden, aber die EDV-Anlage an einen vom Kunden zwischengeschalteten Leasinggeber veräußert wird.[203]

Sollen hingegen Hardware und zu modifizierende Software zusammen betriebliche Organisationsprobleme des Auftraggebers optimal lösen, liegt nicht nur Vertragseinheit, sondern **ein einheitlicher Erfolg** vor, auf den einheitlich **Werkvertragsrecht** anwendbar ist.[204] Noch nicht zur Vertragseinheit führt der bloße Umstand, dass Kaufgegenstände „im Paket" günstiger erworben werden können oder dass die Wartung erschwert wird, wenn Gegenstände verschiedener Lieferanten erworben werden (kein einheitlicher Kaufgegenstand i. S. v. § 469 Satz 2 BGB).[205] Ebenso führt der Umstand, dass nur ein typischer Nutzungszweck anstatt eines konkreten vorliegt, nicht zur Vertragseinheit.[206]

Fehlen (wie wohl bisher zumeist in der Praxis) zur Vertragseinheit explizite Vereinbarungen, muss auf objektive Anknüpfungsmerkmale zurückgegriffen werden, die die Vermutung eines **Einheitlichkeitswillens** begründen können. Eines dieser Merkmale ist die **Verwendung einer einheitlichen Vertragsurkunde**, während die Verwendung getrennter 109

---

[198] LG München I, Urteil vom 23. 1. 1985 – 8 HKO 11785/83, CR 1987, 364 f.
[199] LG München I, Urteil vom 12. 8. 1980 – 12 O 5462, DV-R 1, 55 (funktionierende Einheit aus Hardware und Software für Betriebsumstellung geschuldet).
[200] BGH, Urteil vom 14. 7. 1993 – VIII ZR 147/92, CR 1993, 681.
[201] Siehe auch LG Nürnberg-Fürth, Urteil vom 23. 11. 1978 – 1 HKO 1788/78, DV-R 1, 47.
[202] AG Frankfurt/Main, Urteil vom 28. 1. 1994 – Hö 3 C 4097/93, BB Beil. 14, 1994, 3. Dieses Ergebnis ist entsprechend auf andere Systemsoftware übertragbar, etwa Windows 95/98/NT, Unix/Linux, OS/2 etc.
[203] LG Frankfurt/Main, Urteil vom 29. 8. 1980 – 3/8 O 37/80, DV-R 1, 59.
[204] OLG Koblenz, Urteil vom 1. 2. 1985 – 2 U 212/83, DV-R 2, 162 f.
[205] LG Münster, Urteil vom 13. 2. 1991 – 1 S 383/90, CR 1991, 665.
[206] Pötzsch, CR 1989, 1063, 1066.

Urkunden ein Indiz gegen eine Vertragseinheit darstellt.[207] Wird für die Vereinbarung der Leistung/Lieferung trennbarer bzw. eigenständiger Komponenten eine einzige Vertragsurkunde verwendet, begründet dies eine **Vermutung** dafür, dass ein einheitlicher Vertrag mit **gleichen Folgewirkungen** bei Störungen in einem der Teilbereiche abgeschlossen werden sollte.[208] Die **Vermutung** gilt allerdings als **widerlegt**, wenn sich der Vertrag auf den Kauf eines handelsüblichen Computers und auf die Überlassung von Standard-Software bezieht, Komponenten also, die getrennt auch anderweitig verwendet werden können. Wandelung oder Kündigung wegen einer positiven Vertragsverletzung des Software-Vertrages berühren dann nicht den Hardware-Vertrag.[209] Auch die Vermutung der Trennung der Vereinbarungen kann durch verschiedenartige Einzelfallumstände widerlegt werden, etwa die Vereinbarung eines Rücktrittsrechts nur für die Software[210] oder die Verwendung des Begriffs „Gesamtkonzeption" in einem Bestätigungsschreiben des Lieferanten[211]. Die Gestaltung der Vertragsdokumente ist also in der Praxis kein besonders hilfreiches Unterscheidungskriterium und kein Ersatz für eine **klare Regelung im Vereinbarungsinhalt**. Die Verwendung verschiedener Vertragsformulare für Hardware und Software durch denselben Händler kann, wenn die Rechtsfolgen der Aufteilung für den Kunden nicht ohne weiteres erkennbar sind, überraschend gemäß § 3 AGBG sein.[212]

110 Die Frage nach der **Vertragseinheit zwischen verschiedenen Leistungen** desselben Anbieters stellt sich i. d. R. nur bei Parteienidentität, wenn also derselbe Anbieter verschiedenartige Leistungen erbringen soll, etwa Lieferung von Programmen direkt an den Kunden, Hardware aber an eine Leasinggesellschaft, die an den Kunden verleast.[213] Zwischen den Verträgen **verschiedener Lieferanten** besteht grundsätzlich keine Vertragseinheit.[214] Im Einzelfall kann aber eine Abhängigkeit auch zwischen Verträgen des Kunden mit verschiedenen Anbietern bestehen, jedoch nur, wenn diese Abhängigkeit in den Verträgen klar vereinbart wurde[215] und Gesamt-

---

[207] OLG Köln, Urteil vom 29. 1. 1981 – 12 U 103/80, DV-R 1, 67.
[208] So etwa BGH, NJW 1990, 3011 f.; BGH, NJW 1987, 2004, 2007; OLG Karlsruhe, Urteil vom 4. 10. 1990 – 12 U 30/90, BB Beil. 23, 1991, 6 (auch bei Aufteilung der Lieferung in drei aufeinander folgende Teilabschnitte).
[209] BGH, Urteil vom 25. 3. 1987 – VIII ZR 43/86, CR 1987, 358.
[210] Vermutung der Trennung, LG Stuttgart, Urteil vom 14. 8. 1992 – 20 O 665/91, CR 1993, 500 f.
[211] OLG Köln, Urteil vom 29. 1. 1981 – 12 U 103/80, DV-R 1, 66.
[212] LG München I, Urteil vom 12. 8. 1980 – 12 O 5462/80, DV-R 1, 54 f.
[213] LG Frankfurt/Main, Urteil vom 29. 8. 1980 – 3/8 O 37/80, DV-R 1, 57.
[214] OLG Hamm, Urteil vom 12. 4. 1989 – 31 U 177/88, CR 1990, 200.
[215] LG Nürnberg-Fürth, Urteil vom 23. 11. 1978 – 1 HKO 1788/78, DV-R 1, 47.

schuldnerschaft begründet wird, um zu einer Einheit i. S. v. § 139 BGB zu kommen,[216] ebenso u. U. bei wirtschaftlicher Verbundenheit mehrerer Unternehmen im Rahmen von Herstellerleasing[217]. Hier empfiehlt sich in der Vertragspraxis eine klare Regelung in beiden Verträgen, dass bei Leistungsstörungen die Rechtsfolgen gemeinsam stehen und fallen sollen. Dies gilt insbesondere für größere Projektverträge, in deren Rahmen etwa Standardkomponenten zugeliefert werden sollen.

Sollen **Software-Kaufvertrag und Software-Pflegevertrag** nach dem Partei-   111
willen eine Einheit bilden, verjähren Gewährleistungsansprüche sechs Monate nach Erbringung der letzten vom Anbieter geschuldeten Vertragsleistung.[218] Vertragseinheit wird nicht nur bei (gewährleistungsrechtlicher) Gesamtwandelung, sondern auch bei Leistungsverzug relevant. Bei festgestelltem Einheitlichkeitswillen ergreift ein Rücktrittsrecht wegen **Verzuges** mit der Individualsoftware auch die Hardware.[219] Werden Sachen als zusammengehörend verkauft oder sind verkaufte Sachen untereinander als Sachgesamtheit oder als Hauptsache und Zubehör verbunden, begründet das Fehlen einzelner Stücke bei Gefahrübergang keinen Sachmangel der Gesamtheit, sondern steht dem Käufer vielmehr ein Anspruch auf restliche Erfüllung zu.[220]

Gesamtwandelung i. S. v. § 469 Satz 2 BGB **bei Verkauf mehrerer**   112
Sachen setzt voraus, dass die Lieferung der Hardware und die Erstellung von Anwendungssoftware Leistungen sind, die nach der Verkehrsanschauung[221] als **zusammengehörend** anzusehen sind (s. Rn. 103).

Die vom BGH entwickelten Grundsätze über das gemeinsame Stehen und   113
Fallen von Rechtsfolgen lässt sich auf verschiedene Kombinationen von EDV-Leistungen übertragen, etwa diejenige von Überlassung und Pflege von Software oder auch von Hardware-Wartung und Software-Nutzung,[222] wobei im Hinblick auf den Charakter dieser Verträge als Dauerschuldverhältnis nicht Gesamtwandelung, sondern Gesamtkündigung in Betracht kommt. Hier wird bei Störungen im Pflegevertrag ein Wegfall der Geschäftsgrundlage des Überlassungsvertrages anzunehmen sein.[223]

---

[216] OLG Hamm, Urteil vom 12. 4. 1989 – 31 U 177/88, CR 1990, 200.
[217] OLG Frankfurt/Main, Urteil vom 8. 5. 1985 – 21 U 222/82, DV-R 3, 64.
[218] LG Mosbach, Urteil vom 14. 1. 1989 – 7 O 12497/87, CR 1989, 1097ff.
[219] OLG Koblenz, Urteil vom 4. 10. 1991 – 2 U 403/88, CR 1992, 154.
[220] BGH, Urteil vom 1. 10. 1992 – V ZR 36/91, NJW 1992, 3224.
[221] BGH, Urteil vom 23. 1. 1996 – XI ZR 57/95, NJW 1996, 1745, 1747; BGH, WM 1987, 1492; OLG München, Urteil vom 15. 2. 1989 – 27 U 386/88, CR 1990, 646, 650; allgemeiner LG Augsburg, Urteil vom 5. 5. 1988 – HKO 3588/87, CR 1989, 22 für den Erwerb einer einheitlichen EDV-Anlage zur Problemlösung.
[222] Zu letzterer Kombination s. OLG München, Urteil vom 22. 5. 1985 – 7 U 5343/84, CR 1985, 138.
[223] Für vergleichbare Fälle s. Pötzsch, CR 1989, 1063, 1071.

Prüfübersicht:
- Vertragseinheit nach § 139 BGB?
- wesentliche Bestandteile nach § 93 BGB?
- mehrere als zusammengehörig gekaufte Sachen nach § 469 Satz 2 BGB? (Gesamtwandelung, s. Rn. 1397)
- Erstreckung der Wirkung der Wandelung von der Hauptsache auf die Nebensache nach § 470 BGB?
- Kündigung des Mietvertrages über mehrere Sachen nach § 543 BGB (Verweis auf § 469 Satz 2, 470 BGB)?
- Gesamtwandelung bei Werkvertrag nach §§ 634 Abs. 4, 469 BGB?

4.3 Kopplungsverbote aus Kartellrecht

114 Artikel 85 Abs. 1 lit. e EWGV verbietet Vereinbarungen, nach denen bestimmte Leistungen nur zusammen mit anderen Leistungen bezogen werden dürfen, sofern die Kopplung weder sachlich noch durch Handelsbrauch begründet ist. Technisch sinnvoll und sogar zwingend kann sein, bestimmte Anwendungssoftware z. B. nur mit UNIX/Linux oder Windows NT bzw. Hardware nur mit einem solchen System auszuliefern. Fraglich ist hingegen, ob andererseits etwa ein Betriebssystem mit einem Internet-Browser vertraglich gekoppelt werden darf.

§ 18 Abs. 1 Nr. 4 GWB verbietet ebenfalls Kopplungsvereinbarungen, nach denen mit einer Leistung auch sachlich oder handelsüblich nicht zugehörige Leistungen/Waren abgenommen werden müssen.[224]

4.4 Kombination von Vertragstypen

115 Relativ wenig Aufmerksamkeit hat in der einschlägigen Literatur die Frage gefunden, auf welche Weise und mit welchen Rechtsfolgen verschiedene, unterschiedlichen Vertragstypen zuzuordnende (EDV-)Leistungen zu einem Vertrag kombiniert oder verschmolzen werden können[225] oder mehr oder weniger unverbunden nebeneinander stehen bleiben. In der Praxis weisen die meisten Verträge einen Bezug zu einer Mehrheit unterschiedlicher Leistungen auf (sieht man einmal von einfachsten Fällen des Erwerbs von PCs und Standardsoftware im nächsten PC-Shop ab). Bereits

---

[224] Siehe Marly, Verträge, Rn. 248.
[225] Marly, Verträge, Rn. 417 behandelt nur die Typen„kumulierung" am Beispiel der Überlassung und Pflege von Software. Schneider, Handbuch, 244, 287 spricht nur knapp von gemischten Verträgen (für die Lieferung und Einrichtung/Installation von Standardsoftware). Heussen, Handbuch, Kap. 30, Rn. 51 gibt knapp die Grundsätze der Typenkombinations- und -verschmelzungsmethoden wieder und nennt unter Kap. 30 Rn. 65 ff. Beispiele.

die Lieferung von Standardsoftware und deren Anpassung/Einrichtung verbindet kaufrechtliche und werkvertragliche Elemente in unterschiedlicher, einzelfallabhängiger Gewichtung. Die Anzahl zu verbindender Leistungselemente wächst bei Systemverträgen schnell an und kann z. B. bei Outsourcingverträgen zu erheblicher Komplexität führen. Aus diesem Grund werden die Grundsätze zur Behandlung gemischttypischer Verträge nachfolgend knapp dargestellt. Bleiben vertragstypologisch unterschiedliche Leistungselemente im Leistungsbild trennbar, spricht man von Typenkombinationsverträgen, bei dem Aufgehen von abweichenden Leistungselementen im Leistungsbild von Typenverschmelzungsverträgen.[226] Ein Liefervertrag mit Montageverpflichtung gilt etwa als typenkombinierter Vertrag.[227] Eine gemischte Schenkung, bei der das Entgelt nach dem Willen der Parteien den Wert der Gegenleistung nur teilweise abdeckt, stellt einen Typenverschmelzungsvertrag dar.[228] Völlig getrennt lassen sich etwa Erwerbs- und Wartungs-/Pflegeverträge behandeln, wenn sie nicht von den Vertragsparteien selbst verknüpft werden.

Bei Typenkombinationsverträgen sind Kriterien dafür festzulegen, wie die Erbringung der verschiedenen Leistungen, die Gewährleistung/pVV-Haftung für diese und die Vertragsbeendigung angeglichen werden können. Der BGH[229] stellt hier auf den Schwerpunkt der Leistungen ab, um an diesen ein bestimmtes Vertragsrecht anzuknüpfen. Allerdings darf diese Anknüpfung nicht schematisch erfolgen. Gewinnt eine Anpassungsverpflichtung im Einzelfall besondere Bedeutung, stellt nicht die (eigentlich Kaufrecht folgende) Programmüberlassung, sondern die Werkvertragsrecht zuzuordnende Anpassung den Schwerpunkt, sofern nicht beide Leistungen völlig voneinander getrennt zu sehen sind. Bei Trennbarkeit von Leistungsteilen sind die Vertragstypen ebenfalls getrennt anzuknüpfen.[230]

4.5 Hinweise und Übersichten für die Vertragspraxis

Auch gegenüber großen Anbietern (z. B. Software-Häusern) ist erfahrungsgemäß ein Verhandeln über Vertragsregelungen möglich, wenn der Kunde auf die gemäß DIN/ISO 9001, Absch. 5.2 in Verträgen zu regelnden Punkte hinweist (s. Rn. 116). Der Anbieter kann eine DIN-gerechte

---

[226] Ausf. s. Larenz/Canaris, Lehrbuch des Schuldrechts II/2, BT, 13. Aufl. 1994, 46, 54.
[227] BGH, NJW 1983, 2440.
[228] Larenz/Canaris, a. a. O., 54.
[229] BGH, NJW 1981, 341f.; NJW 1983, 49f.; NJW 1989, 1673f.; BGH, WM 1986, 912, 914.
[230] LG Frankfurt/Main, Urteil vom 29. 8. 1980 – 3/8 O 37/80, DV-R 1, 60.

Vertragsgestaltung nicht verweigern. Außerdem sind regelmäßig weitere Prüfpunkte durchzugehen (s. Rn. 117).

4.5.1 Vertragsprüfung nach DIN/ISO 9001

116 DIN/ISO 9001 Abschn. 5.2.1 und 5.2.2 sehen folgende Checkliste zur Überprüfung von Verträgen vor:
„– Sind der Zweck des Vertrages und die technisch-wirtschaftlichen Forderungen festgelegt und dokumentiert?
– Regelt der Vertrag mögliche Probleme und Risiken während der Vertragsdurchführung?
– Sind vertrauliche Informationen angemessen geschützt?
– Sind alle von der Ausschreibung abweichenden Forderungen geklärt?
Kann der Lieferant dem Kunden gegenüber die Fähigkeit zur Erfüllung des Vertrages nachweisen (Information/Erfüllungsbürgschaft/Gewährleistungsbürgschaft etc.)?
– Ist die Verantwortung des Lieferanten in Bezug auf seine Subunternehmer festgelegt (Systemverantwortung)?
– Sind die Begriffe zwischen den Parteien abgestimmt?
– Besitzt der Auftraggeber die Fähigkeit, die Vertragsverpflichtungen zu erfüllen (Information/Zahlungsbürgschaft)?
– Was sind die Kriterien für die Abnahme der Leistung?
– Wie sind mögliche Änderungswünsche des Auftraggebers während der Projektlaufzeit zu behandeln?
– Wie sind die Gewährleistungsprobleme geregelt?
Sind alle notwendigen Mitwirkungshandlungen des Auftraggebers erkannt, inhaltlich festgelegt und dokumentiert, insbesondere Mitwirkungshandlungen bei Installation und Abnahme? Welche Einrichtungen, Werkzeuge und Softwareelemente hat der Auftraggeber bereitzustellen?
– Welche Normen und Verfahren sind anzuwenden?
– Sind die Rechte an der Software geklärt?
• Anzahl der zu liefernden Kopien jedes Softwareelements;
• Art der Datenträger, einschließlich Format und Version, in für Menschen lesbarer Form;
• Bedingungen für die geforderten Dokumente wie Handbücher und Bedienungsanleitungen;
• Copyright- und Lizenzabreden;
• Verwahrung von Kopiervorlagen und Sicherungskopien;
• Zeitraum, in dem der Lieferant ggf. Ersatzkopien bereithalten muß."

Dieser Prüfkatalog enthält einen unverzichtbaren Fahrplan für jede Vertragsverhandlung, nicht nur, weil er die wesentlichen neuralgischen Punkte bei EDV-Projekten zusammenfasst, sondern und vor allem, weil seine Abarbeitung nunmehr selbst **Teil der qualitätsgesichert geschuldeten Leistung ist**! Dies gilt freilich nur, wenn **beide Vertragsparteien** hieran mitarbeiten.

4.5.2 Weitere Hinweise außerhalb DIN/ISO

– Alle **technischen Daten** im Vertrag beziehungsweise in getrennten   117
  Leistungsschein aufnehmen, auch Daten des alten Systems, wenn z. B.
  ein schnelleres vereinbart wird.
– Umfang der zu übernehmenden **Datenbestände** festlegen.
– **Termine** für Anlieferung der Komponenten, für Installation, Tests, Einweisung, Schulung, Funktionsprüfung und Beginn der Gewährleistung
  verbindlich festlegen.
– **Systemeigenschaften zusichern** lassen; Begriff „... gelten als zugesichert" ausdrücklich verwenden!
– **Arbeitsplatzgestaltung** muss **ergonomischem Anforderungen** entsprechen. Zusicherung der Einhaltung der EG-Richtlinien, deutschen
  Verordnungen und geltende DIN/ISO-Normen notwendig![231]
– Möglichst **Komplettpreis vereinbaren**, der auch alle Nebenleistungen
  etwa für Installation, Einweisung etc. umfasst. Zusatzleistungen dürfen
  nur bei ausdrücklicher besonderer Vereinbarung vergütungspflichtig
  sein.
– Liegt dem Kunden ein aktuelles Exemplar der **Allgemeinen Geschäftsbedingungen** des Anbieters vor?
– Rechtzeitige **Beteiligung des Betriebsrates** bei Projekten; Verpflichtung des Anbieters, dem Betriebsrat alle erforderlichen Informationen
  und Unterlagen zur Verfügung zu stellen.

---

[231] Siehe ausführlich Förster/Vogel, PC-Ergonomie und Ökologie, 1994 (mit EG-Richtlinie).

5. Leistungsmodalitäten des Erwerbs von Systemen oder Komponenten

118 Die Vertragsparteien müssen nicht nur den Inhalt der Leistung (etwa die Erstellung eines Programmes oder die Lieferung eines Netzwerkes) festlegen, sondern auch, zu welchem Zeitpunkt und an welchem Ort die Leistung zu erbringen ist. Fehlen solche Vereinbarungen zu diesen und weiteren **Leistungsmodalitäten**, kann der Anbieter verpflichtet sein, sofort zu leisten, und der Kunde, den Transport zu organisieren und zu bezahlen. Hinzu kommt, dass vom Leistungsort etwa auch abhängt, vor welchem örtlich zuständigen Gericht eine Klage aus Zahlungsverzug oder auf Wandelung zu erheben ist.[232] Soweit der Schuldner, also etwa der Anbieter hinsichtlich der Lieferpflicht, die Leistungsmodalitäten wählen kann (z. B. Versendungsart oder -firma), gelangen die §§ 315 f. BGB nicht zur Anwendung.[233]

5.1 Festlegung der Leistungsmodalitäten
5.1.1. Leistungsort

119 Leistungsort ist (z. B. für die Lieferung von Hardware, die Programmübergabe, die Wartung und Pflege) grundsätzlich der **Wohnsitz** des Schuldners der Leistungspflicht (bzw. der Sitz seines Geschäftsbetriebes) im Zeitpunkt des Entstehens des Schuldverhältnisses (§ 269 Abs. 1 BGB), also regelmäßig bei Vertragsschluss. Das Gesetz verwendet auch den Begriff „Erfüllungsort" (§§ 447 Abs. 1, 644 Abs. 2 BGB und § 29 ZPO für den Gerichtsstand). Leistungsort für die Übergabe eines Systems oder einer Kaufsache ist hiernach grundsätzlich der Ort, an dem sich der Sitz des Anbieters befindet. Der Kunde muss bei Vereinbarung einer „Holschuld" (s. Rn. 128) das System selbst abholen und der Anbieter nur die Sache zur Abholung durch den Kunden bereithalten.

120 Soll die Übergabe an einem anderen Ort als den Sitz des Anbieters, insbesondere den Sitz/Wohnsitz des Kunden, erfolgen, bedarf dieses besonderer Vereinbarung. Hierbei ist zwischen „Schickschuld" und „Bringschuld" zu unterscheiden. Bei der „Schickschuld" (s. Rn. 128) muss der Anbieter die zu liefernde Sache nur an eine Transportperson übergeben. Beim Kauf spricht man vom „**Versendungskauf**" i. S. v. § 447 BGB. Hierbei hat der

---

[232] Fragen des Leistungsortes und der Leistungszeit werden an dieser Stelle ausführlicher dargestellt, da sie in der Praxis immer wieder zu Schwierigkeiten führen, aber in anderen Darstellungen zum EDV-Vertragsrecht nicht systematisch erläutert werden.
[233] Vgl. Larenz, Schuldrecht I, Allg. Teil, 81 f.

Kunde grundsätzlich, mangels abweichender Vereinbarung, die durch die Versendung entstehenden Mehrkosten zu tragen. Leistungsort (nämlich auch der Übergabe an die Transportperson) bleibt der Sitz des Schuldners, also des Anbieters. Bei der „Bringschuld" (s. Rn. 128) schuldet der Anbieter auch den Antransport. Bringschuld ist anzunehmen,wenn etwa ein System oder ein Local Area Network (LAN) auch aufgestellt und installiert werden soll. Leistungsort ist hier der Sitz des Kunden.

Zu unterscheiden ist außerdem zwischen dem **Ort der Leistungshandlung**, also in der Regel dem Sitz des Schuldners (Anbieters), und dem **Ort des Eintritts des Leistungserfolges** (Eigentumserwerb), mit dem der Vertrag erfüllt wird, also dem Sitz des Kunden. Auch dann, wenn der Anbieter die Versendungskosten übernimmt, ist der Ort, an den die Versendung erfolgt (also Sitz des Kunden), nicht als Leistungsort anzusehen (§ 269 Abs. 3 BGB). Für die Ablieferung und den Verjährungsbeginn ist der Ort des Leistungserfolges maßgeblich.   121

Mit der Übergabe durch den Anbieter an die Transportperson tritt bei Gattungsschuld (also Lieferung aus einer Serie) am Leistungsort die **Konkretisierung des Schuldverhältnisses** auf die übergebenen Sachen ein (§ 243 Abs. 2 BGB). Geht die Ware während des Transportes unter, wird die Leistung unmöglich (zur Unmöglichkeit der Leistung s. Rn. 1110). Der Käufer ist grundsätzlich nicht verpflichtet, Ersatzware abzunehmen. Übersendet der Verkäufer unaufgefordert Ersatzware, ist dies hingegen nach den Grundsätzen über die Zusendung unbestellter Waren zu behandeln.[234]   122

Von Bedeutung ist der Leistungsort etwa für die Festlegung der örtlichen **Gerichtszuständigkeit**, die sich gemäß § 29 ZPO nach dem Leistungsort richtet. Liefert also der Anbieter nicht oder leistet er schlecht, ist er an seinem Sitz zu verklagen, es sei denn, eine Bringschuld wurde vereinbart. Leistet hingegen der Kunde eine vereinbarte Zahlung nicht, ist der (Wohn-)Sitz des Kunden Leistungsort. Jedoch legt § 270 BGB für Geldschulden fest, dass das Geld an den Wohnsitz des Gläubigers übermittelt werden muß (Zahlungsort s. Rn. 124). Aus § 270 Abs. 4 BGB ergibt sich, dass der Wohnsitz des Schuldners Leistungsort bleibt. Zahlungsklage muss deshalb vom Anbieter am Wohnsitz des Kunden erhoben werden.

Leistungsort für die Wandelung ist der Ort, an dem sich die Sache befindet.[235] Gleiches gilt für den Rücktritt[236] und den so genannten „**großen**   123

---

[234] OLG Köln, Urteil vom 5. 5. 1995 – 19 U 151/94, CR 1996, 85.
[235] BGHZ 87, 109.
[236] BGH, WM 1974, 1073.

Schadensersatz"[237], für die damit in der Regel auf den (Wohn-)Sitz des Käufers abzustellen ist, während für Minderungsansprüche auf den Sitz des Anbieters abzustellen ist.[238]

5.1.2 Zahlungsort

124 „Zahlungsort" ist der Wohnsitz des Gläubigers, also in der Regel der des Anbieters. Der Kunde muß im Zweifel (d. h. ohne besondere Vereinbarungen) auf eigene Gefahr und Kosten das Geld zur Zahlung übermitteln (Schickschuld). **Erfüllung** tritt erst mit Gutschrift auf dem Konto des Anbieters ein.[239] Bei Erfüllung im **Lastschriftverfahren** (z. B. bei Miet- und Wartungsverträgen) ist jedoch der Anbieter für die Rechtzeitigkeit der Abbuchung verantwortlich (Holschuld).[240] Leistungsort im Sinne des Gesetzes bleibt aber der Wohnsitz des Schuldners der Zahlungsschuld, also in der Regel des Kunden (§§ 269 Abs. 1 i. V. m. 270 Abs. 4 BGB).[241] Der Schuldner leistet **rechtzeitig**, wenn er das zur Übermittlung des Geldes Erforderliche getan hat.[242]

5.1.3 Leistungszeit

125 „Leistungszeit" ist der Zeitpunkt, zu dem die Leistung zu erbringen ist. Erst ab diesem Zeitpunkt kann der Gläubiger die Leistung (Fälligkeit), also etwa der Kunde die Lieferung oder der Anbieter die Zahlung, verlangen und darf der Schuldner aber auch die Leistung erbringen (Erfüllbarkeit). Muss also der Anbieter liefern, braucht er nicht abzuwarten, bis der Kunde annahmebereit ist; vielmehr gerät der Kunde bei Nichtannahme in Gläubigerverzug. § 271 Abs. 2 BGB regelt allerdings für Fälle einer Zeitbestimmung, dass der Schuldner im Zweifel die Leistung vorher bewirken kann. Jedoch ist eine Abstimmung der Leistungstermine besonders bei Erbringung am Sitz des Kunden, sinnvoll und sogar unabdingbar, wenn die Räume des Kunden, etwa ein Rechenzentrum, zugänglich sein müssen. Fehlt es an einer vertraglichen Bestimmung der Leistungszeit und lässt sie sich auch nicht aus den Umständen entnehmen, kann der Gläubiger die

---

[237] OLG Hamm, MDR 1989, 63.
[238] Vgl. Palandt/Heinrichs, § 269 Rn. 15.
[239] BGHZ 6, 124.
[240] BGHZ 69, 366.
[241] Vgl. Palandt/Heinrichs, § 270 Rn. 1; BGH, Beschl. vom 30. 3. 1988 – 1 AZR 192/88, NJW 1988, 1914.
[242] BGHZ 44, 179; BGH NJW 1964, 499. Rechtzeitige Einzahlung vor Fristablauf am Leistungsort genügt (so bereits RGZ 78, 140), ebenso Eingang des Überweisungsauftrages bei dem Geldinstitut, wenn das Konto Deckung aufweist (OLG Celle, MDR 1969, 875; OLG Düsseldorf, DB 1984, 2686). Gutschrift auf dem Gläubigerkonto ist nicht erforderlich (BGH, NJW 1964, 499).

Leistung vom Schuldner sofort verlangen und der Schuldner sie sofort bewirken (§ 271 Abs. 1 BGB). Für eine hiervon abweichende Vereinbarung ist der Anbieter beweispflichtig.[243]

Bei einem **Fixgeschäft** ist ein Leistungszeitpunkt genau festgelegt. So 126 setzt bei einem Vertrag über Lieferung und Installation von Hardware und Software für eine Arztpraxis einschließlich Schulung des Personals die Vereinbarung eines **Fixtermins** eine konkrete Abrede darüber voraus, an welchem Tag die Anlage installiert und an welchem Tag die Schulung durchgeführt wird.[244] Fixgeschäfte werden wie folgt unterschieden:

Bei einem „**absoluten Fixgeschäft**" ist die Leistung nicht nachholbar (z. B. vereinbarte Datumsumstellung für das Jahr 2000 spätestens bis zum 31. 12. 1999, 24.00 Uhr). Der Gläubiger wird hier von seiner eigenen Leistungspflicht befreit (§ 323 BGB) und hat bei schuldnerseitigem Vertretenmüssen einen Schadensersatzanspruch bzw. ein Rücktrittsrecht (§ 325 Abs. 1 BGB). Nennt der Auftraggeber auf der Auftragsbestätigung dem Verkäufer einen „fixen" Leistungstermin, muss der Verkäufer unverzüglich widersprechen, wenn er den Termin nicht gegen sich gelten lassen will.[245]

Bei einem „**relativen Fixgeschäft**" ist die Leistung grundsätzlich noch nachholbar (z. B. eine Wartungs- oder Pflegeleistung). Hier **kann** der Gläubiger ohne Fristsetzung vom Vertrag zurücktreten (§ 361 BGB) oder am Vertrag festhalten, Vertretenmüssen wird von § 361 BGB nicht vorausgesetzt. Unter den Voraussetzungen des § 381 HGB erlischt der Erfüllungsanspruch mit Ablauf des Fixtermins, wenn er nicht sofort vorbehalten wird, und hat der Gläubiger bei schuldnerseitigem Vertretenmüssen einen Schadensersatzanspruch auch ohne Nachfristsetzung (s. § 376 Abs. 2, 3 HGB).

Eine **Fristsetzung** – etwa nach § 634 BGB oder nach § 326 Abs. 1 BGB – 127 erfordert regelmäßig die Angabe eines bestimmten Zeitpunktes, zu dem die angeforderte Handlung erbracht werden soll. Das Verlangen des Gläubigers nach umgehender Leistung stellt hingegen nur eine Verzug begründende Mahnung dar, erfüllt jedoch noch nicht die Voraussetzungen für Wandelung oder Vertragsrücktritt.[246] In der **Vertragspraxis** werden bei Fristsetzungen besonders häufig Fehler gemacht, die später eine

---

[243] Siehe Larenz, Schuldrecht I, 198 m. w. N.
[244] OLG Düsseldorf, Urteil vom 20. 1. 1995 – 22 U 160/94, CR 1995, 268 = NJW-RR 1996, 40.
[245] OLG Köln, Urteil vom 9. 8. 1995 – 19 U 57/95, CR 1996, 216.
[246] OLG Celle, Urteil vom 26. 5. 1994 – 13 U 4/94, CR 1995, 23. Es sei „die rechtspolitische Funktion der Fristsetzung, Klarheit in dem Vertragsverhältnis der Parteien zu schaffen und eindeutige Anknüpfungspunkte für die gravierenden Rechtsfolgen der Rücktrittsvorschriften".

Anspruchsdurchsetzung erheblich erschweren können. Insbesondere wird bei Mahnungen die Fristsetzung vergessen oder nach Ablauf einer gesetzten Frist (und dadurch erreichten Verzugseintritt) wieder gemahnt, und zwar **ohne** Fristsetzung, wodurch die Wirkung des Verzugseintrittes entfällt und eine neue Fristsetzung notwendig wird (verbunden mit dem Verlust des Anspruches auf Verzugszinsen). Gleiches gilt sinngemäß für mit der Fristsetzung zu verbindende Leistungsablehnungen. Ist die – mit Ablehnungsandrohung – gesetzte Frist abgelaufen und wird dann einfach gemahnt, entfällt die Wirkung der Leistungsablehnung, da der Gläubiger zu erkennen gibt, am Vertrag festhalten zu wollen.

5.2 Transport, Risiko und Kosten

128 Der Transport der Ware zum Kunden bedarf, um Teil der anbieterseitigen Lieferpflicht zu werden, besonderer vertraglicher Vereinbarung (Schickschuld oder Bringschuld). Bei Systemkauf gehört er nicht zum gesetzlichen Leistungsumfang. Rechtlich unterscheidet man bezüglich der Leistungserbringung folgende Formen:

– **Bringschuld:** Das Gerät bzw. die Systemkomponente muß dem Käufer an dessen Wohnsitz angeboten werden (vor allem bei größeren Anlagen, sogenannten mainframe und Komponenten der mittleren Datentechnik). Hierzu gehört die Anlieferung durch ein Systemhaus.

– **Schickschuld:** Es reicht die Übergabe an eine sorgfältig ausgewählte Transportperson aus (z. B. im Versandhandel, s. hierzu Rn. 962). Ein Beispiel ist der Direktversand durch entsprechende Anbieter etwa mittels UPS.

– **Holschuld:** Hier muss die angebotene Ware nur zur Abholung bereit gehalten werden (insbesondere z. B. bei Portables, Handheld-Rechnern, Laptops, einzelnen Peripherie-Geräten, Standardsoftware, Verbrauchsmaterialien wie Toner oder Druckpapier etc.).

129 Klärungsbedürftig ist weiter, wer das **Transportrisiko** trägt, dass vom Anbieter zu lieferndes Equipment beim Transport beschädigt oder zerstört wird (Verlustgefahr). Bei Vorliegen einer **Holschuld** trägt der Kunde (Käufer/Besteller) das **Transportrisiko ab Übergabe.**

Bei Vereinbarung eines **Versendungskaufes** (§ 447 BGB), also der Versendung an einen anderen Ort als den Erfüllungsort (Sitz/Wohnsitz des Verkäufers[247]), geht die Gefahr auf den Käufer über, sobald der Verkäufer die Sache dem Spediteur, dem Frachtführer oder der sonst zur Ausführung der Versen-

---

[247] § 447 BGB ist auch bei Versendung innerhalb eines Ortes anwendbar (s. Larenz, Schuldrecht I 103).

dung bestimmten Person oder Anstalt ausgeliefert hat, sofern der Schuldner bei sich zu leisten hat. Der Kunde trägt hier also das Transportrisiko und damit die Preisgefahr ab dem Zeitpunkt der Übergabe an die Transportperson durch den Anbieter (Verkäufer). Zu diesem Zeitpunkt tritt die Konkretisierung nach § 243 Abs. 2 BGB ein.[248] Das gilt auch bei Versendung innerhalb derselben Stadt (**Platzkauf**), da „Leistungsort" konkret der Sitz des Verkäufers ist und nicht generell die Stadt, in der sich der Sitz befindet.[249] Es gilt freilich nicht, wenn der Versandhändler selbst die Versendung als Teil seiner Leistung und mit eigenen Mitarbeitern anbietet und auch nicht für die Vorbereitung der Übergabe an die Transportperson, die im Risikobereich des Verkäufers erfolgt. Gegen den selbständigen Transporteur hat nur der Verkäufer aus Vertrag einen Ersatzanspruch bei Transportschäden. Er kann aber im Wege der Drittschadensliquidation den Schaden des Käufers geltend machen und hat gemäß § 281 BGB diesen Ersatzanspruch an den Käufer abzutreten. Bei Vereinbarung einer **Bringschuld** trägt der Verkäufer dieses Risiko (und zwar auch, wenn er abredewidrig versendet anstatt bringt). Hier haftet er für mit dem Transport beauftragte Mitarbeiter (§ 278 BGB), nicht aber für zufällige Schäden und zufälligen Untergang.

Erfasst wird von § 447 BGB nur das **beförderungsbedingte Risiko**, nicht eine sonstige Verschlechterung der Kaufsache, etwa Beschädigungen oder Verlust durch höhere Gewalt. **Rücksendungen** durch den Kunden (etwa Rücksendung eines PC an den Versandhändler) erfolgen in dessen vollem Risiko und zu seinen Kostenlasten, wenn nichts Abweichendes vereinbart wurde (eher selten). Der Kunde, der ein Ersatzgerät per Post zurückschickt, muss dies ausreichend versichern, insbesondere über den Betrag hinaus, für den durch die Post Versicherungsschutz besteht,[250] oder das volle Risiko selbst tragen. Soweit auszuliefernde Datenträger gegen Beschädigung geschützt werden müssen, ist der Anbieter ohne besondere Vereinbarung zur geeigneten **Verpackung** verpflichtet (s. u. Rn. 132).[251] Gleiches gilt für sonstige Waren. Umgekehrt muss der Kunde bei Rücksendungen ebenfalls für ausreichend schutztaugliche Verpackung sorgen. Hier kann es sich empfehlen, die Originalverpackung noch aufzuheben. 130

Grundsätzlich muss der Verkäufer die Kosten der Übergabe tragen (ebenso die Kosten des „Messens und Wägens"), der Käufer muß hingegen die Kosten der Abnahme und der Versendung der Sache an einen anderen Ort 131

---

[248] OLG Köln, Urteil vom 5. 5. 1995 – 19 U 151/94, CR 1996, 85.
[249] Vgl. Palandt/Heinrichs, § 447 Rn. 7.
[250] AG Fürstenfeldbruck, Urteil vom 12. 8. 1987 – 2 C 2267/86, DV-R 4, 390f.
[251] Vgl. näher Marly, Verträge, Rn. 567.

als den Erfüllungsort (§ 448 Abs. 1 BGB), damit auch die **Transportkosten** tragen. Der Verkäufer muss hiermit die Kosten der Lagerung der Kaufsache bis zur Übergabe tragen, ebenso die Kosten der Anlieferung von einem Zulieferer (etwa bei Peripheriegeräten), die Kosten der Verpackung und der Verzollung.[252]

Der Anbieter (etwa ein Versandhändler) ist jedoch dann zur Kostentragung verpflichtet, wenn der **nichtkaufmännische Kunde** die Ware (wandelungsweise) an den Verkäufer zurücksendet, weil sie Mängel aufweist. Die hierbei anfallenden Rücksendungskosten muss der Anbieter (nach § 269 BGB) tragen. Sie dürfen dem Kunden in AGB nicht aufgelastet werden. Erfüllungsort ist auch im Versandhandel der Wohnsitz des (nichtkaufmännischen) Kunden.[253]

132 Bei vereinbartem Transport muß der Verkäufer die Kaufsache aus vertraglicher Nebenpflicht ordnungsgemäß verpacken. Führt die Verletzung dieser Pflicht zu einer Beschädigung, ist der Verkäufer (grundsätzlich aus positiver Vertragsverletzung, s. Rn. 1100) ersatzpflichtig. Die Schäden sind von Schäden durch den Transport selbst zu unterscheiden, deren Risiko der Käufer trägt.

Hersteller und Vertreiber sind verpflichtet, **Transportverpackungen**, Verkaufsverpackungen und zusätzlich verwendete Umverpackungen **zurückzunehmen** (§ 3 Abs. 1 Nr. 1, 3, 4 und §§ 4 Abs. 1, 5 Abs. 1 VerpackV[254]). Die Rücknahme sollte freilich bei größeren Erwerbsvorgängen zur Klarstellung ausdrücklich vertraglich vereinbart und möglichst mit der Rücknahme nicht mehr benötigter Hardware verknüpft werden. Der Kunde sollte allerdings prüfen, ob es (räumlich) möglich und sinnvoll ist, die Verpackung selbst aufzuheben, um im Gewährleistungsfall Geräte gesichert rücktransportieren zu können. Dies bleibt möglich; der Kunde ist nicht zur Verpackungsrückgabe verpflichtet.

5.3 Leistungsgefahr, Preisgefahr, Gefahrübergang, Gattungsschuld

133 Bei Erfüllung der jeweils vereinbarten Verpflichtung geht die **Leistungsgefahr** – also das **Risiko, dass die Leistung unmöglich wird** – auf den Käufer als Gläubiger der Leistungsverpflichtung über. Der Verkäufer wird hier von seiner Leistungspflicht gemäß § 275 BGB frei, wenn die Ver-

---

[252] Vgl. MünchKomm/BGB-Westermann, § 448 Rn. 2.

[253] So ausdrücklich bezüglich der Kostentragungspflicht OLG Stuttgart, Urteil vom 23. 10. 1998 – 2 U 89/98, (bei Abschluss des Manuskripts noch unveröffentlichte Entscheidung; der Verf. dankt Frau Heidemann-Peuser vom Verbraucherschutzverein Berlin für die Überlassung des Urteils).

[254] Verordnung über die Vermeidung und Verwertung von Verpackungsabfällen (Verpackungsverordnung – VerpackV) vom 21. 8. 1998, BGBl. I S. 2379.

tragserfüllung nach Vertragsabschluß durch einen Umstand unmöglich wird, den der Verkäufer nicht zu vertreten hat. Der Käufer verliert hier den Anspruch auf Leistung und erhält auch keinen Ersatz. Hat der Verkäufer das Eintreten der Unmöglichkeit zu vertreten, wird er ebenfalls von der Leistungspflicht befreit, ist dem Käufer aber ersatzpflichtig (§ 280 BGB). Die Leistungsgefahr ist noch nicht auf den Käufer einer Gattungssache übergegangen, solange er die Sache noch nicht angenommen hat.

Die **Preisgefahr** bezeichnet hingegen das Risiko, dass der Käufer den Kauf-   134
preis auch dann bezahlen muß, wenn dem Verkäufer aus einem von ihm nicht zu vertretenden Umstand die Vertragserfüllung nach Vertragsabschluss unmöglich wird, also etwa die Kaufsache nach Vertragsabschluss untergeht. Diese Preisgefahr ist grundsätzlich vom Verkäufer zu tragen, da er im vorgenannten Fall gemäß § 323 BGB den Anspruch auf die Gegenleistung verliert. Zugleich wird der Verkäufer aber von seiner Lieferpflicht nach § 275 BGB befreit. Ist das Eintreten der Unmöglichkeit vom Käufer zu vertreten, wird der Verkäufer ebenfalls von seiner Leistungspflicht frei (§ 275 BGB), jedoch behält er den Anspruch auf den Kaufpreis (§ 324 Abs. 1 BGB). Hier trägt der Käufer die Preisgefahr. Sinngemäß die gleiche Regelung gilt, wenn der Käufer zwar das Unmöglichwerden der Leistung nicht zu vertreten hat, sich im Zeitpunkt dieses Unmöglichwerdens aber im **Annahmeverzug** befindet.

Beispiel:
Scheitert eine Lieferung und Installation von Netzwerkhardware und -software, weil der Käufer grundlos die Annahme verweigert oder einfach nicht anwesend ist, und muss deshalb der Verkäufer also die Ware wieder zurücktransportieren und erleidet er auf dem Rückweg einen Unfall, bei dem die Ware zerstört wird, so behält er den Kaufpreisanspruch. Dies gilt auch dann, wenn der Verkäufer diesen Unfall leicht fahrlässig verschuldet hat, da er im Rahmen des gläubigerseitigen Annahmeverzuges des Kunden leichte Fahrlässigkeit nicht zu vertreten hat (§ 300 Abs. 1 BGB).[255]

Liegt Vertretenmüssen auf der Seite des Verkäufers vor, so kann der Käufer Schadensersatz wegen Nichterfüllung verlangen **oder** vom Vertrag zurücktreten **oder** die Rechte aus § 326 BGB geltend machen, so dass er die Preisgefahr nicht tragen muss.

Erhöhte Bedeutung in der Praxis gewinnt die Preisgefahr bei **Versendungs-**   135
kauf, da hier auch die Preisgefahr mit Übergabe der Kaufsache an die Transportperson auf den Käufer übergeht (§ 447 BGB). Die Risikoverteilung

---

[255] Beispiel entsprechend Reinicke/Tiedtke, Kaufrecht, 50.

bleibt also grundsätzlich die gleiche wie bei der Holschuld (s. Rn. 128). Die Preisgefahr geht in dem Zeitpunkt auf den Käufer über, in dem der Verkäufer die Sache dem Spediteur, dem Frachtführer oder einer sonst zur Versendung bestimmten Person oder Anstalt („Transportperson"[256]) in Erfüllung einer vereinbarten **Schickschuld** ausgeliefert hat (§ 447 BGB). Dies gilt freilich nur, wenn der Sitz oder Wohnsitz des Verkäufers Erfüllungsort ist, nicht aber bei Vereinbarung des Sitzes/Wohnsitzes des Käufers als Erfüllungsort (Bringschuld) und ebenso nicht bei Verpflichtung des Käufers, die Kaufsache selbst zu holen (Holschuld). Die Preisgefahr trägt der Verkäufer aber noch in der Vorbereitungsphase der Versendung, etwa bei der sorgfältigen Verpackung und Auswahl geeigneter und zuverlässiger Transportpersonen. Der Verkäufer ist grundsätzlich berechtigt, bei Beschädigungen oder Zerstörung der Kaufsache durch die Transportperson Ersatzansprüche in der Form der Drittschadensliquidation gegen die Transportperson geltend zu machen.[257] Sinnvoll für den Kunden ist hier der Abschluß einer Transportversicherung[258]. (Zum Versendungskauf s. auch Rn. 120.)

136 Im **Kaufrecht** regelt § 446 BGB eine Ausnahme dahingehend, daß **mit Übergabe** – also dem Verschaffen des unmittelbaren Besitzes – der Sache die Gefahr des zufälligen Unterganges oder der zufälligen Verschlechterung auf den Käufer übergeht, auch wenn die Übereignung noch nicht erfolgt ist (insbesondere etwa aufgrund eines vereinbarten Eigentumsvorbehaltes). Entscheidend ist, dass der Käufer die Sache bereits nutzen kann und auch ihre Lasten zu tragen hat (§ 446 Abs. 1 S. 2 BGB). Unter diesem Gesichtspunkt ist § 446 BGB zumindest entsprechend auch auf die **Übergabe von Software** auf Datenträger wie auf das unmittelbare Laden der Programme ohne Datenträgerübergabe mittels Online-Verbindung anwendbar, da dem Käufer in beiden Fällen die Sachherrschaft eingeräumt wird. Dies gilt erst recht, wenn man mit dem BGH die Sacheigenschaft von Software bejaht.

137 Der Kunde sollte durch Vereinbarung versuchen zu erreichen, den Zeitpunkt des Gefahrüberganges auf den Abschluss der Funktionsprüfung, zumindest aber auf den Zeitpunkt der Inbetriebnahme des Systems, festzulegen. Vor dem letztgenannten Zeitpunkt hat der Kunde praktisch keinerlei Einflussmöglichkeiten, so dass ein vorzeitiger Gefahrübergang für ihn besondere, nicht mit vertretbarem Aufwand steuerbare Risiken begründen

---

[256] Die nicht Erfüllungsgehilfe des Verkäufers ist (BGHZ 50, 32, 35).
[257] Vgl. BGHZ 51, 91, 93 ff.
[258] Der formularvertragliche Abschluss einer solchen Transportversicherung ist jedoch unwirksam (OLG Stuttgart, Urteil vom 6. 5. 1994 – 2 U 275/93, CR 1995, 269).

würde. Bei Mietverträgen muss der Anbieter/Vermieter grundsätzlich für die gesamte Vertragslaufzeit die **Sachgefahr** tragen, bei Werkverträgen der Werkunternehmer diese jedenfalls bis zur kundenseitigen Abnahme.

Eine **Gattungsschuld** wird im Zeitpunkt der Übergabe zur **Stückschuld**   138 **konkretisiert** (vgl. § 243 Abs. 2 BGB) – außer die tatsächlich erbrachte Leistung stimmt nicht mit der nach der Vereinbarung geschuldeten überein (Falschlieferung so genanntes Aliud). Eine in dieser Weise fehlgeschlagene Konkretisierung kann nur dann „geheilt" werden, wenn der Käufer die Sache dennoch annimmt.[259] Mit der Konkretisierung geht die Leistungsgefahr auf den Gläubiger (Käufer) über.

Ablieferung bedeutet – für § 377 HGB in gleicher Weise wie für § 477   139 BGB – einen Vorgang, durch den der Verkäufer dem Käufer die Möglichkeit verschafft, in eine solche räumliche Beziehung zur Kaufsache zu treten, dass der Verkäufer die Kaufsache aus seiner Verfügungsgewalt entlassen und der Käufer den Gewahrsam über die Kaufsache eingeräumt erhält und nunmehr die Beschaffenheit der Waren prüfen kann. Von keiner Seite muss bei der Ablieferung eine Erklärung abgegeben werden. Insbesondere wird keine Billigung der Kaufsache als im Wesentlichen vertragsgerecht verlangt (wie dies bei der werkvertraglichen Abnahme der Fall ist).

Der Begriff der „Ablieferung" geht somit weiter als der der „Übergabe" i. S. v. § 433 Abs. 1 BGB, für die die Besitzeinräumung gegenüber einer Transportperson (als Besitzmittler für den Käufer) ausreicht. Die Lieferung eines Rechners mit auf Festplatte installiertem Programm setzt die Frist des § 477 BGB in Lauf, wenn der Anwender technisch in der Lage ist, auf seinem Computer mit dem Programm zu arbeiten.[260]

Wenn der Verkäufer die Aufstellung, die „**Montierung**" einer Kaufsache   140 übernommen hat, hat der Käufer erst nach Vollendung der entsprechenden Arbeiten die Möglichkeit, die Kaufsache zu untersuchen. Damit liegt die Ablieferung erst in der Vollendung dieser Arbeiten.[261] Außerdem setzt sie die Übergabe der zur Lieferung gehörigen Handbücher voraus.[262] Weitere Verzögerungen können sich ergeben, wenn noch ein Wartungszertifikat erteilt und ebenfalls vertraglich geschuldete, zum Plattentest notwendige Testprogramme geliefert werden.[263] Ablieferung setzt voraus, dass bei

---

[259] BGH, NJW 1967, 33 und 1982, 873; Palandt/Heinrichs, § 243 Rn. 3.
[260] LG Freiburg, Urteil vom 2. 3. 1988 – 6 O 582/87, CR 1988, 829.
[261] LG Tübingen, Urteil vom 21. 5. 1987 – 1 HO 23/86, CR 1988, 306f.
[262] BGH, Urteil vom 4. 11. 1992 – VIII ZR 165/91, NJW 1993, 461 = BB Beil. 13, 1993, 2.
[263] LG Tübingen, a. a. O.

Vereinbarung einer „sukzessiven Eröffnung" von eigenständig nutzbaren Programmteilen die Eröffnung des letzten Programmteils erfolgt ist, wenn erst dann das zuverlässige Funktionieren der Anlage überprüfbar ist.[264] Hier kann aber zwischen Ablieferung des einzelnen, selbständig nutzbaren Programmteils und Ablieferung der Gesamtleistung zu differenzieren sein, wenn sich bestimmte Mängel schon am eröffneten einzelnen Programmteil prüfen lassen. Die Gesamtablieferung nach Eröffnen aller Programmteile umfaßt dann nur diejenige Funktionalität, die erst zu diesem späteren Zeitpunkt prüfbar ist.

141 Übernimmt der Anbieter beim Kauf einer EDV-Anlage die Einweisung des Personals des Kunden, so liegt eine **„Ablieferung"** i. S. v. § 477 BGB (mit der die Verjährungsfrist zu laufen beginnt) erst vor, wenn die **Einweisung** beendet ist (s. näher Rn. 142 und 167). Werden nach Beginn der Gewährleistung Mängel gerügt, kann die Gewährleistungsfrist nur bezüglich der konkret gerügten Mängel gehemmt werden.[265] Sind mehrere individuell bestimmte Sachen als Sachgesamtheit oder als individuell zusammengehörend verkauft, werden aber wesentliche Teile davon nicht geliefert, so ist der Ablieferungsvorgang nicht beendet, bevor die noch ausstehende Leistung nachgeholt wird. Bis dahin wird die Verjährungsfrist des § 477 Abs. 1 BGB nicht in Lauf gesetzt.[266]

142 Zur Ablieferung i. S. v. § 477 BGB sollen bei einer EDV-Anlage neben der vollständigen Lieferung der Hard- und Software die Einweisung des Personals und zumindest ein im wesentlichen ungestörter Programmlauf gehören,[267] wobei richtigerweise die Einweisung vereinbarte Nebenpflicht des Anbieters sein muss. Erst nach Erbringung dieser geschuldeten Leis-

---

[264] OLG Bremen, Urteil vom 20. 3. 1990 – 3 U 33/89, NJW-RR 1992, 951 unter Verweis auf OLG Düsseldorf, Urteil vom 7.12. 1988 – 17 U 27/87, ZIP 1989, 580, 582.

[265] OLG Köln, Urteil vom 31. 3. 1995 – 19 U 248/94, CR 1995, 605.

[266] BGH, Urteil vom 27. 4. 1994 – VIII ZR 154/93, CR 1994, 460; OLG Köln, Urteil vom 3. 11. 1995 – 19 U 72/95, CR 1996, 288.

[267] OLG Köln, Urteil vom 26. 10. 1990 – 19 U 28/90, CR 1991, 154 unter Hinweis auf OLG Düsseldorf, WM 1989, 461 und OLG Schleswig, ZIP 1982, 457; ebenso OLG Koblenz, Urteil vom 10. 7. 1992 – 2 U 510/89, BB Beil. 13, 1993, 8. Das OLG Karlsruhe zieht einen Vergleich zu einem Kauf mit Monateverpflichtung des Verkäufers, den anerkannt sei, dass die Ablieferung erst mit Lieferung des letzten Teils und Vollendung der Montage stattfindet (BGH, NJW 1961, 730; s. auch Rn. 140). Bei bloßer Anlieferung eines EDV-Systems besteht aber (ohne entsprechende besondere Vereinbarung) keine der Montageverpflichtung vergleichbare Installationsverpflichtung des Verkäufers. Im vom OLG Karlsruhe entschiedenen Fall konnte diese Pflicht aber widerspruchsfrei aus besonderen Sachverhaltsumständen abgeleitet werden, nämlich der übergreifenden Verpflichtung, das Gesamtsystem **funktionsfähig zu machen.** Allgemein beinhaltet die Verpflichtung zur Übergabe der Kaufsache aber nicht die Pflicht, die Kaufsache auch funktionsfähig einzurichten. Andernfalls könnte z. B. im Versendungskauf (etwa insbesondere im Versandhandel) niemals Ablieferung erfolgen.

tungen kann dann der Fristenlauf beginnen. Erfolgt ein **Geräteaustausch**, ist die Ablieferung des zweiten Gerätes entscheidend.[268]

Ist also eine **erweiterte Auslegung des „Ablieferungs"begriffes** zulässig?   143 Einzelne Instanzgerichte haben verlangt, dass Ablieferung erst dann anzunehmen sei, wenn alle (vertragsgegenständlichen) Programme bei einer ausführlichen Erprobung letztlich fehlerfrei gelaufen[269] oder nach Dateneingabe im Wesentlichen „störungsfrei probegelaufen" sind[270] bzw. der Kunde mit der Anlage „rügefrei arbeitet"[271] oder eine „gewisse Zeit der Prüfung" hat[272]. In dieser Allgemeinheit kann diesem Ansatz nicht gefolgt werden, schon allein, weil die Sachverhaltsbesonderheiten der herangezo-

---

[268] OLG Köln, Urteil vom 26. 10. 1990 – 19 U 28/90, CR 1991, 154, 156.

[269] OLG Düsseldorf, Urteil vom 12. 7. 1990 – 6 U 115/89, CR 1991, 538 – Knowledgeman. Dem Gericht zufolge bedürfe es wegen der Unmöglichkeit, bei komplizierten Programmerstellungen sofort ein „voll betriebsfertiges" Programm zu erstellen, nicht nur des Durchlaufes von Programmierphasen, sondern auch mehrerer Probeläufe mit länger währender Einstellungsdauer (unter Hinweis auf Unger, CR 1986, 85). Deshalb sei nicht auf den Zeitpunkt der Anlieferung, „also auf die Einspeisung der Software in die Hardware" abzustellen; vielmehr sei erforderlich, „daß sich der Käufer auch von ihrem (der Software) zuverlässigen Funktionieren überzeugen kann. Eine solche Überprüfungsmöglichkeit erfordert normalerweise, daß alle Programme bei einer ausführlichen Erprobung letztlich störungsfrei gelaufen sind" (unter Hinweis auf OLG Schleswig, Urteil vom 6. 11. 1981 – 11 U 117/80, MDR 1982, 228, 229; OLG Düsseldorf, Urteil vom 7. 12. 1988 – 17 U 27/87, ZIP 1989, 580, 582 = DB 1989, 520 = CR 1989, 689 = WM 1989, 459 = BB Beil. 11, 1989, 2; OLG Hamburg, Urteil vom 9. 8. 1985 – 11 U 209/84, CR 1986, 83 für § 640 BGB; ähnlich auch OLG Koblenz, Urteil vom 10. 7. 1992 – U 510/89, CR 1994, 359; OLG Köln, Urteil vom 11. 10. 1991 – 19 U 87/91, NJW-RR 1992, 1327 unter Bezug auf OLG Düsseldorf, wenn das Programm nach Einweisung des Personals und „Überwindung immer wieder vorkommender Anfangsschwierigkeiten" eine gewisse Zeit im Betrieb mangelfrei gearbeitet hat; OLG Köln, Urteil vom 2. 4. 1993 – 19 U 202/92, CR 1993, 426; OLG Nürnberg, Urteil vom 14. 7. 1994 – 8 U 2851/93, CR 1995, 343). Dies gelte für den fachkundigen wie den nicht fachkundigen Käufer. Im Urteil vom 7. 12. 1988 (ZIP 1989, 58) hatte das OLG Düsseldorf gefordert, dass eine Ablieferung einer **Anlage** erst nach Einweisung des Personals des Empfängers und der Überwindung immer wieder vorkommender Anfangsschwierigkeiten sowie einer gewissen Zeit mängelfreien Laufes angenommen werden könne.

[270] OLG Köln, Urteil vom 2. 4. 1993 – 19 U 202/92, NJW-RR 1993, 1140. Auch hier ist die **Sachverhaltsbesonderheit** zu berücksichtigen, dass unstreitig erst Stammdatenbestände über einen Zeitraum von einigen Wochen (neu) einzugeben waren. Erst anschließend war eine Überprüfung möglich, so man sie bereits für die Ablieferung als erforderlich ansieht. Außerdem bezieht sich das Gericht auf eine Ablieferung **nach** Nachbesserung durch Ausliefern einer neuen Version, die zugleich mit einer Verjährungsunterbrechung verbunden ist. Für den Zeitraum der Dateneingabe konnte das Gericht dann konsequent **Fristenhemmung** annehmen, so dass es, genau besehen, ohnehin nicht auf die Ablieferungsvoraussetzungen als solche ankam. **Gegen** das Probebetriebserfordernis bei Standardsoftware s. auch LG Gießen, Urteil vom 3. 5. 1995 – 1 S 676/94, NJW-RR 1996, 44 (lässt außerdem zutreffend Übergabe des Handbuches als – nach Kaufrecht ohne besondere Vereinbarung geschuldete – Einweisung genügen, zumal nach Kaufrecht ohnehin keine Einweisung geschuldet ist, sondern allenfalls aus durch besondere Fallumstände begründeten Nebenpflichten).

[271] OLG Hamm, Urteil vom 3. 6. 1991 – 31 U 4/91, MRC 1991, 27.

[272] LG Potsdam, Urteil vom 28. 3. 1994 – 14 O 1070/93, MRC 1995, 127.

genen Entscheidungen unberücksichtigt bleiben würden,[273] aber auch, um nicht die grundsätzliche dogmatische Abgrenzung der „Ablieferung" zur „Abnahme" im Sinne des Werkvertragrechts zu verwischen. Vielmehr können ergänzende Nebenpflichten des Anbieters bestehen, den Kunden etwa auf anwendungsrelevante Umstände hinzuweisen oder aufzuklären[274] oder (stillschweigend) eine Hemmung des Laufes der Gewährleistungsfrist während der notwendigen Prüfung einzuräumen. „Ablieferung" im Sinne des Kaufrechts setzt jedenfalls als solche auf Käuferseite weder ein Prüf- oder noch ein Billigungselement voraus, schon gar nicht ein tatsächliches letztlich störungsfreies Funktionieren.[275] Bis zur Ablieferung muß der Anbieter die Vertragserfüllung beweisen.[276] Die in den genannten Urteilen zu der Ablieferung hinzugefügten Leistungspflichten sind deshalb plausibel dem Bereich der Nebenpflichten als dem bloßen Vorgang der Besitzeinräumung zuzuordnen.

144 Eher uneinheitlich scheint die Rechtsprechung in der Beantwortung der Frage, ob der Kunde einen **Probelauf** beanspruchen kann. Liefert der Anbieter Hardware und Software aufgrund eines einheitlichen Vertrages, so soll für die Annahme als Erfüllung die Möglichkeit einer besonderen Erprobung erforderlich sein. Hierzu gehört – nach dieser Rechtsprechung – als Voraus-

---

[273] So ist nach OLG Düsseldorf, Urteil vom 12. 7. 1990, a. a. O. zu berücksichtigen, dass der Verkäufer das relationale netzwerkfähige Datenbankprogramm Knowledgeman aufgrund **Vereinbarung** der Vertragsparteien an die Anforderungen des Abnehmers **anzupassen** hatte, wie sich aus dem Tatbestand des Urteils ergibt. Der Anbieter wurde sogar unter Fristsetzung aufgefordert, „die Anlage funktionsfähig zu programmieren". Unter dieser Voraussetzung gelangt Werkvertragsrecht jedenfalls auf diese Anpassung zur Anwendung, wobei diese Anpassung zumindest eine Nebenpflicht aus dem Kaufvertrag darstellt, vielleicht nicht gar eine Hauptpflicht aus einem circa einen Monat nach Vertragsabschluss geschlossenen Ergänzungsvertrag über die Änderung (ähnlich i. E. Feuerborn, Urteilsanm., CR 1991, 540). Die entsprechende (Neben-)Leistung war – als werkvertragliche – abzunehmen und nicht nur abzuliefern, so dass insoweit vom Sachverhalt her kein Anlass bestand, den Begriff der Ablieferung auszuweiten, und es auch nicht darauf ankam, ob der Käufer ein **unverändertes**, aber komplexes Programm nur in einer ausführlichen Erprobungsphase überprüfen könne.

[274] Ebenso Brandi-Dohrn, EDV-Verträge, Rn. 107. Tatsächlich lassen sich in einigen Sachverhalten von Entscheidungen, die zur Verschiebung des Abliefertermins führen wollen, solche Nebenpflichten aufzeigen, die jedenfalls zu einer Fristenhemmung führen. Sehr weitgehend erscheint die sämtliche Kriterien der extensiven Rechtsprechung einbeziehende Formulierung einer Ablieferungsdefinition bei Beckmann, Computerleasing, Rn. 225. Sie wird sich wohl allenfalls in Einkaufs-AGB großer Kunden finden, aber auch dort den Anbieter unangemessen benachteiligen (§ 9 Abs. 2 Nr. 1 AGBG) bzw. eine unzulässige Änderung der Beweislastverteilung darstellen (§ 11 Nr. 15 AGBG), da der Anbieter bis zum Erfülltsein der zusätzlichen Voraussetzungen für seine Vertragserfüllung darlegungs- und beweispflichtig bleibt.

[275] Nach diesem Kriterium könnte über gewisse Betriebssysteme eigentlich zu keinem Zeitpunkt von einer Ablieferung ausgegangen werden, da ständig **bugs** gemeldet und durch Updates häufig nur verschoben oder maskiert, nicht aber beseitigt werden, die Anwender also ständig mit der Störungsbehebung oder -umgehung beschäftigt sind.

[276] OLG Nürnberg, Urteil vom 14. 7. 1994 – 8 U 2851/39, CR 1995, 343.

setzung die geschuldete Einweisung (zumindest bei Vereinbarung) und zudem ein im Wesentlichen ungestörter Probelauf oder eine gewisse Zeit der mangelfreien Nutzbarkeit der Software nach Einweisung.[277] Beim Kauf von Standardsoftware, ohne Hardware, soll andererseits kein Anlass bestehen, die für den Verjährungsbeginn maßgebliche Ablieferung zulasten des Verkäufers bis zum Zeitpunkt eines erfolgreichen Probebetriebes hinauszuschieben. Selbst wenn sich die beim Verkauf ganzer EDV-Systeme angenommene Verpflichtung des Verkäufers, den Käufer in die Gerätehandhabung einzuweisen, auf den Kauf von Standardsoftware übertragen lässt, sind an den Umfang einer solchen Einweisung weniger weitreichende Anforderungen zu stellen. Regelmäßig genügt die Übergabe der als Bedienungsanleitung dienenden Handbücher.[278] Auf einen Probelauf kommt es nicht an, wenn der Kunde schon vor Ablieferung erklärt, sich vom Vertrag lösen zu wollen.[279] Nimmt man mit der neueren Rechtsprechung zutreffend an, dass auch die Einweisung grundsätzlich besonderer Vereinbarung bedarf (siehe Rn. 163), so kann naheliegenderweise in den Fällen, in denen **keine Einweisung** (ausdrücklich oder zumindest stillschweigend) vereinbart wurde, auch nicht und erst recht nicht anbieterseitig die Durchführung eines Probelaufes (als Voraussetzung der Ablieferung) geschuldet sein. Natürlich kann der Kunde zu einem frei wählbaren Zeitpunkt einen oder viele Probeläufe durchführen, doch ist dies kein geeigneter Anknüpfungspunkt für den mit der „Ablieferung" verknüpften Verjährungsbeginn.

Gelegentlich kann eine **Verschiebung des Termins zur Lieferung** des 145 Systems notwendig werden. Die Gründe hierfür können in der Sphäre des Anbieters liegen (z. B. verspätete Eigenbelieferung) oder in der Sphäre des Kunden (z. B. nicht rechtzeitig geschaffene Installationsvoraussetzungen). Im letzteren Fall muss der Kunde die durch die Lieferverzögerung möglicherweise entstehenden zusätzlichen Kosten und sonstigen Nachteile selbst tragen.

5.4 Installation des Systems bzw. der Software

Ein System zu installieren, stellt keinen unmittelbar rechtlich relevanten 146 Sachverhalt dar (wie etwa die Abnahme), sondern eine Stufe der eigentli-

---

[277] OLG Nürnberg, a. a. O., CR 1995, 343 (unter Hinweis auf OLG Köln, VersR 1993, 453 „Probelauf" und OLG Düsseldorf, Urteil vom 7. 12. 1988 – 17 U 28/87, ZIP 1989, 580; OLG Bremen, Urteil vom 20. 3. 1990 – 3 U 33/89, NJW-RR 1992, 951). Der BGH, Urteil vom 4. 11. 1992 – VIII ZR 169/91, NJW 1993, 461 = CR 1993, 203 f. hat offen gelassen, ob die Durchführung des Probebetriebes Voraussetzung für die Ablieferung i. S. v. § 477 BGB ist.
[278] LG Gießen, Urteil vom 3. 5. 1995 – 1 S 676/94, CR 1995, 540 = NJW-RR 1996, 44.
[279] OLG München, Urteil vom 5. 7. 1991 – 14 U 42/91, CR 1991, 607.

chen Leistungserbringung im **technischen** Sinne.[280] Generell wird für **Systeme** der (nicht rechtlich definierte) **Begriff „Installation"** als die Gesamtheit der baulichen und organisatorischen Maßnahmen zur Inbetriebnahme eines Systems verstanden,[281] zumindest aber die Aufstellung der Hardware und das „Aufspielen" der bestellten Software[282] und ein Test der Funktionsfähigkeit[283], aber nicht die Übernahme von Altdaten (jedenfalls wenn hierzu weitere Programmierarbeiten erforderlich sind)[284]. Stellt der Kunde die Installationsbedingungen dar, unter denen die Hardware einzusetzen ist, so gilt es als Mangel der Hardware, wenn sie unter diesen Bedingungen nicht eingesetzt werden kann.[285]

Wie so oft (und nicht nur) im Bereich des EDV-Rechts ist es nicht möglich, für einen technischen Sachverhalt wie die Installation eine universale Definition zu finden und das Begriffsproblem so auf Dauer abzuhaken. Vielmehr existieren für Hardware und Software und sogar für verschiedene Geräte und Programme sehr unterschiedliche Prozeduren.

Bei **Hardware** umfasst das Installieren zumeist das Herstellen von Kabelverbindungen und vergleichbare Tätigkeiten, bei Komponenten wie Grafikkarten oder Multimedia-Equipment aber auch das Laden von zugehörigen **Treiberprogrammen.** Auch das Auslegen ausreichender Elektroinstallation ist diesem Bereich zuzuordnen.[286] In der **Vertragspraxis** empfiehlt es sich freilich, diese Treiberprogramme zu einer Komponente sowie deren Installation in die Leistungsbeschreibung bzw. das Pflichtenheft ausdrücklich einzubeziehen.

147   Für den **Software-Bereich** wird in technischer Sicht die Installation als „Einrichtung des Produktes in dessen Zielumgebung zum Zwecke des

---

[280] Deshalb macht es nicht viel Sinn, auf einzelne (ältere) Gerichtsentscheidungen für die Klärung der Definition des **technischen Begriffs** abzustellen (vgl. etwa Schneider, Handbuch, 342), da Gerichte nur rechtliche Begriffe auslegen, nicht aber technische Definitionen festlegen können und außerdem die in Bezug genommenen Definitionen etc. zumeist bereits längst veraltet oder ganz allgemein und damit wenig aussagekräftig sind.

[281] Schneider, Lexikon, 426. Schneider weist aber auch auf den Sprachgebrauch hin, nach dem als „Installation" die räumliche oder betriebliche Einheit bezeichnet wird, in der ein System eingesetzt wird. Die (nicht aufgelösten) Probleme der Auslegung des Begriffes der „Installation" werden in OLG Hamburg, Urteil vom 12. 6. 1992 – 14 U 7/91, NJW-RR 1993, 1204 deutlich.

[282] OLG Köln, Urteil vom 21. 1. 1994 – 19 U 100/93, CR 1994, 538 = NJW-RR 1994, 1207; Moritz in Kilian/Heussen, § 41 Rn. 11.

[283] Moritz in Kilian/Heussen, § 41 Rn. 11, allerdings wohl nur in dem Umfange, der erforderlich ist, um das Vorhandensein und die Lauffähigkeit der Software zu zeigen.

[284] OLG Köln, Urteil vom 21. 1. 1994, a. a. O., CR 1994, 538 = NJW-RR 1994, 1207.

[285] LG Münster, Urteil vom 19. 6. 1987 – 4 O 87/87, DV-R 4, 364.

[286] Falsche Elektroinstallationen und hieraus resultierende Überspannungen führen jährlich zu Millionenschäden (s. CW 4, 920).

Betriebes" verstanden[287] (und teilweise auch „Implementieren" genannt). Dieses Einrichten geht über das bloße Abspeichern der Programme auf dem Hauptspeicher hinaus.[288]

Das „Konfigurieren" besteht in der Regel aus einem Einstellen von bestimmten Werten oder Nutzungsrechten auf vorparametrisierten Skalen (z. B. Anzahl der zulässigen Arbeitsplätze, Rechte des Systemverwalters etc.).[289] In einem weiteren Sinne ist Konfigurieren das Zusammenpassen eines Systems aus vorhandenen und u. U. anzupassenden/aufeinander abzustimmenden Hardware- und Software-Komponenten, wobei in diesem weiteren Zusammenhang auch Konzepte des (qualitätssicherungsbezogenen) Konfigurationsmanagements zum Tragen kommen.

Das „**Lauffähigmachen**" umfasst neben der Installierung auch, dass das Programm die geschuldeten Funktionen erfüllt.[290]

Bei Off-the-shelf oder im Versandhandel vertriebenen Komplettsystemen   148 wird die Software oft „**vorinstalliert**". Dies mag dem Kunden zwar einige anfängliche Arbeit ersparen, birgt aber auch Risiken, da er dann selbst Sicherungskopien von der Software auf einer Vielzahl von Datenträgern erstellen muss, wobei das Sicherungskopieren kompletter Betriebssysteme teilweise nur mit besonderem Sichern von Konfigurationsdateien funktioniert. Bei großen Software-Paketen kann Sicherung teilweise technisch und jedenfalls aufwandsbedingt nicht auf eine Vielzahl von Disketten erfolgen, so dass unbedingt zusätzlich eine **Sicherungskopie** („Lieferkopie" der Software auf Datenträger, meist CD-ROM) mitgeliefert werden sollte. **Dies bedarf jedoch besonderer vertraglicher Vereinbarung.** Die Auslieferung einer Sicherungskopie auf Datenträger gehört – jedenfalls in der Vertragspraxis – nicht zum geschuldeten Mindestleistungsumfang. Zu beachten ist, dass **vorinstallierte Software** meist eine OEM-Version ist (s.

---

[287] Balzert I, 964. Er unterscheidet die „Installation" ausdrücklich von der „Inbetriebnahme" als dem „Übergang zwischen Installation und Betrieb".

[288] So aber wohl Moritz in: Heussen, 41 Rn. 11 (Laden der Software in den Bibliotheksspeicher; geladen wird zudem eigentlich nur das Programm, nicht die Dokumentation, also nicht die Software).

[289] Das IEEE Standard Glossary of Software Engineering Terms, IEEE Std. 729 – 1982, N. Y. 1983, zit. nach Höft/Schaller, Informatik-Spektrum (1985) 8: 138–152, 140 bestimmt „Konfiguration": (1) Als die „Anordnung eines Rechner-Systems oder -Netzwerks, definiert durch Zahl, Eigenschaften und Hauptmerkmale ihrer funktionalen Einheiten, (2) Anforderungen, Entwurfsergebnisse und Entwicklungsergebnisse, die eine bestimmte Version eines Systems oder einer Systemkomponente definieren" und schließlich (3) als die „funktionalen und/oder physikalischen Eigenschaften von Hardware/Software, wie sie in einer technischen Dokumentation beschrieben und in einem Produkt enthalten sind" (nach DoD-Standard 480 A).

[290] OLG Köln, Urteil vom 14. 7. 1996 – 19 U 14/96, BB Beil. 14, 1996, 7.

Rn. 782), die, jedenfalls nach den Vertriebs-("Lizenz"-)Bedingungen der Softwarehersteller, nicht getrennt, also unabhängig vom Hersteller vertrieben werden darf.

149 Im Bereich des **Kaufrechts** gehört die **Installation** (also etwa das Anschließen eines Rechners oder Laden/Abspeichern eines Programms) grundsätzlich nicht zur gesetzlich geschuldeten Übergabe, weshalb sie grundsätzlich **gesondert zu vereinbaren ist.**[291] Der Verkäufer erfüllt aber bereits seine **Lieferpflicht** nicht, wenn er z. B. eine Maschine nur in Einzelteilen zur Selbstmontage anliefert.[292]

150 Auch die **Vergütungspflichtigkeit** der Installation ist gesondert vereinbarungsbedürftig, anderenfalls ist die Installation als Nebenpflicht mit der Vergütung abgegolten.[293] Für umfangreiche Software-Pakete wurde in der Rechtsprechung vereinzelt bei Erstveräußerung eine Verpflichtung zur „Erstinstallation" angenommen,[294] ebenso für die Auslieferung eines Mikrocomputers mit Betriebssystem und Compiler[295] sowie schließlich eine Verpflichtung des Anbieters, ein Mindestmaß an Installationshinweisen zu geben.[296] Man muss hier jeweils sorgfältig prüfen, ob sich nicht aus dem Vertrag oder jedenfalls aus konkludenten Vereinbarungen eine Nebenpflicht zur Installation ergibt. Diese darf nicht mit der Verpflichtung des Verkäufers zur Übergabe der Kaufsache verwechselt werden, die als solche vertragstypologisch gerade keine zusätzlichen Pflichten (Anlieferung oder gar Installation) umfasst. Selbst eine Bringschuld zielt nur auf Einräumung des physischen Besitzes ab, nicht auf das Herstellen von Anschlüssen zur Stromversorgung oder vorhandenem Equipment.

---

[291] Ebenso Malzer, 119; a. A. wohl Müller-Hengstenberg/Graf v. Westphalen, DV-Projektrecht, 28, die die Installationsverpflichtung als unbestritten ansehen (wohl allerdings nur aus der Mainframe-Perspektive zutreffend).

[292] BGH, WM 1989, 1866.

[293] LG Nürnberg-Fürth, Urteil vom 6. 12. 1991 – 9 O 5720/90, BB Beil. 14, 1992, 8; ebenso für Installation, Einweisung und Beratung s. OLG Köln, Urteil vom 8. 5. 1992 – 19 U 255/91, NJW-RR 1992, 1326 = BB Beil. 3, 1993, 5; LG München I, Urteil vom 12. 12. 1991 – 7 O 2551/91, BB Beil. 14, 1992, 8 (Verpflichtung des Anbieters, den Abschluss der Vereinbarung der Vergütungspflicht der Installationsleistung zu beweisen).

[294] OLG Hamm, Urteil vom 3. 2. 1997 – 13 U 153/96, CR 1998, 202, freilich mit der Einschränkung, die Annahme der Verpflichtung erfolge bei sachgerechter Auslegung der getroffenen Vereinbarungen unter Berücksichtigung der beiderseitigen Interessen. Aus dieser Entscheidung darf freilich – entgegen der red. Leitsatzformulierung – nicht abgeleitet werden, dass die Installation generell zum Leistungsbild einer Software-Überlassung gehört. Die Parteien hatten nämlich übereinstimmend vorgetragen, dass der Anbieter die Verpflichtung zur Installation übernommen habe.

[295] LG München I, Urteil vom 16. 5. 1991 – 7 O 23241/89, BB Beil. 10 1992, 10.

[296] Schneider, Handbuch, Rn. D 367.

Im Bereich des **Werkvertragsrechts** ist darauf abzustellen, ob die Durchführung der Installation Teil der vertraglich geschuldeten Werkherstellung
ist. In diesem Fall bedarf es keiner besonderen Vereinbarung der Installationspflicht, sondern die Installation selbst ist Teil des vertraglich vereinbarten Erfolges. Dafür, dass eine vereinbarte Installation durchgeführt
wurde, ist der verpflichtete **Anbieter beweisbelastet.**[297]

Die **Installation** ist üblicherweise im Verhältnis zur Gesamtleistung   151
Nebenpflicht. Kommt der Installationspflicht im Hinblick auf den Vertragszweck, die Interessenlage der Parteien, den Preis und die Komplexität
ein besonderes Gewicht zu (etwa bei Installation eines Local Area Network oder einer Intranet-/Internet-Kopplung), so dass sie zur **Haupt**pflicht
wird, hat dies zur Folge, dass sich die **Gewährleistungshaftung** jedenfalls
insoweit nach **Werkvertragsrecht** richtet. Deshalb ist dem Unternehmer
zunächst unter Fristsetzung und Ablehnungsandrohung Gelegenheit zur
Nachbesserung zu geben (§§ 633, 634 Abs. 1 BGB).[298] Dies ist etwa der
Fall, wenn nur der Anbieter selbst eine bestimmte Software implementieren kann. Wird die Installation nicht von vornherein, sondern erst später in
Auftrag gegeben, handelt es sich um einen getrennten Werkvertrag, der die
kaufvertragliche Gewährleistung unberührt lässt,[299] jedoch ist, je nach
Gewichtung, auch eine Typenkombination mit kaufrechtlicher Leistungs-
komponente möglich (z. B. mit dem Liefern von Hubs, Kabeln etc.).

Bei Zugrundelegen von § 5 BVB-Kauf gilt die Installation als Hauptpflicht.[300] Gerät der Anbieter mit dieser Installation in Verzug und folgt sie
als eigene Leistung oder jedenfalls als Nebenpflicht Werkvertragsrecht,
muss der Kunde zunächst eine Frist setzen und die Leistungsablehnung
androhen, bevor ihm Gewährleistungsansprüche zustehen.[301] Notwendige
Anpassungsarbeiten bei der Installation führen nicht zu einer werkvertraglichen Qualifikation des gesamten Vertrages.[302]

Die **Durchführung der Installation** richtet sich in technischer Sicht nach   152
den jeweiligen System- und Anwendungsgegebenheiten. Typischerweise
ist die Aufstellung von Geräten, der Anschluß an die Stromversorgung
und eventuell vorhandene Hardware (z. B. Drucker) sowie das Laden der

---

[297] LG Tübingen, Urteil vom 17. 12. 1976 – 2 O 130/75, DV-R 1, 40.
[298] OLG Düsseldorf, Urteil vom 9. 6. 1989 – 16 U 209/88, CR 1990, 122, 124.
[299] LG Mannheim, Urteil vom 19. 11. 1982 – 9 O 84/82 und OLG Karlsruhe, Urteil vom 3. 7. 1985 –
      1 U 28/83, DV-R 2, 43.
[300] LG München I., Urteil vom 21. 9. 1989 – 7 O 765/88, CR 1990, 465.
[301] OLG Düsseldorf, Urteil vom 9. 6. 1989 – 16 U 209/88, NJW 1989, 2627 = CR 1990, 122 (für den
      Fall einer Installation als werkvertragliche Hauptpflicht).
[302] LG Nürnberg, Urteil vom 24. 4. 1991 – 12 O 204/90, BB 1992, 10; LG München I, CR 1990, 465.

Systemsoftware vom Anbieter durchzuführen. Funktionstests jeglicher Art sind nicht mehr Teil der Installationsleistung als solcher, können aber aufgrund besonderer Vereinbarung oder dann geschuldet sein, wenn die Übergabe eines **lauffähigen Systems** geschuldet ist. Der Umfang der geschuldeten Installation richtet sich, mangels ausdrücklicher Vereinbarung einzelner Tätigkeiten, nach dem für die jeweilige Komponente typischen Tätigkeitsbild.

153 Bei der gesamten (systemnahen und anwendungsbezogenen) Software soll es genügen, die **Programme lauffähig** zu machen. Die Abstimmung auf die Anwendungserfordernisse sei ohne gesonderte Vereinbarug nicht geschuldet. Dies setzt freilich voraus, dass der Kunde zwischen allgemeinen Systemfunktionen und besonderen Anwendungsfunktionen deutlich unterscheiden kann. Mit zunehmender Integration selbst der Hilfsprogramme in ein einheitliches Software-Systemkonzept (z. B. für Datenbankbetrieb) werden aber auch immer mehr anwendungsbezogene Funktionen Teil der allgemeinen Systemfunktionen, die – auch ohne ausdrückliche Vereinbarung vom Anbieter – lauffähig gemacht werden müssen. Dies gilt insbesondere dann, wenn der Kunde von der für ihn vorbereiteten Benutzeroberfläche her die entsprechenden Unterschiede nicht mehr erkennen kann und soll.

Andererseits ist durchaus fraglich, ob und vor allem inwieweit zur Installation der Programme generell auch deren **Einrichtung** gehört. Man wird hier zu differenzieren haben: Wird unter „Windows" ein neues Anwendungsprogramm geladen, gehört zu dessen „Installation" auch das Herstellen eines Icons auf der Oberfläche von Windows, durch dessen Aktivieren das Programm unter Windows gestartet werden kann. Die auf den Nutzer bezogene Parametrisierung bis hin zur Vergabe von Passwörtern durch den Systemverwalter unter UNIX/Linux geht aber über das Lauffähigmachen hinaus (und setzt dieses voraus).

Dem steht auch nicht die oben zitierte Definition des „Installierens" als Einrichten zum Zwecke des Betriebes entgegen, da dieser „Betrieb" einer Komponente vom jeweils vertraglich vereinbarten oder vorausgesetzten Vertragszweck her abzugrenzen ist. Hierzu gehören alle diejenigen Tätigkeiten, die nur vom Anbieter durchgeführt werden können (z. B. Entkomprimieren bestimmter Dateien), nicht mehr jedoch alle Tätigkeiten, die der Kunde (bzw. dessen Systemoperator) im Rahmen des bereits laufenden Betriebes durchführt (z. B. Wechsel in ein anderes Verzeichnis, Vergabe von Passwörtern).

Kann eine vom Anbieter zu entwickelnde Steuerungssoftware (für Pro-   154
duktionsanlagen) nicht vollständig installiert werden, weil nach übereinstimmender Auffassung des Anbieters und des Bestellers zunächst ein in
die Anlage integriertes Eichprogramm eines anderen Herstellers geändert
werden muss, und unternimmt der Besteller entgegen einer Absprache mit
dem Anbieter nichts, um diese Änderung zu veranlassen, kann der Anbieter auch vor vollständiger Fertigstellung und Abnahme seines Werkes den
Werklohn verlangen.[303]

Ob es dem Anbieter gelungen ist, den durch eine vereinbarte Installation   155
zu erreichenden Systemzustand herzustellen, lässt sich nur aus den
wesentlichen **Standardfunktionen** des Systems überprüfen (Testprogramme!). Deren Überprüfung setzt freilich grundsätzlich voraus, dass
vom Anbieter oder einem Dritten eine weitere Nebenleistung, nämlich das
Herbeiführen der Betriebsbereitschaft, erbracht wird. Diese Nebenleistung
ist nicht mit der Installation als solcher identisch und bedarf grundsätzlich
getrennter Vereinbarung (s. Rn. 160).

Wesentlich umfassender ist die alle wesentlichen Anwendungsfunktionen   156
betreffende **Funktionsprüfung** (s. Rn. 197). Sie geht über die Überprüfung der Standardfunktionen des Systems hinaus und setzt naturgemäß die
Herstellung der Betriebsbereitschaft voraus. Die Funktionsprüfung bezieht
die gesamte, für den Vertrag erhebliche Anwendungssoftware mit ein und
vergleicht das Systemverhalten mit dem vertraglich vorausgesetzten
Gebrauch. Bei der Betriebsbereitschaft ist hingegen nur zu prüfen, ob das
System die technischen Grundfunktionen erfüllt. Hierzu gehören z. B. folgende Faktoren:

– Kompatibilität von Anlagenkomponenten,
– Zugriffszeiten,
– Speicherkapazitäten,
– die Funktion von Systemsoftware sowie
– elektrische Sicherheit.

Sehr oft muss der Kunde seinerseits bestimmte **technische Voraussetzun-**   157
gen herstellen, um die Installation eines Systems zu ermöglichen. Ihn trifft
als Käufer ebenso wie als Mieter oder Besteller einer Werkleistung insoweit eine Verpflichtung zur Mitwirkung (vgl. Rn. 250) und zur Tragung
der hierbei entstehenden Installationskosten, wenn deren Übernahme
durch den Systemanbieter nicht ausdrücklich vereinbart wurde. Je nach

---

[303] OLG Köln, Urteil vom 9. 8. 1995 – 19 U 69/95, CR 1996, 216.

Umfang der Installation ist mit einer unterschiedlichen Dauer der Durchführung der entsprechenden Maßnahmen zu rechnen.

158 Der Anbieter tut von sich aus gut daran, dem Anwender die für die jeweilige Anlage notwendigen **Installationsvoraussetzungen rechtzeitig mitzuteilen**. Hierzu gehören insbesondere Angaben über Schnittstellen bei mixed Hardware, Stromversorgung, Wahl eines geeigneten Raumes zur Aufstellung, Klimatisierung (wichtig insbesondere für Datenträger) etc. Diese Hinweise kann der Anbieter aus einer vertraglichen Nebenpflicht oder aus einem getrennten Beratungsverhältnis schulden (zu den Nebenpflichten s. Rn. 199ff.). Der Kunde sollte seinerseits klären, in welchem Umfange ein bereits bestehendes System für die Zeit der Durchführung der vorbereitenden Maßnahmen weiter genutzt und sonstige Arbeiten (z. B. laufende Buchhaltung) unbeeinträchtigt fortgeführt werden können.

159 Der Kunde muss prüfen, an welcher Stelle er welche Geräte aufstellen will, wo die nächsten (ausreichend ausgelegten) Stromanschlüsse zu finden bzw. neu zu schaffen sind (Anschlüsse und Kabelzuführungen für Netzwerke auch in den Nebenräumen?) und welches zusätzliche **Mobiliar** (Tische für Bildschirme und Displays etc.) erforderlich ist. Außerdem muss der Kunde rechtzeitig Sicherungen gegen Diebstahl, Feuer etc. und für eine sich nicht elektrostatisch aufladende Schalldämmung treffen (vgl. näher Rn. 230ff.). Bei Bedarf sollte er sich vom Anbieter beraten lassen. Dieser ist seinerseits hinweispflichtig, wenn ein von ihm angebotenes System installationsbezogen Besonderheiten aufweist, die ein Anwender üblicherweise nicht zu kennen braucht (etwa hinsichtlich der Unterstützung neuer Schnittstellen wie USB).

Führt der Anbieter aufgrund einer Vereinbarung das Installieren bzw. Implementieren von Geräten bzw. Programmen durch, treffen ihn **sachbedingte Sicherungs- und Prüfpflichten**. Implementiert er etwa ein Programm, das eine Sicherungsroutine enthält, muss er überprüfen, ob die Sicherungsroutine auch tatsächlich in das System übertragen wurde.[304] Die Prüfung muss sich an denjenigen Kriterien orientieren, die von einem Fachmann auf dem Gebiet der Implementierung von Programmen angewendet werden.[305] Unterlässt der Anbieter diese Prüfung, kehrt sich bei einem Streit, ob ein Datenverlust seine Ursache in fehlerhafter Implementierung der Sicherungsroutine oder in einem anderen Ereignis hat, die **Beweislast** zum Nachteil des Anbieters um.[306]

---

[304] BGH, Urteil vom 2. 7. 1996 – X ZR 64/94, BB Beil. 19, 1996, 2.
[305] BGH, a. a. O.
[306] BGH, a. a.O.

Wird die Durchführung der **Installation** an einem bestimmten **Ort** geschuldet, so sind auch Nachbesserungsarbeiten an diesem Ort durchzuführen.[307]

5.5 Herbeiführen der Betriebsbereitschaft, Datenübernahme

Der Sprachgebrauch ist uneinheitlich. Das Herbeiführen der **Betriebsbe-** 160 **reitschaft** wird zur Installation gehören, wenn man dieses generell als „Einrichten" versteht.[308] Hierzu gehört bei Hardware auch das Laden und Einrichten der Systemsoftware, bei Software das Lauffähigmachen des Programmes bis zu dem Punkt, von dem aus es vom Kunden unmittelbar in der Anwendung genutzt werden kann. So muss etwa ein installiertes Netzwerk oft erst eingerichtet werden, um für eine vertragsgegenständliche Anwendung betriebsbereit zu sein. Es bleiben aber auch dann in der Praxis nicht abschließend geklärte Begriffsabgrenzungen. Den Vertragsparteien ist anzuraten, die einzelnen Tätigkeiten des Ladens, Einbindens in ein Betriebssystem, Parametrisierens etc. näher als Leistungsmerkmale mit den konkreten technischen Bezeichnungen aufzulisten.

Fehlt es an klaren Abgrenzungskriterien, wird eine präzise Unterscheidung zwischen dem, was noch „Installation", und dem, was bereits „Herbeiführen der Betriebsbereitschaft" ist, schwer fallen, weshalb auf das Erfordernis der Vereinbarung konkreter Leistungsinhalte verwiesen wurde. Jedoch bleibt das Unterscheidungserfordernis jedenfalls im Bereich der **BVB** unterliegenden Verträge bestehen.

Wird zwischen den Vertragsparteien die Geltung der BVB vereinbart, 161 schuldet der Anbieter nach § 5 BVB nicht nur die Installation, sondern auch das Herbeiführen der Betriebsbereitschaft. Dieses ist aber nur nach Durchführen der hiervon zu unterscheidenden Installation denkbar, wobei die **Installation als Hauptpflicht** vereinbart worden sein kann.[309] Unterscheidet man in dieser Weise zwischen beiden Leistungsteilen, muss das Herbeiführen der Betriebsbereitschaft (und deren Vergütungspflichtigkeit)

---

[307] LG Berlin, Urteil vom 16. 12. 1976 – 10 O 51/76, DV-R 2, 40.
[308] Zu den unterschiedlichen Begriffsvarianten s. Schneider, Handbuch, Rn. D 384. Müller-Hengstenberg/Graf v. Westphalen, DV-Projektrecht, 28, sprechen vom Herbeiführen der „Gesamtfunktionsfähigkeit" und verstehen hierunter – sehr weitgehend – „die Gesamtintegration aller vereinbarten Teilleistungen zu einer einheitlichen Leistung"; diese Begriffsbestimmung erscheint insoweit nicht unproblematisch, da sie sehr leicht aus einer vertraglichen Nebenpflicht eine Werkvertragsrecht folgende vertragswesentliche und die Rechtsnatur des gesamten Vertrages prägende Pflicht macht. In der Praxis sollte nicht mit derartigen unscharfen Begriffen gearbeitet werden, um Risiken zu vermeiden.
[309] LG München I, Urteil vom 21. 9. 1989 – 7 O 7565/88, CR 1990, 465.

ebenfalls grundsätzlich gesondert neben der Installation vereinbart werden. Der Anbieter hat die installierten Systemkomponenten in Gang zu setzen und durch entsprechende Vorkehrung ihre Betriebsbereitschaft herzustellen. Muss erst noch ein Plattenlaufwerk geliefert und eingebaut werden, lassen sich Betriebsbereitschaft und Funktionstüchtigkeit nicht vor dem Zeitpunkt des Abschlusses dieses Einbaues überprüfen.[310] Das Personal des Verkäufers hat die einzelnen Geräte auszupacken, unter Beachtung elektrischer Sicherheitsvorschriften anzuschließen und in Gang zu setzen. Dass die einmal erreichte Betriebsbereitschaft aufrechterhalten werden kann, liegt grundsätzlich im Risikobereich des Anwenders als Käufer, während er als **Mieter** damit rechnen darf, dass der Hersteller mangelfreie Teile austauscht oder Verbesserungen in das System einführt, um das System für die gesamte Vertragslaufzeit gebrauchsfähig zu halten.

162 Ohne besondere Vereinbarung ist der Anbieter nicht verpflichtet, **Altdatenbestände** des Kunden ggf. zu konvertieren und auf eine neue Plattform zu übernehmen. Wird aber die **Lieferung eines Konvertierungsprogrammes** vereinbart, muss dieses für den gewöhnlichen oder den vertraglich spezifizierten (oder vorausgesetzten) Gebrauch tauglich sein, also etwa im Industriestandard abgespeicherte Adressen auch umwandeln können.[311] Im Einzelfall kann diese Tauglichkeit sogar zugesicherte Eigenschaft sein.[312] Wird ein Konvertierungsprogramm erst eigens erstellt (oder nicht unwesentlich angepasst), gelangt Werkvertragsrecht zur Anwendung.[313]

Die Notwendigkeit von **Datenübernahme bzw. Konvertierungen** sollte bei jedem Projektvertrag ausreichend geklärt werden. Müssen nämlich Altdatenbestände manuell neu eingegeben werden, kann dies für den Kunden erhebliche Mehrkosten nach sich ziehen, die wesentlichen Einfluß auf die Gesamtkosten des Projekts haben können. Seinerseits wird kein Anbieter ohne besondere Vereinbarung (und insbesondere Vergütung) eine solche Übernahme als Leistung anbieten, zumal er ohne nähere Analyse nicht einmal den erforderlichen Leistungsumfang näher kalkulieren kann.

5.6 Einweisung/Einarbeitung

163 Auch für den **Begriff der „Einweisung"** sind Definitionsversuche nicht eben zahlreich. Man kann aber zur Begriffsbestimmung die in der Praxis übliche Unterscheidung zwischen „Einweisung in die Nutzung einer

---

[310] LG Bochum, Urteil vom 27. 8. 1982 – 14 O 45/81, CW vom 30. 3. 1984, 12 = DV-R 2, 101.
[311] OLG München, Urteil vom 15. 2. 1989 – 27 U 386/88, CR 1990, 646, 648.
[312] OLG München, Urteil vom 5. 7. 1991 – 14 U 42/91, CR 1991, 607.
[313] OLG Köln, Urteil vom 21. 6. 1991 – 19 U 40/91, CR 1991, 671.

Anlage oder Software" einerseits und die „Schulung" als allgemeinere Kenntnisvermittlung andererseits nutzen. Hiernach umfasst die „Einweisung" nur die Erläuterung der Funktionen einer Komponente, nicht aber die Einführung in die Bedeutung dieser Funktionen im Zusammenhang der EDV.

Beispiel:
Dem Kunden wird z. B. erklärt, mit welcher Taste er einen Löschbefehl im konkreten Programm/System ausführen kann, nicht aber, wie das Löschen erfolgt und was der (technische und datenschutzrechtliche) Unterschied zwischen dem bloßen Herstellen eines Löschvermerkes und dem physikalischen Löschen ist. Auch der Begriff der „Einarbeitung" ist nicht abschließend bestimmt. Soweit eine Anbieterleistung bezeichnet werden soll, lässt er sich als anbieterseitige Unterstützung des Kunden bei dessen Sicheinarbeiten (im Sinne von Sichvertrautmachen) verstehen.

Mit Ausnahme ganz einfach ausgelegter kleiner Spiel- und Hobbyrechner setzen die meisten Systeme eine Einarbeitung in die richtige Bedienung und effiziente Nutzung voraus. Besitzen der Kunde bzw. seine Mitarbeiter ausreichend allgemeine EDV-Vorkenntnisse, genügt eine unmittelbare Einweisung in das jeweilige System. Andernfalls muss eine Schulung vorgeschaltet werden. Bei Buchhaltungssoftware muss eine erfahrene Buchhaltungskraft in die Lage versetzt werden, die Buchhaltung mit dem Programm ordnungsgemäß durchzuführen.[314] Die Buchhaltungskraft wird aber auch mit betrieblicher EDV vertraut sein müssen, um etwa das Vorführen notwendiger Sicherungsprozeduren des Systems bzw. der Software verstehen zu können.

164

Die Einweisung ist freilich **nicht** mit einer **allgemeinen EDV-Schulung** gleichzusetzen, die erst die kenntnismäßigen Grundlagen für eine erfolgreiche Einweisung schaffen muss. Der Kunde muss in die Lage versetzt werden, anhand von Benutzerhandbüchern und -anleitungen die Anlage bzw. das System zu bedienen. Um dieses Ziel zu erreichen, sind nach Auffassung des OLG Stuttgart sogar notfalls „die Einarbeitung und Einweisung zu wiederholen, fortzuführen und zu vertiefen, wenn bei der Benutzung der EDV-Anlage nebst verkaufter Anwenderprogramme Schwierigkeiten und Unklarheiten auftreten sowie die Erteilung weiterer Erläuterungen in den Details erforderlich werden sollte. Nur so kann der Veräußerer eines Computers mit Anwendersoftware den vertraglichen Leistungser-

---

[314] LG Berlin, Urteil vom 16. 6. 1986 – 99 O 130/84, CR 1987, 295.

folg herbeiführen und sichern".[315] Diese Auffassung ist zumindest heute im Hinblick auf weitgehend standardisierte Komponenten bezüglich der Entstehung der Einweisungspflicht nicht mehr zu teilen (bei Kauf ist geschuldeter Leistungserfolg nur die Überlassung der Kaufsache, nicht die Instandsetzung des Käufers, die Sache dann auch sinnvoll zu nutzen), wohl aber hinsichtlich des **Pflichtenumfanges**, sofern die Einweisung vereinbart wurde und dem Anbieter erkennbar ein bestimmter herzustellender Kenntnisstand des Kunden noch nicht erreicht ist.

Besteht das Risiko, dass die Einführung eines EDV-Systems bei einem Laienanwender scheitert, da die Einweisung nicht ausreichte und Anpassungen vorgenommen werden mussten, so ist der Lieferant zu entsprechender Beratung verpflichtet, außer, der Anwender lässt sich anderweitig durch EDV-Fachleute beraten.[316]

165 Die **Einweisung** in die System- oder Programmnutzung ist **kein Teil der geschuldeten Übergabe** oder Werkherstellung, sondern bedarf grundsätzlich **gesonderter Vereinbarung**[317], erst recht die Durchführung

---

[315] OLG Stuttgart, Urteil vom 23. 6. 1986 – 2 U 252/85, NJW-RR 1986, 1245 = CR 1987, 172 – Symphony, in einem Fall einer etwa 20 000 DM teuren Anlage (krit. Anm. Neuroth, CR 1988, 24: Einarbeitung grundsätzlich nur gegen Vergütung). Das OLG Stuttgart leitet die Einweisungs-/ Einarbeitungspflicht aus der Leistungstreuepflicht der Vertragsparteien ab, nach der die Parteien alles zu unterlassen haben, was den Vertragszweck oder den Leistungserfolg beeinträchtigen oder gefährden könnte, und der Schuldner positiv alles zu tun hat, um den Leistungserfolg vorzubereiten, herbeizuführen und zu sichern (BGH, NJW 1978, 260 und 1983, 998). Hierzu gehörten Einweisung und Einarbeitung in die Anlage und in ihre Funktionen sowie in die für die Anlage gelieferte Software. Ziel ist es, dass der Kunde die Anlage bedienen könne. – Diese allgemeine Leistungstreuepflicht darf aber nicht in ein Auffangbecken unterschiedlichster Nebenpflichten umgedeutet werden, deren ausdrückliche Vereinbarung im Vertragsabschlusszeitpunkt versäumt oder nicht als erforderlich angesehen wurde.

[316] LG München I, Urteil vom 7. 10. 1987 – 8 HKO 3793/86, DV-R 4, 361.

[317] Ebenso grundsätzlich LG München II, Urteil vom 14. 10. 1992 – 3 O 3085/92, CR 1993, 367; Junker, NJW 1994, 897, 900; Malzer, 121, bejahend hingegen Müller-Hengstenberg/Graf v. Westphalen, DV-Projektrecht, 48 f. Das OLG Stuttgart, Urteil vom 23. 6. 1986 – 2 U 252/85, CR 1987, 172 = BB 1986, 1675 = NJW-RR 1986, 1245 leitet eine nicht gesondert vereinbarungsbedürftige Einweisungspflicht – als im Verkehr für größere Anlagen allgemein üblich – aus einer Leistungstreuepflicht des Anbieters ab. Eine solche Einweisung/Einarbeitung sei im Verkehr allgemein üblich (abl. zu Recht Marly, Verträge Rn. 564). Ähnlich nahmen auch das AG Bielefeld, Urteil vom 24. 9. 1987 – 13 C 1228/86, MRC 1987, 7 und das LG Bielefeld, Urteil vom 1. 3. 1988 – 14 S 108/87, CR 1989, 915 eine nur bei besonderer Vereinbarung vergütungspflichtige Einweisungspflicht an (abl. bei Massegeschäften Schneider, Handbuch, Rn. D 406, 436). Marly lehnt eine Einweisungspflicht aber nicht vollständig ab, sondern will die Übergabe eines verständlichen Bedienerhandbuches ausreichen lassen. Tatsächlich ist die Einweisung aus der Gestaltung des Kaufvertragstypus überhaupt nicht geschuldet. Das Bedienerhandbuch (etwa für einen Drucker) ist grundsätzlich nur geschuldet, wenn es zum vereinbarten Leistungsumfang gehört. Auch bei Software gehört die Übergabe nicht immer zum Leistungsumfang (etwa bei systemnaher Software zur Steuerung von Peripheriegeräten etc., bei den Updates nur noch online ausgeliefert und automatisiert installiert werden). Ob sich aus einer allgemeinen Leistungstreue-

einer Schulung[318]. Niemand ist gehindert, ohne irgendwelche anbieterseitigen Funktionserläuterungen über den Ladentisch ein Bürocomputersystem zu erwerben und mitzunehmen (etwa wenn Software-Entwickler nur einen weiteren „Mac" kaufen). Einweisung/Einarbeitung ist getrennt in Anspruch zu nehmen und zu vereinbaren, wenn sie benötigt wird.[319]

Die **Vereinbarung einer Einweisungspflicht** kann andererseits auch **still-**   166
schweigend erfolgen und ist als solche etwa bei beauftragten Individual-entwicklungen von Software anzunehmen, bei denen nicht unterstellt werden darf, dass der Kunde bereits ausreichende Kenntnisse für die konkrete Anwendung hat. Wird die **kostenfreie Einarbeitung** vereinbart und fehlt diese Zusatzabrede in der Kaufbestätigung (Angebotsannahme) des Anbieters, so kommt kein wirksamer Kaufvertrag zustande, sondern liegt ein neues Angebot des Anbieters (gemäß § 150 Abs. 2 BGB) vor.[320]

Vereinzelt wurden Installation, Einrichten und Einweisen begrifflich als „**Implementation**" zusammengefaßt und Werkvertragsrecht auf diese Vertragspflicht als anwendbar gesehen.[321] Da aber auch dieser Begriff in unterschiedlicher Weise verwendet wird (oft in der Bedeutung eines reinen Einrichtens eines Programms auf einem Rechner), sollte man ihn nicht ohne nähere Definition für die Zwecke eines Vertrages verwenden.

Wurde die Durchführung einer Einweisung vereinbart, ist der Kunde bis   167
zu deren Abschluss nicht zur **Abnahme des Werkes** verpflichtet, das zu überprüfen (und ggf. zu billigen) er bis dahin nicht in der Lage ist. Selbst

---

pflicht eine Einweisungspflicht ableiten lässt, muss von dieser Treuepflicht (so sie besteht) her und nach den Umständen des Einzelfalles entschieden werden. Sie kann sich etwa aus einer nebenvertraglichen Aufklärungs- und Beratungspflicht des Anbieters ergeben. Eine Einweisungspflicht aus Kaufvertrag (ohne besondere Vereinbarung) auch als Nebenpflicht abl. LG München II, Urteil vom 14. 10. 1992 – 3 O 3085/92, CR 1993, 367 (gegen OLG Stuttgart, CR 1987, 172, laut Schneider, Handbuch, Rn. D 422 die „**Katastrophen**-Entscheidung" zu diesem Thema); ähnlich LG Ulm, Urteil vom 3. 6. 1987 – 1 S 285/87-01, CR 1988, 921. Nach dem Sachverhalt der Entscheidung OLG Stuttgart, Urteil vom 23. 6. 1986, hatte der Anbieter auch tatsächlich Einweisungsleistungen erbracht, mängelfrei aber nur für eines von zwei Programmen. Bei dem zweiten Programm behauptete der Anbieter nicht das Nichtbestehen einer Einweisungsverpflichtung, sondern Lieferung des Programms nur aus Gefälligkeit. Zur vereinbarungsunabhängigen Begründung von Einweisungspflichten ist das Urteil also nicht ausreichend ergiebig.

[318] Müller-Hengstenberg/Graf v. Westphalen, DV-Projektrecht, 49.

[319] Brandi-Dohrn, EDV-Verträge, Rn. 88, verneint eine Verpflichtung zur Einweisung und Schulung bei Erwerb von Hardware und Software aus einem Geschäft (unter Verweis auf LG Gießen, CR 1995, 540); bejaht diese Verpflichtung aber, wenn die Installation beim Kunden erfolgt. Dies erscheint schon bei der Einweisung zweifelhaft (es wird wohl auf die Art der Software im Einzelfall abzustellen sein), ist aber für die hiervon zu trennende Schulung abzulehnen. Die Installationsverpflichtung umfaßt keinesfalls eine (in aller Regel näher abzugrenzende) Schulungsverpflichtung.

[320] OLG Koblenz, Urteil vom 19. 9. 1991 – 5 U 310/91, CR 1992, 400.

[321] OLG Düsseldorf, Urteil vom 9. 6. 1989 – 16 U 209/87, BB 1990, 4.

eine kaufrechtliche Ablieferung kann bis zum Abschluss der gesondert vereinbarten Einweisung nicht angenommen werden.[322] Wird die Einweisung unzureichend durchgeführt, entsteht die Abnahmepflicht nicht.[323] Erst muss also die Neben- oder auch Hauptpflicht der Einweisung erfüllt sein, bevor die Ablieferung möglich ist.

168 Ist Einweisung vereinbart, muss sie dergestalt durchgeführt werden, dass die einzuweisenden Mitarbeiter des Kunden die vorgesehene Anwendung auch tatsächlich durchführen können (so LG Berlin). Die Einweisungspflicht intensiviert sich, wenn bestimmte Anwendungsfunktionen im Handbuch nicht oder unzureichend beschrieben sind.[324] Die Einweisung in die Anlagenbedienung kann die Lieferung der vereinbarten Dokumentation nicht ersetzen.[325] Solange und soweit die vereinbarte Einweisung nicht im vereinbarten Umfange erbracht wurde, muss der Kunde das System bzw. die jeweilige sonstige Anbieterleistung, wie ausgeführt, nicht abnehmen.[326]

169 Werden Einweisung und Schulung nicht besonders vereinbart, trägt der **Kunde das Risiko**, seine Mitarbeiter auf die umstellungsbedingte Änderung ihrer bisherigen Tätigkeit einzustellen.[327] Die Einweisung in die Nutzung eines Systems, Programmes oder einer sonstigen Komponente ist nicht zwingend, aber doch zumeist Voraussetzung dafür, dass der Kunde die jeweilige Vertragsleistung bestimmungsgemäß nutzen oder überhaupt zunächst auf Vollständigkeit und vereinbarte Funktionsfähigkeit hin überprüfen kann.

5.7 Kostenerstattung für vorbereitende Arbeiten

170 Grundsätzlich sind **Vorarbeiten** für das Erstellen von Angeboten, Zeichnungen, Kostenvoranschlägen, Leistungsbeschreibungen (!), Massenberechnungen (Mengengerüste/Altdatenbestände) mangels besonderer Vereinbarung **nicht vergütungspflichtig**, sondern von der – mit aus eigenem Entschluss und Interesse in Erwartung eines Auftrags erbrachten – werbenden Akquisitionstätigkeit des Anbieters umfasst. Anderes kann gelten,

---

[322] OLG Düsseldorf, Urteil vom 7. 12. 1988 – 17 U 27/87, CR 1989, 689 und Urteil vom 9. 6. 1989 – 16 U 209/87, CR 1990, 122. Konsequenter wäre freilich die Annahme einer Hemmung des Gewährleistungsfristenlaufes.
[323] LG Berlin, Urteil vom 16. 6. 1986 – 99 O 130/84, CR 1987, 295.
[324] LG Berlin, Urteil vom 16. 6. 1986, a. a. O.
[325] OLG Frankfurt/Main, Urteil vom 22. 1. 1985 – 5 U 86/84, DV-R 3, 61 ff.; zur Dokumentation s. Rn. 29.
[326] LG Berlin, a. a. O.
[327] LG Verden, Urteil vom 30. 9. 1983 – 5 O 578/81, CR 1986, 26 ff.

wenn die Vergütungspflicht nach den §§ 157, 242 BGB dem geäußerten oder auch dem konkludent zu erschließenden Parteiwillen entspricht, wenn also etwa derart umfangreiche Vorarbeiten zu leisten sind, dass der Auftraggeber bei Würdigung der ihm entstehenden Vorteile eine Unentgeltlichkeit nicht erwarten kann. Allerdings muss ein strenger Maßstab angesetzt werden, da die Entlohnung werbender Maßnahmen grundsätzlich nicht üblich ist.[328]

Gleiche Grundsätze gelten auch für **begleitende Arbeiten** des Anbieters, sofern keine abweichenden Vereinbarungen (jedenfalls konkludent) getroffen wurden.

6. Abnahme und Funktionsprüfung

Abnahme und Funktionsprüfung von EDV-Systemen, -Komponenten und   171
-Leistungen sind voneinander zu unterscheiden. Die Abnahme setzt in der Praxis sinnvollerweise eine angemessen ausführliche Funktionsprüfung voraus, ist von dieser aber in rechtlicher Hinsicht nicht abhängig. Sache und Risiko des Anwenders ist es, insoweit seine Rechte zu wahren.

6.1 Abnahme

Als „Abnahme" werden im BGB zwei verschiedene Vorgänge verstanden,   172
nämlich
– die **Entgegennahme** der vom Verkäufer gekauften Sache durch den Käufer gemäß § 433 Abs. 2 BGB und
– die **Billigung** eines Werkes als im wesentlichen vertragsgerecht (§ 640 Abs. 1 BGB), verbunden mit der Entgegennahme des Werkes[329]. Auf den werkvertraglichen Begriff wird im Folgenden ausführlicher eingegangen.[330]

Unbedingt zu beachten (und für EDV-Fachleute nicht immer nachvollziehbar) ist, dass der Begriff der „Abnahme" im Kaufrecht eine andere Bedeutung hat als im Werkvertragsrecht. Im Kaufrecht soll der Käufer nur dem

---

[328] OLG Nürnberg, Urteil vom 18. 2. 1993 – 12 U 1663/92, NJW-RR 1993, 760, 761 = CR 1993, 553 für Aufwendungen von 330 Mann-Tagen zu insgesamt etwa DM 183 540,–, wobei der Auftraggeber zwei Rechnungen bezahlt hat (!), was allein schon als Indiz für die Entgeltlichkeit gewertet wurde.
[329] LG Frankfurt/Main, Urteil vom 29. 8. 1980 – 3/8 O 37/80, DV-R 1, 60.
[330] Allg. zur Abgrenzung s. auch Feuerborn/Hoeren, CR 1991, 513 ff.; zur Abnahme s. auch Zahrnt, CR 1993, 676.

Verkäufer die Kaufsache abnehmen, damit dieser Platz für neue Waren bekommt.

173 Die **Abnahme im werkvertraglichen Sinne** hat (wie im Baurecht) auch im Computervertragsrecht wesentliche Bedeutung.

Materiellrechtlich erlischt mit der Abnahme der Erfüllungsanspruch des Kunden i. S. v. § 326 Abs. 1 BGB und es besteht nur noch ein auf das abgenommene Werk bezogener Mängelbeseitigungsanspruch.[331] Weiter beginnt mit Annahme der Lauf der Gewährleistungsfrist und geht die Gefahr des zufälligen Unterganges oder der Verschlechterung des Werkes auf den Kunden über.

174 **Prozessual** tritt eine **Beweislastumkehr** ein: **Vor Abnahme** hat der Anbieter die Mängelfreiheit seines Werkes zu beweisen, **nach Abnahme** der auftraggebende Kunde einen behaupteten Mangel. **Inhaltlich** verlangt die Abnahme ihrem Wesen nach eine kundenseitige Prüfung des „Funktionierens".[332] Die mit der Abnahme verbundene Billigungserklärung setzt voraus, dass das System lauffähig ist und geprüft werden kann. Auch muss eine vereinbarte Einweisung erfolgt sein. Bei einem Erstellungsauftrag in der Größenordnung von etwa DM 170 000,00 muss die Abnahme erst nach ausreichender Erprobung erklärt werden.[333] An der Abnahme fehlt es, wenn die Funktionsfähigkeit des Systems erst im Laufe der Benutzung festgestellt werden kann und der Besteller auftretende Mängel sofort rügt.[334] Soll nach der Lieferantenzusage die vertragliche Erfüllungswirkung erst eintreten, wenn die gelieferte Software auf dem Rechner des Bestellers lauffähig ist, so genügen Installation und Startfähigkeit nicht, sondern das Programm muss die vereinbarten Funktionen auch tatsächlich erfüllen.[335] Allgemein ist zu beachten, dass das Implementieren zusätzlicher Module jedenfalls hinsichtlich der Datenübernahme auch eine erneute Überprüfung der bereits vorhandenen Module erforderlich machen kann (s. auch Rn. 118).

Abgeschlossen ist die Lieferung bei einem Vertrag über die Erstellung von Individualsoftware erst, wenn mit der **Abnahmeprüfung begonnen werden kann**, also wenn keine Fehler mehr vorliegen, die die Prüfung eines wesentlichen Programmteils ausschließen. Teilweise wird sogar die tat-

---

[331] BGH, NJW 1973, 1792; OLG Hamm, Urteil vom 19. 12. 1990 – 31 U 129/90, CR 1991, 411.
[332] LG Siegen, Urteil vom 15. 10. 1979 – 2 O 261/77, DV-R 1, 50.
[333] OLG Hamm, Urteil vom 8. 3. 1989 – 31 U 12/88, BB Beil. 15, 1989, 6. Der bloße Auftragsumfang bildet freilich nur ein **widerlegbares Indiz**.
[334] BGH, CR 1996, 667.
[335] OLG Köln, Urteil vom 14. 6. 1996 – 19 U 14/96, CR 1996, 670.

sächliche Erprobung verlangt, bei der das Programm fehlerfrei gelaufen ist, oder jedenfalls ein produktiver Einsatz.[336] Eine an die Lieferung geknüpfte Zahlungspflicht beginnt somit erst mit Erreichen dieses Zustandes.[337] Absolute Mängelfreiheit wird nicht vorausgesetzt. Restmängel können noch vorhanden sein. Bei kundenseitiger Erklärung „mängelfreie Abnahme" dürfen keine sichtbaren Mängel vorhanden sein.[338] Auch muss eine ausreichende **Dokumentation** übergeben worden sein.[339] Sonst liegt grundsätzlich teilweise Nichterfüllung vor.[340]

Erstellte **Software ist** (wie jedes sonstige Werk) **abnahmefähig.**[341] Software kann im Sinne von § 640 BGB abgenommen werden. Diese Abnahme bedeutet die Anerkennung des Werkes als der Hauptsache nach vertragsgemäße Erfüllung.[342] Dies erscheint konsequent, wenn man die Körperlichkeit des Computerprogrammes über die Körperlichkeit des Datenträgers dogmatisch konstruiert, der das Programm in seiner spezifischen Magnetisierung trägt. Es gilt aber auch bei Annahme der Sachqualität unmittelbar für das Programm selbst. Die Abnahme von Individualsoftware setzt die Aushändigung von Dokumentationsunterlagen, insbesondere des Benutzerhandbuches voraus.[343]   175

Werkvollendung i. S. v. § 646 BGB kann die Abnahme nach § 640 BGB nicht ersetzen.[344] An die Stelle der Abnahme tritt die so genannte Werk-

---

[336] LG Mannheim, Urteil vom 25. 11. 1991 – 23 O 74/90, MRC 1991, 37.

[337] OLG Stuttgart, Urteil vom 23. 8. 1994 – 6 U 57/94, BB 1995, 13 = NJW CoR 1996, 255.

[338] Sehr streng das LG München I, Urteil vom 30. 1. 1997 – 7 O 17097/95, BB Beil. 15, 1997, 14.

[339] OLG Hamm, Urteil vom 8. 3. 1989 – 31 U 12/88, CR 1989, 1091; LG Wuppertal, MRC 1996, 31. Andernfalls darf grundsätzlich keine stillschweigende Abnahme unterstellt werden (BGH, Urteil vom 3. 11. 1992 – X ZR 83/90, CR 1993, 352).

[340] BGH, Urteil vom 4. 11. 1992 – VIII ZR 165/91, NJW 1993, 461.

[341] OLG Hamburg, Urteil vom 9. 8. 1985 – 11 U 209/84, IuR 1986, 264 (Individualsoftware-Abnahme nach § 640 BGB, nicht nach § 646 BGB); OLG Hamm, Urteil vom 8. 3. 1989 – 31 U 12/88, CR 1989, 1091 = NJW 1990, 1609.

[342] BGHZ 48, 257 = NJW 1967, 2259; BGHZ 50, 160 = NJW 1968, 1527 und BGH NJW 1974, 96, sowie OLG Hamburg, Urteil vom 9. 8. 1985, a. a. O., CR 1986, 83; OLG Hamm, Urteil vom 12. 12. 1988 – 31 U 104/87, CR 1989, 385 = BB Beil. 15, 1989, 5 und Urteil vom 8. 3. 1989, a. a. O., CR 1989, 1091; a. A. noch OLG Celle, Urteil vom 11. 1985 – 11 U 212/84, IuR 1986, 311 f.: Eine Abnahme sei nicht möglich, da sich die Tauglichkeit des Computerprogrammes erst im Gebrauch herausstelle und etwaige Mängel nicht sofort zu erkennen sind, wenngleich nicht die Fertigstellung (Vollendung) gemäß § 646 BGB abgewartet werden müsse, da eine Prüfung und Bewertung des Programmes durchaus möglich sei. Der Urteilsansatz ist insoweit widersprüchlich, als die Prüfung und Bewertung gerade die Gebrauchseigenschaften, also die wesentlichen Funktionen in ihrem Ablauf erfassen müssen und insoweit eine Anerkennung der Leistung als vertragsgemäß möglich und erforderlich ist.

[343] OLG Hamm, Urteil vom 12. 12. 1988, a. a. O., NJW 1989, 1041; LG Aschaffenburg, CR 1998, 203.

[344] OLG Hamburg, Urteil vom 9. 8. 1985, a. a. O., CR 1986, 83 (notwendig fehlerfreier Lauf bei ausführlicher Erprobung).

vollendung nur bei Werkleistungen, die nicht abgenommen werden können, z. B. bei einer eigenständigen Fehlersuche eines beauftragten Beraters anläßlich einer Funktionsprüfung. Diese Leistung ist mit erfolgreichem Abschluss der Suche, also mit Werkvollendung, erbracht.

176 **Keine Abnahmepflicht** besteht, wenn der beauftragte Unternehmer den ihm obliegenden Beweis für die Vollständigkeit und Mangelfreiheit des Werkes nicht erbringt, da er bis zum Zeitpunkt der Abnahme erfüllungsverpflichtet und beweisbelastet ist.[345] (Zur Abnahmeverweigerung s. unten Rn. 189.) Eine Abnahme unter **Mängelvorbehalt** kann nicht als Abnahme gelten[346], ebensowenig eine Übergabe mit ausgewählten Tests[347], auch nicht eine Billigung von Testausdrucken[348].

177 Die Abnahme muss nicht ausdrücklich erklärt werden. **Stillschweigende Abnahme** kann – unter Berücksichtigung des gesamten erkennbaren Verhaltens des Kunden[349] – angenommen werden, wenn der Kunde
– das jeweilige **Programm** über einen nicht unerheblichen Zeitraum **produktiv nutzt**[350], und zwar auch dann, wenn das Programm noch Mängel aufweist und der Kunde hiervon Kenntnis hat[351],
– eine **Teilwerklohnzahlung** leistet und den Anbieter mit Programmänderungen beauftragt[352]; nicht jedoch, wenn der Kunde zwar zahlt, aber zahlreiche Beanstandungen erhebt;[353]
– in einer „**Übernahmebestätigung**" die gelieferte Anlage als funktionsfähig und vertragsgemäß bezeichnet;[354] hierbei wird allerdings zu beachten sein, dass eine entsprechende Erklärung regelmäßig unwirksam ist, wenn sie vom Anbieter gleich von vornherein im Vertrag oder in einem Lieferschein vorformuliert wird (Verstoß gegen § 9 AGBG);

---

[345] OLG Celle, Urteil vom 22. 11. 1995 – 13 U 111/95, CR 1996, 539.
[346] LG Duisburg, Urteil vom 18. 3. 1988 – 18 O 1/87, CR 1989, 494.
[347] OLG Hamm, Urteil vom 22. 8. 1991 – 31 U 260/90, BB Beil. 23, 1991, 3.
[348] LG Freiburg, Urteil vom 7. 6. 1990 – 8 O 516/88, MRC 1995, 161.
[349] OLG Saarbrücken, Urteil vom 30. 4. 1986 – 1 U 21/84, CR 1988, 470.
[350] OLG München, Urteil vom 24. 1. 1990 – 27 U 901/88, CR 1991, 19, 21; LG Aachen, Urteil vom 18. 12. 1992 – 43 O 34/91, NJW-RR 1993, 703, 1399; a. A. OLG Düsseldorf, Urteil vom 7. 12. 1988 – 17 U 27/87, CR 1989, 689.
[351] OLG Köln, Urteil vom 16. 5. 1990 – 13 U 108/89, DB 1990, 1865; LG Aachen, CR 1993, 703 (mit OLG München, a. a. O., CR 1991, 19, 21 gegen OLG Düsseldorf, Urteil vom 7. 12. 1988 – 17 U 27/87, CR 1989, 689).
[352] Vgl. BGH, NJW 1973, 1792; OLG Hamm, a. a. O., CR 1991, 411; OLG München, DB 1990, 1865.
[353] OLG Karlsruhe, Urteil vom 8. 11. 1995 – 13 U 124/94, BB Beil. 9, 1996, 5.
[354] OLG Hamburg, Urteil vom 9. 8. 1985 – 11 U 209/84, CR 1986, 83; ähnlich OLG Koblenz, Urteil vom 1. 2. 1985 – 2 U 212/83, DV-R 2, 162f. (für eine kundenseitige Erklärung in einem Standardformular, dass „die Individualprogramme den bei Auftragserteilung maßgeblichen Systemanalysen entsprechen und in allen Bereichen einwandfrei arbeiten").

- in der Fortsetzung der Benutzung der Software nach **Kenntniserlangung** von den Mängeln;[355]
- durch **Ingebrauchnahme**, aber frühestens 4 Wochen nach Lieferung des letzten Programmteils;[356]
- die vertragsgegenständlichen Programme bei einer **ausführlichen Erprobung** letztlich fehlerfrei nutzen konnte **und** mit der Maschine auch die beabsichtigte Produktion zufriedenstellend ausprobiert wurde.[357]
- Eine konkludente Abnahme ist auch anzunehmen, wenn der Kunde die gelieferte Hardware- und Softwarekonfiguration entgegennimmt und nutzt, jedenfalls in einem Fall, in dem der Kunde erklärt, er wolle ein Anwendungsprogramm selbst auf der gegenständlichen Anlage schreiben.[358] Noch keine Abnahme ist in der Installation und ersten Arbeitsversuchen zu sehen,[359] solange noch keine Beurteilung des Werkes möglich ist.

Der Kunde muss bei oder nach Entgegennahme der Leistung grundsätzlich erkennen lassen, dass er die Leistung als **eine im wesentlichen ordnungsgemäße Erfüllung** gegen sich gelten lassen will.[360] **Keine** Abnahme liegt vor, wenn der Besteller nach fruchtlosem Ablauf einer Nachfrist mit Ablehnungsandrohung das mangelhafte Werk behalten will, eine Nachbesserung durch den Unternehmer jedoch untersagt und das Werk selbst oder durch Dritte nachbessert[361], während bestellerseitige **Nachbesserung ohne Verzug** des Werkunternehmens mit der Nachbesserung eher auf eine Abnahme hindeutet.[362] Ebenfalls zu verneinen ist eine Abnahme, wenn das Programm nur anhand einiger praktischer Musterbeispiele rechnerisch

178

---

[355] OLG München, Urteil vom 24. 1. 1990 – 27 U 901/88, NJW 1991, 2158, dem zufolge eine Abnahme auch zu bejahen sei, wenn das Programm zwar produktiv arbeite, aber noch Mängel aufweise (gegen OLG Düsseldorf, BB Beil. 11, 1989, 2 und OLG Schleswig, Urteil vom 6. 11. 1981 – 11 U 17/80, ZIP 1982, 457).

[356] LG München I, Urteil vom 15. 3. 1990 – 7 O 2327/87, MRC 1995, 136.

[357] OLG Hamburg, Urteil vom 9. 8. 1985 – 11 U 209/84, CR 1986, 83 = IuR 1986, 264.

[358] OLG Hamm, Urteil vom 12. 10. 1988 – 31 U 220/87, CR 1989, 486, 488. Freilich darf es sich hier nicht nur um die bei Vertragsschluss erfolgte Überschreibung des Anwendungszwecks handeln, aus der keine Billigkeit ableitbar wäre.

[359] OLG München, Urteil vom 24. 1. 1990, a. a. O.; ähnlich OLG Hamm, Urteil vom 8. 3. 1989 – 31 U 12/88, CR 1989, 1091 f.

[360] OLG Nürnberg, Urteil vom 14. 7. 1994 – 8 U 2851/93, CR 1995, 343.

[361] BGH, Urteil vom 27. 2. 1996 – X ZR 3/94, BB 1996, 766. Auch ohne Abnahme des Werkes kann der Besteller Schadensersatz wegen Nichterfüllung gemäß § 635 BGB jedenfalls dann verweigern, wenn die Voraussetzungen der §§ 634, 635 BGB im übrigen vorliegen und der Besteller die Abnahme ohne Verstoß gegen § 242 BGB verweigert (im Anschluss an BGH, WM 1974, 311).

[362] BGH, Urteil vom 27. 2. 1996, a. a. O. Der BGH verlangt eine Würdigung des gesamten Verhaltens beider Vertragsparteien und schließt die Beschränkung auf Teilaspekte ausdrücklich aus.

geprüft worden ist.[363] Ebenso stellt eine Übergabebestätigung noch **keine** Abnahme dar, da (bzw. soweit) die Gebrauchsfähigkeit erst nach einer (geraumen) Erprobungszeit beurteilt werden kann.[364] **Keine** Abnahme liegt weiter vor, wenn der Anwender in kurzen Zeitabständen Mängel rügt und durchgehend die Unzufriedenheit mit dem Programm äußert[365] oder auch nur das Programm nach Einweisung behält.[366] Auch die Bezahlung beinhaltet keine Abnahme.[367] Teilzahlungen nach Übergabe stellen dann keine konkludente Abnahme dar, wenn gleichzeitig Mängel gerügt werden.[368]

179 Voraussetzung einer stillschweigenden Abnahme ist grundsätzlich, dass das **Werk vollendet**, d. h. bei natürlicher Betrachtung als Erfüllung der vertraglich geschuldeten Leistung anzusehen ist.[369] Nicht entgegen steht jedoch, dass dem Kunden einzelne Unterlagen und/oder Originaldisketten noch nicht ausgehändigt wurden.[370] Wohl aber muss das Benutzerhandbuch übergeben worden sein.[371]

180 Für **„Ablieferung" nach Kaufrecht** (§ 477 BGB) genügt es, dass die Kaufsache in den Machtbereich des Käufers gelangt.[372] Das bedeutet aber nicht, dass der Anbieter dem Kunden das System nur im Karton vor die Tür zu stellen braucht. Der Anbieter muss das System bzw. die Software vielmehr soweit vorbereiten, dass der Käufer in die Lage versetzt ist, die Kaufsache zu prüfen. Hierzu kann als u. U. stillschweigend vereinbarte Nebenpflicht das Aufstellen, Montieren, Installieren und Lauffähigmachen gehören, mangels Vereinbarung aber jedenfalls nicht ohne weiteres auch die Einweisung.[373] (Zur Abgrenzung s. auch Rn. 745.)

---

[363] OLG Hamm, Urteil vom 22. 8. 1991 – 31 U 260/90, CR 1992, 206 unter Hinweis auf seine Rechtsprechung (OLG Hamm, Urteil vom 12. 10. 1988 – 31 U 220/87, CR 1989, 385; NJW 1990, 1609 = CR 1989, 1091), wonach sich die Brauchbarkeit erst nach „einer Zeit der Erprobung feststellen" lässt.

[364] OLG Hamm, Urteil vom 8. 3. 1989 – 31 U 12/88, CR 1989, 1091.

[365] OLG Köln, Urteil vom 11. 10. 1991 – 19 U 87/91, CR 1992, 153.

[366] Da sich die Tauglichkeit erst im Gebrauch herausstellt, OLG Celle, Urteil vom 8. 11. 1985 – 11 U 212/84, IuR 1986, 311.

[367] LG Köln, Urteil vom 21. 10. 1993 – 22 O 673/90, CR 1994, 624.

[368] OLG Hamm, Urteil vom 8. 3. 1989 – 31 U 12/88, CR 1989, 1091.

[369] BGH, Urteil vom 3. 11. 1992 – X ZR 83/90, CR 1993, 352 = BB Beil. 13, 1993, 4.

[370] OLG Celle, Urteil vom 10. 7. 1996 – 13 U 11/96, CR 1997, 150.

[371] BGH, Urteil vom 3. 11. 1992, a. a. O.

[372] BGHZ 60, 5, 6f.; BGHZ 93, 338, 345.

[373] Das OLG Hamm, Urteil vom 8. 7. 1991 – 31 U 291/90, CR 1992, 335 (unter Bezugnahme auf OLG Düsseldorf, CR 1989, 689), macht die „Ablieferung" zwar von der Einweisung abhängig, doch kann dies nur dann gelten, wenn diese überhaupt vereinbart ist. Gegen eine grundsätzliche Verpflichtung des Anbieters zur Einweisung des Kunden in die Systemnutzung s. etwa LG München II, Urteil vom 14. 10. 1992 – 3 O 3085/92, CR 1993, 367. Die Rechtsprechung befindet sich

Das Kaufrecht spricht allerdings auch von „Abnahme". Hierunter ist aber nicht die Erklärung einer Werkbilligung (wie im Werkvertragsrecht) zu verstehen, sondern die Verpflichtung des Kunden, die zu liefernde Ware tatsächlich anzunehmen (ohne diese freilich billigen zu müssen). Insoweit besteht eine vertragliche Nebenpflicht des Kunden. Verletzt er diese, kann er gemäß § 286 BGB schadensersatzpflichtig sein. In der Erfüllung dieser Abnahmeverpflichtung ist andererseits aber noch keine Billigung zu sehen. Diese Unterschiede in der leider etwas unklaren Terminologie des Gesetzes sind zu beachten.

Wird im Kaufvertrag Abnahme vereinbart, beginnt die Gewährleistungsfrist erst mit der Abnahme.[374]

Die Vertragsparteien können auf die vereinbarte Einhaltung der **Schriftform** 181 der Abnahmeprüfung grundsätzlich **verzichten**. War Schriftform der Abnahme vereinbart **(Protokollerstellung)**, so ist doch stillschweigende Abnahme möglich, wenn Tatsachen feststellbar sind, aus denen sich unzweideutig ergibt, dass die Vertragsparteien auf die vereinbarte förmliche Abnahme durch entsprechendes schlüssiges Verhalten verzichtet haben.[375]

Der Verzicht kann selbst formlos erfolgen. In diesem Fall müssen aber Tatsachen festgestellt werden, aus denen sich unzweideutig ergibt, dass die Parteien auf die vereinbarte förmliche Werkabnahme durch schlüssiges Verhalten verzichtet haben.[376] Voraussetzung ist weiter, dass das Werk vollendet, d. h. bei natürlicher Betrachtung als Erfüllung der vertraglich geschuldeten Leistung anzusehen ist. Nur dann kann die Billigung des Werkes als im Wesentlichen vertragsgerecht (also das „Kernstück der Abnahme") angenommen werden.[377]

---

hier in einem Entwicklungsprozess, der auch von der Rechtsberatung beachtet werden muss: Je einfacher Systeme zu bedienen sind und/oder je erfahrener Kunden sind (besonders im kaufmännischen Bereich), desto sorgfältiger muss im Einzelfall geprüft werden, ob trotz fehlender Vereinbarung der Einweisung diese allein von den Umständen her (erkennbare Unerfahrenheit des Kunden) geschuldet sein kann. Weitergehend OLG Hamburg, Urteil vom 24. 7. 1996 – 12 U 5/96, CR 1997, 87 (Ablieferung erst mit Einweisung [!], Aushändigung des Benutzerhandbuches sowie einem im wesentlichen störungsfreien Probelauf) und OLG Köln, Urteil vom 26. 10. 1990 – 19 U 28/90, NJW 1991, 2156 (Probelauf notwendig); kritisch Saenger, NJW-CoR 1997, 354, 356.

[374] LG Aachen, Urteil vom 29. 9. 1992 – 41 O 69/92, CR 1993, 767.
[375] BGH, Urteil vom 3. 11. 1992, a. a. O. Der BGH stellt aber zu Recht an die Annahme eines Schriftformverzichtes „erhebliche Anforderungen".
[376] BGH, Urteil vom 3. 11. 1992, a. a. O. Der Senat sah im Übrigen Werkvertragsrecht als auf eine Leistung anwendbar an, die „die Einarbeitung einer speziell auf den Betrieb … abgestellten EDV-Systemlösung" umfasste.
[377] BGH, Urteil vom 3. 11. 1992, a. a. O. Noch ausstehende Arbeiten dürfen dem BGH zufolge nur von untergeordneter Bedeutung sein (BGH, a. a. O., 562). Keine derart nur unbedeutende Nebenleistung, sondern eine für die Gebrauchsfähigkeit der Anlage wesentliche, wenn nicht unerlässliche Vertragsleistung ist die Aushändigung des den bestimmungsgemäßen Gebrauch erst ermöglichenden Benutzerhandbuches (BGH, a. a. O., 563).

Wird ein förmlich zu protokollierender Abnahmetest vereinbart mit anschließender dreimonatiger fehlerfreier Erprobung des Werkes, ist dennoch eine **stillschweigende Abnahme** möglich, allerdings nur, wenn Tatsachen vorliegen, aus denen sich unzweideutig ergibt, dass die Vertragsparteien auf die vereinbarte förmliche Werkabnahme durch schlüssiges Verhalten **verzichtet** haben und das Werk vollendet ist.[378]

182   Bestimmt ein Vertrag, die Software solle als abgenommen gelten, wenn der Kunde oder Dritte selbständig **Eingriffe** am Vertragsgegenstand durchführt, und weiter, Voraussetzung für die kostenfreie Fehlerbeseitigung im Rahmen der Gewährleistung sei, dass die Programme sich in einem unveränderten Zustand befinden –, so kann aus der Zusammenschau dieser Bestimmungen abgeleitet werden, dass Eingriffe in den Vertragsgegenstand auch Teil der eingeräumten Nutzung sind.[379] Durch Unterzeichnen einer „**Übernahmebestätigung**" bestätigt der Kunde die gelieferte Anlage als funktionsfähig und vertragsgemäß, so dass diese **Übernahmebestätigung eine Abnahme im Sinne des Werkvertragsrechtes** darstellt.[380] Dies gilt grundsätzlich aber wohl nur, wenn der Kunde **vor** Unterzeichnung der Erklärung wenigstens die Möglichkeit einer Prüfung eingeräumt erhalten hat[381], nicht aber bei bloßer Anlieferung und Aufstellung von Geräten oder dem Laden von Programmen, solange also insbesondere die Software noch nicht beurteilt werden konnte[382] oder wenn der Anbieter die Inbetriebnahme durch einen fachkundigen Mitarbeiter und eine Erprobung zugesagt hat[383] oder die Einweisung in die Softwarenutzung nur unvollständig erfolgt ist.[384]

183   Eine **Teilabnahme** setzt zunächst voraus, dass sich die Leistung in abgeschlossene, getrennt abnahmefähige Teile aufspalten läßt.[385] Mangels besonderer Vereinbarung ist der Kunde nicht zur Abnahme von Teilleistungen verpflichtet (§ 266 BGB); er kann eine gesamte Leistung beanspruchen.[386] Ablehnung von Teilleistungen begründet damit keinen Annahmeverzug. Teilabnahmen sollten zumindest dann nicht erklärt werden, wenn sich die Funktionsfähigkeit der fraglichen Leistungskomponente nur mit

---

[378] BGH, Urteil vom 3. 11. 1992, a. a. O.

[379] OLG München, Urteil vom 27. 10. 1987 – 13 U 2458/86, CR 1988, 378.

[380] LG Bad Kreuznach, Urteil vom 9. 6. 1982 – 2 O 83/81, DV-R 3, 148 ff.

[381] Ähnlich Feuerborn/Hoeren, CR 1991, 513, 515.

[382] OLG Hamm, Urteil vom 8. 3. 1989 – 31 U 12/88, CR 1989, 1091.

[383] OLG Koblenz, Urteil vom 28. 11. 1986 – 2 U 89/84, CR 1988, 463, 467.

[384] OLG Frankfurt, CR 1995, 222 (Leitsatz).

[385] BGH, NJW 1964, 647.

[386] BGH, a. a. O. und BGH, WM 1983, 1104 ff.

den anderen, noch nicht erbrachten Leistungsteilen zusammen prüfen lässt. Teilabnahme durch Ingebrauchnahme liegt nicht vor, wenn noch Leistungsteile zu erstellen sind und erst nach dieser Erstellung das Gesamtwerk als vertragsgerecht erstellt (und geprüft) gelten kann.[387]

Teilabnahmen, die Anbieter gerne mit Vergütungsteilzahlungen verbinden, 184 sind problematisch, soweit erst in der Gesamtprüfung wichtige Funktionen des abzunehmenden Leistungsteils feststellbar sind. Ein entsprechender **Abnahmevorbehalt sollte im Vertrag** unbedingt **vereinbart werden.** Bei komplexeren Systemen empfiehlt es sich außerdem, genau zu bezeichnen, welche Funktionen zu welchem Zeitpunkt für welchen Leistungsteil mit welchem Ergebnis getestet wurden. Versäumnisse können sich hier schnell bitter rächen, wenn aus einer fehlenden oder nicht dokumentierten Prüfung die Billigung des Kunden abgeleitet wird. Üblich sind Teilabnahmen nicht nur etwa von fertigen Programmteilen (z. B. einem Finanzbuchhaltungsmodul), sondern auch von Produkten auf bestimmten Entwicklungsstufen: So kann sich eine Abnahme auf **Programmspezifikationen** beziehen, also z. B. auf Funktionen, Bildschirmdisplay-Gestaltungen.[388]

Werden vereinbarungsgemäß bestimmte **Programmteile stufenweise** 185 **nacheinander „geöffnet"** und die Mitarbeiter des Kunden in die Nutzung dieser Teile sukzessive eingeführt, ist der Kunde in der Regel erst nach abgeschlossener Eröffnung und Erläuterung in der Lage, das als Gesamtkomplex verkaufte Programmpaket umfassend zu nutzen und eventuelle Mängel der Gesamtanlage festzustellen. Erst von diesem Zeitpunkt an läuft dann die Verjährungsfrist nach § 477 Abs. 1 BGB[389] und ist die Ablieferung bzw. Abnahme zu datieren.

Die Erklärung einer Abnahme kann erst dann angenommen werden, wenn 186 die Mitarbeiter des Kunden eingewiesen und Anfangsschwierigkeiten überwunden wurden.[390] Auch bei Teilzahlungen ist von einer Anerkennung nicht auszugehen, wenn wiederholt die Beseitigung von Mängeln verlangt wird, ebenso nicht, wenn die Dokumentation unzureichend ist.[391] **Abnahmebedürftigkeit entfällt,** wenn das Programm als vertretbare Sache zu betrachten ist, da dann über § 651 BGB Kaufrecht eingreift.[392]

---

[387] OLG Düsseldorf, Urteil vom 1. 6. 1992 – 19 U 51/92, VersR 1993, 1023.
[388] Müller-Hengstenberg, Vertragsrecht, 62.
[389] OLG Bremen, Urteil vom 20. 3. 1990 – 3 U 33/89, BB Beil. 7, 1991, 2.
[390] OLG Düsseldorf, Urteil vom 7. 12. 1988 – 17 U 28/87, DB 1989, 520 für Ablieferung i. S. v. § 477 BGB und Abnahme i. S. v. § 640 BGB.
[391] OLG Hamm, Urteil vom 8. 3. 1989, a. a. O., CR 1989, 1091.
[392] OLG Hamm, Urteil vom 30. 11. 1987 – 2 U 118/86, IuR 1988, 455; CR 1987, 363.

Auch in diesem Fall stellt aber die Vereinbarung einer Funktionsprüfung zugleich die Vereinbarung einer Abnahme mit entsprechenden Abnahmewirkungen dar.

187 Die in den AGB eines Software-Lieferanten enthaltene Klausel:
„Zahlungsbedingungen: 30 % vom Auftragsvolumen zahlbar bei Auftragserteilung, 40 % nach Abschluss der Installation und Einweisung und 30 % nach Umstellung"
ist unklar und auslegungsbedürftig. Die nach § 5 AGBG dem Kunden günstigste Auslegung ergibt, dass auch die 40 %-Rate **Abnahmereife** voraussetzt.[393]

Voraussetzung für die Durchführbarkeit einer Abnahme kann also generell sein, dass zuerst
– die Hardware abgenommen wird[394] oder
– die vereinbarte Einweisung in die Systemnutzung in geeigneter Weise erfolgt und/oder
– die Dokumentation übergeben wird und
– eine ausreichende Erprobungszeit möglich ist.[395]

Sind diese Voraussetzungen nicht erfüllt, müssen zumindest besondere Umstände dargetan werden, denen zufolge der Kunde dennoch die Billigung erklärt hat. Eine konkludente Abnahme dürfte unter diesen Voraussetzungen nur in seltenen Fällen anzunehmen sein. Unwirksam ist eine Klausel, die eine Abnahme als durchgeführt fingiert, da insoweit die Beweislastverteilung zum Nachteil des Kunden als Vertragspartner des AGB-Verwenders verändert wird (Verstoß gegen § 11 Nr. 15 AGBG, s. Rn. 477).

188 Startet der Kunde nach der Installation des Programmes nur einen **Arbeitsversuch**, ist allein hierin noch keine Abnahme zu sehen.[396] Anderes kann gelten, wenn der Kunde auf weitere Versuche verzichtet oder auf der Basis der übergebenen Software Dritten einen Auftrag zur „Restprogrammierung" erteilt.[397] Allein in dem Umstand, dass der Kunde das Programm nach der Einweisung behält, ist noch keine Billigung zu sehen.[398]

---

[393] OLG Düsseldorf, Urteil vom 27. 10. 1995 – 22 U 66/95, CR 1996, 214.
[394] LG Darmstadt, IuR 1987, 462.
[395] LG Trier, Urteil vom 2. 12. 1992 – 5 O 1/92, CR 1995, 221.
[396] LG München I, Urteil vom 21. 10. 1986 – 7 O 1314/85, CR 1986, 803 ff.
[397] OLG Saarbrücken, Urteil vom 30. 4. 1986 – 1 U 21/84, CR 1988, 470 ff.
[398] OLG München, IuR 1986, 311.

Werden vertragsgemäße Prüfergebnisse nicht erreicht, kann der Kunde die   189
Erklärung der **Abnahme** soweit und so lange **verweigern**, bis die Leistungsmerkmale tatsächlich nachprüfbar vorhanden sind. Diese Verweigerung erfolgt allerdings dann unberechtigt, wenn die Software zwar noch
einzelne Fehler aufweist, die jedoch die Gebrauchseigenschaften im
Wesentlichen nicht beeinträchtigen. Auf eine fehlende Abnahme darf sich
der Besteller bei **unbedeutenden Mängeln** nicht berufen.[399]

Ist die Leistung nicht abnahmereif, muss der Kunde die Leistung grundsätzlich auch nicht abnehmen, beginnt die Gewährleistung nicht und wird
die Zahlung nicht fällig. Abnahmeprozeduren sind so oft zu wiederholen,
bis das Leistungsziel erreicht wird. Freilich kann bei mehrfachem Scheitern der Abnahmeprozeduren als solcher seitens des Kunden Nichterfüllung des Vertrages geltend gemacht werden. Denkbar sind auch begleitende Schadensersatzansprüche aus positiver Vertragsverletzung, insbesondere hinsichtlich des Aufwandes des Kunden bei der Mitwirkung an
den Abnahmeprozeduren.

Nach endgültiger Zurückweisung des Werkes als mangelhaft kann sich der   190
Kunde nicht mehr auf die Rechte aus § 641 Abs. 1 Satz 1 BGB berufen
und also nicht Einrede des nichterfüllten Vertrages oder den Einwand feh-
lender Fälligkeit erheben.[400] Erfüllungsansprüche des Kunden entfallen,[401]
da sich der Vertrag nun in der Gewährleistungsphase befindet. Macht der
Besteller jedoch von seinem Recht auf Erfüllung keinen Gebrauch, son-
dern verlangt er statt Erfüllung durch Neuherstellung Beseitigung der
Mängel am hergestellten Werk, konkretisiert und beschränkt er seine
Ansprüche auf die Gewährleistungsansprüche aus den §§ 633 ff. BGB.
Hierdurch erlischt der Neuherstellungsanspruch.[402] Da der Kunde im
Sachverhalt der Entscheidung des OLG Hamm das Fortbestehen des
Erfüllungsanspruches annahm, wartete er mit der Stellung eines Beweissi-
cherungsantrages (heute: Antrag auf selbständiges Beweisverfahren) etwa
ein Jahr, so dass Verjährung eingetreten war. Dieser Sachverhalt zeigt für
die **Praxis** sehr deutlich, dass die Weichen für die Rechtsfolgen oft bereits
in der vorgerichtlichen Phase gestellt werden (und zuweilen falsch).
Bereits bei dem ersten Schreiben, das die Aufforderung zur Mängelbeseitigung enthielt, hätte offensichtlich unbedingt kompetente Rechtsberatung

---

[399] BGH, Urteil vom 25. 1. 1996 – VII ZR 26/95, NJW 1996, 1280 (Verstoß gegen Treu und Glau-
      ben; Werklohn nach § 641 BGB fällig; die Entscheidung erging zum Baurecht).
[400] BGH, Urteil vom 25. 4. 1996 – X ZR 59/94, NJW-RR 1996, 883.
[401] OLG Hamm, Urteil vom 6. 2. 1991 – 31 U 129/90, CR 1991, 411.
[402] OLG Hamm, a. a. O.

beigezogen werden müssen. Bereits der Beweissicherungsantrag hätte nicht mehr gestellt werden brauchen/dürfen.[403]

191 **Verweigert** der bestellende **Kunde die Abnahme unberechtigt**, verletzt er nach allgemeinen werkvertraglichen Grundsätzen hierdurch seine Pflicht aus § 640 Abs. 1 BGB und gerät insoweit in Annahmeverzug (§§ 293 ff. BGB), womit der Anbieter nur noch für Vorsatz und grobe Fahrlässigkeit haftet (§ 300 Abs. 1 BGB). Der Kunde muss ihm eventuelle Mehraufwendungen für ein erfolgloses Abnahmeangebot, für Aufbewahrung und Erhaltung von Geräten ersetzen (§ 304 BGB). Die Vergütungsgefahr geht auf den Kunden über (§ 644 Abs. I Satz 1 BGB). Dem Anbieter stehen die Rechte aus den §§ 325, 326 BGB zu, da die **Abnahme Hauptpflicht** des bestellenden Kunden ist.[404] Der Anbieter kann die Abgabe der **Abnahmeerklärung einklagen** und über § 888 ZPO **vollstrecken** lassen, muss aber die Abnahmefähigkeit des Werkes im Prozess behaupten und beweisen.[405]

192 Im Rahmen von **Kaufvertragsrecht** muss der Kunde dem Anbieter bei Nichtabnahme der Kaufsache den entstandenen Verzugsschaden ersetzen (§ 286 BGB). Außerdem gerät der Kunde mit der Übergabe in Gläubigerverzug (vgl. § 433 Abs. I Satz 1 BGB), so dass die Haftungsminderung nach § 300 Abs. 1 BGB zugunsten des Verkäufers eintritt und bei Gattungskauf die Gefahr des zufälligen Untergangs gemäß § 300 Abs. 2 BGB auf den Käufer übergeht. Da außerdem der Käufer bei Abnahmeverzug zumeist auch gleichzeitig in Zahlungsverzug gerät, kann der Verkäufer hier die Rechte aus § 326 BGB geltend machen.[406] In der ernsthaften und endgültigen Abnahmeverweigerung des Käufers wird grundsätzlich auch gleichzeitig eine Zahlungsverweigerung zu sehen sein, die Rechte aus § 326 BGB begründet.[407]

193 Sind **Mängel** bereits **vor der Abnahme erkennbar**, muss der Kunde nicht die Abnahme abwarten, sondern er kann seine Gewährleistungsrechte bereits vor Durchführung der Abnahme geltend machen.[408]

---

[403] Das rechtliche Problem war auch erkennbar, ließ es sich das OLG Hamm doch nicht nehmen, die Parteien auf die leicht zugängliche Kommentierung Palandt/Thomas vor §§ 633 f. Rn. 3 hinzuweisen, wonach Konkretisierung mit Fristsetzung nach § 634 Abs. 1 BGB eintritt. Das Gericht stellte damit implizit die Weichen für den Anwaltshaftungsprozess des Kunden gegen seinen Prozessbevollmächtigten.

[404] BGH, NJW 1972, 99.

[405] Siehe Feuerborn, CR 1991, 1, 4.

[406] Feuerborn, a. a. O., 6.

[407] Feuerborn, a. a. O., m. w. N.

[408] OLG München, IuR 1987, 310.

Erklärt der Kunde die Abnahme, muss er sich bezüglich der ihm im   194
Abnahmezeitpunkt bekannten **Mängel** seine **Gewährleistungsrechte vorbehalten.** Ein solcher **Vorbehalt** ist aber nur bezüglich solcher Abweichungen erforderlich, bei denen der Kunde erkennt, dass sie den Wert oder
die Gebrauchstauglichkeit mindern oder aufheben.[409] Ein bereits vor
Abnahme erklärter Vorbehalt muß anlässlich der Abnahme erkennbar aufrechterhalten werden.[410] Auch hinsichtlich einer vereinbarten **Vertragsstrafe** muss bei Abnahme (als Form der Annahme als Erfüllung) ein Vorbehalt erklärt werden (§ 341 Abs. 3 BGB). Ein stillschweigender Vorbehalt genügt allenfalls in Ausnahmefällen;[411] vielmehr muss der Vorbehalt
grundsätzlich ausdrücklich erklärt werden, schon aus Gründen der
Beweisführung möglichst schriftlich.

Soweit im Rahmen werkvertraglicher Erstellung **Mängel beseitigt** wur-   195
den, sollte eine **erneute Abnahme** durchgeführt werden; diese bedarf aber
besonderer vertraglicher Vereinbarung (meist eine individuelle vertragliche Ergänzung zum Formularvertrag). Mit Abschluss dieser weiteren
Abnahme bzw. Funktionsprüfung der Mängelbeseitigungsleistung sollte
dann gemäß entsprechender ebenfalls ausdrücklich zu treffender vertraglicher Regelungen für den jeweiligen Mangel die Gewährleistungsfrist neu,
also von vorne (!) zu laufen beginnen. Bei der erneuten Abnahme ist zu
prüfen, ob die Mängelbeseitigung zum einen erfolgt ist und zum anderen
keine nachteiligen Auswirkungen auf andere Programmteile bzw. -funk-
tionen hat (wie bei **bug fixes** oft der Fall). Die erneute Abnahme kann auch
dogmatisch in den Vertrag „eingepasst" werden, handelt es sich bei der
Nachbesserung doch um eine Resterfüllung.

Mit der **Abnahme** wird die vereinbarte **Vergütung fällig.** Werklohn kann   196
aber vor Fertigstellung und Abnahme des Werkes fällig werden, wenn der
Besteller die Erfüllung des Werkvertrages grundlos ablehnt bzw. seine
Gegenleistung grundlos verweigert oder von ungerechtfertigten und unzu-
mutbaren Bedingungen abhängig macht (und damit die Einstellung der
Arbeiten veranlasst).[412]

Ist in der Dokumentation einer Standardsoftware darauf hingewiesen worden, dass Sicherungskopien nur auf Betriebssystemebene erstellt werden
können, weil die Software keine eigene Funktion dafür zur Verfügung

---

[409] Vgl. Feuerborn, a. a. O., CR 1991, 1, 4.
[410] BGHZ 62, 328, 329 ff. und NJW 1971, 883 ff.
[411] BGHZ 73, 246.
[412] BGH, Urteil vom 15. 5. 1990 – X ZR 128/88, CR 1991, 86 (unter Hinweis auf BGHZ 50, 175,
      177; BGH, WM 1986, 73 f.).

stellt, so ist wegen Kenntnis des Käufers von der fehlenden Sicherungskopierfunktion von **rügeloser Abnahme (§ 460 BGB)** auszugehen. Für Schäden der Software (z. B. Datenverluste auf der Festplatte), bei denen **nicht sicher** feststellbar ist, dass die Schadensursache ausschließlich im Herrschaftsbereich des Verkäufers liegt, trägt der Käufer die Beweislast.[413]

Klage auf Abnahme ist zulässig, und zwar auch als „isolierte".[414]

6.2 Funktionsprüfung

197 Der **Begriff** der „Funktionsprüfung" ist nicht rechtlich, sondern **technisch bestimmt.** Die Funktionsprüfung stellt eine nach technischen oder sonstigen anwendungsbezogenen Parametern definierte Überprüfung dar, ob die Leistung bestimmten vereinbarten Spezifikationen entspricht. Weder die Abnahme noch gar die kaufrechtliche Ablieferung sind vom Gesetz her als technische Prüfung ausgestaltet. Andererseits kann der Kunde bei komplexeren Systemen und Programmentwicklungen in aller Regel ohne solche Prüfung nicht feststellen, ob die vereinbarten Funktionen implementiert wurden. Eine Billigung müsste „ins Blaue hinein" erfolgen. Ohne diese Funktionsprüfung ist für den Kunden nicht erkennbar, auf welche Eigenschaften des Vertragsgegenstandes sich seine Billigungserklärug bezieht und welcher Status gebilligt werden soll.[415] Deshalb erscheint es sachgerecht und dem Anbieter zumutbar, dass die Abnahme in einer **technisch spezifizierten Form** und damit als Funktionsprüfung erfolgt. Auch bei Ablieferung erscheint dies wünschenswert, aber wohl nicht immer durchsetzbar.

Da das Gesetz bestimmte technische Prüfverfahren nicht vorschreibt (und sinnvollerweise auch nicht vorschreiben sollte, da sie zu schnell technisch überholt sein würden), bleibt nur **die Funktionsprüfung als Teil der Abnahme im Vertrag ausdrücklich zu vereinbaren und detailliert auszugestalten.**

198 **Maßstab** der Funktionsprüfung sind die ausdrücklich vereinbarten oder jedenfalls vorausgesetzten bzw. üblichen Leistungsdaten des Systems oder seiner einzelnen Komponenten, etwa die Laufeigenschaften des Programmmes.

---

[413] OLG Frankfurt/Main, Urteil vom 12. 7. 1995 – 9 U 31/95, CR 1996, 26.
[414] BGH, Urteil vom 27. 2. 1996 – X ZR 3/94, BB 1996, 766.
[415] LG Siegen, Urteil vom 15. 10. 1979 – 2 O 261/77, CW vom 14. 8. 1981, 20 = DV-R 1, 48. Einführend zur Problematik bereits Ellenberger, ZIP 1982, 519.

7. Vor- und nebenvertragliche Beratungspflichten des Anbieters

Beratungspflichten und die Haftung aus der Verletzung dieser Pflichten 199
haben für Anbieter wie Kunden im EDV-Bereich besondere Bedeutung.
Dies ergibt sich aus dem zumeist vorhandenen **Wissensvorsprung** des
Anbieters, die zu einer Benachteiligung des Kunden in den entscheidenden Vertragssphasen der Leistungsbeschreibung und der Geltendmachung
von Gewährleistungsrechten führen kann. Zu fragen ist also, unter welchen Voraussetzungen eine Beratungshaftung des Anbieters entsteht und
ob sie als Nebenpflicht dem Hauptvertrag oder einem eigenständigen
Beratungsvertrag zuzuordnen ist. Die Ausführungen unter dem vorliegenden Abschnitt befassen sich mit Aufklärungs-, Hinweis- und Beratungspflichten des Anbieters aus der Aufnahme und dem Führen von Vertragsverhandlungen und der Vertragsdurchführung, nicht jedoch aus eigenständigem Beratungsvertrag. Auf diesen wird unter Rn. 936 näher eingegangen, auf die Abgrenzungsschwierigkeiten im vorliegenden Abschnitt.

7.1 Entstehung von Beratungspflichten durch Vertragsverhandlungen

Der Anbieter geht nicht bereits mit der Aufnahme von Vertragsverhand- 200
lungen mit dem Kunden eine Beratungsverpflichtung diesem gegenüber
ein, selbst wenn der Anbieter einen deutlichen Wissensvorsprung aufweist
(s. u. Rn. 206).

Grundsatz: Der Anbieter ist als Verkäufer **nicht generell** zur Aufklärung
und Beratung verpflichtet.[416] Jedoch können ihn gegenüber Kunden auch
dann Hinweis- und Aufklärungspflichten treffen, wenn er keine Bera-
tungstätigkeiten aufnimmt. Damit obliegt es grundsätzlich dem sachkundigen Käufer eines Computers, sich darüber zu erkundigen, ob ein für den
allgemeinen Gebrauch geeigneter Computer auch für seine, des Kunden,
besonderen Bedürfnisse geeignet ist[417] oder seine Beratungsbedürftigkeit
kundzutun.

---

[416] BGH, WM 1983, 987 für Kaufverträge; LG Berlin, Urteil vom 2. 11. 1982 – 96 O 9/82, DV-R 2,
107, 108; LG München I, DV-R 2, 128; OLG Düsseldorf, Urteil vom 7. 2. 1980 – 29 O 7616/78,
NJW 1989, 116 (keine verkäuferseitige Aufklärungspflicht gegenüber kaufender Leasinggesellschaft bezüglich erheblicher Abweichung des Kaufpreises vom Listenpreis, da Leasinggesellschaft nicht notwendig Interessen an möglichst niedrigem Kaufpreis habe).
[417] LG Frankfurt/Main, Urteil vom 8. 6. 1988 – 3/12 O 181/86, BB, Beil. 11, 1989, 5.

201 Der Anbieter ist in seiner Entscheidung frei, eine Beratung des Kunden aufzunehmen. Nimmt der Anbieter aber (meist aus Gründen der Auftragsakquisition) erste Kontakte mit Interessenten oder dieser mit dem Anbieter auf, treffen den Anbieter dann – in einem freilich engeren Umfange – Hinweispflichten gegenüber diesen Interessenten, wenn er diese auch vorvertraglich nicht beraten will. Er muss sie auf diesen Umstand hinweisen, wenn er für die Interessenten nicht erkennbar zu sein braucht, oder wenn er nach den Aussagen des jeweiligen Interessenten, z. B. falsche Anwendungsvorstellungen feststellt.

202 Lässt sich der Anbieter nicht auf eine Beratung des Kunden ein, ist für ihn aber objektiv erkennbar, dass der Kunde eindeutig von falschen Vorstellungen (etwa über technische Daten oder eine bestimmte Anwendung) ausgeht oder grundsätzlich keine ausreichenden Kenntnisse besitzt, um eine einigermaßen sachgerechte Entscheidung zu treffen, entsteht hieraus noch keine Beratungs-[418], wohl aber eine Hinweispflicht.[419] Der Anbieter muss z. B. den Kunden, der eine bestimmte Eigenschaft als für ihn wichtig betont, auf deren Fehlen hinweisen.[420] Entsprechende Hinweise und Auskünfte müssen anbieterseitig mit ausreichender Sorgfalt erteilt werden[421], so z. B. bezüglich der Eignung eines Rechners für eine verlangte Programmieraufgabe[422], wenn diese Aufgabe vom Kunden angesprochen wird oder er seinen Kaufentschluss erkennbar von bestimmten Umständen abhängig macht.[423]

Der Anbieter muss sich nicht ausdrücklich zur Beratung eines (potentiellen) Kunden verpflichten, um entsprechende Pflichten zu begründen. **Beratungspflichten des Anbieters entstehen** bereits dann, **wenn** (von Fällen einer ausdrücklichen Beratungsvereinbarung abgesehen). **der Kunde zu erkennen gibt, dass er Rat sucht und der Anbieter daraufhin die Beratung rein faktisch aufnimmt.** Hieraus begründet sich – auch bereits vorvertraglich und unabhängig vom Zustandekommen eines Vertrages – ein Vertrauensverhältnis und ein Haftungstatbestand aus Treu und Glauben.[424] Dies gilt aber nicht bei bloßem Bestehen eines Wissensvorsprunges des Anbieters im Verhältnis zum Kunden bzw. potentiellen Kunden, wenn der Kunde nicht auch seine bestehende Beratungsbedürftigkeit

---

[418] Ähnlich Schneider, Handbuch, Rn. D 573 ff. gegen OLG Köln, CR 1991, 154 und OLG Düsseldorf, CR 1994, 351 und 661.
[419] LG Kiel, Urteil vom 26. 3. 1984 – 2 O 192/83, CR 1987, 22 (Anbieter muss sich ggf. selbst ausreichend kundig machen).
[420] LG München I, Urteil vom 22. 2. 1977 – 10 O 12140/76, DV-R 1, 43.
[421] OLG Düsseldorf, Urteil vom 4. 11. 1983 – 14 U 141/83, IuR 1986, 360.
[422] OLG Celle, Urteil vom 26. 2. 1986 – 6 U 154/84, CR 1988, 303.
[423] LG München I, a. a. O., DV-R 1, 45.
[424] BGH, WM 1983, 987 ff.; OLG Frankfurt/Main, Urteil vom 29. 4. 1980 – 5 U 84/78, DV-R 2, 76; LG Kiel, Urteil vom 26. 3. 1984 – 2 O 192/83, DV-R 3, 217.

unter (stillschweigend mögliche) Bezugnahme auf den Wissensvorsprung des Anbieters zu erkennen gibt.

Keine Beratungspflicht des Kunden entsteht deshalb, wenn der Kunde zu   203
erkennen gibt, dass er über einen gesicherten Erkenntnisstand verfügt und
Beratung als gesondert zu vergütende, nicht vom Kaufpreis umfasste Leistung ansieht[425] oder, dass er sich anderweitig hat beraten lassen.[426] Hingegen trifft den Anbieter eine **umfassende Beratungspflicht**, wenn der
ratsuchende Kunde erkennbar Laie ist.[427] Zwischen beiden Grenzfällen
(Fachkundiger und Laie) besteht eine große Bandbreite von unterschiedlichen, stark anwendungsspezifischen Fallvarianten. Zu berücksichtigen
sind die Informationsbedürftigkeit des Kunden, die Sachkunde des Anbieters, das Bestehen eines besonderen Vertrauensverhältnisses (etwa aus längerfristigen Vertragsbeziehungen). Aufzuklären ist über Tatsachen und
Umstände, die den Vertragszweck vereiteln und daher für den Entschluss
des Kunden von wesentlicher Bedeutung sein können.[428]

Der Anbieter darf aber gewisse Kenntnisse des Kunden voraussetzen.
Das OLG Oldenburg hat hier deutliche Worte gefunden: „Wer sich darauf einläßt, einen Computer und die zugehörige Software zu erwerben,
darf nicht bar jeglicher Kenntnis sein. Wenn es sich auch bei einem
Computer noch immer um ein relativ neues Produkt handelt und deshalb umfangreichere Informationspflichten bestehen als beispielsweise
bei einem Autohändler, der seinem Kunden nicht erst das Fahren beizu-
bringen braucht, so ist gleichwohl von dem Erwerber eines Computers
zu erwarten, daß er sich über die Einsatzmöglichkeiten des von ihm
erworbenen Geräts auch selbst kundig macht."[429] Das Urteil lehnt

---

[425] LG München I, Urteil vom 20. 10. 1986 – 8 HKO 7825/86, CR 1987, 96f.
[426] OLG Köln, Urteil vom 8. 1. 1993 – 19 U 187/92, CR 1993, 563.
[427] OLG Celle, Urteil vom 21. 2. 1996 – 13 U 255/95, CR 1996, 538. Dem Senat zufolge macht eine
    bloße Orientierung auf dem Markt durch informelle Gespräche aus einem EDV-Unkundigen kei-
    nen Erwerber mit brauchbarer Kenntnis über die Einsatzmöglichkeiten eines Computers oder die
    Beurteilung von Software. Das Gericht sah im Übrigen durch die nutzlose Installation verursachte
    Fahrkosten als über § 249 BGB erstattungsfähigen Schaden an, nicht aber die kundenseitig ange-
    fallenen Einarbeitungskosten (aus Arbeitsstunden), da die Arbeitskraft als solche nicht als Ver-
    mögensgut anzusehen sei. Über das ohnehin zu bezahlende Gehalt seien keine besonderen Kosten
    (etwa aus Überstunden) dargetan.
[428] OLG Hamm, Urteil vom 4. 3. 1983 – 19 U 300/82, DV-R 2, 99 = CW vom 27. 7. 1984, 28.
[429] OLG Oldenburg, Urteil vom 12. 2. 1986 – 3 U 43/85, DV-R 4, 211, 213 bezüglich der Erstellung
    eines Soll-Konzepts. Das Gericht weist freilich weiter darauf hin, dass auch dann, wenn sich die
    Formulierung eines Soll-Konzepts im Rahmen dessen gehalten haben sollte, was einem Compu-
    terkunden, der ein mittelständisches Unternehmen betreibt, zugemutet werden darf, der Anbieter
    doch verpflichtet war, den Kunden darauf hinzuweisen, dass er von ihm zumindest ohne zusätzli-
    ches Entgelt keine weitere Hilfe erwarten dürfe und sich anderweitig sachkundig machen müsse
    (OLG Oldenburg, a. a. O.).

zutreffend einen pauschalen, unreflektierten, das tatsächliche Wissen des Kunden ausblendenden Schutz ab.

204 Es genügt zur Haftungsentstehung, dass sich der **Kunde erkennbar auf** einen erteilten **Rat verlässt**[430] und es gerade aufgrund der Beratung zum Kaufabschluss kommt.[431] Die Inanspruchnahme persönlichen Vertrauens führt zu einer gesteigerten Sorgfaltspflicht.[432] Nimmt der **Anbieter** unter diesen Umständen eine Beratung auf, **haftet** er aus Fehlern dieser Beratung **verschuldensabhängig.**[433] Eine Verpflichtung des Anbieters, Beratungsleistungen durchzuführen, besteht jedoch nicht.[434] Allerdings muss dem Kunden erkennbar sein (oder gemacht werden), dass der Anbieter keine Beratungsleistung erbringen will. Zumindest insoweit wird den Anbieter generell eine Hinweispflicht treffen. Außerdem muss er den Kunden auf dessen erkennbar falsche Vorstellungen hinweisen[435] bzw. auf seine hieraus resultierende Beratungsbedürftigkeit. Dies gilt insbesondere dann, wenn der Kunde erkennbar EDV-unerfahren ist und den Anbieter als fachkundigen Händler oder Software-Anbieter aufgesucht hat (im Ladengeschäft oder auch auf einer Messe).

205 „Laie" ist nicht nur der absolute EDV-Novize, sondern u. U. auch ein Fachmann bezüglich eines neuen Spezialgebietes, etwa der Java-Programmierung, generell der Objektorientierung oder der Absicherung von Web-Servern. Bei vollständigen Laien (z. B. Erstanwendern) kann aber die Begründung einer zumindest nebenvertraglichen Aufklärungs- oder Beratungspflicht bereits aus der Aufnahme von Vertragsverhandlungen abgeleitet werden, sofern über verschiedene Anwendungsvarianten gesprochen wird.

---

[430] Siehe etwa OLG Köln, Urteil vom 19. 2. 1986 – 23 O 450/83, IuR 1987, 18.

[431] OLG München, Urteil vom 25. 11. 1982 – 24 U 141/82, DV-R 1, 90, 95.

[432] LG Mainz, Urteil vom 20. 8. 1982 – 11 HO 159/80, DV-R 3, 90.

[433] OLG München, Urteil vom 25. 11. 1982 – 24 U 141/82, DV-R 1, 90; ähnlich BGHZ 84, 106; OLG Düsseldorf, Urteil vom 4. 11. 1983 – 14 U 141/83, IuR 1986, 360.

[434] LG München I, Urteil vom 7. 2. 1980 – 29 O 154/78, DV-R 1, 129. Dies gilt auch für moderne Geräte, deren Eigenschaften und Leistungsfähigkeit nicht bereits durch bloße Besichtigung feststellbar ist. Hier kann nach den Umständen des Einzelfalles Beratungsbedarf bestehen (in diesem Sinne etwa das OLG Schleswig, Urteil vom 6. 11. 1981 – 11 U 117/80, DV-R 2, 245, 248, das primär auf Produktbeschreibungen abstellt). Hinzukommen muss, dass der Kunde Beratung auch tatsächlich (und dem Anbieter erkennbar) in Anspruch nehmen will. Tut er das nicht, entsteht keine Beratungspflicht des Anbieters. Macht er aber Beratungswünsche deutlich, muss der Anbieter darauf eingehen (oder dies erkennbar ablehnen), gleich, ob die Kaufsache technisch bedingt komplex oder schlicht wie Kaufsachen „zur Zeit der Jahrhundertwende" ist (OLG Schleswig, a. a. O., 247). Auch das OLG Schleswig zieht aber nicht die Konsequenz, dass das bisherige Kaufrecht überholt sei.

[435] LG Kiel, Urteil vom 26. 3. 1984 – 2 O 192/83, CR 1987, 22.

Wendet sich der Kunde als Nicht-EDV-Fachmann[436] an den Anbieter, macht er hiermit in der Regel zugleich kund, dass er einen **Wissensvorsprung des Anbieters voraussetzt,** auf den er – dem Anbieter erkennbar – vertraut. Einen solchen Wissensvorsprung können auch kaufmännische Kunden in Anspruch nehmen.[437] Bei erkennbar eingeschränktem Wissensvorsprung (etwa bei studentischen Aushilfsprogrammierern) kann keine umfassende Beratung/Aufklärung erwartet werden.[438]

Beispiel:
Ein fachlich ausgerichteter EDV-Lieferant muss einen mittleren Handwerksbetrieb als EDV-Einsteiger darauf hinweisen, dass der vertraglich vorausgesetzte Zweck nur in einem intensiven Dialog mit dem Kunden konkretisiert werden kann, dessen Ergebnis in einem Pflichtenheft festzuhalten ist, und von sich aus diese Konkretisierung anbieten.[439]

Eine Auskunft muss wahrheitsgemäß und sorgfältig erteilt werden[440] und kann mehrere Gespräche erforderlich machen.[441] Ein Fachunternehmen kann gehalten sein, die Kundenbedürfnisse zu erforschen.[442]   206

Keine Beratungspflicht des Anbieters besteht, wenn sich der Kunde (als DV-Laie) durch einen (anderen) Fachmann beraten lässt.[443] Der Kunde muss vortragen und beweisen, dass ein Mitarbeiter für einen Anbieter beratend gegenüber dem Kunden tätig wurde; das ist zwar grundsätzlich bei anbietenden Firmen unproblematisch, aber nicht ohne weiteres bei einem Fachverband.[444]   207

Wird der Kunde vom Anbieter vor Vertragsabschluss fehlerhaft beraten (z. B. bei unterbliebenem Hinweis auf die noch nicht erfolgte Programmfertigstellung[445]), entsteht eine **Anbieterhaftung aus Verschulden bei Vertragsabschluss** (culpa in contrahendo) als vorvertraglichem Vertrau-   208

---

[436] LG Augsburg, Urteil vom 5. 5. 1988 – HKO 3588/87, CR 1989, 22, 26 (mit der eindeutigen Aussage. „Bleibt hier etwas unklar, so stellt dies ein Verschulden des EDV-Anbieters bei den Vertragsverhandlungen dar und ist nicht dem Kunden anzulasten.") unter Hinweis auf OLG Celle, CR 1988, 303; OLG München, CR 1987, 675, 677; OLG Stuttgart, CR 1987, 172); geradezu drastisch die Unkenntnis in der Entscheidung OLG Hamm, DV-R 2, 98, 100.
[437] LG Augsburg, Urteil vom 22. 11. 1985 – 1 HKO 1497/81, DV-R 3, 144, 146.
[438] OLG Frankfurt/Main, Urteil vom 15. 6. 1988 – 13 U 141/87, CR 1990, 127, 130.
[439] OLG Stuttgart, Urteil vom 18. 10. 1988 – 6 U 64/88, NJW-RR 1989, 1328 f.
[440] OLG Düsseldorf, Urteil vom 4. 11. 1983 – 14 U 141/83, DV-R 3, 54 ff.
[441] LG Kiel, a. a. O., 22, 24.
[442] LG Saarbrücken, Urteil vom 28. 6. 1984 – 7 O 18/80, DV-R 3, 285 f.
[443] LG München I, Urteil vom 7. 10. 1987 – 8 HKO 3793/86, DV-R 4, 107.
[444] OLG Hamm, Urteil vom 30. 11. 1992 – 8 U 85/92, NJW-RR 1993, 1179.
[445] OLG Stuttgart, Urteil vom 31. 3. 1980 – 11 U 4/80, DV-R 1, 114.

ensverhältnis[446] Bei fehlerhafter Beratung im Rahmen eines bestehenden Vertragsverhältnisses (etwa bezüglich einer Systemerweiterung) wird hingegen Haftung aus Verletzung einer vertraglichen Nebenpflicht begründet (positive Vertragsverletzung, s. Rn. 1100).[447] Schließlich kann Haftung aus einem selbständigen Beratungsvertrag entstehen, der (wenn keine ausdrückliche Vereinbarung getroffen wurde), allerdings nur in Betracht kommt, wenn besondere Umstände hierfür sprechen.[448]

Haftung aus culpa in contrahendo besteht neben einem wirksamen Vertrag fort, wenn es gerade der Beratungsfehler war, der zu einem derartigen Vertrag führte[449] und sich die Beratung auf die Beschaffung des erworbenen Gegenstandes bezieht.[450] Der Schadensersatzanspruch des Kunden kann hier darauf gerichtet sein, ihn von der kaufvertraglichen Verpflichtung zu befreien.[451] Die Haftung wird auch nicht von kauf- oder werkvertraglichen Gewährleistungsregelungen aufgehoben[452], es sei denn, wenn sich ein beratungsbedingter Irrtum des Kunden auf eine Eigenschaft bezieht, deren Nichtvorliegen einen Mangel darstellt[453].

209 Die Abgrenzung zwischen Beratungsverschulden und Gewährleistung kann gelegentlich nur in einzelfallorientierter Beurteilung gezogen werden. Der Inhalt bestimmter Beratungsaussagen kann nämlich zugleich Merkmale des vertraglich vorausgesetzten Gebrauches beschreiben. Tritt hier dann eine Abweichung auf, liegt zwar ein Beratungsverschulden vor, zugleich aber **vorrangig ein Gewährleistungsanspruch** des Kunden. Soweit sich aber der Kunde auf die Gebrauchsbeschreibung einlässt, weil er deren Unvollständigkeit oder Unrichtigkeit mangels eines möglichen Hinweises bzw. einer möglichen Aufklärung seitens des Anbieters nicht erkennen kann, muss es dem Kunden möglich bleiben, den Anbieter aus diesem Beratungsverschulden in Anspruch zu nehmen, zumindest während der Laufzeit der Gewährleistungsfrist.[454]

Berät der Anbieter den EDV-unerfahrenen Kunden über ein einzusetzendes System, hat der Anbieter sich ein Bild von den mit der Anlage zu

---

[446] Vgl. BGH, NJW-RR 1990, 1301 f.
[447] LG Augsburg, Urteil vom 29. 11. 1984 – 1 HKO 3992/83, IuR 1986, 208.
[448] OLG Köln, Urteil vom 8. 1. 1993 – 19 U 187/92, CR 1993, 563.
[449] LG Stuttgart, Urteil vom 4. 12. 1979, DV-R 1, 114 (OLG Stuttgart, a. a. O., 114).
[450] OLG Celle, Urteil vom 21. 2. 1996 – 13 U 255/95, CR 1996, 538.
[451] BGH, NJW 1962, 1197.
[452] BGH, ZIP 1984, 962, 964.
[453] Zur Abgrenzung auch hinsichtlich Anfechtung s. LG München I, Urteil vom 22. 2. 1977 – 10 O 140/76, DV-R 1, 43 ff.
[454] In diesem Sinne BGH, Urteil vom 6. 6. 1984 – VIII ZR 83/83, CR 1986, 79, 82.

bewältigenden Aufgaben zu machen und dem Kaufinteressenten dann eine dafür passende Anlage vorzuschlagen. Verletzt der Anbieter diese Pflicht, hat der Käufer ein **Wandlungsrecht** nach § 459 BGB.[455] Vertragsgegenstand war hier eine den kundenseitigen Ansprüchen entsprechende Anlage. Das Nichterfüllen dieser Anforderungen stellt einen Mangel der Vertragsleistung dar.[456]

Im Einzelfall kann die Beratungsverpflichtung Gegenstand eines **eigenständigen Beratungsvertrages** sein[457] (s. auch Rn. 938). Dieser unterliegt bei Erfolgsbezug grundsätzlich Werkvertragsrecht.[458] Die Auskunft auf Anfrage begründet Haftung aus Auskunftsvertrag, wenn der Auskunftserteilende weiß, dass für den Anfragenden die Auskunft Grundlage für weitreichende geschäftliche Maßnahmen ist, während die bloße Erteilung eines Rates oder einer Auskunft keine Haftung begründet (§ 676 BGB). Eindeutig ist das Entstehen einer solchen Verpflichtung, wenn Anbieter und Kunde ausdrücklich einen entsprechenden Vertrag abschließen. Schwieriger wird die Abgrenzung, wenn die Vertragspartner keine ausdrückliche Vereinbarung getroffen haben. Hier ist durch Auslegung zu ermitteln, ob überhaupt eine Beratungsverpflichtung begründet werden sollte und ob diese von ihrer Bedeutung her den Status einer Nebenpflicht zum Hauptvertrag oder den eines **eigenständigen vertraglichen Erfüllungsanspruches** aus Beratungsvertrag haben sollte, wobei im letzteren Fall an zu vergütende Beratungsleistungen erhöhte Anforderungen gestellt werden können.[459] Ein selbständi-

210

---

[455] OLG Düsseldorf, Urteil vom 10. 12. 1993 – 17 U 33/93, CR 1994, 351 (für das noch nicht erfolgte, aber vereinbarte Anlegen von Stücklisten). Sehr weitgehend erscheint die Auffassung des Gerichts, dass sich der Fachmann bei einem EDV-Erwerb durch einen Laien grundsätzlich von den zu bewältigenden Aufgaben ein Bild zu machen und eine passende Anlage vorzuschlagen habe, andernfalls dem Käufer Gewährleistungsansprüche zustehen. Zusätzlich wird der Kunde wohl deutlich machen müssen, dass er überhaupt Beratung in Anspruch nehmen möchte.

[456] Allerdings könnte in diesem Fall unmittelbar Werkvertrags- und nicht nur Kaufvertragsrecht anzuwenden sein. Die Auswahl des Systems folgt hier Werkleistung, nicht nur nebenvertragliche Aufklärungs- und Beratungspflicht. Tatsächlich geht das Ergebnis der Entscheidung des OLG Düsseldorf in diese Richtung, da der Anbieter i. E. nicht verschuldensabhängig aus positiver Vertragsverletzung, sondern verschuldensunabhängig aus Gewährleistung haftet. Wies das ausgewählte System nicht bereits als solches Mängel auf (wofür aus dem Urteil nichts entnommen werden kann), kann man zu einer Gewährleistungshaftung des Anbieters nur über eine werkvertragliche Auswahlverpflichtung gelangen, ansonsten allein verschuldensabhängige Haftung verbliebe.

[457] Der Abschluss solcher Verträge ist keineswegs selten (so Marly, Verträge, Rn. 490), sondern im Bereich der Einführung von ERP-Software (wie SAP R/3) sogar häufig, wobei freilich nach den Einzelfallumständen zwischen reiner Beratung, Studien- oder Pflichtenhefterstellung und begleitender Projektbetreuung zu unterscheiden ist.

[458] LG Nürnberg-Fürth, Urteil vom 19. 12. 1985 – 1 O 7188/84, DV-R 3, 270.

[459] Allerdings nicht mehr zur Übergabe im engeren Sinn. Hiernach würde dem Käufer der Computer nur verpackt vor die Tür gestellt.

ger Vertrag wird nur anzunehmen sein, wenn besondere Umstände darauf hindeuten.[460]

Soweit eine eigenständige Beratungsverpflichtung zu bejahen ist und auf diese bei dem Versprechen eines konkreten Leistungserfolges Werkvertragsrecht zur Anwendung gelangt, haftet der Anbieter für seine Beratungsleistung verschuldensunabhängig. Schlechterfüllungsansprüche können der Haftung aus positiver Vertragsverletzung unterliegen[461], aber bei zielorientierter Beratung auch **Werkvertragsrecht** mit verschuldensunabhängiger Gewährleistung. Von Bedeutung ist schließlich, dass zwar culpa in contrahendo-Ansprüche bei Sachmangelbezug hinter die kaufvertragliche Gewährleistung zurücktreten, nicht aber Erfüllungsansprüche oder Ansprüche aus positiver Vertragsverletzung aus eigenständigem Beratungsvertrag.

211 Der eigenständige Beratungsvertrag kann als selbständiger Vertrag auch **stillschweigend abgeschlossen** worden sein, wenn die Auskunft für den Kunden (dem Anbieter) erkennbar von erheblicher Bedeutung ist und der Kunde die Auskunft zur Grundlage wesentlicher Entschlüsse oder Maßnahmen machen will, insbesondere, wenn der auskunftgebende Anbieter für die Raterteilung besonders sachkundig oder selbst wirtschaftlich interessiert ist.[462] Diese extensive Beratungspflicht kann, je nach den Umständen des Sachverhaltes, aber auch eine selbständige (ebenfalls unentgeltliche, bzw. mit abgegoltene) Nebenpflicht zum Hauptvertrag darstellen.[463] Es muss aber ein Wille zu vertraglicher Bindung deutlich werden, da sonst die Haftungsfreistellung aus § 676 BGB eingreift.

Im **Ergebnis** wird man mit der Annahme eines getrennten Beratungsvertrages zurückhaltend sein müssen. Jedenfalls dessen stillschweigender Abschluss wird regelmäßig nur dann angenommen werden können, wenn besondere Umstände dafür sprechen, dass der Anbieter eine **eigenständige vertragliche Beratungsverpflichtung** übernehmen sollte und wollte. Allein das Vorliegen eines Vertrauenstatbestandes und selbst die Übernahme einer Beratung führen noch nicht zu einer selbständigen beratungsvertraglichen Haftung, sondern generell nur zu einer Haftung aus einer nebenvertraglichen Beratungsverpflichtung im Rahmen des Hauptvertrages.

---

[460] BGH, Urteil vom 6. 6. 1984 – VIII ZR 83/83, DV-R 2, 152, 154.
[461] Vgl. Marly, Verträge, Rn. 492.
[462] So generell etwa BGHZ 7, 371, 374ff.; Z 74, 103, 106f.; BGH, WM 1992, 1246.
[463] Ähnlich wohl LG Mainz, IuR 1986, 361; OLG München; DV-R 1, K/M-17.

Die **Verpflichtung zur entgeltlichen Abgabe einer Empfehlung**, welches System für ein Unternehmen am besten geeignet sei, folgt **Werkvertragsrecht**.[464] Schließt ein Lieferant mit dem Leasingnehmer einen Beratervertrag mit der Zusage eines Honorars in Höhe der Leasingraten, handelt er für den Leasingnehmer ersichtlich nicht als Erfüllungsgehilfe des Leasinggebers.[465]

Ist Werkvertragrecht auf einen eigenständigen Beratungsvertrag anwendbar, tritt Verjährung nach § 638 Abs. 1 BGB ein.[466] Dies gilt auch für Ansprüche auf Ersatz von Mehraufwendungen in Form von Nachrüstkosten und erhöhten Personalkosten, die sich aus einer mangelhaften Empfehlung ergeben („nächste Mangelfolgeschäden"). Fehler eines Gutachtens übertragen sich oft zwangsläufig auf den Kauf des DV-Systems; erst aufgrund der Empfehlung werden die Gutachtensfehler „Wirklichkeit".[467] Soweit sich diese Fehler nachteilig auf die Gebrauchstauglichkeit auswirken, also Mängel des Gutachtens vorliegen, verjährt der entsprechende Anspruch in derselben Frist wie Ansprüche aus Sachmängelgewährleistung.[468]

Der Beratungsvertrag kann **Dienstvertragsrecht** folgen, wenn qualifizierte Dienste als solche zu erbringen sind, Werkvertragsrecht kommt hingegen zur Anwendung, wenn ein bestimmtes, im voraus beschreibbares Leistungsziel durch den Anbieter erreicht werden soll. Wenn z. B. der als Berater beauftragte Anbieter als Experte auf dem Gebiet der automatischen Datenverarbeitung dem nicht sachkundigen Anwender eine Empfehlung geben soll, welches der auf dem Markt befindlichen EDV-Systeme nach Leistungsvermögen, Bedienungsmodalitäten und Preis am besten für den Anwender geeignet sei (Gutachtervertrag).[469]   212

Ein vertraglicher **Ausschluss der Haftung** für ein Beratungsverschulden wäre sowohl als formularmäßige als auch als individuelle Vereinbarung unwirksam, da dieser Ausschluss gegen Treu und Glauben (§ 242 BGB) verstieße bzw. für den Kunden überraschend wäre.[470] Ein Schadensersatz-   213

---

[464] OLG Frankfurt/Main, Urteil vom 12. 7. 1989 – 9 U 61/88, CR 1990, 585 (s. a. Rn. 939).

[465] OLG Hamm, Urteil vom 22. 11. 1993 – 31 U 227/92, CR 1994, 146.

[466] OLG Frankfurt/Main, a. a. O.

[467] BGHZ 58, 85 ff.

[468] Ähnlich bei mangelhafter Beratung bei Systemauswahl im Rahmen eines Leasinggeschäftes, BGH, NJW 1984, 2938.

[469] OLG Frankfurt/Main, a. a. O., 585 f.; allg. s. Kemper, CR 1991, 708 ff.

[470] LG München I, Urteil vom 7. 2. 1980 – 29 O 7616/78, DV-R 2, 128, 130 (auch wenn die Verwendung des Bürocomputers ausdrücklich Vertragsgegenstand geworden ist; das Gericht sieht, etwas allgemein, einen Verstoß gegen § 242 BGB); LG Augsburg, Urteil vom 5. 5. 1988 – HKO 3588/87, CR 1989, 22, 26 (unbeschränkte Haftung auch bei einfacher Fahrlässigkeit).

anspruch wegen Schlechtberatung wird durch kaufvertragliche Gewährleistung nicht ausgeschlossen.[471]

214 **Ansprüche aus Verletzung der Aufklärungs- und Beratungspflicht verjähren** innerhalb der kurzen Fristen der §§ 477, 638 BGB, wenn sich die
Verletzung dieser Pflicht auf eine Eigenschaft bezieht, von der die Verwendung des Vertragsobjektes für den vertraglich vorausgesetzten Zweck
abhängt[472], ansonsten innerhalb der 30-Jahresfrist des § 195 BGB.[473] Gleiches gilt für Ersatzansprüche von Leasinggeber bzw. Leasingnehmer im
Verhältnis zum Lieferanten.[474] Ein Ersatzanspruch aus Verschulden bei
Vertragschluß (c. i. c., s. Rn. 1034) wegen Verletzung von Beratungspflichten verjährt erst, wenn die Computeranlage vollständig abgeliefert
und alle sonstigen Leistungen erbracht worden sind.[475]

215 Mehraufwendungen in Form von Nachrüstkosten und erhöhten Personalkosten, die sich aus einer mangelhaften Empfehlung ergeben, stellen „nähere
Mängelfolgeschäden" dar, die ebenfalls nach § 638 Abs. 1 BGB verjähren.[476]
Derartige „nächste" bzw. nähere Mangelfolgeschäden sind Schäden, die mit
Mängeln der Leistung selbst (etwa einer gutachtlichen Empfehlung) so eng
und unmittelbar zusammenhängen, dass sie sich für eine wertende Betrachtung als nächste Schäden darstellen.[477] Ergeben sich die Kosten aus Umstellungen aufgrund eines vorhergehenden fehlerhaften Gutachtens, überträgt sich
der Fehler des Gutachtens zwangsläufig auf den Kauf des EDV-Systems und
realisiert er sich erst in diesem.[478] Damit besteht ein enger und unmittelbarer
Zusammenhang der behaupteten Fehler des Gutachtens mit der Gebrauchsun-

---

[471] LG München I, a. a. O., DV-R 2, 128 f.
[472] BGHZ 88, 130, 140 ff.; BGH, NJW 1965, 148, 150; BGH, Urteil vom 6. 6. 1984 – VIII ZR 83/83,
BB 1984, 1889 = CR 1986, 79; ebenso OLG Koblenz, Urteil vom 1. 2. 1985 – 2 U 212/83, DV-
R 2, L-20 für den Fall einer Unterdimensionierung aufgrund Fehlberatung.
[473] Siehe etwa BGH, NJW RR 1992, 1011; BGHZ 47, 312, 319.
[474] BGH, NJW RR 1992, 1011; BGHZ 47, 312, 319.
[475] OLG Celle, Urteil vom 21. 2. 1996 – 13 U 255/95, CR 1996, 538. Das OLG Celle überträgt hier
die Rechtsprechung zum kaufrechtlichen Verjährungsbeginn ab Ablieferung auf die culpa in contrahendo-Haftung, da der Erwerber erst ab diesem Zeitpunkt in der Lage sei, die Tauglichkeit der
Anlage insgesamt zu prüfen (zum Begriff der Ablieferung s. Rn. 1364, zur Problematik des Frist-
beginnes s. Rn. 1364).
[476] OLG Frankfurt/Main, a. a. O., 585 ff. (krit. Mehrings, CR 1990, 586 für eine stärkere Einschränkung der näheren Mangelfolgeschäden, da der BGH in BGHZ 67, 1, 8 für Mangelfolgeschäden
die Anwendung der §§ 635, 638 BGB ausschloss und die positive Vertragsverletzung anwendete,
Mangelfolgeschäden zur kurze Verjährung jedoch nur im Rahmen einer angemessenen Risikoverteilung einbezieht (BGHZ 67, 1, 8), nicht aber (schwere) Mangelfolgeschäden, die aus unrichtigen Gutachten oder Auskünften meist erst lange nach Fristablauf entstehen (vgl. BGHZ 87, 239,
242; BGHZ 67, 1, 8).
[477] BGHZ 58, 85, 89; BGHZ 67, 1, 5.
[478] Siehe etwa BGHZ 58, 85 ff.

tauglichkeit der Anlage und begründet dies eine Haftung nach § 635 BGB für die Erwerbs- und Nachrüstkosten. Der entsprechende **Anspruch verjährt in derselben Frist wie die Gewährleistung wegen Mängeln** der Anlage, in der sich das Gutachten verkörpert (also nicht vor Übergabe bzw. Abnahme der Anlage).[479]

Bei Vorliegen eines **getrennten, selbständigen Beratungsvertrages** grei-   216
fen die kurzen Verjährungsfristen nicht ein es sei denn, dieser unterliege selbst Werkvertragsrecht (§ 638 Abs. 1 BGB), so etwa Vertrag über die Auswahl einer EDV-Anlage.[480] Ansonsten gilt die allgemeine 30-jährige Verjährungsfrist (§ 195 BGB). Dies gilt auch dann, wenn sich die Beratung auf Sacheigenschaften, insbesondere die Verwendungsfähigkeit einer Sache für den vorgesehenen Zweck, bezieht.[481]

7.2 Umfang der Beratungspflichten

Der **Umfang nebenvertraglicher Beratungspflichten** des Anbieters rich-   217
tet sich in besonderem Maße danach, inwieweit der Kunde erkennbar auf die Fachkunde des Anbieters vertraut und seine Entscheidung zum Vertragsabschluß von der anbieterseitigen Beratung (erkennbar) abhängig macht.[482] Maßgeblich sind die Umstände des Einzelfalles. Leistungspflichten des Anbieters aus eigenständigem Beratungsvertrag können, je nach Vereinbarungsinhalt, weit über das übliche Maß nebenvertraglicher Leistungspflichten hinausgehen.

Die Beratung hat inhaltlich diejenigen Umstände zu erfassen, die für den   218
Entschluss des Erwerbers erkennbar von Bedeutung sein können.[483] Dieser Grundsatz umschließt nicht nur die vorvertragliche Beratung (mit entsprechender Culpa in Contrahendo-Haftung), sondern auch weitere Beratungen während der Vertragsdurchführung. Geht der Anbieter einen Systemvertrag mit einem erkennbaren EDV-Laien ein, muss er diesen entsprechend beraten oder zumindest über dessen Beratungsbedarf aufklären. Aufklärung und Beratung können hier notwendig werden bezüglich
– der zu schaffenden **Voraussetzungen für den Antransport** (z. B. Lifttraglast, räumliche Erfordernisse, Statik etc.) und die **Installationsvoraussetzungen** (s. näher Rn. 157),

---

[479] OLG Frankfurt/Main, a. a. O., 585 ff.
[480] OLG Frankfurt/Main, a. a. O.
[481] BGH, Urteil vom 30. 5. 1990 – VIII ZR 367/89, DB 1991, 1910 = NJW-RR 1990, 1398.
[482] OLG Koblenz, Urteil vom 11. 11. 1988 – 2 U 4/86, CR 1990, 41, 43.
[483] Siehe u. a. BHG, NJW 1958, 866; OLG Hamburg, MDR 1973, 496; Ellenberger, ZIP 1982, 519 und 521.

- der preisgünstigsten **Programmversion** für bestimmte Anwendungszwecke,[484]
- des Hinweises auf ein **erwartbares Anwachsen von Entwicklungskosten** bei Auftreten von Problemen,[485]
- der **Leistungsfähigkeit des Rechners**[486] bzw. bezüglich der Nichteignung der Hardware für den gewünschten Verwendungszweck[487],
- der ausreichenden Leistungsfähigkeit, ohne dass jedoch eine **Überdimensionierung** von Software für eine Unternehmensanwendung erforderlich wäre/erfolgen darf[488],
- der **Funktionsprüfung** (Definition z. B. der Prüfparameter, Testfälle und Probeläufe),
- der geeigneten Form von (dokumentierten) **Mängelmitteilungen**,
- der Notwendigkeit, u. U. erst zu schulendes **Personal** zu stellen,
- einer **aufgabenadäquaten Einweisung**[489],
- der Auswahl eines geeigneten Unternehmens für vorbereitende und anwendungsbegleitende **Schulung** (z. B. für neue Mitarbeiter),
- der Auswahl eines geeigneten, unabhängigen **Wartungsunternehmens.**

Mangels abweichender inhaltlicher Vereinbarungen bestehen Beratungspflichten des Käufers grundsätzlich aber allenfalls im technischen Bereich, nicht jedoch im unternehmerischen Bereich.[490]

Beispiele:

Die Beratung bei Einführung von EDV in den Betrieb kann erheblichen Umfang aufweisen.[491] Sie kann umfassen:

---

[484] OLG Köln, Urteil vom 22. 10. 1993 – 19 U 62/93, NJW-RR 1994, 1355. Dies gilt m. E. aber wohl nur auf entsprechende Frage des Kunden oder jedenfalls bei aus den Umständen ersichtlichem Klärungsbedarf und erkennbarem Klärungswunsch des Kunden.

[485] OLG Köln, Urteil vom 16. 1. 1998 – 19 U 98/97, CR 1998, 600.

[486] BGH, WM 1990, 1628, 1631.

[487] OLG Celle, Urteil vom 26. 2. 1986 – 6 U 154/84, CR 1988, 869 (mangels Hinweis kein Anspruch auf Werkvergütung für nicht einsetzbares Programm).

[488] OLG Dresden, Urteil vom 8. 7. 1998 – 8 U 3526/97, CR 1998, 598 (einen Ersatzanspruch ablehnend; ungefragt schuldet der Anbieter keine besondere Aufklärung).

[489] LG Berlin, Urteil vom 16. 6. 1986 – 99 O 130/84, CR 1987, 295.

[490] LG Augsburg, Urteil vom 22. 11. 1985 – 1 HKO 1497/81, DV-R 3, 144. Das Gericht weist zutreffend darauf hin, dass weitergehende Beratung nur erforderlich sei, wenn der Kunde entsprechende konkrete Fragen zu dem unternehmerischen Anwendungsbereich stellt. Es sei grundsätzlich Sache des Auftraggebers, unternehmerisch zu entscheiden, wie er seine Investitionen vornimmt. Freilich ist hier zu differenzieren: Je größere Bedeutung ein System wie etwa R/3 für ein Unternehmen hat, desto eher ist vom Kunden eine Beratung auch im unternehmerischen Bereich zu erwarten, so etwa bezüglich des Aufwandes für die Einführung der ERP-Software in das Unternehmen.

[491] Siehe etwa BGH, Urteil vom 6. 6. 1984 – VIII ZR 83/83, NJW 1984, 2938 f. (Finanzbuchhaltung und Lagerhaltung).

- Hinweis auf erhebliche, zwar ersichtlich vom Kunden nicht erkannte, jedoch dem Anbieter erkennbare Folge- oder Nebenkosten[492], Restriktionen der Anwendung[493], Abklärung des Vorhandenseins von Bedienungserleichterungen[494], Hinweis auf eingeschränkte Verwendbarkeit[495] und die Notwendigkeit, die Lösung in eine intensiven Dialog und einer Pflichtenhefterstellung zu erarbeiten[496],

- Beratung zur Kompatibilität verschiedener Softwareprodukte[497], zur Auswahl geeigneter Programme[498] und zur Dimensionierung der Anlage[499] oder zu allen wesentlich vom Standard abweichenden Funktionen[500], aber nicht bezüglich hoher zukünftiger Anpassungskosten für Scannerkasse, wenn im Erwerbszeitpunkt noch nicht feststeht, welche Software eingesetzt werden soll[501],

- Feststellen der organisatorischen Voraussetzungen beim Kunden, soweit der Kunde aufklärungsbedürftig ist[502] (oder jedenfalls dem Anbieter erscheinen muss),

- Abklären, welche von mehreren vertriebenen Versionen des Anbieters für die konkreten betrieblichen Anforderungen des Anwenders geeignet und angemessen ist[503],

---

[492] LG Arnsberg, Urteil vom 25. 6. 1982 – 1 O 257/82, bestät. durch OLG Hamm, Urteil vom 4. 3. 1983 – 19 U 300/82, DV-R Bd. 2, 98 f.

[493] OLG Celle, Urteil vom 26. 2. 1986 – 6 U 154/84, CR 1988, 303, 305 (Über die Notwendigkeit zusätzlicher Speicherkapazität und sonstige Restriktionen ist vollständig und unzweideutig hinzuweisen.). Die Parteien hatten hier eine Grobkonzeption gemeinsam entwickelt. Der Anbieter hätte erkennen müssen, dass bei einer Beschränkung des Dateiumfanges eine Lösung auf einem System IBM 5110 nicht realisierbar war, so dass die geleistete Vergütung von etwa 29 000 DM zurückzugewähren war, da wegen Nutzlosigkeit der Software keine Vergütung geschuldet war.

[494] LG Frankfurt/Main, Urteil vom 8. 6. 1988 – 3/12 O 181/86, BB Beil. 11, 1989, 5.

[495] OLG Köln, Urteil vom 11. 12. 1992 – 19 U 244/91, BB Beil. 13, 1993, 10 = OLG-Report Köln 1993, 49 (Nichteignung eines 286 AT als File Server; Beratungspflicht gegenüber einem fachunkundigen Fleischgroßhändler).

[496] OLG Stuttgart, Urteil vom 18. 10. 1988 – 6 U 64/88, BB Beil. 15, 1989, 13.

[497] OLG Hamburg, Urteil vom 20. 10. 1987 – 9 U 111/86, NJW-RR 1988, 438.

[498] OLG Köln, Urteil vom 22. 10. 1993 – 19 U 62/93, CR 1994, 212 = RDV 1994, 29 = BB Beil. 7, 1994, 10. Es dürfe nicht die teuerste Version angedient werden, wenn auch die billigste (abgespeckte) Version ausreichend ist.

[499] OLG Köln, Urteil vom 8. 1. 1993 – 19 U 187/92, CR 1993, 563 (bei Empfehlung einer für die konkrete Anwendung überdimensionierten AS/400-Anlage; heute ist freilich zu beachten, dass der Preis für eine AS/400 fast schon den für PCs/kleine Workstations erreicht). Keine Beratungspflicht bezüglich der Überdimensionierung besteht, wenn der unerfahrene Kunde bereits anderweitig beraten wird und mit festen Vorstellungen auftritt (OLG Köln, a. a. O.).

[500] LG Tübingen, Urteil vom 22. 9. 1994 – 1 S 121/94, CR 1995, 222 = MRC 1995, 164.

[501] OLG Köln, Urteil vom 21. 2. 1992 – 19 U 220/91, CR 1992, 468 = NJW 1992, 1772.

[502] OLG Hamm, Urteil vom 23. 11. 1988 – 31 U 63/88, BB 1989, Beil. 15, 1989, 3 (Überdimensioniertes System grundsätzlich als brauchbar einzustufen).

[503] OLG Köln, Urteil vom 22. 10. 1993 – 19 U 62/93, NJW 1994, 1355. Der Anbieter müsse sich hier deshalb ein Bild von der Größe des Betriebes und den konkreten Arbeitsvorgängen machen, die durch die EDV-Lösung abgedeckt werden sollen. Dies kann gezieltes Nachfragen notwendig machen.

- Überprüfen eines kundenseits oder von Dritten erstellten Mengengerüstes[504],
- Hinweis auf bevorstehende Produktionseinstellung.[505]

Den Verkäufer eines Druckers soll aber keine Pflicht treffen, den Kunden darauf hinzuweisen, dass das verkaufte Gerät im Druckerbetrieb in seiner Geräuschentwicklung den nach der Arbeitsstättenverordnung zulässigen Maximalwert überschreitet.[506] Es ist aber Vorsicht angebracht, sofern ein Gerät veräußert wird, von dem der Anbieter weiß, dass es Arbeitsschutzvorschriften verletzt. Hier kann der Anbieter 30 Jahre aus Arglist haften.

219 Der Anbieter muss sich als Unternehmer, dessen Sachkunde der Kunde voraussetzen darf, mit den **Produktionserfordernissen des Anwenders** vertraut machen, soweit die Eigenschaften des zu konfigurierenden Systems hiervon abhängig sind[507], eventuelle betriebliche **Umorganisationen feststellen**, die der Kunde beabsichtigt, sodann die **Aufgabenstellung formulieren** und einen **Organisationsvorschlag** zur Problemlösung machen[508], weiter den Kunden darüber aufklären, dass der vertraglich vorausgesetzte Zweck der EDV-Anwendung nur in einem intensiven Dialog mit dem Anwender konkretisiert werden kann, dessen Ergebnis in der Regel in einem Pflichtenheft festzuhalten ist, und diese Konkretisierung von sich aus anbieten (sofern sich der Anwender als EDV-Einsteiger ohne ausreichende eigene EDV-Kenntnisse an den fachlich ausgerichteten Handel wendet.[509]

Der Software-Verkäufer ist verpflichtet, den Anwender bei der Auswahl der für diesen geeigneten Programme zu beraten, ohne aber die teuerste Version anzubieten, wenn eine abgespeckte billigere Version die Kundenbedürfnisse erfüllt.[510]

220 Soll der Anbieter einen **Organisationsvorschlag** für den Betrieb des Kunden erstellen, so geht der Anbieter hiermit eine nebenvertragliche Verpflichtung zur entsprechenden Beratung ein. Ist die nach diesem Vorschlag erstellte Anlage unterdimensioniert, so liegt kein Sachmangel der Anlage

---

[504] OLG München, Urteil vom 25. 9. 1986 – 24 U 775/85, NJW-RR 1988, 436f.
[505] OLG München, Urteil vom 26. 4. 1995 – 7 U 2029/95, CR 1996, 210 (nur bei über die normale Käufer/Verkäuferbeziehung hinausgehendem, auf Dauer angelegtem Vertragsverhältnis eine mögliche Aufklärungspflicht annehmend).
[506] LG Stuttgart, Urteil vom 25. 3. 1997 – 3 KfH O 56/97, CR 1997, 547.
[507] LG Düsseldorf, Urteil vom 29 4. 1985 – 41 O 92/84, CR 1987, 292.
[508] OLG Hamm, Urteil vom 23. 11. 1988 – 31 U 63/88, CR 1989, 498, BB Beil. 15, 1989, 3f.
[509] OLG Stuttgart, Urteil vom 18. 10. 1988 – 6 U 64/88, NJW-RR 1989, 1328.
[510] OLG Köln, Urteil vom 22. 10. 1993 – 19 U 62/93, RDV 1994, 29.

vor, sondern haftet der Anbieter aus **positiver Vertragsverletzung**. Eine Freizeichnung von dieser Haftung ist nicht möglich.[511] Ebenso ist über Gebrauchseinschränkungen unzweideutig aufzuklären[512], auch über die Komplexität von Betriebsabläufen des Systems und die hierdurch eingeschränkte Eignung für den Kunden[513], über Umstellungsaufwand (Neueingabe von Daten) und Probleme der Einsatzvorbereitung[514] und auch über die Nichtbeschaffbarkeit der Software durch den Hardware-Lieferanten.[515] Bietet der Lieferant ein Standardprogramm an, das für den Einsatz noch modifiziert werden muss, erteilt er damit den „Rat", dass das Programm vom Konzept her für den Kunden geeignet sei.[516] Der Kunde darf ohne besondere Hinweise unterstellen, dass die Vertragssache zumindest zum gewöhnlichen Gebrauch taugt. Der Verkäufer muss auf diejenigen Bereiche hinweisen, für die das Gerät nicht tauglich ist.[517]

Bei einem kompletten **Bürocomputersystem** muss der Anbieter (als Fachunternehmer) eine **richtige Systemauswahl** ermöglichen[518], Speichererweiterungsbedarf von vereinbarter Software berücksichtigen[519] oder die Auswahl geeigneter Hardware für eine spezifische Software ermöglichen und auf erhebliche zeitliche und finanzielle Probleme bei der Einsatzvorbereitung hinweisen, ebenso auf Bedenken gegen eine

---

[511] LG München I, Urteil vom 7. 2. 1981 – 29 O 7616/78, DV-R 2, 130.
[512] OLG Celle, Urteil vom 26. 2. 1986 – 6 U 154/84, CR 1988, 303.
[513] So etwa OLG Köln, Urteil vom 13. 11. 1987 – 19 U 140/84, IuR 1988, 129 (einem Laien müssen DV-Restriktionen verständlich aufgezeigt werden; Beratung zu vereinbartem Organisationsvorschlag muss ordnungsgemäß erfolgen), wobei OLG Schleswig, DV-R 2, 245 und LG München I, CR 1987, 96 hierin eher Leistungsmängel sehen.
[514] OLG München, Urteil vom 25. 9. 1986 – 24 U 775/85, CR 1987, 675.
[515] OLG Hamburg, Urteil vom 20. 10. 1987 – 9 U 111/86, NJW-RR 1988, 438.
[516] LG Augsburg, Urteil vom 29. 11. 1984 – 1 HKO 3992/83, DV-R 3, 142 = IuR 1986, 208. Das Gericht unterscheidet zwischen der Übernahme einer Garantie für die Funktionsfähigkeit des Programms und einem Rat bezüglich der Eignung des Programms jedenfalls in seinem Konzept für den Betrieb des Kunden (wenn auch mit gewissen Abänderungen). Sieht man davon ab, dass der Begriff „Garantie" in diesem Zusammenhang eher verwirrend erscheint, und beschränkt man sich auf den Begriff der „Produktbeschreibung", die den vertraglich vorausgesetzten Gebrauch festlegt, so bleibt dennoch die Notwendigkeit einer sorgfältigen, einzelfallbezogenen Unterscheidung zwischen derartigen Produktbeschreibungen bezüglich der Kaufsache einerseits und Aussagen über die Anwendungseignung bezüglich der individuellen Kundenerfordernisse andererseits. Im ersten Fall liegt nur die Beschreibung der Eignung eines Systems vor, im zweiten Fall hingegen die Beschreibung der Eignung für eine Kundenanwendung und damit eine über den Kaufvertrag als solchen hinaus haftungsauslösende Beratung.
[517] OLG Köln, CR 1996, 344.
[518] LG Kiel, Urteil vom 26. 3. 1984 – 2 O 192/83, CR 1987, 22 (Aufklärungs- und Beratungspflichten eines Anbieters gegenüber einem Anwender mit ersichtlich unvollkommenen Vorstellungen über die Funktionsweise von EDV-Systemen. Der Kunde muss in die Lage versetzt werden, die für ihn richtige Systementscheidung zu treffen. Hierfür muss der Anbieter eingehend über die Bedürfnsse des Anwenders informieren.).
[519] BGH, Urteil vom 24. 4. 1986 – X ZR 16/85, CR 1986, 799 = WM 1986, 1255.

bestimmte Ausführungsart[520] und generell auf Umstände, die – für den Anbieter erkennbar – den Vertragszweck vereiteln können.[521] Beispielsweise muß die neue Leasingfirma, zu der der Kunde wechselt, diesen bei Anlagenwechsel über die Ablösung des alten Leasingvertrages beraten.[522]

221 Der Anbieter muss hier sogar die **Bedürfnisse eines Laienanwenders durch Befragung erforschen** und diesen entsprechend (etwa bei der Auswahl geeigneter Programme)[523] beraten, dessen Anwendungsbedürfnisse aufklären[524], insbesondere etwa ein Mengengerüst erstellen[525] und generell auf für den Kunden ersichtlich nicht erkennbare Folgekosten (etwa für laufende Wartung) hinweisen[526], dies alles zudem mangels abweichender Vereinbarung ohne besondere Vergütung. Teilt der Kunde dem verkaufenden Anbieter eines PC vor Abschluss des Kaufvertrages den Umfang der für die geplante Fakturierung zu speichernden Daten durch Angabe der Zahl seiner Kunden und der Artikel des Warenlagers mit, obliegt es dem Verkäufer, aus diesen Angaben die erforderliche Speicherkapazität zu errechnen.[527] Werden **Zusatzwünsche** zwar als selbstverständlich besprochen, dann aber nicht in die schriftliche Vertragsurkunde aufgenommen, kann eine Verletzung vorvertraglicher Aufklärungspflichten vorliegen, die über Schadensersatz zur Rückabwicklung und zur Zahlungsverweigerung bis zur Erfüllung des Zusatzwunsches berechtigt.[528]

---

[520] LG Osnabrück, Urteil vom 1. 10. 1984 – 3 O 42/83, CR 1985, 32.

[521] OLG Hamm, Urteil vom 4. 3. 1983 – 19 U 300/82, CW vom 27. 7. 1984, 28 = DV-R 1/98.

[522] OLG Hamm, Urteil vom 15. 10. 1990 – 31 U 92/90, CR 1991, 350, für einen Kunden aus dem Handwerksbereich; freilich ist zu sehen, dass diese Beratung nicht in den Bereich unzulässiger Rechtsberatung hineinreichen darf.

[523] OLG Köln, Urteil vom 22. 10. 1993 – 19 U 62/93, CR 1994, 212 = RDV 1994, 29 – Kfz-Software (Abklärung, welche von mehreren Versionen geeignet und angemessen dimensioniert ist.).

[524] LG Kiel, Urteil vom 26. 3. 1984 – 2 O 192/83, CR 1987, 22, 24; LG Kiel, Urteil vom 6. 11. 1986 – 15 O 81/86, DV-R 4, 86 (alle wesentlichen Anwendungsbedürfnisse müssen vorhanden sein); LG Köln, Urteil vom 19. 2. 1986 – 23 O 450/83, IuR 1987, 8; die Entscheidungen LG Kiel, Urteil vom 26. 3. 1984 und LG Köln, Urteil vom 29. 2. 1986 beziehen sich auf einen vollständigen Systemerwerb, bei dem der Anwender auch über das **Ob** der Entscheidung beraten wurde.

[525] LG Saarbrücken, Urteil vom 28. 6. 1984 – 7 O 18/80, IuR 1986, 358 ff. (grundsätzliche Pflicht des Anbieters, die Bedürfnisse des Laienanwenders zu erforschen, soweit der Anwender seine Situation offen legt).

[526] LG Arnsberg, Urteil vom 25. 6. 1982, DV-R 2, 99.

[527] OLG Köln, Urteil vom 26. 10. 1990 – 19 U 28/90, CR 1991, 154 (nach dem redaktionellen Leitsatz); ähnlich LG Köln, Urteil vom 19. 2. 1986 – 23 O 450/83, DV-R 4, 322.

[528] BGH, Urteil vom 15. 5. 1990 – X ZR 128/88, CR 1991, 86, 88 (einschränkend Brandi-Dohrn, CR 1991, 89 f. mit dem Argument, Culpa in Contrahendo trage nur einen Anspruch auf negatives Interesse, nicht einen positiven Erfüllungsanspruch, also auch keine Erfüllung des Zusatzwunsches); zur kapazitätsbezogenen Beratung auch bereits LG Mainz, Urteil vom 17. 12. 1982 – 11 HO 94/80, CW 1984, 8, 52 = DV-R 2, 158.

Ein Händler, der einem Kunden den Erwerb einer Speichererweiterung   222
mit der zutreffenden Begründung nahe legt, diese sei erforderlich, um das
anderweitig beschaffte Betriebssystem für die Bildverarbeitung voll nutzen zu können, macht sich nur dann wegen Verletzung seiner Beratungspflicht schadensersatzpflichtig, wenn der Kunde zu erkennen gibt, auf eine
Bildverarbeitung keinen Wert zu legen.[529]

Der Betreiber der EDV-Anlage, der bei seinem Lieferanten die Erweiterung des Arbeitsspeichers auf 20 MB in Auftrag gibt, muss darlegen und
beweisen, dass der Lieferant eine Beratungspflicht verletzt hat. Macht er
geltend, dass die Speichererweiterung für die von ihm vorgesehene Nutzung (ohne Bildverarbeitung) nicht erforderlich gewesen sei, hat der Lieferant eine Beratungspflicht nur dann verletzt, wenn der Anwender auf die
Art der Nutzung bei der Erörterung über die Notwendigkeit der Speichererweiterung hingewiesen hat (Aufgabenstellung durch den Anwender).

Auf drohende Schwierigkeiten bei der Anwendung (wie etwa Langsam-
keit der Treiber) hat ein fachkundiger Auftragnehmer eines begrenzten
Entwicklungsauftrages nur hinzuweisen, wenn er vor oder bei Vertrags-
schluss oder im Lauf der Vertragserfüllung Kenntnis von relevanten
Schwierigkeiten erlangt[530], auf das Erfordernis, dass fachlich geeignetes
Personal zur Verfügung steht, hat er grundsätzlich nicht hinzuweisen.[531]
Der Software-Verkäufer ist verpflichtet, den Anwender bei der **Auswahl
der** für diesen geeigneten **Programme** zu beraten, ohne aber die teuerste
Version anzubieten, wenn eine abgespeckte billigere Version die Kunden-
bedürfnisse erfüllt.[532]

Grundsätzlich muss der Anbieter den Kunden nicht auf den Umstand hin-   223
weisen, dass ein **Folgemodell** eines vertragsgegenständlichen Rechners
(bzw. Programmes) erscheinen wird, andernfalls der Verkauf Monate vor
Erscheinen eines neuen Modells praktisch eingestellt werden müßte.[533]
Allerdings kann bei Inanspruchnahme besonderen Vertrauens ein Hinweis
auf ein Folgemodell verlangt werden, jedenfalls wenn dessen Markteinführung kurz bevorsteht. Auch braucht der Markt für die Altmodelle in
dieser Phase bis zur Auslieferung des neuen Modells nicht zusammenzu-

---

[529] OLG Düsseldorf, Urteil vom 22. 12. 1995 – 22 U 80/95, CR 1996, 349 = NJW-RR 1997,
47 = JurPC Web-Dok 4/1998 (RAM-Erweiterung von 20 MB für Mac 7.0).
[530] OLG Frankfurt/Main, Urteil vom 15. 6. 1988 – 13 U 151/87, CR 1990, 127.
[531] OLG Hamm, Urteil vom 4. 3. 1983 – 19 U 300/82, DV-R 2, 98.
[532] OLG Köln, Urteil vom 13. 3. 1978 – 7 U 168/77, RDV 1994, 29.
[533] OLG Köln, Urteil vom 13. 3. 1978 – 7 U 168/77, DV-R 3, 92f.; allgemein zur Aufklärung über
Modellwechsel, technische Änderungen oder Preisveränderungen s. Feudner, BB 1989, 788
(grundsätzlich ablehnend bezüglich geplanter und noch nicht publizierter Änderungen).

brechen, wenn man die Altmodelle mit einem Preisabschlag und/oder mit Software-Paketen kombiniert anbietet, wie inzwischen vielfach üblich. Allzu knapp disponierende Anbieter sollten beachten, dass fehlende Kulanz die Käufer gerade des Folgemodells vertreibt. Und Kunden ist anzuraten, grundsätzlich nach Folgemodellen zu fragen.

Der Anbieter ist, mangels nebenvertraglicher Pflichten oder besonderer, ein Vertrauensverhältnis begründender Umstände, **nicht verpflichtet**, den Kunden über die **geplante Einstellung der Produktion** eines bestimmten Produktes zu informieren.[534] Gegenüber einer Leasinggesellschaft soll der Verkäufer nicht verpflichtet sein, von sich aus auf eine erhebliche Abweichung des geforderten Kaufpreises vom Listenpreis hinzuweisen, da nicht von einem grundsätzlichen Interesse der Leasinggesellschaft an einem möglichst niedrigen Kaufpreis auszugehen sei.[535]

224 Gegenüber einem kaufmännischen Kunden beschränken sich mögliche Beratungspflichten grundsätzlich auf den **technischen Bereich**, falls der Kunde nicht ausdrücklich Fragen zum kaufmännischen Bereich stellt und der Anbieter diese falsch beantwortet.[536] Grundsätzlich liegt aber das **Risiko von nicht erkannten oder falsch eingeschätzten Folge- und Nebenkosten** einer EDV-Investition **beim Kunden**. Auch ist es generell nicht Sache des Anbieters, in der Beratung erst herauszufinden, welche Funktionen für die betrieblichen Abläufe des Kunden besonders wichtig sind, außer, der Kunde legt Betriebsstrukturen und alle Betriebsabläufe offen.[537]

Diese Risikoverteilung kann sich ändern, wenn die Kosten im Verhältnis zum Aufwand für das erworbene System ganz erheblich sind und damit maßgeblich für die Beurteilung der kaufmännischen Vertretbarkeit der Anschaffung ins Gewicht fallen, andererseits der Kunde für den Anbieter

---

[534] OLG München, Urteil vom 26. 4. 1995 – 7 U 2029/95, CR 1996, 210. Zu den engen Voraussetzungen der nach den jeweiligen Einzelfallumständen zu entscheidenden Zusicherungshaftung s. auch BGH, Urteil vom 14. 2. 1996 – VIII ZR 89/95, NJW 1996, 1465.

[535] OLG Düsseldorf, Urteil vom 28. 7. 1988 – 10 U 9/88, CR 1989, 390. Der Senat lehnt primär eine arglistige Täuschung ab. Dies mag insoweit zutreffen, als der Verkäufer keine unzutreffenden Angaben zur Preisgestaltung machte. Ergänzend zu prüfen ist aber grundsätzlich eine Haftung aus culpa in contrahendo. Hierbei darf nicht allein auf den Umstand abgestellt werden, dass der Gewinn der Leasinggesellschaft rein rechnerisch mit einem höheren Kaufpreis und einer entsprechend höheren Zinsmarge steigt. Ebenso wichtig erscheint, dass auch Leasinggesellschaften bekanntlich im Wettbewerb stehen und dieser vielfach über die Leasingratenhöhe zu führen ist. Ein überhöhter Verkaufspreis kann so der Wettbewerbsfähigkeit der Gesellschaft mehr Schaden zufügen, als im Einzelfall Gewinn erzielbar erscheint.

[536] LG Augsburg, Urteil vom 22. 11. 1985 – I HKO 1497/81, IuR 1986, 166.

[537] OLG Düsseldorf, Urteil vom 4. 11. 1983 – 14 U 141/83, IuR 1986, 360f.

ersichtlich diesen wirtschaftlichen Gesamtzusammenhang nicht durchschaut. Aus dieser Sachlage kann eine Hinweispflicht, u. U. sogar eine begrenzte Beratungsverpflichtung des Anbieters entstehen.[538]

Besondere **vorvertragliche Hinweise** können in der Vertragspraxis, je   225
nach den vom Kunden beschriebenen Anwendungszwecken, notwendig werden für
– die Anpassungsbedürftigkeit von
  • Standardsoftware,
  • mixed Hardware,
  • Anlagenkonfiguration (Hardware),
  • Systemkonzeptionen (Hard- und Software);
– u. U. unzutreffende Annahmen eines Organisationsanalytikers;
– neue, noch nicht praxiserprobte Programmiermethoden;
– geeignete Kriterien zur Auswahl eines kompetenten Anwendungssoftwarehauses;
– besondere Sicherheitsanforderungen (Datensicherung: Back-up-System, physische Sicherung von Anlagen und Rechenzentren, Datensicherungskontrollen nach § 9 BDSG);
– besondere Kosten der Anpassung oder drohende Kostenüberschreitungen;
– Grenzen der Aufwärtskompatibilität;
– Leistungsgrenzen bestimmter Systeme;
– rechtliche und terminliche Anpassung unterschiedlicher Verträge mit verschiedenen Lieferanten, Software-Häusern, Wartungsfirmen etc.;
– zu beachtende (Re-)Exportbeschränkungen (z. B. Genehmigung des US Office of Export Administration).

Von sich aus muss der Anbieter nicht auf die wirtschaftliche Unsinnigkeit einer Reparatur hinweisen.[539] Wohl muss aber über bestehende Inkompatibilitäten aufgeklärt werden.[540]

Schwierig wird die Lage des Kunden freilich, wenn er seine Eigenschaft   226
als EDV-Laie nicht ausreichend zu erkennen gibt, also insbesondere nicht die notwendigen Fragen stellt, weil er sich z. B. seines Wissensdefizits überhaupt nicht bewusst ist. Kaum ein Kunde, der in die EDV-Anwendung

---

[538] LG Arnsberg, DV-R 2, 99, bestätigt durch OLG Hamm, Urteil vom 4. 3. 1983 – 19 U 300/82, DV-R 2, l00; allgemein ähnlich BGH, Urteil vom 13. 7. 1983 – VIII ZR 142/82, DV-R 2, K-44.
[539] LG Nürnberg-Fürth, Urteil vom 7. 6. 1991 – 5 HK S 548/91, MRC 1995, 163. Anderes wird wohl zu gelten haben, wenn der Kunde erkennbar falsche Vorstellungen von der Sinnhaftigkeit der Reparatur hat.
[540] LG Tübingen, Urteil vom 22. 10. 1990 – 1 S 175/90, MRC 1995, 164.

überhaupt erst einsteigt, wird z. B. auf den Gedanken kommen, sich nach Details in der virtuellen Speicherarchitektur zu erkundigen. Man darf folglich nicht allein darauf abstellen, ob der Anwender ein bestimmtes Nicht-Wissen explizit gemacht hat. **Ab einer bestimmten technischen Entwicklungsstufe eines EDV-Systems dürfen vom EDV-Laien** naheliegenderweise **nicht einmal mehr Fragen erwartet werden.** Das gilt insbesondere bei der Einführung von so genannten Benutzeroberflächen. Sie sollen für den Kunden gerade die Sicht auf komplexe Systemdetails unter dieser Oberfläche versperren und ihm ermöglichen, sich auf seine Anwendung zu konzentrieren. Ergeben sich aus solchen Details unterhalb der Oberfläche Besonderheiten für die Anwendung, so wird insoweit grundsätzlich eine Beratungspflicht des Anbieters zu bejahen sein.

227 Selbst grundsätzlich EDV-erfahrene Kunden dürften etwa in folgenden EDV-Gebieten keine ausreichende Fachkunde aufweisen:
   – „Conversion": individuelles Umstellen von Betriebssystemen auf neue Konfigurationen von Hardware;
   – Vernetzen isolierter Anlagen, Anbinden von Host-Rechnern, Aufrüsten von Anlagen;
   – Installation von größeren Datenbanken (mit Formatieren von Daten, betrieblicher Umorganisation, Personalschulung etc.), von Personalinformationssystemen etc.;
   – Installation von Datenfernübertragung; Internet-Anbindung, Web-Präsenz;
   – Einführung von CAD, CAM oder CIM, bzw. von Expertensystemen.

   Übernimmt der Anbieter als Berater Vertragsverhandlungen mit dem und Leistungskontrollen des ausführenden Software-Hauses, trifft den Berater eine intensivierte Haftung aus Sachwalterstellung.[541]

228 Auch während der Vertragsdurchführung kann der Anbieter **beratungs-/ aufklärungspflichtig** sein, etwa bezüglich erforderlicher Mitwirkungshandlungen des Kunden.

229 Zu ersetzen ist der so genannte **Vertrauensschaden**, den der Kunde erleidet, weil er auf die Gültigkeit des Geschäftes vertraute. Der Kunde kann vom Berater bzw. beratenden Anbieter also Freistellung von eingegangenen Vertragspflichten verlangen.[542] Eine Schadensersatzpflicht wegen falscher Auswahlberatung können nur konzeptionelle Fehler auslösen, nicht

---

[541] BGHZ 63, 382, Z 79, 281; BGH, NJW 1981, 922.
[542] OLG Düsseldorf, Urteil vom 7. 12. 1988 – 17 U 27/87, CR 1989, 689, 691 = WM 1989, 459, 462.

Einzelmängel.[543] Schadensersatzhaftung kann aus der Verletzung von Beratungspflichten begründet werden. Der Kunde kann Rückgängigmachen des Vertrages[544] und Ersatz nutzloser Aufwendungen verlangen, aber auch bei bestehen bleibendem Vertrag eine Reduzierung der Vergütung.[545]

Wenn ein Software-Wartungs-(Pflege-)Unternehmen seinen Kunden eine objektiv ungeeignete Umrüstung der EDV-Anlage empfiehlt, die mit erheblichem Aufwand verbunden ist, so kann dies das Vertrauen des Kunden in das Unternehmen zerstören und den Kunden zur **fristlosen Kündigung** des Wartungsvertrages berechtigen.[546]

8. Mitwirkungspflichten des Kunden

Bei der Erbringung praktisch aller EDV-Leistungen obliegen dem Kunden   230
Mitwirkungspflichten. Mitwirkungspflichten können außerdem **auf den verschiedenen Stufen der Leistungserbringung** zum Tragen kommen:[547]
– bei der Spezifikation der Aufgabenstellung/Bereitstellung des Pflichtenheftes[548] (wenn nicht auch Beratung und Erstellung des Pflichtenheftes Gegenstand des Vertrages ist), Pflichtenhefterstellung selbst, allerdings unter Mitwirkung des Anbieters[549]; bei Nichtübergabe des Pflichtenheftes gerät Kunde in Annahmeverzug (§ 293 BGB).[550] Der Anbieter muss bei einer kundenseitigen Pflichtenhefterstellung mitwirken (soweit sie nach Vertragsschluss erfolgt) und etwa auch innerbetriebliche Bedürfnisse des Kunden ermitteln und auf deren Aufnahme in das kundenseitig zu erstellende Pflichtenheft drängen, den Kunden über dem Anbieter erkennbare Unklarheiten aufklären, bei der Formulierung der Aufgabenstellung mitwirken und einen Organisationsvorschlag zur Problemlösung unterbreiten;[551]

---

[543] OLG Köln, Urteil vom 13. 11. 1987 – 19 U 140/84, CR 1988, 723, 727.
[544] Siehe etwa BGH, NJW 1993, 2107.
[545] BGH, NJW-RR 1994, 76 f. m. w. N.
[546] OLG Koblenz, Urteil vom 17. 2. 1984 – 2 U 1286/82, CR 1987, 107 = IuR 1986, 361.
[547] Teilweise nach: Schneider, Handbuch, Rn. D 59 ff. sowie ergänzt um Rechtsprechung.
[548] OLG Oldenburg, Urteil vom 12. 2. 1986 – 3 U 43/85, CR 1986, 552; OLG Celle, Urteil vom 3. 7. 1981 – 2 U 216/80, DV-R 1, 77.
[549] OLG Köln, Urteil vom 18. 6. 1993 – 19 U 215/92, NJW-RR 1993, 1528 und Urteil vom 22. 9. 1995 – 19 U 65/94, CR 1996, 20 (Hinweispflicht des Anbieters); LG Bonn, Urteil vom 5. 3. 1993 – 3 O 170/92, MRC, 1995, 130.
[550] BGH, Urteil vom 28. 6. 1994 – X ZR 95/92, NJW 1994, 1469.
[551] OLG Köln, Urteil vom 6. 3. 1998 – 19 U 228/97, CR 1998, 459.

- beim Festlegen von Mengengerüsten und -profilen[552], Aufbereiten von Testdaten[553] oder jedenfalls deren Auswahl, Mitteilung eines Anforderungsprofiles jedenfalls durch EDV-erfahrenen Kunden[554] bzw. generell der Vorgaben bei Erstellung von Individualsoftware;[555]
- bei Installationsvorbereitungen (Hardware) sind Installationsrichtlinien des Auftragnehmers/Hardware-Anbieters/Systemanbieters zu beachten und für rechtzeitiges Bereitstellen von ausgebildetem Personal (das ausreichende Kenntnis für die Durchführung einer Anlageneinweisung aufweist)[556] und dessen Schulung zu sorgen.[557]
- Der Kunde hat die Pflicht zur Virenprüfung gelieferter Disketten.[558]
- Bei den Installationsvorbereitungen (Software) hat er die Hardwareumgebung für die Software zu beachten und geeignetes Personal bereitzustellen und auszubilden.
- Der Kunde hat die Pflicht zur Übernahme neuer Programmversionen (im Rahmen von Pflegeverträgen) mit Kostentragung für den Mehraufwand, falls die Nichtübernahme der neuen Version beim Anbieter zusätzliche Kosten verursacht (bzw. beim Kunden, z. B. durch Aufrüstung).
- Der Kunde hat für ausreichende Datensicherung[559] zu sorgen.
- Bei anbieterseitigen Maßnahmen zur Qualitätssicherung hat der Kunde mitzuwirken.[560]
- Soweit erforderlich, hat der Kunde die Pflicht, Nutzungsrechte an vorhandener Software einzuräumen[561], wenn diese vom Auftragnehmer (also im Verhältnis zum Software-Anbieter von einem Dritten) zur Auftragsausführung genutzt werden müssen.
- Bei der **Wartung** ist der Zugang zur DV-Anlage und zur Software zu gewähren (aber es besteht keine Verpflichtung, das Programm auf eigene Kosten auf Datenträger zu kopieren und zu versenden)[562], des Weiteren auf die Gefahr ungewöhnlich hoher Schäden[563] hinzuweisen sowie, soweit zumutbar und geboten (§ 254 Abs. 2 BGB), Reservegeräte (z. B. Drucker) anschaffen und bereit halten.[564]

---

[552] Müller-Hengstenberg, Vertragsrecht, 57.
[553] Müller-Hengstenberg, a. a. O.
[554] OLG Köln, Urteil vom 25. 6. 1993 – 19 U 216/92, NJW 1993, 1529.
[555] OLG Köln, Urteil vom 22. 9. 1994 – 19 U 65/94, CR 1996, 20.
[556] LG Freiburg, Urteil vom 29. 1. 1987 – 12 O 46/85, DV-R 4, 292.
[557] LG Verden, Urteil vom 30. 9. 1983 – 5 O 578/81, CR 1986, 26.
[558] LG Kleve, Urteil vom 29. 6. 1995 – 7 O 17/95, CR 1996, 292 – PCPro.
[559] OLG Karlsruhe, Urteil vom 20. 12. 1995 – 10 U 123/95, CR 1996, 348.
[560] Siehe Müller-Hengstenberg/Graf v. Westphalen, DV-Projektrecht, 23.
[561] Müller-Hengstenberg/Graf v. Westphalen, a. a. O.
[562] AG Ettlingen, Urteil vom 23. 12. 1991 – 2 C 540/89, MRC 1991, 34.
[563] OLG Hamm, Urteil vom 17. 6. 1997 – 13 U 30/96, CR 1997, 604.
[564] OLG Hamm, Urteil vom 17. 6. 1997, a. a. O.

– Besondere Pflichten bei **Software-Überlassung**:
- Versorgung mit allen Informationen, die zum Erbringen der Leistungen des Lieferanten erforderlich sind,
- rechtzeitige Erteilung verbindlicher Angaben seitens des Kunden zu organisatorischen Fragen,
- Stellen eines zuständigen und entscheidungsbefugten Gesprächspartners seitens des Kunden gegenüber dem Anbieter,
- Bereitstellen fachkundigen Personals seitens des Kunden, spätestens bei Programmüberlassung,
- rechtzeitige Schulung des Personals zu diesem Zweck[565],
- Aktualisieren und Bereithalten der Dokumentation, Archivierung der Dokumentation (die Aktualisierung selbst wird allerdings grundsätzlich vom Anbieter durchzuführen sein, insbesondere bei Weiterentwicklungen der Software),
- Beantwortung von Fragen des Anbieters bei der Datenumstellung,[566]
- Dulden der Fehlerbehebung, Bereitstellen des Personals hierzu, Mitteilung und Registrierung im „Logbuch".

– Besondere Pflichten bei **Software-Erstellung**:
- Kunde wird Anbieter unverzüglich mit allen Informationen versorgen, die zur Erbringung der Leistungen durch den Anbieter erforderlich sind,[567] etwa Spezifikationen zur Erstellung,[568]
- Mitwirken an Sollkonzept[569] und beauftragter Pflichtenhefterstellung[570],
- Benennen und Bereitstellen eines Ansprechpartners für die Erteilung verbindlicher und fachlich richtiger Angaben zu allen Fragen des Anbieters,
- Mitteilung, in welche Datenfelder des neuen Programmes (Alt-)Daten übernommen werden sollen,[571]
- Prüfen der Angaben des Anbieters, Freigabe,
- Bereitstellen von Testdaten in geeigneter Form,[572]

---

[565] Siehe etwa LG Verden, Urteil vom 30. 9. 1983, a. a. O.

[566] OLG Köln, Urteil vom 21. 1. 1994 – 19 U 100/93, NJW-RR 1994, 1207 = CR 1994, 538 = BB Beil. 7, 1994, 8.

[567] Etwa DFÜ-bezogene Spezifikationen, s. OLG Köln, Urteil vom 7. 2. 1992 – 19 U 117/91, BB Beil. 3, 1993, 8.

[568] OLG Köln, Urteil vom 7. 2. 1992, NJW-RR 1992, 761.

[569] OLG Oldenburg, Urteil vom 12. 2. 1986 – 3 U 43/85, CR 1986, 552 mit der zusätzlichen Erwägung, der Anbieter müsse den Kunden darauf hinweisen, dass wegen fehlender Sachkunde des Kunden weitere erforderliche Hilfe durch den Anbieter nicht vergütungsfrei möglich ist.

[570] OLG Oldenburg, a. a. O., CR 1986, 552.

[571] OLG Köln, Urteil vom 21. 1. 1994, a. a. O.

[572] allg. BGH, Urteil vom 13. 7. 1988 – VIII ZR 292/87, NJW 1988, 1396 – Registrierkassen.

- Durchführen eines Probelaufes.[573]
- Besondere Pflichten bei **Wartung/Pflege**:
  - ungehinderter Zugang zu den Räumen des Kunden,
  - eventuelle temporäre Nichtnutzung der Anlage während der Durchführung der Wartungs- und/oder Pflegemaßnahmen,
  - Bereitstellen etwa erforderlichen Betriebsmaterials,
  - Bereitstellen von Aufzeichnungen über die Betriebsbedingungen und eventuelle Änderungen,
  - Verwenden nur von zugelassenen Materialien seitens des Kunden,
  - zur Verfügung stellen bzw. Bereitstellen von technischen Einrichtungen zur Aufzeichnung bzw. Übermittlung der Wartungsdaten.
- Ausreichende **Datensicherung**.[574]

231 Der Kunde hat dem Software-Lieferanten die zur Realisierung eines EDV-Projektes erforderlichen Unterlagen zur Verfügung zu stellen. Erfüllt der Kunde seine Mitwirkungspflicht nicht, kommt er in **Gläubigerverzug** mit der Folge, dass sich die Haftung des Lieferanten für fehlende Arbeiten auf Vorsatz und grobe Fahrlässigkeit beschränkt (§ 300 Abs. 1 BGB).[575] Mitwirkungspflichten des Kunden/Auftraggebers werden vor allem bei Werk- und Kaufverträgen relevant, teilweise aber auch bei Dienstverträgen[576], allein schon in der Form des Bereithaltens oder -stellens von Arbeitsmitteln.

Beruht die verspätete Leistung des Schuldners (z. B. Lieferung durch Anbieter) darauf, dass der Gläubiger (Kunde) eine notwendige Mitwirkung unterlassen hat, **tritt Verzug nicht ein**[577] (etwa bei Unterbleiben der Pflichtenheftübergabe[578]), der Gläubiger kann keinen Schadensersatz aus Nichterfüllung geltend machen[579] und einen Entwicklungsvertrag nicht kündigen.[580] Der Anbieter (von Software) kann sich auf eine fehlende Mitwirkung des Bestellers (bei der Programmerstellung) allerdings nur berufen, wenn er den Besteller zur Mitteilung der erforderlichen Informationen

[573] OLG Bremen, Urteil vom 28. 12. 1978 – 2 U 36/78, MRC 1978, 1; LG Verden, Urteil vom 30. 9. 1983, a. a. O., CR 1986, 26.
[574] OLG Karlsruhe, Urteil vom 20. 12. 1995 – 10 U 123/95, CR 1996, 348 (Kunde muss auf seine unregelmäßige Datensicherung hinweisen); LG Heidelberg, Urteil vom 25. 4. 1995 – 3 O 286/93, MRC 1996, 43 (kein Schadensersatzanspruch des Kunden bei eineinhalb Jahre unterbliebener Datensicherung).
[575] BGH, Urteil vom 28. 6. 1994 – X ZR 95/92, CR 1995, 265.
[576] A. A. Schneider, Handbuch, Rn. E 116.
[577] BGH, Urteil vom 23. 1. 1996 – X ZR 105/93, CR 1996, 467; OLG Stuttgart, Urteil vom 29. 3. 1994 – 6 U 203/93, MRC 1995, 133.
[578] OLG Saarbrücken, Urteil vom 22. 9. 1994 – 8 U 64/91, BB Beil. 16, 1995, 12.
[579] OLG Köln, Urteil vom 31. 1. 1992 – 19 U 114/91, CR 1992, 333.
[580] LG Darmstadt, Urteil vom 14. 12. 1993 – 10 O 712/92, MRC 1995, 134.

aufgefordert[581] und ihm eine Frist zur Mitwirkung unter Kündigungsandrohung gesetzt hat (§ 643 BGB).[582] Außerdem muss der Anbieter den Kunden erforderlichenfalls auf erkennbar unzureichende Vorgaben des Kunden hinweisen.[583] Generell muss der Anbieter den Kunden bei der Erfüllung von dessen Mitwirkungspflichten unterstützen. Erst wenn der Kunde trotz Unterstützung seine Pflichten nicht erfüllt (z. B. einfache Programmvorgaben nicht erbringt), kann der Verzug des Anbieters entfallen.[584]

Führt der Kunde ein mittelständisches Unternehmen, können sich entsprechend höhere Anforderungen an seine Mitwirkung stellen, etwa bei der Erstellung von Soll-Konzepten.[585] Auch hier muss aber nach den Umständen des Einzelfalles differenziert werden. Die Mitwirkung bei der Implementierung eines „fertigen", branchenbezogenen Finanzbuchhaltungs„paketes" kann sich deutlich einfacher gestalten als die Einführung von SAP R/3 oder vergleichbarer komplexer unternehmenssteuernder Software. Auch kann wiederum eine Beratungspflicht des Anbieters entstehen, wenn er erkennt, dass der Anwender Verständigungsprobleme hat[586], ohne dass der Anwender hier aber die Vermittlung von EDV-Grundkenntnissen verlangen kann. 232

Wurde beim Wechsel auf ein neues System mit anderer Systemplattform vereinbart, dass die Altdaten gegen Vergütung nach Aufwand übernommen werden sollen, ist es Sache des Anwenders zu entscheiden, welche Altdaten endgültig übernommen und inwieweit sie in die neue Anwendung integriert werden sollen.[587]

Seinerseits muss der Anbieter den Kunden bei den Vertragsverhandlungen darauf hinweisen, wenn **Kosten** drohen, mit denen der Anwender nicht zu rechnen braucht[588], oder wenn Beratung erforderlich ist, um den Kunden in den Stand zu setzen, in geeigneter Weise z. B. an der Pflichtenhefterstellung mitzuwirken.[589]

---

[581] OLG Stuttgart, Urteil vom 23. 8. 1994 – 6 U 57/94, BB Beil. 16, 1995, 13 = MRC 1996, 28.
[582] OLG Stuttgart, Urteil vom 30. 11. 1988 – 6 U 82/88, CR 1990, 38.
[583] OLG Celle, Urteil vom 20. 2. 1991 – 6 U 15/90, CR 1991, 610.
[584] BGH, Urteil vom 13. 7. 1988 – VIII ZR 292/87, NJW-RR 1988, 1396 = CR 1989, 102, 104 (unterbliebenes kundenseitiges Ausfüllen von Programmblättern).
[585] OLG Oldenburg, Urteil vom 12. 2. 1986 – 3 U 43/85, CR 1986, 552.
[586] Schmidt, CR 1992, 709, 712.
[587] OLG Köln, Urteil vom 21. 1. 1994 – 19 U 100/93, BB Beil. 7, 1994, 8.
[588] OLG Köln, a. a. O.
[589] OLG Oldenburg, a. a. O., CR 1986, 552.

233 Ist der Kunde (Anwender) zur Erstellung eines Pflichtenheftes verpflichtet, muss der Anbieter hieran mitwirken und z. B. die innerbetrieblichen Bedürfnisse des Anwenders ermitteln, für ihn erkennbare Unklarheiten und Bedürfnisse aufklären, bei der Formulierung der Aufgabenstellung mitwirken und einen Organisationsvorschlag machen.[590] Versäumt der Anbieter diese Pflicht, kann er dem Anwender nicht vorwerfen, dass dieser die rechtzeitige Vertragserfüllung vereitelt hat. Solange der Anbieter keine konkreten Forderungen stellt und solange er nicht genau sagt, aus welchem beim Anwender liegenden Grund er an der Vertragserfüllung gehindert ist, ist der Anwender nicht in der Lage, von sich aus die Erfüllung des Vertrages voranzutreiben.[591]

234 Der Anbieter kann sich auf eine fehlende Mitwirkung des Kunden grundsätzlich nur berufen, wenn er den Kunden unter Fristsetzung mit Ablehnungsandrohung zur Mitwirkung aufgefordert hat.[592] Zur Erstellung eines Individualprogrammes benötigte Informationen muss der Hersteller vom Besteller einholen bzw. diesen zur Mitarbeit auffordern.[593] Benötigt der Auftragnehmer Informationen vom Auftraggeber, muss er diesen konkret zur Mitarbeit auffordern.[594]

235 Der Kunde muss die **Leistungserbringung** des Anbieters unterstützen, soweit dies erforderlich und ihm möglich bzw. zumutbar ist. Ein abschließender Pflichtenkatalog lässt sich hierbei angesichts oft recht unterschiedlicher Leistungspflichten nicht formulieren. Deshalb nur einige **Hinweise**:

236 Schuldet der Anbieter das **Laden („Installieren")** der Programme (s. Rn. 146), muss der Kunde dem Anbieter Zugang zur Anlage gewähren und ggf. Datenträger zur Verfügung stellen. Auch sind die erforderlichen personellen und organisatorischen Vorkehrungen vom Kunden – in Übereinstimmung mit dem Anbieter – rechtzeitig zu treffen. Die **Mitarbeiter** des Kunden müssen sich ausreichend Arbeitszeit freihalten, um für Einweisung und/oder Schulung verfügbar zu sein. Weiter muss der Anbieter in die Lage versetzt werden, angekündigte Probeläufe des Systems und auch mögliche Voruntersuchungen des bereits installierten alten Systems ohne Behinderung in der benötigten Zeitdauer durchführen zu können.

---

[590] OLG Köln, Urteil vom 18. 6. 1993 – 19 U 215/92, BB Beil. 7, 1994, 11, unter Bezugnahme auf OLG Köln, VersR 1991, 106ff. = BB Beil. 18, 1991, 18, 21.
[591] OLG Köln, a. a. O.
[592] OLG Stuttgart, Urteil vom 30. 11. 1988 – 6 U 82/88, CR 1990, 38, 41.
[593] OLG Stuttgart, Urteil vom 23. 8. 1994 – 6 U 57/94, MRC 1996, 28 = BB Beil. 16, 1995, 13.
[594] OLG Stuttgart, a. a. O.

Auch die notwendigen **technischen Installationsvoraussetzungen**
(Rn. 157) müssen vom Kunden geschaffen werden. Insoweit muss der
Kunde **vor der anbieterseitigen Leistungserbringung** selbst rechtzeitig
und in geeigneter Weise tätig werden. Zu den Installationsvoraussetzungen gehört die ausreichende Stromversorgung, das Durchführen von eventuell erforderlichen Wanddurchbrüchen bei Netzwerkverkabelung oder
von Deckenverstärkungen bei RZ-Einrichtung. Kennt allerdings der Lieferant den Aufstellungsort, so kann es zum vertraglich vorausgesetzten
Gebrauch gehören, dass ein Rechnersystem an ebendiesem Aufstellungsort funktioniert und nicht etwa wegen staubiger Atmosphäre und Netzschwankungen „aussteigt".[595]

Der Kunde ist in der Regel aus einer **vertraglichen Nebenpflicht** zu einer   237
geeigneten, ausreichenden und rechtzeitigen Mitwirkung verpflichtet.
Diese Pflicht setzt bereits bei der Überprüfung der vom Anbieter erarbeiteten Pflichtenhefte ein und erfasst auch noch die richtige Form der Mängelmitteilung im Rahmen der Gewährleistung sowie Fragen der Vertragsabwicklung bei Ende einer zeitlich terminierten Programmüberlassung.
Der Kunde, insbesondere der sachkundige Kunde, muss sich durch entsprechendes Befragen und Vorführen vergewissern, ob die DV-Anlage
hinsichtlich der vorhandenen Funktionen geeignet ist oder nicht.[596] Einem
fachmännischen Kunden obliegt die Pflicht zur Prüfung gelieferter Disketten auf Virenbefall, wenn eine Prüfung zumindest stichprobenartig und
mit vergleichsweise geringem Personal- und Kostenaufwand möglich
ist.[597]

Auch regelmäßige **Datensicherung** gehört zu den Mitwirkungspflichten   238
des Kunden, jedenfalls in der Form einer Obliegenheit. Wird etwa die täg-
liche Datensicherung unterlassen, kann ein überwiegendes Mitverschulden des Kunden vorliegen.[598] Die Datensicherung durch Übernahme des
gesamten Datenbestandes einer EDV-Anlage („Image-Back-up") ist einer
selektiven Datensicherung nicht gleichwertig, bei der nur die Daten übernommen werden, an denen sich seit der letzten Datensicherung eine Ver-

---

[595] LG Münster, Urteil vom 19. 6. 1987 – 4 O 87/87, CR 1988, 467 (unter Annahme einer entsprechenden anbieterseitigen Beratungs- und Sorgfaltspflicht und mit Bezugnahme auf BGH, NJW
1984, 2938).
[596] LG Frankfurt/Main, Urteil vom 8. 6. 1988 – 3/12 O 181/86, BB Beil. 11, 1989, 5.
[597] LG Kleve, Urteil vom 29. 6. 1995 – 7 O 17/95, CR 1996, 292.
[598] LG Kleve, Urteil vom 23. 3. 1990 – 3 O 356/89, CR 1991, 734; ebenso OLG Hamm, NJW-RR
1992, 1503 (Stromunterbrechung durch Abschalten eines Fehlstromschutzschalters durch Par-
kettleger); OLG Karlsruhe, CR 1996, 352 (Löschung des Datenbestandes auf Festplatte bei Reparatur als Eigentumsverletzung nach § 823 Abs. 1 BGB, Unterbleiben einer Datensicherung).

änderung ergeben hat. Sie verlangt eine größere Speicherkapazität als das „sequentielle Back-up" und dauert wesentlich länger als dieses.[599]

Hat der Kunde die erforderliche **Datensicherung** (dem OLG Frankfurt/ Main zufolge eine „absolute Selbstverständlichkeit"!) unterlassen, entfällt wegen dieses Mitverschuldens eine Haftung des beauftragten EDV-Unternehmens auch dann, wenn einer von dessen Mitarbeitern beim Kunden fahrlässig einen **totalen Datenverlust** verursacht (!).[600] Informiert ein EDV-Anwender das mit der Software-Installation beauftragte Unternehmen nicht darüber, dass er seine Daten entgegen der Üblichkeit und Selbstverständlichkeit nicht gesichert hat, verstößt es gegen Treu und Glauben, das beauftragte Unternehmen für einen fahrlässig verursachten Datenverlust haftbar zu machen.[601] Führt eine unsachgemäße Reparatur zu Datenverlusten, so kann eine Eigentumsverletzung vorliegen, die Ersatzansprüche aus § 823 Abs. 1 BGB begründet (in deren Rahmen wiederum Mitverschulden aus unterlassener Datensicherung zu prüfen ist).[602]

239 Mitwirkungspflichten des Kunden sollten nicht nur im Interesse des Anbieters, sondern auch in dem des Kunden klar geregelt werden, soweit dies technisch/organisatorisch im Voraus möglich ist. Unklarheiten gehen hier grundsätzlich zu Lasten des Kunden, da dieser im Streitfall beweisen muss, entweder seine Mitwirkungspflicht (rechtzeitig und vollständig) erfüllt zu haben oder dass eine Hinweis- bzw. Beratungspflicht des Kunden über die erforderlichen Mitwirkungsleistungen bestand und vom Anbieter verletzt wurde. Der Besteller von Individualsoftware ist verpflichtet, dem Programmierer die für die Erstellung der Individualsoftware notwendigen Angaben zu machen (Aufgabenstellung). Hält der Entwickler die Angaben für unzureichend, entlastet es ihn nicht, wenn die von ihm erstellte Software Mängel aufweist, die auf unvollständige Angaben des Bestellers beruhen. Erforderlich ist vielmehr ergänzend, dass der Entwickler dem Besteller für dessen Mitwirkung eine Frist setzt und ggf. die weitere Vertragsausführung ablehnt.[603]

Auch anbieterseitig können Datensicherungspflichten bestehen: Hat ein EDV-Anbieter die Implementierung eines Programmes auf eine EDV-Anlage übernommen, welches eine **Sicherungsroutine** enthält, ist es Teil seiner Leistungspflicht, die Übertragung der Sicherungsroutine zu über-

[599] OLG Frankfurt/Main, Urteil vom 9. 7. 1990 – 4 U 114/88, CR 1990, 767.
[600] OLG Karlsruhe, Urteil vom 20. 12. 1995 – 10 U 123/95, CR 1996, 348 = NJW-CoR 1996, 188.
[601] OLG Karlsruhe, Urteil vom 20. 12. 1995, a. a. O.
[602] OLG Karlsruhe, Urteil vom 7. 11. 1995 – 3 U 15/95, CR 1996, 352.
[603] OLG Köln, Urteil vom 22. 9. 1994 – 19 U 65/94, CR 1996, 20.

prüfen. Er muss hierbei die üblicherweise **von einem Fachmann** durchzuführenden (technisch möglichen und wirtschaftlich zumutbaren) Kontrollen vornehmen, um die Übertragung sicherzustellen. Unterlässt er diese
Überprüfung, kehrt sich die **Beweislast** bei Datenverlust zu seinen Lasten
(auch nach Abnahme!) um.[604]

Zu den Vertragspflichten des Anbieters eines Hardware- und Softwarever-
trages gehört es, bei Abschluss seiner Tätigkeit zu prüfen, ob die zu der
Anlage gehörenden Sicherungskassetten den aktuellen Datenbestand enthalten, und sie erforderlichenfalls zu vervollständigen. Der Kunde darf
sich im Regelfall darauf verlassen, dass der Auftragnehmer diese Pflicht
erfüllt. Ist dies nicht der Fall, muss der Anbieter auch nach Ablauf des
Wartungsvertrages dem Auftraggeber auf Anforderung eine Sicherungs-
kassette mit dem aktuellen Datenbestand ohne zusätzliche Vergütung zur
Verfügung stellen oder diesen Datenbestand wiederherstellen, wenn die
Daten verlorengegangen sind.[605] Ein Verfahren zur Datensicherung reicht
aus, wenn es bei gehöriger Aufmerksamkeit des Benutzers an sich eindeutig ist und, soweit Missverständnisse möglich sind, diese durch einfache
Rückfrage hätten beseitigt werden können.[606]

Wurde eine **Pilotkundenanwendung** vereinbart, bei der der Kunde im   240
Gegenzug zu einem Preisnachlaß Entwicklungsverzögerungen und die
Systempräsentation im Hause für Neukunden zu dulden hat, können derartige Mitwirkungspflichten von Obliegenheiten zu eigenständigen **Schuld-
nerpflichten** des Kunden aufzuwerten sein, deren Verletzung den Kunden
gegenüber dem Anbieter – der bei der Neuakquisition von Kunden Nachteile erleiden kann, schadensersatzpflichtig macht. Eine derartige Pflich-
tenaufwertung bedarf aber der besonderen Vereinbarung oder zumindest
eindeutiger Anhaltspunkte im gesamten Vertragsbild.

Der Kunde muss im eigenen Hause dafür sorgen, dass die **Beteili-**   241
gungsrechte des Betriebsrates gewahrt bleiben. Verzögert sich die
Implementierung z. B. durch langwierige Schlichtungsverhandlungen,
gerät der Kunde insoweit in Gläubigerverzug, u. U. sogar in Schuldnerverzug.

---

[604] BGH, Urteil vom 2. 7. 1996 – X ZR 64/94, CR 1966, 663 = WiB 1997, 46. Der BGH stuft den
      Verlust des Datenbestandes als **entfernten Mangelfolgeschaden** ein, so dass nicht die kurze Ver-
      jährungsfrist eingreift.
[605] OLG Köln, Urteil vom 2. 2. 1996 – 19 U 223/95, CR 1996, 407.
[606] LG München I, Urteil vom 22. 12. 1994 – 7 O 5966/92, CR 1995, 476 = BB 1995, 11.

Das zur Vorbereitung des Echtbetriebes dienende Prototyping/Customizing des Systems SAP R/3 unterliegt als Einführung einer technischen Einrichtung der **Mitbestimmung gemäß § 87 Abs. 1 Nr. 6 BetrVG.**[607]

9. Qualitätssicherung und Haftung

242   Qualitätssicherung der Komponenten von EDV-Systemen hat in doppelter Hinsicht Bedeutung, einmal gegenüber Vertragspartnern, zum anderen gegenüber allen sonstigen aus möglichen Fehlfunktionen des Produkts gefährdeten Personen. Auf **vertraglicher Ebene dient Qualitätssicherung** der **Einhaltung der Vorgaben des Auftraggebers,** damit das jeweilige Produkt in vertragsgemäßer Weise funktioniert. DIN/ISO-Normen dienen ebenfalls der Qualitätssicherung. Auf **außervertraglicher** Ebene insbesondere der Delikthaftung soll Qualitätssicherung dazu beitragen, Gefahrenpotentiale der Produkte zu beherrschen.

Auf produkthaftungsrechtlicher Ebene, auch wenn dies in diesen Normen nicht deutlich zum Ausdruck kommt, haben sie ebenfalls wesentliche Bedeutung, da sie Teil des Standes von Wissenschaft und Technik sind, dessen Einhaltung gegenüber Vertragspartnern[608] wie gegenüber allen Dritten (außervertraglich) geschuldet wird. DIN/ISO- und andere Normen werden nachfolgend näher erläutert, aus Raumgründen aber nur in Auszügen.[609]

9.1 Qualitätssicherung – Grundbegriffe

243   Die Erstellung von Hardware wie auch von Software hat generell den für industrielle Produkte geltenden Qualitätssicherungsanforderungen zu genügen. Während dies für Hardware-Komponenten unmittelbar einsichtig ist, da sie sich haftungsrechtlich in nichts von anderen Produkten unterscheiden, hat sich das notwendige Qualitätssicherungsbewußtsein in der Software-Branche noch nicht genügend herausgebildet. Auch **Software wird** aber zunehmend **wie ein sonstiges Industriegut standardisiert entwickelt und hergestellt,** so dass zumindest die Grundlagen der erforderli-

---

[607] ArbG Hamburg, Beschl. vom 19. 9. 1995 – 28 GaBV/1/95, CR 1996, 742.
[608] Zum Themenbereich Qualitätssicherungsvereinbarungen s. Graf v. Westphalen, Qualitätssicherung, in HGB-Kommentar, 1998.
[609] Eine ausführliche Darstellung und Diskussion dieser Normen findet sich in Koch, Software-Recht, 2. Aufl., 1999.

chen Qualitätssicherungsregelungen auch auf die Erstellung von Software Anwendung finden können und müssen. Die Ausführungen in diesem Abschnitt sollen deshalb besonders den Bezug zwischen Qualitätssicherungsnormen und Software-Produktion herausarbeiten. Sie gelten aber in gleicher Weise naturgemäß auch für die Erstellung von Hardware-Produkten und kompletten Systemen.

Die formale Definition des Begriffs „Qualität" in **DIN 55 350/11** bestimmt „Qualität" rein formal als „die Gesamtheit von Eigenschaften und Merkmalen eines Produktes oder einer Tätigkeit, die sich auf deren Eignung zur Erfüllung festgelegter und vorausgesetzter Erfordernisse bezieht". Ähnlich DIN 8402: ... „Gesamtheit von Merkmalen (und Merkmalswerten) einer Einheit bezüglich ihrer Eignung, festgelegte und vorausgesetzte Erfordernisse zu erfüllen." Insbesondere fehlt die Einbeziehung des so genannten „Versagensverhaltens".[610] Damit existiert auch keine klare Definition des Begriffes „Qualitätssicherung". DIN/ISO 9000 Nr. 3.5 bezeichnet „Qualitätssicherung" (QS) als alle geplanten Tätigkeiten, die notwendig sind, um ein angemessenes Vertrauen zu schaffen, dass ein Produkt oder eine Dienstleistung die gegebenen Qualitätsforderungen erfüllen wird. Übergreifend wird allerdings der neuere Begriff „Qualitätsmanagement" verwendet; er bezeichnet „alle Tätigkeiten der Gesamtführungsaufgabe, welche die Qualitätspolitik, Ziele und Verantwortungen festlegen sowie diese durch Mittel wie Qualitätsplanung, Qualitätslenkung, Qualitätssicherung und Qualitätsverbesserung im Rahmen des Qualitätsmanagementsystems verwirklichen" (ISO 8402, Entwurf 1992). Qualitätssicherung ist, auch in den nachstehenden Ausführungen, deshalb als Teil des umfassenden Qualitätsmanagements zu sehen.[611]

Auf Software bezogen bedeutet Qualitätssicherung, die notwendigen Eigenschaften als Qualitätsmerkmale in die Software hineinzuentwickeln bzw. hineinzuprogrammieren und ihr Vorhandensein durch Prüfungen, Kontrollen und Nachweise sicherzustellen.[612] Die notwendige Verknüpfung zwischen den allgemeinen DIN/ISO-Normen und den softwarespezifischen Prüfungen wird über die Norm DIN/ISO 9000 Teil 3 erreicht, deren inhaltliche Vorgaben in den folgenden Ausführun-

---

[610] Kritisch Pilz, Qualitätssicherung für Software, in Nicklisch (Hrsg.), Verträge über Computertechnik in Forschung, Verwaltung, Wirtschaft und Technik 1990, 221, 224.

[611] Kneuper/Sollmann, Normen zum Qualitätsmanagement bei der Softwareentwicklung, Informatik-Spektrum 18, 1995, 314f.

[612] Pilz, a. a. O., 227.

gen eingearbeitet sind.[613] In der Praxis hat der Umstand, dass Qualität nicht nur geprüft, sondern von vornherein geplant und gesteuert werden muss, zu einem erweiterten Ansatz des umfassenden „Qualitätsmanagements" geführt.[614] Dieses kann gerade bei Software-Erstellung von wesentlicher Bedeutung sein, soll doch der Anteil der Fehlersuche und -behebung in einem Projekt etwa 55 % der Gesamtkosten betragen.[615] TQM (Total Quality Management) soll sich an der optimalen Erfüllung von Kundenerfordernissen orientieren, ist allerdings an die Software-Anforderungen anzupassen.[616]

244 In den Normen DIN/ISO 9000 bis 9004 sind die unterschiedlichen nationalen, auf Qualitätssicherung bezogenen Forderungen an Produkte und Dienstleistungen vereinheitlicht worden. Als abstrakter Rahmen gelten diese Normen auch für Hardware- wie Software-Produkte und -Dienstleistungen sowie für die Erstellung und Wartung komplexer Systeme[617]; zum Zusammenhang der Normen 9000 bis 9004 und zur Anwendbarkeit auf die Software-Produktion s. unten Rn. 249. Diese Begriffsbestimmungen entsprechen im Wesentlichen dem Sprachgebrauch im Bereich des Software-Engineering, bedürfen aber noch projektspezifischer Konkretisierung im jeweiligen Entwicklungsvertrag. Die **Normen ISO 14001, 14004 (1996)** enthalten Anforderungen an ein **umweltbezogenes Managementsystem** für die Produktion (im vorliegenden Zusammenhang von Hardware).

---

[613] DIN/ISO 9000 Teil 3 enthält folgende Begriffsbestimmungen:
Software: Geistiges Produkt, das aus Programmen, Verfahren und allen dazugehörigen Beschreibungen besteht, die zur Arbeit mit einem Datenverarbeitungssystem gehören (Nr. 3.1).
Softwareprodukt: Vollständiger Satz von Computerprogrammen, Verfahren und dazugehörigen Beschreibungen und Daten, der zur Lieferung an den Anwender bestimmt ist (Nr. 3.2).
Softwareelemente: Jeglicher identifizierbarer Teil eines Softwareproduktes während oder nach Abschluß der Entwicklung (Nr. 3.3).
Entwicklung: Alle Tätigkeiten, die ausgeführt werden müssen, um ein Softwareprodukt zu erzeugen (Nr. 3.4).
Phase: Festgelegter Arbeitsabschnitt (Nr. 3.5).
Verifizierung (von Software): Der Vorgang, Ergebnisse einer gegebenen Phase zu bewerten, um ihre Richtigkeit und ihre Erfüllung der Vorgaben für diese Phase sicherzustellen (Nr. 3.6).
Validierung (von Software): Der Vorgang, Software zu bewerten, um die Erfüllung festgelegter Forderungen sicherzustellen (Nr. 3.7)."
[614] Mellis, TQM, 9.
[615] Mellis, TQM, 11, nach DeMarco, Controlling, 199.
[616] Balzert II, 354.
[617] Zur Haftung für die Qualitätssicherungsorganisation s. Rn. 256.

Ein **Qualitätssicherungssystem**[618] besteht aus der Aufbauorganisation,   245
den Verantwortlichkeiten, Abläufen, Verfahren und Mitteln zur Verwirklichung des Qualitätsmanagements als Führungsaufgabe, das die umfassenden qualitätsbezogenen Absichten und Zielsetzungen des Unternehmens
festlegt und verwirklicht (DIN/ISO 9000, Nr. 3.1 bis 3.3). Das von der
Unternehmensleitung zu entwickelnde, festzulegende und zu verwirkli-
chende Qualitätssicherungssystem soll entsprechend der besonderen Art
der Geschäftstätigkeit des Unternehmens strukturiert und ihr angepasst
sein sowie dabei die geschilderten geeigneten Elemente in Betracht ziehen
(vgl. näher DIN/ISO 9004, Nr. 4.4.2 und 4.4.3). Die Funktionsauslegung
des Qualitätssicherungssystems soll volles Vertrauen schaffen, dass

a) **das System gut verstanden wird und wirksam ist,**

b) **die Produkte oder Dienstleistungen die Erwartungen der Kunden
   erfüllen und**

c) **das Hauptaugenmerk viel mehr auf die Vermeidung von Problemen
   gelegt wird als sich auf ihre Entdeckung nach dem Auftreten zu verlassen (DIN/ISO 9004, Nr. 4.4.4).**

Das Qualitätssicherungssystem soll alle Phasen im sogenannten **Qualitäts-**   246
kreis erfassen, wie Marketing und Marktforschung, Design/Spezifizierung
und Entwicklung des Produkts, Beschaffung, Prozessplanung und -entwick-
lung; Produktion, (Qualitäts-)Prüfungen und Untersuchungen, Verpackung
und Lagerung, Verkauf und Verteilung, Montage und Betrieb, technische
Unterstützung und Instandhaltung, Beseitigung nach dem Gebrauch (vgl.
näher DIN/ISO 9004, Nr. 5.1.1). Alle qualitätsbeeinflussenden Tätigkeiten
sollten angemessen und dauernd gelenkt werden (DIN/ISO 9004,
Ziff. 5.2.5). Vorbeugende Maßnahmen zur Vermeidung der Entstehung von
Qualitätsproblemen sind ebenso von Bedeutung wie die Fähigkeit, auf Fehler
zu reagieren und sie zu korrigieren (a. a. O., Nr. 5.2.5).

Checkliste: Prüfung des QS-Systems[619]

1. Hat der Anbieter ein QS-System eingeführt? Wird es durchgängig
   angewendet?
2. Wird das QS-System in einem Handbuch dokumentiert? Erfasst es auch
   Tools und Individualentwicklungen? Ebenso die Kontrolle ausgelieferter Programmkopien?

---

[618] Inzwischen spricht man umfassender von einem „Qualitätsmanagementsystem", definiert nach
ISO 8402 als *„die Organisationsstruktur, Verantwortlichkeiten, Prozesse und erforderlichen Mit-
tel für die Verwirklichung des Qualitätsmanagements"* (zit. nach Kneuper/Sollmann, Normen zum
Qualitätsmanagement bei der Softwareentwicklung, Informatik-Spektrum, 1995, 314f.); s. auch
Balzert II, 278.

[619] Schomisch, NJW-CoR 1997, 154.

3. Wie werden Fehlerkorrekturen behandelt (etwa bei Mängelbeseitigung, Wartung/Pflege), wie Änderungen in der Leistung?
4. Erfolgt eine (dokumentierte!) Testplanung?
5. Welche inhaltlichen Normen zur Software-Entwicklung sind projekteinschlägig?
6. Wurden klare Vereinbarungen bezüglich der **Abnahmeprozeduren** getroffen?
7. Erlaubt ein installiertes Konfigurationsmanagement das Identifizieren und Rückverfolgen von ausgelieferter Software und Änderungen an dieser?
8. Ist ein nahtloser Anschluß an Wartungs-/Pflegeleistungen sichergestellt?

9.2 Grundzüge der Qualitätssicherung nach DIN/ISO 9000–9004

247   Bei Erteilung mittlerer und größerer Aufträge zur Entwicklung von Software oder vollständiger Systeme tut der Auftraggeber gut daran, die **DIN-gemäße Einrichtung eines produktspezifischen Qualitätssicherungssystems** bzw. inzwischen umfassender **Qualitätsmanagementsystems im Unternehmen des Auftragnehmers als Voraussetzung der Auftragserteilung schriftlich festzulegen.** Der Auftraggeber sollte berechtigt sein, das Qualitätssicherungs-/-managementsystem des Auftragnehmers bei Vertragsunterzeichnung und zu späteren, frei wählbaren Zeitpunkten inspizieren zu dürfen, wenn das Qualitätssicherungssystem nicht ohnehin durch eine zuständige Stelle bereits zertifiziert ist.

Hiermit ist immerhin sichergestellt, dass der organisatorisch-personell-technische Rahmen für die Durchführung der erforderlichen Qualitätssicherung eingerichtet wird. Natürlich müssen zusätzlich die inhaltlichen Kriterien für die zu erstellende Software festgelegt und in der Einhaltung sichergestellt werden (Qualitätsmanagement). Die Qualitätssicherung nach diesen Kriterien setzt aber jenen Rahmen zwingend voraus. Es macht also wenig Sinn, die Einhaltung bestimmter Leistungskriterien bei der Software-Erstellung zu vereinbaren, wenn nicht sichergestellt ist, dass der gesamte Erstellungsprozess nach den DIN/ISO-Qualitätssicherungsnormen ausgelegt, d. h. organisiert, durchgeführt und kontrolliert wird.

Der ausdrückliche Bezug auf die Normen DIN/ISO 9000 bis 9004 bringt für den auftraggebenden Kunden außerdem den Vorteil, wesentlich leichter an die strenge **Rechtsprechung des BGH** zur Haftung für die Organisation der Qualitätssicherung anknüpfen zu können. Wenn die normbezo-

genen Maßstäbe ausdrücklich zur Vertragsgrundlage gemacht werden,
stellen sie insoweit zugleich den nachprüfbaren Haftungsmaßstab für die
Auftragsausführung dar. Unter dieser Voraussetzung kann die sehr strenge
Rechtsprechung des BGH eingreifen, derzufolge der Auftragnehmer bei
Nichtdurchführung der vereinbarten Qualitätssicherungsmaßnahme für
alle hierauf zurückzuführenden Mängel **30 Jahre** haftet (s. Rn. 256)!

Die wesentlichen Vorgaben für Organisation und Durchführung qualitäts-   248
sichernder Maßnahmen in einem QS-System sind in den Normen
ISO 9000 bis ISO 9004 zusammengefasst, die gleichzeitig als DIN-Rege-
lungen gelten und auf unterschiedliche Anwendungssituationen zugeschnitten sind. Diese Normen sollen zur näheren Orientierung in ihrem
Zusammenhang im Folgenden überblicksweise dargestellt werden.[620] Die
Normen DIN/ISO 9000–9004[621] enthalten formale Beschreibungen für
Verfahren, Modelle und Methoden der Qualitätssicherung, insbesondere
die Einrichtung eines Qualitätssicherungssystems,[622] jedoch keinen vollständigen Satz an Vorschriften für die Einrichtung eines konkreten Qualitätssicherungssystems gerade für Software;[623] die Normen beschreiben
vielmehr den **Rahmen** zur Qualitätssicherung jeder Produktion, den freilich auch die (Hardware- wie) Softwareproduktion einhalten und ausfüllen
muss.[624] DIN/ISO 9001 setzt eine straffe Organisation voraus; Eigenverantwortung arbeitender Gruppen (etwa von Entwicklern) lässt sich schwer
im Schema dieser Norm abbilden.[625] Auch ist nicht jedem Entwickler
immer klarzumachen, welchen Vorteil ein umfassendes Dokumentieren
(„Papierkram", „Bürokratismus") für ihn und den Kunden bringen soll.[626]

Das QS umfassende Qualitätsmanagement wird in ISO 8402 definiert.

Die Norm **DIN/ISO 9000** enthält die Europäische Norm EN 29 000. Sie   249
legt fest, wie die weiteren DIN/ISO-Normen 9001 bis 9004 (beinhaltend
EN 29 001 bis 29 004) ausgewählt und angewendet werden. Zur besseren
Orientierung bei der Anwendung der Normen 9000–9004 liegt die Norm
DIN/ISO 9000, Teil 2 vor. Sie soll dem Anwender einen besseren Zusam-
menhang und mehr Präzision, Klarheit und Verständnis bei der Anwen-

---

[620] Die Darstellung legt hierbei die Zusammenfassung der Normen im DIN-Taschenbuch 226 „Qualitätssicherung und angewandte Statistik – Verfahren 3: Qualitätssicherungssysteme" zugrunde.
[621] Die Normen 9001–9004 sind zugleich europäische Normen EN 29001–29004.
[622] Zu Fragen der Zertifizierung und Akkreditierung s. Niebling, WiB 1995, 737.
[623] Ebenso keine Methoden oder Werkzeuge, s. Gillies, Software-Quality 1992, 177.
[624] Zu software-bezogenen Qualitätssicherungsnormen s. Rn. 250.
[625] Oskarsson/Glass, ISO 9000, 30 ff. (eine der besten, stark mit praktischen Erfahrungen angerei-
cherte Darstellung zum Themenbereich der Software-QS).
[626] Oskarsson/Glass, ISO 9000, 31 f.

dung der Forderungen der Qualitätssicherungsnormen ISO 9001–9003 verschaffen, diesen Normen jedoch weder etwas hinzufügen noch diese verändern (vgl. DIN/ISO 9000 Teil 2 Nr. 1 Abs. 1).

DIN/ISO 9000, Teil 3 stellt einen Leitfaden für die Anwendung der Norm DIN/ISO 9000 auf die Entwicklung, Lieferung und Wartung von **Software** dar. Die Norm soll Anleitungen geben, wenn ein Vertrag zwischen zwei Partnern vom Lieferanten den Nachweis seiner Fähigkeit verlangt, Softwareprodukte zu entwickeln (Design-Leistung), zu liefern und zu warten (DIN/ISO 9000 Teil 3 Nr. 1)[627], schreibt aber kein bestimmtes Vorgehensmodell vor[628]. DIN/ISO 9000 Teil 3 ist eine von mehreren Möglichkeiten, DIN/ISO 9001 zu erfüllen.[629]

DIN/ISO 9001 (Modell zur Darlegung der Qualitätssicherung in Design[630]/Entwicklung, Produktion, Montage und Kundendienst) ist anzuwenden, wenn durch den Lieferanten/Auftragnehmer die Erfüllung festgelegter Forderungen bezüglich mehrerer Phasen zu sichern ist, wobei in diesen Phasen Design/Entwicklung, Produktion, Montage und Kundendienst enthalten sein können (DIN/ISO 9000 Nr. 8.2.1 a). Diese Norm ist im vorliegenden Zusammenhang die zentrale Norm. Sie ist grundsätzlich kein Werkzeug des Entwicklers, sondern des Kunden zur Beurteilung und Kontrolle des Managements des Entwicklers.[631]

DIN/ISO 9002 (Modell zur Darlegung der Qualitätssicherung in Produktion und Montage) ist anzuwenden, wenn durch den Lieferanten/Auftragnehmer die Erfüllung festgelegter Forderungen bzgl. Produktion und Montage zu sichern ist (DIN/ISO 9000 Nr. 8.2.1 b), also kein Design eingesetzt wird.

DIN/ISO 9003 (Modell zur Darlegung der Qualitätssicherung bei Endprüfungen) ist anzuwenden, wenn durch den Lieferanten/Auftragnehmer die Erfüllung festgelegter Forderungen nur bzgl. Endprüfung zu sichern ist (DIN/ISO 9000 Nr. 8.2.1 c), wenn also weder Design noch Produktion vorhanden sind (also etwa bei Händlern von Software und/oder Systemen).

---

[627] Zur Einführung eines QS-Systems in der Praxis s. ausführlich die Darstellung in Thaller, ISO 9001.

[628] Balzert II, 331.

[629] Oskarsson/Glass, ISO 9000, 45.

[630] „Design" kann „Entwicklung", „Berechnung", „Konstruktion" bzw. deren Ergebnis „Entwurf", „Gestaltung" oder „Konzept" usw. einschließen und entsprechend benannt werden (Fn. 2 zu DIN/ISO 9000 Nr. 2).

[631] Oskarsson/Glass, ISO 9000, 47.

Die **Norm DIN/ISO 9004** ist ein **Leitfaden** zu den technischen, administrativen und menschlichen Faktoren, welche die Qualität von Produkten und Dienstleistungen beeinflussen (DIN/ISO 9000 Nr. 7 Abs. 2 Satz 1). DIN/ISO 9004 betont das Zufriedenstellen der Kundenerfordernisse, das Festlegen der funktionalen Verantwortlichkeiten und die Wichtigkeit der Abschätzung der potentiellen Risiken und des möglichen Nutzens (DIN/ISO 9000 Nr. 7 Abs. 2 Satz 2). Diese Normen dienen der **externen Darlegung** der Qualitätssicherung in vertraglichen Situationen (DIN/ISO 9000 Nr. 6 b). Ergänzend ist die Norm DIN/ISO 9004 Teil 2 zu beachten, die einen Leitfaden zur Qualitätssicherung von Dienstleistungen enthält. Das beschriebene Qualitätssicherungssystem soll alle Prozesse umfassen, die zum Erbringen einer wirksamen Dienstleistung erforderlich sind, angefangen vom Marketing bis hin zur Lieferung, und die Analyse der für die Kunden erbrachten Dienstleistungen einschließen (DIN/ISO 9004 Teil 2 Nr. 1 Abs. 1).

Die **Auswahl des geeigneten Qualitätssicherungssystems** erfolgt unter 250
Berücksichtigung von Norm DIN/ISO 9004 zwischen 9001, 9002 oder 9003. Die Normen DIN/ISO 9002 und 9003 stellen Teilmengen von 9001 dar.[632] Die Auswahl der jeweils geeigneten Qualitätssicherungsverfahren ist nach den folgenden **sechs Faktoren** zu beurteilen:
– Komplexität des Designprozesses:
Dieser Faktor behandelt die Schwierigkeit des Designs des Produkts oder der Dienstleistung, wenn ein solches Produkt oder eine solche Dienstleistung noch entwickelt werden muß (DIN/ISO 9000 Nr. 8.2.3 a).
– Designreife:
Dieser Faktor behandelt das Ausmaß, in welchem das ganze Design bekannt ist und sich bewährt hat, sei es durch Prüfung der Leistungsfähigkeit oder durch Einsatzreife (DIN/ISO 9000 Nr. 8.2.3 b).
– Komplexität des Realisierungsprozesses, also
• Verfügbarkeit bewährter Realisierungsprozesse,
• Notwendigkeit der Entwicklung neuer Prozesse,
• Anzahl und Vielfalt der erforderlichen Prozesse,
• Wirkung des Prozesses oder der Prozesse auf die Leistungsfähigkeit des Produktes oder der Dienstleistung (DIN/ISO 9000 Nr. 8.2.3 c);
– Merkmale des Produkts oder der Dienstleistung:
Dieser Faktor behandelt die Komplexität des Produkts oder der Dienstleistung, die Anzahl der in Wechselbeziehung stehenden Merkmale und

---

[632] Gillies, Software-Quality, 171.

die Wichtigkeit jedes Merkmals bezüglich der Leistungsfähigkeit (DIN/ ISO 9000 Nr. 8.2.3 d).

– Sicherheit des Produkts oder der Dienstleistung:
Dieser Faktor behandelt das Risiko des Vorkommens eines Ausfalls und die Folgen eines solchen Ausfalls (DIN/ISO 9000 Nr. 8.2.3 e).

– Wirtschaftlichkeit:
Dieser Faktor behandelt sowohl die für den Lieferanten als auch die für den Auftraggeber von den vorangehenden Faktoren abhängigen Kosten, verglichen mit den Kosten aufgrund von Fehlern am Produkt oder bei der Dienstleistung (DIN/ISO 9000 Nr. 8.2.3 f).

DIN/ISO 9001 ist die strengste Norm für den gesamten Lebenszyklus von Produkten; DIN/ISO 9002 ist ähnlich ausgestaltet, aber ohne Entwicklung; DIN/ISO 9003 gilt für die Endfertigung; DIN/ISO 9004 gilt für die Qualitätssicherungsbeschreibung aus Unternehmenssicht selbst.

Für Software enthält die nicht immer ausreichend beachtete Norm DIN ISO 9000 Teil 3 einen spezifisch auf Software abgestimmten Leitfaden für Entwicklung, Lieferung und Wartung sowie die Qualitätssicherung der jeweiligen Leistungen. Diese Norm eignet sich sehr gut als Grundlage für Software-Entwicklungen.

251 Die anbieterseitige Einhaltung der QS-Anforderungen lässt sich durch den Kunden (bei vertretbarem Aufwand und Wahrung eines erträglichen „Arbeitsklimas" zwischen den Vertragsparteien) nur eingeschränkt kontrollieren (sogenanntes Second-Party-Audit). Hier kann die Zertifizierung durch eine unabhängige Prüfstelle helfen (sogenanntes Third-Party-Audit)[633], zumal diese Prüfstellen nach Zertifikatserteilung regelmäßig halbjährlich Folgeaudits zur Aufrechterhaltung des Zertifikats durchführen, wodurch das Einhalten des Standards zwar nicht absolut gesichert, aber doch wahrscheinlicher wird. Die Zertifizierung des formalen Qualitätssicherungssystems besagt jedoch nichts über die Sicherheit des jeweils erzeugten einzelnen Produkts.[634]

252 Die DIN/ISO- bzw. EN (Europäische Norm-) Vorgaben beschreiben als **Prozessnormen** allerdings nur mehr oder weniger formal ein Organisationsmodell, nicht hingegen bestimmte Prüfinhalte zu Leistungskriterien, die von EDV-Komponenten erfüllt werden müssen.

---

[633] Zu diesen Begriffen s. Kneuper/Sollmann, Normen zum Qualitätsmanagement bei der Softwareentwicklung, Informatik-Spektrum 18, 1995, 314 f.
[634] Graf v. Westphalen, Qualitätssicherung, Rn. 31.

Hierzu muss auf weitere Normen zurückgegriffen werden, die mittlerweile weite Bereiche der Leistungsprüfung abdecken. Dies sei am Beispiel der Software an folgenden **Produktnormen** verdeutlicht:

- **ISO 12 119 (1994)**[635] besteht aus Qualitätsanforderungen (früher: Gütebedingungen) und den Prüfbestimmungen, jedoch bezogen auf Endprodukte, nicht auf deren Entwicklung.[636]
- **ISO/IEC 9216 (1991)** beschreibt Ziele der Software-Qualität, nämlich Funktionalität, Zuverlässigkeit, Benutzbarkeit, Effizienz, Wartbarkeit und Portierbarkeit. – Ein Modell des Software „Life Cycle" findet sich in der internationalen Norm ISO 12 207.[636a]
- **IEC 1508** beschreibt Anforderungen für elektrische/elektronische/programmierbare elektronische Systeme, also Hardware.
- Die Normen **IEEE 730-1989** und **983-1986** enthalten Anforderungen zur Qualitätssicherung bei insbesondere technischen Software-Projekten, **STD 829-1983** (bestätigt 1991) für Software-Testing. Standard (Std.) 730 sieht einen **Software Quality Assurance Plan** (SQAP) vor, während Std. 983 Hinweise zur Einführung und Umsetzung des SQAP enthält.[637] Die (auch mathematisch) anspruchsvollere Verifikation und Validation wird in **IEEE Std. 1012** beschrieben, Software-Reviews und -Audits in **Std. 1028**.
- Die Normen **DIN V 19 250** und **DIN 19 251** beschreiben Anforderungen für Steuerungssoftware für MSR (Messen, Steuern, Regeln)-Schutzeinrichtungen.[638]
- **ANSI/IEEE 1012-1986** enthält Anforderungen für die Verifikation und Validation von Software.
- **DIN 66 272** enthält inhaltliche Qualitätsanforderungen an Software, insbesondere zu den Qualitätsmerkmalen Funktionalität, Zuverlässigkeit (etwa zur Fehlertoleranz), Benutzbarkeit, Effizienz, Änderbarkeit und Übertragbarkeit (wichtig für Portabilität).

---

[635] DIN/ISO/IEC 12 119 (früher DIN 66 285), „Software-Erzeugnisse – Qualitätsanforderungen und Prüfbestimmungen", basiert auf DIN 66 285, 1995-08, Berlin 1995; Konformitätsprüfung, ausführliche Produktbeschreibung, Dokumentation, Programm und Daten.

[636] Kneuper/Sollmann, Normen zum Qualitätsmanagement bei der Softwareentwicklung, Informatik-Spektrum, 1995, 314, 319 f.; s. auch Hohler/Villinger, Normen und Richtlinien zur Prüfung und Qualitätssicherung von Steuerungssoftware, Informatik-Spektrum, 1998, 63, 66.

[636a] Siehe http://ww.acm.org/tsc/lifecycle.html. und im V-Modell unter Rn. 253. Zum „Life Cycle Process Model" s. ausf. http://www.informatik.uni-bremen,cle/~uniform/vm97/vm.htm; unter .../vm97/part3/p3iso.htm auch zu ISO 12207 und unter .../vm97/part3/p3iso1a.htm.zw „ISO 9001 Conformity on the Basis of the V-Model". Eine ausf. Erläuterung findet sich in Koch, Software-Recht, 2000.

[637] Kneuper/Sollmann, Normen zum Qualitätsmanagement bei der Softwareentwicklung, Informatik-Spektrum, 1995, 314, 316.

[638] Zur Kritik an den Normentwürfen s. Hohler/Villinger, Normen und Richtlinien zur Prüfung und Qualitätssicherung von Steuerungssoftware, Informatik-Spektrum 21, 1998, 63, 69.

– **DIN 66 271** enthält außerdem Kriterien für Fehler von Software und ihre Behandlung im Vertragsverhältnis.

– Die Gütegemeinschaft Software hat „**Zehn Merkmale guter Software**" zusammengestellt, die die erforderlichen Leistungskriterien besonders gut veranschaulichen und als wichtige Hilfe bei Vertragsverhandlungen dienen können.

– Für Bildschirmterminals enthält die Norm **ISO 9241 Teil 10** für die softwareseitig zu realisierenden Dialogprinzipien wichtige Anforderungen (etwa zur Selbsterklärungsfähigkeit), die EG-Ratsrichtlinie vom 29. 5. 1990 hingegen allgemeine Anforderungen zur Gestaltung von „Mensch-Maschine-Schnittstellen", nunmehr Bildschirmarbeitsplatzverordnung, BGBl- I S. 1843). Die Richtlinie wirkte auch vor dem Zeitpunkt der Umsetzung in nationales Recht ab dem Ablauf der Umsetzungsfrist (31. 12. 1992): Einschlägige nationale Rechtsvorschriften (insbesondere § 120a GewO) waren im Lichte dieser Richtlinie auszulegen.[639]

253 Weitere **Qualitätsmodelle** sind: Capability Maturity Model (CMM) 2.0 1997 des Software Engineering Institute (SEI) der Carnegie Mellon-University[640] mit fünf QS-Stufen und Software-Reifegraden.[641] Das CMM konzentriert sich auf Qualitäts- und Produktivitätssteigerungen durch kontinuierliche Verbesserungen, ISO hingegen auf Qualitätsnachweise. SPICE (ISO 1993, Software Process Improvement and Capability Determination)[642] soll CMM und ISO 9000 in ISO 15504 integrieren. Von Feld-

---

[639] BAG, Beschl. vom 2. 4. 1996 – 1 ABR 47/95, CR 1996, 604: Der Betriebsrat konnte über § 87 Abs. 1 Nr. 7 BetrVG i. V. m. § 120a GewO und Art. 7 EG-Bildschirmrichtlinie (90/270/EWG) betriebliche Regelungen über Unterbrechungen von Bildschirmarbeiten durch andere Tätigkeiten oder Pausen verlangen.

[640] Balzert II, 362; DGQ, Zuverlässigkeit, 55; Oskarsson/Glass, ISO 9000, 107. CMM unterscheidet fünf „Levels" (Initial für nichtstabile, firmlose Entwicklungsumgebungen, bei denen sich Erfolg nur zufällig und durch besondere Persönlichkeiten in Management/Entwicklung einstellt; Repeatable für ein eingerichtetes System zum Management von Software-Projekten und Umsetzungsmaßnahmen; Defined für etablierte Standardprozesse bei Erstellung und Management; Managed für quantifizierbare Qualitätsziele und standardisierte Verfahren für übereinstimmende Produktqualität; Optimizing für Bemühen der ständigen Verbesserung und notwendigen Verfahren und Mittel hierzu). Level 2 erfüllt die meisten DIN/ISO 9001-Anforderungen, allerdings etwa nicht die Erfüllungen der kundenseitigen Anforderungen; DIN/ISO 9001 ist außerdem (anders als CMM) weltweit verbreitet (Oskarsson/Glass, ISO 9000, 108). Für die Levels 4 und 5 gibt es aber bisher wenig gesicherte Erkenntnisse (Balzert II, 376). Version 2.0 1997 sieht hier Verbesserungen vor.

[641] Ausf. s. Mellis, TQM, 94ff. „BOOTSTRAP" war ein Projekt zur Modifizierung und Erweiterung von CMM für die europäische Software-Industrie. BOOTSTRAP verlangt Begutachung durch externe Spezialisten (DGQ, Zuverlässigkeit, 57) und umschließt nunmehr verschiedene Standards wie ISO 9001, ISO 12207, ISO 15504, ESA Lifecycle-Model (s. Bölter, CW 18, 1997, 16).

[642] SPICE beruht auf einer Initiative von ISO und IEC, s. n. DGQ, Zuverlässigkeit, 58f.

versuchen abgesehen liegen Anwendungserfahrungen bisher nicht vor.[643]
ISO 12207 beschreibt einen Standard für alle Software-Lifecycle-Prozesse
und ist besonders auf Software-Erwerb zugeschnitten.[644]

Von der öffentlichen Hand wird grundsätzlich das Vorgehensmodell (V-
Modell) verwendet.[645] Das V-Modell beschreibt eine Prozessnorm, wie sie
von DIN/ISO 9001 Teil 3 vorausgesetzt wird. Das V-Modell orientiert sich
stärker am strengen Phasenkonzept des „Wasserfall-Modells", das die frühere „Programmiere und Repariere"-Verfahrensweise ablösen sollte[646],
und macht keine Aussagen über Methoden und Werkzeuge.[647] Das V-
Modell unterscheidet vier Submodelle, Projektmanagement (PM), Softwareerstellung (SWE), Qualitätssicherung (QS) und Konfigurationsmanagement (KM). Die Verwendung des V-Modells garantiert die Erfüllung
eines großen Teils der Anforderungen nach DIN/ISO 9000 Teil 3.[648]

Wesentlicher Ansatzpunkt zur Software-Qualität sind nämlich funktions-
bezogene Prüfungen und quantifizierende Zuverlässigkeitsmodelle.[649]

Der Einsatz einer QS nach DIN/ISO 9000 kann eine Betriebsratsschulung
erforderlich machen.[650]

9.3 Anbieterverpflichtung zur Qualitätssicherung

Die Qualitätssicherung von EDV-Leistungen ist seit 1996/1997 jedenfalls   254
für betriebliche Software zum Standard geworden. Unabhängig davon, ob
bereits von Prüfinstanzen Zertifizierungen des Anbieterunternehmens
durchgeführt wurden, sind vom Anbieter im Rahmen seiner Vertragserfüllung geeignete Qualitätssicherungsverfahren und -methoden einzuführen
und anzuwenden. Um hier ein geregeltes Vorgehen sicherzustellen, muss

---

[643] Balzert II, 383.
[644] ISO 12207 hat sich aus den US-militärischen Standards DoD-STD-2167A (mission critical Systems), MIL-STD-7935 und deren Kombination in MIL-STD-498 entwickelt.
[645] Aktuelle Informationen s. unter http://www.informatik.uni-bremen.de/~uniform/vm97, ausführlich auch zum Lifecycle Process Model.
[646] DGQ, Zuverlässigkeit, 59, 60f. (sehr deutlich S. 61: Dem Wasserfall-Modell werde nachgesagt,
es diene ausschließlich zur Beruhigung des Managements, erzeuge über einen sehr langen Zeitraum nichts anderes als eine Unmenge Papier und gewähre dem Entwickler keine Rückkopp-
lung).
[647] DGQ, Zuverlässigkeit, 65; Bröhl/Dröschel, V-Modell, 64 (Abdruck des V-Modells bei diesen
Autoren ab 177ff.).
[648] Kneuper/Sollmann, Normen zum Qualitätsmanagement bei der Softwareentwicklung, Informatik-Spektrum, 18, 1995, 314, 322.
[649] Siehe ausf. Belli/Grochtmann/Jack, Erprobte Modelle zur Quantifizierung der Software-Zuver-
lässigkeit, Informatik-Spektrum, 21, 1998, 131f.; Thurner/Dal Cin/Schneeweiß, Verläßlichkeits-
bewertung komplexer Systeme, Informatik-Spektrum, 21, 1998, 318.
[650] LAG Mainz, CR 1997, 482.

der Anbieter ein Qualitätssicherungssystem implementieren und ergänzend inhaltliche Normen insbesondere bei der Entwicklung von Software beachten, also Qualitätsmanagement betreiben. Der Anbieter ist zu einer normgemäßen Qualitätssicherung seiner Leistung auch dann verpflichtet, wenn der Vertrag mit dem Kunden keine ausdrücklichen Bestimmungen zur Qualitätssicherung der Anbieterleistung enthält. **Qualitätssicherung ist insoweit als Stand der Technik vorauszusetzen.**

Rein vorsorglich kann aber für die **Vertragspraxis** nur dringend empfohlen werden, die Qualitätssicherung aller Anbieterleistungen im Vertrag ausdrücklich als zugesicherte Eigenschaften festzuschreiben. Hierdurch kann sich der Kunde im Streitfall ein Gutachten ersparen, ob die DIN-/ISO-gemäße Qualitätssicherung heute zum Stand der Technik gehört, und das Kostenrisiko des Kunden kann in einem möglichen Rechtsstreit erheblich reduziert werden.

Die **Qualitätssicherung** muss, wenn sie Sinn machen soll, **alle Leistungen des Anbieters erfassen**, also insbesondere auch Wartung, Pflege, Weiterentwicklung, Schulung etc. Fehlende Qualitätssicherung auch nur einer Leistungskomponente kann das gesamte Projekt in Frage stellen. Wird auch nur eine Stufe übersehen, kann die ganze Qualitätssicherungs„kette" reißen.

255 Auf **vertraglicher Ebene** dient Qualitätssicherung dazu, die Einhaltung der Vorgaben des Auftraggebers zu gewährleisten und sicherzustellen, dass das jeweilige Produkt in vertragsgemäßer Weise funktioniert. DIN/ISO-Normen zur Qualitätssicherung sind wesentlich auf diese Ebene zugeschnitten.

Bei der Erstellung von Software, Hardware oder kompletten Systemen schuldet der Anbieter die Einhaltung des Standes von Wissenschaft und Technik. Hierzu gehört, begleitend zur jeweiligen Entwicklung rechtzeitig und durchgehend ausreichende Maßnahmen zur Qualitätssicherung des jeweiligen Produktes durchzuführen und die entsprechenden Vorkehrungen personeller, technischer und organisatorischer Art zu treffen. Auf **außervertraglicher Ebene der Produkthaftung** zielt Qualitätssicherung (und deren Management) wesentlich darauf ab, Gefahrenpotentiale der Produkte auf dem jeweiligen Stand von Wissenschaft und Technik zu beherrschen. DIN/ISO-Normen haben produkthaftungsrechtlich wesentliche Bedeutung, da sie Teil des Standes von Wissenschaft und Technik sind, dessen Einhaltung gegenüber Vertragspartnern und allen Dritten (außervertraglich) geschuldet wird. Beide Regelungsbereiche überdecken

sich in den Fällen, in denen die Sicherheit der Vertragspartner Gegenstand
der Qualitätssicherungsmaßnahmen ist.

Unterlässt der **Hersteller** (also der System/Hardware/Software-Anbieter)   256
die erforderliche Qualitätssicherung, richtet er insbesondere nicht die zur
Durchführung und Kontrolle der Qualitätssicherung notwendige Organisation des Herstellungsprozesses ein, **haftet** er für diesen Organisationsfeh-
ler **für einen Zeitraum von 30 Jahren**, also wie bei arglistigem Verschweigen eines Mangels.[651]

Wichtig ist hierbei, dass die Norm DIN/ISO 9004 Nr. 5.2.1 ausdrücklich
die **Verantwortlichkeit der obersten Leitung** für das Festlegen der Qualitätspolitik und für Entscheidungen zur Einführung, Entwicklung, Verwirklichung und Aufrechterhaltung des Qualitätssicherungssystems fest-
schreibt. Fehler in oder Unterlassen der erforderlichen Qualitätssicherungsorganisation stellen damit grundsätzlich auch eine Verletzung von
DIN/ISO-Normen und damit in der Regel bereits hierdurch eine Vertragsverletzung dar. Nach Auffassung des BGH (und in Übereinstimmung mit
der genannten Norm) kann sich der Unternehmer seiner vertraglichen
Organisationspflicht nicht dadurch entziehen, dass er sich unwissend hält
oder sich keiner Gehilfen bei der Pflicht bedient, Mängel zu offenbaren.
„Der Unternehmer hat" – dem BGH zufolge – „dafür einzustehen, wenn er
die Überwachung und Prüfung des Werkes nicht oder nicht richtig organisiert hat und der Mangel bei richtiger Organisation entdeckt worden
wäre." Der Besteller (Kunde) sei dann so zu stellen, als wäre der Mangel
dem Unternehmer bei Ablieferung des Werkes bekannt gewesen, so dass
(wie bei Arglist) Gewährleistungsansprüche erst nach 30 Jahren verjähr-
ten.[652]

Dieses Urteil hat für die Qualitätssicherung in jedem Bereich – also auch
in dem der Entwicklung von EDV-Systemen und der Erstellung von Software – fundamentale Bedeutung. „Die Durchführung einer aufgabenspezi-
fisch konzipierten Qualitätssicherung ist hiernach nicht mehr ein unter
Umständen verzichtbares zusätzliches Leistungselement, sondern Kern-

---

[651] BGH, Urteil vom 12. 3. 1992 – VII ZR 5/91, ZIP 1992, 773 f.

[652] „Sorgt er bei der Herstellung des Werkes nicht für eine den Umständen nach angemessene Überwachung und Prüfung der Leistung und damit auch nicht dafür, daß er oder seine insoweit eingesetzten Erfüllungsgehilfen etwaige Mängel erkennen können, so handelt er vertragswidrig. Er ist
gehalten, den Herstellungsprozeß zu überwachen und das Werk vor Abnahme zu prüfen. Denn
der Unternehmer muß fehlerfrei leisten. Er muß daher jedenfalls die organisatorischen Voraussetzungen schaffen, um sachgerecht beurteilen zu können, ob das festgestellte Werk bei Ablieferung
keinen Fehler aufweist", BGH, a. a.O., 774; s. auch BGHZ 66, 43, 46 ff.

stück jeder Herstellungsverpflichtung, dessen Fehlen **ausdrücklich gleichrangig mit Arglist eingestuft** wird."

Vom Ansatz des BGH her sind in einem nächsten Schritt auch Fälle vorstellbar, in denen den Hersteller eine Haftung trifft, ohne dass seine Leistung mangelhaft wäre. Dies ist etwa dann der Fall, wenn der Kunde selbst das Produkt gewerblich weiterverwertet und in einem Haftungsprozeß mit einem Kunden deshalb an einer grundsätzlich möglichen Haftungsentlastung scheitert, weil der Hersteller die zur Haftungsentlastung erforderlichen Qualitätssicherungsunterlagen nicht geführt, aufbewahrt oder zumindest herausgegeben hat. Die Grundsätze dieser Haftungsverpflichtung gelten sinngemäß auch für die personelle Organisation, insbesondere für die Bestellung und Kontrolle eines leitenden Angestellten, der für die Ein- und Durchführung von Qualitätssicherungsverfahren verantwortlich ist und für dessen Fehler und Versäumnisse der Hersteller im Rahmen der Haftung für Erfüllungsgehilfen einzustehen hat.

257 Die **Anbieterhaftung** umfasst nicht nur die Einrichtung eines QS-Systems, sondern auch die **Einhaltung der geltenden inhaltlichen QS-Normen** sowie das beide Aspeke umfassende **Qualitätsmanagement**. DIN-Normen sind allgemein anerkannte Regeln der Technik[653] und damit Teil der Vorgaben für Qualitätssicherungsverfahren, deren Einhaltung grundsätzlich keiner besonderen Vereinbarung bedarf. Die DIN/ISO 9000–9004 wiederum legen als solche Regeln der Technik und zugleich Haftungsmaßstab, Organisation und Ablauf von Qualitätssicherungsverfahren sowie Qualitätssicherungssysteme verbindlich fest.

Die **Nichteinhaltung von DIN/ISO-Normen** – insbesondere etwa das Nichteinrichten eines Qualitätssystems – kann zu Leistungsabweichungen führen, die gewährleistungsrechtlich als **Mangel** zu beurteilen sind. Dies ist etwa der Fall, wenn die zugelieferte, nicht (ausreichend) qualitätsgesicherte Leistung vom bestellenden Kunden deshalb nicht weiter an seine Abnehmer veräußert werden kann. Das Vorliegen eines inhaltlichen Fehlers ist dafür nicht Bedingung. Jedenfalls kann die Nichteinhaltung als solche bereits ein Indiz für die Verletzung einer Verkehrssicherungspflicht des Anbieters/Herstellers sein.[654] Außerdem kann in ihr eine **Zusicherungsverletzung** zu sehen sein, wenn die Normeinhaltung ausdrücklich zugesichert war, der Anbieter also ausdrücklich oder zumindest deutlich erkennbar für die Folgen der Nichteinhaltung einstehen will. Schließlich

---

[653] BGH, Urteil vom 6. 6. 1991 – I ZR 234/91, BB 1991, 1817.
[654] Graf v. Westphalen, Qualitätssicherung, Rn. 32.

sind die DIN/ISO-Normen wesentlicher Maßstab zur Beurteilung der Frage, ob den jeweiligen Anbieter aus einer fehlerhaften und Schaden verursachenden Leistung eine Produkthaftung treffen kann. In die laufende Qualitätssicherung und insbesondere Rückverfolgung und Beseitigung von Mängeln sind Rückmeldungen aus Gewährleistungsfällen und Produktbeobachtungen (einschließlich Rückrufen) einzubeziehen und inhaltlich auszuwerten.[655] Werden die entsprechenden Befunde der Mängel (Gewährleistung)/Fehler (Produkthaftung) nicht ausreichend gesichert, kehrt sich die Beweislast gegen den Hersteller um und dieser muss beweisen, dass der Fehler nicht in seinem Verantwortungsbereich entstanden ist (Kausalität).[656] Diese **Befundsicherungspflicht** (auch „Statussicherungspflicht") ist deshalb untrennbar mit der Qualitätssicherung und deren Management verbunden. Entsprechen das System selbst und vor allem die Prüfmittel nicht dem neuesten Stand von Wissenschaft und Technik[657], können derartige QS-Defizite zu gravierenden Haftungsnachteilen des Herstellers/Anbieters führen. Dies ist bereits bei der Planung und Einführung von QS-Maßnahmen im Unternehmen zu beachten.

Dem Anbieter steht es also nicht frei, ob er QS-Maßnahmen mit Statussicherungsfunktion einführt. Vielmehr kann die Nichteinführung im Verhältnis zum Auftraggeber die Verletzung einer wesentlichen Vertragspflicht darstellen, da hier auch dem Kunden nicht näher eingegrenzte Risiken aus dem Produktgebrauch drohen können. Die Abnahme eines ohne Befundsicherung erstellten Produktes kann deshalb vom Kunden grundsätzlich verweigert werden, sofern wesentliche Produkteigenschaften ohne die erforderlichen Befunde, d. h. Dokumentationen, nicht überprüfbar sind[658] und Körper- oder Sachschäden bei Produktgebrauch nicht auszuschließen sind. Defizite in der **Befundsicherungsorganisation** lassen sich regelmäßig nicht in der Untersuchung nach den §§ 377, 378 HGB feststellen (da sie eine Kontrolle nicht des ausgelieferten Produktes selbst, sondern der Organisation des Herstellungsprozesses im Anbieterunternehmen voraussetzen), so dass die Genehmigungsfiktion hier den Anbieter nicht entlasten kann. Mit dem Gefährdungspotential wachsen grundsätzlich die

---

[655] Vgl. Graf v. Westphalen, a. a. O., Rn. 48.

[656] BGH, ZIP 1988, 1133 – Limonadenflasche I; BGH, ZIP 1993, 440 f. und insbesondere BGH, ZIP 1995, 1094, 1097 – Mehrweg-Mineralwasserflaschen. Graf v. Westphalen, a. a. O., Rn. 89 resümiert zutreffend: „Ein eindringlicheres Bekenntnis zu effektiven Maßnahmen der Qualitätskontrolle ist kaum denkbar."

[657] Graf v. Westphalen, a. a. O., Rn. 48, 88.

[658] Ähnlich den Befunden zur Bruchfreiheit der Mineralwasserflaschen in den oben genannten BGH-Entscheidungen.

Anforderungen an die Befundsicherungsorganisation und generell an die QS-Maßnahmen und die QS-Organisation.

258 Die Einhaltung des normativen Rahmens der einschlägigen DIN-/ISO-Normen und insbesondere der Produktnormen (organisiert im Qualitätsmanagement) gehört in jedem Fall zur geschuldeten Leistung, ohne dass dies besonderer vertraglicher Vereinbarung bedürfte. **Ausreichende Qualitätssicherung gemäß DIN/ISO-Normen und inhaltliche Normen einbeziehendes Qualitätsmanagement sind damit unabhängig von spezifischen vertraglichen Regelungen von jedem Anbieter geschuldet.** Ihre korrekte Durchführung ist Voraussetzung für die Erstellung gebrauchsgeeigneter und damit vertragsgerechter Produkte und kann zudem Gegenstand schadensersatzbegründender **Zusicherungshaftung** sein, wenn die ergänzenden Voraussetzungen hierzu erfüllt sind (Rn. 1267). Zugleich haben Qualitätssicherung und -management auch im Bereich der Produkthaftung unmittelbar Bedeutung. Die Nichtdurchführung kann ein Verschulden des Anbieters indizieren bzw. zu einer Beweislastumkehr (deliktische Produkthaftung) führen oder eine Haftungsentlastung unmöglich machen (gesetzliche Produkthaftung).

Die in den Normen DIN/ISO 9000–9004 beschriebenen Begriffe und Vorgaben und die Standards des Qualitätsmanagement betreffen damit sowohl die Ebene der Vertragserfüllung wie die der Produkthaftung. Es werden allgemeine organisatorische Vorgaben festgelegt, die in beiden Bereichen Voraussetzung für eine Abwendung von Schadensfällen sind. DIN/ISO 9000 Teil 3 enthält **softwarespezifische Vorgaben** (s. Rn. 249). Auf Software bezogen bedeutet Qualitätssicherung umfassendes Qualitätsmanagement, die notwendigen Eigenschaften als Qualitätsmerkmale in die Software hineinzuentwickeln bzw. hineinzuprogrammieren und ihr Vorhandensein durch Prüfungen, Kontrollen und Nachweise sicherzustellen.[659] Die notwendige Verknüpfung zwischen den allgemeinen DIN/ISO-Normen und den softwarespezifischen Prüfungen wird über die Norm DIN/ISO 9000 Teil 3 erreicht, deren wichtigste Bestimmungen in die folgenden Ausführungen eingearbeitet sind.

Die Qualitätssicherung von Anbieterleistungen und der Nachweis durch Zertifizierung werden heute durchweg von der öffentlichen Hand bei der Projektausschreibung vorausgesetzt. Mit weniger sollten sich auch andere Auftraggeber/Kunden nicht zufrieden geben.

---

[659] Pilz, 227.

Qualitätssicherung garantiert allerdings nicht absolute Mängel- oder War-   259
tungs-/Pflegefreiheit, ebensowenig unbegrenzte Lebensdauer. Vielmehr
sind nur bestimmte Mindeststandards und Verfahren einzuhalten, die
naturgemäß nicht alle im Einzelfall für die Anwendung wichtigen Aspekte
abdecken können. Ergebnis: Auch eine qualitätsgesicherte Leistung ist
allein deshalb noch nicht absolut fehlerfrei und insbesondere nicht notwendig anwendungsgeeignet. Eine nicht (ausreichend) qualitätsgesicherte
Leistung kann andererseits durchaus fehlerfrei funktionieren. Der Kunde
kann damit eine Anbieterleistung nicht allein mit der Begründung ablehnen, dass diese nicht (ausreichend) qualitätsgesichert sei, wenn keinerlei
Mängel an ihr erkennbar sind.

Dem BGH zufolge hat der Unternehmer haftungsmäßig einzustehen, wenn
er die Überwachung und Überprüfung des Werkes nicht oder nicht richtig
organisiert und der Mangel bei richtiger Organisation entdeckt worden wäre.
Der Kunde ist dann rechtlich so zu stellen, als wäre der Mangel dem Unternehmen bei Ablieferung des Werkes bekannt gewesen.[659a]

Qualitätssicherung kann nicht statisch erfolgen, sondern erfordert **stän-**   260
dige und vollständige Qualitätskontrollen während des Herstellungs-
prozesses. Nachträgliche Kontrollen sind zumeist nur eingeschränkt mög-
lich. Solche Qualitätskontrollen verfolgen im Bereich des Software-Engi-
neering sieben Aufgaben, nämlich die
- Akzeptanz der Anforderungen,
- Abnahme der Spezifikation (der Problemlösung),
- Bewertung des Entwurfs (Design Review),
- Prüfung von Programmen (Code-Inspection) und von Dokumenten,
- Programmtestrevision (Test-Audition),
- Systemtestrevision und
- Systemabnahme.[660]

Besonderer Aufmerksamkeit bedarf bei der Entwurfsplanung der Aspekt   261
der **Systemsicherheit.** Zur Prüfung bieten sich hier vier Aspekte an[661],
nämlich
- der Grad, in dem das System sein eigenes Verhalten überwacht und
  inkorrekte Funktionen bzw. Störungen von außen erkennt,
- die Maßnahmen, die getroffen werden müssen, um das System gegen
  unberechtigte Eingriffe zu schützen,

[659a] BGH, ZIP 1992, 773 f.
[660] Sneed, Software-Qualitätssicherung für kommerzielle Anwendungssysteme, 28; s. auch Schmitz/
   Bons/van Megen, Software-Qualitätssicherung – Testen im Software-Lebenszyklus, 41.
[661] Sneed, a. a. O., 71.

– die Anzahl der Daten, die doppelt gespeichert werden,
– die Anzahl der wiederholbaren Funktionen.

Systemsicherheit kann über Hardware oder Software implementiert werden. Auf welcher Ebene die Absicherung erfolgt, ist bereits bei der Systemkonzeption festzulegen.

262 **Prozesssteuernde Software** bedarf besonders umfassender, sorgfältiger Absicherung gegen Fehler, da aus diesen Fehlern ganze Ketten von Folgeschäden resultieren können. Zu prüfen ist hier, ob
– alle möglichen Zustandsübergänge berücksichtigt wurden,
– bestimmte definierte Zustände als „tote Stellen" unerreichbar sind und
– Übergänge zu unauflösbaren Blockaden (im Programmablauf) führen.[662]

Bei der sicherheitsbezogenen Qualitätsprüfung von prozesssteuernder Software ist schließlich zu beachten, dass der jeweils erreichte **Prozessablauf** (etwa eine bestimmte Fertigungslinie) **Teil des Produktgebrauches** der Software ist. Sicherheitsbeeinträchtigende Fehler im Prozeßablauf, die auf Software zurückzuführen sind, sind damit immer auch Beeinträchtigungen im Produktgebrauch, folglich haftungsauslösende Fehler des Software-Produktes.

263 **Die Qualitätssicherung der prozesssteuernden Software ist selbst als Teil der Qualitätssicherung des gesteuerten Produktionsprozesses zu konzipieren.** Dies setzt eine Koordination der Entwicklung und Implementierung der Qualitätssicherungsmaßnahmen beim Kunden und beim Anbieter voraus.

264 **Validierung**[663] von Software als Mittel der Qualitätssicherung (etwa von Compilern, z. B. für ADA oder vom GKS gemäß ISO 7942) ist nur teilweise zur haftungsbezogenen Qualitätssicherung nutzbar zu machen. Die Validierung zielt auf die Prüfung ab, ob und in welchem Umfang Software bestimmten vordefinierten Standards der Software-Entwicklung entspricht.[664] Hierbei wird allein **Normenkonformität** anhand formaler Kriterien bezüglich eines einzelnen Referenzexemplares des zu prüfenden Programmes untersucht. Die Validierung kann damit keinesfalls eine umfassende und dokumentierte Ausgangskontrolle bei dem jeweiligen

---

[662] Schneider, Prozeßinformatik, 1986, 187.
[663] Zum Begriff s. Rn. 70.
[664] Koch, Product Liability für Validation and Testing Procedures, in Ehrenberger, Approving Software Products, Proceedings of the IFJP wg 5.4 Working Conference on Approving Software (ASP-90), 1990 (North Holland), 141, 143.

Anbieter ersetzen, ebenso nicht eine eigene Prüfung anhand der ITSEC-Kriterien. Gleiche Überlegungen gelten sinngemäß für die **Vergabe von Qualitätssiegeln** für bestimmte Anwendungssoftware.[665]

QS-Systeme müssen regelmäßig überprüft und ggf. neuen Leistungsanforderungen angepasst werden. Man unterscheidet hier zwischen **Auditing und Reviewing**.

Audits: DIN/ISO 9000 Nr. 5.1 verlangt, dass alle zu einem Qualitätssiche-   265 rungssystem gehörigen Elemente, Aspekte und Komponenten regelmäßig einem internen Audit unterzogen und bewertet werden. Mit diesen Audits ist regelmäßig die Eignung der verschiedenen Elemente des Qualitätssicherungssystems zur Aufgabenerfüllung zu überprüfen. Die Prüfung muss einem geeigneten Auditplan folgen.

Regelmäßig von der obersten Leitung des Unternehmens durchzuführende **Reviews** sollten die Auditfeststellungen, die Gesamtwirksamkeit des Qualitätssicherungssystems zum Erreichen der vorgegebenen Qualitätsziele und Überlegungen zur Anpassung des Qualitätssicherungssystems bzgl. Änderungen bewerten, die durch neue Technologien, Qualitätskonzepte, Marktstrategien und Sozial- oder Umweltbedingungen ausgelöst werden. Aufgrund der dokumentierten Reviews sollte die Unternehmensleitung dann erforderliche Maßnahmen ergreifen (vgl. näher DIN/ISO 9004 Nr. 5.5).

9.4 DIN/ISO-Qualitätssicherungssysteme für Software-Projekte

DIN/ISO 9000 Teil 3 enthält einen spezifisch auf Software abgestimmten   266 Leitfaden für Entwicklung, Lieferung und Wartung und die hierzu erforderliche Qualitätssicherung der entsprechenden Leistungen. Für Hardware existiert keine spezifische Norm. Hier ist auf die allgemeinen Normen DIN/ISO 9000–9004 zurückzugreifen. Für Systeme kommt die Software-Komponente DIN/ISO 9000 Teil 3 zur Anwendung; ansonsten bleibt es bei den allgemeinen Normen.

Der Norm DIN/ISO 9000 Teil 3 zufolge sollte ein Software-Entwicklungsprojekt nach einem der verschiedenen im Bereich des Software-Engineering entwickelten **Lebenszyklusmodelle** organisiert sein und qualitätsbezogene Tätigkeiten unter Berücksichtigung der Art des verwendeten Lebenszyklusmodells geplant und verwirklicht werden (vgl. näher DIN/ISO 9000 Teil 3 Nr. 5.1). Die Norm enthält wesentliche Regelungen

---

[665] Koch, a. a. O., 149.

zum Konfigurationsmanagement, zur Lenkung der Dokumente, über Qualitätsaufzeichnungen, Messungen sowie Werkzeuge und Techniken.

267 Das **Konfigurationsmanagement** soll dazu dienen, die Versionen jedes Software-Elementes oder Produktes und dessen Änderungen zu identifizieren, zu lenken und rückzuverfolgen (DIN/ISO 9000 Teil 3, Nr. 6.1.1). Ein entsprechender **Konfigurationsmanagementplan** sollte die am Konfigurationsmanagement beteiligten Organisationen und die ihnen zugewiesenen Verantwortlichkeiten, die auszuführenden Konfigurationsmanagementtätigkeiten, weiter die zu verwendenden Konfigurationsmanagement-Werkzeuge, -technologien und -methoden sowie das Stadium bezeichnen, in dem Elemente der Konfigurationslenkung unterworfen werden sollen (vgl. näher DIN/ISO 9000 Nr. 6.1.2). Die Konfiguration soll identifizierbar und rückverfolgbar sein: Der Lieferant sollte Verfahren für das Identifizieren von Software-Elementen während aller Phasen, beginnend bei der Spezifikation über Entwicklung, Vervielfältigung und Lieferung, einführen und aufrechterhalten. Falls vertraglich gefordert, können diese Verfahren auch nach der Lieferung des Produktes angewendet werden. Jedes einzelne Software-Element sollte eine eindeutige Identifikation besitzen.

Es sollten Verfahren angewendet werden, um die Identifizierung der folgenden Dinge für jede Version eines Software-Elements sicherzustellen:
– **Funktionelle und technische Spezifikationen;**
– **alle Entwicklungswerkzeuge, die die funktionellen und technischen Spezifikationen beeinflussen;**
– **alle Schnittstellen zu anderen Softwareelementen und zur Hardware;**
– **alle Dokumente und Dateien, die sich auf das jeweilige Softwareelement beziehen. (DIN/ISO 9000 Teil 3 Nr. 6.1.3.1)**

Aus der Identifikation eines Softwareelements muss sich die Beziehung zwischen dem Softwareelement und den Vertragsforderungen darstellen (vgl. Nr. 6.1.3.1 Abs. 3) und mittels geeigneter Verfahren müssen sich freigegebene Produkte zurückverfolgen lassen (a. a. O., Abs. 4).

268 Jede **Änderung eines Softwareelements** sollte mittels geeigneter Verfahren unter dem Konfigurationsmanagement identifiziert, dokumentiert, überprüft und freigegeben werden. Alle Änderungen sollten diesen Verfahren folgen. Eine Änderung sollte erst nach Bestätigung ihrer Gültigkeit und Feststellung und sorgfältiger Untersuchung ihrer Auswirkung auf andere Produkte angenommen werden. Meldungen der von den Änderungen Betroffenen sowie Darlegungen der Rückverfolgbarkeit zwischen den

Änderungen und den modifizierten Teilen der Softwareelemente sollten methodisch erfasst werden (vgl. DIN/ISO 9000 Teil 3 Nr. 6.1.3.2). Mittels Statusberichten sollte der jeweilige Status von Softwareelementen, Änderungsvorhaben und der Implementierung von genehmigten Änderungen aufgezeichnet werden (DIN/ISO 9000 Teil 3 Nr. 6.1.3.3).

Aus **vertragsrechtlicher Sicht** kann das Konfigurationsmanagement als   269
Teil der vom Lieferanten gegenüber dem Auftraggeber geschuldeten Leistungen verstanden werden. Für den auftragerteilenden Kunden liegt eine solche Einbeziehung nahe, so etwa hinsichtlich des Entwicklungsstatus der Software, dessen Kontrolle zugleich eine **Prüfung der Leistungserbringung** durch den Anbieter ermöglicht. Dieses setzt freilich voraus, dass beide Seiten verbindliche Terminsequenzen für die Entwicklungsstufen vereinbaren. Identifikation und Rückverfolgung von Softwareprodukten oder Teilen solcher Produkte erleichtern die Aufgabe, nachträgliche Fehlerbeseitigungsmaßnahmen auf der frühestmöglichen Stufe anzusetzen. Von Bedeutung ist dieser Aspekt etwa, wenn der Anbieter regelmäßig Updates von Programmen liefert.

Bestimmte festgelegte **Dokumente** sind Verfahren zur Genehmigung,   270
Herausgabe, Änderung und Zurückziehung zu unterwerfen. Die DIN/ISO-Norm 9000 Teil 3 unterscheidet in Nr. 6.2.2 drei Arten von Dokumenten, nämlich Verfahrensanweisung zur Beschreibung des Qualitätssicherungssystems, Planungsdokumente zur Beschreibung der Planung und des Fortschritts aller Tätigkeiten des Lieferanten wie seiner Wechselbeziehungen mit dem Abnehmer und schließlich Produktdokumente zur Beschreibung eines spezifischen Softwareproduktes einschließlich der Vorgaben und Ergebnisse der Entwicklungsphasen, der erzielten Verifizierungs- und Validierungspläne und -ergebnisse, der Dokumente für Abnehmer und Anwender sowie der Wartungsdokumente (s. Nr. 6.2.2c).

Aus **vertragsrechtlicher Sicht** ist die Qualitätssicherung von Software   271
nur von Nutzen, wenn alle qualitätssicherungsbezogenen Tätigkeiten angemessen dokumentiert werden und die entsprechenden Dokumente verfügbar bleiben, etwa im Rahmen der Pflege der Software und ihrer Weiterentwicklung.

Hinweis: Die fundamentale technische wie rechtliche Bedeutung der regelgerechten Durchführung und Kontrolle von QS-Maßnahmen für die Erfüllung des Vertrages sowie die Herstellerhaftung ist ein guter Grund, **im Vertrag**
– die durchzuführenden QS-Maßnahmen,

- ein Einsichtsrecht des Kunden in die Unterlagen des Herstellers zu den durchgeführten Prüfungen und
- den Namen des verantwortlichen Mitarbeiters sowie
- Art und Umfang der vom Kunden beizusteuernden Hilfsmittel und Vorgaben, auf die die Herstellung und Qualitätssicherung seitens des Auftragnehmers aufbauen muss und schließlich
- die getrennte Dokumentation der Ergebnisse der QS-Maßnahmen festzulegen.

Bei entsprechend konkreter Vereinbarung ist die Leistung jeweils erst abnahmereif, wenn auch die vereinbarten QS-Maßnahmen durchgeführt und nachweisbar dokumentiert wurden.

272 Wegen der Komplexität von Software-Produkten ist es unabdingbar, dass die Design- und Implementierungstätigkeiten auf geordnete Weise durchgeführt werden, um ein Produkt zu erzeugen, das von vornherein die Spezifikation erfüllt, und dass man sich nicht auf Test- und Validierungsmaßnahmen für das Erreichen der angemessenen Qualität verlässt (DIN/ISO 9000, Teil 3, Nr. 5.6.1).[666] Auf der Stufe der **Designplanung** findet im Software-Bereich die entscheidende Konzipierung und (u. U. werkzeuggestützte) Entwicklung von Programmen und Dokumentationen statt. Die DIN/ISO-Normen zur Designphase sind also für die Konstruktion der notwendigen Software-Qualität wesentlich. Sie geben zwar keine inhaltlichen Anhaltspunkte, wie Qualitätssoftware richtig entwickelt werden muss, setzen aber den notwendigen organisatorischen Rahmen für die Einführung, Anwendung und Kontrolle entsprechender Qualitätskriterien.

273 Zusätzlich zu den Forderungen, die für alle Entwicklungsphasen gelten, sollten folgende Aspekte bei jeder **Implementierung** beachtet werden:
a) **Regeln**: Regeln, wie Programmierregeln, Programmiersprachen, Namenskonventionen, Codier- und angemessene Kommentarregeln sollten festgelegt und beachtet werden.
b) **Implementiermethoden**: Der Lieferant sollte zweckmäßige Implementiermethoden und -werkzeuge einsetzen, um die Forderungen des Auftraggebers zu erfüllen (DIN/ISO 9000 Teil 3 Nr. 5.6.3).

Beim **Testen** sollten die Testergebnisse spezifikationsgemäß wie alle entdeckten Probleme und deren Auswirkungen auf andere Teile der Software vermerkt und aufgezeichnet werden. Gleiches gilt für von irgendwelchen

---

[666] Die Norm enthält folgende Anmerkung: Das Ausmaß der Informationsoffenlegung gegenüber dem Auftraggeber bedarf einer gegenseitigen Vereinbarung der Parteien, da Design- und Implementierungsprozesse häufig geistiges Eigentum des Lieferanten sind.

Veränderungen betroffene Bereiche, die neu zu testen sind. Angemessenheit und Zweckdienlichkeit der Tests sollte bewertet und die Hardware- und Softwarekonfiguration beachtet und dokumentiert werden (vgl. näher DIN/ISO 9000 Teil 3 Nr. 5.7.3).

Vor Auslieferung und Freigabe durch den Auftraggeber ist das vollstän- 274
dige Produkt unter möglichst anwendungsnahen Bedingungen zu erproben (vgl. näher DIN/ISO 9000 Teil 3 Nr. 5.7.4). Eine **Annahmeprüfung** führt der Auftraggeber in der vertraglich festgelegten Weise bezüglich vorher vereinbarter Kriterien durch. Es empfiehlt sich, die Methoden für die Beseitigung von Mängeln und die Behandlung von Problemen im Voraus im Vertrag festzulegen (vgl. allgemein DIN/ISO Teil 3 Nr. 5.8.1).

Der Lieferant soll bei der Festlegung der Terminpläne, Bewertungsverfahren, Anwendungsumgebungen und Annahmekriterien helfend mitwirken (vgl. DIN/ISO 9000 Teil 3 Nr. 5.8.2), wenn es nicht ohnehin Aufgabe des Lieferanten ist, im Pflichten-/Lastenheft entsprechende Vorgaben selbst zu definieren. Letzteres ist insbesondere bei größeren Projekten erforderlich, bei denen Kunden nicht ausreichend Erfahrung aus der Abwicklung von Projekten gesammelt haben, um die entsprechenden Vorgaben selbst zu definieren. Den Anbieter treffen insoweit begleitende Beratungspflichten (s. Rn. 200).

Die **Installierung** betreffend muss zumeist Folgendes festgelegt werden: 275
a) Aufstellung eines Arbeitsplanes einschließlich unüblicher Arbeitsstunden an Wochenenden;
b) der Zugang zu Einrichtungen des Auftraggebers (Zugangsausweise, Kennwörter, Begleitung);
c) Verfügbarkeit von fachkundigem Personal;
d) Verfügbarkeit von und Zutritt zu Systemen und Einrichtungen des Auftraggebers;
e) die Notwendigkeit der Validierung als Teil jeder Installation;
f) ein formelles Verfahren zur Anerkennung der Fertigstellung jeder Installation (DIN/ISO 9000 Teil 3 Nr. 5.9.3).

In gut ausgehandelten Projektverträgen über Softwareentwicklung sind alle diese Merkmale bzw. Leistungselemente unmittelbar im Vertrag festgeschrieben und in zugehörigen Leistungsscheinen näher spezifiziert.

Für jede Software-Entwicklung sollte auf der Grundlage des Qualitätssi- 276
cherungssystems ein **Qualitätssicherungsplan** erarbeitet und dokumentiert werden. Die entsprechenden Tätigkeiten sind anhand dieses Plans durchzuführen (DIN/ISO 9000 Teil 3 Nr. 4.2.3). Im Plan sollten alle

Punkte einer Entwicklungsphase vollständig beschrieben sein. Der Plan ist dem Fortschritt der Entwicklung anzupassen. Er sollte formell überprüft und mit allen mit seiner Ausführung befaßten Organisationen abgestimmt werden.

Im Qualitätssicherungsplan sollten folgende Punkte festgelegt sein oder auf sie verwiesen werden:

a) Qualitätsziele, wo immer möglich ausgedrückt in meßbaren Größen;
b) Kriterien für die Vorgaben und Ergebnisse jeder Entwicklungsphase;
c) Arten von auszuführenden Test-, Verifizierungs- und Validierungsmaßnahmen;
d) detaillierte Planung von auszuführenden Test-, Verifizierungsmaßnahmen einschließlich Termine, Mittel und Genehmigungsinstanzen;
e) besondere Verantwortungen für Qualitätssicherungsmaßnahmen, wie
   – Reviews und Tests,
   – Konfigurationsmanagement und Änderungswesen,
   – Fehlermeldungswesen und Korrekturmaßnahmen (s. DIN/ISO 9000 Teil 3 Nr. 5.5.2).

277 Die **Vertragserfüllung** sollte vom Lieferanten **überprüft** werden, **um sicherzustellen, dass**

a) der Zweck des Vertrags und die Forderungen festgelegt und dokumentiert sind;
b) mögliche unvorhergesehene Probleme oder Risiken erkannt werden;
c) vertrauliche Informationen angemessen geschützt sind;
d) alle von der Ausschreibung abweichenden Forderungen geklärt sind;
e) der Lieferant die Verantwortung zur Erfüllung der Vertragsforderungen hat;
f) die Verantwortung des Lieferanten für die Leistungen von Unterlieferanten festgelegt ist;
g) die Begriffe zwischen beiden Parteien abgestimmt sind;
h) der Auftraggeber die Fähigkeit besitzt, die Vertragsverpflichtungen zu erfüllen (DIN/ISO 9000 Teil 3 Nr. 5.2.1).

Beispiele für **qualitätsrelevante Vertragspunkte** bei Software-Projekten sind:

a) Annahmekriterien;
b) Behandlung von Änderungen der Auftraggeberforderungen während der Entwicklung;
c) Behandlung von Problemen, die nach der Annahme entdeckt werden, einschließlich qualitätsbezogener Ansprüche und Auftraggeberbeschwerden;

d) Tätigkeiten, die vom Auftraggeber erbracht werden, insbesondere die Rolle des Auftraggebers bei der Festlegung der Forderungen, bei der Installation und bei der Annahme;

e) vom Auftraggeber beizustellende Einrichtungen, Werkzeuge und Softwareelemente;

f) anzuwendende Normen und Verfahren;

g) Forderungen an die Vervielfältigung. (DIN/ISO 9000 Teil 3 Nr. 5.2.2)

Für die **Zusammenarbeit zwischen Auftraggeber und Lieferant** sollten   278
zu folgenden Punkten Regelungen getroffen werden:

a) Benennung von verantwortlichen Personen (auf beiden Seiten) für die Erstellung der Spezifikation der Forderungen des Auftraggebers;

b) Methoden zur Einigung über Forderungen und zur Genehmigung von Änderungen;

c) Maßnahmen, um Missverständnissen vorzubeugen, wie die Definition von Begriffen, Erklärung des Hintergrunds von Forderungen;

d) Aufzeichnung und Überprüfung von Diskussionsergebnissen auf beiden Seiten (DIN/ISO 9000 Teil 3 Nr. 5.3.2).

Aus dem anbieterseitig zu erstellenden Entwicklungsplan sollten die Projektziele und entsprechenden -mittel personeller und organisatorischer Art ablesbar sein. Teil des Entwicklungsplans sollte ein Projektplan sein, „**der alle durchzuführenden Aufgaben festlegt und für jede der Aufgaben die nötigen Mittel und die benötigte Zeit sowie die Wechselbeziehungen zwischen den Aufgaben genau bezeichnet**" (s. DIN/ISO 9000 Teil 3 Nr. 5.4.1). Der Entwicklungsplan sollte die erforderlichen Methoden und Werkzeuge zur Software-Erstellung festlegen (DIN/ISO 9000 Teil 3 Nr. 5.4.2.3).

9.4.1 Einzelne anwendungsbezogene Normen

– DIN/ISO/IEC 12 119

Die Norm DIN 12 119 stellt die Anforderungen an die Beschreibungen   279
des Produkts, der Dokumentation, der Programme und Daten dar sowie
die Anforderungen an die durchzuführenden Prüfungen. Die Prüfungen
für Programme erfassen im Regelfall nur Blackbox-Tests. In der Produktbeschreibung müssen die implementierten Funktionen und alle für
die Anwendungssoftware wesentlichen Randbedingungen ausgeführt
sein.

Diese Qualitätsanforderungen lassen sich sachgerecht vom Kunden –
gerade auch gegenüber noch nicht zertifizierten Anbietern – als Grundlage

für eine Prüfung verwenden, **ob und inwieweit der Anbieter seine Leistung vertragsgerecht erbracht hat.** Soweit das Produkt eine Zertifizierung aufweist und der Anwender unsicher darüber ist, ob die jeweiligen Qualitätsmerkmale erreicht bzw. erfüllt wurden, kann er die entsprechende, an der DIN-Norm orientierte Prüfung durch den Sachverständigen vornehmen lassen. Ergänzend zu DIN 12 119 sind die zum Teil allgemeineren Qualitätsmerkmale aus den Begriffsbestimmungen in DIN 66 272 heranzuziehen.

Übersicht über die wichtigsten Teile der Gütebedingungen
(Diese Gütebedingungen sind zugleich wesentliche Grundlage für die Zertifizierung der Software-Produktion.):

280   Die **Produktbeschreibung (DIN 12 119 Nr. 2.3 und 3.1)** legt fest, was das Produkt ist. Sie muss dem Interessenten für das Produkt zugänglich sein. Sie ist Teil des Produkts (aber nicht der Dokumentation) und enthält Angaben über die Dokumentation, die Programme und ggf. die Daten. Die Überprüfung erfolgt nach den Güte- und Prüfbedingungen (GuP) Anwendungssoftware im Rahmen der RAL-GZ 901 und DIN 12 119. Die Produktbeschreibung soll dem Anwender bei der Beurteilung der Eignung des Produkts helfen und dem Prüfer als eine Prüfgrundlage (bei der Zertifizierung) dienen. Sie muss dafür **ausreichend verständlich, ausführlich und übersichtlich** sein, außerdem in sich **widerspruchsfrei.** Die Angaben der Produktbeschreibung müssen zutreffen.

Bei jeder genannten Leistung (insbesondere einer Option oder Variante) muss klar dargestellt sein, ob sie Teil des Produkts ist oder ob nur Informationen über mögliche Ergänzungen dieses Produkts angeboten werden. Die Produktbeschreibung muss einen Überblick über die vom Benutzer aufrufbaren Funktionen des Produkts, die benötigten Daten und die gebotenen Leistungen geben. Sie darf Regelungen bezeichnen, die das Produkt erfüllt. Dabei ist die befolgte Fassung zu bezeichnen.

Die Produktbeschreibung muss Angaben zur Datensicherung enthalten. Es sollten weitere Produkteigenschaften beschrieben werden, die die Funktionsfähigkeit des Produkts sichern. Beispiele: Zugangsüberwachung, Plausibilitätsprüfungen, Schutz vor unerwünschten Folgen von Fehlbedienung, Wiederanlauf. Die Art der Benutzungsschnittstelle ist zu beschreiben. Beispiele: Menüführung, Fenstertechniken, Funktionstasten, Hilfefunktion. Wenn die Produktbeschreibung Schnittstellen zu anderen Produkten erwähnt, so sind die Schnittstellen oder das Produkt genau zu bezeichnen.

Es ist die zur Anwendung des Produkts hinreichende Mindestkonfiguration der Hardware zu bezeichnen, z. B. Zentraleinheit, Code-Prozessoren, Hauptspeichergröße, Arten und Größen peripherer Speicher, Erweiterungskarten, Ein- und Ausgabegeräte. Für verschiedene Arbeitsaufgaben, verschiedene Grenzwerte oder verschiedene Effizienzforderungen können verschiedene Mindestkonfigurationen angegeben werden.

Jeder **physische Bestandteil der Lieferung** ist zu bezeichnen, insbesondere alle gedruckten Dokumente und alle Datenträger. Es ist die Form anzugeben, in der die Programme ausgeliefert werden, z. B. als Quellprogramme, Objektprogramme, Lademodule. Es ist anzugeben, ob die Installierung des Produkts durch den Anwender vorgesehen ist. Wenn das Produkt einen Kopierschutz hat, so ist dies anzugeben.

Es ist anzugeben, ob **Unterstützung bei der Anwendung** des Produkts angeboten wird und ob Dienste zur Wartung angeboten werden. Wird die Wartung angeboten, ist anzugeben, was sie im Einzelnen umfasst. Beispiele für Wartungsarbeiten sind Fehlerbeseitigung und Anpassung (z. B. an sich ändernde Gesetze).

Wenn die **Installierung** durch den Anwender vorgesehen ist, muss es möglich sein, das Produkt nach den Angaben der Installierungsanleitung erfolgreich zu installieren. Jede der Mindestkonfigurationen, die in der Produktbeschreibung angegeben sind, muss ausreichen. Nach der Installierung muss erkennbar sein, ob die Programme funktionsfähig sind, z. B. durch mitgelieferte Prüffälle oder durch Selbstprüffunktionen mit entsprechender Meldung.

Alle in der Produktbeschreibung oder der Dokumentation angegebenen **Funktionen müssen tatsächlich ausführbar** sein, und zwar in der Form, wie in der Dokumentation angegeben, mit den dort beschriebenen Leistungen, Merkmalen und Daten und innerhalb der dort angegebenen Grenzwerte. Die Programme und Daten müssen allen Angaben in der Produktbeschreibung und in der Dokumentation entsprechen. Die Funktionen müssen **fachlich richtig ausgeführt** werden. Insbesondere müssen alle Forderungen aus Regelungen, denen das Produkt laut Produktbeschreibung genügt, erfüllt sein. Die **Programme und Daten müssen** in sich und mit Produktbeschreibung und Dokumentation **widerspruchsfrei sein.** Sie sollen einheitlich in den Begriffen und Benennungen sein. Die Steuerung des Programmablaufs durch den Benutzer und die Reaktion der Programme (z. B. Meldungen, Masken und Listen) sollen einheitlich aufgebaut sein.

Das System aus Hardware, vorausgesetzter Software und Programmen darf nicht in einen Zustand geraten, den der Benutzer nicht beherrschen kann, und darf Daten nicht verfälschen und nicht verlieren, auch nicht bei Grenzbelastung oder fehlerhafter Eingabe durch den Benutzer oder durch andere in der Produktbeschreibung genannte Programme. Dies soll auch dann nicht geschehen, wenn die Eingaben oder Befehlsfolgen ausdrücklich ausgegrenzt sind (z. B. in der Dokumentation als „verboten" deklariert sind).

Die **Fragen, Meldungen und Ergebnisse** der Programme **sollen verständlich sein**, z. B. durch eine der Arbeitsaufgabe angemessene Wahl von Begriffen, graphische Gestaltung, Detaillierung und Hintergrundinformation, Erläuterungen einer Hilfe-Funktion. Fehlermeldungen müssen ausreichende Angaben zur Ursache oder zur Korrektur des jeweiligen Fehlers enthalten. Meldungen der Programme sollen so gestaltet sein, dass der Benutzer sie leicht nach ihrer Art unterscheiden kann, z. B. Bestätigungen, Nachfragen des Programms, Warnungen, Fehlermeldungen.

– DIN 66 271

281 DIN/ISO 8402 definiert den „Fehler" als „Nichterfüllung einer festgelegten Forderung". DIN 66 271 nennt Kriterien für den Grad einer „Nichterfüllung" und für die Verbindlichkeit einer „Forderung". Die Norm DIN 66 271 unterscheidet zwischen Fällen, die auch in der Praxis als Fehler betrachtet werden, und Fällen, in denen zwar eine (vertraglich festgelegte) Forderung verletzt wird, die aber wegen der Geringfügigkeit der Nichterfüllung oder wegen der Unverbindlichkeit der Forderung in der Praxis nicht als Fehler gewertet wird. Die Norm DIN 66 271 bezeichnet hierbei eine Nichterfüllung, deren vertragliche Wertung noch nicht entschieden ist, als „Abweichung".

Vor diesem Hintergrund legt die Norm Kriterien für die Beurteilung von Abweichungen in vertraglich bestimmten Situationen fest, beschreibt deren Behandlung und definiert die dafür notwendigen Begriffe.

DIN 66 271 beschreibt Kriterien
– für die Erfassung, Analyse und Beurteilung von Abweichungen, die während der Entwicklung, bei der Abnahme oder im Einsatz von Software auftreten;
– für die Einigung darüber, ob Fehler sachlich eine Korrektur erfordern und ob sie vertraglich eine Abnahme verhindern oder der Gewährleistung unterliegen.

Die Norm unterstützt das Abfassen von Verträgen oder betriebsinternen Vereinbarungen zur Entwicklung oder Lieferung von Software, indem sie hilft, solche Abweichungen zu spezifizieren, die vertraglich als Fehler zu gelten haben.

Soweit es für eine Anwendung erforderlich ist, sollte die **Einhaltung von** 282
DIN-Qualitätsmerkmalen bei der Software-Entwicklung vom **Anbieter ausdrücklich zugesichert werden.** Fehlt eine ausdrückliche Zusicherung im Sinne von § 633 Abs. 1 Satz 1 BGB, stößt der bestellende Kunde meist auf beträchtliche Probleme, will er darlegen und beweisen, dass eine bestimmte Eigenschaft der Software **stillschweigend zugesichert** war.

Das nationale Vorwort zu DIN 66 272 stellt fest, dass Software-Produkte nicht alle genannten Qualitätsmerkmale in möglichst hohem Maße erfüllen müssen. „Die Qualität eines Softwareprodukts ist im Sinne von ISO 8402 dann gut, wenn es die beschriebenen Eigenschaften in einem solchen Umfang besitzt, daß es damit den Erfordernissen seiner Anwendung gerecht wird."[667]

9.4.2 Qualitätsmerkmale für Software nach DIN 66 272

DIN 66 272 führt **sechs Qualitätsmerkmale** von Software an, nämlich 283
Funktionalität, Zuverlässigkeit, Benutzbarkeit, Effizienz, Änderbarkeit und Übertragbarkeit. Zu jedem Merkmal gehören mehrere Untermerkmale, die im Folgenden näher dargestellt werden.

In der Praxis des Software-Engineering werden die Qualitätsmerkmale der Zuverlässigkeit, Benutzbarkeit, Wartbarkeit und Anpassbarkeit als die wichtigsten angesehen.[668] Zu geringe Software-Qualität kann im Nachhinein zumeist nicht mehr oder nur noch unwesentlich verbessert werden (**„Man kann Qualität nicht in ein Produkt hineintesten").** Das bedeutet, dass die Erfüllung der Qualitätsattribute bereits bei der Produktentwicklung überwacht und sichergestellt werden muss. Dazu muss man einen **Prozess** festlegen, nach dem das Produkt hergestellt wird. Diesen Prozess muss man nach den gewünschten Qualitätskriterien strukturieren und die notwendigen Qualitätssicherungsaktivitäten adäquat wählen.[669]

Die Qualität eines industriellen Produktes könne, soweit dieses eine gewisse Komplexität überschreitet, nurmehr durch die Qualität des Erzeu-

---

[667] Vorwort zu DIN 66 272, 1.
[668] Dunn, Software-Qualität, 1992, 44.
[669] Chroust, Modelle der Software-Entwicklung, 1992, 28/29.

gungsprozesses gesichert werden. Dieser Prozess könne wiederum nur durch Festlegung eines Vorgehensmodells unter Kontrolle gebracht werden.[670]

Wichtig und teilweise übersehen wird, dass nicht nur die Erst-, sondern auch Folgeversionen mit gleichen Maßstäben und Methoden qualitätsgesichert werden müssen.[671] Beispiele für solche **Requalifikationen** sind:

- Eine Reihe von Fixen (behelfsweisen Fehlerbeseitigungen) für kleinere Probleme, die so lange verschoben wurden, bis genug Reparaturen anfielen, um die Kosten einer neuen Version zu rechtfertigen;
- ein oder mehrere neue oder geänderte Leistungsmerkmale;
- eine Anpassung an eine neue Betriebsumgebung;
- eine beliebige Kombination der vorstehend genannten drei Möglichkeiten;
- ein Not-Fix, der an alle Anwender verteilt wird, häufig in Form eines Patches.[672]

Gleiche Qualitätssicherungsmaßnahmen sind auch und gerade bei **Wartung/Pflege** von Systemen/Programmen durchzuführen und nachweisbar zu machen. Die „klassischen" Software-Qualitätsmerkmale des Software-Engineering werden nachfolgend zusammengefasst. DIN 66 272 (= ISO/IEC 9126) ist Grundlage der Ausführungen.

9.5 Zehn Merkmale guter Software – die wichtigsten Prüfpunkte für den Anwender[673]

9.5.1 Die überprüfbare Produktbeschreibung

284 Eine Produktbeschreibung ist die Darstellung eines Produkts aus der Sicht des Herstellers. Die Eigenschaften, Merkmale, Funktionen und Leistungen sollen **in einer klaren Sprache und mit verständlichen, allgemein bekannten Begriffen erklärt** werden. Neue oder ungewöhnliche Begriffe, die nur Fachleute kennen, sind anschaulich zu erläutern.

Eine **übersichtliche, stets gleichbleibende Gliederung** der Produktbeschreibung erhöht das Verständnis des Textes: Der Leser weiß, wovon in einem Abschnitt die Rede ist. Er stellt seine Erwartungshaltung darauf ein und lernt, gelegentlich auch zwischen den Zeilen zu lesen und auch „nicht

---

[670] Chroust, a. a. O., 32.
[671] Dunn, a. a. O., 165.
[672] Dunn, a. a. O.
[673] Die folgenden Ausführungen übernehmen Teile aus: Das Anwenderbrevier – Die zehn Tugenden guter Software, herausgegeben von der Gütegemeinschaft Software e. V. (im Folgenden als „Brevier" zitiert).

Geschriebenes" zu erkennen. Unverzichtbar bei der Beschreibung von Software sind exakte, überprüfbare Angaben über die Grenzen der Verarbeitungsfunktionen und -leistungen.[674]

Da in Programmen jede Funktion vollständig definiert und ihr Ablauf vorbestimmt ist, treten nicht vorherbestimmte Ergebnisse aus der Sicht des Benutzers nur scheinbar auf: Sie sind auf Fehler im Programm selbst, in der Umgebung des Programms (Systemsoftware, Hardware) oder in der Anwendung des Programms zurückzuführen.[675] Die Produktbeschreibung soll alle wichtigen Angaben über ein Software-Produkt enthalten. Sie sollen ausreichen, um die Brauchbarkeit eines Produkts für einen konkreten Einsatz beurteilen zu können. Dazu gehören auch **klare Aussagen über die personellen, technischen und organisatorischen Anforderungen** an die Programmnutzung und Programmwartung.

Angaben zu einem Programm, die der Benutzer nicht mit geeigneten Messmitteln prüfen kann, dürfen nicht als prüfbar dargestellt sein.[676] Der Anwender muß z. B. beachten, dass die Bezeichnungen „strukturiert", „modularisiert" oder „kompatibel" nicht durch Normen einheitlich definiert sind, sondern von verschiedenen Anbietern unterschiedlich verwendet werden.

Zur Sorgfaltspflicht eines Programmherstellers gehört es, nur solche Computer- oder Softwaresysteme als Umgebung für sein Programm in die Produktbeschreibung aufzunehmen, von denen er weiß (und im Regelfall auch nachweisen kann), dass damit eine ungestörte Nutzung möglich ist.[677] Fällt es dem Softwarehersteller schwer, für sein Programm Leistungsangaben zu machen, so wird es in der Regel genügen, die **Verarbeitungsleistung** der Software zu kennzeichnen, um dem Anwender eine Leistungsabschätzung zu ermöglichen. Derartige Angaben zur Verarbeitungsleistung sollen nachprüfbar sein. Vergleiche mit Konkurrenzprodukten können daran scheitern, dass nicht feststellbar ist, unter welchen Bedingungen die Konkurrenzprodukte bestimmte Leistungen erbracht haben. Bei derartigen Vergleichsangaben müssen die Voraussetzungen und Bedingungen der Leistungserbringung für die Konkurrenzprodukte deshalb konkret bezeichnet werden.[678]

285

---

[674] Brevier, 11 f.
[675] Brevier, 12.
[676] Brevier, 12 f.
[677] Brevier, 13.
[678] Brevier, 14.

9.5.2 Das ganze Produkt

286 Ein Software-Produkt besteht aus **Programm und Dokumentation**. Art und Umfang der Dokumentation leiten sich aus der Nutzungsart ab, ebenso die Form des ausgelieferten Programmcodes (Quellcode oder Maschinencode). Pflegt der Anwender die Programme selbst, dann braucht er dazu eine dafür geeignete Dokumentation und das Quellprogramm; in allen anderen Fällen genügt eine Anleitung zur Anwendung der Software. Oft müssen vor der Nutzung eines Software-Produkts organisatorische, personelle und technische Voraussetzungen geschaffen werden, um das Programm einsetzen zu können. Praktische Hinweise, wie man zu diesen Voraussetzungen kommt, sollten Bestandteil der Produktdokumentation sein.

Der Anwender benötigt eine Liste mit der eindeutigen Bezeichnung der einzelnen Teile eines Produkts, um die Vollständigkeit und Korrektheit der Lieferung beurteilen zu können. Die Liste sollte auch notwendige Instruktionen zur Durchführung der Überprüfung enthalten. Soweit erforderlich, sind auch Aufbewahrungsbehälter für Datenträger, Checklisten für regelmäßige Datensicherung oder praktische Hilfen für das Bedienungspersonal in den Standardlieferumfang einzuschließen.

Ein ausgeliefertes Programm sollte alle Funktionen, die in der Produktbeschreibung dargestellt sind, enthalten. Nichts ist in einer Dialogverarbeitung für den Anwender ärgerlicher als der permanente Hinweis auf noch nicht implementierte, geplante Funktionen. Noch schlimmer ist es, wenn dieser Hinweis z. B. nicht schon in der Bedienerführung, sondern erst nach Aufruf dieser Funktion gegeben wird.

Zur Vollständigkeit eines Software-Produkts gehören auch die Instruktionen darüber, wie man das Programm wieder aus dem Computer entfernt. Der Anwender muss sicher sein, dass durch die Entfernung (Löschung) eines Programms nicht die Software-Umgebung in Mitleidenschaft gezogen wird.[679]

9.5.3 Das konsistente Produkt

287 Bei einem guten Software-Produkt sind Programm und Dokumentation „aus einem Guß". Begriffe werden in Sinn und Schreibweise gleichartig verwendet.

Ein gutes Software-Produkt zeichnet sich durch Konsistenz in allen Schichten aus: Das äußere Erscheinungsbild der beschreibenden Doku-

---

[679] Brevier, 15 ff.

mente und Prospekte, die Gestaltung der Benutzeroberfläche einschließlich des druckbaren Outputs der Programme, die Form und Gliederung der Bedienungsanleitung und der übrigen Dokumentation. All diese Teile müssen auf den ersten Blick an der Sprache, an der Form, generell an der „Machart" als zusammengehörig erkennbar sein.

Vor allem müssen Dialogführung und Bedienungsanleitung einander entsprechen und ergänzen, und gegenseitig so aufeinander verweisen, dass keine Fehlinterpretation beim Anwender auftreten, welche Angabe die richtige ist, die in der Bedienungsanleitung oder die auf dem Bildschirm. Funktions- und Datenbenennungen sollen eindeutig und konsistent gestaltet sein, um dem Anwender den Umgang mit dem Programm zu erleichtern. Funktionen sind geschlossen darzustellen und zu verwenden, also nach Möglichkeit nicht über mehrere Dialogmasken hinzuziehen. Weiter muss für den Anwender bei der Überblendung von Dialogen mit Ausschnitten aus anderen Funktionen erkennbar sein, welche Funktion gerade aktiv ist, um die Sicherheit der Bedienung zu gewährleisten.[680]

Einfache und klare Funktionen eines Programms, verbunden mit einer knappen und verständlichen Bedienungsanleitung, sind wesentlich leichter konsistent zu halten als komplexe Programmgebilde, die nur noch in einer mehrbändigen „Benutzerdokumentation" beschrieben werden können. Die Konsistenz eines Produkts ist aber eine wesentliche Voraussetzung für dessen Beherrschbarkeit.[681]

9.5.4 Die übersichtliche Dokumentation

Die Produktdokumentation umfaßt alle Anweisungen (Instruktionen) zum   288
Erlernen und Nutzen der Software sowie ggf. zu deren Pflege – sofern die
Pflege durch den Anwender zum Leistungsumfang des Produkts gehört.
Soweit Dokumente, Beschreibungen und Darstellungen eines Programms
nicht zu diesen Zwecken notwendig und geeignet sind, sollte der Anwender von ihnen verschont werden.[682]

Eine übersichtliche Dokumentation ist durch zehn gute Eigenschaften gekennzeichnet:
– Ein **Inhaltsverzeichnis**, das auf den praktischen Gebrauch des Programms abgestimmt ist;

---

[680] Brevier, 20 ff.
[681] Brevier, 22.
[682] Brevier, 23.

- ein **Stichwortverzeichnis**, das alle Stichwörter auch erklärt und die Fundstelle(n) aufzeigt;
- Anschaulichkeit ohne „Verzierungen" (Rahmen, Kästen, Umrisse des Bildschirms);
- Beschreibung des Sachverhalts so, wie er in der praktischen Anwendung auch vorkommt;
- kurze und knappe Darstellung;
- enthält alle notwendigen Instruktionen zum vorbestimmten Nutzen des Produkts, also auch zum Lesen oder Lernen der Bedienungsanleitung;
- enthält nichts Überflüssiges, vor allem keine Trivialitäten („… ist ein modernes Produkt mit modernster Technologie …");
- ist nach der jeweiligen Nutzungsart teilbar, so dass der Benutzer am Dialogterminal nicht jedesmal die einführenden Kapitel „überblättern" muss, wenn er eine Anweisung sucht;
- hat Verweise für den Einstieg und Umstieg in spezielle Kapitel und Abschnitte;
- hat Kontrolleinrichtungen für das Selbststudium, wenn dies vorgesehen ist.[683]

9.5.5 Die perfekte Installation

289 Die Installation ist die Übernahme eines Programms in die vorbestimmte Anwendung. Sie hat **vier Phasen**:
- Die Klärung der Anforderungen und die Schaffung der **personellen, organisatorischen** und **technischen Voraussetzungen** für die Nutzung des Programms;
- die **Katalogisierung des Programms** in der Programmbibliothek des Computers;
- die **Einstellung der Programmparameter** für die Anwendung innerhalb der gegebenen Hard- und Softwareumgebung;
- die Überprüfung der korrekten Installation mit einem Abschlußprotokoll.[684]

Der Hersteller hat darzustellen, an welche Stelle das neu zu installierende Programm in die Software-Konfiguration eingefügt wird (speziell im Speicherbereich, in dem es zur Ausführungszeit abläuft), und auf Auswirkungen des Programms auf andere Programme hinzuweisen. Alle Schnittstellen des installierten Programms zur bestehenden Hard- und Soft-

---

[683] Brevier, 25.
[684] Brevier, 27.

wareumgebung werden bei der Installation überprüft und protokolliert. Das gilt auch für die Verfügbarkeit aller für die Programmnutzung notwendigen Daten und Datenbereiche (Speicherbedarf).

Die Voreinstellung der Parameter des Programms durch den Hersteller und ihre Auswirkungen sind zu erklären. Änderungen der Konfiguration, z. B. weil der Anwender spezielle Peripheriegeräte anschließen möchte, führen zu einer notwendigen Änderung der Parameter. Da die Benutzerdokumentation immer von der herstellerseitigen Voreinstellung der Parameter ausgeht, kann der Anwender Abweichungen nur dann verstehen, wenn ihm dieser Zusammenhang klar ist.[685]

9.6 Sicherheitszertifizierte Software

Nicht nur Qualität, sondern auch Sicherheit von Software und Systemen   290
kann für Anwender ein wesentliches Leistungsmerkmal sein. Grundlage für eine Sicherheitsbewertung und die Zertifizierung von Systemen durch das Bundesamt für Sicherheit in der Informationstechnik (BSI) sind die EU-weit harmonisierten Kriterien für die Bewertung der Sicherheit von Systemen der Informationstechnik (ITSEC). International maßgeblicher Standard sind die „Common Criteria for Information Technology Security Evaluation" (CC), Version 2.0 vom Mai 1998. Am 8. Juni 1999 wurden die CC (in ihrer Form als internationaler Normenentwurf FDIS 15408) zur neuen **ISO-Norm** 15 408-1, -2 und -3 mit den Teilen 1, 2 und 3.[686] Naheliegenderweise sollten Kunden nur zertifizierte Systeme auswählen, soweit Sicherheitsanforderungen zu erfüllen sind (Stichwort: Wirtschaftsspionage). Dies setzt voraus, dass Anbieter diese Systeme von vornherein entsprechend auslegen. Weiter müssen die notwendigen Sicherheitsmerkmale als **zugesicherte Eigenschaften** ausdrücklich im Vertrag festgelegt werden. Besonders hohe Anforderungen sind etwa bei vernetzten, dezentralen Client-Server-Systemen[687] und Intranet-/Internet-Kopplungen zu stellen.

Der Kunde hat von der geplanten Anwendung her die passende Funktionsklasse (aus den Klassen F-C 1, F-C 2, F-B 1, F-B 2, F-B 3) auszuwählen.

---

[685] Brevier, 28 ff.

[686] Der komplette Text findet sich unter http://csrc.nist.gov./cc/ccv20/ccv2list.htm. Teil 1 enthält das allgemeine Modell, Teil 2 die funktionalen Anforderungen und Teil 3 die Bestätigungsanforderungen. Die Gesamtdokumentation hat mittlerweile einen Umfang von über 600 Seiten erreicht. An dieser Stelle muss es deshalb mit dem bloßen Verweis sein Bewenden haben.

[687] So werden für diese Systeme etwa Betriebssysteme mit mindestens F-C 2-Funktionalität nach ITSEC verlangt, s. Brinkrolf, DuD 1998, 22, 2, 86; speziell zur UNIX- und NT-Zertifizierung s. Weinand, DuD 22, 1998, 4, 193 (Weinand sieht die Forderungen nach C 2 für beide Systeme als erfüllt an).

Die Funktionsklasse legt dann die Sicherheitsanforderungen fest, die in die Stufen E 0, E 1 bis E 6 aufgeschlüsselt sind.

291 Der Anwender sollte, soweit möglich, eine Beratungspflicht des Anbieters bzgl. der zu realisierenden Sicherheitsfunktionen und Qualitätsmerkmale des Systems im Systemvertrag ausdrücklich festlegen und die im Folgenden abgedruckten IT-Sicherheitskriterien zur vertraglichen Leistungsgrundlage dieser Beratungspflicht machen. Der Anbieter muss dann seine jeweilige Empfehlung aufgrund des Pflichtenheftes des Kunden oder nach einer eigenen Analyse aus dem Gesamtkonzept der ITSEC-Kriterien treffen, begründen und haftungsrechtlich vertreten.

II. Unwirksame formularvertragliche Regelungen

Fast alle Verträge im EDV-Bereich sind Formularverträge. Sie unterliegen   292
damit der strengen Kontrolle des AGBG. Da hierbei sehr unterschiedliche
Fragen zu prüfen sind (insbesondere: Einbeziehung der AGB in den Vertrag, Vorliegen überraschender Klauseln, unterschiedliche Regelungen für
kaufmännische und nichtkaufmännische Kunden etc.), werden im Folgenden alle relevanten **Prüfpunkte in einer Checkliste** systematisiert, die den
Phasen der Vertragsdurchführung folgt. Ergänzend ist zu beachten, dass
eine Klausel auch dann, wenn sie der Inhaltskontrolle standhält, gegen
§ 242 BGB verstoßen kann.[1]

Übersicht und Checkliste
1. Stellen die Vertragsregelungen AGB dar? (Rn. 293)
2. Sind die AGB wirksam in den Vertrag einbezogen worden? (Rn. 307)
   Sind die AGB kontrollfähig? (Rn. 337)
3. Ist die zu prüfende Klausel überraschend? (Rn. 327)
4. Ist die Klausel unklar? (Rn. 330)
5. Enthält das AGBG ein besonderes Verbot der Klausel? (Rn. 340)
   Was gilt jeweils für Kaufleute? (Rn. 342)
6. Führt die Klausel zu einer unangemessenen Benachteiligung?
   (Rn. 485)
7. Liegt eine geltungserhaltende Reduktion des Klauselinhalts vor?
   (Rn. 341)

1. Begriff der Allgemeinen Geschäftsbedingungen

AGB **„sind alle für eine Vielzahl von Verträgen vorformulierten Ver-**   293
tragsbedingungen, die eine Vertragspartei (Verwender)" (also in der
Regel der Anbieter) **„der anderen Vertragspartei"** (also dem Kunden)
„bei Abschluß eines Vertrages stellt". (Begriffsbestimmung in § 1 Abs. 1
Satz 1 AGBG),[2] wobei der Schutz aus dem AGBG auf Kaufleute nur eingeschränkt anwendbar ist (§ 24 Satz 1 Nr. 1 und Satz 2 AGBG). In AGB

---

[1] BGHZ 93, 391, 399ff.; 105, 71, 88; s. etwa BGH, NJW 1986, 2824 und NJW 1989, 2534 zur Kontrolle „formelhafter" Haftungsfreizeichnung in Individualverträgen nach § 242 BGB.
[2] Dazu s. Damm, JZ 1994, 163ff.; Michalski, DB 1994, 666; Graf v. Westphalen, EWS 1993, 161f.

können Haupt- oder Nebenpflichten der Vertragsparteien geregelt sein,[3] ebenso Regelungen über den Vertragsschluss selbst.[4]

294 **Vorformuliert** sind AGB (§ 1 Abs. 1 Satz 1 AGBG), wenn sie vor Abschluss des Vertrages fertig aufgestellt sind und nicht erst bei Vertragsabschluß ausgehandelt werden.[5] Die objektive Eignung genügt, eine tatsächliche Verwendung muss nicht bereits erfolgt sein. Vorgedruckte Vertragsmuster, wie sie Hersteller und Händler (z. B. Direktversender) verwenden, auch Karten mit aufgedruckten Lizenzbedingungen von Software-Anbietern, Systemscheine, Formulare für Fehlermeldungen und Abnahmeformulare (wenn und soweit sie jeweils ergänzende Regelungen enthalten, etwa Modalitäten der Prüfung und Mängelmitteilung) sind typischerweise AGB[6]. **AGB sind weiter:**

– formularhafte Auftragsbestätigungen,[7]
– ergänzungsbedürftige Formulare, wenn die Ergänzungen (etwa Eintragung der Bezeichnung der Vertragsparteien) den sachlichen Regelungsgehalt nicht beeinflussen,[8]
– Ausschreibungsbedingungen im Rahmen der Vergabe von Aufträgen,[9]
– die Besonderen Vertragsbedingungen der Öffentlichen Hand (BVB),[10]
– Bestellformulare und ähnliche Vertragsangebote des Kunden,[11]
– EDV-Klauseln, so etwa eine Klausel zur Einwilligung in die Benutzung personenbezogener Daten (z. B. durch Banken),[12]
– Einziehungsermächtigungen,[13]
– Systemscheine, die als Teil von Systemverträgen verwendet werden,
– Leistungsbeschreibungen, da sie mit dem Vertragsgegenstand auch den Vertragsinhalt festlegen,[14]
– Vor- oder Rahmenverträge[15].

Arbeitsverträge sind möglicherweise Formularverträge, aber vom Geltungsbereich des AGB-Gesetzes **nicht umfaßt** (§ 23 Abs. 1 AGBG), also

---

[3] BGH, NJW 1990, 576; Ulmer/Brandner/Hensen, § 1 Rn. 7.
[4] BGHZ 104, 99; Palandt/Heinrichs, AGBG § 1 Rn. 3 m. w. N.
[5] Wolf/Horn/Lindacher, § 1 Rn. 12.
[6] Ebenso Lehmann/Schmidt, XV Rn. 10.
[7] Ulmer/Brandner/Hensen, § 1 Rn. 28.
[8] Ulmer/Brandner/Hensen, § 1 Rn. 56.
[9] Wolf/Horn/Lindacher, a. a. O., für den Baubereich.
[10] Die BVB sind einer klauselspezifischen Inhaltskontrolle zugänglich, BGHZ 113, 55, 57 = CR 1991, 273f.
[11] BGH, NJW 1983, 1603, 1605; LG Frankfurt/Main, NJW 1984, 2419f.
[12] Wolf/Horn/Lindacher, § 1 Rn. 10; Ulmer/Brandner/Hensen, § 1 Rn. 19.
[13] Ulmer/Brandner/Hensen, § 1 Rn. 19.
[14] Wolf/Horn/Lindacher, § 1 Rn. 6.
[15] Wolf/Horn/Lindacher, § 1 Rn. 8.

etwa auch Anstellungsverträge mit Software-Entwicklern und Rechenzentrumsmitarbeitern.

Ausländische AGB können ebenfalls zur Vertragsgrundlage gemacht werden (z. B. durch Online-Diensteanbieter). Die Auslegung solcher AGB ist revisionsrechtlich nicht nachprüfbar, außer hinsichtlich der Frage, ob sich ein in den AGB für den Fall der Sachbeschädigung vereinbarter Haftungsausschluss des einen (deutschen) Vertragspartners auch auf seine deliktische Einstandspflicht gegenüber dem hinter den anderen Vertragspartnern stehenden (deutschen) Eigentümern der Sache erstreckt.[16]   295

Die **Form** der AGB ist nicht streng festgelegt. Gemäß § 1 Abs. 1 Satz 2 AGBG ist es gleichgültig, ob die Bestimmungen einen äußerlich gesonderten Bestandteil des Vertrages bilden oder in die Vertragsurkunde selbst aufgenommen werden, welchen Umfang sie haben, in welcher Schriftart sie verfaßt sind und welche Form der Vertrag hat, ob die Vertragsbedingungen gedruckt, fotokopiert, mit Maschine oder Hand[17] geschrieben, in sonstiger Weise vervielfältigt oder als Textbausteine gespeichert sind[18] (z. B. auf Tonträger[19]). Gleiche Grundsätze gelten für Verwendungs- oder sonstige Vertragsbedingungen, die ein Software-Anbieter aus Aktualitätsgründen nicht im gedruckten Überlassungsvertrag, sondern als so genannte READ-ME-Datei mit der Software ausliefert (und installiert)[20] und von denen der Kunde regelmäßig erst nach Vertragsschluss Kenntnis erlangen kann (zur Einbeziehung s. unten Rn. 307). Sind **Leerräume** im AGB-Text zur Ergänzung vorgesehen, müssen die denkbaren Ausfüllungsmöglichkeiten vorgegeben sein.[21]   296

Der **Verwender** muss die **AGB nicht selbst entwickelt** (bzw. ausformuliert) haben.[22] So kann der EDV-Händler (ergänzend) vorgedruckte Lizenzbedingungen eines Software-Anbieters in seinen Vertrag mit dem Endkunden als eigene AGB stellen[23], ebenso Vertragsmuster, die ein Berater oder Systemhaus vorschlägt, oder sonstige vorgedruckte Vertragsmus-   297

---

[16] BGH, Urteil vom 22. 2. 1994 – VI ZR 309/93, WiB 1994, 485. Ausländische AGB gelten als ausländisches Recht, das nicht inhaltlich zu würdigen ist, außer bei Verstoß gegen den Ordre public im Sinne von Art. 36 AGBG (s. Urteilsanm. von der Seipen, a. a. O., 486f.).
[17] Wolf/Horn/Lindacher, § 1 Rn. 19; Ulmer/Brandner/Hensen, § 1 Rn. 34.
[18] OLG Hamm, NJW-RR 1988, 726; OLG Frankfurt/Main, NJW 1991, 1489f.; Wolf/Horn/Lindacher, § 1 Rn. 12.
[19] Ulmer/Brandner/Hensen, § 1 Rn. 36.
[20] Freilich ist hier zu prüfen, ob solche Texte wirksam in den Vertrag einbezogen wurden, der Kunde also vor Vertragsschluss Kenntnis von den jeweiligen Vertragsbedingungen erlangen konnte.
[21] BGH, Urteil vom 17. 3. 1993 – VIII ZR 180/92, DB 1993, 1766.
[22] BGH, NJW 1984, 360; Wolf/Horn/Lindacher, § 1 Rn. 23.
[23] Allgemein s. BGH, NJW 1991, 36, 39.

ter, aber nicht intern etwa von Rechtsanwälten verwendete Muster[24]. Im Verhältnis zu den von ihm mit seinen Kunden geschlossenen Verträgen sind auch aus veröffentlichten Sammlungen übernommene **Musterverträge** und die **BVB** als AGB einzustufen. Ausreichend ist, dass sie zur Grundlage eines konkreten Vertragsangebotes gemacht wurden[25]. Erfasst werden auch von Dritten verfasste Vertragstexte. Der Anbieter „stellt" (zum Begriff s. Rn. 300) die Vertragsbedingungen im Sinne von § 1 Abs. 1 AGBG bereits dann, wenn er auf den Text Bezug nimmt und dem Kunden die Verwendung dieses AGB-Textes vorschlägt[26].

298 Die AGB müssen außerdem **für eine Vielzahl** von Verträgen vorformuliert sein (§ 1 Abs. 1 Satz 1 AGBG). Eine solche Mehrfacheinbeziehung muss (noch) nicht tatsächlich erfolgt sein, wenn nur die Absicht hierzu besteht[27]. Die Vertragsbedingungen sind auch dann AGB, wenn sie für eine **zahlenmäßig bestimmte Mehrzahl von Verträgen** vorformuliert wurden,[28] etwa eine nummerierte Geräteserie. Eine „Vielzahl" von Verträgen liegt bei **mindestens zwei bis drei Vertragsabschlüssen** vor.[29] Vom AGBG nicht erfaßt werden nur für einen einzelnen Vertragsabschluss vorformulierte Vertragsbedingungen, da sie nicht für die erforderliche Vielzahl von Verträgen konzipiert sind (hier greift freilich in ihrem Regelungsbereich die Richtlinie ein, s. unten). Werden solche für einen Einzelfall ausgelegte Bedingungen dann später – abweichend von der ursprünglichen Absicht – für weitere Verträge verwendet, ist das AGBG nur auf diese weiteren Vertragsabschlüsse anwendbar.[30] Dies gilt nicht nur für anbieterseitige **Verkaufsbedingungen**, sondern auch für kundenseitige **Einkaufsbedingungen**. Gegen die Annahme einer Mehrfachverwendung kann sprechen, dass Vertragsparteien in einem Vertrag **namentlich bezeichnet** werden, also nicht allgemein vom „Verkäufer" bzw. „Käufer" etc. die Rede ist, sondern der Vertrag auf die Vertragsparteien individualisiert wurde. Aber auch hier ist **Vorsicht bei der Beurteilung solcher Verträge** geboten, da mit Hilfe moderner Textverarbeitung die Namen der jeweiligen Vertragspartner an sogenannten „Platzhaltern" in vorformulierte Texte eingesetzt werden können.

---

[24] Ulmer/Brandner/Hensen, § 1 Rn. 31.
[25] Ulmer/Brandner/Hensen, § 1 Rn. 67.
[26] Bartsch, NJW 1986, 28, 29; Heussen, Computerrechtshandbuch, § 26 Rn. 6.
[27] Wolf/Horn/Lindacher, § 1 Rn. 13; Ulmer/Brandner/Hensen, § 1 Rn. 23.
[28] Wolf/Horn/Lindacher, § 1 Rn. 14.
[29] Wolf/Horn/Lindacher, § 1 Rn. 14; Ulmer/Brandner/Hensen, § 1 Rn. 25: Drei bis fünf Abschlüsse. Mit der Semantik des Begriffes „Vielzahl" stimmt diese Auslegung freilich nicht überein. Drei Stück von etwas machen wohl noch keine „Vielzahl" aus.
[30] Vgl. Schlünder, AGB – Prüfung und Gestaltung, 1994, Rn. 47.

In **Verbraucherverträgen gelten auch einmal verwendete Verträge als AGB** (§ 24 a Nr. 2 AGBG)[31].

Verwender von AGB ist, wer die jeweiligen AGB stellt. Wer Verwender von AGB ist, bedarf der Klärung, wenn sowohl Anbieter als auch (zumeist kaufmännische) Kunden Verkaufs- und Einkaufsbedingungen verwenden. Hier ist für jede Klausel zu prüfen, welche Seite sie in den Vertrag eingeführt („gestellt") hat. Wenn ein privater Anbieter in Erwartung eines Auftrages der öffentlichen Hand seinem Angebot selbst die BVB (s. Rn. 83) zugrunde legt (weil diese – nach den Bestimmungen der Haushaltsordnungen von Bund und Ländern – die BVB regelmäßig verwenden muss), hat er die BVB in sein Angebot aufgenommen und ist er der Verwender der BVB als AGB[32]. Damit trägt er das Risiko der Verwendung der mittlerweile von der Rechtsprechung als unwirksam eingestuften BVB-Klauseln. 299

Die AGB müssen vom Verwender **gestellt** werden. Der Verwender stellt die Vertragsbedingungen, wenn er deren Aushandeln ausschließt.[33] Ähnlich ist auch die Richtlinie auf alle Vertragsbedingungen anwendbar, die nicht individuell ausgehandelt, also im Sinne des AGBG gestellt wurden. 300

Soweit von den Vertragsparteien im einzelnen **abweichende individuelle Bedingungen** ausgehandelt wurden, **haben** diese **Vorrang** vor den AGB und sind nicht nach dem AGBG zu prüfen (**§ 4 AGBG**). Die allgemeinen Kriterien der inhaltlichen Kontrolle gemäß § 242 BGB sind jedoch zu prüfen. Für alle Vereinbarungen, die nicht vorformuliert sind, gilt § 4 AGBG[34], ebenso für Vertragsangebote und für individuelle Zusätze und Streichungen im vorformulierten Text.[35] Der § 4 AGBG erfasst nur solche Klauseln, die wirksam einbezogen (§ 2 AGBG) und nicht ohnehin überraschend sind (§ 3 AGBG)[36]. Erweist sich eine Klausel als mit den §§ 9 bis 11 nicht vereinbar, ist § 4 nicht mehr zu prüfen[37]; allerdings können individuelle Vereinbarungen erst dann grundsätzlich anwendbare dispositive Gesetzesrechte ersetzen. Im kaufmännischen Geschäftsverkehr gilt § 4 uneingeschränkt.[38] 301

---

[31] Grundlage ist die RL 93/13/EWG vom 5. 4. 1993, ABl. EG Nr. L 95 vom 21. 4. 1993, S. 29, Art. 3 Abs. 1 über missbräuchliche Klauseln in Verbraucherverträgen.
[32] So ausdrücklich BGH, NJW 1997, 2043, zust. Heinrichs, NJW 1998, 1447 f.
[33] Wolf/Horn/Lindacher, § 1 Rn. 27; einschränkend Ulmer/Brandner/Hensen, § 1 Rn. 26. Für den Geltungsbereich der EG-Richtlinie ist streitig, ob weiterhin auf das Merkmal des „Stellens" abzustellen ist (s. Damm, JZ 1994, 161, 166; Michalski, DB 1994, 665).
[34] Wolf/Horn/Lindacher, § 4 Rn. 6.
[35] Wolf/Horn/Lindacher, § 4 Rn. 6, 7, 8.
[36] Ulmer/Brandner/Hensen, § 4 Rn. 29.
[37] Ulmer/Brandner/Hensen, § 4 Rn. 12.
[38] Ulmer/Brandner/Hensen, § 4 Rn. 50; Wolf/Horn/Lindacher § 4 Rn. 51.

302 Ein **individuelles Aushandeln** im Sinne von § 1 Abs. 2 AGBG liegt nur vor, wenn der Kunde zumindest die tatsächliche (nicht notwendig ausgeschöpfte) Möglichkeit hatte, auf die zur Disposition gestellten Vertragsbedingungen inhaltlich Einfluss zu nehmen[39], wobei sich das Aushandeln auf einzelne Klauseln, z. B. Gewährleistungsfristverlängerungen, Preisstaffel[40], Vergütungsherabsetzung, die Änderung der Vertragslaufzeit[41], Haftungsbeschränkungen oder Rücktrittsvorbehalte[42], Sach- und Preisgefahrtragung oder die Aufhebung der (gewillkürten) Schriftform[43], beziehen kann.

Ein „Aushandeln" im Sinne von § 1 Abs. 2 AGBG setzt aber nicht zwingend voraus, dass die vom Verwender vorformulierte Bestimmung tatsächlich abgeändert oder (mit weiterem Regelungsgehalt) ergänzt worden ist[44]. Auch bei unverändertem Text kann § 1 Abs. 2 AGBG eingreifen, wenn der andere Teil nach gründlicher Erörterung sich ausdrücklich einverstanden erklärt hat[45] oder die Vertragsparteien gemeinsam das Formular mit den zu regelnden Punkten durchgesprochen haben. Der Anbieter muss, damit ein Aushandeln angenommen werden kann, tatsächlich und erkennbar zur Verhandlung über Klauseln bereit sein[46]. Die **Verhandlungsbereitschaft** wird in der Regel an individuellen inhaltlichen Textänderungen erkennbar.[47] Kein Aushandeln liegt vor, wenn nur einzelne Klauseln gestrichen werden[48] oder der Kunde aus vorformulierten Klauseln eine bestimmte auswählt[49].

Sind die Hinzufügungen also unselbständig (etwa Ausfüllen von Zeilenfreiräumen mit Namen von Vertragspartnern, Beträgen, Schadenspauschalen, Vertragsstrafen, Fristbestimmungen etc.), so bleibt die derart ergänzte Klausel Teil der AGB[50].

---

[39] BGH, BB 1982, 1750; JZ 1987, 159; Wolf/Horn/Lindacher, § 1 Rn. 35 m. w. N.

[40] KG, Urteil vom 30. 1. 1995 – 20 U 6573/93, CR 1995, 734.

[41] Wolf/Horn/Lindacher, § 1 Rn. 37.

[42] Ulmer/Brandner/Hensen, § 1 Rn. 51, 55 (für Haftungsbeschränkungen und Rücktrittsvorbehalte).

[43] Wolf/Horn/Lindacher, § 4 Rn. 33 m. w. N.; Ulmer/Brandner/Hensen, § 4 Rn. 32. Die mit der Schriftformklausel nicht identische Klausel, derzufolge keine mündlichen Zusagen gemacht sind, verstößt zwar nicht gegen § 11 Nr. 15 AGBG, kann aber nach § 9 AGBG unangemessen sein, wenn die zu weit gefasste Klausel bewirkt, dass Kunden zu Unrecht vom Nachweis mündlicher Abreden unter Ausräumung der Vollständigkeitsvermutung abgehalten werden (vgl. OLG Frankfurt/Main, ZIP 1983, 1213, 1215; Ulmer/Brandner/Hensen, § 2 Rn. 39 m. w. N.).

[44] BGHZ 84, 109, 111 = WM 1982, 871; NJW 1992, 2283, 2285.

[45] BGH, WM 1992, 1160, 1162 und BGHZ 84, 109, 111.

[46] BGH, NJW – RR 1986, 54; NJW 1979, 307; OLG München, DB 1982, 1003; OLG Frankfurt/Main, WM 1986, 570.

[47] BGH, WM 1987, 42; OLG Köln, BB 1984, 1388.

[48] BGH, NJW 1987, 2011; Ulmer/Brandner/Hensen, § 1 Rn. 53.

[49] BGH, WM 1985, 1208 ff.; 1986, 388 ff.; NJW 1992, 503 f.; Ulmer/Brandner/Hensen, § 1 Rn. 54 ff. m. w. N.

[50] BGH, NJW 1982, 1023; 1983, 1603; 1988, 558 und 1991, 1677, 2768.

Nur die jeweilige **einzelne Klausel**, über die die Vertragsparteien verhan- 303
delten oder die zumindest für Verhandlungen zur Disposition gestellt
wurde, gilt als ausgehandelt und damit aus dem Bereich der AGB-Kontrolle ausgeklammert, keineswegs aber die Gesamtheit der Klauseln von
AGB, wenn nur über einen Teil verhandelt wurde.

Beispiel:

Wurden etwa Lieferklauseln individuell ausgehandelt, nicht aber die
Gewährleistungs- oder Haftungsregelungen, so bleiben letztere voll kontrollfähig. Gleiches gilt für einzelne hinzugefügte selbständige Klauseln,
die den AGB-Charakter des restlichen Vertragswerkes unberührt lassen.[51]
Beruft sich der Verwender darauf, dass Vertragsbedingungen individuell
ausgehandelt seien, ist er hierfür darlegungs- und beweispflichtig[52],
ebenso für die Einbeziehung der AGB.

Eine das **Aushandeln bestätigende Klausel** verstößt – auch im kaufmän- 304
nischen Geschäftsverkehr[53] – gegen § 11 Nr. 15 AGBG.[54] Außerdem
dürfte sie eine überraschende Klausel im Sinne von § 3 AGBG darstellen.
Nur die individuell ausgehandelten Klauseln unterliegen nicht der AGB-
Kontrolle, wohl aber alle sonstigen Klauseln von AGB[55]. **Nachträgliche
Änderungen** im vorformulierten Vertragstext stellen ein Indiz für individuelles Aushandeln dar.[56] Dies gilt nicht für unselbständige Änderungen,
die keinen eigenen Regelungsgehalt aufweisen.[57]

Auf **Klauseln in Verbraucherverträgen** findet das AGBG nach § 24a 305
auch dann Anwendung, wenn die Klauseln keine AGB im Sinne von § 1
AGBG sind[58], der Verbraucher jedoch keinen Einfluss auf den Inhalt der
vorformulierten Vertragsbedingungen nehmen konnte.

Beruft sich der **Kunde** auf den AGB-Charakter einer Klausel, ist er hierfür 306
darlegungs- und beweispflichtig.[59] Für die Anwendung des AGBG
spricht der Beweis des ersten Anscheins, wenn ein gedrucktes Klausel-
werk oder Vertragswerk verwendet worden ist[60]. Der Verwender muss
behaupten und beweisen, dass seine AGB im konkreten Fall nicht einbezo-

---

[51] Wolf/Horn/Lindacher, § 1 Rn. 39.
[52] OLG Frankfurt/Main, CR 1994, 355f.
[53] Ulmer/Brandner/Hensen, § 11 Nr. 15 Rn. 25.
[54] BGHZ 99, 374.
[55] Wolf/Horn/Lindacher, § 1 Rn. 37; Ulmer/Brandner/Hensen, § 1 Rn. 55.
[56] Palandt/Heinrichs, § 1 Rn. 20.
[57] BGHZ 99, 203, 205 = WM 1987, 498; JZ 102, 152, 158 = NJW 1992, 503ff.
[58] Vgl. Heinrichs, NJW 1998, 1447, 1449; Ulmer/Brandner/Hensen, § 1 Rn. 60.
[59] BGHZ 118, 229, 238 = NJW 1992, 2160.
[60] OLG München, NJW-RR 1997, 1057 (nach BGHZ 118, 229, 238).

gen worden seien, sondern individuelles Aushandeln vorliegt.[61] Werden
Lücken im Formulartext ausgefüllt, ist nach den Umständen des Einzelfalles zu entscheiden, ob die Ergänzung AGB-Charakter hat.[62]

2. Notwendigkeit der Einbeziehung von AGB in den Vertrag

307 **Vorformulierte AGB**, die nicht selbst bereits Teil des Vertrages sind, **müssen grundsätzlich** in den abzuschließenden Vertrag **wirksam einbezogen werden** (§ 2 AGBG). Kein Problem entsteht in der Regel, wenn die Vertragsparteien z. B. in einem Angebotsformular auf die Anbieter-AGB verweisen und ein Exemplar dieser AGB beifügen oder auf der Rückseite des Angebotes abdrucken. Problematisch wird diese Einbeziehung aber, wenn der Kunde die AGB bei Abschluss des Vertrages nicht vorliegen hat und z. B. ein Exemplar erst mit der Auftragsbestätigung erhält.

308 Das AGBG behandelt Allgemeine Geschäftsbedingungen nur dann als Bestandteil des Vertrages, wenn der **Anbieter** bei Vertragsabschluss den **Kunden** ausdrücklich auf die Geltung der AGB **hinweist**, wobei (insbesondere im Handelsbereich) zumindest ein deutlich sichtbarer Aushang am Ort des Vertragsabschlusses verlangt wird (§ 2 Abs. 1 Nr. 1), und der **Kunde** von den AGB in zumutbarer Weise **Kenntnis nehmen kann** (§ 2 Abs. 1 Nr. 2 AGBG; s. Rn. 312).

Hinweis: Der Verwender der AGB muss auf diese **ausdrücklich, unmissverständlich** und **klar**[63] hinweisen, ebenso der Händler auf AGB des Herstellers, z. B. des Software-Anbieters, soweit sie Teil des Vertrages mit dem Kunden werden sollen. Auf AGB, die auf der Rückseite von Vertrags- oder Angebotsformularen abgedruckt sind, muss auf der Vorderseite des jeweiligen Formulars hingewiesen werden. Der bloße rückseitige Abdruck genügt nicht[64], ebenso nicht die Übergabe einer Garantiekarte mit entsprechendem Text in der (nicht transparenten) Verpackung[65], wenn der vorderseitige Hinweis fehlt. Der Hinweis **muss bei Vertragsschluss** erteilt werden[66], d. h. im Zusammenhang mit Erklärungen und Verhandlungen der

---

[61] BGH, NJW 1998, 1066; NJW 1982, 1036; NJW 1977, 624f.
[62] Vgl. BGH, NJW 1998, 1066.
[63] BGH, NJW-RR 1987, 112f.
[64] Wolf/Horn/Lindacher, § 2 Rn. 12.
[65] Wolf/Horn/Lindacher, § 2 Rn. 16.
[66] Palandt/Thomas, AGBG, § 2 Rn. 6.

Vertragspartner; frühere, andere Geschäfte betreffende Hinweise sind unerheblich[67]. Der **Hinweis muss ausdrücklich erfolgen.** Eine konkludente Einbeziehung von AGB im Sinne der §§ 133, 157 BGB scheidet aus.[68]

Notwendig ist ein **deutlicher**, ins Auge fallender Hinweis am besten   309
unmittelbar oberhalb der Unterschriftsleiste.[69] Jedenfalls muss der Hinweis so angeordnet und gestaltet sein, dass er vom Durchschnittskunden auch bei flüchtiger Betrachtung nicht übersehen werden kann, andernfalls er selbst eine überraschende Klausel darstellt.[70] Der Hinweis muss vom Verwender unmissverständlich und für den Kunden klar erkennbar geäußert werden.[71] Zum Teil nur mit Lupe zu lesende Texte können nicht wirksam einbezogen werden[72].

Der Hinweis kann **mündlich** erfolgen.[73] Auch bei mündlichem Vertrags-   310
schluss (Erwerb von Massensoftware über den Ladentisch) muss auf die Geltung der AGB hingewiesen werden[74], zumindest aber ein **Aushang am Ort** des Vertragsabschlusses (Geschäftsräume des Anbieters) vorhanden und zugänglich sein. Der Aushang sollte sich am Eingang befinden, nicht am Kassenterminal, das meist erst nach Vertragsabschluss aufgesucht wird.[75] In der Praxis findet sich relativ selten ein derartiger den Kriterien genügender Aushang, zumal ein Händler dann etwa AGB-Texte von 5 bis 10 verschiedenen Software-Anbietern neben seiner Kasse aushängen müsste, was selbst wieder an die Grenze der Zumutbarkeit für den Kunden gehen würde. Damit bleibt dem Händler nur der Rückgriff auf einen rechtzeitigen und ausdrücklichen Hinweis – im Massengeschäft eine wohl ebenfalls weitgehend unübliche Praxis, so dass die dort verwendeten Formularverträge schon aus diesem Grunde zumeist rechtlich „notleidend" sein dürften. Gleichzeitig muss – neben Hinweis oder Aushang – ein vollständiges Exemplar des AGB-Textes **im Geschäftslokal bereitgehalten werden**. Der Aushang muss einen einfachen, leicht verständlichen Text enthalten.[76]

---

[67] BGH, DB 1986, 2074.
[68] Wolf/Horn/Lindacher, § 2 Rn. 5; Ulmer/Brandner/Hensen, § 2 Rn. 18, 19, 24.
[69] Wolf/Horn/Lindacher, § 2 Rn. 5.
[70] OLG Hamm, Urteil vom 14. 3. 1986 – 4 U 197/85, WM 1986, 1362.
[71] BGH, DB 1986, 2074.
[72] OLG Bielefeld, Urteil vom 25. 3. 1988 – 11 O 114/84, MRC 1988, 10.
[73] BGH, NJW 1983, 817.
[74] Für alle: Schlünder, a. a. O., Rn. 747.
[75] Wolf/Horn/Lindacher, § 2 Rn. 21.
[76] Graf v. Westphalen, NJW 1994, 367.

Die AGB sollen auch dann noch bei Vertragsschluss als einbezogen gelten, wenn der Hinweis auf sie erst an der Kasse erfolgt. Der Kauf eines Computers in einem Ladenlokal erfasse als einheitlicher Vorgang das Beratungsgespräch und das Geschehen an der Ladenkasse mit Übergabe von Lieferscheinen, Rechnung und Quittung.[77]

311 Erhebliche praktische Bedeutung hat die Frage, ob im Bereich des **Softwarevertriebes** auf bestehende AGB hingewiesen wurde und diese wirksam in den Vertrag einbezogen sind. Diese Frage stellt sich insbesondere für sogenannte „**Lizenzbedingungen**" von Software-Anbietern, die vom EDV-Vertriebshändler zum Inhalt des Vertrages mit dem Endkunden gemacht werden sollen (bzw. aus seinem eigenen Vertriebshändlervertrag mit dem Anbieter gemacht werden müssen). Der Vertriebshändler ist gehalten, hier ausdrücklich auch auf diese Lizenzbedingungen hinzuweisen, sie ggf. auszuhängen und ein Exemplar verfügbar zu halten.[78] Unwirksam wäre in diesem Zusammenhang eine Hinweisklausel, nach der der Kunde bestätigt, auf die AGB hingewiesen worden zu sein. Der **Leasinggeber muß** den Leasingnehmer ausdrücklich auf die Geltung der AGB des Lieferanten **hinweisen**.[79]

312 Notwendig ist weiter, dass dem Kunden die Möglichkeit eröffnet wird, in zumutbarer Weise bei Vertragsschluss vom Inhalt der AGB Kenntnis zu nehmen und dass er mit der Geltung der AGB für den abzuschließenden Vertrag einverstanden ist (§ 2 Abs. 2 Nr. 1 AGBG). Entscheidend ist, dass zumindest diese Möglichkeit zur Kenntnisnahme besteht. Für zu klein gedruckte oder umfangreiche, mehrseitige, über Online-Medien abzurufende AGB ist diese Möglichkeit zu verneinen.

313 Die **drucktechnische Gestaltung** eines AGB-Textes muss gewährleisten, dass der Text vom Durchschnittskunden mühelos und ohne Lupe lesbar ist[80], hierfür muss er ein Mindestmaß an Übersichtlichkeit sowie einen im Verhältnis zur Bedeutung des Geschäfts vertretbaren Umfang aufweisen[81]. Als Grenze der Zumutbarkeit wird eine **Buchstabengröße von 2 mm** dis-

---

[77] OLG Koblenz, Urteil vom 13. 1. 1997 – 13 U 104/96, NJW-RR 1998, 199. Nach dem mitgeteilten Sachverhalt wurden die AGB erst auf der Rückseite eines Formulars (Rechnung/Quittung) übergeben. Nicht erkennbar ist aus dem Tatbestand, ob im Zeitpunkt der Übergabe des Formulars bereits Zahlung erfolgt und die Ware übergeben war.

[78] Wolf/Horn/Lindacher, § 2 Rn. 7. Freilich führt ein solcher Hinweis grundsätzlich nur zu einer wirksamen Einbeziehung, nicht aber notwendig zur Wirksamkeit der Lizenzbedingungen in allen Klauseln.

[79] BGH, NJW-RR 1987, 112.

[80] BGH, NJW 1983, 2773.

[81] Palandt/Heinrichs, 53. Aufl. AGB, § 2 Rn. 13.

kutiert.[82] Für die Wahl solcher Mindestmaße muss aber ein sachliches
Bedürfnis des Verwenders bestehen,[83] etwa das Erfordernis, „Lizenzbedingungen" zur Software-Nutzung auf ein durch die Verpackungsfolie les-
bares Blatt drucken zu können. Ungewöhnliche Schriftart, mangelnde
farbliche Unterscheidung oder unübersichtliche Darstellung können eine
zumutbare Kenntnisnahme auch zwischen Kaufleuten verhindern.[84] Gleiches gilt, wenn unklar ist, welche von verschiedenen AGB-Fassungen gelten soll[85] oder wenn Vertragsbestimmungen einen unverhältnismäßigen
Umfang aufweisen.[86] Die Übergabe der Lieferbedingungen erfolgt noch
bei Vertragsschluss, wenn die Bedingungen nach der Verkaufsberatung
mit Rechnung und Quittung an der Kasse übergeben werden.[87] Die bloße
Möglichkeit zumutbarer Kenntnisnahme von AGB genügt nicht für die
Einbeziehung solcher Klauseln, die die Geltung der Bedingungen für
künftige Verträge regeln[88].

An der notwendigen **Verständlichkeit der AGB** kann es fehlen, wenn der   314
Text unerläuterte, dem jeweiligen Kundenkreis nicht üblicherweise
bekannte EDV-Ausdrücke enthält oder in einer **fremden Sprache** (zumeist
Englisch) abgefasst ist. Dies gilt freilich nur für Vereinbarungstexte, nicht
aber etwa für Dokumentationen zu Hardware oder Software. Hier ist nicht
die Wirksamkeit der Einbeziehung, sondern die Mangelhaftigkeit der
Leistung (also der Dokumentation als Leistungsteil) zu prüfen. Die AGB
müssen für den Kunden **kostenfrei verfügbar** sein.[89] Nicht verfügbare
Teile werden nicht Vertragsinhalt.[90]

Die **Kenntnisnahme** muss **zumutbar** sein. Die Klauseln benötigen ein
Mindestmaß an Übersichtlichkeit und müssen einen im Verhältnis zur
Bedeutung des Geschäfts vertretbaren Umfang aufweisen.[91] Vorausset-
zung der Einbeziehung ist weiter, dass der **Kunde** mit der Einbeziehung
einverstanden ist, wobei dieses Einverständnis in der konkludenten
Annahme eines Vertragsangebotes gesehen werden kann.[92]

---

[82] Thamm/Detzer, BB 1989, 1133, 1135; Schlünder, AGB-Prüfung Rn. 718.
[83] Schlünder, a. a. O.; andernfalls kann hieran die Einbeziehung des AGB-Textes auch bei Hinweis
    auf diesen scheitern.
[84] Wolf/Horn/Lindacher, § 2 Rn. 27 m. w. N.
[85] Ulmer/Brandner/Hensen, § 2 Rn. 26.
[86] Ulmer/Brandner/Hensen, § 2 Rn. 52.
[87] OLG Hamm, NJW-RR 1998, 199.
[88] BGH, ZIP 1992, 404 = WM 1992, 657.
[89] Wolf/Horn/Lindacher, § 2 Rn. 24 ff.
[90] Wolf/Horn/Lindacher, a. a. O.
[91] Palandt/Heinrichs, § 2 Rn. 13.
[92] Ulmer/Brandner/Hensen, § 2 Rn. 61.

315 Die Einbeziehung muss bei **Vertragsabschluss** (genauer bei Abgabe eines bindenden Verwenderangebotes[93]) erfolgen. Nachträgliche Kenntnisnahme von den AGB oder die Möglichkeit hierzu genügt nicht, so etwa bei sogenannten „**Schutzhüllenverträgen**", bei denen die AGB mit in die Verpackung eingesiegelt werden.[94] Hierzu wurde vertreten, dass noch keine Verkehrssitte bestehe, nach der der Realakt des Aufreißens der Schutzhülle dem Kunden als konkludent erklärte Vertragsannahme zurechenbar ist.[95] Auch soweit die Einbeziehung wirksam erfolgt, kann eine einbezogene Klausel überraschend und deshalb unwirksam sein.[96] Ebenso bleiben alle anderen Regelungen des AGBG zu prüfen.

316 Soweit die gesetzliche oder vertraglich vereinbarte (gewillkürte) **Schriftform** einzuhalten ist, reicht für die Einbeziehung das Vorliegen von AGB nicht aus; vielmehr müssen die AGB – etwa durch Abdruck oder durch endgültige und dauerhafte Verbindung des AGB-Textes mit der Vertragsurkunde[97] – aufgenommen werden.[98]

317 Die **Kollision von AGB** wird in § 2 AGBG nicht geregelt. Es gelten die §§ 150 ff. BGB[99], wonach die AGB derjenigen Vertragspartei gelten, die zuletzt auf sie verwiesen hat, es sei denn, der Kunde oder Besteller hat in seinem Angebot deutlich gemacht, nur zu seinen AGB zu kontrahieren. In diesem Fall gelten dann infolge der unvollständigen Einigung die gesetzlichen Bestimmungen.[100] Keine der beiden AGB ist dann wirksam einbezogen. Bei **verschiedenen AGB-Fassungen** gilt nur diejenige als einbezogen, die bei Vertragsschluss vorlag, nicht die geltende Neufassung.[101] Bringt diese Neufassung für den Kunden freilich Verbesserungen, muss sich der Verwender unter Umständen nach dem Grundsatz der culpa in contrahendo (s. Rn. 1034) so behandeln lassen, als wäre die Neufassung Vertragsinhalt geworden.[102] Gleiche Grundsätze gelten für telefonische Vertragsabschlüsse.

---

[93] Ulmer/Brandner/Hensen, § 2 Rn. 56.
[94] Wolf/Horn/Lindacher, § 2 Rn. 36; Ulmer/Brandner/Hensen, § 2 Rn. 27, 55; Marly, Rn. 304 ff.
[95] Marly, a. a. O., Rn. 328 bis 330, 335 (empfiehlt eine gesonderte kundenseitige Unterschriftsleistung beim Händler, bisher wohl eine eher seltene Vorgehensweise).
[96] Ulmer/Brandner/Hensen, § 2 Rn. 4; BGH, NJW 1983, 159, 162.
[97] BGHZ 40, 255, 263; MünchKomm/BGB-Förschler, § 126 Rn. 10, h. M.
[98] Ulmer/Brandner/Hensen, § 2 Rn. 63 a m. w. N.
[99] Wolf/Horn/Lindacher, § 2 Rn. 2.
[100] BGH, NJW 1980, 449; 1985, 1838 ff.; WM 1990, 1671 ff.; Ulmer/Brandner/Hensen, § 2 Rn. 96.
[101] OLG Nürnberg, NJW-RR 1993, 1245.
[102] BGH, NJW 1982, 926.

Unwirksam ist eine Klausel, mit der die **Zustimmung des Kunden** (als   318
Vertragspartner des Verwenders) zu einem Angebot aus dem Schweigen
des Kunden **fingiert** werden soll.[103] Gleiches gilt für Klauseln, die bestätigen sollen, der Kunde habe von den umstehenden AGB Kenntnis genommen und sei mit ihrer Geltung einverstanden.[104] Gleiches muss für eine
allgemein formulierte Klausel gelten, nach der die AGB (in denen die
Klausel enthalten ist) als in den Vertrag einbezogen gelten sollen.

Bei **Vertragsabschlüssen mittels Internet** – etwa zwecks Online-Liefe-   319
rung von Software-Updates – muss auf AGB ebenfalls ausdrücklich und
unmissverständlich hingewiesen werden.[105] Durch die **Online-Präsenta-
tion** darf der Kunde AGB-rechtlich nicht schlechter gestellt werden. Auch
aktuelle Versionen von AGB-Texten etwa in **READ-ME-Dateien** zu vorinstallierter Software müssen also ebenfalls die obigen Voraussetzungen
erfüllen, wenn sie vertragliche Regelungsinhalte aufweisen, z. B. Kopierverbote, Regelungen zur rechtebegründenden Kundenregistrierung etc. Zu
beachten ist, dass in solchen Textdateien schneller zu vorangegangenen
Klauseln (mit „Scrollen") zurückgegangen werden kann und auch größere
Textmengen übersichtlich auf dem Bildschirm darstellbar sind (u. U.
durch Verändern der Schriftgröße).

Der Hinweis muss selbst über den Bildschirm erfolgen.[106] Die Kenntnis-   320
nahme mehrseitiger AGB über den Bildschirm kann für die Benutzer
durch den notwendigen Bildschirmseitenwechsel unzumutbar sein,[107] erst
recht bei einem Umfang von z. B. 14 Seiten[108], da der Text auch bei längerer Einblendung flüchtig bleiben muss.[109] Derartige Klauseln können
gemäß § 3 AGBG als überraschende aus dem Vertrag ausgeklammert und

---

[103] So Ulmer/Brandner/Hensen, § 2 Rn. 63.
[104] BGH, WM 1988, 607, 610; Ulmer/Brandner/Hensen, § 2 Rn. 66.
[105] Schlünder, AGB-Prüfung, Rn. 754; Brinkmann, BB 1981, 1183, 1189; Lachmann, NJW 1984, 405, 408.
[106] Schlünder, a. a. O., Rn. 757; Marly, Softwareüberlassungsverträge, Rn. 192 (Hinweis auf derselben Seite wie die Invitatio ad offerendum).
[107] LG Wuppertal, Urteil vom 16. 5. 1990 – 8 S 21/91, NJW-RR 1991, 1148; Marly, a. a. O., Rn. 194. Dies gilt insbesondere dann, wenn mehrere Textfelder nacheinander gelesen werden müssen, ohne gleichzeitig auf dem Bildschirm darstellbar zu sein, ähnlich für das alte Btx-System, LG Freiburg, Urteil vom 7. 4. 1992 – 9 S 139/90, CR 1993, 433 (unter Hinweis auf LG Aachen, NJW 1991, 2159). Diese noch auf Btx bezogenen Grundsätze lassen sich entsprechend auf sonstige AGB-Texte (etwa für Banken-Webseiten, Mailboxen) übertragen, sofern sie ebenfalls abschnittsweise auf Bildschirm „ausgegeben" werden. Voraussetzung ist weiter, dass nicht gleichzeitig eine Druckfassung übermittelt oder zur Ansichtnahme bereitgehalten wird. In diesen Fällen ist Kenntnisnahme möglich und zumutbar.
[108] LG Aachen, Urteil vom 24. 1. 1991 – 6 S 192/90, CR 1981, 222.
[109] Bultmann/Rahn, NJW 1988, 2432, 2435.

dieser sogar insgesamt nichtig sein.[110] Anderes gilt, wenn der Text vor Vertragsschluss auf das Kundensystem heruntergeladen werden kann (Downloading). Hier besteht die Möglichkeit zu rechtzeitiger Kenntnisnahme. Gleiches gilt sinngemäß für Dienste von **Mailbox- und Online-Datenbankenanbietern**, die sich ebenfalls keines Aushanges bedienen können, freilich allerdings nur im Geltungsbereich des AGB-Gesetzes bzw. der EG-Richtlinie über missbräuchliche Klauseln in Verbraucherverträgen, nicht also z. B. für japanische oder US-Kommunikationsnetze.

321 Eine **nicht wirksam in den Vertrag einbezogene Klausel** entfaltet keine Wirkung, wird also nicht Vertragsinhalt und kann damit z. B. zu keiner wirksamen Haftungs- oder Gewährleistungseinschränkung führen.

322 Eine **unwirksame Klausel** kann in ihrem Inhalt **nicht auf** das gerade noch **zulässige Maß reduziert werden**.[111] Statt dieser Klausel gelangen die gesetzlichen Vorschriften zur Anwendung.[112] Es gilt also auch nicht eine Klauselfassung, die zu einem möglichst ähnlichen wirtschaftlichen Erfolg führen würde.[113] Zu prüfen ist freilich, ob die jeweilige Klausel mehrere inhaltlich selbständige und damit trennbare Regelungen enthält, die eine gesonderte Wirksamkeitsprüfung erlauben.[114] Aus sich heraus verständliche und sinnvolle Klauselteile können hiernach wirksam sein, der unwirksame Teil kann hingegen entfallen.[115] Diese Grundsätze gelten auch im kaufmännischen Geschäftsverkehr.[116] Grundsätzlich bleiben bei Entfallen einer Klausel die übrigen Klauseln wirksam (§ 6 Abs. 1 AGBG), sofern die wesentlichen Regelungspunkte des Vertrages (die sogenannten „essentialia negotii") unberührt bleiben.[117] Scheitert etwa die Einbeziehung einer Preisvereinbarung an deren Unverständlichkeit, greift § 6 Abs. 1 nicht ein.[118] Für den Kunden kann es eine unzumutbare Härte darstellen, am geänderten Vertrag festhalten zu müssen; in diesen Fällen ist der Vertrag unwirksam (§ 6 Abs. 3

---

[110] LG Dortmund, Urteil vom 24. 4. 1991 – 1 S 466/90, CR 1992, 210, 214; ähnlich LG Wuppertal, a. a. O.; LG Frankenthal, Urteil vom 9. 10. 1991 – 2 S 167/91, NJW-RR 1992, 954; LG Ravensburg, Urteil vom 13. 6. 1991 – 2 S 6/91, CR 1992, 472.
[111] BGHZ 84, 109, 115; 86, 284, 297; BGHZ 96, 18, 25, 26; 120, 108, 122; NJW 1994, 378.
[112] Wolf/Horn/Lindacher, § 6 Rn. 14f., § 1 Rn. 6.
[113] Ulmer/Brandner/Hensen, § 6 Rn. 39f.; Wolf/Horn/Lindacher, § 6 Rn. 38; Palandt/Heinrichs, § 6 Rn. 7.
[114] BGH, NJW 1982, 178; 1984, 2687, 2688, 2816, 2817; 1989, 831, 833; 1990, 576, 577; 1992, 896, 897.
[115] BGH, NJW 1982, 178f.; Ulmer/Brandner/Hensen, § 6 Rn. 12.
[116] BGH, NJW 1993, 1786f.
[117] Ulmer/Brandner/Hensen, § 6, Rn. 10.
[118] Ulmer/Brandner/Hensen, a. a. O., m. w. N.

AGBG) und es kann dem betroffenen Kunden ein Schadensersatzanspruch aus c. i. c. zustehen[119].

Mit dem Zusatz „…, **soweit gesetzlich zulässig**" können Klauseln **nicht**   323
kontrollfest gemacht und der Unwirksamkeitssanktion entzogen werden.[120] Gegenüber nichtkaufmännischen Kunden scheitert ein solcher Klauselzusatz bereits am Verständlichkeitsgebot des § 2 Abs. 1 Nr. 2, gegenüber kaufmännischen wie nichtkaufmännischen Kunden an § 9 AGBG.[121] Generell sind salvatorische Klauseln unwirksam, die das dispositive Recht verdrängen sollen, das nach § 6 Abs. 1 AGBG zur Anwendung gelangt.[122] Unwirksam sind auch Klauseln, denen zufolge der Verwender ein einseitiges Recht zur Lückenfüllung hat oder die die Parteien verpflichten, eine dem wirtschaftlichen Erfolg der ursprünglich geplanten Gestaltung möglichst nahe kommende Regelung zu treffen.[123] Eine Ausnahme soll nur gelten, wenn nach dem Stand der Rechtsprechung und Literatur die Möglichkeit einer Unwirksamkeit der Klausel auch objektiv „durchaus ungewiss" ist[124], da diese Unklarheit nicht vom Verwender zu verantworten sei. Überzeugender erscheint allerdings, das Risiko auch einer solchen objektiv bedingten Unklarheit jedenfalls nicht zu Lasten des Kunden zu regeln[125], da immerhin der Verwender die Unklarheit in die Vertragsbeziehungen einführt. Dies gilt wohl zumindest dann, wenn aus der Klausel für den Kunden nicht ausreichend klar erkennbar ist, ob eine Unklarheit objektiv noch nicht geklärt ist oder der Verwender nur eine mögliche Ausformulierung unterlassen hat.

Ist eine Klausel nicht einbezogen oder unwirksam, kommt der Vertrag   324
grundsätzlich dennoch zustande bzw. ist er im Übrigen von der jeweiligen Klausel abgesehen wirksam (§ 6 Abs. 1 AGBG) und gilt an Stelle der Klausel dispositives Gesetzesrecht (§ 6 Abs. 2 AGBG). Eine Ausnahme gilt nur, wenn das Festhalten gemäß § 6 Abs. 3 für eine Vertragspartei eine

---

[119] Ulmer/Brandner/Hensen, § 6 Rn. 49 m. w. N. und § 9 Rn. 57 (Ersatzanspruch umfasst auch Rechtsberatungs- und Prozesskosten).
[120] Wolf/Horn/Lindacher, § 6 Rn. 38.
[121] Wolf/Horn/Lindacher, § 6 Rn. 38. Lindacher verdeutlicht diesen Gesichtspunkt: „Im Rahmen des Zumutbaren muß der Verwender gehalten sein, das Ausmaß der Abweichung von der Vorschlagsregelung des dispositiven Rechts unmittelbar aus der Klausel ersichtlich zu machen. Das Recht kann dem Verwender nicht erlauben, seinem Vertragspartner zu sagen: Ich will das dispositive Recht bis zur Grenze des Gerade-noch-zulässigen abbedingen; ermittle selbst, was das im einzelnen bedeutet."
[122] BGH, NJW 1983, 159.
[123] Siehe etwa LG Köln, NJW-RR 1987, 885, 886; Ulmer/Brandner/Hensen, § 6 Rn. 39 m. w. N.
[124] Wolf/Horn/Lindacher, a. a. O., Rn. 39 unter Hinweis auf OLG Stuttgart, NJW 1981, 1106 und Literaturstimmen.
[125] Ulmer/Brandner/Hensen, § 2 Rn. 53.

unzumutbare Härte darstellen würde. Keine Rolle spielt, dass der Kunde den Text der jeweiligen AGB kannte bzw. sich mit ihm sogar einverstanden erklärte, da sonst der Schutzzweck des Gesetzes unterlaufen würde. Weist allerdings ein Vertrag eine **Fülle unwirksamer Klauseln** auf, die im Rahmen der Gesamtabwägung nach § 138 Abs. 1 BGB zur Unwirksamkeit des Vertrages führen würden, gilt dies auch für die AGB. Es ist nicht Sinn und Zweck des AGBG, einen im übrigen unwirksamen Vertrag (qua AGBG gewissermaßen) zu retten.[126]

Der § 6 Abs. 1 AGBG bezieht sich auf das Scheitern der Einbeziehung nach § 2 und die Unwirksamkeit nach § 3, nicht aber auf Fälle, in denen der Kunde der Einbeziehung ausdrücklich widerspricht[127], ebenso nicht auf Fälle, in denen Individualabreden gemäß § 4 AGBG Vorrang haben.

325 **Gegenüber Kaufleuten** ist § 2 AGBG wegen § 24 AGBG zwar nicht unmittelbar anwendbar, jedoch ist auch hier eine zumindest stillschweigende Einbeziehungsvereinbarung notwendig[128]. Der Anbieter muss auch hier ausdrücklich auf einen Einbeziehungswillen hinweisen[129] bzw. muss ein solcher Wille wenigstens aus den Umständen deutlich erkennbar sein[130], und der kaufmännische Kunde muss die Möglichkeit zumutbarer Kenntnisnahme haben[131]. Der AGB-Text muss aber nicht dem kaufmännischen Kunden in einem Exemplar überlassen werden[132]; es darf kein Widerspruch erfolgen[133]. Schweigen auf ein die AGB erstmals in Bezug nehmendes kaufmännisches Bestätigungsschreiben des Anbieters gilt als Zustimmung des kaufmännischen Kunden.[134]

Allerdings genügt – vorbehaltlich eines besonderen Handelsbrauches oder einer laufenden Geschäftsverbindung – die (bloße) Möglichkeit zumutbarer Kenntnisnahme von AGB im kaufmännischen Geschäftsverkehr **nicht** für die Einbeziehung solcher Klauseln, die die Geltung der Bedingungen für künftige Verträge regeln.[135] Zwar müssen, dem BGH zufolge, gegen-

---

[126] BGH, WM 1981, 353; 1982, 1354; 1987, 692; Niebling, WM 1992, 845f.

[127] Ulmer/Brandner/Hensen, § 6 Rn. 8.

[128] BGH, NJW 1992, 1232; 1985, 1838.

[129] OLG Koblenz, BB 1983, 1635.

[130] BGH, NJW 1992, 1232; 1988, 1210, NJW-RR 1991, 570.

[131] BGH, NJW 1988, 1210; BGH, NJW-RR 1989, 1104.

[132] BGH, WM 1989, 1227ff.; NJW 1988, 1210, 1212; WM 1985, 522.

[133] BGHZ 117, 190, 195 = NJW 1992, 1232.

[134] BGH, NJW 1964, 589; 1978, 2273ff.; Ulmer/Brandner/Hensen, § 2 Rn. 88 m. w. N.

[135] BGH, Urteil vom 12. 2. 1992 – VIII ZR 84/91, WM 1992, 657 (Rohrteile) für die Klausel: „Allen Angeboten, Verträgen, Lieferungen und sonstigen Leistungen – auch zukünftigen – liegen unsere Allgemeinen Verkaufs- und Lieferbedingungen zugrunde …". Dem Urteil des BGH zufolge müssen also solche antizipatorischen AGB auf jeden Fall übergeben oder übersandt werden.

über kaufmännischen Kunden die durch § 2 AGBG gegenüber dem allgemeinen Vertragsrecht formalisierten Einbeziehungsvoraussetzungen nicht erfüllt sein. Es bleibe indessen dabei, dass auch im kaufmännischen Geschäftsverkehr AGB nur kraft rechtsgeschäftlicher Vereinbarung Vertragsbestandteil werden können.[136] Der AGB-Verwender muss den AGB-Text nicht generell, jedoch zwingend auf kundenseitige Anforderung übergeben bzw. übersenden[137].

Eine Klausel kann die Einbeziehung der AGB auch in **künftige Verträge** vorsehen, wenn die AGB beim ersten Vertragsschluss übergeben wurden.[138] Der bloße Hinweis auf AGB im Zusammenhang mit einem bestimmten Vertragsschluss habe grundsätzlich nur Bedeutung für dieses konkrete Rechtsgeschäft. Die Einbeziehung von AGB in den konkreten Einzelvertrag beruhe wesentlich auf der Erwartung des Verwenders, der Vertragspartner sei hiermit stillschweigend einverstanden.[139] Hinsichtlich der Geltungserstreckung auf künftige Verträge sei eine solche Erwartung nicht gerechtfertigt, wenn dem Vertragspartner die diese Folge anordnende Klausel mangels Beifügung der AGB nicht bekannt sein kann.

326

3. Überraschende Klauseln

Überraschende Klauseln werden nicht Vertragsbestandteil (§ 3 AGBG). Als „überraschend" gelten hierbei solche Klauseln, die nach den Umständen, insbesondere nach dem äußeren Erscheinungsbild des Vertrages, so ungewöhnlich sind, dass der Kunde nicht mit ihnen zu rechnen braucht. Klauseln in AGB darf also kein Überraschungsmoment innewohnen[140], wobei stets die konkreten Einzelfallumstände zu prüfen sind[141]. Wesentlich ist, inwieweit der Klauselinhalt vom dispositiv-gesetzlichen Vertragsbild oder jedenfalls vom für den betroffenen Geschäftskreis Üblichen abweicht.[142] Maßgeblich sind bei dieser Prüfung die Erkenntnismöglichkeiten des für derartige Verträge typischerweise zu erwartenden Kundenkreises[143]. Das Überraschungsmoment kann sich auch daraus ergeben,

327

[136] BGH, a. a. O., ZIP 1992, 405 unter Hinweis auf BGH, ZIP 1985, 544.
[137] BGH, WM 1989, 1227ff.; NJW 1988, 1210; OLG Hamm, DB 1983, 2619.
[138] BGH, NJW 1992, 1232.
[139] BGH, a. a. O., ZIP 1992, 407 unter Hinweis auf BGH, WM 1985, 522.
[140] BGH, NJW 1985, 848.
[141] OLG Düsseldorf, NJW-RR 1989, 1330.
[142] BGH, NJW 1985, 848.
[143] BGH, NJW 1987, 2228; NJW 1990, 247, 249; Ulmer/Brandner/Hensen, § 3 Rn. 13 m. w. N.

dass eine Klausel gänzlich unbestimmt ist[144]. Notwendig ist aber ein **starkes Überraschungsmoment.**[145] Auch ungewöhnliche Klauseln sind wirksam einbezogen, wenn sie den Vertragspartner nicht überraschen (wobei ihre Wirksamkeit hiervon unabhängig getrennt zu prüfen bleibt). Das Durchlesen des Vertragstextes genügt für diesen Wegfall der Überraschungswirkung freilich noch nicht[146], ebenso nicht ein verständlicher oder systematischer Aufbau der Klauseln[147]. Notwendig ist vielmehr ein eindeutiger Hinweis auf die Klausel.[148]

328 **Überraschend ist eine Klausel**, nach der
- vereinbarte **Liefertermine** als fix gelten, obwohl individualvertraglich kein Fixgeschäft vereinbart wurde[149] (wichtig bei der Formulierung von Einkaufs-AGB),[150]
- **Reparaturzeiten** nur dann verbindlich sind, wenn sie schriftlich bestätigt werden,[151]
- **Bezugspflichten** des Käufers für die zum Betrieb der Kaufsache erforderlichen Hilfs- oder Betriebsstoffe begründet werden[152] (so etwa für Papier oder Toner bei Kopierern oder Computerdruckern),
- **Vergütungspflichten** für Kostenvoranschläge bei Reparaturaufträgen begründet werden, wenn und soweit nach der Verkehrsauffassung nur eine unentgeltliche Ermittlung der voraussichtlichen Kosten zu erwarten ist[153],
- eine Verwenderbefugnis zur einseitigen **Korrektur eines Leistungsentgelts** bei Kalkulations- oder sonstigen internen Berechnungsirrtümern besteht[154],
- der Leasingnehmer bei Vertragsende eine den **Restwert** der Sache übersteigende Zahlung zu leisten hat[155],
- die **Vermieterverpflichtung ausgeschlossen wird**, das Mietobjekt in vertragsgemäßem Zustand zu halten[156],
- **Haftung des Mieters** (beweglicher Sachen) auch für nicht von ihm zu vertretende Schäden begründet wird[157],

---

[144] BGH, NJW 1985, 53.
[145] Palandt/Heinrichs, AGBG § 3 Rn. 2.
[146] BGH, NJW 1978, 1519.
[147] OLG Hamm, NJW-RR 1988, 687, 688.
[148] OLG Nürnberg, NJW 1991, 232; OLG Oldenburg, NJW-RR 1990, 1523.
[149] BGH, Urteil vom 17. 1. 1990 – VIII ZR 292/88, NJW 1990, 2065.
[150] Zur Wirksamkeit von Einkaufs-AGB s. Rn. 511.
[151] BGH, NJW 1982, 1389.
[152] Wolf/Horn/Lindacher, § 3 Rn. 26.
[153] BGH, NJW 1982, 765f.; Ulmer/Brandner/Hensen, § 3 Rn. 26 m. w. N.
[154] LG Essen, NJW 1979, 55; Wolf/Horn/Lindacher, § 3 Rn. 53 m. w. N.
[155] OLG Karlsruhe, NJW-RR 1986, 1112.
[156] Ulmer/Brandner/Hensen, § 3 Rn. 28.
[157] Ulmer/Brandner/Hensen, § 3 Rn. 48 m. w. N.

- ein **Nachbesserungsversuch** die ursprünglichen Gewährleistungsfristen weder hemmt noch unterbricht[158] und bei
- **irreführender Gestaltung der Teilnahmebedingungen am Btx-**(nunmehr T-Online-)Kommunikationssystem[159].

Beispiel:

Ein Leasingvertrag kann auf unbestimmte Zeit mit der Maßgabe abgeschlossen werden, dass der Vertrag nicht mit Eintritt der Vollamortisation von selbst, sondern erst dann endet, wenn er vom Leasingnehmer gekündigt wird.[160] Eine überraschende Klausel, mit der der Leasingnehmer nicht zu rechnen braucht (§ 3 AGBG), liegt, dem Gericht zufolge, nicht vor, ebenso wenig ein Verstoß gegen das Benachteiligungsverbot des § 9 AGBG, da ein unbefristeter Vertrag grundsätzlich der gesetzlichen Regelung entspreche[161].

Nicht überraschend sind Haftungsbeschränkungen an sich, da sich solche Regelungen typischerweise in AGB befinden. Sie bleiben aber am Maßstab der §§ 5, 9 bis 11 AGBG zu prüfen. (Zur Wirksamkeit von Haftungseinschränkungen s. Rn. 406, zu Pauschalierungen s. Rn. 396.) Der § 3 AGBG erfasst auch Klauseln, die nach § 8 der Inhaltskontrolle entzogen sind[162]. Er kann neben den §§ 9 bis 11 AGBG zu prüfen sein, also eine überraschende Klausel kann zugleich auch unangemessen sein.[163] Die Grundsätze des § 3 AGBG gelten auch im **kaufmännischen Geschäftsverkehr**, wobei von Kaufleuten freilich ein höheres Maß an Geschäftserfahrung erwartet werden kann[164].

329

4. Unklare Klauseln

AGB müssen grundsätzlich klar, deutlich und verständlich formuliert sein (Transparenzgebot) und dürfen nicht überraschen (s. Rn. 327). Bleiben bei der Auslegung von AGB aufgrund von Mehrdeutigkeiten Zweifel, so gehen diese zu Lasten des Verwenders der AGB

330

---

[158] OLG Hamburg, WM 1985, 586 ff.
[159] LG Dortmund, Urteil vom 24. 4. 1991 – 1 S 466/90, NJW-RR 1991, 1529 ff.
[160] OLG Köln, Beschl. vom 16. 9. 1992 – 19 W 33/92, JZ 1993, 740.
[161] OLG Köln, a. a. O.
[162] BGHZ 109, 197, 200; Wolf/Horn/Lindacher, § 3 Rn. 6 m. w. N.; Ulmer/Brandner/Hensen, § 3 Rn. 5.
[163] Ulmer/Brandner/Hensen, § 3 Rn. 5.
[164] OLG Frankfurt/Main, WM 1982, 107.

(§ 5 AGBG), und zwar auch bei fremdverfassten AGB.[165] Die jeweilige Klausel ist grundsätzlich nicht unwirksam, sondern zu Lasten des Verwenders auszulegen.[166] Hierbei ist die **kundenfreundlichste Auslegung** zu wählen. Eine die Rechtsposition des Kunden einschränkende Klausel ist restriktiv auszulegen, eine dem Kunden Rechte einräumende Klausel hingegen extensiv.[167] § 5 AGBG ist aber nur anwendbar, wenn nach „Ausschöpfung der in Betracht kommenden Auslegungsmethoden" ein nicht behebbarer Zweifel bleibt und mindestens zwei Auslegungen rechtlich vertretbar sind.[168] Bei fehlender Eindeutigkeit des Wortlautes eines Formularvertrages kommt es für die Auslegung entscheidend darauf an, wie der Vertragstext aus der **Sicht der typischerweise an Geschäften dieser Art beteiligten Verkehrskreise** zu verstehen ist, wobei der Wille verständiger und redlicher Vertragspartner beachtet werden muss[169] und auch der mit dem Vertrag verfolgte Zweck einzubeziehen ist.[170] Bleiben nach Erwägung aller Umstände Zweifel, geht dies zu Lasten des Verwenders[171] und setzt sich in diesen Fällen die kundenfreundlichere Lösung durch.

331 Eine von § 5 AGBG erfasste Unklarheit würde im Individualvertrag als **versteckter Einigungsmangel** anzusehen sein, der den Bestand des Vertrages gefährden kann (vgl. § 155 BGB). In AGB bleiben derartige unklare Klauseln hingegen wirksam.[172] Eine bestimmte **Einigung** wird damit zu Lasten des AGB-Verwenders **fingiert**. Vorauszusetzen ist freilich, dass die zu wählende kundenfreundlich(st)e Auslegung überhaupt zu einem widerspruchsfreien Regelungsinhalt führt. Andernfalls muss der Einigungsmangel voll durchschlagen. Hier wird es aber bereits an der wirksamen Einbeziehung dieser Klausel in den Vertrag fehlen.[173] Die Unklarheitenregel des § 5 AGBG gelangt jedoch nur zur Anwendung, wenn die objektive Auslegung der jeweiligen Klausel zu einem mehrdeuti-

---

[165] Wolf/Horn/Lindacher, § 5 Rn. 25.
[166] Zu Ausnahmen s. unten Rn. 526. Auch eine solche intransparente Klausel gilt als wirksam in den Vertrag einbezogen (Hensen, WM 1990, 1521, 1527).
[167] Wolf/Horn/Lindacher, § 5 Rn. 32; Ulmer/Brandner/Hensen, § 5 Rn. 32; s. auch BGH, Urteil vom 17. 2. 1993.
[168] Vgl. BGH, NJW 1997, 3434; krit. Schlechtriem, FS für Heinrichs, 1998, 503, 509; Heinrichs, NJW 1998, 147, 1452.
[169] BGH, BGHZ 33, 216, 218; BGH, NJW 1968, 885 und 1984, 1184.
[170] BGH, a. a. O. unter Hinweis auf BGH, NJW 1984, 169f.
[171] BGH, NJW 1968, 885.
[172] Zum Ausnahmefall unklarer Bedeutungsalternativen s. BGH, WM 1978, 10; krit. Roth, WM 1991, 2085, 2087 m. w. N.
[173] Ulmer/Brandner/Hensen, § 5 Rn. 29; s. auch Rn. 526.

gen Ergebnis führt.[174] Ergibt die Auslegung, dass die Klausel in einem für
den Kunden ungünstigen Sinne zu verstehen ist, so ist § 5 AGBG nicht
anwendbar, da es am hierfür erforderlichen Zweifel fehlt. Vielmehr ist die
Klausel unmittelbar an den §§ 9 bis 11 zu messen.[175]

Die **Verwendung fremder Sprachen** oder fremdsprachiger Ausdrücke   332
(oftmals gerade im EDV-Bereich vorzufinden) verstößt insoweit gegen § 5
AGBG, als nicht sichergestellt ist, dass sie dem typischen Durchschnitts-
Vertragspartner geläufig sind[176]. An den typischen Erwerber von Massensoftware sind hierbei geringere Anforderungen zu stellen als z. B. an pro-
fessionelle Software-Entwickler, die ihre Entwicklungswerkzeuge oftmals
über bloße Importhändler aus den USA beziehen und deshalb mit fremd-
sprachigen AGB rechnen müssen.

Das **Transparenzgebot** verlangt generell eine Formulierung, die mög-   333
lichst auch die **belastenden Wirkungen einer Regel deutlich macht,**
sofern das ohne unangemessene Ausweitung des Textumfanges möglich
ist.[177] Verweisungen sind grundsätzlich zulässig.[178] Wird eine Klausel aber
derart unübersichtlich, unklar und verwickelt, dass ein durchschnittlicher
Versicherungsnehmer den Umfang des Versicherungsschutzes im Einzelfall nicht zu durchschauen vermag, kann diese Klausel unwirksam sein.[179]
Gleiches gilt sinngemäß für sonstige, vergleichbare komplexe Verträge,
etwa über EDV-Leistungen. Meist scheitert aber schon die wirksame Einbeziehung der fraglichen Klausel. In den sonstigen Fällen kann Unwirksamkeit anzunehmen sein, wenn sich auch mit der Unklarheitenregel kein
eindeutiges Auslegungsergebnis erzielen läßt.[180] Gleiches gilt grundsätzlich, wenn der Anbieter mit einer irreführenden Werbung unrichtige Vorstellungen beim Kunden auslöst.[181]

Freilich müssen manche Vertragsbestimmungen von der Sanktion des § 5   334
AGBG (generell: Auslegungsregel zu Lasten des Verwenders; Ausnahme:
Unwirksamkeit) ausgeklammert werden, wenn und soweit sie aus sachli-

[174] Vgl. näher Wolf/Horn/Lindacher, § 5 Rn. 5; BGH, NJW 1979, 2148; WM 1987, 843, 845; Roth,
    a. a. O., 2086.
[175] Roth, a. a. O.
[176] Schlünder, AGB-Prüfung, Rn. 677; s. auch BGH, NJW 1984, 1184; 1985, 50.
[177] BGH, NJW 1990, 2383. Zur genauen Lokalisierung des Transparenzgebots im Normdreieck der
    §§ 3, 5 und 8 (kontrollfreier Preiswettbewerb) s. Herrmann, DZWiR 1994, 45, 49. Das Transpa-
    renzgebot ist in Art. 4 Abs. 2 Nr. 5 der EG-Richtlinie übernommen worden.
[178] BGH, NJW 1982, 167; 1990, 3197.
[179] OLG Frankfurt/Main, MDR 1980, 939; OLG Hamm, VersR 1993, 963.
[180] Ulmer/Brandner/Hensen, § 5 Rn. 29.
[181] Siehe Herrmann, a. a. O., 51 m. w. N. – etwa über bestimmte Eigenschaften eines „Green-PC"
    und dessen gesicherter Entsorgung.

chen Gründen **unabdingbar komplex** ausfallen müssen, so etwa genaue Beschreibungen bestimmter Verfahren zur Durchführung der Funktionsprüfung eines Systems oder einer Software und entsprechender kundenseitiger Mitwirkung hieran als vertragliche Verpflichtungen.

335 **Unklar im Sinne von § 5 AGBG** ist etwa:
– Eine **Verjährungsregelung** hinsichtlich der Gewährleistung für Mängel der gelieferten Sache, wenn sie offenlässt, ob von ihr auch entfernte Mangelfolgeschäden erfasst werden[182];
– eine Klausel in einem Leasingvertrag, nach der der Leasingnehmer den Leasinggegenstand bei **Vertragsbeendigung** an einen vom Leasinggeber bestimmten Ort zurückzuliefern hat, wenn sie offen lässt, was zu geschehen hat, wenn der Leasinggeber eine solche Ortsbestimmung nicht trifft. Der Leasingnehmer braucht hier keine Leasingraten zu leisten.[183] Freilich darf er auch nicht einfach weiter nutzen;
– eine Klausel in einem Leasingvertrag, nach der der Leasingnehmer bei Verzug mit der Leasingrate eine **Zusatzzahlung** „bis zu 1,5 % p. M." zu erbringen hat, da sie nicht erkennen lässt, unter welchen Voraussetzungen der Leasinggeber den vorgesehenen Höchstbetrag beanspruchen kann. Der Leasinggeber darf hier nur den tatsächlich entstandenen und im Streitfall zu beweisenden Zinsschaden beanspruchen.[184]

336 Für eine als unwirksam eingestufte Klausel gilt das **Verbot der geltungserhaltenden Reduktion** (s. oben Rn. 325). Die erläuterten Grundsätze gelten im **kaufmännischen Geschäftsverkehr** ebenso wie im nichtkaufmännischen.[185]

Beispiel:
Eine von einem Leasinggeber verwendete Bestimmung in einem formularmäßigen „Kaufauftrag", derzufolge der Leasinggeber von allen Verpflichtungen frei bleibt, solange die Übernahmebestätigung für die vom Lieferanten zu erbringende Vertragsleistung nicht vorliegt, ist nicht als Vereinbarung einer Bedingung (§ 158 BGB) für die Wirksamkeit des Kaufvertrages auszulegen, sondern nur als **Abrede einer Vorleistungspflicht** des Lieferanten und als Fälligkeitsregelung für die Kaufpreiszahlung.[186] Dem BGH zufolge lässt die Formulierung die Deutung zu, dass

---

[182] Vgl. Ulmer/Brandner/Hensen, § 5 Rn. 34 m. w. N.
[183] Ulmer/Brandner/Hensen, a. a. O.
[184] OLG Hamm, BB 1983, 2074; Ulmer/Brandner/Hensen, § 5 Rn. 34.
[185] BGHZ 97, 351 = NJW 1986, 1988, 1991; BGH, NJW-RR 1988, 113f.
[186] BGH, Urteil vom 17. 2. 1993 – VIII ZR 37/92, BB 1993, 1036f. = ZIP 1993, 436 unter ausdrücklicher Fortführung von BGHZ 90, 302.

die Zahlungspflicht erst mit Erfüllung der Voraussetzung entstehen soll,
mithin die Vereinbarung einer aufschiebenden Bedingung vorliegt. Unter
„... frei bleibt, solange ..." lasse sich aber auch ein Hinausschieben der
Fälligkeit verstehen.[187]

5. Kontrollfreie Klauseln zur Leistungsfestlegung

Das AGBG ist grundsätzlich nur auf solche Vertragsbestimmungen   337
anwendbar, die von Rechtsvorschriften abweichen oder diese ergänzen
(§ 8 AGBG). Das AGBG soll deshalb nicht vorgegebene gesetzliche Inter-
essenbewertungen kontrollieren, ebenso nicht Leistungsbeschreibungen
und Preisvereinbarungen.[188] Gleiches gilt für DIN-Vorschriften und technische Normen.[189] **Kontrollfähig** sind dagegen Bestimmungen über Einschränkungen[190], Veränderungen[191] und Ausgestaltungen der vertragstypischen Leistungen, die in den AGB zu Ungunsten des Vertragspartners von
denjenigen Leistungsinhalten abweichen, die er nach dem Zweck und
Gegenstand des Vertrages erwarten darf[192] –, also auch formularmäßige
Ausschlüsse einzelner Pflichteninhalte, die nach der Verkehrsauffassung
mit einer bestimmten Leistung verbunden sind[193].

Beispiel:
Der Verwender kann für eine vorgegebene wirtschaftlich-technische
Gestaltung seiner Vertragsleistung das anzuwendende Vertragsrecht nicht
beliebig wählen, also z. B. eine Programmerstellung nach Werkvertragsrecht nicht formularvertraglich Dienstvertragsrecht unterstellen. Eine solche Abweichung bleibt auch im Rahmen von § 8 AGBG kontrollfähig und
ist nach § 9 Abs. 2 AGBG unwirksam.

Besondere Bedeutung gewinnt § 8 AGBG durch den Umstand, dass durch
diese Vorschrift **Vereinbarungen über** den unmittelbaren **Leistungsgegenstand**, also die Beschreibung und Bestimmung der Hauptleistung
sowie die Bestimmung der Gegenleistung der Inhaltskontrolle grundsätz-

---

[187] BGH, a. a. O., 1037.
[188] Wolf/Horn/Lindacher, § 8 Rn. 1, 10ff., 13.
[189] Wolf/Horn/Lindacher, § 8 Rn. 11.
[190] BGH, NJW-RR 1991, 1013; 1993, 1049 und NJW 1993, 2369.
[191] OLG München, NJW-RR 1987, 661.
[192] BGH, ZIP 1987, 640, 646 und NJW-RR 1993, 1049.
[193] Wolf/Horn/Lindacher, § 8 Rn. 12. Damit können beispielsweise Einschränkungen von Nutzungsrechten an Software nicht über § 8 AGBG voll der AGB-Kontrolle entzogen werden.

lich entzogen bleiben.[194] Leistungsbeschreibungen im vorgenannten Sinne legen zulässig und kontrollfrei Art, Umfang und Güte der geschuldeten Leistung ebenso wie Preise und Fristen fest, während sie die für die Leistung geltenden gesetzlichen Vorschriften unberührt lassen.[195] Klauseln zur **Tarifwahl**, also zur Bildung von **Preisklassen** mit unterschiedlicher Gewährleistung und Haftungsreichweite[196] sind zwar grundsätzlich zulässig[197], aber nach § 8 AGBG wohl insoweit kontrollfähig, als bestimmte derartige Tarifklassen im Ergebnis zur Einschränkung des vertraglich vorausgesetzten Gebrauchs führen.

338   Kontrollfrei sind:
– Bestimmungen, die die Gegenleistung, also das Entgelt festlegen[198];
– Klauseln, nach denen in einem Vollwartungsvertrag die Pauschale nicht die Beseitigung eines Head Crash umfasst[199];
– Laufzeitklauseln[200].

339   Kontrollfähig sind hingegen:
Preisnebenabreden wie etwa **Zinsberechnungsklauseln**[201] oder **Preisänderungsklauseln**[202] oder etwa die Klausel „**Fahrtzeiten gelten als Arbeitszeiten**"[203], wobei der BGH aber in einer neueren Entscheidung die Klausel „KFZ-Kostenanteil pro Anfahrt pauschal … DM" unter **Aufgabe der bisherigen Rechtsprechung** als Preisklausel ansah und sie der AGB-Kontrolle entzog.[204] Kontrollfähig ist auch eine Klausel, die es dem Verwender erlaubt, den zunächst vereinbarten Preis über eine Neufestsetzung des Listenpreises zu ändern; sie ergänzt das dispositive Recht, das grundsätzlich von einer bindenden Preisvereinbarung der Parteien ausgeht, und fällt daher nicht in den kontrollfreien Raum des § 8 AGBG. Sieht die Klausel vor, dass sich die vereinbarte Miete entsprechend ändert, wenn im

---

[194] Vgl. Schlünder, AGB-Prüfung, Rn. 58ff.
[195] BGH, NJW 1987, 1931; 1993, 2369.
[196] Siehe Kilian-Heussen, Computerrechtshandbuch, Abschn. 41/Rn. 5.
[197] BGH, NJW 1980, 1953.
[198] BGH, NJW 1985, 3013; NJW-RR 1990, 1075; NJW 1991, 1953 und BGHZ 104, 82.
[199] OLG München, Urteil vom 22. 11. 1988 – 25 U 5810/86, Zahrnt ECR, OLG-20: Beschreibung einer Leistung, keine Leistungseinschränkung, da Head Crash kein Mangel, sondern Folge eines Mangels der Wartungs-(genauer:Pflege-)Leistung.
[200] BGH, NJW 1997, 1849; BGH, NJW-RR 1997, 1000.
[201] BGHZ 106, 42; ebenso Klauseln über Bearbeitungskosten (BGH, BB 1985, 1493), Verzugszinspauschalen (Niebling, WM 1992, 845, 851 m. w. N.), Stundungsvergütungen (BGH, WM 1985, 1306 = NJW 1986, 46, 48).
[202] BGH, NJW 1982, 371; 1983, 1603 und 1985, 621; Wolf/Horn/Lindacher, § 8 Rn. 16.
[203] BGHZ 91, 316 (für DV-Wartung).
[204] BGHZ 116, 117 = NJW 1992, 688, da es sich um die Regelung des Preises für eine Nebenleistung oder für einen Leistungsteil handelt – wobei nach Auffassung des Gerichts aber auch in diesen Fällen die allgemeine Prüfung nach den §§ 3 und 5 AGBG eingreift.

Zusammenhang mit Lohnänderungen in der Fernmeldeindustrie die beim Vermieter übliche listenmäßige Miete erhöht oder ermäßigt wird, benachteiligt den Vertragspartner jedenfalls im nichtkaufmännischen Geschäftsverkehr entgegen Treu und Glauben unangemessen und ist unwirksam.[205]

Ebenfalls im Rahmen von § 8 AGBG **kontrollfähig sind:**
- Klauseln, die Qualitäts-, Mengen- oder Gewichtsdifferenzen für unbeachtlich erklären oder Qualitätsanforderungen abweichend von den §§ 243 Abs. 1, 459, 536, 633 BGB festlegen,
- Klauseln, die nicht unmittelbar Zusatzvergütungen, sondern die Voraussetzungen regeln, unter denen der Anspruch auf Zulassungsboni (für Vertriebshändler) entsteht oder wegfällt[206];
- formularmäßig abgegebene Erklärungen über zugesicherte Eigenschaften[207];
- Regelungen über Lieferzeiten und -termine (s. § 10 Nr. 1 AGBG)[208];

ebenso Klauseln[209],
- die eine Kostenverlagerung bezwecken, z. B. „frei Haus", „Preis ab Werk" etc.,
- die Festpreise und Preisgarantien regeln,
- denen zufolge angefangene Stunden als volle Stunden berechnet werden[210],

---

[205] BGH, Urteil vom 12. 7. 1989 – VIII ZR 297/88, CR 1990, 31 f. Der BGH führt folgende Begründung an: „Bei langfristigen Vertragsverhältnissen, insbesondere solchen, die auf Leistungsaustausch gerichtet sind, besteht ein anerkennenswertes Bedürfnis, das bei Vertragsschluß bestehende Verhältnis von Leistung und Gegenleistung über die gesamte Vertragsdauer im Gleichgewicht zu halten. Je nachdem, ob es darum geht, den Anstieg der Gestehungskosten für die künftige Leistung oder den Wertverfall der Gegenleistung auszugleichen, kommen hierfür Kostenelementklauseln oder Wertsicherungsklauseln in Betracht. Kostenelementklauseln dienen dazu, einerseits dem Verwender das Risiko langfristiger Kalkulation abzunehmen und ihm seine Gewinnspanne trotz nachträglicher, ihn belastender Kostensteigerungen zu sichern und andererseits den Vertragspartner davor zu bewahren, daß der Verwender mögliche künftige Kostenerhöhungen vorsorglich schon bei Vertragsschluß durch Risikoaufschläge aufzufangen sucht (vgl. BGHZ 82, 21, 24 unter 2 b aa). Wird die Preisanpassung auf der Grundlage der Entwicklung von Kostenelementen herbeigeführt, was im – veränderten – Listenpreis Ausdruck findet, **darf die Regelung** andererseits aber – bei Meldung ihrer Unwirksamkeit nach § 9 AGBG – **nicht zu einer ausschließlichen oder überwiegenden Wahrung der Verwenderinteressen führen.** Die Schranke des § 9 AGBG wird nicht eingehalten, wenn die Preisanpassungsklausel dem Verwender ermöglicht, über die Abwälzung konkreter Kostensteigerungen (etwa Lohn- und Materialkosten) hinaus den zunächst vereinbarten Preis ohne jede Begrenzung anzuheben und so nicht nur eine Gewinnschmälerung zu vermeiden, sondern einen zusätzlichen Gewinn zu erzielen." (Unter Verweisung auf BGH, WM 1980, 1120, 1121; BGHZ 82, 21, 25; BGH, WM 1985, 199, 200 und 1986, 73, 75; BGHZ 94, 335, 340. Hervorh. Verf.).
[206] BGH, ZIP 1994, 461, 468.
[207] OLG Frankfurt/Main, NJW 1986, 1618, 1621.
[208] Wolf/Horn/Lindacher, § 8 Rn. 12, 18.
[209] Nach: Wolf/Horn/Lindacher, § 8 Rn. 18.
[210] BGH, NJW 1984, 2160.

– die in einem Wartungsvertrag Wegstrecken pauschal berechnen, auch wenn die Wegstrecke tatsächlich kürzer ist[211];
– Zinsklauseln, wenn sie als Preisnebenabreden einer versteckten Erhöhung des vereinbarten Erwerbspreises dienen[212];
– Klauseln über die Folgen der Nichteinhaltung von Zahlungsbestimmungen, Preiszuschlägen mit verstecktem Sanktionscharakter[213].

340 Im Einzelfall muß sorgfältig geprüft werden, ob eine – nicht der Kontrolle durch das AGBG unterliegende – Leistungsbeschreibung oder vielmehr eine Einschränkung beziehungsweise gar Aushöhlung eines vorgegebenen Leistungsbildes oder auch eine Beweislastumkehr vorliegt, die sehr wohl kontrollfähig sind. Praktisch werden diese Abgrenzungen etwa bei der Beurteilung vertraglicher Verbote, zur Nutzung zeitlich unbegrenzt gegen Einmalvergütung überlassene Software an Dritte weiterzuveräußern. Stellt ein solches **Weitergabeverbot** nur einen Teil der Leistungsbeschreibung vor, ist sie über die §§ 9 bis 11 AGBG nicht kontrollierbar (wohl aber etwa über die §§ 3 oder 5 AGBG). Wird hingegen durch eine solche Klausel die kaufweise begründete **Eigentümerstellung** des Kunden **ausgehöhlt**, widerspricht eine solche einschränkende Regelung wesentlichen Grundgedanken des Kaufrechts und ist sie aufgrund dieser unangemessenen Benachteiligung des Kunden unwirksam (§ 9 Abs. 1 AGBG).[214]

6. Verbot der geltungserhaltenden Reduktion des Regelungsinhaltes

341 Eine unwirksame AGB-Klausel darf nicht durch gerichtliche Auslegung auf einen (gerade noch) zulässigen Inhalt zurückgeführt werden, um wirksam zu sein.[215] Zu beachten ist aber, dass eine Klausel „personal teilunwirksam" sein kann. Dies ist etwa der Fall, wenn die AGB eine zu geringe Schadenspauschale vorsehen. Die entsprechende Klausel ist dann zwar gegenüber dem Kunden unwirksam, aber **nicht im Verhältnis zu dem die AGB verwendenden Anbieter!**[216] Der Kunde kann sich auf diese Pau-

---

[211] BGH, NJW 1984, 2160.
[212] BGHZ 93, 358, 361 = NJW 1985, 3013.
[213] BGHZ 93, 358.
[214] Gegen eine Freistellung dieser Klausel nach § 8 AGBG bereits Bartsch, CR 1987, 8, 9, der auch eine rein schuldrechtliche Untersagung der Nutzung durch Dritte gemäß § 9 AGBG für unwirksam hält.
[215] BGH, NJW 1982, 2309 ständig, s. etwa BGH, NJW 1984, 1177; NJW 1985, 18, 25; NJW 1986, 1610; Ulmer/Brandner/Hensen, § 6 Rn. 14.
[216] Ulmer/Brandner/Hensen, § 6 Rn. 16.

schale berufen. Es greifen auch nicht die Grundsätze der Prüfung von Einkaufs-AGB, da der Kunde nicht Verwender ist.

Das Verbot der geltungserhaltenden Reduktion schließt außerdem eine **ergänzende Vertragsauslegung der AGB** im Rahmen von § 242 BGB nicht aus, da nach einem am gemeinsamen hypothetischen Parteiwillen orientierten Ausgleich gestrebt wird und nicht die einseitig aufgestellten AGB an der Grenze des gerade noch Zulässigen aufrechterhalten werden sollen.[217] Der Ersatz unwirksamer Klauseln durch ergänzende Auslegung ist insoweit zulässig.[218]

7. Übersicht über Klauselverbote gemäß §§ 10 und 11 AGBG geordnet nach den Vertragsphasen

Im folgenden Überblick werden orientiert an den verschiedenen Phasen 342 der Vertragsdurchführung (also insbesondere Vertragsabschluss und AGB-Einbeziehung, fingierte Erklärungen, Gewährleistungsrechte, Vertragsbeendigung) die einzelnen Verbotsklauseln der §§ 10 und 11 AGBG aufgeschlüsselt.

Vertragsabschluss und allgemeine Vertragsbestimmungen

– Keine unangemessen langen oder nicht hinreichend bestimmten **Fristen zur Annahme oder Ablehnung eines Angebotes** (§ 10 Nr. 1 AGBG; Rn. 343) oder **Leistungsfristen** (§ 10 Nr. 1 AGBG; Rn. 343, 352). **Kaufmännischer Geschäftsverkehr:** § 10 Nr. 1 ist entsprechend anwendbar (Rn. 351, 354).
– Keine **Laufzeit bei Dauerschuldverhältnissen** über die regelmäßige Lieferung von Waren oder die regelmäßige Erbringung von Dienst- oder Werkleistungen,
  a) die den Kunden länger als zwei Jahre binden (§ 11 Nr. 12a AGBG; Rn. 466);
  b) die den Kunden an eine stillschweigende Verlängerung des Vertragsverhältnisses um jeweils mehr als ein Jahr binden (§ 11 Nr. 12b AGBG; Rn. 466);
  c) die zu Lasten des Kunden eine längere Kündigungsfrist als drei Monate vor Ablauf der zunächst vorgesehenen oder stillschweigend verlängerten Vertragsdauer regeln (§ 11 Nr. 12c AGBG; Rn. 466).

---

[217] BGHZ 90, 69, 81 ff. = NJW 1984, 1177, 1179 und NJW 1983, 2632, 2666; Wolf/Horn/Lindacher, § 9 Rn. 30.
[218] BGHZ 90, 69 (Tagespreisklausel).

Kaufmännischer Geschäftsverkehr: § 11 Nr. 12 ist entsprechend anwendbar (Rn. 472).

– Kein Recht des Anbieters, einen **Dritten als Vertragspartner** in den Vertrag eintreten zu lassen, es sei denn, in der Bestimmung wird
  a) der Dritte namentlich bezeichnet oder
  b) dem Kunden als dem anderen Vertragsteil das Recht eingeräumt, sich vom Vertrag zu lösen (§ 11 Nr. 13 AGBG; Rn. 473).
  Kaufmännischer Geschäftsverkehr: § 11 Nr. 13 nur eingeschränkt entsprechend anwendbar (Rn. 475).

– **Zugangsfiktion:** Der Anbieter darf nicht aufgrund einer formularvertraglichen Regelung Erklärungen seiner Seite gegenüber dem Kunden als zugegangen fingieren (§ 10 Nr. 6 AGBG; Rn. 369).
  Kaufmännischer Geschäftsverkehr: § 10 Nr. 6 nach überwiegender Auffassung entsprechend anwendbar (Rn. 371).

– Keine Vereinbarung, dass Schweigen als Zustimmung gilt (§ 10 Nr. 5 AGBG; Rn. 366).
  Kaufmännischer Geschäftsverkehr: § 10 Nr. 5 nicht anwendbar (Rn. 368).

– Keine Freizeichnung von der Anbieterpflicht, zu **mahnen** oder **Fristen zu setzen** (§ 11 Nr. 4 AGBG; Rn. 390).
  Kaufmännischer Geschäftsverkehr: § 11 Nr. 4 entsprechend anwendbar (Rn. 395).

– Keine strengere **Form von Anzeigen und Erklärungen** als die Schriftform; keine besonderen Zugangserfordernisse (§ 11 Nr. 16 AGBG; Rn. 481).
  Kaufmännischer Geschäftsverkehr: § 11 Nr. 16 nicht anwendbar (Rn. 483).

– **Haftung des Abschlussvertreters:** Unwirksam ist eine formularvertragliche Bestimmung, durch die der Anbieter einem Vertreter, der den Vertrag für den Kunden abschliesst,
  a) ohne hierauf gerichtete ausdrückliche und gesonderte Erklärung eine eigene Haftung oder Einstandspflicht oder
  b) im Falle vollmachtsloser Vertretung eine über § 197 BGB hinausgehende Haftung auferlegt (§ 11 Nr. 14 AGBG; Rn. 476).

– Keine einseitige Befugnis des Anbieters zu **Vertragsänderungen oder -abweichungen** (§ 10 Nr. 4 AGBG; Rn. 362).
  Kaufmännischer Geschäftsverkehr: § 10 Nr. 4 ist entsprechend anwendbar (Rn. 365).

Zahlungspflicht

– Keine Befugnis des Anbieters zu **kurzfristigen Preiserhöhungen** für Waren oder Dienstleistungen **innerhalb von vier Monaten** nach Vertragsschluss (§ 11 Nr. 1 AGBG; Rn. 376), außer in Dauerschuldverhältnissen (z. B. Wartungs- oder Pflegeverträgen).
Kaufmännischer Geschäftsverkehr: § 11 Nr. 1 ist entsprechend anwendbar (Rn. 383).
– **Leistungsverweigerungsrechte** (Rn. 384): Der Anbieter darf in seinem Formularvertrag nicht
a) das dem Kunden nach § 320 BGB zustehende Leistungsverweigerungsrecht ausschließen oder einschränken (§ 11 Nr. 2a AGBG),
b) ein dem Kunden zustehendes Zurückbehaltungsrecht aus demselben Vertragsverhältnis ausschließen, einschränken oder von der Mängelanerkenntnis durch den Anbieter abhängig machen (§ 11 Nr. 2b AGBG).
Kaufmännischer Geschäftsverkehr: siehe Rn. 387.

Leistungsverzug

– Der Anbieter darf für Fälle seines Verzuges den Kunden nicht zur **Setzung unangemessen langer Nachfristen** ihm gegenüber verpflichten. Der Anbieter darf außerdem den Lauf der Nachfrist nicht von einem unbestimmten Ereigniseintritt (z. B. Eigenbelieferung des Anbieters) abhängig machen (**unangemessene oder unbestimmte Nachfrist**; Rn. 352).
Kaufmännischer Geschäftsverkehr: § 10 Nr. 2 ist entsprechend anwendbar (Rn. 354).
– **Bei Verzug des Anbieters oder Unmöglichkeit der Anbieterleistung** keine Beschränkung und kein Ausschluss der Kundenrechte,
• sich vom Vertrag zu lösen (**Kündigung, Wandlung, Rücktritt**) oder
• **Schadensersatz** zu verlangen (§ 11 Nr. 8 AGBG; Rn. 410).
Kaufmännischer Geschäftsverkehr: Eingeschränkt entsprechend anwendbar.
– Keine Befugnis des Anbieters bei **teilweisem Leistungsverzug oder teilweiser Unmöglichkeit der Leistung,** das Recht des Kunden auszuschließen, Schadensersatz wegen Nichterfüllung der ganzen Verbindlichkeit zu verlangen oder vom Vertrag insgesamt zurückzutreten, wenn die teilweise Vertragserfüllung für ihn kein Interesse hat (§ 11 Nr. 8 und 9 AGBG; Rn. 410).
Kaufmännischer Geschäftsverkehr: § 11 Nr. 8 und 9 sind entsprechend anwendbar (Rn. 414).

Gewährleistung

– Für die Mängelgewährleistung sind bei Verträgen über Lieferungen neu hergestellter Sachen und Leistungen folgende spezifische Regelungen zu beachten:

a) **Ausschluss der Gewährleistung, Verweisung auf Dritte;**
Gewährleistungsansprüche einschließlich etwaiger Nachbesserungs- und Ersatzlieferungsansprüche dürfen weder insgesamt noch teilweise ausgeschlossen werden. Der Anbieter darf die Gewährleistung auch nicht auf die Einräumung von Ansprüchen gegen Dritte beschränken oder von der vorherigen gerichtlichen Inanspruchnahme Dritter abhängig machen (§ 11 Nr. 10a AGBG; Rn. 418).
Kaufmännischer Geschäftsverkehr: § 11 Nr. 10a ist grundsätzlich entsprechend anwendbar (Rn. 433).

b) **Beschränkung auf Nachbesserung;**
Gewährleistungsansprüche dürfen weder insgesamt noch bezüglich einzelner Teile auf ein Recht auf Nachbesserung oder Ersatzlieferung beschränkt werden, sofern dem Kunden nicht ausdrücklich das Recht vorbehalten wird, bei Fehlschlagen der Nachbesserung oder Ersatzlieferung eine Herabsetzung der Vergütung oder das Rückgängigmachen des Vertrages zu verlangen (§ 11 Nr. 10b AGBG; Rn. 434).
Kaufmännischer Geschäftsverkehr: § 11 Nr. 10b ist entsprechend anwendbar (Rn. 441).

c) **Kein Ausschluss** der Verpflichtung des Anbieters, **Aufwendungen bei Nachbesserung** (insbesondere Transport-, Wege-, Arbeits- und Materialkosten) **zu tragen** (§ 11 Nr. 10c AGBG; Rn. 442).
Kaufmännischer Geschäftsverkehr: § 11 Nr. 10c ist entsprechend anwendbar (Rn. 446).

d) **Kein Anspruch des Anbieters, Mängelbeseitigung oder Ersatzlieferung** von der **vorherigen Zahlung** des vollständigen Entgeltes oder eines unter Berücksichtigung des Mangels unverhältnismäßig hohen Anteils des Entgelts **abhängig** zu machen (§ 11 Nr. 10d AGBG; Rn. 447).
Kaufmännischer Geschäftsverkehr: § 11 Nr. 10d ist entsprechend anwendbar (Rn. 449).

e) **Keine** vom Kunden einzuhaltende **Ausschlussfrist für Mängelanzeigen**, die kürzer ist als die Verjährungsfrist für den gesetzlichen Gewährleistungsanspruch (§ 11 Nr. 10e AGBG; Rn. 450).
Kaufmännischer Geschäftsverkehr: § 11 Nr. 10e für verborgene Mängel entsprechend anwendbar (Rn. 454).

f) **Keine anbieterseitige Verkürzung der Gewährleistungsfristen**
(§ 11 Nr. 10 f AGBG; Rn. 457).
Kaufmännischer Geschäftsverkehr: § 11 Nr. 10 f grundsätzlich
entsprechend anwendbar (Rn. 460).

g) **Kein Ausschluss** und **keine Einschränkung der anbieterseitigen
Haftung für zugesicherte Eigenschaften** aus Kauf-, Werk- oder
Werklieferungsverträgen aus den §§ 463, 480 Abs. 2, 635 BGB
(§ 11 Nr. 11 AGBG; Rn. 461).
Kaufmännischer Geschäftsverkehr: § 11 Nr. 11 ist entsprechend
anwendbar (Rn. 465).

Haftung des Anbieters

– **Unzulässigkeit von Ausschluss/Einschränkung der Haftung bei Vorsatz und grobem Verschulden,** auch bezüglich gesetzlicher Vertreter
oder Erfüllungsgehilfen und der Pflichten bei den Vertragsverhandlungen (§ 11 Nr. 7 AGBG; Rn. 405).
Kaufmännischer Geschäftsverkehr: § 11 Nr. 7 weitgehend entsprechend anwendbar (Rn. 409).

– **Keine Pauschalierung von Ansprüchen auf Schadensersatz und
Wertminderung,** wenn
a) die Pauschale den in den (formularvertraglich) geregelten Fällen
nach dem gewöhnlichen Lauf der Dinge zu erwartenden Schaden
oder die gewöhnlich eintretende Wertminderung übersteigt (§ 11
Nr. 5 a AGBG; Rn. 396),
b) dem Kunden hierdurch der Nachweis abgeschnitten wird, ein Schaden
oder eine Wertminderung sei überhaupt nicht entstanden oder wesentlich niedriger als die Pauschale (§ 11 Nr. 5 b AGBG; Rn. 396).
Kaufmännischer Geschäftsverkehr: § 11 Nr. 5 b ist entsprechend
anwendbar (Rn. 401).

– Der **Anbieter darf sich nicht formularvertraglich** vom Kunden für
den Fall der Nichtabnahme oder einer verspäteten Abnahme der Leistung, des Zahlungsverzuges oder für den Fall, dass der Kunde sich vom
Vertrag löst, eine **Vertragsstrafe versprechen lassen** (§ 11 Nr. 6
AGBG; Rn. 402).
Kaufmännischer Geschäftsverkehr: § 11 Nr. 6 ist auch nicht entsprechend anwendbar (Rn. 404).

– **Aufrechnungsverbot;**
keine Vereinbarung, nach der der Kunde nicht mit ihm zustehenden
bestrittenen oder rechtskräftig festgestellten Forderungen aufrechnen
darf (§ 11 Nr. 3 AGBG; Rn. 388).

Kaufmännischer Geschäftsverkehr: § 11 Nr. 3 ist entsprechend anwendbar (Rn. 389).

Vertragsbeendigung, Kündigung, Rücktritt, Wandlung

– Kein **Rücktrittsvorbehalt** des Anbieters ohne sachlich gerechtfertigten und im Vertrag angegebenen Grund (Ausnahme: Dauerschuldverhältnisse; § 10 Nr. 3 AGBG; Rn. 355).
  Kaufmännischer Geschäftsverkehr: § 11 Nr. 3 ist nach überwiegender Auffassung entsprechend anwendbar (Rn. 360).

– Kein **Anspruch des Anbieters auf überhöhte Zahlung bei vorzeitiger Vertragsbeendigung** (§ 10 Nr. 7 AGBG; Rn. 372).
  Kaufmännischer Geschäftsverkehr: § 11 Nr. 7 ist entsprechend anwendbar (Rn. 375).

Beweislast

– Unwirksam ist eine formularvertragliche Bestimmung, durch die der Anbieter die **Beweislast zum Nachteil des Kunden verändert,** insbesondere, indem er

  a) diesem die Beweislast für Umstände auferlegt, die im Verantwortungsbereich des AGB-verwendenden Anbieters liegen;

  b) den Kunden bestimmte Tatsachen bestätigen lässt (mit Ausnahme gesondert unterschriebener Empfangsbekenntnisse) (§ 11 Nr. 15 AGBG; Rn. 477).
  Kaufmännischer Geschäftsverkehr: § 11 Nr. 15 ist entsprechend anwendbar (Rn. 480).

Die einzelnen Klauselverbote des AGB-Gesetzes

7.1 Annahme- und Leistungsfristen (§ 10 Nr. 1 AGBG)

343 Der Verwender darf sich **grundsätzlich nicht unangemessen lange** oder **nicht hinreichend bestimmte** Fristen für die Annahme oder Ablehnung eines Angebotes oder die Erbringung einer Leistung in AGB vorbehalten.

Der Kunde soll in vertretbarer Zeit Gewissheit darüber erlangen, ob sein Angebot zum Vertragsabschluss vom Anbieter angenommen wird bzw. wann der Anbieter seine Leistung erbringen wird, so dass der Vertragsschluss bei gesetzten Annahmefristen also nicht übermäßig lang oder überhaupt zeitlich unbestimmt in der Schwebe bleibt. In § 10 Nr. 1 sind hierzu **Vertragsabschlussklauseln,** die mangels bereits erfolgtem Vertragsabschluss noch nicht wirksam in den Vertrag einbezogen sein können.[219] Der § 10 Nr. 1 ist richtlinienkonform.[220]

Unangemessen ist eine Fristsetzung in den Fällen, in denen der Kunde an   344
einer kürzeren Annahme- oder Leistungsfrist interessiert ist als der Anbieter. Dies ist nach den Umständen des Einzelfalles festzustellen.

Die **Bindung des antragenden Kunden** soll **grundsätzlich nur so lange**   345
dauern, wie es die typischen Umstände (Übermittlung von Angebot und
Annahme, Überlegungs- und Entscheidungsfrist für den Verwender unter
Berücksichtigung dazwischenliegender Sonn- und Feiertage) erfordern.[221]
Eine Frist von zwei bis drei Wochen gilt als nicht unangemessen.[222] Eine
zweimonatige Bindungsfrist an das Angebot ist bei Gebrauchsgütern des
täglichen Lebens unwirksam.[223] Dies kann auch für EDV-Güter im consumer market-Bereich gelten.

Bei **Korrespondenz per Telefax** kann eine Antwort des Verwenders am
Folgetag erwartet werden, jedenfalls bei alltagsüblichen Geschäften, z. B.
Bestellung von Verbrauchsmaterialien. Gleiches wird für **E-Mail** anzunehmen sein. Notwendige Kalkulationen, Rückfragen nach Verfügbarkeit und
Lieferbarkeit von Waren und sonstigen Leistungen, Prüfung der Kreditwürdigkeit des Anfragenden etc. können die Einräumung einer längeren
Frist erfordern[224], so etwa auch zur Klärung, wann das Nachfolgemodell
eines Rechners oder ein Software-Update lieferbar sein wird.

Unangemessen lange und unbestimmte Leistungsfristen führen zu einer
verdeckten – und damit unwirksamen – **Freizeichnung** für die Einhaltung
von Leistungszeiten.[225]

Die **Leistungsfrist** ist **umso knapper** zu bemessen, **je mehr der Kunde**   346
(für den Anbieter erkennbar) **auf die Leistung angewiesen ist.**[226] Der
Schutzzweck der Regelung verbietet es, dass der Anbieter die Dauer der
Frist vom Eintritt eines Ereignisses abhängig macht, das in der Einflussoder Kenntnissphäre des Herstellers oder Händlers liegt.[227] Wohl kann die

---

[219] Ulmer/Brandner/Hensen, § 10 Nr. 1 Rn. 2.
[220] Wolf/Horn/Lindacher, § 10 Nr. 1 Rn. 1.
[221] Ulmer/Brandner/Hensen, § 10 Nr. 1 Rn. 5.
[222] Wolf/Horn/Lindacher, § 10 Nr. 1 Rn. 15.
[223] OLG Hamm, WM 1986, 1362.
[224] Ulmer/Brandner/Hensen, § 10 Nr. 1 Rn. 5.
[225] Ulmer/Brandner/Hensen, § 10 Nr. 1 Rn. 12.
[226] Ulmer/Brandner/Hensen, a. a. O., Rn. 16.
[227] Wolf/Horn/Lindacher, § 10 Nr. 1 Rn. 48.

Leistungsfrist aber von einem Verhalten oder Ereignis im Bereich des Vertragspartners (also des Kunden) abhängig gemacht werden.[228] Vom Schutzzweck umfasst sind nur Angebote des Kunden, die der Anbieter annimmt oder ablehnt. Für seine eigenen Angebote kann der Anbieter Fristklauseln vereinbaren.[229] Diese sind aber an § 10 Nr. 3, im übrigen an § 9 AGBG zu messen.[230] Eine Leistungserbringungsfrist ist gemäß § 10 Nr. 1 AGBG hinreichend bestimmt, wenn sie der Kunde berechnen kann, jedoch nicht mehr, wenn ihr Beginn ausschließlich und zusätzlich von einem Ereignis im Bereich des AGB-Verwenders abhängt.[231]

347 Eine **maßvolle Überschreitung** der in § 147 BGB verankerten Regelfrist verstößt – für sich allein genommen – nicht gegen § 10 Nr. 1 AGBG.[232] Das Vorliegen eines sachlich gerechtfertigten Grundes, die Regelfrist des § 147 BGB im Interesse des AGB-Verwenders zu überschreiten und damit die Dispositionsfreiheit des Kunden einzuschränken, erfordert vielmehr eine den Umständen nach ausreichende Organisation des Arbeitsablaufes des AGB-Verwenders und eine zügige, rasche Erledigung aller dem AGB-Verwender zugehenden, mit einer Vorbehaltsfrist ausgestatteten Angebote des Kunden.[233] Ein schutzwürdiges Interesse des Anbieters kann zu bejahen sein, wenn typischerweise nach Vorliegen des kundenseitigen Antrages eine Vielzahl von Fragen abzuklären ist, etwa die Lieferfähigkeit des Herstellers bei einem weitgehend nach Kundenwünschen gestalteten Serienprodukt[234] oder die Bonität/Kreditfähigkeit des Kunden.

Nicht hinreichend bestimmte Annahmefristen sind stets verboten.[235] Beginn, Dauer und Ende der Frist müssen bestimmt sein.[236] Der Kunde hat insbesondere zu prüfen, ob die Frist zur Leistungserbringung ausreichend bestimmt ist.

348 **Nicht hinreichend bestimmt** ist eine Frist, wenn
– der Kunde (sofern der Anbieter den Auftrag nicht schriftlich binnen drei Wochen ab dem Tag der Unterzeichnung durch den Auftraggeber bestätigt hat) nur in dem Fall nicht mehr an seinen Antrag gebunden ist, dass

---

[228] Wolf/Horn/Lindacher, a. a. O.
[229] Koch/Stübing, § 10 Nr. 1 Rn. 5.
[230] Ulmer/Brandner/Hensen, § 10 Nr. 1 Rn. 4.
[231] BGH, BB 1985, 1283 f.
[232] OLG Hamm, NJW-RR 1986, 922, 928 (das eine zweimonatige Bindungsfrist als Verstoß gegen § 10 Nr. 1 einstuft).
[233] OLG Hamm, a. a. O.
[234] Vgl. Schlünder, AGB-Prüfung, Rn. 455.
[235] Ulmer/Brandner/Hensen, § 10 Nr. 1 Rn. 8.
[236] Wolf/Horn/Lindacher, § 10 Nr. 1 Rn. 18.

er dem Anbieter schriftlich eine Nachfrist für die Erteilung der Auftragsbestätigung von 10 Tagen gesetzt hat und die Auftragsbestätigung (Annahme) auch bis zum Ablauf der Frist nicht erfolgt ist[237],
- die vereinbarte Lieferzeit etwa erst nach Vorliegen der verbindlichen Maße im Lieferwerk sowie deren schriftliche Bestätigung seitens des Herstellers beginnt[238],
- die angegebenen Liefertermine als unverbindliche bezeichnet werden[239] (in der Praxis nicht selten),
- die nach Fertigstellung des Werkes gegenüber dem Besteller geschuldete Abnahme übermäßig lange aufgeschoben wird[240].

Weitere Beispiele für unwirksame Klauseln   349
Unwirksam sind z. B. folgende Formulierungen:
- „Lieferung baldmöglichst" bzw. „sofort nach Eintreffen der Ware",
- „Lieferung so schnell wie möglich"[241].
- „Der Kunde ist an die Bestellung bis zum Eingang einer sachbezogenen Antwort gebunden"[242],
- „nach Selbstbelieferung"[243].

Unwirksam ist aber nur die formularmäßige Vereinbarung dieser Klauseln. **Individualvertraglich können sie grundsätzlich wirksam vereinbart werden.**

Über die Generalklausel des § 9 AGBG gelten auch solche Klauseln als unzulässig, nach denen der Kunde an sein Vertragsangebot entgegen § 130 BGB bereits vor dessen Zugang bei dem AGB-verwendenden Anbieter unwiderruflich gebunden sein soll. Wirksam sind Individualvereinbarungen, durch die sich der Anbieter die Bestimmung einer Leistungszeit vorbehält. Nur in AGB darf ein solcher Vorbehalt einer Leistungsfrist nicht aufgenommen werden, da der Kunde weder den Anbieter in Verzug setzen noch sich anderweitig eindecken kann.[244]

An die Stelle einer Annahmefristklausel tritt **§ 147 Abs. 2 BGB** (Annahme   350 durch Abwesende nur bis zu dem Zeitpunkt, in welchem der Antragende den

---

[237] OLG Hamm, OLGZ 1984, 124.

[238] BGH, NJW 1985, 855; sinngemäß übertragbar auf die individuelle Konfiguration von Netzwerken durch Systemanbieter.

[239] OLG Koblenz, ZIP 1981, 509.

[240] Ulmer/Brandner/Hensen, § 10 Nr. 1 Rn. 18 ff.

[241] Ulmer/Brandner/Hensen, § 10 Nr. 1 Rn. 18.

[242] Ulmer/Brandner/Hensen, § 10 Nr. 1 Rn. 8, 18.

[243] OLG Saarbrücken, BB 1979, 1064.

[244] Ulmer/Brandner/Hensen, § 10 Nr. 1 Rn. 11.

Eingang der Antwort unter regelmäßigen Umständen erwarten darf[245]). Bei Leistungsfristen gilt § 271 Abs. 1 BGB und ist die **Leistungszeit „aus den Umständen" zu entnehmen** (§ 157 BGB).[246] Der Anbieter hat nicht in der von ihm vorgesehenen Frist, sondern nach den §§ 271 Abs. 1, 157 BGB **„sofort"** zu leisten, d. h. so schnell, wie der Schuldner nach den Umständen leisten kann. Der Kunde kann sofort mahnen und damit den Hersteller/Händler in Verzug setzen. Der Anbieter sollte also die Verwendung von Fristklauseln in seinen AGB sorgfältig prüfen (lassen).

351 § 10 Nr. 1 AGBG verbietet über § 9 auch im **kaufmännischen Geschäftsverkehr** unangemessen lange oder nicht hinreichend bestimmte Annahmefristen[247] sowie völlig unbestimmte Lieferfristen. Eine Bindungsfrist von drei Monaten soll nicht unangemessen sein.[248] Man wird aber nach der Art der zu erbringenden Leistung zu differenzieren haben. Die begrenzte Verlängerung einer Frist für die Lieferung von EDV-Geräten oder etwa bestimmtem Zubehör oder Verbrauchsmaterialien erscheint eher angemessen als eine zeitlich nicht bestimmte Dauer für die Programmerstellung oder Umstellung eines betrieblichen EDV-Systems auf eine neue, dezentrale Plattform. Wichtig ist hierbei, ob und inwieweit die Verlängerung der Frist Kundeninteressen beeinträchtigt.

7.2 Unangemessene oder unbestimmte Nachfristen (§ 10 Nr. 2 AGBG)

352 Der Verwender darf sich grundsätzlich nicht (entgegen § 326 Abs. 1 BGB) eine unangemessen lange oder nicht hinreichend bestimmte kundenseitige Nachfrist für die vom Verwender zu bewirkende Leistung vorbehalten.

Unangemessen lange oder in ihrer Dauer unbestimmte Nachfristen **können den Kunden faktisch rechtlos stellen,** da er in dieser Zeit weder Schadensersatzansprüche geltend machen noch ein Rücktrittsrecht ausüben kann – und zwar selbst dann nicht, wenn den Anbieter an einer Liefer-/Leistungsverzögerung ein Verschulden trifft. Der Kunde muss deshalb in der Lage bleiben, dem Anbieter eine vertretbare Frist zu setzen und für deren Ablauf wirksam weitere rechtliche Schritte anzudrohen.

---

[245] Ulmer/Brandner/Hensen, a. a. O., Rn. 3, 9.

[246] Ulmer/Brandner/Hensen, § 10 Nr. 1 Rn. 3, 9, 22.

[247] Ulmer/Brandner/Hensen, § 10 Nr. 1 Rn. 10; Wolf/Horn/Lindacher, § 10 Nr. 1 Rn. 52; ebenso eine Klausel „Lieferzeit unverbindlich" (Ulmer/Brandner/Hensen, a. a. O., Rn. 23).

[248] LG Augsburg, Urteil vom 10. 12. 1981 – 1 HKO 1497/81, DV-R 1, 90, 92.

Der Anbieter darf sich nur das Setzen einer angemessenen und ausreichend bestimmten Nachfrist vorbehalten. Geht er darüber hinaus, ist die entsprechende AGB-Klausel unwirksam und es greifen die dispositiven Bestimmungen des BGB ein.[249] Die Nr. 2 des § 10 AGBG wird analog auf Klauseln angewendet, die die in den §§ 634, 651c Abs. 3, 651e Abs. 2, 283 und 354ff. BGB enthaltenen Nachfristen erweitern.[250]   353

Bei der Bemessung der Nachfrist ist zu beachten, dass die Dauer der Frist nur für das Beenden, nicht aber für das vollständige Erbringen der Leistung ausreichen muss.[251] Die Frist ist unangemessen lang, wenn sie auf eine wesentliche Verlängerung der Leistungsfrist hinausläuft.[252] Im Regelfall wird bei normalen Verbrauchergeschäften eine **Nachfrist von 14 Tagen** als angemessen angesehen, eine Dauer von drei Wochen hingegen bereits als unangemessen.[253] Die Zeitdauer für die Beschaffung eines Artikels beim Großhändler (Selbstbelieferung des Anbieters) muss der Kunde bei der Fristsetzung nicht berücksichtigen. Unwirksam ist eine formularvertragliche Bedingung, nach der das Erfordernis abbedungen wird, dass Verzug nur bei Verschulden eintreten kann (oft in Einkaufsbedingungen enthalten).[254] Der § 10 Nr. 2 AGBG regelt in einem Teilbereich die Empfehlung aus dem Anhang Nr. 1b der EG-Richtlinie[255] und ist damit richtlinienkonform.

Beispiele unwirksamer Klauseln:
- „Für Lieferschwierigkeiten wird eine einmalige Nachfrist bis zu 60 Tagen vereinbart. Die Nachfrist beginnt mit dem Ablauf der Lieferfrist"[256].
- „Nachlieferfrist von sechs Wochen nach schriftlicher In-Verzug-Setzung gilt als vereinbart"[257].
- Eine Klausel, derzufolge der Kunde bei Verzug des Herstellers erst dann vom Vertrag zurücktreten und Schadensersatz wegen Nichterfüllung verlangen kann, wenn er dem Hersteller zumindest eine Nachfrist von sechs Wochen gesetzt hat[258].

---

[249] Wolf/Horn/Lindacher, § 10 Nr. 2 Rn. 9.
[250] Ulmer/Brandner/Hensen, § 10 Nr. 2 Rn. 5; Wolf/Horn/Lindacher, § 10 Nr. 2 Rn. 5.
[251] BGH, WPM 1973, 1020.
[252] Ulmer/Brandner/Hensen, § 10 Nr. 2 Rn. 6.
[253] Vgl. Wolf/Horn/Lindacher, § 10 Nr. 2 Rn. 10 m. w. N.
[254] BGH, NJW 1982, 1751: Verstoß gegen § 9 Abs. 2 Nr. 1 AGBG. Verzug darf also nicht verschuldensunabhängig eintreten können.
[255] Wolf/Horn/Lindacher, § 10 Nr. 2 Rn. 1.
[256] Ulmer/Brandner/Hensen, § 10 Nr. 2 Rn. 5.
[257] Ulmer/Brandner/Hensen, a. a. O.
[258] BGH, BB 1985, 1283ff.

354 Der Kunde ist nicht an die formularvertraglich vereinbarten Fristen gebunden. Er kann und muss vielmehr (im Rahmen der gesetzlichen Regelung) dem Anbieter eine angemessene Nachfrist setzen, bevor er vom Vertrag zurücktreten oder vom Anbieter Schadensersatz verlangen kann.

Das Klauselverbot des § 10 Nr. 2 AGBG ist **auch auf Verträge mit kaufmännischen Kunden** anwendbar.[259] Kaufmännische Kunden können sogar darauf angewiesen sein, erheblich kürzere Nachfristen zu setzen, um ihre eigenen vertraglichen Verpflichtungen zu erfüllen.

7.3 Anbieterseitige Vertragsbeendigung, Rücktrittsvorbehalt (§ 10 Nr. 3 AGBG)

355 Der Verwender darf grundsätzlich nicht die Vereinbarung eines Rechts vorsehen, das ihn ohne sachlich gerechtfertigten und im Vertrag angegebenen Grund von seiner Leistungspflicht entbinden kann. **Ausnahme: Dauerschuldverhältnisse.**

Der Kunde muss sich – abweichend von § 346 BGB – darauf einrichten können, dass ein **einmal geschlossener Vertrag auch Bestand hat** (Sicherung der Vertragsbindung).[260]

Vom **Schutzzweck der Regelung** sind nicht nur Rücktrittserklärungen erfasst, sondern auch alle Formen der Vertragsaufhebung („Lösen" vom Vertrag), so etwa das Wandelungs-, Aufrechnungs-, Widerrufs- oder Kündigungsrecht[261], also im Ergebnis jede Befreiung von einer wirksam entstandenen Leistungspflicht[262]. Unberührt bleiben jedoch alle Lösungsrechte der anderen Vertragspartei. Verzug des Vertragspartners (Kunde/Anwender) ist im Hinblick auf die §§ 326 BGB, 11 Nr. 4 AGBG kein Rücktrittsgrund[263], wohl aber die Verletzung der Obhuts- und Anzeigepflicht des Vorbehaltsverkäufers[264] oder eines (wirksamen) Weiterverkaufsverbotes[265]. Unwirksam ist jede Klausel bereits dann, wenn sie im Vertragstext keinen hinreichend bestimmten Grund für die Vertragsauflösung angibt.[266]

---

[259] Wolf/Horn/Lindacher, § 10 Nr. 2 Rn. 17; Ulmer/Brandner/Hensen, § 10 Nr. 2 Rn. 10; Hopt, AGBG, § 10 Anm. 2.
[260] Wolf/Horn/Lindacher, § 10 Nr. 3 Rn. 1.
[261] Wolf/Horn/Lindacher, § 10 Nr. 3 Rn. 4.
[262] Ulmer/Brandner/Hensen, § 10 Nr. 3 Rn. 3.
[263] BGHZ 110, 88 = NJW 1990, 2065; OLG Hamm, BB 1983, 1304.
[264] BGH, NJW 1985, 320, 325.
[265] BGH, ZIP 1981, 1338.
[266] Ulmer/Brandner/Hensen, § 10 Nr. 3 Rn. 10.

Typische Beispiele unwirksamer Klauseln:
Leistung wird „freibleibend", „ohne Obligo" oder „unverbindlich"[267] oder
„jederzeit kündbar" versprochen.[268]

Das **Lösungsrecht** ist nur dann **unwirksam**, wenn **kein sachlicher Grund**   356
für dieses Recht besteht. Ein solcher sachlich gerechtfertigter Grund, der
zur Wirksamkeit der Klausel führt, liegt vor, wenn die Loslösung vom
Vertrag geeignet ist, die Interessen des Verwenders zu befriedigen, und
wenn diese Interessen des Verwenders an der Lösung die Interessen der
anderen Vertragspartei an der Vertragserfüllung überwiegen oder doch
zumindest gleichermaßen anerkennenswert sind.[269] Ein freies Kündigungsrecht ist hiernach sachlich nicht gerechtfertigt.[270] Sachlich gerechtfertigt sind alle gesetzlichen Lösungsrechte (z. B. Rechte auf Rücktritt
gemäß den §§ 325, 326, 361, 458 und auf Wandelung gemäß den §§ 462,
487, 493, 634 BGB), Anfechtungsrechte nach den §§ 119, 123 und Kündigungsrechte gemäß den §§ 643, 649 BGB, ebenso Lösungsrechte bei nicht
vom Verwender zu vertretender Unmöglichkeit[271] oder Erschwerungen
der anbieterseitigen Leistungserbringung.[272]

Ein Hinweis des Anbieters auf[273]:
– Betriebsstörungen jeder Art und sonstige Umstände jeder Art[274],
– sonstige erhebliche Störungen im Geschäftsbetrieb beim Verkäufer oder
  seinem Lieferanten[275],
– Fehlen oder Wegfall der Kreditwürdigkeit[276],
stellt **kein ausreichend begründetes Lösungsrecht** dar.

Unwirksam sind Klauseln, nach denen sich der Anbieter einseitig vom   357
Vertrag lösen kann, bei:
– einem vom Verwender verschuldeten oder nur vorübergehenden Leis-
  tungshindernis,[277]
– wesentlicher Änderung der bei Vertragsschluss bestehenden Verhältnisse[278],

---

[267] Wolf/Horn/Lindacher, § 10 Nr. 3 Rn. 13, 15; Ulmer/Brandner/Hensen, § 10 Nr. 3 Rn. 5.
[268] Wolf/Horn/Lindacher, a. a. O., Rn. 15.
[269] BGH, NJW 1987, 831, 837.
[270] Wolf/Horn/Lindacher, § 10 Nr. 3 Rn. 15.
[271] Wolf/Horn/Lindacher, § 10 Nr. 3 Rn. 28.
[272] Wolf/Horn/Lindacher, a. a. O.
[273] Nach: Schlünder, AGB-Prüfung, Rn. 499 bis 501.
[274] BGH, NJW 1983, 1320.
[275] OLG Hamm, BB 1983, 1304.
[276] OLG Hamm, a. a. O., 1306.
[277] BGH, NJW 1985, 855, 857; 1983, 1320ff.; OLG Düsseldorf, BB 1982, 220ff.
[278] OLG Koblenz, WM 1983, 1272, 1275.

  – **Zahlungsverzug oder sonstigem Verzug des Kunden**[279],
  – Leistungsverzögerungen durch Streik und Aussperrung[280],
  – Kreditunwürdigkeit des Kunden[281],
  – einer erheblichen Erhöhung der Entstehungskosten, sofern nicht konkrete, dem Kunden zumutbare Tatbestände aufgeführt sind[282].

358 **Typische Fälle unwirksamer Regelungen** sind[283]:
  – **Selbstbelieferungsklauseln** (der Anbieter wird von seiner Leistungsverpflichtung frei, wenn es ihm trotz aller zumutbaren Anstrengung nicht gelingt, die Ware zu beschaffen[284]),
  – **Vorratsklauseln** (Beschränkung der Gattung, aus der zu liefern ist, auf den gerade im Zeitpunkt des Vertragsschlusses vorhandenen Vorrat beim Verwender),
  – **Lieferfähigkeitsklauseln** (der Anbieter will nur erfüllen, wenn er selbst von seinem Hersteller beliefert wird),
  – **Rücktrittsvorbehalte**, wenn der AGB-Verwender seinen Grund für diese Klauseln nicht verständlich und genau angibt,
  – die **Beschränkung der** bei Rücktritt dem Kunden **erstattbaren Aufwendungen** auf die tatsächlich aufgewendeten Kosten, und zwar auch nur insoweit, als der Kunde „aus zwingenden Gründen" zurücktritt.[285]

Der tatsächliche Rücktritt kann nur auf den in der Klausel angegebenen Grund gestützt werden. Andere Gründe genügen nicht, auch nicht, wenn sie eine Kündigung gerechtfertigt hätten. Der § 10 Nr. 3 AGBG entspricht inhaltlich in etwa Anhang Nr. 1 c und Nr. 1 f der EG-Richtlinie[286].

359 Enthält die Vorbehaltsklausel keinen oder keinen sachlich gerechtfertigten Grund, ist der **Vorbehalt unwirksam**; der Vertrag bleibt bestehen.

360 Vorbehalte ohne Angabe eines (gerechtfertigten) Grundes sind nach h. M. auch **gegenüber Kaufleuten** unwirksam[287]. Handelsübliche Liefervorbehalte wie „freibleibend", Selbstbelieferungsvorbehalt[288], Vorrats- oder Lieferfähigkeitsklauseln sind nicht rechtlich zu beanstanden, soweit der

---

[279] OLG Hamm, BB 1983, 1304, 1306.
[280] BGH, NJW 1985, 855, 857.
[281] BGH, NJW 1985, 2271ff.
[282] BGH, NJW 1983, 1320.
[283] Siehe etwa bei: Ulmer/Brandner/Hensen, § 10 Nr. 3 Rn. 6 bis 9.
[284] OLG München, Urteil vom 12. 10. 1983 – 7 U 1805/83, WM 1985, 362.
[285] OLG Köln, Urteil vom 28. 2. 1997 – 19 U 194/95, NJW-RR 1998, 926.
[286] Wolf/Horn/Lindacher, § 10 Nr. 3 Rn. 1.
[287] Allerdings nicht in gleichem Umfange wie gegenüber Nichtkaufleuten (Wolf/Horn/Lindacher, § 10 Nr. 3 Rn. 49).
[288] Bereits BGH, Urteil vom 14. 11. 1983 – VIII ZR 283/83, BB 1985, 146.

Vorbehalt eine übliche und interessengemäße Risikoabsicherung des Verwenders darstellt[289].

In **Dauerschuldverhältnissen** kann formularvertraglich ein **fristloses und** 361
begründungsunabhängiges Kündigungsrecht vorgesehen werden. Eine
nach § 9 AGBG zu berücksichtigende unangemessene Benachteiligung
des Kunden darf aber durch den Rücktritt nicht eintreten[290].

7.4 Vorbehalt der Vertragsänderung (§ 10 Nr. 4 AGBG)

Der Verwender darf grundsätzlich nicht ein Recht auf eine dem Kunden 362
unzumutbare Änderung oder Abweichung von einer versprochenen Leistung vereinbaren.

Einseitige Leistungsänderungen können Kundeninteressen genauso beeinträchtigen wie die einseitige Aufhebung des Vertrages oder die Bestimmung der Leistungszeit durch den Anbieter. Der § 10 Nr. 4 AGBG entspricht in Teilbereichen inhaltlich den Klauselverboten der EG-Richtlinie
(Anhang Nr. 1 j und 1 k und Nr. 2 b).[291]

Unwirksam sind Klauseln, nach denen sich der Anbieter das Recht vorbe- 363
hält, andere Hardware oder Software als vereinbart zu liefern. Alle Formen
rechtlicher Änderungsvorbehalte werden erfasst[292], jedoch nicht Änderungsvorbehalte zugunsten des Vertragspartners[293]. Die Änderungen können
Haupt- oder Nebenleistungen betreffen, ebenso Dauerschuldverhältnisse[294].
Die **Zumutbarkeit** einer Änderung ist durch eine Abwägung der individuellen Interessen des Verwenders und des Vertragspartners festzustellen. Sie ist
gegeben, wenn die Interessen des Verwenders die für das jeweilige Geschäft
typischen Interessen des anderen Vertragsteils überwiegen oder diese zumindest gleichwertig sind.[295] Geringfügige Änderungen sind zulässig, ähnlich
geringfügige Farb-, Maß- oder Mengenabweichungen.

Die einzuräumende **Erklärungsfrist** muß schon in den AGB vorgeschrieben werden[296]. Der **Hinweis** muß **deutlich** von den AGB-Bestimmungen
abgehoben werden. **Unzulässig** sind Klauseln wie etwa „Modellwechsel
vorbehalten" oder „technische Änderungen vorbehalten" (letzteres eine

---

[289] Ulmer/Brandner/Hensen, a. a. O., Rn. 18.
[290] Ulmer/Brandner/Hensen, § 10 Nr. 3 Rn. 10.
[291] Wolf/Horn/Lindacher, § 10 Nr. 4 Rn. 2.
[292] Wolf/Horn/Lindacher, § 10 Nr. 4 Rn. 5, 6, 10, 14.
[293] Wolf/Horn/Lindacher, a. a. O., Rn. 6.
[294] Wolf/Horn/Lindacher, a. a. O., Rn. 10.
[295] Wolf/Horn/Lindacher, § 10 Nr. 4 Rn. 14.
[296] Ulmer/Brandner/Hensen, § 10 Nr. 5 Rn. 13.

häufige Klausel)[297]. „Wir sind zu Teillieferungen berechtigt"[298] ist ebenfalls eine unzulässige Klausel. Die Leistungsänderung kann die Form eines **Gewährleistungsausschlusses** haben.

Beispiel:
„Kleine Abweichungen in Farbe, Modellform, Stoff oder Verarbeitung berechtigen nicht zur Reklamation."[299]

Voraussetzung der Unwirksamkeit ist freilich, dass die Änderung oder Abweichung für den Kunden unzumutbar ist. Geringfügige technische Änderungen stellen grundsätzlich keine derartige unzumutbare Leistungsänderung dar und sind deshalb zulässig. Die Grenze liegt dort, wo der vorausgesetzte oder übliche vertragliche Gebrauch durch die Veränderung oder Abweichung nicht unwesentlich beeinträchtigt wird. Zulässig sind außerdem Abweichungen, die für den Kunden vorteilhaft sind[300].

364 Bei Unwirksamkeit bleibt der Anbieter zur vertraglich vereinbarten Leistung unverändert verpflichtet. Leistungsabweichungen können Ansprüche des Kunden aus teilweiser oder vollständiger Nichterfüllung oder Gewährleistung begründen.

365 Auch **gegenüber kaufmännischen Kunden** darf sich ein Anbieter nicht formularvertraglich die Befugnis einräumen, die Leistung einseitig und in unzumutbarer Weise zu ändern oder von ihr abzuweichen.[301] Kaufmännischen Kunden (z. B. OEM-Anbieter) können jedoch Änderungsvorbehalte eher als dem nichtkaufmännischen Endanwender zugemutet werden.[302] Unzumutbar auch gegenüber kaufmännischen Kunden ist ein Vorbehalt, demzufolge der Anbieter von einem anderen Hersteller oder ein anderes Modell als vereinbart liefern will[303] und der kaufmännische Kunde das Risiko nicht auf seine eigenen Abnehmer wälzen kann.

7.5 Fingierte Erklärungen (§ 10 Nr. 5 AGBG)

366 Der Verwender darf grundsätzlich nicht bestimmen, dass Handlungen und Unterlassungen (z. B. Schweigen auf Erklärungen, Nichterheben von Einwendungen, Nichtablehnen, Nichtausüben eines Zahlrechts[304]) mit einem

---

[297] Ulmer/Brandner/Hensen, § 10 Nr. 4 Rn. 7.
[298] OLG Stuttgart, CR 1995, 269.
[299] Ulmer/Brandner/Hensen, § 10 Nr. 4 Rn. 4 (Fn. 2).
[300] Schlünder, AGB-Prüfung, Rn. 527 m. w. N.
[301] Wolf/Horn/Lindacher, § 10 Nr. 4 Rn. 26ff.
[302] Vgl. allg. Koch/Stübing, § 10 Nr. 4 Rn. 18.
[303] Hopt, AGBG, § 10 Anm. 4.
[304] Ulmer/Brandner/Hensen, § 10 Nr. 5 Rn. 10.

bestimmten Erklärungswert verknüpft werden, es sei denn, dem Anbieter bleibt genügend Zeit zur Abgabe einer ausdrücklichen Erklärung und er wird vom Anbieter auf die vorgesehene Bedeutung seines Verhaltens besonders hingewiesen (§ 10 Nr. 5 AGBG). § 10 Nr. 5 deckt sich teilweise mit dem Anhang 1 h und 1 i der EG-Richtlinie[305].

Der **Kunde soll** davor **geschützt werden**, dass ihm bestimmte Erklärungen unterstellt werden, mit denen er nicht zu rechnen brauchte, etwa ein Verzicht auf Erfüllungs- oder Gewährleistungsansprüche. Nr. 5 erfasst alle rechtsgeschäftlich bedeutsamen Erklärungen sowie alle Verhaltensweisen, die mit einer unwiderlegbaren Erklärungsvermutung verbunden sind.

Der AGB-verwendende Anbieter muss ein **berechtigtes Interesse** an der Verwendung einer Erklärungsfiktion haben. Dies ist im Rahmen einer zusätzlich erforderlichen Inhaltskontrolle nach § 9 AGBG zu prüfen, ebenso die fingierte Erklärung selbst.[306] Die Angemessenheit der Erklärungsfrist ist nach einer objektiv-generalisierenden **Interessenabwägung** unter Berücksichtigung der jeweiligen Art von Geschäften festzustellen.[307] **Wirksam ist eine Klausel**, wenn dem Kunden die tatsächliche Möglichkeit eingeräumt wird, ausdrückliche Erklärungen abzugeben[308], die dann **Vorrang vor der Fiktion** haben[309], und der Verwender sich in den AGB verpflichtet, gesondert auf die Bedeutung der Erklärungsfiktion hinzuweisen[310].

Nur die vom Kunden tatsächlich abgegebenen Erklärungen zeitigen Rechtswirkungen. Auf die vereinbarten Erklärungsfiktionen kann sich der Anbieter nicht berufen und keine **Rechtsfolgen** (wie Kündigung, Schadensersatz etc.) aus ihnen ableiten.   367

Im **kaufmännischen Geschäftsverkehr** gilt eine Besonderheit für die Bedeutung des Schweigens als Zustimmung im Rahmen handelsrechtlicher Grundsätze. Eine derartige Fiktion der Zustimmung ist zulässig. Ansonsten wird § 10 Nr. 5 über § 9 AGBG auf Kaufleute entsprechend angewendet, so dass kein Raum für Erklärungsfiktionen bleibt.[311] Die Einräumung einer Erklärungsfrist ist auch im kaufmännischen Geschäftsverkehr erforderlich, der Hinweis hingegen nur, wenn die Fiktion nicht an ein   368

---

[305] Wolf/Horn/Lindacher, § 10 Nr. 5 Rn. 1.
[306] Ulmer/Brandner/Hensen, § 10 Nr. 5 Rn. 9; Palandt/Heinrichs, AGBG § 10 Rn. 29.
[307] Ulmer/Brandner/Hensen, a. a. O., Rn. 13.
[308] Wolf/Horn/Lindacher, § 10 Nr. 5 Rn. 22.
[309] Wolf/Horn/Lindacher, a. a. O., Rn. 34.
[310] Wolf/Horn/Lindacher, a. a. O., Rn. 25.
[311] Ulmer/Brandner/Hensen, § 10 Nr. 18; Wolf/Horn/Lindacher, § 10 Nr. 5 Rn. 35.

Verhalten des Kunden, ein dem Kunden erkennbares Verhalten des Verwenders oder ein äußeres Ereignis anknüpft.[312]

7.6 Fiktion des Erklärungszugangs (§ 10 Nr. 6 AGBG)

369 Der Verwender darf grundsätzlich keine Bestimmung vorsehen, derzufolge Erklärungen (oder Informationen) des Verwenders, die von besonderer Bedeutung sind, dem anderen Vertragsteil als zugegangen gelten (§ 10 Nr. 6 AGBG).

Gelten Erklärungen des Anbieters dem Kunden als zugegangen, kann der Kunde hierdurch in erhebliche Beweisprobleme geraten, da er nachweisen müsste, dass die Erklärung ihm nicht zugegangen ist. Derart fingierte Erklärungen sind jedenfalls unwirksam, wenn ihnen **besondere Bedeutung** zukommt, sie also mit nachteiligen Rechtsfolgen für den Kunden verbunden sind[313], etwa Frist- und Nachfristsetzungen sowie Pfandverkaufsandrohungen[314]. Zulässig ist die Fiktion für rechtlich neutrale oder für den Kunden ausschließlich vorteilhafte Erklärungen.[315] Das Verbot nach Nr. 6 gilt für jede Mitteilung des Anbieters.[316] Nr. 6 erfasst Erklärungen von besonderer Bedeutung, insbesondere alle Erklärungen, die für den Vertragspartner nachteilige Folgen haben[317], so Kündigungen[318], Mahnungen[319], Frist- und Nachfristsetzungen[320] und Rücktrittserklärungen[321].

Nach Nr. 6 unwirksam sind Klauseln in „Schutzhüllenverträgen" (auch „Shrinkwrap License" genannt), die vorsehen, dass der Kunde mit der Handlung des **Aufreißens** der Schutzhülle bestimmte AGB-Klauseln akzeptieren soll. Kann der Kunde erst **nach** Vertragsabschluss Kenntnis nehmen, fehlt es zudem bereits an der wirksamen Einbeziehung der Klausel (s. Rn. 307).

370 Bei **Unwirksamkeit** bleibt der Anbieter verpflichtet, den Zugang seiner Erklärung beim Kunden nachzuweisen. Die Fiktionsklausel ist insgesamt unwirksam[322].

---

[312] Ulmer/Brandner/Hensen, a. a. O., Rn. 18.
[313] Ulmer/Brandner/Hensen, § 10 Nr. 6 Rn. 7; Wolf/Horn/Lindacher, § 10 Nr. 6 Rn. 8.
[314] MünchKomm/BGB-Basedow, AGBG, § 10 Nr. 6 Rn. 68; Ulmer/Brandner/Hensen, § 10 Nr. 6 Rn. 7.
[315] Wolf/Horn/Lindacher, § 10 Nr. 6 Rn. 10.
[316] Ulmer/Brandner/Hensen, a. a. O., Rn. 4; Wolf/Horn/Lindacher, a. a. O., Rn. 7.
[317] Ulmer/Brandner/Hensen, a. a. O., Rn. 7.
[318] BayObLG, NJW 1980, 2818 f.
[319] OLG Hamburg, VersR 1981, 125; OLG Stuttgart, BB 1979, 908.
[320] Ulmer/Brandner/Hensen, a. a. O., Rn. 7.
[321] Ulmer/Brandner/Hensen, a. a. O.
[322] Ulmer/Brandner/Hensen, a. a. O., Rn. 9.

Zugangsfiktionen sind nach überwiegender Auffassung auch **gegenüber**   371
kaufmännischen Kunden unwirksam.[323] Anerkennenswerte Interessen
des AGB-verwendenden Anbieters oder des Handelsverkehrs an solchen
Fiktionen sind nicht zu erkennen.[324] Jedoch sind bei der Inhaltskontrolle
nach § 9 weniger strenge Maßstäbe als im nichtkaufmännischen
Geschäftsverkehr anzulegen.[325] Bei der Beurteilung der besonderen
Bedeutung einer Mitteilung im kaufmännischen Bereich gilt: Einer Mahnung soll hier keine besondere Bedeutung zukommen, wohl aber Kündigungen, Rücktrittserklärungen und Nachfristsetzungen[326], ebenso Mängelrügen nach § 377 HGB[327]. Ein formularvertraglicher **Verzicht** auf den
Zugang der Annahmeerklärung (§ 151 BGB) verstößt gegen § 9 Abs. 2
Nr. 1 AGBG[328].

7.7 Überhöhte Vergütung oder Aufwendungsersatzzahlung bei Vertragslösung (§ 10 Nr. 7 AGBG)

Der Verwender darf grundsätzlich keine Bestimmung vorsehen, derzu-   372
folge der Anbieter für den Fall, dass eine Vertragspartei vom Vertrag
zurücktritt oder den Vertrag kündigt,

a) eine unangemessen hohe Vergütung für die Nutzung oder den
   Gebrauch einer Sache oder eines Rechts oder für erbrachte Leistungen
   oder

b) einen unangemessen hohen Ersatz von Aufwendungen verlangen kann.

Der Kunde soll bei Rücktritt oder Kündigung oder sonstigen Formen der
Vertragslösung[329] für den zeitweisen Gebrauch der Anlage nicht mehr
bezahlen müssen, als ihn der Gebrauch (im gleichen Zeitraum) bei Festhalten am Vertrag gekostet hätte, der Verwender der AGB bei Vertragslösung also **nicht besser gestellt werden als bei Vertragserfüllung**.[330]
Neben Rücktritt oder Kündigung werden alle anderen Fälle vorzeitiger
Vertragsbeendigung erfasst, auch die einvernehmliche Vertragsaufhebung.[331] Vergütung oder Aufwendungsersatz bei vorzeitiger Vertragsbeen-

---

[323] Brandner, § 10 Nr. 6 Rn. 10; Palandt/Heinrichs, § 10 Nr. 6.
[324] Hopt, AGBG, § 10 Rn. 6; Ulmer/Brandner/Hensen, § 10 Nr. 6 Rn. 19.
[325] Ulmer/Brandner/Hensen, a. a. O., Rn. 10.
[326] Ulmer/Brandner/Hensen, a. a. O.
[327] Ulmer/Brandner/Hensen, a. a. O.
[328] OLG Hamm, WM 1986, 1362.
[329] Wolf/Horn/Lindacher, § 10 Nr. 7 Rn. 9; zum Begriff s. § 10 Nr. 3; ebenso analog bei Rücktritt im
    Rahmen von Eigentumsvorbehalt/Leasingvereinbarungen.
[330] Schlünder, AGB-Prüfung, Rn. 579.
[331] Ulmer/Brandner/Hensen, § 10 Nr. 7 Rn. 3; ebenso Anfechtung, Widerruf oder Wandelung; Ul-
    mer/Brandner/Hensen, a. a. O., Rn. 6.

digung sind nicht generell, sondern nur **bei unangemessener Höhe unzulässig**. Die Unangemessenheit beurteilt sich nicht nach dem Einzelfall, sondern nach der typischen Sachlage bei vorzeitiger Vertragsbeendigung.[332]

Dem Kunden muss es möglich bleiben, nachzuweisen, dass Vergütungs- oder Aufwendungsersatz als niedriger angemessen sind. Der § 11 Nr. 5 b AGBG ist insoweit im Rahmen von § 10 Nr. 7 entsprechend anwendbar.[333]

373 **Unwirksam ist eine Klausel in Leasingverträgen,** nach der

– der Leasingnehmer für den Fall des Zahlungsverzuges und einer daraufhin folgenden fristlosen Kündigung seitens des Leasinggebers sämtliche Leasingraten bis zum nächstmöglichen Kündigungstermin zu zahlen und eine Abschlusszahlung zu erbringen hat, die gestaffelt nach der tatsächlichen Vertragsdauer die Differenz zwischen den angefallenen vertraglichen Leasingraten und dem Anschaffungsaufwand des Verwenders ausgleicht, wobei eine Abzinsung lediglich für die Abschlusszahlung vorgesehen ist, nicht jedoch für die fällig gestellten Leasingraten, und wonach der Leasingnehmer das Recht zur Nutzung der Leasingsache verliert[334],

– eine Abschlusszahlung im Falle der ordentlichen Kündigung eines Leasingvertrages vereinbart ist[335].

Der § 10 Nr. 7 AGBG steht mit Art. 3 Abs. 1 der EG-Richtlinie im Einklang.[336]

374 Bei **Unwirksamkeit** schuldet der Kunde nur die ursprünglich vereinbarte bzw. gesetzlich geschuldete Vergütung.

375 Auch auf **Kaufleute** wird § 10 Nr. 7 über § 9 angewendet.[337]

7.8 Kurzfristige Preiserhöhungen (§ 11 Nr. 1 AGBG)

376 Der Verwender ist grundsätzlich nicht berechtigt, formularvertraglich die Erhöhung des Entgelts für Waren oder Dienstleistungen vorzusehen, die innerhalb von vier Monaten nach Vertragsschluss geliefert oder erbracht werden sollen (Dauerschuldverhältnisse ausgenommen).

Der Kunde soll zumindest für den Zeitraum von vier Monaten mit unverändert bleibenden Preisen kalkulieren können.

---

[332] BGH, NJW 1983, 1491; Schlünder, a. a. O., Rn. 582 m. w. N.
[333] BGH, NJW 1985, 632; Ulmer/Brandner/Hensen, § 10 Nr. 7 Rn. 5 m. w. N.
[334] BGH, NJW 1982, 1747; Schlünder, a. a. O., Rn. 590.
[335] BGH, NJW 1982, 1747.
[336] Wolf/Horn/Lindacher, § 10 Nr. 7 Rn. 2.
[337] Wolf/Horn/Lindacher, § 10 Nr. 7 Rn. 25; Ulmer/Brandner/Hensen, § 10 Nr. 7 Rn. 24.

Verboten sind nachträgliche Erhöhungen des Entgelts, wenn dessen   377
Höhe bei Vertragsschluss fest bestimmt oder zumindest bestimmbar
war.[338] Keine Rolle spielt, ob die Erhöhung auf eine (umsatzsteuerliche)
Gesetzesänderung oder Ansteigen von Lohnkosten[339] oder Einkaufsprei-
sen zurückzuführen ist[340]. Der Unternehmer hat im Rahmen der Vorschrift
selbst das Risiko unvorhersehbarer Preiserhöhungen zu tragen, weil er es
besser abschätzen kann.[341] Dies gilt unabhängig davon, ob die Kostener-
höhung dem Risikobereich des Verwenders zuzuordnen ist[342]. Über § 9
AGBG kontrollfähig sind Klauseln, die von § 11 Nr. 1 nicht erfasst werden, also etwa für einen Zeitraum länger als vier Monate gelten[343].

Der § 11 Nr. 1 AGBG schließt aus, dass der Anbieter eine zwischenzeitlich eingetretene **Mehrwertsteuererhöhung** dem Kunden weiterbelastet[344]. Dies gilt auch dann, wenn der Kaufpreis „zuzüglich Umsatzsteuer"
angegeben wird[345]; Nr. 1 erfasst auch Erhöhungen, die durch Zölle oder
sonstige Angaben bedingt sind,[346] ebenso Wertsicherungsklauseln,[347]
Leistungsvorbehalte, Preisbestimmungsvorbehalte oder Spannungsklau-
seln (die den Preis von der künftigen Entwicklung der Preise für Waren
gleichartiger Güter abhängig machen), weiter Preisgleit-, automatische
Anpassungs-oder Indexklauseln, denen zufolge automatisch mit Veränderung einer bestimmten Bezugsgröße (z. B. Lebenshaltungskostenindex)
eine Preiserhöhung eintritt.[348]

Fristberechnung: Die Viermonatsfrist läuft ab dem Zeitpunkt des Ver-   378
tragsabschlusses.[349] Auch nach Ablauf der Frist können Preiserhöhungen
nicht beliebig formularvertraglich vorgesehen werden. Die Preiserhöhung
sollte vom Eintritt einer nachprüfbaren Änderung abhängig gemacht werden und zu deren Umfang in einem angemessenen Verhältnis stehen.

---

[338] OLG Frankfurt/Main, NJW 1979, 985.
[339] Schlünder, AGB-Prüfung, Rn. 126.
[340] Erfasst werden weiter Klauseln, die den Preis offen lassen (z. B. Tagespreis-Klauseln), s. Ulmer/
Brandner/Hensen, § 11 Nr. 1 Rn. 4.
[341] OLG Frankfurt/Main, NJW 1982, 2199; Wolf/Horn/Lindacher, § 11 Nr. 1 Rn. 1.
[342] Vgl. Wolf/Horn/Lindacher, § 11 Nr. 1 Rn. 8.
[343] Siehe ausführlich Wolf/Horn/Lindacher, § 11 Nr. 1 Rn. 1, 8, 34 ff., 40.
[344] Hensen, § 11 Nr. 1 Rn. 5; BGH, NJW 1980, 2133.
[345] BGH, NJW 1978, 979.
[346] Schlünder, AGB-Prüfung, Rn. 124.
[347] Koch/Stübing, § 11 Nr. 1 Rn. 9.
[348] Wolf/Horn/Lindacher, § 11 Nr. 1 Rn. 5, 6; Schlünder, AGB-Prüfung, Rn. 124d, wobei die Erteilung der nach § 3 WährG erforderlichen Genehmigung dem AGBG-Verbot nicht entgegensteht
(Ulmer/Brandner/Hensen, § 11 Nr. 1 Rn. 5; Wolf/Horn/Lindacher, § 11 Nr. 1 Rn. 6; Schlünder,
a. a. O., Rn. 125).
[349] Ulmer/Brandner/Hensen, a. a. O., Rn. 7.

379 **Beispiele:**[350]

„Preiserhöhung vorbehalten", „Preise freibleibend"[351], „Preise unverbindlich", „Preise vorbehaltlich endgültiger Festsetzung", „Preisberechnung bei Lieferung", „Preisberichtigung vorbehalten".[352]

Zulässig ist es, dem Kunden formularvertraglich die Kosten der Vertragsabwicklung aufzuerlegen, so etwa Kosten für Verpackung, Transport, Nachnahme oder Versicherung[353]. Zulässig sind Klauseln wie „zuzüglich Fracht" oder „zuzüglich Porto und Verpackung"[354].

380 **Formulierungsvorschlag für zulässige Klauseln:**

„Die Preise gelten vom Tage des Vertragsabschlusses an vier Monate. Bei Vereinbarung einer Lieferfrist von mehr als vier Monaten ist der Verkäufer berechtigt, zwischenzeitlich für die Beschaffung, Herstellung, Lieferung, Montage, ... o. ä. eingetretene Kostensteigerungen einschließlich der durch die Gesetzesänderungen bedingten (z. B. Erhöhung der Umsatzsteuer) Preiserhöhungen in entsprechendem Umfang an den Kunden weiterzugeben."

Zulässig ist auch folgende Klausel:[355]

„Für die Verträge und bestätigten Aufträge sind die Preise für sechs Monate verbindlich; danach können durch eingetretene Lohn- und Materialpreiserhöhungen die Preise entsprechend erhöht werden."

381 Bei **Dauerschuldverhältnissen** bleibt der Anbieter berechtigt, in seinen AGB Preiserhöhungsmöglichkeiten vorzusehen (auch hinsichtlich der Umsatzsteuer). Der Kunde muss aber seinerseits berechtigt sein, für den Fall der Preiserhöhung den Vertrag zu kündigen. Dies ist insbesondere für Miet- und Dienstverträge von Bedeutung, also etwa bei Leasing- oder Pflegeverträgen und längerfristigen Update-Abonnementverträgen. Auch im Rahmen solcher Verträge darf nicht die Möglichkeit formularvertraglich vorgesehen werden, das Entgelt für erbrachte Leistungen rückwirkend zu erhöhen.[356]

---

[350] Wolf/Horn/Lindacher, § 11 Nr. 1 Rn. 20.
[351] BGH, NJW 1985, 855.
[352] Schlünder, a. a. O., Rn. 125.
[353] Ulmer/Brandner/Hensen, § 11 Nr. 1 Rn. 6.
[354] Schlünder, a. a. O., Rn. 128.
[355] OLG Köln, Bunte IV Nr. 3 zu § 11 Nr. 1 AGBG (Entscheidungssammlung).
[356] Wolf/Horn/Lindacher, § 11 Nr. 1 Rn. 4, 23 (Verstoß gegen § 9).

Bei **Unwirksamkeit der Klausel** gilt der vereinbarte Preis für den Zeit-   382
raum von vier Monaten unverändert. Etwaige Preiserhöhungen begründen
keine Rechte des Anbieters, die entsprechende Preiserhöhungsklausel ist
unwirksam. Anstatt der Erhöhungsklausel gelten die gesetzlichen Regelungen.[357]

Im **kaufmännischen Geschäftsverkehr** wird § 11 Nr. 1 nicht als anwend-   383
bar angesehen,[358] es sei denn, es wurde ein Festpreis vereinbart.[359] Auch
hier sind aber nicht beliebige Preiserhöhungen zulässig. Die Prüfkriterien
des § 9 AGBG sind zu beachten. Umsatzsteuervorbehalte sind gegenüber
Kaufleuten damit grundsätzlich wirksam.

7.9 Leistungsverweigerungsrechte (§ 11 Nr. 2 AGBG)

Kundenseitige Leistungsverweigerungsrechte nach § 320 BGB oder Zurück-   384
behaltungsrechte gemäß § 273 BGB aus demselben Vertragsverhältnis dürfen grundsätzlich weder ausgeschlossen noch eingeschränkt werden.

Dem Kunden müssen die (ohnehin begrenzten) gesetzlichen Möglichkeiten erhalten bleiben, anbieterseitigen Leistungsstörungen zu begegnen.

§ 11 Nr. 2 Buchst. a greift nicht ein, wenn die Einrede aus § 320 BGB   385
nicht besteht oder nicht ausgeübt werden darf, so etwa, weil der Kunde
vorleistungspflichtig ist[360] oder sich vertragswidrig verhält[361].

Unwirksam ist nicht nur der völlige Ausschluss, sondern auch **jede Einschränkung des Leistungsverweigerungsrechtes**; diese liegt etwa vor,
wenn die Ausübung des Zurückbehaltungsrechtes von einer vorherigen
schriftlichen Anzeige an den Verwender oder einen Dritten abhängig
gemacht[362] oder auf anerkannte oder rechtskräftig festgestellte Gegenforderungen beschränkt wird[363] Von § 326 BGB sind alle Erfüllungsansprüche und alle infolge von Leistungsstörungen entstehenden sekundären
Ansprüche erfasst, so etwa Ansprüche auf Nachbesserung oder Nachlieferung[364], nicht jedoch Schadensersatzansprüche auf Nichterfüllung[365].

---

[357] Ulmer/Brandner/Hensen, § 11 Nr. 1 Rn. 17.
[358] Wolf/Horn/Lindacher, § 11 Nr. 1 Rn. 55 und § 24 Rn. 26; Ulmer/Brandner/Hensen, § 11 Nr. 1
    Rn. 16.
[359] Koch/Stübing, § 11 Nr. 1 Rn. 2.
[360] BGH, NJW 1985, 850, 852; 1987, 1931; Ulmer/Brandner/Hensen, § 11 Nr. 2 Rn. 8, 11; Wolf/
    Horn/Lindacher, § 11 Nr. 2 Rn. 6 f.
[361] Wolf/Horn/Lindacher, a. a. O.
[362] OLG Celle, WuM 1990, 103, 111.
[363] BGH, NJW 1992, 2160, 2163.
[364] Wolf/Horn/Lindacher, § 11 Nr. 2, Rn. 6, 7.
[365] Wolf/Horn/Lindacher, a. a. O., Rn. 4.

Nicht alle Zurückbehaltungsrechte aus § 273 BGB werden von Nr. 2 Buchst. b erfaßt, sondern (anders als bei Leistungsverweigerungsrechten) nur Zurückbehaltungsrechte aus demselben Vertragsverhältnis.[366] Ist der Kunde vorleistungspflichtig, greift auch das Verbot des § 11 Nr. 2b nicht ein.[367] § 9 AGBG bleibt aber anwendbar[368]. Die Begründung einer Vorleistungspflicht kann damit wie ein Ausschluss des Zurückbehaltungsrechtes wirken und ist deshalb sorgfältig am Maßstab des § 9 AGBG zu prüfen.[369]

Typischerweise **unzulässig** ist eine Klausel, derzufolge das Zurückbehaltungsrecht von der vorherigen Mängelanerkennung seitens des AGB-Verwenders/Anbieters abhängig gemacht wird. Unzulässig ist auch die Vereinbarung in Dienstverträgen, wonach die „Jahresgebühr" für jeweils 12 Monate im voraus (und binnen 10 Tagen ab Vertragsdatum) zu entrichten ist.[370] Solche Klauseln sind nach den Geboten von Treu und Glauben unangemessen und sind deshalb gemäß § 9 AGBG unwirksam. Unzulässig ist nicht nur der Ausschluss, sondern auch jede Erschwerung (z. B. Anzeigebedürftigkeit) des Zurückbehaltungsrechtes[371]. Zurückbehaltungsrechte haben gerade auch im **EDV-Bereich** eine wichtige Korrektivfunktion, um eine Mängelbeseitigung durchzusetzen oder sogar nach Verjährungseintritt eine Vergütungsminderung zu erreichen (vgl. § 478 Abs. 1 BGB). § 11 Nr. 2 a. E. entspricht Anhang Nr. 10 der Richtlinie[372].

386   Bei **Unwirksamkeit** kann der Kunde seine gesetzlichen Leistungsverweigerungsrechte uneingeschränkt geltend machen, wenn deren Voraussetzungen erfüllt sind.

387   Leistungsverweigerungsrechte des **kaufmännischen Kunden** dürfen ausgeschlossen werden, Zurückbehaltungsrechte allerdings nicht einschränkungslos, weil kein berechtigtes Interesse des AGB-Verwenders anzuerkennen ist, ein Zurückbehaltungsrecht für auf demselben Vertragsverhältnis beruhende und unbestrittene oder rechtskräftig festgestellte Gegenansprüche auszuschließen.[373] Allerdings müssen Regelungen des kaufmännischen Zurückbehaltungsrechts nach § 369 HGB gesondert erfolgen.

---

[366] Ulmer/Brandner/Hensen, § 11 Nr. 2 Rn. 7; Wolf/Horn/Lindacher, § 11 Nr. 2 Rn. 11.
[367] BGH, NJW 1985, 850; Wolf/Horn/Lindacher, a. a. O., Rn. 7.
[368] BGH, a. a. O.; Ulmer/Brandner/Hensen, § 11 Nr. 2 Rn. 11 bis 13; Wolf/Horn/Lindacher, a. a. O.; Schlünder, a. a. O., Rn. 148.
[369] BGHZ 100, 158, 161; NJW 1985, 850f.; Wolf/Horn/Lindacher, § 11 Nr. 2 Rn. 7.
[370] OLG Düsseldorf, CR 1996, 18.
[371] Wolf/Horn/Lindacher, § 11 Nr. 2 Rn. 19.
[372] Wolf/Horn/Lindacher, § 11 Nr. 2 Rn. 1.
[373] BGH, NJW 1985, 319; krit. Schlünder, AGB-Prüfung, Rn. 152.

Ausschluss und Einschränkung von Leistungsverweigerungs- oder Zurückbehaltungsrechten sind aber am Maßstab des § 9 AGBG zu prüfen.[374]

7.10 Aufrechnungsverbot (§ 11 Nr. 3 AGBG)

Der Verwender darf grundsätzlich keine Vereinbarung vorsehen, nach der   388
der Kunde nicht ihm zustehende unbestrittene oder rechtskräftig festgestellte Forderungen aufrechnen darf.

Die **Aufrechnungsbefugnis** ist ein wichtiges Instrument des Kunden, seine berechtigten Interessen durchzusetzen. Das Verbot der Nr. 3 wird erweiternd auch auf den Ausschluss der Aufrechnung mit **entscheidungsreifen Ansprüchen** ausgedehnt.[375] Ergänzend ist Unwirksamkeit auch unter dem Blickwinkel des § 9 AGBG zu prüfen.[376]

Die Klausel „bei Lieferung gegen Nachnahme übernimmt der Käufer die Nachnahmekosten" verstößt gegen § 11 Nr. 3 AGBG, da dem Kunden der Sache nach die Möglichkeit genommen wird, mit unbestrittenen oder rechtskräftig festgestellten Forderungen aufzurechnen.[377] Mit dem Inkasso des Rechnungsbetrages (durch Nachnahme) wird schon begrifflich Aufrechnung ausgeschlossen[378].

Bei **Unwirksamkeit** bleibt der Kunde berechtigt, die Aufrechnung zu erklären.

Auf **kaufmännische Kunden** ist § 11 Nr. 3 über § 9 AGBG auch anwend-   389
bar. Nr. 3 konkretisiert das Benachteiligungsverbot des § 9 AGBG und erfasst eine besonders schwerwiegende Verkürzung der Rechte des Vertragspartners, die auch im kaufmännischen Geschäftsverkehr nicht hinzunehmen ist.[379] Klauseln wie „cash on delivery" oder „Kasse gegen Dokumente" bleiben jedoch zulässig, sind aber einschränkend dahingehend auszulegen, dass die unbestrittenen oder rechtskräftig festgestellten Forderungen vom Aufrechnungsausschluss ausgenommen sind[380].

---

[374] Wolf/Horn/Lindacher, § 11 Nr. 2 Rn. 28.
[375] Wolf/Horn/Lindacher, § 11 Nr. 3 Rn. 7 m. w. N.; Schlünder, a. a. O., Rn. 164.
[376] Wolf/Horn/Lindacher, § 11 Nr. 3 Rn. 13 ff.
[377] BGH, Urteil vom 8. 7. 1998 – VIII ZR 1/98, BB 1998, 1970.
[378] BGH, a. a. O. (unter Bezugnahme auf BGH, NJW 1985, 550).
[379] BGHZ 93, 312; BGH, NJW 1984, 2404; Wolf/Horn/Lindacher, § 11 Nr. 3 Rn. 24.
[380] Ulmer/Brandner/Hensen, § 11 Nr. 3 Rn. 12; Wolf/Horn/Lindacher, § 11 Nr. 3 Rn. 9; Schlünder, a. a. O., Rn. 168.

Vorschlag für eine zulässige Klauselformulierung:

„Die Aufrechnung mit Gegenforderungen ist ausgeschlossen, sofern diese nicht unbestritten, entscheidungsreif oder rechtskräftig festgestellt sind."[381]

7.11 Mahnung, Fristsetzung (§ 11 Nr. 4 AGBG)

390 Der Anbieter darf sich grundsätzlich nicht formularvertraglich von der gesetzlichen Obliegenheit freistellen, den Kunden zu mahnen oder ihm eine Nachfrist zu setzen.

Der Kunde soll erst dann mit einem anbieterseitigen Rücktritt oder Schadensersatzanspruch rechnen müssen, wenn er in Verzug geraten bzw. versetzt ist. Er soll erst auf die Fälligkeit der Leistung/Zahlung hingewiesen und ihm eine letzte Gelegenheit zur Leistung eingeräumt werden.[382] Anhang Nr. 1 der EG-Richtlinie untersagt den Ausschluss oder die ungebührliche Einschränkung von Rechten des Verbrauchers bei Verzug und umfasst damit auch das Klauselverbot von § 11 Nr. 4.

Das **Mahnerfordernis** ist allerdings abdingbar bzw. entbehrlich, wenn das Gesetz selbst auf eine Mahnung verzichtet, so etwa[383]
– bei Bestimmung der Leistungszeit nach dem Kalender (§ 284, Abs. 2 Satz 2 BGB)[384], also z. B. bei zu vereinbarenden Zeitpunkten geschuldeter Zahlungen,
– bei bestimmter und endgültiger Leistungsverweigerung durch den Schuldner (Kunden)[385],
– wenn die zeitliche Dringlichkeit der Leistung nach dem Vertragsinhalt ohne weiteres deutlich ist[386].

391 **Unwirksam** sind etwa folgende Klauseln:
– „Der Schuldner verzichtet auf das Erfordernis der Setzung einer Nachfrist zur Bewirkung der ihm obliegenden Leistung."[387]
– „Bei Verzug ist der Schuldner zum Schadensersatz wegen Nichterfüllung verpflichtet."[388]

---

[381] Nach Schlünder, a. a. O., Rn. 171.
[382] Wolf/Horn/Lindacher, § 11 Nr. 4 Rn. 1.
[383] Wolf/Horn/Lindacher, § 11 Nr. 4 Rn. 4.
[384] BGH, NJW 1992, 1628 ff.; Ulmer/Brandner/Hensen, § 11 Nr. 4 Rn. 5.
[385] BGHZ 2, 312; 65, 377; NJW 1991, 1882, 1883.
[386] BGH, NJW 1963, 1823.
[387] Bunte, 88.
[388] Wolf/Horn/Lindacher, § 11 Nr. 4 Rn. 14.

– „Bei Verzug hat der Verkäufer das Recht, vom Vertrag zurückzutreten."[389]

Bei Vereinbarung eines Eigentumsvorbehaltes kann sich der Verkäufer aber wirksam bei schuldnerseitigem Verzug das Recht zum Rücktritt vorbehalten.[390]

Gegen § 11 Nr. 4 verstoßen Klauseln, nach denen[391]   392
– die Kosten der den Verzug erst begründenden Erstmahnung dem Kunden auferlegt werden[392],
– Verzugszinsen schon ab Fälligkeit und nicht erst mit Verzugseintritt verlangt werden können[393],
– der Verwender zum Rücktritt berechtigt ist, sobald sich die Vermögenslage des Vertragspartners erheblich verschlechtert oder sobald er seinen Zahlungsverpflichtungen nicht ordnungsgemäß nachkommt[394],
– ohne Beachtung des Nachfristerfordernisses des § 326 BGB eine Schadensersatzpflicht an den Schuldnerverzug geknüpft wird[395] oder generell Verzugsfolgen ohne Mahnung eintreten[396].

Unwirksame Klauseln[397] sind außerdem: 393
– „Der Verwender wird von der Mahnung freigestellt."
– „Mahnungen sind entbehrlich."
– „Der Kunde verzichtet auf Mahnung."
– „Verzug tritt ein bei Nichtzahlung vier Wochen nach Empfangnahme der Ware"
  oder
– „Verzug 14 Tage nach Rechnungsdatum."[398]

Auch eine **konkludente Freistellung** vom Erfordernis der Nachfristsetzung ist unwirksam, wie sie etwa in den Fällen vorliegt, in denen die Rechtsfolge der §§ 250, 283, 326 Abs. 1, 634 Abs. 1 BGB ohne Nachfristsetzung als Voraussetzung vereinbart werden.[399]

---

[389] BGH, BB 1983, 524; NJW 1983, 1322; NJW-RR 1987, 311f.; OLG Hamm, BB 1983, 1304, 1306.
[390] Wolf/Horn/Lindacher, § 11 Nr. 4 Rn. 15.
[391] Schlünder, Rn. 176; Wolf/Horn/Lindacher, § 11 Nr. 4 Rn. 7.
[392] BGH, NJW 1985, 320; OLG Koblenz, NJW 1989, 2950.
[393] KG, WM 1984, 428.
[394] BGH, NJW 1983, 1320; OLG Karlsruhe, BB 1983, 725, 728; OLG Düsseldorf, BB 1982, 725, 728.
[395] BGH, WM 1985, 389.
[396] BGH, NJW 1985, 320, 324; ZIP 1987, 1457f.
[397] Nach Wolf/Horn/Lindacher, § 11 Nr. 4 Rn. 8.
[398] OLG Stuttgart, NJW-RR 1988, 786, 788.
[399] BGH, BB 1983, 524, 527; ZIP 1985, 550, 552; Z 02, 41, 45.

394 Bei **Unwirksamkeit** bleibt der Anbieter verpflichtet, gemäß § 284 Abs. 1 Satz 1 BGB zu mahnen bzw. gemäß § 326 Abs. 1 Satz 1 BGB eine Frist zu setzen.

395 Auch **gegenüber kaufmännischen Kunden** ist das Erfordernis zur Fristsetzung unverzichtbar, das Erfordernis der Mahnung jedoch abdingbar.[400] Das Fristsetzungserfordernis ist insbesondere dann unverzichtbar, wenn der Anbieter Ansprüche auf Rücktritt oder Schadensersatz geltend machen will[401], da der Anbieter sonst jedes vertragliche Verhältnis per AGB quasi zum Fixgeschäft erheben würde.[402] Freilich sind bereits fällige Forderungen gemäß §§ 352ff. HGB mit 5 % zu verzinsen.

Im kaufmännischen Geschäftsverkehr gilt folgende Klausel als mit den §§ 9, 11 Nr. 4 vereinbar:

„Zahlungen innerhalb 30 Tagen nach Rechnungsdatum ohne jeden Abzug. Bei Bezahlung innerhalb 14 Tagen nach Rechnungsdatum werden auf den Wert des Kaufgutes 2 % Skonto gewährt (auf den um eventuellen Rabatt geminderten Kaufpreis). Darüber hinausgehende Absprachen über andere Zahlungsziele bedürfen der schriftlichen Abmachung. Werden diese Abmachungen nicht eingehalten, so erklärt sich der Besteller bereit, hierfür die dem Verkäufer entstandenen Bankzinsen und Unkosten zu übernehmen."[403]

7.12 Pauschalierung von Schadensersatzansprüchen (§ 11 Nr. 5 AGBG)

396 Grundsätzlich ist die Vereinbarung eines pauschalierten Anspruches des Anbieters auf Schadensersatz oder Wertminderung unzulässig, wenn
a) die Pauschale den in den geregelten Fällen nach dem gewöhnlichen Lauf der Dinge zu erwartenden Schaden oder die gewöhnlich eintretende Wertminderung übersteigt oder
b) dem Kunden der Nachweis abgeschnitten wird, ein Schaden sei überhaupt nicht entstanden oder wesentlich niedriger als die Pauschale.

---

[400] Wolf/Horn/Lindacher, § 11 Nr. 4 Rn. 19f.; a. A. Ulmer/Brandner/Hensen, § 11 Nr. 4 Rn. 19 (kein Verzicht auf Mahnung, wenn diese Voraussetzung für Rücktritt bzw. Schadensersatz nach § 326).

[401] BGH, NJW 1986, 842; Ulmer/Brandner/Hensen, § 11 Nr. 4 Rn. 10; Wolf/Horn/Lindacher, § 11 Nr. 4 Rn. 20.

[402] Schlünder, AGB-Prüfung, Rn. 181.

[403] OLG Karlsruhe, NJW-RR 1987, 498.

Der AGB-verwendende Anbieter soll nicht durch ein Pauschalieren ihm zustehender Ansprüche mehr erhalten, als ihm bei Berechnung des tatsächlichen Schadens zustünde. Der Kunde muss in der Lage bleiben zu beweisen, dass kein oder nur ein geringerer Schaden entstanden ist.

Eine „**Pauschale**" ist die Festlegung der Schadensersatzhöhe nach generellen Maßstäben unter Verzicht auf die konkreten Berechnungsfaktoren im jeweiligen Einzelfall[404] und soll zur vereinfachten Abwicklung von Schadensersatzansprüchen durch Berechnungserleichterungen dienen. Eine Vertragsstrafe soll hingegen Druck zur ordnungsgemäßen Vertragserfüllung ausüben[405] und bedarf besonderer Vereinbarung.   397

Zur **Abgrenzung von Pauschale und Vertragsstrafe** kann folgendes Kriterium dienen: Eine Pauschale ist anzunehmen, wenn nur die Anspruchshöhe zur vereinfachten Abwicklung eines als bestehend vorausgesetzten Anspruches geregelt werden soll. Eine Vertragsstrafe hingegen ist anzunehmen, wenn die Klausel die Begründung eines neuen, nicht im Gesetz enthaltenen Anspruchs regelt.[406] Im Zweifel ist von einer Pauschale auszugehen.[407]

Regelungen zur **Pauschalierung** von Ansprüchen des Vertragspartners (Kunden) werden von § 11 Nr. 5 nicht erfasst. Pauschalierungsklauseln sind nicht generell unwirksam, sondern nur in den vorgenannten Fällen einer Besserstellung des Anbieters bzw. einer Schlechterstellung des Kunden. Nicht von Nr. 5 erfasst werden Fälle, in denen die Pauschalierung eines Ersatzanspruches des Verwenders **zu niedrig** erfolgt ist.[408] Wenn die Regelung zugleich den Nachweis einer höheren Einbuße ausschließt, wird sie in der Regel an § 9 oder an § 11 Nr. 7 AGBG scheitern.[409] Zwar nicht mit § 11 Nr. 5, aber mit § 9 AGBG unvereinbar ist eine Vertragsregelung, derzufolge neben dem Rücktritt noch ein pauschalierter Schadensersatz in der Höhe von maximal 100 Verzugstagen geltend gemacht werden kann. Eine Klausel ist bereits dann als unwirksam anzusehen, wenn der nicht selbst rechtskundige Anwender als Kunde nach der Textfassung der Klausel annehmen muss, dass er sich auf einen im Ergebnis wesentlich niedrigeren Schaden nicht mehr berufen kann.[410] Ob die **Pauschale zu hoch bemessen** ist, bestimmt sich nicht nach der spezifischen Situation des   398

---

[404] Wolf/Horn/Lindacher, § 11 Nr. 5 Rn. 3.
[405] BGH, NJW 1983, 1542; NJW-RR 1988, 39, 41.
[406] Wolf/Horn/Lindacher, a. a. O., Rn. 8.
[407] Wolf/Horn/Lindacher, a. a. O., Rn. 10; Ulmer/Brandner/Hensen, § 11 Nr. 3 Rn. 7.
[408] Schlünder, AGB-Prüfung, Rn. 188.
[409] Ulmer/Brandner/Hensen, § 11 Nr. 5 Rn. 4; Wolf/Horn/Lindacher, § 11 Nr. 5 Rn. 4; Schlünder, a. a. O. (Zulässigkeit der Klausel ohne den Ausschluss eines solchen Nachweises).
[410] OLG Hamburg, NJW 1981, 2440; OLG Hamm, NJW-RR 1986, 927, 929.

AGB-verwendenden Anbieters, sondern nach den branchentypischen Durchschnittsschäden bzw. -Wertminderungen[411] bzw. nach dem jeweils vorhersehbaren, überschaubaren Geschehen.[412] Hierbei wird zu differenzieren sein, ob das schädigende Ereignis zu Verzug oder Unmöglichkeit bzw. zur Verletzung einer Haupt- oder Nebenpflicht führte.[413]

399 **Beispiele für zulässige Pauschalierungen:**

– 30 % des Werklohns bei Rücktritt oder Verstoß gegen die Abnahmeverpflichtung[414],

– 0,25 % der Rechnungssumme je angefangene Woche als Entschädigung für den eingetretenen Zahlungsverzug[415],

– 25 % der Kaufsumme des Bestellscheins bei Abnahmevergütung nach Fristsetzung mit Ablehnungsandrohung[416],

– Verzugszinsen in Höhe von 1 % pro Monat[417],

– 80 % der vereinbarten monatlichen Vergütung für eine RZ-Nutzung bei vertragswidriger Nichtannahme unter Aufwendungsersparnisanrechnung[418].

Die Unwirksamkeit der Klausel kann sich auch daraus ergeben, daß dem Kunden die **Möglichkeit eines Gegenbeweises abgeschnitten wird** (Nr. 5b).

Beispiele unwirksamer Klauseln:[419]
Der Schaden wird etwa bezeichnet als

– „unwiderlegbar" oder „unwiderlegbar vermutet"[420],

– „fester Schaden", „unumstößlich",

– „mindestens"[421] oder

– „wenigstens"[422],

– „Abstandssumme"[423],

– „auf jeden Fall" zu zahlen[424].

§ 11 Nr. 5 ist mit Art. 3 der EG-Richtlinie vereinbar[425].

---

[411] BGH, NJW 1982, 330; 1984, 2093; Ulmer/Brandner/Hensen, § 11 Nr. 5 Rn. 14.
[412] Ulmer/Brandner/Hensen, a. a. O., Rn. 17 mit Beispielen.
[413] Schlünder, a. a. O, Rn. 190, m. w. N.
[414] OLG Braunschweig, BB 1979, 856 für Bauvertrag; unwirksam aber 35 % und mehr des Vertragspreises (Wolf/Horn/Lindacher, § 11 Nr. 5 Rn. 25).
[415] BGH, NJW 1985, 320 für Möbelhandel.
[416] BGH, a. a. O.
[417] LG München I, Urteil vom 4. 3. 1987 – 8 HKO 19680/86, MRC 1987, 28.
[418] OLG Karlsruhe, Urteil vom 19. 1. 1990 – 15 U 213/88, CR 1993, 217.
[419] Nach Wolf/Horn/Lindacher, § 11 Nr. 5 Rn. 29.
[420] Wolf/Horn/Lindacher, a. a. O., Rn. 29.
[421] BGH, NJW 1983, 1320, 1322; 1985, 632.
[422] BGH, NJW 1988, 1373; krit. Ulmer/Brandner/Hensen, a. a. O., Rn. 20.
[423] OLG Frankfurt/Main, ZIP 1984, 1363f.
[424] BGH, NJW 1982, 2316ff.
[425] Wolf/Horn/Lindacher, § 11 Nr. 5 Rn. 2.

Bei **Unwirksamkeit** wird der überhöhte Pauschalierungssatz nicht auf ein 400
angemessenes Maß reduziert, sondern es gilt überhaupt keine Pauschalierung als vereinbart. Der AGB-verwendende Anbieter kann vielmehr den
ihm tatsächlich entstandenen Schaden ersetzt verlangen (zum Verbot der
geltungserhaltenden Reduktion siehe Rn. 322).

§ 11 Nr. 5 ist über § 9 AGBG auch auf **kaufmännische Kunden** anwend- 401
bar. Die Beurteilung der Pauschalierungsklausel ist aber weniger streng.[426]
So entschied der BGH für Fernsprechnebenstellenanlagen, dass der AGB-
Verwender (als Vermieter) 50 % der Restmiete nach Berücksichtigung der
Abzinsung verlangen dürfe.[427] Diese Entscheidung ist auch für alle Ver-
träge im EDV-Bereich (z. B. für Hardware-Miete) relevant.

7.13 Vertragsstrafe (§ 11 Nr. 6 AGBG)

Grundsätzlich ist die Vereinbarung einer Vertragsstrafe für den Fall der 402
Nichtabnahme oder verspäteten Abnahme der Leistung, des Zahlungsverzuges oder für den Fall, dass der Kunde sich vom Vertrag löst, unwirksam.

Ein Kunde, der eine vertragliche Leistung nicht oder verpätet abnimmt,
oder der verspätet (den Kaufpreis) zahlt, soll keine Vertragsstrafe gewärti-
gen.

„Vertragsstrafe" ist die Vereinbarung einer Geldzahlung oder einer anderen Leistung (§ 343 BGB), falls der Schuldner seine Verbindlichkeiten
nicht oder nicht in gehöriger Weise erfüllt (§ 339 BGB) und dies zu vertreten hat.[428] § 11 Nr. 6 greift bei Nicht-/Schlechterfüllung von Liefer- oder
Dienstleistungsverträgen nicht ein, wohl aber § 9.[429] Unter dem Begriff
der „Vertragsstrafe" sind auch die Begriffe des „Abstandes" oder des
„Reuegeldes" einzuordnen[430], ebenso das selbständige Strafgedinge[431]
und generell typenmäßig festgesetzte Geldbeträge[432]. Das Vorliegen eines
Verschuldens wird nicht vorausgesetzt[433].

---

[426] Siehe etwa Wolf/Horn/Lindacher, a. a. O., Rn. 39, 40; weitergehend: Ulmer/Brandner/Hensen,
a. a. O., Rn. 27 ff.
[427] BGHZ 67, 312.
[428] Wolf/Horn/Lindacher, § 11 Nr. 6 Rn. 4.
[429] Wolf/Horn/Lindacher, a. a. O., Rn. 23.
[430] Hensen, § 11 Nr. 6 Rn. 6.
[431] Wolf/Horn/Lindacher, a. a. O., Rn. 6.
[432] Ulmer/Brandner/Hensen, a. a. O., Rn. 6.
[433] BGH, BB 1973, 496.

403 Bei **Unwirksamkeit** fällt die vereinbarte Vertragsstrafe nicht an. Andere Rechte aus Leistungsstörungen kann der Anbieter aber uneingeschränkt unter den allgemeinen Voraussetzungen geltend machen.

404 Gegenüber **kaufmännischen Kunden** dürfen Vertragsstrafen eher vereinbart werden als gegenüber Nichtkaufleuten.[434] Sie sind jedoch über die §§ 9, 24 Abs. 2 AGBG zu prüfen und dürfen nicht in einem unangemessenen Verhältnis zur gesamten Vertragssoftware stehen. Bei **Bauverträgen** sind Sätze von **0,2 % bis 0,3 %** der Auftragssumme pro Arbeitstag vom BGH bestätigt worden[435], 1,5 % aber unwirksam[436]. Bereits eine Vertragsstrafe von 0,5 % pro Kalendertag ist unwirksam, wenn sie **ohne zeitliche Begrenzung** und **ohne vernünftiges Verhältnis zum möglichen Schaden** der Bereicherung des Gläubigers dient.[437] Eine Begrenzung auf 40 % der Bruttovergütung ist jedenfalls bei hohen Auftragswerten zu hoch und deshalb unwirksam[438], ebenso eine pauschale Vertragsstrafe von DM 3 000 auch bei leichter Pflichtverletzung[439].

7.14 Haftungsausschluss bei grobem Verschulden (§ 11 Nr. 7 AGBG)

405 Der Verwender darf grundsätzlich in seinen AGB keinen Ausschluss und auch keine Begrenzung der Haftung für einen Schaden vorsehen, der auf einer grob fahrlässigen Vertragsverletzung des AGB-verwendenden Anbieters oder seines gesetzlichen Vertreters oder Erfüllungsgehilfen beruht, und zwar auch nicht für Schäden aus der Verletzung von Pflichten bei Vertragsverhandlungen.

Der Vertragspartner des AGB-Verwenders soll sich darauf verlassen können, dass grob fahrlässige Vertragsverletzungen nicht auftreten oder jedenfalls kompensiert werden, vorsätzliche Verletzungen werden bereits von § 276 Abs. 2 BGB verboten. Insbesondere soll sich der Anbieter nicht von der Haftung für grobes Verschulden seines Verkaufspersonals oder sonstiger Mitarbeiter[440] oder von ihm beauftragter Drittfirmen freizeichnen können. Der Ausschluss der Haftung für leicht fahrlässige Pflichtverletzungen fällt nicht unter § 11 Nr. 7, kann aber von den §§ 8, 11 Nr. 8 und 11 Nr. 11 erfaßt werden[441].

---

[434] Wolf/Horn/Lindacher, § 11 Nr. 6 Rn. 33, allerdings nicht als verschuldensunabhängig (Rn. 30).
[435] BGH, NJW 1973, 496.
[436] BGH, NJW 1981, 1509.
[437] BGHZ 85, 305, 312ff. = NJW 1983, 385, 387.
[438] Wolf/Horn/Lindacher, a. a. O., Rn. 37; OLG Hamm, NJW-RR 1982, 1206.
[439] BGH, NJW-RR 1990, 1076.
[440] Ulmer/Brandner/Hensen, a. a. O., Rn. 30.
[441] Wolf/Horn/Lindacher, § 11 Nr. 7 Rn. 11.

Unzulässig sind: 406
– vollständige Haftungsausschlüsse[442],
– Freizeichnung von wesentlichen Vertragspflichten[443],
– Freizeichnung von jeder Art des Verschuldens unter Einschluss auch des groben Verschuldens und ohne Differenzierung hinsichtlich des Handelns des Verwenders selbst und seines gesetzlichen Vertreters oder seiner leitenden Angestellten einerseits und übriger Angestellter andererseits[444],
– mittelbare Haftungsausschlüsse (z. B. durch Einführung der Haftung des anderen Vertragsteils oder durch Einräumen nur eines Rücktrittsrechts)[445],
– teilweise Haftungsausschlüsse (etwa für bestimmte Schadensersatzansprüche)[446],
– Haftungsbegrenzungen der Höhe nach unter Ausschluss sonstiger Schadensersatzansprüche[447],
– Einschränkung auf bestimmte Art der Schadensersatzleistung (z. B. Naturalrestitution)[448],
– generelle Verweisungen auf Versicherungsansprüche[449], es sei denn, dass die Deckungssumme das versicherungstypische Schadensrisiko abdeckt und der Verwender mit eigenen Ersatzleistungen bei der Leistungsfreiheit des Versicherers eintritt[450],
– Begrenzung der Haftung auf unvorhersehbare oder unmittelbare Schäden sowie unangemessen kurze Ausschlussfristen für das Geltendmachen von Schadensersatzansprüchen (Verstoß gegen § 9 AGBG)[451],
– Ausschlüsse der Haftung für leicht fahrlässige Verletzung vertragswesentlicher Pflichten, insbesondere dann, wenn die Erfüllung dieser Pflichten die ordnungsgemäße Vertragsdurchführung überhaupt erst ermöglicht[452], es sei denn, es werden zumindest die typischerweise zu

---

[442] OLG Düsseldorf, WM 1990, 1700.
[443] BGH, Urteil vom 11. 11. 1992 – VIII ZR 238/91, BB 1992, 2460 (bezüglich einer Beratungspflicht für alle betrieblichen Belange technischer und technisch-wirtschaftlicher Art).
[444] OLG Koblenz, WM 1989, 222.
[445] Wolf/Horn/Lindacher, § 11 Nr. 7 Rn. 22.
[446] Wolf/Horn/Lindacher, a. a. O., m. w. N.
[447] BGH, WM 1983, 916.
[448] Wolf/Horn/Lindacher, a. a. O., Rn. 23.
[449] Ulmer/Brandner/Hensen, a. a. O., Rn. 20 (unzulässige Begrenzung der Haftung auf versicherbare Schäden).
[450] BGH, Urteil vom 11. 11. 1992, a. a. O. (Unwirksamkeit, wenn Höchstbetrag die vertragstypischen, vorhersehbaren Schäden nicht abdeckt) unter Bezugnahme auf BGH, WM 1984, 477 und 1224; OLG Düsseldorf, VersR 1990, 57.
[451] OLG Bamberg, NJW 1984, 929; KG, NJW-RR 1991, 698.
[452] BGH, NJW 1985, 914 und 3016; BGHZ 84, 1350.

erwartenden Schäden abgedeckt[453] oder verkehrswesentliche Pflichten, deren Einhaltung typischerweise für Leben und Gesundheit wichtig ist[454],

– Ausschlüsse der Haftung für die Funktionsfähigkeit elektronischer Hilfsmittel wie EDV-Anlagen[455] und insbesondere Software, auch wenn diese Fehlerhaftigkeit niemals ganz auszuschließen ist: Dieses Risiko kann auch und gerade über AGB nicht dem Kunden zugeordnet werden, der es weniger als der Anlagenbetreiber steuern kann[456]. Dies gilt auch für entsprechende Ausschlüsse der Haftung von Banken für von ihnen betriebene Btx-Systeme[457] bzw. entsprechende neuere Web-Präsenzen.

407 Erfasst wird die Haftung aus der Verletzung von Haupt- wie Nebenpflichten, ebenso eine mögliche Haftung aus einer vorsätzlichen oder grob fahrlässigen unerlaubten Handlung[458] – jeweils ungeachtet der Art und des Umfanges des Schadens –, damit auch eine Haftung für Mangelfolgeschäden[459], ebenso eine Beschränkung auf versicherbare Schäden[460]. **Innerhalb der Grenzen** von § 11 Nr. 7 ist eine Freizeichnung von der Haftung auch für unerlaubte Handlungen möglich.[461]

Beispiel:
Bietet ein Händler ein System aus einer Hand an und schaltet er zur Vertragserfüllung ein Software-Haus (als Erfüllungsgehilfen) ein, so haftet er auch für dessen Vorsatz und grobe Fahrlässigkeit.

Der § 11 Nr. 7 wird (zusammen mit § 11 Nr. 8 und 9) als vereinbar mit Anhang Nr. 1a und 1b der EG-Richtlinie angesehen[462].

408 Bei **Unwirksamkeit** haftet der AGB-Verwender voll, also mangels geltungserhaltender Reduktion der Klausel[463] auch für leichte (!) Fahrlässigkeit[464] und für das Verschulden z. B. seiner leitenden Angestellten und beauftragten Subunternehmer.

---

[453] BGH, NJW 1985, 3016; Ulmer/Brandner/Hensen, a. a. O., Rn. 27; Wolf/Horn/Lindacher, a. a. O., Rn. 31.
[454] OLG Karlsruhe, NJW-RR 1989, 1332; Schlünder, AGB-Prüfung, 249.
[455] Wolf/Horn/Lindacher, a. a. O., Rn. 8.
[456] In diesem Sinne allg. Wolf/Horn/Lindacher, a. a. O.
[457] Wolf/Horn/Lindacher, a. a. O., m. w. N.
[458] Die gegenüber Vertragshaftung nicht privilegiert werden soll und deshalb einzubeziehen ist (Wolf/Horn/Lindacher, § 11 Nr. 7 Rn. 7).
[459] Hensen, § 11 Nr. 7 Rn. 19.
[460] Ulmer/Brandner/Hensen, § 11 Nr. 7 Rn. 20.
[461] BGH, ZIP 1985, 687.
[462] Wolf/Horn/Lindacher, a. a. O., Rn. 1.
[463] Siehe Rn. 341.
[464] Hensen, § 11 Nr. 7 Rn. 28.

Haftungs**einschränkungen** für grobes Verschulden erscheinen gegenüber   409
kaufmännischen Kunden dann wirksam, wenn die Reichweite der Einschränkung für den Kunden erkennbar ist.[465] Haftungs**ausschlüsse** für
Vorsatz und grobe Fahrlässigkeit werden hingegen eher als unwirksam
eingestuft[466], für leichte Fahrlässigkeit aber als zulässig angesehen[467],
außer für ein Verhalten, das Gefahren für wesentliche Rechtsgüter wie
Leben oder Gesundheit begründet[468].

7.15 (Teilweise) Unmöglichkeit, (teilweiser) Verzug (§ 11 Nr. 8 und 9 AGBG)

Der Verwender darf grundsätzlich keinen Ausschluss der Kundenrechte   410
auf Rücktritt oder Schadensersatz bei (teilweiser) Unmöglichkeit oder bei
(teilweisem) Verzug des Anbieters in den AGB vorsehen, wenn diese teilweise Vertragserfüllung für den Kunden kein Interesse hat.

Auch teilweise Unmöglichkeit der Leistung[469] und teilweiser Verzug bei
der Leistungserbringung können die Kundeninteressen an der Vertragserfüllung erheblich beeinträchtigen, so dass die vertraglichen Ansprüche auf
Vertragslösung (Rücktritt oder Kündigung) bzw. auf Schadensersatz dem
Kunden nicht genommen werden dürfen. Die Vereinbarung einer Berechtigung zu Teilleistungen ist aber nicht bereits als solche unwirksam.[470]

Der § 11 Nr. 8 verbietet den völligen Haftungsausschluss für jede Art von   411
Leistungsverzug und bei jeder vom Verwender zu vertretenden Unmöglichkeit. Die Anbieterhaftung für die Nichterfüllung von vertraglichen
Pflichten darf nicht auf Fälle des Vorsatzes und grober Fahrlässigkeit
beschränkt werden, da hier Schadensersatzansprüche für alle Fälle leichter
Fahrlässigkeit ausgeschlossen würden.[471] § 11 Nr. 7 wäre zwar durch
einen solchen Ausschluss nicht verletzt, wohl aber greift § 11 Nr. 8 b
AGBG ein, da diese Vorschrift **jede** Einschränkung der Verzugshaftung
verbietet. § 11 Nr. 8 geht über Nr. 7 hinaus und verbietet jeglichen Ausschluss der Haftung auch für leichte Fahrlässigkeit[472], während eine Scha-

---

[465] Wolf/Horn/Lindacher, § 11 Nr. 7 Rn. 55, 44, 51, 52.
[466] Wolf/Horn/Lindacher, a. a. O., Rn. 44.
[467] Wolf/Horn/Lindacher, a. a. O., Rn. 51.
[468] Wolf/Horn/Lindacher, a. a. O., Rn. 52.
[469] Die nachträgliche Unmöglichkeit als objektive Unmöglichkeit bzw. als subjektives Unvermögen
(§ 275 Abs. 2 BGB), während die anfängliche objektive Unmöglichkeit zur Nichtigkeit des Vertrages führt (§ 306 BGB) und deshalb nicht unter § 11 Nr. 5 AGBG fällt, anfängliches subjektives
Unvermögen hingegen zu Rücktrittsrecht und Schadensersatzanspruch nach den §§ 440 Abs. 1,
325 (Wolf/Horn/Lindacher, § 11 Nr. 8 Rn. 5).
[470] Ulmer/Brandner/Hensen, § 11 Nr. 8 Rn. 2.
[471] BGH, DB 1989, 874 ff.
[472] Wolf/Horn/Lindacher, § 11 Nr. 8 Rn. 7, 8.

densersatzhaftung aus leichter Fahrlässigkeit nur bei besonderem Vertrauensschutz entsteht[473].

Auf Ansprüche aus positiver Vertragsverletzung ist Nr. 8 analog anwendbar[474]. § 11 Nr. 8b erfasst alle Schadensersatzansprüche (auch aus Verzögerungsschaden)[475], für die die Haftung aber – im Rahmen von § 11 Nr. 7 – begrenzt werden kann, aber nicht ausgeschlossen[476].

412 **Unzulässig sind Klauseln**[477], nach denen
- sich die Lieferzeit bei Arbeitskämpfen oder unvorhersehbaren Hindernissen entsprechend verlängert[478],
- Schadensersatzansprüche für indirekte Schäden und Folgeschäden, insbesondere unabhängig vom Rechtsgrund, ausgeschlossen sind[479],
- in einem Werkvertrag bei auftragnehmerseitiger Kündigung der Auftraggeber nur zur Zahlung der bereits erbrachten Leistungen zu Vertragspreisen verpflichtet ist, während weitergehende Ansprüche ausgeschlossen sind[480],
- Liefertermine nach bestem Wissen, jedoch unverbindlich angegeben werden[481],
- vereinbarte Liefer- oder Herstellungstermine bis zu einem Monat überschritten werden können[482],
- in einem Kaufvertrag bei Nichteinhaltung der Lieferfrist Rücktritt unverzüglich nach Ablauf der Nachfrist, spätestens innerhalb einer Woche nach Ablauf dieser Frist erklärt werden muss[483],
- der Käufer Schadensersatz wegen Nichterfüllung nur bei Vorsatz oder grober Fahrlässigkeit des Verkäufers verlangen kann[484],
- der Kunde nach Nichteinhalten der Lieferfrist durch die Lieferanten spätestens eine Woche nach Ablauf der von ihm gesetzten Nachfrist den Rücktritt erklären muss.[485]

---

[473] Wolf/Horn/Lindacher, a. a. O.
[474] Ulmer/Brandner/Hensen, § 11 Nr. 8 Rn. 11; Wolf/Horn/Lindacher, a. a. O.
[475] BGH, NJW 1983, 1322; Wolf/Horn/Lindacher, a. a. O., Rn. 14; a. A. Ulmer/Brandner/Hensen, a. a. O., Rn. 12 (teleologische Reduktion auf Rechte aus den §§ 325, 326 BGB).
[476] BGH, NJW-RR 1989, 625; Ulmer/Brandner/Hensen, a. a. O., Rn. 1; Wolf/Horn/Lindacher, a. a. O., Rn. 17 bis 19.
[477] Übersicht teilweise nach Schlünder, AGB-Prüfung, Rn. 243f.
[478] OLG Stuttgart, NJW 1981, 1105.
[479] OLG Köln, Urteil vom 21. 3. 1997 – 19 U 215/96, CR 1997, 736.
[480] OLG München, BB 1984, 1386.
[481] OLG Koblenz, ZIP 1981, 509.
[482] OLG Stuttgart, BauR 1982, 518.
[483] BGH, Urteil vom 18. 1. 1989 – VIII ZR 142/88, DB 1989, 874ff. = NJW-RR 1989, 625.
[484] BGH, a.a.O.
[485] BGH, a. a. O.; OLG Stuttgart, Urteil vom 6. 5. 1994 – 2 U 275/93, CR 1995, 269.

§ 11 Nr. 9 betrifft die Kundenrechte aus Teilverzug und Teilunmöglichkeit nach den §§ 325 Abs. 1 Satz 2, 326 Abs. 1 Satz 3, 280 Abs. 2 BGB. Die Klausel: „Teillieferungen sind zulässig" verstößt gegen Nr. 9.[486] § 11 Nr. 8 und 9 sind EG-Richtlinien-konform[487].

Bei **Unwirksamkeit** kann der Kunde entgegen der vertraglichen Vereinba-   413 rung weiterhin wirksam den Vertrag kündigen oder von ihm zurücktreten oder aber (alternativ) Schadensersatz verlangen[488].

Gegenüber **kaufmännischen Kunden** kann allenfalls ein Schadensersatz-   414 anspruch, nicht aber zugleich ein Rücktrittsrecht wirksam abbedungen werden.[489] Liegt zugleich Vorsatz oder grobe Fahrlässigkeit vor, scheitert ein Ausschluss des Schadensersatzanspruches bereits an § 11 Nr. 7 AGBG.[490] Auch § 11 Nr. 9 gilt über § 9 zwischen Kaufleuten. Ein Ausschluss der Haftung für den Nichterfüllungsschaden erscheint in den Fällen im Sinne von § 9 Abs. 2 Nr. 1 unangemessen, in denen Kaufleute in Erwartung der Erfüllung des mit dem Verwender geschlossenen Vertrages eigene Leistungspflichten gegenüber Dritten eingegangen sind und ihnen für den Fall des Verzuges oder der Unmöglichkeit Schadensersatzansprüche der Dritten drohen.[491]

7.16 Gewährleistung (§ 11 Nr. 10 Buchst. a bis e AGBG)

Die Gewährleistung des Anbieters hat für den Kunden zentrale Bedeutung.   415 Das AGBG regelt deshalb für den Gewährleistungsbereich sechs typische Interessenkonflikte zugunsten des Kunden. Ziel dieser Regelungen ist, eine zu weit gehende Einschränkung der Kundenrechte auszuschließen. Im kaufmännischen Bereich wird das gleiche Ergebnis über § 9 AGBG erreicht.

Der § 11 Nr. 10 AGBG greift aber generell nur für Verträge über **Lieferungen neu hergestellter Sachen und Leistungen** ein, nicht also etwa beim Erwerb von Gebrauchtsystemen.

Neu sind Sachen, die zuvor noch nicht in den Verkehr gelangt bzw. ihrem   416 bestimmungsgemäßen Gebrauch zugeführt worden sind.[492] Ständig entsprechend eingesetzte **Vorführgeräte** können nicht mehr als neu gelten.[493]

---

[486] OLG Hamm, NJW-RR 1987, 311.
[487] Wolf/Horn/Lindacher, § 11 Nr. 8 Rn. 1 und Nr. 9 Rn. 1.
[488] Schadensersatz und Vertragslösung können nicht parallel zueinander durchgesetzt werden.
[489] Wolf/Horn/Lindacher, a. a. O., Rn. 21, 22; Ulmer/Brandner/Hensen, a. a. O., Rn. 18.
[490] Wolf/Horn/Lindacher, a. a. O., Rn. 22.
[491] Ulmer/Brandner/Hensen, a. a. O., Rn. 19.
[492] Wolf/Horn/Lindacher, § 11 Nr. 10 Rn. 2.
[493] Wolf/Horn/Lindacher, a. a. O., Rn. 3.

Folgt man der rechtlichen Einstufung von Computerprogrammen auf Datenträgern als Sache, so ist auch jedes einzelne Programmexemplar auf Datenträger (und nicht nur dieser selbst) bei Erstvertrieb neu hergestellt. § 11 Nr. 10 AGBG ist damit auf Software zumindest entsprechend anwendbar. Soweit dies aber verneint werden sollte, wird man jedenfalls über § 9 AGBG zu gleichartigen Anwendungsergebnissen gelangen.

417 Auf die Lieferung **gebrauchter Sachen** findet nicht § 11 Nr. 10, wohl aber § 9 AGBG Anwendung. Allerdings ist ein Gewährleistungsausschluss für gebrauchte Sachen auch im Rahmen von § 9 AGBG zulässig.[494] Eine Ausnahme hiervon gilt für den Ausschluss der Gewährleistung für zugesicherte Eigenschaften, der unwirksam ist.[495] **Leistungen** im Sinne von § 11 Nr. 10 AGBG sind Werkleistungen.[496] Miet-, Pacht- und Leasingverträge werden von § 11 Nr. 10 AGBG nicht erfasst.[497]

§ 11 Nr. 10 ist EG-Richtlinien-konform.[498] Ab dem 1. 1. 1995 bezieht die EG-Richtlinie zusätzlich auch nicht ausgehandelte **Individualvereinbarungen** in die Regelung des § 11 Nr. 10 AGBG ein[499].

7.16.1 Gewährleistungsausschluss und Verweisen auf Ansprüche gegen Dritte (§ 11 Nr. 10 Buchst. a AGBG)

418 **Grundsätzlich darf**
– Gewährleistung (jedenfalls für neu hergestellte Sachen und für Leistungen) nicht vollständig ausgeschlossen werden,
– Gewährleistung nicht auf die Einräumung von Ansprüchen gegen Dritte beschränkt werden (Ausnahme: Leasing),
– Gewährleistung auch nicht davon abhängig gemacht werden, dass der Kunde vorher einen Dritten in Anspruch nimmt.

Gewährleistungsansprüche als fundamentale vertragliche bzw. gesetzliche Ansprüche des Kunden – also Wandelung und Minderung, Ersatzlieferung bei Gattungskauf, Nachbesserung bei Werkverträgen und Schadensersatz wegen Nichterfüllung – müssen in einer praktikablen Form durchsetzbar bleiben. Dies schließt nicht nur ein Abbedingen der Gewährleistung, sondern auch ein Verweisen des Kunden auf Ansprüche gegen Dritte aus.

---

[494] Wolf/Horn/Lindacher, a. a. O., Rn. 16.
[495] Wolf/Horn/Lindacher, a. a. O., Rn. 20.
[496] Wolf/Horn/Lindacher, § 11 Nr. 10 Rn. 8.
[497] Wolf/Horn/Lindacher, a. a. O., Rn. 11 m. w. N.
[498] Wolf/Horn/Lindacher, a. a. O., Rn. 1.
[499] Wolf/Horn/Lindacher, § 11 Nr. 10 Rn. 1.

Von § 11 Nr. 10 sind Kauf-, Werk- und Werkliefervertäge erfasst, nicht aber Miet- oder Pachtverträge, außerdem nur gesetzliche Gewährleistungsansprüche, nicht hingegen etwa Verkäufergarantien, soweit sie über die gesetzlichen Gewährleistungsansprüche hinausgehen[500]. Im **Individualvertrag** kann an Stelle der Gewährleistung eine „Testphase" vereinbart werden[501]. Software-Überlassungsverträge werden von § 11 Nr. 10 AGBG erfasst, soweit sie Kaufrecht folgen, ansonsten bleibt § 9 AGBG zu prüfen.

Ist bei der Gewährleistungsregelung in AGB vorgesehen, dass der Käufer seine Gewährleistungsansprüche nicht nur bei seinem Verkäufer, sondern **bei allen in das Vertriebs- und Servicenetz des Herstellers eingebundenen Händlern** geltend machen kann, so liegt darin ein Vertrag zu Lasten Dritter, aus dem der Käufer Ansprüche gegen andere Händler nur in dem Maße geltend machen kann, in denen der Hersteller intern seinen Händlern als Vertrag zugunsten Dritter die Verpflichtung zur Erfüllung dieser Gewährleistungspflichten auferlegt. Ist die Gewährleistung gegen andere Händler auf einen Nachbesserungsanspruch beschränkt, kann der Käufer gegen sie nicht Wandelungs- oder Minderungsansprüche durchsetzen.[502] Generell fallen vom Hersteller eingeräumte zusätzliche Garantien (s. Rn. 1196) als vertragliche nicht unter § 11 Nr. 10 AGBG[503]. 419

Reine Herstellerhaftung: Eine Klausel im Vertrag zwischen Händler und Kunden, wonach **Garantieansprüche nur gegen den Hersteller** geltend gemacht werden können, ist wegen des darin liegenden Ausschlusses der Verkäufergarantie nach § 11 Nr. 10 Buchst. a AGBG unwirksam.[504] Ebenso eine Klausel, wonach **„Gewährleistung gemäß Herstellergarantie"** gegeben wird, wenn sie als ganzer oder teilweiser Ausschluss der Gewährleistung gegenüber dem Händler zu verstehen ist.[505] Macht der Hersteller nicht deutlich, dass seine Garantie neben die Händlergewährleistung tritt und entsteht dadurch der Eindruck, dass die Verkäufergarantie ausgeschlossen sei oder nur im Umfange der Herstellergarantie bestehe, so ist dies als Verstoß gegen das **Transparenzgebot** nach § 9 420

---

[500] Wolf/Horn/Lindacher, § 11 Nr. 10 Rn. 5 ff.
[501] OLG Karlsruhe, Urteil vom 8. 7. 1988 – 10 U 8/88, CR 1989, 195.
[502] BGH, NJW 1985, 2819; Wolf/Horn/Lindacher, § 11 Nr. 10a Rn. 7.
[503] Wolf/Horn/Lindacher, a. a. O., Rn. 8.
[504] OLG Hamburg, Urteil vom 17. 9. 1986 – 5 U 40/86, DB 1986, 2428 = NJW-RR 1987, 121; Wolf/Horn/Lindacher, a. a. O., Rn. 9. Das OLG Hamburg kommt jedenfalls für diejenigen Fälle zu diesem Ergebnis, in denen die Klausel als Beschränkung auf Ansprüche gegen Dritte, nämlich den Hersteller, zu verstehen ist.
[505] Wolf/Horn/Lindacher, a. a. O., m. w. N.

unwirksam.[506] Zulässig ist aber die erkennbare Einräumung einer ergänzenden subsidiären Händlerhaftung[507].

Generell muss die Garantie des Herstellers so abgefasst sein, dass sie den Kunden nicht davon abhält, seine bestehenden Gewährleistungsansprüche gegenüber dem Händler geltend zu machen. Unabhängig davon, ob eine Herstellergarantie besteht, muss jedenfalls die formularvertragliche Händlergewährleistung § 11 Nr. 10a bis f AGBG entsprechen. Dies gilt über § 9 AGBG grundsätzlich **auch für Kaufleute**.

421   Für die Rüge kann die **Schriftform** in AGB wirksam vereinbart werden.[508] Unwirksam ist der vollständige (auch konkludente) Ausschluss aller Gewährleistungsansprüche[509] oder deren Abhängigmachen vom Abschluss eines Wartungsvertrages[510], nicht aber der Ausschluss eines einzelnen Gewährleistungsanspruchs, etwa des Anspruches auf Minderung[511].

422   Auch im **kaufmännischen Geschäftsverkehr** unwirksam ist die Beschränkung der Gewährleistungsrechte allein auf Minderung[512]. Der Ausschluss des Wandelungsrechtes ist dann unwirksam, wenn „der Verkäufer sich dadurch seiner Rücknahmepflicht entzieht und dem Käufer Entsorgungsprobleme auflädt"[513].

423   **Unwirksam ist** etwa
 – eine Klausel in Lieferbedingungen, wonach Garantie ausschließlich durch Austausch defekter Teile oder Reparatur gewährt wird[514],
 – ebenso eine Klausel, die die Wandelung auf diejenigen Fälle beschränkt, in denen die Minderung verweigert wird oder eine Einigung über die Minderungshöhe nicht zustande kommt[515],
 – eine Klausel, derzufolge nur für verschiedene Mängel oder einzelne Teile gehaftet wird[516], ebenso eine Beschränkung auf verschuldete

---

506   BGH, NJW 1988, 1726; Wolf/Horn/Lindacher, § 11 Nr. 10a Rn. 9 m. w. N.
507   Wolf/Horn/Lindacher, a. a. O., Rn. 10, 16.
508   LG Köln, Urteil vom 23. 2. 1994 – 20 O 402/93, CR 1994, 622. Das Schriftformerfordernis kann aber – sogar mündlich – aufgehoben werden, im vorliegenden Fall etwa dadurch, dass der Anbieter schriftlich auf eine **telefonische** Rüge des Kunden antwortet, ohne die Rüge wegen Formverstoßes zurückzuweisen.
509   Wolf/Horn/Lindacher, § 11 Nr. 10a Rn. 16.
510   OLG Hamm, Urteil vom 12. 11. 1990 – 31 U 53/90, CR 1991, 289 = BB, Beil. 23, 1991, 2.
511   Vgl. etwa BGH, WM 1990, 1339.
512   BGH, NJW 1983, 2436.
513   Wolf/Horn/Lindacher, § 11 Nr. 10a Rn. 16.
514   LG München I, AGBE, VI, § 9 Nr. 65; Wolf/Horn/Lindacher, a. a. O.
515   BGH, NJW 1981, 1501.
516   Ulmer/Brandner/Hensen, § 11 Nr. 10a Rn. 1.

Mängel, so dass ein Gewährleistungsausschluss für unverschuldete bzw.
als unvermeidbar bezeichnete Mängel unwirksam ist[517],
– die Einschränkung eines Nachbesserungsanspruches im Rahmen des
Kaufrechtes, sofern die Gewährleistung hierauf beschränkt ist und sich
die Einschränkung nicht aus den §§ 459 ff. BGB ergibt; unwirksam ist
hiernach etwa die Beschränkung der Nachbesserung auf verschuldete
Mängel oder auf vom Verwender anerkannte Mängel[518],
– eine Klausel, die den Nachbesserungsanspruch im Falle einer Beschädigung der Kaufsache oder bei einem Eingriff durch nichtautorisierte Personen ausschließt.[519] Hierin ist ein Ausschluss der Gewährleistung für
alle diejenigen Fälle zu sehen, in denen die Gewährleistung gerade ver-
tragstypisch verschuldensunabhängig eingreift.

Der Anbieter darf seinen Kunden auch nicht formularvertraglich wegen   424
Mängeln der Software an das vom Anbieter beauftragte Software-Haus
verweisen.[520] § 11 Nr. 10 Buchst. a erfasst auch die Freizeichnung von
der Gewährleistung bei späteren Eingriffen in oder Beschädigungen der
Kaufsache oder für den Fall von Nacharbeiten durch Dritthandwer-
ker[521].

Der Verwender kann bestimmen, dass der **Kunde zunächst aus abgetrete-**   425
nem Recht gegen Dritte vorgehen muss, bevor er den Verwender in
Anspruch nehmen kann. Hierfür müssen die abzutretenden Gewährleistungsansprüche aber genau bezeichnet sein.[522] Generell darf der Kunde
nicht darauf verwiesen werden, abgetretene Ansprüche gegen **Dritte** geltend machen zu müssen. Unzulässig ist auch eine Vertragsbestimmung,
derzufolge der Kunde den AGB-verwendenden Anbieter erst dann in
Anspruch nehmen kann, wenn er zunächst eine gerichtliche Inanspruchnahme des Dritten versucht hat. Zulässig ist aber, das Eintreten der
Gewährleistung zunächst von der **außergerichtlichen Inanspruchnahme**
des Dritten abhängig zu machen.[523]

---

[517] Marly, Softwareverträge, in: Graf v. Westphalen, Vertragsrecht und AGB-Klauselwerke, 1993,
Rn. 52.
[518] Wolf/Horn/Lindacher, § 11 Nr. 10a Rn. 15.
[519] BGH, NJW 1980, 831; krit. allg. Wolf/Horn/Lindacher, a. a. O.; für den Softwarebereich Marly,
a. a. O., Rn. 254.
[520] Ähnlich für den Kfz-Bereich OLG Hamburg, DB 1986, 2428.
[521] BGH, NJW 1980, 831 für die Klausel: „Die Garantie erlischt sofort nach einem Eingriff oder einer Beschädigung durch den Käufer oder dritter, nicht zum Betrieb des Verkäufers gehörender
Personen."
[522] Ulmer/Brandner/Hensen, a. a. O.
[523] Palandt/Heinrichs, § 11 AGBG Rn. 53.

426 Der Kunde ist aber nicht verpflichtet, den Dritten nach Ablauf der diesem gesetzten Frist erneut aufzufordern, es sei denn, der AGB-verwendende Anbieter übermittelt dem Kunden Informationen, die den Dritten voraussichtlich zu einer Änderung seines Verhaltens veranlassen. Die Aufforderung ist nicht mehr erforderlich, wenn der Dritte die Leistung ernsthaft und endgültig verweigert, offensichtlich nicht leistungsfähig ist oder unter der vom Verwender angegebenen Anschrift nicht erreichbar ist[524], bzw. wenn die Mängelbeseitigung etwa technisch unmöglich ist[525] oder trotz mehrerer Versuche fehlschlägt[526].

427 Der Lauf der Gewährleistungsfrist im Verhältnis Kunde/Anbieter beginnt erst, wenn die Inanspruchnahme des Dritten scheitert[527].

428 Leasinggeber dürfen ihre mietrechtliche Gewährleistung gegenüber dem Leasingnehmer abbedingen, wenn sie gleichzeitig ihre gegenüber dem Händler/Hersteller bestehenden Gewährleistungsansprüche an den Kunden abtreten[528] (s. Rn. 1280). Diese Abtretung erfasst aber nicht Ansprüche aus § 326 BGB, zu deren Geltendmachung der Leasinggeber im Verhältnis Käufer/Lieferant (mangels besonderer Vereinbarung) berechtigt bleibt (Urteil vom 27. 6. 1990 – VIII ZR 72/89, DB 1990, 2016; s. Rn. 1283). Bis zur jeweiligen Lieferung ist keine „Ablieferung" erfolgt. Verzögerung mit einer vereinbarten Umrüstung begründet zudem nicht nur teilweisen, sondern vollständigen Verzug mit der Gesamtleistung, wenn das umzurüstende Teil im Hinblick auf seine zentrale Funktion technisch unteilbar ist (§ 326 Abs. 1 Satz 3 BGB).[529]

429 **Unwirksam** ist[530]
– der vollständige Ausschluss aller Gewährleistungsansprüche einschließlich des Minderungsanspruchs[531],
– eine Beschränkung auf
  • verschuldete Mängel[532],
  • anerkannte Mängel[533],

---

[524] Palandt/Heinrichs, a. a. O.
[525] BGH, NJW 1981, 1501.
[526] BGH, NJW 1976, 234.
[527] BGH, NJW 1981, 2343.
[528] BGH, Urteil vom 23. 2. 1977 – VIII ZR 124/75, NJW 1977, 848; BGH, NJW 1987, 1072.
[529] BGH, Urteil vom 27. 6. 1990 – VIII ZR 72/89, DB 1990, 2016.
[530] Teilweise nach Schlünder, AGB-Prüfung, Rn. 293 ff.
[531] BGH, WM 1990, 1339.
[532] BGH, NJW 1980, 831; NJW 1990, 856.
[533] BGH, NJW 1980, 831.

– ein Erlöschen der Gewährleistung nach Eingriff oder Beschädigung der
  Sache durch Käufer oder Dritte oder bei Nacharbeiten durch Drittfirmen[534],
– die Ersetzung gesetzlicher Gewährleistungsansprüche durch einen Wartungsvertrag[535], wobei aber unter bestimmten Voraussetzungen zwar
  nicht der Bestand gesetzlicher oder vertraglicher Gewährleistung, aber
  die Durchführung einer Mängelbeseitigung von einer regelmäßigen
  Wartung abhängig gemacht werden kann[536], etwa dann, wenn die Mängeluntersuchung oder -beseitigung die Durchführung bestimmter Testverfahren erfordert, die nur auf einem funktionsfähigen System durchführbar sind[537],
– Verweisung des Kunden auf eine zeitlich nicht bestimmte Auslieferung
  eines Mängelbeseitigungs-Update einer Software,
– Ausschluss der Wirkung der gewährleistungsbezogenen Verjährungshemmung eines Mängelbeseitigungsversuches (vgl. § 639 Abs. 2
  BGB),
– Einschränkung der Gewährleistung auf bestimmte maximale Laufleistung,
– der Ausschluss der Haftung für einzelne Teile[538] oder bestimmte Mängelbereiche (versteckte Mängel)[539],
– das Aushöhlen von Gewährleistungsansprüchen, z. B. Gutschein statt
  Rückzahlung bei Wandelung[540],
– das Einführen besonderer Beweiserfordernisse, z. B. zwei Sachverständigengutachten[541] oder
– das Einsenden einer Gewährleistungskarte[542] oder sonstiger, nicht die
  Mängelanzeige betreffender Mitteilungen.

Nach § 11 Nr. 10 Buchst. a AGBG ist nicht nur der Ausschluss, sondern   430
auch die Einführung einer zusätzlichen Voraussetzung unwirksam, von der
die Geltendmachung eines gesetzlichen Gewährleistungsanspruches
abhängig gemacht werden soll, so etwa ein Verschulden des Verwenders
im Rahmen der verschuldensunabhängigen Gewährleistungshaftung.
Unwirksam ist eine sogenannte **Verpackungsrückgabeklausel**, die die

---

[534] OLG Karlsruhe, ZIP 1983, 1091.
[535] Schmidt in Lehmann (Hrsg.), XV, Rn. 42.
[536] a. A. wohl Schmidt, a. a. O., m. w. N.
[537] a. A. wohl OLG Hamm, Urteil vom 12. 11. 1990 – 31 U 53/90; Zahrnt ECR, OLG-68.
[538] OLG Karlsruhe, a. a. O.
[539] Ulmer/Brandner/Hensen, § 11 Nr. 10a Rn. 14.
[540] Ulmer/Brandner/Hensen, § 11 Nr. 10a Rn. 14; Schlünder, a. a. O., Rn. 299.
[541] Wolf/Horn/Lindacher, § 11 Nr. 10a Rn. 18.
[542] Wolf/Horn/Lindacher, a. a. O.

Geltendmachung von Gewährleistungsrechten davon abhängig macht, dass die Ware in der **Originalverpackung** zurückgegeben wird, weil damit die Gewährleistung von einer zusätzlichen, im Gesetz nicht vorgesehenen Voraussetzung abhängig gemacht wird und zudem der Kunde in der Wahrnehmung seiner Rechte aus der Verpackungsverordnung behindert werden kann.[543] Unwirksam ist eine Klausel, derzufolge für etwaige Mängel allein der **Transporteur verantwortlich** sein soll[544], ebenso eine Klausel, die den **gesetzlichen Mängelbegriff einschränkt,** so dass bestimmte Mängel(-typen) nicht mehr als solche anzuerkennen wären[545], weiter in gleicher Weise das Erfordernis, zunächst einen Dritten gerichtlich in Anspruch nehmen zu müssen[546].

431 **Zulässig ist**
- den „Umtausch" auszuschließen[547], allerdings wohl nur, soweit nicht ein gesetzlicher Nachlieferungsanspruch besteht,
- dass sich der Anbieter die Wahl zwischen Eigennachbesserung und Ersatzlieferung vorbehält[548],
- die Gewährleistung für Fehler auszuschließen, die durch Beschädigung oder fehlerhafte Handhabung kundenseitig verursacht wurden[549],
- den Anbieter zu verpflichten, für sechs Monate ab Abnahme uneingeschränkt für Mängelfreiheit einzustehen und bei Nichteinhaltung einer kundenseitig gesetzten Beseitigungsfrist dem Kunden ein Rücktrittsrecht einzuräumen[550],
- mehrere Nachbesserungen (bei komplizierten Programmen) festzulegen[551].

432 Auch bei Unwirksamkeit bleibt die Gewährleistung des Anbieters selbst erhalten.

433 Auch gegenüber **kaufmännischen Kunden** sind über § 9 AGBG **vollständige Haftungsausschlüsse unzulässig.**[552] Das Recht des kaufmännischen Kunden bei Fehlschlagen der Nachbesserung oder des Austausches bzw. bei Unzumutbarkeit weiterer Nachbesserungsversuche **Wandelung** zu

---

[543] Wolf/Horn/Lindacher, § 11 Nr. 10a Rn. 18.
[544] OLG Koblenz, AGBE, VI, § 11 Nr. 52; Wolf/Horn/Lindacher, § 11 Nr. 10a Rn. 18.
[545] OLG Karlsruhe, ZIP 1983, 1031; Wolf/Horn/Lindacher, a. a. O.
[546] Wolf/Horn/Lindacher, Rn. 24.
[547] Ulmer/Brandner/Hensen, § 11 Nr. 10a Rn. 14.
[548] Ulmer/Brandner/Hensen, § 11 Nr. 10a Rn. 16; a. A. Wolf/Horn/Lindacher, a. a. O., Rn. 17.
[549] BGH, NJW 1993, 657.
[550] OLG Nürnberg, Urteil vom 6. 6. 1985 – 3 U 2466/83, CR 1986, 545.
[551] LG Kiel, Urteil vom 6. 11. 1986 – 15 O 81/86, MRC 1986, 6.
[552] Wolf/Horn/Lindacher, § 11 Nr. 10 Rn. 11.

verlangen, darf in Formularverträgen nicht ausgeschlossen werden.[553] Wirksam ist der Ausschluss einzelner Gewährleistungsansprüche.[554] Allerdings darf der Verwender auch den kaufmännischen Kunden nicht allein auf Ansprüche gegen Dritte verweisen.[555] Die Gewährleistung darf nicht als verschuldensabhängige vereinbart werden.[556]

Unwirksam ist eine Klausel, derzufolge der Käufer erst Wandelung verlangen kann, wenn trotz wiederholter Nachbesserungsarbeiten der Mangel nicht behoben werden kann.[557] Das gelte jedenfalls insoweit als die Klausel keinen Aufschluss darüber gibt, wie viele Nachbesserungsversuche der Kunde gestatten muss oder wenn die Klausel dem Kunden kein Wandelungsrecht bei Unmöglichkeit oder unzumutbarer anbieterseitiger Verzögerung der Nachbesserung einräumt. Für diese Fälle müsse dem Kunden die **Befugnis, sich vom Vertrag zu lösen, ausdrücklich eingeräumt** werden[558].

7.16.2 Beschränkung der Gewährleistung auf Nachbesserung (§ 11 Nr. 10 Buchst. b AGBG)

Grundsätzlich dürfen die Gewährleistungsansprüche nicht auf Nachbesserung der Leistung oder von Leistungsteilen oder auf eine Ersatzlieferung eingeschränkt werden, wenn für den Fall des Fehlschlagens der Nachbesserung nicht die Herabsetzung der Vergütung oder das Rückgängigmachen des Vertrages möglich bleibt.

434

Die Rechtsstellung des Kunden darf nicht auf ein bloßes Nachbesserungsrecht beschränkt werden, das bei einem Fehlschlagen der Nachbesserung ins Leere ginge. Dem Kunden muss vielmehr in diesem Fall das Recht auf **Wandelung oder Minderung** bzw. auf **Ersatzlieferung** erhalten bleiben[559], das bei dem Fehlschlagen „wiederauflebt". Die Ausübung des Wandelungs- oder Minderungsrechtes darf nicht von einer vorherigen Nachfristsetzung mit Ablehnungsandrohung abhängig gemacht werden.[560] Der Ausschluss des Wiederauflebens des Wandelungsrechts ist unwirksam.[561]

---

[553] OLG Stuttgart, Urteil vom 9. 10. 1981 – 2 O 56/81, DV-R 2, 82.
[554] Wolf/Horn/Lindacher, a. a. O., Rn. 33.
[555] Wolf/Horn/Lindacher, a. a. O.
[556] BGH, NJW 1981, 1510.
[557] OLG Köln, Urteil vom 9. 10. 1992 – 19 U 107/92, CR 1993, 88.
[558] OLG Köln, a. a. O., unter Hinweis auf BGH, NJW 1981, 1501 f.
[559] Wolf/Horn/Lindacher, § 11 Nr. 10b Rn. 12, 13, 15 (Wahlrecht).
[560] Marly, Softwareüberlassungsverträge, Rn. 367.
[561] OLG Stuttgart, Urteil vom 9. 10. 1981 – 2 U 56/81, DV-R 2, 82 ff.

435 **Nachbesserung** umfasst am geleisteten Gegenstand vorgenommene Maßnahmen der Mängelbeseitigung, wozu auch ein Teileaustausch gehört.[562]
§ 11 Nr. 10 Buchst. b erfasst gesetzliche und vertragliche Nachbesserungsansprüche. **Ersatzlieferung** ist die Lieferung eines neuen Gegenstandes (§ 480 BGB). Dieser Nachlieferungsanspruch darf nicht ausgeschlossen werden.[563] § 11 Nr. 10 Buchst. b ist sinngemäß auch anwendbar,
wenn
– die Wandelung zugelassen, aber die Minderung ausgeschlossen,[564]
– die Minderung zugelassen, aber die Wandelung ausgeschlossen wird[565],
da in beiden Fällen das notwendige **Wahlrecht** des Kunden **beseitigt** wird.
Nr. 10 Buchst. b erfasst nicht Schadensersatzansprüche[566].

Zulässig ist eine AGB-Klausel, derzufolge der Anbieter als Verkäufer
dem Kunden sechs Monate Mängelfreiheit vom Zeitpunkt der Abnahme
an garantiert, die Gewährleistungsrechte des Kunden grundsätzlich auf
Nachbesserung einschränkt und ihm aber ein **Rücktrittsrecht** für den Fall
einräumt, dass der Anbieter zur Nachbesserung binnen angemessener Frist
nicht in der Lage ist.[567]

Beispiel für eine zulässige Klausel:
„Solange wir unseren Verpflichtungen auf Behebung der Mängel nachkommen, hat der Kunde nicht das Recht, Herabsetzung der Vergütung
oder Rückgängigmachen des Vertrages zu verlangen, sofern nicht ein
Fehlschlagen der Nachbesserung vorliegt.“[568]

436 **Unzulässig** ist folgende Klausel:
„1. Bei mangelhafter Lieferung hat der Käufer das Recht auf Nachbesserung.
2. Herabsetzung des Kaufpreises kann nicht verlangt werden.“

In dieser Klausel wird zwar das Wandelungsrecht des Kunden nicht
erwähnt. Der Kunde könnte gerade diesen Umstand aber als Ausschluss
des Wandelungsrechtes verstehen[569]. Das Einräumen eines Ersatzliefe-
rungsanspruches kann das Entfallen eines Wandelungsrechtes nicht kom-
pensieren[570].

---

[562] Wolf/Horn/Lindacher, § 11 Nr. 10b Rn. 3, 16, 7.
[563] Wolf/Horn/Lindacher, a. a. O., Rn. 16.
[564] Wolf/Horn/Lindacher, § 11 Nr. 10b Rn. 7.
[565] Wolf/Horn/Lindacher, a. a. O.
[566] Siehe aber § 11 Nr. 7 AGBG.
[567] Bunte, 115.
[568] BGH, Urteil vom 21. 2. 1990 – VIII ZR 216/89, BB 1990, 950 = BB 1990, 1081.
[569] BGH, Urteil vom 16. 5. 1990 – VIII ZR 254/89, WM 1990, 1339.
[570] OLG Stuttgart, Urteil vom 29. 10. 1986 – 3 U 88/86, CR 1988, 296.

Unwirksam ist auch die folgende Klausel:
„Über die Nachbesserung hinausgehende Ansprüche des Käufers, gleich
aus welchem Rechtsgrund, insbesondere Wandelung, Minderung, Kündigung und Schadensersatz irgendwelcher Art, insbesondere Folgeschäden,
sind ausgeschlossen."[571]

Wird in der Klausel nicht ausdrücklich auf den Oberbegriff des Fehlschlagens der Nachbesserung und das damit verbundene Wiederaufleben der
Gewährleistungsansprüche hingewiesen, müssen zumindest die wesentlichen in Betracht kommenden Fallgestaltungen in die Klausel aufgenommen werden.[572] Zulässig ist aber, dem Kunden bei Fehlschlagen der Nachbesserung ein **Rücktrittsrecht** einzuräumen[573] oder ihn zu verpflichten, so
lange zu warten, bis der Anbieter sein Nachbesserungsrecht ausgeschöpft
hat.[574] Der Verwender kann im Rahmen der §§ 11 Nr. 16 und 9 für die
Nachbesserungsaufforderung eine **Form vorschreiben** und sich eine
Nachbesserungsfrist ausbedingen.[575] (Zur Nachbesserung s. auch
Rn. 1199.)

Auf das Wiederaufleben der Ansprüche auf Wandelung, Minderung und   437
Ersatzlieferung im Falle scheiternder Nachbesserung oder Ersatzlieferung
(bei Gattungskauf) **muss der Kunde** in den AGB vollständig, richtig und
für den Kunden verständlich **hingewiesen werden**.[576] Der Hinweis ist aber
nicht notwendig, wenn der Verwender von vornherein wahlweise Wande-

---

[571] Vgl. Jäger, MDR 1982, 96f.: Verstoß gegen § 11 Nr. 10b AGBG.
[572] BGH, Urteil vom 2. 2. 1994 – VIII ZR 262/92, WiB 1994, 276; OLG Düsseldorf, Urteil vom
20. 3. 1992 – 22 U 194/91, NJW-RR 1992, 824.
[573] OLG Nürnberg, Urteil vom 6. 8. 1985 – 3 U 2466/83, CR 1986, 545 f.
[574] BGH, Urteil vom 21. 2. 1990 – VIII ZR 216/89, NJW-RR 1990, 886: Kein Verstoß gegen § 11
Nr. 10b AGBG. Unschädlich sei, dass der Klauseltext nicht angebe, nach wie vielen Nachbesserungsversuchen ein „Fehlschlagen" vorliegt. Die Erscheinungsformen des Fehlschlagens, nämlich bei objektiver oder subjektiver Unmöglichkeit, Unzulänglichkeit, unberechtigter Verweigerung, ungebührlicher Verzögerung oder dem misslungenen Versuch der Nachbesserung (s. etwa
BGH, NJW 1957, 17; 1962, 1100; 1979, 2059 und 1985, 623) seien so vielgestalt, dass die Aufnahme aller in Betracht kommenden – ihrerseits wiederum teilweise erläuterungsbedürftigen –
Möglichkeiten in die Klausel die an den Verwender zu stellenden Anforderungen überspannen
und mit dem dann erforderlich werdenden Umfang der AGB dem Kunden auch keinen Dienst erweisen würde. Gleiches gelte für die Zahl der Nachbesserungsversuche. **Abweichend** das OLG
Düsseldorf, Urteil vom 20. 3. 1992 – 22 U 194/91, NJW-RR 1992, 824 f.: „Verwendet eine Nachbesserungsklausel nicht den gesetzlichen Oberbegriff des Fehlschlagens der Nachbesserung oder
einen entsprechenden, dem nicht vorgebildeten Durchschnittskunden verständlichen Oberbegriff,
muß sie zumindest die wesentlichen in Betracht kommenden Fallgestaltungen aufführen. Hierzu
gehören neben der Unmöglichkeit der Nachbesserung und ihrer Unzumutbarkeit auch die unberechtigte Verweigerung und die ungebührliche Verzögerung der Nachbesserung."
[575] Ulmer/Brandner/Hensen, a. a. O., Rn. 47.
[576] Vgl. OLG Stuttgart, Urteil vom 9. 10. 1981 – 2 U 56/81, DV-R 2, 82; OLG Köln, Urteil vom
22. 6. 1988 – 13 U 113/87, CR 1989, 391 ff.

lung oder Minderung neben dem Nachbesserungs- oder Nachlieferungsanspruch einräumt.[577] Die Ansprüche müssen sofort und ohne Abhängigkeit von Voraussetzungen wieder aufleben.[578]

438 Schließt der Anbieter Schadensersatzansprüche wegen Leistungsstörungen aus, so erfasst eine solche Regelung **nicht Schadensersatzansprüche aus Pflichtverletzungen anlässlich der Nachbesserung** (positive Vertragsverletzung).[579] Eine **kundenseitige Nachbesserung** des Mangels (z. B. durch beauftragte Drittfirma auf Kosten des Anbieters) ist nicht zulässig.[580] In **Mietverträgen** kann das Recht des Kunden auf Minderung des Mietzinses unter der Voraussetzung ausgeschlossen werden, dass die gesetzlichen Gewährleistungsansprüche bei Scheitern der Nachbesserung wieder aufleben.[581] Generell ist ergänzend zu beachten, dass eine Klausel, die zwar nicht § 11 Nr. 10 Buchst. b verletzt, dennoch **auch gegenüber Nichtkaufleuten** nach § 9 AGBG **unwirksam** sein kann.

439 Die Gewährleistungsfristen für Wandelung und Minderung beginnen erst in dem Augenblick zu laufen, in dem die Nachbesserung fehlschlägt. Solange der Anbieter die Nachbesserung eines mitgeteilten Mangels versucht, ist der **Lauf der Gewährleistungsfrist** gehemmt.

440 Auch bei **Unwirksamkeit** können die Gewährleistungsrechte des Kunden nicht unbegrenzt eingeschränkt werden. Die kundenseitigen Ansprüche auf Wandelung oder Minderung oder Ersatzlieferung bleiben entgegen allen begrenzenden Klauseln im Formularvertrag erhalten. Es gilt die jeweilige **gesetzliche Gewährleistung.** Wird in Kaufverträgen über das gesetzliche Vertragsbild hinaus zusätzlich ein Nachbesserungsanspruch eingeräumt, kann dieses Recht mit der einschränkenden Klausel entfallen.

441 Der Schutz nach § 11 Nr. 10 Buchst. b umfasst über § 9 Abs. 2 Nr. 1 auch **kaufmännische Kunden.**[582] Hier genügt es, wenn dem kaufmännischen Kunden das **Recht auf Wandelung** eingeräumt wird[583] oder anstatt des Wandelungsrechts ein **Rücktrittsrecht**[584]. Die Einräumung allein eines

---

[577] Wolf/Horn/Lindacher, a. a. O., Rn. 34.
[578] Wolf/Horn/Lindacher, a. a. O.
[579] LG Frankfurt/Main, Urteil vom 3. 4. 1981 – 3/7 O 125/79, DV-R 1, 71.
[580] Ulmer/Brandner/Hensen, § 11 Nr. 10b Rn. 57.
[581] LG München II, Urteil vom 2. 4. 1980 – 5 O 4369/79, DV-R 2, M 3.
[582] BGH, Urteil vom 14. 7. 1993 – VIII ZR 147/92, NJW 1993, 2436 (in Bestätigung von BGH, NJW 1981, 1501); Hensen, § 11 Nr. 10b Rn. 57; OLG Stuttgart, Urteil vom 9. 10. 1981 – 2 U 56/81, DV-R 2, 82.
[583] Koch/Stübing, § 11 Nr. 10 Rn. 43; Wolf, § 11 Nr. 10 Buchst. b Rn. 36.
[584] BGH, NJW 1981, 1510; krit. Wolf/Horn/Lindacher, a. a. O., Rn. 37.

Minderungsrechtes genügt nicht.[585] Auch im kaufmännischen Geschäftsverkehr muss auf das Bestehen dieser Rechte anbieterseitig ausdrücklich hingewiesen werden.[586]

7.16.3 Aufwendungen bei Nachbesserung (§ 11 Nr. 10 Buchst. c AGBG)

Die wesentlichen Nachbesserungskosten können generell nicht auf den 442 Kunden abgewälzt werden, insbesondere nicht Kosten für Transport, Wege- und Arbeitszeiten sowie Material.

Der Anbieter schuldet dem Kunden „**Nachbesserung zum Null-Tarif**"[587], soweit dem Käufer ein Nachbesserungsanspruch vertraglich eingeräumt wurde, bzw. er als Besteller aus Gesetz werkvertraglich Nachbesserung beanspruchen kann (§§ 476a bzw. 633 Abs. 2 Satz 2 BGB). **Der Kunde soll nicht Kosten tragen müssen, die bei Mangelfreiheit nicht entstanden wären.** Mit diesem Kriterium lassen sich bereits zwei Kostenarten aus dem Regelungsbereich des § 11 Nr. 10 Buchst. c ausklammern, einerseits ohnehin anfallende Kosten für Wartung oder Pflege zur Erhaltung der Funktionsfähigkeit des Systems, andererseits Kosten für die Beseitigung kundenseitig vermeidbarer Bedienungs- oder sonstiger Fehler. Der Verwender kann den Kunden nicht, um sich von der Kostenlast der Mängelbeseitigung zu befreien, auf die verbleibenden Gewährleistungsansprüche der Wandelung oder Minderung verweisen, jedenfalls nicht formularvertraglich und nicht bevor er die Mängelbeseitigung zumindest versucht hat. Dem Kunden dürfen die Kosten für unbegründete Reklamationen nicht schlechthin, sondern nur aufgebürdet werden, wenn die jeweilige Reklamation **schuldhaft unbegründet** erfolgte.[588]

Transportkosten beziehen sich auf das nachzubessernde Gut, etwa für 443 das Abholen und Zurückbringen von Geräten.[589] **Wegekosten** sind insbesondere Kosten, die dem Kunden entstehen, wenn er die Sache zur Nachbesserung bringt oder holt. **Arbeitskosten** ergeben sich aus für die Nachbesserung aufzuwendende Löhne und Gehälter.[590] Hierzu gehören auch Kosten für das Neuinstallieren von Software nach Durchführung der

---

[585] BGH, NJW 1981, 1501.
[586] OLG Stuttgart, a. a. O.
[587] Hensen, § 11 Nr. 10 Buchst. c Rn. 68.
[588] LG Mainz, Urteil vom 25. 2. 1988 – 1 O 284/87, CR 1990, 595 (Zit. nach red. Leitsatz).
[589] AG Dülmen, NJW 1987, 385 (für PKW).
[590] AG Dülmen, a. a. O.

Nachbesserung. **Materialkosten** sind Kosten etwa für Ersatzteile[591], Datenträger, Verbrauchsmaterialien etc.[592]

Der § 11 Nr. 10 Buchst. c erfasst aber auch sonstige nachbesserungsbezogene Kosten, etwa Kosten zur Untersuchung von Mängelursachen, Kosten für Aus- und Einbau oder Kosten aus Schäden, die bei ordnungsgemäßer Mängelbeseitigung entstehen, ebenso Telefon- und Portokosten des Verwenders im Verhältnis zum Vorlieferanten, **nicht aber die Kosten** der Mängelanzeige selbst, die vom Kunden zu tragen sind[593]; § 11 Nr. 10 Buchst. c ist entsprechend auf **Kosten der Ersatzlieferung** anzuwenden[594], ebenso auf Kosten der Eigennachbesserung[595], die u. U. beträchtlich sein können. Auch die Überwälzung von **Kostenteilen** (z. B. der Versandkosten) ist unwirksam, ebenso die Auferlegung einer **Abholpflicht**[596]. Schließlich darf der Anbieter dem Kunden die Kosten für die wandlungsweise Rücksendung mangelhafter Waren nicht auferlegen.[597]

444 Der § 11 Nr. 10 Buchst. c gilt zugunsten aller **Nichtkaufleute** (zur Anwendbarkeit auf Kaufleute über § 9 s. u. Rn. 446), also auch für Freiberufler und private Hobby-EDV-Anwender. Der Regelungsinhalt wird freilich von Anbietern wie Kunden in der Praxis nur unzureichend beachtet. Der Kunde, der z. B. einen defekten Rechner oder Drucker (mehrfach) in die Filiale einer Handelskette bringt, in der er das Gerät erworben hat, hat für Transportkosten und Zeitaufwand einen formularvertraglich nicht abdingbaren **Erstattungs-** und sogar **Vorschussanspruch**. Dies gilt umgekehrt grundsätzlich aber auch im Verhältnis zwischen Händler und Hersteller oder Großhändler.

Das **Kostenfreiheitsgebot** gilt sogar für eine **Neuherstellung**, soweit diese als Form der Nachbesserung in Betracht kommt (z. B. Neuherstellung eines Programmes) (s. Rn. 1208).

Unwirksam sind Klauseln, nach denen
– der Transport zwecks Garantiereparatur „auf Kosten und Gefahr des Endverbrauchers" geschieht[598],

---

[591] Wolf/Horn/Lindacher, § 11 Nr. 10 Buchst. c Rn. 3.

[592] Wolf/Horn/Lindacher, a. a. O.

[593] Wolf/Horn/Lindacher, a. a. O.

[594] BGH, NJW 1991, 1604, 1607; Wolf/Horn/Lindacher, a. a. O. (jedenfalls § 9 anwendbar, ebenso bezüglich Kosten aus der Durchführung der Wandelung).

[595] Über den entsprechend anwendbaren § 633 Abs. 3 BGB hat der Kunde auch im Kaufrecht nach Ablauf einer gesetzten Frist einen Eigennachbesserungs- (sogar Kostenvorschuss-)Anspruch (s. BGH, NJW 1991, 1882).

[596] Wolf/Horn/Lindacher, a. a. O., Rn. 5.

[597] OLG Stuttgart, Urteil vom 23. 10. 1998 – 2 U 89/98, u. v., s. Rn. 131.

[598] OLG München, NJW-RR 1986, 604; Schlünder, AGB-Prüfung, Rn. 323.

– erforderliche Ersatzteile und die anfallende Arbeitszeit nicht berechnet werden (wodurch der Kunde den Eindruck gewinnen kann, dass er die Transportkosten zu tragen habe)[599].

Bei **Unwirksamkeit** muss der Kunde grundsätzlich alle mit der Mängel-   445
beseitigung verbundenen Kosten selbst tragen.

Der § 11 Nr. 10 Buchst. c ist über § 9 AGBG auch im **kaufmänni-**   446
schen Geschäftsverkehr anwendbar und verpflichtet hier auch Hersteller gegenüber Einzelhändlern.[600] Die Auferlegung von Versendungskosten wird aber als zumutbar angesehen.[601] Der wesentliche Teil der Kosten muss aber vom Verwender getragen werden. Für eine Überlastung von Kostenanteilen auf den Kunden müssen triftige Gründe bestehen, so etwa bezüglich der Kosten für einen Ausbau von Geräten aus Büroeinrichtungen, die normalerweise nicht in dieser Form eingebaut werden.

7.16.4 Vorenthalten der Mängelbeseitigung
(§ 11 Nr. 10 Buchst. d AGBG)

Grundsätzlich dürfen Nachbesserung oder Ersatzlieferung nicht von der   447
vorherigen Bezahlung des vollständigen Entgelts oder eines unverhältnismäßig hohen Anteils desselben abhängig gemacht werden.

Die auf die Nachbesserung eingeschränkten Gewährleistungsrechte des Kunden dürfen nicht durch eine Vorleistungspflicht noch weiter eingeschränkt werden: „Diese doppelte Verkürzung der Kundenrechte stellt ein unerträgliches Übermaß dar."[602]

Eine **Ausnahme** gilt nur für Fälle, in denen der **Kunde vorleistungspflichtig** ist.[603] Der Anbieter darf bei Zahlungsverzug des Kunden nicht die kostenlose Garantieleistung entfallen lassen[604] und die Durchführung einer Nachbesserung nicht von der Zahlung von 60 % der Auftragssumme abhängig machen[605].

---

[599] BGH, NJW 1981, 867.
[600] BGH, NJW 1981, 1510.
[601] Wolf/Horn/Lindacher, a. a. O., Rn. 9; ähnlich Ulmer/Brandner/Hensen, § 11 Nr. 10c Rn. 61 (Übernahme eines Teils der Nachbesserungskosten wirksam).
[602] Ulmer/Brandner/Hensen, § 11 Nr. 10d Rn. 63.
[603] Wolf/Horn/Lindacher, § 11 Nr. 10d Rn. 3; Schlünder, AGB-Prüfung, Rn. 328.
[604] OLG Celle, AGBE, II § 13 Nr. 13.
[605] LG Rottweil, BB 1979, 711.

448 Bei **Unwirksamkeit** darf der ABG-verwendende Anbieter die Nachbesserung eines konkreten Mangels nicht von einer Vorleistung abhängig machen. Er bleibt also im vollen gesetzlichen Umfange zur Nachbesserung verpflichtet.

449 Auch gegenüber **kaufmännischen Kunden** darf die Nachbesserung nicht von Vorleistungen des Kunden abhängig gemacht werden (Sicherung eines grundlegenden Gedankens des äquivalenten Austauschverhältnisses[606]).

7.16.5 Ausschlussfrist für Mängelanzeigen (§ 11 Nr. 10 Buchst. e AGBG)

450 **Grundsätzlich** sind Ausschlussfristen für die Anzeige nicht offensichtlicher Mängel unzulässig, die die gesetzliche Gewährleistungsfrist verkürzen.

Für **verborgene Mängel** dürfen Rügefristen nicht unzumutbar verkürzt werden. **Kurze Rügefristen** sind nur für offen erkennbare, nicht versteckte oder verborgene Mängel **zulässig**. Unzulässig sind Klauseln, denen zufolge[607]

– versteckte Mängel **unverzüglich mit Sichtbarwerden gerügt werden müssen**[608],
– Mängelrügen unverzüglich bzw. innerhalb von 10 Tagen nach Feststellung geltend zu machen sind.[609]

Auf offensichtliche Mängel ist die Vorschrift nicht anwendbar[610]. **In Verträgen über die Lieferung neu hergestellter Sachen und Leistungen dürfen also wirksam Ausschlussfristen für die Anzeige offensichtlicher Mängel vereinbart werden, was vom Kunden oft nicht ausreichend beachtet wird.**[611] Die Dauer der angemessenen Frist bemisst sich nach den Regelungen in den § 1 b Abs. 1 AbzG, § 7 Abs. 1 VerbrKredG und § 1 HTürG (einwöchige Überlegungsfrist)[612], so dass mindestens eine einwöchige Frist eingeräumt werden muss.

451 **Offensichtlich ist ein Mangel,** wenn er auch dem durchschnittlichen, nichtkaufmännischen und mit dem Vertragsgegenstand nicht besonders vertrauten Kunden ohne besonderen Prüfaufwand auffallen muss. Ein

---

[606] Wolf/Horn/Lindacher, a. a. O., Rn. 8; Ulmer/Brandner/Hensen, a. a. O., Rn .68.
[607] Nach: Schlünder, Rn. 334 ff.
[608] BGH, NJW 1985, 855.
[609] OLG Stuttgart, BB 1979, 908 und 1468.
[610] BGH, Urteil vom 8. 7. 1998 – VIII ZR 1/98, BB 1998, 1970 f., 1977.
[611] BGH, a. a. O., 1971.
[612] BGH, a. a. O., 1977.

erkannter Mangel ist ab dem Zeitpunkt des Erkennens einem offensichtlichen Mangel gleichzustellen, da der Kunde insoweit nicht schutzbedürftiger ist, als bei offensichtlichen Mängeln.[613] Für offensichtliche Mängel und nur für solche darf – auch gegenüber **nichtkaufmännischen Kunden** – eine Ausschlussfrist gesetzt werden (s. Rn. 450 a. E.). Eine Frist von einer Woche gilt als zu knapp.[614] Ab dem Zeitpunkt, zu dem der Mangel offensichtlich wird, kann der Anbieter dem Kunden jedoch eine (angemessene) Rügefrist setzen.[615]

Der § 11 Nr. 10 erfasst **nicht zusätzliche Garantien** neben der Gewähr- 452 leistung. Hier gilt: Funktions- und Haltbarkeitsgarantien sind in der Regel so auszulegen, dass erst mit Eintritt des Störfalles die gesetzliche Gewährleistungsfrist zu laufen beginnt.[616]

Formularvertragliche Rügefristklauseln, die gesetzliche Gewährleistungs- 453 fristen verkürzen, sind **unwirksam**. Es bleibt bei den gesetzlichen Fristen.

Gegenüber **kaufmännischen Kunden** sind formularvertraglich verein- 454 barte Rügefristen jedenfalls dann unzulässig, wenn sich in der eingeräumten Zeit verborgene Mängel regelmäßig nicht zeigen, während für erkennbare Mängel die §§ 377, 378 HGB zur Anwendung gelangen. Eine einheitliche Ausschlussfrist für beide Mängeltypen ist wiederum unwirksam[617]. Die Nachlieferung kann allerdings ein konkludentes Anerkenntnis des Gewährleistungsanpruches darstellen, so dass mit Übergabe der Ersatzsache eine neue Verjährungsfrist zu laufen beginnt (§ 217 BGB).[618] Die Verjährungsfrist für andere als für Gewährleistungsansprüche, etwa für Ansprüche aus positiver Vertragsverletzung (s. Rn. 1100) oder aus culpa in contrahendo (Verschulden bei Vertragsschluss, s. Rn. 1034), dürfen im Rahmen des § 9 AGBG verkürzt werden.

Unwirksam ist etwa eine Klausel, nach der jeder Mangel einer Anlage 455 oder insbesondere eines Programmes innerhalb von drei Tagen zu rügen ist[619]. Ein typischer Fall verborgener Mängel ist ein Fehler eines Buchhaltungsprogrammes, das sich nur einmal jährlich beim buchhalterischen Abschluss zeigt.

---

[613] Wolf/Horn/Lindacher, a. a. O., Rn. 5 (str.), Rn. 10 m. w. N. (str.); a. A. OLG Köln, NJW 1986, 2579.
[614] Wolf/Horn/Lindacher, a. a. O., Rn. 10 m. w. N. (str.); Ulmer/Brandner/Hensen, a. a. O., Rn. 72.
[615] Koch/Stübing, § 11 Nr. 10 Rn. 64.
[616] BGH, BB 1961, 228.
[617] BGH, NJW-RR 1986, 5253; s. n. Wolf/Horn/Lindacher, § 11 Nr. 10d Rn. 19.
[618] Wolf/Horn/Lindacher, a. a. O., Rn. 5.
[619] OLG Hamburg, MDR 1974, 577.

456   Als **zulässig** sollen Klauseln gelten, nach denen offenkundige Fehler sofort, einer Untersuchung bedürfende Fehler innerhalb von 10 Tagen, verborgene Mängel hingegen in einer Frist von einem bis drei Monaten mitzuteilen sind.[620] Freilich wird hier nach den Einzelfallumständen zu differenzieren sein.

7.16.6 Verkürzung von Gewährleistungsfristen (§ 11 Nr. 10 Buchst. f AGBG)

457   Gesetzliche Gewährleistungsfristen dürfen nicht verkürzt werden.

458   Die – im EDV-Bereich ohnehin oft zu knappen – Gewährleistungsfristen dürfen nicht noch weiter verkürzt werden. Der § 11 Nr. 10 Buchst. f. erfasst allerdings nur die kauf- und werkvertraglichen Verjährungsregelungen der §§ 477 und 638 BGB, die auch durch Nachbesserungsversuche nicht unterbrochen, wohl aber gehemmt werden. Die **Geltung von Tatbeständen der Verjährungshemmung darf nicht ausgeschlossen werden**[621].

459   Die gesetzlichen Gewährleistungsfristen gelten unverkürzt.

460   Gegenüber **kaufmännischen Kunden** dürfen Gewährleistungsfristen nur ausnahmsweise verkürzt werden, wenn hierfür „gewichtige Sachgründe" sprechen[622], also nicht im Regelfall. So muss etwa ein berechtigtes Interesse des Anbieters an einer raschen Mängelmitteilung und -aufklärung bestehen.[623] Die Prüfung folgt § 9 AGBG. Zulässig ist es, die Gewährleistungsfrist von der tatsächlichen Nutzung abhängig zu machen (z. B. Betriebsstunden bei Maschinen).[624] Die Verjährungsfrist des § 477 BGB darf im kaufmännischen Geschäftsverkehr grundsätzlich nicht formularvertraglich verkürzt werden[625], da dem Beschleunigungsbedürfnis mit § 377 HGB genügend Rechnung getragen wird.

7.17 Haftung für zugesicherte Eigenschaften (§ 11 Nr. 11 AGBG)

461   Die Anbieterhaftung für das Fehlen zugesicherter Eigenschaften kann nicht ausgeschlossen werden.

Dem Kunden dürfen zugesicherte Rechte nicht durch formularvertragliche Freizeichnung wieder genommen werden.[626]

---

[620] Schlünder, a. a. O., Rn. 339.
[621] Ulmer/Brandner/Hensen, § 11 Nr. 10f Rn. 79.
[622] BGH, ZIP 1992, 706 = WM 1992, 661.
[623] BGH, NJW 1993, 2054.
[624] Wolf/Horn/Lindacher, § 11 Nr. 10 Buchst. f Rn. 18.
[625] BGH, WM 1992, 661, 662 (für Kfz-Bereich).
[626] BGHZ 50, 200, 207.

Mit einer Zusicherung erklärt der Anbieter, für die Folgen einstehen zu   462
wollen, wenn der Zusicherungsinhalt nicht erfüllt wird. Diese Erklärung
geht damit über eine bloße Eigenschaftsbeschreibung hinaus. Ein Haftungsausschluss für diese Fälle würde dieses Einstehenwollen und damit
die Zusicherung selbst beseitigen. Gleiches gilt für Haftungsbegrenzungen
oder die Einführung eines Verschuldens als Haftungsvoraussetzung.[627]
Keine Rolle spielt, ob die Zusicherung individualvertraglich oder in AGB
abgegeben wurde.[628] Die dargestellten Grundsätze gelten auch für Mangelfolgeschäden.[629] § 11 Nr. 11 AGBG erfasst nur die Zusicherungshaftung aus den §§ 463, 480 Abs. 2 und 635 BGB, nicht aber die mietrechtliche Haftung aus § 538 Abs. 1 BGB.[630]

Schadensersatzansprüche aus Zusicherungsverletzungen nach den §§ 463,
480 Abs. 2, 635 BGB erfassen nur Mangelschäden (am Leistungsgegenstand selbst); also etwa den rückzuerstattenden Kaufpreis[631], den Minderwert der Kaufsache[632] , den Reparaturaufwand[633] und den entgangenen
Gewinn[634], nicht hingegen Mangelfolgeschäden (außerhalb des Leistungsgegenstandes an sonstigen Rechtsgütern),[635] die als Fälle positiver Vertragsverletzung § 11 Nr. 7 AGBG zuzuordnen sind, es sei denn, dass sich
die Eigenschaftszusicherung auch auf das Risiko des jeweiligen Mangel-
folgeschadens erstreckt[636].

Unwirksam ist eine AGB-Klausel, nach der   463
– nur eine ausdrückliche (schriftliche) Zusicherung einer Eigenschaft verbindlich sein soll, da die Zusicherungsqualität mündlicher Erklärungen
  in AGB nicht pauschal ausgeschlossen werden kann.[637] Gleiches gilt,

---

[627] BGHZ 59, 158ff., 162 = VersR 1972, 1058.
[628] Wolf/Horn/Lindacher, a. a .O., Rn. 5.
[629] Ulmer/Brandner/Hensen, a. a. O., Rn. 19.
[630] Für eine Ausweitung des Regelungsbereiches des § 11 Nr. 11 auf Miet-, Pacht- und Leasingver-
     träge s. Wolf/Horn/Lindacher, a. a. O., Rn. 2 m. w. N.; Ulmer/Brandner/Hensen, a. a. O., Rn. 2;
     Palandt/Heinrichs, § 11 AGBG Rn. 73; a. A. OLG Stuttgart, NJW 1984, 2226; MünchKomm/
     BGB-Basedow, § 11 AGBG Rn. 197. Fraglich erscheint, ob die Anknüpfung allein an den
     Schutzzweck der Regelung diese Ausweitung gegen den Wortlaut rechtfertigt. Tragfähiger er-
     scheint eine entsprechende Prüfung über § 9 (so wohl letztlich auch Wolf/Horn/Lindacher,
     a. a. O.).
[631] BGHZ 29, 148, 151; BB 1978, 1034ff.; WM 1990, 1388ff.
[632] BGH, BB 1980, 1068ff.
[633] BGH, NJW 1965, 34; 1983, 1424, 1425.
[634] BGH, BB 1990, 1068, 1069; WM 1982, 130.
[635] allg. Jaeger, MDR 1992, 96, 98.
[636] BGHZ 50, 200, 204; 59, 161ff.; 73, 843, 845; 82, 435, 436; ZIP 1985, 416.
[637] BGH, NJW 1985, 320, 322; OLG Hamburg, Urteil vom 17. 9. 1986 – 5 U 40/86, DB 1986,
     2428ff. (kein undifferenzierter Ausschluss der Möglichkeit einer **mündlichen** Bekräftigung als
     Gegenstand verbindlicher Zusicherung).

wenn die Klausel nicht Zwischenabreden bei Vertragsschluss und Abreden nach diesem unterscheidet,[638]

– Angaben im Vertragsinhalt als annähernd zu betrachten und keine zugesicherten Eigenschaften sind[639],

– bei Eigenschaftszusicherungen für leicht fahrlässige Verletzungen nicht gehaftet wird,[640]

– die Haftung für die zugesicherte Eigenschaft der Höhe nach begrenzt wird,[641]

– Schadensersatzansprüche ausgeschlossen sind[642],

– Eigenschaften von Proben oder Mustern (entgegen § 494 BGB) nicht als zugesichert gelten[643], wichtig etwa für sogenannte „Software-Proben", die auf Disketten distribuiert werden.

§ 11 Nr. 11 erfasst nicht nur Ausschlüsse, sondern auch Einschränkungen der Haftung[644], ebenso Ausschlüsse von Mangelfolgeschäden oder betragsmäßige Begrenzungen, soweit die Zusicherung gerade vor solchen Schäden schützen soll[645].

464   Der **Haftungsausschluss** ist in vollem Umfange **unwirksam**. Die Anbieterhaftung besteht uneingeschränkt (also nicht etwa auf das zulässige Maß reduziert).

465   Auch gegenüber **kaufmännischen Kunden** darf die Zusicherungshaftung (als wesentlicher Grundgedanke der gesetzlichen Regelung) grundsätzlich nicht eingeschränkt oder ausgeschlossen werden[646] (Prüfung über § 9). Haftungseinschränkungen sollen aber jedenfalls dann wirksam sein, wenn dem Kunden zumindest ein Wandelungsrecht eingeräumt wird.[647]

7.18 Laufzeit von Dauerschuldverhältnissen (§ 11 Nr. 12 Buchst. a bis c AGBG)

466   **Grundsätzlich** unwirksam sind Klauseln, die
a) den anderen Vertragsteil länger als zwei Jahre binden,
b) eine stillschweigende Verlängerung des Vertragsverhältnisses vorsehen, die den anderen Vertragsteil um jeweils mehr als ein Jahr bindet,

---

[638] BGH, a. a. O., 322.
[639] OLG Hamburg, a. a. O.
[640] OLG Köln, ZIP 1982, 1094.
[641] Ulmer/Brandner/Hensen, § 11 Nr. 11 Rn. 15.
[642] Ulmer/Brandner/Hensen, § 11 Nr. 11 Rn. 13.
[643] Ulmer/Brandner/Hensen, § 11 Nr. 11 Rn. 14.
[644] Wolf/Horn/Lindacher, a. a. O., Rn. 14; Ulmer/Brandner/Hensen, a. a. O., Rn. 15.
[645] Ulmer/Brandner/Hensen, § 11 Nr. 11 Rn. 18; Wolf/Horn/Lindacher, § 11 Nr. 11 Rn. 11.
[646] Ulmer/Brandner/Hensen, a. a. O., Rn. 22.
[647] BGH, NJW 1974, 272.

c) eine längere Kündigungsfrist als drei Monate vor Ablauf der zunächst
   vorgesehenen oder stillschweigend verlängerten Vertragsdauer zu
   Lasten des anderen Vertragsteils festlegen,

bei regelmäßiger Lieferung von Waren[648] oder regelmäßiger Erbringung
von Dienst- oder Werkleistungen[649] durch den AGB-verwendenden
Anbieter.

Der **Kunde soll nicht eine unangemessen lange Zeit** an einen Vertrag mit   467
dem Anbieter **gebunden werden.** Diese Regelung ist gerade im durch
schnellen technischen Wandel gekennzeichneten EDV-Bereich von besonderer Bedeutung. Eine solche Bindung kann im Einzelfall sogar wettbe-
werbsverzerrend wirken, jedenfalls aber zu einer erheblichen Beeinträchtigung des Kunden führen.

Die „**Laufzeit**" im Sinne von § 11 Nr. 12 Buchst. a beginnt mit dem Zeitpunkt   468
des Vertragsabschlusses, nicht erst mit einem eventuell erst späteren Zeitpunkt
der Leistungserbringung.[650] Der Vertrag bindet bereits mit seinem Abschluss,
nicht erst ab der Leistungserbringung.[651] Diese Bindung soll der Kunde nur
auf einen überschaubaren Zeitraum von höchstens zwei Jahren hinnehmen
müssen, ohne dass es insoweit darauf ankommt, wann mit der eigentlichen
Leistungserbringung begonnen wird.[652] Diese Rechtsprechung hat, wie ausgeführt, insbesondere auch für **EDV-Leistungen** unmittelbare Bedeutung, insbesondere für regelmäßig zu erbringende Wartungs- und Pflegeleistungen, die
naturgemäß oft erst eine erhebliche Zeit nach Vertragsabschluss erbracht werden (z. B. bei Vereinbarung eines Abrufes der Leistungen).

Die „**Lizenzierung**" von **Software** ist als urheberrechtliche Nutzungseinräumung **kein Dauerschuldverhältnis** im vorliegenden Sinne, also kein
Vertrag über eine regelmäßig wiederholte Leistungserbringung.

Unwirksam sind Klauseln, nach denen   469
– der Vertrag auf unbestimmte Zeit geschlossen gilt, auch wenn ein Kündigungsrecht nach Ablauf des zweiten Jahres vorgesehen ist[653],
– die bei Dauerschuldverhältnissen gegebene außerordentliche Kündigungsmöglichkeit abbedungen wird[654].

---

[648] z. B.: Verbrauchsmaterialien wie Toner oder Druckerpapier.
[649] z. B.: Wartung oder Pflege bzw. Schulungsleistung.
[650] BGH, Urteil vom 17. 3. 1993 – VIII ZR 180/92, ZIP 1993, 684 f. (für Wartung eines TV-Gerätes);
     Ulmer/Brandner/Hensen, § 11 Nr. 12 Rn. 9.
[651] BGH, a. a. O.
[652] BGH, a. a. O. gegen Wolf/Horn/Lindacher, § 11 Nr. 12 Rn. 10.
[653] Ulmer/Brandner/Hensen, § 11 Nr. 12 Rn. 9; Schlünder, AGB-Prüfung, Rn. 83.
[654] BGH, NJW 1986, 3134; Schlünder, Rn. 83.

Zulässig ist eine Klausel, nach der sich die Vertragslaufzeit um jeweils ein Jahr verlängert, wenn nicht drei Monate vorher gekündigt wird.[655] **Unwirksam** ist eine AGB-Klausel, nach der der Kunde ein Rücktrittsrecht erst 10 Monate nach dem vereinbarten Liefertermin geltend machen darf.[656]

470 Der **Leasinggeber** darf nicht – auch nicht im kaufmännischen Verkehr – formularvertraglich im Rahmen der Freizeichnung von seiner mietrechtlichen Gewährleistung die Wandelungsfolgen im Leasingverhältnis ausschließen, wenn nach Verjährung der Gewährleistungsansprüche Leasingnehmer und -lieferant eine Wandelungsvereinbarung treffen oder wenn Mängel tatsächlich nicht vorlagen.[657] Der Leasinggeber muss das Ergebnis eines zwischen Leasingnehmer und -lieferanten Gewährleistungsprozesses als für sich verbindlich hinnehmen. Er kann nicht unabhängig hiervon im Leasingverhältnis das Fehlen von Mängeln erneut geltend machen.[658] Ebenso darf der Leasinggeber nicht formularvertraglich das Risiko der Insolvenz des Lieferanten bei erfolgreicher Wandelung des Kaufvertrages auf den Leasingnehmer abwälzen.[659]

Soweit die Voraussetzungen von § 11 Nr. 12 nicht erfüllt sind, bleibt ergänzend § 9 AGBG zu prüfen, so etwa ein Verstoß gegen das Transparenzgebot bei nicht überschaubarer Laufzeit des Vertrages.[660]

471 Werden **unwirksame Vereinbarungen** über Laufzeiten oder Kündigungsfristen in Dauerschuldverhältnissen getroffen, kann für Dienstverträge auf die §§ 620 Abs. 2, 621 BGB zurückgegriffen werden. Im übrigen müssen die Laufzeiten und Kündigungsfristen unter Berücksichtigung der berechtigten Interessen beider Vertragspartner festgelegt werden.[661]

472 Gegenüber **kaufmännischen Kunden** ist § 11 Nr. 12 grundsätzlich **nicht anwendbar.** Jedoch darf die Möglichkeit einer außerordentlichen Kündigung von Dauerschuldverhältnissen auch unter Kaufleuten nicht ausgeschlossen werden.[662] Die Laufzeitregelung muss generell den für eine

---

[655] OLG Oldenburg, Urteil vom 29. 5. 1992 – 6 U 22/92, CR 1992, 722.
[656] LG Flensburg, Urteil vom 21. 5. 1986 – 6 O 98/85, CR 1988, 132. Nach Auffassung des Gerichts ist bei einer Vielzahl von Mängeln der Software sowie bei einem bereits erheblich überschrittenen Termin für die Ablieferung eines ordnungsgemäß ablauffähigen Programms eine Nachfrist von einer Woche ausreichend.
[657] BGH, Urteil vom 13. 3. 1991 – VIII ZR 34/90, ZIP 1991, 519.
[658] BGH, a. a. O., 520 unter Hinweis auf BGH, ZIP 1981, 1215 und ZIP 1985, 266.
[659] BGH, a. a. O., 519.
[660] Wolf/Horn/Lindacher, § 11 Nr. 12 Rn. 23.
[661] Ulmer/Brandner/Hensen, § 11 Nr. 12 Rn. 17.
[662] Ulmer/Brandner/Hensen, a. a. O., Rn. 18; Hopt, § 11 Anm. 11 AGBG.

Vielzahl von Verträgen typischen Interessengegensatz angemessen ausgleichen.[663]

7.19 Wechsel des Vertragspartners (§ 11 Nr. 13 AGBG)

Es besteht grundsätzlich **kein Recht des Anbieters** bei Kauf-, Dienst- oder   473
Werkverträgen, einen **Dritten** in seine Rechte gegenüber dem Kunden **eintreten zu lassen**, außer, es wird
a) der Dritte namentlich bezeichnet oder
b) dem Kunden das Recht eingeräumt, sich vom Vertrag zu lösen.

Der **Kunde soll wissen**, wer die Anbieterpflichten aus Vertrag tatsächlich
erfüllen wird. Ihm soll kein neuer, unbekannter Vertragspartner aufge-
drängt werden[664]. Dies ist etwa bei langfristigen Verpflichtungen aus Ent-
wicklungs-, Beratungs- oder Wartungs-/Pflegeverträgen von besonderer
Bedeutung. Auch Werklieferverträge werden von Nr. 13 erfasst.[665] Nr. 13
ist richtlinienkonform.[666]

Der Anbieter bleibt dem Kunden voll zur Vertragserfüllung verpflichtet.   474

Auch **kaufmännische Kunden** sollen über § 9 AGBG grundsätzlich vor   475
einem formularvertraglich vorgeschriebenen Wechsel des Vertragspartners
geschützt sein.[667] Allgemein gelten aber **Rechtsnachfolgeklauseln** zwischen Kaufleuten als **zulässig**.[668]

7.20 Haftung des Abschlussvertreters des Kunden (§ 11 Nr. 14 AGBG)

Alle formularvertraglichen Regelungen sind unwirksam, durch die der   476
AGB-verwendende Anbieter einem Vertreter, der für den Kunden den Vertrag abschließt,
a) ohne hierauf gerichtete ausdrückliche und gesonderte Erklärung eine
   eigene Haftung oder Einstandspflicht oder
b) im Falle vollmachtsloser Vertretung eine über § 179 BGB hinausgehende Haftung auferlegt.

Die Regelung hat **keine für den EDV-Bereich spezifische Bedeutung**.

---

[663] BGHZ 60, 377.
[664] Wolf/Horn/Lindacher, § 11 Nr. 13 Rn. 1.
[665] Ulmer/Brandner/Hensen, § 11 Nr. 13 Rn. 4; Wolf/Horn/Lindacher, a. a. O., Rn. 2.
[666] Wolf/Horn/Lindacher, a. a. O., Rn. 1.
[667] So OLG Bamberg, CR 1987, 234 (für einen Wechsel in der Person des Wartungsunternehmers),
   ebenso die überwiegende Literaturmeinung, s. Wolf/Horn/Lindacher, a. a. O., Rn. 12 m. w. N.
[668] BGH, NJW 1985, 53 und 2693; Ulmer/Brandner/Hensen, a. a. O., Rn. 11.

Nur in seltenen Fällen sehen AGB von EDV-Anbietern eine derartige Haftungsregelung vor.

7.21 Änderungen der Beweislastverteilung (§ 11 Nr. 15 AGBG)

477 **Grundsätzlich** sind Änderungen der Beweislastregeln zum Nachteil des Kunden unwirksam. Insbesondere solche, die dem Kunden die Beweislast für Umstände auferlegen, die im Verantwortungsbereich des Anbieters liegen oder den Kunden bestimmte Tatsachen bestätigen lassen (Ausnahme: Gesondert zu unterschreibende Empfangsbekenntnisse[669]).

Veränderungen der gesetzlichen oder richterrechtlichen[670] Beweislastverteilung zum Nachteil des **Kunden** können diesem die **Durchsetzung bestehender Gewährleistungsansprüche erschweren** oder unmöglich machen und sind deshalb unwirksam.

478 **Unzulässig sind Klauseln,** nach denen
- ein Schadensersatzanspruch davon abhängig gemacht wird, dass den Verwender (AGB-verwendenden Anbieter) ein Verschulden trifft[671],
- der Mieter verpflichtet wird, für die Schadensbeseitigung (mit-)zuhaften, wenn der Schadensverursacher nicht ermittelt werden kann[672] oder formularmäßig den einwandfreien Zustand der Mietsache zu bestätigen[673],
- dem Mieter die Beweislast dafür auferlegt wird, dass schuldhaftes Verhalten bei der Beschädigung der Mietsache nicht vorgelegen habe[674],
- unwiderlegbare Tatsachenbestätigungen als Erklärungen abgegeben werden[675],
- bestätigt wird, dass der Kunde auf die AGB hingewiesen worden sei und die Möglichkeit gehabt habe, von ihrem Inhalt in zumutbarer Weise Kenntnis zu nehmen[676],
- einzelne Klauseln als „ausführlich ausgehandelt" oder „ausgehandelt und vereinbart" bezeichnet werden[677],

---

[669] Als Quittungen im Sinne von § 368 BGB.
[670] Wolf/Horn/Lindacher, § 11 Nr. 15 Rn. 7.
[671] BGH, NJW 1983, 1322; NJW-RR 1990, 856.
[672] OLG Hamm, MDR 1982, 851.
[673] LG Osnabrück, WuM 1986, 93.
[674] OLG München, NJW-RR 1989, 1499.
[675] Wolf/Horn/Lindacher, a. a. O., Rn. 23; Ulmer/Brandner/Hensen, a. a. O., Rn. 17.
[676] BGH, NJW 1990, 761.
[677] BGHZ 99, 374; Ulmer/Brandner/Hensen, a. a. O., Rn. 18.

– eine (gesetzlich erforderliche) Belehrung über ein Widerrufsrecht (etwa das nach § 1 b AbzG für das frühere Recht/§ 7 VerbrKrG nach jetzigem Recht) als erteilt bestätigt werden soll[678],
– bestimmte Beweismittel vorgeschrieben werden (z. B. Vorhandensein von zwei Zeugen)[679],
– ein sonst nicht zugelassener Augenscheinsbeweis zugelassen wird[680],
– ein Hinweis auf die Möglichkeit bestätigt wird, einen von der Pauschale abweichenden Schaden nachzuweisen[681].

Auch **zwischen Kaufleuten** wirksam ist die in AGB enthaltene Klausel „mündliche Nebenabreden sind nicht getroffen".[682] Die Bestimmung gibt lediglich die ohnehin eingreifende Vermutung der Vollständigkeit der Vertragsurkunde wieder und lässt dem Kunden den Gegenbeweis offen. Sie berührt somit die Beweislastverteilung nicht und hält der Kontrolle nach § 11 Nr. 15b AGBG stand.[683] Auch eine mit Treu und Glauben nicht zu vereinbarende unangemessene Benachteiligung des Kunden liegt nicht vor.[684]

Soweit Nr. 15 nicht anwendbar ist, bleibt ergänzend § 9 zu prüfen. Nummer 15 ist richtlinienkonform.[685]

Die gesetzlichen Beweislastregelungen behalten ihre uneingeschränkte Geltung.   479

Auch gegenüber **kaufmännischen Kunden** sind über § 9 AGBG Veränderungen der Beweislastregelung zu Lasten des Kunden **unwirksam**.[686] Sind die Gewährleistungsansprüche des Käufers wirksam auf ein Recht auf Nachbesserung oder Ersatzlieferung beschränkt worden, so hat der Käufer darzulegen und zu beweisen, dass die Nachbesserung oder Ersatzlieferung fehlgeschlagen ist. Deshalb verstößt eine Klausel, aus der sich diese Verteilung der Darlegungs- und Beweislast entnehmen lässt, nicht gegen § 11 Nr. 15 AGBG. In dieser Klausel ist, dem BGH zufolge, keine Änderung der Beweislastverteilung zu sehen. Der Kunde, der trotz einer Beschränkung seiner Gewährleistungsrechte auf Nachbesserung oder Ersatzlieferung die Wan-   480

---

[678] OLG Koblenz, NJW-RR 1994, 58.
[679] OLG Oldenburg, NJW-RR 1992, 1527; Wolf/Horn/Lindacher, a. a. O., Rn. 4.
[680] BGH, NJW 1988, 258.
[681] OLG Koblenz, NJW-RR 1994, 58.
[682] BGH, BB 1985, 1418.
[683] BGH, a. a. O., unter Hinweis auf BGHZ 79, 281, 287 = ZIP 1981, 278f.
[684] BGH, a. a. O., unter Hinweis auf BGHZ 93, 29ff. = WM 1985, 127, 134.
[685] Wolf/Horn/Lindacher, a. a. O., Rn. 2.
[686] BGH, EBE 87, 397; Wolf/Horn/Lindacher, § 11 Nr. 15 Rn. 26; Ulmer/Brandner/Hensen, a. a. O., Rn. 24.

delung oder Minderung verlangt, müsse darlegen und ggf. beweisen, dass die Nachbesserung oder Ersatzlieferung fehlgeschlagen ist.[687]

7.22 Form von Anzeigen und Erklärungen (§ 11 Nr. 16 AGBG)

481 **Unwirksam** ist eine Bestimmung, durch die die Anzeigen und Erklärungen, die dem AGB-verwendenden Anbieter oder einem Dritten gegenüber abzugeben sind, an eine strengere Form als die Schriftform oder an besondere Zugangserfordernisse gebunden werden.

Die Durchsetzung bestehender Kundenansprüche darf nicht durch besonderen Formzwang erschwert werden. So darf der Anbieter nicht verlangen, dass
– Mängelmitteilungen nur eingeschrieben erfolgen dürfen,
– eine Kundenerklärung nur bei Verwendung eines besonderen Formulars des Anbieters wirksam ist[688],
– der Kunde bestimmte Erklärungen per Telegramm, Telefax oder Fernschreiben abzugeben hat[689].

Der Kunde kann aber **wirksam** formularvertraglich verpflichtet werden, die Rücktrittserklärung bei Nichteinhaltung der Lieferfrist **schriftlich** abzugeben[690].

482 Es gelten die allgemeinen gesetzlichen Vorschriften für die Abgabe von Willenserklärungen und für deren Zugang.

483 Im **kaufmännischen Geschäftsverkehr** sind angemessene Einschränkungen grundsätzlich zulässig.

7.23 Gerichtszuständigkeit

484 Klauseln zu **Gerichtsstand und Gerichtszuständigkeit:** Die Zuständigkeit des Gerichts im selbständigen Beweisverfahren ist als ausschließlich nicht abdingbar.[691] Generell verstoßen Gerichtsstandsklauseln im nichtkaufmännischen Geschäftsverkehr gegen § 9 AGBG, ebenso gegen § 38 ZPO als zwingendes Recht, wobei diese Regelung zu den wesentlichen Grundgedanken im Sinne von § 9 Abs. 1 Nr. 1 AGBG gehört.[692]

---

[687] BGH, Urteil vom 21. 2. 1990 – VIII ZR 216/89, NJW-RR 1990, 886, 888.
[688] OLG München, NJW-RR 1987, 661, 664; Wolf/Horn/Lindacher, § 11 Nr. 16 Rn. 7 m. w. N.
[689] Vgl. Schlünder, AGB-Prüfung, Rn. 441.
[690] BGH, NJW-RR 1989, 625.
[691] Zöller/Vollkommer, § 40 ZPO Rn. 10.
[692] BGH, ZIP 1987, 1185 f. und NJW 1983, 1320; Ulmer/Brandner/Hensen, Anh. § 9 bis 11 Rn. 400.

Im **kaufmännischen Verkehr** werden Gerichtsstandsvereinbarungen als zulässig angesehen.[693]

8. Unwirksamkeit unangemessen benachteiligender Klauseln

Greifen die allgemeinen Bestimmungen zur Einbeziehung von AGB und   485
zu überraschenden oder unklaren Klauseln nicht ein und liegt auch kein
Verstoß gegen die Klauselverbote der §§ 10 und 11 AGBG vor, so ist weiter zu prüfen, ob die Klausel den Kunden unangemessen benachteiligt.
Grundlage der Prüfung ist § 9 AGBG. Diese Prüfung nach § 9 AGBG ist
auch durchzuführen, wenn der Vertragspartner des AGB-Verwenders
Kaufmann ist (und deshalb die §§ 10 und 11 AGBG nicht anwendbar
sind). Hierbei liefern die §§ 10 und 11 AGBG sogar den Prüfmaßstab: Finden auch **zwischen Kaufleuten** die §§ 10 und 11 AGBG keine unmittelbare Anwendung, so kann jedoch dem Inhalt dieser Regelung eine **Indiz-
wirkung** dergestalt zukommen, dass eine Klausel auch im Falle der Verwendung unter Kaufleuten zu einer berücksichtigungsbedürftigen unangemessenen Benachteiligung der Vertragspartner führt, es sei denn, sie kann
wegen der besonderen Interessen und Bedürfnisse des kaufmännischen
Geschäftsverkehrs **ausnahmsweise als angemessen** angesehen werden.[694]
Diese Grundsätze gelten auch für **Minderkaufleute**[695], aber **nicht für
Freiberufler**, die voll vom AGB-Gesetz geschützt sind.

Der **§ 9 AGBG** stellt das **Kernstück** des AGB-Gesetzes dar, die Grund-   486
norm der Inhaltskontrolle[696] und eine spezielle Ausgestaltung der Vorschrift des § 242 BGB, die neben § 9 nicht mehr anwendbar ist[697] (ausgenommen die Fallgruppe des Einwandes unzulässiger Rechtsausübung aus
dem Bereich des § 242 BGB). Hier liegt eine **Ausübungskontrolle** hin-

---

[693] OLG Hamburg, VersR 1986, 1023; OLG Karlsruhe, Urteil vom 22. 3. 1996 – 10 U 249/95, NJW
1996, 2041; Ulmer/Brandner/Hensen, a. a. O., Rn. 403.
[694] BGHZ 90, 273, 278 nach Paulusch, DWiR 1992, 182 f., eine Entscheidung wie ein Paukenschlag;
dieser Regel-Ausnahme-Satz gehe zu weit (Paulusch, a. a. O.). Die Entscheidung hat deswegen
fundamentale Bedeutung, weil sie sich auf alle Klauselverbote des § 11 AGBG bezieht und für
diese letztlich nur im Ausnahmefall eine Anwendbarkeit auch im käufmännischen Geschäftsverkehr ausschließt.
[695] BGH, NJW-RR 1993, 590.
[696] Wolf/Horn/Lindacher, § 9 Rn. 6.
[697] Wolf/Horn/Lindacher, § 9 Rn. 25.

sichtlich der Rechte des AGB-Verwenders vor.[698] Die nicht abdingbare[699] Vorschrift schränkt die Freiheit der Vertragsgestaltung ein, da der Vertragspartner des AGB-Verwenders wegen der Beeinträchtigung seiner Selbstbestimmung eines verstärkten Schutzes bedarf[700], ist jedoch kein Verbotsgesetz im Sinne von § 134 BGB[701]. Der § 9 AGBG erfasst als allgemeine Auffangvorschrift[702] und Wertungsmaßstab die Fälle, in denen nicht bereits die Regelungen der §§ 10 und 11 AGBG als besondere Ausprägung eingreifen, so etwa bei Verträgen zwischen Kaufleuten,[703] oder in denen die formalisierten Regelungen der §§ 10 und 11 AGBG nicht verletzt sind[704], aber dennoch der Vertragspartner des Verwenders beeinträchtigt wird. § 9 ist auch anwendbar auf Verträge mit juristischen Personen des öffentlichen Rechts[705], in entsprechender Anwendung der §§ 56, 59 VwVfG auch für öffentlich-rechtliche Verträge und über § 242 BGB auch für Arbeitsverträge (die in dem Kontrollbereich des AGB-Gesetzes ausgeklammert sind).[706]

Weder § 9 noch die §§ 10 und 11 AGBG enthalten abschließende Regelungen über die Unwirksamkeit formularvertraglicher Regelungen. Auch wenn eine Klausel den §§ 9 bis 11 AGBG entspricht, kann gegen sie folglich doch gemäß § 242 BGB der Einwand der unzulässigen Rechtsausübung zu erheben sein, insbesondere etwa dann, wenn sich nachträglich, d. h. nach Vertragsschluss Umstände ergeben, die es rechtsmissbräuchlich erscheinen lassen, sich als Verwender der AGB auf die betreffende Klausel zu berufen[707]. Die Angemessenheit einer Klausel ist im Zusammenhang des gesamten Vertragsgefüges und durch Abwägung der beiderseitigen Rechte und Pflichten zu prüfen.[708] Beurteilungsgrundlage sind die typi-

---

[698] Wolf/Horn/Lindacher, § 9 Rn. 27; Ulmer/Brandner/Hensen, § 9 Rn. 34 ff.

[699] Wolf/Horn/Lindacher, a. a. O.

[700] Wolf/Horn/Lindacher, § 9 Rn. 2 m. w. N.

[701] Wolf/Horn/Lindacher, § 9 Rn. 10.

[702] Ulmer/Brandner/Hensen, § 9 Rn. 61.

[703] Wolf/Horn/Lindacher, § 9 Rn. 6; Ulmer/Brandner/Hensen, § 9 Rn. 67; die genannten Vorschriften stellen letztlich nur eine beispielhafte Aufzählung von Anwendungsfällen der Generalklausel dar (Ulmer/Brandner/Hensen, § 9 Rn. 14).

[704] So können Preiserhöhungsvorbehalte (§ 11 Nr. 1), Haftungsausschlüsse (§ 11 Nr. 7), Gewährleistungsbeschränkungen (§ 11 Nr. 10a) oder Laufzeitbindungen (§ 11 Nr. 12a) wegen Besonderheiten der Vertragsverhältnisse oder der Klauselgestaltung gegen § 9 verstoßen, auch wenn die jeweiligen Klauselverbote der §§ 10 und 11 nicht verletzt sind (s. Ulmer/Brandner/Hensen, § 11 Rn. 67).

[705] Wolf/Horn/Lindacher, § 9 Rn. 6.

[706] Wolf/Horn/Lindacher, a. a. O.

[707] Ulmer/Brandner/Hensen, § 9 Rn. 36; Wolf/Horn/Lindacher, § 9 Rn. 24, 27; Schlünder, a. a. O., Rn. 153.

[708] BGH, NJW 1982, 644; NJW-RR 1990, 1075; NJW 1992, 180 ff.; NJW 1993, 532.

schen Interessenlagen der beteiligten Verkehrskreise[709] und die Gewohnheiten des Geschäftsverkehrs[710].

Dem Verwender ist es verwehrt, sich auf die Unwirksamkeit einer Klausel nach dem Maßstab der §§ 9 bis 11 AGBG zu berufen, wenn die andere Vertragspartei ihrerseits aus der Klausel Rechte herleitet.[711]

Für § 9 AGBG ist zunächst zu prüfen, ob eine bestimmte Regelung   487
– mit wesentlichen Grundgedanken der einschlägigen Regelung unvereinbar ist (s. Rn. 497) oder
– durch Einschränkung wesentlicher Rechte und Pflichten den Vertragszweck gefährdet (s. Rn. 499) bzw. ob generell
– eine gegen Treu und Glauben verstoßende Unangemessenheit vorliegt (s. Rn. 494).
Gegen § 9 AGBG verstoßende Klauseln sind **nichtig**.

Voraussetzung der Anwendbarkeit von § 9 AGBG ist, dass **Nachteile von**   488
einigem Gewicht entstehen.[712] Diese Nachteile müssen unter Würdigung der Interessen des Verwenders der AGB und derjenigen seines Vertragspartners unangemessen erscheinen. Zur entsprechenden Beurteilung ist von Gegenstand, Zweck und Eigenart des geschlossenen Vertrages auszugehen.[713] Hierbei sind ggf. andere Bestimmungen des Vertrages zu berücksichtigen, wobei zum einen eine als solche noch hinnehmbare Klausel durch eine andere derart verstärkt werden kann, dass beide Klauseln in ihrem Zusammenwirken unwirksam sind[714] und zum anderen die durch eine Klausel begründeten Nachteile durch Vorteile anderer Vertragsbestimmungen ausgeglichen werden[715] und zwischen den Vertragsbestimmungen ein Sachzusammenhang besteht.

Die Klauselkontrolle nach § 9 AGBG erfasst nicht nur einzelne typisierte Regelungsinhalte (so etwa die §§ 10 und 11 AGBG), sondern alle vereinbarten Klauseln. Unangemessene Benachteiligungen jeder Art werden einbezogen. Die wesentlichen Rechte und Pflichten können für die Mehrzahl der EDV-Verträge aus den gesetzlichen Vertragstypen entnommen werden. Für bestimmte sonstige Vertragstypen, z. B. Lizenz- bzw. Knowhow-Verträge, ist auf die in der Wirtschaftspraxis ausgebildeten Leistungs-

---

[709] BGH, NJW-RR 1990, 1076; NJW 1988, 2536; 1989, 3010 und 1990, 1601.
[710] BGH, NJW 1982, 765.
[711] Wolf/Horn/Lindacher, § 9 Rn. 28.
[712] So etwa OLG Hamm, NJW 1981, 1050.
[713] BGH, NJW 1986, 2102; 1987, 2576.
[714] BGH, NJW 1983, 160.
[715] Palandt/Heinrichs, § 9 AGBG Rn. 10.

bilder zurückzugreifen. Teil des wie immer gearteten Leistungsbildes des zu prüfenden Vertrages sind auch Nebenpflichten, soweit sie für die Erreichung des Vertragszweckes von besonderer Bedeutung sind[716] und damit Kardinalpflichten darstellen.

489 Der § 9 entspricht inhaltlich der Generalklausel der EG-Richtlinie zu „missbräuchlichen Klauseln" (Art. 2a, 3 Abs. 1 der RL).[717] Die **Auslegung** erfolgt im Rahmen des § 9 nach generalisierend-abstrakten Kriterien, während Art. 4 der RL über missbräuchliche Klauseln in Verbraucherverträgen nunmehr eine **individuelle Beurteilung verlangt**, nämlich die Berücksichtigung aller Umstände des Einzelfalles.[718] Da Art. 8 RL aber nur Mindestregelungscharakter hat, soll es möglich sein, den abstrakt-generellen Maßstab des § 9 AGBG beizubehalten und zusätzlich nach dem konkret-individuellen Maßstab zu prüfen.[719] Die notwendig abstrakt bleibende Klauselgestaltung stößt auf die Schwierigkeit, dem konkret-individuellen Maßstab des Art. 4 Abs. 1 RL nicht voll genügen zu können, da nicht alle denkbaren Fallvarianten mit einer abstrakten Klausel abgedeckt werden können. Damit bleibt bei der Vertragsgestaltung nur, sich von vornherein am abstrakt-generellen und damit in der Regel schärferen Maßstab zu orientieren.[720]

490 Das AGB-Gesetz legt den **Kaufmannsbegriff** der §§ 1 bis 11 HGB zugrunde. Alle Arten der Kaufleute im Sinne des HGB werden erfasst, also auch Kaufleute kraft Eintrag in das Handelsregister (§§ 2ff. HGB) und Kaufleute kraft Rechtsform (§ 6 HGB), ebenso Minderkaufleute.[721]

8.1 Verhältnis von § 9 AGBG zu anderen Vorschriften des AGBG

491 Nur wenn Klauseln AGB im Sinne von § 1 AGBG darstellen und nach § 2 AGBG wirksam in den jeweiligen Vertrag einbezogen sind, unterliegen sie der Prüfung nach § 9 AGBG. Jedoch kann das entscheidende Gericht die Wirksamkeit der Einbeziehung einer Klausel dahingestellt bleiben lassen, wenn diese Klausel ohnehin nach den Kriterien der §§ 9 bis 11 AGBG unwirksam ist[722].

---

[716] BGH, BB 1984, 1449f.
[717] Siehe näher Ulmer/Brandner/Hensen, § 9 Rn. 56.
[718] Graf v. Westphalen, EWS 1993, 161, 164.
[719] Eckert, WM 1993, 1070; Heinrichs, NJW 1993, 1817, 1821; Schlünder, a. a. O., Rn. 608 bis 610.
[720] Schlünder, a. a. O., Rn. 612.
[721] Palandt/Heinrichs, § 24 AGBG Rn. 11.
[722] Wolf/Horn/Lindacher, § 9 Rn. 35; Ulmer/Brandner/Hensen, § 9 Rn. 25.

Auch nach § 8 **AGBG** der Inhaltskontrolle entzogene Klauseln sind jeden- 492
falls dahingehend zu überprüfen, ob sie wirksam im Sinne von § 2 AGBG
in den Vertrag einbezogen wurden[723].

Eine im Sinne von § 3 **AGBG** überraschende Klausel zur Leistungsfestle-
gung ist in der Regel auch nach den §§ 9 bis 11 AGBG unwirksam, da die
Überraschung regelmäßig aus der generellen oder vertragsspezifischen
Unangemessenheit folgt[724].

Der Vorrang der Individualabrede nach § 4 **AGBG** kann nicht selbst wieder formularvertraglich aufgehoben, also auf individuell vereinbarte Termine nicht eine Verlängerungsklausel in AGB angewendet werden.[725]
Gleiches gilt für sonstige dem Vertragspartner ebenfalls nachteilige Veränderungen der Individualvereinbarung durch eine AGB-Bestimmung. Auch
hier greift die Inhaltskontrolle nach § 9 ein.[726]

Die **Auslegungsregel** des § 5 **AGBG** geht den §§ 9 bis 11 AGBG vor.[727]
§ 138 **BGB** bleibt auch (ergänzend) im Anwendungsbereich der §§ 9 bis
11 AGBG anwendbar.[728]

8.2 Prüfung einer unangemessenen Benachteiligung

Eine **unangemessene Benachteiligung** liegt vor, 493
– wenn die AGB von wesentlichen gesetzlichen Grundgedanken oder von
  vertragstypischen Rechten oder Pflichten abweichen, ohne dass diese
  Abweichung durch besondere Umstände gerechtfertigt ist (§ 9 Abs. 2
  Nr. 1 AGBG),
– wenn allgemein berechtigte Interessen des anderen Vertragsteils nicht
  ausreichend berücksichtigt werden (§ 9 Abs. 2 Nr. 2 AGBG)[729] oder
– wenn sonst ein Verstoß gegen Treu und Glauben vorliegt (§ 9 Abs. 1
  AGBG – Generalklausel).

Nur eine **Benachteiligung von erheblichem Gewicht** ist als nach Treu
und Glauben unangemessen einzustufen.[730] Geringfügige, unwesentliche
Benachteiligungen sind hinzunehmen.[731] In den Fällen des § 9 Abs. 2 wird

---

[723] Wolf/Horn/Lindacher, a. a. O.
[724] Wolf/Horn/Lindacher, a. a. O.; Ulmer/Brandner/Hensen, § 9 Rn. 26.
[725] Wolf/Horn/Lindacher, a. a. O.
[726] Siehe näher Ulmer/Brandner/Hensen, § 9 Rn. 27.
[727] Ulmer/Brandner/Hensen, § 9 Rn. 28 (Auslegungskontrolle ergänzt Inhaltskontrolle).
[728] Ulmer/Brandner/Hensen, § 9 Rn. 32.
[729] Wolf/Horn/Lindacher, § 9 Rn. 50.
[730] Wolf/Horn/Lindacher, a. a. O.; Ulmer/Brandner/Hensen, § 9 Rn. 73.
[731] Wolf/Horn/Lindacher, a. a. O.

die unangemessene Benachteiligung **vermutet** und hat der AGB-Verwender die Beweislast dafür zu tragen, dass die Benachteiligung nicht unangemessen ist. Im Bereich des § 9 Abs. 1 AGBG bleibt dagegen die Beweislast für die Unangemessenheit beim Kunden.[732]

494 **Unangemessen** ist jede Beeinträchtigung rechtlich anerkannter Interessen des Vertragspartners, die bei einer notwendigen Interessenabwägung[733] nicht durch berechtigte Interessen des Verwenders gerechtigt ist oder durch gleichwertige Vorteile für den Kunden ausgeglichen wird[734]. Dies gilt etwa für das Interesse am Gleichgewicht zwischen Leistung und Gegenleistung bei langfristigen Verträgen.[735] Die Beurteilung am Maßstab von Treu und Glauben muss in einer **umfassenden Interessenabwägung** erfolgen[736] und hat die besonderen Eigenarten der jeweiligen Vertragstypen zu berücksichtigen[737]. Unangemessenheit liegt vor, wenn der Verwender nur seine eigenen Interessen im Auge hat und keine hinreichende Rücksicht auf die (höher rangigen) Interessen des anderen Vertragspartners nimmt[738], wobei für **Kaufleute** ein geringeres Schutzbedürfnis anzusetzen ist[739].

495 **Beispiele:**
Vertragsstrafenklauseln sind zur Erfüllungssicherung von Ausschließlichkeitsbindungen in Lizenzverträgen[740] oder von Unterlassungspflichten[741] zulässig[742], ebenso zur Sicherung der Rückgabe von zeitlich begrenzt überlassenen Programmen[743], aber unzulässig, wenn übermäßig in die Handlungsfreiheit des Kunden eingegriffen und etwa für jeden Tag des Verzuges ohne Obergrenze und prozentual starr ein Anteil des Werklohnes fällig wird[744]. Der § 9 Abs. 1 AGBG enthält insoweit ein **Übermaßverbot**. Unangemessen ist etwa eine Klausel, derzufolge

---

[732] Wolf/Horn/Lindacher, § 9 Rn. 58, 60.
[733] Ulmer/Brandner/Hensen, § 9 Rn. 71 m. w. N.
[734] BGH, NJW 1987, 2431; Wolf/Horn/Lindacher, § 9 Rn. 100.
[735] Wolf/Horn/Lindacher, § 9 Rn. 102.
[736] BGH, NJW 1988, 258f. und BGH, ZIP 1987, 1582, 1585.
[737] Ulmer/Brandner/Hensen, § 9 Rn. 82.
[738] BGHZ 74, 383, 390 = NJW 1981, 117f. und 1982, 178.
[739] Str., vgl. n. Wolf/Horn/Lindacher, § 9 Rn. 121ff. m. w. N.
[740] Vgl. BGHZ 63, 256 = NJW 1975, 163.
[741] BGH, BB 1976, 1298.
[742] Vgl. allg. Ulmer/Brandner/Hensen, § 9 Rn. 83.
[743] LG Lüneburg, Urteil vom 3. 6. 1988 – 4 S 25/88, NJW 1988, 2476 (für das 12fache der monatlichen Lizenzgebühr, hier DM 5 000).
[744] OLG Frankfurt/Main, Urteil vom 28. 4. 1993 – 21 U 26/92, CR 1994, 355; BGH, NJW 1985, 57.

– die erstellte Software mit Einsatz beim Kunden als durch diesen abgenommen gilt[745],

– der Leasinggeber bei Zahlungsverzug des Leasingnehmers berechtigt sein soll, die Mietsache (Leasinggegenstand) „zur Sicherung" herauszuverlangen und sämtliche noch ausstehende Leasingraten fälligzustellen[746].

Die **Transparenz** einer Klausel ist nicht nur bei deren Einbeziehung in den Vertrag, sondern auch bei der Inhaltskontrolle zu berücksichtigen[747]. Zu prüfen ist, ob eine festgestellte Intransparenz zu einer unangemessenen Benachteiligung führt[748]. **Beispiel** für eine intransparente und damit **unwirksame Klausel** ist der oft verwendete Zusatz: „... soweit gesetzlich zulässig"[749].   496

Typische gesetzliche Regelungen, die als Maßstab zur Wirksamkeitsprüfung dienen, sind etwa die Bestimmungen des Kaufrechts, ebenso des UN-Kaufrechts[750], weiter des Werk- oder Dienstvertragsrechts, aber auch die von der Rechtsprechung entwickelten Regeln zur Haftung bei Vertragsschluss und aus positiver Vertragsverletzung[751] und schließlich von der Rechtsprechung durch Auslegung, Analogie oder Rechtsfortbildung hergeleitete Rechtssätze[752].   497

Erfasst werden alle Abweichungen vom dispositiven Recht, also von gesetzlichen Normen und anerkannten Rechtsgrundsätzen und in der Rechtsprechung fortgebildeten Rechtssätzen[753], so etwa das Abbedingen der durch den Gesetzgeber als Risikoverteilung für den kaufmännischen Geschäftsverkehr geschaffenen unverzüglichen Untersuchungs- und Rügepflicht nach den §§ 377, 378 HGB[754].

Beispiele für wesentliche Grundgedanken gesetzlicher Regelungen[755]:   498
– Das Interesse, durch Zugang (§ 130 BGB) der verwenderseitigen Annahmerklärung vom Zustandekommen des Vertrages informiert zu werden,

---

[745] OLG Hamm, Urteil vom 12. 12. 1988 – 31 U 104/87, CR 1989, 385.
[746] OLG Düsseldorf, Urteil vom 18. 2. 1988 – 10 U 132/87, BB 1988, 863.
[747] Wolf/Horn/Lindacher, § 9 Rn. 144; Ulmer/Brandner/Hensen, § 9 Rn. 89.
[748] Wolf/Horn/Lindacher, § 9 Rn. 146.
[749] BGH, NJW 1991, 2630, 2632; Wolf/Horn/Lindacher, § 9 Rn. 151 m. w. N.
[750] Wolf/Horn/Lindacher, § 9 Rn. 66; Ulmer/Brandner/Hensen, § 9 Rn. 134.
[751] Wolf/Horn/Lindacher, § 9 Rn. 67.
[752] Ulmer/Brandner/Hensen, § 9 Rn. 137 mit Beispielen (Rn. 138).
[753] BGH, NJW 1983, 1671; 1987, 1931; 1993, 721, 2738.
[754] BGH, NJW 1991, 2633 ff.
[755] Nach Wolf/Horn/Lindacher, § 9 Rn. 74.

– der Grundsatz, dass (vertragliche) Schadensersatzansprüche Verschulden voraussetzen[756],
– das aus § 242 BGB abgeleitete Recht zur Kündigung aus wichtigem Grund[757],
– die Nachfristsetzung in § 326 Abs. 1 BGB[758],
– die Anrechnung der verwirkten Vertragsstrafe auf den Schadensersatz[759].

499 **Vertragszweckgefährdende Einschränkungen wesentlicher Rechte und Pflichten (Abs. 2 Nr. 2)** sind in den Fällen zu prüfen, in denen eine dem Vertragszweck entsprechende gesetzliche Regelung fehlt[760] (Aushöhlungsverbot). Der Vertragszweck ist gefährdet, wenn die Einschränkungen der Kundenrechte das Erreichen des mit der Vertragsdurchführung angestrebten Ziels ernsthaft gefährden, etwa wertlos machen.[761] Die bloße Einschränkung einer wesentlichen Vertragspflicht genügt nicht.[762] Gegen § 9 Abs. 2 Satz 2 AGBG verstößt aber eine Klausel, durch die sich der Verwender von wesentlichen Vertragspflichten freizeichnet, sofern hierdurch der Vertragszweck gefährdet wird. Diese Freizeichnung ist auch im kaufmännischen Geschäftsverkehr **unwirksam**.[763] Das in § 9 Abs. 2 Nr. 2 AGBG enthaltene Verbot der Aushöhlung wesentlicher vertraglicher Rechte und Pflichten beruht auf der BGH-Rechtsprechung, derzufolge AGB den Kunden nicht solche Rechtspositionen wegnehmen oder einschränken dürfen, die ihm der Vertrag nach Inhalt und Zweck zu gewähren hat. Insbesondere darf sich der Verwender nicht formularmäßig von Pflichten freizeichnen, deren Erfüllung die ordnungsgemäße Durchführung überhaupt erst ermöglicht, auf deren Erfüllung der Kunde daher vertraut und auch vertrauen darf.[764]

500 **Beispiele** für wesentliche Rechte und Pflichten:
– alle vertraglichen **Hauptpflichten** und -rechte[765],
– alle vertraglichen **Nebenpflichten**, z. B. Obhutspflichten bei Reparatur.

---

[756] BGHZ 114, 238 = NJW 1991, 1886ff.; BGHZ 115, 38 = NJW 1991, 2414; NJW 1992, 1716, 3158, 3161.
[757] OLG Karlsruhe, BB 1983, 725, 7280.
[758] OLG Karlsruhe, NJW 1982, 2829.
[759] Wolf/Horn/Lindacher, § 9 Rn. 74.
[760] Wolf/Horn/Lindacher, § 9 Rn. 82 (Verbot der Aushöhlung vertragswesentlicher Rechte oder Pflichten); Ulmer/Brandner/Hensen, § 9 Rn. 142.
[761] Wolf/Horn/Lindacher, a. a. O.
[762] Paulusch, DWiR 1992, 182, 188.
[763] BGH, WM 1993, 2451.
[764] BGH, a. a. O., unter Hinweis auf st. Rspr., BGH, WM 1984, 477, 1053, 1224; 1985, 522; 1988, 246, 666; 1992, 413.
[765] Wolf/Horn/Lindacher, § 9 Rn. 88.

Die wegen Unangemessenheit unwirksame Klausel ist **nichtig**. Diejenigen Teile der Klausel bleiben allerdings wirksam, die als solche noch eine sinnvolle und angemessene, aus sich heraus verständliche Regelung darstellen[766] und sich in den gesamten Vertragszweck sach- und interessengerecht einfügen[767].

8.3 Typische Fälle unzulässiger Kundenbenachteiligung im Sinne von § 9 AGBG – Rechtsprechungsübersicht

Abnahmeklauseln: Gemäß § 9 AGBG unwirksam sind Klauseln, denen   501
zufolge der Besteller bei Werkübergabe die Abnahme erklären muss bzw.
die Programme bei Einsatz durch den Kunden als abgenommen gelten[768].

Abtretungsverbote sind im nichtkaufmännischen wie im kaufmännischen   502
Geschäftsverkehr grundsätzlich wirksam, wenn und soweit ein schützenswertes Interesse des AGB-Verwenders an einer solchen Regelung besteht
und nicht die besonderen Belange des Kunden an der Abtretbarkeit vertraglicher Forderungen das entgegenstehende Interesse des Verwenders
überwiegen.[769] Zulässig ist es auch, die Abtretungserklärung an eine
bestimmte Form oder an die Zustimmung des Anbieters zu binden.[770]

Abwehrklauseln dienen dazu, die Einbeziehung der AGB des Vertrags-   503
partners in den Vertrag abzuwehren. Solche Klauseln sind im kaufmännischen Geschäftsverkehr zulässig.[771] Verwenden beide Vertragsparteien in
ihren AGB solche Abwehrklauseln, gelten die AGB nur in dem Umfange,
in dem sie **übereinstimmend**[772] sind.

Arbeitskampfklauseln sind insoweit   504
– **wirksam,** als Schadensersatzansprüche für einen rechtmäßigen Arbeitskampf oder für vom Verwender nicht beeinflussbare Streiks und Aus-
  sperrungen in Drittbetrieben ausgeschlossen werden[773],
– **unwirksam,** als der Verwender Schadensersatzansprüche für den Fall
  von Arbeitskampfmaßnahmen ausschließt, die **er** zu vertreten hat, z. B.
  durch eine rechtswidrige Aussperrung[774], wobei aber die angemessene

---

[766] Wolf/Horn/Lindacher, § 9 Rn. 157.
[767] BGH, NJW 1984, 2816ff. und NJW, 1989, 3215ff.
[768] OLG Hamm, Urteil vom 12. 12. 1988 – 31 U 104/87; Zahrnt ECR, OLG-24.
[769] BGH, NJW 1989, 2750; WM 1990, 108f.; einschr. Ulmer/Brandner/Hensen, Anh. §§ 9 bis 11 Rn. 2 (kein genereller Abtretungsausschluss).
[770] BGH, DB 1989, 2018 und WM 1988, 460; Schlünder, Rn. 620.
[771] BGH, NJW 1985, 1838, 1839; 1991, 1604.
[772] BGH, NJW 1991, 1604, 1606.
[773] Wolf/Horn/Lindacher, § 9 Rn. A 125; Ulmer/Brandner/Hensen, Anh. §§ 9 bis 11 Rn. 100.
[774] Wolf/Horn/Lindacher, § 9 Rn. A 126; Ulmer/Brandner/Hensen, a. a. O.

Begrenzung des Schadensersatzes im Rahmen der § 11 Nr. 7 und 8 AGBG zulässig bleibt[775].

Gleiche Grundsätze gelten für eine arbeitskampfbedingte Verlängerung von Lieferfristen.[776]

505 **Unwirksamer Aufrechnungsausschluss:** Das Recht des Kunden zur Aufrechnung mit eigenen Gegenansprüchen kann nicht ausnahmslos ausgeschlossen werden. Auch im kaufmännischen Geschäftsverkehr unwirksam ist etwa folgende Klausel:

„Eine Aufrechnung oder ein Zurückbehaltungsrecht des Leasingnehmers wegen eigener Ansprüche gegen Forderungen des Leasinggebers ist ausgeschlossen",

da auch die Aufrechnung mit unstreitigen oder rechtsgültig festgestellten Gegenforderungen ausgeschlossen wäre[777] (s. auch Rn. 388).

506 **Unzulässige verzögerte Auslieferung der Dokumentation:** Eine AGB-Klausel, nach der die Dokumentation wie etwa eine Bedienungsanleitung dem Anwender innerhalb (zu setzender) angemessener Frist nach Abschluss der Arbeiten zur Verfügung gestellt wird, verstößt gegen § 9 AGBG.[778] Es verstößt grundlegend gegen die dem Lieferanten obliegenden Pflichten, dem Abnehmer eine Leistung vorzuenthalten, die dieser benötigt, um überhaupt in angemessener Weise mit der Anlage arbeiten zu können.[779]

507 **Besondere Vertragsbedingungen (BVB) der öffentlichen Hand**[780]
– Die einzelnen Klauseln der „Besonderen Vertragsbedingungen für die Überlassung von DV-Programmen" sind jeweils für sich an den Bestimmungen des AGBG zu messen und nicht lediglich im Gesamtzusammenhang zu würdigen[781].
– § 9 Nr. 4 Abs. 2 der BVB-Überlassung, wonach dem Auftraggeber ein Rücktrittsrecht zusteht, wenn bei der Funktionsprüfung Abweichungen von der Leistungsbeschreibung festgestellt werden und ihm im Fall der Ausübung des Rücktrittsrechts – unabhängig vom Zeitpunkt des Rücktritts – ein pauschalierter Schadensbetrag für 100 Kalendertage zusteht,

---

[775] Wolf/Horn/Lindacher, a. a. O.
[776] Wolf/Horn/Lindacher, § 9 Rn. A 129; Ulmer/Brandner/Hensen, a. a. O., Rn. 101.
[777] BGH, Urteil vom 30. 4. 1986 – VIII ZR 90/85, NJW-RR 1986, 1110.
[778] OLG Hamm, Urteil vom 22. 8. 1991 – 31 U 260/90, BB, Beil. 23, 1991, 3, 5.
[779] OLG Hamm, a. a. O.
[780] Siehe hierzu oben Rn. 82.
[781] BGH, Urteil vom 27. 11. 1990 – X ZR 26/90, BB 1991, 373 = CR 1991, 273 (s. bereits LG Köln, Urteil vom 31. 3. 1989 – 3 O 360/88, CR 1989, 1094 als Vorinstanz).

wenn die Funktionsprüfung ergeben hat, dass das Programm nicht wirtschaftlich sinnvoll genutzt werden kann, verstößt gegen § 9 Abs. 2 Nr. 1
ABGB und ist deshalb unwirksam[782].

Unzulässige Datenübermittlung/Datenspeicherung: Eine Klausel, die   508
generell Speicherung und Weitergabe von Daten, die das Teilnehmerver-
hältnis betreffen, an in der Vertragsabwicklung eingeschaltete Dritte
erlaubt, verstößt gegen das Gebot der Interessenabwägung.[783] Unwirksam
ist weiter eine Klausel, nach der der Leasingnehmer zustimmt, dass der
Leasinggeber im Rahmen des BDSG seine personenbezogenen Daten
speichern, an bestimmte Auskunftstellen übermitteln, ändern oder löschen
kann, da hier die vom BDSG geforderte Interessenabwägung bei derartigen pauschalen Verfahren entfällt bzw. die Kundeneinwilligung pauschal
und damit unwirksam erfolgen müsste.[784]

Erfüllungsortklauseln: Wird in AGB ein Erfüllungsort festgelegt, der im   509
Widerspruch zu dem sich aus der Natur des Schuldverhältnisses ergebenden Erfüllungsort steht (§ 269 BGB), so ist die Klausel regelmäßig nach
§ 9 Abs. 2 Nr. 2 AGBG unwirksam.[785]

Eigentumsvorbehaltsklauseln sind im kaufmännischen wie im nicht-   510
kaufmännischen Verkehr zulässig[786], da sie eine angemessene Interessen-
wahrnehmung ermöglichen, wie sie auch durch die gesetzliche Vermu-
tungsregelung in § 455 BGB vorausgesetzt wird.[787]

In **Einkaufsbedingungen** sind folgende Regelungen grundsätzlich   511
unwirksam:[788]

– Abbedingen des Verschuldenserfordernisses als Verzugsvoraussetzung
  (Verstoß gegen § 9 Abs. 2 Nr. 1 AGBG)[789] bzw. als Voraussetzung der
  Geltendmachung einer Vertragsstrafe[790],
– Absehen von Mahnung und Nachfristsetzung als Verzugsvoraussetzung
  (Verstoß gegen § 9 Abs. 2 Nr. 1 AGBG); eine Mahnung ist naturgemäß
  nicht erforderlich, wenn in Einkaufsbedingungen bestimmte Leistungs-
  termine kalendermäßig bestimmt sind (s. § 284 Abs. 2 BGB). Fehlt es

[782] BGH, a. a. O.
[783] LG Mainz, Urteil vom 25. 2. 1988 – 1 O 284/87, CR 1990, 595.
[784] OLG Hamm, Urteil vom 14. 3. 1986 – 4 U 197/85, WM 1986, 1362, 1367.
[785] OLG Koblenz, WM 1989, 892; Wolf/Horn/Lindacher, § 9 Rn. E 212.
[786] Wolf/Horn/Lindacher, § 9 Rn. E 24; Palandt/Heinrichs, § 9 AGBG Rn. 78.
[787] Wolf/Horn/Lindacher, a. a. O.; Schlünder, Rn. 629.
[788] Zusammenstellung bei Graf v. Westphalen, ZIP 1984, 529 ff.
[789] Siehe auch Thamm/Hesse, BB 1979, 1583 f.; Heinze, NJW 1973, 2182 f.
[790] Graf v. Westphalen, a. a. O., 530.

aber an einer derartigen Terminsbestimmung, kann die Rechtsfolge aus
§ 284 Abs. 2 BGB nicht formularvertraglich vereinbart werden, auch
nicht zwischen Kaufleuten[791],

- Erfordernis der Setzung einer Nachfrist von 60 Tagen bei unangemessener Benachteiligung[792],
- Vereinbarung eines Anspruches auf Rücktritt oder Schadensersatz
anstatt des gesetzlich normierten Verzugsschadens des § 286 BGB, da
dieser Verzugsschadensanspruch gemäß § 286 BGB wesentlich weniger
einschneidend ist als es die Folgen aus § 326 BGB sind[793],
- Vereinbarung der Rechtsfolgen eines Fixgeschäftes gemäß § 361 BGB,
obwohl lediglich eine Lieferzeitbestimmung im Sinne von § 284 Abs. 2
BGB vorliegt[794],
- Abbedingen des Untersuchungs- und Rügeerfordernisses entsprechend
den §§ 377, 378 HGB, wobei allerdings im Rahmen von § 8 AGBG
kontrollfrei zulieferseitige Ausgangskontrollen als Teil der Leistungsbeschreibung vereinbart werden können,
- Beginn der Gewährleistungsfrist erst mit Entdeckung des Mangels[795]
oder mit Inbetriebnahme. Eine **Verlängerung** der Gewährleistungsfrist
ist wirksam.
- eigene Gewährleistungsfristen für „verborgene" Mängel,
- Berechtigung des Bestellers, Mängel an Stelle des Werkunternehmers
auf dessen Kosten zu beseitigen, da eine solche Ausweitung der Rechtsposition aus § 633 Abs. 3 BGB das Interesse des Werkunternehmers an
Überprüfung oder kostengünstiger Beseitigung gering achtet[796],
- Verzicht auf das Erfordernis der Nachfristsetzung im Sinne von § 634
BGB, während auf das Erfordernis der Ablehnungsandrohung wirksam
verzichtet werden kann,
- Verzicht auf das Verschuldenserfordernis des Schadensersatzanspruches
gemäß § 635 BGB,
- generelle Einstufung von Warenbeschreibung als Eigenschaftszusicherungen[797],
- Verjährungsunterbrechung anstatt Verjährungshemmung bei Nachbesserung im Rahmen des Kaufvertragsrechts oder zeitlich befristeter Verzicht des Lieferanten auf Verjährungseinrede, während eine Verlänge-

---

[791] Graf v. Westphalen, 525.
[792] LG Flensburg, Urteil vom 21. 5. 1986 – 6 O 98/85, CR 1988, 132.
[793] Palandt/Heinrichs, § 326 Rn. 1.
[794] Vgl. BGH, ZIP 1982, 1444f.
[795] BGH, ZIP 1980, 880.
[796] Thamm/Hesse, a. a. O., 1586.
[797] Jeweils Graf v. Westphalen, 532.

rung der Hemmungsdauer bis zur tatsächlichen Benutzbarkeit der Sache wirksam ist[798],
- nicht branchentypische Zahlungsregelungen, die Barzahlung innerhalb von 90 Tagen oder eine Skontofrist von 45 Tagen einräumen,
- Regelungen, nach der der Kunde ein Zahlungsmittel nach eigener Wahl nutzen kann[799],
- Erfüllungsortvereinbarungen, wenn anbieterseitig Versandpersonen eingeschaltet werden sollen[800].

Ersatzpflicht des Kunden bei Wiederbeschaffung der im Eigentums- 512
vorbehalt stehenden Kaufsache/keine Gewinngarantie bei Leasingvertrag: Zulässig ist eine Klausel, nach der der Käufer alle Kosten trägt, die zur Aufhebung des Zugriffs und zu einer Wiederbeschaffung des Kaufgegenstandes aufgewendet werden müssen, soweit sie nicht von Dritten eingezogen werden können.[801] Klauseln über das Tragen der Interventionskosten[802] sind generell zulässig[803]. **Unwirksam** ist eine Klausel, die dem Anbieter für den Fall vorzeitiger ordentlicher Kündigung den vollen Kalkulationsgewinn zubilligt, da hier der durch die vorzeitige Beendigung entstehende Vorteil der anderweitigen Kapitalnutzungsmöglichkeit als wesentlicher Teil des leasingtypischen Amortisationsprinzips bereits berücksichtigt wird[804].

Unwirksame Freizeichnung von wesentlichen Vertragspflichten: Eine 513
Klausel in den AGB, durch die sich der Verwender von wesentlichen Vertragspflichten freizeichnet, ist auch im **kaufmännischen Verkehr** dem

[798] Graf v. Westphalen, 533.
[799] Graf v. Westphalen, a. a. O.
[800] OLG Frankfurt/Main, Urteil vom 15. 3. 1994 – 5 U 94/93, NJW-RR 1995, 439.
[801] BGH, Urteil vom 20. 10. 1992 – X ZR 74/91, CR 1993, 355 (für AGB im Radio- und Fernsehhandel, in den wesentlichen Erwägungen auf den EDV-Bereich übertragbar).
[802] Aus der Geltendmachung des Vorbehalts- oder Sicherungseigentums bei einem Dritten, der den Gegenstand zu Unrecht gepfändet hat, gegen den aber keine Kostenerstattung durchsetzbar ist.
[803] BGH, a. a. O., unter Hinweis auf Ulmer/Brandner/Hensen (6. Aufl. 1990) Anhang § 9 bis 11, Rn. 573; Wolf/Horn/Lindacher (2. Aufl., 1989, § 9 P 24-30). Der BGH schließt sich der Erwägung an, dass der Verwender hier mit seiner Drittwiderspruchsklage oder seiner Intervention gleichermaßen im eigenen Interesse wie im Interesse des anwartschaftsberechtigten Kunden handle, da dieser die Sache weiter nutzen könne. Der BGH ergänzt, dies gelte auch bei fehlendem Verschulden des Kunden, weil die im Vorbehaltseigentum stehende Sache mit der Übergabe in die Obhut und in den Gefahrenbereich des Kunden gelangt sei. Dies ergebe sich aus der gesetzlichen Regelung zum Übergang der Sachgefahr gemäß § 446 BGB. „Es ist sachgerecht, zugleich auch die Kostengefahr für die Verteidigung der Sache übergehen zu lassen. Nachdem der Käufer nur subsidiär einstehen muß, er aber andererseits mit dem Erfolg der Intervention den Kaufgegenstand wieder in Nutzung nehmen darf, sind auch seine berechtigten Interessen angemessen gewahrt" (BGH, a. a. O., 356).
[804] BGH, Urteil vom 10. 10. 1990 – VIII ZR 286/89, DB 1990, 24, 63.

BGH zufolge gemäß § 9 Abs. 1 und 2 Nr. 2 AGBG unwirksam, weil sie wesentliche Rechte oder Pflichten, die sich aus der Natur des Vertrages ergeben, so einschränkt, dass die Erreichung des Vertragszwecks gefährdet ist, und den Kunden dadurch entgegen den Geboten von Treu und Glauben unangemessen benachteiligt[805]. Zwar sei gemäß § 11 Nr. 7 AGBG der formularmäßige Ausschluss der Haftung grundsätzlich zulässig, aber jedenfalls dann unwirksam, wenn die verwendete Klausel durch die Einschränkung der Rechte den Vertragszweck gefährdet.

AGB dürfen den Vertragspartner nicht solche Rechtspositionen wegnehmen oder einschränken, die ihm der Vertrag nach seinem Inhalt und Zweck zu gewähren hat. Vor allem dürfe sich der Klauselverwender nicht formularmäßig von Pflichten freizeichnen, deren Erfüllung die ordnungsgemäße Durchführung des Vertrages überhaupt erst ermöglicht, auf deren Erfüllung der Vertragspartner daher vertraut und auch vertrauen darf.[806] Auch eine Haftungsbegrenzung auf einen Höchstbetrag von 100 000 DM ist ebenfalls geeignet, die Rechte des Kunden derart auszuhöhlen, dass der Vertragszweck gefährdet sein kann.[807] Eine solche Haftungsbegrenzung sei nur dann wirksam, wenn die Höchstsumme die vertragstypischen, vorhersehbaren Schäden abdeckt.[808]

514 **Freizeichnungsklauseln zur Haftung:** Gerade auch in EDV-Verträgen finden sich häufig Bestimmungen, mit denen sich Anbieter von ihrer Haftung ganz oder teilweise freizeichnen wollen. Für die Wirksamkeit solcher Vertragsbestimmungen ist zu differenzieren.

Übersicht: Unwirksame Haftungsbeschränkungen in Formularverträgen

515 **Unwirksam** sind insbesondere:
– Gewährleistungsfristen unter sechs Monaten,
– Nachbesserungspflichten nur für bestimmte (z. B. vorhersehbare) Fehlertypen,

---

[805] BGH, Urteil vom 11. 11. 1992 – XIII ZR 238/91, WM 1993, 24, 25 = BB 1992, 2460 zu den Klauseln:
„1. Für Schäden, die dem Auftraggeber bei der Entnahme von Materialproben, bei der Erbringung einer geschuldeten Leistung oder durch fehlerhafte Prüfungen, Prüfzeugnisse u. ä. entstehen, haftet" (der Anbieter) „nur, wenn ihm Vorsatz oder grobe Fahrlässigkeit nachgewiesen wird …"
„2. … Wird dem" (Anbieter) „grob fahrlässiges Verhalten nachgewiesen, so beschränkt sich seine Ersatzpflicht auf DM 100 000,– für alle Schäden, die durch Handlungen oder Unterlassungen im Zusammenhang mit der Erfülung des Vertrages verursacht worden sind."
[806] BGH, WM 1993, 25 unter Hinweis auf WM 1984, 477; NJW 1985, 914, 3016, WM 1985, 127 und 522; WM 1988, 246 und 666; WM 1992, 413.
[807] BGH, a. a. O.
[808] BGH, a. a. O., 26 unter Hinweis auf BGHZ 89, 363, 368 f.

– kurze Rügefristen (außerhalb des Anwendungsbereiches der kaufmännischen Untersuchungs- und Rügepflicht, s. u.),
– Haftungseinschränkungen auf grobe Fahrlässigkeit (unter Ausklammern der Haftung für leichte Fahrlässigkeit),
– Begrenzungen der Haftung für einfache Fahrlässigkeit (nach § 9 Abs. 2
  Nr. 2 i. V. m. Abs. 1 AGBG), wenn die Einschränkung wesentliche, aus
  der Natur des Vertrages folgende Rechte und Pflichten zum Gegenstand
  hat, deren Erfüllung die ordnungsgemäße Durchführung des Vertrages
  erst ermöglicht und auf deren Erfüllung der andere Teil vertraut und
  vertrauen darf[809],
– Klauseln, nach denen der Kunde die Mängelbeseitigungskosten zu tragen hat,
– Ausschluss der Haftung für zugesicherte Eigenschaften,
– Ausschluss von Schadensersatzansprüchen, gleich aus welchem Rechtsgrund (damit auch von Ansprüchen aus Verzug und Unmöglichkeit bei
  einfacher Fahrlässigkeit)[810],
– Vereinbarung von Schadenspauschalen, die den tatsächlichen Schaden
  übersteigen[811],
– Ausschluss von Schadensersatzansprüchen gegen den Lieferanten für
  indirekte Schäden und Folgeschäden unabhängig von deren Rechtsgrund[812],
– eine Schadenspauschale für 100 Tage in § 9 Abs. 4 Satz 2 der BVB-
  Überlassung ist als Verstoß gegen § 11 Nr. 5 b AGBG unwirksam – im
  kaufmännischen Geschäftsverkehr über § 9 AGBG[813],

---

[809] BGH, Urteil vom 26. 1. 1993 – X ZR 90/91, CR 1994, 91 unter Hinweis auf BGHZ 89, 363, 367;
  Z 93, 29, 48; Z 103, 316, 324; BGH, NJW 1985, 914 und 3016; WM 1985, 522; NJW 1992, 2016.
[810] OLG Köln, Urteil vom 21. 3. 1997 – 19 U 215/96, CR 1997, 736, JurPC, Web-Dok 32/1997. Das
  Gericht nahm Unwirksamkeit wegen Verstoß gegen § 11 Nr. 8 a) und b) AGBG an und sah außerdem Unwirksamkeit nach § 9 Abs. 2 Nr. 2 AGBG als gegeben an. Für den letzten Fall wies das
  Gericht darauf hin, dass bei Verletzung von wesentlichen Vertragspflichten („Kardinalpflichten")
  die Haftung für einfache Fahrlässigkeit regelmäßig nicht ausgeschlossen werden dürfe. Zu solchen „Kardinalpflichten" gehören neben den vertraglichen Hauptpflichten die Verpflichtung des
  Verwenders, seine Leistung innerhalb des vertraglich vereinbarten Zeitraums bzw. zu der vertraglich vereinbarten Zeit zu erbringen(!).
[811] Beispiel für eine derartige Schadenspauschale ist die Bestimmung in § 14 Nr. 1 (b) der AGB eines
  ERP-Software-Anbieters, wonach für jeden Schadensfall eine Beschränkung auf DM 250 000,
  insgesamt auf DM 500 000 gelten soll. Diese Klausel ist unwirksam, insoweit sie typischerweise
  vorhersehbare Schäden nicht abdeckt (generell: BGH, WM 1993, 25).
[812] OLG Köln, Urteil vom 21. 3. 1997, a. a. O.
[813] LG Köln, Urteil vom 21. 3. 1989 – 3 O 360/88, CR 1989, 1094.

– salvierende Klauseln[814],
– Änderungen der gesetzlichen Beweislast zu Lasten des Kunden (z. B.:
keine Entlastung des Anbieters von seiner Verpflichtung, die Vertragserfüllung zu beweisen).

Generell unwirksam sind weiter Ausschlüsse und Einschränkungen der
Haftung für Vorsatz und grobe Fahrlässigkeit (vgl. § 11 Nr. 7 AGBG),
ebenso hinsichtlich der Haftung für zugesicherte Eigenschaften (§ 11
Nr. 11 AGBG), für Verzug des Anbieters (§ 11 Nr. 8 AGBG), für vom
Anbieter zu vertretende Unmöglichkeit der Leistung (§ 11 Nr. 8 AGBG),
soweit Gewährleistungsansprüche in ihrem Kerngehalt eingeschränkt wer-
den[815], und sogar entferntere Mangelfolgeschäden, wenn der Verwender
besonderes Vertrauen in Anspruch nimmt[816]. Vorsatzhaftung kann auch in
Individualverträgen nicht im Voraus ausgeschlossen werden (§ 276 Abs. 2
BGB).

516 **Wirksam** sind Haftungseinschränkungen
– für nicht vorhersehbare Schäden bei vermögensrechtlichen Geschäften,
etwa im Rahmen EDV-gestützter Finanzberatung[817],
– für leicht fahrlässige Mangelfolgeschäden (einschließlich des Ausschlusses der Überbürdung von Personalmehrkosten als Schadensersatz
bei Anfangsfehlern)[818],
– auf eine Haftungshöchstsumme, wenn die Einschränkung nicht in
einem unangemessenen Verhältnis zum Schadensrisiko steht[819],
– auf eine den Schaden tatsächlich abdeckende Versicherungssumme[820]
(im EDV-Bereich eher die Ausnahme),
– Fristverlängerung bei Änderungs- und Erweiterungsarbeiten[821],

---

[814] Ein plastisches Beispiel lieferte die Klausel in § 14 Nr. 2 der AGB eines bekannten ERP-Software-Anbieters: „Falls der Auftraggeber eine weitergehende Sicherung gegen Schadensfälle
wünscht, werden die Parteien durch individuelle Absprachen dafür sorgen." Konkret bedeutet
dies, dass derjenige Auftraggeber, der eine wirksame Haftungsbegrenzung wünscht, über diese
eine **individuelle** Vereinbarung herbeiführen muss. Dies ist aber nicht Aufgabe des Auftragge-
bers/Kunden als Vertragspartner des AGB-Verwenders. Vielmehr ist es Sache des AGB-verwendenden Anbieters, seine AGB gleich von vornherein wirksam, d. h. im Rahmen der Bestimmungen des AGB-Gesetzes, zu formulieren.

[815] BGH, NJW 1985, 3016 und 1987, 1931.

[816] BGH, Urteil vom 20. 12. 1984 – VII ZR 340/83, NJW-RR 1986, 271 (Klimaanlage zum Schutz
empfindlicher EDV-Anlage).

[817] Vgl. etwa Palandt/Heinrichs, § 9 AGBG Rn. 46.

[818] LG Aachen, Urteil vom 18. 12. 1992 – 43 O 34/91, CR 1993, 703.

[819] Palandt/Heinrichs, a. a. O., Rn. 47.

[820] BGH, NJW 1986, 1435.

[821] BGH, Urteil vom 23. 6. 1992 – X ZR 92/90, CR 1993, 424 (Die Wirksamkeit der folgenden Klausel stillschweigend voraussetzend: „Führt das Rechenzentrum auf Wunsch des Kunden Ände-
rungs- oder Ergänzungsarbeiten an Programmen aus, so kann sich der Kunde auf vereinbarte Fris-

– für Ansprüche aus unerlaubter Handlung (innerhalb der von § 11 Nr. 7 AGBG gezogenen Grenzen)[822], auch im Verhältnis zu Nichtkaufleuten[823].

Der Anbieter kann sich in seinen AGB nicht im Hinblick auf Schadensersatzansprüche aus positiver Vertragsverletzung undifferenziert von jeder Art des Verschuldens unter Einfluss auch des groben Verschuldens freizeichnen (Verstoß gegen § 9 AGBG)[824].

Gefahrtragungsklauseln: Unwirksam ist eine Klausel, derzufolge die **Preisgefahr** (d. h. die Gefahr, dass der Gläubiger den Preis auch dann bezahlen muss, wenn er aufgrund nachträglich und zufällig eingetretener Unmöglichkeit oder Verschlechterung die Sache nicht oder nur verschlechtert erhält) auf den Käufer bereits mit Abschluss des Kaufvertrages übergeht, obwohl sich der gekaufte Gegenstand noch im Herrschafts- und Risikobereich des Käufers befindet.[825] Die Vorschriften über die **Sachgefahr** bestimmen hingegen, ob der Gläubiger im vorgenannten Fall von Unmöglichkeit oder Verschlechterung der Leistung diese weiterhin verlangen kann. Bei Vereinbarung einer Bringschuld darf der AGB-Verwender deshalb nicht den Gefahrübergang bereits bei Übergabe an die Transportperson vorsehen.[826]

517

Unwirksame Gerichtsstandsklausel
(Siehe dazu die Ausführungen zu Rn. 754.)

Unwirksame formularvertragliche Gewährleistungsklauseln: 518

– **Ein formularmäßiges Abbedingen der kaufmännischen Untersuchungs- und Rügepflicht des auftraggebenden** (die AGB verwendenden) **Herstellers im Verhältnis zum Zulieferer ist unwirksam**[827]. Dem Käufer werde durch diese Regelung die unverzügliche Untersuchungs- und Rügeobliegenheit auch dann abgenommen, wenn die Mängel offen zu Tage liegen, der Käufer sie bei der gebotenen unverzüglichen Untersuchung festgestellt hätte oder hätte feststellen können. Der Gesetzgeber habe in den §§ 377, 378 HGB eine eindeutige Risikovertei-

ten für die Fertigstellung von Programmen nicht berufen. Auch eine Angemessenheit der Verlängerung von Fristen kann seitens des Rechenzentrums nicht gewährleistet werden."
[822] BGH, Urteil vom 12. 3. 1985 – VI ZR 182/83, ZIP 1985, 687.
[823] BGH, a. a. O., 689 unter Hinweis auf BGH, NJW 1979, 2148.
[824] OLG Koblenz, Urteil vom 11. 11. 1988 – 2 U 4/86, CR 1990, 41, 44.
[825] Wolf/Horn/Lindacher, § 9 Rn. G 101 f.
[826] Verstoß gegen den Grundgedanken des § 446 Abs. 1 BGB, Unwirksamkeit nach § 9 Abs. 2 Nr. 1 AGBG (OLG Oldenburg, NJW-RR 1992, 1527 f.).
[827] BGH, Urteil vom 19. 6. 1991 – VIII ZR 149/90, BB 1991, 1732 ff. = NJW 1991, 2633 ff.

lung für den kaufmännischen Verkehr getroffen. Im Handelsverkehr solle möglichst schnell Klarheit darüber geschaffen werden, ob das Geschäft ordnungsgemäß abgewickelt werden soll. Nach der Wertentscheidung des HGB sei dabei den Interessen des Verkäufers der Vorrang zu geben. Dieser solle durch die Obliegenheit des Käufers zur unverzüglichen Mängelrüge in die Lage versetzt werden, entsprechende Feststellungen und Dispositionen zu treffen, insbesondere einen möglichen Schaden abzuwenden.[828] Allerdings kann ein Verzicht auf die klassische Wareneingangskontrolle mit dem Gesetzeszweck der §§ 377, 378 HGB unter der Voraussetzung vereinbart sein, dass der Zulieferer tatsächlich Qualitätssicherungsmaßnahmen durchführt und der Hersteller eine **Identprüfung** und Kontrolle hinsichtlich von Transportschäden vornimmt sowie die Einhaltung der Qualität zugelieferter Teile im Rahmen von Inprozesskontrolle und Funktionskontrollen überwacht[829].

– **Die Verkürzung von Gewährleistungsfristen gegenüber kaufmännischen Kunden ist unwirksam.**

Der BGH sieht eine Vertragsklausel als unwirksam an[830], nach der die Gewährleistung bei einem Fahrzeug nach einer Fahrleistung von 10 000 km endet. Die Begründung des BGH in dieser Entscheidung ist auch für den EDV-Bereich relevant. Die Regelung ist unwirksam, wenn dadurch eine mittelbare Verkürzung der kurzen gesetzlichen Gewährleistungsfrist des § 638 Abs. 1 BGB eintritt. Eine derartige Klausel benachteiligt den AGB-Vertragspartner entgegen den Geboten von Treu und Glauben unangemessen.[831] Das **Verbot** der unmittelbaren oder mittelbaren Verkürzung gesetzlicher Gewährleistungsfristen gelte grundsätzlich auch bei der Verwendung von AGB im Geschäftsverkehr **zwischen Kaufleuten**.[832] Auch auf Kaufleute treffe der in § 11 Nr. 10 Buchst. f AGBG enthaltene Grundgedanke zu, dem Kunden einen hinreichenden Zeitraum für das Geltendmachen zunächst verborgener Mängel offen zu halten, in dem diese Mängel erfahrungsgemäß zu Tage treten und erkannt werden können. Für eine – auch mittelbare – Verkürzung der auf nur sechs Monate messenden Verjährungsfrist (s. §§ 638 Abs. 1, 477 BGB) könne nur dann aus besonderen Gründen ein Bedürfnis anerkannt werden, wenn diese Zeitdauer nach Lage der Dinge gene-

---

[828] BGH, a. a. O.
[829] Siehe Steinmann, BB 1993, 873, 879.
[830] BGH, Urteil vom 20. 4. 1993 – X ZR 67/92, BB 1993, 1395.
[831] BGH, a. a. O., LS.
[832] BGHZ 90, 273, 276; BGH, ZIP 1981, 620ff. = BB 1981, 935 und WM 1992, 661 ff. = BB 1992, 805.

rell zur Entdeckung verborgener Mängel nicht erforderlich ist und deshalb die Interessen des anderen Vertragsteils durch die Verkürzung nicht
in einer Weise beeinträchtigt werden, die gegen die Grundgedanken der
gesetzlichen Regelungen verstößt.[833] Die Verkürzung der gesetzlichen
Gewährleistungsfrist sei nicht nur dann unwirksam, wenn sie die
Durchsetzung von Ersatzansprüchen praktisch ausschließt[834], sondern
auch dann, wenn eine Behinderung des Anspruchsberechtigten infolge
der Verkürzung bei der Prüfung der Sach- und Rechtslage eintritt[835]
oder wenn dieser sich gar zu einem voreiligen Prozessbeginn genötigt
sieht, um Rechtsnachteile zu vermeiden. Bei einer kurzen Verjährungsfrist von sechs Monaten sei eine Rechtsbeeinträchtigung des Klausel-
verwenders durch Verlust von Beweismitteln und eine damit einherge-
hende Gefahr nicht zu befürchten, wegen unbegründeter Ansprüche
belangt zu werden, gegen die er sich nicht mehr wirksam verteidigen
kann –, jedenfalls dann, wenn der Anbieter seine Leistung dokumentiert.[836] In gleicher Weise wird auch im EDV-Bereich gegenüber kaufmännischen Kunden eine Einschränkung der kurzen kauf- oder werkvertraglichen Gewährleistungsfrist grundsätzlich unwirksam sein, da
„gewichtige Sachgründe" für eine solche Verkürzung zumeist nicht
bestehen und zudem ein erheblicher Teil möglicher Sachmängel nicht in
der weiter verkürzten Frist erkennbar ist.
– **Die Beschränkung der Gewährleistung auf Nachbesserung ist zulässig.**
  Die Kombination eines Nachbesserungsanspruches mit der Befugnis
  des Verkäufers, den Käufer durch Ersatzlieferung abzufinden, entspricht § 11 Nr. 10 Buchst. b und verstößt auch nicht gegen § 9 AGBG.
  Eine unangemessene Benachteiligung des Käufers ergebe sich nicht aus
  dem Umstand, dass der Käufer statt der Nachbesserung eine gleichartige mangelfreie Ersatzsache geliefert erhält[837].
– **Die Beschränkung der Mängelgewährleistung auf grobe Fahrlässigkeit ist unwirksam.**
  Eine Beschränkung der Gewährleistungsrechte auf grob fahrlässig her-
  beigeführte Fehler ist nicht mit den **§ 9 Abs. 2 Nr. 1, Abs. 1 AGBG** vereinbar, da dem Besteller wenigstens ein (verschuldensunabhängiger)
  Gewährleistungsanspruch verbleiben muß.[838]

---

[833] BGH, a. a. O., unter Hinweis auf Wolf/Horn/Lindacher, § 11 Nr. 10f. Rn. 17.
[834] So bereits BGH, NJW 1981, 1510ff.; BGHZ 64, 238, 243.
[835] BGH, a. a. O.; BGHZ 90, 273, 277.
[836] BGH, a. a. O., 1397 (für Reparaturleistungen).
[837] BGH, Urteil vom 30. 9. 1992 – VIII ZR 193/91, ZIP 1992, 1559f.
[838] BGH, Urteil vom 26. 1. 1993 – X ZR 90/91, CR 1994, 91.

– **Ein Gewährleistungsausschluss für gebrauchte Geräte ist wirksam.**[839]

Ein Verstoß gegen § 9 AGBG liege nicht vor. Allein der Umstand, dass der Verkäufer das gebrauchte Gerät überholt und auf einen bestimmten technischen Stand gebracht hat, sei für den Gewährleistungsausschluss nicht relevant, solange der Verkäufer keinen entsprechenden Hinweis gebe. Erfolge aber ein solcher Hinweis, der Verkäufer habe das gebrauchte Gerät überholt und auf einen bestimmten technischen Stand gebracht, sei die Gewährleistung nach Sinn und Zweck der Klausel gerade nicht ausgeschlossen. Vielmehr müsse der Verkäufer für das Vorliegen zugesicherter Eigenschaften immer einstehen (§ 459 Abs. 2 BGB). In einer solchen Zusicherung sei zudem in der Regel eine Individualabrede zu sehen, die gemäß § 4 AGBG von der formularmäßigen Freizeichnung nicht erfasst werde.[840]

– **Der Ausschluss des Wandelungsrechts auch gegenüber Kaufleuten ist unwirksam.**[841]

– **Den Beginn der Gewährleistung mit Lieferung/Übergabe festzulegen, ist unzulässig.**

Da die kaufrechtliche Gewährleistungsfrist erst nach vollständiger Installation der Anlage und nach Einweisung beginnt, führt eine Klausel zu einer gemäß den §§ 9, 10ff., 24 Abs. 2 AGBG unzulässigen Verkürzung der Gewährleistungsfrist, derzufolge diese Frist bereits mit Lieferung beginnen soll.[842] Unwirksam ist auch eine Klausel, nach der die Frist für die Gewährleistung für eine Werkleistung nicht mit der Abnahme, sondern bereits mit der Übergabe zu laufen beginnen soll; sie führt zu einer nach § 11 Nr. 10 Buchst. f unwirksamen Abkürzung von Gewährleistungsfristen in AGB –, und zwar über § 9 AGBG auch gegenüber Kaufleuten.[843]

519 **Eine Verpflichtung zur Teilnahme am Lastschriftverfahren ist unwirksam.**

Eine Klausel in AGB, die dem Kunden die Pflicht auferlegt, die eigene Zahlungspflicht im Lastschriftverkehr erfüllen zu müssen, benachteiligt

[839] BGH, Urteil vom 20. 10. 1992 – X ZR 74/91, CR 1993, 355 f. für die Klausel: „Beim Verkauf von gebrauchten Geräten wird, soweit der Verkäufer nicht gesetzlich zwingend haftet oder etwas anderes vereinbart wird, jede Gewährleistung des Verkäufers ausgeschlossen."
[840] BGH, a. a. O., 357, unter Hinweis auf BGHZ 74, 383, 393.
[841] BGH, Urteil vom 14. 7. 1993 – VIII ZR 147/92, CR 1993, 681 unter Hinweis auf BGH, WM 1981, 558 f.; ähnlich etwa bereits LG Augsburg, Urteil vom 5. 5. 1988 – HKO 3588/87, CR 1989, 22. Zu prüfen war die Klausel: „Dem Kunden bleibt vorbehalten, bei mehreren fehlgeschlagenen Nachbesserungen unter den gesetzlichen Voraussetzungen die Vergütung herabzusetzen. Weitergehende Ansprüche des Kunden aus Gewährleistung sind ausgeschlossen."
[842] OLG Köln, Urteil vom 8. 5. 1992 – 19 U 255/91, BB 1993, Beil. 5, 1993, 5 ff.
[843] LG Karlsruhe, Urteil vom 13. 5. 1991 – 10 O 458/89, CR 1991, 544.

den Kunden unangemessen und ist unwirksam, da er in seiner Dispositionsfreiheit eingeschränkt wird. Weder Einzelüberweisung noch vom Kunden eingerichteter Dauerauftrag bleiben möglich. Außerdem kann der Kunde nicht die Berechtigung der Forderung **vor** der Buchung prüfen.[844]

Unwirksame Klauseln in Leasingformularverträgen: 520

– **Leasingratenzahlungspflicht des Leasingnehmers während des Wandlungsprozesses**
Der in AGB eines Leasinggebers enthaltene Ausschluss der mietrechtlichen Gewährleistung unter Abtretung der kaufrechtlichen Sachmängelansprüche gegenüber dem Lieferanten an den Leasingnehmer ist dahin auszulegen, dass der Leasinggeber auch nicht vorläufig Zahlung von Leasingraten fordern kann, wenn der Leasingnehmer Wandlungsklage gegen den Lieferanten erhoben hat[845].

– **Verpflichtung des Leasingnehmers zur Zahlung mit Unterzeichnung der Übernahmebestätigung**
Eine Bestimmung in den AGB des Leasinggebers, durch die bei Abgabe einer unrichtigen Übernahmebestätigung des Leasingnehmers dessen unbedingte, nur durch erfolgreiche Inanspruchnahme des Lieferanten abzuändernde Zahlungspflicht für die Leasingraten begründet werden soll, benachteiligt dem BGH zufolge den Leasingnehmer unangemessen. Die Übernahmebestätigung stellt kein Schuldanerkenntnis im Sinne von § 781 BGB, ebenso kein Anerkenntnis der Vertragsmäßigkeit der Leistung dar, sondern bürdet dem Leasingnehmer nur die Beweislast für die von ihm behauptete Unrichtigkeit der Erklärung auf (§§ 368, 363 BGB). Wurde anstatt Hardware und Software nur die Hardware übergeben, greifen insoweit die Bestimmungen über Teilleistungen (und Leistungsverzug) ein, nicht hingegen Sachmängelgewährleistungsrecht. Beginnt nach den AGB des Leasinggebers die Mietzeit mit der Übernahme des Leasinggegenstandes, so tritt diese Rechtsfolge erst **ab vollständiger Gebrauchsüberlassung** ein[846].
Mit der Übernahmeregelung bürdet der Leasinggeber dem Leasingnehmer dem BGH zufolge das volle Risiko auf, auch wenn die Leasingsache nicht übergeben worden ist, der Leasinggeber also die Gebrauchsüberlassungsverpflichtung nicht erfüllt hat und mangels Leistungsfähigkeit des Lieferanten möglicherweise auch nicht mehr erfüllen kann.

---

[844] OLG Koblenz, Urteil vom 12. 11. 1993 – 2 U 366/92, NJW-RR 1994, 689 (für Breitbandkabelanschlüsse und Gasversorgung).
[845] BGH, Urteil vom 19. 2. 1986 – VIII ZR 91/85, ZIP 1986, 716 i. Erg. zu BGHZ 81, 298.
[846] BGH, Urteil vom 1. 7. 1987 – VIII ZR 117/86, WM 1987, 1131 = BB 1987, 1972.

„Diese Risikozuweisung widerspricht dem Grundgedanken der vertraglichen Äquivalenz und kann schon aus diesem Grund keinen Bestand haben."[847] Unangemessen ist die Regelung außerdem, „weil sie die nicht generell auszuschließende Mitverantwortlichkeit" des Leasinggebers „unberücksichtigt läßt. Soweit die Übernahmeerklärung nicht der tatsächlichen Auslieferung entspricht, ist dies in aller Regel nicht nur dem Leasingnehmer bekannt, sondern auch dem Lieferanten, dessen sich der Leasinggeber ähnlich wie bei der Vorbereitung des Vertrages auch bei der Gebrauchsüberlassung und der damit verbundenen Erstellung der Übernahmebestätigung als seines Erfüllungsgehilfen bedient. Ist die Lieferung unvollständig und damit nicht vertragsgemäß, müsste der Lieferant im Rahmen seiner Tätigkeit als Erfüllungsgehilfe den Leasingnehmer auf die Notwendigkeit einer deutlichen Einschränkung der Erklärung hinweisen. Versäumt er diesen Hinweis oder setzt er selbst einen unklaren Text auf, muß sein Verhalten in der Regel" dem Leasingnehmer „zugerechnet werden, weil er insoweit in Erfüllung der ihm übertragenen Aufgabe der Gebrauchsverschaffung und Abfassung der Übernahmeerklärung handelt"[848]. Kann aber den Leasinggeber eine Mitverantwortlichkeit treffen, so „ist die Vertragsklausel in ihrem gesamten Inhalt wegen Unangemessenheit unwirksam"[849]. Ein **Untervermietverbot** in einem Finanzierungsleasingvertrag ist wirksam[850].

– **Der Leasinggeber kann sich keinen Anspruch auf Erstattung von Refinanzierungskosten einräumen lassen.**
Scheitert ein Finanzierungsleasingvertrag ohne Verschulden des Leasingnehmers, weil der Lieferant den Leasinggegenstand nicht liefert, so steht dem Leasinggeber ein Anspruch auf Erstattung der von ihm an seine Refinanzierungsbank zu zahlenden Bereitstellungsprovision und Abnahmeentschädigung nicht zu. Eine AGB-Klausel, die dem Leasinggeber einen derartigen Erstattungsanspruch zubilligt, ist durch Verstoß gegen § 9 unwirksam.[851] Die Äquivalenz im Leasingvertrag wäre, nach Auffassung des BGH, schwer gestört, wenn infolge Nichtbeschaffung der Leasingsache und damit zugleich Nichterfüllung der dem Leasinggeber obliegenden Hauptpflicht der Gebrauchsgewährung (§§ 535, 536 BGB) zwar der Leasinggeber von allen Verpflichtungen befreit wäre,

---

[847] BGH, a. a. O., 1974 unter Hinweis auf BGHZ 96, 103, 109ff.
[848] BGH, a. a. O., 1974.
[849] BGH, a. a. O.
[850] BGH, Urteil vom 4. 7. 1990 – VIII ZR 288/89, WM 1990, 1796.
[851] BGH, Urteil vom 9. 10. 1985 – VIII ZR 217/84, ZIP 1985, 1398, Ergänzung zu BGH, ZIP 1981, 1215.

der Leasingnehmer aber im praktischen Ergebnis einen Teil seiner Gegenleistung (Leasingraten) erbringen müßte.[852]

– **Eine Restfälligkeitsklausel ist unwirksam.**
Die in einem Formularvertrag enthaltene Bestimmung, dass der Leasinggeber bei vorzeitiger Kündigung eines langfristigen Leasingvertrages wegen Zahlungsverzuges nebeneinander und gleichzeitig die gesamte künftig fällig werdenden Mietzinsen sofort verlangen und die Mietsache endgültig zurücknehmen kann, ist unwirksam[853].

– **Eine Leistungsklausel über Verlustrisiko und Ratenzahlungspflicht ist unwirksam.**
Unangemessen im Sinne von § 9 Abs. 1 AGBG ist, dem BGH zufolge, eine Regelung, nach der der Leasingnehmer bei Verlust der Leasingsache zur sofortigen Zahlung aller noch ausstehenden Leasingraten verpflichtet sein soll, falls weder die Sache repariert noch eine gleichwertige beschafft werden kann. Diese Regelung benachteilige den Leasingnehmer schon deshalb einseitig, weil eine Abzinsung nicht vorgesehen war und auch der in den Folgeraten enthaltene Gewinnanteil weiterhin beansprucht wurde.[854]

Unwirksame Freizeichnung für anfängliches Leistungsunvermögen.   521

Auch zwischen Kaufleuten darf die Anbieterhaftung für anfängliches Leistungsunvermögen nicht ausgeschlossen werden, da eine solche Bestimmung den kaufmännischen Kunden unangemessen benachteiligen würde, der die subjektive Leistungsfähigkeit des Anbieters als selbstverständlich voraussetzt.[855]

Ein Mangelfolgeschädenausschluss ist unwirksam.   522

Unwirksam ist der formularmäßige Ausschluss der Haftung eines Fachunternehmens für Mangelfolgeschäden (Verstoß gegen § 9 Abs. 2 Nr. 2 AGBG).[856]

---

[852] BGH, a. a. O., 1400.

[853] BGH, Urteil vom 5. 4. 1978 – VIII ZR 49/77, NJW 1978, 1432.

[854] BGH, Urteil vom 30. 9. 1987 – VIII ZR 226/86, CR 1987, 846 unter Hinweis auf BGH, Urteil vom 28. 10. 1981 – VIII ZR 175/80, ZIP 1982, 67; Urteil vom 29. 1. 1986 – VIII ZR 49/85, ZIP 1986, 512; Urteil vom 19. 4. 1986 – VIII ZR 81/85, NJW 1986, 1746.

[855] OLG Frankfurt/Main, Urteil vom 23. 11. 1993 – 21 U 236/82, DV-R 1, 125.

[856] BGH, Urteil vom 20. 12. 1984 – VIII ZR 340/83, NJW-RR 1986, 271 = WM 1985, 522 – Teilklimaanlage für EDV-Raum (Einbauzweck war gerade der Schutz der hochempfindlichen DV-Geräte, also eine vertragswesentliche Pflicht. Der Preis der Klimaanlage betrug ca. 14 900 DM, der Schaden belief sich hingegen auf 135 000 DM, wovon $^1/_3$ der Summe wegen Mitverschuldens des Kunden abgewiesen wurde).

523 Mietverlängerung bei „technologischer Anpassung".

Sieht ein Formularvertrag über eine EDV-Anlage die Möglichkeit der mieterseitigen Kündigung des Vertrages frühestens nach 72 Monaten ab Vertragsbeginn mit sechsmonatiger Kündigungsfrist vor und enthält der Formularvertrag in einem räumlich getrennten Abschnitt „Technologische Anpassungen" das Recht des Mieters und die Pflicht des Vermieters, die Hardware jederzeit auf neueste Technologie umzurüsten und zu erweitern, so liegt eine unangemessene Benachteiligung des Mieters im Sinne von § 9 Abs. 2 Nr. 1 AGBG vor, wenn bei jeder Umrüstung oder Erweiterung die Mindestlaufzeit des Vertrages neu beginnt.[857] Die Vereinbarung einer **20-jährigen Laufzeit** kann gegen § 9 Abs. 1 AGBG verstoßen.[858] Generell sollte im einem schnellen Wandel unterworfenen EDV-Bereich Zurückhaltung bei Verträgen mit einer Laufzeit länger als 24 Monate geübt werden.

524 **Die Mindestabnahmepflicht eines Vertragshändlers ist unwirksam.**

Die formularvertragliche Verpflichtung eines Vertragshändlers zur Abnahme bestimmter Mindestmengen ist unangemessen im Sinne von § 9 Abs. 2 Nr. 1 AGBG und damit unwirksam, wenn zwar einerseits eine Zahlungspflicht des Vertragshändlers (und nicht nur ein Recht des Herstellers zur vorzeitigen Vertragsauslösung) statuiert wird, dem Vertragshändler aber kein angemessener Ausgleich für die einseitige Bindung seiner Interessen in Form einer Sicherung angemessener Erwerbsquellen, insbesondere also kein exklusives Vertriebsrecht eingeräumt wird. Dies traf im zu entscheidenden Fall nicht zu, da es dem Hersteller nach der Klausel freistand, dem Markt immer mehr Vertragshändler zuzuführen und so die Erwerbsquelle des einzelnen Vertragshändlers immer mehr einzuschränken, während die Höhe der Mindestabnahmepflicht demgegenüber konstant gehalten wurde[859]. Gleiches gilt, wenn der Hersteller den Direktvertrieb seiner Produkte (z. B. PCs) online beginnt.

525 **Eine 10-jährige Mindestmietvertragsdauer kann zulässig sein, eine 12-jährige Vertragsdauer dagegen unzulässig.**

Mit den §§ 9 AGBG bzw. 138 BGB vereinbar und damit **wirksam** ist eine Klausel, derzufolge der Mietvertrag für ein Telexgerät für mindestens 10

---

[857] OLG Köln, Urteil vom 21. 1. 1994 – 19 U 223/93, NJW 1994, 1483: Nehme der Kunde Verbesserungen in Anspruch, verliere er sein Kündigungsrecht auf unabsehbare Zeit.
[858] BGH, Urteil vom 4. 7. 1997 – V ZR 405/96, CR 1998, 286.
[859] OLG Frankfurt/Main, Urteil vom 19. 11. 1992 – 6 U 71/91, CR 1994, 156f.

Jahre abzuschließen ist.[860] Eine solche Vertragsdauer entspreche anerkennenswerten Interessen des Vermieters, der hohe Aufwendungs- und Vorhaltekosten hat, die sich nur bei längerer Vertragsdauer amortisierten –, wobei sich außerdem gebrauchte Anlagen nur in eingeschränktem Umfang und nach kostenträchtiger Aufarbeitung wieder vermieten lassen. Dies wisse der Vermieter in der Regel auch, weshalb er nicht des Schutzes nach § 9 Abs. 1 AGBG bedürfe.[861] Auch ein Verstoß gegen § 138 BGB liege nicht vor, da eine Marktentwicklung zu Telefaxgeräten hin jedenfalls kein Unwerturteil über das Vertragsverhalten des Vermieters begründen könne.[862] Eine 12-jährige Vertragslaufzeit für die Mieter eines Breitband-Kabelanschlusses wurde als eine unangemessen lange Bindung angesehen.[863] Diese Entscheidung gewinnt angesichts der bevorstehenden Kabelnutzung für den Internet-Zugang zusätzliche Bedeutung.

Das Einräumen der Befugnis zum Parteienwechsel ist unwirksam.   526

Eine Regelung, derzufolge der Anbieter seine sich aus dem Vertrag ergebenden Pflichten und Rechte auf Dritte übertragen kann, ist bei formularvertraglicher Ersetzung des Genehmigungserfordernisses des § 415 Abs. 1 BGB dann unwirksam, wenn dem Kunden nach der Art des geschlossenen Vertrages die Person seines Vertragspartners typischerweise nicht gleichgültig sein kann, er vielmehr daran interessiert sein muss, sich über Zuverlässigkeit und Solvenz des Dritten Gewissheit zu verschaffen[864] etwa bei dem Erwerb beratungs- und wartungsintensiver EDV-Systeme. Die Klausel kann auch nicht mittels einer Übertragung auf „geeignete Dritte" begrenzt oder durch Einräumung eines Rücktrittsrechts für den Anwender/Kunden erträglich gestaltet werden.[865]

Preiserhöhungsklauseln/-nebenabreden sind unwirksam.   527

Klauseln, die eine Befugnis zur einseitigen Preiserhöhung nach Belieben des Verwenders ohne gleichzeitiges Kündigungsrecht des Kunden und ohne Offenlegung der Preiskalkulationsgrundlage erlauben, sind gemäß § 9 Abs. 2 Nr. 1 und 2 AGBG unwirksam[866]. Unwirksam ist etwa eine Klausel eines Vermieters von Fernmeldeanlagen, wonach sich die verein-

---

[860] OLG Karlsruhe, Urteil vom 17. 6. 1992 – 4 U 204/91, CR 1993, 430 (zu einem Telex-Mietvertrag vom Februar 1985).
[861] OLG Karlsruhe, a. a. O.
[862] OLG Karlsruhe, a. a. O., CR 1993, 430.
[863] LG Mainz, CR 1990, 595.
[864] BGH, BB 1984, 1508.
[865] OLG Bamberg, Urteil vom 1. 10. 1985 – 5 U 57/85, CR 1987, 234.
[866] BGH, NJW-RR 1983, 1604.

barte Miete entsprechend ändert, wenn im Zusammenhang mit Lohnänderungen in der Fernmeldeindustrie die beim Vermieter übliche listenmäßige Miete erhöht oder ermäßigt wird. Diese Klausel benachteiligt den Vertragspartner (jedenfalls im nichtkaufmännischen Geschäftsverkehr) entgegen den Geboten von Treu und Glauben unangemessen[867]. Gleiche Überlegungen gelten sinngemäß für langfristige Verträge über technische Einrichtungen zur Datenfernübertragung. Eine Klausel, die dem Verwender einseitige Preiserhöhungen nach freiem Belieben gestattet, ohne dem Kunden die Möglichkeit einer Lösung vom Vertrag einzuräumen, ist gemäß § 9 Abs. 2 Nr. 1 und 2 AGBG unwirksam.[868] Eine Klausel, die es dem Verwender erlaubt, den zunächst vereinbarten Preis über eine Neufestsetzung des Listenpreises zu ändern, ergänzt das dispositive Recht, das grundsätzlich von einer bindenden Preisvereinbarung der Parteien ausgeht, und fällt daher nicht in den kontrollfreien Raum des § 8 AGBG. Sieht die Klausel vor, dass sich die vereinbarte Miete entsprechend ändert, wenn im Zusammenhang mit Lohnänderungen in der Fernmeldeindustrie die beim Vermieter übliche listenmäßige Miete erhöht oder ermäßigt wird, benachteiligt den Vertragspartner jedenfalls im nichtkaufmännischen Geschäftsverkehr entgegen Treu und Glauben unangemessen und ist unwirksam[869].

Lässt eine Klausel allgemein eine Preiserhöhung zu, so ist sie dem BGH zufolge nach § 11 Nr. 1 AGBG unwirksam. Eine solche Bestimmung erfasse nicht nur Leistungen, die später als vier Monate erbracht werden, sondern sie könne sich vielmehr auch auf kürzere Leistungsfristen erstrecken und dem Verwender jederzeit eine Preiserhöhung ermöglichen. Der BGH sieht zugleich einen Verstoß gegen § 9, soweit die Klausel beliebige, durch zwischenzeitlichen Kostenanstieg nicht gedeckte Preiserhöhungen ermögliche[870].

528 **Nach § 9 AGBG ist folgende indexbezogene Klausel unwirksam:**

„Bei einer Veränderung am Geld- und Kapitalmarkt, z. B. bei einer Änderung des Diskontsatzes der Deutschen Bundesbank bis zur Bezahlung des Mietgegenstandes behält sich der Vermieter eine Anpassung des Mietpreises vor. Dieser Mietpreis bleibt dann die gesamte Laufzeit des jeweiligen Mietvertrages unverändert." Die Unwirksamkeit ergebe sich schon aus dem Umstand, dass der Leasinggeber bei einer günstigen Veränderung der Refinanzierungskosten den ursprünglich berechneten Mietzins belassen

---

[867] BGH, Urteil vom 12. 7. 1989 – VIII ZR 297/88, CR 1990, 31, 32.
[868] OLG Hamm, Urteil vom 14. 3. 1986 – 4 U 197/85, WM 1986, 1362.
[869] BGH, Urteil vom 12. 7. 1989, a. a. O., CR 1990, 31.
[870] BGH, Urteil vom 6. 12. 1984 – VIII ZR 227/83, BB 1985, 1283f.

und den Finanzierungsvorteil für sich vereinnahmen könne, ohne dass der Leasingnehmer nach der Klausel eine Möglichkeit hätte, diese Folge abzuwenden[871].

Unwirksame Berechtigung zum Rücktritt anstatt Gewährleistung.   529
Unwirksam ist nach Auffassung des BGH[872] die Klausel in **Einkaufsbedingungen**: „Hält der Auftraggeber aufgrund der Funktionsprüfung die Programme nicht für geeignet, hat er ausschließlich das Recht, innerhalb von zwei Wochen nach Ablauf der für die Funktionsprüfung vereinbarten Zeit vom Vertrag zurückzutreten." Der BGH nimmt einen Verstoß gegen § 9 Abs. 2 Nr. 1 AGBG an, da der Kunde ein vom Vorliegen eines objektiven Mangels unabhängiges Rücktrittsrecht eingeräumt erhält.

Schiedsgerichtsklauseln (im EDV-Bereich teilweise vorzufinden) sind   530
unter Kaufleuten grundsätzlich mit § 9 Abs. 2 Nr. 1 AGBG vereinbar und zulässig, bei inländischen Verträgen zwischen Anbietern und Minderbzw. Nichtkaufleuten nach § 9 Abs. 2 Nr. 1 unwirksam.[873] **Unwirksam** ist eine Schiedsgerichtsklausel, nach der
– von vornherein eine Person als Einzelschiedsrichter namentlich festgelegt wird (§ 9 Abs. 1 AGBG),
– die das Schiedsgericht benennende Stelle mittelbare oder unmittelbare Interessenvertreterin des AGB-Verwenders ist (§ 9 Abs. 2 Nr. 1 AGBG),
– in Ermangelung hinreichender juristischer Sachkompetenz ein Abweichen von den Schutzgarantien des AGBG droht (§ 9 Abs. 1 AGBG).

Schiedsgutachtenklauseln unterliegen der richterlichen Kontrolle nach   531
§ 319 Abs. 1 BGB. Ergänzend muss die Verfügbarkeit des Schiedsrichters sichergestellt sein[874], dem Vertragspartner ein rechtliches Gehör eingeräumt werden, ebenso die Möglichkeit, das Gutachten wegen offensichtlicher Unrichtigkeit anzufechten.[875] Auch dürfen die aus einem unrichtigen Gutachten resultierenden Nachteile für den Vertragspartner (Kunden) nicht unverhältnismäßig sein[876].

---

[871] OLG Frankfurt/Main, Urteil vom 14. 5. 1985 – 5 U 210/84, NJW-RR 1986, 671 = CR 1986, 557f.
[872] BGH, NJW 1997, 2043.
[873] Schlünder, a. a. O., Rn. 652f. m. w. N.
[874] BGH, NJW 1983, 1854; OLG Frankfurt/Main, NJW-RR 1993, 1390.
[875] Dem LG Frankfurt/Main, BB 1988, 2274, zufolge ist eine Schiedsgutachtenabrede bereits wegen der Einschränkung der Beweisführung auf die Unrichtigkeit und damit wegen der nachteiligen Beweislastveränderung unwirksam.
[876] Palandt/Heinrichs, § 9 AGBG, Rn. 127; Schlünder, Rn. 659.

532 **Schriftformklauseln** sind insoweit unwirksam, als sie für die Wirksamkeit von Vertragsänderungen und Zusatzvereinbarungen die Einhaltung der Schriftform bzw. schriftliche Bestätigung verlangen (Verstoß gegen den Vorrang der Individualabrede durch qualifizierte Schriftformklausel)[877], jedenfalls im kaufmännischen Geschäftsverkehr aber wirksam, soweit sie den Ausschluss von Nebenabreden regeln[878].

533 **Unzulässige Bindung der Softwarenutzung an ein System.** Die in den AGB eines Käufers von Software und Hardware verwendete Klausel: „Die Programme dürfen nur auf von dem Verkäufer vertriebenen Systemen verarbeitet werden, es sei denn, der Verkäufer stimmt einer anderweitigen Verwendung vorher ausdrücklich schriftlich zu", verstößt nach Auffassung des OLG Frankfurt/Main gegen § 9 AGBG, denn der Käufer von Software und Hardware wird unangemessen benachteiligt, wenn er gezwungen wird, das vom Verkäufer gelieferte Programm nur auf Computern einzusetzen, die von diesem geliefert worden sind.[879] Die Bindung des Kunden mit der Programmnutzung an einen vom AGB-Verwender gelieferten Computer sei für den Kunden nachteilig, denn hierdurch werde er in seiner wirtschaftlichen Bewegungsfreiheit behindert. Trete am ursprünglich vom AGB-Verwender zusammen mit der Software gelieferten Rechner ein nicht behebbarer Fehler auf und entschließe sich der Kunde, die Anlage entsprechend dem Fortschritt in der Computertechnik zu modernisieren, so wäre er entsprechend der einschlägigen Klausel der AGB des Anbieters daran gehindert, die Hardware-Produkte eines anderen Herstellers oder Händlers – möglicherweise zu günstigeren Preisen – zu kaufen, sondern müsste sich erneut bei dem Anbieter eindecken. „Dieser Nachteil wäre lediglich dann angemessen, wenn ein überwiegendes Schutzinteresse auf Seiten der Klägerin" (also des AGB-verwendenden Anbieters) „vorhanden wäre, den Einsatz des von ihr hergestellten Programms auf die von ihr ebenfalls gelieferten Rechner zu begrenzen. Grundsätzlich kann ein solches Interesse bejaht werden, denn oftmals wird Software nur für bestimmte Computertypen oder -klassen geschrieben, die auf die speziellen Hardware-Eigenschaften des einen oder anderen Gerätes notwendigerweise oder aus anderen Gründen (z. B. wegen der Schnelligkeit bestimmter Softwareroutinen) angepasst wird. In solchen Fällen ist *Ablauffä-*

---

[877] BGH, NJW 1983, 853; 1985, 320; WM 1986, 712; ZIP 1991, 1045, 1055; Wolf/Horn/Lindacher, § 9 Rn. 538; Ulmer/Brandner/Hensen, Anh. §§ 9 bis 11 Rn. 630, 634.
[878] Schlünder, a. a. O., Rn. 667 m. w. N.
[879] OLG Frankfurt/Main, Urteil vom 17. 1. 1991 – 6 U 18/90, WM 1991, 1095 (zur Übertragung der Softwarenutzung von einem „Victor"- auf einen „Tandon"-Rechner wegen eines Defektes der Festplatte des alten Systems).

higkeit der einmal erstellten Software auf anderen Geräten, auch wenn diese dieselben Leistungs- und Funktionsmerkmale aufweisen, nicht sicherge-stellt"[880]. Der Hersteller laufe also Gefahr, sich in seinem Ruf beeinträchtigt zu sehen[881], „wenn und soweit das von ihm erstellte Programm auf eine andere Hardware übertragen wird und dort nicht in dem ursprünglichen Maße funktionsfähig ist." Der sich aus der fehlenden Ablauffähigkeit erge-bende Mangel werde nämlich erfahrungsgemäß zunächst der Software ange-lastet, spätere Richtigstellungen zeigten erfahrungsgemäß wenig Wirkung[882].

Ein solches überwiegendes schutzwürdiges Interesse des Anbieters sei im zu entscheidenden Fall nicht feststellbar, da das Programm unter einem zur damaligen Zeit standardisierten Betriebssystem erstellt worden sei, welches auch auf Rechnung anderer Hersteller eingesetzt werden konnte. Selbst wenn der Anbieter in seinem Programm Spezifika untergebracht hätte, die eine Bindung seiner Software an eine bestimmte Hardware oder ein bestimmtes Betriebssystem mit sich gebracht hätte, sei für die Durch-setzung der berechtigten Anbieterinteressen eine Koppelung zwischen sei-nem Programm und der von ihm gelieferten Hardware nicht erforderlich gewesen. Denn insoweit hätte es genügt, anbieterseits in den AGB die all-gemeinen Parameter (Hardware-Familie, Betriebssystem-Version etc.) festzuschreiben und sich im übrigen hinsichtlich der fehlenden Ablauffä-higkeit des Programms gewährleistungsmäßig freizuzeichnen. Einer Kop-pelung zwischen der Software und den vom Anbieter vertretenen Syste-men habe es nicht bedurft[883]. Ähnlich sah das OLG Nürnberg eine Klausel gemäß § 9 Abs. 1 AGBG als unwirksm an, derzufolge der Kunde das von ihm gegen Einmalvergütung erworbene Exemplar eines proprietären Betriebssystems nicht auf einen Dritten weiterübertragen durfte.[884]

Unwirksame Vertragsstrafenvereinbarungen: Eine Klausel, derzufolge   534 ein Mitarbeiter für jeden Fall eines Tätigwerdens für Kunden des Arbeit-gebers eine Vertragsstrafe in Höhe von 20 000 DM verwirkt, benachteiligt den Mitarbeiter unangemessen und ist deshalb im Sinne von § 9 Abs. 1 unwirksam. Da diese Regelung auch geringfügige Wartungs- oder Repara-turarbeiten umfasst, sei ein berechtigtes Interesse des Anbieters an einer „drakonischen Vertragsstrafensumme" nicht ersichtlich.[885] Eine Vertrags-strafe ist unangemessen und damit unwirksam, die in der Höhe nicht

---

[880] OLG Frankfurt/Main, a. a. O., 1790.
[881] Zahrnt, CR 1989, 965 ff.
[882] OLG Frankfurt/Main, a. a. O.
[883] OLG Frankfurt/Main, a. a. O.
[884] OLG Nürnberg, Urteil vom 20. 6. 1989 – 3 U 1342/88, CR 1990, 118; s. auch unten Rn. 537, 767.
[885] LG München I, Urteil vom 12. 11. 1992 – 7 O 19 263/91, CR 1993, 766 f.

begrenzt ist und damit für den Kunden unverhältnismäßige Gefahren birgt.[886] Gleiches gilt, wenn die Vertragsstrafe starr an die vereinbarte Vergütung gebunden ist und zu einem Verlust des gesamten Werklohns führen kann.[887] Wirksam ist eine Vertragsstrafe in der Höhe der 12fachen monatlichen Vergütung bei Vertragskündigung[888].

535 **Unwirksame Vorauszahlungs-/Vorleistungspflicht.**

Eine Klausel für **Kundendienstwartungsverträge**, derzufolge die Berechnung der jährlichen Pauschale jeweils zu Beginn eines Kalenderjahres erfolgt, ist im nichtkaufmännischen Verkehr gemäß § 9 AGBG unwirksam.[889] Dem Besteller werden, dem BGH zufolge, durch diese Klausel wesentliche, ihm vom Gesetzgeber zugedachte Vorteile genommen. Durch die Vorleistungspflicht des Werkunternehmers soll sichergestellt werden, dass der Besteller ein Druckmittel für schnelles und ordnungsgemäßes Tätigwerden des Unternehmers erhält. Der Unternehmer solle den Werklohn erst bekommen, wenn er seinerseits die versprochene Vertragsleistung erbracht hat. Dadurch werde er zu sorgfältiger Arbeit gezwungen. Solange sein Werk nicht mängelfrei sei, werde sein Vergütungsanspruch nicht fällig. Für den Vertragspartner, dessen Leistung – noch dazu über einen längeren Zeitraum – im voraus bezahlt ist, bestünden solche Leistungsanreize nicht. Es bestehe die Gefahr, dass der Werkunternehmer – im Zweifel – andere Aufträge vorzieht, durch die er weitere Einnahmen erzielen kann. Gelinge es dem Werkunternehmer nicht, die Anlage völlig funktionsfähig zu erstellen, habe der Kunde kein Druckmittel, um seinen Nachbesserungsanspruch durchzusetzen. Soweit schließlich der Unternehmer die geschuldete Leistung überhaupt nicht erbringt, liege der Nachteil gänzlich auf Seiten des Kunden. Er müsse nun seinerseits – ggf. an einem auswärtigen Gerichtsstand – seine Rechte (auf Erfüllung des Werkvertrages oder Rückzahlung der vorausgezahlten Vergütung) durchsetzen.

Wirksam ist hingegen eine Klausel in einem Vollwartungsvertrag, derzufolge Instandhaltung (also vorbeugende Wartung) auf Abruf des Auftraggebers erfolgt, und zwar auch bei Vereinbarung der Vorauszahlung einer jährlichen Wartungspauschale.[890] Eine vorformulierte Klausel in einem Vertrag über die Teilnahme an einem datenbankgestützten Wirtschaftsinformationsdienst, die die Vorleistungspflicht des Kunden in Höhe eines

---

[886] OLG Frankfurt/Main, Urteil vom 28. 4. 1993 – 21 U 26/92, CR 1994, 355f.
[887] OLG Frankfurt/Main, Urteil vom 28. 4. 1993, a. a. O.
[888] LG Lüneburg, Urteil vom 3. 6. 1988 – 4 S 25/88, Zahrnt ECR, LG-20.
[889] LG München I, Urteil vom 8. 11. 1990 – 29 U 3410/90, CR 1992, 401.
[890] OLG Hamm, Urteil vom 10. 4. 1989 – 31 U 162/88, BB, Beil. 15, 1989, 8.

Jahresbeitrags begründet, ist wegen Verstoßes gegen das AGB-Gesetz unwirksam.[891]

Unwirksamer Ausschluss des Wandelungsrechtes.   536

Auch im kaufmännischen Geschäftsverkehr ist eine AGB-Klausel unwirksam, durch die das Wandelungsrecht definitiv ausgeschlossen wird,[892] hingegen eine Klausel wie die folgende **wirksam**: „Die Abgabe unseres Angebotes erfolgt unter Vorbehalt der Liefermöglichkeit und freibleibend hinsichtlich der Lieferzeit und der Liefermenge. Ersatzansprüche hieraus sind unzulässig"[893].

Unzulässigkeit eines Weiterveräußerungsverbotes.   537

Wegen Verstoßes gegen § 9 Abs. 1 und Abs. 2 Nr. 1 AGBG ist folgende Klausel unwirksam:[894]
„Die Betriebssoftware darf vom Lizenznehmer nur auf der … abschließend aufgeführten Hardware genutzt werden. Der Lizenznehmer ist daher insbesondere nicht berechtigt, die Betriebssoftware oder Teile davon ohne ausdrückliche schriftliche Zustimmung … von Dritten zur Nutzung zu überlassen bzw. für die Nutzung durch Dritte zu vervielfältigen oder vervielfältigen zu lassen."

Das OLG Nürnberg sieht hier zutreffend eine gravierende wirtschaftliche Beeinträchtigung des Käufers, da dieser zwar problemlos die erworbene Hardware, aber nicht die ebenfalls zu Eigentum erworbene Systemsoftware weiterveräußern und auch nicht Systemsoftware von Dritten einsetzen dürfte.[895] Hierin wird ein Verstoß gegen § 34 Abs. 1 Satz 2 UrhG gesehen, wonach die Zustimmung zur Übertragung des Nutzungsrechts nicht wider Treu und Glauben verweigert werden darf. Eine entsprechende Verpflichtung ergibt sich aus der Erschöpfung des Verbreitungsrechts nach § 17 Abs. 2 UrhG bei Veräußerung des vertragsgegenständlichen Exemplars der Systemsoftware an den Kunden. Der Kunde ist damit entgegen der Klausel zur Weiterveräußerung berechtigt. Dieses Ergebnis hat für eine Vielzahl von Verträgen in der Praxis Bedeutung.

Unwirksame Klausel zu Zugangserfordernis.   538

Ein formularmäßiger Verzicht auf den Zugang der Annahmeerklärung (§ 151 BGB) verstößt gegen § 9 Abs. 2 Nr. 1 AGBG.[896]

---

[891] LG Aachen, Urteil vom 7. 7. 1993 – 7 S 74/93, NJW-RR 1994, 60.
[892] BGH, Urteil vom 14. 7. 1993 – VIII ZR 147/92, ZIP 1993, 1394 unter Hinweis auf BGH, ZIP 1981, 504.
[893] OLG München, Urteil vom 12. 10. 1983 – 7 U 1805/83, WM 1985, 263 ff.
[894] OLG Nürnberg, Urteil vom 20. 6. 1989 – 3 U 1242/88, CR 1990, 118.
[895] OLG Nürnberg, a. a. O., 121.
[896] OLG Hamm, Urteil vom 14. 3. 1986 – 4 U 197/85, WM 1986, 1362.

III. Verträge für Erwerb und Nutzung von Systemen und Komponenten

1. Vertragstypen

1.1 Kauf eines Systems

Checkliste: Die wichtigsten Vertragsregelungen zum Systemkauf

Leistungsbeschreibung

– Sind alle zu übergebenden und übereignenden Systemkomponenten im Systemschein nachprüfbar beschrieben?
– Welche Betriebs- und Anwendungssoftware gehört zum vertragsgegenständlichen System?
– Kann über alle Komponenten ein einheitlicher Vertrag abgeschlossen werden?
– Kann der Kunde mit dem System auch die zugehörige Software auf Dritte übertragen?

Systempreis

– Wird ein Pauschalpreis für alle Komponenten gebildet?
– Welche Zusatzkosten sind mit notwendigen Nebenleistungen verbunden?
– Ist eine Ratenzahlungsvereinbarung möglich/wirtschaftlich sinnvoll?

Leistungsmodalitäten

– Liefertermin
– Anbieter erbringt als Nebenleistungen
  • Transport   (Kosten: ...)
  • Installation   (Kosten: ...)
  • Herbeiführen der Betriebsbereitschaft   (Kosten: ...)
  • Einweisung   (Kosten: ...)
  • Konvertierung von Altdaten   (Kosten: ...)
– Funktionsprüfung durch Kunden mit Protokollerstellung
– Mitwirkung des Anbieters?

Verzug

– Welche Schäden können bei Verzögerungen mit der Lieferung oder Installation bzw. Einweisung auftreten?
– Ist die Ersatzpflicht des Anbieters vertraglich gesichert?
– Kann bereits vorhandene EDV parallel bis zum Abschluss der Funktionsprüfung weiter betrieben werden?
– Lässt sich eine Vertragsstrafe für Verzugsfälle vereinbaren?

Gewährleistung

– Wird die Gewährleistung einheitlich auf alle Komponenten ausgedehnt?
– Wird eine Dauer der Gewährleistungsfrist von mindestens sechs Monaten eingeräumt? Ist eine Verlängerung auf ein Jahr – oder nach neuem EU-Recht auf **zwei** Jahre – möglich?
– Kann eine Verlängerung auf ein Jahr vereinbart werden?
– Beginnt die Gewährleistungsfrist mit Installation und Funktionsprüfung der letzten Komponente?
– Ist ein Mängelbeseitigungsanspruch besonders vereinbart?
– Ist der Wandlungsanspruch des Kunden nicht ausgeschlossen?

Vorbemerkung:

Entscheidendes Merkmal aller Kaufverträge ist die **Übertragung des** 539
Eigentums an der Kaufsache. Für Hardware ist eine solche Eigentumsübertragung grundsätzlich unproblematisch möglich, für Software aber nur unter den Einschränkungen des Urheberrechts (Übertragung des Eigentums am einzelnen Programmexemplar, beschränkte Vervielfältigungs-, Weitergabe- und Änderungsbefugnisse), soweit dieses anwendbar ist (wohl fast die Regel). Die (wenn auch eingeschränkte) Eigentumsübertragung ist notwendige Voraussetzung für die Anwendbarkeit von Kaufrecht. Die Ausführungen zum Systemkauf beziehen sich auf Hardware und Software als Systembestandteile. Hierzu gehören auch Netzwerke und die zugehörige Software (z. B. Novell, NT, Unix/Linux etc.). Auf den getrennten Erwerb von Hardware wird in Abschn. 1.5 (Rn. 692) eingegangen, auf den Erwerb von Software in Abschn. 1.6.2 (Rn. 701) zur Überlassung und in Abschn. 1.6.3 (Rn. 834) zur Erstellung.

Ein Vergleich mit anderen Vertragstypen ergibt für die Praxis **wichtige** 540
Merkmale des Kaufrechts:
– Das Eigentum an der Kaufsache ist zu übertragen und diese zu übergeben (§ 433 Abs. 1 BGB).

- Nur für Mängel, die bei Gefahrübergang bereits vorhanden sind, ist Gewähr zu leisten (§ 459 Abs. 1 Satz 1 BGB).
- Die Gewährleistungsfrist von sechs Monaten läuft von der Ablieferung an gerechnet (§ 477 BGB), soweit nicht vertraglich eine längere Frist vereinbart wurde.
- Ein **Nachbesserungsanspruch** bedarf besonderer Vereinbarung (vgl. § 476a BGB),[1] er erfasst dann aber den Ersatz aller nachbesserungsbedingten Aufwendungen.
- Der Kunde kann bei einer nur der „Gattung" nach bestimmten Sache (also bei allen Serienprodukten) statt Wandlung oder Minderung an Stelle der mangelhaften Lieferung eine mangelfreie Sache verlangen (**Nachlieferungsanspruch** aus Gesetz, § 480 Abs. 1 BGB).
- Gewährleistungsrechtliche, verschuldensunabhängige Schadensersatzhaftung des Verkäufers besteht nur im Falle einer **Zusicherungsverletzung** (und bei arglistigem Verschweigen eines Fehlers) (§§ 459 Abs. 2, 480 Abs. 2 BGB).
- Der Käufer trägt (anders als bei Miete) das **Risiko** der Verschlechterung oder des zufälligen Unterganges der Kaufsache.

Die nachfolgenden Ausführungen gehen zunächst auf die technisch-wirtschaftliche Leistungsbeschreibung ein (Abschn. 1.1.1, Rn. 541), die wesentlich ist für das anwendbare Recht (Abschn. 1.1.2, Rn. 554). Aus beiden ergeben sich dann die Leistungspflichten beider Vertragsparteien (Abschn. 1.1.3, Rn. 565).

1.1.1 Leistungsbeschreibung und -pflichten

541 Die Vertragspartner müssen, um Unklarheiten und/oder Unvollständigkeiten in der Leistungsbeschreibung zu vermeiden, die einzelnen Komponenten und die zu erbringenden Leistungen so genau beschreiben, daß eine **Leistungskontrolle** möglich ist, ob etwa die richtige Komponente auch tatsächlich geliefert (z. B. der Netzwerkserver) oder die Leistung (Verkabelung des Netzes) vollständig erbracht wurde.[2] Die vertraglichen Regelungen sollten umso genauer sein, je spezifischer die Leistungsmerkmale (z. B. für eine geplante Anwendung) sind. Der besonderen Vereinbarung bedarf es, welche Erweiterungsmöglichkeiten der Rechner haben soll oder welche Updates der Kunde vergünstigt

---

[1] Wobei bei dem Erwerb eines Mikrocomputers nicht grundsätzlich die stillschweigende Vereinbarung eines Mängelbeseitigungsanspruches angenommen werden kann (LG München I, Urteil vom 16. 5. 1991 – 7 O 23241/89, BB, Beil. 10, 1992, 10).

[2] Zur Leistungsbeschreibung s. auch Rn. 1.

erhält, wie die Vernetzung erfolgen und welche Software auf welcher Hardware lauffähig sein soll.

Unbedingt festzulegen (und in den Systemschein aufzunehmen) sind vor allem Angaben über die **Art und Anzahl der Komponenten** mit Typenangabe, über die Zentraleinheit, die Systemprogramme (Betriebsprogramme und Hilfsprogramme), die Ein- und Ausgabemedien (Drucker, Plotter u. a.), die verschiedenen Speicher und Interfaces, die Anschlußkabel, die Diagnosegeräte (zur Fehlerfeststellung in der Datenfernübertragung) etc. In der Leistungsbeschreibung sind auch scheinbar selbstverständliche **Leistungsteile** und Zubehör, wie etwa Betriebssysteme, Disketten, Druckerpapier, Farbbänder etc. festzulegen, ebenso Nebenleistungen, wie das Herstellen von Installationsvoraussetzungen, die Einweisung oder Schulung, das Auspacken und Installieren, die Mithilfe bei der Definition von repräsentativen Testdaten und bei der Durchführung von Funktionsprüfungen.

542

Die Rechtsprechung hat Kunden teilweise bei Unvollständigkeiten der Leistungsbeschreibung geholfen.

Beispiele:

Bietet etwa ein Software-Haus die für ein Projekt notwendigen Systemteile aus Hardware und Software an, so schuldet es das Betriebssystem auch ohne besondere Erwähnung im Angebot.[3] Soll ein vom Anbieter zu lieferndes Programm auf einem von ihm angebotenen DV-System eingesetzt werden, so ist das Programm auf einem mit diesem System kompatiblen Datenträger auszuliefern.[4]

Die Gerichte können hier zwar zur Abgrenzung des Leistungsumfanges Willenserklärungen auslegen, um den „wirklichen Willen zu erforschen" (§ 133 BGB), wobei im Rahmen abgeschlossener Verträge auch die Verkehrssitte zu berücksichtigen ist (§ 157 BGB). Beides hilft aber wenig, wenn sich noch keine Verkehrssitte herausgebildet hat (Beispiel: Welche Ausstattungsmerkmale gehören nach der Verkehrsübung zu einer Linux-„Distribution"?) oder wenn die gesamten Umstände des Vertragsabschlusses bzw. der Abgabe der Willenserklärung für das Gericht nicht erkennbar sind, z. B. aufgrund unzureichend substantiierten Sachvortrages im Prozess. Die gerichtliche Vertragsauslegung kann deshalb nur begrenzt (etwa in typischen Sachverhalten) eine Korrektivfunktion erfüllen. Primär ist es Sache der Vertragsparteien, klare und vollständige Vereinbarungen zu tref-

---

[3] OLG Karlsruhe, Urteil vom 21. 2. 1991 – 12 U 147/90, CR 1991, 410; LG Landau i. d. Pfalz, Urteil vom 25. 6. 1991 – 1 S 96/91, MRC 1991, 22.
[4] LG München, Urteil vom 15. 3. 1985 – 6 HKO 21113/84, DV-R 3, 259.

fen. Fehlen diese, trägt derjenige das volle Risiko, der einen Anspruch auf ein nicht ausreichend geklärtes Leistungsmerkmal stützen will.

Auch zu übergebende **Einführungshandbücher** zur System- bzw. Programmbedienung sollten genau bezeichnet werden, zumal die Übergabe der Benutzerdokumentation grundsätzlich Teil der Hauptleistungspflicht des Anbieters ist.[5] Schließlich ist im Systemschein auf eine vereinbarte Wartungsverpflichtung Bezug zu nehmen.

543 Grundsätzlich **trägt der Kunde das Risiko verbleibender Unklarheiten oder Lücken der Leistungsbeschreibung** (s. Rn. 7). Zwar gibt es gewisse Korrekturmöglichkeiten über Aufklärungs- und Beratungspflichten des Anbieters bezüglich **ihm erkennbarer** Beschreibungsdefizite (s. Rn. 218, 225), die die Risiken sicherlich reduzieren, aber nicht vollständig beseitigen. Dem Kunden muß also an einer klaren Leistungsbeschreibung gelegen sein. Ein gleiches Interesse hat aber auch der Anbieter, da eine klare Leistungsbeschreibung den Beweis der Leistungserfüllung und die Abwehr von kostenfrei zu erfüllenden Sonderwünschen wesentlich erleichtert.

544 Bei größeren Systemprojekten wird vielfach der Entwurf eines „**Gesamtbebauungsplanes**" (GBP) empfohlen. Wie ein Bebauungsplan im Baurecht soll auch der GBP sicherstellen, daß sämtliche Komponenten (z. B. eines größeren Warenwirtschaftssystems) überhaupt miteinander arbeitsfähig sind.[6] Er erfasst in seiner Funktion als Masterplan das gesamte Unternehmen und beschreibt die vorhandenen Daten(-typen) und die ihnen zugeordneten Funktionen (wie „Ware bestellen" für einen Artikel). Datenmodelle werden oft im Entity-Relationship-Diagramm dargestellt, die Funktionen in einer Matrix. Der GBP sollte technikunabhängig beschrieben werden, d. h. ohne Bezug auf bestimmte Rechner, Programme oder Datenbanken.[7] Er ermöglicht, auch bei größeren und/oder mehreren zusammenhängenden Projekten die Übersicht über die Gesamtstruktur zu behalten. In vertragsrechtlicher Sicht muß der **GBP als Teil des Pflichtenheftes** (grundsätzlich vom Kunden zu erstellen) bzw. **als Teil des fachlichen Feinkonzeptes** (grundsätzlich vom Anbieter zu erstellen) behandelt und als Leistungsposition in den Vertrag (als ergänzende, leistungsbestimmende Unterlage) aufgenommen werden.

Der reine Hardware-Erwerb folgt grundsätzlich ebenfalls dem Kaufrecht (s. Rn. 692).

---

[5] Zur Dokumentation s. Rn. 29, 50.
[6] Siehe Köpper, Eine Art Generalbebauungsplan sorgt für Übersicht im Handel, CW vom 9. 10. 1992, 33.
[7] Köpper, a. a. O.

Leistungspflichten: Der Verkäufer schuldet nach § 433 Abs.   545
1 BGB die **Übergabe der Kaufsache** (Einräumung der tatsächlichen Sachherrschaft,
§ 854 Abs. 1 BGB) an den Käufer und die Übertragung von Eigentum
(§ 903 BGB) an der Kaufsache (Übereignung), der Käufer schuldet nach
§ 433 Abs. 2 BGB die Bezahlung des Kaufpreises und die Abnahme der
Kaufsache.[8] Die Übergabe ist Realakt und kann durch einen tatsächlichen
Vorgang wieder beendet werden.[9] Nutzungen der Kaufsache gebühren
dem Käufer ab Übergabe (§ 446 Abs. 1 Satz 2 BGB). Die Kosten der
Übergabe muss grundsätzlich der Verkäufer tragen (§ 448 BGB), ausgenommen freilich die Kosten einer Versendung.

Die Beschreibung der Kaufsache sowie der Leistungsmodalitäten, wie
Anlieferung und zusätzliche Leistungen wie Installation, Tests und Einweisungen wären üblicherweise im Systemschein festzulegen (s. unten
Rn. 549). Händigt der Verkäufer dem Kunden eine **Produktbeschreibung**
aus, so dient diese unmittelbar zur Festlegung des Leistungsgegenstandes
und auch des vertraglich vorausgesetzten Gebrauches. Will der Anbieter
an diese Beschreibung nicht gebunden sein, muss er auf die von ihm
gewollte Abweichung (bei Vertragsabschluss) gezielt hinweisen.[10]

Die Vertragsparteien können in **Rahmenverträgen** die Grundbedingungen   546
für eine Mehrzahl von Leistungen vereinbaren, die etwa über einen längeren Zeitraum hinweg erbracht werden sollen. Derartige Rahmenverträge,
die nur Grundelemente bzw. gleich bleibende Leistungselemente für die
einzelnen Verträge enthalten, die grundsätzlich auf der Basis des Rahmen-
vertrages selbständig abgeschlossen werden müssen,[11] sind von Dauerschuldverhältnissen abzugrenzen, die selbst bereits vollständige Verträge
darstellen, also nicht erst noch durch einzelne Aufträge/Verträge ergänzt
werden müssen. Vereinbaren die Parteien in einem mit dem Wort „Rahmenvertrag" überschriebenen Vertragswerk, mit dem sie eine ständige
Geschäftsbeziehung über die Lieferung von Leiterplatinen aufbauen und
die Grundlage hierfür regeln wollen, dass der Besteller eine bestimmte
Mindestanzahl von Rechnerplatinen in einem bestimmten Zeitraum beziehen wird, liegt eine verbindliche Bestellung vor.[12] Rahmenverträge sollen
allgemein eine auf Dauer angelegte Geschäftsbeziehung typischerweise

---

[8] Näher zu den Leistungspflichten der Vertragsparteien s. Rn. 565.
[9] Siehe Larenz II, 22 f. Eine solche Beendigung erfolgt, wenn z. B. eine Programmsperre wirksam
    wird, die die (weitere) Programmnutzung unmöglich macht. Dieser Vorgang ist einer (unfreiwilli-
    gen) Rückgabe gleichzusetzen. Zur Programmsperre s. Rn. 800.
[10] KG Berlin, Urteil vom 3. 5. 1985 – 22 U 5919/83, CR 1986, 643.
[11] Zu Rahmenverträgen s. Rn. 89.
[12] OLG Köln, Urteil vom 22. 4. 1994 – 19 U 145/93, CR 1994, 737.

erst eröffnen und dabei nur bestimmte Einzelheiten erst künftig abzuschließender Verträge festlegen. Sind indes hinsichtlich einer getroffenen
Lieferverpflichtung bereits sämtliche Einzelheiten detailliert und konkret
geregelt, kommt einer derartigen Vereinbarung eine für beide Seiten bindende Wirkung zu; die Bezeichnung als Rahmenvertrag ist dann als eine
irrtümliche und unschädliche Falschbezeichnung anzusehen.[13]

547 **Systeme müssen** in bestimmten Grenzen mit Anwendungen **mitwachsen**
oder sich als „Inseln" in größere Systeme integrieren lassen können, etwa
bei Zunahme der Auftrags-/Kundenanzahl bzw. sonstiger Datenmengen.
Manchmal werden sie auch schon bei der ursprünglichen Konfigurierung
nicht gleich vollständig, sondern schrittweise im Zusammenwirken mit
dem Kunden ausspezifiziert. Dies erfordert sehr oft Anpassungen oder
Erweiterungen vorhandener Systeme. Solche **Systemanpassungen** an
konkrete (geänderte) Anwendungserfordernisse des Kunden müssen
detailliert und kontrollfähig vereinbart werden. Nur dann können sie
entweder bezüglich der Anpassungstauglichkeit als zugesicherte Eigenschaften oder als individuell definierte Leistungen Inhalt des Vertrages
werden. Gleiches gilt für **geplante Systemerweiterungen** oder zumindest
zukünftige **Erweiterungsmöglichkeiten**[14] bzw. die entsprechende
Systemtauglichkeit hierzu. Anpassungen bzw. Erweiterungen können als
zielorientierte Leistungserbringung Werkvertragsrecht unterliegen.
Hierzu gehört etwa auch die Migration von oder zu Mainframe-Systemen
wie IBM S/390, Amdahl Millenium, SNI C 2000 oder M 2000, Unisys
„Clearpath" IX und NX, Bull DPS GCOS708.

Beispiel:
Zu dem Bereich der Anpassungsleistungen ist die Lieferung von Treiberprogrammen etwa für Peripheriegeräte zu rechnen. Gehen beide Vertragsparteien davon aus, dass die Software auf IBM-PCs lauffähig sein
soll und stellt sich später das Problem, mit Olivetti-Computern zu arbeiten, so wird die Lieferung des für den Olivetti-Monitor erforderlichen
Treibers nicht von der ursprünglichen Vereinbarung erfasst.[15] Anderes
gilt, wenn von vornherein mit dem Anschluss von Monitoren anderer
Hersteller seitens des Anbieters nach den kundenseits geäußerten Wünschen zu rechnen war.

---

[13] OLG Köln, a. a. O. unter Hinweis auf BGH, NJW-RR 1992, 977 ff.; BGH, LM § 157 (B) BGB
Nr. 7.
[14] Die ebenfalls konkreter Vereinbarung bedürfen, vgl. LG Köln, Urteil vom 22. 5. 1986 – 2 O 422/
84, DV-R 4, 324.
[15] OLG München, Urteil vom 30. 1. 1992 – 6 U 5396/88, CR 1992, 271.

In der Praxis können erhebliche Vermögenseinbußen eintreten, wenn 548 Geräte oder komplette Systeme nicht weiter genutzt werden können, weil für ein defektes Teil **Ersatzteile** nicht mehr lieferbar sind. Für den Zeitraum ab Ende der Gewährleistungsfrist besteht für den Händler grundsätzlich keine gesetzliche Verpflichtung, Ersatzteile auf Lager vorzuhalten. Zur Absicherung der üblichen wirtschaftlichen Nutzungsdauer eines Systems bleibt deshalb nur die **ausdrückliche vertragliche Vereinbarung** eines Zeitraumes, in dem der Anbieter verpflichtet ist, **Ersatzteile** für das vertragsgegenständliche System (etwa im Rahmen von Wartungsverträgen) **vorrätig zu halten** und (zu marktüblichen Preisen) zu liefern.

Auch die **Kompatibilität** des Systems zu Vorversionen der Hardware und/ oder der Software sollte im Vertrag klar beschrieben werden, um etwa insbesondere die Konvertierbarkeit von Altdatenbeständen sicherzustellen. Auch müssen ältere Dateiformate verarbeitbar sein, oder es ist von vornherein eine entsprechende Konvertierungssoftware mitzuliefern. Der PC-Bereich scheint von dieser Maßgabe mehr denn je entfernt (insbesondere hinsichtlich der Kompatibilität zwischen verschiedenen Software-Versionen desselben Produktes und Anbieters, weshalb dringend genaue Klärung und Vereinbarung bzw. ausdrückliche Zusicherung der benötigten Kompatibilitätsmerkmale anzuraten ist).

In der Vertragspraxis hat sich die Verwendung von so genannten „Leis- 549 tungs-" bzw. „Systemscheinen" bewährt. Den Vertragsmustern am Ende dieses vorliegenden Bandes sind Beispiele für solche Scheine beigefügt. Beide Begriffe sind gebräuchlich. Umfassender und deshalb geeigneter ist der Begriff „Leistungsschein", da er auch auf Software, Pflege- und Beratungsleistungen etc. anwendbar ist. Der Vorteil von Leistungsscheinen besteht darin, dass man standardisierte Vertragstexte unverändert verwenden und die unterschiedlichen Leistungsbeschreibungen in einer Anlage zum Vertrag aufnehmen kann. Solche Scheine lassen sich aber auch bequem um Ergänzungswünsche, Protokolle über Funktionsprüfungen, Mängelbeseitigungen und sonstige, einzelfallbezogene Unterlagen erweitern. Vertrag und Leistungsschein müssen aber durch wechselseitige Bezugnahme miteinander verknüpft werden, um klarzustellen, dass und welcher Schein konkret Vertragsinhalt ist. Vermieden werden sollte, in den Vertragsscheinen zusätzliche Regelungen aufzunehmen, die inhaltlich zum Vertrag selbst gehören, da hier schnell die Übersichtlichkeit leiden oder verloren gehen kann.

Der Leistungsschein sollte alle wesentlichen, das System, die Software oder die begleitende Leistungen individualisierenden Daten enthalten, nämlich

– zum **Leistungsinhalt:** Welche Komponenten (Hardware-Typen bzw. Software-Versionen) sind zu liefern? Ratenzahlung?

– zu den **Leistungsmodalitäten:** Hierzu gehören der Lieferzeitpunkt, der Aufstellungsort und die Daten einer vereinbarten oder üblichen Einweisung wie Systembenutzung.

550 Verwendet man Leistungsscheine, muss man aber zweierlei beachten:

a) Der einzutragende Inhalt des Leistungsscheines ist der **wesentliche Maßstab** für Lieferung und Leistung durch den Anbieter. Unvollständigkeiten gehen auch hier grundsätzlich zu Lasten des Kunden, der zu beweisen hat, dass und welche zusätzlichen Leistungspositionen (zum Pauschalpreis) trotz Nichtaufnahme in den Leistungsschein vereinbart waren. Der Käufer muss also die Vereinbarung einer Leistungsposition im Prozess vortragen und beweisen, der Verkäufer hingegen, dass er diese vereinbarten Leistungspositionen tatsächlich erfüllt hat. Die Vereinbarung der eigenständigen Vergütungspflichtigkeit einer Leistungsposition muss der Anbieter hingegen beweisen, wenn er hieraus Vergütungsansprüche geltend machen will.

Auch auf **Produktbeschreibungen** sollte im Leistungsschein hingewiesen werden. Diese legen den Leistungsgegenstand wie auch den vertraglich vorausgesetzten Gebrauch unmittelbar fest. Will umgekehrt der Kunde den Anbieter an Aussagen der Produktbeschreibung über Mängelgewährleistung hinaus verpflichten, muss er sich das Vorhandensein bzw. Nichtvorhandensein bestimmter Eigenschaften zusichern lassen (zur Zusicherungshaftung s. Rn. 1226).

b) Sowohl im eigentlichen Vertrag als auch im Leistungsschein ist zu vermerken, dass der **Systemschein Teil des Vertrages** ist. Nicht nur der Vertrag, sondern auch der Systemschein ist zu datieren und von beiden Vertragsparteien zu unterzeichnen.

551 **Nachträge** zum Leistungsschein sind tunlichst ebenfalls zu datieren und von beiden Seiten zu unterzeichnen, ebenso wie Nachträge zum Vertrag selbst.

552 Hardware und Software müssen den geltenden **ergonomischen Anforderungen**, etwa der Bildschirmarbeitsplatzverordnung für Hardware, entsprechen. Die Norm ISO-IEC 12119 regelt Anforderungen an Software.

Die Einhaltung dieser Anforderungen ist vom Betriebsrat zu prüfen. Weicht eine Komponente von den Normvorgaben ab, kann die Zustimmung zur Einführung der Komponente im Unternehmen verweigert werden. Auch Prüfergebnisse von unabhängigen Instituten sind hier zu berücksichtigen. So kam etwa die TÜV Informationstechnik GmbH (TÜV IT), Essen, zu dem Ergebnis, dass Windows 98 in wesentlichen Eigenschaften wie Benutzerfreundlichkeit nicht der Norm DIN EN ISO 9241-10 entspricht.[16] Ähnlich zeigen andere Untersuchungen des öfteren, dass etwa Bildschirme die Anforderungen der Norm TCO 95 (inzwischen neu TCO 99) trotz Siegelverwendung nicht einhalten.

Jeder Betriebsrat muss **prüfen, ob der Einsatz eines solchen Betriebssystems betriebsverfassungsrechtlich zulässig** ist. Entscheidend ist, ob die Arbeitsplatzgestaltung gesicherten arbeitswissenschaftlichen Erkenntnissen widerspricht (§ 91 Satz 1 BetrVG). Ein wesentlicher Anhaltspunkt hierfür ist die Nichteinhaltung von einschlägigen DIN/ISO-Normen.

Im Zweifel ist der Betriebsrat zwar zu eigener Überprüfung verpflichtet. Eigene Untersuchungen bzw. das Beauftragen eines Prüfinstitutes wird aber in aller Regel nicht verlangt werden können, da hierfür oft sehr hohe Kosten aufzuwenden sind, die im Einzelfall bis zu 100 000 DM betragen können. Eine entsprechende Kostenübernahme wird dem Arbeitgeber grundsätzlich nur dann zumutbar sein, wenn begründete Zweifel verbleiben, ob die zugänglichen Informationen zur Beurteilung der Gefährdungssituation ausreichen. In den meisten Fällen wird dann der Erwerb von Equipment, das bereits von unabhängigen Prüfinstituten getestet wurde, wesentlich kostengünstiger sein.

Da gerade auch bei derartigen Fragen einer möglichen **Gesundheitsgefährdung** von Arbeitnehmern für Arbeitgeber die Mitbestimmungsbedürftigkeit und damit die Mitwirkung des Betriebsrates bereits bei Beginn der Verhandlungen mit dem Anbieter voraussehbar ist, sollte der **Betriebsrat möglichst frühzeitig** in diese Verhandlungen **einbezogen werden**. Aufgabe des Betriebsrates ist dann, die entsprechenden Unterlagen bzw. Untersuchungsergebnisse zu benennen, deren Prüfung er für erforderlich hält. Im Rahmen vorvertraglicher Verhandlungen über den Systemerwerb (insbesondere bei größeren Anwendungen) sind diese Informationen erfahrungsgemäß wesentlich leichter zu beschaffen als erst nach Vertragsschluss.

---

[16] Von Computer-Bild (1998, 19, 14) beauftragtes Gutachten. Getestet wurden u. a. die Normmerkmale „Aufgabenangemessenheit" (Ergebnis: normwidrig), „Selbstbeschreibungsfähigkeit" (normwidrig), „Steuerbarkeit", „Erwartungskonformität", „Fehlertoleranz" (normwidrig), „Individualisierbarkeit", „Lernförderlichkeit" (normwidrig).

553 **Hinweise zur Vertragspraxis:** Für Anpassungen und Erweiterungen
haben sich bestimmte, technisch geprägte Leistungsformen herausgebildet, so etwa
- das **Upgrading** von Hardware (größere Speicher, schnellere oder zweite
  CPU etc.) mit zugehöriger Systemsoftware,
- die Lieferung neuer Software-**Versionen/Updates** (die zu Vorversionen
  kompatibel sein sollten) und
- das Einrichten/Herstellen von **Schnittstellen** des Systems zu anderen
  Systemen (etwa hinsichtlich der Anbindung eines Einzelblattsystems an
  ein Netzwerk).

Upgradefähigkeit, Aufwärtskompatibilität zu neuen Versionen und Normeinhaltung von Schnittstellenspezifikationen sollten nach Möglichkeit
vom Anbieter zugesichert werden.

Für **drei grundlegende Bereiche** müssen in allen EDV-Verträgen und insbesondere Verträgen zum Erwerb von Systemen **Regelungen** getroffen
werden, nämlich:
- **Leistungsbestimmung und -modalitäten** (Lieferfristen, Leistungsort
  etc.) für die jeweilige Anpassungsleistung (s. oben Rn. 547),
- **Verzugsregelungen** (Fristen, eventuelle Vertragsstrafen bei – teilweiser – Nichtlieferung; zur Behandlung von Verzugsfällen s. Rn. 1073),
- **Gewährleistung** und **Wartung** auch für zukünftige Erweiterungskomponenten bzw. ein neues Gesamtsystem (zu den kundenseitigen
  Gewährleistungsansprüchen s. Rn. 1116ff., 1195).

Als **Leitsatz** für die Vertragsverhandlungen kann die Zielvorgabe dienen,
dass **aufgrund klarer vertraglicher Vereinbarungen bei Vertragserfüllung** (Lieferung und Installation) **jede Leistungsposition und jeder Leistungszeitpunkt eindeutig identifiziert** und **als erfüllt „abgehakt"** werden können muss.

1.1.2 Anwendbares Recht

554 Wesentliches Merkmal der Anwendbarkeit von Kaufrecht ist die **Übereignung**, also die Einräumung von Eigentumsrechten **an der Kaufsache**.
Übereignet werden kann zunächst die **Hardware** als die Gesamtheit der
zum System gehörenden Geräte, wobei sich keine besonderen Probleme
ergeben, da Hardwarekomponenten nach wohl übereinstimmender Auffassung als „bewegliche Sachen" einzuordnen sind. Die Lieferung von **Netzwerken** mit Vernetzung wird als Werkliefervertrag über eine vertretbare

Sache qualifiziert,[17] das Zusammenstellen von Standardkomponenten nach individuellen Kundenbedürfnissen hingegen nach Kaufrecht (wobei freilich Beratungspflichten des Anbieters relevant werden können oder eine eigenständige nebenvertragliche Konfigurationspflicht).[18]

Ein methodischer **Hinweis**: Diese vertragsrechtlichen Zuordnungen müssen bezüglich aller Komponenten jeweils im konkreten Fall überprüft und ggf. modifiziert werden, da sowohl das Vernetzen als auch das bloße Zusammenstellen selbst wieder je nach Anwendung und nach Systemversion technisch unterschiedlich definiert sein kann. Hier wie auch sonst im EDV-Vertragsrecht gilt, dass jeder Schematismus, jede holzschnittartige Vereinfachung von Leistungstypen praxisfremd ist und das Risiko begründet, wichtige Rechtspositionen einer Vertragspartei zu verkürzen. Insbesondere ist Vorsicht bei der Übernahme entsprechender Zuordnungen aus veröffentlichten Gerichtsentscheidungen geboten, wenn deren Sachverhalt nicht vollständig bekannt ist; hier muss geprüft werden, ob die technisch-wirtschaftliche Leistungsgestalt vergleichbar ist.

Bei der **Software** bezieht sich die Übereignung auf die einzelne Programmkopie, die dem Kunden auf Datenträger übergeben oder in das System geladen wird, und die Dokumentation. Datenträger und Dokumentation (z. B. Bedienungsanleitung oder Entwicklungsdokumentation) sind ebenfalls als „bewegliche Sachen" zu qualifizieren. Streitig war aber die Einstufung des auf einem Datenträger verkörperten Programmes. Die Rechtsprechung bejaht hier mittlerweile die Sacheigenschaft des Programmes als solches (s. Rn. 733) und die (zumindest entsprechende) Anwendbarkeit von Sachkaufrecht auf Software-Überlassung (s. Rn. 729).

EDV-Systeme werden vielfach zu Eigentum, also unter Kaufrecht erworben. Dies gilt insbesondere für die PC- und Netzwerkwelt sowie die – früher gebräuchlichere – mittlere Datentechnik (z. B. AS/400), während bei größeren Systemen (sog. Mainframes, Serversysteme etc.) auch Miete bzw. Leasing weiterhin praxisüblich ist. Kaufrecht wird auch dann noch angewendet, wenn der Verkäufer die **Vernetzung des Systems** vornimmt, 555

---

[17] LG Konstanz, Urteil vom 4. 5. 1990 – 5 O 302/89, CR 1991, 93: Seien alle Teile Einzelkomponenten, könne nicht plötzlich die Gesamtheit eine unvertretbare Sache sein. Das Gericht berücksichtigt freilich nicht ausreichend, dass die standardmäßigen Einzelkomponenten sehr wohl zu einer **individuellen Gesamtheit** konfiguriert werden können, besonders über die kundenspezifisch ausgelegte und eingemessene Verkabelung und/oder gezielt ausgesuchte Hubs und Kabel. Im Einzelfall kann diese Gesamtheit selbst ein geschuldeter Werkerfolg sein.

[18] OLG Koblenz, Urteil vom 10. 7. 1992 – 2 U 510/89, CR 1994, 359. Da die Auswahl der Komponenten zur Erfüllung bestimmter vorgegebener kundenspezifischer Aufgaben erfolgte, wäre die Anwendbarkeit von Werkvertragsrecht sachnäher gewesen.

diese aber im Verhältnis zum Gesamtumfang des Geschäfts nur von nebensächlicher Bedeutung ist[19], wenn Standardkomponenten nach den Kundenbedürfnissen zu einem System zusammengestellt[20] bzw. Standardcomputer zu einem Netzwerk verbunden werden[21]. Wird im Kaufvertrag Abnahme vereinbart, beginnt die Gewährleistungsfrist erst mit der Abnahme.[22] Dennoch bleibt der Vertrag Kaufvertrag.

Soll die DV-Anlage kaufweise übereignet und außerdem ein Individualprogramm erstellt werden, liegt ein **gemischter Vertrag** aus Elementen eines **Kaufvertrages** und eines **Werkvertrages** vor, und zwar Kaufvertrag bezüglich der Lieferung der Hardware und Werkvertrag bezüglich der Software-Erstellung, wobei Vertragsgegenstand eine funktionsfähige Einheit aus Hardware und Software ist.[23] Ein Werkliefervertrag über eine nicht vertretbare Sache liegt vor, wenn eine DV-Anlage zu liefern und ein Individualprogramm zu erstellen ist, um zusammen **eine Lösung** zu bilden.[24] Die Abgrenzung, unter welchen Voraussetzungen ein Vertrag **insgesamt Werkvertragsrecht** folgt, also die werkvertraglichen Nebenpflichten in eine werkvertragliche Hauptpflicht gewissermaßen „umschlagen", kann nur im Einzelfall erfolgen. Ähnliche Abgrenzungen sind auch bei einem späteren Tätigwerden des Anbieters erforderlich: Der **Auftrag zur Reparatur** einer Festplatte folgt Werkvertragsrecht, die Lieferung einer neuen Platte hingegen Kaufrecht.[25]

556 **Von der Miete grenzt sich der Kauf** durch die zeitlich unbegrenzte Nutzungseinräumung am System und das Schaffen eines Eigentumstitels für den Kunden **ab**, vom Werkvertrag hingegen durch den Umstand, dass der Kaufvertrag keine Herstellungsverpflichtung enthält und Nachbesserungs-/Nachlieferungspflicht nur nach Vereinbarung (eine für Verträge mit Händlern typische Konstellation).

Nach diesen Grundsätzen unterliegt etwa die Lieferung von Standardkomponenten für ein Netzwerk Kaufrecht. Die Gesamtheit aus vertretbaren Sachen im Sinne von § 91 BGB ist hierbei selbst eine vertretbare Sache,

[19] OLG Köln, Urteil vom 2. 4. 1993 – 19 U 202/92, CR 1993, 426 = NJW-RR 1993, 1140.
[20] OLG Koblenz, Urteil vom 10. 7. 1992 – 2 U 510/89, BB, Beil. 13, 1993, 8, und OLG Brandenburg, Urteil vom 1. 12. 1998 – 6 U 301/97, KZR 1999, 369 (für Lieferung und Installation standardisierter Ware).
[21] LG Konstanz, Urteil vom 4. 5. 1990 – 5 O 302/89, CR 1991, 93.
[22] LG Aachen, Urteil vom 29. 9. 1992 – 41 O 69/92, CR 1993, 767.
[23] OLG Oldenburg, Urteil vom 30. 12. 1987 – 6 U 21/87, DV-R 4, 220, genauer wohl ein typenkombinierter Vertrag (s. Rn. 115); zur Vertragseinheit s. Rn. 98.
[24] OLG Stuttgart, Urteil vom 23. 12. 1986 – 7 U 156/86, IuR 1989, 441 = MRC 1986, 15.
[25] LG Frankfurt/Main, Urteil vom 12. 6. 1991 – 2/I S 241/90, MRC 1991, 49.

so dass kein Raum für die Anwendung von Werkvertragsrecht bleibt.[26] Der Anbieter kann also für jede erforderliche Komponente ein beliebiges Exemplar aus einem vorhandenen Vorrat auswählen, wenn es nur die vertraglich erforderlichen Leistungsmerkmale aufweist und auch die Ersatzkomponenten wiederum in gleicher Weise konfigurieren. Werkvertragsrecht kann aber auf individualisierende Anpassungsarbeiten anwendbar sein, etwa das **Einmessen und Verkabeln** der Netzwerkes, erst recht natürlich auf die individuelle Erstellung mit auszuliefernder Programme. Die Leistungsgesamtheit aus Hardwarelieferung und -anpassung kann damit als Kaufvertrag mit werkvertraglichem „Einschlag"[27] einzustufen sein, bei größerem Gewicht der werkvertraglichen Anteile als gemischter Vertrag[28].

Kaufrecht bleibt auch **anwendbar**, wenn der Anbieter zusätzlich   557 unentgeltlich ein **Konvertierungsprogramm** zum Einlesen von Daten installieren soll.[29] Treten aber typische weitere Anbieterleistungen hinzu, ändert sich zwangsläufig auch diese idealtypisch einfache vertragstypologische Zuordnung: Muss ein solches Programm erst gegen Vergütung erstellt werden, liegt insoweit eine trennbare, eigenständige Leistung des Anbieters vor, die Werkvertragsrecht zuzuordnen ist (meist als Nebenpflicht des Kaufvertrages, die Werkvertragsrecht folgt). Hat der Anbieter nicht nur die Erstellung dieses Programmes, sondern allgemein die Übernahme vorhandener Altdatenbestände versprochen, folgt diese **gesamte Konvertierungsleistung** Werkvertragsrecht (typenkombinierter Vertrag aus Übereignung von Hardware und Programmen und Erstellung der Datenübernahme, bei der das Konvertierungsprogramm u. U. nur noch den Charakter eines beliebig vom Werkunternehmer wählbaren Werkzeuges hat). Sollen außerdem bestimmte Anwendungen umgestellt werden, in denen die Altdaten bisher bearbeitet wurden, kann schließlich der gesamte **Projektvertrag** nach Werkvertragsrecht zu beurteilen sein.

Wird ein **Betriebssystem als eigene Leistungsposition** und mit getrennter   558 „Lizenzgebühr" angeboten, so wollen die Vertragsparteien insoweit einen selbständigen Software-Überlassungsvertrag abschließen, der die Einräumung eines einfachen, nicht übertragbaren Nutzungsrechts bezüglich des eigenständigen Betriebssystems beinhaltet. Der Kunde kann hier das Zur-

---

[26] So das LG Konstanz, Urteil vom 4. 5. 1990 – 5 O 302/89, CR 1991, 93f.
[27] AG Stuttgart, Urteil vom 9. 8. 1994 – 1 C 8108/92, CR 1995, 278.
[28] OLG Hamm, Urteil vom 30. 11. 1987 – 2 U 118/86, IuR 1988, 455.
[29] OLG Köln, Urteil vom 8. 5. 1992 – 19 U 234/91, NJW-RR 1992, 1327.

verfügungstellen des Betriebssystems im Originalzustand auf **gesondertem Datenträger** beanspruchen. Ein Vorinstallieren auf dem Hauptspeicher genügt nicht.[30] Der Originalzustand zeichnet sich hierbei dadurch aus, dass vom Einsatzzweck her bestimmte Festlegungen noch nicht erfolgt sind, die mit der jeweiligen Installation vorgenommen werden. Für Fehlerbeseitigungen kann die Originalkopie benötigt werden[31], ebenso für die Neuinstallation nach (bei manchen Betriebssystemen fast regelmäßigen) Abstürzen. Die Einräumung des Nutzungsrechts ist zugleich mit der kaufweisen (zeitlich unbegrenzten, grundsätzlich einmal vergüteten) Überlassung der Programmkopie auf Datenträger verbunden (zum Urheberrecht s. Rn. 564, 1515). **Dateneingabe** in das System kann als geschuldete Leistung **Werkvertragsrecht** unterliegen.[32]

Bei **Komplettsystemen** kann ein kombiniertes Vertragsverhältnis vorliegen, bei dem etwa Kaufrecht auf die Veräußerung der Hardware anwendbar ist, hingegen Werkvertragsrecht auf die Erstellung der Software. Auch bei einer derartigen Anwendbarkeit unterschiedlichen Vertragsrechts muss der Besteller das Komplettsystem als Ganzes nur dann abnehmen und bezahlen, wenn es als Einheit fehlerfrei funktioniert.[33] Dies ist insoweit von Bedeutung, als das Abnahmeerfordernis gesetzlich eigentlich nur im Rahmen der Anwendbarkeit von Werkvertragsrecht zum Tragen kommt, also nicht bezüglich der kaufweise zu überlassenden Komponenten. Liegt aber Vertragseinheit vor, so wird entsprechend auch das **Abnahmeerfordernis** auf alle Systemteile **ausgeweitet**.

Abweichende Vertragsbezeichnungen haben grundsätzlich keinen Einfluss auf die vertragstypologische Zuordnung. So steht die **Individualvereinbarung „Vermieten bis 31. 12. 1989 (Anm.: sechs Monate) ab 1. 1. 90 Leasing"** der Annahme eines Kaufvertrages nicht entgegen, wenn die Parteien in einem Produktschein über eine EDV-Konfiguration als Käufer und Verkäufer bezeichnet werden; diese Individualvereinbarung ist vielmehr als eine Finanzierungsregelung anzusehen, wonach der Kaufpreis bis zum Ende des Jahres gestundet und der Käufer als Gegenleistung „Miete" zah-

---

[30] LG München I, Urteil vom 1. 7. 1987 – 8 HKO 5844/86, CR 1988, 831 ff. Vorinstallation ist freilich gerade im Massengeschäft mittlerweile üblich, insbesondere wenn Hardware und die gesamte System- und Anwendungssoftware zu einem Paketpreis angeboten werden. Vielfach muss umgekehrt die zusätzliche Auslieferung einer Kopie der System- und Anwendungssoftware auf Datenträger (CD-ROM) besonders vereinbart werden.
[31] LG München I, Urteil vom 1. 7. 1987, a. a. O.
[32] LG Heidelberg, Urteil vom 2. 9. 1986 – S 1/86 KfH 1, MRC 1986, 3.
[33] LG Nürnberg-Fürth, Urteil vom 30. 11. 1984 – 2 HKO 1497/82, BB 1986, 277 = IuR 1986, 74.

len sollte. Bei einem solchen Vertrag beginnt die Gewährleistungsfrist aus Kauf bereits mit Beginn der Miete.[34]

Folgende Abgrenzungen sind zu ziehen: Ein **Kauf nach Probe** ist ein Gat- 559 tungskauf, bei dem die Vertragsparteien bei der Bestimmung der Gattung von einem Probestück oder Muster ausgehen.

Beispiel:
Kauf einer größeren Anzahl von Disketten nach einem Musterexemplar. Ist die gelieferte Ware nicht probegemäß, stehen dem Käufer Gewährleistungsansprüche zu, auch ein Nachlieferungsanspruch aus § 480 BGB. Stellt die Probe allerdings objektiv ein „aliud" (Falschlieferung) zur vereinbarten Gattung dar, ist die Lieferung keine Erfüllung,[35] so etwa bei Lieferung von Disketten mit falscher, im Rechner nicht lesbarer Formatierung (etwa Unix statt Win). Der Verkäufer bleibt zur Lieferung aus dieser Gattung verpflichtet. Allerdings gilt eine mangelhafte Sache nicht als Falschlieferung im Vergleich zur geschuldeten mangelfreien Sache, sondern entscheidend ist die – von den Vertragsparteien festgelegte – Gattung und die Abweichung von dieser. Die Überlassung der **Demonstrationsdiskette** eines Übersetzungsprogramms stellt keine „Probe" der Kaufsache dar, sofern sie keinen Teil des Programms enthält, mit dem der Anwender selbst testen kann, welche Leistungen die Software zu erbringen vermag.[36]

Bei einem **Kauf zur Probe** gibt der Käufer zu erkennen, er kaufe die Ware 560 zur Probe, ob sie ihm gefalle, und werde, wenn dies der Fall ist, mehr von dieser Sorte (Gattung) kaufen.[37] Der Käufer ist aber (anders als beim Erprobungskauf, s. Rn. 562) frei, dies tatsächlich zu tun. Wenn er sich für einen weiteren Erwerb entscheidet, muss aber die zusätzlich gekaufte Ware der Beschaffenheit der Probe entsprechen. Die zuerst gekaufte Ware gilt als Probe/Muster, wonach sich die Beschaffenheit bestimmen soll.

---

[34] OLG Köln, Urteil vom 8. 5. 1992 – 19 U 255/91, NJW-RR 1992, 1326 (unter Berücksichtigung von Sachverhaltsbesonderheiten, etwa der, dass die Bonitätsprüfung des Kunden im Vertragszeitpunkt negativ ausgefallen wäre). Kaufpreis war eine Summe von immerhin 132 950 DM. Der Kläger obsiegte mit seiner Zahlungsklage. Das Urteil zeigt, wie riskant Eintragungen auf einem Produktschein sein können. Dieser wird in vollem Umfang zum Vertragsinhalt, auch hinsichtlich der das anwendbare Vertragsrecht bestimmenden Elemente.
[35] Larenz I, 143 m. w. N.
[36] AG Reutlingen, Urteil vom 21. 4. 1994 – 13 C 2713/93, NJW-RR 1995, 941 – Globalink. Das Gericht führt aus, es habe sich hier bei der Demonstrationsdiskette nur um eine Art Informations- und Werbeprospekt gehandelt. Dieser kann Grundlage für die Festlegung des vertraglich vorausgesetzten Gebrauchs sein, so dass eine Abweichung des tatsächlichen Programms von den beschriebenen Eigenschaften Mängelgewährleistungsansprüche begründet. Zum Kauf auf Probe s. Rn. 561.
[37] Siehe Larenz I, 143.

Denkbar sind solche Konstellationen etwa bei dem Erwerb von Verbrauchsmaterialien für Peripheriegeräte wie etwa Druckerpapier.

561 Bei einem **Kauf auf Probe** oder **auf Besicht** soll der Erwerb nur als Kauf gelten, wenn der Käufer innerhalb einer gewissen Zeit (etwa nach einer Erprobung) seine Billigung erklärt. Der Verkäufer muss dem Käufer die Untersuchung des Gegenstandes gestatten (§ 495 Abs. 2 BGB). Über den Preis und sonstige Regelungen des Vertrages wurde hier Einigkeit erzielt. Der Verkäufer ist insoweit gebunden. Jedoch behält sich der Käufer seine Erwerbsentscheidung noch vor. Er kann in freiem Belieben entscheiden, also seine Billigung auch bei völliger objektiver Eignung versagen (§ 495 Abs. 1 Satz 1 BGB). Der Vertrag gilt als unter der aufschiebenden Bedingung der Billigung geschlossen (§ 495 Abs. 1 Satz 2 BGB). Die Billigung muss erklärt werden. Wird sie verweigert oder erfolgt keinerlei Erklärung, gilt sie als verweigert und der Vertrag ist unwirksam. Ist aber eine Übergabe der Sache zur Erprobung oder Besichtigung erfolgt, gilt das Schweigen des Käufers als Billigung (§ 496 Satz 2 BGB). Ein solcher Kauf auf Probe findet oft bei Software statt.

Beispiel:
Der Käufer erhält einen Datenträger mit einem Programm und kann dieses etwa innerhalb von dreißig Tagen testen. Er bleibt in seiner Entscheidung über den Erwerb frei, muss aber angesichts der erfolgten Übergabe innerhalb der Frist eine eventuelle Nichtbilligung dem Anbieter mitteilen und die Nutzung beenden sowie alle bestellten Kopien löschen.

562 Bei einem **Erprobungskauf** besteht kein Belieben des Käufers, ob er seine Billigung erklärt. Entscheidend ist vielmehr das objektiv nachprüfbare Ergebnis einer vom Käufer oder einem Dritten durchgeführten Eignungsprüfung. An deren Ergebnis ist der Käufer gebunden. Führt er diese Prüfung nicht durch, ist § 496 Satz 2 BGB entsprechend anwendbar (Billigungsfiktion). Es handelt sich nicht um einen Kauf auf Probe, sondern um den Abschluß eines Vertrages unter der auflösenden Bedingung der Nichteignung. Hierbei muss der Anbieter den Eintritt der Bedingung im Prozess behaupten und beweisen.[38]

563 Ein **Kauf mit Umtauschberechtigung** ist sofort voll wirksam, jedoch ist der Käufer befugt, nachträglich (innerhalb einer Frist) an Stelle des ursprünglichen Kaufgegenstandes einen anderen, annähernd gleichwertigen zu verlangen. Gleichzeitig muss er aber die noch völlig unversehrte

---

[38] OLG Celle, Urteil vom 9. 5. 1990 – 3 U 311/88, CR 1991, 219f.

und unabgenutzte zuerst gekaufte Sache zurückgeben (bzw. die Rückgabe anbieten).[39] Der Käufer trägt hier die Gefahr des zufälligen Unterganges und der Verschlechterung (auch während des Rücktransportes).

Auch (Rechner und Netzwerke steuernde) Systemsoftware kann übereignet werden, jedoch beschränkt auf die einzelne **Programmkopie** und unter **Begrenzung der zulässigen Nutzung:** Wird ein System aus Hardware und System-/Anwendungssoftware verkauft, erwirbt der Käufer nicht nur an der Hardware, sondern auch an der übergebenen Programmkopie der System-/Anwendungssoftware Eigentum. Der Verkäufer kann eine Weiterveräußerung nicht wirksam untersagen. Soweit die Software Urheberrechtsschutz genießt, tritt hier nämlich die sogenannte „Erschöpfungswirkung" der §§ 69c Nr. 3 Satz 2, 17 Abs. 2 UrhG ein. Diese gestattet ein Weiterverbreiten (Weiterveräußern) des erworbenen Werkexemplars, allerdings nicht ein Kopieren oder gar Vertreiben erstellter Kopien, ebenso wenig ein Vermieten, wenn nicht jeweils besondere Vereinbarungen getroffen wurden. Auch kann der Anbieter bestimmte Nutzungsbegrenzungen vorsehen, etwa Beschränkungen der Anzahl der Arbeitsplätze, auf denen bzw. von denen aus (bei Client-Server-Systemen) die Software genutzt werden darf. Diese Einschränkungen sind mit der Eigentumsübertragung vereinbar. (Zu dieser Kundenbefugnis s. Rn. 782 ff.)

Ergänzend ist vorsorglich im Erwerbsvertrag zu regeln, dass auf den Folgeerwerber auch zumindest die vertragliche (von der Erschöpfungswirkung aus § 17 Abs. 2 UrhG nicht erfasste) Vervielfältigungsbefugnis[40] übergeht, da die §§ 69c Nr. 3 Satz 2, 17 Abs. 2 UrhG vom Wortlaut her nur das Verbreitungsrecht umfassen und die Übertragung der eingeräumten Vervielfältigungsbefugnis bisher nur von der Rechtsprechung entwickelt wurde (s. Rn. 766). Allgemeiner sollte **jeder Folgenutzer in gleicher Weise wie der Ersterwerber zu dieser eingeräumten bestimmungsgemäßen Benutzung der Programmkopie berechtigt sein.** Untersagt ist dem Erwerber grundsätzlich der gewerbliche Vertrieb selbst erstellter Kopien der Systemsoftware.

Gattungssachen sind geschuldet, wenn Kaufsachen etwa nur **aus einer Serie** zu liefern sind, also bei Hardware und Massensoftware praktisch die Regel. Mit dem verkäuferseitigen Aussuchen eines Exemplars tritt eine **Individualisierung der Gattungsschuld auf die Kaufsache ein** (§ 243 Abs. 2 BGB).

564

---

[39] Siehe Larenz I, 145.
[40] In Übereinstimmung mit Ansätzen in der Instanzrechtsprechung.

Beispiel:
Soll der Verkäufer einen nur modellmäßig bezeichneten Rechner beschaffen (z. B. Typ AS/400), steht es ihm frei, einen beliebigen Rechner aus der Serie auszusuchen und zu liefern.

Wird allerdings die **individuelle Fabrikationsnummer** eines einzelnen Rechners im Systemschein benannt, so darf er auch nur diesen Rechner liefern (sogenannte „Speziesschuld"). Hierin liegt in aller Regel eine ausreichende Individualisierung. Sie macht in der Praxis auch Sinn, kann es doch für den Kunden vorteilhaft sein, sich beim Anbieter ein Gerät auszusuchen und gleich an Ort und Stelle die Funktionsfähigkeit noch vor Anlieferung zu untersuchen. Eine solche Individualisierung liegt auch im Öffnen einer versiegelten Verpackung des Rechners bzw. der zugehörigen Software, deren Laden, im Initialisieren des Rechners, im Einstellen seiner durch das Betriebssystem vorgegebenen Leistungsparameter und in einem Probelauf mit Peripheriegeräten (ohne dass diese dann auch zum Lieferumfang gehören müssen), ebenso im Herunterladen einer Programmkopie aus dem Internet (Web bzw. ftp). Ob die Spezifikation eines Gerätes bei seiner Bestellung (etwa im Direktversand) zu einer Individualisierung führt, ist nach den Umständen des Einzelfalles zu entscheiden. Dies kann durchaus der Fall sein, wenn der bestellende Kunde CPU, Cache, ISDN-Karte, Speichererweiterung etc. frei wählen kann. Bei jeder solchen Wahl (die teilweise auch im Direktversand möglich ist) wird ein Gerät ausspezifiziert und kann nicht mehr gegen ein anderes der Serie ausgetauscht werden. Bei Software ist solches Spezifizieren seltener, da sie im Massenmarkt meist fertig vorinstalliert oder auf CD-ROM ausgeliefert wird. Anderes kann auch hier etwa bei Client-Server-Software gelten, soweit sie auf Kundensysteme spezifisch angepasst wird. Zu prüfen ist auch, ob durch Vergabe einer „Lizenznummer" eine Individualisierung erfolgt; meist wird dies nicht der Fall sein, da hier nur ein Durchnummerieren der Serienexemplare vorgenommen wird, die ihre Austauschbarkeit unberührt lässt. Ähnliches gilt für das Einrichten eines Betriebssystems wie Windows/NT/Linux/Unix, soweit nur nutzerspezifische Einstellungen erfolgen und Passwörter vergeben werden und diese Vorgänge jederzeit rückgängig gemacht werden können.

Der Verkäufer schuldet bei vereinbarter Lieferung von Gattungssachen **Komponenten mittlerer Art und Güte** (gemäß § 243 Abs. 2 BGB). § 360 HGB spricht in gleicher Weise vom geschuldeten **Handelsgut mittlerer Art und Güte.** „Mittlerer Art und Güte" ist eine Ware, **wie sie im Han-**

delsverkehr am Erfüllungsort üblich ist, also Durchschnittsware.[41] Nach Eintreten der Individualisierungswirkung schuldet der Verkäufer nur noch die individualisierte Kaufsache, nicht mehr aus der Gattung (§ 243 Abs. 2 BGB). Für den EDV-Bereich ist freilich mit diesen sehr allgemeinen und noch auf bestimmte Leistungsorte relativierten Begriffen nicht viel gewonnen (zumal kaum ein Anbieter seine Produkte als „Durchschnittsware" bezeichnen wird). Hardware muss außerdem bestimmten, meist DIN-definierten Anforderungen entsprechen, so dass ein Spielraum für eine „mittlere Art" oft kaum verbleibt. Erwirbt der Kunde ein System eines bestimmten Herstellers, so ist der Anbieter/Händler zudem in seiner Auswahl auf diesen Hersteller beschränkt und nicht berechtigt, wenn auch vergleichbare Hardware eines beliebigen anderen Herstellers oder gar No-Name-Produkte zu liefern.

1.1.3 Leistungspflichten aus Kauf

1.1.3.1 Leistungspflichten des Systemverkäufers

Das BGB regelt die Hauptpflichten des Verkäufers in § 433 Abs. 1 BGB: 565 Der Verkäufer muss die Kaufsache übergeben und übereignen. Ergänzend können nebenvertraglich Pflichten zur Beratung des Kunden, zur Installation oder zur Einweisung hinzutreten.

a) Übergabe

Die Übergabe stellt die tatsächliche Hingabe der Kaufsache dar, also die 566 **Verschaffung von unmittelbarem Besitz** im Sinne von § 854 Abs. 1 oder 2 BGB. Die Verschaffung nur mittelbaren Besitzes (§§ 930, 868 BGB) reicht dann aus, wenn sie besonders vereinbart wurde.[42] Die Übergabe ist nicht mit der Eigentumsübertragung identisch und muss mit dieser auch nicht zeitlich zusammenfallen (etwa bei Vereinbarung eines Eigentumsvorbehalts). Die Lieferung (Versendung) gehört ebensowenig zur erwähnten „Hingabe der Kaufsache" wie die Installation (siehe Rn. 578) oder die Funktionsprüfung.

Hardware **muss** aber **betriebsfertig sein.** Ein mit Betriebssystem und 567 Compiler verkaufter Mikrocomputer ist so auszuliefern, dass er ohne weitere Anpassungs- oder sonstige Einstellungsarbeiten in Betrieb genommen werden kann, etwa durch Installation der Software auf Festplatte und Ein-

---

[41] Baumbach/Duden/Hopt, § 360 Anm. 2 A.
[42] Siehe Palandt/Putzo, § 433 Rn. 7.

richtung.[43] Kundenseitiger Zusammenbau von Teilen aus einem Bausatz ist jedenfalls bei Standardgeräten nicht verkehrsüblich, kann aber im Versandhandel für bestimmte Erweiterungskomponenten oder Bastelgeräte oder sonst bei entsprechender ausdrücklicher Leistungsbeschreibung üblich sein. Hier kann der Kunde dann grundsätzlich zumindest eine **Zusammenbauanleitung** als Leistungsteil erwarten.

568 Die **Versendung** der Kaufsache muss besonders vereinbart werden (arg. e § 447 BGB). Vereinbarte Versendung ist grundsätzlich **Nebenpflicht**. Versendung erfolgt an einen anderen Ort als den Ablieferungsort als Ort der Niederlassung (Erfüllungsort, s. Rn. 120). Für die Übergabe genügt es, wenn eine (vom Verkäufer im Einvernehmen mit dem Käufer bestimmte) **Transportperson** (z. B. seitens einer Spedition wie UPS) die Kaufsache in Empfang nimmt und der Käufer über diese Person erst mittelbar Gewahrsam erhält. Bereits in diesem Zeitpunkt der Übergabe durch den Verkäufer an diese Person geht die Gefahr, dass sich die Kaufsache verschlechtert oder durch Zufall untergeht (zerstört wird), auf den Käufer über (§ 446 BGB). Es liegt eine Schickschuld vor, s. Rn. 120.

Der Begriff der „Versendung" ist nicht zwingend auf verkörperte Übermittlung (wie etwa Paketversand) beschränkt, sondern kann auch die **Online-Übertragung** von Software umfassen (etwa bei aktuellen Updates oder Infodateien). Die Gefahrübergangsregelung des § 447 BGB ist damit grundsätzlich auch auf das Downloading von Software anwendbar, soweit dieses kaufweise überlassen wird und eine vergleichbare Risikosphärenabgrenzung vorgenommen werden kann. „Transportperson" ist hier der Provider, der für den Verkäufer den weiteren Versand übernimmt, aber auch die zwischengeschalteten Betreiber von Router-Rechnern im Internet und der vom Empfänger beauftragte Provider. Die Übergabe erfolgt durch Uploading auf den Rechner des Host-Providers des Kunden, von dem der Kunde dann seinerseits die Datei herunterladen muss. Das Risiko auf dem Übertragungsweg bis zum Anbieter-Provider trägt der Verkäufer, ab dem Provider hingegen der Kunde (also auch bezüglich des Weges vom Anbieter-Provider bis zum eigenen Provider des Kunden).

569 Auch eine **Funktionsprüfung** (s. Rn. 197) wird nicht vorausgesetzt und vom Kaufrecht ohnehin nicht verlangt. Sollen Vergütungsfälligkeit und Beginn der Gewährleistungsfrist vom erfolgreichen Abschluss der Funktionsprüfung abhängig gemacht werden, bedarf dies grundsätzlich besonderer vertraglicher Vereinbarung, die freilich anzuraten ist. Dies gilt selbst

---

[43] LG München I, Urteil vom 16. 5. 1991 – 7 O 23241/89, BB, Beil. 10, 1992, 10.

beim so genannten „Abholkauf", bei dem der Kunde Rechner (mit Software) vom Händler mitnimmt. Der Kunde tut hier gut daran, sich nach Aussuchen eines Exemplares (Individualisierung, s. Rn. 564) dieses auspacken, anschließen und mit installierter Software (evtl. auch mit Drucker) vorführen zu lassen, **bevor** er sich die Kaufsache übergeben lässt. Erweist sich das System als nicht lauffähig oder fehlen Programme oder Bedienungsanleitungen, kann der Kunde die Leistung als (teilweise) Nichterfüllung **vor Übergabe** ablehnen, anstatt nach erfolgter Ablieferung etwa Mängel nachweisen zu müssen.

Sind die jeweiligen Verpflichtungen (Übergabe an Käufer/Transportperson) erfüllt, geht das Risiko, dass die Leistung noch einmal erbracht werden muss, auf den Käufer als Gläubiger der Leistungsverpflichtung über. Bis zu diesem Zeitpunkt muß der Verkäufer (Anbieter) erneut leisten, ohne zusätzliche Vergütung verlangen zu können (sogenannte **Leistungsgefahr**). Ab diesem Zeitpunkt des Gefahrüberganges trägt der Käufer das Risiko, trotz Verlustes der Leistung diese voll bezahlen zu müssen (so genannte **Preisgefahr**). | 570

Soweit sich, wie hauptsächlich der Fall, die zu erbringende Leistung als **Gattungsschuld** beurteilt, wird diese Gattungsschuld im Zeitpunkt der Übergabe zur Stückschuld **konkretisiert** – außer, die tatsächliche Leistung (z. B. Hauptspeicher mit 200 MB) stimmt nicht mit der vertraglich vereinbarten und geschuldeten Leistung (Hauptspeicher mit 10 GB) überein (Aliud-Lieferung, s. Rn. 1142). Eine in dieser Weise fehlgeschlagene Konkretisierung kann nur dann „geheilt" werden, wenn der Käufer die Sache dennoch annimmt.[44] | 571

Vollendet ist die Übergabe der Kaufsache, hier des Systems oder einzelner Komponenten, aber erst, wenn auch die notwendigen Systemscheine dem Käufer (bzw. der Transportperson) vom Verkäufer übergeben worden sind, **der Kunde also an allen vertragsgegenständlichen Systemkomponenten Besitz eingeräumt erhalten hat.** Begleitende Unterlagen gehen neben Anleitungen, Dokumentationen, Pflichtenheften etc. mit dem System in den (zumindest mittelbaren) Besitz des Käufers über. Der Kunde kann, wenn er Anhaltspunkte für die Unvollständigkeit der Leistung hat, die **Besichtigung** der bei dem Anbieter befindlichen, systembezogenen Unterlagen verlangen (§ 809 BGB). | 572

Weitere **Zusatzleistungen:** Verpflichtet sich der Anbieter einer Leistung zur Einrichtung einer Mehrplatzanlage, vorhandene „Altprogramme" auf ein Unterverzeichnis zu kopieren, so müssen die Programme von dort auf- | 573

---

[44] BGH, NJW 1967, 33 und BGH, NJW 1982, 873; vgl. allgemein Palandt/Heinrichs, § 243 Anm. 3.

rufbar und benutzbar sein. Unternimmt der Anbieter innerhalb der ihm gesetzten Frist keine angemessenen Anstrengungen zur Erfüllung dieser Verpflichtung und sind die Programme für den Besteller von Bedeutung, so ist dieser berechtigt, vom Vertrag zurückzutreten.[45]

b) Übereignung

574 Durch die Übereignung erwirbt der Käufer volles Eigentum, bei **Ratenzahlung** und für deren Dauer bestehendem Eigentumsvorbehalt aber erst **mit Restzahlung**. Bei Leasing erwirbt der Leasinggeber Eigentum entweder vom weiter veräußernden Käufer, der dann Leasingnehmer wird, oder unmittelbar nach Kaufpreiszahlung an den Verkäufer (s. Rn. 662ff.).

Werden die zugehörigen Unterlagen nicht oder nur unvollständig herausgegeben, hat der Käufer einen vertraglichen **Anspruch auf Eigentumsverschaffung** an den vorhandenen Unterlagen. Dieser Anspruch richtet sich gegen den Verkäufer, also in der Regel den Lieferanten bzw. Vertragshändler, (mangels Vertragsbeziehungen) nicht gegen den Hersteller. Hat der Verkäufer überhaupt keine Unterlagen (erstellt), ist er insoweit mit der Erfüllung seiner Leistungsverpflichtung im **Teilverzug**. Kann der Anwender die Anlage ohne zugehörige Dokumentation nicht nutzen, ist der Anbieter insoweit sogar insgesamt im Leistungsverzug (s. Rn. 1074).

575 Ohne anderweitige Vereinbarung übereignet der Verkäufer die Kaufsache an den Käufer unmittelbar mit der Übergabe. Ein **Eigentumsvorbehalt** muss deshalb **ausdrücklich** vereinbart sein. Ein Hinweis in den Lieferbedingungen auf den Eigentumsvorbehalt reicht aus, ist aber mindestens erforderlich, wobei die Möglichkeit bestehen muss, dass der Kunde von den Lieferbedingungen **vor** Vertragsabschluss Kenntnis nehmen kann. (Zur Einbeziehung von AGB s. Rn. 307.) Ein nachträglicher Hinweis etwa auf dem Lieferschein kommt zu spät.

576 Werden nun im Kaufvertrag bzw. im Systemschein nicht derartige Bestimmungen getroffen, die einzelne Geräte oder Programme individualisieren, so ist nur, aber immerhin jeweils eine Gattungsschuld vereinbart. Dann trifft den Verkäufer bis zur faktischen Übergabe das **Beschaffungsrisiko** (§ 279 BGB): Werden Geräte oder andere Komponenten am Lager zerstört, muss er auf eigene Kosten neue beschaffen, es sei denn, er hat von Anfang an seine Leistungspflicht auf ein solches Lager beschränkt, so etwa bei einem preisgünstigen Auslaufmodell vor Erscheinen eines Nach-

---

45 OLG Köln, Urteil vom 11. 12. 1992 – 19 U 244/91, BB, Beil. 13, 1993, 10.

folgemodells. Man kann hier von einer partiellen Konkretisierung der Anbieterleistung sprechen, die noch nicht zur Individualisierung der Kaufsache führt, aber doch das Anbieterrisiko einschränkt. Voraussetzung hierfür ist aber, dass sich der Vorratsbestand eindeutig bestimmen lässt.

c) Beratung

In vielen Fällen muss sich der Käufer völlig auf den Rat des Verkäufers 577
verlassen, da ihm als Laie kaum eine andere Wahl bleibt. Der Verkäufer ist aber nicht bereits aus der Aufnahme von Vertragsverhandlungen oder dem Abschluss eines Kaufvertrages zur Beratung verpflichtet. Geht der Verkäufer aber auf eine Beratung ein, übernimmt er eine entsprechende, verschuldensabhängige Haftung (s. ausführlich zur Beratung Rn. 200ff.). Beratungspflichten sind – soweit sie im Einzelfall bestehen – im Kaufvertragsverhältnis grundsätzlich **Nebenpflichten**; sie **gehören also nicht zum gesetzlichen Leitbild des Vertrages.** Im insoweit vergleichbaren englischen Recht gibt es die Regel „caveat emptor". Der Käufer muss sich ohne besondere Vereinbarung also selbst kundig machen. Verletzt der Verkäufer seine Beratungspflichten schuldhaft, indem er z. B. den Käufer zum Erwerb einer überdimensionierten Anlage veranlasst, so bestehen hier Schadensersatzansprüche des Käufers neben Gewährleistungsansprüchen fort. Auch dieser Schadensersatzanspruch muss in der kurzen Verjährungsfrist des § 477 Abs. 1 BGB (Dauer: sechs Monate) geltend gemacht werden, wenn von der Eigenschaft der Kaufsache (z. B. Dimensionierung des Speichers) ihre Verwendungsfähigkeit für den nach dem Vertrag vorausgesetzten Zweck abhängt.[46]

d) Installation[47]

Auch die Installation geht über die Ablieferung hinaus und ist grundsätz- 578
lich nur bei Vereinbarung verkäuferseits geschuldet. Bei einfachen Peripheriegeräten (etwa Druckern oder externen Modems) wird der Kunde das Anschließen und Einrichten selbst durchführen (wobei allerdings das Installieren zugehöriger Treibersoftware nicht immer einfach ist). Dies gilt bei vereinbarter Anlieferung, erst recht aber, wenn der Kunde das Gerät selbst abholt. Bei komplexeren Systemen oder Komponenten (z. B. Switches in Kommunikationsnetzen) ist zweifellos eine entsprechende Vorbereitung durch den Anbieter erforderlich, allerdings nicht als Teil der

---

[46] BGH, DB 1984, 2132.
[47] Allgemein zur Systeminstallation s. Rn. 146.

„Ablieferung" geschuldet, sondern allenfalls als **getrennte vertragliche Nebenpflicht.** Diese kann aber stillschweigend vereinbart werden. Eine solche stillschweigende Vereinbarung ist anzunehmen, wenn
- die Installation bei bestimmten größeren anbieterseits anzuliefernden und aufzustellenden Systemen typischerweise Voraussetzung dafür ist, dass der Kunde mit dem vertraglich vorausgesetzten Gebrauch beginnen kann und
- der Kunde erkennbar nicht selbst zur Installation in der Lage ist und deren Durchführung durch den Anbieter bei vereinbarter Anlieferung diesem erkennbar unterstellt.

579   Das Laden und Einrichten von Software (z. B. Eingabe des Kundennamens) wird in der Praxis häufig als „Installieren" bezeichnet. Massencomputer werden in Großmärkten oder bei Direktversendern oft mit „vorinstallierter" Software angeboten. Hier ist die entsprechende Software-Installation vertragliche Nebenpflicht, die sich unmittelbar aus der Warenbeschreibung im Prospekt oder aus vergleichbaren Unterlagen ergibt und bereits bei Lieferung erfüllt sein muss.

Vor Abschluss der Installation durch den Anbieter hat der Käufer in der Regel keinerlei Eingriffsmöglichkeiten bezüglich der Anlage und darf sie vertraglich auch nicht haben. Deshalb erscheint es unbillig, ihn generell bereits vor Abschluss der vereinbarten Installation mit jenem genannten Risiko des Gefahrüberganges zu belasten. Vielmehr sollte die Sachgefahr erst mit dem Zeitpunkt des Abschlusses der Installation auf den Käufer übergehen, soweit diese vom Verkäufer durchzuführen ist, und es empfiehlt sich eine entsprechende ergänzende vertragliche Vereinbarung:

580   Im Vertrag sollte geregelt werden, dass die Gefahr des zufälligen Unterganges oder der zufälligen Beschädigung bzw. Verschlechterung erst mit Erklärung des Abschlusses der Installation auf den Kunden übergeht.

Der Installationsverpflichtung kann im Verhältnis zum Vertragszweck, zum Preis und zur Komplexität der Anlage ein besonderes Gewicht zukommen, so dass sie als weitere **Hauptpflicht** beurteilt werden muss. Zumindest insoweit richtet sich dann die Gewährleistungsverpflichtung des Anbieters nach Werkvertragsrecht[48] und besteht eine Pflicht des Anbieters zur Beseitigung von installationsbezogenen Mängeln.

---

[48] OLG Düsseldorf, Urteil vom 9. 6. 1989 – 16 U 209/88, BB, Beil. 24, 1990, 5. Zahnt bezieht auch die Einweisung in die Anwendbarkeit von Werkvertragsrecht ein. Aus dem Urteil, das gerade bei der Installationsverpflichtung ein besonderes Gewicht im vertraglichen Leistungsspektrum sieht, ist dies nicht eindeutig ableitbar.

Soll die **Installation zusätzlich vergütet** werden, bedarf dies besonderer Vereinbarung. Aus der bloßen Vereinbarung der Installation ist deren getrennte Vergütungspflichtigkeit nicht ableitbar.

e) Einweisung

Einweisung in den Anlagen- und Systemgebrauch ist vielfach unabding- 581 bare Voraussetzung für eine vertragsgemäße Systemnutzung (insbesondere bei Neuentwicklungen oder komplexerer Software). Auch kann oft ohne Einweisung nicht einmal eine Funktionsprüfung sachgerecht vorgenommen werden. Andererseits gibt es einfache, weitgehend selbst erklärende Systeme bzw. sich automatisch selbst installierende Software und außerdem viele Kunden mit EDV-Wissen (etwa mit eigenem Rechenzentrum). Deshalb ist weder generell aus dem Kaufrecht noch im Besonderen im EDV-Bereich aus der Praxis eine Verpflichtung des Verkäufers etwa durch Verkehrsübung ableitbar, den Kunden in die Nutzung der Kaufsache einzuweisen (s. Rn. 163 allg. zur Einweisung).

Der Anbieter kann aber eine **stillschweigende Verpflichtung** zur Einwei- 582 sung eingehen, wenn er mit einem EDV-Laien einen Erwerbsvertrag schließt. Verfügt der Kunde erkennbar nicht über das zur geeigneten Anlagennutzung notwendige Know-how und nimmt er das Fachwissen des Anbieters erkennbar in Anspruch, so ist der Anbieter bzw. Lieferant deshalb zur Einweisung und Einarbeitung in die Anlage und deren Funktionen sowie in die für die Anlage gelieferte Software verpflichtet. Der Kunde muss in die Lage versetzt werden, anhand von Benutzerhandbüchern und -anleitungen die Anlage zu bedienen. Um dieses Ziel zu erreichen, sind notfalls – jedenfalls dem OLG Stuttgart zufolge – „die Einarbeitung und Einweisung zu wiederholen, fortzuführen und zu vertiefen, wenn bei der Benutzung der EDV-Anlage nebst verkaufter Anwenderprogramme Schwierigkeiten und Unklarheiten auftreten sowie die Erteilung weiterer Erläuterungen in den Details erforderlich werden sollte". Nur so könne der Veräußerer eines Computers mit Anwendersoftware den vertraglichen Leistungserfolg herbeiführen und sichern.[49]

Man darf aus dieser umstrittenen Entscheidung freilich keine allumfassende Aufklärungs- und Einweisungspflicht des Anbieters gegenüber Laienanwendern ableiten. Entscheidend ist wohl immer,
– welchen einfachen oder komplexen Gebrauch die Vertragsparteien voraussetzen und

---

[49] OLG Stuttgart, Urteil vom 23. 6. 1986 – 2 U 252/85, NJW-RR 1986, 1245.

– welche Vorkenntnisse der Anbieter nach den Vertragsverhandlungen bei dem Kunden unterstellen darf.

Die beratungsspezifische Verpflichtung des Anbieters zu einer Know-how-Übertragung begrenzten Umfanges ist typischerweise eine vertragliche **Nebenpflicht**. Deren **Verletzung** führt zu einem Schadensersatzanspruch aus positiver Vertragsverletzung (s. Rn. 1100), insbesondere aus der Verletzung einer sogenannten „Leistungstreuepflicht". Diese Pflicht gewinnt besondere Bedeutung, wenn es sich nicht um einen alltäglichen Kauf handelt, sondern um den Kauf einer teuren Anlage. Ist dem Kunden – dem OLG Stuttgart zufolge – ohne Einweisung die funktionsgerechte Bedienung einer technisch komplizierten Anlage nicht möglich, so kann die Einweisung sogar eine vertragliche Hauptpflicht darstellen,[50] wobei natürlich vorauszusetzen ist, dass die Einweisungspflicht aufgrund besonderer Vereinbarung oder jedenfalls nach den oben genannten Umständen aufgrund stillschweigender Vereinbarung entstanden ist.

f) Einarbeitung

583 Teilweise verwenden Anbieter den Begriff der „Einarbeitung", ohne diesen immer klar von dem der „Einweisung" zu unterscheiden. Während Einweisung nur auf die unmittelbare System- oder Anlagenbedienung abzielt, beinhaltet Einarbeitung hingegen oft mehr Schulungselemente, etwa bezüglich des Funktionszusammenhanges des Systems oder der Abläufe bestimmter Applikationen. Indiz für einen erweiterten Leistungsumfang ist, dass sich die Einarbeitung über einen bestimmten, zu vereinbarenden Zeitraum erstreckt,[51] während die Einweisung etwa in ein Textverarbeitungssystem in einigen Stunden beendet sein kann. (Zur Einarbeitung s. auch Rn. 163.)

1.1.3.2 Leistungspflichten des Systemkäufers

584 Der Systemkäufer muss zwei vertragliche Hauptleistungspflichten erfüllen:
– Zahlung des Kaufpreises für das System (s. Rn. 585),
– Abnahme (die nicht mit werkvertraglicher Abnahme identisch ist; s. Rn. 591).

---

[50] OLG Stuttgart, Urteil vom 26. 3. 1981 – U 213/90, DV-R 2, 78.
[51] OLG Frankfurt/Main, Urteil vom 25. 11. 1975 – 5 U 11/75, DV-R 1, 37.

Hinzu kommt eine in der Regel nebenvertragliche Pflicht zur
– Mitwirkung bei der anbieterseitigen Leistungserbringung (s. Rn. 592).

Einzelne ergänzende **Nebenpflichten** können hinzutreten, etwa das Herstellen notwendiger und geeigneter Installationsvoraussetzungen. Hierbei ist im Einzelfall zu prüfen, ob es sich um eine Nebenpflicht des Käufers aus Kaufvertrag handelt oder vielmehr um eine Gläubigerobliegenheit, deren Verletzung die Rechte des Käufers einschränkt, dem Verkäufer aber keine Schadensersatzansprüche gibt. (Zu Mitwirkungspflichen des Kunden allg. s. Rn. 230.)

a) Kaufpreiszahlung

Die **entscheidende**, kaufvertragstypische **Verpflichtung des Käufers** besteht in der **Zahlung des Kaufpreises**. Insoweit unterscheiden sich Kaufverträge über EDV-Systeme nicht von anderen Kaufverträgen. **Besonderheiten** ergeben sich aber bei verschiedenen Einzelfragen, etwa der Preisgestaltung für Haupt- und Nebenleistungen.   585

Für Komplettsysteme werden vielfach entsprechende Pauschalpreise vom Anbieter kalkuliert. Der Käufer muss hierbei aber prüfen,   586
– ob bzw. welche **Nebenleistungen** in diesem Komplettpreis enthalten sind (z. B. An- und Abfahrt, Installation, Funktionsprüfung, Verpackung, Einweisung, Bereithalten eines Servicenetzes) bzw. ob ein Pauschalpreis günstiger ausfällt als die Summe von Einzelpreisen (wobei die Wahl der Komponenten bei Pauschalangeboten nicht immer frei ist, sondern ggf. spezifische einzelne Komponenten doch zugekauft werden müssen),
– um welchen Betrag der Pauschalpreis steigt, wenn z. B. eine Systemkomponente größer dimensioniert werden soll (z. B. größere Speichereinheit: sogenannte **Erweiterungskosten**),
– welche Kosten bei **Updating** oder Versionswechsel von Software auftreten (Anbieter neigen dazu, anfängliche Preisnachlässe über derartige Folgekosten auszugleichen, ebenso natürlich über Pflegeverträge),
– wie hoch die komplette **Leasingrate** in Bezug auf den Systempreis anzusetzen ist. (Zu Leasingverträgen s. Rn. 636 bis 678.)

Fehlt es an einer konkreten Preisabsprache, gilt die übliche Vergütung nach § 612 Abs. 2 BGB analog als geschuldet.[52] Auch laufende Wartungsverträge sind zu berücksichtigen.

---

[52] AG Marbach, Urteil vom 25. 5. 1994 – 2 C 360/92, CR 1994, 751.

Die vertragliche Zahlungsverpflichtung aus Wartungsvertrag über eine EDV-Anlage entfällt nicht dadurch, dass der Wartungsberechtigte die alte Anlage durch eine neue ersetzt. Dieser Anlagenwechsel rechtfertigt auch keine Kündigung des Wartungsvertrages aus wichtigem Grund.[53]

587 **Preiserhöhungen oder -nachlässe nach Vertragsabschluss** können, so sie ungefiltert weitergegeben werden, das Gleichgewicht der beiderseitigen Vertragsleistungen empfindlich stören. Preiserhöhungen sollten möglichst nur dann an den Kunden weitergegeben werden, wenn mindestens sechs Monate seit Vertragsabschluss vergangen sind. (Zur Regelungsmöglichkeit in AGB s. Rn. 376.) Von **Preissenkungen** sollte der Anwender in jedem Fall sofort ab dem Zeitpunkt ihres Wirksamwerdens profitieren. Das Entstehen eines solchen Reduzierungsanspruches nach Abschluss des Vertrages ergibt sich aber nur, wenn dieser Anspruch im Vertrag ausdrücklich vereinbart wird. Das gilt etwa bei Wechselkursänderungen zwischen Vertragsabschluss und Lieferung.

588 Als Zeitpunkte, zu denen der **Kaufpreis fällig wird**, sind grundsätzlich mehrere Termine möglich:
– vor bzw. bei der Anlieferung,
– nach Installation oder
– nach Abschluss der Funktionsprüfung.

Fälligkeit nach Abschluss der Funktionsprüfung ist eindeutig zu bevorzugen, bedarf aber ausdrücklicher Vereinbarung. Erst dann, wenn alle Funktionen getestet und die geschuldete Leistung vom Anwender (durch Unterzeichnen des Prüfungsprotokolls) abgenommen wird, ist für den Kunden absehbar, eine vertragsgemäße Leistung erhalten zu haben.

589 Die Vereinbarung einer **Vorschusszahlung** gibt dem Anbieter die Möglichkeit, einen Teil der Vergütung zu erhalten, bevor die Leistung von ihm voll oder auch nur teilweise erbracht wird. Oft verwenden Anbieter mehrere Vorschüsse dazu, selbst den Wareneinkauf überhaupt erst zu finanzieren. Der Kunde trägt hier zumindest teilweise ein **Insolvenzrisiko:** Wird der Verkäufer, insbesondere der Händler, vor Auslieferung insolvent, muss der Käufer damit rechnen, statt der Rückzahlung des Vorschusses nur eine anteilige Quote aus der Masse erstattet zu erhalten (s. auch Rn. 1453 für Insolvenz in Leasingverhältnissen). Generell sollte zwischen dem Zeitpunkt der Vorschusszahlung und dem der Lieferung bzw. Installation kein zu langer Zeitraum liegen, nicht zuletzt im Hinblick auch auf Zinsverluste.

---

[53] OLG Oldenburg, Urteil vom 29. 5. 1992 – 6 U 22/92, CR 1992, 722.

Raten- bzw. **Teilzahlungen** können den Anwender finanziell entlasten, da 590
er u. U. den Kaufpreis nicht über sein Kreditinstitut finanzieren muss.
Jedoch führt diese Aufteilung des Kaufpreises regelmäßig zu einer Ver-
teuerung, die noch über den Zinskosten für das Kreditinstitut liegen kann.
Wirbt der Anbieter mit „Teilzahlungspreisen", so muss er die Gesamtkosten einschließlich Zinsen und sonstigen Kosten mit bezeichnen, die neben
den Raten anfallen. Andernfalls liegt ein Verstoß gegen § 3 der Preisanga-
benverordnung vom 14. 3. 1985 (BGBl. I S. 580 i. d. Neuf. vom 1. 1.
1993, BGBl. I 1992 S. 846) vor.

b) Abnahme

Der Käufer muss die von ihm gekaufte Sache abnehmen (§ 433 Abs. 2 591
BGB), d. h. bei der Übergabe entgegennehmen. Die kaufrechtliche
Abnahme darf nicht mit der Abnahme nach Werkvertragsrecht (§ 640
BGB) verwechselt werden; insbesondere beinhaltet sie kein Billigungs-
moment.

Die Abnahme stellt eine **vertragliche Nebenpflicht** dar,[54] eine **Hauptpflicht** hingegen **dann**, wenn die Abnahme besonders vereinbart worden
ist. Im ersten Fall ist der Kunde nur nach den Voraussetzungen des § 286
BGB (Verzögerungsschaden) schadensersatzpflichtig, im zweiten Fall
nach § 326 Abs. 1 Satz 2 BGB (Nichterfüllungsschaden). Wurde eine zwischen den Vertragsparteien vereinbarte Einweisung nicht oder nur unzureichend erbracht, kann der Kunde die **Abnahme ablehnen.**[55]

Der Käufer von Software hat diese in Kenntnis einer fehlenden Möglichkeit zur Datensicherung rügelos abgenommen (§ 460 BGB), wenn in dem
mit ausgelieferten Handbuch auf das Fehlen einer Option zur automatischen oder menügesteuerten Erstellung von Sicherungskopien ausdrücklich hingewiesen worden ist. Der Käufer trägt die Beweislast für Schäden,
bei denen sich nicht sicher feststellen lässt, dass die Schadensursache ausschließlich im Zuständigkeitsbereich des Verkäufers zu suchen ist.[56]

c) Mitwirkung

Der Käufer hat eine **umfassende Nebenpflicht zur Mitwirkung**; er muss 592
von sich aus alles tun und unterlassen, vorbereiten und jede notwendige
Unterstützung gewähren, um sicherzustellen, dass der Verkäufer das

---

[54] Vgl. Palandt/Putzo, § 433 Rn. 36.
[55] LG Berlin, Urteil vom 16. 6. 1986 – 99 O 130/84, CR 1987, 295.
[56] OLG Frankfurt/Main, Urteil vom 16. 6. 1986 – 99 O 130/84, CR 1996, 26.

System zeitgerecht liefern und, soweit vereinbart, installieren und dessen Funktionen prüfen sowie die Einweisung durchführen kann.

Diese Verpflichtung muss und kann nicht in allen Details im Vertrag oder in zugehörigen Systemscheinen beschrieben werden (allg. zur Mitwirkungspflicht des Kunden s. Rn. 230). Ausgestaltung und Umfang ergeben sich aus den Umständen des Einzelfalles. Insbesondere muss der Käufer die für den Verkäufer **wesentlichen Installationsvoraussetzungen** herbeiführen, für Anlieferung, Installation, Einweisung und Funktionsprüfung eigenes kompetentes Personal stellen und auch **Verkehrssicherungspflichten** übernehmen. Letzterer Punkt geht über die vertragsspezifischen Mitwirkungspflichten hinaus und erweitert die Käuferpflichten zu einer allgemeinen deliktischen Haftung, derzufolge der Käufer alle Gefährdungen vom Verkäufer oder dessen Mitarbeitern abzuwenden hat. Dies beginnt bei möglichen Sachschäden an Messgeräten des Verkäufers durch ungesicherte bzw. unregelmäßige Stromzufuhr im Käuferbereich und kann bis zur Haftung für Personenschäden gehen.

593 Der **Verkäufer muss den Käufer über die Mitwirkung beraten.** Insbesondere einen sichtlich noch unerfahrenen Käufer muss der Verkäufer seinerseits auf diese Mitwirkungspflichten **hinweisen und ihn zu deren Erfüllung angemessen beraten.** Die beiderseitigen Nebenpflichten der Vertragspartner gehen hier fast untrennbar ineinander über. Sie sollten deshalb auch von beiden Seiten mit ausreichender Sorgfalt beachtet und abgeklärt werden. Je komplexer nämlich die Systeme sind, desto schwieriger ist die Zuordnung einer einzelnen Verpflichtung zu einer Vertragspartei und desto unsicherer muss die Verteilung der Beweislasten bei Pflichtverletzungen werden. (Zu den Aufklärungs- und Beratungspflichten des Anbieters s. Rn. 200.)

In technischer Hinsicht muss der Käufer die notwendigen Vorgaben über seine Mitwirkungspflichten vom Verkäufer mitgeteilt erhalten, soweit er nicht selbst ausreichend fachkundig ist. Und auch, wenn er sich für fachkundig ansieht, sollte er lieber einmal zuviel nachfragen, um das Risiko von Missverständnissen und Wissenslücken zu verringern. Bereits kleine technische Änderungen und auch Änderungen in technischen Wortbedeutungen können etwa die Installationsvoraussetzungen erheblich verändern.

594 **Verletzt der Kunde** seine **Mitwirkungspflicht** und diese eine Nebenpflicht, die nicht nur eine Obliegenheit darstellt, gerät er in **Schuldnerverzug**, insbesondere bei unterbliebener Abnahme der Lieferung. Vorausset-

zung ist freilich, dass der Anbieter seinerseits leisten kann und seine Leistung auch angeboten hat. Dann behält der Anbieter neben einem Anspruch auf Ersatz entstandenen Schadens (§ 286 BGB) seinen Vergütungsanspruch, muss sich allerdings bei Nichtlieferung die hierdurch eingetretenen Ersparnisse anrechnen lassen.

1.2 Systemmiete

Checkliste: Systemmiete

Leistungsbeschreibung

– Sind alle zum Gebrauch zu überlassenden Systemkomponenten im Mietschein nachprüfbar beschrieben?
– Welche Betriebs- und Anwendungssoftware gehört zum vertragsgegenständlichen System?
– Muss ein separater Vertrag über Wartungs- und Pflegeleistungen abgeschlossen werden?

Leistungsmodalitäten

– Zu welchem Zeitpunkt erfolgt die Anlieferung des Mietgegenstandes?
– Bis zu welchem Zeitpunkt müssen die Installationsvoraussetzungen kundenseits erfüllt sein?
– Zeitpunkt der Durchführung der Funktionsprüfung festlegen!

Mietzins

– Werden die Mietzinsraten
  • wöchentlich
  • monatlich
  • quartalsweise und
  • jeweils zuzüglich oder einschließlich der gesetzlichen Mehrwertsteuer berechnet?
– Ist der Mietzins
  • unabhängig vom Benutzungsumfang oder
  • benutzungsabhängig?
  Welche Staffel besteht in diesem Fall?
– Sieht eine Preisanpassungsklausel die Möglichkeit einer Erhöhung des Mietzinses während der Vertragslaufzeit vor?
  Ist hierbei eine Obergrenze der Mieterhöhung vorgesehen?

– Müssen für Transport, Installation, Einweisung oder Rücknahme der Mietsache bestimmte Nebenkosten zusätzlich veranschlagt werden? Jeweilige Höhe festlegen!

Laufzeit des Vertrages/Kündigung

– Welche Laufzeit des Vertrages ist vorgesehen?
– Besteht eine Verlängerungsmöglichkeit?
– Zu welchem Zeitpunkt kann der Vertrag frühestens gekündigt werden?
– Kann der Kunde den Mietvertrag kündigen, wenn der Anbieter eine Mieterhöhung ankündigt?

Verzug

– Welche Schäden können bei Verzögerung der Lieferung, Installation oder Einweisung auftreten?
– Ist die Ersatzpflicht des Anbieters vertraglich gesichert?
– Lässt sich eine Vertragsstrafe für Verzugsfälle (Lieferung, Installation, Einweisung, Mängelbeseitigung) vereinbaren?

Gewährleistung

– Wird die Gewährleistung einheitlich auf alle Komponenten ausgedehnt?
– Wird auch die Software von der Gewährleistung einheitlich erfasst?
– Ist gesichert, dass vom Kunden mitgeteilte Mängel in angemessen kurzer Reaktionszeit beseitigt werden?

Vertragsbeendigung

– Sind die Modalitäten der Rückgabe der Mietsache ausreichend genau beschrieben, insbesondere das Löschen von Datenbeständen und die De-Installation und der Rücktransport?

1.2.1 Unterscheidung Miete/Leasing

595 EDV-Systeme können sowohl auf Miet- als auch auf Leasingbasis zur Nutzung überlassen werden. Beide Vertragsformen bestehen nebeneinander und haben eine eigene wirtschaftlich-kalkulatorische Existenzberechtigung. Bei einem Großrechner kann selbst eine stundenweise Überlassung Mietrecht folgen.[57]

---

[57] BGH, Urteil vom 28. 10. 1992 – XII ZR 92/91, NJW-RR 1993, 178.

Rechtlich besteht der wesentliche **Unterschied zwischen Miete und Lea-** 596
sing darin, dass der Anbieter bei **Miete** selbst als Vermieter des Systems
auftritt und hierfür als solcher während der Vertragsdauer einzustehen hat.
Der **Leasinggeber** ist hingegen oft nicht gleichzeitig Systemanbieter, sondern bezieht das System selbst von einer anderen Firma (teilweise auch
der Muttergesellschaft). Der Kunde muss hier genau die Vertragsbeziehung Kunde–Anbieter von der Vertragsbeziehung Kunde (Leasingnehmer)–Leasinggeber unterscheiden.

Der Leasinggeber tritt grundsätzlich alle Gewährleistungsansprüche, die ihm
gegen den Systemanbieter (Verkäufer) zustehen, an den Leasingnehmer ab
(s. Rn. 1276). Dieser muss dann seine Ansprüche unmittelbar gegen den Verkäufer geltend machen. Gleichzeitig muss der Kunde die vertragliche oder
gesetzliche Gewährleistungsfrist beachten, die gegenüber dem Verkäufer
läuft. Im Verhältnis zu einem Vermieter besteht dieses Kundenrisiko nicht, da
der Vermieter die Mietsache während der gesamten Vertragslaufzeit in einem
vertragsgerechten Zustand funktionsfähig erhalten muss.

1.2.2 Leistungsbeschreibung

Umfang der angebotenen Leistung: Der Anbieter schuldet als Vermieter 597
die zeitlich begrenzte Gebrauchsüberlassung des vertragsgegenständlichen
Systems, der mietende Kunde die Zahlung der regelmäßigen Nutzungsvergütung. (Zu den Leistungspflichten s. Rn. 609 ff.)

Wesentliche Merkmale des Mietvertrages sind insbesondere:
– Fortbestehen des Eigentumsrechts des Vermieters an der Mietsache,
– Pflicht zur Tragung der auf der vermieteten Sache ruhenden Lasten
  (§ 546 BGB), z. B. aus Versicherungen,
– Pflicht zur Gewährung des vertragsgemäßen Gebrauchs während der
  gesamten Vertragslaufzeit, verbunden mit entsprechender Erhaltungspflicht (§ 536 BGB),
– **verschuldensunabhängige Haftung** des Vermieters für anfängliche,
  d. h. bei Überlassung vorhandene Mängel der Mietsache (§ 538 Abs. 1,
  1. Alt. BGB), verschuldensabhängige Haftung für später entstehende
  Mängel bei Vertretenmüssen seitens des Vermieters (§ 538 Abs. 1,
  2. Alt. BGB),
– gesetzliche Mietzinsminderung bei Mangel der Mietsache (§ 537
  Abs. 1 BGB).

Die individuellen Systemdaten sind im Leistungsschein zum Mietvertrag
ausreichend präzise zu beschreiben, also insbesondere

– die Bezeichnung des Systems bzw. der Anlage,
– der Aufstellungsort,
– die Mietdauer sowie
– im Vertrag enthaltene oder (meist) gesondert zu vereinbarende War-
tungs- oder Pflegeverpflichtungen,
– die Durchführung der Rückgabe der Mietsache (z. B. Transportkosten
und -risiko).

Zur Leistungsbeschreibung **im Mietschein** gehören neben allen notwendigen Systemdaten auch Angaben über die zur Hardware gehörende
Betriebssoftware, (systemnahe) Hilfsprogramme und Anwendungssoftware sowie mitgelieferte Datenträger.

In einer eigenen Spalte über **Wartung bzw. Pflege** werden diejenigen
Leistungen erfasst, die der Vermieter zur Instandsetzung und Instandhaltung der Mietsache dem Mieter schuldet. Instandsetzung wie auch
Instandhaltung stellen eine wesentliche, hauptvertragliche Verpflichtung
des Vermieters dar (zu diesen Begriffen s. Rn. 612). Nur eine genaue
Beschreibung dieser Verpflichtungen ermöglicht, sie in jedem Zeitpunkt
des Vertragslaufes kontrollieren zu können.

Der Leistungsschein (oft auch „Mietschein" genannt) ist **Teil des Mietvertrages** und gleichzeitig wesentlicher Maßstab zur Beantwortung der
Frage, ob die Leistung vertragsgemäß erbracht worden ist.

598   Auch eine adäquate **Dokumentation** gehört zum notwendigen Leistungsumfang. Wird sie nicht mitgeliefert und kann deshalb ein Computerprogramm oder die ganze Anlage nicht benutzt werden, ist der vermietende
Anbieter mit der **Hauptleistung** in Verzug.[58] Ist dem Lieferanten bekannt,
dass das Computersystem von Nichtfachleuten benutzt werden soll, muss
das Benutzerhandbuch entsprechend ausgestaltet sein.[59]

599   Im Rahmen zeitbegrenzter Systemmiete wird meist auch Software nur auf
Zeit zum definierten Gebrauch überlassen. Da die zugehörigen Computerprogramme regelmäßig auf **Datenträger** ausgeliefert werden, sind diese
ebenfalls nur gemietet und folglich bei Vertragsende zurückzugeben. Da
solche alten Datenträger aber meist nicht mehr oder nur noch eingeschränkt verwertbar sind, werden Datenträger auch im Rahmen von Mietverträgen meist dem Mieter **übereignet.** Hier müssen diese Datenträger

[58] LG Frankfurt/Main, Urteil vom 19. 1. 1982 – 2/13 O 58/80, DV-R 1, 219 = CW, 22. 4. 1983.
[59] LG Würzburg, Urteil vom 4. 8. 1992 – 14 O 2189/89, MRC 1992, 19. Das Gericht führt außerdem
aus, dass sogenannte „Help-Funktionen" bei Computerprogrammen seit 1983 (!) zum Stand der
Technik gehören. Das Gericht folgte hier dem Gutachter.

bei Vertragsende vom Mieter **gelöscht** werden. Im Vertrag sollte klar geregelt werden, wie mit den Datenträgern bei Vertragsende zu verfahren ist.

Zulässige Nutzung des Programmes auf Datenträger: Aus der Übereig- 600
nung des Datenträgers darf nicht geschlossen werden, dass der Mieter nun auch an der Programmkopie Eigentum erwirbt. Dies ist nur bei zeitlich unbegrenzter Nutzungsdauer möglich, also gerade nicht bei Miete. Jedoch kann die **Nutzungsbefugnis des Kunden** auch und gerade bei Miete besonders einschränkend definiert werden (etwa Bindung an ein System). Der Kunde erhält hier nämlich kein Eigentum übertragen. Jedoch muss die bestimmungsgemäße Benutzung der Software möglich bleiben. Außerdem finden softwarebezogene Nutzungsbeschränkungen in Formularverträgen an den Schranken des AGBG ihre Grenzen (s. näher Rn. 776 ff.).

Verwendet der Mieter **eigene Datenträger**, müssen sie voll den techni- 601
schen Systemspezifikationen entsprechen. Lassen sich Schäden am System auf die Nichteinhaltung dieser Spezifikationen seitens des Mieters zurückführen, ist der Mieter insoweit zu deren Ersatz verpflichtet (kundenseitige positive Vertragsverletzung). Insoweit besteht eine entsprechende Mitwirkungspflicht des Kunden.

Der Vermieter steht während der gesamten Vertragsdauer für die Funk- 602
tionsfähigkeit der vermieteten Hardware- und/oder Software-Komponenten ein. Jede Änderung der Konfigurationsmerkmale bedarf also ausdrücklicher vorheriger Vereinbarung, da sie auch Leistungspflichten und -risiken des Vermieters ändert oder ändern kann, ebenso aber auch die tatsächlichen Nutzungsmöglichkeiten des Mieters. Das gilt für alle Änderungen, gleich, ob sie vom Anbieter oder vom Kunden durchgeführt werden. Ob ein Kunde die **Anpassungen des Systems** an bestimmte Vorgaben verlangen kann, hängt mangels entsprechender ausdrücklicher Vereinbarung davon ab, ob der herzustellende Systemzustand zu dem im Mietvertrag vereinbarten oder vorausgesetzten Gebrauch gehört.

Im Mietvertrag kann ein **Anschluss des Systems an Fremdkomponenten** 603
mit der Begründung untersagt werden, dass die Auswirkung des Komponentenanschlusses auf das Systemverhalten nicht kalkulierbar ist. Eine solche pauschale Verbotsklausel ist in der Praxis aber nicht immer sachgerecht. Manchmal kann es ausreichen,[60] die vermieterseitige Gewährleistung bis zu den Schnittstellengrenzen des eigenen Systems zu ziehen. Dies ist etwa dann der Fall, wenn Fremdkomponenten (z. B. Drucker, Plotter,

---

[60] So die Regelung in § 17 Ziff. 2 Satz 3 und 4 BVB-Miete.

Bildschirm oder Externspeicher) über übliche standardisierte Schnittstellen angeschlossen werden sollen. Hier kann der Anbieter sogar verpflichtet sein, entsprechende Anschlussmöglichkeiten zu schaffen (mindestens eine). **Fehlen** derartige Schnittstellen, kann dies einen **Systemmangel** darstellen, sofern sie als Leistungsmerkmal geschuldet waren. Weist der Anbieter nicht auf das Fehlen der Schnittstellen hin, kann dies seine Haftung aus Verschulden bei Vertragsschluss begründen (s. Rn. 1034).

604 **Besondere Beratungspflichten des Vermieters:** Der Vermieter schuldet dem Mieter während der gesamten Vertragsdauer ein für den vertraglichen Gebrauch geeignetes System. Über die Pflichten bei anderen Mietverhältnissen hinaus kann sich eine spezifische Beratungspflicht des anbietenden Vermieters aus dem besonderen technischen Charakter des Mietgegenstandes und den hierdurch komplexeren Erhaltungspflichten des Vermieters ergeben. Aus dieser Überlegung verpflichtet etwa § 20 Satz 1 BVB-Miete den Vermieter, den Mieter „in allen im Zusammenhang mit der Beschaffung von Datenträgern, Zubehör und Arbeitsmitteln auftretenden Fragen" zu beraten. Eine derartig weite Verpflichtung bedarf sicherlich besonderer Vereinbarung, doch wird der Vermieter auch ohne solche Vereinbarung jedenfalls dann und insoweit hinweis- und aufklärungspflichtig sein, als der Mieter für den Vermieter erkennbar beratungsbedürftig ist und die Beratung (in der Form von Hinweisen oder Aufklärung) erforderlich ist, um Beeinträchtigungen der Mietsache zu vermeiden (etwa hinsichtlich des sicheren Umgangs mit Geräten).

Mangels besonderer Vereinbarung oder besonderer Anhaltspunkte wird diese Beratungspflicht grundsätzlich vertragliche **Nebenpflicht** sein bzw. Obliegenheit, soweit ihre Erfüllung Anbieterinteressen nützt. Ihr **Umfang** bestimmt sich nach den konkreten Umständen der jeweiligen Anwendung. (Siehe im übrigen allgemein zur Beratungspflicht des Anbieters Rn. 199 ff.)

605 Einweisung **des Personals** (s. Rn. 163) **und Einführung in die Anlagenbedienung** erweisen sich gerade bei Mietverträgen als erforderlich, da hier zumeist größere Systeme überlassen und in der Mietzeit sachgerecht genutzt werden können müssen. Auch hat der Vermieter ein besonderes Interesse an sachgerechter Behandlung der Mietsache. Die Einweisung ist dennoch grundsätzlich nur bei besonderer Vereinbarung eine geschuldete Nebenleistung des Vermieters, ebenso und erst recht Schulung. Weder aus der Überlassung (Gebrauchseinräumung) noch aus der Erhaltungspflicht ist grundsätzlich eine Einweisungspflicht ableitbar. Allerdings können –

wie auch sonst im Mietrecht – im **Einzelfall Aufklärungs- und Hinweis-pflichten** bezüglich des Umganges mit Systemen bestehen, soweit hieraus Gefährdungen hinsichtlich Personen (etwa aus der Elektrik der Systeme) oder Sachen (etwa hinsichtlich besonderer Datensicherungsroutinen im System zur Verhinderung von Datenverlusten) oder bezüglich der Durchführung der **Systemrückgabe** der Mietsache nach Vertragsende bestehen. Auch für die Einweisung empfiehlt sich deshalb zur Klärung des Pflichtenumfanges eine Vereinbarung, die den Regelungen in § 14 Ziff. 1 bis 3 BVB-Miete entspricht.[61]

Die Mietdauer kann grundsätzlich auch in Formularverträgen frei verein- 606
bart werden (s. § 8 AGBG). Vertragslaufzeiten können aber nicht unbegrenzt vereinbart werden (s. § 8 AGBG). So benachteiligt eine Regelung den Mieter unangemessen, nach der der Mieter den Vertrag frühestens nach 72 Monaten mit sechs Monaten zum Jahresende kündigen kann, wenn in einem räumlich getrennten Abschnitt der AGB „Technologische Anpassung" das Recht des Mieters und die Pflicht des Vermieters, die Hardware jederzeit auf neueste Technologie umzurüsten und zu erweitern, mit einer neuen Vertragsmindestlaufzeit verbunden ist (Verstoß gegen § 9 AGBG).[62]

Für **Hardware** wird die **Anwendbarkeit von Mietrecht** grundsätzlich als 607
unproblematisch angesehen. Hardware (Rechner und zugehörige Peripheriegeräte, Verbindungskabel, Verbrauchsmaterialien etc.) sind bewegliche Sachen. Verbrauchsmaterialien (z. B. Druckertoner oder -papier) werden aber naturgemäß nicht vermietet, sondern kaufweise überlassen; insoweit weisen Mietverträge Mischvertrags- oder typenkombinierten Charakter auf, wenn nicht überhaupt Erwerbsverträge über diese Verbrauchsmaterialien getrennt abgeschlossen werden. In die Hardware fest inkorporierte Systemsoftware („Firmware") teilt in der Regel auch vertragstypologisch deren Schicksal.

---

[61] Textvorschlag:
1. Der Vermieter weist das Bedienungspersonal rechtzeitig ein und stellt gleichzeitig die notwendigen Bedienungsanweisungen in angemessenem Umfang in deutscher Sprache, bei Übersetzungen auf Verlangen auch im Originaltext, zur Verfügung.
2. Der Mieter ist verpflichtet, die Systemkomponenten entsprechend der Bedienungsanweisung des Vermieters zu benutzen. Auftretende Mängel sind dem Vermieter unter Angabe der für die Störungsbeseitigung zweckdienlichen Informationen unverzüglich zu melden.
3. Über die Betriebs-, Stillstands- und Wartungszeiten der Anlage oder Geräte führt der Mieter Aufzeichnung (z. B. ein Betriebsbuch). Die Angaben über die Wartungszeiten sind vom Wartungspersonal des Vermieters zu unterschreiben. Bei Ansprüchen aus Gewährleistung sind die unterschriebenen Zeitangaben in diesen Aufzeichnungen für beide Seiten verbindlich.
[62] OLG Köln, Urteil vom 21. 1. 1994 – 19 U 223/93, CR 1994, 289.

Auch **Software** kann Gegenstand eines Mietvertrages sein (vgl. Rn. 718). Mietvertragsrecht ist zumindest entsprechend anwendbar. Stellt man auf die – zeitlich begrenzte – Überlassung des Originaldatenträgers (z. B. CD-ROM, DVD) ab, auf dem das Programm durch Aufmagnetisieren verkörpert wird, erfasst man nicht auch das in den Rechner geladene Exemplar. Jedoch ist es dogmatisch möglich, mit dem BGH das Programm als Sache einzustufen (s. Rn. 733), die dann unter dieser Voraussetzung naturgemäß auch vermietet werden kann. Vom Ansatz des BGH aus kann das Programm nicht deshalb seine Sachqualität verlieren, weil es nicht zeitlich unbegrenzt, sondern begrenzt überlassen wird. Wie im Bereich des Kaufrechts lässt sich auch im Mietrecht auf die marktbezogene Austauschfähigkeit abstellen. Der Datenträger ist bei Vertragsende regelmäßig zurückzugeben. Gleichzeitig müssen in das System geladene Vervielfältigungsexemplare vom Mieter gelöscht werden. Dies ist freilich eine Verpflichtung des Mieters, die sich (technikspezifisch) nicht aus dem gesetzlichen Vertragstyp der Miete ergibt und schon vor Klärung des Inhaltes der Pflicht der Vereinbarung bedarf. Fehlt eine Vereinbarung, kann grundsätzlich nur auf Urheberrecht zurückgegriffen werden, in dessen Rahmen bei Beendigung zeitlich begrenzter Nutzungsrechtseinräumung alle tatsächlich anwenderseits noch vorhandenen technischen Nutzungsmöglichkeiten (z. B. Kopien im System) beseitigt werden müssen.

608 **Unwirksam ist eine Klausel**, nach der der Mieter für Beschädigung und Verlust der Anlage und ihrer Teile bis zu ihrer Übergabe haften soll, es sei denn, dass er nachweist, dass er den Schaden nicht zu vertreten hat, sowie in jedem Fall für üblicherweise versicherte Risiken.[63] § 9 Abs. 2 Nr. 1 AGBG verbietet Bestimmungen, die mit wesentlichen Grundgedanken der gesetzlichen Regelung, von der abgewichen wird, nicht zu vereinbaren sind, wobei maßgeblich ist, ob die dispositive (also überhaupt eine Abweichung gestattende) gesetzliche Regelung nicht nur auf Zweckmäßigkeitserwägungen beruht, sondern eine Ausprägung des Gerechtigkeitsgebotes darstellt.[64]

Die genannte Klausel weicht von der gesetzlichen Regelung insofern ab, als der Mieter bei Beschädigung und Verlust der Anlage oder ihrer Teile aufgrund von Risiken, „die üblicherweise versichert werden können", nicht nur für Schäden haftet, die er schuldhaft herbeigeführt hat oder die auf einer schuldhaften Verletzung seiner Obhutspflicht beruhen, sondern

---

[63] BGH, Urteil vom 1. 4. 1992 – XII ZR 100/91, WM 1992, 1163 (Miete eines Fernschreibers).
[64] BGH, a. a. O., unter Hinweis auf BGHZ 114, 238, 240 = WM 1991, 1110 und BGH, WM 1991, 1368.

auch für solche, die aufgrund eines Zufalls oder höherer Gewalt eingetreten sind.[65] Eine solche Haftung erfasst auch Schäden, die von Dritten oder sogar vom AGB-Verwender selbst verursacht worden sind, es sei denn, Letzterer oder sein Erfüllungsgehilfe hat diese vorsätzlich oder grob fahrlässig verursacht und verletzt damit den generellen **Grundsatz des Haftungsrechts, dass ein Schuldner nur haftet, wenn er den Schaden zu vertreten hat.** Das ist „ein wesentlicher Grundgedanke des bürgerlichen Rechts und … Ausdruck des Gerechtigkeitsgebotes gleichermaßen für vertragliche wie für gesetzliche Ansprüche".[66] Dieser Grundsatz kann zwar – in den Grenzen der §§ 138, 242 BGB – in einer individualvertraglichen Vereinbarung abbedungen oder abgewandelt werden. Die „**formularmäßige Überbürdung verschuldensunabhängiger Haftung** auf den Vertragspartner des Verwenders ist aber grundsätzlich eine der gesetzlichen Risikoverteilung widersprechende, unangemessene Benachteiligung des Kunden, die die Haftungserweiterung nach § 9 Abs. 2 Nr. 1 unwirksam macht".[67]

Die Überwälzung der uneingeschränkten, formularmäßig zugeordneten Zufallshaftung auf den Kunden ist auch nicht mit der Haftung nach Gefahrenbereichen (Sphärenhaftung) zu vereinbaren, die auf der Erwägung beruht, dass auf einen Vertragsteil diejenigen Risiken abgewälzt werden dürfen, die ihre Ursache ausschließlich in seiner Sphäre haben und vom anderen Vertragsteil nicht beherrscht werden können. Vielmehr müssen weitere Umstände hinzukommen, um die Angemessenheit der Risikoabwälzung zu begründen. Auch die Versicherbarkeit reicht als solche nicht. Entscheidend ist, ob die Risiken besser vom Verwender oder vom Kunden unter Versicherungsschutz gebracht werden können oder typischerweise gebracht werden.[68] „Gehört der Geschäftsverkehr zwischen dem Verwender und seinem Kunden zu einer Branche, in der die Versicherung von Risiken durch den Kunden allgemeine Übung und praktisch lückenlos verbreitet ist, so kann und darf sich der Verwender auf die – ihm bekannte – Üblichkeit eines solchen Versicherungsschutzes billigerweise einstellen."[69]

---

[65] BGH, a. a. O.
[66] BGH, a. a. O., 1164 unter Hinweis auf die BGH-Urteile, BGHZ 114, 238 und WM 1991, 1110.
[67] BGH, a. a. O., 1164 unter Hinweis auf BGH, NJW 1983, 159, 162.
[68] BGH, a. a. O., 626 unter Hinweis auf BGH, ZIP 1991, 792 und 994.
[69] BGH, BGHZ 103, 316, 323 = WM 1988, 166.

1.2.3 Leistungspflichten aus Systemmiete

1.2.3.1 Leistungspflichten des Systemvermieters

a) Überlassung

609 **Wesentliche Vermieterpflicht** ist, dem Mieter für die im Vertrag bezeichnete Dauer ein bestimmtes **System zum Gebrauch zu überlassen und gebrauchsfähig zu erhalten** (§§ 535 Satz 1, 536 BGB, Erfüllungsanspruch). Der Mieter erwirbt ein entsprechendes Nutzungsrecht an allen Systemkomponenten. Das Mietrecht stellt in § 537 Abs. 1 BGB auf den **vertragsgemäßen Gebrauch** ab, der auf bestimmte Nutzungsformen eingeschränkt werden kann, etwa bezogen auf maximale Nutzungszeiten, einzelne Rechner oder Konfigurationen. Der Vermieter ist als Eigentümer der Mietsache zur Einräumung von ihm definierbarer Nutzungsrechte berechtigt, während der Anbieter im Falle eines Verkaufes hingegen eine freie Verfügungsbefugnis einräumen muss. Dies ist gerade für **Software** von Bedeutung, da bei Miete der Kunde kein Eigentumsrecht am vertragsgegenständlichen Programmexemplar erwirbt, sondern dieses Recht beim Vermieter verbleibt. Der Anbieter kann deshalb wesentlich weitergehende Nutzungsbeschränkungen vorsehen als bei kaufweiser Überlassung, insbesondere Weiterveräußerungsverbote und die Bindung an eine einzelne CPU (s. Rn. 776) vorsehen. Allerdings bestehen auch hier Grenzen: Der vertragsgemäße Gebrauch der Mietsache muss möglich bleiben. So muss trotz CPU-Klausel bei Defekt des Rechners ein Tausch gegen einen intakten Rechner und die Programminstallation auf diesem möglich sein.

Die nähere Beschreibung des Systems wird regelmäßig im **Leistungsschein (Mietschein)** aufgeschlüsselt, der eine wesentliche Vertragsgrundlage darstellt.

610 Unter „**Überlassen**" im Sinne des Mietvertragsrechts ist das Einräumen des Besitzes,[70] zumindest aber wohl das Verschaffen des Zuganges zu verstehen.[71] Eine weite Auslegung des Begriffes „Überlassung" geht dahin, dass der Mieter in die Lage versetzt werden müsse, die Sache vertragsgemäß zu gebrauchen.[72] Dies umfasst aber grundsätzlich nur die Einräumung des unmittelbaren Besitzes und der Nutzungsmöglichkeiten (etwa durch Vergabe eines Passwortes an den Systemoperator des Mieters), nicht

---

[70] Palandt/Putzo, § 536 Anm. 3.
[71] Vgl. BGH, NJW-RR 1989, 589.
[72] Palandt/Putzo, a. a. O.

aber Einweisungsleistungen in die inhaltliche Nutzung. (Zur Einweisung
s. Rn. 163.) Nebenleistungen wie Aufstellen, Installieren, Funktionsprüfung etc. bedürfen grundsätzlich besonderer Vereinbarung. Sie sind nicht
von vornherein Teil der Überlassungsleistung.

b) Lieferung, Antransport

Es genügt grundsätzlich, dass der Vermieter die Mietsache zur Abholung   611
bereitstellt. Anlieferung und Aufstellung bedürfen besonderer Vereinbarung, können aber stillschweigend vereinbart sein, wenn der Vermieter
(wie bei größeren Systemen üblich) Installation und Einweisung durchführen soll. Mit Besitzübertragung ist der Vermieter mittelbarer Besitzer
(§ 868 BGB). Wurden Antransport und weitere Nebenleistungen ohne
besondere Vergütungsregelung vereinbart, kann der Vermieter hierfür
keine Vergütung berechnen.

c) Mängelbeseitigung

Der Vermieter hat die Erhaltungspflicht. Die vertraglich vereinbarte   612
Nutzung des Systems durch den Mieter bleibt nur möglich, wenn das
System während der gesamten Vertragsdauer keine nutzungsbeeinträchti-
genden Mängel aufweist bzw. diese bei Auftreten umgehend behoben werden. Bis zum Vertragsende ist der Vermieter deshalb verpflichtet, solche
Mängel der Mietsache umgehend auf Mitteilung des Mieters hin **zu beseitigen.** Dies ist wesentlicher Teil der vermieterseitigen Erhaltungspflicht
(§ 536 BGB). Die Beseitigungspflicht kann in Formularverträgen auf den
mietenden Kunden übertragen werden, aber wohl nicht in vollem
Umfange.[73] Mangels (zulässiger) abweichender Vereinbarung trägt der
Systemanbieter grundsätzlich das volle Mängelbeseitigungs- und Wieder-
herstellungsrisiko. Eine Ausnahme gilt nur für Mängel, die vom Mieter
selbst verursacht wurden.

Die Erhaltungspflicht des Vermieters (§ 536 BGB) kann bei komplexeren
DV-Systemen (etwa im Bereich der Produktionssteuerung) die regelmäßige Durchführung von Funktionsprüfungen durch den Vermieter notwendig machen, um sicherzustellen, daß das gemietete System während der
gesamten Vertragsdauer vertragsgemäß brauchbar ist. Die nicht nur einmalige, sondern regelmäßige Funktionsprüfung ist hier Teil der Hauptleistung des Vermieters.

---

[73] Streitig ist, ob die Pflicht zur Instandsetzung und Instandhaltung vollständig dem Mieter überbür-
det werden darf (möglicher Verstoß gegen § 9 Abs. 2 Nr. 1 AGBG; s. Palandt/Putzo, § 536 Rn. 3).

d) Nebenpflichten

613 **Installation** und **Herbeiführen der Betriebsbereitschaft** sind Tätigkeiten aufgrund vertraglicher Nebenpflichten, die nicht mehr der Überlassung als Hauptpflicht des Vermieters zugeordnet werden können, sondern besonderer Vereinbarung bedürfen (s. Rn. 146, 160). Bei Erstinstallation und auch bei späteren Auswechslungen und Erweiterungen im System müssen jeweils die erforderlichen **Installationsvoraussetzungen** (s. Rn. 146) für die einzelnen Systemkomponenten erfüllt sein. Den Mieter können hier weitreichende Mitwirkungspflichten (s. Rn. 230) bei der Herstellung dieser Voraussetzungen treffen.

614 **Auf Nebenpflichten anwendbares Recht:** Vereinbarte Nebenleistungen wie Installation oder Einweisung können werkvertraglich zu beurteilen sein, da sie regelmäßig auf einen individuell definierten Zielstatus gerichtet sind.[74]

1.2.3.2 Leistungspflichten des Systemmieters

a) Zahlung des Mietzinses

615 Hauptpflicht des Mieters ist, den vereinbarten Mietzins zu entrichten (§ 535 Satz 2 BGB). Dem Vermieter steht hier eine betagte Forderung zu, die erst für den jeweiligen Abrechnungszeitraum (z. B. Monat, Quartal) fällig wird. Mietzins ist Schickschuld (§ 270 BGB).

Die **Berechnung des Mietzinses** erfolgt meist monatlich oder quartalsweise. Es kann aber auch eine bestimmte Mietzeit vereinbart werden, etwa ein Halbjahr, in dem zusätzliche Systemkomponenten vorübergehend überlassen werden sollen. Hier steht dann bei Vertragsschluss die Gesamtmiete rechnerisch fest, wobei dann nur noch im Falle größerer Nutzungsintensität zusätzliche Mietzinsforderungen entstehen können.

Fällig ist der Mietzins je nach Fallgestaltung am Ende des Monats, des Quartals (§ 551 Abs. 1 Satz 2 BGB) oder am Ende der vereinbarten Mietzeit (§ 551 Abs. 1 Satz 1 BGB).

616 Die **Höhe des Mietzinses** kann unterschiedlich berechnet werden, einmal als nutzungsunabhängiger, im Voraus festgelegter und gleich bleibender Betrag, zum anderen als regelmäßige Grundpauschale, zu der ein Zusatzentgelt für tatsächliche Nutzungsstunden hinzutritt.[75] Das Entgelt kann

---

[74] Für die Möglichkeit einer eigenständigen werkvertraglichen Komponente „Lieferung" und „Einrichtung" siehe BGH, WM 1986, 1255.

[75] Wobei man etwa von einem Regelsatz von mindestens 180 Stunden im Monat ausgehen kann; vgl. etwa Zahrnt I, 111.

wiederum nach durchschnittlicher tatsächlicher Nutzung oder nach (mittels Laufzeituhren) gezählten Betriebsstunden berechnet werden.[76]

Der **Beginn der laufenden Zahlungen** sollte auf das Ende der Funktions- 617
prüfungen festgesetzt werden. Hier noch mehr als bei Kauf ist die Verpflichtung des Anbieters von Bedeutung, funktionsfähige Hardware und Software zur Nutzung zu überlassen.

Ein **Zurückbehaltungsrecht** an Mietzins wird zu Lasten des Kunden in AGB meist ausgeschlossen.

Änderungen des Mietzinses sind nur zulässig, wenn sie 618
– entweder im Mietvertrag bereits von Anfang an vorgesehen sind oder wenn
– bei späteren Änderungen dem Mieter ein Kündigungsrecht zusteht.

Den **Mietzins reduzieren** kann der Mieter in dem Umfange, in dem die vermietete Anlage nur eingeschränkt (gemindert) genutzt werden kann (s. Rn. 1075). Der Mieter ist nicht erst mit Mitteilung dieser Reduzierung, sondern bereits mit tatsächlichem Eintritt der Nutzungseinschränkung in deren Umfange zur Zinsreduzierung berechtigt. Sofern er kein Sachverständigengutachten einholt, muss der Mieter auf eigenes Risiko die Höhe der jeweiligen Mietzinsreduzierung festlegen.

Verjährung von Mietzinsforderungen des Vermieters tritt in **zwei Jahren** 619
ein (§ 196 Nr. 6 BGB), da regelmäßig bewegliche Sachen vermietet werden. Dies gilt für Hardware wie für Software.

b) Übernahme der Mietsache

Die **Übernahme** (bzw. **Abholung** bei Bereithalten der Mietsache) ist 620
Nebenpflicht. Der Anwender/Mieter muss den Mietzins auch dann bezahlen, wenn er es unterlässt, die Anlage zu nutzen oder auch nur zu übernehmen. Im letzteren Fall muss er allerdings dem Anbieter eventuell zusätzlich anfallende Lagerkosten ersetzen. Erfolgt die Abholung nicht bis zum Vertragsende, wird dem Vermieter die Leistung aus nicht von ihm zu vertretendem Grunde unmöglich und seine Leistungspflicht entfällt (§ 275 Abs. 1 BGB).

Aus Mietrecht trifft den Mieter zudem eine **Obhutspflicht** zu schonendem Umgang mit der Mietsache und zur Vermeidung von Beschädigungen insbesondere von Hardware (aber u. U. auch hinsichtlich des zu vermeiden-

---

[76] Zahrnt, a. a. O.

den Löschens der Programme auf überlassenen Datenträgern). Mängel sind unverzüglich anzuzeigen (§ 545 Abs. 1 BGB).

c) Mitteilung von Mängeln

621 Eine Verletzung dieser Anzeigepflicht macht den Mieter für Schäden ersatzpflichtig, die aus der Verzögerung der Anzeige entstehen (§ 545 Abs. 2 BGB). Ersatzpflicht aus Nichtanzeige (§ 545 Abs. 2 BGB) besteht aber grundsätzlich nur bei grober Fahrlässigkeit.[77] Der Mieter ist nicht zu (gar regelmäßigen) vorsorglichen Prüfungen verpflichtet. Auch führt die Verletzung der Anzeigepflicht nicht zum Verlust der Rechte des Mieters aus der vermieterseitigen Erhaltungspflicht.

622 Das Gesetz verlangt **keine Schriftform** der Anzeige, doch kann der Vermieter die Verwendung bestimmter **Mitteilungsformulare** verlangen, sofern er diese im Vertrag vereinbart oder zumindest für die Sicherheit der Information zur Vermittlung erforderlich ist. Sache des Vermieters ist es dann, für die Gesamtmietsache rechtzeitig genügend Mitteilungsformulare zur Verfügung zu stellen oder eine elektronische Generierung vorzusehen. In der Praxis wird mündliche Form und (mit ihr gleichgestellte) elektronische Form (etwa bei **E-Mails**) genügen, jedoch ist Schriftform aus Beweisgründen vorzuziehen.

623 Die **Mitteilung** muss **unverzüglich** erfolgen, d. h. gemäß § 121 Abs. 1 Satz 1 BGB „ohne schuldhaftes Zögern"[78]. Eine angemessene Überlegungsfrist muss dem Mieter zugestanden werden.[79]

Der Mieter muss freilich zunächst die Gelegenheit erhalten, notwendige Untersuchungen durchzuführen, um überhaupt zu einer schlüssigen Mängelbehauptung zu gelangen. Hierzu können Probeläufe und -ausdrucke etc. gehören. **Unschädlich** kann eine Fristversäumnis dann sein, wenn der Vermieter eine Mängelbeseitigung ohnehin erst mit dem nächsten Programm-Update vornimmt, für das er bei den verschiedenen Mietern noch Mängelmitteilungen sammelt.

d) Rückgabe der Mietsache bei Mietende

624 Der Kunde hat die Mietsache am Ende der Mietzeit gemäß § 556 Abs. 1 BGB zurückzugeben. Dem Anbieter ist wieder der unmittelbare Besitz an der Mietsache einzuräumen.[80] Zurückzugeben sind alle Teile der Mietsa-

---

[77] BGHZ 68, 281. Dies gilt etwa, wenn der Mieter das „für jedermann Naheliegende" nicht zur Kenntnis nimmt.
[78] Legaldefinition in: § 121 Abs. 1 Satz 1 BGB.
[79] Palandt/Heinrichs, für § 121 s. Anm. 2.
[80] Vgl. näher Palandt-Putzo, § 556 Rn. 1.

che, also auch Zubehör, Datenträger für Programme etc., nicht jedoch noch unverbrauchte kaufweise erworbene Verbrauchsmaterialien. Nicht unmittelbar von der reinen **Rückgabepflicht** aus § 556 Abs. 1 BGB umfasst sind vom Mieter erstellte Programm- und Dateikopien. Unproblematisch sind Programmkopien auf Festplatte der sonstigen integrierten Speicher, z. B. Bandlaufwerk, da sie mit dem Rechner zurückgegeben werden können. Wurden sie dem Mieter **nicht überlassen**, sondern von diesem erst nach Überlassung erstellt, so stellt dieses Kopieren (beim Laden bereits technisch unumgänglich) einen Teil des vertragsgemäßen Gebrauches dar und ist nur in dessen Rahmen vertraglich (und urheberrechtlich) zulässig. Der Mieter erwirbt deshalb auch an diesen – nur für die zulässige vertragliche Nutzung bestimmten – Kopien kein Eigentum, so dass sie mit zurückzugeben sind. Der Begriff der „Rückgabe" der Mietsache ist als Wiedereinräumung des unmittelbaren Besitzes an der Mietsache zu verstehen, wobei von der Wiedereinräumung des Besitzes auch alle durch die vertragsgemäße Benutzung generierten Programmkopien erfasst werden. Vertragswidrig erstellte Kopien müssen gelöscht werden. (Zum Urheberrecht insoweit s. Rn. 1520.)

Auf mietereigenen Datenträgern vorhandene **Kopien** von vermieteten Programmen müssen hingegen **gelöscht** werden. Insoweit ist eine ergänzende vertragliche Nebenpflicht des Mieters anzunehmen. Eine ausweitende Auslegung des Rückgabebegriffes erscheint hier nicht möglich, da der Mieter die eigenen Datenträger nicht zurückgeben, sondern nur die Möglichkeit des Gebrauchs der Programmkopien beseitigen muss. Hierzu genügt das Löschen der fraglichen, eigenerstellten Kopien.

Mietereigene Programme und **Datenbestände** müssen nicht zurückgegeben werden. Für Datenbestände auf mietereigenen Datenträgern ist dies unproblematisch. Für Datenbestände auf dem Mietsystem besteht ein Wegnahmerecht aus dem zumindest analog anwendbaren § 547a BGB; dieser gestattet die Wegnahme einer „Einrichtung", also einer mit der Mietsache „verbundenen" Sache, die dem Zweck der Mietsache zu dienen bestimmt ist.[81] Diese funktionale Zuordnung ist für Software und Datenstände zu bejahen. Der BGH hat auch die Sacheigenschaft von Computerprogrammen bejaht (s. Rn. 729). Offen ist noch die Zuordnung von Datenbeständen wie Dateien oder kompletten Datenbanken. Stellt man auf ihre Verkörperung auf Datenträger ab, lassen sie sich als verkehrswesentliche, wertbildende Eigenschaften des Datenträgers betrachten. Sieht man die

625

---

[81] BGHZ 101, 37, 41.

eigenständige Handelbarkeit als entscheidend an, können – ebenso wie Computerprogramme – auch **Datenbestände** als solche mit dem BGH als Sachen eingestuft werden. Bestätigende Rechtsprechung bleibt hier aber abzuwarten.

1.2.4 Sonderfall: Mietkauf

1.2.4.1 Rechtsnatur: Kombinationsvertrag

626 Will der Mieter das vermietete System bzw. einzelne Teile nach Ablauf des Vertrages weiter nutzen, kann er mit dem Vermieter vereinbaren, insoweit bei Vertragsende die Mietsache zu einem im Voraus festgelegten Preis zu kaufen. Es liegt hier eine Form des häufiger vorzufindenden Mischvertrages vor, der miet- und kaufrechtliche Leistungsverpflichtungen kombiniert. Bei Kauf wird der bis zu dem Zeitpunkt des Erwerbes gezahlte Mietzins auf den Kaufpreis angerechnet. Mietkauf liegt vor, wenn der Vermieter dem Mieter das Recht einräumt, den Mietgegenstand innerhalb einer bestimmten Frist zu einem vorher bestimmten Preis unter Anrechnung der Mietraten zu kaufen.[82]

Eine **Variante dieses Mietkaufs** kann darin bestehen, dass der Anwender die Mietsache zu einem früheren Zeitpunkt kaufweise übernimmt. Hier bietet sich für den Vermieter die Möglichkeit, nur einen Teil des insgesamt gezahlten Mietzinses auf den Kaufpreis anzurechnen. Die nicht anrechenbare Differenz dient dann als Ausgleich für die Mietzinsraten, die vom Mieter nun nicht mehr gezahlt werden. Begründbar ist eine solche nur partiell erfolgende Anrechnung damit, dass der Vermieter/Verkäufer erst bei längerer Laufzeit des Mietvertrages seine Investitionen amortisiert. Systemvermietung „rechnet sich" nicht schon im ersten Jahr. Übt der Mieter/Käufer jedoch bereits nach 10 Monaten seine Kaufoption aus und wären die bis dahin gezahlten Mietzinsraten voll anzurechnen, läge im Ergebnis ein teilweiser Abzahlungskauf vor, wobei den Vermieter zumindest für den Zeitraum der mietrechtlichen Verpflichtungen ein wesentlich größeres Gewährleistungsrisiko träfe als bei bei direktem Kauf.

Abweichend vom Leasingvertrag führt der Mietkaufvertrag zu keinen steuerlichen Vorteilen des Kunden, da dieser Eigentum erwirbt.

---

[82] OLG Köln, Urteil vom 28. 2. 1992 – 19 U 155/91, CR 1992, 547 (noch zum AbzG).

1.2.4.2 Leistungsstörungen

Zu dem Sonderfall der Leistungsstörungen bei EDV-Mietkauf gibt es bis- 627
her kaum Rechtsprechung. Grundsätzlich wird man unterscheiden müssen, ob die Leistungsstörungen in der Mietphase oder in der Kaufphase
auftreten oder ob sie genau den Zeitraum der „Vertragsumstellung" erfassen. Im ersten Fall gilt ohne Änderungen das zu den Mietverträgen bzw. zu
den Kaufverträgen Gesagte.

Etwas komplizierter ist die Situation, wenn die Leistungsstörungen den
Einstieg in das neue Vertragsverhältnis betreffen.

a) Verzug mit einer Vertragsleistung

Stehen noch Mietzinsraten aus, so kann der Vermieter ohnehin aus 628
Mietvertrag kündigen und die Übereignung bis zur vollständigen Nach-
zahlung verweigern. Ist der Verkäufer seinerseits mit der Übereignung
im Verzug, stünde dem Käufer nach Mahnung und Fristsetzung mit
Ablehnungsandrohung neben einer Schadensersatzforderung alternativ
auch ein Rücktrittsrecht zu. Doch worauf bezieht sich dieser Rücktritt?
Müsste nicht, wenn der Käufer nur vom „Kaufteil" des Gesamtvertrages
zurücktritt, zunächst der Mietvertrag weiter gelten und zusätzlich
gesondert gekündigt werden? Diese Kündigung gäbe aber wenig Sinn,
da sie aufgrund der Verletzung von Vertragsverpflichtungen erfolgte,
die außerhalb des „eigentlichen" Mietvertrages liegen. Ein Rücktritt
vom Gesamtvertrag hingegen trifft aber ebenfalls nicht den Kern der
Problematik: Der Mietvertrag kann und soll nicht selbst auch rückabgewickelt werden.

Es bleibt deshalb wohl nur der Rücktritt in folgender Form: Der vertragstreue Käufer tritt gegenüber dem (mit der Übereignung in Verzug geratenen) Verkäufer von seiner Verpflichtung zum Erwerb der Mietsache
zurück. Zwar mag dann weitere Vermietung möglich sein, jedoch nur,
wenn die ursprüngliche gemischte **Vertragsvereinbarung** entsprechend
geändert wird und nur noch Vermietung geschuldet sein soll. Folglich
muss der Käufer den bisherigen **Mietvertrag** nicht eigens noch kündigen,
da weitere Vermietung nicht vereinbart und damit geschuldet ist. Die
bloße Rücktrittserklärung muss deshalb das gesamte Vertragsverhältnis
beenden – bzw. insoweit zur Rückabwicklung führen, als der Käufer eine
gesonderte Vorauszahlung auf den Kaufpreis zurückerhält, die Mietsache
aber zurückgeben muss.

b) Gewährleistung

629 Hinsichtlich der Gewährleistung ist zu beachten, dass sich die **Haftung** des Vermieters/Verkäufers mit Ausübung des Kaufrechts durch den Anwender **ändert**. Während der Vermieter im Laufe der gesamten Vertragsdauer verpflichtet ist, die Mietsache in einem vertragsgemäßen und damit mängelfreien Zustand zu erhalten, hat die Kaufsache zwar den vertraglich vorausgesetzten Zustand aufzuweisen, doch haftet der Verkäufer nur für die Dauer einer kurzen Gewährleistungsfrist auf Mängelfreiheit (vgl. auch Rn. 1146). Aus der **Kombination von Miet- und Kaufrecht** kann sich für den Käufer bei Unachtsamkeit eine Art „Gewährleistungsfalle" ergeben: Der Verkäufer haftet nämlich bei beweglichen Sachen wie Geräten und in der Regel auch bei Software für die Dauer von sechs Monaten von der Ablieferung bzw. spätestens der Funktionsprüfung an. Nun erfolgt die Ablieferung bereits zu Beginn der Mietzeit (ebenfalls die Funktionsprüfung), während eine erneute Übergabe/Ablieferung des bereits bei dem Anwender stehenden Equipments nicht mehr sinnvoll ist.

Ab wann ist dann der Lauf der Gewährleistungsfrist zu berechnen?

Als Bezugspunkt für den Beginn des Laufes der Gewährleistungsfrist liegt deshalb der **Zugang der Optionserklärung des Käufers** nahe. Gegen die Anknüpfung an die Übereignung selbst spricht nämlich, dass diese bei vereinbartem Eigentumsvorbehalt längere Zeit hinausgeschoben werden kann. Die Anknüpfung an den Zugang der käuferseitigen Optionserklärung (als Übergabeersatz) hat den Vorzug, dass es sich bei dieser Erklärung um eine konstitutive Rechtshandlung des Käufers handelt, mit der dieser aufgrund beiderseitiger Vereinbarung berechtigt ist, den Mietvertrag in einen Kaufvertrag umzuwandeln. In diesem Zeitpunkt geht nämlich die Gefahr der Verschlechterung oder des zufälligen Unterganges auf den Anwender über, der nicht mehr Mieter, sondern Käufer ist. Vor diesem Zeitpunkt kann eine Gewährleistung aus Kauf schlechterdings noch nicht begründet sein. Ein späterer Zeitpunkt erscheint andererseits ebenfalls nicht als sachgerecht, da nur der Käufer die bisherige Mietsache berechtigt als Kaufsache nutzt.

630 Ein ersatzloser Ausschluss jeder Gewährleistung – sicher der naheliegendste Ausweg für den Anbieter – ist jedenfalls in AGB grundsätzlich nicht zulässig. Allerdings wird das Klauselverbot in § 11 Nr. 11 AGBG nicht anzuwenden sein, da dieses Klauselverbot nur für neu hergestellte Sachen gilt, während die bisherige Mietsache und nunmehrige Kaufsache durch den Mietgebrauch bereits eine **gebrauchte Sache** ist. Ein Ausschluss der

Gewährleistung für gebrauchte Sachen wird nach § 11 Nr. 10 AGBG nicht als unwirksam betrachtet. Allerdings wird auch hier zu prüfen sein, inwieweit eine unangemessene Benachteiligung im Sinne des § 9 Abs. 2 Nr. 2 AGBG vorliegt, die ebenfalls zu einer Unwirksamkeit führen kann. Auf jeden Fall muss der Gewährleistungsausschluss ausdrücklich vereinbart werden. Die bloße Vereinbarung eines Optionsrechts führt nicht zu einer Gewährleistungsbefreiung des Anbieters.

1.2.4.3 Abtretung des Optionsrechts

Der Anwender ist grundsätzlich berechtigt, sein Optionsrecht auf Erwerb 631 eines Systems und damit auf Umwandlung des Mietvertrages in einen Kaufvertrag an einen Dritten abzutreten. Hier erwirbt der Zessionar (der Dritte, dem ein Recht abgetreten wird) das Erklärungsrecht und in der Regel auch das Kaufeigentum (nämlich durch Ausübung der Erklärung). Wird aber der bisherige Vertragspartner vom Vermieter nicht aus dem Vertrag entlassen, bleibt er im Verhältnis zum Vermieter zur Zahlung des Kaufpreises verpflichtet. Der neue Käufer kann jedoch für den bisherigen mit befreiender Wirkung leisten. Etwaige Rügeverzichtsvereinbarungen zwischen dem bisherigen Vertragspartner muss der neue Käufer gegen sich gelten lassen. Ebenso ist der neue Käufer an definierte Nutzungsgrenzen für das System gebunden.

1.3 Systemerstellungs-, Anpassungs- und Projektverträge/Reparaturverträge (einschließlich Hardware-Erstellung)

1.3.1 Leistungsbeschreibung

Auch **vollständige Systeme** werden zuweilen für einen Kunden individuell 632 erstellt. Dies ist etwa der Fall, wenn nicht nur die Software neu geschrieben, sondern auch Hardware für besondere, etwa wissenschaftliche Anwendungen, entwickelt werden muss. Entwicklungsziel ist die spezifische Anwendung. Da Standardkomponenten hier oft allenfalls untergeordnete Bedeutung haben, müssen alle Leistungsteile ausspezifiziert und detailliert beschrieben werden, soll das Leistungsziel klar erkennbar und kontrollierbar werden.

Allerdings sind zu dem Bereich der Systemerstellung nicht nur die Fälle einer völligen Neukonzeption eines Systems zu rechnen, sondern auch die Fälle, in denen Hardware[83] und Software geliefert und angepasst sowie

---

[83] Die Anpassung von Hardware kann einem Kaufvertrag mit werkvertraglichem „Einschlag" darstellen (AG Stuttgart, Urteil vom 9. 8. 1994 – 1C 8108/92, CR 1995, 278).

individuelle Analyse- und Anpassungsleistungen erbracht werden. Typisches Beispiel ist die SAP R/3-Einführung durch einen Generalunternehmer, der, nach einer Business-Reengineering-Phase (s. Rn. 998), einen bestimmten, optimierten Geschäftsablauf durch entsprechende Komponenten im von ihm zu konfigurierenden System abzubilden hat. Da die entsprechenden Leistungen hier oft sehr komplex sind, fällt es schwer, sie einer abstrakten Definition zuzuordnen. Wesentliches Merkmal ist aber auf jeden Fall, dass sich das individuell beschriebene Leistungsziel nicht in der Erstellung von Software erschöpft, sondern weitere zielbezogene Leistungen zu erbringen sind. Das Ziel also selbst teilweise weit über die reine Software hinausgeht. Deshalb wäre es eine unzulässige Verkürzung, entsprechende Erstellungsverträge stets mit Software-Erstellung gleichzusetzen.

Reparaturverträge werden meist geschlossen, wenn die Gewährleistung bereits abgelaufen ist bzw. kein Wartungsvertrag für Hardware besteht. Geschuldeter Erfolg ist die Beseitigung eines Defektes bzw. das Wiederherstellen eines funktionsfähigen Zustandes bzw. einer definierten Mindestverfügbarkeit des Systems. Wie bei einem neuen Lieferauftrag muss auch ein Reparaturauftrag hinsichtlich Leistungszeit, Abholung, Transport, Kosten, Gewährleistung und Haftung näher spezifiziert und vereinbart werden.

1.3.2 Anwendbares Recht

633 Auch die Erstellung von Systemen (oder die Erbringung individueller Reorganisationsvorhaben) folgt grundsätzlich Werkvertragsrecht. (Hierfür sei auf die Ausführungen zur Software-Erstellung unter Rn. 834 verwiesen.) Auch die Umstellung der gesamten Unternehmensorganisation auf EDV unterliegt Werkvertragsrecht[84], ebenso die Umstellung auf ein anderes System im Unternehmen („Migration" auf andere „Plattform"). Wird im Einzelfall **Hardware** eigens für ein System/Projekt erstellt, folgt auch diese Erstellung Werkliefervertragsrecht.[85] Dies wird insbesondere im Bereich der computergestützten Maschinensteuerung relevant.

Auch im Bereich der hardwarebezogenen Erstellung trägt der Anbieter das volle Unternehmerrisiko aus **Werkvertragsrecht**. Angaben des Bestellers über die Funktionsvoraussetzungen einer computergesteuerten Maschine

---

[84] LG Verden, Urteil vom 30. 9. 1983 – 5 O 578/81, CR 1986, 26.
[85] BGH, Urteil vom 5. 5. 1992 – X ZR 115/90, CR 1993, 85 = BB Beil. 13, 1993, 5 (für die Erstellung einer UNIX-kompatiblen CPU-Karte – als nichtvertretbare Sache i. S. v. § 651 BGB – zu einem Auftragswert von etwa 275 000 DM).

sind in der Regel keine Ausführungsanweisungen, die das Risiko des Werkunternehmers (Anbieters) auf den Besteller (Kunden) verlagern.[86] Die Anwendbarkeit von Werkvertragsrecht auf die Erstellung von Systemen bleibt auch dann unberührt, wenn im Rahmen des Gesamtvertrages die Hardware nur mietweise überlassen wird.[87]

Soweit die **Reparatur** auf einen definierten Zielzustand ausgerichtet ist, ist Werkvertragsrecht anwendbar. Dies gilt etwa für das Wiederherstellen einer bestimmten Funktionalität durch Fehlerbeseitigung oder vergleichbare Maßnahmen. Wird hingegen nach Weisung eine bestimmte Tätigkeit durchgeführt, etwa die Rekonstruktion von Datenbeständen, kann Dienstvertragsrecht anwendbar sein. Auch hier ist aber eine qualifizierte Leistung nach dem Stand der Technik geschuldet. Auch sind Zwischenformen dergestalt denkbar, dass der Auftraggeber zwar frei ist, welche Datenbestände er als zu erstellende bzw. zu rekonstruierende bezeichnet, der Anbieter/Auftragnehmer jedoch eine format- bzw. normgerechte Rekonstruktion aller so bezeichneten Daten schulden soll. Auch ist die Verpflichtung möglich, dass alle bezeichneten Daten auch tatsächlich uneingeschränkt rekonstruiert werden. Daneben können andere Leistungen Dienstvertragsrecht folgen. Die Zuordnung der einzelnen Leistungskomponente muss im Einzelfall erfolgen.

1.3.3 Leistungspflichten der Vertragsparteien

Allgemein folgen die Leistungspflichten der Vertragsparteien § 631 BGB. Die Grundsätze werden am Beispiel der Software-Erstellung dargestellt (s. Rn. 834). Bei System- und EDV-Projekterstellungsverträgen nimmt die Komplexität der Leistungsstruktur zu. Genaue Spezifikation der Leistung und der Funktionsprüfung gewinnt hier zusätzlich an Bedeutung.   634

Nicht selten treten mehrere Beteiligte auf, etwa Anbieter, Kunde und Berater oder Subbeauftragter. In vielen Fällen vergibt ein externer Planer und Projektleiter Aufträge in der Regel im Namen und für Rechnung des Auftraggebers, für den das Projekt zu realisieren ist.[88] Möglich ist aber auch eine Konstellation, in der der Dritte als Generalunternehmer (GU) auftritt, der selbst ausführende Firmen beauftragt, die aber nur mit diesem

---

[86] LG Osnabrück, Urteil vom 22. 7. 1983 – 3 O 42/83, CR 1985, 32. War für den Werkunternehmer erkennbar, dass die gewünschte Steuerung den Anforderungen des Bestellers nicht gerecht wird, so hätte der Werkunternehmer die Nebenpflicht gehabt, den Besteller auf diese Bedenken hinzuweisen.

[87] BGH, Urteil vom 24. 6. 1986 – X ZR 16/85, WM 1986, 1255 = IuR 1987, 150.

[88] LG Stuttgart, Urteil vom 26. 3. 1993 – 9 O 383/91, CR 1993, 695.

GU Verträge schließen. Der GU verpflichtet sich seinerseits gegenüber dem Kunden, z. B. ein schlüsselfertiges System („turnkey agreement") zu erstellen (etwa eine komplette Anlagensteuerung).

Die Beteiligung mehrerer Unternehmen am Erstellungsprozess erfordert besondere Koordination. Auch sind Leistungsrisiken projektspezifisch zuzuordnen. Tauchen bei der Projektdurchführung Schwierigkeiten auf, die mit Mehraufwand beseitigt werden müssen, so hat bei mehreren Beauftragten im Zweifel dasjenige Unternehmen den Mehraufwand zu tragen, zu dessen Leistungsbereich die aufgetretenen Schwierigkeiten gehören.[89]

Notwendig ist auch eine Regelung der Verwertungsrechte an gemeinsam erstellten verwertbaren Produkten. Haben die Projektbeteiligten eine standardisierte Drittverwertung des Projekts (etwa einer Lagesteuersoftware) vereinbart, so kann ohne abweichende Vereinbarung kein Beteiligter Vergütung für seine Standardisierungsleistungen von einem anderen Beteiligten verlangen.[90]

1.4 Leasing von EDV-Systemen

Checkliste: Leasing

1. Leistungsbeschreibung:

- Sind alle leasingweise zu überlassenden Systemkomponenten überprüfbar beschrieben?
- Sind alle erforderlichen Erweiterungen und Peripheriegeräte berücksichtigt?
- Ist Teil- oder Vollamortisation vereinbart?
- Besteht das Risiko, dass der Leasingnehmer bei Teilamortisation aufgrund des schnellen technischen Veraltens der Hardware (und zunehmend auch der Software) eine zu hohe Abschlusszahlung leisten muss?
- Muss der Kunde für die Laufzeit des Leasingvertrages einen Wartungs- bzw. Pflegevertrag abschließen?
- Ist der Hersteller selbst oder ein Dritter Lieferant?
- Tritt der Leasinggeber seine Ansprüche gegen den Lieferanten
  - aus Verzug/Teilverzug,
  - aus Unmöglichkeit der Leistung,
  - aus Verletzung vertraglicher Nebenpflichten („positiver Vertragsverletzung") oder aus vorvertraglichem Vertrauensverhältnis (Verschulden bei Vertragsschluss) und/oder

---

[89] LG Stuttgart, a. a. O.
[90] LG Stuttgart, a. a. O.

- aus Gewährleistung

an den Kunden ab? Ist klargestellt, ob der Kunde diese abgetretenen Ansprüche gegenüber dem Lieferanten im eigenen Namen geltend machen kann/soll? Oder soll der Kunde gegenüber dem Lieferanten in Stellvertretung des Leasinggebers auftreten?

- Soll ggf. die Bonität des Lieferanten geprüft werden?
- Sind ein Austausch der schnell veraltenden Hardware und eine entsprechende Anpassung des Leasingvertrages möglich?
- Kann der Lieferant hierzu den Liefervertrag mit dem Leasinggeber ablösen?
- Soll der Leasingnehmer nicht nur zur Instandhaltung, sondern auch zur Instandsetzung verpflichtet werden?

2. Leasinggebühr, Sonderzahlungen:

- Berechnet sich die regelmäßige Leasingrate
- wöchentlich
- monatlich
- quartalsweise sowie
- jeweils zuzüglich oder
- einschließlich der gesetzlichen Mehrwertsteuer?
- Kann der Leasinggeber die Leasingrate während der Laufzeit des Vertrages erhöhen und bis zu welcher maximalen Höhe?
- Welche zusätzlichen Kosten entstehen für
- Transport (DM:),
- Installation (DM:),
- Herbeiführen der Betriebsbereitschaft (DM:),
- Einweisung in die Nutzung (DM:)?
- Ist eine Abschlusszahlung bei Ende des Leasingvertrages zu leisten?
- Mit welcher Höhe muss der Kunde voraussichtlich rechnen?
- Höhe des effektiven Zinssatzes (im Vergleich zum Marktzinssatz)?
- Kalkulatorischer Restwert?

3. Laufzeit des Vertrages, Kündigung:

- Liegt die Laufzeit zwischen 40 und 90 % der üblichen Nutzungsdauer?
- Kann der Kunde vorzeitig kündigen und ab welchem Zeitpunkt ist die Kündigung möglich?
- Wird dem Kunden vom Leasinggeber ein Optionsrecht auf Erwerb des Systems bzw. der Hardware bei Ende des Leasingvertrages eingeräumt?

4. Verzug:
– Ist der Anspruch auf Ersatz von Schäden des Kunden aus verzögerter Lieferung, Installation oder Mängelbeseitigung durch den Leasinggeber/Lieferanten im Leasingvertrag abgesichert?
– Hat der Leasinggeber seine Ansprüche aus Verzug gegen den Lieferanten an den Leasingnehmer abgetreten?

5. Gewährleistung:
– Hat der Leasinggeber seine ihm gegenüber dem Lieferanten aus dem Leasingvertrag zustehenden Gewährleistungsrechte an den Leasingnehmer abgetreten?
– Ist sichergestellt, dass die Gewährleistungsfrist entweder im Verhältnis Leasinggeber/Lieferant oder (bei Anspruchsabtretung) im Verhältnis Leasingnehmer/Lieferant erst nach erfolgreichem Abschluss einer Funktionsprüfung zu laufen beginnt?
– Soll der Kunde im Falle der Wandelung Rückzahlung des Kaufpreises an den Leasinggeber verlangen?
– Wie werden die vom Kunden gezogenen Nutzungen im Wandelungsfalle berechnet?

635 Leasing bindet wenig Betriebskapital. Die Leasingraten sind sofort voll steuerlich absetzbar. Deshalb wird Leasing auch im EDV-Bereich häufig als Finanzierungsmöglichkeit gewählt.

Die Finanzierung einer EDV-Anwendung über Leasing kann aber kostenaufwendiger sein als eine in Anspruch genommene Kreditfinanzierung. Anders als nach Mietrecht trägt außerdem der Kunde aus dem Leasingvertrag das Risiko der „Sachgefahr" (s. Rn. 133 ff.). Bei Beschädigung oder Untergang der Leasingsache liegt also keine Nichterfüllung seitens des Leasinggebers vor (wenn kein Vertretenmüssen des Leasinggebers vorliegt). Der Kunde muss vielmehr weiterhin die vereinbarten Leasingraten bezahlen (und dieses Risiko selbst entsprechend versichern). Auch muss er selbst Ansprüche aus Mängeln aufgrund abgetretenen Rechts gegenüber Lieferanten und/oder Software-Häusern geltend machen und das weitere Risiko tragen, nach Eintritt der Verjährung der Gewährleistungsansprüche die Leasingsache nicht weiter nutzen zu können, ohne auf Nichterfüllungsansprüche gegen den Leasinggeber zurückgreifen zu können. Vorteile und Nachteile müssen also für jeden Erwerbsfall kosten- und risikobezogen abgewogen werden.

Die nachfolgenden Ausführungen gehen zunächst auf die technisch-wirtschaftliche Leistungsbeschreibung ein (Abschn. 1.4.1), die wesentlich ist für das anwendbare Recht (Abschn. 1.4.2). Aus beiden ergeben sich dann die Leistungspflichten beider Vertragsparteien (Abschn. 1.4.3). Auf Leistungsstörungen im Leasingverhältnis wird insbesondere unter Rn. 1276 eingegangen, auf die Vertragsbeendigung des Leasingverhältnisses unter Rn. 1422.

1.4.1 Inhalt von Leasingverträgen

Wesentliches Merkmal von Leasingverträgen ist die Überlassung des   636
**Leasinggutes zum Gebrauch gegen ein in Raten zu zahlendes Entgelt
und die – vom Mietvertragsrecht abweichende – Übertragung der
Gefahr von Untergang und Beschädigung sowie des Risikos der
Instandhaltung und möglicher Sachmängel des Leasinggutes auf den
Leasingnehmer.**[91] Der Leasinggeber bleibt rechtlich und wirtschaftlich
Eigentümer. Diese allgemeine Begriffsbestimmung lässt Raum für unterschiedliche Vertragsgestaltungen, je nachdem, ob Hersteller oder Dritte
Leasing anbieten.[92]

Leasinggut ist, im vorliegenden Zusammenhang, regelmäßig ein System,
d. h. eine Gesamtheit aus Hardware- und Software-Komponenten. Teil der
Hardware ist in der Regel die Systemsoftware, die wie auch Anwendungssoftware Gegenstand des Leasingvertrages sein kann.[93] Wenn der Leasinggeber keine Produktbeschreibung bereitstellt, die die Funktionen des Programms in übersichtlicher, für Laien verständlicher Form darstellt, darf
der Anwender davon ausgehen, dass das Programm die im Laufe der Vertragsverhandlungen mit dem Lieferanten besprochenen und gemeinsam
akzeptierten Funktionen erfüllt.[94] Werden dem Leasingnehmer die Anzahl
von Einheiten geliefert, die er in einer Invitatio ad offerendum angegeben
hat, so ist das eigentliche Angebot des Leasinggebers, das von einer anderen Anzahl ausgeht, gemäß den §§ 133, 157 BGB so auszulegen, als sei
die Anzahl der Einheiten vereinbart, die in der Invitatio angegeben
waren.[95]

---

[91] Vgl. allg. Palandt/Putzo, Einf. vor § 535, Rn. 28. Zur Sach- und Preisgefahr s. näher Rn. 133 ff.
[92] Die Wirksamkeit formularmäßiger Regelungen im Leasingvertrag werden (zur Vermeidung von Redundanzen) ausführlich im AGB-Abschnitt (s. Rn. 293 ff., 342 ff.) behandelt.
[93] OLG Hamm, Urteil vom 9. 1. 1995 – 31 U 142/94, CR 1995, 535; s. bereits BGH, NJW 1984, 2938.
[94] LG Frankfurt/Main, Urteil vom 4. 11. 1986 – 2/8 583/86, IuR 1987, 229.
[95] OLG Hamm, Urteil vom 10. 1. 1990 – 31 U 128/89, CR 1990, 522.

1.4.2 Rechtsnatur von Leasingverträgen

637 Leasingverträge sind **besonders ausgestaltete Mietverträge**[96] mit in der Regel längerer Vertragslaufzeit. Sie beinhalten die entgeltliche, zeitlich begrenzte Gebrauchsüberlassung von den im Eigentum des Leasinggebers verbleibenden Wirtschaftsgütern gegen Zahlung eines regelmäßig nach Zeitabschnitten bemessenen Mietzinses.[97] Diese Überlassung ist eine vertragliche Hauptpflicht des Leasinggebers.[98] Der Leasingnehmer trägt allerdings – in Abweichung von sonstigen Mietverträgen – das Investitionsrisiko[99], dessen Versicherung dem Leasingnehmer obliegt.[100] Die mietvertragliche Zuordnung von Leasingverträgen ist Kritik begegnet, weil der Leasinggeber nicht den Gebrauch zu gewähren hat, sondern nur die Ermöglichung des Gebrauches der Sache und Gewährleistungsansprüche abtreten kann[101] bzw. weil die Amortisationspflicht des Leasingnehmers nicht nahtlos in das dogmatische Mietvertragskonzept eingepasst werden kann. Angesichts der gefestigten BGH-Rechtsprechung kann diese Frage im vorliegenden Zusammenhang jedoch auf sich beruhen.

638 Auch die **Software-Überlassung** im Leasingverhältnis folgt grundsätzlich Mietvertragsrecht.[102] Die hierfür erforderliche **Sacheigenschaft** von Software ist im Kaufrecht bejaht worden (s. Rn. 729), kann damit ebenfalls im Mietvertragsrecht angenommen werden, das dem Leasingvertragsrecht zugrunde liegt.[103] Wesentlich für die Abgrenzung zum Kaufrecht ist das Vorliegen eines **Dauerschuldverhältnisses.**[104] Zwischen Leasingnehmer und Leasinggeber besteht damit ein mietvertraglich konstruiertes Leasingverhältnis, zwischen Leasinggeber und Lieferant hingegen ein punktuelles

---

[96] So der BGH ständig, vgl. etwa BGH, WM 1975, 1203; BGH, NJW 1977, 195, 848 ff., 1058 ff.; BGH, ZIP 1985, 1398 ff.; BGH, WM 1987, 1338 f.; BGH, ZIP 1990, 173, 175; 1995, 383, 386; BGH, NJW 1995, 1019, 1021; („grundsätzlich" bzw. „in erster Linie" Mietvertragsrecht anwendbar, aber unter Ablehnung einer eindeutigen leasingtypischen Interessenlage, s. BGH, NJW 1990, 247 f.); zur Rechtsprechung Graf v. Westphalen, Leasingvertrag, Rn. 54 ff., 61 ff., 72, 74 (Mietrecht sei nachdrücklich und in gefestigter Rechtsprechung anwendbar). Nur hingewiesen werden kann auf das (nicht EDV-spezifische) Problem der Einordnung der Vollamortisationspflicht des Leasingnehmers unter mietvertragliche Pflichten (s. Graf v. Westphalen, Leasingvertrag, Rn. 74 ff., eine selbstständige Garantiepflicht aus § 305 BGB annehmend, Rn. 164).
[97] BGH, NJW 1990, 247 f. sowie 1990, 1795, 1787.
[98] BGH, NJW 1988, 198 f.
[99] Graf v. Westphalen, Leasingvertrag, Rn. 52.
[100] BGH, NJW 1988, 198, 200.
[101] Zusammenfassend Martinek I, 72 ff.; Graf v. Westphalen, Lesaingvertrag, Rn. 1348.
[102] Marly, Verträge, Rn. 181 (für Finanzierungsleasing) und 183 (für Operating-Leasing).
[103] In diesem Sinne wohl auch Graf v. Westphalen, Leasingvertrag, Rn. 1339, 1343.
[104] BGH, Urteil vom 4. 11. 1987 – VIII ZR 314/86, CR 1988, 124 = WM 1987, 1492 f.

Leistungsaustauschverhältnis nach Kaufrecht.[105] Freilich ist für Software-Leasing der Begriff des „Lieferanten" weiter zu differenzieren: Das Software-/Systemhaus räumt nämlich einem Endnutzer nur ein einfaches Nutzungsrecht an der jeweiligen Software ein. Geschieht dies als punktueller Leistungsaustausch (Einmalentgelt und zeitlich unbegrenzte Überlassung) ist Kaufrecht jedenfalls entsprechend anwendbar. Dem Leasinggeber kann aber nicht nur ein einfaches Nutzungsrecht eingeräumt werden, da dieses ihn nicht berechtigen würde, Dritten zeitweise die Nutzung dieser Software einzuräumen. Vielmehr muss der Berechtigte, also in der Regel das Software-/Systemhaus, dem Leasinggeber ein **eigenständiges Vermietrecht** einräumen (§§ 69 c Nr. 3, 17 Abs. 3 Satz 1 UrhG). Es ist also zu unterscheiden zwischen einem Nutzungsrecht, das der Nutzer von einem Anbieter erwirbt, und dem Vermietrecht, das etwa den Leasinggeber zur zeitweisen Überlassung zur Nutzung der Software an seine Leasingnehmer berechtigt. Es genügt also gerade nicht, etwa als Leasinggeber in einen bestehenden Liefervertrag (auch) über Software einzutreten. Hierdurch würde nur der Leasinggeber selbst anstelle des Leasingnehmers zur Software-Nutzung berechtigt, nicht aber zur mietweisen Weiterüberlassung der erworbenen Software an den Leasingnehmer. Diese Befugnis tritt im Rahmen der Kombination von Vertragstypen zur kaufrechtlichen Position hinzu,[106] die aber das Bestehen kaufrechtlicher Ansprüche des Leasinggebers gegenüber dem Lieferanten unberührt lässt, – was wiederum Voraussetzung für eine wirksame Abtretung kaufrechtlicher Gewährleistungsansprüche ist. Aufgrund der unterschiedlichen Ausgestaltung des einzuräumenden urheberrechtlichen Verwertungsrechts an der Software ist demnach grundsätzlich eine **zusätzliche Vereinbarung** zwischen Lieferant und Leasinggeber über die Einräumung des Vermietrechts erforderlich. In der Praxis kann hier u. U. sogar eine stillschweigende Vereinbarung angenommen werden, wenn der Lieferant regelmäßig als Verhandlungsgehilfe an der Anbahnung des Leasingvertragsabschlusses mitwirkt. Auch hier muss aber sichergestellt sein, dass der Lieferant, insbesondere ein Händler, selbst in seinem Liefervertrag mit einem Software-Haus, berechtigt wurde, seinen Kunden nicht nur einfache Nutzungs-, sondern auch (leasingbezogene) Vermietrechte einzuräumen.[107] Leasinggesell-

---

[105] So etwa OLG Hamm, NJW 1991, 2155; OLG Köln, NJW 1991, 2155; OLG München, CR 1993, 367.

[106] Im Einzelnen wohl ähnlich Graf v. Westphalen, Leasingvertrag, Rn. 1348 ff.

[107] Aufgrund der vertragstypologischen Zuordnungsprobleme rät Graf v. Westphalen, Leasingvertrag, Rn. 1355, Software aus der Leasingfinanzierung auszuklammern, da bei Nutzungsbeschränkungen nicht Kaufrecht auf den Erwerbsvertrag anwendbar sei, sondern die §§ 581, 537, 538 BGB zur Anwendung gelangten. Dem kann aus urheberrechtlicher wie vertragstypologischer

schaften sind mittlerweile dazu übergegangen, preisgünstig Software-„Lizenzen" mit Großabnehmerrabatten z. B. 1000-er-Blöcken einzukaufen und an die Leasingnehmer schrittweise bei Bedarf weiter- bzw. freizugeben („pay-as-you-earn").

639 Wird die **Abtretung der Gewährleistungsansprüche** wirksam vereinbart (s. Rn. 1280), sind hierdurch die §§ 536 bis 539 BGB (Eigenhaftung des Leasinggebers) grundsätzlich ausgeschlossen. Ist die Abtretung nicht wirksam geworden, haftet der Leasinggeber voll nach Mietrecht; insbesondere ist er dann verpflichtet, die Leasingsache während der gesamten Vertragslaufzeit funktionsfähig zu halten. Dies kann für ihn fatal werden, wenn ihm der Lieferant selbst nur die kurze gesetzliche Gewährleistung einräumt. Unwirksam ist eine Folgeklausel zur Abtretung, nach der der Leasinggeber dem Leasingnehmer subsidiäre Gewährleistungsansprüche gegen sich einräumt und diese Ansprüche des Leasingnehmers einer Verjährungsfrist von sechs Monaten ab Übergabe des Leasinggegenstandes unterwirft. Die sechsmonatige Verjährungsfrist für diese vereinbarte subsidiäre Gewährleistung kann allenfalls von dem Zeitpunkt an vorgesehen werden, ab dem der Leasingnehmer insoweit überhaupt auf den Leasinggeber gemäß dessen AGB zurückgreifen kann.[108]

Eine **Abtretung der Rechte** des Leasinggebers aus **§ 326 BGB** an den Leasingnehmer ist wirksam, wenn der Leasingnehmer zumindest als ermächtigt oder bevollmächtigt angesehen werden kann, im eigenen Namen sowohl eine mit Ablehnungsandrohung verbundene Nachfrist zu setzen als auch von den in § 326 BGB eröffneten Rechtsbehelfen

---

Sicht **nicht** gefolgt werden. Der Käufer erwirbt volles Eigentum auch am Vervielfältigungsexemplar des Programms. § 69c Nr. 3 Satz 1 UrhG ist auf dieses anwendbar. Die Notwendigkeit, für die dauernde Überlassung vom Leasinggeber an den Leasingnehmer zusätzlich ein Vermietrecht eingeräumt zu erhalten, schränkt nicht das ursprünglich übertragene Nutzungsrecht ein. Auch wenn dieses kein Vermietrecht umfasst, steht diese Ausgestaltung einer kaufweisen Übereignung des Programmexemplares nicht entgegen. Ohne dieses Vermietrecht wäre der Leasinggeber wie jeder Kunde nutzungsbefugt und könnte das Programm weiterveräußern. Will er es aber zu Leasingzwecken weitervermieten, benötigt er das zusätzlich einzuräumende Vermietrecht. Hierdurch wird nicht eine Einschränkung des kaufweise übertragenen einfachen Nutzungsrechts aufgehoben, sondern ein **zusätzliches Verwertungsrecht** eingeräumt. Das Vermietrecht kann also nicht zur vertragstypologischen Zuordnung der zugrunde liegenden Software-Veräußerung herangezogen werden. Demzufolge wird auch bei Software-Leasing eine (auf Gewährleistungsansprüche bezogene) Abtretungskonstruktion nicht nur die Ausnahme (Graf v. Westphalen, Leasingvertrag, Rn. 1355), sondern die Regel darstellen. Dies ist insbesondere deshalb von Bedeutung, weil das Volumen der Software-Leasingverträge mittlerweile in den Milliardenbereich geht.

[108] OLG Frankfurt/Main, Urteil vom 21. 3. 1991 – 3 U 27/90, NJW-RR 1991, 1527.

Gebrauch zu machen.[109] Eine Regelung im mietrechtlich ausgestalteten Leasingvertrag, wonach die Leasingraten auch bei Kündigung des Vertrages durch den Leasingnehmer weiterzuzahlen sind, ist wegen Verstoßes gegen § 9 AGBG unwirksam.[110] (Ausführlich zur Abtretung der Gewährleistungsansprüche s. Rn. 1280.)

Die **Einbeziehung von Lieferanten-AGB** muss durch den Leasinggeber   640
im Leasingvertrag ausdrücklich, unmissverständlich und klar erfolgen,[111] soweit der Leasinggeber seine Gewährleistungsansprüche gegen den Lieferanten an den Leasingnehmer abtreten will. Zudem muss der Leasinggeber dem Leasingnehmer **Kenntnis von den AGB** verschaffen. Liegt keine wirksame Einbeziehung der Lieferanten-AGB in das Leasingvertragsverhältnis vor, **scheitert** die Freizeichnung des Leasinggebers von der mietvertraglichen Eigenhaftung gemäß §§ 537, 538 BGB an § 9 Abs. 2 Nr. 1 AGBG.[112] Damit entfällt die Wirkung der Abtretung der Gewährleistungsansprüche und haftet der Leasinggeber voll aus §§ 537, 538 BGB **für die gesamte Dauer** der Laufzeit des Leasingvertrages.

Ein ähnliches Problem tritt auf, wenn der nichtkaufmännische Leasingnehmer dem Leasinggeber ein Leasingangebot gemäß § 145 BGB übersendet und der Leasinggeber dieses Angebot nach Bonitätsprüfung annimmt. Fügt der Leasinggeber erst jetzt (erstmals) die Lieferanten-AGB der Annahmeerklärung bei (womit der Leasingnehmer von diesen gemäß § 2 Abs. 1 AGB Kenntnis erlangt), liegt darin eine modifizierte Auftragsbestätigung nach § 150 Abs. 2 BGB. Nimmt der Leasingnehmer nunmehr vorbehaltlos das Leasinggut an, darf hieraus nicht sein Einverständnis mit den Lieferanten-AGB abgeleitet werden, sondern nur das Einverständnis mit der Leistungserfüllung. Der Leasinggeber ist hier seiner Kenntnisverschaffungsobliegenheit nicht rechtzeitig nachgekommen. Bei kaufmännischen Leasingnehmern genügt regelmäßig der bloße Hinweis des Leasinggebers auf die AGB des Lieferanten.[113]

Das Risiko, das Leasinggut nach dessen (von keiner Vertragspartei zu vertretendem) Untergang oder Verschlechterung neu leisten zu müssen   641
(„**Sachgefahr**" s. Rn. 133ff.), wird im Rahmen von Leasingverträgen lea-

---

[109] BGH, Urteil vom 7. 3. 1990 – VIII ZR 56/89, CR 1990, 707ff. Da die Regelung aber nicht praxisüblich ist, kann sie als AGB-Klausel überraschend sein (s. Rn. 327).
[110] OLG Köln, Urteil vom 30. 4. 1986 – 2 U 169/85, ZIP 1986, 1334.
[111] BGH, NJW-RR 1987, 112f.
[112] Graf v. Westphalen, Leasingvertrag, Rn. 242f.
[113] Graf v. Westphalen, Leasingvertrag, Rn. 244, 250.

singtypisch[114] und zulässig auf den Leasingnehmer überwälzt.[115] Gleiches gilt für das Risiko, die vereinbarte Vergütung auch bei Untergang oder Verschlechterung zahlen zu müssen (**„Preisgefahr"** s. Rn. 133 ff.).[116] Nicht in AGB überwälzt werden dürfen Risiken aus Anlieferung oder Montage.[117] Mit einer wirksamen Risikoüberwälzung ist das Kündigungsrecht des Leasingnehmers nach § 542 BGB grundsätzlich abbedungen; für den Fall des völligen Verlustes des Leasingobjektes ist dem Leasingnehmer aber ein vorzeitiges Recht auf Lösung von dem Vertrag einzuräumen.[118]

642 Die Sachgefahr kann vom Leasinggeber auf den Leasingnehmer aber erst nach Erfüllung der Hauptpflichten, also der – zur bestätigenden – Lieferung des funktionstauglichen Leasinggutes, überwälzt werden.[119] Nach Übergabe der Sache an den Leasingnehmer beschränkt sich die den Leasinggeber treffende Gebrauchsüberlassungspflicht, soweit Sach- und Gegenleistungsgefahr auf den Leasingnehmer abgewälzt sind, auf die Verpflichtung, den Leasingnehmer nicht im Gebrauch zu stören und ihn bei Störungen durch Dritte zu unterstützen.[120]

Der Leasingnehmer muss, soweit die Risikoüberwälzung (in AGB) auf ihn wirksam erfolgte, für die Behebung der Schäden sorgen oder anderweitigen Ersatz leisten.[121] Meist ist er vertraglich gehalten, das **Risiko** ausreichend zu **versichern**. Die Sach- und Preisgefahr ist jedoch dann nicht vom Leasingnehmer zu tragen, wenn die Leasingsache dem Lieferanten vertragsgemäß zur Nachbesserung übergeben wurde und dort untergeht.[122] Generell müssen dem Leasingnehmer die Ersatzansprüche des Leasinggebers gegen den Lieferanten zum Ausgleich abgetreten werden.[123] Die

---

[114] BGH, WM 1977, 473.
[115] St. Rspr. BGH, WM 1985, 602; BGH, WM 1987, 1338, 1340; BGH, NJW 1988, 198.
[116] BGH, WM 1975, 1203 f.; BGH, WM 1977, 1133; BGH, VersR 1977, 227; BGH, WM 1985, 602 f. = CR 1987, 846; BGH, WM 1987, 1338; BGH, ZIP 1990, 866; BGH, NJW 1990, 1785, 1788.
[117] Graf v. Westphalen, Leasingvertrag, Rn. 903 m. w. N.
[118] OLG Köln, Urteil vom 2. 12. 1992 – 13 U 144/92, VersR 1993, 708. Dem stehe nicht die Rechtsprechung entgegen, derzufolge die Überwälzung der Preis- und Sachgefahr auf den Leasingnehmer regelmäßig nicht zu beanstanden, weil leasingtypisch sei (s. BGH, NJW 1987, 377; 1992, 683). Denn der Leasinggeber müsse in seinen AGB ein Recht zur vorzeitigen Lösung vom Vertrag einräumen, weil für den Leasingnehmer bei völligem Verlust der Sache der Zweck des Vertrages, nämlich die Nutzung der Leasingsache, unerreichbar ist. Deshalb sei es unangemessen, die Sach- und Preisgefahr vollständig auf den Leasingnehmer abzuwälzen (OLG Köln, a. a. O., 709).
[119] Graf v. Westphalen, Leasingvertrag, Rn. 893 ff., 899 ff.
[120] BGH, Urteil vom 30. 9. 1987 – VIII ZR 226/86, CR 1987, 846.
[121] Berger, DB 1987, 367.
[122] BGHZ 94, 44.
[123] Vgl. OLG Düsseldorf, ZIP 1983, 1092 f.

Klausel in einem Anlagenmietvertrag, dass der Mieter auch bei einem
nicht von ihm zu vertretenden Verlust oder Beschädigung für die Risiken
haftet, die üblicherweise versicherbar sind, ist nach § 9 AGBG unwirksam.[124]

Vereinbarungen über die Zuordnung der Sach- und Preisgefahr können   643
auch das Verhältnis Lieferant/Leasinggeber betreffen. Vereinbaren etwa
Leasinggeber und Lieferant, dass dieser bei Zahlungsverzug des Leasingnehmers verpflichtet ist, einen Nachfolgemieter zu benennen, und scheitert dies, weil die Leasingsache stark beschädigt oder gebrauchsunfähig
ist, so ist es dem Lieferanten verwehrt, sich hierauf zu berufen, wenn der
Leasinggeber in zulässiger Weise die Sach- und Preisgefahr auf den Leasingnehmer abgewälzt hat und deshalb zur Wiederherstellung der
Gebrauchsfähigkeit nach dem Leasingvertrag nicht mehr verpflichtet
ist.[125]

Die – über die allgemeine Obhutspflicht des Leasinggebers als Mieter hin-   644
ausgehende – **Instandhaltungspflicht**, die grundsätzlich den **Leasinggeber** trifft, kann zulässig vom Leasinggeber auf den Leasingnehmer übertragen werden.[126] Eine entsprechende Regelung in AGB widerspricht § 9
Abs. 2 Nr. 1 AGBG insoweit nicht, als es sich um Aufwendungen handelt,
die zur Aufrechterhaltung der ordnungsgemäßen Nutzung des Leasinggutes erforderlich werden (Ausgleichen der normalen Abnutzung).[127]

Abweichendes gilt zur **Instandsetzungspflicht:** Der Leasingnehmer kann   645
zwar in AGB auch zur Instandsetzung verpflichtet werden. Tritt jedoch
eine nicht unerhebliche Beschädigung oder gar ein Verlust ein, muss dem
Leasingnehmer ein fristloses **Kündigungsrecht** zustehen.[128]

Das **Verwendungsrisiko** trägt der Leasingnehmer (Anwender): Stellt sich   646
etwa heraus, dass er ein System nicht mehr nutzen kann, weil die Kassen-
ärztliche Vereinigung ihre Abrechnungsrichtlinien geändert hat, so kann
der Leasingnehmer nicht etwaige Rechte aus den §§ 536, 537 BGB geltend machen. Vielmehr liegt hier ein Fall der gläubigerseits zu vertretenden nachträglichen Unmöglichkeit im Sinne von § 324 Abs. 1 BGB vor,
so dass der Leasinggeber seinen Anspruch auf Gegenleistung behält.[129]

---

[124] Vgl. BGH, Urteil vom 1. 4. 1992 – VII ZR 100/91, CR 1992, 717.
[125] BGH, BB 1990, 1087.
[126] BGH, WM 1987, 38 und 1338.
[127] Graf v. Westphalen, Leasingvertrag, Rn. 904.
[128] BGH, Urteil vom 15. 10. 1986 – VIII ZR 319/85, DB 1987, 371.
[129] OLG Hamm, Urteil vom 22. 2. 1989 – 31 U 197/87, CR 1990, 37.

647 Das **Kündigungsrecht** soll bei einem Wertverlust oder Reparaturaufwand in der Höhe des jeweiligen Zeitwertes des Leasinggutes entstehen.[130]

Die formularmäßige Vereinbarung einer **unbefristeten Laufzeit** verstößt weder gegen § 3 AGBG noch gegen § 9 AGBG, da auch § 564 BGB die Möglichkeit einer unbefristeten Laufzeit vorsieht.[131]

648 Die **Untervermietung** von Leasingobjekten kann durch „antizipierte Erlaubnisverweigerung" des Leasinggebers in der Form eines formularmäßigen Verbotes wirksam vereinbart werden, ohne dass ein Verstoß gegen § 9 AGBG vorliegt.[132]

Finanzierungsleasingverträge sind **Verbraucherkreditverträge** (§ 1 Abs. 2 VerbrKreditG, s. näher Rn. 1450).

Die Klausel: „Eine Aufrechnung oder ein Zurückbehaltungsrecht des Leasingnehmers wegen eigener Ansprüche gegen Forderungen der Leasinggeberin ist ausgeschlossen" ist auch im kaufmännischen Verkehr wegen Verstoßes gegen § 9 AGBG unwirksam. Die Klausel schließe jede Aufrechnung aus, auch eine solche mit unstreitig oder rechtskräftig festgestellten Gegenforderungen. Sie benachteilige den Leasingnehmer in unangemessener Weise, weil sie im Widerspruch zu den Grundgedanken der gesetzlichen Aufrechnungsbestimmungen steht.[133]

649 Leasingverträge dienen der Finanzierung und unterliegen damit wie andere vergleichbare Verträge der **Überprüfung auf** eventuelle **Sittenwidrigkeit** der vereinbarten Finanzierungsbedingungen.

Sittenwidrig, also wegen Verstoßes gegen die guten Sitten nichtig, ist ein Leasingvertrag etwa, wenn er den Leasingnehmer durch eine **Vielzahl von AGB-festen Klauseln** erheblich benachteiligt.[134] Zur Feststellung der Sittenwidrigkeit eines Finanzierungsleasingvertrages über Mobilien sind auch bei Teilamortisationsverträgen die Prüfungskriterien für Ratenkreditverträge entsprechend anzuwenden,[135] wobei Sonderzahlungen zu Beginn

---

[130] Graf v. Westphalen, Leasingvertrag, Rn. 920.
[131] OLG Köln, Beschl. vom 16. 9. 1992 – 19 W 33/92, CR 1993, 213.
[132] BGH, Urteil vom 4. 7. 1990 – VIII ZR 288/89, BB 1990, 1796 = CR 1991, 407 – schon allein deshalb, weil andernfalls der Leasingnehmer neben dem Leasinggeber selbst als Leasinggeber auf dem Markt aufträte.
[133] BGH, Urteil vom 30. 4. 1986 – 8 ZR 90/85, NJW-RR 1986, 1010f.
[134] OLG Köln, Urteil vom 30. 4. 1986 – 2 U 169/85, ZIP 1986, 1334. Zu berücksichtigen seien auch Umstände, die bei der Inhaltskontrolle selbst keine erhebliche Bedeutung haben, z. B. das Ausnutzen einer wirtschaftlichen Machtposition, faktisches Rechtlosstellen, unangemessene Begünstigungen Dritter zu Lasten des Gegners, Unübersichtlichkeit der Regelung etc.
[135] BGH, Urteil vom 11. 1. 1995 – VIII ZR 82/94, CR 1996, 144.

und Ausgleichszahlungen am Ende der Laufzeit zu berücksichtigen sind.[136]

Nach § 138 Abs. 1 BGB als wucherähnliche Rechtsgeschäfte sittenwidrig und daher nichtig sind Verträge, „wenn zwischen Leistung und Gegenleistung objektiv ein auffälliges Missverhältnis besteht und eine verwerfliche Gesinnung des begünstigten Teils hervorgetreten ist, insbesondere wenn dieser die wirtschaftlich schwächere Lage des anderen Teils, dessen Unterlegenheit und Geschäftsunerfahrenheit bei der Festlegung der Vertragsbedingungen bewusst zu seinem Vorteil ausgenutzt oder sich zumindest leichtfertig der Erkenntnis verschlossen hat, dass sich der andere Teil nur aufgrund seiner schwächeren Lage auf die ihn beschwerenden Bedingungen eingelassen hat"[137].

Ist der Leasingnehmer privater Endverbraucher, wird bei Vorliegen der objektiven Voraussetzungen die verwerfliche Gesinnung des Leasingnehmers vermutet. Bei vollkaufmännischem Leasingnehmer gilt die umgekehrte Vermutung. Ist der Leasingnehmer Minderkaufmann oder Freiberufler, liegt die Beweislast für die subjektiven Voraussetzungen der Sittenwidrigkeit beim Leasingnehmer.[138]

Der § 138 Abs. 1 BGB greift grundsätzlich ein, wenn der effektive Vertragszins den effektiven Vergleichszins um relativ 100 % oder absolut um 12 % übersteigt.[139]

In einem formularmäßigen Finanzierungsleasingvertrag mit einem Kaufmann, der den Lieferanten des Leasingguts ausgesucht hat, ist eine Bestimmung mit folgendem Wortlaut **wirksam**: 650
„Sollten die Ansprüche aus vollzogener Wandelung oder Minderung gegen seine Lieferfirma tatsächlich nicht durchsetzbar sein, geht dieses Risiko (**Bonitätsrisiko** für die Lieferfirma) ausschließlich zu Lasten des Mieters, da er die Lieferfirma selbst ausgewählt hat."[140]

Diese Klausel enthält eine **zulässige** und hinreichend bestimmte **Gefahrtragungsregel**. Scheitert die Abwicklung der vollzogenen Wandlung an

---

[136] BGH, Urteil vom 30. 1. 1995 – VIII ZR 316/93, CR 1996, 147; ebenso OLG Köln, Urteil vom 31. 5. 1996 – 19 U 80/94, NJW-RR 1997, 1549.
[137] BGH, a. a. O. unter Bezugnahme auf BGH, Urteil vom 11. 1. 1995 – VIII ZR 82/94, CR 1996, 144.
[138] BGH, Urteil vom 11. 1. 1995 – VIII ZR 82/94, CR 1996, 144.
[139] BGH, Urteil vom 13. 3. 1990 – XI ZR 252/89, ZIP 1990, 499 f. Das gilt auch für gewerbliche Kredite (BGH, NJW 1991, 1810).
[140] OLG Frankfurt/Main, Urteil vom 17. 9. 1985 – 5 U 171/83, NJW-RR 1986, 278; s. auch OLG Hamm, Urteil vom 9. 1. 1995 – 31 U 142/94, CR 1995, 535.

der Insolvenz des Lieferanten, so führt der durch die Wandlung bewirkte Wegfall der Geschäftsgrundlage zu einer Anpassung des Leasingvertrages. Der Leasingnehmer schuldet dem Leasinggeber in diesem Fall nur noch Zahlung bis zu dem Umfang, den der Leasinggeber bei erfolgreicher Durchführung der Wandlung mit dem Lieferanten erzielt hätte.[141] Dies gilt auch gegenüber dem kaufmännischen Leasingnehmer.[142] Der Leasinggeber muss also grundsätzlich das Risiko der Insolvenz des Lieferanten tragen, d. h. den Leasingnehmer von diesem Risiko freistellen. Die formularmäßige Überwälzung dieses herstellerbezogenen Insolvenzrisikos ist nicht mit § 9 Abs. 2 Nr. 1 AGBG vereinbar.[143]

651 Der in AGB eines Leasinggebers enthaltene Ausschluss der mietrechtlichen Gewährleistung oder Abtretung der kaufrechtlichen Sachmängelansprüche gegenüber dem Lieferanten an den Leasingnehmer ist dahingehend auszulegen, dass der Leasinggeber **auch nicht vorläufig** Zahlung von Leasingraten fordern kann, wenn der Leasingnehmer Wandlungsklage gegen den Lieferanten erhoben hat (BGH, Urteil vom 19. 2. 1986 – VIII ZR 91/85, ZIP 1986, 716). Kann in einem solchen Fall mangels rechtskräftiger Entscheidung im Wandelungsprozess gegen den Lieferanten ein Sachurteil über den vom Leasinggeber anhängig gemachten Anspruch auf Leasingraten noch nicht ergehen, so hat das Gericht diesen Rechtsstreit nach § 148 ZPO auszusetzen.[144]

Aus der Abtretung der Gewährleistungsansprüche durch den Leasinggeber an den Leasingnehmer folgt nicht die Befugnis des Leasingnehmers, aus abgetretenem Recht den Rücktritt vom Vertrag gemäß § 326 Abs. 1 BGB wegen Nichterfüllung zu erklären. Der Leasingnehmer ist insoweit nicht aktivlegitimiert.[145] Das Rücktrittsrecht kann aber nach den §§ 325, 326 BGB getrennt abgetreten werden, und zwar auch mit einem möglichen Anspruch auf Schadensersatz wegen Nichterfüllung.[146]

Unwirksam ist eine AGB-Klausel, in der der Leasingnehmer im Kündigungsfalle zur Restamortisation des Leasinggebers verpflichtet wird.[147]

---

[141] BGH, ZIP 1990, 175.
[142] BGH, ZIP 1991, 519; BGH, NJW 1994, 576.
[143] OLG Hamm, ZIP 1983, 1094; Graf v. Westphalen, Leasingvertrag, Rn. 760.
[144] BGH, Urteil vom 19. 2. 1986, a. a. O.
[145] OLG Köln, Urteil vom 3. 11. 1995 – 19 U 81/95, CR 1996, 298 = MRC 1996, 39 mit dem Hinweis, dass die Rücktrittserklärung nicht dahingehend ausgelegt werden kann, dass Schadensersatz wegen Nichterfüllung begehrt werde, wenn der Prozessbevollmächtigte der Partei die Erklärung ausdrücklich als Rücktritt unter Benennung der gesetzlichen Rücktrittsvorschriften bezeichnet hat.
[146] OLG Köln, Urteil vom 8. 12. 1995 – 19 U 113/95, CR 1996, 346.
[147] Intransparente, gegen § 9 bzw. gegen § 10 Nr. 7, 9 Abs. 1 AGBG verstoßende Klausel, da Umfang bestehender Zahlungspflicht für Leasingnehmer nicht erkennbar: BGH, BB 1982, 698; BGH, WM 1982, 7, 66; BGH, NJW 1985, 2253; 1987, 842; 1990, 247.

Beginnt nach den AGB eines Leasinggebers die **Mietzeit** mit der Über- 652
nahme des Leasinggegenstandes, so tritt diese Rechtsfolge (mangels
anderweitiger Vereinbarung) zuerst nach vollständiger Gebrauchsüberlassung ein.[148]

Eine Klausel, derzufolge ein Leasingvertrag auf **unbestimmte Zeit**
geschlossen wird, ist aus formularvertraglicher Sicht wirksam. Da unbefristete Leasingverträge im Wirtschaftsleben häufig anzutreffen sind, liegt
weder eine überraschende Klausel im Sinne von § 3 AGBG noch eine
benachteiligende Abweichung von einer gesetzlichen Regelung im Sinne
von § 9 AGBG vor.[149]

Beginnt den AGB des Leasinggebers zufolge die Mietzeit mit der **Über-** 653
gabe des Leasinggegenstandes an den leasingnehmenden Kunden, so tritt
dieser Beginn erst nach vollständiger Gebrauchsüberlassung ein.[150] Erst zu
diesem Zeitpunkt ist dem Kunden in der Regel eine Überprüfung des
Systems als vertragsgerecht (frühestens) möglich.

Wird also dem Leasingnehmer bei einem Leasingvertrag über Hardware
und Software nur die Hardware übergeben, so richten sich die Rechtsfolgen nicht nach Sachmängelgewährleistungsrecht (§§ 536 ff. BGB), sondern nach den Bestimmungen über Teilleistungen einschließlich der Kündigung nach § 542 BGB. Diese Kündigung und die Abhilfeforderung mit
Fristsetzung (§ 542 Abs. 1 Satz 2 BGB) sind an den Leasinggeber zu richten, sofern nicht der Lieferant zum Empfang bevollmächtigt ist.[151]

Sind die vom Gesetz für eine Kündigung geforderten formalen Voraussetzungen nicht erfüllt, kann derselbe Kündigungsgrund nicht zum Anlass
einer fristlosen Kündigung aus wichtigem Grund (§ 242 BGB) genommen
werden, sofern nicht besondere, die Vertragsbeziehung erheblich gefährdende Umstände hinzutreten.[152]

1.4.3 Leasingformen

a) Finanzierungsleasing
Bei Finanzierungsleasing erwirbt der Leasinggeber das Investitionsgut 654
und überlässt es dem Leasingnehmer zur Nutzung. Der Leasingnehmer hat
sich hierbei den Lieferanten und den Kaufgegenstand ausgesucht und den

---

[148] BGH, Urteil vom 1. 7. 1987 – VIII ZR 117/86, WM 1987, 1131.
[149] OLG Köln, Beschl. vom 16. 9. 1992 – 19 W 33/92, CR 1993, 213.
[150] BGH, Urteil vom 1. 7. 1987 – VIII ZR 117/87, NJW 1988, 204 = BB 1987, 1972.
[151] BGH, Urteil vom 1. 7. 1987, a. a. O.
[152] BGH, Urteil vom 1. 7. 1987, a. a. O.

Leasinggeber beauftragt, das Leasinggut zu kaufen.[153] Die Vertragsparteien vereinbaren eine längere, feste (Grund-)Mietzeit (meist drei bis sieben Jahre), oft mit einer Verlängerungs- oder Kaufoption. Der Leasingnehmer vergütet hierbei durch seine Leasingratenzahlung (in der Regel **niedriger als Mietzinsraten** an den Hersteller) den Kaufpreis sowie zuzüglich alle Kosten, Zinsen, das Kreditrisiko des Leasinggebers und dessen Gewinn. Außerdem trägt der Anwender als Leasingnehmer objektbezogene Risiken, da er „nach seinen Vorstellungen die benötigte Ware beim Hersteller bzw. Händler aussucht, mit diesem den Verwendungszweck erörtert und festlegt und daher in erster Linie, jedenfalls aber besser als der zumeist erst später eingeschaltete Leasinggeber, beurteilen kann, ob die ihm übergebene Sache gebrauchstauglich ist, dem besonderen Vertragszweck entspricht …"[154]. Im Vordergrund des Geschäftes steht dessen **Finanzierungszweck**. Die Leasingzeiten müssen zwischen 40 % und 90 % der betriebsgewöhnlichen Nutzungsdauer liegen.[155] Das gilt für Teilamortisation wie Vollamortisation.

655 Unterformen sind **Vollamortisationsverträge**, bei denen die innerhalb der Grundmietzeit zu zahlenden Leasingraten mindestens die Anschaffungs- oder Herstellungskosten sowie alle Nebenkosten einschließlich der Finanzierungskosten und des Gewinns des Leasinggebers decken. Der Leasinggeber kann einen möglichen Restwert realisieren. Die Vollamortisationspflicht des Leasingnehmers ist eine Garantiepflicht[156], die auf der Vorderseite des Vertragsformulars eindeutig und klar herausgestellt werden muss.[157]

Bei **Teilamortisationsverträgen** wird die volle Amortisation nicht über die Leasingratenzahlung, sondern erst durch den Verkauf des Leasinggutes erreicht. Ist bei einem Teilamortisationsvertrag der ausbedungene Restwert nicht realistisch, sondern willkürlich kalkuliert, so ändert sich das Wesen des Teilamortisationsvertrages. Eine solche, dem Leasingnehmer gefährliche Vertragsgestaltung muss diesem durch eindeutige und klare Vertragsformulierung bewusst gemacht werden; er muss erkennen, dass der Restwert von ihm garantiert wird. Es genügt nicht, wenn die vom Leasingnehmer geschuldete Absicherung des Restwertes nur als mathematische Ziffer im Vertragsformular erscheint.[158]

---

[153] Vgl. etwa KG Berlin, Urteil vom 11. 4. 1975 – 14 U 2355/74, DV-R 1, 102.
[154] BGH, ZIP 1981, 1215; allg. s. Sternberg, BB 1987, 12.
[155] Siehe Leasingerlasse, Schreiben des BMF, DB 1971, 795; 1972, 651; 1976, 173; zur Ausgestaltung und ihre jeweils drei Varianten s. etwa Graf v. Westphalen, Leasing, Rn. 2 ff., 8.
[156] Graf v. Westphalen, Leasingvertrag, Rn. 1021 m. w. N.
[157] Graf v. Westphalen, Leasingvertrag, Rn. 1033.
[158] OLG Karlsruhe, Urteil vom 23. 4. 1986 – 6 U 139/84, NJW-RR 1986, 1112.

Ein formularmäßiger, auf unbestimmte Dauer laufender Finanzierungsleasingvertrag, der vom Leasingnehmer halbjährlich gekündigt werden kann,
ist nicht deshalb als auf eine bestimmte Höchstdauer (Zeitpunkt der Vollamortisation) geschlossen auszulegen, weil bei Vertragsbeendigung eine
Ausgleichszahlung des Leasingnehmers nur bis zu dem Zeitpunkt der vollen Amortisation aller Kosten des Leasinggebers entrichtet werden soll.[159]

Soweit im Rahmen von Teilamortisationsverträgen die auch hier erforder-   656
liche volle Amortisation der gesamten Herstellungs- und Anschaffungskosten des Leasinggebers einschließlich der Neben- und Finanzierungskosten sowie des kalkulierten Gewinnes sichergestellt werden muss,
ist der Leasingnehmer verpflichtet, eine **Abschlusszahlung** in Höhe der
verbleibenden Differenzen zu leisten, während bei Erreichen voller Kos-
tenamortisation der Leasingnehmer mit mindestens 25 % an einem erzielten Mehrerlös aus der Veräußerung des Leasinggutes zu beteiligen ist.[160]

Der Abrechnungsmodus muss klar festgelegt werden, andernfalls liegt ein   657
Verstoß gegen § 10 Nr. 7a AGBG bzw. gegen § 9 AGBG vor.[161] Das
„Wechselspiel" zwischen Restwert und Leasingrate muss dem Leasingnehmer im Leasingvertrag nach Auffassung der Rechtsprechung klar und
eindeutig vor Augen geführt werden.[162] Es genüge nicht, die Übernahme
der Restwertgarantie erst in die Kündigungsbestimmungen aufzunehmen,
da hier eine überraschende Klausel im Sinne von § 3 AGBG vorliege.
Vielmehr müsse die Annahmeerklärung im Angebot oder wenigstens auf
der Vorderseite des Antragsformulars enthalten sein.[163]

b) Operating-Leasing

Beim Operating-Leasing (auch Operate-Leasing genannt) ist hingegen die   658
Vertragsdauer unbestimmt oder relativ kurz und eine Kündigung jederzeit
oder mit kurzen Fristen möglich.[164] Hier trägt der Leasinggeber die
objektbezogenen Risiken und ist er der Investor. Außerdem steht nicht die
Finanzierung, sondern die Gebrauchsüberlassung im Vordergrund des Vertrages[165], weshalb der Leasingnehmer zur jederzeitigen Kündigung
berechtigt ist.[166]

---

[159] BGH, Urteil vom 20. 9. 1989 – VIII ZR 239/88, DB 1989, 2371 = BB 1989, 2136.
[160] BGH, NJW 1990, 1758, 1788; BGH, WM 1990, 1244, 1246; BGH, WM 1990, 1620, 1622.
[161] Siehe etwa BGH, WM 1986, 458.
[162] OLG Oldenburg, NJW-RR 1987, 1003, 1005.
[163] LG Frankfurt/Main, NJW-RR 1986, 148 f.
[164] Vgl. näher Palandt/Putzo, Einf. vor § 535 Rn. 31.
[165] Vgl. den einführenden Überblick bei Ebenroth, JuS 1985, 425 ff.
[166] Graf v. Westphalen, Leasingvertrag, Rn. 184.

Bei der weiteren Variante des **Full-Service-Leasing** übernimmt der Leasinggeber neben den objektbezogenen Risiken auch die Wartung, bei **Maintenance-Leasing** auch auf Kosten des Leasinggebers (natürlich zu höherer Leasingrate).

c) Dritt-/Herstellerleasing

659 Eine weitere Unterscheidung wird dahingehend getroffen, ob eine dritte Firma oder der Hersteller selbst Leasinggeber ist.

Drittleasing: Der Anwender erwirbt das System vom Hersteller und veräußert dieses sofort an die Leasingfirma weiter, die dem Hersteller den Kaufpreis bezahlt und das System an den Anwender unter Abtretung aller Gewährleistungsansprüche vermietet.[167]

Herstellerleasing (auch „Vendor-Leasing" genannt): Hier ist der Hersteller selbst Leasinggeber und kann die Sache (wie die Drittfirma) im Wege des Finanzierungs- oder des Operating-Leasing dem Leasingnehmer überlassen. Da Leasinggeber und Lieferant hier identisch sind, scheidet eine Abtretungslösung aus und liegt ein reiner Mietvertrag vor, aus dem der Leasinggeber wie ein Vermieter haftet.[168] Bei indirektem Herstellerleasing – also der Zwischenschaltung einer juristisch selbständigen Leasinggesellschaft – ist die Abtretungskonstruktion wiederum möglich. Der Leasingnehmer trägt hier wiederum allein das volle Risiko der Mangelhaftigkeit und des (auch zufälligen!) Untergangs oder der Beschädigung des Leasinggutes.[169] Der Hersteller kann den Abschluss des Systemvertrages im Einzelfall vom Abschluss eines Leasingvertrages abhängig machen.[170]

660 Gehört die **Anwendungssoftware** zum Leistungsumfang des Systemanbieters und wird die Leasingrate auf das **komplette Leistungsangebot** bezogen berechnet, so gehört auch die Software zum Geltungsbereich des Leasingvertrages.[171] Sinngemäß gleiche Überlegungen ergeben sich für das **Händlerleasing**.

Möglich ist auch ein **Sale-and-lease-back-**Vertrag, bei dem der Leasingnehmer zunächst die Leasingsache kauft, an den Leasinggeber weiterverkauft und von diesem dann least. Hier liegt ein atypischer Mietvertrag vor.[172]

---

[167] Zulässig gemäß BGH, NJW 1977, 848.
[168] Graf v. Westphalen, Leasingvertrag, Rn. 33.
[169] Vgl. Palandt/Putzo, Einf. vor § 535, Rn. 28.
[170] LG München I, Urteil vom 12. 11. 1986 – 8 HKO 4059/86, CR 1987, 98.
[171] OLG Stuttgart, Urteil vom 4. 3. 1986 – 6 U 97/85, IuR 1987, 189 ff.
[172] BGH, BB 1990, 232.

Nutzt der Leasingnehmer die Leasingsache über das vereinbarte Maß hin- 661
aus und tritt hierdurch eine zu einem Minderwert führende Entwertung
ein, kann der Leasingnehmer bei Vertragsende zum **Ausgleich dieses Min-
derwertes** (Restwertabsicherung) verpflichtet sein. Der entsprechende
Schadensersatzanspruch des Leasinggebers unterliegt der Verjährungsfrist
von § 558 BGB.[173]

Finanzierungsleasingerlasse vom 19. 4. 1971 und 22. 12. 1975[174]

Begriffsbestimmungen zum Finanzierungsleasing:

Der Bundesminister der Finanzen hat mit Schreiben vom 19. 4. 1971
(BStBl. I 1971 S. 264) für a) Vollamortisationsverträge und Schreiben
vom 22. 12. 1975 (BB 1976 S. 72) für b) Teilamortisationsverträge folgende Abgrenzungen und ertragssteuerliche Behandlung für Finanzie-
rungsleasing-Verträge festgelegt:

a) Vollamortisationsverträge

...

II. Begriff und Abgrenzung des Finanzierungs-Leasing-Vertrages bei beweglichen Wirtschaftsgütern

1. Finanzierungs-Leasing im Sinne dieses Schreibens ist nur dann anzunehmen, wenn

a) der Vertrag über eine bestimmte Zeit mit abgeschlossen wird, während der Vertrag bei vertragsgemäßer Vertragserfüllung von beiden
   Vertragsparteien nicht gekündigt werden kann (Grundmietzeit),
   und

b) der Leasing-Nehmer mit den in der Grundmietzeit zu entrichtenden
   Raten mindestens die Anschaffungs- oder Herstellungskosten sowie
   alle Nebenkosten einschließlich der Finanzierungskosten des Leasing-Gebers deckt.

2. Beim Finanzierungs-Leasing von beweglichen Wirtschaftsgütern
   sind im wesentlichen folgende Vertragstypen festzustellen:

---

[173] OLG Koblenz, Urteil vom 12. 4. 1990 – 2 U 369/88, WM 1991, 2001, 2005.
[174] Leasingerlasse, Schreiben des BMF, DB 1971, 795; 1972, 651; 1976, 173.

a) Leasing-Verträge ohne Kauf- oder Verlängerungsoption

Bei diesem Vertragstyp sind zwei Fälle zu unterscheiden:

Die Grundmietzeit

aa) deckt sich mit der betriebsgewöhnlichen Nutzungsdauer des Leasing-Gegenstandes,

bb) ist geringer als die betriebsgewöhnliche Nutzungsdauer des Leasing-Gegenstandes.

Der Leasing-Nehmer hat nicht das Recht, nach Ablauf der Grundmietzeit den Leasing-Gegenstand zu erwerben oder den Leasing-Vertrag zu verlängern.

b) Leasing-Verträge mit Kaufoption

Der Leasing-Nehmer hat das Recht, nach Ablauf der Grundmietzeit, die regelmäßig kürzer ist als die betriebsgewöhnliche Nutzungsdauer des Leasing-Gegenstandes, den Leasing-Gegenstand zu erwerben.

c) Leasing-Verträge mit Mietverlängerungsoption

Der Leasing-Nehmer hat das Recht, nach Ablauf der Grundmietzeit, die regelmäßig kürzer ist als die betriebsgewöhnliche Nutzungsdauer des Leasing-Gegenstandes, das Vertragsverhältnis auf bestimmte oder unbestimmte Zeit zu verlängern.

Leasing-Verträge ohne Mietverlängerungsoption, bei denen nach Ablauf der Grundmietzeit eine Vertragsverlängerung für den Fall vorgesehen ist, daß der Mietvertrag nicht von einer der Vertragsparteien gekündigt wird, sind steuerlich grundsätzlich ebenso wie Leasing-Verträge mit Mietverlängerungsoption zu behandeln. Etwas anderes gilt nur dann, wenn nachgewiesen wird, daß der Leasing-Geber bei Verträgen über gleiche Wirtschaftsgüter innerhalb eines Zeitraumes von neun Zehnteln der betriebsgewöhnlichen Nutzungsdauer in einer Vielzahl von Fällen das Vertragsverhältnis aufgrund seines Kündigungsrechts beendet.

d) Verträge über Spezial-Leasing

Es handelt sich hierbei um Verträge über Leasing-Gegenstände, die speziell auf die Verhältnisse des Leasing-Nehmers zugeschnitten und nach Ablauf der Grundmietzeit regelmäßig nur noch beim Leasing-Nehmer wirtschaftlich sinnvoll verwendbar sind. Die Verträge kommen mit oder ohne Optionsklausel vor.

III. Steuerliche Zurechnung des Leasing-Gegenstandes

Die Zurechnung des Leasing-Gegenstandes ist von der von den Parteien gewählten Vertragsgestaltung und deren tatsächlicher Durchführung abhängig. Unter Würdigung der gesamten Umstände ist im Einzelfall zu entscheiden, wem der Leasing-Gegenstand steuerlich zuzurechnen ist. Bei den unter II.2 genannten Grundvertragstypen gilt für die Zurechnung das Folgende:

1. Leasing-Verträge ohne Kauf- oder Verlängerungsoption

Bei Leasing-Verträgen ohne Optionsrecht ist der Leasing-Gegenstand regelmäßig zuzurechnen

a) dem Leasing-Geber,
wenn die Grundmietzeit mindestens 40 % und höchstens 90 % der betriebsgewöhnlichen Nutzungsdauer des Leasing-Gegenstandes beträgt,

b) dem Leasing-Nehmer,
wenn die Grundmietzeit weniger als 40 % oder mehr als 90 % der betriebsgewöhnlichen Nutzungsdauer beträgt.

2. Leasing-Verträge mit Kaufoption

Bei Leasing-Verträgen mit Kaufoption ist der Leasing-Gegenstand regelmäßig zuzurechnen

a) dem Leasing-Geber,
wenn die Grundmietzeit mindestens 40 % und höchstens 90 % der betriebsgewöhnlichen Nutzungsdauer des Leasing-Gegenstandes beträgt und der für den Fall der Ausübung des Optionsrechts vorgesehene Kaufpreis nicht niedriger ist als der unter Anwendung der linearen AfA nach der amtlichen AfA-Tabelle ermittelte Buchwert oder der niedrigere gemeine Wert im Zeitpunkt der Veräußerung,

b) dem Leasing-Nehmer,
aa) wenn die Grundmietzeit weniger als 40 % oder mehr als 90 % der betriebsgewöhnlichen Nutzungsdauer beträgt oder

bb) wenn bei einer Grundmietzeit von wenigstens 40 % und höchstens 90 % der betriebsgewöhnlichen Nutzungsdauer der für den Fall der Ausübung des Optionsrechts vorgesehene Kaufpreis niedriger ist als der unter Anwendung der linearen Absetzung für Abnutzung (AfA) nach der amtlichen AfA-Tabelle ermittelte Buchwert oder der niedrigere gemeine Wert im Zeitpunkt der Veräußerung.

Wird die Höhe des Kaufpreises für den Fall der Ausübung des Options-rechtes während oder nach der Grundmietzeit festgelegt oder verändert, so gilt entsprechendes. Die Veranlagungen sind gegebenenfalls zu berichtigen.

3. Leasing-Verträge mit Mietverlängerungsoption

Bei Leasing-Verträgen mit Mietverlängerungsoption ist der Leasing-Gegenstand regelmäßig zuzurechnen

a) **dem Leasing-Geber,**

wenn die Grundmietzeit mindestens 40 % und höchstens 90 % der betriebsgewöhnlichen Nutzungsdauer des Leasing-Gegenstandes beträgt und die Anschlußmiete so bemessen ist, daß sie den Wert-verzehr für den Leasing-Gegenstand deckt, der sich auf der Basis des unter Berücksichtigung der linearen Absetzung für Abnutzung nach der amtlichen AfA-Tabelle ermittelten Buchwertes oder des niedrigeren Gemeinwertes und der Restnutzung laut AfA-Tabelle ergibt,

b) **dem Leasing-Nehmer,**

aa) wenn die Grundmietzeit weniger als 40 % oder mehr als 90 % der betriebsgewöhnlichen Nutzungsdauer des Leasing-Gegen-standes beträgt, oder

bb) wenn bei einer Grundmietzeit von mindestens 40 % und höchstens 90 % der betriebsgewöhnlichen Nutzungsdauer die Anschlußmiete so bemessen ist, daß sie den Wertverzehr für den Leasing-Gegenstand nicht deckt, der sich auf der Basis des unter Berücksichtigung der linearen AfA nach der amtli-chen AfA-Tabelle ermittelten Buchwerts oder des niedrigeren gemeinen Werts und der Restnutzungsdauer laut AfA-Tabelle ergibt.

Wird die Höhe der Leasing-Raten für den Verlängerungszeitraum wäh-rend oder nach Ablauf der Grundmietzeit festgelegt oder verändert, so gilt Entsprechendes.

Abschnitt II Nr. 2 Buchstabe c Sätze 2 und 3 sind zu beachten.

4. Verträge über Spezial-Leasing

Bei Spezial-Leasing-Verträgen ist der Leasing-Gegenstand regelmä-ßig dem Leasing-Nehmer ohne Rücksicht auf das Verhältnis von Grundmietzeit und Nutzungsdauer und auf Optionsklauseln zuzurech-nen.

IV. Planmäßige Darstellung von Leasing-Verträgen bei Zurechnung des Leasing-Gegenstandes beim Leasing-Geber

1. Beim Leasing-Geber

Der Leasing-Geber hat den Leasing-Gegenstand mit seinen Anschaffungs- oder Herstellungskosten zu aktivieren. Die Absetzung für Abnutzung ist nach der betriebsgewöhnlichen Nutzungsdauer vorzunehmen. Die Leasing-Raten sind Betriebseinnahmen.

2. Beim Leasing-Nehmer

Die Leasing-Raten sind Betriebsausgaben.

V. Bilanzmäßige Darstellung von Leasing-Verträgen bei Zurechnung des Leasing-Gegenstandes beim Leasing-Nehmer

1. Beim Leasing-Nehmer

Der Leasing-Nehmer hat den Leasing-Gegenstand mit seinen Anschaffungs- oder Herstellungskosten zu aktivieren. Als Anschaffungs- oder Herstellungskosten gelten die Anschaffungs- oder Herstellungskosten des Leasing-Gebers, die der Berechnung der Leasingraten zugrunde gelegt worden sind, zuzüglich etwaiger weiterer Anschaffungs- oder Herstellungskosten, die nicht in den Leasing-Raten enthalten sind (vgl. Schreiben vom 5. Mai 1970 – IVB/2-S 2170-4/70, BB 1970, S. 652).

Dem Leasing-Nehmer steht die AfA nach der betriebsgewöhnlichen Nutzungsdauer des Leasing-Gegenstandes zu.

In Höhe der aktivierten Anschaffungs- oder Herstellungskosten mit Ausnahme der nicht in den Leasing-Raten berücksichtigten Anschaffungs- oder Herstellungkosten des Leasingnehmers ist eine Verbindlichkeit gegenüber dem Leasing-Geber zu passivieren.

Die Leasing-Raten sind in einen Zins- und Kostenanteil, sowie einen Tilgungsanteil aufzuteilen. Bei der Aufteilung ist zu berücksichtigen, daß sich in Folge der laufenden Tilgung der Zinsanteil verringert und der Tilgungsanteil entsprechend erhöht.

Der Zins- und Kostenanteil stellt eine sofortige abzugsfähige Betriebsausgabe dar, während der andere Teil der Leasing-Rate als Tilgung der Kaufpreisschuld erfolgsneutral zu behandeln ist.

2. Beim Leasing-Geber

Der Leasing-Geber aktiviert eine Kaufpreisforderung an den Leasing-Nehmer in Höhe der den Leasing-Raten zugrunde gelegten Anschaffungs- oder Herstellungskosten. Dieser Betrag ist grundsätzlich mit der vom Leasing-Nehmer ausgewiesenen Verbindlichkeit identisch.

Die Leasing-Raten sind in einen Zins- und Kostenanteil sowie in einen Anteil Tilgung der Kaufpreisforderung aufzuteilen. Wegen der Aufteilung der Leasingraten und der steuerlichen Behandlung gelten die Ausführungen unter V. 1 entsprechend.

VI.

Die vorstehenden Grundsätze gelten entsprechend auch für Verträge mit Leasingnehmern, die ihren Gewinn nicht durch Bestandsvergleich ermitteln.

b) Teilamortisationsvertrag

...

1. Gemeinsames Merkmal der in dem Schreiben des Deutschen Leasing-Verbandes dargestellten Vertragsmodelle ist, daß eine unkündbare Grundmietzeit vereinbart wird, die mehr als 40 %, jedoch nicht mehr als 90 % der betriebsgewöhnlichen Nutzungsdauer des Leasing-Gegenstandes beträgt, und daß die Anschaffungs- oder Herstellungskosten des Leasing-Gebers sowie alle Nebenkosten einschließlich der Finanzierungskosten des Leasing-Gebers in der Grundmietzeit durch die Leasing-Raten nur zum Teil gedeckt werden. Damit Finanzierungs-Leasing im Sinne des BMF-Schreibens über die ertragssteuerrechtliche Behandlung von Leasing-Verträgen über bewegliche Wirtschaftsgüter vom 19. 4. 1971 (BStBl. I S. 264) nicht vorliegt, ist die Frage, wem der Leasing-Gegenstand zuzurechnen ist, nach den allgemeinen Grundsätzen zu entscheiden.

2. Die Prüfung der Zurechnungsfrage hat Folgendes ergeben:

a) Vertragsmodell mit Andienungsrecht des Leasing-Gebers, jedoch ohne Optionsrecht des Leasingnehmers

Bei diesem Vertragsmodell hat der Leasing-Geber ein Andienungsrecht. Danach ist der Leasing-Nehmer, sofern ein Verlängerungsver-

trag nicht zustande kommt, auf Verlangen des Leasing-Gebers verpflichtet, den Leasing-Gegenstand zu einem Preis zu kaufen, der
bereits bei Abschluß des Leasing-Vertrages fest vereinbart wird. Der
Leasing-Nehmer hat kein Recht, den Leasing-Gegenstand zu erwerben.

Der Leasing-Nehmer trägt bei dieser Vertragsgestaltung das Risiko der
Wertminderung, weil er auf Verlangen des Leasing-Gebers den Leasing-
Gegenstand auch zum vereinbarten Preis kaufen muß, wenn der Wieder-
beschaffungspreis für ein gleichwertiges Wirtschaftsgut geringer als der
vereinbarte Preis ist. Der Leasing-Geber hat jedoch die Chance der
Wertsteigerung, weil er sein Andienungsrecht nicht ausüben muß, son-
dern das Wirtschaftsgut zu einem über dem Andienungspreis liegenden
Preis verkaufen kann, wenn ein über dem Andienungspreis liegender
Preis am Markt erzielt werden kann.

Der Leasing-Nehmer kann unter diesen Umständen nicht als wirtschaftlicher Eigentümer des Leasing-Gegenstandes angesehen werden.

b) Vertragsmodell mit Aufteilung des Mehrerlöses

Nach Ablauf der Grundmietzeit wird der Leasing-Gegenstand durch
den Leasing-Geber veräußert. Ist der Veräußerungserlös niedriger
als die Differenz zwischen den Gesamtkosten des Leasing-Gebers
und den in der Grundmietzeit entrichteten Leasing-Raten (Restamortisation), so muß der Leasing-Nehmer eine Abschlußzahlung
in Höhe der Differenz zwischen Restamortisation und Veräußerungserlös zahlen. Ist der Veräußerungserlös hingegen höher als die
Restamortisation, so erhält der Leasing-Geber 25 %, der Leasing-
Nehmer 75 % des die Restamortisation übersteigenden Teils des
Veräußerungserlöses.

Durch die Vereinbarung, daß der Leasing-Geber 25 % des die Restamortisation übersteigenden Teils des Veräußerungserlöses erhält, wird
bewirkt, daß der Leasing-Geber noch in einem wirtschaftlich ins
Gewicht fallenden Umfang an etwaigen Wertsteigerungen des Leasing-
Gegenstandes beteiligt ist. Der Leasing-Gegenstand ist daher dem Leasing-Geber zuzurechnen.

Eine ins Gewicht fallende Beteiligung des Leasing-Gebers an der
Wertsteigerung des Leasing-Gegenstandes ist hingegen nicht mehr
gegeben, wenn der Leasing-Geber weniger als 25 % des die Rest-

amortisation übersteigenden Teils des Veräußerungserlöses erhält.
Der Leasing-Gegenstand ist in solchen Fällen dem Leasing-Nehmer
zuzurechnen.

c) Kündbarer Mietvertrag mit Anrechnung des Veräußerungserlöses auf die vom Leasing-Nehmer zu leistende Schlußzahlung

Der Leasing-Nehmer kann den Leasing-Vertrag frühestens nach
Ablauf einer Grundmietzeit, die 40 % der betriebsgewöhnlichen Nutzungsdauer beträgt, kündigen. Bei Kündigung ist eine Abschlußzahlung in Höhe der durch die Leasing-Raten nicht gedeckten
Gesamtkosten des Leasing-Gebers zu entrichten. Auf die Abschlußzahlung werden 90 % des vom Leasing-Geber erzielten Veräußerungserlöses angerechnet. Ist der anzurechnende Teil des Veräußerungserlöses zuzüglich der vom Leasing-Nehmer bis zur Veräußerung
entrichteten Leasing-Rate niedriger als die Gesamtkosten des Leasing-Gebers, so muß der Leasing-Nehmer in Höhe der Differenz eine
Abschlußzahlung leisten. Ist jedoch der Veräußerungserlös höher als
die Differenz zwischen Gesamtkosten des Leasing-Gebers und den
bis zur Veräußerung entrichteten Leasing-Raten, so behält der Leasing-Geber diesen Differenzbetrag in vollem Umfang.

Bei diesem Vertragsmodell kommt eine während der Mietzeit eingetretene Wertsteigerung in vollem Umfang dem Leasing-Geber zu gute. Der
Leasing-Geber ist daher nicht nur rechtlicher, sondern auch wirtschaftlicher Eigentümer des Leasing-Gegenstandes.

Die vorstehenden Ausführungen gelten nur grundsätzlich, d. h. nur insoweit, wie besondere Regelungen in Einzelverträgen nicht zu einer anderen Beurteilung zwingen.

1.4.4 Leistungspflichten des Leasinggebers

662 Haben sich die Parteien eines Finanzierungsleasingvertrages über Hardware und Software auf den Beginn der Vertragslaufzeit in Kenntnis dessen
geeinigt, dass Teile der Software noch nicht in vertragsgemäßem Zustand
vorhanden, jedoch noch nachzuliefern sind, ist der Anspruch des Leasinggebers auf Zahlung der Leasingraten zunächst in voller Höhe fällig. Dem
Leasingnehmer kann jedoch die Einrede des nicht erfüllten Vertrages
(§ 320 BGB) von dem Zeitpunkt an zustehen, an dem die Lieferung der
fehlenden, für die Vertragserfüllung wesentlichen Teile der Software vereinbarungsgemäß zu erbringen war.[175]

---

[175] BGH, Urteil vom 29. 5. 1991 – VIII ZR 125/90, WM 1991, 1416.

Die **Hauptpflichten** bestehen bei jeder Leasingvariante darin, dass der   663
Leasinggeber dem Leasingnehmer die Leasingsache zeitlich begrenzt
(gegen Zahlung eines regelmäßig nach Zeitabschnitten bemessenen Mietzinses) zur Gebrauchsausübung[176] zu überlassen hat. Die Besitzeinräumung kann hierbei entweder unmittelbar durch den Leasinggeber erfolgen
(Herstellerleasing) oder mittelbar über den Lieferanten (Drittleasing).
Nach Überlassung (und Abwälzung der Sach- und Gegenleistungsgefahr
auf den Leasingnehmer) beschränkt sich die Verpflichtung des Leasinggebers darauf, den Leasingnehmer nicht im Gebrauch zu stören und ihn bei
Störungen durch Dritte zu unterstützen.[177]

Bei nachträglichem Abschluss eines Leasingvertrages tritt der Leasingge-
ber in den bereits geschlossenen Leasingvertrag zwischen Leasingnehmer/
Käufer und Lieferant ein. Führt der Lieferant hier die Fakturierung an den
Leasinggeber durch, der den Rechnungsbetrag begleicht, ist hierin in der
Regel ein Vertragseintritt des Leasinggebers zu sehen, nicht aber der
Abschluss eines neuen selbständigen Kaufvertrages. Hat der Käufer die
Hardware vom Hersteller, die Software von dessen Vertragshändler
gekauft, tritt durch nachträgliche gemeinsame Fakturierung von Hardware
und Software durch den Hersteller in der für den Leasinggeber erstellten
Rechnung keine Änderung der Vertragsbeziehung dahingehend ein, dass
der Hersteller nunmehr auch als Verkäufer der Software anzusehen
wäre.[178]

Der Leasinggeber hat aus Mietvertragsrecht für die Leasingsache einzu-   664
stehen (Erfüllungsanspruch auf Erhaltung der Gebrauchstauglichkeit, vgl.
§§ 537, 538 BGB). Seinerseits stehen ihm aus dem Kauf- oder Werkvertrag mit dem Hersteller **Gewährleistungsansprüche** zu. Diese **Ansprüche tritt der Leasinggeber** in der Regel **an den Leasingnehmer ab**, um
sein eigenes Haftungsrisiko zu begrenzen. Eine solche Abtretung von
Gewährleistungsansprüchen ist zulässig[179], auch im Rahmen von Formularverträgen. Sie muss unbedingt und vorbehaltlos erfolgen.[180]

Eine wirksame Abtretung setzt voraus, dass der Leasingnehmer in seinen
AGB auf die AGB des Lieferanten verweist und diese wirksam in den Leasingvertrag einbezieht. Fehlt es an einer wirksamen Einbeziehung, schei-

---

[176] BGH, Urteil vom 28. 3. 1990, NJW 1990, 1785, 1787.
[177] BGH, Urteil vom 30. 9. 1987 – VIII ZR 226/86, NJW 1988, 198.
[178] BGH, Urteil vom 21. 12. 1994 – VIII ZR 197/93, Jur-PC 1995, 3107.
[179] So etwa BGH, WM 1977, 390; BGH, BB 1982, 105; BGH, WM 1985, 263.
[180] BGH, ZIP 1987, 240 (kein Widerrufsrecht des Leasinggebers zulässig), BGH, WM 1988, 979,
    982 (kein Vorbehalt eigener Rechtsverfolgung durch den Leasinggeber).

tert der Verweis auf die Lieferanten-AGB und damit die Anspruchsabtretung, so dass der Leasinggeber voll aus Mietrecht haftet (s. ausf. Rn. 1280).[181]

Die **Abtretung** erfolgt aber nicht bereits mit Abschluss eines jeden Leasingvertrags, sondern **bedarf besonderer Vereinbarung**. Fehlt es an dieser Vereinbarung, bleibt allein der **Leasinggeber** gegenüber dem Hersteller/Lieferanten aus Gewährleistungsrecht anspruchsberechtigt, so der BGH.

Ohne entsprechende Abtretungsvereinbarung ist damit nicht der Leasingnehmer, sondern nur der Leasinggeber in einem Gewährleistungsprozess aktivlegitimiert. Etwas anderes kann nur gelten, wenn zwischen Leasinggeber und Leasingnehmer eine gewillkürte Prozessstandschaft vereinbart wurde.[182]

665 Die **Abtretung** der Gewährleistungsansprüche schließt nicht aus, dass der Leasinggeber gegenüber dem Werkunternehmer gemäß § 320 BGB ein Leistungsverweigerungsrecht geltend machen kann, weil der Werkunternehmer andernfalls trotz mangelhafter eigener Leistung die volle Bezahlung des Werklohns verlangen könnte. Damit kann der Leasinggeber dem Kaufpreisanspruch des Lieferanten den Nachbesserungsanspruch einredeweise entgegenhalten, der an den Leasingnehmer abgetreten wurde.[183] Hat der Leasingnehmer nach der erfolgten schriftlichen Erklärung das Leasinggut in Empfang genommen und in einem Testlauf für gut befunden, so kommt es für die Frage, ob der Leasinggeber dem Lieferanten den Kaufpreis für das Leasinggut bezahlen muss, nicht darauf an, dass der Leasingnehmer diese Erklärung auf einem Formular des Lieferanten abgegeben hat anstatt auf einem dafür vorgesehenen Formular des Leasinggebers.[184]

Die Gewährleistungshaftung des Leasinggebers wird nicht dadurch eingeschränkt oder ausgeschlossen, dass der Leasingnehmer seinerseits die Verpflichtung übernimmt, einen **Wartungsvertrag** mit einem Dritten abzuschließen, sofern ein Mangel des Leasinggutes vorliegt, der durch die Wartungsfirma nicht behoben werden kann.[185] Erhält der Leasingnehmer die Leasingsache unmittelbar vom Lieferanten geliefert, kann er sich nicht

---

[181] Graf v. Westphalen, Leasingvertrag, Rn. 636ff., 821.
[182] BGH, Urteil vom 23. 2. 1977 – VIII ZR 312/75, NJW 1977, 847.
[183] BGH, Urteil vom 10. 10. 1994 – VIII ZR 295/93, NJW 1995, 187.
[184] BGH, a. a. O. (im Anschluss an BGH, NJW 1993, 1381).
[185] OLG Karlsruhe, BB 1978, 1378, sogleich für ein Kündigungsrecht gemäß § 542 BGB, sofern die eingetretene Betriebsstörung ein Ausmaß erreicht haben sollte, das dem Leasingnehmer ein weiteres Festhalten an dem Leasingvertrag unzumutbar mache.

gegenüber dem Leasinggeber darauf berufen, dass ein Gerät mangelhaft oder notwendige Software nicht geliefert worden sei.[186]

Sind in einem Leasingvertrag nicht die mietrechtlichen Gewährleistungs-   666 pflichten des Leasinggebers ausgeschlossen und durch Abtretung kaufrechtlicher Gewährleistungsansprüche gegen den Lieferanten ersetzt worden, so stehen dem Leasingnehmer gegen den Leasinggeber die Mieterrechte nach den §§ 537 und 542 BGB auch dann zu, wenn der Leasingnehmer die Fehlerhaftigkeit der Anlage zunächst gegenüber dem Lieferanten zu rügen hat.[187]

Die Zwischenschaltung einer Leasingfinanzierung ist bei Abschluss des Erwerbsvertrages mit einem Lieferanten zu klären. Soll eine Hardware-Bestellung nach der Vorstellung beider Parteien in einen Finanzierungsleasingvertrag einmünden, dann ist diese Bestellung nicht als Vertragsangebot an den Verhandlungspartner, sondern als erster Schritt zur Abklärung des Inhalts zweier gerade nicht zwischen den Verhandlungspartnern abzuschließender Verträge anzusehen. Jedenfalls unter Kaufleuten und insbesondere bei Investitionsentscheidungen kann nicht angenommen werden, dass ohne vorherige Klärung der Finanzierungsfrage eine vertragliche Bindung gewollt ist. Kommt die angestrebte Finanzierung nicht zustande, muss der Hardware-Interessent entscheiden, ob er „aussteigt" oder die Finanzierungsfrage ihres Vorbehaltscharakters entkleidet und sie ausschließlich in seine eigene Risikosphäre hereinnimmt.[188]

Wird dem Leasingnehmer die Anzahl von Einheiten geliefert, die er in der Invitatio ad offerendum angegeben hat, so ist das eigentliche Angebot des Leasinggebers, das von einer anderen Anzahl ausgeht, gemäß §§ 133, 157 BGB so auszulegen, als sei die Anzahl der Einheiten vereinbart, die in der Invitatio angegeben war.[189]

Der Leasinggeber hat für den Lieferanten als seinen Verhandlungs-   667 und Erfüllungsgehilfen zu haften. Verhandlungsgehilfe des Leasinggebers ist der Lieferant während des vorvertraglichen Führens von Verhandlungen mit dem Leasingnehmer, Erfüllungsgehilfe bei Erfüllung des Leasingvertrages durch Liefern der Leasingsache. Der Leasinggeber hat für dieses vorvertragliche wie das vertragliche Auftreten des Lieferanten einzustehen (§ 278 BGB). Diese Haftung ist wie folgt zu erläutern: Erfül-

---

[186] OLG Frankfurt/Main, Urteil vom 12. 10. 1976 – 5 U 6/76, DV-R 1, 105.
[187] OLG Frankfurt/Main, Urteil vom 22. 1. 1985 – 5 U 86/84, NJW 1985, 2278.
[188] LG München I, Urteil vom 12. 11. 1986 – 8 HKO 4059/86, CR 1987, 98 (nach der Formulierung des red. LS).
[189] OLG Hamm, Urteil vom 10. 1. 1990 – 31 U 128/89, CR 1990, 522.

lungsgehilfe im Sinne von § 278 BGB ist der Lieferant, der mit Wissen und Willen des (Finanzierungs-)Leasinggebers vertragliche Vorverhandlungen (als Verhandlungsgehilfe) mit dem späteren Leasingnehmer (Kunden) über den Abschluss des Leasingvertrages führt[190] bzw. die Leasingsache übergibt. Der Lieferant ist bis zum Vertragsabschluss[191] bzw. bis zur vollständigen Übergabe Erfüllungsgehilfe des Leasinggebers.[192] Bei einem Finanzierungsleasinggeschäft ist der Lieferant nur dann Erfüllungsgehilfe des Leasinggebers, wenn dieser sich zur Vorbereitung des Leasingvertrages der Hilfe des Lieferanten bedient.[193] Der Leasinggeber haftet für den Lieferanten nach § 278 BGB unmittelbar (etwa für die Aufnahme aller zwischen Lieferant und Leasingnehmer ausgehandelten Vertragsdetails in den Leasingvertrag[194]). Die Haftung für Verletzung vorvertraglicher Pflichten durch den Lieferanten besteht unabhängig vom Zustandekommen des Leasingvertrages.[195] Er gilt aber nicht als Dritter im Sinne von § 123 Abs. 2 BGB.[196] Hat der Lieferant jedoch keinen Verhandlungsauftrag des Leasinggebers, bleibt es bei der Haftung des Lieferanten gegenüber dem Kunden.[197]

Pflichtverletzungen des Lieferanten (Verkäufer) als Verhandlungsgehilfe sind damit bereits in der **vor**vertraglichen Phase dem Leasinggeber zuzurechnen. In eine solche für den Leasinggeber haftungsbegründende Rechtsstellung als Erfüllungsgehilfe wächst der Lieferant etwa dann hinein, wenn er Kunden **Vertragsvordrucke des Leasinggebers** zur Unterzeichnung vorlegt und Verhandlungen über die Konditionen des Leasingvertrages führt, hierdurch also dem Leasinggeber eigenes Handeln erspart.[198] Eine besondere wirtschaftliche Beziehung zwischen Lieferant und Leasinggeber muss nicht bestehen, sofern der Lieferant nur mit Wissen und Wollen des Leasinggebers tätig wird.[199]

668 Erfüllungsgehilfenhaftung erfasst auch Fälle, in denen der Lieferant schuldhaft betreffende **Aufklärungs- und Hinweispflichten** aus dem Leasingvertrag bzw. in der vorvertraglichen Verhandlungsphase gegenüber

---

[190] BGH, NJW 1985, 2258; NJW-RR 1988, 241 f.
[191] BGH, Urteil vom 30. 9. 1987, WM 1989, 1142.
[192] BGH, Urteil vom 30. 1. 1995 – VIII ZR 316/93, a. a. O.; BGH, ZIP 1988, 971, 973.
[193] BGH, CR 1996, 147.
[194] Graf v. Westphalen, Leasingvertrag, Rn. 517 (Prinzip des deckungsgleichen Verhandlungsergebnisses); s. auch LG Frankfurt, DV-R 1, 118.
[195] BGH, NJW 1984, 2938.
[196] LG Frankfurt/Main, Urteil vom 26. 6. 1981 – 3/7 O 36/80, DV-R 2, 135 (für Finanzierungsleasing).
[197] Graf v. Westphalen, Leasingvertrag, Rn. 279.
[198] BGH, a. a. O., unter Bezugnahme auf BGH, NJW 1980, 2301.
[199] BGH, Urteil vom 3. 7. 1985 – VIII ZR 102/84, NJW 1985, 2258, 2260.

dem Leasingnehmer verletzt[200] oder etwa die Eignung des Leasinggutes für die besonderen Zwecke des Leasingnehmers behauptet.[201] Keine Haftung des Leasinggebers für den Lieferanten besteht, wenn dieser **Hinweis- und Aufklärungspflichten außerhalb** des ihm erteilten Auftrags verletzt.[202]

Eine **individuelle Erwerbszusage** des Lieferanten gegenüber dem Kunden für die Zeit nach Ablauf des Leasingvertrages konnte den Leasingvertrag sogar zu einem Umgehungsgeschäft im Sinne von § 6 AbzG machen[203] und hier ebenfalls den Leasinggeber (über den Lieferanten als dessen Erfüllungsgehilfen) zur Haftung verpflichten. Dies gilt auch für die Vereinbarung einer Erwerbsoption im Rahmen eines Finanzierungsleasingvertrages, der als „Sale-and-lease-Back"-Vertrag abgeschlossen ist.[204] Erst recht war § 6 AbzG anwendbar, wenn nicht nur der Lieferant dem Leasingnehmer die Möglichkeit eines Erwerbes des Leasinggutes von ihm zusagt, sondern der Leasinggeber dem Lieferanten hierzu ein Rückkaufsrecht einräumt.[205] Zwar stellt sich das Problem der Umgehung des AbzG nicht mehr, jedoch sind die Grundüberlegungen der Entscheidungen auf vergleichbare Aussagen oder Vereinbarungen des Lieferanten übertragbar.

669

Haben Leasingnehmer und Lieferant eine **Nebenabrede** getroffen, die dem Leasinggeber unbekannt ist, so muss sich der Leasinggeber diese dennoch grundsätzlich im Rahmen eines Anspruchs wegen c. i. c. zurechnen lassen.[206] Ist diese Nebenabrede unwirksam, so kann sich der Leasingnehmer nicht ohne weiteres deshalb vom Leasingvertrag lösen, sondern nur verlangen, im Wege des Schadensersatzes so gestellt zu werden, wie er bei Geltung der Nebenabrede stünde.[207] Entscheidend ist hier, ob der Leasingnehmer darauf vertrauen durfte, dass das Verhandlungsergebnis zwischen ihm und dem Lieferanten auch dem Leasingvertrag mit dem Leasinggeber zugrunde gelegt wird.

Erklärt der vom Leasinggeber mit der Vorbereitung eines Leasingvertrages betraute Lieferant oder dessen Vertreter dem Leasingnehmer entgegen dem schriftlichen Vertragsinhalt, nach Ablauf der Vertragszeit könne die

---

[200] BGH, Urteil vom 3. 7. 1985, a. a. O., NJW 1985, 2258.
[201] Graf v. Westphalen, Leasingvertrag, Rn. 297, 313.
[202] OLG Düsseldorf, Urteil vom 23. 5. 1991 – 10 U 194/90, BB 1991, 1734 = CR 1992, 25.
[203] Vgl. näher BGH, WM 1988, 1122, 1123ff.
[204] BGH, Urteil vom 29. 11. 1989 – VIII ZR 323/88, BB 1990, 232; zum Verhältnis von Eigentumsvorbehalt und Sale-and-lease-back s. BGH, NJW 1988, 1774.
[205] BGH, Urteil vom 15. 6. 1988 – VIII ZR 316/87, CR 1989, 278.
[206] BGHZ 95, 170ff.
[207] OLG Frankfurt/Main, Urteil vom 9. 3. 1990 – 5 U 72/87, CR 1990, 508.

Leasingsache käuflich erworben werden, so kann der Leasinggeber nach § 278 BGB zum Schadensersatz verpflichtet sein.[208]

670 Wird zwischen Lieferant und Leasingnehmer die Lieferung von Hardware und Standardsoftware sowie die **Erstellung eines Individualprogramms** vereinbart und soll der Leasingnehmer bei Misslingen des Individualprogramms das Gerät nicht behalten müssen, so kann darin die Vereinbarung eines fristlosen und ausgleichsfreien Kündigungsrechts liegen, sofern der Computer bis zum Zeitpunkt der Fertigstellung der Individualsoftware jedenfalls schon mit der Standardsoftware betrieben worden ist. Die Unbrauchbarkeit des Individualprogramms befreit den Leasingnehmer in diesem Fall nicht von Ansprüchen des Leasinggebers nach § 557 Abs. 1 BGB, wenn er kündigt, aber die Hardware trotz Aufforderung des Leasinggebers nicht herausgibt.[209] Ebenso steht der Leasinggeber dafür ein, dass der Lieferant dem Leasingnehmer eine EDV-Anlage und Anwendungsprogramme als **zusammengehörig anbietet**, aber nur die Anlage über den Leasinggeber geliefert wird. Der Leasinggeber muss sich die Zusammengehörigkeit der Leasingsache entgegenhalten lassen.[210] Die Klausel, der zufolge der Leasingnehmer die Möglichkeit hat, einen **Dritten zu benennen**, der die Leasingsache nach Vertragsablauf zum Marktpreis erwerben kann, begründet kein Recht des Leasingnehmers zum Eigentumserwerb.[211]

Sagt der Lieferant dem Leasingnehmer schriftlich zu, dass er auf Wunsch des Leasingnehmers während der Laufzeit des Leasingvertrages die EDV-Anlage gegen eine **modernere** mit größerer Speicherkapazität unter Anpassung des Mietpreises **austauschen** wird, und wird dieses Schreiben zum Bestandteil des Leasingvertrages gemacht, so wird dadurch in erster Linie der Lieferant verpflichtet. Verweigert der Lieferant den Umtausch oder ist der Anspruch wegen Konkurses des Lieferanten nicht mehr durchsetzbar, hat der Leasingnehmer gegen den Leasinggeber weder einen Anspruch auf Umtausch des Leasinggegenstandes noch ein Recht auf vorzeitige Kündigung des Leasingvertrages.[212]

671 Eine **arglistige Täuschung** über den Inhalt des Leasingvertrages durch den Lieferanten gegenüber dem Leasingnehmer ist haftungsmäßig dem

---

[208] BGH, Urteil vom 4. 11. 1987 – VIII ZR 313/86, WM 1988, 84.
[209] OLG Frankfurt, CR 1990, 508.
[210] OLG Stuttgart, Urteil vom 24. 2. 1987 – 6 U 150/86, IuR 1988, 453.
[211] BGH, Urteil vom 30. 5. 1990 – VIII ZR 233/89, ZIP 1990, 1136.
[212] OLG Frankfurt/Main, Urteil vom 22. 10. 1985 – 5 U 56/84, NJW 1986, 2509.

Leasinggeber zuzurechnen; der Lieferant ist nicht Dritter im Sinne von § 123 Abs. 2 BGB.[213] Die Rechtsstellung des Lieferanten als Verhandlungsgehilfe des Leasinggebers bei vorvertraglichen Auskunfts- und Sorgfaltspflichten **endet** regelmäßig mit dem Abschluss des Leasingvertrages und lebt auch nicht dadurch wieder auf, dass der Lieferant ohne Auftrag des Leasinggebers gegenüber einem am Vertragseintritt als Leasingnehmer Interessierten Auskunft über den Vertragsinhalt erteilt.[214] Freilich ist der Lieferant bei der Erfüllung seines Liefervertrages haftungsbegründend Erfüllungsgehilfe des Leasinggebers.

Ersatzfähig ist der **Schaden**, den der Leasingnehmer durch Verletzung der   672 dem Lieferanten obliegenden Pflichten (etwa Hinweis-, Beratungs- oder Aufklärungspflichten) bei Vorbereitung/Anbahnung oder Durchführung des Vertrages erlitten hat.[215] Hätte der Leasingnehmer bei ordnungsgemäßer Erfüllung dieser Pflichten den Leasingvertrag nicht abgeschlossen, ist der Leasingnehmer von den Vertragspflichten freizustellen. Sagte der Lieferant dem Leasingnehmer verbindlich zu, einen bestehenden Leasingvertrag abzulösen, kommt er dieser Verpflichtung aber nicht nach, kann der Leasingnehmer den neu abgeschlossenen Leasingvertrag wegen Wegfalls der Geschäftsgrundlage kündigen.[216]

Auch zwischen Kaufleuten ist ein formularmäßiger **Ausschluss der Haf-**   673 **tung (Haftungsfreizeichnung)** für grob fahrlässige Vertragsverletzungen (§ 11 Nr. 7 AGBG) durch den Erfüllungsgehilfen unwirksam.[217] Ausschluss für Vorsatzhaftung verbietet bereits § 276 Abs. 2 BGB. Unwirksam ist auch die Freizeichnung von der **Haftung aus leicht fahrlässiger Verletzung** von Sorgfalts-, Aufklärungs- und Hinweispflichten gegenüber Kaufleuten, wie Nichtkaufleuten, jedoch nur, wenn jene Pflichten vertragswesentlich sind und das Lieferantenverhalten dem Leasinggeber zuzurechnen ist.[218] Auch für **vorvertragliches Verschulden** des Erfüllungsgehilfen kann sich der Leasinggeber in seinen AGB **nicht freizeich-**

---

[213] BGH, Urteil vom 28. 9. 1988 – VIII ZR 160/87, DB 1988, 2508 = BB 1988, 2273 (Serviceleistungen als vermeintlicher Teil des Leasingvertrages); s. auch OLG Frankfurt/Main, Urteil vom 24. 4. 1979 – 5 U 147/78, DV-R 2, 127; OLG Hamm, DV-R 2, 144.
[214] BGH, Urteil vom 31. 5. 1989 – VIII ZR 97/88, NJW 1989, 1140.
[215] BGH, WM 1985, 906, 909.
[216] OLG Düsseldorf, BB 1988, 1915.
[217] LG Frankfurt/Main, Urteil vom 24. 9. 1980 – 3/13063/79, DV-R 1, 120.
[218] BGH, NJW 1985, 2258.

nen.[219] Wohl kann sich der Leasinggeber aber im vertraglichen Innenverhältnis vom Lieferanten von der Haftung freistellen lassen. Die **Haftung des Leasinggebers entsteht gar nicht erst**, wenn sie zwischen Lieferant und Leasinggeber ausgeschlossen wird. Dies ist etwa der Fall, wenn Lieferant und Leasingnehmer eine **Sondervereinbarung** treffen und hier nun bestimmen, dass sie den Leasinggeber nicht binden soll. Hier wird der Lieferant eigenständig verpflichtet, der Leasinggeber muss insoweit nicht einstehen. Für den Bereich der Sondervereinbarung tritt der Lieferant nicht als Erfüllungsgehilfe des Leasinggebers auf. Deshalb scheidet auch eine mögliche Haftung des Leasinggebers aus schuldhafter Verletzung von Aufklärungs- und Hinweispflichten aus.[220] Eine mögliche **eigene Haftung des Lieferanten** aus Aufklärungs- oder Beratungsverschulden bleibt unberührt. Es wird sogar im Einzelfall zu prüfen sein, ob und inwieweit der Lieferant den Leasingnehmer über die Auswirkungen der Sondervereinbarung auf den Leasingvertrag aufgeklärt hat. In Konsequenz hieraus haftet der Leasinggeber etwa dann nach § 278 BGB auf Schadensersatz, wenn der Lieferant entgegen dem schriftlichen Vertragsinhalt dem Leasingnehmer erklärt, dieser könne nach Vertragsablauf die Leasingsache käuflich erwerben,[221] oder wenn er in Lieferverzug gerät[222].

Möglich ist aber auch die Konstellation, in der der Leasinggeber nach Vertragsabschluss in die Vertragsbeziehung eintritt. Der **Leasinggeber übernimmt** hier den **bestehenden Vertrag**.[223] Die Folge hieraus ist, dass der Lieferant bei Anbahnung und Abschluss des Erwerbsvertrages nicht als Erfüllungsgehilfe des Leasinggebers auftreten kann, sondern voll selbst und allein gegenüber dem Leasingnehmer als Käufer haftet.

---

[219] BGH, Urteil vom 3. 7. 1985 – VIII ZR 102/84, ZIP 1985, 935; in dem dem Urteil vom 3. 7. 1985 zugrunde liegenden Sachverhalt war durch den vom Lieferanten vermittelten Abschluss des Leasingvertrages das zwischen Kunden und Lieferanten vorher vereinbarte „qualifizierte Rücktrittsrecht" (für den Fall, dass die ebenfalls vom Lieferanten zu implementierende Software auf der Hardware nicht ordnungsgemäß lief) ersatzlos entfallen. Der Leasinggeber haftete für dieses Unterlassen des Lieferanten, weil er diesem die Vordrucke der Leasingverträge überlassen hatte und dem Leasinggeber deshalb die lieferantenseitigen Vorbereitungen und Gespräche zuzurechnen waren. Ähnlich entschied der BGH im Urteil vom 4. 11. 1987, NJW 1988, 241 (für die Erklärung des Lieferanten als Erfüllungsgehilfen, nach Vertragsabschluss könne der Leasingnehmer die Leasingsache käuflich erwerben). – Anders wäre zu urteilen gewesen, wenn keine Verbindung zwischen Lieferant und Leasinggeber bestanden hätte (in der EDV-Praxis wohl eher die Ausnahme) und sich der Kunde die Leasingfinanzierung auf eigene Initiative besorgt. In diesem Sinne bereits OLG Hamm, Urteil vom 2. 12. 1982 – 2 U 131/82, DV-R 2, 145 für eine arglistige Täuschung des Kunden durch den Lieferanten.
[220] OLG Düsseldorf, Urteil vom 9. 11. 1989 – 10 U 36/89, BB 1990, 167 ff.
[221] BGH, Urteil vom 4. 11. 1987 – VIII ZR 313/86, CR 1988, 120, 123.
[222] Siehe näher Marly, Verträge, Rn. 193.
[223] BGH, WM 1986, 163 f.

Die in Leasingverträgen üblicherweise vereinbarte **Übernahmebestäti-** 674
gung stellt kein Schuldanerkenntnis (§ 781 BGB) dar, sondern bürdet dem
Leasingnehmer nur die **Beweislast** für die von ihm behauptete Unrichtigkeit der Erklärung auf (§§ 368, 363 BGB).[224] Jedoch liegt jedenfalls dann
eine Abnahmeerklärung vor, wenn der Leasingnehmer die Übernahmebestätigung für den Leasinggeber auf eine Vorführung hin unterzeichnet.
Insoweit kann eine Abnahme mit Wirkung des Fälligwerdens des Vergütungsanspruchs gemäß § 641 Abs. 1 Satz 1 BGB erfolgt sein. Dies gilt
auch dann, wenn die Erklärung ihrem sonstigen Inhalt nach nicht für einen
Werkvertrag, sondern für einen Leasingvertrag bestimmt war.[225] Auch bei
Verweigerung der Bestätigung bleiben die Leasingraten geschuldet.[226] Die
Verweigerung kann treuwidrig sein.[227]

Eine von einem Leasinggeber verwendete Bestimmung in einem formu- 675
larmäßigen „Kaufauftrag", der zufolge der **Leasinggeber** von allen **Ver-**
pflichtungen frei bleibt, solange die Übernahmebestätigung für die vom
Lieferanten zu erbringende **Leistung nicht** vorliegt, ist nicht als Vereinbarung einer Bedingung (§ 158 BGB) für die Wirksamkeit des Kaufvertrages
auszulegen, sondern nur als Abrede einer Vorleistungspflicht des Lieferanten und als Fälligkeitsregelung für die Kaufpreiszahlung. Der Leasinggeber hat hier keinen Anspruch auf eine Übernahmebestätigung gerade mit
dem von ihm vorformulierten Text, wenn der Leasingnehmer die Übernahme des Leasinggegenstandes und die Vertragsmäßigkeit der Lieferung
in anderer Form schriftlich bestätigt.[228]

Eine Bestimmung in AGB eines Leasinggebers, durch die bei Abgabe
einer unrichtigen Übernahmebestätigung des Leasingnehmers dessen
unbedingte, nur durch erfolgreiche Inanspruchnahme des Lieferanten
abzuändernde Zahlungspflicht für die Leasingraten begründet werden soll,
benachteiligt den Leasingnehmer unangemessen.[229] Der Leasingnehmer,
der nur einen Teil des Leasinggutes erhalten hat, jedoch den **Empfang der**
vollständigen Vertragsleistung auf einem vom Leasinggeber vorformulierten und vom Lieferanten ihm zur Unterschrift vorgelegten Formular
bescheinigt, kann sich wegen mangelnder Wahrung der Interessen des
Leasinggebers schadensersatzpflichtig machen, wenn der Leasinggeber

---

[224] BGH, NJW 1988, 204.
[225] LG Bad Kreuznach, Urteil vom 9. 6. 1982 – 2 O 83/81, DV-R 3, 148.
[226] OLG Köln, Urteil vom 31. 1. 1992 – 19 U 249/91, BB, Beil. 14, 1992, 7.
[227] LG München I, Urteil vom 18. 2. 1993 – 7 O 14424/91, CR 1994, 32.
[228] BGH, Urteil vom 17. 2. 1993 – VIII ZR 37/92, NJW 1993, 1381 in Fortführung von BGH, NJW
1984, 2034.
[229] BGH, Urteil vom 1. 7. 1987 – VIII ZR 117/86, NJW 1988, 204.

infolge der daraufhin geleisteten Zahlung des Kaufpreises einen Schaden erleidet.[230] Dem Leasinggeber kann ein Mitverschulden zur Last fallen, soweit er oder der für ihn als Erfüllungsgehilfe handelnde Lieferant die Unrichtigkeit kannte oder kennen musste.[231]

676 Im Einzelfall kann dem **Leasinggeber** eine **Pflicht** obliegen, den **Leasingnehmer über** die besonderen **Risiken des Leasingvertrages aufzuklären,** wenn dem Leasinggeber erkennbar ist, dass sich der Leasingnehmer falsche Vorstellungen über Art, Inhalt oder Bedeutung des Leasingvertrages oder einzelne Vorvertragspunkte macht und diese falschen Vorstellungen für die Entscheidung des Leasingnehmers über den Abschluss des Vertrages maßgeblich sind.[232] Freilich darf der Leasinggeber hierbei keine unzulässige Rechtsberatung entfalten.

Der Leasinggeber ist nicht verpflichtet, den – auch nichtkaufmännischen – Kunden über Inhalt und **wirtschaftliche Folgen** des Leasingvertrages aufzuklären.[233] Jedoch steht der Leasinggeber generell für die ordnungsgemäße Erfüllung von Sorgfalts-, Aufklärungs- und Hinweispflichten des Lieferanten ein, soweit dieser als sein Erfüllungsgehilfe auftritt, allerdings nicht, wenn der Leasinggeber erst in den bereits zwischen Kunden und Lieferanten abgeschlossenen Erwerbsvertrag eintritt.

677 Wird bei einem auf Teilamortisation angelegten Leasingvertrag im Falle vorzeitiger Beendigung (hier: Kündigung seitens des Leasingnehmers) durch eine entsprechende Abrechnungsklausel (hier: Abschlusszahlung unter Berücksichtigung eines etwaigen Verwertungserlöses) das volle **Risiko eines Wertverlustes** des Leasinggutes allein auf den Leasingnehmer abgewälzt, so stellt diese Entgeltabrede ein wesentliches Merkmal des Leasingvertrages dar, über das der Leasinggeber den Leasingnehmer unmissverständlich belehren muss. Ein Hinweis innerhalb der Kündigungsbestimmungen der Leasingbedingungen genügt nicht.[234]

Übersicht

In seinen AGB nicht abbedingen kann der Leasinggeber:
– Schadensersatzansprüche des Leasingnehmers bei Lieferantenverzug (Verstoß gegen §§ 11 Nr. 8 oder 9 Abs. 2 Nr. 1 AGBG)[235],

---

[230] OLG Bremen, Urteil vom 17. 1. 1989 – 3 U 10/88, CR 1989, 802.
[231] BGH, Urteil vom 1. 7. 1987, a. a. O., NJW 1988, 204.
[232] BGH, WM 1987, 627, 629.
[233] BGH, WM 1987, 627, 629.
[234] LG Frankfurt/Main, Urteil vom 6. 5. 1985 – 2/24 S 319/84, NJW-RR 1986, 148.
[235] Siehe näher Marly, Verträge, Rn. 193.

- das Recht des Leasingnehmers, sich durch Kündigung vom Vertrag zu lösen[236],
- seine Haftung für Dritte[237],
- Vorsatz und grobe Fahrlässigkeit (§ 11 Nr. 7 AGBG),
- leichte Fahrlässigkeit bezüglich der Sachverschaffungspflicht, da es sich insoweit um eine wesentliche Vertragspflicht handelt[238].

1.4.5 Leistungspflichten des Leasingnehmers

a) Zahlungspflichten

Der Leasingnehmer ist zur **regelmäßigen Zahlung der Leasingraten** ver-   678
pflichtet. Die Leasingraten sind für die Dauer der vereinbarten Vertragslaufzeit zu bezahlen. Sie sind mit Beginn der Nutzbarkeit des Leasinggegenstandes fällig. Dies setzt in der Regel **Einweisung und Funktionsprüfung** voraus. Leasingraten sind während der Grundmietzeit regelmäßig
betagte Forderungen.[239] Die betagte Forderung auf Zahlung sämtlicher
Leasingraten entsteht bereits mit Vertragsschluss, und zwar auch bei so
genanntem Operating Leasing.[240] Kein fixes Fälligkeitsdatum lässt sich oft
für die erste Rate angeben, die erst mit der (zeitlich nicht im Voraus genau
fixierbaren) Ausstellung der Abnahme- und Übernahmebestätigung fällig
wird.[241]

Wurde ein **Finanzierungsleasingvertrag** auf unbestimmte Zeit abgeschlossen und erfolgt keine Kündigung, ist der Leasingnehmer zur
Weiterzahlung der vereinbarten Leasingraten auch dann verpflichtet, wenn die nach dem Vertrag für die Kalkulation der Leasingra-

---

[236] LG Mannheim, BB 1985, 144f. (für § 9 Abs. 2 Nr. 1 AGBG); Wolf/Horn/Lindacher, § 11 Nr. 8 Rn. 11.
[237] Verstoß gegen § 9 Abs. 2 Nr. 1 (BGH, NJW 1985, 2258, 2261) bzw. § 11 Nr. 7 AGBG.
[238] BGH, ZIP 1994, 461, 465.
[239] BGH, Urteil vom 14. 12. 1989 – IV ZR 283/88, BB 1990, 307; BGH, Urteil vom 28. 3. 1990 – VIII ZR 17/89, NJW 1990, 1785. Erläuterung: Bei einer **betagten** Forderung ist die Geltendma-
chung ganz oder teilweise aufgeschoben; im vorliegenden Zusammenhang bedeutet dies, dass die jeweiligen Leasingraten erst in dem Monat vom Leasinggeber als Forderung geltend gemacht werden können, in welchem sie vereinbarungsgemäß fällig werden sollen.
[240] BGH, Urteil vom 28. 3. 1990 – VIII ZR 17/89, ZIP 1990, 646. Hat der Leasinggeber nach Auf-
fassung des VIII. Senats seinen Anspruch auf die künftig fälligen (betagten) Leasingraten im Wege der „Forfaitierung" an eine Refinanzierungsbank abgetreten, so braucht diese eine nach der Abtretung zwischen Leasinggeber und Leasingnehmer vereinbarte Abkürzung der Vertragslaufzeit oder eine Aufhebung des Leasingvertrages gemäß §§ 398, 407 BGB nicht gegen sich gelten zu lassen, wenn der Leasingnehmer bei Abschluss der Vereinbarung die Abtretung kennt.
[241] Graf v. Westphalen, Leasingvertrag, Rn. 77.

ten zugrunde gelegte Nutzungsdauer des Leasinggegenstandes abgelaufen ist[242].

Auch stellt die rechtzeitige Durchsetzung abgetretener Gewährleistungsansprüche selbst eine vertragliche Hauptpflicht des Kunden aus Leasingvertrag dar. Hierzu gehört nicht nur die Mängelmitteilung, sondern ggf. auch das rechtzeitige Einreichen eines Beweissicherungs- oder Klageantrages bei Gericht zwecks Durchsetzung der Gewährleistungsansprüche.

679 Haben sich Leasinggeber und Leasingnehmer in einem Finanzierungsleasingvertrag über Hardware und Software auf den Beginn der Vertragslaufzeit in Kenntnis dessen geeinigt, dass Teile der Software noch nicht in vertragsgemäßem Zustand, jedoch noch nachzuliefern sind (**Teillieferung**), ist der Anspruch des Leasinggebers auf Zahlung der Leasingraten zunächst in voller Höhe fällig. Jedoch kann dem Leasingnehmer die Einrede des nichterfüllten Vertrages gemäß § 320 BGB von dem Zeitpunkt an zustehen, an dem die Lieferung der fehlenden, für die Vertragserfüllung wesentlichen Teile der Software vereinbarungsgemäß zu erbringen war.[243]

680 Zwar ist im Grundsatz ein berechtigtes Interesse des Leasinggebers gegeben, das Risiko einer Veränderung der Refinanzierungsbedingungen zwischen Abschluss des Mietvertrages und späterer Anschaffung des Leasinggutes durch eine Vertragsklausel über die Anpassung der Leasingraten – **Preisanpassung** – aufzufangen, jedoch ist folgende AGB-Klausel **unwirksam**:

„Bei einer Veränderung der Verhältnisse am Geld- und Kapitalmarkt, z. B. bei Änderung des Diskontsatzes der Deutschen Bundesbank bis zur Bezahlung des Mietgegenstandes, behält sich der Vermieter eine Anpassung des Mietpreises vor. Dieser Mietpreis bleibt dann die gesamte Laufzeit des jeweiligen Mietvertrages unverändert."

Die Klausel gibt nur dem Leasinggeber, nicht aber dem Leasingnehmer eine rechtliche Handhabe zur Anpassung des Leasingvertrages und konkretisiert und beschränkt die Erhöhungsbefugnis außerdem nicht so, dass von vornherein das Ausmaß der möglichen Erhöhung in ein angemessenes Verhältnis zu der eingetretenen Änderung gestellt wird.[244]

---

[242] BGH, Urteil vom 8. 11. 1989 – VIII ZR 1/89, DB 1990, 234 f. Der Senat sah in der Verpflichtung des Leasingnehmers, höhere Leasingraten, als nach eingetretener Amortisation betriebswirtschaftlich und steuerrechtlich angemessen, zahlen zu müssen, keine unangemessene Benachteiligung im Sinne von § 9 Abs. 1 AGBG.
[243] BGH, Urteil vom 29. 5. 1991 – VIII ZR 125/90, WM 1991, 1416.
[244] OLG Frankfurt/Main, Urteil vom 14. 5. 1985 – 5 U 210/84, NJW-RR 1986, 671.

Allgemein müssen Preisanpassungsklauseln, um wirksam zu sein, die Interessen des Leasingnehmers angemessen berücksichtigen[245] und transparent sein.

Der Leasingnehmer hat weiter die **Nebenpflicht**, die Leasingsache mit der 681 Sorgfalt eines Mieters gegenüber der Mietsache zu behandeln. Hierzu gehört, dass er den Leasinggeber auf Leistungsstörungen hinweist, für die der Leasinggeber dem Leasingnehmer keine Ansprüche abgetreten hat (so z. B. aus positiver Vertragsverletzung, s. hierzu Rn. 1100).

Ein formularmäßiges **Verbot** gegenüber dem Leasingnehmer, das **Leasingobjekt unterzuvermieten**, stellt auch als im Leasingvertrag antizipierte Erlaubnisverweigerung seitens des Leasinggebers **keinen Verstoß** gegen § 9 AGBG dar.[246]

Die **Leasingsache ist** bei Vertragsende vom Leasingnehmer dem Leasing- 682 geber **zurückzugeben (Bringschuld**[247]**)**. Der Leasingnehmer kann jedoch nicht in AGB verpflichtet werden, auf eigene Gefahr und Kosten die Leasingsache an einen vom Leasinggeber beliebig bestimmten Ort zu bringen.[248]

b) Erstellung einer Übernahmebestätigung

Leasingtypisch hat der Leasingnehmer die Übernahme des Leasinggegen- 683 standes zu bestätigen. Die mit dieser Übernahme verbundene Prüfung entspricht gleichzeitig der Untersuchung, die der Leasinggeber als kaufmännischer Vertragspartner des Lieferanten aus dem Erwerbsvertrag mit diesem nach §§ 377, 378 HGB durchzuführen hat. Die an den Leasinggeber gerichtete Übernahmebestätigung stellt nicht notwendig auch eine Abnahmeerklärung gegenüber dem Lieferanten dar[249], ebenso kein Schuldanerkenntnis (s. unten Rn. 686) und keine Genehmigung als fehlerfrei.[250]

Eine vom Leasinggeber verwendete Bestimmung in einem formularmäßigen „Kaufauftrag", demzufolge der Leasinggeber von allen Verpflichtungen frei bleibt, solange eine Übernahmebestätigung für die vom Lieferanten zu erbringende Leistung nicht vorliegt, ist nicht als Vereinbarung einer

---

[245] BGH, ZIP 1994, 461, 466, wobei es der Leasinggeber ist, der grundsätzlich das Refinanzierungsrisiko trägt (Graf v. Westphalen, Leasingvertrag, Rn. 81), so dass Erhöhungen von Refinanzierungssätzen nicht grundsätzlich auf den Leasingnehmer überlastet werden können.
[246] BGH, Urteil vom 4. 7. 1990 – VIII ZR 288/89, BB 1990, 1796 = ZIP 1990, 1133.
[247] OLG Düsseldorf, NJW-RR 1994, 1337; zur Bringschuld s. Rn. 128.
[248] Verstoß gegen § 9 Abs. 2 Nr. 1 AGBG (Graf v. Westphalen, Leasingvertrag, Rn. 172).
[249] OLG Stuttgart, Urteil vom 1. 10. 1986 – 4 U 187/85, Zahrnt [90c], 231, 233ff.
[250] BGH, Urteil vom 27. 6. 1990 – VIII ZR 72/89, CR 1990, 718 = DB 1990, 2016.

Bedingung (§ 158 BGB) für die Wirksamkeit des Kaufvertrages auszulegen, sondern nur als **Abrede einer Vorleistungspflicht** des Lieferanten
und als Fälligkeitsregel für die Kaufpreiszahlung. Der Leasinggeber hat
keinen Anspruch auf eine Übernahmebestätigung gerade mit dem von ihm
vorformulierten Text, wenn der Leasingnehmer die Übernahme des Leasinggegenstandes und die Vertragsmäßigkeit der Lieferung in anderer
Form schriftlich bestätigt.[251]

684 Der Leasingnehmer führt diese Untersuchung aus der entsprechenden lea-
singvertraglichen Verpflichtung als Erfüllungsgeschäft des Leasinggebers
mit Wirkung gegenüber dem Lieferanten durch.[252] Man muss also sorgfältig zwischen der Vertragsebene Leasinggeber/Lieferant (Kauf- oder Werkvertragsrecht) und der Ebene Leasinggeber/Leasingnehmer (Leasingvertrag grundsätzlich nach Mietrecht) unterscheiden. Die Notwendigkeit
einer Übernahmeprüfung und -bestätigung auf leasingvertraglicher Ebene
ergibt sich aus der erwerbsvertraglichen Grundlage im Kauf- oder Werkvertragsrecht. Im Falle des Herstellerleasing ist eine solche Übernahmeprüfung und -bestätigung nicht notwendig. Dies bedeutet freilich nicht,
dass dem Leasingnehmer „ohne besondere Abrede" nun doch kaufmännische Untersuchungs- und Rügepflichten auferlegt werden[253], die ihn auch
bei direktem Erwerb vom Lieferanten wegen § 11 Nr. 10 Buchst. e AGBG
nicht träfen.

Der Lieferant muss seinerseits als Erfüllungsgehilfe des Leasinggebers
den Leasingnehmer auf die Notwendigkeit einer deutlichen Einschränkung der Erklärung hinweisen, wenn ihm bekannt ist, dass die Lieferung
des Leasinggutes unvollständig und damit nicht vertragsgemäß ist.[254] Der
Lieferant handelt ersichtlich nicht als Erfüllungsgehilfe des Leasinggebers, wenn er mit dem Leasingnehmer einen Beratervertrag abschließt,
selbst wenn das Honorar vertragsgemäß mit den Leasingraten übereinstimmt.[255]

Eine von einem Leasinggeber verwendete Bestimmung in einem formularmäßigen „Kaufauftrag", der zufolge der Leasinggeber von allen Verpflichtungen frei bleibt, solange die Übernahmebestätigung für die vom
Lieferanten zu erbringende Leistung nicht vorliegt, ist nicht als Vereinba-

---

[251] BGH, Urteil vom 17. 2. 1993 – VIII ZR 37/92, CR 1993, 491 (in Fortführung von BGHZ 99, 302).
[252] BGH, Urteil vom 24. 1. 1990 – VIII ZR 22/89, WM 1990, 510, 513 = DB 1990, 625 = ZIP 1990, 650.
[253] BGH, Urteil vom 24. 1. 1990, a. a. O., 514.
[254] BGH, WM 1987, 1131, 1134.
[255] OLG Hamm, Urteil vom 22. 11. 1993 – 31 U 227/92, CR 1994, 146.

rung einer Bedingung (§ 158 BGB) für die Wirksamkeit des Kaufvertrages auszulegen, sondern nur als Abrede einer Vorleistungspflicht des Lieferanten und als Fälligkeitsregelung für die Kaufpreiszahlung. Der Leasinggeber hat keinen Anspruch auf eine Übernahmebestätigung gerade mit dem von ihm vorformulierten Text, wenn der Leasingnehmer die Übernahme des Leasinggegenstandes und die Vertragsmäßigkeit der Lieferung in anderer Form schriftlich bestätigt.[256]

Der Leasingnehmer wird, wie ausgeführt, als **Erfüllungsgehilfe** des Leasinggebers tätig. Die Rechtswirkungen der Übernahmebestätigung (s. Rn. 686) und Mängelrüge treten für und gegen den Leasinggeber ein. Der **Leasinggeber** bleibt im Verhältnis zum Lieferanten auch dann untersuchungs- und rügepflichtig, wenn sein Kunde, also der Leasingnehmer, Nichtkaufmann ist. Dieser Umstand darf nämlich nicht zu Lasten des Lieferanten gehen.[257] Der **Lieferant muss** seinerseits als Erfüllungsgehilfe des Leasinggebers den Leasingnehmer **auf** die Notwendigkeit einer deutlichen **Einschränkung der Erklärung hinweisen**, wenn ihm bekannt ist, dass die Lieferung des Leasinggutes unvollständig und damit nicht vertragsgemäß ist[258]. 685

Erfüllt der Lieferant nicht vollständig, kann der Leasingnehmer gegenüber dem Leasinggeber die Einrede des nicht erfüllten Vertrages (§ 320 BGB) erheben.[259] Dies gilt auch bei Nichtlieferung der Dokumentation.[260] Nichterfüllungsansprüche kann aber nicht der Leasingnehmer, sondern nur der Leasinggeber gegenüber dem Lieferanten geltend machen, es sei denn, auch diese Ansprüche sind getrennt zediert worden.[261] Andernfalls stehen dem Leasingnehmer Nichterfüllungsansprüche unmittelbar gegenüber dem Leasinggeber zu (§ 326 BGB, Schadenseratz wegen Nichterfüllung). Der Leasingnehmer kann aber auch gegenüber dem Leasinggeber (nicht: dem Lieferanten![262]) den Leasingvertrag wegen Nichtlieferung des Handbuches fristlos kündigen[263].

---

[256] BGH, Urteil vom 17. 2. 1993 – VIII ZR 37/92, ZIP 1993, 436.
[257] BGH, Urteil vom 24. 1. 1990, a. a. O.
[258] BGH, WM 1987, 1131, 1134.
[259] BGH, WM 1989, 1574, 1577; NJW 1995, 187f.
[260] BGH, Urteil vom 4. 11. 1992 – VIII ZR 165/91, WM 1993, 111.
[261] Die Zulässigkeit einer solchen Zession bejahend (auch wenn dabei nicht die Eigentümerstellung übertragen wird), Graf v. Westphalen, Leasingvertrag, Rn. 64.
[262] Der Lieferant bzw. das Software-Haus als Verkäufer ist auch als Verhandlungsgehilfe des Leasinggebers (mangels besonderer Vereinbarung) nicht Empfangsbote des Leasinggebers (BGH, WM 1987, 1131, 1133).
[263] BGH, NJW 1993, 461f.

686 Die Übernahmebestätigung stellt **kein Schuldanerkenntnis** im Sinne von § 781 BGB dar, sondern bürdet als Empfangsquittung nur dem Leasingnehmer die Beweislast für die von ihm behauptete Unrichtigkeit der Erklärung auf (§§ 368, 369 BGB)[264], allerdings nur bezüglich der Hardware, wenn sich die Bestätigung nicht auf die Software bezieht[265].

687 Bestätigt der Käufer einer EDV-Anlage dem Verkäufer, dass er die Anlage in „ordnungsgemäßem, funktionstüchtigem und den vertraglichen Vereinbarungen entsprechendem Zustand übernommen" hat, bewirkt dies zwar eine Beweislastumkehr dahingehend, dass der Käufer die Unvollständigkeit zu beweisen hat, stellt aber **kein Anerkenntnis hinsichtlich der Vollständigkeit der Lieferung** dar.[266]

688 Gibt der Leasingnehmer die **Abnahmeerklärung unrichtig** ab, tritt zwar eine Beweislastumkehr ein,[267] doch kann der Leasingnehmer weiter den Beweis führen, dass die von ihm unterzeichnete Abnahme- und Übernahmebestätigung unrichtig ist und ihm ein Anspruch auf vollständige Lieferung des Leasinggutes zusteht[268]. Er kann jedoch Ersatzansprüchen des Leasinggebers (aus positiver Vertragsverletzung nach §§ 284ff. BGB) ausgesetzt sein, wenn dieser aufgrund der Bestätigung eine Zahlung an den Lieferanten durchführt[269].

Über die Erklärungsbedeutung nach § 368 BGB hinausgehende Wirkungen dürfen der Übernahmebestätigung über Formularverträge nicht beigemessen werden.[270] Unwirksam wäre die Vereinbarung der Wirkung eines Verzichtes auf die Einwendung, dass mangelhaft oder unvollständig geliefert worden sei (Verstoß gegen § 9 Abs. 2 Nr. 1 AGBG).[271] Die Übernahmebestätigung im Verhältnis Leasingnehmer/Leasinggeber darf auch nicht mit einer Erklärung des Leasingnehmers gegenüber dem Lieferanten gleichgesetzt werden.[272] Der Leasingnehmer ist nur für die (kaufrechtliche) Abnahme Erfüllungsgehilfe des Leasinggebers im Verhältnis zum Lieferanten, nicht aber Vertreter des Leasinggebers gegenüber dem Lieferanten bei der Bestätigungserstellung.[273]

---

[264] BGH, NJW 1995, 187f.; BGH, NJW 1993, 1381, 1383; BGH, NJW 1988, 187f.; OLG Düsseldorf, CR 1989, 908.
[265] BGH, NJW 1993, 461, 463.
[266] LG München I, Urteil vom 6. 4. 1995 – 7 O 25239/93, CR 1995, 741 (LS) = MRC 1996, 22.
[267] BGH, NJW 1989, 3222.
[268] BGH, WM 1989, 1574, 1576 (kein Berufen auf mangelnden Beginn seiner Mietzahlungspflicht, sondern allenfalls Einrede aus § 320 BGB).
[269] BGH, NJW 1988, 204, 207.
[270] Graf v. Westphalen, Leasing, Rn. 60.
[271] BGH, NJW 1988, 204, 206f.; NJW 1995, 187f.
[272] BGH, DB 1990, 2016f.
[273] Was für den Lieferanten erkennbar ist; BGH, DB 1990, 2016f.

Ist die Lieferung mangelhaft, steht dem Leasinggeber – oder bei Abtre-   689
tung dem Leasingnehmer – ein Nachlieferungsanspruch aus **Gattungskauf** (im Verhältnis Leasinggeber/Lieferant) zu (§ 480 Abs. 1 BGB).[274]
Der Leasingnehmer kann (und muss im Verhältnis zum Leasinggeber)
hieraus Lieferung einer mangelfreien Gattungssache erzwingen. Bei **Spe-
zieskauf** hat der Leasingnehmer Nichterfüllungsansprüche jedenfalls
dann, wenn feststeht, dass der Leasinggeber seine Leistung nicht mehr
erbringen kann oder er in Vermögensverfall geraten ist,[275] wobei sich der
Anspruch hier unmittelbar gegen den Leasinggeber richtet.

Der **Leasingnehmer** kann sich wegen mangelnder Wahrung der Interessen
des Leasinggebers **schadensersatzpflichtig** machen, wenn der Leasinggeber infolge der auf die unrichtige Abnahmeerklärung geleisteten Zahlung
des Kaufpreises einen Schaden erleidet[276].

c) Mängelrüge gegenüber Lieferanten

Mängel muss der Leasingnehmer dem Lieferanten bei Abtretung von   690
Gewährleistungsansprüchen unverzüglich mitteilen. Aus der Mängelanzeige muss der Lieferant entnehmen können, in welchem Punkt und in
welchem Umfang der Leasingnehmer mit dem Leasinggut nicht einverstanden ist.[277] Die Mängelrüge ist unmittelbar vom Leasingnehmer an den
Lieferanten zu richten.

d) Rückgabe der Leasingsache

Bei Beendigung des Leasingvertrages muss der Leasingnehmer die Lea-   691
singsache dem Leasinggeber zurückgeben.

1.5 Getrennter Erwerb von Hardware, Reparatur

Die nachfolgenden Ausführungen gehen zunächst auf die technisch-wirt-   692
schaftliche Leistungsbeschreibung ein (Abschn. 1.5.1), die wesentlich ist
für das anwendbare Recht (Abschn. 1.5.2). Aus beiden ergeben sich dann
die Leistungspflichten beider Vertragsparteien (Abschn. 1.5.3).

---

[274] Der Verkäufer darf die Lieferung einer neuen Sache aus der Gattung nicht von der Rücksendung
der mangelhaften Sache abhängig machen. Erfüllungsort ist Wohnsitz des Käufers; Pflicht zur
Rücksendung besteht nicht (OLG München, DV-R 3, 107).
[275] OLG Düsseldorf, Urteil vom 23. 3. 1989 – 10 U 86/88, CR 1989, 908f.
[276] BGH, WM 1987, 1975.
[277] BGH, WM 1978, 1052f.

1.5.1 Leistungsbeschreibung

693 Der kaufweise **Erwerb** reiner Hardware folgt zumeist als Ergänzung zu bereits vorhandenen Systemen. Eigenständige Verträge über den Erwerb von Hardware werden insbesondere über Rechnererweiterungen (z. B. Coprozessoren), Peripheriegeräte (z. B. Drucker, Streamer, Modems) oder Kommunikationshardware (besondere Rechner, Datenfernübertragungsleistungen etc.) geschlossen. Aus diesem Grund wird der kaufweise Hardware-Erwerb im vorliegenden Zusammenhang als abhängige Ergänzung zum übergreifenden Systemerwerb behandelt. Auch einzelne Hardware-Komponenten sind in getrennten Hardware-Scheinen genau zu spezifizieren.

Als Besonderheit ist zu vermerken, dass im Hardware-Schein die Übereinstimmung des Geräts in seinen Daten mit Schnittstellen und sonstigen Spezifikationen des bereits vorhandenen Systems fixiert werden sollte. Zu klären ist insbesondere, ob nur die bloße Lieferung von Hardware oder auch Installation, Herbeiführen der Betriebsbereitschaft und Einweisung vom Anbieter geschuldet sind.

Die **Reparatur** von Hardware folgt ebenfalls Werkvertragsrecht, wenn sie eigenständig beauftragt wird (etwa nach Ablauf der Gewährleistungsfrist oder hinsichtlich vom Kunden verursachter Defekte). Geschuldeter Erfolg ist die Beseitigung des Defektes bzw. das Wiederherstellen eines funktionsfähigen Zustandes oder einer definierten Mindestverfügbarkeit des Systems. Wie bei einem neuen Lieferauftrag muss auch der Reparaturauftrag hinsichtlich Leistungszeit, Abholung, Transport, Kosten, Gewährleistung und Haftung näher spezifiziert und vereinbart werden.

Soweit die Durchführung bestimmter Reparaturen auf einen definierten Zielzustand ausgerichtet ist (in der Regel also das Wiederherstellen der Funktionsfähigkeit), ist **Werkvertragsrecht** anwendbar. Hierzu gehören auch das Einrichten einer bestimmten Funktionalität (z. B. in einem Netzwerk) wie auch deren Wiederherstellung. Wird hingegen nach Weisung eine bestimmte Tätigkeit durchgeführt (z. B. Übernahme von Altdatenbeständen, soweit sie vom Auftraggeber bezeichnet werden), kann **Dienstvertragsrecht** anwendbar sein. Auch hier ist aber grundsätzlich vom Auftragnehmer eine qualifizierte Leistung nach dem Stand der Technik geschuldet. Eine Abweichung von diesem Leistungsstandard kann zumindest Verschulden indizieren. Außerdem sind Zwischenformen der Leistungserbringung dergestalt denkbar, dass der Auftraggeber zwar frei ist, welche Datenbestände er (etwa zur Konvertierung oder Rekonstruktion) bezeichnet, der Auftragnehmer jedoch eine format- bzw. normgerechte Konvertierung oder Rekonstruktion aller derart bezeichneten Daten schulden soll. In diesem Fall wird nicht Dienstvertrags-, sondern Werkvertragsrecht anwendbar sein, da der Auftraggeber hier nicht eine Dienstleistung einfach nur abruft, sondern den Umfang für eine geschuldete Werkleistung näher bezeichnet.

Zum Herbeiführen der Betriebsbereitschaft der Komponenten kann auch das **Anpassen** von entsprechenden „Schaltern" der Systemsoftware gehören. Hierzu muss sichergestellt sein, dass der Kunde aus dem Vertrag mit dem Software-Anbieter berechtigt ist, die Nutzung der fraglichen Systemsoftware entsprechend auszudehnen bzw. ausdehnen zu lassen. 694

Bei **Erwerb** einzelner **Festplatten** ist zu prüfen, ob es sich um ausdrücklich für Endkunden bestimmte Exemplare handelt (so genannte Retail-Versionen) oder um „OEM-Platten", die für PC-Hersteller zum Einbau in Rechner bestimmt und entsprechend gekennzeichnet sind. Werden diese OEM-Festplatten außerhalb der OEM-Vertragsbindung veräußert, besteht grundsätzlich keine herstellerseitige Garantieverpflichtung.

1.5.2 Anwendbares Recht

Wie bei dem Erwerb von Systemen kommt auch auf den Erwerb von Hardware **grundsätzlich Kaufrecht** zur Anwendung. Individuelle Anpassungsleistungen können hingegen Werkvertragsrecht unterliegen. Stellt sich heraus, dass diese Anpassungsleistungen den wesentlichen Teil der Anbieterleistung darstellen, kann auf diese Gesamtleistung Werkvertragsrecht zur Anwendung gelangen. 695

1.5.3 Leistungspflichten des Anbieters

Der Anbieter schuldet als Verkäufer Übergabe und Übereignung. Ihn können auch bei einzelnen Hardware-Komponenten **Nebenpflichten** zur Beratung, Installation und Einweisung treffen. 696

1.5.4 Leistungspflichten des Kunden

Der Kunde ist primär zur **Kaufpreiszahlung**, ergänzend zur **Abnahme der Kaufsache** und zur Mitwirkung verpflichtet. 697

1.6 Getrennter Erwerb von Software – Überlassung, Erstellung

Die folgenden Ausführungen behandeln den Erwerb von Software. Hierbei ist zunächst auf Überlassung von Software einzugehen (Abschn. 1.6.2), anschließend auf deren Erstellung (Abschn. 1.6.3). 698

699 **Unter „Software" versteht man** die Gesamtheit aus Programm und zugehöriger Dokumentation. Die Norm DIN 44 300 Nr. 40 definiert „Programm" als „eine zur Lösung einer Aufgabe vollständige Anweisung zusammen mit allen erforderlichen Vereinbarungen". Diese Definition ist zwangsläufig eher undifferenziert. Bestimmte Aspekte, z. B. die urheberrechtliche Beurteilung von so genannten Benutzeroberflächen, sind mit dieser Begriffsbestimmung nicht zu erfassen. Andererseits läuft das Bemühen um eine abschließende Definition um so mehr Gefahr zu veralten, je konkreter die Definition ausgestaltet wird. Soweit erforderlich, müssen deshalb im Vertrag für den jeweiligen Leistungsgegenstand projektspezifisch genauere Beschreibungen eingeführt werden.

700 Computerprogramme werden meist auf **Datenträger** und mit einer **Dokumentation** ausgeliefert. Zunehmend ist aber auch ein Online-Downloading möglich. Diese Dokumentation kann entweder nur eine Bedienungsanleitung oder auch eine eigenständige Entwicklungsdokumentation (s. Rn. 37) beinhalten.

1.6.1 Rechtsschutz von Software

Der Themenbereich des Rechtsschutzes von Software wird zwecks besserer Übersicht im eigenen Teil VI, Rn. 1473 ff., behandelt. Bedeutung hat dieser Rechtsschutz besonders im Hinblick auf die Nutzungsbefugnisse des Software-Anwenders.

1.6.2 Überlassung von Software

Checkliste: Software-Überlassung

Leistungsbeschreibung

– Sind alle vertragsrelevanten Programmfunktionen im Systemschein nachprüfbar beschrieben?
– Ist die erforderliche Systemumgebung eindeutig definiert?
– Führt der Anbieter eine ausreichend ausführliche Einweisung durch?
– Erfasst die Dokumentation alle Programmfunktionen?
– Wird ergänzende Beratung bei der Programmnutzung und eventuellen Programmerweiterung angeboten, etwa mittels Hotline?
– Welche Nutzung wird dem Kunden eingeräumt?
  • Nutzung auf einem Rechner,
  • gleichzeitige Nutzung auf mehreren Rechnern (Netzwerk) oder getrennten Rechnern,

- Nutzung im Host-Rechner,
- Befugnis zur Erstellung von Sicherungskopien,
- Befugnis, erstellte Programmkopien an Dritte weiterzugeben (z. B. Käufer des Systems oder der Firma des Kunden),
- Befugnis, den Quellcode aus dem übergebenen Objektcode rückzuentschlüsseln,
- Befugnis, den übergebenen oder rückentschlüsselten Quellcode zu ändern oder zu erweitern,
- Befugnis, das Programm mit anderen Programmen zu verbinden.

Überlassungsvergütung

- Ist die Software-Nutzung durch
- Einmalvergütung oder
- laufende Nutzungszahlungen
abzugelten?
- Ist mit zusätzlichen Kosten zu rechnen für
- Installation,
- Einweisung,
- eventuelle Anpassung einzelner Programmfunktionen?

Leistungsmodalitäten

Erfolgt die Programmlieferung
- mittels Datenfernübertragung oder
- durch Übergabe des Programms auf Datenträger?

In beiden Fällen muss eine Dokumentation übergeben oder zum Ausdruck überspielt werden.

Verzug

- Welche Schäden können bei Verzögerungen der Lieferung, der Installation des Lauffähigmachens des Programms oder der Einweisung in das Programm auftreten?
- Ist die Ersatzpflicht des Anbieters vertraglich gesichert?

Gewährleistung

- Beginnt die Gewährleistungsfrist erst mit erfolgreichem Abschluss der zu vereinbarenden Funktionsprüfung?
- Wird die Gewährleistung auf bestimmte Anwendungen, Laufeigenschaften oder Systemumgebungen eingeschränkt?

- Wird die Mindestfrist von sechs Monaten eingehalten?
- Ist eine Verlängerung der Gewährleistungsfrist auf 12 Monate möglich (wenn nicht ohnehin vorgesehen)?
- Besteht ein Anspruch des Kunden auf Mängelbeseitigung?
- Ist eine solche Mängelbeseitigung durch Einzelmaßnahmen am Quellcode oder nur durch allgemeinen Versionswechsel für alle Kunden möglich?

1.6.2.1 Begriff „Standardsoftware", Leistungsbeschreibung, Nutzungsbefugnisse des Kunden

701 Wird nicht die Erstellung, sondern allein die Überlassung von Software vereinbart, so betrifft eine derartige Vereinbarung in der Regel „fertige" Standardsoftware. Standardisierte Software kann man zusammen mit einer EDV-Anlage oder getrennt erwerben. Der erste Fall wird als Systemerwerb beschrieben (s. Rn. 539). Der zweite Fall wird in den folgenden Ausführungen erläutert.

702 „Individualsoftware" wird neu für einen einzelnen bestellenden Kunden erstellt, **„Standardsoftware"** hingegen in identischen Kopien an eine beliebige Anzahl von (kaufenden, mietenden, leasenden etc.) Kunden vertrieben. Hierbei kann es sich um dasselbe Programm handeln, das etwa zunächst für eine neue Anwendung und den Erstkunden entwickelt und dann als Branchenpaket oder als Massensoftware vertrieben wird.

Für den Kunden ist die Unterscheidung zwischen „Individualsoftware" und „Standardsoftware" als solche in der Praxis eigentlich nicht von zentraler Bedeutung. Ihm kommt es zumeist darauf an, dass die Software bestimmte Funktionen erfüllt. Auf Individualsoftware wird er allerdings nur zurückgreifen, wenn Standardlösungen für die von ihm benötigte Anwendung nicht am Markt vorhanden sind. Neuentwicklungen sind zudem regelmäßig wesentlich teurer und fehleranfälliger sowie weniger in vielfacher Anwendung bewährt. Ein gewisses Korrektiv ergibt sich aus dem Umstand, dass das auf Softwareentwicklungen anwendbare Werkvertragsrecht einen **gesetzlichen** (also nicht besonders vereinbarungsbedürftigen) **Nachbesserungsanspruch** gibt, auf den in der rechtlichen Literatur gewohnheitsmäßig hingewiesen wird. Gerade bei komplexen Entwicklungen sind freilich Nachbesserungen (oft in der Form von Fehlerumgehungen, so genannten bug fixes) nur mehr oder weniger Notlösungen und keineswegs immer in der erforderlichen Weise (wie das Programm selbst) qualitätsgesichert und dokumentiert. Standardsoftware kann der Kunde hingegen sofort und ausführlich in allen Funktionen testen.

Standardsoftware kann für reine Anwendungszwecke konzipiert sein
(z. B. Lagerverwaltungs- oder Finanzbuchhaltungssoftware) oder Funktionen bei der Systemsteuerung übernehmen (z. B. Betriebssysteme wie
UNIX oder WindowsNT, Treiberprogramme[278], Virenscanner etc.). Einige
Standardprogramme bieten die Möglichkeit, eigene kleine Routinen zu
schreiben (z. B. Makros oder Skripts), und stellen hierfür auch eigenständige Programmiersprachen zur Verfügung (z. B. Datenbankmanipula-
tionssprachen wie ABAP/4); dies steht ihrer technischen Natur als Standardsoftware nicht entgegen.

Zuweilen werden im Bereich des Konsumentenmarktes **alte Versionen**
von Software veräußert, teilweise sogar auf CD-ROM oder vergleichbaren
Datenträgern gesammelt und vertrieben. Da es sich nicht um „gebrauchte
Software" handelt, muss der Händler im Umfang der gesetzlichen
Gewährleistung auch hinsichtlich dieser älteren Versionen für die Mängelfreiheit einstehen. Allerdings kann nur der vertraglich unausgesetzte
Gebrauch auf dem technischen Stand der jeweiligen älteren Version Maßstab zur Mängelfeststellung sein, nicht der Stand der jeweils aktuellen Version. Die ältere Version ist, knapp gesagt, keine mangelhafte neue Version.

In der **Vertragspraxis** sollte der Kunde klären, ob er von der alten Version
aus auf die neue Version updateberechtigt ist. Dies kann kostengünstiger
als der Erwerb der neuen Version sein, es sei denn, der Anbieter hat eine
derartige Updatemöglichkeit in seinen Nutzungsbedingungen ausgeschlossen.

Testversionen (meist von Massenmarktsoftware) sind oft voll funktionale
oder in einigen Funktionen (z. B. Ausdruck) eingeschränkte Programmversionen, die nur für einen begrenzten Zeitraum genutzt werden dürfen
(etwa 30 oder 45 Tage), jedoch gegen eine bloße „Schutzgebühr" erhältlich sind. Meist muss dann (gegen Zahlung der Vergütung) die Vollversion
bestellt oder ein Passwort zum Freischalten der Funktionalität übermittelt
werden. Kaum Rechtsprechung existiert zur Gewährleistung für eine solche Testphase. Zahlt der Kunde keine volle Vergütung für diese Software
und erhält er zumal keine volle Funktionalität, liegt kein Kauf vor und
greift demzufolge auch nicht kaufrechtliche Gewährleistung ein. Dennoch
kann vertragliche Haftung bestehen, wenn die testweise vertriebene Software etwa virenverseucht war, Schäden am Kundensystem verursacht und
die Virenverseuchung anbieterseits hätte erkannt werden müssen. Gegen-

---

[278] Gehören zum Lieferumfang gemäß OLG Nürnberg, Urteil vom 20. 10. 1992 – 3 U 2087/92, CR
1993, 359.

über den Abnehmern bestimmt sich die Haftung hier aus positiver Vertragsverletzung, gegenüber geschädigten Dritten aus Deliktshaftung.

703 **Änderungen an Standardprogrammen** sind nicht oder nur in eingeschränktem Umfang möglich und üblich. Dies ergibt sich schon allein aus dem Umstand, dass Standardprogramme in der Regel im Objektcode ausgeliefert werden, der vom Anwender grundsätzlich nicht ohne besondere technische Anstrengungen rückentschlüsselt und in der Quellcode-Fassung verändert werden kann. Soweit aber der Hersteller Änderungen vornimmt, sind diese in der Benutzerdokumentation entsprechend zu erläutern und auch eventuelle Auswirkungen auf Fehlermeldungen zu berücksichtigen. Der Kunde ist grundsätzlich nur im Rahmen einer Vereinbarung zu Anpassungen befugt[279], wobei aus urheberrechtlicher Sicht der jeweilige bestimmungsgemäße Gebrauch in dieser gesonderten Vereinbarung oder jedenfalls im Überlassungsvertrag konkretisiert sein muss.

704 In der **Vertragspraxis** ist besondere Vorsicht geboten, wenn nicht ein Entwicklungshaus, sondern ein einzelner Händler anbietet, Änderungen an Standardprogrammen vorzunehmen. Der Kunde sollte hier sehr genau prüfen, ob die Fachkompetenz des Händlers für derartige Maßnahmen ausreicht. Er sollte außerdem sicherstellen, dass die Herstellergewährleistung durch diese Maßnahme nicht berührt wird. Dies sollte ebenfalls schriftlich vereinbart werden. Schließlich sollte schriftlich im Vertrag festgehalten werden, dass der Händler zu den jeweiligen Änderungen urheberrechtlich im Verhältnis zum Berechtigten (Softwarehaus) auch berechtigt ist. Vertriebslizenzen müssen keineswegs derartige Änderungsbefugnisse umfassen. Für eine restriktive Haltung können Anbieter nicht nur vertriebspolitische, sondern auch technische Gründe haben: Nimmt jeder Händler andere Änderungen vor, wird es für das Softwarehaus immer schwerer, mit einem einheitlichen Update bzw. einer Folgeversion auf die bei den Kunden vorhandenen Versionen aufzusetzen.

Rät der Anbieter des Kunden anzupassen, so setzt dieser Rat jedenfalls voraus, dass das Programm zumindest in seinem Konzept für den Betrieb des Kunden geeignet ist.[280]

705 Bei Standardprogrammen, die auf unterschiedlichen Systemen in unterschiedlich intensiver Nutzung eingesetzt werden können, schränken Software-Anbieter die zulässige vertragliche Nutzung in den meisten Fällen

---

[279] OLG München, Urteil vom 27. 10. 1987 – 13 U 2458/87, DV-R 4, 208, 210.
[280] LG Augsburg, Urteil vom 29. 11. 1984 – 1 HKO 3992/83, IuR 1986, 208. Zu entsprechenden Aufklärungs- und Beratungspflichten des Anbieters s. Rn. 200.

nicht unerheblich ein. Im Vordergrund stehen hier **Kopierverbote**: Diesen zufolge darf der Anwender Programme weder beliebig kopieren noch die erstellten Kopien an Dritte ohne oder gegen Vergütung weitergeben. Teilweise wird die Programmnutzung zusätzlich auch auf eine genau bezeichnete Anlage im Anwenderbetrieb beschränkt. (Zu den Nutzungseinschränkungen und ihrer Zulässigkeit s. näher Rn. 776.)

Für patentrechtliche Verträge und eingeschränkt für vertragliche Einschränkungen urheberrechtlicher Nutzungsrechte wurde das **Schriftformerfordernis** nach § 34 GWB als anwendbar angesehen, das ein eigenhändiges Unterschreiben gemäß § 126 Abs. 1 BGB durch die Vertragsparteien voraussetzt. Dies führte zwangsläufig bei dem Off-the-shelf-Verkauf von Software zu Problemen, da der Kunde hier keinerlei Unterschrift leisten muss, andererseits führt Verletzung des Formzwanges zur Nichtigkeit (!) des Vertrages. Mit der **6. Novellierung des GWB** ist freilich dieser Formzwang entfallen.[281]   **706**

Weiter gibt es neben den verschiedenen Software-Arten auch unterschiedliche **Nutzungsformen**. Zunächst ist hier an die Programmnutzung in einem engen technischen Sinn zu denken, d. h. den eigentlichen Programmeinsatz. Programme können etwa dazu dienen, eine Anlage oder andere Programme zu steuern. Sie lassen sich aber auch z. B. in technische Fertigungsprozesse integrieren. Programme kommen weiter für typische Zwecke des Anwenders zum Einsatz, wie Buchhaltung, Lagerverwaltung, CAD oder Gerätesteuerung. Eine andere Form der Nutzung liegt in der (u. U. selbst zeitlich begrenzten) Weiterüberlassung der Software an andere Anwender (Zweitkunden) durch Verleihen, Vermieten oder Veräußern. Beiden Vertragsparteien ist zu raten, jeweils gewünschte Nutzungseinschränkungen klar und abschließend zu definieren.   **707**

Meist vergibt der Anbieter als selbst ausschließlich Nutzungsberechtigter **nur einfache urheberrechtliche Nutzungsrechte** an Kunden. Anbieter sehen in ihren AGB nun oft vor, dass diese Rechte nicht auf Dritte weiterübertragen werden dürfen. Ein solches Verbot hindert den Kunden nicht nur (berechtigterweise) daran, beliebig (d. h. über die vertraglich vereinbarte Nutzung hinaus) Kopien zu erstellen und diese (in Konkurrenz zum Anbieter) zu vertreiben, sondern auch – bei Kauf unzulässig – daran, das überlassene Programmexemplar überhaupt Dritten zugänglich zu machen, und zwar auch in Fällen einer System- oder gar Unternehmensveräuße-   **708**

---

[281] Die Neufassung des GWB ist abgedruckt in: BGBl. I 1998 S. 2546; s. allgemein zur 6. Novelle Bechtold, NJW 1998, 2769.

rung. Ein solches Weitergabeverbot ist bei **Programmkauf** unwirksam (ausf. s. Rn. 766ff.). Der Kunde ist auch bei Einräumung eines einfachen Nutzungsrechts zur **Anpassung** eines von ihm eingesetzten Computerprogramms an seine betrieblichen Belange berechtigt, ohne dass hierin eine Verletzung des Urheberrechts des Anbieters liegt[282].

709 Da sich im Bereich der Software-Anwendung ein zunehmend differenzierteres Leistungsbild bietet, ist generell zur Klärung der beiderseitigen Positionen und zur Vermeidung von Rechtsstreitigkeiten eine **Leistungsbeschreibung** unabdingbar. Sie muss alle wesentlichen **Leistungselemente** umfassen, insbesondere
– die charakteristischen Programmfunktionen,
– die erlaubten Formen der Nutzung sowie
– die notwendigen Daten zur Leistungsdurchführung (z. B. Daten zur Systemlieferung).

Werden mehrere Programme angeboten, muss jedes getrennt spezifiziert werden. Mangels abweichender Vereinbarung muss der Anbieter die neueste Version der vereinbarten Software ohne gesonderte Vergütung zur Verfügung stellen (insbesondere dann, wenn er die Pflege auf die jeweils neueste Version beschränkt[283]). Existieren unter einer Bezeichnung zwei Versionen eines Software-Produktes auf dem Markt, ist im Zweifel davon auszugehen, dass eine Bestellung gemäß Preisliste der **neueren Version** gilt[284]. Gleiches gilt sinngemäß für Updates (als kleinere Programmänderungen).

710 Seine Überlassungspflicht hat der Anbieter nicht bereits dadurch erfüllt, dass er ein Programm auf den Massenspeicher im Rechner des Kunden kopiert, vielmehr muss er das **Programm** dem Kunden **auf selbständigem Datenträger übergeben**.[285] (Zur Installation s. näher Rn. 146.)

711 Verpflichtet sich ein Software-Lieferant, beim Vertragspartner vorhandene alte Programmversionen durch kostenlose Lieferung von Updates auf den neuesten Stand zu bringen, die neue Software zu warten (pflegen) und die Mitarbeiter des Vertragspartners auf dieser Software zu schulen, kann er weder für Wartung noch für Schulung das vereinbarte Entgelt verlangen,

---

[282] LG München I, Urteil vom 17. 2. 1987 – 21 O 7260/86, CR 1988, 379ff.
[283] OLG Köln, Urteil vom 2. 12. 1994 – 19 U 85/14, BB, Beil. 16, 1995, 5. Ähnlich LG Köln, a. a. O., 9.
[284] LG Köln, Urteil vom 28. 9. 1994 – 20 S 10/93, BB, Beil. 16, 1995, 9.
[285] LG Köln, Urteil vom 2. 10. 1984 – 90 O 51/84, CR 1986, 23. Nach der Entscheidung ist der Softwarelieferant zur **vergütungsfreien Installation** des Programms verpflichtet, wenn er dem Kunden eine künftige kostenfreie Programmeinweisung sowie weitere Einweisungen nur gegen Zusatzentgelt anbietet.

wenn er die neue Software nicht kostenlos liefert, sondern die Lieferung von der Bezahlung der neuen Software abhängig macht[286].

Die **Dokumentation** muss eine ausführliche und gut verständliche Bedie- 712
nungsanleitung umfassen und sollte außerdem eine Programmbeschreibung und ein Anwenderhandbuch enthalten. Der Umfang der jeweils geschuldeten Dokumentation hängt natürlich von der Art der zu überlassenden Software ab. Wird die Dokumentation nicht mitgeliefert, liegt entweder vertragliche Nichterfüllung oder ein Mangel der Software vor. (Zur Abgrenzung s. Rn. 1117ff.) Bei modifizierten Programmen muss die Benutzerdokumentation auch die Modifikationen beschreiben[287].

Im **Leistungs-(Überlassungs-)Schein** müssen alle konkretisierten techni- 713
schen Daten der Software aufgeführt werden. Der Überlassungsvertrag enthält die allgemeinen rechtlichen Regelungen für angebotene Software, der Leistungsschein die Leistungsbeschreibung für konkrete Programme, gleichzeitig damit die Prüfkriterien für die Abnahme[288] (s. auch Rn. 172). Sind Produktbeschreibungen, Datenblätter oder ähnliche Unterlagen vorhanden, sollten sie im Vertrag oder jedenfalls im Leistungsschein ausdrücklich **mit dem jeweiligen Erscheinungs-/Versionsdatum** aufgeführt werden (da sich Spezifikationen häufig ändern können). Auch sollte der Kunde je ein Exemplar des jeweiligen Dokuments dem Vertrag beifügen. Nicht selten scheitert eine Beweisführung, weil bestimmte Datenblätter nach Jahren nicht mehr auffindbar (aber u. U. streitentscheidend sind). Wichtige Eigenschaften wie etwa die Virenfreiheit, Laufzeitverhalten oder Kompatibilität sollten mit den notwendigen technischen Angaben ausdrücklich **zugesichert** werden.

Unklarheiten in einem vorgedruckten Überlassungsscheinformular gehen grundsätzlich zu Lasten des Anbieters, der dieses Formular verwendet (s. Rn. 330). Grundsätzlich trägt aber der Besteller die Beweislast für den zu erbringenden Funktionsumfang[289], der Anbieter hingegen die Beweislast dafür, diese Funktionen auch tatsächlich erstellt zu haben (wovon wiederum der Vergütungsanspruch abhängt).

Auch die vielfach notwendige **Pflege** der Software sollte bereits zumindest 714
als Optionsmöglichkeit des Kunden im Vertrag geregelt werden. Bei Standardsoftware besteht sie in der Praxis zumeist in der Auslieferung von Updates.

---

[286] OLG Köln, Urteil vom 2. 12. 1994 – 19 U 85/94, CR 1995, 148.
[287] LG Flensburg, Urteil vom 21. 5. 1986 – 6 O 98/85, IuR 1986, 463.
[288] Generell Nauroth, CR 1987, 153ff.
[289] LG Heilbronn, Urteil vom 16. 12. 1993 – 1 KfH 0262/89, CR 1994, 281.

715 Massensoftware wird in aller Regel konfektioniert verpackt und in Folie versiegelt (**„shrink-wrap"**) mit in der Verpackung liegenden „Lizenz"-bedingungen vertrieben. Online-Vertrieb von Software ist oft durch einfaches Anklicken eines Feldes in einer Web Page und File Transfer über FTP möglich. Probleme werfen nicht diese Vertriebswege als solche auf, da die entsprechenden Verträge in beiden Fällen (also auch unmittelbar online) wirksam abgeschlossen werden können, sondern das Einbeziehen von AGB des Anbieters, wenn der Kunde von deren Inhalt nicht vorher Kenntnis nehmen konnte (s. näher Rn. 307). An dieser Stelle nur ein **Hinweis:** Das Aufreißen der Folie und das Anklicken des Feldes stellen rein tatsächliche Handlungen des Nutzers dar, an die – jedenfalls in Formularverträgen – nicht die Fiktion einer Rechtswirkung angeknüpft werden darf (unzulässige Bestätigung von Tatsachen im Sinne von § 11 Nr. 15 AGBG).

716 Erwirbt der Kunde Software vom Händler, so wird hierbei nur ein **Vertragsverhältnis zwischen Händler und Kunden** begründet, nicht aber zwischen Kunden und Hersteller/Anbieter der Software. Dies gilt auch dann, wenn der Hersteller/Anbieter unmittelbar Betreuung anbietet. Hierdurch allein entsteht keine Vertragsbeziehung zum Kunden[290]. Erwirbt der Anwender die Hardware direkt vom Hersteller und die Software von dessen Vertragshändler, so wird der Hardware-Hersteller nicht dadurch nachträglich auch zum Vertragspartner hinsichtlich der Software, dass eine einheitliche Rechnung erstellt wird, um den Anwender in den Genuss eines umfassenden Finanzierungsleasing kommen zu lassen[291].

1.6.2.2 Auf Software-Überlassung anwendbares Vertragsrecht

717 Die vertragsrechtliche Zuordnung der Überlassung von Standardsoftware[292] war und ist in der Literatur[293] umstritten. Die Rechtsprechung hat aber Grundsätze herausgearbeitet, die in der Mehrzahl der Fälle den Bedürfnissen ausreichend Rechnung tragen. Diese Grundsätze werden im Folgenden näher dargestellt. Auf abweichende Literaturmeinungen wird aufgrund der Entwicklung in der Rechtsprechung nur in Einzelfäl-

---

[290] LG Duisburg, MRC 1989, 1; OLG Köln, Urteil vom 22. 6. 1992 – 19 U 16/92, NJW 1992, 1268.
[291] BGH, Urteil vom 21. 12 1994 – VIII ZR 197/93, Jur-PC 1995, 3107.
[292] Für Individualsoftware treten keine vergleichbaren Zuordnungsprobleme auf, da auf deren Erstellung grundsätzlich Werkvertragsrecht anwendbar ist (s. näher Rn. 848). Allerdings muss auch diese überlassen werden, und zwar meist ebenfalls unter Einschränkung der Nutzungsbefugnis des Kunden (s. Rn. 776).
[293] Siehe die mittlerweile ausf. Übersicht in Marly, vor Rn. 33.

len eingegangen.[294] Die Vertragstypermittlung erfolgt nach § 157 BGB[295].

Als **Ergebnis** kann vorab festgehalten werden, dass nach mittlerweile gefestigter BGH-Rechtsprechung **auf zeitlich unbeschränkte, mit Einmalvergütung abgegoltene Programmüberlassung Kaufrecht zumindest entsprechend anwendbar ist.** Die Zeitbegrenzung der Überlassung führt hingegen zur Anwendbarkeit von Mietvertragsrecht.

– Abgrenzungen nach der Rechtsprechung   718

* Einen **Geschäftsbesorgungsvertrag** (§ 675 i. V. m. §§ 611, 631, 632 BGB) stellt der Vertrag über die **Lieferung von Software-Updates** dar.[296]
* Als **Kaufvertrag mit werkvertraglichem „Einschlag"** wurde die Lieferung und Anpassung von Hardware angesehen.[297] Nachträgliche Änderungswünsche des Kunden an einer ihm gelieferten Standardsoftware lassen den kaufrechtlichen Charakter des Überlassungsvertrages unberührt[298], ebenso die Vornahme der Vernetzung eines Systems, wenn diese im Verhältnis zum Gesamtgeschäft nur von untergeordneter Bedeutung ist[299], das Installieren eines Programmes[300], das Ändern des Programmes nur durch Eingabe einiger firmenspezifischer Daten[301], kurzzeitig und einfach durchführbare Anpassungen[302] und das bloße Zusammenstellen von Standardprogrammen für die Bedürfnisse des Kunden[303]. Werkvertragsrecht soll anwendbar sein, wenn Anpassungsarbeiten 27 % Wertanteil erreichen[304] oder generell beim „Einrichten"

---

[294] Eine ausführlichere Darstellung der Zuordnungsdiskussion findet sich in Koch, Software-Recht, 2. Aufl. 1999.

[295] OLG München, Urteil vom 31. 1. 1995 – 25 U 4246/94, MRC 1995, 86.

[296] AG Balingen, Urteil vom 26. 4. 1996 – 4 C 243/95, CR 1997, 292 – Update-Vertrag.

[297] AG Stuttgart, Urteil vom 9. 8. 1994 – 1 C 8108/92, CR 1995, 278. Stehen die Pflichten zur Hardware-Lieferung und zur Software-Erstellung gleichrangig nebeneinander, kann Werkvertragsrecht auf beide anwendbar sein (LG Siegen, Urteil vom 21. 6. 1971 – 2 O 167/69, DV-R 1, 27, 31), allerdings wohl nur, wenn die Hardware in ein individuell geschuldetes System eingepasst werden muss, also nicht nur Standardkomponenten als solche geschuldet sind.

[298] Können aber für eine teilweise Neuprogrammierung (und in deren Umfang) zu Werkvertragsrecht führen; OLG Köln, Urteil vom 28. 2. 1992 – 19 U 227/91, NJW-RR 1992, 690 = CR 1992, 399.

[299] OLG Köln, Urteil vom 2. 4. 1993 – 19 U 202/92, NJW-RR 1993, 1140.

[300] LG Baden-Baden, Urteil vom 30. 12. 1984 – 4 O 49/93, CR 1995, 399.

[301] LG München, Urteil vom 23. 1. 1985 – 8 HKO 11785/83, CR 1987, 364 (gemischtes Vertragsverhältnis mit Schwergewicht auf Softwarelieferung, werkvertraglicher Nebenleistung).

[302] OLG München, Urteil vom 15. 2. 1989 – 27 U 386/88, CR 1990, 646; ähnlich i. E. OLG Schleswig, Urteil vom 6. 11. 1981 – U 117/80, CW 1983, 34 = DV-R 2, 245.

[303] OLG Koblenz, Urteil vom 10. 7. 1992 – 2 U 510/89, CR 1994, 359.

[304] LG Augsburg, Urteil vom 5. 5. 1988 – HKO 3588/87, CR 1989, 22. Es lägen nicht mehr „minor modifications" vor, sondern eine durch umfangreiche Anpassung aus einer Standardsoftware zu schaffende Individualsoftware.

eines Standardprogrammes nach den Kundenanforderungen (Werkliefervertrag über nicht vertretbare Sache, § 651 Abs. 1 Satz 2 BGB)[305] oder bei einem „Umarbeiten" der Software[306]. Kaufrecht kommt bei Werklieferverträgen nur hinsichtlich Rechtsmängeln, Kostentragung und Verwendungsersatz zur Anwendung.[307] Nachträgliche Änderungen können als solche Werkvertragsrecht folgen, ändern aber nichts an der kaufrechtlichen Einordnung der vorangegangenen Überlassung[308]. Nebenpflichten können Werkvertragsrecht folgen, so etwa die Installation[309].

Der Anwendbarkeit von Kaufrecht steht nicht entgegen, dass nach dem so genannten Lizenzvertrag die Software im Eigentum des Anbieters verbleiben solle und Dritten nicht zugänglich gemacht werden dürfe[310], dass die Software mit Quellcode[311] zum Zwecke des Weitervertriebes ausgeliefert wird (der Erwerber also ein Vertriebsrecht an der von ihm zu reproduzierenden Software erwirbt[312]), dass der Bezug per „Btx" erfolgt[313] oder dass Installation des Standardprogramms und eine Formularanpassung erfolgen[314].

Auch die **Zuordnung als kaufähnliche Verträge** (§ 445 BGB) wurde in Betracht gezogen[315].

---

[305] OLG Düsseldorf, Urteil vom 13. 4. 1998 – 19 U 62/87, CR 1989, 696 = BB, Beil. 5, 1989, 7. Unklar ist, worin dieses „Einrichten" bestand. Versteht man hierunter nur das Einstellen vorgegebener Parameter, wäre die Anknüpfung an Werkvertragsrecht eher als zweifelhaft anzusehen. Für Anwendbarkeit von Werkliefervertragsrecht auch OLG Celle, Urteil vom 5. 10. 1994 – 13 U 17/94, CR 1995, 152 (Beschaffen, Anpassen, Implementieren und Einführen); OLG Hamm, Urteil vom 28. 5. 1986 – 19 U 63/84, CR 1987, 363 (keine Anwendbarkeit von § 640 BGB); OLG Stuttgart, Urteil vom 1. 10. 1986 – 4 U 187/85, CR 1987, 153 (individuelle Anpassung mit Personaleinarbeitung und Datenerfassung) und OLG Stuttgart, Urteil vom 23. 12. 1986 – 7 U 156/86, IuR 1989, 441 = MRC 1986, 15 (Herstellung, Lieferung und Installation eines **Systems**). Als Werkliefervertrag über nicht vertretbare Sachen stufte das LG Bonn, DV-R 2, 86 die Lieferung von Anlagen und (nach Bedürfnissen des Kunden zu fertigenden) Programmen ein.

[306] OLG Karlsruhe, Urteil vom 30. 9. 1994 – 15 U 89/94, CR 1995, 397 (individuelle Anpassung des Programms an Bedürfnisse des Kundenbetriebes; „maßgeschneiderte Lösung").

[307] So zusammenfassend Esser/Weyers, II/1, 252.

[308] OLG Köln, Urteil vom 28. 2. 1992 – 19 U 227/91, NJW-RR 1992, 690.

[309] LG Ulm, Urteil vom 8. 10. 1993 – 1 KfH O 52/91, CR 1994, 219.

[310] OLG Düsseldorf, Urteil vom 9. 6. 1989 – 16 U 209/88, CR 1990, 122; ebenso OLG Nürnberg, CR 1993, 359 (Einräumung nur eines urheberrechtlichen Nutzungsrechtes). Tatsächlich wird die Käuferposition hier unwirksam eingeschränkt (s. zu Weitergabeverboten Rn. 776).

[311] Die Anwendbarkeit von Sachkaufrecht auf die **Quellcode**überlassung bejahte das OLG Karlsruhe, Urteil vom 5. 4. 1990 – 9 U 275/86, NJW 1992, 1773.

[312] OLG Karlsruhe, Urteil vom 5. 4. 1990 – 9 U 275/86, CR 1991, 730.

[313] AG Ansbach, Urteil vom 29. 4. 1994 – 3 C 295/93, CR 1995, 278. Hier liegt ein Übergabe„ersatz" vor.

[314] LG Köln, Urteil vom 4. 6. 1997 – 20 S 14/96, BB, Beil. 4, 1998, 8.

[315] LG Itzehoe, Urteil vom 7. 10. 1985 – 6 O 307/84, MRC 1985, 10 = DV-R 3, 208.

• Soll eine Standardsoftware „nach Anforderung des Kunden" angepasst werden, so liegen vertraglich Individualsoftware und **werkvertragliche Erstellung** vor, bei der Erfüllung erst mit Abnahme eintritt.[316] Werkvertragsrecht ist auch bei umfangreichen Anpassungen anwendbar[317]. Dies gilt jedenfalls bei Einarbeitung bereits definierter umfangreicher individueller Änderungen.[318] Hingegen ist Kaufrecht anwendbar, wenn die Software zwar erstellt, dann aber standardisiert und nicht individuell an die Kundenbedürfnisse angepasst überlassen wird.[319] Die Abgrenzung zwischen Kauf- und Werkvertrag soll nach dem Kriterium erfolgen, ob die zu erbringende Leistung nur vom Kunden (Werkvertrag) oder von einer Vielzahl von Anwendern genutzt werden kann (Kauf).[320] **Werkliefervertrag** liegt vor, wenn für eine kundenspezifische Aufgabe eine Anlage mit Software unter der Bedingung erworben wird, dass der Kunde die Anlage als seinen Bedürfnissen entsprechend schriftlich billigt[321], ebenso bei dem Erwerb vertretbarer Sachen wie einem Finanz-

---

[316] OLG Koblenz, Urteil vom 4. 10. 1991 – 2 U 403/88, CR 1992, 154 – Vinos (unter Bezugnahme auf BGH, WM 1990, 987, 989). Der Kunde habe hier ein maßgeschneidertes Programm gewollt. Ähnlich OLG Köln, Urteil vom 5. 6. 1993 – 19 U 216/92, CR 1994, 213 für umfängliche kundenspezifische Anpassungen, wobei die Anpassungen in 28 Funktionen i. E. auch in die werkvertragliche Erstellung einer Individualsoftware münden kann (vgl. OLG Köln, Urteil vom 26. 6. 1992 – 19 U 261/91, CR 1992, 544 – Pflegeheimsoftware IMAGE unter Bezug auf BGH, NJW 1987, 1259 = CR 1986, 377; BGH, NJW 1998, 2477 = CR 1989, 391) und generell für individuelle Anpassungen an Besonderheiten des Betriebes (OLG Köln, Urteil vom 11. 10. 1991 – 19 U 87/91, CR 1992, 153; ähnlich LG Düsseldorf, Urteil vom 25. 6. 1987 – 33 O 118/85, IuR 1987, 428). Im Einzelfall muss freilich sorgfältig abgegrenzt werden, ob eine **zusätzliche** werkvertragliche Erstellungsverpflichtung **nach** Kaufvertragsabschluss vorliegt oder die Kaufvertragsverpflichtung im Wege der Vertragsverhandlungen selbst zur werkvertraglichen wird. – Zu undifferenziert erscheint mittlerweile nach dem erreichten Diskussionsstand der Ansatz einer vertragstypologischen Einordnung der Lieferung und der Lauffähigmachung der Software als gemischter Vertrag aus lizenz- und werkvertraglichen Elementen (so LG Köln, Urteil vom 2. 10. 1984 – 90 O 51/84, CR 1986, 23).

[317] OLG Köln, Urteil vom 26. 6. 1992 – 19 U 261/92, NJW-RR 1992, 1328.

[318] BGH, Urteil vom 15. 5. 1990 – X ZR 128/88, BB, Beil. 18, 1991, 9.

[319] OLG Köln, Urteil vom 2. 4. 1993 – 19 U 202/92, NJW-RR 1993, 1140.

[320] Siehe OLG Hamm, NJW-RR 1992, 953f. Zweifelhaft erscheint, ob dieses Kriterium **allein** schon zur Abgrenzung ausreicht. Immerhin kann auch ein erstelltes Werk (etwa eine Klassenbibliothek im Rahmen objektorientierter Programmierung) zuerst dem Besteller und später (unverändert) im weiteren Vertrieb vielen anderen Kunden dienen. Andererseits kann u. U. auch ein zunächst für einen Kunden erstelltes Programm prinzipiell unverändert später für viele andere Kunden nutzbar sein.

[321] OLG Celle, Urteil vom 9. 5. 1990 – 9 U 311/88, CR 1991, 219. Nach Auffassung des Gerichts lag kein Kauf auf Probe im Sinne von § 495 BGB vor (da ein Schweigen nicht automatisch zur Wirksamkeit des Vertrages führt), sondern ein Erprobungskauf (bei dem der Vertrag unter der auflösenden Bedingung der Nichteignung dergestalt abgeschlossen wird, dass sich bestimmte Geräte bei ihrem Einsatz als geeignet erweisen würden), dessen Grundsätze auch bei Vorliegen von Werkliefervertragsrecht anwendbar sind. Ähnlich OLG Düsseldorf, Urteil vom 13. 4. 1988 – 19 U 62/87, DV-R 4, 104. Im Rahmen kaufrechtlich geschuldeter Ablieferung ist ohne besondere Vereinbarung weder Einweisung (s. Rn. 163) noch gar Probebetrieb geschuldet (vgl. ähnlich Schneider,

buchhaltungsprogramm[322] oder auch bei Erstellung des Programms[323]. Die Erarbeitung einer speziell auf den Anwender abgestellten Systemlösung erfolgt im Rahmen eines Werkliefervertrages (§ 651 Abs. 1 Satz 2 BGB). Der Abnahme steht nicht entgegen, dass dem Anwender einzelne Unterlagen und/oder Originaldisketten nicht ausgehändigt worden sind.[324] Zumindest das werkvertragliche Nachbesserungsrecht aus § 633 BGB und das Wandlungsrecht aus § 634 BGB sollen nicht bei „evidenten" Sachmängeln entsprechend anwendbar sein.[325]

• **Mietrecht** ist hingegen anwendbar, wenn Standardsoftware gegen regelmäßiges Entgelt überlassen wird, da keine Fruchtziehung zugunsten des Anwenders erfolgt (keine Einräumung eines wirtschaftlichen Verwertungsrechts). Der BGH-Rechtsprechung zum Kaufrecht folgend, lassen

---

Handbuch, Rn. D 312 f.). Aus den Umständen des Einzelfalles kann sich aber das Bestehen eines **Hemmungstatbestandes** ergeben, so etwa, wenn der Anbieter dem Kunden zu erkennen gibt, dass dieser sich erst einmal im Anwendungslauf mit dem System vertraut machen solle.

[322] OLG Hamm, Urteil vom 28. 5. 1986 – 19 U 63/84, CR 1987, 363.

[323] OLG Saarbrücken, Urteil vom 30. 4. 1986 – 1 U 21/84, CR 1988, 470 (mit Abnahme nach § 640 BGB).

[324] OLG Celle, CR 1997, 150 (Anpassung Kassensoftware). Es fehlten nur **Teile** der Dokumentation. Das Gericht sah die Dokumentation insoweit als **mangelhaft** an. Eine ausdrückliche Abgrenzung zu einer teilweisen Nichtlieferung/Nichterfüllung erfolgte nicht.

[325] LG Nürnberg-Fürth, Urteil vom 16. 12. 1991 – 9 O 5720/91, CR 1992, 336 – Hotelverwaltungssoftware. Ein Nachbesserungsrecht war nicht (gemäß § 476 a BGB) vereinbart worden. Dennoch sei § 633 analog anwendbar, da Hardware und Software aus einer Hand angeboten worden seien und Installation, Einweisung und Schulung insoweit als werkvertragliche Hauptpflichten ausgeführt wurden und hohe Investitionskosten erfolgten. Im Hinblick auf umfangreiche Installationsarbeiten und erfolgte Einweisung könne der Käufer nicht unter Berufung auf Sachmängel der Anlage „ohne weiteres wieder vom Vertrag zurücktreten". – Dem Urteil kann **nicht** gefolgt werden. Für die vertragstypologische Zuordnung kann es nicht auf die Höhe der Investitionssumme ankommen. Auch regelt § 462 BGB ein Wandlungs-, nicht ein Rücktrittsrecht. Dieses Wandlungsrecht aufgrund vom Sachverständigen festgestellter Mängel muss auch dann möglich sein, wenn der Anbieter umfangreiche Installationsarbeiten erbracht hat. Da das Nachbesserungsrecht nicht gemäß § 467 a BGB vereinbart wurde, sollte man seine Einführung via richterlicher Analogiebildung nur mit großer Vorsicht vornehmen, vor allem gegenüber Händlern als Verkäufern. Das Problem der Analogiebildung ist wohl dadurch entstanden, dass das Gericht davor zurückschreckte, aus der Einstellung von Programmparametern und Durchführung „individueller Ergänzungen" zu Werkvertragsrecht zu gelangen, aber auch nicht blankes Kaufrecht anwenden wollte und so zu einem Zwischengebilde gelangte, nämlich „einer einem Werkvertrag vergleichbaren Interessenlage der Parteien". Es sei sogar ein bestimmtes Arbeitsergebnis, eine entgeltliche Wertschöpfung geschuldet gewesen. Dann sollte freilich auch Werkvertragsrecht unmittelbar anwendbar sein. Brandi-Dohrn (CR 1992, 340 f.) weist in seiner Urteilsanmerkung zu Recht darauf hin, dass das Werkvertragsrecht nicht zwischen evidenten Mängeln, bei denen sogleich Wandlung möglich sei, und nicht evidenten Mängeln differenziere, bei denen (vereinbarungsunabhängig) ein Nachbesserungsrecht vorgeschaltet werden müsse (so etwa OLG Düsseldorf, CR 1991, 538); zudem handle es sich bei den vom LG Nürnberg-Fürth als evident bewerteten Mängeln nicht um offensichtliche, sondern um nicht behebbare und schwerwiegende Mängel (die damit auch verborgene, also im Wortsinne nicht evidente sein können). Brandi-Dohrn mahnt in seiner Anmerkung vom Juni 1992 unter Bezug auf die Probleme des Urteils an, dass die Reform des BGB-Schuldrechts dränge. Im Sommer 1999 kann man dies nur bestätigen.

sich Programme den Sachen im Sinne von § 90 BGB zumindest gleichsetzen. Gegenstand ist der Datenträger mit dem in ihm verkörperten Programm, also eine körperliche Sache[326] oder in anderer Sicht das Programm selbst. (Zum Sachbegriff s. Rn. 733.) Mietrecht wurde auch auf
einen Vertrag angewendet, in dem sich der Eigentümer einer EDV-
Anlage zur persönlichen Erbringung von Leistungen auf dem Gebiet der
Datenverarbeitung für die Laborpraxis, ferner zum Festhalten und Spei-
chern der Patientenkartei auf Magnetplatten und zum Anlegen eines 3-
jährigen Archivs verpflichtet.[327] Bei Anwendbarkeit von Mietrecht kann
Untervermietung ausgeschlossen werden.[328] Die Anwendbarkeit von
Mietrecht auf zeitlich begrenzte Überlassung von Software wird im
Abschnitt zu Leasing von Hardware und Software näher dargestellt (s.
Rn. 638), da sie hier in der Praxis am häufigsten relevant wird (s. im
Übrigen auch Rn. 607).

- **Dienstvertragsrecht** ist anwendbar, wenn der Entwickler innerhalb
  eines bestimmten Zeitraums eine Mindestanzahl von Stunden erbringen
  soll und nach Aufwand entlohnt wird[329], Werkvertragsrecht hingegen,
  wenn „brauchbare Programme" erstellt werden sollen[330].
- Als (vertragstypologisch freier, dem Pachtrecht jedoch angenäherter)
  Know-how-Vertrag wurde der Entwicklungsvertrag mit anschließender
  Lizenzverwertung des Entwicklungsergebnisses eingestuft.[331] Ein
  „**Lizenzvertrag**" betitelter Vertrag zur Überlassung von Software auf
  Dauer und gegen einmal fälliges Entgelt folgt dennoch Kaufvertrags-
  recht.[332]

---

[326] LG Köln, Urteil vom 25. 10. 1995 – 20 S 9/95, CR 1996, 154.
[327] OLG Hamm, Urteil vom 30. 11. 1988 – 30 U 201/86, NJW 1989, 2629. Die einzelnen Leistungen
     wertet der Senat als „wichtige Zugabe zum Mietvertrag". Die dienstvertraglichen Elemente seien
     für die Kündigung nicht ausschlaggebend gewesen, da diese sich vornehmlich auf die Mängel der
     Anlage selbst bezogen haben. Die Formulierung erscheint allerdings etwas unscharf, da die ver-
     tragstypologische Zuordnung unabhängig davon erfolgt, an welcher Leistungskomponente später
     Fehler auftreten. Nach dem Sachverhalt lag wohl ein typenkombinierter Vertrag vor. Dem steht
     auch nicht entgegen, dass die weiteren geschuldeten Leistungen vom „Einsatz und Funktionieren
     des Computers selbst" abhingen. Dies ändert nichts an der Möglichkeit und Notwendigkeit einer
     getrennten Zuordnung der einzelnen Leistungen zu Vertragstypen. Soweit der Senat die einzelnen
     Leistungen freilich Dienstvertragsrecht zuordnen will, erscheinen Zweifel angebracht. Die Anla-
     ge eines Archivs und das Speichern einer Patientenkartei sind wohl eher Werkvertragsrecht zuzu-
     ordnen, da sie einen individuellen Leistungserfolg auf dem Kundensystem herbeiführen sollen.
[328] BGH, Urteil vom 4. 7. 1990 – VIII ZR 288/90, CR 1991, 407.
[329] LG München I, Urteil vom 21. 7. 1994 – 7 O 9748/92, CR 1995, 33.
[330] LG Braunschweig, Urteil vom 10. 6. 1982 – 4 O 268/81, CW v. 23. 3. 1983, 90 = DV-R, 205.
[331] OLG Hamm, Urteil vom 2. 3. 1993 – 7 U 39/92, CR 1994, 357 unter Annahme der Haftung des
     Entwicklers wie ein Verpächter nach den §§ 581, 537 BGB.
[332] OLG Nürnberg, Urteil vom 20. 10. 1992 – 3 U 2087/92, BB, Beil. 13, 1993, 14.

– Nähere Darstellung der vertragstypologischen Zuordnungsproblematik

719 Welche Rechte auf Vertragserfüllung sowie aus Verzug, Verletzung von Nutzungseinschränkungen und insbesondere aus Gewährleistung vom Anwender geltend gemacht werden können, hängt entscheidend davon ab, welches **Vertragsrecht** zur Anwendung gelangt. Die Klärung dieser Frage ist bei Hardware grundsätzlich einfacher als bei Software, deren prägender Charakter als immaterielles Gut und möglicherweise urheberrechtlich geschütztes Werk zu praxiswichtigen Vorfragen vor dem Geltendmachen der genannten Rechte führt.

Zu Recht wird betont, dass die Rechtsprechung des BGH zur kaufrechtlichen Zuordnung von diesem selbst als gefestigt bezeichnet wird, andererseits aber eine abschließende Stellungnahme zur Sacheigenschaft von Computerprogrammen nach § 93 BGB noch nicht erfolgt ist. Der BGH setzt diese Sacheigenschaft voraus, ohne sie in den einschlägigen Entscheidungen dogmatisch abzuleiten.[333] Selbst wenn man sie jedoch ablehnt, bleibt der Weg über eine zumindest entsprechende Anwendbarkeit von Kaufrecht.

720 Zusätzliche Sicherheit erfährt die Praxis (auch die Beratungspraxis) durch Ausführungen des BGH zur formularvertraglichen Beurteilung der Einordnungsproblematik. Diese Ausführungen des BGH haben besondere Bedeutung, da die weitaus überwiegende Zahl der im EDV-Bereich verwendeten Verträge Formularverträge sind. In diesem Rahmen ist aber eine **freie Vertragswahl** grundsätzlich **nicht möglich**. Der BGH führt hierzu in seiner insoweit nicht immer ausreichend beachteten Entscheidung vom 4. 3. 1997[334] in unmissverständlichen Worten Folgendes aus:
„Die Annahme einer Abweichung von einem im Gesetz bestimmten Regelfall eines Vertragstyps setzt eine hierauf gerichtete Einigung unter den Parteien voraus, die durch Regelungen in Allgemeinen Geschäftsbe-

---

[333] In BGH, Urteil vom 14. 7. 1993 – VIII ZR 147/92, CR 1993, 681 = NJW 1993, 2436 bezieht sich der VIII. Senat auf mehrere Entscheidungen (BGH, NJW 1988, 406 und NJW 1990, 320), die „Standardsoftware als bewegliche Sache ansehen" und an denen er festhalte. Allerdings schränkt der BGH diese Aussage anschließend wieder ein, wenn er ausführt, entscheidend sei allein, dass es sich „um ein auf einem Datenträger verkörpertes Programm und damit um eine körperliche Sache (§ 90 BGB) handelt". Damit wird wesentlich auf die **Verkörperung** abgestellt. Die Annahme der Sacheigenschaft setzt diese Verkörperung voraus. Nicht zu folgen ist deshalb Schneider (Handbuch, D 186), der in dieser Entscheidung eine wohl endgültige Ablösung von den Vorstellungen über die Repräsentation der Software auf einem Datenträger sehen will. Das o. g. Urteil sagt gerade das Gegenteil. Aus der Entscheidung BGH, Urteil vom 7. 3. 1990 – VIII ZR 56/89, CR 1990, 707 = NJW 1990, 3011 ergibt sich kein abweichender Gesichtspunkt, da hier nur auf die geklärte zumindest entsprechende Anwendbarkeit von Kaufrecht auf die (zeitlich nicht begrenzte) Überlassung von Software (gegen Einmalvergütung) verwiesen wird.

[334] BGH, Urteil vom 4. 3. 1997 – X ZR 141/95, CR 1997, 470.

dingungen nicht ersetzt werden kann. Nicht der Inhalt der Allgemeinen
Geschäftsbedingungen bestimmt die Vertragsart; von dieser hängen vielmehr Zulässigkeit und Wirksamkeit der von einer Seite einseitig aufgestellten Vertragsbestimmungen ab. Diese können daher nur die beiderseitigen Verpflichtungen, die sich aus dem nach den Erklärungen der Beteiligten geschlossenen Vertragstyp ergeben, präzisieren und weiterbilden, nicht
jedoch läßt sich aus einer solchen Bestimmung eine Veränderung eines
unbedingt geschlossenen Vertrags in Richtung auf einen Vertrag auf Probe
ableiten" (wie es etwa in der als unzulässig eingestuften Regelung des § 9
Nr. 4 BVB-Überlassung der Fall war).

Nach Auffassung des BGH können Regeln in AGB, wie schon § 9 AGBG
erkennen lasse, „nicht zu einer inhaltlichen Änderung des nach der Erklärung der Parteien anzunehmenden Vertragstyps führen"[335]. Unterliegt also
Software-Überlassung vom Leistungsbild her dem gesetzlichen Vertragstyp des Kaufs, so können von diesem Vertragstyp abweichende Regelungen – also insbesondere etwa eine lizenzvertragliche Regelung – jedenfalls
nicht in Formularverträgen wirksam vereinbart werden. Durch diese
BGH-Entscheidung verliert die offensichtlich nach wie vor geführte
Debatte über die vertragsrechtliche Zuordnung der Software-Überlassung
viel von ihrer praktischen Bedeutung, insbesondere im Hinblick auf die
mögliche Zuordnung zu dem Vertragstyp des Lizenzvertrags.[336] Ergibt
sich hingegen aus der Parteienvereinbarung, dass etwa eine zeitliche
Beschränkung der Nutzung sowie z. B. ein Weitergabeverbot gewollt ist,
so ist problemlos auf eine derartige Vereinbarung Miet-/Pachtvertrags-
recht anwendbar.[337] Bei Anwendbarkeit nach den genannten Kriterien
erschöpft sich das Verbreitungsrecht des Berechtigten an dem veräußerten
Programmexemplar.[338]

---

[335] BGH, a. a. O.

[336] Richtigerweise bezeichnet Lehmann in seiner Urteilsanmerkung zur BGH-Entscheidung (CR
1997, 474 ff.) die BGH-Entscheidung als eine besonders bedeutende, die weit über den konkreten
Einzelfall hinauswirke. Das AGBG sei im Wesentlichen ein Gesetz „zur Wiederherstellung des
BGB". In AGB sei es deshalb nicht möglich, einen bürgerlich-rechtlichen Vertragstypus festzu-
schreiben. Außerdem sei tunlichst von der Verwendung der veralteten BVB in der Praxis gänzlich
Abstand zu nehmen.

[337] Lehmann, a. a. O. (allerdings eher allgemein für Lizenzverträge und ohne Bezug auf Zeitbegrenzung).

[338] OLG Bremen, Urteil vom 13. 2. 1997 – 2 U 76/96, K & R, Beil. 1, 1998, 4. Das Gericht sieht eine
Klausel als gegen § 9 Abs. 2 Nr. 1 AGBG verstoßend und unwirksam an, mit der sich der kaufweise Erwerber verpflichten soll, das Programmexemplar nur mit Zustimmung des Anbieters/Be-
rechtigten weiterzuveräußern. Auch dürfe die Erschöpfungswirkung nicht durch technische Maßnahmen wie Programmsperren (expiration dates) unterlaufen werden. BGH, NJW 1981, 2684 stehe nicht entgegen, dass das Nutzungsrecht dort zeitlich begrenzt eingeräumt worden war.

Im vorliegenden Abschnitt wird abrissartig[339] dargestellt, nach welchen Kriterien die jeweilige Software-Überlassung einem bestimmten gesetzlichen oder aus der Praxis entstandenen Vertragstyp zuzuordnen ist. Erst auf dieser Grundlage lassen sich dann bestehende Anwender- wie auch Anbieterrechte für die jeweilige Software-Überlassung bestimmen und durchsetzen.

– **Mögliche vertragsrechtliche Zuordnungen**

721 Als gesetzliche Vertragstypen kommen **Kaufvertrag, Miete/Pacht, Werkvertrag** und in einigen Fällen auch **Dienstvertrag** in Betracht, ebenso der „**freie**" **Vertragstyp des Lizenzvertrages** (der wiederum weitgehend Pachtrecht folgt).

Generell erfolgt die Zuordnung zu einem Vertragstyp nicht über eine von den Vertragsparteien gewählte Vertragsbezeichnung, sondern über den tatsächlichen wirtschaftlichen Sachverhalt, der der Vertragsbeziehung zugrunde liegt. Auch auf dieser Grundlage bleiben aber einige Zuordnungsfragen offen. Auf diese Abgrenzungsprobleme ist im Folgenden näher einzugehen, soweit sie für die Vertragspraxis gegenwärtig (noch) relevant sind.

Zutreffend ist im Übrigen der Hinweis auf den Umstand, dass mit dem EDV-technischen Begriff der „Überlassung" kein gesetzlicher Vertragstyp korrespondiert.[340] Gleiches gilt auch für Begriffe wie „(Programm-/Software-) Pflege" oder „(Hardware-)Wartung" oder EDV-Leasing, Outsourcing, Service-Level-Agreements etc. Die vertragsrechtliche Qualifikation kann also nicht von einem in der Praxis verwendeten Begriff ausgehen, sondern muss andere Anknüpfungen suchen, insbesondere die tatsächlich gewollten technisch-wirtschaftlichen Leistungsinhalte.

Die Zuordnung der Software zu einem der vorgenannten Vertragstypen erfolgt im Wesentlichen anhand von mehreren Schlüsselkriterien, die im Folgenden angeführt werden.

a) Zeitliche Begrenzung der Software-Nutzung: Miete/Pacht

722 Darf Software vom Kunden nur für eine begrenzte Zeitdauer genutzt werden, muss der Kunde die Software nach Zeitablauf zurückgeben oder jedenfalls löschen. Der Zeitablauf beendet die Nutzungsbefugnis. Zwin-

---

[339] Im vorliegenden Rahmen können nur die wichtigsten Ergebnisse der Diskussion für die Praxis dargestellt werden. Zur Vertiefung s. Koch, Software-Recht, 2. Aufl. 2000.
[340] allg. Marly, Rn. 34.

gende Folge hieraus ist, dass keine Übereignung erfolgt und Kaufrecht nicht anwendbar ist (auch nicht entsprechend). Erfolgt die Überlassung gegen Vergütung, kann der Überlassungsvertrag als **Miete** oder als **Pacht** zu qualifizieren sein.[341] Wird keine Vergütung vereinbart (und gilt auch keine ortsübliche Vergütung als vereinbart), ist an die Zuordnung zur Leihe (§ 598 BGB) zu denken (sofern eine Rückgabeverpflichtung gewollt ist), ansonsten an Schenkung, sofern jeweils aus einer Vereinbarung oder den Sachverhaltsumständen ein Rechtsbindungswille erkennbar ist. Andernfalls kann ein **Gefälligkeitsverhältnis** vorliegen[342], das volle Haftung aus Auftragsrecht begründet, da im Gesetz keine Haftungsmilderungen vorgesehen sind. Software kann Gegenstand von Miet- bzw. Leasingverträgen sein[343].

b) Abgrenzung zu Schenkung und Leihe

Wird **keine Vergütung** vereinbart (und gilt auch keine ortsübliche Vergütung als vereinbart), ist an die Zuordnung zur Leihe zu denken (sofern eine Rückgabeverpflichtung gewollt ist) oder an Schenkung.

Schenkung muss „aus dem Vermögen" des Schenkers erfolgen, das jedoch durch das Erstellen und Weitergeben einer Programmkopie an den Empfänger an sich nicht verringert wird. Jedoch darf hier nicht in enger Auslegung nur an die Sacheigenschaft angeknüpft werden, sondern ist – da es schließlich um die Beurteilung des Vermögens geht – eine wirtschaftliche Betrachtungsweise zu berücksichtigen, wonach auf die Möglichkeit entgeltlicher Überlassung der Programmkopie verzichtet wird. Im Einzelfall ist aber eine Abgrenzung zur Leihe als unentgeltlicher Gebrauchsüberlassung durchzuführen. Auch die mit dem Programm verbundenen Nutzungsrechte aus Urheberrecht können schenk- oder leihweise übertragen werden (soweit dies urheberrechtlich aus der Zustimmung des Berechtigten oder zustimmungsunabhängig zulässig ist).

---

[341] Siehe etwa OLG Hamm, Urteil vom 11. 1. 1993 – 31 U 107/92, CR 1994, 290 = NJW-RR 1993, 1527; OLG Köln, Urteil vom 21. 1. 1994 – 19 U 223/93, CR 1994, 290. Nach LG Köln, CR 1996, 154 folgt die zeitlich begrenzte Programmüberlassung Miet- und nicht Pachtrecht. Es würden nicht urheberrechtliche Nutzungsbefugnisse, sondern ein Datenträger mit darin verkörpertem Programm überlassen. Diese Begründung erscheint zumindest insoweit unzutreffend, als dem Erwerber regelmäßig Vervielfältigungsrechte meist eingeschränkt eingeräumt werden, die sich regelmäßig auf Urheberrecht gründen. Gemeint war wohl, dass der Kunde das Programm nicht selbst weiter verwerten, sprich vertreiben oder vermieten und hieraus Erlöse erzielen darf.
[342] Siehe etwa BGHZ 21, 107.
[343] BGH, NJW 1982, 696; BGH, NJW 1984, 2938 und BGH, NJW 1985, 129.

723 Erfolgt Schenkung ohne entsprechende urheberrechtliche Berechtigung des Schenkenden (**Rechtsmangel** des verschenkten Programms), haftet dieser dem Beschenkten nur bei arglistigem Verschweigen gemäß § 523 BGB auf Ersatz des Vertrauensschadens, nicht aber aus Nichterfüllung (wie bei Kauf). Ansprüche des Beschenkten aus Sachmängelgewährleistung bestehen ebenfalls nicht, Arglist ausgenommen (die Haftung auf das Erfüllungsinteresse begründet, § 523 Abs. 2 BGB). Deliktshaftung des Schenkers ist aber bejaht worden[344] und kann etwa bei dem **Verschenken virenverseuchter**, das Empfängersystem schädigender Software zum Tragen kommen.

Leihe ist unentgeltliche Überlassung zu zeitweiligem Gebrauch (§ 598 BGB). Während der Leihe ist der Entleiher zur Obhut und mit Ablauf zur Rückgabe verpflichtet (§ 604 BGB). Er haftet für jedes Verschulden, nicht jedoch für vertragsgemäße Veränderung oder Verschlechterung. Der Verleiher haftet für Vorsatz und grobe Fahrlässigkeit (§ 599 BGB), für Rechtsmängel und Sachmängel nur bei arglistigem Verschweigen (§ 600 BGB).

c) Anwendbarkeit von Mietrecht auf Software-Überlassung

724 Software kann Gegenstand von **Miet- bzw. Leasingverträgen** sein.[345] Der Anwendbarkeit von Miet- oder Pachtrecht, das nur für die Überlassung von **Sachen** gilt, steht der viel diskutierte immaterielle Charakter von Software nicht entgegen. Ausgangspunkt muss hier die BGH-Rechtsprechung zur Anwendbarkeit von Sach**kauf**recht auf Software-Überlassung sein (s. Rn. 726). Der BGH hat unter besonderer Berücksichtigung wirtschaftlicher Gesichtspunkte die zumindest entsprechende Anwendbarkeit von Sachkaufrecht angenommen. Die gleichen Erwägungen können auch für die Vermietung von Software gelten. Es kann insoweit keinen Unterschied machen, ob Software zeitlich unbegrenzt oder begrenzt überlassen wird. Ist die entsprechende Anwendung von Kaufrecht auf zeitlich unbegrenzte Überlassung sachgerecht, so muss es auch die zumindest entsprechende Anwendung von Miet- oder Pachtrecht auf die begrenzte Überlassung der Software sein. Zudem kann ein Computerprogramm als aufmagnetisierte, verkehrswesentliche Eigenschaft eines Datenträgers angesehen werden, der unproblematisch die Sacheigenschaft erfüllt und Mietrecht unmittelbar anwendbar sein lässt.

---

[344] Siehe näher Larenz I, 204.
[345] BGH, NJW 1982, 696; NJW 1984, 2938 und NJW 1985, 129; i. E. ebenso weit Esser/Weyers, BT 1, 131.

Miet- oder Pachtrecht kann auch anwendbar sein, wenn die Vertragslaufzeit nicht im Voraus endgültig bestimmt ist, sondern Verlängerungsmöglichkeiten bestehen. Hierdurch wird nur die Rückgabe- bzw. Löschverpflichtung in ihrem Wirksamwerden herausgeschoben, nicht aber aufgehoben. Bei Einräumung eines ordentlichen Kündigungsrechtes[346] ist jedenfalls nicht von einer unbefristeten Nutzungsüberlassung auszugehen und Kaufrecht weder analog noch unmittelbar anwendbar.

Mietrecht gelangt zur Anwendung, wenn dem Kunden ein einfaches Nutzungsrecht eingeräumt wird[347], insbesondere zur Eigennutzung auf seinem System, Pachtrecht hingegen, wenn der Anwender nicht nur Gebrauchsvorteile im Sinne von § 100 BGB zieht, sondern auch unmittelbar Rechtsfrüchte im Sinne von § 99 BGB, etwa die Vergütung für die Weiterüberlassung der Software (beispielsweise durch Vermietung) mit oder ohne eigener Software oder Hardware des Kunden[348].

Mietrecht verpflichtet den Vermieter während der gesamten Vertragslaufzeit zur Erhaltung der Gebrauchsfähigkeit (§ 536 BGB). Ebenso ist er verpflichtet, dem Mieter während dieser gesamten Zeit das Nutzungsrecht einzuräumen.

Ein **eng** auf eine beliebige Anlage bezogenes **definiertes Nutzungsrecht** (zur Zulässigkeit dieser Nutzungseinräumungen s. Rn. 776) erlaubt nicht mehr als das Ziehen bloßer Gebrauchsvorteile[349] und unterliegt damit Miet- und nicht Pachtrecht[350].

Untervermietung ist nur zulässig, wenn sie vom Vermieter ausdrücklich   725
gestattet wurde. In Formularverträgen kann sie untersagt werden.[351] Für
Software ergibt sich die Zulässigkeit des Untervermietverbotes unmittelbar aus § 69c Nr. 3 Satz 1 UrhG.

d) Zeitlich unbegrenzte Software-Überlassung

Dauerüberlassung und Einmalvergütung sind die Voraussetzung für   726
die Anwendbarkeit von Kaufrecht. Übereignung kommt nur in Betracht,
wenn die Software nicht zurückgegeben oder gelöscht werden muss, sondern vom Kunden ohne zeitliche Begrenzung genutzt werden darf. Erfolgt

---

[346] Michalski/Bösert, 19.
[347] Vgl. etwa BGH, Urteil vom 5. 10. 1991, NJW 1982, 596 ff.
[348] So bereits 3. Auflage der vorliegenden Darstellung, Rn. 553.
[349] Anderer Ansicht wohl Michalski/Bösert, 19.
[350] Ähnlich Moritz/Tybusseck, Rn. 748.
[351] So etwa BGH, Urteil vom 4. 7. 1990 – 4 S 25/88, CR 1989, 606 = NJW 1988, 2476.

zudem eine Einmalvergütung dieser Überlassung, findet auf diese Überlassung von Software nach der wohl eindeutig überwiegenden Auffassung Kaufrecht zumindest **entsprechend** Anwendung.[352]

727 Das Merkmal der **zeitlich unbegrenzten Überlassung** ist freilich nur eine notwendige, nicht auch eine hinreichende Voraussetzung für die Anwendbarkeit von Kaufrecht. Dies bedeutet: Das Fehlen zeitlicher Begrenzung allein reicht nicht aus, da auch die Schenkung zeitlich unbegrenzt erfolgen kann.

728 Die Vereinbarung einer **Einmalzahlung** einer Vergütung der Programmüberlassung kann Indiz dafür sein, dass (ohne dass dies ausdrücklich entsprechend bezeichnet worden wäre) Kaufrecht anwendbar ist (Zahlung des Kaufpreises, § 433 Abs. 2 BGB), ist aber keine zwingende (notwendige) Voraussetzung, da ein Kauf selbstverständlich auch auf **Teilzahlungs**basis abgeschlossen werden kann.[353] Die Vereinbarung solcher Teilzahlungen steht der Anwendbarkeit von Kaufrecht nicht entgegen.[354]

Freilich kann andererseits auch bei Anwendbarkeit von Miet- oder Pachtrecht im Rahmen der Vertragsfreiheit im Schuldrecht (§ 305 BGB) eine

---

[352] So BGH, Urteil vom 4. 11. 1987 – VIII ZR 314/86, ZIP 1987, 1567, 1569 (bei „Erwerb vorgefertigter, wenn auch ‚komplexer' Standardsoftware gegen einmaliges Entgelt zu freier Verfügung" liege die „Annahme eines Kaufvertrages zumindest nahe" und seien die Gewährleistungsvorschriften der §§ 459ff. BGB auf inhaltliche Programmfehler zumindest entsprechend anwendbar); BGH, Urteil vom 4. 3. 1997 – X ZR 141/95, CR 1997, 470, 472 m. w. N.; BGH, NJW 1990, 3011 = CR 1990, 707 – Geräteverwaltung; BGH, Urteil vom 24. 1. 1990, CR 1990, 384 = WM 1990, 510 – Heimverwaltung. Ebenso für die Anwendbarkeit von Kaufrecht BFH, Urteil vom 13. 3. 1997 – V R 13/96 – CR 1997, 461 (Kaufrecht, keine Lizenzrechtseinräumung); LG Köln, Urteil vom 4. 6. 1997 – 20 S 14/96 – K & R, Beil. 1, 1998, 8 (allerdings auf Erwerb der Nutzungsrechte abstellend). Skeptisch zeigte sich das OLG Hamm, Urteil vom 22. 8. 1991 – 31 U 260/90 – NJW-RR 1992, 953 in einer nicht tragenden Begründung, nach der die BGH-Entscheidung tragfähig sei, wenn der Abnehmer Zwischenhändler sei, nicht aber, wenn der Abnehmer ein nicht sachkundiger Endabnehmer sei; hier entspreche es nach den Erfahrungen des Senates, der seine Erfahrungen aus seiner „Spezialzuständigkeit für Computerrechtsstreitigkeiten" betont, „daß eine werkvertragliche Leistung jedenfalls dann geschuldet wird, wenn der Lieferant die Verpflichtung übernimmt, den Abnehmer in den Gebrauch der Anlage einzuweisen und entsprechend zu schulen". Hier wird aber zu differenzieren sein. Derartige Verpflichtungen haben ohne besondere Vereinbarung grundsätzlich nur den Status vertraglicher **Neben**pflichten, die zwar als solche Werkvertragsrecht folgen mögen, damit aber nicht den Gesamtvertrag typologisch zum Werkvertrag transformieren (ebenso i. E. auch OLG Hamm, Urteil vom 28. 5. 1986 – 19 U 63/84, CR 1987, 363). Für unmittelbare Anwendung kaufrechtlichen Gewährleistungsrechts LG München I, Urteil vom 29. 1. 1987 – 13 HKO 24882/85, IuR 1987, 328.

[353] Für die Unverzichtbarkeit des Kriteriums der Einmalvergütung hingegen Schneider, Handbuch, Rn. D 100, ohne Begründung. Die Vereinbarung von Teilleistungen lässt den kaufrechtlichen Charakter unberührt.

[354] So der BGH, Urteil vom 18. 10. 1989 – VIII ZR 325/88, NJW 1990, 320 = WM 1989, 1890; s. auch Malzer, 67; Lehmann, CR 1997, 474.

Einmalzahlung, also eine **einmal fällige Mietzinszahlung**, vereinbart[355] werden (wie etwa z. B. bei der PKW-Miete für ein Wochenende), so dass selbst bei Vorliegen der Vereinbarung einer Einmalvergütung der Schluss auf die Anwendbarkeit von Kaufrecht nicht zwingend ist. Das Merkmal der Einmalzahlung ist freilich insbesondere im Bereich des Vertriebes von Massensoftware (die meist aus dem Regal- „off the shelf") und in Kunststofffolienverpackung („shrink-wrap") verkauft wird, ein praxistypisches und jedenfalls wichtiges, wenn auch widerlegbares Indiz für die Anwendbarkeit von Kaufrecht.

Ergebnis: In den Fällen, in denen keine zeitliche Begrenzung der Nut-   729
zung, wohl aber eine Einmalvergütung (oder ratenweise zu leistende Vergütung) für die Überlassung von Programmen vereinbart ist, sind wesentliche Anhaltspunkte für die mindestens entsprechende Anwendbarkeit von Kaufrecht gegeben. Die Rechtsprechung des BGH geht in diese Richtung und darf inzwischen als gefestigt bezeichnet werden.[356] Ist die Überlassung hingegen zeitlich begrenzt, gelangt Mietrecht (ggf. Pachtrecht) zur Anwendung.

Der BGH sieht in Verbindung beider Kriterien (Fehlen zeitlicher Begrenzung, Einmalvergütung) einen wichtigen Anhaltspunkt dafür, dass Kaufrecht auf die Überlassung von Standardsoftware[357] anwendbar sei. Nicht das Programm selbst ist damit die Sache[358], sondern der Datenträger, in dem das Programm verkörpert ist („… ein Datenträger mit dem darin ver-

---

[355] Beziehungsweise eine einmal fällige Lizenzzahlung, s. Malzer, a. a. O.

[356] BGH, Urteil vom 4. 11. 1987 – VIII ZR 314/86, BGHZ 102, 135 = NJW 1988, 406 = CR 1988, 124 – Compiler; BGH, Urteil vom 7. 3. 1990 – VIII ZR 256/89, NJW 1990, 3011 = DB 1990, 1123 = WM 1990, 987 = CR 1990, 707 (nach st. Rspr. des BGH sei „… auf die Überlassung von Standardsoftware gegen einmaliges Entgelt Kaufrecht zumindest entsprechend anwendbar"); BGH, Urteil vom 14. 7. 1993 – VIII ZR 147/92, NJW 1993, 2436 = CR 1993, 681 (für Einstufung von Standardsoftware als bewegliche Sache; BGH, Urteil vom 4. 3. 1997 – X ZR 141/95, CR 1997, 470, 472. Für unmittelbare Anwendbarkeit bereits (ohne Problematisierung) LG Ulm, Urteil vom 3. 6. 1987 – 1 S 285/87, CR 1988, 921.

[357] BGH, Urteil vom 4. 11. 1987, a. a. O.; ebenso BGH, NJW 1990, 320f. und 1290f.; BGH, NJW 1993, 2436ff.; s. Brandi-Dohrn, CR 1986, 66; Engel, BB 1985, 1159, 1162ff.; Köhler, XIII, Rn. 14. Die Parteien gingen im vom BGH zu entscheidenden Fall ausdrücklich von der Übereignung, also der Anwendbarkeit von Kaufrecht, aus. Sah damit der BGH Kaufrecht als anwendbar an, so stand diese Schlussfolgerung nicht im Widerspruch mit dem Parteiwillen. Allein die Vorstellung der Parteien, es sei Kaufrecht anwendbar, muss dieses aber noch nicht tatsächlich anwendbar machen, wenn etwa eine zeitliche Begrenzung der Überlassung vorliegt und die Pateienvorstellung insoweit irrtümlich ist. – Der BGH hatte bereits in einer früheren Entscheidung umstandslos Kaufrecht auf den Erwerb eines Systems angewendet, das aus Computer und „vorgefertigter" Standardsoftware bestand (BGH, NJW 1983, 1903 = WM 1983, 685; ähnlich die Entscheidungen BGH, NJW 1984, 2938 und NJW 1985, 129).

[358] Heymann, Urteilsanm. zu BGH (s. unten), CR 1990, 112.

körperten Programm, insofern also eine körperliche Sache").[359] Wer hiernach Software gegen Einmalzahlung zur zeitlich unbegrenzten Nutzung überlassen erhält, erwirbt grundsätzlich kaufrechtlich Eigentum[360], wenn nicht Umstände des Einzelfalls für eine anderweitige Vereinbarung sprechen. Entscheidend ist der Zeithorizont der Software-Nutzung.[361] Der BFH[362] folgt grundsätzlich der kaufrechtlichen Zuordnung.

730 Eine genaue Differenzierung zwischen dem auf Datenträger verkörperten Programm als Sache und dem Programm selbst als Sache nimmt der BGH im Urteil vom 4. 11. 1987 (Fn. 80) nicht ausdrücklich vor. Dieser Entscheidung zufolge ist nicht das Programm selbst die Sache[363], sondern der Datenträger, in dem das Programm durch Magnetisierung verkörpert ist („... ein Datenträger mit dem darin verkörperten Programm, insofern also eine körperliche Sache")[364]. Auch das Urteil vom 18. 10. 1989 stellt auf den Datenträger (nämlich die Festplatte des Rechners) ab, auf dem das Programm verkörpert war. Die Entscheidung vom 7. 3. 1990 geht von der (zumindest) entsprechenden Anwendbarkeit von Kaufrecht aus und geht

---

[359] BGH, Urteil vom 4. 11. 1987, a. a. O., BGHZ 102, 135 = CR 1988, 124, 127 unter Bezugnahme auf den Beschl. vom 2. 5. 1985, GRUR 1985, 1055 ff. Mit „körperlicher Sache" ist offensichtlich „körperlicher Gegenstand" im Sinne von § 90 BGB gemeint. Das Urteil des BGH vom 4. 11. 1987 wurde bestätigt durch die Urteile des BGH vom 18. 10. 1989 – VIII ZR 325/88, DB 1989, 2596 = NJW 1990, 320 f. = CR 1990, 24 und vom 7. 3. 1990 – VIII ZR 56/89, DB 1990, 1123 sowie das BGH, NJW 1993, 2436 ff. Für die Sacheigenschaft von Computerprogrammen insbesondere auch Hoeren, Softwareüberlassung, Rn. 74.

[360] Vgl. für alle Graf v. Westphalen/Seidel, Aktuelle Rechtsfragen der Software-Vertrags- und Rechtspraxis, 3. Aufl. 1992, 12; letztlich auch Moritz/Tybusseck, Rn. 735 (soweit Kaufgeschäft von den Vertragsparteien gewollt).

[361] So wohl auch die Tendenz der BGH-Rechtsprechung, s. Michalski/Bösert, 17.

[362] Vgl. BFH, Urteil vom 13. 3. 1997 – V R 13/96, CR 1997, 461. Der BFH lehnt eine Einordnung als Einräumung von urheberrechtlichen Nutzungsrechten ab und setzt den Verkauf von Standardsoftware dem Verkauf von Büchern gleich. Selbst bei Annahme des Kaufes eines immateriellen Wirtschaftsgutes handle es sich „im Kern" um die Befugnis, das auf dem Datenträger gespeicherte Programm anzuwenden, was im Urheberrechtsgesetz allenfalls „am Rande" geregelt sei. Nun sind Begriffe wie „Kern" und „Rand" selbst interpretationsbedürftig, zumal bei Verwendung im rechtlichen Bereich. Zudem ist das Recht zur „bestimmungsgemäßen Benutzung" im Sinne der §§ 69 a ff. UrhG ein den Kern- und Randbereich der Nutzung des Computerprogrammes sicherndes Recht, nicht nur eine unselbständige Nebenleistung. Der Anwender erhält nicht aus Urheberrecht etwas zusätzlich zum Kauf, sondern eine zustimmungsunabhängig gesicherte Nutzungsmöglichkeit. Diese ergibt sich nicht bereits aus der (durch Urheberrecht in der Wirkung einschränkbaren) Veräußerung durch § 903 BGB, sondern erst aus der urheberrechtlichen Schrankenbestimmung (als gesetzliche Schranke für sonst aus Urheberrecht grundsätzlich mögliche Reduzierungen der Eigentümerposition).

[363] Heymann, Urteilsanm. zu BGH, Urteil vom 18. 10. 1989 – VIII ZR 325/88, DB 1989, 2596 = CR 1990, 112.

[364] BGH, Urteil vom 4. 11. 1987 unter Bezugnahme auf den Beschl. vom 2. 5. 1985, GRUR 1985, 1055 ff. Mit „körperlicher Sache" ist offensichtlich „körperlicher Gegenstand" im Sinne von § 90 BGB gemeint. Das Urteil des BGH vom 4. 11. 1987 (Fn. 79) wurde bestätigt durch die Urteile des BGH vom 18. 10. 1989 (Fn. 82) und vom 7. 3. 1990 (Fn. 82).

(deshalb) nicht näher auf die Sachqualifikation ein. Keine grundsätzliche Abweichung ergibt sich aus dem Urteil des BGH vom 14. 7. 1993[365], das wesentlich auf die Verkörperung des Programms auf Datenträger abstellt. Allerdings scheint aber auch (ohne dass dies vom BGH entschieden wurde und zu entscheiden war) eine Zuordnung zum Sachbegriff möglich, die, in Abhängigkeit von entsprechender Verkehrsauffassung, das Computerprogramm als solches, also unabhängig von seiner Verkörperung, als Sache betrachtet; diese Zuordnung kann im Zusammenhang mit Online-Übertragungen von Programmen relevant sein. (Zu dieser Zuordnung s. Rn. 738.)

Die **Gewährleistungsbestimmungen** des Kaufrechts sind, der genannten Entscheidung des BGH vom 4. 11. 1987 zufolge, ebenfalls „zumindest entsprechend" anwendbar.[366] Der Fehler eines auf Datenträger verkörperten Programmes ähnele eher dem Konstruktionsfehler eines (massenhaft hergestellten) technischen Werkzeuges als dem Mangel einer Erfindung[367]. Die Brauchbarkeit von Fertigungsverfahren oder Erfindungen ließe sich oft erst nach langen Ausführungsversuchen erkennen, während die Eignung eines Standardprogrammes „verhältnismäßig leicht und in der Verjährungsfrist des § 477 BGB" vom Erwerber durch Test und Praxiseinsatz festgestellt werden könne.[368] Auch wenn Software-Leistungen wesentlich immateriellen Charakter haben sollten, bleibe die Frage nach dem anwendbaren Sachmängelgewährleistungsrecht. **731**

Offen gelassen hat der BGH in der Entscheidung vom 4. 11. 1987, ob dem Anbieter als Veräußerer ein **Nachbesserungsrecht** aus § 633 Abs. 2 BGB zu gewähren sei.[369] Diese Frage braucht im vorliegenden Rahmen nicht näher diskutiert zu werden[370], da sie der BGH nicht inhaltlich aufgreift und insbesondere nicht die Frage stellt, ob **anstelle** kaufrechtlicher **732**

---

[365] BGH, Urteil vom 14. 7. 1993 – VIII ZR 147/92, CR 1993, 681, 683. Dem steht nicht die Formulierung in der Entscheidung entgegen, dass Standardsoftware als bewegliche Sache anzusehen sei. Auch liegt wohl kein „Redaktionsversehen" vor (so Moritz, CR 1994, 257, 259), da der BGH ausweislich des nächsten Satzes im Urteilszusammenhang offensichtlich „Standardsoftware" selbst als „ein auf einem Datenträger verkörpertes Programm" versteht, nämlich als auf Datenträger konfektioniertes Programm.

[366] BGH, BGHZ 102, 135 = BGH, NJW 1988, 406. Für die Zwecke der Urteilsbegründung konnte es dem BGH genügen, nur zumindest entsprechende Anwendbarkeit anzunehmen.

[367] BGH, NJW 1988, 407f. in Abweichung von BGH, NJW 1981, 2684 (Einordnung der Software-Überlassung als „Lizenzvertrag", nämlich als nach pachtrechtlichen Grundsätzen zu behandelnder Know-how-Vertrag).

[368] BGH, NJW 1988, 407f. Ob dieses Kriterium wirklich tragfähig ist, erscheint angesichts der leidvollen Erfahrungsberichte vieler Anwender mit bestimmten PC-Betriebssystemen allerdings fraglich, die nach Branchen-Ondit „beim Kunden reifen".

[369] BGH, Urteil vom 4. 11. 1987, BGHZ 102, 135, unter Bezugnahme auf Mehrings, NJW 1986, 1907.

[370] Ausf. s. Koch, Software-Recht, 2000.

Gewährleistung werkvertragliche zur Anwendung gelangen sollte. Allerdings ist auf eine Entscheidung des OLG Düsseldorf[371] hinzuweisen, derzufolge bei Vereinbarung einer Installationspflicht, die das Gewicht einer Hauptleistungspflicht hat, nicht nur auf diese Werkvertragsrecht, sondern § 633 Abs. 2 BGB analog auch auf die Sachmängel der Hardware und Software anwendbar sein soll. Dieser Entscheidung kann in diesem Punkt **nicht** gefolgt werden. Näher liegend und dogmatisch überzeugender erscheint, angesichts des besonderen Gewichts der Installationsverpflichtung für die Gesamtleistung des Anbieters, diese insgesamt Werkvertragsrecht zu unterstellen[372], da das Erreichen eines individuell definierten Zieles nach dem Sachverhalt und seiner Wertung durch das Gericht eindeutig im Zentrum der Leistungsbemühungen des Anbieters stehen sollte. Hier entfällt dann ohnehin die Grundlage für eine **kauf**rechtliche Sachmängelgewährleistung, da die einzelnen Komponenten nur noch von untergeordneter Bedeutung sind.[373] Von dieser Sachlage her besteht kein Anlass, die kaufrechtlichen Gewährleistungsansprüche per analogiam um einen aus dem Werkvertragsrecht importierten Nachbesserungsanspruch anzureichern und hierdurch beträchtliche tektonische Verschiebung in der Gewährleistungsdogmatik zu riskieren.

Von dieser besonderen Kombination aus den Regelungskomplexen **zweier** Vertragstypen zu unterscheiden ist der Ansatz, auf Software-Überlassung generell Werkvertragsrecht anzuwenden (s. hierzu näher Rn. 744).

e) Stellungnahme zur vertragsrechtlichen Zuordnung

733 Die Zuordnung der Software-Überlassung zum Kaufvertragsrecht ist interessengerecht und dogmatisch grundsätzlich tragfähig. Die Sacheigenschaftsproblematik steht dieser Zuordnung nicht entgegen.

---

[371] OLG Düsseldorf, Urteil vom 9. 6. 1984 – 16 U 209/88, NJW 1989, 2627.

[372] Ebenso Marly, Rn. 473 f., jedoch übersehend, dass das OLG Düsseldorf nicht die generell werkvertragliche Gewährleistungskomponente auch auf den kaufrechtlichen Teil unmittelbar für anwendbar hält, sondern die kaufrechtliche Gewährleistung weiterhin als anwendbar ansieht und durch analoge Anwendung des Nachbesserungsrechts ergänzen will. Erst hierdurch entsteht eine dogmatisch wenig überzeugende Gemengelage aus kauf- und werkvertraglichen Ansprüchen für denselben Leistungsteil.

[373] Freilich ist aus dem vom Gericht mitgeteilten Sachverhalt eine Verbindung zwischen Software und Installationsverpflichtung nicht zu erkennnen. Offensichtlich sollte eine Vernetzung hergestellt werden („verkabelt und installiert"), allerdings erst **nach** der Ablieferung der Software. Im Streit waren dann nur Geräteausfälle. Eine irgendwie geartete Anpassung der Software wird nicht berichtet. Unklar bleibt deshalb, weshalb § 633 Abs. 2 BGB auch die Software erfassen soll. Schließlich erscheint fraglich, ob die Installation von drei Terminals und zwei Druckern mit Verbindung zu einem Zentralrechner wirklich als Hauptleistungspflicht einzuordnen ist, handelt es sich doch um übliche Projekt- und Anlagengrößen.

Der Angelpunkt des Zuordnungsstreites dürfte wohl die Sacheigenschaft von Computerprogrammen sein. Diese lässt sich – dogmatisch widerspruchsfrei – bejahen. Entscheidend für die Zuordnung kann nicht eine physikalistisch-szientistische Sicht sein.[374] So sah das OLG Stuttgart „Software" selbst als Sache an, als „eine höchst bewegliche sogar", vergleichbar mit der „Lieferung von Wasser, Dampf, Gas und andere(n) Formen von Energie".[375] Zur Begründung bezieht sich das Gericht wesentlich auf Beispiele physikalischer Aggregatzustände von Materie. Tatsächlich will das Gericht aber zutreffend nicht auf eine physikalische Definition der Körperlichkeit abstellen, sondern auf die **Verkehrsauffassung** dessen, was als körperlich gelten kann; hierzu soll nach nicht näher begründeter Auffassung des Gerichts auch Software als solche zählen.[376] Die Verkehrsauffassung stellt wohl eher auf eine Verkörperung ab; dies bleibt daher zu prüfen. In jedem Fall ist die **Verkehrsauffassung entscheidend**, was eine Sache im Sinne von § 90 BGB darstellt[377], nicht eine wissenschaftlich-technische Auffassung. Die Verkehrsauffassung ist auch unmittelbar dogmatisch-systematisch für den Sachbegriff wesentlich. So erfolgt die begriffliche Abgrenzung zwischen Sache und Zubehör nach der Verkehrsauffassung (§ 97 Abs. 1 Satz 2 BGB), nicht nach rein physikalischen Gegebenheiten[378], wobei eine natürliche Betrachtungsweise[379] bzw. ein technisch-wirtschaftlicher Standpunkt[380] zu berücksichtigen ist, aber nicht allein maßgebend sein muss. Die natürliche, auf Körperlichkeit abstellende Auffassung kann jene Verkörperung voraussetzende Verkehrsauffas-

---

[374] Diese führt schon deshalb zu keiner Klärung, weil sie Objekte letztlich in quantenfeldtheoretischer Perspektive als Überlagerung von nonlokalen Wahrscheinlichkeitswellen deutet (s. nur Penrose, The Emperor's New Mind. Concerning Computers, Minds, and the Law of Physics 1989, 256f., 296), womit die nähere Abgrenzung des holzschnittartig einfachen Sachbegriffs des § 90 BGB auch nicht viel gewonnen wäre.

[375] OLG Stuttgart, Urteil vom 8. 1. 1988 – 6 U 135/87, NJW 1989, 2635f.; a. A. wohl OLG Köln, Urteil vom 19. 9. 1994 – 16 U 35/88, CR 1995, 218, ohne Begr. jedoch unter entsprechender Anwendung von Kaufrecht.

[376] OLG Stuttgart, Urteil vom 8. 1. 1988, a. a. O.

[377] Siehe a. König, Das Computerprogramm im Recht 1991, Rn. 265.

[378] RGZ 67, 34 ähnlich für die Abgrenzung zwischen Sache und Bestandteil. Deshalb erscheint es nicht als ausreichend, darauf hinzuweisen, Programme seien schlicht Anweisungen und deshalb keine Sachen, da man Anweisungen nicht anfassen könne (so Redeker, NJW 1992, 1739). Diese Tangibilität wird von der Verkehrsauffassung nicht notwendig vorausgesetzt (s. unten Rn. 734).

[379] RGZ 158, 370. Einen Widerspruch zur natürlichen Verkehrsanschauung sehen Köhler/Fritzsche, in: Lehmann (Hrsg.), Rechtsschutz und Verwertung, XIII, Rn. 5. Die Verkehrsanschauung sehe einen Gegenstand nur dann als „Sache" an, wenn er sinnlich wahrnehmbar und im Raum abgegrenzt ist. Empirisch begründet wird diese generalisierende Aussage nicht. Außerdem dürften dann etwa auch Geschäftsgeheimnisse nicht Kaufsache sein können (abw. zu Recht BGHZ 16, 71, s. Rn. 740). Die Autoren verweisen aber selbst unter XIII, Rn. 8 auf den weiter gefassten Sachbegriff des Kaufrechts.

[380] BGHZ 20, 157.

sung prägen, doch ist dies nicht notwendig für jede Software anzunehmen (s. unten Rn. 734). Die Sacheigenschaft von Programmen bejaht auch Taeger[381]; entscheidend ist für ihn, dass das Programm zu jedem Zeitpunkt auf einem Datenträger verkörpert sein muss. Es sei technisch beherrschbar und von anderen Sachen unterscheidbar. Dieser Auffassung folgt, jedenfalls im Ergebnis, auch der BGH, der insbesondere in seinem Urteil vom 14. 7. 1993 (Rn. 729) wesentlich auf die Verkörperung des Programmes auf Datenträger abstellt und „damit" auf eine körperliche Sache (s. Rn. 133). Der BGH bezeichnet also gerade **nicht** datenträgerlose Programme selbst als bewegliche Sache, sondern im Gegenteil das auf Datenträger verkörperte Programm.[382]

734 Dies entspricht auch der **Verkehrsauffassung** bezüglich der meisten Software-Formen. Allerdings kann sich auch eine Verkehrsauffassung bilden, die Programme selbst als „Sache" ansieht. Programme selbst sind nämlich nicht nur unterscheidbar, sondern können im Verkehrsleben besonders bezeichnet und bewertet werden.[383] Nach der erwähnten (bisher wohl nicht empirisch untersuchten) Verkehrsauffassung gewinnt ein Programm seine Sacheigenschaft durch Verkörperung auf Datenträger, wobei der spezifische Magnetisierungszustand, der das Programm abbildet (und nicht die bloße Magnetisierungsfähigkeit), eine verkehrswesentliche, weil wertbildende Eigenschaft darstellt. Über eine natürliche Betrachtungsweise hinaus ist es aber grundsätzlich möglich, nach den Verkehrsbedürfnissen insbesondere im kaufrechtlichen Zusammenhang den Sachbegriff in einer spezifisch zivilrechtlichen Deutung auf **jedes Objekt des Tauschverkehrs** auszudehnen[384], also sogar rein tatsächliche Werte wie Kundschaft oder Geschäftsgeheimnisse und Gesamtheiten wie Unternehmen und vergleichbare unkörperliche Entitäten als handelbare Sachen anzusehen[385]. Aus dieser **erweiterten, an Bedürfnissen des Handelsverkehrs orientierten Sicht können** grundsätzlich auch **Computerprogramme als solche als Gegenstand des wirtschaftlichen Verkehrs** und damit – jedenfalls in diesem wirtschaftlichen Zusammenhang – **unabhängig von einer Verkörperung auf Datenträger als Sache behandelt und gehandelt** werden. Nach diesem Ansatz bestehen auch keine grundlegenden Probleme, mit einem solchen teilweise entmaterialisierten Sachbe-

---

[381] Taeger, CR 1996, 257, 261 (Sacheigenschaft bejaht, da Verkörperung auf Datenträger) und ders., Außervertragliche Haftung für fehlerhafte Computerprogramme, 1995, 154 ff.
[382] Ebenso i. E. MünchKomm/BGB-Holch, § 90 Rn. 7 a (gespeicherte Informationen und Befehlsfolgen als immaterielles Gut).
[383] Siehe bereits RGZ 87, 43, 45.
[384] BGHZ 16, 71, 74 = NJW 1955, 337; BGHZ 43, 46, 49 = NJW 1965, 580.
[385] Staudinger/Dilcher, Vorbem. zu §§ 90 ff. Rn. 10.

griff auch online übertragene Programme und sogar Programme in dieser Übertragungsphase als „Sache" jedenfalls im Sinne von § 90 BGB einzustufen. Für die meisten Anwendungsfälle bleibt diese Konstruktion freilich theoretisch, da Programme entweder ohnehin auf Datenträger verbreitet oder jedenfalls nach einer unkörperlichen Übertragungsphase im Empfängersystem auf Festplatte oder anderem Datenträger gespeichert und damit verkörpert werden[386]. Aber nach dargestellter Verkehrsauffassung könnte auch eine solche „virtualisierte" Sache übereignet werden, ohne dass eine Analogie herangezogen werden müsste. Nicht zu folgen ist der Auffassung, dass nur Standard-, nicht aber Individualsoftware „Sache" im Sinne von § 90 BGB sein könne.[387] Entscheidend ist nicht, ob die Erstellung vor oder nach Vertragsabschluss, standardisiert oder kundenspezifisch erfolgt, sondern ob die Materialisierung auf einem Datenträger erfolgt. Deshalb ist auch ein im Kundenauftrag individuell und auf dem Kundensystem erstelltes Programm mit seiner Abspeicherung auf einem Datenträger „Sache". Dies ergibt sich schon aus dem Umstand, dass sie hierdurch wie sonstige Programme (auf Datenträger oder im Internet) handelbar wird.

Jeder Datenträger ist für eine nach § 90 BGB erforderliche Materialisierung tauglich, also Disketten, Bänder, DVD, EPROM etc. Für die Sacheigenschaft ausreichend ist, dass die Abspeicherung auf dem **Arbeitsspeicher** erfolgt. Die Erwägungen, die zu einer Bejahung der Vervielfältigungsbereitschaft der Programmkopie im Sinne des Urheberrechts führen, sind hier entsprechend anwendbar und tragfähig.

Der oben für das Kaufrecht dargestellte Begründungsgang lässt sich auch für das **Mietrecht** nutzbar machen; was getauscht werden kann, lässt sich grundsätzlich auch vermieten, d. h. nur zeitlich begrenzt zur Nutzung überlassen.[388] Mietweise Überlassung ist nur eine von mehreren Varianten

---

[386] Am wenigsten steht dieser Argumentation entgegen, dass die Regeln des reinen Sachkaufs auf Softwareüberlassung ohnehin nicht anwendbar seien, da eine urheberrechtliche Nutzungsrechtseinräumung erforderlich bleibe (so Pres, 20). Zum einen ist die vertragstypologische Zuordnung unabhängig von der sachenrechtlichen Qualifikation, zum anderen hindert die urheberrechtliche Komponente auch nicht die Anwendung von Sachkaufrecht auf die Veräußerung etwa von Büchern. Zwar sind Inhalt und Medium trennbar (Pres, 21), etwa bei der Datenübertragung; daraus darf entgegen Pres aber nicht abgeleitet werden, dass Software „bereits durch den Inhalt repräsentiert" werde (Pres, a. a. O.). Unklar bleibt, welche Bedeutung hier der Begriff „Repräsentation" haben soll. Verkörperung jedenfalls ist nur auf einem Datenträger möglich, sonstige Repräsentation ist hingegen für den Sachbegriff nicht relevant.

[387] Bömer, Computersoftwarevertrag, 37.

[388] Aufgrund der Ablehnung der Sacheigenschaft von Software sieht Pres, 52, Mietvertragsrecht nicht als auf Software-Überlassung anwendbar an, nimmt aber unproblematisch die Möglichkeit von Software-**Leasing** an (53), auf das, wie Pres selbst erwähnt, Mietrecht grundsätzlich anwendbar ist. Beide Qualifikationen stehen im Widerspruch zueinander.

des Tauschverkehrs. Auch Leasing gehört hierzu und ebenso werkvertragliche Erstellung (anschließend) tauschbarer Objekte, wobei der Begriff des „Werkes" allerdings keine Sacheigenschaft voraussetzt.

735 Teilweise wird auf den Umstand hingewiesen, dass der Kunde vom Anbieter zwar einen Vermögenswert eingeräumt erhalte, dies jedoch zu **keiner Vermögensminderung** auf Seiten des Anbieters führe. Da aber nur die Einräumung einer persönlichen Nutzungsbefugnis wesentlich sei, könne die Software-Überlassung doch zumindest einen **kaufähnlichen Vertrag** darstellen.[389] Stellt man nicht auf das Programm selbst, sondern auf den Datenträger ab, dem mit dem aufmagnetisierten Programm ein Werkzeugcharakter zukommt, so findet durchaus eine „**Übertragung von Vermögenswerten**" statt, nämlich des derart instrumentalisierten Datenträgers. Wertbildend ist hier nicht der Datenträger an sich, sondern der Datenträger mit der spezifischen Aufmagnetisierung eines Programmes. Der Datenträger mit Werkzeugcharakter wechselt durch die Übertragung von der Vermögenssphäre des Anbieters in die des Kunden. Aus der Sicht des BGH, der ein Computerprogramm auf Datenträger als Sache im Sinne von § 90 BGB einstuft, ist das Programm ein übertragbarer Vermögenswert. Zwar bleibt der Anbieter grundsätzlich in der Lage, beliebig viele weitere Kopien des Programmes herzustellen, so dass insoweit keine Vermögensminderung eintritt. Bereits bei einem Vertriebshändler kann dies aber anders sein, wenn dieser die derart vertriebsvertragsgemäß hergestellten und vertriebenen Kopien mit dem Software-Hersteller abrechnen muss. Die einzelne Veräußerung begründet einen entsprechenden internen Vergütungsanspruch des Herstellers, der die Vermögenssphäre des Händlers mindert. Gleiches muss grundsätzlich auch bei Online-Übertragung von Software gelten.

736 Unproblematisch kann der Kunde bei zeitlich unbegrenzter Überlassung am Datenträger **Eigentum** erwerben. Folgt man dem BGH bei der Einstufung von Computerprogrammen auf Datenträgern als Sachen gemäß § 90 BGB, so muss auch am einzelnen Programmexemplar Übereignung und Eigentumserwerb möglich sein (, so dass auch der urheberrechtliche Erschöpfungsgrundsatz Anwendung findet). Nach dem erläuterten Sachbegriff muss dies sogar für online übertragene Programmexemplare gelten. Ist der Veräußerer nicht zur Weitergabe berechtigt (etwa beim so genannten Raubkopieren), haftet er aus § 434 BGB aus diesem Rechtsmangel.

---

[389] Köhler/Fritzsche, in: Lehmann, Rechtsschutz und Verwertung, XIII, Rn. 13.

Ein **gutgläubiger Erwerb** (§ 932 BGB) durch einen Anwender ist hinsichtlich der **urheberrechtlichen Nutzungsrechte ausgeschlossen.**[390] Der Käufer kann damit zwar am (raubkopierten) Programmexemplar auf Datenträger Eigentum, nicht aber die erforderliche Nutzungsposition erwerben. Auch jede Weiterveräußerung ist ausgeschlossen, da die Zustimmung (nach § 17 Abs. 2 UrhbG erforderlich) des Berechtigten zur Veräußerung bezüglich des betreffenden Programmexemplars fehlt. Eine Erschöpfung des Verbreitungsrechts tritt nicht ein. Damit entfällt eine wesentliche Komponente des Eigentums (als Verfügungsbefugnis) am Programmexemplar, so dass im Ergebnis auch eine Übereignung des Programmexemplars selbst im Sinne einer tatsächlichen Einräumung von Verfügungsbefugnis ausscheidet und kein Folgeerwerber eine Nutzungsbefugnis erwerben kann.

Andererseits ist nach dem erläuterten Ansatz ein vereinbarter Eigentumsvorbehalt auch am jeweils überlassenen Programm auf Datenträger möglich.

f) Anwendbarkeit von Kaufrecht auf Dauerschuldverhältnisse

Fraglich erscheint allerdings, ob die Vereinbarung eines „Dauerschuldverhältnisses" (nämlich der – urheberrechtlich begründeten – Programmnutzung) die Anwendbarkeit von Kaufrecht ausschließt. Bereits die Vereinbarung einer Nutzungsbeschränkung soll für die gesamte, unbestimmte Nutzungsdauer zu einem vom zeitlichen Ablauf her offenen Dauerschuldverhältnis führen[391] und Kaufrecht unanwendbar machen. Dieser Ansatz scheint jedoch zu undifferenziert, da aus einer solchen Sicht auch der Erwerb eines Buchexemplares, das nicht frei vervielfältigt werden darf (vergleichbar dem Verbot, ein Programm frei zu kopieren), nicht als Kauf dieses Buches eingestuft werden dürfte. Vielmehr sind solche Nutzungsbeschränkungen teilweise gerade auch unter Anwendbarkeit von Kaufrecht zulässig, so dass aus dem Vorliegen einer beliebigen, auf Dauer wirkenden Nutzungseinschränkung nicht bereits die Nichtanwendbarkeit von Kaufrecht abgeleitet werden darf.

Weiter ergibt sich aus dem Umstand, dass den beiden Urteilen des BGH vom 4. 11. 198 7[392] und vom 18. 10. 1989[393] die **ausdrückliche Vereinbarung** freier Verfügbarkeit der Software zugrunde lag, nicht notwendig,

737

---

[390] Siehe BGHZ 4, 116, 119.
[391] Moritz/Tybusseck, Rn. 326.
[392] BGH, Urteil vom 4. 11. 1987 – VIII ZR 314/86, BGHZ 102, 135 = CR 1988, 124, 127.
[393] BGH, Urteil vom 18. 10. 1989 – VIII ZR 325/88, NJW 1990, 320 = CR 1990, 24, 26.

dass bei Fehlen solcher Vereinbarungen bereits die Anwendbarkeit von Kaufrecht ausscheiden muss[394]. Vielmehr ergibt sich diese freie Verfügung grundsätzlich auch **ohne** ausdrückliche Vereinbarung bereits aus dem gesetzlichen Vertragsbild des Kaufrechtes und sind im konkreten Sachverhalt Anhaltspunkte dafür zu suchen, dass nicht nur einzelne, die Anwendbarkeit von Kaufrecht unberührt lassende Nutzungseinschränkungen vereinbart wurden, sondern derart weitgehende Nutzungsbindungen, dass eine Übereignung ausscheiden muss. Hier ist zu beachten, dass nach der BGH-Rechtsprechung das kaufrechtliche Vertragsbild nicht mittels AGB willkürlich verändert werden kann.

g) „Übergabe" durch Datenübertragung

738 Schließlich kann ein Programm auch **ohne Datenträger** übergeben werden, etwa mittels Datenleitung, sei es durch Kabel zwischen Speichermedium des Anbieters und Anlage des Kunden[395] oder mittels (funktional gleichwertiger) Online-Übermittlung in Kommunikationsnetzen wie insbesondere dem Internet (und hier dem World Wide Web bzw. bei Dateitransfer ftp). Es genügt, dass auf dem Zielrechner (des Kunden) eine Programmverkörperung hergestellt wird[396], wenn hierdurch der Endzweck des Erwerbs der Standardsoftware erreicht wird, nämlich „die Nutzbarmachung des Programms für den Erwerber durch Einspeicherung auf die Festplatte seines Computers"[397]. Die nur auf den fortgeschrittenen technischen Möglichkeiten beruhende unmittelbare Installierung der Standardsoftware im Computer des Käufers als Endanwender „bei gleichem wirtschaftlichen Endzweck des Geschäfts" rechtfertige jedenfalls die entsprechende Anwendung der Vorschriften des (damals noch zu prüfenden) AbzG, zumal der Vertrag auf gleichem Wege auch rückabwickelbar sei[398].

Freilich muss hier der Begriff der „Übergabe" der Kaufsache sehr weit ausgelegt werden[399], da das Verkörperungserfordernis **in transitu** nicht

---

[394] So wohl Moritz/Tybusseck, Rn. 324 ff.
[395] Für diesen Fall BGH, Urteil vom 18. 10. 1989, a. a. O. (zur Anwendbarkeit des früheren AbzG zum Abzahlungskauf), Vorinstanz OLG Stuttgart, CR 1989, 692; Marly, Rn. 102; König, NJW 1989, 2604 f.; Brandi-Dohrn, EDV-Verträge, Rn. 5, 6.
[396] Das bloße Anzeigen eines Textes auf dem Bildschirm (etwa im Internet über Telnet) würde zu keiner Übergabe führen können, da hier die Textkopie auf dem Bildschirm des Zielrechners nicht verkörpert wird.
[397] BGH, Urteil vom 18. 10. 1989, a. a. O.
[398] BGH, Urteil vom 18. 10. 1989, a. a. O. In der Praxis wird der Käufer freilich kaum die erhaltene Programmkopie online zurückübertragen, sondern sinnvollerweise nur auf seinem Rechner löschen.
[399] Hierfür etwa auch Marly, Verträge, Rn. 102 f.

erfüllbar ist und auch keine Sache bewegt, sondern allenfalls „fernko-
piert", d. h. vervielfältigt wird[400]. In gleicher Weise könnte etwa ein Text
durch Faxübermittlung „übergeben" werden, obwohl durch solches Fern-
kopieren (kommerziell als „Fax-Polling" genutzt) eine **Textkopie** auf dem
Empfängerrechner **erstellt** wird. Zunehmend werden auch Musikwerke
über das World Wide Web als Audiodateien übertragen (auf PC im
MPEG-Format; in besonderen Wiedergabegeräten im MP 3- oder Liquid
Audio-Format), ebenso Grafikdateien, Filmclips und mittlerweile komplette Filme, aber auch Datenbankauszüge. Hier stellen sich inhaltsunab-
hängig-strukturell die gleichen vertragstypologischen Zuordnungsprobleme.

Nicht (mehr) zutreffend ist der (empirische) Befund, datenträgerlose   739
Übergabe sei noch nicht sehr verbreitet.[401] Für die meisten Programme
können heute im Inernet oder in Online-Diensten **patches** zur Fehlerbeseitigung, Beta-Releases von Betriebssystemen oder Browser-Software oder
Demo-Versionen mit voller Funktionalität (aber zeitlich begrenzter Nutzungsdauer, z. B. 30 Tage, also als so genannte Shareware, s. Rn. 750)
„heruntergeladen" werden. Auch für „große" Software wie R/3 werden
voll funktionale Updates oft auch online dem Kunden zur Verfügung
gestellt und (mit entsprechenden Diagnosewerkzeug-Programmen) installiert. Online-Downloads (via ftp) sind zum normalen Vertriebsweg geworden. Für große Software-Marktbereiche wurde so die Übergabe demateria-
lisiert.

h) Nutzung von technischen Schutzrechten oder Know-how

Teilweise wird in der Literatur diskutiert, ob die Überlassung von Stan-   740
dard-Software als Lizenzvertrag einzustufen sei. In der Sache ist von vornherein hierdurch nicht viel gewonnen, soweit in den Rechtsfolgen doch
wieder Miet- oder Kaufrecht anwendbar sein soll, freilich mit allen Unge-

---

[400] Ebenso Mincke, Jur-PC 1991, 932, 936, der darauf hinweist, dass das Programm nicht übertragen, sondern vom empfangenden Rechner selbst auf seine Festplatte geschrieben werde. In gleicher Weise wird auch beim Faxtransfer eine Kopie erstellt. Dieses Verfahren gilt übrigens nicht
nur für Datenfernübertragung, sondern auch für jedes Laden eines Programms vom Datenträger
in den Rechner.

[401] Marly, Rn. 229 (noch für Btx, das allerdings vor 1997 durch „T-Online" mit integriertem Inter-
net-Übergang ersetzt worden ist). Die Hauptbedeutung des Softwarevertriebes (als wichtiger
Zweig des Electronic Commerce) liegt nach allen Einschätzungen etwa der EG-Kommission im
Internet-Bereich (s. ausf. Koch, Internet-Recht, 1998, Teil III und Loewenheim/Koch, Praxis des
Online-Rechts, 1998). Die Vertragspraxis hat sich hier schnell weit von den Befunden entfernt,
die sich noch aus den Sachverhalten der bisherigen Rechtsprechung zur früher verwendeten
Technologie ableiten lassen.

wissheiten einer **nur entsprechenden Anwendung.** Weiter folgt die Rechtsprechung ersichtlich nicht diesem Ansatz, so dass die Vertragspraxis dies zur Kenntnis nehmen muss. Allerdings bilden sich in der Praxis neue Formen der Software-Überlassung heraus, die auch in die Richtung einer tatsächlichen Know-how-Übertragung gehen (s. unten Rn. 743).

741 Gegen die Einstufung eines urheberrechtlichen Nutzungsrechts als „Lizenz" spricht, dass das für die Verwertung von Immaterialgütern typische Verwertungsrisiko einer Lizenz im Bereich der Software-Überlassung nicht zu finden ist.[402] Lizenzverträge sind „gewagte Geschäfte"[403], etwa hinsichtlich der technischen Ausführbarkeit, Brauchbarkeit und wirtschaftlichen Verwertbarkeit bei einer Patentauswertung. Der BGH lehnt deshalb zutreffend die Gleichsetzung der Software-Überlassung mit einem Lizenzvertrag über ein Fertigungsverfahren oder eine Erfindung ab.[404] Auf einen Lizenzvertrag wären die §§ 463, 538, 581 BGB nur bei Fehlen einer zugesicherten Eigenschaft anwendbar[405], während bei technischer Unbrauchbarkeit des Vertragsgegenstandes die allgemeinen Grundsätze über anfängliches Unvermögen anwendbar sind, da die Sachgewährleistungsvorschriften hier nicht zutreffen[406]. Der Fehler eines auf Datenträger verkörperten Programmes ähnele hingegen eher dem Konstruktionsfehler eines (massenhaft hergestellten) technischen Werkzeuges als dem Mangel einer Erfindung.[407] Auch die Lizenzierung von Know-how (nach Pachtvertragsrecht[408]) komme dann nicht in Betracht, wenn die Parteien nicht ein Dauerschuldverhältnis, sondern eine kaufrechtliche Überlassung wollten[409] – also einen punktuellen Leistungsaustausch.

Auch dann, wenn im Vertrag vereinbart wird, die Software verbleibe aus lizenzrechtlichen Gründen im Eigentum des Anbieters und der Kunde dürfe die Software weder veräußern noch Dritten zugänglich machen, scheidet die Anwendbarkeit von Kaufrecht nicht aus, sofern die Parteien eine kaufvertragliche Überlassungsform gewählt haben.[410] Kaufrecht kann

---

[402] Krit. auch Zahrnt, BB 1996, 443.

[403] BGH, GRUR 1961, 27; Gaul/Bartenbach, 16, 421.

[404] BGH, Urteil vom 4. 11. 1987 – VIII ZR 314/86, BGHZ 102, 135 = CR 1988, 124 = NJW 1988, 406ff. unter Abweichung von der früheren, die Anwendbarkeit von Lizenzvertragsrecht bejahenden Entscheidung vom 3. 6. 1981 (BGH, NJW 1987, 2004 = WM 1987, 818).

[405] Siehe bereits BGH, NJW 1070, 1504 – Kleinfilter.

[406] So BGH, GRUR 1985, 1055f. – Mineralwolle.

[407] BGH, Urteil vom 4. 11. 1987, a. a. O.

[408] Für eine pachtrechtliche Zuordnung etwa OLG Hamm, Urteil vom 2. 3. 1993 – 7 U 39/92, NJW-RR 1993, 1270.

[409] BGH, Urteil vom 4. 11. 1987, a. a. O.

[410] OLG Düsseldorf, Urteil vom 9. 6. 1989 – 16 U 209/88, NJW 1989, 2627 = CR 1990, 122.

im Übrigen auch dann anwendbar sein, wenn die Überlassungsvereinbarung als „Lizenz" bezeichnet wird[411]. Auch die Einführung einzelner lizenzvertraglicher Pflichten in den Überlassungsvertrag kann dessen kaufrechtliche Natur also nicht verändern. Dieser Umstand wird in vielen Formularverträgen von Anbietern übersehen, die einerseits zeitlich unbegrenzte Überlassung gegen Einmalvergütung und andererseits Weitergabeverbote vereinbaren wollen. Insbesondere in AGB kann zudem nicht beliebig von den gesetzlichen Vertragstypen (etwa zugunsten eines freien Lizenzvertragstypus) abgewichen werden[412].

Gegen die Einstufung der Software-Überlassung als Lizenzierung eines Know-how spricht bei näherer Betrachtung außerdem, dass das Entwicklungswissen und das Quellformat des Programmcodes weder übergeben noch in sonstiger Weise offen gelegt werden sollen bzw. dürfen, der Kunde vielmehr verpflichtet wird, den Quellcode nicht zu dekompilieren (wobei verschiedene technische Sperren – wie etwa Dongles – zusätzlich sicherstellen sollen, dass sich der Kunde auch tatsächlich an dieses Verbot hält). Insoweit kann kaum plausibel von einer Lizenzierung dieses geheimen Know-how an den Kunden gesprochen werden. Der Kunde erhält freilich den maschinenlesbaren Objektcode als ausführbares Programm. In diesem Format stellt der Code kein transferierbares Wissen dar, sondern nur eine Bitkette, die erst rückentschlüsselt werden muss, um in ihrer Funktion erkennbar zu werden[413], jedoch aus Urheberrecht grundsätzlich nicht frei dekompiliert werden darf. Auch insoweit wird kein Know-how gegenüber dem Kunden offen gelegt, sondern gewissermaßen ein Werkzeug überlassen, um mit dem BGH zu argumentieren.

Allerdings geht die Auffassung wiederum zu weit, nach der der Kunde keinen Einblick in die Funktionsweise des Programms erhält.[414] Diesen Einblick gewinnt der Kunde zumindest in Teilbereichen bereits durch Ablaufenlassen und Beobachten des Programms, bei Internet-Software außerdem z. B. durch eine „View"-Funktion der verwendeten Browser-Software. Diese Befugnis ist in § 69d Abs. 3 UrhG vom Erfordernis der

---

[411] OLG Düsseldorf, Urteil vom 9. 6. 1989, a. a. O.; OLG Nürnberg, CR 1993, 359 (für Einräumung urheberrechtlichen Nutzungsrechtes unter Eigentumsvorbehalt).
[412] BGH, Urteil vom 4. 3. 1997 – X ZR 141/95, CR 1997, 470, 472 (zentraler Satz: „Die Annahme einer Abweichung von einem im Gesetz bestimmten Regelfall eines Vertragstyps setzt eine hierauf gerichtete Einigung unter den Vertragsparteien voraus, die durch Regelungen in Allgemeinen Geschäftsbedingungen nicht ersetzt werden kann." Lehmann, CR 1997, 474 f. folgert hieraus, dass in AGB keine (abweichenden) Vertragstypen festgeschrieben werden können.
[413] Ähnlich i. E. Marly, Verträge, Rn. 77.
[414] Marly, Verträge, Rn. 79.

Zustimmung des Berechtigten freigestellt. Hinzu kommen gezielt dem Kunden vom Anbieter zur Verfügung gestellte Informationen, wie man bestimmte Programmfunktionen effizient nützt und/oder erweitert. Teilweise werden hier mittlerweile Hilfsprogramme („Assistenten") eingesetzt. Man muss deshalb m. E. zwischen **Software-Engineering-** und **Anwendungs-Know-how** unterscheiden.

742 Bezüglich des **Anwendungs-Know-how** kann eine Lizenzierung (etwa einer für einen Einzelkunden geschriebenen Software zur Auswertung wissenschaftlicher Daten) vorliegen. Jedoch muss im Blick behalten werden, dass dieses Anwendungs-Know-how als solches grundsätzlich zu dem eigentlichen Programm hinzutritt. Es ist nicht mit dem Programm identisch, sondern wird vom Programm nur auf eine für den Rechner ablauffähige Form gebracht. Lizenziert wird dann bei genauerer Betrachtung vielfach nur das Know-how (etwa zur Konstruktion mittels CAD oder zur Projektsteuerung), nicht das Programm, das in einem Exemplar verkörpert kaufweise überlassen wird. Und selbst dieser Ansatz einer Lizenzierung eines Anwendungs-Know-how wird wohl noch näherer (hier nicht zu leistender) Abgrenzung bedürfen, da ihm oft die Verkehrsanschauung entgegenstehen kann. Differenzierung nach den Einzelfallumständen ist deshalb erforderlich. Soweit eine Lizenzerteilung angenommen werden kann, muss weiter zwischen einer ausschließlichen, dinglich wirkenden Lizenz[415] und einer einfachen, nur schuldrechtlichen Lizenz unterschieden werden. Eine ausschließliche Lizenz wird der Entwickler erteilen, der sein entwickeltes Programm durch ein Software-Haus vertreiben lässt. Käufer von Standard-Software erwerben hingegen grundsätzlich nur einfache Lizenzen (etwa bezüglich des mit dem Programm weitergegebenen Knowhow).

Know-how-Lizenzierung setzt nicht voraus, dass das zugehörige Programm urheberrechtlich nicht schutzfähig ist.[416] Der Urheberrechtsschutz kann sich immer nur auf Formgestaltung beziehen, nicht aber auf Ideen und Grundsätze, Methoden und Verfahren, die, wenn sie erst einmal bekannt geworden sind, als gemeinfrei gelten, ebenso wenig auf zwingend von bestimmten Aufgabenstellungen oder technischen Normen bzw. Schnittstellenvorgaben her gegebenen Lösungen sowie Wissen von einer bestimmten formgestalten-

---

[415] Zum dinglichen Charakter s. etwa BGHZ 83, 251, 256; Henn, 45.
[416] So jedoch Köhler/Fritzsche, in Lehmann (Hrsg.), Rechtsschutz und Verwertung, XIII, Rn. 11 (Know-how-Schutz, soweit **kein** Urheberrechtsschutz zugänglich; dann würde nach der Novellierung des Urheberrechtsschutzes für Computerprogramme Know-how-Schutz kaum noch relevant sein können).

den Ausprägung. Im Ergebnis müssen also Programmüberlassung und Know-how-Übertragung getrennt betrachtet werden.

Andererseits erscheint es auch fraglich, ob in jedem Fall der Überlassung des Quellcodes (neben dem Maschinencode) eine Know-how-Lizenzierung anzunehmen ist.[417] Zunächst wird hier nicht Know-how als solches, sondern ein Programmcode überlassen, zu dessen Verständnis oft mehrtausendseitige Benutzerdokumentationen des Anbieters erforderlich sind (etwa im UNIX-Bereich). Manche Codes bleiben ohne diese Dokumentation fast so schwer verständlich wie das Maschinencodeformat (insbesondere, wenn sie durch Reverse Engineering rückerschlossen wurden). Andere können sich gut für weitere Zwecke verwenden lassen. Die individuelle Erstellung und Überlassung des Programms muss deshalb keineswegs in jedem Fall als Know-how-Überlassung eingeordnet werden. Gleiches gilt für die Überlassung fertig erstellter Quellcodes. Die Verfügbarmachung der NetScape-Browser-Software 1998 ist ein Beispiel für eine Quellcode-Überlassung zum Abruf im Internet, die gerade keine „Knowhow-Lizenz" darstellt und keine Nichtoffenlegungsverpflichtung enthielt. Ob der Quellcode überhaupt schutzfähiges Know-how darstellt bzw. als solches behandelt werden soll, kann deshalb nicht allgemein, sondern nur im Einzelfall beurteilt und entschieden werden.[418]

Das maschinenlesbare Format eines Programmes lässt sich zumeist durch Reverse-Engineering-Maßnahmen rückerschließen, allerdings oft nicht in kompletter Form (da Inline-Kommentierungen fehlen). Die Tatsache, dass nur ein maschinenlesbares Format ausgeliefert wird, legt also nicht zwingend den Schluss nahe, dass der Anbieter hier eine Know-how-**Schutz**maßnahme getroffen hat. Bestimmte Software, etwa im Internet-Bereich, kann sogar bequem durch eine „View"-Funktion unmittelbar am Bildschirm in ihrer Quellformatfassung dargestellt werden (urheberrechtlich zulässiges Betrachten der Funktionsweise). Dies liegt daran, dass bei HTML und vergleichbaren Dokumentbeschreibungssprachen die alte Unterscheidung zwischen Maschinen- und Quellformat weitgehend aufgehoben ist. Selbst in den Fällen, in denen sie weiter besteht, müssen aber grundsätzlich zusätzliche Umstände hinzutreten, aus denen sich der Wille eines Anbieters zum Schutz des im Programm verkörperten Know-how entnehmen lässt. Die bloße Wahl der Auslieferung in einem technisch

743

---

[417] Hierfür wohl Marly, Verträge, Rn. 81 f.
[418] Auf weitere einzelne Einordnungsversuche (etwa als Vertrag sui generis) kann an dieser Stelle nicht näher eingegangen werden, da hier nur die für die Vertragspraxis relevanten Positionen dargestellt werden können.

bedingt ohnehin zwingenden maschinenausführbaren Format ist für die Annahme eines Schutzwillens nicht ausreichend. Hinzutreten können etwa Verschlüsselung oder besondere vertragliche Verpflichtungen. In der technischen Erschwerung der Dekompilierung kann eine faktische Sperre mit entsprechender Schutzwirkung gesehen werden, ebenso im urheberrechtlichen Verbot freien Dekompilierens, die aber gezielt vom Berechtigten zum Know-how-Schutz eingesetzt werden muss.

Know-how-Übertragung kann hingegen erfolgen, wenn dem Kunden **Anwendungswissen** eröffnet wird. So „lizenziert" mittlerweile ein Software-Anbieter in Teilbereichen nicht nur seine ERP-Software (s. Rn. 989) als solche, sondern so genannte Geschäftsmodelle, die wahlweise auf unterschiedlicher Software (!) auslieferbar sind. Die Software ist hier nur noch Träger für ein zu übertragendes Wissenssubstrat, also ein Know-how (für das grundsätzlich auch Geheimhaltungsvereinbarungen zu treffen sein können).

i) Programmüberlassung nach Werkvertragsrecht?

744 Nach wohl einhelliger Auffassung ist auf die Erstellung von Programmen Werkvertragsrecht anzuwenden.[419] Dies gilt auch für häufig durchzuführende Programmanpassungen (vgl. Rn. 718). Zuweilen wird aber auch vertreten, die bloße Überlassung von Software selbst bereits Werkvertragsrecht zu unterstellen, wenn eine Installationspflicht bestehe.[420] Eine solche Zuordnung der Programmüberlassung zum Werkvertragsrecht mag unter verschiedenen (insbesondere verbraucherschützerischen) Gesichtspunkten interessengerecht oder zumindest verbraucherfreundlich erscheinen (Abnahmebedürftigkeit des Werkes, gesetzlicher Mängelbeseitigungsanspruch, Gewährleistungsfrist erst ab Abnahme). Jedoch müssen – zur Vermeidung dogmatischer Brüche – die grundlegenden Voraussetzungen des gesetzlichen Vertragstyps des Werkvertrags erfüllt sein (s. Rn. 848).[421] Um die Problemstel-

---

[419] So bereits BGH, WM 1971, 615.

[420] So etwa OLG Hamm, CR 1992, 206. Tatsächlich ergibt sich aber aus den Umständen des Sachverhaltes, dass der Anbieter eigens für den Kunden zu erstellende „Spezialsoftware" mit vorhandenen Standardprogrammen zu integrieren hatte (OLG Hamm, a. a. O., 207). Diese Leistung geht aber (entgegen dem Redakt. Leitsatz) weit über das bloße Installieren von Standardsoftware hinaus und ist problemlos unter Werkvertragsrecht als geschuldeter, individueller Erfolg definierbar, der die Gesamtleistung prägt.

[421] Köhler, a. a. O., XIII, Rn. 8 weist zu Recht darauf hin, dass selbst bei Vereinbarung eines Nachbesserungsrechts Kaufrecht anwendbar bleibe, wie § 476a BGB zeige, und dass zudem bei Herstellung einer vertretbaren, nicht auf individuelle Bedürfnisse eines Bestellers zugeschnittenen Sache über § 651 Abs. 1 BGB im Rahmen von Werkvertragsrecht wiederum Kaufrecht anwendbar werde. Auch ist überdies das reine Überlassen eines Programms nicht als Herstellen eines Werkes anzusehen. Der Anbieter übergibt dem Kunden das auf Datenträger verkörperte fertige Programm. Ein Herstellen findet hier nicht statt.

lung zu erläutern, muss zunächst die Abgrenzung von Werk- und Kaufrecht in diesem technikspezifischen Bereich erläutert werden.

Der Anbieter muss das **Herstellen eines Werkes** versprechen. Dieses 745 Werk muss nicht mit dem Programm identisch sein. Es genügt, wenn ein vorhandenes standardisiertes Programm in nicht unbeträchtlichem Umfange auf individuelle Gegebenheiten abgestimmt wird. Geschuldeter – bei Vertragsabschluss festzulegender – **Werkerfolg** ist dann diese **Anpassung**. Es braucht also nicht neue Individualsoftware erstellt werden oder aus Anpassungen entstehen.[422] Tatsächlich kann die Werkleistung aber auch im individuellen Zusammenstellen bzw. Hinzufügen fertiger Module oder Runtime-Routinen zu sehen sein. Das bloße Einstellen von individuellen Parametern lässt aber den Charakter von Software als Standardsoftware unberührt.[423] In jedem Fall muss ein **individuell definiertes Leistungsziel** feststellbar sein. Nicht hierzu gehört das bloße Überlassen der fertig erstellten Standardsoftware. Das bloße Überlassen der unverändert bleibenden Software lässt sich schwerlich als individueller Leistungserfolg begreifen, da nur bereits vorhandene Sachherrschaft und Nutzungsmöglichkeiten übertragen werden sollen.

Dies muss auch gelten, wenn das Programm **online** auf den Rechner des Kunden **übertragen** oder jedenfalls vom externen Datenträger auf den Rechner geladen wird. Hierbei wird die geschuldete Programmkopie nicht übergeben, sondern auf einem Speichermedium im Rechner des Kunden erst erstellt. Doch handelt es sich um eine mit allen anderen Programmexemplaren identische Kopie. Eine individuelle Anpassung erfolgt hierbei nicht. Eine solche Erstellung erfolgt übrigens auch bei „klassischem" Softwarevertrieb mittels Datenträgern wie CD-ROM, freilich zumeist **vor Vertragsabschluss**. Allein dadurch, dass diese serielle Kopieerstellung bei Online-Übertragung nach Vertragsabschluss durchgeführt wird, ergibt sich kein Anknüpfungspunkt für die Anwendbarkeit von Werkvertragsrecht[424].

---

[422] So Marly, Verträge, Rn. 472, hierbei übersehend, dass der werkvertraglich geschuldete Erfolg nicht notwendig im spezifischen Programm zu bestehen braucht, sondern auch in einer individualisierten Anwendungslösung zu sehen sein kann, bei der verschiedene fertige Module oder Programme zur individuellen Lösung konfiguriert (und angepasst) werden.

[423] LG Nürnberg-Fürth, Urteil vom 16. 12. 1991 – 9 O 5720/91, CR 1992, 336.

[424] Da es an einer kundenspezifischen Erstellung oder wenigstens Anpassung fehlt, ist auch das Recht des Werkliefervertrages nicht anwendbar, das nach der Rechtsprechung des BGH (NJW 1993, 2436 ff.) die Herstellung und Überlassung von Individualsoftware voraussetzt. Die einzelnen, online übertragenen Kopien sind außerdem vertretbare Sachen (wenn man mit der h. M. die Sachqualität unterstellt), da sie nicht als „einmalige Sache" (Larenz II/1, § 53 IV, 376) zu erstellen sind.

Hiervon wiederum zu unterscheiden ist die Frage, ob in Abhängigkeit vom jeweiligen Sachverhalt die **technische Übertragung** als solche eine nach Werkvertragsrecht zu beurteilende Neben- oder sogar Hauptleistungspflicht darstellt, etwa wenn das Herstellen des Werkes und die Kontrolle des Übertragungsvorganges geschuldet sein sollen. Auch in diesem Fall ist die werkvertragliche Gewährleistung auf das bloße Übertragen beschränkt und kann nicht das Einstehen für Mängel am Programm selbst erfassen (ausgenommen Sonderfälle, in denen Übertragungsfehler zu Fehlern am bzw. im Programm führen, etwa durch Löschen von Programmteilen in der zu übertragenden Datei). Werkvertragsrecht kann also allenfalls für eine Nebenpflicht zum Tragen kommen. Dem steht auch nicht entgegen, dass der Anbieter als Verkäufer Übergabe schuldet. Diese ist nämlich mit dem Beginn der Übertragung in ein Netz Dritter – analog der Übergabe an eine Transportperson – beendet, während die Übertragung einer Versendung gleichzusetzen ist, zu der sich der Anbieter verpflichtet.

Nicht ausreichend für die Anwendbarkeit von Werkvertragsrecht erscheint außerdem, dass nur bestimmte bereits vorgegebene Software-Parameter auf die jeweilige Kundenanlage eingestellt werden (etwa deren Betriebssystem, Drucker und Druckertreiber, vorhandene Anwendungssoftware etc.). Dies entspräche etwa dem ebenfalls inzwischen halbautomatisierten Einstellen von Fernsehsendern auf einem TV-Gerät. Da die Einstellungsmöglichkeiten bereits durch die Parametisierung vorgegeben sind, kann die jeweilige Einstellung grundsätzlich nicht als solche bereits als individuelles Herstellen eines Werkes verstanden werden. Bei weiterreichenden, individualisierenden Anpassungen der Software an spezifische Gegebenheiten des Betriebes des Kunden (so genanntes Costomizing) kann Werkvertragsrecht anwendbar sein; dies muss nach den Umständen des Einzelfalles festgestellt werden.

Im Übrigen besteht auch deshalb weder Möglichkeit noch Bedarf für eine Annäherung oder ein „Heimwärtsstreben" von kaufrechtlicher Ablieferung im Verhältnis zur werkvertraglichen Abnahme, weil der BGH den Vorbehalt der nur entsprechenden Anwendbarkeit von Kaufrecht auf Software-Überlassung relativiert bzw. aufgehoben hat und Kaufrecht wohl mittlerweile unmittelbar anwendet. Außerdem löst das neue Gewährleistungsrecht der EU jedenfalls im Verbraucherrechtsbereich (Rn. 62) das Problem der kurzen Gewährleistungsfristdauer durch eine Verlängerung dieser Frist auf zwei Jahre.

Werden nur bestimmte ergänzende Leistungen erbracht, z. B. Installation, Test, Einweisung und/oder Funktionsprüfungen, können diese **Neben**leistungen als solche zwar nicht den werkvertraglichen Charakter der Gesamt-

leistung begründen, aber als derartige Nebenleistungen selbst Werkvertragsrecht unterliegen.[425] Dies gilt insbesondere dann, wenn ein Händler
als Anbieter auftritt[426], der grundsätzlich keine Pflicht zur Herstellung
eines Programms oder eines sonstigen Leistungserfolges übernimmt.
Auch auf werkvertraglicher Grundlage erstellte Software muss dem Kunden überlassen werden. Die **Überlassung** ist hier grundsätzlich **Teil der
Erstellungspflicht.**

**Entsprechende Anwendbarkeit von Werkvertragsgewährleistung bei
Überlassung von Standardsoftware?**

Kommt also auf die Überlassung von Standardsoftware Kaufrecht zur   746
Anwendung, so ließe sich dennoch werkvertragliche Gewährleistung
mit diesem Kaufvertragsrecht kombinieren, um auf diese Weise zu
einem **gesetzlichen** Nachbesserungsrecht zu gelangen.[427] Hierfür sprä-
chen die erwähnten Vorteile der werkvertraglichen Gewährleistungsbestimmungen. Auch stehen Werkvertrags- und Kaufvertragsrecht nicht
völlig unverbunden nebeneinander, wie die Verweisung des § 651
Abs. 1 BGB im Werkvertragsrecht auf Kaufrecht für Werklieferverträge
zeigt. Doch setzt eben auch dieser Werkliefervertrag eine Erstellungsleistung voraus. Liefert der Anbieter hingegen eine vertretbare Sache,
so liegt kein Werkliefer-, sondern ein Lieferkaufvertrag vor.[428] Die
bloße Installationsverpflichtung hat in der Regel nur den Status einer
Nebenpflicht, trägt also nur die Anwendbarkeit von Werkvertragsrecht
auf ebendiese Teilleistung, nicht hingegen eine Neupositionierung des
gesamten Vertrages als Werkleistung. Hat die Installationspflicht hingegen bei komplexen Projekten prägende Bedeutung, ist eine entsprechende Anwendung schon deshalb nicht erforderlich, da Werkvertragsrecht in diesen Fällen zumindest hinsichtlich der Nebenpflicht zur
Installation zwanglos unmittelbar anwendbar ist.

---

[425] OLG München, CR 1991, 646f.; Köhler, a. a. O., XIII, Rn. 7; Marly, Verträge, Rn. 47.
[426] Köhler, a. a. O.
[427] Hierfür bei Überlassung komplexer Software etwa OLG Düsseldorf, Urteil vom 9. 6. 1989 – 16 U
    209/88, NJW 1989, 2627 (bei Installationspflicht bezüglich nicht offensichtlicher Mängel Nach-
    besserungsrecht aus §§ 633f. BGB in entsprechender Anwendung); OLG Hamm, Urteil vom
    22. 8. 1991 – 31 U 260/90, CR 1992, 206 = NJW-RR 1992, 953; LG Nürnberg-Fürth, Urteil vom
    16. 12. 1991 – 9 O 5720/90, CR 1992, 336 (entsprechende Anwendbarkeit des Nachbesserungs-
    rechts nach § 633 BGB jedenfalls bei **nicht evidenten Mängeln** und Wandlung analog § 634
    BGB erst nach Nachfristsetzung mit Ablehnungsandrohung; krit. zu Recht Junker, NJW 1993,
    824, 831, demzufolge eine „derart freie Rechtsfindung" duchgreifenden Bedenken begegne).
[428] Vgl. allg. Larenz II/1, § 53 IV, 375.

Erstellungsbezogene Gewährleistung des Werkvertragsrechts und übergabe-
bezogene kaufrechtliche Gewährleistung unterscheiden sich richtigerweise
zumindest im Nachbesserungsrecht fundamental. Dieses muss im Kaufrecht
besonders vereinbart werden (§ 476a BGB). Der Anbieter ist hier frei, ob er
eine solche Verpflichtung eingehen will bzw. kann. Als Vertragshändler eines
Anbieters wird er regelmäßig schon technisch hierzu nicht in der Lage
sein.[429] Bei entsprechender Anwendbarkeit werkvertraglicher Gewährleistung könnte er den Nachbesserungsanspruch aber nicht einmal (formularvertraglich) abbedingen (s. § 11 Nr. 10 Buchst. a AGBG). Dieser Nachteil wird
grundsätzlich nicht durch mögliche Vorteile in Einzelbereichen aufgewogen,
die Kunden aus der entsprechenden Anwendbarkeit ziehen würden. Insbesondere könnten strukturelle Verwerfungen im Betriebsbereich die Folge
sein, die letztlich auch die Kunden tangieren würden.

747 Erstellt der Anbieter nach Weisungen des auftraggebenden Kunden Software,
kann **Dienstvertragsrecht** auf die Programmentwicklung anwendbar sein.[430]

j) Kaufrechtlicher Erwerb eines Immaterialgutes

748 Zumindest für Standardsoftware sieht der BGH den immateriellen Charakter
eines Computerprogramms nicht als Hindernis an, **Sachkaufrecht** anzuwenden. In seinem Grundsatzurteil vom 4. 11. 1987 sah der BGH das dort gegenständliche **Programm als werkzeugartige Eigenschaft des Datenträgers,**
damit also als Eigenschaft einer Sache an. Diese Argumentation des BGH
lässt sich nicht nur für das Sachkaufrecht, sondern auch für das Mietrecht
anwendbar machen, das ebenfalls die Sachqualität des Vertragsgegenstandes
voraussetzt. Andererseits kann auch ein immaterielles Gut Gegenstand eines
Kaufvertrages und das kaufrechtliche Gewährleistungsrecht in diesen Fällen,
dem BGH zufolge, zumindest analog anwendbar sein.[431]

k) Anwendbarkeit von UN-Kaufrecht auf Software-Überlassung

749 UN-Kaufrecht tritt im EDV-Bereich vor allem dadurch in Erscheinung,
dass es (zulässig) abbedungen wird. Soweit dies nicht geschehen ist, stellt
sich aber die Frage, ob das UN-Kaufrecht auf Software-Überlassung
anwendbar ist.[432]

---

[429] Zur Kritik s. näher Marly, Verträge, Rn. 455 ff., 467 mit einer Auseinandersetzung zu den verschiedenen Argumenten, die eine entsprechende Anwendbarkeit vorschlagen.
[430] Siehe etwa BGH, Urteil vom 25. 3. 1993 – X ZR 17/92, NJW-RR 1993, 986 = CR 1993, 759.
[431] BGH, Urteil vom 4. 11. 1987, a. a. O.
[432] Bejahend etwa Endler/Daub, CR 1993, 601 ff.; einschränkend Koch, Kollisionsrecht und Electronic Commerce, in Bartsch/Lutterbeck, Neues Recht für neue Medien, 1998, 83, 85.

Soweit hier auf englische Rechtsprechung Bezug genommen wird, die Software ebenfalls als Ware einstuft, wird nicht immer beachtet, dass das einschlägige erstinstanzliche Urteil zugunsten einer lizenzvertraglichen Lösung aufgehoben wurde, so dass eine Harmonisierung der Entscheidungspraxis zu dieser Frage in den Mitgliedstaaten noch aussteht.[433]

l) Überlassung von Shareware und Public-Domain-Software

Software-Produkte enthalten zuweilen Programme oder Programmteile, die von Dritten erstellt und z. B. als Shareware zur Verfügung gestellt wurden. Ohne gesonderte Vereinbarung darf solche Shareware nicht ohne weiteres von Entwicklern gewerblich vertrieben bzw. nicht geändert/umgestaltet werden. Ein Beispiel sind so genannte Linux-Distributionen. Aus der allgemeinen Qualifizierung eines Programmes als „Shareware" lässt sich nicht eine generelle Zustimmung des Rechtsinhabers zur beliebigen Vervielfältigung und Verbreitung ableiten.[434] Entscheidend sind die (konkret zu vereinbarenden) Nutzungsbedingungen. Üblich sind etwa die Beschränkung der Nutzung auf das Produkt selbst und die Untersagung des „Zusammenschlusses" mit anderen Produkten, ebenso die Begrenzung der Nutzung auf einen definierten Zeitraum (z. B. 30 oder 45 Tage).[435] Nach Ablauf dieser Frist erlischt dieses Nutzungsrecht und wird vielfach sogar eine entsprechende technische Sperre wirksam. Gegen Zahlung einer Vergütung ist der Kunde dann berechtigt, die Software weiter zu nutzen. Oft wird auch nur eine Teilfunktionalität angeboten, und der Kunde erhält nach Zahlung die Vollversion. In der **Vertragspraxis** sollte die Software nicht pauschal als „Shareware" deklariert, sondern genau in den zulässigen Verwendungsformen definiert werden.

Eine Ausnahme gilt für **Public-Domain-Software.** Anbieter, die Software als Public-Domain-Version für die Nutzer kostenfrei vertreiben und allenfalls eine „Registriergebühr" berechnen, verzichten grundsätzlich auf alle

750

751

---

[433] Koch, a. a. O., zur Entscheidung St. Alban's City and District Court vs. Int. Computer Comp Ltd., 26. 7. 1996, All ER 481, 492 = Masons Computer Law Reports, Sept. 1996, no. 1.

[434] Schon allein deshalb, weil es „die" oder überhaupt nur eine Shareware längst nicht mehr gibt (so ausdrücklich Grell, c't 1996, 154: Shareware sei einfach ein preisgünstiger Software-Vertriebsweg). Oft wird Shareware auf der Basis „Try before you buy" vertrieben. Nach Registrierung erhält man eine Dokumentation und Updates gegen Gebühr.

[435] OLG Köln, Urteil vom 12. 7. 1996 – 6 U 136/95, CR 1996, 723 (Bezeichnung „Shareware" beinhalte keine Zustimmung zu beliebiger Vervielfältigung und Verbreitung; entscheidend ist vielmehr konkret eingeräumter Nutzungsumfang nach den Nutzungsbedingungen unter Beachtung des „Zweckübertragungsgrundsatzes"; zulässiges Verbot der Kopplung der „Prüfversion" mit anderen Produkten, das eigenständige Nutzungsart darstelle). Krit. Werner, CR 1996, 727 (freie Weitergabebefugnis bei Shareware). Bei der Nutzung zeitlich limitierter Shareware spricht man auch von „Timeware".

Verwertungsrechte, also auf alle Ansprüche auf Zustimmung zu und Vergütung der Vervielfältigung, Nutzung und des Vertriebs.[436] Solche Public-Domain-Software kann damit frei in eigene Produkte aufgenommen, verändert und weitervertrieben werden. Jeder Erwerber darf die Software beliebig nutzen und frei weiterverteilen[437], wobei allerdings die kommerzielle Verbreitung grundsätzlich ausgeschlossen sein soll.[438] Gelegentlich wird die Befugnis zum Vertrieb von Shareware (urheberrechtlich grundsätzlich zulässig) auf nichtgewerbliches Verbreiten beschränkt[439] (z. B. durch eine „Readme-Datei"). Gewerbliches Weitervertreiben begründet gegenüber dem Kunden Rechtsmängelhaftung[440], gegenüber dem Berechtigten Haftung aus den §§ 97 ff. UrhG.

752 Die Einstufung der **Rechtsnatur der Shareware-Überlassung** hängt zunächst von der Wertung der Vergütungsleistung ab. Stellt diese einen Kaufpreis dar, liegt ein Kaufvertrag über die Software vor (vgl. hierzu noch Rn. 729). Wird keine Vergütung geschuldet oder nur eine geringfügige Bearbeitungs- oder Kopiergebühr, scheidet die Annahme eines Kaufvertrages schon mangels Kaufpreiszahlung aus.[441] Ist keine Gebühr zu zahlen oder ist die Zahlung freiwillig, kann eine Schenkung (§ 516 BGB) vorliegen.[442] Schenkung setzt eine Vermögenszuwendung voraus, keine Sachüberlassung, so dass hier nicht die (aus dem Kaufrecht bekannten) Zuordnungsprobleme auftreten. Verschuldensunabhängige Gewährleistung ist für Schenkung nicht vorgesehen. Der Schenker haftet nur für grobe Fahrlässigkeit (§ 521 BGB), für Arglist bei Rechts- und Sachmängeln (§§ 523, 524 Abs. 1 und Abs. 2 Satz 2 BGB). Bei Gattungssachen hat

[436] In dieser Richtung OLG Stuttgart, Urteil vom 22. 12. 1993 – 4 O 223/93, CR 1994, 743.
[437] Siehe etwa LG München I, Urteil vom 3. 6. 1992 – 21 O 8607/92, NJW-RR 1993, 1323 = CR 1993, 143; OLG Hamburg, Urteil vom 1. 2. 1994 – 3 W 20/94, NJW-RR 1995, 1324 = CR 1994, 616; die Kriterien werden in der Praxis teilweise umgekehrt der Public Domain-Software zugeschrieben (s. etwa Grieser/Irlbeck, 802: Shareware als Programme, die eine bestimmte Zeit testen darf, um sich von der Nützlichkeit zu überzeugen, während für Dauernutzung eine Registrierung erfolgen und Gebühr bezahlt werden muss, woraufhin man eine Vollversion mit Registernummer erhält. Public Domain als vergütungsfrei nutz-, kopier- und weitergebbare Programme), ähnlich Brandi-Dohrn, EDV-Verträge, Rn. 8, ohne aber auf die Überlassung der Vollversion einzugehen). Da Definitionen zur klaren Abgrenzung nicht herausgebildet wurden, darf sich die Abgrenzung nicht an den Bezeichnungen, sondern nur an den tatsächlichen Nutzungsbedingungen orientieren.
[438] Siehe LG Stuttgart, Urteil vom 19. 8. 1993 – 17 O 382/93, BB, Beil. 22, 1993, 14.
[439] Vgl. OLG Düsseldorf, Urteil vom 26. 7. 1995 – 20 U 65/95, CR 1995, 730 (Sharewarevertrieb auf CD-ROM); OLG Köln, Urteil vom 12. 7. 1996 – 6 U 136/95, CR 1996, 723 (kein Weitervertrieb von Shareware mit Buch gegen Entgelt).
[440] Brandi-Dohrn, EDV-Verträge, Rn. 16 (für den Weitervertrieb als Freeware, wobei dies erst recht bei Weitervertrieb gegen Vergütung gelten muss).
[441] Aus diesem Grund greift auch weder eine volle noch eine nur eingeschränkte Gewährleistung ein (a. A. wohl Brandi-Dohrn, EDV-Verträge, Rn. 9).
[442] Brandi-Dohrn, EDV-Verträge, Rn. 9.

der Beschenkte einen **Nachlieferungsanspruch**, wenn die geleistete Sache mangelhaft und dies dem Schenker bekannt gewesen oder infolge grober Fahrlässigkeit unbekannt geblieben ist (§ 524 Abs. 2 Satz 1 BGB). Die Durchsetzung dieses Nachlieferungsanspruchs kann freilich daran scheitern, dass der Schenker kein mängelfreies Programmexemplar verfügbar hat bzw. kein solches existiert (etwa bei Auslieferung einer neuen Betriebssystemversion, die mit dem Rechner verschenkt wird). Ansprüche richten sich im Übrigen nur gegen den Schenker, nicht gegen den Vertragshändler, von dem dieser erworben hat. Denkbar (und sinnvoll) wäre im Rahmen der Schenkung aber eine Abtretung der dem Schenker gegen den Vertragshändler zustehenden Gewährleistungsansprüche an den Beschenkten. Diese Abtretung wäre allerdings nicht mehr Teil der gesetzlichen Leistungspflicht des eine Schenkung Versprechenden, sondern eine zusätzlich hierzu übernommene Verpflichtung, wobei grundsätzlich keine eigene Gewährleistung des Schenkers auflebt, wenn der Beschenkte seine Gewährleistungsansprüche bei dem Vertragshändler (aus welchen Gründen immer) nicht realisieren kann. Formularvertragliche Ausschlüsse **verschuldensabhängiger Haftung** des Schenkers sind bei Schenkung zulässig, bei vergüteter Überlassung jedoch nicht (vorausgesetzt, die Gebühr stellt eine Gegenleistung für die Überlassung dar und nicht nur eine relativ geringe Bearbeitungsgebühr[443] für die Registrierung und/oder Unkostenpauschale für die Überlassung der Vollversion).

In einigen Fällen wird die Gebühr erst nach einer Testphase fällig. Schweigt der Kunde, so gilt dies als Billigung (§ 496 Satz 2 BGB).[444] Schenkung liegt hingegen vor, wenn die Vergütung **freiwillig** zu zahlen ist, die Nutzungsbefugnis also auch bei **Nichtzahlung** unberührt bleiben soll. Diese Variante findet sich oft bei kleineren, von Einzelentwicklern erstellten Hilfsprogrammen (utilities), die etwa auf CD-ROM mit Zeitschriften verteilt werden. Kaufrechtliche Zuordnung liegt nahe, wenn im Überlassungsvertrag die Zahlung einer nicht marginalen Vergütung verpflichtend vereinbart wird. Die Angrenzung hat danach zu erfolgen, ob die Vergütung ein wertmäßiges Äquivalent zum Programm selbst darstellt oder nur zu

---

[443] Ähnlich i. E. wohl Brandi-Dohrn, EDV-Verträge, Rn. 10 für niedriges Entgelt.

[444] Nach Brandi-Dohrn, EDV-Verträge, Rn. 14 soll die Billigungswirkung nach § 469 Satz 2 BGB konkludent ausgeschlossen sein, da von einem Kunden, der eine CD-ROM mit vielen Shareware-Programmen erwerbe, nicht erwartet werden könne, dass er sie alle durch sein Schweigen billige. § 469 Satz 2 BGB greift freilich ohnehin nicht in den Fällen ein, in denen die CD-ROM kostenfrei verbreitet wird (also kein Erwerb vorliegt), wie dies meist bei den Zeitschriften beigefügten CD-ROM der Fall ist. Hat der Kunde aber einen (wenn auch geringen) Kaufpreis im Sinne von § 433 Abs. 2 BGB aufgewendet (andernfalls ein Kauf auf Probe ausscheiden muss), kann nicht generell ein Abbedingen der Billigungswirkung angenommen werden.

einer begleitenden Leistung (etwa für das Brennen der Software auf CD-ROM und den Vertrieb).

753 Ist Zahlungsverpflichtung „bei Zufriedenheit" festgelegt, kann ein **Kauf auf Probe** vorliegen (§ 495 BGB).[445] Die **Nutzungseinräumung** erfolgt hier **aufschiebend bedingt**. Ist der Kunde nach Testphasenende zufrieden und bezahlt er die Vergütung, tritt die Bedingung ein und der Vertrag kommt zustande, andernfalls kommt kein Kaufvertrag zustande; jedoch bestehen in der Zwischenzeit urheberrechtlich ein Nutzungsverhältnis, nämlich aus der Einräumung eines Nutzungsrechts, und eine mögliche Haftung des präsumptiven Kunden jedenfalls aus Verschulden bei Vertragsschluss. Möglich ist auch, dass der Kunde bei **Nichtzufriedenheit** eine geleistete Vergütung zurückfordern darf. Hier liegt eine **auflösend bedingte Nutzungseinräumung** vor. Nicht auf einen Bedingungseintritt kann abgestellt werden, wenn nach Ende der definierten Testzeit automatisch eine Sperre in Kraft tritt. Hier ist es nicht möglich, im Sinne von § 496 Satz 2 BGB das Schweigen des Käufers als Billigung zu deuten. Vielmehr muss der Kunde erst durch Überweisung/Übersendung des Kaufpreises/Überweisungsträgers dem Anbieter ein Angebot machen, das der Anbieter durch Übersendung der (freigeschalteten) Vollversion annimmt. In der Probephase erfolgt deshalb nur eine **zeitbegrenzte Programmüberlassung**, auf die jedoch Mietrecht mangels vereinbarter Nutzungsvergütung (und damit Gegenseitigkeitsverhältnis, Synallagma) nicht anwendbar ist. Es liegt hier auch **kein Kauf** vor, da auch bei tatsächlich vorliegender Billigung die Sperre wirksam wird und der Anbieter erst dem Vertragsabschluss zustimmen muss. Denkbar ist ein frei vereinbartes Schuldverhältnis (§ 305 BGB).

754 Soll eine Vollversion nach Ablauf einer Zeitdauer geliefert werden, in der eine im Funktionsumfang eingeschränkte Version getestet werden darf, kann ein **Kauf nach Probe** vorliegen (§ 494 BGB). „Probe" ist hier eine (oft funktional „abgespeckte") Testversion, bei der z. B. eine Datenausgabe und/oder ein Abspeichern nicht möglich ist. Die Eigenschaften der Test-/Probeversion gelten als zugesichert (§ 494 BGB), bei Kauf nach „Typ" nur die typischen Eigenschaften[446]. Der Kauf nach Probe ist ein unbedingter, also sofort beiderseitig erfüllbarer Kaufvertrag. Kaufmänni-

---

[445] Ebenso Brandi-Dohrn, EDV-Verträge, Rn. 12 (demzufolge in Wirklichkeit bei § 495 BGB kein Kauf auf Probe, sondern ein Angebot vorliege, da es an „der Einigung des anderen Teils" als ein essentialia negotii fehle; tatsächlich ist die Einigung aber immer ein zweiseitiger Vorgang und besteht während der Probezeit nicht nur c. i. c.-Haftung, sondern vertragliche Gewährleistung, RGZ 1994, 287; Palandt/Putzo, § 495 Rn. 7). Zum Kauf auf Probe s. Rn. 559.

[446] BGH, NJW 1958, 2108.

sche Kunden sind auch hier untersuchungs- und rügepflichtig[447], allerdings nur im Umfang der eröffneten Funktionen der Testversion.

Mittlerweile werden Umgehungsprogramme zum Freischalten solcher   755
Shareware-Sperren vertrieben. Einige PC-Zeitschriftenautoren haben
diese Sperren als ärgerlich und unnötig bezeichnet.[448] Jedenfalls sind sie
aber urheberrechtlich wirksam und führt ihre Umgehung wie eine Dongle-
Umgehung (s. Rn. 799) zu einer Urheberrechtsverletzung, ebenso und erst
recht der Vertrieb solcher Programme.

Der Autor von Shareware kann wirksam die **gewerbliche Nutzung** seines
Programms, insbesondere den Vertrieb auf CD-ROM, in einer
„readme.txt"-Datei ausschließen.[449]

In einem **Projektvertrag** sollte klar geregelt sein, dass alle Rechte entwe-   756
der ohnehin beim Anbieter liegen oder diesem von den Dritten bei
Arbeitsbeginn übertragen worden sind. Soweit trotz möglicher vertraglicher Vorkehrungen doch Rechte Dritter verletzt wurden und diese Dritten
nun Unterlassung der Programmnutzung, Löschung rechtswidrig erstellter
Programmkopien und/oder Schadensersatz verlangen, muss der Anbieter
den Kunden vertraglich von jenen Ansprüchen freistellen. Hierbei genügt
freilich nicht eine allgemeine Freistellungsverpflichtung. Der Kunde muss
nämlich unter deren Geltung erst seine rechtskräftige Verurteilung im Prozess mit dem Dritten abwarten, bevor er den Anbieter in Regress nehmen
kann. Vielmehr ist erforderlich, dass der Anbieter den Kunden im Ergebnis bereits vor Beginn des Prozesses zwischen Kunden und Drittem von
der Notwendigkeit der Prozessführung freistellt, d. h. in dessen Beklagten-
position mit allen Verpflichtungen eintritt, um dem Kunden einen jahrelangen Rechtsstreit durch die Instanzen zu ersparen.

1.6.2.3 Einschränkungen der Rechtsposition des Käufers urheber-
rechtlich geschützter Software durch Nutzungsbeschränkungen

Der an Computerprogrammen bestehende Urheberrechtsschutz stellt den   757
Kunden nicht rechtlos. Vielmehr muss der Kunde grundsätzlich in der Lage
bleiben, das Programm in der bestimmungsgemäßen, insbesondere in der

---

[447] Palandt/Putzo, § 494 Rn. 10.
[448] Siehe König, PCMagazin, 10, 1998, 20.
[449] OLG Düsseldorf, Urteil vom 26. 7. 1995 – 20 U 65/95, CR 1995, 730. Das OLG Hamburg, CR
1994, 616 war noch für eine allgemeine Freigabe. Für die Zulässigkeit einer derartigen „readme"-
Einschränkung etwa Schneider, EDV-Newsletter, 1996, 1.

beschriebenen Weise zu benutzen (§ 69 d UrhG).[450] In Formularverträgen darf keine Nutzungseinschränkung vorgesehen werden, die vom Grundgedanken dieser Regelung abweicht (vgl. § 9 Abs. 2 Nr. 2 AGBG). Von diesem Grundsatz her lassen sich die meisten der in der Praxis vorgesehenen Nutzungsbeschränkungen hinsichtlich ihrer Zulässigkeit beurteilen.

Nicht überzeugend erscheint ein gradualistischer Ansatz, demzufolge sich der Überlassungsvertrag vertragstypologisch um so mehr vom Kaufvertrag entfernt, je mehr Verfügungsbeschränkungen vorgesehen sind.[451] Dies würde etwa bedeuten, dass ein – isoliert betrachtet – AGBG-widriges (s. Rn. 537) Weiterveräußerungsverbot dann wirksam wird, wenn sonstige – einzeln u. U. ebenfalls unwirksame – Bindungen, etwa Begrenzungen der Anzahl zulässiger Vervielfältigungen, vereinbart werden. Letztlich könnten sich diejenigen Anbieter ganz vom Kaufrecht lösen, die (vielleicht gar zu diesem Zweck) eine Vielzahl von Verwendungsbeschränkungen vorsehen. Dies widerspricht aber dem AGB-rechtlichen Grundansatz des § 9 Abs. 2 AGBG, nach dem Abweichungen vom gesetzlichen Vertragsbild den Kunden nicht unangemessen benachteiligen dürfen. Diese Benachteiligung aus einer Beschränkungsklausel kann nicht dadurch vermindert werden oder entfallen, dass zusätzlich noch weitere derartige Beschränkungen hinzutreten, also die Kundenbenachteiligung wächst.

758 **Typische Nutzungsformen als Anknüpfungspunkte für Lizenzgebühren:**
 – Nutzung der Software auf einer, allerdings austauschbaren Anlage,
 – Nutzung nur auf einem genau bezeichneten einzelnen Rechner (z. B. Server) bzw. nur mit bestimmter (meist anbietereigener) Systemsoftware und/oder Hardware,
 – Nutzung auf einer genau festgelegten Anzahl von Arbeitsplatzrechnern (wiederum zu unterscheiden nach Terminal, Workstation oder Client) bzw. nur als Einzelplatznutzung einer netzwerkfähigen Software,
 – Nutzung nur auf Anlagen mit CPU oder für Dateien bis zu einer bestimmten Größe,
 – Nutzung jeweils nur für eine bestimmte Anzahl von
   • Nutzern,
   • Vorgängen des Ladens des Programmes,
   • Zugriffen auf Datenbanken,

---

[450] Diese bestimmungsgemäße Benutzung ist weniger eine Ausnahme von den zustimmungsbedürftigen Handlungen, sondern selbst eine **typisierte** zustimmungsbedürftige Handlung: Die Zustimmung wird durch Vertragsabschluss über die Software und jeweilige nähere Abgrenzung des Bestimmungs**inhaltes** abgegrenzt.
[451] Volle, CR 1996, 139 f.

- Nutzungsläufen der Software pro Zeiteinheit oder Gesamtnutzungsdauer,
- Nutzung auf allen Rechnern innerhalb eines bestimmten Gebäudes oder Unternehmens,
- Nutzung in einem bestimmten Verhältnis zwischen gewerblicher/beruflicher und privater Nutzung (z. B. im Verhältnis 80:20),
- aufstockbare Nutzungsrechte (etwa nach betriebsindividuellen Bedürfnissen gestaltbare, additive Lizenzierung für Novell Netware 4.1: einzeln nutzbare Lizenzbündel etwa zu 5, 10, 50 oder 100 Rechten),
- nach Verbrauch zu vergütende, z. B. monatlich fällige Nutzungszahlungen (konsumtive Abrechnungsmethode): Hier sind über die gesamte Nutzungsdauer Vergütungszahlungen zu leisten. Dies spricht für die Anwendbarkeit von Miet-/Pachtvertragsrecht;
  Folge: Die zeitliche Begrenzung der Gewährleistung in Formularverträgen ist unwirksam.

Mit Implementierung von bestimmten Zähl- und Sperrmechanismen in der Software ist zu rechnen. Denkbar ist auch eine Kombination von Varianten, etwa eine dynamische Lizenzzuteilung aus einem Pool (Network Floating License mit zeitabhängigem Log-out, etwa nach 30 Minuten).

Die Rechtsprechung zur Zulässigkeit von Nutzungseinschränkungen ist uneinheitlich:
- Schadensersatzpflicht bei ungenehmigtem Updating aus positiver Vertragsverletzung[452], allerdings für **unentgeltlich überlassene Software**, also einen Sonderfall,
- Bindung an eine CPU-Klausel in Formularverträgen ist unwirksam[453] (Verstoß gegen § 9 AGBG).

Eine vom Urheberrecht her wirksame Klauselformulierung bleibt aber bei bestimmten Fallvarianten (z. B. unterschiedliche Nutzungsintensität) möglich. **Rat:** Ausdrücklich „Übereignung" der jeweiligen Programmkopie vereinbaren, sonst bleibt die Weiterveräußerungsbefugnis problematisch.

a) Vervielfältigungsverbote

Verbote, Programme zu vervielfältigen, an denen Kunden vertragliche 759
Nutzungsrechte eingeräumt wurden, sind insoweit zulässig, als ein Ver-

---

[452] LG Arnsberg, Urteil vom 2. 12. 1993 – 8 O 30/92, CR 1994, 283.
[453] OLG Frankfurt/Main, Urteil vom 10. 3. 1994 – 6 U 18/93, CR 1994, 398; ähnlich OLG Frankfurt/Main, Urteil vom 17. 1. 1991 – 6 U 18/90, CR 1991, 345; OLG Nürnberg, NJW 1989, 2634 (Verstoß gegen Grundgedanken der § 34 Abs. 1, 3 UrhG, § 9 AGBG); für Wirksamkeit etwa Moritz, CR 1993, 341, 346 ff.; Nordemann, CR 1996, 5.

vielfältigen über den Umfang **bestimmungsgemäßer Benutzung** hinaus untersagt wird. Zulässig ist damit jedes Vervielfältigen in diesem Umfang, also das Installieren auf Platte[454], das Laden in den Arbeitsspeicher zum Ablaufenlassen des Programmes und das Sichern[455] (s. näher zum Vervielfältigungsrecht Rn. 1520). Die Besonderheit von Computerprogrammen gegenüber sonstigen urheberrechtlich geschützten Werken besteht darin, dass jede Nutzungshandlung mit einem Vervielfältigen verbunden ist, nämlich dem Laden in den Arbeitsspeicher. Dies muss bei der Gestaltung von Vervielfältigungsverboten beachtet werden. Möglich bleiben muss die bestimmungsgemäße, d. h. vertraglich festgelegte Form der Programmbenutzung.

Kopien eines Programmes im Hauptspeicher (Festplatte) oder in vergleichbaren Speichermedien (Diskette, CD-ROM, DVD etc.) werden unkontrovers als „Vervielfältigungsstücke" im Sinne des Urheberrechts angesehen, temporäre Kopien im RAM jedenfalls (und zu Recht) von der überwiegenden Literaturauffassung.[456] Dies bedeutet, dass jedes Laden eines Programmes oder Programmteils in den Arbeitsspeicher mit einem Vervielfältigen verbunden ist und der Zustimmung des aus Urheberrecht Berechtigten bedarf.[457]

---

[454] Moderne Programme haben im Arbeitsspeicher kaum noch Platz und müssen deshalb bereits bei Installation auf Platte abgespeichert werden. Hierzu gibt es eigene, oft teilautomatisierte Installationsroutinen. Auch dem Vorhandensein solcher Installationsroutinen auf technischer Ebene lässt sich rechtlich problemlos ableiten, dass der Anbieter der Software mit der Installation des Programms nicht nur im Arbeitsspeicher, sondern auf Platte ausdrücklich einverstanden ist, andernfalls er wohl kaum derartige Installationsroutinen implementiert.

[455] Die Frage nach der Vervielfältigungsbefugnis stellt sich für jeden dieser Vorgänge, **soweit** er mit einem Vervielfältigen verbunden ist. Das ist nicht generell für jedes Laden in den Arbeitsspeicher zu bejahen (so etwas verkürzend wohl Brandi-Dohrn, EDV-Verträge, Rn. 36), da etwa bei temporärem Auslagern von Speicherinhalten auf Platte und Rückspeichern auf RAM (z. Z. bei „Swapping") bzw. beim „Caching" nur eine technisch bedingte Zwischenspeicherung stattfindet, die nicht als Vervielfältigungsexemplar einzuordnen ist; sie kann nicht eigenständig wahrnehmbar gemacht werden, sondern stellt nur einen Zwischenschritt in der automatischen Speicherverwaltung unter einem Betriebssystem dar. Man kann diese temporäre Kopie mit dem „Abdruck" der Fotokopiervorlage auf der Trommel eines Fotokopiergerätes vergleichen, der notwendig ist, um das Kopieren auf ein weiteres Blatt zu ermöglichen, aber außerhalb dieses technischen Prozesses keine Verwertung erlaubt. Derartige Kopiervorgänge sind nicht zustimmungsbedürftig, da kein Vervielfältigungsexemplar entsteht. Außerdem sind sie in aller Regel von der bestimmungsgemäßen Benutzung umfasst.

[456] Bejahend: etwa Moritz/Tybusseck, Rn. 223, 230; Marly, Software-Überlassung, Rn. 650: verneinend: Brandi-Dohrn, GRUR 1985, 185; Haberstumpf, GRUR 1982, 142, 149ff.

[457] Dies ist eine der technischen Besonderheiten der Nutzung eines urheberrechtlich geschützten Computerprogramms; anders etwa als bei der Nutzen eines urheberrechtlich geschützten Sprachwerkes, z. B. eines Buches, ist das einfache Nutzen technisch bedingt mit einem Vervielfältigen verbunden (nämlich zumindest mit dem Laden in das RAM), während das bloße Lesen kein solches Vervielfältigen erfordert. Soll es nun nicht zu einer Inflationierung von Zustimmungshandlungen kommen, muss eine notwendige Anpassung über den Begriff der „bestimmungsgemäßen Benutzung" erfolgen.

Bestimmungsgemäßes temporäres Kopieren, d. h. ein Laden etwa aus   760
dem Haupt- in den Arbeitsspeicher, gehört regelmäßig zur technisch
unumgänglichen und damit vertraglich bestimmungsgemäßen Benutzung des Programmes.[458] Es macht wenig Sinn, einem Kunden ein Programm zur Nutzung zu überlassen, das er dann nicht einmal in den
Arbeitsspeicher laden darf. Hierdurch würde jede Nutzung ausgeschlossen. **Insoweit** kommt es auch dann nicht auf die Unterscheidung zwischen dauerhaften oder temporären Speicherformen an, da **auch dieses
temporäre Speichern Teil der bestimmungsgemäßen Benutzung** ist.
Wer also kaufweise Computerprogramme erwirbt, darf sie grundsätzlich
beliebig oft zur Nutzung ablaufen lassen (freilich **nicht zusätzliche
Kopien** herstellen). In urheberrechtlicher Sicht ist – mangels abweichender vertraglicher Regelungen – gemäß den §§ 69c Nr. 1, 69d
Abs. 1 UrhG ein dauerhaftes wie auch „vorübergehendes" Vervielfältigen, das Teil der bestimmungsgemäßen Benutzung ist, ohne besondere,
zusätzliche Zustimmung[459] des Rechtsinhabers zulässig. Hiervon
abweichende Vertragsregelungen müssen sich ihrerseits an den Zuläs-
sigkeitskriterien des AGBG messen lassen.

Ein Verbot des Ladens in den Arbeitsspeicher oder des Abspeicherns auf
Hauptspeicher würde jedenfalls formularvertraglich unwirksam sein, da es
die wesentliche Verpflichtung des Anbieters, die vertragsgemäße Verfügungsbefugnis am Programm einzuräumen, einschränken oder aufheben
würde. Bei Individualverträgen kann ergänzend in solchen Fällen zu prüfen sein, ob ein derartiges, die eigentliche Programmnutzung ausschlie-
ßendes Rechtsgeschäft gegen die guten Sitten verstößt (§ 138 Abs. 1
BGB) und deshalb nichtig ist. Dies ist etwa dann der Fall, wenn Leistung
und Gegenleistung in einem besonders groben Missverhältnis stehen[460]
bzw. die Leistung des Anbieters objektiv wertlos ist (da keine tatsächliche
Nutzbarkeit gegeben ist).

Die Feststellung, dass ein zur Nutzung überlassenes Programm auch geladen werden können muss, wird dann nicht trivial, wenn die Nutzung an
einer Mehrzahl von Arbeitsplätzen erfolgen soll. Hier muss tatsächlich für
jeden Arbeitsplatz das Recht eingeräumt werden, über den Server-Rechner
oder den Zentralrechner das Programm auf die vereinbarte Anzahl von
Rechnern laden oder an diesen Arbeitsplätzen nutzen zu dürfen.

---

[458] Vgl. bereits Kindermann, GRUR 1983, 150, 154 f.; Marly, Verträge, Rn. 829.
[459] Zur dogmatischen Abgrenzung der zustimmungsfreien Nutzungsmöglichkeit von einer konkludent erteilten Zustimmung s. Marly, Verträge, Rn. 832.
[460] BGH, WM 1966, 835.

761 Der reine **Nutzungslauf** des Programms im Rechner ist hingegen keine im UrhG erfasste Nutzungshandlung[461] und damit nicht zustimmungsbedürftig. Auch eine auf Urheberrecht gestützte Vergütungspflicht kann deshalb nicht an den reinen Nutzungslauf anknüpfen. Möglich ist nur eine rein schuldrechtliche Vereinbarung, die aber voll AGB-rechtlicher Kontrolle unterliegt. Akut wird das Problem durch die Verlagerung der Programmnutzung in das Internet und die Tendenz, stärker als bisher an eine Messung tatsächlicher Nutzung von Programmen anzuknüpfen. Auch aus urheberrechtlicher Sicht bleibt hier immer dann ein Anknüpfungspunkt, wenn zumindest ein Zwischenspeichern im Arbeitsspeicher erfolgt, damit ein Vervielfältigen.

762 Technisch erforderliche **Sicherungskopien**[462] müssen dauerhafte Kopien sein, um ihren Aufbewahrungszweck erfüllen zu können. Sie stellen damit unstrittig Vervielfältigungsexemplare im Sinne des Urheberrechts dar. Probleme der urheberrechtlichen Zuordnung temporärer Kopien können deshalb für den Bereich von Sicherungskopien grundsätzlich ausgeklammert bleiben. Die nachfolgenden Ausführungen gelten für Sicherungskopien auf **jedem** Medium, sei es Diskette, Band oder selbst gebrannte CD-ROM.

763 Verschiedene Anbieter räumen dem Auftraggeber etwa das Recht ein, „Datensicherung nach den Regeln der Technik" durchzuführen „und die hierfür notwendigen Sicherungskopien zu erstellen". Die erstellten Sicherungskopien sollen als solche gekennzeichnet werden. Das Handbuch dürfe nur für **interne Zwecke** kopiert werden. Diese Regelung zum Sicherungskopieren erlaubt (wie nachfolgend näher ausgeführt) je nach Auslegung der DV auch ein Sichern nach dem **Dreigenerationenprinzip**, wenn dies in der jeweiligen Anwendung üblich ist. Die Verpflichtung zur Kennzeichnung von erstellten Sicherungskopien ergibt sich nicht aus dem Urheberrecht und hat deshalb nur schuldrechtliche Wirkung, die vom Berechtigten damit nicht gegenüber Folgeerwerbern durchgesetzt werden kann. Auch gegenüber Dritten wirksam ist hingegen die Beschränkung der Befugnis, das Handbuch zu kopieren.

Keine Befugnis besteht, über die notwendige Programmsicherung hinaus **zusätzliche Kopien** zu erstellen, gleich, ob diese weiteren Kopien auf

---

[461] Marly, Software-Überlassung, Rn. 650; a. A. Moritz/Tybusseck, Rn. 230.

[462] Der Begriff der „Sicherungskopie" ist weder urheberrechtlich noch datenschutzrechtlich definiert. EDV-technisch versteht man unter einer „Sicherungskopie" eine eigens zu Sicherungszwecken erstellte Kopie eines Programmes oder auch einer Datei, die nicht aktuell genutzt, sondern als Backup getrennt aufbewahrt wird. Die Einschränkung der Sicherungskopiebefugnis bezieht sich nur auf **Kopien**, nicht aber auf Datenbestände des Kunden.

einem eigenen Rechner des Kunden genutzt oder an Dritte veräußert werden. Das vom Anbieter erworbene, originale Programmexemplar auf Datenträger (meist auf Diskette oder CD-ROM) darf hingegen, wenn es kaufweise erworben wurde, an Dritte weiterveräußert werden, wenn der Kunde gleichzeitig alle in seinem Rechner vorhandenen sonstigen Kopien (Arbeitskopien, Sicherungskopien) löscht.[463] Vom Kunden erstellte Sicherungskopien darf dieser also nicht mit veräußern.

Unwirksam ist auch eine Regelung, derzufolge bei Software-**Weiterverkauf** der erwerbende Dritte erst dann zur Ausübung der vertraglichen Nutzungsrechte berechtigt ist, wenn der bisherige (ersterwerbende) Nutzer gegenüber dem Anbieter die Weitergabe aller Programmkopien an den Dritten und das Löschen selbst erstellter Kopien bestätigt hat. Verpflichtet werden kann hier nur der bisherige Anwender (aus Vertrag mit dem Anbieter), nicht aber der erwerbende Dritte (mangels dinglicher Wirkung der vereinbarten Nutzungseinschränkung). Der Dritte kann damit nicht wirksam verpflichtet werden, Verwertungshandlungen, wie etwa das Vervielfältigen beim Laden und Abspeichern, zu unterlassen, soweit diese Handlungen zur bestimmungsgemäßen Benutzung gehören. In jedem Fall (auch schon bisher) unzulässig sind das gewerbliche Vertreiben und das Vermieten erstellter Kopien der kaufweise erworbenen Software für den Erstkunden wie jeden Folgekunden.

Das Erstellen einer Sicherungskopie darf gemäß § 69 d Abs. 2 UrhG einer zur Programmbenutzung berechtigten Person nicht untersagt werden, wenn die Kopie zur Sicherung künftiger Benutzung erforderlich ist. **Verbote** in Nutzungsverträgen, Sicherungskopien zu erstellen, sind, wie § 69 g UrhG ausdrücklich regelt, **nichtig**. Mindestens zwei Aussagen sind hier problematisch, zum einen die (scheinbare) Begrenzung auf **eine Kopie** und zum anderen der Rückbezug der Kopierbefugnis auf die **Sicherung künftiger Benutzung**.

Vorab ist zu beachten, dass von einer „Sicherungskopie" die Rede ist und nicht von einem Vervielfältigungsexemplar (wie etwa in § 69 c Nr. 1 UrhG zur Zulässigkeit des Vervielfältigens). Diese terminologische Differenz macht die Klarstellung erforderlich, dass auch ein vertragliches Verbot der sicherungsbezogenen Erstellung eines **Vervielfältigungsexemplares** nicht

---

[463] A. A. KG, Urteil vom 27. 2. 1996 – 5 U 8281/95, CR 1996, 531 f. = GRUR 1996, 974 für ein Weitergabeverbot mit dinglicher Wirkung (als inhaltliche Beschränkung bei der Einräumung); s. auch Berger, NJW 1997, 300; abweichend vom KG das OLG München, Urteil vom 12. 2. 1998 – 29 U 5911/97, NJW 1998, 1649 – Update; Vorinstanz LG München I, Urteil vom 1. 10. 1997 – 21 O 15510/97, CR 1998, 141 (s. näher Rn. 767).

untersagt werden kann. Zu diesem Ergebnis muss eine am Normzweck orientierte (teleologische) Auslegung gelangen, da sonst das Verbot allein mit einem Begriffswechsel unterlaufen werden könnte.

§ 69 d Abs. 2 UrhG besagt nur, dass das **Erstellen einer Kopie** nicht untersagt werden darf, und zwar auch nicht im Individualvertrag. Hieraus folgt aber keineswegs, dass der Kunde generell höchstens eine Sicherungskopie erstellen darf. Mit § 69 d Abs. 2 UrhG ist deshalb zwar eine vertragliche Regelung vereinbar, derzufolge nur eine Kopie erstellt werden darf. Eine solche Regelung muss aber erst (zumindest stillschweigend) getroffen werden. Sie kann weder einfach unterstellt noch aus § 69 d Abs. 2 UrhG abgeleitet werden. Fehlt eine Vereinbarung, ist hingegen auf die bestimmungsgemäße Benutzung zurückzugreifen, wie sie sich aus den Umständen des Einzelfalles ergibt. Diese kann im Einzelfall auch die Erstellung von mehreren Kopien erforderlich machen, etwa das in Rechenzentren übliche Sichern in drei Generationen.[464] Abweichende Regelungen, die eine höhere Anzahl von Sicherungskopien erlauben, sind nicht ausgeschlossen.

Marktübliche Betriebssysteme unterstützen inzwischen durch eigene Funktionen die Datensicherung. Grundsätzlich ist anzunehmen, dass ein Anbieter, der seine Anwendungssoftware unter einem bestimmten Betriebssystem laufen lässt, mit denjenigen Datensicherungsmöglichkeiten einverstanden ist, die dieses Betriebssystem zur Verfügung stellt.

In § 69 d Abs. 2 UrhG ist das Erstellen einer Sicherungskopie nur dann von der Zustimmungspflicht ausgenommen, wenn die Kopie zur Sicherung künftiger Benutzung erforderlich ist. Dieser Sicherung bedarf es dann nicht, wenn die Sicherung auf andere Weise erreicht werden kann, etwa durch Auslieferung des Programms auf CD-ROM. Soweit diese nicht wieder beschreibbar ist, kann der Kunde immer wieder auf dieses Lieferexemplar zurückgreifen, um eine Neuinstallation durchzuführen.[465]

---

[464] Ähnlich i. E. wohl Marly, Verträge, Rn. 851, hierbei aber nicht ausreichend zwischen dem Sicherungskopieren von Programmen (die § 69 d Abs. 2 UrhG erfasst) und dem Sichern von Datenbeständen unterscheidend, die nicht mit dem Programm verwechselt werden dürfen und – als Daten des Kunden zumal – ohnehin nicht von den Bestimmungen der §§ 69 a, 69 c und 69 d UrhG erfasst werden. – Die Häufigkeit der Datensicherung ist recht unterschiedlich und von der jeweiligen Anwendung abhängig. Vielfach wird täglich eine Gesamtkopie vom Speicher, z. B. der Festplatte, erstellt, zusätzlich in kürzeren Abständen eine Kopie von bestimmten Dateien oder zumindest eine Differenzsicherung veränderter Daten.

[465] In diesem Sinne wohl nunmehr auch das Anerkenntnisurteil des LG Bochum, Urteil vom 12. 3. 1998 – 8 O 3/98, CR 1998, 381 für Computerspiele, auf andere Programmformen grundsätzlich übertragbar.

Das Vervielfältigen eines Programms zu Sicherungszwecken ist insbesondere auch dann Teil der bestimmungsgemäßen Benutzung, wenn der Anbieter seine Haftung bei nicht ordnungsgemäßer Datensicherung seitens des Kunden ausschließt oder im Rahmen der vertraglich vorausgesetzten Anwendung die Datensicherung bereits gesetzlich gefordert wird (etwa bei personenbezogener Datenverarbeitung durch § 9 BDSG).

Außerdem wurde eine Verkehrssitte dergestalt behauptet, dass allgemein zum Schutz gegen Gefahren der Zerstörung oder Löschung der Software Sicherungskopien erstellt werden.[466] Zumindest für Massensoftware erscheint eine solche Verkehrssitte nicht durchgängig anzunehmen, werden bei dieser nämlich oft die erworbenen Originaldisketten als Sicherungskopien aufbewahrt. Jedoch lässt sich eine Befugnis zur Erstellung von Sicherungskopien oft aus dem bei der Überlassung der Software vorausgesetzten technischen Gebrauch dieser Software ableiten.[467]

Auch die Handlungen des **Anzeigens, Ablaufens, Übertragens und Speicherns des Computerprogramms** sind zustimmungsabhängig, soweit sie eine Vervielfältigung erfordern (§ 69 c Nr. 1 UrhG). Keine Zustimmung ist erforderlich, wenn die jeweilige Handlung für eine bestimmungsgemäße Benutzung des Computerprogramms einschließlich der Fehlerberichtigung durch jeden zur Verwendung des Vervielfältigungsstückes des Programmes Berechtigten notwendig ist (vgl. § 69 d Abs. 1 UrhG).

764

Hier legt die (anwendungsspezifische) bestimmungsgemäße Nutzung gemäß Überlassungsvertrag fest, ob und inwieweit die genannten Nutzungshandlungen der Zustimmung des Urhebers bedürfen. Abweichende besondere Vertragsbestimmungen bleiben freilich zulässig, so etwa Verbote mehrfachen Speicherns oder des Übertragens.

Weiter darf der Anwender zustimmungsfrei **das Funktionieren eines Programms beobachten, untersuchen oder testen,** um die einem Programmelement zugrunde liegenden Ideen und Grundsätze zu ermitteln, wenn dies durch die Handlungen zum Laden, Anzeigen, Ablaufen, Übertragen oder Speichern des Programms geschieht, zu denen er berechtigt ist (§ 69 d Abs. 3 UrhG). Hierdurch sind auch diese Handlungen an ein Vervielfältigen rückgekoppelt.

765

Der Anwender muss also zunächst zu den genannten Nutzungshandlungen im Sinne von § 69 c Nr. 1 UrhG berechtigt sein. Das Beobachten, Untersu-

---

[466] Marly, Software-Überlassung, Rn. 662.
[467] Ähnlich wohl Marly, a. a. O. (Gesamtumstände des Überlassungsvertrages).

chen und Testen als solches stellt nämlich keine bestimmungsgemäße Nutzung im Sinne von § 69 d Abs. 1 UrhG dar, zu der der Anwender zustimmungsunabhängig berechtigt wäre. Vielmehr muss die Berechtigung insbesondere zum Vervielfältigen bereits vorliegen. Nur dann darf der Anwender die genannten Nutzungshandlungen **außerhalb** der bestimmungsgemäßen Nutzung zu Analysezwecken durchführen. Ist diese Voraussetzung erfüllt, darf die entsprechende Nutzungsbefugnis des Nutzers aus § 69 d Abs. 3 UrhG sogar **individualvertraglich nicht abbedungen werden** (§ 69 g Abs. 2 UrhG).

b) Weiterverbreitungsverbote

766 Die nähere Prüfung der Zulässigkeit von Weitergabeverboten wird erleichtert, wenn man zwischen der urheberrechtlichen und der AGB-rechtlichen Ebene der Problemstellung unterscheidet:

Der Kunde erwirbt als Käufer nicht uneingeschränktes Eigentum am Programm bzw. der Software (als Gesamtheit aus Programm und Dokumentation). Vielmehr ist zu differenzieren zwischen der **kaufrechtlichen Übereignung des Datenträgers,** auf dem das Programm in einem Exemplar verkörpert ist, bzw. – mit dem BGH – dem Programmexemplar als Sache einerseits und der **urheberrechtlichen Nutzungseinräumung**[468] andererseits. Diese Unterscheidung führt bei der Frage zu Problemen, ob der Kunde Programme weiterveräußern und dem Folgeerwerber die ihm, dem Ersterwerber, zustehenden Nutzungsrechte einräumen darf bzw. ob diese Befugnis (in Formularverträgen) wirksam ausgeschlossen werden kann.

Vorab ist darauf hinzuweisen, dass die folgenden Ausführungen nur das Weiterverbreiten des **erworbenen Programmexemplares** betreffen. Der Kunde ist selbstverständlich nicht befugt, selbst erstellte Exemplare des Programmes nun „in den Vertrieb" zu nehmen oder nehmen zu lassen. Zum einen erwirbt er mit dem Programmkauf grundsätzlich nur ein einfaches Nutzungsrecht (§ 31 Abs. 2 UrhG). Aus diesem kann er nicht Dritten selbst wieder einfache Nutzungsrechte einräumen (wohl aber das ihm eingeräumte einfache Nutzungsrecht übertragen, wenn er mangels gesondert einzuräumenden Vertriebsrechts es gleichzeitig für sich selbst aufgibt). Zum anderen ist er auch nicht zu einem entsprechenden Vervielfältigen berechtigt. Weiter beziehen sich Weiterverbreitungsverbote nur auf **ver-**

---

[468] Für diese Trennung ausdrücklich etwa Malzer, 79; während Moritz/Tybusseck, Rn. 742, die gleichzeitige Einräumung einer Eigentümerposition und von begrenzten Nutzungsrechten als nicht möglich anzusehen scheinen.

körperte Exemplare; nicht erfasst werden online erfolgende Abrufe. Hier kann erst an das **nach dem Downloading** erfolgende Abspeichern mit einem Verbot angeknüpft werden (s. Rn. 759).

Der **Kunde erwirbt** zwar am einzelnen vertragsgegenständlichen Programmexemplar auf Datenträger **Eigentum**. § 903 BGB berechtigt ihn hierbei, mit der Sache, also dem Programmexemplar, nach Belieben zu verfahren und andere von jeder Einwirkung auszuschließen. Sein Eigentum einschränkende Rechte Drittter können etwa Urheberrechte[469] oder sonstige Schutzrechte sein[470]. Ein Eigentumserwerb am Urheberrecht selbst ist nicht möglich, da § 29 Satz 2 UrhG jeden anderen als einen rein erbrechtlichen Übergang des Urheberrechts ausschließt. Schon aus diesem Grunde ist eine **uneingeschränkte Einräumung** der Verfügungsbefugnis **nicht möglich**. Der Kunde erhält nur einschränkbare Nutzungsrechte übertragen. Aus Urheberrecht begründete Nutzungseinschränkungen muss der Kunde auch als Eigentümer akzeptieren. Allerdings dürfen die Nutzungseinschränkungen **nicht die Eigentümerposition des Käufers völlig aufheben**. Ein Minimum an Nutzungsbefugnis muss erhalten bleiben, das sich durch die jeweils geschuldete bestimmungsgemäße Benutzung näher beschreiben und in unterschiedlichem Umfang abgrenzen lässt. Art und Umfang dieser Nutzung bestimmen sich mangels ausdrücklicher Bezeichnung zulässiger Nutzungsarten nach dem (inhaltlich variablen) Zweck der vertraglichen Nutzungseinräumung (§ 31 Abs. 5 UrhG: „Zweckübertragungsgrundsatz"[471]). Ein Vertriebsrecht gehört nicht hierzu. Welche Auswirkung Nutzungsbeschränkungen auf die Eigentümerposition gemäß § 903 BGB haben, **ist für jede Nutzungseinschränkung und für spezifische Kombinationen von Nutzungseinschränkungen im konkreten Einzelfall zu prüfen.**

Aus Urheberrecht dürfen Urheber oder die von diesen Berechtigten allerdings nicht beliebig die Weiterveräußerung „erstverbreiteter" Werkexemplare untersagen. Der Grund hierfür ist darin zu sehen, dass der Urheber bzw. der von ihm Berechtigte mit der Veräußerung über die Vergütung ein angemessenes Äquivalent für das einzelne Werkexemplar erhalten hat.[472] Im vorliegenden Zusammenhang bedeutet dies, dass der Kunde **das** durch

767

---

[469] BGH, NJW 1974, 1387; OLG Frankfurt/Main, OLGZ 1986, 208.
[470] Gerade die Notwendigkeit der ausdrücklichen Regelung in § 17 Abs. 2 UrhG zeigt, dass Einschränkungen der Weitergabebefugnisse im Rahmen der §§ 903 BGB, 11, 15 UrhG wirksam sind.
[471] Grammatisch richtig müsste es freilich „Übertragungszweckgrundsatz" heissen, da nicht ein Zweck selbst übertragen, sondern mit einer Rechtsübertragung ein Zweck verfolgt wird.
[472] Vgl. etwa Schricker/Loewenheim, § 17 Rn. 16.

Veräußerung **erworbene**, urheberrechtlich **geschützte Programmexemplar weiterverbreiten**, d. h. also an Dritte veräußern **darf** (Erschöpfungsgrundsatz, § 17 Abs. 2 UrhG für Werkexemplare allgemein und § 69c Nr. 3 UrhG für Computerprogramme mit EU-weiter Erschöpfungswirkung[473] durch einen Veräußerungsakt in einem Mitgliedstaat gemäß § 69c Nr. 3 Satz 2 UrhG) – also nicht etwa von ihm erstellte Kopien! Zu diesem „Veräußern" gehört der Verkauf oder eine Schenkung, aber **nicht die Vermietung** des Programms (§ 69c Nr. 3 Satz 2 UrhG). § 69c Nr. 3 UrhG schließt allerdings die Erschöpfungswirkung nur für die Vermietung[474] aus, nicht für die Leihe (die damit etwa durch Bibliotheken möglich bleibt). Der Anbieter darf die Weiterverbreitungsbefugnis auch **nicht** in der Weise **beschränken**, dass die Programmkopie nur an Erwerber einer früheren Version veräußert (d. h. weiterverbreitet) werden darf.[475] Ebenso kann der Vermerk „Not for Resale" nur den Erwerber (schuldrechtlich) verpflichten, nicht aber den Folgeerwerber (mit dinglicher Wirkung).[476]

In § 17 Abs. 2 UrhG ist nur die **Erschöpfung des Verbreitungsrechts** geregelt. Keine derartige Erschöpfungswirkung ist vorgesehen für das Ausstellungs-, Vortrags-, Aufführungs- und Vorführungsrecht, das Senderecht, das Recht zur Wiedergabe durch Bild- oder Tonträger (z. B. CD-ROM!) oder von Funksendungen.

In Erwerbsverträgen enthaltene Weiterveräußerungsverbote sind auch bei Unvereinbarkeit mit § 17 Abs. 2 UrhG nicht einfach unwirksam: Sie verpflichten den Kunden wirksam (§ 137 Satz 2 BGB), entfalten jedoch gegenüber dem Zweit- oder Folgeerwerber keine Rechtswirkung (§ 137 Satz 1 BGB) und sind **insoweit unwirksam**. Dies gilt für Formular- wie für Individualverträge. **Der Berechtigte kann also nicht im Vertrag den Erwerb durch Dritte unterbinden.** Hat der durch die dingliche Rechtswirkung geschützte Dritte erst erworben, kann der Berechtigte ihm dieses

---

[473] Zum EU-weiten Eintritt der Erschöpfungswirkung (aus §§ 69c Nr. 3 Satz 2 Abs. 1 Nr. 1, 15 Abs. 1 Nr. 2 UrhG bei Überlassung gegen einmaliges Entelt auf Dauer s. bestätigend OLG Frankfurt/Main, Urteil vom 25. 6. 1996 – 11 U 4/96, NJW-RR 1997, 494. Das OLG Frankfurt erklärt unter dieser Voraussetzung ausdrücklich **Veräußerungsverbote** in AGB urheberrechtlich aus § 69c Nr. 3 Satz 2 UrhG und schuldrechtlich nach § 9 Abs. 2 Nr. 1 AGBG wegen Verstoßes gegen wesentliche Grundgedanken der §§ 17 Abs. 2, 69c Nr. 3 UrhG für **unwirksam**. Ähnlich OLG Nürnberg, Urteil vom 20. 6. 1989 – 3 U 1342/88, CR 1990, 118; s. auch Rn. 537.

[474] Zu der auch Software-Leasing zu rechnen ist (vgl. näher Marly, Rn. 863).

[475] OLG München, Urteil vom 12. 2. 1998 – 29 U 5911/97, CR 1998, 265 = NJW 1998, 1649 – Update. Nach § 69c Nr. 3 Satz 2 UrhG trete hinsichtlich des Vermietrechts keine Erschöpfung ein (gegen KG, Urteil vom 27. 2. 1996 – 5 U 8281/95, NJW 1997, 330 = CR 1996, 531); krit. etwa Junker, NJW 1999, 1294, 1295.

[476] OLG Düsseldorf, Urteil vom 3. 3. 1998 – 20 U 76/97, Jur-PC, Web-Dok. 179/1998.

Recht nicht streitig machen.[477] Er kann aber den schuldrechtlich wirksam aus Vertrag zur Nichtveräußerung verpflichteten Ersterwerber – u. U. durch einstweilige Verfügung – an der Weiterveräußerung hindern oder Schadensersatz (oder die Zahlung einer vereinbarten Vertragsstrafe[478]) verlangen, sofern die entsprechenden Vertragsregelungen wirksam vereinbart wurden. Soll nach den Erklärungen der Vertragsparteien der gesamte Vertrag mit dem Veräußerungsverbot stehen oder fallen, so ist der gesamte Überlassungsvertrag nichtig (§ 139 BGB). Dies dürfte aber in der Praxis eher die Ausnahme sein.

Der Erschöpfungsgrundsatz würde unterlaufen, wenn der Folgeerwerber zwar Eigentum am Datenträger, aber keine urheberrechtlichen Nutzungsrechte erwerben könnte. Hierdurch könnte der Softwareanbieter **jedem Zweiterwerber** bereits das **Laden des Programmes** in den Arbeitsspeicher bzw. in den Hauptspeicher am Ende des ersten Arbeitsganges **untersagen**. In teleologischer Auslegung muss deshalb der **Erschöpfungsgrundsatz** auch **auf die nutzungsrechtliche Position des Ersterwerbers ausgedehnt werden** und dieser in der Lage sein, dem Folgeerwerber diese Rechtsposition und damit das Recht zur bestimmungsgemäßen Benutzung zu übertragen. Der Grund hierfür ist in der Besonderheit der technisch bedingten Verknüpfung von Werknutzung und Vervielfältigung zu sehen: § 17 Abs. 2 UrhG erschöpft nämlich (bei wortlaut- und systematikbezogener Auslegung) gerade nicht die Befugnis des Anbieters, **Vervielfältigungsrechte einzuräumen**[479]. 768

Eine anbieterseitige Untersagung des Vervielfältigens würde nun freilich die Weiterveräußerung entgegen § 17 Abs. 2 UrhG unmöglich machen, denn nur wenige Anwender werden ein Programm kaufen, das sie nicht einmal in den Rechner laden dürfen. Deshalb wurde richtig vertreten, dass der Anbieter im Rahmen einer zulässigen Weiterveräußerung dem Zweit- oder Folgeerwerber ebenfalls die Nutzungsrechte in dem Umfange einräumen muss, in dem sie für die bestimmungsgemäße Nutzung erfordert werden. Der Anbieter muss diese **Folgenutzung durch einen Dritten dulden**.

Nicht von § 17 Abs. 2 UrhG erfasst werden weiter Verbote, **vom Kunden erstellte Programmkopien** weiterzuveräußern (mit oder ohne Rechner).

---

[477] Wobei es nicht darauf ankommt, ob der Dritte gutgläubig ist (KG Berlin, GRUR 1951, 41 f.).

[478] RGZ 55, 78 f., Z 73, 17 ff.

[479] Bei Buchexemplaren oder Schallplatten stellt sich das Problem z. B. nicht, da während der und für die Handlungen des Lesens oder Hörens keine Vervielfältigungsexemplare hergestellt werden müssen: Man muss das Buch nicht erst kopieren, damit man es lesen kann, aber man muss das Programm in den Arbeitsspeicher kopieren, um es laufen lassen zu können.

Die urheberrechtliche Erschöpfungswirkung des § 17 Abs. 2 UrhG erfasst nur die Programmkopie auf dem Originaldatenträger, nicht aber vom Kunden erst hergestellte Sekundärkopien (auch nicht solche zu Sicherungszwecken).

Schließlich kann sich der Erwerber im Falle der Weiterveräußerung des Programmexemplares an andere Anwender nur dann auf § 34 Abs. 1 Satz 2 UrhG berufen, wenn er selbst die weitere **Nutzung** erstellter Programmkopien ab dem Zeitpunkt der Weiterübertragung **einstellt** und vorhandene Sicherungs- oder sonstige Kopien löscht.[480]

769 Die Prüfung der **formularvertraglichen Wirksamkeit** von Weiterveräußerungsverboten muß zwischen der ohnehin generell gegenüber Dritten unwirksamen Verbotswirkung (§ 137 Satz 1 BGB) einerseits und der grundsätzlich zulässigen schuldrechtlichen Vereinbarung mit dem Kunden unterscheiden, die sich aber am AGBG messen lassen muss. Inhaltlich sind außerdem die vorgenannten gesetzlichen Wertungen zu berücksichtigen. Hierbei gilt:
Das Weiterveräußerungsverbot in Anbieter-AGB stellt grundsätzlich **keine** überraschende Klausel im Sinne von § 3 AGBG dar[481]. Hiergegen spricht schon die Branchenüblichkeit der Klausel. Dies gilt auch für dem Kaufrecht folgende Verträge zur Überlassung von Standard-Software, da in diesen das Weitergabeverbot im Verhältnis Anbieter/Kunde schuldrechtlich wirksam und durchsetzbar ist, also keine Divergenz zwischen Vertragstyp und Klauselinhalt auftritt[482], auch nicht in der Kundenerwartung.

770 Eine unangemessene Benachteiligung des Kunden im Sinne von § 9 Abs. 2 Nr. 1 AGBG ist dann anzunehmen, wenn mit der Klausel von wesentlichen Grundgedanken einer gesetzlichen Regelung abgewichen wird. Dies kann der Fall sein, wenn und soweit der Kunde durch die angedrohten Sanktionen faktisch an der zulässigen Weiterveräußerung gehindert wird[483], jedoch nur bei Klauseln, die berechtigte Anwenderinteressen nicht berücksichtigen.[484] Hingegen kann etwa eine Klausel angemessen und damit zulässig sein, durch die die Weitergabe von der namentlichen Benennung des Erwerbers und dessen vertraglicher Verpflichtung zur Ein-

---

[480] Vgl. Haberstumpf, a. a. O., Rn. 125 zur Nutzungsbeendigung.
[481] Ebenso i. E. Marly, Verträge, Rn. 870.
[482] Anderer Auffassung wohl Marly, Verträge, Rn. 869.
[483] In diesem Sinn Marly, Verträge, Rn. 875 (einen „gewissen Zwang, Veräußerungen zu unterlassen", sehend).
[484] OLG Nürnberg, NJW 1989, 2634 f.; Ulmer/Brandner/Hensen, Anh. §§ 9 bis 11 Rn. 279.

haltung von Nutzungsbindungen geregelt wird.[485] Natürlich entfaltet auch diese Klausel gegenüber dem Dritten keine unmittelbare Wirkung, jedoch wohl gegenüber dem Kunden, im Verhältnis, zu dem die Weiterveräußerung von der Klauseleinhaltung abhängig gemacht wird. Ein uneingeschränktes Weiterveräußerungsverbot wird jedoch in der Regel unter Berücksichtigung typisierter Interessen der Vertragspartner regelmäßig unangemessen im Sinne von § 9 Abs. 2 Nr. 1 AGBG sein und die vertragswesentliche Eigentumsverschaffungspflicht des Anbieters verletzen (Verstoß gegen § 9 Abs. 2 Nr. 2 AGBG).[486]

Die genannten Grundsätze gelten auch in den Fällen, in denen dem Kunden im Rahmen von Werkverträgen urheberrechtliche Nutzungsbefugnisse eingeräumt werden. Ebenso gelten sie sinngemäß für **Benutzerhandbücher** oder sonstige Dokumentationsunterlagen, soweit diese – entweder als Entwurfsmaterial nach § 69a Abs. 1 oder als Schriftwerke über § 2 Abs. 1 Nr. 1 UrhG – urheberrechtlich geschützt sind.

Beurteilung von Klauseln aus der Vertragspraxis

Beispiel 1:

„Dem Kunden steht das nicht ausschließliche und zeitlich nicht befristete Recht zu, die in den R/3-Softwareproduktscheinen aufgeführten Softwareprodukte in dem dort festgelegten Umfang nach Maßgabe des jeweils gültigen R/3-Nutzungsmodells zu nutzen. Der Kunde darf die Nutzungsrechte an den Softwareprodukten und die zugehörige Dokumentation Dritten nur mit vorheriger schriftlicher Zustimmung von … und nur im Umfang jeweils vollständiger Installationen überlassen. Dem Antrag auf Zustimmung hat der Kunde die schriftliche Erklärung des Dritten beizufügen, dass dieser sich dem Kunden und … gegenüber an die Nutzungs- und Weitergaberegeln bindet, die der Kunde mit diesem Vertrag eingegangen ist."

Beurteilung: § 17 Abs. 2 UrhG soll sicherstellen, dass der Kunde – entgegen der zitierten Klausel – sehr wohl berechtigt ist, das Programm **ohne** Zustimmung des Anbieters und besondere Antragstellung bei diesem auf Dritte zu übertragen. Der Dritte ist also auch dann in vollem Umfang nut- 771

---

[485] Ausf. mit Nachweisen s. Ulmer/Brandner/Hensen, Anh. §§ 9 bis 11 Rn. 279; Brandi-Dohrn, EDV-Verträge, Rn. 40.

[486] Siehe Marly, Verträge, Rn. 876ff. und Rn. 884ff. zur eventuellen produktspezifischen Wirksamkeit von Weiterveräußerungsprodukten, etwa bei Neuwagen (freilich mit dem Hinweis, dass insoweit wiederum der urheberrechtliche Erschöpfungsgrundsatz nicht zum Tragen kommt, Rn. 887).

zungsbefugt, wenn der Kunde **keinen** derartigen **Antrag**[487] stellt und der Dritte keine derartige Erklärung abgibt. Dies ergibt sich aus der dinglich-abstrakten Wirkung von Urheberrechten. Allerdings kann der Kunde **schuldrechtlich** gegenüber dem Anbieter verpflichtet werden, mitzuteilen, an welchen Dritten das Programm überlassen wurde. Bei und aus Verletzung dieser Mitteilungspflicht schadensersatzpflichtig ist aber allein der Kunde, nicht der Dritte. Schadensersatzpflicht tritt auch nur dann ein, wenn der Dritte Programme z. B. rechtswidrig vervielfältigt oder in sonstiger Weise ein tatsächlicher Schaden eingetreten ist. Die bloße Nichtabgabe der Erklärung durch den Dritten als solche führt noch nicht zu einem Schaden.

Beispiel 2:

„... Voraussetzung für die Weitergabe ist die schriftliche Zustimmung der S., die S. nicht unbillig verweigern wird. Mit dem Antrag auf Zustimmung legt der Auftraggeber eine schriftliche Erklärung seines Auftragnehmers vor, wonach der Abnehmer sich gegenüber der S. an die Nutzungs- und Weitergaberegeln bindet, wie sie den zu diesem Zeitpunkt bestehenden S.-Standardverträgen entsprechen. Der Dritte ist zur Ausübung der vertraglichen Nutzungsrechte erst berechtigt, wenn der Auftraggeber gegenüber S. schriftlich versichert hat, dass er alle Original-Programmkopien dem Dritten weitergegeben hat und alle selbst erstellten Kopien gelöscht hat."

772 **Beurteilung:** Auch diese Klausel ist, soweit sie den Dritten verpflichten soll, einmal aufgrund der Erschöpfungswirkung aus § 17 Abs. 2 UrhG und allgemein schon deshalb **unwirksam**, weil der Dritte, der nicht Vertragspartner des Anbieters ist, nicht entsprechend vertraglich verpflichtet werden kann. Es ist auch keine Einschränkung der Übertragungsbefugnis des Kunden dergestalt möglich, dass der Dritte erst dann das erworbene Programmexemplar bestimmungsgemäß nutzen darf, wenn der Käufer zunächst bestimmte Erklärungen gegenüber dem Anbieter abgegeben und Löschungen durchgeführt hat. Dies würde dazu führen, dass der Dritte als Zweit- oder Folgeerwerber so lange warten muss, bis der Kunde die Löschungen tatsächlich durchgeführt hat. Damit würde § 17 Abs. 2 UrhG unterlaufen. Das **veräußerte Exemplar** des Programmes muss nämlich streng von den anderen beim Erstanwender gespeicherten Exemplaren zu unterscheiden sein.

---

[487] Bestimmte Anbieter scheinen Schwierigkeiten zu haben, sich tatsächlich als Wettbewerber im Markt zu verstehen. Kunden stellen bei Anbietern keine „Anträge", die dann irgendwann beschieden werden. Anbieter sind keine Behörden.

Beispiel 3:
„Wenn der Auftraggeber oder der Abnehmer ein Leasingunternehmen
ist und der Vertrag ausweist, dass die Software zum Zwecke des Weiter-
vermietens erworben wurde, wird die S. die Zustimmung zur Vermietung und zu einem Wechsel des Mieters erteilen, wenn das Leasingunternehmen den Mieter schriftlich festgelegt hat, wenn bei einem Mieter-
wechsel der alte und der neue Mieter die Erklärungen (der vorstehend
zitierten Bestimmung) abgegeben haben und wenn wichtige Gründe
(z. B. mangelnde Zustimmung von Drittlizenzgebern) nicht entgegenstehen."

Beurteilung: Hier ist zweierlei zu beachten: Zum einen kann auch im   773
Leasingverhältnis der Dritte nicht in seinen nach § 17 Abs. 2 UrhG
erwerbbaren Rechten beschränkt werden. Pflichten können auch hier
immer nur im Verhältnis von Anbieter und Kunde entstehen. Auch wenn
der Kunde formularvertraglich vereinbarte Pflichten verletzt, bleibt die
Rechtsposition des Dritten unberührt.

Allerdings ist noch ein zweiter Punkt zu beachten: Die EU-weit verein-
heitlichte Wirkung des § 17 Abs. 2 UrhG ist auf die Veräußerung wie
Kauf, Schenkung etc. beschränkt. Fälle der Vermietung werden ausdrücklich ausgenommen (§ 17 Abs. 2 UrhG allgemein und § 69 c Nr. 3
UrhG für Computerprogramme). Das bedeutet konkret, dass der
Anbieter sich nur des Rechts zur kaufweisen Weiterveräußerung
bezüglich des einzelnen jeweiligen veräußerten Programmexemplars
begeben muss, nicht aber des Vermietungsrechts. Aus diesem Grund
ist in der obigen Klausel zutreffend zusätzlich zu der Übertragung der
Rechte am Programmexemplar der Fall geregelt worden, dass der
Anbieter die Zustimmung zur Vermietung des erworbenen Exemplars
erteilen soll. Wird nämlich das erworbene Exemplar nicht nur zu eigenen Zwecken genutzt, sondern Dritten mietweise überlassen (etwa im
Rahmen von **Leasingverhältnissen**, auf die Mietvertragsrecht
anwendbar ist), so intensiviert sich naheliegenderweise die Nutzung
des Programmexemplars wesentlich, so dass insoweit berechtigte Ver-
wertungsinteressen des Urhebers/des Berechtigten tangiert werden.
Keineswegs darf also ohne besondere Zustimmung des Anbieters ein
erworbenes Exemplar vom Kunden oder von jedem Folgeerwerber an
Dritte vermietet werden!

c) Dekompilierverbote

774 In freilich recht engen Grenzen darf jeder berechtigte Nutzer ein Programm dekompilieren, um schnittstellenbezogene Informationen zu gewinnen (s. Rn. 1536). Soweit etwa Anbieter in ihren Lizenzbedingungen das Dekompilieren **generell** ausschließen, ist dies unwirksam.[488]

Erhält der Kunde ein Programm nur im maschinenlesbaren Objektformat ausgeliefert, kann es für ihn von Interesse sein, zur Analyse der Funktionsweise des Programms, zur Fehlerbeseitigung oder zur Aktualisierung aus dem Objektformat durch technische Maßnahmen den Ausgangscode im Assembler – oder Hochsprachenformat – rückzuerschließen. Zu denken ist etwa an Fälle, in denen der Kunde die Wartbarkeit (bzw. genaue Pflegbarkeit) der Software verbessern (lassen) oder mit einer größeren Software-Entwicklung und entsprechend großen, in der Herstellung teuren Datenbeständen auf eine andere, modernere Hardware mit nichtproprietären Betriebssystemen/Plattformen wechseln will.

Maßnahmen des Reverse Engineering zur Rückerschließung des menschenlesbaren Quellformates aus dem Objektformat sind grundsätzlich nur mit Einwilligung des Urhebers bzw. des sonst Berechtigten bzw. im Rahmen eingeräumter Nutzungsrechte zulässig.

775 **Zustimmungsunabhängig** ist Dekompilieren nach § 69 Abs. 3 UrhG zulässig, wenn die Vervielfältigung des Codes oder die Übersetzung der Codeform (im Sinne von § 69c Nr. 1 und 2 UrhG) unerlässlich ist, um die erforderliche Information zur Herstellung der **Interoperabilität eines unabhängig geschaffenen Computerprogramms** mit anderen Programmen zu erhalten (§ 69e Abs. 1 UrhG; s. Rn. 1536). Festzuhalten ist, dass der Berechtigte mangels abweichender Vereinbarung grundsätzlich aus einem Fehlerberichtigungsrecht im Sinne des Urheberrechts sowie einem Mängelbeseitigungsanspruch im Sinne des Gewährleistungsrechts keinen Anspruch gegen den Software-Anbieter auf Herausgabe des Quellcodes des betroffenen Programmes hat[489], so dass ihm nach Ablauf der Gewährleistungsfrist nur die eigene Fehlerberichtigung und hierzu die insoweit ebenfalls zulässige[490] Dekompilierung des Quellformates verbleiben.

Die **freie Benutzung** eines geschützten Werkes bei Erstellung eines anderen Werkes ist zwar vom Zustimmungserfordernis freigestellt (§ 24

---

[488] a. A. ohne Begr. Zahrnt, CW 19, 1997, 50.
[489] Schneider, Handbuch, Rn. A 93.
[490] Pres, 131.

UrhG), doch stellt ein Disassemblieren/Dekompilieren keine freie Benutzung des Vorlageprogrammes in dessen Objektcodeversion dar, da die Arbeit am Code selbst erfolgt. Die rückerschließende Analyse bleibt eng der Codestruktur der Objektcodeversion verhaftet, übernimmt also keineswegs nur Anregungen für das eigene Werkschaffen.[491]

d) Nutzungsbindungen

– Bindung der Nutzung an eine CPU

Zuweilen sehen Anbieter in ihren AGB vor, dass der Kunde das Programm   776
nur in Verbindung mit einer bestimmten Zentraleinheit des Rechners
(Central Processing Unit, CPU) nutzen darf. Der Kunde benötigt nach der
Intention dieser Vertragsbestimmung also auch dann die Zustimmung des
Anbieters, wenn er den Rechner gegen einen anderen desselben Typs austauschen will, etwa wegen Defekts, ohne dass sich hierdurch die Möglichkeiten der Software-Nutzung ändern. Dies schränkt die Nutzbarkeit der
Software in der Praxis naturgemäß wesentlich ein. Für die Beurteilung der
Zulässigkeit dieser Klausel ist zu differenzieren:
Um den Rechner wechseln zu können, muss der Kunde mindestens ein
neues Vervielfältigungsexemplar auf den anderen, z. B. Ersatzrechner
laden und abspeichern. Das Verbot setzt nun nicht bei diesem Vervielfältigen, sondern bei der technischen Verbindung zwischen Programmexemplar und CPU in der Weise an, dass erstellte Vervielfältigungsexemplare immer nur mit der bezeichneten CPU genutzt werden dürfen. Im Ergebnis wird der Wechsel zu einem anderen Rechner hierdurch ausgeschlossen. Ein solcher Hardware-Wechsel gehört jedoch, jedenfalls im gewerblichen EDV-Einsatz, zur allgemein üblichen Nutzungspraxis bei zeitlich unbegrenzter Software-Überlassung und meist aus Abnutzungsgründen bei nicht zeitlich unbegrenzt nutzbarer bzw. schnell veraltender Hardware. Ähnlich existiert für ältere Hardware (z. B. Workstations oder AS/400-Systeme) ein eigenständiger, wenngleich kleinerer Gebrauchtsystemmarkt. Hier ist der Erwerber regelmäßig daran interessiert, auch die zum Rechner gehörige System-Software zu erwerben.

Unter dieser Voraussetzung schränkt eine Bindung der Programmnutzung an eine individualisierte CPU wesentliche Kundenrechte aus dem Software-Erwerb derart ein, dass die Erreichung des Vertragszwecks (bestim-

---

mungsgemäße Benutzung) gefährdet ist (Verstoß gegen § 9 Abs. 2 Nr. 2 AGBG).[492]

777 Für Individualverträge wird eine CPU-Klausel als wirksam angesehen[493], jedoch muss auch geprüft werden, ob im Einzelfall, etwa bei der Nutzung einer wesentliche Unternehmensfunktionen steuernden Software, die genannte CPU-Bindung gegen Treu und Glauben verstößt (§ 242 BGB). So etwa, wenn der Kunde gezwungen ist, entweder unverhältnismäßig hohe Aufwendungen für die Reparatur/Wartung defekter/veralteter Hardware zu tätigen oder noch einmal die Nutzungsvergütung für die Software zu bezahlen. Dem Anbieter käme hier der Defekt oder die Alterung der Hardware zugute, da sie den Kunden üblicherweise zu einem nun zu vergütenden Rechnerwechsel zwingt. Unter diesen Voraussetzungen ist ein schutzwürdiges Interesse des Anbieters nicht gegeben. Der Anbieter wird deshalb die Zustimmung zum – vergütungsfreien – Hardware-Wechsel nicht verweigern dürfen (§ 34 Abs. 1 Satz 2 UrhG). Ebenso kann der Anbieter einer Systemsoftware dem Zweiterwerber der Hardware nicht untersagen, die auf dieser befindliche Kopie der Systemsoftware zu nutzen.[494]

Soweit CPU- und vergleichbare Bindungsklauseln AGB-rechtlich wirksam sind, führen sie zu einer Vertragseinheit zwischen Hardware und Software und damit zu einem möglichen Gesamtwandlungsrecht.[495]

– Bindung der Nutzung an eine Rechnerklasse oder einen CPU-Typ

778 Nach diesem Klauseltyp darf der Kunde zwar das Programm auch auf einem anderen Rechner nutzen, aber nur einem Rechner **desselben Typs** oder derselben (anbieterseits definierten) Rechnerklasse, innerhalb der einzelne Exemplare funktional austauschbar sind. Der Wechsel in eine

---

[492] Im Ergebnis ähnlich Marly, Verträge, Rn. 940, allerdings auf die Hauptpflicht zur Eigentumsverschaffung abstellend, womit noch nicht viel gewonnen ist, da geklärt werden muss, inwieweit das unstreitig zu beschaffende Eigentum eingeschränkt werden darf. Deshalb scheint es auch nicht ausreichend, generell eine Verletzung der Kardinalpflicht des Anbieters zur Eigentumsverschaffung (und hieraus einen Verstoß gegen § 9 Abs. 2 Nr. 2 AGBG) anzunehmen. Unwirksamkeit annehmend auch Bartsch, CR 1994, 667, 669.

[493] Marly, Verträge, Rn. 938.

[494] OLG Nürnberg, Urteil vom 20. 6. 1989 – 3 U 1342, NJW 1989, 2634. Das Gericht sah in einem formularvertraglichen Weiterveräußerungsverbot einen Verstoß gegen § 9 Abs. 1 und 2 Nr. 1 AGBG, da keine auf der Hardware nutzbare Systemsoftware anderer Anbieter am Markt verfügbar gewesen sei. Die Regelung widerspreche auch § 34 Abs. 1 Satz 2 UrhG, wonach die Zustimmung zur Übertragung des Nutzungsrechts nicht entgegen Treu und Glauben verweigert werden darf. Schließlich sah das Gericht auf die dauernde Überlassung der Software den Erschöpfungsgrundsatz des § 17 Abs. 2 UrhG als anwendbar an, demzufolge die Weiterveräußerung nicht untersagt werden kann.

[495] Siehe etwa BGH, Urteil vom 14. 7. 1993 – VIII ZR 147/92, NJW 1993, 2436 = CR 1993, 681.

leistungsfähigere Rechnerklasse wird hier nicht selten vom Anbieter von einer zuweilen beträchtlichen Zusatzzahlung abhängig gemacht. Man spricht hier teilweise von einer „Upgrade"- oder „Upgrading"-Gebühr. Das LG Arnsberg hatte die Zulässigkeit einer solchen **CPU-Typ-Klausel** als unproblematisch angesehen.[496]

Teilweise wird argumentiert, eine (hardwareseitig bedingte) Nutzungsintensivierung könne keine Auswirkung auf die Ausgestaltung des Nutzungsrechts haben[497], so dass sie (zumindest mit dinglicher Wirkung) auch zu keiner Verknüpfung mit einer zusätzlichen Vergütungszahlung berechtige. Richtig hieran ist, dass nicht jeder marginale zusätzliche Grenznutzen als Anknüpfung für eine Zusatzvergütung dienen kann, da insoweit kein berechtigtes Interesse des Urhebers oder des von ihm Berechtigten erkennbar ist, wirtschaftlich an dieser Zusatznutzung zu partizipieren. Zwar kann das Anfallen der Zusatzvergütung für solche Zusatznutzung dennoch vertraglich vereinbart werden, aber nur mit schuldrechtlicher Wirkung und unter voller Anwendung des AGBG. Nach dessen § 9 Abs. 2 kann das Anfallen der Zusatzvergütung nach den Einzelfallumständen eine unangemessene Benachteiligung des Kunden darstellen. Dies wird grundsätzlich dann anzunehmen sein, wenn zusätzliche (erweiterte oder

---

[496] LG Arnsberg, Urteil vom 2. 12. 1993 – 8 O 30/92, CR 1994, 283 = BB, Beil. 7, 1994, 3. Zu entscheiden hatte das Gericht über eine Klausel, die die Nutzung von Programmen auf dem IBM-System/36 einräumte. Eine Upgrade-Gebühr von 25 % sollte für den Systemwechsel von der IBM/36 auf eine IBM AS/400-Anlage fällig werden. Das Gericht sah diesen Preisaufschlag von 25 % auf den Lizenzpreis beim Modell als „üppig" an. Das Gericht bezog sich hier auf die Ausführungen des Sachverständigen, nach denen für einen derartigen Wechsel üblicherweise höhere Lizenzpreise berechnet werden. Gemeint ist hier also, dass ein höherer Aufschlag berechnet würde. Dies gelte auch, wenn das Programm einer /36-Emulation (view/36) eingesetzt werde. Gegenüber der /36 verfüge die AS/400 über eine Systemarchitektur, die insbesondere bezüglich der Datenbankfunktion wesentlich erweitert und verbessert worden sei. Diese Leistungssteigerung sei unabhängig vom jeweiligen Modell innerhalb der AS/400-Familie. Zusätzlich verfüge die AS/400 gegenüber der /36 über eine modellabhängige **gesteigerte Verarbeitungsleistung** (Rechnergeschwindigkeit, Hauptspeichergröße, Festplattenkapazität etc.). Diese „relative Systemleistung" sei hardwareabhängig. Programme, die für die /36 erstellt worden seien und auf der AS/400 eingesetzt würden, könnten zwar nicht von den Verbesserungen durch die neue Systemarchitektur profitieren, wohl aber von einer höheren relativen Systemleistung. Es seien daher höhere modellabhängige Lizenzgebühren für die /36-Programme beim Einsatz einer AS/400 (im view/36) sowohl beim Hersteller IBM wie auch bei anderen Herstellern von Anwendungssoftware üblich. Auf die Frage, ob sich zu dieser unterschiedlichen Nutzungsintensität eine Verkehrsauffassung gebildet hat und hieraus eine getrennte wirtschaftlich-technische Nutzungsart im Sinne des Urheberrechts ableitbar ist, geht die Entscheidung (jedenfalls in den veröffentlichten Teilen) nicht ein. Auch erfolgt keine AGB-rechtliche Prüfung, ob die Klausel im Falle einer fehlenden Abstützung im Urheberrecht gegen § 9 Abs. 2 AGBG verstößt. Diese Prüfung verlangt eine Abwägung der objektivierten Interessen des Verwenders der formularvertraglichen Nutzungsbedingungen und des Kunden.

[497] Marly, Verträge, Rn. 936f.

intensivierte) Nutzungsmöglichkeiten entweder überhaupt nicht bestehen (weil etwa der Rechner zwar einen schnelleren Prozessor aufweist, die Textverarbeitung oder die sonst eingesetzte Anwendung deshalb in der üblichen Anwendung aber nicht schneller läuft, oder einen zweiten Prozessor, der aber von der bestimmungsgemäß eingesetzten Software nicht genutzt wird) oder jedenfalls im Rahmen der bestimmungsgemäßen Benutzung nicht ausgeschöpft werden können. Ob eine ausreichende Nutzungsintensivierung erreichbar ist, für die die Klausel AGB-rechtlich wirksam ist[498], hängt von den Umständen des Einzelfalles ab. **Bejaht wurde sie etwa beim Wechsel von IBM/36- zu AS/400-Systemen.**[499]

779 Jedoch bleibt zusätzlich aus urheberrechtlicher Sicht zu prüfen, ob eine deutlich intensivierte Nutzung von der Verkehrsauffassung als **eigenständige wirtschaftlich-technische Nutzungsart** einzustufen ist. Dies kann etwa dann der Fall sein, wenn ein Grafikprogramm unter einem neuen Betriebssystem erkennbar schneller läuft und pro Arbeitsstunde mehr Nut-

---

[498] Ebenso Nordemann, CR, 1996, 5, 9, allerdings nicht zwischen CPU- und CPV-**Typ**-Klausel differenzierend. Nordemann argumentiert deutlich von herkömmlichen Verwertungssituationen aus (Vorführung in einem anderen, größeren Kinoraum oder Konzertsaal als Anknüpfung). Die CPU-Klausel wäre, im Rahmen seines Vergleiches, einer Klausel gleichzustellen, nach der der Vorführer auch dann eine neue Filmkopie erwerben müsste, wenn das Vorführgerät defekt wird und er im selben Saal ein neues Gerät desselben Typs einsetzen muss. Von einem erhöhten Nutzungsumfang wird hier schwerlich die Rede sein können. Eine unabhängig von einer Nutzungserhöhung bindende Klausel muss deshalb jedenfalls AGB-rechtlich unangemessen sein, so dass sich die Ausführungen letztlich doch nur auf CPU-Typ-Klauseln beziehen.

[499] LG Arnsberg, Urteil vom 2. 12. 1993, a. a. O. Der Sachverständige hatte ausgeführt, bei dem Wechsel der Nutzung von für /36-Systeme erstellter Software auf AS/400-Systeme seien auch dann höhere Lizenzpreise üblich, wenn das Programm einer /36-Emulation (view/36) eingesetzt werde (man also für den Benutzer erkennbar auf der /36-Oberfläche bleibt, d. V.). Die AS/400-Systemarchitektur sei insbesondere bezüglich der Datenbankarchitektur wesentlich verbessert und erweitert und somit (auch in der Verarbeitungsleistung) leistungsfähiger. /36-Programme könnten zumindest von der höheren relativen Systemleistung profitieren. Das Gericht schloss sich dem Sachverständigen an. Insoweit trägt das Urteil die Feststellung der Erhöhungsklausel jedenfalls mit schuldrechtlicher Wirkung. Das Gericht führte aber weiter aus, auf die Nutzungsintensivierung komme es nicht an, denn der Kunde habe sich durch die ohne Zustimmung erfolgte Weiterbenutzung der Software auf der AS/400 aus positiver Vertragsverletzung schadensersatzpflichtig gemacht. Diesem Teil des Urteils kann nicht gefolgt werden, da gerade zu prüfen gewesen wäre, ob die Vereinbarung des Zustimmungserfordernisses urheberrechtlich und AGB-rechtlich zulässig war. Zahrnt (BB, Beil. 7, 1994, 4) kritisiert zu Recht, dass der Programmeinsatz auf der AS/400 bestimmungsgemäß erfolgt sei, da beide Anlagen vom selben Hersteller stammten (was eine Nutzungsdifferenzierung freilich noch nicht verhindert, d. V.) und die AS/400 auf dem offiziellen Migrationspfad von IBM lag, auf dem die AS/400 das Nachfolgemodell der /36 darstellte, und der Wechsel zur Sicherung der Weiternutzung notwendig wurde. Nicht zu folgen ist Zahrnt in der Auffassung, dass ein „Benutzungsanspruch des Anwenders beliebig fein abgegrenzt werden kann". Urheberrechtlich bilden die nachstehend erwähnten Nutzungsarten die untere Grenze der Granulierung von Nutzungsrechten. Jenseits dieser Grenze setzt vorgenannte Kontrolle des AGB-Rechts voll ein. In beiden Bereichen ist also keine Atomisierung kleinster zulässiger Nutzungseinheiten zulässig.

zung gestattet oder die Nutzung nun auch auf portablen Rechnern erlaubt. In diesem Fall kann der Wechsel in eine höhere Nutzungsklasse dinglich abgesichert (also mit Wirkung gegenüber allen Folgenutzern) mit einer Zusatzvergütung zulässig verbunden werden. Eine nicht auf solche differenzierten Nutzungsarten abstellende, beliebig „skalierte" Klausel wird hingegen **unwirksam** sein, da sie nicht der Nutzungsrechtsarchitektur des Urheberrechts entspricht und aufgrund dieser nicht wirksamen Abweichung von der eigentumsrechtlich einzuräumenden Verfügungsbefugnis grundsätzlich eine unangemessene Benachteiligung des Kunden darstellt (§ 9 Abs. 2 Nr. 1 AGBG).[500] Gleiche Überlegungen gelten für OEM-Klauseln und Update-Klauseln.

Die Abstufung der Zusatzvergütung darf also nicht frei, sondern nur in Anknüpfung an nach der objektivierenden Verkehrsauffassung unterscheidbare Nutzungsarten erfolgen. Die Mehrzahl der in der Praxis verwendeten Preislisten erfüllt diese Voraussetzung nicht. – Mit der Anknüpfung der **Zusatzvergütung** darf nicht die Bemessung der ursprünglichen Nutzungsvergütung verwechselt werden, die grundsätzlich frei gestaltet werden kann (vgl. § 8 AGBG). Auch hier ist aber das Nutzungsartenraster zu beachten. Ob Upgrading-Klauseln in Fällen ohne tasächlichen Mehrnutzen als überraschende Klauseln nach § 3 AGBG unwirksam sind,[501] erscheint angesichts ihrer Marktüblichkeit (die sie freilich noch nicht wirksam macht) fraglich und ist wohl zumindest im typischen Anwendungsbereich (Mainframe-Rechner) eher zu verneinen. Solche Klauseln sind gerade im Mainframe-Bereich seit längerem und in den meisten Verträgen zu finden, so dass eine überraschende Wirkung nicht angenommen werden kann.[502]

---

[500] In diesem Sinne etwa das OLG Frankfurt/Main, Urteil vom 10. 3. 1994 – 6 U 18/93, CR 1994, 398 f.; s. auch Koch, CW 17/1995, 35 f., der in der Bindung an einen CPU-Typ eine mit Grundgedanken des Eigentumsrechts unvereinbare und deshalb gegen das AGBG verstoßende Klausel sieht. Die CPU-Typ-Bindung sei nur dann von einem (berechtigten) Interesse des Anbieters getragen, „wenn das von ihm gefertigte Programm in seiner Ablauffähigkeit, seiner Performance oder sonstigen Besonderheiten darauf angewiesen ist, nur auf einem bestimmten Computertyp eingesetzt zu werden, und wenn bei Einsatz auf einem anderen Rechner die Gefahr mit sich brächte, dass – im Ergebnis – den Ruf des Softwareproduzenten gefährdende Ablaufschwierigkeiten auftreten können". Letztere Einschränkung erscheint zu weitgehend. Eine Typbindung muss – über die erwähnten technischen Ablaufschwierigkeiten hinaus – auch zulässig sein, wenn nach der Verkehrsauffassung eine abgrenzbare wirtschaftlich-technische Nutzungsart vorliegt. Auch diese Bindung ist aufgrund der urheberrechtlich begründeten Beschränkung des Urheberrechts wirksam in Formularverträgen vereinbar.

[501] Hierfür etwa Brandi-Dohrn, EDV-Verträge, Rn. 42.

[502] Der Verfasser kann aus seiner Beratungspraxis und Seminarveranstaltungen bestätigen, dass RZ-Leiter mit solchen Upgrade-Klauseln fast immer vertraut sind.

– Bindung an die Nutzung von Anbieter-Hardware

780 Enthalten die AGB eines Anbieters von Software und Hardware eine Klausel, nach der die Programme nur auf vom Verkäufer vertriebenen Systemen verarbeitet oder weiterveräußert werden dürfen, so liegt ein Verstoß gegen § 9 AGBG vor. Es sei denn, der Verkäufer stimmt einer anderweitigen Verwendung vorher ausdrücklich schriftlich zu. Der Käufer von Software und Hardware wird unangemessen benachteiligt, wenn er gezwungen wird, das vom Verkäufer gelieferte Programm nur auf Computern einzusetzen, die von diesem geliefert worden sind.[503] Solche Klauseln finden sich häufig im Zusammenhang mit dem Vertrieb von OEM[504]-Software, die mit bestimmten Computern (teilweise bereits installiert) verkauft wird. Die Regelungen sehen vor, dass diese Software nicht getrennt, sondern nur zusammen mit der Hardware weiterveräußert werden darf. Der Kunde wird hier an ein ganz konkretes Gerät und nicht nur an einen Gerätetyp gebunden.[505] Es gelten deshalb die Ausführungen zur Unzulässigkeit der CPU-Bindung (s. Rn. 776) bzw. zu Upgrade-Klauseln (s. Rn. 778) entsprechend.

– Bindung an eine Anwendungsform

781 Schul- und Studentenversionen (teilweise auch **Academic Edition**, AE, genannt) werden oft deutlich verbilligt vertrieben und können nur gegen Vorlage einer Schul- oder Studienbestätigung erworben (und weiterveräußert) werden.

Genau genommen ist hier zu unterscheiden: AE enthalten zunächst eine Vertragsabschluss- und eine Nutzungsbindung. Erwerben dürfen nur Inhaber einer entsprechenden Bescheinigung. Sinn der Preisreduzierung ist, kurz gesagt, die Förderung der Ausbildung (und nicht zuletzt auch die Förderung und Akquisition zukünftiger Kunden). Der Anbieter ist in seiner Entscheidung über einen Vertragsabschluss grundsätzlich frei. Gren-

---

[503] OLG Frankfurt/Main, Urteil vom 17. 1. 1991 – 6 U 18/90, WM 1991, 1095 (zur Übertragung der Software-Nutzung von einem „Victor"- auf einen „Tandon"-Rechner wegen eines Defektes der Festplatte des alten Systems),

[504] Original Equipment Manufacturer.

[505] Als zulässig wurde eine solche Klausel angesehen vom LG Berlin, Urteil vom 27. 8. 1996 – 16 O 581/95, CR 1996, 730 = NJW-RR 1997, 1065 (allerdings für das Verhältnis Hersteller/Händler), ebenso vom KG Berlin, Urteil vom 27. 2. 1996 – 5 U 8281/95, GRUR 1996, 974 (Zulässigkeit eines Vertriebssystems, bei dem Software [MS-DOS, Winword] in etwas schlichterer Form zusammen mit Hardware kostengünstiger abgegeben wird und dann an diese Hardware gebunden bleiben soll). Zutreffend ist die Auffassung des KG, dass auch im Rahmen des Verbreitungsrechts nach § 69c Nr. 3 UrhbG eine Differenzierung von – technisch-wirtschaftlich eigenständigen und damit dinglich wirkenden – **Nutzungsarten** möglich bleiben muss. Nur fehlt es bei der reinen Kopplung der Software an einen bestimmten Rechner-/CPU-Typ bereits an einer **technisch** eigenständigen Nutzungsart.

zen finden sich zwar im (hier nicht näher darstellbaren) Kartellrecht, jedoch ist grundsätzlich in diesen Fällen keine willkürliche, sachfremde Ungleichbehandlung von in der Ausbildung befindlichen und sonstigen Kunden anzunehmen; vielmehr ist der Förderzweck grundsätzlich ein berechtigter.

Allerdings ist das Element der Nutzungsbindung näher zu betrachten: Ist hier etwa vorgesehen, dass Folgeerwerber auch zur Gruppe der Berechtigten gehören (also auch Schüler oder Studenten sein) müssen, so wäre eine solche Regelung nur über eine **dingliche Bindung** mit Wirkung gegenüber jedem Dritten durchsetzbar. Hierzu müsste eine eigenständige technisch-wirtschaftliche Nutzungsart feststellbar sein. Wenn nun der Anbieter einer Software nur den Preis für Studenten und Schüler reduziert, nicht aber die Software funktional-technisch in irgendeiner relevanten Weise (etwa im Funktionsumfang) ändert, erscheinen zumindest Zweifel möglich, ob auch hier eine dingliche Wirkung entfaltet werden kann. Die preisreduzierten Programme werden hier in technischer Sicht nicht anders genutzt als die nicht reduzierten. Entfällt aber die Unterscheidbarkeit der Nutzungsarten und damit die dingliche Wirkung, sind personenbezogene Weitergabeverbote nur als schuldrechtliche, also nur mit Wirkung zwischen Anbieter/ Urheber und jeweiligem Nutzer wirksam. Derartige Bindungsvereinbarungen unterliegen dann auch voll der Kontrolle nach dem AGBG. Hierbei erscheint die allein auf eine Preisreduzierung gestützte Vereinbarung eines Weitergabeverbotes – gerade im Hinblick auf das Fehlen einer urheberrechtlichen Absicherung dieser Vereinbarung – nicht mit § 9 Abs. 2 Nr. 1 AGBG vereinbar, da sie die Eigentümerposition des Erwerbers wesentlich einschränkt, der gezwungen ist, nur an andere Angehörige der definierten Personengruppe zu veräußern. Hier liegt ein zumindest **partielles Veräußerungsverbot** vor, das mit der Eigentümerposition des Ersterwerbers aus dem Programmkauf nicht vereinbar ist.

Einige Programmexemplare werden nur zu Werbezwecken, nicht für den Verkauf (**Not-for-Resale, NFR**) verwendet bzw. weitergegeben. Hier liegt (mangels Vereinbarung einer Gegenleistung, wie etwa einer Vergütung) keine Veräußerung vor und auch keine Erschöpfung des Verbreitungsrechtes (im Sinne von § 17 Abs. 2 UrhG). Deshalb kann die Nutzung hier beliebig eingeschränkt werden. In diese Kategorie gehört auch **Demo- oder Trial-Software**, die nur zu Test- und Demo-Zwecken eingesetzt werden darf und teilweise mit einer Zeitsperre („time bomb") gesichert ist. **Beta-Versionen** werden ebenfalls (zumeist) nicht in den üblichen Vertrieb genommen, sondern etwa Entwicklern ohne oder gegen Vergütung und zumeist unter der Verpflichtung überlassen, Fehler und sinnvolle Weiterentwicklungsmöglichkeiten (von features) mitzuteilen. Jedoch ist deren Veräußerung – jedenfalls nach vereinzelten Urteilen – sogar unter Anwendung kaufmännischer Untersuchungs- und Rügepflichten möglich.

– Verbot der Mehrfachnutzung

782   **Einzelplatzbezogene Software** darf grundsätzlich nur auf einem Einzelplatz und Mehrplatzsoftware nur auf derjenigen Anzahl von Rechnern genutzt werden, die im Vertrag definiert ist. Grundsätzlich unproblematischer Ansatzpunkt für diese Nutzungsbindung ist das Recht des Anbieters, das **Vervielfältigen** eines Werkes in einer von ihm festgelegten Zahl zu gestatten (vgl. §§ 15 Abs. 1 Nr. 1, 16 Abs. 1 UrhG). Jedes Vervielfältigen des Programms auf einen weiteren Rechner zur **gleichzeitigen** Nutzung (teilweise „concurrent use" genannt) bedarf hier der Zustimmung des Anbieters.

Diese strenge Beschränkung gilt grundsätzlich auch für eine **nicht gleichzeitige Nutzung**, etwa in den Fällen, in denen ein Programm auf einem Desktop-Rechner im Büro und auf einem Notebook gespeichert und zu Hause oder unterwegs genutzt wird. Das Urheberrecht stellt nämlich nicht auf den Zeitpunkt der Nutzung einer Programmkopie ab, sondern allein auf das Erstellen dieser Kopie, die auf dem Notebook auch dann verbleibt, wenn die Programmnutzung im Büro erfolgt. Auch diese Parallelnutzung bedarf der Zustimmung des Anbieters. Jedoch ist es sinnvoll (und auch in Übereinstimmung mit der Praxis), eine solche Nutzung zuzulassen. Die entsprechende formularvertragliche Regelung sollte aber möglichst klar gestaltet sein. Einige Anbieter führen etwa ein Nutzungsverhältnis von beruflichem zu privatem Anteil ein (etwa 70 % zu 30 %) – und haben es inzwischen (wohl angesichts von Erfahrungen mit der unklaren Abgrenzung) vereinzelt wieder abgeschafft. Zu einer Vereinbarung sollte nicht nur das zeitliche Nutzungsverhältnis geregelt werden, sondern auch, dass der Kunde **zwei** Programmexemplare gespeichert halten darf und nicht bei jedem Wechsel das Programm auf dem einen Rechner deinstallieren und auf dem anderen Rechner neu installieren muss.

783   Bei für **Einzelplatznutzung** ausgelegten Programmen können von diesen technisch grundsätzlich problemlos für zusätzliche Arbeitsplätze oder Einzelrechner Kopien erstellt werden, für die kein Nutzungsrecht eingeräumt wurde. Im Grunde greifen hier die allgemeinen Grundsätze über die Zulässigkeit der Erstellung von Vervielfältigungsexemplaren. Hat der Kunde nur ein Programmexemplar erworben, so darf er unstreitig dieses

Exemplar auch nur auf einem Rechner nutzen. Mangels abweichender Vereinbarung darf er den Rechner (frei) wechseln, muss aber gleichzeitig das Exemplar, das er auf dem bisher genutzten Rechner verwendet hat, löschen. Je nach Vereinbarung darf er das Programm auch auf mehreren Rechnern nutzen, freilich nur für die vertraglich definierte Anzahl. Unzulässig ist hingegen, auch nur ein zusätzliches Programmexemplar auf einem weiteren Rechner zu installieren.

Ist die Software von vornherein für den **Netzwerkeinsatz** ausgelegt, so ist dieser schon als bestimmungsgemäße Benutzung urheberrechtlich zulässig. Allerdings kann der Anbieter aus § 32 UrhG (und in Formularverträgen über § 8 AGBG) zulässigerweise festlegen[506], für welche Anzahl von Arbeitsplätzen im Netzwerk dem Kunden die Nutzung eingeräumt wird[507]. Für jeden Arbeitsplatz wird in der Nutzung nämlich zumindest teilweise ein eigenes Vervielfältigungsexemplar erstellt. Diese Exemplare werden dann im üblichen Einsatz meist zeitgleich von den verschiedenen Mitarbeitern genutzt, nicht etwa zeitverschoben. Auch hier ist bei entsprechender zahlenmäßiger Begrenzung jedes Überschreiten der vereinbarten Anzahl ein unberechtigtes, den Vertrag verletzendes Vervielfältigen. Unzulässig ist bereits das Erstellen einer zusätzlichen Programmkopie (soweit sie, wie meist, als Vervielfältigungsexemplar einzustufen ist). Einzelne Anbieter stellen hierbei zutreffend klar, dass die auf dem **Serverrechner** installierten Programmkopien bei der Festlegung der Anzahl der zulässig benutzbaren Programmexemplare (Kopien) nicht mitgerechnet werden, da sie auf dem Serverrechner nicht ausführbar sind; allerdings handelt es sich dennoch um ein Vervielfältigungsexemplar, für dessen Abspeicherung der Anbieter jedoch keine Vergütung berechnen will. Urheberrechtlich kann er die Vergütung nur an das Vervielfältigen anknüpfen, nicht an die Benutzung. Zwischen „Vervielfältigen" und „Benutzen" muss deshalb klar unterschieden werden.

Der Anbieter ist nicht verpflichtet, die Nutzung für eine unbegrenzte Anzahl von Arbeitsplätzen (oder bei neuer Software-Technologie von **Clients**, also von Programm**teilen**, die auf Client-Rechnern vervielfältigt werden) zu gestatten. Er ist berechtigt, Nutzungsstufen in der Form zu definieren, dass für jeweils eine bestimmte Anzahl von Arbeitsplätzen (oder Clients) eine bestimmte Vergütung geschuldet ist. (Wobei in der Praxis die Mitarbeiter beliebig wechseln können, die an diesen Arbeitsplätzen

---

[506] Für die Zulässigkeit i. E. auch Marly, Verträge, Rn. 971 ff., allerdings unter Prüfung von § 9 AGBG.
[507] Ebenso i. E. Brandi-Dohrn, EDV-Verträge, Rn. 43.

das Programm nutzen.) Mit einer solchen Vergütungsstaffel liegt eine leistungsbestimmende Klausel und nicht nur eine Preisnebenabrede[508] vor, da hier festgelegt wird, welcher Preis für welchen Umfang der einzuräumenden Nutzung zu bezahlen ist[509]. Im Einzelfall bleibt freilich zu prüfen, ob die jeweilige Vergütungsstaffel mit einem objektivierten Raster der eigenständigen technisch-wirtschaftlichen Nutzungsarten zur Deckung zu bringen ist. Nur dann ist die Vergütungsstaffel auch gegenüber Dritten wirksam und durchsetzbar.

Auch in der Mehrplatz-/Netzwerknutzung kann der Anbieter frei bestimmen, auf wie vielen Rechnern das Programm genutzt werden darf, und die Anbindung jedes zusätzlichen Rechners an die Programmnutzung von seiner Zustimmung abhängig machen. Zum richtigen Verständnis solcher netzwerkbezogenen Nutzungsbegrenzung ist der Unterschied zwischen Mehrplatzsystemen mit speicherlosen Terminals einerseits und Netzwerken mit PC/Workstations andererseits zu beachten, die über einen Server (etwa mit Novell-Netzwerksoftware) verwaltet werden. Bei (Einprozessor-)Mehrplatzsystemen mit speicherlosen („dummen") Terminals läuft ohnehin nur **ein** Programm auf dem verwaltenden Mainframe[510], das für diese Nutzung entsprechend ausgelegt ist. Der Programmeinsatz auf größeren **Mehrplatzsystemen** mit reinen Terminalanschlüssen ist mit der Einzelnutzung eines Programms zu vergleichen, nur dass mehrere Nutzer über ihre getrennten, speicherlosen Terminals in den Rechner Befehle eingeben und etwa im Timesharing-Modus jeweils Rechenzeit zur Abarbeitung von Teilaufgaben im Programm („jobs") zugewiesen bekommen. Die Programme werden zeitversetzt abgearbeitet, allerdings immer nur auf dem zentralen Rechner. Abspeicherungen (und damit Vervielfältigungen), an die getrennt Nutzungsgebühren mit dinglicher Wirkung angeknüpft werden können, erfolgen nicht auf den Terminals, sondern nur im zentralen Rechner.

Am einzelnen Terminal werden keine Vervielfältigungen dieses Programmes vorgenommen (da bereits ein Speicher fehlt), so dass insoweit auch nicht mit Vergütungsansprüchen an die Terminalanzahl im Rahmen dinglicher, urheberrechtlich begründeter Wirkung angeknüpft werden kann. Als Multi- oder Mehrprozessorsysteme bezeichnet man hingegen üblicherweise Parallelrechner, die wiederum besondere Software benötigen und

---

[508] So wohl Marly, Verträge, Rn. 978. Allerdings wird in den marktüblichen Preisstaffeln nicht nur ein Mehrpreis, sondern der Preis selbst in der Vergütungsstaffel festgelegt.
[509] Vgl. Ulmer/Brandner/Hensen, § 8 Rn. 14.
[510] Vgl. Hansen, Wirtschaftsinformatik I, 7. Aufl., 1996, 49; Pres, 155.

nur für besondere Anwendungen (ewa wissenschaftlicher Art) eingesetzt werden.[511]

Bei Netzwerken können auf dem PC Programme in **Einzelplatzversio-** 784 **nen** genutzt werden, daneben aber auch die auf dem Server gespeicherte Software, die freilich für diesen Netzwerkeinsatz (zur Vermeidung von Zugriffskonflikten) besonders ausgelegt sein muss. Die Einzelplatzsoftware auf dem PC kann nicht in jedem Fall ohne (teilweise tiefgreifende) technische Änderungen im Netz genutzt werden (wohl aber im **Mehrprogrammbetrieb**).[512] Damit kann Einzelplatzsoftware grundsätzlich (schon technisch bedingt) nicht zusätzlich für den Netzwerkeinsatz lizenziert werden, wohl aber für die jeweils vorhandene Anzahl von **Einzelplätzen.** Anderes gilt wiederum für **Client-Server-Systeme**, bei denen gewissermaßen eine technisch definierte „Arbeitsteilung" zwischen netzverwaltendem Serverrechner und Client-Anwendung auf dem Arbeitsplatzrechner durchgeführt wird. Die gesamte Verwaltung des Internet erfolgt nach diesem Prinzip. Die entsprechende Software wird niemals **vollständig** auf den einzelnen Arbeitsplatzrechnern abgespeichert. Vielmehr bleiben die Verwaltungsfunktionen auf dem Serverrechner. **Soweit** Teile der Software, insbesondere also Anwendungsteile, auf den einzelnen Rechnern abgespeichert werden, erfolgt auf diesen auch ein Vervielfältigen und kann hieran auf urheberrechtlicher, dinglich wirkender Grundlage eine Nutzungsvergütung angeknüpft werden. Erfolgt die Nutzungsmessung aber nach speicherungsunabhängigen Kriterien, etwa nach der Anzahl von Zugriffen oder Nutzungsläufen als solchen bzw. nach verbrauchter Rechenzeit, wird die urheberrechtliche Grundlage für eine solche „Lizenz"gestaltung verlassen und gelangt allein Schuldrecht zur Anwendung (also mit voller AGB-rechtlicher Kontrolle).

---

[511] Vgl. Hansen, a. a. O., 67.
[512] Einzelne Programme etwa für Textverarbeitung lassen sich auf den Server und von diesem auf alle Arbeitsstationen kopieren und dort nutzen. Allerdings muss im Netz sichergestellt sein, dass nicht mehrere Nutzer gleichzeitig dieselben Daten über ein Textverarbeitungs-, Tabellenkalkulations- oder insbesondere Datenbankverwaltungsprogramm bearbeiten und damit unterschiedlich verändern können. Da nun das Netzbetriebssystem die jeweiligen internen Strukturen etwa von Datenbanken nicht kennen kann, muss das Datenbankprogramm selbst auf mehrere Benutzer eingerichtet sein (s. bereits Durr/Gibbs, Praxis der PC-Vernetzung, 1990, 169). So wird etwa die gesamte Datenbankdatei auf der Serverfestplatte gesperrt, sobald eine Datei geöffnet wird. Hierfür muss die Anwendungssoftware besonders ausgelegt werden. Einzelplatzsoftware kann deshalb schon technisch nicht einfach für Mehrplatznutzung freigegeben werden, während im Netz nutzbare, also mehrplatzfähig ausgelegte Software grundsätzlich nur über den Server am Arbeitsplatz nutzbar ist, so dass keine echte, völlig getrennte Einzelplatznutzung vorliegt.

785 Die **Verbindung Host(Großrechner, „Mainframe")-PC/Workstation** ist eine besondere (rechtlich bisher kaum eigens behandelte) Form des Netzwerkes mit intelligenten Arbeitsplätzen und mindestens einem Host-Rechner, von dem Programme „heruntergeladen" werden können. Der Host-Rechner benötigt hierzu **kein Netzwerk-Betriebssystem**, sondern wird vielmehr über agent processes mit dem Netzwerk verbunden. Dies ist besonders bei Verknüpfung des Netzwerkes mit verschiedenen Host-Rechnern sinnvoll. Über das Netzwerk kann hier auf alle, wie immer ausgelegten Host-Rechner zugegriffen werden, während gleichzeitig auf diesen Host-Rechnern weiter Dateien als „private files" in verschiedenen Formaten ohne Zugriffsmöglichkeiten verarbeitet werden können.[513]

Für solche Host-PC-Verbindungen ist also zwischen interner Host-Nutzung und Netzwerk-Nutzung eines Programms zu unterscheiden. Eine unterschiedliche Ausgestaltung entsprechender Nutzungsrechte orientiert sich hierbei an den verschiedenen technischen Nutzungsformen und ist insoweit im Rahmen von § 32 UrhG – und damit auch unter dem Gesichtspunkt des § 9 Abs. 2 Nr. 1 und 2 AGBG – zulässig.

– Bindung der Nutzung an ein Gebäude/Unternehmen

786 Die auf ein Betriebsgebäude bezogene Nutzungseinräumung („site license") findet sich häufiger als die auf ein Unternehmen bezogene Lizenz. Beide Lizenzformen gestatten im Zweifel die Nutzung des Programms auf beliebig vielen Rechnern im jeweiligen Gebäude/Unternehmen. Zusätzliche Einschränkungen der Nutzung des Programms auf eine bestimmte CPU bedürfen besonderer Vereinbarung. Die Unternehmenslizenz bedarf meist noch näherer Festlegung dahingehend, ob und in welchem Umfang Tochterunternehmen des Unternehmens, Arbeitsgemeinschaften, an denen das Unternehmen beteiligt ist, und verbundene Unternehmen ebenfalls programmnutzungsberechtigt sind. Nur die Unternehmenslizenz geht mit der Veräußerung gemäß § 34 Abs. 3 UrhG auf den Erwerber über.

Die **gebäude- oder unternehmensbezogene Beschränkung** wird überwiegend als **zulässig** angesehen.[514] Dies gilt jedenfalls dann, wenn die auf ein Gebäude, ein Unternehmen etc. bezogene Einräumung von Nutzungsrechten an eine Nutzungsart anknüpfen kann (§ 31 Abs. 1 Satz 1 UrhG). Findet außerdem gleichzeitige Mehrfachnutzung etwa im Unternehmen statt, kann der Anbieter die maximal zulässige Anzahl der Kopien über die

---

[513] Vgl. Davis, Operating Systems. A Systematic View, 1987, 462 ff.
[514] So wohl Schneider, Handbuch, C 53, für die unternehmensbezogene Nutzungsbeschränkung.

Vervielfältigungsbefugnis des Kunden beschränken. Zwischen der Einzelplatznutzung von Software durch einen Freiberufler und durch ein Unternehmen besteht aber kein Unterschied, aus dem sich eine Differenz der wirtschaftlich-technischen Nutzung ableiten ließe (wenn keine sonstigen Umstände hinzutreten). **Insoweit** kommt der Abgrenzung der Nutzung von Software im Unternehmen keine dingliche Wirkung zu.

– Bindung an einen bestimmten Anwendungszweck

Teilweise werden Kunden auch vertraglich verpflichtet, die Software nur   787 für bestimmte Anwendungen einzusetzen. Das Urheberrecht bietet für derartige Restriktionen grundsätzlich keinen Ansatzpunkt, da es an typisierte Verwertungshandlungen wie das Vervielfältigen oder Bearbeiten anknüpft, nicht aber an das Nutzen als solches. So kann etwa der Besteller einer Standard-Software deren Abnahme verweigern, wenn die Verkäuferin die Unterzeichnung einer vom Hersteller geforderten Erklärung verlangt, wonach die Software ausschließlich zu „Forschungs- und Auswertungsvorschlägen" verwendet werden darf.[515]

Unzulässig ist es auch, die Benutzung einer als zulässig definierten zweiten Programmkopie auf ausschließlich geschäftliche Zwecke zu beschränken bzw. auf das Speichern auf einem „mobilen System". Im ersten Fall führt die Unterscheidung zwischen geschäftlichen und privaten Zwecken – etwa bei derselben Textverarbeitung – nicht zu technisch-wirtschaftlich unterschiedlichen Nutzungsarten, so dass insoweit der Benutzungszweck auch nicht einschränkend geregelt werden kann. Im zweiten Fall gilt das gleiche sinngemäß: Es führt hinsichtlich der technisch-wirtschaftlich abtrennbaren Nutzungsart zu keinem Unterschied, ob eine Programmkopie auf einem mobilen oder auf einem stationären System installiert wird. Unzulässig ist auch eine Bestimmung, nach der nur der Benutzer des stationären bzw. „Hauptrechners" die zweite Kopie benutzen darf. Das Urheberrecht gibt keine Grundlage, um eine solche nutzungsrechtliche Kopplung zwischen beiden Rechnern herzustellen.

– Bindung an ein Office-Paket

Einzelne Anbieter sehen vor, dass bestimmte Teilkomponenten aus einem Programmpaket, etwa einem „Office"-Paket, nicht getrennt als solche auf

---

[515] OLG Köln, Urteil vom 2. 2. 1996 – 19 U 146/95, CR 1996, 406 = NJW 1997, 1016 (für ein Osteoporoseprogramm für den Computertomographen einer radiologischen Arztpraxis). Daran ändert sich nach Auffassung des OLG Köln auch dann nichts, wenn der Anbieter mündlich versichert, die Erklärung diene nur statistischen Zwecken, und wenn andere Radiologen das Programm bisher unbehindert in ihrer Praxis verwenden.

verschiedenen Computern installiert oder verwendet werden dürfen. Hier ist genau zu prüfen, ob durch diesen Vorgang vom gesamten Paket oder einzelnen Paketteilen unberechtigt zusätzliche Vervielfältigungsexemplare erstellt werden. Unzulässig wäre es also etwa, den Tabellenkalkulationsteil aus einem Paket **zusätzlich** auf einem anderen Rechner zu installieren. Urheberrechtlich zulässig wäre es aber, auf einem Rechner das Paket ohne den Tabellenkalkulationsteil zu installieren und auf einem anderen Rechner diesen Tabellenkalkulationsteil.

Beispiel für unwirksame nutzungsbezogene Klauseln für die Vertragspraxis:

„Das R/3-System ist so eingerichtet, dass nach jedem Kalenderquartalsende die die tatsächliche Nutzung betreffenden Informationen der jeweils zugeordneten Installation ermittelt werden. Als relevante Installationen werden insbesondere
– Benennung der Installation,
– genutzte Funktionsblöcke,
– Anzahl der Nutzer je Nutzergruppe und je Mandant,
– Anzahl der Nutzer je Software-Gruppe und je Mandant,
– ggf. Sonderversionen oder -installationen
aufgeführt. Diese Informationen können von … durch Datenfernübertragung abgerufen werden."

788 **Beurteilung:** Eine derartige Messung der tatsächlichen Nutzung kann zu einer Reihe von Problemen führen, die sich hier nicht alle abschließend benennen lassen. So ergibt sich eine unmittelbare Berechtigung eines Anbieters, derartige Nutzungsmessungen durchzuführen, nicht unmittelbar aus dem Urheberrecht. Zu prüfen ist, was tatsächlich gemessen wird. Wird z. B. nur die Anzahl der erstellten Vervielfältigungsexemplare gemessen, ist insoweit eine urheberrechtliche Anknüpfung an das Vervielfältigungsrecht möglich. Werden aber reine Nutzungsläufe gemessen, bei denen temporäre Kopien von Programmen oder Datenbeständen im Arbeitsspeicher erhalten bleiben, nicht aber Vervielfältigungsexemplare im urheberrechtlichen Sinne erstellt werden, so geht eine derartige Nutzungsmessung über das Urheberrecht hinaus, da die Nutzung selbst nicht mehr vom Urheberrecht erfasst wird. **Das reine Nutzen stellt keine urheberrechtliche Verwertungshandlung dar.** Insoweit unterliegt aber der Anbietervertrag in vollem Umfang der formularvertraglichen Kontrolle. Zumindest in Formularverträgen wird der Anbieter dem Kunden nicht die gar noch durch Datenfernübertragung gesteuerte Messung einer Nutzung

aufdrängen können, an die wirksam im Sinne einer grundsätzlichen Wertungsentscheidung des Urheberrechts Vergütungsansprüche nicht angeknüpft werden können. Wollen sich hingegen beide Vertragsparteien von der urheberrechtlichen Basis der Berechnung der Nutzungsvergütung lösen, so muss dies entweder zur Klarheit der Regelung in einem Individualvertrag vereinbart werden, oder es ist auf jeden Fall in den Anbieter-AGB eindeutig klarzustellen, dass von der üblichen Basis abgewichen wird (was in der vorstehenden Klausel nicht geschah). In beiden Fällen sind Folgeerwerber an die nur inter partes wirkende Vereinbarung nicht gebunden.

Ein **weiterer Punkt** kommt hinzu: Soweit aus der Benennung der Installation bzw. des Mandanten personenbezogene Daten über Arbeitnehmer oder sonstige Beteiligte mitübermittelt werden, ist die datenschutzrechtliche Zulässigkeit dieser Übermittlung ebenso zu prüfen wie das Mitbestimmungsrecht des Betriebsrates nach § 87 Abs. 1 Nr. 6 BetrVG, da es sich insoweit bei der Einrichtung der Messverfahren um eine „technische Einrichtung" im Sinne der genannten Bestimmung handelt. 789

e) Bearbeitungsverbote

In AGB dürfen Bearbeitungsrechte jedenfalls nicht insoweit eingeschränkt werden, als ihre Ausübung für die bestimmungsgemäße Benutzung im Sinne von § 69 Abs. 1 UrhG notwendig ist.[516] Im übrigen bedarf jede Bearbeitung, Übersetzung etc. einer Codeform eines Programms der Zustimmung des Berechtigten. Wichtig ist hier aber die Prüfung der Vorfrage, wie eng oder weit diese Benutzung überhaupt als vertrags- bzw. bestimmungsgemäße definiert wurde (da diese Leistungsfestlegung nach § 8 AGBG grundsätzlich frei ist). Software muss in der Praxis aus unterschiedlichsten Gründen angepasst werden. Die Bandbreite technisch möglicher Änderungen kann hier nicht einmal annähernd aufgezeigt werden, ohne den zur Verfügung stehenden Rahmen zu sprengen. Typisch sind aber etwa Änderungen im Quellcode, Änderungen in Schnittstellen oder Anpassungen in der Benutzeroberfläche. Auch Fehlerbehebungen sind Änderungen.[517] 790

Die Beurteilung der Zulässigkeit von Verboten solcher Änderungen muss entsprechend differenzieren. Für Standardsoftware, die regelmäßig ohne Quellformat ausgeliefert wird, sind meist entsprechend vorgesehene 791

---

[516] Günther, CR 1994, 321, 326.
[517] Redeker, EDV-Prozeß, Rn. 35.

Änderungen etwa an der Benutzeroberfläche oder in der benutzerspe-zifischen Konfiguration relevant, wobei hier regelmäßig keine Änderungen am Quellcode erfolgen. Zulässig sind solche Änderungen jedenfalls in dem Umfange, in dem sie etwa in einer Benutzeranleitung als mögliche bestimmungsgemäße Benutzung beschrieben und z. B. an der Benutzeroberfläche unterstützt werden. Hierzu können auch andere zum gewöhnlichen Gebrauch gehörende Benutzungshandlungen bis hin zum Erstellen von Makros gehören, in denen Befehlssequenzen benutzerindividuell zusammengefasst werden.

792 Änderungen, die sich in diesem Rahmen bestimmungsgemäßer Benutzung halten (etwa auch Änderungen der Icon-Zuordnung in der Benutzeroberfläche), bedürfen **nicht** der gesonderten Zustimmung des Berechtigten (§§ 69d Abs. 1, 69c Nr. 2 UrhG).

793 In Individualverträgen ist ein diesbezügliches Änderungsverbot grundsätzlich zulässig (da § 69g Abs. 2 UrhG nicht auf Abs. 1 des § 69d UrhG Bezug nimmt), sofern es nicht im Einzelfall einen Verstoß gegen Treu und Glauben darstellt (§ 242 BGB). In Formularverträgen verstößt ein solches Verbot gegen § 9 Abs. 2 Nr. 1 **und** 2 AGBG, da es sowohl von den Grundgedanken der gesetzlichen Regelung in den §§ 69d Abs. 1, 6c Nr. 2 UrhG abweicht als auch ein wesentliches Kundenrecht auf bestimmungsgemäße Benutzung in vertragszweckgefährdender Weise einschränkt. § 69d Abs. 1 UrhG soll für den Anwender eine **bestimmungsgemäße Benutzung des Programmes sicherstellen.** Diese darf nicht in verschiedene, einzeln zustimmungsabhängige und damit vergütungspflichtige Nutzungsteilkomplexe aufgeteilt werden. Hierdurch würde der Vertragszweck der Möglichkeit einer einheitlich vergüteten Nutzung gefährdet. § 69d UrhG erfasst dabei alle Fälle der Nutzung, gleich, ob der Nutzungsrechtserwerb kaufweise oder durch Miete erfolgte. Der Unzulässigkeit steht auch nicht entgegen, dass im Umkehrschluss aus § 69g Abs. 2 UrhG die Zulässigkeit abweichender Regelungen ableitbar ist. Andernfalls würde das Änderungsverbot in den genannten Fällen ohnehin gegen § 69g UrhG verstoßen. Die Freistellung abweichender Vereinbarungen eröffnet überhaupt erst die Möglichkeit einer formularvertraglichen Zulässigkeitsprüfung.

794 **Reengineering-Verbote**[518] sind grundsätzlich in dem Umfang zulässig, in dem die jeweiligen Maßnahmen über den in § 69e UrhG gesetzlich zustimmungsfrei gestellten Katalog der Dekompiliermaßnahmen und

---

[518] Zum Software-Reengineering s. ausf. Baumöl/Borchers/Eicker/Hildebrand/Jung/Lehner, Einordnung und Terminologie des Software-Reengineering, Informatik-Spektrum 19, 1996, 191.

-zwecke **hinausgehen**. In den Geltungsbereich fallende Verbote sind bereits nach § 69 g Abs. 2 UrhG **nichtig**. Nutzungen jenseits dieses Bereiches[519] verbietende Regelungen sind aber grundsätzlich zulässig, müssen sich jedoch am AGBG messen lassen.

Quellcodebezogene Änderungsverbote sind grundsätzlich zulässig 795 (Umkehrschluss aus § 69 g Abs. 2 UrhG). Aber auch hier bleibt unter der Perspektive von § 9 Abs. 2 Nr. 1 und 2 AGBG zu prüfen, ob die Einschränkung der bestimmungsgemäßen Benutzung den Vertragszweck zu gefährden droht. Kundenseitige Fehlerbeseitigungsmöglichkeiten sind etwa bei massenweise vertriebener Standard-Software regelmäßig nicht Teil der bestimmungsgemäßen Benutzung, soweit der Kunde hierfür den regelmäßig nicht mit ausgelieferten Quellcode benötigen würde. Hier sind nur andere quellcodeunabhängig durchführbare Änderungen möglich und insoweit auch nicht in Formularverträgen wirksam abdingbar. Hierzu gelten die obigen Ausführungen entsprechend. Ergänzend sei in diesem Zusammenhang vermerkt, dass das Urheberrecht dem Kunden keinen Anspruch auf Lieferung oder Herausgabe des Quellformates eines Programmes zwecks Fehlerbeseitigung gibt, soweit keine abweichenden vertraglichen Regelungen bestehen.

f) Fehlerbeseitigung

Zwecks **Fehlerbeseitigung** darf der Kunde das Programm (rück-)übersetzen (z. B. in das Quellformat dekompilieren), bearbeiten (z. B. Fehler im Quellcode beseitigen oder durch geeignete Maßnahmen umgehen), neu „arrangieren" (d. h. in der Anordnung der Teile, etwa der Module des Programms, verändern) bzw. in sonstiger Weise umarbeiten, ebenso Systemdateien ändern[520], soweit 796

– diese Nutzungshandlungen zur bestimmungsgemäßen Benutzung des Programms erforderlich sind und

---

[519] Entgegen Marly, Verträge, Rn. 1026 bleibt für wirksame Vereinbarungen durchaus Raum, so etwa für Dekompiliermaßnahmen zu (interoperabilitätsunabhängigen) Fehlerbeseitigungszwecken.
[520] OLG Bamberg, Urteil vom 16. 5. 1994 – 4 U 19/80, CR 1980, 93. Eine Dongle-Abfrage darf aber grundsätzlich nicht umgangen werden (OLG Karlsruhe, Urteil vom 10. 1. 1996 – 6 U 40/95, NJW-CoR 1996, 186; Revision abgelehnt vom BGH, s. CR 1997, 27).
Die Beseitigung soll eine zustimmungspflichtige Bearbeitung im Sinne von § 69c Satz 1 UrhG, keine bestimmungsgemäße Benutzung darstellen (LG Düsseldorf, CR 1996, 737, das aber die **Reparatur** an einem Dongle-Programm als zulässig ansieht!). Tatsächlich kann eine Codebearbeitung aber im Einzelfall Teil der bestimmungsgemäßen Benutzung sein, wenn sie etwa als deren Teil beschrieben wird. Insoweit können auch Fehlerbeseitigungsmaßnahmen zur bestimmungsgemäßen Benutzung gehören. Allg. die Unzulässigkeit der Dongle-Beseitigung als Verletzung des Vervielfältigungs- und Umarbeitungsrechts aus § 69a UrhG bejahend auch OLG Düsseldorf, Urteil vom 27. 3. 1997 – 20 U 51/96, CR 1997, 337 = BB, Beil. 15, 1997, 7.

– keine abweichenden Vereinbarungen getroffen wurden (§ 69c Abs. 1 Nr. 2 i. V. m. § 69d Abs. 1 UrhG). Diese Fehlerbeseitigungsbefugnis kann also im Vertrag des Anbieters **wirksam abbedungen** werden. Sind in diesem Vertrag aber überhaupt keine Vereinbarungen getroffen, bleibt sie bestehen. Es ist also gerade nicht so, dass die Fehlerbeseitigungsbefugnis überhaupt erst ausdrücklich vereinbart werden müsste. Sie besteht von Gesetzes wegen und kann nur durch Abbedingen beseitigt werden. Weitreichende Konsequenz hieraus ist, dass in allen laufenden Nutzungsverträgen, in denen die Beseitigungsbefugnis nicht ausdrücklich ausgeschlossen wurde, der Kunde zu geeigneten und erforderlichen Beseitigungsmaßnahmen befugt ist.

797 Soweit in Überlassungs- oder auch Erstellungsverhältnissen Verfügungs- oder Nutzungsbeschränkungen vereinbart werden, **unterlag** der Vertrag als ganzer dem **Schriftformerfordernis** nach § 34 GWB. Wurde diese Schriftform nicht eingehalten, war der Vertrag gemäß § 125 Satz 1 BGB nichtig. Das Schriftformerfordernis verlangte eigenhändige Unterzeichnung (§§ 34 Satz 3 GWB, 126 Abs. 1 BGB), wobei die Unterzeichnung jedoch auf verschiedenen Urkunden erfolgen konnte.[521] Das **Schriftformerfordernis** ist mittlerweile **entfallen** (s. Rn. 706).

1.6.2.4 Mechanismen und Vorrichtungen für Zwecke des Kopierschutzes und der Nutzungsmessung

798 Zunehmend wird die kundenseitige Nutzung von Computerprogrammen selbst durch technische Maßnahmen kontrolliert und sogar beschränkt. Möglich sind etwa Kopiersperren, die als Programmroutinen und/oder über hardwaremäßig realisierte Steckmodule (Dongles) implementiert werden. Mit ähnlicher Technologie lässt sich aber auch eine Nutzungsmessung durchführen, etwa durch Zählprogramme, die nur eine vorbestimmte Anzahl von Nutzungsläufen zulassen oder bestimmte Programme (z. B. im Client-Server-Bereich) nur für eine begrenzte Anzahl von Nutzern freigeben und entsprechend Warteschleifen verwalten. Zu diesem Bereich der Kopiersperren gehören aber auch neue, elektronische Markierungen von Computerprogrammen und sonstigen Werken im Digitalformat, etwa elektronische „Wasserzeichen". Soweit sie gleiche Schutzfunktionen erfüllen, gelten die von der Rechtsprechung erarbeiteten Grundsätze entsprechend (insbesondere zum Beseitigungsverbot), wobei außerdem der Inhalt zukünftiger gesetzlicher Schutzregelungen ergänzend zu beachten sein wird.

---

[521] Briefwechsel ausreichend: BGH, NJW 1986, 2435f.

a) Dongles und andere Kopiersperren

Die Verwendung von Dongles zur technisch realisierten Nutzungsbegren-   799
zung wird grundsätzlich als zulässig angesehen. Gerichtliche Entscheidungen betreffen allerdings primär die Frage, ob derart ein unberechtigtes
Kopieren technisch verhindert werden darf. Zur Durchsetzung sonstiger
technisch möglicher Beschränkungen existiert bisher kaum Rechtsprechung, so etwa zu der Frage, ob eine Sperre so realisiert sein darf, dass
vom mit dem Programm verbundenen Modul immer eine ganz bestimmte
CPU identifiziert wird, womit eine rechtlich unzulässige Bindung der Programmnutzung an eine einzelne CPU erreicht wäre. Es sind zumindest
deutliche Zweifel möglich, ob eine an sich rechtlich unzulässige Bindung
der Programmnutzung allein dadurch zulässig werden kann, dass sie
gleich von vornherein technisch implementiert wird.

Unzulässig ist die Entfernung einer **Dongle-Abfrage als Kopierschutz**;   800
hierin liegt eine Umgestaltung des Computerprogramms, die als eine
grundsätzlich dem Urheber vorbehaltene Bearbeitung im Sinne von § 69 c
Nr. 2 UrhG anzusehen ist.[522] Die Entfernung der Abfrage zur Wiederherstellung der Funktionsfähigkeit des Programms ist keine dem Programm-
verwender eingeräumte Nutzung im Sinne des § 69 d Abs. 1 UrhG.[523] Die
urheberrechtliche **Fehlerberichtigungsbefugnis** des Programmanwenders
aus § 69 d Abs. 1 i. V. m. § 69 c Nr. 2 Satz 1 UrhG wird damit deutlich eingeschränkt. Der Einsatz von Umgehungsprogrammen ist hiernach auch
dann unzulässig, wenn er zur Beseitigung eines am Dongle selbst aufge-

---

[522] LG Düsseldorf, Urteil vom 20. 3. 1996 – 12 O 849/93, CR 1996, 737 (Ausschaltung der Dongle-
Abfrage keine bestimmungsgemäße Benutzung; gegen Reparatur des Dongle-Programms sei aber
„nichts einzuwenden"). Allg. s. auch Raubenheimer, CR 1996, 69.
[523] OLG Karlsruhe, Urteil vom 10. 1. 1996 – 6 U 40/95, CR 1996, 341; OLG Düsseldorf, Urteil vom
27. 3. 1997 – 20 U 51/96, CR 1997, 337 = BB Beil. 15, 1997, 7 („Entdonglieren" kein bestimmungsgemäßer Gebrauch – genauer wohl: „Benutzung"); a. A. noch LG Mannheim, Urteil vom
20. 1. 1995 – 7 O 187/94, CR 1995, 542 = NJW 1995, 3322 (Berechtigung des Kunden, eine Dongle-Abfrage im System zu umgehen oder zu beseitigen, wenn das Programm infolge der Abfrage
nicht störungsfrei läuft). Das OLG München (Urteil vom 22. 6. 1995 – 6 U 1717/95, CR 1996, 11,
Wettbewerbswidrigkeit des Vertriebes eines Umgehungsprogrammes) sah die Lieferung eines
Dongle-Umgehungsprogramms als notwendig an, wenn der Softwarehersteller nicht bereit ist, einen fehlerhaften Dongle auszutauschen. Zur Entscheidung des OLG Karlsruhe ist ergänzend zu
vermerken, dass dem Kunden bei genauerer Betrachtung am Dongle-Programm überhaupt keine
Nutzung eingeräumt wird, da der Dongle (meist eine Steckkarte) einschließlich des in ihm enthaltenen Programms rein internen Sicherungszwecken dient. Deshalb ist der Kunde auch nicht berechtigt, aus dem Dongle-Programm eine Abfrage zu entfernen. Ob diese Entfernung zugleich zu
einer Umgestaltung des gesicherten Programms führt, ist im Einzelfall technisch zu klären. Soweit dies der Fall ist, sieht das OLG Karlsruhe dies als unzulässigen Eingriff in das geschützte
Programm an. Liegt kein solcher Eingriff in das gesicherte Programm vor, sind jedenfalls die
Umgestaltungsmaßnahmen am Dongle-Programm selbst, wie ausgeführt, unzulässig.

tretenen Hardware- oder Software-Defekts dient, da dieser das Ausschließlichkeitsrecht des § 69c Nr. 2 UrhG verletzt, also das Recht, Übersetzungen, Bearbeitungen, Arrangements und andere Umarbeitungen eines Computerprogammes vorzunehmen.

Software-Anbieter haben unzweifelhaft ein berechtigtes Interesse, sich vor dem unberechtigten Kopieren des zu vertreibenden Programmes und dem Vertrieb entsprechender Umgehungsprogramme durch Dritte zu schützen. Auch technisch implementierte Schutzmaßnahmen werden hierbei als zulässige Formen der inhaltlichen Beschränkung von Nutzungsrechten (§ 32 UrhG) angesehen. Allerdings gestattet § 69d Abs. 1 i. V. m. § 69c Nr. 2 UrhG Bearbeitungen und sonstige Umarbeitungen, wenn sie für die bestimmungsgemäße Benutzung einschließlich der Fehlerberichtigung erforderlich sind – unabhängig davon, ob der jeweilige Fehler einen Gewährleistungsrechte begründenden Mangel darstellt oder einen sonstigen Fehlfunktionszustand des Programms. Entscheidend ist damit, wie die bestimmungsgemäße Benutzung jeweils beschrieben ist (was sich nur im Einzelfall abschließend feststellen lässt).

Das OLG Karlsruhe weist jedoch richtig darauf hin, dass **die Berichtigungsmaßnahmen nicht einen Zustand herstellen dürfen, der nicht mehr der bestimmungsgemäßen Benutzung zugerechnet werden kann.** Im vorliegenden Fall gehört zu dieser Benutzung als Randbedingung die Sicherung des Programmexemplares durch die Dongle-Abfrage. Die Berichtigung darf also das Nutzungsrecht nicht auf technischem Wege in einen „dongle-freien" Zustand erweitern und so den anbieterseits als wichtig erachteten Kopierschutz deaktivieren. Auch mit defektem Dongle gilt das Programm als **„bestimmungsgemäß" im urheberrechtlichen Sinne**, selbst wenn das Produkt vom vertraglich vorausgesetzten Gebrauch abweicht. Dem Anwender bleibt immer, die Beseitigung bestehender Funktionsmängel über die vertragliche/gesetzliche Gewährleistung durchzusetzen, etwa mittels des Anspruches auf Nachlieferung einer fehlerfrei funktionierenden Dongle-Steckplatine. Die Entscheidung des OLG Karlsruhe beinhaltet also keinen Gewährleistungsfreibrief für durch **defekte** Dongles beinträchtigte Software.

Zu fragen bleibt freilich, ob die Beseitigung eines Fehlers am Dongle als technisch realisierter Sicherungsmaßnahme überhaupt als Berichtigungsmaßnahme im Sinne von § 69d Abs. 1 UrhG einzuordnen ist. Der am Dongle – als anbieterinterner Programmsicherung – auftretende

Fehler ist nämlich grundsätzlich kein Fehler des an sich uneingeschränkt weiterhin ordnungsgemäß funktionierenden Programms und
seine Beseitigung folglich ohnehin keine auf § 69c i. V. m. § 69d Abs. 1
UrhG stützbare Fehlerberichtigungsmaßnahme am lizenzierten Programm selbst. Ähnlich wäre die Situation, wenn ein Rechner durch ein
Schloss zugriffsgesichert wird und bei Beschädigung des Schlüssels
nicht nur ein neuer Schlüssel, sondern gleich auch eine neue Software
erworben werden müsste. Der Defekt am Schlüssel lässt die Funktionsfähigkeit der Software unberührt, ebenso der Fehler des Dongle. In beiden Fällen bleibt die Software der im Vertrag vorausgesetzen Weise
gebrauchsfähig. Jedoch wird durch den Defekt der Zugangssicherung
der mögliche Gebrauch entzogen. Dies kann Ersatzansprüche des Kunden aus positiver Vertragsverletzung begründen (s. Rn. 1100). Kurze
Verjährung greift nicht ein, da die Gebrauchseigenschaften der Software
unberührt bleiben.

Zur **Gewährleistung** ist zu betonen, dass kein bestehendes Schutzrecht   801
des Anbieters diesen von seiner Verpflichtung freistellen kann, jedenfalls
während der Gewährleistungsfrist Dongle-Defekte zu beseitigen, wenn sie
die Gebrauchsfähigkeit der Software beeinträchtigen. Urheberrecht bricht
nicht Gewährleistungspflicht. Auch wenn eine Fehlerbeseitigungsbefugnis
im urheberrechtlichen Sinne nicht vorliegt, hat der Kunde doch gewährleistungsrechtliche Ansprüche, da das überlassene Programm (aus welchen intern bedingten Gründen immer) nicht in der vertraglich vorausgesetzten Weise brauchbar ist (nämlich überhaupt nicht läuft). Der Kunde
kann hier Nachbesserung/Nachlieferung, Wandlung oder Minderung verlangen (die Nachbesserung freilich nur aus Kaufvertrag, wenn sie besonders vereinbart wurde).

Der Einbau einer Sperre in eine Software (oder ein System) **ohne** vertragliche Vereinbarung führt zur Mangelhaftigkeit der Software (bzw. des
Systems).[524]

Eine ursprünglich wirksam vereinbarte **Vertragsstrafe** für den Fall der
unerlaubten Weitergabe eines Programms ist dann herabzusetzen, wenn
nach Abschluss des Vertrages durch die Einführung eines Dongle als
Sicherungsmittel eine unbegrenzte Weitergabe nicht mehr möglich
ist.[525]

---

[524] OLG Celle, Urteil vom 3. 3. 1992 – 20 U 69/90, NJW-RR 1993, 432 (für das Verhältnis Herstel-
ler/Händler).
[525] LG Kreuznach, Urteil vom 22. 1. 1992 – 2 O 120/91, Jur-PC 1992, 1836.

802 Das **Risiko des Verlustes** des Dongle trägt der Kunde und nicht der Anbieter. Der Anbieter muss dem Kunden keinen „Ersatz-Dongle" liefern.[526] Vielmehr bleibt dem Kunden nur, bei Verlust ein neues Programmexemplar zu erwerben. In Einkaufs-AGB ist umgekehrt eine Risikoüberlastung auf den Anbieter grundsätzlich möglich.[527] Ohne diese besondere Regelung trägt der Kunde das Risiko von Verlust oder Beschädigung des Dongle, da sein Risiko nicht nur die Programmkopie umfaßt, sondern auch den zugehörigen Dongle.[528]

Nach der wohl überwiegenden Rechtsauffassung ist die Lieferung des weiteren Dongle i. E. wertmäßig mit der Lieferung eines zweiten Softwarepaketes mit Dongle gleichzusetzen[529] (obwohl nur ein neuer Dongle oder eine vergleichbare Sicherung geliefert zu werden braucht). Dies erscheint zunächst in der Beratungspraxis Anwendern schwer vermittelbar, da schließlich nicht das Programm verloren geht, sondern nur die **Programmsicherung**, an der der Kunde keine Nutzungsrechte erwirbt. Der Anwender zieht hier gern den nahe liegenden Vergleich, dass er auch nicht den Pkw neu kaufen müsse, wenn er den Schlüssel mit Funksicherung für diesen verloren habe. Zwar liegen unterschiedliche Sicherungsrichtungen vor (Sicherung des Anbieters, nicht des Kunden bei Einsatz von Dongles), auch lässt sich der Pkw eben nicht so leicht kopieren[530], aber das wirtschaftliche Missverhältnis zwischen Wirtschaftsgut und Sicherungsmechanismus ist doch auffallend, und es fragt sich, ob ein derart überwiegendes Sicherungsinteresse des Anbieters tatsächlich unabweisbar ist. Zweifel scheinen hier angebracht.[531] Ein Indiz für ein **Interessenungleichgewicht** ist der Umstand, dass der Anbieter kein Interesse an irgendwelchen Diebstahlsabsicherungen des Dongle haben kann, da jeder Dongleverlust zu einer Umsatzerhöhung führen muss. Urheber- und wettbewerbsrecht-

---

[526] LG Frankfurt/Main, Urteil vom 4. 4. 1995 – 3/11 O 26/95, CR 1997, 25 = MRC 1995, 151. Das Gericht führt aus, dass mit der Übergabe des Dongle anbieterseits der Vertrag restlos erfüllt wurde. Damit sei das Risiko eines etwaigen Verlustes auf den Kunden übergegangen, der selbst dafür zu sorgen habe, hinreichende Schutzmaßnahmen gegen Verlust des erworbenen Gutes zu treffen und damit die Möglichkeit der Lizenznutzung zu sichern („Lizenz" nicht im urheberrechtlichen Sinne eines Nutzungsrechts verstanden). Marly, MRC 1995, 151 Anm. sieht hingegen einen Anspruch auf Überlassung eines Ersatz-Dongles gegeben, sofern der Kunde eine entsprechende „Aufwandsentschädigung" bezahlt. Eine vertragliche Grundlage für einen solchen Anspruch ist nicht ohne weiteres ersichtlich. Immerhin hat der Anbieter unstrittig erfüllt. Raubenheimer (CR 1997, 25 f.) scheint nur von einer Kulanzlösung auszugehen; einen Anspruch bejaht er nicht.
[527] Siehe LG Frankfurt/Main, Urteil vom 4. 4. 1995, a. a. O.
[528] So i. E. wohl auch Raubenheimer, CR 1997, 25 und OLG Düsseldorf, Urteil vom 27. 3. 1997 – 20 U 51/96, BB Beil. 15, 1997, 7.
[529] Raubenheimer, a. a. O.
[530] Raubenheimer, a. a. O.
[531] Ebenso mit deutlicher Kritik Zahrnt, BB Beil. 15, 1997, 7, 9.

lich lässt sich diese Risikoverlagerung wohl zwar durch eine tragfähige Argumentation und mittlerweile weitgehend gefestigte Rechtsprechung absichern[532], nur ersetzt das am Markt nicht technisch-innovative Bemühungen um bessere technische Lösungen und bessere Kundenakzeptanz.[533]

Der Kunde muss urheberrechtlich eine bestehende Dongle-Sicherung 803 beachten, er kann aber aus keinem Rechtsgrund dazu motiviert werden, überhaupt solche dongle-gesicherten Produkte mit derartigen Verlustrisiken zu erwerben. Dongles gelten außerdem als zu umständlich, besonders, wenn mehrere Programme im Einsatz sind, weshalb den Kunden die rechtlichen Gründe für die Donglesicherung wenig interessieren. Er wird, soweit irgend möglich, donglefreie Angebote vorziehen.

Der Wettbewerb sollte (und wird) deshalb wenigstens dazu führen, die Dongleabsicherung kundenfreundlicher zu gestalten. Dies ist seit Jahren bereits möglich, aber in der juristischen Literatur nicht immer ausreichend rezipiert worden[534], soweit sie die einschlägige Technik nur wahrnimmt, wie sie in veröffentlichten Entscheidungen (mit häufig zeitlich weit zurückliegenden Sachverhalten) beschrieben wird. In der Praxis der Vertragsberatung muss aber auf aktuelle Formen der Dongleausgestaltung Bezug genommen werden. Diese sind wesentlich flexibler geworden. Auch hier liegt wohl, wie so oft, wiederum die Lösung eines durch Technik verursachten Problems in der Technik selbst: Technisch ist es zumeist ohne unverhältnismäßigen Aufwand möglich, die Kontrollabfrage als Vergleich einer dem Programm**exemplar zugewiesenen serialisierten Nummer** mit der Prüfroutine im Dongle auszugestalten. Die Darstellung dieser Nummer kann – wie bei Urhebervermerken bereits praktiziert – auf verschiedene Befehle im Programmcode der zu schützenden Anwendungssoftware verteilt und damit vor Dekodierung weitgehend geschützt werden

---

[532] So trägt der Kunde auch das Risiko der Anbieterinsolvenz (s. Koch, NJW-CoR 1988, 32 f.). Zwar ist dies ein übliches Risiko (Marly/Hoeren, Softwareverträge, Rn. 63), jedoch kann der Kunde im Falle der Anbieterinsolvenz eben nicht zulässigerweise eine Drittfirma mit einer (urheberrechtlich grundsätzlich zustimmungsfrei möglichen) Fehlerbeseitigung der donglegeschützten Software beauftragen. Beratung kann deshalb auch nicht bei der abstrakten Risikozuweisung stehen bleiben, sondern muss eine Prüfung durch den Kunden veranlassen, ob er wirklich die Nutzung einer donglegesicherten Software z. B. in seinem Architekturbüro riskieren kann, die bei Anbieterinsolvenz plötzlich nicht mehr realisierbar (und nicht durch Dritte sanierbar) ist, was zu Auftragsausfall und Arbeitsplatzverlust führen kann.

[533] So stellt Puscher in internetWorld 1999, 1, 34, 36 fest, Dongles fänden keinen Anklang mehr, da sie insbesondere die Online-Distribution von Software erschwerten.

[534] So bezeichnet Raubenheimer, CR 1997, 25 f. den Dongle verkürzend als „Hardware-Stecker", ohne die funktionswesentliche Software des Dongle zu berücksichtigen.

(u. U. sogar besser als in der gegenwärtigen Lösung, für die laufend Umgehungsprogramme angeboten werden, die erst über urheber- oder wettbewerbsrechtliche Unterlassungsansprüche abgewehrt werden müssen). Der Ersatzdongle lässt sich dann auf die Nummer des ursprünglichen Programmexemplars einrichten und an den Kunden ausliefern und auf Wunsch als Sicherungsdongle gleich mitliefern, ohne dass bei Verlust nur des Dongle gleich das ganze Programm neu erworben werden muss.

Eine zusätzliche Nutzung des Programms auf einem zweiten Rechner ließe sich ebenfalls technisch ausschließen: Um auf den anderen Rechner kopiert werden zu können, müsste das Programm aus dem Hauptspeicher zunächst in den Arbeitsspeicher geladen werden. Hier wird es wie in jeder sonstigen Nutzung aber vom Dongle kontrolliert. Durch eine bei Übertragungsbeginn abzuarbeitende Prüfroutine in der Donglesoftware lässt sich ausschließen, dass das Programm auf einem anderen Rechner mit Dongle mit identischer Nummer kopiert wird. Der Kunde kann also den (angeblich oder tatsächlich verlorenen/gestohlenen) Dongle nicht zu einem rechtswidrigen Vervielfältigen aus dem Rechner nutzen.

Der Gefahr, dass der Kunde mit einem neuen Dongle das Programm vom Datenträger auf einen neuen Rechner implementiert, kann außerdem dadurch vorgebeugt werden, dass der Anbieter die Installation gegen eine angemessene Unkostenpauschale für Installation und Dongle selbst durchführt. Der Anbieter kann hier prüfen, ob sich die zu sichernde Software bereits auf dem Rechner befindet, zu dem (angeblich oder tatsächlich) der Dongle fehlt. Dies kann nur der Rechner sein, auf den das Programm berechtigt mit Dongle geladen wurde. Auf einen anderen Rechner kann das Programm **ohne** Dongle nicht geladen werden. Der Anbieter schließt dann den Dongle an und richtet die Prüfsoftware ein. Ein Laden des Programms vom Datenträger ist andererseits nicht erforderlich, da sich die Software grundsätzlich bereits auf dem Rechner befinden muss, bevor der Dongle für den Rechner eingerichtet wird. Bei Verlust etc. des Dongle muss das Programm also auf dem Rechner bereits vorhanden sein, mit dem der Dongle einzurichten ist.

Da echte Verlustfälle nicht so häufig sind (und bei vorgetäuschtem Verlust bei erläutertem Vorgehen kein Vorteil zu erzielen ist), wird sich die Belastung des Anbieters durch diese Leistung in Grenzen halten (bzw. ist sie über die Preisbildung steuerbar). In jedem Fall wäre dieser Weg für den Kunden günstiger, da die Pauschale in der Regel weit unter dem Programmpreis liegen dürfte (andernfalls – also bei niedrigpreisiger Software – der Dongle wiederum wenig Sinn machen würde).

Die Technik geht inzwischen sogar einen Schritt weiter: Das Problem des Verlustes des Dongle und der hieraus resultierenden Nichtnutzbarkeit der Software wird durch neuere, seit Jahren vertriebene Dongleformen gelöst, die den Dongle nur bei der ursprünglichen Installation voraussetzen, nicht aber bei der späteren Programm**nutzung**. Die Software wird kryptographisch geschützt auf dem Rechner installiert und ist **ohne Modul/Dongle nutzbar**, jedoch mit dem Rechner untrennbar verbunden. Späterer Modul-/Dongleverlust oder -schaden führt also zu keiner Nutzungseinschränkung (während natürlich anfänglicher Modulschaden oder Nichtlieferung durch Verlust vor Übergabe bereits die Installation verhindert, hieraus aber Erfüllungsansprüche des Kunden begründet), kann aber zu einer wiederum rechtlich problematischen Bindung an einen bestimmten Rechner führen.

Die Rechtsprechung schließt nur die ersatzlose **Beseitigung des Dongle** durch den Kunden aus (soweit sie ohne Anbieterzustimmung erfolgt). Der Kunde ist aber während und nach der Gewährleistung urheberrechtlich zur **sonstigen Fehlerbeseitigung** am Computerprogramm selbst berechtigt, gleich, ob die zu beseitigenden Fehler Gewährleistungsbezug haben oder nicht. Diese Fehlerberichtigungsbefugnis des Kunden aus § 69d Abs. 1 UrhG entfällt damit nicht.

Allerdings kann die Fehlerbeseitigungsbefugnis generell vertraglich ausgeschlossen werden; die Nichtigkeitssanktion für ausschließende Vertragsbestimmungen aus § 69g Abs. 2 UrhG erfasst § 69d Abs. 1 UrhG nicht, so dass entsprechende Verbote (im Umkehrschluss aus § 69d Abs. 2 UrhG) wirksam vereinbart werden können. Die Wirksamkeit solcher Fehlerbeseitigungsverbote in Formularverträgen beurteilt sich jedoch ergänzend nach den Bestimmungen des AGBG, insbesondere § 9 AGBG: **Überwiegen** hier berechtigte **Anwenderinteressen** (des Kunden), kann ein vertragliches Fehlerberichtigungsverbot an § 9 Abs. 2 Nr. 2 AGBG (Gefährdung der Erreichung des Vertragszwecks) scheitern. Berechtigte Anwenderinteressen überwiegen etwa dann, wenn Software zur Auswertung medizinisch-klinischer Daten im Bereich bildgebender Verfahren eingesetzt wird und die Fehlerberichtigung (eventuell durch eine Drittfirma) den einzigen Weg darstellt, die gewonnenen patientenbezogenen Daten weiter verfügbar zu halten. Für den Anwender muss es hier grundsätzlich zulässig sein, Fehler selbst zu beseitigen, soweit ihm dies technisch möglich ist. Dieses Interesse kann das Sicherungsinteresse des Anbieters überwiegen. Für nicht kopiergeschützte Software entsteht hier auch kein Problem. Der Kunde trägt nämlich nach Ablauf der Gewährleis-

804

tungsfrist selbst das volle Risiko für das Auftreten und Beseitigen von Fehlern (aufgrund der Aufhebung des Bezuges zur Gewährleistung wird hier nicht von „Mängeln" gesprochen). Soll er aber zusätzlich auch mögliche Fehlerbeseitigungen nicht durchführen **dürfen**, entsteht ein **zusätzliches Risikopotential**, das im Rahmen der Interessenabwägung nach § 9 Abs. 2 AGBG zu prüfen ist.

Will der Anbieter dennoch die Fehlerbeseitigungsbefugnis vertraglich ausschließen, so ist dies **nicht ersatzlos** möglich, sondern er muss als Ausgleich „besondere Supportleistungen" für den Endkunden vorsehen.[535] Dies muss grundsätzlich auch für den Zeitraum nach Ablauf der Gewährleistungsfrist gelten, soweit es sich um Fehlfunktionen des Dongle handelt.

805 Der Ausschluss der Fehlerbeseitigungsbefugnis muss zudem **besonders vereinbart** werden. Der Anbieter darf die Beseitigungsbefugnis nicht pauschal ausschließen. Er kann aber die Art und Weise der Durchführung der Fehlerbeseitigung vertraglich spezifizieren, also etwa nur entsprechende Inanspruchnahme seiner anzubietenden Supportleistungen als zulässig definieren. Ohne entsprechende klare (und wirksame) Rechtseinschränkungen bleibt der Kunde aber befugt, bei Auftreten von Defekten den Dongle selbst zu reparieren bzw. Fehler des **Abfrageprogrammes** zu beseitigen.

Darf das Programm nur mit Dongle genutzt werden, so ist dies – dem OLG Düsseldorf zufolge – als bestimmungsgemäßer und damit vertraglich vorausgesetzter Gebrauch definiert.[536] Hiernach ist ein Fehlfunktionieren der Sicherung des Programms als nachteilige Abweichung der Gebrauchseigenschaften des Programms selbst einzustufen und kann vom Kunden in der laufenden Gewährleistung als Mängelbeseitigungs-, Nachlieferungs- oder Wandlungansprüche geltend gemacht werden. (Minderung brächte wenig, wenn das Programm nicht läuft.) Die Entscheidung setzt in selbst noch nicht problematisierter Weise den urheberrechtlichen Begriff der „bestimmungsgemäßen Benutzung" mit dem gewährleistungsrechtlichen Begriff des „vertraglich vorausgesetzten Gebrauches" gleich,

---

[535] OLG Düsseldorf, Urteil vom 27. 3. 1997 – 20 U 51/96, BB Beil. 15, 1997, 7. Technisch nicht ganz zutreffend ist die Prämisse des Gerichts, der Dongle selbst gehöre nicht zur Software, sondern zur Hardware. Das Programm **im** Dongle ist wohl zweifelsfrei selbst Software, gehört aber im strengen Sinne nicht zum gesicherten Programm, an dem allein ein Recht zur bestimmungsgemäßen Benutzung eingeräumt wird.

[536] OLG Düsseldorf, Urteil vom 27. 3. 1997, a. a. O. („Bestimmungsgemäß ist ein Gebrauch, wenn er der vertraglich vorausgesetzten, in Ermangelung einer Vereinbarung der gewöhnlichen Verwendung eines Computerprogrammes entspricht.")

wobei das Gericht zudem unklar von einer „vertraglich vorausgesetzten Verwendung" spricht, ohne diesen Begriff näher zu bestimmen. Die bestimmungsgemäße Benutzung im Sinne des Urheberrechts darf aber nicht ohne weiteres mit dem vertraglich vorausgesetzten oder gewöhnlichen Gebrauch im Sinne des Gewährleistungsrechts gleichgesetzt werden.

Teil der bestimmungsgemäßen Benutzung ist zweifellos die Sicherung des Anbieterinteresses durch eine Kopiersperre wie einen Dongle. Das Nutzungsrecht wird insoweit beschränkt eingeräumt. Der Kunde muss die Sperre dulden oder besser auf den Erwerb verzichten. Das gesicherte Programm selbst soll aber bestimmte vertraglich vorausgesetzte oder gewöhnliche Gebrauchseigenschaften für den Kunden aufweisen. Er will nicht die Sperre gebrauchen, sondern dieses Programm. Die Sperre ist also grundsätzlich nicht Teil der geschuldeten Gebrauchseigenschaften, sondern quasi gebrauchsexterne Absicherung.

Ist nun das Programm vollständig funktionstüchtig, weicht es in seiner **806** eigenen Funktionalität also nicht von dem vertraglich vorausgesetzten oder gewöhnlichen Maßstab ab. Läuft es aber dennoch nicht, weil es dem Anbieter nicht gelungen ist, die Sperre funktionsfähig zu implementieren, so fällt es schwer, diesen als Mangel des Programms aufzufassen. **Vielmehr fehlt es an einer Einräumung des vertraglich geschuldeten Gebrauches** selbst bzw. am Aufrechterhalten dieser Einräumung. Mängel des Programmes können nicht zum Tragen kommen, da das Programm bereits in seinem Ablauf blockiert wird. Insoweit kann deshalb ein **Erfüllungsanspruch** des Kunden fortbestehen bzw. wieder aufleben. Tritt der Dongle-Defekt nach Übergabe (bei Kauf) oder Abnahme (bei werkvertraglicher Programmerstellung) auf, kann sich der Anbieter dennoch nicht auf die Beschränkung der Kundenrechte auf Gewährleistungsansprüche berufen. Der Kunde ist nämlich nicht in der Situation eines Käufers/ Bestellers mit mangelhaft funktionierender Software, sondern in der Situation des Erwerbers, dem plötzlich das Programm (mit allen Risiken von Folgeschäden) jedenfalls in seinen Nutzungsmöglichkeiten wieder weggenommen (oder ein schlüsselgesicherter Arbeitsplatzrechner vom Anbieter verschlossen) wird. Das Programm bliebe schließlich voll nutzbar, wenn die Sperre nicht durch den Defekt aktiv würde. Der Defekt der Kopiersperre führt damit nicht zu einer Abweichung vom vertraglich geschuldeten Gebrauch (gewährleistungsrechtliche Ebene), sondern zu einer Beeinträchtigung der geschuldeten bestimmungsgemäßen Benutzbarkeit des Programms (urheberrechtliche Ebene). In rechtlicher Wertung ist dieser Vorgang nicht dem Auftreten eines Mangels zuzuordnen (schon allein deshalb nicht, weil dann der Kunde rechtlos gestellt würde, da der Defekt im Gefahrübergang noch nicht vorhanden war und deshalb Gewährleistungsansprüche ausgeschlossen blieben), sondern der Phase der Vertragserfüllung, da ein Dongle-Defekt im Ergebnis **die Übergabe der Kaufsache rückgängig macht.** Hier hat der Kunde einen **nicht der kurzen Verjährung unterliegenden** Erfüllungsanspruch auf Einräumung/Wiedereinräumung der Benutzungsmöglichkeit.

Inhaltlich treten durch die Zuordnung der Leistungsstörung keine allzu großen Unterschiede auf, geht doch der Mängelbeseitigungsanspruch ebenso wie ein Erfüllungsanspruch auf Herstellen einer funktionsfähigen Sperre. Die entscheidende Abweichung tritt aber nach Ablauf einer Gewährleistungsfrist auf, da der Kunde dann nicht mehr vom Anbieter die Beseitigung des Defektes an der Sperre verlangen könnte. Ein solches Ergebnis widerspräche den Interessen der Vertragsparteien. Bei Sachmängeln sollen die kurzen Fristen helfen, den Rechtsfrieden zu wahren, da sich etwa nach längeren Zeiträumen oft nicht mehr aufklären lässt, ob ein Mangel bei Gefahrübergang vorhanden war oder generell die Beweisführung erschwert wird. Die Dongle-Absicherung ist aber zwingend bei Gefahrübergang vorhanden und in ihrer Funktion vom Kunden auch grundsätzlich nicht zu beeinflussen. Weiter dient die Sperre allein der Sicherung des zweifellos berechtigten Anbieterinteresses. Sie erfüllt keinerlei inhaltliche Funktion bei der eigentlichen Programmanwendung selbst. Entfiele sie, würde das Programm nicht anders funktionieren. Deshalb liegt kein Sachmangel im Sinne des Gewährleistungsrechts vor. Aus diesem Grunde ist nicht einzusehen, weshalb das Risiko des Auftretens von Defekten an der Sperre (bei Zugrundelegen einer rein gewährleistungsrechtlichen Problemlösung) ab Ablauf der Gewährleistungsfrist allein oder überhaupt dem Kunden zuzuordnen sein soll. Vielmehr muss ihm ein Erfüllungsanspruch auf Beseitigung von Defekten der vom Anbieter angebrachten Sperre zustehen. Dies muss auch bei nachträglichem Auftreten solcher Defekte in und nach einer laufenden Gewährleistung für das Programm selbst gelten. Der Anspruch richtet sich auf Beseitigung des Defektes des Dongles oder hilfsweise auf dessen Austausch (wenn Reparatur nicht möglich ist).

Hinzu kommt, dass nach den AGB vieler Anbieter (über § 8 AGBG wirksam) eine Übertragung des Eigentums am Dongle auf den Kunden ausdrücklich ausgeschlossen wird. Eine Erschöpfungswirkung im Sinne von § 17 Abs. 2 UrhG wird damit ebenfalls wirksam ausgeschlossen. Der Kunde darf deshalb den Dongle mit seinem Abfrageprogramm (und damit das geschützte Anwendungsprogramm) in diesen Fällen nicht an Dritte weiterveräußern. Dies legt den Schluss nahe, dass derartige Formen gesicherter Programmüberlassung insgesamt nicht Kaufrecht (entsprechend) folgen, sondern **Mietvertragsrecht**. Hier wäre der Anbieter aber zwingend (und AGB-rechtlich unabdingbar) für die gesamte Nutzungsdauer auch zeitlich unbeschränkt (wie bei Mietverträgen mit offener Verlängerungsoption) zur Überlassung und (Funktionsfähig-)Erhaltung der Programmsperre (und sogar des Programms selbst) verpflichtet.

Eine Verpflichtung des Anbieters zur Beseitigung des Fehlers im Rahmen der Gewährleistung führt zu keiner Beeinträchtigung seines Sicherungsinteresses gegen unberechtigtes Vervielfältigen. Plastischer formuliert: Er darf sein Programm sichern, die Sicherung darf aber nicht das Programm bzw. dessen vertraglich vorausgesetzten Gebrauch blockieren.

Der **Vertrieb** eines **Programms zur Umgehung des Dongles** verstößt   807 gegen § 1 UWG.[537] Hierin ist eine unlautere und damit wettbewerbswidrige Behinderung des Anbieters im Sinne von § 1 UWG zu sehen. Diese wird auch nicht durch § 69g Abs. 1 UrhG aufgehoben, da § 1 UWG weiter anwendbar bleibt. Der Anbieter kann auch ein überwiegendes Interesse haben, bereits im Wege der einstweiligen Vollstreckung Unterlassung und Auskunft zu verlangen.[538]

Ungeachtet des vom OLG Karlsruhe erzielten Ergebnisses ist der Vertrieb von Software mit defekter Dongle-Sicherung auch für den Anbieter riskant. Bei objektiver Beseitigungsmöglichkeit und Verschulden kann – nach einer Entscheidung des 3. Senates des OLG Karlsruhe[539] – eine deliktische Anbieterhaftung begründende Sachbeschädigung des EDV-Systems vorliegen, wenn mittels des Programms gewonnene und gesicherte Daten bei technischem Defekt des Dongle etwa nach einem Systemabsturz nicht mehr zugreifbar sind (da der Dongle auch die Sicherungskopie blockiert).

Vertreibt schließlich ein Anbieter Anwendungssoftware mit Donglesicherung, obwohl ihm aus anderen Vertriebsfällen bereits bekannt ist, dass die

---

[537] BGH, Urteil vom 9. 11. 1995 – I ZR 220/95, CR 1996, 79; LG München I, Urteil vom 1. 12. 1994 – 7 O 23605, CR 1995, 669; OLG München, Urteil vom 3. 11. 1994 – 6 U 6826/93, CR 1995, 663.

[538] BGH, CR 1996, 79 – Dongle-Umgehung. Die Wettbewerbswidrigkeit des Vertriebs eines Dongle-Umgehungsprogrammes wurde auch vom OLG München (Vorinstanz), Urteil vom 22. 6. 1995 – 6 U 1717/95, CR 1995, 663 („UNPROTECT") bejaht. Wesentlich war, dass die Programmvertreiber keine Prüfung vornahmen, ob die Erwerber berechtigte Zwecke verfolgten.

[539] OLG Karlsruhe, NJW 1996, 200.

implementierte Dongle-Abfrage den vertraglich dem Kunden einzuräumenden gewerblichen Programmgebrauch beeinträchtigt, kann hier eine rechtswidrige Datenunterdrückung im Sinne von § 303 a StGB zusammen mit deliktischer Haftung aus Schutzgesetz (§ 823 Abs. 2 BGB) und Produkthaftung zu prüfen sein.

Unprotect-Programme zur Aufhebung einer Kopiersperre dürfen grundsätzlich nicht eingesetzt werden, soweit sie zur Umgehung vertraglicher oder gesetzlicher Nutzungsschranken dienen sollen.[540]

§ 69 f UrhG legt sogar ausdrücklich fest, dass der Inhaber vom Eigentümer oder Besitzer (!) die Vernichtung von Mitteln verlangen kann, die allein dazu bestimmt sind, die unerlaubte Beseitigung oder Umgehung technischer Programmschutzmechanismen zu erleichtern (§ 69 f Abs. 1 i. V. m. Abs. 2 UrhG). **Urheberrechtsschutz** für Kopierschutz- und Unprotect-Programme bzw. -Routinen besteht, soweit diese Programme oder Programmteile eigenständig die notwendigen urheberrechtlichen Voraussetzungen erfüllen. Keine Rolle spielt insoweit, ob das jeweilige Programm im Rahmen einer bestimmten Anwendung die Nutzung zulässig oder unzulässig einschränkt bzw. ob das Programm unzulässig eine rechtmäßige oder vertragsgemäße Kopiersperre aufhebt oder umgeht.

b) Nutzungsmessung zur Vergütungsberechnung

808 Zur Zeit bilden sich verschiedene neue „Lizenzmodelle" heraus, die mit verschiedenen technischen Mitteln zu einer nutzungsabhängigen Vergütungsberechnung führen sollen. Eine abschließende rechtliche Beurteilung erscheint noch nicht möglich, solange sich keine gesicherte Vertragspraxis herausgebildet hat. Zwei Punkte sollen aber festgehalten werden:

Urheberrechtlich ist zu prüfen, ob der Nutzungstatbestand, der eine Vergütungspflicht auslösen soll, an ein Vervielfältigen (oder eine sonstige Verwertungshandlung) anknüpft. Nur dann können Vereinbarungen mit dinglicher Wirkung geschlossen werden (die also auch Folgeerwerber verpflichten können). Die Anknüpfung an den reinen Nutzungslauf als solchen genügt nicht, wenn bei diesem kein (zusätzliches) Vervielfältigungsexemplar erstellt wird, da dann keine urheberrechtsrelevante Verwertungshandlung vorliegt. Entsprechende Vereinbarungen wirken

---

[540] Zu Unprotect-Programmen s. näher Kuhlmann, CR 1989, 177 ff.; Programme, die den Kopierschutz aufbrechen, werden oft auch „cracks" genannt.

insoweit nur schuldrechtlich, also zwischen den Vertragsparteien, nicht aber gegenüber Folgeerwerbern. Dies gilt grundsätzlich auch für Vereinbarungen, die eine bestimmte Anzahl zulässiger Nutzungsläufe definieren (ohne darauf abzustellen, ob ein erneutes Laden in das RAM erfolgt).

Urheberrechtlich führt die zeitbezogene Vergütungsberechnung (etwa, wenn sie auf Monate bezogen ist) dazu, dass die Nutzungsbefugnis nach Ablauf des jeweils definierten Nutzungszeitraumes endet. Dann entfällt aber eine der beiden für den BGH wesentlichen Voraussetzungen für die Zuordnung der Software-Überlassung zum Kaufrecht und ist demzufolge Mietvertragsrecht anwendbar. Nach Mietvertragsrecht trifft den Anbieter freilich eine nicht nur strenge, sondern für die **gesamte Überlassungsdauer** wirkende Gewährleistung bzw. Erhaltungspflicht. Entgegenstehende formularvertragliche Ausschlüsse dieser Haftung bzw. der Gewährleistung sind grundsätzlich unwirksam (Verstoß gegen § 9 Abs. 2 Nr. 1 AGBG). In der Praxis finden sich mittlerweile auch bereits Gestaltungen, nach denen der Kunde während der Überlassungszeit regelmäßig Fehlerbeseitigungs- und/oder Aktualisierungs-Updates erhält (etwa bei Virenscanner-Software). Dies entspricht faktisch durchaus der Erhaltungspflicht des Software-Anbieters in der Rechtsposition des Vermieters. Nicht entscheidend ist insoweit, ob der Anbieter in vertragsrechtlicher Analyse die Anwendbarkeit von Mietvertragsrecht erkannt hat.

Hinweis für die Vertragspraxis:
Wenn bei **Beschaffung** kein donglefreies Produkt verfügbar ist, sollten unbedingt vertragliche Abreden folgender Art getroffen werden:
– kostenfreie Nachlieferung und Installation bei Mängeln am Dongle,
– Befugnis, nach Gewährleistungsfristablauf Dongles zu deaktivieren, um Fehler zu berichtigen oder jedenfalls zugesicherte Mängelbeseitigung gegen marktübliche Vergütung für die gesamte Nutzungsdauer,
– Gesamtwandlung, wenn am Dongle ein Mangel auftritt,
– kein Haftungsausschluss für Schäden, die der Dongle an Hardware/ Software des Kunden verursacht.

1.6.2.5 Vertragspflichten aus Software-Überlassung

a) Leistungspflichten des Anbieters

– Übergabe des Programms auf Datenträger/Übertragen des Programms mittels Datenfernübertragung

809 Die vereinbarungsgemäße **Überlassung** zur Nutzung ist vertragliche **Hauptpflicht** (§ 536 BGB). Teil dieser Hauptpflicht ist entweder das Laden des Programms vom Datenträger des Anbieters auf einen Datenträger bzw. in den Rechner des Kunden oder Übergabe des Programms auf Datenträger.[541] Das Übernehmen der Software in den Arbeitsspeicher des Rechners des Kunden ist notwendiger Bestandteil der Benutzung der Software.[542] Die Lieferung eines **Beta-Release** stellt keine ordnungsgemäße Vertragserfüllung dar.[543]

810 Die **Übergabe des Programms auf Datenträger** ist wesentliche Vertragspflicht des Anbieters, und zwar das **vertraglich vereinbarte** Programm auf einem **geeigneten** Datenträger.[544] Der Anbieter hat das Programm für einen zeitlich begrenzten oder unbestimmten Zeitraum zu überlassen oder in den Rechner des Kunden zu laden, entweder vor Ort beim Kunden oder durch Online-Übertragung.

Meist wird vereinbart, dass das Programm auf Datenträgern zu liefern ist, die vom Anbieter stammen. Insoweit umfasst die Software-Überlassung in praxi immer auch die Überlassung von Hardware, nämlich der Datenträger als solcher. Ob diese Datenträger in das Eigentum des Kunden übergehen oder weiter im Eigentum des Anbieters verbleiben sollen, ist im Überlas-

---

[541] LG Köln, Urteil vom 2. 10. 1984 – 9 O 051/84, CR 1986, 23.

[542] Marly, Rn. 39, wobei genau genommen allerdings nur das Computerprogramm übernommen wird, nicht die Benutzungsanleitung (oder sonstige Dokumentationsformen), es sei denn, sie werden als Datei auf Datenträger übergeben oder online übermittelt. Marly führt aus, dass diese Nutzung (Benutzung) in einem ganzen oder teilweisen Kopieren von maschinenlesbarem Programmcode in den Computer des Anwenders zum Zwecke der Abarbeitung der im Programmcode enthaltenen Befehle oder Verarbeitung der enthaltenen Daten bedeutet (unter Bezugnahme auf Haberstumpf, GRUR Int. 1992, 715, 719 und Hoeren, Überlassung, Rn. 89, der sich auf eine fast wortgleiche Formulierung in IBM-Lizenzbedingungen bezieht). Diese haben freilich auch einen urheberrechtlichen Konnex, der jedenfalls für die Verarbeitung einzelner Daten problematisch wird.

[543] LG München I, Urteil vom 28. 3. 1996 – 7 O 6397/93, BB Beil. 19/1996, 11.

[544] Wobei nach Auffassung des LG Freiburg (Urteil vom 2. 3. 1988 – 6 O 582/87, CR 1988, 829) die Auslieferung auf Festplatte des Rechners ausreicht und Lieferung auf getrenntem Datenträger nicht erforderlich ist. Nach der Verkehrssitte sei die Lieferpflicht erfüllt, wenn der Anwender technisch in der Lage sei, auf seinem eigenen Computer mit dem geschuldeten Programm zu arbeiten.

sungsvertrag zu regeln. Grundsätzlich ist beides möglich, und zwar sowohl bei der Programmüberlassung auf Zeit wie der auf Dauer. Wird für Systemsoftware eine gesonderte Vergütung ausgewiesen, ist es üblich, diese zusätzlich zur Behebung etwaiger Störungen auf gesondertem Datenträger zur Verfügung zu stellen.[545]

Updatelieferungen, Nutzung von Updates, Upgrades: Updates erfol- 811 gen in der Praxis recht häufig. Die vertragsrechtliche Zuordnung dieser Anbieterleistung wird jedoch bisher kaum diskutiert. „Updates" enthalten üblicherweise Aktualisierungen und sonstige Änderungen, „Upgrades" hingegen funktionale Erweiterungen, etwa in der Form des Erschließens zusätzlicher Module in einer installierten Applikation.[546] Jedoch sollte man im Einzelfall die genaue Verwendung des jeweiligen Begriffs klären, da diese Unterscheidung nicht trennscharf ist: Eine als Upgrade dem Kunden auf CD-ROM oder DVD ausgelieferte Software kann nämlich auch Fehlerbeseitigungen etc. enthalten. Andererseits wird Software, die für leistungsstärkere Hardware ausgelegt ist, ebenfalls als Upgrade bezeichnet.[547] Erhält ein Kunde im laufenden Update-Vertrag eine „Demo-Version" geliefert, so kommt für diese keine vertragliche Vereinbarung mit Gewährleistung zustande.[548]

Der Anbieter ist aus Urheberrecht nicht berechtigt, einen Händler zu verpflichten, kostengünstige, d. h. preisreduzierte, jedoch vollfunktionale Upgrade-Versionen eines Programmes (also gewissermaßen „Aufstockungen" zur neuen Vollversion) nur an Kunden zu vertreiben, die bereits die frühere (Voll-)Version erworben haben und nicht (zum niedrigeren Preis als für die Vollversion) an Neukunden.[549] Dem OLG München zufolge kann außer dem Vermietungsrecht keine Teilbefugnis aus Verbreitungsrecht nach § 69c Abs. 3 Satz 2 UrhG abgespalten werden, da diese Vor-

---

[545] LG München I, Urteil vom 1. 7. 1987 – 8 HKO 5844/86, CR 1988, 831 (bestätigend Engelhardt, Anm. CR 1988, 833).
[546] Siehe Schneider, Handbuch, Rn. D 49.
[547] Ähnlich auf die Unklarheit des Upgrade-Begriffs hinweisend Zahrnt, K & R, Beil. 1, 1998, 12 (Anm. zu LG München I, Urteil vom 1. 7. 1987, a. a. O.).
[548] OLG Koblenz, Urteil vom 14. 3. 1996 – 5 U 1126/95, NJW-RR 1998, 125 – VINO 5.0.
[549] Zum Verständnis des Hintergrundes dieser Frage ist zu erläutern, dass die Upgrade-Version nicht nur aus den neuen Programmteilen, sondern selbst aus einer Vollversion besteht, also voll funktional ist. Wer schon die Vorversion besitzt, kann das Upgrade meist automatisiert installieren, wobei die alte Version auf dem Kundenrechner entsprechend mit den neuen Programmteilen „aufgerüstet" wird. Eine entsprechende Installationsroutine ist beigefügt. Man kann die Upgrade-Version aber auch ohne Vorversion auf dem Rechner einfach als neues Programm installieren (und bezahlt meist für dieses Upgrade deutlich weniger als für die Version für Neukunden).

schrift zu einer umfassenden Erschöpfung des Verbreitungsrechts führe.[550] Das Verbot einer Kopplung (bzw. eines Einschlusses) von Shareware zu „Shareware" (s. auch Rn. 750) als so genannte Prüfversion in andere Programme wurde als zulässige Abgrenzung des Vertriebes eines Einzelproduktes und damit als nach der Verkehrsauffassung eigenständige Nutzungsart angesehen, die wirksam getrennt geregelt werden kann.[551] Einschränkende Vereinbarungen sind aber jedenfalls als Individualvereinbarungen mit rein schuldrechtlicher Wirkung wirksam.[552] BGH-Rechtsprechung bleibt zu dieser Frage abzuwarten. Auch hier scheint aber die Lösung für das technikbedingt entstandene Problem selbst wieder in der Technik zu liegen: Anbieter werden einfach Vollversion und Upgradeversion mit unterschiedlichen Installationsroutinen verbinden, so dass Upgrades nicht auf Rechner ohne Vorversion gespeichert werden können. Oft greift ein „echtes" Update auch ohnehin auf Programmmodule der bereits installierten Version zurück, so dass das Update als solches nicht nutzbar ist. Verbote, das Originalprodukt und das Update-Produkt auf einem anderen Rechner zu installieren bzw. zu verkaufen oder zu verschenken (wie sie ein großer Anbieter von Massensoftware vorsieht), sind aber **unwirk-**

---

[550] OLG München, Urteil vom 12. 2. 1998 – 29 U 5911/97, K & R Beil. 1, 1998, 9 (Erstinstanz LG München I, Urteil vom 1. 10. 1997 – 21 O 15510/97, K & R Beil. 1, 1998, 11) gegen KG Berlin, CR 1996, 531; OLG Frankfurt/Main, Urteil vom 3. 11. 1998 – 11 U 20/98, CR 1999, 7. Das OLG München legt § 69c Nr. 3 UrhG im Lichte der Art. 5 und 6 der RL über den Rechtsschutz von Computerprogrammen dahin aus, dass aus der RL eine umfassende Erschöpfung des Verbreitungsrechts an einem Computerprogramm abzuleiten sei, also auch wohl hinsichtlich aller Nutzungsarten, da nur das Vermietrecht von der EU-weiten Erschöpfung des Verbreitungsrechts ausgenommen sei. Dies erscheint zweifelhaft. § 69c Nr. 3 bezieht sich zwar auf „jede Form der Verbreitung", bezieht sich aber offensichtlich auf jede technische Form, also auch das Verbreiten von Originalen und Kopien, Angebote an die Öffentlichkeit und jede sonstige Vertriebsform (vgl. Czarnota/Hart, Computer Programs in Europe, 1991, 59), schließt aber nicht, dass das Verbreitungsrecht national unterschiedlich in Nutzungsarten differenziert wird, deren differenzierter Schutz über Art. 5 Abs. 1 RBÜ auch im internationalen Rahmen Bestand hat. Die Nutzungsarten sieht auch das KG, Urteil vom 27. 2. 1996 – 5 U 8281/95, CR 1996, 531 als unberührt an. Soweit das Gericht allerdings argumentiert, dass die Bindung der Software an die Hardware zulässigerweise einen erzieherischen Zweck verfolge, Nutzer anzuhalten, Originalprogramme zu nutzen, kann dem nicht gefolgt werden. Abgesehen davon, dass das Urheberrecht nicht pädagogische Zwecke verfolgen, sondern Persönlichkeits- und Verwertungsrechte sichern soll, widerspricht das Anhalten zur Nutzung von Originalprogrammen offensichtlich dem Erschöpfungsgrundsatz, der freie Weiterveräußerung und damit Weiternutzung ermöglichen soll, so dass kontraproduktiv Wertentscheidungen des Urheberrechts sogar unterlaufen würden.

[551] OLG Köln, Urteil vom 12. 7. 1996 – 6 U 136/95, CR 1996, 723, 725.

[552] OLG Bremen, Urteil vom 13. 2. 1997 – 2 U 76/96, K & R Beil. 1, 1998, 4. Der Zweiterwerber kann damit wirksam die volle Nutzungsbefugnis erwerben. Diese dingliche Absicherung des Rechts darf nicht durch technische Maßnahmen wie expirations dates unterlaufen werden, die sich nur durch Eingabe eines Passwortes beseitigen lassen. Kennt der Ersterwerber dieses Passwort nicht, weil ihm nicht einmal die Existenz der Sperre mitgeteilt wird, kann hier der Straftatbestand des § 303b StGB erfüllt sein.

sam, da der Kunde sowohl das Originalprodukt ohne Update als auch das Originalprodukt mit Update (als Einheit) weiterveräußern darf. Die Einschränkung des Verbreitungsrechts wird hier schlicht durch technische Fakten geschaffen werden und zu zwei technisch-wirtschaftlich eigenständigen Nutzungsarten führen.

Nicht geklärt ist bisher, ob (soweit technisch möglich) nach erfolgtem Update das alte Originalprodukt auf einem anderen Rechner installiert werden darf. Ist freilich das Update in Wahrheit ein eigenständig nutzbares Programm und darf der Erwerber urheberrechtlich nicht in der Nutzung des Update eingeschränkt werden, so muss umgekehrt auch das bereits vorhandene Originalprodukt getrennt nutzbar bleiben, da für dieses die gleichen urheber- und AGB-rechtlichen Grenzen der Einschränkung der Nutzerrechte gelten.

Die Rechtsprechung zur Upgrade-Software ist grundsätzlich auch auf „**Testversionen**" (bzw. Betaversionen) von Software anwendbar. Diese dürfen auf Grundlage von § 69c Nr. 3 UrhG frei weiterveräußert werden.[553]   **812**

Ein **Cross-Update** liegt vor, wenn ein Konkurrent des Anbieters, von dem der Kunde die Software bezogen hat, zu einem (entsprechend reduzierten) Update-Preis die Vollversion dieses anderen Anbieters liefert und hierbei die alte Software in Zahlung nimmt. Vereinzelt bieten sogar Händler alte Versionen der Software A und ein Cross-Update der Software B an, wobei dieses „Update-Pack" immer noch kostengünstiger sein kann als der Erwerb der neuen Version von Software B. Auch gebrauchte Software A wird hierzu erworben.[554]   **813**

Wenig Probleme ergeben sich, wenn das Update im Rahmen eines Pflegevertrages oder einer Mängelgewährleistung ausgeliefert wird. Hier ist die Updatelieferung einfach eine Form der Leistungserbringung. Abgrenzungsprobleme entstehen aber, wenn neben regelmäßigen Updates etwa eine „Demo-Version" ohne besondere Vereinbarung ausgeliefert wird. Durch diese Auslieferung der neuen Version kommt noch keine verbindliche vertragliche Vereinbarung mit Mängelgewährleistung zustande.[555] Auch kann eine neue Version nicht in jedem Fall als Form der Mängelbeseitigung gelten, so etwa, wenn die neue Version nicht mehr voll mit der bisherigen Version kompatibel ist oder zusätzliche Speicherressourcen

---

[553] OLG Düsseldorf, Urteil vom 3. 3. 1998 – 20 U 76/97, MMR 1998, 417.
[554] Vgl. PC Praxis, 1997, 12.
[555] OLG Koblenz, Urteil vom 14. 3. 1996 – 5 U 1162/95, NJW-RR 1998, 125 = WiB 1997, 826.

erfordert, da sie eine Hardwarenachrüstung verlangt. Der **Kunde** ist insoweit **nicht zur Mitwirkung verpflichtet**, da eine (kaufrechtlich vereinbarte oder werkvertraglich aus Gesetz geschuldete) Nachbesserung an
dem unverändert bleibenden Programm erfolgen muss.

814 Ein Anwender, dem zunächst eine Demo-Version eines Computerprogramms zu Testzwecken **(Betaversion)** überlassen wurde, kennt die Leistungsfähigkeit des Programms und kann abschätzen, welche Änderungen
und Ergänzungen noch vorgenommen werden müssen, um das Programm
an seine Bedürfnisse anzupassen. Der Anwender kann daher weder sofortige Lieferung einer angepassten Programmversion erwarten noch sich
darauf berufen, er sei nicht darüber aufgeklärt worden, dass die Programmanpassung seiner Hilfe und Mitwirkung bedürfe.[556]

815 **Schulversionen** bzw. universitätsbezogene Versionen von Programmen
werden gegen Ausbildungsnachweis vertrieben. Sie können nicht frei weiterveräußert werden. Der Anbieter ist zwar berechtigt, das Nutzungsrecht
inhaltlich zu beschränken (§ 32 UrhG) bzw. nur bestimmte Nutzungsarten
(etwa zu Unterrichtszwecken) einzuräumen (§ 31 Abs. 1 Satz 1 UrhG),
doch kann eine bloße Preisreduzierung nicht die Annahme einer eigenständigen technisch-wirtschaftlichen Nutzungsart rechtfertigen (s. ausf.
Rn. 781).

816 Einen **Anspruch auf Update-Lieferung** hat der Kunde grundsätzlich nur
aus entsprechender besonderer Vereinbarung, nicht jedoch aus dem bloßen
Kauf eines Programmexemplares. Die Vereinbarung kann zu einem Pflegevertrag ausgestaltet oder begrenzt auf die Verpflichtung sein, ein Update
zu liefern, wenn es marktreif ist. Die Situation ist mit derjenigen von
Ergänzungslieferungen zu Loseblattwerken vergleichbar, bei denen das
bloße Bestellen („Vormerken") keinen Anspruch auf Lieferung einer
bestimmten Ergänzungslieferung zu einem bestimmten Zeitpunkt begründet. Aus der bloßen Vereinbarung eines Nachbesserungsrechts im Kaufvertrag ist noch kein Anspruch auf Belieferung mit einem Update ableitbar, da eine Fehlerbeseitigung grundsätzlich meist auch mit anderen Mitteln möglich ist. Die Update-Lieferung darf auch nicht mit der gesetzlich
geschuldeten Nachlieferung eines mangelfreien Exemplars (§ 480 BGB)
verwechselt werden, da Updating immer eine Änderung am Programm
voraussetzt, während § 480 BGB nur die Lieferung eines unveränderten,
wenngleich mangelfreien Exemplars umfasst. Wird allerdings im Rahmen
einer anbieterseits geschuldeten Nachbesserung ein Update geliefert, muss

---

[556] OLG Hamm, Urteil vom 29. 1. 1992 – 31 U 141/91, Jur-PC 1993, 2200 = MRC 1992, 46.

dieses voll den Merkmalen des vertraglich vorausgesetzten Gebrauchs entsprechen.

Anpassungsleistungen können als Teil der Anbieterleistung geschuldet   817
sein. Soll der Anbieter individuelle Ergänzungen kostenfrei durchführen,
so muss er freilich nicht im Ergebnis ein völlig unterschiedliches Programm erstellen.[557] Die Grundfunktionalität wird nur gegen Zusatzvergütung zu ändern sein.

Hat es der EDV-Anbieter unternommen, auf einer EDV-Anlage ein Pro-   818
gramm zu implementieren, das eine **Sicherungsroutine** enthält, ist es Teil
seiner Leistungspflicht, die Übertragung der Sicherungsroutine zu überprüfen. Der Anbieter muss von den technisch möglichen und wirtschaftlich zumutbaren Kontrollen diejenigen vornehmen, die ein Fachmann auf
dem Gebiet des Implementierens von Programmen auf eine EDV-Anlage
angewendet hätte, um aufgrund der Überprüfung annehmen zu können,
dass das der Datensicherung dienende Programm übertragen und die
Sicherungsroutine auf der EDV-Anlage lauffähig ist. Wird diese Überprüfung unterlassen, kehrt sich bei Streit darüber, ob ein Datenverlust seine
Ursache in der fehlerhaften Implementierung der Sicherungsroutine oder
in einem anderen Ereignis hat, die Beweislast zum Nachteil des EDV-
Anbieters um.[558] Der Auftragnehmer muss bei Abschluss der Arbeiten
prüfen, ob die zur Anlage gehörenden Sicherungskassetten (Bänder) den
aktuellen Datenbestand enthalten.[559]

Grundsätzlich trägt der Anbieter das **Lieferrisiko** bis zur Übergabe des   819
Programmes, mit der auch die Gefahr der zufälligen Beschädigung oder
Zerstörung übergeht (§ 446 BGB, s. Rn. 133). Soweit **Software individuell erstellt** wird und Werkvertragsrecht zur Anwendung gelangt, entscheidet der Zeitpunkt der Abnahme (§§ 640, 644 BGB). Wobei der Werkunternehmer aber einen der geleisteten Arbeit entsprechenden Vergütungsanteil
verlangen kann, wenn der Untergang oder die Verschlechterung oder das
Unausführbarwerden des Werkes vor Abnahme von ihm nicht zu vertreten
sind (§ 546 Abs. 1 BGB). Der Werkunternehmer bleibt aber auch hier
insoweit zur Neuherstellung verpflichtet, als diese möglich ist.

Soweit der Anbieter die Anlieferung der Software schuldet, trägt er auch
das **Transportrisiko** (s. näher Rn. 129). Er muss etwa dafür sorgen, dass
die Datenträger während des Transportes vor Hitze, Feuchtigkeit und

---

[557] LG Stuttgart, Urteil vom 30. 4. 1987 – 2 KfH O 240/85, MRC 1987, 33.
[558] BGH, Urteil vom 2. 7. 1996 – X ZR 64/94, NJW 1996, 2924.
[559] OLG Köln, CR 1997, 407.

magnetischen Einwirkungen geschützt werden. Hier kann es teilweise bei der Übersendung auf dem Postwege Probleme geben, da die automatischen Adresslesevorrichtungen Dateninhalte von Datenträgern verändern können.

Setzt der vertraglich vorausgesetzte oder der übliche Gebrauch keine besonderen Vorbereitungshandlungen seitens des Anbieters voraus, ist das Laden des Programmes dem Risikobereich des Anwenders zuzuordnen. Dies gilt in aller Regel für sogenannte Massensoftware.

820 Wie bei der Hardware schuldet der Anbieter auch bei der Überlassung von Software in der Regel nicht ein ganz bestimmtes Programm (dann liegt zumeist ohnehin individuelle Programmerstellung vor, oder es wird das letzte verfügbare Exemplar eines Standardprogramms verkauft, Speciesschuld), sondern einen nach bestimmten Leistungsspezifika beschreibbaren **Programmtyp**. Hier schuldet der Anbieter grundsätzlich ein Programm von mittlerer Art und Güte (vgl. § 243 Abs. 2 BGB). In diesem Fall trägt der Anbieter das Beschaffungsrisiko. Die Beschaffungspflicht entfällt nur, wenn Programmexemplare am Markt nicht mehr erhältlich sind.[560]

Wenig geklärt scheint die Frage, ob Standardprogramme als Gattungssachen (nach § 243 Abs. 1 BGB) einzustufen sind.[561] Meist sind Gattungssachen so genannte vertretbare Sachen im Sinne von § 91 BGB, wobei sich nach der Verkehrsauffassung und damit objektiviert bestimmt, ob eine Sache vertretbar ist.[562] Gattungssachen lassen sich hiernach als „Durchschnittsware" bzw. als Ware umschreiben, wie sie im Handelsverkehr am Erfüllungsort üblich ist.[563] Die Abgrenzungsfrage hat praktische Bedeutung, da bei Gattungssachen mit Konkretisierung die Sachgefahr (Gefahr des zufälligen Unterganges) auf den Kunden (als Gläubiger) übergeht (§ 275 BGB). Nur bis zur Konkretisierung muss sich der Anbieter andere Sachen aus der Gattung beschaffen, solange dies möglich ist. Nach Konkretisierung beschränkt sich das Schuldverhältnis auf die vom Schuldner ausgewählten Sachen (§ 243 Abs. 2 BGB). Als Gattungssache ist sicherlich ein Textverarbeitungs- oder sonstiges vergleichbares, auf einen Mas-

---

[560] Siehe Palandt/Heinrichs, § 243 Rn. 3.

[561] Die Gattungseigenschaft von Software ist von der Frage zu unterscheiden, ob für ein bestimmtes Programm ein gewöhnlicher Gebrauch feststellbar ist (nur zu letzterem Punkt s. Schneider, Handbuch I, Rn. 229).

[562] So sieht etwa Larenz I, 152 ein Gemälde als unvertretbare Sache an, „irgendein Gemälde" des Malers X aber als vertretbare Sache.

[563] Vgl. Baumbach/Duden/Hopt, HGB, § 360 Anm. 2 A.

senmarkt gerichtetes Programm anzusehen, das off the shelf ähnlich sonstigen Massenartikeln verkauft wird. Das einzelne Programm gehört hier einer Gattung an, die nicht als „Gattung Textverarbeitungsprogramm" definierbar ist, sondern als „Gattung Textverarbeitungsprogramm X vom Hersteller Y". Die Lieferung eines Exemplares eines Programmes eines anderen Herstellers würde **Lieferung aus einer anderen Gattung** darstellen, ebenso die Lieferung eines Programmes P vom Hersteller Y. Die Gattung bestimmt sich hier **produktspezifisch**. Soweit diese Abgrenzung jedoch produktbezogen erfolgt, macht die Verpflichtung des Schuldners zur Lieferung einer Sache von „mittlerer Art und Güte" (§ 243 Abs. 1 BGB) nicht viel Sinn, da die einzelnen Programmexemplare technisch bedingt ohnehin identische Eigenschaften aufweisen müssen; schließlich werden sie alle von derselben Masterdiskette/-DVD kopiert. Unterschiede können sich allenfalls in abweichenden Datenträgern oder Verpackungen zeigen. Auch das Benutzerhandbuch stammt aus einer programmspezifischen Serie und ist damit Exemplar aus einer Gattung. Der Zuordnung zum Gattungsbegriff steht dieser Umstand nicht entgegen. Vielmehr ist eine abgrenzbare Menge von Sachen auch dann Gattung, wenn zwischen den einzelnen Elementen der Menge keine oder fast keine Abweichungen in Art und Güte bestehen. Das Bestehen von Abweichungen ist also nicht konstitutiv. § 243 BGB gelangt also auch dann zur Anwendung, wenn – wie sehr oft – der Anbieter aus einer Menge von mehreren völlig gleichartigen Serienexemplaren desselben Programmes ein Exemplar auswählt (ein vor dem frühindustriell geprägten Hintergrund des BGB eher seltener, heute aber wesentlich häufigerer Fall). Hier trifft er seine Wahl zwischen gleichartigen und damit vertretbaren Sachen (im Sinne von § 91 BGB). Qualitative Schwankungen treten hier nicht auf und folglich braucht auch eine „mittlere" Güte nicht festgestellt zu werden. In beiden Fällen bleibt aber der **Anbieter** verschuldensunabhängig **beschaffungspflichtig, solange die Gattung noch existiert** (siehe § 279 BGB).

Schuldet der Anbieter hingegen **irgendeine typische Anwendungssoftware** (etwa zusammen mit einem Rechner), etwa ein beliebiges (nicht durch Produktbezeichnung spezifiziertes) Office-Paket, muss er eine Software mittlerer Art und Güte leisten, also ein Paket, das die für solche Pakete marktüblichen Leistungsmerkmale aufweist. Maßstab ist (auch) hier die Verkehrsauffassung, wie sie etwa auch in Testberichten großer PC-Zeitschriften zum Ausdruck kommt. Gattung ist hier nicht ein bestimmtes Produkt eines bestimmten Herstellers, sondern ein bestimmter, allgemeiner abgegrenzter Typ von Anwendungssoftware. Diese – keines- 821 falls für alle denkbaren Fallkonstellationen repräsentativen – Beispiele sollen verdeutlichen, dass es keine abstrakte Einstufung von Computerprogrammen als Gattung geben kann, sondern maßgeblich der Vertrag[564] und ergänzend die Verkehrsauffassung[565] ist, die selbst wieder – gerade im EDV-Bereich – raschem Wandel unterliegen kann. Stellt man für die Gattungsfestlegung wesentlich auf die Parteienvereinbarung ab[566], bedeutet dies, dass die Parteien zugleich die Abgrenzung zwischen Gattung und Mangel und, allgemeiner, die Abgrenzung zwischen Gewährleistung und Nichterfüllung selbst mit festlegen. Der Kunde kann hier daran interessiert sein, die Abgrenzung so zu ziehen, dass gebrauchswesentliche Abweichungen nicht als Mängel (mit kurzen Gewährleistungsfristen und Beweispflicht des Kunden), sondern als nicht genehmigungsfähiges Aliud und damit als Nichterfüllung gelten (30 Jahre Verjährungsfrist des § 195 BGB, Beweislast des Anbieters für Erfüllung des Vertrages). Eine solche Regelung in Einkaufs-AGB des Kunden kann im Einzelfall eine nach § 11 Nr. 15 AGBG unwirksame Beweislastumkehrklausel darstellen.

822 Ob der Anbieter dem Kunden auch eine **ältere oder nachfolgende Programmversion** übergeben darf, hängt davon ab, was die Vertragsparteien oder der Geschäftsverkehr in diesem Zusammenhang als „Gattung" definieren. Generell wird man festhalten müssen, dass verschiedene Versionen dann nicht mehr als gleichartig gelten können, wenn sie in anwendungsrelevanten Gebrauchseigenschaften von dem eigentlich vereinbarten Programm abweichen. Der bloße **Versionswechsel** überschreitet also nicht in jedem Fall bereits die Gattungsgrenzen. Entscheidend ist vielmehr sein Einfluss auf die Gebrauchseigenschaften (etwa die Möglichkeit, weiterhin Datenbestände zu verarbeiten, die unter der Vorversion erstellt wurden).

Unter diesem Gesichtspunkt kann auch ein **Update**, das nur einzelne Änderungen (z. B. Fehlerbereinigungen) enthält, bereits jenseits der Gattungsgrenze einzuordnen sein. Zwar weist ein Update in aller Regel nicht so viele Änderungen auf wie eine neue Version, die generell ähnlich einer neuen Auflage eines Buches vermarktet wird und zumeist auch eine neue Gattung darstellt (z. B. Windows 3.1 und Windows 95/98 oder UNIX und

---

[564] Also der Parteiwille (BGH, NJW 1986, 219).

[565] BGH, NJW 1984, 1955.

[566] So etwa auch Esser/Weyers, BT 1, 56, die letztlich Fehler und Gattungsabweichung gleichstellen und (gegen Palandt/Putzo, § 480 Rn. 1) die Möglichkeit einer **mangelhaften** Gattung schon begrifflich ablehnen. Hierzu müsste man aber die Genehmigungsfähigkeit (der Abweichung) selbst rein subjektiv bestimmen (anstatt, wie tatsächlich eingeführt, objektiv als Wahrscheinlichkeit der käuferseitigen Annahmebereitschaft, a. a. O.), da bei rein subjektiver Vereinbarung kein fester Grund für eine Beurteilung nach objektiven Kriterien verbleibt.

OS/400). Auch ein Update kann ganz bestimmte, anscheinend völlig unwesentliche Änderungen enthalten, **die jedoch den Gebrauch wesentlich tangieren** (z. B. in der Schnittstellenfestlegung) und insoweit von den Gattungsmerkmalen abweichen. Bei der Abgrenzung muss damit immer auf den Einzelfall abgestellt werden.

Beispiel:　　　　　　　　　　　　　　　　　　　　　　　823

Unterstellen die Vertragsparteien beim Abschluss eines Vertrages, der die Herstellung von Schulungssoftware umfasst, dass diese für einen 720 × 348 Bildpunkt-Monitor bestimmt ist, so ist eine spätere Anpassung des Grafiktreibers für einen 640 × 400 Bildpunkt-Monitor nicht geschuldet.[567]

– Übergabe einer Benutzerdokumentation

Ohne Dokumentation können die meisten Programme vom Kunden nicht　824 oder nicht adäquat genutzt werden (zum Begriff s. Rn. 29ff.). Auch ohne besondere Vereinbarung gehört die Übergabe einer Dokumentation also zum geschuldeten Leistungsumfang des Anbieters.

Art und Umfang der Dokumentation bestimmen sich nach dem jeweils vertraglich vorausgesetzten oder dem üblichen Gebrauch und den allgemeinen Kriterien für die Gestaltung einer Dokumentation.

Anwendungssoftware ist in aller Regel eine Benutzerdokumentation　825 (meist „Bedienungsanleitung" genannt) beizufügen, die Anwendungsfunktionen und Fehlerbehebungen schildert. Eine Dokumentation der einzelnen **Entwicklungsschritte** und der **Quellcode** selbst[568] **gehören nicht zum Leistungsumfang** einer Benutzerdokumentation für Standardsoftware. Dies kann freilich **anders** zu beurteilen sein, wenn
– die Vertragsparteien die Beschreibung der Dokumentation ausdrücklich vertraglich ausgeweitet haben oder
– der vertraglich beschriebene oder vorausgesetzte Programmgebrauch den Rückgriff auf Entwicklungsdokumentationen und/oder den Quellcode erfordert (etwa zur Änderung von Parametern oder sonstigen Programmeigenschaften) oder
– der Anbieter individuelle Anpassungen oder Ergänzungen am Programm vornimmt, die in der Benutzerdokumentation nicht beschrieben werden.

---

[567] OLG München, Urteil vom 30. 1. 1992 – 6 U 5396/88, CR 1992, 271. Die Daten im berichteten Tatbestand des Urteils sind zwar technisch völlig veraltet; immerhin wurde der Vertrag bereits im Mai 1985 abgeschlossen. Jedoch behält der allgemeine Ansatz Gültigkeit, wonach eine spätere Anpassung von Treibern ohne besondere Vereinbarung nicht geschuldet sein kann.

[568] Siehe etwa OLG München, Urteil vom 16. 7. 1991 – 25 U 2586/91, CR 1992, 208.

Das **Fehlen der Benutzerdokumentation** wird als **Nichterfüllung des Vertrages**[569] angesehen.

826 Wenn sich der Anbieter verpflichtet, eine **Dateibeschreibung** zu liefern, die grundsätzlich zur Entwicklungsdokumentation gehört, kann er sich nicht darauf berufen, das Programm sei komplex und die Lieferung wegen der Gefahr der Kopierbarkeit unüblich. Gemäß Urteil des OLG Köln vom 7. 2. 1992 führt das Fehlen dieser Dateibeschreibung dazu, dass wesentliche Arbeitsläufe nicht möglich sind, kann der Erwerber nach § 326 BGB Schadensersatz verlangen. Wahlweise kann der Kunde im Übrigen im Rahmen der Voraussetzungen des § 326 BGB auch vom Vertrag zurücktreten (nach Fristsetzung und Rücktrittsandrohung).

Der Kunde hat auch bei der Unterlagenbeschaffung in erforderlicher Weise mitzuwirken. Gibt er etwa für ein von ihm vertriebenes Programm die Programmierung eines Fernwartungsprogramms (Tele-Software) in Auftrag, hat er dem Unternehmer auch ohne entsprechende Absprache die dazu erforderlichen Spezifikationen auf Anforderung zu liefern und dies jedenfalls dann, wenn das Programm auf die Bedürfnisse der Kunden des Auftraggebers abgestimmt sein soll und diese sich auch die Entscheidung über das Aussehen der Bildschirmmasken vorbehalten haben.[570]

Ein Rücktritt soll dann nicht möglich sein, wenn die fehlende Teilleistung zu zumutbaren Bedingungen anderweitig zu beschaffen sei.[571] Fraglich erscheint jedoch, ob eine einzelne Dateibeschreibung (als Dokumentation einer bestimmten Software-Entwurfsphase) von anderer Seite zu zumutbaren Kosten und in vertretbarer Zeit überhaupt beschafft werden kann –, zumal, wenn u. U. sonstige Dokumentationsunterlagen fehlen. Meist entstehen hier unverhältnismäßig hohe Kosten für die Einarbeitung und Erstellung von Teilunterlagen. Für diese anderweitige Beschaffbarkeit wird im Übrigen der Anbieter die volle Beweislast tragen müssen, da er sich auf diese beruft.

– Lauffähigmachen

827 Auch dann, wenn nur reine Standardsoftware überlassen wird, kann sich deren Lauffähigmachen als vertragliche Nebenpflicht nach Werkvertrags-

---

[569] So bereits LG Mannheim, BB 1985, 2278; Voraufl. Rn. 313 und zwischenzeitlich der BGH, s. näher Rn. 55; OLG Hamm, CR 1986, 268.
[570] OLG Köln, Urteil vom 7. 2. 1992 – 19 U 117/91, Jur-PC 1992, 1587.
[571] Mehrings, CR 1986, 270.

recht beurteilen[572] (zum Begriff s. näher Rn. 160). Geschuldeter Erfolg ist hier das Herstellen eines bestimmten Funktionsstatus durch den Anbieter unter entsprechender kundenseitiger Mitwirkung. Derartige werkvertragliche Nebenpflichten können mit kaufvertraglichen Hauptpflichten kombiniert sein.

Soweit der Anbieter das Lauffähigmachen schuldet, muss die entsprechende aus Nebenpflicht geschuldete Leistung vom Kunden **abgenommen** werden. Auch bei trennbaren Nebenpflichten ist eine Abnahme erforderlich. Die bis zu dieser Abnahme anfallenden Kosten, etwa für Anfahrt, Installation und Test der Programme, trägt der Anbieter.[573] Bis zu dieser Abnahme läuft die vertragliche bzw. gesetzliche Gewährleistungsfrist für die **gesamte vertragliche Leistung** nicht. Die Gefahr des zufälligen Untergangs oder der zufälligen Beschädigung des Systems oder des Datenträgers trägt der Kunde aber bereits mit Anlieferung für den Zeitraum bis zum Abschluss des Lauffähigmachens.

– **Einweisung in die Programmnutzung**

(Zur Einweisung s. grundsätzlich Rn. 163.) Auch bei Überlassung von Software ist Einweisung nur bei Vereinbarung geschuldet. Die Vereinbarung kann freilich stillschweigend erfolgen und etwa dann anzunehmen sein, wenn ein für den Anbieter sichtlich unerfahrener bzw. mit einer neuen Version noch nicht vertrauter Kunde die Software erwirbt. Die Einweisung kann hier Teil der geschuldeten Beratung sein.

Unabhängig von der vertragsrechtlichen Einordnung der Software-Überlassung folgt die Einweisung als eigene Leistungskomponente und vertragliche Nebenpflicht grundsätzlich **Werkvertragsrecht**. Sie soll den Kunden bzw. dessen Mitarbeiter in den Stand setzen, mit gerätetypischen Besonderheiten und den jeweiligen Programmfunktionen umgehen zu können. Insoweit wird auch bei genereller Einordnung der Software-Überlassung unter Kaufrecht bezüglich der Einweisung das Bestehen eines **Mängelbeseitigungsanspruches** zu bejahen sein. Dieser ist auf das **Nachholen der Einweisung bis zum Erreichen der notwendigen Fertigkeiten**

828

---

[572] LG Köln, Urteil vom 2. 10. 1984 – 90 O 51/84, CR 1986, 23, für das Liefern und Lauffähigmachen, jedoch ohne Begründung, weshalb bereits die Lieferung Werkvertragsrecht unterliegen soll. Die Lieferpflicht ist zunächst kaufvertragliche (Haupt-)Pflicht als solche bereits immer schon dem Werkvertragsrecht zuzuordnen (krit. zu Recht Mehrings, CR 1986, 24f.). Aus dem Sachverhalt der Entscheidung ist abzuleiten, dass wohl der gesamte Vertrag werkvertraglichen Charakter aufwies. Dann zielt natürlich auch die Lieferung auf einen werkvertraglich vereinbarten Erfolg ab. Im Rahmen von üblichen Kaufverträgen ist dies aber keineswegs der Fall.
[573] LG Köln, a. a. O.

durch die Mitarbeiter gerichtet (soweit deren allgemeine Grundkenntnisse für die Einweisung ausreichen), also auf eine taugliche Vermittlung der Grundzüge der Funktionalität.

War der Anbieter bezüglich der Leistung kompetent und leistungsbereit, so kann das Nachholen von Einweisungsleistungen vom Anbieter gegenüber dem Kunden getrennt berechnet werden, wenn dieses Nachholen aufgrund von Umständen erforderlich wird, die nicht vom Anbieter zu vertreten sind.

b) Leistungspflichten des Kunden

– Zahlung der Nutzungsvergütung

829   Die Nutzung wird entweder mit einer **Pauschalzahlung oder** einer **regelmäßig fälligen Nutzungsgebühr** abgegolten.

Die Vereinbarung einer regelmäßig fälligen Nutzungsgebühr bildet dann ein Indiz für die Anwendbarkeit von Mietvertragsrecht, wenn zugleich die Rückgabe der Software bei Vertragsende oder ein Weitergabeverbot (s. Rn. 766) vereinbart wurde. Fehlt diese Einschränkung der Verfügungsbefugnis des Anwenders, kann ein Ratenzahlungskauf vorliegen (s. Rn. 766) bzw. ein Verbraucherkredit.

Bei einem einheitlichen Vertrag über Standardsoftware mit Anpassungen kann der Lieferant ohne entsprechende Vereinbarung die Anpassungen nicht von vorheriger Zahlung der gelieferten Standardsoftware abhängig machen. Tut er dies dennoch, gerät er in Verzug und der Kunde kann gemäß § 326 BGB vom gesamten Vertrag zurücktreten.[574]

Der Kunde sollte gerade bei Software die Vergütung nicht sofort bei Vertragsabschluss voll bezahlen, sondern – um ein Druckmittel zu erhalten – mindestens $^1/_3$ oder die Hälfte erst bei erfolgreichem Abschluss der Funktionsprüfung. Dies gilt auch bei regelmäßig zu zahlender Vergütung, die ebenfalls anteilig für den Zeitraum der Funktionsprüfung gesplittet werden kann.

830   Zunehmend wird die Vergütung **in Abhängigkeit von der tatsächlichen Programmnutzung** festgelegt. Mittels Mess-Tools und DFÜ-Anbindung kann die Messung (Software-Metering) automatisiert erfolgen (wie sie bereits von ERP-Softwareanbietern vorgesehen ist). Nutzungsvertraglich problematisch wird diese Praxis, wenn die einzelne zu vergütende Nut-

---

[574] LG München I, Urteil vom 1. 10. 1991 – 7 O 21037/89, CR 1992, 215.

zung, wie etwa ein einzelner Nutzungslauf (oder auch Datenbankzugriff) **nicht mit einem Vervielfältigen** (zumindest im Arbeitsspeicher) **verbunden** ist, da in diesem Fall keine urheberrechtlich relevante Verwertungshandlung erfolgt, an die Vergütungspflichtigkeit anknüpfen kann. Solche Nutzungen können dann nur noch mit **schuldrechtlicher** Wirkung (also nur zwischen den Vertragsparteien) vereinbart werden, die sich also nicht auf Folgeerwerber erstreckt. Außerdem können betriebsverfassungs- und datenschutzrechtliche Probleme auftreten, wenn anlässlich dieses DFÜ-gestützten Software-Meterings Daten von Arbeitnehmern mit an den Anbieter (gar regelmäßig) übermittelt werden. Hier sind Betriebsrat und betrieblicher Datenschutzbeauftragter bereits in der Planungsphase zu beteiligen.

Vergleichbare Probleme stellen sich auch bei **Client-Server-Anwendungen.** Die Nutzung wird hier vielfach auf der Basis von Bezugsgrößen wie „normierter CPU-Zeit", belegter Speicherplatz oder belegte „volumes" (Speichereinheiten auf Platte) berechnet.[575] Hier wird i. E. reine Nutzung quantifiziert und abgerechnet; ein Bezug zu wie immer erstellten Vervielfältigungsexemplaren tritt in den Hintergrund oder entfällt ganz, so dass insoweit die Vergütungsbemessung auch nicht mehr mit dinglich (also gegenüber jedermann) wirkenden urheberrechtlichen Nutzungsrechten verknüpft werden kann. Zugleich sind solche Vergütungsbemessungsregelungen voll der AGB-rechtlichen Kontrolle unterworfen (s. Teil II). Die dingliche Wirkung bleibt erhalten, wenn die Vergütung an die Vervielfältigung des Client-Teils der Software auf dem Nutzerrechner angeknüpft wird; freilich kann dann die Vergütung nicht über die Nutzungsintensität parametrisiert werden.

Vereinbaren Softwarelieferant und Anwender, dass Standardsoftware vom Lieferanten an die besonderen Bedürfnisse des Anwenders angepasst wird, so kann der Lieferant ohne anders lautende Vereinbarung nach der Übergabe der Standardsoftware die Vornahme der Anpassungsarbeiten nicht von der Bezahlung der Standardsoftware abhängig machen. Die Annahme von Teilleistungen zu unterschiedlichen Lieferterminen ist außerdem grundsätzlich möglich, hat aber nicht zur Folge, dass auch eine jeweils teilweise Gegenleistung fällig wird.[576]

Mehrvergütungsanspruch: Macht der Softwarehersteller, der sich seit 831 längerer Zeit mit der Fertigstellung einer Individualsoftware in Verzug

---

[575] Siehe etwa Strompen, Anforderungen an eine Software zur Leistungsverrechnung, cw-focus vom 18. 9. 1998, 18, 19 (Übersicht).
[576] LG München I, Urteil vom 1. 10. 1991, a. a. O.

befindet, seine weitere Tätigkeit von einer Abschlagszahlung des Bestellers abhängig, die höher ist als die vereinbarte, kann der Besteller ohne Fristsetzung und Ablehnungsandrohung nach § 326 BGB vom Werkvertrag zurücktreten. Die unbedingte Forderung des Anbieters nach einer nicht in dieser Höhe zu beanspruchenden Abschlagszahlung stellt eine endgültige Erfüllungsverweigerung des Unternehmers dar, die die Einhaltung der Förmlichkeiten nach § 326 BGB entbehrlich macht.[577]

Die in den AGB eines Softwarelieferanten enthaltene Klausel „Zahlungsbedingungen: 30 % vom Auftragsvolumen zahlbar bei Auftragserteilung, 40 % nach Abschluss der Installation und Einweisung und 30 % vier Wochen nach Umstellung" ist unklar und auslegungsbedürftig. Die nach § 5 AGBG dem Kunden günstigste Auslegung ergibt, dass auch die 40 %-Rate Abnahmereife voraussetzt.[578]

– Abnahme

832 (Zur Abnahme und Funktionsprüfung generell s. Rn. 172.) Ist auf die Software-Überlassung Kaufrecht anwendbar (s. Rn. 726, 729), hat die Abnahme nur die Bedeutung einer **Entgegennahme** ohne Billigungsmoment. Auf der Grundlage des Werkvertragsrechtes muss der Kunde hingegen das erstellte Programm billigen, es sei denn, die Vertragsparteien hätten ausdrücklich eine Abnahme als Billigung vereinbart.

Der Käufer von Software nimmt diese in Kenntnis einer fehlenden Möglichkeit zur Datensicherung rügelos ab (vgl. § 460 BGB), wenn in dem mitgelieferten Handbuch auf das Fehlen einer automatischen Erstellung von Sicherungskopien ausdrücklich hingewiesen worden ist.[579] Dies gilt naturgemäß nur dann, wenn der Käufer die Möglichkeit hat, zunächst das Handbuch zur Kenntnis zu nehmen.

Schuldet der Anbieter die Erstellung (z. B. Konfiguration) eines Systems, braucht der Kunde die bereits gelieferte Hardware erst dann abzunehmen, wenn die geschuldete Software angeboten wird[580] und geprüft werden kann.

---

[577] OLG Köln, Urteil vom 27. 10. 1995 – 19 U 59/95, MRC 1995, 135.
[578] OLG Düsseldorf, Urteil vom 27. 10. 1995 – 22 U 66/95, CR 1996, 214. Das Gericht nimmt keine Verwirkung des Rechts auf Überlassung der Dokumentation an, wenn das Fehlen der Handbücher zwar erstmals mehr als ein Jahr nach Installation des Programms im Rechtsstreit schriftlich gerügt wird, aber bereits anlässlich der Einweisung nach den Handbüchern gefragt wurde und anbieterseits die Antwort erteilt wurde, solche existierten noch nicht. Das Gericht nimmt im Übrigen keine Verwirkung an.
[579] OLG Frankfurt/Main, Urteil vom 12. 7. 1995 – 9 U 31/95, CR 1996, 26.
[580] LG Darmstadt, IuR 1987, 462.

– Mitwirkungspflicht

(Zur Mitwirkungspflicht des Kunden s. allg. Rn. 230.) Der **Umfang** der   833
Mitwirkungspflicht hängt wesentlich davon ab, welche Nebenleistungen
der Anbieter übernimmt (z. B. Antransport, Installation der Hardware,
Implementieren der Software, Einweisung, Funktionsprüfung) und inwieweit der Kunde die Voraussetzungen hierzu schaffen bzw. hierbei mitwirken muss.

1.6.3 Erstellung von Software

Checkliste:

Leistungsbeschreibung
– Ist das Problem klar definiert, das von dem zu erstellenden Programm
  gelöst werden soll?
– Sind die zu schaffenden Programmeigenschaften im Erstellungsschein
  klar definiert?
– Kann der Kunde anhand dieser Beschreibung feststellen, ob der Soft-
  ware-Anbieter die Erstellungsaufgabe erfüllt hat?
– Bei Prototyping: Ist die gewünschte Problemlösung in ihren Grundzü-
  gen und der maximale Aufwand zu ihrer Erreichung abgegrenzt?
– Ist die voraussichtliche
  • Erstellungsdauer,
  • Periode der Funktionsprüfung und
  • Dauer der praktischen Erprobung klar definiert?

Leistungsmodalitäten
– Voraussichtliche Termine für
  • Lieferung und Installation
  • Lauffähigmachen des Programms
  • Einweisung
  • Funktionsprüfung.
– Implementierung erfolgt durch Anbieter/Kunden ...
– Einweisung erfolgt über einen Zeitraum von ... Wochen/Monaten
– Erstellungsvergütung:
  Wird die Vergütung pauschal, nach Mannstunden oder nach Leistungs-
  einheiten (z. B. Programmbefehlen oder Programm-Modulen) berech-
  net?

Verzug
(Es gilt das zum Systemkauf Gesagte.)

Gewährleistung
– Ist der vertraglich vorausgesetzte Gebrauch des Werkes als Mängelmaß-
  stab klar definiert?
– Ist eine ausführliche, alle vertragsrelevanten Funktionen umfassende
  Funktionsprüfung vorgesehen?
– Nimmt der Anbieter an den Tests teil? Welche Kosten fallen hierfür an?
– Ist die gesetzliche Minimalfrist von sechs Monaten oder eine meist
  erforderliche längere Frist von z. B. 12 Monaten vereinbart?
– Soll die Gewährleistung für nicht vermeidbare Fehler ausgeschlossen
  bzw. für die Fehlerfreiheit der Software nicht voll übernommen wer-
  den?
– In welcher Form ist die Beseitigung möglicher Mängel technisch durch-
  führbar?
– Lassen sich Beseitigungsmaßnahmen kostenmäßig klar von getrennt zu
  vergütenden Pflegeleistungen unterscheiden?

1.6.3.1 Leistungsbeschreibung

834 Der Begriff der „Individualsoftware" ist nicht abschließend definiert. Für
den vertragsrechtlichen Rahmen ist ausreichend, dass Programm und
Begleitmaterial zumindest in wesentlichen Teilen für besondere Erfordernisse des bestellenden Kunden erstellt werden. Eine vollständige Neuprogrammierung ist hierfür nicht erforderlich.[581] Meist werden bestimmte
vorhandene Module als Ausgangsbasis für eine mehr oder weniger weit
reichende Anpassung verwendet. In der Praxis wird deshalb auch nicht
mehr primär zwischen Individual- und Standardsoftware unterschieden,
sondern zwischen „customized" (für den Kunden angepasster) und „mass
marketed" Software.[582] Entscheidend kann allein das „Zuschneiden" der
Software auf individuelle Anforderungen sein. Hierzu kann auch das Verwenden fertiger bzw. nur partiell anzupassender Module gehören.

Der Begriff des zu erstellenden „Werkes" im Sinne der §§ 631 ff. BGB
darf außerdem nicht stets mit **Individualsoftware** gleichgesetzt werden.

---

[581] Enger wohl OLG Hamm, Urteil vom 22. 8. 1991 – 31 U 260/90, CR 1992, 206 = NJW-RR 1992,
953, krit. zu Recht Brandi-Dorhn, EDV-Verträge, Rn. 17 (allerdings mit dem Argument, dass
auftragsbezogene Software später zur Kostenamortisierung standardisiert vertrieben werden könne; dieser Vertrieb nach Vertragserfüllung kann jedoch nicht zur vertragsrechtlichen Zuordnung
des ursprünglichen Erstellungsauftrages herangezogen werden).
[582] Louwers/Prins, International Computer Law, rel. 12/1997, 6–19.

Bei etwas größeren Projekten umfasst dieses Werk nicht nur Programme, sondern auch weitere Leistungen wie die Anpassungen von Produktionsprozessen (wie bei vorbereitendem Business Reengineering), die Konvertierung von Altdatenbeständen, das Reengineering von Altprogrammen und die Anpassung (auch: „Sanierung"[583]) vorhandener alter („Legacy"-) Systeme an neue Plattformen (Migration). Zunehmend wird bei größeren Anwendungen auch eine „Software-Schicht" um die alte Software „gewickelt" („wrapping"), so dass der Benutzer nicht merkt, dass sich hinter der Verpackung ein altes System befindet. Die Vorgehensweise hängt wesentlich von der jeweiligen Ausgestaltung es Altsystems ab.[584] Der geschuldete Leistungserfolg muss deshalb regelmäßig unter Berücksichtigung aller Leistungselemente und -pflichten bestimmt werden.

Auch besteht nach Vertragsschluss **erstellte** Software keineswegs immer aus vollständig neu erstelltem Code. Stattdessen ist es oft wirtschaftlich sinnvoll, bereits erstellten Code für neue Aufgaben **wieder zu verwenden** (software reuse). Dies kann vom Anbieter erstellter eigener, mehrfach verwendbarer Code sein oder auch ein kundenseits erstelltes, in ein neues System zu integrierendes Programm (etwa für eine besondere Datenauswertung). Geschuldeter individueller Erfolg ist im letzteren Fall die Integration des Programmes in das System.

Schließlich werden zur Software-Erstellung CASE-**Werkzeuge** und -Plattformen eingesetzt. „CASE" steht für „Computer Aided(/Assisted) Software Engineering". CASE-Plattformen enthalten Repositories für die Datenverwaltung, integrierte Werkzeuge und Nachrichtendienste.[585] Es gibt sehr unterschiedliche Werkzeuge, die die ersten Phasen (upper-CASE) oder die späteren Phasen (lower-CASE) oder integriert (i-CASE) unterstützen.[586] CASE-Werkzeuge können bis zu 50 % der Qualitätsprüfungen übernehmen; der Rest muss durch Reviews geprüft werden. Sie erleichtern die Entwicklungsarbeit, weisen aber auch systembedingt Beschränkungen auf. CASE-Einsatz garantiert außerdem als solcher noch keine Software-Qualität.[587] Im Repository finden sich Entitäten und Objekte, die im konkreten Programm verwendet werden, also gewissermaßen „fertige" Leistungsteile, die jedoch regelmäßig für das Programm ent-

---

[583] Balzert II, 668.
[584] Ausf. s. Balzert II, 663, 671.
[585] Balzert II, 592.
[586] Balzert II, 594 f.
[587] Balzert II, 597 schreibt deutlich genug: „Ein guter Software-Ingenieur wird mit CASE bessere Software erstellen. Ein schlechter Software-Ingenieur wird mit CASE in kürzerer Zeit noch mehr schlechte Software erstellen."

sprechend angepasst sind bzw. eingebunden werden müssen. Gleiches gilt bei der objektorientierten Programmierung für Klassenbibliotheken (foundation class libraries) und komplexere Entitäten wie Business Objects (etwa in R/3) oder Components (wie GUIs, i. E. „Graphic user Interface"). Sie werden in der Regel Teil eines individuell erstellten Progamms, damit eines „Werkes" im werkvertragsrechtlichen Sinn (s. Rn. 848).

835 Für viele komplexe und in unterschiedlicher Form auftretende Anwendungsprobleme können nicht vorgefertigte, schematisch angelegte Standardprogramme eingesetzt werden. Vielmehr muß man ein individuelles Programm im präzisen Bezug auf ein konkretes Problem entwickeln, um eine arbeitsfähige Lösung zu erreichen.

Individuelle Programmerstellung ist oft ein aufwendiger und langwieriger technischer Entwicklungsprozess. Er bedarf genauer Vorgaben und begleitender Kontrolle. Das Leistungsergebnis erweist sich vielfach wesentlich fehleranfälliger als ausgetestete (und insbesondere marktbewährte) Standardsoftware. Vor allem bei erstmalig zu bewältigenden Problemstellungen muss man deshalb **mit längeren Phasen der Entwicklung und des Austestens rechnen**, bis das Programm einigermaßen zuverlässig einsatzfähig ist. Dieses technologiespezifische **Entwicklungsrisiko** trägt grundsätzlich der Software-Anbieter als Werkunternehmer. Von diesem rechtlichen Grundsatz gibt es aber auf verschiedenen Ebenen teilweise einschneidende Ausnahmen, die besondere Risiken für den Anwender als Besteller bei der Aufgabenbeschreibung sowie bei der Kontrolle der Leistungserfüllung und dem Auffinden möglicher Mängel begründen. Dies gilt etwa für ein Vorgehen, bei dem auf verschiedenen Projektstufen jeweils auf der Grundlage des bisher Erreichten eine weitere Leistungsfestlegung gemeinsam erfolgen soll (da vorher hierfür nicht ausreichend konkrete Anhaltspunkte gegeben sind). Hier erfolgt deshalb auch in rechtlicher Hinsicht die Festlegung des letztlich vom Anbieter geschuldeten Werkes in Stufen und schrittweise konkretisiert und kann auf jeder Projektstufe die Leistung nur insoweit beansprucht werden, als sie bereits spezifiziert wurde (womit sich auch die Abnahmewirkungen entsprechend einschränken). Im Einzelfall kann sogar eine Kette getrennt definierter Einzelerfolge im Sinne des Werkvertragsrechts anzunehmen sein, wenn etwa in verschiedenen Projektphasen jeweils separate, wenn auch verknüpfte Module in Angriff genommen werden. Die folgenden Ausführungen sind deshalb besonders unter dem Gesichtspunkt solcher risikobezogenen Abweichungen vom gesetzlichen Vertragsbild zu lesen.

Wesentliche Voraussetzung für jede betriebswirtschaftlich vertretbare und vertragsrechtlich kontrollfähige Programmentwicklung ist eine möglichst genaue Leistungsbeschreibung (s. Rn. 834). Sie bildet den Maßstab für die Leistungserfüllung der Herstellungspflicht wie auch für mögliche Mängel.

Die vom Anbieter zu erbringende Programmentwicklung muss in den Ver- 836 tragsverhandlungen vor Beginn dieser Entwicklung so weit wie möglich konkretisiert werden. Diese Leistungsfestlegung erfolgt verbindlich im **Pflichtenheft** (s. ausf. Rn. 10). Das Pflichtenheft (gelegentlich auch „Lastenheft" genannt) enthält somit den vollständigen Katalog der vom Anbieter als Werkunternehmer in der Programmentwicklung abzuarbeitenden Leistungspositionen. Es definiert damit den werkvertraglichen „Erfolg", wenngleich inhaltlich-aufgabenbezogen, nicht bereits in der technischen Ausgestaltung.

Die Erstellung einer **Anforderungsliste** (Pflichtenheft) kann speziell bei 837 der Software-Entwicklung für mittelständische Anwender zwingend zum Aufgabenbereich der Entwicklung gehören.[588] Auf erkennbare Unrichtigkeiten oder Unvollständigkeiten muss der Anbieter den Kunden hinweisen.[589]

Ist der Kunde Pilotanwender und soll unter seiner Mitwirkung Standardsoftware erstellt werden, so muss der Entwickler nicht jeden vom Kunden angeregten oder gewünschten Komfort in das Programm einbauen, da das Programm dann den Bedürfnissen einer unbestimmten Vielzahl von Anwendern (etwa in einer Branche) dienen soll.[590]

Auch dann, wenn ein Anbieter mit den zu lösenden Anwendungsproble- 838 men bereits recht gut aus anderen Entwicklungsaufträgen vertraut ist, wird sich die notwendige Aufgabenbeschreibung nicht in allen Einzelheiten im Voraus definieren lassen. Nicht nur Kundenwünsche, sondern auch interne Überlegungen des Software-Engineering erzwingen immer wieder teilweise grundlegende **Änderungen** der Vorgehensweise und Ausführungsart. Offen bleibende Änderungsspielräume sollten dann aber bereits zum Zeitpunkt der Verhandlung bezüglich Ausführungsart und Mehrkosten aufgezeigt und ebenfalls im Pflichtenheft abgegrenzt werden. **Das Pflichtenheft muss einen nicht zu überschreitenden äußeren Rahmen vorgeben.** Nur dann erkennt der bestellende Kunde aus dem vorgelegten Pflichtenheft, zu welchen zeitbezogenen und kostenmäßigen Verschiebungen es

---

[588] LG Bamberg, Urteil vom 8. 11. 1988 – 10 O 250/86, BB Beil. 11, 1989, 2.
[589] Vgl. etwa OLG Köln, NJW-RR 1993, 1528; OLG Stuttgart, NJW-RR 1989, 1328 f.
[590] OLG Frankfurt/Main, Urteil vom 2. 5. 1989 – 5 U 240/87, BB Beil. 24, 1990, 10 = MRC 1989, 5.

kommen kann, und der Anbieter kann andererseits abgrenzen, welche Leistungspositionen zum ursprünglichen Auftragsumfang gehören und welche weiteren Positionen als nachträgliche Kundenwünsche hinzukommen.

Das **Pflichtenheft definiert** einen (nicht technisch zu beschreibenden) **Ist-Zustand** und dessen Überführung in einen angestrebten **Soll-Zustand**. Die zugrunde gelegte Ist-Analyse wird selbst zum Vertragsinhalt[591] und damit zum **Maßstab der Leistungserfüllung.** Sagt der Anbieter (unvorsichtigerweise) Änderungen des Systems ohne bestimmte Begrenzungen zu, muss er insoweit auch das Leistungsrisiko und die Kosten für einen unvorhergesehenen Änderungsaufwand tragen[592], eine sonst in die Risikosphäre des Kunden fallende Leistungsänderung.

839 Das **Pflichtenheft enthält noch keine Aufgabenlösung.** Es definiert die Aufgabe, zu der der Anbieter eine Lösung erst finden muss. Dies hat zwei Konsequenzen:

a) **Der Kunde braucht die Aufgabe selbst nur vorzugeben, nicht aber auch zu strukturieren und zu lösen.** Es ist die Leistungspflicht des Anbieters, eine Lösung zu erarbeiten (z. B. in einem fachlich-technischen Feinkonzept), wozu auch das Strukturieren von Anwendungswissen gehört, um dieses für betriebliche EDV verarbeitbar zu machen. Die Möglichkeiten einer individuell unterschiedlichen Aufgabenteilung sind insbesondere bei den notwendigen Vorgaben zu beachten: Es ist Sache des Kunden, die Aufgabe vollständig zu beschreiben (z. B. die Erfordernisse und Abläufe einer effizienten Lagerverwaltung). Hier übernimmt der Anbieter ohne ausdrückliche Vereinbarung keine besondere Beratungsverpflichtung. Es ist andererseits Sache des Anbieters, alle diejenigen Aufgaben zu eruieren, die er für seine Lösung benötigt. Von diesen Erfordernissen hat der Kunde in der Regel keine Kenntnisse, so etwa nicht von Abhängigkeiten eines Programmes von bestimmten Konfigurationsdaten des Systems oder von der geeigneten Wahl von Entwicklungsinstrumenten.

b) Zum anderen ist zu beachten, dass der **Anbieter als Werkunternehmer in der Wahl seiner Entwicklungsmittel und -wege grundsätzlich frei ist.** Entscheidend ist für ihn nur, dass er einen bestimmten Leistungserfolg, also ein lauffähiges Programm mit einer bestimmten Funktion, erreicht, nicht jedoch, auf welchem Wege ihm dies gelingt. Er wird zwar tunlichst Normen und verfestigte Übungen des richtigen Programment-

---

[591] LG Siegen, Urteil vom 21. 9. 1971 – 2 O 167/69, DV-R 1, 197.
[592] OLG Schleswig, ZIP 1982, 457.

wurfs und Testens einhalten, aber dennoch frei sein, jedenfalls in einzelnen Punkten abzuweichen, wenn sich dies als vorteilhaft erweist. Das Pflichtenheft bindet den Anbieter also nicht an die Einhaltung bestimmter Lösungswege.

Nicht praktikabel ist die Pflichtenhefterstellung, wenn die Software-Entwicklung im Wege des sog. **Prototyping** erfolgt. Der bereits vorhandene Prototyp ist Ausgangspunkt der Entwicklung, bei der Anbieter und Kunde die benötigten Programmeigenschaften gemeinsam erarbeiten. Er wird zunächst gewissermaßen „ins Unreine" erstellt und aus der Arbeit mit ihm induktiv erprobt, welche Eigenschaften realisierbar und für die Anwendung sinnvoll sind. Der Kunde entdeckt hier gerade während des Ausarbeitens des Prototyps erfahrungsgemäß eine Vielzahl von Änderungs- und Erweiterungsmöglichkeiten, die bei vorangehender Pflichtenhefterstellung nicht hätten bedacht werden können, sondern zu Leistungsänderungen geführt hätten. Prototyping erlaubt so eine Flexibilisierung und Dynamisierung der Programmentwicklung.

Mit gewissen **Änderungen oder Ergänzungen der Programme** im Laufe der Programmierarbeiten und dadurch bedingten Verzögerungen muß der Anbieter rechnen und sie von vornherein berücksichtigen, jedenfalls, wenn eine Betriebsanalyse nicht erstellt und ein Pflichtenheft nicht erarbeitet worden war, aber auch bei Zugrundelegen eines nichttechnisch formulierten Pflichtenheftes. Derart voraussehbare Änderungen oder Egänzungen stellen keine Abweichung von dem ursprünglichen Vertragsinhalt dar.[593]   840

Entgegen den (impliziten) Vorstellungen in manchen Darstellungen muss die Entwicklungsverpflichtung keineswegs mit der Erstellung einer bestimmten Individualsoftware abgeschlossen sein, sondern auch eine **Weiterentwicklung** beinhalten. Missverständnisse ergeben sich hier wiederum aus einer nicht zwingenden Gleichsetzung von „Werk" im Sinne des Werkvertragsrechts und erstelltem Programm. Letzteres ist zweifellos grundsätzlich Teil jenes Werkes, doch kann der geschuldete Erfolg im Sinne des Werkvertragsrechts weitergehend definiert sein. Er kann nämlich auch die **Anpassung** der einmal erstellten Software an neue Anforderungen, die laufende Verbesserung der Nutzungsqualität und die Portierung der Software auf andere Plattformen (etwa von AS/400 auf NT bzw. Linux) umfassen, wenn insoweit ein einheitliches Leistungsziel definiert wurde. Dies ist etwa der Fall, wenn Software in größeren Unternehmen   841

---

[593] KG, Urteil vom 1. 6. 1990 – 14 U 4238/86, CR 1990, 768, 770.

eingesetzt und auf definierter Grundlage laufend mit den betrieblichen Anforderungen weiterentwickelt werden soll (wobei eine solche Verpflichtung über die typische Wartung/Pflege hinausgeht). Natürlich besteht auch die Alternative, nach Abnahme zu einem späteren Zeitpunkt getrennt einen Entwicklungsauftrag zu erteilen. Sind Anforderungsänderungen aber voraussehbar, tut ein Unternehmen gut daran, deren Abbildung in der Software gleich von vornherein als – gewissermaßen zeitlich gestreckten, in mehrere Stufen aufgeteilten, aber von Anfang an verbindlichen – Leistungserfolg zu vereinbaren. In der Praxis spricht man hier von evolutionärer System- bzw. Software-Entwicklung.[594]

842 Im **Programmerstellungsschein** werden gewöhnlich die vereinbarten Programmfunktionen und weiteren Leistungsmerkmale, etwa eine maximal zulässige Fehlerrate definiert. Der Programmerstellungsschein ist nicht mit dem Pflichtenheft identisch, sondern enthält, an dieses anknüpfend, eine Bezeichnung der Programme, und, in ausführlicherer Form, zum Teil auch die stichwortartige Darlegung des Lösungsweges.

843 **„Re-use" oder neu entwickeln?** Sind bestimmte (im nachfolgenden Text an Beispielen aufgeschlüsselte) Bedingungen erfüllt, sollte Software nicht mehr weiterentwickelt, sondern besser gleich neu geschrieben werden:
– Häufige Fehler,
– mehr als sieben Jahre alter Programmcode,
– übermäßig komplexe Programmstruktur und -logik,
– für veraltete Hardware geschriebener Code,
– ein nur im emulierten Modus laufendes System,
– sehr große Programmmodule oder Unterroutineeinheiten,
– unverhältnismäßig große Inanspruchnahme von Ressourcen,
– verdrahtet codierte Parameter, die geändert werden müssen,
– Schwierigkeiten, ausreichend qualifizierte Mitarbeiter für Software-Pflegemaßnahmen zu bekommen,
– gravierende Mängel der Dokumentation (die Pflege wird umso teurer, je fehlerhafter die Dokumentation ist!),
– fehlende oder unvollständige Entwicklungsspezifikationen.

Anderes gilt bei der Nutzung etwa von objektorientierten Programmen, die eine Wiederverwendung von Software-Komponenten gestatten. Hier und im Rahmen von Client-Server-Applikationen kann im Erstellungspro-

---

[594] Siehe ausf. Floyd/Krabbel/Ratuski/Wetzel, Informatik-Spektrum 20, 1997, 13 zum so genannten STEPS-Ansatz eines Modells von Prozessen der Methodenentwicklung, -anpassung und -weiterentwicklung, das mit der Abgrenzung von Kernsystemen und Ausbaustufen arbeitet.

zess erleichtert auf Standardelemente zurückgegriffen werden. Teilweise werden sogar Generator-Systeme eingesetzt, die, ausgehend von einem Anwendungsmodell, vollständig lauffähige Subsysteme mit grafischen Benutzeroberflächen, Datenbankentransaktionen und Geschäftsprozesslogik erzeugen. Der Generator übersetzt hier die Prozesslogik genau in die entsprechende Implementierungslogik[595], ohne dass entsprechender individueller Programmentwurf und Programmerstellung notwendig wären.

Sind für den geplanten Programmeinsatz nicht nur bestimmte Programme   844
zu erstellen, sondern zusätzlich Hardware-Komponenten zu ergänzen, liegt ein übergreifender **Projektvertrag** vor, der neben der Programmerstellung auch die **Integration von Software- und Hardware-Komponenten** des vollständigen Systems erfasst. Auch diese Leistungen müssen dann im Pflichtenheft kontrollfähig definiert werden.

Anspruchsgegner für Haftung: Neben dem mit einer Erstellung beauf-   845
tragten Programmierer kann im Einzelfall die Haftung eines Lieferanten einer DV-Anlage in Betracht kommen, wenn der Lieferant den Programmierer für die Erstellung der Anwendungssoftware empfohlen hat. Er muss sich hier die mangelnde Eignung des Programmierers anrechnen lassen.[596]

Vertragspartner: Verwendet der Werkunternehmer Module oder sonstige   846
Programmteile (z. B. Klassenbibliotheken) eines anderen Herstellers, so wird nur der Werkunternehmer Vertragspartei des Kunden, nicht auch der Hersteller dieser anderen Teile. Dies gilt auch dann, wenn der andere Hersteller die Verwendung ausdrücklich genehmigt.[597] Der Werkunternehmer muss voll für die Anwendungseignung solcher „Fremdteile" der Leistung einstehen.

Eine Verpflichtung des Anbieters zur **Pflege des** dem Kunden überlasse-   847
nen **Programms** muss grundsätzlich gesondert vereinbart werden. Sinnvollerweise sollte diese Vereinbarung aber zugleich mit dem Überlassungsvertrag abgeschlossen werden.

Die Regelung in § 3 BVB-Pflege kann nicht unbesehen übernommen werden. § 3 BVB-Pflege unterscheidet nämlich nicht zwischen Programmen, die gegen Zahlung eines einmaligen Entgelts überlassen werden und solchen, für die eine wiederkehrende Vergütung geschuldet wird. Aus der

---

[595] Siehe Bense, Standardsoftware auf der Basis von Referenzmodellen erstellen, CIW 22, 1997, 50ff.
[596] Siehe LG Köln, Urteil vom 13. 3. 1984 – 32 O 157/82, DV-R 3, 231.
[597] LG Hannover, Urteil vom 13. 11. 1991 – 12 O 246/91, MRC 1991, 2.

Sicht des § 21 BVB-Überlassung ist es sachlich geboten, § 3 BVB-Pflege sach- und interessengerecht dahin ergänzend auszulegen, dass (wird Software gegen Zahlung eines Einmalentgelts erworben) eine ordentliche Kündigung der Pflegevereinbarung durch den Auftragnehmer so lange nicht möglich ist, als das Programm von diesem allgemein angeboten wird.[598] Die Kündigung ist im Übrigen rechtsmissbräuchlich, wenn sie ziel- und zweckgerichtet geschieht, um den Vertragspartner zur Zahlung einer Upgrade-Gebühr zu veranlassen, auf die kein Anspruch besteht.[599]

1.6.3.2 Anwendbares Vertragsrecht

Werkvertragsrecht

848 Nach einhelliger Auffassung unterliegt die **individuelle Erstellung** von Software **Werkvertragsrecht**.[600] Das komplett neue Erstellen von Software wird generell unproblematisch Werkvertragsrecht zuzuordnen sein. Abgrenzungsprobleme treten erst auf, wenn zunehmend größere Teile der Software nicht erstellt, sondern als vorhandene nur **angepasst** werden. Entscheidend ist hier, ob und in welchem Umfang diese Anpassungsleistung als **individuelle**, d.h. als konkret geschuldeter **Erfolg, als erst zu erreichender Zielstatus** definiert werden kann. Dies lässt sich nur im konkreten Einzelfall entscheiden. Rechtsprechung hierzu wird nachstehend aufgeführt, ist aber mit Vorsicht zu rezipieren, da sie stark von technischen Spezifika des Sachverhaltes abhängen kann, die inzwischen überholt sein mögen. Werkvertragsrecht zugeordnet werden etwa **das Einrich-**

---

[598] OLG Koblenz, Urteil vom 27. 5. 1993 – 5 U 1938/92, NJW 1993, 3144.
[599] OLG Koblenz, Urteil vom 27. 5. 1993, a. a. O., unter Bezugnahme auf BGH, NJW 1987, 2004 – Programmsperre.
[600] Siehe etwa BGH, Urteil vom 11. 10. 1990 – VII ZR 228/89, CR 1991, 119, 467 – Planungsmängel; BGH, Urteil vom 15. 5. 1990 – X ZR 28/88, NJW 1990, 3008 = CR 1991, 680 – Holz- und Baustoffsysteme; BGH, BB 1984, 563; BGH, Urteil vom 11. 2. 1971 – VII ZR 170/69, WM 1971, 615; bestätigt BGH, Urteil vom 23. 2. 1977 – VIII ZR 312/75, DB 1977, 1136 und BGH, Urteil vom 7. 3. 1990 – VIII ZR 56/89, DB 1990, 1123; BGH, NJW 1993, 2436, 2438; ähnlich OLG Düsseldorf, Urteil vom 18. 7. 1997 – 22 U 3/97, NJW-RR 1998, 345 (Erstellung eines EDV-Warenwirtschaftssystems; Einordnung trotz Bezeichnung als „Dienstvertrag" bzw. „Dienstleistung"); LG Oldenburg, Urteil vom 13. 4. 1989 – 11 O 3401/87, CR 1990, 201 f. für die Erstellung eines EDV-gestützten, integrierten Informationssystemes; LG Verden, Urteil vom 30. 9. 1983 – 5 O 578/81, CR 1984, 26, das, sichtlich unter dem Einfluss des durchaus parallel gelagerten Baurechts, von einem „Errichten" von EDV-Programmen spricht. Aus dem Tatbestand ergibt sich, dass tatsächlich wohl nur das Einrichten geschuldet sein sollte; ähnlich OLG Frankfurt/Main, Urteil vom 2. 5. 1989 – 5 U 240/87, BB Beil. 24, 1990, 10; OLG Hamm, Urteil vom 12. 12. 1988 – 31 U 104/87, CR 1989, 385 (Abänderungen für individuelle Kundenbedürfnisse); OLG Köln, Urteil vom 18. 9. 1990 – 15 U 90/88, MRC 1990, Nr. 6; OLG Stuttgart, Urteil vom 23. 12. 1986 – 7 U 156/86, IuR 1989, 441 (Lieferung einer DV-Anlage mit Standardprogrammen und Individualprogrammierung, Werkliefervertrag über nicht vertretbare Sache); LG Duisburg, Urteil vom 26. 9. 1986 – 4 S 150/86, IuR 1987, 136.

ten von **Standardprogrammen**[601], die Erstellung eines Warenwirtschaftssystems[602] oder auch nur eines Dialogteils eines Programmes[603], die Anpassung von Software auf Kundenbedürfnisse (meist „Customizing" genannt)[604], allgemein die schwerpunktmäßige Programmanpassung[605], jedenfalls „ab einem gewissen Umfang" der Anpassungsleistungen[606], ebenso die Umstellung von Einzelplatz- auf Netzwerkfähigkeit[607], während etwa die Erstellung nach inhaltlichen Weisungen (und gegen zeitbezogene Vergütung) **Dienstvertragsrecht** folgt[608], nicht aber die fremdbeauftragte Erstellung von Programmteilen[609]. Auf die Lieferung von Standardsoftware bleibt hingegen **Kaufrecht** auch dann anwendbar, wenn das Programm installiert und das Personal zusätzlich geschult wird[610] oder ein Programm nur nachträglich in einzelnen Punkten geändert wird[611]. Werkvertragsrecht ist auch anwendbar auf die Integration von Individualin Standardsoftware[612], jedenfalls „ab einem gewissen Umfang" der Anpassungsleistungen[613], während etwa die Erstellung nach inhaltlichen

---

[601] LG München I, Urteil vom 23. 1. 1985 – 2 HKO 11785/83, IuR 1986, 72; ebenso OLG Düsseldorf, Urteil vom 13. 4. 1988 – 19 U 62/87, BB Beil. 5, 1989, 7. Freilich muss man beachten, dass die Leistung des „Einrichtens" hier genauer betrachtet werden muss. Besteht sie etwa nur darin, Kundenpasswörter und die Anzahl vertraglich zulässiger Arbeitsplätze zu definieren, dürfte hier allenfalls eine werkvertraglich zu beurteilende Nebenpflicht vorliegen.

[602] OLG Düsseldorf, Urteil vom 18. 7. 1997, a. a. O., CR 1997, 732 = NJW-RR 1998, 345 (auch wenn in den AGB von „Dienstvertrag und Dienstleistung" die Rede ist und selbst dann, wenn dem Auftraggeber ein jederzeitiges Kündigungsrecht eingeräumt wird – dieses gibt es nämlich auch im Werkvertragsrecht, § 649 BGB). Gegenstand des Vertrages war eine „Ist-Analyse und Erstellung eines Soll-Konzeptes" für eine SB-Warenhauskette auf AS/400-Basis. Hierfür und für die anschließende, nicht zu Ende gebrachte Programmierung bezahlte der Kunde DM 1 032 000. Weitere Zahlung von ca. DM 150 000 lehnte er wegen Leistungsmängeln ab. Ähnlich hinsichtlich der Bezeichnung als „Dienstvertrag" bereits LG Siegen, DV-R 1, 48.

[603] LG Köln, CR 1987, 587 = IuR 1987, 20 – heute üblicherweise „Benutzeroberfläche" genannt.

[604] OLG Bremen, MRC 1978, 1; OLG Celle, CR 1996, 539; OLG Köln, CR 1989, 391 („Umstricken" auf die Bedürfnisse des Kunden); OLG Stuttgart, DV-R 2, 217.

[605] OLG Stuttgart, Urteil vom 1. 10. 1986 – 4 U 187/85, IuR 1987, 153.

[606] LG Köln, CR 1996,154; Müller-Hengstenberg, CR 1996, 441 f.

[607] LG Wiesbaden, Urteil vom 4. 4. 1988, CR 1990, 651.

[608] Siehe etwa BGH, Urteil vom 25. 3. 1993 – X ZR 17/92, CR 1993, 759 = NJW-RR 1993, 986; LG München I, Urteil vom 21. 7. 1994 – 7 O 9748/92, CR 1995, 33 stellt auf die Entlohnung nach Aufwand und die Vereinbarung einer Mindestanzahl von Stunden ab. Ist Dienstvertragsrecht anwendbar, muss auch eine Fehlerbeseitigung vergütungspflichtig sein (LG Berlin, Urteil vom 23. 2. 1994 – 94 O 342/93, BB Beil. 14, 1994, 2, wobei die Urteilsgründe dogmatisch unzutreffend von „Mängeln" sprechen, die es im gewährleistungslosen Dienstvertragsrecht nicht gibt).

[609] LG Köln, Urteil vom 6. 8. 1986 – 28 O 52/84, CR 1987, 587.

[610] LG Baden-Baden, Urteil vom 30. 11. 1994 – 4 O 49/93, CR 1995, 399.

[611] LG Stuttgart, Urteil vom 24. 7. 1991 – 18 O 153/90, CR 1992, 277.

[612] OLG Hamm, Urteil vom 22. 8. 1991 – 31 U 260/90, NJW-RR 1992, 953 (Spezialprogramm erkennbar Herzstück der Anlage; Wertanteil der Programme nicht entscheidend [gegen OLG Nürnberg, BB Beil. 7, 1991, 7]).

[613] LG Köln, Urteil vom 25. 10. 1995 – 20 S 9/95, CR 1996, 154; Müller-Hengstenberg, CR 1996, 441 f.

Weisungen (und gegen zeitbezogene Vergütung) Dienstvertragsrecht folgt[614], insbesondere bei organisatorischer Einbindung des Programmierers in den Betrieb des Kunden[615]. Auf die Lieferung von Standardsoftware bleibt hingegen **Kaufrecht** auch dann anwendbar, wenn das Programm installiert und das Personal zusätzlich geschult wird.[616] Auf die Herstellung individueller Computerprogramme findet Werkvertragsrecht Anwendung. Der Besteller einer Individualsoftware ist verpflichtet, dem Programmierer die für die Erstellung der Individualsoftware notwendigen Angaben zu machen. Hält dieser die Angaben für unzureichend, entlastet es ihn nicht, wenn die von ihm erstellte Software Mängel aufweist, die auf unvollständigen Angaben des Bestellers beruhen.[617] Die Steuerung komplexer Entwicklungsprojekte kann Werkvertragsrecht folgen (BGH, BB 1999, 1728 – zum Baurecht).

Bei starker Ausprägung einer Zusammenarbeit der Vertragsparteien, etwa bei der Anforderungsdefinition und einem Fehlen ausformulierter Vorgaben, kann im Einzelfall auch eine **gesellschaftsrechtliche** Verbindung der Vertragsparteien entstehen, die dazu führt, dass Ansprüche auf Ersatz der gesamten Aufwendungen **ausscheiden**(!).[618] Keine Rolle spielt, ob der Anbieter die Erstellung etwa als „Kaufvertrag" bezeichnet.[619]

849 Der Software-Ersteller verspricht einen bestimmten Leistungs**erfolg**, nämlich die Erstellung eines genau in seinen Eigenschaften definierten Computerprogrammes, das rechtlich als „Werk" eingestuft wird.[620] Keine Rolle spielt hierbei, dass das Programm als **immaterielles Gut** betrachtet wird. Auch immaterielle Güter können ein Werk im werkvertraglichen Sinne darstellen, auf das werkvertragliche Gewährleistung anwendbar ist.[621] An der werkvertragsrechtlichen Einordnung ändert sich auch nichts dadurch, dass die Parteien den Erstellungsvertrag als „Dienstvertrag" bezeichnen.[622] Gleiches gilt, wenn die Erstellung **nicht** nach Pflichtenheft erfolgt

---

[614] Siehe etwa BGH, Urteil vom 25. 3. 1993 – X ZR 17/92, CR 1993, 759 = NJW-RR 1993, 986.
[615] OLG Düsseldorf, Urteil vom 12. 7. 1991 – 22 U 30/91, CR 1991, 668.
[616] LG Baden-Baden, Urteil vom 30. 11. 1994 – 4 O 49/93, CR 1995, 399.
[617] OLG Köln, Urteil vom 2. 2. 1995 – 19 U 65/94, CR 1996, 20.
[618] OLG Frankfurt/Main, Urteil vom 14. 5. 1993 – 24 U 116/92, NJW-RR 1994, 1076. Die Entscheidung ist freilich stark durch Einzelfallumstände geprägt. Keinesfalls kann sie generell als Hilfsmittel des Kunden herhalten, (zusätzliche) Vergütungsansprüche des Anbieters abzuwehren.
[619] LG Köln, Urteil vom 19. 12. 1980 – 17 O 16/80, DV-R 2, 130.
[620] BGH, Urteil vom 11. 2. 1971 – VII ZR 170/69, WM 1971, 615.
[621] Siehe näher Brandi-Dohrn, CR 1986, 63 ff.; Pres, 169 m. w. N.
[622] LG Siegen, Urteil vom 15. 10. 1979 – 2 O 261/77, CW v. 14. 8. 1981 = DV-R 1, 27 und OLG Hamm, Urteil vom 6. 6. 1980 – 20 U 310/79, DV-R 1, a. a. O., auf die Erfolgsbezogenheit abstellend.

(weil dieses nicht vereinbart oder vereinbarungswidrig vom Kunden nicht erstellt wurde), aber doch bezogen auf eine individuelle Anwendung. Auf bestimmten, trennbaren Stufen einer Software-Enwicklung kann aber Dienstvertragsrecht anwendbar sein, wenn der Anbieter zwar weiterentwickelt, aber nur noch nach Anweisung des Bestellers/Kunden oder beim Prototyping, bei dem der Kunde ergonomische oder sonstige Festlegungen zur Programmausgestaltung auf der Basis des werkvertraglich erstellten Prototyps trifft und vom Anbieter ausführen lässt (z. B. Größe einzelner Fenster, Abfolge von Bedienungsschritten). Der Ersteller trägt als Werkunternehmer grundsätzlich das volle Entwicklungsrisiko.[623]

Werkvertragsrecht ist wiederum anwendbar, wenn in einheitlich zu beur-   850
teilenden Vertragsbeziehungen die Pflicht zur Software-Erstellung im Verhältnis zur Verschaffung des Eigentums an Hardware erhebliche, wenn nicht überwiegende Bedeutung hat[624], die Software etwa ein Viertel des Gesamtpreises des Systems bildet.[625] Freilich kann das Abstellen auf bestimmte Vergütungsanteile nur Anhaltspunkte für das Verhältnis bestimmter Leistungsteile zueinander ergeben, nicht aber für das Vorliegen eines individualisierten Leistungszieles.

Die Programmerstellung folgt auch dann Werkvertragsrecht, wenn der betreffende Programmteil auf Stundensatzbasis erstellt wird.[626] Der Einsatz von Software „speziell" für eine Branche begründet noch keine werkvertragliche Verpflichtung[627], ebenso wenig eine Zusammenstellung von fertigen Programmteilen/Modulen[628]. Erstellung und Auslieferung des Programms auf Datenträger kann Werk**liefer**vertragsrecht (§ 381 Abs. 2 HGB) unterliegen[629], ebenso wohl die Erstellung bei **Online-Auslieferung**.

Installation und Einweisung sind bei individuell erstellter Software Teil der Werkleistung (soweit sie Voraussetzung für die Nutzbarkeit des Werkes durch den bestellenden Kunden sind), bei Überlassung als solcher unverändert bleibender Standardsoftware hingegen Nebenpflicht des

---

[623] Für eine Einbeziehung dienstvertraglicher Kündigungsmöglichkeiten im Wege einer ergänzenden Vertragsauslegung s. Brandi-Dohrn, CR 1998, 645, 648.
[624] LG Siegen, Urteil vom 21. 6. 1971 – 2 O 167, DV-R 1, 30.
[625] OLG Nürnberg, Urteil vom 30. 1. 1990 – 11 U 893/88, BB Beil. 7, 10.
[626] LG Köln, Urteil vom 6. 8. 1986 – 28 O 52/84, CR 1987, 587f.
[627] OLG Celle, NJW-RR 1993, 432 (für Fleischereibetriebe).
[628] OLG Celle, a. a. O.; Marly, Verträge, Rn. 42 (Auswahl aus „Software-Palette", d. h. wohl Programmbibliotheken).
[629] BGH, Urteil vom 14. 7. 1993 – VIII ZR 147/92, CR 1993, 681; OLG Celle, Urteil vom 5. 10. 1994 – 13 U 17/94, CR 1995, 152.

Überlassungsvertrages und als solche Nebenpflicht u. U. getrennt nach Werkvertragsrecht zu beurteilen, ohne etwa die kaufvertragliche Einstufung der Überlassung zu berühren. Zu weitgehend wäre es, die Anwendbarkeit des Werkvertragsrechts hier auf die gesamte Überlassung auszuweiten, und zwar auch bei nur entsprechender Anwendung.[630]

Hingegen unterliegt das individuelle Zusammenstellen **und Anpassen** von Modulen („Customizing") Werkvertragsrecht, wobei diese Leistung allerdings im Einzelfall eine im Verhältnis zur Überlassung **Nebenpflicht** darstellen kann. Die (Kaufrecht folgende) Auswahl und die (Werkvertragsrecht folgende) Anpassung vorhandener Programme oder Module müssen freilich nach den jeweiligen Einzelfallumständen abgegrenzt werden, für deren Beurteilung auch die Verfahren moderner Software-Erstellung und -Anpassung und die Wiederverwendung von „Software-Teilen" zu berücksichtigen sind.[631] (Wichtig vor allem im Zusammenhang mit CASE, Repository oder Klassenbibliotheken.)

851 Zuweilen kann aus weitreichenden Anpassungen ein neues Individualprogramm entstehen, auf dessen Herstellung Werkvertragsrecht anwendbar ist.[632] Doch heißt dies keineswegs, dass für eine Anpassung der Code insgesamt oder auch nur in wesentlichen Teilen neu geschrieben werden müsste. Oft sind nur Schnittstellen und Variablenbezeichnungen anzupassen. Durch „Anpassung" wird also Standardsoftware keineswegs in jedem Fall zu Individualsoftware, auch wenn die Anpassung selbst einen werkvertraglichen Erfolg darstellt. Aus vertragsrechtlicher Sicht muss die Anpassung eine „bestimmte Minimalleistung"[633] überschreiten, um eine werkvertragliche Einordnung zu gestatten. Eine Änderung am Programm**code** ist hierzu nicht erforderlich. Auch Anpassungen an Schnittstellenspezifikationen können ausreichen.

852 Treten durch die Änderung **zusätzliche Funktionen** hinzu, kann Werkvertragsrecht anwendbar sein.[634] Hier ist aber zu differenzieren, ob die Funktionen durch individuelle Programmierung oder nur durch Hinzufügen von fertigen Modulen verfügbar gemacht werden. Entscheidend ist dabei wohl

---

[630] Hierfür wohl OLG Düsseldorf, Urteil vom 9. 6. 1989 – 16 U 209/88, CR 1990, 122 = NJW 1988, 2627; Brandi-Dohrn, EDV-Verträge, Rn. 27; abl. zu Recht OLG Hamm, Urteil vom 22. 8. 1991 – 31 U 260/90, CR 1995, 399.

[631] Ebenso Marly, Verträge, Rn. 49.

[632] Für einen solchen Fall s. OLG München, Urteil vom 24. 1. 1990 – 27 U 901/88, CR 1991, 19f.; OLG Karlsruhe, Urteil vom 30. 9. 1994 – 15 U 89/94, CR 1995, 397; OLG Köln, Urteil vom 8. 5. 1992 – 19 U 234/91, NJW-RR 1992, 1327f.

[633] Marly, Verträge, Rn. 49.

[634] OLG Köln, a. a. O.

weniger der erforderliche Arbeitsaufwand[635] als vielmehr, ob ein individuelles Ziel verfolgt wird. Auch das Implementieren vieler Einzelmodule
kann sehr arbeitsaufwendig sein, ohne dass deshalb Werkvertragsrecht
anwendbar sein müsste.

Die „Umstellung" eines Programmes von Einzelplatz- auf Netzwerknutzung kann erhebliche Anpassungen erforderlich machen, für die eine
Zuordnung zu Werkvertragsrecht möglich ist.[636] Das gilt aber nur für
eine entsprechende Weiterentwicklung, nicht jedoch, wenn eine für
beide technischen Nutzungsarten geeignete Software von Einzelplatz-
auf Netzwerknutzung durch Parametrisierungsänderung umgestellt
wird. Hier wird kein individualisierter Leistungserfolg verfolgt, sondern
nur eine von zwei möglichen Einstellungen gewählt. Auch dürfte es in
der Praxis selten vorkommen, dass eine Einzelplatzsoftware nur für
einen Kunden individuell umgearbeitet wird. Der wirtschaftlich-technische Aufwand ist meist sehr hoch, da das Entwicklungsprodukt praktisch weitgehend neu entwickelt und codiert werden muss, weshalb
diese Kosten regelmäßig nur über den Vertrieb an eine Mehrzahl von
Kunden amortisiert werden können, die dann aber wieder (umgestellte)
mehrplatzfähige Standardsoftware erwerben.

Anpassungen (oder sonstige Änderungen) an Standardsoftware nach Ver-   853
tragsschluss sollen den ursprünglichen Kaufvertrag nicht zum Werkvertrag machen[637], vielmehr seien die Änderungen in einem getrennten Werkvertrag zu erbringen[638]. Auch diese Einstufung ist aber nicht generalisier-
bar. Sehr oft werden in der Praxis **Anpassungswünsche** schon vor Übergabe der Software, aber nach Vertragsschluss geäußert (und auch bearbeitet). Je tiefer diese Änderungen in die vorhandene Software eingreifen,
desto eher verändert sich das Leistungsbild und dessen vertragliche
Zuordnung **während der Implementierungsphase**, also vor Ablieferung.
Der Anbieter schließt hier anfänglich einen Kaufvertrag ab, der sich durch
laufende Einbeziehung der kundenseitigen Änderungswünsche in den
Neben- oder sogar in den Hauptleistungspflichten in einen Werkvertrag
verwandelt.

Werkvertragsrecht ist schließlich auch anwendbar, wenn der Anbieter das   854
Werk mit eigenen Mitteln erstellt und dem Kunden die erstellte Software
zu übergeben und ihm an dieser Eigentum zu verschaffen hat (Werkliefe-

---

[635] Marly, Verträge, Rn. 51.
[636] LG Wiesbaden, Urteil vom 4. 4. 1989 – 3 O 13/88, CR 1990, 651; Marly, Rn. 51.
[637] OLG Köln, Urteil vom 28. 2. 1992 – 19 U 227/91, NJW-RR 1992, 690.
[638] Marly, Verträge, Rn. 50.

rungsvertrag, § 651 BGB, auf den für Herstellungs- und Abnahmepflicht sowie die Gewährleistung Werkvertragsrecht anwendbar ist).[639] Werkvertragsrecht ist wiederum auch dann auf die Programmerstellung anzuwenden, wenn neben der zu überlassenden Software eine **Hardware-Komponente** an den Besteller **vermietet** wird.[640]

Auch bei der Lieferung einer gesamten Anlage schließt die Pflicht zur Übereignung der Hardware die Anwendung von Werkvertragsrecht auf die Software-Erstellung nicht aus. Ist die Übereignungspflicht mit der Erstellungspflicht gleichrangig, gelangt auf das gesamte Vertragsverhältnis Werkvertragsrecht zur Anwendung.[641] Die Anwendbarkeit von Werkvertragsrecht kann bei Kauf eines Netzwerkes auf dessen Installation beschränkt sein.[642]

Für die Gewährleistung aus Werkvertragsrecht gelten grundsätzlich keine Besonderheiten, da es **Werke jeder Art** umfasst, **auch immaterielle** wie etwa Gutachtens- oder Planerstellungen, so dass die (grundsätzlich zu bejahende) Sacheigenschaft von Computerprogrammen vertragstypologisch zu keinen Problemen führt. Die Gewährleistung erfasst grundsätzlich auch neu entwickelte Programmme. Ein stillschweigender Haftungsausschluss ist hier nicht anzunehmen.[643]

Bestellung von Software ist Werklieferungsvertrag, wenn die Lieferung eines an die speziellen Bedürfnisse **angepassten Programmes** vereinbart ist.[644]

Dienstvertragsrecht

855 Allerdings gelangt Dienstvertragsrecht zur Anwendung, wenn der Anbieter nach genauen Vorgaben des Anwenders **weisungsabhängig Dienste erbringt**[645] bzw. ein erfolgsunabhängiger Zeitlohn und monatliche Künd-

---

[639] Vgl. etwa BGH, NJW 1993, 2436; OLG Celle, Urteil vom 9. 5. 1990 – 9 U 311/88, CR 1991, 219f; OLG Düsseldorf, Urteil vom 7. 12. 1988 – 17 U 27/87, CR 1989, 696; zur Abgrenzung s. Marly, Verträge, Rn. 57.

[640] BGH, Urteil vom 24. 4. 1986 – X ZR 16/85, WM 1986, 1255 = CR 1986, 799 ff. Hier dürfte wohl ein typenkombinierter Vertrag vorliegen.

[641] LG Siegen, Urteil vom 21. 6. 1971, a. a. O.

[642] LG Ulm, Urteil vom 8. 10. 1993 – 1 KfHO 52/91, CR 1994, 219.

[643] OLG Düsseldorf, Urteil vom 9. 12. 1994 – 17 U 106/94, CR 1995, 268.

[644] LG Trier, Urteil vom 2. 12. 1992 – 501/92, CR 1995, 221; ähnlich OLG Celle, Urteil vom 5. 10. 1994 – 13 U 17/94, CR 1995, 152; für Anwendbarkeit von Werkvertragsrecht OLG Karlsruhe, Urteil vom 30. 9. 1994 – 15 U 89/94, CR 1995, 397.

[645] Etwa bestimmte einzelne Programmierarbeiten, LG Braunschweig, Urteil vom 10. 6. 1982 – 4 O 268/81, DV-R 2, 206.

barkeit vereinbart werden[646]. Diese können z. B. in der Mithilfe bei der Kodierung oder dem Durchführen von Testverfahren bestehen. Unschädlich ist die Kenntnis der Vertragsparteien, dass das Entwicklungsprojekt zu einem bestimmten Ergebnis führen soll.[647] Bei Anwendbarkeit von Dienstvertragsrecht bleibt die Vergütung nach Leistung der Dienste zeitabschnittsabhängig fällig und kann der Dienstherr die Vergütung bei Auftreten von Fehlern der Arbeitsergebnisse nicht zurückfordern.[648]

Als **Know-how-Vertrag** einzustufen ist ein Entwicklungsvertrag mit 856 anschließender Lizenzverwertung des Entwicklungsergebnisses. Der Entwickler haftet hier bei Mängeln wie ein Verpächter nach den §§ 581, 537 BGB dafür, dass das Entwicklungsergebnis technisch ausführbar und nicht mit Fehlern behaftet ist, die seine Tauglichkeit zu dem vertraglich vorausgesetzten Gebrauch mindern oder aufheben.[649]

Auch nach Werkvertragsrecht erstellte **Programme (und Dokumentatio-** 857 **nen) müssen überlassen werden.** Die Überlassung der Software folgt ebenfalls unter den Bedingungen der Nutzungseinräumung nach Urheberrecht. Dies bedeutet, dass der Anbieter grundsätzlich die Begrenzungen der Nutzungsbefugnis vorsehen kann, die auch bei Überlassung von Standardsoftware möglich sind. Das Urheberrecht steht dem nicht entgegen. Aus der vertraglich beschriebenen Benutzung der Software kann aber zu prüfen sein, ob dem Kunden weitergehende oder sogar umfassende Nutzungsbefugnisse (als ausschließliche Nutzungsrechte) einzuräumen sind.

1.6.3.3 Leistungspflichten des Anbieters

Der Anbieter schuldet die vollständige **Erstellung von Software**, also des 858 Programmes und der zugehörigen Dokumentation im jeweils vereinbarten Umfang oder jedenfalls Anpassung, Erweiterung oder sonstige Veränderung vorhandener Software.

Der **Anbieter ist vorleistungspflichtig** (§ 641 Abs. 1 BGB), d. h., er muss erst seine Leistung erbringen, bevor die Vergütung fällig wird (wenn

---

[646] LG Karlsruhe, Urteil vom 16. 6. 1982 – 7 O 507/81, DV-R/2, 211f. Diese Zuordnung gilt auch dann, wenn der Auftragnehmer nicht weisungsabhängig und nicht im Betrieb des Auftraggebers eingeordnet ist.

[647] LG München I, Urteil vom 21. 7. 1984 – 7 O 9748/92, CR 1995, 33.

[648] OLG Hamm, Urteil vom 2. 3. 1993 – 7 U 39/92, CR 1994, 357.

[649] OLG Hamm, Urteil vom 2. 3. 1993, a. a. O. Dies ist eine der wenigen Entscheidungen, die Software-Erstellung und -Überlassung nach Pachtrecht einstufen. Das Urteil ist leider nur sehr knapp abgefasst. Es weist auf den Umstand hin, dass der Besteller nach Abnahme die Beweislast dafür habe, dass das Werk mängelbehaftet ist. Es wird aber nicht so recht erkennbar, worin der Bezug dieser Aussage zum Pachtrecht bestehen soll.

nichts Abweichendes vereinbart wird; so muss etwa Teilzahlung nach Leistungsfortschritt besonders vereinbart werden[650]). Hierdurch trägt er das Erstellungsrisiko, das aber deutlich geringer ist als etwa bei Bauwerken, die Außeneinflüssen bereits in der Erstellungsphase ausgesetzt sind. Die **Erstellung muss** aber auch **vorfinanziert werden**.

Der Anbieter hat in seiner Stellung als Werkunternehmer kein Recht auf Erstellung des Werkes. Der Auftraggeber (Besteller) kann bis zur Werkvollendung jederzeit kündigen (§ 649 Satz 1 BGB), wenn auch unter Zahlung der vereinbarten Vergütung (unter Anrechnung von Ersparnissen). Der Anbieter ist auch dann nicht zur Weitererstellung berechtigt, wenn die Möglichkeit besteht, das Programm später in gleicher oder veränderter Form an weitere Kunden zu vertreiben. Der Anbieter ist natürlich frei, eigene Programmentwicklungen vorzunehmen, aber eben nicht unter Vergütungspflicht des Bestellers. Der Anbieter muss die Möglichkeit der Ausübung des freien Kündigungsrechts von vornherein einkalkulieren, also auch hinsichtlich der Einstellung von Mitarbeitern und Ablehnung anderer zeitlich paralleler Aufträge.

859 Der Werkunternehmer verspricht vertragsgemäße, d. h. insbesondere die rechtzeitige und mängelfreie Herstellung des Werkes (§§ 631, 633 Abs. 1, 636 BGB). **Verschuldensunabhängig** steht er nach Werkvertragsrecht (s. o. Rn. 367) dafür ein, dass er die anerkannten Regeln seines Faches beherrscht und sich, soweit erforderlich, über technische Neuentwicklungen (und neue Arbeitsmethoden) in seinem Arbeitsbereich informiert.[651] Der Kunde tut gut daran, sich vorsorglich nach den Informationsquellen des Anbieters und deren Stand zu erkundigen. Erfüllungs- und Mängelmaßstab ist der vertraglich vorausgesetzte Gebrauch des Werkes. Zur Festellung dieses Gebrauches ist nicht nur auf die in den Vertragsverhandlungen abgegebenen Erklärungen abzustellen, sondern auch auf weitere Umstände wie den Inhalt einer geschuldeten Ist-Analyse.[652]

Grundsätzlich ist es die Aufgabe des Auftragnehmers einer Individualerstellung bzw. einer Modifikation eines Standardprogramms, die Anforderungen des Auftraggebers vorweg zu klären.[653] Allerdings sind auch die Aufklärungs- und Hinweispflichten des Werkunternehmers nicht unbeschränkt. Jedoch besteht insoweit ein wesentlicher Unterschied zu den entsprechenden Verpflichtungen eines Verkäufers, als der Werkunternehmer

[650] OLG Hamm, NJW-RR 1993, 313.
[651] BGH, WM 1987, 1411.
[652] LG Siegen, Urteil vom 21. 6. 1971 – 2 O 167/69, DV-R 1, 27.
[653] LG Freiburg, Urteil vom 4. 9. 1984 – 11 O 115/83, DV-R 3, 195.

in eigener Verantwortung ein Werk erstellen soll und die hierzu erforderlichen Informationen einholen muss, um überhaupt das Werk definieren zu können. Diese Aufklärung ist Teil der Werkerstellung. (Zur Beratung s. ausf. Rn. 199 ff.)

Oft werden die einzelnen Merkmale des Programms nicht abschließend 860 definiert. Hier muss ggf. die notwendige Konkretisierung der Werkgestalt während der Entwicklung im Zusammenwirken zwischen Ersteller und Kunden erfolgen. Werden etwa nur Programme bzw. Funktionen genannt, so wird hierdurch nur ein Rahmen für die geschuldete Leistung vorgegeben. Sprechen die Vertragsparteien dann einen bestimmten Leistungsumfang ab, kann sich der Auftraggeber nicht nachträglich auf eine wesentliche Verringerung des Auftragsumfangs berufen.[654] Erklärt der Auftraggeber, dass die Programme seinen Wünschen entsprechen, so beinhaltet diese Erklärung auch, dass der Leistungsinhalt **richtig konkretisiert** worden ist.[655] Insoweit ist eine Abnahme erfolgt.

Der Werkunternehmer trägt bei Projekten die Verantwortlichkeit des Projektmanagements.[656]

Aus der vertraglichen Bestimmung **„Programmänderungen im ersten Jahr werden nach Wunsch des Anwenders kostenlos gemacht"** lässt sich in keiner Weise ableiten, dass die Lieferung und Installierung der in der Programmbeschreibung bzw. im Leistungsverzeichnis aufgeführten Programme erst eine Teilleistung sein soll, die durch weitere individuelle Programmierung zur vertragsgemäßen Gesamtleistung wird.[657]

Im **Individualvertrag** kann statt der Gewährleistung eine „Testphase" vereinbart werden.[658] Notwendig ist ein Hinweis auf ein erwartbares Anwachsen von Entwicklungskosten bei Auftreten von Problemen.[659]

Das **Lauffähigmachen** ist Teil der vom Werkunternehmer geschuldeten Leistung.[660]

---

[654] LG Mannheim, Urteil vom 22. 2. 1983 – 9 O 95/82, DV-R 3, 250.
[655] LG Mannheim, a. a. O.
[656] Zur Projektverantwortlichkeit s. etwa OLG München, Urteil vom 22. 12. 1988 – 1 U 5605/87, CR 1989, 803.
[657] LG München I, Urteil vom 21. 3. 1991 – 7 O 3919/89, CR 1992, 474 f.
[658] OLG Karlsruhe, Urteil vom 8. 7. 1988 – 10 U 8/88, CR 1989, 195. Eine Frist von fünf Tagen zur Programmüberprüfung erscheint aber sehr knapp. Eine unzulässige Rechtsausübung i. S. v. § 242 BGB wird aber im Hinblick auf die beiderseitige anwaltliche Beratung bei Abschluss der Vereinbarung abzulehnen sein.
[659] OLG Köln, Urteil vom 16. 1. 1998 – 19 U 98/97, CR 1998, 600.
[660] LG Verden, Urteil vom 30. 9. 1983 – 5 O 578/81, CR 1986, 26.

861 Das erstellte Programm ist dem **Kunden zur Nutzung** (und sonstigen Verwertung) **zu überlassen.** Vielfach wird dem Kunden/Auftraggeber hierbei
(gegen entsprechend reduzierte Vergütung) ein zwar räumlich und zeitlich
unbegrenztes, jedoch nur **einfaches Nutzungsrecht** eingeräumt, das jeden
eigenen Software-Vertrieb durch den Kunden ausschließt. Hierbei sind
durchaus Vereinbarungen denkbar, denen zufolge der Anbieter das
erstellte Programm nur eine begrenzte Zeit dem Kunden überlässt (z. B.
für Miete) und außerdem zusätzlich das Erstellen von Kopien durch den
Kunden untersagt. In diesem Fall erhält der bestellende Kunde am individuell konzipierten Programm sichtlich nur eine begrenzte Nutzung eingeräumt. Zumindest in diesem Fall muss man folglich zwei Regelungskomplexe trennen: Die eigentliche Programmerstellung und die anschließende
Überlassung dieses Programms. Beide Regelungskomplexe beinhalten
unterschiedliche Bestimmungen und erlauben jeweils verschiedenartige
Ausgestaltungen. Es liegt hier ein sogenannter gemischter Vertrag vor
(genauer: ein Typenverschmelzungsvertrag).[661] Typisch ist dies etwa für
Anpassungsleistungen.

Die Folge ist, dass sich Leistungsstörungen in der Erstellungsphase grundsätzlich nach Werkvertragsrecht bestimmen, Leistungsstörungen in der
Überlassungsphase nach Mietrecht oder Pachtrecht, wenn die Nutzung
zeitlich begrenzt wird (etwa bei Leasing individuell erstellter/angepasster
Software).

862 Grundsätzlich erwirbt der Auftraggeber an der vom Auftragnehmer
erstellten Software alle Verwertungsrechte.[662] Einschränkungen bedürfen
besonderer Vereinbarung, so etwa, wenn dem Kunden nur eine begrenzte
Nutzung an der Software eingeräumt und insbesondere eine freie Kopier-
und Weitergabebefugnis ausgeschlossen werden soll.

Wird das Programm nicht fertig gestellt und nicht übergeben/abgeliefert,
erfolgt auch keine Übertragung von Nutzungsrechten an erstellten Zwi-
schenergebnissen.[663]

863 Vielfach kann der Kunde notwendige Korrekturen, Änderungen oder
Ergänzungen an der Software dann nicht vornehmen, wenn er nicht im
Besitz des hierfür prinzipiell erforderlichen **Quellcodes** ist. Anbieter liefern den veränderbaren Quellcode in der Praxis zumeist nur bei individuell
erstellten Programmen mit, bei denen weitere Vertragsabschlüsse seitens

---

[661] Palandt-Heinrichs, Einführung vor § 305, Anm. 5b.
[662] OLG Karlsruhe, Urteil vom 6. 10. 1986 – 6 U 160/86, IuR 1988, 150.
[663] OLG Celle, Urteil vom 1. 4. 1993 – 13 U 39/90, CR 1994, 681.

des Kunden oder Dritten nicht voraussehbar erscheinen, jedoch nicht bei Standardprogrammen. In rechtlicher Beurteilung gilt: Bei der **Erstellung von Individualsoftware schuldet der Anbieter auch die Herausgabe des Quellcodes**, wenn dies ausdrücklich vereinbart wurde oder – bei Fehlen entsprechender Vereinbarungen – jedenfalls dann, wenn die **Verfügbarkeit des Quellcodes Voraussetzung dafür ist, dass der vertraglich vorausgesetzte Gebrauch ausgeübt werden kann** (etwa Mängelbeseitigungen oder Änderungen durchführbar sein sollen)[664], also etwa der Quellcode für die Durchführung der Wartung benötigt wird[665], oder wenn bereits bei früheren Aufträgen stets der Quellcode mitübergeben wurde[666]. Eine Verpflichtung zur Herausgabe des Quellformates des Programmcodes besteht – dem BGH zufolge – nicht, wenn diese Herausgabe nicht ausdrücklich vereinbart wurde[667] bzw. – dem LG München I zufolge – ebenso nicht, wenn die Vertragspartner einen langfristigen Wartungs- (d. h. Pflege-)Vertrag geschlossen haben, aus dem der Anbieter zur Fehlerbeseitigung berechtigt und verpflichtet ist und unkontrollierte Codeänderungen die Erfüllung der Wartungsverpflichtung erschwert oder unmöglich machen[668]. Bei **Standardsoftware** besteht diese Verpflichtung im Übrigen generell nicht.[669] Ist keine ausdrückliche Vereinbarung erfolgt, muß auf den Zweck des einzuräumenden Gebrauchs abgestellt werden. Soll der Kunde (etwa als Systemhaus) Änderungen vornehmen können (um z. B. gegenüber Abnehmern Gewährleistungsverpflichtungen nachzukommen),

---

[664] Ähnlich Pres, 167
[665] OLG Karlsruhe, Urteil vom 14. 5. 1998 – 11 U 39/96, CR 1999, 11.
[666] LG Aschaffenburg, Urteil vom 16. 12. 1997 – 1 O 354/93, CR 1998, 203 – WASA (Tatsächlich enthielten die fallspezifischen, dem Anbieter bekannten Programmierrichtlinien des Kunden einen Vermerk, dass in der Regel auch der Quellcode zur Programmdokumentation gehöre, zur Programmpflege zu übergeben sei und an Fremdkunden weitergegeben werde. Richtlinien und Herausgabepflicht wurden damit Vereinbarungsinhalt.) Allgemein für eine Herausgabepflicht wohl auch OLG Frankfurt/Main, Urteil vom 25. 3. 1992 – 23 U 208/92, BB Beil. 3/1993, 4, wobei allerdings von „Quellcode" nur im redakt. Leitsatz die Rede ist, nicht in den Gründen, die von für den Datenaustausch notwendigen Programmteilen und Informationen sprechen (was eher in die Richtung Schnittstelleninformationen und -programmteile zu gehen scheint). Zusammenfassend s. Deville, NJW-CoR 1997, 108, 111.
[667] BGH, Urteil vom 30. 1. 1986 – I ZR 242/83, NJW 1987, 1259 = BB 1986, 1319 = CR 1986, 377 (erforderlich Auslegung im Einzelfall; Verpflichtung zur Erstellung eines „Programmes" erfasse nicht notwendig Quellcodeherausgabe); einen Herausgabeanspruch für „Standardroutinen" bejahend allerdings OLG Karlsruhe, Urteil vom 7. 11. 1984 – 1 U 212/82, DV-R 2, 187 (abgedruckt werden allerdings nur etwa vier Zeilen Urteilsgründe).
[668] So ausdrücklich das LG München I, Urteil vom 18. 11. 1988 – 21 O 11130/88, DB 1989, 973 f.; für eine Herausgabepflicht nur bei besonderer Vereinbarung OLG Frankfurt/Main, Urteil vom 22. 3. 1980 – 7 U 118/75, DV-R 1, 209 f.
[669] OLG München, Urteil vom 16. 7. 1991 – 25 U 2586/91, CR 1992, 208. Berechtigten Kundeninteressen könne allgemein durch Abschluss von Wartungsverträgen nachgekommen werden, der Herausgabe der Quellen bedürfe es nicht.

ist auch die Übergabe eines vollständigen und arbeitsfähig dokumentierten Quellcode-Exemplars geschuldet.

Besteht eine Verpflichtung zur Quellcodeübergabe, muss zu diesem eine systemtechnische **Dokumentation** übergeben werden.[670]

864 Allein aus dem Fehlen einer Pflegeverpflichtung kann freilich noch keine generelle Herausgabeverpflichtung abgeleitet werden. Erforderlich ist vielmehr, dass die vertragsgegenständliche Software üblicherweise zu pflegen ist oder der Quellcode für deren bestimmungsgemäße Benutzung aus sonstigen Gründen vom Besteller benötigt wird. Zwar sieht das OLG Saarbrücken den Anbieter als zur Herausgabe des Quellformates verpflichtet an, wenn er **Individual**software erstellt, aber keine Pflegeverpflichtung übernimmt[671], doch ist nicht allein auf das Bestehen oder Nichtbestehen einer Pflegeverpflichtung, sondern wesentlich auf den Vertragszweck und den danach vorausgesetzten Gebrauch (bzw. im Sinne des Urheberrechts auf die bestimmungsgemäße Benutzung) des Programmes abzustellen, also nicht auf die (definitorische) Frage, ob ein Programm Individualsoftware darstellt, sondern auf die Frage, wie der Kunde die Software gebrauchen können soll (etwa zu Vertriebszwecken)[672]. Das Argument des LG München I bezüglich der Wartungs-/Pflegeverpflichtung hat im Übrigen zur Konsequenz, dass der Anbieter jedenfalls während des Laufes der Gewährleistungsfrist eine Herausgabe des Quellcodes unter Hinweis auf die Sicherung seiner Gewährleistungsverpflichtung ablehnen kann. Damit wäre dem Kunden während dieser Zeit auch jede sonstige, eigenständige Programmänderung versperrt. Es ist in diesen Fällen deshalb zu prüfen, ob kundenseitige Programmänderungen in der Gewährleistungsfrist möglicherweise zu einem Entfallen der Pflege- oder auch der Gewährleistungsverpflichtung des Anbieters führen, den Anspruch des Kunden auf Quellcodeherausgabe bzw. -besitz aber unberührt lassen.

865 Bei größeren für einen betrieblichen Anwender teilweise existenzentscheidenden Programmanwendungen wird häufig die Herausgabe des Quellcodes zur Sicherung des Kunden vereinbart. Eine solche Herausgabeverein-

[670] AG Pforzheim, Urteil vom 7. 7. 1987 – 3 C 540/86, IuR 1988, 390 unter Bezug auf DIN 66230 Nr. 1, 3 und insbesondere 2.2.1, deren Geltung nicht besonders vereinbart werden muss, sondern eine nach dem Stand ihres Erlasses allgemein übliche und erforderliche Beschaffenheit beschreibe. Unzutreffend ist freilich der Ansatz des Gerichtes, das Fehlen der Systemdokumentation als Mangel des Quellcodes einzustufen. Nach der Klarstellung durch den BGH wird ein Anspruch des Gerichtes aus teilweiser Nichterfüllung auch in diesem Fall zu bejahen sein.
[671] OLG Saarbrücken, Urteil vom 22. 9. 1994 – 8 U 64/91, BB Beil. 16, 1995, 12 = NJW-CoR 4/96, 255.
[672] BGH, Urteil vom 30. 1. 1986, a. a. O.

barung ist als ausdrückliche vertragliche Regelung rechtlich problemlos zulässig. Jedoch können sich im wesentlichen zwei Folgeprobleme ergeben:
Ist der Anwender – etwa im Falle des Konkurses des Anbieters – von sich aus technisch in der Lage, Änderungen am Quellcode durchzuführen bzw. ist der Quellcode ausreichend dokumentiert, um Software-Häusern die entsprechenden Änderungen zu gestatten? Erweist sich die Durchführung von derartigen Änderungen als sehr aufwendig, kann eine **Neuprogrammierung** u. U. sogar billiger sein.

Zum anderen wird der Anbieter versuchen, sowohl vertraglich als auch technisch gegen den Missbrauch des Quellcodes, z. B. unberechtigten Vertrieb durch den Kunden abzusichern. Dies gilt insbesondere bei komplexen Anwendungen, an denen die Konkurrenz großes Interesse hat. Beide Seiten haben aus den genannten Motiven deshalb gute Gründe, Anspruch und Modalitäten der Quellcode-Herausgabe ebenso klar zu regeln wie die technischen und rechtlichen Absicherungen gegen einen Missbrauch.

Die Herausgabe kann auch stillschweigend vereinbart werden.[673] Man muss allerdings sehen, dass derartige **Herausgabeverpflichtungen**[674] in der Praxis **eher die Ausnahme** darstellen. Deshalb stellt sich auch die Frage, ob der Anbieter auch ohne ausdrückliche Vereinbarung gegenüber einem Kunden verpflichtet sein kann, neben dem bloßen Objektcode auch den Quellcode herauszugeben.

Aus der Verwendung von Begriffen wie „Operatorenanweisung", „Systembeschreibung" oder „Ablaufdiagramm" kann dem BGH zufolge nicht abgeleitet werden, dass über die Benutzerdokumentation hinaus eine Herstellerdokumentation und insbesondere der Quellcode selbst, zumindest als Ausdruck Teil der Herstellerdokumentation ist, geschuldet wird.

866

Auch unter „Programm" kann man entweder nur das allein maschinenlesbare Objektprogramm verstehen[675] oder auch alle Programmformate unter **Einschluss des Quellprogramms**[676]. Die Verwendung des Ausdruckes „Programm" beantwortet noch nicht die Frage, ob die Lieferung auch des Quellcodes geschuldet ist. In richtiger Würdigung des Urteils lässt sich aus diesem aber auch umgekehrt nicht ableiten, dass der Anbieter den Quellcode grundsätzlich **nicht** herauszugeben brauche. Entscheidend ist

---

[673] Ebenso Brandi-Dohrn, EDV-Verträge, Rn. 85.
[674] Zur Alternative der Quellcode-Hinterlegung s. Rn. 973.
[675] So in den BVB zur Überlassung von DV-Programmen, s. Rn. 82,
[676] So BGH unter Bezugnahme auf die WIPO-Mustervorschriften für den Schutz von Software (GRUR Int., 1979, 306 ff).

auch hier, ob für den **vertraglich vorausgesetzten Programmgebrauch** Änderungen mittels des Quellcodes erforderlich sind (z. B. für Fehlerbeseitigungen und Aktualisierungen, insbesondere, wenn diese in der Dokumenation beschrieben werden). Es darf nicht übersehen werden, dass der BGH **seine Aussagen bewusst auf die Auslegung in einem Einzelfall beschränkt** und eine **Herausgabeverpflichtung** von Anbietern **keineswegs generell ablehnt.**

Nicht zwingend erscheint die Auffassung des BGH, mit der Quellcode-Herausgabe werde dem Anbieter die Erfüllung einer vereinbarten Programmpflege erschwert. Auch dieses Argument diente dem BGH dazu, zumindest im konkreten Fall die Herausgabeverpflichtung abzulehnen. Dieses Argument erscheint aber nicht als unwiderlegbar. Es genügt nämlich in der Regel, dass der Anbieter dem Anwender nur eine Kopie des Quellcodes herausgibt und den Originalcode zurückbehält. Damit bleibt dem Anbieter die Möglichkeit, im eigenen Hause Fehlerbeseitigungen und Änderungen durchzuführen und diese beim jeweiligen Kunden zu installieren. Weiter kann er den Kunden vertraglich verpflichten, Codeänderungen nicht selbst oder jedenfalls nur nach Abstimmung durchzuführen. Rügt der Kunde später Mängel, ist er auch dafür beweisbelastet, dass nicht er durch Eingriffe den Mangelzustand verursacht hat.

Zudem kann der Kunde vom Anbieter im Rahmen des Pflegevertrages ausdrücklich verpflichtet werden, an übergebenen Kopien des Quellcodes Änderungen nur unter genauer Beschreibung durchzuführen und diese Änderungsbeschreibungen jeweils umgehend dem Anbieter mitzuteilen. Jede unterlassene entsprechende Mitteilung würde dann eine Vertragsverletzung darstellen, die eine Kündigung des Pflegevertrages durch den Anbieter rechtfertigt.

867 Der BGH sah schließlich als maßgebend an, dass der Klage führende Kunde als Software-Hersteller mit den einschlägigen Begriffen der Fachsprache ausreichend vertraut gewesen sei, um auch eine unmissverständliche Formulierung der Herausgabeverpflichtung sicherzustellen.[677] Zunächst erscheint es aber fraglich, ob selbst Experten in Software-Häusern immer auch in der Lage sein müssen, rechtswirksame Verpflichtungen bezüglich eines Vertragsteils zu formulieren. Gerade in Fragen der Quellcode-Herausgabe und auch der Alternative (der Quellcode-Hinterle-

---

[677] Dass der Kunde selbst ein Software-Unternehmen ist, erscheint bei Durchsicht der Rechtsprechung eher als Ausnahmefall – offensichtlich deshalb, weil Streitigkeiten mit Software-Häusern als Anwender selten zu Gericht gelangen.

gung) lassen sich in Vereinbarungen, die in technischen Abteilungen von Software-Häusern erstellt werden, immer wieder bemerkenswerte rechtliche Unklarheiten finden. Umgekehrt wird man nicht folgern dürfen, dass der EDV-Laie auch ohne unmissverständliche Formulierung den Quellcode herausverlangen kann.

Ein wichtiges Argument **für** die Herausgabeverpflichtung des Software- 868 Erstellers kann allerdings in der Einräumung einer ausschließlichen Nutzungsbefugnis zu sehen sein.[678] Diese ausschließliche Nutzungsbefugnis umfasst, wenn sie im Sinne des Urheberrechts (§ 31 Abs. 3 UrhbG) verstanden wird, auch die Befugnis zu **Werkänderungen** (§ 39 Abs. 1 UrhbG). Diese Änderungen sind aber technisch grundsätzlich nur am Quellformat des Programms durchführbar. Umfasst folglich die ausschließliche Nutzungsbefugnis eine Änderungsbefugnis, so auch einen Anspruch auf Herausgabe desjenigen Programmformates, mit bzw. an dem sich solche Änderungen durchführen lassen.[679]

Ebenso wichtig ist der Umkehrschluss aus der Überlegung des BGH: Wenn der **nichtfachkundige Anwender** die Vereinbarung der Herausgabe des Quellcodes **nicht verlangt,** darf **allein aus diesem Umstand noch nicht abgeleitet werden,** dass die Herausgabe damit auch nicht geschuldet sei. Entscheidend kann deshalb in den Fällen einer (wie meist) unzureichenden Vereinbarung wohl nur sein, welche Nutzungsmöglichkeiten die Parteien im konkreten Fall vertraglich vorausgesetzt haben und inwieweit diese Nutzungsmöglichkeiten Änderungen und Fehlerbeseitigungen umfassen.

Die Vertragsparteien haben außerdem die Möglichkeit, sich Klarheit 869 dadurch zu verschaffen, dass sie unter Bezugnahme auf DIN 66 230, 66 231 und 66 232 (s. Rn. 83) die Übergabe zumindest eines Quellcode-Ausdruckes als Dokumentationsteil vereinbaren. Ergänzend muss dann definiert werden, im Zusammenhang mit welchem Compiler der Quellcode lauffähig ist.

In der **Vertragspraxis** sollten die Parteien eines Entwicklungsvertrages klar regeln, ob der Quellcode herauszugeben ist, welche Teile des Programmes auch im Quellformat zu übergeben sind (EXE-Files und Tools

---

[678] Im Sachverhalt der zitierten Entscheidung des BGH war zwar eine ausschließliche Nutzungsbefugnis vereinbart, jedoch nach – vom BGH rechtsfehlerfrei bezeichneten – Feststellungen des KG Berlin insoweit eingeschränkt, als der Kunde weder Fehlerbeseitigungen noch Änderungen durchzuführen berechtigt sein sollte.

[679] Der BGH, Urteil vom 30. 1. 1986, a. a. O., bestätigt diese Schlussfolgerung indirekt insoweit, als er ausdrücklich auf das Abbedingen der Änderungs- und Fehlerbeseitigungsbefugnis hinweist.

meist nicht) und zu welchem Zeitpunkt (mit Abnahme oder zu einem späteren Zeitpunkt). Das Quellformat sollte zumindest **inline** nach dem Stand des Software-Engineering **dokumentiert** sein. Auch später auszuliefernde Bugfixes oder Updates/Neuversionen sollten im Quellformat ausgeliefert werden, ebenso in gleicher Weise dokumentiert, **andernfalls die Nachbesserung oder Pflegeleistung nicht als vertragsgerechte gilt.** Dem Hauptproblem bei Quellcodeauslieferung, nämlich kundenseitige Codeänderungen, die zu Codediskrepanzen und Fehlerzuständen im System führen können, lässt sich durch ein vertragliches Änderungsverbot während der Laufzeit der Gewährleistung/Pflegeverpflichtung vorbeugen. Wurde eine solche Vereinbarung nicht getroffen, trägt der Anbieter aber nicht alle Risiken, da der Kunde, wie erwähnt, dafür beweisverpflichtet ist, dass ein gerügter Mangel im Gefahrübergangszeitpunkt bereits vorhanden war oder das Programm, für das der Anbieter eine Pflegeleistung erbringen soll, unverändert ist.

Benötigt wird der Quellcode etwa für die Anpassung an neue Bedürfnisse oder für die Fehlersuche. Ohne Quellformat gestalten sich Eingriffe in das Programm wesentlich aufwendiger, da vielfach das Quellformat erst dekompiliert werden muss.[680] Bei größeren, für einen betrieblichen Anwender teilweise existenzentscheidenden Programmanwendungen wird deshalb gelegentlich die Herausgabe oder zumindest die Hinterlegung des Quellcodes zur Sicherung des Kunden vereinbart (s. näher Rn. 973). Zuweilen ist der Kunde aber schon aufgrund mangelnder Programmierkenntnisse nicht in der Lage, Änderungen am Quellcode durchzuführen.

870 Den berechtigten Schutzinteressen von Software-Entwicklern und -Häusern kann durch Abschluss einer vertraglichen Vereinbarung über die **Hinterlegung** („escrow") **des Quellformates** („source code") eines zu überlassenden Programmes **bei einer dritten Stelle** Rechnung getragen werden.[681] **Vorteil** einer solchen Vereinbarung ist, dass der Kunde etwa im Insolvenzfalle Zugriff auf das benötigte Quellformat des Programmes erhält, der Anbieter andererseits aber den Quellcode und das in ihm verkörperte Know-how nicht bereits bei Vertragsschluss offen zu legen braucht. **Nachteil** solcher Vereinbarungen ist hingegen, dass das hinterlegte Quellformat mit jeder, zumindest aber mit jeder wesentlichen entwicklungsbedingten Codeänderung ausgetauscht werden muss. Ist nun

---

[680] Dies gilt aber nicht für alle Programme: So werden etwa Webseitenanwendungen in HTML (und vergleichbaren Sprachen) erstellt. Diese Programme werden unmittelbar im lesbaren Format geladen (das durch einfache „View"-Funktion des Browsers gelesen werden kann).
[681] Siehe hierzu auch Bömer, NJW 1998, 3321.

außerdem die Hinterlegungsprozedur zugleich mit einer Codeüberprüfung verbunden – um sicherzustellen, dass auch tatsächlich der richtige und vollständige Code hinterlegt wird –, kann ein regelmäßiges **escrow management** im Zeitraum der üblichen wirtschaftlichen Nutzungsdauer schnell zu Kostenbelastungen führen, die im Einzelfall die Kosten für den Erwerb aller Rechte auch am Quellformat übersteigen. Hinzu kommt, dass unsystematisch und/oder ohne erforderliche Qualitätssicherung erstellter und/oder nicht bzw. schlecht dokumentierter Code in seiner Verwendbarkeit zumindest stark eingeschränkt, im Einzelfall vielleicht sogar völlig unbrauchbar ist.

Wenn in der **Vertragspraxis** eine Hinterlegung vertraglich gestaltet werden soll, ist diesen typischen Risiken angemessen Rechnung zu tragen, wenn die Hinterlegung ihren Sicherungszweck erfüllen können soll. Zu regeln sind insbesondere:
- Format und Datenträger des Quellcodes,
- Prozedur für Übergabe an dritte Stelle und für späteren Austausch des Formates,
- Verpflichtung des Anbieters zur regelmäßigen Aktualisierung des Quellcodes,
- Kostentragung für ursprüngliche und folgende Hinterlegungen,
- Regelung des Herausgabeanspruches des Kunden (etwa bei Anbieterinsolvenz) oder des Anbieters (etwa bei kundenseitiger Vertragsverletzung, wie Nichtzahlung oder Urheberrechtsverletzung).

871

Von dieser Hinterlegungsvereinbarung zwischen Anbieter und Kunden ist der Hinterlegungsvertrag zwischen Anbieter und/oder Kunden einerseits und Hinterlegungsstelle andererseits zu unterscheiden. In diesem Vertrag sind Aufbewahrungs-, Sorgfalts und Prüfpflichten der Hinterlegungsstelle näher zu definieren. Für die Begründung des Aufbewahrungsverhältnisses ist keine Übertragung von Eigentumsrechten am Quellcode-Exemplar erforderlich.[682]

Nicht abschließend geklärt ist, ob die Hinterlegung im Verhältnis Kunde/ Anbieter derart vertraglich gestaltet werden kann, dass bei Anbieterinsolvenz der Insolvenzverwalter den Quellcode nicht von der Hinterlegungsstelle doch wieder herausverlangen kann (womit natürlich ein wesentlicher Zweck der gerade für Insolvenzfälle geschlossenen Vereinbarung

872

---

[682] Hierfür wohl Bömer, NJW 1998, 3321, 3323, zumal bei jedem z. B. aktualisierungsbedingten Austausch eine Rück- und Neuübereignung erfolgen müsste.

scheitern müsste).[683] Aus den Grundsätzen des Insolvenzrechts ist wohl abzuleiten, dass der Masse nicht durch wie immer gestaltete vertragliche Auslagerungskontruktionen Vermögenspositionen entzogen werden dürfen. Dies umfasst alle Vermögenspositionen, an denen Dritte kein aussonderungsgeeignetes Recht erworben haben. Die bloße Hinterlegung begründet aber kein Aussonderungsrecht (§ 47 InsO) des Kunden. Denkbar ist jedoch, die Programmüberlassung kundenseits durch eine Bank finanzieren zu lassen und der Bank dann zur Sicherheit in der Form der Hinterlegung das Quellformat des Programmes zu übertragen. Beteiligt sich außerdem der Kunde an den Hinterlegungskosten durch regelmäßige Zahlungen, kann die **Miete des Quellcodes in der Form der Hinterlegung** bei einem finanzierenden Dritten konstruiert werden, wobei der Kunde nur mittelbaren Besitz erlangt. Hier könnte dann § 108 Abs. 1 Satz 2 InsO anwendbar sein, der den Insolvenzverwalter des Anbieters verpflichtet, dieses Mietverhältnis mit Wirkung für die Insolvenzmasse fortzuführen. Die Hinterlegung könnte damit „insolvenzfest" gemacht werden. Jedoch ist die Einbeziehung eines finanzierenden Dritten erforderlich.

873 Teil jeder Software ist eine **Dokumentation**. Software wird begrifflich als aus den Komponenten „Programm" und „Dokumentation" bestehend definiert (gemäß DIN 66 230). Bei Erstellung wird nicht nur eine Benutzerdokumentation geschuldet, sondern die Dokumentation nach DIN 66 230.[684] Der Begriff „Dokumentation" selbst ist nicht eindeutig festgelegt (s. Rn. 29). Er umfasst mehrere Komponenten, die je nach Vereinbarung geschuldet sind:

874 Die **Benutzerdokumentation** soll den Anwender in die Lage versetzen, eigenständig und ohne fremde Hilfe das Programm sinnvoll anzuwenden. Die **Wartungsdokumentation** soll sich hingegen an Fachleute richten und im Wesentlichen solche Informationen beinhalten, die zur Installation, zum Betrieb und zur Pflege von Programmen notwendig sind.[685]

In welchem Umfang eine Dokumentation zu erstellen und dem Kunden auszuliefern ist, bestimmt sich nach den konkret getroffenen Vereinbarungen, mangels solcher Vereinbarungen nach den Anforderungen, die von dem vertraglich vorausgesetzten Gebrauch her an den erforderlichen

---

[683] Bejahend Bömer, a. a. O., 3324; ablehnend wohl Paulus, CR 1994, 83.
[684] OLG Stuttgart, Urteil vom 23. 12. 1986 – 7 U 156/86, DV-R 4, 240f. = IuR 1989, 387.
[685] Vgl. OLG München, Urteil vom 24. 4. 1986 – 1 U 5724/85, IuR 1988, 387f., offen lassend, ob auch der Quellcode zur Wartungsdokumentation gehört. Ohne den Quellcode sind zumeist Pflegemaßnahmen technisch nicht möglich.

Dokumentationsumfang zu stellen sind. Grundsätzlich hat die Dokumentation den Erfordernissen der Norm DIN 66 230 zu entsprechen, ohne dass dies besonderer Vereinbarung bedürfte.[686] Der Ersteller von Software muss in der Dokumentation die Beschreibung des Werks und des Erstellungsvorgangs sowie der Struktur des Programms aufnehmen, nicht jedoch Informationen, die dem Besteller Programmänderungen ermöglichen, da dies vom Begriff der Dokumentation nicht umfasst sein soll.[687]

Eine ausführliche systemtechnische Dokumentation soll nur bei besonderer Vereinbarung geschuldet sein.[688] Gleiches dürfte gelten, wenn etwa Nutzungshandlungen als zulässig und damit als vertraglich vorausgesetzter Gebrauch definiert werden, die den Zugriff auf diese Dokumentation voraussetzen. Bei modifizierten Programmen muss die Benutzerdokumentation auch die Modifikationen beschreiben.[689]

Arbeitet der Programmentwickler nicht nur im Auftrag des Kunden, sondern auch mit dessen Mitteln (z. B. Rechnernutzung), so geht das Eigentum mit Erstellung des Programmes bereits auf den Kunden über, da der **Kunde** insoweit **Hersteller** im Sinne von § 950 BGB ist.[690] Ob der Anbieter auch unter diesen Umständen die Verfügungsbefugnis des bestellenden Kunden einschränken kann, ist noch nicht abschließend geklärt. **875**

Notwendig ist auf jeden Fall eine ausdrückliche Vereinbarung. Wird sie getroffen, so bewirkt sie im Ergebnis eine Aufgabe der Eigentümerstellung des Kunden und damit eine antizipierte Übereignung des erstellten Werkes vom Kunden an den Hersteller. Diese vertragsrechtliche Konstellation ist immerhin so ungewöhnlich, dass kaum ein Kunde mit ihr von vornherein rechnet. Die formularmäßige Einschränkung der Verfügungsbefugnis in diesen Fällen dürfte also bereits an § 3 AGBG scheitern.

Den **Anbieter** treffen jeweils sachadäquat notwendige **Beratungspflichten** gegenüber dem Kunden. Außerdem muss der Anbieter seine eigenen Fachkenntnisse regelmäßig auf den aktuellen Stand halten. Der Kunde braucht sich nicht von sich aus kundig machen. Es ist das Risiko des Anbieters, diese Kenntnisse in ausreichendem Umfang zu erwerben. Dem OLG Frankfurt[691] zufolge ist der Werkunternehmer sogar verpflichtet, den **876**

---

[686] OLG Stuttgart, Urteil vom 23. 12. 1986, a. a. O., IuR 1989, 441; AG Pforzheim, Urteil vom 7. 7. 1987 – 3 C 540/86, IuR 1988, 390f.
[687] OLG Oldenburg, Urteil vom 22. 12. 1994 – 8 U 171/94, CR 1995, 662.
[688] OLG München, Urteil vom 24. 4. 1986, a. a. O.
[689] LG Flensburg, Urteil vom 21. 5. 1986 – 6 O 98/85, IuR 1986, 463.
[690] OLG Karlsruhe, Urteil vom 6. 10. 1986 – 6 U 160/86, CR 1986, 19.
[691] OLG Frankfurt/Main, NJW 1980, 2756.

Kunden u. a. über solche Umstände aufzuklären, die dieser (für den Anbieter ersichtlich) nicht kennt, deren Kenntnis aber für seine Urteilsbildung und Entschlüsse von Bedeutung ist. Entsprechende Wissensvorsprünge können unmittelbare Beratungspflichten des Anbieters begründen.

Weitere Nebenpflichten des Anbieters betreffen die begleitende Unterstützung des Kunden und können nur aus dem jeweils vertraglich vorausgesetzten Anwendungszusammenhang konkret abgeleitet werden. Für beide Seiten günstiger und überschaubarer ist es, wenn auch solche Unterstützungsleistungen im Vertrag näher beschrieben werden.

877 Bestimmte Probleme kehren in der Anwendungspraxis immer wieder. Anbieter können deshalb hierfür entwickelte Programmlösungen in vielen Fällen des Öfteren auswerten, d. h. an verschiedene Kunden vertreiben. Kunden sind hiervon oft weniger begeistert, insbesondere dann, wenn dadurch ihre Konkurrenz profitiert. Will nun ein **Anwender** angesichts dieser Umstände die **weitere Verwertung** des zunächst allein für ihn entwickelten Programmes **verhindern**, muss ein entsprechendes **Verbot** ausdrücklich in den Erstellungsvertrag aufgenommen werden. Aus der bloßen Erstellungsverpflichtung ergibt sich eine solche spätere Verwertungsrestriktion nicht. Allerdings wird die Leistung dann oft um einiges teurer. Der Kunde muss deshalb kalkulieren, ob sich für ihn diese Mehrkosten auszahlen.

Die Aussage im vorherigen Absatz bezieht sich nur auf die Programmlösungen als solche, insbesondere also das Lösungs-Know-how. Zum Teil geht die Rechtsprechung aber darüber hinaus und gibt freien Mitarbeitern an im Auftrag erstellten Programmen sogar generell ein Vertriebsrecht; zustimmungsabhängig soll der Vertrieb nur sein, wenn die Programme gemeinsam von Auftraggeber und Auftragnehmer erstellt wurden.[692]

Haftung von Mitarbeitern des Auftragnehmers (Anbieters) besteht grundsätzlich nur diesem (also dem Arbeitgeber) gegenüber, nicht gegenüber Kunden. Allerdings kann den Mitarbeiter Deliktshaftung aus § 823 BGB treffen, wenn er etwa bei Auftragsausführung Rechtsgüter Dritter

---

[692] So ausdrücklich OLG Frankfurt/Main, Beschl. vom 4. 5. 1995 – 6 U 29/88, BB Beil. 9, 1996, 3. Das Gericht sah außerdem in der Konstellation einen Herausgabeanspruch des Auftraggebers bezüglich des Quellcodes als gegeben an, in der der Auftragnehmer von vornherein Teile einer vom Auftraggeber anschließend zu vermarktenden Software entwickelt. Nach der Zweckübertragungstheorie sei hier auch der Source Code zur Verfügung zu stellen, denn nur so ist der Auftraggeber in die Lage versetzt, gegenüber eigenen Abnehmern Änderungen und Ergänzungen der Software vorzunehmen.

beschädigt. Freilich haftet der Arbeitgeber in seiner Funktion als Auftragnehmer aus Vertrag für den Arbeitnehmer als Erfüllungsgehilfen, doch
kann der Deliktsanspruch etwa bei Insolvenz des Arbeitgebers relevant
werden. Ergänzend zu beachten ist, dass der Gemeinsame Senat des
BAG[693] die Rechtsfigur der ausnahmslosen Haftungseinschränkung nur
bei gefahrgeneigter Arbeit aufgegeben hat. Vielmehr ist auf Seiten des
Arbeitgebers ein Betriebsrisiko unabhängig davon zu berücksichtigen und
eine Beschränkung der Arbeitnehmerhaftung möglich, ob die Arbeit
gefahrgeneigt ist oder nicht. Die Verteilung der Risiken ist deshalb nach
Lage des Einzelfalles zu prüfen. Hierbei ist die Gefahrgeneigtheit der
Arbeit in die Abwägungsfaktoren einzubeziehen. Sie führt aber nicht
gewissermaßen automatisch zu einer Haftungsreduzierung.

1.6.3.4 Leistungspflichten des Kunden

Bei Programmerstellung muss die zu vereinbarende **Vergütung** oft ebenso   878
individuell kalkuliert werden, wie die Programmerstellung zu planen ist.
Die jeweilige Preiskalkulation schließt auch unterschiedlich umfangreiche
Beratungen, Vorbereitungen der Installationsvoraussetzungen, Einweisungen und Unterstützungen bei Datenkonvertierungen oder Funktionsprüfung etc. ein. Diese Faktoren sollten so weit wie möglich offen gelegt werden, um einen echten Leistungsvergleich zwischen verschiedenen Erstel-
lungsangeboten zu ermöglichen.

Für den Kunden ist insbesondere wichtig, vorab zu klären, ob ein **Pau-**   879
schalpreis vereinbart werden kann. Lehnt der Anbieter dies mit sachlicher
Begründung strickt ab, sollte im nächsten Schritt versucht werden,
wenigstens die Vereinbarung eines **Pauschalpreises mit Erhöhungsmög-**
lichkeit unter der Voraussetzung zu erreichen, dass ein Mehraufwand von
über 10 % des ursprünglichen Entwicklungsumfanges erforderlich wird.
Gleichzeitig sollte das Erforderlichwerden dieses Mehraufwandes vom
Anbieter rechtzeitig vorab mitgeteilt werden und dem Kunden bei Zugang
dieser Mitteilung eine Kündigungsbefugnis eingeräumt sein. Bei Fest-
preisvereinbarung kann der Anbieter die Vergütung eines Mehraufwandes
nur aufgrund von Umständen verlangen, die außerhalb seines Risiko- und
Einflussbereiches entstanden sind.[694] Mit der Pauschalpreisklausel ist eine
Abgeltungsklausel zu verbinden, die mögliche Lücken in der Leistungsbeschreibung abdeckt und regelt, dass auch alle nicht in der Leistungsbe-

---

[693] BAG, Beschl. vom 21. 9. 1993 – GmS – OGB1/93, NJW 1994, 856.
[694] OLG München, Urteil vom 22. 12. 1988 – 1 U 5606/87, CR 1989, 803 = BB Beil. 10, 1990, 12.

schreibung ausdrücklich bezeichneten Leistungen mitabgegolten sind. Diese Klauseln sollten tunlichst individuell ausgehandelt werden, da sie als Teil von AGB jedenfalls des Kunden (Einkaufs-AGB) unwirksam sein können, nämlich unter dem Gesichtspunkt der Verletzung des Prinzips von Leistung und Gegenleistung (in den §§ 320 ff. BGB).

Ist keinerlei Pauschalpreisregelung erreichbar, sollte der Kunde den Entwicklungsauftrag in einzelne Leistungsabschnitte (z. B. Module) aufteilen und für diese die Festlegung von **Fixpreisen pro Leistungsabschnitt** zu erreichen suchen. Die obigen Ausführungen zu Erhöhungsmöglichkeiten gelten hier entsprechend. Als letzte, nur begrenzt empfehlenswerte Lösung bleibt die Vereinbarung eines **Stundensatzes.** Dieser Kostenberechnungsansatz ist deshalb relativ ungünstig, weil er dazu verlockt, an der Verlangsamung des Arbeitstempos und der Beseitigung selbst erzeugter Fehler noch zu verdienen. Gerechtfertigt ist die Kalkulation auf Stundensatzbasis hingegen, wenn der Kunde selbst noch nicht genau weiß, was sein gewünschtes Entwicklungsziel ist und der Anbieter nicht mehr zur Verfügung stellen kann als „gutes Programmieren", also in der Regel eine Dienstleistung.

880 Fehlen ausdrückliche Vereinbarungen und erhöht sich der Arbeitsaufwand für die Programmentwicklung aus vom Anwender/Besteller zu vertretenden Gründen, kann der Anbieter eine zu angemessenen Stundensätzen kalkulierte, erhöhte Vergütung berechnen.[695] Hätte aber der Werkunternehmer schon bei Übernahme des Auftrags erkennen müssen, dass die ihm zur Verfügung gestellten Vorgaben für das zu erstellende Programmsystem unzureichend waren, wäre er verpflichtet gewesen, darauf hinzuweisen und vor den drohenden Mehrkosten zu warnen.[696]

Auf ein Anwachsen von Entwicklungskosten bei Auftreten von Problemen muss der Anbieter hinweisen.[697]

881 Die **Vergütung** ist gemäß § 632 BGB **bei Abnahme** zu entrichten. Mangels anderweitiger Vereinbarung ist der **Unternehmer vorleistungspflichtig.**[698]

Kann eine vom Unternehmer entwickelte Steuerungssoftware nicht vollständig installiert werden, weil nach der übereinstimmenden Beurteilung des Unternehmers und des Bestellers zunächst ein in die Anlage integrier-

---

[695] LG Karlsruhe, CW vom 24. 7. 1981.
[696] OLG Celle, Urteil vom 20. 2. 1991 – 6 U 15/90, CR 1991, 610.
[697] OLG Köln, Urteil vom 16. 1. 1998 – 19 U 98/97, CR 1998, 600.
[698] Larenz [86], 362.

tes Eichprogramm eines anderen Herstellers geändert werden muss, und unternimmt der Besteller trotz entsprechender Absprache mit dem Unternehmer nichts, um diese Anpassung zu veranlassen, kann der Unternehmer auch **vor** vollständiger Fertigstellung und Abnahme seines Werkes den Werklohn verlangen.[699]

Auch EDV-Projekte sollten **nach Leistungsfortschritt** vergütet werden, insbesondere Software-Entwicklungsprojekte. Solange nicht wenigstens ein lauffähiger Prototyp existiert, sollte nicht mehr als maximal ein Drittel der Gesamtvergütung fällig werden. Nach Abschluss der Funktionsprüfung sollten mindestens 25 % der Vergütung zurückbehalten werden dürfen, um die allfällige Beseitigung restlicher Mängel in vertretbarer Zeit motivierend zu unterstützen.

Grundsätzlich müssen **Vorarbeiten** vergütungsfrei erbracht werden, wenn nicht deren Entgeltlichkeit selbständig vereinbart wurde. Vorarbeiten wie etwa Angebote, Zeichnungen, Kostenvoranschläge, Leistungsbeschreibungen, Entwürfe, Modelle, Massenberechnungen, Finanzierungsunterlagen etc. werden vom Unternehmer in der Regel aus eigenem Entschluss und Interesse erstellt sowie in der Hoffnung auf Übertragung des Auftrags. Es handelt sich damit um eine nicht vergütungspflichtige werbende Akquisitionstätigkeit, zu der auch eine möglicherweise kostenintensive Etatpräsentation durch eine Werbeagentur gehören kann. Anderes kann gelten (also Entgeltpflichtigkeit), wenn die Vorarbeiten als Einzelleistungen in Auftrag gegeben worden sind oder eine eigenständige Vertragsleistung darstellen oder wenn die Vergütungspflicht nach den §§ 157, 242 BGB dem geäußerten oder auch nur dem konkludent zu erschließenden Parteiwillen entspricht. Wenn also etwa der Unternehmer im Einvernehmen mit dem Besteller so umfangreiche Vorarbeiten zu leisten hat, dass der Besteller/Auftraggeber bei Würdigung der ihm entstehenden Vorteile nicht erwarten kann, dass der Unternehmer derartige Arbeiten allein wegen der vagen Hoffnung auf die Auftragserteilung unentgeltlich leistet. Richtigerweise ist bei dieser Beurteilung aber ein strenger Maßstab anzulegen, da ein Anbieter damit rechnen muss, dass er im Wettbewerb mit weiteren Bewerbern den Zuschlag nicht erhält und mit Rücksicht auf den werbenden Charakter seiner Aufwendungen auch eine Entlohnung nicht als üblich angesehen wird.[700]

882

[699] OLG Köln, Urteil vom 9. 8. 1995 – 19 U 69/95, CR 1996, 25.
[700] OLG Nürnberg, Urteil vom 18. 2. 1993 – 12 U 1663/92, NJW-RR 1993, 760.

Klarstellend ist im Vertrag zu regeln, ob die angegebenen Preise bereits brutto berechnet sind oder ob jeweils noch die Umsatzsteuer hinzutritt. Für eine Berufung auf § 641 Abs. 1 Satz BGB (Einwand der fehlenden Fälligkeit) ist dann kein Raum, wenn der Besteller das Werk endgültig als mangelhaft zurückweist, weil aus seiner Sicht eine Abnahme der Werkleistung nicht nur vorübergehend, sondern überhaupt nicht mehr in Betracht kommt.[701]

883 Bei Erstellung von Individualsoftware ist eine **Abnahme** des erstellten Werkes möglich[702] und vom Kunden geschuldet. (Zur Abnahme s. näher Rn. 172). Die kaufmännische **Untersuchungs- und Rügepflicht** findet auch auf die Werkleistung einer Programmentwicklung Anwendung.[703] Die Rügepflicht greift über § 381 Abs. 2 HGB auch für Werkleistungen ein, wenn der auftragnehmende Anbieter die Sache aus von ihm zu beschaffendem Stoff herzustellen hat. Als „Stoff" im Sinne von § 381 Abs. 2 HGB ist hier der Datenträger mit seiner spezifischen Magnetisierfähigkeit zu sehen.

Vorvertraglich können anbieterseitige Entwicklungsarbeiten vergütungspflichtig sein, wenn sie außerhalb eines Auftragswettbewerbes, in erheblichem Umfang, im Einvernehmen mit dem Auftraggeber und in einer sich verfestigenden Vertragsbeziehung geleistet und schon wiederholt vergütet worden sind.[704]

Fehlen ausdrückliche Vereinbarungen und erhöht sich der Arbeitsaufwand für die Programmentwicklung aus vom Anwender/Besteller zu vertretenden Gründen, kann der Anbieter eine zu angemessenen Stundensätzen kalkulierte, erhöhte Vergütung berechnen.[705] Fehlt es an einer ausdrücklichen Vereinbarung der Vergütung und sind auch keine Umstände feststellbar, dass die übliche Vergütung als vereinbart gelten sollte, kann der Auftragnehmer gemäß § 316 BGB die Vergütung bestimmen, wobei diese Bestimmung billigem Ermessen entsprechen muss (§ 315 Abs. 3 BGB).[706]

884 Eine Klausel, nach der der Kunde aus einem Werkliefervertrag bei Anlieferung 90 % der Rechnungssumme zu bezahlen hat, ist, dem BGH zufolge, unzumutbar und nach den §§ 9, 11 Nr. 2 AGBG unwirksam, da

---

[701] BGH, Urteil vom 25. 4. 1996 – X ZR 59/84, NJW-RR 1996, 883.
[702] OLG Hamburg, Urteil vom 9. 8. 1995 – 11 U 209/84, DV-R/3, 71, 73.
[703] OLG Celle, Urteil vom 8. 11. 1985 – 11 U 212/84, IuR 1986, 311 f.
[704] OLG Nürnberg, Urteil vom 18. 2. 1993 – 12 U 1663/92, CR 1993, 553 = DB 1993, 1566 (teilweise).
[705] LG Karlsruhe, Urteil vom 26. 10. 1978, CW vom 24. 7. 1981.
[706] OLG Köln, Urteil vom 21. 6. 1991 – 19 U 40/91, NJW-RR 1992, 951. (Auch ohne Absprache können im Rahmen eines Druckauftrages erforderliche Programmierarbeiten im Rahmen der Vergütung geschuldet sein.)

sie Leistungsverweigerungs- und Zurückbehaltungsrechte des bestellenden Kunden praktisch ausschließt oder unzumutbar einschränkt, so etwa die Möglichkeit, vor Bezahlung die Leistungserfüllung zu prüfen oder Mängel festzustellen.[707]

Vom BGB zwingend vorgesehen ist die **Abnahme nur**, wenn auf die   885
Anbieterleistung Werkvertragsrecht zur Anwendung gelangt (s. § 640
BGB). Dies ist etwa bei der Erstellung oder Anpassung[708] von Programmen der Fall. Ist freilich das Programm als vertretbare Sache zu betrachten, greift über § 651 BGB das Kaufrecht ein und scheidet die Abnahmenotwendigkeit aus.[709] Unverzüglich zu untersuchen und zu rügen sind auch fehlgeschlagene Nachbesserungsversuche bzw. das Weiterbestehen des Mangels.[710] Ungeachtet dessen kann aber jederzeit von den Vertragsparteien eine Funktionsprüfung getrennt vereinbart werden, der dann die Wirkung in einer Abnahme zukommt.

Voraussetzung für die Durchführbarkeit einer Funktionsprüfung kann   886
sein, dass zuerst
– die Hardware abgenommen wird[711] oder
– die vereinbarte Einweisung in die Systemnutzung in geeigneter Weise
  erfolgt. Behält der Kunde das Programm nach der Einweisung, so ist
  auch hierin noch keine Billigung zu sehen, da sich die Tauglichkeit erst
  im Gebrauch herausstellt.[712] Zumindest ist der Anwender erst nach der
  Einweisung in der Lage, diese Tauglichkeit im Rahmen der Funktionsprüfung festzustellen. Für welche Dauer der Kunde dann die
  Gebrauchseignung prüfen kann, ist zulässigerweise im Überlassungsvertrag regelbar.

Ohne Erfülltsein dieser Voraussetzungen ist die Abnahme nicht durchzuführen. Das Fehlen der Voraussetzungen kann auch nicht dadurch ausgeglichen werden, dass die Abnahme durch den Eintritt der Werkvollendung
im Sinne von § 646 BGB ersetzt wird. Der Kunde ist nicht in der Lage,
diesen Eintritt nachzuprüfen, wenn er nicht in die Systemnutzung ange-

---

[707] BGH, Urteil vom 6. 12. 1984 – VIII ZR 227/83, BB 1985, 1283, 1285.
[708] Wird ein Programm nach Kaufrecht übereignet, jedoch ergänzend auf einer bestimmten Hard-
     ware lauffähig gemacht, ist insoweit Werkvertragsrecht anzuwenden (LG Köln, Urteil vom 2. 10.
     1984 – 90 O 51/84, CR 1986, 23). Auch die Abnahme erstreckt sich dann nur auf diese vertragli-
     che Teilleistung. Gleiches gilt sinngemäß für einzelne Anpassungsleistungen.
[709] OLG Hamm, CR 1987, 363.
[710] OLG München, Urteil vom 6. 12. 1985 – 23 U 3798/85, BB 1986, 1321 für Nachbesserung nach
     § 633 Abs. 2 BGB.
[711] LG Darmstadt, IuR 1987, 462.
[712] Siehe OLG Celle, Urteil vom 8. 11. 1985 – 7 O 1314/95, CR 1988, 219 = IuR 1986, 311.

messen eingewiesen wurde. Ebenso wenig genügen die bloße Installation des Programms und ein **Arbeitsversuch** des Kunden.[713] Allein aus diesem Versuch lässt sich grundsätzlich ein Billigungswille des Kunden noch nicht ableiten. Etwas anderes kann freilich gelten, wenn der Kunde von sich aus auf weitere derartige Versuche verzichtet. Der Kunde sollte die in der Prüfung zu durchlaufenden **Testprozeduren** tunlichst bereits vor der Prüfung im Vertrag definieren, um deren Ergebnisse verbindlich zu machen.

887 Werden vertragsgemäße **Prüfergebnisse nicht erreicht**, kann der Kunde die Abnahmeerklärung so weit und so lange **verweigern**, wie bzw. bis die Leistungsmerkmale tatsächlich nachprüfbar vorhanden sind. Die Verweigerung erfolgt allerdings dann unberechtigt, wenn die Software zwar noch einzelne Fehler aufweist, die jedoch die Gebrauchseigenschaften nicht wesentlich beeinträchtigen. Auch hier gilt freilich, dass der Kunde in die Lage versetzt werden muss, diese Eignung in den wesentlichen Punkten festzustellen. Fehlt es an einer rechtzeitigen und ausreichenden Einweisung, kann der Kunde die Abnahme auch dann verweigern, wenn deren Voraussetzungen im obigen Sinne objektiv gegeben wären.

Eine **Abnahme durch schlüssiges Verhalten** sollte angesichts der Reichweite der Abnahmewirkungen mit Zurückhaltung unterstellt werden (s. Rn. 172). So wurde als erforderlich angesehen, dass die Programme bei einer „ausführlichen Erprobung" letztlich fehlerfrei gelaufen sind **und** mit der Maschine auch die beabsichtigte Produktion zufriedenstellend ausprobiert wurde.[714] Die **Beweislast** für das Vorhandensein von Mängeln geht mit der Abnahme auf den Kunden über, bei der Anwendbarkeit von Kaufrecht mit der Übergabe der Software (in der Regel auf Datenträger).

888 Sind **Mängel** bereits **vor der Abnahme erkennbar**, muss der Kunde nicht die Abnahme abwarten, sondern er kann seine Gewährleistungsrechte bereits vor Durchführung der Abnahme geltend machen.[715] Insoweit trägt der Kunde m. E. auch bereits vor Abnahme die Beweislast für die von ihm behaupteten Mängel, da er schon zu diesem Zeitpunkt aus den Mängeln Gewährleistungsrechte herleiten will. Er verlangt nicht mehr wahlfreie Erfüllung (für die der Anbieter beweispflichtig bleibt), sondern geht aus

---

[713] LG München I, Urteil vom 20. 10. 1986 – 7 O 1314/95, CR 1986, 803 ff.
[714] OLG Hamburg, Urteil vom 9. 8. 1985 – 11 U 209/94, CR 1986, 83 = IuR 1986. Freilich kommt es in diesem Fall ohnehin nicht mehr darauf an, ob der Kunde nun tatsächlich schlüssig abnahm oder nicht, da dann, wenn ein fehlerfreier Programmlauf festgestellt werden kann, die Verweigerung nicht berechtigt ist.
[715] OLG München, Urteil vom 25. 9. 1986 – 24 U 775/85, IuR 1987, 310.

vorgezogener Gewährleistung vor, so dass auch die durch die Abnahme bewirkte Beweislastumkehr dementsprechend vorgezogen wird.

Wandelungsrecht bei Testperiode: Die Klausel   889
„Die Lizenzprodukte werden dem Lizenznehmer für einen Zeitraum von 30 Kalendertagen zur Verfügung gestellt (Testperiode). Während der Testperiode hat der Lizenznehmer die Möglichkeit, die Lizenzprodukte auf Übereinstimmung mit den Programmspezifikationen bzw. Dokumentationen zu prüfen. Bei Nichtübereinstimmung ist der Lizenznehmer unter Ausschluss aller weiteren Gewährleistungs- und Schadensersatzansprüche berechtigt, bis zum Ablauf der Testperiode das Lizenzverhältnis über das/ die Lizenzpodukt(e) ohne Einhaltung einer Frist mittels eingeschriebenen Briefes zu kündigen."
lässt das **Wandelungsrecht** des Kunden unberührt, da die aufgeführte Klausel nur Mängel erfasst, die auf einer Nichtübereinstimmung des Produktes mit der Programmspezifikation, bzw. Programmdokumentation beruhen, nicht aber sonstige Mängel, die weitaus schwieriger zu entdecken sind und sich erst im Gebrauch herausstellen.[716]

Der Besteller einer Individualsoftware hat eine Mitwirkungspflicht. Er   890
muß dem Programmierer die für die Erstellung der Individualsoftware notwendigen Angaben machen. Hält dieser die Angaben für unzureichend, entlastet es ihn nicht, wenn die von ihm erstellte Software Mängel aufweist, die auf unvollständigen Angaben des Bestellers beruhen.[717] Spezifikationen sind vom Kunden auch ohne besondere Vereinbarung zu liefern, wenn das Programm auf die Bedürfnisse des Kunden abgestimmt werden soll und dieser sich auch die Entscheidung über das Aussehen der Bildschirmmasken vorbehalten hat.[718]

1.7 Unterstützende Leistungen: Wartung und Pflege

1.7.1 Wartung und Pflege

Checkliste: Regelungsinhalt Wartungs-/Pflegeverträge

– Wird bei Hardware-Systemen Instandsetzung oder Instandhaltung geschuldet?

---

[716] OLG München, Urteil vom 15. 2. 1989 – 27 U 386/88, CR 1990, 649.
[717] OLG Köln, Urteil vom 22. 9. 1995 – 19 U 65/94, CR 1996, 20.
[718] OLG Köln, Urteil vom 7. 2. 1992 – 19 U 117/91, NJW-RR 1992, 761 = CR 1992, 470 – C/Börse.

- Wie häufig erfolgen Kontrollen bei Instandhaltung? Welche kundenseitigen Vorkehrungen sind jeweils zu treffen?
- Welche maximale Reaktionszeit kann bei Instandsetzung vereinbart werden?
- Erfassen die Verpflichtungen auch ältere Geräte?
- Dürfen Konfigurationsänderungen während der Vertragslaufzeit erfolgen?
- Laufzeit des Vertrages? Kündigungsfristen? Ist Unterstützung in einer Mindestlaufzeit gesichert?
- Höhe der regelmäßigen Vergütung? Nebenkosten (etwa für Fahrt, Ersatzteile, Verbrauchsmaterialien)?
- Werden benötigte Teile/Materialien während der gesamten Vertragslaufzeit vorrätig gehalten?
- Ist Ferndiagnose möglich?
- Sind Ausweichsysteme temporär verfügbar?
- Kosten?
- Darf der Auftragnehmer einen Subunternehmer einschalten? Ist dieser zuverlässig und fachkompetent?

Die Wartung von Hardware und die Pflege von Software stellen beide Leistungsformen dar, die auf die **Erhaltung der Systemfunktionen** zielen. Sie werden deshalb einheitlich in den folgenden Abschnitten behandelt.

1.7.1.1 Leistungsbeschreibung

891 **Begriffe „Wartung", „Pflege", „Maintenance" und „Support"**

Als **Wartung** werden alle Leistungen zur Instandhaltung und Instandsetzung (s. unten Rn. 893) der Hardware, also der Anlage und zugehöriger Peripheriegeräte bezeichnet. Für die Gesamtheit dieser Leistungen wird auch die Bezeichnung „Vollwartung" verwendet. Der Leistungsumfang muss genau abgegrenzt und klar vereinbart sein. Systemwartung muss **regelmäßig** durchgeführt werden, da das System – insbesondere auch in seinen Software-Komponenten – sonst seine Wartbarkeit und Nutzbarkeit teilweise oder vollständig verlieren kann.

Pflege umfasst die Beseitigung von Fehlern am Programm und die Aktualisierung oder Erweiterung von Programmen (z. B. die Anpassung an einen neuen Mehrwertsteuer-Satz) sowie den Austausch verbesserter Standardsoftware einschließlich Dokumentation (Aktualisierung, Updating).

Maintenance wird vielfach als Gesamtheit aus Wartungs- und Pflegeleistungen definiert. Teilweise spricht man von Support, ohne dass die Begriffsabgrenzungen klar gezogen wären. Auch Rechtsprechung und Literatur haben diesen Begriff bisher kaum präzisiert. Ein typisches (verkehrsübliches) Leistungsbild lässt sich damit nicht feststellen, so dass Anbieter und Kunden gehalten sind, das als Maintenance bezeichnete Leistungsbündel aufzulisten und insbesondere hinsichtlich der ergänzenden Leistungen näher zu beschreiben. Nur auf diese Weise lässt sich sicherstellen, dass die Erbringung der jeweiligen Leistungen vom Kunden geprüft und vom Anbieter bewiesen werden kann.

Als **Support** kann das Zurverfügungstellen von (telefonischen[719]) kostenlosen/telefongebührenpflichtigen Informationen zur Installation und zu ersten Bedienungsschritten für Privatkunden gehören, aber auch (meist mit mehreren Vergütungsstufen) von Informationen für Entwickler. Diese Leistungen lösen sich von der system- oder softwarebezogenen Betreuung und stellen im Wesentlichen reine Informationsvermittlung dar.

Für die verschiedenen Formen der Kombinationen aus Wartungs- und Pflegeleistungen spricht man von „**Service-Level-Agreements**". Hier werden Störungsmitteilungen auf verschiedenen Kompetenzebenen abgearbeitet bzw. je nach Störungsart und -komplexität auf die nächsthöhere Ebene weitergereicht. Auch hier müssen die einzelnen, mit unterschiedlichen Vergütungen verknüpften Leistungsebenen (levels) und die Verweisungsmechanismen zwischen diesen definiert werden. So ist zu klären, welche Leistung auf welchem Level unter welchen Voraussetzungen erbracht wird und in welcher Zeit spätestens auf die nächsthöhere Stufe verwiesen wird. Für den Kunden ist letztlich nicht die Stufenfolge entscheidend, sondern nur, ob und wann er spätestens eine Problemlösung erwarten kann.

Viel diskutiert wurde längere Zeit über Vor- und Nachteile der „**Third**   892 **Party Maintenance**" (TPM), also (vor allem) der Hardware-Wartungs-, aber auch Software-Pflegeleistungen von Drittfirmen für Systeme großer Anbieter (und heute eher unter dem Titel „Outsourcing" gefasst). Hier ist insbesondere sicherzustellen, dass der TPM-Anbieter alle Upgrades des Herstellerproduktes unterstützt und seine Leisungen für eine vertragliche Mindestlaufzeit anbietet. Zu regeln sind auch die Vor-Ort-Einsatzkosten, die regelmäßig fällige Leistungspauschale, die Verfügbarkeit von Aus-

---

[719] Telefonische Beratung erfolgt mangels abweichender Vereinbarung grundsätzlich kostenfrei (AG Maulbronn, Urteil vom 27. 5. 1993 – 1 C 633/92, NJW-RR 1994, 1077).

weichsystemen und die Zulässigkeit der Unterbeauftragung von weiteren Firmen. Bezüglich softwarebezogenen Leistungen muss der TPM-Anbieter außerdem aus dem Nutzungsvertrag des Kunden mit dem Anbieter berechtigt sein, Änderungen an der Software vorzunehmen. TPM ist eine Unterform der mittlerweile allgemeiner „Outsourcing" (s. Rn. 1006) genannten Auslagerung von Aufgaben aus den Unternehmen. Der Vorteil von TPM-Angeboten besteht darin, dass sie häufig deutlich kostengünstiger sind als die Angebote der Hersteller. Der Nachteil bei TPM-beauftragten Leistungen ist hingegen darin zu sehen, dass nur wenige markttypische Anwendungen unterstützt werden (für andere ist der Markt für einen TPM-Anbieter zu klein), was sich bei der zögerlichen oder überhaupt nicht erfolgenden Belieferung mit aktuellen Updates oder Ersatzteilen zeigen kann.[720]

893 Die Leistungen **Instandsetzung** und **Instandhaltung** unterscheiden sich (für Wartung wie für Pflege) wesentlich von ihrem typischen Leistungsprofil her:

– Bei **Instandsetzung** (Beseitigen mitgeteilter Fehler) ist die **Fehlerbeseitigung** Teil der Erfüllung der vertraglichen Hauptleistungspflicht. Gewährleistung tritt erst ein, wenn die Beseitigung unzureichend gelingt, nicht schon mit Auftreten des Fehlerzustandes. Instandsetzung ist eine kostengünstige Leistungsvariante. Der Anbieter von Wartungsleistungen für Hardware/Systemsoftware muss sich mit den Mängelmitteilungen, die sich auf Anwendungssoftware beziehen, zumindest insoweit befassen, als Störungsursachen klar festzustellen sind.[721]

– **Instandhaltung** zielt hingegen auf das Verhindern des Auftretens von Fehlern. Hauptleistungspflicht ist hier nicht die Beseitigung aufgetretener Fehler, sondern **Fehlervermeidung** sowie ergänzend die Beseitigung nicht vermiedener Fehler. Ein Gewährleistungsfall tritt bereits ein, wenn ein Fehler trotz getroffener Vorkehrungen auftritt. Der Fehler zeigt, dass die präventionsorientierte Leistung mangelhaft war. Die eigentliche Fehlerbeseitigung ist hier nicht Erfüllung, sondern Nachbesserung der geschuldeten Anbieterleistung. Instandhaltung ist aufgrund des erhöhten Aufwandes zum Vorhalten qualifizierter Leistung und laufender Kontrollen meist wesentlich teurer als Instandsetzung, aber für Systeme erforderlich, deren **Ausfallsicherheit** erhalten werden muss.

---

[720] Siehe bereits Koch/Berg-Grünewald, NJW-CoR 1989, 28, 30.
[721] OLG Hamm, Urteil vom 22. 5. 1986 – 4 U 190/84, DV-R 4, 124, 131.

Wartung und Pflege nützen dem Kunden nur dann etwas, wenn er mit   894
umgehender Fehlerbeseitigung – **Dienstbereitschaft** – rechnen kann.
Dazu gehören:
– **Knappe Reaktionszeit** zwischen Fehlermeldung und Eintreffen des
Servicepersonals. Entsprechende terminliche Zusagen über Reaktionszeiten sollten unbedingt bereits im Vertrag fixiert werden, und
zwar um so präziser, je mehr der Anwender von einem unterbre-
chungsfreien EDV-Einsatz abhängt. Dies gilt auch für Reparaturen,
die nur gegen gesonderte Vergütung erbracht werden müssen. Das
Serviceunternehmen darf hierbei seine Leistung nicht von einer vorhergehenden Erklärung des Kunden abhängig machen, die Kosten als
zusätzliche zu übernehmen.[722] Wird in Wartungsverträgen Wartung
auf Abruf, eine feste Mindestlaufzeit des Vertrages und quartalsweise
Vergütungszahlung vereinbart, gilt die Abnahme als Voraussetzung
der Vergütungsfähigkeit als abbedungen.[723] Die grundsätzlich als vertragliche Nebenpflicht einzustufende Einhaltung einer bestimmten
Reaktionszeit, innerhalb deren mit der Leistung, also etwa mit der
Störungsbeseitigung, begonnen werden muss, kann bei besonderer
Vereinbarung selbst zur **Hauptpflicht** werden. So etwa, wenn der
Nachweis ständiger Reaktionsbereitschaft für den Kunden von
wesentlicher Bedeutung ist (etwa bei dem Einsatz von softwarege-
stützten Flugsicherungssystemen). Im Einzelfall ist zu prüfen, ob die
Einhaltung durch Vereinbarung einer Vertragsstrafe bei Nichteinhaltung gesichert werden sollte.
– **Regelmäßige Serviceintervalle**, ohne die mit einer erhöhten Ausfall-
wahrscheinlichkeit zu rechnen ist. Hierbei handelt es sich um eine Vor-
form der Instandhaltung.
– Ergänzend die **schnelle Durchführung der Fehlerbeseitigung** selbst.
Hier sollte sich der Kunde absichern, ob dem Serviceunternehmen das
zu betreuende System bekannt ist und es mit anderen Kunden bereits
ausreichende Erfahrungen gesammelt hat. Die Dauer einer Reparatur
oder sonstigen Fehlerbeseitigungsmaßnahme lässt sich zwar im Voraus
nicht genau kalkulieren, jedoch sollten nach Möglichkeit minimale Fristen vereinbart (und mit Vertragsstrafen bewehrt) werden, so dass der
Anwender kalkulieren kann, ab welchem Zeitpunkt er mit der Nutzung
fortfahren kann.

---

[722] LG Heidelberg, Urteil vom 1. 9. 1986 – O 53/85 KfH I, IuR 1987, 108.
[723] OLG Karlsruhe, Urteil vom 28. 2. 1985 – 9 U 102/83, CR 1987, 232, 234.

Für alle Leistungen ist sicherzustellen, dass
- Wartungs- und Pflegeleistungen **aus einer Hand** erbracht werden,
- die **Qualitätssicherung** auch alle Wartungs- und Pflegeleistungen umfasst (durch entsprechende Dokumentation nachzuweisen; Prüfmaßstab: DIN/ISO 9000 Teil 2 Nr 5.4; s. unten und Rn. 247),
- gesicherte **Leistungsbereitschaft** während der gesamten Vertragslaufzeit vorgehalten wird und Mindestlaufzeiten der Verträge, von z. B. drei Jahren, möglich sind, während deren der Anbieter nur außerordentlich kündigen darf.

Zu beachten ist, dass die Entgeltpflicht aus dem Wartungsvertrag mit einem Lieferanten erst beginnt, wenn die Hardware funktionsfähig ist.[724]

Erforderlich ist freilich auch, dass die Mitarbeiter des Anbieters ausreichende Erfahrung aus individuellen oder allgemeinen versionsbezogenen Fehlerbeseitigungsarbeiten gewonnen haben und entsprechend gezielt bei ihrer Leistungserbringung vorgehen können.

895 Die den **Kunden** treffenden **Mitwirkungspflichten** lassen sich nicht in einem fertigen, abschließenden Katalog festhalten. Folgende **Faustregel** mag als Anhaltspunkt dienen: **Der Kunde hat alle Anstrengungen zu unternehmen, um eine reibungslose Wartung/Pflege zu ermöglichen, und alles zu unterlassen, was den Service** (also Wartung oder Pflege) **erschweren oder unmöglich machen könnte.**

Insbesondere muss der Kunde
- auftretende Störungen an Hardware und Software umgehend mitteilen,
- diese Fehler derart dokumentieren, dass sie für den Anbieter nachprüfbar sind,
- ausreichende Zeit für Wartungs- und Pflegearbeiten am Rechner einräumen,
- bei der Leistungserbringung, soweit erforderlich, selbst mitwirken (Vorführen der Fehler, Zugang zur Anlage gewähren, Stellen von Personal etc.).

896 Auch Wartungs- und insbesondere Pflegeleistungen sind zu dokumentieren. Jede der erbrachten Leistungen ist vom Anbieter verständlich und vollständig zu dokumentieren. Dies gilt insbesondere für alle gebrauchsrelevanten Änderungen der Software. Fehlende Dokumentation kann andernfalls sehr schnell zu einer unübersichtlichen Codestruktur, einer sich hieraus ergebenden Erschwerung der Pflege der Programme und

---

[724] LG Köln, Urteil vom 4. 7. 1991 – 29 O 524/89, MRC 1991, 48.

schließlich zu einer Einschränkung oder gar Aufhebung der Nutzbarkeit der Software führen. Ein kompetenter Anbieter wird entsprechende Dokumentationsleistungen explizit beschreiben und kontrollfähig erbringen.

Die Lieferung einer **Wartungsdokumentation** bedarf besonderer Vereinbarung[725], während eine Pflegedokumentation auch ohne besondere Vereinbarung dann als Teil der Pflegeverpflichtung geschuldet ist, wenn Änderungen an Struktur oder Code der Programme vorgenommen werden.

Anwender müssen grundsätzlich beachten, dass Fehlerbeseitigungs- und Entwicklungsarbeiten die Qualität der Software regelmäßig verschlechtern. Jede Programmänderung muss deshalb auf ihre möglichen Auswirkungen auf andere Teile des Programmes (bzw. auf andere Komponenten des Systems) hin untersucht und die Einhaltung derjenigen QS-Verfahren sichergestellt werden, die bei der Erstellung der Software angewendet wurden. (Zur QS s. Rn. 242 ff.)   **897**

Die Pflegbarkeit von Software wird durch Qualitätsmerkmale wie Zuverlässigkeit, Verständlichkeit, Testbarkeit, Modularität und Erweiterbarkeit erleichtert. Software, die den gegenwärtigen Qualitätsnormen entspricht, lässt sich deshalb wesentlich leichter pflegen und weiterentwickeln als frühere Versionen. Bewährte Programmteile sollten außerdem nach Möglichkeit und im Rahmen der rechtlichen Zulässigkeit wiederverwendet werden, da sie ausgetestet und damit weniger fehleranfällig als Neuentwicklungen sind.

Erforderlich ist freilich auch, dass die Mitarbeiter des Anbieters ausreichende Erfahrung aus individuellen oder allgemeinen versionsbezogenen Fehlerbeseitigungsarbeiten gewonnen haben und entsprechend gezielt bei ihrer Leistungserbringung vorgehen können.

Übertragbarkeit von Wartungs- und Pflegeverträgen: Da bei Wartungsverträgen über EDV-Anlagen für den Auftraggeber die Person des Wartungsunternehmers wegen der Kompliziertheit der Anlagen nicht gleichgültig ist, ist eine AGB-Klausel des Wartungsunternehmers gemäß § 9 AGBG unwirksam, die das **Konsenserfordernis des Auftraggebers** nach § 415 Abs. 1 BGB ausschließt.[726]   **898**

Schuldet das Wartungsunternehmen die Vornahme normaler Kontroll- und Pflegearbeiten sowie alle zur Erhaltung eines gebrauchsfähigen Zustandes erforderlichen Reparaturen, so ist das Unternehmen verpflichtet, alle auf-   **899**

---

[725] OLG München, Urteil vom 24. 4. 1986 – 1 U 5742/85, CR 1988, 38.
[726] OLG Bamberg, Urteil vom 1. 10. 1985 – 5 U 57/85, CR 1987, 234.

tretenden **Störungen erfolgreich zu beseitigen** und das jeweilige Gerät in einem möglichst wenig störanfälligen Zustand zu erhalten, nicht aber schlechthin die völlig störungsfreie Funktion des Gerätes.[727] Notwendige Reparaturen sind insoweit unverzüglich durchzuführen.[728]

Ist die störungsfreie Funktion von Hardware notwendige Voraussetzung für den Geschäftsbetrieb des Kunden, so sind Reparaturen so schnell wie möglich durchzuführen, und zwar auch solche Reparaturen, die bei einem Vollwartungsvertrag nicht durch die Pauschale abgegolten sind (z. B. aus Schwachstromschäden).[729] Zu berücksichtigen sind auch **ergänzende Leistungspflichten:** Stellt der Wartungsunternehmer etwa auf zu reinigenden Platten Kratzer fest, ist er verpflichtet, den Auftraggeber auf diese Beschädigung und die daraus drohenden Gefahren hinzuweisen.[730]

Eine Störung als solche ist – bei geschuldeter Instandsetzung – **kein Mangel der Wartungs- oder Pflegeleistung,** sondern eine mögliche Folge eines Mangels dieser Leistung.[731]

900 Ein **Mangel der Wartungsleistung** liegt unter diesen Voraussetzungen erst vor, wenn es dem Unternehmen nicht gelingt, behebbare Störungen zu beseitigen, oder wenn sich auftretende Defekte als Folge mangelhafter Wartungsleistungen darstellen, nicht aber etwa als Folge einer mangelhaften Qualität der Anlage.[732]

901 **Umbaumaßnahmen** zur Stabilisierung oder Verbesserung der Leistungsfähigkeit des Systems fallen **nicht** unter die **Wartungspflicht** zur Instandsetzung oder Instandhaltung, auch wenn der Hersteller solche Umbauten vorschlägt oder vorschreibt[733]: Die Leistung kann durch Einzelmaßnah-

---

[727] OLG Düsseldorf, Urteil vom 14. 1. 1987 – 19 U 48/86, CR 1988, 31 f. = NJW-RR 1988, 441 (für Kopiergeräte).

[728] LG Heidelberg, Urteil vom 1. 9. 1986 – O 53/85 KfH I, IuR 1987, 108 = DV-R 4, 305.

[729] LG Heidelberg, Urteil vom 1. 9. 1986, a. a. O.

[730] AG München, Urteil vom 26. 10. 1981 – 9 C 4039/80, DV-R 2, 323.

[731] OLG Hamm, Urteil vom 22. 11. 1988 – 31 U 63/88, CR 1989, 98.

[732] OLG Düsseldorf, Urteil vom 14. 1. 1987, a. a. O. Fraglich erscheint allerdings, ob die Verpflichtung, eine Anlage in gebrauchsfähigem Zustand zu halten, nicht auch beinhaltet, dass Qualitätsmängel der Anlage nicht zu einer Beeinträchtigung oder Aufhebung der Funktionsfähigkeit führen dürfen. Das Wartungsunternehmen muss hier als Werkunternehmer auf eigenes Risiko prüfen, ob es für die Vertragslaufzeit die Funktionsfähigkeit der Anlage gewährleisten kann. Die entscheidende – mangels der Mitteilung des Tatbestandes in der Veröffentlichung der Entscheidung OLG Düsseldorf, Urteil vom 14. 1. 1987, a. a. O., 31 – nicht eindeutig beantwortbare – Frage ist wohl, ob sich die Leistungspflicht nur auf „behebbare Störungen" erstreckt oder auf alle Störungen, wofür wohl die Schilderung von Ziff. 3 spricht.

[733] OLG München, Urteil vom 22. 11. 1988 – 25 U 5810/86, CR 1989, 283.

men vor Ort oder durch Lieferung von Updates erfolgen.[734] Eine Instand-
haltungsverpflichtung umfasst keine Pflicht zur Lieferung von neuen Software-Versionen (mit Programmneuerungen).[735] Die Erfüllung eines Wartungsvertrages über Hardware ist auch für die Zeiten nicht unmöglich, in
der vom Wartungsunternehmer zu liefernde Software noch nicht geliefert
wurde. Allerdings kann die Wartungsgebühr infolge einer wirtschaftlichen
Verflechtung der einzelnen Verträge entfallen, solange die Software nicht
oder nicht vollständig einsatzbereit ist.[736]

Updates enthalten zumeist Fehlerbeseitigungen und Anpassungen, neue   902
„Versionen" hingegen (auch) wesentlich neue Funktionsmerkmale, während „Upgrades" in der Regel auf leistungsstärkere Hardware hin ausgelegt sind. **Aus Pflegeverträgen** schuldet der **Anbieter** mangels abweichender Vereinbarung grundsätzlich **nur Updates**, neue Versionen (also
neue Leistungsmerkmale) und Upgrades nur bei besonderer Vereinbarung.
Auch die Anzahl der auszuliefernden Updates und der jeweilige Zeitpunkt
ihrer (spätesten) Auslieferung bedürfen besonderer Vereinbarung. Ist der
Anbieter nur verpflichtet, für **mitgeteilte Fehler** Beseitigungsmaßnahmen
zu entwickeln (etwa Fehlerumgehungen), erfolgt aber keine Fehlermittei-
lung, so stellt die Nichtauslieferung während der (u. U. sogar gesamten)
Vertragslaufzeit keine Nicht- oder Schlechterfüllung dar. Vielmehr wird
hier das **Vorhalten der Leistungsbereitschaft** des Anbieters abgegolten.

Einen **Anspruch auf Lieferung eines Updates** zu einem Programm kann   903
der Kunde haben aus:
– **Gewährleistung**, soweit ein Mängelbeseitigungsanspruch besteht (also
  generell aus Werkvertrag, bei entsprechender ergänzender Vereinbarung
  aus Kaufvertrag). Das Update braucht hier nur die Beseitigung des vom
  Kunden gerügten und bei Gefahrübergang vorhandenen (§ 459 Abs. 1
  BGB) Mangels enthalten, nicht jedoch die Beseitigung sonstiger, von
  anderen Kunden gerügten Mängel, ebenso und erst recht nicht sonstige
  Aktualisierungen des Programms. Die Update-Lieferung ist eine Form
  der Mängelbeseitigung und muss wie diese generell umgehend erfolgen. Der Anbieter kann den Kunden also ebenso wenig wie bei sonsti-

---

[734] Aus dem red. Leitsatz Nr. 2 zu OLG Hamm, Urteil vom 3. 2. 1997 – 13 U 153/96, CR 1998, 202
könnte in diesem Zusammenhang entnommen werden, dass im Rahmen von Wartungsverträgen
(richtiger wohl: Pflegeverträgen) Software-Änderungen durch Update integriert zu werden hätten. Aus dem Urteil ergibt sich dies aber keineswegs, sondern vielmehr eine ausdrückliche Vereinbarung der Vertragsparteien, sog. „UP-DATES" zu überlassen. Die technische Form der Leistungserbringung bleibt also frei.
[735] LG Köln, Urteil vom 11. 5. 1984 – 90 O 14/84, IuR 1986, 170 = MCR 1984, 13.
[736] OLG München, Urteil vom 22. 5. 1985 – 7 U 5343/84, CR 1985, 138.

gen Mängelbeseitigungen auf die zeitlich nicht näher festlegbare Auslieferung eines zukünftigen Updates vertrösten, wenn nichts anderes vereinbart ist. Im letzteren Fall gilt die Verjährungsfrist durch diese Vereinbarung ab Mitteilung der Mängelrüge bis tatsächlicher Update-Auslieferung als gehemmt (entsprechende Anwendung von § 639 Abs. 2 BGB[737]).

– **Pflegevertrag**, wobei hier, anders als bei der Gewährleistung, auch die Beseitigung der von anderen Kunden gerügten Fehlerzustände einbezogen und entsprechend auch ausdrücklich als Leistungsmerkmal vereinbart werden sollte, ebenso eine regelmäßige Aktualisierung im anwendungserforderlichen Umfang.

904   Findet der Kunde bei einer Funktionsprüfung des Updates die **alten**, bereits vorhandenen **Fehler** wieder, liegt im Rahmen des Pflegevertrages vertragliche Nichterfüllung vor, da die geschuldete Leistung (die Beseitigung eines fehlerhaften Programmzustandes) nicht erbracht wurde, während im Rahmen der Gewährleistung die ursprüngliche Mängelbeseitigungsverpflichtung fortbesteht.

Entdeckt der Kunde hingegen **neue Fehler im Update**, führt dies im Rahmen der Pflegeverpflichtung zu eigenständiger vertraglicher Gewährleistung des Anbieters für diese Updatefehler, da der Anbieter seine Leistung nur mangelhaft erbracht hat. Soweit das Update allerdings selbst als Gewährleistungsmaßnahme ausgeliefert wurde, führt das Vorhandensein neuer Fehler zu einer positiven Vertragsverletzung durch den Anbieter, die diesen ersatzpflichtig macht.

Wird die Lieferung von Updates als **Form** der Erbringung **der Pflegeleistung** vereinbart, so verpflichtet sich der Kunde zur Entgegennahme dieses Updates als Erfüllung der anbieterseitigen Leistungspflicht. Der Kunde muss aber nicht anstandslos jedes Update akzeptieren. So ist generell Voraussetzung, dass der Kunde **die aktualisierte Software in der gleichen Weise wie die bisher vorhandene Software nutzen kann,** da der vertraglich vorausgesetzte Gebrauch unterstützt werden muss, nicht jedoch einseitig durch den Anbieter geändert werden darf. Muss der Kunde jedoch wegen eines neuen Updates die Speicherkapazität seiner Anlage nicht unbeträchtlich aufrüsten oder eine neue CPU oder Anlage anschaffen bzw.

---

[737] Allgemein zur entsprechenden Anwendbarkeit s. etwa OLG Frankfurt/Main, DB 1982, 2397 (bei Vereinbarung der Nachbesserung) und BGH, NJW 1984, 1252 bei verkäuferseitiger Mängeluntersuchung ohne besondere Vereinbarung. Mängelbeseitigung durch zeitlich unbestimmtes Updating führt also zur entsprechend längerfristigen Gewährleistungsfristenhemmung.

lassen sich bisherige Datenbestände aufgrund von Veränderungen in der Datensatzstruktur einer Datenbanksoftware nicht mehr oder nur noch eingeschränkt verwenden, so ist ein solches Update keine vereinbarungsgemäße Erfüllung der Leistungspflicht des Anbieters, sondern ein Leistungsmangel, der Gewährleistungsrechte des Kunden begründet. Im Einzelfall kann sogar Nichterfüllung des Vertrages vorliegen, etwa bei unabgestimmter Lieferung einer neuen Version, die eine Falschlieferung (aliud) darstellen kann.

Kann oder will der Anbieter aus Kostengründen nicht mehr ältere Programmversionen pflegen und liefert er deshalb Updates nur noch für neuere Folgeversionen eines bestimmten Programmes aus, so stellt sich grundsätzlich das gleiche Problem. Ist der Anbieter trotz bestehender vertraglicher Verpflichtung nicht bereit, die alte Programmversion weiterhin zu unterstützen, muss dem Kunden zumindest ein Kündigungsrecht zustehen, wenn mit dem Wechsel zur Folgeversion nicht zumutbare zusätzliche Aufwendungen etwa zur Aufrüstung der Hardware verbunden wären. Folge kann freilich sein, dass die alte Software mangels Unterstützung ihren Wert für den Kunden verliert. Deshalb sollte für die gesamte Vertragslaufzeit die Unterstützung von Programmversionen festgelegt werden, die kundenseits keine hardware- oder softwareseitigen Umstellungen verlangen.

Weicht bei **Updating als Mängelbeseitigung** das Update durch die neuen Systemvoraussetzungen vom vertraglich vorausgesetzten Gebrauch der Software ab, liegt keine Mängelbeseitigung im Hinblick auf diesen Gebrauch vor. Dem Kunden bleibt hier das Recht zur Minderung oder Wandlung.

Erwirbt ein Computerkunde zunächst Software für ca. DM 9 000,00 mit zusätzlichen Update-Kosten, die er dann auch laufend bezahlt, und erwirbt er einige Zeit danach neue Hardware und überlässt ihm derselbe Hersteller eine neue Programmversion, eine „Demo-Version", so kommt hinsichtlich dieser Software keine verbindliche vertragliche Vereinbarung mit Mängelgewährleistung zustande.[738]

Probleme und Streitigkeiten treten sehr häufig hinsichtlich der Frage auf, welche Änderungen und Neuentwicklungen von Programmmerkmalen vom Anbieter im Rahmen der bestehenden Pflegeverpflichtungen geschuldet sind bzw. welche Merkmale getrennt beauftragt werden müssen.   905

---

[738] OLG Koblenz, Urteil vom 14. 3. 1996 – 5 U 1126/95, CR 1997, 292 (vom Vorsitzenden Richter Bischof formulierter Leitsatz) = WiB 1997, 826.

Anpassungen und Erweiterungen sind grundsätzlich dann nicht geschuldet, wenn der Anbieter die Software auf einem technisch definierten Nutzbarkeitsstatus halten soll. Sie können jedoch geschuldet sein, wenn sich in einer vertraglich vorausgesetzten Anwendung Umgebungsbedingungen ändern, etwa durch üblichen Hardwaretausch oder auch Änderung von Mehrwertsteuersätzen oder kassenärztlichen Abrechnungsformularen.

Anpassungsarbeiten sind **Änderungen** der Software
– im Verhältnis zu der technischen Umgebung, also zur Basis-Software, etwa zum TP-Monitor oder zum Datenbankensystem;
– in den Benutzerschnittstellen, also in den Bildschirmmasken, Berichten oder im Datenaustausch;
– in den Funktionen, die das System ausführt, z. B. Gesetzesänderungen, neue Erkenntnisse oder neue betriebliche Regelungen.

Erweiterungen dehnen den funktionalen Umfang der Software aus. Hierbei werden vorhandene Software-Komponenten, Datenkapseln, Code-Module und Kommandoprozeduren verändert oder zusätzliche Funktionen eingebaut.

Im Zusammenhang mit diesem Parameter (Stabilisierung, Anpassungs- und Erweiterungsarbeiten) sind sämtliche Pflegeleistungen eindeutig definierbar. Eine solche Zuordnung ist eine notwendige, wenngleich keineswegs immer leicht erreichbare Voraussetzung der rechtlichen Beurteilung.

In Kategorien des Software-Engineering stellen Fehlerbehebungsarbeiten eine Stabilisierung dar, Anpassungen und Erweiterungen hingegen das Einhalten einer bestimmten Operationalität bzw. Erweitern einer vorhandenen Funktionalität. Fehlerbehebungen und Weiterentwicklungen gehen zudem Hand in Hand und sind – auch im konkreten Entwicklungsprozess – technisch-organisatorisch kaum noch klar voneinander zu unterscheiden. Dies wird auch in der Schwierigkeit deutlich, in der Praxis Pflege- und Weiterenwicklungsleistungen getrennt als Vertragsleistungen zu beschreiben und festzulegen. Maßgebend ist hier deshalb für die Vertragserfüllung und die Haftung aus Leistungsstörungen weniger eine begrifflich-abstrakte Abgrenzung als die jeweilige Beschreibung einer komplexen Leistung, die neben Pflege- sehr oft auch sonstige Änderungselemente aufweisen wird. Ähnliche Abgrenzungsprobleme entstehen zuweilen auch zwischen „Pflege" und „Wartung" sowie im Verhältnis zu sonstigen, begleitenden Leistungen.

Der Kunde darf nicht vertraglich gezwungen werden, bei jeglicher Programmänderung die Software erneut kostenpflichtig zu erwerben, um den Verlust seiner Geschäftsdaten zu vermeiden. Ein solcher Vertrag ist aufgrund knebelnder Wirkung sittenwidrig und damit **nichtig**.[739]

Die **Kopplung von Software-Überlassung und Pflege** kann grundsätzlich   906
nicht erzwungen werden. Größere Programmsysteme bedürfen zwar meist laufender Pflege, also der Fehlerbeseitigung und Aktualisierung, der Kunde kann aber nicht gezwungen werden, einen längerfristigen Pflegevertrag abzuschließen. Zulässig wäre allenfalls eine Verpflichtung des Kunden, für die Dauer der Gewährleistung einen Pflegevertrag abzuschließen, dies aber auch nur dann, wenn die Pflege Voraussetzung dafür ist, dass das Programmsystem überhaupt auf Fehlerhaftigkeit hin getestet und eine Fehlerbeseitigung ordnungsgemäß durchgeführt werden kann (Protokollierung der Systemaktivitäten durch das Betriebssystem), oder wenn die eigentliche Mängelbeseitigung aus Gewährleistung nicht zusätzlich noch mal als Pflegeleistung abgerechnet wird.

Der Anbieter kann seinerseits sehr wohl verpflichtet sein, neben der Überlassung der jeweiligen Software auch deren Pflege anzubieten, wenn die Software für längere Nutzung konzipiert ist, hierzu aber der regelmäßigen Pflege bedarf. Eine andere Frage ist, in welcher Form der Anbieter Pflegeleistungen verfügbar machen muss. Viele Anbieter können mangels flächendeckenden Servicenetzes keine Individualpflege anbieten und andererseits auch nicht feste Termine für die Entwicklung notwendiger Folge-Updates benennen und zusagen. In der Praxis können deshalb rechtlich durchaus bestehende Pflegeverpflichtungen leicht leer laufen, wenn der Kunde bezüglich der Pflege von einem einzelnen Anbieter abhängig ist. Auf jeden Fall bereits kartellrechtlich unwirksam ist es, wenn einzelnen Kunden die – für andere Kunden verfügbaren – Pflegeleistungen vorenthalten werden.

Das Verhältnis von **Gewährleistung/Pflege** stellt sich wie folgt dar: Ver-   907
einbaren die Vertragsparteien einer Software-Überlassung auch Pflege des Programms, so darf der Kunde bei Vorhandensein eines Mangels nicht sofort Wandlung verlangen, sondern muss erst eine Nachbesserungsmöglichkeit einräumen.[740]

---

[739] AG Hanau, Urteil vom 26. 6. 1998 – 31 C 709/98-11, Jur-PC, Web-Dok. 146/98.
[740] LG Stuttgart, Urteil vom 26. 11. 1993 – 8 O 568/92, CR 1995, 223 (LS) = MRC 1995, 160.

Wartungs- bzw. Pflegeverträge sind grundsätzlich **unabhängig von Leasingverträgen.** Mit der Beendigung eines Leasingvertrages entfällt nicht „automatisch" der Wartungsvertrag.[741]

908 **Übersicht: Typische Wartungs- und Pflegeleistungen in der Praxis**[742]

Wartung:
- Generell, besonders bei größeren Systemen, das Vorhalten von Leistungsbereitschaft;
- Einhalten bestimmter Mindestreaktionszeiten, innerhalb deren mit dem Beginn der Mängelbeseitigung begonnen werden muss (s. o.), Verfügbarkeit, Mean-Time-to-Repair (Instand**setzung**), Mean-Time-between-Failure (Instand**haltung**), Ausfallanzahl, Wartungszeiten (= Nichtverfügbarkeit!);
- vorgeschaltete Untersuchung bei Störungen im Programmbetrieb[743];
- Beseitigen technischer Störungen, Reparieren defekter Teile (Instandsetzung);
- Lieferung von neuen Verbrauchsmaterialien (Papier, Toner) und Teilen (Datenträger, Kabel);
- regelmäßige technische Funktionskontrollen (Instandhaltung);
- vor Ort bei dem Anbieter und/oder
- mittels Datenfernübertragung („Telesupport")[744];
- Einstellen (Justieren) technischer Funktionswerte;
- Gerätereinigung;
- Erstellen aktueller Sicherungskopie nach Ende von Wartungstätigkeiten[745];
- Einrichten und Verfügbarhalten von Backup-Systemen (Frage z. B.: Lohnt ein Tag Stillstand drei Jahre Kosten für redundante Systeme?)[746].

Diese Leistungen können erbracht werden durch:
- Beratung/Hilfe beim Einstellen von Systemparametern auf betriebliche Anforderungen[747];
- teilweise durch telefonische Hotline, DFÜ-Wartung;

---

[741] LG München I, Urteil vom 12. 7. 1990 – 7 O 965/90, MRC 1995, 159.
[742] Schneider, Handbuch, Rn. A 31 bemängelt ein relativ uneinheitliches Bild des Pflegevertrages. Dies scheint aber kein Problem der Dogmatik, sondern der Rechtsempirie zu sein. Die Pflegeleistungen differenzieren sich nun einmal schnell aus, ohne dass einfache Leistungsbilder der gesetzlichen Vertragstypen des BGB im Vordergrund stünden. Dies gilt zumal für die von Schneider nicht behandelten „Service Level Agreements".
[743] Hering, CR, 1991, 398 bis 204.
[744] Hardt, CR, 1991, 202.
[745] OLG Köln, Urteil vom 2. 2. 1996 – 19 U 223/95, CR 1996, 407.
[746] Siehe CW 23, 1997, 91.
[747] Hardt, a. a. O.

– Einrichten operationeller Prozeduren (Startup, Shut-down, Backup, Systemsicherheit);
– Kontrolle von systeminternen Datensicherungs- und/oder Verschlüsselungsmechanismen.

Die Nutzung von **Ausweichanlagen** bzw. -Rechenzentren kann bei Mängeln der Hardware unabdingbar sein. Folgende Regelungspunkte sind hier zu klären:

– Standort der Anlage, voraussichtliche Dauer des Transfers von Software und gesicherten Datenbeständen auf das Ausweichsystem;
– gleichartige Konfiguration des Ausweichsystems, evtl. parallele Verwaltung von Datenbeständen;
– Zu welchen Zeiten ist das Ausweichsystem nutzbar? DFÜ-Zugriff?
– Besteht genügend freie Arbeits- und Speicherkapazität?
– Besteht Sicherung der Datenbestände vor unberechtigten Zugriffen Dritter (z. B. anderen RZ-Kunden)?
– Besteht Haftung für Verluste von Daten in dem Ausweichsystem?

Pflege:
– Beseitigen einzelner Fehler im Programm und/oder in der Dokumentation;
– Liefern eines Updates bzw. einer neuen Programmversion;
– Anpassen an geänderte Anwendungsbedingungen für alle Kunden (neue Version) oder individuelle Fehlerbeseitigung für einzelne Kunden;
– Informationen über
  • neue Programmentwicklungen oder
  • Fehler, die bei anderen Anwendern gefunden wurden;
– Weiterentwicklung der Software.

Die jeweils vereinbarten Leistungen werden in einem Leistungsschein, meist **Wartungsschein** bzw. **Pflegeschein** genannt, mit genauen Daten der Anlage, zu pflegenden Systemkomponenten und Software sowie mit Leistungszeiten fixiert.   909

In der **Vertragspraxis** sollte bei Verwendung von Begriffen wie „Maintenance", „Support" oder „Service Level Agreement" aufgeschlüsselt werden, welche Leistungspositionen konkret geschuldet sein sollen bzw. was ein Service Level beinhaltet. Für Standardsysteme ist die Vereinbarung auch spätester Zeitpunkte der Fehler**beseitigung** ratsam.   910

Genau zu regeln ist, auf welches **vertragsgegenständliche System** bzw. auf welche Systemkomponenten sich die Wartungs- oder Pflegeverpflich-

tung bezieht und welchen Umfang sie hat. Können Garantien dafür übernommen werden, dass die Funktionsfähigkeit in einer bestimmten Form
erhalten bleibt? Insbesondere ist zu definieren, ob und in welchen zeitlichen Abständen **Routineuntersuchungen** erforderlich sind und in welcher Zeit ab Fehlermeldung mit der Fehlerbeseitigung (Reaktionszeit)
begonnen werden kann.

1.7.1.2 Anwendbares Recht

911 Im Rahmen eines Software-Pflegevertrages geschuldete Instandsetzung
bestimmt sich vertragstypologisch grundsätzlich nach Werkvertragsrecht.[748] Im Rahmen eines solchen Vertrages sind Lieferungen von
„Programmneuerungen", also etwa höheren Programmlevels, jedenfalls
im Rahmen des Pflegeabkommens nicht geschuldet. Ergibt sich aus
dem Pflegevertrag die Verpflichtung, die bei Übergabe beschriebenen
Funktionen und generell die Benutzbarkeit der Vertragssoftware zu
erhalten, so kann diese Instandsetzung durch Auslieferung einer neuesten Software-Version erfolgen.[749] Soweit nicht nur einzelne Reinigungs-
oder sonstige regelmäßige Arbeiten als solche durchzuführen sind, sondern ein bei sachgerechter Ausführung eintretender Erfolg geschuldet
ist, nämlich die Erhaltung eines möglichst wenig störungsanfälligen
Zustandes der Anlage, kommt auf die Wartungsleistung **Werkvertragsrecht** zur Anwendung.[750] Nicht gefolgt werden kann einer neueren Auffassung von Wohlgemuth (Computerwartung 1999, 50ff.), derzufolge
weder Störungszustände noch Beseitigungsmaßnahmen im Voraus definierbar seien, so dass mangels beschreibbaren Erfolges Werkvertrags-

---

[748] LG Köln, Urteil vom 11. 5. 1984 – 90 O 14/84, DV-R 3, 234; s. auch Hartmann/Thier, CR 1998, 581 f.

[749] LG Köln, Urteil vom 11. 5. 1984, a. a. O.

[750] Für die Vornahme einzelner Reparaturen und Wartungsarbeiten BGH, Urteil vom 5. 6. 1984 – X ZR 75/83, DV-R 2, 327; KG Berlin, CR 1986, 772 (LS) = DV-R 3, 36 (Werkverträge mit Dauerwirkung; kündbar nach Dienstvertragsrecht [!]); ebenfalls Werkvertragsrecht annehmend OLG Frankfurt/Main, Urteil vom 22. 4. 1983 – 6 U 90/82, CW vom 2. 9. 1983 = DV-R 2, 327 (irrtümlich mit Datum 21. 4. 1983); für die Kontrolle der Richtigkeit und das ordnungsgemäße Funktionieren der Software s. LG Köln, Urteil vom 11. 5. 1984 – 90 O 170, die Beseitigung von Fehlern OLG Frankfurt, WRP 1980, 626; für das Einhalten von Fehlertoleranzen und Justagen vgl. Löwe, CR 1987, 220; für „Vollwartung" OLG München, Urteil vom 22. 5. 1985 – 7 U 5343/84, DV-R 3, 103; allgemein: OLG Stuttgart, Urteil vom 10. 12. 1976 – 2 U 90/76, DV-R 2, 320f.; ähnlich ohne nähere Begründung LG Frankfurt/Main, Urteil vom 6. 6. 1983 – 3/11 0108/82, jedenfalls soweit in DV-R 2, W-6 zitiert. Dem OLG Stuttgart folgt ausdrücklich das OLG Karlsruhe, Urteil vom 28. 2. 1985 – 9 U 102/83, BB Beil. 5, 1989, 87 f.; ebenso auch OLG München, Urteil vom 22. 5. 1985, a. a. O., und CR 1989, 283 f. sowie o. Begr. LG Köln, Urteil vom 24. 4. 1984 – 90 O 2/84, IuR 1986, 169. Allgemein s. Löwe, CR 1987, 219 (Reparatur, Inspektion und betriebsbereitschaftserhaltende Arbeiten nach Werkvertragsrecht).

recht nicht anwendbar sei. Tatsächlich kann der Erfolg ausreichend klar und überprüfbar als Beseitigen aller Störungen definiert werden, die die vertragsgemäße Funktion von Hardware und/oder Software beeinträchtigen. Auch die einzelne Maßnahme zur Störungsbeseitigung muss nicht im Voraus detailliert beschrieben werden, da der Werkunternehmer typischerweise in der Wahl der Mittel der Werkerstellung frei ist und bleiben muss. Mangelhaft ist diese Werkleistung, wenn die Anlage/ das System aufgrund der unzureichenden Arbeiten in einen störanfälligen Zustand gerät. Dies gilt nicht nur für Instand**haltung**, bei der ein definierter Status der Funktionsfähigkeit geschuldet ist, sondern auch für die geschuldete Beseitigung mitgeteilter Fehler (da auch diese Instand**setzung** auf einen bestimmten Erfolg abzielt). In der Verpflichtung zur Instandhaltung ist eine Garantieübernahme dafür zu sehen, dass ein störungsfreier Zustand als solcher geschuldet sein soll (und nicht nur die Verpflichtung, alles zu tun, um Störungen zu verhindern).[751] Da eine solche Garantievereinbarung auch stillschweigend und als Teil eines Wartungs-/Pflegevertrages abgeschlossen werden kann, muss unter Berücksichtigung aller Einzelumstände durch Auslegung (§§ 133, 157 BGB) festgestellt werden, welcher Leistungsumfang geschuldet sein sollte.

Soweit die Unterstützung beim Systemmanagement eines Rechenzentrums geschuldet wird, kann **Dienstvertragsrecht** anwendbar sein.[752]

Gegenstand von Wartungsverträgen kann etwa die anlagenbezogene Vornahme der Kontroll-, (technischen) Pflege- und Austauscharbeiten, wie sie vom Hersteller vorgeschrieben sind, sein, um die Funktionsfähigkeit der Anlage auch über die Gewährleistungszeit hinaus zu erhalten. Außerdem gehört zum Wartungs- und Instandhaltungsvertrag die Vornahme der Reparaturen bei Störungen, die nicht auf sachfremde Einflüsse zurückgehen. Gerade technisch hochentwickelte Geräte bedürfen meist zur Erhaltung ihrer Gebrauchsfähigkeit laufender Wartung, wobei die Wartung und die Reparatur in einwandfreier Weise häufig nur durch den Hersteller oder durch von ihm besonders geschulte Fachkräfte erfolgen kann. Damit sind nicht einzelne Wartungsarbeiten als solche, sondern der bei sachgerechter Ausführung eintretende Erfolg geschuldet, nämlich die Erhaltung des möglichst wenig störungsanfälligen Zustands der

912

---

[751] OLG München, Urteil vom 22. 11. 1988 – 25 U 5810/86, CR 1989, 283 f., das die Beweislast für den Schaden (z. B. Head crash), die Pflichtverletzung und deren Kausalität dem Kunden zuordnet.

[752] LG München I, Urteil vom 18. 4. 1996 – 7 O 15990/95, BB Beil. 19, 1996, 9.

Anlage.[753] Bei Software-Verträgen kann sich die Leistung auf das Vorhalten qualifizierter Leistung (Leistungsbereitschaft) reduzieren.[754]

Nimmt der Kunde die Kontrollen bzw. sonstigen entsprechenden Tätigkeiten selbst vor und unterstützt ihn das Software-Haus nur beratend, dürfte grundsätzlich nur **Dienstvertragsrecht** anwendbar sein, ebenso ergänzend für das Vorhalten von Dienstleistungen über den gesamten Vertragszeitraum.[755] Beim Austausch von Verbrauchsmaterialien wie Druckerpapier oder -toner kann **Kaufrecht** anwendbar sein. Der werkvertraglichen Zuordnung steht nicht entgegen, dass Wartungs-/Pflegeverträge **Dauerschuldverhältnisse** darstellen.[756]

913 Zufolge des OLG München verpflichtet der Wartungsvertrag als **Werkvertrag** den Anbieter, die Anlage in betriebsfähigem Zustand zu halten, d. h. einerseits alles zu tun, um Störungen zu verhüten, und andererseits eingetretene Störungen zu beseitigen. Umbaumaßnahmen zur Stabilisierung oder Verbesserung der Leistungsfähigkeit fallen aber nicht unter die Verpflichtung zur Instandhaltung und Instandsetzung. Dies gilt auch dann, wenn der Hersteller solche Umbauten vorschreibt oder vorschlägt. Der Wartungsverpflichtete hat in dieser Beziehung nur die vertragliche Nebenpflicht, sich über die Hinweise des Herstellers zu informieren und diese an den Betreiber weiterzugeben. Allerdings schuldet das Wartungsunternehmen den störungsfreien Zustand der Anlage nur insoweit, als dieser durch sorgfältige und regelmäßige Wartung hergestellt werden konnte.

Für eine derartige Wartungswerkleistung findet keine gesonderte Abnahme statt. Das „Wartungswerk", also die auf einen individuellen Erfolg zielende Werkleistung ist mangelhaft, wenn die Anlage in einen Zustand gerät, in dem Störungen zu erwarten sind, und wenn dieser Zustand auf ungenügende Wartungsarbeiten zurückzuführen ist. Die Stö-

---

[753] OLG Stuttgart, Urteil vom 10. 12. 1976, a. a. O., 321.

[754] LG Hagen, Urteil vom 26. 4. 1988 – 21 O 159/87, CR 1989, 814.

[755] Löwe, a. a. O. Für die Anwendbarkeit von Dienstvertragsrecht auf sorgfältig und regelmäßig zu erbringende Wartungsleistungen s. OLG Hamm, CR 1989, 283 f.

[756] Eher verwirrend ist aber, von „Dauerwerkverträgen" zu sprechen (OLG Hamburg, MDR 1972, 866) oder von „Werkverträgen mit Dauerwirkung" (KG Berlin, CR 1986, 772). Zweifelhaft erscheint auch, ob Werkverträge prinzipiell punktuell ausgerichtet sein müssen (so Hartmann/Thier, CR 1998, 581, 584). Aus dem Gesetz ergibt sich kein Anhaltspunkt dafür, dass der werkvertraglich geschuldete „Erfolg" auf eine sog. „logische Sekunde" reduziert werden muss und nicht auch zeitlich gestreckt erbracht werden kann, also etwa durch das Aufrechterhalten eines in bestimmter Weise (technisch) definierten Status über die Vertragslaufzeit hin. Hier können etwa regelmäßige Messungen erforderlich sein, um den Status aufrechtzuerhalten bzw. Korrekturen zur Adaption vorzunehmen. Geschuldeter Erfolg ist hier nicht nur die Durchführung der einzelnen Prüf- und Korrekturmaßnahmen, sondern das gesamte Bündel dieser Maßnahmen und das Vorhalten entsprechender Leistungsfähigkeit.

rung selbst ist nicht der Mangel, sondern eine mögliche Folge des Mangels. Das gilt jedenfalls bei geschuldeter Instandhaltung, da das Auftreten von Fehlern durch die Instandhaltungsleistung gerade vermieden werden sollte. Die Beweislast dafür, dass der eingetretene Schaden auf einen Mangel des Wartungswerkes und dieser auf eine objektive Pflichtverletzung des Wartungsunternehmens zurückzuführen ist, trägt der Kunde.[757]

Des Weiteren sind zufolge des OLG München im Bereich der Hardware-Wartung Reinigen, Justieren, Ölen und Ersetzen von defekten Verschleißteilen erfolgsbezogene, Werkvertragsrecht unterliegende Tätigkeiten zur Instandsetzung. Gleiches gilt nicht nur für Reparaturen, sondern auch Inspektionen (als Vergleich des Ist- mit dem Soll-Zustand mit Schwergewicht auf dem **Inspektionsbericht** über die Übereinstimmung beider Zustände) und die Durchführung vorbeugender Arbeiten. Die Beschaffung von „Zutaten" wie Ersatzteilen und sonstigen Nebensachen durch den Unternehmer folgt nach § 651 Abs. 2 BGB ausschließlich Werkvertragsrecht. Sind etwa jährliche Inspektionen und Reparaturen bei Bedarf vereinbart, liegt ein Dauerschuldverhältnis mit stark werkvertraglicher Prägung vor.[758] Anderes gilt, wenn der Anbieter fertige Updates zu nicht genau definierten Zeitpunkten und mit noch nicht festgelegtem Inhalt liefern soll; hier werden kaufvertragliche Elemente den Schwerpunkt bilden. Bei Vollwartung ist eine Werkabnahme nicht möglich, da das dauernde Aufrechterhalten eines störungsfreien Zustandes geschuldet ist.   914

1.7.1.3 Leistungspflichten des Anbieters

Das Leistungsbild für Wartungs- und Pflegeleistungen ist sehr differenziert und deutlich von der technischen Entwicklung abhängig. Nachfolgend wird das grundlegende Leistungselement der Störungsbeseitigung näher dargestellt (s. Rn. 916), ebenso die Abgrenzung zwischen Störungsbeseitigung als Gewährleistungs- und als Pflegemaßnahme (s. Rn. 917) und die Möglichkeit, die Pflichten des Anbieters auf ein anderes Unternehmen zu übertragen (s. Rn. 22).   915

Die **Abgrenzung zwischen Gewährleistung und Pflege von Software** stellt sich wie folgt dar: Die Gewährleistung für Software besteht in der Fehlerbeseitigung, die Pflege von Software hingegen darin, für die vereinbarte Vertragsdauer die Funktionsfähigkeit der Software aufrechtzuerhalten bzw. wieder herbeizuführen. Der Kunde kann also beispielsweise aus   916

---

[757] OLG München, Urteil vom 22. 11. 1988 – 25 U 5810/86, CR 1989, 283.
[758] OLG München, Urteil vom 8. 11. 1990 – 29 U 3410/90, CR 1992, 401 f.

Gewährleistung die Beseitigung eines Additionsfehlers verlangen, aber nicht die Anpassung an einen sich später ändernden Satz der Umsatzsteuer.

Gewährleistungs- und Pflegemaßnahmen sind also streng zu trennen. Fehlende Pflege eines Programmes ist kein unter die Gewährleistung aus Programmüberlassung fallender Mangel, sondern im Pflegevertrag geltend zu machen. Aus diesem Pflegevertrag kann für die jeweilige Pflegeleistung eine eigene Gewährleistung bestehen.

917 Neben dieser Unterscheidung zwischen Gewährleistung und Pflege sind aber auch zwei Verschränkungen beider Leistungsbereiche zu beachten: a) Die Durchführung ordnungsgemäßer Gewährleistungsmaßnahmen setzt oft voraus, dass das jeweilige Programm regelmäßig gepflegt wird. So kann die Beseitigung eines Mangels eines Datenbanken-Programmes daran scheitern, dass die Datenbank nicht regelmäßig auf den neuesten Stand gebracht wurde, also unterschiedlich aktuelle Eintragungen aufweist und folglich inkonsistent geworden ist. Regelmäßige Programmpflege kann also Voraussetzung für die Durchführbarkeit geschuldeter Mängelbeseitigungsmaßnahmen sein. Ist die Nichtdurchführung dieser Pflegemaßnahmen auf einen Umstand zurückzuführen, der von dem Kunden/Anwender zu vertreten ist, so kann der Fall eintreten, dass der Anbieter trotz Nichtbeginn mit gewährleistungsbezogenen Fehlerbeseitigungsmaßnahmen aufgrund fehlender/ unzureichender kundenseitiger Mitwirkung nicht in Verzug gerät. Umgekehrt muss der Anwender folglich bei Fristsetzung und Eigennachbesserungsandrohung gleichzeitig überprüfen, ob die jeweilige verlangte Gewährleistungsmaßnahme im Rahmen der erforderlichen Programmpflege technisch überhaupt durchführbar ist. Dies ist eine Obliegenheit des Kunden. b) Mängelbeseitigungsmaßnahmen, die in den Rahmen der Gewährleistung fallen, dürfen nicht pauschal oder nach Stundenansatz über die gleichzeitig vereinbarte Software-Pflege abgerechnet werden, sondern sind kostenfrei zu erbringen (s. § 476a BGB). Übliche Gewährleistungsmaßnahmen sind ohnehin regelmäßig bereits in die Überlassungspauschale einkalkuliert, so dass die nochmalige Berechnung derselben Mängelbeseitigung über die Programmpflege in der Regel ungerechtfertigt erscheint. Für die Gewährleistungsphase liegt deshalb eine angemessene Reduzierung der Vergütung nahe.

918 Eine **vertragliche Einschränkung** des Mängelbeseitigungsanspruches des Kunden in AGB wird immer dann unzulässig sein, wenn dem Kunden nicht wenigstens der Anspruch auf tatsächliche umgehende Nachbesse-

rung des einzelnen, mitgeteilten Mangels verbleibt und er sich mit der Mitteilung von möglichen Beseitigungsmaßnahmen begnügen soll. Eine solche Bestimmung würde das Regelungsminimum unterschreiten, das § 11 Ziff. 10 Buchst. b AGBG auch im kaufmännischen Verkehr vorsieht.[759]

Der Anbieter muss bei Abschluss seiner **Wartungstätigkeit prüfen**, ob   919
die zur Anlage gehörenden Sicherungskassetten den aktuellen Datenbestand enthalten, um sie erforderlichenfalls zu vervollständigen. Der Kunde darf sich im Regelfall auf die Erfüllung dieser Pflicht durch den Anbieter verlassen.[760]

Mangels besonderer Vereinbarung schuldet der Anbieter keine **War-**   920
tungsdokumentation.[761] Zweifelhaft erscheint, ob diese Entscheidung aus dem Jahre 1986 auch noch 1999/2000 Gültigkeit beanspruchen kann. Inzwischen gehört nämlich die Qualitätssicherung zum geschuldeten Stand der Technik der Software-Erstellung und -Wartung und Teil dieser Qualitätssicherung ist zwingend eine Dokumentation der jeweiligen Leistung.

Gewissermaßen eine Zwischenstufe zwischen Gewährleistung und Pflege   921
von Programmen stellt die teilweise bei großen Anbietern verbreitete Praxis dar, die von verschiedenen Kunden mitgeteilten Fehler erst einmal zu sammeln, Lösungen zu erarbeiten und diese Lösungen schließlich en bloc allen Kunden zur Verfügung zu stellen, die sich dann die jeweils passende Lösung heraussuchen müssen.

Zunächst bietet dieses Verfahren zweifellos keinen Ersatz für eine aus Gewährleistung geschuldete konkrete Beseitigungsmaßnahme. Für den Kunden ist nämlich insbesondere unklar, wann er das nächste Update erhält und ob es „seine" Mängelbeseitigung enthält. Außerdem ist die Mitteilung einer möglichen Lösung nicht mit der tatsächlichen Beseitigung eines Mangels durch den Anbieter zu vergleichen, weil bei bloßer Mitteilung der Anwender auf eigenes Risiko tätig werden muss.

Für die Erbringung der Wartungsleistungen trägt der Wartungsunternehmer die **Beweislast**.[762]

---

[759] BGHZ 93, 62.
[760] OLG Köln, Urteil vom 2. 2. 1996 – 19 U 223/95, CR 1996, 407.
[761] OLG München, Urteil vom 24. 4. 1986 – 1 U 5724/85, CR 1988, 38 = IuR 1988, 387.
[762] LG Köln, Urteil vom 12. 10. 1982 – 90 O 100/82, DV-R 2, 325.

922 Gerade bei Dauerschuldverhältnissen und zudem bei für die EDV-Nutzung wesentlichen Kontroll- und Wartungsaufgaben setzt der Kunde besonderes Vertrauen in die Person bestimmter Mitarbeiter des Anbieters und in diesen selbst. Eine **Übertragung der Leistungspflichten** aus dem Wartungsvertrag **auf Dritte** ist deshalb nur sehr eingeschränkt möglich, wenn der Kunde nicht zustimmt. Folglich kann eine entsprechende Übertragungsbefugnis auch in AGB nicht frei vereinbart werden. So wurde etwa eine **Vertragsübertragungsklausel** als unwirksam angesehen, die formularmäßig das Genehmigungserfordernis des § 415 Abs. 1 BGB ersetzen soll.[763]

1.7.1.4 Leistungspflichten des Kunden

923 **– Vergütungszahlung**
Die vom Kunden geschuldete Vergütung setzt sich im Wesentlichen aus zwei Komponenten zusammen. Regelmäßig ist eine Wartungspauschale für regelmäßige Kontrollen und das Instandhalten der Anlage zu bezahlen. Hierzu kommen unregelmäßig anfallende Sonderkosten für Material und Anfahrt, Einsätze außerhalb der üblichen Geschäftszeit oder die Instandsetzung bei Fehlfunktionen, die vom Kunden zu vertreten sind. Zur Vereinfachung sollte man sich auf quartalsweise Zahlung einigen und hierbei die Pauschale sowie die Sonderkosten getrennt aufschlüsseln. Die gleichen Überlegungen gelten auch für eine Pflegevergütungspauschale.

924 Die Pauschale zur Pflege von Standardsoftware wird auch dann fällig, wenn keine Leistung im jeweiligen Abrechnungszeitraum erforderlich war[764] bzw. der Kunde auf Wartungsleistungen verzichtet hat[765]. Werden Wartungsleistungen nicht in Anspruch genommen, kann also der Kunde keinen Erstattungsanspruch geltend machen, da das im Wartungsvertrag geschuldete Werk die Erhaltung des möglichst wenig störanfälligen Zustandes[766] bzw. das Vorhalten qualifizierter Leistungsbereitschaft ist.

Ein Wartungsunternehmer verstößt gegen Treu und Glauben, wenn er die Wartungsgebühr rückwirkend ab Vertragsbeginn für einen längeren Zeitraum (etwa für $2\frac{1}{2}$ Jahre) fordert, in dem ihm der Wille zur Ausführung des Vertrages deshalb fehlte, weil er sich des Abschlusses des Wartungsvertrages gar nicht bewusst war.[767]

---

[763] OLG Bamberg, Urteil vom 1. 10. 1985 – 5 U 57/85, DV-R 3, 34 ff.
[764] OLG Koblenz, Urteil vom 17. 2. 1984 – 2 U 1286/82, IuR 1986, 363; OLG Karlsruhe, CR 1987, 232; LG Hagen, Urteil vom 26. 4. 1988 – 21 O 159/87, BB Beil. 15, 1989, 8.
[765] AG Hamburg, Urteil vom 4. 10. 1988 – 35 C 444/88, CR 1989, ll02 f.
[766] AG Hamburg, a. a. O.
[767] OLG Köln, Urteil vom 29. 9. 1995 – 19 U 34/95, CR 1996, 153.

Eine Klausel in Wartungsverträgen, nach der Instandhaltung (vorbeugende Wartung) auf Abruf des Auftraggebers erfolgt, soll weder nach § 3 AGBG überraschend noch unangemessen im Sinne von § 9 AGBG sein.[768] Gleiches gilt für die Vereinbarung einer Wartungspauschale, die auch dann geschuldet sein soll, wenn in einem bestimmten Zeitraum keine Wartungsarbeiten anfallen.[769]

– Zurückbehaltungsrecht   925
Zu unterscheiden ist zwischen dem Recht des Anbieters, seine Leistung so lange (aus § 320 Abs. 1 Satz 1 BGB) zurückzubehalten, bis der Kunde, der vertraglich zur Vorauszahlung verpflichtet ist, die Zahlung geleistet hat, und dem umgekehrten Fall, dass der Kunde die Zahlung zurückbehält, solange der vorleistungspflichtige Anbieter noch nicht geleistet hat.[770] Ausgeschlossen sein kann ein Zurückbehaltungsrecht etwa dann, wenn die Sache, auf die es sich bezieht, rasch altert, etwa ein PC[771], oder eine Wartungs-/Pflegeleistung, die zeitlich gebunden, d. h. nicht beliebig nachholbar ist.[772]

Welche Rechte jeweils bestehen und geltend gemacht werden können, ist in der **Vertragspaxis** vorab sorgfältig zu klären, da etwa eine unberechtigte Zurückbehaltung nicht nur schadensersatzpflichtig macht, sondern auch die Erbringung der benötigten Leistung mit allen anwendungsbezogenen Konsequenzen gefährdet (bis hin zum jahrelangen Rechtsstreit).

– Vergütungserhöhung   926
Ein Wartungsunternehmer verstößt gegen Treu und Glauben, wenn er die Wartungsgebühr rückwirkend ab Vertragsbeginn für einen längeren Zeitraum (etwa für $2^{1}/_{2}$ Jahre) fordert, in dem ihm der Wille zur Ausführung des Vertrages deshalb fehlte, weil er sich des Abschlusses des Wartungsvertrages gar nicht bewusst war.[773] Dies gilt auch dann, wenn der Kunde den Abschluss eines Kaufvertrages zu Unrecht bestreitet und die Abholung der Anlage verlangt, hierdurch also die Anbieterleistung konkludent ablehnt, die hierdurch im rechtlichen Sinne unmöglich wird.[774]

---

[768] OLG Hamm, Urteil vom 10. 4. 1989 – 31 U 162/88, BB Beil. 15, 1989, 8. Begrifflich erscheint das Urteil (oder jedenfalls die redakt. LS hierzu) unklar: Instandhaltung erfordert regelmäßige Kontrolle, um Störungsfreiheit sicherzustellen, auf Kundenabruf kann hingegen nur Instandsetzung geschuldet sein.

[769] LG München I, Urteil vom 11. 10. 1989 – 8 HKO 7295/89, MRC 1989, 31.

[770] Ausf. s. Redeker, CR 1995, 385, insbesondere zur ersten Fallvariante.

[771] LG München I, Urteil vom 18. 11. 1988 – 21 O 11130/88, CR 1989, 990 = NJW 1989, 2625f.

[772] Vgl. Redeker, a. a. O., 387.

[773] OLG Köln, Urteil vom 29. 9. 1995 – 19 U 34/95, CR 1996, 153.

[774] OLG Köln, Urteil vom 8. 5. 1992 – 19 U 255/91, NJW-RR 1992, 1326 = BB Beil. 3, 1993, 5.

Eine Wartungsvergütung kann der Anbieter nicht verlangen, wenn er sich verpflichtet, beim Kunden vorhandene alte Programmversionen durch kostenlose Lieferung von Updates auf den neuesten Stand zu bringen und die Mitarbeiter des Kunden auf dieser Software zu schulen, dann jedoch die neue Software nicht kostenlos liefert, sondern die Lieferung von der Bezahlung der neuen Software abhängig macht.[775] Wird die Umstellung von Programmen zu einem „Ca.-Preis" in Auftrag gegeben und hat der Auftragnehmer einen wesentlich höheren Aufwand, so kann er mangels rechtzeitiger Vereinbarung höchstens 110 % des „Ca.-Preises" in Rechnung stellen.[776] Unwirksam sind Klauseln, denen zufolge die Berechnung der jährlich geschuldeten Pauschale jeweils zu Beginn eines Kalenderjahres erfolgt (Verstoß gegen § 9 AGBG).[777]

927 – Abnahme

Wartungsleistungen werden, soweit sie Werkvertragsrecht folgen, als **nicht abnahmefähig** angesehen, da sie kontinuierlich erbracht werden müssen.[778]

928 – Mitwirkungspflicht

Allgemein zu den Mitwirkungspflichten wird auf Rn. 230 und 895 verwiesen.

Der Kunde, der nicht über einschlägige Spezialkenntnisse verfügt, muss grundsätzlich nicht mehr als das „äußere Erscheinungsbild der Störung" schildern.[779]

1.7.2 Hotlines und Help-Desks als Leistungsformen

929 Anbieter setzen vielfach telefonische „Hotlines" ein, über die (zukünftige) Kunden Fragen beantworten lassen können. Diese Fragen können die Auslieferung zukünftiger Produkte (z. B. WindowsNT 5) betreffen oder Bitten um Hinweise beinhalten, wo bestimmte Treibersoftware erhältlich ist oder wie Software des Anbieters auf älterer Hardware installiert werden kann.

---

[775] OLG Köln, Urteil vom 2. 12. 1994 – 19 U 85/94, CR 1995, 148.

[776] LG Köln, Urteil vom 30. 3. 1982 – 90 O 282/82, DV-R 2, 196 f.

[777] OLG München, Urteil vom 8. 11. 1990 – 29 U 3410/90, CR 1992, 401 (für Kundendienstverträge).

[778] Vgl. Seitz, CR 1988, 332 für eine analoge Anwendung von Mietrecht; ähnlich Löwe, CR 1987, 219 f.

[779] OLG Hamm, Urteil vom 22. 5. 1986 – 4 U 190/84, BB 1987, 1975 = NJW-RR 1988, 439 = CR 1988, 297.

Technisch werden Hotlines unter Nutzung von Datenbanken und entsprechender Software zuweilen zu „Help-Desks" ausgebaut. Die rechtliche Beurteilung ändert sich hierdurch nicht, solange die Auskunftserteilung nur technisch modifiziert wird.

Hotline/Help-Desk-Dienste werden auf unterschiedlicher Basis angeboten,   930

– entweder als allgemeiner Auskunftsdienst für jeden interessierten Anwender (etwa zu neuen Produkten), aber auch Informationen über festgestellte Fehler und gefundene Programmviren

– oder als Auskunftsdienst für eingetragene Kunden, jeweils (zumeist) kostenfrei bzw.

– als Form der zu vergütenden Wartung und/oder Pflege verkaufter oder vermieteter Systeme oder Systemteile.

Help-Desk-Funktionen werden als solche nicht immer nach außen für den Kunden erkennbar, etwa bei automatischer Bearbeitung von Kundenanfragen. Hier nimmt der Anbieter nur intern Rationalisierungen vor, die die rechtlichen Beziehungen zum Kunden unberührt lassen.

Leistungen der dritten Fallgruppe weisen die Besonderheit auf, grundsätzlich auf eigenständiger vertraglicher Grundlage erbracht zu werden. Schuldet der Anbieter in solchen Fällen Auskünfte über Hotline aus Vertrag, sind seine Leistungen und insbesondere seine Gewährleistung strenger zu beurteilen als bei kostenfreien Auskünften außerhalb von Verträgen. Helpdesk-Prozesse müssen meist individualisiert definiert werden, wobei ein ergänzbarer und aktualisierbarer Standardprozess zugrunde gelegt werden kann. Hauptprozesse bestehen aus drei Stufen:
– Input (Problem, Anfrage, Beschwerde),
– Bearbeitung (Call-Annahme, -Bearbeitung und -Abschluss),
– Output.

Die Call-Bearbeitung erfolgt durch Verteilung der Calls auf unterschiedliche Spezialisierungsstufen (2nd- und 3rd- Level-Support).[780] Von den höheren Ebenen wird die Lösung wieder heruntergereicht und an den Kunden weitergegeben. Calls und deren Bearbeitung werden außerdem regelmäßig aufgezeichnet und ausgewertet (Reporting-Funktion).

Wichtige Leistungsmerkmale für Help-Desk-Software (Trouble-Ticket-Systeme) sind Alarmsysteme wie E-Mail, Pager, Datenbankschnittstelle, Programmier- und Systemmanagementschnittstellen, Asset-Management,

---

[780] Jagodic/Ungerer, iX 5, 1998, 100, 102.

Volltextsuche, Multiserver-Abgleich, Lösungsdatenbank, Internet-/Intranet-Anbindung, Web-Browser-Kompatibilität.

931 Die Klärung, welches **Vertragsrecht** auf derartige Leistungen anwendbar ist, steht noch am Anfang. Besteht zwischen Hotline/Help-Desk-Anbieter und Anwender hingegen kein Vertrag, hat der Anwender weder einen Anspruch auf Beantwortung einer bestimmten Frage noch einen generellen Anspruch darauf, dass eine Hotline überhaupt eingerichtet bzw. fortgeführt wird. Der Anbieter will hier in der Regel keine Verpflichtung eingehen, ob und in welchem Umfang er eine Hotline einrichtet oder weiter betreibt. Auch soll grundsätzlich keine Verpflichtung bestehen, eine bestimmte Frage tatsächlich hinreichend beantworten zu müssen. Insoweit kann ein **Gefälligkeitsverhältnis** vorliegen, das durch die Merkmale Fremdnützigkeit und Unentgeltlichkeit gekennzeichnet ist. Tritt ein **Bindungswille** hinzu, ist ein **Gefälligkeitsvertrag** gegeben. Freilich muss man im Einzelfall abgrenzen: Die Hotline kann als Marketing-Instrument des Anbieters dienen, so dass es am Merkmal der Fremdnützigkeit fehlt oder dieses völlig in den Hintergrund tritt. Unschädlich dürfte hingegen sein, wenn die Hotline partiell auch Zwecken des Anbieters dient. Das Merkmal der Unentgeltlichkeit kann andererseits entfallen, wenn die Auskünfte nur über besonders gebührenpflichtige Anschlussnummern erteilt werden. Hier kann **Dienstvertragsrecht** anwendbar sein, bei individuell vereinbarten Auskunftsinhalten sogar Werkvertragsrecht.

932 Ein **Gefälligkeitsverhältnis** löst mangels bestehenden Vertragsverhältnisses als solches noch keine Haftung aus. Gleiches gilt für die Erteilung eines Rates oder einer Empfehlung, die ebenfalls keine Ersatzansprüche begründen können. Etwas anderes kann nur gelten, wenn ein Auftrag zustande kommt oder wissentlich falsche Auskünfte erteilt werden (Haftung aus unerlaubter Handlung).

Ist aus der Beschreibung des Hotline/Help-Desk-Service hingegen erkennbar, dass der Anbieter sich bemühen will, gestellte Fragen zu beantworten oder jedenfalls sein Möglichstes zu versuchen, um eine Lösung zu finden, wird der Anbieter aus dem hierdurch entstehenden Auftragsverhältnis rechtlich verpflichtet. Hierfür genügt es, dass der Anbieter dem Kunden etwa mitteilt: „Für weitere Fragen stehe ich gerne zur Verfügung." Der Kunde kann hier mit Unentgeltlichkeit der Auskunft rechnen.[781] Der Anbieter haftet aus einem solchen Auskunftsvertrag für Vorsatz und Fahrlässigkeit. Haftungseinschränkungen zumindest für leichte Fahrlässigkeit

---

[781] So ausdrücklich das AG Maulbronn, Urteil vom 27. 5. 1993 – 1 C 633/92, NJW-RR 1994, 1077.

greifen in der Regel deshalb nicht ein, weil es an entsprechenden Vereinbarungen fehlt, da AGB im Telefonkontakt (mangels Möglichkeit der
Kenntnisnahme) regelmäßig nicht (wirksam) vereinbart werden.

Keiner besonderen Vereinbarung bedarf die Auskunft, wenn sie, für den   933
Hotline/Help-Desk-Anbieter erkennbar, im Rahmen einer **laufenden
Gewährleistung** erteilt werden soll. Hier kann der Hotline/Help-Desk-
Anbieter als Software-Anbieter bereits aus vertraglicher Nebenpflicht
gehalten sein, Anfragen des Kunden zu beantworten, um etwa die Ausweitung möglicher Schadensfolgen einzuschränken oder erkennbare Bedienungsfehler beheben zu helfen. Außerdem kann die Auskunft selbst Teil
einer vertraglich vereinbarten Mängelbeseitigungsverpflichtung des
Anbieters sein, etwa durch Hinweise auf Möglichkeiten, einen Fehler zu
umgehen oder auch durch Übersenden eines Update auf telefonische
Anfrage hin bzw. via Btx, Internet etc.

Schließlich kann der Anbieter auch außerhalb der Gewährleistung gegenüber ihm bekannten Kunden zu Aufklärung, Hinweisen und Beratung verpflichtet sein, etwa bezüglich fehlender Kompatibilität neuer Programmversionen im Verhältnis zu älteren Versionen bzw. mit diesen verwalteten
Datenbeständen. Eine solche Pflicht kann sogar außerhalb von Vertragsverhältnissen zwischen Anbieter und Kunden bestehen, hier insbesondere
aus Produkthaftung – so etwa, wenn ein Programm oder Hardware-Teil
zurückzurufen bzw. auszutauschen ist, das im Verdacht eines Virenbefalls
steht (z. B. Steckkarten mit bestimmten Steuerungsprogrammen).

Die **Dauer**, für die Anbieter bestimmte Informationen zum Abruf durch
Anwender bereithalten müssen, hängt wesentlich von der Art dieser Information ab. Beziehen sich diese Informationen auf Fehler, die Gegenstand
einer Gewährleistung sein können, so ist diese Information in der Regel
für die Dauer des Laufes der jeweiligen Gewährleistungsfrist für das vertriebene Produkt bereitzuhalten.

Volle Haftung besteht, wenn der Anbieter im Rahmen der Gewährleistung
oder Wartungs-/Pflegeverpflichtung nicht erreichbar ist (Nichterfüllung)
oder falsche Auskünfte erteilt (Gewährleistung bzw. positive Vertragsverletzung) oder Warnungen/Rückrufe nicht mitteilt (deliktische Produkthaftung).

Erreichbarkeit der Hotline: Hotlines sind gelegentlich überhaupt nicht   934
besetzt, des Öfteren stundenlang belegt oder werden zuweilen einfach auf-
gelöst. Das Ergebnis ist in jedem Fall, dass der Anrufer nicht oder jedenfalls nicht rechtzeitig Auskunft erhält. Die hieraus entstehenden rechtli-

chen Folgen richten sich danach, ob ein Vertragsverhältnis bereits bestand oder zumindest mit dem Anruf begründet wurde.

Da bloße Gefälligkeiten gewährt werden oder auch unterbleiben können, besteht im Rahmen eines solchen Gefälligkeitsverhältnisses kein Anspruch auf Einrichtung oder Weiterführung einer Hotline oder Erteilung einer bestimmten Auskunft zu einem gewünschten Zeitpunkt.

Etwas anderes kann nur gelten, wenn im Rahmen einer grundsätzlich gefälligkeitshalber eingerichteten Hotline im konkreten Einzelfall etwa bestimmte Fehlerüberprüfungen versprochen werden. Hier kann in Überschreitung des bloßen Gefälligkeitsverhältnisses ein einzelner Auftrag erteilt und angenommen worden sein. Erklärt sich der Hotline/Help-Desk-Anbieter verbindlich zur Annahme von Auskunftsaufträgen bereit, kommt mit dem Anruf eines Anwenders und bei Fehlen eines Vorbehalts des Anbieters ein Auftrag zustande und der Anbieter haftet für Verzug bei der Auftragsausführung nach den allgemeinen Regeln. Keine solche Haftung entsteht allerdings, wenn der Anrufer am Telefon „nicht durchkommt", weil der Anschluss des Anbieters nicht oder ständig besetzt ist. Auch hier kann etwa anderes gelten, wenn der Anbieter bestimmte Zeiten zusichert, in denen Mitarbeiter erreichbar sein sollen oder spätestens mit der Auftragsbearbeitung begonnen wird.

Der Anbieter muss beachten, dass die Organisation und Verwaltung relevanter Informationen auf sämtliche Erwerbsfälle und insbesondere auf den Lauf der Gewährleistungsfrist aus dem **zuletzt erfolgten Erwerbsfall** bezogen sein müssen. Ergänzend muss der Anbieter hierbei sehen, dass Kunden, soweit sie den Kaufpreis noch nicht (vollständig) bezahlt haben, die Zahlung außerdem mängelbezogen auch dann verweigern bzw. mit Schadensersatzansprüchen aufrechnen können, wenn sie die Mängel vor Ablauf der Gewährleistungsfrist gerügt haben (§§ 478, 479 BGB für Kaufverträge, §§ 661 Abs. 1, 478 ff. BGB für Werkverträge). Dann kann auch zu einem späteren Zeitpunkt in einem Zahlungsprozess noch zu prüfen sein, ob bestimmte Informationen an den Kunden weitergegeben wurden oder nicht. Schließlich können auch Klageerhebung und/oder selbständiges Beweisverfahren Fristen unterbrechen und dadurch zu einer Verlängerung der Aufbewahrungsfrist führen.

935 **Gewährleistung und Haftung für Hotline/Help-Desk-Auskünfte:** Der Anbieter muss für Hotline/Help-Desk-Auskünfte **nur dann Gewähr leisten, wenn die Auskunftserteilung vertraglich geschuldet ist,** wobei Werkvertrags-, Dienstvertrags- oder auch Kaufrecht in Betracht kommen.

Dies ist nur in einem relativ kleinen Teil der Fälle einer solchen Auskunftserteilung anzunehmen. Kaufrecht scheidet dann aus, wenn nur telefonische Informationen übermittelt werden, es also an der Übergabe einer
beweglichen Sache (z. B. Informationsmaterial oder Update) fehlt. Anderes kann gelten, wenn der Anbieter dem anfragenden Kunden gegen Vergütung ein (selbst standardisiertes) Update schickt. Werkvertragsrecht mit
strenger Gewährleistung und insbesondere Schadensersatzhaftung ist
anzuwenden, wenn der Anbieter etwa individuell eine Problemlösung für
den anfragenden Anwender erarbeitet. Hierbei genügt es, wenn die erarbeitete Lösung mündlich mitgeteilt wird und der Kunde bestimmte Programmänderungen nach der Mitteilung selbst im System vornimmt. Das
erstellte haftungsbegründende Werk muss keine Sache sein. Andererseits
kann auch die Übersendung eines Update dem Werkvertragsrecht unterliegen, wenn das Update eine vom Anbieter individuell erarbeitete Problemlösung enthält. Hotline/Help-Desk-Anbieter können also sowohl nach
Werkvertragsrecht als auch nach Kaufrecht Gewähr zu leisten haben.
Relevant wird diese Unterscheidung insbesondere, wenn Wartungs- oder
Pflegeleistungen über Hotline erbracht werden; Gleiches gilt auch für entsprechende Leistungen über DFÜ.

Bloße Auskunftserteilung als reine Gefälligkeit kann schon mangels Vertragsverhältnisses keine Gewährleistung begründen, allenfalls eine allgemeine deliktische Haftung, wenn deren strenge Voraussetzungen erfüllt
sind.

Im vertraglichen **Auftragsverhältnis** greift ebenfalls nur Verschuldenshaftung (positive Vertragsverletzung s. Rn. 1100), keine verschuldensunabhängige Gewährleistung ein. Gleiches gilt, wenn die Auskunftserteilung
als Dienstleistung einzustufen ist, die Dienstvertragsrecht folgt.

Auch aus vertraglicher Nebenpflicht kann der Anbieter im Übrigen gehalten sein, längere Zeit ältere Informationen aufzubewahren und bereitzuhalten, so etwa zu älteren Programmversionen und deren Aufwärtskompatibilität mit nachfolgenden Programmversionen bzw. Updates. Hier
besteht eine solche Aufbewahrungspflicht weniger gegenüber den Kunden
der älteren Version, sondern vielmehr gegenüber den Kunden der Folgeversion, die über die Kompatibilität mit den Vorversionen informiert werden müssen.

1.8 Beratung

1.8.1 Leistungsbeschreibung

936 Eigenständige Beratungsverträge werden zumeist mit Beratern abgeschlossen, teilweise aber auch unmittelbar mit EDV-Anbietern, etwa für Vorstudien über die Machbarkeit der EDV-Einführung in den Betrieb oder über die Computersteuerung bestimmter Fertigungsabläufe. Getrennte Systemberatung ist keineswegs seltene Ausnahme,[782] sondern gerade im Bereich der Implementierung unternehmenssteuernder Software („Enterprise Resource Software", ERP, wie etwa R/3) sogar sehr häufig. Hier hat sich ein eigener Beratungsmarkt herausgebildet.

Bei größeren Projekten kann es sinnvoll sein, unabhängige Berater zu beauftragen, wenn das EDV-spezifische Know-how und die bisherigen Projekterfahrungen im Hause des Kunden für eine erfolgreiche Projektdurchführung möglicherweise nicht ausreichen.

Berater können insbesondere helfen bei:
– der Auswahl geeigneter Anbieter,
– der Konzeption anwendungsgerechter Systeme,
– der Festlegung der technischen Leistungsmerkmale und Abläufe während der Vertragsverhandlungen,
– der kundenseitig erforderlichen Mitwirkung und Kontrolle der Systemimplementierung und Funktionsprüfung und
– der Vorbereitung und Durchführung eines System-/Plattformwechsels.

Beratung durch den Anbieter selbst kommt von vornherein nur für die Punkte 2. bis 4. in Betracht. Anbieterberatung kann zudem nie frei von Interessen an der Erbringung eigener Leistungen sein. Für die Implementierung jedenfalls größerer EDV-Anwendungen, die den ganzen Betrieb oder wesentliche Teile hiervon erfassen, empfiehlt sich also grundsätzlich die Einschaltung unabhängiger Berater.

Der Anbieter hat, allgemein gesprochen, ein EDV-spezifisches Wissensdefizit des Kunden auszugleichen und/oder bestimmte Anwendungslösungen zu erarbeiten. Der Inhalt der Leistungspflicht hängt wesentlich von den getroffenen vertraglichen Vereinbarungen ab. Ein typisches Leistungsbild des Beratungsvertrages existiert nicht. Lücken in der Leistungsbeschreibung können jedenfalls dann zu Lasten des auftraggebenden Kunden gehen, wenn diese Defizite für den Anbieter nicht erkennbar sind bzw. erkennbar sein müssen.

---

[782] So wohl Kilian/Heussen, § 24 Rn. 61.

Je umfassender der Beratungsbedarf des Kunden ist, desto weitreichender sind die Leistungspflichten des Beraters. Aus dem meist vorhandenen Wissensgefälle ergibt sich oft sogar die Notwendigkeit, dass der Berater die tatsächlichen Anwendungsbedürfnisse des Kunden erforscht, um hieraus dann im nächsten Schritt den erforderlichen Beratungsbedarf abzuleiten. Dieser Umstand spricht dagegen, von vornherein bestimmte Beratungsaufgaben definitiv festzuschreiben und einzugrenzen.

Umfang der Leistungspflichten aus eigenständigem Beratungsvertrag: 937
Beratungsleistungen können in allen Phasen des Erwerbs und der Nutzung von EDV-Systemen erbracht werden. Möglich ist Beratung bei
- der **Planung des Systemerwerbs** bzw. der erstmaligen Systemeinführung sowie der betrieblichen Auswirkungen,
- der Erarbeitung von **Vorstudien** über Vor- und Nachteile der EDV-Einführung bzw. Systemerweiterung sowie der betrieblichen Auswirkungen,
- der **Analyse** des Ist-Zustandes, des feststellbaren Bedarfs und der am Markt vorhandenen Angebote,
- der **Erstellung eines Pflichtenheftes**, das die zu lösende Aufgabe beschreibt, aber noch nicht die Lösung selbst.

Die bisher genannten Vorbereitungsarbeiten sind im Verhältnis Anbieter/Kunde grundsätzlich dem Kunden zuzuordnen, die folgenden Arbeiten hingegen grundsätzlich dem Anbieter. Für den ersten Komplex muss der Berater besonders eng mit dem Kunden kooperieren, für den zweiten Komplex hingegen mit dem Anbieter.
- der **Erarbeitung einer Lösungskonzeption**, wobei zuweilen mit den BVB zwischen **Grobkonzept** für Anwendungsgrundkonstellationen und **Feinkonzept** für die detaillierte Lösung unterschieden wird. Das Feinkonzept kann wiederum in die **fachliche** Komponente, die auf anwenderseitige Informationen aufbaut, und die **technische** Komponente aufgeteilt werden, die das EDV-technische Lösungsmodell enthält.
- der **Festlegung der Installationsvoraussetzungen**, die sich teilweise erst auf der Grundlage des DV-technischen Feinkonzeptes spezifizieren lassen.
- der **Abnahme der Anbieterleistung**, die eine genaue Definition von Kriterien und Ablauf der erforderlichen Funktionsprüfung erfordert.
- der Auswahl **unabhängiger Wartungs- und/oder Pflegeunternehmen.**
- der **Auswahl von Möglichkeiten und Verfahren einer Erweiterung oder eines Wechsels von Systemen.**

1.8.2 Anwendbares Vertragsrecht

In Betracht kommen im Wesentlichen (s. auch Rn. 210):

938 – **Dienstvertragsrecht** ist anwendbar, wenn eine reine Tätigkeit geschuldet ist, z. B. die anbieterseitige Mitwirkung bei der Fehlersuche im Probebetrieb oder bei einer Funktionsprüfung im Rahmen einer Werkabnahme ohne gleichzeitige Verpflichtung, alle oder auch nur alle erkennbaren Fehler zu finden, ebenso bei der Auswahl qualifizierter Anbieter oder geeigneter Komponenten. Die Beratung darf sich nicht auf ein bestimmtes Werk beziehen, sondern auf gemeinsame Überlegungen, Planungen und Beratungen. Dies gilt auch dann, wenn im Rahmen der durchzuführenden Maßnahmen bestimmte „Leistungen" geschuldet sind, die einen „Erfolg" hervorbringen.[783] Auch bei Anwendbarkeit von Dienstvertragsrecht schuldet der Anbieter das Erbringen einer bestimmten, qualifizierten Dienstleistung. Die Sorgfaltspflichten nach dem Stand der Technik bzw. die Regeln des Software Engineering sind einzuhalten.

939 – **Werkvertragsrecht**, das zu einer verschuldensunabhängigen Gewährleistung führt, kommt hingegen zur Anwendung, wenn der Anbieter vereinbarungsgemäß für das Erreichen eines bestimmten Erfolges einstehen soll.[784]

Beispiele:
- Auswahl eines geeigneten Systems zur EDV-Einführung in den Betrieb[785],
- Ausarbeiten einer Konzeption zum Einsatz eines Netzwerkes oder eines Maschinen steuernden Rechners.

Der Beratungsvertrag folgt dem OLG Frankfurt/Main zufolge Werkvertragsrecht, wenn ein bestimmtes, im Voraus beschreibbares Leistungsziel durch den Anbieter erreicht werden soll und der als Berater beauftragte Anbieter als Experte auf dem Gebiet der automatischen Datenverarbeitung dem nicht sachkundigen Anwender eine Empfehlung geben soll, welches EDV-System nach Leistungsvermögen, Bedienungsmodalitäten und Preis das für den Anwender am besten geeignete sei (Gutachtervertrag). Die bei einem solchen Gutachtervertrag aus mangelhafter Beratung entstehenden anlagenbezogenen Erwerbs- und Nachrüstkosten stellen so genannte nächste Folgeschäden dar (OLG Frankfurt/Main, Urteil vom 12. 7. 1989, a. a. O.).

---

[783] OLG Köln, Urteil vom 22. 10. 1987 – 1 U 41/84, CR 1988, 734f.
[784] LG Nürnberg-Fürth, Urteil vom 19. 12. 1985 – 1 O 7188/84, DV-R 3, 270.
[785] OLG Frankfurt/Main, Urteil vom 12. 7. 1989 – 9 U 61/88, CR 1990, 585 (Gutachtervertrag).

Auch wenn sich Leistungsziele der Beratung oft zwangsläufig nur recht allgemein bestimmen lassen (z. B. Entwicklung einer schlüssigen Systemkonzeption, Überwachung der anbieterseitigen Leistungserbringung, Unterstützung bei der R/3-Einführung), genügen solche Leistungsbeschreibungen bereits, um die jeweilige Beratungsleistung einem bestimmten gesetzlichen Vertragstyp zuzuordnen. Immer dann, wenn mit der Beratungsleistung ein bestimmtes, beschreibbares Ergebnis erreicht werden soll (z. b. vollständiges Mengengerüst, Festlegen aller Systemschnittstellen), gelangt **Werkvertragsrecht** zur Anwendung.[786] Der Berater steht hierbei verschuldensunabhängig für das Erreichen des Erfolges ein. Für sogenannte Organisationsberatung soll hingegen Dienstvertragsrecht anwendbar sein.[787] Der Vertrag über die Auswahl einer DV-Anlage folgt Werkvertragsrecht.[788]

Beispiele für nach Werkvertragsrecht einzustufende Verträge sind die Auswahl eines geeigneten Systems zur EDV-Einführung in den Betrieb oder das Ausarbeiten einer Konzeption zum Einsatz eines Netzwerkes oder eines Maschinen steuernden Rechners. Der Kunde wird naheliegenderweise an der Anwendbarkeit von Werkvertragsrecht interessiert sein und deshalb möglichst weitgehend funktional definierte Leistungsziele der Beratung vorzugeben haben. Der Berater hingegen wird versuchen, möglichst nur reine Tätigkeiten, also bloße Dienste, erbringen zu müssen.

1.8.3 Leistungspflichten des Anbieters

Je nach **anwendbarem Vertragsrecht** ist vom Anbieter   940
– die vereinbarte Dienstleistung zu erbringen oder
– das vereinbarte Werk zu erstellen, wobei „Werk" etwa auch eine Machbarkeitsstudie sein kann.

Soweit Dienstvertragsrecht anwendbar ist, hat der Kunde ein Direktionsrecht. Er kann den Anbieter also anweisen, im vertraglichen Rahmen bestimmte Tätigkeiten auszuführen. Der Anbieter haftet hierbei nur dafür, dass seine Dienstleistungen qualifiziert erbracht werden, nicht aber dafür, dass sie zu dem vom Kunden erwarteten Erfolg führen müssen. Das

---

[786] Z. B. bei einem Vertrag über die Beschaffung, Anpassung, Implementierung und Einführung eines automatisierten Geschäftsführungssystems durch einen fachkundigen Berater (s. OLG Celle, CR 1995, 152).
[787] OLG Köln, Urteil vom 22. 10. 1987 – 1 U 41/84, CR 1988, 734 = IuR 1988, 151 (für geschuldete „gemeinsame Überlegungen, Planungen und Beratungen").
[788] OLG Frankfurt/Main, Urteil vom 12. 7. 1989 – 9 U 61/88, BB Beil. 10, 1990, 5.

Dienstvertragsrecht kennt kein Erfolgsversprechen, sondern nur das Versprechen, sich bei der Erreichung des Zieles nach Kräften zu bemühen. Der Kunde trägt hier als Dienstherr das Risiko der Richtigkeit und Vollständigkeit der erteilten Weisung und ihres Zuganges. Der Anbieter kann aber, wenn er erkennt, dass die Weisungen nicht geeignet sind, entsprechend aufklärungs- und hinweispflichtig sein.

Soweit **Werkvertragsrecht** anwendbar ist, ist der Anbieter berechtigt, das versprochene Werk nach eigenem Gutdünken und unabhängig von Weisungen des Kunden zu erstellen, wenn es nur im Ergebnis den qualifizierten, preislichen und zeitlichen Vorgaben des Vertrages entspricht.

Die Abgrenzung zwischen beiden bezeichneten Bereichen ist nicht immer einfach und auch nicht immer bereits bei Vertragsabschluss endgültig zu ziehen. So kann der Anbieter ohne ausdrückliche Vereinbarung bestimmte werkvertragliche Leistungselemente übernehmen, wenn er sich etwa zur Analyse bestimmter Fragen bereit erklärt. Entscheidend ist also nicht, wie die Vertragsparteien ihren Vertrag deklarieren, sondern welche Leistungsverpflichtungen sie tatsächlich vereinbart haben.

941 Ein vertraglicher **Ausschluss der Haftung** für ein Beratungsverschulden wäre sowohl als formularmäßige wie als individuelle Vereinbarung unwirksam, da dieser Ausschluss gegen Treu und Glauben (§ 242 BGB) verstieße bzw. für den Kunden überraschend wäre.[789]

942 **Ansprüche** aus Verletzung der Aufklärungs- und Beratungspflicht **verjähren innerhalb der kurzen Fristen der §§ 477, 638 BGB,** wenn sich die Verletzung dieser Pflicht auf eine Eigenschaft bezieht, von der die Verwendung des Vertragsobjektes für den vertraglich vorausgesetzten Zweck abhängt. Gleiches gilt für Ersatzansprüche von Leasinggeber bzw. Leasingnehmer im Verhältnis zum Lieferanten.[790]

Mehraufwendungen in Form von Nachrüstkosten und erhöhten Personalkosten, die sich aus einer mangelhaften Empfehlung ergeben, stellen „nähere Mängelfolgeschäden" dar, die ebenfalls nach § 638 Abs. 1 BGB verjähren.[791]

---

[789] LG München I, Urteil vom 7. 2. 1980 – 29 O 7616/78, DV-R 2, 130; LG Augsburg, Urteil vom 5. 5. 1988 – HKO 3588/87, CR 1989, 22, 26.
[790] BGH, Urteil vom 6. 6. 1984 – VIII ZR 83/83, BB 1984, 1889 = CR 1986, 79; ebenso OLG Koblenz, Urteil vom 1. 2. 1985 – 2 U 212/83, DV-R 2, L-20 für den Fall einer Unterdimensionierung aufgrund Fehlberatung; s. auch Rn. 200ff. zur Beratung.
[791] OLG Frankfurt/Main, Urteil vom 12. 7. 1989 – 9 U 61/88, CR 1990, 585ff.

Ergeben sich die Kosten aus Umstellungen aufgrund eines vorhergehenden fehlerhaften Gutachtens, überträgt sich der Fehler des Gutachtens zwangsläufig auf den Kauf des EDV-Systems und realisiert er sich erst in diesem.[792] Damit besteht ein enger und unmittelbarer Zusammenhang der behaupteten Fehler des Gutachtens mit der Gebrauchsuntauglichkeit der Anlage und begründet dies eine Haftung nach § 635 BGB für die Erwerbs- und Nachrüstkosten. Der entsprechende Anspruch verjährt in derselben Frist wie die Gewährleistung wegen Mängeln der Anlage, in der sich das Gutachten verkörpert (also nicht vor Übergabe bzw. Abnahme der Anlage).[793]

Bei Vorliegen eines **getrennten, selbständigen Beratungsvertrages** greifen die kurzen Verjährungsfristen nicht ein, es sei denn, dieser unterliege selbst Werkvertragsrecht, so etwa die Auswahl einer EDV-Anlage.[794] Ansonsten gilt die allgemeine 30-jährige Verjährungsfrist (§ 195 BGB). Dies gilt auch dann, wenn sich die Beratung auf Sacheigenschaften, insbesondere die Verwendungsfähigkeit einer Sache für den vorgesehenen Zweck, bezieht.[795]   943

1.8.4 Leistungspflichten des Kunden

– Vergütungspflicht

Generell muss der Kunde die für die Beratung vereinbarte Vergütung als bestimmte Pauschale oder auf der Grundlage eines Mann-Stundensatzes bezahlen. Die Vereinbarung bestimmter Pauschalen für Leistungsabschnitte (z. B. für Teile oder Stufen einer Organisationsanalyse) kann ein Indiz für die Anwendbarkeit von Werkvertragsrecht auf diese Abschnitte sein.   944

Über Vergütungen, Honorare, Preise etc. lassen sich naturgemäß in abstrakter Betrachtung nur einzelne generelle Anregungen geben: Zunächst sollten Anbieterleistung und Vergütung in einem ausgewogenen Verhältnis zueinander stehen. Diese Feststellung erscheint zunächst trivial, ist es aber keineswegs.

Dem tatsächlichen Wert der Anbieterleistung kommt man nämlich oft erst dann näher, wenn man:
– Vergleichsangebote mit in allen wesentlichen Punkten ähnlicher Leistungsstruktur einholt,

---

[792] Siehe etwa BGHZ 58, 85ff.
[793] OLG Frankfurt/Main, Urteil vom 12. 7. 1989 – 9 U 61/88, a. a. O., 586ff.
[794] OLG Frankfurt/Main, Urteil vom 12. 7. 1989, a. a. O.
[795] BGH, Urteil vom 30. 5. 1990 – VIII ZR 367/89, DB 1991, 1910f.

– wirklich sämtliche Kostenpositionen einbezieht, also etwa auch die Kosten für Datenübernahmen, notwendige Schulungen, Einweisungen etc. sowie laufende Kosten für Wartung, Pflege, Verbrauchsmaterialien, regelmäßige Software-Updates und Hardware-Aufrüstungen, Kosten für abzuschließende Versicherungen etc.

– Mitwirkung

945 In beiden Fällen, der Anwendbarkeit von Dienstvertragsrecht wie von Werkvertragsrecht, ist der Kunde zur notwendigen Mitwirkung bei Erbringung der Beratungsleistung verpflichtet. Diese Pflicht ist auftragsbezogen, nicht vertragstypbezogen festzulegen.

– Abnahme

946 Soweit Werkvertragsrecht zur Anwendung gelangt, muss der Kunde die erbrachte Werkleistung abnehmen. Dies gilt auch, wenn beide Seiten Werkvertragsrecht nicht ausdrücklich vereinbart haben. Der Kunde muss deutlich erkennen, dass er mit einer Billigung des Werkes die von ihm zu beachtende, meist kurze Gewährleistungspflicht (von 6 Monaten) in Lauf setzt.

1.9 Schulung

947 Das Thema Schulung wird in der EDV-rechtlichen Literatur nur sporadisch behandelt, obwohl es eigentlich grundsätzliche Bedeutung hat, da wohl fast alle Mitarbeiter in einer EDV-Abteilung zu schulen sind. Dennoch können im vorliegenden Rahmen nur einige Grundsätze knapp zusammengefasst werden, jedoch ergänzt um praxisbezogene rechtliche Hinweise.

Vorab ist ein klärender Hinweis wichtig: Schulung und Einweisung müssen unterschieden werden. Die Rechtsprechung zur **Einweisung** als Anbieterpflicht bezieht sich grundsätzlich auf die Einweisung in die Systemnutzung, also das unmittelbare Vorführen des Systems und die Anleitung zu seinem Gebrauch. Allgemeines EDV-Wissen muss vorausgesetzt werden. Die Einweisung umfasst nur die Besonderheiten des Gebrauches eines spezifischen Gerätes oder Systems. Freilich kann der Umfang der zu erbringenden Einweisungsleistungen unterschiedlich sein, je nachdem, ob etwa nur die Bedienung eines neuen Druckers oder einer komplexen Programmentwicklungsumgebung erläutert werden muss. Dennoch bleibt der grundsätzliche Bezug der Enweisung zu einem bestimmten Produkt.

Schulung hingegen soll grundsätzlich Wissensvoraussetzungen bei Mitarbeitern schaffen, auf denen dann etwa eine Einweisung und die Nutzung selbst aufbauen können. Der geschuldete Leistungsumfang kann hierbei sehr stark variieren, insbesondere in Abhängigkeit von dem Vorwissen der zu Schulenden und von der Anwendung, für deren Nutzung die Schulung erfolgt. So verlangt die Schulung in einer PC-gestützten Finanzbuchhaltung eine andere Gestaltung als die Schulung in der Netzwerkerstellung und -administration.

1.9.1 Leistungsbeschreibung

Da das Leistungsbild von Schulungsleistungen sehr vielgestaltig ist, erweist sich in der Vertragspraxis eine detaillierte **Aufstellung der Schulungsinhalte** als unverzichtbar. Zugleich ist aber auch festzulegen, welche Personen in welchem Zeitraum an Schulungen des Anbieters teilnehmen sollen. Ebenso sind Möglichkeiten zu regeln, einzelne Teilnehmer bei Erkrankung auszuwechseln oder Nachschulungen durchzuführen. Regelungsbedürftig sind weiter Vertragslaufzeit, Kündigungsmöglichkeiten, Haftung und Gerichtsstand. 948

Die **Norm DIN/ISO 9001** enthält Vorgaben auch für schulungsbezogene Qualitätsaudits und für die Entwicklung und Wartung von Schulungen.

Prüfpunkte:
- Klare Definition von Lerninhalten,
- notwendige Vorkenntnisse,
- ausreichende Ausstattung mit Arbeitsmitteln, insbesondere Rechnern,
- praxisnahe Übungen,
- arbeitsfähige Arbeitsunterlagen/Dokumentation,
- Arbeiten mit aktuellen Software-Versionen,
- maximale Teilnehmeranzahl,
- spätester Buchungszeitpunkt,
- Kursdauer,
- Ersatzkurse,
- Weiterbildungsmöglichkeiten,
- Bestätigung eines erreichten Lernabschlusses,
- Kosten,
- Stornogebühren,
- AFG-Förderung bei Kursen außerhalb des Unternehmens.

1.9.2 Anwendbares Recht

949 Schulung wird teilweise als **Werkleistung** eingeordnet.[796] Freilich sind die Umstände des Einzelfalles zu berücksichtigen. Außerdem ist generell zu fragen, worin ein geschuldeter Erfolg bestehen soll. Die tatsächliche Durchführung einer Schulungsveranstaltung mit bestimmten Inhalten zu bestimmten Zeiten kann ein solcher Erfolg sein, auf den Werkvertragsrecht anwendbar ist. Man wird wohl sogar die verständliche Präsentation dieser Inhalte aus objektivierter Rezipientensicht als einen solchen Erfolg einstufen können. Hingegen kann ein Anbieter nur sehr begrenzt sicherstellen, dass die Teilnehmer eine an sich aus dieser Perspektive durchaus verständliche Präsentation tatsächlich verstehen und später in der Anwendungspraxis umsetzen können. Insoweit kann zwar auch ein entsprechender „Erfolg" definiert werden, dessen Eintritt der Anbieter aber nicht voll selbst steuern kann. Aus diesem Grunde muss die vertragstypologische Anknüpfung nach Erbringung der Schulungsleistung und Eintritt eines Lernerfolges differenziert werden.

2. Sonderprobleme des Systemerwerbs

2.1 Kauf gebrauchter Hardware

950 **Gebrauchte Anlagen und Software** werden am Markt oft erheblich kostengünstiger als neue Programme angeboten. Vorführ- oder Ausstellungsgeräte der Hersteller und teilweise auch Geräte aus zweiter Hand helfen, ein vorgegebenes Investitionslimit einzuhalten bzw. dienen als Sicherungspotential für den Fall von Systemzusammenbrüchen und Auslastungsspitzen.

Für derartige Erwerbsfälle kann zunächst in allen wesentlichen Punkten auf das oben zum Kauf von Hardware Gesagte Bezug genommen werden (s. Rn. 692). Jedoch sind einige entscheidende Besonderheiten zu beachten, die den Gebrauchterwerb von so genannter **B-Ware** schnell in die Risikozone treiben können. Sie betreffen weniger grundlegende dogmatische Streitfragen als Fallstricke in der Praxis, auf die – ohne Vollständigkeitsanspruch – nachfolgend insbesondere für Anwender im privaten Bereich hingewiesen werden soll.

---

[796] OLG Frankfurt/Main, Urteil vom 2. 2. 1994 – 23 U 25/92, MRC 1995, 132.

Für den **Leistungsumfang** ist entscheidend, welchem Zweck die Anla-   951
genteile bzw. die Konfiguration dienen soll. Man kann hier komplette
Ersatzsysteme aufbauen oder sich auch lediglich auf eine Zusatzkarte
beschränken. Meist wird aber eine zusätzliche CPU erworben oder bei
marktbewährten Anlageteilen eine gesamte Gebrauchsausstattung als
Einstieg.

Vorab muss geprüft werden, ob die vorhandenen und hinzugekauften
Anlagenteile **kompatibel** sind. Zu beachten sind hierbei unterschiedliche
„Generationen" von Betriebssystemen (Systemsoftware).

Die **Leistung** ist genau zu **bezeichnen**. Während bei Neukauf in der Regel   952
nur **modellmäßig** bestimmte und bestimmbare Anlageteile geschuldet
sind (und der Verkäufer nur ein beliebiges Exemplar dieses Modell**typs** zu
übergeben braucht), sollte der Erwerber von gebrauchtem Equipment darauf bestehen, dass er auch tatsächlich das besichtigte (und ggf. bereits
funktionsgeprüfte) Gerät erhält. Um dies sicherzustellen, müssen im Vertrag **eindeutig identifizierende Merkmale**, wie Produktionsnummer etc.,
festgehalten sein.

Der Vertrag sollte weiter erfassen, welches **Zubehör** mitgeliefert werden
kann. Bezugnahme auf Herstellerkataloge nützt nichts, da nur das beim
Verkäufer vorhandene Zubehör von ihm geschuldet wird, es sei denn, es
wird ausdrücklich ergänzend Neulieferung von fehlendem Zubehör vereinbart. Zu empfehlen ist, für das geschuldete Zubehör eine genaue
Auflistung zu erstellen. Zur Leistungspflicht des Verkäufers gehört neben
der Übergabe (s. Rn. 565) auch, den **Kaufgegenstand** zu **übereignen**. Bei
dem Gebrauchtkauf besteht ein erhöhtes Interesse des Erwerbers, die
Eigentumslage zu klären. Teilweise können noch Eigentumsvorbehalte
(gemäß § 455 BGB) bestehen. Dem Erwerber obliegt es dann nachzuweisen, dass er **gutgläubig Eigentum erworben** hat. Er sichert sich deshalb
mit dem **Zusatz im Text**: „Am Kaufgegenstand bestehen keinerlei Eigen-
tumsrechte Dritter."

Beim Verkauf gebrauchten Equipments trägt der Verkäufer **kein Leis-**   953
tungsrisiko. Geht die von ihm zu liefernde Kaufsache vor Übergabe ohne
Verschulden des Verkäufers unter oder wird sie beschädigt, muss er –
anders als der Verkäufer eines nur gattungsmäßig bezeichneten, neuen
Artikels – dem Käufer keinen vergleichbaren Ersatz beschaffen (§ 275
BGB). Ist er selbst „nur" Anwender, könnte er dies auch nicht, was für den
Käufer meist auch erkennbar ist. **Gewährleistung** wird der Vorbesitzer in
aller Regel nicht übernehmen wollen oder auch nur können. Dennoch darf

er sogar einen Formularvordruck für den Verkauf benutzen, der der Kategorie der AGB zuzuordnen ist und die Kontrolle des AGBG erforderlich macht. Die einen Gewährleistungsausschluss verbietende Klausel des § 11 Nr. 10 AGBG greift jedoch nicht ein, da sie nur **neu** hergestellte Sachen und Leistungen erfasst. Im Einzelfall bleibt freilich zu prüfen, ob der AGBG-Schutz tatsächlich ausgeschlossen ist. Für Verkäufe zwischen Anwendern bestehen hier wenig Zweifel; anderes kann gelten, wenn der gewerbliche Anbieter Vorführ- oder Demogeräte verkauft.[797]

954 Auch und gerade bei gebrauchter Hardware ist es unbedingt erforderlich, eine **Funktionsprüfung** durchzuführen. Verzichtet der Käufer darauf, bereits bei Übergabe vorhandene Mängel festzustellen, kann er sich nicht nachträglich darauf berufen, diese Mängel seien für ihn nicht erkennbar gewesen.[798] Die Funktionsprüfung sollte möglichst vor oder spätestens bei Übergabe erfolgen, um eine eventuell notwendige Ablehnung der Leistung als Nichterfüllung sofort erklären zu können. Manche Rechner fallen bereits beim Hochstarten aus.[799] Beim Test sollten einige typische Anwendungsfunktionen wie Abspeichern oder Ausdrucken, Verändern von Datensätzen oder Downloading aus dem Internet geprüft werden.

Bei Bedarf sollte der Interessent eigene Software zu Testzwecken mitnehmen (z. B. eine Utility-Sammlung). Zweierlei ist aber zu beachten. Der Interessent muss berechtigt sein, eine eventuell zusätzliche Kopie auf den zu testenden Rechner zu laden; das kann problematisch sein, wenn das berechtigt eingesetzte Programmexemplar auf dem eigenen Rechner des Interessenten in der Zwischenzeit installiert bleibt. Außerdem muss der Interessent die Haftung aus Beschädigungen des angebotenen Rechners aus Fehlerhaftigkeit der Testsoftware übernehmen (Haftung aus Verschulden bei Vertragsschluss bis zum Vertragsabschluss, anschließend aus positiver Vertragsverletzung).

Wendet der Käufer ein, eine solche Funktionsprüfung habe für ihn aufgrund seiner mangelnden Fachkenntnisse ohnehin keinen Sinn gehabt, so muss er dieses Risiko selbst tragen. Vermeiden lässt sich dies nur, wenn sich der Käufer rechtzeitig und ausreichend kundig macht bzw. von Drit-

---

[797] Die Rechtsprechung hierzu ist uneinheitlich und nicht im einschlägigen Bereich ergangen. Ein Kfz gilt auch nach einigen Probefahrten noch als neu (OLG Hamm, DB 1983, 710), allerdings nicht bei Zulassung auf einen anderen Fahrer (LG Gießen, NJW-RR 1992, 186). Als Ausstellungsstücke dienende Möbel können neu sein (OLG Düsseldorf, NJW-RR 1991, 1464). Entscheidend ist wohl, ob ein bestimmungsgemäßer Gebrauch begonnen wurde (Ulmer/Brandner/Hensen, § 11 Nr. 10 Rn. 5).

[798] Vgl. OLG Schleswig, MDR 1982, 228.

[799] Einschaltausfälle („Dead-on-Arrival") können freilich auch bei neuen Rechnern auftreten (Reichelt, PC-Praxis, 3, 1998, 23 f.; ausf. auch zum „B-Waren-"Erwerb).

ten beraten lässt oder dem Verkäufer seine Unkenntnis ausdrücklich mitteilt und jenen zur **anlagenspezifischen Aufklärung vertraglich verpflichtet.**

Ohnehin muss der **Verkäufer** seinen Kunden so weit als möglich unterstützen. Auch ist er **zum Hinweis verpflichtet**, wenn er Kenntnis von Mängeln hat, die sich bei Standardprüfungen voraussichtlich nicht zeigen. Erfährt etwa der Käufer nachträglich vom Service-Unternehmen von diesen Mängeln, **haftet** der Verkäufer auf den Ersatz des insoweit dem Käufer entstehenden Schadens aus positiver Vertragsverletzung, wobei diese Haftung nicht der kurzen Verjährungsfrist unterliegt. Ggf. kann sich sogar eine Haftung nach § 123 Abs. 1 BGB aus arglistiger Täuschung durch Verschweigen von Hardwarefehlern ergeben. Generell muss der Verkäufer verstärkt **beraten und aufklären**, da bei Kunden nicht ohne weiteres ausreichende Sachkenntnis unterstellt werden kann. Je weiter der Verkäufer seine Gewährleistung ausschließt, desto strenger sind die Anforderungen an seine Aufklärungspflicht und desto eher kann der Käufer Aufklärung erwarten, auf welche Mängelrisiken er sich einlässt.[800] Ist der Verkäufer selbst Anwender, reduziert sich seine Beratungspflicht auf erkennbar erforderliche Hinweise im Rahmen des Wissens, das bei Anwendern üblicherweise unterstellt werden darf. 955

Hardware und Software sind einem kompletten **Testlauf** zu unterziehen[801] und die wesentlichen **Ergebnisse zu protokollieren.**

Einen heiklen Punkt stellt bei dem Kauf gebrauchten Equipments die in der Regel **ausgeschlossene Gewährleistung** dar. Zunächst sollte geklärt werden, ob hersteller- oder lieferantenseits noch Gewährleistungsfristen aus dem **Erstvertrag** laufen bzw. ob (und ggf. wie lange) sie durch geeignete Maßnahmen unterbrochen oder in ihrem Lauf gehemmt wurden bzw. werden können. Der Verkäufer selbst wird in aller Regel eigene Gewährleistung ausschließen (müssen und dürfen), auch wenn keine sonstigen Fristen mehr laufen. Ein formularmäßiger, allgemeiner Gewährleistungsausschluss ist beim Kauf von Gebrauchthändlern auch hinsichtlich schwerster Mängel zulässig.[802] In den meisten Fällen kann der private Anwender aus wirtschaftlichen und technischen Gründen von sich aus ohnehin keine Mängel beseitigen und folglich Gewährleistung guten Willens auch nicht anbieten. Seine Haftung kann er dennoch nicht mit einem Federstrich auslöschen, wie im Folgenden zu zeigen ist. 956

---

[800] Siehe Palandt/Heinrichs, § 242 Rn. 4.
[801] OLG Schleswig, Urteil vom 6. 11. 1981 – 11 U 117/80, MDR 1982, 228.
[802] Siehe BGH, NJW 1984, 1452.

957 Verwendet der Verkäufer im Vertrag die Formulierung „gekauft wie besichtigt", so kann er hiermit nur solche Mängel von seiner Haftung ausschließen, die für den Käufer nach objektiven Gesichtspunkten im Übergabezeitpunkt **erkennbar** waren. Für **verdeckte Mängel** haftet er, auch wenn er sie selbst nicht erkannt hat oder erkennen konnte und keine besondere Zusicherung abgegeben hat. Der Käufer hat in diesem Fall allerdings nicht nur den Mangel, sondern auch nachzuweisen, dass dieser Mangel für ihn im Übergabezeitpunkt ohne eine unzumutbar aufwendige Prüfung nicht zu erkennen war.

958 Das **Rügerecht** verliert der Käufer, wenn er einen Mangel erkannte, aber nicht rügte (§ 460 Satz 1 BGB). Den Beweis für die Kenntnis des Käufers muss der Verkäufer erbringen, der sich auf diese beruft. Keine Rolle spielt allerdings die positive Kenntnis oder das Kennenmüssen, wenn nur gattungsmäßig bezeichnetes Equipment (etwa aus dem reichhaltigen Lager eines Gebrauchthändlers) erworben wird.[803]

959 Hält der Verkäufer **Zusicherungen**, dass bestimmte Eigenschaften vorliegen, nicht ein, kann der haftende Verkäufer zur Haftungsentlastung dem Käufer nur dessen positive Kenntnis, nicht aber eine grob fahrlässige Unkenntnis entgegenhalten.

960 Das AGBG erlaubt eine Einschränkung der Gewährleistung, da dieses Gesetz in seinem Geltungsbereich auf „neu hergestellte Sachen und Leistungen" (§ 11 Ziff. 10 AGBG) beschränkt und demzufolge nicht auf gebrauchte Geräte anzuwenden ist. Der Verkäufer darf seinen Kunden aber zumindest mittels eines Gewährleistungsausschlusses in AGB nicht völlig gewährleistungsrechtlos stellen. Hier greift das Korrektiv des § 9 AGBG ein. Ergänzend sei festgehalten, dass auch ein vollständiger Ausschluss der Gewährleistung (in AGB) nicht die Pflichten des Verkäufers zu Aufklärung, Hinweisen, Mitwirkung und Untersuchung aufhebt. Der Verkäufer haftet hier aus der neben der Gewährleistung eingreifenden Rechtsfigur der **positiven Vertragsverletzung** für alle solche Schäden, die über den aus dem Mangel herrührenden Nachteil hinausgehen, und schon in der **Phase der Anbahnung** des Vertragsabschlusses für alle dem Käufer entstandenen und vom Verkäufer verschuldeten Schäden (Haftung bei Vertragsabschluss, culpa in contrahendo).

Hat der Verkäufer die Gewährleistung zulässigerweise ausgeschlossen (wozu in jedem Falle eine **besondere Vereinbarung** erforderlich ist),

---

[803] Vgl. Palandt/Putzo, § 460 Rn. 1.

sollte der Käufer vor Vertragsabschluss klären, wie häufig welche Reparaturen notwendig sind und welche Serviceleistungen herstellerseits weiter erbracht werden können. **Rückfragen** beim Hersteller bzw. Lieferanten geben oft zusätzlichen wertvollen Aufschluss. Wichtig ist, ob der Käufer in **laufende Wartungsverträge** eintreten kann. Vor Vertragsabschluss sollte der Käufer außerdem klären, ob das Service-Unternehmen einen solchen Eintritt genehmigt (vgl. i. E. § 415 BGB). Weder Verkäufer noch Käufer können eine solche Genehmigung verlangen, wenn deren Möglichkeit nicht bereits vereinbart wurde.

Die **Abnahme** von gebrauchtem Equipment sollte erst nach erfolgreich 961 durchgeführter Funktionsprüfung erfolgen. Auch Zahlungen sollten nicht vor diesem Zeitpunkt fällig werden. (Zur Abnahme s. allg. Rn. 172.)

Zusicherungen müssen spezifiziert vom Verkäufer abgegeben werden und sich auf genau bestimmbare Eigenschaften des Gerätes beziehen. Erklärt der Verkäufer bloß allgemein, verborgene Mängel seien nicht vorhanden, gibt er hiermit keine besonderen, haftungsbegründenden Zusicherungen (im Sinne der §§ 459, 464 BGB) ab.[804] Außerdem ist Voraussetzung jeder Zusicherungshaftung, dass der Verkäufer zu erkennen gibt, für das Vorliegen der Folgen aus einer nicht eingehaltenen Zusicherung **einstehen zu wollen**. Dieser Haftungswille muss vom Geschädigten nachgewiesen werden. (Zur Zusicherungshaftung s. Rn. 1267.) Der Verkäufer muss seine Worte also sorgsam abwägen: Er haftet aus abgegebener Zusicherung z. B. dann, wenn er gegenüber dem Kunden Vokabeln wie **„fabrikneu"**, **„kaum gebraucht"** bzw. **„fast neu"** oder **„neuwertig"** gebraucht.[805] Allerdings ist allein aus der Angabe des Modelljahres keine Zusicherung zu entnehmen.[806] Sinngemäß Gleiches gilt für den Hinweis auf die Zugehörigkeit der Hardware zu einer bestimmten Gerätegeneration oder der Software zu einer bestimmten Programmversion.

Wird andererseits eine Anlage (z. B. Laufwerk) grundlegend durchgeprüft und teilweise mit neuen Teilen (z. B. Speichermedien) versehen sowie technisch überholt, gereinigt und justiert, hat der Anbieter notwendigerweise durch diese **Generalüberholung** eine generelle Überprüfung und Behebung der relevanten Mängel vorgenommen. Wird diese Generalüberholung dem Kunden mitgeteilt, kann er hierauf vertrauen. Ein Gewährleistungsausschluss ist insoweit unwirksam.

---

[804] Vgl. BGH, DNotZ 1953, 93.
[805] BGH, NJW 1959, 1489.
[806] Vgl. BGH, BB 1981, 12.

2.2 Kundenrisiken im Versandhandel

Computer- und Software-Erwerb im Versandhandel ist mit **höheren Risiken** verbunden. Um dies abzugrenzen, sollen die folgenden **Hinweise** für den Anwender in der Praxis beachtet werden:

962 – **Bestellungen**

Auf Anzeigen sollte nicht einfach bestellt werden! Meist wird ein knappes Formular in der Anzeige abgedruckt oder einem Prospekt beigefügt, unter Hinweis auf den begrenzten Vorrat zur Eile bei der Bestellung gedrängt und gelegentlich immerhin eine Rücknahmegarantie „bei Nichtgefallen" versprochen. Über die Haftung und die Kosten für diesen Rücktransport verlieren Versandhändler meist kaum ein Wort.

963 – **Lieferbedingungen**

Zunächst sollte der Kunde sich einen Gesamtkatalog neuesten Datums und auf jeden Fall die neuesten Lieferbedingungen zusenden lassen. Finden sich in diesen Klauseln, wie etwa

• Ausschluss der Gewährleistung,
• Gewährleistungsfrist von drei Monaten,
• Vorbehalt, auch nach Vertragsabschluss Preise ändern zu können oder
• nicht genau festgelegte Lieferfristen,

so ist bereits Vorsicht angebracht: Hier werden auf den Kunden fast alle kritischen, streitträchtigen Risiken abgewälzt, deren unwirksame Vereinbarung dann erst gerichtlich auf Risiko des Kunden festgestellt werden muss.

964 Wer ein Gerät oder Programm dringend benötigt, aber keine andere Bezugsquelle ausfindig machen kann, sollte deshalb zumindest versuchen, individuelle Vertragsänderungen auszuhandeln.

Zu beachten ist weiter:

• Bei neuen Geräten oder Programmen ist ein **vollständiger Gewährleistungsausschluss in AGB unzulässig**.
• **Gewährleistungsfristen** müssen auf jeden Fall die gesetzlich vorgeschriebenen Mindestfristen einhalten.
• Innerhalb von vier Monaten ab Vertragsschluss dürfen die **Lieferpreise** nicht zu Lasten des Kunden geändert werden. Auch dürfen die Lieferfristen nicht unbestimmt bleiben.
• Wer **Vorauszahlungen** leistet, läuft Gefahr, lange auf die Lieferung warten zu müssen. Die Zahlung sollte deshalb grundsätzlich erst nach Lieferung, Funktionsprüfung und Rechnungsstellung erfolgen. Lässt sich ein Versandgeschäft hierauf nicht ein, sollte man die Bestellung noch einmal genau überlegen.

Ohne Katalog zu bestellen empfiehlt sich schon deshalb nicht, weil sich erst aus diesem erkennen lässt, welches die genaue und komplette Bezeichnung des Lieferartikels und des notwendigen Zubehörs ist. Der Versandhändler sollte insbesondere auch den Lieferumfang darstellen: Sind ggf. Einführungshandbücher, Betriebs- und Bedienungsanleitungen (in Deutsch!), Datenblätter, Hersteller-Garantiekarten beigefügt? Geliefert werden sollte möglichst nur gegen **Lieferschein**, der alle vereinbarten Gegenstände mit Produktnummer bezeichnet und dem Kunden eine entsprechende Vollständigkeitskontrolle gestattet.

Fügt der Händler keinen solchen Lieferschein bei, so tut der Kunde gut daran, selbst alle gelieferten Gegenstände aufzulisten und eine Kopie dieser Aufstellung dem Händler als **Empfangsbestätigung** zuzusenden. Mit dieser Bestätigung erklärt der Kunde noch nicht automatisch die Abnahme (soweit diese erforderlich ist). Hierzu muss er das Gerät erst näher testen, wofür der Händler eine gewisse Zeitspanne nach Übergabe einzuräumen hat. Am Händler ist es, einer ihm übermittelten Aufstellung zu widersprechen, wenn er glaubt, mehr oder andere Geräte geliefert zu haben.

Bei Lieferung ist die Kontrolle wichtig, ob tatsächlich alles bestellte Gerät   965
mitgeliefert wurde. Fehlendes sollte sofort **schriftlich abgemahnt** werden. Zu beachten ist hierbei, dass eine Mahnung ohne Fristsetzung rechtlich keine Relevanz hat. Mit der **Fristsetzung** ist auch eine Erklärung zu verbinden, welche Schritte der Kunde unternehmen wird, wenn der Händler die Frist ungenutzt verstreichen lässt. Für diesen Fall muss der Kunde von vornherein Rücktritt oder eine Schadensersatzforderung androhen. Diese Rechte kommen grundsätzlich nur zum Tragen, wenn ihre Ausübung vorher angedroht wurde (es sei denn, dass die Androhung in eng begrenzten Fällen überflüssig ist). Nimmt der Kunde eine **zweite Mahnung** vor, darf er nicht vergessen, **erneut Frist** zu **setzen** und die jeweilige Rechtsausübung anzudrohen. Liefert der Händler überhaupt nicht, muss ihm nach einer dem Kunden zumutbaren Wartezeit oder bei Ablauf einer ausdrücklich von ihm genannten Lieferfrist schriftlich eine Frist zur Lieferung gesetzt und gleichzeitig Rücktritt oder Schadensersatz bei Nichteinhaltung der Frist angedroht werden. Der Händler kann sich nicht wirksam mit einer zeitlich völlig unbestimmten Regelung freizeichnen, derzufolge er Termine nur unter Vorbehalt der Eigenbelieferung durch den Hersteller nennt (vgl. § 10 Abs. 2 AGBG). Dies gilt auch im Verhältnis von Kaufleuten untereinander.

Werden **unbestellte Teile geschickt**, so trifft deren Empfänger **keine**   966
Rücksendungspflicht. Er muss die Geräte oder Programme nur zur Abholung bereithalten. Die Verpackung sollte möglichst gar nicht erst

geöffnet und das Gerät auch nicht ausprobiert werden. Darin kann eine stillschweigende Annahme und die Begründung einer vollen Haftung für die Geräte gesehen werden.

967 Wenn überhaupt irgendwo, dann ist beim Versandhandel eine **Funktionsprüfung** unabdingbar. Am besten ist bereits in die Bestellung der Vermerk „Fälligkeit der Zahlung und Beginn der Gewährleistungsfrist ab Ende der Funktionsprüfung" einzufügen. Natürlich darf die Durchführung der Funktionsprüfung nicht ungebührlich verzögert werden. Dies wäre dann vom Kunden zu vertreten und würde zu einer Fiktion der erfolgten Abnahme führen. Bei Anlieferung kann die Funktionsprüfung erst nach Beendigung von Installation/Einweisung durchgeführt werden. Vorher beginnt die Gewährleistung nicht zu laufen.

Einsteiger in den EDV-Bereich sollten sich von zuverlässigen Dritten unterstützen lassen, die bereits Erfahrungen gesammelt haben. Man sollte alle im Prospekt angegebenen Funktionen prüfen und auch beigefügte, in der Anleitung erläuterte oder eigene Programme (die allerdings manchmal „umgeschrieben" werden müssen) auf dem System laufen lassen.

968 Beharrt der Versandhändler auf Zahlungsfälligkeit und Beginn der Gewährleistungsfrist ab Übergabe, ist eine interne Funktionsprüfung umso dringender geboten. Der Kunde sollte sich nicht darauf verlassen, früher oder später durch Zufall ohnehin auf vorhandene Fehler zu stoßen. Meist ist dann die Gewährleistungsfrist bereits abgelaufen. Nur eine gezielte Prüfung aller wesentlichen Funktionen hilft, bestehende Rechte zu wahren. Stellen sich bereits beim Probelauf erhebliche Mängel heraus, kann der Kunde den Vertrag grundsätzlich rückgängig machen (Wandlung, § 462 BGB). Diese Möglichkeit ist jedoch meist in den Lieferbedingungen ausgeschlossen und dieser Ausschluss auch nicht verhandlungsfähig. Der Kunde muss dann einen vergeblichen **Nachbesserungsversuch** abwarten, bis sein **Wandlungsrecht** wieder **auflebt**.

Seriöse Geschäfte räumen von sich aus ohne besondere Probleme gleich lange Rückgabefristen ein, da dies für sie angesichts qualitativ guter Geräte kein Risiko darstellt.

969 **Mängel sind** möglichst genau zu beschreiben und dem Händler **mitzuteilen**. Briefe an den Hersteller nützen sehr oft nichts, wenn er nicht Vertragspartner ist, es sei denn der Hersteller hat dem Kunden unmittelbar eine ausdrückliche Garantie gegeben.

Da der Kunde in aller Regel eine Reparatur nicht selbst vornehmen kann und sollte, muss er auf eigene Kosten und mit vollem **Transportrisiko** das defekte Gerät an den Händler schicken. Auch während der Gewährleistungszeit ist zumeist ein Kostenersatz für eine Rücksendung zwecks Reparatur nicht vereinbart.

Die **Mängelanzeige** sollte als **Einschreiben mit Rückschein** erfolgen und   970
das Gerät am besten durch einen Paketservice oder eine Spedition übermittelt werden. Auf dem Transport- bzw. Speditionsauftrag ist das Gerät möglichst genau zu bezeichnen. Die vom Transporteur unterzeichnete Auftragsbestätigung dient dem Kunden gleichzeitig als Nachweis, gerade dieses Teil zu einem bestimmten Zeitpunkt abgeschickt zu haben.

In der Regel sollte dem Händler eine **Nachbesserungsfrist** von drei bis vier Wochen ab Erhalt des Gerätes eingeräumt werden. Verstreicht die Frist, ohne dass das reparierte Gerät beim Kunden wieder eingetroffen ist, sollte der Kunde eine Nachfrist von 14 Tagen setzen und für den Fall der Nichteinhaltung dieser Frist eine Schadensersatzforderung androhen – alles natürlich schriftlich.

Das umständliche Verfahren legt jedoch den **Rat** nahe, im Versand nur wirklich „gängige" Standard-Hardware und -Software zu erwerben, da hier bei hohen Stückzahlen vermutet werden kann, dass die Produkte eher ausgereift sind als spezielles Equipment und selten verlangte Software (z. B. Importprogramme).

Noch einige Hinweise:
– **Gerichtsstandvereinbarungen**   971
  Vereinbarungen des Gerichtsstands am **Sitz des Versandhändlers** sind für diesen natürlich äußerst bequem, aber (zumindest gegenüber Nicht-kaufleuten) **zulässig** (s. § 38 Abs. 2 ZPO).
– **Untersuchungs- und Rügepflicht**
  Auch dem Kaufmann gegenüber ist eine Reihe von Einschränkungen der gesetzlichen Gewährleistung nicht wirksam (z. B. Ausschluss der Gewährleistung oder erhebliche Verkürzung von Gewährleistungsfristen, Benennen unbestimmter Lieferfristen oder Umkehr der Beweislast).
– **Kauf auf Probe**
  Der Anwender sollte versuchen, wenn keine präzisen Händlerangaben zu erhalten sind, wenigstens „gemäß den §§ 433, 495 BGB" zu bestellen. Widerspricht der Händler in seiner Auftragsbestätigung nicht, so

wurde ein „Kauf auf Probe" geschlossen, und der Anwender ist dann frei, die bestellte und gelieferte Ware zu prüfen und zu akzeptieren oder sie zurückzugeben.

972 **Checkliste**
- Bestellungen sollten nicht auf eine bloße Anzeige hin erfolgen. Die **Lieferbedingungen** des Händlers müssen bekannt sein.
- **Zahlungen** sollten erst **nach Lieferung** und Funktionsprüfung fällig werden! Vorkasse entbindet den Händler von jedem Druck, bald zu liefern und Mängel zu beseitigen.
- Der **Bestellartikel** muss **genau beschrieben** sein! Andernfalls droht das Risiko der Lieferung veralteter Versionen. Gewährleistung, Zubehör (Strom- und Verbindungskabel), Dokumentation und Liefermodalitäten müssen vor Vertragsabschluss feststehen.
- Lieferung nur gegen **Lieferschein** mit genauer Artikelangabe! Notfalls muss der Kunde von sich aus mit einer detaillierten Aufstellung den Empfang bestätigen.
- Bei (teilweisem) Verzug muss der Kunde **schriftlich** mahnen, Lieferfrist setzen und für den Fall von deren Nichteinhaltung Rücktritt oder Schadensersatzansprüche androhen! Nachfristsetzungen müssen mit einer neuen Androhung verbunden sein!
- Sofort bei Erhalt sind alle wesentlichen Funktionen der Geräte zu testen!
- Reparaturen sind beim Versandhandel risikoreich, zeitraubend und keinesfalls von jedem Händler überhaupt durchführbar. **Servicemöglichkeiten** und unmittelbare **Herstellergarantien** müssen deshalb **im Voraus überprüft werden!**
- **Support** muss auch für Importgeräte gesichert sein.

– **Bestellungen in den USA**
  - Schriftliche Bestellung,
  - möglichst keine Bestellung per Vorkasse,
  - erhöhte Frachtkosten (z. B. von den USA nach Deutschland etwa 70 US-$), Versicherung, Zollgebühren (z. B. 4,9 % auf Kaufwert), hohe Umsatzsteuer in Nicht-EU-Staaten, Bankgebühren für Überweisungen in andere Staaten,
  - Durchführung einer Mängelbeseitigung schwierig,
  - Rücksendung auf Kosten und Risiko des Kunden.

2.3 Hinterlegung des Software-Quellcodes

973 Wichtige Anwendungen und damit betriebliche Funktionen können gefährdet sein, wenn der Kunde keinen **Zugriff auf den Quellcode** hat, um

– Fehlerbeseitigungen,
– Änderungen oder
– Erweiterungen der Software
vornehmen (lassen) zu können. Zwar werden Software-Häuser solche
Leistungen zumeist ohne Probleme zu marktüblichen Konditionen anbieten. Unklar ist aber die Zukunft der Anwendung, wenn der Anwender von
Werkleistungen beispielsweise insolvent wird oder Streitigkeiten zwischen Anbieter und Kunden auftreten oder das Software-Haus als „Start-
Up-Unternehmen" eine Neuentwicklung über Venture Capital finanzieren
will (Hinweis bei Nordmann/Schumacher, K & R 1999, 363). Der Kunde
steht dann vor dem Risiko, für immer an einen bestimmten Programmsta-
tus gebunden zu bleiben. Treten in diesem Fehler auf, kann hieran die
gesamte Anwendung scheitern. Der Kunde hängt damit in seiner Anwendung letztlich vom wirtschaftlichen Schicksal des Anbieters ab.

Dieses erfahrungsgemäß recht häufige Problem lässt sich auf verschiede- 974
nen Wegen lösen. Der Kunde kann etwa das Programm gleich auch in dem
von ihm veränderbaren Quellformat erwerben. Bei individuellen Problemlösungen wird er vielfach ohnehin das Programm auch im Quellcode
erhalten. Sobald das Programm aber Routinen enthält, die der Anbieter
auch anderweitig verwenden kann, wird er vom Kunden einen dem möglichen Absatz entsprechenden, also relativ hohen Preis verlangen, der in den
meisten Fällen noch über dem Sicherungsinteresse des Kunden und weit
über dem Preis der Objektcode-Version liegt.

Als Alternative bleibt dem Kunden dann nur, die Hinterlegung der vertragsgegenständlichen Software mit dem Anbieter zu vereinbaren. Diese Hinterlegung bei einer dritten Stelle soll in doppelter Hinsicht dem Interesse des Kunden an Absicherung seiner Anwendung dienen: Der Kunde kann unter
bestimmten kontrollierten Voraussetzungen auf das Quellformat des von ihm
erworbenen Programmes zugreifen, ohne vom Anbieter (und bei entsprechender vertraglicher Gestaltung von dessen Konkursverwalter) hieran gehindert
werden zu können. Der Anbieter kann andererseits das Programm ungehindert
vertreiben und muss keine Konkurrenz durch den Kunden fürchten. Eine solche wechselseitige Interessensicherung lässt sich im Modell durchaus schlüssig entwickeln. Übersehen wird aber zuweilen, dass jede neue Aktualisierung
des Codes wiederum mit entsprechendem (auch kostenmäßigem) Aufwand
hinterlegt werden muss, soll der Quellcode in der Praxis nutzbar bleiben.

Hinterlegungszweck ist die Sicherung einerseits der Programmanwen- 975
dung durch den Kunden, andererseits der Schutz des Anbieters vor unlau-
terem Wettbewerb seitens des Kunden. Der Kunde soll zwar auf das Quell-

format zugreifen können, aber nur unter vorbestimmten Voraussetzungen und in genau definierter Weise.

976 Um diesen Zweck zu erreichen, muss die **Hinterlegung in einer geeigneten Vereinbarung** in den Voraussetzungen und der Durchführung festgelegt werden (ein Vertragsmuster findet sich im Anhang). Diese Vereinbarung kann Teil des Software-Überlassungsvertrages oder eines Pflegevertrages sein bzw. getrennt abgeschlossen werden, u. U. auch nach Programmübergabe oder sogar nach Auslaufen eines Pflegevertrages.

Für den **Insolvenzfall** ist abzusichern, dass der Konkursverwalter des Anbieters nicht den Quellcode von der Hinterlegungsstelle an sich herausverlangen kann, wodurch die Absicherung des Kunden entfiele. Dies erfordert, die Software-Überlassung vertraglich derart auszugestalten, dass die Hinterlegung einen Teil der vertraglich geschuldeten Nutzungseinräumung darstellt, die der Konkursverwalter nicht mehr einseitig rückgängig machen kann. Hier treten in der Praxis Probleme auf, da wohl bisher keine absolut „konkursfeste" Hinterlegungsvereinbarung vorgestellt wurde.[807]

977 Der Anbieter übergibt einer benannten Hinterlegungsstelle das Quellformat des jeweiligen Programmes auf Datenträger, außerdem in jedem Fall eine ausführliche schriftliche Dokumentation[808] und ggf. einen Ausdruck des Listing des Quellcodes. Die **Hinterlegung muss** u. U. **regelmäßig wiederholt werden**, wenn das Pflegeunternehmen neue Programmversionen auf den Markt bringt.

978 Die **Hinterlegungsstelle** soll naheliegenderweise von beiden Seiten unabhängig sein. In Frage kommt die Hinterlegung bei einem **Rechtsanwalt**, einem **Notar** bzw. bei einem technischen Überwachungsverein.

Die **Hinterlegungsstelle** muss in der Lage sein, die Software
– zu **identifizieren** (so dass gesichert ist, dass überhaupt das richtige Programm hinterlegt wird), auf Vollständigkeit zu untersuchen und evtl. kleinere Anpassungen selbst durchzuführen,
– in geeigneter Weise **aufzubewahren** (Einhalten von Grenzwerten der Raumtemperatur und Luftfeuchtigkeit; Versicherung gegen Beschädigung oder Untergang),
– unter definierten Voraussetzungen an den Kunden oder auch den Anbieter **herauszugeben**, wobei die Herausgabe ggf. sehr **rasch** erfolgen

---

[807] Schneider, CR 1995, 705 und Nordmann/Schumacher, K & R 1999, 363, 365 (zur Verringerung der „Insolvenzfestigkeit" durch § 103 Abs. 1 InsO).
[808] Ähnlich Schneider, a. a. O., 707.

können muss, um empfindliche Anwendungsunterbrechungen zu vermeiden.

Die **Herausgabe des Quellcodes** muss deshalb durch einen Katalog genau   979
definierter Fälle einer solchen Herausgabepflicht geregelt werden. Für
diese Fälle müssen formale Voraussetzungen festgelegt werden. Die Hinterlegungsstelle muss, damit die Hinterlegung und vor allem die Herausgabe praktikabel bleiben, so weit wie möglich von materiell-rechtlichen
Prüfungen entlastet werden.

Sowohl der Kunde wie auch der Anbieter müssen berechtigt sein, unter
bestimmten Voraussetzungen die Herausgabe bzw. Rückgabe des Quellcodes zu verlangen.

2.4 Entsorgung von Hardware

Nach der IT-Altgeräte-Verordnung (ITV-E)[809] sind Hersteller verpflichtet,   980
IT-Geräte wie Computer (§ 1 Abs. 1 Nr. 1 ITV) und Monitore, Drucker,
Plotter und vergleichbare Geräte (s. § 1 Abs. 1 Nr. 2 ITV), aber auch
Tastaturen und Scanner (§ 1 Abs. 1 Nr. 3 ITV), Schreibmaschinen (Nr. 4),
Fotokopierer und sonstige Vervielfältigungsgeräte (Nr. 5), Telefaxgeräte
(Nr. 6), Telefonendgeräte (Nr. 7) und Geräte der Präsentationstechnik
(Nr. 8) mit Geräteteilen und Zubehör zurückzunehmen. Nicht erfasst wer-
den Verbrauchsmaterialien wie Toner, Druckerpatronen, Disketten oder
CD-ROM (§ 1 Abs. 1 ITV).

Verpflichteter „Hersteller" im Sinne der ITV ist, wer IT-Geräte herstellt
und sie mit seinem Markenzeichen versieht (§ 1 Abs. 3 Nr. 1 ITV) bzw.
wer IT-Geräte in den Geltungsbereich der ITV einführt und dort erstmals
in den Verkehr bringt (§ 1 Abs. 3 Nr. 2 ITV). „Vertreiber" im Sinne der
ITV ist, wer IT-Geräte, gleichgültig auf welcher Handelsstufe, in Verkehr
bringt (§ 1 Abs. 4 ITV). Als „Letztbesitzer" gilt schließlich, wer sich eines
IT-Altgerätes entledigen will oder muss (§ 1 Abs. 5 ITV).

Hersteller müssen von ihnen in Verkehr gebrachte IT-Geräte **zurückneh-**   981
men und gemäß den Vorschriften des Kreislaufwirtschafts- und Abfallge-
setzes verwerten (§ 2 Abs. 1 ITV). Die Abholung erfolgt bei den die IT-
Altgeräte sammelnden öffentlich-rechtlichen Entsorgungsträgern (§ 2
Abs. 2 ITV), also nicht unittelbar im Verhältnis Letztbesitzer/Hersteller.
Hersteller müssen außerdem IT-Geräte dauerhaft mit ihren Markenzeichen

---

[809] **Entwurf** zu einer Verordnung über die Entsorgung von Geräten der Informations-, Büro- und
Kommunikationstechnik (IT-Altgeräte-Verordnung, ITV-E).

versehen und die nach In-Kraft-Treten der ITV in Verkehr gebrachten IT-Geräte kennzeichnen (§ 7 Abs. 1 ITV).

Letztbesitzer müssen, wenn sie private Haushaltungen sind, ihrerseits IT-Altgeräte dem öffentlich-rechtlichen Entsorgungsträger überlassen (§ 5 Satz 1 ITV). Eine Rückgabe an den Vertreiber oder den Hersteller ist ebenfalls zulässig, wenn sie vom Vertreiber oder Hersteller angeboten wird (§ 5 Satz 2 und 3 ITV). IT-Altgeräte dürfen **nicht** auf Deponien abgelagert oder in Müllverbrennungsanlagen beseitigt werden (§ 6 ITV). Hersteller müssen Letztbesitzer durch Information in der Gebrauchsanweisung zum IT-Gerät oder durch andere geeignete Maßnahmen darauf hinweisen, dass IT-Altgeräte öffentlich-rechtlichen Entsorgungsträgern überlassen werden müssen (§ 7 Abs. 2 ITV).

982 In der **Vertragspraxis** ist zu beachten, dass die ITV keine unmittelbare Rücknahmepflicht von Hersteller/Händler gegenüber dem Kunden vorsieht. Will der Kunde also eine Verpflichtung des mit ihm kontraktierenden Anbieters erreichen, muss er diese Rücknahme durch den Anbieter ausdrücklich vertraglich vereinbaren. Da die ITV ohnehin keine Verpflichtung zur Abholung direkt beim Kunden vorsieht, ist der Anbieter auch nicht aus der ITV verpflichtet, die vertraglich vereinbarte Abholung beim Kunden kostenfrei durchzuführen. Deshalb sollten die anfallenden Kosten ebenfalls im Vertrag klar geregelt werden. Sie können etwa bei Auswechslung ganzer LAN schnell anwachsen.

Zu beachten ist weiter, dass die Rücknahmepflicht nur für eigene Geräte des Herstellers gilt, nicht für Fremdgeräte. Eine Ausnahme gilt nur für die kostenvergünstigte Sammellagerung durch den Entsorgungsträger nach § 2 Abs. 3 Nr. 1 ITV. Die Rücknahme fremder IT-Altgeräte wird deshalb eher die Ausnahme und zumeist teurer sein.

Führt ein Händler/Hersteller die Entsorgung durch, unterliegt er insoweit in vollem Umfange deliktischer Produkthaftung.[810] Bei Transport, Lagerung und Recycling/Entsorgung dürfen von den jeweiligen Geräten oder eingesetzten Verfahren keine Gefahren für Dritte ausgehen. Derartige Entsorgung kann als klassisches Beispiel für eine abzusichernde „Gefahrenquelle" im Sinne deliktischer Haftung aus § 823 Abs. 1 BGB gelten.

983 **Entsorgungsverträge** sind meist Teil eines Vertrages über den Neuerwerb. Sie können aber auch getrennt abgeschlossen werden. Geschuldet ist in beiden Fällen eine gesicherte Entsorgung nach den Bestimmungen des

---

[810] Siehe ausf. Koch, PHI 1992, 20.

geltenden Rechts. Da ein definierbarer Zielstatus erreicht werden soll, ist grundsätzlich Werkvertragsrecht anwendbar.[811]

2.5 Elektromagnetische Verträglichkeit von Hardware – CE-Kennzeichnung

Seit dem **1. Januar 1996** müssen alle Geräte, die elektromagnetische Stö-   984
rungen verursachen können oder deren Betrieb durch diese Störungen beeinträchtigt werden kann, nach EU-weit einheitlichen Zulassungsregeln geprüft werden.[812] Die Geräte dürfen nur dann in den Verkehr gebracht und betrieben werden, wenn

- die Erzeugung elektromagnetischer Störungen so weit begrenzt wird, dass ein bestimmungsgemäßer Betrieb von Funk- und Telekommunikationsgeräten sowie sonstigen Geräten möglich ist (§ 4 Abs. 1 Nr. 1 EMVG),
- die Geräte eine angemessene Festigkeit gegen elektromagnetische Störungen aufweisen, so dass ein bestimmungsgemäßer Betrieb möglich ist (§ 4 Abs. 1 Nr. 2 EMVG).

Entsprechen Geräte nicht diesen Vorgaben, kann das Bundesamt für Post und Telekommunikation (BAPT) besondere Maßnahmen für das Betreiben dieser Geräte anordnen oder alle erforderlichen Maßnahmen treffen, um das Betreiben des Gerätes zu beschränken oder gar zu verhindern (§ 7 Abs. 4 EMVG), etwa durch **Einziehen der Geräte!** Diese Anforderungen sind auch von **individuell gefertigten Geräten** zu erfüllen.

Geräte, die den genannten Schutzanforderungen des § 4 nicht entsprechen,   985
dürfen ab dem 1. 1. 1996 **nicht in den Verkehr gebracht werden.** Dies gilt nicht nur für Hersteller, sondern auch für Nicht-EU-Importeure, Assemblierer und auch für eigenbauende Kunden. Nur diesen Anforderungen entsprechende Geräte dürfen ab dem 1. 1. 1996 **betrieben** werden (§ 3 Abs. 3 Satz 1 EMVG). Bis zum 31. 12. 1995 durften auch Geräte, die nur den Normen mit Stand 30. 6. 1992 entsprechen, in den Verkehr gebracht werden. Diese Geräte dürfen auch **nach dem 31. 12. 1995** erstmals in

---

[811] Ebenso i. E. Bartsch, CR 1993, 616, 618.

[812] **Rechtsquellen:**
- Ratsrichtlinie 89/336/EWG vom 3. 5. 1989 zur Angleichung der Rechtsvorschriften der Mitgliedsstaaten über die elektromagnetische Verträglichkeit (ABl. EG Nr. L 139, S. 19).
- Gesetz über elektromagnetische Verträglichkeit von Geräten vom 9. 11. 1992 – EMVG (BGBl. I 1992 S. 1864).
- Erstes Änderungsgesetz zum EMVG vom 30. 8. 1995 (BGBl. I 1995 S. 1118) mit Neubekanntmachung (BGBl. I 1995 S. 1118); **Novellierung** des EMVG vom 18. 9. 1998 (BGBl. I 1998 S. 2882) in Kraft seit dem 19. 9. 1998 (s. ausf. Klindt, NJW 1999, 175).

Betrieb genommen werden. Bereits **seit dem 31. 12. 1995** zulässig betriebene Geräte dürfen weiterbetrieben werden (d. h., wenn sie vor dem In-Kraft-Treten des EMVG am 13. 11. 1992 betrieben werden durften; s. § 13 Abs. 1 EMVG). Das BAPT kann hier aber dennoch gemäß § 7 Abs. 4 im Störungsfalle vorgehen (§ 13 Abs. 1 EMVG)!

Keine CE-Kennzeichnungspflicht besteht bei weiteren Vorgängen des In-Verkehr-Bringens, z. B. beim Verkauf gebrauchter Geräte an Dritte.[813]

986   Ist eine **CE-Prüfung** und -Kennzeichnung auch **nach Reparaturen** erforderlich? Entscheidend hierfür ist, ob die Reparatur eine Veränderung im Sinne von § 2 Nr. 2 EMVG nach sich zieht. Zu prüfen ist, ob eine Veränderung der elektromagnetischen Verträglichkeit möglich ist. Diese Prüfung ist grundsätzlich auch bei Altgeräten erforderlich.[814] Das Überlassen von reparierten Geräten stellt **kein In-Verkehr-Bringen** dar, einschlägig ist nur § 3 Abs. 3 EMVG. Auch das BAPT hat das „In-Verkehr-Bringen" als **erstmaliges** entgeltliches oder unentgeltliches Bereitstellen angesehen, wobei allerdings ein solches erstmaliges Bereitstellen auch nach jeder wesentlichen Veränderung erneut anzunehmen ist. Ungelöst ist damit aber bisher noch das Problem, wie Aufrüstungen oder sonstige Veränderungen einzustufen sind. Lösen sie eine Kennzeichnungspflicht nach § 3 Abs. 1 EMVG aus? Wenn ja, müsste eine komplette neue Prüfung durchgeführt werden, die für viele kleinere Unternehmen entsprechende Veränderungsmaßnahmen unwirtschaftlich werden lässt.

Alle anforderungsgerechten Geräte bedürfen
– einer **Konformitätserklärung** (§ 5 Abs. 1 Satz 1 Nr. 1 EMVG) und
– einer **CE-Kennzeichnung** (§ 5 Abs. 1 Satz 1 Nr. 2 EMVG).

Beispiele für zu kennzeichnende Geräte:
– Rechner,
– Monitore,
– getrennte Netzteile,
– Mäuse, Boxen,
– getrennte Platten- und Bandlaufwerke,
– Bausätze.

---

[813] Karst, CR 1996, 436, 438. Zur aktuellen Prüfpraxis s. etwa Luckhardt, c't, 12, 1995, 110f.

[814] Vgl. Karst, a. a. O., 439. Karst argumentiert, der grundrechtliche Eigentumsschutz in Art. 14 GG und der Schutz der Berufsfreiheit in Art. 12 GG sowie der Umstand, dass das EMVG keine Entschädigungsregelung enthalte, spräche dafür, dass die Reparatur nicht vom EMVG erfasst werde (da anderenfalls in bestehende entsprechende grundrechtliche Schutzpositionen entschädigungslos und damit unzulässig eingegriffen würde).

Nicht kennzeichnungspflichtig sind Geräte zur ausschließlich eigenen   987
Verwendung. Aber auch diese Geräte müssen inhaltlich den EMV-Normen
entsprechen. Ebenso nicht kennzeichnungspflichtig sind gebrauchte, vom
Kunden weiterzuveräußernde Geräte. **Hersteller außerhalb der EU** müssen
die Konformität über Bevollmächtigte in der EU bzw. den EWR (Norwegen) bescheinigen.

Das CE-Zeichen ist ein **„Verwaltungszeichen"** und beinhaltet damit als
solches (also ohne besondere Erklärung des Verkäufers) **keine Zusicherung**. Sein Fehlen stellt als solches noch keinen Sachmangel dar,[815] wohl
aber m. E. das tatsächliche Fehlen ausreichender Konformität der Geräte,
da die entsprechenden Normen insoweit den einzuhaltenden Stand der
Technik darstellen. Zu prüfen sind außerdem mögliche Ersatzansprüche
aus Zusicherungsverletzung, etwa wenn alle neu gelieferten Geräte weder
eingesetzt noch umgerüstet werden können, sondern eingezogen oder
zurückgenommen werden müssen. **Ersatzansprüche** setzen hier freilich
eine **besondere Konformitätszusicherung** durch den Anbieter voraus.
Ergänzend kann insbesondere auch gegenüber beeinträchtigten Dritten
Produkthaftung eingreifen.

Das CE-Zeichen **schließt** andererseits **weder Gewährleistungs- noch
Produkthaftungsrisiken des Anbieters aus**, zumal der Stand der Technik
inzwischen weiter entwickelt sein kann als die jeweiligen Prüfnormen.[816]
Das Anbringen des CE-Zeichens kann damit den Anbieter weder von der
vertraglichen noch von der Produkthaftung entlasten. Bei mit dem CE-
Zeichen gekennzeichneten Geräten wird die Konformität freilich vermutet
(§ 4 Abs. 2 EMVG). Wird das Zeichen angebracht, obwohl keinerlei Prüfungen durchgeführt wurden, kann die strafrechtliche Relevanz dieses
Verhaltens (etwa Betrug) zu prüfen sein.

Praktische Konsequenz: Hardware aus den USA oder aus asiatischen
Staaten muss beispielsweise ebenfalls ab dem 1. 1. 1996 gesetz- bzw.
richtlinienkonform sein und das CE-Zeichen tragen. Andere Hardware ist
vertraglich nicht abnahmefähig, muss also vom Kunden nicht entgegengenommen werden. Sie darf vom Kunden nicht einmal in Betrieb genommen werden! Anbieter und Kunde würden hier **ordnungswidrig** handeln
(§ 12 Abs. 1 Nr. 1 bzw. Nr. 3 EMVG).

Die EU-Konformitätsregelung zur CE-Kennzeichnung widerspricht
grundsätzlich nicht dem GATT, da derartige Normen mit qualitativen, ins-

---

[815] Niebling, WiB 1995, 200f.
[816] Vgl. BGH, NJW 1994, 3349f.

besondere sicherheitsbezogenen Anforderungen außereuropäische Unternehmen nicht diskriminieren.[817]

2.6 Kreditfinanzierung

988 Systemerwerb wird nicht selten kreditfinanziert. Für die entsprechenden Kreditverträge ergeben sich im Hinblick auf den EDV-Systemerwerb keine grundlegenden Abweichungen im Vergleich zu anderen Kreditfinanzierungen. Deshalb seien nur knapp einige Hinweise gegeben.

Die besonderen Schutzbestimmungen des Verbraucherkreditgesetzes (VerbrKrG) gelten nur für „**Verbraucher**" als Kreditnehmer (Verbraucher ist gemäß § 1 Abs. 1 VerbrKrG jede natürliche Person, also etwa jeder Kunde eines PC-Versenders). Freilich ist – im Vergleich zum AGB-Recht – zu beachten, dass nicht nur Kaufleute aus dem Schutzbereich des VerbrKrG ausgeklammert sind, sondern auch sachbezogen „jede bereits ausgeübte gewerbliche oder selbständige berufliche Tätigkeit" (§ 1 Abs. 1 VerbrKrG), damit auch ein Erwerb durch Freiberufler, die wiederum in den Schutzbereich des AGBG fallen.

Der Kredit muss, um vom VerbrKrG erfasst zu werden, höher als DM 400,00, aber unter DM 100 000,00 liegen (jeweils Nettokreditbetrag bzw. Barzahlungspreis, § 3 Abs. 1 Nr. 1 und 2 VerbrKrG).

Der Kreditvertrag muss unter Wahrung der **Schriftform** abgeschlossen werden (§ 4 Abs. 1 Satz 1 VerbrKrG). Hierfür genügt nicht, dass der Vertrag schriftlich vorliegt. Vielmehr muss er zwingend auch **eigenhändig unterschrieben** werden (siehe § 126 Abs. 1 BGB). Ohne kundenseitige eigenhändige Unterschrift auf dem Originalvertrag ist der Vertrag nichtig bzw. jedenfalls schwebend unwirksam (§ 6 Abs. 1 bzw. 2 und 3 VerbrKrG). Zu beachten ist, dass die Übersendung eines **Fax nicht die gesetzliche Schriftform** wahrt (da der Empfänger die Kopie der Unterschrift erhält, nicht aber das Original). Ebenso wenig kann bei Online-Bestellung kundenseits eine wirksame Unterschriftsleistung erfolgen, da das bloße Schreiben des Namens auf den Bildschirm nicht mit der eigenhändigen Unterzeichnung gleichgestellt ist. Auch die Erstellung einer elektronischen Signatur (nach dem Signaturgesetz) ist (noch) nicht mit der eigenhändigen Unterschrift gleichgestellt (Stand Frühjahr 1999), so dass auch die Anwendung von Verschlüsselungsverfahren nicht zu einer formwirksamen Unterschriftsleistung führt.

---

[817] Niebling, a. a. O., 203.

Entbehrlich ist die Einhaltung der Schriftform, wenn der Verbraucher einen Verkaufsprospekt in Abwesenheit des Anbieters „eingehend zur Kenntnis nehmen konnte" (§ 8 Abs. 1 VerbrKrG). Bisher nicht abschließend geklärt ist, ob ein reines Online-Angebot auf einer Web-Seite mit einem Verkaufsprospekt gleichgesetzt werden kann. Zur Sicherheit sollte deshalb der Kreditvertrag auch hier unter Wahrung der Schriftform abgeschlossen werden.

Das **Widerrufsrecht** des Verbrauchers/Kunden aus § 7 VerbrKrG begründet einen besonderen Verbraucherschutz. Der Verbraucher kann den entsprechenden Kreditvertrag binnen einer Woche widerrufen (§ 7 Abs. 1 VerbrKrG). Allerdings wird auch für diesen Widerruf **Schriftform** verlangt. Er kann also z. B. nicht per E-Mail erfolgen.

3. Besondere Probleme EDV-spezifischer Projektverträge

3.1. Einführung von Unternehmensplanungs-Software

3.1.1 Grundlagen

Die Einführung von Unternehmensplanungs-Software (Enterprise Resource Planning Software) ist zumeist ein sehr komplexer Prozess, der, um zum Erfolg zu führen, rechtzeitiger und qualifizierter vertraglicher Absicherung und Begleitung bedarf. Am Beispiel der Enterprise Resource Planning (ERP) Software SAP R/3 4.0 seien einige zentrale Leistungsmerkmale und Vorgehensweisen knapp dargestellt, soweit sie mit vertraglicher Gestaltung – und insbesondere **stufenweiser Ausgestaltung** – solcher Projekte verknüpft werden können und sollten. Zu beachten ist, dass keineswegs alle Details dieser komplexen Projekte abgebildet werden können und müssen, weder in der vorliegenden Darstellung noch (und erst recht nicht) im Projektvertrag selbst. Wichtig ist eine ausreichend flexibel gestaltete Auslegung der Definition der Leistungsmerkmale und der Kontrollkriterien.

Mehr noch als bei üblicher Software-Entwicklung zeigt sich bei der Einführung von ERP-Software bzw. bei der Migration zwischen Versionen (etwa von R/2 oder BS 2000 zu R/3), dass ein rekursives, d. h. ein Vorgehen in mehreren Durchgängen, erforderlich ist, um sich schrittweise an die gewünschten betriebswirtschaftlichen Strukturen heranzuarbeiten. Hierfür müssen Mitarbeiter beteiligt und Anforderungen in mehreren Durchgängen konkretisierend neu definiert werden. Ein Zielstatus lässt sich damit nicht bereits bei Vertragsabschluss definitiv festlegen. Vielmehr muss die Präzisierung des Zielstatus im Projektverlauf erfolgen. Entsprechend müssen auch die Kontrollkriterien flexibler ausgestaltet sein, um solche iterativen Anpassungen zu erlauben. Aus durchgeführten Projekten haben sich außerdem verschiedene weitere Erfahrungen ergeben, die für die Projektdurchführung und auch die begleitende Vertragsgestaltung nutzbar gemacht werden können:

- Das Vorgehensmodell sollte den Gesamtablauf von einer ganzheitlichen Zielentwicklung über Vorstudie, Systemauswahl und Festlegung der Projektrahmenbedingungen bis hin zum SAP-Einführungsprojekt im engeren Sinne planbar und aushandelbar machen. Dabei sind Korrekturschleifen auch auf der Ziel- und Konzeptebene vorzusehen.
- Das Vorgehensmodell sollte die einzelnen Projektphasen so auslegen, dass einerseits jede Phase ein verwertbares, praktisches Ergebnis produziert, andererseits eine qualitative und quantitative Steuerung des Gesamtprozesses durch die Betriebsparteien möglich wird (Controlling).
- Die Projektstruktur sollte selbst, z. B. über Prototyping von Reorganisationsmaßnahmen und Technikeinstellungen, einen ganzheitlichen Lernprozess für alle Beteiligten in kleinen Schritten unterstützen.
- Das Vorgehensmodell sollte den (Re-)Organisationsprozess und die technische ERP-Ausgestaltung so miteinander verbinden, dass sich beide unter dem Primat der Organisationsziele und -leitbilder sukzessive und kontrollierbar aufeinander zu bewegen, also einen integrierten Technik- und Organisationsgestaltungsansatz verfolgen.
- Unterstützt werden sollte eine prozesskettenorientierte Einführung der ERP-Software, ohne in die Überforderungs- und Komplexitätsfalle klassischer Big-Bang-Einführungen zu führen.
- Dem Projekt sollte weitgehend Autonomie zur Ausfüllung der vereinbarten Ziel- und Gestaltungskorridore gegeben werden können. Zugleich sollte aber der Prozess übersichtlich und in realistisch verkraftbaren Schritten plan- und steuerbar strukturiert werden.
- Der Betriebsrat ist rechtzeitig angemessen zu informieren und zu beteiligen, um Abstimmungsverzögerungen und entsprechenden Zeitverlust zu vermeiden.
- Das Vorgehensmodell sollte die Einführung und Anwendung der ERP-Software als versionsorientierte betriebliche Software-Entwicklung unterstützen.[818]

---

[818] Nach Blume, Projektkompass SAP, 2. Aufl. 1998, 218.

Auch bei Beachtung dieser Prüfpunkte bleiben in fast jedem Projekt Unsi-   990
cherheiten, für deren Bewältigung Vorkehrungen zu treffen sind.

Beispiel:

Um die teilweise sehr langen Implementierungsfristen zu verkürzen, bieten einige Hersteller standardisierte Versionen ihrer ERP-Versionen an, die ohne Veränderungen und ohne vorheriges Business Reengineering im Betrieb des Kunden installiert werden (z. B. ASAP, Accelerated SAP oder TARGET von Baan). Hierdurch kann eine Implementierung sogar in nur fünf bis sechs Monaten erfolgen. Das Unternehmen muss sich aber voll an den Software-Standard in seinen Prozessen anpassen. Hierzu gehört auch ein Formalisieren der Abläufe, das von diesen selbst eigentlich nicht erfordert wird, wohl aber von der ERP-Software, wenn deren Einsatz zu signifikanten Verbesserungen in den Abläufen führen soll. Reengineering darf nur entlang der Geschäftsprozesse (vordefinierte branchenorientierte Prozessflows) erfolgen, die durch die (insoweit nicht modifizierbare) ERP-Software vorgegeben sind. Realisierung komplexer Schnittstellen zu bestehenden Systemen ist nicht möglich.[819] Dies kann zur Konsequenz haben, dass man die teureren Beratertage zwar bei der Vorbereitung spart, dann aber im produktiven Einsatz benötigt, um die Produktionsplanung zu überarbeiten.[820]

Weiter kann relativ komplexe und damit unflexible ERP-Software für betriebliche Anwendungen eher ungeeignet sein, bei denen häufig kleinere Produktänderungen vorzunehmen sind, für die aber jedes Mal in der ERP-Software der gesamte Artikel- und Materialcode angepasst werden muss.[821] Genau zu prüfen ist, inwieweit Redundanzen in Altdatenbeständen über solche ERP-Beschleunigungsverfahren beseitigt werden können. Qualitätssicherung ist freilich auch in solchen Verfahren möglich und erforderlich.

Notwendig ist weiter eine klare Leistungsabgrenzung von Customizing und vor- oder parallel gelagerten Business Reengineering-Maßnahmen. Erfahrungsgemäß treten nämlich bei ERP-Projekten – vor allem bei der Einführung von SAP R/3, aber auch von Baan IV bzw. J. D. Edwards One World – immer wieder Schwierigkeiten auf, die vom ERP-Softwareanbieter geschuldete Leistung zu definieren und von Beraterleistungen abzu-

---

[819] Arnold, CW-Focus vom 21. 8. 1998, 16 f.
[820] Siehe die Studie der Universität St. Gallen zu vier R/3-Implementierungen, zit. nach CW 41, 98, 65 und die Erfahrungen beim PC-Versender Dell.
[821] Siehe CW 41, 1998, 13 (zu Erfahrungen eines PC-Direktversenders mit ERP-Software).

grenzen, wenn gleichzeitig auch Maßnahmen zum Business Reengineering durchzuführen sind. Durch solche BE-Maßnahmen wird zwangsläufig die **Ausgangsbasis geändert, von der aus die Einsatzbedingungen für die ERP-Software festzulegen sind.** Je umfangreicher die BE-bezogenen Änderungen sind, desto ratsamer ist es, sie **vor** der ERP-Softwareimplementierung durchzuführen.[822]

Führt ein Berater bestimmte BE-Maßnahmen durch, sind die erzielten Ergebnisse genau und vollständig zu dokumentieren. Entscheidend sind nicht die geplanten Vorgaben, sondern die tatsächlich erreichten Ziele. Diese können sich bei der Projektumsetzung – nicht zuletzt unter (erwünschter) Kundenmitwirkung – deutlich ändern.

991 Die Dokumentation des BE-Zielstatus ist im Weiteren Grundlage für die ERP-Projektimplementierung. Diese Verknüpfung muss nicht organisatorisch-softwaretechnisch, sondern auch in den Verträgen mit dem Berater und dem Software-Anbieter tragfähig verknüpft werden. Dieses Verhandlungsziel bedarf zwar gelegentlich einiger Überzeugungsarbeit, ist aber i. d. R. durchsetzbar. Ein vertragsrechtlicher „Kunstfehler" wäre es hier, bei der inhaltlichen Abstimmung der Verträge die Gewährleistung zu übersehen: Es nützt wenig, wenn bei meist voraussehbaren ERP-Projektverzögerungen von einigen Monaten die Gewährleistung des Beratungsunternehmens abläuft und ein Rückgriff auf dieses entfällt. Auch die sonstige Haftung muss parallelisiert werden.

Unabdingbar ist außerdem eine Absicherung überprüfbarer schrittweiser Projektdurchführung. Die – zu Recht – gefürchtete Kostenexplosion bei R/3-Implementierungsprojekten durch Beratungsfirmen resultiert i. d. R. aus nicht beseitigten Unklarheiten der Anfangsbedingungen. Anbieter tendieren dazu, das Projekt allein aus der Perspektive ihrer Software und Konzepte zu sehen. Die Integration vorhandener „EDV-Inseln" und die Schnittstellen zu den weiter benötigten Altdatenbeständen (oft sehr umfangreich) werden hingegen gerne, wenn überhaupt, nur in Nebensätzen und ohne jede Verpflichtung, erwähnt. Kostenfallen lassen sich hier nur umgehen, wenn die Prüfung der Integration bereits vor Angebotsabgabe zwingend zur Vorbedingung gemacht wird. Zuweilen kann der Auftrag für eine Voranalyse immer noch wesentlich kostengünstiger sein als nachträgliches Erweitern der Leistungspflichten. Freilich müssen auch hier beide Verträge geeignet miteinander verschränkt werden.

---

[822] Siehe etwa Bancroft, Implementing R/3, 1996, 59.

Verschiedene BPR-Tools werden angeboten. Die hiermit optimierten Geschäftsprozesse sollten direkt an das Workflow-Management-System der ERP-Software übergeben werden können, um eine modellbasierte Workflow-Steuerung zu ermöglichen.[823] BPR-Tools unterscheiden sich außerdem durch den Grad ihrer Durchgängigkeit und durch die Qualität einzelner Funktionen, wie für die Simulation (Modellvalidierung und -verifizierung), DIN/ISO-9000-Zertifizierung, Prozesskostenanalyse, eigene Anwendungsentwicklung mit Datenbank- und Software-Engineering oder Workflow-Steuerung.[824]

3.1.2 Übersicht über die Stufen eines Einführungsprojektes[825]

1. Organisation   992

1.1 Organisation der Projektarbeit

• Lenkungsausschuss festlegen.
• Projektleiter und Team bestimmen.
• Verantwortlichen für Geschäftsprozesse und Anwendungskomponenten bestimmen.
• Abstimmung mit Betriebsrat, z. B. hinsichtlich
 § 92 BetrVG – Personalplanung
 § 93 BetrVG – interne Ausschreibung von Projektstellen
 § 95 BetrVG – qualifizierte Auswahl von Mitarbeitern
 § 99 BetrVG – personelle Einzelmaßnahmen, z. B. Versetzung.
• Datenschutzpflichten berücksichtigen, so etwa Erstellen einer Datenschutzdokumentation nach §§ 37 BDSG, 87 Nr. 1 BetrVG, Ausgestalten der Entwicklungsumgebung unter Datenschutzgesichtspunkten (§§ 9, 28, 31 und 37 BDSG; §§ 87 Abs. 1 Nr. 6, 80 Abs. 1 BetrVG), Regelung der Nutzung von Personaldaten, insbesondere von leistungs- und verhaltensbezogenen Informationen, Festlegen von Standards zur Hardware- und Software-Ergonomie, Arbeitsplatzgestaltung und Arbeitsorganisation aufgrund der Bildschirmarbeitsplatzverordnung und den einschlägigen DIN-Normen, Vereinbarung über Arbeitszeit und Belastungsgrenzen bei Projektarbeit (§ 87 Abs. 1 Nr. 1 und Nr. 3 BetrVG), Zeitpunkt, Form, Inhalt der Unterrichtungsverpflichtung des Projektes bzw. des Arbeitgebers gegenüber dem Betriebsrat (§§ 81 ff. BetrVG).

---

[823] Siehe Scheruhn, iX 4, 1997, 156 f.
[824] Scheruhn, a. a. O., 158.
[825] Nach Blume, a. a. O., 74 ff.

1.2 Festlegung von Projektstandards

Notwendig sind einheitliche Standards, die regelmäßig auf Einhaltung zu überprüfen sind und auch für die Dokumentation gelten.

Ziele[826]:

- Sicherstellen, dass die Projektarbeit nach einheitlichen Standards durchgeführt wird, auch bezüglich der Dokumentation der Projektarbeit;
- rechtzeitige und regelmäßige Überprüfung der Standards auf Einhaltung;
- Standards aufnehmen, prüfen und abstimmen;
- Programmiersprache festlegen;
- Entwicklungsumgebung festlegen;
- Modifikationsstandards festlegen;
- Genehmigungsverfahren für Modifikationen festlegen.

1.3 Festlegung von Arbeitsprogrammen

- Einführungsstrategie festlegen;
- Erstellen eines Aufwands-, Termin- und Kostenplans;
- Ergebnisse der Projektvorbereitung mit dem Lenkungsausschuss abstimmen;
- Projektauftrag erstellen.

1.4 Planung und Durchführung von Schulungen

- Schulungsbedarf festlegen, Auswahl externer oder interner Schulungen. Besondere Schulungen des Projektteams zu betriebswirtschaftlichen Inhalten und Möglichkeiten der ERP-Software, z. B. R/3.

2. Konzeption

2.1 Ist-Analyse

Ziele[827]:

- Identifikation aller durch das System zu unterstützenden Geschäftsvorgänge;
- Identifikation aller zu verarbeitenden Informationen und Anforderungen an Auswertungen;

---

[826] Blume, a. a. O., 71.
[827] Blume, a. a. O., 91.

- Identifikation der zu verarbeitenden Volumina;
- Identifikation der Kosten des existierenden Systems;
- Unternehmensbereiche identifizieren;
- Umfang der Untersuchung festlegen;
- Interviews vorbereiten, Fragebögen erarbeiten oder vorhandene Fragebögen überarbeiten, Interview-Zeitplan erstellen und Unternehmensbereiche informieren;
- Interviews durchführen: Ist-Zustand erheben, Schwachstellen hinterfragen und Änderungswünsche dokumentieren;
- Ist-Zustand dokumentieren: Funktionsabläufe, Formulare/Berichte/ Dateien, Daten/Informationsflüsse, DV-Anwendungen;
- Schwachstellen analysieren und dokumentieren;
- zusätzlichen Informationsbedarf dokumentieren.

Notwendig ist eine vollständige Bestandsaufnahme. Sie erfasst insbesondere die Bereiche Aufbauorganisation (z. B. mit Hilfe von Organigrammen), Geschäftsfelder und Anwendungssysteme mit deren Verbindungen.

„Die Ist-Analye ist organisatorisch und methodisch so anzulegen, dass sie unter Beteiligung der Mitarbeiter der Fachabteilungen stattfindet und diese selber Fähigkeiten erwerben, um die Zielsetzung ihrer Arbeit, die Aufbau- und Ablauforganisation der Abteilung und des Bereichs sowie die benutzten Hilfsmittel zu beschreiben, zu bewerten und zu verbessern. Die Erhebung der Arbeitsbedingungen der Mitarbeiter (Monotonie, Stress, Überbelastung, Überforderung etc.) sollte gemäß Bildschirmarbeitsplatzverordnung in die Untersuchung einbezogen werden, damit später die gezielte Vermeidung bekannter Schwächen ermöglicht und spezielle Verbesserungen der Arbeitsorganisation sowie der Abbau von Belastungen geplant werden können.

Ebenso ist für den fachlichen und EDV-Grundlagenbereich (z. B. PC-Grundlagen) die Erhebung des derzeitigen Qualifikationsniveaus zu empfehlen. Für einen Interessenausgleich über Arbeitsgestaltung und Arbeitsverteilung (z. B. Weiterbildungsinteresse, Wünsche nach Aufgabenerweiterung) sind diese Angaben ebenfalls eine gute Grundlage."[828]

---

[828] Blume, a. a. O., 97.

2.2 Soll-Konzept

Ziele:

- Definition der Funktionen und Informationen, die durch das neue System bereitgestellt werden;
- Erstellen einer Arbeitsgrundlage für weitere Detaillierung der Projektarbeit;
- Soll-Konzept entwerfen;
- ausgewählte Funktionen überprüfen;
- Einführungsreihenfolge festlegen;
- Ergebnisse des Soll-Konzepts festhalten und einen Abschlussbericht erstellen;
- Abschlussbericht mit den Fachbereichen abstimmen.

Zu ermitteln sind auch die zukünftigen Systemressourcen für Platten, CPU, Netzwerk, PCs, Drucker, sonstige Software.

Zusammenzustellen sind außerdem Informationen über

- Unternehmensstruktur,
- Fachkonzept,
- Organisationsänderungen,
- Liste der Schnittstellen und Erweiterungen,
- DV-Konzept,
- Vorgaben für das Berichtswesen und für Systemeinstellungen.

2.3 Beschreibung der Unternehmensstrukturen

Ziele[829]:

Zu definieren sind:

- Mandanten,
- Buchungskreise,
- Geschäftsbereiche,
- Werke,
- Lagerorte,
- Lagerortstrukturen,
- Sparten/Vertriebsbereiche,
- Unternehmensstruktur.

Zu verwenden sind R/3- oder vergleichbare ERP-Organigramme bzw. generell Referenzmodelle.

---

[829] Blume, a. a. O., 103.

2.4 Definition von Verarbeitungsabläufen

Ziele:

- Betroffene Verarbeitungsabläufe definieren;
- Gestaltungsmöglichkeiten diskutieren und einzelne Arbeitsschritte festlegen;
- Verarbeitungsabläufe abstimmen, periodisch wiederkehrende Arbeitsabläufe getrennt festlegen.

Diese Phase kann besonders **beratungsintensiv** sein, so bei den
- Systemeinstellungen für Prozesse/Funktionen oder
- Tests von Systemeinstellungen anhand besonderer Beispiele.

Die notwendige Beteiligung von Mitarbeitern kann bei Einsatz von Methoden wie dem R/3-Analyzer erschwert werden, da diese besonderen Lernaufwand voraussetzen.[830] Hierdurch kann es zu Zeit- und damit Projektverzögerungen kommen, die von vornherein einbezogen sind. Da es sich insoweit grundsätzlich um Mitwirkungshandlungen des Kunden handelt, hat er das Auftreten der entsprechenden Verzögerungen zu vertreten, so dass insoweit grundsätzlich ein Verzug des Anbieters mit der Erbringung von Leistungen ausgeschlossen ist.

2.5 Verteilung von Aufgaben

Ziele:

- Funktions-/Aufgabenübersicht erstellen;
- Aufgabenumfang klären und Aufgabenzuordnung überprüfen;
- Zuordnungen abstimmen und Organigramm bearbeiten.

Die hier teilweise sehr hohen analytischen Anforderungen an die beteiligten Projektmitarbeiter können dazu führen, dass einfach ablauffunktionale Muster aus der ERP-Software übernommen werden und keine wirklich optimale Abstimmung erfolgt. Hier wird deutlich, wie wichtig vorab eine Analyse der tatsächlichen eigenen betriebswirtschaftlichen Erfordernisse ist. Wird diese versäumt, besteht die Gefahr, dass aus Bequemlichkeit vorgefertigte Lösungen „übergestülpt werden". In diesem Umstand ist einer der Gründe für die häufig geäußerte Kritik zu sehen, nach der der Kunde an die SAP-Anwendung und nicht diese Anwendung an den Kunden angepasst werde. Tatsächlich liegt hier zumeist der Fehler beim Kunden, der nicht rechtzeitig mit ausreichendem eigenem analytischen Aufwand das Projekt begleitet hat.

---

[830] Blume, a. a. O., 113.

2.6 Definition der Stamm- und Bewegungsdaten

Ziele[831]:

Stammdaten:

- Es müssen die Felder identifiziert werden, die verwendet werden sollen; nicht vorgesehene Felder sind nach Inhalt, Feldformat und Verwendung zu beschreiben.
- Für die Stammdatenbanken werden die Nummernstrukturen, die Art der Nummernvergabe sowie die Nummernintervalle definiert.
- Weitere Tätigkeiten sind: Identifizieren von Stammdatenbanken, Klassifizieren von Stammdaten, Festlegen von Nummernkreisen und notwendigen Stammdatenfeldern, Erarbeiten gültiger Dateninhalte, Definieren von Tabellen für Stammdaten.

Bewegungsdaten:

- Definition von Nummernkreisintervallen für Bewegungsdaten;
- Schaffen von Voraussetzungen für die Erfassung von Bewegungsdaten;
- Bewegungen müssen auf ihren Belegfluss identifiziert und analysiert werden; für jede Vorgangsart sind die notwendigen Informationen gegen die ERP-Software-Bewegungsdateninhalte abzuprüfen.
- Es müssen die Felder identifiziert werden, die verwendet werden sollen. Im System nicht vorgesehene Felder sind nach Inhalt, Feldformat und Verwendung zu beschreiben.
- Es sollen die Inhalte der Bewegungsdaten vollständig beschrieben werden.
- Belegarten definieren;
- Bewegungsdaten-Nummernkreise und notwendige Beleginhalte definieren;
- gültige Dateninhalte erarbeiten;
- Tabellen für Bewegungsdaten definieren.

In der Praxis ist auch die Definition der Datenstruktur nicht immer ausreichend an der betriebsspezifischen Grundfunktionalität orientiert, sondern an Teilkonzepten der Berater und der einzusetzenden ERP-Software. In der Praxis zeigen sich häufig Defizite, da nicht geprüft wird,

- ob die vielen Datenfeldangebote auch wirklich erforderlich sind oder nur als „Nice to Have" den späteren Pflegeaufwand hochtreiben;
- ob die jetzt erst sichtbar werdenden Datenanforderungen aus der Ablaufdefinition und den systembedingten Integrationserfordernissen

---

[831] Blume, a. a. O., 126.

den Erhebungs- und Pflegeaufwand rechtfertigen oder u. U. eine Veränderung der Abläufe mehr Flexibilität und Nutzen bringt;
- ob die Vermeidung von personenbezogenen Daten nicht nur den gesetzlichen Erfordernissen besser entspricht, sondern auch weniger „politische" Schwierigkeiten im Unternehmen provoziert und die Kontroll- und Revisionsanforderungen reduziert;
- ob manche Daten nicht flexibler in lokalen Vorsystemen gehalten, verarbeitet und detailliert und dann verdichtet werden sollten, um einerseits den zentralen Abstimmungs- und Definitionsaufwand zu reduzieren, andererseits den Fachbereichen die Möglichkeit zu spezifischeren Beschreibungen ihrer Objekte (z. B. Kunden-, Lieferantenrückmeldungen) weiterhin zu geben.

2.7 Festlegen des Berichtswesens

Ziele[832]:

- notwendige Berichte zusammenstellen;
- Berichtsanforderungen abstimmen;
- Realisierungsmöglichkeiten erarbeiten;
- Layout/Inhalte mit den Berichtsempfängern abstimmen;
- Entscheidung über Einsatz.

Das Berichtswesen ist ein zentrales Instrument der Geschäftsführung, das durch Reportverwaltung Steuerungsfunktionen unterstützt. Das Berichtswesen führt im Unternehmen öfter zu Streitigkeiten und Widerständen, da es bei voller Ausschöpfung der Leistungspotentiale zu deutlichen personellen Einsparungen im Bereich des mittleren Managements führen kann. Dies ist bereits bei der Planung zu berücksichtigen.

2.8 Installation und Test des Prototypsystems, Ausführen ausgewählter Prozesse/Funktionen

Ziele[833]:

- Einrichten eines Systems zum projektbegleitenden Testen von klar abgegrenzten betriebswirtschaftlichen Funktionen am bereits modifizierten ERP-Standardsystem (Prototyping);
- Prototyping-System installieren;
- Teilnehmer am Prototyping definieren;

---

[832] Blume, a. a. O., 132.
[833] Blume, a. a. O., 137.

- neue Organisationseinheiten einrichten, ebenso Mandanten, Buchungskreise, Werke, Lagerorte und Geschäftsbereiche.

Im Vertrag ist ausdrücklich zu bestimmen, ob und in welchem Umfang der Testbetrieb des Prototyps als **Teil einer Funktionsprüfung** ausgelegt und vorgesehen sein soll, die **Abnahmewirkung** hat. Dies ist nur in dem Umfang möglich, in dem etwa Fachabteilungen bereits produktiv Teilfunktionen einschließlich Datenerfassung und Datenpflege nutzen können. Doch ist auch hier ein **Vorbehalt** der Gesamtabnahme zu vereinbaren, der in den Fällen eingreift, in denen die volle Leistungsfähigkeit des Gesamtsystems nicht erreicht wird. Hier hilft es auch wenig, dass zunächst Leistungsinseln abgenommen wurden.

3. Einführung

3.1 Ermittlung des Ressourcenbedarfs

Ziele[834]:

- Sicherstellen der rechtzeitigen Beschaffung der im produktiven Betrieb notwendigen Ressourcen;
- Hardware-, Materialverbrauchs- und Personalbedarfsplanung fertig stellen;
- klassisches, an Funktionalität bzw. Organisationsvorgaben orientiertes technisches Pflichtenheft: Verrichtungen, Prozessunterstützung (Fachkonzept, Datenmodell, Ablaufalternativen etc.);
- Datenschutz, Datensicherheit und Revisionsfähigkeit;
- softwareergonomische „Stellschrauben" (z. B. Maskeninhalt, Bildschirmfolgen, gestuftes Hilfesystem mit betrieblichen Gestaltungsmöglichkeiten, Normeinhaltung);
- Kombinierbarkeit von dezentralen Datenstrukturen mit den integrierten Datenmodellen (zentral, lokal, arbeitsplatzbezogen, individuell);
- Realisierbarkeit unterschiedlicher Integrationsgrade von Prozessketten ohne aufwendiges Schnittstellenmanagement.

Hinsichtlich der erforderlichen Hardware und Software ist vor allem eine „passende" Client-Server-Architektur zu wählen. Wesentlich ist hier die zu unterstützende Anwendung. So arbeitet bei einer einstufigen C/S-Lösung nur ein zentraler Serverrechner, auf dem die Datenbank-, Applikations- und Präsentationsebene verwaltet wird. Bei einer zweistufigen C/S-Lösung wird die Präsentation einem getrennten (Front-End-)Server oder

---

[834] Blume, a. a. O., 142.

der Benutzer-PCs zugeteilt.[835] Bei einer dreistufigen C/S-Lösung liegt auch die Applikationsebene auf einem eigenen Serverrechner. Weiter sind Schnittstellen wie EDI, TCP/IP und DDE (Dynamic Data Exchange), RFC (Remote Function Call), SQL (Structured Query Language) und ODBC (Open Database Connectivity) zu definieren.

3.2 Definition von Anwendern

Ziele[836]:

• Anwender identifizieren;
• Anwender den Unternehmensstrukturmerkmalen zuordnen;
• Anwenderberechtigungen festlegen und abstimmen.

3.3 Einrichtung von Berechtigungen

Ziele[837]:

• Bereitstellen von Berechtigungen und Sammelberechtigungen, Profilen und Sammelprofilen;
• Einrichten von Benutzerstammsätzen;
• Berechtigungen des Basissystems einrichten;
• vorhandene Berechtigungen prüfen und ggf. neu erfassen;
• vorhandene Profile prüfen und ggf. neu erfassen;
• Benutzerstammsätze und Berechtigungen zum Betrieb des Basissystems einrichten.

3.4 Dokumentation von Arbeitsabläufen

• Dokumentationsart und -tiefe bestimmen;
• Neudruck Organigramm veranlassen;
• Stellenbeschreibungen aktualisieren;
• Funktionen und Aufgaben/Abläufe beschreiben;
• Richtlinien/Arbeitsanweisungen erstellen;
• Berichtswesen dokumentieren;
• Benutzerhandbuch erstellen;
• Dokumentation abstimmen.

Wichtig ist ein zeitnahes, möglichst sogar paralleles Dokumentieren. Auch muss das Organisationshandbuch regelmäßig auf den Stand des produkti-

---

[835] CDI, Basissystem, 89/90.
[836] Blume, a. a. O., 146.
[837] Blume, a. a. O., 149.

ven Einsatzes gebracht werden und in der Praxis erarbeitete Änderungen einbeziehen.

3.5 Erstellen eines Einführungsplans

Ziele[838]:

- Festlegen und Überprüfen von kritischen Zeitpunkten bei der Einführung des ERP-Systems (Definieren von Meilensteinen);
- Überprüfen der bereits festgelegten Realisierungsvorhaben auf zeitliche Machbarkeit;
- Erstellen eines Umstellungsplans zur Einführung der bereits festgelegten Komponenten des ERP-Systems;
- Festlegen der Datenquellen der im System benötigten Daten;
- Festlegen von zusätzlich benötigten Ressourcen;
- zeitliche Einführungsreihenfolge überprüfen;
- Umstellungstermine und Arbeitsschritte festlegen;
- kritische Zeitpunkte definieren und darstellen;
- Einführungsplan erstellen, abstimmen und verteilen;
- Personal- und Materialanforderungen bestimmen;
- Übernahme der Stamm- und Bewegungsdaten festlegen;
- Übernahme vorab zu pflegender Daten festlegen;
- Kontrolle für die Datenübernahme (Altdatenbestand) definieren;
- Datensicherungsverfahren für vorab zu pflegende Daten festlegen;
- Zeitplan für Fertigstellung der Datenübernahmeprogramme erstellen;
- Umstellungsplan abstimmen und verteilen.

Der Umstellungsplan muss verbindlich Termine und Leistungen enthalten.

3.6 Anwenderschulung planen und durchführen

Ziele[839]:

- Erstellen eines Schulungsprogramms, das auf der Basis der betriebswirtschaftlichen Funktionen auch die unterschiedlichen Voraussetzungen der Anwender berücksichtigt.
- Der Anwender muss zu Produktionsbeginn in die Lage versetzt werden, neben der reinen Systembenutzung auch die ihm zugeordneten und möglicherweise neu gestalteten Geschäftsvorfälle seines Bereichs zu beherrschen.

---

[838] Blume, a. a. O., 157.
[839] Blume, a. a. O., 162, 167.

- Schulungstermine festlegen und abstimmen;
- Anwendergruppen mit gleichen Schulungsanforderungen bilden;
- Schulungsinhalte bestimmen und dokumentieren;
- Schulungsvorgehensweise bestimmen;
- Ausbildung aller Anwender, die mit dem neuen System arbeiten sollen;
- Pilotschulung durchführen;
- Effizienz der Pilotschulung überprüfen;
- Schulung durchführen.

Typische Fehlerquellen bei der Schulungsdurchführung[840]:

- Der zeitliche Rahmen für die Vorbereitung und die Durchführung der Schulung wird viel zu knapp bemessen.
- Es fehlt an didaktischer Unterstützung für die Referenten und Planer aus den Projektgruppen. Entsprechend wird also häufig nur ein „Folien- und SAP-Kino" praktiziert.
- Es wird nur das Bedienen des Systems geschult, nicht aber praxisbezogen die Integration zwischen Wirkungen und Aufgaben erläutert, die sich für die Anwender neu ergeben.
- Die Ziele und Leitbilder der Neuorganisation und der ERP-Unterstützung werden nicht thematisiert, sondern werden als Änderungen rein technisch verstanden.
- Die fachliche bzw. verrichtungsorientierte Qualifizierung zu den abgebildeten betriebswirtschaftlichen Modellen und Methoden wird vernachlässigt.
- Die Einpassung von SAP-Funktionalitäten in den gesamten Arbeitsprozess bzw. die Aufgabenstruktur wird ausgeblendet.
- Die Ausrichtung der Schulung an den Lerngewohnheiten, dem Wissensstand und den späteren Kommunikationsbeziehungen wird vernachlässigt.
- Die Schulung wird weder vom Projekt noch seitens der Geschäftsführung oder des Betriebsrats als zentraler Erfolgsfaktor und grundlegendes Anwenderinteresse verstanden, woraus Terminstress, unkoordiniertes sowie ungeschütztes „Training on the Job" in der ersten produktiven Phase resultieren.

---

[840] Blume, a. a. O., 164.

4. Dauerbetrieb

4.1 Übernahme von Produktivdaten

Ziele[841]:

* Vollständige und korrekte Übernahme der Datenbestände, die für den Produktionsbeginn und -betrieb des ERP-Systems erforderlich sind;
* Einführung des ERP-Systems in eine Produktivumgebung, die eine erfolgreiche und dauerhafte Nutzung des Systems sichert;
* Ressourcen sicherstellen;
* Abfluss Altsystem;
* Abstimmlisten Altsystem erstellen;
* Starttermin ERP-System festlegen und abstimmen;
* interne und externe Nummernkreise einrichten;
* Daten aus Test- oder Prototyping-System übernehmen;
* Datensicherung Produktivsystem;
* Funktionstest Produktivsystem;
* Datensicherung zurückladen und System zur Datenübernahme freigeben;
* Stammdaten übernehmen/einpflegen;
* Sachkonten, Salden aus Altsystem übernehmen;
* offene Posten Sachkontenbereich übernehmen;
* Belegdaten übernehmen/einpflegen;
* Materialbestände übernehmen/einpflegen;
* Datenübernahme mit Altsystem abstimmen;
* Datensicherung Produktivsystem;
* Online-Test der Datenübernahme;
* System zum Produktionsbetrieb freigeben.

4.2 Beginn der produktiven Phase

* Vergleich des tatsächlichen Systemverhaltens mit der Soll-Konzeption;
* Produktivbetrieb überwachen;
* während der Anlaufzeit unterstützen;
* bei der Erstellung des ersten Monatsabschlusses mitwirken;
* manuelle Tätigkeiten beobachten und analysieren;
* automatisierte Arbeiten und Abläufe beobachten;
* Kontrollverfahren überprüfen;
* Rechnerbelastung und Rechenzentrumsabläufe überprüfen;

---

[841] Blume, a. a. O., 171.

- Abschluss- und Einlieferungszeiten überprüfen;
- Datenvolumen überprüfen;
- Endbenutzer unterstützen;
- Abweichungen vom Systementwurf dokumentieren;
- notwendige Änderungen durchführen.

4.3 Dokumentation von Änderungswünschen

Ziele[842]:

- Änderungsanträge prüfen;
- alle benötigten Zusatzinformationen beschaffen;
- alle Änderungsanträge dokumentieren und kontrollieren.

Vertraglich ist hier zu klären, welcher dieser Änderungswünsche Teil der ursprünglich geschuldeten Leistung ist und welcher derartige Wunsch als Sonderwunsch des Anbieters eine gesonderte Vergütungspflicht auslöst. Als Faustregel kann hier gelten, dass eine Mängelbeseitigung und Optimierung der Funktionalität grundsätzlich noch der Leistung zuzurechnen ist, während eine Ergänzung und Erweiterung der Funktionalität auf den Bereich der Sonderwünsche verweist.

4.4 Produktprofile

Bei Ausschreibung von Angeboten sollten auch folgende preisrelevante Informationen geklärt werden:
- Lizenzkosten pro User, Anzahl der kundenseits vorhandenen User,
- Lizenzkosten für Module wie Kreditoren, Debitoren,
- Client-Server-Datenbank,
- unterstützte Betriebssysteme,
- Integration von Fremdprodukten,
- Beratung,
- Implementierung,
- Schulung,
- Wartung, Support,
jeweils für Zentrale und Niederlassung(en).

3.1.3 Vertragliche Einbindung von „Customizing"

Bei ERP-Software sind Verfahren zur Anpassung der Software an betrieb- 993
liche Abläufe in besonderer Weise ausgearbeitet. ERP-Software liefert

---

[842] Blume, a. a. O., 180.

gewissermaßen Raster, die sich unternehmensspezifisch ausgestalten lassen, ohne dass Programmieren notwendig wäre. Bei „Customizing" erfolgen die Systemeinstellungen allein durch Eintragen von Parametern in eine Vielzahl von Tabellen.[843]

994 Aus **vertragsrechtlicher Sicht** ist damit aber noch keineswegs eine Vorentscheidung über den auf diese Leistung anwendbaren Vertragstypus getroffen. Vielmehr ist aufgrund der Einzelfallumstände zu prüfen, welchen Umfang diese Anpassungsleistungen jeweils annehmen. Im wohl eher theoretischen Idealfall könnte ein Unternehmen die Anwendung von der CD-ROM als „Referenzmodell" direkt ohne Anpassungen starten, müsste sich dann aber selbst an die Vorgaben anpassen. Sind im Verhältnis zu den Vorgaben des Modells nur relativ geringe Änderungen bzw. Spezifizierungen notwendig[844], kann Kaufrecht anwendbar bleiben, ggf. ergänzt um eine vertragliche Nebenpflicht zur Einrichtung. Erfolgen die Tabelleneintragungen aber nicht rein routinemäßig (wie z. B. Eintragungen zu Berechtigten, Anzahl der Arbeitsplätze oder zu Benutzername und Passwörtern), sondern soll ein individuell vorgegebener betrieblicher Prozess im System abgebildet werden, spricht dies für die Definition eines individualisierten Zielstatus und damit für die Anwendbarkeit von Werkvertragsrecht auf die Herbeiführung dieses Zielstatus. In der Praxis wird meist dieser letztere Weg beschritten. Hierfür haben ERP-Anbieter teilweise eigene „Vorgehensmodelle"[845] entwickelt, die eine Konzeptdetaillierung und das Arbeiten mit Prototypen umfassen, also wichtige Anhaltspunkte für das Ansteuern individuell definierter Ziele.

Individuelle Weiterentwicklungen (etwa mit ABAP/4[846] unter R/3) werden grundsätzlich **Werkvertragsrecht** unterliegen. Soweit Werkvertragsrecht anwendbar ist, bedarf Customizing der **Abnahme**. Sinnvollerweise ist diese Abnahme im Systemvertrag als Funktionsprüfung auszuspezifizieren und festzulegen.

---

[843] Wenzel, Anwendungen, 35.

[844] Typische Standardeinstellungen sind etwa Anlegen der Unternehmensstruktur (Mandant, Gesellschaften, Buchungskreise), Auswahl des Kontenplans etc. (s. CDI, Basissystem, 317).

[845] Siehe etwa CDI, Basissystem, 335 ff., ausführlich auch zu den „Implementation Guides" als zentralem Element des Customizing.

[846] „ABAP" steht für „Advanced Business Application Programming" und ist eine Programmiersprache der 4. Generation (4GL), die mit „Early Prototyping" arbeitet (CDI, Basissystem, 131). Das R/3-Runtime-System etwa ist in ANSI-C geschrieben, R/3 in ABAP/4 (ASAP, Using R/3, 47). ABAP/4 arbeitet mit einem Data Dictionary, das sämtliche R/3-Datentypen wie Tabellen, Bildschirmformate etc. enthält. Zulässige Werte für Eintragungen in Datenfelder werden in „domains" festgelegt. Alle ABAP-Komponenten sind unter einer einheitlichen Benutzeroberfläche („Workbench") zusammengefasst.

Urheberrechtlich kann der derart erstellte Zielstatus eine individuell definierte und ausgeführte und damit schutzfähige Werkgestaltung sein, z. B. eine technisch-wissenschaftliche Darstellung. Auch komplexe, spezifisch ausgestaltete Datenmodelle (wie etwa so genannte Business Objects) können in dieser Weise schutzfähig sein, Sammlungen dieser Modelle (in so genannten Repositories) als Datenbanken.

3.2 Business-Reengineering-Verträge

3.2.1 Leistungsbild

Die Einführung von EDV im Unternehmen und die Migration zu anderen   995
Plattformen bzw. in andere Umgebungen (etwa bei unternehmensbedingter EDV-Vereinheitlichung) lässt auch die betrieblichen Strukturen des Unternehmens nicht immer unverändert. Vielmehr müssen Prozesse in der Produktion und sonstige Abläufe in der Personal- und Sachmittelverwaltung (z. B. Lagerhaltung) überprüft und, so weit möglich und erforderlich, reduziert und optimiert werden. Übergreifend bezeichnet man diese Restrukturierung von Abläufen als Business-Reengineering (BE). Dieses BE hat zwar als solches jedenfalls auf den ersten Blick keinen unmittelbaren Bezug zur Unternehmens-EDV, da es die Abläufe und Strukturen selbst betrifft, nicht die EDV. Bei genauerer Betrachtung wird aber die häufig sehr enge Verknüpfung mit der EDV deutlich.

Business-Reengineering kann zu erheblichen Veränderungen in den personell-organisatorischen Voraussetzungen für den EDV-Einsatz führen. Die in der EDV abzubildenden Abläufe im Betrieb, ebenso die Datenmenge und u. U. auch die Anzahl der Nutzer können sich durch ein erfolgreich geführtes BE-Projekt erheblich verändern. Soll nun ein neues EDV-System eingeführt werden, ist vorab die BE-Analyse und -Umstrukturierung durchzuführen, denn erst dann, wenn der **BE-Zielstatus** erreicht ist, können die Anforderungen (im Pflichtenheft) festgelegt werden, die an den EDV-Einsatz zu stellen sind. Anderenfalls werden teilweise sehr kostenträchtige Umrüstungen notwendig, bevor der Produktiveinsatz überhaupt begonnen wird. Setzt das Unternehmen hingegen (wie meist) bereits EDV ein, muss diese EDV an die BE-bedingten Änderungen angepasst werden, um weiter (jedenfalls optimal) einsetzbar zu sein.

In beiden Fällen (EDV-Einführung und laufende EDV-Nutzung) ist also   996
eine genaue Beschreibung des nicht nur geplanten, sondern nach Durchführung des BE-Projekts tatsächlich erreichten Zielstatus als Ausgangs-

basis für das anschließende EDV-Projekt zwingend erforderlich. Da BE-Maßnahmen vielfach ohne genaue Zielvorgabe durchgeführt werden (und durchgeführt werden müssen), lässt sich die EDV-Anpassung meist auch nicht parallel durchführen, da u. U. bestimmte Anpassungsmaßnahmen wieder rückgängig gemacht werden müssen, wenn sich eine bestimmte BE-Maßnahme nicht bewährt. Erst die Beschreibung des tatsächlich gesicherten Zielstatus ist dann eine geeignete Grundlage für die Konzeption des neuen EDV-Systems oder die Anpassung der vorhandenen EDV.

Bei der BE-Planung sind zudem vorgegebene Restriktionen aus der EDV zu beachten. Es macht nämlich nur Sinn, solche Änderungen zu planen und durchzuführen, die dann auch in einem anzuschaffenden oder vorhandenen System nach entsprechender Anpassung abgebildet werden können. So muss etwa auf Datenbankauswertungen verzichtet werden, wenn diese den Aufbau einer wesentlich teureren Data-Warehouse-Hardware mit hoher Speicherkapazität verlangen würden. Erst recht können vorhandene Systeme nur in Grenzen aufgerüstet werden, einmal von ihrer Konzeption her, zum anderen hinsichtlich der nicht in allen Fällen und auf Dauer gesicherten Herstellerunterstützung. Business Reengineering ist also von EDV-seitigen Randbedingungen abhängig.

997 Noch ein weiterer EDV-Bezug von BE ist zu nennen: BE wird nämlich häufig selbst **softwaregestützt** durchgeführt. Der entsprechende Tool-(Werkzeug)-Einsatz bedarf geeigneter Planung und Kontrolle. Auch später einzusetzende bestimmte Anwendungsprogramme für Unternehmen enthalten komplette „Referenzmodelle" als Wissensbasis für unterschiedliche Aufgabenstellungen. Soll eine derartige Software (wie etwa R/3) eingesetzt werden, so müssen BE-Maßnahmen von vornherein auf diese Strukturen und Modelle zugeschnitten werden, wenn die Software erfolgreich einsetzbar sein soll. BE-Projekte und EDV-Projekte sind deshalb auf vielfältige Weise eng miteinander verknüpft, jedoch in der Ausführung als getrennte Prozesse zu definieren, vertraglich zu gestalten und zu kontrollieren.

Um eine sachgerechte Durchführung zu erreichen, werden oft **Berater** mit BE-Projekten beauftragt oder jedenfalls ihre Unterstützung bei solchen Projekten in Anspruch genommen. Diese Berater sind dann nicht selten Vertriebspartner eines Anbieters von Unternehmenssoftware (wie ERP). In den entsprechenden Beratungsverträgen muss deshalb zweierlei erreicht werden:

a) eine kontrollfähige Durchführung der BE-Maßnahmen, soweit sie der Berater steuern kann,

b) ein rechtlich abgesicherter Übergang vom BE-Zielstatus zu Auswahl und Einführung der neuen Software.

Auf die Einführung von ERP-Software wird unter Abschn. **3.1.2** eingegangen. Gegenstand des vorliegenden Abschnitts ist jedoch die zeitlich vorgelagerte Beratung bei der Durchführung von BE-Maßnahmen.

3.2.2 Rechtsnatur von Business-Reengineering-Verträgen

Aus den vorstehenden Ausführungen ergibt sich fast zwangsläufig, dass BE-Maßnahmen auf das Erreichen eines individuellen Ziels hinauslaufen, nämlich des optimierten organisatorischen Status der betrieblichen Abläufe im Unternehmen. Unter diesem Blickwinkel scheint auf ein derartiges Vorhaben in vertragsrechtlicher Zuordnung nur Werkvertragsrecht anwendbar. Tatsächlich ist aber zu differenzieren: Der für die Anwendbarkeit von Werkvertragsrecht erforderliche individuell definierte **Erfolg muss vom Werkunternehmer hergestellt werden,** damit Werkvertragsrecht überhaupt anwendbar sein kann. Während die Individualität des Leistungsziels regelmäßig kein Problem darstellt, gilt dies sehr wohl hinsichtlich der Durchführung der BE-Maßnahmen in der Verantwortlichkeit des Werkunternehmers. Dies ist nämlich keineswegs selbstverständlich.

Business-Reengineering-Maßnahmen folgen, wenn sie als Leistung vergeben werden, Werkvertragsrecht, sofern die notwendigen Maßnahmen vom beauftragten Berater in Eigenverantwortung definiert und durchgeführt werden. Ein solches werkunternehmertypisches Vorgehen ist aber hinsichtlich der Mitarbeiterakzeptanz (und Betriebsratsmitwirkung) nicht immer eine realisierbare Vorgehensweise. Vielmehr kann es für den Erfolg des BE-Projekts entscheidend sein, Anregungen und die Mitwirkung der Mitarbeiter von Anfang an einzubeziehen. Je mehr dies aber geschieht, desto weniger lässt sich vorab ein Zielstatus beschreiben, für dessen Erreichen der Werkunternehmer einstehen könnte. Hinzu kommt, dass auch die Unternehmensleitung aus unterschiedlichsten Gründen (etwa auch im Hinblick auf zu investierende Mittel bei der Automatisierung von Abläufen) nicht in jedem Fall an Umstrukturierungsentscheidungen des Beraters gebunden sein will (und gegenüber den Kapitaleignern des Unternehmens gebunden sein darf), ohne dass vorher zumindest noch eine Prüfung durchgeführt werden kann. Berücksichtigt man diese Vorgaben, so wird eine Beratertätigkeit in weiten Strecken gewissermaßen „ergebnisoffen"

998

erfolgen müssen, da nur durch Zusammenwirken aller Beteiligten eine bestimmte Umstellung von Abläufen und Strukturen möglich ist. Der Berater kann insoweit immer nur Vorschläge machen und deshalb nicht für die Durchführung der Vorschläge einstehen, allenfalls für die objektive Eignung zur Durchführung. Die Beraterleistung nimmt hier eher den Charakter qualifizierter begleitender Unterstützung an, die vertragstypologisch Dienstvertragsrecht zuzuordnen ist. Der Berater haftet hier verschuldensabhängig dafür, eine qualifizierte und verwendungstaugliche Beraterleistung zu erbringen, nicht aber dafür, dass in der Praxis ein bestimmter Zielstatus der Umorganisation erreicht wird. Die Abgrenzung zwischen werkvertraglicher und dienstvertraglicher Zuordnung kann freilich nur im Einzelfall, d. h. für jedes Projekt getrennt erfolgen. Auch innerhalb des Projekts ist u. U. bezüglich einzelner Projektphasen wieder zu differenzieren. So kann in der Eingangsphase eine Gutachtenerstellung Werkvertragsrecht folgen, während die spätere begleitende Unterstützung Dienstvertragsrecht folgt.

999 ### 3.2.3 Stufen eines Business-Reengineering-Projekts

a) Inhaltliche Ziele

– Entwickeln einer Geschäftsperspektive und der Prozessziele;
– Identifizieren der umzugestaltenden Geschäftsprozesse;
– Verstehen und Messen der Geschäftsprozesse;
– Identifizieren von Einsatzmöglichkeiten der Informationstechnik;
– Entwickeln und Testen des Geschäftsprozesses.

b) Projektablauf

– Ist-Aufnahme
  Bei der Ist-Aufnahme werden besondere Problembereiche und Schwachstellen innerhalb der bisherigen Geschäftsprozesse gesammelt und transparent gemacht, z. B.
  • unternehmensindividuelle Sonderfunktionen,
  • redundante Funktionsausführung,
  • fehlende DV-Unterstützung,
  • Organisationsbrüche,
  • Datenredundanzen und Mehrfacherfassung von Informationsobjekten,
  • Informationsmedienbrüche.[847]

---

[847] Brenner/Keller, 76ff.

– Erstellung des Soll-Konzepts
Hier sind die umzustellenden Geschäftsprozesse auszuwählen und ist zu prüfen, ob z. B. das Referenzmodell einer anzuschaffenden Software die vorhandene Funktionalität voll abbildet bzw. eine entsprechende Ergänzung aus dem Ist-Status möglich ist.
– Umstellung der erforderlichen Funktionen.

c) Beispiele für optimierten Ablauf[848]

– „Der Kunde stellt den Ausgangspunkt dar. Er enthält alle grundlegenden Angaben und Eigenschaften über die herzustellenden Artikel, die bestellten Mengen und die Abmachungen betreffend den Liefertermin.
– In der Disposition werden auf der Basis des Kundenauftrags die verschiedenen Planaufträge für die einzelnen Fertigungsstufen generiert. In den Planaufträgen werden alle offenen Aufträge des Unternehmens – über alle notwendigen Fertigungsstufen – abgebildet, um die Gesamtterminplanung vornehmen zu können.
– Die Produktionsplanung setzt die Planaufträge in die entsprechenden Fertigungsaufträge der Produktion um. In den Fertigungsaufträgen ist genau enthalten, wann ein Auftrag auf welcher Maschine zu bearbeiten ist und wann die Fertigung abgeschlossen sein sollte.
– Für alle Bewegungen von und zum Lager sind Wareneingangs- und Warenausgangsbelege notwendig, damit die Mitarbeiter wissen, was einzulagern bzw. was an welchen Kunden respektive an welche Maschine in welcher Fertigungsstufe auszuliefern ist.
– Damit die Belieferung des Kunden ausgelöst werden kann, ist ein Lieferschein zu erstellen. Dieser enthält alle Angaben der entsprechenden Lieferung. Dabei kann es sich auch um eine Teillieferung des gesamten Auftrags handeln.
– Unmittelbar vor der effektiven Belieferung des Kunden wird die entsprechende Faktura erstellt."

d) Einhaltung der Qualitätssicherungsvorgaben nach DIN/ISO 9000[849]

3.2.4 Beispiele für Reorganisationsmaßnahmen[850]

– Koordination des Service und Aufbau einer Datenbank, aus der gezielt Auswertungen möglich werden;

---

[848] Brenner/Keller, 121.
[849] Zur Qualitätssicherung siehe Teil 1.
[850] Nach Brenner/Keller, 28.

– schnelle Abwicklung von Bestellungen unter erweiterter Kundenmitwirkung, Verkürzen von Auftragsabwicklungszeiten.

3.3 Einführung eines Data Warehouse

3.3.1 Begriff des Data Warehouse

1000 Ein **Data Warehouse** stellt eine größere Datensammlung dar, die unterschiedliche Datentypen (Daten, Meta-, Dimensions-, Aggregatdaten etc.) und Verwaltungsprozesse (wie „Einfügen", „Abfrage" etc.) enthält, die ein Auswerten der Informationen erlauben.

Ein **Data Mart** ist eine Untergruppe des Informationsgehaltes eines Data Warehouse (D. W.), die in einer eigenen Datenbank abgespeichert wird. Die Verwaltung von Data Marts erhöht die Abfragegeschwindigkeit (durch Verkleinerung der Datenbasis). Data Marts sollten so abgegrenzt werden, dass Abfragen möglichst Daten nur aus einem Data Mart erfassen müssen,[851] z. B. ein Data Mart für jede Vertriebsregion. Gleichzeitig müssen aber zwingende Informationen nicht nur in, sondern auch **zwischen den Data Marts** konsistent sein, anderenfalls sie nicht verglichen und ausgewertet werden können.[852] Inkonsistenzen stellen also die Anwendbarkeit des gesamten Data Warehouse in Frage und damit einen erheblichen, die Gebrauchsfähigkeit des Data Warehouse beeinträchtigenden Fehler, also im gewährleistungsrechtlichen Sinne einen Mangel dar. Data Marts dürfen deshalb nur über das Data Warehouse „gefüllt" werden, um die Einhaltung der Konsistenzvoraussetzungen zu gewährleisten. Tools für OLAP (Online Analytical Processing) sind multidimensionale Analysetools für Zugriff, Speicherung und Manipulation entscheidungsunterstützender Informationen. „Data Mining" ist ein halbautomatischer Prozess zur Extraktion bisher unbekannter, nachvollziehbarer Informationen aus sehr großen Datenbanken.

1001 #### 3.3.2 Einführung eines Data Warehouse[853]

Projektphasen

– Untersuchung der Geschäftsabläufe;
– Prototyperstellung (optional);

---

[851] Anahory/Murray, Data Warehouse, 69.
[852] Anahory/Murray, Data Warehouse, 71.
[853] Nach Anahory/Murray, Data Warehouse, 331 ff.; aus verschiedenen Übersichten bei den genannten Autoren kompiliert.

Mit einem Prototyp lässt sich die Gesamtdurchführbarkeit des Projektes prüfen. Gearbeitet wird zunächst mit einer geringen Datenmenge aus einer realistischen Datenquelle. Hieraus wird erkennbar, wie Daten aufbereitet werden müssen und welche Kopierwerkzeuge geeignet sind.

– Untersuchung der Geschäftsanforderungen
  • Befragung von Schlüsselanwendern;
  • Erstellen eines logischen Data-Warehouse-(DW)-Modells auf der Basis des unternehmerischen Datenmodells (z. B. Starflake), Festlegen einer Datenuntermenge für die erste Ausbaustufe;
  • Erstellen eines vorläufigen Abfrageprofils (Berichte, vordefinierte Abfragen);
  • Definition innerbetrieblicher Regeln für Genauigkeit und Konsistenz der Daten;
  • Festlegen der Qualitätssicherungssysteme und Konvertierungsverfahren einschließlich Attributen und Relationen;
  • Prognose der langfristigen Entwicklung.

– Technische Entwurfsphase
  • Datenbank-, System- und Hardware-Architektur;
  • Architektur der Infrastruktur;
  • Richtlinien für Datensicherung und Wiederherstellung;
  • Partitionierungsstrategie für Daten;
  • Richtlinien für Datenumfang, Hardwareausstattung, Zugriffskontrolle.

Bausteine des Data Warehouse

– Extrahierungs- und Einfügeprozess;
  • Extrahieren aus Quellsystemen durch spezielle Programme, Datenbankenexport und Kopierwerkzeug, Einfügen in temporären Speicherbereich mittels Schnellladeroutinen;
  Document-Retrieval-Systeme dienen zur Auswertung elektronischer Dokumentbestände. Aktive Informationsfilter durchsuchen selbsttätig die Datenbestände nach Informationen aufgrund spezifizierter Themen oder Ereignisse. Prozessmodellierung erlaubt, verschiedene Szenarien durchzuspielen.
  • Entwurf und Entwicklung eines Einfüge- und Abfragemanagers;
  • Entwurf und Erstellung einer physikalischen DW-Datenbank und von Skripten zur Index- und Tabellenerzeugung und zur Erzeugung von „views" (Sichten) für Geschäftsanwendungen; Überprüfen und Aufbereiten der Daten; Entwurf und Erstellen einer operationalen Infrastruktur;

- Tests;
- Übergang zur Produktion, Abfragen, Optimieren des Systems, der Datenbank und der Zugriffswerkzeuge;
- laufende technische Projektverwaltung.

- DW-Managementprozess;
Die Komponente DW-Manager wandelt die Struktur der Quelldateien in ein nutzbares Format um. Ein DW-Manager kann folgende Aufgaben ausführen:[854]
- Analyse der Daten zur Durchführung der Konsistenz- und Integritätsprüfung;
- Umwandeln und Zusammenfügen der Quelldaten in temporären Datenspeichern des eingerichteten Data Warehouse;
- Erstellen von Indizes, Geschäftssichten, Partitionssichten und geschäftlicher Synonyme für die Fakten;
- Normalisierungen und Denormalisierungen;
- Erzeugung aller notwendigen neuen Aggregationen;
- Aktualisierung aller bestehenden Aggregationen;
- ergänzende oder vollständige Datensicherung des Data Warehouse;
- Archivierung überholter Daten.

- Abfrage-Management;
Der Abfrage-Manager soll Anwenderabfragen zur am besten geeigneten Datenquelle leiten.

- Generieren von Berichten für Endanwender,

- Meta-Daten erstellen aus bzw. bei Datenumwandlungen und Einfügen von Daten;
Meta-Daten beschreiben hier Quelle und Ziel des Systems und der Datenumwandlung. Meta-Daten werden zur Kontrolle von Datenbewegungen verwendet.

Meta-Daten sind etwa Struktur und Inhalt des Warehouse, Abbildungen zwischen Quell- und Zieldaten, Extraktionsgeschichte und -statistik, Transformationsgeschichte und -algorithmen, Scheduling-Information, Lebensdauer, Volumen, Archivierungskriterien.

1002 3.3.3 Typische Fehler bei der Data-Warehouse-Einführung[855]

- Ein Data Warehouse wird nur deshalb mit Informationen gefüllt, weil die Daten schon vorhanden und verfügbar sind.

---

[854] Anahory/Murray, Data Warehouse, 51.
[855] Stahl/Schwarz, CW 12, 1997, 67.

„Umfangreiche Listen aus Tabellen, Bezeichnungen, Datenauszügen verwirren eher und helfen dem künftigen Nutzer nicht bei der Entscheidung, was denn nun für das künftige Data Warehouse wichtig ist. Auch die Einteilung in Kategorien wie „absolut notwendig", „wichtig" und „nice to have" sind bei diesem Ansatz nur ein Zeichen für die Unerfahrenheit des DW-Managers. Es ermüdet den User, endlose Listen von Feldnamen, Tabellendefinitionen etc. abzuarbeiten, die richtigen herauszufiltern und lässt die Begeisterung abflauen. Das kann nur in einer Sackgasse enden."[856]

– Das Datenbankdesign eines Data Warehouse gleicht dem einer transaktionsorientierten Datenbank und ist auf sie übertragbar.

Bei transaktionsorientierter Verarbeitung entwickelt der Anwendungsprogrammierer einen Prozess, der zehn-, tausend- oder zehntausendmal in der gleichen Form benutzt wird. Data Warehousing zielt hingegen darauf ab, dass der Anwender ein Problem oder eine Fragestellung nach jeder Seite und in jeder Richtung hin untersuchen und damit einmalige, jeweils unterschiedliche Fragen auf den Datenbestand absetzen kann. „Das Ziel ist, Summen, Aggregate, Durchschnitte zu bilden und Trends zu berechnen. Deshalb sind Warehouse-Datenbanken denormalisiert, speziell für diese Form der Massendatenanalyse ausgelegt und müssen entsprechend aufgebaut werden. Wer lediglich die Daten spiegelt oder extrahiert, ohne sie zu bereinigen – womöglich noch auf demselben Zielsystem –, zahlt nicht nur seinen Tribut an Performance und Speicherkapazität, sondern findet am Ende anstatt eines Warehouse einen Datenfriedhof vor."[857]

– Die Wahl fällt auf einen Data-Warehouse-Manager und Projektleiter, dem die technologische Lösung näher liegt als die Interessen und die Akzeptanz des Benutzers.

– Die Konzentration liegt nur auf periodischen Auswirkungen und Ad-hoc-Data-Mining.

„Manchmal zeigt ein intelligentes Frühwarnsystem auf der Basis eines Data Warehouse mehr Effekt und messbare Ergebnisse als der perfekt durchgestylte Aufbau eines Reporting-Systems auf der Grundlage alter Abfragegewohnheiten."[858]

---

[856] Stahl/Schwarz, a. a. O.
[857] Stahl/Schwarz, a. a. O.
[858] Stahl/Schwarz, a. a. O.

3.3.4 Hinweise zur Projektdurchführung[859]

1003 – Die Unternehmensleitung muss für die Entscheidung und Durchführung des DW-Projektes unmittelbar verantwortlich sein. Die Verantwortung darf nicht auf den CIO delegiert werden.
Beim Aufbau des DW muss klar definiert werden, welche Informationen, Analysen und Kennzahlen auf den verschiedenen Ebenen überhaupt gebraucht werden, um das Unternehmen optimal steuern und führen zu können.
– In ein DW einzubringende Daten müssen korrekt, sauber, einheitlich und vergleichbar sein.
– Bei umfangreichen DW-Projekten kann es schwer fallen, für alle Unternehmensbereiche gemeinsame Definitionen für die einzubindenden Daten zu finden. Eine Lösung kann darin bestehen, auf jeweils eine Abteilung oder eine spezielle Aufgabenstellung zugeschnittene Mini-Warehouses, nämlich die erwähnten Data Marts zu bilden. Bereichsübergreifende Daten wie Debitoren und Kreditoren können wiederum unternehmensweit im DW bearbeitet werden.
– Die meisten DW-Lösungen sind so komplex, dass mehrere Softwarehersteller hinzugezogen werden müssen. Hier wird es erforderlich, die Programme der verschiedenen Anbieter inhaltlich und auch vertraglich anzupassen.
– Operatives Geschäft und DW sollten auf getrennten Systemen laufen, da sonst die Zugriffszeiten zu lang werden.
Nach Implementierung muss das DW regelmäßig aktualisiert und gesichert werden.

3.3.5 Auf Data-Warehouse-Erstellung anwendbares Vertragsrecht

1004 Die kurze Übersicht über Teile und Erstellungsstufen eines Data Warehouse zeigt, dass Entwicklung und Implementierung eines Data Warehouse einen komplexen, individuellen Prozess darstellen, der auf jeder Stufe spezifische Auswahl- und Anpassungsentscheidungen erfordert, etwa die funktionale Aufteilung und Abgrenzung von Data Marts. Auf den Erstellungsprozess und/oder die Erstellung einzelner DW-Teile bzw. die Entwicklung der Steuerprogramme ist grundsätzlich, soweit diese Erstellung zielstatusbezogen erfolgt, Werkvertragsrecht anwendbar. Es gibt wohl nur wenige individueller ausgestaltete Leistungserfolge als ein Data Warehouse.

---

[859] Nach Laube, MM 8, 1998, 83.

Die Besonderheit einer DW-Entwicklung besteht allerdings darin, dass das ein DW nutzende Unternehmen seinen zukünftigen Informationsbedarf nicht immer exakt vorausplanen kann, so dass sich viele Aufgaben und Anforderungen nicht streng und abschließend vorab definieren lassen; Gleiches gilt für Architektur, Design und Bestandteile des benötigten DW.[860]

Der werkvertraglich geschuldete Erfolg lässt sich also nicht bereits bei Vertragsabschluss abschließend beschreiben. Zumindest für die definierbaren Grundkomponenten ist aber ein Zielstatus angebbar, so dass insoweit **Werkvertragsrecht** anwendbar bleibt. Erfolgt die weitere Entwicklung „ergebnisoffen" unter Mitwirkung des Kunden, kann insoweit auf diesen Stufen der Weiterentwicklung im Einzelfall auf die Anbieterleistung **Dienstvertragsrecht** anwendbar sein, wenn z. B. der Kunde nur qualifizierte Beratungsleistungen bei Bedarf abruft oder regelmäßig in Anspruch nimmt, ohne aber eine Zielvorgabe benennen zu können. Der Eintritt in diese dienstvertragsrechtliche Phase lässt aber die vertragstypologische Qualifikation der vorhergehenden Phase(n) unberührt; durch den Übergang in die dienstvertragliche Phase seitens des Kunden kann eine zumindest konkludente Abnahme der bisher erstellten bzw. durchlaufenen Phasen angenommen werden, freilich nur, soweit eine Prüfmöglichkeit zumindest objektiv besteht oder tatsächlich eine Prüfung etwa anhand eines Prototyps durchgeführt wurde. Prüffähig sind auf dieser Stufe freilich immer nur bestimmte Grundfunktionalitäten bzw. die Eignung des Systems für eine weitere Bearbeitung.

3.3.6 Rechtsschutz für Data-Warehouse-Systeme

Ein Data Warehouse setzt sich aus einer Palette von Datenbank-, Steuer-, Konvertierungs-, Partitionierungs- und OLTP (Online Transaction Processing)-Programmen und andererseits aus unterschiedlich abgestuften und miteinander verbundenen Datenbanken zusammen.   1005

Bei der Erstellung sind zunächst zumeist urheberrechtlich schutzfähige Computerprogramme zu erstellen, ebenso eine Datenbank, die in ihrer komplexen Struktur vereinzelt urheberrechtlich, in der Regel aber suigeneris-geschützt ist. Aus Quellsystemen sind bei Erstellung und in der Produktion/Anwendung Daten zu entnehmen und umzuformatieren. Hierin kann ein Vervielfältigen von Datenbeständen aus Quelldatenbanken zu sehen sein, die insoweit zustimmungsbedürftig sind, als die Quell-

---

[860] Anahory/Murray, Data Warehouse, 25.

datenbestände durch berechtigte Dritte verwaltet werden. (Zum Urheberrechtsschutz für Software allg. Teil VI.)

Soweit Data Marts über das Data Warehouse implementiert und gesteuert werden, lassen sie sich als Teil einer Datenbank verstehen. Das Ausklammern eines Data Mart aus einem Data Warehouse kann als Vervielfältigen eines wesentlichen Teils des Data Warehouse und damit als zustimmungsbedürftige Handlung anzusehen sein.

3.4 Outsourcing-Verträge

1006 Mehr noch als Projekte und Verträge über die im Betrieb befindliche EDV sind Projekte und Verträge über deren Auslagerung komplex und risikobehaftet. Rechtsprechung existiert bisher kaum; dies erstaunt, wenn man die reichhaltige Rechtsprechung zu Mängeln an kostengünstigen PC mit den Investitionsvolumina von Outsourcing-Projekten vergleicht. Die Konsequenz aus diesem Vergleich kann nur sein, die fehlende Rechtssicherheit durch Rechtsprechung mittels gezielter Vertragsgestaltung auszugleichen. Hierzu können im vorliegenden Zusammenhang nur Hinweise gegeben und Übersichten zusammengestellt werden. Die eigentliche Vertragsgestaltung muss projektspezifisch unter Beachtung der unterschiedlichen Leistungsrisiken erfolgen.

3.4.1 Anwendbares Recht

1007 **Dienstvertragsrecht** ist für allgemeine Betreuungsleistungen, wie Beratung oder das Liefern einer Rechnerleistung etc. anwendbar. **Werkvertragsrecht** für alle Leistungen, die auf das Erbringen eines **Leistungserfolges** abzielen, z. B. das Lauffähigmachen und Anpassen[861] von Software, das Installieren eines Update, die Durchführung eines Backup, das Konvertieren von Datenbeständen und zielorientierte Supportleistungen sowie generell die Steuerung von Projekten (BGH, BB 1999, 1728 – für das Baurecht). Der jeweilige Vertragstyp wird, wie sonst auch, von den Gegebenheiten des Falles gemäß § 157 BGB bestimmt. Ein typisches Beispiel für eine werkvertragliche Leistung ist das Vorhalten eines Ausfall-Rechenzentrums-Service.[862] Der Service zielt hier darauf ab, dass das Rechenzentrum im Notfall im vereinbarten Leistungsumfang einsatzbereit

---

[861] OLG Düsseldorf, Urteil vom 13. 4. 1988 – 19 U 63/87, Jur-PC 1991, 1049.
[862] Ähnlich wohl i. E. Paulus, CR 1992, l, 4, soweit auf die Aufbauleistung abgestellt wird; für Werkvertrag auch Schmid, CR 1994, 513, 517 (für Erstimplementierung und Folgeleistungen im Sukzessiv-„Liefer"-verhältnis, die freilich regelmäßig am Sitz und auf dem Host-System des Anbieters erbracht werden).

ist.[863] Dies ist typischerweise ein werkvertraglich einzuordnender Leistungserfolg.

Beispiel:

Dateitransfer, bei dem die Strecke zu minimieren und das Volumen der zu übertragenden Daten zu maximieren ist. Denkbar ist aber auch die **Miete von RZ-Leistungen,** insbesondere von Hardware und Speicherkapazität[864] (von Datenleitungen zur Kommunikation mit dem RZ), und zwar immer dann, wenn der Kunde selbst einen Teil des RZ zur Nutzung überlassen erhält.

Berät ein Rechenzentrum, das die Auswertung von Daten übernehmen 1008
soll, den Auftraggeber hinsichtlich des für die Datenerfassung zu beschaffenden Systems, ist es zur genauen Spezifikation der Daten und der Datenträger verpflichtet, die das Erfassungssystem liefern muss.[865]

Entscheidend ist naturgemäß der konkret vereinbarte Leistungsumfang, 1009
der auch die **Abnahmekriterien** festlegt. Hierzu gehören etwa die Verfügbarkeit des Outsourcing-Systems oder bestimmte Systemkomponenten, ebenso die Ausgestaltung des Datentransfer (Streckenminimierung bzw. Volumenmaximierung).

3.4.2 Die wichtigsten Regelungspunkte von Outsourcing-Verträgen 1010
im Überblick[866]

– Klar definierte Tätigkeiten und Aufgabenbereiche sowie einheitliche Gliederung der Ablaufpläne für Projekte (Phasenpläne);
– Dokumentationsregeln und Ergebniskontrolle je Projektphase;
– Abklärung der Sicherheitsinfrastruktur;
– Strukturierung der RZ-Abläufe nach DIN/ISO 9000;
– Qualitätsanforderungen in Form von „Service Level Agreements" definieren, z. B.
 • Komplett-Outsourcing: Übernahme der gesamten IT einschließlich Betreuung der Anwendung, Arbeitsvorbereitung, Hardware- und Software-Beschaffung;

---

[863] Bei größeren Systemen genügt das (von Schmid, CR 1994, 513, 516 beschriebene) Aufstellen des Ersatzrechners im Container am Sitz des Kunden nicht. Bis zum Beginn der Produktivnutzung könnte der Kunde bereits insolvent sein. Vielmehr ist hier meist eine DFÜ-Anbindung und teilweise sogar ein Parallelbetrieb notwendig.
[864] OLG Hamm, Urteil vom 30. 11. 1988 – 30 U 201/86, NJW 1989, 2629.
[865] KG Berlin, Urteil vom 3. 5. 1977 – 18 U 28/77, DV-R 2, 232.
[866] Teilweise nach: Lux/Schön, Outsourcing der Datenverarbeitung, 1997; Heinrich, CW 39, 1992, 55 und 32, 1997, 33.

- Teil-Outsourcing: Übernahme abgrenzbarer Anwendungsbereiche wie Personalabrechnung, Rechnungswesen, Vertrieb, Produktion;
- Übergangs-Outsourcing: Hilfe bei Umstellung im Betrieb/Neuimplementierung;
- Facility-Management: Zurverfügungstellen von Rechnerressourcen, Betriebssystem;
- Einführungszeitraum festlegen (z. B. 100-Tage-Regelung), ebenso Abstimmungsverfahren für Terminkonflikte;
- Mindestvertragslaufzeit: Entweder durch Kündigungsregelungen oder durch ausdrückliche Bestimmung der Vertragslaufzeit ist sicherzustellen, für welchen Zeitraum der Kunde zumindest in der Lage sein muss, gesichert mit der Nutzbarkeit der Leistungen zu rechnen.
- Verfügbarkeit des Systems bzw. der Systemkomponenten;
- Betriebs- und Unterstützungszeiten, Service-Levels;
- Backup-Typen;
  - cold back-up: Bereithalten eines Ausweich-RZ;
  - warm back-up: ständig zur Verfügung gehaltenes Ausweich-RZ;
  - hot back-up: paralleler Betrieb zweier RZ;
- Hotline/Helpline-Unterstützung;
- Klare Regelungen zur Vergütungsbemessung, etwa[867]
  - normierte CPU-Zeit;
  - Anzahl der Transaktionen bei Online-System;
  - IO-Zugriffe je Platte, Band/Kassette;
  - belegter Speicherplatz je Platte, belegte Volumes Band/Kassette;
  - bei Output bedruckte Seiten/nachbearbeitete Seiten/Kuvertierung, Poststraße, Anzahl Microfiches;
  - Mann-Stunden oder -Tage
  - Pauschale je online angebundenem Arbeitsplatz (Standalone, SNA, LAN)/Anwender;
- Regelung für Verzug bzw. Teilverzug mit der Leistungserbringung;
- Gewährleistung (soweit Kauf- bzw. Werkvertragsrecht anwendbar) während der gesamten Vertragslaufzeit;
- Regelung zur Überleitung von Mitarbeitern gemäß § 613a BGB (Betriebsübergang);
- Möglichkeit, Teilleistungen über andere Unternehmen anbieten zu dürfen;
- Änderbarkeit von Geschäftsprozessen;
- Subunternehmer des Outsourcing-Anbieters;

---

[867] Zu den Bemessungsgrundlagen s. etwa Strompen, cw-focus vom 18. 9. 98, 18f.

– Regelungen bei Migration auf andere Plattformen;
– Rechte an gemeinsamen Entwicklungen;
– Beendigungsunterstützung durch Auftragnehmer bei Auslaufen des Vertrages/ordentlicher Kündigung/fristloser Kündigung;
– Vertragsstrafen bei Nichteinhaltung von Servicezielen und Terminen;
– Schiedsklauseln.

Auftraggeberseits sollte intern geprüft werden, welche Vorkehrungen gegen die Abhängigkeit vom Auftragnehmer und die Risiken hieraus getroffen werden können, ob der Firmenwert sinkt und ob eigenes Know-how verloren gehen könnte.

3.4.3 Ausführliche Übersicht über Regelungsinhalte von Outsourcing-Projektverträgen   1011

3.4.3.1 Leistungen und Projektdurchführung

– Zulässigkeit der Subbeauftragung,
– Zurverfügungstellen bestimmter RZ-Leistungen, Backup-Systeme, Eigentum an Datenträgern, Zugangsrechte für betrieblichen Datenschutzbeauftragten und Betriebsrat,
– Übernahme von Datenbeständen
 (Umfang, Datentypverzeichnis, Zeitraum, Vergütung),
– Übernahme von Software, Zulässigkeit der Übernahme nach bestehenden Nutzungsverträgen, Nutzung eigener Software des Anbieters,
– Funktionsprüfung der Leistung bei Leistungsbeginn,
– Testbetrieb, temporärer Parallelbetrieb bei Anbieter und Kunden während der Implementierung, laufender Betrieb,
– Grundvergütung und laufende Vergütung, Vergütungsstaffeln,
– Gewährleistung, Haftung, Ersatz für Mangelfolgeschäden, zugesicherte Eigenschaften der Verarbeitungsleistung, Vertragsstrafen bei Verzug,
– Absicherung im Katastrophenfall,
– Verschwiegenheitsverpflichtung der Mitarbeiter des Anbieters, nicht überwindbare physikalische Trennung der Datenbestände des Kunden von Datenbeständen anderer Kunden des Anbieters im Anbieter-RZ,
– Beratung des Kunden durch den Anbieter in der Planungsphase, während des Outsourcing-Vorgangs und in der laufenden RZ-Nutzung (etwa bezüglich Änderungsdiensten,
– Terminplan für Leistungserbringung, Fixtermine, übliche Servicezeiten, Verfügbarkeit, Mean-Time-to-Repair (durchschnittliche Dauer eines Ausfalls, z. B. Gesamtausfallzeit dividiert durch Gesamtanzahl der Aus-

fälle), Mean-Time-between-Failure (durchschnittliche Dauer zwischen zwei Ausfällen), Ausfallzeiten insgesamt, Antwortzeiten[868] (abhängig von allen jeweils auf einem System genutzten Anwendungen), Wartungszeiten (Zeiten der Nichtverfügbarkeit),
- Schutzrechte an gemeinsamen Entwicklungen,
- Konkurrenzverbote,
- Personalübernahme (AÜG beachten!),
- Mitwirkungspflicht des Kunden, Datensicherung durch Auftragnehmer,
- Vertragslaufzeit, Kündigungsfristen, Anpassungsklauseln (Indexklauseln für Preise, Vertragsverlängerungsklauseln),
- Versicherungsschutz,
- Gesamtwandlungs-/Rücktrittsrecht bei Mängeln an einer Komponente/ Teilverzug.

3.4.3.2 Durchführung des Outsourcing-Projektes: Prüfpunkte[869] – ausführliche Checkliste

1) Aufnahme der Ist-Situation

Immobilien

- Sollen Gebäude, Grundstücke oder sonstige Betriebsteile übernommen werden?

Inventar

- Welche Maschinen werden eingesetzt?
- Soll der Anbieter diese übernehmen und wenn ja, welche?
- Welche Hardware wird eingesetzt (PCs, Peripheriegeräte, Rechner [Hauptspeicher, Platten, Prozessoren, DFÜ-Schnittstellen etc.], Drucker, Netzgeräte, Büromöbel, Datensicherungsträger wie Kassetten, Bänder etc.)?
- Ist das Inventar gekauft (Restbuchwert, Dauer der restlichen Abschreibung)?
- Ist das Inventar geleast (Höhe der Leasinggebühr und Dauer der Laufzeit des Leasingvertrages)?
- Bestehen Hardware-Wartungsverträge?

---

[868] Nach DIN 44 300 ist das die Zeitspanne zwischen dem Ende der Aufgabenstellung und dem Vorliegen der vollständigen Antwort hierauf an einer „Benutzerstation".
[869] Nach Lux/Schön, Outsourcing der Datenverarbeitung 1997, 23 – vom Verf. teilweise überarbeitete und ergänzte Auflistung.

Software

- Auf welchem System wird welche Software eingesetzt (genaue Bezeichnung, Release-Stand, Bezeichnung der Systemumgebung etc.)?
- Wurde Software gekauft oder gemietet? Wann läuft ein eventuell bestehender Mietvertrag aus?
- Gibt es kritische Anwendungen?
- Welche Software wird für den späteren Betrieb zwingend vorausgesetzt?
- Welche Software wurde bzw. wird vom Kunden selbst entwickelt?
- Liegt für solche eigenentwickelte Software eine ausreichend ausführliche und aktuelle Dokumentation vor? Ist der Quellcode zugreifbar? Soll diese Software auch zukünftig vom Kunden eingesetzt und gepflegt werden?
- Welche PC-Software wird genutzt? Inwieweit ist diese Software netzwerk- und DFÜ-fähig?
- Bestehen Software-Pflegeverträge? Welche Laufzeit haben sie?
- Welche zukünftigen Anwendungen sind geplant?
- Werden eingeräumte Lizenzrechte verwaltet?

Personal

- Wie viel Personal wird in den betroffenen Rechenzentren eingesetzt?
- Welche Aufgaben sind von diesem Personal durchzuführen?
- Welches Alter haben die Mitarbeiter und Mitarbeiterinnen?
- In welchen Fällen ist § 613a BGB auf diese Mitarbeiter anwendbar?
- Welche Personen bzw. Tätigkeiten sollen beim Kunden verbleiben?
- Gibt es bereits jetzt von Dritten ausgeübte RZ-Tätigkeiten? Sind diese mit den sonstigen RZ-Tätigkeiten zu koordinieren?
- Welche einschlägigen Betriebsvereinbarungen sind abgeschlossen worden? Welche Vereinbarungslaufzeiten bestehen? Müssen vor Vertragsabschluss Änderungen dieser Vereinbarungen nachverhandelt werden?
- Sind sonstige, z. B. bereichsspezifische Regelungen zu übernehmen, wie Reisekostenregelungen, Mietwagen-, Fahrtkostenzuschuss, Zeiterfassungsregelungen?
- Welche Zahlungen an Mitarbeiter werden geleistet (Gehalt, Zulagen, 13. Monatsgehalt, Weihnachts- und Urlaubsgeld, Betriebsrente, Versicherungen, Sonderprämien, Tantiemen, Überstundenbezahlung etc.)?

Netzwerk

- Welche Verbindungen zu anderen Niederlassungen bestehen? Mit welchen Leitungen sind die Niederlassungen verbunden?

- Welche Hardware wird für die DFÜ benutzt?
- In welchen Niederlassungen stehen welche Geräte?
- Welche Protokolle werden gefahren (z. B. SNA, TCP/IP, SPX, IPX)?
- Wie ist die LAN-Struktur ausgelegt (Token Ring, Ethernet, Segmente etc.)?
- Wie viele vernetzte PC gibt es?
- Welche File-Transfer-Produkte werden eingesetzt (FTP, XCOM etc.)?
- Welche Internet-Anschlüsse gibt es? Besteht eine Absicherung durch Firewalls?
- Welche Datenmengen werden über das Netz übertragen?
- Mit welcher Belastungsverteilung (symmetrisch, asymmetrisch) wird gearbeitet?
- Wie hoch sind die durchschnittlichen Netz-Antwortzeiten (Festlegung nach verschiedenen Netzdiensten)?
- Welche Spitzen der Datenübertragung treten geschäftsprozessorientiert auf?
- Welche Leistungserhöhung ist geplant bzw. voraussehbar?
- Werden eigene Server-Rechner für die Netznutzung eingesetzt?

Benutzerunterstützung

- Wird die Benutzerunterstützung betrieben?
- Wie viele Anrufe kommen in welcher Zeit an?
- Welche Werkzeuge werden zur Unterstützung eingesetzt?
- Wie wird die Reaktionszeit definiert?
- Wie ist die nachgelagerte fachliche Unterstützung organisiert?
- Wird Erreichbarkeit über eine zentrale Nummer garantiert?

Systemmanagement

- Welche Softwareprodukte werden im Veränderungs-, Problem- und Performance-Management eingesetzt?
- Welche Reaktionszeiten sind hier definiert?
- Gibt es eine formalisierte, prioritätsorientierte Problembearbeitung?
- Welche Statistiken und Messungen werden durchgeführt?
- Welche EDV-technische Unterstützung wird für die Abrechnung gegeben?
- Wie sieht das Berichtswesen aus?
- Ist eine Auswertung personenbezogener Daten bzw. von Verhaltens- oder Leistungsdaten außerhalb der Kontrolle des betrieblichen Datenschutzbeauftragten oder des Betriebsrats ausgeschlossen?

Datensicherheit/Datensicherung

- Welche Sicherheitssoftware wird eingesetzt?
- Wie wird die Sicherheitsadministration durchgeführt?
- Wie funktioniert die Datensicherung?
- In welchen Intervallen, mit welcher Software und auf welchen Maschinen erfolgt die Datensicherung?
- Wie wird die Datensicherung nicht vernetzter Einzelplatzrechner durchgeführt?
- Werden die Daten in ein externes Archiv ausgelagert? In welchen zeitlichen Abständen erfolgt diese Auslagerung?
- Für welchen Zeitraum müssen die Daten aufgehoben werden?

Papierdruck

- Welche Druckanforderungen liegen vor?
- Ist die Druckausgabe zeitkritisch durchzuführen?
- Muss die Druckausgabe verteilt werden? Auf welche Niederlassungen erfolgt die Verteilung?
- Gibt es einen Kurierdienst?
- Wie hoch ist das zu bewältigende Druckvolumen?
- Welche Art von Druckverfahren/Druckerperipheriegeräten wird eingesetzt?
- Erfolgt auch ein Kuvertieren und Frankieren?
- Werden Daten verfilmt oder anderweitig dauerhaft archiviert?
- Welche Mengen an Papier müssen gelagert werden?

Batchverarbeitung

- Welche Batchabläufe werden prozessiert?
- Gibt es feste Batchlaufzeiten?
- Wie groß ist die Anzahl der Jobs?
- Welche Software und Planungssysteme werden eingesetzt?
- Ist der Batch zeitkritisch?
- Sind die Abläufe vollständig und aktuell dokumentiert?

Kapazitätsmanagement

- Wie hoch ist die derzeitige und die geplante Auslastung der Maschinen?
- Welche Datenbestände werden zentral bzw. dezentral gespeichert?
- Welche Kapazitätsmessprogramme werden eingesetzt?

Service

- Gibt es verbindliche und dokumentierte Service-Vereinbarungen (Hardwarewartung, Softwarepflege)?

– Welche Regelungen gelten für die Betriebszeit, Verfügbarkeit, Antwort-zeit etc.?
– Wurden Sondervereinbarungen für kritische Termine, wie Verarbeitung des Datums Jahr 2000 vereinbart?
– Welche Messgrößen sind definiert?

2) Aufnahme der Anforderungen[870]

Zu beschreiben sind Geschäftsprozesse und sonstige Anforderungen. Hierzu gehören auch die Realisierung von Outsourcing-Vorteilen wie die Erreichbarkeit rund um die Uhr. Üblicherweise werden bezüglich der Anforderungen folgende Punkte zu prüfen sein:

Umfang

– Auszulagernde Bereiche, beim Kunden verbleibende Funktionen;
– Funktionsübernahme durch Drittanbieter.

Informationsweitergabe

– Offenlegen der Outsourcing-Strategie des Anbieters. Hierzu können gehören:
  • Kurzbeschreibung des Unternehmens und des eingesetzten Manage-mentsystems (national/international),
  • Schwerpunkt des Outsourcing-Angebots,
  • Liste aller abgeschlossenen Outsourcing-Verträge,
  • Laufzeiten aller Outsourcing-Verträge,
  • Anteil des Outsourcing-Geschäfts am Umsatz,
  • Anzahl der am Outsourcing beteiligten Mitarbeiter,
  • Referenzkunden,
  • Ergebnisse der Benutzerumfragen.

Vertragsterminierung

– Vertragslaufzeit,
– Übernahmetermin,
– Kündigungsmöglichkeiten,
– Projektstarttermin,
– Ausweichtermin,
– Probezeit.

---

[870] Lux/Schön, a. a. O., 28 ff.

Personal

– Vorgesehene Personalübernahmen.

Service-Anforderungen (ggf. pro Anwendung)

– Verfügbarkeit,
– Verfügbarkeitsmessung und Messpunkt,
– Antwortzeitverhalten,
– Erreichbarkeit der Benutzerunterstützung,
– Servicezeiten,
– Wartungs„fenster",
– Anforderungen an Druck, Verfilmung, Logistik, Plotten, Batch,
– zeitkritische Anforderungen,
– Anzahl der Ausfälle,
– Vorlaufzeiten bei Systemänderungen,
– Reaktionszeiten für Problembearbeitung,
– prognostizierte Rechnerleistungen und Plattenkapazitäten,
– Berichtswesen
– Mean-Time-to-Repair,
– Mean-Time-between-Failure.

Inventar/Hardware/Software

– Zu übernehmende Hardware/Software,
– Mitspracherecht des Auftraggebers,
– Übernahme sonstigen Inventars,
– Hauptspeicheranforderungen,
– spezielle Hardware.

Vergütung

– Bevorzugte Zahlungsweise,
– Kopplung an Geschäftsvorfälle des Auftraggebers,
– Vertragsstrafe bei Nichterfüllung der Vertragsleistung.

Physische Sicherheit

– Permanente personelle Besetzung des zentralen Eingangs,
– Kameraüberwachung von Toren, Zugängen, Gebäudefassaden,
– mechanische Sicherung durch Massivmauern und Zäune,
– elektronische Sicherungen (Erschütterungsmelder, Körperschallmelder, Infrarotmelder etc.),
– funktionale Trennung von EDV-Einheiten,

- Türen feuerhemmend, ein- und durchbruchsicher, mit Kameraüberwachung, Sicherheitsschließung, Türschlussüberwachung, Einbruchsmelder, Zu- und Abgangskontrolle,
- Blitzschutzanlage innen/außen,
- RZ gegen Wassereinbruch gesichert,
- zentrales Störungsmeldesystem,
- optische und akustische Anzeige aller technischen Störungen im Rechenzentrum,
- eigene Stromversorgung,
- Niederspannungseinspeisung mit Überspannschutz,
- unterbrechungsfreie Stromversorgung durch Diesel, Batterie,
- Zu- und Abgangskontrolle durch Ausweisleser, Sprachanalyse, Unterschriftsanalyse, Fingerprintverfahren, biometrische Verfahren,
- Zutritt zu Rechenzentrum über Personalvereinzelungsanlage, Schleuse, Magnetfelder.

3) Ausschreibungen

4) Angebotsbearbeitung durch Auftragnehmer

Oft wird zunächst ein Grobangebot („High-Level-Proposal") erstellt.

5) Verhandlungen mit Anbietern

Diese sollten möglichst parallel mit mehreren Anbietern geführt werden, um die Verhandlungssituation des Kunden zu verbessern.

6) Benutzerunterstützung[871]

Prüfpunkte:

- Gibt es eine einheitliche Rufnummer (Hotline) für alle Benutzer?
- Erreichbarkeit der Hotline, in welchem Zeitrahmen, Erreichbarkeit an Wochenenden und Feiertagen?
- Identifikation des Benutzers, etwa durch Kundennummer?
- Zusage einer bestimmten Problembearbeitungszeit? Staffelung dieser Zeit nach Prioritäten? Wer legt die Prioritäten fest?
- Was gilt bei Nichteinhaltung der Problembearbeitungszeit?
- Wird Kundenkontakt nur über eine Person hergestellt oder auch über nachgeschaltete Unterstützungsfunktionen? Wie hoch ist das Know-

---

[871] Lux/Schön, a. a. O., 56.

how der Mitarbeiter der ersten Ebene? Erfolgt hier nur Telefonannahme oder Bearbeitung durch fachkundiges Personal?

– Verfügt der Anbieter über das benötigte Know-how in der Benutzerunterstützung oder ist er bei komplexeren Problemen auf wenige Mitarbeiter oder gerade den Hersteller angewiesen?

– Wie viele Probleme werden direkt von den Mitarbeitern der ersten Ebene gelöst, wie viele werden weitergereicht?

– Ist sichergestellt, dass ausreichend viele Telefonleitungen verfügbar sind und der Benutzer nicht mehrfach anwählen muss?

– Sind die Mitarbeiter des Anbieters über die näheren technischen Gegebenheiten des Kunden informiert oder muss erst eine Erklärung, z. B. über benutzte PC, erfolgen?

– Wie wird sichergestellt, dass eine Weiterreichung der Anfrage nur in den unbedingt erforderlichen Fällen erfolgt und der Kunde nicht das ganze Problem von neuem schildern muss?

– Verfügt der Anbieter über eine Datenbank, die benutzerbezogen das komplette Benutzer-Environment auflisten kann?

– Werden intelligente Systeme benutzt, um automatisch eine Kategorisierung des Problems durchzuführen und an den richtigen Ansprechpartner durchzuschalten?

– Ist eine solche Funktionalität vom Kunden tatsächlich gewünscht?

– Ist die Benutzerunterstützung national/international?

– Wie wird vom Managementsystem eine schnelle Problembearbeitungszeit sichergestellt?

7) Verfügbarkeit

Verfügbarkeitszahlen sind für die Großrechnerwelt in der Regel anders zu bestimmen als für eine Client-Server-Umgebung. Bei unterschiedlichen Systemen sollte unbedingt eine Gesamtverfügbarkeit definiert werden.[872] In die Festlegung der Verfügbarkeit sind einzubeziehen und als Messgegenstand festzulegen: Komponenten, Messverfahren, Messzeiten, Gewichtung der Teilausfälle sowie die Vorgehensweise bei der Ermittlung von Teil- und Gesamtverfügbarkeit.

Für jede Anwendung ist zu definieren, wann diese als ausgefallen betrachtet werden muss. Im Netzbereich kann unter Anwendung etablierter Messverfahren von einer objektiven Erfassung im Sinne eines arithmetischen Mittelwerts ausgegangen werden. Die grundsätzlich berechtigte Forde-

---

[872] Lux/Schön, a. a. O., 57, auch zur folgenden Auflistung.

rung nach einer Gesamtverfügbarkeit[873] von mehr als 99 % stellt in der Dokumentation der Einzelkomponenten hohe Qualitätsanforderungen an den Anbieter und dessen Backup-Systeme bzw. -Konzept.[874]

Erreichbar sind heute Verfügbarkeiten von mehr als 99,8 %,[875] wobei freilich die aufzuwendenden Kosten für derartige Systeme rasch ansteigen können.

Fragenkatalog:

- Welche Elemente des Geschäftsprozesses werden vom Anbieter übernommen, welche nicht (Klärung des Leistungsumfangs)?
- Welche Zeit vergeht zwischen Bestelleingang beim Kunden bis zur schlüsselfertigen Installation des Geräts?
- Welche Rechtsfolgen ergeben sich bei Nichteinhaltung des Leistungsziels?
- Welche Reaktionszeit einschließlich Anfahrt bei Ausfall einzelner Komponenten wird vom Anbieter zugesagt? Werden Reaktionszeiten nach Prioritäten gestaffelt? Wer legt die Prioritäten fest? Kann dies vertraglich abgesichert werden?
- Welche Komponenten umfasst die Verfügbarkeit (Großrechner, Server, Netz [LAN, WAN])?
- Ist die Verfügbarkeit von Endgeräten eingeschlossen?
- Ist beim Ausfall einzelner Komponenten auch die Gesamtverfügbarkeit beeinträchtigt?
- Wie sieht die Gewichtung bei Ausfällen aus? Wird z. B. bei Ausfall von 10 von 100 PC die Verfügbarkeit um $1/10$ gemindert? Was gilt, wenn gerade die wichtigsten PC betroffen sind?
- Wie wird die Verfügbarkeit bei verteilten Datenbanken und Anwendungen definiert?
- Wie erfolgt die Abgrenzung zu anderen Anbietern, z. B. wenn die PC-Betreuung bei einem Anbieter verbleibt, der Rest aber ausgelagert wird?
- Wer entscheidet, ob es sich um ein PC- oder ein Anwendungsproblem gehandelt hat?

---

[873] Die Gesamtverfügbarkeit kann sich bei einer Verfügbarkeit der Komponenten Host/Server, WAN, LAN von jeweils 99 % als Produkt mit 0,99 x 0,99 x 0,99 = 97 % errechnen. Dies bedeutet, dass eine Gesamtverfügbarkeit von über 99 % eine Annäherung der Verfügbarkeit der Einzelkomponenten an 100 % erzwingt.
[874] Lux/Schön, a. a. O., 59.
[875] Lux/Schön, a. a. O.

Mean-Time-to-Repair (MTR)

MTR misst, wie lange ein Ausfall im Durchschnitt dauert. Die Parameter sollten sich an den wichtigsten Geschäftsprozessen orientieren, etwa an der Frage, wie lange ein Ausfall **maximal** dauern darf, wobei zu berücksichtigen ist, dass es sich um durchschnittliche Angaben handelt, also im Einzelfall auch längere Ausfälle möglich sind.[876]

Mean-Time-between-Failure (MTBF)

MTBF definiert, wie viel Zeit durchschnittlich zwischen zwei aufeinander folgenden Ausfällen vergeht. „Es nützt wenig, wenn die Verfügbarkeit von 99 % eingehalten wird, aber das System jeden Tag vier Minuten ausfällt und sich der Benutzer immer neu im System anmelden muss. Diesen Effekt kann man im Extremfall weder mit der Verfügbarkeit noch mit Mean-Time-to-Repair ausschließen."[877]

Die **Ausfallanzahl** definiert die Anzahl der Ausfälle pro Berichtszeitraum.

8) Absicherung im Katastrophenfall

Eine entsprechend ausgelegte Katastrophenabsicherung kann häufig als eigenes Outsourcing-Modul kontraktiert werden. Festzulegen ist, in welchem Zeitraum ein Wiederanlauf möglich ist. Soll dieser Zeitraum deutlich unter 48 Stunden liegen, so kann die redundante Auslegung von Hardware erforderlich werden.

Prüfpunkte:[878]

– Welche Anwendungen unterstützen kritische Geschäftsprozesse und müssen in einem Katastrophenfall wiederhergestellt werden?
– Wie wird der Katastrophenfall definiert?
– Wer entscheidet, ob der Katastrophenfall eingetreten ist?
– Welcher Zeitpunkt wird als Eintrittszeitpunkt der Katastrophe definiert, der Zeitpunkt des Eintretens oder der Zeitpunkt der Mitteilung der Katastrophe?
– In welchem Zeitraum kann der Anbieter die erneute Betriebsbereitschaft nach einem Katastrophenfall erreichen? Ist für diese Erreichbarkeit eine Zusicherung möglich?
– Wie sieht die technische Lösung zur Katastrophenabsicherung aus?
– Welche Kapazitäten müssen exklusiv und dediziert (aufgabengebunden) vorgehalten werden?

---

[876] Lux/Schön, a. a. O., 62.
[877] Lux/Schön, a. a. O., 62.
[878] Lux/Schön, a. a. O., 67.

- Kann ohne besonderes Vorhalten von Kapazitäten sichergestellt werden, dass die Kapazitäten im Katastrophenfall auch tatsächlich verfügbar sind?
- Wer erstellt oder überarbeitet das Katastrophenhandbuch?
- Wie funktioniert das Alarmsystem? Sind Ansprechpartner rund um die Uhr definiert?
- Wie wird der Katastrophenfall getestet?
- Wie viele Tests in welchen Zeiträumen werden zugesagt? Sind diese Tests getrennt kostenpflichtig?
- Welche Folgen sind aus einem erfolglosen Test zu ziehen (vertragliche Folgen wie Nichterfüllung, Schadensersatzansprüche etc.)?
- Welche Aufgaben übernimmt der Anbieter im Katastrophenfall oder bei einem Test, welche Mitwirkungspflichten geht der Kunde ein?
- Entspricht das Umfeld der Tests den Bedingungen eines echten Katastrophenfalls?
- Sind ausreichende Netzkapazitäten definiert, damit die Benutzer auf dem Ausweichsystem arbeiten können?
- Ist im Katastrophenfall mit Einschränkungen der Antwortzeit zu rechnen? Wie lassen sich derartige Einschränkungen quantifizieren?
- Sind im Ausweichrechenzentrum Räumlichkeiten, PC etc. für die Mitarbeiter des Anbieters vorgesehen?
- Wer ist für den Transport der Sicherungsbänder verantwortlich?
- Ist die Datenübertragung zwischen dem System des Kunden und dem des Anbieters ausreichend technisch abgesichert (z. B. Firewalls)?

9) Lieferzeiten und -bedingungen[879]

- Maximale Dauer vom Bestelleingang bis zur Lieferung und Installation? Zusicherung?
- Führt der Anbieter eine „schlüsselfertige" Installation beim Kunden durch?
- Wie stellt der Anbieter sicher, dass die Installationsverpflichtung auch flächendeckend eingehalten werden kann, etwa bei Installationen an verschiedenen Standorten?
- Wie wird sichergestellt, dass tatsächlich die geforderte PC-Konfiguration geliefert wird?
- Wer trägt die Differenzkosten für höherwertige Konfigurationen, wenn die Ausgangskonfiguration nicht mehr lieferbar ist?
- Welche Reaktions- und Problembearbeitungszeiten werden für die Wartung und Fehlerbeseitigung zugesagt?

---

[879] Lux/Schön, a. a. O., 68.

– Hat der Anbieter für den Fall von Hardwareausfällen genügend schnell lieferbare Ersatzgeräte?

10) Berichte

In monatlichen Berichten sollte der Stand der Leistungserbringung festgehalten werden. Die Berichterstellung kann vielfach automatisch generiert erfolgen. Zu berücksichtigen sind bei der Berichterstattung Merkmale wie Verfügbarkeit, Beschreibung und Gründe der Ausfallzeiten, Qualität der Benutzerunterstützung, Antwortzeiten, Anzahl der Unterbrechungen, Mean-Time-to-Repair, Mean-Time-between-Failure, Gesamtanzahl der Änderungen, Anzahl der ungeplanten Änderungen und Verursacher, Anzahl aller gemeldeten Probleme nach Kategorie, Prozent der innerhalb der zugesagten Zeit gelösten Probleme pro Kategorie und Datensicherheitsauswertungen.

11) Aufgabenabgrenzung

Für die verschiedenen Aufgabenbereiche Benutzerunterstützung, Systemsteuerung, Arbeitsvor- und -nachbereitung, Systemprogrammierung, Anwendungsentwicklung, Datenmanagement, Systemmanagement, Abrechnung und Administration sind klare Aufgabenzuweisungen festzulegen.[880]

Prüfpunkte:

– Werden für den Kunden eigene Systeme benutzt, die von denen anderer Kunden physisch und logisch getrennt sind?
– Hat der Anbieter interne Sicherheitsrichtlinien, die für alle Mitarbeiter verbindlich sind und das ganze Spektrum der möglichen Probleme abdecken?
– Werden Virenschutzprogramme beim Anbieter eingesetzt? Soll eine vertragliche Verbindlichkeit für diese Nutzung festgelegt werden? (Dies entspricht wohl mittlerweile ohnehin dem geschuldeten Stand der Technik; jedoch sollte zur Klarstellung eine Einsatz- und regelmäßige Aktualisierungspflicht ausdrücklich vereinbart werden!)
– Welche Mitarbeiter erhalten Zugriff auf die Daten und Systemprivilegien, die sie für diesen Zugriff ermächtigen?
– Sind diese Mitarbeiter schriftlich auf das BDSG verpflichtet?
– Wer übernimmt die Rolle der Systemadministration, also die Einrichtung von Zugriffen auf Daten und die Einrichtung von Zulassungen?

---

[880] Lux/Schön, a. a. O., 70f.

- Wie ist der formale Genehmigungsprozess ausgestaltet, wenn die Verantwortung hierfür bei dem Anbieter liegt?
- Wer übernimmt die Rolle des EDV-Revisors? Ist diese Funktion organisatorisch von Systemadministration und EDV getrennt?
- Welche physischen Schutzmaßnahmen sind für die Daten, Bänder, Kassetten und sonstigen Datenträger getroffen?
- Wie stellt der Anbieter sicher, dass kein Unbefugter Zugang (direkt oder über Netzwerk) zu den Daten erhält? Wie werden gedruckte Daten geschützt?
- Findet das „Vier-Augen-Prinzip" in sensitiven Bereichen Anwendung?
- Werden Daten bei der Speicherung auf transportable Medien verschlüsselt?
- Wie werden transportable Datenträger beim Transport geschützt?
- Ist der Datenträgeraustausch (also die Frage, wer welche Daten des Kunden wann vom Anbieter erhalten soll) beschrieben und vom Kunden freigegeben?
- Wie wird sichergestellt, dass geänderte Programme ordnungsgemäß aus Testsystemen in Produktionsysteme übernommen werden? Wie wird dies revisionssicher dokumentiert?
- Welche Daten stehen für die Auswertung durch die EDV-Revision zur Verfügung?

12) Bemessung abrechenbarer Leistungen

– Rechnerkapazität

Die Rechnerlast sollte aus Kundensicht nach Möglichkeit auf der Basis normierter Service-Units bzw. CPU-Sekunden und kumuliert über festgelegte Zeiträume bestimmt und abgerechnet werden. Zu klären ist weiter, in welchem Umfang der Anbieter verpflichtet sein soll, **Lastspitzen** abzufangen.[881]

Besondere Fragen zur Lastfestlegung:

- Wie ist mit der verursachten Last des Betriebs zu verfahren, wenn der Anbieter das Betriebssystem zur Verfügung stellt?
- Welche Regelung soll gelten, wenn vom Anbieter in eigener Verantwortung Programme gestartet werden, die nicht ordnungsgemäß laufen und dadurch erhebliche Kapazität verbrauchen?
- Welche Verfahrensweise muss durchgeführt werden, wenn ein Betriebssystemwechsel zusätzliche Funktionalitäten bringt, die ebenfalls erhöhte Rechnerlast verursachen?

---

[881] Lux/Schön, a. a. O., 78.

– Welches Verfahren ist durchzuführen, wenn ein Basissystem zur Verfügung gestellt wird, unter dem mehrere Anbieter arbeiten? Wie werden hier Kosten weiterbelastet?

– Plattenkapazität

Zu klären ist die Frage, für welchen Teil der Auslastung der Platten der Anbieter aufkommt und für welchen Teil der Kunde. Zu berücksichtigen sind insbesondere typische Datengruppen wie Betriebssoftwaredaten, Anwendungsprogrammdaten, gespeicherte Kundendaten und technologisch bedingte Leerkapazitäten.

Druckvolumen

Zu klären sind insbesondere die Volumenerfassung bei Erstellung von Massendrucken sowie die komplette Weiterverarbeitung.

– Netzwerkkapazität

Folgende Alternativen werden üblicherweise diskutiert:
– Streckenminimierung/Volumenmaximierung;
  Der vom Anbieter benötigte Datentransfer wird nur auf wenigen Strecken, dort aber mit relativ hohem Volumen benötigt. Hier ist eine volumenunabhängige Festverbindung kostengünstiger als die Orientierung an einem volumenabhängigen Preis pro Megabyte.
– Streckenmaximierung/Volumenminimierung;
  Der vom Anbieter benötigte Datentransfer wird auf vielen Strecken, dort aber mit relativ geringem Volumen benötigt (z. B. File Transfer ein- bis zweimal pro Tag zu verschiedenen Geschäftsstellen). Hier kann ein leistungsunabhängiger Preis pro Megabyte der günstigere Weg sein, während sich eine permanente Festverbindung zu allen Lokationen nicht rechnet.

Für jede einzelne benötigte Leitungsverbindung ist zu klären, ob nur tatsächlich übertragene Kundendaten zur Verrechnung herangezogen werden oder auch technisch bedingte Last vom Kunden zu tragen ist. Diese Last, etwa durch Polling, kann im Einzelfall erheblich sein. Sinnvoll kann es sein, lediglich die übertragenen Daten zur Verrechnung heranzuziehen und den Preis pro übertragenem Megabyte dafür etwas höher zu wählen.[882]

Personalleistungen

Wichtig ist hier vor allem die Festlegung von Stunden-/Tagessätzen und, soweit möglich, die Festlegung einer Höchstzahl von Stunden oder Tagen.

---

[882] Lux/Schön, a. a. O., 84.

13) Preisfestlegung

Festpreise ohne variablen Anteil sind nur in Ausnahmefällen interessengerecht.

Geschäftsfallorientierte Preise haben Vorteile, nämlich insbesondere die Kopplung der EDV-Kosten an die verschiedenen Geschäftsvorfälle des Kunden, die Beteiligung des Anbieters am geschäftlichen Risiko des Kunden, höhere Gewinne für den Anbieter, wenn er durch moderne EDV-Technologien und Flexibilität zur Verbesserung des Geschäftsergebnisses des Kunden beiträgt, klar definierbare und transparente EDV-Kosten.

Wichtig ist hierbei die passende Definition von Geschäftsvorfällen, wobei nach Möglichkeit Mindest- und/oder Höchstpreise vereinbart werden sollten.

Meist erfolgt die **Preisberechnung** aber verbrauchsorientiert. Fester und variabler Preisanteil werden hier sehr oft kombiniert. Zu klären ist bei verbrauchsorientierten Abrechnungsmodellen, ob variable Kosten nur im Falle des **Mehrverbrauchs** vom Anbieter zusätzlich berechnet werden oder ob im Falle des **Minderverbrauchs** auch eine Rückvergütung an den Kunden erfolgt. Der Kunde sollte nach Möglichkeit ein Modell mit Mehr- und Minderverbrauch vereinbaren und darauf achten, dass die Mehrverbrauchs- und Minderverbrauchspreise pro Kategorie identisch sind.[883]

14) Hardwareausstattung des Rechenzentrums

- Rechnerumgebung, insbesondere Großrechner, mittlere Systeme, Kontrolleinheiten, PC;
- Speicherumgebung (Platten-, Band-, Kassettenspeicher, DVD/CD-ROM, Roboter);
- Peripheriegeräte wie Drucker, Plotter, Bildschirme, Modems, Konzentratoren etc.;
- Archiv (eigene Hardware und Verwaltungssoftware).

15) Softwareausstattung

- Systemsoftware;
- Anwendungssoftware, z. B. R/3;
- DFÜ-Software.

---

[883] Lux/Schön, a. a. O., 89.

16) Kontrollplanung

– Leistungsmessung (Verfügbarkeit, Anzahl der Unterbuchungen, Antwortzeiten, Plattenkapazität);
– Testplanung: Testdaten und Testszenarien sind von den Kundenerfordernissen her zu definieren.

17) Datensicherung

– Zugangs- und Zugriffskontrolle;
– Terminal-Zuordnung, Benutzeridentifikation und Benutzerzuordnung.

18) Betriebsmanagement

Alle Prozesse sind in einem Handbuch zu dokumentieren. Für folgende Managementprozesse sind vertragliche Regelungen zu definieren:[884]

– **Betriebsmanagementprozess**

  • **Prozessdefinition**
    Steuerung und Kontrolle der Systemkomponenten.
  • **Prozessaufgaben/Prozessziele**
    – Optimale Umsetzung von Produktionsplänen in konkrete Abläufe von Anwendungen unter Berücksichtigung definierter Abhängigkeiten,
    – optimale Steuerung der Online- und Batchanwendungen.
  • **Spezielle Vereinbarungen**
    – Frühzeitige Eskalation bei bestimmten Systemkonstellationen,
    – Einsatz bestimmter Monitoring-Systeme,
    – Mitarbeitereinsatz außerhalb des Rechenzentrumsbetriebs.

– **Problemmanagementprozess**

  • **Prozessdefinition**
    Erfassung aller Problemstellungen im Rahmen des Produktionsbetriebs und Verfolgung bis zur Lösung
  • **Prozessaufgaben/Prozessziele**
    – Beseitigen der Problemsituation,
    – Herstellen des Produktionsprozesses,
    – koordinierende Problemlösung,
    – Einbeziehen dedizierter Funktionen,
    – zentrale Dokumentation.

---

[884] Lux/Schön, a. a. O., 128.

- **Spezielle Vereinbarungen**
  - Umgehung des etablierten Problemdokumentationswerkzeugs und Ausweichen auf andere Kommunikationsmöglichkeiten (z. B. Fax),
  - Liste der Ansprechpartner bei bestimmten Problemstellungen.

- **Änderungsmanagementprozess**

- **Prozessdefinition**
  - Koordination aller Änderungen an dem bestehenden System, unabhängig davon, ob es sich um Neuinstallationen, Modifikationen oder Reduzierungen handelt.

- **Prozessaufgaben/Prozessziele**
  - Koordinieren von Änderungen,
  - Sicherstellen, dass Änderungen ohne Serviceeinbußen durchgeführt werden,
  - Einbeziehen dedizierter Funktionen,
  - Optimieren von Abhängigkeiten,
  - zentrale Dokumentation.

- **Spezielle Vereinbarungen**
  - Umgehung des etablierten Änderungsdokumentationswerkzeugs und Ausweichen auf andere Kommunikationsmöglichkeiten (z. B. Fax),
  - Liste der Ansprechpartner bei bestimmten Änderungssituationen,
  - Name der Änderungskoordinatoren bei Servicegeber und Servicenehmer sowie deren Erreichbarkeit,
  - Abweichungen von etablierten Anmeldezeiten für Änderungen,
  - telefonische Information bei fehlgeschlagenen Änderungen und deren Auswirkungen.

- **Speicherverwaltungsmanagementprozess**

- **Prozessdefinition**
  - Planung, Verwaltung, Einsatz, Optimierung aller Speichermedien (Platten, Kassetten, DVD etc.) innerhalb des Rechenzentrums.

- **Prozessaufgaben/Prozessziele**
  - Optimaler Einsatz der Speichermedien,
  - Überwachung der Speicherbelegung,
  - frühzeitiges Erkennen und Bereinigen von Engpasssituationen,
  - Kosten-/Nutzenuntersuchungen,
  - Einsatz adäquater Speicherverwaltungstools.

- **Spezielle Vereinbarungen**
  - Verwendung von bestimmten Datenträgertypen,
  - Auslastungsvorgaben von Datenträgern,
  - Grenzwerte für die Datenspeicherung,
  - exklusive Nutzung von Speichermedien.

- **Wiederherstellungsmanagementprozess**

  - **Prozessdefinition**
    - Etablierung systemtechnischer Maßnahmen zur Sicherstellung und Wiederherstellung von System- und Anwendungsdaten.
  - **Prozessaufgaben/Prozessziele**
    - Etablierung von Datensicherungskonzepten,
    - Planung und Koordination von Wiederherstellungstests,
    - Unterstützung der Funktion Katastrophenvorsorge,
    - fehlerfreie Wiederherstellung der Daten im Problemfall.
  - **Spezielle Vereinbarungen**
    - Regelmäßige Katastrophentests,
    - Wiederherstellung definierter Daten in bestimmten Zeitintervallen.

- **Kapazitätsmanagementprozess**

  - **Prozessdefinition**
    - Strategische Planung und Kontrolle der DV-Kapazitäten im RZ-Betrieb wie Rechner- und Plattenkapazitäten.
  - **Prozessaufgaben/Prozessziele**
    - Übersicht über alle DV-Kapazitäten innerhalb des Rechenzentrums,
    - optimale Ausrichtung der Kapazitäten an aktuellen und zukünftigen Bedürfnissen,
    - Einleiten von entsprechenden Beschaffungsmaßnahmen,
    - strategische technische Ausrichtung.
  - **Spezielle Vereinbarungen**
    - Frühzeitige Information an Kunden bei sich abzeichnenden Kapazitätsengpässen,
    - Einsatz von definierten DV-Ressourcen,
    - regelmäßige Information bei Änderungen am Environment,
    - Vorgaben für Konfiguration, unterbrechungsfreie Stromversorgung (USV).

– **Performancemanagementprozess**

- **Prozessdefinition**
  - Kontrolle und Optimierung des Verhaltens von Rechner- und Speicherenvironment innerhalb einer IT-Organisation.
- **Prozessaufgaben/Prozessziele**
  - Kontrolle der vereinbarten Performanceziele,
  - Kontrolle des Antwortzeitverhaltens,
  - Kontrolle des Betriebsstandards,
  - Optimierung und Tuning des Environments.
- **Spezielle Vereinbarungen**
  - Definition/Überwachung von definierten Performanceschwellwerten,
  - Lieferung von bestimmten Performancedaten zu bestimmten Terminen,
  - Information/Eskalation an Kunden bei schlechter Performancesituation,
  - Erweiterung der Rechnerkonfiguration (Tuning) bei Engpasssituationen.

– **Businessmanagementprozess**

- **Prozessdefinition**
  - Betreuung aller betriebswirtschaftlichen, also nicht-technischen Funktionen innerhalb einer IT-Organisation.
- **Prozessaufgaben/Prozessziele**
  - Zentrale Koordination und Abwicklung aller betriebswirtschaftlichen Komponenten wie Budgetierung, Planung etc.
- **Spezielle Vereinbarungen**
  - Vereinbarungen bezüglich Preis- und Kalkulationsinformationen.

– **Sicherheitsmanagementprozess**

- **Prozessdefinition**
  - Sicherstellen der Datenschutz- und Datensicherheitsrichtlinien.
- **Prozessaufgaben/Prozessziele**
  - Gewährleistung, dass Richtlinien befolgt werden.
  - Regelmäßige Revisionen und Untersuchungen auf Einhaltung des Prozesses.
- **Spezielle Vereinbarungen**
  - Speziell auf Kunden zugeschnittene Vorgehensweise, z. B. für sensitive Daten bei Banken.

– **Übergabemanagementprozess**

• **Prozessdefinition**
  – Übernahme von Programmen und Anwendungen in der Produktionsumgebung.
• **Prozessaufgaben/Prozessziele**
  – Unterbrechungsfreie Übernahme von Programmen und Anwendungen in das Produktionsenvironment,
  – revisionsfähige Dokumentation und Kommunikation der Betriebsablaufsänderungen.
• **Spezielle Vereinbarungen**
  – Übernahmen nur in bestimmten Intervallen erlaubt,
  – Übernahmen nie im laufenden Produktionsbetrieb,
  – Übernahmen müssen erst auf Testsystem getestet werden,
  – spezielle Freigabeprozesse für sensitive Anwendungen.

3.5 Projekte zur Jahr-2000-Datumsumstellung und Euro-Einführung in die Unternehmens-EDV

3.5.1 Problemstellung

Unternehmens-EDV muss rechtzeitig auf den EURO und das Datum 1. 1. 1012
2000 umgestellt werden. Vor allem die Datumsumstellung wird nach allen Erfahrungsberichten besonders von mittelständischen Unternehmen nur zögerlich durchgeführt.[885] Deshalb ist nachfolgend näher auf sie einzugehen, während die Euro-Einführung mit weniger Problemen verbunden zu sein scheint und hier nur am Rande behandelt wird.

Die Umstellung der elektronischen Datumsdarstellung auf das Format „2000" führt in den meisten Fällen nicht zu unüberwindlichen technischen Schwierigkeiten, ist aber sehr oft mit erheblichem personellen, finanziellen und organisatorischen Aufwand verbunden. Im Grunde muss nur von einer Darstellung in zwei Feldern (z. B. „98" für 1998) zu einer Darstellung mit vier Feldern gewechselt werden, da die Darstellung „00" sowohl für 1900 als auch für 2000 stehen könnte. In Unternehmen findet sich nun aber häufig eine Vielzahl von teilweise zudem selbst geschriebenen Programmen. Alle diese Programme müssen gefunden und analysiert werden, ob eine Datumsumstellung erforderlich ist. Hierzu muss vielfach das ganze Programm Zeile für Zeile untersucht und bearbeitet werden, eine hinsichtlich der Suche wie der Umstellung mit Fehlerrisiken behaftete

---

[885] Ausf. s. Koch, NJW-CoR 1998, 297ff.

Tätigkeit. Es genügt auch nicht immer, nur die Felderanzahl im Code zu erweitern. Diese Erweiterung zwingt vielfach zu Anpassungen (sprich: Umprogrammieren) von Bildschirmlayouts oder Dateiindices (mit entsprechenden Nebenwirkungen).[886]

1013 Vielfach muss die Datumsumstellung selbst bestimmten **Normen** zur Datumsdarstellung folgen. In Umstellungsverträgen ist auf diese Normen Bezug zu nehmen; Werkzeuge müssen normenkonform umstellen können. Beides sollte im Vertrag als zugesicherte Eigenschaft fixiert werden. Hinweis: ANSI-, ISO- und FIPS-Standards verlangen vierstellige Datumsrepräsentation; **Konformität mit ANSI X3.30 genügt also nicht.** Das Darstellungs**format** selbst ist genau zu definieren, da es etwa 18 verschiedene Darstellungsformate gibt.[887] Probleme treten u. U. bereits mit der Darstellung von „99" (gelesen als zeitlich unbeschränkt, z. B. „9.9.99") auf. Dies ist rechtzeitig zu prüfen und in die Umstellung einzubeziehen.

Fehlen hier (wie häufig) Dokumentationen und/oder ist der Quellcode nicht (mehr) verfügbar oder ein Dekompilieren urheberrechtlich zulässig, kann der Aufwand zuweilen den für eine Neuerstellung der Programme erreichen. Die durchgeführten Codeänderungen müssen vollständig dokumentiert werden, da vorhandene Dokumentationen sonst ihren Wert verlieren. Notwendig sind weiter Tests der Änderungen unter Verwenden kritischer Datumsangaben.[888]

Für größere Softwaresysteme lassen sich aufgabenspezifische Werkzeuge („Tools") einsetzen. Kein solches Tool deckt aber alle Anforderungen zu 100 % ab. Die nicht erfassten restlichen 5 % können die Anwendung zum Absturz bringen, etwa durch **data overflow** der **hardware integers** bei Überschreiten der vorgesehenen **offset values** mit undefiniertem Systemverhalten als Resultat.[889]

1014 Altprogramme („legacy") lassen sich zudem vielfach nur manuell analysieren. Programmierer mit ausreichenden COBOL- und Assembler-Kenntnissen werden am Markt bereits dringend gesucht und zuweilen aus dem Ruhestand aktiviert. Wer nicht bereits mit der Umstellung von Unternehmens-DV 1998 bzw. Anfang 1999 begonnen hat, läuft Gefahr, das notwen-

---

[886] Siehe Reid/Brower, Beyond Awareness, Ten Management And Ten Legal Pitfalls Regarding The Year 2000 Computer Problem (www.year2000.com/archive/beyond.html).

[887] CW-Extra 4, 1997, 25, 27.

[888] Wie 31. 12. 1999, 1. 1. 2000, 28. 2. 2000, 29. 2. 2000 (Schaltjahr!, zur Sicherheit aber auch 30. 2. 2000 zum Testen des Systemverhaltens), 31. 12. 2000; siehe Reid/Brower, a. a. O.

[889] Siehe Chaabouni, A Framework for Testing Year 2000 Application Conv (www.year2000.com/archive/chaabouni.html).

dige Umstellungsprojekt nicht mehr rechtzeitig abschließen zu können und eventuell seine Konkurrenzfähigkeit zu gefährden. Probleme treten außerdem bei Lizenzsoftware auf, die im Rahmen der urheberrechtlich eingeräumten Nutzung nicht ohne weiteres bearbeitet werden darf. Im Folgenden werden deshalb einige praxisrelevante Hinweise gegeben, welche Punkte bei der Projektdurchführung zu beachten sind.

Umstellungsprobleme müssen nicht notwendig von Anwendungssoftware verursacht sein. Fehler des Systemverhaltens können sich auch aus dem Fehlen der Umstellung der Systemsoftware ergeben oder gar aus Fehlern der (festverdrahteten) BIOS-Software, so dass nur ein kompletter CPU-Austausch in Betracht kommt (sofern überhaupt bereits Exemplare mit bereits umgestellter BIOS-Software existieren).

Können Umstellungsprojekte nicht mehr rechtzeitig abgeschlossen werden, muss im Umstellungsvertrag in einer Prioritätenliste festgelegt werden, welche Programme zuerst zu bearbeiten sind.[890]

Erst 1998 wurde in der breiteren Öffentlichkeit ein zusätzliches und besonders gravierendes Problem erkannt, nämlich das der „**embedded systems**", also der in Geräten festverdrahteten Programmlogik, die nicht für das neue Datumsformat ausgelegt ist. Betroffen sind alle in irgendeiner Weise computergesteuerten (und meist mit ASIC bestückten) Geräte und Systeme. Hier bleibt vielfach nur ein kompletter Austausch der Geräte, der freilich rechtzeitig geplant werden muss und u. U. erhebliche Investitionsmittel binden kann. Dies bedeutet insbesondere für mittelständische Unternehmen eine erhebliche Belastung.

Zwar existiert die DIN-Norm 8601 zur Datumsdarstellung seit 1988, jedoch werden entsprechende Erwartungen beteiligter Verkehrskreise an die Datumsfestigkeit nicht vor 1993 empirisch feststellbar sein. Außerdem stammt die aktuell geltende Norm DIN EN 28 601 vom Februar 1993.

Prüfpunkte: 1015
– ANSI-, ISO- und FIPS-Standards verlangen vierstellige Datumsrepräsentation; **Konformität mit ANSI X3.30 genügt also nicht;**
– keine Neuentwicklung beauftragen ohne **Zusicherung der Jahr-2000-Tauglichkeit** („**Y2K-Compatibility**");

---

[890] Man spricht hier von „Software Triage" (Siehe Ulrich/Hayes, The Year 2000 Software Crisis, 1997, 85).

- für Datum das Darstellungsformat genau definieren (Es gibt etwa 18 verschiedene Darstellungsformate.[891]);
- Probleme möglich bereits mit „99" (gelesen als zeitlich unbeschränkt, z. B. „9. 9. 99");
- Qualität des vorhandenen Codes („Spaghetti-Code") vor Auftragsvergabe prüfen, da von direktem Einfluss auf Aufwandsvolumen, ebenso fehlender Source Code (etwa von Patches und Updates). Festlegen: Durchschnittliche Analysegeschwindigkeit pro Zeiteinheit in LOC, analysierbare Programmsprachen, Form der Präsentation der Arbeitsergebnisse plus volle Dokumentation (etwa für Mängelbeseitigung durch Dritte), Schulungsaufwand zur Bedienung eines Analyse-/Umstellungstools, Übergabe der Repository-Daten aus der Analyse in das eigene Repository-System;
- kein Tool deckt alle Anwendungen, Individualerfordernisse und Testerfordernisse ab;
- Lösungen sind in der Praxis (bestenfalls) zu 95 % perfekt, die restlichen 5 % können die Anwendung zum Absturz bringen, etwa durch **data overflow** der **hardware integers** bei Überschreiten der vorgesehenen **offset values** mit undefiniertem Systemverhalten als Resultat;[892]
- qualifizierte Anbieter sind bereits seit 1997 knapp. Auftragsvergabe **in Kenntnis mangelnder Kompetenz** des Auftragnehmers **kann zu teilweisem Rechtsverzicht** des Kunden **führen;**
- Versicherungsschutz (und ggf. Bonität) der Anbieter prüfen;
- **einheitliche Umstellung** auch bei EDI- und EFT-Verfahren;
- rechtzeitig **Zulieferer** auf Umstellungstauglichkeit prüfen!
- Risiko durch Beauftragung unzureichend qualifizierter COBOL-/ Assembler-Programmierer;
- Risiko Codiermängel auch bei Umstellung: Nach alter Programmiererregel entsteht auf 100 LOC ein neuer Fehler. Diese Fehler können genauso zu Abstürzen führen wie ein nicht umgestelltes Datum (sind aber u. U. wesentlich schwerer zu finden).

3.5.2 Risiken einer verzögerten oder fehlschlagenden Datumsumstellung

Technische Wurzel der Umstellungsproblematik ist, dass Entwickler vor einigen Jahrzehnten nicht mit einer Nutzung ihrer Programme bis über die

---

[891] CW-Extra 4, 1997, 25, 27.
[892] Siehe Chaabouni, A Framework for Testing Year 2000 Application Conversion (www. year2000.com/archive/chaabouni.html).

Jahrtausendwende rechneten und deshalb (vereinfacht gesagt) zur Ressourceneinsparung nur zwei anstatt vier Datenfelder für die Datumsdarstellung verwendeten (also „98" anstatt „1998"). Nun tritt hier beim Wechsel zum Jahr 2000 das Problem auf, dass viele Programme die Felder „00" als „1900" anstatt als "2000" interpretieren und so zu fehlerhaften Ergebnissen führen. Moderne, weitgehend computergestützt geführte Unternehmen können durch solche Fehler in zentralen Bereichen der Planung, Produktion und Personalverwaltung völlig blockiert werden.

Abhilfe kann im wesentlichen nur darin bestehen, die betroffenen Programmen[893] auszutauschen (was aus Kostengründen allenfalls in Teilbereichen in Betracht kommt) oder anzupassen. Eine solche Anpassung ist technisch nicht sehr kompliziert, aber meist personal- und zeitaufwendig. Je mehr alter Code umgestellt werden muss (der vielfach undokumentiert ist und manchmal sogar ohne das direkt lesbare Quellformat bearbeitet werden muss), desto früher muss mit der entsprechend arbeitsintensiven Umstellung begonnen werden. Frühjahr 1998 war für mittlere und größere Projekte oft der letztmögliche, von vielen bereits nicht mehr erreichbare Startzeitpunkt. Da zudem bei der Umstellung großer Programmmengen entsprechend hohe Codierfehlerzahlen auftreten können, muss auch eine Testphase von ausreichender Dauer zur Beseitigung dieser Fehler eingeschoben werden. Werkzeuge („Tools") für Entwicklung und Tests können nur sehr begrenzt eingesetzt werden, da sie niemals sämtliche individuell unterschiedlichen Anwendungen voll abdecken können, insbesondere nicht bei hauseigenen Codeentwicklungen.

Wird nun von der Unternehmensleitung nicht rechtzeitig die Planung eines tauglichen Umstellungsprojektes eingeleitet, kommt es zu Projektverzögerungen (in das Jahr 2000 hinein). (Siehe Rn. 1026.)

3.5.3 Risikovorsorge durch Auftragsvergabe

Aus Unternehmenssicht relativ einfach zu lösen scheint die Umstellungs-   1016
problematik, indem erfahrene Dienstleistungsunternehmen beauftragt werden. Doch ist dieser Weg vielfach in der Zwischenzeit nicht mehr gangbar, da bereits die meisten qualifizierten Anbieter fast vollständig

---

[893] Ausgeklammert bleiben sollen die erst in allerletzter Zeit als Problem erkannten Fälle, in denen die Datumsdarstellung nicht in relativ leicht änderbaren Programmen, sondern in fest in die Systeme integrierten Chips („embedded chips") erfolgt. Entsprechende Systeme, etwa in der Telekommunikation oder in Kartenlesegeräten im Banken- oder Einzelhandelsbereich, werden vielfach komplett ausgetauscht werden müssen, da passende, aufgabenspezifische Chips nicht getrennt produziert werden.

ausgebucht sind und auch die Investitionserfordernisse größeren Umstellungsprojekten schnell Grenzen setzen. Vielfach ist es aber auch sinnvoller, die Umstellung weitgehend mit Hilfe einer erfahrenen eigenen EDV-Abteilung im Hause durchzuführen. Nur verbleibt dann freilich die gesamte Projektverantwortlichkeit auf den Schultern der Unternehmensleitung. Diese trägt andererseits auch bei Fremdbeauftragung das Risiko der Auswahl des geeigneten Unternehmers sowie das weitere Risiko, selbst oder im Zusammenwirken mit diesem Unternehmer in sämtlichen Anwendungen alle möglicherweise betroffenen Codezeilen zu untersuchen und umzustellen.

1017 **Neue Software**, zu überlassende bzw. erst neu zu entwickelnde Software sollte bereits vertraglich ausdrücklich und **zugesichert Jahr-2000-tauglich** sein („Y2K-Compatibility"). Bei anwaltlicher Vertragsprüfung ist auf entsprechenden Regelungsbedarf hinzuweisen. Fehlt eine ausdrückliche Regelung, scheidet Zusicherungshaftung nicht notwendig aus, da auch eine stillschweigende Zusicherung möglich ist.[894] Jedoch muss sich dann aus den Umständen des Einzelfalles ableiten lassen, dass der Verkäufer für die Folgen des Nichtvorliegens der Eigenschaft einstehen wollte. Ein solches Einstehenwollen kann auch hinsichtlich der Umstellungstauglichkeit nicht einfach unterstellt werden.

1018 **Software Dritter** darf grundsätzlich nur in bestimmungsgemäßer Weise benutzt werden. Die Übersetzung, Bearbeitung und sonstige Umgestaltung darf vertraglich ausgeschlossen werden (Umkehrschluss aus den §§ 69c Nr. 1, 69d Abs. 1, 69g Abs. 2 UrhG), ebenso jedes Dekompilieren von Quellformaten (sourcen) aus den ausgelieferten Maschinencodes (object codes), wenn dieses nicht auf interoperabilitätsbezogene Informationen beschränkt bleibt, sondern der Änderung vorhandener Codes dienen soll (Umkehrschluss aus § 69e Abs. 1 UrhG).

Fehlen spezifische vertragliche Vereinbarungen, darf der zur Verwendung berechtigte Benutzer Umarbeitungen zur Fehlerbeseitigung und zur sonstigen Sicherung der bestimmungsgemäßen Benutzung durchführen (vgl. § 69d UrhG), deren Umfang sich nach den Umständen des Einzelfalles bestimmt. Ist die Benutzung des jeweiligen Programms über den 1. 1. 2000 von den Vertragsparteien gewollt oder jedenfalls voraussehbar, gehört die Bearbeitung des Programmcodes mit dem Ziel der Änderung der Datumsumstellung zur bestimmungsgemäßen Benutzung. Der § 69d UrhG umfasst Fehlerbeseitigungen (auch außerhalb von Mängelbeseitigungen)

---

[894] Siehe etwa BGH, NJW 1996, 836; Palandt/Putzo, § 459 Rn. 17.

sowie andere benutzungssichernde Maßnahmen[895] und berechtigt zu benutzungsichernder Übersetzung oder zu anderer Umarbeitung der Codeform[896]. Der Anwender hat mangels abweichender Vereinbarung aber keinen Anspruch auf Herausgabe des Quellcodes. Aus § 69d UrhG ist ein solcher Anspruch nicht ableitbar (und etwa hinsichtlich Massensoftware auch in der Praxis interessenwidrig und angesichts der Codekomplexität in den wenigsten Fällen hilfreich).

Bei der **Umstellung vorhandener Software** ist zunächst die **vertrags-rechtliche Zuordnung** der Umstellungsarbeiten zu klären.[897] Soll der gesamte Programmbestand eines Unternehmens geprüft und, soweit erforderlich, umgestellt werden, ohne dass alle Programme (sowie deren Größe) bekannt und Quellcodes in jedem Fall vorhanden wären (ein typischer Fall in der Praxis), und wird ein Stundensatz vereinbart, wird in der Regel ein **Dienstvertrag** vorliegen. **Werkvertrag scheidet aus,** da ein bestimmter Erfolg nicht definierbar ist. Weder ist die Anzahl der tatsächlich umzustellenden Programme im Voraus bekannt, noch sicher, ob diese Programme im Notfall auch ohne Quellcode umgestellt werden können. Anderes gilt, wenn bestimmte, abgrenzbare Software umzustellen ist, für die der Anbieter das mit der Umstellung verbundene Leistungsrisiko prüfen kann. Hier kann **Werkvertragsrecht** anwendbar sein.

1019

Vorab sollte die Qualität des vorhandenen umzustellenden Codes geklärt werden. Unstrukturierte Codes („Spaghetti-Code") erhöhen den Analyseaufwand beträchtlich, ebenso fehlender Source Code (etwa von Patches und Updates), da hier erst dekompiliert werden muss. Umgestellt werden müssen nicht nur die im Hause vorhandene Software, sondern auch die bei Zulieferern und Outsourcing-Unternehmen verwendeten Programme. Einheitliche Umstellung erfordert auch EDI- und EFT-Verfahren.

---

[895] Wobei § 69d Abs. 1 UrhG ohnehin nicht auf Mängel im gewährleistungsrechtlichen Sinne beschränkt ist, sondern auch sonstige, benutzungsrelevante **technische** Fehler umfasst.

[896] Hierbei ist zu sehen, dass im Text von § 69e UrhG nicht von „Dekompilieren" die Rede ist, sondern unter Verweisung auf § 69c Nr. 1 und 2 von einer „Übersetzung der Codeform". Diese stellt sich damit als eine Unterform der Übersetzung im Sinne von § 69c Nr. 2, 1. Fall UrhG dar (oder jedenfalls als eine „andere Umarbeitung" gemäß § 69c Abs. 1 Nr. 2, 4. Fall UrhG). § 69d Abs. 1 UrhG stellt solche Übersetzungen/andere Umarbeitungen jedoch zustimmungsfrei, so dass Codeformübersetzungen zur Benutzungssicherung mangels abweichender Vereinbarung grundsätzlich zulässig sind.

[897] Festzulegen sind weitere Leistungselemente wie: Durchschnittliche Analysegeschwindigkeit pro Zeiteinheit in LOC (zur Kalkulation der voraussichtlichen Umstellungsdauer und -kosten), analysierbare Programmsprachen, Form der Präsentation der Arbeitsergebnisse plus volle Dokumentation (etwa für Mängelbeseitigung durch Dritte), Schulungsaufwand zur Bedienung eines Analyse-/Umstellungstools, Übergabe der Repository-Daten aus der Analyse in das eigene Repository-System.

1020 Die **Umstellung als Pflegeleistung** zu erbringen, ist der Anbieter von Software-Pflegeleistungen nur verpflichtet, wenn die vertraglich geschuldete Leistung nicht nur die Beseitigung die Funktionsfähigkeit im Vertragsabschlusszeitpunkt beeinträchtigender Fehler umfasst, sondern auch die Anpassung an Änderungen der Umweltbedingungen (wie neuer USt.-Satz, Formatänderungen von Kassenarzt-Formularen oder Umstellung von Datumsformaten). Dies ist etwa dann anzunehmen, wenn die vertragsgegenständliche Software in ihrer Nutzung datumsabhängig ist, über den 1. 1. 2000 hinaus genutzt werden soll und die Vertragslaufzeit über diesen Zeitpunkt hinausgeht. Grundsätzlich Gleiches gilt für die Wartung von Hardware mit Embedded Chips und generell für Maschinen und Anlagen (s. Kühnel/Ulbrich, BB 1998, 2585).

1021 Neue **Software ist mangelhaft**, wenn die Nutzung über den 1. 1. 2000 hinaus zum vertraglich vorausgesetzten oder jedenfalls üblichen Gebrauch gehört, aber mangels Datumsumstellung nicht möglich ist. **Umstellungsarbeiten sind mangelhaft**, wenn das neue Datumsformat nicht in der erforderlichen Weise anstelle des bisherigen Formats darstellbar ist. **Voraussetzung einer Gewährleistung** ist aber, dass die Umstellung als Erfolg definierbar und Werkvertragsrecht anwendbar ist. Nachbesserung erfolgt in der Form erneuter Umstellung. Codiermängel können bei der Umstellung besonders häufig auftreten: Nach alter Programmiererregel entsteht auf 100 LOC ein neuer Fehler. Diese Fehler können genauso zu Abstürzen führen wie ein nicht umgestelltes Datum (sind aber u. U. wesentlich schwerer zu finden).

Ab wann die Branche verpflichtet war, Software jahr-2000-fest zu erstellen, ist nicht abschließend geklärt. Genannt werden Jahreszahlen zwischen 1993[898] und 1995[899]. Weitere, teilweise übersehene Voraussetzung ist aber, dass die Software auch noch zum Jahreswechsel 1999/2000 bestimmungsgemäß benutzt werden können sollte. Nicht der Fall ist dies etwa bei Software, die nur begrenzte Zeiträume genutzt werden soll/darf (aufgrund vertraglicher Vereinbarung) oder kann (wie etwa Software zur Jahresveranlagung der Einkommensteuer 1998 oder 1999).

1022 Der Verkäufer haftet auf **Schadensersatz wegen Nichterfüllung**, wenn die Software nicht die zugesicherte Datumstauglichkeit aufweist (§ 463 Satz 1 BGB). Hierfür genügt aber nicht, dass die Produktbeschreibung einen Hinweis auf die Tauglichkeit als Warenbeschreibung enthält. Viel-

---

[898] Hohmann, NJW 1999, 521 f.
[899] Bartsch, 27.

mehr muss der Verkäufer für die Folgen aus dem Nichtvorliegen der Datumseignung einstehen wollen und der jeweilige Schaden muss von der Zusicherung umfasst sein. Solche Zusicherungshaftung kann auch als stillschweigende begründet werden (OLG Frankfurt/Main, CR 1996, 473 – Quelle oder Kompatibilität).

Der Anbieter kann aus **arglistiger Täuschung** 30 Jahre haften, wenn er die ihm positiv bekannte Untauglichkeit einer Software verschweigt. Hierbei genügt sogar, dass der verkaufende Anbieter die Untauglichkeit zwar nicht direkt nachgeprüft hat, aber mit ihr rechnet oder grundlose Behauptungen (über die Umstellungstauglichkeit oder bereits erfolgte Umstellung der Software) aufstellt[900] oder Aussagen ohne Sachkenntnis macht[901] oder dass in der Software-Produktion keine Beweissicherung/Dokumentation dieses Leistungsmerkmals durchgeführt wurde[902]. Die **Haftung aus arglistigem Verschweigen** (§§ 123, 463 Satz 2 BGB) könnte in der Praxis noch größere Bedeutung erlangen als diejenige aus Zusicherung, da sie bereits durch Behauptungen des Verkäufers „ins Blaue hinein" begründet werden kann, bei deren Äußerung er keinerlei Anhaltspunkte über die tatsächliche Eignung des Programms hat.

Da das Datumsproblem etwa seit 1993 bekannt ist, kann sich ein Leistungsverpflichteter grundsätzlich **nicht** auf die Unvorhersehbarkeit (force majeure) des Datumsfehlers berufen.

Mangels besonderer Vereinbarungen gilt zur **Verjährung**: Der Entwickler muss auch für Umstellungsarbeiten **nur in der gesetzlichen Frist**, d. h. sechs Monate ab Abnahme/Ablieferung, **Gewähr leisten**. Fristenhemmung bis zum Jahr 2000 tritt auch dann nicht ein, wenn die Eignung der Umstellung erst nach dem 1. 1. 2000 feststellbar ist.   1023

Nach den bisher entwickelten Grundsätzen der Rechtsprechung zur **Substantiierung von Software-Mängeln**, wird es grundsätzlich nicht ausreichen, allgemein zu behaupten, die fragliche Software sei nicht „Jahr-2000-tauglich".[903] Vielmehr ist konkret zu rügen und im Prozess darzulegen und zu beweisen, dass das Fehlen der Möglichkeit der Datumsdarstellung   1024

---

[900] BGHZ 63, 388: Es ist ausreichend, dass mit Vorhandensein des Fehlers gerechnet wird.
[901] OLG München, NJW 1988, 3271.
[902] Zur Beweissicherung s. BGH, NJW 1992, 1754.
[903] Sommerlad (K&R, Beil. 18, BB 48, 1997, 5, 6) spricht allgemein vom „Millenium Bug" als der Unfähigkeit von Computerprogrammen, die Jahreszahl 2000 verarbeiten zu können. Ein Mangel liegt nur insoweit vor, als diese Unfähigkeit zu negativ abweichenden Anwendungsergebnissen führt. Bei reinen Textverarbeitungsprogrammen muss dies nicht notwendig der Fall sein, wenn etwa manuelle Korrekturen oder eine Fehlerbeseitigung durch ein Makro in einem Programm möglich sind.

bestimmte, die Anwendung nicht unerheblich, beeinträchtigende Auswirkungen hat, etwa eine nicht weiterführbare Finanzbuchhaltung oder Auftragsbearbeitung.

1025 Deliktische und gesetzliche **Produkthaftung** kann entstehen, wenn umstellungsbedingte Funktionsfehler zu Personen- oder Sachschäden führen, etwa durch Nichtumstellung der Software eines Verkehrsleitsystems[904], während reine Vermögensschäden über außervertragliche Haftung grundsätzlich nicht erstattungsfähig ist. Die **Beeinträchtigung der Gebrauchstauglichkeit** eines Gesamtsystems ist als solche allerdings ein nach § 823 Abs. 1 BGB ersatzfähiger Schaden (BGH, NJW-RR 1995, 342 f.; Graf v. Westphalen, Der Jahr-2000-Fehler, Rn. 774 ff., 778, 780). Relevant werden kann damit Produkthaftung vor allem in Fällen versagender Systeme, z. B. Aufzugs-, Herzschrittmacher- oder Flugsicherungs- bzw. Verkehrleitsteuerungen.

Von der Rechtsprechung nicht abschließend geklärt (aber von der wohl überwiegenden Auffassung bejaht) wird die Frage, ob Computerprogramme eine gesetzliche Produkthaftung auslösendes Produkt sein können.[905] Die Klärung dieser Frage wird aber in den meisten Haftungsfällen aus Personen- oder Sachschäden dahinstehen können, da in diesen Fällen regelmäßig vollständige Systeme aus Hardware und Software fehlerhaft arbeiten (etwa Identifikationssysteme zur Absicherung von Rechenzentren), die sich als bewegliche Sache einstufen lassen. (Das Problem verschiebt sich hier auf die Ebene des Regresses gegen das zuliefernde Software-Haus.) Selbst in rein softwarebedingt verursachten Schadensfällen greift aber deliktische, nicht abhängige Haftung ein.

Eine Warn- oder Rückrufverpflichtung kann aus Deliktshaftung dann bestehen, wenn Personen- oder Sachschäden drohen, zudem aus § 7 Abs. 1 ProdSG aufgrund behördlicher Anordnung (etwa bei Diagnosecomputern oder Herzschrittmachern, aber nicht bei jedem PC). Warnungen sind angezeigt, wenn etwa bedingt durch die Datumsumstellung gesicherte Datenbestände nicht mehr zugänglich sein sollten oder sonstige datumsbezogene Fehler von Systemsoftware auftreten. Rückrufe helfen hier freilich meist nicht viel, da es völlig praxisfremd wäre, den Anbieter zu verpflichten, an jedem einzelnen Exemplar eines Programms notwendige Änderungen vorzunehmen[906], wenn er mit wesentlich weniger Auf-

---

[904] Aber auch aus fehlerhafter Konzeption von zuzuliefernden Waffensystemen (s. bereits das DoD-Military Top Priority Memo vom 31. 3. 1997 [www.year2000.com/archive/army.html]).
[905] Siehe ausf. Taeger, CR 1996, 257 m. w. N.
[906] In diesem Sinne wohl Sommerlad, a. a. O., 7.

wand einfach ein Update an die Kunden ausliefern kann. Der Austausch
von in der BIOS-Software fehlerhafter CPU ist in aller Regel nicht durchführbar, da deren Ausbau nicht vom Kunden verlangt werden kann. Hier
bleibt nur ein **Rechner**tausch. Bei größeren Anwendungen ist an die temporäre Auslagerung der Unternehmens-EDV in ein Ausweichrechenzentrum zu denken. Rückrufe bzw. entsprechende Austauschaktionen kommen außerdem nur in Betracht, wenn der Fehler nicht durch weniger aufwendige Umgehungsmöglichkeiten beseitigt oder zumindest neutralisiert
werden kann.

Erkennbar war das Auftreten der Problematik wohl seit 1996, als eine
Reihe von Presseberichten das Thema aufgriffen.[907] Spätestens ab diesem
Zeitpunkt konnten und mussten Anbieter mit der Vorbereitung von Sicherungsmaßnahmen und der Planung Jahr-2000-kompatiblen Produkten
beginnen.

3.5.4 Haftungsrisiken für Unternehmer, Anlageberater und Banken

Versäumt die Geschäftsleitung einer Kapitalgesellschaft die rechtzeitige   1026
Planung und Umstellung der Datumsdarstellung in der Unternehmens-
EDV, drohen Betriebsunterbrechungen, Verlust von Aufträgen und hierdurch bedingt Entlassungen von Arbeitnehmern sowie deutliche Dividen-
denkürzungen zu Lasten der Aktionäre. Die jeweilige Unternehmensleitung muss deshalb also in eigener Verantwortung diesen Gefahren durch
rechtzeitige Planung der Umstellungsprojekte sowie durch ausreichende
rechtliche und technische Absicherung der Projektdurchführung vorbeugen.[908]

3.5.4.1 Verantwortlichkeit der Geschäftsleitung

Die Geschäftsführung eines Unternehmens, wie etwa der Vorstand einer   1027
AG, ist dafür verantwortlich, das Problem zunächst überhaupt rechtzeitig
zu erkennen und eine Projektplanung in die Wege zu leiten. Treten hier
vermeidbare Verzögerungen ein oder erfolgt ein unzureichendes bzw. vertraglich nicht ausreichend abgesichertes Projektcontrolling, kann die Entlastung des Vorstandes für den jeweiligen Berichtszeitraum jedenfalls

---

[907] Siehe etwa Levy, The 1,000 Year Glitch, Newsweek 1. 7. 1996, deutsche Version bereits am 4. 7.
1996 in Wirtschaftswoche (28, 1996, 138); CNN-Interactive-Report 11. 7. 1996, Year 2000 bug
seen causing computer chaos. Über erste Schadensfälle wurde in CW 27/1996, 6 berichtet
(Telstra).
[908] Ausf. s. Koch, ZIP 1998, 1748; Terlau in Graf v. Westphalen/Langheid/Streitz, Der Jahr-2000-
Fehler, 1999, 63 f.

dann in Frage gestellt sein, wenn das Umstellungsprojekt nicht mehr rechtzeitig zu Ende gebracht werden kann und wesentliche Nachteile hieraus für die Geschäftstätigkeit drohen, etwa aus Auftragsentgang. Der Vorstand einer AG muss ein geeignetes Überwachungssystem einführen, um frühzeitig Entwicklungen erkennen zu können, die den Fortbestand der Gesellschaft gefährden können.[909] Der Vorstand darf umso weniger Risiken eingehen, je höher die Schadenswahrscheinlichkeit für den Unternehmensfortbestand ist.[910] Umstellungsprojekte müssen laufend überwacht werden.[911]

3.5.4.2 Lagebericht

1028 Der Vorstand ist für die rechtzeitige Analyse und Projektplanung verantwortlich. Er hat auf der Hauptversammlung hierzu einen **Lagebericht** vorzulegen (§§ 120 Abs. 3, 170 Abs. 1 AktG), der die tatsächlichen Verhältnisse und die voraussichtliche Entwicklung des Unternehmens (§ 315 Abs. 1 HGB) in einer „true and fair view" wiedergeben (§ 289 HGB) und eine wirtschaftliche Gesamtbeurteilung der Gesellschaft ermöglichen muss.[912] Der Lagebericht muss über alles informieren, was für die Beurteilung bezüglich der Entlastung des Vorstandes oder des Gewinnverteilungsbeschlusses von berechtigtem Interesse ist[913] und auch einen Prognosebericht enthalten (§ 289 Abs. 2 Nr. 2 HGB), in dem generell wichtige Eckdaten sowie konkret auch wahrscheinliche negative Entwicklungen aufzuzeigen sind[914], bei Krisensituationen sogar die ganze Bandbreite aller denkbaren zukünftigen Entwicklungen mit den positiven und negativen Entwicklungselementen.[915] Der Lagebericht muss alle Umstände einbeziehen, die die Ergebnisentwicklung nicht unwesentlich nachteilig beeinflussen können, damit – angesichts der oben aufgezeigten Implikationen scheiternder Umstellungsprojekte – auch die rechtzeitige Datumsumstellung 2000, da deren Fehlschlagen zu Auftragsausfällen (insbesondere in Zulieferketten) und zu Regressansprüchen von Kunden oder auftraggebenden Herstellern führen kann. Zu den aufzuzeigenden möglichen Entwicklungen und Eckdaten gehören für den vorliegenden Problemkreis eine über-

---

[909] Koch, a. a. O., 1749 zu § 91 Abs. 2 AktG i. d. F. von Art. 1 Nr. 8 KonTraG.
[910] BGH, ZIP 1997, 883, 886 – ARAG/Garmenbeck; Terlau, a. a. O., 71 ff.
[911] Terlau, a. a. O., 74.
[912] Beck'scher Bilanzkommentar, 2. Aufl. 1990, § 289 Rn. 3; Koch, a. a. O., 1749 f.; Terlau, a. a. O., 81.
[913] Beck'scher Bilanzkommentar, a. a. O., Rn. 7.
[914] a. a. O., Rn. 36.
[915] Winnefeld, Bilanz-Handbuch, 1997, K 68.

sichtsweise Untersuchung, welche Programmbestände zwingend umzustellen sind und in welchem Zeitraum die Umstellung einschließlich Fehlerbereinigung durchgeführt werden kann.

Enthält ein Lagebericht zur Umstellungsproblematik keinen Zwischenstandsbericht, da die Planung noch nicht in Angriff genommen wurde, besteht die konkret drohende Gefahr, dass die Umstellung nicht mehr rechtzeitig durchführbar ist. Der Inhalt des Lageberichtes ist insoweit ein wichtiger Indikator für die Art und Weise, wie das jeweilige Unternehmen mit der Umstellungsproblematik umgeht. Deshalb muss ein Hinweis erfolgen, ob die notwendige Problemanalyse begonnen wurde oder nicht.

Der Lagebericht kann eine befreiende Wirkung im Sinne von § 291 HGB 1029 (befreiende Konzernabschlüsse) nur entfalten, wenn er von einem Abschlussprüfer (Wirtschaftsprüfer) nach Maßgabe der §§ 317 bis 324 HGB geprüft wurde. Dieser muss auch feststellen, ob der (nach § 321 HGB einzubeziehende) Bericht falsche Vorstellungen von der Lage des Konzerns erweckt.[916] Angesichts der möglichen Auswirkungen nicht oder verspätet durchgeführter Umstellungsmaßnahmen muss die Stellungnahme des Abschlussprüfers zu den durchgeführten oder vorgesehenen Umstellungsmaßnahmen in jeden Abschlussbericht aufgenommen werden. Den Prüfer trifft eine besondere **Warnpflicht**, wenn er entsprechende Versäumnisse feststellt (§ 321 Abs. 2 HGB).

Die Rückstellungen sind in der Bilanz ausreichend konkret zu erläutern (§ 285 Nr. 12 HGB), also etwa mit Hinweis auf eine drohende Umstellungsverzögerung.

Gesellschafter können **Informationsrechte** gegenüber der Unternehmensleitung geltend machen (§ 716 BGB in BGB-Gesellschaften, § 166 HGB in KGs und § 131 AktG in AGs). Verlangt werden können auch Informationen über die Planung und Durchführung von Umstellungsprojekten und hiermit verbundene Risikopotentiale.[917] Den Vorstand einer AG kann bei Unterbleiben notwendiger Kontrollen Haftung gemäß § 93 AktG treffen[918], den Aufsichtsrat (aus den §§ 116, 93 AktG) hingegen nur in Ausnahmefällen.

---

[916] Vgl. für alle WP-Handbuch 1996, M Rn. 742. Zu prüfen ist auch die rechtzeitige Bildung von Rückstellungen für datumsbedingte Aufwendungen und drohende Verluste aus verzögerten oder fehlschlagenden Umstellungsprojekten bzw. daraus resultierenden Geschäftsunterbrechungen (als „ungewisse Verbindlichkeiten" im Sinne der §§ 249, 266 Abs. 3 Buchst. B Nr. 3 HGB).

[917] Koch, a. a. O., 1751; Terlau, a. a. O., 82 f.

[918] Koch, a. a. O., m. w. N.; s. ausf. Terlau, a. a. O., 65 (Rn. 245 ff.)

Die Datumstauglichkeit der kompletten EDV-Infrastruktur ist auch im Rahmen der **DUE-Diligence-Prüfung** bei Mergers and Acquisitions sicherzustellen bzw. hier bestehende Risiken zu klären.

3.5.4.3 Prospekthaftung

1030 Die „Datumstauglichkeit" eines Unternehmens wirkt sich bis in die Anlageberatung aus. Nach den Grundsätzen der Rechtsprechung zur Prospekthaftung muss ein Prospekt eine sachlich richtige und vollständige Unterrichtung über alle Umstände enthalten, die für die Anlegerentscheidung von wesentlicher Bedeutung sind.[919] Ein Prospekt ist unvollständig, wenn Angaben fehlen, die für **Anleger**entscheidungen erhebliche Bedeutung haben können bzw. wenn generell Tatsachen betroffen sind, die den Vertragszweck mit einiger Wahrscheinlichkeit vereiteln werden.[920] Analysten haben auf dieser Grundlage in eigener Verantwortlichkeit auch eine **Prüfung der „Datumstauglichkeit"** eines zu empfehlenden Unternehmens aus dessen Angaben durchzuführen und die Prüfergebnisse in ihre Verkaufsprospekte aufzunehmen (§ 11 VerkaufsprospektVO bezüglich Angaben zum jüngsten Geschäftsgang und Geschäftsaussichten des Emittenten). Zu prüfen ist hier insbesondere, ob die Unternehmensleitung rechtzeitig mit der entsprechenden Umstellungsplanung begonnen hat und der Prospekt hierüber ausreichend Auskunft gibt.

3.5.4.4 Kreditkontrolle

1031 Banken müssen nach § 18 des Gesetzes über das Kreditwesen eine Kreditkontrolle durchführen, bei der auch zu prüfen ist, ob Umstände eingetreten sind, die eine Kreditrückführung gefährden können, etwa durch verspätete oder fehlschlagende Umstellung, sofern hieraus Unterbrechungen des Geschäftsbetriebes und der Kredittilgung drohen können. Im Rahmen der vorzulegenden Kreditunterlagen (ab Krediten über DM 250 000,00) ist den Banken auch der Lagebericht gemäß § 289 HGB vorzulegen.[921] Die Überprüfung erfolgt nicht nur bei Kreditausgabe. Vielmehr ist eine **laufende Überprüfung** der wirtschaftlichen Situation des Kreditnehmers erforderlich.[922] Diese Überprüfung muss im vorliegenden Zusammenhang auch die rechtzeitige Umsetzung von Umstellungsprojekten mit umfassen, soweit diese ergebnisrelevant werden können.

---

[919] BGHZ 79, 337; allg. s. Assmann/Schütze, Handbuch des Kapitalanlagerechts, § 20; Koch, a. a. O., 1752.

[920] BGH, WM 1988, 48, 50 und WM 1991, 2092, 2094.

[921] Bähr/Schneider, Gesetz über das Kreditwesen, 3. Aufl 1986, § 18 Abschn. 3.

[922] Schimansky/Bunte/Lwowski, Bankrechts-Handbuch, Bd. III, 1997, § 130 Rn. 44; Koch, a. a. O.

3.5.4.5 Erhöhte Offenlegungsanforderungen in den USA

In den USA wird bereits intensiv diskutiert, inwieweit Unternehmen zu   1032
verpflichten sind, ihre entsprechenden umstellungsbedingten Anstrengungen im Rahmen der Börsenaufsichtskontrolle offenzulegen.[923] Bereits
nach geltender Rechtslage verlangt die **US-Börsenaufsicht** eine Offenlegung der notwendigen Planung der Datumsumstellung, und zwar auch
dann, wenn bezüglich der Umstellungserfordernisse noch keine Klärung
herbeigeführt wurde. Offenzulegen sind die für die Umstellung erforderlichen Aufwendungen und deren Auswirkungen auf Liquidität und Kapital-
ressourcen.[924] Der Verband der amerikanischen Wirtschaftsprüfer teilte in
einem offenen Brief vom 9. 12. 1997[925] seine Einschätzung mit, dass nur
in ganz seltenen Fällen die Datumsumstellung keine möglichen nachteiligen Auswirkungen auf die operativen Resultate eines Unternehmens
haben werde. Nach US-Recht sind außerdem **Investmentberater** gehalten, Anlegern und Aktionären Informationen über Probleme bei der
Datumsumstellung in einem Unternehmen mitzuteilen, wenn das Fehlen
dieser Informationen die Entscheidungen der Anleger oder Aktionäre
nachteilig beeinflussen könnte. Das US-Recht sieht hier sogar eine ausdrückliche Aufklärungsverpflichtung der Anlageberater vor.[926] Hiernach
sind diese sogar gehalten, auf ein Unterbleiben der notwendigen Umstellungsplanung hinzuweisen und die Kunden rechtzeitig entsprechend zu
informieren, um ihnen die Möglichkeit zu eröffnen, ihre Interessen angemessen zu schützen. Das irreführende Weglassen von anlageentschei-
dungserheblichen Tatsachen wird ausdrücklich untersagt.[927]

---

[923] Ein Gesetzentwurf des US-Senators Bob Bennett vom November 1997 stellt hier sehr hohe Anforderungen, wird aber auch kritisch diskutiert, sog. „Computer Remediation and Shareholder
Protection Act", The New York Law Journal vom 26. 1. 1998 (http://www.ljx.com/prac-
tice.0126y2000.html).

[924] Siehe hierzu das „Staff Legal Bulletin No. 5 (CF/IM)" der Security and Exchange Commission
(SEC), revised edition vom 12. 1. 1998 zur „Disclosure by Public Companies Regarding the Year
2000 Issue".

[925] Offener Brief an den Vorsitzenden der US-Börsenaufsicht (SEC) des American Institute of Certi-
fied Public Accountants (AICPA) vom 9. 12. 1997 (Business Wire, 10. 12. 1997), zit. nach The
New York Law Journal vom 26. 1. 1998, a. a. O. (Fn. 11).

[926] Sections 206 (1) und (2) des Investment Advisers Act 1940; s. auch SEC v. Capital Gains Re-
search Bureau. Inc. 375, U. S. 180 (1963). Die SEC bejaht ausdrücklich eine Offenlegungspflicht
über Tatsachen, die die Einhaltung oder die Nichterfüllung der Umstellungserfordernisse betreffen (Staff Legal Bulletin, a. a. O., Fn. 12).

[927] Section 34 (b) des Investment Company Act 1940.

IV. Leistungsstörungen bei Erwerb und Nutzung von Software und Systemen

1033 Beim Erwerb und bei der Nutzung von Software und vollständigen EDV-Systemen auftretende Störungen können verschiedene Gründe haben, insbesondere

– **unzureichende oder unterbleibende Aufklärung oder Beratung** des Kunden durch den Anbieter aus eigener Beratungsverpflichtung (zur **Beratungshaftung** s. näher Rn. 200) oder

– **können sie aus vorvertraglichem Verhältnis** (Installationsvoraussetzungen oder Einsatzbedingungen der Anwendung, Folgeinvestitionen, z. B. für Wartung und Pflege), mit einer Umstellung verbundenen Kosten, z. B. bei Einführung von SAP-Systemen kommen teilweise erhebliche Kosten dritter Beratungsfirmen hinzu, besonderen technischen Systemeigenschaften oder deren Fehlen resultieren. (Zum **Verschulden bei Vertragsschluss** s. näher Rn. 1034.) Hier ist vor allem klärungsbedürftig, ob bestimmte Aussagen des Anbieters über den Vertragsgegenstand, etwa das Laufverhalten einer Software, bei Nichteinhaltung Haftung aus Verschulden bei Vertragsschluss oder Einstehenmüssen aus Gewährleistung (das zwar verschuldensunabhängig ist, aber kurzen Gewährleistungsfristen unterliegt) begründen (s. näher Rn. 1352);

– **(teilweises) Nichterbringen einer vereinbarten Leistung** durch den Anbieter (**Leistungsverzug** s. Rn. 1048.). Auch die Abgrenzung von Verzug und Gewährleistung kann problematisch werden, so etwa bei Nichtlieferung der Dokumentation (s. näher Rn. 1048);

– **Mängel der Anbieterleistung**, z. B. Fehler im anbieterseits zu erstellenden Pflichtenheft, der Programmkonzeption oder dem erstellten Programmcode, soweit diese Fehler gebrauchsbeeinträchtigende Auswirkungen haben (**Gewährleistung**, s. Rn. 1116). Die Rechtsprechung zur Mängelgewährleistung für Software ist mittlerweile reichhaltig und verästelt und eine Anspruchsdurchsetzung ohne deren Kenntnis nicht ohne Risiko;

– **Nichteinhalten von Zusicherungen bezüglich Eigenschaften** der Software oder eines Systems oder zu sonstigen vertragsrelevanten Umständen (**Zusicherungshaftung** s. näher Rn. 1226). Zusicherungshaftung bietet im Rahmen der Gewährleistung von Kaufrecht die einzige Möglichkeit Schadensersatzansprüche durchzusetzen und hat deshalb bei gewerblichem Software-Einsatz beim Kunden besondere Bedeutung. Inverkehrbringen oder -belassen unsicherer Komponenten (zur **Produkthaftung** s. Rn. 1345). Haftung kann durch Software, Hardware oder ganze Systeme begründet werden. Aufgrund ihrer Steuerungsfunktion und den Schwierigkeiten, eine fehlerfreie Erstellung zu garantieren, ist Software aber mit besonderen Haftungspotentialen verbunden. Verletzung von sonstigen vertraglichen Verpflichtungen, insbesondere auch Nebenpflichten des Anbieters, z. B. aus falscher Auskunft, Beschädigung vorhandener Systeme oder Datenbestände bzw. aus schadensverursachenden Nachbesserungsversuchen während der Vertragsdurchführung (so genannte **positive Vertragsverletzung** s. näher Rn. 1100). Die Haftung aus „pVV" erfasst nicht Mängel der Leistung, sondern vielmehr sonstige Formen der Schlechterfüllung. Programmiert also der Anbieter falsch, unterliegt er hierfür der Gewährleistung. Schreibt er bei der Mängelbeseitigung neue Fehler in das Programm oder löscht er Daten oder Fremdprogramme, unterliegt er der Haftung aus positiver Vertragsverletzung;

– **Nichtdurchführbarkeit einer vereinbarten Leistung**, z. B. der versprochenen mathematisch beweisbaren Richtigkeit und Vollständigkeit einer Programmlösung (zur **Unmöglichkeit der Leistung**, s. näher Rn. 1110). Hier greifen also weder Verzugs- noch Gewährleistungsregelungen, die grundsätzlich die objektive Erfüllbarkeit der Leistung voraussetzen. Jede Leistungsstörung muss einer der vorgenannten Fallgruppen zugeordnet werden können, um vertragsrechtlich lösbar zu sein. Erscheint dies wegen der Komplexität des Sachverhaltes als nicht möglich, so müssen verschiedene Teile dieses Sachverhaltes separiert und getrennt betrachtet werden, etwa Verletzungen von Aufklärungspflichten, Verzug mit Nachbesserungsleistungen, Verursachung von Vermögensschäden aus falsch rechnenden Programmen etc. Nach der jeweiligen Zuordnung ist weiter zu prüfen, ob die jeweiligen Voraussetzungen der Fallgruppe erfüllt sind, etwa das Vorliegen von Verschulden oder das Vorhandensein von Mängeln bei Übergabe, das Ablaufen einer gesetzten Nachfrist, die Androhung der Leistungsablehnung oder die eigene Vertragstreue desjenigen Vertragspartners, der gegen den anderen Ansprüche geltend machen will, welche Ansprüche dem Anspruchsteller im konkreten Fall aus der Leistungsstörung gegen den Vertragspartner zustehen und welche Auswirkungen sich aus der Durchsetzung dieser Ansprüche auf das bestehende Vertragsverhältnis und das Schicksal der Anwendung ergeben.

I. Verschulden bei Vertragsschluss

1034 **– Begriff**

Als **Verschulden bei Vertragsschluss** oder **Verschulden bei Vertragsverhandlungen** (culpa in contrahendo, c. i. c.) bezeichnet man ein haftungsbegründendes Rechtsverhältnis **vor** Vertragsschluss, das aus in Anspruch genommenem Vertrauen bei Vertragsverhandlungen entsteht[1] und mittlerweile gewohnheitsrechtlich anerkannt ist[2]. Culpa in contrahendo begründet eine Haftung für „enttäuschtes" Vertrauen.[3] Ohne Annahme einer vorvertraglichen Haftung würde nur Haftung aus Deliktsrecht eingreifen, die aber keine ausreichende Regelung der Fälle fahrlässiger Vermögensschädigungen enthält[4], während c. i. c. eine vertragsgleiche Haftung für Vorsatz wie für Fahrlässigkeit einführt und damit das allgemeine Haftungsrisiko (aus Deliktsrecht) deutlich erhöht.

1035 **– Entstehen der Haftung**

Bereits mit dem Anbahnen von Vertragsgesprächen und aus diesem übernehmen die jeweiligen Partner (also auch etwa Interessenten auf der Kundenseite) Sorgfalts-, Fürsorge- und Obhuts-, aber auch Aufklärungs- und Beratungspflichten.[5] Die Anbahnung begründet **aus sozialtypischem Verhalten** einen vertragsähnlichen Haftungstatbestand, der Schutz-, Erhaltungs- und Loyalitätspflichten umfasst.[6] Zu letzteren gehören insbesondere Aufklärungs-, Beratungs- und sonstige Hinweispflichten (s. näher Rn. 200) ebenso Verkehrssicherungspflichten[7] bezüglich der Rechtsgüter des Anwenders (etwa bei Installation oder Reparatur von Systemen bezüglich sonstiger Systeme des Kunden, die nicht beschädigt werden dürfen, z. B. durch falsche Stromanschlüsse).

1036 Vorausgesetzt wird ein Verhalten, das auf einen Vertragsabschluss oder die Anbahnung von Geschäftskontakten abzielt, ohne dass es zu einem Vertragsabschluss kommen muss.[8] Der bloße Besuch von Verkaufsräumen genügt hingegen nicht[9], da er doch keinen Fall gesteigerter sozialer Kontakte[10] darstellt. Gleiches gilt etwa für Messebesuche oder Besuche in „Showrooms".

---

[1] BGHZ 60, 226; BGH, NJW 1981, 1035.
[2] BGH, NJW 1979, 1983
[3] So ausdrücklich BGH, NJW 1981, 1035.
[4] Vgl. Palandt/Heinrichs, § 276 Rn. 67.
[5] Vgl. bereits RGZ 95, 58; 120, 251; 162, 156; BGHZ 6, 333; 66, 54.
[6] Vgl. Larenz I, 110.
[7] Siehe etwa BGHZ 66, 51 (Bananenschale im Verkaufsraum).
[8] Palandt/Heinrichs, § 276 Rn. 66.
[9] BGHZ 66, 54.
[10] Dölle, ZStaatsW 43, 67.

Vorvertragliche Haftung führt aber zu keinem Zwang zum Vertragsabschluss: Allein das Aufnehmen von Vertragsverhandlungen begründet noch keine Verpflichtung, einen **Vertrag** auch tatsächlich **abschließen zu müssen**, ebenso wenig der Abbruch der Verhandlungen eine korrespondierende Ersatzpflicht, es sei denn, eine Seite hat den Eindruck hervorgerufen, es werde sicher zu einem Abschluss kommen (s. unten Rn. 1037). Eine Haftung dafür, dass es überhaupt zum Vertragsabschluss selbst kommt, trifft keine der beiden verhandelnden Seiten, auch nicht für besondere Aufwendungen im Hinblick auf diesen Vertragsabschluss.[11] Jeder an Vertragsverhandlungen Beteiligte bleibt also frei, doch vom Vertragsschluss Abstand zu nehmen, ohne dies irgendwie begründen zu müssen. Werden also etwa bei größeren Projekten Angebote Dritter nur zu Vergleichszwecken eingeholt und mit diesen u. U. auch Verhandlungen geführt, um bei dem in Aussicht genommenen Anbieter Preisreduzierungen zu erreichen, oder wird sogar ein Anbieter im Hause des präsumptiven Kunden für angebotsbezogene Voranalysen tätig, so begründet dieses Vorgehen als solches weder einen Anspruch des Dritten auf Vertragsabschluss noch auf nur c.i.c.-Haftung des Kunden. Vielmehr nutzt der Kunde grundsätzlich nur bestehende Wettbewerbsverhältnisse, um sich für seine Erwerbsentscheidung sachkundig zu machen. Dies ist Anbietern auch grundsätzlich bekannt. Der Kunde ist außerdem in der Verwendung der Ergebnisse, soweit sie in das Angebot aufgenommen werden, frei.

Ein **Abbruch von Vertragsverhandlungen** (etwa über ein EDV-Projekt) 1037 begründet nur dann Haftung, wenn der andere Teil in zurechenbarer Weise auf das Zustandekommen vertrauen durfte und der Abbruch ohne triftigen Grund erfolgt. Dies gilt auch dann, wenn der Abbrechende das Vertrauen auf das Zustandekommen ohne Verschulden erweckt hat.[12]

Wenn der andere Teil sich ausgerechnet hat, der Vertrag werde zustande kommen, und aus diesem Grund etwa Aufwendungen getätigt hat, so ist dies seine Sache. Auch wenn der andere Teil von diesen Aufwendungen weiß (etwa für Verkaufspräsentationen), begründet das nicht etwa eine Haftung aus Verschulden bei Vertragsschluss. Erweckt aber der eine Teil durch sein Verhalten bei dem anderen Teil das berechtigte **Vertrauen, dass es mit Sicherheit zum Abschluss des Vertrages kommen werde**, so geht er damit eine Bindung ein, die zwar schwächer ist als der Abschluss des Vertrages selbst, die es aber rechtfertigt, ihn wegen eines Verschuldens

---

[11] BGH, NJW 1967, 2199.
[12] BGHZ 71, 395; BGH, NJW 1975, 1774.

bei den Vertragsverhandlungen haften zu lassen, wenn er vom Vertragsschluss dann doch ohne triftigen Grund Abstand nimmt. Der Grund für diese Haftung liegt im schuldhaften Zuwiderhandeln gegen die durch das eigene Verhalten hervorgerufene Bindung.[13] Ersatzfähig sind aber wohl nur im Hinblick auf dieses Verhalten getätigte besondere Investitionen, nicht jedoch solche, die gegenüber jedem Interessenten eingesetzt werden (etwa für Mailing-Aktionen).

1038 Dem Anbieter obliegen bereits mit der **Aufnahme von Vertragsverhandlungen** Aufklärungspflichten, insbesondere bezüglich solcher Umstände, die den Vertragszweck vereiteln können[14] und die nur dem Anbieter bekannt sind.[15] Dies gilt für jede Form möglicher EDV-Verträge,[16] also etwa auch für Auftragsausschreibungen.

Haftung aus c.i.c. kann nur **bis zum Zeitpunkt des Vertragsabschlusses** begründet werden; anschließend haftet der Anbieter entweder aus positiver Vertragsverletzung oder (sachmängelbezogen) aus Gewährleistung. Entscheidend ist also, ob ein Vertrag abgeschlossen wurde. Die Erteilung des „Auftrags über die Lieferung eines Programmpakets nebst Einweisung" führt dann nicht zum Vertragsschluss, wenn sie unter dem Vorbehalt einer Finanzierung durch ein Leasinggeschäft erklärt wird und ein Leasingvertrag nicht zustande kommt; jedoch muss die vor dem Scheitern des Leasinggeschäftes bereits durchgeführte Einweisung vergütet werden.[17] Bestellt der Kunde beim EDV-Lieferanten ein Computersystem und gehen beide Parteien davon aus, dass das System durch Einschaltung einer Leasinggesellschaft finanziert werden soll, kommt kein Kaufvertrag zustande, wenn die Einschaltung der Leasinggesellschaft misslingt.[18]

1039 (Öffentliche) **Ausschreibungen** begründen als solche bereits ein vertragsähnliches Vertrauensverhältnis, das zur gegenseitigen Rücksichtnahme und Loyalität verpflichtet.[19] Dieses Vertrauensverhältnis beinhaltet noch keinen Bindungswillen, gegenüber einem bestimmten Anbieter die Annahme von dessen Angebot zu erklären, wohl aber die Verpflichtung, allen Anbietern gleiche Chancen einzuräumen. Nicht aus sachlichen Gründen zu rechtfertigende Bevorzugung eines Bewerbers unter Über-

---

[13] Zu diesen Grundsätzen siehe OLG Hamm, Urteil vom 5. 5. 1982 – 19 U 201/81, DV-R 2, 140, 143 unter Hinweis etwa auf BGH, NJW 1975, 43 und 1774 sowie BGH, WM 1977, 619.
[14] BGH, NJW 1985, 1769
[15] Siehe näher zu diesen Aufklärungs- und Beratungspflichten Rn. 200.
[16] Emmerich, 140.
[17] LG München I, Urteil vom 18. 2. 1987 – 8 HKO 14041/86 (SK), MRC 1987, 42.
[18] LG München I, Urteil vom 27. 4. 1987 – 8 HKO 2070/87, MRC 1987, 43.
[19] BGHZ 49, 79; 60, 223.

schreitung eines Beurteilungsspielraumes kann schadensersatzpflichtig machen,[20] ebenso die zu Unrecht erfolgende Aufhebung der Ausschreibung[21] oder der rechtswidrige Ausschluss eines Bewerbers[22] – freilich jeweils nur, wenn der betroffene Bewerber nachweist, dass er den Auftrag bei ordnungsgemäßer Abwicklung erhalten hätte.[23] Diese – inzwischen durch EU-Recht erweiterte – Haftungskomponente von Ausschreibungen wird in der Praxis nicht immer ausreichend beachtet. Sie greift aber nicht schon dann ein, wenn ein Anwender einfach nur verschiedene Angebote einholt, sofern hier bei den Anbietern nicht der Eindruck entsteht, dass mit einem Vertragsabschluss gerechnet werden darf und bestimmte Verfahren bei der Angebotsbeurteilung eingehalten werden.

Im Einzelfall kann ein Anbieter, der den Kunden bei der Auswahl von Fremdkomponenten und den Verhandlungen mit den entsprechenden Drittanbietern unterstützt, einer intensivierten **Sachwalterhaftung** unterliegen, wobei es genügt, dass der Anbieter den Eindruck erweckt, bei Vertragsverhandlungen behilflich zu sein.[24] Anbieter können hier bereits im Stadium der Vertragsverhandlungen durch entsprechende Aussagen schnell in eine der Generalunternehmerstellung zumindest angenäherte Haftung oder sogar in einen konkludent abgeschlossenen Generalunternehmervertrag geraten.

Die Haftung aus c.i.c. umfasst schließlich auch **Schutzpflichten** des Anbieters etwa gegenüber Kunden in den Verkaufsräumen. Diese und Geräte in ihnen sind entsprechend abzusichern (etwa hinsichtlich stromführender Teile oder Leitungen).[25] Diese Schutzpflichten ergeben sich gegenüber dem Interessenten aus vorvertraglicher Haftung, gegenüber sonstigen Dritten (etwa Passanten) aus deliktischer Verkehrsicherungspflicht.

– Ersatzfähiger Schaden   1040

Ersatzfähig ist bei Verletzung von Loyalitätspflichten (etwa Falschberatung) nur der **Vertrauensschaden** (auch „negatives Interesse" genannt: Der Kunde ist so zu stellen, als sei der Vertrag nicht zustande gekom-

---

[20] BGH, NJW 1985, 1466; OLG Düsseldorf, NJW-RR 1990, 1046.

[21] BGH, NJW 1981, 1673.

[22] BG, NJW 1983, 442.

[23] BGH, NJW 1985, 1466; OLG Düsseldorf, NJW-RR 1990, 1046.

[24] BGHZ 56, 81; Z 70, 337.

[25] Zu diesen Schutzpflichten s. allg. BGH, NJW 1962, 32 (Verkaufsräume), BGH, NJW 1962, 32 (Bananenschale), BGH, BB 1986, 1185 (Fußbodenbelag); auch für Begleitpersonen (potentieller) Kunden besteht diese Haftung (BGHZ 66, 55).

men).[26] Hierzu gehören alle Aufwendungen, die im Vertrauen auf die Wirksamkeit des – rückabzuwickelnden – Vertrages gemacht wurden, außerdem Nachteile aus dem Umstand, dass der Geschädigte ein mögliches anderes Geschäft nicht abgeschlossen hat.[27] Entgangener Gewinn ist insoweit ersatzfähig, als er erzielt worden wäre, wenn der Geschädigte die Unwirksamkeit des Vertrages gekannt hätte (und etwa einen anderen Abschluss getätigt hätte), nicht jedoch der Gewinn bei Durchführung des Geschäftes.

1041 Führt das schuldhafte Verhalten hingegen dazu, dass der Vertrag nicht zustande kommt, haftet der Anbieter auf das **Erfüllungsinteresse** (auch „positives Interesse" genannt: Der Kunde muss so gestellt werden, als sei der Vertrag zustande gekommen). Ersatzfähig ist hier grundsätzlich auch entgangener Gewinn. Ist der Vertrag (wirtschaftlich oder technisch) nur schwer (oder gar nicht mehr) rückabzuwickeln, kann der Kunde am Vertrag festhalten, muss jedoch den hinsichtlich der Sachlage überzahlten Betrag um seine eigene Leistung summenmäßig mindern.[28] Dieser Ansatz gewinnt besonders bei größeren Projekten (etwa Betriebsumstellung oder Einführung neuer Software) Bedeutung. Bei Verletzung einer **Schutzpflicht** (etwa Körperschaden des Kunden bei Vorführung eines elektrisch unsicheren Rechners) ist der gesamte aus der jeweiligen Verletzung entstandene Schaden zu ersetzen (Erhaltungsinteresse).

Ersatz ist grundsätzlich durch „**Naturalherstellung**" zu leisten (§ 249 Satz 1 BGB). Dies bedeutet schlicht, dass eine defekte Sache repariert oder ein Ersatzgerät beschafft werden muss. Geldersatz ist nur dann zu leisten, wenn Naturalherstellung mit unverhältnismäßigen Aufwendungen verbunden wäre (§ 251 Abs. 2 BGB). Beschädigt der Anbieter also z. B.

---

[26] Im BGB sind bekanntlich drei Fälle der Ersatzpflichtigkeit des negativen Interesses geregelt, nämlich bei Anfechtung einer Willenserklärung (§ 122 Abs. 1 BGB, Ersatzpflichtigkeit des Schadens, der durch das Vertrauen auf die Gültigkeit der Erklärung erlitten wird, jedoch nicht über den Betrag des Interesses hinaus, das an der Gültigkeit der Erklärung bestand), Mangel der Vertretungsmacht (§ 179 Abs. 2 BGB, Ersatzfähigkeit desjenigen Schadens, welchen der andere Teil dadurch erleidet, dass er auf die Vertretungsmacht vertraut, jedoch nicht über den Betrag des Interesses hinaus, welches der andere Teil an der Wirksamkeit des Vertrags hat) und, in ausdrücklicher Definition, die Haftung aus bei Vertragsabschluss bestehender Unmöglichkeit der Leistung (§ 307 BGB, erlittener Schaden durch Vertrauen auf Gültigkeit des Vertrages, jedoch nicht über den Betrag des Interesses hinaus, welches der andere Teil an der Gültigkeit des Vertrages hat). Die Vorbehaltsregelung in den genannten Fällen bedeutet, dass keine Ersatzpflicht besteht, wenn die Vertragsdurchführung dem Ersatzberechtigten keine Vermögensvorteile gebracht hätte. Erfasst werden aber Nachteile aus dem Nichtzustandekommen eines möglichen anderen Geschäftes (allg. s. BGH, NJW 1984, 1950). Haftung aus c.i.c. erfasst demgegenüber auch das positive Interesse, das auch entgangenen Gewinn umfasst (s. unten Rn. 1041).

[27] BGH, NJW 1988, 2234, 2236.

[28] BGHZ 63, 53; BGH, NJW 1981, 1035.

bei einer getrennt in Auftrag gegebenen Rechnerreparatur die bis dahin funktionsfähige Festplatte, muss er sie reparieren (lassen) oder austauschen und funktionsfähig einrichten, um den vorherigen (schadensfreien) Zustand wieder herzustellen, ersatzweise hingegen den kundenseitigen Erwerb einer Festplatte finanzieren.

– **Verhältnis von vorvertraglicher Haftung zur Haftung aus Vertrag**   1042
Vorvertragliche Haftung geht in eigentlich vertragliche Haftung über, wenn der Vertrag zustande kommt. Hier wird dann auf Vertragserfüllung bzw. aus positiver Vertragsverletzung (s. Rn. 1100) oder Gewährleistung (s. u.) gehaftet.

Vorvertragliche Haftung bleibt allerdings bestehen, soweit es zu diesem Vertragsschluss selbst nur aufgrund einer pflichtwidrigen Einwirkung auf die Willensbildung des Verhandlungspartners[29] gekommen ist. Neben arglistiger Täuschung oder Drohung[30] ist im vorliegenden Zusammenhang vor allem an eine **Verletzung von Aufklärungspflichten** zu denken, ohne die es nicht zum Abschluss des Vertrages gekommen wäre.[31] C.i.c.-Haftung kann entstehen, wenn der Anbieter als selbstverständlich besprochene Sonderwünsche nicht in die schriftliche Vertragsurkunde aufnimmt und diese nicht Vertragsinhalt werden.[32]

– **Haftung neben kaufrechtlicher Gewährleistung/Zusicherungshaf-**   1043
   tung
Bezieht sich ein Verschulden des Anbieters auf Fehler der Kaufsache, verdrängen die **Gewährleistungsvorschriften** der §§ 459 ff. BGB die Haftung aus c.i.c.[33] Gleiches gilt für werkvertragliche[34] und mietvertragliche[35] Gewährleistung. Aus Gewährleistung ist also etwa für unrichtige Informationen über Eigenschaften der Kaufsache zu haften.[36] Für alle sonstigen Fehlinformationen begründet sich die Haftung hingegen aus c. i. c., etwa auch für aufgrund mangelnder Aufklärung erfolgte Dateneingaben und den Aufwand hierfür.[37] Eine **Ausnahme** gilt für **Rechtsmängelhaftung**, die neben c.i.c.-Haftung bestehen kann.[38]

---

[29] Palandt/Heinrichs, § 276 Rn. 68; LG Kiel, Urteil vom 26. 3. 1984 – 2 O 192/87, DV-R 3, 217 ff.
[30] Siehe etwa BGH, NJW 1979, 1983.
[31] Zur Beratungshaftung s. näher Teil I.
[32] BGH, CR 1991, 86.
[33] BGHZ 60, 319 und Z 88, 134; BGH, NJW-RR 1988, 136.
[34] BGH, Urteil vom 15. 5. 1990 – X ZR 128/88, DB 1976, 958
[35] BGH, NJW 1980, 777.
[36] BGH, NJW-RR 1990, 79 und 971.
[37] LG Münster, Urteil vom 13. 2. 1991 – 1 S 383/90, CR 1991, 665.
[38] BGH, Urteil vom 11. 10. 1991 – V ZR 159/90, NJW-RR 1992, 91 unter Bezugnahme auf BGH, NJW 1976, 236, NJW 1985, 2697 und NJW 1991, 2700.

Die Abgrenzung beider Haftungsbereiche kann nur im Einzelfall erfolgen. So kann die Beratung und Beschreibung der Kaufsache anlässlich einer Vorführung insbesondere bei technisch komplizierten Geräten eine selbständige vertragliche Verpflichtung (aus eigenständigem Beratungsvertrag) oder eine Nebenpflicht aus dem Kaufvertrag darstellen und die Haftung aus Verschulden bei Vertragsschluss von den Gewährleistungsbestimmungen unberührt bleiben.[39] Die Verletzung einer **zusätzlichen** Aufklärungs- und Beratungspflicht kann freilich auch dann c.i.c.-Haftung begründen, wenn sich der Inhalt des erteilten Rates auf Eigenschaften der Kaufsache bezieht.[40]

1044 Auch die **Zusicherungshaftung** aus § 463 Satz 1 BGB hat Vorrang vor der Haftung aus c.i.c.[41] Soweit der Anbieter als Verkäufer den Anwender als Käufer über Eigenschaften der Kaufsache mangelhaft aufklärt, bestimmt sich seine Haftung nach den engen Voraussetzungen des § 463 Satz 2 BGB, für die das Vorliegen von Arglist erforderlich ist und Fahrlässigkeit nicht genügt.[42] Mangelhafte Aufklärung über **andere Umstände** führt hingegen zur vollen allgemeinen Haftung, ebenso für **ausdrückliche Ratserteilung**[43] oder ein Handeln des Anbieters als **Sachwalter** des Kunden.

1045 **– Rechtsfolgen**
Soweit das Verschulden bei Vertragsschluss dazu führt, dass der Vertragspartner an den Vertrag gebunden ist, kann der Kunde entweder gemäß § 249 BGB Rückabwicklung verlangen oder am Vertrag festhalten und die Herabsetzung der geschuldeten Vergütung und Rückzahlung der (eventuell bereits geleisteten) Überzahlung fordern.[44] Die zweite Möglichkeit wird der Kunde freilich nur dann wählen, wenn er noch ein wirtschaftliches Interesse daran hat, die Programme bzw. das System zu behalten. (Zur Verjährung s. näher Rn. 1351.)

1046 **– Umfang des Schadensersatzanspruchs**
Der Geschädigte kann grundsätzlich verlangen, so gestellt zu werden, wie er ohne das schädigende Verhalten des anderen Teils gestanden hätte.[45] Zu denken ist z. B. an eine irrige Auskunft, die Erweiterbarkeit eines Systems

---

[39] LG München, Urteil vom 22. 2. 1977 – 10 O 12140/76, DV-R 1, 45.
[40] Siehe etwa BGH, NJW-RR 1990, 1301 f.
[41] BGH, NJW-RR 1988, 10; BGH, NJW 1991,1223 bei Fehlen der Zusicherung.
[42] BGH ständig, s. etwa BGH, WM 1976, 74 und 1984, 1093.
[43] Siehe etwa BGH, WM 1984, 1093.
[44] BGHZ 69, 56; BGH, NJW 1980, 2408 und 1981, 1035, 2050.
[45] BGH, NJW 1981, 1763.

sei nicht gegeben, aufgrund derer ein Anwender ein an sich für ihn vorteilhaftes, weil preisgünstigeres System nicht gekauft hat. Der Ersatz des hieraus entstehenden Vertrauensschadens erstreckt sich auf das Erfüllungsinteresse (entgangener Gewinn), wenn das Geschäft ohne das Verschulden bei Vertragsschluss mit dem vom Geschädigten erstrebten Inhalt wirksam zustande gekommen wäre.[46] Die Verletzung einer Aufklärungspflicht des Anbieters kann zu Ansprüchen auf Ersatz der Aufwendungen des Kunden für vergebliche Dateneingaben führen.[47]

Checkliste: Verschulden bei Vertragsschluss   1047
– Entstehen eines gesetzlichen Schuldverhältnisses durch tatsächliche Aufnahme eines rechtsgeschäftlichen Kontaktes;
– kein Eingreifen vorrangiger Vorschriften, wie §§ 307, 459 ff. BGB;
– Pflichtverletzung, also Verletzung einer vorvertraglichen Verhaltenspflicht (insbesondere Aufklärungs-, Fürsorge-, Hinweis-, Schutz-, Loyalitäts- und Warnpflicht);
– Rechtswidrigkeit;
– Vertretenmüssen durch den Pflichtigen (§§ 276, 278 BGB);
– Der Geschädigte ist so zu stellen, wie er ohne das schädigende Verhalten stünde.[48] Ersatz des Integritätsinteresses bei Schäden an Körper, Eigentum der anderen Rechtsgütern. Ersatz des Vertrauensschadens bei vergeblichen Aufwendungen;
– verkürzte Verjährungsfrist bei Bezug auf Sachmängel.

2. Leistungsverzug

2.1 Grundlagen

– Begriff   1048
Verzug lässt sich als **zeitweilige Nichtleistung einer Vertragspartei** verstehen bzw. als obligationswidrige Verzögerung der Leistung.[49] Auf den Kunden wirkt sich Anbieterverzug in der Regel so aus, als würde – jedenfalls für die Dauer des Verzugs – vom Anbieter überhaupt nicht geleistet. In Verzug geraten kann der Anbieter mit der Lieferung von Produkten, z. B. einem Update, oder mit der Nichterbringung von anderen Leistun-

---

[46] BGH, NJW 1965, 113.
[47] LG Münster, Urteil vom 13. 2. 1991 – 1 S 383/90, CR 1991, 665.
[48] Allg. s. BGH, NJW 1981, 1673.
[49] Larenz I, § 23 I.

gen, etwa der Implementierung einer angelieferten Software. Ein derartiger teilweiser Leistungsverzug kann im Ergebnis dazu führen, dass der Kunde die gesamte Leistung nicht nutzen kann.

1049 **Checkliste:**
Um bei Vorliegen von Verzug Ersatzansprüche geltend machen zu können, muss
 – ein Anspruch des Gläubigers bestehen;
 – Fälligkeit eingetreten sein;
 – Nichtleistung des Schuldners erfolgt sein (wobei die Leistung aber nicht unmöglich ist);
 – der Kunde den Anbieter nach Eintritt der Fälligkeit der Leistung gemahnt (§ 284 Abs. 1 BGB; Ausnahme: Kalenderbestimmtheit, § 284 Abs. 2 BGB), also zur Leistung aufgefordert und der Schuldner wiederum keine Leistung erbracht haben;
 – der Gläubiger alle im Mahnungszeitpunkt erforderlichen Mitwirkungshandlungen erbracht haben[50] und Verschulden des Anbieters vorliegen (§ 285 BGB).

1050 Die **Mahnung** ist **entbehrlich**, wenn der Leistungstermin kalendermäßig bestimmt ist (§ 284 Abs. 2 Satz 1 BGB)[51] oder wenn der Schuldner (Anbieter) seine jeweils geschuldete Leistung ernstlich und endgültig verweigert.[52]

Verzug tritt nicht ein, wenn der Gläubiger eine **notwendige Mitwirkung** unterlassen hat.[53] So kann die Nichtübergabe benötigter Teile eines Pflichtenheftes durch den Kunden eine derartige unterbliebene Mitwirkung darstellen, die zu kundenseitigem Annahmeverzug führt (§§ 295, 293 BGB) und als Gläubigerverzug kein Verschulden des Kunden voraussetzt.[54] Die Voraussetzungen des § 326 Abs. 1 BGB sind auch dann nicht erfüllt, wenn der Gläubiger die Entgegennahme der Leistung verweigert, obwohl die von ihm selbst gesetzte Nachfrist noch nicht abgelaufen ist.[55]

1051 Temporäre oder dauerhafte Zahlungsunfähigkeit des Anbieters schließt dessen Verschulden nicht aus, wohl aber etwa **Erkrankung** (wenn der Anbieter eine Leistung in Person zu erbringen hat), „höhere Gewalt" wie

---

[50] Siehe BGH, DB 1971, 2155; BGH, WM 1985, 949.
[51] „Kalendermäßig bestimmt" im Sinne von § 284 Abs. 2 Satz 1 BGB ist eine Leistung, wenn ein Kalendertag unmittelbar oder wenigstens mittelbar bezeichnet ist.
[52] Siehe etwa BGHZ 2, 310, 312; BGHZ 65, 372, 377; BGH, NJW 1985, 486, 488.
[53] BGH, Urteil vom 23. 1. 1996 – X ZR 105/93, CR 1996, 467.
[54] BGH, Urteil vom 28. 6. 1994 – X ZR 95/92, NJW-RR 1994,1469 unter Hinweis auf BGHZ 24, 91, 96; BGH, NJW-RR 1988, 1265, so dass nach ausdrücklicher Aussage des BGH „auch ein Irrtum des Kunden über die Rechtslage unbeachtlich ist".
[55] OLG München, Urteil vom 1. 7. 1992 – 7 U 5682/91, MRC 1992, 4.

Verkehrsstockungen, Streiks etc., Irrtum über Bestehen einer Leistungspflicht bei Anwendung der erforderlichen Sorgfalt.[56] Der Gläubiger
(Kunde) ist für das Vorliegen eines Verschuldens beweispflichtig.

Ein Ersatzanspruch aus § 326 Abs. 1 BGB setzt zudem voraus, dass sich
der Schuldner mit einer **Hauptleistung** (etwa der Anbieter mit einer
Erstellungsleistung) in Verzug befindet[57] und sich der Vertragspartner vertragstreu verhält[58], also notwendige Vorleistungen erbracht und Mitwirkungspflichten nicht verletzt hat.[59]

Zu den notwendigen Mitwirkungshandlungen des Gläubigers (Kunden) kann
auch eine **Tätigkeit Dritter** gehören: Ein Softwarelieferant gerät trotz Nichtlieferung eines Computerprogramms zu einem vereinbarten Termin jedenfalls ohne Aufforderung dann nicht in Verzug, wenn zunächst Programme
eines Dritten lauffähig gemacht werden sollten und sich dies verzögert.[60]

Lieferverzug tritt in der Praxis recht häufig auf. Man darf hierbei nicht nur   1052
an die verzögerte Lieferung kompletter Systeme denken, sondern auch an
die verspätete Lieferung einzelner Komponenten oder angekündigter
neuer Programmversionen, ebenso an die Verzögerung einer Installation
oder Einweisung. Zu prüfen ist also, ob der Anbieter mit seiner jeweiligen
Hauptleistungspflicht oder mit seiner Verpflichtung zu Nebenleistungen in
Verzug geraten ist. Werden bestimmte einzelne Komponenten eines
Systems nicht ausgeliefert, liegt insoweit nicht Mangelhaftigkeit der ausgelieferten Komponenten, sondern **teilweise Nichterfüllung** vor.[61]

Auch mit **Teilleistungen** kann der Anbieter in Verzug geraten. Teilverzug
liegt hier bereits dann vor, wenn ein wichtiger Programmteil fehlt oder die
vereinbarte Dokumentation.[62] Keine Rolle spielt, dass der Programmieraufwand für diesen Programmteil klein ist (etwa nur bei 10 % liegt).[63]

Verzug kann freilich auch bei vereinbarten **Nebenleistungen** wie der   1053
Durchführung der Installation, der Funktionsprüfung oder der Einweisung
eintreten. Jede dieser Verletzungen einer Nebenpflicht kann den gesamten

---

[56] Siehe etwa BGH, NJW 1951, 398; NJW 1957, 1759; NJW 1970, 463.
[57] BGH, Urteil vom 24. 9. 1991 – X ZR 85/90, WM 1992, 34 – ZKS, unter Bezugnahme auf BGH,
     BGB § 326 Abs. 1 – Einreden 1; BGH, WM 1972, 245 (mit dem Hinweis, dass bei Fehlen der
     Vereinbarung der Pflichtenhefterstellung nur eine Leistung „bei mittlerem Ausführungsstand"
     nach dem Stand der Technik geschuldet sei).
[58] Neudeutsch: „clean hands" (Palandt/Heinrichs, § 326 Rn. 10).
[59] OLG Köln, Urteil vom 31. 1. 1992 – 19 U 114/91, BB Beil. 3, 1993, 9.
[60] OLG Köln, Urteil vom 12. 3. 1993 – 19 U 211/92, MRC 1993, 10.
[61] OLG Düsseldorf, Urteil vom 15. 4. 1988 – 16 U 262/87, MRC 1988, 6.
[62] OLG Düsseldorf, Urteil vom 5. 7. 1991 – 22 U 48/91, NJW 1992, 951.
[63] OLG Stuttgart, Urteil vom 30. 11. 1988 – 6 U 82/88, CR 1990, 38.

Leistungserfolg gefährden, wenn sie dazu führt, dass der Kunde zum vereinbarten Zeitpunkt nicht mit der Systemnutzung beginnen kann. Wesentlich ist also, ob die Folgen des Verzuges über die betroffene Nebenleistung hinausgehen.

Schließen die Vertragsparteien etwa einen Vertrag über die Einrichtung einer Mehrplatzanlage und übernimmt der Anbieter dabei auch die vertragliche Verpflichtung, vorhandene „Altprogramme" auf ein Unterverzeichnis zu kopieren, so müssen die Programme von dort aufrufbar und benutzbar sein. Unternimmt der Anbieter innerhalb der ihm gesetzten Fristen keine zumutbaren Anstrengungen, dieses Ergebnis herbeizuführen, so kann der Besteller vom gesamten Vertrag jedenfalls dann zurücktreten, wenn die Altprogramme nicht nur vorübergehend weitergenutzt werden sollten und es sich um Programme handelte, die für den Betrieb des Bestellers von Bedeutung sind.[64]

1054 **Verzug** beginnt mit Zugang der Mahnung bzw. mit Ablauf des kalendarisch bestimmten Leistungstermins (§ 284 Abs. l BGB) und endet erst mit der vollständigen Leistungserbringung, also etwa mit der Lieferung und Implementierung der vereinbarten Software bzw. mit der außerdem geschuldeten Umstellung des Betriebs auf eine neue Anwendung. „Bestimmt" ist ein auf einen **Zeitpunkt** bezogener Leistungstermin. Soll zum Jahreswechsel geliefert werden, tritt Lieferverzug ab Anfang des neuen Jahres ohne Mahnung ein.[65] Dies gilt insbesondere für Umstellungen des Systemdatums bis Ende 1999 zum 1. 1. 2000 – wobei aber erfahrungsgemäß schon aufgrund notwendiger Tests die Umstellung deutlich früher erfolgreich hätte abgeschlossen sein sollen.

Das Verlangen nach umgehender Leistung stellt nur eine Mahnung dar, die freilich Verzug begründet, reicht jedoch weder für die Rücktrittsvoraussetzungen nach § 326 Abs. l BGB noch für die werkvertragliche Wandlung; vielmehr muss hier Frist mit Angabe eines bestimmten Zeitpunktes gleichgesetzt werden, zu dem die angeforderte Handlung erbracht werden soll.[66]

1055 Hält der Anbieter bei einem **Fixgeschäft**, bei dem eine Leistungszeit genau (also auf den jeweiligen Tag genau) bestimmt ist[67], den Termin nicht ein, kann der Kunde als Gläubiger auch dann vom Vertrag zurücktreten (vgl. § 361 BGB, relatives bzw. „eigentliches" Fixgeschäft), wenn die

---

[64] OLG Köln, Urteil vom 11. 12. 1992 – 19 U 244/91, CR 1993, 278 = NJW-RR 1993, 1389.
[65] OLG Hamm, Urteil vom 28. 11. 1990 – 31 U 124/89, CR 1991, 413.
[66] OLG Celle, Urteil vom 26. 5. 1994 – 13 U 4/94, CR 1995, 23.
[67] Das Geschäft also mit der Termineinhaltung stehen oder fallen soll, OLG Düsseldorf, Urteil vom 20. 1. 1995 – 22 U 160/94, CR 1995, 268.

Leistungserbringung noch möglich wäre. Ist die Leistung nach den Umständen des Einzelfalles nicht nachholbar und wird sie deshalb mit Ablauf des Termins unmöglich, gelten die Rechtsfolgen aus den §§ 275, 280, 323 ff. BGB, so dass der Anbieter bei Vertretenmüssen dem Kunden Ersatz zu leisten hat (vgl. § 280 BGB). Geringe Fristüberschreitungen – insbesondere mit nur kleinen Leistungsteilen – begründen aber nicht „automatisch" eine Rücktrittsberechtigung.[68] Für die Vereinbarung eines eigentlichen Fixgeschäftes genügt es, dass der Kunde dem Anbieter eine Auftragsbestätigung mit „fixem" Liefertermin faxt und der Anbieter nicht widerspricht.[69]

Vereinbaren der Anbieter eines Systems aus Hardware und Software für den Einsatz in Arztpraxen und der Kunde als „gewünschten Liefertermin" den Anfang einer bestimmten Kalenderwoche des Jahres, so liegt kein Fixgeschäft vor. Für die Annahme eines Fixgeschäftes muss die Einhaltung der Leistungszeit nach dem Parteiwillen derart wesentlich sein, dass mit der zeitgerechten Leistung, also der Termineinhaltung, das Geschäft stehen oder fallen soll.[70]

Notwendig ist damit eine **konkrete Abrede**, an welchem Tag die Anlage installiert und an welchem die Schulung durchgeführt werden soll.[71]

Faxt der Käufer bei einem spekulativen Geschäft (Lieferung von 12 000 Modulen), bei dem es für beide Seiten erkennbar auf schnelle Lieferung ankommt, dem Verkäufer eine Auftragsbestätigung und nennt er darin einen „fixen" Liefertermin, so muss der Verkäufer unverzüglich widersprechen, will er den Termin nicht gegen sich gelten lassen (zumindest dann, wenn der Verkäufer in telefonischen Vertragsverhandlungen ein bestimmtes Datum genannt hat, an dem er seinerseits mit der Ankunft der Ware rechnet, und wenn der danach mögliche Liefertermin und der vom Käufer bestätigte fixe Termin mit diesem Datum übereinstimmt).[72]

Schadensersatz kann der Kunde vom Anbieter auch nach Zugang der Mahnung und Verzugseintritt nicht in jedem Fall, sondern nur dann verlangen, wenn er dem Anbieter zusätzlich eine angemessene **Leistungsfrist (Nachfrist)** setzt und ihm **gleichzeitig die Leistungsablehnung bei** 1056

[68] OLG Frankfurt/Main, Urteil vom 25. 11. 1975 – 5 U 11/75, DV-R 1, 35, 37.
[69] OLG Köln, Urteil vom 9. 8. 1995 – 19 U 57/95, CR 1996, 216.
[70] Palandt/Thomas, § 361 Rn. 2.
[71] OLG Düsseldorf, Urteil vom 20. 1. 1995 – 22 U 160/94, CR 1995, 268.
[72] OLG Köln, Urteil vom 9. 8. 1995 – 19 U 5795/94, CR 1996, 216.

Nichteinhaltung dieser Frist androht (§ 326 Abs. 1 BGB).[73] Außerdem muss der Verzug die vertragliche Hauptpflicht betreffen.[74]

„**Nachfrist**" bedeutet hier, dass der Kunde zunächst überhaupt einmal eine Leistungsfrist setzen muss, wenn diese bzw. ein Leistungstermin nicht bereits vertraglich bestimmt ist. Bei Verstreichen dieser Frist ist dann eine Nachfrist zu setzen oder ein neuer Leistungstermin zu vereinbaren.[74a] Verzug muss also eingetreten sein, bevor die Nachfrist gesetzt werden kann.[75] Zur Nachlieferung von Handbüchern für Software genügt eine Nachfrist von 12 Tagen, wenn die Erstellung der Handbücher etwa vier Wochen dauert.[76] Wurde eine Frist zu kurz bemessen, so **verlängert** sie sich auf eine angemessene Dauer. Nachfristsetzung vor Verzugseintritt löst nicht die Folgen des § 326 BGB aus.[77] Wurde kein fester Zeitplan vereinbart, kann und muss der Kunde zunächst eine angemessene Erfüllungsfrist setzen.[78] Für das Verstreichen der Nachfrist kommt es nicht auf ein Verschulden des Anbieters an.[79]

Eine **Ablehnungsandrohung** ist auch dann erforderlich, wenn die Einweisung mangelhaft erbracht wird[80], jedoch nicht wenn Software mehr als $1\frac{1}{2}$ Jahre nach dem vorgesehenen Liefertermin noch nicht läuft.[81] Die Ablehnungsandrohung ist auch mündlich möglich und damit etwa auch per E-Mail.[82] Soweit Nebenleistungen wie Beratung, Einweisung oder Einarbeitungen schlecht erfüllt werden und positive Vertragsverletzung vorliegt, steht dem Kunden in analoger Anwendung von § 326 Abs. 1 BGB ein Rücktrittsrecht grundsätzlich nur nach vorheriger Fristsetzung und Ablehnungsandrohung zu,[83] es sei denn, dass durch die positive Vertragsverletzung das Vertragsverhältnis bzw. der Vertragszweck derart gestört ist, dass dem Kunden das weitere Festhalten am Vertrag nach Treu und Glauben nicht mehr zugemutet werden kann.[84]

---

[73] Siehe etwa OLG Oldenburg, Urteil vom 30. 12. 1987 – 6 U 21/87, MRC 1987, 1 (Anspruch aus § 326 BGB besteht auch dann, wenn der Anbieter erklärt, zur Lieferung bereit zu sein, diese dann aber nicht ausführt).

[74] BGH, Urteil vom 24. 9. 1991 – X ZR 85/90, NJW-RR 1992, 556 – Zugangskontrollsystem.

[74a] BGH, Urteil vom 24. 11. 1998 – X ZR 21/96, NJW-RR 1999, 347, 348.

[75] LG Bochum, Urteil vom 27. 8. 1982 – 14 O 45/81, DV-R 2, 101 f.

[76] OLG Düsseldorf, Urteil vom 5. 7. 1991 – 22 U 48/91, CR 1991, 669.

[77] LG Bochum, Urteil vom 27. 8. 1982, a. a. O.

[78] OLG Karlsruhe, Urteil vom 4. 10. 1990 – 12 U 30/90, CR 1991, 280, 282 (den Rücktritt auf Hardware und Software erstreckend).

[79] OLG Karlsruhe, Urteil vom 4. 10. 1990, a. a. O.

[80] OLG Düsseldorf, Urteil vom 9. 6. 1989 – 16 U 209/88, CR 1990, 122.

[81] LG Karlsruhe, Urteil vom 13. 5. 1991 – 100 458/89, CR 1992, 342.

[82] OLG Karlsruhe, Urteil vom 4. 10. 1990, a. a. O.

[83] OLG Düsseldorf, Urteil vom 9. 6. 1989, a. a. O.

[84] Siehe etwa BGH, DB 1976,1956; BGH, NJW 1978, 276.

Die Aufforderung des Käufers eines Komplettsystems gegenüber dem Lieferanten, dieser möge mitteilen, wann die geschuldete Hardware und Software zur Verfügung steht, entspricht nicht den Voraussetzungen der Fristsetzung mit Ablehnungsandrohung gemäß § 326 Abs. 1 BGB.[85] Nachfristsetzung und Ablehnungsandrohung gegenüber dem Lieferanten der DV-Anlage wirkt nicht auch gegenüber dem Lieferanten der Programme.[86]

Die vom Kunden zu setzende Frist braucht sich nicht auf den Leistungsbeginn zu beziehen. Innerhalb der Frist muss die Leistung vielmehr bewirkt, d. h. vollständig erbracht werden können. Für die **Angemessenheit der zu setzenden Frist** reicht aus, dass in der Frist die Leistung zwar nicht mehr begonnen, aber jedenfalls fristgerecht beendet werden kann. Der Kunde braucht die Frist damit nicht so zu bemessen, als ob der Verkäufer mit der Leistungsbewirkung im Zeitpunkt der Fristsetzung überhaupt erst beginnen müsste. Die Frist muss vielmehr nur objektiv dafür ausreichen, die Leistung zu vollenden.[87] Eine zu kurz terminierte Frist wird (später vom prüfenden Gericht) in eine angemessene umgedeutet.[88] Anschließende Schritte des Kunden als Gläubiger sollten deshalb in einem gewissen zeitlichen Abstand nach dem Fristablauf erfolgen, damit ausreichend „Luft" bleibt, falls das Gericht die Frist noch verlängern sollte.

1057

Bei der Bemessung einer Nachfrist zur **Beseitigung von Sachmängeln** sind auf Kundenwünschen beruhende Programmänderungen und -ergänzungen zu berücksichtigen, sofern diese auf das Entstehen oder Bestehen der Sachmängel keinen wesentlichen Einfluss gehabt haben oder bei geeigneter Programmentwicklung hätten vermieden werden können.[89]

Der Kunde muss in der **Vertragspraxis** also sorgfältig prüfen: Die geschuldete Leistung darf erst dann abgelehnt und der Auftrag an eine Drittfirma weitervergeben werden, wenn eine angemessene Frist für die Vollendung der Leistungserbringung tatsächlich verstrichen ist. Hätte der Anbieter zwar nicht in der gesetzten kurzen, aber in der angemessenen Frist die Leistung (nachweislich) vollenden können, trifft ihn nicht die Kostenlast, wenn der Kunde die Leistung ablehnt oder zu höheren Kosten von einer dritten Firma das System oder Komponenten hiervon erwirbt.

---

[85] OLG Düsseldorf, Urteil vom 15. 4. 1988 – 16 U 262/87, MRC 1988, 6.
[86] OLG Frankfurt/Main, Urteil vom 17. 2. 1987 – 22 U 119/86, IuR 1987, 231.
[87] BGH, NJW 1982, 1280; OLG Koblenz, Urteil vom 28. 11. 1980 – 2 U 1076/79, DV-R 2, 61; bestätigend hierzu BGH, Urteil vom 10. 2. 1982 – XIII ZR 27/81, DV-R 2, 62ff.; OLG Düsseldorf, Urteil vom 5. 7. 1991 – 22 U 48/91, NJW-RR 1992, 951.
[88] BGH, WPM 1970, 1421.
[89] KG Berlin, Urteil vom 1. 6. 1990 – 14 U 4238/86, CR 1990, 786ff.

Fordert der Kunde den Anbieter auf, „unverzüglich" zu leisten, ist hierin nicht eine u. U. zu kurze, sondern die Setzung einer angemessenen Frist zu sehen, die dann entsprechend zu bemessen ist.[90]

1058 Die **Ablehnungsandrohung ist nicht notwendig**, wenn der Anbieter die Leistung endgültig verweigert[91] oder z. B. mehrere Mängelbeseitigungsversuche gescheitert sind. Gleiches gilt, wenn der Käufer durch den bereits eingetretenen Verzug nachweislich kein Interesse mehr an der Vertragserfüllung hat. Zu denken ist hier beispielsweise an den Zwischenhändler, der aufgrund eines starken zwischenzeitlichen Preissturzes von Hardware oder technisch überholter Software nicht mehr in der Weise wie vor Eintritt des Verzugs kalkulieren kann und folglich seiner Gewinnspanne verlustig geht.[92] Nachfristsetzung und Ablehnungsandrohung sind ebenfalls nicht erforderlich, wenn der Softwarehersteller, der sich seit längerer Zeit mit der Fertigstellung einer Individualsoftware in Verzug befindet, seine weitere Tätigkeit von einer Abschlagszahlung des Bestellers abhängig macht, die höher ist als die nach dem Vertrag vereinbarte Vergütung. Hier kann der Besteller unmittelbar nach § 326 BGB vom Werkvertrag zurücktreten. Dadurch, dass der Werkunternehmer eine nicht in dieser Höhe zu beanspruchende Abschlusszahlung geltend macht, erklärt er implizit eine endgültige Erfüllungsverweigerung, die die Einhaltung der Förmlichkeiten des § 326 BGB entbehrlich macht.[93]

Die Setzung einer Nachfrist, verbunden mit der Ablehnungsandrohung (§§ 636 Abs. 1 i. V. m. § 634 Abs. 1 BGB), ist **ausnahmsweise** dann nach § 634 Abs. 2 BGB **entbehrlich**, wenn der Unternehmer wiederholt zugesagt und abgesprochene **Termine nicht eingehalten** hat. Es ist Sache des Unternehmers darzulegen, durch welche Umstände es jeweils zu den Verzögerungen kam.[94] Für die Entbehrlichkeit einer Fristsetzung trägt der Kunde die Beweislast.[95]

1059 Die oben erläuterte „**Mechanik" der Fristsetzung und Ablehnungsandrohung** setzt eindeutig bestimmte Fristzeitpunkte voraus. Fristsetzung und Ablehnungsandrohung müssen wiederholt werden, wenn der Anbieter neue, zusätzliche Leistungen erbringen soll. Gesetzliche oder vertraglich

---

[90] RGZ 75, 357.

[91] Der Kunde braucht in diesem Fall die Nachfrist auch dann nicht zu setzen, wenn die Nachfristsetzung ausdrücklich vereinbart war (OLG Frankfurt/Main, DV-R 1, 36). Die Setzung der Nachfrist würde nur einen unnötigen Formalismus darstellen.

[92] Siehe etwa Palandt/Heinrichs, § 326 RN. 11.

[93] OLG Köln, Urteil vom 27. 10. 1995 – 19 U 59/95, CR 1996, 209.

[94] LG Oldenburg, Urteil vom 13. 4. 1989 – 11 O 3401/87, CR 1990, 201.

[95] OLG Oldenburg, Urteil vom 14. 8. 1987 – 11 U 25/87, CR 1988, 214, 216.

vereinbarte Fristen sind auch dann nicht mehr verbindlich, wenn der Kunde nachträglich zeitraubende Änderungen an dem auf die Hardware abgestimmten Programm verlangt.[96]

Ein Androhungsschreiben führt oft zu neuer Gesprächsbereitschaft des Anbieters und in vielen Fällen zu einer zumindest temporären Einigung über die Leistungserbringung bzw. Mängelbeseitigung. Was gilt in diesem Fall für die (eventuell mittlerweile bereits abgelaufene) Frist, die vom Kunden gesetzt wurde? Eine erzielte Einigung über **die Leistungserbringung hebt** den eingetretenen **Verzug und seine Rechtswirkungen nachträglich auf**, wenn nicht ein ausdrücklicher Vorbehalt erklärt wurde. Auch die Androhung, vom Vertrag zurückzutreten oder Schadensersatzansprüche geltend zu machen, verliert hier ihre Wirkung – ein oft übersehener Umstand, der zu empfindlichen Rechtsverlusten auf Kundenseite führen kann. Will der Kunde später dann doch wieder Ansprüche aus Verzug geltend machen, muss er unbedingt erneut Frist setzen und die Leistungsablehnung androhen. Zinsverluste aus der ursprünglichen Verzugsperiode können dann im Nachhinein, mangels abweichender Vereinbarung, nicht mehr geltend gemacht werden. 1060

Räumt der Kunde dem Anbieter nach einem dringenden Leistungsversprechen des Anbieters eine weitere Leistungsfrist ein, ist darin eine **Stundung** zu sehen, möglicherweise auch eine vergleichsweise Regelung bereits entstandener Kundenrechte aus Verzug. Diese Regelung kann bereits entstandene, nicht aber erfasste Ersatzansprüche zum Entfallen bringen. Hier ist deshalb besondere Vorsicht geboten.

– Rechtsfolgen 1061

Ersatzfähig ist im bestehenden Vertrag der Verzugsschaden (§ 286 Abs. 1 BGB), z. B. entgangener Gewinn aus verspätetem Nutzungsbeginn, verzögerungsbedingte Mehraufwendungen. Nach Setzung einer Nachfrist mit Ablehnungsandrohung und Fristablauf kann der Kunde (nach § 326 Abs. 1 BGB)
– vom Vertrag zurücktreten oder
– Schadensersatz wegen Nichterfüllung des Vertrages verlangen (im Rahmen von § 325 BGB).

Hat der Käufer mit der Fristsetzung und Androhung einen Rechtsanwalt beauftragt und wird die Leistung **innerhalb** der gesetzten Frist erbracht, muss dann noch der **Anbieter die Anwaltskosten tragen,** 1062

---

[96] BGH, WM 1986,1255ff.

wenn sich der Anbieter im Zeitpunkt der käuferseitigen Fristsetzung bereits im Verzug befand, d. h. nach Fälligkeitseintritt trotz Mahnung nicht leistete (§ 284 Abs. 1 BGB). Ist bereits Verzug eingetreten, darf der Anwalt nicht von sich aus eine neue Frist setzen, da hierdurch der bereits eingetretene Verzug wieder aufgehoben würde. Er kann aber eine **Zahlungsfrist** setzen und gleichzeitig betonen, dass durch diese auf die Zahlung bezogene Fristsetzung der bereits eingetretene Leistungsverzug unberührt bleibt und nach Ablauf dieser Frist Klageerhebung erfolgt.

1063 Mit Ablauf der gesetzten Frist bzw. Nachfrist geht der **vertragliche Erfüllungsanspruch des Kunden in einen Schadensersatzanspruch** über und entfällt der Erfüllungsanspruch. Gleiches gilt sinngemäß, wenn Fristsetzung bzw. Ablehnungsandrohung entbehrlich sind. Mit diesem Übergang wird der Kunde von seiner eigenen Verpflichtung zur Gegenleistung, also insbesondere von seiner eigenen Zahlungsverpflichtung, frei. Einvernehmlich können beide Seiten freilich jederzeit den Erfüllungs- wie auch den Zahlungsanspruch neu begründen.

Der Kunde kann seine Rechte aus eingetretenem Verzug nur geltend machen, soweit er selbst seinen Leistungspflichten (etwa zur Vorauszahlung) vertragsgerecht nachgekommen ist. **Unterlassene Mitwirkung** des Gläubigers **hindert Eintritt des Verzuges**[97], so etwa, wenn der Auftraggeber selbst Termine nicht einhält.[98]

Der **Anbieter** ist grundsätzlich ohne besondere Vereinbarung **nicht zu Teilleistungen berechtigt** (§ 266 BGB). Liefert er dennoch nur Leistungsteile, **gerät er** automatisch **mit dem nicht gelieferten Rest in Verzug**, wenn er den Liefertermin insoweit überschreitet. **Teilverzug** liegt etwa vor, wenn der Anbieter im Rahmen der Systemlieferung die vereinbarte Dateibeschreibung nicht liefert. Der Kunde kann hier Ersatz derjenigen Aufwendungen verlangen, die er im Hinblick auf die Lieferung der Dateibeschreibung getätigt hat oder, wenn das Programm ohne die Beschreibung nicht in vertraglich vorausgesetzter Weise genutzt werden kann, bezüglich der Software insgesamt die Rechte aus § 326 BGB geltend machen.[99]

---

[97] BGH, Urteil vom 23. 1. 1996 – X ZR 105/93, WiB 1996,747.
[98] OLG Stuttgart, Urteil vom 29. 3. 1994 – 6 U 203/93, BB Beil. 2, 1995,11.
[99] OLG Hamm, Urteil vom 5. 10. 1984 – 25 U 177/83, CR 1986, 268 ff. Der Anbieter könne sich weder auf die Komplexität des Programmes noch darauf berufen, die Lieferung sei wegen der Gefahr der Kopierbarkeit des Programmes branchenunüblich.

Eine Ausnahme der Beschränkung auf die Teilverzugsfolgen gilt nur, 1064
wenn das objektive Interesse des Kunden an der Erfüllung des **gesamten
Vertrages** durch den Teilverzug wegfällt. Dies ist immer dann der Fall,
wenn der gelieferte Leistungsteil ohne den nicht gelieferten Teil nicht wie
vertraglich vorausgesetzt gebraucht werden kann. Zu denken ist etwa an
Verzug mit der Lieferung von Systemsoftware, der dazu führt, dass das
gesamte System nicht genutzt werden kann. Hier hat der Kunde die unge-
teilten Rechte aus **Gesamtverzug**.[100] Er kann also Rechte gelten machen,
wie sie bei Verzug mit der gesamten Leistung bestehen würden. Während
§ 469 BGB Fälle der Gesamtwandlung regelt, lässt sich eine ähnliche
Erstreckung der Rechtsfolgen im Verzugsfall über die §§ 326 Abs. 1
Satz 3 i. V. m. 325 Abs. 1 Satz 2 BGB und über den Regelungsgedanken
des § 469 BGB für die Fälle erreichen, in denen die teilweise Erfüllung
des Vertrages – also etwa die fristgerechte Lieferung nur der Hardware,
nicht der Software – für den Leistungsgläubiger kein Interesse hat.[101] Er
kann hier Schadensersatz nach § 280 Abs. 2 BGB verlangen oder vom
Vertrag zurücktreten. In der zweiten Alternative besteht eine Strukturähn-
lichkeit zur Gesamtwandlung. Das Interesse des Gläubigers entfällt, wenn
der vorhandene Leistungsteil, etwa die Software, nicht oder nur unter
wesentlichen Einschränkungen ohne den fehlenden Leistungsteil genutzt
werden kann.[102] Dies ist auch bei Nichterfüllung sonstiger vertragswesentlicher Pflichten der Fall (§ 284 Abs. 1 Satz 1 BGB), etwa einer Montage[103], Installation etc. Ergänzend bleibt freilich zu prüfen, ob der Kunde
nicht zu zumutbaren Bedingungen auf die kompatiblen Komponenten
anderer Anbieter zurückgreifen kann, wodurch das Erfüllungsinteresse des
Kunden bestehen bleiben könnte.[104]

Kauft der Erwerber eine von den bestellten Programmen vorausgesetzte
spezielle Hardware trotz ihm vorliegender günstigerer Alternativangebote
deshalb bei dem Hersteller der gleichzeitig in Auftrag gegebenen Software, weil Lieferung von Soft- und Hardware in einer Hand liegen sollen,

---

[100] Vgl. hierzu näher Palandt/Heinrichs; § 326 Rn. 3.
[101] Ebenso Pötzsch, CR 1989, 1063, 1065.
[102] So kann bei Verzug mit der Programmerstellung der Rücktritt vom Vertrag über die Progammer-
stellung auf den Kaufvertrag über ein System erstreckt werden (s. OLG Schleswig, Urteil vom
19. 9. 1984 – 9 U 133/82, CR 1986, 772 (LS) = DV-R 3, 119. Allg. s. auch Brandi-Dohrn, CR
1993, 473 f.
[103] BGH, Urteil vom 22. 7. 1998 – VIII ZR 220/97, NJW 1998, 3197. Der BGH weist darauf hin,
dass Hauptleistungspflicht nicht nur vertragstypbestimmende Pflichten, sondern auch solche
Pflichten sind, „die nach dem Willen der Parteien für die Durchführung des Vertrages von wesentlicher Bedeutung sind" (unter Hinweis auf RGZ 101, 429; BGH, NJW 1972, 99).
[104] Vgl. hierzu näher Mehrings, CR 1986, 269, 270.

liegt in der Regel ein **einheitliches Geschäft** vor, bei dem nach § 326 BGB Schadensersatz wegen Nichterfüllung in Form des großen Schadensersatzanspruches unter Einschluss der Hardware auch dann verlangt werden kann, wenn eine Leistungsstörung lediglich hinsichtlich der **Programmierarbeiten** eingetreten ist.[105] Gleiches gilt, wenn sich der Erwerber ausdrücklich/erkennbar nur an einen Händler wenden will[106] oder etwa für ein System zur dreidimensionalen Bilddarstellung nur eine zweidimensional darstellende Karte geliefert wird[107] oder eine Zeiterfassungsanlage[108].

1065 Sind mehrere individuell bestimmte Sachen (wie etwa Rechner, Drucker, Betriebssystem auf CD-ROM und Anwendungssoftware) als **Sachgesamtheit** oder jedenfalls als zusammengehörend verkauft und werden wesentliche Teile nicht geliefert, so gilt die **Ablieferung** noch nicht als beendet und besteht ein auf die gesamte Leistung bezogenes Rücktrittsrecht[109], wobei das Interesse des Kunden bzw. der Interessewegfall nicht geprüft zu werden braucht.

Die auf **Kauf** bezogene erläuterte Rechtsfolge greift in gleicher Weise bei der **Vermietung** mehrerer Sachen durch die Verweisung in § 543 BGB auf § 469 BGB sichergestellt, für **Werkverträge** über § 634 Abs. 4 BGB, wobei jeweils § 469 BGB zwar nicht anwendbar, aber in seinem Regelungsgehalt bzw. der in diesem zum Ausdruck kommenden Wertung heranziehbar ist.[110] Möglich ist ein Gesamtrücktritt nach § 636 Abs. 1 Satz 1 BGB.[111] In der Vertragspraxis empfiehlt es sich aber, die entsprechenden Regelungsfolgen auch für Verzugsfälle ausdrücklich zu vereinbaren.

---

[105] Siehe BGH, Urteil vom 23. 1. 1996 – X ZR 105/93, CR 1996, 467; s. auch OLG Hamm, CR 1995, 341.

[106] LG Oldenburg, NJW-RR 1996,1461.

[107] OLG Köln, Urteil vom 21. 3. 1997 – 19 U 208/96, CR 1998, 10 = JurPC, Web-Dok 1/1998. Das Gericht sah eine Sachgesamtheit (§ 469 BGB) dadurch gegeben, dass die zu liefernde Hardware geeignet sein sollte, mit einer Architektensoftware auf Rechnern eine dreidimensionale Darstellung zu erlauben und entsprechende Berechnungen zu ermöglichen. Die Lieferung einer zweidimensionalen Grafikkarte stellte insoweit deshalb einen Mangel dar. Das Gericht sah außerdem das Wandlungsrecht auch nicht durch die §§ 378ff. HGB ausgeschlossen, da erst nach mehreren Wochen des Einsatzes festgestellt werden konnte, dass mit den Rechnern nicht dreidimensional gearbeitet werden konnte.

[108] OLG Köln, Urteil vom 19. 8. 1992 – 19 U 17/92, NJW-RR 1993, 566 = CR 1993, 282.

[109] BGH, Urteil vom 27. 4. 1994 – VIII ZR 154/93, CR 1994, 460. Allerdings bestand ein entsprechender Anspruch dennoch nicht, da – wie so oft in der Praxis – die rechtlich unproblematische Voraussetzung der Nachfristsetzung mit Ablehnungsandrohung übersehen wurde. Ähnlich zur Rücknahmepflicht des nur Teile eines Komplettsystems liefernden Händlers s. OLG Nürnberg, Urteil vom 14. 7. 1994 – 8 U 2851/93, CR 1995, 343.

[110] In diesem Sinne etwa BGH, NJW 1990, 3011, 3012f.

[111] Pötzsch, CR 1989, 1063, 1065.

Sind die vorgenannten Voraussetzungen für einen umfassenden, vertrags- 1066
erfüllungsablösenden Schadensersatzanspruch nicht erfüllt, kann der
Kunde jedoch immerhin neben dem vertraglichen Erfüllungsanspruch
Ersatz des eingetretenen **Verzögerungsschadens** verlangen (§ 286 Abs. 1
BGB). Der Kunde ist hierbei so zu stellen, wie er stünde, wenn die Verzögerung nicht eingetreten, d. h. anbieterseits rechtzeitig die Vertragsleistung erfüllt worden wäre (z. B. Ersatz von Nutzungsausfällen).

Bei der formularvertraglichen Gestaltung der **Pauschalierung von Scha-** 1067
densersatzansprüchen ist Vorsicht geboten. Durch die Pauschalierung
von Ersatzansprüchen des Anbieters darf nicht das alternative Geltendmachen des tatsächlichen Schadens durch den Kunden ausgeschlossen sein.
Umgekehrt darf eine Schadenspauschale, die sich z. B. auf Tage, Wochen
oder Monate bezieht, nicht den Vertragswert unverhältnismäßig übersteigen.

Der Kunde kann mit der Erfüllung seiner eigenen Pflichten (etwa der 1068
Verpflichtung zur Abnahme oder zur Mitwirkung) selbst in **Annahme-**
verzug geraten. Dies hat Auswirkungen auf die Rechtsposition des
Anbieters:

Befindet sich der Käufer im Annahmeverzug gemäß § 293 BGB und veräußert der Verkäufer die Ware hiernach im Wege des „freihändigen Ver-
kaufs", so haftet der Verkäufer in Anwendung des § 300 Abs. 1 BGB
i. V. m. § 324 Abs. 2 BGB nur für grobe Fahrlässigkeit und Vorsatz. Auch
wenn der Selbsthilfeverkauf deswegen unrechtmäßig ist, weil der nach
dem Annahmeverzug des Käufers grundsätzlich zum Selbsthilfeverkauf
berechtigte Verkäufer die besonderen Vorschriften über den Selbsthilfeverkauf nach den §§ 383ff. BGB nicht einhält, begründet dies ein nachträgliches Unvermögen des Schuldners zur Leistung nach § 275 Abs. 2
BGB und führt bei Schadensersatzpflicht nach den §§ 325 Abs. 1, 326
BGB zur Haftungsmilderung nach § 300 Abs. 1 BGB.[112] Die Haftungsmilderung nach § 300 Abs. 1 BGB erstreckt sich auch auf konkurrierende
Ansprüche aus unerlaubter Handlung gemäß § 823 Abs. 1 BGB. **Beurteilt**
der **„Selbsthilfeverkäufer"** die nicht ohne weiteres erkennbare Rechtslage bezüglich des Eigentums an den verarbeiteten Gegenständen (etwa
Bestückung von Leerplatinen im Auftrag eines Computerherstellers) nach
§ 950 BGB **falsch**, weil er sich als verarbeitender Unternehmer für den
Eigentümer der hergestellten Produkte hält und nicht den Besteller, so

---

[112] OLG Köln, Urteil vom 6. 6. 1994 – 19 U 150/93, NJW-RR 1995, 52.

fehlt es bei der Veräußerung der hergestellten Gegenstände im Wege des Selbsthilfeverkaufs an der groben Fahrlässigkeit einer Eigentumsverletzung nach § 823 BGB.[113]

1069 Der **Schuldner** einer Leistung (der Anbieter für die Lieferung der Kaufsache oder die Erstellung von Software, der Kunde für die Zahlung des Kaufpreises oder die werkvertragliche Abnahme) **muss die Erfüllung** seiner vertraglichen Verpflichtung im Streitfall behaupten und **beweisen**,[114] und zwar auch dann, wenn der Gläubiger aus der Nichterfüllung dieser Verpflichtungen besondere Rechte herleitet.[115] Ebenso muss der Schuldner beweisen, dass die von ihm erbrachte Leistung vertragsgemäß war[116], sowie, dass er eine Verzögerung nicht zu vertreten hat[117].

1070 Für Fälle des Verzuges (aber auch sonstige Leistungsstörungen, wie Schädigungen anderer Rechtsgüter des Kunden) kann das Fälligwerden einer **Vertragsstrafe** vereinbart werden. Notwendig ist gesonderte **Vereinbarung**. Sie können grundsätzlich auch in Einkaufs-AGB des Kunden wirksam vereinbart werden, sind aber am Maßstab der §§ 9 und 11 Nr. 4 AGBG zu messen (s. Rn. 396). Klar zu bestimmen sind die Voraussetzungen des vertragsstrafeauslösenden Verzuges, insbesondere also Termine und Fristen. Klarzustellen ist, dass Terminsverschiebungen und Fristverlängerungen das Fälligwerden der Vertragsstrafe entsprechend hinausschieben. Da Verzug **Vertretenmüssen** voraussetzt (§ 285 BGB), darf die Vertragsstrafe in AGB nicht verschuldensunabhängig ausgestaltet werden, grundsätzlich aber in einem Individualvertrag. Auch das Erfordernis einer Mahnung des Anbieters ist nicht in AGB abdingbar (§§ 11 Nr. 4, 9 AGBG), außer der Leistungszeitpunkt wurde kalendarisch festgelegt (§ 284 Abs. 2 Satz 1 BGB).

1071 Ein **Vorbehalt** der Geltendmachung der Vertragsstrafe ist bei Abnahme zu erklären, da sonst der Strafanspruch entfällt (vgl. § 341 Abs. 3 BGB), ein immer wieder unterlaufender, vermeidbarer Fehler. Haben die Vertragsparteien zur Sicherung der fristgerechten Lieferung eines noch ausstehenden Programmteils eine Vertragsstrafe vereinbart, behält sich der Erwerber bei Annahme des kompletten Programms aber das Recht auf Zahlung der Vertragsstrafe nicht vor, so erlischt der Vertragsstrafenanspruch.[118] Ver-

---

[113] OLG Köln, Urteil vom 6. 6. 1994, a. a. O.
[114] Siehe BGH, WPM 1975, 593.
[115] BGH, NJW 1969, 875.
[116] LG Tübingen, Urteil vom 17. 12. 1976 – 2 O 130/75, DV-R 1, 40.
[117] OLG Frankfurt/Main, Urteil vom 25. 3. 1992 – 23 U 208/89, CR 1993, 693.
[118] OLG Düsseldorf, Urteil vom 26. 3. 1993 – 22 U 199/92, CR 1993, 761.

wirkt also der Anbieter infolge verspäteter Lieferung eines Computerprogramms eine Vertragsstrafe, so erlischt diese gemäß § 341 Abs. 2 BGB, wenn das Programm später vom Kunden vorbehaltslos angenommen wird. Der Vorbehalt muss grundsätzlich auf den Fall bezogen sein, für den die Vertragsstrafe vereinbart wurde. Bezieht sie sich etwa auf die Einhaltung einer Zusicherung, so ist kein Vorbehalt bei Annahme einer verspäteten Lieferung erforderlich, da insoweit kein Strafversprechen besteht.

Die **Höhe** der Vertragsstrafe muss angemessen sein. Die Angemessenheit 1072 wird in Individualverträgen an § 138 BGB gemessen, in Formularverträgen an § 9 AGBG. Weiter sind die möglichen Verzugsauswirkungen zu berücksichtigen. Vertragsstrafen in der Höhe von 0,2 % je Werktag oder 0,3 % je Arbeitstag wurden als zulässig angesehen.[119] Die Anrechnung der Vertragsstrafe auf einen bestehenden Schadensersatzanspruch (§§ 341 Abs. 2, 340 Abs. 2 BGB) darf in AGB nicht ausgeschlossen werden.[120]

2.2 Hinweise zu Verzugsfolgen in einzelnen Vertragsverhältnissen

Für Fälle des Leistungsverzuges gelten im Wesentlichen die allgemeinen 1073 Grundsätze des BGB. EDV-Spezifika treten kaum auf. Deshalb werden die verschiedenen Verzugsfälle für praxistypische Verträge nur knapp dargestellt.

2.2.1 Anbieterverzug

Hauptsächliche Bedeutung haben die Fälle, bei denen der Anbieter seine Leistung, sei es eine Lieferung, Werkerstellung oder Erfüllen einer Nebenpflicht verspätet erbringt.

a) Systemkauf

Während des Zeitraums des Verzugs ist der Käufer nicht zur Zahlung des 1074 Kaufpreises verpflichtet, sofern die Vorleistung des Kaufpreises nicht ausdrücklich vereinbart wurde. Als Käufer steht dem Kunden vielmehr die **Einrede des nicht erfüllten Vertrags** (s. § 320 BGB) zu. Er kann die **Zahlung so lange verweigern, wie sich der Anbieter im Verzug befindet**. Für diese Verweigerung ist weder Fristsetzung noch Ablehnungsandrohung erforderlich. Eine derartige Zurückbehaltung des Kaufpreises muss sich der Kunde allerdings bereits bei Vertragsabschluss (durch entsprechende Vereinbarung) ausdrücklich vorbehalten bzw. zumindest die Vorleistungs-

---

[119] Im Bereich des Baurechts s. BGH, NJW 1983, 385, 387.
[120] BGH, NJW 1975, 163 f.

pflicht des Anbieters vereinbaren. Bereits gezahlte Beträge kann der Kunde außerdem nicht zurückverlangen, wenn dies nicht ausdrücklich vereinbart worden ist.

Allgemein sollte in der **Vertragspraxis** beachtet werden, dass auch bei Leistungserbringung die Zahlung nicht sofort im vollen Umfange fällig werden sollte: Damit entfiele das oft ebenfalls erforderliche Druckmittel seitens des Kunden, um eine notwendige Mängelbeseitigung durchzusetzen. Bei Leistungserbringung seitens des Verkäufers sollte also nach Möglichkeit nur eine **Teilzahlung** seitens des Kunden erfolgen, der Rest vielmehr nach einer Funktionsprüfung bzw. Testphase.

Erhebt der Käufer die Einrede des nicht erfüllten Vertrages, kann er freilich nicht gleichzeitig Rechte aus Verzug geltend machen. Stehen dem Kunden die Rechte aus § 320 BGB zu, ist andererseits ein Verzug des Kunden mit der Vergütungszahlung ausgeschlossen.[121]

b) Systemmiete

1075 Gerät der Anbieter als Vermieter mit der Übergabe und Installation vermieteter Software oder eines vermieteten Systems in Verzug, so gelten auch hier die allgemeinen Verzugsregelungen. Der Kunde kann die **Zahlung des Mietzinses zurückbehalten** und Ersatz des eintretenden Verzögerungsschadens verlangen. Wahlweise kann der Mieter aber auch den Vertrag wegen Nichtgewähren des Gebrauchs der Mietsache fristlos kündigen (§ 542 Abs. 1 BGB). Dieses Kündigungsrecht besteht nicht nur bei anfänglicher Verzögerung, sondern auch zu jedem späteren Zeitpunkt, ab dem die Mietsache nicht genutzt werden kann und dies vom Mieter nicht zu vertreten ist.

Vom Vertrag zurücktreten kann der Mieter allerdings nur so lange, wie ihm die Mietsache noch nicht überlassen wurde.[122] Der Zeitpunkt dieser Überlassung tritt bei Hardware mit Abschluss der Installation und bei Software mit Beendigung der Implementierung ein, jeweils also mit dem Beginn der tatsächlichen Nutzungsmöglichkeit des Mietgegenstandes.

1076 Sofern es dem Systemanbieter möglich und im Mietvertrag vereinbart ist, stellt der Anbieter dem Kunden im Zeitpunkt des (meist bereits voraussehbaren) Verzugseintritts eine **Ersatz- oder Ausweichanlage**. Alle hiermit verbundenen Kosten des Anbieters wie auch des Kunden (z. B. zusätzli-

---

[121] BGH, CR 1994, 207 (zum Baurecht) unter Verweisung auf BGH, NJW 1982, 2494 und NJW 1981,2801.
[122] BGH, NJW 1969, 37.

cher Antransport, Installation und Einweisung) sind grundsätzlich vom Anbieter zu tragen.[123] Ob der Kunde eine Ausweichanlage benötigt, muss er von seinen konkreten Anwendungserfordernissen her entscheiden (z. B. Termindruck für Umstellung des Betriebes auf EDV, Nachteile bei Umstellung auf andere Systeme, technische Umstellungsmöglichkeit eines bestimmten DB-Systems, Probleme der Datensicherung bei EDV-Nutzung auf Parallelsystem). Eine Ausweichanlage kann auch bei Dritten genutzt werden, wenn sich diese Dritten für solche Notfälle mit einer Nutzung einverstanden erklären.

Checkliste: Nutzung von Ausweichanlagen 1077

Vor Vertragsabschluss sollte der Kunde in jedem Fall folgende Fragen klären:

– Ist die Ausweichanlage bei dem Dritten funktionstüchtig?
– In welchem Umfang kann die Anlage vom Kunden genutzt werden?
– Welche zeitlichen, speicherkapazitätsmäßigen und personellen Begrenzungen bestehen?
– Inwieweit können Kundendaten aus Speichern des Dritten abgeschottet, d. h. dem unbefugten Zugriff entzogen werden? Lassen sich hierbei die Erfordernisse der Datensicherung und des Datenschutzes bei personenbezogener Datenverarbeitung weiterhin einhalten?
– Gerät der Kunde bei Fehlbedienungen in die Haftung gegenüber dem Vermieter und/oder dem Dritten? Genügt eine kurze Einweisung für die sachgerechte Nutzung der Ausweichanlage? Ist die vorhandene Software auf der anderen Anlage überhaupt implementierbar?
– In welchem Umfang haftet der Dritte seinerseits bei einem ihm anzulastenden Verschulden und inwieweit führt zufällige Verschlechterung oder Untergang, z. B. Vernichtung oder Veränderung von Kundendaten zur Haftung? Besteht ausreichender Versicherungsschutz des Dritten?

Alternativ zur Kündigung bzw. zum Rücktritt kann die Zahlung eines **pau-** 1078
schalierten Schadensersatzes pro Ausfalltag bzw. Verzugstag vereinbart werden. Wird die Ausweichanlage ebenfalls erst zu einem späteren Zeitpunkt aufgestellt, kann auch für die eingetretene Zwischenzeit vom Verzugseintritt bis zur Installation der Ausweichanlage diese Pauschale geschuldet sein. Voraussetzung ist auch hier eine klare vertragliche Vereinbarung. Der Vorteil einer pauschalierenden Regelung besteht darin, dass der Anwender der (oft misslichen und zu Beweisnöten führenden) Notwendigkeit enthoben ist, den Nachweis des ihm tatsächlich entstande-

---

[123] Vgl. hierzu entsprechend § 7 Ziff. 1 Satz 3 BVB-Miete.

nen Schadens detailliert zu führen. Hierzu kann es erforderlich sein, Bilanzen offen zu legen und aus diesen entgangenen Gewinn zu rekonstruieren. Die Schadenspauschalierung muss hingegen nur an den verstrichenen Kalendertagen abgelesen und entsprechend multipliziert werden.

c) Software-Überlassung

1079 Bei Verzug des Anbieters mit der Programmübergabe kann der Kunde zunächst seine Rechte aus Verzug geltend machen (§ 285 BGB) sowie nach Fristsetzung und Androhung die Leistung ablehnen und Schadensersatz wegen Nichterfüllung verlangen oder vom Vertrag zurücktreten (§ 326 BGB).

Der Anbieter verletzt eine Hauptleistungspflicht, wenn er die im Rahmen des Softwareüberlassungsvertrages zu übergebenden Handbücher nicht rechtzeitig liefert, so dass der Kunde hieraus unter den Voraussetzungen des § 326 BGB zum Rücktritt berechtigt ist.[124]

Macht der Software-Hersteller, der sich seit längerer Zeit mit der Fertigstellung einer Individualsoftware in Verzug befindet, seine weitere Tätigkeit von einer Abschlagszahlung des Bestellers abhängig, die höher ist als die nach dem Vertrag vereinbarte Vergütung, so kann der Besteller ohne Fristsetzung und Ablehnungsandrohung nach § 326 BGB vom Werkvertrag zurücktreten; die unbedingte Forderung nach einer nicht in dieser Höhe zu beanspruchenden Abschlagszahlung stellt eine endgültige Erfüllungsverweigerung des Unternehmers dar, die die Einhaltung des § 326 BGB entbehrlich macht.[125]

d) Software-Erstellung

1080 Stellt der Anbieter die geschuldete Software nicht rechtzeitig fertig, weil der Kunde seiner **Mitwirkungspflicht** nicht nachkommt (etwa Vorprogramme nicht liefert, auf den die zu erstellende Software aufbauen soll), kann der Kunde weder Schadensersatz wegen Nichterfüllung noch entgangenen Gewinn ersetzt verlangen, da es an einem Verschulden des Anbieters fehlt.[126] Anbieterverzug scheidet aus, wenn Verzögerungen auf die Ausführung kundenseitiger Änderungswünsche zurückzuführen sind.[127]

---

[124] OLG Düsseldorf, Urteil vom 5. 7. 1991 – 22 U 48/91, NJW-RR 1992, 951. Nach Auffassung des Gerichtes muss die zu setzende Nachfrist nicht so lange bemessen sein, dass der Anbieter die Handbücher vorbereiten und vollständig erstellen kann.

[125] OLG Köln, Urteil vom 27. 10. 1995 – 19 U 59/95, CR 1996, 209.

[126] OLG Köln, Urteil vom 31. 1. 1992 – 19 U 114/91, CR 1992, 333.

[127] LG Stuttgart, Urteil vom 15. 4. 1983 – 5 KfH O 135/81, DV-R 3, 298.

Der Kunde gerät in Gläubigerverzug, verletzt hierbei aber grundsätzlich nur eine Obliegenheit. Der Schuldner (Anbieter) haftet nur bei Vorsatz und grober Fahrlässigkeit (§ 300 Abs. 1 BGB). Außerdem geht bei Gattungsschuld und Konzentration die Sachgefahr auf den Kunden über (§ 300 Abs. 2 BGB).

Wird das vom Werkunternehmer (Anbieter) versprochene Werk ganz oder teilweise nicht rechtzeitig erstellt, kann der **Kunde vom Vertrag zurücktreten**[128], wenn er dem Anbieter eine Herstellungsfrist gesetzt und diese Fristsetzung gleichzeitig mit einer Ablehnungsandrohung verbunden hat (§§ 636, 634 Abs. 1 bis 3, 327 BGB). Dieser Anspruch besteht unabhängig davon, ob den Anbieter ein Verschulden an der Erstellungsverzögerung trifft; es genügt, dass die Fristüberschreitung in seinen Verantwortungsbereich fällt.[129] Verzug ist also nicht erforderlich. Bereits ein **Drohen** der Fristüberschreitung genügt.[130]   1081

Macht der Softwarehersteller, der sich mit der Fertigstellung von Individualsoftware in Verzug befindet, seine weitere Tätigkeit von einer Abschlagszahlung des Bestellers abhängig, die höher ist als die vertraglich vereinbarte Vergütung, kann der Besteller ohne Fristsetzung und Ablehnungsandrohung nach § 326 BGB vom Werkvertrag **zurücktreten**.[131]

Gerät der Anbieter mit Einführung eines EDV-Projekts in den Betrieb in Verzug und war für diese Einführung nur eine generelle Frist gesetzt, muss er die erforderlichen Einzelleistungen lediglich **so rechtzeitig** erbringen, **dass die Gesamtfrist eingehalten** wird. Fristverlängerungen für eine Software-Komponente des Systems können hierbei auch die Lieferfrist für Hardware verlängern.[132]   1082

Ansprüche des Kunden auf **Ersatz der Schäden aus** (teilweiser) **Nichterfüllung** oder aus eingetretener Lieferverzögerung bestimmen sich nach den allgemeinen Regelungen (s. näher Rn. 1073 ff.).

e) Wartung/Pflege

Für Wartungs- oder Pflegeverträge gelten grundsätzlich die allgemeinen Regelungen für Verzögerung (§ 286 Abs. 1 BGB) bzw. Nichterfüllung   1083

---

[128] LG Oldenburg, Urteil vom 13. 4. 1989 – 11 O 3401/87, CR 1990, 201 (Fristsetzung und Ablehnungsandrohung entbehrlich, wenn Anbieter mehrfach zugesagte Termine nicht eingehalten hat).
[129] BGH, Urteil vom 5. 5. 1992 – X ZR 115/94, CR 1993, 85 = BB Beil. 13, 1993.
[130] BGH, Urteil vom 5. 5. 1992, a. a. O.
[131] OLG Köln, Urteil vom 27. 10. 1995 – 19 U 59/95, CR 1996, 209 (die geforderte Abschlagszahlung als endgültige Leistungsverweigerung ansehend, die die Einhaltung der Förmlichkeiten nach § 326 BGB entbehrlich mache).
[132] BGH, Urteil vom 24. 6. 1986 – X ZR 16/85, CR 1986, 799 ff.

einer Hauptleistungspflicht (§ 326 BGB). Freilich ist näher zu prüfen, ob sich die Leistung nach Dienst- oder Werkvertragsrecht beurteilt.

2.2.2 Kundenverzug

a) Systemkauf und -miete
– Zahlungsverzug

1084 **Gerät der Käufer mit der Zahlung in Verzug,** so gelten die allgemeinen Regelungen zum Zahlungsverzug des Schuldners. Deshalb hier nur einige kurze Hinweise: Die Zahlung des Kaufpreises stellt eine Hauptleistungsverpflichtung des Käufers dar. Erfolgt sie nicht (rechtzeitig), kann der Verkäufer

– die Lieferung bis zur vollständigen Bezahlung verweigern, wenn Vorkasse vereinbart ist, außerdem
– den Ersatz des ihm entstandenen Verzugsschadens (in der Regel Zinsschaden) oder
– Schadensersatz wegen Nichterfüllung des Vertrages verlangen oder
– vom Vertrag zurücktreten, wenn er den Käufer nach Verzugseintritt unter Fristsetzung zur Zahlung aufgefordert und damit eine Ablehnungsandrohung verbunden hat.

1085 **Gerät der Mieter** für zwei aufeinanderfolgende Termine **mit der Mietzinszahlung** oder der Zahlung eines nicht unerheblichen Teils des Mietzinses **in Verzug**, kann der Systemanbieter/Vermieter den Mietvertrag **fristlos kündigen** (§ 554 Abs. 1 Ziff. 1 BGB).

Gerät der Mieter in einem sich über zwei Zahlungstermine hinaus erstreckenden Zeitraum mit Mietzinszahlungen in Höhe eines Betrages in Verzug, der den Mietzins für zwei Zahlungstermine erreicht (etwa zwei Monatszahlungen), kann der Anbieter ebenfalls fristlos kündigen (§ 554 Abs. 1 Ziff. 2 BGB). Die **Kündigung** ist **nur wirksam**, wenn im Kündigungszeitpunkt noch kein Zahlungseingang zugunsten des Anbieters (Verkäufers) erfolgt ist.

– Abnahmeverzug

1086 Obwohl die **Abnahme** neben der Pflicht zur Kaufpreiszahlung in § 433 Abs. 2 BGB ausdrücklich genannt wird, handelt es sich in der Regel doch um eine **vertragliche Nebenpflicht des Käufers**. Zur Hauptpflicht wird sie nur durch besondere, ausdrückliche oder zumindest stillschweigende Vereinbarung. Als Nebenpflicht steht die Abnahmeverpflichtung grundsätzlich nicht im Gegenseitigkeitsverhältnis. Der Verkäufer kann folglich bei nicht erfolgter Abnahme (anders als der Werkunternehmer) nicht vom

Vertrag zurücktreten, sondern nur den Verzögerungsschaden ersetzt verlangen (§§ 284, 286 BGB). Voraussetzung ist aber, dass der Verkäufer selbst leisten könnte.

Verzug des Mieters mit der Abnahme und Mitwirkung: Es gilt grundsätzlich das zum Kaufrecht Gesagte entsprechend. Ein wesentlicher Unterschied besteht aber darin, dass das Mietrecht keine Gewährleistungsfristen in Lauf setzende Abnahme kennt. Vielmehr ist der Vermieter während der gesamten Dauer des Mietvertrages verpflichtet, die Mietsache in einem gebrauchsfähigen Zustand zu erhalten, anderenfalls teilweise oder gar vollständige Nichterfüllung des Mietvertrages vorliegt.

b) Software- bzw. Systemerstellung

Die Ausführungen zum **Zahlungsverzug** gelten grundsätzlich entsprechend. Zu beachten ist ergänzend, dass der Anbieter zuweilen dem Kunden die Nutzungsbefugnis an der Software erst mit dem Zeitpunkt der vollen Bezahlung einräumt. Für den Zeitraum des eingetretenen Zahlungsverzuges ist der Kunde in diesen Fällen dann nicht nutzungsberechtigt.   1087

Für **Abnahmeverzug** gilt eine Besonderheit: Als Besteller im Sinne des Werkvertragsrechts hat der Kunde das bestellte Werk abzunehmen. Diese werkvertragliche, kundenseitige Abnahme ist vertragliche **Hauptpflicht** (§ 640 Abs. 1 BGB). Entsprechend kann der Anbieter als Werkunternehmer Rechte aus § 326 BGB geltend machen. Gerät der Kunde mit der Abnahme in Verzug, geht auf ihn das Risiko der Verschlechterung oder des zufälligen Untergangs des Werks über (§ 644 Abs. 1 BGB). Befreit wird der Kunde von diesem Risiko nur, wenn der Werkunternehmer selbst Untergang oder Verschlechterung des Werks zu vertreten hat. § 644 Abs. 1 BGB führt damit zu einer Risikoverlagerung, nicht aber zur Einführung einer Abnahmefiktion: Auch in diesem Fall bleibt das Abnahmebedürfnis weiterhin bestehen.

c) Leasing

Die Verzugsfolgen sind für die verschiedenen Leasingarten getrennt zu betrachten:

– Verzug des Leasinggebers mit der Übergabe

Zunächst einige Anmerkungen zu den Grundlagen verzugsbezogener Ansprüche:

Im Fall des **Drittleasing** erhält der Kunde als Leasingnehmer sein System   1088
unmittelbar vom Verkäufer, nicht vom Leasinggeber. Wenn der Kunde das System dann an den Leasinggeber weiterveräußert (und hierfür in der

Regel den Kaufpreis erhält, den der Verkäufer verlangt, weshalb der Leasinggeber unmittelbar an den Verkäufer leistet), so räumt der Leasingnehmer dem Leasinggeber den Besitz nicht ein. Folglich kann der Leasinggeber mit der Überlassung auch nicht in Verzug geraten.

Anderes gilt, wenn der Leasinggeber **vor** Lieferung in den Erwerbsvertrag zwischen Leasingnehmer und Lieferant eintritt (**Hersteller- oder Finanzierungsleasing**). Hier wird der Leasinggeber **erwerbsvertraglich** selbst Vertragspartner des Lieferanten und umgekehrt der Lieferant **leasingvertraglich** Erfüllungsgehilfe des Leasinggebers gegenüber dem Kunden. Bei Lieferverzug des Lieferanten (als Erfüllungsgehilfen des Leasinggebers) kann der Leasingnehmer den Leasingvertrag fristlos kündigen (§ 542 BGB) oder gemäß § 326 BGB vom Vertrag zurücktreten, da sich der Leasinggeber diesen Verzug seines Erfüllungsgehilfen anrechnen lassen muss.[133] Eigene Finanzierungskosten kann der Leasinggeber vom Leasingnehmer nicht erstattet verlangen[134], wohl aber vom in Verzug geratenen Lieferanten. Rücktritt schließt freilich Schadensersatz aus, der hingegen über einen Nichterfüllungsanspruch nach § 326 BGB ersatzfähig ist. Im Rahmen des bestehenden Vertrages kann der Leasingnehmer Verzugsschaden aus § 286 BGB geltend machen.

Eine **Ausnahme** gilt dann, wenn der Verkäufer/Lieferant dem Leasingnehmer schriftlich zusagt, dass er auf Wunsch des Leasingnehmers während der Laufzeit des Leasingvertrages das System gegen ein moderneres mit größerer Speicherkapazität unter Anpassung des Mietpreises austauschen wird. Machen Leasinggeber und Leasingnehmer dieses Schreiben zum Bestandteil des Finanzierungsleasingvertrages, wird hierdurch in erster Linie der Lieferant verpflichtet. Der Leasinggeber muss diesen Umtausch akzeptieren, aber nicht von sich aus durchsetzen. Verweigert er den Austausch oder fällt er in Konkurs (nunmehr „Insolvenz"; s. Rn. 1454), kann der Leasingnehmer vom Leasinggeber weder den Umtausch des Leasinggegenstandes beanspruchen noch den Leasingvertrag vorzeitig kündigen.[135] Der Leasingnehmer trägt so das **Umtauschrisiko**, ebenso das Risiko, gegenüber dem Lieferanten Gewährleistungsfristen einzuhalten, da er sich nach deren Ablauf gegenüber dem Leasinggeber nicht mehr auf Mängel berufen kann.[136]

Der Kunde muss als Leasingnehmer die Abhilfeaufforderung mit einer Fristsetzung (nach § 542 Abs. 1 Satz 2 BGB) verbinden sowie die Kündi-

---

[133] BGHZ 81, 298.
[134] BGH, ZIP 1985, 1398; siehe auch Graf v. Westphalen, ZIP 1985, 1436f.
[135] OLG Frankfurt/Main, DB 1986, 1563.
[136] BGH, Urteil vom 27. 4. 1988 – VIII ZR 84/87, DV-R 4, 85.

gung unmittelbar an den Leasinggeber richten, wenn nicht der Lieferant zum Empfang der Kündigung bevollmächtigt wurde.[137]

Der **Teilverzug** etwa mit Hardware begründet ein Kündigungsrecht des Leasingnehmers nach § 542 BGB[138], wobei die Kündigung gegenüber dem Leasinggeber erfolgen muss.[139] Hat der Leasingnehmer innerhalb von zwei Jahren nach Vertragsschluss immer noch Teile mit nicht unerheblichem Wert nicht geliefert bekommen, kann er den Leasingvertrag fristlos kündigen.[140] Gerät der Lieferant mit der Auslieferung von einzelnen Komponenten des Systems in Teilverzug und bemerkt dies der Leasingnehmer nicht, sondern unterzeichnet er eine insoweit unrichtige „Übernahmebestätigung"[141], begründet dies die Haftung des Leasingnehmers in diesem Umfang gegenüber dem Leasinggeber.[142] Unwirksam ist aber eine AGB-Bestimmung, durch die auch in diesem Fall eine unbedingte Zahlungspflicht des Kunden bestehen soll.[143]

1089

Haben sich die Parteien eines Finanzierungsleasingvertrages über Hardware und Software auf den Beginn der Vertragslaufzeit in Kenntnis dessen geeinigt, dass Teile der Software noch nicht in vertragsmäßigem Zustand vorhanden, jedoch noch nachzuliefern sind, ist der Anspruch des Leasinggebers auf Zahlung der Leasingraten zunächst in voller Höhe fällig. Den Leasingnehmer kann jedoch die Einrede des nicht erfüllten Vertrages (§ 320 BGB) von dem Zeitpunkt an zustehen, an dem die Lieferung der fehlenden, für die Vertragserfüllung wesentlichen Teile der Software vereinbarungsgemäß zu erbringen war.[144]

Scheitert ein Finanzierungsleasingvertrag ohne Verschulden des Leasingnehmers, weil der Lieferant den Leasinggegenstand nicht liefert, steht dem Leasinggeber kein Anspruch auf Ersatz der von ihm an seine Refinanzierungsbank zu zahlenden Bereitstellungsprovision und Nichtabnahmeentschädigung zu. Eine Klausel in den Leasinggeber-AGB, die für den Leasinggeber einen derartigen Erstattungsanspruch vorsieht, ist unwirksam.[145] Nach Auffassung des BGH wäre die Äquivalenz im Leasingverhältnis schwer gestört, wenn infolge Nichtbeschaffung der Lea-

---

[137] BGH, Urteil vom 1. 7. 1987 – VIII ZR 117/86, NJW 1988, 204 = WM 1987, 1131.
[138] BGH, Urteil vom 1. 7. 1987, a. a. O.
[139] BGH, Urteil vom 27. 4. 1988 – VIII ZR 84/87, DV-R 4, 85.
[140] OLG Köln, Urteil vom 23. 8. 1991 – 19 U 178/90, CR 1992, 157.
[141] Zur Übernahmebestätigung s. u. Rn. 1095.
[142] OLG Stuttgart, Urteil vom 4. 3. 1986 – 6 U 97/85, IuR 1987, 189 ff.
[143] BGH, Urteil vom 1. 7. 1987, a. a. O.
[144] BGH, Urteil vom 29. 5. 1991 – VIII ZR 125/90, NJW 1991, 2135.
[145] BGH, Urteil vom 9. 10. 1985 – VIII 217/84, BB 1986, 19.

singsache und damit zugleich Nichterfüllung der dem Leasinggeber obliegenden Hauptpflicht der Gebrauchsgewährung (§§ 535, 536 BGB) zwar der Leasinggeber von allen Verpflichtungen frei wäre, der Leasingnehmer aber im praktischen Ergebnis einen Teil seiner Gegenleistung (z. B. Leasingraten) erbringen müsste. Bei Durchführung des Leasingvertrages wären die auch dann entstehenden Aufwendungen, z. B. die Bereitstellungsprovision, vom Leasingnehmer mit seiner Leasingrate abgedeckt und nicht etwa gesondert berechnet worden.[146] § 11 Nr. 8 Buchst. b AGBG verbietet, Ersatzansprüche des Leasingnehmers aus den §§ 286, 326 BGB einzuschränken oder auszuschließen[147], wobei dieses Verbot auch in Fällen leichter Fahrlässigkeit (und auch gegenüber Kaufleuten) eingreift, da die Lieferung unter Einhaltung der vereinbarten Leistungszeit wesentliche Vertragspflicht gemäß § 9 Abs. 2 Nr. 2 AGBG ist.[148] Unwirksam ist auch eine fomularmäßige Ermächtigung des Leasingnehmers durch den Leasinggeber nach § 185 BGB, Ansprüche auf Verschaffung, Rücktritt oder Schadensersatz auf eigene Kosten und Risiken geltend zu machen (Verstoß gegen § 9 Abs. 2 Nr. 1 AGBG).[149] Gleiches gilt für eine Klausel, durch die der Leasinggeber seine entsprechenden Ansprüche an den Leasingnehmer abtritt, der diese Ansprüche auf eigenes Risiko geltend machen muss.[150] Insbesondere würde eine formularmäßige Abtretung des Erfüllungsanspruches an § 9 Abs. 2 Nr. 1 ABG scheitern, da der Leasinggeber hierdurch seine mietvertraglichen Erfüllungspflichten aus den §§ 535, 536 BGB abbedingen würde.

1090 Eine Ausnahme gilt, wenn der Verkäufer dem Leasingnehmer schriftlich zusagt, dass er auf Wunsch des Leasingnehmers während der Laufzeit des Leasingvertrages die **EDV-Anlage** gegen eine modernere mit größerer Speicherkapazität unter Anpassung des Mietpreises **austauschen** wird. Machen Leasinggeber und Leasingnehmer dieses Schreiben zum Bestandteil des Finanzierungsleasingvertrages, wird hierdurch in erster Linie der Lieferant verpflichtet. Der Leasinggeber muss diesen Umtausch akzeptieren, aber nicht von sich aus durchsetzen. Verweigert er den Austausch oder fällt er in Konkurs, so kann der Leasingnehmer vom Leasinggeber weder den Umtausch des Leasinggegenstandes bean-

---

[146] BGH, Urteil vom 9. 10. 1985, a. a. O., 20.
[147] BGH, BB 1983, 527, 529.
[148] Graf v. Westphalen, Leasingvertrag, Rn. 416, 418 m. w. N.
[149] Siehe Graf v. Westphalen, a. a. O., Rn. 422ff,. 429, 454 (für Erfüllungsanspruch).
[150] Siehe Graf v. Westphalen, a. a. O., Rn. 438.

spruchen noch den Leasingvertrag vorzeitig kündigen.[151] Der **Leasing-nehmer trägt** somit das **Umtauschrisiko**. Gleiche Überlegungen gelten grundsätzlich auch für entsprechende Vereinbarungen über den Austausch von Software.

Bei **verschiedenen Vertragspartnern**, z. B. wenn der Leasinggeber nur   1091
zur Lieferung der Hardware verpflichtet ist und der Leasingnehmer unmittelbar von einem anderen Anbieter die Software erwirbt, kann der Leasingnehmer dem Leasinggeber nicht die Nichtlieferung der Software entgegenhalten und bleibt der Leasingnehmer auch zur Zahlung der Leasingraten verpflichtet.[152]

Wird dem Leasingnehmer bei einem Leasingvertrag über Hardware und   1092
Software nur die Hardware übergeben, gelangt nicht Sachmängelgewährleistungsrecht, sondern das Recht des **Teilverzugs** zur Anwendung[153] einschließlich des Kündigungsrechts nach § 542 BGB.[154]

Ist der Leasinggeber mit einem nicht unerheblichen Teil der Leistung im Verzug, kann der Leasingnehmer aus diesem Teilverzug fristlos nach § 542 BGB kündigen.[155] Die Rechtsprechung bejahte hier die Erheblichkeit der Gebrauchsbeeinträchtigung im Sinne von § 542 Abs. 2 BGB. Über ihr Vorliegen sei nach den Umständen des Einzelfalls zu entscheiden. Schon ein nicht unerheblicher Wert des noch fehlenden Teils spräche für die Erheblichkeit der Gebrauchshinderung.[156] Gleiches gilt bei **Lieferung nicht kompatibler** Leistungsteile.

Eine **Fristsetzung** seitens des Leasingnehmers gemäß § 542 BGB vor   1093
Kündigung des Leasingvertrages ist dann **entbehrlich**, wenn der Leasinggeber eindeutig zu erkennen gegeben hat, die fehlenden Teile der Mietsache nicht selbst liefern zu wollen, und wenn der vereinbarte Liefertermin mehr als zwei Jahre verstrichen ist[157] bzw. wenn der Leasinggeber dennoch auf Weiterzahlung der Leasingraten besteht.[158]

Gerät der Verkäufer mit der Auslieferung von einzelnen Komponenten in Teilverzug und bemerkt dies der Leasingnehmer nicht und unterzeichnet

---

[151] OLG Frankfurt/Main, DB 1986, 1563.
[152] OLG Frankfurt/Main, Urteil vom 12. 10. 1976 – 5 O 6/76, DV-R 1, 105.
[153] BGH, Urteil vom 1. 7. 1987, a. a. O.; s. Rn. 1089.
[154] Siehe etwa OLG Stuttgart, Urteil vom 30. 11. 1988 – 6 U 82/88, CR 1990, 38, 41.
[155] OLG Köln, Urteil vom 23. 8. 1991 – 19 U 178/90, CR 1992, 157 (für Verzug mit Leistungsteilen im Wert von DM 20 000,– bei einem Gesamtvolumen von ca. DM 154 000,–).
[156] OLG Köln, Urteil vom 23. 8. 1991, a. a. O., 159.
[157] OLG Köln, Urteil vom 23. 8. 1991, a. a. O.
[158] OLG Stuttgart, Urteil vom 30. 11. 1988, a. a. O., 41.

er insoweit eine unrichtige „Übernahmebestätigung", so begründet dies grundsätzlich die Haftung des Leasinggebers in diesem Umfang gegenüber dem Leasingnehmer.[159]

1094 **Verzugsrechte** des Leasingnehmers ergeben sich ähnlich wie beim Mietrecht. Erfolgt die Lieferung nicht, so fehlt dem Leasingvertrag im Übrigen die Geschäftsgrundlage. Der Leasinggeber kann deshalb vom Leasingnehmer nach Auffassung des BGH[160] auch nicht eine von ihm an eine Refinanzierungsbank zu zahlende Bereitstellungsprovision und Nichtabnahmeentschädigung erstattet verlangen. Eine entsprechende AGB-Klausel ist unwirksam. Seine Verzugshaftung kann der Leasinggeber in AGB nicht vollständig ausschließen.[161]

Der Leasinggeber kann seine eigenen Verzugsrechte gegenüber dem Verkäufer an die Leasingnehmer abtreten[162], ebenso Ansprüche aus Unmöglichkeit der Leistung oder aus positiver Vertragsverletzung. Dies rechtfertigt sich aus dem Umstand, dass der Leasingnehmer ähnlich wie bei Gewährleistungsansprüchen auch beim Ausbleiben der Leistung „sachnäher" ist und Verzugsfolgen leichter einleiten kann. Ähnlich der Abtretung von Gewährleistungsansprüchen muss aber dann bei Rücktritt seitens des Kunden (also des Leasingnehmers) vom **Liefer**vertrag wegen Verzugs oder bei Entfall der Leistungspflicht (§§ 306, 323 BGB) auch hier die Geschäftsgrundlage des Leasingvertrages entfallen können.

Teilweise Nichterfüllung und nicht ein Sachmangel liegt vor, wenn der Leasingnehmer bei einem Leasingvertrag über Hardware und Software nur die Hardware übergeben erhält. Der Leasingnehmer hat dann ein **Kündigungsrecht** nach § 542 BGB, muss aber grundsätzlich den Leasinggeber zur Nachlieferung der Software auffordern und ihm hierzu eine Frist setzen (§ 542 Abs. 1 Satz 2 BGB).[163]

1095 **Funktion der Übernahmebestätigung:** Die meist vom Leasinggeber vorformulierte **Erklärung der Übernahmebestätigung** des Leasinggegenstandes durch den Leasingnehmer stellt – ohne besonderen Hinweis – **kein Schuldanerkenntnis** gemäß § 781 BGB dar, sondern vielmehr eine Quittung für die empfangene Leistung, und damit die Bestätigung der Tatsache der Übernahme und der Übereinstimmung mit den Vereinbarungen sowohl im Leasingvertrag als auch gegenüber dem Lieferanten. Diese Bestätigung

[159] OLG Stuttgart, IuR 1987, 189ff.
[160] BGH, JR 1986,190.
[161] LG Mannheim, Urteil vom 8. 10. 1984 – 24 O 62/83, BB 1985, 144.
[162] BGH, Urteil vom 7. 3. 1990 – VIII ZR 56/89, DB 1990, 1123f.
[163] BGH, Urteil vom 1. 7. 1987 – VIII ZR 117/86, CR 1987, 591 = NJW 1988, 204.

umfasst aber weder eine Anerkennung der Vertragsmäßigkeit noch einen Verzicht auf etwaige Einwendungen. Sie bezieht sich nur auf die Prüfung erkennbarer Mängel **durch eine erste Inaugenscheinnahme** (jedenfalls vor einer Einweisung).[164]

Mit der Unterzeichnung dieser Bestätigung **übernimmt der Leasingnehmer die Beweislast für die Unrichtigkeit der Bestätigung.** Bestätigt also der Leasingnehmer gegenüber dem Lieferanten unrichtigerweise den vollständigen Erhalt der tatsächlich nur teilweise gelieferten Leasingsache, kann er sich gegenüber dem Leasinggeber schadensersatzpflichtig machen.[165] Zur Zahlung von Leasingraten ist der Leasingnehmer gegenüber dem Leasinggeber aber nicht verpflichtet, da dieser seine Gebrauchsüberlassungsverpflichtung nicht erfüllt hat.[166]

– Verzug des Leasingnehmers mit der Zahlung der Leasingraten
Zahlt der Leasingnehmer die in der Regel monatlich geschuldeten Leasingraten nicht bzw. nicht rechtzeitig, so greifen die allgemeinen Rechte des Leasinggebers aus Verzug ein. Gerät der Leasingnehmer mit der Zahlung der Leasingraten in Verzug, kann der **Leasinggeber den Leasingvertrag kündigen.** Notwendig hierfür ist, dass der Leasingnehmer für zwei aufeinander folgende Termine mit der Leasingratenzahlung oder der Zahlung eines nicht unerheblichen Teils der Raten in Verzug gerät.

1096

Die bis zum Kündigungszeitpunkt geschuldeten Leasingraten bleiben auch nach der Kündigung aus dem bis zu diesem Zeitpunkt wirksamen Vertrag bestehen.

Der Leasinggeber hat bei Zahlungsverzug des Leasingnehmers aber einen konkret zu berechnenden Anspruch auf **Ersatz des Nichterfüllungsschadens.** Der Leasingnehmer schuldet hier stets die volle Amortisation der Gesamtkosten des Leasinggebers. Veranlasst der Leasingnehmer durch Zahlungsverzug die fristlose Kündigung des Leasingvertrages, so **umfasst** der von ihm zu leistende Schadensersatz den vollen **Gewinn**, den der Leasinggeber bis zum Zeitpunkt einer nach dem Vertrag zulässigen ordentlichen Kündigung hätte beanspruchen können, nicht aber den auf den nachfolgenden Zeitraum anteilig entfallenden Gewinn.[167] Im Rahmen von § 286 BGB sind **Mahnkosten** nur begrenzt, Bearbeitungskosten (als

1097

[164] OLG Braunschweig, Urteil vom 13. 2. 1985 – 3 U 54/83, DV-R 3, 45, 47.
[165] So etwa OLG Stuttgart, Urteil vom 10. 3. 1986 – 6 U 97/85, IuR 1987, 189.
[166] BGH, Urteil vom 10. 10. 1990 – VIII ZR 296/89, CR 1987, 591 = NJW 1988, 204.
[167] BGH, Urteil vom 10. 10. 1990 – VIII ZR 296/89, DB 1990, 2463 unter Fortführung von BGH, DB 1985, 1730 und DB 1986, 1170.

äußerste Grenze) nur im Umfang der tatsächlich angefallenen Aufwendungen erstattungsfähig.[168]

Bei einem **Vollamortisationsvertrag** (bei dem die fest vereinbarte Grundmietzeit mit der vom Leasinggeber kalkulierten Amortisationszeit übereinstimmt) erschöpft sich die Vertragsabwicklung bei vertragsgemäßer Beendigung im Wesentlichen in der Rückgabe des Leasingobjektes. Bei einem auf unbestimmte Zeit geschlossenen **Finanzierungsleasingvertrag** muss hingegen bei ordentlicher Kündigung durch den Leasingnehmer die vom Leasinggeber gewährte Finanzierung abgewickelt werden. Der Leasingnehmer muss dann das Leasingobjekt zurückgeben und den noch nicht getilgten Teil der Gesamtkosten des Leasinggebers ausgleichen sowie der Leasinggeber seinerseits das Leasinggut bestmöglich verwerten. Der – bei kurzer Laufzeit des Vertrages entsprechend höhere – Erlös kommt dem Leasingnehmer zugute. Der hohe Wertverlust von Hardware-Komponenten wird in der Regel allerdings nur zu geringen Erlösen bei Wiederverwertung führen.

„Bei erlaßkonformer Vertragsgestaltung ist der Erlös zu 90 % auf die noch geschuldete Zahlung zum Ausgleich der Differenz zwischen der Summe der Leasingraten und den Gesamtkosten des Leasinggebers anzurechnen."[169] Der Leasinggeber kann sogar im Falle der ordentlichen Vertragskündigung seitens des Leasingnehmers bzw. des Leasinggebers wegen Zahlungsverzuges des Leasingnehmers die volle Amortisation des zur Beschaffung des Leasingobjektes eingesetzten Kapitals einschließlich des kalkulierten Gewinnes ersetzt verlangen.[170]

1098 Der Leasinggeber kann seine Rechtsposition nicht unbegrenzt mit Hilfe seiner Leasingbedingungen ausbauen. So darf er bei Zahlungsverzug des Leasingnehmers nicht neben der fristlosen Kündigung noch zusätzlich sämtliche für die Restvertragszeit ausstehenden Leasingraten und die Leasingsache selbst verlangen.[171] Dies gilt auch, wenn die Leasingraten bis zum nächstmöglichen Kündigungstermin sowie zusätzlich eine erhebliche Abschlusszahlung geschuldet sein sollten.[172]

Pauschalierungen des Schadens sind nur in den engen Grenzen des § 11 Nr. 5 Buchst. a AGBG zugunsten des Leasinggebers zulässig. Die Pau-

---

[168] Graf v. Westphalen, Leasingvertrag, Rn. 362.
[169] BGH, DB 1985, 1730, 1732 m. Anm. Bernstein, 1734.
[170] BGH, DB 1985, 1730, 1732 in Abweichung von BGH, DB 1982, 1318; zu einzelnen Berechnungsfragen s. Eckstein, BB 1986, 2144.
[171] So BGHZ 82, 121: Verstoß gegen § 9 AGBG; siehe hierzu Rn. 493.
[172] BGH, BB 1982, 1078: Verstoß gegen § 10 Nr. 7 Buchst. a AGBG.

schalierungsklausel muss, um wirksam zu sein, dem Leasingnehmer die Möglichkeit offen halten, nachzuweisen, dass der Schaden geringer war oder dem Leasinggeber infolge des Zahlungsverzugs überhaupt kein Schaden entstanden ist.[173]

Kündigt der Leasinggeber einen Finanzierungsleasingvertrag aus wichtigem Grund (hier: wegen Zahlungsverzug), so kann er als Schadensersatz neben den entgangenen, abzuzinsenden Leasingraten für die Restlaufzeit des Vertrages **nicht auch noch Mehrwertsteuer** auf diese Raten verlangen. Das gilt jedenfalls dann, wenn der Leasingnehmer das Gerät nach der Kündigung nicht mehr nutzt und kein Fall des § 557 Abs. 1 BGB vorliegt. Ebenso ist keine Mehrwertsteuer auf den nach den Leasingbedingungen bei Vertragsende durch den Leasingnehmer auszugleichenden Restwert des Geräts aufzuschlagen.[174]

Vereinbaren Leasinggeber und Lieferant, dass dieser bei Zahlungsverzug des Leasingnehmers verpflichtet ist, einen **Nachfolgemieter** zu benennen, und scheitert dies, weil die Leasingsache beschädigt ist, so ist es dem Lieferanten verwehrt, sich hierauf zu berufen, wenn der Leasinggeber in zulässiger Weise die Sach- und Preisgefahr auf den Leasingnehmer abgewälzt hat und deshalb zur Wiederherstellung der Gebrauchsfähigkeit nicht mehr verpflichtet ist.

Eine Vereinbarung zwischen Leasinggeber und Lieferant, dass dieser bei   1099
Verzug des Leasinggebers und bei Nichtzustandekommen eines Nachfolgemietvertrages verpflichtet ist, die Leasingsache zum Preis in der Höhe der abgezinsten, ausstehenden Leasingraten anzukaufen, ist mangels anderer Anhaltspunkte nicht als Ausfallgarantie oder Ausfallbürgschaft auszulegen, sondern als Wiederverkaufsrecht des Leasinggebers, dessen Inhalt und Rechtsfolgen sich nach Kaufrecht richten. Wird dieses Wiederverkaufsrecht wirksam und ist die Leasingsache stark beschädigt und gebrauchsuntauglich, so haftet der Leasinggeber dafür gemäß §§ 459 ff. BGB, sofern seine Gewährleistung nicht wirksam vertraglich ausgeschlossen ist. Die Freistellung des Wiederverkäufers von der Mängelhaftung in § 498 Abs. 2 Satz 2 BGB ist hierbei nicht auf das Leasingverhältnis übertragbar.[175]

---

[173] Graf v. Westphalen, a. a. O., Rn. 361.
[174] OLG Hamm, Urteil vom 5. 6. 1984 – 4 U 55/86, NJW 1987, 454.
[175] BGH, Urteil vom 31. 1. 1990 – VIII ZR 280/88, CR 1990, 514, 516.

3. Positive Vertragsverletzung

1100 Unter „positiver Vertragsverletzung" (pVV) wird grundsätzlich eine Pflichtverletzung verstanden, die sich nicht den Fällen der Gewährleistung, der Unmöglichkeit der Leistung oder des Verzuges zuordnen lassen. Die Rechtsfigur ist „gesicherter Bestand des Schuldrechts",[176] mittlerweile Gewohnheitsrecht[177] und „in Wahrheit" Grundtatbestand der Vertragsverletzung.[178] Hierzu gehören die Schlechtleistung (insbesondere im Rahmen von Dienstverträgen und Arbeitsverträgen, aber auch Mangelfolgeschäden im Kaufrecht[179]) und die Verletzung von Nebenpflichten, etwa Beratungspflichten[180] oder Pflichten zu Transport, Installation oder Einweisung, zum Schutz des Kunden, aber auch zur Mitwirkung als Kunde. Hierzu gehören weiter Verletzungen von Pflichten zur Geheimhaltung[181] oder zur Aufklärung, ebenso rechtswidrige Kündigung von Werkverträgen,[182] die Verletzung von Wettbewerbsverboten[183] sowie alle sonstigen Vertragsverletzungen, die nicht Gewährleistungs-, Verzugs- oder Unmöglichkeitsfällen zuzuordnen sind, schließlich auch die Auswechslung eines für die Vertragserfüllung anbieterseits unentbehrlichen Mitarbeiters.[184]

Zu dem Bereich der Leistungsstörungen aus positiver Vertragsverletzung gehört auch die Verletzung von Leistungstreuepflichten. Nach der so genannten **Leistungstreuepflicht** haben die Vertragsparteien alles zu unterlassen, was den Vertragszweck oder den Leistungserfolg beeinträchtigen oder gefährden könnte. Insbesondere hat der Schuldner positiv alles zu tun, um den Leistungserfolg vorzubereiten, herbeizuführen und zu sichern.[185] Worin jeweils ein Verstoß gegen die Leistungstreue-

---

[176] So Palandt/Heinrichs, § 276 Rn. 104 unter Hinweis auf RGZ 54, 98 und Z 106, 22; BHZ 11, 83. Freilich handelt es sich um eine Verlegenheitslösung, da die von der pVV erfassten Fälle bei der ursprünglichen Konzipierung des BGB übersehen wurden. Auch muss kein positives Handeln vorliegen, sondern es genügt ein Unterlassen (Palandt/Heinrichs, § 276 Rn. 104). Und schließlich ist es Praktikern mitunter schwer verständlich zu machen, was an einer Vertragsverletzung eigentlich „positiv" sein soll und worin sie sich von einer (begrifflich nicht existenten) negativen Vertragsverletzung unterscheidet.

[177] Larenz, § 24 I a.

[178] Palandt/Heinrichs § 276 Rn. 107.

[179] BGHZ 77, 217, Z 86, 260, Z 101, 339.

[180] BGHZ 88, 135 (Nichtaufklärung über Verwendungsrisiken).

[181] BGHZ 27, 246.

[182] BGHZ 51, 192, Z 53, 151.

[183] BGHZ 16, 11.

[184] LG Frankfurt/Main, Urteil vom 29. 8. 1980 - 3/8 O 37/80, DV-R 1, S. 57.

[185] BGH, NJW 1978, 260 und NJW 1983, 998.

pflicht zu sehen ist, beurteilt sich nach den Umständen des Einzelfalls, wobei strenge Anforderungen an die Leistungstreuepflicht des Schuldners dann zu stellen sind, wenn es sich nicht um einen alltäglichen Kauf handelt, sondern etwa um den Kauf einer teuren EDV-Anlage durch einen Laien.[186]

Beispiele: 1101
– Beschädigen oder Zerstören von Daten- oder Programmbeständen durch Installieren virenverseuchter Programme oder eines Laptop,[187] Unterlassen der herstellerseitigen Untersuchung auszuliefernder Software auf Virenfreiheit;
– Herbeiführen vergleichbarer Schäden beim Durchführen von Gewährleistungs- oder Wartungs- bzw. Pflegearbeiten;
– ernstliche und endgültige vertragswidrige Verweigerung der Leistungserfüllung durch den Anbieter;
– verschuldetes Herbeiführen eines Fehlers an der gekauften Sache durch den Anbieter nach Vertragsschluss[188];
– Unterbleiben der Prüfung der Mehrplatzfähigkeit zu liefernder Fremdsoftware;[189]
– anbieterseitiges Löschen des Quellcodes;[190]
– Datenverluste durch unsachgemäße Hardware-Reparatur (zugleich: deliktischer Schadensersatzanspruch aus Eigentumsverletzung nach § 823 Abs. 1 BGB gegenüber Vertragspartner in Anspruchskonkurrenz);[191]
– ebenso die **Verletzung von vertraglichen Nebenpflichten**, etwa Pflicht zur Aufklärung, Beratung oder Warnung, Schulung oder Einweisung, ebenso zur Obhut, Fürsorge und zum Schutz von Mitarbeitern und Sachmitteln des Kunden, z. B. bereits vorhandenen Rechnern.

Die **Abgrenzung** dieser Rechtsfigur der positiven Vertragsverletzung insbesondere von der Gewährleistung ist noch nicht abschließend geklärt und

---

[186] OLG Stuttgart, Urteil vom 23. 6. 1986 - 2 U 252/85, NJW-RR 1986, 1245.
[187] Zu einem Mitverschulden des Anbieters s. OLG Düsseldorf, Urteil vom 8. 10. 1993 - 22 U 107/93, CR 1994, 94.
[188] BGH, LM § 276 (K), BGB Nr. 3.
[189] OLG Köln, Urteil vom 19. 1. 1994 – 2 U 74/93, NJW-RR 1994, 1204.
[190] LG Traunstein, Urteil vom 4. 3. 1988 – 1 HKO 310/87, HKO 310/87.
[191] Siehe etwa OLG Karlsruhe, Urteil vom 7. 11. 1995 – 3 U 15/95, CR 1996, 352; hierzu Meier/Wehlau, NJW 1998, 1585; s. auch Rn. 1103; einschränkend LG Konstanz, NJW 1996, 200 = CR 1996, 352.

teilweise nach wie vor umstritten,[192] spielt aber in der Praxis keine zentrale Rolle.

1102 Der Gläubiger kann grundsätzlich den **gesamten** aus der Rechtsverletzung **entstandenen Schaden ersetzt verlangen.** Hierzu gehören auch (und abweichend von außervertraglicher Deliktshaftung) reine Vermögensschäden.

1103 **Ersatzansprüche** greifen auch **neben Gewährleistungsansprüchen** ein, wenn

– beim **Kauf** der Kunde durch die Lieferung einer mangelhaften Sache an **anderen Rechtsgütern** (z. B. Gesundheit, Eigentum) einen Schaden erleidet. Nicht erfasst werden Schäden an der mangelhaften Sache selbst.[193] Hier greift Gewährleistung ein. Von dieser werden auch mangelbedingte Schäden erfasst, zu denen etwa Reparaturkosten, Nutzungsausfall, Gewinnentgang und verbleibender Minderwert gehören[194], während **Mangelfolgeschäden** solche an anderen Rechtsgütern sind, so etwa Miet- und Wartungskosten, Mehrkosten für die Weiterbetreibung der bisherigen Anlage, nutzlos gewordene Schulungs- etc. -aufwendungen;[195]

– bei **Miete** neben den allgemeinen Mangel- und Mangelfolgeschäden etwa Schäden aus Falschberatung entstehen[196];

– bei **Werkverträgen** Nebenpflichten, etwa zur Warnung, Beratung oder Obhut, verletzt werden oder Schäden an anderen Rechtsgütern entstehen,[197] nicht jedoch für „Nachher-Mangelfolgeschäden", zu denen etwa Gutachtenkosten[198] oder Kosten für die Anmietung eines Ersatzsystems zu rechnen sind;

Beispiel:
Hat der Unternehmer einen Mangel der auftraggeberseitigen Vorgabe erkannt und einen ihm möglichen Hinweis gegenüber dem Kunden unterlassen, ist er allein für den hieraus entstehenden Schaden verant-

---

[192] Einige Stimmen wollen die positive Vertragsverletzung als Anspruchsgrundlage ganz aufgeben und über die Teilunmöglichkeit, die Schlechterfüllung sowie über § 276 BGB Nebenpflichtverletzungen erfassen. Die Problematik der überzeugenden Abgrenzung zur Gewährleistung würde damit freilich nur verdoppelt. Immerhin könnte jede Lieferung einer mangelhaften Sache auch als (freilich verschuldensabhängige) Verletzung einer Leistungstreuepflicht konstruiert werden.
[193] Siehe etwa Larenz, 70.
[194] Siehe etwa für alle Emmerich, 197.
[195] Siehe etwa LG Essen, Urteil vom 16. 1. 1986 – 43 O 129/84, CR 1987, 428, 431.
[196] Emmerich, 199 ff.
[197] BGH ständig, s. etwa BGH, NJW 1979, 1651.
[198] BGHZ 54, 352.

wortlich.[199] Hat der Unternehmer den erkannten Mangel fahrlässig nicht mitgeteilt oder fahrlässig überhaupt nicht erkannt, obwohl der Mangel erkennbar gewesen wäre, trifft ihn insoweit ebenfalls die Haftung aus positiver Vertragsverletzung; es kann aber ein Mitverschulden des Auftraggebers (Kunden) vorliegen bzw. ein solches des Erfüllungsgehilfen des Kunden.[200] Hat der Unternehmer Mängel der kundenseitigen Vorgabe erkannt, muss er die Vorgabe auf **weitere** Mängel untersuchen.[201]

– bei **Wartungsverträgen** Komponenten beschädigt, durch unsachgemäße Reparatur Daten gelöscht werden (zugleich Eigentumsverletzung im Sinne von § 823 Abs. 1 BGB[202]);
– **nebenvertraglich** eine Einweisung unterlassen wird, es sei denn, ein hieraus resultierender Bedienungsfehler ist durch starke Unaufmerksamkeit des Kunden erfolgt.[203]
Generell ist außerdem die Möglichkeit eines Anspruchs aus **unerlaubter Handlung** zu prüfen, der in drei Jahren ab Kenntniserlangung verjährt (s. § 852 BGB). Dieser kann sich auch gegen Kunden richten, die im Ladenlokal Beschädigungen verursachen.[204]

In der **Praxis** ist die Zuordnung der Vertragsstörungen zu den unterschiedlichen Anspruchsgrundlagen vor allem unter drei Aspekten von Bedeutung:

– **Verschulden**   1104
Haftung setzt grundsätzlich (von den besonders normierten Gefährdungshaftungstatbeständen abgesehen) immer Verschulden voraus (§ 276 BGB), während die Gewährleistungsansprüche Mängelbeseitigung, Wandlung und Minderung kein Verschulden voraussetzen. Gleiches gilt für die Haftung aus Zusicherungsverletzung.

– **Vorsatz**
Die Haftung kann weder in AGB noch im Individualvertrag ausgeschlossen werden (§ 276 Abs. 2 BGB).

---

[199] BGH, Urteil vom 11. 10. 1990 – VII ZR 228/91, CR 1991, 467 unter Hinweis auf BGH, BauR 1973, 190; 1975, 420ff.; 1978, 139 und 222; für eine Prüfpflicht auch OLG Celle, Urteil vom 20. 2. 1991 – 6 U 15/91, CR 1991, 610.
[200] BGH, BauR 1970, 57; 1971, 265 und 1972, 62.
[201] BGH, BauR 1978, 222, 224.
[202] OLG Karlsruhe, Urteil vom 7. 11. 1995 – 3 U 15/95, CR 1996, 352 = NJW 1996, 200: Erfasst werde jede Einwirkung auf den Datenträger, die den Eigentümer daran hindert, mit dem Datenträger wunschgemäß zu verfahren (§ 903 BGB).
[203] LG München I, Urteil vom 22. 12. 1994 – 7 O 5966/92, BB Beil. 16, 1995, 11.
[204] OLG Koblenz, Urteil vom 3. 2. 1995 – 10 U 785/94, MRC 1995, 75.

– Fahrlässigkeit

Fahrlässig handelt hingegen, wer die im Verkehr erforderliche Sorgfalt außer Acht lässt (§ 276 Abs. 1 Satz 2 BGB). Für **grobe Fahrlässigkeit** kann in AGB die Haftung weder ausgeschlossen noch begrenzt werden (§ 11 Nr. 7 AGBG). In Individualverträgen sind abweichende Vereinbarungen möglich, die jedoch nicht grob unbillig sein dürfen. Für **leichte Fahrlässigkeit** kann in AGB die Haftung dann ausgeschlossen werden, wenn es sich um die Verletzung nicht vertragswesentlicher Pflichten handelt. Zu haften ist auch für Erfüllungsgehilfen (§ 278 BGB), die für den Schuldner in Erfüllung des Vertrages mit dem Gläubiger tätig werden.

1105 Haftung aus positiver Vertragsverletzung ist grundsätzlich Schadensersatzhaftung. Die **Art der Ersatzleistung** bestimmt sich freilich nach den allgemeinen Regelungen, insbesondere § 249 BGB. Soweit möglich und zumutbar, muss hier der Verpflichtete nach dem Grundsatz der so genannten Naturalrestitution denjenigen Zustand herstellen, der bestehen würde, wenn der zum Ersatz verpflichtende Umstand nicht eingetreten wäre. Diese Herstellung kann auch die Beseitigung von System- oder Komponentenfehlern oder -schäden umfassen, sofern die Beseitigung den Verpflichteten hinsichtlich der Aufwendungen nicht unverhältnismäßig belastet.

1106 Nutzt der Anbieter eine ohne Wissen des Kunden eingebaute Programmsperre, um ultimativen, auf die kurzfristig angekündigte Programmzerstörung gestützten Druck auszuüben, um etwa eine Vergütungserhöhung zu erreichen, so ist der Kunde zur **Kündigung aus wichtigem Grunde** berechtigt.[205] Zur Kündigung berechtigt auch der Versuch des Anbieters, die Sperre zu nutzen, um zahlungsunwilligen Kunden wirksam entgegentreten zu können.[206]

1107 **Ansprüche aus positiver Vertragsverletzung** verjähren nicht innerhalb der kurzen Gewährleistungsfrist, sondern in der sehr langen Frist von 30 Jahren (§ 195 BGB; ausf. zur Verjährung s. Rn. 1351). Diese lange Frist verkürzt sich jedoch auf die kurze Dauer der gesetzlichen Gewährleistungsfristen aus Kauf- und Werkvertragsrecht, wenn der Anbieter wegen unrichtiger Beratung über die Verwendungsmöglichkeiten der Kaufsache bzw. des Werks für besondere Zwecke haftet und sich die Beratung auf Eigenschaften der Kaufsache bzw. des Werks bezieht.[207]

---

[205] BGH, Urteil vom 25. 3. 1987 – VIII ZR 43/86, DB 1987, 1290 = CR 1987, 358.
[206] OLG Düsseldorf, Urteil vom 30. 1. 1992 – 5 U 193/90, VersR 1992, 889.
[207] Siehe etwa BGH 88, 130 = JZ 1984, 36; OLG Frankfurt/Main, Urteil vom 29. 4. 1980 – 5 U 84/78, DV-R 1, 68.

Im **Leasingverhältnis** hat der Leasinggeber für eine positive Vertragsver-   1108
letzung des Lieferanten als seines Erfüllungsgehilfen gegenüber dem
geschädigten Leasingnehmer einzustehen. Der Leasinggeber darf aber
seine eigenen Ersatzansprüche aus dem Erwerbsvertrag mit dem Lieferanten an den Leasingnehmer abtreten. Die entsprechenden Ansprüche aus
Schlechterfüllung müssen aber eindeutig als solche in einer Abtretungsklausel bezeichnet sein. Eine nur auf „Gewährleistungsansprüche" bezogene Abtretungsklausel erfasst nicht auch Ansprüche aus positiver Vertragsverletzung.[208] Für die Gestaltung von Haftungsbeschränkungen in
den Lieferanten-AGB gelten die allgemeinen Grundsätze des AGB-
Rechts, also insbesondere, dass etwa hinsichtlich der Verschuldensformen
nur die Haftung für leicht fahrlässige Verletzung nicht vertragswesentlicher Pflichten und nur hinsichtlich nicht erheblicher Mangelfolgeschäden[209] wirksam ist. Da hier nicht kaufmännische und kaufmännische Kunden als Vertragspartner des AGB-Verwenders weitgehend in gleicher
Weise geschützt sind, ergibt sich aus der Abtretung vom kaufmännischen
Leasinggeber/Käufer an einen nicht kaufmännischen Leasingnehmer für
diesen keine Schlechterstellung. Soweit sie im Einzelfall doch auftreten
sollte, führt sie aber im Ergebnis zu einer unwirksamen Freizeichnung des
Leasinggebers von seiner Erfüllungshaftung aus den §§ 537, 538 BGB, so
dass die Haftung des Leasinggebers in diesen Fällen fortbesteht.

Insbesondere Aufklärungs-, Hinweis- und Beratungspflichten vor Vertragsschluss (c.i.c.) und bei Vertragsdurchführung (pVV) werden im Leasingverhältnis vom Lieferanten als Erfüllungsgehilfe des Leasinggebers
erfüllt. Damit ist nicht der Lieferant, sondern der Leasinggeber für den
Leasingnehmer Anspruchsgegner. Der Leasinggeber kann insoweit nur
seine Regressansprüche gegen den Lieferanten an den Leasingnehmer
abtreten, die aber schon vom Schadensumfang her nicht mit dem Ersatzanspruch des Leasingnehmers deckungsgleich sein müssen. Insoweit bestehen Bedenken (§ 9 Abs. 2 Nr. 2 AGBG), formularvertraglich den Ersatzanspruch des Leasingnehmers gegen den Leasinggeber durch den Ersatz-/
Regressanspruch des Leasinggebers gegen den Lieferanten zu ersetzen,
wenn der Leasingnehmer hier nur teilweise eigene Schäden qua Regress-
position geltend machen kann.

---

[208] Graf v. Westphalen, Leasingvertrag, Rn. 771 f.
[209] Der Haftungsausschluss für erhebliche Mangelfolgeschäden verstößt gegen § 9 Abs. 2 Nr. 2
AGBG (BGH, BB 1996, 654, 656).

1109 **Checkliste: Positive Vertragsverletzung**

- Sonderverbindung zwischen Anbieter und Kunden aus Vertrag oder aus gesetzlicher Schutzpflicht;
- objektive Pflichtverletzung, die nicht zu Haftung aus Unmöglichkeit, Gewährleistung/Delikt oder Verzug führt;
- Vertretenmüssen durch Anbieter (§§ 276, 278 BGB);
- Beweislastverteilung nach Gefahrenbereichen (§ 282 BGB analog);
- ersatzfähig ist der durch die Pflichtverletzung adäquat-kausal verursachte Schaden (§ 286 Abs. 1 BGB analog), bei Unzumutbarkeit des Festhaltens am Vertrag auch Schadensersatz wegen Nichterfüllung (positives Interesse, s. §§ 286 Abs. 2 bzw. 326 Abs. 2 BGB);
- Rücktritt bei Interessewegfall oder Unzumutbarkeit der Fortsetzung des Vertrages (§§ 286 Abs. 2, 326 BGB).

4. Unmöglichkeit

1110 Die Unmöglichkeit einer EDV-Leistung spielt in der bisher veröffentlichten Rechtsprechung nur eine untergeordnete Rolle. Dennoch bedarf sie der Erwähnung, da ihre Abgrenzung zur Gewährleistung problematisch werden kann und die Zuordnung eines Leistungsfehlers bzw. einer Nichtleistung zur Unmöglichkeit den Erfüllungsanspruch eines Kunden aufhebt sowie seine Ersatzansprüche von der Kenntnis oder dem Kennenmüssen seitens des Anbieters abhängig macht (siehe § 307 BGB).

4.1 Typen der Unmöglichkeit

1111 **Objektive Unmöglichkeit** ist gegeben, wenn niemand die vereinbarte Leistung erbringen kann, weil sie nach den Naturgesetzen nicht erbracht werden kann. Zu diesem Bereich dürften auch logisch-mathematisch nicht beweisbare Annahmen gehören. **Nicht** hierher gehört die Behauptung, es lasse sich beweisbar ein absolut fehlerfreies Programm erstellen, da eine solche Erstellung unter Anwendung mathematischer Beweisverfahren **möglich** ist[210] (und bei Programmerstellung nach den ITSEC-Sicherheitskriterien auch für hohe Sicherheitsstufen eingesetzt wird), wenn auch mit hohem wirtschaftlichem Aufwand. Die objektive Unmöglichkeit ist meist auch eine anfängliche, d. h. bereits bei Vertragsabschluss bestehende.

Die so genannte **juristische Unmöglichkeit** liegt vor, wenn die Herbeifüh-

---

[210] Ähnlich allg. Köhler/Fritzsche, in Lehmann (Hrsg.), Rechtsschutz und Verwertung, XIII, Rn. 86.

rung eines bereits bestehenden oder nicht herbeiführbaren Rechtserfolgs geschuldet sein soll. In diesem Sinne unmöglich ist etwa der Verkauf von Urheberpersönlichkeitsrechten nach bundesdeutschem Urheberrecht oder die Einräumung eines bereits übertragenen Vertriebsrechts. Gleiches gilt für Rechtsgeschäfte, die gegen ein gesetzliches Verbot verstoßen (§ 134 BGB) oder als sittenwidrig zu beurteilen sind (§ 138 BGB). Hiervon zu unterscheiden sind Fälle, in denen gerade der Verkäufer nicht zur Veräußerung einer Programmkopie berechtigt ist, weil er ein entsprechendes Vertriebsrecht nicht eingeräumt erhalten hat. Hier liegt anfängliches Unvermögen des Verkäufers vor.

Bei „**faktischer Unmöglichkeit**" kann eine Verpflichtung praktisch von niemandem bzw. nur unter einem völlig unverhältnismäßigen Aufwand erfüllt werden, so etwa die Verifikation einer veralteten, vielfach verbesserten und veränderten Software mittels mathematisch-logischer Verfahren. Hier liegt ein Fall objektiver Unmöglichkeit vor. **Subjektiv unmöglich** ist eine Leistung, die nur vom Schuldner nicht erbracht werden kann, wohl aber (möglicherweise) von anderen (Unvermögen).

Die Erfüllung einer kaufvertraglichen Anbieterverpflichtung kann **unmöglich** werden, wenn das zu liefernde Programm innerhalb von ein bis zwei Jahren veraltet und (im Prozess) nach Jahren Erfüllung angeboten wird.[211]

Kann nur der Schuldner aus subjektiven Gründen (**Unvermögen**) die Leistung nicht erbringen, haftet er nach den allgemeinen Grundsätzen aus Nichterfüllung, da er mit Vertragsabschluss stillschweigend eine Garantie für sein Leistungsvermögen übernimmt.[212] Ein formularvertraglicher Ausschluss der Anbieterhaftung für anfängliches Unvermögen ist wegen Verstoßes gegen § 9 Abs. 2 Nr. 2 AGBG unwirksam.[213] Die subjektive Leistungsfähigkeit des Anbieters wird vom Kunden als selbstverständlich vorausgesetzt und ist deshalb kein Gegenstand zulässiger Freizeichnung.

1112

4.2 Rechtsfolgen der Unmöglichkeit

Der auf eine von Anfang an **objektiv** unmögliche (von niemand zu erbringende) Leistung gerichtete Vertrag (anfängliche Unmöglichkeit) ist **grundsätzlich nichtig** (§ 306 BGB). Der § 440 BGB ist nicht anwendbar. Beide Vertragspartner werden von ihren vertraglichen Verpflichtungen

1113

---

[211] OLG Frankfurt/Main, CR 1997, 734.
[212] Palandt/Heinrichs § 306 Rn. 9.
[213] OLG Frankfurt/Main, Urteil vom 23. 11. 1983 – 21 U 236/82, DV-R 2, 124f.

frei. Der **Anbieter** ist allerdings schadensersatzpflichtig, wenn er von der Unmöglichkeit **Kenntnis hatte** oder haben musste (§ 307 Abs. 1, BGB, ein Fall einer gesetzlich anerkannten c.i.c.), so etwa, wenn er ein absolut fehlerfreies Programm verspricht. Zu ersetzen ist der Vertrauensschaden (negatives Interesse), nicht das Erfüllungsinteresse. Außerdem bestehen Schadensersatzansprüche in den Sonderfällen der §§ 437, 538 Abs. 1 1. Alt. und 459 ff. BGB (bei objektiv nicht zu beseitigenden Mängeln/herstellbaren Eigenschaften unter Zusicherungshaftung).

1114 Liegt ein **Rechtsmangel** vor (etwa Fehlen eines Vertriebsrechts des Verkäufers und damit Unmöglichkeit der Einräumung von Vervielfältigungsrechten), bleibt der Vertrag dennoch **wirksam** (§ 437 Abs. 1 BGB). Der § 306 BGB greift aber ein, wenn etwa ein generell nicht übertragbares Recht veräußert werden soll, z. B. ein Urheberpersönlichkeitsrecht.

Ist nur allein der Anbieter zur Leistung nicht in der Lage (anfängliches **persönliches Unvermögen**), so bleibt die Verpflichtung des Anbieters hingegen in jedem Fall aufrechterhalten (bei Rechtsmängeln gelten die §§ 437, 440 Abs. 1 BGB; s. Rn. 1146), so dass der Schuldner zur Leistung verpflichtet bleibt bzw. für das Erfüllungsinteresse haftet.[214] Hier handelt es sich um sein rein persönliches Risiko einzuschätzen, ob er die vertragliche Verpflichtung zur Erfüllung einer Leistung eingehen kann oder nicht. Der Käufer hat die Rechte auf Schadensersatz wegen Nichterfüllung, Rücktritt vom Vertrag oder die Rechte aus § 325 BGB. Die Verkäuferhaftung aus anfänglichem Unvermögen setzt kein Verschulden voraus.[215] Es besteht also insoweit eine **Garantiehaftung** des Schuldners bei anfänglichem Unvermögen.

1115 Tritt die objektive **Unmöglichkeit nach Vertragsabschluss** ein, trägt der Anbieter ebenfalls das Vertragserfüllungsrisiko, sofern er das Eintreten der Unmöglichkeit zu **vertreten** hat. Es entsteht Ersatzhaftung auf das positive Interesse (§ 280 BGB). Bei gegenseitigen Verträgen hat der Gläubiger das **Wahlrecht aus § 325 BGB**:

– **Rücktritt** (§ 325 Abs. 1 Satz 1 1. Alt BGB);
– **Rechte aus § 323 BGB** (Verweigerung der Gegenleistung nach §§ 323 Abs. 1, Rückforderung nach § 323 Abs. 3 BGB (i. V. m. § 818 BGB) oder Herausgabe des stellvertretenden commodum (z. B. Versicherungssumme oder Verkaufserlös) nach §§ 323 Abs. 2, 281 BGB;

---

[214] Siehe etwa BGH, NJW 1960, 720; BGH, MDR 1963, 404.
[215] BGHZ 8, 222, 231; 11, 16, 22; 85, 267.

– **Schadensersatz wegen Nichterfüllung** (§ 325 Abs. 1 Satz 1 BGB) bei Haftung auf positives Interesse.

Die Rechte aus § 325 BGB stehen dem Gläubiger auch im Falle von teilweiser Unmöglichkeit zu, sofern die teilweise Erfüllung des Vertrages für ihn kein Interesse hat (§ 325 Abs. 1 Satz 2 BGB). Dies gilt auch dann, wenn etwa im Falle von Typenkombinationsverträgen Unmöglichkeit im werkvertraglichen Vertragsteil auftritt, nicht aber in den übrigen Vertragsteilen.[216]

Kann der Lieferant aus Umständen, die jedenfalls nicht vom Leasingnehmer zu vertreten sind, die Leasingsache nicht liefern, entfällt (wie bei Wandlung) die Geschäftsgrundlage des dem nicht erfüllten Erwerbsvertrag zugrunde liegenden Leasingvertrages.[217] Der Leasingnehmer hat das Kündigungsrecht aus § 542 BGB.

Muss der **Schuldner die Unmöglichkeit nicht vertreten**, wird er gemäß § 275 BGB von seiner Leistungspflicht frei, muss aber ein erlangtes stellvertretendes commodum herausgeben (§ 281 BGB). Auch bei gegenseitigen Verträgen erfolgt Befreiung von der Gegenleistung (§ 323 Abs. 1 BGB).

Für **nachträgliches Unvermögen** muss der Verkäufer ebenfalls einstehen (§ 275 Abs. 2 BGB), bei Leistung aus einer Gattung sogar verschuldensunabhängig, solange noch ein Vorrat existiert (276 BGB). Dies gilt etwa, wenn die Erfüllung der Software-Lieferung aus Kaufvertrag durch Zeitablauf unmöglich wird, wobei der Anbieter bei Vertretenmüssen seinen Kaufpreisanspruch verliert.[218] Bei Gattungsschuld bleibt der Schuldner zur Leistung aus der Gattung verpflichtet (§ 279 BGB).

Anderes gilt, wenn die Unmöglichkeit von keiner Seite zu vertreten ist; dann wird der Schuldner von seiner Leistungspflicht frei (s. § 275 BGB), verliert bei gegenseitigem Vertrag aber – wie der Vertragspartner – den Anspruch auf die Gegenleistung (§ 323 Abs. 1 BGB). Liegt auf Gläubigerseite Vertretenmüssen vor, bleibt der Gläubiger zu seiner Gegenleistung verpflichtet.

---

[216] Siehe (außerhalb des EDV-Rechts) AG Heine-Wanne, NJW 1998, 3651.
[217] BGH, WM 1985, 1447; vgl. Graf v. Westphalen, Leasingvertrag, Rn. 387f.
[218] OLG Frankfurt/Main, Urteil vom 4. 7. 1997 – 24 U 215/95, CR 1995, 734 = NJW 1998, 84 (für rasch veraltetes Programm, das hierdurch grundlegend seinen Charakter verändert habe).

5. Mangelhafte Leistung

1116 Leistungsmängel gehören zu den häufigsten Anlässen für EDV-bezogene Rechtsstreitigkeiten. Zunächst ist auf den Begriff des Mangels eines Systems oder einzelner Systemkomponenten in Abgrenzung zu sonstigen Leistungsstörungen einzugehen (s. Rn. 1118). Anschließend werden typische Mängel von Systemen (Rn. 1164), Hardware (Rn. 1167) und Software (Rn. 1175) sowie Dokumentationen (Rn. 1189) zusammengestellt und in rechtlicher Wertung knapp erläutert. Anschließend werden die Gewährleistungsrechte für die gesetzlichen Vertragstypen Kauf, Miete und Werkvertrag, nämlich Nachbesserung, Nachlieferung, Wandlung, Kündigung, Minderung und Schadensersatz mit Hinweisen für einen entsprechenden Prozessvortrag erläutert, ebenso die Abgrenzung Gewährleistung – Garantie (Rn. 1196). Checklisten wurden für die einzelnen Ansprüche in der notwendigen Prüfreihenfolge zusammengestellt.

5.1 Begriff des Mangels eines Systems oder einer Systemkomponente

1117 Der Begriff des Mangels, genauer des Sachmangels (also des **gebrauchs-beeinträchtigenden Fehlers an Sachen oder Werken**), ist für den gesamten Bereich des Gewährleistungsrechts zentral definiert, während der Begriff des „Rechtsmangels" mit Nichterfüllungsansprüchen verknüpft ist (§§ 434, 440 Abs. 1 BGB, s. Rn. 1146) und insbesondere im Rahmen des EDV-Rechts vor allem mit Schutzrechten, v. a. mit dem Urheberrecht verbunden ist und etwa bei Fehlen eines Verbreitungsrechts („Vertriebsrechts") relevant wird (s. Rn. 1535).

Nur eine Leistung, die einen Sachmangel aufweist, kann Gewährleistungsrechte des Kunden begründen. Wesentlich für die Durchsetzung von Gewährleistungsrechten ist also sowohl zunächst außergerichtlich als auch später im Prozess die Feststellung, ob ein Mangel vorliegt. Hier treten nun EDV-typische Probleme auf, einmal bei der Abgrenzung und konkret nachprüfbaren („substantiierten") Darlegung der Mängel[219], zum anderen bereits bei der Zuordnung technikspezifischer Fehlerzustände zu bestimmten Leistungen. Das Spektrum der Leistungen im EDV-Bereich ist sehr vielgestaltig. Hardware-Erwerb und Software-Überlassung oder -Erstellung, aber auch Beratung und Schulung, Customizing und Wartung/Pflege, Outsourcing und Business Reengineering weisen sehr unterschied-

---

[219] Wird im Folgenden von „Mängeln" gesprochen, sind regelmäßig Sachmängel gemeint. Ist von Rechtsmängeln die Rede, wird dies kenntlich gemacht.

liche Leistungsbilder auf, die in ihrer vertragsregulativen „Tiefenschärfe"
zudem weitgehend davon abhängen, wie konkret die Vertragsparteien die
jeweiligen Leistungen als vertraglich vereinbarten oder jedenfalls vorausgesetzten Gebrauch (s. Rn. 1121) spezifiziert haben bzw. welcher
„gewöhnliche", weniger spezifische Gebrauch (s. Rn. 1125) feststellbar ist
(von dem aus zumeist auch weniger Abweichungen möglich sind als von
konkret beschriebenen besonderen Gebrauchsformen). Die rasch fort-
schreitende technische Entwicklung erschwert zusätzlich die Ausbildung
typischer und tradierbarer Leistungsbilder, an die bei der Vertragsgestaltung angeknüpft werden könnte. Dementsprechend vielfältig und einem
Wandel unterworfen sind auch die jeweiligen Vertragsgestaltungen und
Mängeltypen.

Die Darstellung versucht, dieser Vielfalt zumindest ansatzweise durch
Verwenden einer Grobeinteilung Rechnung zu tragen. Mängel werden
aufgeschlüsselt als solche der Hardware und des Systems, der Software
und der Dokumentation/Bedienungsanleitung. Die Kategorie der „Mängel
des Systems" wird für Fehler gebildet, die den Gebrauch eines vertragsgegenständlichen Systems beeinträchtigen, ohne immer eindeutig einer
Komponente wie Hardware oder Software zugeordnet werden zu können
und zu müssen. Natürlich lässt sich eine solche Einteilung weiter ver-
ästeln, jedoch um den Preis der Übersichtlichkeit. Auch wird versucht, die
einschlägigen Urteile nicht nur in einer endlosen Kette einfach aufzulisten,
sondern auch in ihrer Aktualität und inhaltlichen Relevanz zu gewichten.
Im Leserinteresse erschien es außerdem vorteilhafter, nicht nur eine Auswahl aktueller Urteile zusammenzustellen, sondern auch die ältere einschlägige Rechtsprechung darzustellen, jedoch anzumerken, wenn sich
Problemstellungen verschoben haben.

Im Einzelfall kann streitig sein, ob eine bestimmte **Leistung mangelhaft**   1118
erbracht oder teilweise nicht erfüllt wurde. Nach einem Abgrenzungskrite-
rium liegt Verzug vor, wenn die Nichtlieferung die übrigen Leistungsteile in
ihrer Funktionsfähigkeit nicht beeinträchtigt.[220] Ansprüche aus teilweiser
Nichterfüllung können etwa dann bestehen, wenn die Vertragsparteien über-
einkommen, dass eine (erneute) spätere Lieferung des Programms erfolgen
soll. Nichterfüllungsansprüche scheiden jedoch dann aus und es bleibt bei
Gewährleistungsansprüchen, wenn der Kunde die vollständige Lieferung des
Systems schriftlich bestätigt, so dass keine Erfüllungsansprüche mehr bestehen. Generell ist aber für den Kunden die Anspruchsdurchsetzung in der

---

[220] OLG Frankfurt/Main, Urteil vom 15. 4. 1988 – 16 U 262/87, DV-R 4, 106.

Erfüllungsphase wesentlich einfacher, auch hinsichtlich der Beweislastverteilung (zulasten des Anbieters), so dass die Abgrenzung eine genauere Darstellung gerade auch für die Vertragspraxis rechtfertigt.

5.1.1 Abgrenzung zwischen „Mangel" und „Fehler"

1119 Technische Eigenschaften von Systemen und Abweichungen von diesen Eigenschaften sind für den Kunden nicht als solche, sondern genau dann relevant, wenn er das System aufgrund dieser Abweichung, also des Fehlers nicht mehr (voll) in der vereinbarten Weise nutzen kann oder das System seinen Wert (teilweise) verliert. Dies führt im Vertragsrecht des BGB zur **Definition** des **Mangels** als **jede nicht unerhebliche (negative) Abweichung der Systemeigenschaften im Wert oder der (Funktions-) Tauglichkeit vom vertraglich vereinbarten, vorausgesetzten oder vom gewöhnlichen Gebrauch** (s. § 459 Abs. 1 BGB). Entscheidend ist somit zunächst eine subjektive Komponente, nämlich die Festlegung der Vertragparteien, und erst ergänzend eine objektive Komponente, nämlich die Verkehrsauffassung zu einem herausgebildeten gewöhnlichen Gebrauch.

Eine der fundamentalen Unterscheidungen im EDV-bezogenen Gewährleistungsrecht ist diejenige zwischen „Fehlern" und „Mängeln": Einige Fehler beeinträchtigen Gebrauchseigenschaften nicht nur unwesentlich und sind deshalb als Gewährleistungsrechte begründende Mängel einzustufen. Andere Fehler wirken sich nicht auf die Gebrauchstauglichkeit nach dem Maßstab des konkreten Vertragsverhältnisses aus[221] und stellen deshalb auch keine Mängel dar.[222]

Die Abweichungen vom vertraglich geschuldeten Gebrauch müssen andererseits nicht notwendig technische Defizite darstellen, sondern können sich allein in der Abhebung von den vereinbarten (oder vertraglich vorausgesetzten) Eigenschaften bestimmen.

Beispiele:
Zu geringe Speicherkapazität[223] oder zu geringe Arbeitsgeschwindigkeit eines Systems für eine vertraglich vorausgesetzte Anwendung, etwa im

---

[221] So mag es für marktübliche Anwendungen im Buchhaltungsbereich keine Rolle spielen, ob das Programm z. B. rationale Zahlen ab der achten Kommastelle nicht mehr arithmetisch richtig darstellt. Bezüglich der vertraglich vorausgesetzten Anwendung wird die Gebrauchsfähigkeit nicht (oder jedenfalls nur „unerheblich" im Sinne von § 459 Abs. 1 BGB beeinträchtigt).

[222] Ähnlich zur Abgrenzung s. Redeker, CR 1993, 193, 195.

[223] BGH, Urteil vom 23. 6. 1992 – X ZR 92/90, NJW-RR 1993, 178; OLG Köln, Urteil vom 8. 5. 1992 – 19 U 234/91, VersR 1992, 880; s. OLG Stuttgart, CR 1987, 230; OLG Düsseldorf, Urteil vom 22. 9. 1995 – 22 U 35/95, CR 1996, 89.

CAD-Bereich; **Fehlen einer Endlos-Formularführung** bei einem Büro-computersystem[224] oder eine Inkompatibilität einer Komponente zu anderen vereinbarten Komponenten. Das System ist als solches, also technisch, durchaus fehlerfrei und funktioniert einwandfrei, arbeitet aber nicht wie vereinbart. Hierin liegt (gewährleistungs-)rechtlich der Mangel, der aber die technische Funktionsfähigkeit der Komponente oder des Systems unberührt lässt (so genannter subjektiver – besser: intersubjektiver – Fehler/Mangelbegriff).[225]

Die Unterscheidung zwischen „Fehler" und „Mangel" hat in der Praxis unmittelbare Auswirkungen, etwa wenn Gewährleistungsansprüche für den Prozessvortrag zu substantiieren sind: Eine Mängelrüge ist dann unsubstantiiert (also nicht überprüfbar), wenn der Kunde einfach nur vorträgt, eine Software sei mangelhaft, weil sie in einer bestimmten Datenfeldbeschreibung von einer DIN-Norm abweiche. (Zu solchen Abweichungen von DIN-Normen s. Rn. 1135.) Dies allein reicht noch nicht aus, um die Mangeldefinition zu erfüllen. Im nächsten Schritt muss zusätzlich vorgetragen und unter Beweis gestellt werden, dass diese Abweichung sich auch konkret auf die Gebrauchsfähigkeit des Programms (oder Systems) auswirkt und in welcher Form diese negative Auswirkung (durch einen Sachverständigen) feststellbar ist. Der Kunde wird nur dann bestehende Gewährleistungsrechte erfolgreich durchsetzen und der Anbieter unberechtigte Ansprüche nur abwehren können, wenn diese rechtlichen Unterschiede im Sachvortrag hinreichend beachtet werden.

Unschädlich kann es aber sein, wenn ein Fehler bei der Überprüfung durch den Sachverständigen nur einmal auftritt, jedoch entsprechende Mängel unstreitig alsbald nach Lieferung gerügt wurden.[226] Entscheidend

---

[224] Siehe OLG Frankfurt/Main, Urteil vom 23. 11. 1982 – 5 U 69/82, DV-R 2, 94.

[225] Auf der Ebene der Technik von EDV-Systemen wird häufig differenzierter unterschieden: Der „Fehler"begriff referiert hiernach zunächst allgemein eine „Abweichung von der Erwartung" (Fehler im Sinne von „Error"), unterscheidet dann aber (gemäß IEEE Std. 610.12) zwischen „Nonconformity"/ „Defect" als „Nichterfüllung der Spezifikation durch Ausfall (d. h. den Verlust der – vorher vorhandenen – Fähigkeit eines Systems, die geforderte Funktion zu erfüllen, also den Übergang von einer korrekten Funktion zu einer fehlerhaften oder ‚Fault'" einerseits und „Fault" selbst andererseits als „Abweichung der tatsächlichen von der für die Erfüllung der Spezifikation erforderlichen Ausführung des Systems (Bug) als Folge einer menschlichen Fehlhandlung (Mistake)", wobei schließlich noch zwischen dem erwähnten „Defect" und dem Versagen des Systems aufgrund des Defektes in der Benutzung unterschieden wird (s. DQG, Zuverlässigkeit, 31 f.). Diese Differenzierung deckt sich nicht mit der Aufteilung in technisch-objektive und subjektive Komponente, sondern gründet in Überlegungen zur statistischen „Zuverlässigkeitsmodellierung". Für Zwecke der gewährleistungsrechtlichen Prüfung ist hingegen immer auf das Vorliegen einer beweisbaren Gebrauchsbeeinträchtigung abzustellen.

[226] LG Frankfurt/Main, Urteil vom 17. 10. 1984 – 3/30 230/83, DV-R 3, 185.

ist aber auch hier der Sachvortrag zu der Frage, worin konkret die negative Abweichung vom vertraglich geschuldeten Gebrauch besteht, nicht jedoch etwa der erforderliche Beseitigungsaufwand.[227] Die Beeinträchtigung kann entfallen, wenn der Fehler nicht erneut auftritt; andererseits kann eine **beweisbare Fehleranfälligkeit** selbst eine Gebrauchsbeeinträchtigung darstellen.

5.1.2 Vereinbarte, vorausgesetzte und gewöhnliche Gebrauchseigenschaften als Vergleichsmaßstab

Zu prüfen ist, welche Gebrauchstauglichkeit aus Vertrag geschuldet war. Ausgangspunkt sind Eigenschaften, die vertraglich vereinbart oder jedenfalls vertraglich vorausgesetzt wurden, ergänzend bei Fehlen solcher konkreten Vereinbarungen zu Gebrauchseigenschaften die gewöhnlich geschuldeten Eigenschaften.

1120 **Vertraglich vereinbart** sind diejenigen Gebrauchseigenschaften des Systems, die im Vertrag ausdrücklich festgelegt werden, etwa durch Definition oder Bezugnahme auf Definitionen, Begriffe oder Normen, die sich aus dem jeweils aktuellen Stand der Technik und Wissenschaft ergeben. Dessen Einhaltung ist grundsätzlich als Leistungsstandard vom Anbieter geschuldet, sofern er eine bestimmte Leistung als Vertragsinhalt erbringt. Hierbei ist nicht erforderlich, dass diese Einhaltung ausdrücklich zugesichert wird. Die Vereinbarung kann aber zugleich eine Zusicherung der jeweiligen Eigenschaft darstellen.[228]

1121 **Vertraglich vorausgesetzt** sind die nicht ausdrücklich bezeichneten Eigenschaften, die sich aber unmittelbar aus dem vorgesehenen Anwendungszweck ergeben. Hier treten freilich bereits größere Unsicherheitsspielräume auf. Der vertraglich vorausgesetzte Gebrauch legt ein bestimmtes Anforderungsniveau fest, das nicht unbedingt dem jeweils neuesten und höchsten Stand der Technik entsprechen muss. Hier wird die Differenz zu einer rein objektiven Sichtweise erkennbar: Ein Prozessor mag zwar nach objektiven Kriterien nicht der schnellste sein; deswegen muss er aber noch nicht für den vertraglich vorausgesetzten Gebrauchszweck untauglich sein (z. B. tauglich für Textverarbeitung, aber nicht für 3-D-Grafikprogramme). Entscheidend ist allein, welche Leistungsinhalte

---

[227] OLG Stuttgart, Urteil vom 29. 10. 1986 – 3 U 88/86, CR 1988, 296.
[228] Etwa die Vereinbarung der Kompatibilität von Hardware und Software zu Fremdsoftware (OLG Saarbrücken, Urteil vom 31. 5. 1990 – 1 U 21/90, CR 1990, 713); zur Zusicherungshaftung s. Rn. 1267.

beide Vertragsparteien (etwa als „Zielvorstellungen des Anwenders"[229]) vereinbarten bzw. ihrer Vereinbarung (auch stillschweigend) zugrunde legten. **Verschiedene Vertragsparteien können also bezüglich der glei**chen **Software** unterschiedliche **Gebrauchsweisen und damit auch Mängelmaßstäbe vertraglich vereinbaren oder voraussetzen.** Zur Darlegung der Sollbeschaffenheit wurde es als ausreichend angesehen darzulegen, dass das Fehlen bestimmter Eigenschaften in einer für einen Dritten ohne weiteres einsichtigen Weise als mit dem normalen Standard unvereinbar ist.[230]

Derart zugrunde gelegt werden können freilich nur solche Vorstellungen des Kunden, die dieser gegenüber dem Anbieter deutlich zum Ausdruck bringt.[231] Diese Vorstellungen müssen nicht mit Eigenschaften identisch sein, sondern können auch Grundlage für (u. U. erst noch anbieterseitig) zu treffende Feststellungen sein. Ist etwa bekannt, welches Personal an einem Rechner arbeiten soll, müssen die Programme entsprechend einfach bedienbar sein.[232] Weiter muss der Anbieter z. B. aus der Menge der Kunden- und Warenlagerartikeldaten die erforderliche Speicherkapazität errechnen und hiermit den vertraglich vorausgesetzten Gebrauch bestimmen[233], allerdings nur, wenn und soweit ihm diese Daten vom Kunden mitgeteilt werden. Der Aufwand für diese Analyse muss sich aber seinerseits im vertretbaren Umfang halten. Grenzen sind etwa erreicht, wenn für Data-Warehouse-Konzepte die hardwaremäßigen Voraussetzungen festgelegt werden sollen, da hier nicht allein die bloße Anzahl der Daten maßgeblich ist, sondern auch Art und Anzahl der **Verknüpfungen** zwischen Datentypen.[234]

Hat der Kunde selbst – dem Anbieter erkennbar – einen hohen Wissensstand, erhöhen sich für ihn auch die Anforderungen an die durch ihn erfolgende Beschreibung seiner Erwartungen und darf der Anbieter größere

---

[229] OLG Köln, Urteil vom 18. 9. 1990 – 15 U 90/88, MRC 1990 Nr. 6

[230] KG, Urteil vom 22. 11. 1994 – 18 U 7070/93, CR 1995, 151 – womit letztlich auf die Objektivierung im Sinne des gewöhnlichen Gebrauches zurückgegriffen wird.

[231] Siehe etwa OLG Köln, Urteil vom 26. 10. 1990 – 19 U 28/90, CR 1991, 154 f.; zur Abgrenzung von bloßen Einsatzzwecken s. etwa Brandi-Dohrn, CR 1993, 473.

[232] AG Oberkirch, Urteil vom 6. 2. 1985 – C 154/84, DV-R 3, 316. Dies kann aber wohl nur in Fällen gelten, in denen Qualifikations- und Erfahrungsniveau der Mitarbeiter des Kunden dem Anbieter mitgeteilt werden. Den Anbieter trifft keine entsprechende allgemeine Erkundigungspflicht.

[233] OLG Köln, Urteil vom 26. 10. 1990. a. a. O.

[234] Die Entscheidung des OLG Köln, a. a. O. bezog sich noch auf einen Rechner mit 10-MB-Festplatte. Der Vertrag wurde 1985 abgeschlossen. 1998/1999 weisen marktübliche PC bereits 64 oder 128 MB als Arbeitsspeicher auf. Da die Anwendungen aber zumeist schnell mit dem Speicherzuwachs wachsen, bleibt die Problematik grundsätzlich aktuell.

Genauigkeit in der Beschreibung von Leistungsmerkmalen erwarten und sinken zugleich die Anforderungen an anbieterseitige Hinweispflichten bei Vertragsverhandlungen und während der Vertragsdurchführung. Der **dem Anbieter erkennbare Wissensstand** des Kunden bestimmt so mittelbar auch die vertragliche Festlegung der Gebrauchseigenschaften und insbesondere den Grad der Präzisierung dieser Eigenschaften.

Nicht alle vor Erwerb besprochenen Anforderungen an ein EDV-System werden allerdings auch Vertragsbestandteil[235] und legen damit auch nicht den vertraglich geschuldeten Gebrauch fest. Der Kunde muss also darlegen und beweisen, dass eine bestimmte Eigenschaft vereinbart oder vertraglich vorausgesetzt war.

Abweichungen von geschuldeten Gebrauchseigenschaften begründen keine Gewährleistungsrechte, wenn sie **dem Käufer** bei Vertragsschluss **bekannt waren** oder aufgrund grober Fahrlässigkeit unbekannt blieben (§ 460 BGB). Im letzteren Fall haftet der Anbieter nur bei Zusicherung der Mängelfreiheit oder arglistigem Verschweigen des Mangels. Waren für den Kunden also etwa bestimmte, anlagenbedingte Leistungs- und Komforteinschränkungen eines Systems (bei Vertragsabschluss) **erkennbar**, stellen sie keinen Gewährleistungsrechte begründenden Mangel im Sinne von § 459 Abs. 1 dar.[236] Vielmehr ist auf dieser Grundlage überhaupt erst die Leistung festgelegt worden.

1122 Bei komplexen Vertragsgegenständen wie EDV-Anlagen bzw -Systemen dienen die vom Verkäufer dem Kunden zugänglich gemachten **Produktbeschreibungen** unmittelbar der Festlegung (der gebrauchswesentlichen Eigenschaften) des Kaufgegenstandes und umschreiben den vertraglich vorausgesetzten Gebrauch (beinhalten allerdings als solche nicht notwendig auch Zusicherungen; zur Zusicherungshaftung s. Rn. 1267). Einschränkungen dieser Festlegungen muss der Verkäufer deutlich machen und hierüber Einigung mit dem Kunden herbeiführen.[237] Zum vertraglich vorausgesetzten Gebrauch kann etwa bei einem **Prozessdatenterminal** auch die Auslegung des Geräts oder dessen Absicherung gegen besondere Umweltbedingungen wie hohe Temperatur, Staub und Gase gehören.[238]

---

[235] LG Köln, Urteil vom 12. 4. 1995 – 20 S 17/94, BB Beil. 16, 1996, 9 (allein das Fragen nach einer Eigenschaft muss diese dem Anbieter noch nicht als ausschlaggebend erscheinen lassen).

[236] So OLG Düsseldorf, Urteil vom 17. 10. 1985 – 6 U 49/95, CR 1987, 173 (Kenntnis oder jedenfalls Inkaufnehmen der Einschränkung). Möglich ist auch eine schlichte Leistungsbestimmung (im Sinne von § 8 AGBG).

[237] KG Berlin, Urteil vom 24. 1. 1985 – 22 U 5919/83, CR 1986, 643 = DV-R 3, 41, 43.

[238] LG Nürnberg-Fürth, Urteil vom 6. 12. 1984 – 1 HKO 7228/82, DV-R 3, 268 ff.

Dies gilt für den gesamten Bereich des Einsatzes von Rechnern im Fabrikationsbereich, aber auch bei bestimmten Anwendungen im wissenschaftlich-technischen oder medizinischen Bereich.

Stellt bei **Leasing** der Leasinggeber keine Produktbeschreibung für die Leasingsache zur Verfügung, in der die Funktionen des Programms in übersichtlicher, für den Kunden verständlicher Form dargestellt werden, darf der Kunde davon ausgehen, dass das Programm die im Laufe der Vertragsverhandlungen mit dem Lieferanten besprochenen und gemeinsam akzeptierten Funktionen erfüllt.[239]

Teil der Herbeiführung des vertraglich vorausgesetzten Systemgebrauches ist grundsätzlich die Ausstattung des Systems mit ausreichender **Speicherkapazität** für die vorausgesetzte Anwendung. Der Anbieter muss aber (aus wirtschaftlichen Gründen) nicht eine **Überkapazität** schaffen, die allen denkbaren, auch nur entfernt vorstellbaren späteren Ergänzungswünschen des Kunden Rechnung trägt.[240] Auch für die zu erwartende **Erweiterung** ist zunächst nach den vertraglich vorausgesetzten und bei deren Fehlen nach den üblichen Erweiterungsmerkmalen zu fragen. Die vertraglich vorausgesetzten Erweiterungsmerkmale können hierbei extensiver sein als die üblichen und umgekehrt.

Kein Systemmangel liegt vor, wenn ein vorhandener **Laserdrucker**, der   1123
in ein zu installierendes Netzwerk einbezogen werden soll, nicht von allen Arbeitsplätzen aus anzusteuern ist, zumal, wenn jeder Arbeitsplatz mit einem eigenen Drucker ausgerüstet ist.[241] Der Drucker weist hier keinen technischen Defekt auf. Im Streit war vielmehr die aus dem konkreten Vertrag geschuldete Auslegung der Anbindung an das Netz (Connectivity), wobei verschiedene Realisierungsvarianten möglich sind. Der Kunde trägt bei verschiedenen Ausgestaltungsvarianten grundsätzlich das Risiko, die Leistung selbst ausreichend präzise festzulegen. Allerdings kann der Anbieter insoweit hinweis- bzw aufklärungspflichtig sein, wenn er erkennt, dass der Kunde unklare Angaben macht.[242]

Auch ein **technisch einwandfreies System** kann, wie ausgeführt, im   1124
gewährleistungsrechtlichen Sinne **mangelhaft** sein, wenn es sich nicht zum vertraglich vorausgesetzten (oder gewöhnlichen) Gebrauch eignet.[243]

---

[239] LG Frankfurt/Main, Urteil vom 4. 11. 1986 – 2/8 S 83/86, DV-R 4, 285.
[240] BGH, Urteil vom 24. 6. 1986 – X ZR 16/88, WM 1986, 1255, 1257.
[241] OLG Düsseldorf, Urteil vom 19. 5. 1995 – 22 U 118/94, CR 1995, 600, 602.
[242] Dieser Hinweis ist noch nicht mit einer sich anschließenden Beratung gleichzusetzen (zu Beratungspflichten des Anbieters s. Rn. 199).
[243] LG Siegen, Urteil vom 21. 6. 1971 – 2 O 167/69, DV-R 1, 27.

Von Bedeutung können etwa **Außenbedingungen des Systems** oder der Anwendung sein, abzuschirmende Umwelteinflüsse oder Änderungen im organisatorischen oder rechtlichen Rahmen. Ein Mangel kann z. B. vorliegen, wenn das System nur Krankenschein-Aufkleber erstellt, die von der Krankenkasse nicht anerkannt werden, und das Merkmal der Verwendungsfähigkeit der Aufkleber bei den Krankenkassen zum vertraglich vorausgesetzten Gebrauch gehört.[244] Dasselbe System kann in sehr unterschiedlichen Außenbedingungen eingesetzt werden. Ob es hierfür jeweils tauglich ist, bestimmt sich einerseits durch technische Parameter (etwa besondere Abschirmung von in Werkhallen einzusetzenden Rechnern), andererseits und wesentlich von dem vertraglich vereinbarten/vorausgesetzten Gebrauch her, der Systemgebrauchseigenschaften und Außenbedingungen unterschiedlich verknüpfen kann.

Bei zu erstellender **Software** ergibt sich der vertraglich vorausgesetzte Gebrauch aus der Beschreibung des Zielstatus im Pflichtenheft, bei Standardsoftware hingegen aus den zumeist anbieterseits beigefügten Produktbeschreibungen (wobei viele der beschriebenen Eigenschaften mittlerweile selbst marktübliche Produktmerkmale darstellen und damit auch bei Fehlen einer Beschreibung dem vereinbarungsunabhängig geschuldeten Bereich des gewöhnlichen Gebrauches zuzurechnen sind).

1125 Als „**gewöhnliche**" (im nichtpejorativen Sinne) gemäß § 459 Abs. 1 BGB können diejenigen **Gebrauchseigenschaften** gelten, die am Markt bei Systemen oder Komponenten allgemein erwartet werden dürfen. Auf diese Eigenschaften ist immer dann zurückzugreifen, wenn spezifizierende Vereinbarungen fehlen und sich auch nicht durch Auslegung ein vertraglich vorausgesetzter Gebrauch feststellen lässt[245], vorausgesetzt freilich, dass sich ein solcher in der Praxis ausgebildet hat. Der gewöhnliche Gebrauch ist beschreibbar durch objektive technische Qualitäten bzw. marktübliche Leistungsmerkmale eines Systems.

Der übliche bzw. gewöhnliche Gebrauch lässt sich (soweit ausgebildet) meist aus der Produktübersicht oder Bedienungsanleitung[246] bzw. aus dem

---

[244] Vgl. BGH, Urteil vom 5. 10. 1981 – VIII ZR 259/80, NJW 1982, 696 = DV-R 2, 80 für Systemmiete. Aus dieser Entscheidung folgt freilich nicht, dass Anbieter generell für das Verhalten Dritter (Akzeptanz von Ergebnissen der DV-Abläufe) einstehen müssen. Vielmehr ergab sich die Eignung der Ausdrucke als akzeptierter Krankenscheinaufkleber bereits aus der konkreten Leistungsbeschreibung. Damit lag jedenfalls eine Abweichung vom vertraglich vorausgesetzten Gebrauch vor, wobei es nur von sekundärer Bedeutung ist, ob man diese Abweichung als „Umweltfehler" bezeichnen will.

[245] LG Siegen, Urteil vom 21. 6. 1971, a. a. O.

[246] OLG Düsseldorf, Urteil vom 4. 11. 1983 – 14 U 141/83, IuR 1986, 360.

Leistungsstandard konkurrierender Programme ableiten[247]. Die gewöhnliche Beschaffenheit eines Programmes soll sich jedoch nicht aus der Strukturierung vergleichbarer Programme ableiten lassen.[248] Hinzukommen muss wohl, dass diese Strukturen der anderen Programme **marktüblich** sind. Generell muss ein Programm in seinen zentralen Funktionen dem Stand der Technik entsprechen.[249] Funktionen müssen z. B. so realisiert sein, dass ein effektives Arbeiten möglich ist.[250] **Technische Standards** legen zumindest teilweise gewöhnliche Gebrauchseigenschaften fest, so etwa die Kompatibilität von Anwendungssoftware zu bestimmter Systemsoftware, die Einhaltung von DIN-Normen und der Vorschriften etwa der BildschirmarbeitsplatzVO. Ebenso kann dazu gehören, dass Software auf Virenfreiheit geprüft ist oder Buchhaltungssoftware den (im Verkaufszeitpunkt) aktuellen Umsatzsteuersatz bucht.[251]

Für **Hardware** kann zumeist der Rückgriff auf Merkmale des gewöhnlichen Gebrauchs genügen, wenn die Komponenten nicht unter besonderen, also anwendungsspezifischen Bedingungen einzusetzen sind. Ein Beispiel ist der 1994/95 häufig diskutierte Fehler im Pentium-Chip, der zu gravierenden Rundungs- und Rechenfehlern führte. Hier kommt es nicht auf besondere Vereinbarungen an; der Chip muss in jeder Anwendung im Rahmen des Üblichen richtig rechnen (also innerhalb der üblicherweise in vorhandenen Tabellenkalkulationsprogrammen verwendeten Kommastellen). Freilich ist etwa auch bei Peripheriegeräten zu prüfen, ob sich die Gebrauchsmerkmale tatsächlich auf Hardware beziehen oder auch auf sie steuernde Hilfsprogramme (z. B. Treiberprogramme).   1126

Für **Software** hat sich, insbesondere im Bereich von standardisierten Programmen wie Office Software und Betriebssystemen, eine Palette kompatibilitätsbedingt einzuhaltender und marktüblicher Merkmale herausgebildet, die die Grundlage für einen entsprechenden üblichen Gebrauch darstellt (ohne freilich jeweils alle Merkmale abzudecken). Sowie aber individuelle Anwendungsforderungen definiert werden, müssen hierauf zielende, über den üblichen Rahmen hinausgehende Vereinbarungen getroffen werden. Soweit der Kunde **Standardsoftware** erwirbt, kann er berechtigterweise nur für einen Massenmarkt ausgerichtete, d. h. typisierte Leis-   1127

---

[247] LG Marburg, Urteil vom 3. 9. 1986 – 5 S 91/86, MRC 1986, 17.
[248] LG Oldenburg, Urteil vom 24. 4. 1991 – 12 O 204/90, BB Beil. 14, 1992, 10.
[249] LG Freiburg, Urteil vom 7. 6. 1990 – 8 O 516/88, MRC 1995, 161.
[250] LG Marburg, Urteil vom 3. 9. 1986 – 5 S 91/96, DV-R 4, 338. Was als „effektives" Arbeiten zu verstehen ist, wird sich allerdings nicht allein aus marktüblichen Einsatzbedingungen rekonstruieren lassen.
[251] Redeker, a. a. O., CR 1993, 193, 196.

tungsmerkmale erwarten, nicht aber eine individuelle Anpassung des Leistungsverhaltens des Programms auf seine Anwendungsbedürfnisse, ebenso nicht einmal durchgängige Kompatibilität zu Vorversionen der Software. Der Kunde hat grundsätzlich nur einen Anspruch darauf, eine nach objektiven Maßstäben gebrauchstaugliche Software zu erhalten, kann also nur erwarten, was als „üblich" für ein Programm gilt.[252] Der Anbieter kann sich nicht darauf berufen, dass nach dem jeweiligen Stand der Technik ein Gerät, das den berechtigten Käufererwartungen nach dem gewöhnlichen Gebrauch entspricht, nicht existiert.[253]

Für den Kunden wie den Anbieter kann es **riskant** sein, sich allein auf das Vorhandensein von Merkmalen des gewöhnlichen Gebrauchs zu verlassen. Zum einen ist nicht immer klar, ob sich ein solcher Gebrauch überhaupt herausgebildet hat. Zum anderen können diese Merkmale hinter dem vom Kunden benötigten Leistungsniveau zurückbleiben. Zumindest für alle anwendungswesentlichen Funktionen sollten deshalb unbedingt im Vertrag ausdrückliche Festlegungen getroffen werden. Zwar muss ein erfahrener Anbieter dann, wenn die Aufgabenstellung wenig genau beschrieben und kein Pflichtenheft erstellt wurde, Änderungen und Erweiterungen des Programminhalts in gewissem Umfang voraussetzen.[254] Doch können entsprechende Aufklärungs- und Beratungspflichten des Anbieters (s. Rn. 200) nicht dazu führen, dass der Anbieter dazu verpflichtet wird, alle Lücken in Leistungsbeschreibungen auf eigenes Risiko aufzuklären und auszufüllen und letztlich die Leistung für den Kunden festzulegen. Vielmehr schuldet der Anbieter, wenn der Kunde abredewidrig das Pflichtenheft nicht erstellt, sogar die **Erstellung eines Programmes** oder einer Anwendungslösung nach den Merkmalen des gewöhnlichen Gebrauchs. Hier sind Gewährleistung und Leistungsvorgaben/Pflichtenheft eng verknüpft.

1128   Aufgrund des Wettbewerbs entwickeln sich viele technische Leistungsmerkmale von EDV-Systemen derart rapide weiter, dass in manchen Bereichen für die Konsolidierung von Leistungsmerkmalen zu einem üblichen („gewöhnlichen") Gebrauch kaum Zeit bleibt. Vielmehr kann eine

---

[252] LG Köln, Urteil vom 4. 6. 1997 – 20 S 14/96, BB Beil. 4, 1998, 8. Nach dem LG Köln reicht es bei einem Fakturierungsprogramm für einen PC aus, wenn (nur) die letzten fünf Rechnungen pro Kunde (zu Informationszwecken) verfügbar gehalten werden. Das Programm brauche nicht automatisch Leerzeilen zwischen den Positionen einfügen und dürfe einen Seitenumbruch innerhalb einer Position vornehmen.

[253] OLG Köln, Urteil vom 14. 7. 1995 – 19 U 293/94, NJW 1996, 1683. Dieses Risiko muss der Verkäufer bei Vertragsabschluss prüfen und ggf. auf den Abschluss verzichten.

[254] KG Berlin, Urteil vom 1. 6. 1990 – 14 U 4283/86, CR 1990, 768, 777.

solche Konsolidierung vereinzelt sogar **Indiz für ein Veralten** der Produkte sein, das wiederum mit einer Wertminderung gleichzusetzen sein
kann. Beruft sich etwa ein Anbieter darauf, dass seine Systemsoftware seit
mehreren Jahren unverändert im Gebrauch ist, so setzt er sich zwangsläufig der wenig verkaufsförderlichen Kritik aus, die Weiterentwicklungen
der Konkurrenz nicht zu berücksichtigen und deshalb veraltete und/oder
zu teure Produkte anzubieten bzw. keine Kompatibilität zu neuen Schnittstellen wie USB oder Betriebssystemen wie Linux zu bieten.

Auch die **Mindestanforderungen** an die EDV-Komponenten hinsichtlich   1129
deren Leistungsstärke und Bedienerfreundlichkeit **entwickeln sich weiter**
und schreiben so die Merkmale auch des gewöhnlichen Gebrauchs fort.
Deshalb sollte im Vertrag vorgesehen werden, dass bei länger dauernden
Projekten anstelle vereinbarter Anforderungen nach vorheriger Absprache
weitergehende, zwischen Vertragsabschluss und Leistungserbringung her-
ausgebildete Merkmale implementiert werden. Hat der Kunde etwa in
bestimmter Weise die Ergonomie eines Arbeitsplatzes beschrieben und
treten während der Projektdurchführung strengere Normen in Kraft, so
sind diese der Leistungserbringung zugrunde zu legen. Eine Abstimmung
mit dem Kunden muss erfolgen, um den Leistungsteil mit anderen vertraglich geschuldeten oder beim Kunden bereits vorhandenen kompatibel zu
halten. Für nicht vorhersehbare entsprechende Änderungen wird der
Anbieter eine entsprechende Mehrvergütung vereinbaren wollen.

Für Software wurde vereinzelt die **Möglichkeit abgelehnt**, dass sich ein   1130
gewöhnlicher Gebrauch herausbildet, da sich der Wert eines Programmes
nach dessen individueller Leistungsfähigkeit bemesse und eine Vielzahl
von Variationsmöglichkeiten bestehe.[255] Als pauschaler Ansatz erscheint
dies in der Praxis nicht tragfähig, da zu undifferenziert. Jedenfalls bei
Standardsoftware können sich nämlich durchaus allgemein akzeptierte
und damit auch erwartete Leistungsmerkmale herausbilden, ebenso natürlich aber auch für Hardware.[256]

Andererseits kann es durchaus auch Programme in neuen Marktsegmenten   1131
geben, für die sich noch keine Formen des gewöhlichen Gebrauchs entwickelt haben, da sie zu neu sind, um eine Gewöhnung von Anwendern zu
ermöglichen. Hier können hilfsweise die Leistungsmerkmale eines Programmes (etwa aus der Produktbeschreibung) selbst als Anhaltspunkt für
einen zumindest **möglichen gewöhnlichen Gebrauch** herangezogen wer-

---

[255] OLG Stuttgart, Urteil vom 12. 9. 1985 – 7 U 240/84, IuR 1986, 364 = CR 1986, 381.
[256] OLG Celle, Urteil vom 3. 7. 1981 – 2 U 216/80, DV-R l, 77.

den. Im Umfang der üblicherweise vorzufindenden Leistungsmerkmale, die ein Programm aufweisen muss, soll es wettbewerbsfähig sein, ist grundsätzlich auch ein gewöhnlicher Gebrauch möglich.[257] Das gilt etwa exemplarisch für – allerdings preisabhängige[258] – Absicherungen von Programmen gegen Fehlbedienungen (s. Rn. 1184, Plausibilitätsprüfungen bei Dateneingaben[259] oder die Erwartung einer normalen Laufzeit[260]). Andernfalls wären von der Leserschaft von Computerzeitschriften offensichtlich als realistisch akzeptierte Software-Tests und noch weniger Gütesiegelprüfungen auch kaum möglich.

Zu beachten ist, eine Kaufsache oder ein Werk nicht generell auf die Zuordnung zum vertraglich vorausgesetzten oder gewöhnlichen Gebrauch hin zu prüfen, sondern **jedes einzelne typische Leistungsmerkmal getrennt** zu prüfen, ob mangels einer spezifischen vertraglichen Voraussetzung für dieses jeweilige Merkmal auf den gewöhnlichen Gebrauch solcher Programme zurückgegriffen werden kann.[261] Dies hat zur Folge, dass bezüglich einzelner Merkmale eine ausdrückliche Vereinbarung (z. B. Speicherkapazität), bezüglich weiterer Merkmale ein vertraglich vorausgesetzter Gebrauch (z. B. Lauffähigkeit unter NT) und hinsichtlich einer dritten Gruppe von Merkmalen nur ein üblicher Gebrauch (z. B. ergonomische Bildschirmgestaltung) feststellbar ist. Damit kann es für **dieselbe Systemanwendung** eine **Kombination mehrerer rechtlich zu unterscheidenden Gebrauchsformen** geben. Die jeweilige Gebrauchsweise (vereinbart/vertraglich vorausgesetzt/gewöhnlich) kann damit nicht für das System als solche bzw. für dessen Anwendung festgestellt werden, sondern nur getrennt **für jedes einzelne relevante Leistungsmerkmal**. Für die Darlegung der Sollbeschaffenheit reicht es aus, wenn das Fehlen bestimmter Eigenschaften substantiiert dargelegt und als mit dem normalen Standard unvereinbar behauptet wird.[262]

Entscheidend ist im Rahmen der Prüfung des gewöhnlichen Gebrauchs das Bestehen einer **Verkehrsauffassung** zu dem, was als gewöhnliche (als pra-

---

[257] Bejahend etwa auch LG Frankfurt/Main, Urteil vom 4. 11. 1982 – 2/5 O 88/80, DV-R 3, 175.
[258] Verneinend für die untere Preisklasse OLG Karlsruhe, CR 1986, 549.
[259] LG Flensburg, Urteil vom 21. 5. 1986 – 6 O 98/85, IuR 1986, 463 = CR 1988, 132.
[260] LG München I, Urteil vom 21. 10. 1986 – 7 O 1314/85, CR 1986, 803. Was als „normale" Laufzeit gelten kann, hängt freilich wiederum von der Preisklasse ab.
[261] Aufrüstbarkeit einer Anlagenkonfiguration bezüglich deren Speicherkapazität ist etwa ein für viele Anwendungen relevantes, aber nicht notwendig auch ein marktübliches Merkmal von Systemen oder deren Komponenten und folglich auch kein generelles **Merkmal des üblichen Gebrauchs**. Die Möglichkeit der Aufrüstbarkeit muss damit, um zum Leistungsinhalt zu werden, vertraglich vorausgesetzt sein.
[262] KG Berlin, Urteil vom 22. 11. 1994 – 18 U 7070/93, BB Beil. 16, 1995, 2.

xisübliche) Gebrauchsform geschuldet ist. Diese Vorgaben müssen wiederum nicht von jedem einzelnen vergleichbaren Programm in jedem Punkt erfüllt werden. Keineswegs müssen alle nach dem gewöhnlichen Gebrauch berechtigterweise erwartbaren Leistungsmerkmale vorhanden sein, damit ein sinnvoller wirtschaftlicher Einsatz in der vertraglich vorausgesetzten Weise ermöglicht wird.[263] Diese kann den geschuldeten **Leistungsumfang** also **einschränken**. Der gewöhnliche Gebrauch lässt sich also nicht bereits durch den Umstand widerlegen, dass ein einzelnes anderes Programm auf dem Markt die fragliche Eigenschaft nicht aufweist.

Soweit sich in der **Prüfreihenfolge** für ein Leistungsmerkmal ein vertraglich vereinbarter Gebrauch nicht feststellen lässt, ist zu klären, ob ein bestimmter Gebrauch vertraglich vorausgesetzt wurde. Ist auch dies zu verneinen, bleibt nur der erwähnte **Rückgriff auf den gewöhnlichen Gebrauch**. Hat sich ein solcher üblicher Gebrauch (noch) nicht durchgesetzt, ist das fragliche Leistungsmerkmal nicht Teil der Leistungspflichten des Anbieters geworden. Das dürfte aber die Ausnahme sein, da regelmäßig wenigstens auf die Produktbeschreibung als festgelegte geschuldete übliche Leistungsmerkmale (und damit als vertraglich vorausgesetzter Gebrauch) zurückgegriffen werden kann. Nur in dieser Beschreibung verbleibende **Lücken** lassen sich dann nicht über den gewöhnlichen Gebrauch füllen. | 1132

5.1.3 Erheblichkeit der Gebrauchsabweichung

Der tatsächliche **Zustand** der Kaufsache (oder des Werkes) **muss** in negativer Weise **vom geschuldeten Soll abweichen**. Das ist nicht immer der Fall: So machen systembedingte Gegebenheiten und Eigenarten eines Computerprogrammes dieses noch nicht notwendig zu einem fehlerhaften Programm. Da es für Software nahezu immer Verbesserungsmöglichkeiten gibt, bedeutet es keinen Sachmangel, wenn diese noch nicht ausgeführt | 1133

---

[263] So das LG Darmstadt, Urteil vom 12. 8. 1983 – 16 O 601/80, DV-R 3, 157 ff. Das Gericht scheint jedoch, jedenfalls im veröffentlichten Teil der Entscheidungsgründe, nicht genügend klar zwischen vertraglich vorausgesetztem und gewöhnlichem Gebrauch zu unterscheiden. Der – für den Kunden – wirtschaftlich sinnvolle Einsatz kann sich nur vor dem Hintergrund des vertraglich vorausgesetzten Gebrauches bestimmen, während auf den gewöhnlichen Gebrauch nur dann und insoweit ergänzend abzustellen ist, als keine Leistungsmerkmale vereinbart oder jedenfalls vertraglich vorausgesetzt wurden. Soweit nun die Merkmale des vertraglich vorausgesetzten Gebrauches erfüllt sind, muss und kann ohnehin nicht mehr auf Merkmale des gewöhnlichen Gebrauchs, d. h. etwa die branchenüblichen Merkmale von Systemen, zurückgegriffen werden und spielt auch folglich deren Nichterfülltsein keine Rolle. Bejaht wurde die Möglichkeit eines gewöhnlichen Gebrauchs, der unabhängig von besonderer Eigenschaftsvereinbarung geschuldet ist (LG Bielefeld, Urteil vom 1. 3. 1988 – 14 S 108/87, BB Beil. 5, 1989, 6).

sind.[264] Etwas anderes kann naturgemäß gelten, wenn die Verbesserung gegenüber vorhandenen Vergleichsprogrammen Inhalt einer Entwicklungsverpflichtung war.

1134 Die **Abweichung** von dem vertraglich vorausgesetzten oder üblichen Gebrauch **muss eine erhebliche sein**. In welchen Fällen eine Gebrauchsbeeinträchtigung als erheblich anzusehen ist, muss nach den Umständen des Einzelfalls festgestellt werden. Erheblichkeit ist etwa dann zu bejahen, wenn ein System bei fast jedem zweiten Lauf abstürzt. Die Erheblichkeit ist hingegen zu verneinen, wenn ein Programm nur einige Prozent zu langsam läuft und die Anwendung hierdurch nicht erkennbar beeinträchtigt wird. Ein vergleichbarer, nicht als Mangel einzustufender Fehler wäre etwa ein kleiner Pixelfehler bei der Bildschirmwiedergabe, also die in einem Bildpunkt nicht korrekte Wiedergabe, die den optischen Gesamteindruck und die ergonomischen Voraussetzungen nicht verletzt. Auch geringfügige Abweichungen von vordefinierten Toleranzgrenzen sind dann als relevante Mängel zu qualifizieren, wenn die Einhaltung dieser Grenzen ausdrücklich vereinbart wird. Für die Erheblichkeit kommt es auf die **Auswirkungen** beim Besteller an, nicht auf den Behebungsaufwand beim Lieferanten.[265]

Werkvertragsrecht setzt keine Erheblichkeit der Abweichung voraus (vgl. § 633 Abs. 1 BGB), doch kann der Werkunternehmer eine Beseitigung verweigern, wenn sie von ihm unverhältnismäßigen Aufwand verlangt (§ 633 Abs. 2 Satz 2 BGB). Kaufrecht setzt andererseits auch dann Erheblichkeit der Abweichung voraus, wenn der Mängelbeseitigungsanspruch aus gesetzlichem Werkvertragsrecht vertraglich vereinbart wird (§ 476a BGB).

5.1.4 DIN- und sonstige Normen als Mängelmaßstab

1135 Die Bezugnahme auf DIN-Normen kann Teil der Beschreibung der vertraglich vereinbarten oder vorausgesetzten Gebrauchsdefinition sein oder den gewöhnlichen Gebrauch beschreiben. Die entsprechende Vereinbarung kann grundsätzlich auch stillschweigend erfolgen. Eine nicht unerhebliche **Abweichung** in der Vertragsausführung **von einer Norm begründet einen Mangel**, wenn die Normabweichung zu einer **Gebrauchsbeeinträchtigung** führt. Die bloße Normabweichung als solche genügt also nicht. Ob die Einhaltung einer DIN-Norm Teil des vertraglich vorausgesetzten oder jedenfalls üblichen Gebrauchs ist, muss

---

[264] OLG Köln, Urteil vom 26. 8. 1994 – 19 U 278/93, CR 1995, 16.
[265] LG Augsburg, Urteil vom 5. 5. 1988 – HKO 3588/87, CR 1989, 22.

nach den Einzelfallumständen entschieden werden. Die Einhaltung kann im Einzelfall verzichtbar sein. Dieser Verzicht bedarf aber grundsätzlich besonderer Vereinbarung.

Grundsätzlich ist die Einhaltung von DIN-Normen Grundlage für die Einhaltung des – vereinbarungsunabhängig jedenfalls als gewöhnlicher Gebrauch – geschuldeten Standes der Technik. Aus dieser Sicht können DIN-Normen als Maßstab „normaler" (im Sinne von „normgerechter") Beschaffenheit dienen,[266] denn sie sind mit In-Kraft-Treten allgemein anerkannte Regeln der Technik.[267] Für andere ISO- oder sonstige Normen muss auf die jeweilige Anwendung abgestellt werden, soweit diese Normen bereichsspezifische Regelungen enthalten. Wieder anderes gilt für die Qualitätssicherung nach DIN/ISO 9000–9004, die formal-organisations-bezogene „Prozessnormen", nicht inhaltliche Normen (Produktnormen) darstellen (s. Rn. 247). Fehler im Befolgen dieser Organisationsnormen müssen sich grundsätzlich in inhaltsbezogenen Abweichungen gebrauchs-relevanter Eigenschaften niederschlagen, um zu einem Mangel führen zu können. Sie können aber als solche bereits die Verletzung einer Befund-sicherungspflicht darstellen (s. Rn. 254 ff.).

Die bloße Bezugnahme auf eine DIN-Norm (z B. mit dem Hinweis „nach DIN ..." – stellt einen Teil der Leistungsbeschreibung dar. Sie beinhaltet als solche **keine Zusicherung** einer Eigenschaft im Sinne der §§ 459 Abs. 2, 463 Satz 1 BGB, sondern grundsätzlich nur eine Produktbeschrei-bung.[268] Für das Vorliegen einer Zusicherung muß hinzukommen, dass der Anbieter dem Anwender erkennbar für die Folgen aus der Nichteinhaltung der Zusicherung einstehen will. Eine Zusicherung kann auch nach Ver-tragsabschluss wirksam erklärt werden.[269] Bei Annahme einer **stillschwei-genden** Zusicherung ist Zurückhaltung geboten, und zwar vor allem dann, wenn die Erklärung des Verkäufers, aus der eine Zusicherung hergeleitet 1136

---

[266] Siehe BGH, NJW 1968, 2238; BGHZ 59, 303; BGH, VersR 1977, 571 und NJW 1980, 1950.
[267] BGH, Urteil vom 6. 6. 1991 – IZR 234/89, BB 1991, 1817 – Sahnesiphon.
[268] BGH, Urteil vom 2. 6. 1980 – VIII ZR 78/79, NJW 1980, 1950 (Anhaltspunkte aus der Sicht des Käufers erforderlich, dass der Verkäufer bereit ist, für das Vorhandensein der DIN-normgemäßen Mindestanforderungen auch ohne Verschulden einzustehen bzw. für alle Folgen aus dem Fehlen dieser Eigenschaft); BGH, Urteil vom 29. 10. 1980 – VIII ZR 148/79, NJW 1981, 222 (keine Zu-sicherung der in einer Ausschreibung geforderten Eigenschaften); BGH, Urteil vom 25. 2. 1981 – VIII ZR 35/80, NJW 1981, 1501 (Geltung dieser Rechtsprechung auch für VDE-Normen. Argu-ment: Wesentliche Bereiche der herstellenden Industrie, die bei der Beschreibung ihrer Produkte notwendig auf Normen und technische Angaben Bezug nehmen müssen, sollen nicht allein durch diese Bezugnahme schlechthin eine garantieähnliche und formularmäßig nicht abdingbare Haf-tung übernehmen müssen. Ähnlich für einen „nur beiläufig" erfolgten Hinweis OLG Hamm, Ur-teil vom 28. 10. 1986 – 19 U 35/86, BB 1987, 363.
[269] AG Münsingen, Urteil vom 27. 2. 1992 – 2 C 156/91, CR 1993, 502.

werden soll, zugleich der Bezeichnung der Kaufsache dient. Gemäß BGH (unter Hinweis auf BGH, NJW 1995, 518) ist insbesondere beim Verkauf neu hergestellter beweglicher Sachen die Annahme einer stillschweigenden Zusicherung grundsätzlich die Ausnahme, die der besonderen Begründung anhand der Umstände des Einzelfalls bedarf. Nach der Entscheidung dienen DIN-Normen als solche zunächst der Bezeichnung des Kaufgegenstandes, beinhalten aber an sich noch keine Anhaltspunkte für ein besonderes Einstehenwollen des Verkäufers. Bei der Wertung des Verkäuferverhaltens ist auf den Empfängerhorizont abzustellen, wobei alle Umstände zu berücksichtigen sind, die zum Vertragsschluss geführt haben.[270]

1137 Besonders bei **Vertriebshändlern** können Anwender nicht ohne weiteres voraussetzen, dass diese eine genaue Kenntnis der jeweiligen DIN-Normen haben und die Folgen der Nichteinhaltung der Norm überhaupt zum Gegenstand von Vertragsverhandlungen machen wollen. An die Auslegung entsprechender Erklärungen als Zusicherungsinhalte sind deshalb strenge Anforderungen zu stellen. Der Wille des Vertriebshändlers, aus Zusicherung einstehen zu wollen, muss unzweifelhaft deutlich geworden sein. Die Erklärungen des Herstellers sind dahingehend zu prüfen, ob überhaupt gegenüber einem bestimmten Kunden ein Einstehenwollen erklärt worden ist.

1138 Die dargelegten Grundsätze zur Verpflichtungswirkung von DIN-Normen gelten sinngemäß auch für **Prüfzeugnisse**: Der Hinweis auf ein Prüfzeugnis ist nicht mit einer Zusicherung von dessen Richtigkeit gleichzusetzen. Das Vorliegen eines solchen Prüfzeugnisses – und selbst die Zusicherung des Anbieters, für dessen Richtigkeit einstehen zu wollen – macht zudem nicht eine Untersuchung der Ware durch den kaufenden Anwender überflüssig.[271]

5.1.5 Wert als Mängelmaßstab

1139 Neben dem Bezug auf geschuldete Gebrauchsformen kennt das Gesetz noch den Bezug auf den **Wert der Kaufsache**, der ebenfalls gemindert oder aufgehoben sein kann. Dieser Wert ist nicht notwendig mit dem situationsabhängigen Kaufpreis identisch, sondern muss aus den so genannten wertbildenden Faktoren ermittelt werden, die sich gerade im EDV-Bereich oft nur durch einen Sachverständigen feststellen lassen.

---

[270] BGH, Urteil vom 28. 2. 1996 – VIII ZR 241/94, NJW 1996, 1962 (im Ergebnis Zusicherung ablehnend).
[271] OLG Hamm, Urteil vom 28. 10. 1986 – 19 U 35/86, BB 1987, 363.

Wert und Gebrauchstauglichkeit von Systemen sind voneinander streng zu unterscheiden, auch wenn sie eng miteinander verbunden sind. Lackfehler oder -schäden an Geräten können z. B. durchaus deren Gebrauchstauglichkeit unberührt lassen und doch den erwarteten Wiederverkaufswert senken. Umgekehrt wird eine Einschränkung oder Aufhebung der Gebrauchstauglichkeit in der Regel auch den Wert der Kaufsache zumindest mindern, wenn nicht aufheben. Zwingend gilt dies aber nur, wenn zumindest der **gewöhnliche Gebrauch** beeinträchtigt oder aufgehoben wurde. Die Minderung des Systemwertes muss nicht mit einer Beeinträchtigung oder Aufhebung der vereinbarten, vorausgesetzten oder üblichen Gebrauchsmöglichkeiten verbunden sein: Gibt es etwa für ältere Hardware keine Ersatzteile oder keinen Service mehr (etwa weil die Herstellerfirma nicht mehr existiert), hat die Hardware nach aller Erfahrung kaum noch realisierbaren Marktwert und doch kann sie in der bisherigen Weise weiterhin noch einige Zeit zu nutzen sein, ohne dass sie einen konkreten Mangel aufweist. Vor allem löst der Preisverfall insbesondere für Hardware über den sinkenden Systemwert keine Gewährleistung aus.

5.1.6 Unabhängigkeit der Gewährleistung vom Vertretenmüssen

Für Mängel eines Systems muss dessen Anbieter unabhängig davon eintreten, ob er diese Mängel zu vertreten hat oder nicht. Die Gewährleistungsverpflichtung des Anbieters besteht – im Umkehrschluss – also auch für durch ihn **nicht vermeidbare Fehler**, wobei aber der Kunde bei komplexen Systemen mit gewissen Anlaufschwierigkeiten zu rechnen hat.[272] Das Einstehenmüssen unabhängig von einem Vertretenmüssen gilt einheitlich für kaufvertragliche wie für werkvertragliche Gewährleistung. Ausgenommen ist der mangelbegründete Schadensersatzanspruch nach Werkvertragsrecht (§ 635 BGB), der voraussetzt, dass der Mangel auf Umständen beruht, die der Anbieter zu vertreten hat. Als dogmatisch-konstruktiver Ausgleich für diese Verschuldensunabhängigkeit der Gewährleistung ist zu sehen, dass das Gesetz keine Nachbesserungs- bzw. Mängelbeseitigungsverpflichtung des Verkäufers vorsieht, wenn er sie nicht mit dem Käufer besonders vereinbart. Schadensersatzpflichtig kann der Verkäufer außerdem nur aus gesondert abgegebenen Erklärungen mit entsprechendem Einstehenwollen (Zusicherungen) werden. Kaufrechtliche Gewährleistungshaftung ist damit deutlich auf die Rechtsposition von Händlern zugeschnitten. Sie müssen (und können

1140

---

[272] OLG Düsseldorf, Urteil vom 18. 10. 1990 – 6 U 71/87, CR 1992, 724; AG Wiesbaden, Urteil vom 14. 4. 1986 – 96 C 1639/85, MRC 1986, 38.

meist auch) keine Mängel an einer Kaufsache beseitigen, sondern verkaufen diese, wie sie ist. Bei Gattungssachen (s. Rn. 565), insbesondere Serienprodukten, müssen sie zwar nachliefern, aber ebenfalls nicht nachbessern. Veränderungen an der Kaufsache bleiben dem Hersteller vorbehalten, der wiederum keine Vertragsbeziehungen zum Käufer hat. Dass diese händlerspezifische Ausgestaltung des Kaufrechts nicht voll auf moderne Formen des Direktvertriebes übertragbar ist, zeigt sich an den dort mittlerweile gebräuchlichen Rücknahme- bzw. Austauschgarantien („Dead-on-arival"-Garantien). Ob Händler Mängelbeseitigungsansprüche vereinbaren oder Zusicherungen abgeben, bleibt ihnen vorbehalten und der eigenen Risikoabwägung (bzw. der absichernden Gestaltung des Vertriebsvertrages) überlassen. Im „schlimmsten" Fall müssen Händler aus Gesetz eine Minderung des Kaufpreises riskieren oder die Rückabwicklung (Wandlung) des Vertrages. Der Käufer erhält andererseits keine Schäden ersetzt, wenn die Kaufsache Mängel aufweist (und keine Zusicherung abgegeben wurde). Allein aus Gesetz (also ohne besondere Vereinbarung) kann der Kunde auch keine Mängelbeseitigung durchsetzen, sondern die Kaufsache nur komplett wandlungsweise zurückgeben. Dies gilt unabhängig davon, ob eine Mängelbeseitigung technisch ohne weiteres möglich ist und/oder der Kunde Nachteile erleidet, wenn er im Wandlungsfalle anderweitig eine vergleichbare Kaufsache nur gegen Aufpreis erhält.

Die neue EU-Richtlinie zum Verbrauchsgüterkauf erhält hier freilich eine Verbesserung der Rechtsposition des Käufers, denn sie sieht in Art. 3 Abs. 4 grundsätzlich einen Anspruch des Käufers (soweit er Verbraucher ist) vor, „unentgeltliche Instandsetzung" zu verlangen, wobei sogar nach Instandsetzung eine neue Gewährleistungsfrist zu laufen beginnt (Art. 3 Abs. 5 Satz 2 RL). Dieses zusätzliche Haftungsrisiko von Händlern werden diese in ihren Vertriebsverträgen mit den Herstellern auszugleichen haben.

1141   Das Kaufrecht kennt Schadensersatzhaftung nur aus Zusicherungsverletzung (§ 463 BGB). **Verschulden ist keine Haftungsvoraussetzung.** Die Schadensersatzhaftung des **Werkunternehmers** aus § 635 BGB ist hingegen **verschuldensabhängig** (und setzt zusätzlich das Erfülltsein der Voraussetzungen des Wandlungsrechts voraus).

5.1.7 Mangel oder Falschlieferung?

1142   Nicht jede nichtvertragsgerechte Leistung ist mangelhaft. Vielmehr kann auch (von Verzögerungen abgesehen) **Falschlieferung** vorliegen, etwa bei Lieferung von Datenträgern mit falschem, d. h. nicht kompatiblem Format. Die Begriffe „Mangel" und „Nichtlieferung" müssen deshalb näher abgegrenzt werden, nicht zuletzt aber auch, weil Leistungsmängel zu Gewährleistung mit kurzen Fristen, Falschlieferung aber als Nichterfüllung zu 30-jähriger Erfüllungshaftung führt. „Nichtlieferung" bedeutet schlicht, dass nichts geliefert wird, Falschlieferung (Aliud) hingegen, dass **etwas anderes** als vereinbart geliefert wird (z. B. OS/2 anstatt WindowsNT oder OS/400).

Liefert der Anbieter eine andere Sache als vereinbart (also ein so genann- 1143 tes **Aliud**), ist diese nicht im Sinne des Gewährleistungsrechts mangelhaft, sondern schlicht eine falsche Lieferung. Diese löst nicht Ansprüche aus Gewährleistung, sondern aus **Nichterfüllung** des Vertrages (ohne kurze Verjährungsfrist) aus.[273]

Beispiel:
Liefert der Hardware-Lieferant anstatt der in Pflichtenheft und Ausschreibung beschriebenen und gesondert in Rechnung gestellten Streamer-Controller/Steckmodul-Karte im PC einen von ihm selbst entwickelten Streamer-Anschluss („Floppy-Streamer"), so liegt kein Mangel, sondern ein Aliud **(Falschlieferung)** vor.[274] Der Käufer, dem eine andere als die geschuldete Sache geliefert worden ist, hat einen vertraglichen Nichterfüllungsanspruch; einen bereits bezahlten Kaufpreis kann er nicht nach § 812 Abs. 1 Satz 1 BGB zurückverlangen (da der nicht erfüllte Vertrag bestehen bleibt), sondern nur aus Nichterfüllung.[275]

Ist die **Aliud-Lieferung im Handelskauf** genehmigungsfähig, erstreckt 1144 sich auch auf sie die kaufmännische Untersuchungs- und Rügefrist (§ 377 Abs. 1, 2 HGB), ausgenommen ist der Fall, in dem der Verkäufer (in objektivierter Sicht) die Genehmigung für ausgeschlossen halten musste.[276] Hier erfasst also die Gewährleistung auch die genehmigungsfähige Falschlieferung. Bei **bürgerlich-rechtlichem Kauf** besteht hingegen

---

[273] So etwa, wenn der Kunde „Original-IBM-Druckkassetten für IBM-Drucker 4028" bestellt, aber „Druckkassetten, geeignet für den IBM-Drucker 4028" geliefert erhält (OLG Hamm, Urteil vom 8. 9. 1997 – 13 U 46/97, CR 1998, 135: Objektiv fehlende Übereinstimmung der abgegebenen Erklärungen im Inhalt; Einigungsmangel bezüglich wesentlicher Elemente, sog. essentialia negotii); keine Möglichkeit der Auslegung nach den §§ 133, 157 BGB) oder bei Lieferung inkompatibler Plattenstapel (OLG Saarbrücken, Urteil vom 3. 12. 1982 – 3 U 108/81, DV-R 3, S. 117). Ausf. zur Abgrenzung von Falschlieferung („aliud") und Schlechtlieferung („peius") s. Foerste, JuS 1994, 202, 206.

[274] OLG Köln, Urteil vom 1. 12. 1995 – 19 U 60/95, CR 1996, 287 = NJW-CoR 1996, 330.

[275] BGH, Urteil vom 12. 3. 1997 – VIII ZR 15/96, WiB 1997, 769 (gegen OLG Köln).

[276] Wobei der BGH den Kreis **nicht** genehmigungsfähiger Falschlieferungen letztlich aus Käuferschutzüberlegungen weit zieht (s. etwa Soergel-Huber, Vorb. § 459 Rn. 112).

keine fristabschneidende Untersuchungs- und Rügefrist, sondern der Kunde kann die volle gesetzliche/vertragliche Frist ausschöpfen. Auch lassen sich die §§ 377, 378 HGB nicht analog anwenden, so dass auch an sich genehmigungsfähige Falschlieferungen als Nichterfüllung und nicht als Schlechterfüllung zu behandeln sind.[277] Aliud-Lieferung liegt auch vor, wenn der Lieferant eines PC ohne Absprache mit seinem Kunden statt des vertraglich vereinbarten und gesondert in Rechnung gestellten Steckmoduls einen von ihm **selbst entwickelten Streameranschluss** einbaut[278] oder gelieferte Software nicht in der Lage ist, automatische Informationen aus der Buchhaltung zu verarbeiten.[279] Im Rahmen eines Mietvertrages kann der Mieter bei Aliud-Lieferung ohne Nachfristsetzung gemäß § 542 BGB kündigen.[280]

Bei der Beurteilung, ob es sich bei einem Programm um ein „Aliud" handelt, ist auch zu berücksichtigen, ob das Programm von dem vereinbarten Hersteller oder von einem Dritten stammt, wenn von dem Hersteller Serviceleistungen und Ergänzungen zu erwarten sind, die für die Anwendung erhebliche Bedeutung haben. Ist dies der Fall, ist die Lieferung auch eines inhaltsgleichen anderen Programms eine genehmigungspflichtige andere Leistung.[281] Das Fehlen der Dokumentation macht die Software als solche noch nicht zur anderen Sache[282], sondern stellt vielmehr einen Fehlbestand der Sache dar.[283] Schließlich fehlt ein Teil der Leistung; der gelieferte Rest wird hierdurch nicht zu einer anderen Sache.

1145 Voraussetzung des Vorliegens einer Falschlieferung ist bei **Stückkauf**, dass die gelieferte Sache von der verkauften gegenständlich abweicht[284], also z. B. ein Rechner mit einem Diskettenlaufwerk und einer Festplatte geliefert wird anstatt der vereinbarten Kombination aus DVD-ROM-Laufwerk und Festplatte. Bei vereinbartem **Gattungskauf** (wohl die Regel bei EDV-Komponenten) ist Falschlieferung gegeben, wenn die Anlagenteile aus einer anderen als der vereinbarten Warengattung stammen. Entscheidend für die Abgrenzung der Gattung ist zunächst die Parteienvereinba-

---

[277] BGH, NJW 1992, 566, 569.

[278] OLG Köln, Urteil vom 1. 12. 1995 – 19 U 60/95, CR 1996, 287. Das Gericht bejahte einen Anspruch des Bestellers aus ungerechtfertigter Bereicherung hinsichtlich des gezahlten Kaufpreisanteils.

[279] Nichtgenehmigungsfähiges Aliud: OLG Celle, Urteil vom 5. 10. 1994 – 13 U 17/94, CR 1995, 152.

[280] OLG Schleswig, Urteil vom 17. 12. 1986 – 4 U 105/85, DV-R 4, 222.

[281] LG Stuttgart, Urteil vom 18. 5. 1977 – 21 O 102/77, DV-R 2, 244.

[282] LG Mannheim, Urteil vom 20. 12. 1982 – 24 O 104/82, DV-R 1, 109.

[283] OLG Frankfurt/Main, Urteil vom 10. 3. 1987 – 5 U 121/86, CR 1988, 294.

[284] BGH, NJW 1984, 1955.

rung und ergänzend die jeweilige **Verkehrsauffassung**[285], soweit sie als gefestigte existiert.

Vertragspraxis: In jedem Fall muss sich der Kunde rechtzeitig beraten lassen, ob Mängel vorliegen und die kurzen Gewährleistungsfristen eingreifen oder Nichterfüllung (mit 30-jähriger Frist) vorliegt. Falschlieferung liegt etwa vor bei Lieferung eines anderen Plattenlaufwerkes als ausdrücklich vereinbart, wobei das gelieferte Aliud auf der vertraglich vorausgesetzten Anlage nicht einsatzfähig ist.[286] Falschlieferung ist auch gegeben, wenn der Anbieter ein Programm eines anderen Herstellers als vereinbart liefert und sich hieraus im Funktionsumfang oder im Herstellerservice (gebrauchsrelevante) Unterschiede ergeben können. Der Kunde kann hier ohne Nachfristsetzung Schadensersatz wegen Nichterfüllung verlangen.[287]

5.1.8 Rechtsmängel

Haften der Kaufsache Rechtsmängel an, gelangen nicht die §§ 459 ff. BGB, sondern die §§ 434 ff. BGB zur Anwendung. Typisches Beispiel im EDV-Bereich ist die Veräußerung von Software durch einen Händler, der insoweit kein Vertriebsrecht aus Urheberrecht erworben hat. Der Urheber (oder der durch diesen Berechtigte) kann vom Händler die Unterlassung des Vertriebs und vom Erwerber das Unterlassen des Vervielfältigens (etwa beim Laden vom Datenträger in den Arbeitsspeicher und beim Speichern auf Festplatte) sowie die Vernichtung erstellter Vervielfältigungsexemplare verlangen sowie Schadensersatzansprüche geltend machen (§§ 97 ff. UrhG, s. Rn. 1594). Da kein Sachmangel vorliegt, gelangen auch nicht die einschränkenden Bestimmungen des Sachmängelgewährleistungsrechts zur Anwendung und der Kunde kann Ansprüche aus Schadensersatz wegen Nichterfüllung geltend machen, wobei auch nicht die kurzen Gewährleistungsfristen anwendbar sind.[288] Gleiche Regelungen gelten für werkvertragliche Leistungspflichten des Anbieters, während auf mietvertragliche Rechtsmängel die §§ 541, 537, 538 BGB anwendbar sind (Schadensersatzpflicht des Vermieters).

Kenntnis des Kunden lässt die Anbieterhaftung entfallen, wenn sie bereits im Zeitpunkt des Vertragsabschlusses bestand (vgl. §§ 439 Abs. 1 und 541, 539 BGB). Auch bei Kenntnis des Kunden bleibt der Urheber

1146

---

[285] BGH, NJW 1975, 2011 und NJW, 1978, 2394.
[286] OLG Saarbrücken, Urteil vom 3. 12. 1982 – 3 U 108/81, DV-R 3, 117, 119.
[287] LG Stuttgart, Urteil vom 18.5. 1977 – 21 O 102/77, DV-R 2, Ü-6, 245.
[288] Vgl. Voss, CR 1994, 449, 450 ff.

freilich gegenüber dem Anbieter haftbar. Jedoch kann hier der Urheber u. U. auch (Verschulden voraussetzende) Schadensersatzansprüche gegen den Kunden geltend machen. Die Überlassung eines **Demo-Programmes** vor Abschluss des Software-Überlassungsvertrages führt grundsätzlich nicht dazu, dass der Kunde Kenntnis von einem Mangel der Vollversion im Sinne von § 460 BGB erhält.[289]

5.1.9 Gewährleistungsbeginn und -fristen

1147   Wesentliches Merkmal des Gewährleistungsrechts sind die im Kauf- wie im Werkvertragsrecht relativ kurzen Gewährleistungsfristen. (Zu Beginn und Lauf der Gewährleistungsfristen ausf. s. Rn. 1357.) Der Kunde kann ausnahmsweise Gewährleistungsansprüche auch schon **vor Übergabe/ Ablieferung** geltend machen, wenn sich der jeweilige Mangel bis zum Zeitpunkt der Übergabe nicht beseitigen lässt und es dem Kunden deshalb nicht zumutbar ist, sich die Sache nur zwecks Geltendmachung von Gewährleistungsansprüchen übergeben lassen zu müssen.[290] Gleiches gilt, wenn der Verkäufer bestimmt und endgültig erklärt, die Beseitigung des Mangels nicht vornehmen zu wollen.[291] Umgekehrt beginnt der Fristenlauf jedenfalls dann, wenn der Erwerber eindeutig zu erkennen gibt, dass er sich vom Vertrag lösen will und er Nachbesserung ablehnt.[292]

Einigen sich Anbieter und Kunde auf die Nachbesserung eines gerügten Mangels durch den Anbieter, so begründen sie hiermit einen **neuen Anspruch**, der nicht der kurzen Verjährungsfrist nach § 477 BGB, sondern der regelmäßigen Verjährung nach § 195 BGB unterliegt.[293] Vorausgesetzt ist hier eine Einigung, nicht bloß ein Tätigwerden des Anbieters auf Nachbesserungsaufforderung des Kunden.

5.1.10 Beweislast, Eingriffe durch Kunden, Rüge

1148   **Grundsätze:** Der **Kunde** trägt (im Kaufrecht) die Beweislast für die Behauptung, dass Mängel bestehen[294], die auf vereinbarten (bzw. gewöhn-

---

[289] LG Oldenburg, Urteil vom 3. 11. 1994 – 15 O 3539/93, CR 1995, 222. Die Überlassung einer Programm-Demo führe nicht zu Käuferkenntnis von Mängeln der Vollversion.
[290] OLG München, Urteil vom 25. 9. 1986 – 24 U 775/86, CR 1987, 675.
[291] OLG München, Urteil vom 25. 9. 1986, a. a. O.
[292] OLG München, Urteil vom 5. 7. 1991 – 14 U 42/91, CR 1991, 607.
[293] OLG Köln, Beschl. vom 29. 3. 1985 – 19 W 5995, CR 1995, 610.
[294] OLG Nürnberg, Urteil vom 19. 3. 1985 – 3 U 3732/82, CR 1986, 811; LG München I, Urteil vom 1. 10. 1981 – 4 HKO 1416/80, DV-R1, 89.

lich geschuldeten) Eigenschaften beruhen[295] keine Bedienungsfehler sind (s. Rn. 1158)[296] bzw. nicht etwa durch Stromausfälle im Kundenbereich bedingt sind[297]. Der **Anbieter** hingegen trägt die Beweislast für die Behauptung, dass er den Liefervertrag ordnungsgemäß und vollständig erfüllt hat[298], etwa bei einer von ihm erhobenen Vergütungsklage[299], oder dass der Kunde eine verlangte Ersatzlieferung gemäß § 480 Abs. 1 BGB nicht angenommen hat und deshalb im Gläubigerverzug ist[300]. Eine pauschale Rüge, das überlassene Programm sei mangelhaft, genügt nicht.[301] Der Kunde muss darlegen (und beweisen), welche Mängel an welchen Geräten aufgetreten sind.[302]

Für **Hardwarebeschädigung** bei **Installation** ist der Kunde bezüglich Pflichtverletzung und Schaden beweispflichtig, der Anbieter bezüglich des Nachweises mangelnden Verschuldens.[303] Grundsätzlich dem Beweisrisiko des Kunden zuzurechnende **Bedienungsfehler** können ausgeschlossen werden, wenn Störungen in Dateien der Systemsoftware auftreten, die bei Fehlern in der üblichen Anwendungsprogrammierung nicht zerstört werden.[304] Das Risiko von Fehlspeicherungen ist dem Kunden nur insoweit zuzuordnen, als er auf diesen Vorgang Einfluss nehmen kann.[305] Eine ähnliche Beweislastverteilung gilt im Werkvertragsrecht im Hinblick auf den Abnahmezeitpunkt.[306]

Kaufrechtliche Gewährleistung bezieht sich nur auf Mängel, die im **Zeit-**   1149 **punkt des Gefahrübergangs** vorhanden sind (§ 459 Abs. 1 Satz 1 BGB). Dies muss grundsätzlich der Kunde beweisen, wobei ein Anscheinsbeweis

---

[295] LG Stuttgart, Urteil vom 24. 10. 1986 – 2 KfHO 40/86, CR 1988, 922 (LS) = MRC 1986, 19 (für Mehrplatzfähigkeit, die nicht mit Netzwerkfähigkeit identisch ist).

[296] Ebenso wohl auch OLG Stuttgart, Urteil vom 9. 10. 1981 – 2 U 56/81, DV-R 2, K/M-30, 82, 84; anders wohl LG Frankfurt/Main, Urteil vom 4. 11. 1986 – 2/8 S 83/86, IuR 1987, 229 unter Berufung auf Brandi-Dohrn, CR 1986, 67, 71; LG Augsburg, Urteil vom 15. 9. 1981 – 2 HKO 2075/81, DV-R 1, K/M-15.

[297] Siehe etwa LG Stuttgart, Urteil vom 30. 12. 1982 – 22 O 312/82, DV-R 3, 297.

[298] Ebenso OLG Nürnberg, Urteil vom 14. 7. 1994 – 8 U 2851/93, CR 1995, 343; KG Berlin, Urteil vom 21. 5. 1987 – 2 U 1744/84, CR 1989, 397 = IuR 1988, 303 (Beweislast für Fehlerfreiheit ausgelieferter Systemsoftware); LG Düsseldorf, Urteil vom 5. 5. 1987 – 7 O 184/84, IuR 1988, 305 = DV-R 4, 271 (für Standardsoftware).

[299] LG Düsseldorf, Urteil vom 5. 5. 1987, a. a. O.

[300] KG Berlin, Urteil vom 21. 5. 1987, a. a. O., CR 1989, 397.

[301] LG Heidelberg, Urteil vom 2. 9. 1986 – S 1/86 KfH 1, MRC 1986, 3.

[302] OLG Köln, Urteil vom 12. 2. 1993 – 19 U 161/92, NJW-RR 1993, 2627.

[303] LG Stuttgart, Urteil vom 10. 12. 1985 – 3 KfHO 217/84, CR 1986, 203.

[304] LG Darmstadt, Urteil vom 10. 9. 1985 – 15 O 164/84, DV-R 3, 161. In diesem Fall ist dann zumindest eine Beweislastumkehr derart nahe liegend, dass nicht der Kunde das Nichtvorliegen von Bedienungsfehlern zu beweisen hat, sondern der Anbieter das Vorliegen der Bedienungsfehler.

[305] AG Hannover, Urteil vom 13. 1. 1995 – 508 C 11511/94, CR 1996, 31.

[306] LG Köln, Urteil vom 30. 12. 1985 – 16 O 231/82, CR 1987, 234 = DV-R 3, 244.

zu seinen Gunsten genutzt werden kann. Tritt der Mangel erst später auf, entsteht keine Gewährleistungsverpflichtung des Anbieters. (Die Mängelvermutung aus § 484 BGB gilt, anders als manche Anwender bei flüchtiger Lektüre meinen, nur im Geltungsbereich der §§ 481 ff. BGB, also bei Viehkauf.) Soll auf einen Mangel ein Wandlungsanspruch gestützt werden, muss der Mangel auch noch bis zum Zeitpunkt des Vollzuges der Wandlung vorhanden sein.[307] Gerät der Käufer in Annahmeverzug bestehen keine Gewährleistungsrechte, sofern der Mangel **nach** Gefahrübergang eintritt.[308] Bei Fehlern in der Programmierung oder in der Konzeption der gesamten Anlage kann grundsätzlich davon ausgegangen werden, dass sie bei Gefahrübergang (§ 446 BGB) vorhanden waren. Aber auch bezüglich Fehlern aus Störungen in elektronischen und mechanischen Bauteilen muss ohne entgegenstehende Anhaltspunkte davon ausgegangen werden, dass zumindest die Ursache der Mängel bei Gefahrübergang gesetzt gewesen sein muss.[309]

Der Kunde muss grundsätzlich – neben der Mangelhaftigkeit selbst – auch darlegen und beweisen, dass der Mangel bereits im Zeitpunkt des Gefahrüberganges bestanden hat. Schwierigkeiten der Beweisführung ändern nichts an der Beweislastverteilung.[310] Der Kunde ist auch dafür beweisbelastet, dass der Hardwarefehler bereits im Zeitpunkt der Übergabe vorhanden war.[311] Für diesen Umstand spricht aber ein Anscheinsbeweis.[312]

1150 Nimmt der Käufer **Änderungen** an einem System vor, so trifft ihn die volle Darlegungs- und Beweislast dafür, dass z. B. das gerügte Fehlen der Lauffähigkeit des Systems nicht durch die von ihm implementierte andere Software, sondern durch die Hardware verursacht wurde.[313] Generell

---

[307] LG Stuttgart, Urteil vom 24. 6. 1991 – 19 O 351/90, CR 1993, 214.

[308] OLG Köln, Urteil vom 26. 10. 1990 – 19 U 62/90, CR 1991, 348.

[309] LG Coburg, Urteil vom 1. 8. 1984 – 2 O 478/83, DV-R 3, 155; ähnlich LG Mannheim, Urteil vom 10. 4. 1987 – 21 O 2/87, IuR 1987, 326 = MRC 1987, 10; LG Karlsruhe, Urteil vom 8. 1. 1988 – 11 O 52/87, MRC 1987, 31; (freilich ohne einen Anscheinsbeweis oder eine Beweislastumkehr anknüpfen zu wollen). Zahrnt (DV-R3, a. a. O.) spricht hier von einer „Keimtheorie bei Hardwarefehlern". Dies könnte insoweit irreführend sein, als kein Entwicklungsprozess vorauszusetzen ist. Das LG Coburg geht vielmehr von einer Stör- bzw. Fehleranfälligkeit aus, die sich jederzeit in tatsächlichen Fehlerzuständen niederschlagen kann. OLG Nürnberg, Urteil vom 19. 3. 1985 – 3 U 3732/82, CR 1986, 811; LG Coburg, Urteil vom 1. 8. 1984, a. a. O.

[310] LG Köln, Urteil vom 30. 12. 1985 – 16 O 231/82, CR 1987, 234 = IuR 1986, 317.

[311] AG Montabaur, Urteil vom 4. 2. 1988 – C 114/86, MRC 1988, 18.

[312] LG Essen, Urteil vom 25. 2. 1988 – 6 O 291/87, IuR 1988, 306 = MRC 1988, 17.

[313] AG Stadthagen, Urteil vom 9. 11. 1988 – 4 C 758/88, Jur-PC 1992, 1488 = MRC 1988, 19. (Für das Ersetzen eines mitgelieferten Ontrac-Programms durch ein Speedstore-Programm sowie für das Ersetzen einer Folgeversion eines Betriebssystems gegen die gelieferte vorherige Version.)

bleibt der Kunde verpflichtet, den Mangel und dessen Vorhandensein bei Gefahrübergang darzulegen und zu beweisen. Hierzu gehört auch Sachvortrag und Beweis, dass eventuell von ihm durchgeführte Eingriffe in Hardware oder Software für den behaupteten Mangel nicht ursächlich waren. Schadensträchtige Eingriffe sind etwa ein **Übertakten von Prozessoren** oder der **Tausch von Motherboards.**

Auch dann, wenn der Kunde Eingriffe in einen Rechner vornimmt, darf ihm (jedenfalls in AGB) nicht die Möglichkeit genommen werden, den Beweis zu führen, dass der gerügte Mangel bereits bei Gefahrübergang vorhanden war und Gewährleistungsansprüche bestehen[314], also nicht durch den Eingriff begründet wurden. Eingriffe müssen keineswegs in jedem Fall für einen Mangel (mit) ursächlich sein, so etwa, wenn der Kunde eine Grafikkarte wechselt, der Mangel aber am Hauptspeicher besteht. Aus diesem Grund sind auch AGB-Klauseln unwirksam, denen zufolge der Kunde seine Gewährleistungsansprüche verlieren soll, wenn er ein **Siegel** am Rechner **aufbricht.** Der Anbieter wird hierdurch nicht benachteiligt, da der Kunde ohnehin verpflichtet bleibt, das Vorhandensein des Mangels bei Gefahrübergang und damit im Ergebnis zu beweisen, dass der Mangel nicht nachträglich (und erst recht nicht durch Fremdeinwirkung) entstanden ist. Anderes gilt allerdings bei **Garantien des Herstellers**: Da sie Ansprüche jenseits der gesetzlichen Gewährleistung begründen sollen, können hier grundsätzlich Einschränkungen oder Ausschlüsse vorgesehen sein, etwa für das Entfernen von Siegeln. Ist die Garantie in Hersteller-AGB enthalten, muss auch diese Garantie sich am AGB-Gesetz messen lassen; insbesondere darf sie keine überraschende Klausel darstellen (vgl. § 3 AGBG).

Störungen aus **Umweltbedingungen** fallen grundsätzlich in den Risikobereich des Kunden. In AGB darf eine entsprechende Risikozuweisung definiert werden.[315]   1151

Behauptung eines Fehler„bildes": Bei komplizierten technischen Vorgängen ist u. U. einer Partei die nähere Beschreibung eines Mangels nicht möglich; deshalb dürfen an die Substantiierung keine „allzu strengen"   1152

---

[314] Allgemein BGH, NJW 1980, 831.

[315] BGH, Urteil vom 20. 10. 1992 – X ZR 74/91, CR 1993, 355 zu der Klausel: „Von jeglicher Gewährleistung ausgeschlossen sind Fehler, die durch Beschädigung, falschen Anschluss oder falsche Bedienung durch den Kunden verursacht werden, schlechte Empfangsqualität durch ungünstige Empfangsbedingungen oder mangelhafte Antennen, Beeinträchtigung des Empfangs und Betriebs durch äußere Einflüsse, nachträgliche Änderungen der Empfangsbedingungen."

Anforderungen gestellt werden.[316] Verfügt der Kunde nicht über einschlägige Spezialkenntnisse, soll es genügen, wenn er das äußere Erscheinungsbild einer Störung schildert[317], nicht aber deren Ursache[318], also nur ein Fehlerbild[319]. Es genügt, wenn der Anwender rügt (und im Prozess darlegt und beweist), dass ein Fehler vorliegt und wie er sich erkennbar auswirkt.[320] Weiter muss das Fehlerbild reproduzierbar sein. Zeugenaussagen des Inhaltes, es seien Fehler aufgetreten, können diese Reproduzierbarkeit konkreter Fehler nicht ersetzen, aber u. U. einen Anscheinsbeweis begründen oder erhärten.[321] Es ist dann vom Anbieter dieser Anscheinsbeweis des Fehlerbildes zu widerlegen.[322] Besteht etwa aus der allgemeinen Lebenserfahrung ein Beweis des ersten Anscheins, dass ein Drucker fehlerhaft arbeitet, so ist der Anbieter dafür beweisbelastet, dass die Störungsquellen im Bereich des Kunden liegen.[323] Der Anscheinsbeweis kann aus einer Vielzahl von Mängelrügen (u. U. auch solcher anderer Kunden) ableitbar sein. Notwendig ist in jedem Fall grundsätzlich, dass ein Dritter (in der Regel der Sachverständige) die problematischen Programmfunktionen nachvollziehen kann.[324]

1153 Weiter muss der Kunde bei Bezug von Komponenten von verschiedenen Anbietern darlegen und beweisen, dass das Fehlerbild gerade durch diejenige Systemkomponente verursacht wurde, deren Hersteller der Kunde in Anspruch nimmt, und nicht durch sonstige Komponenten oder Eigenschaften des Systems. Außerdem muss erkennbar sein, dass es sich bei dem beschriebenen Systemstatus tatsächlich um ein **Fehlerbild** handelt und nicht etwa um eine sonstige Systemmeldung. In modernen „Anwendungspaketen" ist dem Kunden oft bereits von der Konzeption her der Blick unter die „Benutzeroberfläche" abgeschnitten. Hier bleibt ihm nichts anderes, als nur auf dieser

---

[316] So das LG Köln, Urteil vom 4. 2. 1983 – 90 O 241/82, DV-R 3, 220; für die uneingeschränkte Beweisführungsverpflichtung wohl hingegen LG Köln, Urteil vom 30. 12. 1985 – 16 O 231/82, DV-R 3, 244 ff.

[317] OLG Hamm, Urteil vom 22. 5. 1986 – 4 U 190/84, BB 1987, 1975 ff. Dem Gericht zufolge muss ein Wartungsunternehmen, das verpflichtet ist, die Betriebsbereitschaft der Hardware und Systemsoftware zu erhalten, zunächst die Störungsursache feststellen und Ursachen im eigenen Leistungsbereich ggf. ausschließen.

[318] LG Düsseldorf, Urteil vom 22. 11. 1984 – 9 O 121/83, IuR 1986, 315.

[319] OLG Köln, Urteil vom 18. 8. 1997 – 19 U 43/97, CR 1997, 732 = NJW-RR 1998, 1274; LG Siegen, Urteil vom 15. 10. 1979 – 2 O 261/77, DV-R 1, K/M-6, 50 (Meldung des Eintritts und der Auswirkung der Störung); ebenso LG Hannover, Urteil vom 26. 6. 1984 – 19 O 233/83, DV-R 2, 230.

[320] Ebenso LG Düsseldorf, Urteil vom 22. 11. 1984, a. a. O. (thermischer Defekt der Controllerplatine).

[321] LG Köln, Urteil vom 30. 12. 1985, a. a. O.

[322] LG Konstanz, Urteil vom 13. 10. 1986 – 5 O 82/86, IuR 1987, 23.

[323] LG Karlsruhe, KfH Pforzheim, Urteil vom 25. 11. 1982 – O 6/81, DV-R 3, 209.

[324] LG Frankfurt/Main, Urteil vom 4. 11. 1986 – 2/8 S 83/86, IuR 1987, 229 = MCR 1986, 44.

Oberfläche Fehlerbilder zu beschreiben, und der Anbieter solcher Systeme kann dem Kunden nicht entgegenhalten, dass die auf der Oberfläche mögliche Beschreibung nicht ausreichend sei. Der Anbieter muss aber seinerseits Fehlermeldungen etc. auf der Benutzeroberfläche derart eindeutig gestalten, dass eine Zuordnung zu den tatsächlichen Mängelursachen möglich wird oder jedenfalls erkennbar wird, ob es sich um einen echten Fehler oder einen nicht behebbaren Bedienungsfehler handelt.

Der Kunde muss, wenn er Mängel eines Programms behauptet, die ihm ausgelieferte Kopie dieses Programms dem **Sachverständigen** vorlegen. Die Vorlage einer anderen Kopie genügt wegen Veränderungsmöglichkeiten nicht. Ist ein Fehler in der Systemsoftware streitig, muss der seinerzeitige Zustand der Hardware bei Auftreten des Fehlers für die Begutachtung wiederhergestellt werden.[325] **Fehlerauflistungen** sind für das Gericht aufzuschlüsseln.[326] Dem Gericht ist es nicht zuzumuten, aus einem mehrseitigen Protokollausdruck diejenigen Statements herauszusuchen, die eine Fehlermeldung enthalten sollen.

Substantiierte Rüge: Grundsätzlich dürfen die Anforderungen an die Rügepflicht nicht überspannt werden. In seiner Mängelmitteilung muss der Kunde keine in alle Einzelheiten gehende, genaue und fachlich richtige Bezeichnungen verwendende Rüge formulieren. Er muss diese so gestalten, dass ihr der Anbieter entnehmen kann, in welchem Punkt der Kunde mit der gelieferten Ware nicht einverstanden ist[327], oder der Anbieter (auch für seine Verteidigung) prüfen kann, mit welchem Inhalt und Ziel das Programm vertragsgemäß betrieben werden sollte, welche und wie viele Arbeitsschritte vorgenommen worden sind und mit welchen Fehlermeldungen die Anlage wie reagiert hat.[328] Es genügt, wenn der Anbieter in die Lage versetzt wird, möglichst bald den Beanstandungen des Kunden nachzugehen, ggf. Beweise sicherzustellen und zudem zu prüfen, ob er – insbesondere, wenn die gesetzlichen Gewährleistungsrechte zugunsten der Nachbesserungs- und Nachlieferungsrechte abbedungen sind – den als sicher oder möglicherweise berechtigt anerkannten Beanstandungen nachkommen und damit einen etwaigen Rechtsstreit vermeiden will. Gleichzeitig soll er gegen ein Nachschieben anderer Beanstandungen durch den Kunden geschützt werden.[329]

1154

---

[325] KG Berlin, Urteil vom 21. 5. 1987 – 2 U 1744/84, DV-R 4, 95.
[326] LG Köln, Urteil vom 4. 3. 1983 – 90 O 112/82, DV-R 3, 221 = IuR 1986, 316.
[327] BGH, Urteil vom 18. 6. 1986 – VIII ZR 195/85, IuR 1988, 84f.
[328] OLG Köln, Urteil vom 28. 10. 1996 – 19 U 88/96, Jur-PC Web-Dok. 22/1997.
[329] BGH, Urteil vom 18. 6. 1986, a. a. O., unter Bezugnahme auf BGH, WM 1970, 1400; WM 1978, 1052.

Nach der Rechtsprechung muss in Kauf genommen werden, dass auch Fehler beanstandet werden, die sich bei Überprüfung lediglich als Bedienungsfehler herausstellen.[330] Dies gilt etwa auch dann, wenn der Inhalt eines Programmentwicklungsauftrages teilweise unklar blieb und der Kunde hieraus weitergehende Vorstellungen entwickelte als Vereinbarungsinhalt wurden.[331] Generell muss der Lieferant eines Programms bei der Ausarbeitung dieses Programms und bei der Einweisung des Anwenders mit Fehlerquellen aus dessen Bereich rechnen. Die Entdeckung und Beseitigung von Fehlern des Anwenders sind selbst Teil der geschuldeten Leistung.[332] Verkauft der Lieferant das gegenständliche Textsystem nach Rücknahme anderweitig, so geht die verbleibende Unklarheit zu seinen Lasten, wenn nicht aufgeklärt werden kann, ob die aufgetretenen Störungen Mängel oder Bedienungsfehler gewesen sind.[333]

1155 Bestätigt sich ein **Hardwarefehler** aus Störungen in elektronischen oder mechanischen Bauteilen, so ist in einer weiteren Beweisvermutung davon auszugehen, dass wenigstens die Ursache der Mängel bei Gefahrenübergang gesetzt gewesen ist.[334] Auch hier ist es der Anbieter, der diesen Anscheinsbeweis zu widerlegen hat.

1156 **Schriftform** der Fehlermeldung kann in AGB wirksam verlangt[335], aber auch **mündlich** wieder aufgehoben werden.[336] Schriftform ist schon zu Beweiszwecken zu empfehlen, und zwar für Absender und Empfänger. E-Mails erfüllen nicht das Schriftformerfordernis des BGB, da es an einer eigenhändigen Unterzeichnung einer Urkunde fehlt. Deshalb muss die Zulässigkeit von E-Mails als Abweichung von der (gewillkürten) Schriftform besonders vereinbart werden.

1157 Für das Vorliegen eines den vertraglich vorausgesetzten Gebrauch aufhebenden oder mindernden Mangels trägt der die Wandlung verlangende **Besteller die Darlegungs- und Beweislast.** Hat er nachträglich über einen längeren Zeitraum die Anlage weiter ausgebaut und weitere Geräte und Programme hinzuerworben und genutzt, so spricht dies gegen ein Wand-

---

[330] LG Hannover, Urteil vom 26. 6. 1984 – 19 O 223/83, BB 1985, 143 = DV-R 2, 231.
[331] OLG Celle, Urteil vom 8. 11. 1985 – 11 U 212/84, DV-R 3, 48, 50.
[332] OLG Hamm, Urteil vom 21. 4. 1983 – 2 O 185/82, DV-R 2, 249.
[333] LG Düsseldorf, Urteil vom 19. 12. 1983 – 38 O 203/81, DV-R 3, 164.
[334] LG Coburg, Urteil vom 1. 8. 1984, a. a. O.
[335] OLG Köln, Urteil vom 12. 7. 1988 – 15 U 211/81, und LG Köln, Urteil vom 4. 11. 1981 – 14 O 274/81, beide in DV-R 4, 176.
[336] LG Köln, Urteil vom 23. 2. 1994 – 20 O 402/93, CR 1994, 622 = MRC 1994, 7.

lungsverlangen, das auf eine Vielzahl von angeblich schon immer vorhandenen Fehlern der Programme und der Geräte gestützt wird.[337]

Der Kunde kann die **Kosten eines** von ihm eingeholten **Privatgutachtens** nur dann erstattet verlangen, wenn er das Gutachten bei Gericht einreicht, das Gutachten ihm erst die nötige Sachkunde vermittelte, um seine Ansprüche schlüssig zu begründen (bzw. es dem einreichenden Anbieter ermöglicht, sich gegen kundenseitige Ansprüche zu verteidigen) bzw. wenn das Gutachten zu gezielten Stellungnahmen gegen ein gerichtliches Gutachten erforderlich ist.[338]

5.1.11 Abgrenzung zwischen Mängeln und Bedienungsfehlern

Bestimmte Fehlerzustände des Systems können nicht nur durch Mängel des Systems, sondern auch durch Bedienungsfehler des Anwenders verursacht werden. Bedienungsfehler begründen keine Gewährleistungsansprüche des Kunden, sondern sind grundsätzlich seinem Risikobereich zuzuordnen. Diese Abgrenzung wird aber wieder für solche Bedienungsfehler eingeschränkt, die etwa durch die anbieterseitige Gestaltung der Benutzeroberfläche (mit-)bedingt sind. Diese Ausgestaltung kann **selbst als Mangel einzustufen sein.** So muss ein Programm bei fehlerhaften Eingaben durch eine Mitteilung angeben, wo der Eingabefehler liegt.[339]

Der Anbieter kann sich auch nicht auf Bedienungsfehler des Kunden berufen, wenn die **Dokumentation** mangelhaft ist; vielmehr wird ein Programmierfehler angenommen.[340] Allerdings wird zu verlangen sein, dass es gerade der Mangel in der Dokumentation war, der zu dem Bedienungsfehler führte. Lässt sich das Fehlerbild eines Bedienungsfehlers (etwa anhand einer nur vagen Statusmitteilung der Systemsoftware) nicht deutlich vom Fehlerbild eines tatsächlichen Fehlers unterscheiden, muss der Anbieter solche Unklarheiten zumindest in der Dokumentation aufklären und entsprechende Hinweise geben. Ohne solche Vorkehrungen ist es dem Kunden nicht zumutbar, die Beweislast für das Nichtvorliegen eines Bedienungsfehlers zu tragen, den er als solchen aufgrund der anbieterseitigen Systemkonzeption nicht erkennen kann. Ähnliches gilt für das Risiko

1158

---

[337] OLG Köln, Urteil vom 26. 8. 1994 – 19 U 278/93, CR 1995, 16.
[338] OLG München, Urteil vom 26. 4. 1989 – 11 W 1319/89, CR 1990, 34.
[339] OLG Karlsruhe, Urteil vom 16. 10. 1987 – 15 U 91/87, und erstinstanzliches Urteil LG Mannheim, Urteil vom 9. 2. 1987 – 23 O 127/85, DV-R 4, 152.
[340] Siehe LG Siegen, Urteil vom 15. 10. 1979 – 2 O 261/77, DV-R 1, K/M-6, 49.

einer DV-mäßigen Fehlerspeicherung, die sich nur insoweit (vertraglich) auf den Kunden abwälzen lässt, als dieser auf den Vorgang Einfluss nehmen kann.[341]

Allerdings wird nicht allgemein, sondern nur für die jeweilige Anwendung näher zu bestimmen sein, welche Art von Fehleingaben nach dem vertraglich vorausgesetzten oder üblichen Gebrauch vorhersehbar und durch anbieterseitige Vorkehrungen abzufangen ist (sicherlich z. B. Vertauschen von Tasten bei ESC- oder Löschfunktion). Auch ist es bereits von ergonomischen Vorgaben her erforderlich, Befehle mit besonderen Auswirkungen (wie das Löschen einer Datei) mit einem zwischengeschalteten Bestätigungsschritt abzusichern, in dem der Anwender etwa gefragt wird, ob er die jeweilige Aktion tatsächlich durchführen will. Der Kunde muss zudem generell (im Kauf-, Werkvertrags- oder auch Mietrecht) beweisen, dass ein behaupteter Mangel tatsächlich ein solcher und nicht nur ein kundenseitiger Bedienungsfehler ist.[342] Treten im Unternehmensbereich des Kunden durch häufig wechselnde Bedienungskräfte Fehleingaben, vergessene Eingaben und/oder Fehlbedienungen bei gleichzeitigem hohen Datenanfall auf, so hat der Kunde die Beweislast zu tragen, dass ein Bedienungsfehler nicht durch diese Ursachen bedingt ist.[343]

Allgemein müssen Mängelrügen so konkret formuliert werden, dass auch ein Sachverständiger oder ein sonstiger Dritter die Rüge nachvollziehen kann.[344]

1159 Gewährleistungsrechte aus Mängel lassen sich nur dann durchsetzen, wenn der Kunde diese **Mängel als Fehler technisch reproduzieren** kann. Der Kunde trägt damit das Risiko nur ein einziges Mal auftretender Mängel. Bei schadenssensitiven Anwendungen sollten deshalb Vorkehrungen getroffen werden, um durch **automatische Protokollfunktionen** im Betriebssystem (etwa unter UNIX/Linux durch Aktivitätenprotokolle) die Mängelentstehung zu dokumentieren und (etwa über Diagnose-Tools) hierdurch Beweismittel zu sichern.

Generell sollte jedes **Fehlerbild**, wenn dies nicht automatisch möglich ist, einzeln **vom Kunden protokolliert** werden. Dies kann durch Ausdrucke von Fehlermeldungen und Aufzeichnungen zu Beginn, Ablauf und Ende

---

[341] AG Hannover, CR 1996, 31.
[342] Siehe LG Augsburg, Urteil vom 15. 9. 1981, DV-R 1, 87.
[343] LG München I, Urteil vom 1. 10. 1981 – 4 HKO 1416/80, DV-R 1, 89.
[344] LG Frankfurt/Main, Urteil vom 4. 11. 1986 – 2/8 S 83/86, IuR 1987, 229.

der Störung geschehen. Auch gesetzte Fristen sollten protokolliert werden, um den Nachweis zu ermöglichen, dass die Voraussetzungen für die Ausübung der Gewährleistungsrechte vorliegen. Beide Seiten sollten das jeweilige Protokoll unterzeichnen. Das ermöglicht zudem oft klärende Gespräche. Erstellt der Kunde Fehlerprotokolle ohne Mitwirkung des Anbieters, sollte er diesem eine **Protokollkopie** zustellen (ggf. als Einschreiben mit Rückschein und unter Fristsetzung zur Mängelbeseitigung, wenn die Nachbesserung gesichert erscheint).

Haben Mitarbeiter des Anbieters bereits bei Systeminstallation Kenntnis von aufgetretenen Mängeln, kann sich der Anbieter gegenüber dem Kunden nach Treu und Glauben (§ 242 BGB) nicht auf die fehlende Schriftform einer Mängelrüge berufen, die seine AGB vorsehen.[345] Gewährleistungsrechteverlust ist aber möglich, wenn entgegen vereinbarter Schriftform der Rüge Mängel erst nur mündlich und erst Monate später schriftlich gerügt werden, es sei denn, der Lieferant geht auf die Rügen ein.[346] Drohen **Gewährleistungfristen abzulaufen**, sind die nicht beseitigten Mängel in einer Liste zusammenzustellen und diese in der Form eines Beweissicherungsantrages bei demjenigen Amtsgericht einzureichen, das für den Ort zuständig ist, an dem sich die Anlage befindet. Freilich hat man sich zuweilen auf einen längeren Zeitraum bis zum Ortstermin des Sachverständigen und auf die Vorauszahlung eines nicht unbeträchtlichen Kostenvorschusses einzurichten.

1160

Neben der prozessrechtlichen Seite ist materiell-rechtlich zu beachten, dass außerdem der jeweilige Mangel bei geltend gemachter Wandlung im Wandlungszeitpunkt noch vorhanden sein muss.

5.1.12 Abgrenzung: Gewährleistung/Wartung

Wartung und Gewährleistung sind zu trennen. Die Vereinbarung von Wartung kann und darf gesetzliche Gewährleistung nicht ersetzen. So stellt eine Klausel, nach der die Voraussetzung für jede Gewährleistung der Abschluss eines technischen Dienstleistungsvertrages ist, eine unzulässige, gegen § 11 Nr. 10 AGBG verstoßende Beschränkung der Gewährleistung dar.[347]

1161

---

[345] LG Frankfurt/Main, Urteil vom 21. 10. 1982 – 2/23 O 493/80, DV-R 2, 104 f.
[346] LG Köln, Urteil vom 23. 2. 1994 – 20 O 402/93, BB Beil. 7, 1994, 12.
[347] OLG Hamm, Urteil vom 12. 11. 1990 – 31 U 53/90, BB, Beil. 23, 1991, 2.

5.1.13 Neues EU-Gewährleistungsrecht

1162 Die auch auf Software anwendbare Richtlinie (RL) über den Verbrauchsgüterkauf und -garantien[348] sieht einschneidende Änderungen vor, nämlich insbesondere

a) eine zweijährige Gewährleistung ab Übergabe (Art. 5 Abs. 1 RL);

b) Haftung des Verkäufers für die Übereinstimmung der Eigenschaften der Sache mit den Eigenschaften einer Probe oder eines Musters oder der Beschreibung des Gutes bzw. für die Tauglichkeit für gewöhnliche oder dem Verkäufer bekannte Verwendungszwecke des Kunden (Art. 2 Abs. 2 Buchst. a bis c RL) bzw. für öffentliche Äußerungen des Verkäufers, des Herstellers oder dessen Vertreters (Art. 2 Abs. 2 Buchst. d RL);

c) einen Anspruch des Verbrauchers auf unentgeltliche Instandsetzung in angemessener Frist, Ersatzlieferung, Kaufpreisminderung oder Vertragsauflösung (Art. 3 Abs. 2 RL).

Für einen Zeitraum von sechs Monaten muss der Verkäufer beweisen, dass ein vorhandener Mangel **nicht** bereits bei Übergabe vorhanden war (Art. 5 Abs. 3 RL). Andernfalls greift eine Vermutung der Vertragswidrigkeit ein. Nicht harmonisiert werden Ansprüche aus Zusicherungsverletzung oder aus positiver Vertragsverletzung.

Mit dieser deutlich käufer- bzw. verbraucherfreundlichen Verlängerung der Verjährungsfrist erledigen sich jedenfalls im verbraucherbezogenen Bereich Ansätze der Rechtsprechung, über eine extensive Auslegung etwa des Begriffes der „Ablieferung" Kundenschutzinteressen besser zur Geltung zu bringen. Mit der neuen Frist kann (wieder) streng an einen eng ausgelegten Ablieferungsbegriff angeknüpft werden. Freilich bleibt auch hier erforderlich, dass die Verjährungsfrist erst zu laufen beginnen kann, wenn vereinbarte Nebenpflichten wie Installation oder Einweisung auch tatsächlich erbracht sind. Diese Nebenpflichten sind aber nicht immer schon qua Kaufvertragsabschluss geschuldet.

In Garantieerklärungen müssen in „einfachen und verständlichen Formulierungen" der Inhalt, der räumliche Geltungsbereich und die Dauer angegeben werden (Art. 6 Abs. 2 RL). Die Rechte aus der Richtlinie werden (in ihrer transformierten Form) unabdingbar sein (Art. 7).

---

[348] Siehe den Text der RL im ABl. EG L 171/12 vom 7. 7. 1999. Die RL ist bis zum 1. 1. 2002 in das nationale Recht der Mitgliedstaaten umzusetzen. Vertraglich kann ihr Regelungsinhalt schon vorher vereinbart werden.

Als „Vertragswidrigkeit" erfasst werden auch unerhebliche Minderungen in Wert oder Tauglichkeit, ein Aliud (Falschlieferung)[349] oder durch unsachgemäße Montage hervorgerufene Defekte[350]. Die Kundenrechte sind nicht vertraglich abdingbar (Art. 7 Abs. 1 Satz 1 RL), auch nicht in Individualverträgen.[351]

5.2 Mängel an Systemen und Systemkomponenten

Hauptsächlich zur besseren Übersicht in der Mängelauflistung wird nach- 1163 folgend zwischen Mängeln an Systemen, Hardware und Software unter-schieden. Die Zuordnungen können sich im Einzelfall überlagern, etwa im Falle softwareseitiger Fehlermitteilungen über Systemzustände, so dass die Zuordnung eines Mangels (wichtig insbesondere bei Beschaffung von verschiedenen Anbietern) hier eine genauere Untersuchung u. U. auch durch Sachverständige erforderlich machen kann. Die einzelnen Entschei-dungen entstammen aus einem Zeitraum von etwa zwanzig Jahren (seit Veröffentlichung der ersten einschlägigen Entscheidungen). Technische Details aus älteren Entscheidungen sind hierbei zwangsläufig oft veraltet, jedoch bleibt die Thematisierung der vielfältigen Fehlerauswirkungen auf die jeweilige Gebrauchstauglichkeit von Interesse.

5.2.1 Mängel an Systemen

Wird ein System als technische oder jedenfalls vertragliche Einheit verkauft 1164 (zur Vertragseinheit s. näher Rn. 93), so ist für den vertraglich vorausgesetz-ten oder jedenfalls den gewöhnlichen Gebrauch auf die Eigenschaften des Systems und nicht getrennt auf die Eigenschaften einzelner Komponenten abzustellen. Weicht also eine Komponente von dem anbieterseits vertraglich geschuldeten Soll ab, so ist das **gesamte System** als mangelhaft einzustufen. Beispiele für technische Einheit sind etwa Kassen- oder komplette Waren-wirtschaftssysteme, in denen Hardware und Software aufeinander abge-stimmt erstellt wurden. Vertragsbegründete Einheit kann auch zwischen eigenständigen Standardkomponenten hergestellt sein. In beiden Fällen wirkt sich der Mangel einer Komponente auf die Gebrauchstauglichkeit aus. Die Fehlerfreiheit der Hardware des Kassensystems nützt z. B. wenig, wenn es softwarebedingt Preise nicht in Euro ausgeben kann. Die nachfolgenden Ausführungen gehen deshalb getrennt auf Systeme ein.

---

[349] Siehe Hänlein, DB 1999, 1641, 1643.
[350] Siehe Tonner, BB 1999, 1769, 1771.
[351] Siehe Tonner, a. a. O., 1643.

Mängel als Abweichungen vom vertraglich geschuldeten Soll weisen vielfach eine subjektive Komponente auf, nämlich einen – von objektiven technischen Eigenschaften zu unterscheidenden – vereinbarten oder vertraglich vorausgesetzten Gebrauch.

Beispiele:

Weiß der Anbieter der Anlage, dass diese ein bereits vorhandenes System ersetzen soll, und kennt er die zu bewältigenden Aufgaben, stellt es einen Mangel des neuen Systems dar, wenn dieses bestimmte **Aufgaben nur erheblich langsamer ausführen** kann.[352] Ist dem Anbieter der EDV-Anlage der vom Käufer beabsichtigte Einsatzzweck bekannt, so muss er dem Käufer ein **hinreichend groß dimensioniertes System** empfehlen. Ist die tatsächlich veräußerte Anlage nicht in der Lage, die in der beabsichtigten Anwendung anfallenden Datenmengen zu bewältigen, so ist die Anlage mangelhaft im Sinne von § 459 Abs. 1 BGB.[353]

1165 **Mängel des Systems sind:**

– Fehlende Eignung, vereinbarungsgemäß berufliche **Leistungen** des Mieters des Systems **abzurechnen**[354];
– **fehlende Absicherung** gegen Datenverlust durch Erreichen der Kapazitätsgrenze eines Speichers;[355] Hardware ohne Möglichkeit der Datensicherung[356];
– häufige **Abstürze** des Systems mit ungeklärter Ursache[357];
– verzögerte **Antwortzeiten** bei Mehrplatzsystem[358] bzw. Antwortzeiten über 6-10 Sekunden[359];
– unzureichende **Benutzerinformationen**, insbesondere fehlende Fehlermeldungen im System[360] oder nur Fachleuten verständliches Benutzer-

---

[352] LG Hamburg, Urteil vom 7. 3. 1986 – 13 O 464/83, MRC 1986, 9. Diese Entscheidung stellt im Übrigen ein schönes Beispiel für den **subjektiven Fehlerbegriff** dar. Das neue System kann als solches technisch völlig einwandfrei funktionieren. Die Mangelhaftigkeit des Systems ergibt sich erst aus dem Vergleich mit dem vorhandenen System und der dabei resultierenden Geschwindigkeitsdifferenz. Die Geschwindigkeit des alten Systems war hier Teil des vertraglich vorausgesetzten Gebrauchs.
[353] LG Köln, Urteil vom 19. 2. 1986 – 23 O 450/83, CR 1987, 508.
[354] BGH, Urteil vom 5. 10. 1981 – VIII ZR 259/80, DV-R 2, 78.
[355] OLG Nürnberg, Urteil vom 19. 3. 1985 – 3 U 3732/82, DV-R 3, 114.
[356] LG München II, Urteil vom 3. 10. 1985 – 4 O 5384/84, und Berufungsurteil OLG München, Urteil vom 3. 6. 1986 – 25 U 1625/86, beide in DV-R 3, 108.
[357] OLG Köln, Urteil vom 22. 6. 1988 – 13 U 113/87, CR 1989, 391, 392f.
[358] LG Ravensburg, BB 1991, Beil. 7, 12 (einige Minuten); langsame, aber übliche Arbeitsweise begründet keinen Mangel (LG Oldenburg, DV-R 1, 64f.); s. auch LG Traunstein, Urteil vom 13. 11. 1986 – 6 O 363/86, DV-R 4, 378.
[359] LG Essen, Urteil vom 16. 1. 1986 – 43 O 129/84, CR 1987, 428, 431.
[360] OLG Hamm, Urteil vom 11. 12. 1989 – 31 U 37/89, CR 1990, 715f.

handbuch, das jedoch auch von Nichtfachleuten verwendet werden soll[361];

– fehlende Einrichtung zur **Datensicherung**[362]; Datensicherung nur des gesamten Datenbestandes, keine selektive Sicherung[363];

– **Datenvolumen** der kundenseitigen Anwendung passt (dem Anbieter erkennbar) nicht auf Speicher[364];

– unzureichende, für Nichtfachleute nur schwer verständliche **Dokumentation** als Mangel des Systems selbst[365];

– zu enge Papierführung für **Einzelformulare** im Bereich des Druckkopfes[366]; Fehlen einer **Endlos-Formularführung** bei einem Bürocomputersystem, das für Lohnabrechnungen vorgesehen ist[367];

– fehlende Möglichkeit eines Zugriffs auf eine installierte zweite **Festplatte**, wenn der Zugriff jedenfalls ohne Systemkenntnisse nicht möglich ist, die bei einem normalen Benutzer nicht vorausgesetzt werden können, und der Zugriff im gelieferten Handbuch auch nicht beschrieben wird[368];

– Nichteignung eines Filmrecorders für PCs, von Computerprogrammen erstellte Grafiken in Farbdias umzuwandeln[369];

– Verwendung von **Fremdkomponenten**, wenn sich der Kunde dann an mehrere Hersteller wenden muss[370];

– zu geringe **Druckgeschwindigkeit**, die den sinnvollen Einsatz der Anlage nicht zulässt[371]; Antwortzeiten von 5 Minuten zwischen Bild-

---

[361] OLG Hamm, Urteil vom 11. 12. 1989, a. a. O.

[362] LG München I, Urteil vom 3. 10. 1985 – 4 O 4184/84, DV-R 3, 108f. Aus der zitierten Entscheidung wird aber nicht deutlich, weshalb das vorhandene Plattenlaufwerk zur Datensicherung nicht ausgereicht hat. Schäden aus unzureichender, von dem Anbieter aufgrund vertraglicher Vereinbarung durchgeführter Datensicherung gelten als nahe Mangelfolgschäden, die gemäß § 638 Abs. 1 BGB in kurzer Frist verjähren (OLG Köln, Urteil vom 22. 4. 1994 – 19 U 253/93, NJW-RR 1994, 1262).

[363] OLG Frankfurt/Main, Urteil vom 9. 7. 1990 – 4 U 114/88, CR 1990, 767.

[364] LG Köln, Urteil vom 19. 2. 1986 – 23 O 450/83, CR 1987, 508.

[365] OLG Hamm, Urteil vom 11. 12. 1989 – 31 U 37/89, CR 1990, 715f.

[366] LG Frankfurt/Main, Urteil vom 17. 5. 1984 – 2/30 316/82, DV-R 3, 180.

[367] OLG Frankfurt/Main, Urteil vom 23. 11. 1982 – 5 U 69/82, DV-R 2, 94.

[368] OLG Köln, Urteil vom 3. 11. 1995 – 19 U 72/95, CR 1996, 288. Die fehlende Beschreibung in der Dokumentation ist im vorliegenden Zusammenhang als Sachmangel der EDV-Anlage selbst gewertet worden. Der Abnehmer der EDV-Anlage habe Anspruch darauf, durch Erstinformation und Handbuch in die Lage versetzt zu werden, relativ einfache und alltägliche Operationen, wie etwa den Übergang von einer zweiten Festplatte aus ausführen zu können, ohne auf Rückfragen beim Lieferanten und dessen komplizierte Erläuterungen angewiesen zu sein.

[369] OLG Köln, Urteil vom 14. 7. 1995 – 19 U 293/94, NJW 1996, 1683.

[370] LG Saarbrücken, Urteil vom 2. 7. 1987 – 1 O 340/86, MRC 1987, 12.

[371] KG Berlin, Urteil vom 1. 6. 1990 – 14 U 4238/86, CR 1990, 768f.

schirmausgaben[372] oder zwei Sekunden zwischen Eingabe und Bildschirmwiedergabe[373];

- **Eingabe** verschiedener Programmbefehle zur Nutzung eines Datensicherungsprogramms im Rahmen eines Warenwirtschaftsprogramms, wenn diese Eingabe den insoweit nicht vorgebildeten Anwender überfordert[374];
- fehlende **Erweiterungskarte** für Laserdrucker[375];
- fehlende Meldung von **Falscheingaben**[376];
- **Image-Backup:** Bei dieser Datensicherungsart wird ohne Auswahl der gesamte Datenbestand, der auf der Festplatte des Computers gespeichert ist, einfach auf Band kopiert. Dabei werden nicht nur die unverändert gebliebenen Daten des Kunden mitkopiert, sondern auch das auf der Festplatte gespeicherte Betriebssystem und das individuelle Arbeitsprogramm, obwohl beides nicht geändert wurde. Durch diese sinnlose Speicherung wird wesentlich mehr Speicherkapazität benötigt als bei selektiver Sicherung.[377]
- **Kompensation** mangelnder **Kapazität** des Hauptspeichers dadurch, dass Anwendungsprogramme nicht wie vorgesehen interpretiert, sondern kompiliert werden[378];
- im Verhältnis zum vertraglich vorausgesetzten Gebrauch nicht ausreichende **Speicherkapazität**[379];
- lange **Lauf- bzw. Wartezeiten** aufgrund konzeptioneller Schwächen[380];
- für **Mehrplatzbetrieb** vorgesehene 8-bit-Anlage[381]; fehlende **Mehrplatzfähigkeit**[382], aber nicht fehlende Tauglichkeit des Serverrechners für Nutzung als Anwendungsarbeitsplatz[383];

---

[372] LG Düsseldorf, Urteil vom 5. 3. 1985 – 7 O 410/82, MRC 1985, 18.

[373] LG Ravensburg, Urteil vom 31. 5. 1990 – 5 O 1537/89, BB Beil. 7, 1991, 12.

[374] OLG Bremen, Urteil vom 20. 3. 1990 – 3 U 33/89, BB Beil. 7, 1991, 2, wobei das Handbuch ein tatsächlich nicht vorhandenes Rücksicherungsprogramm beschrieb.

[375] LG Karlsruhe, Urteil vom 1. 10. 1991 – 8 O 517/89, n. v.

[376] LG Heilbronn, Urteil vom 11. 10. 1988 – 2 O 17/85, NJW-RR 1989, 1327 = CR 1989, 603.

[377] OLG Frankfurt/Main, Urteil vom 9. 7. 1990 – 4 U 114/88, CR 1990, 767.

[378] LG München II, Urteil vom 3. 10. 1985 – 4 O 5384/84, und Berufungsurteil OLG München, Urteil vom 3. 6. 1986 – 25 U 1625/86, beide in DV-R 3, 108.

[379] OLG München, Urteil vom 25. 11. 1982 – 24 U 141/82, DV-R 1, 95; OLG Düsseldorf, Urteil vom 22. 9. 1995 – 22 U 35/95, CR 1996, 89.

[380] LG München I, Urteil vom 21. 10. 1986 – 7 O 1314/85, CR 1986, 803f.

[381] OLG Koblenz, Urteil vom 28. 11. 1986 – 2 U 89/84, CR 1988, 463 (Erwerb eines Kontron-Computers im Frühjahr 1980 für etwa 117 000 DM, heute kaum mehr nachvollziehbare Preis-/Leistungsrelationen).

[382] OLG Köln, Urteil vom 19. 1. 1994 – 2 U 74/93, CR 1994, 401; OLG Karlsruhe, Urteil vom 9. 11. 1989 – 11 U 48/89, CR 1990, 266; LG Essen, CR 1987, 428; LG Kempten, Urteil vom 6. 7. 1987 – 2 O 1400/86, CR 1988, 134 (auch, wenn Umrüstung zwar möglich, aber nur gegen unverhältnismäßig hohe Kosten).

[383] LG Bonn, Urteil vom 5. 4. 1994 – 13 O 512/91, CR 1994, 687 = MRC 1995, 109.

– Nichtfunktionieren zugelieferter Modems im **Point-of-Sale-System**[384];
– fortlaufender Ausfall von **Schnittstellenkarten**, die die Verbindung und
den Zugriff auf auswärtigen Rechner ermöglichen sollen, bei Dauerbetrieb, so dass Anwendungszweck (Tagesabrechnungen) nicht erreichbar[385]; laufendes Ausfallen von Schnittstellenkarten, die die Verbindung
und den Zugriff auf einen auswärtigen Rechner ermöglichen sollen, so
dass die Nutzung des Systems nicht in der vertraglich vorausgesetzten
Weise möglich ist[386];
– falsche **Setup-Einstellung** des Systems durch Händler mit der Auswirkung einer zu langsamen (Daten-)Transferrate[387];
– fehlende Beschreibung der Funktion einer Taste zum anwendungswich-
tigen **Sicherungskopieren**[388]; die Einstufung als Mangel liegt dann
nahe, wenn die an sich vorhandene Dokumentation in diesem Punkt
eine Lücke aufweist, Nichterfüllung hingegen, wenn die Dokumentation selbst fehlt (s. Rn. 1190);
– unzureichende **Speicherkapazität**[389] bzw. unzulängliches Mengengerüst[390]; fehlende **Speicherfähigkeit** eines Arbeitswertprogramms[391]; Ausgestaltung der **Speicherkapazität** dergestalt, dass nicht sämtlichen, auch
nur entfernt vorstellbaren Ergänzungswünschen Rechnung getragen
wird[392]; unzureichende Speicherkapazität einer 20-MB-Festplatte für die
Nutzung des vorgesehenen Finanzbuchhaltungsprogramms[393]; Notwendigkeit, unzureichende Speicherkapazität durch nachträgliches Kompilie-

---

[384] OLG Stuttgart, Urteil vom 23. 2. 1993 – 6 U 174/92, CR 1994, 152.
[385] OLG Köln, Urteil vom 29. 11. 1996 – 19 U 212/95, NJW-RR 1997, 1414 = CR 1997, 412 für
Kassenanlage.
[386] OLG Köln, Urteil vom 29. 11. 1996, a. a. O.
[387] LG Karlsruhe, Urteil vom 9. 12. 1992 – 1 S 72/92, CR 1993, 499; ähnlich LG Stuttgart, Urteil
vom 31. 5. 1995 – 5 S 475/94, CR 1996, 29 (Beweislast); AG München, Urteil vom 20. 12. 1985
– Hö 3c 2938/83, MRC 1985, 12 (sechsminütige Dauer einer Programmfunktion ohne Hinweis);
AG Stuttgart, Urteil vom 6. 10. 1994 – 9 C 11104/94, CR 1995, 544 (Anscheinsbeweis gegen
Mangel, wenn Mangel nach Umrüstung auftritt).
[388] OLG Köln, Urteil vom 22. 6. 1988 – 13 U 113/87, CR 1989, 391f.
[389] LG Heilbronn, Urteil vom 19. 1. 1983 – 2 O 92/82, DV-R 3, 206 (freilich noch zu mittlerweile
fast museal gering anmutenden Kapazitätsangaben: „32 kByte" für einen Hauptspeicher); LG
Freiburg, Urteil vom 14. 7. 1987 – 1 O 28/86, MRC 1987, 37.
[390] OLG München, Urteil vom 25. 9. 1986 – 24 U 775/85, NJW 1988, 872.
[391] OLG Stuttgart, Urteil vom 3. 9. 1986 – 13 U 214/85, CR 1987, 230.
[392] BGH, Urteil vom 24. 2. 1986 – X ZR 16/85, WM 1986, 1255, 1257.
[393] OLG Köln, Urteil vom 26. 10. 1990 – 19 U 28/90, CR 1991, 154f. Die Unterkapazität gilt, dem
OLG Köln zufolge, als verborgener Mangel, der nicht von der kaufmännischen Rügepflicht erfasst wird. Das ist zumindest in den Fällen plausibel, in denen der Kunde die Unterdimensionierung im Rahmen der ihm zumutbaren üblichen kaufmännischen Untersuchung nicht zu erkennen
braucht. Anderes kann gelten, wenn der Kunde selbst ausreichendes Vorwissen hat, um das Kapa-
zitätsdefizit erkennen zu können.

ren von Programmen ausgleichen zu müssen[394]; **Hinweispflicht** bei unzureichender Speicherkapazität: Wurde die Aufgabenstellung eingehend besprochen, erstellte der Lieferant daraufhin einen Organisationsvorschlag und erklärte, dass Aufgabenstellung und Organisationsvorschlag eingehend geprüft worden seien, so schuldet der Lieferant den tatsächlich vom Kunden benötigten Gebrauch,[395] so dass die Leistung mangelhaft ist, wenn die vorhandene Speicherkapazität diesem Gebrauch nicht entspricht;

- „**Thermo-Effekt**" (Überhitzung)[396];
- fehlender **Treiber** für Streamer[397];
- **Zeitdauer** von zehn Sekunden zwischen Dateneingabe auf Tastatur und Wiedergabe auf Bildschirm bei Mehrbenutzerbetrieb, wodurch Fehlbedienungen verursacht werden können[398];
- **Zeiterfassungsanlage** für (täglichen) Gastronomiebetrieb, die für Wochenenden nicht die zur Zeiterfassung notwendige Zeitkappung durchführen kann[399];
- fehlende **Zertifizierung** einer Steuerkarte (durch Systemsoftwareanbieter) für bestimmte Hardware[400];
- zugekaufte **Zubehörteile** zu einem Rechner, wie etwa eine Festplatte, weisen auch dann einen Mangel auf, wenn sie zwar als solche technisch einwandfrei, aber aufgrund eines betriebsbedingten Mangels des technischen Geräts (Systemsoftware eines Rechners), zu dem sie gehören, **nicht nutzbar** sind[401].

1166 **Keine Systemfehler sind:**

- **Fehlertoleranzen:** Bei Bürocomputern kann ein möglicher Ausfall von 10 % (bezogen auf das Jahr 1980) noch als im Rahmen des Üblichen liegend angesehen werden.[402]
- **Leistungs- und Komforteinschränkungen** stellen dann keinen Mangel dar, wenn sie der Kunde in seiner Eigenschaft als Computerfachmann

---

[394] OLG München, Urteil vom 3. 6. 1986 – 25 U 1625/86, DV-R 3, 108 f.
[395] OLG Köln, Urteil vom 14. 11. 1983 – 7 U 153/77, DV-R 3, 98.
[396] OLG Köln, Urteil vom 27. 3. 1998 – 19 U 237/96, NJW-RR 1998, 1353.
[397] LG Tübingen, Urteil vom 22. 9. 1994 – 1 S 121/91, CR 1995, 222 = MRC 1995, 107.
[398] LG Ravensburg, Urteil vom 31. 5. 1990 – 5 O 1537/89, BB Beil. 7, 1991, 12 f.
[399] OLG Köln, Urteil vom 19. 8. 1992 – 19 U 17/92, NJW-RR 1993, 566 = VersR 1991, 1408.
[400] LG München I, Urteil vom 28. 4. 1994 – 7 O 6171/91, MRC 1996, 13.
[401] AG Recklinghausen, Urteil vom 21. 10. 1987 – 15 C 432/87, CR 1989, 496. Das Gericht verneinte allerdings ein Wandlungsrecht, da das System nicht völlig unbrauchbar (gewesen) sei.
[402] OLG Nürnberg, Urteil vom 6. 8. 1995 – 3 U 2466/83, DV-R 3, 117. Mit wachsender Zuverlässigkeit der Hardware dürfte diese prozentuale Bewertung entsprechend zu reduzieren sein, ebenso naturgemäß bei besonders unterbrechungssensitiven Anwendungen, etwa in der Produktionssteuerung.

als Einschränkungen erkennen konnte (und er etwa einen möglichen Test unterlassen hat). Entscheidend ist hier, was der Kunde nach dem Inhalt der Kaufverhandlungen als funktionsgemäßen Zustand erwarten durfte.[403]

- Führung eines **Arbeitsablaufes** über vier Masken anstatt über weniger, wenn flüssiges Arbeiten durch den Maskenwechsel nicht beeinträchtigt wird[404];
- Notwendigkeit der Anpassung eines Programmes, um Daten von einer online angeschlossenen **Scanner**-Kasse Daten zu empfangen und zu verarbeiten[405];
- **Sortierung** von Umlauten hinter „Z" (bei Match-Code)[406];
- **Entwicklungsrückstand** eines Programms gegenüber Konkurrenzprodukten[407];
- **Nichtverwendbarkeit** eines für die Netzwerkverwaltung tauglichen **Servers** für Anwendungsprogramme[408];
- **Nichtansteuerbarkeit** eines mit einem Netzwerk ausgelieferten Druckers von allen Arbeitsplätzen aus[409];
- Lieferung gebrauchter Festplatte bei Vereinbarung nur eines bestimmten Plattentyps[410] (nach Verkehrssitte ist bei Festplattenbestellung fabrikneue Ware gemeint[411]);
- eingebaute Programm**sperre**, sofern sie den Benutzer bei der vertragsgemäßen Nutzung nicht behindert[412]; Einbau eines „expiration date" in ein Programm durch den Lieferanten, von dem der Benutzer nicht informiert war (rechtfertigt keine Kündigung), wenn der Benutzer durch sie nicht behindert wird und bei vertragsgerechter Nutzung auch nicht

---

[403] OLG Düsseldorf, Urteil vom 17. 10. 1985 – 6 O 49/85, CR 1987, 173 ff. Nur soweit keine derartigen, zum Vereinbarungsinhalt gemachten Vorstellungen der Vertragsparteien über die Gebrauchseigenschaften vorliegen, ist auf den üblichen („gewöhnlichen") Gebrauch zurückzugreifen, insbesondere auf marktübliche Leistungsmerkmale vergleichbarer Systeme.

[404] LG Heilbronn, Urteil vom 16. 12. 1993 – 1 KfH O 262/89, BB Beil. 7, 1994, 7.

[405] OLG Köln, Urteil vom 21. 2. 1992 – 19 U 220/91, CR 1992, 468.

[406] LG Heilbronn, Urteil vom 16. 12. 1993 – 1 KfH O 262/89, BB Beil. 7, 1994, 7.

[407] LG Köln, Urteil vom 22. 10. 1992 – 86 O 103/92, CR 1993, 564 (Ergebnis typischer Konkurrenzsituation).

[408] LG Bonn, Urteil vom 5. 3. 1993 – 30 O 170/92, CR 1994, 687 (Volltext MRC 1995, 109).

[409] OLG Düsseldorf, Urteil vom 19. 5. 1995 – 22 U 118/94, CR 1995, 600.

[410] LG München I, Urteil vom 30. 3. 1995 – 7 O 2189/94, CR 1995, 736.

[411] LG München I, Urteil vom 30. 3. 1995, a. a. O. (Bei Bestellung von Festplatten gilt wie bei allen lediglich gattungsmäßig bestimmten, nicht individualisierten Waren, dass auch ohne die ausdrückliche Bezeichnung „fabrikneu" nur **ungebrauchte Ware** Liefergegenstand sein kann.)

[412] OLG Celle, Urteil vom 3. 3. 1992 – 20 U 69/90, CR 1994, 217 = NJW-RR 1993, 432; OLG Köln, Urteil vom 9. 8. 1995 – 19 U 294/94, CR 1996, 285 (auch bei Nichtankündigung der Sperre); ähnlich bei Einfügung einer Sperre ein Kündigungsrecht abl. BGH, DV-R 1, 213.

Gefahr läuft, behindert zu werden[413] – während eine unangekündigte, **periodisch eingreifende** Sperre geeignet sein kann, den **Zweiterwerber** sittenwidrig zu schädigen[414];

- „**Time Tick Error**" und Setup-Fehler, möglich aber pVV-Haftung im Rahmen von Umrüstauftrag[415];

- fehlende **Bildschirmhilfen**, da sie allein dem Anwenderkomfort dienen[416];

- fehlende **Absicherung** gegen Fehlbedienung bei Programm der unteren Preisklasse[417];

- unzureichende **Speicherkapazität** wenn Kunde die hierfür notwendigen höheren Aufwendungen nicht tätigte[418];

- **Datenverluste** können durch verschiedene äußere Einflüsse auftreten, etwa Unterbrechungen der Stromzufuhr. Der Anwender muss diesem „allgemeinen Risiko" eines EDV-Benutzers durch Anfertigen von Sicherungskopien vorbeugen.[419] Er trägt damit aus seiner eventuell bestehenden eigenen Schadensminderungspflicht im Verhältnis zu Vertragspartnern und Dritten Rechnung.

- **höheres Alter** einzelner, an sich funktionsfähiger Systemkomponenten[420]; entscheidend ist der vertraglich vorausgesetzte bzw. gewöhnliche Gebrauch, der z. B. bei Pentium-II-Systemen ein anderer sein kann als bei MMX-Systemen. Ausrüstung mit neuesten Komponenten ist freilich heute durchgängig marktüblich, schon im Hinblick auf den Wettbewerb. Der Einbau einer drei Jahre alten Platte kann (auch bei fehlender Gebrauchsbeeinträchtigung im Einzelfall) zu einem deutlichen Wertverlust führen, der etwa bei Leasing den Wiederverkaufswert zusätzlich sinken lässt.

---

[413] OLG Köln, Urteil vom 9. 8. 1995 – 19 U 294/94, NJW 1996, 733.

[414] OLG Bremen, Urteil vom 13. 2. 1997 – 2 U 76/96, K & R Beil. 1, 1998, 4, 6. Das Gericht sieht zudem die Voraussetzungen des Straftatbestandes der **Computersabotage** nach § 303b StGB erfüllt, wenn die Sperre eingreift, ansonsten die Voraussetzungen des Versuches und damit § 826 BGB als erfüllt an.

[415] LG Stuttgart, Urteil vom 31. 5. 1995 – 5 S 475/94, CR 1996, 29.

[416] LG Stuttgart, Urteil vom 16. 7. 1996 – 17 O 504/95, CR 1997, 292.

[417] OLG Karlsruhe, Urteil vom 7. 10. 1983 – 15 U 11/83, CR 1986, 549. (Die Doppelvergabe von Kundennummern durch Eingabefehler sei kein Mangel; dies erscheint wenig überzeugend, da doch offensichtlich eine Verletzung der Datenbankintegrität vorliegt. Das Gericht erwähnt selbst die **Doppelvergabe von Kundennummern**, die zur Inkonsistenz der Datenbank führen muss.)

[418] LG Limburg, Urteil vom 16. 9. 1983 – 4 O 326/82, CW 1985, 65 = DV-R 2, 121; zur Aliud-Lieferung s. näher Rn. 1142.

[419] LG Kleve, Urteil vom 23. 3. 1990 – 3 O 356/89, CR 1991, 734.

[420] OLG Düsseldorf, Urteil vom 25.3. 1993 – 6 U 119/92, CR 1993, 429; BGH, Urteil vom 5. 4. 1995 – I ZR 59/93, CR 1995, 594 (bei hochpreisigen Anlagen **keine** Verbrauchervorstellung, dass nur neuwertige Teile eingebaut sind; Alter von drei bis vier Jahren kein Fehler); OLG Köln, Urteil vom 13. 3. 1978 – 7 U 168/77, DV-R 3, 92.

– Der Begriff „**Vorführgerät**" beinhaltet keine Angaben über das Alter und die Dauer der Benutzung eines Gerätes, sondern besagt nur, dass das Gerät noch nie an einen Kunden verkauft bzw. vermietet worden ist.[421]

– durch technische **Weiterentwicklung** bedingte Entwertung eines Systems[422];

– nicht vollständig in Deutsch abgefasste **Dokumentation**, wenn die grundlegenden, für die Inbetriebnahme des Rechners notwendigen Informationen für den Laien in deutscher Sprache dargestellt werden[423];

– Fehlen der Möglichkeit des **gleichzeitigen Betriebes von Drucker und Plotter,** wenn diese Nutzung nicht vereinbart war (wobei ein entsprechendes Erfordernis nicht bereits aus dem Erwerb einer zweiten Schnittstelle und eines integrierten Softwarepaketes ableitbar ist)[424];

– keine Möglichkeit der **Ansteuerung eines Laserdruckers** von allen Arbeitsplätzen aus, wenn der vorhandene Laserdrucker in ein zu installierendes Netzwerk einbezogen werden soll, zumal, wenn jeder Arbeitsplatz mit einem eigenen Drucker ausgerüstet ist[425];

– Virus (zwar Mangel, aber grundsätzlich nicht zur Wandlung berechtigend)[426];

---

[421] LG Bonn, Urteil vom 16. 9. 1990 – 2 O 134/80, DV-R 3, 95.

[422] Führt nicht zum Wegfall der Geschäftsgrundlage eines Leasingvertrages (OLG Köln, Urteil vom 13. 3. 1978 – 7 U 168/77, DV-R 3, 92.

[423] LG Koblenz, Urteil vom 27. 4. 1995 – 12 S 163/94, NJW 1995, 942. Das Gericht führt aus: „Der durchschnittliche Anwender kommt bei seiner alltäglichen Arbeit – störungsfreier Betrieb des Rechners unterstellt – in der Regel nur mit dem Betriebssystem, einer Betriebssystemerweiterung und der Anwender-Software in Kontakt und ist hierzu auf eine entsprechende, auf seine Bedürfnisse zugeschnittene Software-Dokumentation angewiesen. Soweit Systemerweiterungen vorgesehen sind, etwa durch Einbau eines CD-ROM-Laufwerks, einer Soundkarte, eines Streamers, einer neuen Grafikkarte oder ähnliches, bieten die diesen Peripheriegeräten beiliegenden Dokumentation in der Regel die für die Systemerweiterung erforderlichen Informationen. Änderungen der Systemkonfiguration, soweit diese nicht ausschließlich in Abhängigkeit von der verwendeten Software erfolgen, sind ebenso wie Erweiterungen des Arbeitsspeichers, die Installation einer weiteren Festplatte oder ähnliches dem fortgeschritteneren Anwender vorbehalten. Diesem kann jedoch zugemutet werden, die hierzu erforderlichen weiterführenden Informationen in englischer Sprache zu lesen. Abgesehen davon, daß sich die im Computerbereich vorherrschende Fachsprache ohnehin zu einem großen Teil aus Fachbegriffen zusammensetzt, die fast ausschließlich der englischen Sprache entlehnt sind, wird der fortgeschrittene Anwender bereits aus diesem Grunde die in aller Regel erforderlichen englischen Sprachkenntnisse für das Verständnis einer derartigen Dokumentation mitbringen."

[424] LG München I, Urteil vom 20. 10. 1986 – 8 HKO 7825/86, CR 1987, 96, 98.

[425] OLG Düsseldorf, Jur-PC 1995, 3206.

[426] LG Regensburg, Urteil vom 17. 6. 1977 – 2 S 168/96, CR 1997, 686 = NJW-RR 1998, 1353 – **Kampana-Virus** (der mit gutem Virenscanner in einer Stunde entfernbar war).

– **Falschlieferung (Aliud)**[427]; anstatt des vertraglich vereinbarten und gesondert in Rechnung gestellten Steckmoduls Einbau eines vom Anbieter selbst entwickelten Streamer-Anschlusses.[428]

Tritt nach Umrüstung eines Computers ein Mangel auf, hat der Anwender zumindest mit Anscheinsbeweis zu beweisen, dass der Fehler am Computer noch nicht vorhanden war.[429]

5.2.2 Mängel der Hardware

1167 Reine technisch bedingte Hardware-Fehler sind heute (Jahr 1998) relativ selten, da die Hardware ausgereifter und vielfach getestet ist. Das **Fehlerrisiko** kann allerdings bei neuartigen Peripherie-Geräten und Billigrechnern steigen. Ebenso kann **Alterung** bzw. besondere Beanspruchung die

---

[427] Zur Falschlieferung s. auch Rn. 1142.

[428] So noch OLG Köln, Urteil vom 1. 12. 1995 – 19 U 60/95, CR 1996, 287 („Billig-Schaltung"). Der Einbau eines Adapters anstatt eines Streamer-Controllers sei eine technisch abweichende Lösung, die weder angeboten noch bestellt gewesen sei, damit ein Aliud. Die Klägerin habe eine Leistung bezahlt, die sie nicht bestellt hat, während sie die bestellte Leistung nicht erhalten habe. Die geleistete Zahlung habe der Anbieter ohne Rechtsgrund erhalten; er müsse sie deshalb nach § 812 Abs. 1 Satz 1 BGB zurückgewähren. Der Bereicherungsanspruch sei nicht verjährt, da die Verjährungsfrist insoweit 30 Jahre betrage (unter Verweis auf Palandt/Thomas, Einf. vor § 812 Rn. 24). **Abweichend** nunmehr BGH, Urteil vom 12. 3. 1997 – VIII ZR 15/96, CR 1997, 462 = DB 1997, 1023 – Streamer-Controller: „Nicht jede Abweichung von der vereinbarten Sollbeschaffenheit ist rechtlich als Falschlieferung (Aliud) zu qualifizieren. Handelt es sich wie hier um nur der Gattung nach bestimmte Waren, so ist für die Abgrenzung, ob es sich um eine mangelhafte oder um eine andere als die geschuldete Ware handelt, in erster Linie auf den ausdrücklich vereinbarten oder dem Käufer wenigstens bekannten Vertragszweck und die danach erforderlichen Merkmale der zu liefernden Ware abzustellen." (BGH, a. a. O., unter Bezugnahme auf die Entscheidung BGH, WM 1985, 1361 und WM 1994, 1394). Nach Auffassung des BGH ist „auch nicht anzunehmen, daß nach der Verkehrsanschauung die Grenzen der Warengattung überschritten sind, wenn eine bestimmte technische Funktion einer Computeranlage nicht mit Hilfe des vertragsgemäßen Bauteils, sondern durch eine technische Alternativlösung erreicht wird." Das OLG habe sich bei der Prüfung der Frage, ob eine andere als die vertraglich geschuldete Leistung erbracht wurde, zu Unrecht auf einen Vergleich der Controllerkarten beschränkt anstatt der Schülerarbeitsplätze zu vergleichen, die Kaufsache gewesen seien. Selbst wenn aber eine teilweise Falschlieferung vorliege, ergebe sich hieraus kein Rückzahlungsanspruch aus ungerechtfertigter Bereicherung nach § 812 Abs. 1 Satz 1 BGB, da nicht von einem Fehlen des Rechtsgrundes für die Vermögensverschiebung auszugehen sei. Die Wirksamkeit des zugrunde liegenden Kaufvertrages werde durch die vertragswidrige Beschaffenheit der gelieferten Sache nicht berührt. Deswegen könne auch entgegen der Auffassung des OLG Köln nicht § 812 Abs. 1 Satz 1 BGB anwendbar sein: „Auch wenn der Verkäufer eine andere als die geschuldete Sache liefert und dafür die vereinbarte Kaufpreiszahlung erhalten hat, ist er um den Kaufpreis nicht rechtsgrundlos bereichert. Rechtsgrund ist vielmehr auch in diesem Fall der dem Leistungsaustausch zugrunde liegende Kaufvertrag. In Fällen der Falschlieferung fehlt es nicht am Rechtsgrund für die Kaufpreiszahlung, sondern an der Vertragserfüllung seitens des Verkäufers. Habe der Käufer den Kaufpreis vor der Aufdeckung der (teilweisen) Falschlieferung bereits gezahlt, so kann er nicht (anteilige) Kaufpreisrückzahlung, sondern nur (vollständige) Erfüllung des Kaufvertrages seitens des Verkäufers fordern oder gemäß § 326 BGB gegen diesen vorgehen."

[429] AG Stuttgart, Urteil vom 6. 10. 1994 – 9 C 11104/93, CR 1995, 544.

Fehlerhäufigkeit ansteigen lassen (z. B. besondere Umweltbedingungen wie Feuchtigkeit, Wärme oder Immissionen).

Angaben im Herstellerprospekt über die Zugriffsgeschwindigkeit einer Festplatte stellen nicht nur eine allgemeine Produktbeschreibung dar, sondern bestimmen den **nach dem Vertrag vorausgesetzten Gebrauch** im Sinne von § 459 Abs. 1 BGB.[430] Die Frage nach dem Bestehen eines gewöhnlichen Gebrauches kann sich auch bezüglich Hardware stellen, wenn keine entsprechenden Parteivereinbarungen getroffen wurden. Maßgeblich für die Festlegung des gewöhnlichen Gebrauches ist hier, welche Funktionen das Gerät nach den berechtigten Erwartungen des Käufers zu erfüllen hat.[431] Eine Einschränkung der Gewährleistung etwa für Home-Computer ergibt sich nicht bereits daraus, dass ein Siegel auf der Rückseite der Hardware aufgebrochen ist.[432]
1168

Zur **Geltendmachung von Mängeln** eines Druckers genügt bei einem Computerlaien, die Unbrauchbarkeit des Druckers anzuzeigen.[433] Bei Hardware-Mängeln soll ohne entgegenstehende Anhaltspunkte anzunehmen sein, dass die Ursache des Fehlers bereits bei Gefahrübergang vorhanden war,[434] es sei denn, es handelt sich um Gebrauchtgeräte.[435] (Zur Beweislast s. auch Rn. 1148.)
1169

Bisher kaum diskutiert wurde die Möglichkeit, Hardware umweltfreundlich zu entsorgen. Hardware enthält eine Vielzahl von giftigen Stoffen bzw. Bauteilen, die nicht ohne weiteres einfach als Abfall behandelt werden können. Lässt sich deshalb Hardware nicht ohne weiteres entsorgen, kann sie in wirtschaftlich-rechtlicher Sicht ebenfalls einen Fehler, nämlich einen „Entsorgungsfehler" aufweisen. (Zur Hardware-Entsorgung s. näher Rn. 980.)
1170

Hardware-Mängel sind:
1171
– fehlende **Absicherung** gegen vorhersehbare Störimpulse aus dem Stromnetz bzw. gegen Spannungsdifferenzen[436];

---

[430] LG Tübingen, Urteil vom 19. 10. 1992 – 1 S 413/91, CR 1993, 772.
[431] OLG Köln, Urteil vom 14. 7. 1995 – 19 U 293/94, CR 1996, 344. Das Gericht argumentiert ausdrücklich, dass sich ein Verkäufer seiner Gewährleistung nicht mit der Begründung entziehen könne, dass es ein für den nach dem Vertrag als gewöhnlich vorauszusetzenden Gebrauch taugliches Gerät nicht gibt. Dann dürfe der Verkäufer ein solches Gerät auch nicht verkaufen, ohne deutlich darauf hinzuweisen, für welche Bereiche, die normalerweise zum gewöhnlichen Gebrauch gehören, das Gerät nicht tauglich sei. Der Hinweis, dass das Gerät für spezielle Anforderungen nicht geeignet sei, schließe eine Haftung für andere Anwendungen nicht aus, die zum gewöhnlichen Gebrauch gehören.
[432] AG Neuwied, Urteil vom 28. 7. 1987 – 14 C 2157/86, DV-R 4, 394.
[433] OLG Hamm, Urteil vom 11. 1. 1993 – 31 U 107/92, NJW-RR 1993, 1527 (nach red. LS).
[434] LG Coburg, Urteil vom 1. 8. 1984 – 2 O 478/83, IuR 1986, 314 (so jedenfalls der nichtamtl. LS, während die Urteilsgründe diese Beweisvermutung auch auf die Programmierung ausweiten).
[435] OLG Hamm, Urteil vom 3. 12. 1990 – 31 U 256/89, Jur-PC 1993, 2209 (LS) = MRC 1990, 13 (head crash eines gebraucht erworbenen Computers bei Wiederinbetriebnahme).
[436] LG Darmstadt, Urteil vom 25. 4. 1986 – 15 O 594/82, CR 1987, 432 (bei Empfindlichkeit der Hardware gegenüber Netzschwankungen).

– geringe **Akkulaufzeit** eines Notebooks[437], rasche Erschöpfung des Akkus im Nichtbetriebsstatus[438];
– **Ausfall eines Gerätes** aufgrund von Netzschwankungen (über 10 %), sofern es nicht mit notwendigen technischen Mitteln zur Verhinderung der Auswirkungen dieser Netz-Schwankungen ausgestattet wurde[439];
– nicht dem Stand der Technik entsprechende **Bedienerfreundlichkeit**[440];
– **Betriebsdauer** von nur 40 bis 50 Minuten eines Laptop[441] bzw. raschere Erschöpfung der Batterien eines Laptop im Nichtbetrieb als im Handbuch angegeben[442];
– **Druckbildschwächen** eines Tintenstrahldruckers[443];
– fehlende **Endlosformularführung** bei Bürocomputersystem, das für Lohnabrechnung eingesetzt werden soll[444];
– bei leichter Berührung ausfallender Rechner[445];
– Computervirus auf Festplatte[446];
– von zwei **Festplatten** nur eine nutzbar[447]. **Inkompatible** Festplatte[448], nicht unbeträchtlicher Anteil fehlerhafter Blöcke auf Platte[449], langsame Festplatte[450], minderwertige, zu Störungen führende Bauteile im Rechner[451];
– **Ausfall des Datenmonitors** für 20 Minuten, Löschen des Programms nach neuem Einschalten[452], verlorene Cluster auf Festplatte[453];
– **Datenverlust** bei Batteriewechsel im Notebook[454];

---

[437] AG Waiblingen, Urteil vom 1. 9. 1994 – 8 C 2312/92, CR 1995, 545.
[438] OLG Köln, Urteil vom 10. 10. 1992 – 19 U 92/91, NJW-RR 1993, 950.
[439] LG Darmstadt, Urteil vom 25. 4. 1986 – 15 O 594/82, CR 1987, 432.
[440] LG Köln, Urteil vom 10. 7. 1990 – 3 O 166/89, MRC 1995, 118.
[441] AG Mannheim, Urteil vom 25. 4. 1996 – 1 C 1033/95, CR 1996, 540 = NJW-RR 1997, 560 (Das AG sieht formularvertragliche Kundenverpflichtung, Wandlung erst nach drei fehlgeschlagenen Nachbesserungsversuchen geltend zu machen, als unwirksam an, während AG Offenburg, Urteil vom 1. 3. 1996 – 3 C 546/95, BB Beil. 19, 1996, 12 von Wirksamkeit ausgeht).
[442] OLG Köln, Urteil vom 16. 10. 1992 – 19 U 92/91, BB Beil. 13, 1993, 11.
[443] AG Bensheim, Urteil vom 10. 12. 1993 – 6 C 342/93, CR 1995, 154.
[444] OLG Frankfurt/Main, Urteil vom 23. 11. 1982 – 5 U 69/82, DV-R 2, 94ff. Das Angebot des Lieferanten, die Führung gegen ergänzende Zahlung zu liefern, wertete der Senat als **endgültige Ablehnung der Nachbesserungsleistung.**
[445] AG Neuwied, Urteil vom 28. 7. 1987 – 14 C 2157/86, MRC 1987, 13.
[446] LG Stuttgart, Urteil vom 22. 5. 1991 – 18 O 109/80, MRC 1995, 105 – Herbstlaubvirus.
[447] LG Tübingen, Urteil vom 21. 5. 1987 – 1 HO 23/86, CR 1988, 306f.
[448] AG Recklinghausen, Urteil vom 6. 11. 1987 – 15 C 432/87, CR 1989, 496.
[449] LG Tübingen, Urteil vom 21. 5. 1987, a. a. O., („Ablieferung" im Sinne von § 477 BGB erst mit Durchführung einer vereinbarten Montierung).
[450] LG Tübingen, Urteil vom 19. 10. 1992 – 1 S 413/91, CR 1993, 772.
[451] LG Zweibrücken, Urteil vom 21. 12. 1983 – 6 O 41/82, DV-R 3, 307.
[452] OLG München, Urteil vom 20. 9. 1985 – 21 U 4523/84, CR 1987, 506.
[453] AG Suhl, Urteil vom 15. 3. 1994 – 1 C 910/92, CR 1994, 407.
[454] LG Stuttgart, Urteil vom 19. 11. 1993 – 25 O 532/92, MRC 1996, 25.

- Linien im **Druckbild** eines Tintenstrahldruckers[455]; Möglichkeit der **Druckerunterbrechung** nur durch Gerätabschaltung[456];
- Verwenden eines **Eigenbau**-Anschlusses[457];
- Nichtübergabe einer **Garantiekarte**, ohne die der Käufer Wartungs-, Service- und Mängelrechte nicht überall bei entsprechend autorisierten Händlern in Anspruch nehmen kann[458];
- Lieferung **gebrauchter Festplatte**, wenn Bestellung nur der Gattung nach, da hier fabrikneue Ware gemeint ist[459]; Lieferung eines Rechners ohne Festplatte und Controller[460];
- **Geräteausfall** aufgrund von Netzschwankungen von über 10 %, wenn der Anbieter mit diesen Schwankungen im konkreten Fall zu rechnen hatte[461];
- zu **komplizierte Handhabung** ohne Handbuch[462], **unvollständiges Handbuch** (keine Beschreibung des Zugriffs auf 2. Festplatte)[463];
- **Hardwaredokumentation** ohne Angaben zur Software-Installation[464];
- fehlende **IBM-Kompatibilität**[465];
- Fehler eines Datenträgers, der zu **Lesefehlern** bei Programmanwendung führt (begründet nur Anspruch auf Lieferung eines neuen Datenträgers, nicht auf Wandlung)[466];

---

[455] AG Bensheim, Urteil vom 10. 12. 1993 – 6 C 342/93, MRC 1995, 112.

[456] OLG Stuttgart, Urteil vom 3. 9. 1986 – 13 U 214/85, CR 1987, 230.

[457] OLG Köln, Urteil vom 3. 11. 1995 – 19 U 72/95, CR 1996, 287 (Eigenbau Steckanschluss für Floppy Streamer).

[458] AG Essen, Urteil vom 26. 10. 1987 – 12 C 285/87, CR 1988, 309.

[459] LG München I, Urteil vom 30. 3. 1995 – 7 O 2189/94, CR 1995, 736; ähnlich allgemein für gebrauchte Hardware OLG Stuttgart, Urteil vom 8. 1. 1986 – 4 U 68/85, IuR 1986, 263 = MRC 1986, 7.

[460] Soweit Rechner mit gängiger Platte nicht lauffähig ist, OLG Köln, Beschl. vom 29. 4. 1996 – 19 U 50/96 n. v.

[461] LG Darmstadt, Urteil vom 25. 4. 1986 – 15 O 594/82, CR 1987, 432.

[462] OLG Köln, CR 1996, 288.

[463] OLG Köln, Urteil vom 3. 11. 1995 – 19 U 72/95, CR 1986, 288.

[464] LG Köln, MRC 1996, 12.

[465] LG Stuttgart, Urteil vom 14. 12. 1984 – 5 KfH O 52/84, CR 1986, 382 (Disketten nach „IBM-Mode": zugesicherte Eigenschaft); s. auch OLG Köln, Urteil vom 16. 10. 1992 – 19 U 92/91, IuR 1992, 1831 = NJW-RR 1993, 950 (Einschränkung des Kompatibilitätsbegriffes: Auf einem kompatiblen Rechner müsse nicht jedes Programm laufen können, das auch auf einem IBM-Rechner laufe.); LG Karlsruhe, Urteil vom 9. 3. 1990 – 9 S 426/89, CR 1990, 719 (LS) = MRC 1995, 110; LG Wiesbaden, Urteil vom 1. 8. 1987 – 8536/87, DV-R 4, 383 (zu AG Wiesbaden, Urteil vom 10. 12. 1986 – 96 C 804/85, DV-R 4, 383, keine Fehlerhaftigkeit, wenn das IBM-kompatible Standardprogrammm lediglich auf dem nicht vollständig IBM-kompatiblen Computer des Kunden nicht ablauffähig ist). LG Hof, Urteil vom 4. 11. 1986 – 10484/85, MRC 1986, 21 (Zusicherung des neuesten Standes der Technik umfasst nicht Zusicherung der IBM-Kompatibilität); AG Ulm, Urteil vom 29. 4. 1994 – 4 C 2823/93, CR 1995, 407 (Das **Fehlen der IBM-Kompatibilität** ist nur dann ein Mangel, wenn sie zugesagt wurde. Die Kompatibilitätszusage muss hierbei noch keine Zusicherung darstellen).

[466] LG Köln, Urteil vom 13. 2. 1996 – 85 O 76/94, BB Beil. 19, 1996, 8.

– fehlende **Mehrplatzfähigkeit** eines Rechners (8-bit-Architektur, die nur bedingt für Mehrplatzeinsatz geeignet ist).[467] Aus Netzwerkfähigkeit folgt aber nicht notwendig Mehrplatzfähigkeit eines Programmes.[468]

– elektronisches Steuergerät (CPU), das in eine **Notstromanlage** eingebaut werden soll, wenn möglicherweise übermäßige Toleranzbreiten eines Elektronikteils zu Betriebsstörungen führen können[469];

– keine Auslieferung von **Originaldisketten**[470];

– **Pfeifton** im Rechner[471];

– **Reparaturanfälligkeit** eines Rechners aufgrund unzureichender Staubfreiheit eines im Ladengeschäft zu betreibenden Rechners, die dem Anbieter bekannt war[472];

– fehlende **Robustheit** gegenüber Bedienungsfehlern[473];

– unzureichende **Speicherkapazität**,[474] insbesondere für vereinbarte Anwendung[475];

– erhebliche **Störanfälligkeit** von an sich fehlerfrei übergebenen Geräten[476];

– abweichende **Taktfrequenz** des Coprozessors[477];

– unzureichende **Tauglichkeit** eines Prozessdatenterminals, unter kritischen Umweltbedingungen (wie in einer Gießereihalle) eingesetzt zu werden[478].

– **Thermoeffekte**, also ein Überhitzen des Rechners mit Abstürzen als Folge[479];

---

[467] OLG Koblenz, Urteil vom 28. 11. 1986 – 2 U 89/84, CR 1988, 463, 466.

[468] LG Stuttgart, Urteil vom 24. 10. 1986 – 2 KfH O 40/86, DV-R 4, 371.

[469] OLG Düsseldorf, Urteil vom 22. 12. 1995 – 22 U 180/95, CR 1996, 350, außer, das Steuergerät arbeitet seit dem Einbau längere Zeit störungsfrei.

[470] LG Stuttgart, Urteil vom 25. 3. 1994 – 12 O 251/93, MRC 1996, 18.

[471] LG München I, Urteil vom 29. 11. 1984 – 5 HKO 12218/84, CR 1987, 20.

[472] LG Münster, Urteil vom 19. 6. 1987 – 4 O 87/87, CR 1988, 467ff.

[473] OLG Stuttgart, Urteil vom 23. 12. 1986 – 7 U 156/86, IuR 1989, 441 = MRC 1986, 15; LG Stuttgart, Urteil vom 25. 3. 1994, a. a. O. (Sicherung gegen Abstürze durch Bedienungsfehler.)

[474] OLG Köln, Urteil vom 26. 10. 1990 – 19 U 28/90, CR 1991, 154; eine bestimmte Kapazität kann zugesichert sein (vgl. näher zu den Voraussetzungen LG Essen, Urteil vom 16. 1. 1986 – 43 O 129/84, DV-R 4, 278).

[475] OLG Karlsruhe, Urteil vom 30. 9. 1993 – 15 U 89/94, CR 1995, 397 (Installation von UNIX neben CAD-Software auf einer 360-MB-Platte eines 486-Rechners, so dass für weitere Anwendungssoftware nur 10 MB verblieben. Das OLG Karlsruhe sah die Leistung richtigerweise als mangelhaft an, obwohl der Anbieter nur die Software lieferte, **nicht die Hardware**. Nach Auffassung des OLG hätte der Anbieter im Rahmen seiner werkvertraglichen Anpassungspflicht dieses Kapazitätsproblem lösen und den Kunden auf die eingeschränkte Anwendbarkeit der Software hinweisen müssen.)

[476] LG Zweibrücken, Urteil vom 21. 12. 1983 – 6 O 41/82, DV-R 3, 307ff.

[477] OLG Stuttgart, Urteil vom 15. 12. 1992 – 6 U 169/92, MRC 1992, 22.

[478] LG Nürnberg-Fürth, Urteil vom 6. 12. 1984 – 1 HKO 7228/82, DV-R 3, 268f.

[479] OLG Köln, Urteil vom 27. 3. 1998 – 19 U 237/96, Jur-PC Web-Dok. 133/1998 (Thermisch bedingter Hardware-Mangel rechtfertigt allein bereits Wandlung).

- ein in eine Notstromanlage eingebautes elektronisches Steuergerät (CPU), wenn möglicherweise **übermäßige Toleranzbreiten eines Elektronikteiles** zu Betriebsstörungen führen können, außer dass der Teil seit Einbau längere Zeit störungsfrei gearbeitet hat[480];
- Funktionsunfähigkeit eines Streamers wegen Fehlens eines **Treibers**[481];
- Drucker ersetzt **Umlaute** durch Fragezeichen[482];
- **Unterdimensionierung** einer Anlage, die vertraglich vorausgesetzten Gebrauch nicht ermöglicht[483];
- fehlende Novell-**Zertifizierung** einer Steuerkarte.[484]

Keine Hardware-Mängel sind: 1172

- Gelieferte Anlage ist bereits **drei Jahre alt**; allein das Alter kann die Tauglichkeit zum vertraglich vorausgesetzten oder üblichen Gebrauch oder den Wert nicht mindern oder aufheben.[485] Alter stellt ohne Zusicherung der Fabrikneuheit keinen Mangel dar.[486] Eine stillschweigende Zusicherung des Verkäufers dahingehend, dass ein dem neuesten Stand entsprechendes Modell veräußert werde, kann nur angenommen werden, wenn der Käufer seine Erwartung zuvor als Grund seiner Kaufentscheidung deutlich zum Ausdruck gebracht hat.[487]
- **Alter eines Gerätes**, wenn hierdurch die vertraglich vorausgesetzten Eigenschaften nicht beeinträchtigt werden.[488] Dies gilt auch, wenn ein **gebrauchtes Teil** eingebaut wird, das aber eine längere Lebensdauer hat, als die voraussichtliche Nutzungsdauer der Hardware beträgt.[489]
- minimale Normabweichung eines Bildschirmes[490];

---

[480] OLG Düsseldorf, Urteil vom 22. 12. 1995 – 22 U 180/95, CR 1996, 350.
[481] LG Tübingen, Urteil vom 22. 9. 1994 – 1 S 121/94, CR 1995, 222 = MRC 1995, 107.
[482] OLG München, Urteil vom 15. 2. 1989 – 27 U 386/88, CR 1990, 646.
[483] LG Nürnberg-Fürth, Urteil vom 7. 10. 1994 – 2 HKO 4097/93, MRC 1996, 14.
[484] LG München I, Urteil vom 28. 4. 1994 – 7 O 6171/91, MRC 1966, 13.
[485] So jedenfalls das OLG Zweibrücken, Urteil vom 11. 7. 1985 – 6 U 83/84, DV-R 3, 134, 137 gegen das LG Kaiserslautern, Urteil vom 14. 8. 1984 – 2095/82, DV-R 3, 134; ähnlich OLG Düsseldorf, Urteil vom 9. 6. 1989 – 16 U 209/88, CR 1990, 122, 125. Das OLG Zweibrücken berücksichtigt nicht ausreichend, dass allein der **objektive Wertverlust** über drei Jahre einen wesentlichen **Mangel** darstellen kann. Dies gilt jedenfalls dann, wenn eine neue Anlage am Ende der vertraglich vorausgesetzten wirtschaftlichen Nutzungsdauer einen höheren Wiederverkaufswert gehabt hätte.
[486] OLG Düsseldorf, Urteil vom 9. 6. 1989, a. a. O.
[487] Siehe BGH, Urteil vom 28. 2. 1996 – VIII ZR 241/94, NJW 1996, 1962 und BGH, Urteil vom 14. 2. 1996 – VIII ZR 89/95, CR 1996, 402 = NJW 1996, 1465 (Aussage „kein Auslaufmodell").
[488] OLG Düsseldorf, Urteil vom 9. 6. 1989, a. a. O.
[489] LG Frankfurt/Main, Urteil vom 19. 9. 1984 – 3/12 O 12/83, DV-R 3, 184.
[490] OLG Köln, Urteil vom 14. 1. 1994 – 19 U 183/93, NJW-RR 1994, 1077 (vertikaler weißer Streifen auf Bildschirm, wenn dieser nicht mit Text belegt ist).

- Komponenten stammen von unterschiedlichen Herstellern[491];
- **fehlende Mehrplatzfähigkeit** eines Rechners (8-bit-Architektur, die nur bedingt für Mehrplatzeinsatz geeignet ist)[492];
- **Minderkapazität** einer Festplatte von 5 %[493];
- nur in Abhängigkeit von den Umständen: Kapazitätsverlust der Festplatte nach Formatieren von 15 %[494];
- fehlende Eigenschaften, Drucker und Plotter gleichzeitig betreiben zu können, und zwar auch, wenn eine zweite Schnittstelle erworben wurde[495];
- Hardware, die aus Komponenten von verschiedenen Herstellern zusammengesetzt wird, ist allein deshalb noch **nicht mangelhaft**. Anbieter können, dem AG Nürtingen zufolge, nur im Wettbewerb bestehen, wenn sie ihre PC mit Komponenten vom jeweils günstigsten Hersteller bestücken.[496]

1173 Eine **Zusicherungsverletzung** liegt vor,

- wenn der Händler in der Werbung und Vertragsanbahnung deutlich (aber unzutreffend) hervorhebt, es werde ein Originalgerät geliefert (Zusicherung der Herstellerbezeichnung und des Unverändertseins des Gerätes)[497]; Gleiches gilt, wenn der EDV-Händler mit der Aussage „Originalprodukte der führenden Hersteller" wirbt. Hier muss er die im Herstellerprospekt als zugehörig bezeichneten Teile wie Garantiekarte, Benutzerhandbuch und Grafikprogramm mitliefern[498];
- wenn der Händler die Zentraleinheit unter Bezugnahme auf deren Hersteller veräußert (Zusicherung, dass zumindest alle wesentlichen Komponenten vom Hersteller stammen oder von diesem autorisiert sind, insbesondere, wenn der Hersteller einen guten Ruf hat, der sich im Preisniveau der Zentraleinheit ausdrückt).[499]

---

[491] AG Nürtingen, Urteil vom 8. 12. 1994 – 10 C 2019/94, CR 1995, 406.
[492] OLG Koblenz, Urteil vom 28. 11. 1986 – 2 U 89/84, CR 1988, 463, 466.
[493] LG Stuttgart, Urteil vom 30. 9. 1993 – 16 S 185/93, CR 1994, 286 = BB Beil. 7, 1994, 15 (unwesentliche Abweichung 119, 8 anstatt 125 MB, da volle Ausnutzung der Kapazität nicht vertraglich vorausgesetzt). Behebt der Sachverständige den Mangel, wird die Vergütung in diesem Augenblick fällig.
[494] LG Stuttgart, Urteil vom 29. 11. 1991 – 19 O 440/91, MRC 1995, 106.
[495] LG München I, Urteil vom 20. 10. 1986 – 8 HKO 7825/86, CR 1987, 96.
[496] AG Nürtingen, Urteil vom 8. 12. 1994, a. a. O.
[497] OLG Oldenburg, Urteil vom 16. 11. 1987 – 9 U 59/87, CR 1989, 107 (Veränderung durch händlerseitigen Anbau eines zweiten Laufwerkes).
[498] AG Essen, Urteil vom 26. 10. 1987 – 12 C 285/87, CR 1988, 309.
[499] OLG Köln, Urteil vom 20. 2. 1991 – 44 U 109/89, MRC 1991, 20.

Ebenso bei

- Fehlen zugesicherter 100%iger Kompatibilität zu anderen Rechnern[500];
- Fehlen der (im Handbuch und in der Preisliste) beschriebenen Erweiterbarkeit eines Laptop durch eine RAM-Card mit 8 MB[501];
- Verletzen einer durch **nachträgliches Verhalten** erfolgten Zusicherung[502];
- vereinbarungswidriger Dokumentation (nicht in deutscher Sprache geliefert)[503];
- fehlender Eignung eines Bürocomputers für die Anwenderzwecke, insbesondere hinsichtlich der Speicherkapazität[504];
- unzureichender Anzahl von Steckplätzen[505].

Eine **Zusicherungsverletzung** kann weiter vorliegen

- hinsichtlich der Herkunft von Datenträgern, wenn sie als Originaldatenträger angeboten werden[506];
- bei abredewidriger Nichtverträglichkeit eines Plotters mit einem Programm[507];
- bei Auslieferung von etwa 3 % mangelhaften Disketten (aus Lieferumfang von 100 000) entgegen Erklärung „hundertprozentig geprüft"[508];

aber nicht

- aus der bloßen Erklärung des Anbieters, der Käufer einer EDV-Anlage erwerbe ein Gerät auf dem neuesten technischen Stand (bloße Beschaffenheitsbeschreibung)[509];
- aus der Aussage, eine komplette Mehrplatzanlage werde geliefert, in Bezug auf einen bestehenden Mehrbedarf[510];
- aus Werbeaussagen auf der Verpackung[511].

---

[500] LG Mannheim, Urteil vom 10. 4. 1987 – 21 O 2/87, IuR 1987, 326.
[501] OLG Köln, Urteil vom 21. 3. 1997 – 19 U 174/96, NJW-RR 1998, 925.
[502] AG Münsingen, Urteil vom 27. 2. 1992 – 2 C 156/91, CR 1993, 502 (für Zugriffszeit). Das Gericht bejaht die Möglichkeit einer nach Vertragsschluss erfolgten Zusicherung einer Eigenschaft. Die Zusicherung wurde im Übergabeprotokoll festgehalten, erfolgte also vor oder jedenfalls während des Gefahrüberganges.
[503] OLG Hamm, Urteil vom 8. 3. 1988 – 21 U 41/87, BB Beil. 11, 1989, 6.
[504] LG Saarbrücken, Urteil vom 28. 6. 1984 – 7 O 18/80, DV-R 3, 285.
[505] LG Coburg, Urteil vom 13. 12. 1989 – 2 O 432/89, CR 1990, 524.
[506] LG Frankfurt/Main, Urteil vom 6. 6. 1984 – 3/9 O 134/81, DV-R 3, 181.
[507] LG München I, Urteil vom 9. 11. 1985 – 7 O 15676/94, BB Beil. 9, 1996, 10.
[508] Das LG Bielefeld, Urteil vom 25. 3. 1988 – 11 O 114/87, MRC 1988, 10, nahm hier positive Vertragsverletzung an, Marly, MRC 1988, 10 richtig Zusicherungsverletzung.
[509] BGH, Urteil vom 14. 2. 1996 – VIII ZR 89/95, CR 1996, 402.
[510] AG Gummersbach, Urteil vom 1. 8. 1995 – 1 C 1221/93, BB Beil. 9, 1996, 4.
[511] OLG Köln, Urteil vom 16. 10. 1992 – 19 U 92/91, CR 1993, 208.

Nicht notwendig ist, dass das Fehlen der zugesicherten Eigenschaft Wert oder Tauglichkeit eines Rechners wesentlich mindert.[512]

1174 **Arglistig handelt**, wer bei Vertragsschluss einen Fehler zumindest für möglich hält und weiß oder damit rechnet und billigend in Kauf nimmt, dass der andere Teil den Fehler nicht kennt und bei Offenbarung den Vertrag nicht oder nicht mit dem vereinbarten Inhalt abschließen würde.[513] Arglisthaftung ist deshalb von besonderer Bedeutung, weil sie der vollen 30-jährigen Verjährung unterliegt. Gelingt dem Käufer der Arglistnachweis, so erhöht sich damit die Haftungsbelastung des Verkäufers beträchtlich. Bei Gattungskauf kommt es für die Arglist auf den Lieferzeitpunkt an.[514]

Arglistig handelt etwa ein Softwarelieferant, der auf die Frage des Kunden hin wahrheitswidrig zusichert, sein Programm besitze eine Sperre gegen unbeabsichtigtes Löschen. Der Kunde ist hier zur Anfechtung nach § 123 Abs. 1 BGB berechtigt.[515]

5.2.3 Mängel der Software

1175 Software-Mängel können auf zwei Ebenen und in mindestens zwei Arten auftreten, nämlich im Programmcode und/oder in der Dokumentation sowie außerdem auf der Anwendungsebene oder der Systemebene. In jedem dieser Fälle ergeben sich spezifische Fehlerauswirkungen, die etwa bei Mängelrügen entsprechend zuordnend beschrieben werden müssen, soweit dies dem Nutzer vertragsrechtlich auf der Grundlage des vertraglich vorausgesetzten oder gewöhnlichen Gebrauchs bzw. urheberrechtlich im Rahmen der bestimmungsgemäßen Benutzung möglich ist.

Auch auf Software bezogene **Mängelrügen** müssen ausreichend substantiiert werden (s. näher Rn. 1182ff.), also etwa erkennen lassen, welche der Komponenten der Software betroffen ist, der Programmcode, die Dokumentation hierzu oder etwa die reine Bildschirmdarstellung („Benutzeroberfläche"). Zwischen Anwendungs- und Systemsoftware ist zu unterscheiden, wenn diese von verschiedenen Anbietern stammt. Die Beweiserleichterungen für **Fehlerbilder** gelten auch und gerade für Software (s. Rn. 1183, 1186).

---

[512] LG Coburg, Urteil vom 13. 12. 1989, a. a. O.
[513] BGH, Urteil vom 14. 2. 1996, a. a. O., unter Hinweis auf BGHZ 117, 363, 368 und BGH, NJW-RR 1995, 254.
[514] OLG Stuttgart, Urteil vom 8. 1. 1986 – 4 U 68/85, DV-R 4, 225.
[515] LG Stuttgart, Urteil vom 25. 2. 1994 – 22 O 394/93, MRC 1995, 121.

Andererseits beinhaltet der subjektive, Parteienvorstellungen einbeziehende **Mängelbegriff** auch, dass Software in gewährleistungsrechtlicher Sicht mangelhaft sein kann, die technisch keinen Fehler aufweist. Dies ist etwa der Fall, wenn sie an sich voll lauffähig ist, aber für bestimmte, vertraglich vorausgesetzte Anwendungszwecke eben zu langsam läuft.[516]

Im Rahmen des Gewährleistungsrechtes lässt sich ein Mangel der Software damit als **erhebliche (negative) Abweichung der Software-Eigenschaften vom vertraglich ausdrücklich vereinbarten, vorausgesetzten oder jedenfalls gewöhnlichen Gebrauch** definieren. Abzustellen ist also nicht auf einen möglichen technischen Fehlerzustand als solchen, sondern auf dessen Auswirkung auf die Gebrauchsfähigkeit der Software. Eine griffige Formulierung kann hier herangezogen werden, die diesen Punkt sehr gut illustriert: Ein Mangel ist hiernach anzunehmen, wenn „**das Programm nicht das tut, was der Anwender vernünftigerweise von ihm erwartet**".[517] Ergänzen kann man: … „**oder was das Programm nach dem Vertrag tun sollte.**"

Mangelhaftigkeit ist nicht anzunehmen, wenn die gelieferte Software lediglich solche beanstandeten Abweichungen aufweist, die durch geringfügige Programmänderungen abzustellen sind.[518] Objektive Gebrauchstauglichkeit setzt voraus, dass Standardsoftware die anwendungsspezifischen gesetzlichen Anforderungen erfüllt. Gesamtwandlung ist möglich, wenn der Kunde nur **einen** Lieferanten haben wollte.[519] Eine Tauglichkeitsminderung ist nicht bereits aus dem Umstand abzuleiten, dass bei Verfügbarkeit der vermissten Funktionen ein noch größerer Rationalisierungseffekt zu erzielen gewesen wäre.[520] Jedoch kann hier die Verletzung einer entsprechenden Zusicherung vorliegen. Der Anbieter eines neuen Computerprogramms kann sich nicht darauf berufen, es habe sich bei der Entwicklung um ein **Pilotprojekt** gehandelt und der Kunde sei ein „Testkunde" gewesen. „Auch bei einem neu entwickelten Programm darf der Besteller eine fehlerfreie Lieferung erwarten. Das ist nur dann anders, wenn die Vertragsparteien einen Haftungsausschluß vereinbart haben."[521]

Grundsätzlich muss der Besteller von Individualsoftware die erforderlichen Angaben zu den Anforderungen an das Programm machen. Der Pro-

---

[516] LG München I, Urteil vom 21. 10. 1986 – 7 O 1314/85, CR 1986, 803f.
[517] Myers, 102.
[518] OLG Frankfurt/Main, Urteil vom 29. 10. 1991 – 8 U 11/88, CR 1993, 217.
[519] OLG Hamm, Urteil vom 14. 11. 1994 – 31 U 105/94, CR 1995, 341 = BB Beil. 16, 1995, 2.
[520] LG Darmstadt, Urteil vom 12. 8. 1983 – 16 O 601/80, DV-R 3, 157.
[521] OLG Düsseldorf, Urteil vom 9. 12. 1994 – 17 U 106/94, CR 1995, 169 (für Finanzbuchhaltungssoftware).

grammierer von Individualsoftware kann sich aber bei Mängeln an der Software, die auf unzureichenden Bestellerangaben beruhen, dann nicht durch Verweis auf die Mitwirkungspflicht des Bestellers entlasten, wenn er es selbst übernommen hat, sich für die Erstellung des Programmes die erforderlichen Informationen zu beschaffen.[522]

1176 **Dokumentationsmängel** können die Gebrauchsfähigkeit der Software im gewährleistungsrechtlichen Sinne erheblich einschränken. Derartige Mängel können auf Druckfehler, inhaltliche Fehler, fehlende oder unverständliche Beschreibungen etc. zurückzuführen sein. (Zu Dokumentationsmängeln s. Rn. 1189.)

1177 Anbieter betonen zumeist, dass **Software niemals völlig fehlerfrei** sein könne. Dieser gern von Anbietern verwendete Hinweis führt zu keiner wirksamen Einschränkung der vertraglichen Mängelgewährleistung.[523] Wenn das Programm Fehler aufweist, die zu erheblichen Minderungen der Gebrauchstauglichkeit führen (also im gewährleistungsrechtlichen Sinne mangelhaft ist), darf der Anwender nicht „rechtlos gestellt" werden, sondern stehen ihm die Sachmängelgewährleistungsrechte zu.[524] Es gibt also **keinen „Mängelfreibrief"** für Software.

Dieses Ergebnis ist auch interessengerecht. Der Anbieter schuldet nicht absolute Fehlerfreiheit im technischen Sinne, sondern Tauglichkeit der Software für den vertraglichen Gebrauch. Lässt sich absolute Fehlerfreiheit aus methodischen Gründen (jedenfalls logisch-mathematisch beweisbar) nicht oder nur unter unverhältnismäßigem wirtschaftlichen Aufwand erreichen, so folgt allein hieraus noch nicht, dass auch die gebrauchsrelevanten Eigenschaften nicht erreichbar sind. Im Gegenteil: **Der Anbieter beschreibt regelmäßig in Kenntnis der Fehlerrisiken eine bestimmte Anwendung als bestimmungsgemäße und vertraglich geschuldete Benutzung, die dann auch möglich und Gegenstand der Gewährleistung sein muss.** Auch aus der Entscheidung OLG Koblenz[525] kann nichts Gegenteiliges abgeleitet werden. Das Gericht stellte nur fest, die Unmöglichkeit, ein Computerprogramm von Anfang an fehlerfrei zu erstellen, habe zur Branchenübung geführt, auch für die Zeit **vor** Übergabe des komplexen Systems nur einen Nachbesserungsanspruch einzuräumen. Aus

[522] OLG Köln, Urteil vom 22. 9. 1994 – 19 U 65/94, CR 1996, 20 = NJW-CoR 1996, 190.
[523] Ähnlich Müller, EDV-Recht, 51; Zahrnt, IuR 1986, 256.
[524] LG Heidelberg, Urteil vom 18. 8. 1987 – O 139/85 KfH II, CR 1989, 197; ähnlich bereits KG Berlin, Urteil vom 30. 9. 1985 – 2 U 5503/83, DV-R 3, 45.
[525] OLG Koblenz, Urteil vom 9. 7. 1980 – 1 U 1026/78, DV-R 1, 159.

diesem begrenzten empirischen Befund leitet das Gericht aber gerade **nicht** ab, dass partielle Gewährleistungsausschlüsse immer zulässig seien. Dieser Hinweis trägt einer Aufklärungspflicht der Anbieter aus ihrem i. d. R. bestehenden software-technologischen Erfahrungsvorsprung Rechnung, der ihnen sagt, (oder sagen muss), dass auch nach Ablauf von Gewährleistungsfristen mit Fehlern zu rechnen ist. Auf diesen Umstand müssen auch Kunden hingewiesen werden.

Allerdings ist eine diesbezügliche individualvertragliche Vereinbarung zulässig, aber wohl an § 242 BGB zu messen. Ein **formularvertraglicher Gewährleistungsausschluss** dürfte aber in aller Regel unwirksam sein.

In näherer Betrachtung ergibt sich folgende Argumentation: Zunächst einmal ist der **Begriff „Software" zu allgemein.** Alle Entwickler sind sich im Grunde einig, dass die Problematik der Fehlervermeidung immer nur bei der **Programm**entwicklung und Codierung auftritt, nicht aber bei der Erstellung einer schriftlichen **Dokumentation.** Es gibt aber keinen Erfahrungssatz, demzufolge das Abfassen der Dokumentation ebenso fehlerträchtig ist wie das Entwerfen und Codieren eines Computerprogrammes selbst. Inhaltliche Fehler und Druckfehler in der Dokumentation sind also durchaus viel leichter vermeidbar als Fehler in der Programmentwicklung. Das Vermeiden von derartigen druckwerkbezogenen Fehlern ist abhängig vom Aufwand, den der Autor und Lektor des Druckwerkes betreiben. Aussagen über die Unerreichbarkeit der Fehlerfreiheit können sich also immer nur auf die Computerprogramme beziehen, nicht auf die zugehörigen Dokumentationen. Insoweit ist eine formularvertragliche Regelung bereits insoweit unklar (§ 3 AGB, s. Rn. 330) und zu Lasten des den Formularvertrag verwendenden Anbieters auszulegen.

Weiter erhält der Anwender durch diese Aussage **keine** inhaltlichen, für seine vertragliche Anwendung **verwendbaren Informationen.** Er weiß weder, welche konkreten Schadensrisiken bestehen, noch, ob und in welchem Umfang er präventive Vorkehrungen treffen kann. Soweit hierzu nähere Angaben durch den Anbieter möglich sind, kann dieser auch gleich selbst die Fehlerquellen einkreisen und die Behebung in Angriff nehmen, so dass sich der salvierende Hinweis ohnehin erübrigt. Er hat ungefähr den Informationsgehalt des Hinweises, dass den Anwender auf der Straße immer ein Dachziegel treffen könnte.

Der Hinweis auf den Umstand, dass Fehlerfreiheit niemals garantiert erreichbar sei, ist deswegen in seiner Abstraktheit nicht geeignet, die Gewährleistung des Anbieters gegenüber dem Kunden einzuschränken

1178

oder gar auszuschließen. Selbst wenn aus der Aussage ein derartiger Einschränkungs- oder Ausschlusswille erkennbar ableitbar wäre, würde ein solcher Ausschluss gegen § 11 Nr. 10 Buchst. a AGBG verstoßen und deswegen unwirksam sein. Dies gilt über § 9 Abs. 2 Nr. 1 AGBG auch zwischen Kaufleuten. Außerdem könnte die Freizeichnung nur für den **Teil**bereich der nie vermeidbaren Fehler im Ergebnis auf einen völligen Gewährleistungsausschluss hinauslaufen. Dies ist etwa dann der Fall, wenn der „freigezeichnete Mangel" zur vollständigen Gebrauchsunfähigkeit des Computerprogrammes führt. Dem Anwender wären damit alle Gewährleistungsrechte genommen. Dies widerspricht eindeutig § 11 Nr. 10 Buchst. a AGBG. Diese Einschränkung muss auch zwischen Kaufleuten nicht hingenommen werden (s. näher Rn. 415 ff.).

Selbst, wenn schließlich ein bestimmter beschreibbarer Fehler im konkreten Fall rekonstruierbar in seiner Entstehung unvermeidbar war, so stellt sich im nächsten Schritt die Frage, wem dieses **Risiko** des Auftretens solcher unvermeidbaren Fehler **zuzuordnen** ist? Dem Kunden, der wenig Kenntnis von den Besonderheiten der Softwareerstellung hat und haben muss, oder dem Anbieter, der noch am ehesten Vorkehrungen treffen kann, um die Wahrscheinlichkeit des Auftretens des Fehlers zu reduzieren. Auch von dieser Überlegung her kann eine entsprechende Risikoüberlastung auf den Kunden diesen unangemessen im Sinne von § 9 Abs. 2 Nr. 1 AGBG benachteiligen und damit unwirksam sein.[526]

In der Verantwortung des Anbieters steht es außerdem, zumindest solche Fehler durch **Abfangen von Fehlerauswirkungen** und anderer Absicherungen auszuschließen, die die Gebrauchsfähigkeit des Programms nicht unwesentlich beeinträchtigen.[527] Das gilt auch dann, wenn Software üblicherweise Fehler aufweist.[528] Weiter **kommt es** im Rahmen der gesetzlichen/vertraglichen Gewährleistung **nicht auf ein Verschulden des Anbieters an**, so dass im Umkehrschluss das **Fehlen eines Verschuldens** und konkret ein Fehlen des Vorhersehenmüssens auch **nicht entlastend** wirken kann.[529] Anderes kann insoweit gelten, als etwa in Fällen § 635 BGB kein Verschulden vorliegt und in den Fällen der (freilich verschuldens**un**abhängigen) Zusicherungshaftung nach §§ 459 Abs. 2, 463 BGB der Umfang der Haftung auf die jeweilige Reichweite der Zusicherungsaussage ein-

[526] Ähnlich s. Marly/Hoeren, Softwareverträge, Rn. 34 m. w. N.
[527] So muss insbesondere Systemabstürzen vorgebeugt werden (vgl. OLG Köln, Urteil vom 22. 6. 1988 – 13 U 113/87, DV-R 4, 172). Nach Auffassung des Gerichts spricht häufiges Abstürzen des Systems mit ungeklärter Ursache für einen Fehler der Software.
[528] LG Heidelberg, Urteil vom 19. 8. 1987 – O 139/85, CR 1989, 197.
[529] Im Einzelnen ähnlich Marly, Verträge, Rn. 695 m. w. N.

schränkt. Denkbar ist, dass sich eine **Zusicherungshaftung nicht auf unvermeidbare Fehler erstrecken soll.**

Eine Festlegung oder auch nur ansatzweise Konkretisierung des vertraglich vorausgesetzten oder üblichen Gebrauches ist mit dem Hinweis auf vermeintlich oder tatsächlich unerreichbare Fehlerfreiheit ebenfalls nicht verbunden: Weiß der Anbieter selbst nichts Genaueres über die Bedingungen der Fehlerentstehung, spricht er also nur eine Art salvierende Vermutung möglicher Fehlerhaftigkeit aus, kann ein solcher abstrakt bleibender **Hinweis auf nichterreichbare völlige Fehlerfreiheit nicht in geeigneter Weise den vertraglich vorausgesetzten Gebrauch beschreiben.** Der Kunde kann nicht in nachvollziehbarer Weise erkennen, inwieweit die abstrakte Fehlererwartung zu einer Abweichung vom vertraglich vorausgesetzten Gebrauch führt. Für den Anwender bleibt damit im Ergebnis zumindest unklar, inwieweit der genannte sehr abstrakte Hinweis konkret die Gebrauchsfähigkeit der Software im jeweiligen Anwendungsfall beeinträchtigt. Dieser Hinweis ist damit mangels Bestimmtheit auch inhaltlich nicht geeignet, die Gewährleistung nachvollziehbar einzuschränken oder auszuschließen. Aus diesem Grunde erlangt der Kunde auch **nicht Kenntnis von Mängeln** (vgl. §§ 460 BGB bzw. 640 Abs. 2 BGB), da die Möglichkeit einer Kenntnisnahme einer konkreten Abweichung von der vertraglich vorausgesetzten oder üblichen Gebrauchsfähigkeit nicht besteht.

In formularvertraglichen Regelungen kann der Hinweis des Anbieters auf eine niemals völlig erreichbare Fehlerfreiheit eine **überraschende Klausel** im Sinne von § 3 AGBG darstellen, sofern er mit einem (partiellen) Gewährleistungsausschluss verbunden ist. Aus dem bloßen Hinweis auf eine abstrakt formulierte Fehlererwartung ist nicht ohne weiteres eine Rechtseinschränkung zu Lasten des Kunden ableitbar. Ein derartiger Gewährleistungsausschluss wäre außerdem als Verstoß gegen § 11 Nr. 10 Buchst. a AGBG unwirksam – und zwar über § 9 AGBG auch gegenüber Kaufleuten.

Außerdem muss sich der die AGB verwendende Anbieter die in diesen enthaltenen **Unklarheiten** entgegenhalten lassen (§ 5 AGBG). Unklar ist hier insbesondere, inwieweit die Software nun im konkreten Fall aufgrund dieses Hinweises überhaupt noch als zuverlässig eingestuft werden kann. Zum einen bleibt für den Anwender unerkennbar, für Fehler welcher Art, welcher Wahrscheinlichkeit und mit welchen Auswirkungen sich der AGB-Verwender tatsächlich freizeichnen will. Der Anbieter kennt selbst weder Art noch Auswirkung dieser Fehler, andernfalls er die Fehler einfachheitshalber unmittelbar beseitigen könnte. Könnte der Anbieter hier ausreichend konkrete Angaben machen, so wäre er auch in der Lage, die Fehlerquellen gleich selbst einzukreisen und auszuschalten.

Die tatsächliche Tragweite einer solchen Freizeichnung kann so nicht einmal der AGB-Verwender selbst auch nur annähernd definieren. Größere Unklarheit ist also kaum vorstellbar. Mit ihr darf der Anwender nicht belastet werden. Der generelle Hinweis auf die nicht erreichbare Fehlerfreiheit führt also nicht zu einer Freizeichnung von Gewährleistung. Der Anbieter will ja offensichtlich ein bestimmtes, von ihm nicht ohne weiteres beherrschbares Fehlerrisiko im Ergebnis auf den Kunden abwälzen. Da dieser das Risiko aber noch viel schlechter einschätzen kann als der Anbieter, erscheint eine solche Risikoabwälzung als unangemessene Benachteiligung des Kunden. Unklar bleibt auch, woran zu erkennen ist, ob ein auftretender Fehler zu der Gruppe „unvermeidbarer" Fehler gehört oder zur Gruppe vermeidbarer Nachlässigkeitsfehler. Das allgemeine „Technologierisiko", das sich hier in der Software-Erstellung manifestiert, kann aber nicht ohne jegliche nähere Eingrenzung pauschal auf den Kunden abgewälzt werden.

1179 Der erwähnte Hinweis ist dennoch in Verträgen nicht völlig funktionslos: Er trägt (soweit er gegeben wird, zumindest objektiv, wenn auch nicht immer intendiert) einer **Aufklärungspflicht** der Anbieter Rechnung. Sie haben im Bereich der Software-Erstellung zumeist einen Erfahrungsvorsprung vor dem Kunden und sind aus diesem grundsätzlich aufklärungspflichtig (zu den Voraussetzungen s. näher Rn. 200). Der Anbieter ist gehalten, überhaupt auf eine ihm bekannte und zumindest nicht völlig auszuschließende Fehlerneigung des Programms hinzuweisen, damit sich der Kunde von vornherein hierauf einstellen kann (etwa auf jeden Fall durch ausreichende Datensicherung).[530] Solange die Gewährleistungsfrist läuft, greifen dann die entsprechenden Kundenrechte ein. Der Kunde weiß aufgrund des Hinweises aber ergänzend, dass sich das Auftreten von Mängeln auch nach Ablauf der Gewährleistungsfrist aufgrund des Umstandes der nie vollständig erreichbaren Fehlerfreiheit nicht ausschließen lässt. Ist einem Hersteller eine gewisse **Fehlerträchtigkeit** seines Produktes bekannt, besteht deshalb (unabhängig von der Gewährleistung eine entsprechende **nebenvertragliche Pflicht** des Anbieters zu einem Hinweis dahingehend, dass nicht unerhebliche Fehler auch noch nach längerer

---

[530] Ähnlich i. E. LG München I, Urteil vom 18. 11. 1988 – 21 O 11130/88, CR 1989, 990 = NJW 1989, 2625 f.

Erprobung und nach Ablauf der Gewährleistungsfrist auftreten können. Der Anbieter kann und muss mit diesem Hinweis eine mögliche Haftung aus c.i.c. oder pVV ausschließen. Dieser Hinweis ist immer dann notwendig, wenn der Anbieter selbst nicht mit voller Fehlerfreiheit rechnen darf.

Weniger tragfähig scheint allerdings das Argument zu sein, dass der Kunde aufgrund des Hinweises auf die nicht erreichbare Fehlerfreiheit mit gewissen Anlaufschwierigkeiten zu rechnen habe.[531] Der genannte Hinweis auf prinzipiell unerreichbare Fehlerfreiheit hat wohl mehr methodisch-abstrakten Status. Aus ihm scheint eine Aussage über erwartbare Häufungen typisch erwartbarer Fehler in **bestimmten Nutzungsphasen** bzw. für bestimmte Anwendungen nicht ableitbar. Vielmehr soll er, von der Intention her, für jede Nutzungsphase grundsätzlich gleich gelten. Andernfalls wäre ein solcher Hinweis als AGB-Klausel mit gewährleistungseinschränkender Wirkung überraschend (§ 3 AGBG) bzw. unklar (§ 5 AGBG) und zudem unter § 11 Nr. 10 Buchst. a AGBG unwirksam. Der Begriff der „Anlaufschwierigkeiten" beschreibt hingegen eher typischerweise in der Eile der Markteinführung unterlaufende Mängel, die noch nachgebessert werden müssen. Man kennt dies von neuen Versionen mancher Betriebssysteme. Dass sich die Software relativ schnell von solchen Fehlern bereinigen lässt und diese schnell auffindbar sind, zeigt die Serie von Updates, die solchen neuen Versionen oft folgt (in der Praxis oft als „Reifen beim Kunden" bezeichnet). Diese empirisch belegbaren Fehlerhäufungen haben nichts mit der logisch-methodischen Unmöglichkeit oder Schwierigkeit zu tun, die Fehlerfreiheit (mathematisch-logisch) zu beweisen.

Schließlich sei vermerkt, dass die Unvermeidbarkeitstheorie nur auf Sachmängel des Programms bezogen ist, nicht auf Rechtsmängel (also etwa nicht auf das Fehlen von Vertriebsrechten an Programmteilen, die vom Anbieter erworben wurden, so genannte EXE-Files etc.). Deren Auftreten ist durch Rechteerwerb sehr wohl für den Anbieter in vollem Umfange vermeidbar.

Der Kunde muss festgestellte Mängel **rechtzeitig** und in ausreichend dokumentierter Form mitteilen. Er ist aber nicht verpflichtet, prophylaktisch eine umfassende Fehlersuche durchzuführen. Der richtige **Zeitpunkt** in einer Mitteilung lässt sich nicht immer einfach finden. Meldet der Kunde einen Mangel zu früh, geht er das Risiko ein, seine Untersuchungsmöglichkeiten nicht voll auszuschöpfen und vermeidbar auch Bedienungs-

1180

---

[531] So Schneider, EDV-Recht, A 52.

fehler mitzuteilen. Bei zu später Mitteilung verliert der Anwender andererseits mögliche Minderungs- und Schadensersatzansprüche aus den §§ 537 ff. BGB sowie das **Kündigungsrecht** nach § 542 Abs. 1 Satz 3 BGB (aus völliger oder teilweiser Nichtgewährung des vertraglichen Gebrauches). Bei der Bewertung der Unzumutbarkeit, die ein Kündigungsrecht begründen kann, ist zu berücksichtigen, wenn z. B. der Kunde eine verhältnismäßig kurze ordentliche Kündigungsfrist von etwa drei Monaten eingeräumt bekommen hat.[532]

1181 Mit der Mängelmitteilung müssen grundsätzlich **Fristsetzung und Ablehnungsandrohung** unter Bezeichnung des betreffenden Mangels in der Androhung[533] verbunden werden; das gilt allerdings dann nicht, wenn etwa 32 Mängel des Programms in $1\,^1/_4$ Jahren auftreten[534] oder wenn der Werkunternehmer wiederholt zugesagte und abgesprochene Termine nicht einhält, ohne dass dies vom Besteller zu vertreten wäre.[535] Je nach vereinbartem Anwendungsgebiet und Qualitätsniveau der Software dürfte auch eine wesentlich geringere Anzahl (gravierender) Fehler ausreichen oder auch die endgültige Weigerung des Anbieters, eine Nachbesserung vorzunehmen.[536] Die Anzahl der auftretenden Mängel kann deshalb immer nur **ein** Indiz der Gebrauchsbeeinträchtigung sein.

1182 Das **Auftreten eines Mangels** nach Ablieferung (Kaufrecht) oder Abnahme (Werkvertragsrecht) **hat der Anwender zu beweisen.** Bis zu diesem Zeitpunkt ist der Anbieter für die Erfüllung seiner Leistungspflicht beweisverpflichtet. Er beruft sich auf einen Mangel, um das Entstehen von Gewährleistungsansprüchen zu begründen. Deshalb ist er für diese rechtsbegründenden Tatsachen beweispflichtig. Dieser generelle Grundsatz kann im vorliegenden Zusammenhang zu erheblichen **Beweisproblemen** führen und findet deshalb eine wichtige Einschränkung:

1183 Das LG Hannover[537] will in Kauf nehmen, dass der Anwender auch solche Fehler beanstandet, die sich bei Überprüfung lediglich als Bedienungsfehler und nicht als Programmierfehler (und damit nicht als Mangel) herausstellen. Das LG Hannover sieht in derselben Entscheidung den Anbieter sogar verpflichtet, **hinsichtlich der Bedienungsfehler durch Anleitung in Form einer Vorführung darzutun, dass die weiteren Fehler solche der Bedienung sind.**

[532] LG Augsburg, Urteil vom 15. 9. 1981 – 2 HKO 2075/81, DV-R 1, 87 ff.
[533] LG Berlin, Urteil vom 23. 2. 1994 – 94 O 342/93, BB Beil. 14, 1994, 2.
[534] LG Siegen, DV-R 1, 48.
[535] LG Oldenburg, Urteil vom 13. 4. 1989 – 11 O 3401/87, CR 1990, 201.
[536] So LG Frankfurt/Main, Urteil vom 3. 4. 1981 – 3/7 O 125/79, DV-R 1, 71.
[537] LG Hannover, Urteil vom 26. 6. 1984 – 19 O 223/83, BB 1985, 143.

Diese Auffassung überzeugt zumindest für diejenigen Bedienungsfehler, die auch bei Beachtung der Dokumentation nicht vermeidbar waren. In einem gewissen Gegensatz zur Entscheidung des LG Hannover scheinen die Urteile des LG Augsburg[538] und des LG München I[539] zu stehen, denen zufolge der Anwender die Beweislast trägt, dass der gerügte Mangel **kein Bedienungsfehler** ist. Dieser Ansatz ergibt sich zunächst unmittelbar aus der oben vorangestellten grundsätzlichen Beweislastverteilung. Ist es nun aber plausibel, die Beweislast des Kunden auf eine Beschreibung von Fehler**bildern** einzuschränken, so muss diese Einschränkung auch im Verhältnis zu Bedienungsfehlern gelten. Wenn aus dem Bild eines Defektes für den Anwender nicht erkennbar ist, ob dieses system- oder bedienungsbedingt ist, muss hier auch die Pflicht des Kunden enden, das Nichtvorliegen eines Bedienungsfehlers zu beweisen. Der Anbieter trägt hier im Ergebnis das Risiko der Zuordnung des Fehlerbildes zu einem Mangel und damit das Risiko aus dem (für eine Rüge hinreichenden) Fehlerbild als solchen andererseits **nicht erkennbarer** Bedienungsfehler.

Beispiele:

Häufiges Abstürzen eines Systems mit ungeklärter Ursache spricht für einen Fehler der Software, wenn dies auch dann weiterhin geschieht, nachdem die Hardware mehrfach ausgewechselt wurde.[540]

Software muss z. B. entweder gegen **Dateiüberlauf direkt abgesichert** 1184 sein[541], oder es müssen die entsprechenden Gefahren des Dateiüberlaufes in der Dokumentation deutlich gemacht werden. Allgemein steht der Anbieter dem Risiko unerkannt bleibender Systemmängel näher als ein Anwender, dem nur eine bestimmte Benutzeroberfläche vorgeführt, deren interne Struktur aber nicht offen gelegt wird, meist sogar auf Runtime-Ebene völlig verschlossen bleibt.

Für **Laienanwender** soll es genügen, wenn diese aufzählen, in welchen 1185 Punkten sie mit einem Programm unzufrieden sind.[542] Allerdings muss jeder Anwender nach außen und auch für jeden Laien erkennbare Äußerungen des Defektes **näher beschreiben**[543] und Fehlerauflistungen für das Gericht aufschlüsseln.[544] Dem Gericht ist es damit nicht zuzumuten, aus

---

[538] LG Augsburg, Urteil vom 15. 9. 1981 – 2 HKO 2075/81, a. a. O.

[539] LG München I, Urteil vom 1. 10. 1981 – 4 HKO 1416/80, DV-R1, 89.

[540] OLG Köln, Urteil vom 22. 6. 1988 – 13 U 113/87, CR 1989, 391 f.

[541] Andernfalls die Software mangelhaft ist, LG Duisburg, Urteil vom 18. 3. 1988 – 18 O 1/87, CR 1989, 494.

[542] OLG Celle, Urteil vom 8. 11. 1985 – 11 U 212/84, IuR 1986, 311.

[543] LG Köln, Urteil vom 4. 2. 1983 – 90 O 241/82, IuR 1986, 315.

[544] LG Köln, a. a. O., 316.

einem mehrseitigen Protokollausdruck diejenigen Statements herauszusuchen, die eine Fehlermeldung darstellen. Das Risiko, die entsprechenden Statements zu markieren und anzugeben, trägt der Anwender. Auch der Laie muss aber in jedem Fall die **Verursachung** des Mangels durch die Software behaupten,[545] so etwa, dass eine Software, die im „Stand alone"-Modus anstatt im „Bundle" eingesetzt wurde, auch bei Einsatz im Bundle die gerügten Mängel verursacht hätte.[546] Ergänzend sei darauf hingewiesen, dass der Begriff **Laie** selbst relativiert werden muss. Im Verhältnis zu mancher komplexer Software sind auch viele EDV-Fachleute Laien. Wer mit Datenbanken arbeitet, muss sich z. B. nicht mit Speicherarchitekturen, Parallelsystemen oder Expertensystemen auskennen. Ein besonderes Vorwissen darf der Anbieter also dem Kunden nur unterstellen, wenn der Kunde hierauf selbst (und dann natürlich auf eigenes Risiko) Bezug nimmt.

1186 Viele **Mängel** im EDV-System haben **komplexe Ursachen**, die der Anwender nur selten von sich aus und ohne Gutachten der Hardware oder Software zuordnen kann. Oft wird er als Kunde gerade mit dem Argument der Bedienungsfreundlichkeit der Benutzeroberfläche geworben. Folglich wird man ihn dann nicht zu tief reichenden technischen Analysen verpflichten können, damit er seine Gewährleistungsansprüche durchsetzen kann. Die Rechtsprechung hat hieraus bereits Konsequenzen gezogen und den Anwender verpflichtet, nur eine **Beschreibung des zu rügenden Mangels** mitzuteilen und dessen Verursachung durch die Software zu behaupten[547] – wobei sich diese Beschreibung naheliegenderweise gerade nicht auf die Mängelursache zu beziehen braucht, sondern auf das so genannte **Fehlerbild** (besser: **Mängelbild**) beschränken kann. Dieses Fehlerbild, wie es die Rechtsprechung nennt, muss nachprüfbar sein, was seine Reproduzierbarkeit voraussetzt. Zeugenaussagen, es seien Fehler aufgetreten, können die Reproduktion konkreter Fehler nicht ersetzen.[548]

Manche Mängel bilden sich nicht in einem klaren Bild ab. So scheinen deadlocks (Blockaden) bei der Behandlung von interrupts (auf Systemebene) überhaupt nicht an der Programmoberfläche als solche auf.[549] Der Anwender erlebt hier in der Benutzeroberfläche einfach eine **Blockade** und hat dies **als solche** zu schildern. Eine Zuordnung zur Hardware und Software ist ihm nicht

---

[545] LG Düsseldorf, Urteil vom 22. 11. 1984 – 9 U 121/83, IuR 1986, 315.
[546] OLG Köln, Urteil vom 24. 4. 1998 – 19 U 240/97, Jur-PC Web-Dok. 134/1998.
[547] Siehe etwa LG Düsseldorf, Urteil vom 22. 11. 1984, a. a. O.
[548] LG Köln, Urteil vom 30. 12. 1985 – 16 O 231/82, CR 1987, 234.
[549] Zöbel, 53.

möglich. Er kann damit den tatsächlichen Mangel nicht einmal beschreiben, sondern nur ein „Oberflächensymptom" benennen. Generell wird der Anwender deshalb eine Schilderung nur auf derjenigen Ebene erbringen können, die ihm zugänglich ist – selbst dann, wenn diese Beschreibung aus strukturellen Systemeigenschaften heraus unvollständig bleiben muss und nicht einmal eine Zuordnung zu dem Funktionsbereich der Hardware oder der Software erlaubt. Das Risiko muss hier der Anbieter einer derart differenzierten, für den Anwender nicht mehr durchschaubaren Systemkonzeption tragen.

Aus jedem Sachvortrag muss deutlich werden, dass eine Abweichung von der Soll-Beschaffenheit vorliegt, für deren Beschreibung auf einen „normalen Standard" zurückgegriffen werden kann.[550]

Software-Mängel sind: 1187

– Fehlende **Absicherung** gegen Dateiüberlauf[551], die zu Fehlangaben auf Lieferscheinen und Rechnungen führt. Fehlende **Meldung von Falscheingaben** und fehlende Hinweise auf die Art der Fehler;[552] Fehlen einer Absicherung gegen **Fehlbedienung**[553];
– **Änderbarkeit von Stammdaten** nur nach vorheriger Großauswertung, wenn im Pflichtenheft jederzeitige Änderung vorgesehen ist[554];
– fehlerhaft anbieterseits durchgeführte kundenspezifische **Anpassungen**[555]; Fehler der geschuldeten **Anpassungsleistung** (wenn auch nicht des anzupassenden Programms selbst), wenn keine ausreichende Speicherkapazität für ein Programm vorgesehen wird[556];
– falsche Ausführung von **Anwendungsfunktionen**[557] oder von Warenwirtschaftskalkulationen[558], Ausdruck unzutreffender Mahnungen[559]

---

[550] KG Berlin, Urteil vom 22. 11. 1994 – 18 U 7070/93, CR 1995, 151.
[551] LG Duisburg, Urteil vom 18. 3. 1988 – 18 O 1/87, IuR 1989, 434 = CR 1989, 494.
[552] LG Heilbronn, Urteil vom 11. 10. 1988 – 2 O 17/85, NJW-RR 1989, 1327 = CR 1989, 603.
[553] OLG Köln, NJW 1988, 2477; abw. OLG Karlsruhe (CR 1986, 549) für fehlende Absicherung gegen Doppelvergabe von Kundennummern).
[554] LG Düsseldorf, Urteil vom 29. 4. 1985 – 41 O 92/84, CR 1987, 292.
[555] LG Stuttgart, Urteil vom 24. 7. 1991 – 18 O 153/90, CR 1992, 277.
[556] OLG Karlsruhe, Urteil vom 30. 9. 1994 – 15 U 89/94, CR 1995, 397.
[557] LG München I, Urteil vom 23. 1. 1985 – 8 HKO 11785/83, CR 1987, 364 f. (Nichterstellung einer Auftragsbestätigung, falsche Erstellung von Rechnungen und Übernahme von Arbeitsfolgenummern, nicht steuerbare Erstellung von Lohnzetteln). Die Blindeingabe von Daten sah das LG nicht notwendig als Mangel an, da hier auf den jeweiligen Komfort abgestellt werden müsse; Marly, Verträge, Rn. 720 sieht in der Bildschirmwiedergabe der eingegebenen Daten hingegen ein zu erwartendes Leistungsminimum. Hier zeigt sich freilich ein Dilemma von Urteilskritiken. 1997 erwartet Marly zu Recht andere Komfortmerkmale als üblichen Gebrauch als dies die Vertragsparteien im Zeitpunkt des Abschlusses des streitgegenständlichen Vertrages durften (November **1981**). Der Zeithorizont darf bei der Urteilsanalyse nicht unbeachtet bleiben.
[558] OLG Köln, Urteil vom 2. 4. 1993 – 19 U 202/92, NJW-RR 1993, 1140 f.
[559] LG Kempten, Urteil vom 6. 7. 1987 – 2 O 1400/86, IuR 1987, 134 = CR 1988, 738, 740.

oder Nichtanzeige von Artikelnummern und Textverstümmelung[560];
- unzureichendes **Antwortzeitverhalten** in Abhängigkeit von der Häufigkeit des Einsatzes der Funktion;[561] generell unzureichendes **Antwortzeitverhalten**[562];
- **Ausdrucken** unzutreffender Mahnungen[563];
- keine Möglichkeit der Ausgabe gerundeter **Barzahlungspreise** auf Preisetikett,[564] fehlende Anzeige der Artikelnummer bzw. nur verstümmelter Text[565];
- richtige Ergebnisse zwar erzielbar, aber Fehlen entsprechender **Hinweise** in der **Bedienungsanleitung**[566]; Lieferung einer Bedienungsanleitung in englischer Sprache an mit Branchenuancen nicht vertrauten Käufer[567]; Fehlen der Beschreibung eines Standardprogramms[568];
- unzureichende **Bedienungsrobustheit**. Das Merkmal der „Bedienungsrobustheit" erfordert, der Rechtsprechung zufolge, dass bei fehlerhaften Eingaben keine schwerwiegenden Störungen im Programmablauf auftreten und insbesondere durch automatische Programmprüfungen samt Fehlermeldungen erreicht wird, dass Fehleingaben auf dem Bildschirm kenntlich werden und sofort korrigiert werden können. Das System muss auch so gestaltet sein, dass es undefinierbare, ungewöhnliche sowie unzulässige Zustände selbst bewältigt.[569] Freilich muss man für dieses Leistungsmerkmal der Bedienungsrobustheit weiter differenzieren

- welcher Preis für die Anwendungssoftware kalkuliert wird und in welchem Verhältnis dieser Preis zum Wert des Gesamtsystems steht,

---

[560] OLG Karlsruhe, Urteil vom 10. 7. 1991 – 6 U 87/90, MRC 1991, 17.

[561] LG Düsseldorf, Urteil vom 5. 3. 1985 – 7 O 410/82, DV-R 3, 168 (aufgrund wenig verbreiteter Indexorganisation der Hardware bei dem älteren System IBM 5288); generell wird das bei geeigneter Programmierung erreichbare Zeitverhalten geschuldet (KG, Urteil vom 1. 6. 1990 – 14 U 4238/86, BB Beil. 18, 1991, 16).

[562] LG Ravensburg, Urteil vom 31. 5. 1990 – 5 O 1537/87, BB Beil. 7, 1991, 13.

[563] LG Kempten, Urteil vom 6. 7. 1987 – 2 O 1400/86, IuR 1987, 134f.

[564] LG Kempten, Urteil vom 6. 7. 1987, a. a. O.

[565] OLG Karlsruhe, Urteil vom 10. 7. 1991 – 6 U 87/90, MRC 1991, 17.

[566] OLG München, Urteil vom 30. 9. 1987 – 7 U 2373/87, BB 1988, 1693 = WM 1988, 1693 = CR 1988, 130.

[567] OLG München, Urteil vom 10. 7. 1985 – 7 U 1501/85, Erstinstanz LG München I, Urteil vom 29. 11. 1984 – 5 HKO 12218/84, beide in: IuR 1986, 113; ähnlich OLG Düsseldorf, Urteil vom 17. 10. 1985 – 6 U 49/85, CR 1987, 173. Keine Rechte hat der Kunde, wenn er sich ausweislich des Lieferscheins mit dem englischsprachigen Manual einverstanden erklärt hat (OLG Köln, Urteil vom 20. 1. 1995 – 19 U 115/93, CR 1995, 334).

[568] LG Flensburg, Urteil vom 21. 5. 1986 – 6 O 98/85, IuR 1987, 463.

[569] OLG Stuttgart, Urteil vom 23. 12. 1986 – 7 U 156/86, IuR 1989, 441; a. A. LG Oldenburg, Urteil vom 24. 4. 1991 – 21 O 204/90, CR 1992, 26 (geringere Bedienungsfreundlichkeit ist nicht als solche bereits ein Sachmangel).

- welche Unterstützung von der Systemsoftware her vorausgesetzt werden kann,
- inwieweit die mittlerweile näher definierten Anforderungen an die Ergonomie des Bildschirmarbeitsplatzes eingehalten sind und
- welche Folgen bei unvorhersehbaren Bedienungsfehlern für die Anwendung auftreten können;
- fehlendes **Dateiverzeichnis** und Installationsverzeichnis für Hardware und Software[570];
- unzureichend geplante **Datensicherung** für ein komplettes Anwendungspaket[571]; fehlendes Konzept für **Datensicherung** auch dann, wenn eine Programmfunktion für Datensicherung vorhanden ist[572];
- **Dateiüberlauf**, jedenfalls dann, wenn das Überlaufen der Daten nicht abgefangen oder das drohende Überlaufen nicht angezeigt wird[573];
- Beschränkung des Programmes auf **DFÜ-Befehle** („freq"), die nicht mit dem gelieferten PC kompatibel sind[574];
- Auslieferung von Software auf einer **nicht fehlerfrei lesbaren Diskette** zusammen mit Installationsprogramm, das den Lesefehler nicht beachtet[575];
- unzureichende[576], unvollständige[577] oder veraltete[578] **Dokumentation**;
- zu langsame **Druckeransteuerung** hinsichtlich zugesicherter Druckgeschwindigkeit[579];
- Fehlen der **Druckertreiber** eines zu installierenden Programmes[580];
- Nichtverarbeitbarkeit von Eingabeformaten[581]; fehlende **Eingabeformate**[582] oder Treiber für den Drucker des Kunden[583];

[570] LG Köln, Urteil vom 3. 11. 1991 – 2037/91, BB Beil. 3, 1993, 10.
[571] LG Darmstadt, Urteil vom 19. 4. 1985 – 16 O 302/84, DV-R 3, 158 (Lesefehler bei Sicherung).
[572] LG Köln, Urteil vom 3. 11. 1991, a. a. O.
[573] LG Duisburg, Urteil vom 18. 3. 1988 – 1 O 1/87, IuR 1989, 434; OLG Nürnberg, CR 1986, 811 f.
[574] LG Bonn, Urteil vom 27. 8. 1992 – 18 O 243/91, NJW-RR 1993, 1142.
[575] LG Köln, CR 1997, 27 (Leitsatz).
[576] OLG Celle, Urteil vom 3. 3. 1992 – 20 U 69/90, CR 1994, 217 („grüner Hefter").
[577] LG Marburg, Urteil vom 3. 9. 1986 – 5 S 91/86, MRC 1986, 17; OLG Celle, Urteil vom 10. 7. 1996 – 13 U 11/96, BB Beil. 19, 1996, 5 (Fehlen einzelner Teile der Dokumentation zu Modems, Datev-Schnittstellen, Netzwerk-Software etc. als Mangel; das Gericht stellt die „in einzelnen Punkten unvollständige Dokumentation" der „qualitativ schlechte(n) Dokumentation" gleich und verneint folglich zu Recht Teilverzug (!).
[578] LG Saarbrücken, Urteil vom 13. 4. 1983 – 7 O 311/81, DV-R 3, 284.
[579] LG Frankfurt/Main, Urteil vom 27. 9. 1983 – 3/4 O 41/81, DV-R 3, 178.
[580] OLG Nürnberg, Urteil vom 20. 10. 1992 – 3 U 2087/92, CR 1993, 359.
[581] OLG Köln, Urteil vom 20. 5. 1996 – 19 U 204/95, CR 1996, 536 (Optimierungssoftware).
[582] OLG Köln, Urteil vom 20. 5. 1996, a. a. O.
[583] OLG Nürnberg, Urteil vom 20. 10. 1992 – 3 U 2087/92, CR 1993, 359. Aus dem Urteil wird nicht ganz klar, ob das streitgegenständliche Anwenderprogramm selbst bestimmte „passende Druckersteuerzeichen" vermissen ließ oder ob ein separates Treiberprogramm fehlte. Im letzten Fall ist nicht von Mangelhaftigkeit des Anwendungsprogrammes, sondern von teilweiser Nichterfüllung

- Lieferung eines **Programmes** in **englischer Sprache**, dessen Lieferung in deutscher Sprache vereinbart war[584]; **englischsprachige Installationsanweisung** für Software;[585]
- unzureichend erläuterte **Fehlermeldungen** des Systems[586];
- Verarbeitung verschiedener **Feldinhalte**, wenn nur numerische Inhalte von der Anwendung erwartet werden;[587]
- **fehlendes Nutzungsrecht** an einer Programmkopie bzw. „**nichtlizenzierte" Systemsoftware**[588] oder Textverarbeitungssoftware[589]; Betriebssystem als **Raubkopie** installiert[590] (es liegt ein **Rechtsmangel** im Sinne von § 434 BGB – und vulgo eine „Raubkopie" – vor; der Käufer erhält weniger Rechte eingeräumt als vertraglich geschuldet).[591] **Achtung:** Hier wird zuweilen übersehen, dass auf diese **Rechts**mängelgewährleistung **nicht** die kurzen Gewährleistungsfristen Anwendung finden, sondern volle dreißig Jahre einzustehen ist. War dem Verkäufer **von Anfang an** die Rechtseinräumung **nicht möglich**, so ist der Vertrag bei objektiver Unmöglichkeit nichtig (§ 306 BGB), bei subjektivem Unvermögen jedoch wirksam und der Schuldner (Verkäufer) dem Käufer aus § 325 BGB verpflichtet (§ 440 BGB). Wird die Rechtseinräumung erst **nach Vertragsabschluss unmöglich** und hat dies der Verkäufer zu vertreten, hat der Käufer die Rechte aus § 325 BGB. Hat der Verkäufer die Unmöglichkeit nicht zu vertreten, werden beide Teile von der Leistungspflicht frei (§§ 275, 323 BGB). Liegt Unvermögen des Verkäufers vor, hat der Käufer ebenfalls die Rechte aus § 325 BGB.
- keine **Fehlermeldung** bei Fehleingaben[592];
- nicht verlängerbare **Formularlänge**[593];

---

auszugehen, die bei Nichtnutzbarkeit der Software ohne Ausdruckmöglichkeit vollständiger Nichterfüllung gleichkommen kann. Treiberprogramme werden üblicherweise getrennt auf Datenträger (CD-ROM) zur Verfügung gestellt oder sind teilweise aus dem Internet zugreifbar. Hier müssten zumindest vom Anbieter Bezugsquellen nachgewiesen werden.

[584] OLG Hamm, Urteil vom 8. 3. 1988 – 21 U 41/87, BB Beil. 11, 1989, 6, 6 (Verletzung einer Zusicherung).

[585] OLG Köln, Urteil vom 20. 1. 1995 – 19 U 115/93, CR 1995, 334.

[586] LG Stuttgart, Urteil vom 30. 7. 1997 – 18 O 458/96, BB Beil. 4, 1998, 13.

[587] LG Kaiserslautern, Urteil vom 18. 3. 1987 – 3 O 30/86, DV-R 4, 311.

[588] LG Bonn, Urteil vom 5. 3. 1993 – 3 O 170/92, CR 1994, 687 (LS; Volltext in: MRC 1995, 122).

[589] OLG Hamm, Urteil vom 12. 9. 1990 – 31 U 110/89, NJW-RR 1991, 953 = CR 1991, 15 (begründet Schadensersatz aus den §§ 440, 326 BGB).

[590] OLG Nürnberg, Urteil vom 26. 3. 1992 – 2 U 2566/91, CR 1992, 723.

[591] OLG Frankfurt/Main, Urteil vom 26. 4. 1989 – 13 U 54/88, BB Beil. 24, 1990, 8 = MRC 1989, 9 (Wandlungsrecht); OLG Hamm, Urteil vom 12. 9. 1990 – 31 U 110/89, CR 1991, 15 f. = NJW-RR 1991, 953; OLG Nürnberg, Urteil vom 26. 3. 1992 – 2 U 2566/91, CR 1992, 723; LG Bonn, Urteil vom 16. 6. 1993 – 14 O 253/90, MRC, 122.

[592] OLG Karlsruhe, Urteil vom 16. 10. 1987 – 15 U 91/87, MRC 1987, 17.

[593] LG Marburg, Urteil vom 3. 9. 1986 – 5 S 91/86, MRC 1986, 17.

- Nichteinhalten eines von der Kassenärztlichen Vereinigung vorgeschriebenen **Formularformates**[594]; fehlende Möglichkeit, auf Überweisungsformularen bestimmte Formularabschnitte anzukreuzen oder auszufüllen[595];
- fehlende **IBM-Kompatibilität** eines Konvertierungsprogrammes[596], wobei die Beschreibung als „kompatibel" auch eine Zusicherung sein kann[597];
- **Installationsprogramm**, das Lesefehler auf Disketten nicht erkennt[598];
- **Komforteinschränkungen** zumindest dann, wenn sie Abweichungen von der Sollbeschaffenheit darstellen[599], geringe Bedienungsfreundlichkeit, wenn die Software unbrauchbar ist oder bestimmte Leistungsanforderungen vereinbart waren[600];
- fehlende **Kompatibilität** zu Fremdsoftware[601];
- unzureichende Anpassung von **Kontenrahmen** an das Bilanzrichtliniengesetz[602];
- Vorenthalten des **Kryptoschutzes** und Passwortes[603];
- zu lange **Laufzeiten**[604];
- Möglichkeit der **Manipulation** eines Buchhaltungsprogrammes[605];
- Fehlen der **Mehrplatzfähigkeit** von Anwendersoftware für (mehrplatzfähige) UNIX-Systeme[606];
- Prospektwidrig **Nachbearbeitung** erfordernder Einsatz von Übersetzungssoftware[607];
- bloße **Online-Benutzerdokumentation** anstatt ausgedrucktem Handbuch, jedenfalls dann, wenn ausführliche Erläuterungen und

---

[594] BGH, NJW 1982, 696, 697 (für Krankenscheinaufkleber: Abrechnungsfähigkeit unter diesem Format als vertraglich geschuldete Eigenschaft).

[595] KG, Urteil vom 24. 1. 1985 – 22 U 5919/83, CR 1986, 643, 645.

[596] OLG München, Urteil vom 15. 2. 1989 – 27 U 386/88, CR 1990, 646, 648.

[597] OLG Saarbrücken, Urteil vom 30. 5. 1990 – 1 U 21/90, CR 1990, 713.

[598] LG Köln, Urteil vom 13. 2. 1996 – 85 O 76/94, CR 1997, 27 (red. LS).

[599] OLG Karlsruhe, Urteil vom 30. 9. 1994 – 15 U 89/94, CR 1995, 397.

[600] LG Oldenburg, Urteil vom 24. 4. 1991 – 21 O 204/90, CR 1992, 26.

[601] OLG Saarbrücken, Urteil vom 30. 5. 1990 – 1 U 21/90, CR 1990, 713 (für Zusicherungshaftung).

[602] OLG Hamm, Urteil vom 14. 11. 1994 – 31 U 105/94, BB Beil. 16, 1995, 2.

[603] OLG Celle, Urteil vom 3. 3. 1992 – 20 U 69/90, CR 1994, 217f.

[604] LG München I, Urteil vom 21. 10. 1986 – 7 O 1314/85, CR 1986, 803.

[605] OLG München, Urteil vom 17. 3. 1987 – 5 U 3879/86, MRC 1987, 18.

[606] OLG Karlsruhe, Urteil vom 9. 11. 1989 – 11 U 48/89, CR 1990, 266; OLG Nürnberg, Urteil vom 20. 10. 1992 – 3 U 2087/92, CR 1993, 359f.

[607] AG Reutlingen, NJW-RR 1995, 941. Allerdings erfordert Sprachübersetzungssoftware selbst heute (1998) regelmäßig noch mehr oder weniger gründliche Nacharbeitung. Deshalb scheint das nachbearbeitungsfreie Übersetzen mittels Software als zumindest gegenwärtig noch objektiv **unmögliche** Leistung, ohne dass der Anbieter aber über § 306 BGB von der Leistungspflicht frei würde, da der Anbieter diese Unmöglichkeit kannte oder kennen musste, woraus sich eine Verpflichtung zum Ersatz des Vertrauensschadens nach § 307 BGB ergibt. Diese Ersatzpflicht kann nur entfallen, wenn der Kunde ebenfalls diese Unmöglichkeit kannte oder kennen musste (was für Laienanwender nicht automatisch angenommen werden darf).

Inhaltsverzeichnisse fehlen.[608] Einweisung ersetzt Dokumentation nicht.[609]
- keine Möglichkeit des **Paralleldruckes** über implementierte zweite Schnittstelle[610];
- irreführend eingestellte **Parameter**[611]; Fehler beim **Parametrisieren** des Programms[612];
- **Programmabsturz** bei Fehlbedienung ohne Fehlermeldung[613];
- für Laienanwender schwer verständliche **Programmbeschreibung**[614];
- Sicherung gegen **Programmlöschung**[615];
- Fehler in **Programmsicherung** („Dongle");
- Einbau einer **Programmsperre**, um säumigen Kunden zur Zahlung zu zwingen[616] oder zum Abschluss eines Wartungsvertrages zu bewegen[617] sowie generell bei zeitlich unbegrenzter Nutzungseinräumung[618]; bei **heimlichem Einbau** der Sperre kann der Tatbestand des § 303b StGB erfüllt sein, wenn die Sperre den Zugriff auf gespeicherte Daten verhindert[619].
- **Quellcode** ohne für das Verständnis eines Fachmannes erforderliche **Kommentierungen.**[620] Ein **Quellcode ohne Dokumentation** ist mangelhaft, da der Code ohne Kommentare nicht ohne weiteres verwendbar ist. Die Verpflichtung zur Dokumentationserstellung muss nicht eigens vereinbart werden. Sie ist unter Geltung der Norm DIN 66230 als **allgemein übliche und erforderliche Beschaffenheit** zu erwarten.[621] Diese Entscheidung steht zur vorgenannten BGH-Rechtsprechung nicht im Widerspruch, da es sich nicht um eine eigenständige schriftliche Doku-

---

[608] LG Stuttgart, Urteil vom 24. 7. 1991 – 18 O 153/90, CR 1992, 277 = BB Beil. 23, 1991, 11.
[609] LG Essen, Urteil vom 30. 9. 1987 – 44 O 197/86, IuR 1988, 389.
[610] LG München I, Urteil vom 20. 10. 1986 – 8 HKO 7825/86, CR 1987, 96 – Symphony.
[611] LG Marburg, Urteil vom 3. 9. 1986 – 5 S 91/86, MRC 1986, 17.
[612] OLG Hamm, Urteil vom 12. 11. 1990 – 31 U 53/90, BB Beil. 23, 1991, 2, Gesamtwandelungsrecht bejahend, wenn Käufer erkennbar kein Interesse an Einzelleistung hat.
[613] OLG Hamm, Urteil vom 11. 12. 1989 – 31 U 37/89, CR 1990, 715.
[614] OLG Hamm, Urteil vom 11. 12. 1989, a. a. O.
[615] OLG Stuttgart, Urteil vom 3. 9. 1986 – 13 U 214/85, CR 1987, 230.
[616] OLG Stuttgart, Urteil vom 3. 1. 1986 – 2 U 70/85, CR 1986, 639; OLG Düsseldorf, Urteil vom 30. 1. 1992 – 5 U 193/90, NJW-RR 1993, 59 (Sperre als Grund zur fristlosen Kündigung); LG Wiesbaden, Urteil vom 4. 4. 1989 – 3 O 13/88, CR 1990, 651.
[617] OLG Stuttgart, Urteil vom 3. 1. 1986, a. a. O. = IuR 1987, 57.
[618] LG Wiesbaden, Urteil vom 4. 4. 1989 – 3 O 13/88, CR 1990, 651.
[619] OLG Bremen, Urteil vom 13. 2. 1991 – 2 U 76/96, BB Beil. 4, 1998, 4.
[620] AG Pforzheim, Urteil vom 7. 7. 1987 – 3 C 540/86, CR 1989, 497.
[621] AG Pforzheim, Urteil vom 7. 7. 1987, a. a. O. Der Sachverhalt der Entscheidung weist freilich die Besonderheit auf, dass die Verpflichtung zur Herausgabe des Quellcodes von den Vertragsparteien erst „nach Beendigung der Geschäftsbeziehung" erfolgte. Bis zu diesem Zeitpunkt musste der Anbieter nicht damit rechnen, den Quellcode überhaupt herausgeben zu müssen. Er konnte ihn folglich im Rahmen des reinen betriebsinternen Gebrauches so formulieren, dass der Code den

mentation handelt, sondern um dokumentierende Texte, die jeweils in den Programmzeilen neben dem Programmcode stehen.

– automatische **Schraffierung** in Zeichnungen an von der Anwendung her falscher Stelle[622];

– nicht ausreichende **Selbsterklärungstauglichkeit** eines Kassensystems[623];

– falsche **Setup**-Einstellung[624];

– Programm führt bei Benutzung zu Problemen der **Speicherkapazität**[625]; **kapazitätsmäßige** Beschränkung nutzbarer Makros auf einen Teil des Arbeitsspeichers[626]; fehlende **Speicherfähigkeit** eines Arbeitswerteprogrammes[627];

– nachgeliefertes, ohne **Speichererweiterung** nicht ablauffähiges Programm[628];

– fehlen von **Steuerzeichen** in einem Standardprogramm zur Interaktion mit einem Drucker[629];

– **Systemabstürze**, die durch geringfügige Bedienfehler ausgelöst werden[630];

– **Tastaturbezeichnungen** in Benutzerdokumentation, die keine Entsprechung auf der Tastatur besitzen[631];

– Vertauschen des **Umlauts „ä"** mit „ü" bei Ausdruck eines Programmes im Bereich Lohn und Gehalt. Entscheidend ist nach Auffassung des Gerichts die Erheblichkeit der Gebrauchsbeeinträchtigung, und zwar unabhängig von der leichten Behebbarkeit des tatsächlich nicht beseitigten Fehlers.[632]

---

betriebsinternen Arbeitserfordernissen des Anbieters genügt. Unter dieser Voraussetzung war dann nur der Quellcode im Status „as is" herauszugeben. Sache des Kunden wäre es hier gewesen, ein entsprechendes Nachdokumentieren des insoweit rudimentären Quellcodes zu vereinbaren. Andererseits wäre der Anbieter verpflichtet gewesen, auf die besonderen Umstände und Dokumentationsdefizite bei der Quellcode-Abfassung hinzuweisen. Ohne gesonderte Vereinbarung war er aber auf jeden Fall nicht verpflichtet, diese Dokumentierungen im Nachhinein hinzuzufügen oder (gar kostenfrei) erst neu zu erstellen.

[622] OLG Köln, Urteil vom 22. 6. 1988 – 13 U 113/87, NJW 1988, 2477f.

[623] LG Stuttgart, Urteil vom 30. 7. 1997 – 18 O 458/96, BB Beil. 4, 1998, 13.

[624] LG Karlsruhe, Urteil vom 9. 12. 1992 – 1 S 72/92, CR 1993, 499.

[625] OLG Karlsruhe, Urteil vom 30. 9. 1994 – 15 U 89/94, CR 1995, 397.

[626] OLG Köln, Urteil vom 22. 6. 1988 – 13 U 113/87, CR 1989, 391.

[627] OLG Stuttgart, Urteil vom 3. 9. 1986 – 13 U 214/85, CR 1987, 230.

[628] OLG Karlsruhe, Urteil vom 10. 4. 1987 – 10 U 248/86, CR 1990, 921 (Nachbesserung möglich durch kostenlose Speichererweiterung).

[629] OLG Nürnberg, Urteil vom 20. 10. 1992 – 3 U 2087/92, BB Beil. 13, 1993, 14 (Fehlen der Druckersteuerzeichen im Programm, kein Fehlen eines Treiberprogrammes).

[630] Jedenfalls bei Fehlen entsprechender Angaben im Handbuch, s. OLG Köln, Urteil vom 22. 6. 1988 – 13 U 113/87, CR 1989, 391.

[631] LG Köln, Urteil vom 3. 11. 1991 – 2 O 37/91, BB Beil. 3, 1993, 10.

[632] LG Heilbronn, Urteil vom 10. 10. 1984 – 1 KfH O 210/83, bestätigt von OLG Stuttgart, Urteil vom 7. 8. 1985 – 3 U 280/84, beide in: IuR 1987, 324f. Das LG Heilbronn hat u. a. § 639 Abs. 1 BGB zur Verlängerung der Verjährungsfrist herangezogen.

- **Umlaut** „ö" kann nicht angezeigt werden[633], Druck von Fragezeichen anstatt von Umlauten[634];
- **umständlich** zu bedienendes Programm[635];
- fehlende **Update**-Fähigkeit[636];
- **veraltete** Version eines Programmes[637];
- fehlende Kontrolle gegen **Virenprogramme**[638], Virus im Programm[639];
- fehlerhafte Resultate einzelner Funktion eines **Warenwirtschaftssystems** auch dann, wenn die übrigen Funktionen keinen Anlass zu Beanstandungen geben[640];
- **Windowslose Version:** Vereinbaren die Vertragsparteien die Lieferung einer Windows-Version eines Programmes, kann der Kunde den Vertrag wandeln, wenn er eine andere Version des Programmes geliefert erhält.[641]
- keine vier Stellen vor dem Komma im Verarbeitungsfeld für **Zahlendarstellung.**[642]

Nicht dem Bereich der Gewährleistung, sondern dem vorgelagerten Bereich der Nichterfüllung ist die **Nichtlieferung einer Dokumentation** zuzuordnen (s. näher Rn. 1194).

Zusicherungshaftung kann begründet werden durch:

- Erklärung, dass Programm in deutscher Sprache geliefert werde.[643]

---

[633] LG Ellwangen, Urteil vom 8. 8. 1985 – 4 O 211/84-10, IuR 1987, 324 = DV-R 3, 130f. und Berufungsinstanz OLG Stuttgart, CR 1987, 230 = DV-R 3, 130f.
[634] OLG München, Urteil vom 15. 2. 1989 – 27 U 386/88, CR 1990, 646, 648 (Vorinstanz LG Augsburg, Urteil vom 5. 5. 1988 – 3 HKO 3588/87, CR 1989, 22, 24).
[635] LG Köln, Urteil vom 10. 7. 1990 – 3 O 166/89, MRC 1995, 118.
[636] OLG Hamm, Urteil vom 12. 12. 1990 – 31 U 126/90, CR 1991, 347 (unter Annahme einer vertraglich übernommenen Verpflichtung zur „Sicherstellung der Lieferung der Updates").
[637] LG Köln, Urteil vom 28. 9. 1994 – 20 S 10/93, BB Beil. 16, 1995, 9 = MRC 1995, 117.
[638] Siehe etwa Marly, Verträge, Rn. 763ff.
[639] LG Kleve, Urteil vom 29. 6. 1995 – 7 O 17/95, CR 1996, 292f. (20 000 Leerdisketten, notwendig für § 377 HGB ist wenigstens stichprobenweise Prüfung); ebenso LG Regensburg, Urteil vom 10. 6. 1997 – 2 S 168/96, CR 1997, 686, – Kampana-Virus: Vireninfektion müsse bereits bei Übergabe vorliegen und dürfe nicht mit geringem Aufwand zu beseitigen sein. Kann somit ein Virenscan-Programm das Virusprogramm **leicht erkennen und beseitigen,** wird das Vorliegen eines Mangels zu verneinen sein. Das LG Regensburg lehnte Gewährleistungsansprüche ab, da der „Kampana"-Virus in maximal einer Stunde „mit absoluter Sicherheit" zu beseitigen gewesen sei.
[640] OLG Köln, Urteil vom 2. 4. 1993 – 19 U 202/92, NJW-RR 1993, 1140 (zwar Wertanteil nur etwa 10 %).
[641] LG Berlin, Urteil vom 6. 2. 1987 – 96 O 29/86, IuR 1987, 424. Vom Sachverhalt spricht einiges dafür, dass hier sogar eine Aliud-Lieferung vorliegt, die zur Nichterfüllung führt.
[642] LG Ellwangen, Urteil vom 8. 8. 1995 – 4 O 211/84/10, IuR 1987, 324.
[643] OLG Hamm, Urteil vom 8. 3. 1988 – 21 U 41/87, Jur-PC 1991, 1087.

Keine Software-Mängel sind: 1188

– **Ablauffähigkeit** eines Programms nur mit Speichererweiterung[644];
– fehlende **Absicherung gegen Fehlbedienung** bei einfacher EDV-Anlage. Nach Auffassung des Gerichts fehlt es nur an einem gewissen Bedienungskomfort. Die Bewältigung des Programmes sei dem Benutzer jedenfalls möglich. Ein Mangel sei erst zu bejahen, wenn der vertraglich vorausgesetzte Gebrauch der Kaufsache wesentlich erschwert oder unmöglich ist.[645] Die Entscheidung von 1983 ist heute dahingehend zu relativieren, dass ergonomische Anforderungen an EDV-Systeme und Software bestimmte Formen des Abfangens (jedenfalls gravierender und zugleich voraussehender) Bedienungsfehler verlangen. Auch sollten zumindest in den Fehlbedienungsfällen Fehlermeldungen vorgesehen werden, in denen ein erfahrener Programmierer mit Fehlbedienungen rechnen muss.[646]
– als konzeptionell **veraltet** gerügtes Programm, da ein älteres, aber funktionsfähiges Programm mangelfrei sein kann[647];
– **einseitige Buchung** bei entsprechendem Hinweis[648];
– Bestehen einer besseren Möglichkeit zur Realisierung einer **Funktion** als im Standardprogramm erstellt, wobei Gebrauchstauglichkeit aber gegeben ist[649];
– Möglichkeit der **Manipulation von Programmlaufergebnissen** ohne besondere Vereinbarung einer entsprechenden Absicherung[650];
– **Abweichungen** beim Vergleich mit herkömmlichen Programmen, da der Fehler in der Kaufsache selbst liegen muss[651];
– Fehlen der **Möglichkeit der Umwandlung** von Groß- in Kleinbuchstaben[652];
– **Nichteinhaltung** von für die Anwendung wesentlichen gesetzlichen Anforderungen[653];

---

[644] OLG Karlsruhe, CR 1988, 921; krit. Marly, Verträge, Rn. 751.
[645] OLG Karlsruhe, Urteil vom 7. 10. 1983 – 15 U 11/83, CR 1986, 549.
[646] Marly/Hoeren, Softwareverträge, Rn. 29.
[647] LG Oldenburg, Urteil vom 24. 4. 1991 – 12 O 204/90, NJW 1992, 1771; ähnlich für das Verwenden älterer Bauteile: OLG Düsseldorf, Urteil vom 25. 3. 1993 – 6 U 119/92, NJW 1993, 3142 (maßgeblich allein Eignung zum vertraglich vorausgesetzten Gebrauch). Ergänzend muss also dargelegt werden, wie sich das Veraltetsein auf die Gebrauchstauglichkeit auswirkt.
[648] OLG München, Urteil vom 17. 3. 1987 – 5 U 3879/86, CR 1989, 295, DV-R 4, 195.
[649] LG Köln, Urteil vom 4. 6. 1997 – 20 S 14/96, BB Beil. 4, 1998, 8.
[650] OLG München, a. a. O.
[651] LG Köln, Urteil vom 22. 10. 1992 – 86 O 103/92, NJW-RR 1993, 1141.
[652] OLG Köln, Urteil vom 16. 9. 1982 – 12 U 283/81, MRC 1982, 1.
[653] OLG Koblenz, Urteil vom 4. 10. 1991 – 2 U 403/88, BB Beil. 10, 1992, 4.

- Fehlen der Möglichkeit, Stammdaten durch den Benutzer erfassen zu lassen, wenn das Kassensystem keine Tastatur aufweist[654];
- systembedingte Eigenarten wie **nicht einheitliche Befehlssyntax**[655];
- nicht ordnungsgemäßer Programmlauf, weil geeignete **Treiberprogramme** für vom Besteller zu stellende Software fehlt[656].
- **Kostenstellen:** Das Programm für Finanzbuchhaltung enthält mehr und andersartige Kostenstellen, als der Kunde benötigt.[657] Nichtermittelbarkeit steuerfreier Lohnbeträge[658];
- Ausliefern von **Einzelprogrammen** (u. a. Finanzbuchhaltung, Lagerverwaltung, Abrechnung, Fakturierung), die **nicht integriert** sind, wenn die Integrationsfähigkeit nicht als vertraglich vorausgesetzter Gebrauch vereinbart wurde[659];
- Fehlen eines vollständigen Textverarbeitungsmoduls in Speditionsprogramm[660];
- fehlende Menüsteuerung[661], Help-Funktionen[662] und Benutzerfreundlichkeit[663], fehlendes Installations- und Dateiverzeichnis[664];
- Darstellung nur der grundlegenden, von dem Laien für Inbetriebnahme und etwaige spätere Systemerweiterungen des Computers benötigten Informationen in deutschsprachiger Form in dem Benutzerhandbuch, Darstellung weiterführender Details auf beigefügten englischsprachigen Handbüchern[665];

---

[654] LG Stuttgart, Urteil vom 30. 7. 1997 – 18 O 458/96, BB Beil. 4, 1998, 13.

[655] OLG Köln, Urteil vom 16. 8. 1994 – 19 U 278/93, CR 1995, 16.

[656] OLG Frankfurt/Main, Urteil vom 15. 6. 1988 – 13 U 141/87, CR 1990, 127, 130. Das LG Tübingen (CR 1995, 222 = MRC 1995, 107) nahm hingegen eine Verpflichtung auch zur Lieferung von Treibersoftware an. Allerdings hatte der Kunde auch das Gebrauchtsystem komplett erworben, also nicht die Hardware selbst gestellt.

[657] LG Offenburg, Urteil vom 19. 11. 1981 – 2 O 415/80, DV-R 2, K/M-31 a. Das Gericht untersuchte eventuelle Auswirkungen auf die benötigte zusätzliche Speicherkapazität bzw. auf das Leistungsverhalten der Software nicht näher.

[658] OLG Schleswig, Urteil vom 6. 11. 1981 – 11 O 117/80, DV-R 2, 245, 247.

[659] OLG Stuttgart, Urteil vom 12. 9. 1985 – 7 U 280/84, DV-R 2, 125 f. Wird hingegen das Merkmal der Integrationsfähigkeit vereinbart, stellt deren Fehlen einen gravierenden Mangel dar, da dann Daten zwischen den einzelnen Programmen nicht mehr ausgetauscht („übergeben") werden können. Ähnlich einen Mangel abl. OLG Düsseldorf, CR 1995, 600 f.

[660] BGH, Urteil vom 15. 5. 1990 – X ZR 128/88, NJW 1990, 3008, 3010.

[661] LG Oldenburg, Urteil vom 24. 4. 1991 – 12 O 204/90, NJW 1992, 1771; krit. Marly, Verträge, Rn. 783.

[662] LG Würzburg, Urteil vom 4. 8. 1992 – 14 O 2189/89, MRC 1992, 19.

[663] LG Heilbronn, Urteil vom 11. 10. 1988 – 2 O 17/85, CR 1989, 603 f. (notwendig sei das Abfangen von Eingabe- und Bedienungsfehlern und leicht verständliche Erläuterungen); OLG Hamm, Urteil vom 11. 12. 1989 – 31 O 37/89, CR 1990, 715 f.

[664] LG Köln, Urteil vom 7. 11. 1991 – 2 O 37/91, MRC 1991, 12.

[665] LG Koblenz, Urteil vom 27. 4. 1995 – 12 S 163/94, CR 1995, 667. Nach Auffassung des Gerichts enthält die Werbeaussage „Made in Germany" nicht die Zusicherung, dass die Dokumentation vollständig in deutscher Sprache vorliegt.

– Nichterreichen des Einsatzzweckes, wenn Programmierer Aufgabe richtig und vollständig gelöst hat[666];
– Existenz eines ausgereifteren, z. B. durch Online-Zugriff schneller aktualisierbaren Konkurrenzprogrammes[667];
– feste Einrichtung eines Start-up-Dateiverzeichnisses[668];
– Erfordernis, Mehrwertsteuerkorrekturen bei **Skontoabzug** manuell durchzuführen[669];
– Einbau einer **technischen Programmsperre**, wenn die Sperre geeignet und erforderlich ist, das Programm gegen unbefugte Benutzung zu sichern, und wenn der Anbieter jederzeit in der Lage und bereit ist, dem Kunden die vertragsgemäße Nutzung zu ermöglichen,[670] und vor allem auf die technische Sperre und die Bedingungen ihres Eingreifens hinweist. Nutzt hingegen der Anbieter eine nicht angekündigte Programmsperre, um dem Kunden die Programmzerstörung anzudrohen, wenn er nicht einen bestimmten Wartungsvertrag bzw. dessen Verlängerung zu einer erhöhten Gebühr unterzeichnet, liegt hierin anbieterseits die schuldhafte Zerstörung des für den Vertragserfolg erforderlichen Vertrauensverhältnisses.[671]

Die Programmsperre ist bei kaufweiser, also zeitlich unbegrenzter Überlassung von Standardsoftware auch dann ein Mangel, wenn der Anbieter darauf verweist, dass er im Falle des Weiterverkaufs die Programmsperre direkt beim Endabnehmer aufhebe, da die geschuldete Nutzung nicht ungehindert eingeräumt wird.[672]

Hat der Kunde fehlerhafte, etwa nicht mit einer Sicherungsroutine versehene Software in Kenntnis des bestehenden Mangels abgenommen, entfallen Gewährleistungsansprüche.[673]

---

[666] OLG Frankfurt/Main, Urteil vom 15. 6. 1988 – 13 U 151/87, CR 1990, 127.
[667] LG Köln, Urteil vom 22. 10. 1992 – 86 O 103/92, CR 1993, 564. Denkbar wäre aber Beratungsverschulden.
[668] OLG Köln, Urteil vom 26. 8. 1994 – 19 U 278/93, NJW-RR 1995, 1460f.
[669] AG Albstadt, Urteil vom 5. 2. 1988 – 6 C 959/86, IuR 1989, 443.
[670] OLG Stuttgart, Urteil vom 3. 1. 1986 – 2 U 70/85, CR 1986, 639 (wobei das Gericht freilich unter Zugrundelegung von Lizenzvertragsrecht einen Mangel deswegen ablehnt, weil dieses Recht keine Gewährleistungsregelungen beinhaltet).
[671] BGH, Urteil vom 25. 3. 1987 – VIII ZR 43/86, DB 1987, 1290f. Ebenso LG Wiesbaden, Urteil vom 4. 4. 1989 – 3 O 13/88, CR 1990, 651, für einen Fall, in dem der Kunde zur Zahlung gezwungen werden sollte; ebenso in einem ähnlichen Fall OLG Düsseldorf, NJW-RR 1993, 59 (Radiologenpraxis).
[672] OLG Celle, Urteil vom 3. 3. 1992 – 20 U 69/90, NJW-RR 1993, 432 (für das Vorenthalten des Passwortes und Kryptoschutz, d. h. Verschlüsselung).
[673] OLG Frankfurt/Main, Urteil vom 12. 7. 1995 – 9 U 31/95, CR 1996, 26.

5.2.4 Mängel der Systemdokumentation

1189 Die Gebrauchsfähigkeit eines Systems kann auch dann beeinträchtigt sein, wenn zwar nicht das System selbst, wohl aber die Systemdokumentation einen Fehler aufweist. Führen etwa Unrichtigkeiten der Dokumentation dazu, dass man nicht feststellen kann, ob bestimmte abweichende Systemzustände einen (dem Anbieter zuzurechnenden) Mangel darstellen oder einen (grundsätzlich dem Kunden als Anwender zuzurechnenden) Bedienungsfehler[674], so ist ein Mangel anzunehmen.[675]

1190 Die Mehrzahl der zu diesen Fragen ergangenen Entscheidungen sah im **Fehlen der gebrauchsnotwendigen Dokumentation** einen **Mangel** des Systems bzw. der Software.[676] Einzelne Entscheidungen gingen hingegen von **teilweiser Nichterfüllung** bzw. **Teilverzug** aus.[677] In seiner **Grundsatzentscheidung** folgte der BGH der zweiten Auffassung und nahm **teilweise Nichterfüllung** an.[678] Die Nichtlieferung einer **Dokumentation**, etwa eines Benutzerhandbuches, gilt damit dem BGH zufolge als **Teilverzug des Anbieters** mit seiner Hauptleistungspflicht, nicht als Mangel.[679] Allerdings muss der Kunde dem Anbieter vorher eine Frist setzen und Leistungsablehnung androhen, um ihm vor Augen zu führen, welche Fol-

---

[674] Zu Bedienungsfehlern s. Rn. 1158.

[675] LG Siegen, Urteil vom 15. 10. 1979 – 2 O 261/77, CW vom 14. 8. 1981, bestätigt durch OLG Hamm, Urteil vom 6. 6. 1980 – 20 U 310/79, gekürzt in: DV-R 1, 48.

[676] OLG Frankfurt/Main, Urteil vom 22. 1. 1985 – 5 U 86/84, CR 1986, 270ff. und WM 1988, 64 (Sachmangel auch dann, wenn der Kunde eingewiesen wurde); OLG Köln, Urteil vom 22. 6. 1988 – 13 U 113/87, CR 1989, 391, 392; OLG München, Urteil vom 10. 7. 1985 – 7 U 1501/85, IuR 1986, 113; LG Mannheim, Urteil vom 20. 12. 1982 – 24 O 104/82, DV-R 2, K/M-40, 109ff.

[677] Siehe etwa LG Mannheim, Urteil vom 8. 10. 1984 – 24 O 62/83, BB 1985, 144 (Übergabe der Dokumentation als Teil der Einräumung der vertraglich vorausgesetzten Gebrauchsmöglichkeiten, Verzug des Leasinggebers mit Hauptleistungspflicht bei Nichtlieferung, ebenso LG Baden-Baden, CR 1988, 308ff.

[678] BGH, Urteil vom 4. 11. 1992 – VIII ZR 165/91, NJW 1993, 461; s. auch Rn. 55 zur Dokumentation.

[679] BGH, Urteil vom 4. 11. 1992, a. a. O.; ebenso bereits OLG Düsseldorf, Urteil vom 5. 7. 1991 – 22 U 48/91, CR 1991, 669. Nach BGH, Urteil vom 14. 7. 1993 – VIII ZR 147/92, CR 1993, 681 ist eine **Werkleistung** nicht vollendet und damit nicht vollständig erbracht, solange die Aushändigung des dazugehörenden Handbuches an den Besteller noch aussteht (in ausdrücklicher Anknüpfung an das Senatsurteil (vom 4. 11. 1992). Abweichende frühere Instanzentscheidungen sind damit nicht mehr einschlägig, wenngleich in dem jeweils entschiedenen Einzelfall weiterhin rechtskräftig und damit für die beteiligten Parteien bindend.
Gewährleistungsrecht soll hingegen anwendbar sein, wenn eine Kurzdokumentation fehlt und der Kunde weiß, dass kein Benutzerhandbuch geliefert wird (LG Stuttgart, Urteil vom 30. 7. 1997 – 18 O 458/96, K & R Beil. 1, 1998, 13, so jedenfalls Leitsatz 4). Aus der Entscheidung ergibt sich freilich, dass das Gericht über einen Minderungsanspruch nach § 537 BGB zu entscheiden hatte. Jedoch ist auch im Mietverhältnis eine teilweise Nichtlieferung grundsätzlich wohl nicht als Mangel umzudeuten. Die entsprechende Mietzinsminderung ist auch als Einrede des (teilweise) nicht erfüllten Vertrages nach § 320 BGB konstruierbar.

gen die Nichtleistung hat. Außerdem kann **Verwirkung** eintreten, wenn
der Kunde die Nichtlieferung erst geraume Zeit später rügt.[680] Kann das
System insgesamt ohne die Dokumentation nicht genutzt werden, liegt
dem BGH zufolge sogar **vollständige Nichterfüllung** vor. Wesentliche
Konsequenz für den Kunden ist, dass der Anbieter keine Ablieferung/
Abnahme und auch keine Vergütung verlangen kann, sondern für die Vertragserfüllung beweisbelastet bleibt. Außerdem läuft die allgemeine drei-
ßigjährige Verjährungsfrist. Wird nur das Handbuch ausgeliefert, nicht
aber der ebenfalls vereinbarte Quellcode, liegt insoweit hingegen ein Mangel vor.[681]

Der Kunde rügt hier nicht einen Mangel, sondern die (teilweise) Nichterfüllung. In diesem Fall trägt also nicht der Kunde die Beweislast für das
Vorhandensein eines Mangels, sondern der Anbieter die Beweislast dafür,
dass er richtig und vollständig erfüllt hat. Der Kunde kann allerdings die
Rüge der Nichtlieferung des Handbuches **verwirken**, wenn er nach
Systemlieferung zwei Jahre nutzt[682] oder nicht rügt, dass nur ein engli-
sches Handbuch geliefert wurde.[683] Die BGH-Rechtsprechung gilt freilich
nur in den Fällen, in denen überhaupt eine Dokumentation geschuldet ist.
Das ist bei Computerprogrammen grundsätzlich zu bejahen, bei Hardware
ist es überwiegend in der Praxis der Fall. Die Dokumentation ist (jedenfalls in der Form der Bedienungsanleitung) auch geschuldet, wenn sie im
Vertragstext nicht ausdrücklich erwähnt wird.[684]

Zu den dem Verkäufer von standardisierter Hardware und Software oblie-
genden Hauptpflichten gehört auch die Lieferung einer schriftlichen
Bedienungsanleitung, selbst wenn sie im Vertragstext als geschuldeter
Vertragsgegenstand nicht erwähnt wird.

Ist das Handbuch nur für die Installation der Standard-Hardware und
-Software erforderlich, diese aber bereits bei Auslieferung durch den Verkäufer erfolgt, handelt der Käufer rechtsmissbräuchlich, wenn er sich erst
nach mehrfacher Anmahnung des Kaufpreises erstmals in der Berufungs-
begründung auf das Fehlen des Handbuches beruft oder durch Vorführung
der gekauften Hardware und Software zum Zwecke des gewerblichen

---

[680] OLG Köln, Urteil vom 20. 1. 1995 – 19 U 115/93, NJW-RR 1996, 44.
[681] OLG Karlsruhe, Urteil vom 14. 5. 1998 – 11 U 39/96, Jur-PC Web-Dok. 71/1999 (www.jura.uni-
sb.de/jurpc/rechtsprechung).
[682] OLG Köln, Urteil vom 26. 8. 1994 – 19 U 278/93, NJW-RR 1995, 1460.
[683] OLG Köln, Urteil vom 20. 1. 1995, a. a. O., worin grundsätzlich ein Mangel zu sehen wäre.
[684] OLG Köln, Urteil vom 14. 2. 1997 – 19 U 205/96, CR 1997, 477 = NJW-RR 1998, 343 (Einschränkung in den Fällen, in denen die Bedienungsanleitung zur Installation dienen soll und die
Installation vom Verkäufer vorgenommen wird).

Weiterverkaufs zu erkennen gibt, dass er auf das Handbuch nicht angewiesen ist und hierauf keinen Wert legt.[685]

1191 Ein auf Festplatte aufgespieltes Handbuch ist durch ein schriftliches Handbuch mit Inhaltsverzeichnis und Übersicht[686], eine **Bildschirmdokumentation** grundsätzlich nicht ersetzbar.[687] Soweit eine Benutzerführung am Bildschirm aber **selbsterklärend** ist (etwa mit „Hilfeoption"), bedarf es keiner weiteren Erläuterungen im (grundsätzlich erforderlichen) Handbuch.[688] Ein Kassensystem muss sogar so selbsterklärend sein, dass eine sichere und reibungslose Bedienung durch typischerweise häufig wechselndes Personal möglich ist.[689]

Zumindest Fehlerdokumentationen müssen **schriftlich** vorliegen, um bei Programm-/Systemabstürzen Benutzeraktionen zu ermöglichen.[690] Gleiche Überlegungen gelten für die inzwischen übliche Auslieferung der Dokumentation auf CD-ROM, soweit das CD-ROM-Laufwerk bei dem Absturz ebenfalls nicht mehr zugänglich ist. Fehlermeldungen müssen grundsätzlich dokumentiert werden.[691] Ob neben einer ausführlichen Dokumentation eine **Kurzbeschreibung** (ohne besondere Vereinbarung) geschuldet ist[692], erscheint zweifelhaft[693], da die Nutzbarkeit des Systems oder Programms durch deren Fehlen grundsätzlich nicht beeinträchtigt wird.

1192 Auch die **Einweisung** kann ein Bedienerhandbuch grundsätzlich nicht ersetzen,[694] ebensowenig eine Bedienerführung im Dialog.[695] – Gleiche Grundsätze gelten auch für das Fehlen der Dokumentation von individuellen Anpassungen von Standardprogrammen.[696]

---

[685] OLG Köln, Urteil vom 14. 2. 1997, a. a. O.

[686] LG Stuttgart, Urteil vom 24. 7. 1991 – 18 O 153/90, CR 1991, 277 (einen Wandlungsanspruch bejahend); ähnlich OLG Frankfurt/Main, Urteil vom 10. 3. 1987 – 5 U 121/86, NJW 1987, 3207 (Erfordernis ständiger Verfügbarkeit einer Bedienungsanleitung, die freilich im Einzelfall auch im elektronischen Format ständig verfügbar sein kann, etwa über ein CD-ROM-Laufwerk).

[687] Ablehnend etwa LG Mannheim, Urteil vom 8. 10. 1984 – 24 U 62/83, BB 1985, 144. Inzwischen ist die Bildschirmführung freilich allgemein übliches Leistungsmerkmal. Einen Mangel annehmend auch OLG Celle, Urteil vom 3. 3. 1992 – 20 O 69/90, NJW-RR 1993, 432f. (Auslieferung einer Programmbeschreibung nicht ausreichend); OLG Hamm, Urteil vom 8. 7. 1991 – 31 U 291/90, CR 1992, 335. Möglichkeit des Ausdruckes von einem Datenträger ausreichend: LG Heilbronn, Urteil vom 16. 12. 1993 – 1 KfH 0262/89, CR 1994, 281.

[688] LG Stuttgart, Urteil vom 30. 7. 1997 – 18 O 458/96, K & R Beil. 1, 1998, 13.

[689] LG Stuttgart, Urteil vom 30. 7. 1997, a. a. O.

[690] Ebenso Marly, Verträge, Rn. 793.

[691] LG Stuttgart, Urteil vom 30. 7. 1997, a. a. O.

[692] Hierfür etwa LG Würzburg, Urteil vom 4. 8. 1992 – 14 O 2189/89, MRC 1992, 19.

[693] Kritisch auch Marly, Verträge, Rn. 792.

[694] LG Essen, Urteil vom 30. 9. 1987 – 44 O 197/86, IuR 1988, 389.

[695] OLG Stuttgart, Urteil vom 1. 10. 1986 – 4 U 187/85, IuR 1987, 153.

[696] LG Flensburg, Urteil vom 21. 5. 1986 – 6 O 98/85, IuR 1986, 463.

Das **Benutzerhandbuch** für einen PC muss nicht vollständig in deutscher   1193
Sprache abgefasst sein. Keinen Sachmangel stellt es dar, wenn nur die
grundlegenden, von dem Laien für die Inbetriebnahme und etwaige spätere Systemerweiterungen des Computers benötigten Informationen in
deutschsprachiger Form vorliegen und wegen weiterführender Details auf
die beigefügten englischsprachigen Handbücher der einzelnen Hardware-
komponenten verwiesen wird.[697] Schuldet der Softwarelieferant eine komplette Dokumentation, reicht die Übergabe gedruckter **Listings** nicht aus.
Sind diese Listings, Pläne etc. auf Diskette gespeichert, so sind diese ebenfalls dem Besteller zu übergeben.[698]

Die **Verletzung eines eigenständigen Beratungsvertrages** ist in der   1194
Nichtlieferung einer Dokumentation dann zu sehen, wenn die Dokumenta-
tion nicht zum Leistungsumfang des Systemangebotes gehört, sondern
Teil einer eigenen Leistung ist.[699] Die Auslieferung einer **veralteten**
Dokumentation stellt einen Mangel dar.[700] Die vereinbarte Lieferung einer
Dateibeschreibung zum Programm bleibt auch dann bestehen, wenn das
Programm komplex ist.[701] Eine **englischsprachige** Dokumentation für
fortgeschrittene Anwender gilt nicht als fehlerhaft.[702] Ansonsten muss sie
für deutsche Anwender grundsätzlich in Deutsch abgefasst werden.[703] Die
Vereinbarung der Auslieferung in deutscher Sprache ist eine Zusiche-
rung.[704]

Ein **Quellcode** ohne Dokumentation und Kommentar ist mangelhaft.[705]

5.3 Gewährleistungsrechte des Kunden

5.3.1 Gewährleistungsrechte aus Kauf

Kunden stehen aus Kauf **Gewährleistungsrechte** auf Wandelung (§ 462   1195
BGB) und Minderung (§ 462 BGB) zu, bei Vereinbarung auch auf Nachbesserung oder Nachlieferung. Weiter ist Haftung des Anbieters aus Zusicherung möglich (§ 463 BGB), die aber nicht aus bloßen Warenbeschrei-

---

[697] LG Koblenz, Urteil vom 27. 4. 1995 – 12 S 163/94, CR 1995, 667.
[698] OLG Oldenburg, Urteil vom 22. 12. 1994 – 8 U 171/94, CR 1995, 662.
[699] Siehe etwa Kropshofer/Spurzem, CR 1986, 647.
[700] LG Saarbrücken, Urteil vom 13. 4. 1983 – 7 O 311/81, DV-R 3, 284.
[701] OLG Hamm, Urteil vom 5. 10. 1984 – 25 U 177/83, CR 1986, 268.
[702] LG Koblenz, Urteil vom 27. 4. 1995, a. a. O.; OLG Düsseldorf, DV-R 3, 56, 58.
[703] OLG München, Urteil vom 20. 9. 1985 – 21 U 4523/84, DV-R 3, 105 ff.; OLG Karlsruhe, Urteil
     vom 21. 2. 1991 – 12 O 147/90, CR 1991, 410.
[704] OLG Hamm, Urteil vom 8. 3. 1988 – 21 U 41/87, CR 1989, 995 (für Programme).
[705] AG Pforzheim, Urteil vom 7. 7. 1987 – 3 C 540/86, CR 1989, 497, die Mangelhaftigkeit bereits in
     der Abweichung von der Dokumentationsnorm DIN 66230 Nr. 1.3 und 2.2.1 sehend.

bungen begründet wird. Anspruchsgegner ist der Verkäufer auch insoweit, als Fremdteile über einen Drittlieferanten direkt geliefert werden, da der Drittlieferant nur Erfüllungsgehilfe des Verkäufers ist.[706]

1196 **Gewährleistung und Garantie sind nicht identisch.** Gewährleistung ist gesetzlich festgelegt bzw. vertraglich vereinbart (wie etwa das Nachbesserungsrecht im Rahmen des Kaufvertragsrechts), während **Garantien zusätzliche Zusagen** sind, so etwa eine Verlängerung von Gewährleistungsfristen (als Händler- oder auch als Herstellergarantie), die Erweiterung der Gewährleistung auf nach Gefahrübergang, aber im Garantiezeitraum **auftretende Mängel**[707], eine unmittelbare Mängelbeseitigungszusage (Herstellergarantien wie etwa die von Intel für die gesamte Lebensdauer des Pentium-Chips) oder auch eine Zusicherung im gewährleistungsrechtlichen Sinne (§ 459 Abs. 2 BGB), für die aber besondere Umstände ein Einstehenwollen nahe legen müssen. **Unselbständig ist eine Garantie**, wenn die gesetzliche Gewährleistung modifiziert, etwa die Gewährleistungsfrist verlängert wird oder auch für nach Gefahrübergang auftretende Mängel Gewähr geleistet werden soll.[708] Sie kehrt die Beweislast dafür um, dass es sich um einen anfänglichen Mangel handelt, so dass der Anbieter beweisen muss, ein Mangel sei noch nicht bei Gefahrübergang vorhanden gewesen. Im Einzelfall kann die Garantie auch dahin ausgelegt werden, dass erst nach Übergabe auftretende Mängel von der Garantie des Verkäufers umfasst sein sollen.[709] **Selbständige Garantien** (etwa Liefergarantien) sind eher die Ausnahme. Der Kunde muss darauf achten, ob die Garantie **eingeschränkt** wurde, also etwa teure Teile ausgeschlossen sein sollen. Soweit die Garantie Kundenrechte außerhalb der gesetzlichen Gewährleistung regelt, ist eine solche Einschränkung grundsätzlich zulässig, wobei jedoch eine formularvertragliche Kontrolle (z. B. § 3 AGBG – überraschende Klausel) möglich bleibt.

Der Anbieter trägt grundsätzlich das **Risiko der missverständlichen Formulierung** von Garantieerklärungen. Weist er auf seinem Verkaufsformular mit einem Stempelaufdruck auf eine 12-monatige Herstellergarantie hin, entsteht hierdurch der Anschein, als wolle er eine Gewährleistung von

---

[706] OLG Stuttgart, Urteil vom 23. 2. 1993 – 6 U 174/92, CR 1994, 152.

[707] BGH, NJW 1979, 645.

[708] Siehe näher Mischke, BB 1995, 1093 f.

[709] So jedenfalls LG Frankfurt/Main, Urteil vom 27. 8. 1991 – 2/8 S 379/90, CR 1991, 733. Diese Erweiterung des Einstehenwollens wird sich aber als besondere Haftungsausdehnung deutlich aus der Garantieerklärung ergeben müssen, anderenfalls muss es bei den vorstehenden Grundsätzen bleiben.

einem Jahr übernehmen. Für diesen Rechtsschein muss der Verkäufer aus dem Gesichtspunkt der Vertrauenshaftung einstehen.[710]

Bei ausländischen Herstellern ist genau zu prüfen, ob es wirklich sinnvoll ist, deren Garantie in Anspruch zu nehmen, wenn hierfür ein Gerät etwa in ein Land in Fernost geschickt werden muss. Transportrisiken und -kosten liegen hier grundsätzlich beim Kunden.

Räumt ein Händler eine zwölfmonatige **Garantiefrist** ein, beginnt die **1197** **Gewährleistungfrist** des § 477 Abs. 1 BGB bei Kauf nicht schon ab Ablieferung, sondern (während der Garantiefrist) **mit Entdeckung des Mangels** zu laufen[711], dann allerdings nur für die Dauer der gesetzlichen oder vertraglich vereinbarten Frist.[712]

Die **Verjährung beginnt** also erst **mit Entdeckung** des konkreten Mangels (nicht mit Ablieferung, § 477 Abs. 1 Satz 1 BGB, oder Abnahme, § 638 BGB), andernfalls es bei der gesetzlichen Frist bliebe und die Garantie wertlos wäre.[713] Entdeckt also z. B. der Kunde den Mangel erst nach zehn Monaten (etwa im FIBU-Programm beim Jahresabschluss), läuft die Gewährleistung auch erst ab diesem Zeitpunkt für volle sechs Monate, damit über die eigentliche Garantiefrist hinaus.[714] Allerdings ist auch hier zusätzlich eine möglicherweise eintretende **Hemmungswirkung** zu beachten: Durch die innerhalb der Garantiefrist erfolgte Anzeige des Mangels wird die Verjährung aller hieraus resultierenden Mangelansprüche bis zur Beseitigung des Fehlers oder der Erklärung des Verkäufers, der Fehler sei beseitigt oder es liege kein Fehler vor, mit der Folge gehemmt, dass die Hemmungswirkung auch die Gewährleistungsfrist unbeschadet überdauern kann.[715] Nach einer **Verjährungsunterbrechung** beginnt nicht die vertragliche Garantiezeit, sondern lediglich die gesetzliche Frist des § 477 BGB erneut zu laufen.[716]

Verspricht der Verkäufer eines Computers, diesen wieder zurückzunehmen, falls der Computer nicht funktioniert, umfasst diese Zusage nicht den Fall eines **Transportschadens**, wenn der Veräußerer keinen Einfluss auf

---

[710] LG Bad Kreuznach, Urteil vom 3. 5. 1994 – 1 S 170/93, MRC 1996, 9.

[711] OLG Köln, Urteil vom 28. 2. 1992 – 19 U 221/91, CR 1992, 399 = IuR 1992, 1630; a. A. Mischke (Beginn ab Ende Garantiefrist).

[712] OLG Köln, Urteil vom 20. 8. 1993 – 19 U 75/93, CR 1994, 150 = NJW-RR 1994, 120; OLG Celle, Urteil vom 26. 5. 1994 – 13 U 221/93, CR 1994, 677 (unter Hinweis auf BGH, NJW 1979, 645; OLG Köln, a. a. O.).

[713] LG Frankfurt/Main, Urteil vom 27. 8. 1991 – 2/8 S 379/90, CR 1991, 733.

[714] OLG Köln, Urteil vom 20. 8. 1993 – 19 U 75/93, VersR 1994, 23.

[715] OLG Saarbrücken, Urteil vom 26. 3. 1996 – 4 U 804/95–118, NJW-RR 1997, 1423.

[716] OLG Hamburg, Urteil vom 26. 7. 1996 – 12 U 5/96, CR 1997, 87.

die vom Käufer getroffene Auswahl der Transportpersonen hatte. Den Käufer trifft in diesem Fall die Beweislast dafür, dass die übergebene Computeranlage bereits zum Zeitpunkt des Gefahrübergangs mangelhaft war.[717]

1198 Bei Kaufverträgen kann der Kunde **zwischen** seinen **Gewährleistungs-rechten Wandelung, Minderung und Schadensersatz wählen.** Die genannten Rechte können nicht nebeneinander gemeinsam ausgeübt werden. Bis zu Vollzug oder Anspruchserfüllung kann aber der Käufer von einem Gewährleistungsrecht zum anderen übergehen.[718] **Widerrufen** lässt sich die ausgeübte Wahl nur, wenn das jeweils gewählte Gewährleistungs-recht noch nicht wirksam ausgeübt werden konnte. Verweigert der Anbie-ter die Mängelbeseitigung oder leistet er sie nicht in angemessener Frist, kann der Kunde die **Wandelung** sogar bereits **vor Ablieferung** erklä-ren.[719]

5.3.1.1 Mängelbeseitigung (Prüfliste: Mängelbeseitigung)

1199 In der Praxis ist zunächst genau zwischen (kostenfreier) **Mängelbeseiti-gung aufgrund Gewährleistung und** einem getrennten (und kostenpflich-tigen) **Reparaturauftrag zu unterscheiden.** Ein Reparaturauftrag kann grundsätzlich auch während der laufenden Gewährleistung erteilt werden. Für die Auftragserteilung ist der Anbieter beweispflichtig. Reparaturauf-träge folgen grundsätzlich Werkvertragsrecht, da konkret bezeichnete Feh-lerzustände beseitigt werden sollen (individueller Leistungserfolg).

Für **Mängelbeseitigung** sieht das Gesetz zwei Formen vor, Nachbesse-rung (s. Rn. 1200) und Nachlieferung (s. Rn. 1202).

1200 Wird ein System oder Systemteil kaufweise erworben, besteht kein gesetz-licher Anspruch auf Mängelbeseitigung **(Nachbesserung),** wohl kann die-ser Anspruch aber ergänzend vereinbart werden (vgl. § 476a Satz 1 BGB). Wurde bei Kauf das Nachbesserungsrecht vereinbart, ist der Käufer bei **unvollständiger Nachbesserung** berechtigt, dem Verkäufer ein Leis-tungsverweigerungsrecht im Sinne von § 320 BGB entgegenzuhalten.[720] Dies gilt sinngemäß auch bei werkvertraglichem Nachbesserungsan-spruch.[721] Auf ein im Kaufvertrag eingeräumtes Nachbesserungsrecht als

---

[717] OLG Hamm, Urteil vom 9. 12. 1992 – 31 U 171/91, CR 1993, 497.
[718] Für alle s. Palandt/Putzo, § 462 Rn. 3.
[719] OLG Celle, Urteil vom 3. 3. 1992 – 20 U 69/90, CR 1994, 217.
[720] BGH, WM 1989, 1866.
[721] Siehe etwa BGHZ 55, 354, 358 = WM 1971, 685; BGHZ 70, 193, 198 = WM 1978, 163; BGHZ 85, 346, 348 = WM 1983, 301.

(zunächst) alleiniges Gewährleistungsrecht ist § 633 Abs. 3 BGB entsprechend anwendbar, so dass der Kunde den **Mangel** bei Vorliegen der Voraussetzungen auch **selbst beseitigen** (lassen) und vom Verkäufer Ersatz der erforderlichen Aufwendungen verlangen kann (**Eigennachbesserung**).[722] Der Kunde hat insoweit auch einen Anspruch auf **Vorschusszahlung** in der Höhe der voraussichtlichen Nachbesserungskosten, und zwar auch dann, wenn die Nachbesserung nur durch Lieferung einer **Ersatzsache** bewirkt werden kann.[723] Konkret muss der Kunde den Anbieter zur Mängelbeseitigung auffordern und ihm eine angemessene **Frist** zur Durchführung der Mängelbeseitigung setzen. Nach ständiger Rechtsprechung ist § 639 Abs. 2 BGB in Nachbesserungsfällen auch dann im Kaufvertragsrecht anzuwenden, wenn sich der Verkäufer nicht zur Nachbesserung verpflichtet hatte.[724]

Teilweise wird vertreten, aus „der Natur des Vertrages" dem Käufer einen vereinbarungsunabhängigen Nachbesserungsanspruch einzuräumen[725] oder das Nachbesserungsrecht aus § 633 BGB jedenfalls analog im Kaufrecht anzuwenden, sofern das Schwergewicht der Gesamtleistung des Verkäufers für den Käufer darin liegt, eine funktionsfähige EDV-Gesamtanlage mit funktionsfähiger Hardware und Software zu erhalten.[726] Für eine solche Analogie wird aber in diesem Fall kein Bedarf bestehen: Liegt das Schwergewicht der vertraglichen Leistungen tatsächlich darauf, die Funktionsfähigkeit der Gesamtanlage aus diversen Komponenten erst **herzustellen**, ist hierin ein individueller Leistungserfolg zu sehen, der Werkvertragsrecht auf diese Vertragsleistung des Konfigurierens anwendbar sein lässt, so dass Nachbesserung zwanglos aus Gesetz verlangt werden kann (und zwar selbst dann, wenn das Konfigurieren letztlich nach den Umständen des Einzelfalles doch nur den Status einer **Nebenpflicht** haben sollte, da für diese und in deren Umfang Nachbesserung des Konfigurierens verlangt werden kann).

Mit dem Nachbesserungsanspruch korrespondiert ein **Nachbesserungsrecht** des Anbieters, das in entsprechender Anwendung von § 633 BGB auch auf den Erwerb von Standardsoftware zur Anwendung gelangen

                                                                    1201

---

[722] BGH, DB 1991, 1449 (unter Bezugnahme auf BGH, DB 1975, 2426 und WM 1990, 640).

[723] BGH, Urteil vom 30. 9. 1992 – VIII ZR 193/91, ZIP 1992, 1559.

[724] BGH, Urteil vom 8. 2. 1984 – VIII ZR 295/82, DB 1984, 1193 = WM 1984, 479.

[725] OLG Köln, Urteil vom 26. 10. 1990 – 19 U 28/90, CR 1991, 154, 155 unter Bezugnahme auf BGH, NJW 1988, 406, 408; 1990, 1290, 1293 und Mehrings, NJW 1988, 2438f.

[726] OLG Köln, Urteil vom 26. 10. 1990 – 19 U 28/90, CR 1991, 154f. unter Hinweis auf OLG Düsseldorf, NJW 1989, 2627 = CR 1990, 122.

kann.[727] Zumindest ein Händler wird aber jedenfalls an Standardsoftware selbst kaum Nachbesserung vornehmen wollen oder auch nur können. Hier kommt stattdessen in der Regel der Nachlieferungsanspruch (s. unten Rn. 1202) zum Tragen. Der Kunde muss dem Anbieter ausreichend Gelegenheit zur Durchführung von Nachbesserungsversuchen geben[728] (s. Rn. 1204). Es genügt aber, wenn die Nachbesserungsfrist so bemessen ist, dass die **begonnenen Arbeiten zu Ende geführt** werden können. Nicht erforderlich ist, dass der Anbieter überhaupt erst neu mit den Nachbesserungsarbeiten beginnen kann. Setzt der Kunde freilich eine zu kurze Frist, entfällt die Wirksamkeit der Fristsetzung nicht vollständig, sondern es wird (ohne besondere weitere schriftliche Mitteilung) eine angemessene Frist in Lauf gesetzt.[729] Ein Auftraggeber verliert den Mängelbeseitigungsanspruch gegen den Auftragnehmer nicht dadurch, dass er einen – **erfolglosen – eigenen Nachbesserungsversuch** unternommen hat[730], vorausgesetzt freilich, dass eine Nachbesserung möglich bleibt.

In der **Praxis** muss zwischen den verschiedenen Aufforderungen des Kunden differenziert werden. Teilt etwa der Kunde dem Anbieter eine Vielzahl von Mängeln und Änderungswünschen mit, so ist eine hierbei erstmalig gesetzte Frist von etwa 16 Tagen unangemessen kurz.[731] Der Verkäufer kann (etwa bei Versendungsverkauf) außerdem nicht verlangen (bzw. die Mängelbeseitigung davon abhängig machen), dass der Kunde ihm die Kaufsache im Originalkarton zurückbringt oder -schickt.

1202 Der Käufer einer „Gattungssache" (sprich: eines Serienproduktes) kann verlangen, dass ihm an Stelle der **mangelhaften Sache** eine mangelfreie **geliefert wird** (§ 480 Abs. 1 Satz 1 BGB). Hierbei handelt es sich um einen **Erfüllungsanspruch**, selbst dann, wenn der Käufer die Sache abgenommen hat[732]; die §§ 320 ff. BGB bleiben hier anwendbar. Verlangt der Käufer Ersatzlieferung, muss er deshalb Frist setzen und Ablehnung

---

[727] LG Nürnberg-Fürth, Urteil vom 16. 12. 1991 – 9 O 5720/90, CR 1992, 336.

[728] LG Karlsruhe, Urteil vom 27. 2. 1980 – O 4/79, KfH I, DV-R 1, 53.

[729] LG Karlsruhe, Urteil vom 2. 5. 1984 – O 234/82, DV-R 3, 85 f. und bestätigend OLG Karlsruhe, Urteil vom 20. 12. 1984 – 8 U 105/84, DV-R 3, a. a. O.

[730] OLG Frankfurt/Main, Urteil vom 26. 6. 1990 – 5 U 8/89, NJW-RR 1992, 280.

[731] LG München I, Urteil vom 21. 3. 1991 – 7 O 3919/89, CR 1992, 474. Freilich sind Sachverhaltsbesonderheiten zu beachten. Im Einzelfall kann auch eine deutlich kürzere Frist angemessen sein. Auch kann § 634 Abs. 2 BGB mit der Folge entsprechend anwendbar sein, dass angesichts einer **Vielzahl** von bestehenden Mängeln mit ähnlich qualifizierten Nachbesserungsleistungen zu rechnen ist und deshalb ein Interesse des Kunden besteht, sofort seinen Anspruch auf Minderung oder Wandlung geltend zu machen.

[732] Siehe etwa KG, Urteil vom 21. 5. 1987 – U 1744/84, CR 1989, 397. Man spricht auch von einem „unechten" Gewährleistungsanspruch.

androhen.[733] Die zu setzende Frist muss angemessen sein, deren Dauer sich nach den Einzelfallumständen wie etwa der Genauigkeit der kundenseitigen Mängelbeschreibung richtet.[734] **Nachlieferung bei Software** erfolgt in der Regel durch Übergabe/Versendung von Updates. Mit deren Ablieferung/Abnahme beginnt erst die Gewährleistungsfrist zu laufen.

Der Kunde muss den Anbieter **zur Nachbesserung auffordern.** Nicht erforderlich (wenngleich nützlich) ist aber, dass der Kunde die Leistungsablehnung androht[735] und eine Frist zur Mängelbeseitigung setzt.[736] Die Frist muss angemessen sein. Bei einer Vielzahl von Nachbesserungswünschen ist eine Fristsetzung von 14 Tagen allerdings unangemessen kurz und setzt deshalb eine angemessene Nachfrist in Lauf.[737] Schlägt die Nachbesserung fehl (s. Rn. 1209), muss der Kunde nicht eigens noch eine mit Ablehnungsandrohung verbundene Frist setzen.[738] Für die Durchführung der Mängelbeseitigung genügt ein mündliches Angebot (§ 295 BGB).[739] **Lehnt der Anbieter die Nachbesserung ab**, kann der Kunde ohne Fristsetzung die Mängelbeseitigung durch Dritte vornehmen lassen.[740] Erklärt der Anbieter bereits vor Lieferung bestimmt und endgültig, vorhandene Mängel nicht zu beseitigen, stehen dem Kunden keine Mängelgewährleistungsrechte zu, sondern der Kunde schuldet nicht den Kaufpreis. Dem Käufer ist nicht zuzumuten, sich die Sache erst übergeben zu lassen, um diese Rechte dann ausüben zu können.[741] Der Lieferant eines Computerprogramms kann sich nicht darauf berufen, dass ihm eine vertraglich vereinbarte Nachbesserungsmöglichkeit nicht eingeräumt worden sei, wenn er eine Mängelbeseitigung nur gegen Kostenerstattung – eventuell auf der Grundlage eines Wartungsvertrages – angeboten hat.[742]

Einigen sich die Parteien eines Hardwarekaufvertrages auf einen **Austausch** des Rechners, so hat der Verkäufer bezüglich des neuen Rechners auch dann ein vereinbartes mehrfaches Nachbesserungsrecht, wenn er die zunächst gelieferte Anlage vergeblich nachzubessern versucht hat.[743] Eine

1203

---

[733] KG, a. a. O.
[734] LG Stuttgart, Urteil vom 30. 10. 1981 – 20 O 348/81, DV-R 3, 294.
[735] Ulmer/Brandner/Hensen, Rn. 47.
[736] Ulmer/Brandner/Hensen, Rn. 49.
[737] LG München I. Urteil vom 21. 3. 1991 – 7 O 3919/89, CR 1992, 474.
[738] Koch/Stübing, § 11 Nr. 10 Rn. 40.
[739] LG Frankfurt/Main, Urteil vom 29. 8. 1980 – 3/8 O 37/80, DV-R 1, 60.
[740] AG Stuttgart, Urteil vom 18. 4. 1980 – 13 C 4778/79, DV-R 2, PE 10, 192.
[741] OLG München, Urteil vom 25. 9. 1986 – 24 U 775/85, CR 1987, 675 – Musikalienkatalog.
[742] OLG Stuttgart, Urteil vom 29. 11. 1994 – 6 U 11/94, MRC 1996, 8 (für Kaufvertragsrecht).
[743] OLG Köln, Urteil vom 18. 6. 1993 – 19 U 54/93, CR 1993, 625 (hoher Geräuschpegel kein Mangel, wenn Toleranzwerte nicht überschritten; Anbieter zu mehreren Nachbesserungsversuchen berechtigt).

zumutbare, weil kostengünstige Reparaturmaßnahme stellt der Austausch einer Festplatte dar, wenn diese zwar mechanisch unbeschädigt ist, aber nur im Herstellerwerk neu formatiert werden kann und dies zu einem wochenlangen Ausfall des Systems führen würde.[744] Nicht mehr eine vertragsgemäße Mängelbeseitigung stellt hingegen die **Lieferung eines Nachfolgemodells** für eine bestimmte Hardware dar, so dass etwa bei Miete der Hardware ein Kündigungsrecht des Kunden besteht.[745] Auch die Notwendigkeit des Eingebens oder Einspielens eines „patches" zur Fehlerbeseitigung in das System durch den Kunden kann entweder von der Technik her oder hinsichtlich des Aufwandes unzumutbar sein.[746]

1204 **Der Kunde muß grundsätzlich mehrere Nachbesserungsversuche zulassen,** es sei denn
– der Anbieter hat sich als unzuverlässig erwiesen[747],
– der Kunde ist dringend auf die Benutzung der Sache angewiesen[748],
– eine Einsendung der Sache an den Anbieter ist erforderlich,
– nach fehlgeschlagenen Nachbesserungsversuchen erfolgt keine überzeugende Fehlerdiagnose (Unzumutbarkeit weiterer Versuche)[749].

Die Anzahl der dem Kunden zumutbaren Nachbesserungsversuche ist allerdings nicht unbeschränkt, da sie von den – nicht abschließend aufzählbaren – Umständen des Einzelfalles abhängt[750], etwa der Art der Mängel und der notwendigen Beseitigungsmaßnahmen, den Gründen für das Scheitern eines vorangegangenen Nachbesserungsversuchs und den für den Kunden mit weiteren Versuchen verbundenen Nachteilen.[751] Grundsätzlich muss der Kunde weder beliebige Nachbesserungsmaßnahmen (etwa mit zeitlich unbestimmten Systemnutzungsunterbrechungen oder freiem Zugang des Mitarbeiters zum Kundensystem) noch Nachbesserungsversuche des Anbieters in beliebiger Zahl dulden. Entscheidend ist, ab wann das Vertrauen in die Tauglichkeit der Nachbesserung oder Ersatzlieferung entfallen ist und begründete Zweifel am Erfolg weiterer Nachbesserungen oder Ersatzlieferungen gerechtfertigt sind[752] bzw. der Kunde

---

[744] LG Köln, Urteil vom 14. 1. 1987 – 88 O 120/84, MRC 1987, 50.
[745] OLG Karlsruhe, Urteil vom 5. 12. 1986 – 15 U 328/84, DV-R 4, 144. Hier müssen im Einzelfall die funktionalen und besonders gebrauchsrelevanten Unterschiede zwischen den Modellen geprüft werden.
[746] Schneider, Handbuch, Rn. D 22.
[747] Palandt/Heinrichs, AGBG § 11 Rn. 57.
[748] OLG Hamburg, VersR 1983, 741.
[749] OLG Hamm, Urteil vom 26. 10. 1992 – 31 U 81/92, CR 1994, 358.
[750] BGH, NJW 1976, 2.
[751] BGH, NJW 1982, 1751.
[752] OLG Nürnberg, BB 1983, 212; Wolf/Horn/Lindacher, Rn. 20.

mit weiteren Versuchen der Nachbesserung nicht mehr belastet werden
kann. Wird ein System trotz mehrfacher Fristsetzung nicht innerhalb angemessener Zeit lauffähig gemacht, ist die Vertrauensgrundlage für die
Nachbesserung entzogen.[753]

Ein Warten auf **weitere Nachbesserungsversuche ist unzumutbar**, wenn   1205
die Störungsanfälligkeit einer Anlage innerhalb eines Jahres nicht behoben werden konnte[754] oder in dem Zeitraum von sechs Monaten mindestens neun Technikerbesuche notwendig wurden[755], wenn also, allgemein
gesagt, **Versuche der Fehlerbeseitigung den vertraglich vorausgesetzten oder gewöhnlichen Gebrauch selbst unwesentlich beeinträchtigen.**
Insbesondere ist das Vertrauen des Käufers enttäuscht, wenn während sieben Monaten nahezu wöchentlich ein Nachbesserungsversuch an der Software erforderlich war. Der Käufer darf hier ohne Nachfristsetzung auch
von gesonderten Nachbesserungsvereinbarungen zurücktreten und Wandelung des Kaufvertrags verlangen[756], ebenso, wenn er die Leistung sofort
benötigt.[757] 11 Reparaturen (darunter vier aufgrund Bedienungsfehler) in
16 Monaten sind bei komplexen Anlagen noch zumutbar.[758] Entscheidendes Kriterium für die Zumutbarkeit ist nicht die jeweilige Zeitdauer der
Nachbesserungsversuche als solche, sondern vielmehr
– die Anzahl der bereits gescheiterten Mängelbeseitigungsversuche,
– der Aufwand für den einzelnen Beseitigungsversuch und die Beeinträchtigung des Kunden in seinen betrieblichen Abläufen (unterbrechen
  der RZ-Nutzung, Beteiligung von Mitarbeitern des Kunden),
– die Schwere der Mängel, deren Beseitigung (vergeblich) versucht wird,
  und die (fehlende) Aussicht, dass dem Anbieter im Rahmen seiner Kompetenz und technischen Mittel die Mängelbeseitigung noch gelingen wird.

Scheitert der Nachbesserungsversuch des Lieferanten lediglich hinsichtlich **eines** von insgesamt acht geltend gemachten Mängeln, kann der

---

[753] OLG Köln, Urteil vom 26. 10. 1990 – 19 U 28/90, NJW 1991, 2156f. = CR 1991, 154.
[754] OLG Stuttgart, Urteil vom 9. 10. 1981 – 2 U 56/81, DV-R 2, 85.
[755] OLG Frankfurt/Main, Urteil vom 16. 2. 1984 – 1 U 276/82, DV-R 2, 106.
[756] LG Berlin, Urteil vom 2. 11. 1982 – 8 O 412/81, DV-R 3, 150. Das Gericht weist darauf hin, dass
  auch § 377 Abs. 2 HGB nicht entgegensteht. Nach BGH, BB 1952, 902 ist anerkannt, dass der
  Verkäufer mit dem Einwand der verspäteten Mängelrüge nicht mehr gehört werden kann, wenn er
  auf alle Beanstandungen der gelieferten Sache durch den Besteller sachlich eingeht, ohne zu beanstanden, dass die Rüge der Mängel verspätet erfolgt sei. Außerdem seien die im streitigen
  Sachverhalt gegenständlichen Mängel „vorwiegend nicht direkt erkennbar" gewesen, sondern
  erst beim Arbeiten mit dem Gerät aufgetaucht, so dass ohnehin eine Untersuchung nach § 377
  Abs. 1 HGB nicht in Betracht komme.
[757] BGH, Urteil vom 26. 1. 1993 – X ZR 90/91, NJW 1993, 560.
[758] LG Oldenburg, Urteil vom 14. 1. 1981 – 3 O 178/79, DV-R 1, 65.

Besteller nicht ohne weiteres unmittelbar zur Verfolgung von Schadensersatzansprüchen übergehen.[759] Verbleiben nach einer ersten Nachbesserung noch relativ geringfügige Mängel, darf der Kunde einen Schadensersatz wegen Nichterfüllung dennoch grundsätzlich erst nach Fristsetzung geltend machen.[760] Eine nochmalige Nachbesserung ist unzumutbar, wenn zwei Nachbesserungsversuche nicht zur Beseitigung der Fehler des Programms, sondern zu gewichtigeren Störungen geführt haben und sich die Besorgnis aufdrängt, dass ein weiteres Experimentieren zusätzliche Störungen des Programms verursacht.[761] Zumutbarkeit ist zu verneinen, wenn ein Gerät mehrfach an den Hersteller eingeschickt werden muss oder für weitere Versuche keine überzeugende Fehlerdiagnose verfügbar ist[762], ebenso, wenn der Verwender in der Regel auf den Computer (Laptop) angewiesen ist und ihn kaum entbehren kann (Verstoß gegen § 11 Nr. 10 Buchst. d AGBG[763]). Weitere Nachbesserungsversuche sind umso eher unzumutbar, je komplizierter und technisch aufwendiger die Leistung ist.[764] Auf ein Verschulden des Anbieters kommt es nicht an.[765]

1206 Dem Kunden ist allerdings dann eine erneute Nachbesserung zumutbar (und die Erklärung der Wandelung gemäß § 242 BGB treuwidrig), wenn er durch sein eigenes Verhalten einen Vertrauenstatbestand geschaffen hat, der es ihm ermöglicht, (erfolgreiche Nachbesserung) den Kaufvertrag aufrechterhalten zu können.[766]

Nach erfolglosem Nachbesserungsversuch an der Hardware kann eine Frist von acht Tagen ausreichen.[767]

1207 Bei einfachen Geräten kann bereits ein **zweiter Nachbesserungsversuch** unzumutbar, bei technisch aufwendigen Geräten oder Leistungen eine Anzahl von zwei oder drei Nachbesserungsversuchen zumutbar sein.[768]

---

[759] LG Nürnberg-Fürth, Urteil vom 14. 3. 1991 – 3 O 881/90, MRC 1991, 39.

[760] OLG Düsseldorf, Urteil vom 12. 1. 1996 – 22 U 124/95, WiB 1997, 482.

[761] OLG Düsseldorf, Urteil vom 22. 9. 1995 – 19 U 35/95, CR 1996, 89.

[762] OLG Hamm, Urteil vom 26. 10. 1992 – 31 U 81/92, CR 1994, 358.

[763] AG Mannheim, CR 1996, 540; das AG Offenburg, CR 1997, 86 sah allerdings eine Bestimmung in AGB, nach der die Nachbesserung erst nach **drei** Versuchen fehlgeschlagen ist, jedenfalls bei „technisch aufwendigen" Geräten als wirksam an (ohne aber auch den kundenseits entstehenden Aufwand zu berücksichtigen).

[764] OLG Düsseldorf, Urteil vom 18. 10. 1990 – 6 U 71/87, BB Beil. 18, 1991, 17.

[765] OLG Hamm, Urteil vom 26. 10. 1992 – 31 U 81/92, CR 1994, 358.

[766] LG Düsseldorf, Urteil vom 25. 7. 1980 – 1 O 383/79, DV-R 3, 162f. Allzu große „Nachsicht" auf Kundenseite im Vertrauen darauf, dass doch noch die Nachbesserung gelingen werde, kann sich also nachteilig auf die Möglichkeit der Durchsetzung von bestehenden Mängelgewährleistungsrechten auswirken.

[767] OLG Karlsruhe, Urteil vom 20. 12. 1984 – 8 U 105/84, DV-R 3, 85 = MRC 1984, 3.

[768] Wolf/Horn/Lindacher, Rn. 21.

Nur **ein Nachbesserungsversuch** ist zumutbar, wenn die mangelhafte Kaufsache zum Zwecke der Nachbesserung an den Verkäufer oder einen Dritten eingesandt werden muss.[769] Die gleichen Grundsätze gelten, wenn zur Mängelbeseitigung erst ein Software-Update erarbeitet werden muss. Bei Ersatzlieferungen ist in Abhängigkeit von Wartezeit und Auswirkungen der Unterbrechung auf die Anwendung über die Zumutbarkeit weiterer Versuche zu entscheiden. Unzumutbar ist für den Kunden etwa die Nachbesserung einer mit vielen nicht unerheblichen Mängeln behafteten Anlage oder einer Software. Der Kunde eines vielfach mängelbehafteten Produktes muss nicht warten, bis der Anbieter erst bei jedem einzelnen Mangel die Nachbesserung versucht hat.[770] Ein fehlerbedingter Ausfall von 10 % der Jahresbetriebszeit soll andererseits weitere Nachbesserungsleistungen nicht unzumutbar machen.[771] Auch die Verzögerung der Nachbesserung kann für den Kunden unzumutbar werden und ihm die Möglichkeit eröffnen, den Vertrag zu wandeln oder die vereinbarte Vergütung zu mindern.[772]

Die **Anzahl zulässiger Nachbesserungsversuche kann** auch und gerade **in AGB nicht ausgeweitet werden.**

Beispiel:
Die Klausel „Sind Gewährleistungsansprüche gegeben, so beschränken sich diese auf eine Nachbesserung oder Ersatzlieferung. Schlagen drei Nachbesserungsversuche fehl, so ist der Auftraggeber berechtigt, die Rückgängigmachung des Kaufvertrages oder eine Herabsetzung des Kaufpreises zu verlangen." in AGB ist auch im kaufmännischen Geschäftsverkehr unwirksam.[773]

Auch eine **Neuherstellung** kann im Einzelfall vom Anbieter als Form der   1208 Nachbesserung geschuldet sein, wenn anders der Mangel nicht zu beseitigen ist. Die Gewährleistungsrechte auf Wandelung oder Minderung leben in diesem Fall dann wieder auf, wenn die erforderliche Neuherstellung scheitert[774] oder dem Anbieter wirtschaftlich nicht zuzumuten wäre.

---

[769] Ulmer/Brandner/Hensen, Rn. 39.
[770] Vgl. Hensen, § 11 Nr. 10 Rn. 75.
[771] OLG Nürnberg, Urteil vom 6. 8. 1985 – 3 U 2466/83, CR 1986, 545. Dies ist freilich einer der (vielen) Fälle, in denen man bestimmte Vorgaben nicht unbesehen auf andere Sachverhalte übertragen sollte. Immerhin wurde das System bereits im September 1980 (!) erworben, zu einer Zeit also, als noch niemand streng auf TCO (Total Cost of Ownership)-Werte blickte.
[772] BGH, NJW 1981, 1501.
[773] BGH, Urteil vom 29. 10. 1997 – VIII ZR 347/96, MMR 1998, 251.
[774] BGH, NJW 1986, 711 ff.

1209 Ein **Fehlschlagen** der formularmäßig vereinbarten Nachbesserung liegt dann vor, wenn eine zumutbare Anzahl von Nachbesserungsversuchen keinen Erfolg gebracht hat, ebenso dann, wenn der Verkäufer die Nachbesserung unberechtigt verweigert oder unzumutbar verzögert. Bei technisch aufwendigen und komplizierten Geräten wird naturgemäß eine Zahl von drei, ausnahmsweise auch mehr Nachbesserungsversuchen dem Käufer eher zuzumuten sein als bei einfachen Geräten, von denen im Allgemeinen ein problemloser Einsatz erwartet werden kann. Andererseits ist im Rahmen der gebotenen Abwägung zu berücksichtigen, dass der mängelbedingte Ausfall einer gewerblich genutzten Sache in der Regel erhebliche wirtschaftliche Nachteile für den Käufer mit sich bringt, die der Zumutbarkeit enge Grenzen ziehen können.[775] Ob Nachbesserung oder Ersatzlieferung fehlgeschlagen sind, ist nach objektiven Kriterien festzustellen.[776] Die **Nachbesserung ist fehlgeschlagen, wenn**
- sie unmöglich ist[777];
- die Software als Gattungssache erst teilweise neu entwickelt werden müsste, damit am vertragsgegenständlichen Einzelexemplar ein Mangel beseitigt werden kann (eine bei Software nur im Einzelfall zutreffende Feststellung);
- ein Update ohne Mängelbeseitigung ausgeliefert wird.[778] Ein Fehlschlagen der Nachbesserung wurde etwa angenommen, wenn Fehler verbleiben, der Lieferant jedoch die Mangelhaftigkeit ernstlich bestreitet;[779]
- sie ernsthaft und endgültig unberechtigt verweigert wird[780] bzw. der Anbieter die Nachbesserung von der Erteilung eines Reparaturauftrages abhängig macht[781];
- sie unzumutbar verzögert wird[782]; ebenfalls nur im Einzelfall feststellbar, wobei auf die Auswirkung der Mängel auf die Nutzbarkeit (z. B. bei teilweisem oder vollständigem Systemausfall), abzustellen ist;
- sie vergeblich versucht wurde (also mißlingt)[783].
Der Kunde muss das Fehlschlagen beweisen[784].

---

[775] BGH, Urteil vom 29. 10. 1997, a. a. O.
[776] BGH, WM 1990, 886.
[777] BGH, NJW 1991, 1501.
[778] Z. B. die Auslieferung des Betriebssystems OS/400, Version 3, Release I.1 und 2 (CW 49, 1966, 9).
[779] LG München, Urteil vom 23. 1. 1985 – 8 HKO 11785/83, CR 1987, 364.
[780] BGHZ 93, 62.
[781] OLG Köln, NJW-RR 1986, 151.
[782] BGH, NJW 1991, 1501.
[783] Palandt/Heinrichs, § 11 AGBG, Rn. 57.
[784] BGH, NJW-RR 1990, 888.

Dem Fehlschlagen der Nachbesserung steht die (objektive oder subjek-   1210
tive) **Unmöglichkeit** der Nachbesserung bzw. der Ersatzlieferung
gleich.[785] Die Lieferung eines **Updates** kann das Recht des Kunden auf
Wandelung oder Minderung nicht ausschließen. Eine entsprechende Klausel verstößt auch im kaufmännischen Bereich gegen §§ 24, 9 Abs. 2
i. V. m. 11 Nr. 10 Buchst. b AGBG.[786] Für den Fall des Fehlschlagens der
Nachbesserung darf dem Kunden nicht nur ein Minderungsanspruch eingeräumt werden.[787] Knüpft ein Rücktrittsrecht an das Fehlschlagen von
Nachbesserungsversuchen an, so kommt es auf ein Verschulden am Fehlschlagen nicht an.[788]

Beschädigt der Anbieter die Hardware bei der Reparatur oder verursacht er Datenverluste, haftet er unabhängig von der Gewährleistung (und
deren kurzen Fristen) aus positiver Vertragsverletzung (siehe Rn. 1100)
gegenüber dem Kunden/Käufer bzw. dem Auftraggeber der Reparatur und
aus § 823 Abs. 1 BGB auch gegenüber Dritten. Während die Deliktshaftung des Anbieters gegenüber seinem Vertragspartner eher periphere
Bedeutung hat, ist sie gegenüber geschädigten Dritten zentral. Hier
machen alle Personen- und Sachschäden ersatzpflichtig, etwa bei nachläs-
siger Reparatur der Elektrik eines Rechners, die zu Schäden Dritter an
Leben oder Gesundheit führt. Auch **Datenverluste** auf Speichermedien
führen zu Ersatzansprüchen[789], sofern die Einwirkung auf die Sache den
Eigentümer daran hindert, mit ihr seinem Wunsch entsprechend (§ 903
BGB) zu verfahren. Aus dieser Sicht kommt es nicht darauf an, ob die
gespeicherten Daten als solche Eigentum im Sinne der §§ 823 Abs. 1, 90
BGB darstellen.[790] Wenn freilich Computerprogramme als verkehrsfähige
Sachen Gegenstand von Eigentumsrechten sein können, so muss Gleiches
grundsätzlich auch für Daten gelten. Computerprogramme und Daten sind
in gleicher Weise als Bits und Bytes abgespeichert. Nachteilige Wirkungen auf Daten auf einem Speichermedium kann auch eine anbieterseits
installierte Programmsperre haben, wenn der Kunde/Anwender hierdurch
seine Datenbestände nicht mehr nutzen kann. Ebenso kann ein fehlerhaf-
tes Neuformatieren der Festplatte zu (vollständigem) Datenverlust führen,

---

[785] Wolf/Horn/Lindacher, § 11 Nr. 10b, Rn. 26.
[786] LG Karlsruhe, Urteil vom 2. 5. 1995 – 3 O 41/95, CR. 1996, 290.
[787] OLG Köln, Urteil vom 22. 6. 1988 – 13 U 113/87, CR 1989, 391 (für Kaufleute über die §§ 24
       Abs. 1 Nr. 1, 9 Abs. 1 AGBG) mit BGH, NJW 1981, 1501f.
[788] OLG Hamm, Urteil vom 26. 10. 1992 – 31 U 81/92, CR 1994, 358.
[789] OLG Karlsruhe, Urteil vom 7. 11. 1995 – 3 U 15/96, CR 1996, 352.
[790] Die Möglichkeit der Eigentumszuschreibung ablehnend LG Konstanz, Urteil vom 10. 5. 1996 – 1
       S 292/95, BB Beil. 19, 1996, 8.

sofern der Anbieter keine Sicherungskopie erstellt hat (wobei aber den Kunden ein Mitverschulden treffen kann, wenn er selbst zur Datensicherung verpflichtet war; s. auch Rn. 1101, 1103).

1211 **Mangelbeseitigung wie Nachlieferung müssen kostenfrei erfolgen.** Hieraus ergeben sich zwei wichtige Konsequenzen:
– Der Anbieter darf auch für An- und Abfahrten, Personal- und Materialkosten vom Kunden keine Erstattung verlangen, ausgenommen sind Kosten für Auslandsreisen, wenn ein Auslandseinsatz nicht vertraglich vorausgesetzt ist.[791]
– Soweit zeitlich parallel zur Gewährleistung außerdem Wartung und/ oder Pflege vereinbart ist, darf der Anbieter die Beseitigung von Mängeln nicht als Wartungs- oder Pflegeleistung abrechnen, ist doch die Gewährleistung bereits in die ursprüngliche Vergütung einkalkuliert.

In AGB dürfen dem Kunden eines Versandhändlers oder eines vergleichbaren Anbieters, der Waren versendet, nicht die Kosten für die (wandlungsbedingte) Rücksendung mangelhafter Ware aufgelastet werden.[792] Auch Vergütung des Zeitaufwandes für die Suche nach Installationsfehlern kann bei Fehlen vertraglicher Absprache nur verlangt werden, wenn die Ursache der Funktionsstörung im Verantwortungsbereich des Kunden liegt.[793]

1212 Durch **Vereinbarung in Formularverträgen** können die Gewährleistungsrechte auf Wandelung und Minderung nicht wirksam ausgeschlossen werden (s. § 11 Nr. 10 Buchst. a AGBG). Vielmehr leben die Gewährleistungsrechte Wandelung und Minderung bei dem Fehlschlagen der Nachbesserung zwingend wieder auf.[794] Auch in einer formularvertraglichen Vereinbarung von Update-Lieferungen kann auch zwischen Kaufleuten das Recht auf Wandelung/Minderung nicht ausgeschlossen werden (Verstoß gegen die §§ 24, 9 Abs. 2 Nr. 1, 11 Nr. 10 Buchst. b AGBG).[795]

1213 Die **Durchführung** der Mängelbeseitigung kann insbesondere bei Software erhebliche Probleme aufwerfen. Während defekte Geräte meist einfach repariert oder ausgetauscht werden, kann die Suche nach der Ursache eines Software-Fehlers langwierig und aufwendig sein, teilweise sogar eine Neuentwicklung verlangen. Zuweilen lassen sich hier Gewährleistungsfristen und sehr oft gesetzte Nachbesserungsfristen nicht einhalten.

---

[791] OLG Düsseldorf, Urteil vom 21. 7. 1992 – 22 U 57/92, NJW-RR 1993, 60.
[792] OLG Stuttgart, Urteil vom 23. 10. 1998 – 2 U 89/98, bei Manuskriptabschluss n. v. (s. Rn. 131).
[793] LG Freiburg, Urteil vom 22. 7. 1988 – 8 O 406/95, CR 1999, 417 (zu den §§ 631, 649 BGB).
[794] Siehe etwa LG Frankfurt/Main, Urteil vom 3. 4. 1981 – 3/7 O 125/79, DV-R 1, 71.
[795] LG Karlsruhe, Urteil vom 2. 5. 1995 – 3041/95, CR 1996, 290.

Kann der Kunde nun nicht mit einer ungewissen Dauer der Unterbrechung seiner betrieblichen EDV-Anwendung leben, wird er zu prüfen haben, ob nicht Wandelung oder Minderung vorzuziehen ist. Eine (klageweise) Verpflichtung des Anbieters zur Nachbesserung (etwa zur Lieferung eines Fehlerbeseitigungs-Updates) wird hier oft an der Unzumutbarkeit des notwendigen Aufwandes für eine Einzelnachbesserungsmaßnahme scheitern (§ 633 Abs. 2 Satz 2 BGB ist auch insoweit entsprechend auf vereinbarte kaufvertragliche Mängelbeseitigungsansprüche anwendbar). Die **individuelle Beseitigung von Fehlern** im System oder in Software (insbesondere Standardsoftware) birgt das Risiko erhöhter Fehlerträchtigkeit, da diese Maßnahmen meist nicht (ausreichend) qualitätsgesichert sind und oft sogar nur „handgestrickt" erfolgen (so genannte „bug fixes").

Die **Art und Weise der Nachbesserung** kann im Einzelfall sehr unterschiedlich ausgestaltet sein und muss oft mit dem Kunden näher abgestimmt werden. Die Maßnahmen können an Hardware und Software durchzuführen sein. Ist Hardware nachzubessern, so sind nicht nur die hierzu erforderlichen Teile der Hardware zu liefern, sondern es ist auch eine erforderliche Anpassung an übrige Geräteteile oder Programme durchzuführen.[796]

Da es Sache des Herstellers einer mit einer frei programmierbaren Steuereinheit ausgerüsteten Maschine ist, die benötigte Speicherkapazität durch Zusammenstellen geeigneter Module vorzusehen und durch Programmierung für den Erwerber in ausreichender Anzahl zur Verfügung zu stellen, kann eine Nachbesserung hier eine Speicheraufrüstung erforderlich machen. Eine Programmstruktur, nach der zwar statt bisher 200 Werkzeugnummern die vereinbarte Anzahl von 500 Werkzeugnummern gespeichert und wieder aufgerufen werden kann, stellt keine Mängelbeseitigung dar, wenn nunmehr die Parameter sämtlicher Werkzeugnummern z. T. gelöscht werden, sobald die Maschine angestellt wird.[797] Auch muss der **Kunde** seinerseits in geeigneter Weise **mitwirken**: Ist etwa eine defekte Festplatte zu reparieren, darf der verpflichtete Anbieter grundsätzlich unterstellen, dass der Kunde Sicherungskopien der auf der Festplatte gespeicherten Software erstellt hat. Fehlen diese Kopien, tritt allerdings der Softwareverlust bereits mit dem Defekt der Festplatte ein und nicht erst mit deren endgültiger Zerstörung bei einem Reparaturversuch.[798]

---

[796] LG München I, Urteil vom 16. 5. 1991 – 7 O 23241/89, BB Beil. 10, 1992, 10.
[797] OLG Düsseldorf, Urteil vom 22. 9. 1995 – 22 O 35/95, CR 1996, 89.
[798] AG Waldshut-Tiengen, Urteil vom 5. 4. 1991 – 4 C 91/90, MRC 1991, 32.

1214 **Neue Fehler,** die ein zur Mängelbeseitigung geliefertes Update enthält, sollen ebenfalls unter die Gewährleistung fallen[799], wobei freilich nicht übersehen werden darf, dass diese neuen Mängel nicht mehr solche sind, die bei Übergabe vorhanden waren.[800]

1215 **Schäden** an sonstigen Systemkomponenten oder anderen Sachen, die anlässlich von Reparaturarbeiten verursacht werden, können verschuldensabhängige Haftung des Anbieters aus positiver Vertragsverletzung (pVV s. Rn. 1100) bzw. (insbesondere gegenüber Dritten) deliktische Haftung (§ 823 Abs. 1 BGB) begründen. Eine AGB-Klausel, nach der der Anbieter nicht für sonstige unmittelbare oder mittelbare Schäden des Kunden haftet, erfasst lediglich einen Schadensersatzanspruch aus pVV wegen Schlechterfüllung, nicht aber Ansprüche wegen Verletzung der Nachbesserungspflicht.[801]

1216 Der Kunde muss dem Anbieter bei komplexen Leistungen ggf. mehr Spielraum für die Durchführung von Nachbesserungsarbeiten einräumen. Eine Frist von 17 Tagen kann zu kurz sein.[802] Setzt der Kunde eine **Nachbesserungsfrist**, ist er an diese gebunden und muss das Ergebnis der Nachbesserung abwarten. Er kann nicht in Vorwegnahme eines unterstellten Scheiterns der Nachbesserung von vornherein die Bemühungen zur Fehlerbeseitigung verwehren.[803] Weiß der Anbieter aber, dass der Kunde dringend auf eine arbeitsfähige Lösung angewiesen ist, ist ein wochen- oder monatelanges Zuwarten unzumutbar.[804]

1217 Ein **Zurückbehaltungsrecht** des Kunden wegen Mängeln richtet sich nicht nach den niedrigeren Behebungskosten des Lieferanten, sondern nach den regelmäßig wesentlich höheren eines Drittnachbesserers.[805]

1218 **Mängelbeseitigung nach Wandelungserklärung** beseitigt das Wandelungsrecht, solange die Wandelung nicht durch Einverständnis oder Urteil vollzogen ist.[806] Tauscht der Anbieter statt einem „patch" (einzelne Feh-

---

[799] OLG Nürnberg-Fürth, Urteil vom 30. 1. 1990 – 11 U 893/88, BB Beil. 7, 1991, 10 bezüglich § 634 BGB; allg. BGH, NJW 1991, 1604.

[800] Genauere Betrachtung der Gründe des Urteils des OLG Nürnberg, a. a. O., 12, ergibt denn auch, dass die „neuen" Mängel einer gesondert und später vereinbarten **Umstellungsleistung** bei deren Übergabe anhafteten, die im Rahmen von Nachbesserungsversuchen durchgeführt wurde. Hiervon ist der Fall zu unterscheiden, in dem der Anbieter **ohne** besondere Vereinbarung ein reines Nachbesserungs-Update ausliefert, dem neue Mängel anhaften und das grundsätzlich Ansprüche aus pVV begründet.

[801] LG Frankfurt/Main, Urteil vom 3. 4. 1981 – 3/70125/79, DV-R 1, 74.

[802] LG München, Urteil vom 21. 3. 1991 – 7 O 3919/89, CR 1992, 474.

[803] OLG Frankfurt/Main, Urteil vom 28. 4. 1981 – 5 U 155/89, DV-R 1, 57, 61.

[804] OLG Düsseldorf, Urteil vom 18. 10. 1990 – 6 U 71/87, CR 1992, 724.

[805] OLG Köln, Urteil vom 19. 1. 1992 – 19 U 214/91, CR 1992, 608.

[806] LG Aachen, Urteil vom 18. 12. 1992 – 43 O 34/91, CR 1993, 703.

lerbeseitigung) das gesamte Programm einfach aus, so liegt hierin ein **Anerkenntnis** im Sinne von § 208 BGB, das zu einer Unterbrechung der Verjährungsfrist führt.[807] Durch die Mängelbeseitigung wird der **Lauf der Verjährungsfrist gehemmt**[808], jedenfalls für die Dauer der Mängelbeseitigung; § 639 Abs. 2 BGB ist im Kaufrecht entsprechend anwendbar, wenn sich der Verkäufer auf eine Nachbesserung einlässt.[809]

Haben sich die Parteien wegen eines Mangels der Kaufsache **auf eine Nachbesserung** durch den Verkäufer **geeinigt**, so ergibt sich hieraus ein neuer Anspruch, der nicht der kurzen Verjährung nach § 477 BGB unterliegt, sondern der regelmäßigen **dreißigjährigen Verjährung** nach § 195 BGB.[810] Ganz wesentlich ist hier also die Abgrenzung zwischen der „einfachen" Mängelbeseitigung und der Mängelbeseitigung aufgrund einer entsprechenden Einigung zwischen den Vertragsparteien. Sie beruht auf dem Unterschied zwischen einem Anspruch **auf** Gewährleistung und dem Anspruch **aus** vollzogener Gewährleistung (der auch bei Einigung auf Wandelung bestehen kann). Der Käufer kann von dieser Vereinbarung gemäß §§ 326, 634 BGB zurücktreten, wenn der Verkäufer sich im Verzug befindet und der Käufer ihm vergeblich eine Nachfrist mit Ablehnungsandrohung gesetzt hat. Dann stehen dem Käufer wieder die Ansprüche auf Wandelung und Minderung zu.[811] Der Käufer hat hier also den Vorteil des langen Fristenlaufes, jedoch den Nachteil der deutlichen nachvertraglichen Verkürzung der Gewährleistungsrechte.[812] In einem **Abnahmeprotokoll** sollten die noch vorhandenen Mängel aufgelistet und deren Beseitigung **vereinbart** werden, so

1219

---

[807] OLG Köln, Urteil vom 2. 4. 1993 – 19 U 202/92, NJW-RR 1993, 1140.

[808] BGH, Urteil vom 20. 11. 1996 – VIII ZR 184/95, DB 1997, 370 (§ 639 Abs. 2 BGB analog für Nachbesserungs**vereinbarungen**).

[809] BGH, NJW 1984, 525.

[810] OLG Köln, Beschl. vom 29. 3. 1995 – 19 W 5/95, CR 1995, 610 = MRC 1995, 124; krit. Thamm, WiB 1996, 326.

[811] OLG Köln, a. a. O.

[812] Unklar ist, was gelten soll, wenn die **vereinbarte** Mängelbeseitigung scheitert. Die restlichen Gewährleistungsansprüche (Wandlung, Minderung) werden hier nicht „automatisch" bei Scheitern der Mängelbeseitigung wieder aufleben, vielmehr muss der Kunde die Vereinbarung angreifen, etwa durch Rücktritt. Diese Abgrenzung zwischen aus Gewährleistung einerseits und aus besonderer Vereinbarung andererseits geschuldeter Mängelbeseitigung kann in der Praxis zu erheblicher Rechtsunsicherheit führen, wenn nicht genau festgestellt wird, auf welcher Grundlage die Mängelbeseitigung geschuldet ist. Dies gilt insbesondere dann, wenn man auch eine stillschweigende Vereinbarung über die Mängelbeseitigung zulässt. Hierfür müssen dann besonders deutliche Umstände des Einzelfalls sprechen, aus denen sich ergibt, dass der Käufer seine Rechte zunächst jedenfalls aufgrund besonderer Vereinbarung allein auf die Mängelbeseitigung beschränken will. Vorsorglich sollte der Kunde außerdem die Vereinbarung schriftlich treffen und einen Vorbehalt erklären, dass die Vereinbarung entfällt, wenn die Mängelbeseitigung scheitert.

dass für diese Mängel dann nicht die kurze Gewährleistungsfrist, sondern die lange Erfüllungsfrist läuft.

Entstehen bei werkvertraglichen Nachbesserungen **Schäden** an der Hardware, so ist der Aufwand für die Datenwiederherstellung als unmittelbarer Mangelfolgeschaden von § 635 BGB umfasst.[813] Verbleiben nach einer ersten Nachbesserung noch relativ geringe Mängel, muss vor Geltendmachung des großen Schadensersatzanspruchs nach Treu und Glauben Frist gesetzt und Ablehnung angedroht werden.[814] Das Löschen von Daten auf der Festplatte (durch unsachgemäße Reparatur) ist Eigentumsverletzung im Sinne von § 823 Abs. 1 BGB, wobei aber mangelnde Datensicherung durch den Kunden als Mitverschulden zu berücksichtigen ist.[815]

1220 Es besteht kein **Ersatzanspruch** auf Aufwendung der Arbeitszeit eines Mitarbeiters bei Prüfung eines Fehlers, wenn der Mitarbeiter auch bei Fehlerfreiheit hätte bezahlt werden müssen.[816] Eine wissentlich unberechtigte Mängelrüge kann **Betrug** darstellen, wenn der Kunde die Originaldiskette zurückgibt und das Sicherungsexemplar des Programms weiternutzt.[817]

Zur Risikominimierung sollte deshalb in der **Vertragspraxis** Folgendes beachtet werden:

- Individuelle Programmänderungen, wie Fehlerbeseitigungen müssen **vollständig dokumentiert** werden, so dass man zumindest im Nachhinein weiß, was eigentlich geändert wurde.
- Updates sollten, soweit entsprechende vertragliche Vereinbarungen möglich sind, spätestens vier Wochen nach Eingang einer Mängelmitteilung zugesandt werden. Im Einzelfall kann sich bei gravierenden Änderungen sogar die Notwendigkeit ergeben, das Programm neu abzunehmen und eine Einweisung durchzuführen. Will sich der Anbieter auf keine Beseitigungsfrist festlegen, so ist ernsthaft zu prüfen, ob ein Abschluss mit ihm überhaupt vertretbar ist.

---

[813] Abweichend bei Kauf, BGH, Urteil vom 20. 11. 1996, a. a. O.: Für Schäden der **Kauf**sache, die der Verkäufer bei ungeeigneter/fehlerhafter Nachbesserung schuldhaft verursacht, haftet der Verkäufer aus pVV. Der BGH sieht in dieser Entscheidung den Beginn der Hemmung der Verjährungsfrist (§ 639 Abs. 2 BGB analog) mit der Einigung der Vertragsparteien über die durchzuführende Nachbesserung, aber nur im Umfange derjenigen Mängel, auf die sich diese Einigung bezieht.

[814] OLG Düsseldorf, Urteil vom 12. 1. 1996 – 22 U 124/95, WiB 1997, 482.

[815] OLG Karlsruhe, Urteil vom 7. 11. 1995 – 3 U 15/95, NJW 1996, 200 = CR 1996, 352; OLG Hamm, Urteil vom 17. 2. 1992 – 17 U 73/91, NJW-RR 1992, 1503; a. A. LG Konstanz, BB Beil. 19, 1996, 8 (Datenverlust durch bauarbeitenbedingten Stromausfall außerhalb des Schutzbereiches von § 823 Abs. 1 BGB).

[816] LG München I, Urteil vom 27. 4. 1995 – 7 O 5058/93, CR 1996, 356.

[817] LG Kleve, Urteil vom 30. 10. 1986 – III 82/86, CR 1987, 598.

Prüfliste: Mängelbeseitigung   1221

Bei Werkvertrag:
- Vorliegen eines wirksamen Werkvertrages (§ 631 BGB);
- Werkmangel, der der Leistung des Anbieters (nicht etwa einer Drittleistung) anhaftet;
- konkrete Aufforderung zur Beseitigung des Mangels (Kunden trifft Beweislast für Zugang der Aufforderungserklärung, § 131 BGB);
- zwischenzeitlich keine Beseitigung des Mangels erfolgt;
- Anspruch noch nicht durch Ablehnungsandrohung und Fristablauf erloschen (s. § 634 Abs. 1 Satz 3 BGB);
- keine anspruchsausschließende Kenntnis des Mangels bei Abnahme (§ 640 Abs. 2 BGB);
- Mängelbeseitigung objektiv möglich (§ 633 Abs. 2 Satz 1 BGB);
- Aufwand für Beseitigung nicht unverhältnismäßig hoch (§ 633 Abs. 2 Satz 3 BGB);
- Beseitigungsanspruch noch nicht verjährt (§ 638 BGB);
- Vorteilsausgleich bei überobligationsmäßigen Vorteilen aus Mängelbeseitigung (etwa bei Update mit zusätzlichen nutzbaren Leistungsmerkmalen).

Bei Kaufvertrag:
- Vorliegen eines wirksamen Kaufvertrages (§ 433 BGB);
- Mangel der Kaufsache;
- konkrete Aufforderung zur Beseitigung des Mangels (Kunden trifft Beweislast für Zugang der Aufforderungserklärung, § 131 BGB);
- zwischenzeitlich keine Beseitigung des Mangels erfolgt;
- Anspruch noch nicht durch Ablehnungsandrohung und Fristablauf erloschen (s. § 634 Abs. 1 Satz 3 BGB entsprechend);
- keine anspruchsausschließende Kenntnis des Mangels bei Abnahme (§ 460 BGB);
- Mängelbeseitigung objektiv möglich (§ 633 Abs. 2 Satz 1 BGB entsprechend);
- Aufwand für Nachbesserung nicht unverhältnismäßig hoch (§ 633 Abs. 2 Satz 3 BGB entsprechend);
- Mängelbeseitigungsanspruch noch nicht verjährt (§ 477 BGB);
- Vorteilsausgleich bei überobligationsmäßigen Vorteilen aus Mängelbeseitigung (etwa bei Update mit zusätzlichen nutzbaren Leistungsmerkmalen).

Bei Kaufvertrag über Gattungssachen:
– Vorliegen eines Kaufvertrages (§ 433 BGB) über eine Gattungsache (§ 243 Abs. 1 BGB);
– Mangel der Kaufsache;
– konkrete Aufforderung zur Nachlieferung (§ 480 BGB) (Kunden trifft Beweislast für Zugang der Aufforderungserklärung, § 131 BGB);
– zwischenzeitlich keine Beseitigung des Mangels erfolgt;
– Nachlieferungsanspruch noch nicht durch Ablehnungsandrohung und Fristablauf erloschen (s. § 634 Abs. 1 Satz 3 BGB entsprechend);
– keine anspruchsausschließende Kenntnis des Mangels bei Abnahme (§ 460 BGB);
– Nachlieferungsanspruch noch nicht verjährt (§ 477 BGB).

5.3.1.2 Minderung (Prüfliste: Minderung)

1222 Ist die **Kaufsache** mangelhaft, kann der Käufer Minderung der Vergütung verlangen (§§ 459, 462 BGB). Die Minderung lässt den Kaufvertrag unberührt weiter bestehen, damit auch die neben-, eventuell auch nachvertragliche Haftung des Anbieters. Kein Anspruch auf Minderung besteht, wenn bzw. soweit eine Werteinbuße bereits durch Umstände herbeigeführt wurde, die keinen Sachmangel darstellt oder die der Verkäufer wegen Kenntnis des Käufers nicht zu vertreten hat.[818] Auch mit der Minderung (wie mit der Wandelung) muss sich der Anbieter einverstanden erklären, damit die Kaufpreis- bzw. Werklohnherabsetzung wirksam wird. Im Ergebnis ist der Kunde jedoch sofort zur Nichtzahlung desjenigen Teils des Kaufpreises/Werklohnes berechtigt, der über den reduzierten Kaufpreis/Werklohn hinausgeht.

Gleiches gilt sinngemäß für eine **Werkleistung** (§§ 634 Abs. 4, 465, 472 BGB).

Die Minderung der vereinbarten Vergütung im Verhältnis der Nutzungseinschränkung wird nur im kleinen Teilbereich derjenigen Gewährleistungsfälle gewählt werden können, in denen das System bzw. die Systemkomponente auch mit dem Fehler noch eingeschränkt sinnvoll nutzbar ist.

Beispiel:
Ein Programm läuft fehlerfrei, aber sehr langsam. Ist kein anderes vergleichbares Programm zu darstellbaren Kosten verfügbar und die jeweilige Anwendung nicht zeitkritisch, kann eine angemessene Vergütungsminderung sinnvoll sein.

---

[818] BGH, Urteil vom 1. 6. 1990 – V ZR 48/89, WM 1990, 1674 (nach amtl. LS).

In allen übrigen Fällen, insbesondere bei Systemabstürzen, ist dem Kunden mit einer Minderung überhaupt nicht geholfen, da das System bzw. die Software überhaupt nicht brauchbar bzw. zuverlässig genug ist. Minderung hat deshalb im EDV-Bereich relativ wenig Bedeutung. Dies lässt sich an der geringen Anzahl von Urteilen zu Minderungsansprüchen ablesen (insbesondere im Vergleich zur Anzahl der Entscheidungen etwa zur Wandelung).

Durchgeführt wird die Minderung dann dergestalt, dass der Kunde nur   1223
noch denjenigen Teil der ursprünglich vereinbarten Summe zu zahlen hat, der dem Wert der mangelhaften (im Verhältnis zur mangelfreien) Sache entspricht (vgl. §§ 472, 634 Abs. 4 BGB), oder entsprechende Rückzahlungsansprüche geltend macht.

Berechnungsbeispiel:
Kostet ein Gerät, z. B. zur Datensicherung, 10 000 DM und hätte sein tatsächlicher Marktwert 8 500 DM betragen, beläuft sich aber der Wert des mangelhaften Gerätes auf nur 3 500 DM, so berechnet sich die Minderung wie folgt:

8 500 DM : 3 500 DM = 10 000 DM : x;

wobei x = 4 117,64 DM für einen derart geminderten Kaufpreis steht.

Wesentlich vereinfacht (aber wohl nicht immer passend) ist die Berechnungsweise nach dem LG Düsseldorf, wonach einfach der zur Beseitigung des Mangels erforderliche Betrag vom Kaufpreis abgezogen wird. Grundsätzlich wird man den Wert der Kaufsache im mangelfreien Zustand und den Kaufpreis gleichsetzen können.[819]

Prüfliste: Minderung   1224

– Bestehen eines Kauf-/Werkvertrages (Minderung aber auch beim Mietvertrag möglich, tritt allerdings aus unmittelbarer gesetzlicher Wirkung ein);
– Mangel der Kaufsache/des Werkes dem Werkunternehmer zuzuordnen;
– bei Werkvertrag konkretisierte Aufforderung zur Mängelbeseitigung, verbunden mit Setzung angemessener Frist und Androhung der Leistungsablehnung bei Fristablauf (s. § 634 Abs. 1 Satz 1 und 3 BGB), es sei denn, Fristsetzung ist entbehrlich (§ 634 BGB);
– Scheitern oder Ablehnen der Mängelbeseitigung, soweit diese werkvertraglich geschuldet oder kaufvertraglich vereinbart wurde;
– Fristablauf;
– Minderungserklärung.

---
[819] LG Düsseldorf, Urteil vom 16. 12. 1986 – 8 O 347/84, CR 1988, 133.

5.3.1.3 Wandelung

1225   Mit der „Wandelung" des Vertrages wird dieser vollständig rückgängig gemacht. Der Kunde muss alle erhaltenen Komponenten zurückgeben, der Anbieter die erhaltene Vergütung zurückzahlen. Es erfolgt wechselseitige Leistungsrückgewähr. Schadensausgleichung ist im Rahmen der Wandelung nicht vorgesehen. (Zur Wandelung s. ausf. Rn. 1389.)

5.3.1.4 Schadensersatz wegen Zusicherungsverletzung

1226   Aus **Kaufvertrag** steht dem Käufer nur dann ein Schadensersatzanspruch im Rahmen von Kaufrecht zu (§§ 463 Abs. 2, 480 Abs. 2 BGB), wenn (unabhängig vom Vorliegen eines Mangels) dem System im Kaufzeitpunkt eine **zugesicherte Eigenschaft fehlt** oder der Verkäufer einen **Mangel arglistig verschwiegen** hat. Weitere Voraussetzung dieses Schadensersatzanspruches ist, dass der Käufer wandeln oder mindern könnte.

1227   Aus **Werkvertrag** begründet die Verletzung von Eigenschaftszusicherungen einen Nachbesserungsanspruch (§ 633 Abs. 1 BGB) sowie bei Verschulden einen Schadensersatzanspruch (§ 635 BGB). Der § 635 BGB setzt das Bestehen eines Wandelungsanspruches voraus (damit das Vorliegen eines Fehlers oder das Nichtvorliegen einer zugesicherten Eigenschaft, die beide Mangelbeseitigungsanspruch (§ 633 Abs. 1 und 2 BGB) und ggf. Wandelungsrecht begründen (§§ 633 Abs. 1 und 2, 634 Abs. 1 Satz 3 BGB).

1228   Die **Haftung erfasst nur Zusicherungen,** nicht bloße Beschaffenheitsangaben, wie sie in Prospekten oder sonstigen Warenbeschreibungen üblicherweise enthalten sind. Die Erklärung, der Käufer erwerbe eine EDV-Anlage auf dem neuesten technischen Stand, ist regelmäßig nur eine **Beschaffenheitsangabe.**[820] Angaben in einer dem Käufer anlässlich der Kaufverhandlungen ausgehändigten Leistungsbeschreibung gelten als **unmittelbare**, auch für Mängelfeststellung wesentliche **Festlegung des Kaufgegenstandes** (sofern nicht der Verkäufer vor Vertragsschluss eindeutig auf eine eingeschränkte Leistungsfähigkeit des Systems hinweist), aber nicht als Zusicherung.[821] Dies gilt auch bei technisch komplizierten

---

[820] BGH, CR 1996, 402.
[821] KG Berlin, Urteil vom 24. 1. 1985 – 22 U 5919/83, CR 1986, 643. Der LS Nr. 2 ist insoweit missverständlich bzw. druckfehlerhaft, als hiernach die Leistungsbeschreibung **doch** als Zusicherung gelten soll (krit. insoweit Zahrnt, CR 1986, 646). Aus der Formulierung in den Entscheidungsgründen („… dienen die vom Verkäufer dem Käufer zugänglich gemachten Produktbeschreibungen unmittelbar der Festlegung des Kaufgegenstandes und umschreiben den nach dem Vertrag vorausgesetzten Gebrauch [§ 459 Abs. 1 BGB]; es handelt sich insoweit nicht lediglich um die

Anlagen, die eine Vielzahl von Funktionen erfüllen sollen. Bloße Werbeaussagen in mündlicher Form oder in Verkaufsprospekten, Anzeigen, Messedemonstrationen etc. enthalten nur mehr oder weniger konkrete Produktbeschreibungen (die den vertraglich vorausgesetzten Gebrauch als Mängelmaßstab festlegen), nicht aber eine Zusicherung der Richtigkeit des Aussageinhaltes, da es an einem gesonderten Einstehenwollen fehlt.[822] Zusicherungshaftung kann begründet werden, wenn der Kunde eine detaillierte Aufgabenbeschreibung erstellt und diese dem Anbieter zur Bestätigung vorlegt; hier wirkt die Bestätigung als Zusicherung einer bestimmten Eigenschaft.[823] Die Haftung besteht unabhängig davon, ob das Fehlen der Zusicherung den Wert oder die Tauglichkeit wesentlich oder nur unwesentlich beeinträchtigt.[824]

Zusicherungshaftung im Rahmen der Gewährleistung (die voraussetzt, 1229 dass auch Wandelung oder Minderung möglich sind), also eine Haftung nach Erbringen der Leistung, **setzt voraus**, dass der Anbieter beweisbar für die Folgen einstehen wollte, die bei der Nichteinhaltung der zugesicherten Eigenschaft (z. B. Geschwindigkeit von Programmabläufen, Kompatibilität zu anderer Software) auftreten. Da hier meist entsprechende Vereinbarungen fehlen, bleibt nur eine in ihren Risiken nicht mehr sicher vorhersehbare Beweisführung (Erinnerungslücken von Zeugen etc.).

Zusicherungshaftung des Verkäufers **ist verschuldensunabhängig**. Der Verkäufer haftet damit selbst dann, wenn er nicht wissen konnte, dass die von ihm zugesicherte Eigenschaft vorlag.[825] Das gilt auch dann, wenn der Verkäufer Zusicherungen abgibt, die sich auf unzutreffende Prospektangaben des Herstellers gründen. Der Verkäufer trägt damit das volle Risiko der Richtigkeit der von ihm abgegebenen Zusicherungen. Er kann seine Haftung in Formularverträgen nicht wirksam ausschließen (§ 11 Nr. 11 AGBG), also auch kein Verschuldenserfordernis einführen.

Die **Zusicherung** kann auch **durch schlüssiges Verhalten** abgegeben werden, so etwa bezüglich der Kompatibilität eines Programmes zu

---

darüber hinausgehende Zusicherung von Eigenschaften des Kaufgegenstandes im Sinne von § 459 Abs. 2 BGB.") ist abzuleiten, dass die Beschreibung der Kaufsache selbst im Streit war, nicht **zusätzliche** Eigenschaftszusicherungen. Dies wird durch den Umstand gestützt, dass der Kläger nicht Schadensersatz aus Zusicherungsverletzung geltend machte, sondern Rückzahlungsansprüche nach Rücktritt aufgrund Nichterfüllung.

[822] Vgl. bereits BGH, BB 1958, 284; BGH, NJW 1980, 1619 (Kataloge) und NJW 1981, 1269 (Gebrauchsanweisungen); OLG Düsseldorf, CR 1989, 689, 691 (Abstimmung von Hardware und Software).

[823] OLG Celle, Urteil vom 3. 7. 1981 – 2 U 216/80, DV-R 1, 80f.

[824] LG Coburg, Urteil vom 13. 12. 1989 – 2 O 432/89, CR 1990, 524.

[825] Palandt/Putzo, § 463 BGB Rn. 1.

anderen Programmen bei bekanntem gewerblichen Einsatz der Software.[826]

1230 Der **Anbieter haftet** außerdem nur **in dem Umfange,** auf den sich **seine Zusicherung** vernünftigerweise erstreckt hat, allerdings verschuldensunabhängig. Erfasst werden und erstattungsfähig sind damit nur solche Schäden, vor denen die Zusicherung den Käufer schützen wollte.[827] Der Aufwand für Fehlersuche gilt als unmittelbarer Schaden.[828] Die Abgrenzung muss hier nach den Umständen des Einzelfalles vom jeweiligen Gericht getroffen werden. Dieses Risiko ist bereits bei Klageerhebung sorgfältig zu analysieren. Naturalherstellung (der zugesicherten Eigenschaft oder Beseitigen eines arglistig verschwiegenen Fehlers) kann der Käufer nicht verlangen, sondern nur Geldersatz. Der Käufer kann wahlfrei entweder die Kaufsache behalten und einen **„kleinen Schadensersatz"** geltend machen (Wertdifferenz zwischen fehlerfreier und fehlerhafter Sache bzw. Sache mit und ohne Eigenschaft) oder einen **„großen Schadensersatz"** geltend machen, bei dem er die Kaufsache zurückgibt, den Kaufpreis zurückfordert und entgangenen Gewinn ersetzt verlangt.

1231 **Aufwendungen** des Käufers, die sich wegen Fehlens einer zugesicherten Eigenschaft als **nutzlos** erweisen, sind nach § 463 Satz 1 BGB nur zu ersetzen, wenn ihnen im Falle der Mangelfreiheit ein Gegenwert gegenübergestanden hätte. Hierbei gilt die Vermutung, der Käufer hätte die Aufwendungen zur Erlangung der Kaufsache durch den erwarteten Vorteil der Gegenleistung wieder eingebracht („Rentabilitätsvermutung"). Dies gilt auch für solche Kosten, die mit Besitz und Eigentum der Sache notwendig verbunden sind. Die Vermutung kann nicht durch den Nachweis ausgeräumt werden, ein im Vertrauen auf die zugesicherten Eigenschaften getätigtes weiteres Geschäft habe Nachteile mit sich gebracht.[829] § 463 BGB umfasst auch den Mehraufwand für die anderweitige Fertigung der Arbeiten bis zur Komplettierung des Programms.[830]

---

[826] OLG Frankfurt/Main, Urteil vom 26. 1. 1996 – 24 U 110/94, CR 1996, 473 f.; OLG Saarbrücken, Urteil vom 30. 5. 1990 – 1 U 21/90, CR 1990, 713.

[827] BGHZ 50, 200; BGH, NJW 1973, 843.

[828] LG München I, Urteil vom 29. 1. 1987 – 13 HKO 24882/85, DV-R 4, 347.

[829] BGH, WM 1991,1522.

[830] OLG Düsseldorf, Urteil vom 26. 3. 1993 – 22 U 199/92, CR 1993, 761. Ersatzfähiges Interesse ist das **positive** Interesse. Der Käufer ist so zu stellen, als ob die Kaufsache die zugesicherten Eigenschaften gehabt hätte. Hier wären Mietzinszahlungen geflossen. Nicht ersatzfähig ist das **negative** Interesse, also etwa der Kaufpreis und nutzlose Aufwendungen; der Käufer muss also nicht so gestellt werden, als wäre der Vertrag nicht geschlossen worden. Nutzlose Aufwendungen können aber als Mindestschaden geltend gemacht werden (Palandt-Heinrichs, § 325 Rn. 15).

Ersatzfähig ist der Mangelschaden, also der Minderwert der nicht zusi- 1232
cherungsgemäßen Kaufsache, aber auch derjenige Mangel**folge**schaden,
vor dessen Eintreten die Zusicherung nach ihrem objektiven Sinn schützen
sollte.[831] (Mangelschäden ergeben sich aus Äquivalenzstörungen; Mangelfolgeschäden sind insbesondere solche Schäden, die über den den Mangel
begründenden Nachteil – Nichterfüllungsschaden – an der verkauften
Sache hinausgehen, etwa an sonstigen Rechtsgütern entstehen.[832])
Umfasst vom Ersatzanspruch wird etwa auch der Mietzins, der dem Kunden durch eine Kündigung eines DV-Mietvertrages entgangen ist[833] und
der entgangene Gewinn.[834] Erfüllt ein geliefertes Standardprogramm entgegen einer Zusicherung des Verkäufers zunächst bestimmte Funktionen
(z. B. das Erstellen von Arztberichten und das Schreiben von Rechnungen) nicht, so umfasst der Schadensersatzanspruch aus § 463 BGB auch
den **Mehraufwand** für die anderweitige Fertigung der Arbeiten bis zur
Komplettierung des Programms[835] oder die Mehrkosten aus dem Erwerb
von einem Dritten[836] (freilich unter Abzug derjenigen Kosten, die auch
ursprünglich hätten aufgewendet werden müssen), ebenso Kosten für den
Anfall von Mehrarbeit, die durch den Kauf der Software gerade vermieden
werden sollte.[837] Der Besteller eines Programmpakets ist im Übrigen
berechtigt, den zwei- bis dreifachen Betrag des Vergütungsteils einzube-
halten, der für ein nicht fristgemäß geliefertes Programmteil anzusetzen
ist.[838]

Der **Einsatz von Arbeitskraft** (von Mitarbeitern) ist nicht als solcher 1233
bereits ein Vermögensgut und damit auch nicht ersatzfähig. Notwendig
waren nach der bisherigen Rechtsprechung vielmehr konkrete Vermögens-
nachteile wie Einarbeitung, Überstunden, Auftragsverluste etc. Der BGH
hat freilich nunmehr für Verpflichtungen des Anbieters für die geeignete

---

[831] BGHZ 50, 200, 204, Z 57, 298, Z 63, 395, Z 65,112; BGH, NJW 1982, 436.
[832] Hierzu gehören etwa Gesundheit, Leben, Eigentum. Mangelschäden umfassen hingegen die feh-
lende/eingeschränkte Gebrauchstauglichkeit, die zur Beseitigung der Mängel erforderlichen Aufwendungen (Reparaturkosten), der bleibende Minderwert, Nutzungsausfall, Gewinnentgang (s.
BGHZ 77, 215, 219).
[833] LG Baden-Baden, Urteil vom 30. 11. 1994 – 4 O 49/93, CR 1995, 399.
[834] BGH, NJW 1978, 2241; BGH, BB 1980, 1068.
[835] OLG Düsseldorf, Urteil vom 26. 3. 1993 – 22 U 199/92, CR 1993, 761.
[836] KG Berlin, Urteil vom 11. 6. 1987 – 2 U 5138/86, MRC 1987, 34.
[837] OLG Düsseldorf, Urteil vom 26. 3. 1993, a. a. O. Nach Auffassung des Gerichts stellt aber die
praktisch mit jedem Schadensfall verbundene Einbuße an Freizeit keinen Vermögensschaden dar;
dies gilt auch für die Zeit, die der Geschädigte zur Abwicklung des Schadensfalls aufwendet. Außerdem wird nach der gefestigten Rechtsprechung nicht ohne weiteres ein Ersatz für Personalkosten erfolgen können, wenn es sich hierbei nicht um tatsächliche Mehrkosten (wie etwa für Überstunden etc.) handelt.
[838] KG Berlin, Urteil vom 11. 6. 1987, a. a. O.

Einrichtung von Datensicherungsmechanismen die Anforderungen an die Darlegung aufgetretener Schäden deutlich erleichtert.

Ist die Software untauglich und die Nutzbarkeit gleich „Null", so greift keine Berechnung von Gebrauchsvorteilen/Nutzen nach § 347 Satz 2 BGB ein.[839]

1234 **Beispiele für Zusicherungshaftung:**
Die **Quellcode-Kompatibilität** zwischen der Großrechnerversion eines Datenbankenprogrammes unter Workstation ist eine zusicherungsfähige Eigenschaft. Sie wird dann – nach den Umständen auch **stillschweigend** – zugesichert, wenn der Anbieter dem Kunden in einem Dokument erklärtermaßen die Kenntnisse über das angebotene Programm in seinen spezifischen Eigenschaften verschaffen will, welche für dessen Kaufentschluss maßgeblich sein sollen, insbesondere für die Beantwortung der Frage, ob der Kunde das Programm seinen Wünschen und Anforderungen entsprechend würde einsetzen können. Die konkrete technische Beschreibung der Leistungsmerkmale eines Computerprogrammes wird damit, wenn sie dem Kunden vor Abschluss des Kaufvertrages vorgelegt wurde, Vertragsinhalt. Ist für den Verkäufer zu erkennen, dass das Vertrauen des Käufers auf das Vorhandensein bestimmter vom Verkäufer hervorgehobener Eigenschaften eines Programmes im Falle ihres Nichtvorhandenseins wirtschaftliche Schäden begründen kann, so spricht dies wesentlich für die Bewertung der gegebenen Beschreibung als **Zusicherung**.[840]

Zusicherungsfähig ist etwa auch der Umstand, dass eine (computergesteuerte) Telefonanlage, die im Verbund betrieben werden soll, an das ISDN-Netz angebunden werde und im Verbund nutzbar ist. Verletzt ist die Zusicherung, wenn die Anlage unter ISDN nicht im Verbund läuft.[841]

Mit der Erklärung im Handbuch und in der Preisliste, der **Hauptspeicher** eines Laptops könne mit einer RAM-Card um 8 MB **erweitert** werden, sichert der Verkäufer zumindest stillschweigend zu, dass dies möglich ist und das Gerät auch nach der Erweiterung ordnungsgemäß funktioniert.[842] Die ausreichende **Bemessung der Speicherkapazität** kann wesentliches Element für die umfassende Verwendbarkeit eines Bürocomputers durch einen Laienanwender und zugesicherte Eigenschaft sein.[843]

---

[839] OLG Celle, CR 1996, 538; ähnlich LG München I, CR 1996, 356.
[840] OLG Frankfurt/Main, Urteil vom 28. 10. 1996 – 19 U 96/96, CR 1996, 473.
[841] OLG Köln, Urteil vom 28. 10. 1996 – 19 U 96/96, Jur-PC, Web-Dok. 1997, 26.
[842] OLG Köln, CR 1998, 80.
[843] Vgl. LG Saarbrücken, Urteil vom 28. 6. 1984 – 7 O 18/80, IuR 1986, 358.

Sichert der Vermieter eines EDV-Mehrplatzsystems für bestimmte Anwenderprogramme ein gleichzeitiges Arbeiten an einer **Höchstzahl von Bildschirmarbeitsplätzen** und den gleichzeitig möglichen Lauf eines Hintergrundes zu (§ 537 Abs. 2 BGB), so sichert er – mangels ausdrücklicher Einschränkungen – damit auch zu, dass dies mit normalem Zeitverhalten der Anlage möglich ist.[844] Eine Zusicherung über die **Verwendbarkeit eines Übernahmeprogramms** liegt auch vor, wenn sich der Lieferant einer EDV-Anlage verpflichtet, das Übernahmeprogramm für eine bereits vorhandene Adresskartei freizustellen, und ihm bekannt ist, dass ein störungsfreier Betrieb bei seinem Kunden völlig fehlerfrei ausgedruckte Adressetiketten voraussetzt.[845] Soll der Auftragnehmer eine elektronische Steuerung für eine vom Besteller gelieferte (Teiglege-)Maschine entwickeln, muss er alle mechanischen Gegebenheiten des Produktionsablaufes berücksichtigen und darf keinen davon unabhängigen Lösungsansatz wählen; die Steuerung muss das ermöglichen, was die Maschine aufgrund ihrer **mechanischen Gegebenheiten** leisten kann. Weist der Besteller das Werk gemäß den §§ 634, 635 BGB zurück und verlangt er den „großen Schadensersatz", weil auf dem gewählten Lösungsweg das Ziel nicht erreichbar ist, ist der Besteller so zu stellen, als wäre der Vertrag nicht geschlossen worden.[846]

In der **Vertragspraxis** empfiehlt es sich für den Kunden, im Vertrag die in   1235
den unterbreiteten Prospekten, Datenblättern, Dokumentationen etc. enthaltenen Daten ausdrücklich als **zugesichert** zu vereinbaren, soweit sie für die jeweilige Anwendung relevant sind. Es sollte dabei aus der Vereinbarung deutlich hervorgehen, dass der Anbieter für die Folgen der Nichteinhaltung der Zusicherung einstehen soll. Auch die bloße Bezugnahme auf DIN-Normen und Gütezeichen (z. B. RAL)[847] beinhaltet als solche noch keine Zusicherung (wenngleich eine Festlegung geschuldeter Gebrauchseigenschaften, die bei Abweichung Mängelgewährleistungsansprüche auslösen kann).

5.3.2 Kundenrechte aus Handelskauf

Wer als **Kaufmann** im Geschäftsverkehr für seinen Geschäftsbetrieb auf-   1236
tritt, muss sich auf strengere Regelungen, Rügefristen und abweichende Beweislastverteilungen einlassen, die eine rasche Abwicklung von Han-

---

[844] LG Essen, Urteil vom 16. 1. 1986 – 43 O 129/84, CR 1987, 428.

[845] OLG München, Urteil vom 5. 7. 1991 – 14 U 42/91, CR 1991, 607.

[846] OLG Köln, Urteil vom 26. 1. 1996 – 19 U 107/95 n. v.

[847] BGH, NJW 1981, 1501; OLG Hamm, BB 1987, 363.

delsgeschäften fördern sollen. Die besondere technische Natur von EDV-Systemen ist mit diesen Erfordernissen aber nicht immer in Einklang zu bringen. Kompetenz in der Abwicklung von Handelsgeschäften führt nicht zwingend zu Kompetenz in EDV-Fragen. Vielmehr haben hier viele Kaufleute sogar ein geringeres Fachwissen als mit EDV vertraute Nichtkaufleute, wie etwa Programmentwickler. Die Anwendung des Rechts des Handelskaufs ist deshalb nicht in jedem Fall für den Erwerb von Systemkomponenten sachgerecht und sollte – jedenfalls bei komplexen Systemen – vorsorglich individualvertraglich abbedungen werden, um Abgrenzungsprobleme (etwa zur Erkennbarkeit von Mängeln) zu vermeiden.

a) Anwendbarkeit von HGB-Regelungen

1237 Auf einen Handelskauf über die Lieferung von Hardware sowie über Standard-Software sind die Vorschriften der §§ 377 f. HGB über die kaufmännische Untersuchungs- und Rügepflicht zumindest entsprechend anwendbar,[848] über die §§ 377, 381 Abs. 2 HGB auch für die werkvertragliche Erstellung von Software.[849]

1238 Für beide Vertragspartner muss ein **Handelsgeschäft** vorliegen (§ 343 HGB). Beide müssen **Kaufmann** oder wenigstens Minderkaufmann sein (§§ 1 ff., 4 Abs. 1 HGB[850]) und sie müssen ein **Handelsgeschäft** abschließen, also nicht für private Zwecke kaufen oder verkaufen (etwa einen PC für den privaten Haushalt, auch wenn dieser dann tatsächlich im Geschäft eingesetzt wird). Der nichtkaufmännische Leasingnehmer ist **nicht** aus den §§ 377 f. HGB verpflichtet, insbesondere **nicht rügeverpflichtet**, wohl aber der Leasing**geber**. Eine formularmäßige Verpflichtung des Leasingnehmers verstößt gegen § 11 Nr. 10 Buchst. e AGBG. Auch gegenüber Leasingnehmern als **Minderkaufleuten** ist eine solche formularmäßige Überlastung der (voll)kaufmännischen Untersuchungs- und Rügefrist aus Verstoß gegen § 9 Abs. 1 AGBG unwirksam, insbesondere auch hinsichtlich des Umstandes, dass den Leasingnehmer hier bei unmittelbarem Vertragsschluss mit dem Lieferanten auch keine solche Pflicht treffen würde.[851] Es macht keinen Unterschied, dass ein kaufmännischer Kunde nicht selbst mit Computersystemen handelt, sondern (z. B. als Existenzgründer) die erste Konfiguration seines Lebens kauft, auch nicht, ob die

---

[848] BGH, Urteil vom 24. 1. 1990 – VIII ZR 22/89, BB 1990, 510 f; BGH, Urteil vom 14. 7. 1993 – VIII ZR 147/92, NJW 1993, 2436; ähnlich OLG Köln, CR 1991, 154.
[849] OLG Celle, Urteil vom 8. 11. 1985 – 11 U 212/84, DV-R 3, 48; LG Hof, DV-R 4, 310.
[850] Siehe BGH, DB 1980, 298.
[851] Siehe ausf. Graf v. Westphalen, Leasingvertrag, Rn. 492.

„Ware Computer" für den Anwender brancheneinschlägig oder branchen-
fremd ist; entscheidend ist allein der Einkauf für das Handelsgewerbe des
Anwenders, das sich auf ganz andere Ware erstrecken kann.

Ob die Lieferung eines Objektes zu einer kaufmännischen Rügepflicht 1239
führt, hängt wesentlich davon ab, ob das Objekt mit der Kaufsache identisch ist. Schuldet etwa der Anbieter einen Industrieautomaten mit Greif-
arm, so stellt dieser Automat bis zur Lieferung und Montage des Greif-
arms eine andere Sache als geschuldet dar (ein „Aliud" zur Falschlieferung), dessen Lieferung **keine** handelsrechtliche Rügepflicht auslöst,[852] da
(bzw. wenn) hier der Lieferant mit einer Zustimmung des Kunden billigerweise nicht rechnen kann.

Die HGB-Vorschriften finden nur auf einen **Handelskauf** Anwendung, 1240
nicht jedoch auf Miet-/Pachtverträge, selbständige Garantieversprechen
(da der Verkäufer insoweit seine Haftung ausdrücklich erweitern will[853])
oder Werkverträge. Es sei denn, es läge ein Werk**liefer**vertrag im Sinne
von § 651 BGB vor, auf den wiederum Kaufrecht anwendbar ist (§§ 651
Abs. 1, Satz 1 BGB, 381 Abs. 2 HGB für den Fall der Lieferung einer
nicht vertretbaren beweglichen Sache, die aus einem vom Unternehmer zu
beschaffenden Stoff herzustellen ist).[854]

Handelsbräuche gelten auch für den Kaufmann, der sie nicht kennt, allerdings nur, wenn er sich in Kreisen bewegt, in denen ein Brauch verbindlich sein kann.[855] Im EDV-Bereich wird hier zu differenzieren sein, ob es
sich um typische Erstanwender oder berufliche/gewerbliche Anwender
mit Vorerfahrung handelt. In den jeweiligen Kreisen können unterschiedliche Erwartungen begründet werden. Für die **Vertragspraxis** muss man im
Übrigen feststellen, dass selbst die kaufrechtsspezifischen handelsrechtli-
chen Regelungen jedenfalls gegenüber Endkunden nur in einer relativ
begrenzten Anzahl von Fällen formularvertraglicher Vertragsgestaltungen
gelten sollen. Meist werden die Vertragsbedingungen der Hersteller und

---

[852] BGH, Urteil vom 27. 6. 1990 – VIII ZR 72/89, DB 1990, 2016 f.
[853] Siehe etwa BGH, WM 1977, 366 und BB 1979, 1257.
[854] Für die Anwendbarkeit des § 377 HGB ausdrücklich BGH, Urteil vom 14. 7. 1993 – VIII ZR
147/92, CR 1993, 681 = BB 1993, 1755 = ZIP 1993, 1394 = DB 1993, 1871. In dieser Entscheidung findet sich die vielzitierte Formulierung, „daß eine Standardsoftware als bewegliche Sache
anzusehen ist" (unter Verweis auf BGHZ 102, 135, 144; BGHZ 109, 97, 100 f.). Gleiches habe zu
gelten, „wenn eine Standardsoftware den speziellen Wünschen des Käufers/Bestellers angepaßt
und diesem in kauf- oder werkvertraglichen Formen endgültig überlassen wird. Entscheidend ist
allein, dass es sich auch in diesem Falle um ein auf einem Datenträger verkörpertes Programm
und damit um eine körperliche Sache (§ 90 BGB) handelt" (BGH, Urteil vom 14. 7. 1993,
a. a. O., 683).
[855] Vgl. Baumbach/Duden/Hopt, § 346 Anm. 1 E.

Lieferanten für kaufmännische und nichtkaufmännische Kunden einheitlich abgefasst.

1241 Auch der **Hardwarehändler** selbst ist gegenüber dem Lieferanten/Hersteller nach § 377 Abs. 1 HGB zur unverzüglichen Untersuchung und Rüge verpflichtet, und zwar auch dann, wenn er durch ein etwaiges Aus- und Wiedereinpacken der Geräte nach dem Testen Unannehmlichkeiten haben sollte.[856]

b) Handelsrechtliche Untersuchungs- und Rügepflicht

1242 Der Käufer muss gemäß § 377 Abs. 1 HGB die Ware unverzüglich nach der Ablieferung durch den Verkäufer untersuchen, „soweit dies nach ordnungsgemäßem Geschäftsgang tunlich ist" (Abs. 1) und einen **erkennbaren Mangel** unverzüglich dem Verkäufer anzeigen. Andernfalls gilt diese Ware als genehmigt (Abs. 2). Sich später zeigende Mängel müssen ebenfalls zur Meidung der Genehmigungsfolge unverzüglich angezeigt werden (Abs. 3). Der Käufer wahrt seine Rechte, wenn er die Anzeige des Mangels rechtzeitig absendet (Abs. 4).

1243 Der Leasinggeber ist im Verhältnis zum Verkäufer selbst nach den §§ 377 f. HGB untersuchungs- und rügeverpflichtet; dies gilt auch dann, wenn der Verkäufer die Kaufsache auf Weisung des kaufenden Leasinggebers an einen nichtkaufmännischen Dritten (Leasingnehmer) abliefert – und selbst dann, wenn der Leasinggeber im Leasingvertrag den Leasingnehmer ermächtigt, Gewährleistungsansprüche gegenüber dem Verkäufer geltend zu machen. Der nichtkaufmännische Kunde ist nicht rügeverpflichtet; er darf auch nicht in den Leasinggeber-AGB rügeverpflichtet werden.[857] Als Direktkäufer wäre er gegenüber dem Verkäufer auch nicht rügeverpflichtet. Verpflichtung und Risiko des Leasinggebers bleibt es, unter Hinweis auf die bestehende Rügeverpflichtung des Leasinggebers den Leasingnehmer zur unverzüglichen Untersuchung und Mängelanzeige anzuhalten. Will der Leasinggeber dieses Risiko nicht eingehen, bleibt ihm, nach Auffassung des BGH, nur, die Kaufsache selbst zu untersuchen oder notfalls unter Inanspruchnahme der Hilfe von Sachverständigen untersuchen zu lassen. Ohne besondere Vereinbarung trifft den Leasingnehmer (auch als Kaufmann) jedenfalls nicht die Rügepflicht der §§ 377 f. HGB. Mängelrügen, die der Leasingnehmer (insoweit als Erfüllungsgehilfe des Leasinggebers) unmittelbar

---

[856] LG München I, Urteil vom 4. 3. 1987 – 8 HKO 19680/86, MRC 1987, 28.
[857] BGH, Urteil vom 24. 1. 1990 – VIII ZR 22/89, BB 1990, 510, 512 = ZIP 1990, 650.

dem Verkäufer gegenüber mitteilt, sind dem Leasinggeber zuzurechnen und bei der Frage, ob er Mängel fristgerecht und ordnungsgemäß gerügt hat, mit zu berücksichtigen. Allerdings kann dem Leasinggeber/Käufer nicht zugemutet werden, die Anlage zunächst selbst auf ihre Ordnungsgemäßheit durch einen Sachverständigen untersuchen zu lassen, nur um ggf. die Rügefrist nicht zu versäumen.[858]

Ob und in welchem Umfang sich ein **Mangel zeigt**, hängt von der Verkehrsauffassung darüber ab, mit welchem Wissen etwa Händler oder Laienanwender üblicherweise kaufmännische Untersuchungen unter Anwendung entsprechender Sorgfalt durchführen. Bezüglich desselben Systems kann deshalb die erforderliche „Untersuchungstiefe" beim Fachmann weiter auszudehnen sein als bei EDV-Laien.[859]

Die kaufmännische Untersuchungs- und Rügepflicht bleibt auch dann bestehen, wenn der Verkäufer nach einer ersten Mängelrüge vergeblich versucht hat, die gelieferte Sache beim Käufer nachzubessern. Der Käufer kann sich deshalb auf das Fehlschlagen der Nachbesserung nur dann berufen, wenn er das weitere Bestehen des Mangels erneut rechtzeitig rügt.[860]   1244

Die Rügefrist beginnt erst zu laufen, wenn dem Kunden eine **Prüfmöglichkeit** eingeräumt wird, also etwa der Käufer ein Testprogramm, das zur Untersuchung erforderlich ist, vom Anbieter geliefert erhalten hat.[861] „Ablieferung" liegt nicht erst bei der Ankunft der Ware am endgültigen Bestimmungsort vor, sondern schon nach demjenigen Vorgang, durch den der Käufer in Erfüllung des Kaufvertrages die Möglichkeit erlangt, sich durch einseitigen Akt sofort den Gewahrsam an der Ware zu verschaffen, diese zu untersuchen und darüber tatsächlich zu verfügen.[862] Soll der Anbieter ein zum Gerät und zum Lieferumfang gehörendes Warenzertifikat liefern, ist die Ablieferung der Kaufsache im Sinne von § 377 HGB erst zu dem Zeitpunkt erfolgt, zu dem das Warenzertifi-   1245

---

[858] OLG Köln, Urteil vom 19. 9. 1994 – 16 U 35/88, CR 1995, 218. Die Entscheidung erklärt im Übrigen eine Klausel in AGB für unwirksam, nach der Reklamationen nur dann Berücksichtigung finden können, wenn sie innerhalb von 14 Tagen nach Empfang der Ware vorgebracht werden (Verstoß gegen § 9 Abs. 1 und 2 Nr. 1 AGBG). Diese Klausel unterscheide nach ihrem klaren Wortlaut nicht zwischen offenen und verborgenen Mängeln. Auch im kaufmännischen Verkehr könne nicht hingenommen werden, dass verborgene Mängel stets innerhalb von 14 Tagen nach Empfang der Ware gerügt werden müssen, um dem Käufer seine Gewährleistungsansprüche zu erhalten.
[859] Heussen, Computerrechtshandbuch, § 41 Rn. 252.
[860] OLG München, Urteil vom 6. 12. 1985 – 23 U 3798/85, BB 1986, 1321.
[861] OLG Stuttgart, Urteil vom 23. 3. 1988 – 4 U 133/87, CR 1989, 1093 = BB Beil. 11, 1989, 10.
[862] OLG Köln, Urteil vom 6. 3. 1988 – 19 U 185/97, CR 1998, 335.

kat dem Kunden geliefert wird, und der Kunde erst ab diesem Zeitpunkt zur kaufmännischen Untersuchung verpflichtet.[863] Wurde eine Magnetplattenspeichereinheit früher als ein zugehöriges Testprogramm geliefert, so ist erst mit dem späteren Testprogramm die Ablieferung erfolgt und läuft erst ab diesem Zeitpunkt die Rügefrist.[864] Der Fristenlauf beginnt nicht vor Erbringung einer vereinbarten Schulung.[865] Ist im Rahmen einer langjährigen Geschäftsbeziehung ein Vertrauensverhältnis zwischen Käufer und Anbieter geschaffen worden und ruft eine stillschweigende Produktionsänderung einen (erkennbaren) Fehler hervor, ist § 377 Abs. 3 HGB mit der Folge anwendbar, dass die Rüge noch rechtzeitig ist, wenn die Anzeige unverzüglich nach der (späteren) Entdeckung gemacht wird.[866]

1246 Die **Untersuchung muss „unverzüglich" durchgeführt werden.** Als unverzüglich gilt im Rückgriff auf § 121 Abs. 1 Satz 1 BGB jede Rüge, die **ohne schuldhaftes Zögern** erfolgt. Hat damit der Kunde das Zögern nicht zu vertreten, kann auch nicht die Sanktion des § 377 HGB (Verlust der Gewährleistungsrechte) eingreifen. Eine Frist von elf Tagen zwischen Lieferung und Fehlermeldung soll dann noch als unverzüglich im Sinne von § 377 HGB gelten (wobei dann die Installation noch am Liefertag erfolgen muss!), ein Zeitraum von 13 Tagen aber zu lang sein[867], erst recht ein Zeitraum von vier Wochen.[868] Das Landgericht München I[869] hatte mit dieser Entscheidung die kaufmännischen Rügepflichten nicht unwesentlich entschärft. Das OLG München hat allerdings in einer späteren Entscheidung festgehalten, dass die kaufmännische Rügefrist bei offenen, überprüfbaren Mängeln einer Computeranlage kürzer als 11 Tage sei.[870]

---

[863] OLG Stuttgart, Urteil vom 23. 3. 1988, a. a. O., 1093 f.

[864] LG Tübingen, Urteil vom 21. 5. 1987 – 1 HO 23/86, CR 1988, 306.

[865] OLG Hamm, Urteil vom 22. 8. 1991 – 31 U 260/90, BB Beil. 23, 1991, 3.

[866] BGH, ZIP 1996, 756 – Schuhlederfall, s. auch Müller, ZIP 1997, 661 (auch zur ähnlichen Rechtslage nach dem CISG, a. a. O., 669).

[867] LG Baden-Baden, Urteil vom 15. 9. 1993 – 4 O 141/92 KfH, CR 1994, 288.

[868] LG Heilbronn, Urteil vom 7. 12. 1993 – 1 KfH 0126/92, CR 1994, 290 (LS) = MRC 1995, 182.

[869] LG München I, Urteil vom 29. 11. 1984 – 5 HKO 12218/84, bestätigt durch OLG München, Urteil vom 10. 7. 1985 – 7 U 1501/85, beide CR 1987, 20; ähnlich LG München I, Urteil vom 22. 12. 1986 – 8 HKO 8974/86, CR 1988, 218: Ein bis zwei Wochen seien diskutabel.

[870] OLG München, Urteil vom 24. 1. 1990 – 27 U 901/88, CR 1991, 19 = BB Beil. 7, 1991, 5. In dieser Entscheidung weist das OLG München zudem ausdrücklich darauf hin, es sei für die Abnahme nicht erforderlich, dass die Software im Betrieb des Erwerbers längere Zeit mängelfrei gearbeitet habe, sondern auch der dauernde produktive Einsatz trotz vorhandener Mängel bedeute konkludente Abnahme. Außerdem müssen die Vertragsparteien nach Auffassung des OLG München bei Erwerb handelsüblicher, nicht auf ein Betriebssystem ausgerichteter Geräte und Programme zu unterschiedlichen Lieferterminen und mit getrennter Fakturierung ausdrücklich die Zusammengehörigkeit vereinbaren, um Vertragseinheit herbeizuführen.

Die Rüge von Inkompatibilitäten von Hardware mit einem bestimmten Betriebssystem 13 Tage nach deutlichen Fehlerhinweisen gilt als verspätet.[871] Nicht mehr rechtzeitig ist jedenfalls eine Rüge, die etwa zweieinhalb Monate nach Lieferung der Anlage erfolgt.[872]

Auch eine Folgelieferung, bei der sich der gleiche Fehler der Inkompatibilität zeigt, muss gerügt werden. In diesem Fall sind schon acht Tage Frist zu lang.[873] Lässt sich der jeweilige Mangel (wie bei komplexen Systemen zumeist der Fall) nicht problemlos feststellen, ist dem Käufer eine gewisse **Beobachtungszeit** einzuräumen, in deren Verlauf er zu prüfen hat, ob er den (vermeintlichen) Mangel möglicherweise selbst durch einfache Maßnahmen beheben kann.   1247

Generell muss der Käufer vortragen und beweisen, dass die von ihm behaupteten, nicht unverzüglich gerügten Mängel versteckte Mängel waren, die von ihm auch bei ordnungsgemäßer Untersuchung nicht hätten entdeckt werden können.[874]

Nicht verlangt ist eine umfassende und entsprechend **aufwendige** **Untersuchung**, da sie regelmäßig im ordnungsgemäßen Geschäftsgang des Kunden nicht in zumutbarer Weise durchführbar wäre. Wohl kann aber eine Untersuchung auf **Virenbefall** zumutbar sein, jedenfalls so weit, als Viren mit gängiger Virenscannersoftware schnell erkennbar sind.[875] Das Erfordernis einseitiger Prüfung entfällt, wenn beide Parteien die Durchführung einer **gemeinsamen Prüfung** vereinbart haben. Hier braucht (und darf) der Kunde nicht allein prüfen. Soll vereinbarungsgemäß zunächst eine Einweisung in die System- oder Software-Nutzung erfolgen, kann vorher ebenfalls keine Untersuchungspflicht entstehen. In diesen Fällen beginnt die Rügefrist nicht mit der Lieferung des Systems, sondern erst mit dem Abschluss der Einweisung.   1248

Weiter zu verarbeitende Ware muss im Produktionsbetrieb einer Belastungsprobe unterzogen werden, wenn sich etwaige Mängel in Form unabsehbarer Folgeschäden auswirken können.[876]

---

[871] LG Baden-Baden, Urteil vom 15. 9. 1993 – 4 O 141/92, KfH, CR 1994, 288, SUN-SPARC 2.
[872] OLG München, Urteil vom 24. 1. 1990, a. a. O.
[873] LG Baden-Baden, a. a. O.
[874] OLG München, Urteil vom 24. 1. 1990, a. a. O.
[875] LG Kleve, CR 1996, 292 – PC-Professionell (Schaden von ca. DM 75 700,00 durch nicht von der Zeitschrift durchgeführtes Virenscanning); OLG Köln, CR 1998, 335 (Disketten).
[876] OLG München, Urteil vom 14. 10. 1998 – 7 U 2679/98, OLG-Report, München 1/99.

1249 Die **Rüge** ist **formlos zulässig**.[877] Sie kann also auch mündlich (telefonisch) erfolgen oder etwa durch inzwischen gebräuchliche **E-Mail**. In beiden Fällen empfiehlt sich aber die Fertigung einer Protokollnotiz durch den Mitarbeiter bzw. der Ausdruck einer Kopie der E-Mail zu Beweiszwecken. Die Rüge muss die Mängel im Einzelnen nachprüfbar („substantiiert", d. h. für eine Klage genau detailliert) aufzählen.[878] Es gelten hier die Grundsätze zur substantiierten Mängelrüge (s. Rn. 1148). Weitergehende Darlegungspflichten bestehen nicht.

1250 **Verborgene Mängel** können während der gesamten Gewährleistungsfrist gerügt werden, dann aber ebenfalls unverzüglich nach Erkennbarwerden. **Nach** Ablauf der Gewährleistungsfristen können auch verborgene Mängel nicht mehr gerügt werden. Etwas anderes gilt nur für Rügefristen, die für einen kürzeren Zeitraum als die Gewährleistung vereinbart werden. Derartige Rügefristen hindern nach deren Ablauf die Rüge verborgener Mängel nur dann, wenn diese Mängel durch eine zumutbare Untersuchung vor Fristablauf feststellbar gewesen wären.[879] Bei **wirksamer Rüge** stehen dem Käufer Gewährleistungsansprüche aus den §§ 459 ff. BGB bzw. aus Werkliefervertrag (§ 651 BGB) zu.

Ist ein **Gattungskauf** für beide Seiten ein Handelsgeschäft, greifen im Falle der Lieferung eines **genehmigungsfähigen Aliuds** die Vorschriften über die Sachmängelvorschriftenhaftung ein[880], und der Käufer ist untersuchungs- und rügeverpflichtet. Genehmigungsfähigkeit ist jedoch nicht gegeben, wenn „die Lieferung derart kraß von der geschuldeten Gattung abweicht, daß eine Genehmigung vernünftigerweise als schlechterdings ausgeschlossen erscheinen muß".[881] Dann liegt Nichterfüllung vor und folglich laufen auch keine Gewährleistungsfristen, § 480 Abs. 2 BGB ist also nicht anwendbar. Ist § 480 BGB anwendbar, kann der Kunde unmittelbar Wandelung, Minderung oder Schadensersatz verlangen, ohne also (wie es § 326 BGB voraussetzen würde), dem Verkäufer eine Nachfrist

---

[877] Vgl. BGH, BB 1980, 384.
[878] Siehe BGH, BB 1978, 1489.
[879] Vgl. BGH, BB 1970, 1416.
[880] BGH, Urteil vom 9. 10. 1991 – VIII ZR 88/90, ZIP 1992, 477 = BB 1992, 23 – Granulat (ausdrücklich gegen v. Caemmerer, FS Wolff 1952, 3, 14). Dem BGH zufolge löst die Lieferung einer zu einer anderen Gattung gehörenden Kaufsache bei bürgerlich-rechtlichem Gattungskauf Ansprüche auf Schadensersatz wegen Nichterfüllung nach den §§ 325, 326 BGB aus (so bereits BGH, WM 1969, 95), während bei Handelskauf und Genehmigungsfähigkeit des Aliud Sachmängelgewährleistungsrecht anwendbar ist (unter Bezugnahme auf RGZ 86, 90, 92 f.; RG LZ 1925, 545, 6 und die n. M. in der Literatur). Bei Stückkauf greift für „Identitäts-Aliud" nicht Gewährleistungs- (§§ 459 ff. BGB), sondern Nichterfüllungsrecht (§§ 320 f. BGB).
[881] BGH, a. a. O., 481; BGH, NJW 1969, 787 f. (Einfuhrschrott).

setzen zu müssen. Der Ersatzanspruch aus § 480 Abs. 2 BGB (und § 463 BGB) geht auf das positive Interesse.[882]

Beispiel:
Ein **nicht genehmigungsfähiges Aliud** ist etwa eine Lieferung Datenträger mit falschem, auf dem Kundensystem nicht nutzbarem Format oder nicht nutzbarer Anwendersoftware, die mit der Systemsoftware des Kundensystems nicht kompatibel ist (etwa Unix anstatt NT).

5.3.3 Gewährleistungsrechte aus Miete

Aus mietrechtlicher Sicht – die zugleich für das Leasingvertragsrecht   1251
Bedeutung gewinnt – kann nur dann ein **Mangel** (allg. zum Mangelbegriff s. Rn. 1117) angenommen werden, wenn **eine Abweichung vom vertragsgemäßen Gebrauch** vorliegt (§ 537 Abs. 1 Satz 1 BGB). § 537 Abs. 1 Satz 1 stellt auf den „vertragsgemäßen" Gebrauch ab, § 459 Abs. 1 BGB für das Kaufrecht auf den „vertraglich vorausgesetzten" Gebrauch. Im Mietvertrag wird ein bestimmter Gebrauch als vertragsgemäßer vorgeschrieben, im Kaufvertrag dem Kunden hingegen freie Verfügung eingeräumt, jedoch die Gewährleistung auf der Basis des vertraglich vorausgesetzten Gebrauches eingeschränkt. Bei Miete kann der Anbieter den vertraglichen Systemgebrauch also wesentlich einschränken. Aus dieser Sicht stellt deshalb zum Beispiel für ein System der Einbau eines gebrauchten Ersatzteils keinen Leistungsmangel dar, wenn die Lebensdauer dieses Ersatzteils länger währt als die Laufzeit des Mietvertrages.[883]

Die Definition des „Mangels" im Mietrecht weicht von der im Kaufrecht dahingehend ab, dass weder auf einen gewöhnlichen Gebrauch noch auf eine Wertminderung abgestellt wird (da der Vermieter ohnehin Eigentümer bleibt). Entscheidender Maßstab ist allein die Tauglichkeit zum vertragsgemäßen Gebrauch bzw. das Fehlen oder Entfallen einer zugesicherten Eigenschaft.

Die Mietsache ist in der gebrauchstauglichen Form zu übergeben. Der   1252
Mieter eines Systems ist also nicht verpflichtet, auf eigene Kosten die Speicherkapazität des gemieteten Systems zu erweitern, um hierdurch die

---

[882] Siehe BGHZ 96, 283, 287, Z 108, 156, 159.
[883] LG Frankfurt/Main, Urteil vom 19. 9. 1984 – 3/12 O 12/83, DV-R 3, 184 unter impliziter Berufung auf die „Wannentheorie" der Fehlerentstehung bei Hardware (am Anfang der Nutzung vermehrte Fehler, dann eine im Wesentlichen störungsfreie Nutzungsphase und schließlich Fehlerhäufung zum Ende der Nutzungszeit). Anders verläuft die Fehlerentstehungskurve bei Software, nämlich zumeist linear, wenn nicht gar exponentiell (bei Neuentwicklungen).

vertraglich vorausgesetzte Gebrauchsfähigkeit erst herzustellen.[884] Dies wäre schließlich so, als müsste er für einen Mietwagen selbst die Reifen kaufen. Ein Mangel muss, um Mieterrechte begründen zu können, nicht an der Anlage selbst bestehen. Werden unverwendbare Unterlagen (etwa unvollständige Dokumentationsunterlagen) übergeben, liegt ebenfalls ein Mangel der Mietsache vor,[885] da ihre Gebrauchsfähigkeit auf diese Weise erheblich eingeschränkt ist. Sind Hardware und Software in spezieller Anpassung an die Kundenbedürfnisse konzipiert und als System für eine bestimmte Anwendung vermietet, so ist für den Gesamtvertrag Mietvertragsrecht anwendbar, und es liegt ein Mangel vor, wenn die Anwendung der Programme beeinträchtigt ist – gleich, ob aus hardware- oder softwarebedingten Gründen.[886]

1253 Setzt der Mieter trotz Kenntnis des Mangels das Vertragsverhältnis fort, zahlt er insbesondere den Mietzins vorbehaltlos, so ist nach ständiger Rechtsprechung des BGH in entsprechender Heranziehung von § 539 BGB hierin ein **Rechtsverzicht** zu sehen.[887] Mit Mängelrügen zu warten, kann also zu Rechtsverlusten führen.

1254 Die **Beweislast** dafür, dass gerügte Mängel bestehen und es sich nicht um Bedienungsfehler handelt, trägt der Mieter.[888]

1255 Ein Minderungsrecht des Kunden besteht auch, wenn eine **zugesicherte Eigenschaft** der Mietsache nicht vorhanden ist oder in der Vertragslaufzeit wegfällt (§ 537 Abs. 2 BGB). Hat der Mieter nach Vertragsabschluss dem Vermieter eine detaillierte **Aufgabenbeschreibung** vorzulegen, so wirkt deren **Bestätigung** durch den Vermieter als Zusicherung einer bestimmten Eigenschaft. Verweigert der Vermieter die Bestätigung der Aufgabenbeschreibung, ist der Mieter zum Rücktritt berechtigt. Legt der Mieter die Beschreibung nicht vor, schuldet der Vermieter nur die Einräumung des üblicherweise vorauszusetzenden Gebrauchs.[889]

1256 Der Mieter muss dem Vermieter **Fehler sofort mitteilen**, nachdem er sie entdeckt hat (§ 545 BGB). Eine umfängliche Fehlersuche oder ein Erforschen der **Ursachen** wird ihm jedoch **nicht** zugemutet werden können.[890]

---

[884] OLG München, Urteil vom 3. 6. 1986 – 25 U 1625/86, MRC 1986, 24.
[885] BGH, NJW 1982, 696.
[886] LG Freiburg, Urteil vom 29. 1. 1987 – 12 O 46/85, CR 1988, 382 (unter Bezug auf die 2. Aufl. des vorliegenden Werkes des Verf., Rn. 224, 469, 570, 602).
[887] OLG Frankfurt/Main, Urteil vom 14. 7. 1983 – 5 U 252/82, DV-R 2, 149, 150.
[888] LG Augsburg, Urteil vom 15. 9. 1981 – 2 HKO 2075/81, DV-R 1, 87f.
[889] OLG Celle, Urteil vom 3. 7. 1981 – 2 U 216/80, DV-R 1, 77.
[890] Vgl. Müller-Hengstenberg, EDV, 24.

Das Risiko der Aufklärung und Behebung von Mängeln trägt der Vermieter.

5.3.3.1 Anspruch auf Erhaltung der Funktionsfähigkeit der Mietsache

Der Vermieter ist verpflichtet, das vermietete und verschaffte System, soweit notwendig, wieder in den **vertragsgemäßen Zustand** zu versetzen und diesen **zu erhalten** (§ 536 BGB). Es handelt sich hierbei um eine während der gesamten Vertragslaufzeit bestehende **Hauptleistungspflicht**. Sie gibt einen mieterseitigen Erfüllungsanspruch, auf die deshalb kurze Gewährleistungsfristen keine Anwendung finden. Bei Nichtbeseitigung hat der Kunde einen Anspruch aus Nichterfüllung des Vertrages (§§ 320, 322 BGB).[891] Die Verpflichtung des Vermieters wird nicht dadurch ausgeschlossen, dass der Mieter einen Wartungsvertrag abschließt.[892] Hardware muss außerdem technisch sicher und, bei Datenfernübertragung, von der Deutschen Bundespost zugelassen sein. — 1257

Der Kunde kann aus Mietvertrag jederzeit die **Beseitigung von Mängeln** der Mietsache, also von Hardware und/oder Software verlangen (§ 537 BGB). Es sei denn, der Mieter hatte im Zeitpunkt des Vertragsabschlusses Kenntnis von den Mängeln (§ 539 BGB). Der Anbieter muss während der gesamten Vertragsdauer dafür sorgen, dass die überlassenen Programme und/oder Systeme mängelfrei funktionieren. Diese Verpflichtung gilt uneingeschränkt auch für Software. Der Anbieter kann sich nicht darauf berufen, völlig fehlerfrei funktionierende Software könne es nicht geben. Er muss dann auch für Schäden aus seltenen, vorher nicht ausgetesteten Fehlerkonstellationen haften.[893] — 1258

Grundsätzlich muss der Vermieter den Mieter von durchzuführenden Mängelbeseitigungsarbeiten **rechtzeitig benachrichtigen** und notwendige Arbeiten so ausführen, dass der Mieter so wenig wie möglich in seiner EDV-Nutzung beeinträchtigt wird. Kann durch die bzw. während der Reparatur die Anlage jedoch nur eingeschränkt genutzt werden, liegt auch aus diesem Grunde eine mögliche Einschränkung der Gebrauchsfähigkeit dieser Anlage vor, die wiederum den Mieter berechtigt, den Mietzins angemessen für den Zeitraum der Reparatur zu reduzieren bzw. ggf. Schadensersatzansprüche geltend zu machen. — 1259

---

[891] BGHZ 84, 42.
[892] OLG Karlsruhe, Urteil vom 20. 10. 1978 – 15 U 100/77, DV-R 1, 110.
[893] Ebenso Brandi-Dohrn, CR 1986, 63, 67 m. w. N.

Notwendige **Mängelbeseitigungen** kann der Mieter bei Vermieterverzug selbst gegen Aufwendungsersatz durch den Vermieter vornehmen bzw. vornehmen lassen (§ 538 Abs. 2 BGB).

1260 Leistet der Vermieter technische **Wartung** der Hardware über einen getrennt abgeschlossenen Wartungsvertrag, sollte vertraglich näher abgegrenzt werden, welche Arbeiten sich auf Fehlerbeseitigungen beziehen, die der Anbieter als Vermieter schuldet, und welche auf Wartungsarbeiten. Dem letzteren Bereich sind etwa Tätigkeiten wie Austausch von Verbrauchsmaterialien, Reinigung etc. zuzuordnen.

5.3.3.2 Minderung des Mietzinses

1261 Kann der Mieter das ihm überlassene System oder eine sonstige Mietsache aufgrund eines **Fehlers** nicht oder nur erheblich eingeschränkt vertragsgemäß nutzen, braucht er für den Zeitraum der Beeinträchtigung nur einen verminderten oder überhaupt keinen Mietzins zu bezahlen. Gleiches gilt, wenn der Mietsache eine **zugesicherte Eigenschaft fehlt** (§ 537 Abs. 2 Satz 1 BGB; zur Zusicherung s. u. Rn. 1267). Das Minderungsrecht besteht auch dann, wenn sich die Anzahl der Anlagenausfälle trotz ordnungsgemäß durchgeführter Wartung (durch ein vom Mieter beauftragtes Unternehmen) unzumutbar erhöht oder etwa ein gemieteter Drucker nicht gebrauchstauglich ist.[894] Hier kann sogar eine **außerordentliche Kündigung** gemäß § 542 BGB gerechtfertigt sein.[895]

1262 Die Minderung stellt keinen Anspruch dar. Vielmehr tritt die Änderung kraft gesetzlicher Regelung ein. Damit ist auch eine Verjährung ausgeschlossen (§ 194 Abs. 1 BGB). Mit Eintritt des Mangelzustandes gilt der entsprechend reduzierte Mietzins als vereinbart und geschuldet. Allerdings muss der Mieter dann die tatsächliche Zahlung entsprechend summenmäßig reduzieren oder zuviel vorausbezahlten Mietzins über Bereicherungsrecht (§ 812 BGB) zurückverlangen.[896] Ein **Verzicht auf den Minderungsanspruch** liegt vor, wenn der Kunde etwa den Mietzins neun Monate vorbehaltlos weiterbezahlt.[897]

1263 Im Falle eingeschränkter Gebrauchsfähigkeit errechnet sich die Reduzierung des geschuldeten verminderten Mietzinses (gemäß den §§ 537 Abs. 1 Satz 1 i. V. m. 572 ff. BGB) in folgendem Verhältnis:

---

[894] OLG Hamm, Urteil vom 11. 1. 1993 – 31 U 107/92, NJW-RR 1993, 1527.
[895] OLG Karlsruhe, Urteil vom 20. 10. 1978, a. a. O.
[896] Siehe allg. Palandt/Putzo, § 537 Rn. 23.
[897] OLG Köln, Urteil vom 3. 5. 1985 – 19 U 216/84, DV-R 3, 100f.

$$\frac{\text{Objektiver Wert des mangelfreien Systems}}{\text{objektiver Wert des mangelhaften Systems}} = \frac{\text{Mietzins für mangelfreies System}}{\text{Mietzins für mangelhaftes System}}$$

Die entscheidende Differenz des objektiven Wertes kann zumeist nur vom Sachverständigen gutachtlich festgesetzt werden. Am ehesten lässt sie sich über den Nutzungsausfall definieren, denn dieser ist das für den Anwender letztlich entscheidende Kriterium. Haben die Parteien eines EDV-Mietvertrages für den Fall, dass die gemietete Anlage eine bestimmte Leistung nicht erreicht, vereinbart, dass die Vermieterin so lange die monatliche Miete einer Ersatzanlage trägt, liegt darin in der Regel eine endgültige Bewertung des Mietminderwertes.[898]

Der Mieter kann den Mietzins ab dem Zeitpunkt der Mängelentstehung mindern, das heißt, nicht erst nach Zugang einer Mängelmitteilung. Der Mieter sollte sich aber absichern und (mittels Zeugen) protokollieren, welcher Fehler in welchem Umfange zu welchem Zeitpunkt aufgetreten ist. Hierfür trägt allein der Mieter die Beweislast.   1264

Der Mieter kann den Mietzins mindern bzw. die Zahlung bei fehlender Gebrauchsfähigkeit einstellen, auch wenn den **Vermieter** am Mangel **kein Verschulden** trifft. Der Vermieter schuldet eine mangelfreie Sache und haftet ohne Rücksicht auf Verschulden für die Erfüllung dieser Verpflichtung.   1265

In einem Formularvertrag kann das Recht des Mieters, den Mietzins zu mindern, mit der Maßgabe ausgeschlossen werden, dass zunächst Mängelbeseitigung geschuldet ist und erst bei Fehlschlagen der Nachbesserung die restlichen Gewährleistungsansprüche, wie etwa der Minderungsanspruch Wiederaufleben.[899]   1266

Stellt sich ein kurzfristiger Umstieg auf ein anderes System aus Zeit- und Kostengründen als unzumutbar dar, ist eine Klausel, nach der an die Stelle des Minderungsanspruchs nur ein Kündigungsrecht tritt, nach § 9 Abs. 2 AGBG unwirksam und zugleich eine unzulässige Gewährleistungspflichtbeschränkung im Sinne von § 11 Nr. 10 Buchst. b AGBG.

---

[898] BGH, Urteil vom 21. 2. 1990 – VIII ZR 116/89, CR 1991, 152 = NJW-RR 1990, 884.
[899] LG München II, Urteil vom 2. 4. 1980 – 5 O 4369/79, DV-R 2, 168 ff.

5.3.3.3 Ersatzanspruch aus Zusicherungsverletzung

1267 Der Mieter kann Schadensersatz verlangen, wenn der Mietsache eine zugesicherte Eigenschaft (Musterbeispiel: Aufwärtskompatibilität zu Erweiterungsgeräten[900]) fehlt (vgl. §§ 537 Abs. 2, 538 BGB). Das Fehlen zugesicherter Eigenschaften ist einem Mangel gleichgestellt und deshalb über § 538 BGB Grundlage eines Schadensersatzanspruches. Im Fall der Zusicherungsverletzung muss die Gebrauchstauglichkeit **nicht** erheblich eingeschränkt sein. Gibt der Vermieter über bestimmte Eigenschaften Zusicherungen ab, stellt sich der Mieter günstiger: Er muss nur eine **Abweichung** nachweisen, nicht aber, dass sie erheblich ist (und erst recht nicht ein Verschulden des Anbieters). Diese Rechtslage erklärt das Interesse und die Neigung des Anwenders, möglichst viele Zusagen über relevante Vertragspunkte zu erhalten. Der Mieter muss aber bedenken, dass sich damit auch die **Anbieterleistung verteuern kann.** Übertriebene Genauigkeits- und Zuverlässigkeitsanforderungen können die Rentabilität der Anlage in Frage stellen.

1268 Der Anbieter muss mit seiner Zusicherungserklärung **ausdrücklich dafür einstehen wollen,** dass die behauptete Beschaffenheit auch tatsächlich vorliege und er die Folgen aus Fehlen oder Wegfall der zugesicherten Eigenschaften trage. (Zur Zusicherungshaftung s. Rn. 1267.) Bloße Eigenschaftsbeschreibungen stellen keine solche haftungsbegründende Zusicherung dar. (Zu den Grundsätzen der Zusicherungshaftung s. Rn. 1254.)

1269 Die Zusicherung kann sich auf jede Beschaffenheit des Geräts beziehen, aber auch auf sonstige tatsächliche und rechtliche Verhältnisse im Zusammenhang mit dem Mietvertrag, etwa auch eine vom Vermieter durchzuführende Erweiterung des Systems. Ab dem Zeitpunkt, ab dem diese Erweiterung geschuldet ist, aber nicht erfolgt, ist der ursprüngliche Nutzbarkeitsumfang nur noch als eingeschränkte Nutzbarkeit zu beurteilen. Kann der Anbieter die Erweiterung nicht herstellen, gerät er in Verzug. Die Zusicherung muss sich von ihrem Umfang her gerade auf die aufgetretenen Schäden beziehen. Fehlen hier Anhaltspunkte, ist darauf abzustellen, welche Schäden Zusicherungen des jeweiligen Inhaltes typischerweise abdecken sollen.

---

[900] Die Beschreibung als 100 % kompatibel bei Kauf gilt als Zusicherung (LG Mannheim, Urteil vom 10. 4. 1987 – 21 O 2/87, DV-R 4, 337).

5.3.3.4 Schadensersatzanspruch des Mieters aus Nichterfüllung

Der Mieter kann bei Mangelhaftigkeit der Mietsache Schadensersatz 1270
wegen Nichterfüllung des Vertrages vom Vermieter verlangen, wenn
– der **Mangel** bereits **anfänglich bei Vertragsschluss** vorhanden war
(§ 538 Abs. 1, 1. Fall BGB). Hier haftet der Vermieter verschuldensunabhängig aus seiner Erfüllungsverpflichtung auf Schadensersatz.[901] Der
Mieter muss nachweisen, dass der behauptete **Mangel** auch bereits **bei
Vertragsabschluss vorhanden** war.[902] Er muss noch nicht aufgetreten
sein. Es genügt, dass die Gefahrenquelle vorhanden ist.[903]

Die verschuldensunabhängige Haftung des Vermieters für anfängliche
Mängel ist zweifellos streng. Sie entspricht aber dem Grundsatz, das
Risiko demjenigen zuzuordnen, der es besser beherrschen kann.[904]
Außerdem wird das Abbedingen dieser Vermieterhaftung auch in Formularverträgen als wirksam angesehen.[905] Hier muss der Kunde prüfen,
ob diese Risikoverlagerung für ihn tragbar erscheint oder zumindest
versucht werden sollte, eine Haftungspauschale auszuhandeln, die die
typischerweise erwartbaren Schäden abdeckt. In der Praxis hat die Haftung für anfängliche Mängel nur eine geringe Bedeutung.

– der **Mangel später** in Folge eines Umstandes **entsteht**, der vom Vermieter zu vertreten ist (§ 538 Abs. 2, 2. Fall BGB). Wenn ein Mangel
erst im Laufe des Vertrages auftritt, resultiert hieraus nicht eine verschuldensunabhängige gesetzliche Garantiehaftung, sondern nur eine
verschuldensabhängige Schadensersatzhaftung. Damit behandelt das
Gesetz anfänglich und später auftretende Mängel unterschiedlich,
obwohl die Folgen für die Gebrauchsausübung in beiden Fällen für den
Anwender dieselben sein können. Dies bedeutet: Ersatzfähig sind
weder Schäden, deren Entstehung der Mieter zu vertreten hat (etwa
Transportbeschädigung) – eine selbstverständliche Risikozuweisung –,
noch Schäden, die vom Vermieter nicht zu vertreten sind, also etwa
durch höhere Gewalt hervorgerufene Schäden. Insoweit trägt der Kunde
das wirtschaftliche Risiko (freilich nur bezüglich resultierender Schäden, nicht hinsichtlich der Verpflichtung zur Erhaltung der Funktionsfähigkeit).

---

[901] LG Freiburg, Urteil vom 29. 1. 1987 – 12 O 46/85, CR 1988, 382 (unter ausführlicher Bezugnahme auf die 2. Aufl. des vorliegenden Werkes).
[902] Palandt/Putzo, § 538 Anm. 2a.
[903] OLG München, NJW-RR 1990, 1099.
[904] Vgl. BGH, NJW 1971, 424.
[905] BGH, NJW-RR 1991, 74.

Der Mieter muss alle Anspruchsvoraussetzungen beweisen, ausgenommen das Verschulden des Vermieters.[906] Zu beachten ist freilich, dass § 538 BGB nicht darauf abstellt, wann ein Mangel (erkennbar) auftritt, sondern vielmehr auf den Zeitpunkt, zu dem der Mangel entsteht.

- der **Vermieter mit der Mängelbeseitigung** (Mahnung durch den Mieter) **in Verzug** (§ 284 BGB) **kommt** (§ 538 Abs. 1, 3. Fall BGB). Hier kann der Mieter selbst beseitigen (oder durch Dritte beseitigen lassen) und die erforderlichen **Aufwendungen ersetzt verlangen** (§ 538 Abs. 2 BGB). Dieser Erstattungsanspruch verjährt in sechs Monaten nach Beendigung des Mietverhältnisses (§ 558). Bei Software wird Mängelbeseitigung durch den Mieter in der Regel nicht in Betracht kommen, da der Quellcode nicht verfügbar ist. Aber auch technisch komplexe Hardware wird oft nur vom Anbieter oder einem vergleichbaren Hersteller repariert werden können, da hier besondere Teilefertigung oder Geräteeinmessungen erforderlich werden können, die weder Kunde noch Händler (mangels Ausstattung) durchführen können. Die **Schadensersatzhaftung** des Vermieters aus Verzug mit der Mängelbeseitigung **setzt Verschulden voraus**, da ohne Verschulden Verzug nicht möglich ist (§ 285 BGB).

1271 Der Schadensersatzanspruch ergibt sich aus der Nichterfüllung des Vertrages.[907] Daraus folgt, dass hier die Schranken für die Begrenzung der Gewährleistungshaftung in AGB gemäß § 11 Nr. 10 AGB nicht greifen, wohl aber die allgemeine Kontrollschranke des § 9 AGBG (vgl. Rn. 485).

1272 Der Mieter kann **denjenigen Schaden** ersetzt verlangen, der ihm **durch die Minderwertigkeit der Mietsache entstanden ist**. Dazu gehören auch Mängelbeseitigungskosten (Personalkosten, Zeitaufwand, Bereithaltungskosten, Kosten aus Anmietung einer Ersatzsache), Vertragskosten (bei Kauf § 467 Satz 2 BGB)[908] und entgangener Gewinn[909] (vgl. § 252 BGB).

---

[906] BGH, NJW 1964, 33.

[907] Palandt/Putzo, § 538 Anm. 1 a.

[908] Erstattungsfähige **Vertragskosten** im Sinne von § 467 Satz 2 BGB sind Aufwendungen für die Übergabe oder Abnahme (Staudinger/Honsell, § 467 Rn. 23), Telefon- und Portokosten (Deckers, NJW 1997, 158) Transport-, Einbau- und Montagekosten (BGH, NJW 1983, 1479 f.) sowie Auslagen für Zoll und Fracht (BGHZ 87, 104) oder für die Aufstellung sowie Inbetriebnahme (OLG Düsseldorf, Urteil vom 24. 10. 1990 – 19 U 10/90, MRC 1990 Nr. 35). Nutzlose Einarbeitungskosten können weder als Vertragskosten noch aus pVV ersetzt verlangt werden (LG Aachen, Urteil vom 29. 9. 1992 – 41 O 69/92, CR 1993, 767). Kosten für Warenuntersuchungen, Feststellungen von Mängeln und Erhebung von Mängelrügen sind keine erstattungsfähigen Vertragskosten (OLG Hamm, Urteil vom 4. 5. 1992 – 31 U 24/92, CR 1994, 99), ebenso wenig Softwareuntersuchungskosten (LG Karlsruhe, Urteil vom 13. 5. 1991 – 10 O 458/89, CR 1992, 342).

[909] BGH, LM § 537, 12, 13; BGH, NJW-RR 195, 715.

Der Vermieter haftet (aus seiner Garantiehaftung) auch für **Mängelfolge-schäden** (z. B. Datenverluste) und Begleitschäden.[910]

Der Mieter kann sich nicht auf die Rechte auf **Mietzinsminderung** oder   1273
Schadensersatz berufen, wenn er den anspruchsbegründenden Mangel
bereits bei Vertragsschluss kannte (§ 539 Satz 1 BGB). Diese Kenntnis
muss der Vermieter dem Mieter nachweisen. Bei EDV-Geräten dürfte in
der Regel davon auszugehen sein, dass der Mieter von sich aus nicht ohne
weiteres komplexe Fehler zu erkennen vermag. Rechtsverlust tritt auch
dann ein, wenn der Mieter den Mangel zwar erst im nachhinein entdeckt,
die Mietraten aber widerspruchslos weiter bezahlte, ohne Mängelbeseitigung zu verlangen. Der **Rechtsverlust berührt** aber nur die Rechte aus
den §§ 537ff. BGB, **nicht** jedoch die **Überlassungs- und Unterhaltungs-
pflicht** des Vermieters aus § 536 BGB. Der Mieter kann also nicht mehr
den Mietzins mindern oder Schadensersatz verlangen, wohl aber Reparatur der Mietsache mit Wirkung für die Zukunft.

5.3.3.5 Fristlose Kündigung

Schließlich kann der Mieter den Mietvertrag fristlos kündigen, wenn ihm   1274
der Gebrauch des gemieteten Systems ganz oder teilweise nicht rechtzeitig
gewährt oder wieder entzogen wurde (§ 542 Abs. 1 Satz 1 BGB) und er
hierdurch nicht unerheblich beeinträchtigt wird oder der Mieter ein besonderes Interesse an einer Kündigung auch bei geringfügiger Beeinträchtigung hat (vgl. § 542 Abs. 2 BGB). Der Mieter muss dem Vermieter aber
zunächst eine Frist setzen, innerhalb der dieser Abhilfe schaffen kann
(§ 542 Abs. 1 Satz 2 BGB), außer, das Interesse des Mieters an der
Systemnutzung ist durch die Gebrauchsentziehung entfallen (§ 542 Abs. 1
Satz 3 BGB).

5.3.4 Gewährleistungsrechte aus getrenntem Hardware-Erwerb

Für den Erwerb von Hardware als Systemkomponente gelten die Ausfüh-   1275
rungen zum Mängelbegriff (s. Rn. 1116) und zu den Gewährleistungsrechten bei Kauf (s. Rn. 1195) entsprechend.

5.3.5 Gewährleistungsrechte aus EDV-Leasing

Zu den Gewährleistungsrechten sind **zwei Anspruchsebenen** zu betrach-   1276
ten. Der **Leasinggeber** hat zunächst aus dem kauf- oder werkvertraglichen
Erwerbsvertrag Gewährleistungsrechte gegenüber dem Lieferanten. Dem

---

[910] BGH, NJW 1971, 424; vgl. Palandt/Putzo, § 538 Anm. 5b.

Leasingnehmer stehen andererseits mietvertragliche Gewährleistungsansprüche gegen den Leasinggeber aus dem Leasingvertrag zu. Wird der vertraglich einzuräumende Gebrauch der Leasingsache nicht gewährt, so kann dies einen wichtigen Grund für die Kündigung des Leasingvertrages über die Hardware und Software darstellen.[911] Leasingtypisch ist nun, dass der Leasinggeber die ihm aus dem Erwerbsvertrag zustehenden Gewährleistungsansprüche an den Leasingnehmer abtritt. Der Leasinggeber trägt grundsätzlich das Risiko der Durchsetzbarkeit dieser Ansprüche, insbesondere das Risiko der Insolvenz des Lieferanten (s. Rn.), der Leasingnehmer hingegen das Risiko, nach Eintritt der Verjährung der Gewährleistungsansprüche die Leasingsache nicht weiter nutzen zu können, ohne auf Nichterfüllungsansprüche gegen den Leasinggeber zurückgreifen zu können.[912]

Neben diese gewährleistungsrechtliche Haftung des Leasinggebers gegenüber dem Leasingnehmer kann im Einzelfall eine zusätzliche Haftung treten. Führt etwa die **Verletzung vorvertraglicher Beratungs- und Aufklärunsspflichten** des Leasinggebers zu einer falschen Wahl des Leasinggegenstandes und damit dazu, dass der Leasinggeber seine Hauptpflicht zur Verschaffung eines gebrauchstauglichen und funktionstüchtigen Leasinggegenstandes nicht nachkommen kann, so ist der Leasinggeber so zu behandeln, als sei der Leasingnehmer zur Wandlung berechtigt, – und zwar auch, soweit sich der Leasinggeber des Lieferanten als Erfüllungsgehilfen beim Aushandeln und Festlegen der Bedingungen des Leasingvertrages bedient.[913] Auch der Leasingnehmer kann sich eines Dritten als **Erfüllungsgehilfen** bedienen und muss sich dann dessen Verhalten zurechnen lassen, wobei sich hieraus ein Recht des Leasinggebers zur fristlosen Kündigung ergeben kann.[914]

Eine Klausel in den AGB eines Leasinggebers, durch die seine Haftung für Dritte, insbesondere für den Lieferanten, ohne jede Einschränkung ausgeschlossen werden soll, ist auch im kaufmännischen Verkehr unwirksam.[915]

[911] Etwa dann, wenn ein bestimmtes Teilprogramm nicht geliefert wird, dessen Erstellung vertraglich vereinbart war und das nicht nur unwesentlicher Teil der Gesamtleistung ist; OLG Hamm, CR 1990, 520.
[912] BGH, WM 1985, 263.
[913] OLG Koblenz, Urteil vom 11. 11. 1988 – 2 O 4/86, WM 1989, 222, 224; LG Frankfurt/Main, Urteil vom 24. 9. 1980 – 312 O 63/79, DV-R 1, 117. Der Lieferant ist, wenn er die Verhandlungen für den Leasinggeber geführt hat, auch für die Entgegennahme des kundenseitigen Widerspruches gegen ein kaufmännisches Bestätigungsschreiben zuständig (OLG Köln, Urteil vom 12. 6. 1995 – 19 U 15/95, CR 1996, 22).
[914] OLG Hamm, Urteil vom 26. 6. 1987 – 30 U 96/86, NJW-RR 1987, 1142 (Nutzung eines Pkw durch eine vom Leasingnehmer betriebene Firma) und Urteil vom 14. 2. 1990 – 31 U 115/89, CR 1990, 520.
[915] BGH, Urteil vom 3. 7. 1985 – VIII ZR 102/84, ZIP 1985, 935, 939.

Der **Mangelbegriff** im Leasingvertrag entspricht dem des jeweiligen 1277
Erwerbsvertrages (in der Regel Kauf- oder Werkvertrag). Kein Mangel
liegt vor, wenn im Risikobereich des Leasingnehmers bestimmte Leis-
tungshindernisse auftreten, etwa eine Änderung der Richtlinien der Kassenärztlichen Vereinigung, aufgrund der an sich fehlerfrei funktionierende
Software nicht mehr eingesetzt werden kann.[916]

Auch wenn der Leasingnehmer bei der Ablieferung der DV-Anlage eine 1278
von dem Lieferanten vorgelegte und für den Leasinggeber bestimmte
Übernahmebestätigung unterzeichnet, wonach er das Gerät fabrikneu,
ordnungsgemäß, funktionsfähig und den Absprachen mit dem Lieferanten
entsprechend erhalten habe, kann sich der Leasingnehmer gegenüber dem
Leasinggeber dennoch auf **das Fehlen einer schriftlichen Bedienungsanleitung** berufen, wenn ihm deren Bedeutung für den Betrieb der Anlage
bei Ablieferung nicht geläufig war.[917]

Fehlt das nach dem Inhalt eines Leasingvertrages auch ohne Erwäh- 1279
nung im Vertragstext zur Hauptleistungspflicht gehörige Benutzerhandbuch bei Überlassung der geleasten Hardware und bestätigt der
Leasingnehmer dennoch den vollständigen Empfang der Leistung,
kann er sich nicht auf mangelnden Beginn seiner Mietzahlungspflicht
berufen, sondern allenfalls die Einrede aus § 320 BGB erheben. § 539
BGB ist in diesem Fall nicht anzuwenden. Im Rahmen des § 320
Abs. 2 BGB können die Rechtsgedanken von § 539 BGB jedoch herangezogen werden. Soweit es wegen Nichtlieferung des Benutzerhand-
buchs um die endgültige Verweigerung der Gegenleistung geht, finden
nur die Vorschriften der §§ 537 ff. BGB Anwendung.[918] Der Leasingnehmer, der nur einen **Teil** des Leasinggutes erhalten hat, jedoch den
Empfang der vollständigen Leistung auf einem vom Leasinggeber zur
Unterschrift vorgelegten Formular bescheinigt, kann sich wegen mangelnder Wahrung der Interessen des Leasinggebers schadensersatzpflichtig machen, wenn der Leasinggeber infolge der daraufhin geleisteten Zahlung des Kaufpreises einen Schaden erleidet. Dem Leasinggeber kann ein Mitverschulden zur Last fallen, soweit er oder der für
ihn als Erfüllungsgehilfe handelnde Lieferant die Unrichtigkeit kannte
oder kennen musste.[919]

---

[916] OLG Hamm, Urteil vom 22. 2. 1989 – 31 U 197/87, CR 1990, 37 f.
[917] OLG Frankfurt, DB 1985, 1736.
[918] BGH, Urteil vom 5. 7. 1989 – VIII ZR 334/88, WM 1989, 1574 = DB 1989, 2163 = CR 1990,
189.
[919] BGH, Urteil vom 1. 7. 1987 – VIII ZR 117/86, BB 1987, 1972, 1975.

Ist zwischen den Vertragsparteien bezüglich Hardware streitig, ob ein zum Vertragsinhalt gehörendes **Handbuch** geliefert worden ist, hat aber der Leasingnehmer die Abnahme der Leasingsache schriftlich und ohne Einschränkung bestätigt, so trifft den Leasingnehmer die Darlegungs- und Beweislast für die Unrichtigkeit seiner Erklärung (§ 363 BGB).[920] Grundsätzlich gleiche Überlegungen gelten, wenn das Handbuch für Software oder vollständige Systeme nicht geliefert worden ist.

Eine Klausel in den AGB des Leasinggebers ist als unangemessen benachteiligend unwirksam, durch die bei Abgabe einer **unrichtigen Übernahmebestätigung** des Leasingnehmers dessen unbedingte, nur durch erfolgreiche Inanspruchnahme des Lieferanten abzuändernde Zahlungspflicht für die Leasingraten begründet werden soll.[921]

1280 Zulässig ist, dass der **Leasinggeber** die ihm aus Erwerbsvertrag zustehenden **Gewährleistungsansprüche** im Leasingvertrag **dem Leasingnehmer abtritt** und sich gleichzeitig von seiner mietvertraglichen Gewährleistung wirksam freizeichnet, im nichtkaufmännischen Geschäftsverkehr[922] wie auch zwischen Kaufleuten.[923] Die **Freizeichnung** des Leasinggebers von seiner eigenen mietrechtlichen Gewährleistung ist dann **unwirksam**, wenn der Leasinggeber entweder nicht seine kaufrechtlichen Gewährleistungsansprüche an den Leasingnehmer abtritt oder diesen zumindest vorbehaltlos zu deren Geltendmachung bevollmächtigt.[924] Das Verbot des § 11 Nr. 10 Buchst. a AGBG ist auf Leasingnehmer grundsätzlich nicht anwendbar.[925]

Die Abtretung der Gewährleistungsansprüche stellt weder eine überraschende Klausel im Sinne von § 3 AGBG dar[926] noch führt sie zu einer unangemessenen Benachteiligung des Kunden im Sinne von § 9 Abs. 1 AGBG, auch nicht gegenüber kaufmännischen Kunden.[927] Unberührt bleibt die **Gebrauchsverschaffungspflicht des Leasinggebers**, von der sich dieser nicht wirksam freizeichnen kann.[928] Unwirksam ist eine AGB-Klausel, in der sich der Leasinggeber von der mietrechtlichen Gewährleistung freizeichnet, ohne seine kaufrechtlichen Gewährleis-

---

[920] BGH, a. a. O. Der Leasingnehmer kann sich in diesem Fall nicht auf mangelnden Beginn seiner Mietzahlungspflicht berufen, sondern allenfalls die Einrede nach § 320 erheben.

[921] BGH, a. a. O.

[922] BGH, WM 1984, 89.

[923] BGH, BGHZ 68, 118, 123 ff.; BGH, BGHZ 81, 298, 301 ff.; BGH, BB 1986, 900; OLG Koblenz, CR 1986, 466; § 11 Nr. 10 Buchst. a AGBG steht nicht entgegen (BGH, WM 1985, 638).

[924] BGH, BB 1986, 926.

[925] BGH, ZIP 1985, 682, 684 mit ausführlicher Begründung.

[926] BGH, a. a. O. unter Hinweis auf BGHZ 68, 118, 126 ff.

[927] BGH, a. a. O. unter Hinweis auf BGH, ZIP 1984, 1101, 1104.

[928] LG Mannheim, Urteil vom 8. 10. 1984 – 24 O 62/83, BB 1985, 144.

tungsansprüche gegenüber dem Lieferanten an den Leasingnehmer abzutreten.[929]

Ausreichend ist, dass nur die **Gewährleistungsansprüche getrennt** als solche **abgetreten** werden.[930] Durch eine Abtretungsregelung erklärt sich der Leasinggeber bereit, die rechtlichen Folgen aus der Geltendmachung der Gewährleistungsansprüche durch den Leasingnehmer gegen sich gelten zu lassen.[931] Zeichnete sich der Leasinggeber formularvertraglich von seiner mietrechtlichen Gewährleistung frei, ohne seine kaufrechtlichen Gewährleistungsansprüche an den Leasingnehmer abzutreten oder diesen vorbehaltlos zur Geltendmachung zu ermächtigen, so ist diese Freizeichnungsklausel gemäß § 9 Abs. 1 ABGG unangemessen und folglich unwirksam.[932]   1281

Die **Abtretung** muss aber **vorbehaltlos, unmittelbar und unbedingt erfolgen**.[933] Gegenüber dem Hersteller/Lieferanten kann der Leasingnehmer dann aus abgetretenem Recht wie ein sonstiger Käufer Gewährleistungsansprüche, etwa Mängelbeseitigung und Ersatzlieferung, Wandelung und Minderung geltend machen. Ansprüche aus Schlechterfüllung und Deliktshaftung müssen in der Abtretungsklausel ausdrücklich einbezogen werden. Ohne eine solche Abtretung oder bei Unwirksamkeit dieser Abtretung bleibt allein der Leasing**geber** gegenüber dem Verkäufer anspruchsberechtigt und trifft den Leasinggeber für die gesamte Vertragslaufzeit die mietvertragliche Eigenhaftung aus den §§ 537, 538 BGB (Eintritt der gesetzlichen Regelung nach § 6 Abs. 2 AGBG). Insbesondere kann der Leasingnehmer die aufgrund gesetzlicher Wirkung eintretende Minderung des Mietzinses geltend machen (§ 537 BGB). Unwirksam ist eine Klausel, der zufolge der Leasingnehmer (Mieter) verpflichtet wird, Gewährleistungsansprüche nach Wahl des Leasinggebers (Vermieter) gegenüber dem Lieferanten im eigenen Namen (also des Leasingnehmers) oder im Namen des Leasinggebers geltend zu machen.[934]   1282

[929] BGH, NJW 1987, 1072; LG Passau, unter Hinweis auf BGHZ 68, 118ff. und BGHZ 81, 28, 302ff.

[930] BGH, NJW 1977, 848.

[931] OLG Koblenz, Urteil vom 18. 10. 1985 – 2 U 346/84, CR 1986, 466.

[932] BGH, BB 1987, 926 = DB 1987, 631 = CR 1987, 423.

[933] BGH, ZIP 1987, 240, 241; BGH, WM 1988, 979, 982; BGH, ZIP 1990, 175, 177.

[934] BGH, ZIP 1987, 240, ebenso BGH, ZIP 1990, 175, 177. Hierin ist ein Vorbehalt des Leasinggebers zu sehen, die Ermächtigung zur Anspruchsgeltendmachung zu widerrufen. Weist die vom Leasinggeber in seinen AGB aufgenommene Ermächtigungsregelung einen solchen Vorbehalt auf, so gilt weder die Abtretungs- noch die Ermächtigungskonstruktion, sondern sind beide unwirksam (s. auch Graf v. Westphalen, Rn. 446). Dies bedeutet im Ergbnis, dass der Leasinggeber die rechtlichen Folgen aus der Geltendmachung der Gewährleistungsansprüche durch den Leasingnehmer als für sich verbindlich ansehen muss (BGH, WM 1981, 1219, 1221; Graf v. Westphalen, Rn. 448, 449).

1283 Die meist formularvertragliche Abtretung erfasst grundsätzlich nur Gewährleistungsansprüche, **nicht** aber etwa **Erfüllungsansprüche.** Soweit also etwa die teilweise Nichtlieferung von Software als teilweise Nichterfüllung des Vertrages anzusehen ist, liegt keine Abtretung vor und bleibt der Leasinggeber selbst vertraglich verpflichtet.[935] Die Abtretung von Erfüllungsansprüchen bedarf damit besonderer Vereinbarung im Leasingvertrag.

1284 **Keineswegs** muss diese Abtretung der dem Leasinggeber zustehenden Ansprüche an den Leasingnehmer als **pauschale** erfolgen, die sämtliche Ansprüche erfasst. Vielmehr ist im Einzelfall zu prüfen, welche Rechte jeweils vom Leasinggeber an den Leasingnehmer abgetreten wurden. **Meist werden nur Gewährleistungsansprüche abgetreten.** Jedoch selbst insoweit muss noch differenziert werden: So ist der Leasingnehmer sehr oft zwar berechtigt, Wandelung zu erklären, aber nur in seltenen Fällen die Rückzahlung des Kaufpreises unmittelbar an sich zu verlangen. Meist hat nämlich der Leasinggeber die Kaufpreiszahlung übernommen und selbst finanziert, so dass er den Rückzahlungsanspruch nicht an den Leasingnehmer abtritt. Hier muss die Zahlung an den Leasinggeber verlangt werden, da dieser sie gegenüber dem Lieferanten/Verkäufer getätigt hat. Der Leasingnehmer darf den Lieferanten also nicht auf Zahlung an ihn, den Leasingnehmer, verklagen.

Unwirksam ist eine formularmäßige **Gewährleistungsausschlussklausel,** die dem Leasingnehmer zwar das Recht gibt, vom Leasinggeber die Abtretung sämtlicher (kaufrechtlicher) Gewährleistungs-, Nachbesserungs-, Garantie- und Schadensersatzansprüche zu verlangen, dies jedoch nur Zug um Zug gegen Zahlung sämtlicher noch ausstehender Leasingraten und des sogenannten Restwertes sowie sonstiger mit der Auslieferung der Leasingsache zusammenhängender Kosten. Diese Regelung stellt den Leasingnehmer nämlich rechtlos, weil er seinerseits den Leasinggeber so stellen muss, als habe dieser eine zum vertraglichen Gebrauch geeignete Sache überlassen. Der Leasingnehmer müsste die nur bei vertragsgemäßer Leistung geschuldeten Leasingraten vorzeitig und in voller Höhe erbringen, obgleich er, falls etwa seine Wandelung Erfolg hat, Leasingraten überhaupt nicht schuldet.[936]

1285 Hat ein Dritter die Leasingsache beschädigt und zerstört und steht dem Leasinggeber hieraus ein **Schadensersatzanspruch gegen den Dritten** zu, realisiert der Leasinggeber aber andererseits seinen Anspruch auf volle Amortisation bei dem Leasingnehmer, so ist der Leasinggeber verpflich-

---

[935] LG Mannheim, Urteil vom 14. 1. 1983 – 9 O 241/82, DV-R 2, 174f.
[936] BGH, WM 1984, 933.

tet, dem Leasingnehmer Ansprüche aus § 823 Abs. 1 BGB gegen den Dritten abzutreten.[937] Außerdem stehen dem Leasingnehmer eigene deliktische Ansprüche gegen den Dritten zu,[938] insbesondere bezüglich des durch die Beschädigung/Zerstörung erlittenen, kausalen Nutzungsschadens.[939] Meist ist in Leasinggeber-AGB vorgesehen, dass der Leasingnehmer dem Leasinggeber entsprechende Schadensersatzansprüche schon bei Abschluss des Leasingvertrages im voraus abtritt.

Der Leasingnehmer muss die ihm aus dem Erwerbsvertrag durch Leasing-   **1286** vertrag abgetretenen Ansprüche (zumeist Gewährleistungsansprüche) gegenüber dem Lieferanten geltend machen. Diese **Geltendmachung folgt** hierbei dem Inhalt des Lieferantenvertrages und insoweit insbesondere den **Lieferanten-AGB**. Der **kaufmännische Leasingnehmer** ist hierbei gehalten, sich selbst von den AGB des Lieferanten Kenntnis zu verschaffen[940], während der Leasingnehmer als **Nichtkaufmann** vom Leasinggeber ausdrücklich auf die einzubeziehenden Lieferanten-AGB hingewiesen werden muss[941]. Der Hinweis auf die – im Bereich der abzutretenden Ansprüche – zum Tragen kommende Geltung der Lieferanten-AGB muss eindeutig und auf der Vorderseite des Leasingvertrages erfolgen.

Ein Einverständnis des Kunden mit der Geltung der Lieferanten-AGB soll außerdem nicht angenommen werden dürfen, wenn der Leasinggeber dem Leasingnehmer die Lieferanten-AGB nicht zur freien Verfügung überlässt oder der Leasingnehmer dem Leasinggeber den Abschluss des Leasingvertrages anbietet und der Leasinggeber dieses Angebot unter Modifikation durch Einbeziehung der Lieferanten-AGB annimmt.[942] Tritt ein Leasinggeber in seinen AGB unter der Überschrift „Gewährleistung" die ihm zustehenden Gewährleistungs- und Schadensersatzansprüche an den Leasingnehmer ab, so bezieht sich das nach dem Sinnzusammenhang nur auf die Ansprüche aus Rechts- und Sachmängeln und lässt andere Schadensersatzansprüche unberührt, etwa solche aus § 326 BGB.[943]

Der **Leasingnehmer hat aus der Abtretung das Recht,** soweit vertraglich   **1287** vereinbart, vom Lieferanten **Mängelbeseitigung** zu verlangen. Die Kosten für eine Beseitigung mitgeteilter Mängel dürfen nicht auf den Leasingneh-

---

[937] OLG Düsseldorf, ZIP 1983, 1092; BGH, WM 1986, 38.
[938] BGH, NJW 1981, 750 und BB 1990, 2441 f.; Graf v. Westphalen, Leasingvertrag, Rn. 689.
[939] BGH, WM 1976, 1133, 1135 und VersR 1977, 227 f.
[940] BGH, ZIP 1988, 175, 179; 1989, 1131, 1132.
[941] BGH, NJW-RR 1987, 112, ein insbesondere auch für Freiberufler wichtiger Umstand.
[942] Graf v. Westphalen, Leasingvertrag, Rn. 218, 220, 224.
[943] OLG Köln, Urteil vom 19. 1. 1982 – 9 U 135/81, DV-R 2, 130.

mer überwälzt werden. Dies würde auch im Bereich des kaufmännischen Verkehrs eine unangemessene, nicht hinzunehmende Benachteiligung im Sinne von § 9 Abs. 2 Nr. 1 Buchst. a AGBG darstellen.[944]

1288 **Mängelbeseitigung** kann verlangt werden, wenn sie im dem Kaufrecht folgenden Erwerbsvertrag vereinbart wurde (§ 476a BGB). Der Leasingnehmer muss den Anspruch unmittelbar gegen den Lieferanten geltend machen. Gleichzeitig steht dem Leasingnehmer gegenüber dem Leasinggeber die Einrede des nichterfüllten Vertrages gemäß § 320 BGB für die Dauer des Bestehens des Mangels zu, die er gegen den Zahlungsanspruch des Leasinggebers geltend machen kann.[945] Die Erhebung dieser Einrede des nichterfüllten Vertrages darf nicht formularmäßig ausgeschlossen werden, auch nicht gegenüber Kaufleuten.[946] § 478 BGB ist auf Leasingvertragsverhältnisse entsprechend anwendbar.[947] Kann das System etwa zu 75 % nicht genutzt werden, ist die Tauglichkeit aufgehoben. Wird dennoch weitergezahlt, bestehen keine Rückzahlungsansprüche aus Minderung.[948]

1289 **Nachlieferung** kann bei Gattungssachen verlangt werden (§ 480 BGB). Zwar ist die Aufwendungsersatzregelung des § 476a BGB nicht anwendbar, jedoch handelt es sich beim Nachlieferungsanspruch um einen Erfüllungsanspruch, so dass der Lieferant/Verkäufer die mit einem fehlgeschlagenen Erfüllungsversuch verbundenen Aufwendungen tragen muss.[949]

1290 **Wandelung** setzt die Einverständniserklärung des Lieferanten/Verkäufers voraus. In der Durchführung hat der Leasingnehmer die Leasingsache dem Lieferanten zurückzugeben, während der Lieferant den Kaufpreis dem **Leasinggeber** zurückzuzahlen hat.

1291 **Minderung** beinhaltet die mängelbezogene Vergütungsherabsetzung nach Mietrecht. Der Leasingnehmer kann sich auf Mietminderung gemäß § 537 BGB dann nicht berufen (unzulässige Rechtsausübung), wenn und soweit dem nach Mietrecht haftenden Leasinggeber wegen verspäteter Mängelanzeige ein Schadensersatzanspruch (aus § 545 Abs. 2 Satz 1 BGB) zusteht. Der Leasingnehmer verliert allerdings das Mietminderungsrecht aus § 537 BGB gegen den mietrechtlich haftenden Leasinggeber nicht gemäß § 545 Abs. 2 Satz 2 BGB, wenn der Leasinggeber nicht darlegt und beweist, dass die Herstellung der vertragsmäßigen Gebrauchsfähigkeit

---

[944] Graf v. Westphalen, a. a. O., Rn. 455 m. w. N.
[945] BGH, WM 1987, 219; Graf v. Westphalen, Leasingvertrag, Rn. 683–685.
[946] Graf v. Westphalen, Leasingvertrag, Rn. 687 f. m. w. N.
[947] LG Kempten, Urteil vom 6. 7. 1987 – 2 O 1400/86, CR 1988, 738, 740.
[948] LG Aachen, Urteil vom 24. 6. 1986 – 41 O 65/84, DV-R 4, 247.
[949] Graf v. Westphalen, a. a. O., Rn. 658.

ursprünglich möglich war, jedoch durch verspätete Mängelanzeige unausführbar geworden ist.[950] Durch entsprechende Anwendung der Grundsätze der §§ 462, 472 sind die vom Leasingnehmer geschuldeten Leasingraten entsprechend herabzusetzen.[951] Bezüglich des **Differenzbetrages** stellt sich bei Zahlungsverweigerung seitens des Leasingnehmers die für die Wandelungslage geschilderte rechtliche Situation entsprechend dar. Auch hier kann der Leasingnehmer bei Unterliegen mit Kündigungsfolge in Verzug geraten. Während der Dauer des Minderungsprozesses wird auch hier eine Aussetzung des Prozesses über eine leasinggeberseitige Zahlungsklage gemäß § 148 ZPO vorzunehmen sein.[952]

Die Berufung des Leasingnehmers auf Mietminderung (§ 537 BGB) stellt sich als unzulässige Rechtsausübung dar, wenn und soweit dem nach Mietrecht haftenden Leasinggeber wegen verspäteter Mängelanzeige ein Schadensersatzanspruch zusteht (§ 545 Abs. 2 Satz 1 BGB). Der Leasingnehmer verliert das Mietminderungsrecht (§ 537 BGB) gegen den nach Mietrecht haftenden Leasinggeber nicht gemäß § 545 Abs. 2 Satz 2 BGB, wenn der Leasinggeber nicht darlegt und beweist, dass die Herstellung der vertragsmäßigen Gebrauchsfähigkeit (Abhilfe) ursprünglich möglich war, durch verspätete Mängelanzeige jedoch unausführbar geworden ist.[953]

Schadensersatz wegen Fehlens zugesicherter Eigenschaften kann über die §§ 463 Satz 1, 480 BGB geltend gemacht werden. Der Anspruch gehört zur Palette der vom Leasinggeber abgetretenen Ansprüche. Macht der Leasinggeber hierbei aus Nichterfüllung den sogenannten „großen Schadensersatz" geltend, kommt es hierdurch ebenfalls zur Rückabwicklung im Verhältnis Leasinggeber/Leasingnehmer.   1292

Verlangt der Leasingnehmer aus abgetretenem Gewährleistungsrecht vom Lieferanten **Wandelung des Kaufvertrages**, also dessen Rückabwicklung, so führt dies zum **Wegfall der Geschäftsgrundlage** des Leasingvertrages.   1293

Verlangt der Leasingnehmer Schadensersatz wegen Nichterfüllung aufgrund Fehlens einer zugesicherten Eigenschaft (§§ 463, 480 Abs. 2 BGB), so entfällt bei Geltendmachen eines **werkvertraglichen Schadensersatzanspruches** nach § 635 BGB auch die Geschäftsgrundlage des Leasingvertrages, weil der Schadensersatzanspruch gemäß § 635 BGB systema-

---

[950] BGH, Urteil vom 17. 12. 1986 – VIII ZR 279/85, NJW 1987, 1072 = DB 1987, 631.
[951] Graf v. Westphalen, Leasingvertrag, Rn. 489.
[952] Graf v. Westphalen, a. a. O., Rn. 489, 491.
[953] BGH, Urteil vom 17. 12. 1986, a. a. O.

tisch voraussetzt, dass der Leasingnehmer dem Lieferanten zuvor gemäß § 634 BGB eine Frist zum Zwecke der Mängelbeseitigung gesetzt hat und dass diese Frist erfolglos verstrichen ist. Wie bei einem Rücktritt verliert der Leasingvertrag aufgrund der Geltendmachung des Schadensersatzanspruches die Geschäftsgrundlage von vornherein.

Bei Geltendmachung eines **kaufvertraglichen Schadensersatzanspruches** nach den §§ 463, 480 Abs. 2 BGB bleibt der Leasingvertrag zunächst bestehen, bis der Leasingnehmer gegenüber dem Lieferanten rückwirkend den Schadensersatzanspruch wegen Nichterfüllung geltend macht und dieser Anspruch rechtskräftig anerkannt worden ist. Aber auch in diesem Fall kann der Leasingnehmer gemäß § 320 BGB die Zahlung weiterer Leasingraten verweigern.[954]

1294 **Nach Ablauf der Gewährleistungsfrist** kann der Leasingnehmer weder den Verkäufer noch den Leasinggeber in Anspruch nehmen. Die Gewährleistung des Verkäufers ist erloschen und die mietrechtliche Mängelhaftung des Leasinggebers lebt nicht wieder auf. „Spätschäden", die nach dem Fristablauf auftreten, fallen allein in den Risikobereich des Leasingnehmers. Der Leasinggeber ist nach Fristablauf nicht mehr den Gewährleistungsansprüchen des Leasingnehmers ausgesetzt.[955] Ab diesem Zeitpunkt trägt der **Leasingnehmer** das **volle Mängelrisiko**. Er kann dann auch den Leasingvertrag nicht außerordentlich kündigen, da keine Vertragsverletzung seitens des Leasinggebers vorliegt. Vielmehr muss er die Leasingraten weiter voll bezahlen. Gleiches gilt, wenn der Leasingnehmer im Wandelungsprozess gegen den Leasinggeber rechtskräftig unterliegt[956] oder es versäumt, seine Gewährleistungsansprüche in der Verjährungsfrist geltend zu machen.[957] Der kurzen Verjährung unterliegen auch Ansprüche aus Verschulden des Lieferanten bei Vertragsschluss (etwa durch Verletzung einer dem Lieferanten obliegenden Aufklärungs- und Beratungspflicht), sofern sich das Verschulden auf Eigenschaften der Kaufsache bezieht.[958]

Fällt der Lieferant allerdings in Konkurs, bevor der Leasingnehmer die bestehende Verjährungseinrede erheben kann, ist der Leasinggeber nicht berechtigt, sich auf die Einrede der Verjährung gegenüber den Mängelansprüchen des Leasinggebers zu berufen.[959]

---

[954] Siehe Graf v. Westphalen, a. a. O., Rn. 552 ff. m. w. N.
[955] BGH, WM 1977, 390.
[956] BGH, WM 1985, 263.
[957] Canaris, NJW 1982, 305, 311.
[958] Graf v. Westphalen, a. a. O., Rn. 538.
[959] LG Kempten, CR 1988, 788.

Dem Leasinggeber hat der Leasingnehmer die Mängel anzuzeigen, er hat 1295
die **Informationspflicht** wenn der Leasinggeber seine Gewährleistungsansprüche gegenüber dem Lieferanten nicht wirksam an den Leasingnehmer abgetreten hat.[960] Der Leasingnehmer muss den Leasinggeber rechtzeitig über die Mängel und über einen eingeleiteten Gewährleistungsprozess unterrichten.[961] Sinn dieser **Informationspflicht** ist, dem Leasinggeber die Möglichkeit zu geben, auf den Lieferanten einzuwirken, um die
Mängelbeseitigung durchzuführen oder der Wandelung oder Minderung
zuzustimmen.[962]

Der Leasingnehmer muss dem Leasinggeber auftretende Mängel insbesondere dann unverzüglich anzeigen, wenn dem Leasinggeber daraus
Nachteile entstehen könnten, dass er dem Leasingnehmer haftet, ohne
Rückgriff beim Lieferanten nehmen zu können (§ 545 Abs. 1 BGB). Verletzt der Leasingnehmer diese Anzeigepflicht und erleidet der Leasinggeber dadurch einen Schaden, so ist der Leasingnehmer gegenüber dem Leasinggeber zum Ersatz des Schadens verpflichtet, den dieser durch die
unterlassene Mitteilung erleidet (§ 545 Abs. 2 BGB).[963] Relevant wird
diese Fallkonstellation etwa bezüglich der Verletzung vorvertraglicher
Beratungspflichten, die nicht in die Anspruchsabtretung im Verhältnis
Leasinggeber/Leasingnehmer einbezogen sind.

Der **Leasinggeber muss den Leasingnehmer genau** über die teilweise 1296
komplexe Verfahrensweise bei der Geltendmachung von Gewährleistungsansprüchen **aufklären,** damit der Leasingnehmer als rechtlich nicht vorge-
bildeter Durchschnittskunde in der Lage ist, diese weitergehenden Rechte
auszuüben. Der Leasinggeber wird grundsätzlich keine umfassende
Rechtsberatung schulden (die möglicherweise einen Verstoß gegen das
Rechtsberatungsgesetz darstellen würde). Eine entsprechende Beratung
kann allerdings zumindest insoweit geschuldet sein, als gerade die vom
Leasinggeber gewählte Abtretungskonstruktion zu Erschwernissen in der
Anspruchsdurchsetzung führt.

Der Schadensersatzanspruch des Leasingnehmers (oder Leasinggebers)
aus der schuldhaften Verletzung von Beratungspflichten des Lieferanten
bei der Auswahl des Leasinggutes verjährt innerhalb der sechsmonatigen
Frist des § 477 Abs. 1 BGB. Der Fristenlauf ist allerdings solange

---

[960] BGH, ZIP 1987, 240; Graf v. Westphalen, a. a. O., Rn. 545.
[961] BGH, ZIP 1987, 240, 242 und ZIP 1991, 519, 521.
[962] Vgl. Graf v. Westphalen, a. a. O., Rn. 483.
[963] BGH, WM 1987, S. 349, 352; OLG Koblenz, Urteil vom 11. 11. 1988 – 2 U 4/86, WM 1989,
    221, 225.

gehemmt, wie der Lieferant sich im Hinblick auf Beanstandungen des Kunden darum bemüht, diesen durch Nachbesserung abzuhelfen.[964]

5.3.6 Gewährleistungsrechte aus Überlassung von Software

a) Kaufrecht

1297 Auf den kaufweisen Erwerb von Software wird die kaufrechtliche Gewährleistung vom BGH zumindest analog angewendet. Es gelten hier grundsätzlich die Ausführungen zur Gewährleistung im Rahmen des Systemkaufs entsprechend. In einer kurzen Übersicht lässt sich Folgendes zusammenfassen:

– Nachbesserungsrecht

1298 Nach Kaufrecht stehen dem Käufer Nachbesserungsansprüche nicht aus Gesetz, sondern nur aufgrund besonderer vertraglicher Vereinbarung zu (§ 476a BGB). Werden Nachbesserungen nur gegen Bezahlung angeboten, stellt dies eine Verweigerung kostenloser Mängelbeseitigung dar.[965]

Haben die Vertragsparteien ein **Nachbesserungsrecht anstelle von Wandelung** oder Minderung vereinbart, so muss der zur Nachbesserung verpflichtete Verkäufer auch die zum Zwecke der Nachbesserung erforderlichen **Aufwendungen** tragen. Dieses Kostenrisiko wird besonders von Vertriebshändlern, die selbst keine Eingriffe in Computerprogramme vornehmen können, in der Praxis nur selten übernommen. Auch beim Off-the-Shelf-Verkauf durch Ladengeschäfte trägt meist der Kunde die Kosten für An- und Abtransport bei erforderlich werdenden Reparaturen. Anderes kann bei „gekaufter" ein- oder dreijähriger (unselbständiger) Garantie als vertraglich vereinbarte Erweiterung der gesetzlichen Gewährleistung gelten, sofern der Anbieter Vor-Ort-Service einschließlich Abholung und Wiederanlieferung bei Reparaturen/Nachbesserung verspricht.

1299 Ansätze in der Rechtsprechung, dem Kunden das Nachbesserungsrecht im Kaufrecht nicht nur bei entsprechender Vereinbarung, sondern durch Rechtsfortbildung vereinbarungsunabhängig zu geben,[966] begegnet zu Recht Kritik. Ein tragfähiges Gegenargument ist allerdings weniger in dem Umstand zu finden, dass Software vielfach über Händler vertrieben wird, denen Fehlerbeseitigungen schon technisch nicht möglich sind (die jeweilige Vertriebsstruktur kann nicht über die vertragstypologische Aus-

---

[964] BGH, DB 1984, 2132.
[965] OLG München, Urteil vom 15. 2. 1989 – 27 U 386/88, CR 1990, 646.
[966] Siehe etwa LG Nürnberg-Fürth, Urteil vom 16. 12. 1991 – 9 O 5720/90, CR 1992, 336, 339.

gestaltung entscheiden), und auch nicht in der Überlegung, dass zu überlassende Standardsoftware regelmäßig Gattungsschuld sei, der Käufer also einen Nachlieferungsanspruch aus § 480 BGB habe[967] (der Mangel haftet hier zumeist der ganzen Gattung an, so dass die Nachlieferung eines in genau derselben Weise mangelhaften Exemplars nicht sehr sinnvoll erscheint). Dogmatisch entscheidend wird sein, dass die Einführung eines vereinbarungsunabhängigen Nachbesserungsanspruches im Kaufrecht systemwidrig ist und zudem insoweit Rechtsunsicherheit erzeugt, als das Bestehen dieses Rechts davon abhängig gemacht werden soll, ob etwa die sofortige Ausübung des Wandelungsrechts ökonomisch unvertretbar ist. Auch besteht insoweit grundsätzlich kein Schutzbedürfnis von Anbietern gegen Wandelungen, da sie mit diesen grundsätzlich rechnen müssen und vereinbarungsweise ein Nachbesserungsrecht „vorschalten" können, wenn ihnen dies produktspezifisch sinnvoll erscheint. Schließlich ist der Diskussion bisher kein verwertbares Kriterium zur Abgrenzung derjenigen Bereiche zu entnehmen, für die ein kaufrechtlicher Nachbesserungsanspruch angenommen werden soll (nur für Software oder auch Hardware oder gar generell für jeden Warenkauf bzw. für alle „komplexen" Produkte?).

– Wandelung/Minderung

Liegen Mängel vor, die den vertraglich vorausgesetzten Gebrauch nicht   1300
unerheblich beeinträchtigen, kann der Käufer Wandelung des Kaufvertrages (Rückgängigmachen) oder Minderung der vereinbarten Vergütung verlangen (§§ 459, 462 BGB; ausführlich s. Rn. 1222). Versagt der Verkäufer dem berechtigten Wandelungs- oder Minderungsverlangen des Käufers seine Zustimmung, kann ihn der Käufer auf Abgabe einer entsprechenden Erklärung verklagen. Eine dreißigtägige Testperiode zur Prüfung auf Übereinstimmung mit Spezifikation und Dokumentation unter Ausschluss weitergehender Gewährleistung schließt Wandelung wegen Mängeln **außerhalb** der Spezifikation nicht aus.[968] Wurde eine Nachbesserungsverpflichtung des Verkäufers nicht ausdrücklich vereinbart, muss der Anwender auch nicht die Durchführung von Nachbesserungsversuchen abwarten, bevor er Wandelung oder Minderung verlangen kann. Mit der Durchführung der Wandelung des Software-Überlassungsvertrages werden eingeräumte Nutzungsrechte auf den Anbieter rückübertragen.[969]

---

[967] So Marly/Hoeren, Softwareverträge, Rn. 12, 13.
[968] OLG München, Urteil vom 15. 2. 1989 – 27 U 386/88, CR 1990, 646.
[969] Marly, Verträge, Rn. 581.

– Schadensersatzanspruch

1301 Ein verschuldensunabhängiger Schadensersatzanspruch steht dem Käufer zu, wenn der Kaufsache **zugesicherte Eigenschaften fehlen** oder deren Fehlen arglistig verschwiegen wird (§ 463 BGB). **Verschuldensabhängig** haftet der Verkäufer hingegen für Mängel**folge**schäden aus pVV (s. Rn. 1100), die nicht im unmittelbaren Zusammenhang mit Mängeln am Kaufgegenstand stehen, ebenso für Fehler bei der Instruktion (z. B. Einweisung in die Programmanwendung) und Beratung (z. B. bezüglich der Datenbankanwendung). Wird bestimmte Software nur der **Gattung** nach geschuldet (was bei Standardsoftware als Serienprodukt in der Regel der Fall sein dürfte), muss der Anbieter nur ein Exemplar aus der Gattung und kann der Käufer statt der Wandelung oder Minderung auch Lieferung eines anderen mangelfreien Exemplars anstelle des mangelhaften verlangen (§ 480 Abs. 1 Satz 1 BGB). Bei Software hilft dies aber dann nicht viel, wenn der **Mangel allen Programmexemplaren anhaftet.**

b) Miet- oder Pachtrecht

Auch hier gelten grundsätzlich die obigen Ausführungen zur Gewährleistung im Rahmen der Systemmiete. Folgende Gesichtspunkte sind für Software besonders zu betonen:

1302 **– Erfüllungsanspruch**

Der Anbieter muss dem Kunden während der gesamten Vertragsdauer den Gebrauch der Mietsache gewähren (§ 535 Satz 1 BGB), hierzu also die Software übergeben und in der Gebrauchsfähigkeit erhalten (§ 536 BGB).

– Mängelbeseitigungsanspruch

Der Anwender kann aus Mietvertrag jederzeit die Beseitigung von Mängeln der Software verlangen. Der Anbieter muss während der gesamten Vertragsdauer dafür sorgen, dass die überlassenen Programme mängelfrei funktionieren, da er als Vermieter die Überlassung einer mängelfreien Mietsache schuldet.

1303 **– Minderung**

Lässt sich die Software nicht in der vereinbarten Weise nutzen, braucht der Anwender für den Zeitraum der Beeinträchtigung nur einen verminderten oder überhaupt keinen Mietzins für die Nutzung der Software zu bezahlen.

Ist die Verwendbarkeit der Programme (etwa aufgrund ihrer Fehlerrate) messbar eingeschränkt, reduziert sich der Mietzins im entsprechenden Verhältnis (s. §§ 537 Abs. 1 Satz 1, 472ff. BGB).

– Schadensersatz   1304

Der Anwender hat aus Miet- oder Pachtvertrag Schadensersatzansprüche, wenn
- der Mangel des Programms bereits bei Vertragsabschluss vorhanden (nicht notwendig: offen erkennbar) war (§ 538 Abs. 1, 1. Fall BGB),
- der Mangel nach Vertragsabschluss infolge eines Umstandes entsteht, der vom Vermieter zu vertreten ist (§ 538 Abs. 1, 2. Fall BGB)
- oder der Vermieter mit der Mängelbeseitigung (auf Mahnung durch den Mieter hin) in Verzug gerät (§ 538 Abs. 1, 3. Fall BGB). Der Anwender kann hier den Mangel selbst beseitigen (lassen) und die notwendigen Aufwendungen ersetzt verlangen. Der Schadensersatzanspruch verjährt erst nach dreißig Jahren ab dem Zeitpunkt seiner Entstehung. Das gleiche gilt für Schäden aus einem bereits bei Vertragsabschluss vorhandenen Mangel (§ 538 Abs. 1, 1. Fall BGB).

– Ausschluss der Rechte bei Kenntnis des Anwenders   1305

Es gilt hier das zur Miete von Systemen Gesagte entsprechend. (Vgl. Rn. 1075, 1251.)

– Kündigung   1306

Der Anwender kann außerdem im Falle einer Mangelhaftigkeit der Software den Überlassungsvertrag unter den Voraussetzungen des § 542 BGB kündigen und vorausbezahltes Überlassungsentgelt zurückverlangen. Verschulden des Anbieters wird nicht vorausgesetzt, ebenso wenig Einhaltung einer Kündigungsfrist.

5.3.7 Gewährleistungsrechte aus Software-Erstellung

Zum **Begriff des „Software-Mangels"** s. Rn. 1175. Ein geringfügiger 1307
technischer Fehler, der mit geringem Kostenaufwand zu beseitigen ist, schließt, wenn er zur Funktionsunfähigkeit des gesamten Werks führt, Wandelungs- und Schadensersatzansprüche weder gemäß § 634 Abs. 3 BGB noch gemäß § 242 BGB aus.[970]

---

[970] BGH, Urteil vom 20. 10. 1992 – X ZR 107/90, NJW-RR 1993, 309.

1308 Zum **Begriff der „Abnahme"** s. Rn. 172. Bis zur Abnahme hat der Kunde als Besteller einen Anspruch auf Vertragserfüllung. Wird das Werk nicht abnahmereif erstellt, kann der Kunde die Abnahme verweigern und Beseitigung der Mängel oder Neuherstellung[971] verlangen, allerdings mit der Schranke des § 633 Abs. 2 Satz 2 BGB (Verweigerung der Nachbesserung durch Anbieter bei unverhältnismäßigem Aufwand). Das Auftreten von Programmfehlern stellt als solches noch keinen Mangel des Programmes dar, zumal bei Erstellung von Software stets mit Fehlern zu rechnen ist. Entscheidend ist allein, inwieweit diese Fehler die **Gebrauchseigenschaften** der Software **beeinträchtigen.**[972]

1309 Das **Pflichtenheft** (s. Rn. 10) legt mit Art und Umfang der Leistung auch den vertragsabhängigen Mängelbegriff fest. War etwa im Pflichtenheft festgehalten, dass Daten jederzeit geändert werden können sollen, ist in dem Umstand ein Fehler zu sehen, dass Stammdaten nur mit der Einschränkung einer vorherigen Großauswertung geändert werden können.[973] Aus dem Umstand, dass Software-Fehler nur bei der Definition (fehlerhafte Vorgaben), dem Entwurf (Design-Fehler) oder bei dem Codieren auftreten können[974], nicht aber erst später (dann sind allenfalls Fehler des Datenträgers denkbar), wurde zu Recht die Vermutung abgeleitet, dass Software-Fehler bereits bei Gefahrübergang vorhanden sind.[975] Eine Ausnahme kann allerdings für den Software-Teil **Dokumentation** gelten, in welche Anbieter auch noch nach Übergabe der Programme Fehler einbauen können, wenn sie die Dokumentation erst im Nachhinein erstellen. Sind vom Anbieter erstellte Programme mangelhaft (nicht tauglich für eine Nutzung mit der erkennbar beschränkten Speicherkapazität des Systems), so kann der Anbieter für die erstellten unbrauchbaren Programme keine Vergütung verlangen.[976]

1310 Das OLG Celle[977] hat die kaufmännische Rügepflicht auch bei **Werklieferungsverträgen** (s. §§ 381 Abs. 2, 377 HGB) über Individualsoftware bejaht, jedoch für EDV-unkundige Kaufleute den Umfang der Mängelschilderung auf das dem Laien zumutbare Maß beschränkt. Die Art des

---

[971] BGH, NJW-RR 1986, 310 f.
[972] KG Berlin, Urteil vom 30. 9. 1985 – 2 U 5503/83, DV-R 3, 45.
[973] LG Düsseldorf, Urteil vom 29. 4. 1985 – 41 O 92/84, CR 1987, 292.
[974] Zahrnt DV-V, 29.
[975] LG Coburg, Urteil vom 1. 8. 1984 – 2 O 478/83, IuR 1986, 314.
[976] OLG Celle, Urteil vom 26. 2. 1986 – 6 U 154/84, DV-R 4, 101.
[977] OLG Celle, Urteil vom 8. 11. 1985 – 11 U 212/84, IuR 1986, 311.

Mangels muss freilich erkennbar sein.[978] (Zur **Anwendbarkeit** des Han-
delsrechts und **der kaufmännischen Rügepflicht** generell und auf Software s. Rn. 1236.)

Die **Abgrenzung zur positiven Vertragsverletzung** (zum Begriff s.   1311
Rn. 1110) ist wie folgt zu sehen: Bei Werkvertragsrecht unterliegen
eigentliche Mängelschäden und Mängelfolgeschäden, die in einem
engen, unmittelbaren Zusammenhang mit der Werkleistung stehen, den
kurzen werkvertraglichen Gewährleistungsfristen. Derartige unmittelbare Mängelfolgeschäden treten etwa ein, wenn das Werk darauf ausgerichtet war, in der Hand des Bestellers/Kunden seine Verkörperung
in einem weiteren Werk zu finden (z. B. Programmgeneratoren), so
dass sich Fehler des ersten Werkes zwangsläufig auf das zweite Werk
übertragen müssen und u. U. überhaupt erst dort wirksam werden
(z. B. fehlerhafte Erstellung spezifischer Betriebssysteme, die eine
vereinbarte Programmanwendung zum Absturz bringen). Nur **entferntere Mängelfolgeschäden** werden der positiven Vertragsverletzung
zugeordnet, für die die Verjährungsfrist 30 Jahre läuft und bei der dem
Werkunternehmer Verschulden nachgewiesen werden muss (etwa,
wenn aufgrund der mangelhaften Anwenderprogramme Buchhaltungs-
fehler zu finanziellen Schäden des Anwenders führen). So muss ein
Steuerungsprogramm für eine Steinsäge so gestaltet sein, dass schadensträchtige Seitwärtsbewegungen ausgeschlossen sind. Fehlt ein
derartiger Schutzmechanismus, stellt der hierdurch hervorgerufene
Schaden einen entfernten Mangelfolgeschaden und keinen Funktions-
mangel dar, so dass der entsprechende Schadensersatzanspruch aus
pVV nach 30 Jahren verjährt.[979]

Die sechsmonatige, gesetzliche **Gewährleistungsfrist** (s. § 638 Abs. 1
BGB) wie auch die vertraglich vereinbarte kürzere oder längere Frist
beginnen in der Regel **mit der Abnahme** zu laufen.

a) Mängelbeseitigung

Wird ein **Werk** erstellt, schuldet der Werkunternehmer die Mängelbeseiti-   1312
gung aus Gesetz (§ 633 Abs. 2 Satz 1 BGB), wenn die Software in ihrem
Wert bzw. in ihrer Tauglichkeit zum vertraglich vorausgesetzten Gebrauch
gemindert oder dieser Wert bzw. die Tauglichkeit aufgehoben ist. Zugleich
ist der **Werkunternehmer** (Software-Anbieter) **zur Mängelbeseitigung**

---

[978] LG Köln, Urteil vom 4. 3. 1983 – 9 O 112/82, IuR 1986, 315.
[979] LG Stuttgart, Urteil vom 28. 10. 1994 – 22 O 535/93, MRC 1996, 7.

berechtigt, bevor der Kunde zu den Gewährleistungsrechten Wandelung, Minderung oder Schadensersatz übergehen kann. Der Mängelbeseitigungsanspruch ist kein Gewährleistungs-, sondern ein **Resterfüllungsanspruch** und kann in Formularverträgen des Anbieters nicht wirksam abbedungen werden (§ 11 Nr. 10 Buchst. b AGBG). In der Praxis für Software-Erstellung ist zu sehen, dass regelmäßig mit einer gewissen Anzahl von Fehlern zumindest bei Nutzungsbeginn zu rechnen ist. Der Kunde muss also mit gewissen Anlaufschwierigkeiten rechnen und mit dem Hersteller zusammenarbeiten, um die Fehler zu beheben bzw. beheben zu lassen.[980]

Das **Recht** des Anbieters zur Mängelbeseitigung **erlischt**, wenn die Vertrauensgrundlage zwischen den Vertragsparteien zerstört ist, so etwa bei Verstoß gegen eine nebenvertragliche Beratungspflicht durch Lieferung einer völlig unzureichend dimensionierten Anlage.[981] Gleiches gilt, wenn **zugesicherte Eigenschaften** fehlen (s. § 633 Abs. 1 und 2 BGB).

1313   Der **Mangel** muss vom Kunden bereits in der Beseitigungsaufforderung möglichst **konkret geschildert** und klar die **Beseitigung verlangt werden**. Aus dem Schreiben hat sich etwa zu ergeben, an welchem Programm der Mangel auftritt. Der Anwender braucht den Mangel freilich nicht in seiner Ursächlichkeit zu analysieren, sondern nur zu beschreiben.

1314   **Umfang der Beseitigungspflicht:** Der Werkunternehmer muss die Mängel des Programms beseitigen bzw. die fehlenden Eigenschaften herstellen, auch wenn ihn an der Abweichung kein Verschulden trifft oder er den Fehler bei der Werkerstellung nicht erkennen konnte.[982] Entscheidend ist das Leistungsversprechen, an das sich der Unternehmer binden muss, nämlich ein definiertes Ziel zu erreichen.

Der § 633 BGB enthält keine Einschränkung, dass bei unerheblicher Wert- oder Tauglichkeitsminderung Mängelbeseitigung nicht geschuldet wäre (wie es das Kaufrecht in § 459 Abs. 1 Satz 2 BGB vorsieht). **Jede Minderung** des Wertes oder der Tauglichkeit löst den Nachbesserungsanspruch des Kunden aus. Allerdings kann der Werkunternehmer die Beseitigung ablehnen, wenn sie für ihn mit unverhältnismäßigem Aufwand verbunden wäre.[983]

Für die **Bemessung einer Nachfrist** zur Mängelbeseitigung sind nachträgliche Änderungs- und Ergänzungswünsche des Bestellers nicht zu berück-

---

[980] LG Duisburg, Urteil vom 26. 9. 1986 – 4 S 150/86, DV-R 4, 276f.
[981] OLG Köln, Urteil vom 26. 10. 1990 – 19 U 28/90, CR 1991, 154f.
[982] BGH, WPM 1974, 311.
[983] Siehe BGHZ 59, 365, 367, 368.

sichtigen, wenn sie auf die Beseitigung des gerügten Mangels keinen
wesentlichen Einfluss gehabt haben oder doch bei geeigneter Programmierung hätten vermieden werden können.[984]

Die **Neuherstellung** des mangelhaften Werkes kann der bestellende   1315
Kunde dann verlangen, wenn nur auf diese Weise eine den Interessen des
bestellenden Kunden entsprechende Beseitigung der Mängel möglich
ist.[985] Diese Neuherstellungspflicht des Werkunternehmers kann selbst
noch nach der Abnahme entstehen, obwohl durch diese das Werk konkretisiert wurde.[986] Die Neuherstellung ist ein Grenzfall der Mängelbeseitigung. Durch sie wird aus dem **Anspruch auf Rest**erfüllung ein weiterhin
bestehender Anspruch auf volle Vertragserfüllung. Grenze ist aber die
Zumutbarkeit des anbieterseitigen Aufwandes (§ 633 Abs. 2 Satz 2 BGB).

Nicht alle Störungen müssen vom Werkunternehmer **beseitigt werden.**   1316
Ausgeschlossen sind vor allem vom Anwender zu vertretende Ursachen.

Beispiele:
– Nichtbeachten der Bedienungsanleitung,
– Verwenden vertragswidriger Datenträger,
– Nichteinhalten der Installations- und Aufstellungsvoraussetzungen,
– risikobehaftete Handlungen, wie Änderungen und Umsetzungen,
– Einwirkungen aus der Risikosphäre des Anwenders, wie Brand, Was-
  serbruch, sonstiger Zufall oder höhere Gewalt;
– vom Anbieter zu vertreten ist auch eine mangelhafte Datenbankintegrität (wenn sie nicht aufgrund ausdrücklicher Vereinbarung vom Anbieter
  herbeizuführen ist).

Der Anbieter hat alle mit der Nachbesserung verbundenen **Kosten** ein-   1317
schließlich aller Nebenkosten (etwa für Transport, Anfahrt, Arbeitszeit
und Material[987]) zu tragen. Auch erforderliche Nebenarbeiten gehören zur
Mängelbeseitigung.[988]

Schäden, die durch Nachbesserungsarbeiten entstehen und die ohne   1318
diese Nachbesserung nicht aufgetreten wären, etwa am sonstigen Datenbestand, hat der anbietende Unternehmer nach der Rechtsprechung auch zu
beseitigen bzw. zu ersetzen. Hierbei handelt es sich nicht um eine Position
des in kurzer Frist verjährenden Schadensersatzanspruches wegen Nicht-

---

[984] KG Berlin, Urteil vom 1. 6. 1990 – 14 U 4238/86, CR 1990, 768.
[985] BGH, NJW 1986, 711f. m. w. N. = BB 1986, 154.
[986] BGH, a. a. O. (Fn. 5).
[987] Siehe BGH, NJW 1979, 2095.
[988] BGHZ 58, 332, 339.

erfüllung im Sinne von § 635 BGB, der ein Verschulden des Unternehmers an diesem Schaden voraussetzt, sondern vielmehr um einen verschuldensunabhängigen Erfüllungsanspruch des Anwenders.[989] Nach dieser Rechtsprechung haftet der Werkunternehmer im Ergebnis nicht nur für die Beseitigung von Mängeln des Werkes, sondern auch für die Beseitigung aller aus der Nachbesserung entstehenden Schäden. **Datenverluste** aus unzureichender Datensicherung bei Datenübernahme auf ein neues System stellen hingegen nahe Mangelfolgeschäden dar, die der kurzen Verjährung des § 638 Abs. 1 BGB unterliegen.[990]

Auch in einem Update enthaltene **neue Mängel** begründen Anbieterhaftung, allerdings grundsätzlich aus positiver Vertragsverletzung, nicht aus Gewährleistung (da eine Schlechterfüllung der Nachbesserungsleistung vorliegt und nicht ein Mangel bereits bei Gefahrübergang).

Auch Schäden, die durch das (zeitweise) Vorhandensein der Mängel (bis zu deren Nachbesserung) hervorgerufen werden (etwa durch eingeschränkte Nutzbarkeit, Verdienstausfall, Sachverständigenkosten), sind vom Anbieter als Werkunternehmer zu erstatten. Dies gilt auch für die Zeit nach dem letzten (fehlgeschlagenen) Nachbesserungsversuch des Anbieters. Der Anwender kann den Schaden auch dann erstattet verlangen, wenn er dem Anbieter nicht zunächst Frist gesetzt und Leistungsablehnung angedroht hat.[991] Geht bei der Software-Nachbesserung schwer zu rekonstruierender Datenbestand verloren, dürfte der Werkunternehmer allerdings auf erhebliche Probleme stoßen, wenn von ihm die Behebung derartiger Schäden verlangt wird.

b) Eigennachbesserung durch Kunden (Prüfliste: Eigennachbesserung)

1319 Gerät der Werkunternehmer/Anbieter mit der Nachbesserung nach Fristsetzung durch den Besteller/Kunden in Verzug, so ist der Kunde berechtigt, den **Mangel selbst zu beseitigen** (bzw. durch ein Software-Haus beseitigen zu lassen) und vom Unternehmer Ersatz der erforderlichen Aufwendungen zu verlangen (§ 633 Abs. 3 BGB). Der Anwender muss aber zunächst den Ablauf einer von ihm gesetzten Nachbesserungsfrist abwarten und darf nicht in hypothetischer Betrachtung den Misserfolg der verlangten Nachbesserung im Voraus einfach unterstellen.[992] In der Literatur

---

[989] BGH, NJW 1963, 805, 811; BGHZ 96, 221.
[990] OLG Köln, Urteil vom 22. 4. 1994 – 19 U 253/93, NJW-RR 1994, 1262.
[991] BGH, NJW 1985, 381 ff.
[992] OLG Frankfurt/Main, Urteil vom 28. 4. 1981 – 5 U 155/80, DV-R 1, 750.

wird auf diesen Eigennachbesserungsanspruch meist recht knapp und ohne Rechtsprechungsnachweise verwiesen.[993] Dies indiziert die **geringe praktische Bedeutung** dieses Rechts, die durch den Umstand belegt wird, dass der Besteller oder eine von ihm beauftragte Drittfirma in der Regel zur Begrenzung des Aufwandes den Quellcode des zu bearbeitenden Programmes benötigt.

Das Entstehen des Eigennachbesserungsanspruches des Anwenders setzt voraus, dass sich der Unternehmer in **Verzug** befindet (§ 633 Abs. 3 BGB). Verzug setzt **Verschulden** voraus (§ 285 BGB). Der Unternehmer muss also den Verzug zu vertreten haben. Das ist etwa dann der Fall, wenn der Unternehmer/Anbieter gleichzeitig mehrere Aufträge annimmt, die er nicht alle fristgerecht erledigen kann. Es ist nicht der Fall bei einer schweren Erkrankung.[994] Die Fehlerbeseitigungsbefugnis des Kunden kann im (Formular-)Vertrag auf urheberrechtlicher Grundlage abbedungen werden (§ 69 d Abs. 1 UrhG).

Wesentliche Mängel an einem Computerprogramm können grundsätzlich nur beseitigt werden, wenn der **Quellcode verfügbar ist** (Ausnahme: Interpreter). Grundsätzlich ist der Anbieter – insbesondere bei Standardsoftware – nicht verpflichtet, den Quellcode herauszugeben, da er ein berechtigtes Interesse hat, das unberechtigte Kopieren und Verwerten des Programmes zu verhindern. Bei kaufweise vertriebener Standardsoftware wird freilich ohnehin kein Nachbesserungs- und folglich auch kein Eigennachbesserungsanspruch vereinbart. Selbst bei vertraglicher Vereinbarung eines Nachbesserungsrechts besteht aber **kein Anspruch des Kunden auf Herausgabe des Quellformates** des Programmes. Gleiches gilt für das gesetzliche Nachbesserungsrecht aus Werkvertrag. | 1320

Beseitigt der zur **Eigennachbesserung** berechtigte Kunde den bestehenden Mangel selbst, kann er erforderliche zeitliche und finanzielle **Aufwendungen** vom Werkunternehmer **ersetzt verlangen**, jedoch muss er den Zeitaufwand entsprechend nachweisen und wertmäßig beziffern. Hierbei ist der Maßstab für die Bewertung der Arbeitsleistung des Kunden, welche Kosten durch die Einschaltung dritter Firmen entstanden wären.[995] | 1321

Beseitigt der Kunde den Mangel oder lässt er ihn (z. B. dringender Termine wegen) beseitigen, **ohne** dass der Anbieter wirksam in **Verzug** gera-

---

[993] Siehe etwa Marly/Hoeren, Softwareverträge, Rn. 9.
[994] Vgl. RG, JW 1903, Beil. 114.
[995] Vgl. hierzu BGHZ 59, 328.

ten war, kann der Kunde keinen Aufwendungsersatz verlangen, nicht einmal aus Geschäftsführung ohne Auftrag oder ungerechtfertigter Bereicherung.[996]

1322 Solange nicht feststeht, dass die Nachbesserung entweder unmöglich ist oder vom Kunden selbst erfolgreich durchgeführt wurde, kann der Kunde vom Anbieter der Software einen **Kostenvorschuss** verlangen, den der Kunde später abrechnen muss. Der Einfachheit halber darf der Kunde diesen Vorschussanspruch mit dem ausstehenden (restlichen) Werklohnanspruch des Werkunternehmers/Anbieters aufrechnen.[997] Soweit der geleistete Vorschuss nicht verbraucht wurde oder jedenfalls unter objektiven Kriterien nicht erforderlich war, besteht ein Rückzahlungsanspruch des Anbieters. Insoweit ist der Kunde dann auch nicht berechtigt, die oben erwähnte Aufrechnung durchzuführen.

Der Kunde sollte gleichzeitig mit der Aufforderung zur Mängelnachbesserung eine Frist setzen, für den Verzugsfall Eigennachbesserung androhen und gleichzeitig darauf hinweisen, dass er nach Ablauf der Frist vorschussberechtigt ist und ggf. einen Kredit aufnehmen wird, um die Nachbesserungskosten vorzufinanzieren. Der dem Kunden erwachsende Zinsschaden kann dann ab tatsächlicher Ausreichung des Kredites verlangt werden, die allerdings erst nach Fristablauf erfolgen darf. Eine Fehlerbeseitigungsablehnung ist hierbei auch darin zu sehen, dass der Anbieter Software als fehlerfrei erklärt.[998]

1323 **Prüfliste: Voraussetzungen der Eigennachbesserung**

– Bestehen eines Mängelbeseitigungsanspruches;
– bestehender Werkvertrag;
– Vorliegen eines **Werkmangels**, der dem in Anspruch genommenen Werkunternehmer (Anbieter) zuzuordnen ist (das Risiko der richtigen Zuordnung bei Leistungen verschiedener Hersteller trägt der Kunde);
– **Verzug** des Werkunternehmers gemäß §§ 284, 285 BGB mit seiner Mängelbeseitigungspflicht gemäß § 633 Abs.2 Satz 1 BGB. Notwendig hierfür ist:
  • konkretisierte Aufforderung zur Mängelbeseitigung durch den Kunden,
  • Mängelbeseitigung nicht unmöglich,

---

[996] BGH, WPM 1978, 953.
[997] BGHZ 54, 244.
[998] AG Stuttgart, Urteil vom 18. 4. 1980 – 13 C 4778/79, DV-R 2, 192.

- Mahnung (§ 284 Abs. 1 BGB) oder Entbehrlichkeit der Mahnung (bei kalendermäßig bestimmter Leistung (§ 284 Abs. 2 BGB) oder bei ernstlicher und endgültiger Leistungsverweigerung),
- anbieterseitiges Vertretenmüssen bei Verzug,
- Anspruch auf **Ersatz tatsächlicher Kosten**, möglich auch Anspruch auf Vorauszahlung voraussichtlicher Kosten („Vorschussklage") abzüglich jeweils anfallender Sowieso-Kosten (also z. B. Kosten für ohnehin notwendig werdende Reparaturen etc.). Notwendig tatsächliche Absicht eigener Mängelbeseitigung.

c) Wandelung/Minderung

Der Anwender kann den Erwerbsvertrag wandeln (ihn rückgängig   1324 machen) oder eine Minderung der vereinbarten Vergütung verlangen, sofern der Mangel vom Werkunternehmer auch nach Nachbesserungsaufforderung und Fristablauf nicht beseitigt worden ist (§ 634 Abs. 1 BGB). **Voraussetzung für die Geltendmachung dieser Gewährleistungsansprüche** ist, dass der Mangel den Wert oder die Tauglichkeit des Vertragsgegenstandes (System und/oder Hardware, Software) nicht nur unerheblich mindert (§ 634 Abs. 3 BGB).

Die gesetzte Frist muss **angemessen** sein, also zur Beseitigung des Mangels ausreichen. An die Stelle einer zu kurzen Frist tritt automatisch die angemessene Frist.

Fristsetzung nach § 634 Abs. 2 BGB ist **entbehrlich**, wenn die Mängelbeseitigung unmöglich ist (Beispiel: Beseitigen eines Fehlers in einem massenweise vertriebenen Standardprogramm, das auch der Händler nur im Objektcode erhält) oder vom Auftragnehmer verweigert wird oder wenn der Besteller ein besonderes Interesse hat, seine Gewährleistungsansprüche sofort geltend zu machen, so etwa, wenn dem Besteller eine Nachbesserung (wegen Unzuverlässigkeit des Unternehmers oder wegen der mit dem Nutzungsausfall verbundenen Verluste) nicht zuzumuten ist.

Wird der Vertrag gewandelt, muss der Besteller das empfangene Werk   1325 zurückgeben (§§ 634 Abs. 4, 467 Satz 1, 346 Satz 1 BGB). Ist das nicht möglich, muss der Wert des mangelhaften Werkes vergütet werden.

Bei Geltendmachung eines **Minderungsanspruches** behält der Anwender   1326 das mangelhaft erstellte Werk. Die vereinbarte Vergütung wird jedoch anteilig verkürzt. Auch dann, wenn im Erwerbsvertrag zwar Wandelung, aber nicht Minderung ausgeschlossen ist, kann die verbleibende Restvergütung bei völliger Wertlosigkeit des Werkes auf null gemindert werden.[999] Dies kann auf die vollständige Rückgewähr der vereinbarten Vergütung hinauslaufen.

d) Schadensersatz wegen Nichterfüllung (Prüfliste: Schadensersatz wegen Nichterfüllung aus § 635 BGB)

1327 Beruht der Werkmangel auf einem vom Werkunternehmer zu vertretenden Umstand, kann der Anwender statt Wandelung oder Minderung Schadensersatz wegen Nichterfüllung verlangen (§ 635 BGB).

1328 **Voraussetzung** des Schadensersatzanspruches ist, dass wiederum die Voraussetzungen für die Ansprüche auf Wandelung oder Minderung erfüllt sind.[1000] Dies ist so weit und so lange nicht der Fall, wie der Kunde noch einen Nachbesserungsanspruch geltend machen könnte/müsste. Erst dann, wenn der Kunde zu Wandelung oder Minderung übergehen könnte, kann auch ein Schadensersatzanspruch entstehen. Von praktischer Bedeutung wird der Schadensersatzanspruch, wenn etwa die Nachbesserung nicht möglich ist. Schadensersatz muss der Anbieter zum Beispiel leisten, wenn er oder sein Erfüllungsgehilfe fahrlässig die einschlägigen fachlichen (wissenschaftlichen, technischen etc.) Regeln nicht ausreichend beachtet hat.

§ 635 BGB umfasst Mangelschäden und nähere/engere Mangelfolgeschäden (in einem engeren Zusammenhang mit dem Mangel), nicht aber entferntere Mangelfolgeschäden, für die der Anbieter verschuldensabhängig aus pVV haftet.[1001] Nähere Mangelfolgeschäden unterliegen damit der kurzen Verjährung, entferntere Mangelfolgeschäden hingegen der allgemeinen Verjährung (§ 195 BGB).[1002]

1329 Wurde das mangelhafte Werk ohne Vorbehalt abgenommen, sind zwar Wandelung und Minderung, nicht aber der Schadensersatz wegen Nichterfüllung ausgeschlossen (§ 640 Abs. 2 BGB[1003]), ebenfalls nicht ausgeschlossen ist der Anspruch auf Ersatz von Mängelbeseitigungskosten.[1004] Die Geltendmachung eines Schadensersatzanspruches gemäß § 635 BGB setzt keine vorherige Fristsetzung voraus, da hier der Zweck einer solchen

---

[999] BGHZ 42, 232.

[1000] Vgl. Palandt/Thomas, § 635 Anm. 2.

[1001] BGHZ 58, 85; 87, 239; 115, 32.

[1002] Die Abgrenzung zwischen beiden Folgeschadentypen ist nach wie vor derart umstritten, dass die Befürchtung geäußert wurde, die Verjährung nach § 638 BGB schaffe nicht etwa Rechtsfrieden, sondern im Gegenteil Streit (Medicus, JuS 1998, 289, 293).

[1003] Vgl. BGHZ 61, 369.

[1004] BGH, NJW 1980, 1952.

Fristsetzung fehlen würde (da der Schaden bereits eintrat, während die Fristsetzung auf eine Leistungsbewirkung abzielt).[1005]

Der Schadensersatzanspruch nach § 635 BGB geht auf **Geldersatz**.[1006] Der Besteller kann bei der Schadensberechnung nach § 34 wählen. Er kann außerdem, insoweit Mängel ohne unverhältnismäßigen Aufwand nachgebessert werden können, auch die dafür erforderlichen Kosten ersetzt verlangen, ohne daß er die erhaltenen Geldmittel tatsächlich für die Mängelnachbesserung verwenden müßte.[1007] Weiter kann der Besteller auch **Beseitigung des mangelhaften Werkes** fordern, aber wohl nur, wenn ihm eine Nachbesserung (auch auf Kosten des Werkunternehmers) nicht zuzumuten oder unmöglich ist. Zu denken ist hier an eine Datenbankinstallation, die fehlschlägt. Der Anwender muss hier seine Datenspeicher wieder frei bekommen, um sie für benötigte Daten verwenden zu können.

1330

Mängelgewährleistungsrechte können vom Kunden nur insoweit geltend gemacht werden, als er selbst **vertragstreu** ist. Der Kunde kann aus der unterbliebenen Fertigstellung und/oder Mängelbeseitigung dann kein Recht auf endgültige einseitige Zurückweisung der Leistung ableiten, wenn er selber seine Gegenleistung unberechtigt verweigert oder von ungerechtfertigten oder unzumutbaren Bedingungen abhängig macht und damit der Gegenseite Veranlassung zur Einstellung der noch ausstehenden Arbeiten gegeben hat. In solchen Fällen kann der Anbieter ungeachtet seiner an sich gegebenen Vorleistungspflicht nach Treu und Glauben seine weitere Tätigkeit verweigern, solange der bestellende Kunde auf seinem Standpunkt beharrt.[1008] Es fehlt dann schon am Verzug des Anbieters und der Kunde kann schon deshalb nicht nach § 326 BGB wegen unvollständiger Leistung vom Vertrag zurücktreten oder Schadensersatz wegen Nichterfüllung verlangen und sich damit im Ergebnis seiner eigenen Zahlungspflicht entledigen.[1009] Aus den gleichen Gründen kann sich der Kunde dann auch nicht über eine Fristsetzung nach den §§ 634ff. BGB von seiner eigenen Leistungspflicht befreien. Diese Überlegungen gelten freilich nur, wenn und soweit der Kunde nicht die Zahlung gemäß § 273 BGB zurückbehalten darf.

1331

[1005] BGH, Urteil vom 20. 12. 1990 – VII ZR 302/89, BB 1991, 375.
[1006] BGH, NJW 1978, 1853.
[1007] BGH, NJW 1974, 1322.
[1008] BGH, Urteil vom 15. 5. 1990 – X ZR 128/88, CR 1991, 86; BGHZ 50, 175, 178.
[1009] BGH, Urteil vom 15. 5. 1990, a. a. O.; BGH, LM, § 346 BGB. Nr. 6 Bl. 4; BGH, NJW 1984, 869; 1987, 251, 253.

1332 **Prüfliste: Schadensersatz wegen Nichterfüllung aus § 635 BGB**
– Bestehender Werkvertrag;
– Werkmangel, dem Werkunternehmer zuzuordnen;
– Voraussetzungen der Wandelung/Minderung sind erfüllt, insbesondere Fristsetzung mit Ablehnungsandrohung und Fristablauf (bzw. Scheitern oder ernsthafte und endgültige Verweigerung der Mängelbeseitigung);
– Verschulden des Werkunternehmers an Mängelentstehung (ausnahmsweise Verschuldenserfordernis hier auch im Rahmen der Gewährleistung erforderlich);
– Abnahme des Werkes;
– ersatzfähiger Schaden (unter eventueller Vorteilsausgleichung der Sowieso-Kosten).

1333 Erfordert die Mängelprüfung Arbeitszeit eines Mitarbeiters, scheidet ein Anspruch auf Schadensersatz trotzdem aus, wenn das betroffene Unternehmen die Gehälter der Mitarbeiter auch im Falle der uneingeschränkten Funktionsfähigkeit hätte bezahlen müssen.[1010] Anderes kann für Ersatzansprüche aus Verletzung von Anbieterpflichten gelten.

Der BGH hat hier in seiner Entscheidung vom 2. 7. 1996[1011] eine **wesentliche Erleichterung für die Durchsetzung von Ersatzansprüchen des Geschädigten** formuliert: „Wie § 249 Satz 2 BGB für alle Fälle der Verletzung einer Person oder der Beschädigung einer Sache zeigt, regelt das Gesetz, daß der Geschädigte, gleichgültig, ob er den Schaden selbst behoben hat oder ihn durch Dritte hat beheben lassen, den zur Herstellung erforderlichen Geldbetrag verlangen kann.[1012] Die erforderlichen Aufwendungen können danach als Herstellungskosten sogar dann zu ersetzen sein, wenn der Geschädigte die Sache überhaupt nicht instand setzen läßt.[1013] Auch erkennt die Rechtsprechung des BGH eine Regel, daß kein Ersatz für Zeitaufwand im eigenen Unternehmen verlangt werden könne, nur an, sofern die Zeit zur Schadensermittlung und zur außergerichtlichen Abwicklung des Schadensersatzanspruchs angefallen ist und der im Einzelfall erforderliche Zeitaufwand nicht die von einem privaten Geschädigten typischerweise zu erbringende Mühewaltung überschreitet."[1014] Um einen derartigen Aufwand sei es im zu entscheidenden Fall jedoch nicht

---

[1010] LG München I, CR 1996, 356.
[1011] BGH, Urteil vom 2. 7. 1996 – X ZR 64/94, NJW 1996, 2924.
[1012] Vgl. BGH, NJW 1992, 1618 = LM 1, 1993 § 249 [Fa] BGB Nr. 21.
[1013] BGH, NJW 1989, 3009 = LM § 249 [A] BGB Nr. 27; BGHZ 81, 385 [391] = NJW 1982, 98 = LM § 249 BGB Nr. 16 m. w. N.
[1014] Vgl. BGHZ 76, 216 [218] = NJW 1980, 1518 = LM § 249 [Gb] BGB Nr. 52; BGHZ 75, 230, 232 = NJW 1980, 119 = LM § 249 [Gb] BGB Nr. 20 m. w. N.

gegangen. Denn die Maßnahmen einschließlich der zur Feststellung der gelöschten Daten durchgeführten Inventur dienten dazu, eine Störung im geldwerten Vermögen der Klägerin zu beheben, weil die bisher vorhandenen Daten fehlten. Damit war ein bestimmter Teil des Vermögens der Klägerin betroffen und der Gegenstand des Prozesses ist das auf einen konkreten Vermögensgegenstand bezogene Reparationsinteresse der Klägerin. Als Richtschnur des Schadensersatzes stehe hierfür das Gesetz § 249 Satz 2 BGB zur Verfügung[1015], wobei diese Bestimmung gerade auf eine „Restitution in Eigenregie des Geschädigten abstellt".[1016] Dies bedeute nicht, dass dem Geschädigten eine unangemessene Veranlassung von Kosten erlaubt wäre. Jedoch könne auch nicht angenommen werden, „dem Geschädigten sei zuzumuten, besondere Anstrengungen zur Schadensbehebung, die er durch den Einsatz seiner oder der Arbeitskraft seiner Mitarbeiter unternommen hat, dem Schädiger zukommen zu lassen"[1017]. „Es ist vielmehr der zur Wiederherstellung erforderliche Geldbetrag zu erstatten, der unbeschadet der auf die individuellen Möglichkeiten und Belange des Geschädigten Rücksicht nehmenden subjektbezogenen Schadensbetrachtung nach objektiven Kriterien, d. h. losgelöst von den für die Schadensbeseitigung tatsächlich aufgewendeten Beträgen, zu bestimmen ist"[1018] „Rentabilitätsüberlegungen, wie sie das Berufungsgericht hilfsweise im Hinblick darauf angestellt hat, daß die Angestellten der Klägerin ohne das schädigende Ereignis andere, dem Wert ihres Lohnes entsprechende Leistungen erbracht haben könnten, haben hierbei keine Berechtigung."(!)[1019]

Diese wichtige Entscheidung erleichtert die Schadensberechnung für den Geschädigten wesentlich[1020] durch Vereinfachung des erforderlichen Sachvortrages: Das Gericht hat nach Auffassung des BGH eine Schadensschätzung gemäß § 287 ZPO vorzunehmen, die nur abgelehnt werden dürfe, wenn deren Ergebnis mangels greifbarer Anhaltspunkte völlig in der Luft hängen würde.[1021] Eine Schadensersatzklage dürfe so lange nicht wegen lückenhaften Vortrags abgewiesen werden, wie greifbare Anhaltspunkte für die Darstellung des Klägers vorhanden sind.[1022]

[1015] BGH, NJW 1980, 1518.
[1016] BGH, NJW 1992, 302.
[1017] BGH, NJW 1992, 1618.
[1018] BGH, NJW 1989, 3009.
[1019] BGH, Urteil vom 2. 7. 1996 – X ZR 64/94, NJW 1996, 2924.
[1020] Ebenso Schneider, CR 1997, 389, 392.
[1021] BGH, a. a. O., unter Hinweis auf BGH, NJW 1994, 663.
[1022] BGH, a. a. O., unter Hinweis auf BGH, NJW 1992, 2694.

1334 Wichtig ist hier weiter der Ansatz des BGH zu einer tragfähigen **Schadensbemessung**. Der BGH führt hierzu aus:

„Das von der Klägerseite vorgelegte Privatgutachten befaßt sich zunächst mit den zur Wiederherstellung der nicht gesicherten Daten erforderlichen Arbeitsschritten. Sodann schätzt es die Anzahl der verlorengegangenen Daten auf eine bestimmte Anzahl, ebenso wie die erforderliche Bearbeitungszeit je Vorgang, und vervielfacht diese mit zuvor aus den im Betrieb der Klägerin tatsächlich gezahlten und auf einen Stundensatz umgerechneten Löhnen. Entsprechend verfährt das Gutachten mit dem geltend gemachten Aufwand für Inventurkosten und Rufaktionen; der Verdienstausfall wegen unterbliebenen Mailings ist anhand einer mittleren Erfolgsquote, des Nettoumsatzes und des sich an der Umsatz-/Kostensituation eines bestimmten Vorjahres orientierenden Gewinns ermittelt."[1023] Das Gutachten offenbare auf diese Weise eine Vielzahl von Einzelheiten, die bei Ausnutzung des durch § 287 ZPO dem Tatrichter eingeräumten Ermessens Feststellungen erlauben, ob von einer überwiegenden Wahrscheinlichkeit der klägerseits aufgestellten Behauptungen auszugehen ist.[1024]

§ 635 BGB umfasst auch Schäden, die beim Anschluss eines Systems an die Stromversorgung entstehen.[1025] Abzugrenzen ist danach, ob sich der Schaden am Werk selbst verwirklicht hat (Schadensersatz aus § 635 BGB) oder an anderen Rechtsgütern durch Hinzutreten eines weiteren Ereignisses (Mangelfolgeschäden, ersatzfähig nach pVV, Verjährung ebenfalls in kurzer Frist des § 638 BGB).[1026] Ein solcher Folgeschaden wurde von der Rechtsprechung etwa bei Auftreten von Schäden aus Planungs- und Prüffehlern angenommen.[1027] Das ist etwa der Fall bei der **Systemplanung** oder bei im Rahmen von Wartungsverträgen geschuldeten Prüfleistungen,

---

[1023] BGH, a. a. O.
[1024] Siehe bereits BGH, NJW 1994, 3295.
[1025] LG Stuttgart, Urteil vom 10. 12. 1985 – III KfH O 217/84, CR 1986, 203. Auch ein Anspruch aus pVV käme in Betracht (Klaas in Urteilsanm. CR 1986, 204f.).
[1026] BGH, Urteil vom 2. 7. 1996 – X ZR 64/94, CR 1966, 663 = WiB 1997, 46, sofern ein „enger …, lokaler … Zusammenhang zwischen Werkmangel und Folgeschaden besteht, so daß der durch den Werkmangel bedingte Schaden regelmäßig nicht erst nach langer Zeit in Erscheinung tritt, und wenn zudem eine Interessenabwägung ergibt, daß der Unternehmer billigerweise nicht damit rechnen muß, noch lange Zeit in Anspruch genommen zu werden". Die Abgrenzung kann also nur im Fallkontext und unter Interessenabwägung erfolgen. Thamm (WiB 1997, 48) spricht nicht ganz zu Unrecht von einem „Lotteriespiel der Einordnung von Mangelfolgeschäden", vor dem es dem Praktiker grause. Nur treten solche Ungewissheiten bei der exante-Beurteilung der Prozesschancen wohl in jedem Fall auf, in dem das Gesetz eine Interessenabwägung vorsieht und von der eindeutigen Zuweisung von Verjährungsregelung absieht.
[1027] BGH, Urteil vom 2. 7. 1996, a. a. O., 46 unter Bezug auf BGH, NJW 1962, 1764; NJW 1967, 2259; NJW 1979, 214.

soweit sie nach Werkvertrag zu beurteilen sind. Schäden aus auftretendem Datenverlust sind ersatzfähig.[1028] Beim Schadensersatz wegen Nichterfüllung sind die Schadensbeträge **netto** (ohne Umsatzsteuer) zu berechnen, wenn der Geschädigte wegen der Kosten der Ersatzbeschaffung von Software zum Absatz der Vorsteuer berechtigt ist.[1029] **Folge:** Die Sperrenfreiheit muss aus Kundensicht deswegen unbedingt ausdrücklich vom Anbieter zugesichert werden.

5.3.8 Gewährleistungsrechte aus Wartungs- und Pflegeleistungen

Einen **Mangel** im Sinne des Werkvertragsrechtes weist die Wartungs- oder   1335
Pflegeleistung des Anbieters auf, wenn diese Leistung nicht zu dem Funktionsstatus führt, der nach dem Vertrag einzuhalten oder wiederherzustellen ist.

Mängel der Wartungsleistung dürfen nicht mit Systemmängeln gleichgesetzt werden. Eine Wartungsleistung ist mangelhaft im Sinne von § 633 Abs. 1 BGB, wenn die Anlage in einen Zustand gerät, in dem Störungen zu erwarten sind **und** dieser Zustand auf ungenügende Wartungsleistungen zurückzuführen ist (**unzureichende Instandhaltung**). Mögliche Systemstörungen sind Folgen des Leistungsmangels. Andere Ursachen der Störanfälligkeit können zwar Wartungsleistungen auslösen, aber nicht selbst Mängel bereits erbrachter Leistungen darstellen. Es genügt hierbei nicht, eine unzulängliche Arbeitsweise des Systems zu rügen. Vielmehr muss die Störung durch fehlerhafte Wartungs-/Reparaturarbeiten hervorgerufen worden sein.[1030] Zur Annahme eines Mangels gelangt man nur dann, wenn man die Anwendbarkeit von Werkvertragsrecht annimmt. Andernfalls liegt eine Schlechtleistung im Rahmen eines Dienstvertrages vor, die nur eine verschuldensabhängige Schadensersatzhaftung auslösen kann.

Ist **Dienstvertragsrecht** auf Wartungs- oder Pflegeleistungen anwendbar,   1336
haftet der Anbieter nur bei Vertretenmüssen. Dies ist zumindest immer dann indiziert, wenn grobe Abweichungen von den vorgegebenen, jeweils aktuellen Regeln des Software-Engineering („state-of-the-art") festgestellt sind. Kann der Kunde dem Anbieter ein Verschulden beweisen, ist ein Anspruch auf Ersatz des dem Kunden entstandenen Schadens durchsetzbar.

Ist **Werkvertragsrecht** anzuwenden, haftet der Anbieter verschuldensunabhängig für entsprechende Abweichungen. Die Tendenz, Wartungs- und

---

[1028] BGH, Urteil vom 2. 7. 1996, a. a. O.
[1029] LG Wuppertal, CR 1996, 732.
[1030] OLG Düsseldorf, Urteil vom 14. 1. 1987 – 19 U 48/86, CR 1988, 31.

Pflegeleistungen wesentlich Werkvertragsrecht zuzuordnen, erhöht das Risiko des Anbieters derartiger Leistungen. Bei Anwendbarkeit von Werkvertragsrecht stehen dem Kunden als Auftraggeber Ansprüche auf Mängelbeseitigung, Wandelung, Minderung oder Schadensersatz zu.

5.3.9 Gewährleistung und Haftung für Hotline-/Help-Desk-Auskünfte

1337 Der Anbieter muss für Hotline-/Help-Desk-Auskünfte nur dann Gewähr leisten, wenn die Auskunftserteilung Werkvertrags- oder Kaufrecht folgt. Dies ist nur in einem relativ kleinen Teil der Fälle einer solchen Auskunftserteilung anzunehmen.

Bloße Auskunftserteilung als reine Gefälligkeit kann schon mangels entstehenden Vertragsverhältnisses keine Gewährleistung begründen, allenfalls eine allgemeine deliktische Haftung, wenn deren strenge Voraussetzungen (u. a. Ausschluss reiner Vermögensschäden) erfüllt sind, und auch nur dann, wenn dem Anbieter ein Verschulden anzulasten (und nachzuweisen) ist. Besteht also kein Vertragsverhältnis zwischen Hotline-/Help-Desk-Anbieter und Anwender, ist mangels besonderer Vereinbarung das Vorliegen eines Gefälligkeitsverhältnisses anzunehmen und damit keine vertragliche Haftungs- oder Gewährleistungsgrundlage gegeben.

Dies gilt in allen Fällen, in denen interessierte Anwender bei System- oder Software-Herstellern einfach anrufen, um sich zu bestimmten Fragen kundig zu machen. Dies gilt aber auch für Kunden der jeweiligen Anbieter, wenn die Kunden ihre Eigenschaft als Vertragspartner und hieraus entsprechende Ansprüche nicht offen legen. Der Anbieter ist insoweit nicht gehalten, das eventuelle Bestehen von Vertragsverhältnissen zu ermitteln. Vielmehr ist es Sache des Kunden, seine bestehenden Ansprüche gegenüber dem Anbieter mitzuteilen und durchzusetzen. Bei besonders **vergütungspflichtigen Hotlines** wird aber grundsätzlich ein Vertragsverhältnis anzunehmen sein.

1338 Im **Auftragsverhältnis** greift ebenfalls nur Verschuldenshaftung, keine verschuldensunabhängige Gewährleistung ein. Gleiches gilt, wenn die Auskunftserteilung als Dienstleistung einzustufen ist, die Dienstvertragsrecht folgt.

Gewährleistung kommt nur über Kaufrecht oder Werkvertragsrecht in Betracht. Kaufrecht scheidet hier dann aus, wenn nur telefonische Informationen übermittelt werden, es also an der Übergabe einer beweglichen Sache fehlt. Anderes kann gelten, wenn der Anbieter dem anfragenden Kunden gegen Vergütung ein (selbst standardisiertes) Update schickt.

Werkvertragsrecht mit strenger Gewährleistung und insbesondere Scha-   1339
densersatzhaftung ist anzuwenden, wenn der Anbieter etwa individuell
eine Problemlösung für den anfragenden Anwender erarbeitet. Hierbei
genügt es, wenn die erarbeitete Lösung mündlich mitgeteilt wird. Das
erstellte haftungsbegründende Werk muss keine Sache sein. Andererseits
kann auch die Übersendung eines Update dem Werkvertragsrecht unterliegen, wenn das Update eine vom Anbieter individuell erarbeitete Problemlösung enthält. Hotline/Help-Desk-Anbieter können also sowohl nach
Werkvertragsrecht als auch nach Kaufrecht Gewähr zu leisten haben.
Relevant wird diese Unterscheidung insbesondere, wenn Wartungs- oder
Pflegeleistungen über Hotline erbracht werden; Gleiches gilt auch für entsprechende Leistungen über DFÜ.

Soweit keine Gewährleistung eingreift, bleibt zu prüfen, ob ein sonstiger
Haftungstatbestand erfüllt ist, so etwa eine Haftung aus Schlechtleistung
oder aus Produkthaftung. Inhaltlich kann der Anbieter für unrichtige oder
unvollständige Informationen einzustehen haben. Ob eine Information
unrichtig oder unvollständig ist, muss im Einzelfall vor dem Hintergrund
der vom Anwender gestellten Frage oder des mitgeteilten Fehlerzustandes
entschieden werden. Zu berücksichtigen ist auch, wann etwa welche Information über neue Programmentwicklungen oder von anderen Anwendern
festgestellte Fehlerzustände beim Anbieter eingegangen sind.

5.4 Behandlung von Fehlerdefinitionen nach DIN 66 271[1031]

DIN 66 271 führt eine Reihe von begrifflichen Klärungen aus techni-   1340
scher Sicht ein, die auch in vertrags- und vor allem gewährleistungsrechtlicher Sicht genutzt werden können. Ausgangspunkt ist die Festlegung in DIN/ISO 8402 (Entwurf 3.92), wonach „Fehler" als „Nichterfüllung einer festgelegten Forderung" angegeben wird. DIN/ISO 8402
lässt verschiedene Stufen der Konkretisierung zu, für die DIN 66 271
Kriterien nennt. DIN 66 271 unterscheidet Fälle, die auch in der Praxis
als Fehler betrachtet werden, von anderen, in denen zwar eine Forderung verletzt wird, die aber wegen der Geringfügigkeit der Nichterfüllung oder wegen der Unverbindlichkeit der Forderung in der Praxis
nicht als Fehler gewertet werden.

DIN 66 271 beschreibt als Verfahrensnorm Kriterien für die Erfassung,
Analyse und Beurteilung von Abweichungen, die während der Entwick-

---

[1031] DIN 66 271: Software-Fehler und ihre Behandlung in den Vertragsverhältnissen.

lung, bei der Abnahme oder im Einsatz von Software auftreten, ebenso Kriterien dafür, ob Fehler **sachlich** eine Korrektur erfordern oder ob sie **vertraglich** eine Abnahme verhindern oder der Gewährleistung unterliegen.

5.4.1 Unterscheidung Fehler/Fehlhandlung/Fehlzustand/Abweichung

1341 **Fehlhandlung:** „Unwissentlich, versehentlich oder absichtlich ausgeführte Handlung oder Unterlassung, die unter gegebenen Umständen (Aufgabenstellung, Umfeld) einen beabsichtigten Zweck nicht erfüllt."[1032]

Fehlzustand: „Zustand eines Produktes oder einer seiner Komponenten, der unter spezifischen Bedingungen (z. B. einer speziellen Belastung) eine geforderte Funktion des Produktes beeinträchtigen kann."[1033]

Abweichung: „Unterschied zwischen einem Merkmalswert und einem Bezugswert."[1034]

Forderung: „Geltend gemachter Anspruch auf einen angegebenen Soll-Wert für ein Merkmal eines Produktes."[1035]

5.4.2 Vorgehensweise bei der Behandlung von Abweichungen

1342 DIN 66 271 geht für die Beurteilung einer Abweichung in einer vertragsbestimmten Situation von der Beantwortung folgender Fragen aus:
– Sind Korrekturen sachlich notwendig?
– Welche vertragliche Basis haben sie?
– Welche Priorität haben sie?
– Ist die Abweichung abnahmehindernd?
– Muss der Lieferant gewährleisten?
– Wer trägt die Verantwortung für eventuell aufgetretene Schäden?

5.4.3 Erfassung und Analyse

1343 Zu erfassen sind:
– „die Identität des Produktes und der Systemumgebung,
– der Zeitpunkt der Abnahme,
– die Antwort auf die Frage, ob die Abweichung innerhalb der Gewährleistungsfrist aufgetreten ist,

---

[1032] DIN 66 271 Nr. 2.2.
[1033] DIN 66 271 Nr. 2.1.3.
[1034] Aus DIN 55 350 Teil 12, zitiert nach DIN 66 271 Nr. 2.1.4.
[1035] DIN 66 271 Nr. 2.1.5.

– Art und Umfang der Nichterfüllung durch Gegenüberstellung der abweichenden und der geforderten Merkmalswerte,
– Herkunft und Verbindlichkeit der Forderung,
– der Grad der Beeinträchtigung des Produkteinsatzes,
– die Höhe eines eingetretenen oder (als Folge der eingetretenen Abweichung) zu erwartenden oder im Wiederholungsfall möglichen Schadens"[1036].

Auf der Grundlage dieser Feststellungen sind zu analysieren:
– „die Ursache,
– die Urheberschaft (im technischen Verursachungssinne – Anm. d. Verf.),
– Möglichkeit und Aufwand für
• Vermeidung,
• Umgehung,
• frühzeitige Feststellung,
• Behebung der Abweichung,
• Wahrscheinlichkeit des Eintretens oder der Wiederholung eines Schadens".[1037]

Während der Entwicklung (z. B. anhand von Spezifikationen) festgestellte Abweichungen sind nach ihren zu erwartenden Auswirkungen auf den Einsatz des späteren Produktes zu erfassen und zu analysieren.[1038] Jede Teilaufgabe von Erfassung und Analyse soll von derjenigen Vertragspartei durchgeführt werden, welche die dafür nötigen Informationen hat, also im Wesentlichen von Anwender und Lieferant.[1039]

5.4.4 Untersuchungsfelder für die Erfassung und Analyse von Abweichungen

Je nach Art des Einzelfalls müssen die Umstände der Abweichung in unterschiedlichem Umfang und unterschiedlicher Analysentiefe erfasst werden.   1344

Erfassung

Identität des Anwendungssystems[1040]

a) Hardware einschließlich Firmware: Modellbezeichnung, -typ, Seriennummer und Zustandsangabe der zum Anwendungssystem gehörenden

---

[1036] DIN 66 271 Nr. 3.3, 2. Abs.
[1037] DIN 66 271 Nr. 3.3, 3. Abs.
[1038] DIN 66 271 Nr. 3.3, 5. Abs.
[1039] DIN 66 271 Nr. 3.3, 6. Abs.
[1040] DIN 66 271 Nr. 4.1.1 a bis f.

Geräte wie Zentraleinheit, Peripherie, Steuereinheiten, Kommunikationseinheiten.

b) Software: Bezeichnung, Versionsnummer und Änderungsstand der zum Anwendungssystem gehörenden Software wie Betriebssysteme, Netzsteuerungsprogramme, Anwendungsprogramme, Hilfsprogramme.

c) Dateien: Bezeichnung und Zustand der zum Anwendungssystem gehörenden Datenbestände.

d) Verfahren: Bezeichnung, Versionsnummer, Änderungsstand, beteiligte Personen und enthaltene Tätigkeiten der zum Anwendungssystem gehörenden Verfahren wie Start oder Beenden des Systems.

e) Abnahme: Angabe, ob der Abnehmer das Produkt schon abgenommen hat.

f) Gewährleistung: Angabe, ob die Abweichung innerhalb der Gewährleistungsfrist aufgetreten ist.

Art und Umfang der Abweichung

a) Ist-Wert des abweichenden Merkmals: Beschreibung des Ablaufs oder Ergebnisses der beeinträchtigten Funktion (Ist-Ablauf, Ist-Ergebnis).

b) Soll-Wert des abweichenden Merkmals: Beschreibung des festgelegten oder erwarteten Ablaufs oder festgelegten oder erwarteten Ergebnisses der beeinträchtigten Funktion (Soll-Ablauf, Soll-Ergebnis).

c) Feststellungszeitpunkt: Datum und Uhrzeit der erstmaligen Feststellung der Abweichung.

d) Hergang: Beschreibung mit a) und c) zusammenhängender Vorgänge oder weiterer Beobachtungen.

Beeinträchtigung des Einsatzes[1041]

a) Umfang der Abweichung: Abschätzung des Anteils der Gesamtfunktion des Produktes, der durch die Abweichung nicht anwendungsgemäß nutzbar ist.

b) Gewicht der Abweichung: Abschätzung der Bedeutung der beeinträchtigten Funktionen für den Benutzer oder Anwender.

c) Häufigkeit: Abschätzung der Häufigkeit des Auftretens der Abweichung bei anwendungstypischer Belastung des Produktes.

[1041] DIN 66 271 Nr. 4.1.4 a bis c.

Schaden[1042]

a) Art des Schadens: Einstufung der eingetretenen oder möglichen Auswirkungen auf die Umgebung nach Personenschaden, Sachschaden, Vermögensschaden.
b) Schadenshöhe: Abschätzung der eingetretenen oder möglichen Auswirkungen auf die Umgebung.
c) Schadensauslöser: Beschreibung der schadensauslösenden Funktionsabläufe oder Umgebungsbedingungen.
d) Schadenswiederholung: Vorläufige Abschätzung der Wahrscheinlichkeit einer Schadenswiederholung.

Analyse

Beschreibung der Ursache, also der Fehlhandlung oder des sonstigen Ereignisses, das den ersten Fehlzustand der Kette verursacht, die zur beobachteten Abweichung führt.[1043]

Entstehung

Beschreibung des Vorgangs und ggf. der Entwicklungsphase, durch den bzw. in der die Abweichung verursacht wurde.[1044]

Urheber

Benennung der Partei oder der Parteien, in deren Verantwortungsbereich die Ursache der Abweichung liegt.[1045]

Feststellbarkeit[1046]

a) Fehlzustandskette: Beschreibung der Fehlzustände, die bis zum Auftreten der beobachteten Abweichung durchlaufen werden.
b) Angabe der Zeitpunkte, zu denen eine Abweichung innerhalb der Kette, die zur beobachteten Abweichung führt, hätte festgestellt werden können.
c) Maßnahmen: Beschreibung der Maßnahmen, die zu den Zeitpunkten nach b) hätten unternommen werden können, um die Kette in a) zu unterbrechen.

[1042] DIN 66 271 Nr. 4.1.5 a bis d.
[1043] DIN 66 271 Nr. 4.2.1.
[1044] DIN 66 271 Nr. 4.2.2.
[1045] DIN 66 271 Nr. 4.2.3.
[1046] DIN 66 271 Nr. 4.2.4 a bis i.

d) Voraussetzung: Beschreibung für die Voraussetzung der Maßnahmen nach c).

e) Arbeitsaufwand: Geschätzte Höhe des Arbeitsaufwandes für die Maßnahmen nach c).

f) Dauer: Geschätzter Zeitraum für die Durchführung der Maßnahmen nach c).

g) Zumutbarkeit: Einschätzung der Zumutbarkeit der Maßnahmen nach c).

h) Feststeller: Partei, in deren Verantwortungsbereich der betrachtete Fehlzustand der Kette in b) hätte festgestellt werden können.

i) Schaden: Gegebenenfalls Angaben zu dem Teil des Schadens, der zum jeweiligen Zeitpunkt hätte vermieden werden können.

Vermeidbarkeit[1047]

Hierzu sind Angaben erforderlich bezüglich einer Einschätzung der Vorhersehbarkeit des Auftretens der Abweichung, der Funktionen oder Eigenschaften des Produktes, durch die das Auftreten der Abweichung hätte vermieden werden können, des Aufwandes für die Realisierung dieser Funktionen oder Eigenschaften und der Einschätzung der Verpflichtung des Lieferanten, diese Funktionen und Eigenschaften nach dem Stand der Technik bereitzustellen.

Umgehbarkeit[1048]

Angaben zur Beschreibung der Möglichkeit der Umgehung der beeinträchtigten Funktion, der Voraussetzungen, des Aufwandes und der Zumutbarkeit dieser Umgehung.

Behebbarkeit[1049]

Angaben zum geschätzten Aufwand für die weitere Diagnose und die Korrektur der Abweichung und des Fehlzustandes sowie des Zeitraums hierfür.

Die obigen Angaben folgen der DIN 66 271, ohne diese jedoch vollständig wiederzugeben. Vielmehr sind diejenigen Kriterien ausgewählt worden, die auch in einem Vertragswerk operationalisiert werden können, etwa im Verhältnis zwischen Programmersteller und Kunden hinsichtlich

---

[1047] DIN 66 271 Nr. 4.2.5.
[1048] DIN 66 271 Nr. 4.2.6.
[1049] DIN 66 271 Nr. 4.2.7.

der Feststellung von Abweichungen oder Fehlern bereits während der Entwicklung, bei der Abnahme oder in der Gebrauchsphase. Es ist aber unbedingt erforderlich, dass die entsprechende Bezugnahme auf die Festlegungen im Vertrag definiert wird, da die DIN-Norm insoweit nicht aus sich selbst heraus bereits verbindlich ist. Die Norm sieht auch ausdrücklich davon ab, bestimmte Verantwortungen bestimmten Beteiligten zuzuweisen.

Die Norm ist aber nicht nur bei der Operationalisierung dieser Kriterien, sondern auch bei der Verdeutlichung hilfreich, wie komplex Fehlerentstehung und Fehlerwirkung sein können. Die Norm weist darauf hin, dass „Fehler" Fehlhandlung, Fehlzustand oder Fehlfunktion bedeuten kann. Die Norm erläutert dies wie folgt:

„Während des Herstellungsprozesses eines Produktes (z. B. Entwurf, Spezifikation, Codierung) oder während seines Einsatzes wird durch eine Fehlhandlung (z. B. durch Nichtbeachtung einer Forderung, inkonsistente Verwendung des Formates eines Datums, Verstoß gegen die Syntax der verwendeten Programmiersprache oder gegen die spezifizierte Benutzerschnittstelle) ein Fehlzustand im Produkt erzeugt (Entstehungszeitpunkt).

Dieser Fehlzustand wird entweder durch eine qualitätssichernde Maßnahme (z. B. Review, Test) oder eine Sicherungsmaßnahme im Produkt (z. B. Plausibilitätsprüfung) entdeckt oder das Produkt wird mit dem Fehlzustand einer Belastung durch die Anwendung ausgesetzt.

Der Fehlzustand bleibt dabei so lange verborgen, bis eine von ihm abhängige Funktion durch eine spezifische Belastung aktiviert wird. Die Funktion wird dabei nach Definition des Begriffs „Fehlzustand" beeinträchtigt und führt zu einem nicht ihrer Spezifikation entsprechenden Ergebnis (Abweichung).

Je nach Art der Funktion kann dieses Ergebnis erkannt werden oder (z. B. durch die Veränderung des Codes oder von Daten) zu einem weiteren Fehlzustand (Folgefehler) führen. Der Zyklus Fehlzustand – Abweichung wiederholt sich so lange, bis die Abweichung entdeckt wird (Feststellungszeitpunkt) und der primäre Fehlzustand und gegebenenfalls sekundäre Fehlzustände behoben werden. Ein verborgener Fehlzustand kann auch durch eine weitere, von der ersten unabhängige Fehlhandlung oder ihre Folgen aktiviert werden und direkt oder über Zwischenstufen zu einer Abweichung führen. Eine solche Abweichung läßt sich damit auf zwei Ursachen zurückführen.

Vom Zeitpunkt der Feststellung zu unterscheiden ist der Zeitpunkt der Feststellbarkeit, zu dem eine Abweichung bei Anwendung einer für den Einzelfall spezifisch festzulegenden Sorgfalt hätte festgestellt werden können. Dieser Zeitpunkt kann für die Zuordnung der Verantwortung für die Folgen der Abweichung zu einer der beteiligten Parteien wichtig sein. Zur Klärung dieser Verantwortung anläßlich einer Abnahme oder eines Gewährleistungsfalles kann es erforderlich sein, die zu dieser Abweichung führende Folge von Fehlzuständen und Abweichungen bis zu deren Ursache zu analysieren."[1050]

6. Deliktische und gesetzliche Produkthaftung

In der EDV-Praxis und insbesondere in der Rechtsprechung kommt Ansprüchen aus deliktischer oder gesetzlicher Produkthaftung nur relativ geringe Bedeutung zu, so dass im vorliegenden Rahmen nur Grundzüge dieses Haftungsbereichs dargestellt werden sollen.[1051]

6.1 Haftung für Systeme und Systemkomponenten

1345 Produkthaftung gründet sich auf Deliktsrecht (§ 823 Abs. 1 BGB) und das Produkthaftungsgesetz (ProdHaftG). Deliktische Haftung setzt das Bestehen bzw. Eröffnen einer Gefahrenquelle voraus[1052], das ProdHaftG hingegen die Existenz eines Produktes. EDV-Systeme oder Komponenten solcher Systeme sind unter **deliktischer Produkthaftung** als Gefahrenquelle einzustufen, wenn sie zu einer Rechtsgutverletzung führen oder zumindest die Gefahr einer solchen begründen. Keine Rolle spielt, ob Hardware, Software oder komplette Systeme eine Gefahrenquelle darstellen. Entscheidend ist allein die Gefährdung oder Schädigung von Rechtsgütern, nicht die Frage, ob diese Gefährdung auf eine Sache (also etwa ein Gerät) oder einen Logikfehler in einem Programm zurückzuführen ist. Damit kann für die deliktische Produkthaftung auch die Frage auf sich beruhen, ob Software als Sache (im Sinne eines körperlichen Gegenstandes gemäß § 90 BGB) einzustufen ist. Auch inhaltliche Fehler können haftungsbegründend wirken.[1053]

[1050] DIN/ISO 66 271 Anhang A: Fehlerwirkungsmodell.
[1051] Einführend s. Lehmann, NJW 1992, 1721.
[1052] Nicht hingegen ein Produkt, da deliktische Haftung nicht nur hergestellte Produkte (sog. „Produzentenhaftung"), sondern auch den Herstellungs**prozess** umfasst.
[1053] BGH, NJW 1978, 997 – Börseninformationsdienst; BGH, NJW 1970, 1963 – Druckfehler (Carter-Robbins-Test).

Unter der Haftung aus dem **ProdHaftG** muss hingegen zur Haftungsbe-   1346
gründung vorab die Sacheigenschaft der jeweiligen Gefahrenquelle
geklärt werden. Für **Hardware** wird die Sach- und damit Produkteigen-
schaft regelmäßig nicht als problematisch angesehen. Rechner und Peripheriegeräte, aber auch Kabel und sonstiges Zubehör sind Sachen im
Sinne von § 90 BGB. Die Sacheigenschaft von **Software** wurde länger
kontrovers diskutiert, jedoch vom BGH für den Bereich des Kaufrechts
und der Standardsoftware bejaht. Nun ist kein Grund ersichtlich, weshalb
eine Software als Sache betrachtet werden muss, wenn sie kaufweise veräußert wird, dieselbe Software hingegen keine Sache darstellen soll, wenn
sie anschließend in der Nutzung Rechtsgüter verletzt. Auf der Grundlage
der BGH-Rechtsprechung wird Standardsoftware deshalb auch im Rahmen der gesetzlichen Produkthaftung als „Sache" und damit als „Produkt"
im Sinne von § 2 ProdHaftG einzuordnen sein. Weiter wird – und dies
über die bestehende Rechtsprechung des BGH hinaus – auch **Individualsoftware** im Rahmen der gesetzlichen Produkthaftung als Sache und
damit als Produkt anzusehen sein, wenn sie nach Erstellung auf Datenträger verkörpert ist und von ihr in dieser Form Gefahren ausgehen (können).[1054]

6.2 Pflichten aus deliktischer Produkthaftung

Ausgangspunkt ist die grundlegende Verpflichtung zur Beseitigung oder   1347
zumindest zur Absicherung von Gefahrenquellen. Von keinem System und
keiner Systemkomponente dürfen Gefahren für Rechtsgüter ausgehen.
Entsprechende Vorkehrungen sind bereits bei der Konstruktion und Fertigung der Hardware wie auch bei der Planung und Erstellung der Software
zu treffen. Nur sichere Geräte und Programme dürfen in den Verkehr
gebracht werden.

Auch nach Inverkehrbringen sind Hersteller (und begrenzt auch Händler) aus
deliktischer Produkthaftung zur Gefahrenabwehr verpflichtet. Sie müssen
nämlich den verkehrsüblichen Produktgebrauch und auch den erkennbaren
Fehlgebrauch beobachten, die Nutzer vor Gefährdungen warnen und, soweit
keine andere Abhilfe möglich ist, gefährdende Produkte zurückrufen (z. B.
defekte Stromversorgungsteile von Rechnern oder auch Systemsoftware,
deren Nutzung zu einem Plattencrash führen kann).

Wesentliches Merkmal deliktischer Produkthaftung ist ihre **Verschuldens-
abhängigkeit**. Hersteller und Händler können sich also von einer Haftung

---

[1054] Für alle s. etwa Koch, Produkthaftung für Software, Informatik-Spektrum 1989, 12, 337.

dann entlasten, wenn sie am Auftreten des Schadens kein Verschulden trifft. Allerdings gelangen hier objektivierte und zugleich erhöhte Anforderungen an die Organisation der Herstellung, der Produktbeobachtung sowie der Warnungen und Rückrufe zur Anwendung, die eine Haftungsentlastung für den einzelnen Verpflichteten erschweren können.

Alle **Personen- und Sachschäden** sind ersatzfähig, jedoch nicht reine Vermögensschäden (etwa aus einem FIBU-Programm, das falsche Berechnungen anstellt). Auch Datenverluste sind (als Sachbeschädigungen) mögliche Grundlage von Ersatzansprüchen aus Sachschäden (wobei freilich ein Mitverschulden des Geschädigten aus unzureichender oder unterbliebener Datensicherung haftungseinschränkend zu berücksichtigen sein kann).

6.3 Pflichten aus gesetzlicher Produkthaftung

1348 Gesetzliche Produkthaftung stellt strenge Anforderungen an Hersteller und Händler, da sie unabhängig von deren Verschulden eingreift. Praxisrelevante Haftungsentlastungen sind letztlich nur möglich, wenn das Produkt vom in Anspruch Genommenen überhaupt nicht in Verkehr gebracht wurde (§ 1 Abs. 2 Nr. 1 ProdHaftG), der Produktfehler erst nach Inverkehrbringen auftrat (§ 1 Abs. 2 Nr. 2 ProdHaftG) oder bei Inverkehrbringen nach dem Stand von Wissenschaft und Technik (objektiv) nicht erkannt werden konnte (§ 1 Abs. 2 Nr. 5 ProdHaftG).

Erfolgt bei Erstellung und Vertrieb keine ausreichende Qualitätssicherung, wird es vielfach bereits an einer aussagekräftigen Dokumentation fehlen, die für jede Haftungsentlastung grundlegende Funktion hat. Für die gesetzliche Produkthaftung ist Voraussetzung, dass aus der Dokumentation auch zu entnehmen ist, dass vom Verpflichteten der Stand des Software-Engineering beachtet und regelmäßig verfolgt wurde. Im Rahmen deliktischer Produkthaftung ist außerdem in der Dokumentation darzulegen, dass eine regelmäßige Rückverfolgung von Fehlern im Erstellungsablauf gesichert war.

1349 **Fehlerhaft** ist ein Produkt, wenn es nicht die berechtigterweise zu erwartende Sicherheit bietet, wobei wesentlich auf die Darbietung und den Gebrauch des Produktes abzustellen ist, mit dem billigerweise zu rechnen ist (§ 3 Abs. 1 ProdHaftG). Arbeitsplatzrechner müssen nach diesen Kriterien z. B. für einen „Rund-um-die-Uhr-Betrieb" ausgelegt sein. Software muss so ausgestaltet sein, dass bei dem beschriebenen oder jedenfalls üblichen und auch bei einem möglichen fehlerhaften Gebrauch keine Systemabstürze und Datenverluste hervorgerufen werden. Der Hinweis, dass Software nie völlig fehlerfrei sein könne, bleibt zu abstrakt, um berechtigte Sicherheitserwartungen einschränken zu können. Vielmehr sind für typische Bedienungsfehler (z. B. Verwechslung von Tasten beim Schreiben) sogar Vorkehrungen gegen bestimmte Auswirkungen, wie das Löschen von Dateien oder der Absturz des Systems, zu treffen (etwa durch Zwischenschalten einer Bestätigungsabfrage im Programmablauf, ob die jeweilige Funktion tatsächlich ausgeführt werden soll).

Haftungsverpflichtet ist zunächst der Hersteller (§ 4 Abs. 1 Satz 2 Prod-HaftG), aber auch ein „Quasi-Hersteller", der etwa OEM-Hardware oder OEM-Software von Drittanbietern in sein System einfügt und unter seinem Firmennamen vertreibt (§ 4 Abs. 2 Satz 2 ProdHaftG). Wer **Produkte** aus Staaten außerhalb der EU (z. B. insbesondere aus den USA oder einigen asiatischen Staaten) **importiert**, haftet wie ein Hersteller (§ 4 Abs. 1 ProdHaftG), weshalb solche Drittstaatenimporte besonders riskant sein können. Dies gilt vor allem dann, wenn der Importeur versuchen sollte, einen Entlastungsbeweis zu führen, da ihm im Rahmen der Vertriebsverträge regelmäßig nicht die Entwicklungsdokumentationen der Hersteller in den Drittstaaten zur Verfügung gestellt werden.

Schäden werden von der gesetzlichen Produkthaftung nur erfasst, wenn es Personenschäden sind oder Sachschäden an anderen Sachen als dem Produkt. Wobei die andere Sache zudem ihrer Art nach gewöhnlich für den privaten Ge- oder Verbrauch bestimmt sein muss.

6.4 Haftungseinschränkungen

Formularvertragliche Haftungseinschränkungen der Produkthaftung kommen von vornherein nur gegenüber Vertragspartnern in Betracht. Ersatzansprüche geschädigter Dritter können in AGB also nicht eingeschränkt oder gar ausgeschlossen werden. 1350

Im **Leasingverhältnis** kann der Leasinggeber neben Gewährleistungsansprüchen auch Ersatzansprüche aus Deliktshaftung gegen den Lieferanten an den Leasingnehmer abtreten.[1055] Freilich ist erforderlich, dass diese Ansprüche klar und eindeutig in der Abtretungsregelung bezeichnet sind. Von einer üblichen Abtretungsklausel zu „Gewährleistungsansprüchen" sind sie nicht umfasst, so dass die Erfüllungshaftung des Leasinggebers insoweit unberührt bleibt.

[1055] Graf v. Westphalen, Leasingvertrag, Rn. 821.

V. Verjährung, Vertragsbeendigung

In Teil V werden Fragen des Verjährungsrechts (ab Rn. 1352) und die Formen der Beendigung von Verträgen (ab Rn. 1380) dargestellt.

1. Verjährung

1351 Die Durchsetzung bestehender Ansprüche kann scheitern, wenn sich der Anbieter nach Ablauf der Gewährleistungsfristen oder der Kunde nach Ablauf der Verjährungsfrist für die Zahlung auf Verjährung beruft. Deshalb ist es für Kunden wie Anbieter wesentlich, drohende Verjährung aus Verträgen oder außervertraglicher Haftung rechtzeitig zu prüfen und die geeigneten Maßnahmen zur Hemmung oder Unterbrechung laufender Gewährleistungsfristen zu unternehmen bzw. selbst rechtzeitig Einrede der Verjährung zu erheben. Die folgenden Ausführungen erläutern für die wichtigsten Vertragstypen die verjährungsrechtlichen Regelungen.

1.1 Grundlagen

1352 Die **Verjährungsfrist** bestimmt sich in ihrer **Dauer** nach den jeweiligen Vertragstypen und hier wiederum nach der Art der Ansprüche, z. B. aus Mängelgewährleistung, Zahlungsverzug oder auch aus Deliktshaftung (§ 823 Abs. 1 BGB). So folgt die stundenweise Überlassung eines Großrechners Mietvertragsrecht; deshalb unterliegt der Anspruch auf Nutzungsentgelt der zweijährigen Verjährungsfrist.[1] Ansprüche aus der Verletzung vorvertraglicher Beratungs- und Aufklärungspflichten des Leasinggebers unterliegen auch dann, wenn die Vertragsverhandlungen durch den Lieferanten als Erfüllungsgehilfen des Leasinggebers durchgeführt werden, der normalen Verjährungsfrist von 30 Jahren.[2] Ansprüche auf **Vertragserfüllung** unterliegen der „regelmäßigen" Verjährungsfrist von 30 Jahren (§ 195 BGB).

---

[1] BGH, Beschl. vom 28. 10. 1992 – XII ZR 92/91, NJW-RR 1993, 178.
[2] OLG Koblenz, Urteil vom 11. 11. 1988 – 2 U 4/86, NJW 1989, 436.

Gewährleistungsfristen laufen regelmäßig ab Ablieferung (zum Begriff 1353
s. näher Rn. 1363) bei Kauf (§ 477 BGB) und Tausch (§§ 515, 477 BGB)
bzw. ab Abnahme (zum Begriff s. näher Rn. 172) bei Werkvertrag (§ 638
BGB).
Das **Kaufrecht** sieht eine Frist von sechs Monaten vor (§ 477 Abs. 1
Satz 1 BGB). Für Mängel am **Werk** (erstelltes Programm, spezielle Konfiguration) gelten ebenfalls sechs Monate ab Abnahme als Frist (§ 638
Abs. 1, 1. Fall BGB). In der Praxis weitgehend üblich ist die vertragliche
Verlängerung dieser Frist (Kauf: § 477 Abs. 1 Satz 2 BGB; bei Werkvertrag: § 638 Abs. 2 BGB), z. B. auf zwölf Monate. Die **Verkürzung**, z. B.
auf drei Monate, ist, wenn sie in AGB erfolgt, zumindest gegenüber Nichtkaufleuten unzulässig (s. Rn. 415 ff.). Die gesetzlich vorgesehene Fristendauer wird durchgängig als zu kurz kritisiert[3], wobei diese Kritik nicht nur
im EDV-Bereich zutreffend ist. Bei Software kann die Fristendauer dazu
führen, dass Mängel sich erstmals nach Ablauf der Sechsmonatsfrist
bemerkbar machen.[4] Hierbei handelt es sich aber wohl nicht um ein EDV-
spezifisches Problem. Das neue verbraucherbezogene EU-Recht bringt
eine – für die Vertragspraxis fundamentale – Fristverlängerung auf zwei
Jahre (s. Rn. 1369).
Aus **Miete** stehen dem Mieter grundsätzlich Erfüllungsansprüche zu, die
in 30 Jahren verjähren (§ 195 BGB). Die Instandhaltungs- und Schadens-
ersatzpflichten des Vermieters stellen keine Gewährleistungs-, sondern
Erfüllungsverpflichtungen dar, für die die übliche 30-jährige Verjährungsfrist läuft (§ 195 BGB). Die Mietminderung nach § 537 Abs. 1 Satz 1
BGB unterliegt keiner Gewährleistungsfrist, da die Minderung keinen
Anspruch darstellt und nicht geltend gemacht werden muss, sondern durch
gesetzliche Wirkung unmittelbar eintritt („... so ist der Mieter ... von der
Entrichtung des Mietzinses befreit"). Aus **Dienstverträgen** wird keine,
den kurzen Fristen unterliegende Gewährleistung begründet, sondern es

---

[3] Siehe etwa BGH, NJW 1980, 1950; s. auch Brandi-Dohrn, CR 1993, 473, 477; Medicus, JuS 1998,
   289, 291 („wird ganz überwiegend als anstößig empfunden"). Nach Ruppelt (CR 1990, 256 f.) ist
   die Frist jedenfalls für komplexe Software zu kurz, – wobei freilich die meist marktgängigen Programme bzw. Programmpakete recht komplex sind. Der Vorschlag (Ruppelt, a. a. O., 258), die
   Dauer der Verjährungsfrist an der Komplexität der Software zu orientieren und diese in Mann-Jah-
   ren zu bemessen, begegnet aber Bedenken: Zum einen müssen zeitlicher Programmieraufwand und
   Komplexität keineswegs korrelieren (wie die sehr zeitaufwendige, aber deswegen nicht notwendig
   komplexe Jahr-2000-Umstellung zeigt, während ein mathematisch sehr komplexes Programm etwa
   zur Entschlüsselung eines kryptographischen Algorithmus durchaus in einem Mann-Monat geschrieben werden kann), zum anderen ist weder die Komplexität noch der Mann-Jahre-Aufwand
   für Händler und Käufer immer erkennbar, so dass erhebliche Rechtsunsicherheit über die tatsächliche Fristendauer entstehen würde.
[4] Brandi-Dohrn, CR 1993, 473.

entsteht Haftung nur aus positiver Vertragsverletzung mit 30-jähriger Verjährung (§ 195 BGB).

Auf **Leasingverträge** ist grundsätzlich Mietrecht entsprechend anwendbar. Hierzu gelten die vorstehenden Ausführungen. Der Schadensersatzanspruch des Leasingnehmers oder Leasinggebers wegen der Verletzung von Beratungspflichten des Herstellers/Lieferanten bei der Auswahl des Leasingobjekts verjährt allerdings bei Abtretung der Leasinggeberansprüche binnen sechs Monaten von der Ablieferung an[5], da der Leasingnehmer insoweit in die kaufrechtliche Konstellation eintritt. Der Fristenlauf für den Mängelbeseitigungsanspruch ist auch bei Leasing so lange gehemmt, wie sich der Lieferant darum bemüht, aufgrund der Beanstandungen des Käufers (Leasinggeber bzw. Leasingnehmer aus abgetretenem Recht) Mängel nachzubessern. Da das Gesetz die Rechtsfolge der Verjährungshemmung daran knüpft, dass der Unternehmer sich im Einverständnis mit dem Besteller der Beseitigung eines Mangels unterzieht, ist die entsprechende Anwendung des § 639 Abs. 2 BGB gerechtfertigt.[6] Eine Klausel, nach der der Leasinggeber unter Abtretung der kaufrechtlichen Sachmängelgewährleistungsansprüche seine mietrechtliche Gewährleistung ausschließt, ist dahin auszulegen, dass der Leasinggeber auch nicht vorläufig Zahlung von Leasingraten fordern kann, wenn der Leasingnehmer Wandelungsklage gegen den Lieferanten erhoben hat.[7]

1354 Verjährung für **Zahlungsansprüche** tritt bei Lieferung von Waren und Ausführung von Arbeiten **nach zwei Jahren** ein, nach vier Jahren hingegen, wenn die Leistung für einen Gewerbebetrieb des (Zahlungs-)Schuldners erbracht wurde (§ 196 Abs. 1 Nr. 1 BGB). Diese längere Frist läuft auch gegenüber Minderkaufleuten und denjenigen, die einen Gewerbebetrieb ständig nebenberuflich betreiben. Ein Gewerbebetrieb ist der auf die Erzielung von dauernden Einnahmen gerichtete, berufsmäßige Geschäftsbetrieb.[8] Die genannten Zwei- und Vierjahresfristen **beginnen mit dem Schluss des Jahres**, in dem der Anspruch entstanden ist (§ 201 BGB). Wird ein erstelltes Programm z. B. am 1. Juli 1999 übergeben und in Rechnung gestellt, so läuft die Verjährungsfrist für die Zahlungsforderung des Software-Hauses bis zum 31. 12. 2001, gegenüber einem gewerblichen Kunden damit bis zum 31. 12. 2003. Diese Frist lässt sich nicht

---

[5] BGH, Urteil vom 6. 6. 1984 – VIII ZR 83/83, DB 1984, 2132.
[6] BGH, a. a. O.
[7] BGH, Urteil vom 19. 2. 1986 – VIII ZR 91/85, DV-R 4, 32. Das Gericht stellt weiter fest, dass in einem solchen Fall mangels rechtskräftiger Entscheidung im Wandelungsprozess gegen den Lieferanten der Rechtsstreit über den vom Leasinggeber anhängig gemachten Zahlungsanspruch auf Leasingraten gemäß § 148 ZPO auszusetzen ist.
[8] BGHZ 57, 199; BGHZ 74, 276.

dadurch verlängern, dass der Unternehmer eine Zweitschrift der Rechnung ein Vierteljahr später noch einmal übermittelt. Weder dies noch eine Mahnung unterbrechen den Fristenlauf.

Ansprüche aus Rückständen aus Mietzinsen (etwa bei Systemmiete) verjähren in vier Jahren (§ 197 BGB). Stundenweise Überlassung eines Großrechners ist als Mietvertrag einzuordnen, so dass der Anspruch auf Nutzungsentgelt der 2-jährigen Verjährungsfrist unterliegt.[9]

Auch Ansprüche aus **positiver Vertragsverletzung** (pVV) verjähren grundsätzlich in **30 Jahren**. Allerdings ist bei Verträgen mit Gewährleistungsregelung eine Verkürzung der Verjährungsfristen für Ansprüche aus positiver Vertragsverletzung zu beachten (zur positiven Vertragsverletzung s. Rn. 1100): Der BGH hat die Anwendbarkeit der kurzen Gewährleistungsfrist auf solche Ersatzansprüche ausgedehnt, die dem Kunden gegenüber dem Anbieter aus einer **Verletzung** von dessen **Aufklärungs- und Beratungspflicht** zustehen, sofern der Anbieter den Kunden über eine Eigenschaft der Kaufsache nicht aufklärt, die keinen Mangel aufweist, von der aber die Verwendungsfähigkeit der Sache abhängt.[10] Die kurze Verjährungsfrist wird ebenso angewendet bei einer fehlerhaften Beratung zur Anschaffung einer EDV-Anlage, die für die Bewältigung der innerbetrieblichen Aufgabe unterdimensioniert und damit für den Vertragszweck nicht hinreichend geeignet ist.[11] Dies gilt auch für schuldhafte Verletzungen der Pflicht zur ordnungsgemäßen **Verpackung** der Kaufsache.[12]

Ansprüche aus Verletzung eines selbständigen **Beratungsvertrages** zwischen Kunde und (nicht mit dem Verkäufer identischen) Hersteller verjähren in der 30-jährigen Frist des § 195 BGB auch dann, wenn sich die Beratung auf die Verwendungsfähigkeit der Kaufsache bezieht.[13] Dies gilt auch bei unentgeltlicher Beratung.[13a] Kündigt der bestellende Kunde gemäß

1355

---

[9] BGH, Urteil vom 28. 10. 1992 – XII ZR 92/91, NJW-RR 1993, 178.

[10] BGHZ 88, 130.

[11] BGH, Urteil vom 6. 6. 1984 – VIII ZR 83/83, CR 1986, 79, 81 = NJW 1984, 2938f. (Verletzung kaufvertraglicher Nebenpflichten).

[12] BGHZ 87, 88.

[13] BGH, Urteil vom 30. 5. 1990 – VIII ZR 367/89, DB 1990, 1910. Die vielfach ohnehin als zu kurz empfundene Verjährungsfrist des § 477 BGB privilegiere **nur** den Verkäufer, nicht den Leistungsverpflichteten aus einem Beratungsvertrag. Eine entsprechende Anwendung des § 477 BGB greife aber für **Garantieversprechen** des Herstellers ein (s. BGH, WM 1981, 952), da diese mit einem selbständigen Beratungsvertrag nicht vergleichbar seien. § 477 BGB sei außerdem nur auf **unselbständige** Garantieversprechen anwendbar, während **selbständige** Garantieversprechen 30-jähriger Verjährung unterliegen (BGH, WM 1971, 506). – Da freilich auch Beratungsverträge mit Herstellern stillschweigend abgeschlossen werden können (etwa bei Beratung über Hotline), muss die Abgrenzung angesichts der gravierenden Haftungsunterschiede unter sorgfältiger Beachtung aller Einzelfallumstände erfolgen.

[13a] BGH, BB 1999, 867 (für das Baurecht).

§ 649 Abs. 2 BGB wegen anbieterseitiger Gefährdung des Vertragszweckes, verjährt der Anspruch auf Ersatz entstandener Folgeschäden aus pVV in 30 Jahren.[14] Eine entsprechende Abgrenzung ist zwischen der Gewährleistungshaftung und der Haftung aus Beratungsverschulden erforderlich: Der Schadensersatzanspruch des Leasingnehmers oder Leasinggebers wegen der Verletzung von Beratungspflichten des Herstellers/Lieferanten bei der Auswahl des Leasingobjekts verjährt binnen **sechs Monaten** von der Ablieferung an.[15] Auch die Schadensersatzhaftung aus Zusicherungsverletzung unterliegt bezüglich Mangelfolgeschäden der kurzen Verjährung des § 477 BGB.[16]

Gleiche Grundsätze gelten für Ansprüche aus der **Haftung aus Verschulden bei Vertragsschluss** (s. Rn. 1034). Kurze Verjährungsfristen aus Gewährleistungsrecht greifen in entsprechender Anwendung ein, wenn die Verletzungshandlung auf Sachmängel bezogen ist.

1356 Für **Haftungsansprüche** ist zu differenzieren: Ein Anspruch aus **Deliktsrecht** (etwa deliktischer Produkthaftung) verjährt in **drei Jahren** von dem Zeitpunkt an, in welchem der Verletzte von dem Schaden und der Person des Ersatzpflichtigen **Kenntnis** erlangt[17] (§ 852 Abs. 1 BGB), maximal aber **30 Jahre** ab Begehung der Tat, d. h. der Schadensverursachung (§ 852 BGB). Für Ansprüche aus **gesetzlicher Produkthaftung** läuft die Verjährungsfrist **drei Jahre** ab dem Zeitpunkt, in dem der Ersatzberechtigte von dem Schaden, dem Fehler und von der Person des Ersatzpflichtigen Kenntnis erlangt hat oder hätte erlangen müssen (§ 12 Abs. 1 ProdHaftG), maximal jedoch **zehn Jahre** ab dem Zeitpunkt, in dem der in Anspruch genommene Hersteller das konkrete Produkt, das den Schaden verursacht hat[18], in den Verkehr brachte (§ 13 Abs. 1 ProdHaftG).

1.2 Beginn des Fristenlaufes bei Gewährleistung

1357 Beim Systemerwerb ist für die einzelnen Leistungskomponenten zu differenzieren: Der Beginn des Fristenlaufes setzt grundsätzlich zu dem Zeitpunkt ein, zu dem der Kunde erstmals die Funktionsfähigkeit des gelieferten Vertragsgegenstandes prüfen konnte.[19] Für **reine Hardwarefehler** beginnt die Gewährleistungsfrist nicht erst mit Abnahme des Individual-

---

[14] BGH, Urteil vom 30. 6. 1983 – VIII ZR 293/82, DV-R 2, 219.
[15] BGH, Urteil vom 6. 6. 1984 – VIII ZR 83/83, CR 1986, 79 = NJW 1984, 2938.
[16] BGHZ 77, 215, 219.
[17] BGH ständig, s. etwa BGHZ 66, 315.
[18] Hollmann, WM 1985, 2439 f.
[19] LG Bochum, Urteil vom 27. 8. 1982 – 14 O 45/81, DV-R 2, 10.

programms, wenn Programm und Anlage erworben werden, sondern bereits mit Abschluss der Installation der Hardware[20], aber erst nach vollständiger Lieferung aller wesentlichen Teile.[21] Zur Installation gehören z. B. beim Einbau einer Platteneinheit auch die Durchführung der vorgeschriebenen Testschritte sowie eine vorhergehende Untersuchung der Festplatte.[22] Wird ein Rechner wegen Mängeln gegen ein Ersatzgerät **getauscht**, beginnt mit dem Tauschzeitpunkt die Gewährleistungsfrist neu zu laufen, und zwar auch dann, wenn Teile des alten Rechners (Festplatte, Controller) in den aus § 480 BGB gelieferten neuen eingebaut werden.[23]

Für **Fehler der Software** beginnt der Lauf der Gewährleistungsfrist bei Kauf grundsätzlich mit der Auslieferung (kaufrechtlich: Übergabe, § 433 Abs. 1 BGB, und/oder Versendung) des betreffenden Programms.[24] Bei Nichtlieferung der Dokumentation bestehen zwar grundsätzlich (Teil-/ Rest-)Erfüllungsansprüche, ist jedoch bei Anwendbarkeit von Werkvertragsrecht die kurze Frist des § 638 BGB auf das insoweit – durch (Teil-) Erfüllung begründete – **Rücktrittsrecht** anwendbar.[25] Dies ergibt sich aus der besonderen Verweisung in § 636 Abs. 1 BGB. Das Rücktrittsrecht aus Nichterfüllung wird hierdurch wie ein Wandelungsanspruch entsprechend § 634 Abs. 1 bis 3 BGB behandelt. Verzugsbegründete Ersatzansprüche aus Nichtlieferung bleiben aber unberührt. Die Wandelung wird damit im Regelungskontext durch den Rücktritt „ersetzt". Dies bedeutet aber, dass die Wandelungsvoraussetzungen jedenfalls hinsichtlich Fristsetzung und Ablehnungsandrohung erfüllt sein müssen.[26] Unberührt bleibt der Teilerfüllungsanspruch selbst (und seine Verjährung nach § 195 BGB), wenn der Kunde nicht den Weg des Rücktritts über § 636 BGB wählt, sondern auf Erfüllung besteht.[27] Auch der Teilerfüllungsanspruch aus Werkvertragsrecht unterliegt der allgemeinen langen Verjährung. Für Ansprüche

1358

---

[20] OLG Oldenburg, Urteil vom 14. 8. 1987 – 11 U 25/87, DV-R 4, 214; ähnlich LG Offenburg, Urteil vom 4. 12. 1987 – 3 O 151/86, MRC 1987, 56 (vollständige Lieferung der Hardware, aber nur teilweise Lieferung der Software).
[21] OLG Celle, Urteil vom 22. 5. 1996 – 13 U 68/94, BB, Beil. 19, 1996, 6.
[22] OLG Stuttgart, Urteil vom 23. 3. 1988 – 4 U 133/87, CR 1989, 1093.
[23] AG Stuttgart, Urteil vom 6. 3. 1995 – 5 C 614/93, CR 1995, 477.
[24] OLG Hamm, Urteil vom 9. 5. 1988 – 31 U 182/87, CR 1989, 490. Das Gericht ließ die Rüge eines Mangels und das Geltendmachen eines daran angeknüpften Gewährleistungsrechts an dem Umstand scheitern, dass der Kunde das Vorhandensein des Mangels im Zeitpunkt des Gefahrübergangs nicht beweisen konnte. Das Eingreifen einer Beweisvermutung hat das Gericht nicht geprüft. Erfolgt die Auslieferung des Programms erst zu einem späteren Zeitpunkt, beginnt der Fristenlauf erst zu diesem Zeitpunkt (LG München I, Urteil vom 15. 10. 1992 – 7 O 16936/90, MRC 1992, 28).
[25] OLG Saarbrücken, Urteil vom 16. 7. 1996 – 4 U 899/95-201, NJW-RR 1997, 558.
[26] Vgl. Palandt/Sprau, § 636 Rn. 1.
[27] Was möglich bleibt (s. Palandt/Sprau, § 636 Rn. 2).

aus Nichtlieferung der Dokumentation kann somit im Rahmen von Werkvertragsrecht nicht unproblematisch vom Bestehen von Erfüllungsansprüchen mit 30-jähriger Verjährung ausgegangen werden, während im Kaufrecht diese Einschränkung nicht besteht.

1359 Bei **Vertragseinheit** (s. Rn. 98) zwischen Hardware und Software kann der Parteiwille auch die Einheitlichkeit des Beginns der Verjährung für beide Leistungs-/Systemkomponenten umfassen, so dass der Beginn des Fristenlaufes bis zur vollständigen Lieferung aller Komponenten hinausgeschoben wird.[28] Für **Systeme**, soweit sie Sachgesamtheiten darstellen, beginnt der Fristenlauf mit Ablieferung der (letzten) noch ausstehenden Leistung.[29]

1360 Wird ein **System** für eine bestimmte Aufgabe **konfiguriert** und werden seine Komponenten aufeinander abgestimmt – liegt damit also eine einheitliche Kaufsache vor, deren Teile dem gleichen rechtlichen Schicksal unterworfen sind –, so beginnt die Verjährungsfrist erst mit der Lieferung der letzten Komponente, denn erst zu diesem Zeitpunkt sind die ursprünglich vorgesehenen Leistungen vollständig erbracht.[30] Wird Anwendungssoftware vom Lieferanten stufenweise eingerichtet („eröffnet"), beginnt die Verjährung entsprechend erst mit dem Einrichten des letzten Teils.[31] Soweit die Erbringung von Nebenleistungen vereinbart ist, müssen diese grundsätzlich erst erbracht werden, bevor eine Verjährungsfrist zu laufen beginnen kann.

1361 Bei **Holschuld** (der Kunde holt die Kaufsache am Ort der Niederlassung des Verkäufers ab; vgl. § 269 BGB) ist die Ablieferung der Ware erst mit deren tatsächlicher Übergabe erfolgt und führt der Annahmeverzug des Käufers nicht zu einer Ablieferung – also zu keinem Beginn des Fristenlaufes[32], erst recht nicht die bloße Aufforderung des Kunden zur Abholung[33]. Bei **Bringschuld** (zur Bringschuld s. Rn. 119ff.) liegt Ablieferung/Verjährungsbeginn erst mit tatsächlicher geschuldeter Übergabe vor.

---

[28] Siehe LG Nürnberg-Fürth, BB 1986, 277f.; allg. BGH, NJW 1961, 730; zust. Marly/Hoeren, Softwareverträge, Rn. 7.

[29] BGH, NJW 1994, 1720.

[30] OLG Saarbrücken, Urteil vom 30. 5. 1990 – 1 U 21/90, CR 1990, 713f.

[31] OLG Bremen, Urteil vom 20. 3. 1990 – 3 U 33/89, BB, Beil. 7, 1991, 2. Erst ab diesem Zeitpunkt liege Ablieferung vor, könne also der Käufer die Kaufsache untersuchen, ein zuverlässiges Funktionieren der Gesamtanlage prüfen und eventuelle Mängel rügen. – Anderes muss freilich gelten, wenn die einzelnen eröffneten Leistungsteile, etwa Module, getrennt bereits genutzt werden können.

[32] BGH, Urteil vom 11. 10. 1995 – VIII ZR 151/94, BB 1995, 2394.

[33] BGH, NJW 1995, 3381ff.

Bei **Versendungskauf** (s. Rn. 119) genügt, dass der Verkäufer die Kaufsa- 1362
che dem Beförderer übergibt (§ 447 BGB). Mit der Hingabe an die Ver-
sendungsperson geht die Preisgefahr auf den Käufer über. Ablieferung
erfolgt aber erst, wenn nach Transport die Kaufsache dem Käufer am
Bestimmungsort zur Verfügung gestellt wird.[34] Erst mit Übergabe beginnt
die Gewährleistungsfrist zu laufen.

Ist die **Einweisung** (s. Rn. 163) vereinbart, beginnt der Fristenlauf erst mit 1363
deren Durchführung[35], bei Vereinbarung einer Probephase erst mit deren
Ablauf[36], bei geschuldeter Anpassung der Software mit Beendigung der
Anpassung[37]. Nach Auffassung vor allem des **OLG Düsseldorf**[38] soll die
Verjährungsfrist bei Lieferung eines EDV-Systems erst dann zu laufen beginnen und eine die Frist in Lauf setzende Ablieferung anzunehmen sein, wenn
das **System nach Einweisung des Personals und Überwindung der üblichen Anfangsschwierigkeiten eine gewisse Zeit mangelfrei gearbeitet** hat.
Diese Entscheidung ist nach wie vor äußerst umstritten und in dieser Form
wohl auch nicht voll haltbar. Es begegnet insbesondere Bedenken, den
Beginn des Fristenlaufs von zusätzlichen Nebenleistungen, wie der Einweisung des Personals, abhängig zu machen (insbesondere dann, wenn sich aus
dem Sachverhalt nicht ergibt, ob diese Einweisung als Leistung geschuldet
war). Eine Fristverlängerung hat das OLG Düsseldorf letztlich auch nicht aus
einer Verschiebung des Beginns des Fristenlaufs abgeleitet, sondern im
Wesentlichen darauf hingewiesen, dass in der fraglichen Prüfzeit wiederholt
Nachbesserungsarbeiten durchgeführt werden mussten, die naturgemäß zu
einer Fristenhemmung gemäß § 639 Abs. 2 BGB führten. Außerdem sei es
erforderlich gewesen, Mitarbeiter der Herstellerfirma (als Drittfirma) mit
Serviceleistungen heranzuziehen, womit der Anbieter auch einverstanden
gewesen sei. Hier kann unproblematisch die Fristenverlängerung über einen
Hemmungstatbestand erreicht werden. Es besteht gerade auch nach dem
Sachverhalt des Urteils des OLG Düsseldorf deshalb keine Veranlassung,
den Begriff der Ablieferung entsprechend ausweitend auszulegen.

[34] Siehe ausf. Saenger, NJW 1997, 1945, 1947.
[35] OLG München, Urteil vom 5. 7. 1991 – 14 U 42/91, BB, Beil. 23, 1991, 9 (aber nicht erst nach einem Probelauf); OLG Köln, Urteil vom 31. 3. 1995 – 19 U 248/94, NJW-RR 1995, 1457 = CR
1995, 605; OLG Koblenz, Urteil vom 1. 2. 1985 – 2 U 212/83, DV-R 2, L-20.
[36] OLG München, Urteil vom 5. 7. 1991 – 14 U 42/91, a. a. O., 8.
[37] AG Wiesbaden, Urteil vom 16. 9. 1986 – 97 C 1773/85, MRC 1986, 23.
[38] OLG Düsseldorf, Urteil vom 7. 12. 1988 – 17 U 27/87, CR 1989, 689 = DB 1989, 520; ähnlich
OLG Düsseldorf, MRC 1992, 36 (Verjährungsbeginn erst nach Anlagenaufstellung, Programminstallation, Einweisung der Nutzer und Probelauf); OLG Köln, VersR 1993, 1532 (störungsfreier
Probelauf); a. A. LG Gießen, CR 1995, 540 (bei Kauf von Standardsoftware ohne Hardware kein
Probebetriebserfordernis); s. auch OLG Celle, BB, Beil. 19, 1996, 6 (für **vereinbarte** Einweisung).

1364 Ein **Probelauf** kann der Ablieferung vorzuschalten sein, wenn Hardware und Software aufgrund eines einheitlichen Vertrages geschuldet sind[39], nicht aber bei Verkauf von Standardkomponenten, auch wenn Einweisung geschuldet ist[40]. Für **Individualsoftware** kann statt der Gewährleistung eine **Testphase** vereinbart werden. Die Nichtlieferung des Handbuches wird von diesem Gewährleistungsausschluss nicht erfasst.[41]

Im Kaufrecht beginnt die Verjährung der Gewährleistungsansprüche nicht vor Vollendung der **Ablieferung** (§ 477 Abs. 1 Satz 1 BGB; s. auch Rn. 745 zur Abgrenzung gegen die Abnahme). Sind mehrere individuell bestimmte Sachen als Sachgesamtheit oder als zusammengehörig verkauft, werden aber wesentliche Teile davon nicht geliefert, so ist der Ablieferungsvorgang nicht beendet, bevor **die noch ausstehende Leistung nachgeholt** wird. Bis dahin wird die Verjährungsfrist des § 477 Abs. 1 BGB nicht in Lauf gesetzt.[42] Teilt der Käufer mit, die Anlage funktioniere „prospektgemäß", gilt sie als vertragsgemäß übergeben, und die Frist des § 477 BGB beginnt zu laufen.[43] Der § 477 Abs. 1 BGB erfasst auch Ansprüche aus Verletzung von Aufklärungs- oder Beratungspflichten, wenn von der Eigenschaft die Verwendungsfähigkeit der Kaufsache für den vertraglichen Zweck abhängt.[44]

1365 Für **Rechtsmängel** gelangen nicht die kurzen Verjährungsfristen zur Anwendung[45], sondern die 30-jährige Frist des § 195 BGB.[46]

Unwirksam wegen Verstoßes gegen § 11 Nr. 10 Buchst. f AGBG ist eine Klausel in AGB, nach der die Verjährungsfrist in der Weise abgekürzt werden soll, dass hinsichtlich des Verjährungsbeginns auf die **Übergabe** und nicht auf die Abnahme des Liefergegenstandes abgestellt wird (für Werkvertragsrecht).[47]

---

[39] OLG Nürnberg, Urteil vom 14. 7. 1994 – 8 U 2851/93, CR 1995, 343 (unter Hinweis auf OLG Köln, VersR 1993, 453 „Probelauf" und OLG Düsseldorf, ZIP 1989, 580; OLG Bremen, NJW-RR 1992, 951). Der BGH, NJW 1993, 461 = CR 1993, 203, 204 hat offengelassen, ob die Durchführung des Probebetriebes Voraussetzung für die Ablieferung im Sinne von § 477 BGB ist.

[40] LG Gießen, Urteil vom 3. 5. 1995 – 1 S 676/94, CR 1995, 540 = NJW-RR 1996, 44.

[41] OLG Karlsruhe, Urteil vom 8. 7. 1988 – 10 U 8/88, CR 1989, 195 = NJW 1989, 2630.

[42] BGH, Urteil vom 2. 7. 1994 – VIII ZR 154/93, CR 1994, 460 unter Hinweis auf BGH, WM 1993, 1639, 1642 = CR 1993, 681 und WM 1993, 111 = CR 1993, 203.

[43] OLG Köln, Urteil vom 28. 2. 1992 – 19 U 221/91, Jur-PC 1992, 1630 = BB Beil. 14, 1992, 8.

[44] BGH, NJW 1983, 2697 – Dispersionskleber.

[45] OLG Hamm, Urteil vom 12. 9. 1990 – 31 U 110/89, CR 1991, 15 = NJW-RR 1991, 953.

[46] Voss, CR 1994, 449 gegen OLG Hamm, das die 2-jährige Frist aus § 196 Nr. 1 BGB annimmt. § 196 BGB erfasst nur Ansprüche des Anbieters, nicht Ansprüche des Kunden auf Lieferung oder gar Ansprüche des betroffenen Urhebers.

[47] LG Karlsruhe, Urteil vom 13. 5. 1991 – 10 O 458/89, CR 1991, 544.

Der **Schadensersatzanspruch** des Leasingnehmers oder Leasinggebers   1366
wegen der Verletzung von Beratungspflichten des Herstellers/Lieferanten
bei der Auswahl des Leasingobjekts verjährt innerhalb von sechs Monaten
ab Ablieferung.[48]

Die Verjährungsfrist bei **Werkverträgen** soll mit der Erkennbarkeit der Feh-   1367
ler innerhalb einer ordnungsgemäßen Prüfung[49] (Abnahme) beginnen. Die
Entscheidung des OLG Bremen begegnet Bedenken: Gewährleistungsfristen
stellen grundsätzlich nicht auf die Erkennbarkeit ab, da hierdurch nicht selten
erhebliche Rechtsunsicherheit entstehen kann. Das gilt generell auch im
neuen Rechtsrahmen der EU-einheitlich gestalteten Gewährleistungsrechte
(s. Rn. 1369). Kündigt der Besteller den Werkvertrag, weil der Unternehmer
den Vertragszweck schuldhaft in erheblichem Maße gefährdet hat, so verjährt der aus dem Verhalten des Unternehmers hergeleitete Schadensersatzanspruch des Bestellers (z. B. auf Erstattung unvermeidlicher Mehraufwendungen zur Fertigstellung des Werkes) nicht nach § 638 BGB, sondern in 30
Jahren.[50] Der § 638 BGB ist aber auf Ansprüche aus Datenverlust durch
unterbliebene Datensicherung anwendbar.[51]

Die Gewährleistungsfrist beginnt auch mit der endgültigen **Abnahmever-**   1368
weigerung durch den Kunden zu laufen, gleich, ob die Verweigerung zu
Recht erfolgte oder nicht, da der Kunde hiermit zu verstehen gibt, an der

---

[48] BGH, Urteil vom 6. 6. 1984 – VIII ZR 83/83, NJW 1984, 2938; OLG Bremen, Urteil vom 28. 12.
1978 – 2 U 36/78, MRC 1978, 1.
[49] OLG Bremen, Urteil vom 28. 12. 1978, a. a. O. Das Gericht sieht sich im Wege „zweckgebunde-
ner Rechtsanwendung" als befugt an, die Kalkulationsinteressen des Werkunternehmers immer
dann zurücktreten zu lassen, wenn der Mangel des von ihm gelieferten Werks bei normalem Lauf
der Dinge nicht innerhalb von sechs Monaten nach Ablieferung des Werks entdeckt werden kann.
Hier sei die Festlegung des Verjährungsbeginns auf den Zeitpunkt der frühestmöglichen **Erkennbarkeit** des Mangels unter Beibehaltung der in § 638 Abs. 1 BGB normierten Fristen für alle Ansprüche möglich, die auf einen Werkmangel gestützt werden. Die darin liegende offene Abweichung von den Vorschriften der §§ 638 Abs. 1 Satz 2, 646 BGB sei legitim, weil sie im Einklang
mit den Zweckvorstellungen des Gesetzgebers die Bilanzierungs- und Kalkulationsinteressen des
Werkunternehmers gerade so weit zurücktreten lässt, wie dies zur Rechtsverfolgung des Bestellers
notwendig ist. Insoweit folge auch die moderne Schuldrechtsliteratur überwiegend (OLG Bremen,
a. a. O., 190).
[50] BGH, Urteil vom 30. 6. 1983 – VIII ZR 293/82, NJW 1983, 2439. Der BGH weist in dieser Entscheidung darauf hin, dass hier nicht über einen Schadensersatzanspruch wegen Nichterfüllung im
Sinne von § 635 BGB aufgrund Werkmangels zu entscheiden war, sondern über einen Schaden
aufgrund Beendigung der Zusammenarbeit, der sich aus pVV beurteile. Der Besteller kann **hier**
unter Wegfall des Vergütungsanspruchs des Unternehmers gemäß § 649 Satz 2 BGB den Vertrag
kündigen, wenn der Unternehmer (bzw. sein Erfüllungsgehilfe) den Vertragszweck schuldhaft in
erheblichem Maße gefährdet. Hieraus können sich für den Besteller Ansprüche auf Ersatz von Folgeschäden ergeben, etwa auf Erstattung unvermeidlicher Mehraufwendungen, die durch das Beauftragen eines anderen Unternehmens entstehen (BGH, NJW 1966, 1713 und NJW 1975, 825ff.).
Diese Folgeschäden dürfen nicht mit Mangelfolgeschäden verwechselt werden.
[51] OLG Köln, Urteil vom 22. 4. 1994 – 19 U 253/93, NJW-RR 1994, 1262.

Vertragsdurchführung seitens des Unternehmers kein Interesse mehr zu haben.[52] Wird eine neue Version eines Standardprogramms nach Ablauf der Verjährungsfrist geliefert, so beinhaltet diese Lieferung keinen Verzicht auf die Einrede der Verjährung.[53]

Der **Anspruch auf Wandelung** unterliegt der kurzen **Verjährung**, der Anspruch **aus** der erfolgten Wandelung der **langen Verjährung** (§ 195 BGB).

1.2.1 Neue längere Verjährungsfristen nach EU-Recht

1369 Die Ratsrichtlinie über Verbrauchsgüterkauf und -garantien[54] sieht eine Haftung des Verkäufers „für jede Vertragswidrigkeit" und für einen Zeitraum von **zwei Jahren** ab dem Zeitpunkt der Übergabe vor (Art. 5 Abs. 1 RL).

1.3 Unterbrechung des Fristenlaufes, Anerkenntnis

1370 Für die Unterbrechung des Laufes der Verjährungsfrist darf auf die ausführliche Regelung in den §§ 208 bis 217, 220 BGB verwiesen werden. Die Unterbrechung der Gewährleistungsfrist betrifft nur die jeweils geltend gemachten Mängel.[55] Die durch Aufrechnung mit Forderungen aus Mängelbeseitigungskosten bewirkte Verjährungsunterbrechung beschränkt sich auf den Klageanspruch, gegen den aufgerechnet wird. Übersteigende Gewährleistungsansprüche werden von dieser Unterbrechung nicht erfasst.[56] Tauscht der Anbieter statt eines „patches" (einzelne Fehlerbeseitigung) das gesamte Programm einfach aus, so liegt hierin ein **Anerkenntnis** im Sinne von § 208 BGB, das zu einer Unterbrechung der Verjährungsfrist führt.[57] Gleiches gilt für die kommentarlose Stornierung einer Rechnung für Mängelbeseitigungsarbeiten.[58]

---

[52] OLG Hamm, Urteil vom 19. 12. 1990 – 31 U 129/90, CR 1991, 411 f. Die Gewährleistungsfrist beginnt also nicht zu laufen, wenn der Kunde die Abnahme verweigert, weil Mängel noch nicht beseitigt sind und er an seinem Beseitigungsverlangen festhält.

[53] LG Dortmund, Urteil vom 25. 3. 1987 – 1 S 350/86, DV-R 4, 264, Vorinstanz: AG Dortmund, MRC 1986, 39.

[54] Siehe die Richtlinie des Europäischen Parlamentes und des Rates über den Verbrauchsgüterkauf und -garantien (98/C 148/11), ABl. Nr. L 171 vom 7. 7. 1999, 12.

[55] OLG Köln, Urteil vom 31. 3. 1995 – 19 U 248/94, NJW-RR 1995, 1457.

[56] BGH, Urteil vom 24. 4. 1986 – VII ZR 262/85, BB 1986, 1322.

[57] OLG Köln, Urteil vom 2. 4. 1993 – 19 U 202/92, CR 1993, 426 = NJW-RR 1993, 1140 und OLG Köln, Urteil vom 13. 3. 1998 – 19 U 121/97, NJW-RR 1998, 1587.

[58] LG Aachen, Urteil vom 18. 12. 1992 – 43 O 34/91, CR 1993, 703.

1.4 Hemmung des Fristenlaufes

Soweit das Gesetz eine Hemmung des Fristenlaufes vorsieht oder die Par-   1371
teien eine entsprechende Vereinbarung treffen, **wird die Frist nicht unterbrochen** (läuft also nach Ende der Hemmung nicht wieder von vorn neu),
sondern läuft nur für die Restdauer weiter. Die Hemmung der Gewährleistungsfrist betrifft nur die jeweils geltend gemachten Mängel.[59]

1.4.1 Hemmung durch Stundung

Vereinbaren die Vertragsparteien, dass eine **Forderung gestundet** sein   1372
soll, so tritt gemäß § 202 Abs. 1, 1. Alt. BGB eine Hemmung der Verjährung ein. Hierbei sind aber **zwei Fälle zu unterscheiden:**

Wird diese Vereinbarung bereits **bei Vertragsabschluss**, also vor Beginn
der Verjährung, getroffen, so kann sie die Verjährung nicht hemmen, da
diese überhaupt noch nicht zu laufen begann. Vielmehr beginnt die Verjährungsfrist erst nach Ablauf der vereinbarten Stundungsfrist. Im Ergebnis
vereinbaren also die Parteien zugleich mit der Stundung, dass der Beginn
des Laufes der Verjährungsfrist verschoben wird – ohne dass es diesbzgl.
einer ausdrücklichen Erklärung bedarf. Schließen die Parteien die Stun-
dungsvereinbarung erst **nach Beginn der Verjährungsfrist**, so wird diese
für den Zeitraum der Stundungsdauer gehemmt. Der Zeitraum zwischen
Beginn der Verjährungsfrist und der Vereinbarung der Stundung bleibt
„verbraucht". Die Frist läuft jedoch erst nach Ende der Stundungsfrist weiter. Sie verlängert sich also um den beliebig terminierbaren Zeitraum der
Stundungsfrist.

1.4.2 Hemmung durch Verhandlungen

Die Verjährung der Ersatzansprüche des Vermieters wegen Veränderungen   1373
oder Verschlechterungen der Mietsache ist ohne Rücksicht auf den
Rechtsgrund der Forderungen gehemmt, solange der Vermieter mit dem
Mieter verhandelt und nicht der eine oder andere Teil die Fortsetzung der
Verhandlungen verweigert.[60]

In der **Vertragspraxis** sollte vereinbart werden, dass – im Bereich der   1374
Mängelgewährleistung – nicht nur unmittelbare Mängelbeseitigungsversuche und zugehörige Verhandlungen zwischen den Vertragsparteien, sondern auch die zugesicherten Reaktionseigenschaften als Hemmungszeit-

---

[59] OLG Köln, Urteil vom 31. 3. 1995 – 19 U 248/94, NJW-RR 1995, 1457.
[60] BGH, Urteil vom 28. 11. 1984 – VIII ZR 240/83, WM 1985, 360.

raum anzurechnen sind. Diese berechnen sich dann ab Eingang der Beseitigungsaufforderung bei dem Anbieter bis zum Eintreffen der Mitarbeiter des Anbieters bei dem Kunden.

1.4.3 Hemmung durch Mängelprüfung oder Beseitigungsversuche

1375 § 639 Abs. 2 BGB beschreibt einen Sonderfall der Hemmung des Fristenlaufes für **Werkverträge:** Prüft der Unternehmer im Einvernehmen mit dem Besteller (Kunde, Händler), ob dem Werk ein Mangel anhaftet und wie dieser Mangel zu beseitigen ist, so hemmt diese Prüfung den Lauf der Verjährungsfrist so lange, bis der Unternehmer das Ergebnis seiner Prüfung dem Besteller mitteilt oder ihm gegenüber den Mangel für beseitigt erklärt oder die Fortsetzung der Beseitigung verweigert. Unerheblich ist, ob der Unternehmer diese Prüfung ohne Anerkennung einer Rechtspflicht durchführt oder der Mangel überhaupt behebbar ist. Die fast ständige Vornahme von Nachbesserungsarbeiten führt zu einer Gesamthemmung.[61]

1376 Die **Hemmung beginnt** mit der anbieterseitigen Ankündigung einer Nachbesserung.[62] Kündigt der Software-Verkäufer, obwohl er die behaupteten Mängel des Programms ausdrücklich als beseitigt bezeichnet hat, auf erneute Beanstandungen seitens des Kunden eine nochmalige Überprüfung vor Ort an, macht er aber anschließend trotz gegenteiliger Ankündigung keine Terminvorschläge, so ist die Verjährungsfrist für die Gewährleistungsansprüche entsprechend § 639 Abs. 2 BGB jedenfalls so lange gehemmt, bis der Kunde schlechterdings nicht mehr damit rechnen kann, dass der Verkäufer zwecks Überprüfung erscheint; dies kann nicht vor Ablauf von acht Wochen angenommen werden.[63] Auch Mängelbeseitigungen aus Kulanz führen zur Hemmung.[64] Generell ist, dem BGH zufolge[65], der Fristenlauf so lange gehemmt, wie sich der Lieferant im Hinblick auf Beanstandungen des Kunden darum bemüht, den mitgeteilten Mangel durch Nachbesserung zu beseitigen. Die Hemmung endet, wenn der Lieferant deutlich macht, dass seiner Meinung nach die Anlage ordnungsgemäß laufe, da er hiermit weitere Mängelbehebungen ablehnt.[66]

---

[61] OLG Köln, Urteil vom 20. 2. 1991 – 24 U 109/89, MRC 1991, 20.
[62] LG Coburg, Urteil vom 13. 12. 1989 – 2 O 432/89, CR 1990, 524.
[63] OLG Köln, Urteil vom 2. 4. 1993 – 19 U 202/92, CR 1993, 426.
[64] AG Suhl, Urteil vom 15. 3. 1994 – 1 C 910/92, CR 1994, 407 (für den Fall vorbehaltloser erheblicher Anstrengungen des Anbieters zur Mängelbeseitigung).
[65] BGH, DB 1984, 2132.
[66] OLG Hamm, Urteil vom 12. 10. 1988 – 31 U 220/87, CR 1989, 486.

Diese Regelungsgedanken sind grundsätzlich auch im **Kaufvertragsrecht** anwendbar[67], und zwar auch dann, wenn sich der Verkäufer nicht zur Nachbesserung verpflichtet hat. Eine entsprechende Anwendung von § 639 Abs. 2 BGB auf die nebenvertragliche Beratungspflicht des Lieferanten ist etwa dann gerechtfertigt, wenn der Hersteller/Lieferant eines Leasingobjektes im Einverständnis mit dem Leasingnehmer darum bemüht ist, die Eignung des Leasingobjektes für den Vertragszweck durch geeignete Maßnahmen herbeizuführen.[68] In der Durchführung nicht unwesentlicher Nachbesserungsarbeiten kann verjährungsunterbrechendes **Anerkenntnis** der Gewährleistungspflicht des Verkäufers zu sehen sein (BGH, BB 1999, 1783).

1.4.4 Gesamthemmung

Teilt der Kunde verschiedene Mängel in relativ kurzen zeitlichen Abständen mit (Tagen, Wochen) und wird das Vorhandensein dieser Mängel anbieterseits jeweils geprüft, kann es gerechtfertigt sein, einen einheitlichen Zeitraum anzunehmen, für den der Lauf der Gewährleistungsfrist gehemmt ist.[69] Die Verjährungshemmung dauert nicht nur während der einzelnen Tage, in denen tatsächlich Reparaturarbeiten durchgeführt werden, sondern während der ganzen Zeit, in der die Frage in der Schwebe ist, ob der Mangel beseitigt werden kann – und zwar auch dann, wenn der Kunde die Sache zwischendurch wieder in Benutzung genommen hat.[70]   1377

Ist der Wandelungsanspruch abbedungen, scheitert aber die Nachbesserung, so lebt der **Wandelungsanspruch wieder auf**. Die Verjährungsfrist für den Wandelungsanspruch läuft ab dem Zeitpunkt des Wiederauflebens weiter. Bis zu diesem Zeitpunkt ist die Frist für die Geltendmachung des Wandelungsanspruches als gehemmt anzusehen.[71]   1378

1.5 Leistungsverweigerungsrecht bei Verjährungseintritt

Nach Verjährungseintritt kann der Käufer die Zahlung des Kaufpreises (zumindest anteilig) verweigern, wenn er vor Eintritt der Verjährung einen Mangel angezeigt hat, der ihn zur Wandelung oder Minderung berechtigt hätte, und noch keine Zahlung geleistet hat (§ 478 Abs. 1 Satz 1 BGB).   1379

---

[67] Etwa bei ergänzend vereinbartem Mängelbeseitigungsanspruch während der Durchführung der Mängelbeseitigung, s. OLG Düsseldorf, Urteil vom 7. 12. 1988 – 17 U 27/87, DB 1989, 520.
[68] BGH, DB 1984, 1193, 2132.
[69] KG, Urteil vom 5. 3. 1973 – 12 U 430/71, DV-R 1, 48; OLG Köln, IuR 1988, 129.
[70] LG Berlin, Urteil vom 2. 11. 1982 – 8 O 412/81, DV-R 3, 150, 152.
[71] LG Siegen, Urteil vom 21. 6. 1971 – 2 O 167/69, DV-R 1, 33.

Der Käufer kann also nur die noch ausstehende Zahlung verweigern, nicht aber bereits geleistete Zahlungen zurückverlangen. Aus diesem Grunde sollten Käufer mit Vorauszahlungen sehr vorsichtig sein, da diese bei eventuellen Gewährleistungsansprüchen nicht ohne weiteres rückgängig gemacht werden können. Unter den genannten Voraussetzungen kann der Käufer die Zahlung auch dann verweigern, wenn er einen Antrag auf Beweissicherung gestellt oder in einem Rechtsstreit mit seinen eigenen Abnehmern dem Verkäufer den Streit verkündet hat (§ 478 Abs. 1 Satz 2 BGB). Unter den Voraussetzungen des § 478 Abs. 1 BGB ist auch eine Aufrechnung zulässig.

2. Vertragsbeendigung

2.1 Formen der Vertragsbeendigung

1380 EDV-Verträge können auf unterschiedliche Weise beendet werden. Hierzu gehören:

- die **wechselseitige Leistungserbringung**, so etwa bei Kaufverträgen durch Übergabe und Übereignung der Kaufsache seitens des Verkäufers und Zahlung des Kaufpreises durch den Käufer (punktueller Leistungsaustausch). Solche Verträge bedürfen keiner eigenen Beendigung, können aber rückabgewickelt werden, etwa durch Wandelung.
- die **Kündigung**, also die Vertragsbeendigung durch einseitige, empfangsbedürftige Willenserklärung eines Vertragspartners mit sofortiger Wirkung (**außerordentliche Kündigung**) oder mit Wirkung zu einem vertraglich oder gesetzlich festgelegten Zeitpunkt (**ordentliche Kündigung mit Kündigungsfrist**). Kündigungen kommen grundsätzlich nur bei Verträgen in Betracht, die eine sich über einen gewissen Zeitraum erstreckende Leistungserbringung regeln, so etwa die Werkerstellung oder Miete. Die Kündigung lässt bis zum Kündigungszeitpunkt erbrachte Leistungen unberührt.
- die **Verletzung vertraglicher Nebenpflichten** (etwa zur Beratung, Einweisung oder Einarbeitung) gibt dem Kunden ein **Rücktrittsrecht** aus analoger Anwendung von § 326 Abs. 1 BGB, wenn er vorher eine Frist gesetzt und die Ablehnung angedroht hat[72], es sei denn, dass die Vertragsverletzung das Vertrauensverhältnis bzw. den Vertragszweck derart zerstört bzw. stört, dass dem Kunden ein weiteres Festhalten am Vertrag

---

[72] Vgl. OLG Düsseldorf, Urteil vom 9. 6. 1989 – 16 U 209/88, CR 1990, 122, 126.

nach Treu und Glauben auch ohne Fristsetzung und Ablehnungsandrohung nicht mehr zugemutet werden kann.[73]

– die **Wandelung**, also das Rückgängigmachen von Werk- oder Kaufverträgen unter wechselseitiger Rückgewähr bereits erbrachter Leistungen ist grundsätzlich erst nach Fristsetzung und Ablehnungsandrohung möglich.[74] (Näheres zur Wandelung s. Rn. 1389.)

– der **Rücktritt** ist grundsätzlich in der Erfüllungsphase eines Vertrages möglich, nicht in der Gewährleistungsphase. Rücktritt führt zur Rückabwicklung in einem eigenen Abwicklungsverhältnis (§§ 346, 348 BGB).[75] Die „Stornierung" einer Bestellung gilt nicht als Ausübung des gesetzlichen Rücktrittsrechts.[76]

– der **Schadensersatz wegen Nichterfüllung** („Großer Schadensersatz"): Der Kunde kann – ähnlich wie bei der Wandelung – die erhaltene Leistung zurückgewähren (z. B. Hardware zurückgeben) und zugleich vollen Ersatz des erlittenen Schadens verlangen. Die Lösung geht damit über die bloße Vertragswandelung hinaus und ist von dieser oder dem Rücktritt sorgfältig zu unterscheiden.

– der **Wegfall der Geschäftsgrundlage**. Er wird insbesondere für den Bereich der Leasingverträge relevant, etwa wenn der Leasingnehmer, dem die Gewährleistungsrechte abgetreten wurden, den Erwerbsvertrag mit dem Lieferanten wandelt. Außerdem kann die Geschäftsgrundlage eines Pflegevertrages entfallen, wenn der Software-Überlassungsvertrag oder der Vertrag über die Lieferung einer EDV-Anlage[77] gewandelt wird.

Die juristische Lehre zum **Wegfall der Geschäftsgrundlage** stößt schon bei „tatbestandlichen Festlegungen" auf Probleme. Eine Definition der „Geschäftsgrundlage" scheint bisher nicht stringent gelungen. Der Bezug auf „tatsächliche oder rechtliche Verhältnisse bei Vertragsschluss"[78] bleibt zu abstrakt, um operabel zu sein. Zugleich ist der „Wegfall" der Geschäftsgrundlage zumeist, aus Sicht der Rechtsprechung, eine **Anpassung**, also ein Festhalten am freilich modifizierten Vertrag. Nur ausnahmsweise

1381

---

[73] Siehe etwa BGH, DB 1976, 1956 = NJW 1978, 276.

[74] OLG Köln, Urteil vom 11. 10. 1991 – 19 U 87/91, Jur-PC 1991, 1352.

[75] BGHZ 88, 48; BGH, NJW 1994, 2069.

[76] OLG Hamm, Urteil vom 7. 2. 1994 – 31 U 240/92, CR 1994, 464. „Im kaufmännischen Verkehr ist unter dem Begriff Stornierung zunächst nur die Erklärung zu verstehen, daß die Annahme der Leistung der Gegenseite abgelehnt wird. Anders als bei der Geltendmachung eines gesetzlichen Rücktrittsrechts nach den §§ 326, 376 HGB wird mit der Stornierung eines Auftrages im Zweifel nicht zugleich auf Schadensersatzansprüche wegen Nichterfüllung verzichtet."

[77] OLG Hamm, Urteil vom 7. 2. 1994, a. a. O.

[78] Emmerich, 273.

kommt eine tatsächliche Auflösung des Vertragsverhältnisses in Betracht, wenn nämlich der betroffenen Vertragspartei das Festhalten am Vertrag nicht zumutbar ist. Bereits erbrachte Leistungen sind in diesen Fällen nach den Grundsätzen des Bereicherungsrechts rückabzuwickeln.[79] Wird ein Vertrag über Software-Lieferung rückabgewickelt, ist auch das für Schulungen gezahlte Entgelt wegen Wegfalls der Geschäftsgrundlage zu erstatten.[80] Bei Kündigung eines Wartungsvertrages an eine Zentraleinheit kann die Geschäftsgrundlage für die laufenden Mietverträge über Peripheriegeräte entfallen.[81]

Diese unterschiedlichen Arten, einen Vertrag zu beenden, rechtfertigen und erfordern einen eigenen Abschnitt zu den spezifischen Voraussetzungen und Folgen der Beendigung von EDV-Verträgen.

2.2 Beendigung einzelner typischer Vertragsverhältnisse

2.2.1 Kauf von Systemen oder Systemkomponenten

2.2.1.1 Vertragserfüllung

1382 Der Kaufvertrag „endet" regelmäßig durch Erbringung der Leistungspflichten der Vertragsparteien (punktueller Leistungsaustausch). Nebenpflichten aus einem Kaufvertrag können aber auch noch nachvertraglich wirken, z. B. Hinweispflichten des Anbieters, ebenso aus Urheberrecht begründete Pflichten (etwa Vervielfältigungsverbote einzuhalten). Die Beweislast, dass die Leistungspflicht erfüllt wurde, trägt grundsätzlich der Leistungsschuldner.[82] Dies gilt auch dann, wenn der Gläubiger aus der Nichterfüllung besondere Rechte herleiten will.[83]

2.2.1.2 Rücktritt

1383 Rücktritt ist in der vertraglichen Erfüllungsphase möglich (etwa aus § 326 Abs. 1 Satz 2 BGB), also etwa bis zur Ablieferung der Kaufsache bzw. bis zur Abnahme des Werkes. Soweit Rücktritt Fristsetzung voraussetzt, gilt: Setzt der Besteller dem Lieferanten eine Frist mit Ablehnungsandrohung, tritt aber nach Fristablauf nicht zurück, sondern lässt nur sein Interesse an einer Vertragsabwicklung erkennen, verliert er die Rechte aus § 326

---

[79] BGH, LM § 242 (BG) BGB Nr. 13.
[80] OLG Hamm, Urteil vom 3. 2. 1997 – 13 U 153/96, CR 1998, 202.
[81] Für eine solche Konstellation s. LG Nürnberg-Fürth, Urteil vom 21. 3. 1986 – 5 HKO 3078/84, IuR 1987, 19.
[82] BGH, WPM 1975, 593; LG Tübingen, Urteil vom 17. 12. 1976 – 2 O 130/75, DV-R 1, 38, 40.
[83] BGH, NJW 1969, 875.

Abs. 1 BGB wieder und muss später erneut Fristsetzung mit Ablehnungsandrohung erklären.[84] Eine Klausel in allgemeinen Einkaufsbedingungen,
nach der der Auftragnehmer nur zur Geltendmachung seiner bis zum
Rücktritt tatsächlich aufgewendeten Kosten berechtigt sein soll, falls der
Auftraggeber „aus zwingenden Gründen" vom Auftrag zurücktritt, verstößt gegen § 10 Nr. 3 AGBG. Es existiert kein Handelsbrauch, demzufolge bei Beschaffung von Software jederzeit ein Recht zur Stornierung
vor Erhalt der Ware anerkannt ist.[85]

Der Kunde kann vom Vertrag zurücktreten, wenn der Anbieter eine Mehr-   1384
platzanlage einrichten und hierbei vorhandene „Altprogramme" auf ein
Unterverzeichnis kopieren sollte und innerhalb einer gesetzten Frist keine
zumutbaren Anstrengungen unternimmt, dieses Ergebnis zu erreichen,
und die Programme für den Kunden von Bedeutung sind.[86] Wird **nach**
Erklärung des Rücktritts kundenseits erneut eine Nachbesserungsmöglichkeit eingeräumt, ist hierin grundsätzlich kein Verzicht auf das Rücktrittsrecht zu sehen.[87] Rücktritt vom gesamten Vertrag ist berechtigt, wenn der
Lieferant von Hardware, der als örtlicher Ansprechpartner der Software-
Lieferanten auch die Installation von Fremdsoftware und die Einarbeitung
in ihre Handhabung übernommen hat, die vertraglich vorgesehene Mehrplatzfähigkeit der gelieferten Software nicht prüft und der Grund eines
Funktionsfehlers der Anlage daher über längere Zeit unerkannt bleibt. Der
Umstand, dass eine Mehrplatzanlage nur als Einzelplatzanlage genutzt
werden kann, kann dazu führen, dass der Nutzwert auf ein Viertel des vertraglichen Nutzungswertes für den jeweiligen Nutzungszeitraum zu reduzieren ist.[88]

Auch so genannte **Geld-Zurück-Vereinbarungen** beinhalten ein Rück-   1385
trittsrecht. Dies gilt etwa für die vertragliche Abrede mit dem Inhalt: „Sie
erhalten Ihr Geld in voller Höhe zurück, wenn das Programm nicht Ihren
Anforderungen entspricht." sowie für „Risiko-Ausschluss: bis drei
Monate Rückgabe der Installation"[89], ein lediglich von den subjektiven
Anforderungen des Erwerbers abhängiges, freies Rückgaberecht. Die Frist
für die Erklärung des Rücktritts beginnt in einem derartigen Fall nicht

---

[84] OLG Frankfurt/Main, Urteil vom 17. 2. 1987 – 22 O 119/86, CR 1987, 769.

[85] OLG Köln, Urteil vom 28. 2. 1997 – 19 U 194/95, CR 1998, 82 = K & R, Beil. 1, 1998, 7.

[86] OLG Köln, Urteil vom 11. 12. 1992 – 19 U 244/95, NJW-RR 1993, 1398 = CR 1993, 278.

[87] OLG Köln, Urteil vom 9. 10. 1992 – 19 U 107/92, NJW-RR 1993, 565; abw. noch die Entscheidung des LG Köln, Urteil vom 10. 1. 1986 – 87 O 70/85 und Urteil vom 24. 7. 1986 – 88 O 31/85,
beide in DV-R 3, 238.

[88] OLG Köln, Urteil vom 19. 1. 1994 – 2 U 74/93, NJW-RR 1994, 1204.

[89] Nach OLG Düsseldorf, Urteil vom 22. 9. 1994 – 5 U 162/93, CR 1995, 154 (red. LS).

bereits mit dem Abschluss des Vertrages, sondern erst mit der Installation und Übergabe des Programms an den Erwerber.[90] Auch für Rücknahmegarantien ist die Reichweite der jeweiligen Garantie zu prüfen. So ist eine Erklärung des Verkäufers, er werde die EDV-Anlage zurücknehmen, falls sie – aus welchem Grund immer – nicht funktioniere, nicht dahingehend auszulegen, dass der Verkäufer auch für solche Schäden haften wolle, die **außerhalb seines Einflussbereiches** entstanden sind (z. B. für Transportschäden).[91]

Ein anbieterseits eingeräumtes Rücktrittsrecht für den Fall, dass das Programm den Anforderungen des Kunden nicht entspricht, kann auch dann geltend gemacht werden, wenn das Programm **nicht** mangelhaft ist. Die Zahlung des Erwerbspreises stellt weder einen Verzicht noch eine Verwirkung des Rücktrittsrechts dar.[92] Hat der Schuldner noch nicht erfüllt, so hat der Gläubiger die an eine nicht fristgerechte Leistungserbringung anknüpfenden Rechte, etwa auf Rücktritt, wenn der Schuldner die Erfüllung bestimmt, ernsthaft und endgültig verweigert. Darin liegt eine über das bloße Unterlassen der geschuldeten Leistung weit hinausgehende Vertragsverletzung.[93] Ein Rücktrittsrecht des Kunden aus **Vertragsverletzung** seitens des Anbieters besteht dann nicht, wenn der Kunde vor dem Rücktritt einen Software-Pflegevertrag abschloss und damit zu erkennen gab, dass er die bis dahin bemerkten und reparierten Mängel nicht als so schwerwiegend empfunden hat, dass er am Erwerb des Gerätes und der Programme nicht mehr festhalten wollte.[94]

1386 Tritt der Kunde vor Abnahme vom Kaufvertrag zurück und hat der Anbieter zu diesem Zeitpunkt seine Leistung noch nicht vollständig erbracht, trägt der Anbieter die **Beweislast** dafür, dass er im Auftrag der von ihm begehrten Zug-um-Zug-Leistung seinen verlangten Leistungsteil überhaupt erbracht bzw. nicht dadurch wieder rückgängig gemacht hat, dass er Quellcodes nachträglich entnommen hat.[95] Besteht zwischen den Kaufvertragsparteien Einigkeit darüber, dass Vertragsgegenstand nicht das Vor-

---

[90] OLG Düsseldorf, a. a. O.

[91] OLG Hamm, Urteil vom 9. 12. 1992 – 31 U 171/91, CR 1993, 497.

[92] OLG Düsseldorf, Urteil vom 22. 9. 1994 – 5 U 162/93, CR 1995, 154 = Jur-PC 1995, 3059 = MRC 1995, 73.

[93] Siehe BGH, NJW-RR 1992, 1141, 1143 unter Hinweis auf BGH, NJW-RR 1989, 1248 und BGH, WM 1989, 118.

[94] KG, Urteil vom 17. 12. 1981 – 19 U 4221/78, Zahrnt DV-R 2, 92f.

[95] LG Traunstein, Urteil vom 4. 3. 1988 – 1 HKO 310/87, IuR 1988, 385. In dem wohl red. bearbeiteten Tatbestand der Entscheidung ist allerdings (wohl irrtümlich) von einer Wandelung die Rede, was im System des BGB-Gewährleistungsrechts wohl voraussetzen würde, dass der Kunde doch das System abgenommen haben müsste, womit sich die Beweislast umkehren würde.

führgerät, sondern ein noch vom Verkäufer zu beschaffendes – damit also noch nicht individualisiertes - fabrikneues Gerät sein soll, so handelt es sich, wenn dennoch das Vorführgerät geliefert wird, nicht um eine Schlechterfüllung, sondern um Falscherfüllung.[96] Schuldet der Lieferant ein Komplettsystem einschließlich Streamer, kann der Käufer auch dann vom gesamten Vertrag zurücktreten, wenn mit Ausnahme des Streamers das gesamte System geliefert wurde.[97]

Während Rücktritt im Rahmen von § 326 BGB Verzug des Anbieters voraussetzt, ist dies für das Rücktrittsrecht des Bestellers aus § 636 Abs. 1 BGB nicht der Fall. Dieses Rücktrittsrecht besteht bereits dann, wenn die Überschreitung einer Herstellungsfrist lediglich droht.[98] Auch bei einem **Dauerschuldverhältnis** ist ein Rücktritt möglich, und zwar auch, wenn einzelne Leistungen bereits erbracht sind, da im Einzelfall die Parteien ein Interesse haben können, wegen einer **nachträglichen** Störung auch die bereits erbrachten Leistungsteile rückgängig zu machen.[99]

Die Regelung in § 9 Nr. 4 BVB-Überlassung, nach der neben dem Rücktritt noch ein pauschalierter Schadensersatz in Höhe von maximal 100 Verzugstagen geltend gemacht werden kann, ist wegen Verstoßes gegen § 9 Abs. 1 und Abs. 2 Nr. 1 AGBG unwirksam.[100] Der Rücktritt beseitigt die Grundlage für einen vertraglichen Anspruch auf Schadensersatz wegen Nichterfüllung, wobei dieser Anspruch zudem Fristsetzung mit Ablehnungsandrohung voraussetzt.

Die Kriterien der Rechtsprechung zur **Gesamtwandelung**[101], nach denen   1387
ein einheitlicher Vertrag im Sinne von § 139 BGB anzunehmen ist, wenn dessen Leistungen miteinander „stehen und fallen" sollen, sind auch auf **Verzugsfälle** anwendbar. Zu berücksichtigen ist etwa, ob die Leistung bereits technisch unteilbar ist (Variante entfällt, wenn die Komponenten getrennt voneinander nutzbar sind) oder ob es dem Erwerber erkennbar gerade auf die einheitliche Lieferung bzw. Herstellung der Hardware und

---

[96] OLG Karlsruhe (Senat Freiburg), Urteil vom 8. 10. 1992 – 4 U 76/92, NJW 1993, 631. Da hier kein Handelskauf vorlag, musste das Gericht auch nicht die Genehmigungsfähigkeit des Aliud prüfen, deshalb kam Rücktritt und nicht Wandelung des Vertrages in Betracht.

[97] OLG Koblenz, Urteil vom 13. 5. 1992 – 9 U 1755/90, MRC 1992, 15 mit dem Hinweis, dass die Möglichkeit einer Datensicherung auf Diskette ein gegenteiliges Ergebnis nicht trage.

[98] BGH, Urteil vom 5. 5. 1992 – X ZR 115/90, CR 1993, 85.

[99] Vgl. BGH, Urteil vom 25. 3. 1987 – VIII ZR 43/86, WM 1987, 1818 = CR 1987, 358 (für ein Architektursystem für etwa 233 000 DM) unter Bezug auf BGH, DB 1972, 917 = WM 1972, 625.

[100] OLG Köln, Urteil vom 31. 1. 1990 – 16 U 51/89, CR 1991, 17. Dem Gericht zufolge verstößt die Klausel außerdem gegen § 11 Nr. 5 Buchst. b AGBG, da sie den Gegenbeweis des Nichtvorhandenseins eines Schadens ausschließe.

[101] Vgl. BGH, Urteil vom 25. 3. 1987 – VIII ZR 43/86, WM 1987, 1818 = CR 1987, 358.

Software ankam, weil er nur auf diese Weise eine praktikable und wirtschaftliche Bewältigung der von ihm an die Anlage gestellten Aufgaben (Gesamtlösung) erwarten konnte.[102] Eine Vereinbarkeit über die Unteilbarkeit ist als ausdrückliche wie auch als stillschweigende möglich. In beiden Fällen muss es dem Erwerber erkennbar gerade auf die einheitliche Lieferung bzw. Herstellung von Hardware und Software angekommen sein.[103]

Fehlt es an einer solchen Unteilbarkeit der Leistung, so kann der Kunde dennoch dann vom Vertrag **insgesamt zurücktreten**, wenn die teilweise Erfüllung für ihn kein Interesse hat (in erweiternder Auslegung des § 326 Abs. 1 Satz 3 i. V. m. § 325 Abs. 1 Satz 2 BGB).[104] Ein Hardware und Software umfassender Leasingvertrag kann vom Leasingnehmer nach § 542 BGB gekündigt werden, wenn die Software nicht oder nicht vollständig geliefert wird.[105]

Wie bei Wandelung ist auch bei Rücktritt eine **Vergütung derjenigen Nutzungen** zu leisten, die vom Kunden tatsächlich gezogen werden konnten. Auch hier ist der Wert der gezogenen Nutzungen durch eine gerichtliche Schätzung zu ermitteln, wobei etwa bei Mietverträgen als Grundlage die Höhe des objektiv aufzuwendenden Mietzinses für eine Anlage anzusetzen ist (Schätzung gemäß § 287 ZPO).[106] Bei einem Vertrag über die Lieferung von Hardware und Software kann der Käufer den gesamten Vertrag wandeln, wenn die bestellte **Software in einer anderen Version** geliefert wird, weil eine solche für die betreffende Hardware nicht existiert.[107]

1388 Ein vertragliches Rücktrittsrecht des Kunden entfällt nicht durch den Umstand, dass Computersoftware regelmäßig einige Fehler aufweist.[108] Das Rücktrittsrecht nach den §§ 325 f. BGB ist zusammen mit dem

---

[102] BGH, Urteil vom 7. 3. 1990 – VIII ZR 56/89, CR 1990, 707, 709 = DB 1990, 1123; OLG Koblenz, Urteil vom 4. 10. 1991 – 2 U 403/88, NJW-RR 1992, 688 (Rücktritt bezüglich Individualsoftware erstreckt sich aufgrund feststellbaren Einheitlichkeitswillens auch auf Hardware); OLG Köln, Urteil vom 3. 12. 1993 – 19 U 157/93, NJW-RR 1993, 1398 (Gesamtrücktritt bei Einrichten von Altprogrammen auf neuem System); OLG Köln, Jur-PC 1993, 2412.

[103] BGH, Urteil vom 7. 3. 1990, a. a. O.

[104] BGH, a. a. O., 710 (unter Bezug auf RGZ 50, 138, 142); Köhler/Fritzsche, in Lehmann, XIII, Rn. 235.

[105] BGH, Urteil vom 1. 7. 1987 – VIII ZR 117/86, WM 1987, 1131 und Urteil vom 27. 4. 1988 – VIII ZR 84/87, WM 1988, 979. § 542 BGB setzt die Setzung einer angemessenen Frist zur vollständigen Überlassung der Mietsache voraus.

[106] Vgl. OLG Hamm, Urteil vom 28. 11. 1990 – 31 U 124/89, NJW-RR 1992, 113.

[107] LG Berlin, Urteil vom 6. 2. 1987 – 96 O 29/86, IuR 1987, 424.

[108] LG Heidelberg, Urteil vom 19. 8. 1997 – O 139/85 KfH II, IuR 1989, 197 = CR 1989, 197.

Anspruch auf Schadensersatz wegen Nichterfüllung **abtretbar**, so etwa im Leasingverhältnis durch den Leasinggeber an den Leasingnehmer.[109]

2.2.1.3 Wandelung

Mit der Erklärung der Wandelung werden Kauf- oder Werkverträge   1389 rückgängig gemacht, sofern sich der Anbieter (als Verkäufer bzw. als Werkunternehmer) mit der Wandelung einverstanden erklärt. Für Kaufverträge ist die Wandelung in den §§ 462, 465, 466, 467, 469 bis 471 BGB geregelt. Für die Wandelung in Werkverträgen gelten die Vorschriften der §§ 465 bis 467, 469 bis 475 entsprechend (§ 634 Abs. 4 BGB). Voraussetzung für die Wandelung (bzw. Wandelungsklage) ist die Mangelhaftigkeit des Kaufgegenstandes zum Zeitpunkt der Abgabe der Wandelungserklärung.[110] Besteht entsprechende Bereitschaft des Verkäufers, muss der Käufer dem Verkäufer zunächst die Ausübung eines Nachbesserungsrechts ermöglichen und in dessen Rahmen eine Überprüfung der Kaufsache.[111]

Nach zweimaliger gescheiterter Reparatur steht dem Käufer auch dann ein Wandelungsrecht zu, wenn der Fehler später gefunden scheint.[112] Das Wandelungsrecht des Käufers besteht auch dann weiter, wenn der Mangel vor Vollzug deshalb entfällt, weil der Verkäufer ihn beseitigt (wodurch das Vorhandensein anerkannt wird), obwohl der Käufer zu Recht die Nachbesserung abgelehnt hat.[113] Voraussetzung für ein Wandelungsurteil ist aber grundsätzlich, dass der jeweilige Mangel noch bis zum Vollzug der Wandelung besteht.[114] Der Mangel muss noch im Zeitpunkt der mündlichen Verhandlung vorliegen, auf die das Urteil ergeht, in welchem über das Wandelungsbegehren entschieden wird, es sei denn, der Mangel wurde bis Wandelungsvollzug erfolgreich, aber eigenmächtig beseitigt.[115]

Eine Klausel in AGB des Verkäufers, nach der dem Verkäufer unter Ausschluss sonstiger Gewährleistungsansprüche ein Nachbesserungsrecht eingeräumt wird und dem Käufer das Recht vorbehalten bleibt, bei Fehlschlagen von drei Nachbesserungsversuchen nach seiner Wahl Herabsetzung

---

[109] OLG Köln, Urteil vom 8. 12. 1995 – 19 U 113/95, CR 1996, 346.
[110] LG Köln, Urteil vom 27. 3. 1992 – 89 U 1/91, CR 1993, 217.
[111] LG Dortmund, Urteil vom 28. 2. 1996 – 5 O 480/95, NJW-RR 1997, 1417.
[112] LG Saarbrücken, Urteil vom 12. 4. 1994 – 6 O 4115/91, CR 1995, 222.
[113] LG Köln, Urteil vom 28. 5. 1997 – 20 S 21/96, CR 1998, 209.
[114] LG Stuttgart, Urteil vom 24. 6. 1991 – 19 O 351/90, CR 1993, 214.
[115] OLG Düsseldorf, Urteil vom 19. 12. 1997 – 22 U 103/97, NJW-RR 1998, 1587.

der Vergütung oder Rückgängigmachung des Vertrages zu verlangen, ist wegen Verstoßes gegen § 11 Nr. 10 Buchst. b AGBG nichtig.[116]

1390 Liefert der Verkäufer einzelne Bestandteile einer EDV-Konfiguration (Kassenanlage) nebst zugehöriger Software, so ist der Käufer zur Wandelung des Kaufvertrages berechtigt, wenn die zum Lieferumfang gehörenden **Schnittstellenkarten**, die die Verbindung und den Zugriff auf einen auswärtigen Rechner ermöglichen sollen, beim Dauerbetrieb fortlaufend ausfallen und daher der mit dem Programm verfolgte Zweck (zentrale und differenzierte Erfassung von Zahlungsvorgängen nach verschiedenen Zahlungsmitteln; Entfallen von Tagesabrechnungen) nicht erreicht werden kann.[117]

Wandelung bzw. Rücktritt kann derjenige Kunde nicht verlangen, der während der Gewährleistungsfrist einen Pflegevertrag über ein (Standard-)Programm schließt, da er mit diesem Vertragsschluss zu erkennen gibt, dass er die bis dahin gemeldeten Fehler nicht als so schwerwiegend empfunden hat, um am Vertrag nicht mehr festhalten zu wollen.[118]

Auch bei **Sukzessivlieferungsverträgen** über vertretbare Sachen ist eine Wandelung möglich. Sie führt, wenn sie nach der ersten Lieferung erfolgt ist, zur Rückgängigmachung des gesamten Vertrages, wenn der Verkäufer die weiteren Lieferungen nicht aus fehlerfreien Beständen anbietet, sondern aus Lagerbeständen, aus denen die mangelhafte Lieferung stammt.[119]

a) Wandelung und Leasing

1391 Bei der typischen Vertragsgestaltung des **Finanzierungsleasing** ist lediglich der **Anspruch auf Wandelung abgetreten**, der Anspruch **aus** der Wandelung steht nach wie vor dem Leasinggeber zu.[120] Die Durchführung der Rückabwicklung ist damit vom Leasinggeber in Angriff zu nehmen. Erklärt der Besteller Wandelung und danach sein Einverständnis, dass sich ein mit der Mängelbehebung beauftragter Dritter die Anlage ansehen könne, so ist darin normalerweise kein Verzicht auf die Wandelung zu sehen. Eine Bestimmung in den AGB des Lieferanten, wonach der Besteller erst die Wandelung verlangen kann, wenn trotz wiederholter Gewährleistungsarbeiten der Mangel nicht behoben werden konnte, ist nach den

---

[116] LG Offenburg, Urteil vom 8. 4. 1997 – 1 S 269/96, NJW-RR 1997, 1421 (wobei das Gericht die Auffassung vertreten hat, dass ein Sachmangel nicht bis zum Vollzug der Wandelung vorliegen müsse).

[117] OLG Köln, Urteil vom 29. 11. 1996 – 19 U 212/95, CR 1997, 412.

[118] KG, Urteil vom 17. 12. 1981 – 19 U 4221/78, DV-R 2, 91.

[119] OLG Köln, Urteil vom 9. 12. 1994 – 19 U 94/94, CR 1995, 395.

[120] BGH, Urteil vom 24. 6. 1992 – VIII ZR 188/91, CR 1993, 685.

§§ 9, 11 Nr. 10 Buchst. b AGBG unwirksam, wenn dem Besteller nicht auch die Befugnis eingeräumt ist, sich vom Vertrag zu lösen, wenn die Nachbesserung erst gar nicht durchgeführt wird.[121] Eine Klausel, nach der der Mieter im Falle des Vollzuges der Wandelung des Kaufvertrages zur außerordentlichen Kündigung des Leasingvertrages berechtigt, gleichzeitig jedoch verpflichtet ist, dem Anbieter die zu diesem Zeitpunkt noch ausstehende Leasingrate und den Restwert (abgezinst auf den noch bestehenden Kapitalbetrag) anzuschaffen, benachteiligt den Mieter (Kunden) entgegen den Geboten von Treu und Glauben unangemessen und ist daher nach § 9 AGBG unwirksam.[122]

b) Durchführung der Wandelung

Der Kunde gibt das System bzw. die jeweilige Komponente gegen Erstattung des Kaufpreises bzw. des Werklohns zurück, soweit Zahlung bereits erfolgt ist. Beide Seiten müssen den Status vor Beginn der Leistungserfüllung herstellen. Hat also der Anbieter Antransport und Installation übernommen, muss er den Vertragsgegenstand auch wieder deinstallieren und abtransportieren. Wird ein kaufrechtlich zu qualifizierender Softwareüberlassungsvertrag gewandelt, steht dem Verkäufer ein Anspruch auf Rückgabe des Originaldatenträgers sowie auf Abgabe einer eidesstattlichen Versicherung über die Löschung des Programms aus dem System des Anwenders zu.[123] Der Kunde ist berechtigt, seine Datenbestände auf eigenen Datenträgern zu sichern und auf anderen Anlagen zu nutzen. Die **Sicherung** kann noch auf der wandelungsgegenständlichen Anlage vorgenommen werden. Jede sonstige Nutzung von Hardware und/oder Software ist aber unzulässig. 1392

c) Ausgleich gezogener Nutzungen

Das Wandelungsrecht kann der Kunde in der gesamten Gewährleistungsfrist ausüben, also auch noch kurz vor Ende dieser Frist. In der Zwischenzeit erfolgt gelegentlich eine nicht unbeträchtliche Nutzung. Die hieraus gezogenen Vorteile hat der Kunde dem Anbieter bei Durchführung der 1393

---

[121] OLG Köln, Urteil vom 9. 10. 1992 – 19 U 107/92, CR 1993, 88 = NJW 1993, 565.
[122] OLG Düsseldorf, Urteil vom 11. 6. 1992 – 10 U 172/91, CR 1992, 606; ähnlich OLG Hamm, Urteil vom 14. 3. 1986 – 4 U 197/87, WM 1986, 1362, 1366 (für eine unwirksame formularvertragliche Verpflichtung des Kunden, bei einer Kündigung des Leasingvertrages nach 24 Monaten eine Pauschale von 27 % des Nettoanschaffungswertes unter Berücksichtigung einer erteilten Zinsgutschrift mit Anrechnung von 75 % des Verwertungserlöses zu bezahlen).
[123] OLG Nürnberg, Urteil vom 20. 10. 1992 – 3 U 2087/92, CR 1993, 359. Die Abgabe einer derartigen eidesstattlichen Versicherung ist aber praxisunüblich.

Wandelung auszugleichen bzw. von der zurückzuerstattenden Kaufpreis-/ Werkvergütungsforderung wertmäßig zum Abzug zu bringen. Dem Anbieter stehen entsprechende Erstattungsansprüche aus Bereicherungsrecht zu. Der Kunde schuldet hier aber nicht eine abstrakt berechenbare Nutzungspauschale, sondern nur den Ausgleich der tatsächlich gezogenen Nutzungen (§ 818 Abs. 1 und 2 BGB). Nicht unbeträchtliche Summen können rückzuvergüten sein, wenn eine eingeschränkte Nutzung sogar noch während eines Beweissicherungsverfahrens und eines anschließenden, mehrinstanzlichen Wandelungsprozesses fortgesetzt wird. Das Gericht wird die gezogenen Nutzungen gemäß § 287 ZPO schätzen können. Hierbei kann etwa auf der Basis des Nettokaufpreises ein (fiktiver) monatlicher Mietzins anzusetzen sein.[124]

Herauszugebende Gebrauchsvorteile sind nach der zeitanteiligen linearen Wertminderung während der Nutzungsdauer mit einem **Beeinträchtigungsabschlag** zu schätzen. Obergrenze sind die Anschaffungskosten.[125] Nutzlose Aufwendungen für Personaleinweisungen in die Hardware und Software sind **keine Vertragskosten** im Sinne von § 467 Satz 2 BGB[126], ebenso wenig Arbeitsaufwand zur Eingabe von Informationen[127]. Im Falle der Rückabwicklung des voll erfüllten Kaufvertrages nach dessen Wandelung ist der Wert der herauszugebenden, durch Gebrauch gezogenen Nutzungen (§§ 467, 347 Satz 2, 987 BGB) nicht nach den Maßstäben für einen üblichen oder fiktiven Mietzins zu ermitteln, sondern durch Schätzung der zeitanteiligen linearen Wertminderung im Vergleich zwischen tatsächlichem Gebrauch und voraussichtlicher Gesamtnutzungsdauer; dabei kann als Wert der Kaufsache der vereinbarte Kaufpreis zugrunde gelegt werden.[128] Die Entschädigung für die gezogenen Nutzungen kann, wenn die Parteien eine Laufzeit von 48 Monaten und einen Restwert von 0 DM nach deren Ablauf vereinbart haben, anhand einer linearen Abschreibung auf der Grundlage der tatsächlichen Verkehrswerte einerseits und der Dauer der Nutzung im Verhältnis zur Gesamtlaufzeit ande-

---

[124] OLG Hamm, Urteil vom 28. 11. 1990 – 31 U 124/89, NJW-RR 1992, 113.

[125] OLG Koblenz, Urteil vom 4. 10. 1991 – 2 U 403/88, CR 1992, 154, 156. „Verbraucht" seien Anschaffungskosten dann, wenn die wirtschaftliche Nutzung beendet ist, weil eine weitere tatsächliche Nutzung unwirtschaftlich wäre. Weitere Vorteile über diesen Zeitraum hinaus seien deshalb nicht einzurechnen.

[126] LG Köln, Urteil vom 27. 3. 1992 – 89 O 1/91, CR 1993, 217.

[127] OLG Koblenz, Beschl. vom 16. 5. 1997 – 2 U 1788/95, CR 1997, 606 (Eingabe in die alte Anlage bei Wandelung des Vertrages über die neue).

[128] BGH, Urteil vom 26. 6. 1991 – VIII ZR 198/90, NJW 1991, 2484; in Abgrenzung zu BGHZ 19, 330 = NJW 1956, 418. Wertersatz für gezogene Nutzungen ist nicht nach § 347 Satz 3 BGB zu verzinsen (BGH, a. a. O.).

rerseits berechnet werden.[129] Für die Berechnung der gezogenen Nutzungen wurde eine durchschnittliche Nutzungsdauer von drei bis vier Jahren zugrunde gelegt und wie folgt gequotelt: 40 bis 50 % des Kaufpreises im ersten Jahr, 20 bis 30 % im zweiten Jahr, etwa 15 % im dritten Jahr und ca. 10 % im vierten Jahr.[130] Eine andere Berechnungsweise knüpft an den Kaufpreis an: fünf Jahre Abschreibung × Nutzungsdauer abzüglich X % geschätzte Beeinträchtigung + MwSt.[131]

Bei der Berechnung der nach Durchführung der Wandelung eines Anla- 1394
genkaufes vom Kunden auszugleichenden Entschädigung für die zwischenzeitliche Anlagennutzung ist vom Kaufpreis auszugehen und dieser auf die jeweils einschlägigen steuerrechtlichen Abschreibungszeiträume umzurechnen (oft: fünf Jahre). Aus der sich ergebenden Kaufpreisquote pro Jahr ist die Entschädigung für den tatsächlichen Nutzungszeitraum zu berechnen, wobei ein Abzug für die aufgetretenen Gebrauchseinschränkungen zu berücksichtigen ist. Außerdem ist die Umsatzsteuer zu berücksichtigen.[132]

Beispielsberechnung:

Der Kaufpreis der Anlage betrage netto	50 000 DM
auf fünf Jahre abgeschrieben, ergeben sich pro Jahr	10 000 DM
bei 2-jähriger Nutzung sind auszugleichen	20 000 DM
bei einer Gebrauchsbeeinträchtigung von 10 %, also	– 2 000 DM
reduziert sich dieser Betrag auf	18 000 DM
zzgl. MwSt von 16 %	+ 2 880 DM
ergibt sich eine Nutzungsentschädigung von brutto	20 880 DM.

Ähnlich berechnet sich die Vermietung im Falle des Vorenthaltens einer 1395
Mietsache, deren Mietwert im Augenblick der Beendigung des Mietverhältnisses gemindert war, der Mindestbetrag des dem Vermieter zustehenden Schadens nach diesem geminderten Mietzins. Grundsätzlich ist eine Abschreibung von Computern für einen Zeitraum von fünf Jahren möglich.

Für die Berechnung der Nutzungsentschädigung ist folgende **Formel** anwendbar:

Abschreibungszeitraum × Nutzungsdauer abzüglich einer prozentual festzusetzenden Gebrauchseinschränkung.[133]

---

[129] OLG Köln, Urteil vom 31. 5. 1996 – 19 U 80/94, NJW-RR 1997, 1549.
[130] LG München, Urteil vom 14. 1. 1988 – 7 O 12497/87, CR 1989, 1098.
[131] OLG München, Urteil vom 16. 1. 1987 – 23 U 4988/86, CR 1989, 288.
[132] OLG München, Urteil vom 16. 1. 1987, a. a. O.
[133] OLG München, Urteil vom 16. 1. 1987, a. a. O.

1396   Der Wert der im Rahmen eines Kaufvertrages nach § 347 Satz 2 BGB herauszugebenden Nutzungen kann gemäß § 287 ZPO gerichtlich geschätzt werden.[134] Als Anhaltspunkt ist hier der Kaufpreis zugrunde zu legen, wobei vom Bruttopreis (einschließlich Umsatzsteuer) auch dann ausgegangen wird, wenn der Käufer vorsteuerabzugsberechtigt ist. Im Fall der Rückabwicklung eines voll erfüllten Kaufvertrages nach dessen Wandelung ist der Wert der herauszugebenden, durch Gebrauch gezogenen Nutzungen (§§ 467, 347 Abs. 2, 987 BGB) nicht nach den Maßstäben für einen üblichen oder fiktiven Mietzins zu ermitteln, sondern durch Schätzung der zeitanteiligen linearen Wertminderung im Vergleich zwischen tatsächlichem Gebrauch und voraussichtlicher Gesamtnutzungsdauer; dabei kann als Wert der Kaufsache deren vereinbarter Kaufpreis zugrunde gelegt werden. Wertersatz für gezogene Nutzungen ist nicht nach § 347 Satz 3 BGB zu verzinsen.[135] Der Kunde darf im Rahmen der Wandelung kein Zurückbehaltungsrecht wegen Kosten einer „Generalinspektion" (aus der Feststellung des Ist-Zustandes, Inbetriebnahme, Fehlerfeststellung, technischer Korrektur) geltend machen.[136]

d) Gesamtwandelung

1397   Oft kann der Kunde, wenn die Software mangelhaft ist, mit der Hardware allein wenig anfangen. Hier hat er ein Interesse, gleich das Gesamtsystem aus Hardware, Software und eventueller Peripherie zurückgeben zu können. Grundsätzlich kann er aber nur Wandelung für den Teil der Leistung durchsetzen, der auch tatsächlich mangelhaft ist, nicht jedoch zugleich übergreifend auch für die restlichen, als solche mängelfreien Leistungsteile.

Eine das ganze System fassende Gesamtwandelung ist möglich, wenn die einzelnen Systemkomponenten, also insbesondere Hardware und Software,
– entweder als **einheitliche Kaufsache** im Sinne von § 93 BGB (nach der Verkehrsauffassung, nicht der Parteienvereinbarung) anzusehen sind, also nicht ohne Veränderung in ihrem Wesen voneinander trennbar sind (zur Vertragseinheit s. näher Rn. 98)[137] oder

---

[134] OLG Hamm, Urteil vom 28. 11. 1990 – 31 U 124/89, NJW 1992, 113 (für den bezüglich der Höhe gleichzubehandelnden Rücktritt mit BGH, WM 1978, 1208).

[135] BGH, Urteil vom 26. 6. 1991 – VIII ZR 198/90, NJW 1991, 2484. Dem Ansatz der Schätzung der zeitanteiligen linearen Wertminderung folgt auch OLG Koblenz, NJW 1992, 688.

[136] OLG Hamm, Beschl. vom 4. 5. 1992 – 31 U 24/92, CR 1994, 99.

[137] Ist Einheitlichkeit im Sinne von § 93 BGB zu bejahen, kommt es auf das Vorliegen der Voraussetzungen des § 469 BGB nicht an, LG Freiburg, MRC 1995, 161.

– sofern sie keine einheitliche Sache im Rechtssinne sind, jedoch nach
Parteienvereinbarung **als zusammengehörend verkauft** wurden und
die mangelhafte Komponente nicht ohne Nachteil für den Kunden von
den übrigen Komponenten getrennt werden kann (§ 469 Satz 2 BGB).

Gesamtwandelung gemäß § 469 Satz 2 BGB **(bei Verkauf mehrerer**　　1398
Sachen) setzt voraus, dass die Lieferung der Hardware und die Erstellung
von Anwendungs-Software Sachen betreffen, die nach der Verkehrsanschauung[138] **als zusammengehörend anzusehen**, d. h., dass sie nicht ohne
Nachteil voneinander trennbar sind. Dies ist immer dann **nicht** der Fall,
wenn der Kunde gelieferte Hardware und damit zusammenhängende
Nebenleistungen sinnvoll und unter Anwendung von Software anderer
Anbieter nutzen kann.[139] § 469 BGB ist auf Software entsprechend
anwendbar.[140] § 469 BGB regelt nur die Gesamtwandelung, nicht aber
etwa einen Gesamtrücktritt bei Leistungsverzug.[141] Hier ist Vertragseinheit nach § 139 BGB zu prüfen.

Stellt ein Verkäufer selbst nach Leistungsvorgaben des Käufers aus
Serienteilen einen PC zusammen und ist ein solcher Teil mangelhaft, hat
der Kunde ein Gesamtwandelungsrecht und kann den PC mit allen
Bestandteilen zurückgeben.[142] Sogar zwischen Drucker und Papier wurde
Zusammengehörigkeit angenommen[143], auch zwischen Hardware und
Software, wenn der Wert des fehlerhaften Programmes lediglich 10 % des
gesamten Lieferumfanges ausmacht[144] oder die Hardware Mängel auf-
weist[145].

Bei einem **Software-Komplettpaket** aus Basissystem mit Stammdaten-　　1399
verwaltung, Vertrieb, Materialwirtschaft und Produktion sind die Module
als zusammengehörend im Sinne von § 469 Satz 2 BGB verkauft worden,

---

[138] Siehe BGH, NJW 1996, 1745, 1747; BGHZ 102, 135 = JZ 1988, 460; a. A. etwa Palandt/Putzo,
§ 469 Rn. 2 (Absichten und Interessen der Vertragsparteien); BGH, WM 1987, 1492; OLG München, CR 1990, 646, 650; allg. LG Augsburg, Urteil vom 5. 5. 1988 – HKO 3588/87, CR 1989,
22 für den Erwerb einer einheitlichen EDV-Anlage zur Problemlösung.
[139] OLG Hamm, Urteil vom 12. 4. 1989 – 31 U 177/88, CR 1990, 200 ff.
[140] Siehe BGH, Urteil vom 4. 11. 1987 – VIII ZR 314/86, NJW 1988, 406.
[141] Ebenso Marly, Verträge, Rn. 272.
[142] OLG München, Urteil vom 13. 2. 1992 – 24 U 577/91, CR 1992, 469.
[143] OLG Hamm, Urteil vom 9. 5. 1988 – 31 U 182/87, BB, Beil. 5, 1989, 9, auch dann, wenn das Papier als Handelsware problemlos austauschbar ist, der Anwender dies jedoch nicht erkennen
konnte und der Lieferant nicht darauf hinwies. Hier wäre u. U. eher an Verletzung einer anbieterseitigen Aufklärungs- und Beratungspflicht zu denken gewesen. Nach BGHZ 102, 135 = JZ
1988, 460 ist für die Zusammengehörigkeit die Verkehrsauffassung entscheidend, nicht die (zudem irrtümliche) Auffassung des Käufers.
[144] OLG Köln, Urteil vom 2. 4. 1993 – 19 U 202/92, NJW-RR 1993, 1140.
[145] OLG München, Urteil vom 20. 9. 1985 – 21 U 4523/84, CR 1987, 506.

und es ist eine Gesamtwandelung möglich.[146] Gleiches gilt, wenn eine Komponente eines PC einen Mangel aufweist.[147] Keine solche Zusammengehörigkeit besteht zwischen einem (DOS-)Standard-PC und einem Fakturierungsprogramm, da auf dem PC auch andere Programme einsetzbar sind.[148] Für eine komplette, handelsübliche EDV-Anlage mit Standardsoftware ist ein Gesamtwandelungsrecht gemäß § 469 Satz 2 BGB möglich, wenn lediglich am Monitor ein Mangel auftritt. Ein Nachteil im Sinne von § 469 Satz 2 BGB besteht, wenn der Käufer sich bei Störungen **nur** an den einen Händler wenden kann.[149]

Liegt das **Schwergewicht** der vertraglichen Leistung **auf der Erstellung** von Anwendungsprogrammen, werden Hardware und Software zumindest als zusammengehörend im Sinne von § 469 Satz 2 BGB angesehen bzw. kann die Hardware auch eine Nebensache im Sinne von § 470 Satz 1 BGB darstellen, auf die sich die Wandelung wegen eines Mangels der Sache mit erstreckt.[150]

Gleiches gilt grundsätzlich, wenn die Vertragsparteien vereinbaren, dass das Gesamtvertragswerk in enger Abhängigkeit von der Lauffähigkeit der zu liefernden Software eines Software-Hauses zu sehen ist.[151] Kein Gesamtwandelungsrecht zwischen Hardware und Software besteht, wenn beim Kauf des Gesamtsystems ein Rückgaberecht nur hinsichtlich der Software, nicht aber hinsichtlich der Hardware vereinbart wurde.[152]

1400   Der § 469 BGB erfordert, dass sich die Komponenten nicht ohne „**Nachteil**" voneinander trennen lassen. Der Begriff des Nachteils ist weit auszulegen.[153] Ein Nachteil liegt vor, wenn Hardware nur mit bestimmter

---

[146] LG Karlsruhe, Urteil vom 2. 5. 1995 – 3 O 41/95, CR 1996, 290.

[147] AG Suhl, Urteil vom 15. 3. 1994 – 1 C 910/92, CR 1994, 407 für Mangel an Festplatte.

[148] AG Frankfurt/Main, Urteile vom 1. 4. 1992 – 3/3 O 116/91, und vom 28. 1. 1994 – Hö 3 C 4097/93, MRC 1996/47.

[149] LG Oldenburg, CR 1996, 155 (red. LS).

[150] LG Bielefeld, Urteil vom 16. 10. 1985 – 7 O 324/83, IuR 1986, 76. Entgegen dem red. LS muss die Nebensache nicht notwendig Zubehör im Sinne von § 97 BGB sein. Nebensache im rechtlichen Sinne ist Hardware dann, wenn sie ohne die Software als Hauptsache, also ohne jene wirtschaftlich bedeutendere Sache, nicht gekauft worden wäre, während der Zubehörbegriff eine wirtschaftliche Unterordnung voraussetzt. Diese ist zumeist, im Zeichen von MS-DOS- oder SCO-UNIX/SINIX/EURIX-Kompatibilität, nicht zwingend gegeben, wohl aber etwa bei proprietären Systemen.

[151] LG Frankfurt/Main, Urteil vom 1. 4. 1992 – 3/3 O 116/91, CR 1993, 285.

[152] LG Stuttgart, Urteil vom 14. 8. 1992 – 20 O 665/91, CR 1993, 500. Dem LG Stuttgart zufolge beginnt das vertraglich vereinbarte 6-monatige Rückgaberecht erst zu laufen, wenn die geschuldete Hardware vollständig geliefert und der Käufer die Software auf diesem System getestet hat oder jedenfalls testen kann.

[153] OLG Hamm, Urteil vom 9. 5. 1988 – 31 U 182/87, CR 1989, 490.

Systemsoftware genutzt werden kann[154] oder wenn die Trennung zu wirtschaftlichen Nachteilen führt, etwa aufgrund von Mehrkosten durch den getrennten Nachkauf von Software[155], die im „bundle" mit der Hardware günstiger abgegeben wird, bzw. wenn Hardware und Software zur Bewältigung bestimmter Aufgaben aufeinander abgestimmt angeboten werden[156]. Ebenso, wenn die Sachen einzeln erheblich weniger brauchbar sind.[157] Auch ein Mangel am Monitor kann das Gesamtwandelungsrecht begründen. Dies gilt jedenfalls dann, wenn der mangelhafte Monitor nicht ohne Nachteil von den übrigen Teilen der Anlage getrennt werden kann, etwa beim Mac. Noch keinen Nachteil stellt es dar, dass ein neuer Komplettkauf von Hardware und Software finanziell günstiger sein könnte als ein isolierter Kauf.[158]

Der Begriff des „Nachteils" im Sinne von § 469 Satz 2 BGB erfasst hierbei nicht nur Fälle, in denen die Beschaffung eines passenden Ersatzes für das fehlerhafte Teil der erworbenen Sache Schwierigkeiten bereitet oder einen erheblichen Zeitaufwand bzw. finanziellen Mehraufwand fordert[159]; vielmehr sind auch die subjektiven Interessen des Käufers zu beachten[160]. So besteht ein Nachteil auch dann, wenn der Mangel zwar objektiv leicht zu beseitigen war, der Kunde aber die Fehlerquelle und die Möglichkeit, den Fehler leicht zu beseitigen, nicht kannte und auch nicht kennen musste.[161]

Ein Nachteil im Sinne von § 469 Satz 2 BGB liegt auch dann vor, wenn der Käufer von Hardware und Standardsoftware eine komplette EDV-Anlage erwirbt, um sich im Falle von Störungen nur an einen Verkäufer (Ansprechpartner) wenden zu können, ihm dieser Vorteil aber durch ein Wandelungsrecht lediglich hinsichtlich einzelner Teile der Anlage genommen wird.[162] Gleiches gilt, wenn das Schwergewicht der Leistung auf der Lieferung erst noch zu erstellender Anwendungssoftware liegt.[163] Der Erwerb aller Komponenten einer solchen Anlage bei einem Anbieter ist

---

[154] Allg. s. OLG Koblenz, Urteil vom 29. 10. 1993 – 2 U 152/92, CR 1994, 210 = NJW-RR 1994, 1206 f.
[155] Siehe etwa OLG Stuttgart, Urteil vom 29. 10. 1993 – 2 U 152/92, CR 1986, 639, 641.
[156] BGH, NJW 1988, 406; OLG Düsseldorf, Urteil vom 7. 12. 1988 – 17 U 27/87, CR 1989, 689 f.
[157] Palandt/Putzo, § 469 Rn. 3.
[158] OLG Koblenz, Urteil vom 29. 10. 1993 – 2 U 152/92, CR 1994, 210; OLG Hamm, Urteil vom 14. 11. 1994 – 31 U 105/94, CR 1995, 341.
[159] BGH, NJW 1988, 406.
[160] LG Oldenburg, Urteil vom 24. 11. 1995 – 2 S 969/95, NJW-RR 1996, 1461.
[161] OLG Hamm, Urteil vom 9. 5. 1988, a. a. O.
[162] LG Oldenburg, a. a. O.; ebenso OLG Hamm, Urteil vom 14. 11. 1994, a. a. O.
[163] LG Bielefeld, Urteil vom 16. 10. 1985 – 7 O 324/83, IuR 1986, 76.

für den Käufer vor allem deshalb von Interesse, weil er so bei dem Auftreten von Problemen sicher sein kann, den richtigen Ansprechpartner mit
der Suche und Behebung der Fehler zu beauftragen, und sich nicht mit
mehreren Händlern auseinandersetzen muss. Auch setzt sich der Käufer
nicht der Gefahr aus, für die Ausübung von Gewährleistungsrechten
zunächst untersuchen lassen zu müssen, in welchem Teil der Anlage die
Ursache für einen Fehler liegt. Er muss lediglich die Abweichung der Ist-
Beschaffenheit der EDV-Anlage von deren Soll-Beschaffenheit darlegen
und bei Bestreiten beweisen.[164] Das Interesse des Käufers besteht darin,
das Risiko der Suche nach der Ursache einer Störung, die u. U. schwer
feststellbar ist, zu umgehen und nicht Gefahr zu laufen, dass die Ursache
der Störung nicht feststellbar ist. Der Verkäufer einer solchen Anlage trägt
dann das Risiko, dass einzelne Teile der Anlage oder des Zubehörs mangelhaft sind und zu Störungen der Anlage insgesamt oder wesentlicher
Elemente hiervon führen.[165] Werden Drucker und Papier als zusammengehörend verkauft und erweist sich das Papier als mangelhaft, erstreckt sich
die Wandelung auf Papier und Drucker, wenn der Käufer bei der Beschaffung eines passenden Ersatzes für den fehlerhaften Vertragsgegenstand
erhebliche Schwierigkeiten hat und hierdurch einen Nachteil im Sinne von
§ 469 Satz 2 BGB erleidet.[166]

1401 Zusammengehörigkeit mehrerer Geräte, die in einem Angebotspaket als
Teile eines Gesamtsystems dargestellt werden, ist im Sinne von § 469
Satz 2 BGB regelmäßig anzunehmen, wenn die Vertragsparteien den Kauf
nur in der durch den gemeinsamen Zweck der Sachen hergestellten Verbindung abschließen wollten[167] oder wenn die Sachen (also etwa Hardware und Software) fest miteinander verbunden sind oder jedenfalls aus
technisch-wirtschaftlicher Sicht zusammengehören, wie etwa ein Rechner
und die ihn steuernde Systemsoftware[168], bzw. als einheitliches System
verkauft werden sollen[169]. Wird für eine Anlage, die mittels einer dreidimensionalen Grafikkarte dreidimensionale Darstellungen abbildet, eine
zweidimensionale Grafikkarte geliefert, so stellt diese einen Mangel dar,
der zur Gesamtwandelung berechtigt.[170]

---

[164] LG Oldenburg, a. a. O.
[165] LG Oldenburg, a. a. O. unter Verweisung auf OLG Hamm, Urteil vom 9. 5. 1988, a. a. O.
[166] OLG Hamm, Urteil vom 9. 5. 1988, a. a. O. unter Hinweis auf BGH, WM 1987, 1492 f.; BGH,
LM § 469 BGB Nr. 1. Die Entscheidung ist vor allem für druckerspezifische Papierformate und
-sorten relevant.
[167] OLG München, Urteil vom 20. 9. 1985 – 21 U 4523/84, DV-R 3, 107 ff.
[168] Ähnlich Marly, Verträge, Rn. 259.
[169] BGH, Urteil vom 4. 11. 1992 – VIII ZR 165/91, BB Beil. 13, 1993, 2.
[170] OLG Köln, Urteil vom 21. 3. 1997 – 19 U 208/96, CR 1998, 10.

Vertragseinheit zwischen Hardware und Software (im Sinne des Gesamtwan-   1402
delungsrechts nach § 469 BGB) kann auch dann bestehen, wenn Software als
wesentliche Eigenschaft den immateriellen Charakter aufweist. § 469 BGB
ist hier jedenfalls entsprechend anwendbar.[171] Gleiches gilt grundsätzlich für
die nicht oder nur schwer trennbaren Teile von so genannten Office-Paketen.
Kein Gesamtwandelungsrecht besteht, wenn ein aus Hardware und Software
bestehendes System geliefert worden ist und nur für die Software ein befris-
tetes, freies Rückgaberecht vereinbart wurde. Ausgenommen, der Kunde
beweist, dass die Hardware für die Software ungeeignet ist.[172]

Sind Sachen als zusammengehörig verkauft (§ 469 Satz 2 BGB) oder sind
verkaufte Sachen untereinander als Sachgesamtheit oder als Hauptsache und
Zubehör verbunden, so begründet das **Fehlen einzelner Stücke** bei Gefahrübergang keinen Sachmangel der Gesamtheit; vielmehr steht dem Käufer ein
Anspruch auf restliche Erfüllung zu.[173] Bis dahin wird die Verjährungsfrist
des § 477 Abs. 1 BGB nicht in Lauf gesetzt, da die (die Verjährungsfrist des
§ 477 Abs. 1 BGB in Lauf setzende) Ablieferung noch nicht abgeschlossen
ist.[174]

Bei **Erstellung eines einheitlichen Werkes** (Regel- und Überwachungssy-   1403
stem für Kühlhaus) erstreckt sich die Wandelung wegen eines mangelhaften Bestandteils auf das gesamte Werk. Entscheidend ist, ob der Auftrag
auf die Herstellung des Werkes oder auf die Herstellung mehrerer Sachen
(im Sinne von § 469 Satz 1 BGB) gerichtet ist.[175] Ein Gesamtwandelungsrecht kann auch einem Leasingnehmer aus abgetretenen Gewährleistungsansprüchen zustehen.[176]

---

[171] BGH, Urteil vom 4. 11. 1987 – VIII ZR 314/86, CR 1988, 124, 128ff.

[172] LG Stuttgart, Urteil vom 14. 8. 1992 – 20 O 665/91, CR 1993, 500.

[173] BGH, Urteil vom 1. 10. 1992 – V ZR 36/91, CR 1993, 620.

[174] BGH, Urteil vom 27. 4. 1994 – VIII ZR 154/93, WM 1994, 1398 = CR 1994, 460; OLG Köln,
CR 1996, 288; BGH, WM 1994, 1339.

[175] BGH, NJW-RR 1996, 1008. Die Entscheidung ist an der angegebenen Fundstelle mit folgender
bemerkenswerter redaktioneller Leitsatzformulierung ergänzend versehen worden: „Holt ein
Werkunternehmer von dem Besteller eine gelieferte Maschine ab, weil der Besteller erklärt hat, er
werde sie andernfalls auf die Straße stellen, dann stellt die Abholung nicht zugleich das Einverständnis mit der gleichfalls erklärten Wandelung dar." Möglicherweise hat dieser entscheidungs-
freudige Besteller die §§ 634 Abs. 1 Satz 1, Abs. 4, 467, 351 BGB (verschuldeter Untergang)
übersehen, aus denen er für Verschlechterung oder Untergang haftet.

[176] OLG Köln, Urteil vom 12. 7. 1991 – 19 U 49/91, CR 1991, 667. Voraussetzung des Gesamtwan-
delungsrechts ist auch hier das Vorliegen eines einheitlichen Kaufgegenstandes bezüglich Hardware und Software, wobei sich die entsprechende Beurteilung nach der Verkehrsanschauung richtet, nicht nach dem Parteiwillen. Mit BGH, NJW 1988, 406, 409 führt das OLG aus, nach § 469
Satz 2 BGB führe der Verkauf mehrerer Sachen als nach dem Parteiwillen zusammengehörend
allein gerade nicht dazu, dass stets eine einheitliche Kaufsache vorliege. Unteilbarkeit liege hingegen vor, wenn die geschuldete Gesamtleistung technisch unteilbar wäre (§ 93 BGB).

Der Annahme einer Vertragseinheit steht nicht notwendig entgegen, dass mehrere **Einzelverträge** geschlossen wurden, wenn diese ebenfalls gemeinsam stehen oder fallen sollen, die Vertragsparteien also einen bestimmten gemeinschaftlichen Anwendungszweck unterstellten.[177] Allein der Umstand, dass ein herkömmlicher Hardware-Lieferant nicht ohne weiteres zur Installation einer ihm unbekannten Software bereit ist, rechtfertigt noch kein Gesamtwandelungsrecht.[178]

Bezieht der Kunde **Leistungen von verschiedenen Vertragspartnern** (z. B. Netzwerkspezialist und Software-Haus), liegen grundsätzlich getrennte Verträge vor. Wandelung des Software-Vertrages berührt also nicht den Netzwerk-Vertrag. Eine Ausnahme kann gelten, wenn das Software-Haus eine komplette Anwendung verspricht und hierzu selbst den Netzwerk-Anbieter beizieht.[179] Der Annahme eines einheitlichen Vertrages steht auch nicht entgegen, dass die Hardware über eine **Leasing**gesellschaft finanziert wird und deshalb diesbezüglich kein direkter Vertragsschluss mit dem EDV-Lieferanten vorgenommen wird.[180]

Rat für die Vertragspraxis: Die Verträge mit beiden Anbietern sollten individuell genau aufeinander abgestimmt und eine Kooperationspflicht zwischen beiden Anbietern festgelegt werden. Die Erfahrungen des Verfassers zeigen, dass sich hier außerdem Probleme aus der oft nicht genau zu ziehenden technischen Abgrenzung von Leistungsbereichen am ehesten vermeiden lassen.

1404 **Nebensachen:** Die Wandelung bezüglich einer EDV-Anlage erstreckt sich gemäß § 470 BGB auch auf Disketten und Formulare, die im Verhältnis zur Anlage Nebensachen[181] darstellen, wenn nach dem Vertragszweck und dem Parteiwillen die Nebensache für sich allein nicht gekauft worden wäre[182]. Nebensache ist eine Komponente dann, wenn sie ohne die Hauptsache nicht gekauft worden wäre[183], was nach dem Parteiwillen zu entscheiden ist. Zubehör (etwa Kabel, Schutzhauben etc.) wird in der Regel als Nebensache eingestuft. Die Erstreckungswirkung aus § 470 BGB kann vertraglich abbedungen werden.[184]

---

[177] BGH, CR 1987, 358, 362.
[178] OLG Koblenz, Urteil vom 29. 10. 1993 – 2 U 152/92, WiB 1994, 786.
[179] Vgl. Pötzsch, CR 1989, 1063, 1072.
[180] LG München I, Urteil vom 17. 6. 1993 – 7 O 24140/92, CR 1994, 542.
[181] OLG Köln, Urteil vom 13. 8. 1993 – 11 U 9/93, CR 1994, 95.
[182] OLG Köln, Urteil vom 26. 10. 1990 – 19 U 28/90, CR 1991, 154, 157.
[183] MünchKomm/BGB-Westermann, § 470 Rn. 2.
[184] Palandt/Putzo, § 470 Rn. 1.

Aus § 467 Satz 2 BGB ersatzfähig sind **Vertragskosten**, also die mit dem 1405
Vertragsschluss verbundenen Kosten, wie etwa Beurkundungskosten,
Maklerkosten, Fahrtkosten etc., aber auch Einbau-, Montage- und Trans-
portkosten.[185] Keine solchen Vertragskosten sind Kosten für die Untersu-
chung der Waren, die Feststellung von Mängeln und die Erhebung von
Mängelrügen; Montagekosten können jedoch als Schadensersatz wegen
Nichterfüllung ersetzt verlangt werden, wenn der Lieferant Lieferung,
Installation und Inbetriebnahme schuldete.[186]

Schadensersatzansprüche des Leasinggebers gegen den Leasingnehmer
sind bei Wandelung eingeschränkt: Eine Regelung in den AGB des Leasingvertrages über Hardware und Software, derzufolge der Mieter im
Falle des Vollzugs der Wandelung zur außerordentlichen Kündigung
berechtigt, gleichzeitig aber verpflichtet ist, „der Vermieterin die zu diesem Zeitpunkt noch ausstehenden Mietzinsraten und den Restwert,
abgezinst auf den noch ausstehenden Kapitalbetrag, anzuschaffen",
benachteiligt den Leasingnehmer unangemessen und ist nach § 9 AGBG
unwirksam.[187]

e) Ausschluss des Wandelungsrechts

Der Ausschluss ist allenfalls individual-vertraglich zulässig, formular-ver- 1406
traglich hingegen ist er auch zwischen Kaufleuten unwirksam (zu § 11
Nr. 10 AGBG). Insbesondere muss das Wandelungsrecht bei fehlgeschla-
gener Nachbesserung wieder aufleben. Dies gilt nicht nur für das gesetzliche Nachbesserungsrecht aus Werkvertrag, sondern auch für ein ergänzend zu den gesetzlichen Leistungspflichten im Kaufvertrag besonders
vereinbartes Nachbesserungsrecht. Allein der Weitergebrauch der Kaufsache führt nicht zu einem Ausschluss des Wandelungsrechts (Verwirkung).
Vielmehr müssen hier weitere Umstände hinzutreten.[188] Unzulässig wird
etwa ein Gesamtwandelungsrecht ausgeübt, wenn es sich auf ein weiter
benutztes Programm erstrecken soll.[189] Wird dem Kunden ein Programm
zunächst zum „**Versuch und zur Erprobung**" überlassen und übernimmt
der Kunde das Programm dann als Erfüllung, ohne einen Vorbehalt zu
erklären, so führt dies zu einem Ausschluss des Wandelungsrechts des
Kunden (§ 464 BGB), und zwar auch dann, wenn der Kunde hoffte, dass

---

[185] Siehe etwa BGHZ 87, 104, 107.
[186] OLG Hamm, Beschl. vom 4. 5. 1992 – 31 U 24/92, CR 1994, 99.
[187] OLG Düsseldorf, Urteil vom 11. 6. 1992 – 10 U 172/91, CR 1992, 606.
[188] OLG München, Urteil vom 16. 1. 1987 – 23 U 4988/86, CR 1989, 288, 290 unter Hinweis auf
BGH, NJW 1984, 1525.
[189] OLG Stuttgart, Urteil vom 29. 10. 1986 – 3 U 88/86, CR 1988, 296.

sich die bestehenden Mängel an der Software noch beheben lassen würden.[190]

f) Wandelungsklage

1407 Verweigert der Anbieter sein Einverständnis, hat der Kunde auf Wandelung zu klagen, wobei der Klageantrag nicht zunächst auf Zustimmung, sondern gleich auf Wandelung gerichtet sein kann.[191] Die die Wandelung begründenden Mängel müssen ausreichend substantiiert im Prozess vorgetragen werden. Wird etwa bei einem Vertrag über die Lieferung einer aus mehreren Komponenten bestehenden Standard-Software die Wandelungseinrede seitens des Bestellers auf Fehler bei der Anwendung gestützt, so genügt er (unbeschadet der materiell-rechtlichen Obliegenheit zur unverzüglichen Untersuchung und Mängelanzeige aus § 377 HGB) seiner Pflicht zu substantiiertem Sachvortrag nicht schon dadurch, dass er behauptet, der Betrieb eines bestimmten Programms sei nicht möglich gewesen. Um eine Überprüfung der Beanstandung zu ermöglichen und eine ordnungsgemäße Verteidigung zu gewährleisten, sind konkrete Angaben dahingehend erforderlich, mit welchem Inhalt und Ziel das Programm vertragsgemäß betrieben werden sollte, welche und wie viele Arbeitsschritte vorgenommen wurden und ggf. mit welchen Fehlermeldungen die Anlage darauf reagiert hat.[192]

1408 Das Wandelungs**urteil** geht in der Regel auf eine wechselseitige Zug-um-Zug-Rückgewähr der Leistungen. Urteilsformel und Klageantrag müssen hierbei so bestimmt sein, dass dem Gerichtsvollzieher bei Vollstreckung die Prüfung möglich ist, ob die ihm vom Gläubiger übergebenen, dem Schuldner anzubietenden Gegenstände der nach dem Urteil geschuldeten Gegenleistung nach Vollständigkeit und Richtigkeit entsprechen.[193] Sache des Lieferanten ist es, seine Gegenansprüche substantiiert vorzutragen und im Rahmen eines Leistungsverweigerungsrechts die Gegenleistung genau zu bezeichnen.[194] Lautet ein Urteil auf Zahlung Zug um Zug gegen „Herausgabe der EDV-Programme ... gemäß Vertrag vom ...", so ist dieses Urteil mangels Bestimmtheit der Gegenleistung und damit wegen der Unmöglichkeit, den Schuldner durch den Gerichtsvollzieher in Verzug der Annahme zu setzen, nicht vollstreckungsfähig.[195]

---

[190] OLG Düsseldorf, Urteil vom 15. 4. 1988 – 16 U 262/87, MRC 1988, 6.
[191] Siehe etwa BGHZ 29, 148.
[192] OLG Köln, Urteil vom 28. 10. 1996 – 19 U 88/96, CR 1997, 213 = NJW-RR 1997, 1533.
[193] KG, Beschl. vom 8. 3. 1994 – 1 W 7446/96, CR 1994, 740.
[194] OLG Nürnberg, Urteil vom 22. 9. 1988 – 12 U 2067/88, CR 1989, 694.
[195] KG, Beschl. vom 8. 3. 1994, a. a. O.

Mit der Wandelung wird das Vertragsverhältnis beendet. Vom Ersatz reiner Verzögerungsschäden abgesehen, **entfallen** damit auch alle **Schadensersatzansprüche!** Verlangt der Kunde also die Wandelung, muss er beachten, dass er nicht im Nachhinein noch die Erstattung etwa eines entgangenen Gewinnes geltend machen kann. Dies geht nur im Rahmen eines Schadensersatzes aufgrund bestehen bleibender Vertragsgrundlage. Fehlerhafte Antragstellung im Prozess kann Anwaltshaftung zur Folge haben.

g) Prüfliste: Wandelung

– Bestehender Kauf-/Werkvertrag;   1409
– Mangel der Kaufsache/des Werkes dem Werkunternehmer zuzuordnen;
– konkretisierte Aufforderung zur Mängelbeseitigung (generell bei Werkverträgen; bei Kaufverträgen nur, soweit Mängelbeseitigung bzw. Nachbesserung vereinbart);
– angemessene Frist mit Ablehnungsandrohung und Fristablauf bzw. Scheitern oder endgültige und ernsthafte anbieterseitige Verweigerung der Mängelbeseitigung;
– Wandelungserklärung.

2.2.2 Systemmiete

2.2.2.1 Beendigung durch Vertragsablauf

Bei befristeten Mietverträgen läuft der Vertrag mit vorbestimmtem Fristende   1410
ab. Er kann nur aufgrund besonderer Vereinbarung verlängert werden. Wurde überhaupt keine Laufzeit festgelegt und lässt sie sich auch nicht aus den Umständen erschließen, liegt ein Mietverhältnis unter auflösender Bedingung vor, das für unbestimmte Zeit läuft und nach § 564 Abs. 2 BGB kündbar ist. Aus technisch-wirtschaftlicher Sicht ist anzumerken: Je länger die Vertragsdauer, desto preisgünstiger in der Regel der Mietzins (nachprüfen!), umso schwieriger aber auch ein Wechsel der Konfiguration.

2.2.2.2 Kündigung

Die **ordentliche Kündigung** beendet unbefristete Mietverhältnisse zum   1411
vertraglich festgelegten, nächstmöglichen Kündigungszeitpunkt oder nach § 564 Abs. 2 BGB.

Die **fristlose, außerordentliche Kündigung** beendet den Vertrag mit sofortiger Wirkung. Sie ist zulässig, wenn Tatsachen vorliegen, aufgrund derer dem kündigenden Teil unter Berücksichtigung aller Umstände des Einzelfalls und unter Abwägung der Interessen beider Vertragsteile die Fortsetzung des Vertrages bis zu dessen vereinbarter Beendigung nicht zugemutet werden kann,[196] etwa bei erheblicher Verzögerung einer Reparatur[197], bei mieterseitigem vertragswidrigem Gebrauch (§ 553 BGB, s. Rn. 1415), bei vermieterseitiger Nichtgewährung des Gebrauches der Mietsache (§ 542 BGB, s. Rn. 1412) oder bei Verzug mit der Mietzinszahlung (§ 554 Abs. 1 BGB), ebenso, wenn der Unternehmer eine objektiv ungeeignete Systemausrüstung empfohlen hat und hierdurch erhebliche Kosten verursachte[198].

Verstöße gegen vertragliche Pflichten rechtfertigen (auch wenn diese Verstöße gravierender Art sind) nicht ohne weiteres eine außerordentliche Kündigung. Diese kommt erst in Betracht, wenn der andere Vertragsteil auf die Folgen seiner Nicht- oder Schlechterfüllung hingewiesen wurde.[199] § 542 Abs. 1 Satz 2 BGB nimmt diesen Regelungsgedanken in das Mietrecht auf. Kann noch erwartet werden, dass der Vertragspartner die Verstöße gegen seine vertraglichen Pflichten nach einer angemessenen Abmahnung aufgeben wird, ist eine Fortsetzung des Vertragsverhältnisses im Allgemeinen nicht unzumutbar.[200] Lediglich dann, wenn die Vertrauensgrundlage unheilbar zerstört ist, bedarf es vor einer fristlosen Kündigung keiner Abmahnung[201] (vgl. § 542 Abs. 1 Satz 3 BGB).

Die außerordentliche Kündigung muss auf einen **wichtigen Kündigungsgrund** gestützt werden. Wichtige Kündigungsgründe sind:

a) Nichtgewährung des Gebrauchs der Mietsache durch Vermieter

1412   Der Mieter kann in diesem Fall kündigen, ohne eine Kündigungsfrist einhalten zu müssen (§ 542 Abs. 1 Satz 1 BGB). Das Kündigungsrecht ist auch auf Leasingverträge anwendbar.[202] **Kündigungsvoraussetzung** ist hier, dass der Vermieter eine ihm vom Mieter gesetzte angemessene Frist verstreichen ließ, ohne Abhilfe zu schaffen (§ 542 Abs. 1 Satz 2 BGB). Eine solche Fristsetzung erübrigt sich, wenn
– das Interesse des Mieters an der Vertragserfüllung weggefallen ist (§ 542 Abs. 1 Satz 3 BGB),
– die Beseitigung des Mangels in angemessener Frist nicht erreicht werden kann (§ 542 Abs. 1 Satz 2 BGB),
– der Vermieter Abhilfe ernstlich und endgültig verweigert.

---

[196] BGH, WM 1978, 234; WM 1981, 322.
[197] OLG Düsseldorf, Urteil vom 23. 5. 1991 – 10 U 193/90, CR 1991, 609.
[198] OLG Koblenz, Urteil vom 17. 2. 1984 – 2 U 1286/82, IuR 1986, 363.
[199] BGH, WM 1976, 508.
[200] BGH, WM 1978, 236.
[201] BGH, WM 1981, 332; zu diesen Grundsätzen s. auch OLG Köln, Urteil vom 2. 3. 1983 – 24 U 159/82, DV-R 2, 169f.
[202] OLG Hamm, NJW-RR 1992, 502.

Der Mieter darf auch bei einer **unerheblichen Gebrauchsbeeinträchti-** 1413
gung oder -vorenthaltung kündigen, wenn er ein besonderes Interesse an
der uneingeschränkten Nutzung hat (§ 542 Abs. 2 BGB). Entscheidend ist
hier, ob genau definierte **Fehlertoleranzen** vereinbart worden sind. Für
bestimmte, hohe Präzision erfordernde Anwendungsgebiete (etwa Produktionssteuerung, Flugüberwachung, Steuerung medizinischer Geräte) kann
bereits eine geringfügige Abweichung zu erheblichen Auswirkungen führen. Der Anbieter muss sich freilich auf diese besondere Fehlersensitivität
rechtzeitig, d. h. also bereits vor Vertragsabschluss einstellen können.
Diese Eigenschaft muss deshalb Teil des vertragsgemäßen Gebrauches
sein (§ 536 BGB).

Der Kunde kann den Mietvertrag bereits vor Beginn des Mietverhältnisses
kündigen, wenn eine rechtzeitige Übergabe des Systems nicht mehr erwartet werden kann.[203]

Die Kündigung nach § 542 Abs. 1 Satz 2 BGB setzt **kein Verschulden** des 1414
Vermieters voraus. Wird durch ihn gegenüber dem Mieter die Mietsache vorenthalten, kommt der Vermieter seiner Leistungspflicht nicht nach. Für diese
Hauptleistungspflicht muss der Vermieter verschuldensunabhängig einstehen. Damit muss der Kunde als Mieter zwar die Vorenthaltung der Mietsache, aber nicht ein Verschulden nachweisen. Ob ein derartiges **Vorenthalten**
vorliegt, muss im Einzelfall entschieden werden. Nicht jede Nichteinräu-
mung des vertragsgemäßen Gebrauches stellt ein die Kündigungsrechte des
Kunden begründendes Vorenthalten dar. Stößt der mietende Kunde etwa auf
eine programmierte **periodische Sperre eines Computerprogrammes**, die
dem Schutz vor unbefugter Nutzung (etwa über die vertraglich eingeräumte
Nutzungsbefugnis hinaus) dient, so liegt kein derartiges Vorenthalten vor,
sofern diese Sperre erst **nach Ablauf der Vertragslaufzeit** wirksam wird.
Ein Schadensersatzanspruch des Mieters überlassener Software besteht hingegen, wenn in das Programm zwecks Durchsetzung von Zahlungsansprü-
chen eine Programmsperre eingebaut wurde.[204] Ein Vorenthalten liegt vor,
wenn die Gebrauchsfähigkeit der Anlage erheblich beeinträchtigt ist, so etwa
bei zahlreichen Ausfällen einer EDV-Anlage.[205]

Der Mieter (Leasingnehmer) verliert sein Recht auf außerordentliche Kündigung nicht dadurch, dass der Vermieter (Leasinggeber) anstatt eines

---

[203] OLG Schleswig, Urteil vom 17. 12. 1986 – 4 U 105/85, MRC 1986, 25.
[204] OLG Düsseldorf, Urteil vom 30. 1. 1992 – 5 U 193/90, BB, Beil. 13, 1993, 6, und zwar auch
     dann, wenn die Sperre vor Aktivierung wieder ausgebaut wurde, da insoweit ein schwerer Miss-
     brauch des Vertrauens des Kunden vorlag (z. B. bei einem Radiologen, dem der Zugriff auf seine
     Patientendaten blockiert worden wäre).
[205] OLG Karlsruhe, BB 1979, 1372.

mangelhaften Gerätes (Telefoncomputer) ein mangelfreies Ersatzgerät anbietet. Mit der Überlassung an den Mieter ist das Schuldverhältnis gemäß § 243 Abs. 2 BGB auf die überlassene Anlage beschränkt.[206]

b) Mieterseitiger vertragswidriger Gebrauch der Mietsache

1415 Dieser führt zu einem Recht des Vermieters, fristlos zu kündigen (§ 553 BGB). Der Kunde darf die Mietsache (System, Hardware) **nur vertragsgemäß nutzen**. Hierzu gehört auch die Erfüllung von entsprechenden Obhuts- und Sorgfaltspflichten des Mieters bezüglich der Mietsache. Ein vertragswidriger Gebrauch liegt etwa bei einer regelmäßigen Überschreitung der vertraglich festgelegten Nutzungsgrenzen vor, so z. B. dann, wenn der Kunde das gemietete Programm in unzulässiger Weise verändert, unberechtigt vervielfältigt, mit anderer Software verbindet oder ohne Zustimmung des Vermieters Dritten überlässt (Untervermietung ohne Vermietererlaubnis gemäß § 549 BGB).

c) Zahlungsverzug des Mieters

1416 Dieser begründet ebenfalls ein Recht des Vermieters zur fristlosen Kündigung, wobei nur § 554 **Abs. 1** BGB anwendbar ist. Insbesondere gelangt § 554 Abs. 2 Nr. 2 BGB nicht zur Anwendung; der Mieter kann also nicht durch Zahlung nach Rechtshängigkeit noch die Wirksamkeit der Kündigung abwenden.

1417 Wurden **mehrere Sachen gemietet**, kann nur bezüglich der **mangelhaften** gekündigt werden (§§ 543 Satz 1, 2. Alt. 469 BGB). Sind diese Mietsachen als zusammengehörige Sachgesamtheit vermietet (§ 469 Satz 1 BGB, in analoger Anwendung § 543 Abs. 1 Satz 1 BGB), bezieht sich das Kündigungsrecht auf diese Sachgesamtheit. Weist also etwa ein Peripheriegerät einen Mangel auf und kann deshalb das gesamte System nicht genutzt werden, so kann der Kunde bezüglich des gesamten Systems den Mietvertrag kündigen.

1418 Der Mieter hat eine Rückgabepflicht. Ist das Mietverhältnis durch Zeitablauf, Rücktritt oder Kündigung beendet, muss der **Mieter die Mietsache zurückgeben** (§ 556 Abs. 1 BGB). Bei Ende des Mietvertrages erfolgen

---

[206] BGH, Urteil vom 2. 12. 1981 – VIII ZR 273/80, NJW 1982, 873. Der Mieter braucht sich nicht auf das Angebot einer mangelfreien Ersatzlieferung einzulassen. Eine andere Sache als die, auf welche sich das Mietverhältnis konkretisiert hatte, braucht er sich nicht aufdrängen zu lassen. Es ist allerdings zu beachten, dass der BGH am Ende seines Urteils deutlich auf die besonderen Sachverhaltsumstände abstellt, nach denen die Herstellerfirma „wirtschaftlich zusammengebrochen" gewesen sei, weshalb es dem Mieter nicht zuzumuten war, unter diesen Umständen ein Ersatzgerät anzunehmen – da verschiedene Reparaturversuche scheiterten und die Herstellerfirma neue Versuche offensichtlich nicht mehr durchführen konnte. Eine Ersatzlieferung muss damit nicht in jedem Fall unzumutbar sein.

Abbau, Verpackung und Rücktransport der Anlage oder der Geräte durch den Vermieter. Die Rückgabe nach Vertragsende darf durch eine Vertragsstrafe abgesichert werden.[207] Nutzt der Mieter nach Vertragsende weiter, ist er zur Zahlung einer Nutzungsentschädigung in der Höhe der bisherigen Miete verpflichtet[208] (vgl. § 557 BGB), wenngleich aber die Vermietergewährleistung nicht weiterbesteht.

Ein **Zurückbehaltungsrecht** wegen eigener Ansprüche gegen den Vermieter steht dem Mieter nicht zu (§ 556 Abs. 2 BGB). Behält der Mieter die Mietsache, muss er für den Zeitraum, den er mit der Rückgabe in Verzug gerät, als Entschädigung ein Nutzungsentgelt in der Höhe des vereinbarten Mietzinses weiterbezahlen (§ 557 Abs. 1 BGB). Dies gilt auch dann, wenn er die Anlage nicht tatsächlich nutzt. Entscheidend ist, dass der Vermieter die Nutzungsmöglichkeit nicht weiterübertragen kann. 1419

Wenn nichts anderes vereinbart wurde, trägt der Mieter die **Rückgabekosten**, also die Kosten für den Abbau, die Verpackung und den Rücktransport des Systems, ebenso für das eventuelle Speichern der Daten auf einem anderen eigenen Datenträger des Kunden. Eine insoweit von § 556 Abs. 1 BGB abweichende Regelung enthält § 21 Ziff. 2 BVB-Miete. Hiernach trägt der Vermieter die entsprechenden Kosten. Er muss die Anlage zurückholen, nicht der Mieter sie zurückbringen. 1420

Die **Ersatzansprüche des Vermieters** aus einer Veränderung oder Verschlechterung und die **Ansprüche des Mieters** auf Aufwendungsersatz und auf Gestattung der Wegnahme einer Einrichtung **verjähren in sechs Monaten**, gerechnet ab dem Zeitpunkt des Rückerhaltes der Mietsache (§ 558 Abs. 1 BGB). (Zur Verjährung s. Rn. 1351 ff.) 1421

2.2.3 Leasing

2.2.3.1 Vertragserfüllung

Der Leasingnehmer hat das Leasinggut nach der vertraglich bestimmten Nutzungsdauer dem Leasinggeber gemäß § 556 BGB zurückzugeben. Der Kunde hat als Leasingnehmer hierbei das System grundsätzlich abzubauen, zu verpacken und den Rücktransport an den Leasinggeber zu veranlassen, wenn nichts Abweichendes vereinbart ist. Die Rückgabeverpflichtung ist Bringschuld und am Sitz des Leasinggebers zu erfüllen.[209] 1422

---

[207] LG Lüneburg, Urteil vom 3. 6. 1988 – 4 S 25/88, NJW 1988, 2476.
[208] BGH, Urteile vom 22. 3. 1989 – VIII ZR 155/88, NJW 1989, 1730, und vom 20. 9. 1989 – VIII ZR 239/88, NJW 1990, 247.
[209] Graf v. Westphalen, Leasingvertrag, Rn. 969.

Der Leasingnehmer muss das Leasinggut im **vertragsgemäßen Zustand** zurückgeben, in dem es sich im Zeitpunkt der Beendigung des Leasingvertrages befindet. Änderungen und Verschlechterungen, die sich aus dem vertragsgemäßen Gebrauch ergeben, sind vom Leasingnehmer weder zu vertreten noch gar zu beseitigen. Eine AGB-Klausel, die den Leasingnehmer zu entsprechender Beseitigung verpflichtet, widerspricht § 9 Abs. 2 Nr. 1 AGBG.[210]

1423 **Einrichtungen**, die der Leasingnehmer mit dem Leasinggut versehen hat, muss und darf er auf eigene Kosten **beseitigen/wegnehmen**.[211] In einen Rechner geladene, nicht selbst geleaste Programme, wie Datenbestände, muss der Leasingnehmer vor Rückgabe deshalb löschen, ebenso zusätzliche Steckkarten entfernen und Geräte von Fremdperipherie trennen.

1424 Weist die zurückzugebende Leasingsache **Mängel** auf oder sind sonstige wertmindernde Umstände gegeben, ist der Leasinggeber zur Vermeidung von Beweisnachteilen gehalten, Maßnahmen zur Beweissicherung zu treffen (wie Protokollerstellung etc.).[212] Dies wird etwa relevant, wenn Ansprüche aus diesen Mängeln nicht mehr geltend gemacht werden können, da die Gewährleistungsfrist abgelaufen ist. Die Leasingsache ist hier in ihrer Gebrauchsfähigkeit beeinträchtigt (ansonsten kein Mangel bestünde). Dies hat der Leasingnehmer aber nicht zu vertreten, so dass auch keine Ersatzansprüche des Mieters bestehen. Anderes kann gelten, wenn der Leasingnehmer die Geltendmachung noch bestehender Gewährleistungsansprüche aus von ihm zu vertretenden Gründen versäumt hat; hier kann der Leasingnehmer ersatzpflichtig sein (§ 545 Abs. 2 BGB in entsprechender Anwendung). In der **Praxis** empfiehlt sich, generell die Rückgabe schriftlich zu protokollieren und hierbei Art und Anzahl der Geräte (und ggf. Programme) sowie das Datum der Rückgabe und den Zustand der zurückgegebenen Komponenten festzuhalten, ebenso den Zeitpunkt des Auftretens von Mängeln (im Hinblick auf noch bestehende Gewährleistung). Diese Protokollierung erfolgt grundsätzlich in beiderseitigem Interesse; deshalb sollte jeder Vertragspartner die Hälfte der anfallenden Kosten tragen.

1425 Bei **Weiternutzung** seitens des Leasingnehmers trotz des Endes der Vertragslaufzeit schuldet er dem Leasinggeber (dem er hierdurch die Leasingsache vorenthält) gemäß § 557 Abs. 1 Satz 1 BGB eine Nutzungsvergütung in

---

[210] Graf v. Westphalen, a. a. O., Rn. 722.
[211] Graf v. Westphalen, a. a. O., Rn. 974 m. w. N.
[212] LG Frankfurt/Main, Urteil vom 25. 7. 1988 – 2/24 S 102/87, BB 1988, 2274.

der Höhe der Leasingraten[213], und zwar auch dann, wenn die Vollamortisation bereits erreicht wurde[214]. Eine entsprechende Verpflichtung des Leasingnehmers kann wirksam formularvertraglich vereinbart werden[215], es sei denn, dass sich der Leasingnehmer berechtigterweise auf ein Zurückbehaltungsrecht nach § 273 BGB beruft und die Leasingsache nicht weiter nutzt.[216] Außerdem kann dem Leasinggeber im Einzelfall ein Schadensersatzanspruch aus § 286 BGB zustehen, wenn er etwa bei rechtzeitiger Rückgabe das Leasinggut hätte weiterveräußern können. Zudem haftet der Leasingnehmer gemäß § 287 BGB auch für Verschlechterung und Untergang des Leasinggutes bei Eintritt nach Vertragsende und Kausalität des Schadens (die nicht vorliegt, wenn der Schaden auch bei rechtzeitiger Rückgabe eingetreten wäre).[217] „Beendigung" im Sinne von § 557 Abs. 1 BGB liegt allerdings nur vor, wenn die Weiternutzung nicht ohnehin über § 568 BGB zu einer Vertragsverlängerung auf unbestimmte Zeit führt.[218]

Bei Rückgabe der Leasingsache in nicht ordnungsgemäßem (also in nicht nur vertragsüblich abgenutztem) Zustand hat der Leasinggeber einen Schadensersatzanspruch gegen den Leasingnehmer aus positiver Vertragsverletzung.[219]

Die **Ablösung** eines Leasingvertrages setzt eine entsprechende Vereinbarung zwischen Leasingnehmer und Leasinggeber voraus. Einigt sich der Leasingnehmer nur mit dem Lieferanten über die Ablösung des Leasingvertrages und wendet sich der Lieferant dann an den Leasinggeber, um auf eigene Kosten den Leasingvertrag abzulösen, so handelt der Lieferant zugleich als Vertreter des Leasingnehmers[220] und im eigenen Interesse bei Abschluss einer Ablösevereinbarung. Aus einer formularvertraglichen Ablöseklausel muss sich ergeben, welche Ausfälle und Nachteile der Leasinggeber in seine Berechnungen einbezogen hat und ob auch die durch eine ordentliche Kündigung des Vertrages seitens des Leasingnehmers entstehenden Vorteile berücksichtigt wurden.[221]

1426

---

[213] Streitig, s. Graf v. Westphalen, Leasingvertrag, Rn. 988 m. w. N.
[214] BGH, NJW 1990, 247; BGH, BB 1990, 234; es sei denn, dass die Leasingrate den Restwert erheblich übersteigt (Graf v. Westphalen, a. a. O., Rn. 986).
[215] Graf v. Westphalen, a. a. O., Rn. 993.
[216] OLG Köln, Urteil vom 9. 8. 1995 – 19 U 268/94, CR 1996, 152.
[217] Graf v. Westphalen, a. a. O., Rn. 999.
[218] Siehe näher Graf v. Westphalen, a. a. O., Rn. 1010.
[219] Graf v. Westphalen, a. a. O., Rn. 998.
[220] OLG Frankfurt/Main, Urteil vom 16. 2. 1988 – 5 U 316/88, NJW-RR 1989, 884f. Die Geltendmachung einer Nutzungsentschädigung ist nicht treuwidrig; OLG Celle, Urteil vom 15. 2. 1995 – 2 U 62/94, CR 1995, 66. Die Nutzungsentschädigung ist in der Höhe der Leasingraten geschuldet; OLG Celle, Urteil vom 15. 12. 1993 – 2 U 269/92, CR 1995, 272.
[221] OLG Köln, Urteil vom 2. 11. 1988 – 13 U 65/88, CR 1989, 286.

1427 Der Leasinggeber kann aus Gründen der Schadensminderung gehalten sein, einer **vorzeitigen Verwertung** des Leasinggutes zuzustimmen, wenn einerseits feststeht, dass der Leasingnehmer es nicht mehr nutzen kann, andererseits der Leasingnehmer mit dem Lieferanten eine vertragliche Vereinbarung getroffen hat, wonach dieser bereit ist, das Leasinggut zum jeweiligen AfA-Zeitwert zurückzunehmen. Diese einverständliche Verwertung ist einer „Wegnahme des Leasinggutes", die nach den Leasingbedingungen als fristlose Kündigung zu werten wäre, nicht gleichzusetzen.[222] Bei vorzeitiger Beendigung eines Leasingvertrages sind für die konkrete Berechnung des Schadens beim Leasinggeber die ausstehenden Nettoleasingraten zu nehmen, abgezinst nach der Rentenbarwertformel für vorschüssige Renten. Wenn das Leasinggut infolge der vorzeitigen Beendigung des ersten Leasingvertrages neu verleast wird, so bilden die Anschaffungskosten im Nachfolge-Leasingvertrag den schadensmindernd anrechenbaren Verwertungserlös. Mietsonderzahlungen im Nachfolgeleasing zählen nicht zum anrechenbaren Verwertungserlös.[223]

1428 Ein **Kaufvertrag trotz Scheiterns des Leasingvertrages** kommt zwischen Anwender und Lieferanten dann zustande, wenn Hardware und Software über eine Leasinggesellschaft finanziert werden sollen und wenn die Leasinggesellschaft das Leasingangebot ablehnt und der Kunde dennoch vom Lieferanten Auslieferung des Computersystems verlangt.[224]

2.2.3.2 Kündigung

1429 Möglich ist zunächst die **ordentliche Kündigung** gemäß Vertrag zum Ende der Laufzeit, ebenso aber auch die **außerordentliche fristlose Kündigung.**

a) Kündigung durch Leasingnehmer

Der Leasingnehmer kann den Leasingvertrag, der Hardware und Software umfasst, nach § 542 BGB **fristlos** kündigen, wenn die Software nicht oder nicht vollständig geliefert wird[225] oder der Kunde (als Leasingnehmer) erkennbar ein Gesamtsystem will, aber nur einen Vertrag über Hardware vermittelt erhält[226] bzw. der Gebrauch der Leasingsache seitens des Lea-

---

[222] OLG Köln, Urteil vom 24. 6. 1994 – 19 U 94/93, CR 1993, 83.
[223] OLG Celle, Urteil vom 3. 11. 1993 – 2 U 212/92, CR 1994, 744.
[224] LG München I, Urteil vom 12. 11. 1986 – 8 HKO 4059/86, CR 1987, 98.
[225] BGH, Urteile vom 1. 7. 1987 – VIII ZR 117/86, WM 1987, 1131, und vom 7. 10. 1992 – VIII ZR 182/91, CR 1993, 139 (Berechtigung zur Kündigung bei teilweiser Nichtlieferung); OLG Stuttgart, Urteil vom 4. 3. 1986 – 6 U 97/85, IuR 1987, 189 = MCR 1986, 42.
[226] OLG München, Urteil vom 19. 8. 1988 – 23 U 3168/88, CR 1989, 489 (fristlose Kündigung).

singgebers nicht gewährt wird. Nicht jede Nichtrückgabe des Leasinggutes stellt ein Vorenthalten im Sinne von § 557 Abs. 1 BGB dar. Ein solches Vorenthalten liegt nur vor, wenn der Gegenstand gegen den Willen des Leasinggebers nicht zurückgegeben wird.[227]

Der Leasingnehmer kann den Leasingvertrag ebenso fristlos kündigen, wenn ein **Teil der Software nicht geliefert** wird, auf den der Leasingnehmer in seiner täglichen betrieblichen Arbeit angewiesen ist[228], oder die Hardware einen irreparablen Fehler aufweist,[229] wobei insoweit aufgrund der Nichtbehebbarkeit der Störung Fristsetzung nach § 542 Abs. 1 Satz 2 BGB entbehrlich sein kann[230]. Das Kündigungsrecht besteht auch dann, wenn der Leasingnehmer die Mängel zunächst gegenüber dem Lieferanten gerügt hat[231] oder wenn die Wandelungsklage gegen den Lieferanten rechtskräftig abgewiesen wurde.[232] Ist auch die Software Gegenstand des Leasingvertrages und ist sie zu einem anwendungswesentlichen Teil nicht geliefert worden, so kann sich der Leasingnehmer von der Weiterzahlung der Leasingraten durch unmittelbare Kündigung gegenüber dem Leasinggeber befreien.[233] Fristsetzung mit Ablehnungsandrohung muss einer solchen Kündigung dann nicht mehr vorausgehen, wenn der Leasinggeber von vornherein und auf jeden Fall Weiterzahlung der Leasingraten verlangt.[234]

Der Leasingnehmer (Mieter) muss jedoch vor Kündigung eine **angemessene** Frist zur vollständigen Überlassung der Mietsache setzen (§ 542 Abs. 1 Satz 2 BGB), außer die Erfüllung des Mietvertrages ist infolge des die Kündigung rechtfertigenden Umstandes für den Mieter nicht mehr interessant (§ 542 Abs. 1 Satz 3 BGB).[235]   1430

Wird zwischen Lieferanten und Leasingnehmer die Lieferung von Hardware und Standard-Software sowie die Erstellung eines Individualprogrammes vereinbart und soll der Leasingnehmer bei Misslingen der

[227] OLG Koblenz, Urteil vom 16. 2. 1989 – 5 U 1071/88, NJW 1989, 1526.
[228] OLG Hamm, Urteil vom 14. 2. 1990 – 31 U 115/89, CR 1990, 520 (bezüglich der Lieferung eines Teilprogrammes, das nicht nur unwesentlicher Teil der Leistung war, § 542 Abs. 2 BGB, also nicht mit ganz unerheblichem Aufwand zu erstellen war).
[229] OLG Karlsruhe, Urteil vom 5. 12. 1986 – 15 U 328/84, CR 1987, 582 (Mängel der Zentraleinheit, die das Zeitverhalten auf dem Systembus beeinflussten und im Zusammenwirken mit der Betriebssoftware zur Systemklemme und schließlich zum Systemabbruch führten).
[230] OLG Karlsruhe, a. a. O., 583.
[231] OLG Frankfurt/Main, Urteil vom 22. 1. 1985 – 5 U 86/84, DB 1985, 1736.
[232] BGH, Urteil vom 7. 10. 1992 – VIII ZR 182/91, ZIP 1993, 130 = WM 1992, 2063.
[233] OLG Stuttgart, Urteil vom 30. 11. 1988 – 6 U 82/88, CR 1990, 38.
[234] OLG Stuttgart, Urteil vom 30. 11. 1988, a. a. O.
[235] BGH, Urteil vom 7. 7. 1990 – VIII ZR 56/89, CR 1990, 707, 710.

Erstellung der Individual-Software das Gerät nicht behalten müssen, so kann darin die Vereinbarung eines fristlosen und ausgleichsfreien Kündigungsrechts liegen, sofern der Computer bis zum Zeitpunkt der Fertigstellung der Individual-Software jedenfalls schon mit der Standard-Software betrieben werden sollte.[236] Eine Klausel in AGB eines Leasinggebers, die ihm für den Fall vorzeitiger ordentlicher Kündigung den vollen Kalkulationsgewinn zubilligt, benachteiligt den Leasingnehmer unangemessen und ist unwirksam. Eine solche Regelung kann deshalb für die Schadensberechnung nach fristloser Kündigung nicht herangezogen werden.[237] Der Leasinggeber darf vielmehr nur den Gewinn berechnen, der in den vor der Kündigung fällig gewordenen Leasingraten enthalten ist.[238]

Ein formularmäßiger, auf unbestimmte Dauer lautender Finanzierungsleasingvertrag, der vom Leasingnehmer halbjährlich gekündigt werden kann, ist nicht deshalb als auf eine bestimmte Höchstdauer (Zeitpunkt der Vollamortisation) geschlossen auszulegen, weil bei Vertragsbeendigung eine Ausgleichszahlung des Leasingnehmers nur bis zum Zeitpunkt der vollen Amortisation aller Kosten des Leasinggebers entrichtet werden soll. Eine Vertragsregelung, die den Vertrag nur aufgrund einer Kündigung enden lässt und den Leasingnehmer anderenfalls zur **Weiterzahlung** der Leasingraten verpflichtet, benachteiligt den Leasingnehmer schon deshalb **nicht** unangemessen (§ 9 Abs. 1 AGBG), weil er ohne zusätzlichen Aufwand rechtzeitig kündigen kann.[239]

Erweist sich die Regelung der Ablösebeträge in einem Finanzierungsleasingvertrag als unwirksam (etwa wegen Verstoßes gegen § 9 AGB), so muss der Ausgleichsanspruch des Leasinggebers auf andere Weise ermittelt werden. Der Ausgleichsanspruch rechtfertigt sich im Falle der vorzeitigen Vertragsbeendigung aus dem den Leasingvertrag prägenden Finanzierungscharakter des Leasinggeschäftes, dem immanent ist, dass die vereinbarten Leasingraten nicht nur ein Entgelt für die Gebrauchsüberlassung darstellen, sondern auch dazu bestimmt sind, den Anschaffungs- und Finanzierungsaufwand des Leasinggebers zu amortisieren.[240] Die vom Leasingnehmer nach vorzeitiger ordentlicher Kündigung eines Teilamortisationsvertrages zu erbringende, aufgrund des Vollamortisationsgrundsatzes zu errechnende Ausgleichsleistung[241] umfasst auch die Erstattung

---

[236] OLG Frankfurt/Main, Urteil vom 9. 3. 1990 – 5 U 72/87, CR 1990, 519 = NJW-RR 1990, 1207.
[237] BGH, Urteil vom 10. 10. 1990 – 8 ZR 296/89, DB 1990, 2463.
[238] BGH, Urteil vom 12. 6. 1985 – VIII ZR 148/84, DB 1985, 1730 – Datenerfassungsgerät.
[239] BGH, Urteil vom 20. 9. 1989 – VIII ZR 239/88, CR 1990, 28.
[240] Siehe OLG Köln, Urteil vom 2. 11. 1988 – 13 U 65/88, CR 1989, 286.
[241] Siehe BGHZ 95, 39 und BGH, WM 1986, 673.

einer vom Leasinggeber mit der Refinanzierungsbank wirksam vereinbarten und gezahlten Vorfälligkeitsentschädigung.[242]

Sagt der Lieferant dem Leasingnehmer schriftlich zu, dass er auf Wunsch 1431
des Leasingnehmers während der Laufzeit des Leasingvertrages die **EDV-Anlage** gegen eine modernere mit größerer Speicherkapazität unter Anpassung des Mietpreises **austauschen wird**, und wird dieses Schreiben zum Bestandteil des Leasingvertrages gemacht, so wird dadurch in erster Linie der Lieferant verpflichtet. Verweigert der Lieferant den Umtausch oder ist der Anspruch wegen des Konkurses des Lieferanten nicht mehr durchsetzbar, hat der Leasingnehmer gegen den Leasinggeber weder einen Anspruch auf Umtausch des Leasinggegenstandes noch ein Recht auf vorzeitige Kündigung des Leasingvertrages.[243] Der Leasingnehmer kann hier den **Umtauschanspruch allein gegenüber dem Händler** durchsetzen. Der Leasingnehmer trägt insoweit das insolvenzbedingte Durchsetzungsrisiko.

b) Kündigung durch Leasinggeber

Der Leasinggeber kann den Leasingvertrag kündigen bei: 1432
– Zahlungsverzug des Leasingnehmers (Voraussetzung: zwei aufeinander folgende Zahlungstermine sind ohne Zahlung verstrichen oder der Verzug beträgt der Höhe nach die doppelte Leasingrate über einen Zeitraum, der länger ist als zwei Zahlungstermine – s. § 554 BGB).
– vertragswidrigem Gebrauch des Leasinggutes durch den Leasingnehmer nach § 553 BGB, fristlos nach Abmahnung[244]; das mit dem Unterlassungsanspruch aus § 550 BGB verbundene Abmahnungserfordernis kann wegen § 11 Nr. 4 AGBG nicht abbedungen werden[245], auch nicht gegenüber kaufmännischen Leasingnehmern[246];
– wesentlicher Vermögensverschlechterung auf Seiten des Leasingnehmers[247] (Eröffnung eines Konkurs-/[jetzt:]Insolvenz-/Vergleichsverfahrens[248], bei Pfändungs- oder Zwangsversteigerungsmaßnahmen);

---

[242] BGH, Urteil vom 16. 5. 1990 – VIII ZR 108/89, CR 1990, 704 – Vorfälligkeitsentschädigung.
[243] OLG Frankfurt/Main, Urteil vom 22. 10. 1985 – 5 U 56/84, DB 1986, 1563.
[244] BGH, Urteil vom 12. 6. 1985, a. a. O.
[245] Wolf/Horn/Lindacher, § 11 Nr. 4 Rn. 10.
[246] Graf v. Westphalen, Leasingvertrag, Rn. 1139.
[247] BGH, ZIP 1984, 185; BGH, WM 1990, 1967, 1970.
[248] BGH, WM 1990, 1967, 1970; Graf v. Westphalen, a. a. O., Rn. 1159 weist freilich richtig darauf hin, dass die fristlose Kündigung aufgrund der Eröffnung eines Insolvenzverfahrens nach dem neuen Insolvenzrecht nicht mehr statthaft sei.

- Untervermietung des Leasinggutes oder
- Vortäuschung des Diebstahls des Leasinggutes[249].

Das Verschuldenserfordernis des Verzuges kann nicht wirksam formularvertraglich abbedungen werden (Verstoß gegen § 9 Abs. 2 Nr. 1 AGBG).[250] Veranlasst der Leasingnehmer durch Zahlungsverzug die fristlose Kündigung des Leasingvertrages, so umfasst der von ihm zu leistende Schadensersatz den vollen entgangenen Gewinn, den der Leasinggeber bis zum Zeitpunkt einer nach dem Vertrag zulässigen ordentlichen Kündigung hätte beanspruchen können.[251] Zwar steht dem Leasinggeber als Gläubiger grundsätzlich im Rahmen des Anspruchs auf Schadensersatz wegen Nichterfüllung der vollständige Gewinn zu, den er bei ordnungsgemäßer Vertragserfüllung erzielt hätte (§ 252 BGB), jedoch reduziert um diejenigen Anteile, die erst im Zeitraum nach einem vertraglich eingeräumten Kündigungszeitpunkt entstanden wären. Dies gilt auch für Zeiträume vor Erreichen der Vollamortisation, sofern eine vertragliche Kündigungsmöglichkeit eingeräumt wurde.[252] Der Leasingnehmer ist nicht berechtigt, vom Leasinggeber die Anrechnung des für die Leasingsache erzielten Verwertungserlöses auf rückständige Leasingraten zu verlangen, die für den ungekündigten Vertragszeitraum geschuldet werden.[253]

Aufgrund der Kündigung verwandelt sich der Finanzierungsleasingvertrag in ein **Abwicklungsschuldverhältnis**, das den Leasingnehmer zur Rückgabe des Leasingobjektes und – im Regelfall – zum Ausgleich des noch nicht getilgten Teils der Gesamtkosten des Leasinggebers verpflichtet. Den Leasinggeber hingegen verpflichtet das Abwicklungsschuldverhältnis zur bestmöglichen Verwertung des Leasingobjekts[254] und zur Anrechnung des Verkaufserlöses auf die Ausgleichsforderung,[255] bei erlasskonformer Vertragsgestaltung zu 90 %. Die Ausgleichsforderung tritt an die Stelle der Leasingraten, die nach der Kalkulation des Leasinggebers über die kalkulierte Amortisationsdauer hinweg zu zahlen gewesen wären und die nun mit Wertstellung auf den Zeitpunkt der vorzeitigen Vertragsbeendigung abzuzinsen

---

[249] OLG Köln, Urteil vom 24. 6. 1994 – 19 U 14/94, CR 1995, 81. Dem 19. Senat zufolge ist der Leasinggeber aber nicht an eine vorzeitige Abrechnung des Leasingvertrages gebunden. Von der Versicherung geleistete Beträge sind insoweit nicht anzurechnen, als seitens der Versicherung Rückzahlungsansprüche bestehen.
[250] BGH, WM 1989, 799.
[251] BGH, Urteil vom 10. 10. 1990 – VIII ZR 296/89, DB 1990, 2463.
[252] BGH, WM 1986, 673.
[253] OLG Frankfurt/Main, Beschl. vom 22. 9. 1986 – 5 W 21/86, NJW 1987, 372.
[254] OLG Köln, Urteil vom 14. 11. 1994 – 2 U 66/94, CR 1995, 340.
[255] BGH, Urteil vom 22. 1. 1986 – VIII ZR 318/84, NJW 1986, 1353 unter Verweisung auf BGH, NJW 1985, 2253.

sind.[256] Unangemessen ist die formularvertragliche Vereinbarung einer Abschlusszahlung bei vertragsgemäßer Kündigung des Leasingvertrages vor Ablauf der kalkulierten Amortisationszeit.[257] Die Ausgleichsforderung des Leasinggebers vermindert sich um ersparte Aufwendungen (z. B. ersparte Refinanzierungskosten) oder erlangte Vorteile des Leasinggebers.[258]

Soweit der Leasinggeber sein Kündigungsrecht ausübt, kann er sich nicht   1433 auf Verfallsklauseln berufen und aus diesen Zahlungen beanspruchen, da dem Leasinggeber dann keinerlei Erfüllungsanspruch mehr zusteht. Wirksam ist aber eine AGB-Klausel, nach der der Leasinggeber während des Bestehens des Zahlungsverzuges das **Leasinggut vorübergehend sicherungsweise an sich nehmen** darf[259], wobei der Leasinggeber für die Zeit der Sicherstellung den Anspruch auf Leasingratenzahlung verliert.[260] Sobald der Leasingnehmer die ausstehenden Leasingraten getilgt hat, muss der Leasinggeber ihm das Leasinggut wieder zurückgeben. Eine abweichende, trotz Sicherstellung zur Fortführung der Zahlung verpflichtende AGB-Klausel ist unwirksam.

Ebenso unwirksam ist eine Klausel, nach der dem Leasingnehmer bei Kündigung nach 48 Monaten Grundmietzeit eine **Abschlusszahlung** von 43 % der Beschaffungskosten der Leasingsache sowie deren Rückgabe auferlegt wird, ohne dass der Weiterverkaufserlös und eine Abzinsung der Restzahlung anzurechnen sind.[261] Gleiches gilt für eine Klausel, wonach die Leasingraten auch bei Kündigung des Vertrages durch den Leasingnehmer weiter zu zahlen sind.[262]

Kündigt der Leasinggeber aus wichtigem Grund (wegen Zahlungsverzugs) den Leasingvertrag, so kann er vom Leasingnehmer als Schadensersatz neben den entgangenen (abgezinsten) Leasingraten für die Restlaufzeit des Vertrages **nicht** auch noch **Mehrwertsteuer** auf diese Raten verlangen, jedenfalls dann nicht, wenn der Leasingnehmer das Gerät nach der Kündigung nicht mehr nutzt und kein Fall des § 557 Abs. 1 BGB vorliegt. Ebensowenig darf die Mehrwertsteuer auf den nach den Leasingbedingungen bei Vertragsende durch den Leasingnehmer auszugleichenden Restwert des Gerätes aufgeschlagen werden. Anderseits braucht sich der

---

[256] BGH, Urteil vom 22. 1. 1986 – VIII ZR 318/84, a. a. O.
[257] Siehe BGH, Urteil vom 19. 3. 1986 – VIII ZR 81/85, NJW 1986, 1746.
[258] Siehe etwa BGHZ 82, 121, 132 ff.; BGHZ 95, 39, 46 ff.; BGHZ 94, 180, 192 ff. und BGHZ 195, 212 ff.
[259] BGH, BB 1978, 523, 524.
[260] BGH, Urteil vom 28. 10. 1981 – VIII ZR 302/80, NJW 1982, 870.
[261] BGH, Urteil vom 28. 10. 1981, a. a. O.
[262] OLG Köln, Urteil vom 30. 4. 1986 – 2 U 169/85, ZIP 1986, 1334.

Leasinggeber die Mehrwertsteuer, die in dem von ihm erzielten Erlös aus dem Verkauf des vorzeitig zurückerlangten Leasinggegenstandes enthalten ist, nicht (wie den übrigen Verkaufserlös) auf seinen Schaden anrechnen zu lassen.[263]

1434 Die Rechtsprechung zur **Versicherungspflicht** im Kfz-Bereich kann auch im EDV-Bereich partiell herangezogen werden. So ist es nach der Kündigung des Leasingvertrages allein Angelegenheit des Leasinggebers, Ansprüche aus einer Vollkaskoversicherung zu realisieren, auch wenn nach den AGB der Leasingnehmer zur Geltendmachung der Ansprüche widerruflich verpflichtet ist. Least der Leasingnehmer im Anschluss an eine Kündigung des Leasingvertrages bei demselben Leasinggeber erneut (ein Fahrzeug) mit nicht geringeren Leasingraten, so hat der Leasinggeber keinen Anspruch auf Ersatz des aus dem vorausgegangenen Vertrag noch nicht amortisierten Teils des kalkulierten Gewinns.[264] Diese Überlegungen gelten entsprechend auch für **Versicherungen im EDV-Bereich**.

Die **Übernahmebestätigung**, das System fabrikneu, ordnungsgemäß und funktionsfähig erhalten zu haben, hindert nicht daran, Mängel geltend zu machen.[265]

2.2.3.3 Verwertungspflicht des Leasinggebers

1435 Das vom Leasingnehmer zurückgegebene Leasinggut muss vom Leasinggeber wirtschaftlich verwertet werden, um den Restwert zu realisieren. Der Leasingnehmer muss sich mit zumutbarer Sorgfalt um die bestmögliche Verwertung des Leasingobjektes bemühen.[266] Der Leasinggeber genügt allerdings seiner im Rahmen der ordentlichen wie der fristlosen[267] Kündigung entstehenden Verpflichtung zur bestmöglichen Verwertung des Leasinggutes nicht ausnahmslos durch eine Veräußerung an den Händler zu dessen unter dem Verkehrswert liegenden Einkaufspreis.[268] Der Leasinggeber muss vielmehr auch anderen Möglichkeiten zur Erzielung eines höheren Erlöses nachgehen, und zwar insbesondere dann, wenn ihm der Leasingnehmer weitere Interessenten benennt. Inwieweit sich der Leasinggeber selbst um solche Interessenten bemühen muss, hängt von den

---

[263] OLG Hamm, Urteil vom 5. 6. 1986 – 4 U 55/86, BB 1986, 2154.

[264] OLG Köln, Urteil vom 7. 7. 1992 – 22 U 32/92, VersR 1992, 1364.

[265] OLG Koblenz, Urteil vom 28. 11. 1986 – 2 U 89/84, CR 1988, 463.

[266] BGH, Urteil vom 10. 10. 1990 – VIII ZR 296/89, DB 1990, 2463, 2465 unter Bezug auf BGH, DB 1985, 1730.

[267] Verwertungspflicht besteht auch bei fristloser Kündigung (OLG Frankfurt/Main, Urteil vom 22. 9. 1986, DV-R 4, 107).

[268] BGH, Urteil vom 10. 10. 1990, a. a. O., gegen OLG Karlsruhe, IuR 1987, 188.

Umständen des Einzelfalls und insbesondere von der Marktgängigkeit des Leasingobjektes ab. Die Außerachtlassung sonstiger Verwertungsmöglichkeiten begründet aber jedenfalls dann keinen Schadensersatzanspruch des Leasingnehmers, wenn der erzielte Erlös weniger als 10 % unter dem Verkehrswert liegt.[269] Für Hardware ist hier der rasche Preisverfall in den meisten Marktsegmenten ergänzend zu beachten. Für Kleincomputer (heute wohl Workstations, 486er PC) wurde ein Angebot allein an Wiederverkäufer als ausreichend angesehen.[270] Jedoch dürften hier die Weiterveräußerungschancen in der letzten Zeit deutlich gesunken sein.

Erhält der Leasinggeber die Leasingsache nach einer vom Leasingnehmer veranlassten fristlosen Kündigung des Leasingvertrages vorzeitig zurück, so muss er sich bei vom Leasingnehmer nicht zu vertretender Unmöglichkeit der Verwertung der Leasingsache auf seinen Schadensersatzanspruch zumindest den Vorteil anrechnen lassen, der darin besteht, dass die Leasingsache bei der vorzeitigen Rückgabe einen höheren Wert besitzt, als sie nach vertragsgemäßem Ablauf der Leasingzeit besäße.[271]

Wird bei einem auf Teilamortisation angelegten Leasingvertrag im Falle vorzeitiger Beendigung (Kündigung des Leasingnehmers) durch eine entsprechende Abrechnungsklausel (Abschlusszahlung unter Berücksichtigung eines etwaigen Verwertungserlöses) das volle **Risiko eines Wertverlustes** des Leasinggutes allein auf den Leasingnehmer abgewälzt, so stellt diese Entgeltabrede ein wesentliches Merkmal des Leasingvertrages dar, über das der Leasinggeber den Leasingnehmer unmissverständlich belehren muss. Ein Hinweis innerhalb der Kündigungsbestimmungen der Leasingbedingungen genügt nicht.[272]   1436

Hat der Leasinggeber aus vorzeitiger Beendigung des Leasingvertrages einen Schadensersatzanspruch, so muss er sich auf diesen 90 % des bei der Verwertung der Computeranlage erzielbaren Erlöses anrechnen lassen.[273] Dem Leasinggeber ist eine Bewertung eines Computers nicht mehr zumutbar, wenn der Computer keinen Marktwert mehr hat und der Erfolg erforderlicher Verkaufsbemühungen auch nur für eine Ersatzteilverwertung ungewiss wäre.[274]   1437

---

[269] BGH, Urteil vom 10. 10. 1990, a. a. O., in Ergänzung zu BGHZ 94, 195; einen angemessenen anstatt des bestmöglichen Erlöses ließ das OLG Karlsruhe (Urteil vom 28. 2. 1986 – 10 U 143/85, IuR 1987, 188 = MRC 1986, 41) genügen.
[270] OLG Karlsruhe, Urteil vom 28. 2. 1986, a. a. O.
[271] BGH, Urteil vom 8. 3. 1995 – VIII ZR 313/93, ZIP 1995, 845.
[272] LG Frankfurt/Main, Urteil vom 6. 5. 1984 – 2/24 S 319/84, NJW-RR 1986, 148.
[273] OLG Frankfurt/Main, Urteil vom 9. 11. 1988 – 21 U 278/84, MRC 1988, 35.
[274] LG Frankfurt/Main, Urteil vom 20. 2. 1985 – 3/12 O 161/83, DV-R 3, 186; ähnlich OLG Hamm, Urteil vom 28. 12. 1984 – 7 O 27/84, DV-R 3, 205 f.

Vereinbaren Leasinggeber und Lieferant, dass dieser bei Zahlungsverzug des Leasingnehmers verpflichtet ist, einen **Nachfolgemieter** zu benennen, und scheitert dies, weil die Leasingsache stark beschädigt oder gebrauchsunfähig ist, so ist es dem Lieferanten verwehrt, sich darauf zu berufen, wenn der Leasinggeber in zulässiger Weise die Sach- und Preisgefahr auf den Leasingnehmer abgewälzt hat[275] und deshalb zur Wiederherstellung der Gebrauchsfähigkeit nach dem Leasingvertrag nicht mehr verpflichtet ist.[276]

Zumindest als Individualvereinbarung zulässig ist eine Verwertungsklausel dergestalt, dass der Leasinggeber die Leasingsache nach Vertragsende veräußern kann und der dabei erzielte Preis für die Abrechnung maßgebend ist. Auch in diesem Fall muss sich der Leasinggeber mit zumutbarer Sorgfalt um die bestmögliche Verwertung bemühen und ihm vom Leasingnehmer benannte solvente Interessenten, die bereit sind, mehr als den Händlereinkaufspreis zu zahlen, berücksichtigen.[277]

2.2.3.4 Wandelung/Wegfall der Geschäftsgrundlage

1438 Der Leasingnehmer kann aus abgetretenem Gewährleistungsrecht **Wandelung** des Kaufvertrages verlangen. Im Falle des Vollzuges der Wandelung des Erwerbsvertrages mit dem Lieferanten fehlt dem Leasingvertrag von Anfang an, also **rückwirkend**, die Geschäftsgrundlage.[278] Er geht damit in ein **Rückabwicklungsverhältnis** über[279], das den §§ 812, 818 BGB folgt. Der BGH begründet dies damit, durch die Abtretung seiner aus dem Liefervertrag resultierenden Gewährleistungsrechte an den Leasingnehmer ermächtige der Leasinggeber den Leasingnehmer vielmehr zur Geltendmachung dieser Ansprüche im eigenen Namen und müsse der Leasinggeber folglich die rechtlichen Konsequenzen, die sich aus der Geltendmachung dieser abgetretenen Ansprüche für den Leasingnehmer ergeben, für sich verbindlich anerkennen. Dies führe dann im Falle des Vollzuges der Wandelung im Leasingverhältnis zum Wegfall der Geschäftsgrundlage, da andernfalls der Leasingnehmer, der Anspruch auf eine mangelfreie Sache habe, rechtlos gestellt wäre.[280] Geschäftsgrundlage des Finanzierungsleasings sei nämlich aufgrund der bei Vertragsschluss zutage tretenden Vorstellungen der Parteien, dass der Leasinggeber ein

---

[275] Zulässig nach BGH, WM 1987, 1338.
[276] BGH, Urteil vom 31. 1. 1990 – VIII ZR 280/88, CR 1990, 514.
[277] OLG Köln, Urteil vom 14. 11. 1994 – 2 U 66/94, CR 1995, 340 (für Kfz-Leasing).
[278] OLG Düsseldorf, Urteil vom 14. 4. 1988 – 10 U 146/87, CR 1989, 496.
[279] BGH, WM 1977, 447; BGH, WM 1981, 1219, 1221; BGH, WM 1985, 226, 227, 573, 574, 1447; BGH, ZIP 1990, 175, 177.
[280] BGHZ 81, 298 ff., 305, 307.

gebrauchstaugliches Leasingobjekt erwerbe, um es dem Leasingnehmer zur befristeten Nutzung zur Verfügung zu stellen. Fehle dem Leasingobjekt die Gebrauchstauglichkeit, so sei die Geschäftsgrundlage nicht nachträglich für die Zukunft entfallen, sondern erweise sich mit der Wandelung des Kaufvertrages als von vornherein nicht vorhanden.[281]

Der Leasinggeber kann die Rückwirkung des Wegfalls der Geschäftsgrundlage in seinen AGB nicht ausschließen, da der Leasinggeber die Leasingraten sonst auch dann bis zum Zeitpunkt des Vollzuges der Wandelung behalten dürfte, wenn das Leasinggut von Anfang an funktionsuntauglich war.[282] Gleiches gilt für die Rückwirkung bei Geltendmachen eines Minderungsanspruches, der mit Auftreten des Mangels die Minderung begründet. (Zur Minderung s. näher Rn. 307.)

Auch bei **nachträglicher Unmöglichkeit** der lieferantenseitigen Beschaffung der Leasingsache entfällt durch Nichterfüllung des Liefervertrages die Geschäftsgrundlage des Leasingvertrages.[283] Der Leasingnehmer hat hier das ex nunc wirkende Kündigungsrecht aus § 542 BGB gegenüber dem Leasinggeber[284], wobei der Leasingnehmer vorher eine angemessene Frist gesetzt haben muss. Außerdem hat der Leasingnehmer einen Anspruch auf Schadensersatz wegen Nichterfüllung des Leasingvertrages gegen den Leasinggeber, der für die Nichterfüllung durch den Lieferanten als seinen Erfüllungsgehilfen nach § 278 BGB einzustehen hat. Stattdessen ist auch Rücktritt über die §§ 325, 327, 346ff. BGB möglich.[285] Der formularmäßige Ausschluss des Anspruchs auf Ersatz des Nichterfüllungsschadens scheitert – auch gegenüber kaufmännischen Leasingnehmern – an § 9 Abs. 2 Nr. 2 AGBG, da sich der Leasinggeber andernfalls von den Folgen der Nichterfüllung einer wesentlichen Vertragspflicht freizeichnen würde[286]; Gleiches gilt für eine Freizeichnung für anfängliches Unvermögen[287] und den Ausschluss des Kündigungsrechts des Leasingnehmers aus § 542 BGB.[288]

1439

Schließlich ist der Leasinggeber so zu behandeln, als sei der Leasingnehmer zur Wandelung berechtigt, wenn die Verletzung vorvertraglicher Beratungs- und Aufklärungspflichten des Leasinggebers zu einer falschen

---

[281] BGH, Urteil vom 31. 1. 1990, a. a. O., 309.
[282] Siehe BGH, Urteile vom 16. 9. 1981, WM 1981, 1219, und vom 15. 12. 1984, WM 1985, 226.
[283] BGH, WM 1985, 1447; a. A. Graf v. Westphalen, Leasingvertrag, Rn. 392.
[284] BGH, WM 1987, 1131, 1133 und 1338f.; BGH, WM 1988, 979, 983; BGH, NJW 1993, 122.
[285] Graf v. Westphalen, a. a. O., Rn. 391f. m. w. N.
[286] Wolf/Horn/Lindacher, § 11 Nr. 8 Rn. 23; Graf v. Westphalen, a. a. O., Rn. 404.
[287] Graf v. Westphalen, a. a. O., Rn. 405.
[288] Graf v. Westphalen, a. a. O., Rn. 406 („völlig unangemessen benachteiligende Störung des Äquivalenzverhältnisses").

Wahl des Leasinggegenstandes und damit dazu führt, dass der Leasinggeber seiner Hauptpflicht zur Verschaffung eines gebrauchstauglichen und
funktionstüchtigen Leasinggutes nicht nachkommen kann.[289] Dem Leasingnehmer stehen hier Schadensersatzansprüche wegen schuldhafter Verletzung einer dem Leasinggeber obliegenden Aufklärungs- und Beratungspflicht über die Eignung des Leasinggegenstandes zu, auch wenn die
Vertragsverhandlungen durch den Lieferanten als Erfüllungsgehilfen des
Leasinggebers durchgeführt werden, wobei die übliche 30-jährige Verjährungsfrist des § 195 BGB zur Anwendung gelangt.[290]Ausgenommen ist
der Fall, in dem der Lieferant eine Pflichtenverletzung außerhalb des ihm
erteilten Auftrages begeht.[291]

1440 **Wandelung des Erwerbsvertrages** (Kauf, Werkvertrag) und hieraus ein
Wegfall der Geschäftsgrundlage und damit der Übergang in ein Rückabwicklungsverhältnis ist **selbst dann möglich, wenn das Leasinggut für eine
begrenzte Zeit funktionsfähig war.**[292] Der Leasingnehmer kann also auch
dann noch durch Wandelung des Kaufvertrages die Geschäftsgrundlage des
Leasingvertrages zum Wegfall bringen, wenn er die Leasingsache **zeitweilig**
oder **teilweise** genutzt hat[293] – auch noch nach acht Monaten[294]. „Ist die Wandelung vollzogen, so fehlt dem Leasingvertrag von vornherein die Geschäftsgrundlage auch dann, wenn der Leasinggegenstand zeitweilig benutzt wurde.
Das Ziel des Vertrages, die mangelfreie Gebrauchsüberlassung für die im Vertrag bezeichnete Zeit und zu den dort geregelten Bedingungen, kann auch in
diesem Fall nicht erreicht werden."[295] Dem Leasingnehmer ist nach Auffassung des BGH nicht zuzumuten, sich zeitweilig mit einer mangelhaften Sache
zu begnügen, aber dafür dennoch die für die Nutzungszeit vorgesehenen, auf
eine mangelfreie Sache berechneten Raten zahlen zu müssen. Die Herausgabe
möglicher Nutzungen sei nach bereicherungsrechtlichen Regelungen möglich.

Die mögliche Nutzungsdauer kann sich sogar noch verlängern, wenn während der **Nachbesserungsversuche** des Herstellers Fristenhemmung eintritt.

1441 Der Wert der herauszugebenden, durch Gebrauch gezogenen Nutzungen
(s. §§ 467, 347 Satz 2, 987 BGB) ist nicht nach den Maßstäben für einen
üblichen oder fiktiven Mietzins zu ermitteln, sondern durch Schätzung der

---

[289] OLG Koblenz, Urteil vom 11. 11. 1988, CR 1990, 41.

[290] OLG Koblenz, Urteil vom 11. 11. 1988, a. a. O.; OLG Köln, Urteil vom 31. 5. 1991 – 19 U 197/
90, NJW-CoR 6, 1992, 27 = MRC 1991, 41.

[291] OLG Düsseldorf, Urteil vom 23. 5. 1991 – 10 U 194/90, CR 1992, 25.

[292] BGH, Urteile vom 19. 12. 1986, WM 1986, 591, und vom 25. 10. 1989, ZIP 1990, 175, 177.

[293] BGH, Urteil vom 5. 12. 1984, ZIP 1985, 226 = NJW 1985, 796.

[294] Wie sich aus den Gründen der Entscheidung des 8. Senats, BGH, NJW 1985, 796, ergibt.

[295] BGH, Urteil vom 5. 12. 1984, a. a. O.; ähnlich OLG Koblenz, Urteil vom 18. 10. 1985 – 2 U 346/
84, CR 1986, 466, 468.

zeitanteiligen linearen Wertminderung im Vergleich zwischen tatsächlichem Gebrauch und voraussichtlicher Gesamtnutzungsdauer. Wobei als Wert der Kaufsache deren vereinbarter Kaufpreis (einschließlich Umsatzsteuer) zugrunde gelegt werden kann.

Der Wertersatz für gezogene Nutzungen ist nach § 347 Satz 3 BGB zu verzinsen.[296]

Gesamtwandelung: Ist ein Computersystem zusammen mit der Software   1442 als **einheitlicher Gegenstand** geleast bzw. vom Leasinggeber zu Leasingzwecken gekauft worden, berechtigen auch auf die Software begrenzte Mängel den Leasingnehmer zur Geltendmachung der ihm abgetretenen kaufrechtlichen Gewährleistungsansprüche, insbesondere also zur Wandelung.[297]

Dem Leasingnehmer kann vom Leasinggeber ein entsprechendes **Gesamtwandelungsrecht** abgetreten werden, wenn ein einheitlicher Kaufvertrag oder tatsächliche oder vereinbarte Unteilbarkeit der Leistung vorliegt[298]. Der Einheitlichkeit des Rechtsgeschäftes steht nicht entgegen, dass die Software direkt vom Lieferanten bezogen wird, während die Hardware von einer Leasinggesellschaft gemietet wird. Der Lieferant kann sich hier nach Treu und Glauben nicht auf die Verschiedenheit der Vertragsparteien berufen.[299] Bilden der Hardwarelieferant, der Softwarelieferant sowie die eingeschaltete Leasinggesellschaft wirtschaftlich eine Einheit, kann der Leasingnehmer bei einem Softwaremangel auch den Hardware-Vertrag wandeln, wodurch die Geschäftsgrundlage des Leasingvertrages entfällt.[300]

Wird beim Leasing eines Komplettsystems die herzustellende Individualsoftware nicht termingerecht bereitgestellt, muss der Leasingnehmer vor Geltendmachung der Wandlung aus abgetretenem Recht nach den §§ 636 Abs. 1, 634 Abs. 1 BGB eine Fristsetzungserklärung mit Ablehnungsandrohung gegenüber dem Lieferanten abgeben.[301] Den Leasingnehmer trifft hierbei die Beweislast dafür, dass eine Fristsetzung mit Ablehnungsandrohung infolge Unzumutbarkeit weiterer Nachbesserungsversuche entbehrlich ist und die langwierigen Nachbesserungsversuche nicht auf nachträgliche Änderungswünsche des Leasingnehmers zurückzuführen sind.[302]

---

[296] BGH, Urteil vom 26. 6. 1991 – VIII ZR 198/90, ZIP 1991, 1149.
[297] BGH, WM 1984, 1089.
[298] OLG Köln, Urteil vom 12. 7. 1991 – 19 U 49/91, NJW-RR 1991, 1463.
[299] LG München, Urteil vom 17. 6. 1993 – 7 U 24 140/92, CR 1994, 542.
[300] OLG Frankfurt/Main, Urteil vom 8. 5. 1985 – 21 U 222/82, MRC 1985, 29.
[301] OLG Oldenburg, Urteil vom 14. 8. 1987 – 11 U 25/87, CR 1988, 214.
[302] OLG Oldenburg, Urteil vom 14. 8. 1987, a. a. O.

1443 Eine Ausnahme gilt wiederum, wenn der Leasingnehmer seine bestehenden Ansprüche gegen den Lieferanten nicht mehr im Prozess durchsetzen kann, weil der **Lieferant** etwa **insolvent** geworden ist oder keine zustellfähige Adresse mehr aufweist. Hier muss dann die Frage der Wandelungsberechtigung im Prozess zwischen den Leasingvertragspartnern geklärt werden. Bestand die Wandelungsberechtigung und ist der Leasingnehmer durch den zwischenzeitlichen Vermögensverfall des Lieferanten in der Verfolgung des Wandelungsbegehrens gehindert, muss der Leasinggeber dies gegen sich gelten lassen und den Leasingnehmer so stellen, wie dieser stünde, wenn die Wandelung des Kaufvertrages vollzogen worden wäre.[303] Der Leasinggeber trägt also das Risiko der – die Anspruchsverwirklichung hindernden – Lieferanteninsolvenz.[304] Eine Überwälzung dieses Risikos auf den Leasingnehmer in AGB ist wegen Verstoßes gegen § 9 Abs. 2 Nr. 1 AGBG unwirksam[305], ebenso die Einräumung eines Aufwendungserstattungsanspruches des Leasinggebers in diesem Fall[306]. Ist die Verfolgung eines Wandelungsbegehrens infolge zwischenzeitlichen Vermögensverfalles des Lieferanten für den Leasingnehmer insbesondere nach Eröffnung des Konkurses über das Lieferantenvermögen nicht möglich, muss der Leasinggeber dies gegen sich gelten lassen und den Leasingnehmer so stellen, wie dieser stünde, wenn die Wandelung des Kaufvertrages vollzogen worden wäre.[307] Auch die Überschuldungsfeststellung im Konkursverfahren (vgl. §§ 145 Abs. 2, 165 Abs. 2 und 3 KO; nunmehr Insolvenzverfahren) über das Vermögen des Lieferanten beseitigt die Geschäftsgrundlage des Leasingvertrages.[308]

Das Risiko der Lieferanteninsolvenz kann allerdings ebensowenig wie das Refinanzierungsrisiko auf einen kaufmännischen Leasingnehmer im Rahmen des Finanzierungsleasings durch Aufnahme einer entsprechenden Bestimmung in die AGB des Leasinggebers wirksam abgewälzt werden.[309] Die Verteilung des Insolvenzrisikos erscheint gerechtfertigt: Kauft der Anwender die Sache, will er ihr Eigentümer werden, muss er das

---

[303] BGH, Urteil vom 20. 6. 1984 – VIII ZR 131/83, NJW 1985, 129; OLG Koblenz, Urteil vom 11. 11. 1988, a. a. O., unter Bezugnahme auf BGH, WM 1984, 1089, 1092; LG Kempten, Urteil vom 6. 7. 1987 – 2 O 1400/86, CR 1988, 134.

[304] BGH, NJW 1985, 129 f. (für nichtkaufmännischen Bereich), BGH, ZIP 1991, 519 (für kaufmännischen Bereich).

[305] BGH, ZIP 1991, 519.

[306] BGH, a. a. O.

[307] OLG Koblenz, Urteil vom 11. 11. 1988 – 2 U 4/86, CR 1990, 41 f. unter Bezugnahme auf BGH, WM 1984, 1089, 1092.

[308] BGH, Urteil vom 25. 10. 1989, ZIP 1990, 175.

[309] OLG Frankfurt/Main, Urteil vom 17. 9. 1985 – 5 U 171/83, NJW-RR 1986, 278.

Insolvenzrisiko tragen. Genügt dem Anwender als Leasingnehmer der vorübergehende Gebrauch der Sache, will er also weder rechtlich noch wirtschaftlich ihr Eigentümer werden (um auf diese Weise die Leasingraten steuerlich als Betriebsausgaben absetzen zu können), so kann es nicht zu seinen Lasten gehen, dass der Lieferant zahlungsunfähig wird. Dieses Risiko muss tragen, wer die Sache gekauft hat, um Eigentümer zu werden, also der Leasinggeber, der mit der käuflich erworbenen Sache Gewinn erzielen will.[310] **Der Leasinggeber muss also das Insolvenzrisiko bezüglich des Lieferanten tragen.** Diese Lieferanteninsolvenz darf nicht dazu führen, dass der Leasinggeber aus seiner Leistungspflicht befreit wird.

Die **Rechtsposition des Leasingnehmers nach der Wandelung** ist so zu   1444
beschreiben: Ab dem Zeitpunkt der Erklärung der Wandelung muss der Leasingnehmer dem Leasinggeber keine weiteren Leasingraten mehr bezahlen; vielmehr kann er die bereits geleisteten Raten – unter Abzug der von ihm tatsächlich gezogenen, nach den Grundsätzen der ungerechtfertigten Bereicherung auszugleichenden Nutzungen – vom Leasinggeber zurückverlangen.[311] Gezogene Nutzungen muss der Leasingnehmer dem Leasinggeber herausgeben[312], der sie wiederum gegenüber dem Lieferanten zu berücksichtigen hat, der die benutzte Sache zurückerhält. Darlegungs- und beweispflichtig dafür, dass Nutzungen entstanden sind, ist der Leasinggeber.[313] Außer der Nutzungsentschädigung kann der Leasinggeber keinerlei Leistungen vom Leasingnehmer beanspruchen[314], also weder Aufwendungsersatz noch entgangenen Gewinn[315] oder Vertragskosten des Leasinggebers.[316]

Scheitert die Realisierung des Wandelungsbegehrens, ist der Leasingnehmer im Verhältnis zum Leasinggeber so zu stellen, wie er stünde, wenn die Wandelung des Kaufvertrages vollzogen worden wäre.[317] Hat der Leasingnehmer die Wandelungsklage erhoben, kann er die **Zahlung von Leasingraten verweigern.**[318] Aufgrund der Abtretung der Gewährleistungsansprüche wird er hier wie ein Käufer behandelt, der den Kaufpreis noch nicht bezahlt hat.[319] Eine Schadensersatzverpflichtung des Leasingneh-

---

[310] Tiedtke, JZ 1991, 907, 909.
[311] BGH, NJW 1982, 105; abw. noch LG Mannheim, Urteil vom 6. 6. 1983 – 24 O 231/82, DV-R 2, 148 f. (notwendig Vollzug der Wandelung bzw. Rechtskraft des Wandelungsurteils).
[312] BGH, WM 1985, 226, 228; BGH, ZIP 1990, 175, 178; BGH, NJW 1994, 576, 578.
[313] BGH, ZIP 1990, 175, 178; s. näher zur Möglichkeit einer Beweislastumkehr Graf v. Westphalen, Leasingvertrag, Rn. 729.
[314] BGH, DB 1982, 40.
[315] Reinicke/Tiedtke, DB 1985, 2085 f.
[316] BGH, Urteil vom 25. 10. 1989 – VIII ZR 105/88, DB 1990, 106 ff.
[317] BGH, Urteil vom 20. 6. 1984 – VIII ZR 131/83, DB 1984, 2131.
[318] BGH, Urteil vom 19. 2. 1986, WM 1986, 591, 593.
[319] Siehe etwa BGH, Urteil vom 5. 12. 1984, WM 1985, 226, 228.

mers nach vollzogener Wandelung gegenüber dem Lieferanten besteht nicht, da nach Vollzug der Wandelung dem bestehenden Leasingvertrag die Geschäftsgrundlage entzogen wurde und keine Rechte mehr daraus geltend gemacht werden können.[320] Zugleich kann aufgrund der Wandelung des Liefervertrages der Lieferant vom Leasinggeber (über den Leasingnehmer als dessen Erfüllungsgehilfen) die Rückgabe der Leasingsache, der Leasinggeber vom Lieferanten die Rückzahlung des Kaufpreises einschließlich der Verzinsung des Kaufpreises für den Zeitraum zwischen Zahlung und Rückerhalt (mit 5 % p. a. gemäß § 352 HGB) verlangen.[321]

Der Leasingnehmer ist aus leasingvertraglicher Nebenpflicht gehalten, den Leasinggeber von der beabsichtigten Durchsetzung der ihm abgetretenen Gewährleistungsansprüche in Kenntnis zu setzen, damit dieser gemäß § 66 ZPO auf die Durchführung des Wandelungsprozesses Einfluss nehmen kann.[322]

1445 Der **Leasinggeber ist an die Wandelung gebunden**, d. h., er muss die klageweise vom Leasingnehmer gegen den Lieferanten durchgesetzte Wandelung gegen sich gelten lassen.[323] Er kann sich nicht darauf berufen, das der Wandelung stattgebende Urteil sei unrichtig. Umgekehrt muss der Leasingnehmer bei Abweisung der Wandelungsklage die Leasingraten bezahlen; er kann dem Leasinggeber gegenüber nicht einwenden, das klageabweisende Urteil sei zu Unrecht ergangen.[324] Der Erfolg des Wandelungsbegehrens aus dem Erwerbsvertrag entscheidet also zugleich über den Bestand des Leasingvertrages. Fällt dessen Geschäftsgrundlage fort, erfolgt die Leistungsrückgewähr nach bereicherungsrechtlichen Grundsätzen.[325] Vom Leasingnehmer gezogene Nutzungen – für die der Leasinggeber beweispflichtig ist[326] – müssen angerechnet werden, wobei man hier die Leasingraten ansetzen kann[327].

1446 Auch ein **Versäumnisurteil** gegen den Lieferanten lässt, soweit es auf die Abgabe der zum Wandelungsvollzug gemäß § 465 BGB erforderlichen Willenserklärung gerichtet ist, die Geschäftsgrundlage des Leasingvertrages entfallen.[328] Die Art der Durchsetzung der Wandelung kann damit für den Weg-

---

[320] OLG Düsseldorf, Urteil vom 11. 6. 1992 – 10 U 172/91, CR 1992, 606.
[321] BGH, Urteil vom 16. 9. 1981, WM 1981, 1219, 1222.
[322] OLG Koblenz, Urteil vom 18. 10. 1985 – 2 U 346/84, CR 1986, 466.
[323] BGH, WM 1981, 1219; BGH, WM 1985, 573f.; BGH, ZIP 1993, 130, 132.
[324] Tiedtke, a. a. O., JZ 1991, 907.
[325] BGH, NJW 1982, 105; WM 1985, 226f., ZIP 1990, 175f.
[326] BGH, ZIP 1990, 175, 177.
[327] Graf v. Westphalen, Leasingvertrag, Rn. 105.
[328] BGH, Urteil vom 13. 3. 1991 – VIII ZR 34/90, ZIP 1991, 519 = BB 1991, 1073 (ebenso bereits OLG Düsseldorf, Urteil vom 23. 11. 1989 – 10 U 178/88, NJW-RR 1990, 1143; OLG Koblenz, Urteil vom 18. 10. 1985, a. a. O.). Andernfalls könnte der Lieferant (durch Terminssäumnis) verhindern, dass der Leasingnehmer die Vorteile erlangt, die für ihn an die Vollziehung der Wandelung geknüpft sind (Tiedtke, a. a. O., JZ 1991, 907, 908); s. auch Graf v. Westphalen, Leasingvertrag, Rn. 645.

fall der Geschäftsgrundlage des Leasingvertrages keine Rolle spielen, wenn sie nur zur Rückabwicklung des Erwerbsvertrages führt. Bindend wirkt deshalb auch eine **Wandelungsvereinbarung** bzw. ein **Vergleich**.[329] Der Leasinggeber kann nicht vom Leasingnehmer fordern, dass dieser den Lieferanten mit einer Klage überziehe, obwohl dieser mit einer außergerichtlichen Wandelung einverstanden ist; ohnehin würde hier ein Rechtsschutzbedürfnis des Leasingnehmers zu einem solchen Prozess fehlen.[330] Der Leasinggeber muss Wandelungsvereinbarungen zwischen dem Leasingnehmer und dem Lieferanten auch dann gegen sich gelten lassen, wenn er hierdurch seinen Zahlungsanspruch auf die Leasingraten verliert.[331]

Auch im kaufmännischen Verkehr ist eine AGB-Klausel unwirksam, durch die der Leasinggeber, der sich von mietrechtlicher Mängelhaftung freigezeichnet hat, die Wandelungsfolgen im Leasingverhältnis ausschließen will, wenn nach Verjährung der Gewährleistungsansprüche Leasingnehmer und Lieferant eine Wandelungsvereinbarung treffen oder wenn Mängel tatsächlich nicht vorlagen.[332] Dasselbe gilt für eine Klausel, durch die der Leasinggeber das Risiko der Insolvenz des Lieferanten bei erfolgreicher Wandelung des Kaufvertrages auf den Leasingnehmer abwälzen will.[333]

Sobald Wandelungsklage erhoben ist, ist der Leasingnehmer nicht mehr zur Ratenzahlung verpflichtet.[334] Scheitert der Leasingnehmer – etwa aufgrund eingetretener Verjährung oder Beweisproblemen – mit seiner Wandelungsklage, entfällt auch nicht die Geschäftsgrundlage des Leasingvertrages, sondern bleibt der Leasingnehmer an diesen gebunden.

Die **Geschäftsgrundlage** des Leasingvertrages **entfällt** jedoch **nicht**, wenn der Lieferant verurteilt wird, dem Leasingnehmer von diesem gezahlte Leasingraten zu erstatten.[335] Hierdurch wird nur ein kaufvertraglicher Schadens- 1447

---

[329] BGH, Urteil vom 27. 2. 1985 – VIII ZR 328/83, NJW 1985, 1535 in Ergänzung zu BGH, Urteil vom 23. 2. 1977 – VIII ZR 124/75, NJW 1977, 848 und NJW 1982, 105; OLG Hamm, Urteil vom 28. 8. 1991 – 31 U 47/91, CR 1992, 272.

[330] So ausdrücklich Graf v. Westphalen, Leasingvertrag, Rn. 646.

[331] BGH, ZIP 1985, 1283; Urteil vom 27. 2. 1985, DB 1985, 1281 f. (Leasing eines mangelhaften Computers): Ob der Lieferant sein Einverständnis innerhalb oder außerhalb eines Rechtsstreites erklärt, ist für die sachlich-rechtliche Wirkung der Umwandlung des Kaufvertrages in ein Rückabwicklungsverhältnis unerheblich. Der Leasinggeber ist nicht berechtigt, die Vollziehung der Wandelung durch ein in einem streitig geführten Prozess ergehendes Urteil zu verlangen oder eine außergerichtliche Einigung zwischen Leasingnehmer und Lieferant von der Zustimmung des Leasinggebers abhängig zu machen.

[332] BGH, Urteil vom 13. 3. 1991 – VIII ZR 34/90, a. a. O., 1076.

[333] BGH, Urteil vom 13. 3. 1991 – VIII ZR 34/90, BB 1991, 1073 = JZ 1991, 923, ausdrücklich gegen OLG Frankfurt/Main, WM 1986, 274 ff., das es eine insolvenzbezogene Abwälzung gegenüber einem kaufmännischen Leasingnehmer als wirksam ansah.

[334] BGH, Urteil vom 19. 2. 1986 – VIII ZR 91/85, ZIP 1986, 716 in Ergänzung zu BGHZ 81, 298 = ZIP 1981, 1215.

[335] OLG Koblenz, Urteil vom 11. 11. 1988 – 2 U 4/86, NJW 1989, 436.

ersatzanspruch tituliert, nicht aber der Kaufvertrag gewandelt. Gleiches gilt, wenn der Leasingnehmer gegen den Lieferanten Ansprüche auf Ersatz von Zusatzkosten geltend macht, die ihm aufgrund der behaupteten Mangelhaftigkeit der Anlage entstanden seien.[336] Keine einvernehmliche Wandelung liegt vor, wenn der Lieferant nur die Hardware austauschen will.[337]

Der Leasinggeber braucht eine vollzogene Wandelung allerdings dann nicht hinzunehmen, wenn bei deren Herbeiführung Leasingnehmer und Lieferant kollusiv zum Nachteil des Leasinggebers zusammengearbeitet haben[338], insbesondere, wenn sie eine Wandelung im Bewusstsein dessen vereinbart haben, dass ein Mangel nicht vorlag[339]. Lässt sich der Leasingnehmer bei einem Wandelungsvergleich mit dem Lieferanten auf eine sachlich nicht begründete niedrige Kaufpreisrückzahlung ein, so schuldet er dem Leasinggeber die Differenz als Schadensersatz wegen positiver Vertragsverletzung.[340]

Grundsätzlich ist die Wandelung als Rückgewähr des Kaufpreises durch den Lieferanten **an den Leasinggeber** Zug um Zug gegen Rückgabe der Leasingsache an den Lieferanten durchzuführen[341], wobei der Kaufpreis nach § 352 HGB mit 5 % p. a. zu verzinsen ist[342]. Für die Durchführung der Rückgabe kann der Leasingnehmer Erfüllungsgehilfe des Leasinggebers gegenüber dem Lieferanten sein.

1448 Der Leasinggeber muss nach Wegfall der Geschäftsgrundlage die Leasingsache dem Lieferanten rückübereignen und kann nur von ihm Rückzahlung des Kaufpreises verlangen. Der Anspruch **aus** der Wandelung steht damit dem Leasinggeber zu. An den Leasingnehmer hat er lediglich seinen Anspruch **auf** Wandelung abgetreten.[343] Mit der Wandelungsklage über ein geleastes EDV-System kann der klageführende Kunde also nicht Kaufpreisrückzahlung an sich selbst, sondern nur an den Leasinggeber verlangen.[344] Klagt der Leasingnehmer (Kunde) gegen den EDV-Lieferanten erfolgreich auf unmittelbare Erstattung der gezahlten Leasingraten an sich selbst, so liegt darin kein gegenüber dem Leasinggeber wirksamer Wandelungsvollzug.[345]

---

[336] OLG Frankfurt/Main, Urteil vom 19. 1. 1987 – 21 O 237/85, IuR 1988, 205.
[337] LG Frankfurt/Main, Urteil vom 17. 11. 1986 – 3/1 O 18/85, MRC 1986, 47.
[338] BGHZ 94, 44, 52 = ZIP 1985, 546; OLG Hamm, Urteil vom 28. 8. 1991 – 31 U 47/91, CR 1992, 272.
[339] BGH, Urteil vom 13. 3. 1991 – VIII ZR 34/90, ZIP 1991, 519, 521.
[340] OLG Hamm, Urteil vom 28. 8. 1991, a. a. O.
[341] BGH, NJW 1985, 1535.
[342] BGH, NJW 1982, 105.
[343] Tiedtke, a. a. O., JZ 1991, 907.
[344] OLG Koblenz, Urteil vom 28. 11. 1986 – 2 U 89/84, CR 1988, 463.
[345] OLG Koblenz, Urteil vom 11. 11. 1988 – 2 U 4/86, CR 1990, 41.

Erhebt der Leasinggeber Zahlungsklage, kann also das Gericht der Zahlungsklage des Leasinggebers so lange nicht stattgeben, wie nicht feststeht, dass die Wandelung scheitert. Deshalb ist das Verfahren zwischen Leasinggeber und Leasingnehmer bis zur Rechtskraft der Entscheidung über den Wandelungsprozess gemäß § 148 ZPO auszusetzen.[346] Nach der hierzu erwähnten Rechtsprechung des BGH muss der Leasingnehmer wie ein Käufer betrachtet werden, der noch nicht bezahlt hat und vor Klärung erhobener Mängeleinwendungen auch nicht zahlen muss. Bei in AGB vereinbarter Abtretung kaufrechtlicher Sachmängelgewährleistungsansprüche kann der Leasinggeber **auch nicht vorläufig** Zahlung von Leasingraten fordern, wenn der Leasingnehmer gegen den Leasinggeber Wandelungsklage erhoben hat.[347]

Obsiegt der Leasingnehmer, muss der Leasinggeber die bereits erhaltenen Leasingraten zurückzahlen, freilich nur unter Abzug einer Summe in der Höhe des Wertes der vom Leasingnehmer gezogenen tatsächlichen Nutzungen. **Verliert der Leasingnehmer** allerdings den Wandelungsprozess und hat er für dessen Dauer die Leasingraten nicht bezahlt, so befindet er sich im Zahlungsverzug, und der Leasinggeber kann den Leasingvertrag fristlos kündigen.

Der Leasingnehmer kann gegenüber dem Lieferanten des Leasingguts nur dann vom Kaufvertrag zurücktreten, wenn er darlegen und beweisen kann, dass der Leasinggeber diese Rechte (und nicht nur die Gewährleistungsansprüche) an ihn abgetreten hat.[348]

2.2.3.5 Rücktritt

Der Leasingnehmer kann vom Leasingvertrag zurücktreten, wenn eine der   1449
Vertragsparteien bei der Abwicklung des Vertrages durch schuldhaftes Verhalten eine solche Unsicherheit in das Vertragsverhältnis hineinbringt, dass dem vertragstreuen Teil die Aufrechterhaltung des Vertrages nicht mehr zugemutet werden kann. Auch die schuldhafte Verzögerung (Verzug) der Leistung kann eine zum Rücktritt berechtigende Vertragsverletzung darstellen, wenn die Gesamtwürdigung der Verzögerung ggf. zusammen mit sonstigen Handlungsweisen eine so schwerwiegende Unzuverlässigkeit des Schuldners ergibt, dass dem vertragstreuen Teil die Fortsetzung des Vertrages nach Treu und Glauben nicht mehr zugemutet werden

---

[346] Reinicke/Tiedtke, DB 1985, 2085, 2087.
[347] BGH, ZIP 1986, 716 in Ergänzung zu BGHZ 81, 298, 306; zust. Tiedtke, ZIP 1986, 694.
[348] OLG Köln, Urteil vom 12. 7. 1991 – 19 U 49/91, NJW-RR 1991, 1463.

kann.[349] Der Leasingnehmer kann allerdings gegenüber dem Lieferanten des Leasinggutes nur dann vom Kaufvertrag zurücktreten, wenn er darlegen und beweisen kann, dass der Leasinggeber diese Rechte (und nicht nur die Gewährleistungsansprüche) an ihn abgetreten hat.[350]

2.2.3.6 Leasingvertrag und Verbraucherschutz

1450 Am 1. 1. 1991 hat das VerbrKredG das bis dahin geltende AbzG abgelöst. Das VerbrKredG bezieht sämtliche Leasingverträge als „sonstige Finanzierungshilfe" im Sinne von § 1 Abs. 2 VerbrKredG in seinen sachlichen Geltungsbereich ein, wobei aber Voraussetzung ist, dass **natürliche Personen im privaten Bereich** (Verbraucher) geschützt, also Kredite für bereits ausgeübte gewerbliche oder selbständige berufliche Tätigkeit aus dem Schutzbereich ausgeklammert werden (vgl. § 1 Abs. 1 VerbrKredG). Außerdem sind die Ausnahmen für Finanzierungsleasingverträge in § 3 Abs. 2 Nr. 1 VerbrKredG zu beachten. Das VerbrKredG gilt für Teil- und Vollamortisationsverträge.[351]

1451 Diese Grundsätze gelten also auch dann, wenn in keiner Form Sachsubstanz auf den Leasingnehmer übertragen wird. Damit kommt es auf mögliche Umgehungen nicht mehr an, da die Anwendbarkeit des neuen Rechts nicht von einer wie immer ausgestalteten Eigentumsübertragung abhängt. Ergänzend ist zum VerbrKredG festzuhalten, dass nur Finanzierungsleasingverträge erfasst werden, also etwa nicht Verträge über Operating-Leasing. Mietkaufverträge sollen hingegen jedenfalls als „sonstige Finanzierungshilfen" gemäß § 1 Abs. 2 VerbrKredG anzusehen sein.[352]

1452 Nach § 4 Abs. 1 Satz 1 und 2 VerbrKredG unterliegen Verbraucherkreditverträge – und mit ihnen Leasingverträge – dem **Schriftformerfordernis**, sind also eigenhändig zu unterzeichnen (§ 125 BGB). Unwirksam ist eine per Telefax[353] oder E-Mail erfolgende Erklärung.

1453 Der Verbraucher/Leasingnehmer hat nach § 7 Abs. 1 VerbrKredG ein **Recht auf Widerruf** der auf Vertragsabschluss gerichteten Erklärung. Der Widerruf muss **schriftlich** und **binnen einer Woche** erfolgen, wobei für die Rechtzeitigkeit auf die fristgerechte Absendung abzustellen ist. Die

---

[349] OLG Stuttgart, Urteil vom 11. 5. 1984 – 2 U 196/82, CR 1986, 559, 561 (für mehrfache Terminüberschreitung bei gleichzeitiger Lieferung nur von einem Viertel der vereinbarten Software).

[350] OLG Köln, Urteil vom 12. 7. 1991, a. a. O.

[351] Siehe etwa BGH, NJW 1996, 2033 f.; BGH, ZIP 1996, 1336 f.

[352] Seifert, RIW 1991, Beil. 2, 5, 12 (ausf. zu Rechten des Verbrauchers und begrifflichen Abgrenzungsproblemen, etwa dem des verbundenen Geschäftes).

[353] BGH, ZIP 1993, 424.

Frist beginnt freilich erst, wenn der Leasingnehmer eine nach § 7 Abs. 2 Satz 2 VerbrKredG formgerechte **Widerrufsbelehrung** erhalten hat, die er eigenhändig und gesondert zu unterzeichnen hat. Ohne diese Belehrung verlängert sich die Widerrufsfrist auf ein Jahr (§ 7 Abs. 2 Satz 3 VerbrKredG). Durch den Widerruf entsteht ein Rückabwicklungsverhältnis.[354]

Kündigungsrecht: Aus § 12 VerbrKredG steht dem Leasinggeber bei Zahlungsverzug des Leasingnehmers ein **Recht zu fristloser Kündigung** zu. Der § 554 BGB ist nicht anwendbar.[355]

2.2.3.7 Leasingvertrag und Insolvenz

Die Insolvenz einer Vertragspartei hat nicht nur im Leasingverhältnis   1454
Bedeutung, wird an diesem aber exemplifizierend dargestellt. Behandelt wird zunächst die frühere Rechtslage nach der KO, da sich die Rechtsprechung bisher nur auf diese bezieht. Im Anschluss werden im vorliegenden Zusammenhang relevante Änderungen nach der InsO dargestellt.

a) Konkurs/Insolvenz des Lieferanten

Fällt der Hersteller/Lieferant in Konkurs, muss der Kunde den Kaufpreis   1455
zu Händen des Konkursverwalters bezahlen. Getroffene Ratenzahlungsvereinbarungen bleiben unberührt. Hat der Hersteller noch nicht geliefert, kann der Konkursverwalter des Herstellers wählen, ob noch geliefert werden soll oder nicht (vgl. § 17 KO). Wählt der Konkursverwalter die Nichtlieferung, darf der Kunde nicht vom Vertrag zurücktreten, sondern hat nur einen Schadensersatzanspruch gegen die Konkursmasse, der nur anteilig gekürzt befriedigt wird. Wurden Programme, Anlagen und Systeme zur Miete überlassen, ist der Anbieter ebenfalls zur Vertragserfüllung verpflichtet, und der Konkursverwalter hat nur diejenigen Kündigungsmöglichkeiten, die der Anbieter auch ohne Konkurs im laufenden Vertragsverhältnis hätte. Der Konkursverwalter kann dann nur im Rahmen der gesetzlichen Fristen kündigen.

Rechtslage seit 1. 1. 1999:

Der Insolvenzverwalter hat aus § 103 InsO ein Wahlrecht, ob er den Ver-   1456
trag erfüllen will. Wählt er Erfüllung, erfolgt der Erwerb in der vereinbarten Form und kann auch der Leasinggeber seinen vertraglichen Erfül-

---

[354] Nach den §§ 7, 9 Abs. 2 Satz 1 VerbrKredG; s. BGH, NJW 1996, 57f.
[355] Zu den Einzelheiten s. Graf v. Westphalen, Leasingvertrag, Rn. 1781 ff.

lungspflichten nachkommen. Lehnt er die Erfüllung ab, kann das Leasinggut vom Leasinggeber nicht dem Leasingnehmer überlassen werden und hat dieser Nichterfüllungsansprüche. Entsprechende Regressansprüche des Leasinggebers sind Masseforderungen.

b) Konkurs/Insolvenz des Leasinggebers

1457 Leasingverträge über bewegliche Sachen hat der Konkursverwalter des Leasinggebers wegen ihres mietrechtlichen Charakters ohne ein Wahlrecht (§ 17 KO) zu erfüllen.[356]

1458 Ist bei Leasingverträgen das **Leasinggut noch nicht abgenommen** und lehnt der Konkursverwalter im Falle des Konkurses des Leasinggebers gegenüber dem Hersteller die Vertragserfüllung ab, kann dieser vom Kunden die bereits installierte Anlage ausgesondert verlangen (§ 43 KO), wobei sich dieser Anspruch gegen die Konkursmasse des Leasinggebers richtet, die wiederum einen Herausgabeanspruch gegen den Leasingnehmer hat. Dem Leasingnehmer verbleibt dann nur ein Schadensersatzanspruch gegen die Konkursmasse.

Nach Abnahme kann der Leasingnehmer das Leasinggut behalten (§ 21 Abs. 1 KO). Der Konkursverwalter muss die laufenden Leasingverträge erfüllen. Die Kaufpreisforderung des Herstellers richtet sich dann als Konkursforderung gegen die Konkursmasse des Leasinggebers. Der Hersteller wird sich deshalb grundsätzlich das Eigentum bis zur vollständigen Bezahlung vorbehalten und damit sein Aussonderungsrecht sichern. An die Stelle des Besitzers des Leasinggutes ist in der Konkursmasse aufgrund Abnahme durch den Leasingnehmer nur ein vertraglicher Rückgabeanspruch getreten. War diese Verfügung im Vertragsverhältnis Hersteller/Leasinggeber zulässig, ist der Hersteller an sie gebunden. Er kann weder das gelieferte System an sich herausverlangen noch die Abtretung von Leasingratenzahlungen, die an die Konkursmasse des Leasinggebers geleistet werden, sondern nur die Verteilung der verbleibenden Konkursmasse nach der festzulegenden Quote.

1459 Bei Konkurs vor Auslieferung des Leasinggutes bleibt dem Konkursverwalter das Wahlrecht nach § 17 KO.[357]

---

[356] BGH, Urteil vom 14. 12. 1989 – IV ZR 283/88, BB 1990, 307 = ZIP 1990, 180.
[357] Graf v. Westphalen, Leasingvertrag, Rn. 210.

Rechtslage seit 1. 1. 1999:

Ist das Leasinggut noch nicht überlassen, kann der Insolvenzverwalter gemäß § 103 InsO zwischen Ablehnung und Erfüllung wählen. Der Leasingnehmer kann weder zurücktreten noch kündigen.[358]

Wurde das Leasinggut überlassen, kann der Insolvenzverwalter Vertragserfüllung wählen, es sei denn, es erfolgt bankseitig Refinanzierung, die den Fortbestand des Leasingvertrages sichert (s. § 108 InsO).

c) Konkurs/Insolvenz des Leasingnehmers

Bei **Konkurs des Leasingnehmers** können der Konkursverwalter des Leasingnehmers[359] als auch der Leasinggeber fristlos gemäß § 19 KO kündigen.[360] Ein entsprechendes Recht des Leasinggebers zur fristlosen Kündigung kann wirksam in den AGB des Leasinggebers vereinbart werden[361], während für die Kündigung durch den Konkursverwalter (und bei Fehlen der formularvertraglichen Vereinbarung des Kündigungsrechts des Leasinggebers) § 565 Abs. 4 BGB zu beachten ist. Der Leasingnehmer verliert durch die Kündigung sein Besitzrecht, so dass der Leasinggeber Aussonderung verlangen kann (§ 43 KO). Kündigt der Konkursverwalter den Leasingvertrag, steht dem Leasinggeber ein auf das Erfüllungsinteresse gerichteter Schadensersatzanspruch zu.[362]

Rechtslage seit 1. 1. 1999:

§ 112 Nr. 1 InsO untersagt ab dem 1. 1. 1999 dem Leasinggeber die Kündigung wegen Zahlungsverzuges, wenn Verzug bereits bei Insolvenzverfahrensbeantragung bestand, aber Kündigung noch nicht erfolgt war.[363] Unberührt bleibt das Kündigungsrecht also, wenn bei Antragstellung Kündigung bereits erfolgt war (Kündigung ist wirksam), ebenso, wenn Verzug nach Antragstellung eintritt.[364]

§ 103 InsO gibt ab Eröffnung des Insolvenzverfahrens dem Insolvenzverwalter die Wahl, ob er den Leasingvertrag erfüllt (dann sind Leasingforderungen Masseforderungen gemäß § 55 Abs. 1 Satz 2 InsO) oder die wei-

1460

1461

---

[358] Eckert, ZIP 1996, 897, 907.
[359] BGH, WM 1978, 510.
[360] BGH, NJW 1994, 516f.; Graf v. Westphalen, a. a. O., Rn. 1497.
[361] BGH, WM 1984, 1217, 1219.
[362] Graf v. Westphalen, a. a. O., Rn. 205.
[363] Graf v. Westphalen, a. a. O., Rn. 212.
[364] Obermüller/Livonius, DB 1995, 27.

tere Erfüllung ablehnt (dann besteht eine Schadensersatzforderung als typische Insolvenzforderung[365] gegen die Masse).

2.2.4 Erstellung von Software und Systemen

2.2.4.1 Vertragserfüllung

1462 Der Anbieter erfüllt den Werkvertrag durch Herstellung des Werkes, der Kunde durch Entrichtung der Vergütung und Abnahme des Werkes.

Ergänzend sind nachvertragliche Pflichten des Anbieters zu beachten, etwa Hinweispflichten. Sie können Updates betreffen, die nach Vertragsbeendigung entwickelt wurden und für den Kunden von Interesse sein könnten, aber auch die Mitteilung von Fehlern, die bei anderen Kunden festgestellt wurden und auch die Anwendung des Kunden gefährden könnten. Die im letzteren Fall bestehenden Warnpflichten decken sich mit den Produktbeobachtungspflichten des Anbieters nach Inverkehrbringen des jeweiligen Produktes.

Der Unternehmer ist nicht in jedem Fall verpflichtet, alle erstellungsbezogenen Software-Teile zu übergeben. Erstellt der Unternehmer etwa für die Herstellung bestimmter Produkte zunächst ein Werkzeug, ist er nach Beendigung des Vertragsverhältnisses auch dann nicht verpflichtet, das Werkzeug an den Besteller herauszugeben, wenn der Besteller aufgrund der vertraglichen Vereinbarung die Kosten für das Werkzeug getragen hat.[366] Dieses nicht immer ausreichend beachtete Urteil ist besonders für die Verwendung von Werkzeugen („Tools") im Rahmen der Software-Entwicklung zu beachten. Nach dieser Entscheidung ist der Anbieter, der Software entwickelt, also nicht verpflichtet, eigens erstellte oder bereits ohnehin stets verwendete Entwicklungstools an den Auftraggeber herauszugeben. Da es sich insoweit aber noch nicht um ständige Rechtsprechung handelt, empfehlen sich im Entwicklungsvertrag klarstellende Vereinbarungen, dass entsprechende Werkzeuge und sonstige Mittel zur Leistungserbringung nicht an den bestellenden Kunden übergeben werden müssen.

1462a Das OLG Köln sieht im Übrigen sogar eine Regelung in AGB des Anbieters, nach der der Käufer die Kosten für die **Herstellung von Werkzeugen** trägt und diese auch nach Bezahlung im **Eigentum des Unternehmers** bleiben, nicht als Verstoß gegen § 9 AGBG an. Hier galt die Besonderheit, dass der Kunde die Gussformen für Glaskörper anderen Auftragnehmern hätte

---

[365] Graf v. Westphalen, Leasingvertrag, Rn. 218 m. w. N.
[366] OLG Köln, Urteil vom 25. 2. 1993 – 18 U 137/92, NJW-RR 1994, 53.

übergeben können, die dann weitere Herstellungsprozesse hätten durchführen können. Der Auftragnehmer wollte mit der AGB-Regelung sicherstellen, dass er weiter Aufträge bekam, aus denen er Gewinn zog. Eine solche Klausel hat nach Auffassung des OLG Köln „nichts Anstößiges an sich". Fraglich erscheint allerdings, ob die Klausel nicht doch gegen wesentliche Regelungsgedanken des Kaufrechts und damit gegen § 9 Abs. 2 Nr. 1 AGBG verstößt, da trotz voller Bezahlung dem Besteller/Kunden an einem Teil der erstellten Produkte kein Eigentum eingeräumt wird.

2.2.4.2 Kündigung durch Auftraggeber

Der Besteller hat **freies Kündigungsrecht**. Er ist grundsätzlich frei, gemäß § 649 Satz 1 BGB jederzeit bis zur Vollendung des Werkes den Werkvertrag zu kündigen. Der Unternehmer (Anbieter) kann bei Kündigung durch den Besteller die vereinbarte Vergütung verlangen. Kündigt der Besteller zu Recht aus wichtigem Grunde, so erhält der Unternehmer zwar auch die Vergütung für die bisher erbrachten Leistungen, aber nicht die Vergütung für noch nicht erbrachte Leistungen.[367]   1462b

Eine **außerordentliche Kündigung** eines Werkvertrages durch den Besteller[368] berührt den Werklohnanspruch des Unternehmers für den bis zur Kündigung erbrachten Teil der Werkleistung grundsätzlich nicht. Allerdings muss der Unternehmer die Beweislast dafür tragen, dass das Teilwerk als solches frei von Mängeln ist (nicht jedoch, dass es für den Kunden von Nutzen ist).[369] Bei einem Vertrag über die Entwicklung von Individualsoftware und der Vereinbarung der Vergütung nach aufgewendeter Arbeitszeit kann der Kunde bei Vorliegen eines wichtigen Grundes fristlos kündigen.[370]   1463

Die bloße Androhung, bei fruchtlosem Fristablauf der Mängelbeseitigung an einem Computersystem kundenseits Schadensersatz wegen Nichterfüllung zu verlangen, erfüllt die Voraussetzungen des § 34 Abs. 1 BGB nicht. Dies gilt auch für die Erklärung, sich die Rückabwicklung eines gleichzeitig geschlossenen Leasingvertrages vorzubehalten.[371]

---

[367] BGH, Urteil vom 25. 3. 1993 – X ZR 17/92, CR 1993, 759f. unter Verweis auf BGH, NJW-RR 1990, 1109; OLG Hamm, NJW-RR 1986, 764.

[368] Für die grundsätzliche Zulässigkeit s. LG Braunschweig, Urteil vom 10. 6. 1982 – 4 O 268/81, DV-R 2, 205.

[369] BGH, Urteil vom 25. 3. 1993 – X ZR 17/92, DB 1993, 1184: Die Wirkung der Kündigung sei auf die Zukunft beschränkt, der Unternehmer also für bisher erbrachte Leistungen vergütungsberechtigt.

[370] LG München I, Urteil vom 29. 7. 1987 – 8 HKO 10235/86, MRC 1987, 36 (mit dem Hinweis, dass bei fehlender Vereinbarung eines Fertigstellungstermins das Risiko der Zeitplanüberschreitung beim Besteller liegt).

[371] LG Düsseldorf, Urteil vom 25. 6. 1987 – 33 O 118/85, IuR 1987, 428.

1464 **Ersparte Aufwendungen,** die der Werkunternehmer infolge der vorzeitigen Vertragsbeendigung erlangt oder durch anderweitige Verwendung seiner Arbeitskraft oder Teilprodukte erwirbt oder zu erwerben böswillig unterlässt, muss er sich anrechnen lassen. Zu den werkunternehmerseits ersparten Aufwendungen gehören nicht erbrachte Installations- und Einarbeitungsleistungen, jedoch nur insoweit, als eine Nutzung der ersparten Zeit für die Ausführung anderer Aufträge erfolgte, die sonst nicht hätten ausgeführt werden können.[372]

Die Kündigung des Kunden erfordert weder vorherige Androhung und Fristsetzung, noch muss die Kündigung begründet werden, um wirksam zu sein.

2.2.4.3 Kündigung durch Anbieter

1465 Wirkt der Kunde trotz Aufforderung, Fristsetzung und Kündigungsandrohung nicht in der erforderlichen Weise bei der Werkerstellung mit (z. B Übergabe von Pflichtenheft oder Mitarbeit an der Erstellung eines Mengengerüstes), kann der Anbieter den Werkvertrag vor Werkvollendung kündigen. Die Kündigung muss nach Fristablauf nicht eigens erklärt werden (s. § 643 Satz 2 BGB). Keine außerordentliche Kündigung des Nutzungsvertrages wegen Beeinträchtigung der Gebrauchsüberlassung ist möglich, wenn die Software eine Sperre zum Schutz vor unbefugter Nutzung aufweist (expiration date).[373]

2.2.4.4 Wandelung

1466 Im Rahmen der werkvertraglichen Gewährleistung kann der Kunde den Werkvertrag wandeln, wenn
– das Werk einen Mangel aufweist,
– der Kunde den Anbieter zur Mängelbeseitigung aufgefordert, hierzu eine angemessene Frist gesetzt und für den Fall von deren Ablauf Leistungsablehnung angedroht hat,
– diese Frist ohne Mängelbeseitigung verstrichen ist (§ 643 Abs. 1 BGB).

---

[372] LG München I, Urteil vom 30. 4. 1992 – 7 O 3607/91, MRC 1992, 48.

[373] BGH, Urteil vom 3. 6. 1981 – VIII ZR 153/80, NJW 1981, 2684. In dieser Entscheidung hatte im Übrigen der BGH das Computerprogramm einem Fertigungsverfahren gleichgesetzt, eine Beurteilung, von der er später wieder abgewichen ist. Die grundsätzlichen Überlegungen des BGH dürften auch auf die sperrungsgestützte Sicherung kaufweise überlassener Software anwendbar sein. Der vom BGH zu entscheidende Fall wies freilich die Besonderheit auf, dass die Sperre durch periodische Aktivierung zur Unterbrechung der Nutzbarkeit des Programms führte. Ob diese Leistungsbeeinträchtigung, wie sie für das Jahr 1977 vom BGH beschrieben wird, im Jahr 1998 noch zumutbar ist, erscheint eher fraglich. Heute arbeiten zuverlässige größere Systeme mit garantierten Mindestausfallzeiten von nicht mehr als fünf Minuten pro Jahr. Führt die Sperre zu Ausfällen über diesen Wert hinaus (und vielleicht gar zu Datenverlusten), so kann die Sperrauswirkung im Mietverhältnis einen wichtigen Grund zur außerordentlichen Kündigung darstellen bzw. im kaufvertraglichen Verhältnis einen Gewährleistungsrechte begründenden Mangel.

2.2.5 Wartung und Pflege

Die Wartung von Hardware und Pflege von Software werden regelmäßig   1467
als **Dauerschuldverhältnis** vereinbart. Die Beendigung richtet sich
danach, ob Werkvertragsrecht oder Dienstvertragsrecht auf den jeweiligen
Vertrag zur Anwendung gelangt.

2.2.5.1 Dienstvertrag

Die **ordentliche Kündigung** eines Dienstvertrages ist mangels anderwei-   1468
tiger vertraglicher Vereinbarung zulässig, wenn
– die Vergütung nach Tagen bemessen ist, an jedem Tag für den Ablauf
  des folgenden Tages (wesentlich insbesondere bei Vereinbarung einer
  Vergütung nach sogenannten Manntagen);
– die Vergütung nach Wochen bemessen ist, spätestens am ersten Werktag
  einer Woche für den Ablauf des folgenden Sonnabends (Samstags);
– die Vergütung nach Monaten bemessen ist, spätestens am Fünfzehnten
  eines Monats für den Schluss des Kalendermonats;
– die Vergütung nach Vierteljahren oder längeren Zeitabschnitten bemessen ist, unter Einhaltung einer Kündigungsfrist von sechs Wochen für
  den Schluss eines Kalendervierteljahres;
– die Vergütung nicht nach Zeitabschnitten bemessen ist – jederzeit
  (§ 621 BGB: ordentliche Kündigung).

Ein Wartungsvertrag mit jährlicher Kündigungsfrist kann nicht vorzeitig gekündigt werden, wenn der Leasingvertrag eher beendet wird und
das Bestehen des Leasingvertrages nicht Geschäftsgrundlage für den
Wartungsvertrag war.[374] Lang laufende Wartungsverträge können
grundsätzlich nicht vor Ende der Vertragslaufzeit ordentlich gekündigt
werden.[375]

Die **außerordentliche, fristlose Kündigung** eines Dienstvertrages ist aus   1469
wichtigem Grunde möglich, wenn Tatsachen vorliegen, aufgrund derer
dem Kündigenden unter Berücksichtigung aller Umstände des Einzelfalles
und unter Abwägung der Interessen beider Vertragsteile die Fortsetzung
des Dienstverhältnisses bis zum Ablauf der Kündigungsfrist oder bis zu
der vereinbarten Beendigung dieses Dienstverhältnisses nicht mehr zugemutet werden kann (§ 626 Abs. 1 BGB). Ein Beispiel sind die **kundenseitigen Eingriffe** in das zu wartende/pflegende System. Rechtsmissbräuchlich und unwirksam (§ 242 BGB) ist die anbieterseitige Kündigung eines

---

[374] LG München I, Urteil vom 12. 7. 1990 – 7 O 965/90, BB Beil. 7, 1991, 6f.
[375] OLG Köln, Urteil vom 17. 7. 1998 – 19 U 9/98, CR 1998, 720.

Pflegevertrages, um den Vertragspartner zur Zahlung einer Upgradegebühr zu veranlassen, auf die kein vertraglicher Anspruch besteht.

In **§ 3 BVB-Pflege** ist dahingegend ergänzend geregelt, dass bei Überlassung von Software gegen Einmalentgelt eine ordentliche Kündigung der Pflegevereinbarung durch den Lieferanten so lange nicht möglich ist, als er das Programm noch allgemein anbietet.[376] Bei der Vertragsauslegung nach Treu und Glauben mit Rücksicht auf die Verkehrssitte ist zu erforschen, was die Parteien wirklich gewollt haben. Zu berücksichtigen sind Entstehungsgeschichte und Begleitumstände des Vertrages, die Interessen der Parteien und alle sonstigen beim Abschluss des Vertrages zutage getretenen Umstände. Ergibt diese Auslegung, dass eine regelungsbedürftige Frage nicht (hinreichend) geregelt wurde, ist die Erklärung nach dem hypothetischen Willen redlicher Parteien zu ergänzen. Aus § 21 BVB ergab sich nun die anbieterseitige Verpflichtung, die Pflege gegen Zahlung für unbefristete Dauer zu übernehmen. § 3 BVB enthalte hingegen eine Mindestfrist von sechs Monaten, nach deren Ablauf gekündigt werden dürfe. Die Lücke zwischen § 21 BVB und § 3 BVB muss nach Auffassung des Gerichtes dahingehend geschlossen werden, dass Kündigung jedenfalls in der Zeit nicht möglich ist, in der das Progamm vom Anbieter allgemein angeboten werde.

1470 **Frist:** Die außerordentliche Kündigung kann wirksam nur innerhalb von zwei Wochen nach dem Erlangen der Kenntnis von den für die Kündigung maßgebenden Tatsachen durch den Kündigungsberechtigten erfolgen (§ 626 Abs. 2 Satz 1 BGB). Der Kündigende muss dem anderen Teil auf Verlangen den Kündigungsgrund unverzüglich schriftlich mitteilen (§ 626 Abs. 2 Satz 2 BGB). § 626 BGB ist in den oben dargestellten Bestimmungen nicht abdingbar, d. h. also zwingendes Recht, auch wenn in Verträgen anderes bestimmt ist.

2.2.5.2 Werkvertrag

1471 Die **Leistungserbringung endet durch Zweckerreichung** (bei geschuldeten einzelnen Fehlerbeseitigungen), so dass dann jeweils Neubeauftragung erforderlich ist, oder, wenn ein Dauerschuldverhältnis besteht, durch **Kündigung**. Das ist etwa der Fall, wenn laufende Instandsetzung oder Instandhaltung geschuldet ist. Generell kann der Kunde zu jedem Zeitpunkt kündigen, muss aber dem Anbieter die vereinbarte Vergütung bezahlen, der sich wiederum ersparte Aufwendungen anrechnen lassen

---

[376] OLG Koblenz, Urteil vom 27. 5. 1993 – 5 U 1938/92, CR 1993, 626.

muss (§ 549 BGB). Einen Wartungsvertrag mit sieben Jahren Vertragslaufzeit kann der Anbieter nicht vorab ordentlich kündigen.[377]

2.2.5.3 Wegfall der Geschäftsgrundlage

Pflegeverträge und Wartungsverträge können in ihrem Bestand miteinan-   1472
der verknüpft sein. Dies gilt etwa dann, wenn die Geschäftsgrundlage des
Software-Pflegevertrages entfällt, weil durch ein Verschulden desselben
Anbieters die Hardware während der Wartungsmaßnahmen beschädigt
oder zerstört wurde und Ersatz nicht geliefert werden kann. Diese Einheit
der Rechtsfolgen muss aber von beiden Seiten deutlich gewollt sein. War
die Funktionsfähigkeit einer ebenfalls vom Anbieter gelieferten Software
Geschäftsgrundlage für einen Hardware-Wartungsvertrag und kann der
Kunde zu Recht Wandelung des Software-Vertrages wegen Unbrauchbarkeit der Software verlangen, verliert durch diese Wandelung und nur durch
diese auch der Hardware-Wartungsvertrag seine Geschäftsgrundlage.

---

[377] OLG Köln, Urteil vom 17. 7. 1998 – 19 U 9/98, a. a. O.

VI. Rechtsschutz für Software

1473 An Software[1] können verschiedene Schutzrechte bestehen. Von ihnen hat das Urheberrecht in der Praxis die größte Bedeutung, insbesondere für die **Überlassung von Software** (s. Rn. 701). Die Darstellung behandelt folgende Schutzrechte:
- Urheberrecht (s. Rn. 1474 ff.),
- Patentschutz (s. Rn. 1556 ff.).

Von erheblicher Bedeutung sind außerdem der
- wettbewerbsrechtliche Schutz (s. Rn. 1569) und der
- Know-how-Schutz (s. Rn. 1587).

Für Anwender ist insbesondere die Frage wichtig, ob und in welchem Umfang Anbieter rechtswirksam gegenüber ihnen als Kunden oder auch als unbeteiligten Dritten, etwa Käufern gebrauchter Systeme oder auch ganzer softwareunterstützt geführter Unternehmen, Begrenzungen der Programmnutzung durchsetzen wollen. Das Urheberrecht stellt hier die wesentlichen „Parameter" für die Begründung und Abgrenzung von Rechten an Computerprogrammen zur Verfügung.

Immer wichtiger wird in der Praxis aber auch der Rechtsschutz für **Datenbanken** (s. Rn. 1493). Dies ergibt sich schon aus dem Umstand, dass etwa im Rahmen objektorientierter Programmierung Klassenbibliotheken gesammelt und vertrieben werden, die nicht als Computerprogramme, sondern nach dem neuen Rechtsschutz für Daenbanken geschützt sind. Zu unterscheiden ist der Schutz von Datenbanken
- nach Urheberrecht (s. Rn. 1493) und
- nach dem Schutzrecht eigener Art („sui generis", s. Rn. 1494).

1. Urheberrechtsschutz

1474 Urheberrechtsschutz von Software umfasst viele Aspekte. Zur besseren Übersicht über die Darstellung in diesem Kapitel werden im Folgenden die wichtigsten Problembereiche knapp zusammengefasst:
Computerprogramme sind eine urheberrechtlich schutzfähige Werkart und genießen in der weitaus überwiegenden Mehrzahl der Fälle Urheber-

---

[1] Computerprogramme mit zugehöriger Dokumentation.

rechtsschutz. **Datenbanken** werden seit dem 1. Januar 1998 sowohl urheberrechtlich als auch aus eigenem Schutzrecht vor unberechtigter Nutzung geschützt. Beide Werkarten werden nachfolgend getrennt behandelt. Freilich ist zu sehen, dass sie durch moderne Techniken des Software-Engineering eng miteinander verknüpft sein können.

1.1 Computerprogramme als geschützte Werkart

Computerprogramme sind – neben Schriftwerken und Reden – als eigenständige Gruppe von Sprachwerken geschützt (§ 2 Abs. 1 Nr. 1 UrhG: „1. Sprachwerke, wie Schriftwerke und Reden, einschließlich der Computerprogramme"). § 69a UrhG umfasst explizit „**Programme in jeder Gestalt, einschließlich des Entwurfsmaterials**"[2]. Die §§ 2 Abs. 1 Nr. 1, 69a UrhG enthalten damit keine Begriffsbestimmung. Dieser Verzicht rechtfertigt sich aus dem Umstand, dass Computerprogramme und generell Software rascher technischer und informatiktheoretischer Entwicklung unterliegen und das Gesetz nicht von variablen, inhaltsbezogenen und schnell veraltenden Definitionen abhängig gemacht werden soll.[3] Die §§ 69a ff. UrhG bleiben damit ungeachtet inhaltlicher Änderungen des Begriffes des „Computerprogrammes" anwendbar.   1475

Nach der Gesetzesbegründung schützen die §§ 69a ff. UrhG Computerprogramme als Form der **literarischen Werke**, zu denen Sprachwerke gehören.[4] § 2 Abs. 1 UrhG reiht nämlich den nichtabschließenden Katalog der einzelnen Werkarten den „Werken der Literatur, Wissenschaft und Kunst" zu. Die erste aufgezählte Werkart ist nun die der Sprachwerke, § 2

---

[2] Etwas konkreter ist die Definition eines **Computerprogrammes** nach § 1 Abs. 1 der Mustervorschriften für den Schutz von Computersoftware der WIPO (GRUR Int. 1978, 586, 590) als „eine Folge von Befehlen, die nach Aufnahme in einen machinenlesbaren Träger fähig sind zu bewirken, daß eine Maschine mit informationsverarbeitenden Fähigkeiten eine bestimmte Funktion oder Aufgabe oder ein bestimmtes Ereignis anzeigt, ausführt oder erzielt".
Als **Programmbeschreibung** definiert § 1 Abs. 2 der Mustervorschriften „eine vollständige prozedurale Darstellung in sprachlicher, schematischer oder in anderer Form, deren Angaben ausreichend sind, um eine Folge von Befehlen festzulegen, die ein ihr entsprechendes Computerprogramm darstellen".
Als **Begleitmaterial** definiert § 1 Abs. 3 der Mustervorschriften „alle Unterlagen, die nicht ein Programm und eine Programmbeschreibung darstellen und dazu bestimmt oder geeignet sind, das Verständnis oder die Anwendung eines Computerprogramms zu fördern, z. B. Problembeschreibungen und Benutzungsanweisungen".
Computersoftware umfasst nach § 1 Abs. 4 der Mustervorschriften alle oder einzelne Gegenstände nach den Abs. 1 bis 3. Der Begriff „Computersoftware" ist im Übrigen tautologisch, da der Begriff „Software" selbst grundsätzlich nur im Zusammenhang mit Computern verwendet wird.
[3] GesB 1992, 16; ähnlich Rehbinder [95], 93.
[4] Gesetzesbegründung, BTDr. 12/4022, 8 (im Folgenden kurz „GesB" zitiert). Dies entspricht dem Ansatz der EG-Richtlinie, die sich in ihrem Art. 1 Abs. 1 auf literarische Werke im Sinne der Berner Übereinkunft bezieht. Die Bezeichnung „Werke der Literatur und Kunst" umfasst gemäß Art. 2 Abs. 1 Berner Übereinkunft (Pariser Fassung) „alle Erzeugnisse auf dem Gebiet der Literatur, Wissenschaft und Kunst, ohne Rücksicht auf die Art und Form des Ausdrucks".

Abs. 1 Nr. 1 UrhG. Diese können allerdings in der Tat als „Werke der Literatur" einzustufen sein, aber auch als Werke der Wissenschaft oder der Kunst. Gleiches muss demzufolge für Computerprogramme als Unterart der Sprachwerke gelten. Insoweit erscheint die Zuordnung der Computerprogramme allein zu den literarischen Werken als zu eng. Der Eigenschaft als Sprachwerk steht allerdings nicht entgegen, dass das Werk in einer Programmiersprache (also einer Art künstlichen Sprache) geschrieben ist.[5]

Im **EDV-Bereich** wird andererseits unter Software die Gesamtheit aus Programmen und zugehörigen Materialien wie Datenfluss- und Ablaufplänen, Anwendungs- und Entwicklungsdokumentationen verstanden. § 69a Abs. 1 UrhG schützt damit Software jedenfalls in ihren Teilen Programm und Entwicklungsmaterial und insoweit in jeder Gestalt, also auch die durch Compiler automatisch erstellten Maschinencodes im Binärformat bzw. neuerdings im Bytecode.

Zum **Entwurfsmaterial** zählen Unterlagen wie etwa Bedienungsanleitungen, Entwicklungsdokumentationen etc. Der § 69a UrhG schützt also nicht nur Computerprogramme als solche, sondern auch schriftlich niedergelegte Vor„produkte" der Entwicklung, wie Datenflusspläne, wobei diese zugleich als Schriftwerke im Sinne von § 2 Abs. 1 Nr. 1 UrhG bzw. als Darstellungen wissenschaftlicher oder technischer Art im Sinne von § 2 Abs. 1 Nr. 7 UrhG geschützt sein können.[6] Reines Begleitmaterial wie etwa Benutzerdokumentationen gehören nicht zum „Entwurfsmaterial", insbesondere, wenn sie erst nachträglich zu Erläuterungszwecken verfasst werden. Denkbar (aber noch ungeklärt) ist ein solcher Schutz als „Ausdrucksformen" des Computerprogrammes, so etwa in der Form von „screen shots", also Abbildungen von programmgenerierten Bildschirminhalten. In jedem Fall kommt ergänzend eigenständiger Schutz als Sprachwerke in Betracht (§ 2 Abs. 1 Nr. 1 UrhG).

Ein etwaiger **Patentschutz** von Software (s. näher Rn. 1556) steht deren urheberrechtlicher Schutzfähigkeit nicht zwingend entgegen.[7]

In der **Vertragspraxis** empfiehlt sich in jedem Fall eine genaue Beschreibung des Computerprogrammes mit allen seinen Komponenten und schriftlichen Begleitmaterialien, um den Vertragsgegenstand und zugleich das urheberrechtliche Schutzobjekt klar abzugrenzen.

---

[5] Schricker/Loewenheim, § 2 Rn. 55.
[6] In diesem Sinne bereits BGH, Urteil vom 9. 5. 1985 – I ZR 52/83, GRUR 1985, 1041 = NJW 1986, 192, 196 – Inkassoprogramm.
[7] BGH, Urteil vom 4. 10. 1990 – I ZR 139/89, GRUR 1991, 449 = CR 1991, 80, 82 = NJW 1991, 1231 – Betriebssystem (gleiche Schutzanforderungen gelten im Übrigen auch für Systemsoftware); ausf. zu dieser Entscheidung siehe Haberstumpf, NJW 1991, 2105f.

1.2 Individuelle Gestaltung als Schutzvoraussetzung

Voraussetzung des Urheberrechtsschutzes ist, dass Computerprogramme   1476
„individuelle Werke" in dem Sinne darstellen, das Ergebnis der eigenen geistigen Schöpfung ihres Urhebers zu sein (§ 69 a Abs. 3 Satz 1 UrhG). Das
Gesetz legt hierbei ausdrücklich fest, dass zur Bestimmung der Schutzfähigkeit von Computerprogrammen keine anderen Kriterien anzuwenden sind,
insbesondere keine qualitativen oder ästhetischen (§ 69 a Abs. 3 Satz 2
UrhG). Die strengen Anforderungen der früheren, häufig kritisierten BGH-Rechtsprechung an eine – vorbekannte Gestaltungen erheblich überragende
– Gestaltungshöhe der Werkschöpfung für Computerprogramme[8] haben
keine Geltung mehr[9]. Computerprogramme sind nach den Grundsätzen der
EG-Richtlinie bereits dann urheberrechtlich schutzfähig, wenn sie ein
erkennbares individuelles Gepräge aufweisen. Computerprogramme sind
damit nicht weniger schutzfähig als Darstellungen wissenschaftlicher oder
technischer Art, bei denen ebenfalls bereits die „kleine Münze" schutzfähig
ist[10], d. h. also ein mit einem Minimum an Gestaltungshöhe gerade noch
schutzfähiges Schöpfungsgebilde.[11] Urheberrechtsschutz für Software gilt
deshalb nunmehr als „Regelfall".[12] Diese Untergrenze kann gerade für
moderne objektorientierte Software problematisch werden, die sich in kleine
und kleinste – teilweise in so genannten Bibliotheken gesammelte – eigenständig verwertbare Programmelemente wie Module oder Routinen aufspalten. Es bleibt aber festzuhalten, dass auch im Bereich von Computerprogrammen eine individuell-schöpferische Leistung feststellbar sein muss;
„statistische Einmaligkeit" ist nicht ausreichend.[12a]

---

[8] Siehe insbesondere BGH, Urteil vom 4. 10. 1990, a. a. O.; LG Köln, Urteil vom 28. 1. 1992 – 31
O 344/91, CR 1994, 216 (krit. Anm. Heymann, CR 1994, 228), sogar noch auf Handbücher ausgedehnt.

[9] Siehe ausführlich BGH, Urteil vom 14. 7. 1993 – I ZR 47/91, CR 1993, 752 (Schutzerstreckung
auch auf Computerprogramme, die **vor In-Kraft-Treten** des Urheberrechtsänderungsgesetzes [am
24. 6. 1993] geschaffen wurden).

[10] Schricker/Loewenheim, § 2 Rn. 38; in diesem Sinne auch die GesB.

[11] Schricker/Loewenheim, a. a. O., Rn. 38 mit Rechtsprechungsnachweisen; LG München I, Urteil
vom 16. 1. 1997 – 7 O 15354/91, CR 1997, 351.

[12] Pres, 27; Broy/Lehmann, GRUR 1992, 420. Dies kann aber wohl nicht bedeuten, dass jeder substantiierende Sachvortrag und jede inhaltliche Prüfung des Erfülltseins der Schutzvoraussetzungen
im konkreten Fall verzichtbar wäre. Insbesondere dürfte es weder im Sachvortrag noch im Urteil
genügen, einfach auf die genannte Regel Bezug zu nehmen, ohne das konkrete Vorhandensein
ausreichender individueller Ausprägungen im entscheidungsgegenständlichen Programm darzulegen und zu prüfen.

[12a] So aber OLG Hamburg, Urteil vom 12. 3. 1998 – 3 U 228/97, CR 1999, 298; hingegen wie hier:
Schricker/Loewenheim, § 69a Rn. 19 („statistische Einmaligkeit kann aber vorliegen, ohne daß
auch nur ein bescheidenes Maß an geistiger Schöpfung erbracht wurde").

1477 Ausgeklammert bleiben Gestaltungen, die sich aus der Logik oder durch technische Notwendigkeiten ergeben[13] bzw. aus vorgegebenen Darstellungsformen, etwa alphabetischen Verzeichnissen[14], aber auch Schnittstellenvereinbarungen[15], Fonts oder sonstige fest vorgegebene Gestaltungsformate. Auch **Ideen und Grundsätze** sowie wissenschaftliche und technische Lehren sind nach allgemeinen urheberrechtlichen Grundsätzen[16] frei und jedermann zugänglich (so § 69a Abs. 2 Satz 2 UrhG für Ideen und Grundsätze, die einem Element eines Computerprogrammes oder Schnittstellen[17] zugrunde liegen)[18], urheberrechtlich schutzfähig aber deren Gestaltung und Darstellung[19], so etwa die individuell ausgearbeitete Schnittstelle. Auch hier sind die Grenzziehungen grundsätzlich nur im Einzelfall unter Beachtung der Wertungen des Urheberrechts möglich. Vor allem bleibt zu prüfen, ob **Spielraum** für individuelles Gestalten verbleibt, **der auch ausgeschöpft wurde.** Nach wie vor keine Relevanz für die individuelle Gestaltungsqualität von Computerprogrammen besitzen Merkmale wie der Umfang des Programmes[20], seine wissenschaftliche Qualität[21] oder der Gebrauchszweck[22], ebenso wenig die für die Erstellung erforderlichen Aufwendungen und Kosten[23] bzw. die Dauer und Schwierigkeit der Entwicklung[24]. Relevant werden diese Merkmale aber im Rahmen des Wettbewerbsrechts (s. Rn. 1579).

Schnittstellen sind unterschiedlich realisiert. **Interfaces** verbinden Hardware und Software. Es handelt sich um „Befehlssätze", also Gruppen von in numerischen Codes geschriebenen Maschinenbefehlen zur Hardware-

---

[13] Schricker/Loewenheim, a. a. O.

[14] BGH, GRUR 1961, 631 – Fernsprechbuch; Schricker/Loewenheim, a. a. O.

[15] Nicht zu verwechseln mit der einzelnen implementierten Schnittstelle.

[16] Siehe Schricker/Loewenheim, Urheberrecht, 2. Aufl., 1999, § 2 Rn. 48ff.

[17] Nach der Begriffsbestimmung in DIN 44 300 sind „Schnittstellen" definiert als: „Gedachter oder tatsächlicher Übergang an der Grenze zwischen zwei gleichartigen Einheiten, wie Funktionseinheiten, Baueinheiten oder Programmbausteinen, mit den vereinbarten Regeln für die Übergabe von Daten und Signalen".

[18] BGHZ 39, 306, 311 – Rechenschieber.

[19] BGH, Urteil vom 21. 11. 1980 – I ZR 106/78, GRUR 1981, 352f. – Staatsexamensarbeit.

[20] BGH, Urteil vom 9. 5. 1985 – I ZR 52/83, GRUR 1985, 1041, 1048 – Inkassoprogramm; OLG Frankfurt/Main, GRUR 1983, 753, 755 – Pengo.

[21] Schricker/Loewenheim, a. a. O., Rn. 22 m. w. N.

[22] Siehe etwa BGHZ 22, 209, 214f. – Europapost; BGHZ 24, 55, 62 – Ledigenheim; BGHZ 27, 351, 354 – Candida-Schrift; BGH, GRUR 1959, 251 – Einheitsfahrschein; BGH, GRUR 1961, 635, 638 – Stahlrohrstuhl; BGH, GRUR 1972, 38f. – Vasenleuchter.

[23] BGH, GRUR 1985, 1041, 1048; OLG Frankfurt/Main, GRUR 1983, 753, 755.

[24] LG München I, Urteil vom 28. 8. 1998 – 7 O 3114/98, CR 1998, 655; notwendig sei Sachvortrag, inwieweit sich Einzelmerkmale nicht bereits durch die Problemstellung ergeben. Lesshaft/Ulmer, CR 1993, 607f. resümieren knapp, es gehe „nur um das ökonomische Verwertungsinteresse des Herstellers an einem technischen Produkt".

steuerung. Außerdem gibt es Schnittstellen zwischen Programmen, etwa die Aufrufabfolge zwischen Anwendungsprogramm und dem Betriebssystem. Schließlich stellen auch so genannte „Protokolle" Schnittstellen dar, so etwa Kommunikationsprotokolle für Aufbau, Durchführung und Abbau einer Übertragungsverbindung.[25] Alle derartigen Schnittstellen dürfen als **Programmteile**

– in ihrer Funktion beobachtet, untersucht oder getestet werden (§ 69d Abs. 3 UrhG)
sowie

– vervielfacht und übersetzt (dekompiliert) werden, wenn und soweit hierdurch Informationen gewonnen werden sollen, die zur Herstellung der Interoperabilität eines unabhängig geschaffenen Computerprogrammes mit **anderen** Programmen erforderlich sind (s. § 69e Abs. 1 UrhG). Damit dürfen unter § 69e UrhG keineswegs alle Schnittstellen von System- und/oder Anwendungssoftware dekompiliert und analysiert werden. § 69e erfasst nur **Schnittstellen zu anderen Programmen** (nicht zur Hardware), wobei jedoch auch zusätzliche Informationen über die eigentlichen Schnittstellen hinaus gewonnen werden dürfen, wenn dies zur Interoperabilitätsherstellung notwendig ist.

Nicht rückanalysiert werden dürfen in Schnittstellen enthaltene Informationen, die zwar **gemeinfrei**, aber **nicht interoperabilitätsbezogen** sind, wenn das Rückerschließen nur über die Schnittstellen möglich ist. Die Analyse solcher Informationen darf jedenfalls nicht auf die §§ 69d Abs. 3, 69e UrhG gestützt werden. Zwar mögen solche Informationen als gemeinfreie an sich nicht schutzfähig sein, jedoch **dürfen keine mit Programmvervielfältigungen oder Code-Übersetzungen verbundenen Handlungen in Bezug auf die Schnittstellen ausgeführt werden, um diese Informationen aus geschützten Schnittstellen zu erschließen.** Wohl aber ist eine Analyse über die Beobachtung von Programmfunktionen im Rahmen des § 69d Abs. 3 UrhG zulässig. Indirekt wird hier ein Urheberrechtsschutz für als solche gerade nicht schutzfähige Inhalte bzw. Daten eingeführt.

Als Voraussetzung für den Urheberrechtsschutz eines Werkes ist es **nicht** notwendig, dass der vollständige Werkinhalt (im Falle von Computerprogrammen also etwa der Quellcode mit seinen Entwurfsmaterialien) offen gelegt wird[26], da der Urheber auch dann Urheberrechtsschutz genießt, 1478

---

[25] Vgl. Pilny, GRUR Int. 1990, 431, 434f.
[26] Vgl. Moritz, GRUR Int. 1991, 697, 702 gegen Sucker, CR 1989, 468, 471; Lehmann, CR 1989, 1057, 1060. '

wenn er das Werk nicht veröffentlicht (vgl. § 12 UrhG). Auch (noch) nicht offen gelegte Quellcodestrukturen können also Urheberrechtsschutz genießen.

Bezieht sich ein urheberrechtlicher Nutzungsvertrag auf ein **Nicht**bestehen des Urheberrechts (etwa für ein nicht schutzfähiges Computerprogramm), erlangt der „Lizenznehmer" aber eine wirtschaftliche Vorzugsstellung, ist der urheberrechtliche Vertrag nicht auf eine unmögliche Leistung gerichtet.[27]

1479 Für Computerprogramme lassen sich bezüglich der Formgestaltung Kriterien nutzbar machen, wie sie für Darstellungen wissenschaftlicher oder technischer Art nach § 2 Abs. 1 Nr. 7 UrhG entwickelt wurden. Der Vergleich beider Werktypen ist zudem auch deshalb wichtig, weil Computerprogramme selbst oft Teile größerer Applikationen darstellen (etwa in Enterprise Resource Planning Software, in der sehr viel vorgegebenes **Anwendungswissen** gesammelt und strukturiert ist). Für Darstellungen wissenschaftlicher oder technischer Art nach § 2 Abs. 1 Nr. 7 UrhG kommt es bezüglich der urheberrechtlichen Schutzfähigkeit nicht auf den schöpferischen Gehalt oder die Neuheit des wissenschaftlichen oder technischen Inhaltes der Darstellung an, sondern vielmehr auf ihre Formgestaltung.[28] **Notwendig ist** eine **Herstellungsart, die eine willkürliche Formgebung zulässt.** Diese muss einer selbständigen schöpferischen Geistestätigkeit entspringen[29], also ein **darstellerischer Gedanke auf eigentümliche Weise in der Abbildung zum Ausdruck gekommen sein**[30]. Entscheidend ist allein die notwendige schöpferische Formgestaltung der Darstellung.[31]

Mit der **Komplexität** des darzustellenden Gegenstandes wächst zumeist der Gestaltungs**freiraum**, wenn auch nicht notwendig der Grad der schöpferischen Qualität. Schematische, übliche Gestaltungselemente etwa einer programmgenerierten **Benutzeroberfläche** sind als solche nicht urheberrechtlich schutzfähig, so etwa pseudo-dreidimensionale Kästchen mit Schatteneffekten. (Zu Benutzeroberflächen s. näher Rn. 1487; ein Beispiel sind die so genannten Buttons unter Windows.) Dies gilt erst recht, wenn

---

[27] BGH, Urteil vom 27. 6. 1991 – I ZR 7/90, NJW 1992, 232 – Keltisches Horoskop. (Zur Übertragung von Scheinrechten, bei der grundsätzlich nur kündigungsweise Aufhebung mit Ex-nunc-Wirkung möglich ist.)

[28] BGH, Urteil vom 15. 12. 1978 – I ZR 26/77, GRUR 1979, 464 – Flughafenpläne; BGH, Urteil vom 29. 3. 1984 – I ZR 32/82, GRUR 1984, 659 f.– Ausschreibungsunterlagen; BGH, Urteil vom 9. 5. 1985 – I ZR 52/83, a. a. O., 196.

[29] Bereits RGZ 105, 160, 162.

[30] BGH, GRUR 1959, 251 – Einheitsfahrschein; GRUR 1965, 45 – Stadtplan.

[31] BGH, Urteil vom 15. 12. 1978, a. a. O., 465.

diese Elemente mit entsprechenden Tools erstellt werden können. Mit einem geringeren Eigentümlichkeitsgrad ist auch nur ein **geringerer Schutzumfang** verbunden.[32]

Für die Annahme einer individuellen geistigen Schöpfung genügt im Rah- 1480 men von § 2 Abs. 1 Nr. 1 wie auch Nr. 7 UrhG ein bescheidenes Maß geistiger Betätigung.[33] Wesentlich ist, ob eine individuelle Geistestätigkeit in dem darstellerischen Gedanken der Abbildung zum Ausdruck kommt, mag auch das Maß der geistigen Leistung gering sein.[34] Nicht der Inhalt macht also ein technisches (oder wissenschaftliches) Werk urheberrechtsschutzfähig, sondern seine **Eigentümlichkeit in der schöpferischen Sammlung, Anordnung und Darbietung des dargestellten wissenschaftlichen Materials**[35], da sich die urheberrechtsrelevante schöpferische Leistung in der Formgebung, im bloßen Sammeln, Anordnen und Darbieten des Stoffes niederschlägt[36].

Die Schutzkriterien gelten auch für schriftliche Unterlagen, soweit sie Entwurfsmaterialien sind, ebenso für Textteile in Programmen wie Hilfetexte, Readme-Dateien (in denen Anbieter neueste, ergänzende Informationen ihrem Produkt mitgeben, die aus Zeit- und Aufwandsgründen nicht mehr in die gedruckten Begleitmaterialien eingefügt werden können), ebenso für **Texte auf der jeweiligen Benutzoberfläche** oder auf einer Web-Seite im Internet, sofern sie eine gewisse schöpferische Mindeststruktur aufweisen. Bereits die Ausformung eines mehrseitigen Textes kann eine eigenschöpferische Leistung darstellen.[37]

Eine bloße Zusammenstellung einzelner Fakten in einem Register genügt 1481 allerdings zur Begründung der Urheberrechtsschutzfähigkeit auch dann nicht, wenn dies mit großer Mühe und erheblichem Zeitaufwand verbunden ist[38], erst recht natürlich nicht bei einer automatischen Registererstel-

---

[32] BGH, Urteil vom 28. 5. 1998 – I ZR 81/96, GRUR 1998, 916, 918.

[33] BGH, Urteil vom 21. 11. 1980, a. a. O., 353.

[34] BGH, Urteil vom 20. 11. 1986, a. a. O., 750, unter Hinweis auf RGZ 172, 29 ff. – Gewehrreinigungshölzer; BGHZ 18, 319 – Bebauungsplan; ebenso BGH, Urteil vom 2. 7. 1987 – I ZR 232/85, GRUR 1988, 33, 35 – topographische Landeskarten; OLG Hamm, Urteil vom 2. 3. 1989 – 4 U 162/88, GRUR 1989, 501 – Sprengzeichnungen.

[35] BGH, Urteil vom 7. 12. 1979 – I ZR 157/77, GRUR 1980, 227, 230 – Monumenta Germaniae Historica; BGH, Urteil vom 21. 11. 1980, a. a. O., 352 ff. – Staatsexamensarbeit; BGH, Urteil vom 27. 2. 1981 – I ZR 29/79, GRUR 1981, 520 f. – Fragensammlung und BGH, Urteil vom 12. 3. 1987 – I ZR 71/85, MittPA 1987, 196.

[36] BGH, GRUR 1961, 85, 87 – Pfiffikus-Dose; ähnlich für Computerprogramme bereits LG München I, Urteil vom 21. 12. 1982 – 7 O 24/82, GRUR 1983, 175 – VISICALC.

[37] LG München, Urteil vom 13. 7. 1984 – 21 S 20913/83, GRUR 1984, 737.

[38] BGH, Urteil vom 7. 12. 1979, a. a. O., 230.

lung. Jedoch kann hier eigenständiger Datenbankrechtsschutz in Betracht kommen (s. Rn. 1493).

1482 Geschützt ist ein Programm in den individuell ausgeprägten Teilen, nicht aber in für alle Programme einer Sprache typischen, einheitlichen Funktionen oder Befehlen. Die Abgrenzung kann nur im Einzelfall erfolgen. Ein Computerprogramm stellt nach dieser Prüfung etwa dann bereits eine **unzulässige Vervielfältigung** (§ 69c Nr. 1 UrhG) dar, wenn es im eigentlichen Problemlösungsteil mit einem anderen Programmsystem im Mittel zu 70 % identisch ist.[39] Getrennt zu prüfen ist das Vervielfältigen von Teilen (Modulen, Routinen, Klassen etc.), die nur zur Laufzeit in das Programm eingebunden werden (linking).

Eine zustimmungsunabhängig zulässige **freie Benutzung** (§ 24 UrhG) (und nicht mehr eine Bearbeitung) im Sinne des Urheberrechts liegt hingegen erst dann vor, wenn eigenschöpferische Elemente der Vorlage lediglich als Anregung für das eigene Werkschaffen dienen und die entnommenen Züge des verwendeten Werkes gegenüber der Eigenart des neu geschaffenen Werkes verblassen. Es genügt damit nicht, dass durch die Umgestaltung eine eigenschöpferische Leistung erbracht wird, soweit die Eigenart der schöpferischen Elemente des benutzten Werkes noch erkennbar ist.[40] Ausgangspunkt für eine freie Benutzung können etwa Benutzeroberflächen sein, die durch zulässiges Beobachten des Funktionierens erkannt wurden.

1.3 Schutzumfang

Nicht nur vollständige Computerprogramme als Einheiten sind urheberrechtlich schutzfähig, sondern grundsätzlich auch bestimmte Teile von Computerprogrammen, wenn sie die allgemeinen Voraussetzungen erfüllen.[41]

1.3.1 Abgrenzung der Bestandteile von Computerprogrammen

1483 Geschützt werden „Programme in jeder Gestalt, einschließlich des Entwurfsmaterials" (§ 69a Abs. 1 UrhG), ebenso auch Programme, die **in** die **Hardware integriert** sind.[42] Auch **Teile von Programmen** oder Entwicklungsmaterialien können Urheberrechtsschutz genießen, wenn

---

[39] LG Kassel, Urteil vom 21. 5. 1981 – 8 O 84/80, BB 1983, 992.
[40] OLG Hamburg, Urteil vom 22. 12. 1988 – 3 U 102/88, ZUM 1989, 359, 363.
[41] Im vorliegenden Rahmen ist nur eine knappe Auflistung möglich; für eine ausführliche Darstellung s. Koch, Software-Recht, 2000.
[42] GesB, 9. Auch das in einem ROM gespeicherte Programm zur Steuerung eines externen Diskettenlaufwerkes für Computer kann ein urheberrechtlich schutzfähiges Werk sein (so ausdrücklich das OLG Wien, Entsch. vom 8. 8. 1985 – 3 R 101/86, GRUR Int. 1987, 793).

sie als solche die urheberrechtlichen Schutzvoraussetzungen erfüllen.[43]

Das Werk muss nicht vollendet, aber in seiner schöpferischen Gestaltung bereits erkennbar sein. Dem trägt § 69a Abs. 1 UrhG durch Einbeziehen des Entwurfsmaterials Rechnung, in dem aber ebenfalls die schöpferische Leistung zum Ausdruck kommen muss.[44]

Entwurfsmaterial (selbst kein Bestandteil, aber eine Entwicklungsvor-   1484
stufe von Programmen) kann unter § 69a Abs. 1 UrhG als Teil des Computerprogrammes geschützt sein, außerdem (zugleich) als
– Schriftwerk im Sinne von § 2 Abs. 1 Nr. 1 UrhG bzw. als
– Darstellung wissenschaftlicher oder technischer Art (§ 2 Abs. 1 Nr. 7 UrhG).

geschützt sein, so etwa Datenfluss- oder Programmablaufpläne, Tabellen, Formulare (auch programmgenerierte wie etwa **Spreadsheets**) oder sogar Piktogramme[45], Icons (Piktogramme) und vergleichbare Gestaltungselemente, die in Programme integriert werden. Dieser Schutz besteht naturgemäß auch dann fort, wenn das Programm selbst nicht erstellt wird. Für die eigenständige Schutzfähigkeit gelten die Ausführungen des BGH[46], freilich mit der Einschränkung, dass an Computerprogramme selbst und Teile hiervon weniger hohe Anforderungen als nach der früheren BGH-Rechtsprechung zu stellen sind. Auch Werk**teile** können urheberrechtlich geschützt sein[47].

Das **Pflichtenheft** ist nicht ohne weiteres dem Entwurfsmaterial zuzuord-   1485
nen[48], jedenfalls dann nicht, wenn es vom Kunden erstellt wurde und der Anbieter schon deshalb keine Urheberrechte am Pflichtenheft erworben haben kann. Auch enthält das Pflichtenheft in der Regel nur eine Beschreibung der zu lösenden Aufgabe, nicht die Lösung der Aufgabe selbst. Folglich finden sich Formgestaltungen des entwickelten Programmes zumeist noch nicht im Pflichtenheft.

Eine vom Anbieter erarbeitete Problemstudie oder ein Pflichtenheft kann allerdings eine **wettbewerbsrechtlich schutzfähige Leistung** darstellen[49],

---

[43] BGH, Urteil vom 10. 12. 1987 – I ZR 198/85, GRUR 1988, 533f. – Vorentwurf II, unter Bezugnahme auf BGHZ 61, 88, 94 – Wählamt.
[44] Ausf. s. Schricker/Loewenheim, § 69a Rn. 5.
[45] Schricker/Loewenheim, § 2 Rn. 79 m. w. N.
[46] BGH, Urteil vom 9. 5. 1985 – I ZR 52/83, NJW 1986, 192 – Inkassoprogramm.
[47] Siehe etwa LG München I, Urteil vom 13. 7. 1984 – 21 S 20913/83, GRUR 1984, 737.
[48] Haberstumpf, 73.
[49] Koch, Software-Recht, 2000.

wenn auf ihr aufbauend wesentlich einfacher, schneller und kostengünstiger eine Lösung entwickelt und den Kunden angeboten werden kann, so dass die Verwertung durch kundenseits beauftragte Konkurrenzunternehmen untersagt werden kann.

1.3.2 Schutzfähige Software-Komponenten im Überblick

1486 **Algorithmen**[50] sind nicht an sich als abstrakte Rechenregeln schutzfähig, sondern nur insoweit, als sie **individuell implementiert** worden sind – also allein in ihrer schöpferischen Einbettung in ein Programm durch eine bestimmte Form und Art der Sammlung, Einteilung und Anordnung des (vorgegebenen) Materials[51], durch die der abstrakte Algorithmus für eine konkrete Problemlösung ablauffähig gemacht wird. Man unterscheidet auch in der Informatik zwischen Algorithmus und seiner Darstellung.[52]

Algorithmen bleiben damit als solche wie generell Ideen den anderen Urhebern zur Verwendung freigestellt.[53] Das Urheberrecht soll nämlich nicht zur Monopolisierung von inhaltlichem Wissen beitragen (die freilich nicht nur von Schutzrechten begründet wird). Dies entspricht dem allgemeinen urheberrechtlichen Grundsatz der Freistellung von Ideen und Darstellungsmethoden, während die **individuelle Darstellung** (etwa in einem Lehrbuch über Algorithmen in der Softwareentwicklung) oder die **anwendungsspezifische Ausarbeitung** der Algorithmen (soweit sie nicht von der Problemstellung zwingend vorgegeben ist) sehr wohl schutzfähig sein kann, wenn und soweit diese Darstellung selbst eine persönliche geistige Schöpfung ist.[54] Der Idee als solcher fehlt es zudem ohnehin schon begrifflich an einer schutzfähigen Formgebung.[55] Urheberrechtlich frei („gemeinfrei")[56] bleiben müssen auch wissenschaftliche Lehren und Ergebnisse[57], also etwa auch Lehren des Software-Engineering wie prozedurales oder objektorientiertes Entwickeln, ebenso Gedanken, Lehren, Algorithmen und Theorien, aber auch Stil, Technik und Methoden.[58]

---

[50] Verstanden als die in einer festgelegten Sprache abgefasste Beschreibung eines allgemeinen Verfahrens unter Verwendung einer endlichen Zahl ausführbarer, elementarer Verarbeitungsschritte.
[51] Schricker/Loewenheim, § 69a Rn. 12.
[52] Habel, 6.
[53] BGH, GRUR 1985, 1041, 1047; BGH, GRUR 1984, 429, 431 – Statikprogramm; Schricker/Loewenheim, a. a. O.
[54] BGH, GRUR 1979, 464 – Flughafenpläne; BGH, GRUR 1984, 659 f. – Ausschreibungsunterlagen.
[55] Schricker/Loewenheim, § 2 Rn. 50.
[56] Siehe BGH, NJW 1986, 192, 196 m. w. N.
[57] Str., zum Diskussionsstand s. Schricker/Loewenheim, § 2 Rn. 56 ff.
[58] W. Erdmann, 14.

Benutzeroberflächen von Computerprogrammen können als eigenstän- 1487
dige Gestaltungen urheberrechtlich und auch wettbewerbsrechtlich
schutzfähig sein. Dies gilt auch dann, wenn die gleiche Oberfläche mit
einer anderen Programmiersprache bzw. auf einer anderen Plattform (z. B.
auf Unix/Linux anstatt auf WindowsNT) nachentwickelt wird. Da Benutzeroberflächen das spezifische Bild eines Programms prägen und damit
seine Vermarktungsfähigkeit, gewinnt diese eigenständige Schutzposition
besondere Bedeutung. Freilich gilt auch eine Einschränkung. Bestimmte
Bedienungselemente wie Pulldown-Menüs oder Popup-Elemente werden
heute vom Kunden als ergonomischer Stand der Technik von jedem Programm erwartet.

Die Idee bzw. allgemeine Konzeption solcher Elemente ist als solche nicht
urheberrechtlich schutzfähig, sondern nur eine **individuelle Ausgestaltung** dieser Elemente. Möglicher Rechtsschutz von Benutzeroberflächen
erfasst damit nicht nur das einzelne ausreichend individuell gestaltete
Bildschirmdisplay, sondern – und mit größeren Chancen für die Anknüpfung von Rechtsschutz – die vollständige schöpferisch gestaltete Display-
Sequenz. Displays und Display-Sequenzen lassen sich – insbesondere als
anwendungssteuernde Oberfläche – der Werkart der **Darstellung wissenschaftlicher oder technischer Art** im Sinne von § 2 Abs. 1 Nr. 7 UrhG
zuordnen[59], teilweise auch der Gruppe der Werke der Bildenden Kunst im
Sinne von § 2 Abs. 1 Nr. 4 UrhG[60], an die keine überhöhten Anforderungen bezüglich der Darlegung der schöpferischen Qualität gestellt werden
dürfen[61]. Urheberrechtlich schutzfähig können auch integrierte Hilfefunk-
tionen wie Zeichen- und Rechenprogramme, Terminkalender, Uhren,
Taschenrechner, DFÜ-Routinen sein[62], ebenso für Tool-Programme, etwa
bei der Programmentwicklung, z. B. Debugger zur Fehlerbeseitigung, die
eine zeilenweise Code-Inspektion oder auch ein Disassemblieren/Dekom-
pilieren erlauben.

Schutzfähig ist auch hinsichtlich Benutzeroberflächen nur die **Formgestaltung** der jeweiligen Darstellung, nicht deren wissenschaftlicher oder technischer Inhalt.[63] Aus ihr muss ein eigentümlicher, darstellerischer

---

[59] Wiebe, GRUR Int. 1990, 21, 31; Koch, GRUR 1991, 181, 185.
[60] Bejahend Wiebe, a. a. O., 32.
[61] Vgl. BGH, GRUR 1974, 740 – Sessel.
[62] Koch, GRUR 1991, 180f.
[63] Vgl. BGH, GRUR 1979, 464f. – Flughafenpläne; bestätigend: BGH, GRUR 1984, 659f. – Ausschreibungsunterlagen; BGH, GRUR 1985, 129f. – Elektrodenfabrik und BGH, GRUR 1987,
196f. – Warenzeichenlexika.

Gedanke erkennbar sein,[64] eine eigenschöpferische Gedankenformung und -führung des dargestellten Inhalts und/oder der besonders geistvollen Form und Art der Sammlung, Einteilung und Anordnung des dargebotenen (auch technischen) Stoffs[65], der als solcher keine persönliche geistige Schöpfung zu sein braucht.[66]

1488   Displays können weiter als **Lichtbildwerke** bzw. als **lichtbildähnliche Werke** im Sinne von § 2 Abs. 1 Nr. 5 UrhG schutzfähig sein. Diese Werkart, die ebenfalls keiner Verkörperung bedarf[67], erfasst jedes Verfahren, bei dem ein Bild unter Benutzung „strahlender Energie"[68] erzeugt wird. Diese Definition erfasst Fernsehbilder[69] sowie technisch grundsätzlich gleichartig aufgebaute Bilder, also etwa Displays auf Computermonitoren, die ebenfalls mittels strahlender Energie erzeugt werden.[70] Eine geringere schöpferische Qualität, nämlich nur ein „Mindestmaß an persönlicher Leistung"[71], setzt der Schutz von Displays als **Lichtbildern** oder **lichtbildähnlichen Erzeugnissen** im Sinne von § 72 UrhG voraus. Die meisten Displayinhalte werden diese reduzierten Voraussetzungen erfüllen, dann freilich nur einen relativ geringen Schutzumfang gegen identische oder fast identische Nachahmungen aufweisen.[72] Damit ist jede frei gewählte Kombination von Gestaltungselementen wie Menüs, Befehlsleisten, Printer-Symbolen etc. als Darstellung einer Programmfunktionalität zumindest nach § 72 UrhG schutzfähig, sofern sich diese Darstellung überhaupt individueller Elemente bedient.

1489   Benutzeroberflächen als solche lassen sich außerdem als **filmähnliche Werke** im Sinne von § 2 Abs. 1 Nr. 6 UrhG schützen. Sie stellen horizontale und/oder vertikale Sequenzen aus Displays oder Displayteilen dar. Wie bei filmähnlichen Werken kann die Aneinanderreihung verschiedener Displays eine bewegte Bildfolge darstellen, während deren Ablauf, z. B. die Zusammensetzung des Displays oder bestimmter Teile des Displays, sich ändert. Gleiches gilt für die Bewegung eines Cursors oder Pointers (Formen beweglicher Zeigesymbole) auf dem Bildschirm, wenn diese Bewegung mit einem gezielten Wechsel von Bildern oder Bildausschnit-

---

[64] Vgl. RGZ 70, 266, 269 und Z 172, 29, 30.
[65] BGH, GRUR 1984, 659, 660.
[66] BGH, GRUR 1985, 129ff. und GRUR 1979, 464ff.
[67] Vgl. Schricker/Loewenheim, § 2 Rn. 20.
[68] BGHZ 37, 1, 6.
[69] BGH, a. a. O.
[70] Koch, a. a. O., 184.
[71] Ulmer, § 119 Abs. 1 Satz 1.
[72] Vgl. Koch, a. a. O., 185 m. w. N.

ten verbunden ist.[73] **Textelemente** in Benutzeroberflächen können eigenständig als Sprachwerk im Sinne von § 2 Abs. 1 Nr. 1 UrhG schutzfähig sein, wenn sie ausreichende individuelle Prägung aufweisen. Die Kommunikation mit dem Benutzer bedarf einer sorgfältig konzipierten, individuell gestalteten Sammlung, Einteilung und Einordnung aller Hinweise, Kommentare und Mitteilungen, ebenso einer Indexerstellung und bestimmter Auflistungen, die rasche Information gewähren und bei ausreichender individueller Gestaltung schutzfähig sind.[74] Beispiele solcher Indices und Auflistungen sind Indextabellen, Speicherverzeichnisse im Bildschirm oder Verzeichnisse verfügbarer Befehlssymbole.[75]

Auf der Stufe der **Codierung** entsteht im Rahmen der Programmentwicklung zumeist kein eigenständiger urheberrechtlicher Schutz, jedenfalls bei automatisierter Code„generierung“. In der Codierung wird, dem BGH zufolge, „der Programmablaufplan nunmehr in eine dem Computer verständliche Befehlsfolge umgewandelt. Diese Codierung wird in der Regel zunächst unabhängig von der Maschinensprache des zur Verfügung stehenden Computers in einer Programmiersprache vorgenommen. Das Ergebnis ist das für den Fachmann lesbare sogenannte Primär- oder Quellenprogramm. Durch maschinelle Übersetzung des Quellenprogramms entsteht das sogenannte Objektprogramm, das der Maschinensprache direkt entspricht. Das endgültige codierte Programm wird auf einem Datenträger festgehalten (Magnetband, Diskette u. a.). Das fertige Computerprogramm wird als eine Folge von Befehlen definiert, die nach Aufnahme in einen maschinenlesbaren Träger fähig sind zu bewirken, daß eine Maschine mit informationsverarbeitenden Fähigkeiten eine bestimmte Funktion oder Ausgabe oder ein bestimmtes Ergebnis anzeigt, ausführt oder erzielt“[76]. Auf der Ebene maschineller Übersetzung scheitert die Begründung von Urheberrechtsschutz bereits daran, dass kein Urheber als Werkschöpfer existiert (§§ 7, 11 UrhG). Die Erstellung des Quellformates erlaubt aber individuell geprägtes Werkschaffen (etwa bei Inline-Kommentierung), ebenso das Schreiben der Übersetzerprogramme selbst, der Compiler.

Compiler sind Übersetzerprogramme, die eine Umsetzung der generell konzipierten Anwendungssprachen auf spezifische Rechner bzw. „Plattformen“ (mit „nativer“ Software) herstellen. Trotz rein technischem

1490

1491

---

[73] Siehe näher Koch, a. a. O., 189 f.
[74] Vgl. BGH, GRUR 1980, 224, 231 und 1985, 129, 130.
[75] Vgl. Koch, a. a. O., 183, Fn. 18.
[76] BGH, a. a. O., 195 ff.; zu den Entwicklungsphasen allg. erläuternd s. Kindermann, ZUM 1985, 2, 6.

Anwendungsbereich von Compilern und hoch entwickelter Methodik des Compilerbaus können gerade bei großen Compilerprogrammen vielfältige Funktionen mit teils erheblichen Gestaltungsfreiräumen entstehen, die individuelles und kreatives Schaffen erlauben.

1492 **Dateien** bestehen aus unterschiedlich organisierten Datenfeldern, die sich zu Datensätzen (z. B. einer vollständigen Anschrift) zusammensetzen lassen. Das **Öffnen, Lesen und Schließen** von Dateien ist grundsätzlich ein dateineutraler Arbeitslauf, der von der Systemsoftware unterstützt wird. Eine Bearbeitung oder sonstige Umgestaltung der Datei findet hierbei nicht statt. Bezüglich der Dateistruktur gilt dies auch für Änderungen der Dateiinhalte.

Der **Entwurf** von Datenstrukturen folgt allgemeinen informatiktheoretischen Grundsätzen des Software-Engineering, die sich – ebenso wie die Strukturen selbst – nicht als solche, sondern nur in einer individuellen Darstellung urheberrechtlich schützen lassen. Gleiches gilt für Datentypen (etwa Arrays), Datenelemente (gleichen Typs) und durch Records (Datenelemente beliebigen Typs), aber auch für Objekte und Klassen. Wie bei Computerprogrammen wird man auch bei dem Schutz von Dateien als Untergrenze den Schutz der „kleinen Münze" anzusetzen haben.

Die **Inhalte** von Dateien (z. B. gespeicherte Texte oder auch Computerprogramme, die in der Laufzeit ausgeführt werden) können beliebiger Art und einer der Werkarten des § 2 Abs. 1 UrhG zuzuordnen sein. Denkbar ist auch der Schutz als Ergebnis wissenschaftlich sichtender Tätigkeit gemäß § 70 UrhG, aber (ohne Organisation in einer Datenbank) kein Daten**bank**schutz.

1493 In **Datenbanken** werden Dateien zusammengefasst, um den Zugriff aus (verschiedenen) Programmen auf größere Datenmengen zu ermöglichen. Inhalt von Datenbanken können unterschiedliche Elemente sein, so etwa Daten, Computerprogramme oder auch trennbare Applikationen oder Applikationsteile (in so genannten Repositories). Repositories sind Voraussetzung für die Wiederverwendung von Komponenten. Datenbanken können zweifach geschützt sein, urheberrechtlich (s. Rn. 1493) und aus eigenem Schutzrecht (s. Rn. 1494).

Im **Urheberrecht** schützt § 4 Abs. 2 UrhG „Datenbankwerke" als Sammelwerke, dessen Elemente systematisch oder methodisch angeordnet und einzeln mit Hilfe elektronischer Mittel oder auf andere Weise zugänglich sind. „Sammelwerk" ist ein Werk, das aus geschützten Werken oder anderen Beiträgen besteht oder aus (als solchen nicht schutzfähigen) Informationen. Schutzfähig ist hier die Auswahl[77] und Anordnung[78] der Beiträge[79] in Datenbanken, soweit sie gegenüber vorbestehenden Datenbankwerken individuelle Eigenheiten aufweisen und sich diese Eigenheiten nicht in rein handwerksmäßiger, mechanisch-technischer Aneinanderreihung von Daten erschöpfen.[80] Auch kann die **Konzeption** der Datenbank, z. B. als wissenschaftliche oder technische Darstellungsform, schutzfähig sein, etwa ähnlich der Konzeption eines Registers nach mehreren Gesichtspunkten.[81]

Auch weiterhin nicht schutzfähig sind nach diesen Kriterien auf **Vollständigkeit** angelegte und nach logischen und praktischen Gesichtspunkten (z. B. alphabetisch[82]) gegliederte Datensammlungen insbesondere Adress- oder Warenverzeichnisse, Sammlungen von Börsenkursen oder Messwerten, Telefon- und Telefaxdaten[83] und sonstige bloße Faktensammlungen. Der Suchalgorithmus der Datenbank wird durch § 4 UrhG nicht geschützt, ebenso nicht die besonderen Mechanismen der Aktualisierung der Datenbank (s. § 4 Abs. 2 Satz 2 UrhG) und der Aufwand für ihre Erstellung. Hier greift Urheberrechtsschutz für das Datenbank**programm** und das Schutzrecht eigener Art (s. Rn. 1493). An die urheberrechtliche Gestaltungshöhe sind keine weitergehenden Anforderungen als an andere Werke, z. B. die technisch verwandten Computerprogramme, zu stellen, so dass auch hier die „kleine" (Datenbank-)„Münze" schutzfähig ist, gleich, ob die Datenbank elektronisch oder manuell angelegt wurde.[84]

Die Datenbank lässt sich ergänzend als **Ausdrucksform** der sie generierenden Datenbanksoftware einstufen (vgl. § 69a Abs. 2 UrhG). Diese Schutzform ist aber nicht geeignet, die Anordnung von wechselnden **Inhalten** derselben Datenbank zu erfassen. Sie erstreckt sich vielmehr auf

---

[77] Die rein zweckbezogen erfolgende Auswahl (z. B. alle Veröffentlichungen zum RSA-Algorithmus in 1996) kann keinen Schutz begründen (BGH, GRUR 1987, 704 f. – Warenzeichenlexika).

[78] Soweit sie nicht ebenfalls rein zweckbezogen ist (OLG Frankfurt/Main, Urteil vom 26. 5. 1994 – 6 W 77/94, Jur-PC 1994, 2628, 2631).

[79] Siehe etwa BGH, GRUR 1980, 227, 230 – Monumenta Germaniae Historica; BGH, GRUR 1981, 520 f. – Fragensammlung; BGH, GRUR 1984, 659 f. – Ausschreibungsunterlagen; BGH, GRUR 1985, 1041, 1047 – Inkassoprogramm; BGH, GRUR 1991, 130, 132 – Themenkatalog.

[80] Siehe etwa Heinrich, WRP 1997, 275, 276 m. w. N.

[81] BGH, GRUR 1980, 231 – Monumenta Germaniae Historica.

[82] BGH, GRUR 1987, 704 f. – Warenzeichenlexika. Erst das Sammeln begründete hiernach den Schutz. Die Einhaltung eines alphabetischen Sortierverfahrens kann aber in sich als solche nicht schöpferisch sein.

[83] OLG Frankfurt/Main, Urteil vom 29. 10. 1996 – 11 U 44/95, CR 1997, 275. Das Kopieren einer solchen Sammlung kann damit nicht ein Vervielfältigungsrecht aus § 16 UrhG verletzen, wohl aber ein Sui-generis-Schutzrecht.

[84] Vgl. Berger, GRUR 1997, 169 f.

bestimmte Datenbanken**oberflächen**strukturen wie Displays und Folgen von Displays (Benutzeroberflächen) oder (ausreichend schöpferisch gestaltete) Pull-Down-Menüs der Datenbank, nicht Inhalte. Die Frage, ob bzw. inwieweit die Inhalte der Datenbank als Teil dieser Ausdrucksform schutzfähig sind, ist freilich nicht abschließend geklärt.

Für das **Ergebnis der Auswertung** einer Datenbank (Datenbankauszug) ist Schutz als Darstellung wissenschaftlicher und/oder technischer Art im Sinne von § 2 Abs. 1 Nr. 7 UrhG denkbar, etwa als in Nr. 7 ausdrücklich genannte Tabelle, aber auch ein Schriftwerk im Sinne von § 2 Abs. 1 Nr. 1 UrhG. Freilich wird der Schutz zumeist daran scheitern, dass die Erstellung des Auszuges gewissermaßen „mechanisch", d. h. durch vordefinierte Zugriffsverfahren abläuft und keinen Gestaltungsfreiraum eröffnet. Datenbanktechnisch erfolgen Zugriffe nämlich immer in der gleichen Weise. Allerdings kann die Wahl der Selektionskriterien selbst schöpferisch sein, so dass der Datenbankauszug aufgrund einer individuellen Auswahl zustande kommt. Meist sind aber nur einige derartige Kriterien vorgegeben, so dass keine individuelle Auswahlentscheidung möglich ist.

Gemäß § 55a UrhG ist die Bearbeitung sowie die Vervielfältigung eines Datenbankwerkes oder eines Teils davon als „Benutzung eines Datenbankwerkes" zulässig, und zwar durch
– den Eigentümer eines mit Zustimmung des Urhebers in Verkehr gebrachten Vervielfältigungsstücks des Datenbankwerkes,
– den in sonstiger Weise zu dessen Gebrauch Berechtigten oder
– denjenigen, dem ein Datenbankwerk aufgrund eines mit dem Urheber oder mit dessen Zustimmung mit einem Dritten geschlossenen Vertrages zugänglich gemacht wird. Bedingung für die Zulässigkeit ist, dass die Bearbeitung oder Vervielfältigung für den Zugang zu den Elementen des Datenbankwerkes und für dessen übliche Benutzung erforderlich ist.

1494 § 87a UrhG sieht für Datenbanken einen **Rechtsschutz eigener Art (Sui-generis-Schutz)** unabhängig von ihrer urheberrechtlichen Schutzfähigkeit vor.[84a] Das Sui-generis-Schutzrecht der EU-Richtlinie wurde in der deutschen Implementierung nicht als wirklich eigenständiges Schutzrecht umgesetzt, sondern als ein „verwandtes Schutzrecht" im Sinne des Urheberrechts, das insbesondere nicht auf Entnahme und Weiterverwendung abstellt, sondern auf „klassische" urheberrechtliche Nutzungshandlungen wie Vervielfältigen oder Verbreiten. Die terminologischen Unterschiede sind in der **Vertragspraxis** zu beachten.

[84a] Einführend s. etwa Raue/Bensinger, MMR 1998, 507 ff.

Nach § 87b UrhG ist der Datenbankhersteller berechtigt, das Vervielfältigen, Verbreiten oder öffentliche Wiedergeben von Datenbanken oder nach
Art oder Umfang wesentlicher Teile von Datenbanken zu gestatten,
ebenso das wiederholte und systematische Vervielfältigen, Verbreiten oder
öffentliche Wiedergeben von nach Art und Umfang **unwesentlichen
Datenbankteilen** (§ 87b UrhG).

Datenbanken-Nutzungsverträge müssen mehrere Rechtsverhältnisse
regeln[85]:
– die **Übereignung** eines (auf CD-ROM oder online übertragenen/über-
  mittelten) Exemplars der Datenbank oder eines Datenbankenauszuges
  (allerdings nur bei dauerhafter Überlassung);
– das **Einräumen eines urheberrechtlichen Nutzungsrechtes** an der
  Datenbank bzw. dem Datenbankteil;
– das **Einräumen von Nutzungsrechten an den einzelnen Inhalten** der
  Datenbank, soweit diese Inhalte urheberrechtlich schutzfähig sind;
– das **Einräumen eines Nutzungsrechts** aus dem **Sui-generis-Schutzrecht**;
– das **Einräumen eines Nutzungsrechts** an der **Datenbanken-Software**,
  soweit diese, etwa bei dem Herunterladen, für die Nutzung oder etwa
  für eine Veränderung genutzt werden muss.

Der BGH bestätigte ausdrücklich auch die urheberrechtliche Schutzfä- 1495
higkeit von **Entwicklungszwischenprodukten** wie **Datenfluss- und
Programmablaufplänen**[86]. Diese Entwicklungsprodukte lassen sich
nunmehr als „Entwicklungsmaterial" im Sinne von § 69a Abs. 1 UrhG
zusammenfassend einstufen. Schutzfähig ist ein Datenflussplan auch als
Darstellung wissenschaftlicher oder technischer Art im Sinne von § 2
Abs. 1 Nr. 7 UrhG. „In einem – bei einfachen Programmen entbehrli-
chen – Datenflussplan (Flussdiagramm) wird der aufgefundene
Lösungsweg in Form einer graphischen Darstellung des Befehls- und
Informationsablaufs so wiedergegeben, wie ihn eine EDV-Anlage erfordert. Der Geschehensablauf wird dabei in der Regel durch eine Folge
von Blöcken, Weichen und Schleifen dargestellt, für die eine Anzahl
von Sinnbildern zur Verfügung steht, die vom Zeichner des Datenfluss-
planes entsprechend beschriftet werden." „Die Verwendung mathematischer, technischer und graphischer Zeichenformen steht auch hier der
Urheberrechtsschutzfähigkeit nicht entgegen." Dies gilt etwa für die

---

[85] Siehe etwa Berger, GRUR 1997, 169, 172.
[86] BGH, GRUR 1987, 195 ff.

Verwendung von Darstellungselementen gemäß DIN-Normen, die freilich nicht als solche schutzfähig sind.

Der Programmablaufplan wird entweder unmittelbar oder nach dem Datenflussplan erstellt; „er zeigt, wie der Lösungsweg auf der in Frage stehenden Anlage verlaufen soll, und zwar in Form eines Symbolprogramms unter Verwendung – weitgehend normierter – bildlicher Symbole, kurzer Beschreibungen und Beschriftungen, die häufig der Sprache entnommen sind, in der das Programm abgefasst werden soll"[87].

1496 **Dokumentation und andere Unterlagen: Entwicklungs- und Wartungsdokumentationen,** Plandarstellungen, Bedienungsanleitungen und System- oder Anwendungshandbücher, Pflichtenheft und **sonstige programmbezogene Unterlagen** können schutzfähig sein als Schriftwerke (§ 2 Abs. 1 Nr. 1 UrhG), Entwurfsmaterial für Computerprogramme (§§ 2 Abs. 1 Nr. 1 i. V. m. 69a Abs. 1 UrhG), Darstellungen wissenschaftlicher oder technischer Art (§ 2 Abs. 1 Nr. 7 UrhG), wie Zeichnungen, Pläne, Karten, Skizzen, Tabellen[88], Sammelwerke im Sinne von § 4 UrhG. Als Teil der Dokumentation können „Zeichnungen, Pläne, Karten, Skizzen, Tabellen" schutzfähig sein.[89] Grundsätzlich ist eine Dokumentation auch dann schutzfähig, wenn sie **als Datei** unmittelbar **im Rechner abgespeichert** wird. Verkörperung auf Papier ist nicht erforderlich. Sie ist dann zudem selbst Teil des geschützten Programms[90] und als solches nach § 69a Abs. 1 UrhG schutzfähig. Die Anforderungen an die Schutzvoraussetzungen sind für die Dokumentation grundsätzlich die gleichen wie für das dokumentierte Programm.[91]

Auch sonstige system- oder softwarebezogene Schriftwerke können schutzfähig sein, etwa Erwerbsformularverträge, der System-/Leistungs- oder Software-Schein, Protokolle für die Abnahme oder Fehlermeldung. Schutzfähig ist auch die Ablaufdarstellung in der Form eines Funktionsdiagrammes.[92] Dies gilt nicht nur für Darstellungen von Funktionen einzelner Programme, sondern auch für die Darstellung von Produktions- oder sonstigen betrieblichen Abläufen, etwa im Rahmen betrieblicher

---

[87] BGH, a. a. O., Programmablaufpläne werden freilich heute kaum noch verwendet.

[88] BGH, GRUR 1985, 1041.

[89] BGH, a. a. O. – Inkassoprogramm.

[90] Koch, GRUR 1991, 180f.

[91] Das LG Hamburg (Urteil vom 28. 1. 1992 – 31 O 344/91, CR 1994, 226) hatte mit diesem Argument noch nach altem Recht die hohen Anforderungen der Inkassoprogramm-Entscheidung des BGH auch an die Dokumentation angelegt. Im Umkehrschluss müssen deshalb bei Herabsenkung des Anforderungsniveaus für das Programm das entsprechende Niveau auch für die Dokumentation angepasst werden.

[92] BGH, GRUR 1985, 129f. – Elektrodenfabrik.

Funktionsintegration. Schutzfähig ist auch an Dokumentationen, Plänen etc. immer nur die Art der Darstellung, nicht deren Inhalt[93], soweit die Darstellung nicht ohnehin zwingend etwa durch bestimmte Normen und Verfahren vorgegeben ist.

Generatoren sind Programme, die in einer bestimmten Programmiersprache abgefasste Programme oder Folgen von Anweisungen oder andere Daten erzeugen (vgl. DIN 44 300).[94] Hierzu gehört die Erzeugung von Kommandoprozeduren oder Makros, etwa für den Anschluss von Bildschirmgeräten (DC-Makros) oder für die Verbindung des Programms mit Dateien oder Datenbanken oder zur gemeinsamen Datenstruktur.[95] Soweit man derartige Generatorenprogramme als Teile von Programm**sprachen** auffasst, sind sie wie diese Sprachen selbst grundsätzlich nicht schutzfähig, wohl aber als individuell ausgeprägte Programme. Sieht man Generatoren hingegen als **Programm** an, so ist zu prüfen, ob sie als solches ausreichend individuelle Gestaltungsspielräume und schöpferische tatsächliche Gestaltung aufweisen, was in der Mehrzahl der Fälle wohl in der Praxis zu bejahen sein dürfte.   1497

Nicht schutzfähig sind reine **Programminhalte**, z. B. Kontenrahmen aus der Bilanzbuchhaltung.[96] Allerdings können bestimmte Inhalte eine selbständige schutzfähige Darstellungsform erlauben, wie diese etwa bei technischen oder architektonischen Zeichnungen der Fall ist. Genießen z. B. architektonische Pläne von ihrer Gestaltungsqualität her Urheberrechtsschutz, so entfällt dieser nicht allein dadurch, dass die Darstellung in einem CAD-/CAM-System erfolgt bzw. wiedergegeben wird. Jedoch kann die Verwendung solcher Systeme aufgrund strikter Normierung von deren Arbeit notwendige Gestaltungsspielräume einschränken oder im Einzelfall sogar beseitigen.[97]   1498

Alle Ausdrucksformen des Computerprogramms werden geschützt (§ 69 a Abs. 2 Satz 1 UrhG). Der Schutz erfasst damit auch den nur **maschinell lesbaren Objektcode**[98], ebenso Zwischenformen wie Bytecode.   1499

Mikrocode ist in der Regel im Mikroprozessor fest verdrahtet bzw. durch entsprechende Ätztechnik inkorporiert. Diese Mikroprogramme sind nicht etwa (partielle) Kopien verschiedener Anwendungsprogramme, sondern   1500

---

[93] BGH, GRUR 1979, 464 ff. – Flughafenpläne.
[94] Eine typische Generatorsprache ist RPG (Report Program Generator).
[95] Vgl. Sneed, Software-Entwicklungsmethodik, 1986, 208.
[96] KG, Urteil vom 13. 2. 1987 – 5 U 4910/84, CR 1987, 850.
[97] Vgl. näher Schulze, CR 1988, 181, 191.
[98] GesB, 9.

stellen als Teile der Systemsoftware bestimmte Funktionen zur Verfügung, auf die z. B. Compiler während der Laufzeit von Anwendungsprogrammen zugreifen müssen. Derart fixierte Mikroprogramme sind also **nicht** Übersetzungen der auf der Anlage laufenden Anwendungsprogramme, sondern liefern etwa als Interpreter und damit eigenständige Teile der Systemsoftware überhaupt erst die Werkzeuge für Übersetzungen.[99] Mikroprogramme können wie sonstige Computerprogramme im Sinne von §§ 2 Abs. 1 Nr. 1, 69a UrhG urheberrechtlich geschützt sein, wenn sie individuelle Eigenarten aufweisen, also nicht voll von einer vorgegebenen Aufgabenstellung geprägt sind. Die meist stark ausgeprägte Funktionalität von Mikroprogrammen kann hierbei den erforderlichen Gestaltungsspielraum erheblich einschränken, teilweise individuelles Gestalten geradezu verbieten.

Mikroprogramme können außerdem in ihrer räumlichen Struktur, der so genannten Topographie, gemäß dem **Halbleiterschutzgesetz** eigenständig Schutz genießen, der nicht mit dem Urheber-Rechtsschutz identisch ist. Soweit dieser Topographieschutz besteht, richtet er sich gegen nachahmende **Fertigung** des Halbleiters, nicht gegen das bloße Veräußern der im Rechner befindlichen Halbleiter.[100]

1501 Der **Objektcode** (als kompilierte Fassung des Quellformates) ist grundsätzlich
 – als **Werkverkörperung** des Quellformates schutzfähig.
  Das Kompilieren stellt hierbei eine bestimmungsgemäße Form der Nutzung des Quellcodes dar, um das Programm selbst vertragsgemäß nutzbar zu machen;
 – nur in seltenen Fällen als eigenständiges Werk schutzfähig, da die Kompilation zumeist automatisch erfolgt und deshalb keine individuellen Züge aufweisen kann.

Das Kompilieren führt zu einer **wesensgleichen Verkörperung**[101] des Quellcodes im Objektcode, der meist noch zusätzlich bei Programmlaufzeit ausführbare Programmteile (z. B. so genannte „EXE-Files") enthält. Kompiler und Bindevorgänge (Linking) werden durch entsprechende Befehle in Quellcode oder über gesonderte Eingabe aktiviert. Insoweit ist es nicht erforderlich, die Kompilierung grundsätzlich als Bearbeitung oder sonstige Umgestaltung im Sinne von § 23 UrhG anzusehen.[102] Das Kom-

---

[99] Siehe Eitel, Columbia J. L. & Soc. Probs 1987, 53, 71.
[100] Vgl. näher Dreier, GRUR Int. 1987, 654f.
[101] K. A. Bauer, GRUR Int. 1984, 136, 144.
[102] So etwa König, GRUR 1989, 559, 567.

pilieren ist zumeist selbst noch Teil der Befehlssequenz im Quellcode und damit keine Bearbeitung des Quellformates, sondern ein **Verkörperungsmittel**.[103]

Im **Pflichtenheft** wird die **reine Aufgabenstellung**, aber noch nicht eine   1502
arbeitsfähige Lösung beschrieben. Die Bestandsaufnahme des zu lösenden Problems kann im Einzelfall als Beschreibung eigenständig urheberrechtlich schutzfähig sein, wobei der Kunde der Rechteinhaber ist, wenn er das Pflichtenheft selbst erstellt, hingegen der Anbieter, wenn bereits die Beschreibung von ihm zu erstellen ist. Insoweit ist die Beschreibung zugleich Teil einer wettbewerbsrechtlich schutzfähigen Leistungsposition. Urheberrechtlich zu schützen ist allerdings nicht der mit einer solchen Beschreibung verbundene Arbeitsaufwand, sondern allein das jeweils erkennbare Ergebnis kreativen Schaffens, während Wettbewerbsrecht auch die reine Anstrengung des Zusammentragens von Anforderungsparametem etc. umfassen kann.

Der BGH weist darauf hin, dass in den von ihm so genannten Phasen 1 und 2   1503
der Software-Entwicklung, also der generellen **Problemlösung** (Problem-/ Systemanalyse) und der näheren Projektion der Problemlösung (in Datenfluss- oder Programmablaufplänen), „weitere dem Urheberrechtsschutz zugängliche Arbeitsergebnisse entstehen (Beschreibungen, Dokumentation, Unterprogramme u. ä.). Ergänzend kann auch schutzfähiges Begleitmaterial hinzutreten, das neben den Computerprogrammen und den Programmbeschreibungen ebenfalls dem Oberbegriff der Computersoftware zugerechnet wird".[104]

Bei dem Erstellen von Programmablauf- und Datenflussplänen (als die nähere Projektion der Problemlösung) sowie dem Einsatz anderer Entwurfsmittel ist für jede Arbeitsstufe dieser Problemlösung getrennt der Anteil der Formgestaltung zu bestimmen. Andere, ebenfalls grundsätzlich für eine Begründung von Urheberrechtsschutz taugliche Entwicklungs- und Entwurfsmittel können sein:
– Programmstrukturpläne: Zwischenform von Datenflussplänen und Programmablaufplänen,
– Entscheidungstabellen (DIN 66 241),
– Funktionsablaufnetze,
– Struktogramme nach Nassi/Shneiderman und Pseudo-Code[105],
– Module Linkage Charts,

---

[103] Koch, Software-Recht, 2000.
[104] BGH, GRUR 1985, 1041.
[105] Siehe Hering, 38 ff.

- HIPO (HIERARCHY plus Input Process Output),
- Petri-Netze (für gleichzeitige Abläufe) etc.

Keines dieser Entwurfsmittel begründet allein durch seine Anwendung schon zwingend Urheberrechtsschutz, hindert aber auch durch seine Anwendung nicht notwendig dessen Entstehen.

Die genannten graphischen Darstellungen wie Programmablauf- und Datenflusspläne sind außerdem als **wissenschaftlich-technische Darstellungen** im Sinne von § 2 Abs. 1 Nr. 7 UrhG schutzfähig, jedenfalls wenn sie Symbole nach DIN 66 001 verwenden[106], weiter als **Entwurfsmaterial** im Sinne von §§ 2 Abs. 1 Nr. 1, 69a Abs. 1 UrhG, jedenfalls dann, wenn sie bereits als solche individuell gestaltet sind. Für die Schutzfähigkeit als Entwurfsmaterial nach § 69a Abs. 1 UrhG müssen geringere Anforderungen erfüllt sein als für die Schutzfähigkeit nach § 2 Abs. 1 Nr. 1 UrhG als Schriftwerk, so dass im Einzelfall ein Entwicklungsdokument nur als Entwurfsmaterial für das Computerprogramm schutzfähig ist, nicht aber eigenständig als Schriftwerk.

1504 **Programmiersprachen** sind als Regelwerke für Befehlsfolgen Teil der Lehren der Informatik und damit grundsätzlich nicht schutzfähig, sondern gemeinfrei. Schutzfähig kann aber die produktspezifische, individualisierende Implementierung der Sprachlogik in einer Entwicklungsumgebung (z. B. in der Entwicklungsumgebung ABAP/4 von SAP R/3) oder in einem Compilerprogramm sein. Als solches Entwicklungswerkzeug kann die Sprachimplementierung wie jedes sonstige Produkt vertrieben werden. Dieses Produkt besteht nicht aus der bloßen Sprache als solche, sondern enthält regelmäßig individuelle, menügesteuerte und durch vielfältige Erläuterungen, Dokumentationen, Schnittstellendefinitionen und Hilfsfunktionen abgerundete individuell gestaltete und damit grundsätzlich urheberrechtlich schutzfähige Implementierungen der Sprache.

1505 **Quellcodes** (sources) werden hier verstanden als Beschreibung von Daten und ihrer Anordnung, von Verarbeitungsprozeduren oder von Schnittstellendefinitionen. Quellcodes können unterschiedlich materialisiert sein, nämlich als Magnetisierungszustand eines Datenträgers (auch im ROM), ausgedruckt auf Papier oder als Ausgabe über Bildschirm.

Quellcode und Objektcode, d. h. maschinenlesbarer Code, sind Verkörperungsformen des Computerprogramms und mit diesem als seine Ausdrucksformen urheberrechtlich geschützt. Quellcodes stellen (kompilier-

---

[106] Vgl. etwa BGH, GRUR 1985, 129 f. – Elektrodenfabrik; OLG Frankfurt/Main, BB 1985, 139.

bare) Programmformen dar, die nach § 2 Abs. 1 Nr. 1 UrhG schutzfähig sind. Der Ausdruck eines Quellcodes kann als Schriftwerk schutzfähig sein (§ 2 Abs. 1 Nr. 1) bzw. als technische Darstellung (§ 2 Abs. 1 Nr. 7). Quellcode und Objektcode sind als Ausdrucksformen des Computerprogrammes in dessen einheitlichem Schutzumfang enthalten, sofern sie keine strukturellen Unterschiede aufweisen.[107] Geschützt ist immer nur eine individuell-schöpferische Gestaltung, also ein individuelles Werk, nicht aber die rein technische Steuerungsfunktion des Computerprogrammes. Das **Kompilieren** des Quellformates eines Programmes in das Objektformat führt zu einer bestimmungsgemäßen, mit dem Quellcode wesensgleichen Werkverkörperung.[108] Kompilier- und Bindevorgänge werden durch entsprechende Befehle im Quellcode oder über gesonderte Eingabe aktiviert. Insoweit bedarf es nicht der Konstruktion, das maschinenlesbare Format als Ergebnis der Bearbeitung des Quellformates anzusehen, da beide Formate ohnehin **Ausdrucksformen des Computerprogrammes** und als solche schutzfähig sind.

Der Begriff des „Werkes" im Sinne des Urheberrechts darf nicht vorschnell auf das Programm reduziert werden: Der Entwicklungsplan, die kommentierte Quellversion und die „lauffähige" Objektcodeversion bilden hiernach eine durchgängige, oft ausreichend **schöpferisch ausgestaltete Werkeinheit.** Werk, jedenfalls im urheberrechtlichen Sinn, ist die Gesamtkonzeption des Programmes als Problemlösung mit allen Entwurfsmaterialien sowie den geschriebenen und bestimmungsgemäß automatisiert generierten Objektcodeversionen und nicht allein der fertige Programmcode. Auch die Kompilierung ist hierbei selbst vorgeplanter Teil des Werkes, nämlich Hilfsmittel zur Herstellung bzw. Verkörperung einer Ausdrucksform, nicht aber eine von außen an ein komplettes, vollständiges Werk herangehende Bearbeitung. Die eigentliche schöpferische Gestaltung einer Problemlösung liegt bereits im Erstellen des Programmablaufplanes (wie er früher üblich war) beziehungsweise im Struktogramm (wie er heute eingesetzt wird), nicht erst in dem Herstellen des Quellcodes. Bereits die Umsetzung in den Quellcode kann heute im Übrigen weitgehend routinemäßig und teilweise auch unter Einsatz von Werkzeugen erfolgen. Dies gilt erst recht für die Umsetzung von Quell- in Objektformate. Hierbei können sogar wichtige schutzgenerierende Programmmerkmale wie etwa Inline-Kommentare wegfallen. Die Maschinencodeversion eines Programmes ist aus diesem Grunde meist nur eine „ver-

---

[107] Nordemann, ZUM 1985, 10f.
[108] Siehe etwa K. A. Bauer, GRUR Int. 1984, 136, 144.

dünnte" (insbesondere der Kommentare entkleidete) Ausdrucksform des Quellcodes und generell des Programmes, da die erläuternden Kommentare fehlen, die sich durch Dekompilieren nicht oder nur eingeschränkt wieder rekonstruieren lassen. Aufgrund dieser strukturellen Veränderungen zwischen den Programmversionen kann man auch nicht das Dekompilieren schlicht als Vervielfältigen ansehen, da keineswegs eine Kopie im Verhältnis 1:1 erstellt, sondern nur ein Funktionszusammenhang übernommen wird.

1506 In Softwareprodukten enthaltene **Runtime-Systeme** können eigenständige Programme bzw. Programmsysteme sein, aber auch Teil eines individuell erstellten, umfassenden Programms, die erst zur Laufzeit (runtime) aufgerufen werden. Die entsprechende Prüfung kann jeweils nur im Einzelfall erfolgen. Das **Dekompilieren** des Objektformates eines Programms zurück in das Quellformat wurde bisher schon grundsätzlich als Bearbeitung des Objektcodes angesehen.[109] Nunmehr ist § 69e UrhG anwendbar. Allerdings stellt der Objektcode in aller Regel nicht ein eigenständiges Werk, sondern eine Werkverkörperung bzw. eine Ausdrucksform des Computerprogramms und damit des Quellformates dar. Das Dekompilieren ist damit ein (unschöpferisches) Umgestalten des Objektcodes als kompiliertem Quellcode. Das Kompilieren des Quellformates in das Objektformat ist selbst Teil der Ausdrucksform eines Computerprogramms und gehört zu dessen bestimmungsgemäßer Benutzung. Das rückwärts gerichtete Dekompilieren des Objektformates wieder in ein (nicht mehr mit dem ursprünglichen Quellcode identisches) Quellformat ist nicht Teil der ursprünglich einheitlich konzipierten Werkverkörperung und damit auch nicht Teil der bestimmungsgemäßen Benutzung.

1507 Die **Systemanalyse** ist dann nicht schutzfähig, wenn sie nur in allgemeiner Weise ohne konkrete schöpferische Gestaltungsidee die Aufgabe für ein Computerprogramm umschreibt.[110] Die Systemanalyse kann Teil des Pflichtenheftes sein und stellt im Wesentlichen eine Ist-Analyse dar.

1508 „**Tools**" (Werkzeuge) sind eigenständige Computerprogramme bzw. **Programmierungsumgebungen** (in der Form verbundener Programmsammlungen) für Entwurfs-, Generierungs-, Kompilier- und Testaufgaben. Hier ist generell die Programm- bzw. Werkzeuggestalt wie bei anderen Programmarten urheberrechtlich zu prüfen. Tools können zugleich Teil des

---

[109] Siehe Bericht der Deutschen Landesgruppe für den XXIV. Kongress der AIPPI, Amsterdam, in: GRUR Int. 1989, 200 ff.
[110] LG Düsseldorf, IuR 1988, 206, 208.

Anwendungsprogramms sein. Die schöpferische Gestalt einer Systementwicklung kann unter anderem in der Kombination, Abstimmung und internen Angleichung von Tools an eine bestimmte Anwendung bestehen. Hier
sind die vorgegebenen Gestaltungsfreiräume und die individuelle Ent-
wicklungsleistung und deren schöpferische Qualität getrennt zu untersuchen.

Schutzfähig sind auch **sonstige Schriftwerke**, sofern sie eine persönliche   1509
geistige Schöpfung erkennen lassen, etwa **Verträge** zur Erstellung und/
oder Überlassung von Software, Software-Systemscheine, Protokolle für
Abnahme oder Fehlermeldungs- oder Beseitigungsprotokolle.

Teile eines Werkes (zum Beispiel bestimmte Programmroutinen, **Module**   1510
etc.) sind schutzfähig, wenn sie als solche für sich bereits die urheberrechtlichen Schutzvoraussetzungen erfüllen.[111] Ein Beispiel für Werkteile
sind Module, also selbstständig kompilierbare und testbare Teile eines
Programms, die oft zu neuen Programmen (re-)kombinierbar sind.

Ein Modul kann eine selbständig schutzfähige Formgestaltung aufweisen
(z. B. durch die Anordnung und Gestaltung von Input-/Output-Formaten,
Masken, Bedienaufrufen und anderen Programmteilen). Zu prüfen ist hier
zum einen die Formgestaltung des einzelnen Moduls, um dessen eigenständige Schutzfähigkeit festzustellen, zum anderen aber auch die Schutzfähigkeit der konkreten **Kombination der Module** im jeweiligen Programm, da auch diese Kombination als solche eine schöpferische Leistung
darstellen kann. In diesem Bereich ist also ein mehrstufiger Urheberrechtsschutz möglich, nämlich für die einzelnen Module sowie für die aus
diesen Modulen zusammengesetzten Programme. Die Schutzfähigkeit des
einzelnen Moduls schließt nicht die hiervon zu trennende Schutzfähigkeit
des aus diesen Modulen zusammengesetzten Programms aus. Die Sammlung von Modulen oder Routinen in Bibliotheken („Libraries") kann als
Sammelwerk im Sinne von § 4 UrhG geschützt sein.

1.4 Urheberrecht und Eigentum

Das **Urheberrecht** selbst ist Eigentum im Sinne von Art. 14 GG.[112] Das   1511
geschaffene Werk gilt als „immaterielle Wesenheit".[113] Insoweit stellt der
wesentlich immaterielle Charakter von Computerprogrammen als
Befehlsfolge (mit Kommentaren) keine urheberrechtliche Besonderheit

---

[111] Siehe allgemein BGHZ 61, 88, 94 – Wählamt; BGH, GRUR 1988, 533f. – Vorentwurf II.
[112] Vgl. Schricker, Einl. Rn. 11.
[113] Vgl. Schricker, Einl. Rn. 22.

dar. Wird ein **Programmexemplar** kaufweise vom Berechtigten an einen Erwerber veräußert, erwirbt dieser Eigentum – freilich nicht am Urheberrecht selbst, sondern nur an eben jenem einzelnen Werkexemplar. Dieses Programmexemplar kann ein Original sein, etwa das in den Hauptspeicher abgespeicherte, soeben erstellte neue Programm eines Entwicklers. Kopien dieses Originals sind grundsätzlich Vervielfältigungsstücke im Sinne von § 15 UrhG. Der Urheber selbst ist berechtigt, beliebig viele derartige Kopien zu erstellen (ausschließliches Verwertungsrecht gemäß § 15 Abs. 1 UrhG). Dritte müssen hingegen vom Urheber oder von dem vom Urheber hierzu Berechtigten ein entsprechendes Vervielfältigungsrecht erwerben.

Mit dem Eigentumserwerb am einzelnen Programmexemplar ist kein Erwerb einer unbeschränkten Vervielfältigungsbefugnis verbunden. Der Erwerber darf zwar das erworbene Exemplar frei weiterveräußern (so genannter **Erschöpfungsgrundsatz** des § 17 Abs. 2 UrhG bzw. des § 69 c Nr. 3 UrhG für Computerprogramme), doch Kopien nur in dem Umfang herstellen, wie es für den der Nutzungseinräumung zugrunde liegenden Zweck erforderlich ist. Erwirbt der Anwender mit anderen Worten ein Programm zur privaten oder betrieblichen Eigennutzung, so sind grundsätzlich hierfür erforderliche Sicherungskopien zulässig, keinesfalls aber die Erstellung von Kopien zu Vertriebszwecken. Bei Veräußerung an den Zweiterwerber muss sogar jede noch vorhandene Kopie im System des Ersterwerbers (physikalisch) gelöscht werden. Jede weitere Nutzung nach dem Eigentumsübergang auf den Zweiterwerber muss ausgeschlossen sein. Diese Rechtslage ist nicht neu oder für Software etwa abweichend geregelt. Grundsätzlich darf z. B. auch der Buchkäufer das erworbene Exemplar weiterverkaufen (ebenso natürlich wegwerfen, vernichten oder einfach ungelesen liegenlassen). Er darf es aber nicht kopieren und dann die Kopien selbst in den Vertrieb nehmen.[114]

1.5 Urheberrechte in Arbeits- und Dienstverhältnissen

1512 **Grundsätzlich** ist ausschließlich der **Arbeitgeber berechtigt,** alle vermögensrechtlichen Befugnissse an dem Computerprogramm auszuüben, da es von einem Arbeitnehmer in Wahrnehmung seiner Aufgaben oder nach Anweisungen seines Arbeitgebers geschaffen wurde, wenn nichts anderes vereinbart wurde (§ 69 b Abs. 1 UrhG). Diese Vorschrift findet auch auf **Dienst**verhältnisse entsprechende Anwendung (§ 69 b Abs. 2 UrhG).

---

[114] Vgl. Schricker, Einl. Rn. 22.

Die Regelung ordnet alle vermögensrechtlichen Befugnisse dem Arbeitgeber zu, auch das Recht zur Bearbeitung eines Computerprogrammes,
ebenso das Recht, Dritten Verwertungsrechte einzuräumen[115], und erfasst
auch alle erstellten Entwicklungsmaterialien und Dokumente. Ob und
welche Materialien zu erstellen sind, ist freilich dem Arbeits- bzw. Dienst-
verhältnis zu entnehmen, nicht urheberrechtlichen Bestimmungen. Ein
Anspruch des Arbeitnehmers auf Herausgabe einer Kopie von ihm erstellter Programme besteht nicht.[116]

Der § 69b UrhG weicht von der grundsätzlichen Regelung des § 43 UrhG
ab, die über § 31 Abs. 5 UrhG hinsichtlich nicht einzeln bezeichneter Nutzungsarten auf den mit der Nutzungseinräumung verfolgten Zweck abstellt
(so genannter Zweckübertragungsgrundsatz). Im Bereich des § 69b UrhG
bleibt für die Anwendung des § 31 Abs. 5 kein Raum[117], so dass nicht mehr
auf den Übertragungszweck abzustellen ist, sondern grundsätzlich **alle Nutzungsarten übertragen** werden. Der Arbeitgeber ist aber nur zur **Ausübung**
der Rechte des Arbeitnehmers ausschließlich befugt. Die Rechte entstehen
nicht in der Person des Arbeitgebers, eine nicht nur akademische Unterscheidung.[118] Sie führt dazu, dass weiterhin eine Rechtsübertragung vorliegt (freilich aufgrund Gesetzes), auf die etwa auch § 36 UrhG (Beteiligung des Urhebers) im Einzelfall anwendbar bleibt. Zudem verbleiben die Urheberpersönlichkeitsrechte (§§ 12 bis 14 UrhG) bei dem Software-Entwickler.

Soweit Dritte ohne Zustimmung des Rechtsinhabers Programme beobach-   1513
ten, untersuchen oder testen (§ 69d Abs. 3 UrhG) bzw. dekompilieren
(§ 69e UrhG) dürfen, sind auch Arbeitnehmer hierzu berechtigt und entsprechende vertragliche Verbote nichtig (§ 69g Abs. 2 UrhG), also **auch
solche in Arbeitsverträgen**. Freilich müssen die wettbewerbsrechtlichen
Geheimnisschutzgrenzen der §§ 17, 18 UWG beachtet werden. Außerdem
darf der Arbeitnehmer die Beobachtung nicht mit Arbeitsmitteln des
Arbeitgebers durchführen. Aufgrund der gesetzlich begründeten Einräumung ausschließlicher Nutzungsrechte zu Gunsten des Arbeitgebers steht
dem Arbeitnehmer auch **nach Vertragsende** im Falle der Weiterbenutzung der von ihm erstellten Programme durch den Arbeitgeber gegen diesen kein Anspruch auf angemessenes (zusätzliches) Nutzungsentgelt
(neben der vereinbarten Arbeitsvergütung) zu.[119]

---

[115] GesB, 10; so bereits die Rechtsprechung etwa OLG Koblenz, Urteil vom 13. 8. 1981 – 6 U 294/
80, BB 1983, 992 (noch mit Ausnahme des Bearbeitungsrechts bei Fehlen einer Vereinbarung).
[116] OLG Koblenz, a. a. O., 993.
[117] Siehe GesB, a. a. O.
[118] So wohl Marly, Verträge, Jur-PC 1992, 1625.
[119] So etwa noch LAG Schleswig-Holstein, Urteil vom 24. 6. 1981 – 2 Sa 605/81, BB 1983, 994.

1514 **Ausgeklammert** bleiben Computerprogramme, die Arbeitnehmer **außervertraglich** bzw. außerdienstlich herstellen,[120] ebenso u. U. Ergebnisse wissenschaftlicher Forschungstätigkeit eines Hochschullehrers.[121] So ist ein Arbeitnehmer nicht verpflichtet, urheberrechtlich geschützte Darstellungen aus seinem Arbeitsgebiet seinem Arbeitgeber unentgeltlich zu überlassen, die er vor Beginn des Arbeitsverhältnisses geschaffen hat.[122]

Gerade auch § 69 b UrhG setzt das Bestehen eines arbeits- oder dienstvertraglichen Weisungsverhältnisses voraus. Aus der Begründung eines solchen Verhältnisses ist keine rückwirkende Erstreckung auf vorvertraglich geschaffene Programme möglich, wenn keine besonderen Vereinbarungen getroffen wurden. § 69 b Abs. 2 UrhG erweitert den Geltungsbereich der Regelung auf alle öffentlich-rechtlichen Dienstverhältnisse.[123] Auf außerhalb des Arbeitsvertrages erstellte Programme wird das Gesetz über Arbeitnehmererfindungen als entsprechend anwendbar angesehen.[123a]

1.6 Urheberrechtliche Verwertungsrechte an Software

1.6.1 Rechtseinräumung

1515 Der Urheber ist in seiner Entscheidung frei, ob er an seinem Werk Dritten Rechte zur Nutzung oder zum Vertrieb einräumt. Räumt er aber Rechte ein, so muss er sich an die im UrhG definierten Rechtstypen halten. Diese Rechte haben **verdinglichten**, quasiobjektivierten Charakter.[124] Sie binden also nicht nur den jeweiligen Vertragspartner, sondern auch alle nutzenden Dritten (wie Zweit- und Folgeerwerber), zu denen keine Vertragsbeziehungen bestehen. Dies erfordert aber, die möglichen dinglichen Rechte auf einen auch für Dritte überschaubaren Katalog einzuschränken. Neben den gesetzlichen Verwertungsrechten umfasst dieser Katalog Nutzungs**arten** im Sinne von § 31 Abs. 4 UrhG, also Formen der Nutzung, die dann Wirkung gegenüber Dritten entfalten, wenn sie nicht nur in ihrer technischen Möglichkeit bekannt sind, sondern auch wirtschaftlich bedeutsam und verwertbar sind.[125]

Der Urheber (oder der von ihm Berechtigte) kann nun durchaus im Vertrag

---

[120] GesB, 11.

[121] Siehe OLG Karlsruhe, Urteil vom 26. 3. 1986 – 6 U 303/83, CR 1987, 287, 290 – Forschungsprojekt (zu § 950 BGB).

[122] BGH, Urteil vom 10. 5. 1984 – I ZR 85/82, GRUR 1985, 129 – Elektrodenfabrik.

[123] GesB, a. a. O.

[123a] LG München I, Urteil vom 16. 1. 1997 – 7 O 15354/91, ZUM 1997, 659 (für einen Zahlungsanspruch des Entwicklers); abl. Schricker/Loewenheim, § 69 b Rn. 9.

[124] Siehe näher Schricker, in Schricker/Loewenheim, Einl. Rn. 19.

[125] BGH, Urteil vom 26. 1. 1995 – I ZR 63/93, GRUR 1995, 212.

weitergehen und über den Verwertungsrechtekanon des Urheberrechts hinaus zusätzliche Befugnisse festlegen, etwa nach Intensitätsgrad abgestufte Nutzungsbefugnisse. Diese zusätzlichen Befugnisse haben aber nur **schuldrechtliche Wirkung** (also allein zwischen den Vertragsparteien), nicht gegenüber Dritten. Verpflichtet der weiterveräußernde Ersterwerber den Zweiterwerber nicht vertraglich auf diese zusätzliche Nutzungsbindung, macht sich möglicherweise der Ersterwerber zwar gegenüber dem Urheber ersatzpflichtig, doch ist der Zweiterwerber dennoch berechtigter Nutzer, auch wenn er nicht die zusätzliche Nutzungsvergütung aus erhöhter Intensität der Nutzung des Programmexemplars bezahlt. Zudem unterliegt der Vertrag zwischen Anbieter und Ersterwerber hinsichtlich der zusätzlichen Nutzungsregelungen strenger formularvertraglicher Kontrolle, wenn der Anbieter – wie meist – AGB verwendet.

1.6.2 Rechtekatalog

Das Urheberrecht definiert einen relativ kleinen Katalog von Rechten, ein Werk zu „verwerten" bzw. wiederzugeben.

1516

Als (im vorliegenden Zusammenhang vor allem relevante) Verwertungsrechte gelten:
- das Vervielfältigungsrecht   (§§ 15 Abs. 1 Nr. 1, 16, 69c Nr. 1 UrhG);
- das Verbreitungsrecht   (§§ 15 Abs. 1 Nr. 2, 17, 69c Nr. 3 UrhG);
- das Ausstellungsrecht   (§§ 15 Abs. 1 Nr. 3, 18 UrhG);
- das Senderecht   (§§ 15 Abs. 2 Nr. 2, 20, 69c Nr. 1 UrhG);
- das Recht zur Wiedergabe durch Bild- und Tonträger   (§§ 15 Abs. 2 Nr. 3, 21 UrhG);
- das Recht zu Bearbeitungen und Umgestaltungen   (§§ 23, 69c Nr. 2 UrhG).

Gemeinsames Merkmal dieser Verwertungsrechte der §§ 16 bis 18 UrhG ist die Anknüpfung an das Werk **in körperlicher Form** (§ 15 Abs. 1 UrhG). Diese wird insbesondere auch vom Verbreitungsrecht vorausgesetzt[126] und schließt also ein Recht zur Online-Verbreitung aus (ebenso freilich ein entsprechendes Verbietungsrecht). Ergänzend ist die Befugnis zur Durchführung von **Bearbeitungen oder anderen Umgestaltungen** (§§ 23, 69 Nr. 2 UrhG) von Bedeutung. Gemeinsames Merkmal der Wiedergaberechte ist andererseits, dass die Wiedergabe des Werkes **in unkörperlicher Form** und **öffentlich** erfolgt (§ 15 Abs. 2 UrhG).

---

[126] Auf diese kann in der vorliegenden, anwenderorientierten Darstellung nicht näher eingegangen werden; ausführlich s. Koch, Software-Recht, 2000.

1.6.3 Mindestrechte der Nutzer

1517 Aus den genannten Verwertungsrechten setzt sich die Nutzungsbefugnis von Software-Anwendern zusammen. Für unterschiedliche Anwendungen müssen hierbei verschiedene Rechte kombiniert werden, etwa das Vervielfältigen mit dem Bearbeiten und/oder (Online-)Übertragen. In der Praxis bietet in der Vielfalt der Gestaltungsformen die „bestimmungsgemäße Benutzung" (s. Rn. 1518) einen Anknüpfungspunkt. Diese darf aber nicht zu restriktiv in Verträgen definiert werden, da dem Kunden zwingend Mindestrechte verbleiben müssen (s. Rn. 1519).

Zunächst bestimmt sich die Zulässigkeit von Nutzungshandlungen aus der **Anwendung** selbst. Ihre Beschreibung durch den Anbieter legt eine **bestimmungsgemäße Benutzung** fest. Alle Handlungen, die für diese bestimmungsgemäße Benutzung erforderlich sind, gelten als dem Nutzer eingeräumt (§ 69d Abs. 1 UrhG). Er muss sie sich nicht alle einzeln einräumen lassen. Kaufweise erworbene Programme etwa dürfen also beliebig häufig gespeichert und zum Ablauf gebracht werden. Auch Fehlerberichtigungen sind zulässig (§ 69d Abs. 1 UrhG). Hierzu darf auch ein Dekompilieren erfolgen, soweit keine anderen Möglichkeiten zur Fehlerbeseitigung bestehen.[127] Der Erwerber eines Programmexemplares darf dieses aber nicht zu dem Zweck vervielfältigen, um es auf weiteren Systemen (ohne entsprechende Nutzungsrechtseinräumung) zu nutzen oder die hergestellten Programmexemplare weiterzuveräußern. In jedem Fall müssen sich die zulässigen Handlungen aus einem Nutzungsvertrag ableiten lassen, der den Umfang bestimmungsgemäßer Benutzung festlegt.[128]

1518 § 69d UrhG räumt keine vertragsunabhängige gesetzliche Nutzungsbefugnis ein.[129] Nach § 69d Abs. 1 UrhG soll der Kunde alle Handlungen durchführen dürfen, die für die bestimmungsgemäße Benutzung erforderlich sind. § 69d Abs. 1 UrhG räumt nicht bereits aus Gesetz eine Nutzung ein. Vielmehr ist die bestimmungsgemäße Benutzung eine selbst **vertraglich** eingeräumte. Einschränkungen dieser bestimmungsgemäßen Benutzung bedürfen besonderer vertraglicher Vereinbarung. Sie erfolgen schlicht als Einräumung bzw. Beschränkung nach den §§ 31 Abs. 1, 3 und 5, 32 UrhG. Die grundsätzlich am Einräumungszweck orientierte Nutzungsrechtseinräumung (§ 31 Abs. 5 UrhG), etwa bei typisierten Anwendungen im Massengeschäft, kann durch besondere Vereinbarungen auf

---

[127] Ähnlich Pres, 131.
[128] Einführend s. etwa Lehmann, NJW 1993, 1822f.
[129] Ebenso Pres, 121.

bestimmte **Nutzungsarten** beschränkt werden. Dennoch kann von einem **Kern** unabdingbarer Nutzungsbefugnisse des Kunden gesprochen werden. Vielmehr ist diese gerade grundsätzlich vertraglich zu bestimmen. Sie werden zwar nicht unmittelbar vom Gesetz, also vertragsunabhängig zugewiesen, müssen aber, wenn immer ein Überlassungsvertrag überhaupt geschlosssen wird, vom Anbieter dem Kunden vertraglich eingeräumt werden.

Die bestimmungsgemäße Benutzung darf in Formularverträgen grundsätz- 1519
lich eingeschränkt werden (§ 8 AGBG), doch besteht ein geschützter „Kern" unabdingbarer Kundenrechte, nämlich zur Erstellung einer „Sicherungskopie" (§§ 69d Abs. 2, 69g Abs. 2 UrhG), zum Beobachten von Programmfunktionen (§§ 69d Abs. 3, 69g Abs. 3 UrhG) und zum Dekompilieren (§§ 69e, 69g Abs. 2 UrhG). Hiervon abweichende Vertragsbestimmungen sind – in Formularverträgen wie in Individualverträgen – nichtig (§ 69g Abs. 2 UrhG).

Nachfolgend werden die einzelnen Nutzungsbefugnisse auf der Grundlage der entsprechenden urheberrechtlichen Verwertungsrechte zusammengestellt. Vertragspartner wie Dritte dürfen mangels abweichender Vereinbarung **im Rahmen der bestimmungsgemäßen Benutzung** des Computerprogramms gemäß § 69d Abs. 1 UrhG einschließlich der Fehlerberichtigung

– ein Computerprogramm mit jedem Mittel und in jeder Form, ganz oder teilweise, dauernd oder vorübergehend vervielfältigen (vgl. § 69c Nr. 1 UrhG);
– ein Computerprogramm übersetzen, bearbeiten, arrangieren und andere Umarbeitungen hieran durchführen sowie die erzielten Ergebnisse vervielfältigen (§ 69c Nr. 2 UrhG);
– (mindestens) eine Sicherungskopie erstellen (§ 69d Abs. 2 UrhG);
– als zur Verwendung eines Vervielfältigungsexemplars Berechtigte das Funktionieren des Programmes beobachten, untersuchen oder testen, um die einem Programmelement zugrunde liegenden Ideen und Grundsätze durch Handlungen des Ladens, Anzeigens, Ablaufens, Übertragens oder Speichems zu ermitteln (§ 69d Abs. 3 UrhG).

1.7 Vervielfältigen

Von der Auslegung des urheberrechtlichen Begriffes der „Vervielfälti- 1520
gung" hängt wesentlich ab, mit welcher Regelungstiefe der Anbieter wirksam festlegen kann, auf welche Art und in welchem Umfang der Anwender ihm überlassene Software nutzen darf.

Zunächst muss beachtet werden, dass der **rechtliche Begriff** des „Vervielfältigens" nicht mit dem **technischen Begriff** des „Kopierens" gleichgesetzt werden darf. Aus urheberrechtlicher Sicht kann es durchaus temporäre Kopien geben, die nicht als „Vervielfältigungsstücke" im Sinne des Urheberrechts gelten sollen und deren Erstellung damit auch nicht der Zustimmung des jeweils Berechtigten bedarf. Dies ändert sich auch nicht durch den in **§ 69 c Nr. 1 UrhG** verwendeten **weiten Vervielfältigungsbegriff**, da dieser selbst wieder die vorgängige Einstufung einer technischen (Programm-)Kopie als urheberrechtliches „Vervielfältigungsstück" voraussetzt. Eine temporäre Kopie im schnellen L 2-Cache oder Zwischenspeicher einer Grafikkarte eines Rechners stellt damit keineswegs notwendig immer auch ein Vervielfältigungsexemplar dar.

§ 69 c Nr. 1 definiert den **Begriff der „Vervielfältigung"** nicht, sondern übernimmt die Richtlinienbestimmung, die alle Arten von Vervielfältigungen, nämlich dauerhafte und vorübergehende, ganz oder teilweise erfolgende erfasst.[130] Damit ist auf die Begriffsbestimmung in der **Rechtsprechung und Lehre** zurückzugreifen, die unter Vervielfältigung **jede körperliche Festlegung eines Werkes versteht, die geeignet ist, das Werk den menschlichen Sinnen auf irgendeine Weise unmittelbar oder mittelbar wahrnehmbar zu machen**[131] und damit eigene Verwertung ermöglicht. Dieser allgemeine Begriff liegt auch den Computerprogramme betreffenden Sonderbestimmungen des Urheberrechts in den §§ 69 a ff. UrhG zugrunde. Zur notwendigen **körperlichen Festlegung** gehören Ausdrucke oder Fotografien (etwa vom ausgedruckten oder auch vom am Bildschirm angezeigten Programmcode[132]), nicht aber etwa die Wiedergabe auf einem Bildschirm selbst[133]. Keine Rolle spielt, mit welchem Verfahren die Vervielfältigung hergestellt wird. Als Vervielfältigen erfasst wird etwa auch das Abschreiben des Codes vom Bildschirm oder vom Ausdruck oder sogar seine Aufzeichnung aus dem Gedächtnis.[134]

---

[130] Auch das Urheberrecht der EG-Richtlinie definiert den Begriff der „Vervielfältigung" nicht, sondern setzt ihn im jeweiligen nationalen urheberrechtlichen Zusammenhang voraus, womit insoweit national unterschiedliche Auslegungen möglich bleiben.
[131] Schricker/Loewenheim, § 16 Rn. 6 i. V. m. § 69 c Rn. 6 m. w. N.
[132] Bei Fotografien („screen shots") von am Bildschirm gezeigten Programmoberflächen ist getrennt zu prüfen, ob diese die Schutzvoraussetzungen anderer Werkarten eigenständig erfüllen.
[133] BGHZ 37, 1, 6 ff. – Aki; Schricker/Loewenheim, § 16 Rn. 9.
[134] Schricker/Loewenheim, § 16 Rn. 9.

Auch **temporäre Kopien**[135] – etwa im Arbeitsspeicher – können schutzfähig   1521
sein, nämlich als „vorübergehende Vervielfältigung", wenn eine Wahrnehm-
barmachung und damit eine Verwertung möglich bleibt, an der der Urheber
berechtigt partizipieren soll. Hierfür genügt eine jedenfalls mittelbare Wahr-
nehmbarkeit, die auch für Temporärkopien etwa im RAM möglich ist, von
dem aus ein Nutzungslauf des Programmes gestartet werden kann. Außerdem können diese Kopien jederzeit auf eine Festplatte kopiert und abgespeichert werden. Allgemein gilt: Nach allgemeinen Grundsätzen müssen Vervielfältigungsexemplare **nicht dauerhaft** verkörpert sein. Sie können mittels
schnellvergänglicher Materialien fixiert werden[136], ebenso auf zwar haltba-
ren Materialien, die jedoch nur eine kurzzeitige Fixierung erlauben (wie etwa
bei Stromabschaltung gelöschten Speichermedien), da auch eine nur kurzzeitig gespeicherte Programmkopie im vollen bestimmungsgemäßen Umfang
nutzbar sein kann[137]. Was im Einzelfall oder zumindest für typische Abläufe,
wie etwa Abspeichern, zu prüfen ist.[138] Das Gesetz schützt auch **teilweise
Vervielfältigungen**, z. B. von Programmteilen. Die Zustimmungsbedürftigkeit bleibt insoweit selbst bei teilweisen Abspeicherungen voll erhalten.

Weiter ist festzuhalten, dass **jedes Kopieren** des Programms auf Datenträger
wie Disketten, DVD oder Festplatten als Vervielfältigung im urheberrechtlichen Sinne gilt, gleich, ob die Speicherung nur mehr oder weniger kurzfristig
erfolgt oder ob der Speicher nachträglich verändert werden kann.

Auch **Teilnahme** an einer rechtswidrigen Vervielfältigung ist möglich,
etwa dadurch, dass der Erwerber eines Programms den nichtberechtigten
Veräußerer mit der Einspeicherung auf der zur Verfügung gestellten
Anlage beauftragt.[139]

---

[135] Schutzfähigkeit noch offen gelassen in BGH, Urteil vom 20. 1. 1994 – I ZR 267/91, GRUR 1994,
363 = CR 1994, 275 = NJW 1994, 1216 – Holzhandelsprogramm; ausdrücklich für die Annahme
der Vervielfältigungseigenschaft: OLG Celle, Urteil vom 2. 9. 1994 – 13 W 54/94, CR 1995, 16
(Laden in den Arbeitsspeicher als zustimmungsbedürftiges Vervielfältigen nach § 69c Nr. 1
UrhG).

[136] Vgl. v. Gamm, Urheberrecht § 16 Rn. 5 (Verkörperung eines Werkes in Schnee, Eis, als Back-
werk); ähnlich Haberstumpf, in: Lehmann II, Rn. 111 und CR 1987, 409, 411 (Vervielfältigungseigenschaft auch einer gleich nach Erstellung vernichteten Photokopie).

[137] Vgl. etwa Haberstumpf, CR 1991, 129, 133; OLG Düsseldorf, Urteil vom 14. 5. 1996 – 20 U 126/
95, CR 1996, 728 (für die Anwendung von § 16 UrhG auf die temporäre Speicherung von elektronischen Archiven).

[138] So werden RAM-Chips in unterschiedlicher Bauweise ausgeführt. Bei dynamischen RAMs werden die Informationen durch „Refresh-Zyklen" in kurzen Zeitabständen (z. B. 1 ms) ständig neu
geschrieben. Dennoch wird hier aus urheberrechtlicher Sicht nicht jedes Mal vergütungspflichtig
ein neues Vervielfältigungsexemplar erstellt, sondern das gespeicherte nur in seiner Nutzbarkeit
erhalten.

[139] Mittäterschaft oder Teilnahme an der Vervielfältigungshandlung, s. BGH, Urteil vom 20. 1. 1994
– I ZR 267/91, GRUR 1994, 363 = CR 1994, 275 – Holzhandelsprogramm.

1522 Für die verschiedenen **Nutzungshandlungen** ist zu prüfen, ob sie **mit einem Vervielfältigen verbunden** und damit von der Zustimmung des Berechtigten abhängig sind. Hierbei handelt es sich um die Nutzungshandlungen des Ladens, Anzeigens, Ablaufenlassens, Übertragens und Speicherns (§ 69c Nr. 1 Satz 2 UrhG). Keiner der hier verwendeten Begriffe ist mit dem Begriff des „Vervielfältigens" identisch oder stammt überhaupt aus dem Urheberrecht.

1523 Das **Laden** eines Programms in den Rechner ist nach weitaus überwiegender Auffassung mit einem Vervielfältigen verbunden, das also zu einer Zustimmungsbedürftigkeit dieses Ladens führt.[140] Geladen wird ein Programm zunächst in den Arbeitsspeicher (RAM), physikalisch realisiert als „flüchtiger" Speicher (volatile memory), dessen Inhalt durch Überschreiben oder Abschalten der Stromzufuhr gelöscht wird. Diese Volatilität schließt aber die Einstufung der RAM-Programmkopie als „Vervielfältigungsexemplar" nicht aus.

Vielfach ist der volatile Charakter der RAM-Kopie ohnehin kein praxisrelevantes Problem, so etwa in den Fällen, in denen, wie bei vielen kommerziellen Anwendungen, der Rechner bzw. das Netzwerk im Dauerbetrieb rund um die Uhr angeschaltet bleibt, so dass RAM-Speicher ihren Inhalt jedenfalls nicht durch Abschalten der Stromzufuhr verlieren, sondern allenfalls durch Überschreiben. Dies zeigt sich am Beispiel der vielfach installierten „RAM-Disk", die als simuliertes getrenntes Laufwerk genutzt werden kann. Auch diese Installation macht nur Sinn, wenn sie nicht sofort durch Löschen wieder entfällt.

1524 Das **Anzeigen** eines Programms wird in der Literatur bisher wenig diskutiert. Man versteht unter „Anzeigen" das Zeigen des Programms am Bildschirm, also das Zeigen insbesondere der Benutzeroberfläche, aber auch des Programmcodes, etwa im Rahmen des Ablaufens eines Debugger Programms. Das Anzeigen muss nicht mit einem vollständigen Programmlauf verbunden sein. Umgekehrt muss ein Programmlauf nicht notwendig zu einem Anzeigen führen. Da eine Werkwiedergabe auf dem Bildschirm keine körperliche Festlegung und damit keine Vervielfältigung darstellt[141], ist das **Anzeigen als solches** grundsätzlich **zustimmungsfrei**. Dies wird auch dann gelten müssen, wenn das Bild in einem Video-RAM-Speicher zwischengespeichert wird, da diese Abspeicherung rein technisch bedingt erfolgt zur Unterstützung der Bilddarstellung und grundsätzlich keinen technischen Zugriff aus diesem Speicher gestattet.

---

[140] Vgl. BGH, a. a. O.; Haberstumpf, in: Lehmann II, Rn. 109, 110; Moritz/Tybusseck, Rn. 238.
[141] Vgl. Haberstumpf, CR 1991, 129, 135 m. w. N.

Das **Ablaufenlassen** des Programms ist mit dem eigentlichen Programm-   1525
lauf grundsätzlich gleichzusetzen. Der Programmlauf stellt nach überwiegender Auffassung **keine Vervielfältigung** im Sinne des Urheberrechts
dar[142], da der gesamte Rechner als Festlegungsexemplar und Repräsentation des Programms derselbe bleibe[143]. Jedoch stellt ohnehin bereits das
Laden des Programms in den Arbeitsspeicher einen Vervielfältigungsvor-
gang dar, so dass nicht notwendig an das anschließende Ablaufenlassen
des Programms in der Rechen- und Steuereinheit des Computers angeknüpft werden muss.

Das **Übertragen** von Computerprogrammen wird in der Richtlinie nicht   1526
näher erläutert. Wird als Übertragen ein nicht datenträgergebundenes
Übermitteln des Programms (etwa im Wege der Datenfernübertragung)
verstanden, so ist es regelmäßig mit einem Speichern des übertragenen
Programms auf einem Datenträger verbunden, selbst wenn die Übertragung nur zum Zwecke der Bildschirmwiedergabe erfolgt, die von einem
Arbeitsspeicher aus aufgebaut werden muss. Das Übertragen selbst ist hier
nicht mit einem Vervielfältigen verbunden, wohl aber das anschließende
Abspeichern. Kein Übertragen ist anzunehmen, wenn Programme in
Mehrplatzsystemen auf speicherlosen (diskless) Arbeitsplätzen laufen, da
hier kein Abspeichern (und damit kein Vervielfältigen im urheberrechtlichen Sinne) erfolgt und, vor allem, die Nutzung von vornherein auf diese
bestimmungsgemäße Art des Programmzugriffs ausgelegt ist.

Das **Speichern** stellt eine weitere Variante zustimmungsbedürftiger Nut-   1527
zungshandlungen dar. Unter „Speichern" eines Computerprogrammes ist
dessen Fixierung auf einem Datenträger zu verstehen (nach einhelliger
Meinung eine Vervielfältigung), gleich ob diese Fixierung temporär oder
dauerhaft erfolgt, unter „Laden" hingegen das Kopieren und Speichern des
Programms von einem Speicher in den Arbeitsspeicher.

Einer Person, die zur Benutzung des Programms berechtigt ist, darf die   1528
Erstellung einer Sicherungskopie[144] nicht vertraglich untersagt werden, wenn
sie für die Sicherung künftiger Benutzung erforderlich ist (§ 69d Abs. 2

---

[142] Vgl. Haberstumpf, in Lehmann II, Rn. 114; Marly, Verträge, Jur-PC 1992, 1652, 1654.

[143] Haberstumpf, CR 1989, 409, 413. Grundsätzlich genügt es aber, auf die Befugnis zum Laden des
Computerprogrammes abzustellen.

[144] Das **Sicherungskopieren** wird in § 69c UrhG nicht ausdrücklich als eigenständige Nutzungshandlung genannt, jedoch in § 69d Abs. 2 UrhG dahingehend geregelt, dass dem Anwender die
Erstellung einer Sicherungskopie durch eine berechtigte Person vertraglich nicht untersagt werden darf. Diese Regelung setzt damit implizit voraus, dass dieses Erstellen einer Sicherungskopie
mit einem Vervielfältigen verbunden ist, andernfalls es bereits an einer Zustimmungsbedürftigkeit im Sinne von § 69c Nr. 1 UrhG fehlen würde.

UrhG). Der Gesetzesbegründung zufolge gehört das Erstellen einer Sicherungskopie zur bestimmungsgemäßen Benutzung eines Computerprogramms (§ 69d Abs. 1 UrhG). Eine Sicherungskopie darf aber nur erstellt werden, wenn dies zur **Sicherung künftiger Benutzung** erforderlich ist. Die Sicherungskopie dient hierbei nicht der Programmbenutzung, da hierfür die Arbeitskopie genügt. Hingegen soll die Sicherungskopie die Arbeitskopie ersetzen, wenn diese zerstört oder sonst nicht mehr benutzbar ist.

Die Gesetzesbegründung führt aus, dass die Regelung in § 69d Abs. 2 UrhG die **Erstellung von mehr als einer Sicherheitskopie ausschließt**. Dies scheint zumindest in den Fällen nicht zutreffend, in denen typischerweise im Rahmen bestimmungsgemäßer Benutzung Mehrfachsicherungskopien erstellt werden müssen, etwa nach dem traditionellen **Drei-Generationen-Prinzip** der Datenverarbeitung. Im Rahmen bestimmungsgemäßer Benutzung bleibt das Erstellen mehrfacher Sicherungskopien also zulässig, soweit es für die Anwendung gesetzlich oder aus der bekannten DV-Praxis erforderlich ist. Andererseits ist auch das Erstellen nur **einer Kopie** nicht immer zulässig. Die Gesetzesbegründung legt Art. 5 Abs. 2 der Richtlinie und damit § 69d Abs. 2 UrhG dahingehend aus, dass ein Recht auf Anfertigen einer Sicherungskopie nicht mehr bestehe, wenn der Verkäufer eines Computerprogramms dem Käufer eine Sicherungskopie aushändige.[145] Das ausgelieferte Programm, etwa auf CD-ROM, stellt hiernach selbst zugleich die Sicherungskopie dar, so dass in diesen Fällen **keine Sicherungskopie erstellt werden darf**.

1529 Der zur Verwendung eines Vervielfältigungsstücks eines Programms Berechtigte kann ohne Zustimmung des Rechtsinhabers das Funktionieren dieses Programms beobachten, untersuchen oder testen, um die einem Programmelement zugrunde liegenden Ideen und Grundsätze zu ermitteln **(Programmanalyse)**, wenn dies durch Handlungen zum Laden, Anzeigen, Ablaufen, Übertragen oder Speichern des Programms geschieht, zu denen er berechtigt ist (§ 69d Abs. 3 UrhG).

Berechtigt soll jedermann sein, wenn er keine unerlaubt hergestellte Programmkopie benutzt.[146] Generell wird wohl das Bestehen eines Nutzungsvertrages oder einer hieraus abgeleiteten Berechtigung vorauszusetzen sein. Dieser Vertrag kann auch den Umfang der Nutzung festlegen, der zum Zwecke derartiger Nutzungen zulässig ist.

---

[145] GesB, 12.
[146] So Vinje, GRUR Int. 1992, 250, 254 in einer sehr weiten Auslegung von Art. 5 Abs. 3 der EG-Richtlinie.

Beispiel:
Darf der Anwender ein Programm zulässig zum selben Zeitpunkt auf nur einem Rechner nutzen, so ist es urheberrechtlich unzulässig, das Programm nun auf mehreren Rechnern gleichzeitig zu untersuchen.

Das **Beobachten, Untersuchen oder Testen** eines Programms wird verstanden als Summe derjenigen Handlungen, die ein Entwickler vornimmt, wenn er im Wege der „Blackbox"-Analyse vorgeht und etwa bei einer Signalkommunikationsprotokollierung Nachrichten vom analysierten Programm zu einem anderen Programm oder Apparat sendet oder mittels eines „Line tracers" feststellt, wie beide Programme zusammenarbeiten. Erfasst wird auch das Beobachten und Studieren von Bildschirmanzeigen des hexadezimalen **Objektcodes**, um die Zusammenarbeit der Programme zu studieren. Das **Ablaufenlassen** (Programmlauf) ist, wenn es (aus einem Nutzungsvertrag) überhaupt zulässig erfolgt, immer auch zu dem Zwecke ergänzend zulässig, die einem Programm zugrunde liegenden Ideen und Grundsätze zu ermitteln.[147] Die Gesetzesbegründung führt hierzu aus, dass § 69d Abs. 3 UrhG nicht nur auf einzelne Programmelemente, sondern auch auf vollständige Programme anzuwenden ist.[148] Zu beachten sind aber vertragliche Beschränkungen der Benutzung von Computerprogrammen auf eine bestimmte Anzahl von Geräten sowie auf bestimmte Orte, so dass die Programmnutzung zu Testzwecken gemäß § 69d Abs. 3 UrhG nicht auf andere Rechner bzw. in andere Räume verlegt werden darf.[149]   1530

1.8 Übersetzen, Bearbeiten, Arrangieren und sonstiges Umarbeiten

Übersetzung im Sinne von § 69c Nr. 2 UrhG darf nicht mit „Übersetzungen"   1531
gemäß § 3 Satz 1 UrhG gleichgesetzt werden, unter denen grundsätzlich die – vielfach eigenschöpferische – Übertragung in eine neue Sprachform verstanden wird.[150] Übersetzung gemäß § 69c Nr. 2 UrhG kann hingegen die (auch automatisierte) „Übersetzung der Codeform" in eine andere (wie in § 69e Abs. 1 UrhG) umfassen (etwa durch Compiling), aber auch das Übertragen von Inline-Kommentaren im Quellcode oder etwa die Vererbung von hierbei angepassten Klassen (im Bereich objektorientierter Programmierung).

Bearbeitung ist grundsätzlich im Sinne von § 3 Satz 1 UrhG zu verstehen,   1532
d. h. nach überwiegender Auffassung als schöpferisches Umgestalten im Gegensatz zu den ebenfalls in § 69c Nr. 2 erfassten (nicht schöpferisch

---

[147] Vinje, a. a. O., 254.
[148] GesB, 12.
[149] GesB, 13.
[150] Schricker/Loewenheim, § 3 Rn. 5.

erfolgenden) anderen Umgestaltungen. Typische Beispiele sind Eingriffe in den Quellcode oder auch in Kommentartexte. Wichtig ist, dass nicht erst die Veröffentlichung oder die Verwertung einer Bearbeitung zustimmungsbedürftig ist, sondern bereits das Bearbeiten selbst[151], weshalb § 23 UrhG zumindest insoweit keine Anwendung findet.

1533 Der Begriff des **Arrangement** wird nicht näher erläutert[152] und findet weder im Urheberrecht noch im EDV-Bereich üblicherweise Anwendung.[153] Denkbar ist aber die Konnotation als Neuanordnen von Elementen auf der Benutzeroberfläche oder von Modulen des Programmes, ebenso das Binden von Programmteilen (so genannte EXE-Files) zur Laufzeit (runtime) des Programmes.

1534 Im Urheberrecht besteht grundsätzlich auch weiterhin, soweit § 69d UrhG keine besonderen Bestimmungen trifft, ein **Verbot der Werkänderung**. § 39 regelt dieses Änderungsverbot allerdings nur gegenüber Werknutzungsberechtigten, während gegenüber allen Dritten ein entsprechendes Änderungsverbot als vom UrhG stillschweigend vorausgesetzt eingreift.[154] Von einer Werkänderung im Sinne des Urheberrechts kann nur dann gesprochen werden, wenn in das Werk in der im vom Urheber verliehenen Gestalt eingegriffen wird, **in der es an die Öffentlichkeit gebracht wird**.[155] § 39 UrhG verlangt deshalb einen Eingriff in die Werksubstanz und soll gegen eine Verletzung des Bestandes und der Unversehrtheit des Werkes selbst in seiner konkret geschaffenen Gestalt schützen, während sich das urheberpersönlichkeitsrechtlich ausgestaltete Recht wegen Entstellungen aus § 14 UrhG gegen eine Benutzung der geistigen und persönlichen Urheberinteressen auch durch Form und Art der Werkwiedergabe und -nutzung richtet.[156]

Typische Änderungen dieser Art sind Änderungen an der Benutzeroberfläche eines Programms, während Änderungen am Quell- oder Objektformat nur dann erfasst werden, soweit sie sich an der Programmoberfläche oder im Ablauf des Programmes auswirken. Im Rahmen der §§ 69d und 69e

---

[151] GesB, a. a. O.

[152] Marly, Verträge, Jur-PC 1992, 1652, 1655.

[153] Ähnlich Pres, 113. Er sieht eine Entlehnung des Begriffes aus Art. 2 Abs. 3 RBÜ („musikalische Arrangements"). Tatsächlich wurden aber wohl die Art. 8 und 12 RBÜ (mit einem nicht werkspezifisch begrenzten Begriff des „Arrangements") herangezogen (ebenso Czarnota/Hart, 58). Gleichwohl bleibt der Eindruck eines legislatorischen Leerlaufes, da ein Begriff eingeführt wird, für den kein Kommentator im vorliegenden Zusammenhang eine Anwendung finden kann.

[154] Vgl. BGH, Urteil vom 2. 10. 1981 – 1 ZR 137/79, ZfBR 1982, 32, 34 – Kirchenbau.

[155] BGHZ 62, 331 ff. – Schulerweiterung.

[156] BGH, a. a. O., 34.

UrhG muss der Berechtigte Eingriffe in die Werksubstanz wie auch Werk-„Entstellungen" (z. B. am im Original ausgelieferten oder auf Kundenmaschinen erstellten Quellcode von Individualsoftware) dulden, andernfalls die §§ 69d und e über den Umweg des § 14 UrhG leerlaufen würden, jedenfalls sofern sich hier Änderungen auf die Programmoberfläche auswirken und so die nach außen sichtbare Programmgestalt entstellen können.

1.9 Verbreiten

Jedes Verbreiten des Originals oder eines Vervielfältigungsexemplares   1535
hiervon darf nur mit Zustimmung des Berechtigten erfolgen (§ 69c Nr. 3 UrhG). Gesetz und Richtlinie definieren „Verbreitung" nicht näher, so dass die Begriffsbestimmung der §§ 15 Abs. 1 Nr. 2, 17 UrhG Anwendung findet. Die Überlassung eines Software-Produktes gegen Einmalvergütung ohne zeitliche Beschränkung bewirkt die Erschöpfung des Verbreitungsrechts auch bei Bestehen eines Vorbehaltes, nach dem die Weitergabe von der Zustimmung des Lieferanten abhängig sein soll.[157] Für das Vermietrecht an Programmen oder Kopien tritt diese Erschöpfungswirkung nicht ein, so dass die §§ 17 Abs. 2, 27 UrhG auf Computerprogramme insoweit nicht anwendbar sind.[158]

1.10 Dekompilieren

Zulässigkeitsvoraussetzungen: Codeformen dürfen übersetzt und ver-   1536
vielfältigt werden, um auf Interoperabilität bezogene Informationen zu erhalten. Hierbei gelten aber **Einschränkungen:**
- Nur der zur Verwendung eines Vervielfältigungsstückes Berechtigte darf die notwendigen Handlungen vornehmen (§ 69e Abs. 1 Nr. 1 UrhG).
- Weiter dürfen die interoperabilitätsbezogenen Informationen nicht bereits ohne weiteres zugänglich sein (§ 69e Abs. 1 Nr. 2 UrhG).
Ohne weiteres zugänglich sind vom Anbieter herausgegebene Handbücher, Dokumentationen etc., aber auch Publikationen Dritter.
Unklar ist, ob der Anbieter zur Abwendung eines Dekompilierens seiner Software nur auf eigene Informationsmitteilungen verweisen darf oder

---

[157] OLG Bremen, Urteil vom 13. 2. 1997 – 2 U 76/96, BB, Beil. 4, 1998, 4, da die entsprechende Vorbehaltsklausel als AGB-widrig und damit unwirksam anzusehen ist. Ähnlich bereits OLG Frankfurt/Main, CR 1991, 92.
[158] GesB, 11. Ausführlich wird auf Rechtsfragen des Software-Vertriebes eingegangen in Koch, Software-Recht.

auch auf Fremdpublikationen (z. B. zu bestimmten undokumentierten Funktionen von Betriebssystemen). Der Wortlaut der Bestimmung spricht wohl dafür, dass es nicht unbedingt der Rechtsinhaber, also grundsätzlich der Anbieter sein muss, der die Information zugänglich macht. Andererseits braucht sich derjenige, der interoperabilitätsbezogene Informationen benötigt, nicht auf unautorisierte, u. U. inhaltlich nicht näher geprüfte Publikationen Dritter verweisen zu lassen. Etwas anderes wird nur gelten können, wenn der Rechtsinhaber selbst die Richtigkeit der von Dritten zugänglich gemachten Informationen bestätigt.

Von den Ausnahmetatbeständen des § 69e UrhG kann den Anbieter nur das grundsätzlich eigene Zugänglichmachen von Informationen freistellen, da nur dann sichergestellt werden kann, dass der Rechtsinhaber auch tatsächlich für die Richtigkeit und Vollständigkeit der zugänglich gemachten Informationen einsteht. Etwas anderes wird nur gelten können, wenn der Rechtsinhaber selbst die Richtigkeit der von Dritten zugänglich gemachten Informationen verbindlich bestätigt.

– Die Handlungen müssen auf Teile des Programmes beschränkt werden, die zur Interoperabilitätsherstellung erforderlich sind (§ 69e Abs. 1 Nr. 3 UrhG).

Informationen, die nicht mit der Interoperabilität im Zusammenhang stehen, dürfen zwar nicht mittels Dekompilieren, aber wohl mittels Beobachten etc. der Programmfunktionen gemäß § 69d Abs. 3 UrhG rückwärtsanalysiert werden.[159] Ziel des Dekompilierens ist nicht die Erstellung eines neuen Computerprogramms aufgrund der dekompilierten Informationen, sondern das Interoperabelmachen eines bereits vorhandenen Programms. Keine Rolle spielt, ob das interoperabel zu machende Programm selbst Urheberrechtsschutz genießt.

1537 Bei Handlungen nach § 69e Abs. 1 gewonnene **Informationen dürfen nicht**
– zu anderen Zwecken als zur Herstellung der Interoperabilität des unabhängig geschaffenen Programms verwendet werden (§ 69e Abs. 2 Nr. 1 UrhG).

Nr. 1 verbietet damit beispielsweise das **Veröffentlichen von Informationen**, die mittels Dekompilieren gewonnen wurden, jedenfalls insoweit, als das Veröffentlichen nicht selbst dem Herstellen der Interoperabilität dient;

– an Dritte weitergegeben werden, es sei denn, dass dies für die Interoperabilität des unabhängig geschaffenen Programms notwendig ist (§ 69e Abs. 2 Nr. 2 UrhG);

---

[159] Vinje, a. a. O., 257.

– für die Entwicklung, Herstellung oder Vermarktung eines Programms mit im Wesentlichen ähnlicher Ausdrucksform oder für irgendwelche anderen das Urheberrecht verletzenden Handlungen verwendet werden (§ 69e Abs. 2 Nr. 3 UrhG).

§ 69e Abs. 1 und 2 **sind so auszulegen, dass ihre Anwendung weder die normale Auswertung des Werkes beeinträchtigt noch die berechtigten Interessen der Rechtsinhaber unzumutbar verletzt** (§ 69e Abs. 3 UrhG).

Der Begriff der „Dekompilierung" wird nur in der Überschrift des § 69e UrhG verwendet, nicht im Gesetzestext selbst. Dieser spricht von einer „Übersetzung der Codeform", die in Abweichung von § 69c Nr. 2 UrhG, zustimmungsfrei unter den genannten Voraussetzungen zulässig ist. Weiter bedarf der Klärung, wie ein „Dekompilieren" mit Software-Engineering-typischen Maßnahmen des Reverse Engineering zusammenhängt. Um hier die Orientierung zu erleichtem, seien im Folgenden einige Anmerkungen zu Reverse Engineering (RE-)Verfahren angefügt. 1538

1.11 Urheberrechtliche Zulässigkeit von Reverse-Engineering-Maßnahmen

Unter **Reverse Engineering** versteht man Verfahren, mit denen ein auf dem Markt erhältliches Programm analysiert wird, um Einblick in dessen Struktur und Funktion zu gewinnen.[160] Als „Reengineering" bezeichnet man hingegen die Analyse und Überarbeitung einer Anwendung mit dem Ziel, sie bei gleichbleibender Funktionalität zu verbessern.[161] Reverse Engineering beschränkt sich aber nicht auf Code-Rückgewinnung. Möglich ist auch das Herausfiltern von Entwurfsinformationen aus einer bestehenden Anwendung (backward engineering), ebenso das Ableiten von Entwurfsinformationen.[162] 1539

Reverse Engineering ermöglicht damit das **Rückgewinnen nützlicher Entwurfselemente** durch Wiederaufbereiten alter Software. Ein derartiges Wiederaufbereiten von Informationen ist beispielsweise für Wartungszwecke wichtig. Aus vorgegebenem Code kann man etwa Flussdiagramme, Datenstrukturen, Modulhierarchien oder Aufrufhierarchien[163]

---

[160] Schnell/Fresca, CR 1990, 157.
[161] Chroust, 173; s. auch Baumöl/Borchers/Eicker/Hildebrand/Jung/Lehner, Einordnung und Terminologie des Software Reengineering, Informatik-Spektrum 19, 1996, 191.
[162] Als Gegensatz zum Reengineering, s. Chroust, 173.
[163] Chroust, 184.

rekonstruieren. Bei dem Weg zurück zum Programmentwurf können durchaus schöpferische und damit urheberrechtlich geschützte Leistungen zu erbringen sein.[164]

Möglich ist auch, das Wissen um die vom Code abgedeckten Geschäftsvorfälle wiederzugewinnen.[165] Im Rahmen einer **Modulwiederverwendung** lassen sich auch **Fachkonzepte** und Entwürfe für neue Anwendungen **wieder benutzen**.[166]

1540 Mit einer **Restrukturierung** erreicht man das Verbessern der Struktur einer Anwendung unter Beibehalten der Funktionalität. Es handelt sich bei dieser Tätigkeit um ein Teilgebiet des Reengineering. **Wartung** beinhaltet Fehlerkorrekturen, aber auch funktionale und strukturelle Verbesserungen. Als **Re-Adaptierung** (Portierung) bezeichnet man das Übertragen einer Anwendung in eine neue Betriebsumgebung (Hardware/Software) zur Verlängerung der Nutzungsdauer.[167]

Die vorstehend angeführten Analyseformen lassen sich nun in erster Näherung den Begriffen der §§ 69c bis d UrhG wie folgt zuordnen:

- Wartung: Bearbeitung/Fehlerbeseitigung
- Reengineering: Überarbeitung-Bearbeitung
- Modulwiederverwendung: neues Arrangement vorgegebener Module bzw. deren Bearbeitung
- Re-Adaptierung
  (Portierung):   Übersetzen/neues Arrangement
- Reverse Engineering: (Rück-)Übersetzen
- Restrukturierung: Bearbeiten des durch Reverse Engineering rückerschlossenen Codes

1541 Für die eigentliche **Code-Rückgewinnung** unterscheidet man zwei Stufen:

- **„Disassemblieren"** bezeichnet das (byteweise) Lesen eines binären Maschinencodes. Bei diesem Lesen werden entsprechende prozessorspezifische (d. h. hardwarespezifische) Assemblerbefehle erzeugt.
- Als **„Dekompilieren"** versteht man die ähnliche Rückübersetzung von Assembler in die problemorientierte Hochsprache.

---

[164] Vgl. Ilzhöfer, CR 1990, 578, 581.
[165] Chroust, 185.
[166] Chroust, 174.
[167] Chroust, 173.

Dekompilieren ist zumeist mit **Informationsverlusten** verbunden.[168] Das   1542
rückzuübersetzende maschinenlesbare Programm enthält damit keineswegs alle Teile des Quellformates dieses Programms, insbesondere nicht
„die für das Verständnis und somit die Fehlerbeseitigung und Wartung des
Programms überaus wichtigen und oft gerade die persönliche geistige
Schöpfung ausmachenden Kommentare und Erläuterungen sowie Varia-
blen- und Adressenbezeichnungen. Eine Rückumsetzung des Objektcodes
in die Assemblersprache – sofern überhaupt vollständig und zweifelsfrei
möglich – wird daher mit dem ursprünglichen Quellcode keineswegs identisch sein. Weder ist aus dem Objektprogramm zu entnehmen, welche
Kommentare vorhanden waren, in welchem Umfang der Quellcode
Makroaufrufe vorsah, noch welche Bezeichnungen Adressen und Variablen trugen ... Ein in einer höheren Programmiersprache geschriebenes
Quellprogramm wird durch Einsatz eines Compilers und gegebenenfalls
weiterer Hilfsprogramme in einem oder mehreren Durchgängen in das
Objektprogramm umgesetzt. Hierbei gehen wie bei Assembler-Quellpro-
grammen zunächst sämtliche Kommentierungen, Variablen- und Adreßbe-
zeichnungen verloren. Weiterhin repräsentieren die einzelnen Befehle der
höheren Programmiersprache nicht bestimmte, einzelne Maschinenbe-
fehle, sondern verschiedene Gruppen; man könnte daher Befehle des
Quellcodes auch als Makro-Befehle auffassen. Schließlich wird dieses
Ergebnis noch z. B. durch Beseitigung redundanten Codes zur Beschleuni-
gung des Ablaufs und Verkürzung des Objektcodes optimiert."[169] ... „Das
so erzeugte Objektprogramm enthält also noch nicht einmal die maschinenlesbaren Äquivalente sämtlicher Statements des Quellcodes. Eine
Rückumsetzung des Objektcodes in originalen Quellcode ist daher in keinem Fall möglich."[170]

Weitere Reverse-Engineering-Maßnahmen neben den bisher genannten   1543
lassen sich wie folgt zusammenstellen:

---

[168] „Das durch strukturell korrekte Disassemblierung oder Dekompilierung unmittelbar erhaltene
     Quellprogramm ist zunächst zwar menschenlesbar, aber noch nicht sehr verständlich. Durch die
     vom Hersteller vorgenommene Übersetzung in Maschinensprache sind viele Informationen ver-
     lorengegangen, die für das Verständnis, die Fehlervermeidung und die Wartungsfähigkeit von
     Bedeutung sind. So fehlen alle Kommentare, aussagekräftige Namen für Objekte wurden in
     nichtssagende Adressen umgewandelt, symbolische Konstanten mit technisch kontrollierbarer,
     unterschiedlicher Bedeutung durch nicht sofort differenzierbare und unter Umständen gleiche
     Zahlenwerte ersetzt. Dieser Verlust ist durch bloße Rückübersetzung nicht auszugleichen". Lietz,
     CR 1991, 564, 567.
[169] König, GRUR 1989, 559, 564; unter Hinweis auf Dworatschek, Grundlagen der Datenverarbei-
     tung, 344.
[170] König, a. a. O.

– Auflisten von Datei- oder Hauptspeicherinhalten (Dump, Hexdump): Durch ein Dump-Programm können beispielsweise Speicherinhalte am Bildschirm sichtbar gemacht werden.
– Zugriff auf Datenträger durch Disk-Editoren: Mittels Debuggingprogrammen lassen sich Speicher- und Registerinhalte betrachten und verändern. Man kann etwa Programme schrittweise (tracing) oder bis zu bestimmten Punkten (breakpoints) ablaufen lassen.[171]

Schließlich ist eine Programmanalyse auch anhand von Bedienungshandbüchern und Dokumentationen möglich.[172] Allerdings dürften sich hierfür wohl grundsätzlich nur umfassende Entwicklungsdokumentationen, nicht aber einfache Bedienungshandbücher eignen.

1544 Um die **Zulässigkeit von Reverse Engineering (RE-)Maßnahmen** urheberrechtlich näher beurteilen zu können, müssen verschiedene Problemfelder unterschieden werden: Generell zulässig ist die **Übernahme von Grundsätzen und Ideen**, die Programmen oder Programmteilen, wie etwa Schnittstellen, zugrunde liegen, sofern die Übernahme nicht auf Maßnahmen nach § 69e UrhG basiert, sondern etwa auf einer Analyse nach § 69e Abs. 3 UrhG. Mit einer **Vervielfältigung** verbundene RE-Maßnahmen sind nach § 69e zulässig zur bloßen Gewinnung interoperabilitätsbezogener Informationen, nicht jedoch zur vollständigen Übernahme individuell ausgestalteter Schnittstellen. RE-Maßnahmen sind zur **Erstellung von Konkurrenzprodukten** urheberrechtlich zulässig, wenn keine Vervielfältigung des analysierten Programmes erfolgt (wohl aber ein Programmlauf und ein Betrachten am Bildschirm), die Neuprogrammierung als freie Benutzung der Vorlage im Sinne von § 24 UrhG einzustufen ist.[173]

Gemäß § 69e UrhG gewonnene interoperabilitätsbezogene Informationen dürfen nicht dazu genützt werden, Konkurrenzprodukte überhaupt erst herzustellen. Es ist vielmehr nur gestattet, bei bereits bestehenden Produkten mittels dieser Informationen die Interoperabilität dieser Produkte herzustellen. Soweit einzelne Maßnahmen des Dekompilierens und/oder des Disassemblierens mit einem **Übersetzen und/oder Vervielfältigen** des vorgegebenen maschinenlesbaren Programmcodes verbunden sind, sind diese Tätigkeiten zustimmungsunabhängig zulässig, wenn
– das Übersetzen ausschließlich zur bestimmungsgemäßen Nutzung einschließlich Fehlerbeseitigung erfolgt (§ 69d Abs. 1 UrhG) oder

[171] Lietz, CR 1991, 564 f.
[172] Schnell/Fresca, a. a. O., CR 1990, 157; Haberstumpf, CR 1991, 129.
[173] Haberstumpf, a. a. O., CR 1991, 129, 138.

– Informationen zur Herstellung der Interoperabilität eines **unabhängig** (bereits) **geschaffenen** Computerprogramms mit **anderen Computerprogrammen** genutzt werden und diese Informationen nicht ohne weiteres zugänglich gemacht sind. Zustimmungsfrei nutzbar sind insoweit nur interoperabilitätsbezogene Codeteile (§ 69e UrhG).

Soweit ein Wettbewerber ganze **Programme oder Programmteile en bloc**   1545 **und hiermit auch schnittstellenrelevante Informationen** übernimmt, so bleibt diese gesamte Übernahme, wenn die üblichen Voraussetzungen erfüllt sind, wettbewerbswidrig. Dies ergibt sich bereits daraus, dass der Wettbewerber offensichtlich unmittelbar von der Leistung des Herstellers des Vorlageprogrammes profitieren will. Die in dem direkt kopierten oder nachgeahmten Programm enthaltenen interoperabilitätsbezogenen Informationen dienen dann dem Wettbewerber nicht nur zur Herstellung der Interoperabilität anderer Programme, sondern unmittelbar zur **Nutzung des rechtswidrig kopierten Programmes selbst.** Der Wettbewerber kann sich in dieser Fallsituation nicht auf § 69e UrhG berufen. Damit ist es fast immer ausgeschlossen, mittels eines einfachen Werkzeuges (Tool) eine Rückübersetzung voll automatisiert durchzuführen. Vielmehr sind in einer mehr oder weniger umfangreichen Anzahl von Zwischenschritten die einzelnen, im Quellformat vorhandenen Strukturen aufzudecken. Der Analytiker muss hierbei „mit Hilfe detektivischer Intuition, Programmierkenntnissen und Erfahrung Rückschlüsse von der konkreten Form auf den Sinn des betrachteten Programmstückes ziehen. Teile, die sich regelmäßig finden (etwa Unterprogramme zur Kommandoerkennung oder Sortierung), erschließen sich dabei dem Verständnis relativ schnell. Schwieriger ist es, Bereiche einzuordnen, die zur Kompatibilität einer früheren Version ins Programm eingefügt bzw. dort belassen wurden oder die für Erweiterungen dienen sollen. Hier wird man mitunter auf Vermutungen angewiesen sein. … Der größte Analyseaufwand wird aber für diejenigen Teile nötig sein, in denen sich ‚echtes‘ und damit schützenswertes Know-how verbirgt. Je spezialisierter der Einsatzbereich des Programms ist (etwa Drei-D-Grafik, künstliche Intelligenz, Bildverarbeitung), desto höher werden dann die Anforderungen an die Kenntnisse der dort bereits verwendeten Verfahren. Viele Algorithmen sind selbst mit ausführlichen Erläuterungen im Original nur mit erheblichem Aufwand zu verstehen, eine unkommentierte Darbietung eines Verfahrens hat keinen geringeren Schwierigkeitsgrad. Trotzdem wird aber normalerweise der Aufwand für eine Analyse unter dem für eine vollständige Eigenentwicklung bleiben"[174].

---

[174] Lietz, a. a. O., 567.

1.12 Portierung von Software, Migration in neue Systemumgebungen

1546 Die **Portierung** von Software von einer spezifischen Systemumgebung in eine andere stellt einen Sonderfall der Nutzung des Ausgangsprogrammes dar, der sich nicht nahtlos in die Systematik der §§ 69 a bis 69 g (UrhG) einpassen lässt. Ein Verständnis der Problematik setzt eine kurze Erläuterung von Sinn und Zweck einer Portierung voraus. Hierbei kann es beispielsweise darum gehen, umfangreiche Programm- und Datenbestände von einer herstellerseits aus welchen Gründen immer nicht mehr (ausreichend) unterstützten Systemsoftware auf ein anderes, aktuelleres bzw. universell einsetzbares Betriebssystem umzustellen. Eine solche Umstellung wird in (wenigen) Einzelfällen von Kunden selbst durchgeführt, meist aber von Software-Häusern, die sich auf diese besondere Leistung spezialisiert haben und über besonders ausgelegte Werkzeuge verfügen (teilweise „Migrationstools" genannt).

In aller Regel genügt das bloße Beobachten und Testen eines Programmes nicht, sondern das Ausgangsprogramm muss gezielt für die neue Umgebung **umgeschrieben** werden. Damit scheidet bereits ein Rückgriff auf § 69 d Abs. 3 UrhG aus. Weiter geht es nicht darum, ein anderes, bereits vorhandenes Programm mit weiteren Programmen interoperabel zu machen, sondern soll gerade das Ausgangsprogramm selbst für eine neue bzw. jedenfalls abweichende Systemumgebung interoperabel gemacht werden. Damit bleibt auch ein zustimmungsunabhängiges Dekompilieren gemäß § 69 e UrhG generell ausgeschlossen. Soweit damit das Portieren von Software nicht bereits Teil der bestimmungsgemäßen Nutzung ist, bleibt dieses Portieren grundsätzlich zustimmungsabhängig, gleich, ob man hierin eine Übersetzung, Bearbeitung oder ein (neues) Arrangement des Ausgangsprogrammes sieht.

Etwas anderes könnte allenfalls bei geringfügigen Änderungen gelten, die die Werkstruktur des Programmes unberührt lassen. Ob hierzu etwa die Veränderung von UNIX-spezifischen Funktionsaufrufen (so genannte calls) gehört, muss im Einzelfall geprüft werden.[175] Gerade unter UNIX gibt es nämlich „ungewöhnlich elegante" Mechanismen der Ergebnisübergabe von aufgerufenen Prozeduren an die Shell oder eine „höhere" Prozedur.[176] Will man etwa das Ergebnis der aufgerufenen Prozedur, also ihre Standard-Ausgabe, als Parameter für ein neues Kommando benutzen,

---

[175] Verneinend etwa Lehmann, CR 1990, 625, 628.
[176] Schnupp, a. a. O., 73.

kann man dies durch eine Prozedursubstitution erreichen, bei der der „höhere Aufruf" der ursprünglichen Prozedur durch seine Standardausgabe ersetzt wird.[177] Das Beispiel zeigt, dass auch scheinbar einfachste Veränderungen in Programmen komplexer als erwartet sein können und der Bearbeitungs-/Umgestaltungscharakter solcher Änderungen nicht ohne weiteres abgelehnt werden darf.

Weiter kann ein **Portieren** als wissenschaftlich-technisch definierte Nutzungsart **eingeschränkt definiert** werden (vgl. § 31 Abs. 1 Satz 1 UrhG). Als Grenze für derartige Einschränkungen ist hier nur § 69 Abs. 2 UrhG zu beachten, der solche Änderungen eines Werkes gestattet, denen der Nutzungsrechtsinhaber nach Treu und Glauben seine Einwilligung nicht versagen kann. Eine solche Einwilligungsverpflichtung des Berechtigten wird grundsätzlich in Fällen einer kundeninternen **Portierung zu eigenen Zwecken** von Software auf andere Systeme (weil z. B. die alte Hardware nicht mehr unterstützt wird) eher zu bejahen sein als in Fällen kommerziellen Zwecken dienender Fremdportierung.   1547

Schließlich ist das erstmalige Abspeichern des portierten Programmes als **Vervielfältigung** selbst zustimmungsabhängig, also auch dann, wenn keine Bearbeitung oder Umgestaltung vorliegt, sondern nur ein Neueinspeichern im Arbeitsspeicher. Dass hier gleichzeitig das Ausgangsprogramm auf dem „alten Rechner" gelöscht oder dieser gar vernichtet wird[178], kann nicht generell vorausgesetzt werden. Damit würde jedes Vergleichen beider Programmversionen zu Testzwecken unmöglich, das gerade beim Portieren im Rahmen eines mehrstufigen Bearbeitungsvorganges unabdingbar ist.[179] In der Praxis laufen damit beide Programmversionen notwendig für einen gewissen Zeitraum parallel, so dass das Vorliegen einer Vervielfältigung im urheberrechtlichen Sinne in der Regel zu bejahen sein dürfte.[180]   1548

Das Portieren von Programmen oder Programmteilen ist damit grundsätzlich zustimmungsabhängig. Dies gilt auch und gerade bei der Portierung von (virtuellen) Schnittstellen.[181] Zu prüfen ist also, ob das Portieren Teil der bestimmungsgemäßen Benutzung des Programmes ist. Muss dies verneint werden, ist der Benutzer verpflichtet, gesondert die Zustimmung des Berechtigten vorab einzuholen. Bei der Prüfung ist auch

---

[177] Vgl. Schnupp, a. a. O., 74: „Ein sehr mächtiger und nützlicher Mechanismus."
[178] Vgl. Lehmann, a. a. O., 627.
[179] Vgl. Lecarme/Pellissier/Gart/Gart, Software Portability, 1989, 21.
[180] So wohl auch im Ergebnis Lehmann, a. a. O. für derartige Fallvoraussetzungen.
[181] Wagner u. a. (Hrsg.), Reverse Engineering, 1992, 33.

zu berücksichtigen, ob das Portieren mit Eingriffen in die urheberrechtlich geschützte Struktur des zu portierenden Programmes verbunden ist. Solche Eingriffe sind in der Regel nicht mehr Teil der bestimmungsgemäßen Benutzung, sondern stellen eine eigenständig zustimmungsbedürftige Bearbeitung oder Umarbeitung gemäß § 69 c Nr. 2 Satz 1 UrhG dar.

1.13 Rechtsverletzungen

1549 Der Rechtsinhaber kann von dem Eigentümer oder Besitzer verlangen, dass alle rechtswidrig hergestellten, verbreiteten oder zur rechtswidrigen Verbreitung bestimmten Vervielfältigungsstücke (im vorliegenden Zusammenhang von Computerprogrammen)[182] vernichtet werden (§ 69 f Abs. 1 Satz 1 UrhG). Die Regelungen über die Vernichtung von Vorrichtungen oder andere Maßnahmen gemäß § 98 Abs. 2 und Abs. 3 UrhG werden als entsprechend anwendbar erklärt (§ 69 f Abs. 1 Satz 2 UrhG), wobei die Regelungen in Abs. 2 entsprechend auf Mittel anzuwenden sind, die dazu bestimmt sind, die unerlaubte Beseitigung oder Umgehung technischer Programmschutzmechanismen zu erleichtern (§ 69 f Abs. 2 UrhG).[183]

Der Gesetzesbegründung zufolge kann der Berechtigte alle rechtswidrig hergestellten, verbreiteten oder zur rechtswidrigen Verbreitung bestimmten Vervielfältigungsstücke aus dem Verkehr ziehen, wobei sich dieser Anspruch nicht nur (wie in § 98 Abs. 2 UrhG) gegen den Eigentümer, sondern auch gegen jeden Besitzer richtet, „obwohl Besitz als solcher noch keine Urheberrechtsverletzung darstellt". Gleiches gilt für den Vernichtungsanspruch im Sinne von Abs. 2. Mittel im Sinne von Abs. 2 sind etwa Kopierprogramme, die einen herstellerseitigen Kopierschutz zu umgehen ermöglichen.[184]

1.14 Anwendbarkeit sonstiger Rechtsvorschriften, Vertragsrecht

1550 Die Bestimmungen des 8. Abschnittes UrhG lassen die Anwendung sonstiger Rechtsvorschriften auf Computerprogramme unberührt, insbesondere Vorschriften über den Schutz von Erfindungen, Topographien von Halbleitererzeugnissen, Warenzeichen und den Schutz gegen unlauteren Wettbewerb einschließlich des Schutzes von Geschäfts- und Betriebsgeheimnissen sowie schuldrechtliche Vereinbarungen (s. § 69 g Abs. 1 UrhG). Zugleich gelten vertragliche Bestimmungen als nichtig, die in Widerspruch zu § 69 d Abs. 2 und 3 UrhG sowie zu § 69 e UrhG stehen (§ 69 g Abs. 2 UrhG).

---

[182] In der Hackerszene werden über das Internet angebotene illegale Programmkopien oft als „warez" bezeichnet.
[183] Ausf. s. Raubenheimer, CR 1994, 129.
[184] GesB, 14, 15.

Nichtig sind alle vertraglichen Bestimmungen, die Rechte   1551
- zur Erstellung einer Sicherungskopie (§ 69d Abs. 2 UrhG),
- zur Programmbeobachtung (§ 69d Abs. 3 UrhG) oder
- zum Dekompilieren (§ 69e UrhG)
einschränken.

Sonstige Vereinbarungen etwa über den Umfang der Programmnutzung
(z. B. Begrenzung der Anzahl der Programmläufe) oder Weiterverbreitungsverbote haben grundsätzlich nur, aber immerhin schuldrechtliche Wirkung.[185]

Kontrovers wird diskutiert, ob jedes **Dekompilieren** im Sinne von Art. 6   1552
der EG-Richtlinie, § 69e UrhG als **„unbefugt"** gemäß § 17 Abs. 2 UWG
anzusehen ist. Hier wurde befürchtet, der Rechtsinhaber müsse im Lizenzvertrag klarstellen, dass er Urheberrechtsschutz **nicht** in Anspruch nehme,
wodurch die Bemühungen um einen EG-weit einheitlichen Rechtsschutz
für Computerprogramme „auf fatale Weise gescheitert" seien.[186]

Da der Konflikt beider Schutzbereiche erhebliche praktische Bedeutung
gewinnen kann, sei auf die Problematik etwas näher eingegangen. Hierbei
ist zunächst die Geheimnisfähigkeit der Quellcodeversion eines Computerprogrammes zu prüfen.

Der Charakter des Quellformates eines Computerprogrammes als   1553
Betriebs- oder Geschäftsgeheimnis wurde jedenfalls dann bejaht, wenn
der Code nur durch detaillierte fachkundige Untersuchungen und Überlegungen mit einigem Aufwand aufzudecken ist, das subjektive Tatbestands-
merkmal des „unbefugten" Handelns hingegen dann nicht, wenn der
Anwender Quellcode rückerschließt, um z. B. vom Anbieter vertragswidrig nicht gelieferten Programmcode selbst nutzen zu können bzw. zur
Mängelbeseitigung oder zur Aufdeckung von Rechtsverletzungen durch
den Programmanbieter, ebenso nicht ein Handeln aus wissenschaftlichem
oder detektivischem Interesse (etwa bei Jugendlichen).[187]

§ 17 UWG dürfte nach diesen Grundsätzen als Schutzregelung auch für
Quellformate von Computerprogrammen heranzuziehen sein. Dies führt
beispielsweise dazu, dass ein Zeitschriftenverlag bestimmte **unveröffentlichte Programmfunktionen** jedenfalls **zu Publikationszwecken** nicht
dekompilieren darf, da es hier um eine Verwertung durch Veröffentlichung
und nicht allein um das Herstellen der Interoperabilität geht (urheberrechtliche Ebene) und außerdem durch das Dekompilieren geheimes Wissen

---

[185] Vgl. Dreier, CR 1991, 577, 581.
[186] Moritz, GRUR Int. 1991, 697, 702.
[187] Harte-Bavendamm, GRUR 1990, 657, 660, 663.

offen gelegt wird, das über § 17 UWG schutzfähig und geschützt ist (Ebene unlauteren Wettbewerbs). Wobei aus genannten Gründen von vornherein ein urheberrechtlicher Erlaubnistatbestand ausscheidet.

1554 § 69g UrhG lässt die mögliche Anwendbarkeit der UWG-Vorschriften unberührt, damit auch die Anwendbarkeit der Vorschrift des § 17 Abs. 2 UWG. Dies führt freilich nun umgekehrt zu der bemerkenswerten Konsequenz, dass Dekompilierrechte des Anwenders nicht wirksam vertraglich abbedungen werden können (§ 69g Abs. 2 UrhG), hiervon aber das **gesetzliche Verbot** des § 17 Abs. 2 UWG unberührt bleibt, mit Hilfe technischer Mittel den nicht bereits offenbaren Quellcode eines Programmes zurückzuschließen.[188]

§ 69g Abs. 2 UrhG würde in dieser Sicht leerlaufen, da kein Anbieter ein vertragliches Verbot benötigt, wenn und soweit er bequemer – und vor allem wirksam – gegen Wettbewerber über § 17 Abs. 2 UWG vorgehen kann (ebenso freilich gegen sonstige Dritte, die vom sachlichen Geltungsbereich des § 17 UWG erfasst werden). Auch wird ein Dekompilieren von Quellformaten im Rahmen von § 69g Abs. 2 UrhG nicht zwangsläufig in jedem Fall einen Verstoß gegen § 17 Abs. 2 UWG darstellen können. Dann hätte § 69g Abs. 2 UrhG jede Funktion verloren bzw. würde den Anwender unvermeidbar in die Strafbarkeit treiben.

1555 Vielmehr muss eine Auslegung gesucht werden, derzufolge ein **zustimmungsunabhängiges** Dekompilieren möglich ist, das nicht gegen § 17 Abs. 2 UWG verstößt. Eine solche Auslegung scheint möglich, wenn die Regelungsintention des § 69g UrhG beachtet wird. Hiernach mag zwar jeder beliebige Quellcode ein mehr oder weniger leicht (rück-)entschlüsselbares Geheimnis im Sinne von § 17 Abs. 2 UWG darstellen, jedoch **kann die Geheimnisqualität grundsätzlich nicht für diejenigen Quellcodeteile bejaht werden, die der Interoperabilität des Programmes dienen. Allein auf diese interoperabilitätsbezogenen Quellcodeteile gerichtetes Dekompilieren verstößt aus dieser Sicht auch nicht gegen § 17 Abs. 2 UWG,** da kein schutzfähiges Geheimnis offen gelegt wird. Anderes gilt, sowie das Dekompilieren über diesen eng umrissenen, interoperabilitätsbezogenen Bereich hinausgeht.

1556 Die Rechtsordnung hat interoperabilitätsbezogene Informationen in Quellformaten von Computerprogrammen als gemeinfrei und damit frei, also zustimmungsunabhängig zugänglich eingestuft. Soweit diese spezifischen

---

[188] Anderer Ansicht wohl Dreier, CR 1991, 577, 583; ihm zufolge führt das Verbot der vertraglichen Abbedingung von Rechten aus § 69d Abs. 2 und 3 UrhG sowie § 69e UrhG zu einem Recht auf Zugang von Informationen, soweit sie von jenen Vorschriften genannt werden, ohne dass § 17 Abs. 2 UrhG eingreifen würde.

Informationen geheim sein sollten, ist ein **schutzwürdiges Interesse** des jeweiligen Unternehmens an weiterer Geheimhaltung **zu verneinen**, da diese Informationen grundsätzlich keine Bedeutung für die Wettbewerbsfähigkeit des Unternehmens[189] haben oder in einer solchen Funktion jedenfalls wettbewerbsrechtlich nicht schutzfähig sind, da es in der Regel schon an einer wettbewerblichen Eigenart fehlt und zudem das Interesse der Allgemeinheit an der Erhaltung eines freien und lauteren Wettbewerbes[190] gerade für ein Freihalten solcher allgemeiner Informationen spricht.

1.15 Software-Nutzung unter der GNU General Public bzw. Open Source License

Mit dem wachsenden Erfolg des stabilen und wenig fehleranfälligen Betriebssystems Linux gewinnt auch eine neue Form der Einräumung von **Nutzungsrechten** an Bedeutung[190a], wie sie bei der Entwicklung und Verbreitung von Linux und anderer „freier Software" im Quellformat (so genannten Open Source) zugrunde gelegt wurde. Formuliert wurden diese Rechte in der GNU General Public License (Version vom 2. 6. 1991) als Variante einer Open-Source-License. Eine neue Version wurde im Februar 1999 als „GNN Lesser General Public License" verfügbar gemacht. Deren Beurteilung unter urheberrechtlichen Gesichtspunkten steht erst am Anfang. Nachfolgend sollen einige Aspekte näher diskutiert werden. Die GNU Library General Public License regelt ergänzend die Nutzung von „libraries", d. h. Sammlungen von Programmfunktionen oder Daten. Hierbei kann die Verbindung aus Funktionen und ausführbarem Programm ein Sammelwerk darstellen, das unter den gleichen Bedingungen nutzbar ist. Die Library License kann auch als Nutzungsrecht nach dem eigenständigen Datenbankschutzrecht anzusehen sein.[190b] Gerichtliche Klärung steht hier noch aus.   1557

1.15.1 Software-Rechtsschutz unter der GPL[190c]

Als „Source Code" wird in der GPL der gesamte Quellcode eines Programms verstanden, also der Code für alle in ihm enthaltenen Module einschließlich Schnittstellendefinitionen und Skripts, die die Kompilie-   1558

---

[189] Vgl. Hefermehl, § 17 Rn. 6.

[190] Hefermehl, Vorbem. §§ 17 bis 209a Rn. 1.

[190a] Eine der ersten Untersuchungen zu diesem Thema findet sich bei Siepmann, Lizenz- und haftungsrechtliche Fragen bei der kommerziellen Nutzung freier Software, Jur-PC Web-Dok, 163/1999 (www.jura.uni-sb.de/jurpc/aufsatz/1999 0163.htm).

[190b] Zur internationalen Diskussion s. di Bona/Ockman/Stone, Open-Source Revolution 1999.

[190c] Quelle:http://www.gnu.org/copy left/gpl.html. Eine „Open Source Definition" (Version 1.7) findet sich unter http://www.open source org/osd.html.

rung und die Installation ausführbarer Programmteile („executable files") kontrollieren, ausgenommen nur benötigte Teile des Betriebssystems selbst. (GPL Ziff. 3 Abs. 2)

In der **rechtlichen Beurteilung** ist zunächst grundsätzlich festzuhalten, dass Software (bestehend aus Dokumentation und Programmcode) unabhängig davon **urheberrechtlich geschützt** ist, welche Nutzungsbedingungen immer auf ihre Nutzung und Verbreitung Anwendung finden sollen. Auch GPL-Software (bzw. Free-Software) ist also urheberrechtlich geschützt, wenn sie die entsprechenden Voraussetzungen erfüllt. Aus diesem Grunde kann in der GPL auch eine Einschränkung der Nutzungsbefugnis mit dinglicher (d. h. also gegenüber allen Nutzern bestehender) Wirkung eingeführt werden.

Soweit GPL-Software urheberrechtlich schutzfähig ist (was im Einzelfall für jedes Programm getrennt geprüft werden muss), stehen dem Entwickler des ursprünglichen Programms und jedem Urheber einer aus sich schutzfähigen Bearbeitung die Urheberpersönlichkeitsrechte zu (§§ 11, 12 ff. UrhG). Hierzu gehört die Anerkennung der Urheberschaft (§ 13 UrhG). Ziffer 1 Abs. 1 der GPL verlangt, jede Programmkopie mit einem erforderlichen Urhebervermerk zu versehen, entweder einen solchen des Berechtigten, von dem der Nutzer erworben hat, oder einen solchen zu seiner eigenen Person für eigenentwickelte und/oder veränderte Teile.

Software unter der GPL ist weder Freeware in der Public Domain noch Shareware. Sie darf also weder völlig frei verbreitet werden, noch ist, wie bei Shareware, eine „Gebühr" für Registrierung etc. an den Vertreibenden zu bezahlen.[191] Allerdings kann eine Vergütung für eine besondere Ausstattung der GPL-Software verlangt werden (etwa für das Brennen und Vertreiben der Programme auf CD-ROM) und für die Ausstattung der Software mit Installationsroutinen.

Zustimmungsunabhängige mögliche freie Benutzung (im Sinne von § 24 UrhG) scheidet für GPL-Software grundsätzlich aus, soweit der Nutzer den Quellcode eines GPL-Programms verwendet, da er dieses Programm insoweit direkt verwertet (nämlich etwa vervielfältigt, verbreitet oder bearbeitet).

Die GPL erfasst auch „any … other work … based on the Program". Als solches Werk kann auch eine Datenbank einzustufen sein, soweit sie auf

---

[191] Siehe näher Welsch, About Linux's Copyright (http://www.ssc.com/linux/ligs/node21.html [Abruf: 7. 1. 1999]).

einem GPL-Programm beruht, etwa eine Datenbank, in der Programmroutinen oder allgemeine Klassen im Sinne von objektorientierter Programmierung als „Bibliothek" gesammelt sind. Diese Ausweitung des sachlichen Geltungsbereichs der GPL erscheint auch inhaltlich gerechtfertigt, da im Bereich objektorientierter Programmierung solche Klassen (als abstrakte Datentypen) selbst wieder Programmteile werden können. Eine höchstrichterliche Klärung dieser Zuordnungsfrage steht aber noch aus.

1.15.2 Nutzungsrechte aus der GPL

Jedes Programm darf unter dem „Lizenzmodell" der GPL verbreitet werden. Die GPL umfasst alle Nutzungshandlungen des Vervielfältigens, Verbreitens und Änderns, nicht aber andere „activities". Einschränkungen des (weiteren) Verbreitens sind nicht zulässig. (GPL Ziff. 0 Abs. 2 Satz 1) 1559

In rechtlicher Sicht räumt die GPL dem Nutzer die wesentlichen Nutzungsrechte zum Vervielfältigen, Verbreiten und Ändern (in urheberrechtlicher Terminologie „Bearbeiten" und „sonstiges Umgestalten") ein. Ein „Verbreiten" im Sinne von § 17 UrhG liegt auch vor, wenn keine Veräußerung (Überlassung gegen Vergütung) erfolgt, sondern eine **kostenfreie Überlassung**. § 17 UrhG erfasst jede Handlung, mit der ein Werkstück (also etwa ein Programmexemplar auf Datenträger) der Öffentlichkeit zugänglich gemacht wird[192], also jede Überlassung und bereits jede Aufforderung zum Besitzerwerb an die Öffentlichkeit.[193] Diese Nutzungsrechte werden in der GPL auch tatsächlich eingeräumt. Es erfolgt also kein Verzicht auf die Geltendmachung dieser Rechte. Allerdings erfolgt die Einräumung dieser Rechte unter Verzicht auf eine Vergütung, also etwa schenkungsweise (§ 516 Abs. 1 BGB).

Eine zeitliche oder räumliche Begrenzung der Nutzungsrechte ist nicht vorgesehen. Ein Vertrieb kann deshalb zeitlich unbegrenzt und weltweit erfolgen. Weiter darf das Programm und ein auf ihm beruhendes Werk beliebig oft vervielfältigt werden. **Nicht von der GPL umfasst** werden alle an die Öffentlichkeit gerichteten Verwertungshandlungen, wie das Senden und das Verfügbarmachen gegenüber dem Online-Zugriff. So war etwa das Verfügbarmachen des Quellcodes des NetScape-Browsers (jedenfalls nach deutscher Rechtslage) zum Online-Abruf als Nutzungshandlung nicht von der GPL gedeckt. Ein Verbreiten liegt nicht vor, da das

---

[192] OLG Hamburg, GRUR 1972, 375f. – Polydor II; Schricker/Loewenheim, § 17 Rn. 6.
[193] Schricker/Loewenheim, § 17 Rn. 4 m. w. N.

Programm insoweit nicht verkörpert auf Datenträger zugänglich gemacht wird. Ein Senden liegt (nach h. M.) ebenfalls nicht vor, soweit Einzelzugriff online erfolgt. Sonstige Rechte sind nicht geregelt.

Die GPL räumt zwar ein Verbreitungsrecht zum (grundsätzlich kostenfreien) Vertrieb ein, aber **kein Vermietrecht**. Diese Aussage lässt sich in zweifacher Weise begründen: Nach allgemeinen urheberrechtlichen Grundsätzen stellt das Vermietrecht (§§ 17 Abs. 3, 69 c Nr. 3 Satz 1 UrhG für Software) ein eigenständiges ausschließliches Verwertungsrecht dar. Allein mit der Einräumung eines Verbreitungsrechts wird nicht auch bereits ein Vermietrecht eingeräumt. Eine Ausnahme kann nur dann gelten, wenn sich im Einzelfall aus den Umständen der Nutzungsrechtseinräumung ein Einräumungszweck ableiten lässt, der auch eine Vermietung umfasst. Aus der GPL als solcher ergibt sich keine Einräumung eines solchen Vermietrechts.

Hinzu kommt ein weiterer Umstand: „Vermietung" als Gebrauchsüberlassung dient zumindest mittelbar Erwerbszwecken; die Überlassung soll in der einen oder anderen Form entgeltpflichtig sein. Gerade die Entgeltpflichtigkeit der Programmüberlassung schließt die GPL aber aus (vom bloßen Kostenersatz etwa für das reine Kopieren etc. einmal abgesehen). Konkrete Folge in der Praxis: GPL-Software wie Linux, bestimmte C++-Compiler wie C **dürfen nicht verleast werden**. Leasing folgt bekanntlich Mietvertragsrecht. Auch sonstige Vermietung ist nicht zulässig.

Bedingungen wie die GPL sind als AGB einzustufen, wenn sie einer Programmweitergabe zugrunde gelegt werden.

1560 **Der eigentliche Nutzungslauf wird nicht eingeschränkt. (GPL Ziff. 0 Abs. 2 Satz 2)**

Dieser Ansatz entspricht dem urheberrechtlichen Grundsatz, dass die reine Nutzung eines Werkes wie das Lesen eines Buches oder auch der Arbeitslauf eines Computerprogramms keine Verwertungshandlung darstellt, an die sich eine Vergütungspflicht knüpfen ließe. Auch an den reinen Nutzungslauf der Software darf damit keine Vergütungspflichtigkeit angeknüpft werden, auch nicht in der Form der Leistungsmessung (Metering).

Ergebnisse des Nutzungslaufs eines Programms werden nur insoweit erfasst, als sie ein Werk darstellen, das auf dem GPL-Programm gründet, hingegen nicht, wenn sie erst durch den Programmlauf erstellt werden. (GPL Ziff. 0 Abs. 2 Satz 2)

Dies bedeutet in rechtlicher Sicht reformuliert, dass unter der GPL verbreitete Software (etwa eine Programmierumgebung) frei als Werkzeug zur Entwicklung eingesetzt werden darf. Die mit solchen Werkzeugen erarbeiteten **Ergebnisse** (z. B. lauffähige Programme) **fallen nicht unter die GPL.** Es sei denn, sie enthalten das GPL-Programm ganz oder zum Teil (etwa als ausführbare Routinen). Soweit diese Abhängigkeit aber nicht besteht, können die Entwicklungsprodukte frei nach den allgemeinen urheberrechtlichen Grundsätzen verbreitet und damit also auch gegen Vergütung vertrieben werden.

1.15.3 Vervielfältigen, Verbreiten

Exemplare des Quellcodes eines Programms dürfen vervielfältigt und   1561
verbreitet werden, wenn jedes Exemplar mit einem Urheberhinweis
und einem Gewährleistungsausschluss versehen ist. (GPL Ziff. 1
Abs. 1)

Der Entwickler ist aber berechtigt, selbst das weitere Fertigen von Vervielfältigungsexemplaren nur gegen Vergütung zu gestatten und Gewährleistung gegen Vergütung anzubieten. (GPL Ziff. 1 Abs. 2)

Dem Objektcode von GPL-Programmen bzw. ausführbaren Codes ist außerdem die Quellcode-(Source Code-)Fassung beizufügen, die unter den Bedingungen von Ziff. 1 und 2 der GPL verbreitet werden muss. (GPL Ziff. 3 Abs. 1 Buchst. a)

Die Überlassung der Quellcode-Version kann von der Bezahlung einer Vergütung abhängig gemacht werden, die die tatsächlichen Kosten für die Verbreitung allerdings nicht überschreiten darf. (GPL Ziff. 3 Abs. 1 Buchst. b)

Nichtkommerzielle Anbieter können sich darauf beschränken, dem Objektcode eine Information über ein Angebot des Quellcodes nach Ziff. 3 Abs. 1 Buchst. b beizufügen. (GPL Ziff. 3 Abs. 1 Buchst. c)

Der Erwerb der Rechte unter der GPL erfolgt also vergütungsfrei. Diese Gestaltung ändert nichts an der Konstruktion der eingeräumten Rechte zur Nutzung der Software. So wirkt das Recht auch dann dinglich, wenn keine Vergütung vereinbart wird. Allerdings wird bei der Zuordnung dieser Überlassung zu einem gesetzlichen Vertragstypus eine wichtige Weiche gestellt: Ist keine Vergütung geschuldet, scheiden Kauf- oder Mietvertragsrecht aus, da es an der Gegenleistung fehlt. Möglich bleibt die Anwendbarkeit des Rechts der Schenkung oder der Leihe. Auch diese Vertragstypen passen aber nicht so recht, da keine Rückgabe vorgesehen ist (weshalb die Leihe ausscheiden wird) und die Nutzung inhaltlich eingeschränkt werden soll. Zu denken ist deshalb an einen auch im BGB möglichen freien Vertragstyp (s. § 305 BGB) bzw. die Annahme eines Gefälligkeitsverhältnisses.

Der „erwerbende Entwickler" darf aber für von ihm durchgeführte Weiterentwicklungen eine – freilich auf die Kostendeckung beschränkte – Vergütung verlangen. Hierauf stützt sich etwa der Vertrieb von „Linux-Distributionen", die das frei zu vertreibende Betriebssystem Linux selbst und zusätzliche Applikationen enthalten. Die zu vereinbarende Vergütung darf sich ausschließlich auf diese zusätzlichen Teile beziehen. Auch das Verbreiten soll uneingeschränkt möglich sein, jedoch gewissermaßen „rückgekoppelt" an die Rahmenbedingungen der Vergütungsfreiheit. Auch der Erschöpfungsgrundsatz des § 17 UrhG steht diesem Ergebnis nicht entgegen, da das Verbreiten nicht veräußerungsweise (also gegen Vergütung) erfolgt ist, so dass es nicht erforderlich ist, es nun dem Erwerber freizustellen, das Programm selbst weiterzuveräußern. Der Erwerber hat ohnehin diese Freiheit.

1.15.4 Verändern

1562 **Das erhaltene bzw. das selbst erstellte Vervielfältigungsexemplar des Programms darf ganz oder zum Teil verändert (modified) und in der veränderten Form vervielfältigt und verbreitet werden, vorausgesetzt, dass**

a) in den veränderten Programmdateien auf die Veränderungen, deren Zeitpunkt und den Urheber der Veränderungen hingewiesen wird;

b) das geänderte Programm bzw. das Werk, das aus der Veränderung des (unter der GPL) erhaltenen Programms hervorgegangen ist, kostenfrei als Ganzes allen Dritten unter den GPL-Bedingungen verfügbar gemacht wird;

c) das veränderte Programm Befehle interaktiv verarbeitet und bei dieser interaktiven Nutzung im Display oder im Ausdruck ein Urheberrechtsvermerk und ein Hinweis auf den Gewährleistungs-/Haftungsausschluss angezeigt bzw. ausgegeben wird und auch alle Dritten das Programm nur unter Einhaltung dieser Bedingungen nutzen und verbreiten dürfen und darauf hingewiesen wird, auf welche Weise sie die GPL selbst kopieren dürfen.
(GPL Ziff. 2 Abs. 1 Buchst. a bis c)

Diese Bedingungen gelten auch, wenn eigenentwickelte Programmteile als Teil eines Werkes verbreitet werden, das auf der GPL-Grundlage erstellt wurde. (GPL Ziff. 2 Abs. 2 Satz 3)

Aus **urheberrechtlicher Sicht** kann dieses Verändern als (selbst schöpferisches) Bearbeiten oder sonstiges Umgestalten einzuordnen sein. Für beides benötigt der Nutzer keine gesonderte Zustimmung. Auch dürfen die Bearbeitungs-/Umgestaltungsergebnisse frei genutzt, verbreitet und wiederum verändert werden – allerdings wiederum nur unter den GPL-Bedingungen (und damit grundsätzlich kostenfrei und unter Quellcodeherausgabe), wenn und soweit das Entwicklungsergebnis das GPL-Programm ganz oder teilweise inkorporiert enthält. Wird also etwa unter dem Betriebssystem Linux ein unabhängiges Anwendungsprogramm (etwa eine Textverarbeitung) entwickelt, sind auf dieses die GPL-Bedingungen nicht anwendbar. Wird hingegen Linux angepasst, erweitert oder in sonstiger Weise verändert (etwa mit einer automatisierten Installationsroutine versehen), ist bzw. bleibt die GPL anwendbar.

Auch **Dekompilieren** (siehe § 69e UrhG) ist uneingeschränkt zulässig, sollte aber nicht notwendig sein, da grundsätzlich das Quellformat einem GPL-Programm ohnehin beizufügen ist. Außerdem ist ein „Übersetzen von Codeformen" (im Sinne von § 69e Abs. 1 UrhG) zulässig, also etwa auch das Kompilieren des erhaltenen bzw. selbst erarbeiteten, aber auf GPL-Software beruhenden Quellcodes, ebenso ein Dekompilieren als Rückübersetzen von Codeformen.

Jede Verwertungshandlung außerhalb der in der GPL definierten Benutzung ist unzulässig und beendet die eingeräumte Nutzungsbefugnis. Die das Programm empfangenden Erwerber bleiben jedoch nutzungsberechtigt, soweit sie die GPL-Bedingungen einhalten. (GPL Ziff. 4)

Aus **urheberrechtlicher Sicht** bringt diese Regelung in Ziff. 4 eine wichtige Klarstellung. Wird etwa GPL-widrig ein Programm gegen Vergütung vertrieben oder fehlt ihm der Hinweis auf die anwendbare GPL, wäre die Nutzungseinräumung gegenüber Dritten unwirksam, gleich, ob diese Dritten sich ihrerseits an die GPL halten oder nicht. Der jeweils Berechtigte könnte jede weitere Nutzung (also Vervielfältigen, Verbreiten und Bearbeiten/Umgestalten) untersagen. Die GPL schützt hier jedoch jeden Erwerber. Allerdings handelt es sich nicht um einen „Gutglaubensschutz", da es überhaupt nicht auf die Kenntnis des Erwerbers von den vorausgegangenen Überlassungsvorgängen ankommt.

Durch das Verändern und Verbreiten der unter GPL verbreiteten Software nimmt der Nutzer die GPL-Nutzungsbedingungen an. (GPL Ziff. 5)

Diese Regelung in Ziff. 5 ist **AGB-rechtlich problematisch**: Die Regelungen der GPL stellen – als vorformulierte Regelungen, die jedem Verbreiten, Vervielfältigen und Ändern (Bearbeiten/Umgestalten) zugrunde gelegt werden sollen – AGB dar. Die GPL werden als AGB von demjenigen gestellt, der die GPL einem Verbreitungsvorgang zugrunde legt. Das ist zunächst natürlich der Autor der GPL, aber auch jeder Entwickler, der auf GPL-Basis Software Dritten überlässt. In AGB darf aber nicht einfach unterstellt werden, dass der Vertragspartner des Verwenders der AGB, hier also der Nutzer, die Geltung der AGB akzeptiert hat. In dieser Fiktion der Annahme der AGB läge eine unwirksame Regelung zur Veränderung der Beweislastverteilung. Aus rein tatsächlichen Handlungen wie dem Verbreiten oder Verändern darf also eine Zustimmung zu den Bedingungen der GPL nicht abgeleitet werden. Die Fiktion eines nutzerseitigen Einverständnisses unter den GPL-Regelungen ist wohl aber auch nicht erforderlich, jedenfalls nach deutschem Urheberrecht. Die in der GPL eingeräumten Nutzungsrechte zum Vervielfältigen, Verbreiten und Bearbeiten/Umgestalten haben dinglichen Charakter; sie binden also auch jeden Dritten, der das Programm nutzt. Dies gilt sogar für die unter der GPL gewählte Form der Rechtseinräumung, insbesondere hinsichtlich der Weiterverbreitung unter Beifügen des Quellcodes und Verzicht auf eine Vergütung (von Kostendeckung abgesehen). Die Gesamtheit der Einschränkungen (insbesondere: keine Vergütung) und Freistellungen (beliebiges Vervielfältigen auch der geänderten Programmfassungen) bildet in ihrer Gesamtheit **eine technisch und wirtschaftlich eigenständige Nutzungsart**, die dingliche Wirkung hat. So ist GPL-Software (wie etwa Linux) bereits technisch eigenständig definiert und nutzbar. Außerdem besteht ein getrennter Markt des im Wesentlichen kostenfreien Vertriebs der GPL-Software und ein hiervon abhängiger zusätzlicher Markt der in „Distributionen" zusammengefassten zusätzlichen, gegen Vergütung verfügbaren Programme.

1.15.5 Rechtsposition des Überlassungsempfängers

1563 **Jeder Überlassungsempfänger eines Programmes oder eines auf dem Programm basierenden Werkes erhält vom ursprünglichen Programminhaber die Rechte zum Vervielfältigen, Verbreiten und Verändern eingeräumt. Weitere Nutzungseinschränkungen dürfen dem Überlassungsempfänger nicht auferlegt werden. (GPL Ziff. 6)**

Urheberrechtlich besteht hier insoweit eine Besonderheit, als nicht eine Weiterübertragung der Nutzungsrechte (im Sinne von § 34 Abs. 1 UrhG) erfolgt, sondern der Urheber unter der GPL dem weiteren Nutzer die erforderlichen Rechte unmittelbar selbst einräumt. Das Nutzungsrecht wird also nicht in der Kette Schritt für Schritt weiterübertragen, sondern jedesmal wieder vom ursprünglichen Berechtigten auf den einzelnen Folgenutzer, ausgenommen natürlich die zwischengeschalteten Empfänge hinsichtlich eigener Weiterentwicklungen. Mit dieser Übertragung endet das Nutzungsrecht des bisherigen Nutzers allerdings nicht notwendig (wie das sonst nach urheberrechtlichen Grundsätzen bei Weiterveräußerung der Fall ist), da diese bisherigen Nutzer das Programm weiterhin (wenn auch unter den GPL-Bedingungen) nutzen können sollen. Diese Abweichungen können auf vertraglicher Basis auch aus urheberrechtlicher Sicht wirksam vereinbart werden (vgl. § 34 Abs. 4 UrhG).

1.15.6 Gewährleistungs- und Haftungsausschluss

Die GPL sieht einen vollständigen Gewährleistungsausschluss vor. Das Programm wird „as is" verbreitet. Jegliche Haftung von Rechtsinhabern gegen Nutzer wird außerdem ebenfalls ausgeschlossen. (GPL Ziff. 11 und 12) 1564

Ein **Gewährleistungsausschluss** ist (insbesondere in Formularverträgen) unzulässig. Allerdings kann dies naheliegenderweise nur für Überlassungsvertragstypen gelten, die eine Gewährleistung vorsehen (also Kauf, Miete, Werkvertrag). Erfolgt die Überlassung hingegen vergütungsfrei, ist allenfalls Haftung aus Arglist möglich (s. §§ 523 f BGB), die auch in Individualverträgen nicht ausgeschlossen werden kann (vgl. § 276 Abs. 2 BGB). Außerdem ist der Code keine neu hergestellte Sache im Sinne von § 11 Nr. 10 AGBG, so dass Formularverträge auch deshalb nicht nach § 11 Nr. 10 AGBG kontrollfähig sind.

Unwirksam ist freilich der pauschale und umfassende **Haftungsausschluss**. Hierdurch würde sogar Vorsatzhaftung entfallen, ebenso jede Haftung für grobe Fahrlässigkeit auch für Rechtsverletzungen (unzulässig nach § 11 Nr. 7 AGBG).

1.15.7 Entwicklung von GPL-Software im Arbeitsverhältnis

Alle vermögensrechtlichen Befugnisse an von einem Arbeitnehmer entwickelten Computerprogramm stehen ausschließlich dem Arbeitgeber zu

(§ 69 b UrhG). Einer besonderen Rechtseinräumung bedarf es nicht, da sie bereits durch das Gesetz mit der Entwicklung erfolgt.

Abweichende Vereinbarungen sind allerdings zulässig (§ 69 b Abs. 1 Satz 2 UrhG). Diese Rechtsfolge muss auch eintreten, wenn der Arbeitnehmer GPL-Software entwickelt. Als „Lizenzgeber" im Sinne der GPL ist hier der Arbeitgeber zu sehen, nicht der entwickelnde Arbeitnehmer. Zwar darf ein Entwickler unter der GPL-Software nicht gegen Vergütung weitergeben, also auch nicht gegen Arbeitsentgelt (so dass hiernach GPL-Software eigentlich nicht gegen Vergütung entwickelt werden dürfte). Doch ist hier der erläuterte Unterschied zwischen vertraglicher Rechtseinräumung und gesetzlicher Rechtszuweisung zu beachten. Die Rechtseinräumung erfolgt durch das Gesetz. Vergütet wird nicht die Rechtseinräumung, sondern eine Arbeitsleistung. Der Arbeitgeber ist seinerseits aber voll an die GPL-Bedingungen gebunden, wenn er unter diesen ein Programm verbreiten will oder GPL-Software Teil seiner Entwicklung ist. Keine Einschränkungen bestehen, wenn der Arbeitnehmer GPL-Software zur Grundlage der Entwicklung macht, ohne das die GPL-Software später einen Teil des Entwicklungsergebnisses darstellt.

1.15.8 Linux-Distributionen

Linux-Distributionen stellen Sammlungen aus Programmen und damit mögliche Datenbanken im Sinne der §§ 87 a ff. UrhG dar,[193a] an denen getrennt Nutzungsrechte eingeräumt werden können (aber nur bezogen auf die jeweilige Sammlung als solche).

2. Patentschutz für Software[194]

1565 Patente werden für Erfindungen erteilt, die neu sind, auf einer erfinderischen Tätigkeit beruhen und gewerblich anwendbar sind (vgl. § 1 Abs. 1 PatG). Der präzisierenden Rechtsprechung zufolge kann das Vorliegen einer Erfindung im Rahmen des Patentrechtes außerdem grundsätzlich nur dann bejaht werden, wenn die beanspruchte Lehre dem Bereich der Technik angehört[195] und eine solche Lehre zum technischen Handeln als **eine Anweisung zum planmäßigen Handeln unter Einsatz beherrschbarer Naturkräfte zur Erreichung eines kausal übersehbaren Erfolges zu**

[193a] Siepmann, a. a. O., 25.

[194] Auch die Darstellung zum Patentschutz für Software kann im vorliegenden Rahmen nur grundrissartig erfolgen und Fragestellungen aufzeigen; für eine Vertiefung s. Koch, Software-Recht, 2000

[195] BGHZ 52, 74 ff.

sehen ist[196]. Dieses patentrechtliche Erfordernis führt zu einem der Haupt-
probleme für den **software**bezogenen Patentschutz, während sich für den
Patentschutz für Hardware grundsätzlich keine Besonderheiten im Vergleich zu anderen Erfindungen ergeben.

Datenverarbeitungsprogramme als solche genießen grundsätzlich **kei-**   1566
nen Patentschutz. Gemäß § 1 Abs. 3 Nr. 3 PatG[197] (in nationaler Durchführung von Art. 52 EPÜ) sind „Programme für Datenverarbeitungsanla-
gen" vom Patentschutz ausgeschlossen, und zwar gemäß Abs. 3 „als solche"[198]. Gleiches gilt für Algorithmen.[199] Jedoch gibt es Tendenzen, Computerprogramme dann als patentfähig anzusehen, wenn sie, vereinfacht
gesagt, Teil einer Erfindung sind und unmittelbar zur Beherrschung von
Naturkräften dienen.[200] Das EPA hat bis Ende 1994 bereits über 11 000
softwarebezogene Patente erteilt und nur etwa 100 Anmeldungen abgelehnt.[201] Auf EU-Ebene wird eine Harmonisierung der nationalen (z. B.
deutschen und britischen) Rechtsauffassungen der Gerichte angestrebt.[201a]

Dies bedarf näherer Ausführung: Bei Computerprogrammen als solchen   1567
fehlt es in der Regel am Einsatz beherrschbarer Naturkräfte zur Erreichung eines Erfolges, also am technischen Charakter[202] bzw. einer technischen „Lehre". Das Programm selbst gibt lediglich an, wie mit Hilfe einer
bestimmten Datenverarbeitungsanlage die im Programm enthaltene Problemlösung durchzuführen sei. Der Einsatz von Naturkräften erfolgt erst
durch die DVA, die in Funktion und Gebrauch aber schon vorbestimmt
ist.[203] Computerprogramme sind damit nach weitaus überwiegender Auf-

---

[196] Insbes. BGHZ 67, 22, 27 – Dispositionsprogramm; GRUR 1978, 102 ff. – Prüfverfahren; BGH,
GRUR 1978, 657 ff. – Straken; GRUR 1980, 849 ff. – Antiblockiersystem (ABS); BGHZ 78,
98 ff. = GRUR 1981, 39, 41 – Walzstabteilung; BGH, GRUR 1986, 531, 533 – Flugkostenminimierung.

[197] Zur Unwirksamkeit des Ausschlusses von „Software" in Art. 5 Abs. 2c und Abs. 3 EPÜ und in § 1
Abs. 2 Nr. 3 und Abs. 3 PatG wegen Verstoßes gegen Art. 27 Abs. 1 TRIPS s. Schimma, GRUR
Int. 1998, 852.

[198] Zur nicht restlos aufgeklärten Natur dieses Begriffes s. Engel, GRUR 1993, 194 ff.

[199] BPatG, Beschl. vom 4. 10. 1990 – 19 W (pat) 117/88, CR 1991, 225.

[200] Für eine erweiternde Auslegung siehe etwa Mellulis, GRUR 1998, 843 (vor allem auf Neuheit
und den erfinderischen Schritt abstellend); s. auch die pointierte Kritik an der BGH-Rechtsprechung bei Schmidtchen, Mitt. 199, 281.

[201] EPA-Jahresbericht 1994, zit. nach Betten/Körber, GRUR Int. 1997, 118 (AIPPI-Jahresbericht).

[201a] Siehe Mitt. der Kommission an den Rat, das Europäische Parlament und den Wirtschafts- und So-
zialausschuss: Förderung der Innovation durch Patente – Folgemaßnahmen zum Grünbuch über
das Gemeinschaftspatent und das Patentschutzsystem in Europa, S. 13.

[202] BGH, NJW 1976, 1936 ff.

[203] Vgl. BGH, GRUR 1981, 39, 41 – Walzstabteilung; grds. bereits BGHZ 67,22,27 = GRUR 1977,
96 – Dispositionsprogramm; BGH, GRUR 1978, 657 ff. – Straken; GRUR 1978, 420 – Fehleror-
tung; GRUR 1980, 849 – ABS.

fassung nicht patentfähig, wenn sie lediglich eine Anweisung zum bestimmungsgemäßen Gebrauch einer Datenverarbeitungsanlage enthalten.[204] Ein Computerprogramm ist nicht bereits deshalb patentfähig, weil es die elektrischen und magnetischen Schaltzustände innerhalb einer DVA steuert und dadurch das angestrebte Ergebnis herbeiführt.[205] Computerprogramme können aber durchaus technische Bedeutungsinhalte aufweisen und mit diesen der Steuerungs- und Regelungstechnik[206] bzw. der Kommunikations- und Automationstechnik dienen.

Ein Programm kann patentfähig sein, wenn das Programm in der Weise wirkt, dass eine **DVA technisch in einer neuen Art und Weise arbeitet**[207] oder einen neuen Aufbau zu benutzender Hardware lehrt[208], wobei der **technische Charakter** der Erfindung, deren Teil das Computerprogramm ist, grundsätzlich dann bejaht werden muss, wenn die DVA direkt, beispielsweise durch Fühl- und Stellglieder in externe (technische) Vorgänge eingreift[209].

Patentfähig in diesem Sinne ist

– eine Lehre zur Lösung des Problems, dass der **Massenspeicher** eines Rechners nur einen langsameren Zugriff zulässt und deshalb zum schnelleren Arbeitsspeicher ein Pufferspeicher zwischengeschaltet wird. Der Massenspeicher kann dann optimal mit Speicherseiten für die jeweils gerade zu bearbeitenden Prozesse belegt werden, so dass das Gesamtsystem mehrere Prozesse simultan bearbeiten kann[210];

– eine Einrichtung zur Überwachung von Rechenbausteinen (insbesondere Mikroprozessoren) durch Vergleich der bei der Abarbeitung eines Prüfprogramms erzeugten Signale mit in einem nichtflüchtigen Speicher vorhandenen Muster[211];

– die automatische Auswertung der beim Betrieb eines Röntgengerätes aufgetretenen relevanten Daten und eine darauf beruhende Ansteuerung des Geräts mit dem Ziel einer optimierten Führung der Vorrichtung und zur Erzielung optimaler Belichtung bei hinreichender Überlastungssicherheit der Röntgenröhre[212];

---

[204] Siehe Jersch, Ergänzender Leistungsschutz und Computersoftware. Rechtsschutz für innovative Arbeitsergebnisse durch UWG und BGB, 1993, 129 m. w. N.

[205] So in Übereinstimmung mit der BGH-Rechtsprechung die EPA-Beschwerdekammer, GRUR Int. 1988, 585 ff.; vgl. Engel, GRUR 1993, 194, 196.

[206] Siehe etwa Schricker/Loewenheim, CR 1988, 799, 802.

[207] BGH, GRUR 1992, 33 – Seitenpuffer; GRUR 1992, 36 – Chinesische Schriftzeichen.

[208] Vgl. BGH, GRUR 1977, 98, 99; GRUR 1986, 307, 308 – Digitale Signalverarbeitung.

[209] Prasch, CR 1987, 337, 344.

[210] BGH, Beschl. vom 11. 6. 1991 – X ZB 13/88, CR 1991, 658, 660.

[211] EPA, ABl. 1995, 305 – Elektronische Rechenbausteine; nachfolgende Aufstellung nach Mellulis, GRUR 1998, 843, 847.

[212] EPA, ABl. 1988, 19 – Röntgeneinrichtung.

- eine Schaltung zur Steuerung elektrischer Geräte, die Informationen erkennen, unterscheiden und auf dieser Grundlage Steuersignale erzeugen kann, auch wenn Schaltung und Steuerung über ein in einem Rechner abgelegtes Programm erfolgen[213];
- die automatische Ermittlung und Anzeige der verbleibenden Tauchzeit nach einem Programm (als Rechenregel), das neben (durch Meßgeräte ermittelten) gespeicherten und ausgewerteten Messgrößen wie Tauchzeit etc. auch die davon abhängige Dauer notwendiger Pausen zur Dekompression ermittelt und einbezieht[214];
- ein Verfahren zur optimierten Gestaltung von Leiterbahnen bzw. zur Verdrahtung einer integrierten Halbleiterschaltung, bei dem die Verdrahtungswege zunächst durch einen Computer und das in diesem gespeicherte Programm ermittelt und anschließend auf dieser Basis automatisch erstellt werden[215];
- ein Programm zur Darstellung von Erdschichten und deren Eigenschaften, bei dem programmgesteuert seismische Wellen definiert, erzeugt und ausgewertet werden[216];
- ein den Betrieb des Rechners steuerndes Programm[217] (insbesondere das Betriebssystem selbst, aber wohl auch ein Treiberprogramm) oder ein Programm zur Erfassung und Speicherung der Informationen über die aktuelle Speicherbelastung[218];
- ein Programm zur Aufnahme digital formatierter Steuerzeichen in einen durch Textverarbeitung generierten Text zur Beeinflussung eines angeschlossenen Druckers[219], zur Speicherung und Verwaltung nicht ausführbarer Anweisungen[220] oder ein Programm zur Umwandlung von Spracheingabe in computerausführbare Befehle[221];
- ein Programm zur optischen Auswertung von Ereignissen in einem Textverarbeitungssystem mit Umwandlung interner Zeichendarstellung in eine für den Benutzer erkennbare Repräsentation[222];

---

[213] EPA, T 318/89 – Erntemaschine (zitiert nach Mellulis, a. a. O., 847); s. auch BPatG, GRUR 1989, 42 – Rollladensteuerung; BPatG, GRUR 1987, 799 ff. – Elektronisches Stellwerk; BPatG, GRUR 1991, 195 – Temperatursteuerung.

[214] BGH, GRUR 1992, 430, 431 – Tauchcomputer.

[215] BPatG, Bl. f. PMZ 1997, 37; zit. nach Mellulis, a. a. O.

[216] BPatG, GRUR 1990, 261 ff. – Seismische Aufzeichnungen.

[217] BGH, GRUR 1992, 33 – Seitenpuffer.

[218] BGH, a. a. O. (Seitenpuffer).

[219] EPA, ABl. 1994, 157 – Editierbare Dokumentenform.

[220] EPA, Entsch. vom 21. 9. 1993 – C 71/91, CR 1995, 205 – electronical document System; EPA, Entsch. vom 15. 4. 1993 – T 110/90, CR 1994, 340.

[221] EPA, Entsch. vom 16. 4. 1993 – T 236/91, CR 1995, 214 – TEXAS.

[222] EPA, ABl. 1990, 30 – Computerbezogene Erfindung.

– die einheitliche Bildschirmmaskendarstellung eines Buchungsbeleges in einem Buchhaltungsprogramm[223] und sogar ein Programmhilfesystem (!), das über den jeweiligen Arbeitszustand des Hauptprogramms informiert[224];

– ein Programm zur Koordination und Steuerung der internen Kommunikation zwischen Prozessoren über Kommunikationsnetze[225], aber **nicht** das Verfahren zur bloßen Ordnung und Darstellung von Schriftzeichen, die aus einem Rechenspeicher abgerufen werden und durch andere Zeichen ersetzbar sind[226] oder zur Darstellung von mehreren Bildern auf dem Bildschirm durch Bildschirmteilung[227] oder zur Wiederauffindung von Dokumenten[228] oder deren Komprimierung[229] oder zur Ordnung von Dokumenten[230], zur Kodierung durch Verschlüsselung[231], während ein Kompressionsverfahren als solches patentfähig sein kann[232].

Nicht patentfähig ist ein Anspruch, der eine im Wesentlichen geschäftliche Transaktion betrifft, da diese nicht auf eine patentfähige Erfindung im Sinne von Art. 52 Abs. 1 EPÜ gerichtet ist.[233]

Wesentlich für die Patentfähigkeit von Computerprogrammen ist damit, ob und inwieweit diese eine **Steuerungsfunktion** innerhalb eines Verfahrens haben. Bloße Informationsverarbeitung als Ergebnis reicht nicht aus.[234]

1568 Auch ein rechnersteuerndes Programm ist grundsätzlich dann **nicht patentfähig, wenn die beanspruchte Lehre auf die Auswahl, Gliederung und Zuordnung von Informationen gerichtet ist und sich in einer gedanklich logischen Anweisung in Form einer Organisationsregel erschöpft.**[235] Patentfähig (nach EPÜ) erscheint ein Verfahren zur Transformation von zu einem Textverarbeitungssystem gehörenden Steuerzeichen, die technische Merkmale darstellen, in Steuerzeichen, die zu einem zweiten Textverarbeitungssystem gehören.[236] Technische Merkmale der

---

[223] EPA, ABl. 1995, 525 – Universelles Verwaltungssystem.

[224] EPA, Entsch. vom 19. 4. 1994 – T 887/92, zitiert nach Mellulis, a. a. O., 849.

[225] EPA, Entsch. vom 6. 10. 1988 – T 6/83, CR 1991, 285 = ABl. 1990,5 – Datenprozessornetz.

[226] EPA, Entsch. vom 12. 12. 1989 – T 158/88, CR 1991,21 = ABl. 1991, 566 – Schriftzeichenform.

[227] EPA, ABl. 1996, 14 – Sichtgerät.

[228] EPA, Entsch. vom 5. 10. 1988 – T 22/85, CR 1991, 286.

[229] EPA, Entsch. vom 26. 4. 1991 – T 107/87, CR 1993, 26 – Datendekompression.

[230] EPA, ABl. 1990, 12 – Zusammenfassen und Wiederauffinden von Dokumenten.

[231] EPA, ABl. 1986, 226 – Kodierte Kennzeichnung.

[232] EPA, CR 1993, 26 – Datenkompressionsverfahren.

[233] Siehe EPA, Entsch. vom 19. 3. 1992 – T 854/90, CR 1994, 200.

[234] EPA, CR 1991, 21.

[235] So etwa das BPatG, CR 1988, 652.

[236] EPA, Entsch. vom 15. 4. 1993 – T 110/90, CR 1994, 340.

Hardware und funktionale Merkmale der Software können gemischt sein.[237]

Die Patentfähigkeit einer Lehre zum technischen Handeln ist gegeben, „wenn eine Anweisung zum planmäßigen Handeln unter Einsatz beherrschbarer Naturkräfte zur Erreichung eines kausal übersehbaren Erfolges vorliegt. Dabei muss das Ergebnis unmittelbar und ohne Zwischenschaltung der menschlichen Verstandestätigkeit erreicht werden".[238] Eine solche Anweisung zum planmäßigen Handeln liegt etwa insoweit vor, als, „neben dem zentralen Adressenspeicher mindestens ein Nachbaradressenregister vorgesehen und angegeben wird, zu welchem Zeitpunkt die Adressen und Strangkennzeichen von welchen Fahrwegelementen aus dem zentralen Adressenspeicher einzugeben sind".[239] Dem BPatG zufolge muss das Programm eine Abfolge von technischen Einzelmaßnahmen lehren.[240]

Nach der „**Kerntheorie**" des BGH zur technischen Lehre war zu prüfen, ob   1569 der Kern einer Lehre auf technischem Gebiet liegt. Schließt sich die Anwendung technischer Mittel nur einer Problemlösung an, fehlt es hiernach an einer patentfähigen Erfindung.[241] Werden etwa bei einem Verfahren sowohl von Naturkräften abgeleitete Messwerte als auch betriebswirtschaftliche Faktoren rechnerisch in der Weise miteinander verknüpft, dass das Ergebnis der Rechnung einen Steuervorgang auslöst, so ist das Verfahren nach dieser BGH-Auffassung dann keine der Patentierung zugängliche technische Lehre, wenn die markt- und betriebswirtschaftlichen Faktoren den entscheidenden Beitrag zur Erreichung des erstrebten Erfolges liefern und die eingesetzten Naturkräfte demgegenüber an Bedeutung zurücktreten.[242]

---

[237] EPA, Entsch. vom 31. 5. 1994 – T 769/92, CR 1995, 208 – SOHEI; einschränkend die Entscheidung des EPA vom 17. 4. 1991 – T 461/88, CR 1992, 535 – Mikrochip (Programminhalt des Chip muss ermittelt sein).

[238] BGH, GRUR 1980, 849 f. – Antiblockiersystem.

[239] BPatG, Beschl. vom 12. 8. 1987 – 19 W (pat) 56/85, CR 1988, 27 – Fahrwegelemente.

[240] BPatG, Beschl. vom 22. 1. 1998 – 17 W (pat) 1/96, CR 1998, 651.

[241] Siehe näher BGH, NJW 1981,1617 f. – Walzstabteilung; BGH, GRUR 1986, 531, 533 f. – Flugkostenminimierung; BGH, NJW 1992, 372 = CR 1991, 658 – Seitenpuffer (technische Lehre ermöglicht unmittelbares Zusammenwirken der Elemente der Anlage, ohne notwendig neu oder erfinderisch sein zu müssen); BGH, NJW 1992, 374 = CR 1991, 662 – Chinesische Schriftzeichen (wesentlich auf „Kerntheorie" abstellend); BGH, Urteil vom 4. 2. 1992 – X ZR 43/91, NJW 1993, 203 = CR 1992, 600 – Tauchcomputer (in der Literatur interpretiert als Übergang bzw. Abkehr von der „Kerntheorie" zur jedenfalls ansatzweisen Zugrundelegung einer Gesamtbetrachtung, s. Raubenheimer, CR 1994, 328, 332; Betten, GRUR 1992, 603 und CR 1992, 603; Mellulis, a. a. O., 849). Auf die Gesamtheit abstellend auch EPA, Entsch. vom 19. 3. 1992 – T 845/90, CR 1994, 200 (kein technischer Charakter, wenn Anspruch als Ganzes betrachtet eine geschäftliche Transaktion betrifft) und etwa BPatG, Beschl. vom 16. 3. 1989 – 31 W (pat) 50/86, CR 1991, 26 und Beschl. vom 4. 10. 1990 – 19 W (pat) 117/88, CR 1991, 225 – Steuerung; EPA, Entsch. vom 6. 7. 1994 – T 1002/92, CR 1995, 589 – PETTERSON/Warteschlangensystem; BPatG, Beschl. vom 22. 1. 1998 – 17 W (pat) 1/96, CR 1998, 651.

[242] BGH, Urteil vom 11. 3. 1986 – X ZR 65/85, CR 1986, 325 – Seitenpuffer (Speicher).

1570 Das BPatG hat diese „Kerntheorie" abgelehnt. Bei der Prüfung der Patentfähigkeit habe nicht eine Gewichtung der technischen und der nichttechnischen Merkmale des Offenbarten zueinander zu erfolgen, sondern müsse eine Feststellung des insgesamt offenbarten Erfindungsgedankens erfolgen.[243] Auch die Beschwerdekammer des EPA stellt nicht auf eine Gewichtung technischer und nichttechnischer Merkmale ab. Für die Patentierbarkeit genüge, dass sich die im Anspruch definierte Erfindung technischer Mittel bediene.[244] Die Erfindung sei in ihrer Gesamtheit zu würdigen. Der BGH hat klargestellt, dass es für die Beurteilung einer **Lehre zum technischen Handeln** ohne Bedeutung ist, ob die Lehre neu, fortschrittlich und erfinderisch ist. Eine programmbezogene Lehre sei technisch, wenn sie die Funktionsfähigkeit der DVA als solche betreffe und damit das Zusammenwirken ihrer Elemente ermögliche.[245] Für die Entscheidung, ob diese Voraussetzung erfüllt ist, muss nicht gleichzeitig auf die anderen Kriterien zurückgegriffen werden. Maßgeblich für die Beurteilung der technischen Natur einer Erfindung ist stets die Gesamtheit der der Problemlösung dienenden Merkmale. Wobei ein erzielter technischer Erfolg ein Indiz für das Vorliegen einer technischen Lehre und das Vorliegen der technischen Lehre außerdem unabhängig von der Erfindungshöhe zu untersuchen sei.[246] Die eine patentbeanspruchende Lehre beinhaltenden Programme müssen deshalb **auf die Systemfunktion als solche** ausgerichtet sein. Für ein Verfahren zur Eingabe chinesischer Schriftzeichen in den Rechner war dies vom BGH verneint worden[247], da durch das Verfahren die chinesischen Zeichen nach ihren Kennzeichen, Zeichenfolgen und Teilzeichen in bestimmte Bereiche und innerhalb dieser Bereiche nach weiteren Kriterien geordnet wurden, die durch eine Auswahl, Einreichung und Einordnung von Bedeutungsinhalten (Adressen) erfolgten. Ein solches gedankliches Ordnungssystem bedient sich keiner Mittel, die sich außerhalb der menschlichen Verstandestätigkeit auf technischem Gebiet befinden.[248] Der Inhalt dieser Anwendung betraf also nicht die Funktionsfähigkeit der Datenverarbeitungsanlage als solcher, da sie nicht darin bestand, das unmittelbare Zusammenwirken ihrer Elemente zu ermöglichen (bzw. zu verändern).

---

[243] BPatG, Beschl. vom 8. 9. 1988 – 17 W (pat) 137/86, GRUR 1989, 338 (unter Ablehnung der Patentfähigkeit der Abspeicherung von Programmdaten in einem ROM, da keine Änderung am datenverarbeitenden Gerät erfolge) und BPatG, Beschl. vom 25. 7. 1988 – 19 W (pat) 93/87, CR 1989, 377, 379 – Rollladensteuerung.
[244] EPA, Entsch. vom 21. 5. 1987, CR 1987, 671.
[245] BGH, Beschl. vom 11. 6. 1991 – X ZB 13/88, CR 1991, 658, 661.
[246] BPatG, a. a. O.
[247] BGH, Beschl. vom 11. 6. 1991 – X ZB 24/89, CR 1991, 662 – Chinesische Schriftzeichen.
[248] BGH, a. a. O., 663.

Systemsoftware ist damit, obwohl Rechner steuernd, nicht per se patent- 1571
fähig. Notwendig ist, dass sie eine Lehre enthält, die einen neuen Aufbau
der Anlage beinhaltet bzw. fordert. Die übliche Nutzung von Systemressourcen oder Bereitstellung von Funktionen genügt nicht,[249] ebenso wenig
eine bloße Kombination aus Hardware- und Software-Komponenten, es
sei denn, sie erreicht eine technische Wirkung.[250] Der Beitrag muss technischer Natur sein, nicht aber unbedingt neu.[251]

Die Einwirkung des Programmes auf das System muss die **wesentliche** 1572
Funktion des Programmes sein. Es genügt nicht, wenn es hauptsächlich
andere Aufgaben ausführt und hierbei auch auf den Speicher bzw. generell
das System zugreift. Damit sind Betriebssysteme in wichtigen Funktionsbe-
reichen patentfähig, wenn sie einen neuen Aufbau der Hardware bzw. zumindest eine neue Gebrauchsweise beinhalten. Naturgemäß sind auch die weiteren Kriterien zu prüfen (Neuheit im Anmeldungszeitpunkt, erfinderische
Tätigkeit, individuelle Brauchbarkeit und Fortschrittlichkeit der Erfindung).

Gleiche Überlegungen gelten beispielsweise für speicherverwaltende 1573
Tool-Programme („Utilities"), soweit sie ebenfalls als ihre wesentliche
Aufgabe unmittelbar in die Funktion des Rechners eingreifen, ebenso für
datenkomprimierende Systemprogramme. Das reine Komprimieren der
Datenfolge hat noch keinen technischen Charakter, wohl aber dann, wenn
die Codierungsvorschrift in einem technischen Verfahren angewendet
wird, wie etwa der Speicherung/Übertragung von Folgen von Datenele-
menten[252] oder wenn etwa bei einem Herstellungs- und Prüfverfahren für
ein elektronisches Gerät eine den jeweiligen Prüfschritt dokumentierende
Information in dem für die spätere Funktion des Gerätes vorgesehenen
Speicherelement dauerhaft abgespeichert wird und zur Steuerung nachfol-
gender Herstellungs- und Prüfschritte dient.[253] Einen Beitrag zur Technik
leistet auch ein elektronisches Dokumentenverteilungssystem aus mehreren Prozessoren oder Workstations, bei dem Dokumente in Form eines
Datenstroms empfangen oder übertragen werden, wobei die Daten sowohl
den Inhalt eines Dokuments als auch Anweisungen für dessen Verarbeitung umfassen.[254] Ebenso kann auch ein **Virensuchprogramm** als Lehre
zum technischen Handeln verstanden werden, sofern es Anweisungen ent-

---

[249] So bereits BPatG, Urteil vom 18. 3. 1986 – 17 W (pat) 74/84, CR 1987, 94f. – Betriebsprogramm.
[250] EPA, Entsch. vom 31. 5. 1994 – T 796/92, CR 1995,208 – SOHEI/Computermanagementsystem.
[251] EPA, Entsch. vom 16. 4. 1993 – T 236/91, CR 1995, 214.
[252] EPA, Entsch. vom 26. 4. 1991 – T 107/87, CR 1993, 26.
[253] So das BPatG, Beschl. vom 13. 2. 1992 – 23 W (pat) 24/90, CR 1993, 744 – Elektronisches Gerät.
[254] So EPA, Entsch. vom 21. 9. 1993 – T 71/91, CR 1995, 204 – Elektronisches Dokumentenverteil-
    system.

hält, die Elemente einer DVA beim Betrieb **unmittelbar** auf bestimmte Art und Weise nutzen, nämlich etwa die Identität des Ausgangs- und des Vergleichsprogrammes durch Checksummenanalyse feststellen, gefundene Viren identifizieren und diese dann löschen sowie anschließend die Virenfreiheit des Speichermediums testen. Ein solches Programm ist geeignet, die vorhandenen Selbsttestfunktionen eines Systems in positiver, die Rechnersicherheit verstärkender Weise zu beeinflussen.

1574 **Algorithmen** als solche sind nicht patentfähig.[255] Notwendig ist vielmehr, dass der Algorithmen enthaltende Patentanspruch eine technische Lehre vermittelt, so etwa, wenn nach bekannter Methode ermittelte Messsignale mittels des Algorithmus derart aufbereitet werden, dass hierdurch eine **gezielte Veränderung** der Messsignale erfolgt. Der technische Charakter des Patentanspruches besteht hier darin, dass letztlich die Eingabe von aus beherrschbaren Naturkräften abgeleiteten Maßgrößen und deren sinnvolle Verknüpfung ohne Zwischenschaltung der menschlichen Verstandestätigkeit, also auf naturgesetzliche Weise, ermöglicht, reale Amplitudenänderungen besser von ähnlich aussehenden Reflexionen anderer Strukturen zu unterscheiden, wodurch Gebiete mit der Möglichkeit der Gasspeicherung und/oder Ansammlungen von Kohlenwasserstoffen zuverlässiger erkannt werden können. Hier wird ein technisches Verfahren gesehen, das zwar programmgesteuert ablaufe und bei dem auch von mathematischen Methoden Gebrauch gemacht werde, bei dem aber letztlich durch technische Mittel eine Veränderung in der physikalischen Erscheinungsform veränderter Amplitudenweiten erzielt wird.[256]

Auch eine durch einen Algorithmus beschriebene **hardwaremäßige Verknüpfung von Bauelementen** ist dem Patentschutz zugänglich. Wobei nicht entgegensteht, dass dieser Algorithmus für einen Fachmann erkennbar auch auf einem herkömmlichen programmgesteuerten Rechner ausgeführt werden könnte, im bestimmungsgemäßen Gebrauch einer handelsüblichen EDV-Anlage aber nicht patentfähig wäre.[257] Ausreichend ist

---

[255] Ausführlich zur Problematik s. etwa Assiola, GRUR Int. 1996, 9, 11.

[256] BPatG, Beschl. vom 5. 10. 1989 – 31 W (pat) 58/88, GRUR 1990, 261 – Seismische Aufzeichnungen. Die Beurteilung der Technizität hängt hierbei nicht davon ab, ob die gezielte Veränderung (im vorliegenden Fall: „Filterung") elektrischer Signale (bei seismischen Aufzeichnungen) durch festverdrahtete Bauelemente oder durch einen Digitalfilter erfolgt, bei dem die erstrebte Signalumformung durch einen Rechnerprozess gewonnen wird.

[257] BPatG, Beschl. vom 30. 8. 1988 – 17 W (pat) 112/86, GRUR 1989, 336 – Fourier-Transformationsanordnung. Die Besonderheit des patentrechtlich beanspruchten Gegenstandes war in einer Anordnung für die eindeutig umkehrbare Transformation einer ersten Folge von zeit- und amplitudendiskreten Abtastweiten eines reellen Signals in eine zweite Folge von dazu gehörenden Fourierkoeffizienten (und umgekehrt) zu sehen. Der Patentanspruch bezeichnet diskrete Bausteine

auch, dass die beanspruchte Lehre einen Algorithmus mit der Zweckan-gabe „zum Empfang von über einen gestörten Kanal übertragenen Signa-len" betrifft.[258]

Die Rechtsprechung entwickelte einen Grundsatz, demzufolge eine Lehre, 1575
eine DVA nach einem bestimmten Rechenprogramm zu betreiben, nur
patentfähig sein könne, wenn das Programm einen neuen erfinderischen
Aufbau einer solchen Anlage erfordere und lehre oder wenn ihm eine
Anweisung zu entnehmen sei, die Anlage auf eine neue, bisher nicht übliche und auch nicht nahe liegende Art und Weise zu benutzen. Dieser
Grundsatz wird vom BPatG dahingehend für ergänzungsbedürftig gehalten, als unter **„neuer Brauchbarkeit"** auch eine neue Programmierung
eines Universalrechners verstanden werden solle.[259] Dieser neue und
erfinderische Gebrauch müsse aber durch den Einsatz beherrschbarer
Naturkräfte erfolgen, die dann zum angestrebten, kausal übersehbaren
Erfolg führen.[260]

Die **Programmierung** an einer DVA stellt grundsätzlich einen bestim- 1576
mungsgemäßen Gebrauch dieser DVA dar, nicht aber einen neuen
Gebrauch, wie er für Patentfähigkeit erforderlich ist.[261] Beschränkt sich
die Ausführung einer an sich untechnischen Anweisung auf die Verwendung einer fertigen DVA oder der in ihr vorhandenen Bestandteile, ohne
dass diese einer Änderung bedürfen, so liegt der sachliche Gehalt der
beanspruchten Lehre auf nichttechnischem Gebiet[262], so dass Patentfähigkeit ausscheidet. Gleiches gilt etwa für das Zusammenfassen eines Doku-
mentes, das Speichern der Zusammenfassung und ihr Wiederauffinden
mittels Abfrage[263], nicht jedoch für eine (patentfähige) Erfindung, die sich
auf die Koordination der internen Kommunikation zwischen Programmen

---

und die diesen zugeführten oder von ihnen erzeugten Signale, angegeben als Wert, Zahl oder
Ausdruck einer Fourier-Transformation. Zwar waren, dem BPatG (a. a. O., 338) zufolge, die einzelnen Bausteine hinsichtlich ihrer Funktion bekannt, so wie auch die Bauteile einer Schaltung im
allgemeinen bekannt sind, jedoch werde die Funktion einer Schaltungsanordnung nicht durch die
Summe der verwendeten Elemente bestimmt, sondern durch die **Art ihrer Zusammenschaltung**
zufolge gewünschter Verknüpfungsregeln – hier eben durch den neu gefundenen Algorithmus,
der zumindest teilweise einen schaltungstechnisch neuen Weg fordert.

[258] BPatG, Beschl. vom 25. 3. 1996 – 20 W (pat) 12/94, GRUR 1996, 866 – Viterbi-Algorithmus.
[259] BPatG, Beschl. vom 25. 7. 1988 – 19 W (pat) 93/87, CR 1989, 377, 379 – Rollladensteuerung.
Das Betreiben einer DVA mit Programmen, die einer technischen Programmlösung dienen, müsse als einheitliches technisches Medium dem Patentschutz zugänglich sein, außer das Programm
liege (seinem Inhalt nach) auf rein geistigem Gebiet.
[260] BPatG, Beschl. vom 13. 11. 1986 – 17 W (pat) 124/84, GRUR 1987, 354 = CR 1987, 367.
[261] BPatG, a. a. O.
[262] BPatG, Beschl. vom 20. 8. 1985 – 17 W (pat) 46/83, CR 1986, 329.
[263] EPA, Entsch. vom 5. 10. 1988 – T 22/85, CR 1991, 286 für Art. 52 Abs. 1, 2, 3 EPÜ.

und Daten in einem DV-System mit einer Vielzahl von Prozessoren bezieht.[264]

Die **Beschreibung** des technischen Arbeitsverfahrens muss die zur Durchführung des beanspruchten Verfahrens zu benutzenden Arbeitsmittel (z. B. einen Computertomographen mit einer Auswerteschaltung) angeben.[265]

3. Schutz für Geschmacksmuster

1577 Ein Geschmacksmuster ist
- jedes **gewerbliche Muster** oder **Modell**
- soweit es ein neues und eigentümliches Erzeugnis darstellt (§ 1 GeschmMG) und
- auf den **Formen- und Farbensinn** oder auf beide zusammen einwirkt.[266]

Die Schutzfähigkeit einer Gestaltung muss in einem **Gesamtvergleich** mit vorbestehenden Formgestaltungen festgestellt werden.[267] Das Muster kann flächig sein oder Raumgestalt aufweisen. Beide Merkmale werden von Computerprogrammen, gleich, ob im Quellcode oder im Objektformat, grundsätzlich **nicht erfüllt**, da diese nur Befehlssequenzen beinhalten. Anderes kann für programmgenerierte Graphiken (auf dem Bildschirm oder im Ausdruck, so genannte Hardcopy) gelten.[268] Als Muster schutzfähig ist hier nur die jeweilige Graphik, nicht das die Graphik generierende Computerprogramm.[269] Die Benutzeroberfläche eines Computerprogramms kann als „flächenmäßiges Muster des Erzeugnisses" angemeldet und geschützt werden (vgl. § 7 Abs. 4 GeschmMG). Der Schutz ist hier auf die reine Oberflächengestaltung beschränkt, eine räumliche Ausdehnung wird nicht erfasst[270]. Das Muster kann auf dem Bildschirm oder im Ausdruck dargestellt werden. Da im Graphik- und Multimedia-Bereich Graphikdarstellungen verschiedenster Art und **Reihenfolge** programmgeneriert werden können, ist von Bedeutung, dass auch **Abwandlungen** eines Musters in einer Sammelanmeldung behandelt und geschützt werden können (§ 8a GeschmMG).[271]

---

[264] EPA, Entsch. vom 6. 10. 1988 – T 6/83, CR 1991, 285.

[265] BPatG, Beschl. vom 22. 7. 1986 – 21 W (pat) 84/83, CR 1987, 366, Anm. Betten in: CR 1987, 347 – Computertomograph.

[266] Str. (Fn. 57 für streitig) Rspr., vgl. etwa BGH, GRUR 1960, 395 ff.

[267] Vgl. BGH st. Rspr., etwa GRUR 1961, 46 ff. – Straßenleuchte.

[268] Vgl. Koch/Schnupp, Software-Recht, 2000.

[269] Koch, Software-Recht.

[270] Vgl. N. Eichmann, a. a. O., 21; v. Falckenstein, GRUR 1988, 577, 580.

[271] Vgl. näher zum Schutz von Abwandlungen N. Eichmann, GRUR 1989, 17, 18; Loschelder, MittPA 1987, 81, 84.

4. Markenrechtlicher Schutz[272]

Schutzfähig sind **Dienstleistungen**, die etwa von Software-Häusern   1578
erbracht werden. Hierzu gehört auch das Erstellen von Programmen.[273]

Die Bezeichnung eines Computerprogrammes kann als **Werktitel** geschützt
sein (§§ 5, 15 MarkenG).[274] Die Bezeichnung muss das Programm benennen
(Namensfunktion), während die (hiervon zu unterscheidende) Marke Her-
kunfts-(Verweisungs-)Funktion hat.[275] Der Titelschutz entsteht erst, wenn
der Vertrieb des fertigen Produktes aufgenommen wurde oder die Auslieferung unmittelbar bevorsteht und werblich angekündigt wird.[276]

5. Schutz von Software-Produkten gegen unlauteren Wettbewerb[277]

Anbieter können sich dagegen wehren, dass ihre kostenaufwendig erstell-   1579
ten Produkte von Konkurrenten unmittelbar übernommen (z. B. kopiert)
oder nachgeahmt bzw. nachgeschaffen werden. Dieser sich aus § 1 UWG
herleitende Grundsatz gilt für alle marktfähigen Produkte, nicht nur für
Hardware und Software. Verpflichtet sind konkurrierende Unternehmen,
nicht anwendende Endkunden. Allerdings sind auch diese mittelbar
betroffen, da Anbieter bei Leistungsofferten wettbewerbsrechtliche Bindungen beachten müssen, also nicht etwa bestimmte Fremdleistungen einfach übernehmen bzw. auf neue Plattformen portieren können. Auch können Anwender selbst bestimmte Geheimhaltungspflichten treffen.

Auch mit der Novellierung des Urheberrechtsschutzes für Computerprogramme, das den Schutz, vereinfacht gesagt, zum Regelfall machte, hat das
Wettbewerbsrecht seine Bedeutung nicht verloren; vielmehr bleibt es ergänzend bzw. parallel gerade im Bereich des Software-Vertriebes relevant.

---

[272] Ausführlicher zum markenrechtlichen Schutz s. Koch [91 b].

[273] BPatG, Beschl. vom 25. 9. 1997 – 29 W (pat) 262/94, CR 1998, 4 (Einordnung zur „Installation,
Montage, Entwicklung, Einzelanfertigung, Wartung und Reparatur von elektrischen und elektro-
technischen Geräten und Anlagen, von Fernmeldeeinrichtungen, von meß-, steuer- und rege-
lungstechnischen Geräten und Anlagen", § 43 Abs. 1 Satz 2 MarkenG).

[274] BGH, Urteil vom 24. 4. 1997 – I ZR 44/95, CR 1998, 5 – PowerPoint; LG Hamburg, Urteil vom
12. 1. 1994 – 315 O 220/93, CR 1994, 159 (noch für das WZG); LG München I, Urteil vom
12. 10. 1994 – 1 HKO 769/93, CR 1995, 344 (noch zu § 16 UWG); nunmehr BGH, Urteil vom
24. 4. 1997 – 1 ZR 44/95, CR 1998, 5 (eigenständigen **Werktitelschutz** bejahend).

[275] Siehe ausf. Jacobs, GRUR 1996, 601, 604; Lehmann, CR 1998, 2 ff.

[276] BGH, Urteil vom 24. 4. 1997 – I ZR 233/94, CR 1998, 6 – FTOS.

[277] Da die vorliegende Darstellung primär aus der Perspektive erwerbender Kunden verfasst wurde,
wird das das Wettbewerbsverhältnis von Anbietern regelnde Wettbewerbsrecht nur in einigen
Grundzügen erläutert. Eine ausführliche Darstellung findet sich in Koch, Software-Recht, 1999.

1580 Vorab ist festzuhalten, dass
– der aus Leistungsschutzrechten gewährte Schutz Vorrang vor wettbe-
werbsrechtlichem Schutz hat[278], bei Nichteingreifen von Leistungsschutzrechten also Nachahmung grundsätzlich erlaubt ist, wenn sie
nicht unter wettbewerbswidrigen Umständen erfolgt[279], andernfalls die
Begrenzung der Sonderschutzrechte mittels des Wettbewerbsrechts
umgangen werden könnte[280],
– Wettbewerbsrecht das Fehlen der Voraussetzungen für das Entstehen
von Leistungsschutzrechten, z. B. die Eintragung oder die Schutzfähigkeit des Werkes, nicht ersetzen kann[281],
– nach zeitlichem Ablauf eines Leistungsschutzrechtes keine Verlängerung der Schutzfrist durch Wettbewerbsrecht erfolgen kann[282].

5.1 Verpflichtete Mitbewerber

1581 **Verpflichtet** aus § 1 UWG sind grundsätzlich nur **Wettbewerber** des Pro-
duktanbieters am Markt, wobei aber auch jeder Anwender bei Weiterveräußerung der erworbenen Software zu einem solchen Wettbewerber werden
kann, der damit die geltenden wettbewerbsrechtlichen Rahmenbedingungen
zu beachten hat. Vom Schutz nach § 1 UWG ausgeklammert bleibt damit
jede private, wissenschaftliche oder betriebsinterne Handlung zur Nutzung
oder Änderung der Software (also etwa ein betriebsinternes Kopieren oder
eine Fehlerbeseitigung).[283] Auch zwischen Anbietern kommt Wettbewerbsrecht nur insoweit zur Anwendung, als ein **Wettbewerbsverhältnis** zwischen ihnen besteht, was bei einer unmittelbaren Übernahme oder Nachahmung von Software zu Vertriebszwecken zu bejahen sein dürfte.

5.2 Schutzobjekt

1582 Jedes Produkt kann Gegenstand wettbewerbsrechtlichen Schutzes sein, im
EDV-Bereich Hardware wie Software, ebenso aber auch Beratungs- oder
Schulungsleistungen, die Erstellung von Systemkonzeptionen, das Portieren von Software oder die Entwicklung von Systemen zur computergestützten Produktionssteuerung. Der Schutz kann auf jeder Entwicklungsstufe eingreifen, soweit bereits Zwischenprodukte Gegenstand möglicher

---

[278] Vgl. Baumbach/Hefermehl (im Folgenden: Hefermehl), Wettbewerbsrecht, 21. Aufl., 1999, § 1
Rn. 666.
[279] Vgl. Schmidt-Diemitz, HdW § 42 Rn. 3; Hefermehl, § 1 Rn. 518a, 666.
[280] Hefermehl, § 1 Rn. 518a.
[281] Vgl. Hefermehl, § 1 Rn. 572; Benkard/Bruchhausen, PatG, Vorbem. vor §§ 9 bis 14 Rn. 4.
[282] Hefermehl, § 1 Rn. 573.
[283] Vgl. etwa Junker, BB 1988, 1335; Loewenheim, CR 1988, 799, 802; Wiebe, 133.

Vertriebsmaßnahmen sind oder zu vertriebsfertigen Produkten weiterentwickelt werden können, so etwa Dateien mit Bildschirmmenüs etc.[284].
Erfasst werden alle denkbaren technischen und sonstigen Formen der
Leistungsübernahme, so etwa durch Kopieren, Dekompilieren, Portieren
etc., wenn die weiteren wettbewerbsrechtlichen Voraussetzungen erfüllt
sind, so das Vorliegen einer wettbewerblichen Eigenart der übernommenen Leistung, wettbewerbswidriger Umstände der Übernahme und ein
Handeln des Übernehmers zu Wettbewerbszwecken.

Das zu schützende Produkt, also im vorliegenden Zusammenhang vor
allem die Software, muss eine **wettbewerbliche Eigenart** aufweisen und
nur unter Aufwand an Mühe und Kosten in der jeweiligen Form erstellt
werden können. Eine wettbewerbliche Eigenart liegt vor, wenn ein
Arbeitsergebnis mit einer **Herkunfts- oder Gütevorstellung** verbunden
ist[285], wobei diese Eigenart eine Besonderheit der Ware zu begründen
hat.[286] Soweit allein die **Güte**vorstellung der beteiligten Verkehrskreise
genügt, nähert sich der wettbewerbsrechtliche Schutz einem reinen Leistungsschutz, da dann bestimmte Qualitätsanforderungen zum Eingreifen
des Schutzes ausreichen, etwa eine individuelle Konstruktionsarbeit[287]
oder bestimmte ästhetische Merkmale der Gestaltung einer Programmoberfläche. Die Abgrenzung eines derartigen Schutzes aus Gütevorstellungen zum Leistungsschutzrecht ist nicht abschließend geklärt.[288]

Wesentlich ist, dass der Übernehmer einer Leistung einen Aufwand an   1583
Mühe und Kosten erspart[289], wobei freilich nicht dieser Aufwand als solcher, sondern nur das Arbeit**sergebnis**[290] und auch nur gegen bestimmte
Formen wettbewerbswidriger Übernahme geschützt werden kann und
zugleich der Aufwand auf einen Wettbewerbsvorsprung zielen muss[291].

---

[284] Vgl. Koch, Software-Recht, 2000.
[285] BGH, GRUR 1954, 337, 339 – Radschutz; 1957, 37 ff. – Uhrenrohwerk; BGH, GRUR 1958,
    351 ff. – Deutschlanddecke; BGH, GRUR 1963, 328, 330 – Fahrradschutzbleche; BGH, GRUR
    1964, 621, 624 – Klemmbausteine; BGH, GRUR 1966, 617, 619 – Saxophon; BGH, GRUR
    1986, 698, 702 – Rekord-Spritzen.
[286] Verneint etwa für Buchhaltungskontenrahmen (KG, NJW-RR 1988, 1126, 1128), ebenso zu ver-
    neinen für einzelne Module oder eine vollständige Programmoberfläche, soweit diese Elemente
    nur rein funktional gestaltet sind und keine Herkunftszuordnung gestatten (Koch, Software-
    Recht, 2000); die Notwendigkeit der wettbewerbsrechtlichen Eigenart ohne nähere Prüfung vor-
    aussetzend LG Berlin, Urteil vom 11. 4. 1983 – 97 O 9/83, IuR 1986, 24.
[287] BGH, GRUR 1963, 152, 156 – Rotaprint.
[288] Zur Problematik s. Jersch, Ergänzender Leistungsschutz und Computersoftware. Rechtsschutz für
    innovative Arbeitsergebnisse durch UWG und BGB, 1993, 50 ff.
[289] Vgl. etwa LG Berlin, Urteil vom 11. 4. 1983, a. a. O.
[290] Vgl. Hefermehl, § 1 Rn. 495.
[291] BGH, GRUR 1969, 618, 620 – Kunststoffzähne.

Die **typischen wettbewerbswidrigen Umstände einer unmittelbaren Leistungsübernahme** lassen sich – als gemeinsame Begriffe für die verschiedenen Formen der Leistungsübernahme – wie folgt unterscheiden:

1584 **– Herkunftstäuschung** (etwa bei einer Verpackungsgestaltung, wenn die Verpackung einen gewissen Bekanntheitsgrad aufweist, ebenso bei Übernahme von Copyright-Vermerken oder Warenzeichen). Hier muss ein Leistungsergebnis eine wettbewerbliche Eigenart aufweisen, die von beteiligten Verkehrskreisen als kennzeichnend für die betriebliche Herkunft und/oder Güte gewertet wird.[292] In dieser Eigenart, etwa in bestimmten technischen Merkmalen, muss sich das Produkt von vergleichbaren Massenartikeln abheben und eine gewisse Bekanntheit aufweisen,[293] wobei aber technisch zwingende Gestaltungen keine solche Eigenart begründen. Auf den mit Entwicklung und Vertrieb des Produktes verbundenen Aufwand kommt es insoweit nicht an, außer er kommt in der wettbewerblichen Eigenart zum Ausdruck.[294] Der Nachahmer muss außerdem zumutbare und geeignete Maßnahmen unterlassen haben, um die Verwechslungsgefahr auszuschließen oder zu vermindern.[295]

1585 **– Rufausbeutung** (etwa durch Verwenden von Warenzeichen oder Warenausstattungen) kann durch Übernahme bestimmter rufbegründender Merkmale erfolgen.

1586 **– Behindern eines Mitbewerbers** geschieht etwa durch planmäßiges, systematisches Nachahmen einer Vielzahl einschlägiger Erzeugnisse des betroffenen Mitbewerbers, der sich hierdurch nicht am Markt durchsetzen kann[296] oder durch Nachahmen von Werbemitteln,[297] aber auch durch zur Verfügung stellen von Mitteln, mit denen die Programme eines Mitbewerbers gegen dessen Willen kopiert und mehrfach genutzt werden können, wodurch dessen Absatz an Programmen bis hin zur Marktsättigung stagniert und dessen Leistung ausgenutzt wird[298].

---

[292] BGH, ständig, z. B. GRUR 1963, 152, 156 – Rotaprint; 1966, 617, 619 – Saxophon; 1967, 315, 317 – skai-cubana; Hefermehl, § 1 Rn. 544a.
[293] Hefermehl, § 1 Rn. 495.
[294] OLG München, CR 1987, 298 f.; LG Hamburg, CR 1989, 697 f.
[295] Hefermehl, § 1 Rn. 545.
[296] Siehe etwa BGH, GRUR 1952, 516 – Hummelfiguren I; 1966, 503 – Apfel-Madonna.
[297] BGH, GRUR 1961, 244, 246; 1968, 581, 586.
[298] Vgl. OLG Stuttgart, DB 1989, 876, ebenso für Kopierprogramme für Textverarbeitungsprogramme LG Düsseldorf, Urteil vom 20. 10. 1984 – 12 O 403/84, CR 1986, 133; für Hardware-Zusätze mit gleicher Funktion LG Düsseldorf, CR 1990, 46 – Kopierprogramm II (REPLICA): Ausbeuten der Leistung des Software-Herstellers und gleichzeitige Konkurrenz zu diesem, da jede mit Hilfe des Zusatzes hergestellte Kopie den Kauf eines vom Anbieter zu erwerbenden Programmexemplares ersetze.

– **Erschleichen von Informationen und Vertrauensbruch,** Handlungen,   1587
die meist auch die Voraussetzungen der §§ 17 ff. UWG erfüllen, wobei im
Rahmen von § 1 UWG zusätzlich ein Handeln zu Wettbewerbszwecken
erfolgen muss. Ein Vertrauensbruch kann etwa zu bejahen sein, wenn ein
Software-Haus Entwicklungsunterlagen zu eigenen Zwecken (etwa einer
Produktentwicklung) verwendet, die ihm von einem Systemhersteller zur
Angebotsausarbeitung überlassen wurden. Jede als wettbewerbswidrig
einzustufende Handlung muss **zu Wettbewerbszwecken** erfolgen. Von § 1
UWG erfasst wird damit nicht das Kopieren als solches, sondern das Ver-
treiben erstellter Kopien. Diese und andere Umstände sind im jeweiligen
Einzelfall zu prüfen und zu gewichten[299], wobei auch das **subjektive
Moment** einer bewussten Anlehnung an die Vorlage wesentlich ist, das
erst die für die Wettbewerbswidrigkeit erforderliche **Unlauterkeit
begründet** und Fälle nicht nachgeahmter, sondern unabhängig entwickelter, aber dennoch ähnlicher Leistungsergebnisse ausgrenzt.[300]

5.3 Im Wettbewerb unzulässige Handlungen

§ 1 UWG erfasst eine Vielzahl wettbewerbsrechtlich relevanter Handlungen.   1588
Für die Zwecke der vorliegenden Darstellung ist der Teilbereich derjenigen
Handlungen zu betrachten, die für den EDV-Bereich typisch sind. Die Darstellung kann naturgemäß nicht abschließend sein, sondern muss sich auf
einige besonders wichtige wettbewerbsrelevante Handlungen beschränken.

Generell muss gesehen werden, dass wettbewerbsrechtlicher Leistungsschutz insbesondere Urheberrechtsschutz nicht ersetzen kann[301] und soll.
Andererseits sind grundsätzlich auch gemeinfreie Teile einer Leistung
(etwa nicht besonders individuell ausgeprägte Algorithmen oder graphische Grundstrukturen von Benutzeroberflächen wie Fenster oder Menüs)
mit dieser insgesamt jedenfalls gegen eine unmittelbare Übernahme
geschützt. Diese Teile einer Leistung sind vom Urheberrechtsschutz freigestellt, um andere schöpferische Gestaltungen zu ermöglichen; keinesfalls soll schlichtes Kopieren (unmittelbare Leistungsübernahme) oder
„Abkupfern" (sklavische Nachahmung) möglich werden. Ein wettbe-
werbswidriges Verhalten eines Konkurrenten ist jedoch zu verneinen,
wenn dieser das Vorlageprogramm nicht kannte, sondern ihm nur ein
nichteinsatzfähiges Demonstrationsprogramm vorgeführt wurde.[302]

---

[299] Hefermehl, § 1 Rn. 524.
[300] Schmitz-Diemitz, Handb. WettbR, § 42 Rn. 61 ff.
[301] Siehe Kindermann, ZUM 1987, 219, 226.
[302] LG Karlsruhe, Urteil vom 20. 1. 1982 – O 240/81, IuR 1986, 25 ff.

Die Unterschiede zwischen verschiedenen Formen der Leistungsübernahme, etwa unmittelbare Übernahme oder Nachschaffen einer Leistung, lassen sich nicht trennscharf feststellen[303], sondern bedürfen der Abgrenzung im Einzelfall.

5.3.1 Unmittelbare Übernahme einer Leistung

1589 Sehr oft werden vollständige Programme identisch (also im Verhältnis 1:1) kopiert und vertrieben. Allgemein wird ein solches „Raubkopieren" als wettbewerbswidrig angesehen. Dies gilt auch für eine fast identische bzw. diese Identität kaschierende Übernahme der Leistung.

1590 Jede Form der Leistungsübernahme, also auch die der unmittelbaren Übernahme setzt voraus, dass die Übernahme unter wettbewerbswidrigen Umständen erfolgt.[304] Hierzu kann eine **Kostenersparnis** gehören: Das LG Berlin hat hierzu alle grundlegenden Merkmale zusammengefasst: Hiernach handelt sittenwidrig, wer das fertige Arbeitsergebnis eines anderen, das eine schutzwürdige Eigenart aufweist und nur unter Mühe und Kosten erreichbar war, mittels eines technischen Vervielfältigungsverfahrens unter Einsparung eigener Kosten anfertigt und in unveränderter Form auf den Markt bringt, um den Berechtigten um die Früchte seiner Arbeit zu bringen.[305] Wesentliches Argument der Rechtsprechung ist hierbei, dass sich der übernehmende Wettbewerber durch die Leistungsausbeutung eigene Aufwendungen erspart[306] und den Leistungsvorsprung des Berechtigten beseitigt[307], so etwa, wenn ein Vertriebshändler zu den autorisierten Vertriebsexemplaren weitere unautorisierte Exemplare herstellt und vertreibt.[308] Weitere typische Fälle einer unmittelbaren Leistungsübernahme in der bisherigen Rechtsprechung sind das Nachpressen von Schallplatten[309], fotomechanische Nachdruck[310] und elektronische Formen des Kopierens[311], also etwa auch auf Diskette, CD-ROM oder nunmehr DVD.

---

[303] Vgl. BGHZ 51, 41, 46 – Reprint; BGH, GRUR 1972, 127 – Formulare.

[304] BGH, GRUR 1952, 516, 520 – Hummelfiguren I.

[305] LG Berlin, Urteil vom 11. 4. 1983, a. a. O., 24f.

[306] Vgl. BGHZ 51, 41, 45 = GRUR 1969, 186, 188 – Reprint; OLG Frankfurt/Main, CR 1989, 905 – Pam-Crash für Computerprogramme.

[307] OLG Hamburg, Urteil vom 5. 7. 1984 – 3 U 166/83 n. v.; vgl. Harte-Bavendamm, CR 1986, 615, 617; LG München I, Urteil vom 12. 7. 1983 – 21 O 6448/83, CR 1986, 332.

[308] Vgl. LG Berlin, Urteil vom 11. 4. 1983, a. a. O., 24f.

[309] RGZ 73, 294.

[310] BGH, GRUR 1969, 186 – Reprint; GRUR 1972, 127 – Formulare; GRUR 1986, 895ff. – Notenstichbilder.

[311] OLG Frankfurt/Main, GRUR 1983, 757 – Donkey Kong jr. I und GRUR 1984, 509 – Donkey Kong jr. II.

Eine **unmittelbare Übernahme** liegt auch vor, wenn die Übereinstimmung durch gezielte **Eingriffe** in die Programmstruktur kaschiert werden soll. Dies gilt jedoch nicht, wenn die Eingriffe im Wesentlichen anderen Zwecken dienen, etwa einer Schnittstellenanpassung. Den rein kaschierenden Charakter solcher zu Veränderungen führender Eingriffe muss der Verletzer darlegen und beweisen. Eine bloße Fehlerkorrektur (5 % des Gesamtumfanges im zu entscheidenden Fall) durch den Übernehmer eines Computerprogrammes steht der Annahme einer nahezu identischen Übernahme nicht entgegen.[312] Eine unmittelbare Leistungsübernahme kann sich auch auf **Leistungsteile** beziehen, etwa Programmroutinen, Module, Schnittstellen, Dateiinhalte, aber auch auf „Benutzeroberflächen" von Computerprogrammen, soweit diesen Teilen eine eigenständige wettbewerbliche Eigenart zukommt und die Übernahme ohne wesentliche eigene Aufwendungen erfolgt.[313] Auch die Übernahme der zugrunde liegenden Algorithmen kann im Sinne von § 1 UWG wettbewerbswidrig sein.[313a] Ebenso erfasst der Schutz vor unmittelbarer Leistungsübernahme auch alle zu einem Programm gehörigen **Dokumentationsmaterialien.**

An die **wettbewerbliche Eigenart** sind im Falle der unmittelbaren Leistungsübernahme geringere Anforderungen zu stellen.[314] Gütevorstellungen müssen nicht bestehen.[315] Jedoch muss sich das Leistungsergebnis von üblichen Durchschnittserzeugnissen abheben.[316] Dies ist bei Software-Produkten grundsätzlich zu bejahen, da sie meist eine Vielzahl von hervorhebenden Leistungsmerkmalen aufweisen. Eine wettbewerbliche Eigenart soll sich bereits aus einem nicht unerheblichen Aufwand an Zeit, Mühe und Kosten ableiten lassen.[317] Hinzu treten muss freilich, dass der Betroffene durch die unmittelbare Leistungsübernahme unbillig um die Früchte seiner Arbeit gebracht und der Übernehmer ohne relevante eigene Kosten in eine Marktposition gelangt, die er sonst nur aufgrund eigener Leistung und Kosten erreicht hätte. Besondere wettbewerbswidrige Umstände der Übernahme müssen vom Verletzten nicht dargetan werden. Vielmehr bedarf die unmittelbare Leistungsübernahme ihrerseits einer besonderen Rechtfertigung durch den Übernehmer, um nicht rechtswidrig zu sein.

1591

---

[312] BGH, Urteil vom 26. 10. 1989 – I ZR 216/87, NJW-RR 1990, 361.
[313] Vgl. LG Hamburg, CR 1989, 697, 698 – Mailbox.
[313a]LG München I, Urteil vom 7. 3. 1996 – 7 O 21959/90, Jur-PC WebDok. 14/1997.
[314] BGH, GRUR 1969, 618, 620; OLG München, GRUR 1965, 196.
[315] Hefermehl, § 1 Rn. 504.
[316] Vgl. BGH, GRUR 1966, 617, 619.
[317] So etwa LG Hamburg, CR 1989, 698; allg. BGH, GRUR 1960, 244, 246.

Für welchen **Zeitraum** der Wettbewerbsschutz eingreift, hängt von den Einzelfallumständen, wie etwa der produktspezifisch üblichen Amortisationsdauer (für Kosten und Gewinn) ab.[318]

5.3.2 Nachahmung/Nachschaffen

1592 Eine **sklavische Nachahmung** liegt vor, wenn eine Leistung nicht identisch, sondern inhaltlich oder verfahrensbedingt nur mehr oder weniger annähernd übernommen wird.

Beispiel:

Der Konkurrent kopiert nicht direkt die Datei, die ein vollständiges Bildschirmmenü enthält, sondern zeichnet sich die wesentlichen Gestaltungselemente direkt vom Bildschirm ab und führt ggf. sogar gewisse Änderungen ein. Werden Änderungen freilich nur zu **Verschleierungszwecken** durchgeführt, hindert dies allein noch nicht die Annahme einer unmittelbaren Leistungsübernahme.[319] Entscheidend ist hier wohl, dass an der identisch übernommenen Kopie nachträglich erst kaschierende Veränderungen vorgenommen werden. Etwas anderes gilt, wenn die identisch übernommene Kopie des Programmes mehr oder weniger tiefgreifend umgearbeitet wird, um z.B. in eine andere Systemumgebung portiert werden zu können.

1593 Die nicht unmittelbare Leistungsübernahme kann in verschiedenster Weise stattfinden, etwa im sklavischen Nachahmen, aber auch in einem freien Nachschaffen, das bis hin zur urheberrechtlich zulässigen freien Werkbenutzung gehen kann. Die Ähnlichkeit zur Vorlage muss in jedem Einzelfall festgestellt werden. Hierfür müssen Art und Umfang der durchgeführten Änderungen untersucht werden. Zu solchen Änderungen kann gehören,

– übernommene Codeteile vor ihrer Nutzung zunächst zu bearbeiten bzw. an andere Schnittstellen anzupassen;

– den am Bildschirm angezeigten Quellcode abzuschreiben, zu fotografieren oder auszudrucken[320];

– Fotokopien ausgedruckter Quellcodes, Programmablauf- oder Datenflusspläne, niedergelegte Schnittstellenspezifikationen, Entwicklungsdokumentationen oder Bedienungsanleitungen herzustellen;

---

[318] Vgl. OLG Frankfurt/Main, GRUR 1983, 757, 758 – Donkey Kong jr. (6 Monate bis 1 Jahr bei Computerspielen); OLG München, CR 1987, 298 ff.

[319] Vgl. OLG Frankfurt/Main, GRUR 1973, 753, 756 – Pengo und 1985, 1049, 1051 – Baustatikprogramm.

[320] Vgl. Koch, Software-Recht, 2000.

- raubkopierte Computerprogramme umzuarbeiten, um die Identität zu kaschieren oder das Programm anderen Anforderungen anzupassen;
- ein vorhandenes Quellprogramm selbst neu zu kompilieren;
- einen vorhandenen Lösungsalgorithmus neu zu programmieren (wobei auch hier bei Tool-Einsatz im Einzelfall sogar eine unmittelbare Leistungsübernahme vorliegen kann, wenn der Nachahmer allein bei der Tool-Verwendung nur noch relativ geringen eigenen Aufwand an Zeit und Kosten benötigt);
- Übernahme eines besonderen Schlüsselbefehlsatzes und einer Gruppe von Hilfstexten eines Mailbox-Systems in ein anderes System[321];
- Übernahme und/oder Umgestaltung einzelner Programmmodule, soweit eine Herkunftstäuschung, Rufausbeutung oder zumindest unlautere Aufwandsersparnis vorliegt[322];
- Vertrieb eines Programmes, das ausschließlich (oder jedenfalls überwiegend) dazu bestimmt ist, einen Hardware-Kopierschutz eines anderen Software-Herstellers zu beseitigen, damit dieses Programm vom Erwerber entgegen den Lieferbedingungen des Verkäufers gleichzeitig auf mehreren Anlagen genutzt werden kann[323];
- Downloading von Datenbankeninhalten[324] zu deren Nutzung im Wettbewerb (auch insoweit wird eine private, wissenschaftliche oder betriebsinterne Eigennutzung jedenfalls wettbewerbsrechtlich nicht erfasst).

Wie erkennbar, bewegen sich die einzelnen aufgezählten Handlungsformen in unterschiedlicher Entfernung von der Vorlage, von der sie ihren Ausgang nehmen. Jede derartige **Nachahmung** ist als solche **zulässig**, auch bei maßstabsgetreuer Übernahme[325], wenn nicht besondere **wettbewerbswidrige Umstände hinzutreten**, etwa eine Herkunftstäuschung durch Übernahme eines Copyright-Vermerks[326], der eine Rufausbeutung oder -schädigung bewirken kann[327]. Derartiges Nachschaffen insbesondere von Software, aber etwa auch von bestimmten Chips ist für den Bereich des industriellen Software-(und Hardware-)Engineering ein zunehmend akutes Problem[328], insbesondere hinsichtlich der Übernahme bestimmter Programmstrukturen oder Datenbankeninhalte. Je weiter sich

1594

---

[321] Vgl. LG Hamburg, CR 1989, 697.
[322] Vgl. Koch, Software-Recht.
[323] OLG Stuttgart, DB 1989, 876.
[324] Mehrings, CR 1990, 305 ff.
[325] Hefermehl, § 1 Rn. 506.
[326] Koch, a. a. O.
[327] KG, NJW-RR 1988, 1126, 1128.
[328] Koch, a. a. O.; a. A. noch Harte-Bavendamm, CR 1986, 615.

ein derartiges Nachbilden des Programmes von der Programmvorlage entfernt, um so schwerer müssen die hinzutretenden wettbewerbswidrigen Umstände, also das Unlauterkeitsmoment, wiegen, um zur Zulässigkeit der Übernahme zu führen.[329] Die Anforderungen sind also mit anderen Worten um so höher, je weniger Ähnlichkeit zwischen Vorlage und Übernahme einer Leistung bestehen bzw. je mehr sich übernommene Elemente dem Bereich des gemeinfreien Ideenbestandes nähern. Dass das Programm des (vermeintlich) Verletzten als Vorlage verwendet wurde, muss anhand der feststellbaren Übereinstimmungen vom Anspruchsteller konkret dargelegt und bewiesen werden.[330]

5.4 Vom wettbewerbsrechtlichen Schutz ausgeklammerte Leistungen

1595 Es ist nicht Aufgabe des Wettbewerbsrechts, die schöpferische Qualität des Computerprogrammes oder eines vergleichbaren Werkes als solche zu schützen. Andernfalls würde das Wettbewerbsrecht das Urheberrecht und die sonstigen Leistungsschutzrechte ersetzen. Ebenso müssen Lehren, Ideen, allgemeine Grundsätze, Elemente und Motive wie im Urheberrecht so auch im Wettbewerbsrecht grundsätzlich gemeinfrei, d. h. frei zugänglich bleiben. Das Wettbewerbsrecht würde sonst zu einem im Urheberrecht gerade nicht gewollten Ideenschutz führen, der Wissen als solches monopolisieren würde. Leistungen eines Marktteilnehmers sind zudem wettbewerbsrechtlich nicht geschützt[331]

– bei Fehlen einer wettbewerbsrechtlichen Eigenart (so genannte Alltags- bzw. Dutzendware, Standardformate oder -formulare, Menüstrukturen, Einzelmodule);

– gegen Produkte, die aufgrund einer freien Benutzung im Sinne von § 24 UrhbG bzw. § 4 GeschmMG erstellt wurden;

– gegen selbständig geschaffene Konkurrenzprodukte, auch wenn sie nahezu identisch sind;

– außerhalb eines Wettbewerbsverhältnisses, wobei das Wettbewerbsverhältnis verschiedene Stufen der Leistungserbringung oder verschiedene Branchen umfassen kann[332];

– gegen Nachahmungen im privaten, wissenschaftlichen oder betriebsinternen Bereich;

---

[329] Vgl. Koch, Zivilprozeßpraxis, 152 m. w. N.
[330] Koch, Zivilprozeßpraxis, 152.
[331] Siehe etwa die Aufzählung in Koch, Software-Recht, 2000.
[332] Emmerich, Das Recht des unlauteren Wettbewerbs, 3. Aufl. 1990, 26.

– gegen bloßes Kopieren durch Mitbewerber, wenn die erstellten Kopien
  nicht oder nur Bearbeitungen hiervon in den Verkehr gebracht werden;
– nach Ablauf einer produkttypischen Amortisationsdauer (z. B. „Jahres-
  Software" im Bereich der Finanzbuchhaltung oder der Steuerveranla-
  gung);
– gegen ergänzende Produktkomponenten (z. B. Utilities für Anwendungsprogramme);
– gegen die Übernahme des Algorithmus als solchen (wenn dieser nicht
  individuell ausgestaltet ist bzw. die Art seiner Darstellung keine wettbewerbliche Eigenart aufweist), da der Algorithmus an sich nicht über § 1
  UWG geschützt werden kann. Allerdings kann der Algorithmus Teil
  eines über § 17 UWG geschützten Geheimnisses sein;
– gegen den Vertrieb von gleichartigen Programmen, wenn Vorlageprogramm als auch Kopie in wesentlichen Teilen oder voll auf eine
  gemeinsame Vorlage (etwa ein Public-domain-Programm) zurückzuführen sind. Hier ist bereits eine unmittelbare Übernahme nicht rechtswidrig.[333] Die rechtswidrige Übernahme muss sich also (jedenfalls
  auch) auf (beweisbare) eigene Leistungsteile des Verletzers beziehen.[334]

Grundsätzlich kann es niemand verwehrt werden, das in den freien Verkehr gebrachte und nicht von einem besonderen Leistungsschutzrecht
erfasste Produkt eines Mitbewerbers oder die in diesem Produkt verkörperten Ideen und Grundsätze zu untersuchen, und zwar auch dann, wenn
der Hersteller besondere Vorkehrungen getroffen hat, um die Analyse zu
erschweren.[335] Entsprechend dieser Argumentation müssen auch sonder-
rechtlich nicht mehr geschützte Leistungen wie etwa Computerprogramme grundsätzlich vervielfältigt werden können, andernfalls eine
unbegrenzte Verlängerung sonderrechtlicher Schutzfristen entstünde.[336]
Die **Anpassung** von Programmen an andere Programme ist grundsätzlich
nicht wettbewerbswidrig[337], sofern das Ausgangsprodukt nicht im Vertrieb
beeinträchtigt wird. Der Hersteller darf nämlich nicht einen im Verhältnis
zu seinen Produkten bestehenden Ergänzungsbedarf monopolisieren.[338]
Andererseits dürfen Ergänzungsprodukte anderer Anbieter nicht seine
eigenen Produkte mittels Leistungsübernahme ersetzen. Eine Abstimmung von Zusatzprogrammen an vorhandene Programme ist hingegen

---

[333] OLG Frankfurt/Main, CR 1989, 905, 907 – PAM-Crash.
[334] Vgl. Koch, Software-Recht.
[335] Jersch, a. a. O., 31 f.
[336] Jersch, a. a. O., 57.
[337] BGH, GRUR 1964, 621 – Klemmbaustein „kompatibel" zu LEGO.
[338] Siehe v. Harder, GRUR 1969, 659, 661.

grundsätzlich zulässig, auch wenn jene exakt auf die Ausgangsprogramme abgestimmt worden sind (werden müssen).[339]

Bei der **Portierung von Software** aus einer Systemumgebung in eine andere ist zu prüfen, ob
- eine unmittelbare Leistungsübernahme vorliegt: Dies wird in der Regel aufgrund der notwendigen tiefgreifenden Bearbeitungsmaßnahmen zur Codeanpassung zu verneinen sein;
- eine Herkunftstäuschung gegeben ist, etwa bei irrtumserzeugendem Beibehalten von Copyright-Vermerken oder Warenzeichen;
- eine deutliche Aufwands- und Kostenersparnis (in der Regel gegenüber einer Eigenerstellung vergleichbarer Programme) gegeben ist, was nur im Einzelfall entschieden werden kann.

5.5 Wettbewerbsrechtliche Ansprüche

1596 Der in seinen Rechten beeinträchtigte Wettbewerber kann Ansprüche auf Auskunftserteilung, Bereicherungsausgleich, Schadensersatz sowie auf Unterlassung, Beseitigung und Widerruf geltend machen.[340] Unterlassungs- und Beseitigungsansprüche setzen Rechtswidrigkeit, aber kein Verschulden voraus. Notwendig ist aber Kenntnis des Verletzers von den der Verletzung zugrunde liegenden Tatsachen,[341] wobei Kenntnis regelmäßig durch Abmahnung begründet werden kann[342]. Auch der aus Urheberrecht Berechtigte kann klagebefugt sein.[342a]

6. Know-how- und Geheimnisschutz für Software

1597 Als **Know-how** werden grundsätzlich geheime sowie auch nichtgeheime Kenntnisse technischer und nichttechnischer Art bezeichnet. Objektcode ist nur auf Grund von Maßnahmen des Reverse Engineering (insbesondere Dekompilierung) in seiner Struktur analysierbar zu machen. Mit der Auslieferung des Objektformates allein (insbesondere von Standardsoftware) wird deshalb zumeist kein Know-how offen gelegt.[343] Quellcode ist les- und veränderbar. Mit seiner Auslieferung kann deshalb Know-how offen gelegt werden.[344]

---

[339] Koch, Software-Recht.
[340] Allgemein s. Köhler, NJW 1992, 137.
[341] BGH, GRUR 1973, 203, 204 und GRUR 1977, 614f.
[342] Köhler, a. a. O., 137.
[342a] OLG Karlsruhe, Urteil vom 28. 1. 1998 – 6 U 244/96, Jur-PC Web-Dok. 148/1999.
[343] Ähnlich Pres, 56 m. w. N.
[344] Pres, 57 m. w. N.

Generell offen gelegt und problemlos zugänglich ist das im Programm selbst zum Ausdruck kommende Anwendungswissen, etwa in einem FIBU-Programm die Kontenrahmen und Buchungsverfahren. Teil des Know-how sind auch die Erläuterungen und Anleitungen in Benutzerdokumentationen und Hilfetexten zum Programm. Bei Auslieferung von Standardsoftware nur im maschinenlesbaren Object-code-Format, nicht offen gelegt wird hingegen die konkrete Codestruktur des Programms. Kopiersperren wie Dongles sollen nur unberechtigtes Kopieren des Programmes hindern; sie zielen nicht auf ein Geheimhalten der Codestruktur (und verhindern auch nicht technisch den Einsatz von Decompiling-Tools). Während die zeitlich unbegrenzte Überlassung von Standardsoftware (gegen Einmalzahlung) grundsätzlich Kaufrecht (zumindest in entsprechender Anwendung) folgt, kann die (zusätzlich vereinbarte) Überlassung des Quellformates als Know-how-Einräumung einzustufen sein.[345]

Software kann ein **Geschäfts- oder Betriebsgeheimnis** im Sinne von § 17 UWG darstellen, wenn ihre Entwicklung einen nicht unbeträchtlichen Aufwand erfordert.   1598

Generell werden als **Geschäftsgeheimnisse** Tatsachen angesehen, die im Zusammenhang mit einem Geschäftsvertrieb stehen, nicht offenkundig (also nur einem eng begrenzten Personenkreis bekannt) sind und nach dem ausdrücklich bekundeten oder nach dem aus den Umständen erkennbaren Willen des Inhabers geheimgehalten werden sollen.[346] Zu dem Bereich solcher Geheimnisse gehört etwa eine bestimmte, im Quellcode verkörperte Lösung eines Programmierproblems, aber auch eine mit Aufwand entwickelte inhaltliche Anwendungslösung, etwa in einem Computerprogramm zur Finanzierungsberatung.   1599

Offenkundig ist eine Tatsache, wenn sie entweder allgemein bekannt oder derart zugänglich ist, dass für jeden an ihr Interessierten die tatsächliche Möglichkeit besteht, sich unter Zuhilfenahme lauterer Mittel ohne weiteres, also ohne größere Opfer und Schwierigkeiten Kenntnis von der Tatsache zu verschaffen.

Nicht offenkundig ist dagegen eine Tatsache, die nur einem eng begrenzten Personenkreis bekannt und damit nicht beliebigem fremdem Zugriff

---

[345] Wiebe, 247.
[346] BGH, GRUR 1955, 424f.; OLG Düsseldorf, WuW 1981, 1887 – Anzeigenpreise; Leberknecht, WuW 1988, 836.

preisgegeben ist[347] und nicht von jedem Interessenten ohne größere Schwierigkeiten und Opfer in Erfahrung gebracht werden kann[348]. Bereits die Tatsache der Verwendung eines Verfahrens im Betrieb kann ein schutzfähiges Geheimnis sein[349], ebenso wohl auch Art und Umfang der eingesetzten Software im Betrieb oder der eigen- oder fremdentwickelten Problemlösungen.

1600 Weiter muss ein **rechtlich schutzwürdiges Interesse**[350] bestehen, ebenso ein **Geheimhaltungswille**, wobei das objektive Geheimhaltungsinteresse den Geheimhaltungswillen begründet, soweit nicht ein ausdrücklicher oder konkludent erklärter Offenbarungswille entgegensteht[351].

Grundsätzlich nicht geheim ist der regelmäßig bei Standard-Software ausgelieferte **Maschinencode** eines Programmes, auch wenn dieser mit geeigneten Werkzeugen rückentschlüsselt und als Quellversion am Bildschirm sichtbar gemacht werden kann. Ebenso wenig geheim ist die offen am Bildschirm erkennbare Programmoberfläche. Grundsätzlich kann hingegen der **Quellcode** eines Programmes als Geheimnis betrachtet werden, wenn er nicht an Dritte ausgeliefert wird. Auch bei derartiger Auslieferung kann eine Geheimhaltungsverpflichtung bestehen, wenn die Software Geschäftspartnern oder Kunden unter entsprechender vertraglicher Vereinbarung überlassen wird.[352] Eine solche Vereinbarung kann sich auf den Quellcode als solchen, aber auch auf bestimmtes vertriebsrelevantes Anwendungswissen beziehen, das oft noch wesentlich intensiver schutzbedürftig ist als eine einzelne Programmierlösung.

Quellformate von Computerprogrammen sind freilich nur dann und vor allem insoweit als Geheimnis schutzfähig, als **das Quellformat über den ausgelieferten Maschinencode nur mittels eines deutlichen Aufwandes rückerschlossen werden kann**.[353]

1601 Alle Formen des Reverse-Engineering, also der Rückerschließung des nicht übergebenen Quellcodes aus der Maschinencodeversion, können eine Anwendung technischer Mittel im Sinne von § 17 Abs. 2 Nr. 1 Buchst. a UWG darstellen, wenn ihre Anwendung mühevoll und langwie-

---

[347] Siehe Otto, Wistra 1988, 125 f.
[348] Vgl. bereits RG, GRUR 1939, 733, 735.
[349] BGH, GRUR 1955, 424 ff.
[350] BGH, GRUR 1961, 40, 43.
[351] Otto, a. a. O., 127.
[352] Vgl. Jersch, a. a. O., 118.
[353] Vgl. näher Harte-Bavendamm, GRUR 1990, 657, 660; Jersch, a. a. O., 121.

rig ist.[354] Wählt der Benutzer ein bequemes, leicht einsetzbares Mittel, fehlt es also an einem notwendigen relevanten Aufwand an Mühe und Kosten zur Rückübersetzung des Objektformates in das Quellformat, soll bereits Offenkundigkeit vorliegen.[355]

„Wo jeder Interessent ohne größere Schwierigkeiten und Opfer die fraglichen Programme, Programmteile, Entwurfsstufen etc. aufdecken kann, entfällt der Geheimnisschutz"[356]. Der Schutz der Software als Geheimnis im Sinne von § 17 Abs. 2 UWG hängt damit (negativ) vom Fortschritt in der Entwicklung von Reverse-Engineering-Techniken ab. Die Anwendung von § 17 Abs. 2 UWG setzt nicht voraus, dass der Quellcode urheberrechtlich oder leistungsschutzrechtlich geschützt ist.

Als **Täterkreis** erfasst § 17 UWG in Abs. 1 typischerweise angestellte 1602 Software-Entwickler, die geheime Quellformate und/oder sonstige Teile oder Vorstufen von Entwicklungsprodukten Dritten zugänglich machen oder selbst unberechtigt verwerten.

§ 17 Abs. 2 UWG erfasst hingegen paradigmatisch Fälle, in denen Angestellte oder Dritte unbefugt Datenträger mit verkörperten Quellformaten wegnehmen (§ 17 Abs. 2 Nr. 1 Buchst. c UWG), das Quellformat ausdrucken (§ 17 Abs. 2 Nr. 1 Buchst. b UWG) oder – der meist diskutierte Fall – mit Tools erworbenen Maschinencode in das Quellformat rückanalysieren[357] (§ 17 Abs. 2 Nr. 1 Buchst. a UWG). Unter die Anwendung technischer Mittel einzuordnen ist weiter das Abrufen von Daten, das Anzapfen von Datenfernleitungen, das Anzeigen auf dem Bildschirm (soweit es nicht zum bestimmungsgemäßen Gebrauch gehört) oder das Abfangen von Bildschirm- und Leitungsabstrahlungen etc.[358]

Ergänzend ist auch die **unbefugte Verwertung** anvertrauter Unterlagen wie 1603 etwa Quellformate gemäß § 18 UWG zu beachten. Sie wird beispielsweise bei beauftragten Wartungs-/Pflegearbeiten relevant, bei denen dem Software-Unternehmen geheime Entwicklungsunterlagen wie Programmablauf- oder Datenflussplan etc. als Vorlagen technischer Art zur Arbeitsdurchführung übergeben werden, sofern das Unternehmen diese Unterlagen dann ohne Einwilligung des Berechtigten weiterverwertet. Software kann hier ebenso Vorlage sein[359] wie deren Teil- oder Entwicklungszwischenprodukte.

---

[354] Vgl. Harte-Bavendamm, CR 1986, 615, 619.
[355] Wiebe, 225 m. w. N.
[356] Harte-Bavendamm, a. a. O.
[357] Wiebe, 262; zu den möglichen Reverse-Engineering-Maßnahmen s. Rn. 1539.
[358] Wiebe, 262.
[359] Wiebe, 257.

7. Titelschutz

1604 Software genießt Titelschutz gemäß § 5 Abs. 3 MarkenG, sofern eine Schöpfung vorliegt. Programme sind damit titelfähige Ware.[360] Neuerdings muss der Titel durch Aufnahme des Vertriebs oder durch werbende Ankündigung in Gebrauch genommen worden sein.[361] Die Erprobung von Software ist keine titelschutzbegründende Benutzung.[362]

Die Werktitelankündigung muss mangels entsprechender einheitlicher Praxis derart erfolgen, dass Mitbewerber auf einfachem Wege Kenntnis erlangen können.[363]

---

[360] BGH, Urteil vom 24. 4. 1997 – I ZR 44/95, CR 1998, 6 = NJW 1997, 3313 = BB, Beil. 4, 1998, 3
– PowerPoint; OLG Hamburg, Urteil vom 22. 12. 1994 – 3 U 38/94, CR 1995, 335.
[361] BGH, Urteil vom 15. 1. 1998 – I ZR 282/95, NJW-RR 1998, 1651.
[362] BGH, Urteil vom 24. 4. 1997 – I ZR 233/94, CR 1998, 6 = NJW 1997, 3315 – FTOS.
[363] BGH, Urteil vom 15. 1. 1998, a. a. O.

Verzeichnis der Formulare

		Seite
I.	**Musterverträge**	1069
	1. Vertrag über den Erwerb eines EDV-Systems	1069
	2. Vertrag über die Miete eines EDV-Systems	1078
	3. Leasingvertrag über ein EDV-System	1085
	4. Kaufvertrag über den Erwerb von Hardware	1090
	5. Vertrag über den Erwerb eines Gebrauchtsystems	1095
	6. Vertrag über Software-Überlassung	1099
	7. Vertrag über die Erstellung von Software	1107
	8. Vertrag über eine R/3-Einführung	1119
	9. Outsourcing-Vertrag	1124
	10. Hardware-Wartungsvertrag	1128
	11. Software-Pflege-Vertrag	1133
	12. Beratungsvertrag	1138
	13. Arbeitsvertrag für angestellte Programmentwickler	1144
	14. Quellcode-Hinterlegung	1151
II.	**Muster für Leistungsschein und weitere Formulare**	1156
	1. Allgemeine Vertragsunterlagen	1156
	1.1 Leistungsschein	1156
	1.2 Abnahmeprotokoll	1158
	1.3 Mängelmitteilung	1158

Vorbemerkung

Die nachfolgenden Vertragsmuster erfassen die wesentlichen Grundsachverhalte der Leistungserbringung im EDV-Bereich. Sie sollen dazu dienen, alle regelungsbedürftigen Leistungsmerkmale, Abläufe und Haftungsregelungen zu erfassen und in Vertragsverhandlungen ausgewogene Lösungen zu erarbeiten. Die Muster wurden modular strukturiert, so dass zu verschiedenen Leistungen aus den Mustern ein „Vertragspaket" zusammengestellt werden kann (etwa Erwerb der Hardware, Überlassung von Systemsoftware, Anpassung von Anwendungssoftware, Wartung und Pflege).

Freilich können typisierte Musterverträge nicht sämtliche in der Praxis auftretenden Regelungsvarianten erfassen; wohl sind sie aber als Grundlage für eine erste Klärung und eine eventuelle ergänzende anwaltliche Beratung geeignet. Diese Beratung sollte allerdings, wenn irgend möglich, vor Vertragsschluss erfolgen, da sie nach aller Erfahrung aus der Praxis hier wesentlich kostengünstiger und effizienter durchführbar ist als erst im Nachhinein beim Auftreten von Problemen aus unklaren oder unvollständigen Verträgen. Dies gilt umso mehr bei Verträgen über größere und/oder komplexe Anwendungen oder bei neuartigen Vertragstypen, etwa über Dienstleistungen im Telekommunikationsbereich.

Zuweilen werden unwirksame Klauseln von Anbietern in deren AGB verwendet, um Kunden vom Geltendmachen etwaiger Ansprüche abzuhalten.[*] Freilich ist zu sehen, dass dieses Vorgehen ein Verschulden bei Vertragsschluss (Rn. 1034) bzw. das Festhalten an der Klausel eine positive Vertragsverletzung (Rn. 1100) darstellen kann, wenn der Kunde von der Durchsetzung seiner fristbegrenzten Ansprüche (z. B. aus Gewährleistung) abgehalten wird. In jedem Fall kann der Anbieter als Verwender solcher AGB verpflichtet sein, dem Kunden die Kosten eines für eine Rechtsberatung in Anspruch genommenen Rechtsanwalts zu erstatten. Aus Raumgründen wurden Wiederholungen in den Mustern wie die Vertragsparteienbezeichnungen und gleich bleibende Klauseln herausgenommen und durch Verweisungen auf das erste Vorkommen ersetzt. Die Muster sind jeweils vollständig auf der CD erfasst.

---

[*] Siehe etwa den Hinweis bei Schneider/Hartmann, CR 1998, 517, 519.

I. Musterverträge

(Die in Klammern stehenden Ziffern verweisen auf die Anmerkungen.)

1. Vertrag über den Erwerb eines EDV-Systems → ⊙

Vertrag über den Erwerb eines EDV-Systems (1)

zwischen

...

(Anbieter)
– nachfolgend „Anbieter" genannt –

und

...

(Anwender)
– nachfolgend „Kunde" genannt –

§ 1 Vertragsgegenstand

1.1 (System) Der Kunde erwirbt vom Anbieter die im Leistungsschein (2) bezeichneten Geräte mit Systemsoftware, die dort bezeichneten Anwendungsprogramme und die zugehörige Systemdokumentation in deutscher Sprache (für alle Systemkomponenten) kaufweise zu den Bedingungen dieses Vertrages.

1.2 (Übereignung, Nutzungseinräumung) Die Hardware wird übereignet. An der System- und Anwendungssoftware wird dem Kunden vom Anbieter ein nichtausschließliches, zeitlich unbegrenztes Nutzungsrecht eingeräumt. (3) Der Kunde ist berechtigt, dieses Nutzungsrecht mit der Hardware oder getrennt auf einen Dritten zu übertragen. In diesem Fall muss der Kunde gleichzeitig mit dieser Übertragung sämtliche bei ihm nach Übergabe an den Dritten noch vorhandenen Programmkopien physikalisch löschen.

1.3 (Leistungsschein) (2) Der Leistungsschein gemäß Ziff. 1.1 ist Bestandteil dieses Vertrages.

1.4 (Neue Versionen) Der Anbieter wird dem Kunden weiterentwickelte und in Vertrieb genommene Versionen der gelieferten Programme mit Dokumentation gegen gesondert zu vereinbarende Vergütung nach marktüblichen Konditionen anbieten und ihn regelmäßig über Programmänderungen und neue Versionen informieren. (4)

1.5 (Quellcode-Hinterlegung) Soweit die Parteien vereinbaren, dass der Anbieter Quellformate von Anwendungsprogrammen an sicherem Ort hinterlegen soll, ist eine ergänzende Hinterlegungsvereinbarung zu treffen, die Teil dieses Vertrages wird. (5)

1.6 (Reichweite von Kundenrechten) Das Rückgängigmachen des Vertrages durch Wandelung oder Rücktritt erfasst auch dann den gesamten Vertrag, wenn Unmöglichkeit, Verzug, positive Vertragsverletzung oder Mängel nur eine Systemkomponente betreffen, hierdurch aber die Nutzung des Systems insgesamt eingeschränkt oder aufgehoben wird. (6)

1.7 (Wartung, Pflege) Leistungen des Anbieters zur Wartung von Hardware und/oder Software sind in einem getrennten Wartungs- bzw. Pflegevertrag zu vereinbaren. Wird der vorliegende Systemvertrag gemäß Ziff. 1.6 rückgängig gemacht, entfällt hiermit die Geschäftsgrundlage für einen entsprechend Ziff. 1.7 Satz 1 abgeschlossenen Vertrag. (7)

§ 2 Lieferung, Installation, Übergabe

2.1 (Transportkosten) Der Anbieter liefert an den Sitz des Kunden frei Haus. oder:
Der Kunde übernimmt die Transportkosten ab dem Sitz des Anbieters. (8)

2.2 (Lieferzeitpunkt) Im Leistungsschein wird von den Vertragsparteien ein Lieferzeitpunkt festgelegt. (9) Im beiderseitigen Einvernehmen kann dieser Lieferzeitpunkt um eine angemessene Frist verschoben werden. Terminänderungen sind im Leistungsschein aufzunehmen und beiderseitig zu unterzeichnen; nur dann sind sie wirksam vereinbart.

2.3 (Höhere Gewalt) Verzögert ein die Lieferfälligkeit beeinflussender Streik, höhere Gewalt oder ein sonstiges Ereignis (auf das der Anbieter keinen Einfluss hat) die Lieferung, so verschiebt sich der Liefertermin entsprechend.

2.4 (Kundenrechte bei Verzug) Nach einem im Leistungsschein festzulegenden Zeitraum des Anbieterverzuges ist der Kunde berechtigt, vom Vertrag hinsichtlich der Geräte oder Programme zurückzutreten, mit deren Lieferung der Anbieter im Verzug ist. (10) Der Kunde ist in diesem Fall berechtigt, aber nicht verpflichtet, gemäß Ziff. 1.6 den gesamten Vertrag rückgängig zu machen.

2.5 (Liefermodalitäten) Die Lieferung der vertragsgegenständlichen Geräte erfolgt ab Werk. Der Anbieter hat die Geräte zu installieren und deren technische Betriebsbereitschaft herbeizuführen. Die Lieferung der Systemsoftware erfolgt durch Anliefern der entsprechenden Programmexemplare auf Datenträger und der zugehörigen Dokumentation in Druckversion sowie Installation der Programme. (11)

2.6 (Gesamtlieferung) Die vertragsgegenständliche Anwendungssoftware wird mit den unter 2.5 genannten Geräten zu einem gesondert zu vereinbarenden Zeitpunkt angeliefert und installiert. (12)

2.7 (Lieferankündigung) Lieferung und Installation sind mindestens sieben Tage im Voraus dem Kunden mitzuteilen und erfolgen mangels anderweitiger Vereinbarung auf Risiko und Kosten des Anbieters.

2.8 (Installationsvoraussetzungen, Betriebsbereitschaft, Einweisung) Die vom Kunden herbeizuführenden Voraussetzungen der Installation und die Voraussetzungen der Betriebsbereitschaft sowie der Funktionsfähigkeit der Software werden im Leistungsschein spezifiziert bzw. ergänzend zwischen den Vertragsparteien rechtzeitig abgestimmt. (13) Sollten sich diese Voraussetzungen aufgrund von Spezifikationen oder sonstiger Vorgaben aus dem Leistungsbereich des Anbieteres ändern, wird der Anbieter den Kunden hierauf entsprechend hinweisen. Der Eintritt der Betriebsbereitschaft sowie der Funktionsfähigkeit der Software ist in einem Übergabeprotokoll festzuhalten. (14) Der Anbieter führt den Kunden/die Mitarbeiter des Kunden in die anwendungswesentlichen Funktionen des betriebsbereiten Systems ein. (15) Die Durchführung der Einweisung ist Voraussetzung der zu protokollierenden Übergabe.

2.9 (Prüfpflicht des Anbieters) Der Anbieter überprüft das Vorliegen der Installationsvoraussetzungen und die Erfüllung der spezifizierten Anforderungen des Kunden. Der Anbieter wird den Kunden auf das dem Anbieter erkennbare Fehlen bzw. Nichterfülltsein von Voraussetzungen hinweisen.

2.10 (Installationszeitpunkt) Im Leistungsschein sind die vereinbarten Zeitpunkte für den Abschluss der Installationsvorbereitungen, der oben genannten Prüfung und vereinbarter Begleitmaßnahmen festzuhalten. (16)

2.11 (Gefahrübergang) Mit dem Zeitpunkt der Unterzeichnung des Protokolls nach Ziff. 2.8 geht die Gefahr des zufälligen Untergangs oder der zufälligen Beschädigung auf den Kunden über. (17)

2.12 (Anbieterpflicht zur Hardware-Entsorgung) Weist der Anbieter dem Kunden nach Ende der Nutzung der Hardware des vertragsgegenständlichen Systems nicht eine geeignete Entsorgungsstelle nach, die die Hardware entgegennimmt, ist der Anbieter seinerseits verpflichtet, die Hardware vom Kunden kostenfrei/gegen eine Vergütung von … DM pro Rechner zurückzunehmen. Kosten und Risiken des Antransportes der Hardware trägt hierbei jedoch der Kunde. (18) oder:
(Keine Entsorgungsverpflichtung des Anbieters): Die Entsorgung der Hardware erfolgt im Verantwortlichkeitsbereich des Kunden. (18)

§ 3   Abnahme, Funktionsprüfung, Gewährleistung

3.1 (Testperiode) Im Leistungsschein vereinbaren die Vertragsparteien eine Zeitdauer ab Übergabe, in der der Kunde die im Leistungsschein spezifizierten

Funktionen testet. (19) Lassen sich während dieses Zeitraumes auftretende und dem Anbieter mitgeteilte Mängel von diesem nicht beseitigen, so kann der Kunde gemäß Ziff. 1.6 den Vertrag rückgängig machen und zugleich den ihm entstandenen Schaden ersetzt verlangen.

3.2 (Prüfprotokoll, Beginn der Gewährleistung) Nach Abschluss der Funktionsprüfung bestätigt der Kunde in einem die getesteten Funktionen umfassenden Abnahmeprotokoll die Mängelfreiheit zum Abnahmezeitpunkt. Ab diesem Zeitpunkt, spätestens aber drei Wochen nach erfolgter Einweisung läuft eine sechs-/zwölfmonatige Gewährleistung des Anbieters für das Gesamtsystem. Die Verlängerung der Gewährleistung auf zwei/drei Jahre ist gegen eine im Leistungsschein zu treffende Vergütung möglich.

3.3 (Prüf- und Rügepflicht des Kunden) Offensichtliche und nicht bereits nach Ziff. 3.1 und 3.2 protokollierte Mängel muss der Kunde unverzüglich, jedoch erst nach erfolgter Einweisung prüfen, andernfalls Verlust der vereinbarten bzw. gesetzlichen Gewährleistungsrechte eintritt. (20)

3.4 (Gewährleistung, Mängelbeseitigung) Der Anbieter steht dafür ein, dass der Kaufsache keine den Gebrauch erheblich beeinträchtigenden oder aufhebenden Fehler anhaften. Bei nach Übergabe bzw. Prüfung nach Ziff. 3.1 auftretenden Mängeln kann der Kunde vom Anbieter kostenfreie Mängelbeseitigung verlangen. Der Anbieter ist zur Durchführung von mindestens zwei Beseitigungsversuchen berechtigt. Der Kunde wird, soweit erforderlich, dem Anbieter in den üblichen Geschäftszeiten Zugang zur Kaufsache zwecks Durchführung der Mängelbeseitigung gewähren. Nur wenn die Beseitigung scheitert oder in gesetzter angemessener Nachfrist nicht begonnen wurde, kann der Kunde den Vertrag rückgängig machen (Wandelung) oder den Kaufpreis im Verhältnis der Gebrauchsbeeinträchtigung herabsetzen (Minderung). Durch den Kunden gezogene Nutzungen sind zu berücksichtigen. (21) Nicht erfasst von dieser Verpflichtung werden Fehler der Kaufsache, die durch den Kunden oder einen Dritten verursacht wurden.

3.5 (Gewährleistung neben Wartungsverpflichtung) Übernimmt der Anbieter auch eine Wartungsverpflichtung, so sind für den Zeitraum der Gewährleistungspflicht nur diejenigen Maßnahmen einer Fehlerbeseitigung zu vergüten, die nicht unter die Gewährleistung fallen. (22)

§ 4 Kaufpreis

4.1 (Festlegung, Zahlungsmodalitäten) Der Kaufpreis wird von den Vertragsparteien in der Höhe und in den Zahlungsmodalitäten wie die Fälligkeit im Leistungsschein (2) festgelegt.

4.2 (Nebenleistungen) Soweit im Leistungsschein nichts anderes vermerkt ist, sind mit dem Kaufpreis nach Ziff. 4.1 auch alle vereinbarten Nebenleistungen abgegolten.

4.3 (Eigentumsvorbehalt)   Bis zur vollständigen Bezahlung des vereinbarten Kaufpreises verbleiben alle gelieferten Gegenstände einschließlich der zugehörigen Programme und Dokumentation im Eigentum des Anbieters. Der Kunde darf die Gegenstände weder verpfänden noch sicherungsübereignen.

4.4 (Nutzungsrecht)   Der Kunde ist bis zur vollständigen Bezahlung nicht zur Übertragung des ihm eingeräumten Nutzungsrechtes an der Software auf Dritte befugt. (23)

4.5 (Änderungen des Kaufpreises)   Ohne anders lautende Vereinbarung sind Kaufpreisänderungen nach Vertragsunterzeichnung nicht möglich. Steuern, Zölle und öffentliche Abgaben sind im Kaufpreis inbegriffen. Die jeweils geltende gesetzliche Mehrwertsteuer tritt zu den vereinbarten Preisen hinzu. (24)

§ 5 Schutzrechte Dritter

5.1 (Freistellung)   Der Anbieter stellt den Kunden von allen Ansprüchen Dritter gegen den Kunden aus der Verletzung von deren Schutzrechten an der Hardware, der zugehörigen Systemsoftware und Anwendungssoftware frei.

5.2 (Änderungsmaßnahmen)   Der Anbieter ist berechtigt und verpflichtet, auf eigene Kosten notwendige Änderungen aufgrund der Schutzrechtsbehauptung Dritter bei dem Kunden durchzuführen. Der Kunde wird dem Anbieter hierzu die Rechnernutzung ermöglichen.

§ 6 Mitarbeiterschulung, Einsatzvorbereitung, Einweisung des Personals in die Systembedienung

6.1 (Mitarbeiterschulung)   Der Anbieter wird bei besonderer Vereinbarung für einen im Leistungsschein zu bestimmenden Zeitraum nach Installation die zur Programmerstellung und Maschinenbedienung notwendigen geeigneten Mitarbeiter des Kunden im für die vertragsgegenständliche Anwendung erforderlichen Umfang schulen und das hierzu erforderliche Material einschließlich der Literatur über die Systemanwendung in deutscher Sprache überlassen. (25)

6.2 (Einsatzvorbereitung)   Der Anbieter berät den Kunden aufgrund besonderer Vereinbarung bei der Einsatzvorbereitung (Systemanalyse, Organisation, Programmierung und Programmtest) und während der Anlaufphase in angemessenem Umfang durch entsprechend qualifizierte Mitarbeiter und überlässt dem Kunden das entsprechende Informationsmaterial in deutscher Sprache. Der Anbieter haftet im Rahmen dieser Tätigkeit nach Ziff. 6.2 nicht für ein bestimmtes Ergebnis.

6.3   Die vorgenannten Leistungen sind im jeweiligen Umfang im Leistungsschein zu vereinbaren.

6.4 (Systemeinweisung)   Der Anbieter weist die vom Kunden zu benennenden Mitarbeiter rechtzeitig in die Bedienung des Systems ein und stellt gleichzeitig die notwendigen Bedienungsanleitungen in angemessenem Umfang in deutscher Sprache zur Verfügung.

6.5 Die nach § 6.1 bis 6.4 vereinbarten Leistungen sind im Leistungsschein zu bezeichnen.

6.6 (Geheimhaltung) Der Anbieter wird alle ihm im Rahmen der Durchführung des vorliegenden Vertrages offenbar werdenden Geschäfts- oder Betriebsgeheimnisse und personenbezogenen Daten des Kunden oder Dritter vertraulich behandeln und seine Mitarbeiter entsrechend auf diese Vertraulichkeit und die Einhaltung des Datengeheimnisses verpflichten.

§ 7 Haftung des Anbieters

Der Anbieter haftet für Eigenschaftszusicherungen, Vorsatz, grobe Fahrlässigkeit und leichte Fahrlässigkeit, für letztere jedoch eingeschränkt auf die Verletzung vertragswesentlicher Pflichten und auf vorhersehbaren Schaden. Diese Haftung erfasst auch Erfüllungsgehilfen des Anbieters.

§ 8 Allgemeine Bestimmungen

8.1 (Vollständigkeitsklausel) In diesem Vertrag sind sämtliche Rechte und Pflichten der Vertragsparteien geregelt. (26) Änderungen und Ergänzungen sind nur in Schriftform und bei Bezugnahme auf diesen Vertrag wirksam und beiderseitig zu unterzeichnen.

8.2 Abweichungen in Einkaufsbedingungen des Kunden gelten nur, wenn der Anbieter diesen Abweichungen ausdrücklich schriftlich zustimmt.

8.3 (Nachträge) Die zugehörigen Nachträge zu diesem Vertrag und zu dem Leistungsschein sind bei Unterzeichnung Bestandteil des vorliegenden Vertrages.

8.4 (Anwendbares Recht, Erfüllungsort, Gerichtsstand) Auf das Vertragsverhältnis anwendbar sind die Bestimmungen dieses Vertrages und ergänzend das Recht der Bundesrepublik Deutschland. Erfüllungsort und Gerichtsstand für Streitigkeiten aus diesem Vertrag ist der Geschäftssitz des Anbieters, sofern der Kunde Kaufmann oder juristische Person des öffentlichen Rechts ist. Die Anwendung des UN-Übereinkommens über Verträge über den internationalen Warenkauf vom 11. 4. 1980 (CISG) wird abbedungen.

8.5 (Salvatorische Klausel) Sollten einzelne Bestimmungen dieses Vertrages nicht rechtswirksam sein oder ihre Rechtswirksamkeit durch einen späteren Umstand verlieren oder sollte sich in diesem Vertrag eine Lücke herausstellen, so wird hierdurch die Rechtswirksamkeit der übrigen Bestimmungen nicht berührt. Anstelle der unwirksamen Vertragsbestimmung oder zur Ausfüllung der Lücke soll eine angemessene Regelung gelten, die, soweit möglich, dem am nächsten kommt, was die Vertragsparteien gewollt haben würden, sofern sie diesen Punkt bedacht hätten. (27)

..., den ...   ..., den ...
(Ort)   (Datum)   (Ort)   (Datum)

...   ...
(Kunde)   (Anbieter)

Anmerkungen

(1) Das vorliegende Vertragsmuster regelt den Erwerb eines kompletten Systems, bestehend aus Hardware- und Software-Komponenten. Eine solche Vertragsgestaltung ist naheliegenderweise beim Erwerb von so genannten Komplettsystemen sinnvoll, aber auch beim Erwerb individuell aus Standardkomponenten zusammengestellter („konfigurierter") Systeme. Zu beachten ist allerdings, dass bei Abschluss solcher Verträge mit Händlern/Systemhäusern sehr oft Rechte zuliefernder Anbieter zu regeln sind, so etwa die des Herstellers der System- und/ oder der Anwendungssoftware, und zwar insbesondere hinsichtlich der einzuräumenden Nutzungsrechte und der jeweiligen Gewährleistung.

(2) Ein Muster des Leistungsscheines findet sich unter II. 1.

(3) Nach der BGH-Rechtsprechung entspricht dies im Ergebnis einer kaufweisen Übertragung (s. Rn. 717 ff.).

(4) Die Vertragsbestimmung begründet nur eine Verpflichtung des Anbieters, marktreif entwickelte und in die so genannte Distribution genommene Versionen dem Kunden zu marktüblichen Konditionen anzubieten, jedoch keine Verpflichtung, solche Versionen überhaupt erst zu entwickeln.

(5) Ein Muster für eine Hinterlegungsvereinbarung ist unter I.14 abgedruckt. Zur Quellcodehinterlegung allgemein siehe Rn. 973. „Sicherer Ort" ist etwa ein Notar oder ein Technischer Überwachungsverein e. V. Die Hinterlegung des Quellformats ist gegenüber kleinen Anbietern oft die einzige Möglichkeit, den Zugriff im Falle der Anbieterinsolvenz sicherzustellen, wobei ohnehin nicht abschließend geklärt ist, ob der Insolvenzverwalter die Herausgabe an den Kunden rechtswirksam verhindern kann. Naheliegenderweise sollte die Frage, ob eine Hinterlegungsvereinbarung geschlossen werden soll, bereits bei Abschluss des Systemvertrages geklärt werden, da später für den Anbieter in der Regel wenig Veranlassung besteht, einer Hinterlegung noch zuzustimmen. Zugleich sollte die Kostenbelastung verbindlich abgeklärt werden, die mit der Einrichtung und laufenden Unterstützung der Hinterlegung bei der Hinterlegungsstelle verbunden ist – umso mehr, wenn die Kosten (wie häufig) vom Kunden getragen werden sollen. In der Kosten-Nutzen-Kalkulation ist abzuwägen, ob nicht der Erwerb eines nichtausschließlichen Rechtes am Quellcode selbst letztlich kostengünstiger kommt.

(6) Diese Regelung hat zentrale Bedeutung für Systemverträge über standardisierte, getrennt verwendbare Komponenten. Nicht nur bei Mangelhaftigkeit einer solchen Komponente, sondern auch bei Auftreten einer sonstigen, diese Komponente betreffenden Leistungsstörung muss eine Rückabwicklung des Vertrages nicht nur bezüglich der einzelnen Komponente, sondern für den gesamten Vertrag möglich sein (s. für Verzug Rn. 1048, für Gewährleistung Rn. 1397).

(7) Die Regelung erstreckt die Wirkung aus Leistungsstörungsrechten in Ziff. 1.6 als Gesamtwirkung auch auf getrennt abgeschlossene Wartungs- und Pflegeverträge, da deren Inhalt gegenstandslos wird, wenn das System nicht rechtzeitig bzw. nicht mangelfrei überlassen wird.

(8) Zur gesetzlichen Zuweisung von Transportkosten siehe Rn. 131. Soll der Kunde die Transportkosten tragen, ist Ziff. 2.7 entsprechend anzupassen.

(9) Lassen sich keine festen Liefertermine voraussehen, sollte zumindest (in Anlehnung etwa an § 5 Nr. 1 BVB-Kauf) ein frühester und ein spätester Anlieferungstermin angegeben werden. Der Leistungsschein stellt zusammen mit dem Systemkaufvertrag die wichtigste Unterlage dar. Jede Unvollständigkeit im Leistungsschein kann für den Kunden das Risiko erheblicher Schäden begründen, ja sogar zur Unbrauchbarkeit der Anlage für eine bestimmte Anwendung führen. Beide Vertragsparteien müssen den Leistungsschein unterzeichnen. Jede Änderung des Leistungsscheins muss schriftlich erfolgen, um wirksam zu werden (vgl. Ziff. 8.1 und 8.3).

(10) Verzug tritt, außer bei genau bestimmtem Lieferzeitpunkt, erst nach Ablauf einer Frist ein, deren Setzung mit einer Mahnung verbunden sein muss. Mit der Mahnung muss auch bereits der Rücktritt angedroht werden. Auf das Mahn- und Fristsetzungserfordernis kann anbieterseits vertraglich verzichtet werden. Mahnt der Kunde dann aber trotzdem, muss er auch Fristsetzung und Rücktritt androhen.

(11) Ziff. 2.5 regelt nur die Anlieferung und Übergabe, nicht auch bereits die Testphase (Ziff. 3.1) bzw. Funktionsprüfung.

(12) Bei der Lieferung und Einrichtung von Netzwerken ist zwischen dem Einrichten der netzwerkeigenen Software (z. B. Novell) und dem Implementieren der Anwendungssoftware auf dem betriebsbereiten Arbeitsplatz bzw. dem Netzwerkserver zu unterscheiden. Deshalb sollte auch die Betriebsbereitschaft jeweils getrennt anbieterseits nachgewiesen werden.

(13) Die Festlegung der Installationsvoraussetzungen sollte im beiderseitigen Interesse detailliert erfolgen. Der Kunde ist grundsätzlich nur in dem Umfang zur Mitwirkung verpflichtet, in dem ihm die von ihm herzustellenden Installationsvoraussetzungen mitgeteilt werden oder – für den Anbieter erkennbar – aus bisherigen Anwendungen oder von seinem Vorwissen her bekannt sein müssen. Die Regelung in Ziff. 2.9 soll den Anbieter hierbei enger in die Unterstützung des Kunden einbinden. Das Herstellen von Installationsvoraussetzungen kann – etwa beim Einrichten eines Rechenzentrums – erhebliche persönliche, zeitliche und finanzielle Aufwendungen erfordern, die der Kunde rechtzeitig planen und tätigen bzw. umsetzen muss.

(14) Der Eintritt der Betriebsbereitschaft kann auf einem Liefer- bzw. Leistungsschein bestätigt werden. Doch sollte sich dann aus dem Liefer-/ Leistungsschein ergeben, dass tatsächlich eine Überprüfung stattgefunden hat. Vom Kunden kann nicht verlangt werden, durch ein und dieselbe Unterschrift sowohl die Lieferung wie auch die Betriebsbereitschaft zu bestätigen, ohne dass er zu deren Überprüfung Gelegenheit hatte. Die Betriebsbereitschaft lässt sich anhand von anbietereigenen Prüfprogrammen demonstrieren, was ebenfalls, soweit möglich, im Leistungsschein bereits vereinbart werden sollte.

(15) Die Einweisung sollte (als Nebenleistung) unbedingt ausdrücklich vereinbart werden, da sie grundsätzlich nicht bereits aus dem jeweiligen gesetzlichen Vertragsbild (des Kaufvertrages etc.) geschuldet ist (vgl. Rn. 163).

(16) Diese vereinbarten Zeitpunkte legen zugleich auch fest, ab wann jeweils Verzug des Anbieters mit seiner Leistung eintritt.

(17) Gefahrübergang erfolgt nach dieser Regelung nicht mit Anlieferung oder sogar mit Übergabe an die Transportperson, sondern erst mit bestätigtem Beginn der Betriebsbereitschaft. Werden die Geräte der Hardware-Komponente des Systems etwa nach Bestätigung der Betriebsbereitschaft durch Brand in den Räumen des Kunden vernichtet, so muss der Anbieter kein neues Gerät liefern, auch wenn die spezifizierten Funktionen vom Kunden noch nicht abgenommen worden sind. Der Gefahrübergang tritt also bereits vor Abnahme ein.

(18) Die Vertragspartner müssen ergänzend prüfen, welche gesetzliche Entsorgungspflicht besteht.

(19) Bei Anwendbarkeit von Kauf- oder Mietrecht ist eine Funktionsprüfung in den gesetzlichen Regelungen überhaupt nicht vorgesehen, bei Werkvertragsrecht nur allgemein als Abnahme (s. Rn. 172ff.). Die ausführliche gemeinsame Prüfung spezifischer Funktionen bedarf deshalb in jedem Vertrag besonderer Vereinbarung. Es ist weder sinnvoll noch möglich, diese Funktionen vollständig zu beschreiben. Jeder Installationsfall weicht vom anderen ab. Entsprechend variabel sollte eine Mindestzahl von Nutzungsstunden für Testzwecke vereinbart werden, um eine ausreichende und repräsentative Beurteilung zu ermöglichen. Hat es der Anbieter zu vertreten, dass diese vereinbarte Nutzungszeit nicht erreicht wird (da er z. B. das System nicht zum Laufen bringt), so kann der Kunde fristlos kündigen bzw. den Rücktritt vom Vertrag erklären. Sind jedoch die Gründe der Verzögerung vom Kunden zu vertreten, so gilt die Funktionsprüfung als beendet (vgl. die entsprechende Regelung in §§ 8 Nr. 4 und 6 BVB-Kauf).

(20) Eine solche Klausel ist auch gegenüber nichtkaufmännischen Kunden und in AGB zulässig und findet sich bei einigen Direktversendern, sollte aber aus Kundensicht möglichst abbedungen werden.

(21) Insoweit gelten die allgemeinen Regelungen zur Rückabwicklung.

(22) Eine Quotelung erscheint immer dann als sinnvoll, wenn in der Gewährleistungsphase Fehler auftreten, die – etwa abnutzungsbedingt – keine Mängel sind.

(23) Diese Regelung trägt dem Umstand Rechnung, dass der Kunde (übertragbares) Eigentum auch am vertragsgegenständlichen Programmexemplar erst nach voller Bezahlung erwirbt.

(24) Zur Regelung der Preisänderungsbefugnisse in AGB s. Rn. 376, 527.

(25) Schulung muss auf die jeweiligen kundenseitigen Vorkenntnisse und Betriebserfordernisse abgestellt und dergestalt präzise im Leistungsschein geregelt werden. Kenntnisdefizite, die der Kunde nicht rechtzeitig bei den Vertragsverhandlungen dartut, gehen zu seinen Lasten. Gleiches gilt für eine mögliche Nichteignung von Personal zur Schulung.

(26) Diese Vollständigkeitsklausel wird zwar vielfach in Anbieterverträgen verwendet (und wird deshalb auch in das vorliegende Muster aufgenommen), begegnet aber Bedenken gegen die Wirksamkeit (s. Rn. 477). Individuell kann sie aber jedenfalls ausgehandelt werden.

(27) Auch die „salvatorische Klausel" ist Bedenken begegnet (s. Rn. 477, 323), wenngleich sie nach wie vor in den meisten Anbieterverträgen und Mustern enthalten ist (z. B. im Münchner Vertragshandbuch, Bd. 3, 1. Halbbd., 4. Aufl. 1998, S. 569). Auch hier ist jedenfalls ein individuelles Aushandeln zulässig und sinnvoll.

2. Vertrag über die Miete eines EDV-Systems → ⊙

Vertrag über die Miete eines EDV-Systems

zwischen

...
(Anbieter)
– nachfolgend „Anbieter" genannt –

und

...
(Anwender)
– nachfolgend „Kunde" genannt –

§ 1 Vertragsgegenstand

1.1 (System) Der Kunde erhält vom Anbieter die im Leistungsschein näher spezifizierten Geräte, Systemsoftware, Anwendungssoftware und Dokumentation („System") für die Laufzeit des Vertrages zum vereinbarten Gebrauch überlassen. Der Leistungsschein ist Bestandteil dieses Vertrages. (1)

1.2 (Rechte an der Hardware und Software) Der Anbieter bleibt Eigentümer der Hardware und Software des Systems. An der Betriebs- und Anwendungssoftware wird dem Kunden für die Mietdauer ein nicht ausschließliches Nutzungsrecht eingeräumt. Der Umfang dieses Nutzungsrechtes (z. B. Begrenzung der Nutzung auf eine bestimmte Anlage) wird im Leistungsschein individuell näher festgelegt. (2) Der Kunde ist nicht berechtigt, das ihm eingeräumte, nichtausschließliche Nutzungsrecht auf Dritte zu übertragen. Vervielfältigungsexemplare der Anwendungsprogramme und der Systemsoftware darf der Kunde nur in dem Umfang erstellen, der für die bestimmungsgemäße Systemnutzung erforderlich ist, insbesondere zu Sicherungszwecken. Zusätzliche Exemplare des Benutzerhandbuches und ähnlicher im Leistungsschein bezeichneter Dokumentationsunterlagen können vom Anbieter gegen Vergütung bezogen werden; ein Vervielfältigen ist unzulässig.

1.3 (Änderungen am System) Änderungen am System darf der Kunde nur nach vorheriger Rücksprache mit dem Anbieter durchführen; das gilt auch für Erweiterungen oder den Austausch von Speichern oder sonstigen Komponenten, die Verbindung mit anderen Komponenten oder Rechnern (oder zur Vernetzung) oder Änderungen an oder Wechsel der Systemsoftware. (3)

1.4 (Rückgabe) Nach Ende der Mietzeit ist das System in allen Komponenten dem Anbieter zurückzugeben. Hierzu gehören auch sämtliche vom Kunden erstellten Programmkopien auf Datenträgern. (4) Datenbestände des Kunden sind von diesem vollständig zu löschen. Die Rückgabe erfolgt zu Kostenlasten des Kunden, ebenso ein besonders zu vereinbarender anbieterseitiger Rücktransport der Hardware.

1.5 (Wartung/Pflege) Mit dem vorliegenden Mietvertrag schließt der Kunde zugleich einen Vertrag zur Wartung der Hardware und Pflege der Software des Systems ab. Die Durchführung von Maßnahmen zur Wartung und Pflege des Systems durch den Kunden selbst oder durch Dritte ist unzulässig. Der Kunde ist aber berechtigt, den mitgeteilten Spezifikationen entsprechende Verbrauchsmaterialien und Ersatzteile (z. B. Toner, Masterfolien) von Dritten zu erwerben und im System zu verwenden.

§ 2 Lieferung, Installation, Funktionsprüfung und Lieferverzug

2.1 (Lieferzeitpunkt und Kosten) Im Leistungsschein wird von den Vertragsparteien ein Zeitpunkt für die Lieferung des Systems festgelegt.
Der Kunde trägt die Kosten des Transports.
oder:
Anbieterseitige Kosten für Anlieferung, Installation und Einrichten des Systems sind mit der Mietzinszahlung nach § 3 abgegolten.

2.2 (Terminänderung) Im beiderseitigen Einvernehmen kann dieser Lieferzeitpunkt um eine angemessene Frist verschoben werden. Terminänderungen sind im Leistungsschein aufzunehmen und beiderseitig zu unterzeichnen. Nur in diesem Fall sind die neuen Daten verbindlich.

2.3 (Höhere Gewalt) Verzögert ein die Lieferfälligkeit beeinflussender Streik, höhere Gewalt oder ein sonstiges Ereignis, auf das der Anbieter keinen Einfluss hat, die Lieferung ganz oder teilweise, so verschiebt sich der Liefertermin entsprechend.

2.4 (Anbieterverzug) Nach einem im Leistungsschein festzulegenden Zeitraum des vollständigen oder teilweisen Anbieterverzuges ist der Kunde nach Setzung einer Nachfrist und entsprechender Androhung berechtigt, vom Mietvertrag zurückzutreten.

2.5 (Liefermodalitäten) Die Lieferung der vertragsgegenständlichen Hardware erfolgt ab Werk, die Lieferung der Software durch Anliefern der Datenträger und Dokumentation sowie Installation der Programme und Übergabe der Dokumentation. Der Anbieter hat die Geräte zu installieren und in technische Betriebsbereitschaft zu versetzen. (5)

2.6 (Installationsvoraussetzungen) Die vom Anbieter herbeizuführenden Voraussetzungen der Installation des Systems und die Voraussetzungen zur Erreichung seiner Betriebsbereitschaft werden im Leistungsschein spezifiziert. Der Kunde wird die notwendigen Installationsvoraussetzungen rechtzeitig schaffen und für die Vertragsdauer aufrechterhalten. (6)

2.7 (Betriebsbereitschaft und Einweisung) Nach Installation richtet der Anbieter bzw. die beauftragte Transportperson den Rechner betriebsbereit ein. Anschließend weist er bzw. die Transportperson den Kunden in die Systemnutzung ein. Der Eintritt der Betriebsbereitschaft wird nach erfolgter Einweisung in einem Übergabeprotokoll festgehalten. (7)

2.8 (Gefahrübergang) Mit dem Zeitpunkt der schriftlichen Bestätigung der Betriebsbereitschaft geht die Gefahr des zufälligen Unterganges des Systems auf den Kunden über. (8)
oder:
Die Gefahr geht ab Übergabe des Systems durch den Anbieter an die Transportperson auf den Kunden über.

2.9 (Funktionsprüfung) Im Leistungsschein vereinbaren die Vertragsparteien eine Zeitdauer ab Übergabe, in der der Kunde die im Leistungsschein spezifizierten Funktionen testet. Lassen sich während dieses Zeitraumes auftretende und dem Anbieter mitgeteilte Mängel nicht beseitigen, so kann der Kunde vom Vertrag zurücktreten und den ihm entstandenen Schaden vom Anbieter ersetzt verlangen.

§ 3 Mietzinszahlung

3.1 (Berechnung des Mietzinses) Der Mietzins wird monatlich und auf der Basis einer im Leistungsschein festgelegten Nutzungszeit pauschal berechnet. Die jeweils geltende gesetzliche Mehrwertsteuer tritt hinzu. Bei höheren monatlichen Nutzungszeiten wird der Mietzins anteilig erhöht, soweit diese Erhöhungen nicht durch Wartungsmaßnahmen bedingt sind. Mit der Mietzinszahlung sind alle nicht besonders vereinbarten Anbieterleistungen abgegolten.

3.2 (Fälligkeit des Mietzinses) Der Mietzins wird erstmalig ab dem Übergabezeitpunkt und in der Folgezeit jeweils am 3. eines jeden Kalendermonats im Voraus fällig. (9)

3.3 (Sonderkosten) Betriebsmaterialien, Reinigung, Daten- und Programmversionsaustausch, vom Kunden zu vertretende notwendige Reparaturen sowie Abbau und Rücktransport der Hardware werden getrennt berechnet.
Sollte am Ende der Vertragsdauer zum System gehörende Hardware zu entsorgen sein,
a) erfolgt die Entsorgung gegen eine Pauschale, deren Höhe im Leistungsschein festgelegt wird,
oder:
b) erfolgt die Entsorgung ohne gesonderte Vergütung.

3.4 (Mietzinserhöhung) Eine Erhöhung des Mietzinses ist ab einer Laufzeit des Vertrages von vierundzwanzig/sechsunddreißig Monaten mit einer Frist von drei/sechs Monaten zulässig.

§ 4 Gewährleistung

4.1 (Gewährleistungsverpflichtung) Der Anbieter leistet während der Vertragslaufzeit dafür Gewähr (10), dass das System betriebsbereit ist und die im Leistungsschein ausgewiesenen Funktionen erfüllt.

4.2 (Reaktionszeiten) Im Leistungsschein werden die Fristen festgelegt, nach deren Ablauf spätestens eine Funktionsüberprüfung bei Mängeln und der Beginn mit Beseitigungsmaßnahmen angeboten wird. Diese Zeiten werden ab Eingang der Mängelmitteilung bei dem Anbieter berechnet.

4.3 (Mitteilungspflicht des Kunden)   Der Kunde hat auftretende Mängel dem Anbieter unverzüglich mitzuteilen. (11)

4.4 (Durchführung der Beseitigung)   Der Anbieter ist berechtigt, in den üblichen Geschäftszeiten zu Zwecken der Mängelbeseitigung Zugang zum System zu erhalten.

4.5 (Verzug mit Mängelbeseitigung)   Gelingt dem Anbieter nicht die Beseitigung von Mängeln, die nicht vom Kunden zu vertreten sind, kann der Kunde pro Ausfalltag den Mietzins um $^1/_{30}$ kürzen und nach Ablauf einer vereinbarten Frist, spätestens jedoch nach dreißig Tagen, den Mietvertrag fristlos kündigen und den ihm entstandenen Schaden ersetzt verlangen.

4.6 (Mängel durch Systemkomponenten Dritter)   Gewährleistungsrechte des Kunden entfallen insoweit, als Mängel von an das System angeschlossener Hardware anderer Hersteller oder von mit dem System verbundener Software anderer Anbieter herrühren. Die Beweislast für die anderweitige Herkunft der Mängel trägt der Anbieter. (12)

§ 5 Kündigung

5.1 (Ordentliche Kündigung)   Beide Vertragsparteien können diesen Vertrag unter Einhaltung einer Frist von zwei Monaten seitens des Kunden und drei Monaten seitens des Anbieters zum Ende eines Kalenderhalbjahres schriftlich kündigen. Erstmals ist die ordentliche Kündigung nach Ablauf von sechs/neun/zwölf Monaten zulässig.

5.2 (Außerordentliche Kündigung)   Kommt der Kunde wesentlichen vertraglichen Verpflichtungen nicht nach, kann der Anbieter diesen Vertrag fristlos kündigen. Dies ist insbesondere der Fall, wenn
a) der Kunde mit der Entrichtung des Mietzinses in der Höhe von zwei Monatszahlungen oder über mehrere Zahlungstermine mit einer Summe in dieser Höhe in Verzug gerät,
b) der Kunde insolvent wird,
c) der Kunde seine Obhutspflicht gegenüber dem System verletzt bzw. Beschädigungen an diesem vornimmt oder rechtswidrig Programmkopien erstellt.
Im Falle fristloser Kündigung ist die gesamte Miete für die vertragliche Restlaufzeit abzüglich anbieterseits ersparter Aufwendungen vom Kunden zu erstatten.

5.3 (Rückgabe der Mietsache)   Nach Ende der Vertragsdauer ist der Kunde zur unverzüglichen Rückgabe der Mietsache auf seine Kosten verpflichtet, soweit im Leistungsschein nichts anderes vermerkt wird. Eigene Datenbestände des Kunden sind vorher zu löschen, nicht jedoch die zur Nutzung überlassenen Exemplare der System- und Anwendungssoftware. Erfolgt die Rückgabe nicht unverzüglich, ist für den Zeitraum der tatsächlichen weiteren Nutzung eine Nutzungsentschädigung in der Höhe des vereinbarten Mietzinses geschuldet, ohne dass es auf ein Vertretenmüssen seitens des Kunden ankommt.

§ 6 Schutzrechte Dritter

6.1 (Freistellung) Der Anbieter stellt den Kunden von allen Ansprüchen Dritter gegen den Kunden aus der Verletzung von deren Schutzrechten an der Hardware, der zugehörigen Systemsoftware sowie der Anwendungssoftware frei.

6.2 (Beseitigungsmaßnahmen) Der Anbieter ist berechtigt, auf eigene Kosten notwendige Änderungen aufgrund der Schutzrechtsbehauptung Dritter bei dem Kunden durchzuführen. Soweit das System für den Zeitraum der Durchführung von Änderungsmaßnahmen nicht oder nur eingeschränkt nutzbar ist, kann der Kunde den Mietzins entsprechend mindern.

§ 7 Mitarbeiterschulung, Einsatzvorbereitung, Einweisen des Personals in die Anlagenbedienung

7.1 (Mitarbeiterschulung) Der Anbieter hat auf Anforderung des Kunden für einen im Leistungsschein zu bestimmenden Zeitpunkt nach Systeminstallation das zur Programmerstellung und/oder Maschinenbedienung notwendige geeignete Personal auszubilden und das hierzu notwendige Material einschließlich der Literatur über Grundsoftware in deutscher Sprache zu überlassen.

7.2 (Beratung bei Einsatzvorbereitung) Der Anbieter berät den Kunden aufgrund besonderer Vereinbarung bei der Einsatzvorbereitung (Systemanalyse, Organisation, Programmierung und Programmtest) und während der Anlaufphase in angemessenem Umfang durch entsprechend qualifiziertes Personal und überlässt ihm das entsprechende Informationsmaterial in deutscher Sprache. Der Anbieter haftet nicht für ein bestimmtes Ergebnis.

7.3 (Einweisung) Der Anbieter weist das Bedienungspersonal rechtzeitig ein und stellt gleichzeitig die notwendigen Bedienungsanleitungen in angemessenem Umfang in deutscher Sprache zur Verfügung.

7.4 (Leistungsbezeichnung) Die beiderseits nach § 7 vereinbarten Leistungen sind im Leistungsschein getrennt zu bezeichnen.

§ 8 Haftung des Anbieters, Pflichten des Kunden

8.1 (Haftung) Der Anbieter haftet für Eigenschaftszusicherungen, Vorsatz, grobe Fahrlässigkeit und leichte Fahrlässigkeit, soweit sie die Verletzung vertragswesentlicher Pflichten betrifft. Diese Haftung erfasst auch Erfüllungsgehilfen des Anbieters. Die Schadensersatzhaftung des Anbieters für anfängliche Mängel ist ausgeschlossen, soweit er diese nicht zu vertreten hat. (13) Die Produkthaftung des Anbieters bleibt unberührt.

8.2 (Pflichten des Kunden) Der Kunde wird das System nur in vertragsgemäßer Weise, also insbesondere auch unter Beachtung der Hinweise in der Benutzerdokumentation nutzen und behandeln. Der Kunde wird auf eigene Kosten alle erforderlichen Installations- und Nutzungsvoraussetzungen rechtzeitig herstellen und für die gesamte Nutzungsdauer aufrechterhalten. Änderungen am System und Veränderungen von dessen Standort darf der Kunde nur mit vorheriger Zustimmung des Anbieters vornehmen oder vornehmen lassen. Gleiches gilt für die Installation anderer bzw. zusätzlicher Software. Erfolgt eine Maßnahme der Vollstreckung in das System, wird der Kunde dies sowie den Namen und die Anschrift des Gläubigers dem Anbieter unverzüglich mitteilen.

§ 9 Allgemeine Bestimmungen (14)

9.1 Im diesem Vertrag sind sämtliche Rechte und Pflichten der Vertragsparteien geregelt. Änderungen und Ergänzungen sind nur in Schriftform und bei Bezugnahme auf diesen Vertrag wirksam und beiderseitig zu unterzeichnen. Im Übrigen gelangt das Recht der Bundesrepublik Deutschland zur Anwendung.

9.2 Die zugehörigen Nachträge sind bei Unterzeichnung Bestandteil des vorliegenden Vertrages.

9.3 Erfüllungsort und Gerichtsstand für alle Streitigkeiten aus diesem Vertrag ist, sofern der Kunde Kaufmann oder juristische Person des öffentlichen Rechts ist, der Geschäftssitz des Anbieters.

9.4 Sollten einzelne Bestimmungen dieses Vertrages nicht rechtswirksam sein oder ihre Rechtswirksamkeit durch einen späteren Umstand verlieren oder sollte sich in diesem Vertrag eine Lücke herausstellen, so wird hierdurch die Rechtswirksamkeit der übrigen Bestimmungen nicht berührt. Anstelle der unwirksamen Vertragsbestimmung oder zur Ausfüllung der Lücke soll eine angemessene Regelung gelten, die, soweit rechtlich möglich, dem am nächsten kommt, was die Vertragsparteien gewollt haben würden, sofern sie diesen Punkt bedacht hätten.

..., den ...   ..., den ...
(Ort)   (Datum)   (Ort)   (Datum)

...   ...
(Kunde)   (Anbieter)

Anmerkungen

(1) Das Muster für einen Leistungsschein findet sich in Abschn. II. 1

(2) Da der Kunde die Software nur zur zeitlich begrenzten Nutzung überlassen erhält, kann der Anbieter die Nutzungsmöglichkeiten wesentlich weiter einschränken, als etwa bei kaufweiser Überlassung von Software möglich ist. Das gilt naturgemäß insbesondere für Weitergabeverbote, während auch bei mietweiser Überlassung zumindest ein im Rahmen bestimmungsgemäße Nutzung erforderliches Sicherungskopieren zulässig ist.

(3) Diese Regelung begründet sich aus dem Umstand, dass der Anbieter als Vermieter Eigentümer bleibt.

(4) Die Mietsache muss in allen Teilen und Komponenten wieder auf den Anbieter zurückübertragen werden. Dies bedeutet, dass auch die an der Software eingeräumten Nutzungsrechte wieder auf den Anbieter zurück übergehen.

(5) Die Anlieferung ist grundsätzlich Teil der Leistungspflicht des Anbieters als Vermieter, da er den Gebrauch der Mietsache einräumen muss.

(6) Siehe näher zum Regelungszweck Muster 1 Anm. 13.

(7) Zum Übergabeprotokoll siehe Muster 1 Anm. 14.

(8) Auch im Mietrecht trägt der Kunde/Mieter das Sachrisiko insoweit, als der Vermieter bei nicht vermieterseits zu vertretendem Untergang der Mietsache von der Leistungspflicht frei wird (§ 275 BGB), jedoch auch den Mietzinsanspruch verliert (§ 323 BGB). Der Kunde kann also nicht das Stellen einer neuen Mietsache verlangen. Hingegen bleibt der Vermieter auch dann zur Fehlerbeseitigung verpflichtet, wenn der das Auftreten des Fehlers nicht zu vertreten hat. Dies gehört zur Erhaltungspflicht des Vermieters als vertragliche Erfüllungspflicht.

(9) Eine anwenderfreundliche alternative Regelung, derzufolge der Mietzins erst ab dem Ende der Funktionsprüfung geschuldet ist, lässt sich am Markt zumeist nicht ohne Widerstände der Anbieter durchsetzen. Hier spielt mitunter eine Rolle, welches wirtschaftliche Gewicht der Kunde in die Waagschale werfen kann.

(10) Zu dem Rechtsbegriff der mietrechtlichen Gewährleistung vgl. Rn. 556, 597, 600ff.

(11) Von erheblichem Vorteil sind Mängelprotokolle, die alle eine Mängelmitteilung der wesentlichen Punkte vorgedruckt enthalten und beide Seiten zu einer entsprechenden Durchprüfung anhalten.
(Werden vom Anbieter keine Protokolle zur Verfügung gestellt, so kann das Muster unter Abschn. II.3 verwendet werden. Zur notwendigen Mängelbeschreibung vgl. II. 3.)

(12) Diese Beweislastklausel ist zulässig, da sie a) nicht nachteilig für den Kunden von der gesetzlichen Beweislastverteilung abweicht und b) ohnehin in dieser Ausgestaltung der gesetzlichen Beweislastverteilung entspricht, so dass das formularvertragliche Beweislaständerungsverbot nicht eingreift.

(13) Ein solcher Ausschluss ist zulässig (s. Rn. 1270; BGH, NJW-RR 1991, 74).

(14) Zur Beurteilung der Vollständigkeitsklausel und der salvatorischen Klausel s. Muster 1. Anm. 26 und 27.

3. Leasingvertrag über ein EDV-System → ⊚

Leasingvertrag über ein EDV-System

zwischen

...

(Anbieter)
– nachfolgend „Leasinggeber" genannt –

und

...

(Anwender)
– nachfolgend „Leasingnehmer" genannt –

§ 1   Vertragsgegenstand (1)

1.1 (Vertragsgegenstand)   Der Anbieter verpflichtet sich zur mietweisen Überlassung der im Leistungsschein näher bezeichneten Hardware und Systemsoftware einschließlich Dokumentation (im Folgenden „Mietsache" genannt). Der Leistungsschein ist Bestandteil dieses Vertrages.

1.2 (Daten zum Vertragsgegenstand) (2)

a) Bezeichnung des Systems:
b) Bezeichnung der Hardware:
c) Bezeichnung der Software:
d) Name des Systemanbieters:
   Datum des Erwerbsvertrages:
   Lieferung am:
   Beginn des Laufes der Gewährleistungsfrist (Ablieferung/vereinbarte Einweisung und/oder Funktionsprüfung):
   Abtretung der Gewährleistungsansprüche an den Leasingnehmer:
   Abtretung von Ansprüchen aus Verzug an den Leasingnehmer:
e) Name des Hardware-Lieferanten:
   Datum des Erwerbsvertrages:
   Lieferung am:
   Beginn des Laufes der Gewährleistungsfrist (Ablieferung/vereinbarte Einweisung und/oder Funktionsprüfung):
   Abtretung der Gewährleistungsansprüche an den Leasingnehmer:
   Abtretung von Ansprüchen aus Verzug an den Leasingnehmer:
f) Name des Software-Lieferanten:
   Datum des Erwerbsvertrages:
   Lieferung am:
   Beginn des Laufes der Gewährleistungsfrist (Ablieferung/vereinbarte Einweisung und/oder Funktionsprüfung):
   Abtretung der Gewährleistungsansprüche an den Leasingnehmer:
   Abtretung von Ansprüchen aus Verzug an den Leasingnehmer:

1.3 (Systemerwerb) Das unter Ziff. 1.1 bezeichnete System wird nach erfolgter freier Wahl seitens des Leasingnehmers vom Leasinggeber vom Systemanbieter zu Eigentum erworben. (3) Vereinbarungen zwischen Leasingnehmer und Dritten binden den Leasinggeber nur dann und insoweit, als der Leasinggeber, abgesehen von der Durchsetzung von Wandelungs- oder Rücktrittsrechten, der Vereinbarung schriftlich zugestimmt hat.

1.4 (Austausch) Soweit die Vertragsparteien einen Austausch der unter Ziff. 1.1 bezeichneten Leasingsache vereinbaren, tritt die neue Sache an die Stelle der ursprünglich vertragsgegenständlichen. Veränderungen jeglicher Art an der Leasingsache sind nur mit schriftlicher Zustimmung des Leasinggebers zulässig.

1.5 (Wartung) Der Leasingnehmer schließt zur Sicherung der Funktionsfähigkeit der Leasingsache auf eigene Kosten einen Wartungsvertrag. Außerdem lässt er die Leasingsache gegen Einbruchdiebstahl, Feuer, Sturm, Bruchschäden und Leitungswasser versichern.

1.6 (Besichtigungs- und Auskunftsrecht des Leasinggebers) Der Leasinggeber ist berechtigt, jederzeit innerhalb üblicher Bürozeiten die Leasingsache durch seinen Mitarbeiter bei dem Leasingnehmer besichtigen oder überprüfen zu lassen. Der Leasingnehmer ist verpflichtet, auf Aufforderung des Leasinggebers hin, Auskunft über seine wirtschaftlichen Verhältnisse zu erteilen.

1.7 (Neuerwerbsvertrag) Der zwischen Leasinggeber und Lieferant nach Ziff. 1.3 Satz 1 geschlossene Erwerbsvertrag ist Teil des vorliegenden Leasingvertrages und wird als Anhang aufgenommen.

§ 2 Lieferung, Installation, Übergabe

2.1 (Lieferzeitpunkt) Im Leistungsschein wird von den Vertragsparteien ein für den Lieferanten und Anbieter verbindlicher Lieferzeitpunkt festgelegt.

2.2 (Änderung des Lieferungszeitpunktes) Im beiderseitigen Einvernehmen kann der Lieferzeitpunkt im Sinne von Ziff. 2.1 um eine angemessene Frist verschoben werden. Terminänderungen sind im Leistungsschein aufzunehmen und von beiden Seiten zu unterzeichnen.

2.3 (Höhere Gewalt) Verzögert ein Streik, höhere Gewalt oder ein sonstiges Ereignis, auf das der Leasinggeber keinen Einfluss hat, die Leistungserbringung, so verschiebt sich der Termin der Leistungserbringung entsprechend.

2.4 (Verzug des Leasinggebers) Nach einem im Leistungsschein festzulegenden Zeitraum des Verzuges des Leasinggebers ist der Leasingnehmer berechtigt, vom Leasingvertrag hinsichtlich der Mietsache zurückzutreten. Dies gilt auch, wenn und soweit der Leasinggeber mit einer Teillieferung in Verzug ist.

2.5 (Lieferung, Installation) Die Lieferung der vertragsgegenständlichen Mietsache erfolgt ab Werk des Verkäufers. Der Leasinggeber hat die Geräte zu installieren und deren technische Betriebsbereitschaft herbeizuführen. Er kann sich hierzu des Verkäufers bedienen. (4)

2.6. (Lieferung und Installation durch Lieferanten) Der Systemanbieter liefert die Sache zum im Leistungsschein festzulegenden Zeitpunkt an den Sitz des Leasingnehmers und führt dort die Installation durch. Der Leasingnehmer überprüft die Vollständigkeit der gelieferten Leasingsache. (5)

2.7 (Installationsvoraussetzungen) Die vom Leasingnehmer herbeizuführenden Voraussetzungen der Installation der Geräte und die Voraussetzungen der Betriebsbereitschaft des Systems werden im Leistungsschein spezifiziert. (6)

2.8 (Betriebsbereitschaft) Der Eintritt der Betriebsbereitschaft ist in einem Übergabeprotokoll festzuhalten. Mit dem Zeitpunkt der schriftlichen Bestätigung der Betriebsbereitschaft geht die Gefahr des zufälligen Untergangs oder der zufälligen Beschädigung auf den Leasingnehmer über. (7)

§ 3   Abnahme, Funktionsprüfung, Gewährleistung

3.1 (Funktionsprüfung) Im Leistungsschein vereinbaren die Vertragsparteien eine Frist ab Übergabe, in der der Leasingnehmer die im Leistungsschein spezifizierten Funktionen der Leasingsache testet. Lassen sich während dieses Zeitraumes auftretende und dem Leasinggeber bzw. unmittelbar dem Verkäufer mitgeteilte Mängel nicht beseitigen, kann der Leasingnehmer vom Leasingvertrag zurücktreten und den ihm entstandenen Schaden vom Leasinggeber ersetzt verlangen. (8)

3.2 (Protokoll der Funktionsprüfung) Nach Abschluss der Funktionsprüfung bestätigt der Leasingnehmer in einem die getesteten Funktionen umfassenden Abnahmeprotokoll die Mängelfreiheit zum Abnahmezeitpunkt. Bedient sich der Leasinggeber zur Erfüllung seiner Verpflichtungen des Verkäufers, so erfolgt die Bestätigung unmittelbar gegenüber dem Verkäufer. Der Leasinggeber erhält in diesem Fall von der Bestätigung eine Kopie durch den Leasingnehmer übersandt.

3.3 (Mängelbeseitigungsanspruch) Bei nach Abnahme auftretenden Mängeln kann der Leasingnehmer vom Leasinggeber Mängelbeseitigung verlangen. Wurden dem Leasingnehmer sämtliche Gewährleistungsrechte des Leasinggebers gegenüber dem Verkäufer abgetreten, so hat der Leasingnehmer diese Gewährleistungsrechte unmittelbar gegenüber dem Verkäufer geltend zu machen. Es gelten insoweit die Bestimmungen des Erwerbsvertrages nach Ziff. 1.7 über Gewährleistung zwischen dem Leasinggeber und dem Verkäufer.

3.4 (Abtretung von Gewährleistungsansprüchen) (9) Der Leasinggeber sichert zu, dass für den Leasingnehmer auch im Falle der Abtretung der Gewährleistungsansprüche die volle Gewährleistungsfrist von sechs Monaten ab dem Zeitpunkt der Anlieferung bei dem Leasingnehmer läuft. Der Leasingnehmer nimmt die Abtretung im jeweiligen Umfange an. Die Geltendmachung abgetretener Gewährleistungsansprüche durch den Leasingnehmer ist auch für den Leasinggeber im Verhältnis der Vertragsparteien zueinander verbindlich. Von einer notwendigen Wandelungserklärung wird der Leasinggeber den Leasingnehmer im Voraus rechtzeitig in Kenntnis setzen.

3.5 (Gewährleistungsansprüche) Kann die Mietsache nicht genutzt werden, da bereits bei Übergabe vorhandene Mängel vom Leasinggeber oder einem Dritten nicht beseitigt werden, kann der Leasingnehmer gleichzeitig mit der Erklärung der Wandelung des Kaufvertrages im Verhältnis zum Verkäufer aus Gewährleistung auch vom Leasingvertrag mit dem Leasinggeber zurücktreten.

3.6 (Wartungsvertrag) Der Leasingnehmer verpflichtet sich, für die vertragsgegenständliche Hardware mit Wirkung zu Beginn der Nutzung der Mietsache einen Wartungsvertrag mit dem Verkäufer oder einer dritten Firma abzuschließen, die dem Leasingnehmer vom Leasinggeber rechtzeitig benannt wird.

§ 4 Zahlung der Leasingrate, Schlusszahlung

4.1 (Zahlungsweise) Die Leasingrate wird monatlich geschuldet und auf der Basis einer im Leistungsschein festgelegten Nutzungszeit pauschal zuzüglich jeweiliger gesetzlicher Mehrwertsteuer berechnet. Bei höheren Nutzungszeiten wird die Leasingrate anteilig erhöht, soweit diese Nutzungszeiten nicht durch Wartung bedingt sind.

4.2 (Fälligkeit) Die Leasingrate ist ab dem Übergabezeitpunkt fällig.

4.3 (Amortisationsanspruch des Leasinggebers) Der Leasingnehmer anerkennt, dass die von ihm zur Kündigung des Leasingvertrages zu zahlende Leasingrate lediglich eine Teilamortisation der gesamten Herstellungs- oder Anschaffungskosten des Leasinggebers einschließlich der Neben- und Finanzierungskosten sowie des kalkulierten Gewinnes ergeben. Des Weiteren anerkennt der Leasingnehmer, dass er – ungeachtet der bis zur Kündigung des Leasing-Vertrages zu zahlenden Leasingraten – zur vollen Amortisation der vorerwähnten Gesamtkosten des Leasinggebers garantiemäßig verpflichtet ist. Dieser Anspruch errechnet sich – nach Beendigung des Leasingvertrages und der Verwertung des Leasinggutes durch den Leasinggeber – in der Weise, dass 90 % des vom Leasinggeber erzielten Veräußerungserlöses zu den bereits vom Leasingnehmer errichteten Leasingraten hinzugerechnet werden. Ergibt sich dabei, dass die vorerwähnten Gesamtkosten des Leasinggebers einschließlich seines kalkulierten Gewinnes nicht in vollem Umfang amortisiert sind, so ist der Leasingnehmer verpflichtet, in Höhe der Differenz seine Abschlusszahlung zu entrichten.

§ 5 Vertragsdauer, Kündigung

5.1 (Vertragsdauer) Im Leistungsschein wird die Vertragsdauer festgelegt. Sie beginnt mit der Übergabe und endet mit Ablauf der Mietzeit.

5.2 (Kündigungsrecht) Kommt der Leasingnehmer wesentlichen vertraglichen Verpflichtungen nicht nach, kann der Leasinggeber diesen Vertrag fristlos kündigen.

§ 6   Schutzrechte Dritter

6.1 (Freistellung) Der Leasinggeber stellt den Leasingnehmer von allen Ansprüchen Dritter gegen den Leasingnehmer aus der Verletzung von deren Schutzrechten an der Hardware oder zugehörigen Systemsoftware frei.

6.2 (Beseitigungsmaßnahmen) Der Leasinggeber ist berechtigt, auf eigene Kosten notwendige Änderungen aufgrund der Schutzrechtsbehauptungen Dritter bei dem Leasingnehmer durchzuführen oder über den Verkäufer durchführen zu lassen.

§ 7   Haftung des Leasinggebers

7.1 (Haftungsumfang) Der Leasinggeber haftet für Vorsatz, grobe Fahrlässigkeit sowie leichte Fahrlässigkeit, soweit diese zur Verletzung wesentlicher Vertragspflichten führen.

7.2 (Haftungsausschluss) Der Leasinggeber haftet nicht für verzögerte oder mangelhafte Lieferung seitens des Systemanbieters oder für dessen sonstiges Verschulden.

7.3 (Höhere Gewalt) Die Gefahr des Unterganges, Verlustes oder Diebstahls, ausbesserungsfähiger oder nicht ausbesserungsfähiger Beschädigungen, eine Totalschadens sowie sonstigen Verschleißes von Systemkomponenten trägt der Leasingnehmer, auch wenn ihn kein Verschulden trifft. Derartige Ereignisse berühren die Vertragsverpflichtungen des Leasingnehmers nicht.

§ 8   Allgemeine Bestimmungen
(s. Muster 1, § 8)

..., den ...   ..., den ...
(Ort)   (Datum)   (Ort)   (Datum)

...   ...
(Kunde)   (Anbieter)

Anmerkungen

(1) Das Vertragsmuster erfasst die Variante einer Lieferung des Systems durch den Leasinggeber, bei der der Leasinggeber zunächst vom Verkäufer Eigentum erwirbt und der Verkäufer direkt an den Leasingnehmer ausliefert. (Zum Leasingvertrag s. Rn. 635 ff.)

(2) Die nachfolgende Auflistung kann Teil des Leistungsscheines oder des Leasingvertrages sein. Im vorliegenden Muster wurde sie aus redaktionellen Gründen in das Vertragsmuster aufgenommen, da sie leasingspezifische Daten enthält, die nicht in den als einheitlich zugrunde gelegten Leistungsschein hätten eingeführt werden können.

(3) In dieser Fallvariante erwirbt der Leasinggeber die vom Leasingnehmer ausgewählte Leasingsache. Denkbar ist aber auch, dass der Leasingnehmer das System bereits erworben hat und dann den Leasinggeber erst in den bereits bestehenden Erwerbsvertrag eintreten lässt.

(4) Der Lieferant ist insoweit Erfüllungsgehilfe des Anbieters (s. Rn. 1286). Bezüglich Funktionsprüfung und Mängelrüge ist andererseits der Kunde als Leasingnehmer seinerseits Erfüllungsgehilfe des Leasinggebers im Verhältnis zum Lieferanten des Systems bzw. der Software.

(5) Der Systemanbieter tritt, wenn er im Auftrag des Leasinggebers handelt, als dessen Erfüllungsgehilfe auf, so dass insoweit eine Haftung auch des Leasinggebers gegenüber dem Leasingnehmer entstehen kann.

(6) Zu den Installationsvoraussetzungen s. Muster 1, Anm. 13.

(7) Zur Betriebsbereitschaft s. Muster 1, Anm. 14.

(8) Die Funktionsprüfung hat für den Leasingnehmer nicht nur im Verhältnis zum Lieferanten, sondern auch zum Leasinggeber wesentliche Bedeutung. Schlägt sie fehl, liegt in beiden Vertragsverhältnissen Nichterfüllung vor. Sie stellt die vertraglich erweiterte Form der Empfangsbestätigung durch den Kunden bzw. den Leasingnehmer dar.

(9) Die Abtretung von Gewährleistungsansprüchen des Leasinggebers gegenüber dem Lieferanten an den Leasingnehmer ist üblich und im Wesentlichen sachgerecht, da der Leasingnehmer „näher an der Leasingsache" ist und Gewährleistungsrechte effektiver gegenüber dem Lieferanten geltend machen kann.

4. Kaufvertrag über den Erwerb von Hardware → ⊙

Kaufvertrag

zwischen

...
(Anbieter)
– nachfolgend „Anbieter" genannt –

und

...
Anwender
– nachfolgend „Kunde" genannt –

§ 1   Vertragsgegenstand

1.1 (Hardware und Systemsoftware)   Der Kunde erwirbt vom Anbieter die im Leistungsschein bezeichneten Geräte mit Systemsoftware und Dokumentation zu den Bedingungen dieses Vertrages. Der Leistungsschein ist Bestandteil dieses Vertrages.

1.2 (Informationspflicht)   Der Anbieter stellt dem Anwender weiterentwickelte Versionen der gelieferten Programme mit Dokumentation gegen gesondert zu vereinbarende Vergütung zur Verfügung und informiert ihn regelmäßig über Programmänderungen.

§ 2   Lieferung, Installation, Übergabe

2.1 (Lieferkosten)   Der Anbieter liefert an den Kunden frei Haus.
oder:
Der Kunde übernimmt die Transportkosten ab dem Sitz des Anbieters. (1)

2.2 (Lieferzeitpunkt)   Im Leistungsschein wird von den Vertragsparteien ein Lieferzeitpunkt festgelegt. (2)

2.3 (Änderung des Lieferzeitpunktes)   Im beiderseitigen Einvernehmen kann dieser Lieferzeitpunkt um eine angemessene Frist verschoben werden. Terminänderungen sind im Leistungsschein aufzunehmen.

2.4 (Höhere Gewalt)   Verzögert ein die Lieferfälligkeit beeinflussender Streik, höhere Gewalt oder ein sonstiges Ereignis (auf das der Anbieter keinen Einfluss hat) die Lieferung, so verschiebt sich der Liefertermin entsprechend.

2.5 (Kundenrechte bei Verzug)   Nach einem im Leistungsschein festzulegenden Zeitraum des Anbieterverzuges ist der Kunde berechtigt, vom Kaufvertrag hinsichtlich der Geräte zurückzutreten, mit deren Lieferung der Anbieter im Verzug ist. (3) Der Kunde ist berechtigt, aber nicht verpflichtet, vom Kaufvertrag insgesamt zurückzutreten.

2.6 (Liefermodalitäten)   Die Lieferung der vertragsgegenständlichen Geräte erfolgt ab Werk. Der Anbieter hat die Geräte zu installieren und technische Betriebsbereitschaft herbeizuführen. (4)

2.7 (Lieferankündigung)   Lieferung und Installation sind mindestens sieben Tage im Voraus dem Kunden mitzuteilen und erfolgen mangels anderweitiger Vereinbarung auf Risiko und Kosten des Anbieters.

2.8 (Installationsvoraussetzungen)   Die vom Kunden herbeizuführenden Voraussetzungen der Installation und die Voraussetzungen der Betriebsbereitschaft werden im Leistungsschein spezifiziert. (5)

2.9 (Betriebsbereitschaft)   Der Eintritt der Betriebsbereitschaft ist in einem Übergabeprotokoll festzuhalten. (6) Der Anbieter überprüft das Vorliegen der Installationsvoraussetzungen und die Erfüllung der spezifizierten Anforderungen des Kunden. Im Leistungsschein sind die vereinbarten Zeitpunkte für den Abschluss der Installationsvorbereitungen, der Abnahme und vereinbarter Begleitmaßnahmen festzuhalten.

2.10 (Bestätigung) Mit dem Zeitpunkt der schriftlichen Bestätigung der Betriebsbereitschaft geht die Gefahr des zufälligen Unterganges oder der zufälligen Beschädigung auf den Kunden über. (7)

§ 3 Abnahme, Gewährleistung, Funktionsprüfung

3.1 (Prüffrist) Im Leistungsschein vereinbaren die Vertragsparteien eine Zeitdauer ab Übergabe, in der der Anbieter die im Leistungsschein spezifizierten Funktionen testet. (8)

3.2 (Kundenrechte) Lassen sich während dieses Zeitraumes auftretende und dem Anbieter mitgeteilte Mängel nicht beseitigen, so kann der Kunde vom Vertrag zurücktreten und den ihm entstandenen Schaden ersetzt verlangen.

3.3 (Prüfprotokoll) Nach Abschluss der Funktionsprüfung bestätigt der Kunde in einem die getesteten Funktionen umfassenden Abnahmeprotokoll die Mängelfreiheit zum Abnahmezeitpunkt. (9)

3.4 (Gewährleistungspflicht) Ab dem Zeitpunkt des Abschlusses der Funktionsprüfung läuft eine sechsmonatige Gewährleistung des Anbieters. (10)

3.5 (Mängelbeseitigung) Bei nach Abnahme auftretenden Mängeln kann der Kunde vom Anbieter Mängelbeseitigung verlangen. Ist Mängelbeseitigung nicht möglich, kann der Kunde Nachlieferung eines mangelfreien Exemplars verlangen. (11)

3.6 (Rücktrittsrecht) Werden innerhalb einer im Leistungsschein bestimmten Frist die mitgeteilten Mängel nicht vom Anbieter beseitigt, kann der Kunde vom Vertrag zurücktreten. (12)

3.7 (Fristverlängerung) Gewährleistungsansprüche können auch nach Ablauf der Gewährleistungsfrist geltend gemacht werden, wenn die entsprechenden Mängel vor Ablauf der Gewährleistungsfrist dem Anbieter mitgeteilt wurden. (13)

3.8 (Vom Kunden zu vertretende Mängel) Keine Gewährleistungsansprüche des Kunden bestehen aus dem Auftreten von Mängeln, die der Kunde selbst zu vertreten hat.

3.9 (Wartung) Übernimmt der Anbieter auch eine Wartungsverpflichtung, so sind für den Zeitraum der Gewährleistungspflicht nur diejenigen Mängelbeseitigungen zu vergüten, die nicht unter die Gewährleistung fallen.

3.10 (Vorhalten von Leistungsbereitschaft) Für einen Zeitraum von zehn Jahren nach erfolgter Abnahme sichert der Anbieter eine angemessene und zeitgerechte Versorgung mit Ersatzteilen zur Wartung der Kaufsache zu.

§ 4 Kaufpreis

4.1 (Zahlungsmodalitäten) Der Kaufpreis ist gemäß den im Leistungsschein genannten Modalitäten zahlbar.

4.2 (Eigentumsvorbehalt) Bis zur vollständigen Bezahlung des vereinbarten Kaufpreises verbleibt das Eigentum an allen gelieferten Gegenständen einschließlich der zugehörigen Software und Dokumentation bei dem Anbieter.

4.3 (Preisänderungen, Abgaben, Mehrwertsteuer) Ohne ausdrückliche anders lautende Vereinbarung sind Kaufpreisänderungen nicht möglich. Steuern, Zölle und sonstige öffentliche Abgaben sind in ihnen inbegriffen. Die Mehrwertsteuer tritt zu den vereinbarten Preisen hinzu. (14)

§ 5 Nebenleistungen des Anbieters

5.1 (Mitarbeiterschulung) Der Anbieter hat auf Anforderung des Kunden für einen im Leistungsschein zu bestimmenden Zeitraum nach Installation der Hardware einschließlich zugehöriger Systemsoftware das zur Programmerstellung und Maschinenbedienung notwendige geeignete Personal auszubilden und das hierzu notwendige Material einschließlich der Literatur über Grundsoftware in deutscher Sprache zu überlassen. (15)

5.2 (Einsatzvorbereitung) Der Anbieter berät den Kunden aufgrund besonderer Vereinbarung bei der Einsatzvorbereitung (Systemanalyse, Organisation, Programmierung und Programmtest) und während der Anlaufphase in angemessenem Umfang durch entsprechend qualifiziertes Personal und überlässt ihm das entsprechende Informationsmaterial in deutscher Sprache. Er haftet nicht für ein bestimmtes Ergebnis.

5.3 (Einweisung) Der Anbieter weist das Bedienungspersonal rechtzeitig ein und stellt gleichzeitig die notwendigen Bedienungsanleitungen in angemessenem Umfange in deutscher Sprache zur Verfügung.

5.4 (Vereinbarungsform) Die beiderseitigen Leistungen sind im Leistungsschein zu vereinbaren.

§ 6 Haftung des Anbieters

6.1 Der Anbieter haftet für Eigenschaftszusicherungen, Vorsatz, grobe Fahrlässigkeit und leichte Fahrlässigkeit, soweit sie die Verletzung vertragswesentlicher Pflichten betreffen. Diese Haftung erfasst auch Erfüllungsgehilfen des Anbieters.

6.2 Die Produkthaftung des Anbieters bleibt unberührt.

§ 7 Allgemeine Bestimmungen
(s. Muster 1, § 8)

..., den ...   ..., den ...
(Ort)   (Datum)   (Ort)   (Datum)

...   ...
(Kunde)   (Anbieter)

Anmerkungen

(1) Siehe Muster 1, Anm. 8.

(2) Lassen sich keine festen Liefertermine voraussehen, sollte zumindest (in Anlehnung etwa an § 5 Nr. 1 BVB-Kauf) ein frühester und spätester Anlieferungstermin angegeben werden.
Der Leistungsschein stellt zusammen mit dem Kaufvertrag die wichtigste Unterlage dar. Jede Unvollständigkeit im Leistungsschein kann für den Anwender das Risiko erheblicher Schäden begründen.
Beide Vertragsparteien müssen auch den Leistungsschein unterzeichnen. Jede Änderung des Leistungsscheines muss schriftlich erfolgen, um wirksam zu werden (vgl. §§ 7.1 und 7.2).

(3) Verzug tritt, außer bei genau bestimmtem Lieferzeitpunkt, erst nach Ablauf einer Frist ein, deren Setzung mit einer Mahnung verbunden sein muss. Mit der Mahnung muss auch bereits der Rücktritt angedroht werden.

(4) Im Leistungsschein sollten die anzuwendenden standardisierten Funktionstests bezeichnet werden, mit deren Hilfe die Betriebsbereitschaft überprüft werden soll.

(5) Siehe Muster 1, Anm. 13.

(6) Zur Betriebsbereitschaft siehe zunächst Muster 1, Anm. 14. Der Eintritt der Betriebsbereitschaft kann auch auf einem Lieferschein bestätigt werden. Doch sollte sich dann aus dem Lieferschein ergeben, dass tatsächlich eine Überprüfung stattgefunden hat. Es geht nicht an, dass der Anwender durch nur eine Unterschrift sowohl die Lieferung wie auch die Betriebsbereitschaft bestätigen muss.
Die Betriebsbereitschaft lässt sich anhand von Prüfprogrammen demonstrieren, was ebenfalls, wenn möglich, im Leistungsschein vereinbart werden sollte.

(7) Werden die Geräte etwa nach Bestätigung der Betriebsbereitschaft durch Brand in den Räumen des Anwenders vernichtet, so muss der Anbieter kein neues Gerät liefern, auch wenn die spezifizierten Funktionen vom Anwender noch nicht abgenommen worden sind.

(8) Es ist weder sinnvoll noch möglich, diese Funktionen vollständig zu beschreiben. Jeder Installationsfall weicht vom anderen ab. Entsprechend variabel sollte eine Mindestzahl von Nutzungsstunden für Testzwecke vereinbart werden, um eine ausreichende und repräsentative Beurteilung zu ermöglichen. Hat es der Anbieter zu vertreten, dass diese vereinbarte Nutzungszeit nicht erreicht wird, so kann der Anwender fristlos kündigen bzw. den Rücktritt vom Vertrag erklären. Sind jedoch diese Gründe vom Anwender zu vertreten, so gilt die Funktionsprüfung als beendet (vgl. die entsprechende Regelung in § 8 Nr. 4 und 6 BVB-Kauf).

(9) Empfehlenswert (aber nicht immer in der Praxis durchsetzbar) ist eine ergänzende Bestimmung des Inhalts: „Mängel an der Systemsoftware gelten als Mängel an der Hardware." Die Auswirkungen sind für den Anwender nämlich dieselben: Er kann das System nicht nutzen.

(10) Kann die Durchführung der Funktionsprüfung nicht vereinbart werden, beginnt die Gewährleistung grundsätzlich mit Ablieferung der Kaufsache (s. Rn. 1353, 1363).

(11) Das Gewährleistungsrecht der Nachbesserung bedarf im Kaufrecht besonderer Vereinbarung (s. Rn. 1200).

(12) Streng dogmatisch sind in diesem Fall Gewährleistungs- und Verzugsrecht kombiniert. Kommt der Anbieter mit seinen Gewährleistungsverpflichtungen in Verzug, so greifen die Rechte des Kunden aus Verzug ein, ohne dass der Kunde aber ein Verschulden des Anbieters nachweisen müsste (wie dieses bei Verzug notwendig ist).

(13) Diese Bestimmung wird nicht immer durchsetzbar sein. Sie schafft aber einen sachgerechten Interessenausgleich, da der Anwender angesichts des drohenden Fristablaufes sofort zu härteren Maßnahmen wie Klage und Beweissicherung greifen müsste.

(14) Die Ausbildung und Schulung muss auf die jeweiligen anwenderseitigen Vorkenntnisse und Betriebserfordernisse abgestellt und dergestalt präzise im Kaufleistungsschein geregelt werden.

(15) Siehe Muster 1, Anm. 26.

5. Vertrag über den Erwerb eines Gebrauchtsystems → ⊙

Vertrag über den Erwerb eines Gebrauchtsystems

Die Vertragsparteien treffen über den Gebrauchterwerb von Hardware und Software folgende Vereinbarungen:

§ 1 Vertragsparteien (1)

1.1 Verkäufer:
Name: … Anschrift: …

1.2 Käufer:
Name: … Anschrift: …

1.3 Vorbesitzer:
Name: … Anschrift: …

§ 2 Vertragsgegenstand (2)

2.1 Hardware:

2.1.1 Rechner

Gerätetyp (Modell):
Baujahr/Serien-Nr.:
Leistungsdaten (z. B. CPU-Frequenz):
Kapazität der Festplatte:
Bezeichnung eingebauter zusätzlicher Platinen:
Tastatur:
Modem:
Maus:
Bei Netzwerken
Typbezeichnung des Servers:
Typbezeichnung und Anzahl der Arbeitsplatzrechner:

2.1.2 Peripherie (jeweils Typbezeichnung und Seriennummer)

– Drucker:
  Papierformate: Papiervorräte:
  notwendige Treiberprogramme:
  Kabel:
  Tonertyp: Tonervorräte:
– zusätzliche Plattenlaufwerke
  verfügbare Formatierung:
  Diskettenformate: Anzahl vorhandener Disketten:
– Streamer:
  Bandformat: Anzahl vorhandener Bänder:
– Scanner:
– CD-ROM-Laufwerk: DVD-Laufwerk:
  intern: intern:
  extern: extern:
– vorhandene CDs:

2.2 Software (3)

2.2.1 Systemsoftware

Systemsoftware:
Netzwerksoftware:
Utilities:
Handbücher: Hersteller: ... Lizenznummer: ...
zeitliche Nutzungsbegrenzung? (Dann Übertragung unzulässig!)

2.2.2 Anwendungssoftware: Hersteller: … Lizenznummer: …
(zum Beispiel FIBU, Textverarbeitung, Grafik, Tabellenkalkulation, Datenbank)
vorhanden auf Diskettensatz:
installiert auf Festplatte:
Handbücher:
Utilities zur Anwendungssoftware:
zusätzliche Sicherungskopien auf Datenträgern:
zeitliche Nutzungsbegrenzung? (Dann Übertragung unzulässig!)

2.2.3 Zeitpunkt des Ersterwerbes

– des Rechners
– (bei abweichenden Zeitpunkten) der einzelnen Komponenten
– der Anwendungssoftware:
  Hersteller der Hardware:
  Händler:
  Anbieter der Software:
  Händler (wenn von Hardwarehändler verschieden): (3)

2.3 Neuinstallation der Software und Eingabe des Namens des Käufers in einer Lizenzeintragung im System oder Registrierung beim Hersteller notwendig?

§ 3 Gewährleistung (4)

Der Verkäufer übernimmt keine Gewähr für die Funktionsfähigkeit der vertragsgegenständlichen Hardware und Software. Soweit jedoch noch Gewährleistungsansprüche des Verkäufers gegen den Hersteller und/oder Händler bestehen sollten, von dem/denen der Käufer die Komponenten erworben hat, tritt der Verkäufer diese Gewährleistungsansprüche mit Übergabe und vollständiger Bezahlung an den Käufer ab, der diese Abtretung annimmt.

§ 4 Eigentum, Rechte Dritter

4.1 Der Verkäufer versichert, dass er in vollem Umfange Eigentümer der gegenständlichen Hardware ist und keine Eigentumsvorbehaltsrechte Dritter (mehr) bestehen. Er versichert weiter, die Nutzungsrechte an der gegenständlichen Software auf den Käufer übertragen zu dürfen. (5)

4.2 Soweit Rechte Dritter durch die seitens des Käufers erfolgte Nutzung der Software verletzt wurden, stellt der Verkäufer den Käufer von allen entsprechenden Ansprüchen dieser Dritten frei. (6) Der Verkäufer versichert jedoch, dass eine solche rechtsverletzende Nutzung (etwa durch unzulässiges Kopieren) nicht erfolgt ist. Er versichert weiter, mit Übergabe der vertragsgegenständlichen Komponenten alle Sicherungskopien auf seinem verkäuferseitigen System gelöscht zu haben, um die Wirksamkeit der Übertragung nicht zu gefährden.

4.3 Der Verkäufer übergibt dem Käufer ein Exemplar der Lizenzbedingungen des Anbieters der System- und Anwendungssoftware, soweit diese Vertragsgegenstand ist. Der Käufer verpflichtet sich gegenüber dem Verkäufer, diese Lizenzbedingungen in vollem Umfange einzuhalten. Soweit die Übertragung des Nutzungsrechts gegenüber dem Anbieter aus dessen Lizenzbedingungen anzuzeigen ist, verpflichtet sich der Käufer, bei Beginn der Nutzung der vertragsgegenständlichen Software diese Anmeldung durchzuführen.

§ 5 Kaufpreis

– Gesamt:
oder:
– Hardware:
– Software:
– Ratenzahlungsvereinbarung:
Die gesetzliche Umsatzsteuer ist im Kaufpreis zum im Zeitpunkt des Vertragsschlusses geltenden Mehrwertsteuersatz enthalten.

§ 6 Abholung, Lieferung, Installation

(6.1 Variante: Abholung)

Der Käufer holt die vertragsgegenständliche Hardware einschließlich installierter oder auf externen Datenträgern befindlicher Software beim Verkäufer ab. Kosten für Transport und Verpackung sowie das entsprechende Risiko trägt der Käufer.

(6.2 Variante: Lieferung)

Der Verkäufer liefert dem Käufer die vertragsgegenständliche Hardware einschließlich Software.
Die Kosten für ... trägt der Käufer/Verkäufer.
Verpackung:
Transport:
Installation:
Die Lieferung erfolgt am: ...
Schriftliche Empfangsbestätigung seitens des Käufers erfolgt bei Abholung bzw. bei Lieferung.

§ 7 Allgemeines

Ergänzungen oder Abweichungen zu diesem Vertrag bedürfen der Schriftform. Ergänzend gelangt ausschließlich deutsches Recht zur Anwendung. Erfüllungsort und Gerichtsstand ist der Sitz/Wohnsitz des Käufers.

..., den ...   ..., den ...

Ort, Datum   Ort, Datum

...   ...

(Verkäufer)   (Käufer)

Anmerkungen

(1) Auch für den Fall des Erwerbs von Gebrauchtsystemen empfiehlt sich unbedingt der Abschluss eines schriftlichen Vertrages, allein schon, um etwa gegen Softwareanbieter die Erwerbskette nachweisen zu können.

(2) Auch der Vertragsgegenstand sollte genau bezeichnet und in seinen Teilen und Komponenten aufgelistet werden. Für das, was nicht aufgelistet ist, wird der Käufer einen Lieferanspruch in der Praxis meist nur schwer beweisen können.

(3) Unbedingt sollten auch Softwarehersteller und Lizenznummer der veräußerten Software bezeichnet und geprüft werden, um urheberrechtliche Probleme zu vermeiden, etwa die Inanspruchnahme durch berechtigte Dritte.

(4) Der Gewährleistungsausschluss ist sogar in Formularverträgen zulässig, da keine neue Sache veräußert wird. Zu prüfen ist allerdings, ob dies auch gilt, wenn der Händler Vorführgeräte etc. als „gebraucht" verkauft.

(5) Mit der Regelung in Ziff. 4.1 Satz 2 wird klargestellt, dass der Verkäufer die eigene Nutzung beendet. Würde er weiternutzen, wäre zwar nur er gegenüber dem Anbieter der Software ersatzpflichtig, jedoch könnte der Anbieter seinerseits z. B. die Registrierung des Erwerbers verweigern (s. auch Ziff. 4.2).

(6) Diese Vorstellung ist erforderlich, soweit der Berechtigte den Käufer etwa auf Unterlassen der Programmnutzung in Anspruch nimmt.

6. Vertrag über Software-Überlassung (1) → ⊙

Software-Überlassungs-Vertrag

zwischen

...

(Anbieter)
– nachfolgend „Anbieter" genannt –

und

...

(Anwender)
– nachfolgend „Kunde" genannt –

§ 1   Vertragsgegenstand

1.1 (Nutzungsrecht)   Der Anbieter überträgt dem Kunden das nicht weiter übertragbare und nicht ausschließliche Recht (2), die im Leistungsschein (3) angeführten Programme einschließlich etwaiger bezeichneter Zusatzprogramme und des jeweils zugehörigen Materials entweder

– auf unbestimmte Zeit für die gesamte wirtschaftliche Lebensdauer oder
– für eine bestimmte Zeit mit dem Recht der beiderseitigen Beendigung durch
  Kündigung
zu nutzen. (4) Der Leistungsschein ist Bestandteil dieses Vertrages.

1.2 (Vertragsänderungen) Änderungen des Vertragsinhaltes sind im Leistungsschein aufzunehmen und die Eintragung von beiden Vertragsparteien zu unterzeichnen. (5)

1.3 (Weitere Leistungen) Zusatzprogramme, Optionen zur Software etc., für die
sich der Kunde zu einem späteren Zeitpunkt entscheidet, sind in einem Nachtrag
aufzunehmen, für die die Vertragsvorschriften ebenfalls entsprechend gelten.

1.4 (Systemänderungen) Änderungen der Hardware-Konfiguration oder der
Systemsoftware hat der Kunde dem Anbieter mitzuteilen. (6)

§ 2 Lieferung

2.1 (Lieferung) Der Anbieter liefert dem Kunden eine Kopie der Programme in
je einem Exemplar in maschinenlesbarem Format. (7)

2.2. (Funktionstest, Gewährleistungsfrist, Fälligkeit) Während der im Leistungsschein angeführten Zeitdauer wird das vereinbarte Programm getestet, wobei
die zu prüfenden Funktionen und die Testmittel im Leistungsschein beschrieben
werden. (8) Der Lauf der Gewährleistungspflicht beginnt erst mit dem Ende der
Funktionsprüfung. Ebenso werden zu leistende Vergütungen erst ab diesem Zeitpunkt fällig.

2.3 (Benutzerdokumentation) Der Anbieter liefert zu den vereinbarten Programmen gehöriges Dokumentationsmaterial (insbesondere Bedienungsanleitung,
Beschreibung, Manuals, Dateiübersicht, Satzbeschreibung und sonstiges Material). (9)

2.4 (Transportrisiken und -kosten) Risiko und Kosten der Anlieferung zu dem
Installationsort trägt der Anbieter. Entstehen durch abweichende Versandwünsche
des Kunden Mehrkosten, so trägt diese der Kunde. (10)

2.5 (Ersatzlieferung) Werden im Besitz des Kunden befindliche Programme
des Anbieters ganz oder teilweise beschädigt oder versehentlich gelöscht, ohne
dass dies vom Kunden zu vertreten wäre, so liefert der Anbieter kostenlos Ersatz.
(11) Dies gilt nicht bei einer Programmüberlassung nach § 11 auf unbestimmte
Zeit.

2.6 (Update-Service) Verbesserte Versionen der Programme werden dem Kunden

– ohne besondere Berechnung der Kosten für die Installation und den Datenträger
oder:
– unter Berechnung einer Pauschale in Höhe von ... DM
zur Verfügung gestellt. Der Kunde kann die Abnahme der Programme verweigern, wenn die Abnahme für ihn mit unzumutbaren Nachteilen verbunden wäre. (12)

§ 3 Umfang der Nutzungsberechtigung

3.1 (Anlagenbezogene Nutzung) Der Kunde ist nicht ausschließlich zur Nutzung des ihm überlassenen Programmes auf einem System des im Leistungsschein näher bezeichneten Typs und der zugehörigen Nutzung im Rahmen der Programmbeschreibung/Benutzerdokumentation berechtigt. (13)

3.2 (Ausweichnutzung bei zeitlich begrenzter Überlassung) Die Nutzung kann auf einer anderen Anlage erfolgen, wenn und solange die vertraglich bestimmte Anlage infolge von Störungen, Einbau und technischen Änderungen und Wartung nicht zur Verfügung steht. (14)

3.3 (Vervielfältigungsbefugnis) Das Kopieren von überlassenen Programmen in maschinenlesbarer oder ausgedruckter Form ist nur in dem Umfange der bestimmungsgemäßen Nutzung des Programmes zulässig. Hierzu gehört insbesondere das Laden vom Originaldatenträger, das Installieren auf Festplatte, das Laden auf Haupt-(Arbeits-)Speicher und auf Zwischenspeicher wie etwa Caches, soweit mit der Nutzung technisch bedingt verbunden.

Für Datensicherungszwecke darf eine Kopie auf Datenträger erstellt werden.
oder:
Der Kunde darf zu Zwecken der Datensicherung von der Anwendung mit der benutzerspezifischen Einstellung eine Sicherungskopie herstellen (Recovery-CD).
oder:
Der ausgelieferte Originaldatenträger (CD-ROM, DVD) dient als Sicherungskopie. Der Kunde ist nicht berechtigt, außerdem selbst eine Sicherungskopie herzustellen.

3.4 (Mehrfachnutzung) Die gleichzeitige Nutzung des Programmes auf einem anderen oder auf anderen Rechnern und/oder im Netzwerk ist nur mit vorheriger Zustimmung des Anbieters zulässig. (15)

3.5 (Änderungsbefugnis) Zu Änderungen am Programmcode ist der Kunde nur berechtigt, soweit diese zu Fehlerbeseitigungszwecken erforderlich sind. Der Kunde trägt selbst alle mit solchen Änderungsmaßnahmen verbundenen Kosten. Während der Gewährleistungsfrist hat der Kunde die Durchführung der Maßnah-

men mit dem Anbieter abzustimmen, um diesem Gelegenheit zu geben, selbst eine Mängelbeseitigung durchzuführen. (16)
oder:
Der Kunde ist zu keinerlei Änderungen am Programmcode befugt, auch nicht zu Zwecken der Fehlerbeseitigung.

3.6 (Dekompilieren) Ein Dekompilieren des Programmes ist nur zulässig, wenn der Anbieter trotz Aufforderung nicht die für die Herstellung der Interoperabilität erforderlichen Informationen mitgeteilt hat. (17)

§ 4 Gewährleistung

4.1 (Gewährleistungsdefinition) Der Anbieter übernimmt die Gewährleistung dafür, dass die überlassene (erstellte) Software die vereinbarten Funktionen erfüllt. Voraussetzung für die Gewährleistung ist jedoch vertragsgemäße Nutzung.

4.2 (Zusicherungen) Die wirksame Zusicherung von Eigenschaften muss anbieterseits in schriftlicher Form erfolgen.

4.3 (Fehlermitteilungen) Offensichtliche Fehler hat der Kunde dem Anbieter binnen zwei Wochen mitzuteilen. Bei Nichteinhaltung dieser Frist erlöschen Gewährleistungsrechte des Kunden bezüglich dieser Fehler. (18)

4.4 (Beseitigungspflicht) Mitgeteilte Fehler sind vom Anbieter zu beseitigen. Erweist sich eine Fehlerbeseitigung als nicht möglich, muss der Anbieter eine Ausweichlösung entwickeln.

4.5 (Gewährleistungsrechte) Gelingt es dem Anbieter nicht, seinen Verpflichtungen aus Ziff. 4.4 nachzukommen, so kann der Kunde wahlweise die vereinbarte Vergütung angemessen herabsetzen oder Aufhebung des Vertrages verlangen.

4.6 (Verjährung) Gewährleistungsansprüche des Kunden verjähren innerhalb einer Frist von sechs Monaten ab Beendigung der Funktionsprüfung. Treten in diesem Zeitraum Mängel auf, so verlängert sich die Gewährleistungsfrist um die notwendige Zeit, während der diese beseitigt werden.

4.7 (Gewährleistungsausschluss) Keine Gewährleistung übernimmt der Anbieter dafür, dass die überlassene Software den speziellen Erfordernissen des Kunden entspricht. (19)

§ 5 Schutzrechte Dritter

5.1 (Freistellung) Der Anbieter stellt den Kunden von allen Ansprüchen Dritter gegen diesen aus der Verletzung von Schutzrechten an den überlassenen Programmen in ihrer vertragsmäßigen Fassung frei. (20)

5.2 (Beseitigungsmaßnahmen) Der Anbieter ist berechtigt, auf eigene Kosten notwendige Software-Änderungen aufgrund der Schutzrechtsbehauptungen Dritter bei dem Kunden durchzuführen.

§ 6 Eigentum und Schutzrechte an Software

6.1 (Eigentum an Software) Die dem Kunden überlassene Software verbleibt einschließlich der gesamten Dokumentation im Eigentum des Anbieters. (21)

6.2 (Rechte an Software) Der Anbieter bleibt Inhaber aller Rechte an den dem Kunden überlassenen Programmen einschließlich des jeweils dazugehörigen Materials, auch wenn der Kunde sie verändert oder mit seinen eigenen Programmen oder denjenigen eines Dritten verbindet. Bei derartigen Änderungen oder Verbindungen sowie bei der Erstellung von Kopien bringt der Kunde einen entsprechenden Urhebervermerk an.

§ 7 Entgelt

7.1 (Lizenzgebühr) Im Falle der Nutzung auf unbestimmte Zeit ist der Kunde zur Entrichtung einer einmaligen Lizenzgebühr, im Falle zeitlich begrenzter Nutzung zur Entrichtung einer zeitabhängigen Lizenzgebühr verpflichtet.

7.2 (Zahlungsfälligkeit) Wird für die Überlassung von Programmen ein gesondertes Entgelt verlangt, ist die erste Zahlung noch vor Ablauf der Testperiode fällig.

7.3 (Datenträger) Den zur Lieferung des Programmes erforderlichen Datenträger stellt der Anbieter gegen Berechnung zur Verfügung. Der Kunde kann den Datenträger beistellen, sofern dieser den Spezifikationen im Leistungsschein entspricht. In diesem Falle trägt der Kunde das Transportrisiko.

7.4 (Preisänderungen) Laufend zu entrichtende Entgeltsätze für Programme können vom Anbieter durch schriftliche Mitteilung an den Kunden unter Einhaltung einer Frist von drei Monaten geändert werden. Dem Kunden steht in diesem Falle ein Kündigungsrecht zu.

§ 8 Haftung des Anbieters

8.1 (Haftungsumfang) Der Anbieter übernimmt die Haftung für unmittelbare Personen- und Sachschäden, die dem Kunden durch Vorsatz, grobe Fahrlässigkeit oder leicht fahrlässige Verletzung vertragwesentlicher Pflichten entstanden sind. Unmittelbarer Schaden ist derjenige Aufwand, der zur Wiederherstellung des geschädigten Gutes erforderlich ist.

8.2 (Haftungsbegrenzung) Die Haftung ist begrenzt bei der Vereinbarung eines einmaligen Entgeltes auf 50 % der Vertragssumme, bei der Vereinbarung laufender Entgeltzahlung auf die Summe der im Laufe eines Jahres zu entrichtenden Beträge.

§ 9 Pflichten des Kunden

9.1 Die überlassenen Programme dürfen weder ganz noch teilweise Dritten zugänglich gemacht werden.

9.2 Der Kunde darf Kennzeichnungen, Copyright-Vermerke und Eigentumsangaben des Anbieters an den Programmen in keiner Form verändern.

§ 10 Vertragsdauer

10.1 Der Vertrag wird mit Unterzeichnung durch beide Vertragsparteien wirksam.

10.2 Das Überlassungsverhältnis kann vom Kunden regelmäßig mit einer Frist von einem Monat gekündigt werden.

10.3 Bei erheblichen Verstößen gegen vertragliche Verpflichtungen durch den Kunden ist der Anbieter zur sofortigen Kündigung berechtigt.

10.4 Bei Vertragsbeendigung ist der Kunde zur Löschung sämtlicher beim Kunden vorhandener Programmexemplare und zur Rückgabe des sonstigen zugehörigen Materials wie der Benutzerdokumentation verpflichtet. Der Anbieter ist berechtigt, hierüber eine eidesstattliche Versicherung des Kunden zu verlangen. Überträgt der Kunde sein Nutzungsrecht auf einen Dritten, bleiben diese Verpflichtungen unberührt. Bei Übertragung hat der Kunde zudem sämtliche bei ihm vorhandenen sonstigen Programmkopien physikalisch zu löschen; übergeben werden darf nur das Programm auf Originaldatenträger.

§ 11 Allgemeine Bestimmungen
(s. Muster 1, § 8)

..., den ...   ..., den ...
(Ort) (Datum)   (Ort) (Datum)

...   ...
(Kunde)   (Anbieter)

Anmerkungen

(1) Anzumerken ist noch, dass das vorliegende Muster eines Überlassungsvertrages sinnvollerweise bei größeren Programmen einzusetzen ist, nicht bei konfektionierter („off-the-shelf") Massensoftware, bei der grundsätzlich keine individuelle Anbieterleistung geschuldet ist.

(2) Der Anbieter muss unabhängig von der urheberrechtlichen Schutzfähigkeit im Vertrag klarstellen, ob er dem Anwender nur eine begrenzte Nutzungsbefugnis einräumen will. Unklarheiten der Formulierung gehen immer zu Lasten des AGB-verwendenden Anbieters.

(3) Das Muster eines Leistungsscheines für Software ist unter II.1 abgedruckt.

(4) Zeitliche Einschränkungen der Nutzungsbefugnis müssen im Vertrag klar definiert werden, andernfalls der Kunde von einer zeitlich unbegrenzten Nutzungsbefugnis ausgehen darf. Von der jeweiligen Vertragsgestaltung hängt auch die Bemessung des Nutzungsentgelts ab (s. § 7.1 des Musters).

(5) Änderungen des Leistungsinhaltes oder -umfanges können aktuell werden, wenn bei zeitlich begrenzter Überlassung die Software gegen eine neue Version ausgetauscht werden soll. Eventuelle Zusatzvergütungen, Gewährleistungen und Nebenpflichten müssen dann auf dieses neue Vertragsobjekt abgestimmt werden.

(6) Dies gilt vor allem bei zeitbegrenzter Software-Überlassung. Hier haftet der Anbieter miet- bzw. pachtrechtlich für die Lauffähigkeit des Programms, die wiederum meist in Bezug auf eine bestimmte, vorgegebene Hardware definiert und eingehalten werden muss (s. ausf. Rn. 1251 ff.).

(7) Das heißt, in der Form des Maschinencodes („object code"). Zum Quellcode s. Anm. 9.

(8) Die hier in den Vertrag eingeführte Funktionsprüfung wird unter Rn. 197 näher behandelt. Fehlt die Vereinbarung dieser Prüfung oder die Beschreibung zur Prüfung der Funktionen und Testmittel im Leistungsschein, muss der Anwender allein das Risiko einer geeigneten Prüfung und Fehlersuche tragen. Die Gewährleistung beginnt dann ab Ablieferung.

(9) Soll auch der Quellcode (source code) übergeben werden (bei Standardsoftware grundsätzlich eine seltene Ausnahme), bedarf dies einer besonderen Vereinbarung – und meist auch einer zusätzlichen Vergütungszahlung.

(10) Siehe Muster 1, Anm. 8.

(11) Die Verpflichtung zur Ersatzlieferung greift natürlich nur ein, wenn die Beschädigung oder das Löschen im Rahmen der vertragsgemäßen Nutzung im Sinne von § 3.4 des Vertrages erfolgt sind, also kein Fehlgebrauch vorliegt.

(12) Der Anbieter darf also nicht zwecks Erfüllung seiner Gewährleistungsverpflichtung nach § 4 des Vertrages installierte Programme bei dem Anwender austauschen. Neue Versionen passen oft nicht mehr in die vorhandene Software-Umgebung (unterstützen z. B. nicht mehr dieselben Datenbankfunktionen), so dass der Kunde mit erheblichem Kostenaufwand Umstellungen vornehmen muss.

(13) Die Nutzungseinräumung muss möglichst klar definiert werden. Dies bedeutet auch, dass sie sich möglichst nicht pauschal auf „die Software", sondern das konkrete Programm und die zugehörige (Benutzer-) Dokumentation beziehen muss.
Wohl nicht formularvertraglich wirksam erscheint die von Pres (Gestaltungsformen, 213) vorgeschlagene Gestaltung, die dem Kunden (nur) erlaubt, „von einem Massenspeicher eine ein-

zige weitere Kopie" zu halten. Hier wird – zumindest auch – die Befugnis zum Vervielfältigen kundeneigener Daten geregelt. Hierzu ist der Anbieter nicht berechtigt, da er an diesen Daten keine Rechte hat. Ein Vervielfältigungsrecht kann ausschließlich immer nur sein Programm betreffen. Werden deshalb beim täglichen routinemäßigen Sichern die Veränderungen im Datenbestand gesichert, bleiben die Rechte des Anbieters unberührt und darf er folglich auch keine entsprechende Regelung im Vertrag vorsehen. Soweit tatsächlich im Einzelfall Programme selbst mitkopiert werden, dürfte dies außerdem zumeist zur bestimmungsgemäßen Benutzung gehören.

(14) Da der Kunde bei zeitlich unbegrenzter Nutzungsrechtseinräumung und Einmalvergütung das erworbene Programmexemplar weiterveräußern darf, ist grundsätzlich auch ein Systemwechsel mit demselben Exemplar möglich. Der Kunde darf es also auf einen anderen Rechner kopieren (vgl. § 17 Abs. 2 UrhG). Deshalb darf diese Freiheit zum Systemwechsel nur bei zeitlich begrenzter Nutzungsrechtseinräumung vorgesehen werden, bei der der Kunde nicht Eigentümer des Programmexemplares wird. Hier gelangt Miet-/Pachtrecht zur Anwendung und dürfen wesentlich weitergehende Nutzungsbindungen vorgesehen werden.

(15) Teilweise wird vorgeschlagen, dass die Mehrfachnutzung im Netzwerk durch Zugriffsschutzmechanismen verhindert werden müsse (Pres, Gestaltungsformen, 214). Das Regelungsziel mag zutreffen, doch ist dies nicht Aufgabe des Kunden, der hierzu meist schon rein technisch nicht in der Lage sein wird, sondern die des Anbieters, der Programme selbst mit entsprechenden Sicherungen versehen muss.

(16) Die Fehlerbeseitigungsbefugnis aus § 69d Abs. 1 UrhG darf vertraglich abbedungen werden, arg. e § 69g Abs. 2 UrhG. Allerdings bleibt zu prüfen, ob die Regelung mit § 9 Abs. 2 AGBG vereinbar ist.

(17) Die grundsätzliche Befugnis des Kunden zum Dekompilieren, also insbesondere Rückgewinnen des Quellcodes aus dem maschinenlesbaren Code (s. § 69e UrhG) darf nicht vertraglich abbedungen werden (§ 69g Abs. 2 UrhG). Allerdings kann der Anbieter das Dekompilieren (und damit das Erschließen des für ihn wertvollen Quellformates) abwenden, wenn er selbst die erforderlichen Informationen zugänglich macht. Die Vertragsbestimmung ist bewusst neutral formuliert, so dass sie nicht nur den Erst-, sondern auch jeden Folgeerwerber bindet. Insoweit liegt eine (dinglich wirkende) Einschränkung des Rechts auf Dekompilieren gemäß § 31 Abs. 1 S. 1 UrhG vor.

(18) Die Einführung einer Frist zur Rüge offensichtlicher Mängel ist auch gegenüber nichtkaufmännischen Kunden zulässig (vgl. Ulmer/Brandner/Hensen, § 11 Nr. 10e Rn. 72). Kunden wird freilich daran gelegen sein, eine solche einschränkende Klausel abzubedingen.

(19) Etwas anderes kann nur gelten, wenn diese Kundenerfordernisse Verhandlungsgegenstand waren und der Anbieter entsprechende Zusicherungen gab.

(20) Nähere Ausführungen zu möglichen Rechten Dritter s. Rn. 1146.

(21) Diese Bestimmung kann grundsätzlich auch vereinbart werden, wenn die Software auf unbestimmte Zeit überlassen wird. Die entsprechenden Nutzungsbeschränkungen gelten dann ebenfalls für unbestimmte Zeit.

7. Vertrag über die Erstellung von Software → ⊙

Vertrag über die Erstellung von Software

zwischen

...

(Anbieter)
– nachfolgend „Anbieter" genannt –

und

...

(Anwender)
– nachfolgend „Kunde" genannt –

§ 1 Vertragsgegenstand

1.1 Vertragsleistung des Anbieters

1.1a (Variante: Entwicklung) Der Anbieter entwickelt für das vom Kunden vorgegebene Problem eine zweckmäßige und wirtschaftliche EDV-Lösung in der Form geeigneter Software über die Stufen Problemanalyse/Systemplanung/Organisation/Programmierung/Dokumentation und Einweisung. (1) Soweit gesondert vereinbart, stellt der Anbieter die vorhandene Systemsoftware des Kunden auf die im Leistungsschein aufgeführten neuen Spezifikationen um. (2)

1.1b (Variante: Programmanpassung) Der Anbieter passt die im Leistungsschein bezeichnete Software auf die mitgelieferte/bei dem Kunden vorhandene Anlage an. (3)

1.2 (Leistungsmaßstab) Die vereinbarte Werkleistung wird vom Anbieter nach dem aktuellen Stand des Software-Engineering sowie nach den Grundsätzen ordnungsgemäßer Berufsausübung erstellt. (4)

1.3 (Pflichtenheft) (5)

1.3a (Variante: Pflichtenhefterstellung durch Kunden) Der Kunde erarbeitet zur Vorbereitung der Programmerstellung mit dem Anbieter ein Pflichtenheft. Hierbei wird er vom Anbieter durch Beratung unterstützt.

1.3 b (Variante: Pflichtenhefterstellung durch Anbieter)

(1) Der Anbieter erarbeitet in einem Pflichtenheft die Aufgabenstellung, die vom Anbieter durch Software-Erstellung anschließend zu lösen ist. Der Anbieter hat hierbei den Ist- und Soll-Zustand für die vorgesehene Anwendung zu beschreiben. Der Anbieter steht für die Richtigkeit und fachgerechte Durchführung der Erstellung dieser Vorgaben ein. Die Erstellung erfolgt in laufender Abstimmung mit dem Kunden.

(2) Dem Kunden steht es frei, aufgrund des vom Anbieter erstellten Pflichtenheftes den Erstellungsauftrag an einen Dritten zu vergeben. In diesem Fall ist eine Vergütung für die Pflichtenhefterstellung geschuldet, deren Höhe im Leistungsschein näher zu bezeichnen ist. (6)

(3) Der Kunde nimmt das Pflichtenheft ab. Unrichtigkeiten oder Unvollständigkeiten des Pflichtenheftes sind vom Kunden bei oder nach Abnahme zu rügen, spätestens aber vor dem Zeitpunkt, zu dem der Anbieter mit der Programmerstellung auf der Grundlage des Pflichtenheftes beginnt. Rügt der Kunde zu einem späteren Zeitpunkt Mängel, die für ihn vor diesem Zeitpunkt des Beginns der Programmerstellung erkennbar waren, trägt der Kunde die Mehrkosten, die aus der nachträglichen Berücksichtigung dieser Rüge entstehen. Für nicht aus dem Pflichtenheft selbst erkennbare Mängel bleibt der Kunde berechtigt, eine Rüge ohne Mehrkosten für ihn bei Abnahme der erstellten Software zu erklären. (7)

1.4 (Programmüberlassung) (8)

1.4a (Variante: Unbestimmte Nutzungsdauer)
Die Überlassung der zu entwickelnden Software erfolgt auf unbestimmte Zeit, mindestens aber für die wirtschaftliche Lebensdauer des Programmes.

1.4b (Variante: Begrenzte Nutzungsdauer)
Die Überlassung der zu entwickelnden Software erfolgt für eine im Software-Leistungsschein bestimmte Zeit mit dem Recht der beiderseitigen Beendigung durch Kündigung oder Vereinbarung.

1.5 (Ansprechpartner)
Jeder Vertragsteil benennt dem anderen einen sachkundigen Mitarbeiter, der zur Durchführung dieses Vertrages erforderliche Auskünfte erteilen und Entscheidungen treffen bzw. veranlassen kann.

1.6 (Leistungsänderungen)
Alle nach Vertragsabschluss erfolgenden Änderungen des Leistungsumfanges werden nur dann Vertragsinhalt, wenn sie vereinbart und im Software-Leistungsschein aufgenommen werden. Der Anbieter behält sich vor, die unter § 7 vereinbarte Vergütung bei vereinbarten Änderungen des Leistungsumfanges angemessen zu erhöhen.

1.6a (Vergütungspflichtige Änderungsprüfung) Der Anbieter kann für eine erforderliche umfangreiche Prüfung, ob und zu welchen Bedingungen die gewünschte Änderung durchführbar ist, eine angemessene Vergütung verlangen, sofern er den Kunden auf die Notwendigkeit der Prüfung hinweist und der Kunde einen entsprechenden Prüfauftrag gibt.

oder:

Bis zur Auslieferung der Software sind Änderungen auf Kundenwunsch grundsätzlich möglich, soweit nicht Leistungsteile wesentlich geändert oder neu erstellt werden müssen.

1.7 (Zusatzprogramme) Optionen zur Software etc., für die sich der Kunde zu einem späteren Zeitpunkt entscheidet, sind im Software-Leistungsschein gegebenenfalls gesondert ergänzend aufzunehmen.

1.8 (Mitteilungspflicht) Änderungen der Hardware-Konfiguration oder der Systemsoftware während der Auftragsdurchführung hat der Kunde dem Anbieter mitzuteilen. (9)

1.9 (Umfang der Vertragsleistung/Leistungsschein) Der Umfang der Vertragsleistung des Anbieters ergibt sich aus diesem Vertrag und dem zugehörigen Software-Leistungsschein.

1.10 (Unterauftragnehmer) Unterauftragnehmer darf der Anbieter nur nach vorheriger schriftlicher Zustimmung des Kunden einsetzen.

1.11 (Auftragsdurchführung) Der Anbieter kann seine zur Erstellung der Software erforderlichen Arbeitszeiten frei wählen und andere Aufträge annehmen, soweit hierdurch nicht die zeitgerechte und sorgfältige Auftragserfüllung beeinträchtigt wird. Entwicklungsbezogene Weisungen des Kunden sind nur gegenüber dem Anbieter, nicht gegenüber dessen Mitarbeiter wirksam, die in kein Arbeitsverhältnis zum Kunden treten.

1.12 (Hinweispflicht) Ist für den Anbieter erkennbar, dass die Leistungsbeschreibung nach § 1.2 oder Anweisungen des Kunden fehlerhaft, unvollständig, nicht eindeutig oder objektiv nicht ausführbar sind, muss er dem Kunden diesen Umstand sowie die ihm erkennbaren Folgen hieraus unverzüglich schriftlich mitteilen. (10) Der Kunde hat seinerseits unverzüglich über eine Änderung der Leistungsbeschreibung (§ 1.2) oder seiner Anweisungen zu entscheiden. (11)

1.13 (Ausführungsfristen, späteste Termine, Benachrichtigung) Im Leistungsschein werden Ausführungsfristen vereinbart (ggf. in einem Zeit- und Aktivitätsplan). Diese Fristen können auch auf in sich abgeschlossene Leistungsteile bezogen werden. (12)

Bei längerer Erstellungsdauer sind für die Übergabe und das Herbeiführen der Funktionsfähigkeit zumindest jeweils ein voraussichtlicher sowie ein spätester Zeitpunkt zu vereinbaren. Andernfalls gilt jeweils der späteste Zeitpunkt. (13)

1.14 (Unterrichtung) Der Anbieter wird den Kunden über den Fortgang der Erstellung entsprechend dem Zeitplan unterrichten und dem Kunden auf Verlangen Einsicht in entsprechende Unterlagen und Auszüge hiervon gewähren (14) sowie insbesondere ihm ein nach § 1.1a erstelltes Feinkonzept vorlegen. (15)

§ 2 Lieferung und Installation

2.1 (Anlieferung, Installation) Der Anbieter liefert dem Kunden das Programm in kodierter und eingabebereiter Form zur Durchführung der vereinbarten Funktionstests. Nach Durchführung notwendiger Anpassungen erfolgt die Installation der endgültigen Programmversion. Die Übergabe des Quellformates bedarf besonderer Vereinbarung im Leistungsschein.

2.2 (Mitwirkung des Kunden) Der Kunde stellt dem Anbieter zum Zweck der Programmentwicklung, Testdurchführung und Installation ausreichend Möglichkeiten der Anlagennutzung und Rechenzeiten zur Verfügung. Die benötigten Rechenzeiten sind im Software-Leistungsschein anzuführen und im Voraus terminlich festzuhalten. Zusätzliche Rechenzeit stellt der Kunde gegen angemessene Vergütung zur Verfügung.

2.3 (Dokumentation) Der Anbieter liefert zu dem entwickelten Programm eine Benutzerdokumentation (11) sowie im Falle einer gesonderten Vereinbarung ergänzend eine Entwicklungsdokumentation. Die Verpflichtung zur Lieferung der Entwicklungsdokumentation ist gesondert im Leistungsschein zu vermerken.

2.4 (Einweisung) Der Anbieter weist – soweit im Leistungsschein nichts anderes vereinbart ist – das vom Auftraggeber für die Programmbenutzung vorgesehene Personal in erforderlichem Umfang und rechtzeitig für die Anwendung und den Einsatz der Programme ein.

2.5 (Ausbildung) Der Anbieter bildet – soweit im Leistungsschein vereinbart – das für die Programmbenutzung vorgesehene Personal in erforderlichem Umfang und rechtzeitig für die Anwendung und den Einsatz der Programme aus.

2.6 (Support) Der Anbieter unterstützt den Kunden – soweit im Leistungsschein vereinbart – durch entsprechend qualifiziertes Personal beim Einsatz der Programme sowie bei der Beseitigung von Mängeln, die nicht unter die Gewährleistung fallen.

2.7 (Nachfristsetzung, Rücktritt) Im Falle des Verzuges kann der Kunde dem Anbieter eine angemessene Nachfrist mit der Erklärung setzen, dass er nach Ablauf dieser Frist vom Vertrag ganz oder teilweise zurücktreten wird. Hat der Kunde bereits Teilleistungen abgenommen, kann er den Rücktritt auf die noch fehlenden Teile der Leistung beschränken. Wenn sein Interesse an der gesamten Leistung durch den Verzug aufgehoben oder nicht nur unerheblich gemindert ist, kann er vom gesamten Vertrag zurücktreten; dies soll der Kunde schon bei der Nachfristsetzung zu erkennen geben. Im Falle des Rücktritts hat der Kunde die vom Anbieter erhaltenen Erstellungsleistungen zurückzugeben und die selbst hergestellten Vervielfältigungen nach seiner Wahl zurückzugeben oder zu vernichten; die Vernichtung teilt der Kunde dem Anbieter unverzüglich nach erfolgtem Rücktritt schriftlich mit.

§ 3 Umfang der Nutzungsberechtigung

(Nutzungsrecht des Kunden) Der Kunde ist zur nichtausschließlichen, übertragbaren und zeitlich unbegrenzten Nutzung der ihm überlassenen Software auf der im Leistungsschein bezeichneten Anlage berechtigt.
Fehlerbeseitigungen darf der Kunde nach Ablauf der Gewährleistung an der Software vornehmen, ebenso sonstige Änderungen, jedoch jeweils nur im Rahmen der bestimmungsgemäßen vertraglichen Nutzung. Der Anbieter ist nicht verpflichtet, für derartige Fehlerbeseitigungen und Änderungen das Quellformat des Programmes herauszugeben, wenn die Quellcode-Übergabe nicht vereinbarter Leistungsteil ist.

§ 4 Gewährleistung

4.1 (Gewährleistung) Der Anbieter steht dafür ein, dass seine Leistung keine erheblich die Gebrauchstauglichkeit oder den Wert mindernden Fehler sowie zugesicherte Eigenschaften aufweist. Die Gewährleistungsverpflichtung beginnt mit Abschluss der Funktionsprüfung.

4.2 (Funktionsprüfung) Entspricht die Leistung des Anbieters der Leistungsbeschreibung, erklärt der Kunde unverzüglich schriftlich die Abnahme. Die Abnahme der Programme oder in sich abgeschlossener Teile der Programme setzt eine erfolgreiche Funktionsprüfung voraus. Sie ist erfolgreich durchgeführt, wenn die Programme die im Leistungsschein vereinbarten Anforderungen erfüllen. Art, Umfang und Dauer der Funktionsprüfung werden im Leistungsschein festgelegt. Dabei können auch Vereinbarungen über eine besondere Bereitschaft entsprechend qualifizierter Arbeitnehmer des Anbieters während der Dauer der Funktionsprüfung getroffen werden. Die Funktionsprüfung beginnt am ersten Arbeitstag nach Zugang der Mitteilung über die Funktionstätigkeit (§ 7 Nr. 2). Auf Verlangen des Kunden oder Anbieters hin wird, wenn notwendig, die Funktionsprüfung angemessen verlängert. Hat der Anbieter auch das DV-technische Feinkonzept zu erstellen, so werden nur die Programme abgenommen.

4.3 (Funktionstest) Nach Installation der Testkopie wird das Programm vom Kunden gegen die im Pflichtenheft beschriebenen oder in sonstiger Form vereinbarten Funktionen getestet. (16) Der Anbieter unterstützt den Kunden bei der Testdurchführung, soweit erforderlich. Nach erfolgreicher Beendigung der Funktionsprüfung gilt die Software als abgenommen.

4.4 (Mitteilungspflicht des Auftraggebers) Der Kunde ist verpflichtet, dem Anbieter während der Funktionsprüfung auftretende Abweichungen von den Anforderungen an die Programme unverzüglich schriftlich mitzuteilen.

4.5 (Mängelprotokoll) Wurden während der Funktionsprüfungen Abweichungen von den Anforderungen an die Programme festgestellt und werden die Programme dennoch abgenommen, werden die Abweichungen in der Abnahmeerklärung als Mängel festgehalten. Die Abnahme darf nicht wegen unerheblicher Abweichungen verweigert werden sowie nicht wegen Abweichungen, für die der Anbieter von der Gewährleistung frei ist.

4.6 (Abnahmefiktion) Wirkt der Kunde aus einem anderen Grund als wegen einer unverzüglichen und begründeten Beanstandung an der Funktionsprüfung nicht mit, gilt die Software vier Wochen nach der Installation als abgenommen.

4.7 (Gewährleistungsfrist) Der Anbieter übernimmt die Gewährleistung für eine Frist von sechs/zwölf Monaten. Scheitern zwei Mängelbeseitigungsversuche des Anbieters, ist der Kunde zur Geltendmachung seines Rechts auf Rückgängigmachen des Vertrages (Wandelung), Herabsetzen der Vergütung (Minderung) oder bei Vertretenmüssen des Anbieters schadensersatzberechtigt. Keine Gewährleistung übernimmt der Anbieter dafür, dass die überlassene Software den besonderen Erfordernissen des Kunden entspricht.

4.8 (Mitteilungspflicht des Kunden) Programmfehler hat der Kunde dem Anbieter unverzüglich mitzuteilen. Wird die vertraglich vorausgesetzte Nutzung des Programmes durch diese Fehler nicht unwesentlich beeinträchtigt, sind die Fehler vom Anbieter umgehend innerhalb der Gewährleistungsfrist zu beseitigen.

4.9 (Mängelbeseitigung) Mängel, die in der Abnahmeerklärung festgehalten wurden und Gewährleistungsmängel, die der Kunde vor Ablauf der Gewährleistungsfrist geltend macht, werden vom Anbieter auf seine Kosten beseitigt. Weist der Anbieter nach, dass Gewährleistungsmängel nicht vorgelegen haben, kann er die Erstattung des Aufwandes für die aufgrund der Mängelbeseitigung erbrachten Leistungen nach den allgemein von ihm angewandten Vergütungssätzen verlangen,

soweit nichts anderes vereinbart wird.
Der Anbieter hat mit den Arbeiten zur Mängelbeseitigung unverzüglich zu beginnen, spätestens zu dem im Leistungsschein festgelegten Zeitpunkt. Im Rahmen der betrieblichen Möglichkeiten und soweit zur kurzfristigen Mängelbeseitigung erforderlich, sind zur Mängelbeseitigung entsprechend qualifizierte Arbeitnehmer, die an der Programmerstellung mitgewirkt haben, einzusetzen. Können Mängel nicht kurzfristig beseitigt werden, hat der Anbieter – soweit möglich und im Hinblick auf die Auswirkungen des Mangels angemessen – eine behelfsmäßige Lösung zur Verfügung zu stellen. Der Anbieter hat die Programmdokumentation ggf. zu berichtigen.

4.10 Alle Mängelbeseitigungen werden nach Mängelart, notwendigen Beseitigungsmaßnahmen und erforderlichem Zeitaufwand protokolliert. Die mitgeteilte Mängelbeseitigung wird durch einen Funktionstest geprüft.

4.11 (Programmpflege) Auf Wunsch des Kunden übernimmt der Anbieter die Pflege der von ihm erstellten Software zu einer angemessenen Vergütung.

4.12 (Gewährleistungsausschluss) Ist ein Mangel auf die Leistungsbeschreibung oder auf Forderungen des Auftraggebers zur Ausführung der vertraglichen Leistungen zurückzuführen, so ist der Anbieter von der Gewährleistung für diese Mängel frei. Dies gilt nicht, wenn er die ihm obliegende Mitteilung gemäß § 2.3 Satz 3 unterlassen hat.

§ 5   Schutzrechte Dritter

5.1 (Freistellung) Der Anbieter stellt den Kunden von allen Ansprüchen Dritter gegen den Kunden aus der Verletzung von Schutzrechten an entwickelten und überlassenen Programmen in ihrer vertragsgemäßen Fassung frei.

5.2 (Änderungen am Vertragsgegenstand) Der Anbieter ist berechtigt, auf eigene Kosten notwendige Software-Änderungen aufgrund der Schutzrechtsbehauptungen Dritter bei dem Kunden durchzuführen.

§ 6   Eigentum, Schutzrechte

6.1 (Eigentum) Die dem Kunden übergebene Software verbleibt einschließlich der Dokumentation im Eigentum des Anbieters.

6.2 (Rechte an der Software) Der Anbieter bleibt Inhaber aller Rechte an der dem Kunden übergebenen Software einschließlich des jeweils zugehörigen Materials, auch, wenn der Kunde diese in vertraglich zulässigem Umfang verändert oder mit seinen eigenen Programmen oder denjenigen eines Dritten verbindet. Bei derartigen Änderungen oder Verbindungen sowie bei der Erstellung von für die vertragliche Nutzung erforderlichen Programmkopien wird der Kunde einen auf den Anbieter verweisenden Urhebervermerk anbringen.

§ 7 Vergütung

7.1 (Nutzungsvergütung) Für die Nutzung der entwickelten und überlassenen Software zahlt der Kunde an den Anbieter im Falle unbestimmter Nutzungsdauer eine einmalige Lizenzvergütung, im Falle zeitlich begrenzter Nutzungsüberlassung eine monatlich fällige Lizenzvergütung.

7.2 (Fälligkeit der Vergütung) Die Höhe der jeweiligen Vergütung sowie deren Fälligkeit werden im Software-Leistungsschein bei Vertragsschluss aufgenommen. Die Fälligkeit tritt bei Abnahme des Programmes bzw. zu besonders vereinbarten Zahlungsterminen ein.

7.3 (Datenträger) Den zur Lieferung des Programmes erforderlichen Datenträger stellt der Anbieter gegen Berechnung zur Verfügung. Der Kunde kann den Datenträger beistellen, sofern dieser den Spezifikationen im Leistungsschein entspricht.

7.4 (Vergütungserhöhung) Regelmäßig fällige Lizenzvergütungen im Falle zeitlich begrenzter Nutzungsüberlassungen können vom Anbieter durch schriftliche Mitteilung an den Kunden unter Einhaltung einer Frist von drei Monaten geändert werden. Dem Kunden steht im Falle einer mehr als zehnprozentigen Betragserhöhung ein Kündigungsrecht mit Wirkung der Kündigung zum Ende des jeweiligen Quartals zu.

§ 8 Haftung

8.1 Der Anbieter haftet für Vorsatz und grobe Fahrlässigkeit, für das Vorliegen zugesicherter Eigenschaften sowie für leichte Fahrlässigkeit bezüglich vertragswesentlicher Pflichten auch hinsichtlich Erfüllungsgehilfen. Im Übrigen ist jede Haftung ausgeschlossen. Dies gilt auch für Datenverluste und sonstige Folgeschäden.

8.2 Soweit der Anbieter seine vertraglichen Leistungen infolge Arbeitskampf, höherer Gewalt, Krieg, Aufruhr oder anderer für den Anbieter unabwendbarer Umstände nicht oder nicht fristgerecht erbringen kann, treten für ihn keine nachteiligen Rechtsfolgen ein. Das gilt nicht, wenn die Behinderung oder Unterbrechung durch einen Arbeitskampf verursacht wird, den der Anbieter durch rechtswidrige Handlungen verschuldet hat. Tritt die Behinderung oder Unterbrechung aus den in Absatz 1 genannten Gründen bei Unterauftragnehmern des Anbieters ein, so gilt Abs. 1 entsprechend.

§ 9   Pflichten des Kunden

9.1 (Weitergabeverbot)   Die vom Anbieter entwickelte und dem Kunden überlassene Software darf von diesem weder ganz noch teilweise, gleich in welcher Form, Dritten zugänglich gemacht werden.

9.2 (Unterstützungspflicht des Kunden)   Der Kunde verpflichtet sich, die zur Herstellung des Werkes erforderlichen Tätigkeiten des Anbieters zu unterstützen. Insbesondere schafft der Kunde unentgeltlich alle Voraussetzungen im Bereich seiner Betriebssphäre, die zur Erstellung des Werkes erforderlich sind. Arbeitsräume müssen in den Geschäftszeiten zugänglich sein und erforderliche Arbeitsmittel zur Verfügung stehen. Testdaten und sonstige Informationen sind rechtzeitig bereitzustellen und mit dem Operating beauftragte Mitarbeiter rechtzeitig abzustellen.

9.3 (Schutzrechtsvermerke)   Der Kunde darf Kennzeichnungen, Eigentumsangaben und Schutzrechtsvermerke des Anbieters aus dem Programm weder verändern noch entfernen. Dies gilt auch für alle Begleitmaterialien.

9.4 (Vertraulichkeit)   Der Anbieter verpflichtet sich, Informationen über Betriebs- und Geschäftsgeheimnisse des Kunden vertraulich zu behandeln und auf Wunsch von seinen Mitarbeitern eine entsprechende Verpflichtungserklärung unterschreiben zu lassen. Soweit der Anbieter bei seinen Arbeiten an der vertragsgegenständlichen Software personenbezogene Daten zu verarbeiten hat, wird er die geltenden Datenschutzgesetze beachten und notwendige Sicherungsmaßnahmen treffen bzw. mit dem Kunden vereinbaren.

§ 10   Vertragsdauer

10.1 (Vertragswirksamkeit)   Der Vertrag wird mit Unterzeichnung durch beide Vertragsparteien wirksam.

10.2 (Ordentliches Kündigungsrecht)   Ein zeitlich begrenztes Nutzungsverhältnis kann vom Kunden mit einer Frist von drei Monaten gekündigt werden.

10.3 (Außerordentliche Kündigung)   Bei erheblichen Verstößen gegen vertragliche Verpflichtungen durch den Kunden ist der Anbieter zur sofortigen Kündigung berechtigt.

10.4 (Rückgabe)   Bei Vertragsbeendigung ist der Kunde zur Zurückgabe der gesamten Software einschließlich der erstellten Kopien und des Dokumentationsmaterials verpflichtet.

§ 11   Allgemeine Bestimmungen
(s. Muster 1, § 8)

..., den ...   ..., den ...
(Ort)   (Datum)   (Ort)   (Datum)

...   ...
(Kunde)   (Anbieter)

Anmerkungen

(1) Diese Variante ist bei der Neuentwicklung von Computer-Programmen zu wählen. Sie definiert die fachgerechte Vorgehensweise des Anbieters.

(2) Diese Variante ist zu wählen, wenn vorhandene, anlagenspezifische Systemsoftware auf neue Konfigurationen umgestellt werden muss. Ausgangs- und Zielpunkt dieser Entwicklung werden durch systemspezifische Vorgaben definiert. Diese Vorgaben müssen im Leistungsschein genau angegeben werden.

(3) Die Anpassungsleistung ist, als Schlüssel für die vereinbarte Programmnutzung, nach Werkvertragsrecht zu beurteilen.

(4) Mit dieser Bestimmung wird ein hoher, objektivierter Leistungsmaßstab festgelegt. Hierzu gehört auch die Einhaltung von DIN- und vergleichbaren Normen (s. Rn. 1135).

(5) Das Pflichtenheft enthält eine Beschreibung der zu lösenden Aufgabenstellung, nicht aber bereits die Lösung dieser Aufgabe (s. Rn. 10, 11). Übernimmt der Kunde nach Variante 1.3 a selbst die Pflichtenhefterstellung, trägt er grundsätzlich die Verantwortung dafür, diese Aufgabenstellung richtig und zugleich als kontrollfähigen Leistungsmaßstab zu formulieren. Den Anbieter können freilich, wenn er einen deutlichen Erfahrungsvorsprung aufweist und der Kunde seinen Rat in Anpruch nimmt, Aufklärungs- und Hinweispflichten treffen, wenn der Kunde erkennbar von falschen EDV-bezogenen Vorstellungen ausgeht oder Teile der Aufgabenstellung übersieht und deshalb nicht in das Pflichtenheft aufnimmt (zur Beratungspflicht s. näher Rn. 199 ff.).
Nach Variante 1.3 b übernimmt der Anbieter erhöhte Verantwortlichkeit: Durch das Erstellen des Pflichtenheftes legt er gleichzeitig auch den Maßstab für die Beurteilung seiner eigenen Leistungserbringung fest. Fehler in der Pflichtenhefterstellung können zudem unmittelbar in die entwickelte Lösung durchschlagen, ohne dass dies der Kunde ohne weiteres erkennen und rechtzeitig, also bereits bei Pflichtenheftübergabe, rügen kann.

(6) Anbieter erstellen für mittlere und größere Projekte öfter über reine Pflichtenhefte hinaus gehende Machbarkeitsstudien, die der Kunde dann zuweilen als Grundlage für die Auftragsvergabe an einen anderen Anbieter benutzt. Die Regelung stellt sicher, dass
– die Leistung des Anbieters nicht kostenfrei erfolgen muss,
– der Kunde aber andererseits berechtigt ist, das Pflichtenheft entsprechend für die Beauftragung Dritter zu verwenden.

(7) Zuweilen wird übersehen, dass die Pflichtenhefterstellung eine trennbare, eigenständige Werkleistung des Anbieters ist. Sie muss deshalb vom Kunden abgenommen werden (§ 640 BGB). Mit dieser Abnahme darf dem Kunden aber nicht die Gewährleistung für Mängel abgeschnitten werden, die sich nicht aus der Pflichtenhefterstellung selbst, sondern erst am reali-

sierten Programm erkennen lassen. Die Regelung stellt insoweit die Rechtsposition des Kunden klar.

(8) Auch individuell erstellte Programme sind zu überlassen. Diese Komponente einer näher zu definierenden Nutzungseinräumung an dem erstellten Werk ist von der Werkerstellung zu unterscheiden. So können durchaus bestimmte, individuelle Programmanpassungen im Rahmen einer mietweisen, damit zeitlich begrenzten Systemüberlassung zu erbringen sein. Der Kunde ist hier nicht zur zeitlich unbegrenzten Programmnutzung berechtigt und sollte eine solche deshalb auch nicht bezahlen müssen.

(9) Zu beachten ist hier, dass jede Änderung der Hardware und/oder der zugehörigen Systemsoftware Änderungen der vertragsgegenständlichen Software notwendig machen kann.

(10) Diese Bestimmung kann immer dann entfallen, wenn der Anbieter die Anlage des Kunden nicht oder nur unwesentlich benutzt. Unumgänglich wird die Regelung § 2 Abs. 2 bei Umstellung von Systemsoftware sein. Hier muss der Anbieter zwangsläufig mit der Anlage des Kunden arbeiten. Die Nutzungszeiten sollten die Vertragsparteien in beiderseitigem Interesse im Voraus genau bestimmen, um Verzögerungen durch oder von anderweitigen Anlagennutzungen durch den Kunden zu vermeiden.

(11) Die Dokumentation ist vom Anbieter bei Programmübergabe mit zu übergeben und vom Kunden sofort auf ihre Vollständigkeit hin zu überprüfen. Beiden Seiten ist ein entsprechender Vermerk im Abnahmeprotokoll zu empfehlen. Solange die Dokumentation nicht vorliegt, kann der Kunde den Beginn der Funktionsprüfung verweigern, und zwar auch dann, wenn das Programm als solches mängelfrei ist: Die vertraglich geschuldete Leistung ist dann nämlich nur teilweise erbracht.

(12) Die Unterstützungsverpflichtung des Anbieters lässt sich nicht abstrakt definieren. Sie umfasst auch mögliche Hilfestellungen bei unvorhergesehenen Problemen und eine fallweise abzustimmende Kundeninformation.

(13) Diese Bestimmung hat doppelte Bedeutung: Zum einen stellt sie klar, dass die Abnahme nicht schon mit der Installation des Programmes erfolgt, sondern erst mit erfolgreichem Abschluss der Funktionsprüfung. Zum anderen wird die Fälligkeit der Vergütung auf den Abschluss der Funktionsprüfung terminiert und auch die Gewährleistungspflicht beginnt erst ab diesem Zeitpunkt zu laufen.

(14) Wichtig ist hier, dass sich die Gewährleistung nicht nur auf die allgemeine technische Qualität des Programmes, sondern auf seine spezifische Eignung für den vertraglich vereinbarten Gebrauch bezieht. Insoweit hier Vereinbarungen fehlen, ist auf den allgemeinen, am Markt üblichen Gebrauch abzustellen.

(15) Diese ergänzende Klausel findet sich in den gängigen, von den Anbietern meist vorformulierten Verträgen zwar selten, ist aber dringend erforderlich. Die Nachbesserung, ihr Erfolg und die Modalitäten ihrer Durchführung sind fast genauso oft umstritten wie das Auftreten der Mängel selbst.

(16) Diese Regelung ist in den Fällen einer zeitlich unbegrenzten Nutzung nicht unproblematisch. Hält man mit dem BGH Kaufrecht auf zeitlich unbegrenzte Software-Überlassung für entsprechend anwendbar (s. näher Rn. 717), so würden Weitergabeverbote für verkaufte Programmexemplare unwirksam sein, da sie die Eigentümerbefugnis des erwerbenden Käufers wesentlich einschränken. Hersteller halten solche – freilich branchenüblichen – Nutzungseinschränkungen für wirksam, da die Bestimmungen die frei festlegbare Nutzung überhaupt erst

in bestimmter Weise definierten. Ob bei zeitlich unbegrenzter Programmüberlassung gegen Einmalvergütung allerdings noch beliebige Nutzungseinschränkungen möglich sind, kann nicht einfach unproblematisch bejaht werden, sondern ist selbst zu problematisieren. Nach den vorgegebenen Argumentationsrichtlinien der Rechtsprechung ist wohl eher von einer Unwirksamkeit solcher Weitergabeverbote auszugehen.

Wohlgemerkt gelten obige Ausführungen nur für das vom Kunden erworbene originale Programmexemplar. Vom Kunden erstellte Sicherungs- oder sonstige Kopien dürfen in keinem Fall an Dritte weitergegeben (auch nicht ausgeliehen oder verschenkt), schon gar nicht gewerblich vertrieben werden.

8. Vertrag über eine R/3-Einführung → ⊙

Vertrag über eine R/3-Einführung (1)

zwischen

...

(Anbieter)
– nachfolgend „Anbieter" genannt –

und

...

(Anwender)
– nachfolgend „Kunde" genannt –

§ 1 Vertragsgegenstand

1.1 Der Kunde erwirbt vom Anbieter die in der Projektbeschreibung und dem
Angebot vom ... bezeichneten Geräte mit Systemsoftware, die dort bezeichneten
Anwendungsprogramme und die zugehörige System- und Software-Dokumenta-
tion in deutscher Sprache (für alle Systemkomponenten) zu den Bedingungen die-
ses Vertrages. (2) Außerdem erbringt der Anbieter die nachfolgend festgelegten
Leistungen. Die Projektbeschreibung ist Bestandteil dieses Vertrages.

1.2 Die Hardware wird übereignet. An der System- und Anwendungssoftware
wird dem Kunden vom Anbieter ein nichtausschließliches, zeitlich unbegrenztes
Nutzungsrecht eingeräumt, das der Kunde gegen Einmalvergütung erwirbt. Das
Nutzungsrecht wird allen Konzerngesellschaften im Sinne von § 15 AktG eingeräumt. Nutzungsrechte an Computerprogrammen Dritter werden vom Kunden
unmittelbar bei diesen Dritten erworben. Der Anbieter ist berechtigt, die Installation periodisch zu vermessen. (3)

1.3 Der Kunde ist berechtigt, das gemäß Ziff. 1.2 eingeräumte Nutzungsrecht mit
der Hardware auf einen Dritten zu übertragen. In diesem Fall muss der Kunde
sämtliche Programmkopien, die bei ihm nach Übergabe an den Dritten noch vorhanden sind, physikalisch löschen. Produktive Nutzung der Software ist nur zu
unternehmenseigenen Zwecken des Kunden zulässig, nicht für Zwecke Dritter,
auch nicht im Rechenzentrumsbetrieb.

1.4 Programmkopien darf der Kunde nur erstellen, soweit dies für die bestimmungsgemäße Nutzung und zu Sicherungszwecken erforderlich ist. Jedes hierüber
hinausgehende Kopieren oder sonstige Vervielfältigen der Programme wie auch

der zugehörigen Dokumentation ist unzulässig. Sicherungskopien sind als solche zu kennzeichnen.

1.5 Der Anbieter wird dem Kunden weiterentwickelte Versionen der gelieferten Programme mit Dokumentation gegen gesondert zu vereinbarende Vergütung anbieten und ihn regelmäßig über Programmänderungen und neue Versionen sowie zu Fragen der Projektweiterentwicklung informieren.

1.6 Das Rückgängigmachen des Vertrages durch Wandelung oder Rücktritt erfasst auch dann den gesamten Vertrag, wenn Unmöglichkeit, Verzug, positive Vertragsverletzung oder Mängel nur eine Systemkomponente betreffen, hierdurch aber die Nutzung des Systems insgesamt eingeschränkt oder aufgehoben wird.

1.7 Die Vertragsparteien bilden Projektteams aus Vertretern der Fachbereiche und der DV-Organisation sowie einen Lenkungsausschuss. Die Projektteams definieren die Anforderungen, erstellen in einem Testsystem eine prototypische Abbildung der funktionalen Abläufe und realisieren diese nach Genehmigung durch den Lenkungsausschuss.

§ 2 Lieferung, Installation, Übergabe, Einweisung

2.1 (Lieferung) Der Anbieter liefert kostenfrei an den Sitz des Kunden.

2.2 (Lieferzeitpunkt) In der Projektbeschreibung wird von den Vertragsparteien ein Lieferzeitpunkt festgelegt. Im beiderseitigen Einvernehmen kann dieser Lieferzeitpunkt um eine angemessene Frist verschoben werden. Terminänderungen sind in die Projektbeschreibung aufzunehmen.

2.3 (Lieferverzögerung) Verzögert ein die Lieferfälligkeit beeinflussender Streik, höhere Gewalt oder ein sonstiges Ereignis, auf das der Anbieter keinen Einfluss hat, die Lieferung, so verschiebt sich der Liefertermin entsprechend.

2.4 (Rechte aus Lieferverzug) Nach einem in der Projektbeschreibung festzulegenden Zeitraum des Anbieterverzuges ist der Kunde berechtigt, vom Kaufvertrag hinsichtlich der Leistungsteile zurückzutreten, mit deren Lieferung oder Erbringung der Anbieter im Verzug ist.

2.5 (Installation) Der Anbieter hat, soweit nicht anderes vereinbart wird, die Geräte zu installieren und deren technische Betriebsbereitschaft herbeizuführen sowie die vertragsgegenständliche Software zu installieren.

2.6 (Mitteilung der Lieferung) Lieferungen, Installationen, Implementierungen und sonstige Leistungen, an denen der Kunde mitzuwirken hat, sind dem Kunden rechtzeitig mitzuteilen.

2.7 (Installationsvoraussetzungen) Die vom Kunden herbeizuführenden Voraussetzungen für Installationen und die Herbeiführung der Betriebsbereitschaft sowie der Funktionsfähigkeit der Software werden in der Projektbeschreibung spezifiziert.

2.8 (Anbietermitwirkung) Der Anbieter überprüft das Vorliegen der Installations- oder sonstigen Voraussetzungen sowie die Erfüllung der spezifizierten Anforderungen des Kunden. Soweit die Voraussetzungen erkennbar nicht erfüllt sind, trifft den Anbieter eine Hinweispflicht.

2.9 (Betriebsbereitschaft) Der Eintritt der Betriebsbereitschaft sowie die Lauffähigkeit der Software werden in einem Übergabeprotokoll festgehalten.

2.10 (Protokoll) In der Projektbeschreibung sind die vereinbarten Zeitpunkte für den spätesten Abschluss der Installationsvorbereitungen und den der genannten Prüfung der Betriebsbereitschaft und Lauffähigkeit mit vereinbarten Begleitmaßnahmen festzuhalten.

2.11 (Anpassungsleistungen) Erforderliche Customizing-Leistungen werden in der Projektbeschreibung in der Folge ihrer Erbringung spezifiziert und unter Protokollführung abgenommen. Die erfolgreiche und vollständige Erbringung dieser Leistungen ist für die Erreichung des Vertragszieles entscheidend.

§ 3 Abnahme, Funktionsprüfung, Gewährleistung

3.1 (Projektbeschreibung) In der Projektbeschreibung vereinbaren die Vertragsparteien eine Zeitdauer ab Übergabe, in der der Kunde und der Anbieter gemeinsam die in der Projektbeschreibung spezifizierten Funktionen testen.

3.2 (Funktionsprüfung) Nach Abschluss der Funktionsprüfung bestätigt der Kunde in einem die getesteten Funktionen umfassenden Abnahmeprotokoll die Mängelfreiheit zum Abnahmezeitpunkt. Ab diesem Zeitpunkt läuft eine sechsmonatige Gewährleistung des Anbieters für das Gesamtsystem. Verweigert der Kunde die Unterzeichnung des Abnahmeprotokolls, ohne dass für eine solche Abnahmeverweigerung berechtigte Mängel oder sonstige, vom Anbieter zu vertretende Gründe vorliegen, gilt die Abnahme nach einem Zeitraum von acht Tagen als erfolgt.

3.3 (Mängelbeseitigung) Bei nach Abnahme auftretenden Mängeln kann der Kunde vom Anbieter Mängelbeseitigung verlangen. Scheitert die Mängelbeseitigung endgültig, steht dem Kunden das Recht auf Wandelung des Vertrages bzw. auf Minderung der Systemvergütung zu (s. Ziff. 4).

3.4 (Weitere Gewährleistungsrechte) Lassen sich während dieses Zeitraumes auftretende und dem Anbieter mitgeteilte Mängel von diesem nicht beseitigen, so kann der Kunde vom Vertrag zurücktreten oder den ihm entstandenen Schaden ersetzt verlangen.

§ 4 Systemvergütung

4.1 (Fälligkeit) Der Kaufpreis bzw. Lizenzvergütungen sind gemäß den in der Projektbeschreibung genannten Modalitäten bzw. mangels abweichender Vereinbarung mit Abschluss der Funktionsprüfung im Sinne von Ziff. 3.2 zahlbar. Die Festlegung des Kaufpreises bzw. der Vergütung erfolgt nach Funktionsblöcken bzw. mit Zugriff auf vertragsgegenständliche Programme oder Datenbanken. Eine Vergütungsanpassung aufgrund einer Messung nach Ziff. 1.2 ist unter Wahrung einer Frist von drei Monaten zwischen der Mitteilung der Anpassung und deren Wirksamwerden zulässig.

4.2 (Eigentumsvorbehalt) Bis zur vollständigen Bezahlung des vereinbarten Kaufpreises verbleiben alle gelieferten Gegenstände einschließlich der zugehörigen Programme und Dokumentation im Eigentum des Anbieters.

4.3 (Preisänderung) Kaufpreis- oder Lizenzvergütungsänderungen sind nach Vertragsunterzeichnung nur aufgrund besonderer Vereinbarung möglich. Steuern, Zölle und öffentliche Abgaben sind im Kaufpreis inbegriffen. Die jeweils geltende gesetzliche Mehrwertsteuer tritt zu den vereinbarten Preisen hinzu.

4.4 (Meistbegünstigung) Der Anbieter wird den Kunden bei der Berechnung von Vergütungen nicht schlechter als andere Auftraggeber mit vergleichbarem Auftragsumfang stellen.

§ 5 Schutzrechte Dritter

5.1 Der Anbieter stellt den Kunden von allen Ansprüchen Dritter gegen den Kunden aus der Verletzung von deren Schutzrechten an der Hardware, der zugehörigen Systemsoftware und Anwendungssoftware in vollem Umfange frei.

5.2 Der Anbieter ist berechtigt und verpflichtet, auf eigene Kosten notwendige Änderungen aufgrund der Schutzrechtsbehauptung Dritter bei dem Kunden nach rechtzeitiger Abstimmung durchzuführen. Der Kunde wird dem Anbieter hierzu die Rechnernutzung ermöglichen.

§ 6 Mitarbeiterschulung, Einsatzvorbereitung, Einweisung des Personals in die Systembedienung

6.1 Der Anbieter weist die vom Kunden zu benennenden Mitarbeiter rechtzeitig in die Bedienung des Systems ein und stellt gleichzeitig die notwendigen Bedienungsanleitungen in angemessenem Umfang in deutscher Sprache zur Verfügung.

6.2 Der Anbieter wird bei besonderer Vereinbarung in der Projektbeschreibung für einen dort zu bestimmenden Zeitraum nach Installation zur Programmerstellung und Maschinenbedienung benötigte, vom Kunden benannte Mitarbeiter des Kunden im für die vertragsgegenständliche Anwendung notwendigen Umfang schulen und das hierzu erforderliche Material einschließlich der Literatur über die Systemanwendung in deutscher Sprache überlassen.

6.3 Der Anbieter berät den Kunden aufgrund besonderer Vereinbarung in der Projektbeschreibung, bei der Einsatzvorbereitung und während der Anlaufphase in angemessenem Umfang durch entsprechend qualifizierte Mitarbeiter und überlässt dem Kunden das entsprechende Informationsmaterial in deutscher Sprache. Der Anbieter haftet im Rahmen dieser Tätigkeit nach Ziff. 6.2 nicht für ein bestimmtes Ergebnis.

§ 7 Haftung des Anbieters

Der Anbieter haftet für Eigenschaftszusicherungen, Vorsatz, grobe Fahrlässigkeit und leichte Fahrlässigkeit, jedoch eingeschränkt auf die Verletzung vertragswesentlicher Pflichten. Diese Haftung erfasst auch Erfüllungsgehilfen des Anbieters.

§ 8 Allgemeine Bestimmungen
(s. Muster 1, § 8)

..., den ...   ..., den ...
(Ort) (Datum)   (Ort) (Datum)

...   ...
(Kunde)   (Anbieter)

Anmerkungen

(1) Die Einführung der Software „R/3" (von SAP) wurde als Beispiel gewählt, da sie in der Praxis besonders bekannt ist. Eine ähnliche Vertragsgestaltung kann selbstverständlich auch für die Einführung der Enterprise Resource Planning (ERP-)Software etwa von Oracle, PeopleSoft, J. D. Edwards oder Baan verwendet werden. Außerdem ist zu beachten, dass verschiedene Firmen wie Berater oder Systemhäuser die R/3-Einführung anbieten. Hier sind zusätzlich genau die Rechte des Anbieters zum Vertrieb und zur eventuellen Bearbeitung der Software (beim so genannten Customizing) zu prüfen.

(2) Die genaue Leistungsspezifikation erfolgt in der Regel in einem umfangreicheren Pflichtenheft (s. Rn. 10) und in der Beschreibung der zu erbringenden Leistungen.

(3) In R/3-Verträgen ist teilweise missverständlich von einem „Kauf von Lizenzrechten" die Rede. Passend wäre eine solche Formulierung für die Veräußerung etwa eines Patentrechts, die hier aber nicht vorliegt. Vielmehr wird ein Programmexemplar (auf Datenträger oder online)

veräußert und an diesem Exemplar ein Nutzungsrecht gleichzeitig eingeräumt. Soll die Nutzung zeitlich begrenzt erfolgen, scheidet naturgemäß Veräußerung aus und ist an Miete zu denken. Das „Vermessen" der Installation erfolgt in der Regel online und erfasst auch einzelne Nutzungszugriffe. Soweit diese Nutzungszugriffe nicht mit einem Vervielfältigen verbunden sind, kann sich eine solche Regelung nicht auf das Urheberrecht stützen, so dass Dritte (z. B. Folgeerwerber) aus der Regelung nicht verpflichtet sind.

9. Outsourcing-Vertrag → ⊙

Vertrag über Outsourcing-Leistungen (1)

zwischen

...

(Anbieter)
– nachfolgend „Anbieter" genannt –

und

...

(Anwender)
– nachfolgend „Kunde" genannt –

§ 1   Leistungen des Anbieters (2)

1.1   Der Anbieter erbringt in seinem Rechenzentrum Leistungen gegenüber dem Kunden beinhaltend
1. Lohn- und Gehaltsabrechnung und/oder
2. Verwaltung von Kundendaten,
3. Unterstützung von Mailing-Aktionen.

1.2   Der Anbieter stellt die zur Leistungsdurchführung erforderliche Software in seinem Rechenzentrum zur Verfügung. Die hierzu erforderlichen Teile bei einer Client-Server-Anwendung werden auf dem System des Kunden installiert. Die vom Anbieter eingesetzte Software ist für die vorgesehene Online-Kommunikation tauglich.

1.3   Zwischen dem Rechenzentrum des Anbieters und dem Netzwerk/System des Kunden wird eine Online-Verbindung eingerichtet. Die Kommunikation erfolgt über
a) Standleitung oder
b) Wählleitung.

1.4   Die genauen Daten des vom Kunden eingesetzten Systems werden im Vertragsschein zu diesem Vertrag festgehalten. Die Spezifikation des Rechenzentrums des Anbieters wird im Vertragsschein festgelegt, soweit die entsprechenden Daten für die Erbringung der vertraglichen Leistungen relevant sind.

1.5 Änderungen dieser Spezifikation bzw. der entsprechenden Systemeigenschaften sind zwischen den Vertragsparteien abzustimmen, soweit diese Änderungen die Erfüllung der vertraglichen Leistungspflichten beeinträchtigen können.

§ 2 Projektdurchführung

2.1 Nach Unterzeichnung des Vertrages benennen die Vertragsparteien jeweils einen für die Projektdurchführung verantwortlichen Projektleiter. Außerdem bilden die Vertragsparteien einen Lenkungsausschuss, in den beide Vertragsparteien mindestens einen Vertreter aus der Leitung des zuständigen Bereichs senden. Der Lenkungsausschuss kommt bei Bedarf, mindestens aber einmal im Monat zusammen, um den Projektfortschritt zu prüfen.

2.2 Der Anbieter weist zunächst den Projektleiter und zuständige weitere Mitarbeiter des Kunden in die erforderliche Projektarbeit, insbesondere in die Vorbereitung von Programmen und Daten und den Aufbau der Online-Kommunikation zum Rechenzentrum, ein.

2.3 Die zu übernehmenden Anwendungen werden zunächst in einem Pflichtenheft gemeinsam festgelegt, ebenso die erforderlichen Anpassungen von eingesetzten Programmen. Nach Erstellung des Pflichtenheftes ist dieses vom Kunden zu prüfen und bei Billigung zu unterzeichnen. Soweit nichts anderes vereinbart ist, wird der Anbieter die erforderlichen Programmänderungen durchführen. Ebenso wird der Anbieter die Anwendungssoftware des Kunden in die Organisation des Anbieters implementieren und die Mitarbeiter in die Nutzung der Schnittstelle zum Rechenzentrum einweisen.

2.4 Nach Einrichtung der Anwendung im Rechenzentrum des Anbieters und Herstellung der Online-Kommunikation führen die Vertragsparteien eine Testphase von vier/acht Wochen durch. Nach erfolgreichem Abschluss dieser Testphase führen die Vertragsparteien eine ausführliche, schriftlich zu dokumentierende Funktionsprüfung durch. Das Ergebnis dieser Funktionsprüfung ist als Abnahmeprotokoll von beiden Seiten zu unterzeichnen.

§ 3 Nutzungszeiten, Rechenzentrumsverfügbarkeit (3)

3.1 Das Rechenzentrum des Anbieters ist von Montag bis Freitag von 8.00 Uhr bis 18.00 Uhr und nach besonderer Vereinbarung über Online-Verbindung erreichbar.

3.2 Wartungsbedingte Unterbrechungen werden spätestens 24 Stunden vor Beginn der Wartungsarbeiten vom Anbieter gegenüber dem Kunden angekündigt und, soweit möglich, am Wochenende durchgeführt.

3.3 Die Verfügbarkeit der im Rechenzentrum des Anbieters eingesetzten Software liegt bei ... % (z. B. 98,5 %). Eine Reduzierung dieser Verfügbarkeit berechtigt den Kunden zu einer anteiligen Vergütungsminderung. Gleiches gilt sinngemäß für auftretende Ausfallzeiten.

§ 4 Vergütung

4.1 Die Vergütung für die Erbringung der Anbieterleistung wird monatlich berechnet. Sie beträgt für die
(1) Lohn- und Gehaltsabrechnung monatlich   ... DM
(2) Verwaltung von Kundendaten monatlich   ... DM
(3) Unterstützung bei der Durchführung von
    Mailing-Aktionen pro derartige Aktion   ... DM

4.2 Für die Nutzung der anbieterseits erstellten Ergebnisse auf dem Kundensystem ist monatlich eine Summe zu vergüten in Höhe von
(1) bei 0 bis 10 Arbeitsplätzen   ... DM
(2) bei 11 bis 20 Arbeitsplätzen   ... DM
(3) bei 21 bis 30 Arbeitsplätzen   ... DM

In der Vergütung nach Ziffer 1 ist eine monatliche Supportleistung von 10 Stunden enthalten. Weitere Leistungen bedürfen besonderer Vereinbarung.

§ 5 Gewährleistung

5.1 Der Anbieter übernimmt die Gewähr für die Richtigkeit der DV-Abläufe und -Ergebnisse. Der Anbieter übernimmt hingegen keine Gewähr für die Richtigkeit und Vollständigkeit der ihm übergebenen Daten und die Nutzbarkeit der Daten in der kundenseitigen Anwendung. Der Anbieter wird jedoch, soweit im üblichen Rechenzentrumsbetrieb möglich, stichprobenweise Plausibilitätsprüfungen der kundenseits zur Verarbeitung zur Verfügung gestellten Daten durchführen und den Kunden über hierbei gefundene Datenfehler oder Inkonsistenzen zwischen Daten informieren.

5.2 Mängel der Anbieterleistung sind vom Kunden umgehend zu rügen. Der Anbieter ist berechtigt, zwei Versuche zur Mängelbeseitigung durchzuführen. Scheitern beide Versuche, ist der Kunde zur Kündigung des Vertrages oder zur angemessenen Herabsetzung der Vergütung berechtigt. Sonstige gesetzliche Kundenrechte, insbesondere auf Schadensersatz wegen Nichterfüllung, bleiben unberührt.

§ 6 Hinweispflicht

Der Anbieter hat den Kunden darauf hinzuweisen, wenn eine bestimmte, vom Kunden gewünschte Form der Datenverarbeitung gegen rechtliche Bestimmungen, wie etwa das Bundesdatenschutzgesetz (BDSG), verstoßen sollte. Für die Zeit der Überprüfung durch den Kunden ist der Anbieter nicht verpflichtet, die entsprechende Tätigkeit durchzuführen bzw. Weisungen des Kunden auszuführen.

§ 7   Geheimhaltungspflicht, Verschwiegenheitspflicht

Der Anbieter ist verpflichtet, bei der Verarbeitung ihm übermittelter personenbezogener Daten aus dem Kundenbereich das Datengeheimnis gemäß § 5 BDSG zu wahren. Der Anbieter wird seinerseits alle Personen, die von ihm mit der Bearbeitung oder Erfüllung dieses Vertrages beauftragt wurden, anweisen, die gesetzlichen Bestimmungen über den Datenschutz zu beachten und die dem Anbieter und dessen Mitarbeitern bekannt werdenden Daten und sonstigen Informationen nicht Dritten zu offenbaren.

§ 8   Haftung

Der Anbieter haftet für Vorsatz und grobe Fahrlässigkeit sowie für leicht fahrlässige Verletzung vertragswesentlicher Pflichten, wobei die Haftung für leichte Fahrlässigkeit auf vorhersehbare Schäden begrenzt ist.

§ 9   Datenschutz, Mitbestimmung

9.1   Der Anbieter verpflichtet sich zur Einhaltung der gesetzlichen Bestimmungen zu Datenschutz und Datensicherung. Der betriebliche Datenschutzbeauftragte des Kunden ist berechtigt, einmal im Jahr im Rechenzentrum des Anbieters eine Überprüfung der getroffenen Schutzvorkehrungen vorzunehmen.

9.2   Der Anbieter wird, soweit nicht bereits erfolgt, eine Anmeldung zum Register der Aufsichtsbehörde durchführen und für das Rechenzentrum einen betrieblichen Datenschutzbeauftragten bestellen.

9.3   Der Anbieter trifft insbesondere alle nach § 9 BDSG und Anlage hierzu erforderlichen technischen und organisatorischen Maßnahmen in seinem Rechenzentrum.

9.4   Der Anbieter wird dem Kunden alle Unterlagen zur Verfügung stellen bzw. erstellen, die der Betriebsrat zur Erfüllung von dessen gesetzlichen Aufgaben benötigt.

§ 10   Vertragslaufzeit

10.1   Der Vertrag wird mit unbestimmter Laufzeit geschlossen. Die Laufzeit beginnt mit beiderseitiger Unterzeichnung des Vertrages. Die Laufzeit endet mit Kündigung. Die ordentliche Kündigung ist unter Einhaltung einer Frist von einem Monat/von drei Monaten/von drei Monaten zum Quartalsende zulässig.

10.2   Das Recht zur außerordentlichen Kündigung bleibt unberührt.

§ 11   Nachvertragliche Verpflichtungen

11.1   Bei Beendigung des Vertrages wird der Anbieter alle ihm mit Vertragsunterzeichnung übergebenen Unterlagen zurückgeben bzw. nachweisen, dass diese Unterlagen ordnungsgemäß vernichtet wurden. Vorhandene Datenbestände und Programme sind physikalisch zu löschen.

11.2 Soweit Dokumentationen dem Nachweis der ordnungsgemäßen Datenverarbeitung dienen, sind sie durch den Anbieter entsprechend der jeweiligen Aufbewahrungsfrist über das Vertragsende hinaus aufzubewahren.

11.3 Beide Seiten werden auch über das Ende der Vertragslaufzeit hinaus über die ihnen im Zusammenhang mit dem Auftrag bekannt werdenden Daten und sonstigen Informationen Stillschweigen wahren.

..., den ...   ..., den ...
(Ort)   (Datum)   (Ort)   (Datum)

...   ...
(Kunde)   (Anbieter)

Anmerkungen

(1) Outsourcing-Leistungen und -Verträge können komplex ausgestaltet sein. Das vorgelegte Muster kann deshalb nur einige Grundstrukturen aufzeigen, die in jedem Anwendungsfall der näheren spezifischen Ausgestaltung bedürfen. Die Vertragsgestaltung muss hier besonders sorgfältig erfolgen, da bisher kaum einschlägige Rechtsprechung zu dem Bereich der Outsourcing-Leistungen existiert und deshalb mit erhöhten Risiken zu rechnen ist.

(2) Die vertragsgegenständlichen Leistungen werden in der Regel in einer ausführlichen Leistungsbeschreibung aufzulisten sein, die Teil des Vertrages sein muss (s. Ziff. 1.4). Hier sind auch Daten- und Kommunikationsschnittstellen zu prüfen und festzulegen, insbesondere hinsichtlich der Online-Kommunikation (s. Ziff. 1.3).

(3) Die Verfügbarkeitsmessung bedarf genauer Parametrisierung und Festlegung, um sicherzustellen, dass beide Vertragsparteien von denselben Leistungsmerkmalen ausgehen.

10. Hardware-Wartungsvertrag → ◉

Vertrag über Hardware-Wartung

zwischen

...
(Anbieter)
– nachfolgend „Anbieter" genannt –

und

...
(Anwender)
– nachfolgend „Kunde" genannt –

§ 1 Vertragsgegenstand

1.1 (Wartungspflicht) Der Anbieter übernimmt die zur Instandsetzung und Instandhaltung notwendige Wartung der im Leistungsschein näher bezeichneten Hardware einschließlich der zugehörigen Systemsoftware am im Leistungsschein bezeichneten Ort. Wartungsarbeiten außerhalb der vereinbarten Zeiten oder an anderen Orten kann der Kunde gegen gesonderte Vergütung verlangen. (1)

1.2 (Umfang der Wartungspflicht) Die Wartungspflicht erstreckt sich nur dann auf Hardware von Drittherstellern, soweit dies gesondert vereinbart wird. (2)

1.3 (Leistungsschein) Im Leistungsschein werden die Zeiten festgelegt, zu denen an Arbeitstagen Wartung und außerdem ein Bereitschaftsdienst mit im Voraus festgelegten Zeiten angeboten werden sowie der Zeitraum, in dem nach Eingang der Mängelmitteilung bei dem Anbieter durch diesen mit der Mängelbeseitigung begonnen wird. Der Leistungsschein ist Bestandteil dieses Vertrages.

1.4 (Definition der wesentlichen Wartungsarbeiten) In regelmäßig festzulegenden Abständen führt der Anbieter folgende Wartungsarbeiten durch:
a) Überprüfen aller gerätewesentlichen Funktionen und aller Komponenten und Durchführen eventuell erforderlicher Reparaturen,
b) Überprüfen und eventuell Korrektur von Justagen,
c) Überprüfen der Gesamtfunktion einzelner Systemkomponenten,
d) Überprüfen von Verschleißteilen,
e) Reinigen von bei ordnungsgemäßem Gerätebetrieb unvermeidlichen Verschmutzungen,
f) Ölen und Fetten an den hierfür vorgesehenen Stellen,
g) Austausch von Geräteteilen, die infolge normalen Verschleißes nicht mehr den Gerätespezifikationen entsprechen (3),
h) telefonische Beratung über Hotline in den üblichen Geschäftszeiten.

1.5 (Sonderleistungen) Gesondert sind zu vergüten:
– Anliefern und Einbau von Betriebsmitteln (wie Typenräder, Kabel, Papier, Farbbänder, Schreib- oder Druckwalzen etc.),
– Umbauten, Transporte, Beseitigen nicht gebrauchsbedingter Verschmutzungen,
– Reparaturen von Schäden, deren Ursachen nicht vom Anbieter zu vertreten sind.

1.6 (Austauschteile) Der Anbieter stellt erforderliche Austauschteile zur Verfügung und hält für die Vertragslaufzeit entsprechende Teile vor. Ausgetauschte defekte Teile gehen in das Eigentum des Anbieters über, Austauschteile in das Eigentum des Kunden.

1.7 (Mitarbeiter) Mitarbeiter des Anbieters treten in kein Arbeitsverhältnis zum Kunden. Weisungen des Kunden gelten ausschließlich mit Wirkung gegenüber dem Anbieter.

1.8 (Reaktionszeit) Generell für Hardware gilt eine Reaktionszeit von 24 Stunden, für Server-Rechner von 4 Stunden.

§ 2 Vergütung

2.1 (Wahl der Berechnungsform) Der Kunde kann zwischen
a) einer pauschalen Wartungsgebühr und/oder
b) einer regelmäßig fälligen Wartungsgebühr wählen.

Die Wahl ist im Leistungsschein festzulegen. Für die getroffene Wahl gilt:
a) Bei Vereinbarung der pauschalen Gebühren sind alle für die Wartungsdauer geschuldeten Wartungsleistungen mit der Pauschalzahlung abgegolten.
b) Bei Vereinbarung der regelmäßigen Wartungsgebühr ist der im Leistungsschein festgelegte Betrag vierteljährlich fällig.

2.2 (Berechnung bei Hardware-Miete) Vermietet der zur Wartung verpflichtete Anbieter die Hardware einschließlich zugehöriger Systemsoftware, so sind die Wartungsgebühren in dem Mietzins enthalten und fallen getrennte Wartungsgebühren nur bei zu vereinbarenden weitergehenden Wartungsleistungen an.

2.3 (Mehrwertsteuer) Zu den zu berechnenden Gebühren tritt die jeweils geltende gesetzliche Mehrwertsteuer hinzu.

§ 3 Gewährleistung

3.1 (Gewährleistung für Wartungsleistungen) Der Anbieter übernimmt die Gewährleistung dafür, dass die vertragsgegenständliche Hardware einschließlich zugehöriger Systemsoftware während der Vertragslaufzeit die im Leistungsschein spezifizierten Funktionen mit der vereinbarten Mindestverfügbarkeit aufweist.

3.2 (Gewährleistung bei Hardware-Miete) Soweit der Anbieter die zu wartende Hardware dem Kunden auch vermietet, gelten die mietvertraglichen Gewährleistungsbestimmungen. Zur Gewährleistung aus dem Wartungsvertrag ist der Anbieter in diesem Falle insoweit verpflichtet, als die vereinbarten Wartungsmaßnahmen über diejenigen Erhaltungsverpflichtungen hinausgehen, die zur mietrechtlichen Gebrauchsgewährung notwendig sind.

3.3 (Mitteilungspflicht des Kunden) Fehler der Hardware oder Systemsoftware sind vom Kunden dem Anbieter umgehend mitzuteilen.

3.4 (Pflicht zur Fehlerbeseitigung, Ausweichlösung) Mitgeteilte Fehler sind vom Anbieter zu beseitigen. Erweist sich eine Fehlerbeseitigung als nicht möglich, muss der Anbieter eine Ausweichlösung entwickeln. Ändert oder erweitert der Kunde die vertragsgegenständliche Hardware ohne Zustimmung des Anbieters, erlischt die Leistungspflicht des Anbieters insoweit, als sich nicht ausschließen lässt, dass ein mitgeteilter Fehler auf diesen Eingriff zurückzuführen ist. Entsprechend entfällt unter gleichen Bedingungen die Gewährleistung für eine erbrachte Wartungsleistung.

3.5 (Scheitern der Wartungsleistungen)   Gelingt es dem Anbieter nicht, seinen Verpflichtungen insoweit nachzukommen, so kann der Kunde wahlweise die vereinbarte Vergütung angemessen herabsetzen oder Aufhebung des Vertrages verlangen.

3.6 (Verjährung)   Schadensersatzansprüche des Kunden verjähren innerhalb einer Frist von 6 Monaten ab Zugang der Mängelanzeige.

§ 4   Haftung des Anbieters

4.1 (Haftungseinschränkung)   Der Anbieter übernimmt die Haftung für unmittelbare Personen- und Sachschäden, die dem Kunden durch Vorsatz, grobe Fahrlässigkeit oder leicht fahrlässige Verletzung vertragswesentlicher Pflichten entstanden sind. Unmittelbarer Schaden ist derjenige Aufwand, der zur Wiederherstellung des geschädigten Gutes erforderlich ist.

4.2 (Begrenzung des Haftungsumfanges)   Die Haftung ist begrenzt bei der Vereinbarung eines einmaligen Entgeltes auf 50 % der Vertragssumme, bei der Vereinbarung laufender Entgeltzahlungen auf die Summe der im Laufe eines Jahres zu entrichtenden Beträge.

§ 5   Vertragsdauer, Kündigung, Rückgabepflichten

5.1 (Wirksamkeit)   Der Vertrag wird mit Unterzeichnung durch beide Vertragsparteien wirksam.

5.2 (Ordentliche Kündigung)   Das Überlassungsverhältnis kann vom Kunden regelmäßig mit einer Frist von einem Monat gekündigt werden.

5.3 (Außerordentliche Kündigung)   Bei erheblichen Verstößen gegen die vertraglichen Verpflichtungen durch den Kunden ist der Anbieter zur sofortigen Kündigung berechtigt.

§ 6   Allgemeine Bestimmungen

6.1   In diesem Vertrag sind sämtliche Rechte und Pflichten der Vertragsparteien geregelt. Änderungen sind nur in Schriftform und bei Bezugnahme auf diesen Vertrag wirksam und beiderseitig zu unterzeichnen.

6.2 Die zugehörigen Nachträge sind bei Unterzeichnung Bestandteil des vorliegenden Vertrages.

6.3 Der Gerichtsstand für alle Streitigkeiten aus diesem Vertrag ist, soweit vereinbar, der Geschäftssitz des Anbieters.

6.4 Sollten einzelne Bestimmungen dieses Vertrages nicht rechtswirksam sein oder ihre Rechtswirksamkeit durch einen späteren Umstand verlieren oder sollte sich in diesem Vertrag eine Lücke herausstellen, so wird hierdurch die Rechtswirksamkeit der übrigen Bestimmungen nicht berührt. Anstelle der unwirksamen Vertragsbestimmungen oder zur Ausfüllung der Lücke soll eine angemessene Regelung gelten, die, soweit rechtlich möglich, dem am nächsten kommt, was die Vertragsparteien gewollt haben würden, sofern sie diesen Punkt bedacht hätten.

..., den ...   ..., den ...
(Ort)   (Datum)   (Ort)   (Datum)

...   ...
(Kunde)   (Anbieter)

Anmerkungen

(1) Nach dieser Regelung kann der Anbieter eine solche zusätzlich vergütete Wartung nicht ablehnen. Die hier möglichen Stundensätze sollten ebenfalls im Leistungsschein aufgenommen werden.

(2) Diese Vertragsbestimmung ist notwendig, weil Komponenten von Drittfirmen bei Beginn der Laufzeit der Wartungsverpflichtung umfassend untersucht werden müssen. Bereits diese Untersuchung ist je nach Umfang der Fremd-Hardware unterschiedlich teuer.

(3) Diese Aufzählung ist naturgemäß nicht vollständig. Werden weitere Tätigkeiten notwendig und vereinbart, so müssen sie ausdrücklich im Vertragstext bzw. im Leistungsschein ergänzt werden.

11. Software-Pflege-Vertrag → ⊙

Vertrag zur Pflege von Software

zwischen

...

(Anbieter)
– nachfolgend „Anbieter" genannt –

und

...

(Anwender)
– nachfolgend „Kunde" genannt –

§ 1   Vertragsgegenstand (1)

1.1 (Pflegepflicht)
a) Der Anbieter übernimmt die Pflege der im Leistungsschein (2) näher beschriebenen Programme. Der Leistungsschein ist Bestandteil dieses Vertrages.
b) Erweiterungen der Programme sind in einem gesonderten Nachtrag in die vertraglichen Vereinbarungen aufzunehmen.

1.2 (Umfang der Pflegepflicht)   Die vertraglichen Pflegemaßnahmen umfassen
a) Ergänzungen, Verbesserungen und Änderungen der Software und
b) die (telefonische) Beratung des Kunden in Fragen, die sich für ihn bei der Softwarenutzung ergeben (Montag bis Freitag von 8.00 bis 17.00 Uhr);
c) periodische Pflegeleistungen, insbesondere Platten-, Systemsoftware- und Anwendungsprogrammüberprüfung, Software-Tests etc.

1.3 (Ausschlussklausel)   Die Beseitigung von Störungen und Schäden, die durch unsachgemäße Behandlung seitens des Kunden, durch Einwirkung Dritter oder durch höhere Gewalt verursacht werden, ist nicht Gegenstand des Vertrages, kann aber im Einzelfall gegen gesonderte Vergütung vereinbart werden. Gleiches gilt für Schäden und Störungen, die durch Umweltbedingungen am Aufstellungsort, durch Fehler oder Nichtleistung der Stromversorgung, fehlerhafte Hardware oder sonstige, nicht vom Anbieter zu vertretende Einwirkungen verursacht werden.

1.4 (Qualifizierte Leistung)   Der Anbieter stellt Personal mit ausreichenden Fachkenntnissen (3) für die Beseitigung von Programm- und Dokumentationsfehlern, die nach Programmübergabe und Ablauf der Gewährleistungsfrist festgestellt werden, sowie bezüglich durch den Kunden gesondert in Auftrag zu gebender Programmänderungen, -erweiterungen und -entwicklungen sowie für Operation-Unterstützung und Schulung.

1.5 (Ansprechpartner) Jede Vertragspartei benennt der anderen einen sachkundigen Mitarbeiter, der zur Durchführung dieses Vertrages erforderliche Auskünfte erteilen und Entscheidungen selbst treffen oder veranlassen kann. (4)

1.6 Der Kunde wird, soweit im Leistungsschein besonders vereinbart, auf seine Kosten einen Datex-P-20-Hauptanschluss (mit 1 200 Baud, Duplex-Betrieb) einrichten lassen und dem Anbieter die dem Kunden zugewiesene Datex-P-Rufnummer mitteilen. Der Anbieter nutzt den Datex-P-Anschluss zur Durchführung von Fernpflege-Maßnahmen.

1.7 Die Mitarbeiter des Anbieters treten in kein Arbeitsverhältnis zum Kunden, auch nicht bei Tätigwerden in den Räumen des Kunden. Weisungen wird der Kunde ausschließlich dem vom Anbieter benannten verantwortlichen Mitarbeiter mit Wirkung für und gegen den Anbieter erteilen. (5)

1.8 Für die Vertragsdurchführung erforderliche Rechenzeit stellt der Kunde dem Anbieter nach Absprache kostenfrei zur Verfügung. (6)

1.9 Bei der Pflege von durch den Anbieter überlassener Software wird der Anbieter regelmäßig die neueste Programmversion übermitteln und, soweit erforderlich, installieren. Gepflegt wird dann nur diese Programmversion. (7) In gleicher Weise ist vom Anbieter die zugehörige Dokumentation anzupassen.

1.10 Der Kunde kann vom Anbieter neben der Durchführung von Pflegemaßnahmen die Beratung in allen Fragen des Einsatzes oder der Anwendung von Software einschließlich der Weitergabe von Einsatz- und Anwendungserfahrungen aus dem gesamten Benutzerkreis beanspruchen. (8)

1.11 Anbieter und Kunde verpflichten sich zur gegenseitigen Loyalität. Zu unterlassen ist vor allem die Einstellung oder sonstige Beschäftigung von Mitarbeitern oder ehemaligen Mitarbeitern des Vertragspartners vor Ablauf von 12 Monaten nach Beendigung der Zusammenarbeit.

1.12 Der Bestand des Pflegevertrages setzt einen wirksamen Überlassungs- bzw. Erstellungsvertrag voraus.

§ 2 Vergütung

2.1 (Wahl der Berechnungsform) Der Kunde kann zwischen
a) einer einmalig fälligen Pauschallizenzgebühr und
b) einer regelmäßig fälligen Zeitlizenzgebühr wählen. (9)

Die Wahl ist im Leistungsschein festzulegen. Für die getroffene Wahl gilt:
a) Bei der Vereinbarung der Pauschallizenzgebühr sind alle für die Vertragsdauer geschuldeten Serviceleistungen mit der Pauschalzahlung abgegolten. Sondervereinbarungen über zusätzlich berechenbare Kosten (etwa für zusätzlichen Serviceumfang) müssen im Leistungsschein aufgenommen werden.
b) Bei Vereinbarung der Zeitlizenzgebühr ist der im Leistungsschein festgelegte, regelmäßig zu zahlende Betrag vierteljährlich fällig.

2.2 (Berechnung bei erweitertem Leistungsumfang) Die unter Ziff. 2.1 angeführten Lizenzgebühren sind bei einer Erweiterung oder Änderung der zu pflegenden Programme anzupassen.

2.3 (Berechnung bei Software-Überlassung) Überlässt der zur Pflege (10) verpflichtete Anbieter die Software auch, so sind bei Wahl von Variante
a) die Pflegegebühren in der Überlassungsvergütung enthalten und
b) getrennte Pflegegebühren nur bei zu vereinbarenden weitergehenden Pflegeleistungen (etwa Pflege des Datenbestandes) geschuldet.

2.4 (Umsatzsteuer) Zu den zu berechnenden Gebühren tritt die jeweils geltende gesetzliche Umsatzsteuer hinzu.

2.5 Nicht abrechnungsfähig sind Fehlzeiten von Mitarbeitern des Anbieters, die durch Krankheit, Urlaub oder sonstige vom Kunden nicht zu vertretende Umstände verursacht sind.

2.6 Bei Verrechnung nach Stundensätzen werden begonnene Einsatzstunden voll berechnet.

2.7 Der Kunde erstattet dem Anbieter dessen nachgewiesene Nebenkosten, z. B. für Telefonate und Kosten für notwendige Reisen einschließlich Übernachtung.

§ 3 Gewährleistung

3.1 (Gewährleistung für Pflegeleistungen) Der Anbieter übernimmt die Gewährleistung (11) dafür, dass die vertragsgegenständliche Software während der Vertragslaufzeit die im Leistungsschein spezifizierten Funktionen aufweist.

3.2 (Gewährleistung bei Software-Überlassung) Soweit der Anbieter die zu pflegenden Programme dem Kunden auch zur Nutzung überlässt, gelten die im Überlassungsvertrag geregelten Gewährleistungsbestimmungen. (12) Zur Gewährleistung aus dem Pflegevertrag ist der Anbieter in diesem Falle insoweit verpflichtet, als die vereinbarten Pflegemaßnahmen über diejenige Verpflichtung hinausgehen, die zur Gewährung der Nutzungsüberlassung notwendig sind.

3.3 (Mitteilungspflicht des Kunden) Programmfehler, Änderungsnotwendigkeiten und sonstige, die Notwendigkeit von Pflegemaßnahmen anzeigende Umstände sind vom Kunden dem Anbieter umgehend mitzuteilen.

3.4 (Pflicht zur Fehlerbeseitigung, Ausweichlösung) Mitgeteilte Fehler sind vom Anbieter zu beseitigen. Erweist sich eine Fehlerbeseitigung als nicht möglich, muss der Anbieter eine Ausweichlösung entwickeln. (13)

3.5 (Scheitern der Pflegeleistungen) Gelingt es dem Anbieter nicht, seinen Verpflichtungen aus Ziff. 3.4 nachzukommen, so kann der Kunde wahlweise die vereinbarte Vergütung angemessen herabsetzen oder Aufhebung des Vertrages verlangen.

3.6 (Verjährung) Gewährleistungsansprüche des Kunden verjähren innerhalb einer Frist von sechs Monaten ab Zugang der Mängelanzeige.

§ 4 Haftung des Anbieters

4.1 (Haftungseinschränkung) Der Anbieter übernimmt die Haftung für unmittelbare Personen- und Sachschäden, die dem Kunden durch Vorsatz, grobe Fahrlässigkeit oder leicht fahrlässige Verletzung vertragswesentlicher Pflichten entstanden sind. Unmittelbarer Schaden ist derjenige Aufwand, der zur Wiederherstellung des geschädigten Gutes erforderlich ist.

4.2 (Begrenzung des Haftungsumfanges) Die Haftung ist begrenzt bei der Vereinbarung eines einmaligen Entgeltes auf 50 % der Vertragssumme, bei der Vereinbarung laufender Entgeltzahlung auf die Summe der im Laufe eines Jahres zu entrichtenden Beträge.

§ 5 Vertragsdauer, Kündigung, Rückgabepflichten

5.1 Der Vertrag wird mit Unterzeichnung durch beide Vertragsparteien wirksam.

5.2 Die Pflegevereinbarung kann vom Kunden regelmäßig mit einer Frist von einem Monat gekündigt werden.

5.3 Bei erheblichen Verstößen gegen vertragliche Verpflichtungen durch den Kunden ist der Anbieter zur sofortigen Kündigung berechtigt.

§ 6 Allgemeine Bestimmungen
(s. Muster 1, § 8)

..., den ...   ..., den ...
(Ort) (Datum)   (Ort) (Datum)

...   ...
(Kunde)   (Anbieter)

Anmerkungen

(1) Das Vertragsmuster wurde bewusst ausführlich gehalten, um alle typischen Regelungsinhalte abzudecken. Änderungen oder Einschränkungen sind natürlich möglich, sollten aber die Hauptpflichten der Vertragsparteien nicht berühren.

(2) Der Leistungsschein bezieht das allgemeine Vertragsmuster auf die konkret zu pflegenden Programme, stellt also einen wesentlichen Teil der notwendigen Leistungsbestimmung dar. Aus dem Leistungsschein resultierende Unklarheiten (z. B. unzureichende Bezeichnung von Leistungen) gehen zumeist zu Lasten des Anwenders.

(3) Die namentliche Bestimmung besonders kompetenter Mitarbeiter des Anbieters ist oft nicht durchsetzbar und zuweilen bei größeren Projekten auch nicht praktikabel, sollte aber wenigstens Verhandlungsthema sein. Ziffer 1.3 verpflichtet den Anbieter aber, personenunabhängig ein bestimmtes Qualifikationsniveau der Mitarbeiter einzuhalten.

(4) Gerade bei Dauerschuldverhältnissen sollten während der gesamten Vertragslaufzeit beide Seiten ständig Ansprechpartner jeweils bei der anderen Seite haben. Dies fördert zügige Sachbearbeitung. Personelle Veränderungen sind der Gegenseite umgehend anzuzeigen.

(5) Diese Bestimmung stellt klar, dass das Arbeitnehmer-Überlassungsgesetz nicht zur Anwendung gelangt.

(6) Ziffer 1.6 sichert sachgerechte Pflege „vor Ort". Rechenzeit kann bei extensiver Pflegeleistung recht kostenträchtig werden, so dass auch von dieser Seite her die Pflegeleistung genau definiert und damit überschaubar gemacht werden muss.

(7) Die Pflege älterer Programmversionen kann vermeidbare Zusatzkosten verursachen, so dass die Installation der neuesten Version an die bestehende Konfiguration erst angepasst werden muss oder zusätzliche Speicherkapazität erfordert und hierdurch ebenfalls Kosten entstehen. Für diesen Fall muss der Kunde ein Kündigungsrecht haben.

(8) Diese aus der Praxis entwickelte Bestimmung formuliert eine umfassende Beratungspflicht des Anbieters und ist vor allem dann erforderlich, wenn der Kunde nicht bereits selbst ausreichende Anwendungserfahrung gesammelt hat. Aus dieser Beratungspflicht haftet der Anbieter zwar für eine sachgerechte Beratung, nicht aber für die Erreichung eines bestimmten betriebswirtschaftlichen Ergebnisses. Die Beratungspflicht entspricht weitgehend ohnehin bestehenden Hinweis- und Aufklärungspflichten, wird hier aber zur Klarstellung dennoch bewusst festgeschrieben.

(9) Je nach Art des zu pflegenden Programms sollte die günstigste Abrechnungsform gewählt werden.

(10) Oft übernimmt der Software-Anbieter auch die Pflege. Dies ist bereits während der Gewährleistung dann sinnvoll, wenn neben reiner Mängelbeseitigung auch Änderungen oder Ergänzungen geschuldet sein sollen, die mit der Gewährleistung in keinem Zusammenhang stehen.

(11) Man muss hier streng zwischen Gewähr-Leistung (= Beseitigen von Leistungsmängeln) und Pflege-Leistung (= Beseitigen von Fehlern, die vom Kunden verursacht worden sein können) unterscheiden. Gewährleistung setzt eine mangelhafte Vertragsleistung des Anbieters voraus. Bei Pflege von Programmen ist die Fehlerbeseitigung hingegen selbst die Vertragsleistung, die als solche aber auch mangelhaft sein kann (Beispiel: Ein gefundener Fehler wird nicht beseitigt, sondern nur kaschiert). Werden außerdem bei der Beseitigung neue Fehler verursacht, haftet der Anbieter in beiden Fällen (Gewährleistung oder Pflegeleistung) aus positi-

ver Vertragsverletzung bei Verschulden auf Schadensersatz. Zu beseitigen sind diese Fehler ebenfalls im Rahmen der Pflegeverpflichtung, wobei die hieraus anteilig aufzuwendende Vergütung den Schaden des Anwenders/Kunden darstellt, so dass der Anbieter i. E. diesen Anteil erst überhaupt nicht berechnen darf.

(12) Hier ist zu beachten, dass der Pflegevertrag nicht die Gewährleistung aus dem Überlassungsvertrag entfallen lässt. Gegenstand des Pflegevertrages auch während der Gewährleistungszeit sind unterstützende Kontrollmaßnahmen, die zur Erhaltung der Funktionsfähigkeit erforderlich sind, nicht aber Mängelbeseitigung. Im Ergebnis kann somit der Anbieter nicht über den Pflegevertrag Mängelbeseitigung abrechnen, die er im Rahmen des Überlassungsvertrages kostenfrei erbringen muss und ohnehin in den Preis bereits einkalkuliert hat, der Kunde über Gewährleistung aber auch nicht Systempflegemaßnahmen verlangen kann.

(13) Die Vereinbarung einer Ausweichlösung ist immer dann sinnvoll, wenn der Anbieter selbst komplette Anwendungslösungen entwickelt und hier entsprechende Erfahrungen gesammelt hat. Unter „Ausweichlösung" ist zu verstehen, dass der spezifische EDV-Betrieb zumindest eingeschränkt weiterlaufen muss. Entweder der Anbieter stellt zeitweilig ausgetestete Ersatzprogramme zur Verfügung oder er ermöglicht die Nutzung von Programmen auf der Anlage eines Dritten, wobei diese Nutzung selbst vertraglich ausreichend im Interesse des Kunden wie auch des Dritten abgesichert werden muss.

12. Beratungsvertrag → ⊙

Beratungsvertrag

zwischen

...
(Anbieter)
– nachfolgend „Anbieter" genannt –

und

...
(Anwender)
– nachfolgend „Kunde" genannt –

§ 1 Vertragsgegenstand

1.1 (Beratungsleistung) Der Anbieter berät den Kunden
a) bei der Entscheidung über die Systemeinführung (1),
b) bei der Systemauswahl (2),
c) bei der Systemeinführung, insbesondere dem Schaffen bzw. Prüfen der Installationsvoraussetzungen und der Funktionsprüfung (3),
d) bei der Auswahl herstellerunabhängiger Wartungsunternehmen (4),
e) bei der Erweiterung des Systems (5),

f) bei der Systemumstellung (6),

g) bei der Bearbeitung organisatorischer und betriebswirtschaftlicher Problemstellungen im Zusammenhang mit einer einzuführenden bzw. zu wechselnden EDV-Anwendung.

1.2 (Leistungsschein) Zielsetzung, Umfang der Aufgabenstellung und Vorgehensweise werden im Leistungsschein festgelegt, der von beiden Vertragsparteien unterzeichnet und Teil dieses Vertrages ist. Im Leistungsschein werden Zeitvorgaben für die einzelnen Leistungsstufen vereinbart. (7)

1.3 (Vorhalten von Leistungsbereitschaft) Der Berater wird qualifizierte Mitarbeiter einsetzen und für die gesamte Vertragslaufzeit geeignete Leistungsbereitschaft vorhalten. (8)

§ 2   Erbringung der Beratungsleistung

2.1 (Leistungszeiten) Der Anbieter erbringt die vereinbarten Wartungsleistungen während der normalen Arbeitszeit von Montag bis Freitag in der Zeit von 8.00 bis 16.00 Uhr. Zusätzliche Beratungsleistungen außerhalb dieser Zeit sind aufgrund besonderer Vereinbarung zu vergüten.

2.2 (Arbeitsräume) Der Kunde wird für die bei ihm tätigen Mitarbeiter des Anbieters geeignete Räume zur Verfügung stellen, in denen auch Unterlagen, Dokumentationen und Datenträger gelagert werden können. (9)

2.3 (Arbeitsmittel) Der Kunde wird bei Bedarf dem Anbieter alle erforderlichen Arbeitsmittel in ausreichendem Umfang ohne gesonderte Berechnung zur Verfügung stellen, den Mitarbeitern des Anbieters jederzeit kostenfrei Zugang zu den für ihre Tätigkeit notwendigen Informationen verschaffen und sie rechtzeitig mit allen erforderlichen Informationen versorgen.

§ 3   Beratungsvergütung

3.1 (Vergütungsfälligkeit) Die Vergütung wird entsprechend der Leistungsstufenvereinbarung im Leistungsschein berechnet. Fälligkeit tritt mit nachgewiesenem Abschluss jeder Stufe ein. (10)

3.2 (Vorgabenänderungen) Im Fall wesentlicher, kundenseitiger Änderungen der Leistungsvorgaben (etwa der Zielsetzung der angestrebten Lösung oder der einzusetzenden Systemkomponenten) sind die Vereinbarungen über Termine und Vergütung der geänderten Leistung entsprechend anzupassen. (11)

3.3 Können Bearbeitungsleistungen aus vom Anbieter nicht zu vertretenden Gründen nicht erbracht werden, kann der Anbieter diese dennoch zur Abrechnung bringen, jedoch abzüglich von ihm ersparter Aufwendungen.

§ 4 Gewährleistung

4.1 (Haftung für Beratungsleistungen) Werden vom Anbieter reine Beratungsleistungen bei der vom Kunden zu treffenden Systemauswahl und durchzuführenden Systemeinführung geschuldet, haftet der Anbieter für die Rechtzeitigkeit und
Eignung seiner Beratungsleistungen, nicht aber dafür, dass die Systemauswahl
sachgerecht erfolgt oder die Systemeinführung erfolgreich verläuft. (12)

4.2 (Gewährleistung für Beratungsleistung) Soll der Anbieter durch seine
begleitende Beratung über Ziffer 4.1 hinaus sicherstellen, dass die passende
Systemauswahl getroffen wird bzw. die Systemeinführung plangemäß erfolgt, haftet der Anbieter für den Eintritt des vereinbarten Leistungserfolgs. (13)

4.3 (Mängelbeseitigung) Ist der Anbieter zur Beseitigung von Mängeln seiner
Beratungsleistung im Sinne von Ziff. 4.2 verpflichtet und gelingt die Beseitigung
der vom Kunden mitgeteilten Mängel nicht innerhalb einer vom Kunden gesetzten
Frist, ist der Kunde berechtigt, die Beseitigung zu Kostenlasten des Anbieters
durch eine Drittfirma durchführen zu lassen. Der Kunde kann vom Anbieter einen
durch Kostenvoranschläge zu belegenden Kostenvorschuss verlangen. (14)

§ 5 Kündigung

5.1 (Ordentliche Kündigung) Beide Vertragsparteien können diesen Vertrag
jeweils zum Ende eines Vierteljahres mit einer Kündigungsfrist von zwei Monaten
schriftlich kündigen. Die bis zur Kündigung vom Kunden erteilten und vom Anbieter angenommenen und im Leistungsschein festgelegten Aufträge bleiben unabhängig von der Kündigung bis zu ihrer Ausführung wirksam, wenn der Kunde
nicht ausdrücklich auf die Ausführung verzichtet.

5.2 (Fristlose Kündigung) Kommt ein Vertragsteil seinen wesentlichen vertraglichen Verpflichtungen nicht nach, kann der andere Teil den Vertrag fristlos kündigen.

§ 6 Eigentum an Unterlagen zu Beratungsleistungen

6.1 (Eigentum an Unterlagen) Der Anbieter übereignet alle Unterlagen und
sonstigen Materialien dem Kunden, die er im Rahmen der Erbringung der Beratungsleistung erarbeitet. Dies gilt auch bei vorzeitiger Beendigung des Beratungsvertrages durch ordentliche oder fristlose Kündigung gemäß Ziff. 5.

6.2 (Unterlagen des Kunden) Unterlagen, die der Kunde dem Anbieter zur Vorbereitung oder Durchführung der Beratungsleistungen übergibt, verbleiben im
Eigentum des Kunden.

6.3 (Eigentumsvorbehalt) Mögliche Eigentumsvorbehaltsregelungen in Allgemeinen Geschäftsbedingungen des Anbieters finden auf Unterlagen im Sinne von Ziff. 6.1 und 6.2 keine Anwendung.

§ 7 Schutzrechte, Freistellung, Geheimhaltung

7.1 (Schutzrechte an Arbeitsergebnissen) Soweit Schutzrechte jeder möglichen Art im Rahmen der Beratung entstehen, stehen sie dann dem Anbieter zu, wenn sie ausschließlich durch die Tätigkeit von Mitarbeitern des Anbieters begründet wurden. Dem Kunden steht insoweit ein nicht gesondert zu vergütendes, zeitlich unbegrenztes, nicht ausschließliches und nur mit Zustimmung des Anbieters auf Dritte übertragbares Recht auf Nutzung an diesen Unterlagen zu. (15)

7.2 (Freistellung) Der Anbieter stellt den Kunden von allen Ansprüchen Dritter gegen den Kunden aus der Verletzung von deren Schutzrechten an im vertraglichen Umfang genutzter Software frei.

7.3 (Vertraulichkeit) Vertrauliche Informationen, die im Rahmen dieses Abkommens von einer Vertragspartei der anderen übergeben werden, sind eindeutig als vertraulich zu bezeichnen. Die gesetzlichen Bestimmungen über Datenschutz sind zu beachten. Eine Weitergabe an Dritte außerhalb des Unternehmensbereichs des Empfängers bleibt ausgeschlossen. Dem Empfänger ist es ohne vorherige schriftliche Zustimmung der anderen Vertragspartei nicht gestattet, Unterlagen vertraulicher Informationen ganz oder teilweise, gleich in welcher Art, zu kopieren. Nach Beendigung eines jeweiligen Auftrags ist der Empfänger verpflichtet, die Unterlagen vertraulicher Informationen der anderen Vertragspartei zurückzugeben.

§ 8 Haftung

Der Anbieter haftet für Vorsatz und grobe Fahrlässigkeit, für das Vorliegen zugesicherter Eigenschaften sowie für leichte Fahrlässigkeit bei Verletzung wesentlicher Vertragspflichten. Diese Haftung erstreckt sich auch auf Erfüllungsgehilfen des Anbieters. Im Übrigen ist jede Haftung des Anbieters ausgeschlossen. Dies gilt auch für Datenverluste und sonstige Folgeschäden.

§ 9 Allgemeine Bestimmungen
(s. Muster 1, § 8)

…, den …
(Ort) (Datum)

…, den …
(Ort) (Datum)

…
(Kunde)

…
(Anbieter)

Anmerkungen

(1) Ob überhaupt EDV in den Betrieb eingeführt werden soll, ist eine mitunter sorgfältig zu prüfende Entscheidung. Regelmäßig werden nicht unerhebliche Investitionen für
– Systemerwerb,
– Beratung,
– Schulung und
– laufende Wartungs- und Pflegekosten
erforderlich. Dieser Aufwand muss sich, jedenfalls mittelfristig, „rechnen". Öfter als von manchen Anbietern dargestellt, scheitert diese Amortisation, wenn Fehler bei der Systemeinführung gemacht werden. Während diese Fehler freilich bei richtiger und rechtzeitiger Weichenstellung noch vermeidbar sind, muss außerdem geprüft werden, ob die Systemeinführung zumindest bei Vermeidung dieser Fehler überhaupt messbare finanzielle Vorteile erbringt. Wie die EDV in den Betrieb eingeführt oder ausgebaut wird bzw. wie auf ein anderes System umgestellt werden kann (s. Ziff. 1.1c), ist damit selbst ein Teil der Prüfung über das „Ob" der Einführung.

(2) Die Auswahl geeigneter Systeme setzt
– eine Marktübersicht über relevante Systeme,
– eine Beurteilung dieser Systeme auf ihre Eignung für die konkrete Anwendung und
– eine Beurteilung der Marktposition und Leistungsfähigkeit der in Frage kommenden Anbieter voraus.

(3) Vor und während der Systemeinführugn kann eine breite Palette von Fragen zu beantworten sein, für die der Kunde fachkundigen Rat benötigt. Hierzu gehören zumeist
– der Umfang der zu verarbeitenden Datenmengen (Aufstellung eines Mengengerüsts durch den Berater nach Vorgaben des Kunden),
– Angaben zur „Aufrüstbarkeit" von Systemen (insbesondere ihrer Speicherkapazität oder zur maximalen Auslegung von Netzwerken),
– Angaben zur Einbindung etwa vorhandener „EDV-Inseln",
– die Kontrolle der Einhaltung von Leistungsterminen,
– die Durchführung der Funktionsprüfung des erstellten Systems/Programms (Beispiel: Funktionstest einer endgültigen Netzwerkkonfiguration im praktischen Probelauf),
– die Einhaltung datenschutzrechtlicher und mitbestimmungsrechtlicher Vorschriften bei der Einführung und/oder Änderung der EDV bzw. im Betrieb,
– Motivation, Schulung und Einweisung der Mitarbeiter des Kunden.

(4) Zunehmend bieten jedenfalls für standardisierte Anwendungen unabhängige Wartungsfirmen Leistungen an, die zumeist kostengünstiger sind als vergleichbare Herstellerleistungen. Zu klären ist freilich, ob diese Kostenersparnis etwa mit Unsicherheiten in der Anwendung erkauft wird (z. B. bei Ersatzteilversorgung, Anpassung an neue Software-Versionen, Wartung und Pflege neuester Modelle etc.).

(5) Die Erweiterungsfähigkeit eines Systems lässt sich zumeist nur im Bezug auf einen bestimmten Zeitpunkt beurteilen. Ob und in welchem Umfang Hersteller neue Produktlinien kompatibel zu den bisherigen Produkten ausgestalten ist zumeist ungesichert. Die Systemauswahl (s. 1.1b) sollte deshalb möglichst auf denjenigen Anbieter fallen, der auch bisher die Produktentwicklung kompatibel hielt.

(6) Bei der Umstellung von EDV-Systemen – etwa aufgrund eines Wechsels der Systemsoftware, z. B. von MS-DOS auf UNIX oder OS/2 – müssen der Ausgangs- und der Zielstatus so

konkret definiert werden, dass eine Prüfung möglich ist, ob bzw. in welchem Umfang das Umstellungsziel erreicht wurde.

(7) Die einzelnen in Ziff. 1.1 aufgeführten Leistungen können vertraglich unterschiedlich zu beurteilen sein, insbesondere entweder dienstvertraglich oder werkvertraglich.

(8) Allein aus dieser Verpflichtung kann noch keine werkvertragliche Erfolgsgarantie abgeleitet werden. Die Vertragsbestimmung beschreibt nur die Art und Dauer der vom Berater geschuldeten Dienstleistung.

(9) Dem Kunden können generell fallabhängig unterschiedlich weitreichende Mitwirkungspflichten obliegen. Zugleich kann der beratende Anbieter aus einer Nebenpflicht zu seinem Beratungsvertrag gehalten sein, den Kunden auf Art und Umfang seiner im konkreten Fall geschuldeten Mitwirkungspflichten hinzuweisen.

(10) Sinnvollerweise wird man die Leistungsstufen so aufteilen, dass jeweils zu deren Abschluss Zwischenberichte, Beratungsergebnisse etc. vom Berater vorgelegt werden.

(11) Änderungswünsche können teuer werden. Je später Änderungen während des Beratungslaufs mitgeteilt werden, desto höher ist naturgemäß der Aufwand, diese nachträglich „einzubauen". Änderungswünsche sollten also möglichst frühzeitig geäußert werden. Der Anbieter sollte auch zu der Frage beraten, welche Änderungen erfahrungsgemäß auf welcher Implementierungsstufe noch möglich sind. Die entsprechenden Handlungsspielräume sollten nach Möglichkeit bereits bei Projektbeginn im Voraus festgelegt werden. Der Kunde weiß dann gleich, wann er welche Alternativen hat.

(12) In dieser Regelungsvariante haftet der Anbieter verschuldensabhängig nach Dienstvertragsrecht.

(13) Der Anbieter übernimmt hier verschuldensunabhänige Gewährleistungshaftung aus Werkvertragsrecht.

(14) Soweit die Beratungsleistung nach Werkvertragsrecht erbracht wird, kann auch eine Beratungsleistung mit Mängeln behaftet sein, die Gewährleistungsrechte auslösen. Beispiel: fehlerhafte Analyse über Anwendungsvoraussetzungen, Eigenschaften eines Systems oder die mit einem System erreichbaren Rationalisierungsvorteile.

(15) Sowohl an bestimmten, vom Berater entwickelten Anwendungslösungen als auch an allgemeinen Beratungskonzeptionen können Urheberrechte des Anbieters entstehen. Allgemeine Konzeptionen und konkrete Lösungen stellen außerdem nicht selten gegenüber Dritten schutzbedürftiges Know-how dar.

13. Arbeitsvertrag für angestellte Programmentwickler
→ ⊙

Arbeitsvertrag (1)
zwischen

...
(Arbeitgeber)
– nachfolgend „Arbeitgeber" genannt –

und

...
(Arbeitnehmer)
– nachfolgend „Arbeitnehmer" genannt –

§ 1 Vertragsgegenstand

1.1a (Tätigkeitsbeschreibung/Variante: eigenständige Entwicklung) Der Arbeitnehmer entwickelt und betreut für den Arbeitgeber Software zur Personalverwaltung/Finanzbuchhaltung etc. (Zutreffendes unterstreichen bzw. eintragen).

Hierbei folgt er den Anweisungen des Arbeitgebers, im Übrigen der allgemeinen Aufgabenstellung und den aktuellen Standards der Programmentwicklung. (2)

1.1b (Tätigkeitsbeschreibung/Variante: Weisungsabhängigkeit) Der Arbeitnehmer entwickelt und betreut auf Weisung des Arbeitgebers Software zum betrieblichen Einsatz. (3)

1.2 (Zuweisung anderer Aufgaben) Der Arbeitgeber behält sich vor, dem Arbeitnehmer im Bedarfsfalle eine andere zumutbare Tätigkeit im Betrieb zuzuweisen. In diesem Fall bleibt die Verpflichtung des Arbeitgebers unberührt, die bisherige Vergütung in vollem Umfange weiter zu bezahlen.

§ 2 Dauer des Arbeitsverhältnisses

2.1 (Arbeitsbeginn) Der Arbeitnehmer beginnt seine Tätigkeit am ... (Datum).

2.2 (Probezeit) Die ersten ... Monate gelten als Probezeit. Während dieses Zeitraumes können beide Seiten das Vertragsverhältnis mit einer Frist von ... Tagen zum Monatsende kündigen.

2.3 (Vertragsdauer) Der Vertrag läuft auf unbestimmte Zeit und ist gemäß den gesetzlichen bzw. den tarifvertraglichen Regelungen kündbar.

§ 3 Arbeitszeit

3.1 (Variante: festgelegte Arbeitszeit) Die Arbeitszeit beträgt ... Stunden in der Woche. Arbeitsbeginn ist um ... Uhr, Arbeitsende um ... Uhr.

3.2 (Variante: unbestimmte Arbeitszeit) Die regelmäßige Arbeitszeit sowie Beginn und Ende der Arbeit richten sich nach den betrieblichen Verhältnissen und den gesetzlichen Bestimmungen.

§ 4 Vergütung

4.1 (Gehalt) Der Arbeitnehmer erhält ein monatliches Bruttogehalt in Höhe von ... DM. Die Vergütung ist am ersten eines jeden Monats zahlbar.

4.2 (Zulagen) Der Arbeitnehmer erhält außerdem folgende Zulagen:
a) Gehaltszulage: ...
b) Überstundenzulage: ...
c) ...

4.3 (Gratifikationen) Dem Arbeitnehmer gewährte Gratifikationen werden vom Arbeitgeber ohne eine vertragliche Verpflichtung gezahlt. Auch wiederholte Zahlungen begründen keinen Anspruch auf Gewährung von Gratifikationen.

§ 5 Mehrarbeit (4)

Im Rahmen der betrieblichen Erfordernisse ist der Arbeitnehmer verpflichtet, Überstunden zu leisten. Für jede Überstunde wird ein Zuschlag von ... DM bzw. von ... % der Stundenvergütung gewährt (Zutreffendes eintragen, Nichtzutreffendes streichen).
Der Arbeitnehmer hat sich die Anzahl der jeweils erreichten Überstunden innerhalb von ... Tagen nach Arbeitsleistung vom Arbeitgeber schriftlich bestätigen zu lassen.

§ 6 Einräumung von Nutzungsrechten an den Entwicklungsprodukten

6.1 (Rechte an Arbeitsergebnissen) Der Arbeitgeber ist hinsichtlich der vom Arbeitnehmer erstellten Computerprogramme und sonstigen, auf diese bezogene Arbeitsergebnisse ausschließlich zur zeitlich und räumlich unbegrenzten Nutzung und beliebigen, auch gewerblichen Verwertung berechtigt. Zu übergeben sind auch zugehörige Vorstudien, der Quellcode, eine erstellte Dokumentation und sonstige

Begleitmaterialien zu den jeweiligen Programmen. Alle Entwicklungsleistungen sind mit der Arbeitsvergütung abgegolten. (5)

6.2 (Außervertragliche Entwicklung von Programmen) Vom Arbeitnehmer außerhalb des Arbeitsverhältnisses entwickelte Programme bedürfen zur Einbeziehung in die betriebliche Nutzung einer besonderen Vereinbarung der Nutzungseinräumung und Vergütung hierfür. Die Nutzung von Betriebsmitteln für solche Entwicklungen durch den Arbeitnehmer ist nur mit Zustimmung des Arbeitgebers zulässig. Die Nutzung ist auf die Vergütung nach Ziff. 6.2 Satz 1 anzurechnen.

§ 7 Arbeitsverhinderung

Der Arbeitnehmer hat dem Arbeitgeber jede Dienstverhinderung sowie deren voraussichtliche Dauer unverzüglich mitzuteilen. Im Falle von Erkrankungen hat er außerdem spätestens am dritten Tag eine ärztliche Bescheinigung über seine Arbeitsunfähigkeit vorzulegen. Der Arbeitgeber behält sich vor, auf seine eigenen Kosten eine Untersuchung durch einen von ihm benannten Arzt durchzuführen.

§ 8 Gehaltsfortzahlung

Bei auf Krankheit beruhender, vom Arbeitnehmer nicht verschuldeter Arbeitsunfähigkeit erhält der Arbeitnehmer eine Gehaltsfortzahlung für die Dauer von ... Monaten ab dem Zeitpunkt der Erkrankung.

§ 9 Verschwiegenheitsverpflichtung (6)

Der Arbeitnehmer ist verpflichtet, über alle ihm im Rahmen seiner Tätigkeit bekannt werdenden, betriebs- und kundenbezogenen Tatsachen Stillschweigen auch nachvertraglich zu wahren.

§ 10 Wettbewerbsverbot

10.1 (Tätigkeitsverbot) Der Arbeitnehmer verpflichtet sich, für die Dauer von ... Jahren (7) nach Beendigung des Arbeitsverhältnisses nicht für eine Konkurrenzfirma des Arbeitgebers tätig zu werden. Der Arbeitgeber zahlt für die Dauer des Wettbewerbsverbotes ... % der zuletzt bezahlten Bezüge.

10.2 (Zuwiderhandlung) Bei Zuwiderhandlung gegen dieses Wettbewerbsverbot wird durch den Arbeitnehmer eine Vertragsstrafe in Höhe von ... DM verwirkt. Der Arbeitnehmer hat ein Exemplar dieser schriftlichen Vereinbarung erhalten.

10.3 (Tätigkeit nach Vertragsende) Der Arbeitnehmer ist berechtigt, nach Beendigung des Arbeitsverhältnisses Programme zu entwickeln, soweit diese Entwicklung nicht im Widerspruch zu Ziff. 11.1 steht.

§ 11 Nennung des Arbeitnehmers als Software-Urheber

11.1 (Variante: Nennung) Der Arbeitgeber verpflichtet sich, den Namen des Arbeitnehmers in allen im Rahmen der vertraglichen Nutzung verwendeten Programmkopien und dem zugehörigen Begleitmaterial anzuführen bzw. nicht zu entfernen. Dies gilt auch für die Fälle der berechtigten Nutzungseinräumung durch den Arbeitgeber an Dritte. (8)

11.2 (Variante: Nennung nur im Quellcode) Der Arbeitgeber verpflichtet sich, den Namen des Arbeitnehmers im Quellformat der vom Arbeitnehmer erstellten Software anzuführen bzw. nicht zu beseitigen, soweit dies im Rahmen der Pflege und Weiterentwicklung möglich ist. (9)

11.3 (Variante: keine Nennung) Der Arbeitnehmer verzichtet auf Dauer auf die Ausübung des Rechtes auf Nennung als Urheber der von ihm erstellten Software. (10)

§ 12 Verletzung von Schutzrechten Dritter

Der Arbeitgeber verpflichtet sich, den Arbeitnehmer im Rahmen der Nutzung des vertragsgegenständlichen, vom Arbeitnehmer erstellten Programmes von der Haftung aus behaupteter Verletzung von Schutzrechten Dritter freizustellen. Unberührt hiervon bleibt die Haftung des Arbeitnehmers, sofern und soweit er Software Dritter ganz oder in Teilen vorsätzlich oder fahrlässig in rechtswidriger Weise übernimmt.

§ 13 Nebentätigkeit, Anlagennutzung

13.1 (Zulässigkeit der Nebentätigkeit) Der Arbeitnehmer darf eine Nebentätigkeit, durch die die vertragsbezogenen Interessen des Arbeitgebers beeinträchtigt werden könnten, nur mit vorheriger Zustimmung des Arbeitgebers übernehmen.

13.2 (Anlagennutzung) Zur Nutzung betriebsbezogener EDV-Anlagen ist der Arbeitnehmer nur nach vorheriger Rücksprache mit dem Arbeitgeber berechtigt. Genutzte Rechenzeit hat der Arbeitnehmer mit einem Stundensatz von … DM zu vergüten.

13.3 (Haftung für Nutzung) Der Arbeitnehmer trägt für die Dauer der Nutzung nach Ziff. 13.2 die volle Haftung für die Beschädigung und die Zerstörung von Teilen oder des gesamten EDV-Systems. Ausgenommen hiervon sind Schadensereignisse aufgrund höherer Gewalt. (11) Der Arbeitgeber haftet für einen den Arbeitnehmer treffenden Schaden nur, soweit der Arbeitgeber in vertretbarer Weise Maßnahmen zur Gewährleistung der Anlagensicherheit unterlassen hat.

§ 14 Beendigung des Arbeitsverhältnisses

14.1 (Ablauf des Arbeitsvertrages) Das Arbeitsverhältnis endet mit Ablauf des Monats, in dem der Arbeitnehmer das 65. Lebensjahr vollendet.

14.2 (Kündigung) Das Recht zur außerordentlichen Kündigung bleibt unberührt.

§ 15 Besondere vertragsbeendende Pflichten des Arbeitnehmers

15.1 (Einarbeitung eines Nachfolgers) Der Arbeitnehmer arbeitet im Rahmen der vertraglichen Arbeitsverpflichtung einen Mitarbeiter als Nachfolger(-in) ein. Besondere, hieraus dem Arbeitnehmer entstehende Kosten werden nach Vereinbarung und Einzelnachweis dem Arbeitnehmer erstattet. (12)

15.2 (Quellcode) Soweit der Arbeitnehmer im Besitz des Quellcodes zu einem zur Nutzung überlassenen Programm ist, hat er diesen rechtzeitig vor Beendigung des Arbeitsverhältnisses dem Arbeitgeber zu übergeben.

15.3 (Dokumentation) Der Arbeitnehmer hat rechtzeitig vor Ende des Arbeitsverhältnisses die Dokumentation zum Quellcode zu vervollständigen und zu aktualisieren, so dass sie für Dritte arbeitsfähig ist.

§ 16 Allgemeine Bestimmungen

16.1 In diesem Vertrag sind sämtliche Rechte und Pflichten der Vertragsparteien geregelt. Änderungen sind nur in Schriftform und bei Bezugnahme auf diesen Vertrag wirksam und beiderseitig zu unterzeichnen.

16.2 Zugehörige Nachträge sind bei Unterzeichnung Bestandteil des vorliegenden Vertrages.

16.3 Sollten einzelne Bestimmungen dieses Vertrages nicht rechtswirksam sein oder ihre Rechtswirksamkeit durch einen späteren Umstand verlieren oder sollte sich in diesem Vertrag eine Lücke herausstellen, so wird hierdurch die Rechtswirksamkeit der übrigen Bestimmungen nicht berührt. Anstelle der unwirksamen Vertragsbestimmung oder zur Ausfüllung der Lücke soll eine angemessene Regelung gelten, die, soweit möglich, dem am nächsten kommt, was die Vertragsparteien gewollt haben würden, sofern sie diesen Punkt bedacht hätten. (13)

..., den ...   ..., den ...
(Ort)   (Datum)   (Ort)   (Datum)

...   ...
(Arbeitgeber)   (Arbeitnehmer)

Achtung: Zugehörig und richtig ist folgende Bestätigung:
Der Arbeitnehmer hat von der schriftlichen Vereinbarung des Wettbewerbsverbotes
in Ziff. 10 des Vertrages Kenntnis genommen und bestätigt dieses hiermit ausdrücklich.

...
(Arbeitnehmer)

Anmerkungen

(1) Das folgende Vertragsmodell geht von einer Konstellation aus, in der der Arbeitnehmer
zwar schwerpunktmäßig und professionell Software entwickelt, aber für einen Anwender,
nicht für ein Software-Haus (s. hierzu Koch, Software-Recht, 1999). Das Muster enthält die
für einen Arbeitsvertrag wesentlichen Regelungsinhalte.

(2) Diese Regelungsvariante ist auf relativ eigenständig arbeitende Programmentwickler
zugeschnitten, die vom Arbeitgeber die zu entwickelnde Anwendungslösung nicht bis in alle
Details vorgeschrieben erhalten.
Die Regelung lässt einen Freiraum, wie er für kreatives Programmentwickeln erforderlich ist.
Freilich übernimmt der Arbeitnehmer mit dieser Regelung auch eine erhöhte Verantwortlichkeit. So muss er selbst den vertretbaren Entwicklungsumfang und die Adäquatheit angestreb-
ter oder erreichter Lösungen beurteilen und seine Beurteilungsentscheidung gegenüber dem
Arbeitgeber vertreten können.
Allerdings bleibt auch diese qualifizierte Leistung noch im Rahmen des Dienstvertragsrechts,
solange der Arbeitnehmer keine Garantie dafür übernimmt, einen bestimmten Leistungserfolg zu
erreichen. Dies gilt auch für die Einhaltung von Programmierstandards und die Erstellung einer
für Dritte verwendbare Dokumentation. Beides ist Teil der Dienstleistung. Andernfalls müsste aus
den Umständen zu entnehmen sein, dass der Programmentwickler aus seiner Arbeitnehmerstel-
lung heraus in eine Werkunternehmerstellung hinüberwechseln sollte. Hierzu wären eine Beendigung des Arbeitsvertrages und ein Selbständigmachen des Entwicklers notwendig. Die Rechtsprechung beurteilt einen solchen faktischen Wechsel in der Rechtsposition des Entwicklers mit
Zurückhaltung. Dies gilt insbesondere dann, wenn dieser Wechsel aus rein tatsächlichen Umständen ohne entsprechende Willenserklärungen der Vertragsparteien abgeleitet werden soll.

(3) Auch in dieser Regelungsvariante trägt der Arbeitgeber allein das Risiko, zur Zielerrei-
chung geeignete Weisungen zu geben.

(4) Quantitative Mehrarbeit findet ihren Ausdruck vor allem in Überstunden, aber auch in
einem Mehr an Arbeitsleistung, d. h. einem mengenmäßigen Überschreiten vereinbarter Leistungsziele bei Einhalten der Arbeitszeit. Vergütungspflichtig ist Mehrarbeit unter den Voraussetzungen von § 15 AZO. Qualitative Mehrarbeit über den arbeitsvertraglich festgelegten
Maßstab hinaus begründet für den Arbeitnehmer einen Anspruch auf ein zusätzliches Entgelt.
Leitende Angestellte (z. B. Chefprogrammierer, Leiter von Rechenzentren) können nur quali-

tative Mehrarbeit vergütet verlangen, da deren Arbeitszeit i. d. R. nicht festgelegt wird. Weitere Voraussetzung für eine Vergütungspflicht des Arbeitgebers ist in beiden Fällen, dass die jeweilige Mehrarbeit angeordnet oder zumindest geduldet wurde.

(5) In dieser Regelungsvariante stehen dem Arbeitgeber alle Rechte zur Eigennutzung und für Verwertung der Arbeitsprodukte zu, für deren Erstellung der Arbeitnehmer die vereinbarte Vergütung erhalten hat.

(6) Eine vertragliche Verschwiegenheitsverpflichtung des Arbeitnehmers kann für alle Geschäfts- und Betriebsgeheimnisse vereinbart werden, für in Programmen enthaltenes wie auch sonstiges Know-how und sonstiges betriebsrelevantes Wissen. Die Verschwiegenheitspflicht gilt für die gesamte Vertragsdauer, nachvertraglich jedoch nur, soweit es sich um besondere Umstände gerade des betreffenden Betriebes handelt, nicht jedoch hinsichtlich des Erfahrungswissens, das der Arbeitnehmer aus seiner Tätigkeit im Betrieb selbst erworben hat. Insoweit muss ein getrenntes Wettbewerbsverbot vereinbart werden. Im Übrigen gelten für den Arbeitnehmer nur die Beschränkungen der §§ 1, 17 Abs. 2 UWG, 826 BGB.

(7) Das Verbot kann höchstens auf zwei Jahre ausgedehnt werden.

(8) Diese Variante ist eher unüblich, da die Nennung die Gefahr einer Abwerbung des Arbeitnehmers erhöhen kann.

(9) Diese Kompromissformel sichert dem Arbeitnehmer jedenfalls innerbetrieblich die Identifizierbarkeit seiner Arbeitsleistung. Dies kann etwa für die Zuordnung von Mehrleistungen zu vergütungspflichtiger Mehrarbeit von Belang sein.

(10) Auf das Nennungsrecht kann der Arbeitnehmer als Urheber nicht verzichten, wohl aber auf die Ausübung dieses Rechts, dass als solches bestehen bleibt.

(11) Der Arbeitnehmer übernimmt hier erheblich größere Risiken als bei einem Tätigwerden im Rahmen des Arbeitsverhältnisses. Er ist in dieser Zeit auch sozialversicherungsrechtlich nicht abgesichert. Gleichzeitig übernimmt er besondere Sorgfalts- und Obhutspflichten, in Bezug auf das EDV-System und andere Betriebseinrichtungen, etwa, wenn er als letzter die Firma verlässt und für Rechenzentren Zugangssperren in Gang setzen muss. Ob eine solche Übertragung der Anlagennutzung im Rahmen eines Mietvertrages über das System zwischen dem Arbeitgeber und einem Hersteller/Leasinggeber zulässig ist, bedarf auf Seiten des Arbeitgebers besonderer Prüfung.

(12) Der Arbeitnehmer hat sich nicht selten im Rahmen seiner vertraglichen Tätigkeit besondere Kompetenz erworben, die in seiner Arbeit ihren Niederschlag findet. Der Arbeitgeber muss durch die Einarbeitungsverpflichtung die Kontinuität der Arbeitserbringung durch den bisherigen und den neuen Arbeitnehmer sicherstellen. Grundsätzlich würden diesbezüglich auch Einzelweisungen genügen, jedoch betonen die Vertragsregelungen die besondere Bedeutung dieser Verpflichtung des Arbeitnehmers. Außerdem wird sehr oft die rechtzeitige Erteilung derartiger Einzelweisungen versäumt, so dass dann der Übergang gefährdet ist.

(13) Zur salvatorischen Klausel vgl. Muster 1, Anm. 7.

14. Quellcode-Hinterlegung → ⊙

Vereinbarung zur Quellcode-Hinterlegung

zwischen

...

(Anbieter)
– nachfolgend „Anbieter" genannt –

und

...

(Anwender)
– nachfolgend „Kunde" genannt –

§ 1   Art und Umfang der Hinterlegung

1.1 Gegenstand der Vereinbarung ist die Hinterlegung des nachbezeichneten Pro-
grammes (im folgenden „Hinterlegungsgegenstand" genannt). (1)
Name/Bezeichnung des Programms:
Datenträger-Nr.:
Dokumentations-Nr.:
Diese Vereinbarung ergänzt den Vertrag zur Software-Entwicklung vom ..., zur
Software-Überlassung vom ... und den Software-Pflegevertrag vom ... (Nichtzu-
treffendes bitte streichen).

1.2 Die Vertragsparteien hinterlegen den vorbezeichneten Hinterlegungsgegen-
stand bei einer dritten Stelle im Quellformat:
Datenträger-Nr.: (Magnetband)
Datenträger-Nr.: (Diskette)
Datenträger-Nr.: (Laserdisk) etc.
Als Hinterlegungsstelle wird benannt (2):

1.3 Diese Vereinbarung erfasst alle Module, die zur unter 1.1 genannten Software
gehören. Für die Hinterlegung einer neuen Programmversion muss eine getrennte
Vereinbarung getroffen werden.

§ 2 Durchführung der Hinterlegung

2.1 Die Vertragsparteien transportieren das zunächst bei dem Anbieter identifizierte Programm auf Datenträger zur dritten Stelle.

2.2 Die mit der Hinterlegung verbundenen Sachkosten (etwa für Datenträger, Papier, Übermittlung an die Hinterlegungsstelle) trägt der Kunde, ebenso die Hinterlegungsgebühren der beauftragten Hinterlegungsstelle.

2.3 Verpflichtungen der Hinterlegungsstelle gegenüber einer der Vertragsparteien entstehen erst, wenn der Hinterlegungsgegenstand vollständig in den Besitz der Hinterlegungsstelle gelangt ist.

2.4 Zwischen den Vertragsparteien einerseits und der Hinterlegungsstelle andererseits ist eine vertragliche Vereinbarung über die Hinterlegung zu schließen, die wesentlich folgende Inhalte aufweisen muss (3):

2.4.1 Die Hinterlegungsstelle überprüft den übergebenen Hinterlegungsgegenstand auf Identität mit der Bezeichnung in Ziff. 1.1 des vorliegenden Hinterlegungsvertrages.

2.4.2 Die Hinterlegungsstelle verwahrt den Hinterlegungsgegenstand in technisch und klimatisch geeigneten Räumen und Behältnissen und wird jede Einwirkung unbefugter Dritter ausschließen.

2.4.3 Aufgrund besonderer Vereinbarung wird die Hinterlegungsstelle kleine Änderungen am Hinterlegungsgegenstand durchführen.

2.5 Der Hinterlegungsvertrag mit der Hinterlegungsstelle beginnt am … und läuft bis zum …/läuft auf unbestimmte Zeit. (Nichtzutreffendes bitte streichen.) Im letzteren Fall muss die Hinterlegungsvereinbarung mit einer Frist von drei Monaten zum Quartalsende kündbar sein.

2.6 Die Vertragsparteien vereinbaren mit der Hinterlegungsstelle eine Vergütung in Höhe von DM … pro Monat/Quartal/Jahr. Für den besonders zu vereinbarenden Änderungsdienst gemäß Ziff. 2.4.3 berechnet die Hinterlegungsstelle eine Vergütung in Höhe von DM …

§ 3 Herausgaberecht des Kunden

3.1 Ein Herausgaberecht des Kunden besteht, wenn eine der nachfolgenden Voraussetzungen erfüllt ist (4):

Vorlage einer schriftlichen Mitteilung des Amtsgerichts über

a) die Eröffnung eines Insolvenzverfahrens über das Vermögen des Anbieters gemäß den §§ 102 ff. InsO,

b) die Eröffnung eines Vergleichsverfahrens über das Vermögen des Anbieters gemäß § 11 VerglO,

c) die Löschung der Firma des Anbieters im Handelsregister wegen Vermögenslosigkeit,

d) die Eintragung eines Liquidationsbeschlusses über die Firma des Anbieters,

e) die Ablehnung der Eröffnung eines Konkursverfahrens über das Vermögen des Anbieters durch das Amtsgericht mangels Masse,

f) die Löschung der Firma des Anbieters im Handelsregister von Amts wegen oder aus sonstigen, vorstehend nicht aufgeführten Gründen.

3.2 Vorlage eines rechtskräftigen Urteils mit Wirkung gegenüber dem Anbieter auf Herausgabe des benannten Programmes.

3.3 Vorlage einer einstweiligen Verfügung gemäß § 935 ZPO auf Herausgabe des Quellcodes des benannten Programmes mit Nachweis der Zustellung der gerichtlichen Verfügung durch den Gerichtsvollzieher an den Anbieter.

3.4 Vorlage eines Beweissicherungsbeschlusses des örtlich und sachlich zuständigen Amtsgerichtes gemäß § 490 Abs. 2 ZPO auf Feststellung des Inhaltes einer oder mehrerer vertragsgegenständlicher Quellprogramme gegen den Anbieter. Der Beweissicherungsbeschluss muss denjenigen gerichtlich bestellten Sachverständigen benennen, an den in diesem Fall der Quellcode herauszugeben ist.

3.5 Schriftliche Zustimmung des Anbieters zur Herausgabe des Quellprogrammes, etwa bei einem Versionswechsel der hinterlegten Software.

§ 4   Recht des Kunden zur Quellcode-Nutzung

Die auf den Quellcode bezogene Nutzungsbefugnis des Kunden beginnt in den Fällen von Ziff. 3.1 mit Herausgabe des Quellcodes durch die Hinterlegungsstelle, im Falle der Löschung der Firma des Anbieters im Handelsregister mit der Kenntnis des Kunden von dieser Löschung. (5) Diese Befugnis ist Teil der dem Kunden eingeräumten Nutzungsberechtigung und als solche bereits mit Vertragsabschluss wirksam.

§ 5   Rückgabeanspruch des Anbieters

5.1 Der Anbieter ist gegenüber der benannten Hinterlegungsstelle berechtigt, die Rückgabe des Quellprogrammes zu verlangen, wenn diese Stelle das Verwahrungsverhältnis vorzeitig (berechtigt oder unberechtigt) kündigen sollte. Der Kunde kann in diesem Fall verlangen, dass zu seinen Kostenlasten die Vertragsparteien gemeinsam eine neue Hinterlegungsstelle unverzüglich bestimmen und den hinterlegten Quellcode unverzüglich bei dieser neuen Stelle hinterlegen.

5.2 Dem Anbieter steht ein Rückgaberecht gegenüber dem Kunden zu, wenn in der Person des Kunden bzw. auf Seiten der Firma des Kunden die in Ziff. 3.1 angeführten Umstände eintreten sollten. Für diesen Fall tritt der Kunde an den Anbieter auch seine Herausgabeansprüche gegenüber der Hinterlegungsstelle ab.

5.3 Der Anbieter kann außerdem die Rückgabe der vertragsgegenständlichen Quellprogramme unter der Voraussetzung verlangen, dass der Hinterlegungsstelle ein vom Anbieter abgefasstes Einschreiben an den Kunden in beglaubigter Abschrift vorgelegt wird, das die Erklärung der sofortigen Kündigung des Pflegevertrages aus der Überschreitung vereinbarter Zahlungsfristen trotz Nachfristsetzung beinhaltet und dem ein Zustellnachweis beigefügt ist. Weiter hat der Anbieter eine Versicherung an Eides statt vorzulegen, dass der Kunde keine Zahlung geleistet und keine Gegenrechte behauptet hat. Gleiches gilt, wenn der Kunde gegenüber dem Anbieter den Überlassungsvertrag für das hinterlegte Programm kündigt oder die Wandelung über diesen Vertrag erklären sollte.

§ 6 Allgemeine Bestimmungen

6.1 Alle gegenseitigen Rechte und Pflichten aus dieser Hinterlegungsvereinbarung sind im vorliegenden Text abschließend geregelt und für beide Vereinbarungsteile festlegend und nicht übertragbar, auch nicht im Wege der Verpfändung, es sei denn, die jeweils andere Seite hätte ausdrücklich vorher schriftlich zugestimmt.

6.2 Änderungen dieser Vereinbarung sind nur in Schriftform und bei Bezugnahme auf diese vorliegende Vereinbarung wirksam und durch beide Seiten mit Datumsangabe zu unterzeichnen.

6.3 Der Kunde ist zur zeitlich nicht begrenzten Geheimhaltung der ihm zur Kenntnis gelangenden Quellprogramme verpflichtet. Dies gilt für den ursprünglich hinterlegten Quellcode wie für jede nachfolgend hinterlegte Quellcode-Version oder Teile hiervon. Eine wie immer geartete Bearbeitung, Änderung, Ergänzung oder Erweiterung des Quellcodes ist dem Kunden nicht gestattet, ebenso keinerlei Form der gewerblichen Weiterverbreitung.

6.4 Den vorstehenden Vereinbarungen entgegenstehende Allgemeine Vertragsbedingungen sowohl des Anbieters als auch des Kunden sind insoweit unwirksam.

6.5 Im Übrigen gelten die Allgemeinen Vertragsbedingungen des Anbieters, die Grundlage dieser Hinterlegungsvereinbarung sind, ebenso ergänzend die Vereinbarungen im Überlassungsvertrag.

6.6 Sollten einzelne Bestimmungen dieses Vertrages nicht rechtswirksam sein oder ihre Rechtswirksamkeit durch einen späteren Umstand verlieren oder sollte sich in dieser Vereinbarung eine Lücke herausstellen, so wird hierdurch die Rechtswirksamkeit der übrigen Bestimmungen nicht berührt. An die Stelle der unwirksamen Bestimmung bzw. zur Ausfüllung von Lücken soll eine angemessene Regelung treten, die, soweit möglich dem am nächsten kommt, was die Vertragsparteien gewollt haben würden, sofern sie diesen Punkt bedacht hätten.

..., den ...   ..., den ...
(Ort) (Datum)   (Ort) (Datum)

...   ...
(Anbieter)   (Kunde)

Anmerkungen

(1) Die Software (Programm und Dokumentation) ist möglichst genau zu bezeichnen, um jederzeitige Identifikation sicherzustellen.

(2) Hinterlegungen können Rechtsanwälte oder Notare durchführen, wenn sie über die erforderlichen technischen Kenntnisse und Voraussetzungen verfügen. Günstiger ist es, wenn eine neutrale Instanz wie etwa ein technischer Überwachungsverein die Hinterlegung durchführen kann.

(3) Der nachfolgende Vereinbarungsentwurf kann naturgemäß nur einige grundsätzliche Regelungsinhalte zusammenstellen und vor allem als eine Art „Checkliste" für die Verhandlungen mit der Hinterlegungsstelle dienen.

(4) Der folgende Fallkatalog mag überformalisiert erscheinen. Er hat sich aber in der Vertragspraxis des Verfassers vor allem deshalb bewährt, weil die Hinterlegungsstelle in die Lage versetzt werden muss, schnell – also ohne Nachfragen oder gar Rechtsstreitigkeiten – zu entscheiden, ob ein Herausgabeverlangen des Kunden berechtigt ist. Die Einschränkung im Wesentlichen auf gerichtsseitige Beschlüsse schafft diese Vereinfachung im Wesentlichen zuverlässig.

(5) Diese Regelung soll klarstellend wirken. Der Quellcode nutzt dem Kunden wenig, wenn der Kunde nicht gegenüber dem Anbieter bzw. dessen Konkurs- oder Vergleichsverwalter vertraglich nutzungsberechtigt ist. Diese Befugnis muss dem Kunden bereits mit Abschluss des Software-Nutzungsvertrages eingeräumt werden. Damit ist sie Teil der Nutzungsbefugnis des Kunden aus dem Nutzungsvertrag, an den auch der Konkursverwalter gebunden ist, wenn dieser Vertrag vom Kunden erfüllt wurde.

II. Muster für Leistungsschein und weitere Formulare

1. Allgemeine Vertragsunterlagen

1.1 Leistungsschein → ⊙

Leistungsschein

zum Vertrag Nr.: ...
zwischen den Vertragsparteien
... (Anbieter/Leasinggeber/Auftragnehmer)

und

... (Kunde/Leasingnehmer/Auftraggeber)

1. Bezeichnung des Vertragsgegenstandes

1.1 Hardware
– einzelne Rechner,
– Netzwerk,
– Peripheriegeräte,
– Zubehör.

1.2 Software

– Systemsoftware (Betriebssystem und Tools),
– Anwendungssoftware.

Bei Wartungs-/Pflegearbeiten
wird vereinbart:
– Instandsetzung bei mitgeteilten Fehlern,
– Instandhalten (Vermeiden des Auftretens von Fehlern).

2. Vergütung

Systemerwerb
– Gesamtpreis:

Hardwarekauf
– Kaufpreis:

Programmüberlassung
– Einmalzahlung:
– monatliche Zahlung:

Programmerstellung
– Werkvergütung:
– Vergütungsstaffel:

Wartung/Pflege
– monatliche Gebühr:
– Pauschalzahlung:
– Abschlusszahlung:

Beratung
– regelmäßig fällige Gebühr:
– Einmalzahlung:
– Verrechnung mit Erstellungsleistungen.

Verlängerung der vereinbarten Gewährleistung auf eine Dauer von
– zwei Jahre:
– drei Jahre:

3. Liefermodalitäten

3.1 Lieferzeitpunkt

Leistungsposition
Komponente gemäß Ziff. 1   frühester Lieferzeitpunkt   spätester Lieferzeitpunkt
...
...

3.2 Installationsvoraussetzungen

– vom Anbieter/Auftragnehmer oder vom Auftraggeber herzustellen.

3.3 Installationszeitpunkt

– für die gelieferte Komponente ... am ...
– für die gelieferte Komponente ... am ...
– für die gelieferte Komponente ... am ...

3.4 Einweisung

– Besondere Vereinbarung: Ja/Nein
– Zu erbringen am ... (Tag)/... (Kalenderwoche)
– Einweisung bestätigt: ...

3.5 Schulung

– Besondere Vereinbarung: Ja/Nein
– Teilnehmer (Anzahl: ...)
– Datum: vom ... bis ...
– Nachholtermine ...

3.6 Nachschulung

3.7 Funktionsprüfung

– gemeinsame Durchführung nur, wenn vereinbart
– Durchführung erfolgt
  • allein durch Kunden
  • oder gemeinsam mit Anbieter
– Datum der Funktionsprüfung ...
– Nachholzeitpunkt ...
– spätester Termin ...

1.2 Abnahmeprotokoll → ⊙

Abnahmeprotokoll

Systembezeichnung:
Hardware/Netzwerkkonfiguration:
Systemsoftware:
Anwendungsprogramme:
Abnahmezeitpunkt:
– geprüfte Funktionen: ... Anwendungserfordernisse erfüllt: Ja/Nein
– festgestellte Fehler: ..., beseitigt am ... (Datum)

1.3 Mängelmitteilung → ⊙

Mängelmitteilung

Bezeichnung des Kunden/Auftraggebers: ...
Vertragsnummer: ...
Hardware/Systemsoftware/Systemkonfiguration:
Datum: ... Uhr: ...
Zuständiger Mitarbeiter des Kunden/Auftraggebers: ...
Beschreibung des Mängelbildes: ...
Systemmitteilungen im Wortlaut/Ausdruck: ...
Vorgenommene eigene Beseitigungsmaßnahmen durch Kunden/Auftraggeber:

... ...
Kunde/Auftraggeber

Literaturverzeichnis

Anahory/Murray, Data Warehouse, Planung, Implementierung und Administration, 1997

Arlt, Das neue Vergaberecht bei öffentlichen Dienstleistungsaufträgen, 1997

ASAP, ASAP World Consultancy, Using SAP R/3, 1997

Balzert I, Lehrbuch der Software-Technik, Software-Entwicklung, 1996

Balzert II, Lehrbuch der Software-Technik, Software-Management, Software-Qualitätssicherung, Unternehmensmodellierung, 1998

Bancroft, Implementing SAP R/3, 1996

Bauer/Lichtner, Computertechnologie im Anwaltsbüro, 1998

Baumbach/Duden/Hopt, Handelsgesetzbuch, 29. Aufl., 1995

Beckmann, Computerleasing, 1993

Beier/Götting/Lehmann/Moufang (Hrsg.), Urhebervertragsrecht. Festgabe für G. Schricker, 1995

Blume, Projektkompaß SAP, Arbeitsorientierte Planungshilfen für die erfolgreiche Einführung von SAP-Software, 2. Aufl., 1998

Bömer, Die Pflichten im Computersoftwarevertrag, 1988

Brandi-Dohrn, EDV-Verträge, in Röhricht/Westphalen, HGB-Kommentar, 1998

Brandi-Dohrn, Gewährleistung bei Hard- und Softwaremängeln, 1988

Brandner, in Ulmer/Brandner/Hensen (s. dort)

Braun/Jöckel/Schade, Computer-Kaufverträge, 1989

Braun/Schwab, Erläuterungen zu den besonderen Vertragsbedingungen für den Kauf von EDV-Anlagen und -Geräten, in Burhenne/Perband, 3. Bd., Gruppe 605

Bröhl/Dröschel, Das V-Modell. Der Standard für die Softwareentwicklung mit Praxisleitfaden, 2. Aufl., 1995

Bunte (Hrsg.), Entscheidungssammlung zum AGB-Gesetz, 1991

Burhenne/Perband (Hrsg.), EDV-Recht. Systematische Sammlung der Rechtsvorschriften, organisatorischen Grundlagen und Entscheidungen zur elektronischen Datenverarbeitung, 3 Bände, 1970 ff.

CECUA-Modellvertrag, Modellvertrag für den Kauf von Computer-Anlagen und -Geräten, entworfen vom Anwenderverband Deutscher Informationsverarbeiter e. V., 1984

Chroust, Modelle der Software-Entwicklung, 1992

DV-R 1, DV-Rechtsprechung, Bd. 1, 1983, s. Zahrnt

DV-R 2, DV-Rechtsprechung, Bd. 2, 1987, s. Zahrnt

DV-R 3, DV-Rechtsprechung, Bd. 3, 1989, s. Zahrnt

Ellenberger, Softwareverträge. Zweckmäßige Gestaltung von Software-Verträgen aus der Sicht des Anwenders und des Herstellers, 1983.

Ellenberger/Müller, Zweckmäßige Gestaltung von Hardware-, Software- und Projektverträgen (2., überarbeitete Aufl. von Ellenberger 1983; Müller EDV), 1984.

Emmerich, Das Recht der Leistungsstörungen, 2. Aufl., 1986

W. Erdmann, Neue höchstrichterliche Rechtsprechung zum Urheberrecht und Geschmacksmusterrecht, 1985

U. Erdmann, Systemintegrationsverträge in der Datenverarbeitung, in Nicklisch 1990

Esser/Schmidt, Schuldrecht, Bd. I, Allgemeiner Teil, Teilbd. 2, 7. Aufl., 1993

Esser/Weyers, Schuldrecht, Bd. II, Besonderer Teil, Teilbd., 1, 8. Aufl., 1998

Fromm/Nordemann, Urheberrecht, 9. Aufl., 1998

v. Gamm, Neue höchstrichterliche Rechtsprechung zum Wettbewerbsrecht (UWG), 3. Aufl., 1985

Gaul/Bartenbach, Patentlizenz- und Know-how-Vertrag, 1993

Grieser/Irlbeck, Computerlexikon, 1998

Habel, Nutzungsrechte an Standardanwenderprogrammen, 1989

Haberstumpf, Handbuch des Urheberrechts, 1996

Hefermehl, in Baumbach/Hefermehl, Wettbewerbsrecht, 21. Aufl., 1999

Hensen, in Ulmer/Brandner/Hensen

Heppner, Softwareerstellungsverträge, 1997

Hering, Software-Engineering, 1984

Heussen, Computerrechtshandbuch, 1995

HGB-Kommentar, Hrsg.: Röhricht/Westphalen, 1998

Hoeren, Softwareüberlassung als Sachkauf, 1989

Hopt, AGBG, in Baumbach/Duden/Hopt

Jersch, Ergänzender Leistungsschutz und Computersoftware. Rechtsschutz für innovative Arbeitsergebnisse durch UWG und BGB, 1993

Junker, Computerrecht, 1988

Kappes, Rechtsschutz computergestützter Informationssammlungen, 1996

Karger, Beweisermittlung im deutschen und U.S.-amerikanischen Softwareverletzungsprozeß, 1996

Kilian, Haftung für Softwaremängel, in Gorny/Kilian (Hrsg.), Computer-Software und Sachmängelhaftung, 1985

Kilian, Europäisches Wirtschaftsrecht, 1996

Koch/Stübing, Allgemeine Geschäftsbedingungen, 1977

Koch, Software-Schutz durch Software-Vertragsrecht, in Handbuch der modernen Datenverarbeitung, Bd. 125/1985

Koch, Gewährleistung und Produkthaftung für Mängel an EDV-Systemen im Vergleich, in G. Brendl (Hrsg.), Produkt- und Produzentenhaftung. Handbuch für die betriebliche Praxis, 1986

Koch, CIM-Einführung muß auch juristisch abgesichert sein, CIM-Management, 2/86

Koch, Urheberrechte an Computer-Programmen sichern. Ein aktueller Rechtsratgeber für die Gestaltung von Arbeits- und Nutzungsverträgen mit Programmentwicklern, 2. Aufl., 1988

Koch, Zivilprozeßpraxis in EDV-Sachen, 1988

Koch, Ratgeber Produkthaftung, 1989

Koch, Das Recht komplexer Vertragsleistungen, 1991

Koch/Schnupp, Software-Recht, 1991

Kötz, AGBG, in Münchner Kommentar zum Bürgerlichen Gesetzbuch, Bd. 1, 2. Aufl., 1984

Kullmann (Hrsg.), Produzentenhaftung. Kommentar, 1999

Larenz I, Lehrbuch des Schuldrechts, Bd. II, 1. Halbbd., Besonderer Teil, 13. Aufl., 1986

Larenz II, Lehrbuch des Schuldrechts, Bd. I, Allgemeiner Teil, 14. Aufl., 1987

Larenz/Canaris II/2, BT, Lehrbuch des Schuldrechts, Bd. II, Halbbd. 2, Besonderer Teil, 13. Aufl., 1994

Lehmann/Bearbeiter, M. Lehmann (Hrsg.), Rechtsschutz und Verwertung von Computerprogrammen, 2. Aufl., 1993

Lockemann, Datenbank-Handbuch, 1987

Loewenheim, Urheberrechtliche Grenzen der Verwendung geschützter Dokumente in Datenbanken, 1994

Lutter, Der Letter of Intent, 1982

Lux/Schön, Outsourcing der Datenverarbeitung, 1997

Malzer, Der Software-Vertrag, 1991

Marly, Softwareüberlassungsverträge, Erscheinungsformen, Leistungsstörungen, Vertragsgestaltung, AGB, 2. Aufl., 1997

Marly, Urheberrechtsschutz für Computersoftware in der Europäischen Union, 1995

Martinek I, Moderne Vertragstypen, Leasing und Factoring, 1991

Martinek II, Moderne Vertragstypen, Franchising, Know-how-Verträge, Management- und Consultingverträge, 1992

Martinek III, Moderne Vertragstypen, Computerverträge (u. a.), 1993

Megede, Rechtsschutz von Software, 1987

Michalski/Bösert, Vertrags- und schutzrechtliche Behandlung von Computerprogrammen, 1992

Moritz/Tybusseck, Computersoftware, Rechtsschutz und Vertragsgestaltung, 1986

Müller, C. D., Erläuterungen zu den Besonderen Vertragsbedingungen für die Pflege von DV-Programmen (BVB-Pflege), in Burhenne/Perband, 3. Bd., Gruppe 609

Müller, C. D., Erläuterungen zu den besonderen Vertragsbedingungen für die Überlassung von DV-Programmen, in Burhenne/Perband, 3. Bd., Gruppe 607

Müller, C. D., Vertragsgestaltung im EDV-Bereich, 1982

Müller, C. D., Einführung in das EDV-Vertragsrecht, 1985

Müller-Hengstenberg, BVB-Computersoftware, 2. Aufl., 1988

Müller-Hengstenberg, Vertragsrecht, für EDV-Projekte, 2. Aufl., 1992

Müller-Hengstenberg/Graf v. Westphalen, DV-Projektrecht. Technische und rechtliche Aspekte zur Systemintegration, 1994

Myers, Methodisches Testen von Programmen, 1982

Nicklisch, Mitwirkungspflichten des Bestellers beim Werkvertrag, insbesondere beim Bau- und Industrieanlagenvertrag, BB 1979, 533

Nicklisch, Empfiehlt sich die Neukonzeption des Werkvertragsrechts? – Unter besonderer Berücksichtigung komplexer Langzeitverträge, JZ 1984, 757

Nicklisch (Hrsg.), Verträge über Computertechnik in Forschung, Verwaltung, Wirtschaft und Technik (Heidelberger Kolloquium Technologie und Recht 1989), 1990

Oskarsson/Glass, ISO 9000 und Software-Qualität, 1997

Pagenberg/Geissler, Lizenzverträge, 3. Aufl., 1991

Palandt/Bearbeiter, Bürgerliches Gesetzbuch, 58. Aufl., 1999

Piltz, Internationales Kaufrecht, 1983

Reinicke/Tiedke, Kaufrecht, 5. Aufl., 1992

Rehbinder, Urheberrecht, 10. Aufl., 1998

Redeker, EDV-Prozeß, 1992

Rupietta, Benutzerdokumentation für Software-Produkte, 1987

Rutkowski/Gerhardt, Leitfaden des Computerrechts, 1989

Schack, Urheber- und Urhebervertragsrecht, 1997

Schlünder, AGB-Prüfung und Gestaltung, 1994

Schlosser/Coester-Waltjen/Graba, Kommentar zum Gesetz zur Regelung der Allgemeinen Geschäftsbedingungen, 1977

Schmidt-Salzer, Allgemeine Geschäftsbedingungen, 2. Aufl., 1977

Schmitz/Bons/van Megen, Software-Qualitätssicherung-Testen im Software-Lebenszyklus, 2. Aufl., 1983

Schmitz-Diemitz, Handbuch des Wettbewerbsrechts, 1992

Schneider, Praxis des EDV-Rechts, 2. Aufl., 1997

Schneider, Softwarenutzungsverträge im Spannungsfeld von Urheber- und Kartellrecht, 1988

Schnupp, Standard-Betriebssysteme, 1988

Schricker/Kommentator, Urheberrecht, 2. Aufl., 1999

Schweiggert, Software-Qualität – Eine Standortbestimmung, in Kölsch/Schmid/Schweiggert (Hrsg.), Wirtschaftsgut Software, 1985

Sieber, Computerkriminalität und Strafrecht, 2. Aufl., 1981

Sneed, Software-Qualitätssicherung für kommerzielle Anwendungssysteme, 1983

Stahlknecht, Einführung in die Wirtschaftsinformatik, 4. Aufl., 1989

Suhr/Suhr, Software Engineering, 1993

Taeger, Außervertragliche Haftung für fehlerhafte Computerprogramme, 1995

Thaller, ISO 9001. Software-Entwicklung in der Praxis, 1996

Ulmer/Brandner/Hensen, AGB-Gesetz, Kommentar zum Gesetz zur Regelung des Rechts der Allgemeinen Geschäftsbedingungen, 4. Aufl., 1982

Wagner, Reverse Engineering. Sanierung, Dokumentation und Strukturierung vorhandener Software, 1992

Walter, Kaufrecht, Bd. 6 des Handbuches des Schuldrechts, hrsg. v. Gernhuber, 1987

Wenzel, Betriebswirtschaftliche Anwendungen des integrierten Systems SAP R/3, 2. Aufl., 1996

v. Westphalen, Der Leasingvertrag, 5. Aufl., 1998

v. Westphalen, Löwe/Graf/Trinkner, Großkommentar zum AGB-Gesetz, 2. Aufl., 1983

v. Westphalen, Qualitätssicherung, in Röhricht/Westphalen, HGB-Kommentar, 1998

Wiebe, Know-how-Schutz von Software. Eine rechtsvergleichende Untersuchung der wettbewerbsrechtlichen Schutzmöglichkeiten in Deutschland und in den USA, 1993

Willmer, Systematische Qualitätssicherung anhand von Qualitäts- und Produktkontrollen, 1988

Wittmer, Der Schutz von Computersoftware – Urheberrecht oder Sonderrecht?, 1981

Wix/Balzert, Software-Wartung, 1988

Wolf/Horn/Lindacher, Gesetz zur Regelung des Rechts der Allgemeinen Geschäftsbedingungen, 3. Aufl., 1994

Zahrnt, VOC-Verdingungsordnung für Computerleistungen. Teil II: Die Besonderen Vertragsbedingungen für die Überlassung und Pflege von DV-Programmen, 1981

Zahrnt, VOC-Verdingungsordnung für Computerleistungen. Teil I: Die Besonderen Vertragsbedingungen für die Miete, den Kauf und die Wartung von EDV-Anlagen und -Geräten, 1982

Zahrnt, DV-R 1, DV-Rechtsprechung, Bd. 1, 1983

Zahrnt, Datenverarbeitungsverträge, 2. Aufl., 1985

Zahrnt, DV-R 2, DV-Rechtsprechung, Bd. 2, 1987

Zahrnt, DV-R 3, DV-Rechtsprechung, Bd. 3, 1989

Zahrnt, DV-Verträge: Rechtsfragen und Rechtsprechung, 2. Aufl., 1989

Zöller/Vollkommer, Kommentar zur ZPO, 20. Aufl., 1987

Verzeichnis wichtiger gerichtlicher Entscheidungen mit EDV-Bezug

(Die Entscheidungen wurden in folgender Reihenfolge aufgelistet: Datum/Aktenzeichen/Fundstelle(n)/Rn. im vorliegenden Werk.)

BGH

27. 1. 1971	VII ZR 180/69	WM 1971, 506	1355
11. 2. 1971	VII ZR 170/69	WM 1971, 615	848
23. 2. 1972	VIII ZR 115/70	DB 1972, 917	
		= WM 1972, 625	1386
30. 4. 1976	V ZR 143/74	NJW 1976, 1931	100
23. 2. 1977	VIII ZR 124/75	NJW 1977, 848	428, 664,
			848, 1280
5. 4. 1978	VIII ZR 49/77	NJW 1978, 1432	520
15. 12. 1978	I ZR 26/77	GRUR 1979, 464	1479, 1486,
		– Flughafenpläne	1496
7. 12. 1979	I ZR 157/77	GRUR 1980, 227	1480, 1493
		– Monumenta	
		Germaniae Historica	
2. 6. 1980	VIII ZR 78/79	NJW 1980, 1950	1136
21. 11. 1980	I ZR 106/78	GRUR 1981, 352	1477, 1480
25. 2. 1981	VIII ZR 35/80	NJW 1981, 1501	1136
27. 2. 1981	I ZR 29/79	GRUR 1981, 520	1480
3. 6. 1981	VIII ZR 153/80	DV-R 1, 213	
		= NJW 1981, 2684	1166, 1465
16. 9. 1981	VIII ZR 265/80	BGHZ 81, 298	1280
5. 10. 1981	VIII ZR 259/80	NJW 1982, 696	1124, 1165,
			1187
28. 10. 1981	VIII ZR 302/80	NJW 1982, 870	1433
2. 12. 1981	VIII ZR 273/80	NJW 1982, 873	1414
10. 2. 1982	VIII ZR 27/81	DV-R 2, 59	7, 1057
13. 3. 1983	VIII ZR 142/82	DV-R 2, K-44	224
30. 6. 1983	VIII ZR 293/82	DV-R 2, 219	1355, 1367
14. 11. 1983	VIII ZR 283/83	BB 1985, 146	360
8. 2. 1984	VIII ZR 295/82	DB 1984, 1193	
		= WM 1984, 479	1200

29. 3. 1984	I ZR 32/82	GRUR 1984, 659 – Ausschreibungs- unterlagen	1479, 1493
10. 5. 1984	I ZR 85/82	GRUR 1985, 129 – Elektrodenfabrik	1487, 1496, 1503, 1514
5. 6. 1984	X ZR 75/83	DV-R 2, 327	911
6. 6. 1984	VIII ZR 83/83	CR 1986, 79	209, 210, 213, 218, 941, 1296, 1353, 1355, 1366
20. 6. 1984	VIII ZR 131/83	NJW 1985, 129	1443, 1444
28. 11. 1984	VIII ZR 240/83	WM 1985, 360	1373
6. 12. 1984	VII ZR 227/83	BB 1985, 1283	346, 353, 527, 883
20. 12. 1984	VII ZR 340/83	NJW-RR 1986, 271	515, 522
27. 2. 1985	VIII ZR 328/83	NJW 1985, 1535	1446
12. 3. 1985	VI ZR 182/83	ZIP 1985, 687	516
24. 4. 1985	VIII ZR 65/84	ZIP 1985, 682	1280
2. 5. 1985	I ZB 8/84	GRUR 1985, 1055	729, 730
9. 5. 1985	I ZR 52/83	GRUR 1985, 1041 = NJW 1986, 195 – Inkassoprogramm	1475, 1477, 1484, 1495 f.
12. 6. 1985	VIII ZR 148/84	DB 1985, 1730	1430
19. 6. 1985	VIII ZR 238/84	BB 1985, 1418	478
3. 7. 1985	VIII ZR 102/84	NJW 1985, 2258	668, 673, 1276
9. 10. 1985	VIII ZR 217/84	ZIP 1985, 1398	150
10. 10. 1985	VII ZR 303/84	NJW 1986, 711	1315
22. 1. 1986	VIII ZR 318/84	NJW 1986, 1353	1432
29. 1. 1986	VIII ZR 49/85	ZIP 1986, 512	520
30. 1. 1986	I ZR 242/83	NJW 1987, 1259 = BB 1986, 1319 = CR 1986, 377	863
19. 2. 1986	VIII ZR 91/85	ZIP 1986, 716 = DV-R 4, 32	1353, 1446
11. 3. 1986	X ZR 65/85	CR 1986, 325 – Seitenpuffer	1569
19. 3. 1986	VIII ZR 81/85	NJW 1986, 1746	1432
24. 4. 1986	VII ZR 262/85	BB 1986, 1322	1370

24.	6. 1986	X ZR 16/85	CR 1986, 799	
			= WM 1986, 1255	220, 633, 854, 1082, 1122, 1165
30.	4. 1986	VIII ZR 90/85	NJW-RR 1986, 1010	648
30.	1. 1986	I ZR 242/83	CR 1986, 377	61
19.	2. 1986	VIII ZR 91/85	ZIP 1986, 716	520, 651, 1280
18.	6. 1986	VIII ZR 195/85	IuR 1988, 84	1154
15.	10. 1986	VIII ZR 319/85	DB 1987, 371	645
17.	12. 1986	VIII ZR 279/85	NJW 1987, 1072	1280, 1281, 1291
1.	7. 1987	VIII ZR 117/86	WM 1987, 1131	
			= NJW 1988, 204	520, 652, 653, 675, 1088, 1092, 1094, 1279, 1387, 1429
25.	3. 1987	VIII ZR 43/86	CR 1987, 358	
			= DB 1987, 1290	100, 102, 109, 1106, 1188, 1386, 1387, 1403
30.	9. 1987	VIII ZR 226/86	CR 1987, 846	
			= NJW 1988, 198	642, 663
4.	11. 1987	VII ZR 314/86	CR 1988, 124	
			= WM 1987, 1492	
			= BGHZ 102, 135	97, 100, 638, 669, 673, 726, 729, 730, 737, 741, 1398, 1402
10.	12. 1987	I ZR 198/85	GRUR 1988, 533	1483
30.	3. 1988	VIII ZR 340/86	NJW 1988, 1774	669
27.	4. 1988	VIII ZR 84/87	DV-R 4, 85	1088, 1089, 1387
15.	6. 1988	VIII ZR 316/87	CR 1989, 278	669

13. 7. 1988	VIII ZR 292/87	CR 1989, 102	
		= NJW 1988, 1396	23, 230, 231
28. 9. 1988	VIII ZR 160/87	DB 1988, 2508	
		= BB 1988, 2273	671
18. 1. 1989	VIII ZR 142/88	DB 1989, 874	411, 412
25. 1. 1989	VIII ZR 49/88	NJW-RR 1989, 559	104
22. 3. 1989	VIII ZR 155/88	NJW 1989, 1730	1418
31. 5. 1989	VIII ZR 97/88	NJW 1989, 1140	671
5. 7. 1989	VIII ZR 334/88	CR 1990, 189	61, 1279
12. 7. 1989	VIII ZR 297/88	CR 1990, 31	339, 527
20. 9. 1989	VIII ZR 239/88	DB 1989, 2371	
		= BB 1989, 2136	655, 1418, 1430
18. 10. 1989	VIII ZR 325/86	NJW 1990, 320	
		= WM 1989, 1890	728, 729, 737, 738
25. 10. 1989	VIII ZR 105/88	DB 1990, 106	1444
8. 11. 1989	VIII ZR 1/89	DB 1990, 234	678
29. 11. 1989	VIII ZR 323/88	BB 1990, 232	669
14. 12. 1989	IV ZR 283/88	BB 1990, 307	678, 1455
17. 1. 1990	VIII ZR 292/88	NJW 1990, 2065	328
24. 1. 1990	VIII ZR 22/89	WM 1990, 510	
		= DB 1990, 625	
		= ZIP 1990, 650	684, 718, 1237, 1243
31. 1. 1990	VIII ZR 280/88	BB 1990, 1087	643, 1098, 1437
21. 2. 1990	VIII ZR 216/89	BB 1990, 950	
		= BB 1990, 1081	
		= NJW-RR 1990, 886	435, 436, 1263
7. 3. 1990	VIII ZR 56/89	NJW 1990, 3011	
		= CR 1990, 707	
		= DB 1990, 1123	101, 106, 108, 639, 718, 726, 729, 848, 1094, 1387
13. 3. 1990	XI ZR 252/89	ZIP 1990, 499	649

28. 3. 1990	VIII ZR 17/89	ZIP 1990, 646	678	
15. 5. 1990	X ZR 128/88	CR 1991, 86		
		= BB Beil. 18, 1991, 9	196, 221, 718, 1042, 1331	
15. 5. 1990	X ZR 28/88	NJW 1990, 3008		
		= CR 1991, 680	848, 1187	
16. 5. 1990	VIII ZR 254/89	WM 1990, 1339	436	
16. 5. 1990	VIII ZR 108/89	CR 1990, 704	1430	
30. 5. 1990	VIII ZR 367/89	DB 1991, 1919		
		= NJW-RR 1990, 1398	216, 943	
30. 5. 1990	VIII ZR 233/89	ZIP 1990, 1136	670, 1355	
1. 6. 1990	V ZR 48/89	WM 1990, 1674	1222	
27. 6. 1990	VIII ZR 72/89	DB 1990, 2016		
		= CR 1990, 718	428, 683, 1239	
4. 7. 1990	VIII ZR 288/89	WM 1990, 1796		
		= BB 1990, 1796		
		= CR 1991, 407		
		= ZIP 1990, 1133	648, 681, 718	
4. 10. 1990	I ZR 139/89	GRUR 1991, 449		
		= CR 1991, 80		
		= NJW 1991, 1231	1475, 1487	
		– Betriebssystem		
10. 10. 1990	VIII ZR 286/89	DB 1990, 24	512, 1430	
10. 10. 1990	VIII ZR 296/89	DB 1990, 2463	1432, 1435	
11. 10. 1990	VII ZR 228/89	CR 1991, 119	848, 1103	
27. 11. 1990	X ZR 26/90	BB 1991, 373	79, 507	
20. 12. 1990	VII ZR 302/89	BB 1991, 375	1329	
13. 3. 1991	VIII ZR 34/90	ZIP 1991, 519	470, 1446, 1447	
29. 5. 1991	VIII ZR 125/90	WM 1991, 1416	662, 679, 1089	
6. 6. 1991	I ZR 234/89	BB 1991, 1817	1135	
11. 6. 1991	X ZB 13/88	CR 1991, 658	1570	
		– Chinesische Schrift-zeichen		
19. 6. 1991	VIII ZR 149/90	BB 1991, 1732		
		= NJW 1991, 2633	518	

Datum	Aktenzeichen	Fundstelle	Seiten
26. 6. 1991	VII ZR 198/90	NJW 1991, 2484	1393, 1396, 1441
27. 6. 1991	I ZR 7/90	NJW 1992, 232	1478
24. 9. 1991	X ZR 85/90	CR 1992, 543	17, 18, 26, 1051, 1056
9. 10. 1991	VIII ZR 88/90	ZIP 1992, 477	1250
11. 10. 1991	V ZR 159/90	NJW-RR 1992, 91	1043
4. 2. 1992	X ZR 43/91	NJW 1993, 203 = CR 1992, 600 – Tauchcomputer	1569
2. 3. 1992	VII ZR 5/91	ZIP 1992, 774	256
1. 4. 1992	XII ZR 100/91	WM 1992, 1163 = CR 1992, 717	608, 642
5. 5. 1992	X ZR 115/90	CR 1993, 85 = BB Beil. 13, 1993, 5	633, 1081, 1385f.
23. 6. 1992	X ZR 92/90	CR 1993, 424	516, 1119
24. 6. 1992	VIII ZR 188/91	CR 1993, 685	1391
30. 9. 1992	VIII ZR 193/91	ZIP 1992, 1559	518, 1200
1. 10. 1992	V ZR 36/91	NJW 1992, 3224	111, 1402
7. 10. 1992	VIII ZR 182/91	CR 1993, 139	1429
20. 10. 1992	X ZR 74/91	CR 1993, 355	512, 518, 1151
20. 10. 1992	X ZR 107/90	NJW-RR 1993, 309	1307
28. 10. 1992	XII ZR 92/91	NJW-RR 1993, 178	595, 1352, 1354
3. 11. 1992	X ZR 83/90	CR 1993, 352 = BB Beil. 13, 1993, 4	174, 179, 181
4. 11. 1992	VIII ZR 165/91	CR 1993, 203 = NJW 1993, 461 = WM 1993, 111 = ZIP 1992, 1640	55, 140, 144, 685, 1190, 1364, 1401
11. 11. 1992	VIII ZR 238/91	BB 1992, 2460	406, 513
26. 1. 1993	X ZR 90/91	CR 1994, 91	515, 1205
17. 2. 1993	VIII ZR 37/92	BB 1993, 1036 = ZIP 1993, 436	336, 675, 683, 685

17.	3. 1993	VIII ZR 180/92	ZIP 1993, 684	468
25.	3. 1993	X ZR 17/92	NJW-RR 1993, 986	747, 848, 1462
21.	6. 1993	X ZR 90/91	CR 1994, 91	518
14.	7. 1993	VIII ZR 147/92	NJW 1993, 2436 = CR 1993, 681 = ZIP 1993, 1394	108, 441, 518, 536, 719, 729, 730, 777, 850 1190, 1237, 1240, 1364
14.	7. 1993	I ZR 47/91	CR 1993, 752	1476
20.	4. 1993	X ZR 67/92	BB 1993, 1395	518
20.	1. 1994	I ZR 267/91	GRUR 1994, 363 = CR 1994, 275 = NJW 1994, 1216 – Holzhandelsprogramm	1521
2.	2. 1994	VIII ZR 262/92	WiB 1994, 276	436
27.	4. 1994	VIII ZR 154/93	CR 1994, 460	141, 1065, 1359, 1364, 1402
17.	5. 1994	X ZR 39/93	NJW 1994, 1134	6
28.	6. 1994	X ZR 95/92	IuR 1995, 349 = CR 1995, 265 = NJW-RR 1994, 1469	21, 230, 1050
10.	10. 1994	VIII ZR 295/93	NJW 1995, 187	665
21.	12. 1994	VIII ZR 197/93	Jur-PC 1995, 3107	663, 716
11.	1. 1995	VIII ZR 82/94	CR 1996, 144	649
26.	1. 1995	I ZR 63/93	GRUR 1995, 212	1515
30.	1. 1995	VIII ZR 316/93	CR 1993, 147	649
8.	3. 1995	VIII ZR 313/93	ZIP 1995, 845	1435
5.	4. 1995	I ZR 59/93	CR 1995, 594	1166
9.	5. 1995	VI ZR 158/94	ZIP 1995, 1094	257
11.	10. 1995	VIII ZR 151/94	BB 1995, 2394	1361
9.	11. 1995	I ZR 220/95	CR 1996, 79	807
23.	1. 1996	X ZR 105/93	CR 1996, 467 = NJW 1996, 1745	100, 1050, 1063, 1064, 1065

23. 1. 1996	XI ZR 57/95	NJW 1996, 1745	112, 230
25. 1. 1996	VII ZR 26/95	NJW 1996, 1280	189
14. 2. 1996	VIII ZR 89/95	NJW 1996, 1465	
		= CR 1996, 402	223, 1172, 1173, 1228
27. 2. 1996	X ZR 3/94	BB 1996, 766	178, 196
28. 2. 1996	VIII ZR 241/94	NJW 1996, 1962	1136, 1172
18. 4. 1996	X ZR 138/94	NJW-RR 1996, 1008	1403
25. 4. 1996	X ZR 59/94	NJW-RR 1996, 883	190, 882
2. 7. 1996	X ZR 64/94	CR 1996, 663	
		= NJW 1996, 2924	
		= BB Beil. 19, 1996, 2	159, 239, 1333f.
20. 11. 1996	VIII ZR 184/95	DB 1997, 370	1218, 1219
4. 3. 1997	X ZR 141/95	CR 1997, 470	
		= NJW 1997, 2043	79, 720, 726, 729, 741
12. 3. 1997	VIII ZR 15/96	CR 1997, 462	
		= DB 1997, 1023	
		= WiB 1997, 769	1143, 1166
24. 4. 1997	I ZR 44/95	CR 1998, 5	1578
4. 7. 1997	V ZR 405/96	CR 1998, 286	523
29. 10. 1997	VIII ZR 347/96	MDR 1998, 251	1207
8. 7. 1998	VIII ZR 1/98	BB 1998, 1970	388, 450
22. 7. 1998	VIII ZR 220/97	NJW 1998, 3197	1064
24. 11. 1998	X ZR 21/96	NJW-RR 1999, 347	1056

BAG

Beschlüsse vom

16. 3. 1989	31 W (pat) 50/86	CR 1991, 26	1569
4. 10. 1990	19 W (pat)		
	117/88	CR 1991, 225	1569
21. 9. 1993	GmS-OGB 1/93	NJW 1994, 856	877
2. 4. 1996	1 ABR 47/95	CR 1996, 604	252
22. 1. 1998	17 W (pat) 1/96	CR 1998, 651	1569

BPatG

Beschlüsse vom

22.	7. 1986	21 W (pat) 84/83	CR 1987, 366	1576
12.	8. 1987	19 W (pat) 56/85	CR 1988, 27	1568
25.	7. 1988	19 W (pat) 93/87	CR 1989, 377	1575
30.	8. 1988	17 W (pat) 112/86	GRUR 1989, 336	1574
8.	9. 1988	17 W (pat) 137/86	GRUR 1989, 338	1570
5.	10. 1989	31 W (pat) 58/88	GRUR 1990, 261	1574
4.	10. 1990	19 W (pat) 177/88	CR 1991, 225	1566
25.	3. 1996	20 W (pat) 12/94	GRUR 1996, 866	1574
25.	9. 1997	29 W (pat) 262/94	CR 1998, 4	1578
22.	1. 1998	17 W (pat) 1/96	CR 1998, 651	1568

EPA

Entscheidung vom

6.	10. 1988	T 6/83	CR 1991, 285 = ABl. 1990, 5	1567
12.	12. 1989	T 158/88	CR 1991, 21 = ABl. 1991, 566	1567
17.	4. 1991	T 461/88	CR 1992, 535	1568
26.	4. 1991	T 107/87	CR 1993, 26	1567
15.	4. 1993	T 110/90	CR 1994, 340	1567
16.	4. 1993	T 236/91	CR 1995, 214	1567
21.	9. 1993	C 71/91	CR 1995, 205	1567
19.	4. 1994	T 887/92	unv.	1567
31.	5. 1994	T 769/92	CR 1995, 208	1568

Instanzgerichte:

KG Berlin

5.	3. 1973	12 U 430/71	DV-R 1, 48	1377
11.	4. 1975	14 U 2355/74	DV-R 1, 102	654
17.	12. 1981	19 U 4221/78	DV-R 2, 92	1385, 1390
6.	6. 1984	Kart U 2495/83	CR 1986, 643	79, 911

24. 1. 1985	22 U 5919/83	CR 1986, 643	3, 6, 14, 1122, 1187, 1228
3. 5. 1985	22 U 5919/83	CR 1986, 643	545
30. 9. 1985	2 U 5503/83	DV-R 3, 45	1177, 1308
13. 2. 1987	5 U 4910/84	CR 1987, 850	1498
21. 5. 1987	2 U 1744/84	CR 1989, 397 = IuR 1988, 303	1148, 1153, 1202
11. 6. 1987	2 U 5138/86	MRC 1987, 34	1232
1. 6. 1990	14 U 4238/86	CR 1990, 768	19, 840, 1057, 1127, 1165, 1187, 1314
8. 3. 1994	1 W 7446/96	CR 1994, 740	1408
22. 11. 1994	18 U 7070/93	CR 1995, 151	1121, 1131, 1187
27. 2. 1996	5 U 8281/95	CR 1996, 531 = GRUR 1996, 974	763, 767, 780

Oberlandesgerichte:

OLG Bamberg

1. 10. 1985	5 U 57/85	CR 1987, 234 = DV-R 3, 34	475, 526, 898, 922
16. 5. 1994	4 U 19/80	CR 1980, 93	796

OLG Brandenburg

1. 12. 1998	6 U 301/97	K & R 1999, 369	555

OLG Braunschweig

13. 2. 1985	3 U 54/83	DV-R 3, 45	1095

OLG Bremen

28. 12. 1978	2 U 36/78	MRC 1978, 1	230, 848, 1366
17. 1. 1989	3 U 10/88	CR 1989, 802	675

20.	3. 1990	3 U 33/89	NJW-RR 1992, 951	
			= BB Beil. 7, 1991, 2	100, 144,
				185, 1360
13.	2. 1997	2 U 76/96	K & R 1998, 4	720, 811,
				1166, 1187,
				1535

OLG Celle

3.	7. 1981	2 U 216/80	DV-R 1, 77	14, 27, 230,
				1131, 1228,
				1255
8.	11. 1985	11 U 212/84	IuR 1986, 311	175, 178,
				883, 885,
				886, 1154,
				1184, 1237,
				1309
26.	2. 1986	6 U 154/84	CR 1988, 303	202, 218,
				1309
9.	5. 1990	9 U 311/88	CR 1991, 219	562, 718, 852
20.	2. 1991	6 U 15/90	CR 1991, 610	18, 231, 880,
				1103
3.	3. 1992	20 U 69/90	CR 1994, 217	
			= NJW-RR 1993, 432	801, 1166,
				1187, 1189,
				1191, 1197
1.	4. 1993	13 U 39/90	CR 1994, 681	862
3.	11. 1993	2 U 212/92	CR 1994, 744	1427
15.	12. 1993	2 U 269/92	CR 1995, 272	1426
26.	5. 1994	13 U 4/94	CR 1995, 23	127, 1197,
				1954
2.	9. 1994	13 W 54/94	CR 1995, 16	1521
5.	10. 1994	13 U 17/94	CR 1995, 152	718, 850, 854
15.	2. 1995	2 U 62/94	CR 1995, 66	1426
22.	11. 1995	13 U 111/95	CR 1996, 539	176, 848
21.	2. 1996	13 U 255/95	CR 1996, 538	203, 208,
				214, 1233
22.	5. 1996	13 U 68/94	BB Beil. 19, 1996, 6	1357, 1363
10.	7. 1996	13 U 11/96	CR 1997, 150	179, 718,
				1187

OLG Dresden

8. 7. 1998	8 U 3526/97	CR 1998, 598	218

OLG Düsseldorf

4. 11. 1983	14 U 141/83	IuR 1986, 360	202, 204, 206, 224, 1125
17. 10. 1985	6 U 49/85	CR 1987, 173	1121, 1165, 1187, 1194
14. 1. 1987	19 U 48/86	CR 1988, 31 = NJW-RR 1988, 441	898, 900, 1335
25. 6. 1987	33 O 118/85	IuR 1987, 428	718
18. 2. 1988	10 U 132/87	BB 1988, 863	495
13. 4. 1988	19 U 62/87	CR 1989, 696 =BB Beil. 5, 1989, 7	718, 848
14. 4. 1988	10 U 146/87	CR 1989, 496	1438
15. 4. 1988	16 U 262/87	MRC 1988, 6	1052, 1056, 1406
28. 7. 1988	10 U 9/88	CR 1989, 390 = NJW 1989, 116	200, 223
7. 12. 1988	17 U 27/87	ZIP 1989, 580 = CR 1989, 689 = WM 1989, 459	141, 143, 144, 167, 177, 186, 229, 852, 1363, 1376, 1400
23. 3. 1989	10 U 86/88	CR 1989, 908	699
9. 6. 1989	16 U 209/87	CR 1990, 122 = BB Beil. 24, 1990, 5 = NJW 1989, 2627	58, 151, 167, 718, 732, 741, 745, 850, 1056, 1172, 1380
9. 11. 1989	10 U 36/89	BB 1990, 167	673
23. 11. 1989	10 U 178/88	NJW-RR 1990, 1143	1146

12.	7. 1990	6 U 115/89	CR 1991, 538	143
18. 10. 1990		6 U 71/87	CR 1992, 724	1140, 1205, 1216
24. 10. 1990		19 U 10/90	MRC 1990, 35	1272
23.	5. 1991	10 U 194/90	BB 1991, 1734 = CR 1992, 25	668
23.	5. 1991	10 U 193/90	CR 1991, 609	1411, 1439
5.	7. 1991	22 U 48/91	NJW 1992, 951	1052, 1056, 1079, 1190
12.	7. 1991	22 U 30/91	CR 1991, 668	848
30.	1. 1992	5 U 193/90	VersR 1992, 889	1106, 1187, 1414
20.	3. 1992	22 U 194/91	NJW-RR 1992, 824	436
2.	4. 1992	6 U 131/91	MRC 1992, 36	1363
1.	6. 1992	19 U 51/92	VersR 1993, 1023	183
10.	6. 1992	19 U 23/91	CR 1993, 361	23, 28
11.	6. 1992	10 U 172/91	CR 1992, 606	1391, 1405, 1444
21.	7. 1992	22 U 57/92	NJW-RR 1993, 60	1211
25.	3. 1993	6 U 119/92	CR 1993, 429	1166, 1187
26.	3. 1993	22 U 199/92	CR 1993, 761	1071, 1231, 1232
8. 10. 1993		22 U 107/93	CR 1994, 94	1101
10. 12. 1993		17 U 33/93	CR 1994, 351	209
22.	9. 1994	5 U 162/93	CR 1995, 154 = MRC 1995, 73	1385
9. 12. 1994		17 U 106/94	CR 1995, 268	854, 1175
21. 12. 1994		15 U 181/93	CR 1996, 18	385
20.	1. 1995	22 U 160/94	CR 1995, 268 = NJW-RR 1996, 40	126, 1055
19.	5. 1995	22 U 118/94	CR 1995, 600	1123, 1166
26.	7. 1995	20 U 65/95	CR 1995, 730	751, 755
22.	9. 1995	22 U 35/95	CR 1996, 89	1119, 1165, 1205, 1213
27. 10. 1995		22 U 66/95	CR 1996, 214 = NJW-RR 1996, 821	51, 60, 187

22. 12. 1995	22 U 80/95	CR 1996, 349 = NJW-RR 1997, 47 = Jur-PC Web-Dok. 4/1988	219, 222, 1171
12. 1. 1996	22 U 124/95	WiB 1997, 482	1205, 1219
14. 5. 1996	20 U 126/95	CR 1996, 728	1521
19. 2. 1997	22 U 103/97	NJW-RR 1998, 1587	1389
27. 3. 1997	20 U 51/96	CR 1997, 337 = BB Beil. 15, 1997, 7	796, 802, 804f.
18. 7. 1997	22 U 3/97	NJW-RR 1998, 345 = CR 1997, 732	26, 848
3. 3. 1998	20 U 76/97	Jur-PC Web-Dok. 179/98 = MMR 1998, 417	767, 811

OLG Frankfurt/Main

25. 11. 1975	5 U 11/75	DV-R 1, 37	583, 1055, 1058
12. 10. 1976	5 U 6/76	DV-R 1, 105	665, 1091
24. 4. 1979	5 U 147/78	DV-R 2, 127	671
22. 3. 1980	7 U 118/75	DV-R 1, 209	863
29. 4. 1980	5 U 84/78	DV-R 2, 76	202, 1107
28. 4. 1981	5 U 155/80	DV-R 1, 57	1216, 1319
14. 7. 1981	5 U 161/78	NJW 1983, 456	107, 108
23. 11. 1982	5 U 69/82	DV-R 2, 94	1119, 1165, 1171
22. 4. 1983	6 U 90/82	DV-R 2, 327	911
14. 7. 1983	5 U 252/82	DV-R 2, 149	1253
23. 11. 1983	21 U 236/82	DV-R 2, 124	1112
22. 1. 1985	5 U 86/84	CR 1986, 271 = NJW 1985, 2278 = DV-R 3, 61	58, 168, 666, 1189, 1429
8. 5. 1985	21 U 222/82	DV-R 3, 64	105, 110, 1442
14. 5. 1985	5 U 210/84	NJW-RR 1986, 671	528, 680
17. 9. 1985	5 U 171/83	NJW-RR 1986, 278	650, 1443

22. 10. 1985	5 U 56/84	NJW 1986, 2509	670, 1431
14. 3. 1986	4 U 197/85	WM 1986, 1362	345, 347
22. 9. 1986	5 W 21/86	NJW 1987, 372	1432, 1435
17. 2. 1987	22 U 119/86	IuR 1987, 231	1056, 1383
10. 3. 1987	5 U 121/86	NJW 1987, 3206 = CR 1988, 294	55, 1144, 1190
20. 10. 1987	9 U 11/86	NJW-RR 1988, 438	218
16. 2. 1988	13 U 65/88	CR 1989, 286	1426
15. 4. 1988	16 U 262/87	DV-R 4, 106	1118
15. 6. 1988	13 U 141/87	CR 1990, 127	205, 222, 1187
9. 11. 1988	21 U 278/84	MRC 1988, 35	1437
26. 4. 1989	13 U 54/88	BB Beil. 24, 1990, 8 = MRC 1989, 9	1187
2. 5. 1989	5 U 240/87	MRC 1989, 5 =BB Beil. 24, 1990, 10	837, 848
12. 7. 1989	9 U 61/88	CR 1990, 585	211, 212, 215, 939, 942
9. 3. 1990	5 U 72/87	CR 1990, 508	669, 670, 1430
26. 6. 1990	5 U 8/89	NJW-RR 1992, 280	1201
7. 7. 1990	5 U 72/87	CR 1990, 519 = NJW-RR 1990, 1207	1430
9. 7. 1990	4 U 114/88	CR 1990, 767	238, 1165
17. 1. 1991	6 U 18/90	CR 1991, 345 = WM 1991, 1095	108, 533, 758, 780
21. 3. 1991	3 U 27/90	NJW-RR 1991, 1527	639
29. 10. 1991	8 U 11/88	CR 1993, 217	1175
19. 11. 1992	6 U 71/91	CR 1994, 156	524
25. 3. 1992	23 U 208/89	BB Beil. 3, 1993, 4	863, 1069
12. 3. 1993	10 U 76/92	CR 1994, 97 = NJW-RR 1994, 122	51, 55
28. 4. 1993	21 U 26/92	CR 1994, 355	534
14. 5. 1993	24 U 116/92	NJW-RR 1994, 1076	848
23. 11. 1993	21 U 236/82	DV-R 2, 125	521
2. 2. 1994	23 U 25/92	MRC 1995, 132	949
10. 3. 1994	6 U 18/93	CR 1994, 398	758, 779

15. 3. 1994	5 U 94/93	NJW-RR 1995, 439	511
4. 5. 1995	6 U 29/88	BB Beil. 1, 1996, 3	877
12. 7. 1995	9 U 31/95	CR 1996, 26	196, 832, 1189
26. 1. 1996	24 U 110/94	CR 1996, 473	1229, 1234
25. 6. 1996	11 U 4/96	NJW-RR 1997, 494	767
29. 10. 1996	11 U 44/95	CR 1997, 275	1493
4. 7. 1997	24 U 215/95	CR 1995, 734 = NJW 1998, 84	1115
3. 11. 1998	11 U 20/98	CR 1999, 7	811

OLG Hamburg

9. 8. 1985	11 U 209/84	CR 1986, 83 = IuR 1986, 264	143, 175, 177, 883, 884, 887
17. 9. 1986	5 U 40/86	DB 1986, 2428 = NJW-RR 1987, 121	420, 463
20. 10. 1987	9 U 111/86	NJW-RR 1988, 438	220
22. 12. 1988	3 U 102/88	ZUM 1989, 359	1482
12. 6. 1992	14 U 7/91	NJW-RR 1993, 1204	146
1. 2. 1994	3 W 20/94	NJW-RR 1995, 1324 = CR 1994, 616	751
26. 7. 1996	12 U 5/96	CR 1997, 87	180, 1197

OLG Hamm

6. 6. 1980	20 U 310/79	DV-R 1, K-M 6	849, 1189
2. 12. 1982	2 U 131/82	DV-R 2, 144	671, 673
5. 5. 1982	19 U 201/81	DV-R 2, 143	1037
4. 3. 1983	19 U 300/82	DV-R 2, 99	203, 218, 222, 224
21. 4. 1983	2 U 185/82	DV-R 2, 249	1154
5. 6. 1984	4 U 55/86	NJW 1987, 454	1098
5. 10. 1984	25 U 177/83	CR 1986, 268	1063, 1194
28. 12. 1984	7 U 27/84	DV-R 3, 205	1437
14. 3. 1986	4 U 197/85	WM 1986, 1362	371, 527, 538, 1391
5. 5. 1986	4 U 55/86	BB 1986, 2154	1433

22. 5. 1986	4 U 190/84	BB 1987, 1975 = NJW-RR 1988, 439 = CR 1988, 297 = DV-R 4, 124	893, 928, 1152
28. 5. 1986	19 U 63/84	CR 1987, 363	718, 726, 885
28. 10. 1986	19 U 35/86	BB 1987, 363	1136, 1138
26. 6. 1987	30 U 96/86	NJW-RR 1987, 1142	1276
30. 11. 1987	2 U 118/86	CR 1987, 363 = IuR 1988, 455	186, 556
8. 3. 1988	21 U 41/87	BB Beil. 11, 1989, 6	1187, 1194
9. 5. 1988	31 U 182/87	CR 1989, 490	1358, 1380, 1398, 1400
12. 10. 1988	31 U 220/87	CR 1989, 486	177, 178, 1376
22. 11. 1988	25 U 5810/86	CR 1989, 283	912
23. 11. 1988	31 U 63/88	CR 1989, 498 = BB Beil. 15, 1989, 3	218, 899
30. 11. 1988	30 U 201/86	NJW 1989, 2629	718
12. 12. 1988	31 U 104/87	NJW 1989, 1041	175, 848
22. 2. 1989	31 U 197/87	CR 1990, 37	1277
8. 3. 1989	31 U 12/88	NJW 1990, 1609 = CR 1989, 1091	175, 178, 182, 186, 1173
10. 4. 1989	31 U 162/88	BB Beil. 15, 1989, 8	535, 924
12. 4. 1989	31 U 177/88	CR 1990, 200	110, 1398
11. 12. 1989	31 U 37/89	CR 1990, 715	61, 1165, 1187
24. 1. 1990	27 U 901/88	CR 1991, 411	177
14. 2. 1990	31 U 115/89	CR 1990, 520	1276, 1429
12. 9. 1990	31 U 110/89	NJW-RR 1991, 953 = CR 1991, 15	1187, 1365
1. 10. 1990	31 U 128/89	CR 1990, 522	636, 666
15. 10. 1990	31 U 92/90	CR 1991, 350	220
12. 11. 1990	31 U 53/90	CR 1991, 289 = BB Beil. 23, 1991, 2	421, 429, 1161, 1187

28. 11. 1990	31 U 124/89	CR 1991, 413	1054, 1387, 1393, 1396
3. 12. 1990	31 U 256/89	Jur-PC 1993, 2209 = MRC 1990, 13	1169
12. 12. 1990	31 U 126/90	CR 1991, 347	1187
19. 12. 1990	31 U 129/90	CR 1991, 411	173, 1368
6. 2. 1991	31 U 129/90	CR 1991, 411	190
3. 6. 1991	31 U 4/91	MRC 1991, 27	143
8. 7. 1991	31 U 291/90	CR 1992, 335	58, 180, 1190
22. 8. 1991	31 U 260/90	CR 1992, 206 = BB Beil. 23, 1991, 3 = NJW-RR 1992, 953	176, 726, 744, 746, 834, 848, 850, 1245
28. 8. 1991	31 U 47/91	CR 1992, 272	1447
29. 1. 1992	31 U 141/91	Jur-PC 1993, 2200 = MRC 1992, 46	814
17. 2. 1992	17 U 73/91	NJW-RR 1992, 1503	238, 1219
4. 5. 1992	31 U 24/92	CR 1994, 99	1271, 1396, 1405
26. 10. 1992	31 U 81/92	CR 1994, 358	1204, 1205, 1210
30. 11. 1992	8 U 85/92	NJW-RR 1993, 1179	207
9. 12. 1992	31 U 171/91	CR 1993, 497	1197, 1385
11. 1. 1993	31 U 107/92	CR 1994, 290 = NJW-RR 1993, 1527	722, 1169, 1261
2. 3. 1993	7 U 39/92	CR 1994, 357 = NJW-RR 1993, 1270	718, 741, 855
22. 11. 1993	31 U 227/92	CR 1994, 146	211, 684
7. 2. 1994	31 U 240/92	CR 1994, 464	92, 1380
14. 11. 1994	31 U 105/94	CR 1995, 341 = BB Beil. 16, 1995, 2	1175, 1187, 1400
9. 1. 1995	31 U 142/94	CR 1995, 535	636
3. 2. 1997	13 U 153/96	CR 1998, 202	150, 901, 1381
17. 6. 1997	13 U 30/96	CR 1997, 604	230
8. 9. 1997	13 U 46/97	CR 1998, 135	1143

OLG Karlsruhe

20. 10. 1978	15 U 100/77	DV-R 1, 110	1257, 1261
7. 10. 1983	15 U 11/83	CR 1986, 549	1166, 1187
7. 11. 1984	1 U 212/82	DV-R 2, 187	863
20. 12. 1984	8 U 105/84	DV-R 3, 85	1201, 1206
28. 2. 1985	9 U 102/83	CR 1987, 232	894, 911, 923
3. 7. 1985	1 U 28/83	DV-R 2, 43	151
28. 2. 1986	10 U 143/85	IuR 1987, 188	1435
23. 4. 1986	6 U 139/84	NJW-RR 1986, 1112	
		= CR 1986, 549	655, 1131, 1187
23. 6. 1986	6 U 303/83	CR 1987, 187	1514
6. 10. 1986	6 U 160/86	IuR 1988, 150	862, 875
5. 12. 1986	15 U 328/84	DV-R 4, 144	1203, 1429
10. 4. 1987	10 U 248/86	CR 1990, 921	1187
16. 10. 1987	15 U 91/87	DV-R 4, 152	1158, 1187
8. 7. 1988	10 U 8/88	NJW 1989, 2630	
		= CR 1989, 195	55, 418, 860, 1364
9. 11. 1989	11 U 48/89	CR 1990, 266	1165, 1187
19. 1. 1990	15 U 213/88	CR 1993, 217	399
5. 4. 1990	9 U 275/86	NJW 1992, 1773	
		= CR 1991, 730	718
4. 10. 1990	12 U 30/90	CR 1991, 280	
		= BB Beil. 23, 1991, 6,	
		224	101, 108, 109, 1056
21. 2. 1991	12 U 147/90	CR 1991, 410	7, 541, 1194
10. 7. 1991	6 U 87/90	MRC 1991, 17	108, 1187
17. 6. 1992	4 U 204/91	CR 1993, 430	525
8. 10. 1992	4 U 76/92		
	Senat Freiburg	NJW 1993, 631	1386
30. 9. 1994	15 U 89/94	CR 1995, 397	718, 850, 854, 1171, 1187
7. 11. 1995	3 U 15/95	CR 1996, 352	
		= NJW 1996, 200	238, 1101, 1103, 1210, 1219

8. 11. 1995	13 U 124/94	BB Beil. 9, 1996, 5	177
20. 12. 1995	10 U 123/95	CR 1996, 348	230, 238
10. 1. 1996	6 U 40/95	NJW-CoR 1996, 186	
		= CR 1996, 341	796, 800
22. 3. 1996	10 U 249/95	NJW 1996, 2041	484
28. 1. 1998	6 U 244/96	Jur-PC, Web-Dok.	
		148/1999	1596
14. 5. 1998	11 U 39/96	CR 1999, 11	863

OLG Koblenz

9. 7. 1980	1 U 1026/78	DV-R 1, 159	923
28. 11. 1980	2 U 1076/79	DV-R 2, 62	7, 1057
13. 8. 1981	6 U 294/80	BB 1983, 992	1512
17. 2. 1984	2 U 1286/82	CR 1987, 107	
		= IuR 1986, 361	229, 924, 1411
1. 2. 1985	2 U 212/83	DV-R 2, 162	108, 177, 214, 942, 1363
18. 10. 1985	2 U 346/84	CR 1986, 466	1280, 1281, 1440, 1444, 1446
28. 11. 1986	2 U 89/84	CR 1988, 463	182, 1165, 1171, 1172, 1434, 1448
11. 11. 1988	2 U 4/86	CR 1990, 41 = WM 1989, 222	217, 406, 516, 1276, 1295, 1352, 1443, 1447, 1448
16. 2. 1989	5 U 1071/88	NJW 1989, 1526	1429
12. 4. 1990	2 U 369/88	WM 1991, 2001	661
19. 9. 1991	5 U 310/91	CR 1992, 400	166
4. 10. 1991	2 U 403/88	CR 1992, 154	111, 718, 1187, 1387, 1393, 1396
13. 5. 1992	9 U 1755/90	MRC 1992, 15	1386

10. 7. 1992	2 U 510/89	BB Beil. 13, 1993, 8	
		= CR 1994, 359	142, 143, 554, 555, 718
27. 5. 1993	5 U 1938/92	NJW 1993, 3144	847, 1469
17. 9. 1993	2 U 1694/91	NJW-RR 1994, 58	478
29. 10. 1993	2 U 152/92	CR 1994, 210	103, 1400, 1403
12. 11. 1993	2 U 366/92	NJW-RR 1994, 689	519
3. 2. 1995	10 U 785/94	MRC 1995, 75	1103
14. 3. 1996	5 U 1126/95	NJW-RR 1998, 125	811, 904
13. 1. 1997	13 U 104/96	NJW-RR 1988, 199	310
16. 5. 1997	2 U 1788/95	CR 1997, 606	1393

OLG Köln

13. 3. 1978	7 U 168/77	DV-R 3, 92	223, 1166
29. 1. 1981	12 U 103/80	DV-R 1, 67	105, 108, 109
16. 9. 1982	12 U 283/81	MRC 1982, 1	1187
2. 3. 1983	24 U 159/82	DV-R 2, 169	1411
14. 11. 1983	7 U 153/77	DV-R 3, 98	1165
3. 5. 1985	19 U 216/84	DV-R 3, 100	1262
19. 2. 1986	23 O 450/83	IuR 1987, 18	204
30. 4. 1986	2 U 169/85	ZIP 1986, 1134	639, 649, 1433
22. 10. 1987	1 U 41/84	CR 1988, 734	938, 939
13. 11. 1987	19 U 140/84	IuR 1988, 129	
		= CR 1988, 723	220, 229, 1377
22. 6. 1988	13 U 113/87	NJW 1988, 2477	
		= CR 1989, 391	55, 437, 848, 1165, 1178, 1183, 1187, 1189, 1210
12. 7. 1988	15 U 211/81	DV-R 4, 176	1156
2. 11. 1988	13 U 65/88	CR 1989, 286	1426, 1430
31. 1. 1990	16 U 51/89	CR 1991, 17	1386
16. 5. 1990	13 U 108/89	DB 1990, 1865	177
18. 9. 1990	15 U 90/88	MRC 1990, 6	848, 1121

26. 10. 1990	19 U 28/90	CR 1991, 154 = NJW 1991, 2156	108, 142, 180, 221, 1121, 1149, 1165, 1171, 1200, 1204, 1237, 1312, 1404
20. 2. 1991	44 U 109/89	MRC 1991, 20	1173, 1375
31. 5. 1991	19 U 34/91	CR 1991, 541	91
31. 5. 1991	19 U 197/90	MRC 1991, 41	1440
21. 6. 1991	19 U 40/91	CR 1991, 671 = NJW-RR 1992, 951	162, 883
12. 7. 1991	19 U 49/91	NJW-RR 1991, 1463	91, 1403, 1442, 1448, 1449
23. 8. 1991	19 U 178/90	CR 1992, 157	1089, 1092
11. 10. 1991	19 U 87/91	CR 1992, 153 = NJW-RR 1992, 1327	143, 178, 718, 1380
19. 1. 1992	19 U 214/91	CR 1992, 608	1217
31. 1. 1992	19 U 114/91	CR 1992, 333	231, 1051, 1080
7. 2. 1992	19 U 117/91	CR 1992, 470 = NJW-RR 1992, 761	18, 230, 826, 890
21. 2. 1992	19 U 220/91	CR 1992, 468 = NJW 1992, 1772	218, 1166
28. 2. 1992	19 U 249/91	BB Beil. 14, 1992, 7	674, 1364
28. 2. 1992	19 U 227/91	NJW-RR 1992, 690 = CR 1992, 399	718, 852, 1197
28. 2. 1992	19 U 155/91	CR 1992, 547	626
8. 5. 1992	19 U 234/91	CR 1992, 607 = NJW-RR 1992, 1326 = BB Beil. 5, 1993, 5 = VersR 1992, 880	18, 150, 518, 557, 558, 851, 926 1119

10.	6.	1992	19 U 92/91	CR 1993, 208	926
22.	6.	1992	19 U 16/92	NJW 1992, 1268	716
26.	6.	1992	19 U 261/91	Jur-PC 1992, 1710	103, 718
7.	7.	1992	22 U 32/92	VersR 1992, 1364	1434
19.	8.	1992	19 U 17/92	NJW-RR 1993, 566	
				= CR 1993, 282	1064, 1165
16.	9.	1992	19 W 33/92	JZ 1993, 740	
				= CR 1993, 213	328, 647, 652
9.	10.	1992	19 U 107/92	CR 1993, 88	433, 1384,
					1391
16.	10.	1992	19 U 92/91	IuR 1992, 1831	
				= NJW-RR 1993, 950	1170, 1171
2.	12.	1992	13 U 144/92	VersR 1993, 708	641
11.	12.	1992	19 U 244/91	CR 1993, 278	
				= NJW-RR 1993, 1389	
				= BB Beil. 13, 1993, 10	218, 573,
					1053, 1384,
					1387
8.	1.	1993	19 U 187/92	CR 1993, 563	203, 208, 218
12.	2.	1993	19 U 161/92	NJW-RR 1993, 2627	1148
25.	2.	1993	18 U 137/92	NJW-RR 1994, 53	1462
12.	3.	1993	19 U 211/92	MRC 1993, 10	1051
2.	4.	1993	19 U 202/92	CR 1993, 426	
				= NJW-RR 1993, 1140	143, 555,
					718, 1187,
					1363, 1370,
					1376, 1398
5.	6.	1993	19 U 216/91	CR 1992, 544	718
18.	6.	1993	19 U 215/92	CR 1993, 624	
				= NJW-RR 1993, 1528	
				= BB Beil. 7, 1994, 11	18, 230, 232,
					1203
25.	6.	1993	19 U 216/92	NJW 1993, 1529	230
13.	8.	1993	11 U 9/93	CR 1994, 95	1404
20.	8.	1993	19 U 75/93	CR 1994, 150	
				= NJW-RR 1994, 120	1197
22.	10.	1993	19 U 62/93	NJW-RR 1994, 1355	
				= RDV 1994, 29	218, 222

3. 12. 1993	19 U 157/93	Jur-PC 1993, 2412	
		= CR 1994, 229	11, 12, 23,
			55, 1387
14. 1. 1994	19 U 183/93	NJW-RR 1994, 1077	1172
19. 1. 1994	2 U 74/93	NJW-RR 1994, 1204	1101, 1165,
			1384
21. 1. 1994	19 U 100/93	CR 1994, 538	
		= NJW-RR 1994, 1207	
		= BB Beil. 7, 1994, 8	146, 230, 232
21. 1. 1994	19 U 223/93	NJW 1994, 1483	
		= CR 1994, 289	523, 606, 722
22. 4. 1994	19 U 145/93	CR 1994, 737	546
22. 4. 1994	19 U 253/93	NJW-RR 1994, 1262	1165, 1318,
			1367
6. 6. 1994	19 U 150/93	NJW-RR 1995, 52	1068
17. 6. 1994	19 U 264/93	CR 1995, 21	91
24. 6. 1994	19 U 94/93	CR 1993, 83	1427, 1432
24. 6. 1994	19 U 14/94	CR 1995, 81	1432
26. 8. 1994	19 U 278/93	NJW-RR 1995, 1460	
		= CR 1995, 16	7, 1133,
			1156, 1187,
			1190
19. 9. 1994	16 U 35/88	CR 1995, 218	733, 1243
22. 9. 1994	19 U 65/94	CR 1996, 20	230, 239,
			1175
14. 11. 1994	2 U 66/94	CR 1995, 340	1432, 1437
2. 12. 1994	19 U 85/94	CR 1995, 148	926
9. 12. 1994	19 U 94/94	CR 1995, 395	1390
20. 1. 1995	19 U 115/93	CR 1995, 334	1187, 1190
2. 2. 1995	19 U 65/94	CR 1996, 20	848
Beschl. vom			
29. 3. 1995	19 W 5/95	CR 1995, 610	1147, 1219
31. 3. 1995	19 U 249/94	CR 1995, 605	141, 1363,
			1370f.
5. 5. 1995	19 U 151/94	CR 1996, 85	122, 129
12. 6. 1995	19 U 15/95	CR 1996, 22	1276
14. 7. 1995	19 U 293/94	NJW 1996, 1683	1127, 1165,
			1168

9. 8. 1995	19 U 57/95	CR 1996, 216	126, 154, 881, 1055, 1166, 1425
22. 9. 1995	19 U 65/94	CR 1996, 20	230, 890
29. 9. 1995	19 U 34/95	CR 1996, 153	924, 926
27. 10. 1995	19 U 59/95	MRC 1995, 135	830, 1058, 1079, 1081
3. 11. 1995	19 U 72/95	CR 1996, 288	141, 1165, 1170, 1402
1. 12. 1995	19 U 60/95	CR 1996, 287 = NJW-CoR 1996, 330	1143, 1144, 1166
8. 12. 1995	19 U 113/95	CR 1996, 346	652, 1389
26. 1. 1996	19 U 107/95	n. v.	1234
2. 2. 1996	19 U 223/95	CR 1996, 407 = NJW 1997, 1016	239, 651, 787, 908, 919
29. 4. 1996	19 U 50/96	n. v.	1170
20. 5. 1996	19 U 204/95	CR 1996, 536	1187
31. 5. 1996	19 U 80/94	NJW-RR 1997, 1549	1393
21. 6. 1996	19 U 78/96	CR 1996, 600	104
14. 6. 1996	19 U 14/96	CR 1996, 670 = BB Beil. 19, 1996, 7	147, 174
12. 7. 1996	6 U 136/95	CR 1996, 723	750, 751, 811
28. 10. 1996	19 U 96/96	Jur-PC, Web-Dok. 26/1997	1234, 1407
29. 11. 1996	19 U 212/95	NJW-RR 1997, 1414 = CR 1997, 412	11, 54, 1165, 1390
14. 2. 1997	19 U 205/96	CR 1997, 477 = NJW-RR 1998, 343	1190
28. 2. 1997	19 U 194/95	CR 1998, 82 = NJW-RR 1998, 926	92, 358, 1383
21. 3. 1997	19 U 215/96	CR 1997, 736	412, 515, 1064
21. 3. 1997	19 U 174/96	NJW-RR 1998, 925	1173
21. 3. 1997	19 U 208/96	CR 1998, 10	1401
18. 8. 1997	19 U 43/97	CR 1997, 732 = NJW-RR 1998, 1274	1152

16. 1. 1998	19 U 98/97	CR 1998, 600	218, 860, 880
6. 3. 1998	19 U 228/97	CR 1998, 459	
		= MMR 1998, 620 (LS)	18, 230, 1245
13. 3. 1998	19 U 121/97	NJW-RR 1998, 1587	1370
27. 3. 1998	19 U 237/96	NJW-RR 1998, 1353	1165, 1171
24. 4. 1998	19 U 240/97	Jur-PC, Web-Dok.	
		134/1998	1185
17. 7. 1998	19 U 9/98	CR 1998, 720	1468, 1471

OLG München

25. 11. 1982	24 U 141/82	DV-R 1, 90	204, 1165
12. 10. 1983	7 U 1805/83	WM 1985, 362	358, 536
22. 5. 1985	7 U 5343/84	CR 1985, 138	113, 901, 911
10. 7. 1985	7 U 1501/85	CR 1986, 365	52, 65, 1187,
			1189, 1246
20. 9. 1985	21 U 4523/84	DV-R 3, 107	689, 1170,
			1398, 1401
29. 10. 1985	21 U 4523/84	DV-R 3, 195	1199
6. 12. 1985	23 U 3798/85	BB 1986, 1321	885, 1244
24. 4. 1986	1 U 5724/85	CR 1988, 38	
		= DV-R 4, 179	61, 874, 894,
			920
3. 6. 1986	25 U 1625/86	DV-R 3, 108	1165, 1252
25. 9. 1986	24 U 775/85	CR 1987, 675	
		= NJW-RR 1988, 436	
		= IuR 1987, 310	218, 888,
			1147, 1165,
			1203
16. 1. 1987	23 U 4988/86	CR 1989, 288	1393, 1406
17. 3. 1987	5 U 3879/86	MRC 1987, 18	1187
30. 9. 1987	7 U 2373/87	BB 1988, 1693	
		= CR 1988, 130	103, 1187
14. 10. 1987	15 U 2757/83	IuR 1988, 246	103
27. 10. 1987	13 U 2458/86	CR 1988, 378	
		= DV-R 4, 208	182, 703
19. 8. 1988	23 U 3168/88	CR 1989, 489	1429

22. 11. 1988	25 U 5810/86	Zahrnt ECR OLG-20	
		= CR 1989, 803	338, 860, 879, 901, 911, 913
15. 2. 1989	27 U 386/88	CR 1990, 646	103, 104, 108, 112, 162, 718, 858, 1171, 1187, 1298, 1300
26. 4. 1989	11 W 1319/89	CR 1990, 34	1157
24. 1. 1990	27 U 901/88	CR 1991, 19	
		= DB 1990, 1865	177, 850, 1246f.
8. 11. 1990	29 U 3410/90	CR 1992, 401	914, 926
5. 7. 1991	14 U 42/91	CR 1991, 607	144, 162, 1147, 1234, 1363
16. 7. 1991	25 U 2586/91	CR 1992, 208	825, 863
30. 1. 1992	6 U 5396/88	CR 1992, 2719	4, 547, 823
13. 2. 1992	24 U 577/91	CR 1992, 469	108, 1398
1. 7. 1992	7 U 5682/91	MRC 1992, 4	1050
25. 11. 1992	24 U 141/82	DV-R 1, 90	204
3. 11. 1994	6 U 6826/93	CR 1995, 663	807
31. 1. 1995	25 U 4246/94	MRC 1995, 86	717
26. 4. 1995	7 U 2029/95	CR 1996, 210	218, 223
22. 6. 1995	6 U 1717/95	CR 1996, 11	800, 807
12. 2. 1998	29 U 5911/97	K & R 1998, 167	
		= NJW 1998, 1649	
		= CR 1998, 265	106, 763, 767, 811

OLG Nürnberg

19. 3. 1985	3 U 3732/82	CR 1986, 811	1148, 1149, 1165
6. 6. 1985	3 U 2466/83	CR 1986, 545	431, 436, 1207
22. 9. 1988	12 U 2067/88	CR 1989, 694	1408
20. 6. 1989	3 U 1342/88	CR 1990, 118	533, 537, 767

30. 1. 1990	11 U 893/88	BB Beil. 7, 1990, 10	850, 1214
26. 3. 1992	2 U 2566/91	CR 1992, 723	1187
20. 10. 1992	3 U 2087/92	CR 1993, 359	
		= BB Beil. 13, 1993, 14	702, 718, 1187, 1392
18. 2. 1993	12 U 1663/92	NJW-RR 1993, 760	
		= CR 1993, 553	170, 882, 883
14. 7. 1994	8 U 2851/93	CR 1995, 343	143, 144, 178, 1065, 1148, 1364
6. 8. 1995	3 U 2466/83	DV-R 3, 117	
		= CR 1998, 80	1166, 1234

OLG Oldenburg

12. 2. 1986	3 U 43/85	DV-R 4, 211	
		= CR 1986, 552	203, 230, 232
14. 8. 1987	11 U 25/87	CR 1988, 214	1058, 1357, 1442
16. 11. 1987	9 U 59/87	CR 1989, 107	1173
30. 12. 1987	6 U 21/87	DV-R 4, 220	
		= MRC 1987, 1	555, 1056
29. 5. 1992	6 U 22/92	CR 1992, 722	469, 586
20. 10. 1992	3 U 2087/92	CR 1993, 359	1187
22. 12. 1994	8 U 171/93	CR 1995, 662	53, 54, 59, 61, 874

OLG Saarbrücken

3. 12. 1982	3 U 108/81	DV-R 3, 117	1143, 1145
30. 4. 1986	1 U 21/84	CR 1988, 470	
		= DV-R 4, 221	18, 22, 55, 177, 188
31. 5. 1990	1 U 21/90	CR 1990, 713	1120, 1187, 1229, 1360
22. 9. 1994	8 U 64/91	NJW-CoR 1996, 255	
		= BB Beil. 16, 1995, 12	19, 230, 863
26. 3. 1996	4 U 804/95-118	NJW-RR 1997, 1423	1197
16. 7. 1996	4 U 899/95-201	NJW-RR 1997, 558	1358

OLG Schleswig

6. 11. 1981	11 U 117/80	DV-R 2, 245 = MDR 1982, 228	143, 177, 955, 718, 1187
19. 9. 1984	9 U 133/82	DV-R 3, 119 ff.	1064
20. 10. 1986	8 HKO 7825/86	CR 1987, 96	220
17. 12. 1986	4 U 105/85	DV-R 4, 222	1144, 1413

OLG Stuttgart

10. 12. 1976	2 U 90/76	DV-R 2, 320	911
31. 3. 1980	11 U 4/80	DV-R 1, 114	208
26. 3. 1981	U 213/80	DV-R 2, 78	582
9. 10. 1981	2 O 56/81	DV-R 2, 82	433, 434, 437, 441, 1148, 1205
10. 6. 1983	2 U 155/82	DV-R 2, 217	848
11. 5. 1984	2 U 196/82	CR 1986, 559	1449
7. 8. 1985	3 U 280/84	IuR 1987, 324	1187
12. 9. 1985	7 U 240/84	IuR 1986, 364 = CR 1986, 381	1131, 1187
3. 1. 1986	2 U 70/85	CR 1986, 639	1187, 1189, 1400
8. 1. 1986	4 U 68/85	IuR 1986, 263 = MRC 1986, 7	1170, 1174
4. 3. 1986	6 U 97/85	IuR 1987, 189	660, 1089, 1093, 1429
23. 6. 1986	2 U 252/85	CR 1987, 172 = NJW-RR 1986, 1245	164, 165, 582, 683, 1100
3. 9. 1986	13 U 214/85	CR 1987, 230	1165, 1170, 1187
1. 10. 1986	4 U 187/85	CR 1987, 153 = IuR 1988, 389	55, 58, 66, 718, 848, 1192

29. 10. 1986	3 U 88/86	CR 1988, 296	
		= DV-R 4, 237	100, 436,
			1119, 1406
23. 12. 1986	7 U 156/86	IuR 1989, 441	
		= MRC 1986, 15	45, 555, 718,
			848, 873,
			1171, 1187
24. 2. 1987	6 U 150/86	IuR 1988, 453	670
8. 1. 1988	6 U 135/87	NJW 1989, 2635	733
23. 3. 1988	4 U 133/87	CR 1989, 1093	
		= BB Beil.11,1989,10	1245, 1357
18. 10. 1988	6 U 64/88	NJW-RR 1989, 1328	205, 218
23. 10. 1988	2 U 89/98	unv.	1211
30. 11. 1988	6 U 82/88	CR 1990, 38	231, 234,
			1052, 1092,
			1429
15. 12 1992	6 U 169/92	MRC 1992, 22	1171
23. 3. 1993	6 U 174/92	CR 1994, 152	108, 1165,
			1195
22. 12. 1993	4 U 223/93	CR 1994, 743	751
29. 3. 1994	6 U 203/93	MRC 1995, 133	231, 1063
6. 5. 1994	2 U 275/93	CR 1995, 269	135, 363
23. 8. 1994	6 U 57/94	NJW-CoR 1996, 255	
		= BB Beil. 16, 1995, 13	
		= MRC 1996, 28	174, 231, 234
29. 11. 1994	6 U 11/94	MRC 1996, 8	1203
23. 10. 1998	2 U 89/98	unv.	131, 443

OLG Zweibrücken

11. 7. 1985	6 U 83/84	DV-R 3, 134	1171 f.

LAG Schleswig-Holstein

24. 6. 1981	2 Sa 605/81	BB 1983, 994	1513

Landgerichte:

LG Aachen

24. 6. 1986	41 O 65/84	DV-R 4, 247	1288
2. 7. 1986	4 O 116/86	NJW-RR 1986, 1246	103, 108

24. 1. 1991	6 S 192/90	CR 1981, 222	320
29. 9. 1992	41 O 69/92	CR 1993, 767	180, 555, 1272
18. 12. 1992	43 O 34/91	NJW-RR 1993, 703 = CR 1993, 703	177, 516, 1370
2. 4. 1993	19 U 202/92	NJW-RR 1993, 1140	1218
7. 7. 1993	7 S 74/93	NJW-RR 1994, 60	535
20. 1. 1994	6 S 28/92	NJW-RR 1995, 49	108

LG Arnsberg

25. 6. 1982	1 O 257/82	DV-R 2, 98	218, 221
2. 12. 1993	8 O 30/92	CR 1994, 283 = BB Beil. 7, 1994, 3	758, 778

LG Aschaffenburg

16. 12. 1997	1 O 354/93	CR 1998, 203	175, 863

LG Augsburg

15. 9. 1981	2 HKO 2075/81	DV-R 1, 297	1148, 1158, 1179, 1183, 1254
29. 11. 1984	1 HKO 3992/83	IuR 1986, 208	208, 218, 704
22. 11. 1985	1 HKO 1497/81	DV-R 3, 144 = IuR 1986, 166	205, 218, 224
5. 5. 1988	3 HKO 3588/87	CR 1989, 22	108, 112, 205, 214, 718, 941, 1143, 1187, 1398

LG Baden-Baden

21. 8. 1987	2 O 292/84	CR 1988, 308	55, 1190
15. 9. 1993	4 O 141/92 KfH	CR 1994, 288	1246
30. 12. 1994	4 O 49/93	CR 1995, 399	718, 1232

LG Bad Kreuznach

9. 6. 1982	2 O 83/81	DV-R 3, 148	
		= BB Beil. 14, 1992, 7	182, 674
3. 5. 1994	1 S 170/93	MRC 1996, 9	108, 1196

LG Bamberg

| 8. 11. 1988 | 1 O 250/86 | BB Beil. 11, 1989, 2 | 18, 837 |

LG Berlin

16. 12. 1976	10 O 51/76	DV-R 2, 40	159
2. 11. 1982	96 O 9/82	DV-R 2, 107	200, 1205, 1378
16. 6. 1986	99 O 130/84	CR 1987, 295	164, 167, 168, 218
6. 2. 1987	96 O 29/86	IuR 1987, 424	1187, 1387
23. 2. 1994	94 O 342/93	BB Beil. 14, 1994, 2	848, 1181
27. 8. 1996	16 O 581/95	CR 1996, 730	
		= NJW-RR 1997, 1065	780

LG Bielefeld

29. 6. 1984	15 O 91/84	DV-R 2, 126	105
16. 10. 1985	7 O 324/83	DV-R 3, 153	108, 1399, 1400
18. 4. 1986	20 O 412/84	CR 1986, 444	108
16. 6. 1986	99 O 130/84	CR 1987, 295	591
1. 3. 1988	14 S 108/87	BB Beil. 5, 1989, 6	1131
25. 3. 1988	11 O 114/87	MRC 1988, 10	309, 1173

LG Bochum

| 27. 8. 1982 | 14 O 45/81 | DV-R 2, 101 | 161, 1056, 1357 |
| 12. 3. 1998 | 8 O 3/98 | CR 1998, 381 | 763 |

LG Bonn

| 16. 9. 1980 | 2 O 134/80 | DV-R 3, 95 | 1166 |
| 21. 10. 1981 | 12 O 191/80 | DV-R 2, 86 | 718 |

27. 8. 1992	18 O 243/91	NJW-RR 1993, 1142	1187
5. 3. 1993	3 O 170/92	MRC 1995, 130	1166, 1187
16. 6. 1993	14 O 253/90	MRC 1990, 122	1187
5. 4. 1994	13 O 512/91	CR 1994, 687	
		= MRC 1995, 109	1165

LG Braunschweig

10. 6. 1982	4 O 268/81	DV-R 2, 205	855

LG Coburg

1. 8. 1984	2 O 478/83	DV-R 3, 155	1155, 1169, 1309
13. 12. 1989	2 O 432/89	CR 1990, 524	1173, 1228, 1376

LG Darmstadt

12. 8. 1983	16 O 601/80	DV-R 3, 157	187, 886,
		= IuR 1987, 462	1131, 1175
19. 4. 1985	16 O 302/83	DV-R 3, 158	1187
10. 9. 1985	15 O 164/84	DV-R 3, 161	1148
25. 4. 1986	15 O 594/82	CR 1987, 432	1170f.
14. 12. 1993	10 O 712/92	MRC 1995, 134	231

LG Dortmund

25. 3. 1987	1 S 350/86	DV-R 4, 264	1368
24. 4. 1991	1 S 466/90	CR 1992, 210	328
28. 2. 1996	5 O 480/95	NJW-RR 1997, 1417	1389

LG Duisburg

26. 9. 1986	4 S 150/86	IuR 1987, 136	848, 1312
18. 3. 1988	18 O 1/87	CR 1989, 494	176, 1184, 1187

LG Düsseldorf

25. 7. 1980	1 O 383/79	DV-R 3, 162	1206
19. 12. 1983	38 O 203/81	DV-R 3, 164	1154
22. 11. 1984	9 O 121/83	IuR 1986, 315	1152, 1185

5. 3. 1985	7 O 410/82	MRC 1985, 18	1165, 1187
29. 4. 1985	41 O 92/84	IuR 1986, 458	
		= DV-R 3, 171	
		= CR 1987, 292	11, 18, 218,
			1187, 1309
16. 12. 1986	8 O 347/84	CR 1988, 133	1223
5. 5. 1987	7 O 184/84	IuR 1988, 305	1148
25. 6. 1987	22 O 118/85	IuR 1987, 28	718, 1463
20. 3. 1996	12 O 849/93	CR 1996, 737	800

LG Ellwangen

| 8. 8. 1985 | 4 O 211/84-10 | IuR 1987, 324 | 1187 |

LG Essen

16. 1. 1986	43 O 129/84	CR 1987, 428	14, 1103,
			1165, 1171,
			1234
30. 9. 1987	44 O 197/86	IuR 1988, 389	58, 1187,
			1192
25. 2. 1988	6 O 291/87	IuR 1988, 306	
		= MRC 1988, 17	1149

LG Flensburg

21. 5. 1986	6 O 98/85	CR 1988, 132	
		= IuR 1986, 463	60, 65, 469,
			511, 874,
			1131, 1187,
			1192

LG Frankenthal

| 9. 10. 1991 | 2 S 167/91 | NJW-RR 1992, 954 | 320 |

LG Frankfurt/Main

29. 8. 1980	3/8 O 37/80	DV-R 1, 57, 59, 60	108, 110,
			115, 172,
			1100, 1203
24. 9. 1980	3/13 O 63/79	DV-R 1, 118	667, 673,
			1276

3. 4. 1981	3/7 O 125/79	DV-R 1, 71	438, 1181, 1182, 1212, 1215
26. 6. 1981	3/7 O 36/80	DV-R 2, 135	667
19. 1. 1982	2/13 O 58/80	DV-R 1, 219	598
21. 10. 1982	2/23 O 493/80	DV-R 2, 104	1160
4. 11. 1982	2/5 O 88/80	DV-R 3, 175	1131
6. 6. 1983	3/11 O 108/82	DV-R 2, W-6	911
27. 9. 1983	3/4 O 41/81	DV-R 3, 178	1187
6. 5. 1984	2/24 S 319/84	NJW-RR 1986, 148	1436
6. 6. 1984	3/9 O 134/81	DV-R 3, 181	1173
17. 6. 1984	2/3 O 316/82	DV-R 3, 180	1165
19. 9. 1984	3/12 O 12/83	DV-R 3, 184	1172, 1251
17. 10. 1984	3/3 O 230/83	DV-R 3, 185	1119
20. 2. 1985	3/12 O 161/83	DV-R 3, 186	1437
4. 11. 1986	2/8 S 83/86	IuR 1987, 229 = MRC 1986, 44	636, 1122, 1148, 1152, 1158
8. 6. 1988	3/12 O 181/86	BB Beil. 11, 1989, 5	200, 218
25. 7. 1988	2/24 S 102/87	BB 1988, 2274	1424
12. 6. 1991	2/1 S 241/90	MRC 1991, 49	555
27. 8. 1991	2/8 S 379/90	CR 1991, 733	1196, 1197
1. 4. 1992	3/3 O 116/91	CR 1993, 285	1399
4. 4. 1995	3/11 O 26/95	CR 1997, 25 = MRC 1995, 151	802

LG Freiburg

4. 9. 1984	11 O 115/83	DV-R 3, 195	859
29. 1. 1987	12 O 46/85	DV-R 4, 292	230, 1252, 1270
14. 7. 1987	1 O 28/86	MRC 1987, 37	1165
2. 3. 1988	6 O 582/87	CR 1998, 829	139, 810
8. 6. 1988	3/12 O 181/86	BB Beil. 11, 1989, 5	200
7. 6. 1990	8 O 516/88	MRC 1995, 161	176, 1125, 1397

LG Gießen

3. 5. 1995	1 S 676/94	NJW-RR 1996, 44	143, 144, 1363, 1364

LG Hagen

26. 4. 1988	21 O 159/87	CR 1989, 814	912
21. 8. 1992	31 O 344/91	CR 1994, 226	1496

LG Hamburg

7. 3. 1986	13 O 464/83	MRC 1986, 9	1164
12. 1. 1994	315 O 220/93	CR 1994, 159	1578

LG Hannover

26. 6. 1984	19 O 233/83	DV-R 2, 230	1152, 1154, 1183
3. 11. 1991	12 O 246/91	MRC 1991, 2	846

LG Heidelberg

1. 9. 1986	O 53/85 KfH I	IuR 1987, 108	894, 899
19. 8. 1987	O 139/85 KfH II	CR 1989, 197	1177, 1178, 1388
25. 4. 1995	3 O 286/93	MRC 1996, 43	230

LG Heilbronn

19. 1. 1983	2 O 92/82	DV-R 3, 206	1165
10. 10. 1984	1 KfH O 210/83	IuR 1987, 324	1187
11. 10. 1988	2 O 17/85	NJW-RR 1989, 1327 = CR 1989, 603	1165, 1187
7. 12. 1993	1 KfH O 126/92	CR 1994, 290 = MRC 1995, 192	1246
16. 12. 1993	1 KfH O 262/89	CR 1994, 281 = BB Beil. 7, 1994, 7	7, 17, 26, 1166, 1191

LG Hof

4. 11. 1986	1 O 484/85	MRC 1986, 21	1171, 1237

LG Itzehoe

7. 10. 1985	6 O 307/84	MRC 1985, 10 = DV-R 3, 208	718

LG Kaiserslautern

| 14. | 8. 1984 | 2 O 95/82 | DV-R 3, 134 | 1172 |
| 18. | 3. 1987 | 3 O 30/86 | DV-R 4, 311 | 1187 |

LG Karlsruhe

20.	1. 1982	O 240/81 KfH III	IuR 1986, 25	1588
25.	11. 1982	O 6/81		
		KfH Pforzheim	DV-R 3, 209	1152
16.	6. 1982	7 O 507/81	DV-R 2, 211	855
2.	5. 1984	O 234/82		
		KfH Pforzheim	DV-R 3, 85	1201
8.	1. 1988	11 O 52/87	MRC 1987, 31	1149
9.	3. 1990	9 S 426/89	CR 1990, 719	
			= MRC 1995, 110	1170
13.	5. 1991	10 O 458/89	CR 1991, 544	518, 1056,
				1272, 1365
9.	12. 1992	1 S 72/92	CR 1993, 499	1165, 1187
2.	5. 1995	3 O 41/95	CR 1996, 290	1210, 1212,
				1398

LG Kassel

| 21. | 5. 1981 | 8 O 84/80 | BB 1983, 992 | 1482 |

LG Kempten

6.	7. 1987	2 O 1400/86	CR 1988, 134	1165, 1187,
				1288, 1294,
				1443

LG Kleve

30.	10. 1986	III 82/86	CR 1987, 598	1220
29.	6. 1995	7 O 17/95	CR 1996, 292	230, 237,
				1187, 1248
23.	3. 1990	3 O 356/89	CR 1991, 734	238, 1166

LG Kiel

26. 3. 1984	2 O 192/83	CR 1987, 22	202, 204, 206, 220, 1042
6. 11. 1986	15 O 81/86	MRC 1986, 6 = DV-R 4, 86	431

LG Koblenz

19. 3. 1994	8 O 337/90	CR 1994, 470	17, 19, 26, 28
27. 4. 1995	12 S 163/94	NJW 1995, 942	1166, 1187, 1193f.

LG Köln

19. 12. 1980	17 O 16/80	DV-R 2, 130	848
4. 11. 1981	14 O 274/81	DV-R 4, 176	1156
30. 3. 1982	90 O 282/82	DV-R 2, 196	926
12. 10. 1982	90 O 100/82	DV-R 2, 325	921
4. 2. 1983	90 O 241/82	DV-R 3, 220	1152, 1185
4. 3. 1983	90 O 112/82	DV-R 3, 221 = IuR 1986, 316	1153, 1310
13. 3. 1984	32 O 157/82	DV-R 3, 231	845
24. 4. 1984	90 O 2/84	IuR 1986, 169	911
11. 5. 1984	90 O 14/84	IuR 1986, 170 = MRC 1984, 13	901, 911
2. 10. 1984	90 O 51/84	CR 1986, 23	718, 827
30. 12. 1985	16 O 231/82	CR 1987, 234 = DV-R 3, 244	1148, 1149, 1152, 1186
10. 1. 1986	87 O 70/85	DV-R 3, 238	1384
19. 2. 1986	23 O 450/83	CR 1987, 508 = IuR 1987, 8 = DV-R 4, 322	221, 1164, 1165
22. 5. 1986	2 O 422/84	DV-R 4, 324	547
24. 7. 1986	88 O 31/85	DV-R 3, 238	1384
6. 8. 1986	28 O 52/84	CR 1987, 587 = IuR 1987, 20	848, 850

14.	1. 1987	88 O 120/84	MRC 1987, 50	1203
21.	3. 1989	3 O 360/88	CR 1989, 1094	515
10.	7. 1990	3 O 166/89	MRC 1995, 118	1170, 1171, 1187
4.	7. 1991	29 O 525/89	MRC 1991, 48	894
3.	11. 1991	2 O 37/91	BB Beil. 3, 1993, 10	1187
7.	11. 1991	2 O 37/91	MRC 1991, 12	1187
28.	1. 1992	31 O 344/91	CR 1994, 216	1476
27.	3. 1992	89 O 1/91	CR 1993, 217	1389, 1393
21.	10. 1993	22 O 673/90	CR 1994, 624	17, 26, 27, 178
23.	2. 1994	20 O 402/93	CR 1994, 622	421, 1156, 1160
28.	9. 1994	20 S 10/93	BB Beil. 16, 1995, 9 = MRC 1995, 117	1187
15.	11. 1994	82 O 165/93	MRC 1996, 12	49, 1170
12.	4. 1995	20 S 17/94	BB Beil. 16, 1996, 9	1121
25.	10. 1995	20 S 9/95	CR 1996, 154	718, 722, 848
13.	2. 1996	85 O 76/94	BB Beil. 19, 1996, 8	1171, 1187
28.	5. 1997	20 S 21/96	CR 1998, 209	1389
4.	6. 1997	20 S 14/96	BB Beil. 4, 1998, 8 = K&R 1998, 8 = CR 1997, 27	718, 726, 1127, 1187

LG Konstanz

| 13. | 10. 1986 | 5 O 82/86 | IuR 1987, 234 | 1152 |
| 10. | 5. 1996 | 1 S 292/95 | BB Beil. 19, 1996, 8 | 1210 |

LG Kreuznach

| 22. | 1. 1992 | 2 O 120/91 | Jur-PC 1992, 1836 | 801 |
| 4. | 5. 1990 | 5 O 302/89 | CR 1991, 93 | 554, 555, 556 |

LG Landau

| 15. | 11. 1983 | HKO 120/81 | IuR 1986, 456 = DV-R 3, 246 | 24, 27 |
| 25. | 6. 1991 | 1 S 96/91 | MRC 1991, 22 | 542 |

LG Limburg

16. 9. 1983   4 O 326/82   DV-R 2, 121   1166

LG Lüneburg

3. 6. 1988   4 S 25/88   NJW 1988, 2476   495, 534,
                                                         1418

LG Mainz

20. 8. 1982   11 HO 159/80   DV-R 3, 90   204
17. 12. 1982   11 HO 94/80   DV-R 2, 158   222
25. 2. 1988   1 O 284/87   CR 1990, 595   442, 508, 525

LG Mannheim

20. 12. 1982   24 O 104/82   DV-R 1, 109   1144, 1189
14. 1. 1983   9 O 241/82   DV-R 2, 174   1283
22. 2. 1983   9 O 95/82   DV-R 3, 250   860
6. 6. 1983   24 = 231/82   DV-R 2, 148   1444
8. 10. 1984   24 O 62/83   BB 1985, 144   55, 1094,
                                                         1190, 1280

9. 2. 1987   23 O 127/85   DV-R 4, 152   1158
10. 4. 1987   21 O 2/87   IuR 1987, 326
                                = MRC 1987, 10   1149, 1173,
                                                         1267
14. 1. 1989   7 O 12497/87   CR 1989, 1097   111
25. 11. 1991   23 O 74/90   MRC 1991, 37   111
20. 1. 1995   7 O 187/94   CR 1995, 542
                                = NJW 1995, 3322   800

LG Marburg

3. 9. 1986   5 S 91/86   MRC 1986, 17   1125, 1187

LG Mosbach

8. 2. 1989   2 O 244/88   CR 1989, 1097   107

LG München I

22. 2. 1977   10 O 12140/76   DV-R 1, 43   202, 208,
                                                         1043

Datum	Aktenzeichen	Fundstelle	Seiten
7. 2. 1980	29 O 7616/78	DV-R 2, 128	200, 204, 213, 941
12. 8. 1980	12 O 5462/80	DV-R 1, 55	55, 108, 109
7. 2. 1981	29 O 7616/78	DV-R 2, 130	220
1. 10. 1981	4 HKO 1416/80	DV-R 1, 89	1148, 1158, 1183
21. 12. 1982	7 O 24/82	GRUR 1983, 175	1480
13. 7. 1984	21 S 20913/83	GRUR 1984, 737	1480, 1484
29. 11. 1984	5 HKO 12218/84	CR 1987, 20	1171, 1187, 1246
23. 1. 1985	8 HKO 11785/83	CR 1987, 364	108, 718, 848, 1187, 1209
15. 3. 1985	6 HKO 21113/84	DV-R 3, 259	542
3. 10. 1985	4 O 4184/84	DV-R 3, 108	1165
9. 11. 1985	7 O 15676/94	BB Beil. 9, 1996, 10	1173
26. 3. 1986	15 HKO 18654/84	DV-R 4, 340	107
20. 10. 1986	8 HKO 7825/86	CR 1987, 96	203, 218, 1166, 1172, 1187
21. 10. 1986	7 O 1314/85	CR 1986, 803	188, 886, 1131, 1165, 1175, 1187
12. 11. 1986	8 HKO 4059/86	CR 1987, 98	659, 666, 1428
22. 12. 1986	8 HKO 8947/86	CR 1988, 218	1246
17. 2. 1987	21 O 7260/86	CR 1988, 379	708
18. 2. 1987	8 HKO 14041/86	MRC 1987, 42	1038
29. 1. 1987	13 HKO 24882/85	IuR 1987, 328	1230
4. 3. 1987	8 HKO 19680/86	MRC 1987, 28	399, 1241
27. 4. 1987	8 HKO 2070/87	MRC 1987, 43	1038
1. 7. 1987	8 HKO 5844/86	CR 1988, 831	558, 810
29. 7. 1987	8 HKO 10235/86	MRC 1987, 36	1463
7. 10. 1987	8 HKO 3793/86	DV-R 4, 361	164, 207
14. 1. 1988	7 O 12497/87	CR 1989, 1098	1393

18. 11. 1988	21 O 11130/88	DB 1989, 973	863, 925, 1179
21. 9. 1989	7 O 7565/88	CR 1990, 465	79, 151, 161
11. 10. 1989	8 HKO 7295/89	MRC 1989, 31	924
15. 3. 1990	7 O 23279/87	MRC 1995, 136	177
12. 7. 1990	7 O 965/90	MRC 1995, 159	907, 1468
8. 11. 1990	29 U 3410/90	CR 1992, 401	535
10. 1. 1991	7 O 21037/89	CR 1992, 215	829, 830
21. 3. 1991	7 O 3919/89	CR 1992, 474	860, 1201, 1203, 1216
16. 5. 1991	7 O 23241/89	BB Beil. 10, 1992, 10	150, 540, 567, 1213
12. 12. 1991	7 O 2551/91	BB Beil. 14, 1992, 8	150
30. 4. 1992	7 O 3607/91	MRC 1992, 48	1464
3. 6. 1992	21 O 8607/92	NJW-RR 1993, 1323 = CR 1993, 143	751
14. 10. 1992	3 O 3085/92	CR 1993, 367	180
15. 10. 1992	7 O 16936/90	MRC 1992, 28	1358
12. 11. 1992	7 O 19263/91	CR 1993, 766	534
18. 2. 1993	7 O 14424/91	CR 1994, 32	674
17. 6. 1993	7 O 24140/92	CR 1994, 541	1403, 1442
10. 3. 1994	7 O 5854/93	BB Beil. 14, 1994, 12	51
28. 4. 1994	7 O 6171/91	MRC 1996, 13	1165, 1171
21. 7. 1994	7 O 9748/92	CR 1995, 33	718, 848, 855
12. 10. 1994	1 HKO 769/93	CR 1995, 344	1578
1. 12. 1994	7 O 23605/93	CR 1995, 669	807
22. 12. 1994	7 O 5966/92	CR 1995, 476 = BB Beil. 16, 1995, 11	239, 1103
30. 3. 1995	7 O 2189/94	CR 1995, 736	1166, 1170
6. 4. 1995	7 O 25239/93	CR 1995, 741 (LS) = MRC 1996, 22	687
28. 3. 1996	7 O 6397/93	BB Beil. 19, 1996, 11	809
18. 4. 1996	7 O 15990/95	BB Beil. 19, 1996, 9	911
16. 1. 1997	7 O 15354/91	CR 1997, 351	1476
30. 1. 1997	7 O 17097/95	BB Beil. 15, 1997, 14	174
1. 10. 1997	21 O 15510/97	CR 1998, 141	763, 811
28. 8. 1998	7 O 3114/98	CR 1998, 655	1477

LG München II

2. 4. 1980	5 O 4369/79	DV-R 2, M-3	438, 1266
3. 10. 1985	4 O 5384/84	DV-R 3, 108	1165
14. 10. 1992	3 O 3085/92	CR 1993, 367	165, 180

LG Münster

19. 6. 1987	4 O 87/87	DV-R 4, 364	146, 236, 1171
13. 2. 1991	1 S 383/90	CR 1991, 665	108, 1043, 1046

LG Nürnberg/Fürth

23. 11. 1978	1 HKO 1788/78	DV-R 1, 46, 47	100, 108, 110
30. 11. 1984	2 HKO 1497/82	CR 1986, 772 = IuR 1986, 74	13, 107, 108, 558
6. 12. 1984	1 HKO 7228/82	DV-R 3, 268	1122, 1171
19. 12. 1985	1 O 7188/84	DV-R 3, 270	210, 939
21. 3. 1986	5 HKO 3078/84	IuR 1987, 19	1381
14. 3. 1991	3 O 881/90	MRC 1991, 39	1205
24. 4. 1991	12 O 204/90	BB Beil. 14, 1992, 10	151
7. 6. 1991	5 HK S 548/91	MRC 1995, 163	225
16. 12. 1991	9 O 5720/90	BB Beil. 14, 1992, 8 = CR 1992, 336	150, 718, 745 f., 1201, 1299
7. 10. 1994	2 HKO 4097/93	MRC 1996, 16	20, 1171

LG Offenburg

4. 12. 1987	3 O 151/86	MRC 1987, 56	1357
8. 4. 1997	1 S 269/96	NJW-RR 1997, 1421	1389

LG Oldenburg

14. 1. 1981	3 O 490/79	DV-R 1, K-M 10	66, 1205
14. 1. 1981	3 O 178/79	DV-R 1, 65	105

13. 4. 1989	11 O 3401/87	CR 1990, 201 = NJW-RR 1996, 1461	848, 1058, 1064, 1081, 1181
24. 4. 1991	12 O 204/90	BB Beil. 14, 1992, 10	1125, 1187
3. 11. 1994	15 O 3539/93	CR 1995, 222	1146
24. 11. 1995	2 S 969/95	NJW-RR 1996, 1461	1400

LG Osnabrück

1. 10. 1984	3 O 42/83	CR 1985, 32	220

LG Passau

9. 4. 1984	1 O 139/83	unv.	1280

LG Potsdam

28. 3. 1994	14 O 1070/93	MRC 1995, 127	143

LG Ravensburg

31. 5. 1990	5 O 1537/87	BB Beil. 7, 1991, 12	1165, 1187

LG Regensburg

17. 6. 1997	2 S 168/96	CR 1997, 686 = NJW-RR 1998, 1353	1166, 1187

LG Saarbrücken

13. 4. 1983	7 O 311/81	DV-R 3, 284	1187, 1194
28. 6. 1984	7 O 18/80	DV-R 3, 285 = IuR 1986, 358	206, 221, 1173, 1234
2. 7. 1987	1 O 340/86	MRC 1987, 12	1165
12. 4. 1994	6 O 4115/91	CR 1995, 222	1389

LG Siegen

21. 6. 1971	2 O 167/69	DV-R 1, 27	718, 838, 850, 859, 1124, 1181, 1189, 1378

15. 10. 1979	2 O 261/77	DV-R 1, 48	65, 197, 848, 1152, 1158

LG Stuttgart

18. 5. 1977	21 O 102/77	DV-R 2, 244	1144f.
30. 10. 1981	20 O 348/81	DV-R 3, 294	1202
30. 12. 1982	22 O 312/82	DV-R 3, 297	1148
15. 4. 1983	5 KfH O 135/81	DV-R 3, 298	1080
14. 12. 1984	5 KfH O 52/84	CR 1986, 382	1170
10. 12. 1985	3 KfH O 217/84	CR 1986, 203	1148, 1334
24. 10. 1986	2 KfH O 40/86	CR 1988, 922 = MRC 1986, 19	1148, 1171
30. 4. 1987	2 KfH O 240/85	MRC 1987, 33	817
22. 5. 1991	18 O 109/90	MRC 1995, 105	1171
24. 6. 1991	19 O 351/90	CR 1993, 214	1149, 1389
24. 7. 1991	18 O 153/90	CR 1992, 277	58, 848, 1187, 1191
29. 11. 1991	19 O 440/91	MRC 1995, 106	1172
14. 8. 1992	20 O 665/91	CR 1993, 500	1399, 1402
26. 3. 1993	9 O 383/91	CR 1993, 695	634
19. 8. 1993	17 O 382/93	BB Beil. 22, 1993, 14	751
30. 9. 1993	16 S 185/93	CR 1994, 286 = BB Beil. 7, 1994, 15	1172
19. 11. 1993	25 O 532/92	MRC 1996, 25	1170
25. 2. 1994	22 O 394/93	MRC 1995, 121	1174
25. 3. 1994	12 O 251/93	MRC 1996, 18	1171
28. 10. 1994	22 O 535/93	MRC 1996, 7	1311
31. 5. 1995	5 S 475/94	CR 1996, 29	1165f.
16. 7. 1996	17 O 504/95	CR 1997, 292	1166
25. 3. 1997	3 KfH O 56/97	CR 1997, 547	218
30. 7. 1997	18 O 458/96	BB Beil. 4, 1998, 13	59, 1187, 1190f.

LG Traunstein

13. 11. 1986	6 O 363/86	DV-R 4, 378	1165
4. 3. 1988	1 HKO 310/87	IuR 1988, 385	1101, 1386

LG Trier

| 2. 12. 1992 | 5 O 1/92 | CR 1995, 221 | 13, 187, 854 |

LG Tübingen

17. 12. 1976	2 O 130/75	DV-R 1, 40	150, 1069, 1381
21. 5. 1987	1 HO 23/86	CR 1998, 306	140, 1170, 1245
9. 10. 1992	1 S 413/91	CR 1993, 772	1168, 1170
22. 9. 1994	1 S 121/94	CR 1995, 222 = MRC 1995, 164	218, 1165, 1171, 1187

LG Ulm

| 3. 6. 1987 | 1 S 285/87-01 | CR 1988, 921 | 729 |
| 8. 10. 1993 | 1 KfH O 52/91 | CR 1994, 219 | 718, 854 |

LG Verden

| 30. 9. 1983 | 5 O 578/81 | CR 1986, 26 | 169, 230, 633, 848, 860 |

LG Wiesbaden

| 1. 9. 1987 | 8 S 36/87 | DV-R 4, 383 | 1170 |
| 4. 4. 1989 | 3 O 13/88 | CR 1990, 651 | 848, 851, 1187 |

LG Wuppertal

| 17. 1. 1995 | 11 O 135/94 | MRC 1996, 31 = CR 1996, 732 | 53, 57, 174, 834 |

LG Würzburg

| 4. 8. 1992 | 14 O 2189/89 | MRC 1992, 19 | 598, 1187, 1190 |

LG Zweibrücken

21. 12. 1983   6 O 41/82   DV-R 3, 307   1170f.

Amtsgerichte:
AG Albstadt

5. 2. 1988   6 C 959/86   IuR 1989, 443   1187

AG Ansbach

29. 4. 1994   3 C 295/93   CR 1995, 278   718

AG Balingen

26. 4. 1996   4 C 243/95   CR 1997, 292   718

AG Bensheim

10. 12. 1993   6 C 342/93   MRC 1995, 112   1170f.

AG Essen

26. 10. 1987   12 C 285/87   CR 1988, 309   1170, 1173

AG Ettlingen

23. 12. 1991   2 C 540/89   MRC 1991, 34   230

AG Frankfurt/Main

28. 1. 1994   Hö 3 C 4097/93 MRC 1996, 47
                                 = BB Beil. 14, 1994, 3 108, 1399

AG Fürstenfeldbruck

12. 8. 1987   2 C 2267/87   DV-R 4, 390   130

AG Gummersbach

1. 8. 1995   1 C 1221/93   BB Beil. 9, 1996, 4   1173

AG Hamburg

4. 10. 1988   35 C 444/88   CR 1989, 1102   924

AG Hannover

13. 1. 1995   508 C 11511/94   CR 1996, 31   1158

AG Hanau

26. 6. 1998   8 O 568/92   CR 1995, 223
                                 = MRC 1995, 160   907

AG Mannheim

24. 5. 1996   1 C 1033/95   CR 1996, 540
                                 = NJW-RR 1997, 560   1170

AG Marbach

25. 5. 1994   2 C 360/92   CR 1994, 751   586

AG Maulbronn

27. 5. 1993   1 C 633/92   NJW-RR 1994, 1077   891, 932

AG Montabaur

4. 2. 1988   C 114/86   MRC 1988, 18   1149

AG München

26. 10. 1981   9 C 4039/80   DV-R 2, 323   899
20. 12. 1985   Hö 3c C 2938/83 MRC 1985, 12   1165

AG Münsingen

27. 2. 1992   2 C 156/91   CR 1993, 502   1136, 1173

AG Neuwied

28. 7. 1987   14 C 2157/86   DV-R 4, 394   1168, 1171

AG Nürtingen

8. 12. 1994   10 C 2019/94   CR 1995, 406   1172

AG Oberkirch

6. 2. 1985   C 154/84   DV-R 3, 316   1121

AG Offenburg

1. 3. 1996   3 C 546/95   BB Beil. 19, 1996, 12
                           = CR 1997, 86   1171, 1205

AG Pforzheim

7. 7. 1987   3 C 540/86   IuR 1989, 390
                           = CR 1989, 479   61, 863, 873,
                                                1187, 1194

AG Recklinghausen

21. 10. 1987   15 C 432/87   CR 1989, 496   1165

AG Reutlingen

21. 4. 1994   13 C 2713/93   NJW-RR 1995, 941   559, 1187

AG Stadthagen

9. 11. 1988   4 C 758/88   Jur-PC 1992, 1488
                           = MRC 1988, 19   1150

AG Stuttgart

18. 4. 1980   13 C 4778/79   DV-R 2, 192   1203, 1322
9. 8. 1994   1 C 8108/92   CR 1995, 278   556, 633, 718
6. 10. 1994   9 C 11104/93   CR 1995, 544   1165, 1166
6. 3. 1995   5 C 614/93   CR 1995, 477   1357

AG Suhl

15. 3. 1994   1 C 910/92   MRC 1994, 2   97, 1170,
                                                1376, 1399

AG Ulm

29. 4. 1994   4 C 2823/93   CR 1995, 407   1171

AG Waiblingen

1. 9. 1994   8 C 2312/92   CR 1995, 545   1170

AG Waldshut-Tiengen

 5. 4. 1991   4 C 91/90   MRC 1991, 32   1213

AG Wiesbaden

16. 9. 1986   97 C 1773/85   MRC 1986, 23   1363
10. 12. 1986   96 C 804/85   DV-R 4, 383   1170
 4. 4. 1989   3 O 13/88   CR 1990, 651   1188

Sachregister

(Die Ziffern bezeichnen die Randnummern.)

Ablieferung 57 139 ff. 143 ff.
Abnahme 172 180 881 883 1308
Abnahmefiktion 182
Abnahmepflicht 176
Begriff 172
durch Ingebrauchnahme 177
durch Stillschweigen 177
Folgen 196
Funktion 173
Software 175
Teilabnahme 183
Verzicht auf Schriftform 181
Vorbehalt 194
AGB 293
Algorithmen 1486 1574
Aliud 1143
**Allgemeine Geschäftsbedin-
gungen** 293
Abnahmeklauseln 501
Abtretungsverbote 502
Arbeitskampfklauseln 504
Aufrechnungsverbot 388 505
ausländische – 295
Beweislastverteilung 477
Bindung an System 533
Dauerschuldverhältnisse 466
Einbeziehung in den Vertrag 307
Einkaufsbedingungen 511
fingierte Erklärungen 366
Gerichtsstandsklauseln 754
Gewährleistung 415
Haftungsbeschränkungen 515
Individualvereinbarungen 301
Kenntnisnahme 312
kontrollfreie Leistungsfest-
legung 337
Leistungsfristen 343

Leistungsverweigerungsrechte 384
Mahnerfordernis 390
Muster 197
Nachfristen 352
Preiserhöhungen 376 527
Schadensersatzansprüche 396
Schriftformklausel 532
überraschende Klauseln 327
Übersicht über Klauselverbote 342
unangemessen benachteiligende
Klauseln 485
unklare Klauseln 330
Unmöglichkeit 410
Verbot geltungserhaltender Reduk-
tion 322 341
Verschuldenshaftung 405
Vertragsänderung 362
Vertragsbeendigung 355
Vertragsstrafe 402 534
Vertragsverlängerung (Miete) 523
Verzug 410
vorformulierte – 294
Weiterveräußerungsverbot 537
Zugangsfiktion 369
**Androhung der Leistungsableh-
nung** 1056
angestellte Entwickler, Urheber-
rechte 1512
Annahmeverzug 1068
Anpassungsleistungen 4
Anwendungshandbuch 35
Ausweichanlage 1076

Bedienungsfehler 1158
Benutzerdokumentation 39
Benutzerhandbuch 29
Benutzeroberflächen 1487

besondere Vertragsbedingun-
gen 82
Beratung 936
Beratungspflicht des Anbie-
ters 200 217ff. 876
Beratungsvertrag 210 936
Betaversion 812
Betriebsbereitschaft 160
Bringschuld 128
„Bundling" 93
Business-Reengineering-Ver-
träge 995
BVB (Besondere Vertragsbedin-
gungen) 82 161 507

CASE-Werkzeuge 834
CE-Kennzeichnung 984
c.i.c. 1034
Compiler 1491
Cross-Update 813
Culpa in contrahendo (c.i.c.) 1034
Customizing 848 993

Data-Warehouse-Einführung 1000
anwendbares Vertragsrecht 1004
Rechtsschutz für DW-Systeme 1005
Datenbanken, Rechtsschutz 1493
Datenflusspläne 1495
Datenübernahme 162
Dekompilieren 1536 1541
DIN 66 230 34
DIN 66 272 283
DIN ISO/IEC 12119 31 279
Disassemblieren 1541
Dokumentation 29 598 873 896
Begriff 29
Benutzerdokumentation 39 48 874
Benutzerhandbuch 29
Einführungshandbuch 41
Entwicklungsdokumentation 29 45
46 54
für Hardware 49
Mängel 62 65
Nichtlieferung 30 55

Operator-Handbuch 43
Pflicht zum Dokumentieren 51
Qualitätssicherung 50
Rechtsschutz 1496
Systemdokumentation 44 52
zum Quellcode 61
DV-technisches Handbuch 36

Eigennachbesserung 1319
Eigenschaftszusicherung 14
Einweisung 58 60 163
Embedded systems 97
EMVG 984
Entsorgung von Hardware 980
Erfüllungsort 119 509
Ergonomie 552
Erhaltungspflicht aus Miete 1257
ERP-Software
Einführung 989
Projekte 20
Erwerb im „Bundle" 93

Falschlieferung 1143
Fehlerbild 1152
Fehlerdefinitionen 1340
Fehlerfreiheit, Unerreichbar-
keit 1177
Fixgeschäft 126 1055
absolutes – 126
relatives – 126
FNI 83
Funktionsprüfung 197

Gattungsschuld 138 564 820
Konkretisierung 138
Gebrauch
vertraglich vorausgesetzter – 3
gebrauchte Hardware,
Erwerb 950ff.
Gefahrübergang 136 1149
Geheimnisbegriff 1599
Geheimnisschutz für Soft-
ware 1597
Generatoren 1497

Gesamtverzug 1064
Gesamtwandlung 112
Geschmacksmusterschutz für Software 1577
GNU General Public License 1557
GPL 1558

Handelskauf 1237
handelsrechtliche Untersuchungs- und Rügepflicht 1242
Helpdesks 929 1337
Hinweispflicht des Anbieters
Abweichung von Leistungsbeschreibung 6
Holschuld 128
Hotlines 929 1337

Implementierung 166
Instandhaltung 893
Instandsetzung 893
Installation 146 152 ff.
Anbieterpflicht 149
Begriff 146
Ort der – 159
Voraussetzungen 157

Jahr-2000-Tauglichkeit 1012

Kauf 545
Abnahme 591
anwendbares Recht 554
Beratung 577
Einarbeitung 583
Einweisung 581
Installation 578
Kauf nach/zur/auf Probe 559 560 561
Kaufpreiszahlung 585
Mitwirkung 592
Übereignung 574
Übergabe 566
kaufmännische Rügepflicht 1310
„Kerntheorie" des BGH (Patentrecht) 1569

Know-how-Schutz für Software 1597
Konfigurieren 147
Kopplungsverbote 114
Kreditfinanzierung 988
Kündigung 1274 1411 1429 1462

Lauffähigmachen 147
Leasing 635
anwendbares Recht 637
Dritt-/Herstellerleasing 659
Finanzierungsleasing 654
Gewährleistungsrechte 1276
Operating-Leasing 658
Pflichten des Leasinggebers 662
Pflichten des Leasingnehmers 678
Leistungsänderungen 9
Leistungsbeschreibung 1 541 595
Abweichungen von – 6
als Leistungsmaßstab 3
Unvollständigkeitsrisiken 7
Widersprüche in – 5
Leistungsgefahr 133
Leistungsort 119
Leistungszeit 125
Letter on Intent 86
Lieferaufschub 145

Mahnung 1050
Maintenance 891
Mängel 1117 1251
Dokumentationsmängel 1176 1189
Hardwaremängel 1167
Softwaremängel 1175 1187
Systemmängel 1164
Mängelbeseitigung 1199 1221 1288 1302 1312
markenrechtlicher Schutz für Software 1578
Miete 595
anwendbares Recht 607
Mängelbeseitigung 612
Mängelmitteilung 621
Mietzinszahlung 615

Nebenpflichten 613
Rückgabe 624
Überlassung 609
Mietkauf 626
Migration 1546
Mikrocode 1500
Minderung 1222 1224 1261 1291
1300 1303 1324
Mitwirkungspflichten des Kunden 230

Nachbesserung 1200 1203 1298
Nachfristsetzung 1056 1058
Nachlieferung 1202 1289
neue Gebrauchsweise 1575
Nichterfüllung 1270

Objektcode 1501
Online-Auslieferung 850
Outsourcing-Verträge 1006

Patentschutz für Software 1565
Pflege 891 908
anwendbares Recht 911
Pflichtenheft 8 10 836 ff.
Definition 10
Erstellung als Studie 15
Erstellung durch Anbieter 22
Fehlen 26
Funktion 11 12
Inhalt 17
Prüfpflicht des Kunden 24
Rechte aus Lieferverzug 23
Verpflichtung zur Erstellung 18
Portieren von Software 1546
positive Vertragsverletzung 1100
Preisgefahr 134
Probelauf 144
Produktbeschreibung 67
Produkthaftung 1345
deliktische – 1345 1347
gesetzliche – 1248

Qualitätssicherung 242 266 897
Anbieterpflicht 254
Änderungslenkung 268
Audits und Reviews 264
Designplanung 272
Dokumentelenkung 270
Grundbegriffe 243
Haftung für QS 256 259
Implementierung 273
Installierung 275
Produktnormen 252
QS nach DIN/ISO 9000–
9004 247 ff.
QS-System 245
Qualitätsmodelle 253
Validierung 264 274
Zertifizierung 251
Quellcode 836 1505
Quellcode-Hinterlegung 870
973 ff.

Rahmenvertrag 546
Rechtsmangel 99 1146
R/3-Einführung 898
Reparaturverträge 693
Reverse Engineering 1539
Runtime-Systeme 1506

Schadensersatzanspruch 1301
1304 1327
Schickschuld 128
Schulung 947
Sicherungskopieren 1528
Software-Erstellung 834
anwendbares Recht 848
Kopplung Überlassung/Pflege 906
Leistungsbeschreibung 834
Leistungspflichten des Anbieters 858
Leistungspflichten des Kunden 878
Software-Überlassung 698
anwendbares Vertragsrecht 717
Bearbeitungsverbote 790

Dokumentation 824
„Dongles" und andere Kopierschutz-
mechanismen 799 ff.
Einweisung 828
Fehlerbeseitigungsbefugnis 796
Lauffähigmachen 827
Mitwirkung des Kunden 832 f.
Nutzungsbeschränkungen 757
Dekompilierverbote 774
Vervielfältigungsverbote 759
Weiterverbreitungsverbote 766
Nutzungsbindungen
Bindung an Applikation 781
Bindung an Hardware des Anbie-
ters 780
CPU-Klauseln 776
CPU-Typ-Klauseln 778
Verbot der Mehrfachnutzung 782
Shareware, Public-Domain-Soft-
ware 750
Übergabe 809
Zahlungspflicht 829
Systemschein 78 549
Systemeinheit, technische 97

Teilverzug 1052 1092
Titelschutz 1604
Transportrisiko 131

Übernahmebestätigung 1095
Übersetzungsrecht 1531
unlauterer Wettbewerb, Schutz der
Software 1579
Unmöglichkeit 1111
Updates, Pflegeleistung 902
**Urheberrechtsschutz für Soft-
ware** 1475

VDE 83
Verbreitungsrecht 1535 1561
Verjährung 1351
Vermieterverzug 1075
**Versandhandel, Kundenrisi-
ken** 962
**Verschulden bei Vertrags-
schluss** 1034
Versendungskauf 120 135
Verpackung 132
Vertragseinheit 98 ff.
**Vertragsprüfung nach DIN/ISO
9001** 116
Vertragsstrafe 1070
Vertragstypenkombinationen 115
Vervielfältigungsrecht 1520 1561
Verzugshaftung 1048
VOC 83
Vorarbeiten, Vergütung 882
vorinstallierte Software 148

Wandelung 1225 1389 1290 1293
1300 1324 1393 1466
Wartung 891 908
anwendbares Recht 911
**Wegfall der Geschäftsgrund-
lage** 1438 1472

Zahlungsort 124
Zahlungsverzug 1084 1096
**zehn Merkmale guter Soft-
ware** 284
Zertifizierung 251
**Zusicherungshaftung nach § 463
Satz 1 BGB** 6 1173 1226 1292
1301

Innovative Lösungen für Juristen.

Haufe Berlin

JAHR 2000 fähig   EURO fähig

Alle relevanten Verträge individuell und sicher gestalten!

→ **Gesellschaftsrecht**
→ **Arbeitsrecht**
→ **Familienrecht**
→ **Erbrecht**
→ **Immobilienrecht**
→ **Bauvertragsrecht**
→ **Hard- und Software**
→ **Leasing**
→ **Franchising**
→ **Berufsrecht der Anwälte und Steuerberater**

Einzigartig in Preis und Leistung

Das Berliner Vertrags-Office bietet nicht nur aktuelle Vertragsmuster für jede Gelegenheit, sondern übertrifft mit seiner intelligenten Dialogfunktion die Leistungen jeder konventionellen Vertragsdatenbank: Sie erhalten vielfältig kombinierbare Vertragsbausteine ... und das alles zu einem sensationell günstigen Preis.

Steigen Sie jetzt risikolos ein.
Testen Sie soft-use® Berliner Vertrags Office 4 Wochen lang unverbindlich in Ihrer Kanzlei.

soft-use®

BERLINER VERTRAGS OFFICE

für Rechtsanwälte, Steuerberater und Notare

200 variable Vertragsmuster mit
rd. 8.000 Vertragsbausteinen
Umfassende rechtliche Erläuterungen und Praxishinweise
Steuerliche Gestaltungsmöglichkeiten
Urteilsdatenbank mit Entscheidungen der Obergerichte
und des BFH im Volltext
Gesetze und unwirksame Vertragsklauseln
Automatisches Konjugieren, Deklinieren und Berechnen

Individuelle Vertragsgestaltung

nur DM 176,–*
€ 89,⁹⁹

CD-ROM für Windows + Benutzerhandbuch
Updates nach Bedarf zu je DM 74,–
(*unverbindliche Preisempfehlung)
Bestell-Nr. 09651-0001   ISBN 3-448-03795-8

Jetzt 4 Wochen lang unverbindlich testen!

soft-use

Infoline ►TELEFON: 07 61/470 88 77   @ ► E-MAIL: bestellung@haufe.de

Professioneller Ratgeber zum Wettbewerbsrecht

Das Wettbewerbsrecht konfrontiert Richter, Rechtsanwälte und Wirtschaftsunternehmen immer wieder mit einer Fülle neuer und modifizierter Bestimmungen.
Das **Praxishandbuch** und die **CD-ROM** „Wettbewerbsrecht & Werbung" stellen das komplette Wettbewerbsrecht verständlich dar und bieten wertvolle Orientierungshilfen.

Ein schneller Einstieg durch **alphabetischen Aufbau**, problemorientierte Darstellung und gezielte, zusammenhängende Informationen machen „Wettbewerbsrecht & Werbung" zur einzigartigen Entscheidungshilfe bei wettbewerbsrechtlichen Streitigkeiten.

Das komplette Wettbewerbsrecht in einem Praxishandbuch und auf CD-ROM

Durch **Aktualisierung** sind Sie bei sich ständig verändernden Vorschriften immer auf dem neuesten Stand des Rechts. Endlich Sicherheit in wettbewerbsrechtlichen Streitigkeiten – mit „Wettbewerbsrecht & Werbung"!

Das Paket bietet:
- Ausführliches Lexikon,
- Fachkommentierungen,
- Urteile,
- Gesetze,
- Mustertexte,
- und exklusiv bei Haufe das stets aktualisierte ABC der Wettbewerbshüter.

Klaus Schräder / Peter Hohl
Wettbewerbsrecht & Werbung
Loseblattwerk, ca. 1900 Seiten in 2 Ordnern und CD-ROM,
Aktualisierung nach Bedarf
zum Seitenpreis von 52,9 Pf.
Updates 4mal jährlich à DM 48,-
(statt DM 96,-)
DM 372,- / € 190,20
ISBN-Nr. 3-448-03843-1
Bestell-Nr. 09081-0001

Zusatznutzen:
- Broschüren zu speziellen Themen
- Broschüren zu aktuellen Entscheidungen

Zu beziehen über Ihre Buchhandlung oder unter:

 **Haufe** ☎ 0761/470 85 52 ✉ 0761/470 88 33 http://haufe.de
Rudolf Haufe Verlag, Hindenburgstraße 64, 79102 Freiburg